2026년판

국제조세 실무

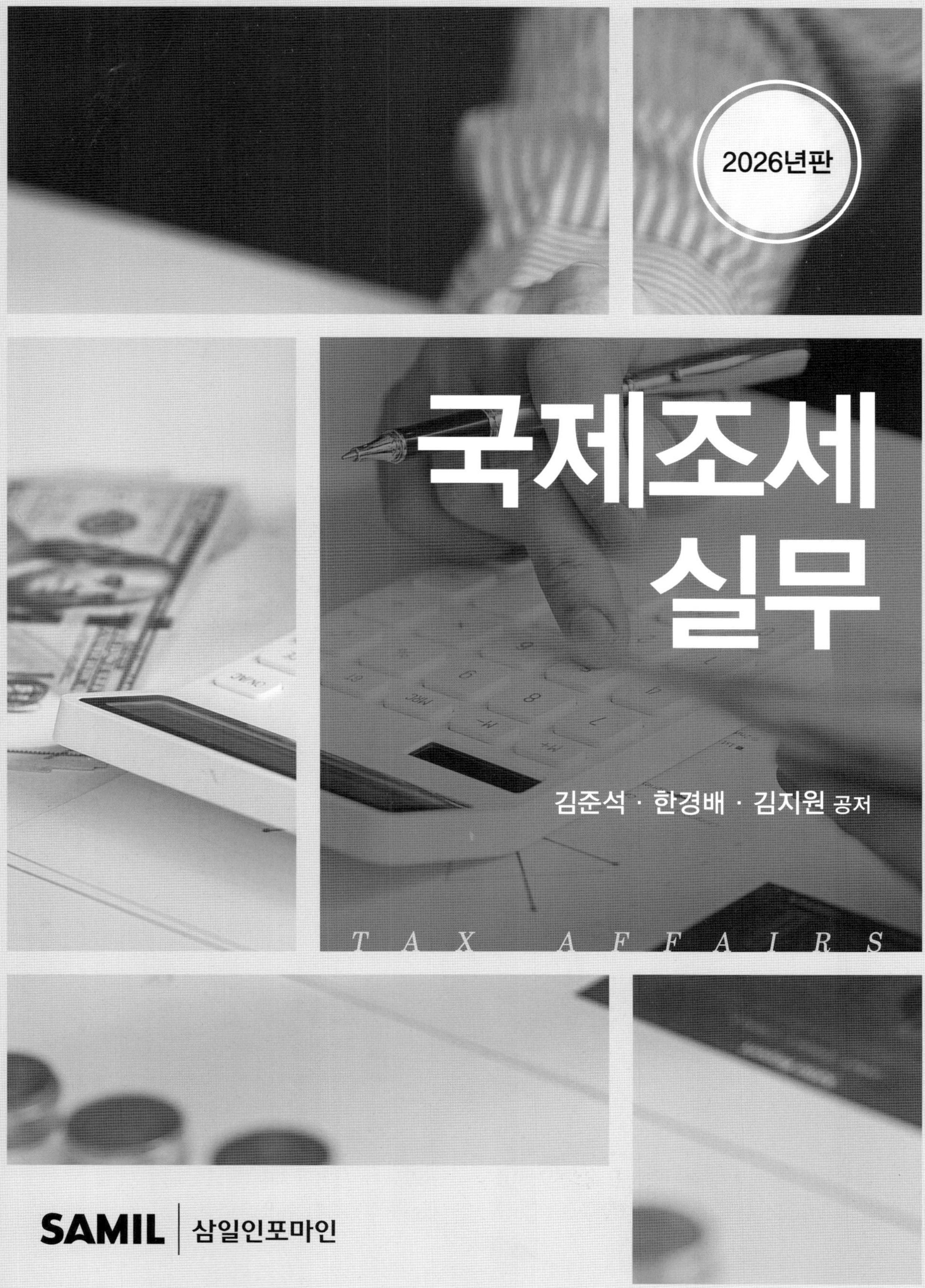

TAX AFFAIRS

김준석 · 한경배 · 김지원 공저

SAMIL | 삼일인포마인

정오표 및 중요한 수정사항이 있을 경우, www.**samil*i***.com 사이트 **제품몰** 코너에서
본 도서를 검색하신 후 **수정사항**을 클릭하시면 그 내용을 확인하실 수 있습니다.

서 문

P R E F A C E

이 책을 출판한 지 20여 년이 되었습니다. OECD BEPS보고서가 발표되고 국조법이 전면 개편되면서 국제조세 분야에서 급격한 변화가 이루어지고 있습니다.

그러한 변화를 반영하기 위하여 책을 대대적으로 개편하였습니다. 국내원천소득, 국외원천소득, 국내사업장에 대한 국제조세문제를 폭넓게 다루면서 필라 1과 2에 따른 글로벌최저한세 등을 5장으로, 이전가격을 6장으로 개편하여 전문서적으로서의 품질을 갖추었습니다. 특히 최근의 OECD, UN, 미국 및 유럽연합의 조세조약모델, 이전가격지침, 세법규정의 변화를 반영하여 대부분을 개정하였습니다. 또한 실무서로서의 장점을 보완하기 위해 미국을 비롯한 외국의 세법과 조세조약을 설명하였습니다.

바쁜 시간에도 조언을 주신 여러 분들에게 고마움을 전합니다. 또한 책을 출판해 주신 삼일피더블유씨솔루션 임직원 여러분께 감사드립니다.

2026년 4월

저자 김준석, 한경배, 김지원

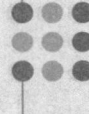

P R E F A C E

국내세법은 일반적인 약어를 적용하며 국제조세사무처리규정을 '국조규'로 약칭한다. '주주' 및 '주식'은 출자자 및 출자지분을 포함하는 용어로 사용한다. 기타 인용한 자료의 약어는 아래와 같다.

- OECD Model Tax Convention on Income and on Capital(OECD, 2017): OE §10 ② → 모델조약 10조 2항, OE §10-10.1 → 모델조약 10조 주석 10.1항
- OECD Transfer Pricing Guideline(OECD, 2020): TP §1.10 → 이전가격지침 1장 10항
- UN Model Tax Convention on Income and on Capital(UN, 2012): UN §10 ② → 모델조약 10조 2항, UN §10-10.1 → 모델조약 10조 주석 10.1항
- UN Practical Manual on Transfer Pricing For Developing Countries(UN, 2018): UT §1.2.3 → UN 이전가격지침 1장 2.3항
- 미국 Model Tax Convention(2018): USM §1-10 → 미국조세조약모델 1조 10항 해설
- 미국 IRC 1.482 Regulations(2018): Reg §1.482.1.1.a.1 → 미국세법 시행령 1.482조 1항 1목 a.1
- 관세청고시 제2021-41호(2021.3.31.) 관세평가 운영에 관한 고시: 관고시 §2 → 고시의 2조
- 1994년 관세와 무역에 관한 일반협정 제7조의 이행을 위한 합의: WTO §1.1 또는 §1-2 → 합의의 1조 1항 또는 1조 주석 2항
- Practical guide to US transfer pricing(Robert Cole) : PG
- Global Anti Base Erosion Model rules (Pillar Two) : PT §1.1.1 → 규정 1.1.1항

차 례

C O N T E N T S

CONTENTS

C O N T E N T S

C O N T E N T S

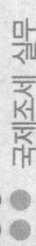

C O N T E N T S

CONTENTS

C O N T E N T S

CONTENTS

C O N T E N T S

C O N T E N T S

CONTENTS

Ⅵ. 정부공무원(Government Service) | 439

Ⅶ. 연금(Pension) 및 퇴직소득(Retirement Benefit) | 445

CONTENTS

C O N T E N T S

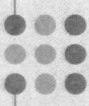

C O N T E N T S

C O N T E N T S

C O N T E N T S

제 4 편 사업소득과 국내사업장

제1장 사업소득(Business Profits)

제2장 국내사업장의 개념

C O N T E N T S

C O N T E N T S

CONTENTS

CONTENTS

C O N T E N T S

C O N T E N T S

제6편 이전가격

제1장 이전가격세제의 개요

제2장 이전가격방법

C O N T E N T S

C O N T E N T S

CONTENTS

C O N T E N T S

부록

제 1 편

국제조세소개, 조세조약특별규정, 조세회피방지

Chapter 01

국제조세와 조세조약의 소개

1

I 국제조세 및 조세조약의 소개

1. 국제거래: 외국인의 국내거래 및 내국인의 국외거래

'국제거래'란 거래 당사자의 어느 한쪽이나 양쪽이 비거주자 또는 외국법인(비거주자 · 외국법인의 국내사업장 제외)인 거래로서 유형자산 또는 무형자산의 매매 · 임대차, 용역의 제공, 금전의 대차, 그 밖에 거래자의 손익 및 자산과 관련된 모든 거래를 말한다.(국조법 §2 ① 1호) 국제거래를 외국인의 국내거래와 내국인의 국외거래로 구분할 수 있다. 외국인의 국내 투자나 사업활동을 의미하는 외국인의 국내거래는 국내원천소득과 관련되며, 내국인의 국외 투자나 사업활동을 의미하는 내국인의 국외거래는 국외원천소득과 관련된다.

2. 국제조세의 의미와 과세근거

국제조세(international taxation)는 이론적으로 정립된 개념이 아니며 법적으로도 통일된 체계가 아니지만, 국제조세는 실무에서 널리 쓰이는 용어이다. 과세권은 국가의 고유권한이다. 국가가 집행한다는 의미의 조세제도를 '국내조세(domestic taxation)'로 정의한다면 이에 대응되는 용어인 '국제조세'는 국제기구가 권한을 가지고 집행하는 조세제도로 정의되어야 한다. 이러한 과세주체에 따른 정의에 입각할 때 현실적으로 '국제조세'는 존재하지 않는다. 그러므로 '국제조세'는 '국내조세'에 대응되는 개념이 아니라 국제거래에 적용되는 다양한 국내세법과 조세조약을 의미한다.

'국제조세'는 국내환경에서 비롯된 조세문제가 국제적 양상을 띠는 상황을 말한다. 특정한 국제조세 문제가 국제적 관점에서 해결되는 것은 아니다. 한 국가 내에서 이루어지는 투자나 사업활동에 대한 조세문제를 검토할 때 그곳에서 지배적인 조세제도만이 고려의 대상이다. 국제조세 전문가가 실제로 한 국가 이상의 조세제도에 전문적인 경우는 드물다. '국제조세' 업무를 행하는 사람들이 실제로 동일한 조세제도를 적용하지는 않으며, 이들의 관심은 자신이 속한 국가의 조세제도를 국제적 환경에 적용하는 것이다.

'국제조세'란 국제거래에 특정 국가의 법을 적용하는 문제이므로 통일적인 국제조세는 없다는 설명에도 불구하고, 서로 다른 국가의 조세제도를 국제적 상황에 적용하는 경우 그 내용이나 행사방식에 상당한 유사성이 있는 것 또한 사실이다. 그러므로 한 국가 조세제도의 국제적 관련내용을 잘 아는 사람은 다른 국가의 국제거래와 관련된 조세제도 또한 잘 이해할 가능성이 있다. 국제조세와 관련한 국내법 원칙들이 비록 한 국가의 독자적 판단으로 결정된다 해도, 국제적 환경에서 다른 국가에 영향을 주거나 영향을 받을 수밖에 없으므로 비슷한 국제거래 사안에 대하여 비슷한 해결책을 취하는 것은 어쩌면 당연한 일이다. 이러한 점을 고려할 때 국제거래가 활발해지고 각국의 경제가 고도화될수록 각국의 세법 차이는 점점 줄어들면서 궁극적으로 다자조세조약에 이를 것이다.

국제거래를 과세하기 위해 별개의 세법을 가진 나라는 없다. 대부분 국가들의 세법은 납세자나 과세물건을 기준으로 구성되므로, 거래유형을 기준으로 구분되는 국제거래에 대하여 단일의 조세제도를 유지하지는 않는다.

2.1 국제거래에 적용되는 국내세법

| 국제조세의 과세근거 |

국내세법 및 조세조약	주요 내용
법인세법, 소득세법	국내원천소득 과세
조세특례제한법	소득세, 법인세, 부가세 감면
국제조세조정에 관한 법률	특수관계인 간 국제거래 과세, 국가 간 조세협력
국세기본법, 국세징수법	불복과 징수에 관한 사항
조세조약	국가 간 과세권배분, 조세회피방지, 정보교환 등
부가가치세법, 상속증여세법	수출 및 수입, 거주자 및 비거주자의 국제적 상속·증여

(1) 일반 세법

소득세법 및 법인세법이 국제거래에 대한 일반적 규범으로 비거주자 및 외국법인의 정의, 과세대상 소득, 실질귀속자의 정의, 과세방법, 과세절차 등에 관한 기본적인 사항을 규정한다. 국세기본법 및 다른 세법들도 비거주자·외국법인에게 적용되는 경우가 있다. 국경 간 거래에 적용되는 부가가치세 및 비거주자의 국내재산이나 거주자의 국외재산에 적용되는 상속·증여세도 국제조세의 영역에서 검토한다.

(2) 국제조세조정에 관한 법률

① 국조법 우선적용의 원칙

「국제조세조정에 관한 법률」은 특수관계거래에 적용되는 이전가격세제, 과소자본세제, 조세피난처세제를 두고 있다. 또한, 국외증여에 대한 과세특례 및 국가 간 조세협력에 관한 사항을 규정한다.

국조법은 국세 및 지방세에 관한 다른 법률에 우선하여 적용한다.(국조법 §4 ①) 이는 국조법을 특별법으로서 우선 적용하지만 국조법에 특별한 규정이 없으면 다른 세법을 적용한다는 의미이다. 예를 들면, 외국법인이 특수관계인 거주자에게 무상으로 자금을 대여하는 경우 국조법의 이전가격세제를 적용할 수 없으므로(외국법인에게 과세하고 거주자는 대응조정) 상속증여세법의 금전무상대출이익 규정에 따라 과세할 수 있다.

증여거래에 대하여도 국조법을 적용하지 않고 소득세법(§41)과 법인세법(§52)의 부당행위계산부인 규정을 적용한다.(국조법 §4 ②) 이에 대하여 이전가격에서 자세히 설명한다.

| 국조법 우선적용원칙 |

국조법상 근거규정	우선 적용	예 외
제2장 이전가격세제	법인세법 및 소득세법에 우선	무상증여거래 및 자본거래
제3장 과소자본세제	법인세법에 우선	
제4장 조세피난처세제	법인세법 및 소득세법에 우선	
제5장 국외증여	증여세법의 보완	

② 이전가격세제, 과소자본세제, 조세피난처세제, 간주내국법인규정 등의 관계

이전가격세제, 과소자본세제 및 조세피난처세제는 특수관계거래에 적용된다는 공통점이 있다. 이전가격세제는 일반적 방법이며, 과소자본세제는 외국인과 국내자회사의 거래, 조세피난처세제는 내국인과 국외자회사의 거래에 적용되는 특별한 방법이다. 조세피난처세제, 이전가격세제, 간주내국법인규정(법법 §2 3호 괄호)은 그 대상이 겹치는 경우가 있는데, 조세피난처세제, 간주내국법인규정, 이전가격세제의 순으로 적용하는 것이 적절하다.(간주내국법인규정에서 설명)

과소자본세제는 내국법인이 국외특수관계인으로부터 과다한 차입을 하고 이자형태로 소득을 이전하는 상황에 대처하기 위한 것으로, 이전가격세제가 가능한 사안에 대한 특별한 과세방법이다. 이전가격세제는 과소자본에 대한 조세조약 및 국내법 규정과 다음과

같은 관련이 있다.(OE §9-3)

1. 국내법에 정한 과소자본세제를 적용하여 차입자의 소득을 정상적 상황에서 발생하였을 소득에 상응하는 금액으로 조정하는 경우, 과소자본에 대한 국내법의 적용은 이전가격세제의 원칙에 반하지 않는다.
2. 이전가격세제의 원칙은 차입계약에서 규정된 이자율이 정상이율인지는 물론 진정한 차입금(prima facie loan)으로 간주되는지 또는 다른 종류의 대가, 특히 자본에 대한 대가로 간주되는지 결정하는 데 관련이 있다.
3. 과소자본세제의 적용으로 관련 국내기업의 과세소득을 정상소득보다 더 증가시키는 결과를 가져와서는 안 되며, 이 원칙은 조세조약을 적용할 때에도 지켜져야 한다.

③ 국제거래의 소득처분

국조법이 적용되는 국제거래에 대하여는 국조법에 따른 소득처분이 우선하며, 국조법이 적용되지 않는 경우 법인세법에 따른 소득처분을 한다. 예를 들면, 내국법인이 해외현지법인에 대한 매출채권을 포기한 경우 법인세법에 따른 부당행위계산부인 규정을 적용하며 그 금액을 기타소득으로 처분한다.(서면인터넷방문상담2팀-109, 2006.1.12.)

2.2 국내세법의 적용을 제한하는 조세조약

조세조약은 불완전하지만 '국제조세'라는 개념에 가장 가깝다. 조세조약은 성격상 한 국가 이상에서 적용되는 법규범이다. 조세조약에 의해 영향받은 조세가 실질적으로는 한 국가에 의해 과세되지만, 조세조약을 맺은 당사국들은 조세조약의 내용에 따라 통상적인 과세권을 양보하게 된다. 그 결과 각국 국내세법의 적용이 제한되어 어떤 국가의 조세제도에도 속하지 않는 중립적 조세제도가 적용되는 국제조세영역이 생기게 된다. 이러한 국제조세영역의 가장 큰 특징은 이중과세상황의 해소에 있다. 국제거래에 대한 과세권을 각국이 서로 다른 조세법에 따라 행사하는 경우 동일소득에 대한 과세가 중복될 가능성이 있다. 이 경우 조세조약은 각국의 서로 다른 과세체계를 조정하여 국제조세영역에서 동일한 과세체계를 유지함으로써 이중과세를 방지하는 역할을 한다.

조세조약에 의해 형성된 국제조세영역에서는 각국의 조세제도가 서로 다름에도 불구하고 동일한 과세대우를 받게 되어 실질적으로 동일한 조세제도 밑에서 활동하는 효과를 나타낸다. 그러나 이는 어디까지나 순수한 이론적 결과이고, 실제로는 국내법상 수용하는 조세조약의 효과가 틀리고 각국의 세율체계가 다르므로 체약국 거주자들이 완전히 동일한 과세대우를 받는 것은 아니다.

① 조세조약의 특별법적 지위

조세조약이란 소득 · 자본 · 재산에 대한 조세 또는 조세행정의 협력에 관하여 한국이 다른 국가(고유한 세법이 적용되는 지역 포함)와 체결한 조약 · 협약 · 협정 · 각서 등 국제법에 따라 규율되는 모든 유형의 국제적 합의를 말한다.(국조법 §2 ① 7호) 조세조약은 국제법에 따라 국내세법과의 관계가 설정된다. 학설상 국제법과 국내법은 별도의 법체계라는 이원론과 국제법이 국내법보다 상위에 선다는 국제법상위설이 있다. 영미법계의 경우 이원론에 입각하여 조약과 법률을 동위로 보거나(미국) 법률 · 조약의 순으로 보며(영국), 대륙법계의 경우 국제법상위설에 입각하여 조약, 법률의 순으로 효력을 인정한다. 한국의 경우 대륙법계의 체계를 계수하였다.

헌법 제6조 제1항 및 제60조 제1항에 따라 조약은 국회의 동의를 거쳐 국내법과 같은 효력을 가진다. 일반적으로 이것이 조약을 특별법으로 보는 근거인데, 조세조약은 국내법과 동일한 효력이 있으며 국제법상위설을 따른 결과로 조세조약과 국내세법이 충돌하는 경우 조세조약이 국내세법에 우선하는 특별법적 지위에 있다. 그렇지만 헌법재판소 판결에서 조약과 국내법이 충돌할 때 조약을 특별법으로 보아 특별법 우선원칙을 적용하는 한편 신법우선의 원칙에 따라 국내법을 우선 적용하는 경우도 있어 해석이 명확하지 않다.

② 조세조약의 창설적 효력의 부인

조세조약은 국가 간 과세권이 충돌할 때 이를 조정함으로써 이중과세와 조세회피를 방지하는 목적으로 체결되는 것이므로, 조세조약은 국내세법에 의하여 이미 창설된 과세권을 배분하거나 제약하는 기능을 하며, 독자적 과세권을 창설할 수는 없다. 예를 들면, 용역대가가 조세조약상 사업소득으로 구분된다 하더라도 이는 과세권의 배분 및 제한세율의 적용 여부를 판단하는 단계에서 의미가 있을 뿐이고, 용역대가에 대한 과세권이 원천지국인 국내에 있다고 인정되는 이상 국내세법이 정하는 방법과 절차에 따라 과세가 이루어져야 한다.(대법원 2015두2710 2018.2.28.) 이에 대하여 원천징수에서 자세히 설명한다.

미국 모델조세조약도 이런 입장을 확인하는데, 국내세법에서 정한 조세부담액 이상으로 조세조약으로 체약상대국 거주자의 조세부담액을 증가시킬 수 없다.(USM §1-2)

③ 상호합의에 의한 국내원천소득 규정

조세조약이 아닌 상호합의로 국내원천소득을 규정할 수 없으며, 조세조약을 적용하는 데 있어 의문을 해소하고 양 당사국의 국내법 규정이 다르지 않은 경우에만 상호합의를 할 수 있다. 예를 들면, 한국과 미국 사이에 한국소재 부동산을 과다보유한 법인의 주식양도소득에 대한 한국의 과세권행사에 관하여 상호합의로 한국원천소득으로 합의하였다면, 그 합의는 한미조세조약 제27조 제2항 C호가 예정한 조약의 적용, 특히 특정소득의 원천을 동일하게 결정하는 데 관하여 발생하는 곤란 또는 의문을 해결하기 위한 상호합의에 해당하여 유효하므로 한국은 그에 따라 한국소재 부동산을 과다보유한 법인의 주식양도소득에 대하여 과세할 수 있다. 이 경우 따로 조약개정 절차를 밟지 않았다고 하여 그 효력을 부인할 수 없다.(서울고법 2014누1712, 2015.5.27.)

3. 조세조약의 목적 및 체계

3.1 조세조약의 목적

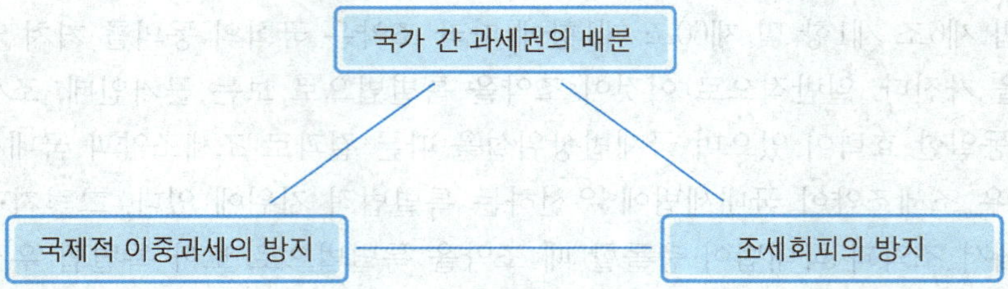

(1) 국가 간 과세권의 배분

과세권을 행사하는 국가의 입장에서 볼 때 조세조약의 주된 목적은 국가 간 과세권의 배분이다. 한 국가는 상대국과 충돌하는 과세권을 조정하고 양국의 조세제도 차이를 이용한 조세회피를 차단하여 조세수입을 최대화하기 위해 노력하며, 이러한 견지에서 이중과세방지와 조세회피방지는 '과세권의 적절한 행사'를 위한 수단이다.

예를 들면, 원천지국에서 지급하는 이자에 대해 조세조약에 따라 저율로 과세하거나 비과세하는 경우 거주지국에서 이자소득에 대하여 공제할 외국납부세액이 적거나 없으므로 조세수입이 증가된다. 이 경우 조세조약의 효과는 원천지국의 조세수입을 거주지국으로 이전시키는 것이다. 이러한 조세수입의 배분기능 때문에 조세조약은 비교적 비슷한 세율을 적용하는 국가 간에 주로 체결된다. 경과세국은 조세조약을 통해 정상적인 국가에 양보할 조세수입이 없으므로, 본질적으로 산업구조나 세율체계가 다른 국가들 간에는 조세조약의 체결이 힘들다. 기술 및 자본의 수입국과 수출국이 조세조약을 체결하면서 원천지국이나 거주지국의 과세권을 주장하는 것도 자국의 조세수입을 최대한 확보하기 위한 노력의 일환이다.

(2) 국제적 이중과세의 방지

조세조약의 주목적 중 하나는 법적 이중과세 상황에서 일어나는 가장 일반적인 문제에 대하여 통일적 기반 위에서 해결수단을 제공하는 것이다.(OE §i-3)

조세조약의 주목적은 국제적 용역, 무역 및 투자에 대한 조세장벽을 완화하기 위해 이중과세를 방지하는 것이므로, 관련된 양국의 조세시스템의 상호작용으로 인한 이중과세의 위험이 주된 조세정책적 관심사이다. 그러한 이중과세위험은 양국 간에 상당한 수준의 국제 교역 및 투자가 있거나 있을 경우 일반적으로 더 심각하다. 조세조약의 대부분 규정들은 양국 간 과세권을 배분함으로써 이중과세를 완화하며, 한 국가가 소득항목에 대한 과세권을 제한하는 조약규정을 받아들이는 경우, 이 소득항목을 일반적으로 다른 국가에서 과세한다는 양해하에 그렇게 하는 것이다. 한 국가가 비과세 또는 경과세 하는 경우, 다른 국가는 조세조약이 필요할 정도로 이중과세의 위험이 있는지 생각해야 한다. 국가들은 또한 다른 국가의 조세시스템에 비과세의 위험을 증가시키는 요소들이 있는지 판단해야 하는데, 이는 국내경제를 보호하기 위한 조세특혜를 포함한다.(OE §i-15.2) 이에 따라, 조세조약을 체결하고자 하는 양국은 자국 거주자들을 포함하는 국제적 상황에서 이중과세위험이 실제로 어느 정도 존재하는지를 평가해야 한다. 많은 거주지국-원천지국 이중과세사안들은 조세조약의 필요없이 작동되는 이중과세방지를 위한 국내법규정(소득공제 또는 세액공제)을 통해 해결될 수 있다. 이러한 국내법 규정으로 대부분의 거주지국-원천지국 이중과세사안들에 대처할 수 있지만 그것으로 모든 이중과세사안을 다룰 수는 없는데, 특히 양국의 원천과세규정에 상당한 차이가 있거나 그 국가들이 경제적 이중과세의 일방적 구제를 허용하지 않는 경우(예 다른 국가에서 행한 이전가격조정) 그러하다.(OE §i-15.3)

조세조약의 체결과 관련된 다른 조세정책적 고려는 원천지국의 높은 원천세율로 인한 과도한 과세위험이다. 이중과세방지제도로 그러한 고세율로 인해 이중과세가 초래되지 않도록 할 수 있지만, 원천지국에서 과세되는 조세가 거주지국에서 통상적으로 소득에 부과되는 세액을 초과하는 경우 이는 국제 무역이나 투자에 해로운 영향을 미친다.(OE §i-15.4)

(3) 조세회피(avoidance)와 탈세(evasion)의 방지

이중과세의 방지가 조세조약의 한 축이라면, 조세회피와 탈세의 방지는 다른 한 축이라고 할 만큼 과세당국은 조세회피의 방지에 관심을 기울여 왔다. 최초의 조세조약으로 평가되는 1843년 벨기에·프랑스조세조약은 주로 탈세방지를 위한 상호행정협조를 목적으로 한 것이었다. 조세조약의 부당한 이용과 국제적 탈세에 대한 방지규정이 계속 도입되고 있다.(OE §i-41)

조세조약의 중요한 목적은 조세회피 및 탈세의 방지이므로, 국가들은 또한 장래의 조약상대방들이 조세정보의 교환능력과 같은 행정협조에 대한 조세조약의 규정을 효과적으로 집행할 수 있는지를 판단해야 하며, 이는 조세조약을 체결할지를 결정할 때 고려해야 할 중요 요소이다. 한 국가가 조세징수의 협조를 제공하는 능력이나 의지 또한 고려해야 할 요소이다. 그렇지만, 이중과세의 실질적 위험이 없는 경우 이러한 행정협조규정들은 조세조약의 존재에 대한 충분한 조세정책적 이유가 되지 못한다는 점을 알아야 하는데, 이러한 행정협조는 조세정보교환합의의 체결이나 조세문제의 다자간 행정협조에 대한 다자조약의 가입과 같은 좀 더 구체적인 다른 합의를 통해 보장될 수 있기 때문이다.(OE §i-15.6)

2017년에 OECD/G20 '세원잠식 · 소득이전(BEPS)' 프로젝트의 일환으로 수행된 작업의 결과 2014년 OECD모델조약의 명칭을 개정하고 서문을 추가했다. 이러한 변경을 통해 조약의 목적은 이중과세의 방지에만 국한하지 않으며, 체약국들은 조약규정들로 조세회피나 탈세를 통한 비과세나 조세경감의 기회를 만들려는 의도가 없다는 점을 명시적으로 선언하고 있다. 또한, 조약쇼핑 책략으로 발생하는 세원잠식 · 소득이전의 특별한 문제를 고려하여, 조약쇼핑 책략을 조세조약으로 인해 초래돼서는 안 되는 조세회피사례의 하나로 언급하고 있다.(OE §i-16.1)

(4) 조세조약을 체결할지 또는 개정할지에 대한 조세정책적 고려

다른 국가와 조세조약을 체결할지는 각국이 조세 및 조세 외의 사항을 포함하는 여러 요소들에 기초하여 결정할 문제이지만, 일반적으로 그러한 결정에 있어 조세정책적 고려가 중요한 역할을 한다. 조세정책적 고려란 어떤 국가와 조약을 체결할지의 문제뿐 아니라 한 국가가 현행조약을 개정하거나 대체해야 할지, 또는 마지막 선택으로 조약을 종료할지의 문제(조약의 종료는 조약의 종료로 인한 상황에 관심이 없는 많은 납세자들에게도 부정적 영향을 미친다는 사실을 고려하여)와 관련된다.(OE §i-15.1)

조세조약을 체결할 때 고려해야 할 또 다른 세무적 고려에는 국가들 간의 경제를 장려하고 부양하는 조세조약의 다양한 특징들을 포함한다. 이에는 조세조약의 차별금지원칙에 따른 외국인투자의 차별적 조세취급의 방지, 조약혜택을 받을 자격이 있는 납세자에 대한 조세취급의 확실성, 조세조약에서 체약국들이 중재를 할 가능성과 함께 상호합의절차를 통해 국제조세분쟁을 해결하기 위한 장치가 있다.(OE §i-15.5)

3.2 조세조약의 유형 및 체계

(1) 조세조약의 유형

조세조약은 일반적으로 '소득과 자본에 대한 조세조약'을 의미한다. 상속·증여세나 간접세에 대하여도 조세조약이나 협정을 체결하는데, 예를 들면 미국, 일본, 독일, 스위스, 오스트리아 등은 '상속·증여에 대한 조약'을 체결하였다. OECD는 1982년 상속·증여세 조세모델조약(OECD Model double taxation convention on estate and inheritance and on gifts) 및 2006년 부가가치세지침(VAT guidelines)을 발표한 바 있다.

대부분 국가는 '소득 및 자본에 관한 조세의 이중과세 회피 및 조세회피 방지를 위한 조약(convention for the avoidance of double taxation and the prevention of fiscal evasion with respect to taxes on income and capital)'이라는 명칭을 사용한다.(OE §i-16)

조세조약의 제목이나 서문은 조약의 전체 맥락의 일부를 구성하고 조약의 목적과 목표의 일반적 서술에 해당하므로, 이것들은 조약규정들의 해석에 있어 중요한 역할을 한다. '조약법에 대한 비엔나조약' 31조 1항에 포함된 조약해석의 일반원칙에 따라, 조약은 그 목적 및 목표의 관점에서 그 맥락을 조약의 조항에 있는 일반적 의미에 따라 신의성실하게 해석된다.(OE §i-16.2)

조세조약은 우선 그 범위(1장)를 기술하고, 몇몇 단어를 정의(2장)한다. 주요 부분은 3장부터 4장에서 이루어지는데, 체약국이 어느 정도까지 소득과 자본에 대해 과세할 수 있고 어떻게 국제법상 이중과세가 제거될 수 있는지를 규정한다. 그 다음에 특별규정들(5장)과 부칙규정들(6장 발효 및 종료)이 있다.(OE §i-17)

(2) 범위와 정의

조세조약은 체약국의 일방 또는 쌍방의 거주자 모두에 적용된다.(1조) 조약은 소득과 자본에 대한 조세를 다루는데 이것은 2조에 일반적으로 기술된다. 2장에서 조약의 한 조항 이상에서 사용되는 몇 가지 용어가 정의된다. 다른 용어들, 예를 들면 '배당·이자·사용료', '부동산' 등은 이 문제들이 다루어지는 규정에서 정의된다.(OE §i-18)

(3) 소득과 자본의 과세원칙

이중과세방지를 위해 조세조약은 2가지 원칙에 따라 구성된다.(OE §i-19)

첫째, 여러 가지 소득에 대하여 원천지(source)나 소재지(situs) 또는 거주지(residence)의 과세권을 규정한다. 대부분의 소득과 자본에 있어 배타적 과세권이 체약국 일방에 부여된다. 이에 따라 체약상대국은 그에 대한 과세권이 배제되어 이중과세가 방지된다. 보통 이러한 배타적 과세권은 거주지국에 부여된다. 일부 소득과 자본의 경우에 과세권은 배타적인 것은 아니다. 배당, 이자, 사용료에 대하여는 양국에 과세권이 주어지지만 원천지국에서 과세금액은 제한된다.

둘째, 원천지국이나 소재지국에 전적인 또는 제한된 과세권을 주는 경우 거주지국은 이중과세를 피하기 위해 경감(relief)을 해주어야 한다. 체약국의 선택에 따라 조세조약은 경감의 2가지 방법, 즉 소득공제방법(exemption method)이나 세액공제방법(credit method) 중 하나를 규정한다.

(4) 거주지국의 이중과세방지 의무

한 체약국 거주자가 체약상대국의 원천으로부터 소득을 얻거나 체약상대국에 소재한 자본을 소유하고 조약에 따라 거주지국에서만 과세되는 경우 어떤 이중과세의 문제도 일어나지 않는다. 이 경우, 원천지국 또는 소재지국이 그 소득과 자본에 대한 과세를 하지 않기 때문이다.(OE §i-24) 반면, 조약에 따라 소득이나 자본을 원천지국 또는 소재지국이 제한과세 또는 무제한 과세하는 경우 거주지국은 이중과세를 방지해야 할 의무가 있다. 이는 다음 2가지 방법에 따라 달성된다.(OE §i-25)

1. 소득공제방법: 원천지국 또는 소재지국에서 과세되는 소득이나 자본은 거주지국에서 소득공제된다. 다만, 납세자의 다른 소득이나 자본에 적용되는 누진세율을 결정할 때 이 소득공제액이 고려되는 경우도 있다.
2. 세액공제방법: 원천지국 또는 소재지국에서 과세되는 소득과 자본은 거주지국에서 과세된다. 동시에 원천지국 또는 소재지국에서 부과된 조세는 거주지국에 의해 그 소득이나 자본에 부과된 세액에서 공제된다.

(5) 특별규정

조세조약에는 다음과 같은 특별규정들이 있다.(OE §i-26)

1. 다양한 상황에서 조세차별의 금지
2. 이중과세를 방지하고 조약해석의 충돌을 해소하기 위한 상호합의절차
3. 체약국 과세당국들 간의 정보교환
4. 각국의 조세징수에 대한 체약국들의 협조
5. 국제법에 따른 외교사절과 영사직원 구성원의 조세상 우대
6. 조약혜택을 받을 자격
7. 조약의 적용지역 확대

4. 모델조세조약의 역사적 배경

4.1 모델조세조약의 역사적 배경

OEEC(유럽경제협력기구) 총회가 1955년 2월 25일 이중과세에 대한 최초의 권고안을 채택하였을 때 조세조약이나 국가 일방의 행정행위를 통한 이중과세 방지를 위한 발전은 이미 시작되었다. 그 당시 70여 개의 양자조약이 현재 OECD 회원국이 된 국가들 사이에서 서명되어 있었다. 이는 주로 국제연맹이 1921년에 시작한 사업 덕분이었다. 이 사업은 1928년 최초의 양자모델조약으로 시작하여 종래에는 멕시코모델조약(1943)과 런던모델조약(1946)을 기초하는 데 이르렀는데, 그 원칙들은 다음 수십 년간 체결되거나 개정된 많은 조세조약에서 어느 정도 추종되어졌다.(OE §i-4)

OECD 재정위원회가 1956년 회원국 사이에 존재하는 이중과세문제를 효과적으로 풀 수 있고 모든 회원국에게 받아들여질 수 있는 조약초안(draft conventions)을 기초하기 위해 작업한 것은 이러한 새로운 환경 때문이었다. 재정위원회는 1963년 '소득과 자본에 대한 이중과세 조약 초안'으로 명명된 최종보고서를 제출하기 전에 1958년부터 1961년까지 4번의 중간보고서를 제출하였다. OECD 총회는 1963년 7월 30일 이중과세방지에 관한 권고를 채택하고 회원국 정부에 대하여 조세조약을 체결하거나 개정할 때 이 조약초안에 따르도록 요청하였다.(OE §i-6)

OECD 재정위원회는 1963년 보고서를 제출할 때 조약초안이 향후 연구에 따라 개정될 수 있음을 시사하였다. 조세조약의 협상과 실제적용에서 회원국이 얻은 경험과 회원국 조세제도의 변화, 국제금융관계의 증가, 국제적 수준의 새로운 사업활동 영역의 확대 및 새로운 복합적 사업조직의 출현을 고려할 필요가 있었다. 이런 이유 때문에 재정위원회(Fiscal Committee)와 1971년 이후 재정분과위원회(Committee on Fiscal Affairs)는 '1963년 조약초안과 주석'의 개정에 착수하였다. 이로부터 1977년 새 모델조약과 주석이 출판되었다.(OE §i-7)

이후, 현재 형태의 1992년 OECD모델조약이 출판되기에 이르렀다. 1963년 조약초안이나 1977년 모델조약과 달리 개정 모델조약은 전체적인 개정의 완성을 의미하지는 않으며, 오히려 최신자료를 생산하기 위한 계속적 개정과정의 첫 단계로, 그에 의해 모델조약이 항상 회원국의 관점을 정확히 반영하고 있다는 점을 확실하게 하고 있다.(OE §i-11)

이러한 개정작업 과정에서 1997년 개정판에서는 모델조약이 OECD 비회원국들에게 미치는 영향력을 인식하여 제2편에 모델조약에 대한 여러 비회원국들의 입장을 추가하였다. 또한 모델조약의 변화를 초래한 위원회의 많은 보고서들이 추가되어 왔다.(OE §i-11.1) 1992년 가제본을 처음 출판한 이래 OECD모델은 10차례에 걸쳐 개정되었다(1994, 1995, 1997, 2000, 2002, 2005, 2008, 2010, 2014, 2017 및 2025). 2017년에 채택된 개정본은

OECD/G20의 '세원잠식 · 소득이전 프로젝트'의 결과, 특히 프로젝트 중 과제 2(하이브리드상품의 과세불일치), 6(조세조약혜택의 남용방지), 7(국내사업장 남용방지) 및 14(분쟁해소절차)의 보고서를 반영한 변화를 포함한다.(OE §i-11.2)

OECD모델조약은 OECD 회원국의 입장을 반영하여 만든 것으로 선진국 간 조세조약을 위한 것이다. 개발도상국이 상당수를 차지하는 UN에서는 이들에게 적합한 조세조약의 모델을 만들기 위해 경제사회이사회에서 전문가그룹으로 하여금 '개발도상국과 선진국 간의 이중과세 방지를 위한 국제연합 모델조약(united nations double taxation convention model between developed and developing countries)'을 작성하도록 하여 1979년에 채택하였다.(OE §i-14) OECD모델의 직접적 영향을 받은 UN모델은 OECD모델을 선 · 후진국 간의 조세조약이라는 관점에서 수정 · 보완한 것이다. OECD모델은 자본 · 기술 소유국의 과세권을 보장하는 데 비해 UN모델은 자본 · 기술 소비국의 과세권을 강화하고 있다. 이러한 점에서 OECD모델을 선진국모델, UN모델을 후진국모델이라고 한다. OECD모델과 UN모델의 중요한 차이는 수동소득(passive income)인 배당 · 이자 · 사용료 · 양도소득에서 나타난다.

| 모델조세조약의 변천 |

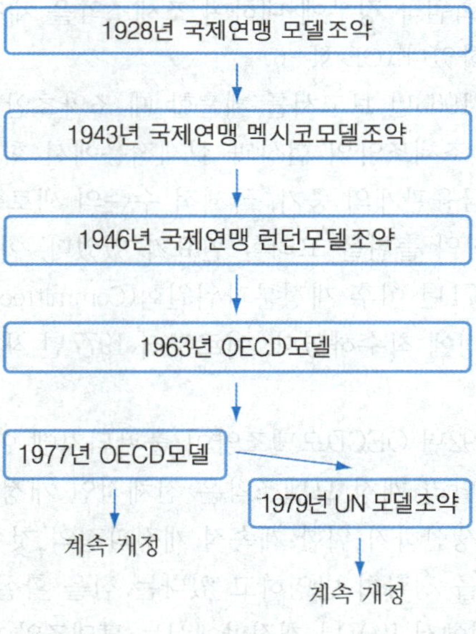

4.2 모델조세조약의 적용방법

(1) 모델조세조약의 법규성

① 모델조약의 영향력

모델조약은 어떤 국가가 새로운 조세조약을 체결하거나 기존 조세조약을 개정할 때 영향력을 행사한다. 대부분 국가의 과세당국은 모델조약에 기초하여 체결한 양자조세조약을 적용하고 해석할 때 모델조약의 주석을 따르며, 모델조약에 대한 각국의 이견(observation)에 종속된다.(OE §i-3) 모델조약은 가능하면 하나의 상황에 대하여 하나의 원칙을 특정한다. 그러나 모델조약의 효과적 적용을 위해서 어느 정도의 가변성과 적응성을 남겨두고 있다. 예를 들면 배당이나 이자에 대해 원천세율의 결정, 이중과세방지방법의 선택에 있어 각국은 재량을 가진다. 또한 각국이 조세조약에서 채택하고 있는 대체규정 또는 추가규정이 주석에 소개된다.(OE §i-27)

② 이전 모델조약과의 관계

1977년 이래 이루어진 모델조약의 조항과 주석에 대한 변경은 유사하게 해석되어야 한다.(OE §i-34) 다만, 이전의 조약규정들이 개정된 규정과는 실질에 있어 다른 것이라면 모델조약 조항의 개정과 그로 인해 이루어지는 주석의 변경은 이전에 체결된 조약들의 해석과 적용에는 관련이 없다. 그러나 그 외의 주석 변경이나 증보는 보통 이러한 주석을 채택하기 전에 체결된 조약들의 해석과 적용에 사용되는데, 이는 주석이 현존하는 규정의 적절한 해석이나 특정상황에 대한 적용에 있어 각국이 최근에 이룬 합의를 반영하기 때문이다.(OE §i-35)

변경된 주석 또한 변경 전에 체결된 조약의 적용과 해석에 사용될 수 있지만, 개정된 조항이 이전의 조항과는 다른 결론을 의미하는 모델조약 조항이나 주석의 변경으로 인한 경우에는 변경된 주석을 소급적용하거나 유추해석해서는 안 된다. 대부분의 주석 수정은 주석이나 조항의 의미를 변경시키는 것이 아니라 단순히 명료하게 할 의도에서 이루어진 것이지만, 이러한 유추해석은 위와 같은 경우 명백히 잘못된 것이다.(OE §i-36)

대부분 국가의 세무당국은 위에서 언급한 일반원칙을 준수한다. 따라서 납세자들이 이전의 조약을 해석할 때 최근 주석을 참조하는 것도 유용하다.(OE §i-36.1)

(2) 모델조세조약의 주석(commentary)과 이견(observation)

① 모델조약 조항에 대한 주석(commentary)

모델조약 조항에 대하여 그 규정을 구체적으로 설명하고 해석하기 위한 자세한 주석이 있다.(OE §i-28) 주석은 회원국 정부에 의해 임명된 전문가에 의해 기초되고 합의된 것으로 국제조세법의 발전에 특별히 중요하다. 비록 주석이 회원국이 조인한 양자조약(조약은 그 자체로 법적으로 구속적인 국제적 수단임)에 부속되는 것은 아니지만 주석은 조약의 적용과 해석, 특히 논쟁의 해결에 있어 큰 도움이 된다.(OE §i-29)

각국의 과세당국은 조세조약을 해석할 때 항상 주석을 참조한다. 주석은 세세한 일상적인 문제들을 결정하는 데 있어, 그리고 여러 조항에 내재된 정책이나 조약목적 등 더 큰 문제를 다루는 데 있어 모두 유용하다.(OE §i-29.1) 마찬가지로 납세자도 사업을 수행하고 사업거래나 투자를 계획할 때 주석을 적극 활용한다. 과세당국으로부터 조세문제에 대한 최신지침을 얻는 절차가 없는 나라의 경우 주석은 해석을 얻는 유일한 수단이 될 수 있으므로 상당한 중요성을 갖는다.(OE §i-29.2)

조세조약 또한 점점 더 사법적 관심의 대상이 되고 있다. 법원은 판결을 할 때에 주석을 자주 인용한다. 대부분 국가들의 법원 판결에서 주석이 언급된다. 많은 판결에서 주석이 상당히 많이 인용되고 분석되고 있으며, 판사의 판단에 결정적 역할을 한다. 전세계적인 조세조약체제가 확대되고 주석이 중요한 해석지침으로 광범위하게 인정되면서 이러한 경향이 확대될 것으로 전망된다.(OE §i-29.3)

OECD모델조약의 주석은 조세조약의 올바른 해석을 위한 국제적으로 권위를 인정받는 기준으로 국내법의 실질과세원칙 등과 관련한 조세조약의 해석에 있어 참고자료가 될 수 있다.(서울고법 2009누8009, 2010.8.19.)

② OECD모델 주석에 대한 이견(observations)

OECD모델의 경우, 관련 조항의 주석에서 주어진 해석에 동의할 수 없는 회원국의 요구에 의해 각국의 이견이 포함되어 있다. 이러한 이견은 조약 조항에 대한 전면적 반대를 의미하지는 않으며, 다만 그 회원국이 문제된 조항을 적용하는 방식을 제시한다. 이견은 주석을 하는 관련 조항의 해석과 관련된 것이다.(OE §i-30)

③ OECD모델 조항에 대한 유보(reservation)

비록 전체 회원국이 모델조약의 목적과 주요 규정에 대하여 합의하고 있지만, 거의 모든 회원국들이 OECD모델의 일부 조항에 대한 유보를 하는데, 이것이 관련 조항의 유보내용에 기록되어 있다. 회원국이 유보를 천명한 이상 다른 회원국은 그 회원국과 조세조약을 위한 교섭을 할 때 이를 고려해야 한다.(OE §i-31)

④ OECD 비회원국들의 입장

OECD 비회원국들은 회원국들과 마찬가지로 조항 내용과 주석에 주어진 해석에 찬성할 수 없는 경우 그에 대한 의견을 표명할 수 있다.(OE §n-2) 이로 인해 OECD모델에 비회원국의 입장이 포함되었는데, 모델조약과 그에 대한 주석에 대하여 많은 비회원국들의 입장이 표명되었다. 모델조약의 나머지 부분과 마찬가지로 비회원국의 견해도 변동을 반영하여 내용이 주기적으로 갱신된다.(OE §n-3) 비회원국으로서 OECD모델에 대한 견해를 표명한 나라들은 다음과 같다.(OE §n-4)

알바니아	아르헨티나	아르메니아	벨라루스
브라질	불가리아	칠레	중국
콩고	크로아티아	에스토니아	가봉
인도	이스라엘	아이보리코스트	카자흐스탄
라트비아	리투아니아	말레이시아	모로코
필리핀	루마니아	러시아	홍콩
세르비아	남아공	태국	튀니지
우크라이나	베트남	인도네시아	아랍에미리트

II 한국의 조세조약

1. 양자조세조약

한국이 체결한 양자조세조약(bilateral tax treaty)은 서면형식으로 일반적으로 조약의 명칭, 전문, 본문으로 구성된다. 의정서(protocol)는 조약의 내용을 명확히 하기 위한 세부적이고 보완적인 사항을 규정하며 본문과 동일한 효력이 있다. 양해각서(memorandum of understanding)는 외교교섭의 결과 상호 양해된 사항을 확인하고 기록하는 데 주로 사용된다. 한국에는 자본(capital)에 대한 조세가 없으므로 대부분 조세조약의 조약 명칭 및 내용에서 자본을 제외한다. 한국의 초기 조세조약은 UN모델에 가깝고 2000년 이후 체결한 조세조약은 OECD모델과 비슷하다. 한국의 모델조약(K-Model)은 OECD모델에 기초한다.

체약상대국이란 한국과 조세조약을 체결한 국가를 말한다.(국조법 §2 ① 8호) 양자조세조약 체결현황은 아래와 같다. 북한과도 합의를 체결하고 있다.

시 행 국(96)

가봉	('15.12. 02.)	그리스	('98. 07. 10.)	남아프리카공화국	('96. 01. 07.)
네덜란드	**('99. 04. 02.)**	네팔	('03. 05. 29.)	노르웨이	('84. 03. 01.)
뉴질랜드	**('97.10.10.)**	대만	(24.01.01.)	덴마크	(79.01.07.)
독일	**('02. 10. 31.)**	라오스	('06. 02. 09.)	라트비아	('09. 12. 26.)
러시아	('95. 08. 24.)	루마니아	('94. 10. 06.)	룩셈부르크	**('13. 09. 04.)**
르완다	(24.01.19.)	리투아니아	('07. 07. 14.)	말레이시아	('83. 01. 02.)
멕시코	('95. 02. 11.)	모로코	('00. 06. 16.)	몰타	('98. 03. 21.)
몽골	('93. 06. 06.)	미국	('79. 10. 20.)	미얀마	('03. 08. 04.)
바레인	('13. 04. 26.)	방글라데시	('84. 08. 22.)	베네수엘라	('07. 01. 15.)
베트남	('94. 09. 09.)	벨기에	**('15. 12. 01.)**	벨라루스	('03. 06. 17.)
불가리아	('95. 06. 22.)	브라질	**('18. 01. 10.)**	브루나이	('16. 10. 14.)
사우디아라비아	('08. 12. 01.)	세르비아	('16. 11. 17.)	스리랑카	('86. 06. 20.)
스웨덴	('82. 09. 09.)	스위스	**('12. 07. 25.)**	스페인	('94. 11. 21.)
슬로바키아	('03. 07.26.)	슬로베니아	('06. 03. 02.)	싱가포르	**('19. 12. 31.)**
아랍에미리트	('05. 03. 09.)	아이슬란드	('08. 10. 23.)	아일랜드	('91. 12. 27.)
아제르바이잔	('08. 11. 25.)	알바니아	**('07. 01. 13.)**	알제리	('06. 08. 31.)
에스토니아	('10. 05. 25.)	에콰도르	('07. 01. 13.)	에티오피아	('17. 10. 31.)
영국	**('96. 12. 29.)**	오만	('13. 10. 16.)	오스트리아	**('02. 03.30.)**
요르단	('05. 03. 28.)	우루과이	('06. 02. 13.)	우즈베키스탄	('98. 12. 25.)
우크라이나	('02. 03. 19.)	이란	('13. 01. 22.)	이스라엘	('97. 12. 13.)
이집트	('94. 02. 05.)	이탈리아	('09. 12. 08.)	인도	**('16. 09. 12.)**
인도네시아	('89. 05. 03.)	일본	**('99. 11. 22.)**	조지아	('16. 11. 17.)
중국	**('06. 07. 04.)**	체코	**('19. 12. 20.)**	칠레	('03. 07. 25.)
카자흐스탄	('99. 04. 09.)	카타르	('09. 04. 15.)	캄보디아	('21. 01. 29.)
캐나다	**('06. 12. 18.)**	케냐	('17. 04. 03.)	콜롬비아	('14. 07. 03.)
쿠웨이트	**('10. 12. 27.)**	크로아티아	('06. 09. 15.)	키르기스스탄	('13. 11. 22.)
타지키스탄	('16. 09. 28.)	태국	**('07. 06. 29.)**	터키	**(24.07.18.)**
투르크메니스탄	('16. 11. 26.)	튀니지	('89. 11. 25.)	파나마	('12. 04. 01.)
파키스탄	('87. 10. 20.)	파푸아뉴기니	('98. 04. 21.)	페루	('14. 03. 03.)
포루투갈	('97. 12. 21.)	폴란드	**('16. 10. 15.)**	프랑스	**('92. 03. 01.)**
피지	('95. 02. 17.)	핀란드	('81. 12. 23.)	필리핀	('86. 11. 09.)
헝가리	('90. 04. 01.)	호주	('84. 01. 01.)	홍콩	('16. 09. 27.)

* 볼드(Bold) 표시는 최근 개정 발효일자

제정 서명국(2)
수 단('04.09.09.) 나이지리아('06.11.06.)

2. 조세정보교환협정

(1) 조세정보교환협정

조세조약이 없는 경우에도 조세정보교환협정을 체결하여 금융정보 등을 교환한다.

1. 시행국(12): 쿡제도('12.3.5.), 마셜제도('12.3.9.), 바하마('13.7.15.), 버뮤다('15.2.13.), 저지('16.11.21.), 영국령버진제도('16.11.21.), 사모아('16.1122.), 건지('16.12.21.), 안도라(16.12.31.), 모리셔스('17.4.13.), 바누아투('17.6.8.), 코스타리카('18.11.13.)
2. 가서명국(3): 라이베리아('10.6.17.), 세인트루시아('10.7.14.), 마카오('16.2.15.)

(2) 다자간 조세행정공조협약 및 다자간 금융정보자동교환협정

한국은 OECD 회원국 중심의 조세행정에 관한 정보교환·징수협조를 목적으로 하는 '다자간 조세행정공조협약(Multilateral Convention on Mutual Administrative Assistance in Tax Matters)'에 가입하여 2012.7.1.부터 시행하고 있다. 또한, 한국은 OECD표준모델 이행을 위한 다자간 금융정보자동교환협정(Multilateral Competent Authority Agreement on Automatic Exchange of Financial Account Information)에 서명하였다. 이 협약 및 협정의 대상국은 OECD 'Automatic Exchange of Information - Exchange relationships'에서 확인할 수 있다.

또한, 한국은 미국과 금융정보자동교환협정을 체결하여 2015년 9월부터 매년 9월에 정기적으로 금융계좌정보를 상호교환하고 있다.

3. 국제기구 등에 대한 면세

1951.9.21. 국제연합과 행정협정을 체결하여 국제연합에 대하여 직접세 및 관세를 면제한다.(국일 46017-175, 1996.4.2.) 한국은 일반적으로 국제기구들에 가입하면서 다자조약 또는 행정협정의 형식으로 그 국제기구들의 업무와 관련된 활동, 재산, 소득 및 기타 자산에 대하여 직접세 및 관세를 면제한다. 다만, 간접세와 증권거래세는 면제되지 않으며, 공과금이나 공공시설 사용료도 면제되지 않는다.

한미주둔군지위협정(SOFA)에 따라 미군은 국내원천소득에 대하여 면세되며, 한미교육위원단도 행정협정에 따라 면세된다.

4. 다자조약(Multilateral Conventions)

4.1 다자조약의 소개

1983년 조인된 '소득과 자본에 관한 노르딕조약(Nordic Convention)'은 덴마크, 핀란드, 아이슬란드, 노르웨이, 스웨덴, 파로아일랜드 간에 체결되었는데, 회원국 그룹 간의 다자조약에 대한 실제적인 보기를 보여주었고 OECD모델조약의 조항을 매우 비슷하게 계수하였다.(OE §i-38) 안데스 국가 간 조세조약(the convention for the avoidance of double taxation among members of the andean group)은 볼리비아, 콜롬비아, 에쿠아도르, 페루, 베네주엘라 등 안데스지역 국가들이 1980년 체결하였다. 또한 OECD에서 초안이 준비되고 유럽의회(Council of Europe)에서 기초한 '조세문제에 대한 상호행정협조에 관한 조약(convention on mutual admini-strative assistance in tax matters)'이 있는데, 이는 1995.4.1. 발효되었다. OECD BEPS 다자조약을 포함하는 이러한 다자조약에도 불구하고 모든 국가들을 포함하는 다자간 조세조약의 체결은 현재 실용적인 해결방안이 되지 못하며 상당한 시간이 흘러야 할 것이다. 따라서 양자조세조약이 국제수준에서 이중과세를 방지하는데 더 적절한 방식이며 다자조약은 양자조세조약을 제약하는 역할을 할 뿐이다.(OE §i-40)

4.2 세원잠식 · 소득이전방지(BEPS) 다자조약

OECD는 '세원잠식과 소득이전 방지목적의 조세조약 관련조치 이행을 위한 다자조약'(multilateral convention to implement tax treaty related measures to prevent base erosion and profit shifting)을 추진하였으며, 이는 OECD/G20 BEPS프로젝트 보고서에 따라 조약의 시행을 진행하기 위해 초안이 작성되었고 2018.7.1. 발효되었다.(OE §i-39 후단) 2025년 12월 현재 102개국이 서명하였으며, 대상국은 OECD 'Automatic Exchange of Information - Exchange relationships'에서 확인할 수 있다.

(1) 한국의 BEPS 다자조약 가입 현황

한국은 2020년 5월 OECD에 BEPS 다자조약의 비준서를 기탁했으며 2020.9.1. 발효되었다. 이에 따라, 한국이 체결한 양자조약의 체약상대국과 한국이 모두 다자조약에 가입하는 경우 그 양자조약에 대하여 다자조약의 규정이 적용된다.

BEPS 다자조약은 제1장 범위 및 용어의 해석, 제2장 혼성불일치(hybrid mismatches), 제3장 조약 남용(treaty abuse), 제4장 국내사업장 상황의 회피(avoidance of permanent establishment status), 제5장 분쟁해결의 개선(improving dispute resolution), 제6장 중재(arbitration), 제7장 최종규정(final provisions)으로 구성된다. 한국은 BEPS 다자조약의 조약남용방지규정(7조), 상호합의절차(16조) 및 대응조정(17조) 조항을 제외한 대부분 조문에 유보(reservation) 및 입장(position)을 표명하였다. 이러한 유보 등은 한국 및 체약상대국의 국내법이 개정되면서 점차 줄어들게 된다. 한국의 조문별 유보 또는 입장은 다음과 같다.

- 3조(투과기업) : 조문 전체 유보
- 4조(이중거주단체) : 조문 전체 유보
- 5조(이중과세방지 방법의 적용) : 조문 전체 유보
- 6조(대상조세조약의 목적) : 73개 양자조약이 유보 범위에 있지 않으며 6조 2항에 따른 서문 문장을 포함
- 7조(조약 남용 방지) : 다음 양자조약은 유보의 대상이 아니며 7조 2항에 해당하는 규정을 포함 ⇒ 아제르바이잔(10조 6항, 11조 8항, 12조 7항, 13조 6항, 21조 4항), 바레인(27조), 브루나이(27조), 칠레(11조 7항, 12조 7항), 콜롬비아(26조 1항 가호, 나호), 조지아(10조 6항, 11조 9항, 12조 7항, 13조 6항, 21조 5항), 홍콩(26조 1항), 인도(28조 2항), 케냐(28조 1항), 쿠웨이트(28A조), 멕시코(11조 제9항, 12조 7항), 오만(10조 6항, 11조 9항, 12조 7항, 22조 3항), 파나마(27조 1항), 파푸아뉴기니(11조 9항), 페루(27조 1항), 폴란드(22A조 1항), 카타르(의정서 4항), 사우디아라비아(27조), 세르비아(28조 1항), 우크라이나(11조 9항, 12조 6항), 영국(10조 6항 · 7항, 11조 10항 · 11항, 12조 7항 · 8항, 22조 4항 · 5항), 우루과이(28조)
- 8조(배당 이전 거래) : 조문 전체 유보
- 9조(부동산에서 주로 가치를 발생시키는 단체의 주식 또는 지분의 양도소득) : 9조 1항 유보
- 10조(제삼국에 소재한 국내사업장 남용방지규정) : 조문 전체 유보
- 11조(당사국의 자국 거주자 과세권의 제한을 위한 조세조약의 적용) : 조문 전체 유보
- 12조(위탁대리인 계약 및 유사 기법을 통한 국내사업장 지위의 의도적 회피) : 조문 전체 유보
- 13조(특정활동 면제를 통한 국내사업장 지위의 의도적 회피) : 조문 전체 유보
- 14조(계약의 분할) : 조문 전체 유보
- 15조(기업에 밀접히 관련된 사람의 정의) : 12조 제4항, 13조 6항 가호 또는 다호 유보. 또한, 14조 3항 가호에 따른 유보가 적용되는 양자조약에 15조 전체 유보
- 16조(상호합의절차) : 73개 양자조약이 16조 4항 가호 1목에 해당하는 규정을 포함
- 16조 1항 첫째 문장에 언급된 사안을 대상조세조약 규정에 부합하지 않는 과세결과를 초래하는 조치의 최초 통보일부터 3년 미만의 기간 내에 제출하도록 정하는 규정을 포함하는 양자조약 : 이태리(25조 1항 둘째 문장), 필리핀(25조 1항 둘째 문장), 포르투갈(25조 1항 둘째 문장), 카타르(24조 1항 둘째)

- 73개 양자조약이 16조 1항 첫째 문장에 언급된 사안을 대상조세조약 규정에 부합하지 않는 과세결과를 초래하는 조치의 최초 통보일부터 최소 3년에 해당하는 기간 내에 제출하도록 정하는 규정을 포함
- 16조 4항 나호 1목에 해당하는 규정을 포함하지 않는 양자조약 : 멕시코, 미국
- 16조 4항 나호 2목에 해당하는 규정을 포함하지 않는 양자조약 : 벨기에, 칠레, 덴마크, 프랑스, 아일랜드, 이태리, 카자흐스탄, 말레이시아, 멕시코, 네덜란드, 파푸아뉴기니, 필리핀, 포르투갈, 루마니아, 슬로바키아, 스페인, 영국, 미국, 베트남
- 16조 4항 다호 1목에 해당하는 규정을 포함하지 않는 양자조약 : 벨기에, 프랑스, 미국
- 16조 4항 다호 2목에 해당하는 규정을 포함하지 않는 양자조약 : 호주, 벨기에, 칠레, 콜롬비아, 아일랜드, 이태리, 우크라이나, 영국, 미국
- 17조(대응조정) : 17조 2항에 해당하는 규정을 이미 포함하는 다음 양자조약(9조 2항)에 17조 전체 적용하지 않음 : 알제리, 호주(9조 5항), 아제르바이잔, 바레인, 브루나이, 불가리아, 캐나다, 칠레, 콜롬비아, 크로아티아, 에스토니아, 가봉, 조지아, 그리스, 홍콩, 아이슬란드, 인도, 인도네시아, 이스라엘, 요르단, 카자흐스탄, 케냐, 쿠웨이트, 라트비아, 리투아니아, 룩셈부르크, 몰타, 몽골, 모로코, 오만, 파나마, 파푸아뉴기니, 페루, 폴란드, 카타르, 루마니아, 사우디아라비아, 세르비아, 슬로베니아, 남아공, 태국, 우크라이나, 아랍에미리트, 영국, 우루과이

(2) BEPS 다자조약의 조문 목차

제7장 최종 규정(final provisions)

제27조 서명 및 비준, 수락 또는 승인(signature and ratification, acceptance or approval)
제28조 유보(reservations)
제29조 통보(notifications)
제30조 대상조세조약의 사후 개정 (subsequent modifications of covered tax agreements)
제31조 당사국 회의(conference of the parties)
제32조 해석 및 이행(interpretation and implementation)
제33조 개정(amendment)
제34조 발효(entry into force)
제35조 효력발생(entry into effect)
제36조 제6장의 효력발생(entry into effect of part VI)
제37조 탈퇴(withdrawal)
제38조 의정서와의 관계(relation with protocols)
제39조 기탁처(depositary)

III 조세조약의 대상조세, 용어 및 발효

1. 조세조약의 대상조세

대부분 조세조약에서 대상조세와 용어를 정의한다. 이는 조세조약에 의해 취급되는 체약국의 조세종목을 확정하고 조약에 의해 취급되는 조세와 관련한 용어와 술어를 더 보편·명료하게 하기 위한 것이다. 또한 조세조약과 체약국 국내세법의 조화를 이루고, 가능하면 체약국의 정치적 하부조직이나 지방자치단체가 부과하는 조세를 포함하여 조약 적용범위를 넓히며, 체약국 국내법이 바뀔 때마다 새로운 조약을 체결할 필요성을 피하기 위한 것이다. 그리고 조세조약에서는 한 체약국의 세법상 중요변화를 체약상대국에게 통보할 의무를 규정한다.(OE §2-1)

1.1 과세주체

> OECD모델 2조 1항: 이 조약은 조세가 부과되는 방법 여하에 불구하고 각 체약국 또는 정치적 하부조직 또는 지방자치단체가 부과하는 소득 및 자본에 대한 조세에 대하여 적용한다.

국가는 과세권을 행사한다. 실무적으로 과세권은 다양한 과세당국에 의해 행사되는데, 이에는 국가 자체, 정치적 하부조직 또는 지방자치단체가 있다. 과세방법은 조약적용에 있어 중요하지 않은데 소득과 자본에 관한 조세라면 종합과세나 원천징수, 가산세나 가산금 또는 소득할 조세(centiems additionnels) 여부에 상관없이 모두 조약 적용대상이 된다.(OE §2-2)

1.2 대상조세

(1) 대상조세의 포괄적 정의

> OECD모델 2조 2항: 자본평가세(taxes on capital appreciation)는 물론 동산 또는 부동산의 양도로 인한 소득, 기업이 지불한 급여나 임금의 전체액에 대한 조세를 포함하여 소득 및 자본의 전부 또는 일부 요소에 대하여 부과되는 모든 조세는 소득 및 자본에 대한 조세로 본다.

2항은 소득과 자본에 대한 조세를 정의한다. 그러한 조세는 전체소득이나 요소소득, 전체자본이나 요소자본에 대한 조세로 구성된다. 또한 자산평가(appreciation)는 물론 동산, 부동산의 양도로 수취한 소득(profit)과 이득(gains)을 포함한다. 이 정의는 부담자(undertakings)가 지급하는 임금이나 급여의 전체액에 대한 조세(근로소득세)로 확장된다.(OE §2-3 전단)

일반적으로 간접세와 상속·증여세는 조세조약의 범위에서 제외된다. 간접세와 상속·증여세의 경우 별도의 조세조약을 체결하는 국가들이 있다.

유럽 국가들을 제외한 대부분 국가들은 자본에 대한 조세가 없으므로, 한국이 체결한 대부분 조세조약에서 '자본에 대한 조세'는 제외된다.

Profit, Gain, Income

모두 소득으로 번역되는 profit, gain, income은 개념의 차이가 있다. profit은 사업소득을 말하며, gain은 자산의 평가나 처분으로 인한 차익을 말한다. income은 이 2가지 이외에 비용공제가 허용되지 않는 이자, 배당, 사용료 등에 사용된다.

① 사회보장 부담금

사회보장 부담금이나 부과와 개인적 수혜가 직접적 연관이 되는 기타부담금은 '임금 전체액에 대한 조세'에 해당하지 않는다. 이에는 연금기여금, 의료보험료, 산업재해보험료 등이 있다.(OE §2-3 후단)

② 가산세와 가산금 등

조약상 소득이나 자본의 종목을 과세할 권리를 가진 한 체약국은 법에 따라 이를 과세할 수 있는 동시에 부가금(increases), 비용, 이자, 가산세 등의 부수되는 의무나 부과금 등을 부과할 수 있다. 이를 조항에 특정할 이유는 없다고 보는데, 과세권을 가진 한 체약국은 또한 주된 의무와 관련되는 부수적인 의무나 부과금을 부과할 수 있다는 점은 분명하기 때문이다. 그런데 대부분 국가들은 조약대상 조세에 부수적인 이자나 가산세는 그 자체로 조약의 범위에 포함된다고 생각하지는 않으며, 이에 따라 그러한 이자(interest)나 가산세(penalties)를 보통 원천지국의 제한세율 및 거주지국의 이중과세방지 의무와 같은 원천지국(또는 소재지국) 또는 거주지국의 과세권과 관련한 모든 규정들이 적용되는 대가로 보지 않는다. 그럼에도 불구하고, 상호합의에 의해 과세가 취소되거나 경감되는 경우, 상호합의에 따라 구제되는 과세와 직접적으로 관련되면 그 과세(즉, 조세부담)에 부수되는 이자 및 행정적 가산세(administrative penalties)는 취소되거나 경감되어야 한다. 예를 들면, 추가부담이 쟁점 조세채무의 금액을 기준으로 계산되며 관할당국들이 쟁점 과세의 일부 또는 전부가 조약의 규정에 어긋난다고 합의하는 경우이다. 또 한 가지 예를 들면, 이전가격조정을 이유로 가산세를 부과하고 그 이전가격조정이 9조 1항에 위배되는 이유로 취소되는 경우이다.(OE §2-4)

③ 특별세

일반적으로 조세조약에서는 보통세(ordinary tax)나 특별세(extraordinary tax)를 구분하여 규정하지 않는다. 경험적으로 볼 때 특별세는 일반적으로 매우 특수한 상황에서 부과된다. 게다가 이들을 정의하는 것도 어렵다. 이러한 조세는 여러 이유로 특별할 수 있는데 과세주체, 과세방식, 세율, 과세대상 등이 다를 수 있다. 그렇기 때문에 조세조약에 특별세를 포함하는 것은 어려운 일이다. 다만, 체약국에 따라서는 특별세를 규정하는 경우도 있다.(OE §2-5)

(2) 대상조세의 열거적 정의

OECD모델 2조 3항: 이 조약이 적용되는 현행 조세는 특히 다음과 같다.
ⓐ A국에서 …
ⓑ B국에서 …

앞에서 살펴본 바와 같이, 2항이 있는 경우에는 3항의 열거는 전체적인 것이 아니며 2항에 대한 예시이다. 그렇지만 원칙적으로 이 목록은 서명시 각국에서 부과하는 조세로서 조약대상이 되는 조세의 완전한 목록을 보여주어야 한다.(OE §2-6) 조세조약에 1항과 2항을 포함하지 않는 국가의 경우, 조약이 적용되는 각국의 조세를 전부 열거하는 한편, 열거된 조세와 비슷한 조약체결 이후의 조세에도 조약을 적용하는 규정을 두기도 한다.(OE §2-6.1)

조세조약은 일반적으로 대상조세를 정의하는 조항을 가진다. 일반적으로 대상조세를 정의하는 조항(OE §2)의 1항, 2항 및 3항을 비교할 때 1항은 전체적인 견지에서 조약이 소득과 자본에 대한 조세에 적용됨을 선언하며, 2항은 이러한 소득과 자본에 대한 조세를 포괄적으로 규정하는 한편, 3항은 체약국의 소득과 자본에 대한 조세를 구체적으로 열거한다. 대상조세를 포괄적으로 규정하는 2항이 있는 경우 대상조세를 구체적으로 나열하는 3항은 예시규정이다. 따라서 3항에 예시되지 않는 조세에 대하여도 조약을 적용해야 한다. 그러나 2항이 없는 경우에는 3항은 열거규정이며, 이때에는 3항에 열거되지 않는 조세에 대하여는 조약이 적용되지 않는다. 실제로 조세조약에서 1항과 2항이 생략되는 경우가 있다.

| 대상조세를 정의하는 조항의 2항 및 3항의 관계 |

구 분	3항만 있는 경우	2항, 3항이 모두 있는 경우
조항의 성격	3항은 열거규정	2항은 포괄적 규정, 3항은 예시규정
적용 방법	3항에 열거된 조세에만 조약 적용	3항에 열거되지 않은 조세에도 조약 적용
조세조약	뉴질랜드, 말레이시아, 미국, 스웨덴, 싱가포르, 아일랜드, 일본, 캐나다, 태국, 프랑스, 호주	그 외의 체약국들

대상조세의 정의는 조세조약을 실제적으로 적용하는 데 필요하다. 조세조약이 있는 경우 각 소득종류별로 제한세율이 적용된다. 이때 대상조세의 범위에 따라 실제 납부세율에서 차이가 나게 된다. 예를 들면, 지방세가 포함될 경우 소득세와 지방세의 합계액에 대하여 제한세율을 계산하며 그렇지 않은 경우 지방세는 별도로 납부해야 한다. 이에 대하여 원천징수에서 자세히 설명한다.

한국이 체결한 대부분 조세조약은 소득세, 법인세, 지방소득세 및 농어촌특별세를 대상조세로 한다. 그러나 일부 조세조약(의정서 포함)에서는 지방소득세 또는 농어촌특별세를 대상조세에서 제외한다. 자본에 대한 조세를 대상조세에 포함시키는 경우가 있다. 또한, 국제운송소득에 대한 부가가치세 면세를 규정하는 조세조약이나 행정협정도 있다.

1.3 세법 개정사항의 통지

> OECD모델 2조 4항: 이 조약은 조약의 서명일 이후 현행 조세에 추가 또는 대체하여 부과되는 동일하거나 실질적으로 비슷한 조세에 대하여도 또한 적용된다. 양 체약국의 관할당국은 매년 말 자국 세법에서 이루어진 개정사항을 상호 통지한다.

(1) 개정사항의 통지

앞에서 살펴보았듯이, 조세조약의 3항이 열거규정인 경우 조약체결 이후 체약국의 기존 조세에 대치되거나 추가되어 부과되는 동일 또는 실질적으로 비슷한 모든 조세에 조약이 적용된다는 점을 명백히 할 필요가 있다.(OE §2-7) 이 경우 개정사항의 통지조항이 필요하다. 각국은 세법상 모든 중요변화를 상대방에게 알려주어야 하는데, 즉 새로운 조세나 대체되는 조세의 내용을 통보해야 한다.

조세조약에서는 세법의 '실질적인 개정사항(substantial changes)'이나 '중요한 개정사항(significant changes)'을 상호통지한다는 표현을 쓰는데, 이는 세법의 모든 변경사항이 아니라 실질적으로 세법의 중요한 변화를 초래하는 변경사항을 의미한다. 그러므로 단순한 사항의 변경은 통지대상이 아니다.

(2) 기타 변경사항의 통지

조세조약의 원활한 집행을 위해서는 세법 개정사항뿐만 아니라 다른 중요한 변경사항도 통지하는 것이 적절하다. 새로운 시행령(regulations)이나 사법판결(judical decisions) 등이 이에 해당한다. 많은 국가들이 이미 이러한 통지를 한다. 조세조약에 따라서는 통지대상에 조약상 의무에 영향을 주는 다른 법률의 중요한 변화를 포함하는 경우도 있다.(OE §2-8)

2. 조약상 용어의 정의

일반적으로 각국이 사용하는 조세용어는 대부분 유사하지만, 일부 용어는 각국 조세제도 내에서 고유한 의미를 갖는 경우도 있으므로 용어에 대한 정의는 중요하다. 대부분의 조세조약은 조약에서 쓰이는 일반적 용어를 정의하는 규정을 둔다.

2.1 용어의 정의

(1) 회사(company)

OECD모델 3조 1항 b) 회사(company)는 법인체(body corporate)나 조세목적상 법인체로 취급되는 모든 형태의 단체(entity)를 의미한다.

'회사(company)'는 개인(individual)이 아닌 인적단체를 의미하며, 등기법인과 의제법인을 포괄하는 용어이다. 또한 이 용어는 소재하는 국가의 세법에 따라 법인체로 취급되는 모든 과세단위에 적용된다. 이 정의는 배당소득과 특별한 관련이 있다. '법인'은 자회사의 국내사업장, 배당소득, 이사보수 및 조약혜택의 제한과 관련하여 사용된다.(OE §3-3)

(2) 기업(enterprise)

OECD모델 3조 1항 c) 기업(enterprise)은 모든 사업의 수행(carrying on)을 말한다.
d) 한 체약국의 기업과 체약상대국의 기업은 각각 한 체약국의 거주자에 의해 수행되는 기업과 체약상대국의 거주자에 의해 수행되는 기업을 의미한다.

사업활동이 기업을 통해 수행되는 것으로 볼 것인지 아니면 사업활동 자체를 기업으로 볼 것인지 여부는 항상 체약국 국내법 규정에 따라 해석되어 왔다. 따라서 대부분 조약에서는 기업에 대한 명확한 정의가 없다. 다만, '기업'은 사업의 수행에 적용된다는 정도로 규정한다. 조세조약에서 사업(business)이 전문적 인적용역이나 기타 독립적 성격의 활동을 포함하는 경우, 국내법에 다른 정의가 있다 해도 이들의 활동 또한 기업에 해당함은 분명하다. 사업과 독립적 인적용역을 구분하는 일부 조약의 경우에는 기업에 대한 정의를 생략하기도 한다.(OE §3-4)

기업은 국내세법상 '사업자'와 친한 개념으로 법인사업자와 개인사업자를 포함한다. 따라서 조세조약 규정이 기업에 한정하여 적용되는 경우 사업자에 해당하지 않는 영리 목적이 없는 비영리법인이나 개인은 적용대상에서 제외된다.

(3) 권한 있는 당국(competent authority)

> OECD모델 3조 1항 f) 권한 있는 당국은 아래와 같이 의미한다.
> i) A국 재정경제부장관 또는 그의 권한을 위임받은 대리인
> ii) B국 재무부장관 또는 그의 권한을 위임받은 대리인

일부 국가에서는 조세조약의 집행이 최고 재무당국의 권한이 아니며, 어떤 문제는 하위기관에 유보되거나 위임된다. 이러한 사실을 염두에 두고 '권한 있는 당국'의 정의가 이루어진다. 현재의 정의는 각 체약국이 권한 있는 하나 이상의 당국을 지정할 수 있도록 한다.(OE §3-7)

한국의 권한 있는 당국은 '재정경제부장관 또는 그의 권한을 위임받은 자(국세청장)를 말하며, 체약상대국의 경우 조세조약에서 권한 있는 당국으로 지정된 자를 말한다.(국조법 §2 ① 9호)

각국의 정부조직은 다르지만 조세조약과 관련한 일반적 권한은 재무부장관이 가지며, 실무적 집행권은 국세청장이 가지는 것이 보통이다. 영연방국가인 영국, 캐나다, 호주 등은 국세청장이 일반적 권한을 가진다. 여기서 일반적 권한은 조약의 체결 및 개정, 조약의 해석, 국내세법의 통지 등을 의미하며, 실무적 집행권은 상호합의, 정보교환 등 구체적 과세사안에 대한 처리를 의미한다.

(4) 국민(national)

> OECD모델 3조 1항 g) 국민(national)은 아래와 같이 의미한다.
> i) 한 체약국의 국적을 소유한 개인
> ii) 한 체약국에서 유효한 법률에 의해 그 자격을 부여받은 법인, 파트너십, 조합

'국민'은 우선적으로 한 체약국 국적이나 시민권을 가진 개인을 의미한다. 사실상 조세조약에서 국적의 정확한 정의를 포함하는 것은 필요하지 않다. '한 체약국 국민'의 의미를 결정할 때 그 용어의 통상적 의미와 각국의 국적부터 시민권의 취득과 상실에 관한 실정법에 있는 의미를 고려해야 한다.(OE §3-8)

법인, 파트너십(partnership), 조합(association)의 경우도 국민의 범위에 해당할 수 있다. 체약국 국내법에 따라 자격을 취득한 법인, 파트너십, 조합은 국민으로 간주되며 이는 회사의 국적을 결정할 때 자주 일어나는 문제를 해결하기 위한 것이다. 회사 국적을 정의할 때 국가에 따라서는 회사를 규율하는 법보다는 회사를 형성한 자본의 원천이나, 회사를 지배하는 개인이나 법인의 국적을 더 고려하는 경우도 있다.(OE §3-9)

회사와 해당 법에 따라 회사가 설립된 국가 사이에 생성된 법적 관계를 보면, 어떤 면에서는 개인의 국적관계와 유사하므로 법인, 파트너십, 조합을 특별규정에서 취급할 것이 아니라 '국민'이라는 용어에서 개인과 회사를 같이 취급하는 것이 타당하다.(OE §3-10) 파트너십을 기타단체(other entity)로 보는 경우 파트너십을 법인으로 취급하는 것은 적절하지 않을 수 있다. 일부 국가에서 기타단체를 세무상 사람으로 보지만 '법인이 아닌 개인'으로 간주하기 때문이다. 따라서 이러한 경우에는 혼란을 피하기 위해 명백한 언급이 필요하다.(OE §3-10.1)

'국민'은 거주자, 연금소득 및 차별금지 조항에서 사용된다. 한국의 양자조약은 대부분 국민을 '한국의 국적을 가진 개인과 한국에서 시행되고 있는 법에 따라 그러한 지위를 부여받은 법인, 조합 또는 단체'로 정의한다. 이 경우 '시행되고 있는 법'은 국적이나 법인등기에 관한 법률인 국적법, 상법, 민법뿐 아니라 의제법인에 대하여 규정하는 세법까지 포함한다.

한국은 러시아, 태국, 호주를 제외한 대부분 양자조약에서 국민의 정의를 규정한다. 러시아 등의 경우에도 거주자 조항 등에서 국민을 언급하여 다른 조약과 특별한 차이가 없다. 미국과의 조세조약에서는 국민 대신 '시민(citizen)'이라는 표현을 쓴다.

2.2 체약국 세법 용어의 적용

OECD모델 3조 2항: 한 체약국이 이 조약을 적용할 때, 이 조약에 정의되어 있지 않은 용어는 문맥에 따라 달리 해석되지 않는 한, 또는 관할당국들이 25조의 규정에 따라 다른 의미를 가진 것으로 합의하지 않는 한, 이 조약이 적용되는 조세에 관한 체약국 법에 따른 의미를 가진다. 그 의미는 그 국가의 다른 법률상 용어에 주어진 의미에 우선하는 그 국가의 적용세법상 의미이다.

조약에서 정의되지 않은 용어의 사용과 관련하여 다음과 같은 일반원칙이 적용된

다.(OE §3-13)

1. 조약에 정의되지 않은 용어를 조약체결 후에 국내법에서 수정함으로써 조약을 무력화해서는 안 되므로 조약을 체결할 때 체약국들이 한 합의의 영속성을 보장해야 함.
2. 이미 구시대의 것이 되어버린 개념을 참조하지 않음으로써 시간이 흐르더라도 조약을 편리하고 실용적인 방법으로 적용하도록 해야 함.

(1) 조약적용 당시 세법 용어의 우선

조약에 정의되지 않은 용어의 의미를 결정하기 위해 어떤 법률을 참조해야 하는가에 대해 아래와 같은 2가지 견해가 있다. 일반적으로 조약적용 당시 유효한 법률의 용어가 우선해야 한다는 견해가 유력하다.(OE §3-11)

1. 조약 서명 당시 유효한 법률을 적용
2. 조약적용 당시, 즉 조세 부과시 유효한 법률을 적용

조약에서 정의되지 않은 모든 용어의 의미는 세법 여부와 상관없이 체약국 국내법의 관련 규정상 의미를 참조하여 명확히 할 수 있다. 그러나 한 용어가 체약국의 서로 다른 국내 법률에서 다르게 정의된다면, 조약이 적용되는 조세를 부과하는 세법의 용어해석이 다른 세법상 주어진 의미나 기타 법률에 우선한다.(OE §3-13.1) 국내세법도 이를 확인하는데, 조세조약에서 용어 및 문단에 대하여 정의하지 아니한 경우에는 세법에서 정의하거나 사용하는 의미에 따라 조세조약을 해석·적용한다.(국조법 §5)

(2) 상호합의 또는 국내법 용어의 적용

조세조약에서 정의하지 아니한 용어 및 문단에 대해서는 세법에서 정의하거나 사용하는 의미에 따라 조세조약을 해석·적용한다.(국조법 §5) 또한, 국제거래에 적용되는 국조법의 규정에서 특별히 정하지 아니한 용어에 관하여는 조세특례제한법 제2조 제1항에 따른 용어의 예와 같은 법 제3조 제1항 제1호부터 제12호까지, 제18호 및 제19호에 규정된 법률에 따른 용어의 예에 따른다.(국조법 §2 ②)

정의되지 않은 용어의 일반적 의미에 대하여 관할당국들이 상호합의를 통해 합의하는 경우, 어떤 용어가 조약에 정의되고 그 의미가 사용되는 맥락이 국내법의 의미와 다른 경우와 마찬가지로 그 용어의 국내법상 의미는 적용되지 않는다는데 의문의 여지가 없다. 그런데 일부 국가들은 이러한 예외는 상호합의에 따라 합의된 사항에 대하여만 적용되어야 한다는 입장이다. 다른 국가들은 국내법에 따라 국내법에 있는 용어의 의미를 사용하는 것을 막을 수 있는 용어의 의미에 합의할 권한이 관할당국에게는 없다는 견해이다.(OE §3

-13.2) 정의되지 않은 용어는 그 맥락에서 달리 해석될 이유가 없고 관할당국들이 상호 합의에 따라 다른 의미에 합의하지 않는 경우에만 국내법상 의미를 적용할 수 있다. 조세조약의 조항은 양 체약국의 국내법상 용어에 맞게 구성되어야 하는데, 이는 조약이 성립되기 위해서는 상호주의원칙에 따라 양 체약국 간의 내면적 소통이 이루어져야 하기 때문이다. 그러므로 조약조항의 해석에 있어 관할당국은 조약체결 당시의 의도에 맞추어 해석할 재량이 있다.(OE §3-12)

3. 조세조약의 발효(Entry into Force) 및 종료(Termination)

OECD모델 31조 1항: 이 조약은 비준되고, 비준서는 가능하면 빨리 …… 에서 교환된다.
OECD모델 31조 2항: 이 조약은 비준서의 교환으로 발효되며, 그 규정은 아래와 같이 적용한다.
a) A국에서 ……
b) B국에서 ……
OECD모델 32조: 이 조약은 한 체약국에 의해 종료될 때까지 효력을 가진다. 각 체약국은 외교경로를 통해 … 년 후에 매 역년 종료 최소한 6개월 이전에 종료를 통고함으로써 이 조약을 종료시킬 수 있다. 그러한 경우 이 조약은 아래와 같이 효력을 상실한다.
a) A국에서 ……
b) B국에서 ……

일반적 국제조약에 통상적으로 포함되는 원칙들은 조세조약의 발효(entry into force), 비준(ratification) 및 종료(termination) 절차에 대한 규정에도 마찬가지로 적용된다.(OE §31, 32-1)

대부분 국가들은 조약을 발효하기 위해 입법기관의 비준을 요한다. 또한 일부 조약은 각국이 발효에 필요한 절차를 완료하였음을 확인하는 비망록의 교환 후 조약이 발효된다고 명시한다.(OE §31,32-2) 이 경우 비준서 교환 후 일정 기간이 경과하거나, 각국이 발효에 필요한 절차를 완료하였음을 확인한 후에 조약이 효력을 발생한다.(OE §31,32-3)

조약이 유효하게 적용되는 시점은 개별조약마다 다른데, 이는 각국 국내세법의 영향을 받기 때문이다. 일부 국가는 여러 연도의 소득을 합산하여 과세하고 일부 국가는 직전 연도의 소득에 대하여 과세하며, 또 다른 국가들은 역년과는 다른 회계연도를 적용한다. 또한 일부 조약들은 원천징수조세와 종합과세조세에 적용되는 조약 적용일을 달리 규정한다.(OE §31,32-4)

조약은 일정 기간 동안 효력을 지속하는 것이 바람직하므로 종료의 통지는 일정 연도를 지나서 할 수 있다. 체약국에 따라서는 종료 통지기간을 줄이거나 연도 제한을 두지 않는 경우도 있다.(OE §31,32-5)

Chapter 02

2 조세조약의 범위, 거주지국 판정

1. 과세권의 인적 · 지역적 범위

1.1 과세권 행사의 인적 · 지역적 범위

국가의 통치권은 사람을 기준으로 하는 속인주의 또는 영토를 기준으로 하는 속지주의에 따라 행사된다. 국가의 과세권도 이러한 범주에서 논의되는데, 거주지국 과세원칙과 원천지국 과세원칙이 그것이다. 이를 조세의 관점에서 순자산증가설(무제한과세)이나 소득원천설(제한과세)로 표현하기도 한다.

| 국제적 과세원칙 |

사법(私法)적 관점	조세적 관점	경제적 효과
속인주의	거주지국 과세 (국적지국 과세)	자본수출 중립성
속지주의	원천지국 과세	자본수입 중립성

거주지국 과세원칙과 원천지국 과세원칙 중 하나만을 적용하는 국가는 없다. 보통 거주자에게는 거주지국 과세원칙을 적용하여 종합과세한다. 비거주자에게는 원천지국 과세원칙을 적용하여 국내원천소득에 대하여만 과세하는데, 이는 과세관할권에 소득 및 재산이 있으면 과세한다는 지불능력이론(faculty theory)에 근거한 것이다. EU, 캐나다, 호주는 국외원천 사업소득에 대하여 면세하는데 이는 거주지국 과세원칙을 적용하면서 소득공제방법을 적용하는 것으로 이해할 수 있다. 국적지국 과세원칙을 채택하는 국가는 비거주자인 국민의 국외소득을 과세하는데, 이는 조세를 정부의 수혜에 대한 대가로 보는 교환이론(exchange theory)에 근거한 것이다.

(1) 과세권 행사의 인적 범위

거주자 · 내국법인은 모든 국내외소득(worldwide income)에 대하여 납세의무를 지며, 비거주자 · 외국법인은 국내원천소득에 대하여만 납세의무를 진다.

| 과세권 행사의 인적범위 |

구 분	과세 범위
거주자 · 내국법인	거주자 · 내국법인에게 귀속되는 국내원천소득 및 국외원천소득
비거주자 및 외국법인	비거주자 및 외국법인에게 귀속되는 국내원천소득

(2) 과세권 행사의 지역적 범위

한 국가의 과세권은 그 국가의 영토 내에서 행사된다. 거주지국 과세원칙의 경우, 거주자의 국외원천소득을 과세하지만 이는 그 소득이 발생한 국가로 과세권을 확장하여 국외에서 과세한다는 의미가 아니라 국내에 거주하는 거주자에게 귀속되는 소득을 국내에서 과세한다는 뜻이므로 '영토 밖 과세'(extra territorial taxation)는 아니다.

국내세법에는 과세권을 행사할 수 있는 지역(국내)에 대한 정의가 없다. 과세권을 행사할 수 있는 '국내'란 헌법 제3조에 규정하는 '한반도와 그 부속도서(영토)'와 영해법에 규정하는 '12해리 수역(영해)'을 말한다. 배타적 경제수역법에 규정하는 '200해리 수역(배타적 경제수역)'은 과세권을 행사할 수 있는 영해가 아니다. 예를 들면, 일본법인이 한국의 배타적 경제수역 및 대륙붕에서 해저광케이블 설치공사를 수행하는 경우 한국의 과세권이 미치는 지역에 포함하지 않는다.(재국조 46017-101, 2001.6.13.)

1.2 조세조약 적용지역의 확대와 제한

(1) 적용지역의 확대(Territorial Extension)

OECD모델 30조 1항: 이 조약은 그대로 또는 필요한 수정을 가하여 [이 조약의 적용으로부터 특히 배제되는 A국이나 B국의 일부지역에 또는] A국이나 B국이 국제관계에 책임을 지는 어떤 특정국가 등으로서, 이 조약이 적용되는 조세와 본질적으로 비슷한 성격의 조세를 부과하는 국가나 지역에 확대 적용된다. 이러한 적용지역 확대는 외교적 경로를 통해 교환된 각서나 각각의 헌법절차에 따른 기타의 방법으로 체약국들 간에 명시하고 합의되는 대로, 그 날부터 효력을 가지며 종료에 관한 조건을 포함하여 그러한 수정사항과 조건에 따라 효력을 가진다.

OECD모델 30조 2항: 양 체약국에서 달리 합의되지 않으면, 32조에 따른 어느 한 국가에 의한

이 협약의 종료는, [A국 또는 B국 지역의 일부 또는] 이 조항에 의해 확장된 지역에 대한 적용도 32조에 따른 방법에 따라 종료시킨다.

'한 체약국'이나 '체약상대국'의 정의를 포함하거나 '체약국'의 정의에 대륙붕을 포함시키는 조세조약도 있다.(OE §3-1)

조세조약들은 대부분 적용지역을 명시한다. 또한 그 중 일부는 조약이 다른 지역에도 확대적용된다고 규정한다. 적용지역 확대는 외교비망록(diplomatic notes)의 교환으로도 효력이 발생되는데, 해외에 영토를 가지거나 다른 국가나 지역의 국제관계에 대한 책임을 지는 국가들에게는 특별한 의미가 있다. 또한 특별규정에 의해 조약적용으로부터 배제되었던 한 체약국의 일부지역에 조약규정이 확대되는 경우도 있다. 적용지역의 확대는 각국의 다양한 헌법적 수용절차에 따라 효력을 발생한다. 어떤 국가나 지역에 조약을 확대적용하기 위해서는 대상지역이 조약이 적용되는 국가와 성격상 실질적으로 비슷한 조세를 가져야 한다.(OE §30-1)

확대적용은 체약국 간 합의된 날짜에 합의조건에 따라 효력을 발생한다. 또한 조약종료는 체약국들이 달리 합의하지 않으면 자동적으로 조약이 확대된 국가나 지역에 대한 적용을 종료시킨다.(OE §30-2)

(2) 적용지역의 제한

한 국가에 의해 주권이 행사되지만 조세조약이 적용되지 않는 지역이 있다. 예를 들면, 홍콩 거주자에는 한중조세조약이 적용되지 않으며(재국조 46017-64, 1998.6.24.), 영국령 케이만 아일랜드의 거주자에 대하여는 한영조세조약이 적용되지 않는다.(서면2팀-1283, 2006.7.11.)

1.3 거주지국, 원천지국, 국내사업장 과세원칙

(1) 거주지국 과세원칙

'조세조약이 체약국의 거주자에게 적용된다'는 말은 대부분 국가들이 채택한 거주지국 과세원칙을 확인한 것이다. 이는 한 체약국의 거주자는 그 국가의 전속적인 과세관할에 속하고 따라서 다른 국가와 조세문제가 발생하는 경우 한 체약국이 이를 해결할 권한과 의무가 있음을 뜻한다.

① 거주지국의 배타적 과세권

OECD모델 1조 3항: 이 조약의 규정은 7조 2항, 9조 2항, 19조, 20조, 23A와 23B조, 24조, 25조 및 28조에 따라 부여된 혜택과 관련된 것을 제외하고는, 한 체약국이 거주자를 과세하는데 영향을 미치지 않는다.

이중과세방지규정과 같은 조약의 일부 규정들은 한 체약국이 자국 거주자를 과세하는 방법에 영향을 미칠 의도가 분명히 있지만, 조약의 대부분 규정들의 목적은 한 체약국이 체약상대국 거주자를 과세하는 것을 제한하기 위한 것이다. 그렇지만, 일부 제한된 경우에 있어 일부 규정들은 당초 의도는 아니지만 한 체약국이 자국 거주자를 과세할 권리를 제약하는 것(예 해외관계회사규정)으로 해석될 수 있다는 주장이 있다.(OE §1-17) 3항은 자국 거주자를 과세할 한 체약국의 권리를 제약하지 않는다는 조약의 일반원칙을 확인하며, 다만 이 원칙을 적용하지 않아야 할 이유가 있거나 예외규정들의 경우를 제외하고 있다.(OE §1-18) 이렇게 열거된 예외들은 조약에서 예상되는 한 체약국이 자국 거주자에게 조약혜택을 제공해야 하는 모든 경우를 포함한다. 이러한 혜택 또는 비슷한 혜택이 한 체약국의 국내법에 규정되는지 여부를 불문한다. 이러한 예외규정들에는 다음과 같은 것들이 있다.(OE §1-19)

- 한 체약국이 자국 기업에게 체약상대국이 7조 2항에 따라 그 기업의 국내사업장 소득에 부과한 조세액에 대한 1차 조정에 따라 대응조정을 하도록 하는 7조 3항
- 한 체약국이 자국 기업에게 체약상대국이 9조 1항에 따라 관계기업 소득에 부과한 조세액에 대한 1차 조정에 따라 대응조정을 하도록 하는 9조 2항
- 한 체약국 거주자인 개인이 체약상대국 정부, 정치적 하부조직 또는 지방정부에게 제공하는 용역에 대한 소득을 수취하는 경우 한 체약국이 그 개인에 과세하는 방법에 영향을 미치는 19조
- 한 체약국 거주자인 개인이 학생으로 20조의 요건을 충족하는 경우 한 체약국이 그 개인에 과세하는 방법에 영향을 미치는 20조
- 체약상대국이 조약에 따라 과세할 수 있는 소득(7조 2항에 따라 체약상대국에 소재하는 국내사업장에 귀속되는 소득 포함)에 대하여 한 체약국이 자국 거주자에게 허용하는 이중과세방지를 규정하는 23A조나 23B조
- 한 체약국의 일정한 조세차별행태(국적에 따라 두 사람을 차별하는 규정 등)에 대하여 한 체약국 거주자를 보호하는 24조
- 한 체약국 거주자가 조약에 부합하지 않는 과세사안을 한 체약국 관할당국이 검토하도록 요청할 수 있도록 하는 25조
- 한 체약국 거주자인 개인이 체약상대국의 외교사절이나 영사직 구성원인 경우 한 체약국이 그 개인을 과세하는 방법에 영향을 미치는 28조

체약국들이 양자조약에 포함시키기로 합의하는 규정들이 한 체약국 거주자의 과세에 영향을 미친다고 생각되는 경우, 3항에 포함되는 예외목록에 그 규정들을 모두 포함해야 한다. 예를 들면, 체약국들이 양자조약에 한 체약국의 사회보장법에 따라 지급되는 연금이나 기타 지급금은 한 체약국에서만 과세된다고 합의하였다면 양자조약에서 3항의 예외목록에 그 규정에 대한 언급을 포함해야 한다. 다른 사례로는 한 체약국 거주자가 되기 전에 국외연금기금에 가입한 개인에게 부여하기 위한 목적으로 만든 혜택을 규정한 경우가 있다.(OE §1-20)

3항과 조약의 다른 규정에서 사용되는 '거주자' 용어는 4조에서 정의된다. 한 사람이 양 체약국의 국내법에 따라 양 체약국 모두의 거주자로 간주되는 경우, 보통 조약목적상 하나의 거주지국을 판정할 수 있도록 한다. 따라서 3항은 체약국들 중 하나의 법에 따라 그 국가의 거주자인 개인이나 법인에게 적용되지 않으며, 조약목적상 오로지 한 국가의 거주자로 판정되는 사람에게 적용된다.(OE §1-21)

② 거주자의 종합과세

소득을 수취하는 사람을 기준으로 수취된 총소득을 과세하는 방법을 종합과세(worldwide taxation) 또는 인적과세라 하며, 이는 거주지국 과세원칙의 전형이다.

종합과세를 하면 원천징수와는 달리 누진세율(progressive scale)을 적용하므로 세부담이 증가한다. 그러나 이것이 항상 옳은 것은 아니다. 종합과세는 수입금액에서 비용을 공제한 순이익에 대해 이루어지는 반면 원천징수는 일반적으로 수입금액에 대하여 이루어진다. 따라서 공제비용이 많은 경우에는 종합과세가 유리하다.

③ 국적지국 과세원칙

국적지국 과세는 국적을 기준으로 과세하는 방법으로 인적과세라는 측면에서 거주지국 과세와 유사하다. 경제적 관련성을 중시하는 거주지국 과세원칙과 달리 국적지국 과세원칙은 법률적 관련성을 중시한다. 미국, 필리핀이 국적지국 과세원칙을 적용한다.

(2) 원천지국 과세원칙

소득을 받은 사람이 아니라, 소득을 지급하는 사람의 손에서 소득을 지급할 때 과세하는 방법을 원천과세(source taxation)라 한다. 이는 소득수취인보다는 발생소득 그 자체에 더 관심을 두는 방법으로, 이런 의미에서 원천과세를 '물적과세'라고 하며 '인적과세'에 대응되는 것이다. 원천지국 과세원칙은 비거주자에 대한 일반적 과세원칙으로, 비거주자의 경우 국내에서 일시적으로 소득을 수취하므로 일정 기간의 소득에 대해 종합과세하는 것은 불가능하다는 경험적 사실에서 당연히 선택된 결과이다. 원천지국 과세원칙은 국내자본이든 국외자본이든 상관없이 국내에서 동일하게 과세된다는 점에서 '자본수입

중립성'이 있다.

① 조세조약상 원천지국 과세원칙

대부분 조세조약들은 일반적으로 소득유형을 다음과 같이 3가지로 구분하여 원천징수 여부를 규정한다.(OE §i-20) 정리하면, 적극적 소득(active income)은 국내사업장이 있는 경우에만 과세하며, 수동소득(passive income) 중 부동산 관련소득은 예외없이 과세하고 이자, 배당 및 사용료는 낮은 세율로 과세한다. 사용료의 경우 OECD모델은 적극적 소득으로 보는 데 비하여 UN모델은 수동소득으로 본다.

조세조약에서 '원천지국에서 과세할 수 있다'는 표현은 원천지국은 해당조항이 적용되는 소득을 과세할 권리가 있다는 의미이며 거주지국인 체약상대국은 이중과세를 방지하는 것 이외에는 원천지국 과세로 인해 종합과세권에 영향을 받지 않는다.(OE §i-25.1)

A. 원천지국에서 제한없이 과세할 수 있는 소득과 자본(OE §i-21)

㉮ 해당 국가에 소재한 부동산소득(농업과 산림소득 포함), 그 부동산(property)과 부동산에 내포된 자본의 양도소득 및 그러한 부동산에서 유래한 가치의 50% 이상을 수취하는 주식의 양도소득

㉯ 해당 국가에 소재한 국내사업장(permanent establishment)의 소득, 국내사업장 및 국내사업장 사업용 재산의 일부를 구성하는 동산의 양도 및 동산에 내포된 자본의 양도소득(gain), 다만 국내사업장이 국제 해상운송 및 항공운송 목적으로 유지되면 제외

㉰ 소득이 연예인이나 운동가 자신에게 귀속되는지 또는 다른 사람에게 귀속되는지 여부를 불문하고, 원천지국에서 행해진 연예인(artistes)과 운동가(sportsman)의 활동소득

㉱ 원천지국의 거주자인 법인에 의해서 지급되는 이사의 보수

㉲ 근로자가 해당 회계연도가 시작하고 끝나는 12개월 기간 중 183일을 초과하는 기간 중 원천지국에 체류하고 일정조건을 충족하는 경우 그 국가에서 행해진 민간부문에서 이루어진 고용과 관련한 보수는 그 국가에서 과세(OE §15)

㉳ 일정조건하에 정부근무와 관련된 보수와 연금

B. 원천지국에서 제한과세할 수 있는 소득(OE §i-22)

㉮ 배당: 배당을 지급하는 법인의 지분 25% 이상을 365일 기간 중에 직접적으로 소유하는 실질귀속자(beneficial owner)가 법인인 경우 배당총액의 15%까지 제한과세, 기타의 경우 원천지국 내 국내사업장과 실질적인 관련이 없다면 배당총액의 5%까지 제한과세

㉯ 이자: 원천지국은 이자의 10% 정도까지 제한과세. 이때 정상대가를 초과하는 이자는 제외

㉰ 사용료: 원천지국은 사용료의 10% 정도까지 제한과세

C. **원천지국에서 과세할 수 없는 소득**(OE §i-23)

위 이외의 소득과 자본은 원천지국 또는 소재지국에서 과세되지 않는다. 이는 수취인의 거주지국에서만 과세된다는 의미이다. 예를 들면 주식과 증권의 양도소득(부동산주식 양도소득 제외), 국제운송을 영위하는 선박이나 항공기에 탑승하여 제공하는 근로대가, 민간부문의 연금, 학생이 교육이나 훈련목적으로 받는 지급금, 주식이나 증권에 의해 표현되는 자본은 대부분 거주지국에서 과세된다. 또한, 국제운송의 수행으로 인한 소득, 그 선박 및 항공기 또는 그들에 의해 표현되는 자본의 양도소득, 원천지국의 국내사업장에 귀속되지 않는 사업소득은 거주지국에서만 과세된다.

② **원천지국 과세방법**

자국에서 발생한 소득에 대한 체약국의 과세권은 조세조약의 여러 조항에 따라 제한된다. 조약에서는 절차적 문제를 검토하지 않으며 각국은 조약에 정한 제한을 적용하기 위해 국내법절차를 사용할 수 있다. 그러므로 체약국은 사전에 조약적용 대상 여부를 검토하여 조약규정에 따라 과세 전에 제한하거나, 국내법상 규정된 조세를 과세한 후 조약규정에 따라 과세되는 금액을 초과하는 세액을 환급할 수 있다. 일반적으로 납세자의 조약상 혜택이 즉시 실현되도록 하기 위해 첫째 방법이 선호된다. 조약혜택을 받을 자격이 있는지 여부를 판단하기 곤란한 경우 사후환급제도가 필요하다. 그런데, 둘째 방법을 채택하는 경우 환급을 무한정 지체하는 것은 납세자에게 직접적 비용부담을 주므로 환급액에 대한 이자가 지급되지 않는 경우에는 환급이 즉시 이루어져야 한다.(OE §1-109)

한국의 경우 소득을 지급할 때 조세조약상 제한세율이나 비과세를 적용하여 과세 여부를 판단한다. 다만, 조세피난처를 이용한 조세회피의 경우나 실질귀속자를 확인할 수 없는 경우 국내세법에 따라 원천징수한 후 조세조약에 따라 사후환급하는 원천징수특례를 둔다.

(3) 국내사업장 과세원칙

한 국가에서 비거주자・외국법인으로 계속적으로 사업을 영위하는 경우 거주자・내국법인과 같은 방법으로 종합과세한다.(국내사업장에서 설명) 국내사업장은 거주자로 보지 않으며 다음과 같은 특별취급을 한다.

| 국내사업장에 대한 조세조약의 적용 |

사 례	조세조약 적용
한국법인이 스위스법인의 싱가포르지점에 지급하는 배당소득	한스위스조세조약에 따라 원천징수 (재국조 46017-3, 2002.1.4.)
한국법인이 국내은행 런던지점에 지급하는 이자소득	한영조세조약을 적용하지 않으며 국내은행에 지급하는 이자(법인 22601-3656, 1989.10.6.)
한국법인이 미국지점에서 자체개발한 기술을 국내에서 제공받고 지급하는 사용료	한국법인 내부거래로 보아 국내거래에 해당 (국일 46017-524, 1998.8.22.)

2. 체약국 거주자의 의미

2.1 체약국 거주자

(1) 조세조약의 인적 범위 : 거주자

OECD모델 1조 1항: 이 조약은 한 체약국 또는 양 체약국의 거주자인 사람(人, persons)에 적용된다.

20세기 초에 체결된 많은 조약들이 체약국의 시민(citizens)에게 적용된 데 비하여, 그 이후에 체결된 조약들은 대부분 국적(nationality)에 상관없이 체약국의 거주자(residents)에게 적용된다. 이러한 접근법은 대부분 조세조약에 반영되어 있다. 조세조약(§4)에서 '거주자'를 정의하지만 사실상 체약국의 국내세법을 참조하고 순위를 정하는 역할을 한다. 그런데 한 사람이 한 체약국 거주자라는 사실이 그 사람이 자동적으로 조세조약의 혜택을 받을 자격이 있다는 의미는 아니며, 조약혜택의 제한규정을 포함하여 조약의 여러 규정에 따라 그 혜택의 전부 또는 일부를 부인할 수 있다.(OE §1-1) 국적지와 거주지가 다른 경우에는 거주지를 기준으로 세법과 조세조약을 적용한다.

조세조약의 거주자는 개인, 법인 및 '기타단체'를 모두 포함한다. 이에 비해, 국내세법의 '거주자'는 개인 또는 개인으로 보는 인적단체를 말하며 법인 거주자는 '내국법인'으로 표현한다.

(2) 사람 : 개인, 법인, 기타단체

① 조세조약 : 개인, 법인, 기타단체

OECD모델 3조 1항 a) 사람은 개인, 회사 및 기타단체를 포함한다.

조약상 사람(人, person)의 정의는 포괄적인 것으로 매우 넓은 의미로 쓰인다. 이 정의는 명시적으로 개인 및 법인을 언급한다. 또한 사람으로 의제되는 '회사'는 비록 법인이 아니더라도 조세목적상 실체(body corporate)로 보는 모든 단체를 포함한다. 그러므로 재단(foundation, fondation, stiftung)은 '사람'의 범위에 포함된다. 파트너십(partnership)도 역시 사람으로 간주되는데, '회사(company)'의 정의에 해당하거나, 아니면 '기타단체'를 구성하기 때문이다.(OE §3-2)

사람을 개인과 법인으로 구분하는 방법은 민법(civil law)상 개념이다. 사람을 개인과 법인으로 구분하는 이유는 적용세법을 확정하기 위한 것으로 대부분 국가는 개인에게 소득세법을 적용하고 법인에게 법인세법을 적용한다.

② 국내세법 : 개인, 법인, 법인 아닌 단체

| 국내세법상 사람(人)의 구분 |

구 분	국내세법상 과세대우	비 고
개 인	거주자 또는 비거주자	소득세법
법 인	내국법인 또는 외국법인	법인세법

법인이 아닌 사단 · 재단 및 그 밖의 단체에 해당하는 '법인 아닌 단체' 중 주무관청의 허가를 받거나 등록한 단체, 공익목적의 기본재산이 있는 단체, 관할세무서장이 승인한 대표자 및 독립재산이 있고 수익을 분배하지 않는 단체를 법인으로 의제하며, 그렇지 않으면 개인으로 의제한다. '법인으로 보는 단체'는 관할세무서장의 승인을 받은 날이 속하는 과세기간과 그 과세기간이 끝난 날부터 3년이 되는 날이 속하는 과세기간까지는 거주자 또는 비거주자로 변경할 수 없다. 다만, 법인 의제 요건을 갖추지 못하게 되어 승인취소를 받는 경우에는 그러하지 아니하다.(국기법 §13) 이 경우, '법인 아닌 단체'는 국내에 주사무소 또는 사업의 실질적 관리장소를 둔 경우에는 거주자로, 그 밖의 경우에는 비거주자로 본다. 구체적으로 아래와 같이 취급한다.(소법 §2 ③ · ④ · ⑤, 2020.1.1. 이후 시행) 이 경우, 비거주자로 보는 '법인 아닌 단체'에 대해서는 공동사업자로 보아 그 단체의 구성원별로 분배받는 이익에 대하여 소득세법을 적용하여 과세한다.(소령 §180의2 ②)

| 법인 아닌 단체의 구분 |

<table>
<tr><td>비영리법인
(국기법 §13)</td><td colspan="2">아래의 경우 내국법인 또는 외국법인으로 의제
① 수익을 구성원에게 분배하지 않는 등기되지 않은 단체로, 주무관청의 허가 또는 인가를 받아 설립되거나 법령에 따라 주무관청에 등록하거나, 공익을 목적으로 출연된 기본재산이 있는 재단
② 세무서장 승인단체로 조직과 운영에 관한 규정(規程)을 가지고 대표자나 관리인을 선임하고 단체 자신의 계산과 명의로 수익과 재산을 독립적으로 소유・관리</td></tr>
<tr><td rowspan="3">개인 또는 법인
(소법 §2)</td><td>• 구성원 간 이익의 분배비율이 정하여져 있고 해당 구성원별로 이익의 분배비율이 확인되는 경우
• 구성원 간 이익의 분배비율이 정하여져 있지 아니하나 사실상 구성원별로 이익이 분배되는 것으로 확인되는 경우</td><td>소득구분에 따라 해당 단체의 각 구성원별로 소득세를 납부. 다만, 해당 구성원이 법인 또는 법인으로 보는 단체인 경우 법인세를 납부</td></tr>
<tr><td>법인 아닌 단체의 전체 구성원 중 일부 구성원의 분배비율만 확인되거나 일부 구성원에게만 이익이 분배되는 것으로 확인되는 경우</td><td>• 확인되는 부분: 해당 구성원별로 소득세 또는 법인세 납부
• 확인되지 않는 부분: 해당 단체를 거주자 또는 비거주자로 보아 소득세 납부</td></tr>
<tr><td>법인 아닌 단체에 해당하는 국외투자기구를 국내원천소득 실질귀속자로 보는 경우(소법 §119의2 ① 2호)</td><td>국외투자기구를 비거주자로 보아 소득세 납부</td></tr>
</table>

(3) 조세조약의 거주자 개념

① 조세조약의 거주자 개념

OECD모델 4조 1항: 이 조약의 목적상 '한 체약국의 거주자'라 함은 그 국가의 법에 따라 주소(domicile), 거주지(residence), 관리장소(place of management) 또는 그와 비슷한 성격의 다른 기준에 따라 그 국가에서 납세의무가 있는 사람을 말하며, 또한 그 국가의 공인연금펀드(a recognised pension fund)는 물론 그 국가 및 모든 정치적 하부조직이나 지방자치단체를 포함한다.

해당국 세법에 따라 전세계소득에 대해 과세할 수 있는 '거주자' 지위 자체가 부여되지 않는 제한적 납세의무자라면 조세조약 상 거주자로 볼 수 없다.(대법원 2013두7711 2015.3.26.) 한미조세조약 상 미국 거주자로 판정되기 위해서는 미국 세법에 따라 전세계소득에 대해 신고할 의무가 있어야 한다. 한국 내 원천소득에 대해서만 미국에 신고하는 형태라면 이는 제한적 납세의무에 불과하므로 한미조세조약 상 미국 거주자로 인정되지 않는다.(국일 46017-356, 1995.6.2.)

국내세법은 어떤 사람이 세무상 거주자로 취급되어 그 나라에서 무제한 납세의무를 지는지에 대한 조건을 정하며, 대부분의 경우 조세조약은 체약국 국내세법에 관여하지 않는다. 무제한 납세의무에 대한 각국의 주장이 상호간에 용인될 수 있도록 '거주'에 대한 국내법 규정의 판단기준을 조약에 정하는 것은 아니다.(OE §4-4) 이런 점에서 체약국은 오로지 국내법에 따라서 거주자 판정을 한다. 이는 거주지국 간의 충돌은 없지만 거주지국과 원천지국 간에 과세권이 충돌하는 경우 아주 분명히 드러난다. 그렇지만 두 거주지 사이의 충돌이 있는 경우에도 같은 견해가 적용된다. 이때 특히 주목할 점은 관련국 국내법에 채택된 거주자 개념에 의해서는 전혀 충돌을 해결할 수 없다는 것이다. 따라서 충돌하는 거주지국들의 국내법 개념 중 어느 것이 우선하는지 결정하기 위한 특별규정을 조약에 둘 필요가 있다.(OE §4-5)

한 가지 사례로 이러한 문제가 분명해진다. 한 개인이 A국에 항구적 주거가 있으며 그곳에 그의 처자식이 살고 있다. 그는 B국에서 6개월 이상 살아왔고 B국 법의 체류기간 요건에 따라 B국 거주자로 과세된다. 이로 인해 양국에서 그는 무제한 납세의무에 동시에 놓이게 된다. 이 같은 충돌은 조세조약에 의해 해결되어야 한다.(OE §4-6) 이 경우 조세조약은 A국의 주장에 우선권을 준다. 그러나 이는 조약에 '거주자'에 대한 특별규정이 있으므로 B국 국내법은 그 규정에 부합되지 않아 무시된다는 의미는 아니다. 그런 충돌의 경우 두 주장 사이에 선택이 필요하며 이런 관점에서 조세조약에 특별규정을 둔 것이다. 따라서 이 경우 B국이 납득하지 않으면 충돌사안은 해결되지 않는다.(OE §4-7)

조세조약에서 '한 체약국의 거주자'를 정의하지만, 이러한 정의는 사실상 국내법에 채택된 거주자 개념에 의존한다. 거주자 판정을 위한 이러한 정의는 주소, 거소, 관리장소, 유사성격의 기타기준을 열거한다. 개인만을 고려한다면 이 정의는 국내세법상 무제한 납세의무가 이루어지는 국가에 대한 다양한 형태의 인적연고를 포함한다. 또한, 한 국가 세법에 따라 어떤 사람이 거주자로 간주되기 때문에 그 국가에 무제한 납세의무가 있는 사례(예 외교관 또는 정부근무자)가 정의에 포함된다.(OE §4-8)

② **거주자 개념의 역할: 포괄납세의무의 판단기준**

거주자(Resident) 개념은 다음의 경우에 중요한 역할을 한다.(OE §4-1)

1. 조세조약을 적용할 인적 범위의 결정
2. 이중거주로 인해 발생하는 이중과세문제 해결
3. 거주지국(또는 소재지국)과 원천지국에서 동시 과세로 인해 발생하는 이중과세문제 해결

조세조약은 '한 체약국 거주자'의 의미를 정의하고 이중거주문제를 해결하기 위한 조항을 둔다.(OE §4) 거주자의 판정과 관련하여 아래와 같이 2가지 전형적인 충돌사안이

있을 수 있다. 두 경우 모두 하나 이상의 체약국이 자국 국내법에 따라 관련 사람을 거주자로 판정하기 때문에 충돌이 일어난다.(OE §4-2)

1. 두 거주지국이 한 사람을 거주자로 판정
2. 거주지국(또는 소재지국)과 원천지국이 한 사람을 거주자로 판정

일반적으로 각국의 세법은 자국(거주지국)에 대한 납세자의 인적연고를 기준으로 조세에 대한 포괄적 의무(무제한 납세의무)를 부여한다. 이러한 납세의무는 통상적인 사법(私法)상 '주소'의 의미에 따라 한 국가에 '주소'를 가진 사람에게만 부여되는 것은 아니다. 즉, 무제한 납세의무는 그 국가 영역 내에 계속적으로 체류하거나, 때로는 일정기간 동안 체류하는 사람에게 확장하여 적용된다. 일부 국가의 세법은 모항(母港)을 그 국가에 두고 있는 선박 위에서 용역을 제공하는 개인에게 무제한 납세의무를 부여한다. 이같이 거주자는 무제한 납세의무의 대상이 된다는 점에서 제한적 납세의무를 지는 비거주자와 구별된다.(OE §4-3) 한국이 체결한 조세조약들은 대부분 비슷한 거주자 판정기준을 적용하지만, 법인의 경우 '본점이나 주사무소의 소재지'를 추가하는 경우가 있다.

이중거주자와 이중비거주자

1. '이중거주자'는 두 국가의 거주자에 모두 해당하여 이중과세(양국에서 모두 종합과세)에 놓이게 되는 경우로, 해당 조세조약의 거주자 판단기준에 따라 어느 국가의 거주자인지 확인해야 한다. 확인이 어려우면 상호합의를 통해 판단한다. 상호합의를 통해 해결하지 못하면 국내절차에 따라 이중과세를 해소하는 것이 바람직하다.
2. '이중비거주자'는 두 국가의 거주자에 모두 해당하지 않아 이중비과세(양국에서 모두 종합과세되지 않음) 되는 경우이다. 상대국에서 종합과세 되지 않으면 한국의 거주자로 간주하여 종합과세(상대국 납부세액은 공제)하는 것이 합리적이다.

2.2 투과기업(도관회사)

(1) 투과기업

OECD모델 1조 2항: 이 조약의 목적상, 각 체약국의 세법에 따라 전부 또는 일부 투과단체나 계약구조가 수취하거나 또는 이들을 통해 수취하는 소득의 경우, 그 국가 세무상 그 소득을 그 국가 거주자의 소득으로 간주하는 경우에만 그 국가 거주자의 소득으로 본다.

2항은 한 체약국 또는 양 체약국이 세무상 전부 또는 일부 무시하는 단체나 계약구조(arrangements)의 소득에 대해 다룬다. 2항의 규정은 이러한 단체나 계약구조의 소득을

조약목적 상 1999년 재무위 보고서 '파트너십에 대한 OECD 모델조세조약의 적용(파트너십 보고서)'에서 반영한 원칙에 따라 취급한다는 점을 분명히 한다. 그러므로 이 보고서는 여러 상황에서 2항을 어떻게 해석하고 적용할지에 대한 지침을 제공한다.(OE §1-2) 이 보고서는 파트너십만을 다루지만, 이 보고서에 포함된 원칙의 대부분을 법인이 아닌 다른 단체에도 적용할 수 있다. 보고서 37항에서 국내세법이 '세무상 파트너십을 부분적으로 과세단위로 취급하면서 부분적으로 무시하는' 중간적 상황을 만드는 경우를 특히 검토하였다.(OE §1-3) OECD모델 1조 2항은 이러한 특별한 상황을 언급하는데, '전부 또는 일부 투과기업'을 언급한다. 이에 따라, 2항은 파트너십 보고서의 결론을 확인하면서 이러한 결론을 보고서가 직접 다루지 않은 상황에까지 확대한다.(OE §1-4) 2항은 조약혜택을 적절한 사안에만 부여해야 한다는 점을 확인할 뿐 아니라 어느 체약국이 국내법에 따라 단체나 계약구조의 소득을 그 거주자의 소득으로 보지 않는 경우에는 조약혜택을 부여하지 않는다는 점을 확인한다. 즉, 2항은 그러한 사안에 있어 보고서의 결론을 확인한다. 또한, 보고서에서 언급한 대로 어느 국가든 어떤 사람이 진짜로 조세조약의 혜택을 받을 자격이 있는지 확인할 수 없는 경우 조약혜택을 부여해서는 안 된다. 따라서 한 체약국이 세무정보를 확인할 수 없는 지역에 어떤 단체가 설립되는 경우, 한 체약국은 조세조약의 혜택을 부여하기 위해서 필요한 모든 정보를 받아야 한다. 이 경우, 한 체약국은 보통 해당 소득의 지급시점에 조약혜택을 적용하는 경우라도 조세혜택을 적용하기 위해 사후환급제도(refund mechanism)를 사용하는 것이 낫다. 그런데, 대부분의 경우 소득을 과세하는 시점에 관련정보를 확인하여 조약혜택을 적용하는 것이 가능하다.(OE §1-5) 아래 사례는 이러한 상황을 예시한다.(OE §1-6)

> **사례:** A국과 B국은 OECD모델과 동일한 조약을 체결하였다. A국은 B국에 설립된 단체를 회사로 간주하며 A국 거주자인 채무자로부터 수취하는 이자에 대하여 그 단체를 납세자로 보아 과세한다. 그런데, B국은 국내세법에 따라 그 단체를 파트너십으로 간주하며, 그 단체의 구성원 2명이 파트너십의 소득을 같은 비율로 분배하여 이자소득의 반에 대하여 각각 과세된다. 구성원 중 한 명은 B국 거주자이며 다른 한 명은 A국과 B국이 조세조약을 체결하지 않은 국가의 거주자이다. 이 경우 이자소득규정의 목적상 이자의 반은 B국 거주자의 소득으로 간주된다. 따라서, 나머지 반은 조약혜택의 대상에서 제외된다.

'단체나 계약구조가 직접 또는 이들을 통해 수취하는 소득'은 넓은 의미이므로 단체나 계약구조가 직접 수취하거나 또는 이들을 통해 수취하는 소득을 모두 포함하는데, 국내세법 목적상 소득을 수취하는 사람이 누구인지에 대한 각 체약국의 관점은 무시되며 또한 그 단체나 계약구조가 법적 실체인지 또는 조세조약상 사람에 해당하는지도 무시된다. 예를 들면, 이에는 각 체약국이 전부 또는 일부 비과세하는 파트너십이나 신탁의 소득이 포함된다. 또한, 단체나 계약구조가 어디에 설립되었는지는 중요하지 않은데, 각 체약국의 국내세법에 따라 그 단체가 전부 또는 일부 비과세되고 그 단체의 소득이 그 국가의 거주자에게 귀속되는 경우라면 2항은 제삼국에 설립된 단체에도 적용될 수 있다.(OE §1-7)

'소득'은 조세조약 목적상 가지는 넓은 의미이므로 조약에서 다루는 모든 종류의 소득에 적용되며, 사업소득이나 양도소득을 포함한다.(OE §1-8)

'조세투명(fiscally transparent)'이란 용어는 한 체약국 국내세법에 따라 단체나 계약구조 소득의 전부 또는 일부가 그 단체나 계약구조의 손에서 과세되지 않고 그 단체나 계약구조의 지분을 가진 사람의 손에서 과세되는 상황을 말한다. 이는 보통 단체나 계약구조의 소득지분에 대한 과세액이 그 지분을 보유하는 사람의 인적 특성에 따라 개별적으로 결정되는 상황으로 과세액은 그 사람이 과세대상인지, 그 사람이 수취하는 다른 소득이 있는지, 그 사람이 받을 수 있는 인적공제, 또는 그 사람에게 적용되는 세율에 따라 달라진다. 한편, 세무상 소득의 귀속시기는 물론 소득의 유형 및 원천은 단체나 계약구조를 통해 그 소득을 수취하였다는 사실에 의해 영향을 받아서는 안 된다. 구성원에게 지분을 배분하기 전에 단체나 계약구조의 손에서 소득을 계산한다는 사실로 인해 결과에 영향을 미쳐서도 안 된다.(OE §1-9) 이는 사실상 혼성불일치와 관련된다.

체약국들의 국내세법에 따라 세무상 부분적으로 무시되는 단체나 계약구조의 경우, 그 단체나 계약구조의 일부 소득만이 그 단체나 계약구조의 지분을 가진 사람의 손에서 과세되며, 나머지는 그 단체나 계약구조의 손에서 과세된다. 예를 들면, 이는 일부 국가에서 일부 신탁이나 유한책임파트너십(limited liability partnerships)을 취급하는 방식인데, 그 국가는 신탁을 통해 수취한 소득 중 수익자들에게 배분되는 소득을 수익자들의 손에서 과세하고 신탁에 유보되는 소득은 신탁이나 신탁관리인(trustees)의 손에서 과세한다. 마찬가지로, 일부 다른 국가는 유한파트너십을 통해 수취하는 소득의 경우 집행사원(general partner)의 몫에 대하여 집행사원의 손에서 과세하면서 유한책임사원(limited partner)의 몫에 대하여는 유한파트너십의 소득으로 간주한다. 단체나 계약구조가 한 체약국 거주자로서 자격이 있는 경우, 한 체약국 국내세법에 따라 그 단체나 계약구조에 귀속되는 소득에 대하여는 조약혜택을 적용하도록 보장해야 한다. 그렇지만, 이 경우에도 혜택제한규정이 적용될 수 있다.(OE §1-10)

조약의 다른 규정들과 마찬가지로, 2항의 규정은 단체나 계약구조의 각 소득에 대하여 각각 적용된다. 예를 들면, 신탁설립계약에서 그 신탁이 수취하는 모든 배당을 수익자의 생애 동안 수익자에게 배분하지만 그 이후에는 신탁에 유보한다고 계약하였다고 가정하자. 이 경우 체약국들 중 하나가 수익자에게 배분된 배당에 대하여 수익자에게 과세할 수 있지만 유보된 배당에 대하여 신탁관리인에게 과세할 수 없다는 입장이라면, 이 2가지에 해당하는 배당을 같은 달에 수취하는 경우에도 2항은 이 2가지 종류의 배당에 달리

적용될 수 있다.(OE §1-11)

2항이 적용되는 소득은 조약목적상 한 체약국 거주자의 소득에 해당한다고 규정하는 경우, 조약의 여러 소득규정들(allocative rules)을 적용할 때 그 거주자에게 해당 소득이 귀속된다는 점은 분명하다. 이에 따라 소득의 성격에 따라 해당 소득은 부동산소득, 양도소득 및 연예인 · 운동가소득 조항에 따른 '수취소득'이 되거나 사업소득, 선박항공운수소득 및 특수관계법인 조항에 따른 '기업소득'이 되거나 또는 배당소득 및 이자소득조항에 따른 '지급' 배당이나 이자가 된다. 또한 조세조약상 그 소득을 한 체약국 거주자가 수취하는 것으로 본다는 사실은 그 소득이 그 거주자가 지분을 보유하는 기업소득의 일부를 구성하는 경우 그 소득을 그 거주자가 영위하는 기업의 소득으로 간주할 수 있다는 의미이다.(OE §1-12)

국내세법에 따라 투과기업의 소득이 한 체약국 거주자의 소득으로 간주되는 경우 2항에 따라 조약의 여러 소득규정들이 적용될 수 있지만, 2항에서 수취인이 해당 소득의 실질귀속자인지 여부를 판단하는 것은 아니다. 예를 들면, 비과세되는 파트너십이 파트너가 아닌 사람의 대리인 또는 수탁인으로서 배당을 수취하는 경우, 그 국가의 국내세법에 따라 그 배당을 한 체약국 거주자의 소득으로 간주할 수 있다는 사실은 파트너십이나 파트너를 그 배당의 실질귀속자로 보지 않는다는 원천지국의 판단에 영향을 주지 않는다.(OE §1-13)

2항은 조약적용의 목적으로만 적용하므로, 한 체약국으로 하여금 세무상 소득을 귀속시키는 방식이나 단체의 성격을 규정하는 방식을 바꾸도록 하는 것은 아니다. 앞의 사례에서, 2항은 이자소득규정의 목적상 B국 거주자의 소득이 되기 위해서 이자의 반을 고려해야 한다고 규정하지만, 이는 이자에 대하여 A국이 징수할 수 있는 조세의 최대한도에 영향을 미칠 뿐이며 그 단체는 A국에 조세를 납부해야 한다는 사실을 바꾸지 못한다. 이에 따라, A국 세법에서 이자에 대한 원천세율 30%를 규정한다면 2항의 영향은 단순히 A국이 이자에 대하여 징수하는 조세액을 감소시키는 것이며(즉, 이자의 반은 30%로 과세되며 나머지 반은 A국과 B국의 조약에 따라 10%로 과세), 그 단체가 A국 세법 목적상 납세자라는 사실을 바꾸지는 못한다. 또한, 이 규정은 일정 단체나 계약구조의 법적성격 때문에 일어나는 모든 조약문제를 다루지 못하며, 이러한 문제를 다루는 다른 규정들(많은 국가들의 신탁법에 따라 신탁은 '사람'에 해당하지 않는다는 사실에도 불구하고 신탁을 한 체약국 거주자로 인정하는 규정 등)에 의해 보완할 필요가 있다.(OE §1-14)

어떤 국가가 자국의 거주자를 과세할 권리를 2항이 제한하는 것은 아니다. 이러한 결론은 파트너십과 관련하여 조세조약을 해석하는 방식과 일치한다.(OE §1-15) 그런데, 한 체약국 거주자의 소득이 조약에 따라 다른 국가에서 과세되는 경우 2항 및 3항은 이중과세를 방지할 체약국들의 의무를 제한하지 않는다. 즉, 동일소득이 양국에서 각국 거주자의 소득으로 과세되어 서로 다른 사람이 납부한 조세에 대하여 이중과세를 해소할 필요가 있는 경우가 있다. 예를 들면, 체약국들 중 하나가 그 국가 거주자인 단체의 전세계 소득을 과세하는 한편, 체약상대국은 그 단체를 비과세하여 체약상대국 거주자인 그 단체의 구성원들에게 해당 소득의 지분에 대하여 과세하는 경우 양국에서 서로 다른 납세자들이 납부한 조세를 고려하여 이중과세를 해소할 필요가 있다. 그런데, 이 경우 이중과세방지규정에 따라 한 체약국 거주자의 소득을 얼마까지 '조약규정에 따라 체약상대국에서 과세할지(이 규정에서 그 소득이 또한 체약상대국 거주자가 수취하는 소득이라는 이유로 체약상대국에서 과세를 허용하는 경우는 제외)'를 판단하는 것이 중요하다. 일반적으로, 조약규정에서 체약상대국이 원천지국으로서 또는 그 소득이 귀속되는 국내사업장이 있는 국가로서 해당 소득을 과세하도록 허용하는 경우에만 이러한 요건에 따라 한 체약국이 이중과세를 구제한다.(OE §1-16)

(2) 투과기업의 조세취급

① 투과기업과 조약쇼핑

투과기업은 대부분 도관회사(conduit company)의 특정을 보인다. 투과기업을 유치하기 위해 조세특혜를 부여하는 국가에서 해외소득에 대한 조세를 면제받는 외국인지주회사(foreign held company)의 경우 거주자로서 '포괄납세의무'가 없기 때문에 거주자 정의에서 제외되므로 조세조약 적용대상이 아니다.(OE §4-8.2)

조약쇼핑(treaty shopping)은 조세조약의 혜택을 받을 부적격자가 이러한 혜택을 간접적으로 받기 위해 조세조약의 혜택을 받을 자격이 있는 다른 사람을 이용하는 구조를 일컫는 조세조약의 부적절한 남용의 한 유형이다. 예를 들면, 한 체약국 거주자인 회사가 조세조약에서 허용되는 혜택을 부당하게 받기 위해 한 체약국의 거주자가 아닌 사람에게 경제적으로 발생된 소득을 통과시키는 도관(conduit)으로 행동하는 것이다. 도관은 보통 회사인데 조약의 혜택을 받을 수 있는 파트너십, 신탁이나 이와 비슷한 단체인 경우도 있다. 이러한 상황에서 조약의 혜택을 주는 것은 조약의 혜택을 받지 못하는 사람에게까지 혜택을 확대하는 것이기 때문에 원천지국에 손해가 된다.(UN §1-47) 조약쇼핑은 직접도관(direct conduit)이나 징검다리도관(stepping stone conduit) 구조로 구분된다.(UN §1-48)

《직접도관》

① 저율과세국의 투과기업

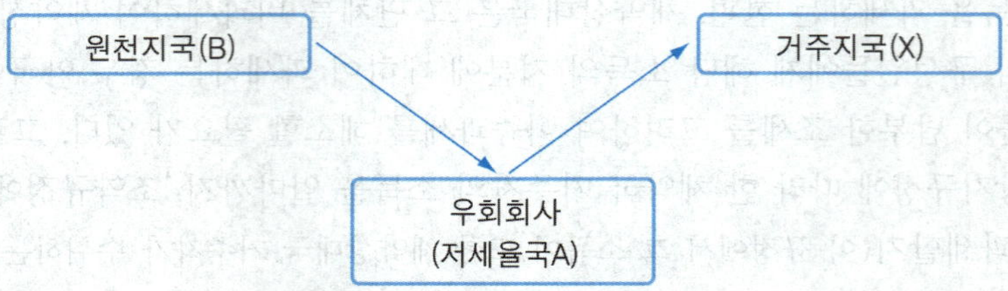

B · X국 조세조약이 없는 X국의 거주자 X가 B국의 거주자에게 자금을 대여하고 이자를 수취한다. B국은 국내법에 따라 X의 소득세를 원천징수한다. X는 B국과 조세조약을 체결하고 있는 A국에 회사를 설립하여 채권을 그 회사로 이전한다. A국 회사로 지급되는 이자는 A · B국 조세조약에 따라 B국에서 비과세되거나 제한세율로 과세된다. 이후 A국 회사는 수취한 이자를 X에게 대여금으로 대여한다.

② 본점의 투과기업

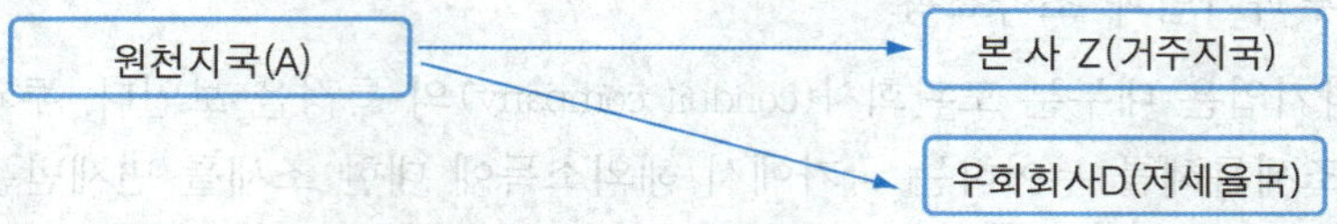

Z사는 원천지국(A)의 자회사를 소유하는 모회사이다. Z의 거주지국은 A국과 조세조약이 없다. Z사는 D국의 투과기업에 자회사 주식을 이전한다. D국은 지주회사의 소득공제와 자회사 배당에 대한 간접세액공제를 적용하므로 배당소득은 과세대상이 아니다. 또한 D국의 투과기업은 A국과의 조세조약에 따라 배당소득에 대하여 A국에서 원천징수를 면제받는다. 배당소득은 Z사의 지시에 의해 새로운 자회사로 투자된다.

《징검다리도관: 이중의 원천지국》

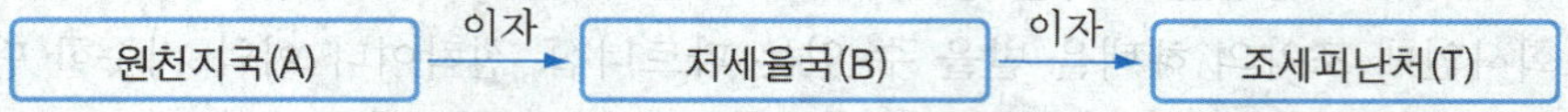

조세피난처의 T사는 고세율국의 A사에 자금을 대여한다. 자금은 저율과세국의 B사를 거쳐 제공된다. B사는 A사로부터 12%의 이자를 받아 조세피난처의 T사에 1%의 이자를 지급한다. A · B국 조세조약에 따라 A국은 이자소득을 원천징수하지 않는다. 또한, B국은 국내법에 따라 T에게 지급하는 이자를 원천징수하지 않는다. 이 경우, B국에서 이자 11%에 대한 종합과세가 이루어지지만 이는 거의 무시할 정도이다.

조세피난처

조세피난처는 '기업소득에 대한 조세가 없거나, 낮은 세율로 과세하거나, 해외원천소득을 비과세하거나, 특정형태의 기업에 조세혜택을 제공함으로써 다른 지역에서 부과되는 조세를 회피하기 위한 수단으로 이용되는 지역'을 의미하며 영어로 tax haven, tax paradise, tax shelter, tax resort라는 표현을 쓴다. 한 국가의 입장에서 조세피난처란 상대적 개념이다. 다음은 OECD에서 2009.10.20. 조세피난처로 공표한 국가이다.

| 조세피난처에 해당하는 국가 |

Andorra	Marshall Islands Montserrat
Anguilla	Nauru
Antigua and Barbuda	Niue
Bahamas	Panama
Belize	St Kitts and Nevis
Cook Islands	St Lucia
Dominica	St Vincent and the Grenadines
Grenada	Samoa
Liberia	Turks and Caicos Islands
Liechtenstein	Vanuatu

| 해당국가의 특정지역이 조세피난처 역할을 하는 국가 |

Brunei	Malaysia
Chile	Philippines
Costa Rica	Singapore
Guatemala	Uruguay

아래 국가들은 조세피난처로 공표된 국가는 아니지만, 해외소득 소득공제나 지주회사 조세특혜를 통해 조세피난처 역할을 한다.

그리스, 네덜란드, 룩셈부르크, 마카오, 마케도니아, 모나코, 몰타, 벨기에, 스위스, 아일랜드, 영국, 영국령 지브롤터, 오스트리아, 캐나다, 키프로스, 홍콩

② 도관회사의 세무취급

조세조약의 거주자 조항의 단서는 그 취지에 따라, 도관회사(conduit company)를 유치하기 위해 조세특혜를 부여하는 국가에서 해외소득에 대한 조세를 면제받는 외국인 지주회사(foreign held company)에 적용될 수 있다. 즉, 조세특혜를 받는 투과기업은 '거주자로서의 포괄납세의무'가 없기 때문에 거주자 정의에서 제외된다. 또한, 회사 및 기타단체(other persons)가 한 체약국 세법만 보면 한 체약국 거주자이지만 양 체약국이 체결한

조세조약에 의해 체약상대국 거주자에 해당하기 때문에 한 체약국에서 포괄납세의무(comprehensive liability)가 없다면 한 체약국의 거주자에서 제외될 수 있다.(OE §4-8.2) 그렇지만, 거주자 조항의 단서를 무조건 적용하는 것은 옳지 않다. 이 단서조항은 한 체약국에 의해 일반적으로 부과되는 조세의 포괄적 과세대상이 아닌 사람을 제외하려는 목적과 의도에 비추어 해석되어야 하는데, 그렇지 않으면 영토기준(territorial principle)을 채택한 국가의 거주자를 조약범위에서 모두 제외하는 결과가 된다.(OE §4-8.3) 영토기준을 따르면 국외원천소득을 과세하지 않으므로 거주자도 포괄납세의무가 없다.

특정국가에 설립된 회사를 투과기업으로 보기 위해서는 그 회사가 소재지국이 국외원천소득에 대하여 저율과세 또는 비과세하는 등의 경과세국이라는 사실에 더하여, 그 회사가 오로지 조약쇼핑(Treaty Shopping)을 통한 조세회피목적으로 미리 설계한 투자구조 및 지배구조에 따라 형식적으로 만들어졌다는 사실이 인정되어야 한다.(대전지법 2010구합2649, 2011.11.16.)

2.3 집합투자기구와 파트너십

(1) 국내세법상 집합투자기구로부터의 이익 과세

구 분	소득구분
적격 집합투자기구	배당으로 과세
비적격 집합투자기구	• 법인: 배당으로 과세 • 신탁 또는 조합: 소득구분별 과세
동업기업 과세특례를 적용받는 사모집합투자기구	• 능동적동업자: 소득구분별 과세 • 수동적동업자: 배당 과세(조세회피, 비거주자·외국법인의 경우 소득구분별 과세)
1인 지배 집합투자기구	소득구분별 과세
집합투자기구 외 신탁	소득구분별 과세

(2) 공인연금펀드(recognised pension fund)

① 공인연금펀드의 정의

OECD모델 3조 1항 i) 한 국가의 '공인연금펀드'란 그 국가의 세법에 따라 별개의 사람으로 인정되는 그 국가의 단체 또는 계약구조(arrangement)로서

(i) 개인에게 은퇴급부 및 부수적 급부를 집행하거나 제공하기 위해 독립적으로 또는 거의 독립적으로 설립되고 운영되며 그 국가, 정치적 하부조직이나 지방정부에 의해 규제되

거나; 또는

(ii) 위 (i)에서 언급한 단체나 계약구조의 이익을 위해 자금을 투자하기 위해 독립적으로 또는 거의 독립적으로 설립되고 운영되는 것을 말한다.

'공인연금펀드'의 정의는 그 정의에 해당하는 연금펀드를 설립된 체약국의 거주자로 간주하기 위해 2017년에 포함되었다.(OE §3-10.3) 각 체약국의 국내법 및 그 국가에 설립된 연금펀드의 법적성격은 물론 그 정의와 관련되는 조약의 다른 규정도 '공인연금펀드'의 정의나 거주자 조항에서 이 용어의 사용에 크게 영향을 미친다.(OE §3-10.4)

일부 국가들은 개인에게 주로 퇴직급부를 제공할 목적으로 법인체(상업활동에 종사하는 회사, 보험회사 및 정부자체, 정치적 하부조직 또는 지방정부 등) 내에 펀드를 설립하는데, 급부대상에는 그 법인체(legal entity)나 다른 고용주의 피고용인, 또는 다른 공인연금펀드의 급부를 받기 위한 투자펀드의 피고용인 등이 있다. 그런데 이러한 펀드는 설립지국의 세법상 별개의 '사람'에 해당하지 않을 수 있으며, 그 경우 공인연금펀드의 정의를 충족하지 못한다. 그렇지만 그 펀드의 투자자산으로부터 수취하는 소득이 설립지국의 국내법에 따라 펀드를 설립한 법인체(상업활동에 종사하는 회사, 보험회사나 정부)에 귀속되는 경우, 그 법인체 자체가 그 체약국의 거주자 자격이 있다면 그 소득에 대하여 조약규정을 적용한다. 거주자 조항에 '공인연금펀드' 용어를 포함한 것은 이러한 펀드와 관련이 없다.(OE §3-10.5) 또한 일부 국가에서, 개인에게 퇴직급부를 주기 위한 주목적으로 설립된 펀드가 공식적으로 설립지국의 세법상 별개의 사람에 해당하지 않지만 세법에서 그 펀드의 투자자산은 세무상 누구에게도 그 소득을 귀속시키지 않는 별개의 독립된 특별재산(patrimony)에 해당한다고 규정하는 경우가 있다. 이러한 국가들은 체약국의 거주자인 사람에게 적용되는 조약을 이 펀드를 통해 수취하는 소득에 적용할 수 있도록 국내세법 및 조약에서 '사람'의 정의를 확장할 수 있다.(OE §3-10.6)

양 체약국들이 모두 자국영토에 설립된 연금펀드의 투자소득 과세를 일반적으로 면제하는 접근법을 따르는 경우, 이 국가들은 한 국가에 설립된 연금펀드가 다른 국가로부터 수취하는 투자소득에 비과세를 확대하는 규정을 조세조약에 포함할 수 있다. 이 경우, '공인연금펀드'의 정의를 그 목적으로 사용할 수 있다. 그렇지만, 그러한 경우 펀드가 설립지국의 세법에 따른 개별 '사람'에 해당하지 않는다는 사실에도 불구하고 그 자체로 '공인연금펀드'로 자격이 있다는 점을 인정할 필요가 있다. 그런데 이러한 경우에 조약목적상 그 펀드의 자산 및 소득을 한 사람의 자산 및 소득으로 간주할 필요가 있는데, 이는 다음과 같은 이유 때문이다.(OE §3-10.7)

1. 조약의 모든 관련규정의 목적을 위해 펀드는 사람에 해당한다.
2. 펀드의 자산과 소득은 한 사람의 자산과 소득으로 보며 펀드에 포함된 사람들의 자산과 소득으로 보지 않는데, 이는 배당조항의 목적상 펀드가 보유하는 펀드에 배당을 지급하는 회사자본의 일부를 펀드에 포함된 사람이 그 펀드를 통해 보유하지 않고 직접 보유하는 동일회사의 자본과 합산하지 않으려는 목적이다.
3. 조약의 목적상, 펀드의 소득은 펀드에 포함된 사람이 아니라 펀드 자체에 지급되고 실질적으로 귀속되는 것으로 본다.
4. 혜택제한규정(limitation on benefits provisions)에 따라 펀드가 조약혜택을 받을 자격은 펀드에 포함되는 사람이 조약혜택을 받을 자격을 고려하지 않고 판단한다.

다음은 이러한 목적을 위해 '공인연금펀드'의 정의에 추가될 수 있는 규정의 예시이다.(OE §3-10.8)

한 체약국에 설립된 계약구조(arrangement)가 그 국가의 세법에 따른 한 사람으로 간주되어 (i) 및 (ii)에 따른 공인연금펀드에 해당하는 경우, 이 조약목적상 그 국가의 세법상 취급과 마찬가지로 한 사람으로 간주되며 그 계약구조의 계약에 포함되는 모든 자산과 소득은 다른 사람이 아닌 그 한 사람의 보유자산과 수취소득으로 간주된다.

예시규정에서 '공인연금펀드' 정의의 전단은 '그 국가에서 설립된 단체나 계약구조'를 언급한다. 전세계에 걸쳐 연금펀드의 법적 구조적 성격은 상당히 다양하며, 이에 따라 넓은 정의가 필요하다. '계약구조(arrangement)'라는 용어는 연금혜택이 신탁과 같은 기구(vehicles)를 통해 제공되는 상황을 포함하기 위한 것인데, 신탁은 관련 신탁법에 따라 단체(entity)에 해당하지 않는다. 신탁이나 신탁관리인을 한 사람으로 인정되는 한 단체로 보는 경우 정의를 적용할 수 있다. 그렇지만, 그 단체나 계약구조가 신탁이 설립된 국가의 세법상 한 사람으로 간주되어야 하며, 그렇지 않으면 그 펀드의 소득은 세무상 다른 사람의 소득으로 간주되므로 연금펀드 자체의 거주자 문제를 거론할 필요가 없다.(OE §3-10.9)

정의에 따라, '공인연금펀드'가 되려면 단체나 계약구조는 전적으로 또는 거의 전적으로 개인에게 퇴직급부나 이에 부수되거나 우발적인 급부를 관리하거나 제공하기 위해 설립되고 운영되어야 한다. 얼마나 많은 개인들이 퇴직급부를 받는지는 문제가 되지 않는데, 예를 들면 공인연금펀드를 대규모의 종업원들을 위해 설립하거나 단독의 자영업개인을 위해 설립할 수 있다. 국가들은 '퇴직급부나 이에 부수되거나 우발적인 급부'라는 표현을 그것이 사망급여(death benefits)와 같은 급여를 광범위하게 포함하는 것으로 해석되는 한 '퇴직급부나 이와 비슷한 급부'와 같은 다른 용어로 바꿀 수 있다.(OE §3-10.10) '전적으로 또는 거의 전적으로'라는 용어는 공인연금펀드 활동의 전부 또는 거의 대부분이 개인에 대한 퇴직급여 및 그에 부수적이거나 우발적인 급여의 관리와 지급과 관련되어야 한다는 점을 분명히 한다. '거의 전적으로'라는 용어는 연금펀드활동의 아주 작은 부분은 이러한 급부의 관리나 지급과 직접적으로 관련되지 않은 활동(예 연금펀드 서비스를 마케팅하는 것)을 포함할 수 있다는 점을 염두에 둔 것이다. 그렇지만, 일부 국가들은 '공인연금펀드'라는 용어를 광범위하게 사용하며, 퇴직과 관련이 없는 장애연금(disability pensions)과 같은 연금이나 급부를 전적으로 또는 거의 전적으로 제공하기 위해 설립되고 운영되는 단체나 계약구조를 포함한다. 이 국가들은 상황에 맞도록 정의를 수정할 수 있다. 그런데, 이렇게 할 때 이 국가들은 위에서 언급한 대로 한 국가에 설립된 연금펀드가 다른 국가에서 수취하는 투자소득의 원천과세를 면제하는 규정을 위해 공인연금펀드의 정의를 사용할 수도 있다는 점을 알아야 한다. 그러므로 이 국가들은 '공인연금펀드'의 정의를 변경하여 면제의 범위를 의도하지 않게 확대해서는 안 된다.(OE §3-10.11) 단체나 계약구조는 전적으로 또는 거의 전적으로 개인에게 퇴직급부나 이에 부수되거나 우발적인 급부를 관리하거나 제공하기 위해 설립되고 운영되어야 한다. 실제근무를 하고 퇴직하거나 종업원이 퇴직연령에 도달하여 퇴직하고 받은 연금은 '퇴직급부'의 전형적 사례이지만, 이 용어는 퇴직 당시 또는 이후, 또는 퇴직연령에 도달할 때까지 종업원, 자영업자 또는 회사의 이사나 임원에게 주는 한 가지 이상의 지급금을 포함하는 넓은 의미이며, 그것이 정규연금의 형태가 아닌 경우도 포함한다.(OE §3-10.12)

많은 국가들에서 연금펀드는 퇴직과 직접 연관되지 않는 다양한 급부를 제공하며, '부수되거나 우발적인 급부'라는 용어는 이러한 급부를 포함하기 위한 것이다. '부수되거나 우발적인'이란 용어는 이러한 급부가 퇴직급부에 추가하여 제공된다는 점을 분명히 하며, 따라서 퇴직급부를 제공하기 위한 주목적으로 설립되지 않은 펀드는 이 정의를 충족하지 못한다. '부수되거나 우발적인 급부'에 해당하는 급부를 모두 열거하는 것은 가능하지 않지만, 아래에서 이러한 급부의 전형적인 사례를 보여 준다.(OE §3-10.13)

- 개인의 사망이나 장애의 결과로 이루어지는 지급금
  퇴직급부를 받을 자격이 있던 사망자의 가족구성원에게 지급되는 연금 또는 다른 형태의 지급금
- 불치병을 앓고 있는 개인에게 지급되는 지급금
- 장기적인 질병이나 실업의 경우 지급되는 소득대체 지급금
- 주된 거주자의 주택 취득을 위해 연금가입자에게 기여연금액을 기준으로 우대이율로 제공되는 대부와 같은 주택급부
- 연금가입자 본인 또는 자녀의 교육을 위해 이루어지는 기여연금액의 인출과 같은 교육급부
- 연금가입자에 대한 금융자문의 제공

또한, 정의에 따라 전적으로 또는 거의 전적으로 개인에게 퇴직급부나 이에 부수되거나 우발적인 급부를 관리하거나 제공하기 위해 설립되고 운영되는 단체나 계약구조는 '그와

같이 규제되어야 한다'. 이러한 요건은 개인에게 퇴직급부나 부수적이고 우발적인 급부를 제공하기 위해 단체나 계약구조가 투자목적의 기구로 사용될 수 있도록 설립지국(또는 정치적 하부조직이나 지방정부)에서 부여하는 일정조건을 충족할 수 있도록 단체나 계약구조의 정의를 제한하기 위한 것이다. 그러므로 어떤 사람과 관련되거나 그 사람이 고용한 사람에게 퇴직급부를 제공하기 위해 펀드에 투자하는 사람이 설립하고 사용하지만, 퇴직급부를 제공하기 위한 수단으로 그 단체를 사용하는 데 있어 국가, 정치적 하부조직이나 지방정부가 부여하는 특별조치나 규정을 따르지 않아도 되는 사적회사(private company)와 같은 단체를 정의에서 제외할 수 있다. 단체나 계약구조가 따라야 하는 규제방식이 조세법에 규정되는지 아니면 다른 법적수단(㉎ 공공 연금펀드를 운영하는 국가소유 단체를 설립하는 입법)에 규정되는지 여부는 문제되지 않는다. 중요한 것은 그 단체나 계약구조가 개인을 위해 퇴직급부를 주기 위해 설립된 금융기구로 법에서 인식되고 그 목적으로 사용되도록 하기 위한 조건을 따라야 한다는 것이다.(OE §3-10.14)

'공인연금펀드'의 정의에 있는 요건을 충족하는 단체나 계약구조의 사례로 한 국가의 사회보장법에 따라 전적으로 또는 거의 전적으로 퇴직급부나 부수적이고 우발적인 급부를 제공하고 관리하기 위해 설립된 한 국가의 기관이나 기구(instrumentality)를 들 수 있다. 또 다른 사례는 전적으로 또는 거의 전적으로 개인에게 퇴직급부나 부수적이고 우발적인 급부를 제공하고 관리할 목적으로 한 국가에 설립된 회사나 기타 단체로, 그 자산은 그 국가 세법의 퇴직금과세제도에 따라 그 소득의 과세를 면제하는 펀드로 구성된다. 회사나 단체가 거주자조항의 첫 문단에 있는 기준에 따라 '납세의무가 있기' 때문에, 즉 조세면제기구로부터 수취하지 않은 다른 소득에 대하여는 과세되기 때문에 한 체약국 거주자로서 자격이 있다는 사실과는 상관없이 공인연금펀드의 정의는 그 회사나 단체에 적용된다.(OE §3-10.15)

정의 (i)은 언급되는 급부가 단체나 계약구조가 설립된 국가의 거주자에게 제공되는지 아니면 다른 국가의 거주자에게 제공되는지 여부와 상관없이 적용된다. 혜택제한규정의 일반적 조세회피방지조항에서 발생 가능한 조약쇼핑문제에 대처하고 있지만, 일반적 조세회피방지규정을 조약에 포함시키지 않은 국가나 또는 이것이 특별히 문제되는 국가는 '공인연금펀드'의 정의에 혜택제한규정의 자세한 내용을 포함할 수 있다.(OE §3-10.16)

정의 (ii)는 (i)에 해당하는 연금펀드가 간접적으로 투자하기 위해 사용하는 단체나 계약구조를 포함한다. 연금펀드는 종종 다른 연금펀드들과 함께 특정의 단체나 계약구조에 자산을 같이 섞어서 투자하며 여러 상업적·법적 또는 규제 이유 때문에 같은 국가의 거주자인 전적으로 지배하는 단체나 계약구조를 통해 투자한다. 이러한 단체나 계약구조는 개인에게 퇴직급부를 제공하는 데 사용되는 펀드가 투자를 위해 사용하는 매개체의 역할만을 하므로, 이들을 통해 투자하는 연금펀드와 같이 취급하는 것이 적절하다.(OE §3-10.17) 정의 (ii)에 있는 '전적으로 또는 거의 전적으로'라는 표현은 중간의 단체나 계약구조 활동의 전부 또는 거의 전부가 정의 (i)에 따른 공인연금펀드로서의 자격을 갖춘 단체나 계약구조의 이익을 위한 펀드투자와 관련되어야 한다는 점을 분명히 한다. '거의 전적으로'라는 표현은 이러한 단체나 기구의 활동 중 아주 작은 부분은 다른 활동을 포함할 수 있다는 의미인데, (i)에 포함되지 않는 체약상대국에 설립된 연금펀드를 위한 자금투자와 같은 활동이 그것이다. 체약상대국에 설립된 연금펀드로부터 받은 자금을 투자하는 중간의 단체나 계약구조가 많은 국가들은 중간의 단체나 계약구조가 투자하는 자금의 상당부분이 다른 국가에 설립된 연금펀드의 이익을 위해 투자되는 경우를 포함하도록 (ii)의 범위를 넓힐 수 있다. 이러한 국가들은 가능한 조약쇼핑의 문제를 혜택제한규정으로 대처할 수 있다.(OE §3-10.18)

② 공인연금펀드를 거주자로 볼 것인지 여부

대부분 국가들은 오래전부터 한 체약국에 설립된 연금펀드는 그 국가에서 제한적 또는 완전한 면세혜택을 받는다는 사실에도 불구하고 그 국가의 거주자라고 생각하여 왔다. OECD모델 1조 1항은 2017년에 개정되어 '공인연금펀드'의 정의를 충족하는 연금펀드는 설립지국의 거주자에 해당하는 사실에 대하여 의문의 여지를 없앴다.(OE §4-8.6)

'공인연금펀드'를 거주자에 포함할지는 각 체약국의 국내법 및 그곳에 설립된 연금펀드의 법적성격에 상당히 좌우된다. 법인체의 일부로 설립되는 펀드유형은 한 사람으로 취급되는 단체나 계약구조에 적용되는 '공인연금펀드'의 정의에 해당하지 않지만, 펀드의 소득이 그 펀드가 속한 법인체에 귀속되므로 법인체 자체가 한 체약국 거주자의 자격이 있다면 조약규정들은 그 소득에 적용된다.(OE §4-8.7) 그런데, 어떤 펀드가 그 펀드를 설립하거나 운영하는 사람과 다른 사람이거나 또는 그 사람을 위해 별개의 사람인 펀드가 설립되고 운영되는 경우, '공인연금펀드' 정의의 요건을 충족한다면 정의는 유효하게 적용되며 그 펀드 자체는 '한 체약국 거주자'에 해당한다. 이는 많은 국가들에 해당하는 사안인데, 체약국들이 1조 1항의 첫 문단을 해석하면서 1항의 첫 문단에 언급된 기준에 따라 '그 곳에서 과세될 수 있기' 때문이거나, 또는 그렇지 않은 경우에도 1항에 '공인연금펀드'라는 특정용어를 포함하였기 때문이다.(OE §4-8.8) 양 체약국에 설립된 연금기구의 소득이 그 거주지국의 거주자에 해당하는 사람에 의해 수취되고 있다고 보는 경우, 체약국들은 물론 '공인연금펀드'의 언급을 생략할 수 있으며, 다만 불확실성을 해소하기 위해 그 참조를 유지할 수도 있다.(OE §4-8.9)

퇴직급부가 제공되는 기구의 다양성을 고려할 때, 체약국들이 각국에서 사용되는 연금기구의 주된 유형을 검토하여 '공인연금펀드'의 정의를 각 유형의 기구에 적용할 수 있을지 확인하는 것도 유용하며, 더 일반적으로 양자조세조약의 규정들을 이 기구들에게 어떻게 적용할 것인지 확인하는 것도 유용하다. 이는 조약협상 시에 이루어지거나 그 이후 상호합의절차를 통해 이루어질 수 있다.(OE §4-8.10)

(3) 투자기구 및 자산운용사의 조세중립성 보장

국제적 투자기구는 파트너십 형태가 많다. 미국 및 유럽에 파트너십제도가 있으며 무한파트너십(general partnership), 유한파트너십(limited partnership), 유한책임회사(limited liability company) 및 유한책임파트너십(limited liability partnership)으로 구분한다.

투자기구의 원천징수, 국내사업장 및 이전가격 문제는 전통과세이론으로는 설명되지 않는 부분이 있다. 투자기구를 과세실체로 보느냐에 따라 도관이론과 실체이론이 있으며 그에 따라 과세결과가 달라진다. 이는 '실질귀속자' 개념과 관련된다.

구 분	도관 이론	실체 이론
원천징수	실질귀속자인 투자자 및 자산운용사에 대하여 원천징수	실질귀속자인 투자기구에 대하여 원천징수
거주지	투자자 또는 자산운용사의 거주지	투자기구의 등록지 또는 실질적 관리장소(자산운용사 소재지)
국내사업장	투자자산(수익발생지) 또는 자산운용사(관리장소)를 기준으로 국내사업장 판정 가능	투자자산(수익발생지) 또는 자산운용사(관리장소)를 기준으로 국내사업장 판정 가능
이전가격	투자자 및 자산운용사의 역할을 기준으로 투자소득 배분	투자기구가 투자소득을 수취한 후 자산운용사에는 비용으로, 투자자에는 배당으로 소득배분

국내세법의 투자기구과세제도는 내국인이 국내자산에 투자하는 상황을 전제로 만들어졌다. 투자자, 자산운용사, 투자기구 및 투자대상자산이 모두 국내에 소재하는 경우 이러한 과세제도는 성공적이지만 이들이 서로 다른 국가에 소재하는 경우 여러 가지 문제를 일으킨다.

| 투자기구의 국제적 투자상황 |

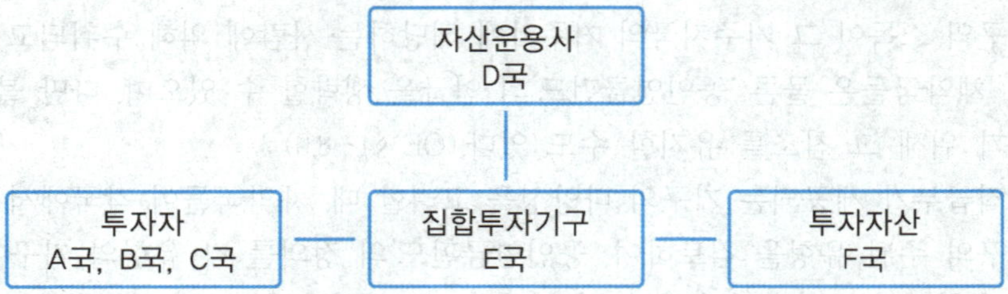

대부분 국가들은 직접투자와 투자기구를 통한 간접투자를 세무상 차별하지 않기 위한 조세제도를 만들어 왔다.(OE §1-22) 이를 '조세중립원칙(Principle of Fiscal Transparency)'이라 한다.

국제상황에서 투자기구 소득은 3중으로 과세될 수 있다. 먼저 투자기구가 외국자산에 투자하여 국외원천소득이 발생되거나 내국법인의 주식에 투자하여 그로부터 국내원천소득이 발생하는 경우와 같이 투자원천에서 과세되고(투자대상 단계), 그 소득이 투자기구에 귀속되어 투자기구에서 과세되며(투자기구 단계), 다시 그 소득이 투자자에게 이전되어 투자자의 손에서 과세된다.(투자자 단계) 투자기구 소득에 대한 3중 과세를 투자자에게 한 번만 과세하는 것이 세계적인 추세이다. 3중 과세를 방치할 경우 조세가 투자자의 투자방식선택(직접투자와 간접투자)에 간섭하게 되어 경제적 비효율성을 초래한다. 따라서 경제적 효율성을 높이기 위해 조세중립을 실현하여 3중 과세구조를 단일 과세구조로 조정할 필요가 있으며, 이는 간접투자방식의 펀드산업이 존재할 수 있는 기본전제가 된다.(Stoney & Clyde, Mutual fund laws handbook 28-3, Glasser Legal works 1998)

Outbound 및 Inbound 거래에 대한 조세중립을 유지하도록 투자기구과세제도를 개선해야 한다. 첫째 투자기구를 통해 투자자가 수취하는 소득의 구분을 변경하지 않고, 둘째 관할국 세무상 투자기구 귀속소득을 신고하는 때 투자자가 소득을 수취하는 것으로 보며, 셋째 투자대상 분배소득을 기준으로 투자자에게 과세(중간도관체는 무시)해야 한다. 국내세법은 투자기구를 사실상 투과기업으로 취급하지만, 그 분배소득을 원칙적으로 배당소득(비거주자 · 외국법인 수동적동업자 또는 능동적동업자의 경우만 각소득)으로 규정하며 투자기구가 실제 지급하는 때를 투자자 소득의 귀속시기로 한다는 점에서 투자기구를 법인으로 취급하여, 완벽한 조세중립을 유지한다고 볼 수 없다.

| 한국의 투자기구 과세제도 개요 |

① (Inbound) 국내투자대상	⇒	국내투자기구	⇒	국외투자자
(각소득 지급)		(소득공제, 동업기업특례)		(배당소득 원천징수/종합과세)
② (Outbound) 국외투자대상	⇒	국외투자기구	⇒	국내투자자
(각소득 지급)		(파트너십특례)		(각소득 원천징수/종합과세)

① 집합투자기구의 원천징수문제: 조세조약의 적용

원천지국에서 직접 투자하여 소득을 수취하였다면 혜택을 받았을 투자자들에게 제삼국에 소재한 집합투자기구를 통해 투자함으로써 불리한 대우를 받지 않도록 보장해야 한다.(OE §1-37)

집합투자기구에 조세조약의 혜택을 부여하기 위해서는 집합투자기구는 한 체약국의 거주자에 해당하는 사람(person)이어야 하고, 조약규정의 적용목적상 수취소득의 실질귀속자(beneficial owner)여야 한다.(OE §1-23) 집합투자기구를 사람으로 볼 것인지는 집합투자기구의 법적형태에 달려 있는데, 이는 사실상 국가마다 다르며 집합투자기구의 형태에 따라 다양하다. 집합투자기구는 회사, 신탁(trust), 계약상 합의(arrangements) 또는 공동소유의 형태를 취한다. 사모집합투자기구는 소수의 전문투자자들로 이루어지므로 투자자 단계에서 과세하는 일이 불가능하지 않다. 그렇지만 공모집합투자기구의 경우에는 다수의 일반투자자들이 대부분이므로 국제적인 공모집합투자기구를 투자자 단계에서 과세하는 것은 쉽지 않다. 이러한 이유로 대부분 국가들은 공모집합투자기구를 세법상 납세자로 취급하는데, 예를 들면 집합투자기구를 신탁형태로 설립하는 국가에서 신탁자체 또는 집합적으로 능력을 행사하는 수탁인(trustees)을 국내세법상 납세자로 취급한다.(OE §1-38) 즉, 공모집합투자기구를 거주자로 볼 것인지는 법적형태(회사형 또는 신탁형)보다는 설립지국의 세무취급에 달려 있다. 공모집합투자기구에 대한 세법의 주된 목표는 이중과세를 방지하여 집합투자기구 단계 또는 투자자 단계에서 한 번만 과세되도록 하는 것이지만, 국가마다 이러한 목표를 달성하는 방법은 아래와 같이 아주 다양하다.(OE §1-25, §1-26, §1-27)

| 각국의 공모집합투자기구 과세제도 유형 |

1. 집합투자기구 비과세	집합투자기구 자체에 대하여 과세하지 않고 집합투자기구의 지분소유자가 집합투자기구로부터 받는 소득에 대하여 과세한다. 이렇게 과세대상이 아닌 집합투자기구는 해당 체약국의 거주자로 볼 수 없는데, 해당국에서 납세의무자가 될 수 없기 때문이다.
2. 집합투자기구 제한면세	집합투자기구는 원칙적으로 과세대상이지만 최소배부기준, 발생소득원천 및 자산운용대상 등 집합투자기구의 목적, 활동 및 운용에 있어 일정 요건을 충족하면 소득에 대하여 전액 면세한다.
3. 집합투자기구 소득공제	집합투자기구에 대하여 과세하지만 투자자에게 지급하는 배당에 대하여 다양한 방법으로 과세표준을 경감한다. 배당에 대한 소득공제는 보통 실질적인 납부세액이 없다는 의미이다. 영세율이 적용되어 비과세되는 집합투자기구는 설립지국의 거주자로 보지 않는다.
4. 집합투자기구 저율과세	집합투자기구에 대하여 과세하지만 낮은 세율을 적용한다.
5. 집합투자기구 과세 후 투자자 과세	집합투자기구에 대하여 종합과세하지만 집합투자기구 소득의 이중과세를 피하기 위해 투자자 단계에서 합산하여 과세한다. 설립지국에서 집합투자기구를 과세하지 않지만 해당 투자자를 과세하는 방식을 취한다면, 집합투자기구는 설립지국에서 궁극적으로 종합과세 대상이 되므로 어떤 경우에도 설립지국의 거주자에 해당한다. 집합투자기구의 소득을 영세율로 과세하거나 비과세하는 경우에도, 이러한 영세율이나 비과세 요건을 엄격히 적용하는 것이라면 거주자 요건을 충족할 수 있다.

㉮ 공모집합투자기구의 원천징수

집합투자기구의 소유지분은 수시로 바뀌며 중간회사(intermediaries)가 이러한 소유지분을 소유하는 경우가 자주 있으므로, 공모집합투자기구 및 자산운용사는 지분의 실질귀속자의 이름이나 조약상 자격을 잘 알지 못한다. 집합투자기구가 매일 해당 중간회사로부터 이러한 정보를 수집하는 것은 실무적으로 가능하지 않다. 따라서 체약국들은 이러한 일별관리를 필요로 하지 않는 실용적이고 믿을만한 방법을 상황에 맞추어 찾아야 한다.(OE §1-43)

1. 집합투자기구와 투자자가 같은 국가 내에 있으면 집합투자기구를 실질귀속자로 간주

일부 국가는 집합투자기구를 납세자로 인정하면서도 수취하는 소득의 실질귀속자인지는 별도로 판단한다. 공개적으로 모집되고(widely held), 다양한 증권투자가 가능하며 설립된 국가에서 투자자보호규정의 보호를 받는 집합투자기구의 경우, 보통 집합투자기구나 자산운용사가 집합투자기구 자산의 투자 및 관리에 대하여 중요한 기능을 수행한다. 또한, 투자대상자산(underlying assets)을 직접 소유하는 다른 유형의 투자자 입장에 비해 집합투자기구의 투자자는 법적 경제적으로 사실상 간접적으로 자산을 소유하는 입장이므로 집합투자기구의 투자자를 집합투자기구가 수취하는 소득의 실질귀속자로 보는 것은 적절치 않다. 그러므로 집합투자기구의 자산운용사가 소득을 창출하는 자산을 관리하는 전적인 권한을 행사하는 경우, 집합투자기구의 소득을 수취하는 동일 국가의 거주자 개인들이 해당 소득의 실질귀속자에 해당된다면, 공모집합투자기구의 정의를 충족하는 집합투자기구를 수취하는 배당 또는 이자의 실질귀속자로 보는 것이 합리적이다.(OE §1-28) 많은 국가에서 대부분의 집합투자기구들은 국내투자를 하며 투자자들은 설립지국의 거주자들이 대부분이다. 일부 경우, 세법에 외국인 투자에 대한 배당을 원천징수하도록 규정하여 외국인 투자를 억제하거나 또는 증권법에서 비거주자에 대한 영업을 엄격히 제한하기도 한다. 행정당국은 이러한 상황 또는 다른 상황으로 인해 조약적용대상이 아닌 제삼국의 거주자가 투자를 할 수 없는지를 고려해야 한다. 예를 들면, 집합투자기구가 설립지국 내에서만 지분을 판매하거나 또는 원천지국과의 조약에 따라 비슷한 혜택을 부여하는 체약상대국 내에서만 지분을 판매하는 경우, 설립지국의 거주자가 집합투자기구를 소유한다고 가정하는 것이 적절하다.(OE §1-44)

2. 공개거래되는 집합투자기구에 대한 조약혜택의 부여

설립지국에서 공개적으로 거래되는 집합투자기구는 투자자의 거주지와 상관없이 설립지국과의 조약상 혜택을 주어도 무방하다. 경험적으로 볼 때 공개적으로 거래되는 집합투자기구는 조약남용에 효과적으로 이용될 수 없다는 사실로 이러한 규정의 정당성이 입증되는데, 이러한 집합투자기구의 투자자들은 개별적으로 집합투자기구를 통제하지 못하기 때문이다.(OE §1-46)

3. 투자자를 대신하여 집합투자기구에 조세혜택을 부여

일부 국가들은 일정유형의 집합투자기구에 대하여 집합투자기구 자신이 아닌 투자자를 대신하여 조약상 혜택을 받도록 한다. 예를 들면, 집합투자기구 지분소유자의 상당비율 또는 집합투자기구의 일정지분 이상이 조세조약에 따라 원천지국에서 비과세되는 연금펀드인 경우가

이에 해당한다. 투자자들이 직접 투자하였다면 받았을 우대세율의 혜택을 잃지 않도록 하기 위해 이들 집합투자기구에 대하여 혜택을 주어야 한다.(OE §1-42)

4. 투자자들의 거주지국이 다양하면 투자자들 기준으로 과세

집합투자기구의 지분을 여러 국가의 투자자들에게 판매하기도 한다. 개인투자자들이 매일 바뀌더라도 조약적용대상이 되는 집합투자기구 투자자의 비율은 상대적으로 천천히 바뀐다. 따라서 집합투자기구로 하여금 조약적용대상이 되는 투자자의 비율을 결정할 수 있는 정보를 다른 중간회사로부터 특정일에 수집하도록 규정하는 것이 합리적이다. 이러한 정보는 매년 말 또는 매 회계연도 말에 필요하거나, 또는 시장상황에 따라 소유자의 변동이 심한 경우 수시로 필요하지만 일반적으로 매분기말 정도면 족하다. 이에 따라, 일정 기간의 평균액기준으로 조약상 혜택을 청구할 수 있다. 이러한 절차를 진행할 때, 해당기간 개시일에 올바로 원천징수하기 위해 집합투자기구가 다른 대가지급자(중간회사)에게 제공하는 정보를 갱신할 수 있는 충분할 시간을 확보하도록 측정기준일을 신중하게 선택해야 한다.(OE §1-45) 한편, 국제적 집합투자기구의 투자자가 투자소득 원천지국의 거주자인 경우, 원천지국은 자국의 거주자를 파악하여 과세할 권리가 있다.(OE §1-47)

㉯ 집합투자기구 원천징수와 관련된 문제들

1. 집합투자기구를 통한 조세회피의 방지

집합투자기구는 모든 수취소득의 실질귀속자(beneficial owner)로 간주된다. 그렇지만, 집합투자기구의 자격과는 상관없는 실질귀속자 요건과 관련하여 이 규정이 다른 투자자와 다르거나 나은 혜택을 집합투자기구에 부여하는 것은 아니다. 그러므로 특정상황에서 일정소득을 수취하는 개인이 해당 소득의 실질귀속자로 간주되지 않는 경우, 동일상황에서 해당 소득을 수취하는 집합투자기구는 소득의 실질귀속자로 간주되지 않는다. 이러한 결론은 동일상황의 개인이 소득의 실질귀속자로 간주되는 상황에만 규정을 적용하도록 예시적으로 한정함으로써 도출된다.(OE §1-48) 또한, 투자자들이 직접투자로 얻을 수 있는 것보다 나은 조약상 혜택을 집합투자기구를 통해 얻는 것을 방지해야 한다. 집합투자기구에 적용되는 세율과 투자자가 소득을 직접 수취하는 경우 적용되는 세율을 적절히 비교해야 한다. 예를 들면, B국에 설립된 집합투자기구가 A국 거주회사로부터 배당을 수취한다. 집합투자기구 투자자의 65%가 B국에 거주하는 개인들이다. 10%는 C국에 설립된 연금펀드들이고, 25%는 C국에 거주하는 개인들이다. A·B국 조세조약에 따라 투자배당은 10%의 제한세율로 원천징수된다. A·C국 조세조약에 따라, 연금펀드는 원천지국에서 면세되며 다른 투자배당은 15%의 제한세율로 원천징수된다. 이러한 사실관계에서 집합투자기구의 75%, 즉 B국의 개인 거주자 및 C국의 연금펀드 해당분만이 A·B국 간 조세조약상 실질귀속자에 해당한다.(OE §1-38) 일부 국가들은 제삼국 투자자를 포함하여 모든 투자자를 고려하는 것은 조세조약의 양자적 성격에 반한다고 생각한다. 이들 국가는 집합투자기구 투자자들이 집합투자기구가 설립된 체약국의 거주자인 경우에만 집합투자기구에 조약상 혜택을 허용한다.(OE §1-40) 예를 들면, 독일의 개인거주자들이 99% 이상 투자한 독일투자회사법에 따라 설립된 투자펀드(deka immoblllen investment fund)는 한독

조세조약상 거주자에 해당한다.(국제조세와-163, 2004.3.18.) 이러한 단순한 비례배분방법(proportionate approach)은 조약남용(treaty shopping)을 방지하지만 실질적으로 관리부담을 증가시킨다. 이 경우, 집합투자기구 설립지국의 거주자가 일정 지분 이상을 보유한 경우에만 조약상 혜택을 주기도 한다.(OE §1-41)

2. 집합투자기구의 기준가격계산

조세조약이 적용될지 여부가 불분명하면 순자산가치(net asset value)를 계산할 때 조세조약이 주는 원천징수혜택을 포함하여 수취예상금액을 계산해야 할지 여부가 불분명해진다. 보통 매일 계산하는 순자산가치는 펀드판매 및 대금지급을 할 때 기준가격으로 사용한다. 집합투자기구가 나중에 받게 되는 원천징수혜택의 금액 및 시점이 당초 예상과 틀리다면, 중도에 집합투자기구의 지분을 매입하거나, 처분하거나, 상환받는 투자자에게 적용하는 순자산가치와 실제 자산가치에 차이가 생긴다.(OE §1-29)

3. 과세이연문제

면세되거나 저율과세로 과세되는 집합투자기구가 소득을 즉시 배분하지 않고 유보하는 경우 과세이연이 발생할 가능성이 있다. 이 경우, 원천지국은 집합투자가구의 소득지분에 대하여 과세되는 투자자들에 비례하여 집합투자기구가 혜택을 받을 수 있도록 제한할 수 있다. 그러나 실무적으로 이러한 방법은 공모집합투자기구에는 적용하기 곤란하다. 과세이연의 가능성을 염려하는 국가들은 수익을 즉시 배분하도록 설계된 집합투자기구에만 혜택을 부여하도록 조약규정을 만들 수 있다. 그렇지만, 과세이연문제를 심각하게 생각하지 않는 국가도 있다. 이들 국가는 투자자들이 집합투자로부터 받는 소득을 즉시 과세할 수 없더라도 집합투자기구가 소득을 배분하기 전에 투자자들이 지분을 양도한다면 궁극적으로 배당이나 양도소득에 대하여 과세할 수 있다는 입장이다.(OE §1-39)

② 집합투자기구의 내국법인 또는 국내사업장 판정

국제적 투자환경에서 투자자산, 집합투자기구 또는 자산운용사가 소재한다는 이유로 소재지국이 통과소득(conduit income)에 대하여 과세권을 행사해서는 안 된다.

국내세법에 따라, 비거주자가 한국의 집합투자기구를 통해 한국자산에 투자하고 분배받은 소득은 배당소득이다. 이는 국외 집합투자기구를 통해 국내주식에 투자하여 주식양도소득을 수취하는 경우 대부분 조세조약에 따라 비과세되는 것에 비하면 손해이다. 이러한 이유로 비거주자는 국내자산에 투자하면서 한국 집합투자기구에 대한 종합과세나 투자소득에 대한 배당소득 원천징수를 피하기 위해 외국 집합투자기구를 이용한다. 그러므로 집합투자기구의 소재지에 따른 과세차이를 방지하기 위해 집합투자기구를 비과세하고 투자자 단계에서 소득의 종류를 따져 과세하는 것이 바람직하다.

자산운용사가 국내에 소재하는 상황에서 비거주자인 투자자가 국내외자산에 투자하는 경우 자산운용사를 집합투자기구의 실질적 관리자로 보아 집합투자기구를 과세하는 문제가 발생된다. 국내의 자산운용사는 정상적으로 수취해야 할 수수료와 성공보수

(carried interest)에 대하여만 국내에서 과세되어야 한다.

(4) 파트너십(Partnership)

세무상 파트너십을 무시하고 파트너십 소득의 지분에 대해 파트너에게 과세하는 경우 파트너십 자체는 과세대상이 아니므로, 거주자로 간주되지 않는다. 그렇지만, 그 소득이 해당 국가의 세무상 그 국가의 거주자인 파트너의 소득으로 간주되는 경우 조세조약이 파트너십에 적용된다고 볼 수 있다. 체약국의 세법에 따라 투과기업이나 계약구조의 소득에 대하여 같은 방법이 적용될 수 있다.(OE §4-8.13)

① 조세조약상 파트너십의 과세

어떤 국가는 파트너십을 과세단위(일부는 회사로 간주)로 보는 반면, 또 다른 국가는 비과세 접근법(transparent approach)으로 일컬어지는 방법을 채택하여 세무상 파트너십을 무시하고 파트너십 소득을 파트너(partner) 지분에 따라 각자 과세한다.(OE §1-3)

제일 먼저 문제가 되는 것은 파트너십에 어느 정도의 조약상 혜택을 부여해야 하는가이다. 체약국에 거주하는 사람만이 국가 간 체결된 조세조약의 혜택을 누릴 자격이 있다. 그런데 대부분 조세조약들의 규정을 보면 파트너십을 사람으로 간주하지만 체약국 거주자로서 충분한 자격을 인정하지 않는다.(OE §1-4)

파트너십을 회사로 취급하거나 간주하는 방식으로 과세한다면 파트너십은 거주자로서 조약상 혜택을 받을 자격이 있다. 그러나 파트너십이 한 국가에서 비과세되는 경우 파트너십은 '과세대상(liable to tax)'이 아니므로 조약목적상 거주자가 될 수 없다. 이 경우 파트너십을 다루는 특별조항을 조약에 두기 전까지 조약은 적용되지 않는다. 파트너십에 대하여 조약적용이 거부되는 경우 파트너는 거주지국 과세목적상 파트너십 소득지분 중 각자에게 귀속되는 소득에 대해 거주지국이 체결한 조약상 혜택을 받을 자격이 있다.(OE §1-5) 그렇지만, 일부 국가들은 비과세되는 파트너십의 파트너들이 조약의 혜택을 받기 위해서는 조약에 특별규정이 필요하다는 입장이다.(UN §4-6)

한국이 체결한 조세조약들은 사람을 법인(company), 개인(individual) 및 '기타 인적 단체(other body of persons)'로 구분하는데, 각국 세법에 따라 파트너십은 '법인' 또는 '기타 인적 단체'에 해당한다. 한미조세조약은 '파트너십(조합)'을 법인이나 개인과 구분한다.

| 각국의 파트너십의 과세유형 |

국내법상 과세유형	과세방법	조약적용
법인으로 취급	파트너십 법인세 과세	파트너십에 대해 적용
법인격 부인	파트너 법인세 · 소득세 과세	파트너에 대해 적용

㉮ 양국 간 과세문제

파트너십이 조약상 혜택을 받을 권리와 파트너가 조약상 혜택을 받을 권리의 양자관계에 있어 문제가 있을 수 있다.(OE §1-6) 그중 한 가지 문제는 파트너십을 거주자로 취급하는 경우 파트너 과세에 미치는 영향이다. 파트너십이 한 체약국 거주자로 취급되는 경우 체약상대국에서 파트너십 소득에 대한 과세를 제한하는 조약조항은 체약상대국이 자기 국민인 파트너의 파트너십 소득지분에 대해 과세하는 데 장애가 되지 않는다. 일부 국가는 체약상대국 거주자인 파트너십의 소득지분에 대해 한 체약국이 자국거주 파트너에게 과세할 권리를 명시적으로 조약에 포함한다.(OE §1-6.1) 예를 들면, A국 거주자 a가 B국에 파트너십 b를 설립한 경우, B국은 파트너십을 독립된 과세대상으로 보고 A국은 비과세한다면, B국은 파트너십 소득에 대해 과세하고 A국에서는 파트너십에 대해 과세하지 못한다. 이 경우 A국에서는 파트너 a의 소득을 과세할 수 있다.

또 다른 문제는 하나 또는 하나 이상의 조약상 혜택을 받을 권리가 파트너와 파트너십 간에 각각 다른 경우 자국 내 발생된 소득에 대한 한 체약국의 과세권에 미치는 조약조항의 영향이다. 예를 들면 원천지국이 국내 파트너십을 비과세하여 파트너십 소득지분에 대해 파트너에게 과세하는 경우 파트너십을 회사로 과세하는 체약상대국 거주자인 파트너는 원천지국에서 과세한 파트너십 소득지분에 대해 양국 간 조약상 혜택을 주장하지 못할 수 있다. 왜냐하면 원천지국 법에 따라 조약상 혜택을 주장하는 파트너에게 소득이 귀속된다 해도, 그 사람의 거주지국에서 그 소득에 대해 파트너십 과세만을 인정한다면 파트너에게 소득이 귀속되지 않기 때문이다.(OE §1-6.2) 이는, A국 거주자인 파트너십 a가 B국에 투자하여 수취하는 소득에 대하여 파트너십 a의 파트너를 기준으로 원천징수하는 경우 A국·B국 조약상 소득의 실질귀속자를 파트너십으로 보아 파트너에게 조약상 혜택을 부여하지 않는 상황을 말한다.

원천지국 국내법상 파트너십이 비과세되지 않고 소득이 귀속되는 독립적 과세대상이 된다 해도, 파트너십이 사실상 원천지국의 거주자에 해당하지 않는다면 위와 마찬가지로 조약상 혜택을 주장하지 못할 수 있다. 이러한 결론은, 원천지국은 조약적용의 사실관계에서 거주자로서 조약상 혜택을 주장하는 사람의 관할국에서 원천지국 발생소득을 취급하는 방식을 고려해야 한다는 원칙에 입각한 것이다. 이러한 해석에 동의하지 않는 국가는, 파트너십 소득이 양국에 의해 다르게 귀속되는 이중과세 가능성을 회피하기 위한 특별조항을 정할 수 있다.(OE §1-6.3)

비과세되는 파트너십을 '통과하여(flowed through)' 거주지국 과세를 위해 파트너에게 소득이 이전되는 경우 거주지국에서 과세목적상 파트너십이 아닌 파트너에 소득이 귀속되므로 소득이 파트너에게 '지급(paid)'된 것으로 보는 것이 적절하다. 따라서 이 상황에서 파트너는 여러 조항에서 규정하고 있는 '체약상대국 거주자에게 지급되는' 소득의 해당요건을 충족한다. 또한 이 경우에 다른 조항에서 규정하고 있는 소득이나 차익이 "체약상대국 거주자에 의해 수취된다"는 조건이 충족된다. 이러한 해석은, 파트너십이 해당 국가의 거주자가 아니라는 이유로 또는 파트너가 소득을 직접 수취하지 않는다는 이유로 소득과 관련된 조약상 혜택을 주장할 수 없다는 논리를 펴면서 파트너십 소득에 대한 조세조약상 혜택을 부인하는 것을 방지한다. 앞에서 언급된 원칙을 따를 때, 파트너십이 사실상 원천지국의 거주자에 해당하지 않는다면, 소득이 거주자에게 지급되거나 거주자에 의해 수취되어야 한다는 조건은, 원천지국의 국내법상 파트너십이 비과세되는 단체로 간주되지 않는 경우에도 충족되는 것으로 보아야 한다.(OE §1-6.4)

㉯ 세 국가 간 과세문제

세 국가가 포함된 파트너십 문제는 조약상 혜택을 결정하는 데 있어 어려운 문제를 야기한다. 그러나 위에서 검토한 양국 간 과세원칙을 적용함으로써 많은 문제를 해결할 수 있다. 파트너가 한 체약국 거주자이고 파트너십이 다른 국가에 설립되며 파트너 몫이 되는 파트너십 소득이 제삼국(원천지국)에서 발생되는 경우 파트너는 파트너십 소득이 거주지국에서 자신의 과세소득으로 귀속되는 부분에 한하여 거주지국과 원천지국 간의 조약상 혜택을 주장할 수 있다. 또한 설립지국에서 파트너십이 거주자로 과세되는 경우 파트너십은 자체적으로 설립지국과 원천지국 간의 조약상 혜택을 주장할 수 있다. 원천지국, 파트너십 설립지국 및 파트너 거주지국의 조약에 따라 '이중의 조세혜택'이 적용되는 경우 원천지국은 적용되는 2개의 조약 중 하나의 조약을 적용할 수 있다. 이때 두 조약에서 서로 다른 세율을 규정하면 낮은 세율이 적용된다. 그러나 국가에 따라서는 이 같은 상황에서 파트너십은 혜택을 주장할 수 있지만 파트너는 동시에 주장하지 못하도록 규정하는 경우도 있다. 이러한 조항은 조약상 혜택을 적절하고 단순하게 부여하기 위한 것이다. 설립지국에서 파트너십을 비과세한다면 설립지국과 원천지국의 조약상 어떤 혜택도 받을 수 없다. 마찬가지로 파트너십 소득이 파트너 거주지국 세법상 파트너에게 배분되지 않은 경우 파트너 거주지국과 원천지국 간 조약상 어떤 혜택도 받을 수 없다. 파트너십 설립지국에서 조세목적상 파트너십이 무시되고 파트너십 소득이 파트너 거주지국의 세법상 파트너에게 배분되지 않은 경우, 원천지국은 파트너에게 배분되어야 할 파트너십소득을 제한 없이 과세할 수 있다.(OE §1-6.5)

'비과세 접근법'을 국가 간에 다르게 적용하는 경우 조세조약 적용상 문제가 있을 수 있다. 파트너십이 거주자 자격이 없다고 한 체약국이 판단하는 경우 파트너십은 과세대상이 아니고, 파트너가 거주지국에서 파트너십 소득지분에 대해 과세대상이 된다. 이 경우 한 체약국은 파트너가 소득을 직접 수취하는 것으로 조약을 적용하는데, 이는 소득이 파트너십을 통과한다는 사실로 인해 소득종류가 변경되지 않도록 하기 위한 것이다. 그렇지만 납세자 활동, 납세자 성격, 납세자와 거래당사자 간의 관계에 따라 적용되는 조항을 구체적으로 적용하기가 곤란할 수 있다. 이는 파트너십의 국내사업장, 파트너십이 고용주에 해당하는지 등의 문제에서 드러난다.(OE §1-6.6)

② 파트너십에 대한 판례의 변화

이론적으로, 파트너십 거주지국의 세법상 취급을 따져서 판단하는 방법 또는 파트너십이 국내세법상 외국법인에 해당하는지 판단하는 방법으로 과세할 수 있다. 파트너십 형태의 펀드에 대하여 대법원 판례는 다음과 같이 변화되어 왔다.

구 분	과세 방법
2011년 이전	펀드의 실체를 인정하지 않고, 투자자를 소득의 실질귀속자로 보아 투자자기준으로 조세조약을 적용
2012년 대법원 판례 (2010두25466, 2012.10.25.)	펀드가 외국법인에 해당하는 경우, 소득의 실질귀속자로 보아 펀드기준으로 조세조약을 적용
2014년 대법원 판례 (2012두11836, 2014.6.26.)	펀드를 외국법인으로 보더라도 해당 조세조약의 특별규정에 따라 펀드를 소득의 실질귀속자로 보지 않는 경우, 투자자들이 해당국의 거주자인 범위에서 해당 조세조약을 적용
2015년 대법원 판례 (2013두7704, 2015.5.28.)	펀드를 외국법인으로 보더라도 해당 설립지국 세법상 포괄납세의무가 없으면, 해당국의 거주자로 보지 않고, 투자자들이 해당국의 거주자인 범위에서 해당 조세조약을 적용

2011년 이전에는 파트너십 거주지국의 세법상 취급을 따져서 판단하는 방법을 적용하였다. 예를 들면, 케이만 군도의 법에 따라 설립된 파트너십이 배당소득 및 유가증권양도소득을 내국법인으로부터 수취하는 경우, 해당국가의 법에 따라 파트너십에 귀속되지 아니하고 각 파트너에게 귀속되는 때에는 사실상 소득이 귀속되는 자를 납세의무자로 하여 국내세법 및 조세조약을 적용한다.(서이 46017-11926, 2003.11.7.) 또한, 유한책임회사(limited liability company)가 미국 조세목적상 법인으로 취급되지 않고 비과세되는 경우, 이 회사가 지급받는 국내원천소득은 이 회사의 구성원 각각의 거주지국과 체결한 조세조약을 적용한다.(기재부 국조 46017-177, 2002.12.16.)

2012년 대법원 판례(2010두25466, 2012.10.25.)에서 파트너십이 국내세법상 외국법인에 해당하는지 판단하는 방법을 적용하였다. 즉, 파트너십 형태의 펀드는 펀드운영의 전문성을 보유하고 펀드의 일상업무를 집행하며 고유한 투자목적을 가지고 자금을 운용하면서 구성원인 사원들과는 별개의 재산을 보유하며 고유의 사업활동을 하는 영리 목적의 단체로서, 구성원의 개인성이 강하게 드러나는 인적 결합체라기보다는 구성원의 개인성과는 별개로 권리・의무의 주체가 될 수 있는 독자적 존재로서의 성격을 가지므로, 법인세법상 외국법인에 해당하여 법인세 과세대상인 것으로 판단하였다.

그 후 2015년 대법원 판례(2013두7704, 2015.5.28.)는 '해당 거주지국에서 포괄납세의무를 부담하지 않는 투과기업(fiscally transparent entity)의 경우, 해당국의 거주자로 볼 수 없으며 그 구성원이 그 단체가 얻은 소득에 관하여 해당 국가에서 포괄납세의무를 부담하는 범위에서는 해당 조세조약의 적용을 받을 수 있다'고 판단하였다.

2013년 이후 국내세법은 국외투자기구(파트너십)에 대하여 투자자를 실질귀속자로 보아 원천징수특례를 적용한다. 예를 들면, 미국 등의 금융기관을 투자자로 하여 케이만에 설립된 사모펀드로서 케이만법에 따라 납세의무 없는 A펀드가 내국법인의 주식을 벨기에법인에게 양도함으로써 주식양도소득이 발생한 경우 A펀드의 투자자를 실질귀속자로 보아 그 거주지국과의 조세조약을 적용한다.(재국조-56, 2015.11.24.) 이에 대하여 실질귀속자에서 자세히 설명한다.

2.4 정부, 면세단체

OECD모델 4조 1항(후단): 그러나 이 용어는 그 국가 내 원천(source)으로부터 발생한 소득 또는 그 국가 안에 소재한 자본에 대하여만 그 국가에서 납세할 의무가 있는 사람은 포함하지 않는다.

(1) 정부 및 하부조직

① 정부 및 국부펀드

정부는 그 정치적 하부조직이나 지방자치단체와 함께 조약목적상 그 국가의 거주자이다.(OE §4-8.4) 이로 인해 국가나 정치적 하부조직이 거시경제목적으로 만든 특수목적투자펀드 또는 투자기구인 국부펀드(sovereign wealth funds)를 그 국가 거주자로 볼 것인지 문제가 된다. 국부펀드는 재정적 목적을 달성하기 위해 자산을 보유하거나 관리하거나 감독하며 일련의 투자전략을 채택하는데 이에는 해외금융자산에 대한 투자가 포함된다. 이들 펀드는 일반적으로 세출잉여금, 공식적 외환운용, 민영화수익, 재정흑자 또는 상품수출로 인한 수익으로 설립된다.(2008.10. 국제국부펀드그룹 보고서) 국부펀드가 '한 체약국의 거주자'인지는 개별 사안의 사실관계에 따라 다르다. 예를 들면, 국부펀드가 한 국가의 핵심적 부분이라면 그 국부펀드는 '국가 및 기타 정치적 하부조직이나 지방자치단체'의 범위에 포함된다.(OE §4-8.5)

② 국가, 하부조직 및 국가가 소유하는 단체에 대한 조세조약의 적용

국가, 정치적 하부조직 및 지방자치단체는 '한 체약국의 거주자'에 해당하므로 조세조약의 혜택을 받을 수 있다.(OE §1-49) 그런데, 국가, 정치적 하부조직 또는 지방자치단

체가 전적으로 소유하는 단체들에 대하여 조세조약을 적용할 것인지가 문제가 될 수 있다. 예를 들면, 이에는 위에서 설명한 국부펀드(sovereign wealth funds)가 있다. 대부분의 경우, 이들 단체는 설립지국에서 조세가 면제되므로 조세조약의 혜택을 받는 대상이 될 수 있을지 문제가 된다. 문제를 해결하기 위해, 일부 국가는 조세조약의 '한 체약국 거주자'의 정의를 개정하여 한 체약국, 그 정치적 하부조직이나 지방자치단체가 설립한 법정조직(statutory body), 기관(agency)이나 기구(instrumentality) 또는 '공공법인(legal person of public law)'을 포함하도록 하여 해당 국가, 그 정치적 하부조직이나 지방자치단체의 일부로 간주되지 않던 정부소유단체를 포함하도록 한다.(OE §1-50) 또한, 많은 국가들은 다른 국가 및 중앙은행과 같은 국가소유단체들에게 이자와 같은 특정유형의 소득에 대한 조세를 면제하는 특별규정을 양자조약에 포함한다. 연금기금소득에 대해 조세면제를 허용하는 조약규정을 기금성격을 고려하여 국가가 전적으로 소유하는 연금기금에 적용하기도 한다.(OE §1-51)

그런데, 이러한 사안에 대하여 '주권국가 소추면제(sovereign immunity)'의 관습적 국제법원칙이 적용되지는 않는다. 주권국가 소추면제원칙에 따라 각 주권국가(대리인, 재산 및 활동을 포함)는 일반적으로 다른 주권국가의 법원관할로부터 면제된다. 다른 국가가 소유하는 기관이 상업활동을 한다면 그 기관들의 조세문제에 이 원칙을 적용하지 않는다는 것이 일반적 견해이다.(OE §1-52)

(2) 사실상 면세되는 단체의 경우

국내세법상 '과세대상'이 되는 사람은 요건을 충족하는 경우에 거주자에 해당한다. 또한 사실상 면세되는 경우에도 사람은 포괄적 과세대상이다. 예를 들면 연금기금, 자선단체 등은 조세가 면제되지만 무조건 면세되는 것이 아니라 국내세법상 특정요건을 모두 충족하는 경우에 면세된다. 따라서 이들은 한 체약국의 과세대상이다. 이들이 특정기준을 충족하지 못한다면 세금을 내야 한다. 대부분 국가는 조세조약상 이런 단체를 거주자로 취급한다.(OE §4-8.11) 그렇지만, 일부 국가는 국내법상 면세되는 경우 과세대상에서 제외한다. 양 체약국이 이들 단체를 조약의 적용대상에서 제외하기로 합의하는 경우 조약상 거주자에 해당하지 않는다. 한 국가가 세무상 파트너십을 무시하고 파트너십 소득의 지분에 대해 파트너에게 과세하는 경우 파트너십 자체는 과세대상이 아니며, 따라서 그 국가의 거주자로 보지 않는다. 그런데, 이 경우 일부 조세조약은 그 소득이 해당국의 세무목적상 그 국가 거주자인 파트너의 소득으로 간주되는 경우 조세조약이 파트너십에 적용된다고 명시하고 있다. 체약국의 세법에 따라 세무상 무시되는 단체나 계약구조의 소득에 대하여 같은 방법이 적용될 수 있다.(OE §4-8.12)

3. 개인 거주자 판정

3.1 소득세법의 원칙

(1) 거주자의 개념

'거주자'란 국내에 주소를 두거나 183일 이상의 거소를 둔 개인을 말하며, '비거주자'란 거주자가 아닌 개인을 말한다.(소법 §1의2 ①) 거주자(영구거주자)는 국내외에서 발생한 모든 소득에 대해서 과세된다. 다만, 해당 과세기간 종료일 10년 전부터 국내에 주소나 거소를 둔 기간의 합계가 5년 이하인 외국인 거주자(비영구거주자)는 국내원천소득(종합소득 · 양도소득 · 퇴직소득)에 대해 과세하며, 국외에서 발생한 소득(국외원천소득)의 경우 국내에서 지급되거나 국내로 송금된 소득에 대해서만 과세한다. 비거주자는 국내원천소득에 대해서만 과세된다.(소법 §3 ① · ②, 소통 3-0…1) 이 경우, 10년 중 5년의 기간을 판단할 때 과거뿐 아니라 미래의 상황도 고려하는 것이 합리적이다.

'외국인'은 외국 국적자를 말하며 한국 국적을 가진 해외영주권자나 이중국적자는 제외한다.(국제세원-588, 2009.11.30.)

| 거주자 판단기준과 납세의무 |

소득세법	
영구거주자: 한국인/외국인	비영구거주자: 외국인
1. 국내 주소; 또는 2. 183일 이상 국내 거소; 그리고 3. (외국인) 해당 과세기간 종료일 10년 전부터 국내 주소 · 거소를 둔 기간 합계 5년 초과	1. 국내 주소; 또는 2. 183일 이상 국내 거소; 그리고 3. 해당 과세기간 종료일 10년 전부터 국내 주소 · 거소를 둔 기간 합계 5년 이하
무제한납세의무 (국내 및 국외 원천소득)	제한납세의무 (국내원천소득, 국내에서 지급되거나 국내로 송금된 국외원천소득)

미국 및 일본의 거주자 개념

① 미국의 거주자
소득세뿐 아니라 사회보장 및 고용보험에 동일한 거주자 개념을 적용한다. 거주자는 국민 또는 외국인으로 다음 요건 중 하나를 충족하는 자이다.(IRC §7701.b)

- 합법적 영주권자(lawful permanent resident): 그린카드(green card) 소지자를 의미
- 실질적 체류(substantial presence): (해당연도 체류일×1) + (직전연도 체류일×1/3) + (직전전연도 체류일×1/6)의 합이 183일을 초과하는 자. 다만, 외국에 납세지(tax home)가

있고 그 납세지와 밀접한 관련(closer connection)이 있다면 거주자로 보지 않음.

조세회피를 방지하기 위해 시민권 및 영주권 상실 당시 아래 요건 중 하나에 해당하는 비거주자는 10년간 거주자로 간주한다.(IRC §877.a.2)

- 시민권 등 상실 이전 5년간 평균수입이 124,000불 이상
- 시민권 등 상실 당시 재산이 2,000,000불 이상
- 시민권 등 상실 이전 5년간 위증죄로 처벌받았거나, 정부요구에 불응한 경우

② 일본의 거주자

거주자 및 비거주자로 구분하며, 거주자는 영구거주자 및 비영구거주자로 구분한다.

㉮ 영구거주자(Permanent Residents)

영구거주자는 국내에 주소를 두거나 거소를 유지하는 아래 사람이다. 주소(domicile)란 생활의 주요근거지를 말하며, 거소(residence)는 생활의 근거지는 아니지만 일정 기간 지속적으로 체류하는 장소를 의미한다. 영구거주자는 국내외원천소득을 모두 과세대상으로 한다.

- 영구거주의사와는 상관없이, 10년 동안 5년 이상 국내에 주소를 가지거나 거주를 유지
- 영구거주의사를 가지고, 10년 동안 5년 이하의 국내거주를 유지
- 영구거주의사를 가지고, 계속하여 1년 이상 또한 10년 동안 5년 이하의 국내거주를 유지

㉯ 비영구거주자(Non Permanent Residents)

내국인이 아닌 사람으로 아래에 해당하는 사람이다. 비영구거주자인 경우, 소득원천이 국내이거나 국내로 지급된 소득이 아니면 국내원천소득으로 과세되지 않는다.

- 영구거주의사 없이, 10년 동안 5년 이하의 국내거주를 유지
- 영구거주의사 없이, 계속하여 1년 이상 또한 10년 동안 5년 이하의 국내거주를 유지

㉰ 비거주자(Non residents): 거주자가 아닌 사람

(2) 거주자; 주소 또는 거소가 국내에 있는 경우

① 주소

'주소'는 국내에서 생계를 같이하는 가족 및 국내에 소재하는 자산의 유무 등 생활관계의 객관적 사실에 따라 판정한다.(소령 §2 ①) 이는 민법 제18조의 '생활의 근거가 되는 곳'이라는 개념을 차용한 것인데, 민법은 복수주소를 인정하지만 소득세법은 단일주소만 인정한다.

주민등록법에 따라 외국인과 해외이주자를 제외한 '주민'은 30일 이상 거주하는 '거주지'에 주민등록을 해야 하며, 출입국관리법(재외국민등록법)에 따라 외국인(재외국민 포함)은 90일을 초과하여 체류하게 되면 '외국인등록'을 해야 한다. 거주자는 원칙적으로

주민등록법의 '주민'과 출입국관리법의 외국인등록을 한 '외국인' 중 183일 이상 체류하는 사람을 말한다. 입국 시부터 183일 이상 체류할 의도가 있었다면 거주자에 해당한다.

아래는 주소가 국내에 있는 경우이다. 주소는 가족, 직업, 자산 상태를 기준으로 판단하는데, 이는 조세조약의 '항구적 주거' 및 '중대한 이해관계의 중심'의 판단요소와 같다.

1. 국내에 거주하는 개인이 다음에 해당하는 경우(소령 §2 ③)
   가. 계속하여 183일 이상 국내에 거주할 것을 통상 필요로 하는 직업을 가진 경우
   나. 국내에 생계를 같이하는 가족이 있고 또한 직업 및 자산상태에 비추어 계속하여 183일 이상 국내에 거주할 것으로 인정되는 경우
2. 외국을 항행하는 선박 또는 항공기의 승무원의 경우 그 승무원과 생계를 같이하는 가족이 거주하는 장소 또는 그 승무원이 근무기간 외의 기간 중 통상 체류하는 장소가 국내에 있는 때(소령 §2 ⑤)
3. 거주자나 내국법인의 국외사업장 또는 해외현지법인(내국법인이 발행주식총수의 100%를 직접 또는 간접 출자한 경우에 한정) 등에 파견된 임원 또는 직원이나 국외에서 근무하는 공무원(소령 §3, 소통 1-3…1)
   - 거주자 또는 내국법인의 국외사업장에 파견된 임원 또는 직원이 생계를 같이하는 가족이나 자산상태로 보아 파견기간의 종료 후 재입국할 것으로 인정되는 때에는 파견기간이나 외국의 국적 또는 영주권의 취득과는 관계없이 거주자로 본다.
   - 국내에 생활의 근거가 있는 자가 국외에서 거주자 또는 내국법인의 임원 또는 직원이 되는 경우에는 국내에서 파견된 것으로 본다.
4. 1년 이상 국외에 거주할 것을 통상 필요로 하는 직업을 가지고 출국하거나 국외에서 직업을 갖고 1년 이상 계속하여 거주하는 때에도 국내에 가족 및 자산의 유무 등과 관련하여 생활의 근거가 국내에 있는 것으로 보는 경우(소통 2-2…1)

파견국 거주자에 해당하면서 한국 거주자에 해당하면 이중거주상황이 되는데 이 경우 해당 조세조약에 따라 거주자 여부를 판단한다.(국제세원-0437, 2020.2.12.) 파견자를 거주자로 보는 것은 '국적지국 과세원칙'을 적용한 것은 아니며 '거주지국 과세원칙'의 특별한 경우이다. 보통 1년 기준으로 거주자를 판정하지만 파견 기간과 그 후의 상황을 고려할 때 한국을 항구적 주거로 볼 수 있다면 거주자로 보는 것이 합리적이기 때문이다.

② 거소

'거소'는 주소지 이외의 장소 중 상당기간에 걸쳐 거주하는 장소로 주소와 같이 밀접한 일반적 생활관계가 형성되지 아니한 장소를 말한다.(소령 §2 ②) 거소는 민법상 개념을 차용한 것으로, 주로 체류일수를 따져 판단하며 조세조약의 '일상적 거소'와 비슷한 개념이다. 거소를 둔 기간은 다음과 같이 계산한다.

1. 국내에 거소를 둔 기간은 국내에 입국한 날의 다음 날부터 출국한 날까지이다.(소령 §4 ①)
   (예) 입국 7.1. 출국 다음 해 8.30. → 거주기간은 7.2.부터 다음 해 8.30.까지
2. 국내에 거소를 두고 있던 개인이 출국 후 다시 입국한 경우에 생계를 같이하는 가족의 거주지나 자산소재지 등에 비추어 그 출국목적이 단기관광, 질병치료, 친족 경조사 참석, 출장 · 연수 등 사업의 경영 또는 업무와 관련된 사유, 이와 유사한 사유로서 명백하게 일시적인 것으로 인정되는 때에는 그 출국한 기간도 국내에 거소를 둔 기간으로 본다.(소령 §4 ②, 소칙 §2 ①)
   (예) 입국 1.1. 일시 출국 7.5. 입국 7.20. 출국 12.31. → 거주기간은 1.2.부터 12.31.까지
3. 국내에 거소를 둔 기간이 1과세기간(1.1~12.31)에 걸쳐 183일 이상인 경우, 또는 2과세기간에 걸쳐 계속하여 183일 이상인 경우 국내에 183일 이상 거소를 둔 것으로 본다.(소령 §4 ③)
4. '재외동포의 출입국과 법적 지위에 관한 법률' 제2조에 따른 재외동포가 입국한 경우 생계를 같이 하는 가족의 거주지나 자산소재지등에 비추어 그 입국목적이 단기관광, 질병의 치료, 친족 경조사 참석 등 사업의 경영 또는 업무와 무관한 사유에 해당하여 그 입국한 기간이 명백하게 일시적인 것으로 입증자료(관광영수증, 진단서, 병역증명, 경조사증명 등)에 따라 인정되는 때에는 해당기간은 국내에 거소를 둔 기간으로 보지 않는다.(소령 §4 ④, 소칙 §2 ② · ③)

| 거주자로 판단한 사례 |

1. 당초 어학연수 목적으로 유학비자를 발급받아 미국으로 출국하여 어학연수나 경영학석사 과정을 이수하였고 미국 내 취업을 위한 노력을 하지 않았으며, 귀국한 후 종전과 마찬가지로 IT 관련 업체에 근무하였고, 국내에서 거주하던 아파트를 매각하여 그 매각대금으로 다른 아파트를 매수하여 타인에 임대하였다가 귀국 후 얼마 지나지 않아 그 아파트에 거주하는 경우, 생계를 같이하던 모든 가족과 함께 미국으로 출국하였다 하더라도 여전히 국내에 생활의 근거를 둔 거주자로 보아야 한다.(서울행법 2009구합23266, 2010.2.5.)
2. 해외이주가 단순히 신병치료를 목적으로 이루어진 경우에는 해외이주신고 여부에 불구하고 거주기간 · 직업 · 국내에서 생계를 같이하는 가족 및 국내소재 자산의 유무 등 생활관계의 객관적 사실에 따라 거주자 여부를 판단한다.(서일 46014-10089, 2001.9.4.)
3. 청구인이 예금주들에게 이자를 지급하면서 소득세를 원천징수하여 납부한 각 연도에 예금주들이 국내에 체류한 기간은 '갑'을 제외하고 2과세기간에 걸쳐 1년 이상이고, 1995년부터 1998년까지 회사에 근무하면서 근로소득세를 납부하고 부동산임대업을 영위하고 있으므로 예금주들은 거주자이다.(감심 2003-117, 2003.9.23.)
4. 외국인코치가 계약기간이 당초 10개월이었으나 1년으로 연장하고 이후 다년간 계약을 유지할 의사가 있는 경우 거주자이다.(서이 46017-11260, 2003.7.4.)
5. 거주자의 배우자가 일정한 직업 없이 자녀의 학업을 위해 국외에서 자녀와 함께 일시적으로 체류하는 경우, 배우자가 다시 입국하여 국내에서 거주할 것으로 인정되는 때에는 배우자는 거주자에 해당된다.(국일 46017-290, 1998.5.21.)

조세회피방지를 위한 간주거주자 개념의 도입 필요성

최근 상속증여세나 소득세를 회피하기 위해 국적을 포기하고 싱가포르 등으로 이주하는 사례가 있는데, 이들은 대부분 한국의 재산을 유지하거나 한국으로 다시 돌아온다. 이러한 조세회피를 방지하기 위해 아래와 같은 간주거주자 개념을 도입할 필요가 있다.

1. 다음 요건을 모두 충족하는 경우 거주자로 간주
  - 주민등록법상 주민등록, 출입국관리법상 외국인등록 또는 재외국민등록법상 재외국민등록을 하거나, 임의의 3년 중 연평균 122일 이상 체류하거나 이런 목적으로 입국한 경우
  - 총재산 또는 총사업의 50% 초과분이 국내에 소재하거나, 총소득의 50% 초과분이 국내에서 발생되거나, 국외원천소득의 50%(또는 1억원) 초과분을 국내에서 수취
  - 한국과 외국에서 소득세를 내지 않거나, 한국과 외국의 원천소득에 대한 소득세를 한국과 외국에서 각각 납부
  - 외국에서 낸 소득세의 실효세율이 소득세법에 따른 실효세율의 80% 이하
2. 국적상실 당시 아래 요건 중 하나에 해당하면 10년간 거주자로 간주
  - 국적상실 이전 5년간 평균수입이 1억원 이상
  - 국적상실 당시 재산이 20억원 이상
  - 국적상실 이전 5년간 조세범으로 처벌받았거나 정부 요구에 불응한 경우

(3) 비거주자

다음과 같은 경우는 국내에 주소가 없는 것으로 본다. 즉, 비거주자로 본다. 아래 내용은 예시에 불과하므로 가족, 직업, 자산 등의 상황에 따라 생활의 근거가 국내에 있는 것으로 인정되는 때에는 거주자로 볼 수 있다.(대법원 2021두48298, 2021.11.25.) 한 사람이 해당국에서 거주자로서 소득세를 납부하지 않으면서 한국의 비거주자라고 주장한다면 '이중조세회피위험'이 있으므로 이를 인정해서는 안 된다.

1. 국외에 거주 또는 근무하는 자가 외국국적을 가졌거나 외국법령에 의해 그 외국의 영주권을 얻은 자로서 국내에 생계를 같이하는 가족이 없고 그 직업 및 자산상태에 비추어 다시 입국하여 주로 국내에 거주하리라고 인정되지 않는 경우(소령 §2 ④)
2. 외국을 항행하는 선박 또는 항공기의 승무원의 경우 그 승무원과 생계를 같이하는 가족이 거주하는 장소 또는 그 승무원이 근무기간 외의 기간 중 통상 체류하는 장소가 국외에 있는 경우(소령 §2 ⑤)
3. 다음 사람들은 국내 주소 및 국내 거주기간에 불구하고 비거주자로 본다.(소통 1-0-3)
  - 주한외교관과 그 가족. 다만 한국 국민인 경우는 제외한다.
  - 주한미군, 군무원 및 그 가족. 다만 한국 거주자로 신고한 경우는 제외한다.

| 비거주자로 판단한 사례 |

1. 청구인은 1987년 세대원 전원이 미국으로 이주하였고, 2001년 국내에 임대용 부동산을 취득하여 부동산임대업을 영위하였으나 2001년 74일을 국내에 체류하고 2002년 쟁점 부동산에 대한 분양계약을 체결하였고, 2002년 174일간 국내에 체류하였으나 2003년에 세대원 전원이 미국 시민권을 취득한 점, 청구인의 시부모는 청구인의 국내 거소와는 다른 주택에서 별도로 거주하는 점으로 보아 청구인이 국내에서 계속 거주할 목적으로 그 부동산을 취득하였다고 볼 수 없으므로 그 분양계약 당시 청구인을 거주자로 볼 수 없다.(조심 2008중400, 2008.6.26.)
2. 외국 영주권자로서 국내에 가족이 있으나 별거 중이며 부양 여부도 확인되지 아니하여 생계를 같이 한다고 볼 수 없고, 1년 이상 국내에 거주할 것을 필요로 하는 직업이 없으므로 거주자에 해당하지 않는다.(심사양도 2003-3002, 2003.11.24.)
3. 미국 영주권자가 국내에서 근로소득과 부동산임대소득이 발생하고 사업상 국내체류가 빈번하더라도 전 가족이 미국에서 영주권을 취득하여 계속 미국에 거주하고, 본인소유의 사업체가 국내외에 모두 있고 국내의 사업경영을 위해 국내에 자주 입국하는 사실 등을 종합하면 청구인의 생활근거지는 미국으로 판단된다.(국심 2003서2177, 2003.10.13.)
4. 거주자가 내국법인에서 퇴직한 후 해외현지법인에 채용되어 1년 이상 근무하는 경우 국외근로소득만 있고 부양가족이 모두 해외에서 같이 체류하면 비거주자에 해당한다.(대법원 2010두15056, 2011.4.28.)

(4) 거주자 또는 비거주자가 되는 시기

① 거주자 또는 비거주자가 되는 시기

거주자 또는 비거주자가 되는 시기는 다음과 같다.(소령 §2의2)

비거주자가 거주자로 되는 시기	거주자가 비거주자로 되는 시기
1. 국내에 주소를 둔 날 2. 계속하여 1년 이상 국내에 거주할 것을 통상 필요로 하는 직업을 가지거나 국내에 생계를 같이하는 가족이 있고, 그 직업 및 자산상태에 비추어 계속하여 1년 이상 국내에 거주할 것으로 인정되는 때, 외국을 항행하는 선박 또는 항공기의 승무원의 경우 그 승무원과 생계를 같이하는 가족이 거주하는 장소 또는 그 승무원이 근무기간 외의 기간 중 통상 체류하는 장소가 국내에 있는 때 3. 국내에 거소를 둔 기간이 183일이 되는 날	1. 거주자가 주소 또는 거소의 국외 이전을 위해 출국하는 날의 다음 날 2. 183일 이상 국외에 직업을 갖거나 거주목적으로 출국하는 날의 다음 날

② 거주자 또는 비거주자로 변경되는 경우 (소통 3-0…2, 3-0…3)

비거주자가 거주자가 되는 경우
1. 기간 구분: 처음으로 거주자로 되는 경우에는 거주자로 된 전날까지는 국내원천소득에 대하여만 소득세를 과세하고, 거주자가 된 날부터는 모든 소득에 대하여 소득세를 과세한다. 2. 합산과세: 비거주자가 거주자로 된 때에는 해당 과세기간 개시일부터 과세기간 종료일까지의 비거주자인 기간의 국내사업장 사업소득 및 국내원천 부동산소득과 거주자인 기간의 모든 소득을 합산하여 과세한다.

거주자가 비거주자가 되는 경우
1. 기간 구분: 거주자가 주소 또는 거소를 국외에 이전하여 비거주자가 되는 경우에는 출국한 날까지는 모든 소득에 대하여 소득세를 과세하며, 출국한 날의 다음 날 이후에는 국내원천소득에 대하여만 과세한다. 2. 합산 과세: 거주자가 출국 등으로 비거주자가 되었으나 출국한 날의 다음 날 이후에 발생한 국내사업장 사업소득 및 국내원천 부동산소득이 있는 경우에는 거주자인 기간의 모든 소득과 비거주자인 기간의 종합과세 국내원천소득을 합산하여 과세한다. 이 경우 거주자로서 납부한 소득세는 기납부세액으로 공제한다. 3. 출국시 과세표준확정신고: 거주자는 아래 과세기간에 대하여 출국일 전날까지 과세표준확정신고를 해야 한다.(소법 §74 ④) '출국'이란 비거주자가 되는 상황을 말한다. • 과세표준확정신고를 해야 할 거주자가 출국하는 경우 출국일이 속하는 과세기간 • 1.1.과 5.31. 사이에 출국하는 경우 출국일이 속하는 과세기간의 직전 과세기간

저축가입 당시 거주자였던 자가 미국으로 이민하여 비거주자가 된 경우에 금융회사는 미국의 거주자증명을 제출받아 비거주자임을 확인해야 하며, 비거주자가 되는 시기 이후에 원천징수시기가 도래하는 이자소득에 대하여는 조세조약에 정한 제한세율을 적용하여 원천징수한다. 거주자로 보고 과다하게 원천징수한 세액이 있는 경우에는 다음 달 이후 원천징수하여 납부할 소득세에서 조정하거나 환급한다.(국일 46017-349, 1997.5.20.)

3.2 조세조약

> OECD모델 4조 2항: 1항의 규정에 의해 개인이 양 체약국에서 거주자가 되는 경우 그 개인의 지위는 다음과 같이 결정된다.

어느 개인이 소득세법상 거주자인 동시에 외국법상 거주자에도 해당하여 이중거주자에 해당하는 사실이 인정된다면 해당국과 체결된 조세조약이 정하는 바에 따라 어느 국가의 거주자인지 결정해야 한다.(대법원 2018두60847, 2019.3.14.) 한국 거주자가 동시에 다른 국가의 거주자로 인정되는 경우에 조세조약에 따라 거주지국을 결정하기 위해 노력하였으나 합의에 이르지 못한 경우 한국 거주자로 간주하여 과세하는 것은 인정되지 않는다.(대법원 99두8954, 2001.2.23.)

개인이 양 체약국에서 거주자로 판정되는 경우 충돌을 해결하기 위해서는 한 국가에 대한 연고가 다른 국가에 대한 연고보다 우선하는 판단기준이 확립되어야 한다. 판단기준은 다음 원칙을 충족해야 한다.(OE §4-9)

① 판단기준을 적용할 경우 개인이 특정국가에서 의문없이 거주자에 해당해야 함.

② 개인의 연고를 반영할 때 특정국가가 포괄적 과세권을 행사하는 것이 정당해야 함.

판단기준의 적용대상이 되는 사실상태는 납세자 거주지의 판단대상이 되는 기간 동안 존재하는 것들로 그 기간은 전체 과세기간보다 적을 수 있다. 다음은 이러한 사례를 설명한다.(OE §4-10)

사례: 1년 동안에 개인이 1월 1일부터 3월 31까지 A국 세법상 A국 거주자였고, 이후 B국으로 옮긴다. 개인이 B국에서 183일 이상 거주하였기 때문에 개인은 B국 세법에 따라 전체 1년 동안 B국 거주자로 간주된다. 1월 1일부터 3월 31일까지 기간에 특별원칙을 적용하면 개인은 A국 거주자였다. 이 경우 A국과 B국은 개인을 1월부터 3월까지 A국 거주자로, 이후 4월부터 12월까지 B국 거주자로 취급하는 것이 합리적이다.

개인의 거주지 결정에 있어 '항구적 주거'가 최우선적으로 적용된다. 만약 개인이 양 체약국에 항구적 주거를 유지하면, 개인의 인적·경제적 관련이 더 밀접한 국가에 우선권이 있다. 이는 '중대한 이해관계의 중심(the center of vital interest)'이라는 개념으로 표현된다. 거주지가 이 원칙에 따라 결정될 수 없을 때는 부차적 기준으로 일상적 거소(habitual abode) 및 국적을 적용한다. 개인이 양국의 국민이거나 또는 모두 아닐 때 이 문제는 관련국 간 상호합의로 해결될 수 있다.(OE §4-14)

대부분 조세조약의 거주자 판단순서는 비슷하다. 한호주조약에는 '일상적 거소'가 없고 '중대한 이해관계의 중심'을 판단할 때 국적을 고려한다.

| 조세조약상 개인 거주자 판단순서 |

적용 순서	구체적 내용
1. 항구적 주거	항구적으로 주거를 소유·점유하며 일상을 영위하는 곳
2. 중대한 이해관계의 중심	인적, 경제적 관련이 밀접한 곳
3. 일상적 거소	상당기간 체류하는 장소
4. 국민	국적지
5. 상호합의	양체약국 관할당국의 합의

구분	조세조약상 거주자 판정기준
항구 주거	1. 본인 또는 가족이 소유하거나 임차하는 주거가 어느 국가에 있는지 2. 한국 또는 외국에서 주민등록, 영주권, 재외국민등록, 장기체류등록(현재 또는 미래에 10년 중 5년 초과)
인적 관련	1. 배우자, 직계존비속 및 친인척의 국적 및 체류지는 어디인지 2. 교육받은 곳은 어느 국가인지 3. 친구 또는 친지는 어느 국가에 있는지 4. 종교생활을 영위하는 곳은 어느 국가인지 5. 사회보험(의료보험, 연금보험 등)은 어느 국가에 가입되어 있는지 6. 의료서비스는 어느 국가에서 받는지 7. 통신서비스는 어느 국가에서 받는지
경제 관련	1. 사업활동(주주나 임원으로 등기된 법인 포함)이나 소득창출이 이루어지는 국가는 2. 소득세를 어느 국가에 신고납부하는지 3. 소유하거나 임차하는 자산이 어느 국가에 있는지 4. 자동차, 주식, 금융자산 등 주요자산이 어느 국가에 있는지 5. 금융서비스를 어느 국가에서 받는지
거소	1. 한국 또는 외국에서 체류한 기간
국적	1. 한국 또는 외국 국적을 보유하는지(여권)

(1) 항구적 주거(permanent home)

> OECD모델 4조 2항 ⓐ 개인은 그가 이용할 수 있는 항구적 주거(permanent home)를 가지고 있는 국가의 거주자로 본다. 개인이 양 체약국 안에 모두 그가 이용할 수 있는 항구적 주거를 가지는 경우 개인은 그의 인적·경제적 관계가 더 밀접한 국가(중대한 이해관계의 중심지)의 거주자로 본다.

항구적 주거(permanent home)란 가족과 함께 살면서 그곳을 통해 학교, 친구 및 사회생활을 영위하는 개인의 근거지를 말한다. 이는 개인이 한 체약국에서 항구적 주거를 가지고 체약상대국에서는 단지 얼마간 체류하는 경우 충돌을 해결하는 데 충분한 판단기준이 된다.(OE §4-11)

조약적용에 있어 양국의 법들 간에 충돌이 있는 경우 거주는 개인이 주거(home)를 소유하거나 점유하는 국가에 있다. 이 주거는 영구적인 것이어야 하는데, 다시 말하면 개인이 명백히 단기간 체류할 의도로 특정장소에 체류하는 것이 아니라 영속적 사용을 위해 주거를 안배하고 보유해야 한다.(OE §4-12) 주거의 형태는 어떤 방식이든 상관이 없다. 개인이 소유하거나 임차한 주택, 아파트, 리스로 빌린 가구 딸린 방 등 모든 형태의 주거를 포함한다. 그러나 주거의 영속성은 필수적이다. 개인이 계속적으로 언제든지 사용할 수 있는 주거를 갖고자 준비하였고 관광여행, 사업여행, 교육여행, 학교과정 참여 등 단기간 체류의 필요로 때때로 체류하는 것이 아니어야 한다. 예를 들면, 개인이 소유하는 집을 임대하였거나 사실상 제삼자에게 넘겨서 그 개인이 그 집을 더 이상 점유하지 못하고 그곳에 머무를 가능성이 없는 기간 중에는 그 개인이 사용한 것으로 볼 수 없다.(OE §4-13)

예를 들면, 청구인은 2010.6.28.부터 2013.12.1.까지 미국에 가족들과 함께 항구적으로 사용하기 위해 마련된 주거의 형태를 갖추고 있고, 청구인의 가족들이 생활을 형성하고 있는 근거지에 해당하는 점, 청구인은 배우자 및 자녀들과 2011년~2013년 기간 중 대부분을 미국에서 거주한 점 등에 비추어 쟁점 과세기간 중 청구인의 항구적 주거는 국내가 아닌 미국에 있었다.(조심 2016서0873, 2017.4.5.) 한미조세조약(§3 ② e)은 '항구적 주거'를 '어느 개인이 그 가족과 함께 거주하는 장소'로 정의한다. 한국에 거주하는 미국인의 가족이 한국에 함께 거주하지 않으면 한미조세조약에 따라 미국인은 한국 거주자가 아니라는 심판례(조심 2014서170, 2015.10.28.)가 있다. 미국인이 미국에서 주로 체류하지 않고 한국에서 주로 체류하는 상황이라면 미국에서 '함께 거주'하는 것은 아니므로 미국에 항구적 주거가 있다고 할 수 없다.

(2) 중대한 이해관계의 중심(center of vital interest)

한 개인이 양 체약국 내에 항구적 주거를 가진다면 그 사람의 인적·경제적 관계가 양국의 주거 중에 어느 것에 더 밀접한지 확실히 하기 위해 사실을 파악할 필요가 있다. 따라서 그의 가족 및 사회 관계, 직업, 정치·문화 및 기타 활동, 사업장소, 재산관리장소 등이 고려되어야 한다. 상황을 전체적으로 검토해야 하지만, 특히 개인의 사적 행동에 기초한 판단이 중시되어야 한다. 만약 한 국가에 주거를 가진 사람이 첫째 주거를 유지하면서 다른 나라에 둘째 주거를 가진다면, 첫째 주거에서 항상 살아왔고 항상 일해 왔으며 그의 가족과 소유물을 가지는 상황인 첫째 주거를 유지하고 있다는 사실은 그가 첫째 국가에 중대한 이해관계의 중심을 유지해 왔다는 것을 나타낸다.(OE §4-15) 이를 인적 관계와 경제적 관계로 구분할 수 있다. 오스트리아나 네덜란드는 인적 관계를 중시하며 프랑스는 인적 관계와 경제적 관계를 동일하게 평가하고 독일은 납세자가 더 큰 중요성을 부여하는 것에 따라 평가한다.

예를 들면, 원고는 한국과 일본 모두에 항구적 주거를 두고 있으나, 원고와 인적·경제적 관계가 더욱 밀접한 체약국은 한국이 아닌 일본이므로 일본의 거주자로 보는 것이 옳다. (1) 원고는 고등학교를 졸업한 직후 2001년부터 줄곧 일본 야구단에 소속되어 활동하다 이 사건 회사와는 계약기간을 2012년부터 2014년까지 3년으로 하여 계약을 체결하여 활동하였다. (2) 이 사건 회사는 원고와의 계약에 따라 3년의 기간 동안 원고와 그 가족을 위하여 가구와 세간이 갖추어진 일본의 주거와 승용차, 주차장 등 생활에 필요한 물품을 제공하였다. 원고는 2012년부터 2014년까지 일본에서 활동할 당시 대부분 시간을 일본에서 보내면서 이 사건 주거에서 머물렀다. 또한, 이 사건 회사는 원고의 가족에게 한국과 일본 간 왕복항공권을 제공하였고, 2012년부터 2014년까지 원고의 아버지는 적게는 53일에서 많게는 112일까지, 어머니는 적게는 90일에서 많게는 129일까지 일본으로 건너가 원고와 함께 이 사건 주거에서 생활하기도 하였다. 이렇듯 이 주거는 원고의 단기체류를 위한 곳이 아니라 원고가 이 사건 회사와의 계약기간 동안 계속 머물기 위한 주거로서 원고와 그 가족이 장기간 계속하여 실제 사용하기도 하였다. (3) 이 사건 회사와의 계약에 의하면, 원고는 구단의 경기, 훈련, 합숙 일정을 따라야 하며, 경기를 위하여 한국을 방문할 때에는 이 사건 구단의 허가를 받아야 한다. 원고는 2012년부터 2014년까지 이 사건 회사로부터 매년 ○원의 연봉을 지급받았고, 계약에 따라 구단이 주최하는 행사와 구단의 소재지에서 개최되는 각종 공공행사 등에 참여한 것으로 보인다. 이는 이 기간 동안 원고의 국외체류일수가 평균 337일에 이르는 반면 국내체류일수는 평균 28일에 지나지 않는 점을 보더라도 알 수 있다. (4) 원고는 2012년부터 2014년까지 국내에서 2012년에 11일, 2013년에 34일, 2014년에 39일을 체류하였는데, 이는 거의 대부분 국가대표로 선발되어 일시적으로 한국을 방문한 것에 불과하고, 달리 한국에서 사회활동이나 사업활동을 하였다고 볼 자료도 없다. 원고의 국내 재산은 그 소유 국내 아파트와 예금 등뿐이어서 예금이자 등에 불과한 국내원천소득은 원고가 일본에서도 충분히 관리할 수 있었던 것으로 보이며, 원고의 부모와 누나들이 위 아파트에서 거주하기는 하였으나, 이는 성년인 원고가 별다른 소득이 없는 가족들을 부양하기 위한 것일 뿐이다. (대법원 2018두60847, 2019.3.14.) 다른 사례를 보면, 원고는 1997.10.24. 가족 모두와 함께 뉴질랜드로 출국하였고 1999.3.3. 주민등록이 말소되었으며 뉴질랜드 영주권자로 2002.12.21. 원고 어머니 소유의 아파트를 국내 거소지로 신고하였다. 원고는 국내에 입국하였다가 출국하기를 반복하여 2003년에는 70일, 2004년에는 109일, 2005년에는 130일, 2006년에는 102일, 2007년에는 83일, 2008년에는 30일 동안 국내에 체류하였다. 원고는 1989.12.4.부터 현재까지 국내에서 부동산임대업을 영위하였고, 2007.5.29.까지 내국법인의 대주주(지분율 37.4%)로서 대표이사를 역임하면서 근로소득을 수취하였고, 2000.8.29.부터 현재까지 상호저축은행의 이사를 역임하고 있다. 원고는 2006.11.29.에 아파트를 매수하기도 하였다. 한편, 원고는 뉴질랜드에서도 배우자와 함께 별다른 직업 없이 부동산임대업만을 영위하고, 그에 따른 소득세, 재산세 등을 납부해 왔는데 그 소득금액은 국내에서 얻은 소득금액에 견주어 볼 때 미미하다. 원고는 뉴질랜드와 한국의 이중거주자라고 할 것이다. 원고는 한국과 뉴질랜드 양국에서 원고가 이용할 수 있는 항구적 주거를 두고 있는 것으로 보이며, 원고의 주된 경제활동 영역이나 규모 등에 비추어 볼 때, 한국이 중대한 이해관계의 중심지라고 볼 수 있다. 원고는 '항구적 주거'의 개념과 관련하여 한미조세조약 3조 2항 e호 "항구적 주거는 어느 개인이 그 가족과 함께 거주하는 장소를 말한다"는 규정이 '항구적 주거'에 대한 일반적 개념에 해당하므로 원고가 그의 처와 자식들과 함께 거처하고 있는 뉴질랜드를 원고의 '항구적 주거'로 보아야 한다고 주장하지만 이를 받아들일 수 없다.(서울행정법원 2010구합8737, 2010.5.27.)

(3) 일상적 거소(habitual abode)

> OECD모델 4조 2항 ⓑ 개인의 중대한 이해관계의 중심지가 있는 국가를 결정할 수 없거나 또는 어느 국가에서도 그가 이용할 수 있는 항구적 주거를 두고 있지 않은 경우 그가 일상적 거소(habitual abode)를 두고 있는 국가의 거주자로 본다.

아래 2가지 경우와 같이 거주지국을 판단하지 못하는 상황에서는 2차적 기준이 적용된다. 이때에는 우선권은 그 개인이 일상적 거소를 가진 체약국에 주어진다.(OE §4-16) 대부분 국가들은 연간 183일 기준을 적용하며 한국 또한 이 기준을 적용한다.

① 개인이 양 체약국에 사용할 수 있는 항구적 주거가 있고 어느 곳에 개인이 중대한 이해관계의 중심을 가지는지 의심스러운 경우: 개인이 좀 더 자주 머무르고 있는 국가가 거주지국이 된다.(OE §4-17)

② 개인이 어떤 체약국에도 사용할 수 있는 항구적 주거를 갖지 않은 경우: 이는 예를 들면 호텔을 전전하는 사람의 경우인데, 이러한 경우에도 체류사유를 따질 필요 없이 한 국가에서 이루어지는 체류기간이 판단기준이 되어야 한다.(OE §4-18)

위 기준을 적용할 때, 해당기간에 습관적으로 통상 체류한다는 의미에서 개인이 다른 국가가 아닌 양국 중 한 곳에서 항상 살았는지를 판단해야 한다. 해당기간에 양 체약국 중 어디에서 그 개인이 더 많은 날을 보냈는지 보는 것만으로 판단을 다 했다고 볼 수 없다. 불어로 '항상 살았는지(sejourne de facon habituelle)'라는 용어는 '항구적 주거(habitual abode)'라는 의미를 명확히 하는 것으로, 개인 인생의 정해진 일상의 일부인 체류의 빈도, 기간 및 규칙성을 말하며 단기체류(transient)를 넘어서는 개념이다. 한 개인은 양국에서 일상적 거소를 유지할 수 있는데, 이는 다른 국가보다 한 국가에서 더 많은 날을 체류한다는 사실에 상관없이 그 개인이 해당 기간 중에 각국에서 습관적으로 통상 체류하는 경우이다. 예를 들면, 5년의 기간에 걸쳐 개인이 A국 및 B국에 모두 주택을 소유하지만 이 사실로는 그 개인의 중대한 이해관계의 중심이 있는 국가를 판단할 수 없다고 가정한다. 개인은 항상 생활하는 A국에서 일을 하지만 한 달에 이틀 그리고 1년에 한 번 3주 휴일을 위해 B국으로 돌아간다. 이 경우, 그 개인은 B국이 아닌 A국에 일상적 거소를 유지하는 것이다. 그런데, 5년의 기간에 걸쳐 개인이 A국에서 단기간 일을 하고 매번 2주의 체류를 위해 1년에 15번을 방문하지만, 나머지 시간은 B국에서 체류한다고 가정한다.(또한 이 사실로는 그 개인의 중대한 이해관계의 중심이 있는 국가를 판단할 수 없다고 가정한다) 이 경우, 그 개인은 A국 및 B국에 일상적 거소를 유지하는 것이다.(OE §4-19)

조세조약은 개인이 한 체약국 또는 양 체약국에 일상적 거소를 가진 것으로 보기 위해 어느 정도의 시간을 요하는지 정하지 않는다. 이러한 판단에는 개인 인생의 정해진 일상의 일부인 체류의 빈도, 기간 및 규칙성을 확신할 정도로 충분한 기간이 있어야 한다. 그런데, 판단에 분명히 영향을 미칠 수 있는 개인적 상황(별거 또는 이혼)에 중요한 변동이 없는 기간에 대하여 주의를 기울여야 한다. 개인이 한 국가 또는 양국에 일상적 거소를 유지하는지 판단하기 위한 기간이 언제나 이중거주기간과 관련되는 것은 아닌데 특히 이중거주기간이 아주 짧은 경우 그러하다. 예를 들면, C국의 개인 거주자가 190일 기간 동안 여러 지역에서 일하기 위해 D국으로 옮겨갔다. 이 190일 기간 동안, C국 및 D국의 세법에 따라 양국의 거주자로 간주된다. 개인은 D국으로 옮기기 전에 여러 해 동안 C국에서 살았으며, 고용기간 동안 쭉 D국에 있었고 190일 기간이 끝나고 나서 C국에서 영구적으로 살기 위해 돌아왔다. D국의 고용기간 동안 그 개인은 C국이나 D국에 항구적 주거를 두지 않았다. 이 사례에서, 그 개인이 한 국가 또는 양국에 일상적 거소를 유지하는지 판단을 할 때 개인 인생의 정해진 일상의 일부인 체류의 빈도, 기간 및 규칙성을 확인하기 위해 이중거주의 190일보다 더 긴 기간을 고려하는 것이 적절하다.(OE §4-19.1) 즉, C국 거주자로 본다.

(4) 국적지(nationality)

OECD모델 4조 2항 ⓒ 개인이 일상적인 거소를 양국에 두고 있거나 또는 어느 국가에도 일상적인 거소를 두지 않은 경우 그는 그가 '국민'인 국가의 거주자로 본다.

개인이 양 체약국에 일상적 거소를 갖거나 어느 곳에도 갖지 않는 경우 우선권은 개인이 국민인 국가에 주어진다.(OE §4-20 전반)

(5) 상호합의(mutual agreement)

OECD모델 4조 2항 ⓓ 개인이 양국의 국민이거나 또는 양국 중 어느 국가의 국민도 아닌 경우 양 체약국의 관할당국이 상호합의에 의해 이 문제를 해결한다.

개인이 양 체약국의 국민이거나 어느 국가의 국민도 아닌 경우 관할당국은 상호합의

에 의해 그 문제를 풀 의무가 있다.(OE §4-20)

4. 법인의 거주지국 판정

4.1 법인세법의 원칙

(1) 설립지 및 실질적 관리장소

국내에 본점이나 주사무소 또는 사업의 실질적 관리장소를 둔 법인을 내국법인이라 하고, 외국에 본점이나 주사무소를 둔 단체(국내에 사업의 실질적 관리장소가 소재하지 않는 경우만 해당)로서 다음 어느 하나에 해당하는 단체를 외국법인이라 한다.(법법 §2 1호·3호, 소법 §1의2 ①, 법령 §2 ②) 본점이란 영리법인의 영업상 본거지를 말하며, 주사무소란 비영리법인의 사업상 본거지를 말한다. 본점이나 주사무소는 등기상 설립지(등록지)를 의미하며, 실질적 관리장소는 설립지와 상관없는 사업의 주된 관리장소를 의미한다.

1. 설립된 국가의 법에 따라 법인격이 부여된 단체
2. 구성원이 유한책임사원으로만 구성된 단체
3. 그 밖에 해당 외국단체와 동종 또는 비슷한 국내의 단체가 상법 등 국내의 법률에 따른 법인인 경우의 그 외국단체

외국법인 판단기준은 '조세조약 적용대상의 판정'에 영향을 미치지 않는다.(법령 §1 ④) '조세조약 적용대상의 판정'이란 국내원천소득의 '실질귀속자'를 판단하는 것을 말한다.(2012년 개정세법해설 193쪽) 외국법인의 실질적 관리장소가 한국에 있는 경우 내국법인으로 보지만, 외국법인의 실질적 관리장소가 설립지국이 아닌 다른 나라에 있는 경우 '실질귀속자'의 개념으로 거주지국을 판단한다. 예를 들면, 영국령 케이만군도의 법률(exempted limited partnership law)에 따라 설립된 유한파트너십(limited partnership)은 외국법인 판단기준 중 어느 하나에 해당하지 않는 단체이므로 해당국의 법인으로 보지 않으며, 각 파트너의 거주지국을 기준으로 판단한다.(국제조세제도과-586, 2019.12.31.)

(2) 실질적 관리장소에 따른 간주내국법인

① 간주내국법인의 납세지 등

국내에 본점 또는 주사무소가 소재하지 아니하고 사업의 실질적 관리장소만 있는 외국법인의 경우 사업의 실질적 관리장소의 소재지를 납세지로 한다.(법법 §9) 이 경우, 설립일은 그 실질적 관리장소를 두게 된 날이다.(법법 §109 ①) 간주내국법인의 법인세 계산

은 법인세법이나 조세특례제한법 등에 따른다.

간주내국법인 발행주식은 소득세법에 따라 외국법인 발행주식으로 보아 양도소득세를 계산한다. 그 밖의 다른 세법은 간주내국법인에 대한 특별한 규정이 없으며, 이 경우 법인세법의 정의를 따라야 할 것으로 보인다. 예를 들면, 간주내국법인은 부가가치세법상 사업자에 해당한다. 다만 간주내국법인에 해당하는 외국법인의 국외사업장이 계약·발주·대금결제 등의 업무를 직접 수행하여 국내사업자에게 재화를 공급하는 경우 세금계산서 발급대상에 해당하지 않는다.(법령해석과-768, 2018.3.23.)

② 실질적 관리장소 판단요건

실질적 관리는 중앙관리와 지배 또는 실질적·효과적인 관리 등 나라에 따라 여러 의미를 가지지만, 일반적으로 회사의 최고의사결정이 이루어진다는 의미이다. 많은 국가들은 실질적 관리장소를 판단할 때 다음과 같은 요건을 검토하며, 이사, 관리자, 근로자 등의 주소 또는 거소 만을 유일한 기준으로 보지 않고 조세회피의 의도나 결과를 함께 고려한다.

| 실질적 관리장소 판단요건(OE §4-24.1) |

1. 이사회나 이와 동일한 조직의 모임이 통상적으로 개최되는 장소
2. 최고경영자 및 기타 임원이 통상적으로 활동을 수행하는 장소
3. 법인의 고위수준의 일상적 관리(senior day to day management)가 수행되는 장소
4. 법인본점이 소재하는 장소
5. 법인의 법적 자격(legal status)을 규율하는 국가
6. 회계기록이 보관되는 장소
7. 조약목적상 법인이 한 체약국 거주자이고 체약상대국 거주자가 아닌 것으로 결정되는 경우 조약규정의 부적절한 남용을 초래할 위험이 있는지 여부

'실질적 관리장소'란 법인의 사업수행에 필요한 중요한 관리 및 상업적 결정이 실제로 이루어지는 장소를 뜻하고, 법인의 사업수행에 필요한 중요한 관리 및 상업적 결정이란 법인의 장기적인 경영전략, 기본 정책, 기업재무와 투자, 주요 재산의 관리·처분, 핵심적인 소득창출 활동 등을 결정하고 관리하는 것을 말한다. 법인의 실질적 관리장소가 어디인지는 이사회 또는 그에 상당하는 의사결정기관의 회의가 통상 개최되는 장소, 최고경영자 및 다른 중요 임원들이 통상 업무를 수행하는 장소, 고위 관리자의 일상적 관리가 수행되는 장소, 회계서류가 일상적으로 기록·보관되는 장소 등의 제반 사정을 종합적으로 고려하여 구체적 사안에 따라 개별적으로 판단해야 한다. 또한, 조세회피의도 등 설립목적을 추가적 고려요소로 볼 수 있지만 오로지 조세회피목적 유무에 따라서만 판단하는 것은 아니다.(대법원 2017두237, 2021.2.25., 서울고법 2020누39268, 2021.8.25.)

청구법인의 이사회 회의록과 기안서 등을 보면 신주인수계약, 출자 및 자회사 편입, 해외법인 자금대여 및 회수, 신규임원 선임, 경영계획 및 성과급 지급, 배당 등 법인의 경영ㆍ재무ㆍ투자ㆍ조직관리와 관련한 주요 안건의 이사회 개최지가 A사 회의실로 되어 있고, 경영계획수립 및 영업실적 보고, 우리사주 배정, 해외법인 급여 지급결정 등 주요 기안과 일일자금일보의 기안자가 A사 직원인 갑 등으로 기재되어 있으며, 청구법인의 사용인감 결재철을 보면 신청인 또한 갑으로 되어 있는 점, 청구법인의 대표이사도 진술서를 통해 직원들이 청구법인의 업무를 수행하여 왔고, A사에서 청구법인의 주요 이사회가 개최되었으며 경영에 필요한 서류들도 모두 A사에 보관하고 있음을 스스로 인정한 점, 갑도 청구법인의 업무(기획, 공시, 재무)를 위임받아서 수행하여 왔음을 인정하는 확인서를 제출한 점 등에 비추어 청구법인의 실질적 관리장소는 국내에 있는 것으로 판단된다. 청구법인은 내국법인으로는 상장요건을 충족하지 못하여 부득이하게 외국법인으로 설립된 것이기에 조세회피목적이 없다는 주장이나, 국외에 다단계 형태의 지주회사를 설립하여 청구법인과 그 자회사의 누적 순이익을 국내 주주에게 배당하고 그 밖의 잉여금(73%)은 국외에 유보시킨 상태인 점, 청구법인의 지배회사는 청구법인 및 자회사에 대해 이익처분 관련 의사결정을 할 수 있는 지위에 있음에도 불구하고 청구법인으로부터 배당을 받는 대신 자금을 차입하여 지속적으로 차입금이 증가한 점 등에 비추어 청구법인을 국외에 설립하여 사업을 영위하는 과정에서 조세회피가 전혀 없었다고 단정하기도 어렵다.(조심 2015중1663, 2017.6.15.) 청구법인은 국내사무실에 관련서류가 모두 보관되어 있는 등 실질적 관리장소가 국내인지 여부가 불분명하다고 보기 어렵고, 금전대여거래와 관련하여 국내에서의 과세를 회피하기 위해 사전에 이를 검토한 것으로 보이는 점 등에 비추어 실질적 관리장소는 국내에 소재함이 타당하고 특수관계법인 간 인정이자를 재계산하고 익금산입해 법인세를 과세한 처분은 잘못이 없다.(조심 2017서0464, 2017.7.11.)

③ 조세피난처세제 및 이전가격세제와의 관계

같은 사안에 대하여 조세피난처세제가 간주내국법인규정이 동시에 적용되는 경우 '국조법 우선원칙'(국조법 §3)에 따라 조세피난처세제를 먼저 적용한다. 예를 들면, 역외펀드가 탈세목적으로 설립된 것이 아닌 이상 실체가 없는 서류상 법인으로 보기보다는 청구법인과 독립된 별도의 법인임을 인정함이 합리적이며 역외펀드에서 발생한 소득에 대하여는 조세피난처세제를 적용하는 것이 타당하므로 역외펀드의 소득을 내국법인의 경리의 일부로 보아 내국법인에게 법인세를 과세한 처분은 잘못이다.(국심 2004서284, 2004.11.30.) 따라서 '특정외국법인이 가공회사에 해당하여 내국법인의 지점과 같이 취급되는 경우 실질과세원칙에 따라 모든 수익과 비용을 내국법인의 손익에 합산하여 신고하며 조세피난처세제를 적용하지 않는다'(국조 46017-102, 2000.7.27.)는 행정해석은 옳지 않다.

국외원천소득을 수취하는 신탁의 거주자 자격

법인과세 신탁을 제외한 대부분의 신탁은 국내세법상 투과기업에 해당하며 그 수익자를 과세대상으로 한다. 이것이 국내거래에서 특별히 문제되지는 않는다. 그런데 신탁이 국외원천소득을 수취하는 국제거래에서 체약상대국이 신탁을 '실질귀속자'로 인정하지 않고 조세조약의 적용을 거부할 수 있다.

4.2 조세조약: 설립지 또는 실질적 관리장소

(1) 설립지 또는 실질적 관리장소

OECD모델 4조 3항: 1항의 규정으로 인하여 개인 이외의 법인(persons)이 양 체약국 거주자가 되는 경우, 체약국의 관할당국은 실질적 관리장소, 설립되거나 등기된 장소 및 기타 관련 요소를 고려하여 상호합의를 통해 이 사람이 조약목적상 어느 체약국 거주자인지를 결정하기 위해 노력해야 한다. 이러한 합의가 없는 경우, 그 사람은 조약에서 규정하는 조세의 경감이나 감면을 받을 수 없으며, 다만 체약국들의 관할당국이 다른 합의를 하는 경우에는 그 합의의 내용에 따라 예외를 적용할 수 있다.

법인 및 기타단체의 경우 개인과 다른 거주지 판단기준이 적용된다. 실무상 회사가 한 국가 이상에서 과세되는 경우는 드물지만, 한 국가는 등록을 기준으로 하고 다른 국가는 실질적 관리장소를 기준으로 하는 경우 한 국가 이상에서 과세될 가능성이 있다. 그러므로 회사의 경우에도 우선권에 관한 원칙이 확립되어야 한다.(OE §4-21) 단순히 등록과 같은 형식적 기준에만 중요성을 두는 것은 적절한 해결책이 될 수 없으며, 실질적 관리장소에 근거한 규정에 우선권을 주게 되었는데 이는 회사 등이 실질적으로 관리되는 장소에 근거하는 원칙이다.(OE §4-22)

한국이 체결한 대부분 조세조약은 법인의 거주지를 판단할 때 실질적 관리장소를 적용한다. 영국, 캐나다, 호주, 독일, 스페인, 네덜란드, 룩셈부르크, 벨기에 등은 설립지와 함께 실질적 관리장소를 적용한다. 미국, 이란, 일본, 캐나다, 태국의 경우는 설립지를 적용한다. 한국의 경우, 설립지와 실질적 관리장소가 충돌하는 경우 다음과 같이 판단한다.

| 설립지와 실질적 관리장소가 충돌하는 경우 |

구 분	조세조약상 원칙	적용결과
내국법인	설립지	국내법에 따라 설립된 법인은 항상 내국법인
	실질적 관리장소	실질적 관리장소가 국외인 경우 외국법인
외국법인	설립지	외국법에 따라 설립된 법인은 외국법인
	실질적 관리장소	외국법에 따라 설립된 법인이라도 실질적 관리장소가 국내에 있으면 내국법인

(2) 상호합의에 의한 해결

개인이 아닌 단체의 이중거주상황이 상대적으로 드물기는 하지만, 이중거주 회사들이 게재된 조세회피사례가 상당수 있으며, 개인이 아닌 단체의 이중거주문제에 대하여 더 나은 해결책은 그러한 경우 사안별로 대처하는 것이다.(OE §4-23) 이에 따라 체약국 관할당국은 개인이 아닌 사람의 이중거주사안을 상호합의로 해결하도록 노력해야 한다.(OE §4-24)

보통 상호합의를 통해 해당 사람이 거주자의 판정을 요청하게 된다. 그 사람이 양국의 거주자로 간주될 가능성이 있는 경우 즉시 이러한 요청을 할 수 있다. 상호합의의 통지요건에 따라, 관할당국들이 단일 거주지국을 결정하기 위한 사전노력 없이, 이중거주상황 때문에 한 사람에게 경감이나 면제를 거부하였다는 사실을 나타내는 한 국가 또는 양국의 과세처분을 그 사람에게 최초 통지한 때로부터 3년 이내에 그 요청이 이루어져야 한다. 거주지 판정에 대한 요청을 받은 관할당국은 신속하게 이를 처리해야 하고 가능하면 빨리 납세자에게 답변을 해야 한다.(OE §4-24.2) 또한, 판단의 근거가 되는 사실관계가 시간에 따라 변동될 것이므로 상호합의를 통해 판정하는 관할당국은 그 판정의 적용기간을 명시해야 한다.(OE §4-24.3)

관할당국의 판정이 없는 경우 이중거주 사람은 관할당국이 달리 합의하는 경우를 제외하고 조약에 따른 경감이나 감면을 받을 자격이 없다. 그렇지만, 그렇다고 하여 그 납세자에게 조약상 경감이나 면제를 제공할 목적이 아닌 다른 목적에서 그 납세자를 각 체약국의 거주자로 볼 수 없다는 것은 아니다. 예를 들면, 이에는 다른 국가에서 고용활동을 하는 한 체약국 거주자(법인)의 종업원과 관련하여 근로소득 조항의 '다른 국가의 거주자가 아닌 고용주가 지급하는 대가'라는 요건이 충족되지 않는 상황이 있다. 마찬가지로, 그 회사가 다른 국가에 지급하는 배당의 경우 배당소득 조항 적용목적상 그 회사를 한 체약국의 거주자로 볼 수 있다.(OE §4-24.4)

Chapter 03

조세조약의 특별규정

3

I 차별금지(Non Discrimination)

대부분 조세조약은 국적, 무국적자, 국내사업장, 비용공제, 특수관계기업 및 모든 조세에 대한 차별금지를 규정한다. 차별금지규정은 일정한 상황에서 조세차별을 방지하기 위한 규정이다. 모든 조세제도는 납세의무(liability to tax)나 납세능력(ability to tax)의 차이에 기초하여 입법적으로 차별과세한다. 차별금지규정은 이러한 입법적 차별을 고려할 필요성과 부당한 차별을 방지할 필요성을 동시에 고려해야 한다. 이러한 이유로, 차별금지규정을 소위 '간접적(indirect)' 차별에 적용하기 위해 부당하게 확대 해석해서는 안 된다. 예를 들면, 국적에 따른 차별금지규정은 한 국가가 발행한 여권을 소지하는 국민인지에 따라 개인을 달리 취급하는 등 국적에 따라 차별하는 모든 형태의 실질적 차별을 방지하지만, 한 국가의 비거주자가 주로 그 국가의 국민이 아니라는 사실을 이유로 거주에 따른 차별을 하는 것을 간접적으로 국적에 따른 차별로 이어진다고 주장할 수는 없다.(OE §24-1) 국내사업장 차별금지규정은 국내사업장에서 설명한다.

마찬가지로, 차별금지규정은 호혜국대우(most favored nation treatment)를 요구하는 것으로 해석되지 않는다. 한 국가가 체약상대국의 국민 또는 거주자에게 조세혜택을 주는 양자합의 또는 다자합의를 체결하는 경우 조세조약의 당사자가 아닌 제삼국 국민 또는 거주자는 제삼국과 한 국가 간 양자조세조약에 합의와 비슷한 차별금지규정이 있다는 이유로 이러한 조세혜택을 주장할 수 없다. 조세조약은 상호주의에 근거하며, 이에 따라 양 체약국의 특별한 경제적 관계를 위해 양자합의 또는 다자합의에 따라 한 체약국이 체약상대국 거주자 또는 국민에게 조세혜택을 허용하는 것이며, 이러한 조세혜택은 한 국가와 제삼국 간 조세조약의 차별금지규정에 의해 제삼국 거주자 또는 국민에게 확대 적용될 수 없다.(OE §24-2)

차별금지규정은 국적 등의 이유 때문에 조세상 차별대우하는 것을 방지한다. 그러므로 차별금지규정을 적용하기 위해서는 다른 상황은 동일해야 한다. 차별금지규정의 여러 조항은 이러한 목적으로 여러 가지 표현을 사용한다.(동일한 상황에서, 동일한 활동을 수행, 비슷한 기업 등) 또한, 차별금지규정은 일정한 상황에서 차별대우하는 것을 방지하기 위한 것이지만, 외국인, 비거주자, 외국기업, 비거주자가 소유하거나 지배하는 국내기업에 국민, 거주자, 거주자가 소유하거나 지배하는 국내기업보다 더 나은 조세혜택을 주기 위한 것은 아니다.(OE §24-3) 결론적으로, 아래에서 설명하는 것처럼 차별금지규정은 조세조약의 다른 조항들의 맥락에서 해석되므로, 다른 조항들이 비거주자에 대한 대가와 관련된 경우 다른 조항들이 강제하거나 명시적으로 규정하는 방법들이 차별금지규정에 반하는 것은 아니다.(OE §24-4)

1. 국적에 의한 차별금지

(1) 국적에 의한 차별금지원칙

OECD모델 24조 1항: 한 체약국의 국민은 특히 거주와 관련하여 동일한 상황에 있는 체약상대국의 국민이 부담하거나 부담하게 될 조세 또는 그와 관련된 의무와 다르거나 보다 더 부담스러운 조세 또는 그와 관련된 의무를 체약상대국에서 부담하지 않는다. 이 규정은 1조의 규정에도 불구하고 한 체약국 또는 양 체약국의 거주자가 아닌 사람에게도 적용된다.

국적에 근거한 세무상 차별은 금지되며 상호주의에 따라 한 체약국 국민은 체약상대국에서 같은 상황에 처한 체약상대국 국민과 같은 세무상 대우를 받는다.(OE §24-5)

19세기 말 고전적 형태의 이중과세방지조약이 나타나기 전에도 차별금지원칙은 형태와 적용범위의 차이는 있지만 국제조세관계에서 많이 채택되어 왔다. 특히 19세기에 자국민의 외교적 보호를 확대·강화하기 위해 각국이 체결한 여러 종류의 수많은 영사협정, 통상우호조약에는 다른 국가의 국민에게 자국민과 동등한 대우를 한다는 조항을 두어 왔다. 이러한 조항들은 이후 이중과세방지조약에 포함되었다.(OE §24-6)

차별금지규정은 한 국가에서 다른 국가 국민에 대한 차별을 금지하는 것이므로, 한 국가가 외국국적의 사람에게 특별한 이유로 또는 국내사업장 소득을 별도 회계단위로 과세하기 위한 조약규정을 적용하기 위해 자국민에게 적용하지 않는 조세특례(concession)나 조세제도(facilities)를 적용하는 것을 금지하는 것은 아니다.(OE §24-14)

'다르거나 더 부담스러운 조세나 그와 관련된 의무를 부담하지 않는다'는 의미는 같은 상황에서 조세가 국민과 외국인에게 부과되는 때 과세기준과 부과에 있어 같은 형식을 취해야 하고 세율이 같아야 하며, 과세와 관련된 절차(신고, 납부, 시효 등)가 국민에 대한 것보다 외국인에 대한 것이 더 부담스러워서는 안 된다는 것이다.(OE §24-15) 국적에 의한 차별금지의 요건은 다음과 같다.

① 체약상대국의 국민이어야 한다

차별금지규정은 '이 항의 적용은 조세조약에 규정한 한 체약국의 유일한 거주자인 국민에만 한정되지 않고, 그 국가의 거주자 여부와 상관없이 각국의 모든 국민에 대해 적용된다'고 규정한다. 다른 말로 하면 한 체약국의 국민은 체약상대국에 대하여 이 조항의 혜택을 요구할 자격이 있다. 이는 특히 조약체결 상대국이 아닌 제삼국에 거주하는 체약국의 국민에게도 유효하다.(OE §24-6)

② 거주자이어야 한다

'같은 상황에 있는(in the same circumstances)'이란 세법 및 시행령의 일반적 적용관점에서 법상, 실제상 같은 상황에 처한 납세자(개인, 법인, 파트너십, 조합)를 일컫는다. 한 체약국에 거주하지 않는 사람은 그 국가에 거주하는 납세자와 같은 상황에 있는 것이 아니다. '거주와 관련하여 특히(in particular with respect to residence)'란 납세자가 같은 상황에 처해 있는지 여부를 결정하는 데 있어 납세자의 거주가 판단요소임을 의미한다. 조세조약에 거주요건이 없더라도 '같은 상황'을 해석할 때 납세자의 거주지를 고려해야 한다는 원칙은 줄곧 지켜져 왔다.(OE §24-7)

거주자와 비거주자는 차별금지원칙에서 의미하는 '국적과 관련하여 같은 상황'에 있는 것은 아니지만, 그러나 거주가 차별적인 세무취급과 관련이 없는 경우에는 이러한 거주요소는 고려대상이 아니다.(OE §24-18) 아래 사례들은 이러한 원칙을 설명한다.(OE §24-19)

사례 국적과 관련한 거주자와 비거주자의 차별문제

(사례 1) A국 국내세법에 따라, 그 국가에서 설립되거나 그 국가에 실질적 관리장소를 가진 회사는 그 국가의 거주자이다. B국 국내세법에 따라, 그 국가에 실질적 관리장소를 가진 회사만이 그 국가의 거주자이다. A국·B국 조세조약은 OECD모델과 같다. A국 국내세법은 A국에 설립된 한 회사가 A국에 설립된 다른 회사에게 지급하는 배당을 비과세한다고 규정한다. A국에 실질적 관리장소를 둔 B국에서 설립된 회사는 A국·B국 조세조약에 따라 A국 거주자에 해당하므로, A국에 설립된 회사가 A국에 실질적 관리장소를 둔 B국 회사에 지급하는 배당에 A국 국내세법에 따른 비과세를 적용하지 않는다면, 배당수취회사가 거주와 관련하여 A국에 설립된 회사와 같은 상황이라면 다른 상황에 차이가 없는 경우 차별금지규정에 위반된다.(OE §24-20)

(사례 2) A국 국내세법에 따라, A국에서 설립된 회사는 A국 거주자이고 해외에서 설립된 회사는 비거주자이다. A국·B국 조세조약은 법인이 조세조약에 따라 이중거주자인 경우 설립지국 거주자로 간주된다고 규정한 것 이외에는 OECD모델과 같다. A국 국내세법은 A국에 설립된 한 회사가 A국에 설립된 다른 회사에게 지급하는 배당을 비과세한다고 규정한다. 차별금지규정은

B국에 설립된 회사에게 지급하는 배당에 확대적용되지 않는다. A국 설립회사와 B국 설립회사가 수취배당에 대하여 차별적으로 취급되는 경우에도, 이들 회사는 거주와 관련하여 같은 상황에 있지 않으며, 이 경우 거주지는 관련요소이다. 이에 따라, 예를 들면 배당소득조항에 따라 비거주회사가 A국 원천소득으로 지급하는 배당을 추가적으로 과세할 수 없으며 거주회사가 A국 원천소득으로 지급하는 배당은 과세한다.(OE §24-21)

(사례 3) A국 국내세법에 따라, A국 설립회사는 A국 거주자이다. B국 국내세법에 따라, B국에 실질적 관리장소가 있는 회사는 B국 거주자이다. A국·B국 조세조약은 OECD모델과 같다. A국 국내세법은 A국과 정보교환을 허용하는 조세조약을 체결하지 않은 국가 거주자인 비거주회사에 대하여 매년 재산으로부터 수취하는 순소득에 대한 과세 대신 재산가액의 3%를 과세한다고 규정한다. A국과 정보교환을 허용하는 조세조약을 체결하지 않은 국가의 거주자인 B국 설립회사는 차별금지조항에 따라 A국이 부과하는 3% 조세를 적용할 수 없다고 주장할 수 없는데, 이는 B국 설립회사를 A국 설립회사와 달리 취급하는 것이기 때문이다. 이 경우, B국 설립회사는 거주와 관련하여 A국 설립회사와 같은 상황에 있는 것이 아니며 회사의 거주지가 판단요소이다.(즉, 비거주 납세자가 수취하는 부동산으로 인한 순소득을 인식하는 데 필요한 정보취득 목적상)(OE §24-22)

(사례 4) A국 국내세법에 따라, A국 설립회사는 A국 거주자이며 해외에서 설립된 회사는 비거주자이다. A국·B국 조세조약은 법인이 조세조약에 따라 이중거주자인 경우 설립지국 거주자로 본다고 규정한 것 이외에는 OECD모델과 같다. A국 급여세법(payroll tax law)에서, 거주 근로자를 고용하는 모든 회사는 고용주의 국적과 상관없이 급여세를 납부해야 하며, 다만 A국 설립회사는 저율의 급여세 혜택을 받을 수 있다. 이 경우, B국 설립회사가 A국·B국 조세조약에 따라 A국 설립회사와 같은 거주자가 아니라는 사실은 급여세의 차별대우와 전혀 관련이 없으므로 다른 상황에 차이가 없다면 차별대우는 차별금지조항에 대한 위반이다.(OE §24-23)

(사례 5) A국 국내세법에 따라, A국에 설립되거나 실질적 관리장소가 있는 회사는 A국 거주자이며 이 2가지 요건 중 하나를 충족하지 못하는 회사는 비거주자이다. B국 국내세법에 따라 B국에서 설립된 회사는 B국 거주자이다. A국·B국 조세조약은 법인이 조세조약에 따라 이중거주자인 경우 설립지국 거주자로 본다고 규정한 것 이외에는 OECD모델과 같다. 또한, A국 국내세법은 A국에 설립되고 실질적 관리장소가 있는 회사로서 일반에 공개된 그룹사의 일원이면 세무상 연결납세대상이라고 규정한다. B국에 설립된 X사는 A국에 설립된 두 회사와 같은 그룹에 속하며 이들 회사들은 모두 A국에서 실질적으로 관리된다. X사는 A국에서 설립되지 않았으므로 다른 두 회사와 연결납세가 허용되지 않는다.(OE §24-24) 이 경우, X사가 A국 국내법에 따라 A국 거주자라도 조세조약목적상 A국 거주자가 아니다. 그러므로 X사는 거주와 관련하여 그룹사의 다른 회사와 같은 상황에 있는 것은 아니며, X사가 A국에서 설립되지 않았다는 사실 때문에 차별대우를 받는 것이지만 차별금지조항에 의해 연결납세의 혜택을 받을 수는 없다. X사의 거주는 연결납세혜택과 명백히 관련되는데, 이는 사업소득 및 배당소득 등의 조세조약 규정 때문에 X사가 수취하는 일정유형의 소득을 A국이 과세하지 못하기 때문이다.(OE §24-25)

(2) 법인에 대한 차별금지원칙 적용

조약상 국민의 정의를 고려할 때 회사와 회사 설립지국의 법적 관계는 개인의 국적관계와 밀접한 유사성이 있다. 따라서 법인, 파트너십(partnership)과 조합을 특별규정에서 다루지 않고 개인과 마찬가지로 차별금지조항을 적용할 수 있다.(OE §24-16)

'국민'의 정의에 따라, 회사와 같은 법인의 경우 한 체약국 국민은 '한 체약국에서 유효한 법률에 따라 자격을 인정받은 법인'을 의미한다. 일반적으로 회사는 설립되거나 등록된 국가의 유효한 법률에 따라 자격을 인정받는다. 그런데, 대부분 국가의 국내법에서 설립(incorporation)이나 등록(registration)은 회사의 거주지를 결정하는 판단요건에 해당한다. '동일한 상황에서 특히 거주와 관련하여' 사람이나 인적단체의 국적에 따른 차별대우를 금지하므로, 따라서 차별금지원칙을 적용하기 위해 국적에 의한 차별대우와 다른 상황, 특히 거주와 관련된 차별대우를 구분할 필요가 있다. 위에서 설명한 것처럼, 차별금지원칙은 단지 국적에 의한 차별을 금지하며 인적단체의 거주지 등 다른 관련 상황은 동일할 것을 요한다. 거주자와 비거주자를 달리 취급하는 것은 국내세법 및 조세조약의 중요한 특징이다. 차별금지규정을 조세조약의 다른 조항을 고려하여 해석할 경우, 대부분의 조항들은 거주자와 비거주자를 달리 취급하도록 규정하며 동일한 국가의 거주자가 아닌 두 회사는 차별금지규정에서 의미하는 같은 상황에 있는 것이 아니다.(OE §24-17)

(3) 차별금지원칙이 적용되지 않는 사례

① 조세감면의 차별적용

같은 국가에 거주하는 두 사람을 다른 국적을 가지고 있다는 이유로 다르게 취급할 수 있는가? 결론적으로 한 체약국이 가족부양에 대하여 조세감면을 적용할 때 자국 내에 거주하는가 안 하는가에 따라 자국민 간에 차별을 둔다면, 그 국가는 자국 내에 거주하지 않는 다른 국가 국민에게 자국 거주 국민에게 주는 것과 같은 대우를 할 의무가 없다. 다만, 다른 국가에 거주하는 자국민이 받는 것과 같은 대우를 그들에게 해줄 의무는 있다.

② 조세회피의 방지

한 체약국의 국민이 한 체약국에서 거주하면서 체약상대국에서 제삼국에 거주하는 체약상대국의 국민보다 불리하게 과세되는 경우(예를 들면, 조세회피방지세제를 적용한 결과), 두 사람은 그들의 거주와 관련하여 같은 상황에 있는 것이 아니므로 차별금지조항은 적용되지 않는다.(OE §24-8)

일반적으로, '같은 상황에 있는'이란 표현은 한 사람의 과세상황을 언급하는 것이다. 예를 들면, 외국인과 비교할 때 국민에게 무제한납세의무(comprehensive tax liability)를 지우는 미국과 같은 경우, 이러한 세무취급이 그 자체로 국적에 의한 차별금지조항의 위반이 아닌 한, 무제한납세의무 또는 제한납세의무와 관련된 그 국가 국내세법의 다른 규정(예 인적공제의 허용)을 적용할 때 그 국가의 국민이 아닌 사람이 국민과 '같은 상황에 있다'라고 주장할 수 없다.(OE §24-9)

③ 공공기관 및 비영리단체의 과세특혜

자국의 공공단체나 공공서비스기관에 특별한 과세특혜를 부여하는 국가에게 차별금지조항으로 인해 다른 국가의 공공단체나 공공서비스기관에게까지 같은 특혜를 확대할 의무가 생기는 것은 아니다.(OE §24-10) 한 국가가 자국의 공공단체나 공공서비스기관에 대하여 조세감면을 적용한다면 그 같은 단체나 서비스기관은 국가의 중요부분이고, 어떠한 경우에도 그들의 상황을 다른 국가의 공공단체나 공공서비스기관의 상황과 비교할 수 없기 때문에 특혜를 주는 것은 정당화될 수 있다. 그렇지만 수익사업을 행하는 국영기업(state corporation)은 이에 해당하지 않는다. 이들이 민간영역의 상공업에 종사하는 것이라면 차별금지규정이 이들에 적용된다.(OE §24-12)

또한, 사적인 이익이 아니라 해당 국가의 공익을 위해 활동하는 비영리사단에게 특별한 과세혜택을 부여하는 국가의 경우 자국의 이익을 위해 활동하지 않는 비슷한 외국기관에 동일한 혜택을 확대할 의무는 없다.(OE §24-11) 한 국가가 비영리 사설기관에 과세혜택을 부여하는 일은 이런 기관들의 활동성격과 그 활동으로부터 국가와 국민들이 받을 혜택에 의해 당연히 정당화된다.(OE §24-13)

(4) 강행력

차별금지규정은 강행력(mandatory force)을 가진다. 한 체약국의 국민은 체약상대국에서 동일한 상황에 있는 체약상대국 국민이 부담하거나 부담할 수 있는 조세 또는 그와 관련된 의무와 다르거나 그보다 더 과중한 조세 또는 그와 관련된 의무를 부담하지 않는다고 규정함으로써 차별금지규정은 체약국들이 체약상대국 국민에게 같은 대우를 부여하도록 강제한다.(OE §24-14)

2. 무국적자의 차별금지

OECD모델 24조 2항: 한 체약국의 거주자인 무국적자는 어느 국가에서도 동일한 상황에 있는 해당 국민이 부담하거나 부담해야 할 조세나 이와 관련된 의무와 다르거나 보다 더 과중한 조세 또는 이와 관련된 의무를 부담하지 않는다.

무국적자인 경우에도 조세조약상 차별금지원칙이 적용된다. 무국적자에는 2가지 유형이 있다. 유엔 난민고등판무관(UN high commissioner for refuge) 등의 유엔기구나 기관으로부터 보호나 지원을 받는 무국적자와 한 국가의 거주자로서 그 국가 국민과 동일한 권리나 의무를 향유하는 무국적자이다.(OE §24-27)

무국적자에 대한 차별금지는 한 체약국의 거주자인 무국적자 또는 체약상대국의 거주자인 무국적자로 제한하여 적용되며, 따라서 제삼국의 무국적자에게는 적용되지 않는다.(OE §24-28) 이같이 양 체약국의 거주자가 아닌 무국적자를 배제함으로써 한 체약국에서 체약상대국 국민과 비교하여 제삼국의 무국적자가 더 나은 특권을 누리지 못하게 된다.(OE §24-29)

그런데 한 체약국의 거주 여부를 불문하고 모든 경우에 해당국가 국민에게 호혜적 대우를 해주기 위해 무국적자의 차별금지규정에 해당하는 규정의 적용을 모든 무국적자에게 확대하는 경우도 있다. 이 경우 한 체약국 내 거주에 대한 어떤 조건도 포함하지 않도록 조세조약 규정이 변경된다.(OE §24-30)

(1) 무국적자의 정의

'무국적자(stateless person)'는 '무국적자의 자격에 대한 조약' 1조 1항에 따라 '어떤 국가에 의해서도 자국법상 국민으로 보지 않는 사람'으로 정의된다.(OE §24-32) 1954.9.28. 뉴욕에서 체결된 '무국적자의 자격에 관한 조약' 29조에 의해 무국적자는 거주지국의 국민에게 부여되는 기본적 권리를 누릴 수 있다.(OE §24-26)

(2) 국내세법상 무국적자 차별금지

국내세법상 한국 국적이 없는 사람은 외국인으로 취급된다. 이 사람이 국내세법상 거주자에 해당하는 경우 다른 거주자와 마찬가지로 과세되며, 비거주자에 해당하는 경우 조세조약이 없는 국가의 거주자와 마찬가지로 국내세법의 비거주자 과세규정이 적용된다. 따라서 국내세법에 따라 차별금지원칙은 지켜진다.

무국적자 차별금지규정이 있는 조세조약

나이지리아, 노르웨이, 르완다. 방글라데시, 라트비아, 스리랑카, 슬로베니아, 아제르바이잔, 알바니아, 우루과이, 카타르, 크로아티아, 터키, 파나마

(3) 무국적자의 혜택 제한

무국적자의 차별금지조항에 따라, 한 체약국 거주자인 무국적자가 체약상대국에서 뿐

만 아니라 거주지국에서도 평등대우를 주장할 자격이 생긴다. 그런데, 거주지국에서 거주지국과 제삼국 간에 체결된 조세조약으로부터 혜택을 보게 되어 너무 방임되는 결과를 가져올 수도 있다. 이러한 결과를 방지하기 위해 제한규정을 두기도 한다.(OE §24-31)

3. 비용공제의 차별금지

> **OECD모델 24조 4항**: 9조 1항, 11조 6항, 12조 4항이 적용되는 경우를 제외하고, 한 체약국의 기업이 체약상대국의 거주자에게 지급하는 이자, 사용료 및 기타지급금은 그 기업의 과세소득을 결정하기 위해 한 체약국의 거주자에게 지급되었을 때와 같은 조건으로 공제된다. 마찬가지로 한 체약국의 기업이 체약상대국의 거주자에게 진 모든 부채는 그 기업의 과세자본을 결정하기 위해서 한 체약국 거주자와 계약된 것과 같은 조건으로 차감된다.

일부 국가에서는 수취인이 거주자일 경우 제한없이 허용되는 이자, 사용료, 기타소득의 비용공제가 수취인이 비거주자일 때는 제한되거나 금지된다. 이는 차별에 해당하며 금지된다. 또한 같은 상황이 자본세 영역에서 비거주자와 체결한 채무계약과 관련하여 있을 수 있다. 조세회피목적으로 사용될 소지가 있어 비용공제 차별금지 조항을 조세조약에서 채택하지 않는 경우도 있다.(OE §24-73)

자금차입자의 거주지국은 국내법에 따라 지급이자를 과소자본에 대한 배당으로 취급할 수 있다. 그러나 거주 채권자를 제외한 비거주 채권자에게만 과소자본세제를 적용하는 경우 이는 차별금지원칙에 위배된다.(OE §24-74) 한국의 과소자본세제는 이러한 점에서 문제의 소지가 있다.

한편, 비거주자에게 지급하는 대가와 관련된 추가적 정보요구를 차별금지규정에서 금지하지는 않는데, 이러한 추가적 정보요구는 거주자와 비슷한 정도의 세무신고와 소득파악을 보장하기 위한 것이다.(OE §24-75)

비용공제의 차별금지조항이 있는 조세조약

나이지리아, 노르웨이, 독일, 라트비아, 룩셈부르크, 르완다, 리투아니아, 모로코, 방글라데시, 베네수엘라, 벨기에, 스리랑카, 스웨덴, 스위스, 슬로베니아, 싱가포르, 아이슬란드, 아제르바이잔, 알바니아, 영국, 에티오피아, 이집트, 인도, 중국, 체코, 케냐, 콜롬비아, 크로아티아, 터키, 페루, 프랑스, 핀란드, 필리핀

4. 특수관계기업의 차별금지

> OECD모델 24조 5항: 한 체약국의 기업자본의 일부 또는 전부가 한 명 또는 두 명 이상의 다른 국가 거주자에 의해 직·간접으로 소유되거나 지배되는 경우 그 기업은 비슷한 한 체약국의 기업이 부담하거나 부담할 수 있는 조세나 그와 관련된 의무와 다르거나 더 부담스러운 조세나 그와 관련된 의무를 부담하지 않는다.

자본이 체약상대국의 거주자에 의해 전부 또는 부분적으로 직접 또는 간접 소유되는 기업의 경우에도 차별이 금지된다. 이러한 차별은 기업의 과세와 관련이 있으며, 그 자본을 소유하거나 지배하는 사람과 관련되는 것은 아니다. 즉, 같은 국가에 거주하는 납세자에 대한 동등취급이 보장되지만, 외국자본을 주주 수준에서 국내자본에 적용되는 것과 동일하게 대우할 필요는 없다.(OE §24-76)

(1) 연결납세

특수관계기업 차별금지규정은 오로지 거주기업의 과세와 관련되고 기업자본을 소유하거나 통제하는 사람의 과세와는 관련이 없으므로, 거주기업과 다른 거주기업 간의 특수관계를 고려하는 연결납세(consolidation), 손실이전 및 동일지배회사 간 자산이전 비과세 등 규정의 혜택을 확대적용하지 않는다. 예를 들면, 한 국가의 국내세법이 거주 모회사의 소득과 거주 자회사의 소득을 연결납세하도록 허용하는 경우, 차별금지규정이 이러한 연결납세를 거주 자회사와 비거주 모회사 간에 허용하도록 강제할 수 없다. 거주기업과 그 거주기업의 자본을 소유하는 비거주자의 상황은 동일국가 내의 거주기업과 그 거주기업의 자본을 소유하는 거주자의 상황과 명백히 다르다.(OE §24-77)

(2) 배 당

특수관계기업 차별금지규정은 자본을 누가 소유하고 통제하는지 여부와 상관없이 모든 거주회사를 평등하게 대우하도록 보장하지만, 거주자와 비거주자에 대한 배당을 동일한 방식으로 취급하도록 보장하는 것은 아니므로, 거주기업에게 거주주주에 대한 배당에는 원천징수의무를 지우지 않고 비거주주주에 대한 배당에만 원천징수의무를 지우는 경우에도 차별금지규정 위반이 아니다. 이 경우, 회사자본을 비거주자가 소유하거나 통제하기 때문에 차별대우하는 것이 아니라, 비거주자에게 지급하는 배당은 다르게 과세되기 때문이다. 비슷한 사례는 비거주자 여부와 상관없이 주주에게 배당하는 거주회사에 과세하지만, 배당에 대하여 과세되는 특수관계 거주회사에게 지급하는 배당을 이중과세를 피하기 위해 비과세하는 국가의 경우이다. 특수관계회사에 대한 배당의 비과세가 비거주회사에 대한 배당에는 적용되지 않는다는 사실은 차별금지규정에 위배되지 않는다. 이 경우, 거주회사의 자본이 비거주자에 의해 소유되거나 통제되기 때문에 차별대우하는 것이 아니다. 거주회사로부터 수취한 배당을 재배당할 경우 동일한 과세가 이루어지지 않는 회사에 배당을 하기 때문이다. 이 사례에서 자본을 누가 소유하고 통제하는지 여부와 상관없이 모든 거주회사는 동일하게 취급되며, 차별대우는 배당에 대한 조세가 회피될 수 있는 상황에서 배당이 이루어지는 경우로 제한된다.(OE §24-78)

(3) 지급이자

특수관계기업 차별금지규정에 의해 기업자본을 소유하고 통제하는 사람에 따라 거주기업을 차별하지 못하므로, 이자를 거주 채권자에게 지급하는지 또는 비거주 채권자에게 지급하는지 여부에 따라 기업을 차별대우하는 규정은 차별금지규정과 관련이 없다. 비거주자가 직·간접적으로 전부 또는 일부 기업자본을 소유하거나 통제하는지 여부에 따라 채권·채무관계규정을 적용하면서 차별대우를 하지 않는다면 차별금지규정은 채권·채무관계규정과 관련이 없다. 예를 들면, 한 국가의 세법상 과소자본세제(thin capitalisation rules)에 따라 거주기업이 비거주 특수관계기업에게 지급한 이자비용을 공제받지 못하는 경우, 이자지급자의 자본을 소유하지 않고 통제하지 않는 비거주 특수관계기업에 이자가 지급되는 경우와 동일하게 과세취급하면 과소자본세제가 기업자본을 소유하거나 통제하는 채권자에 대한 지급이자에 적용된다 해도 차별금지규정 위반이 아니다. 그러나 거주자 및 비거주자에게 지급되는 이자비용공제에 차별적 요건을 적용하는 국내세법은 비용공제 차별금지규정에 대한 위반이 된다. 이러한 맥락에서 비거주자가 직·간접적으로 전부 또는 일부 자본을 소유하거나 통제하는 한 체약국 기업에게만 적용되는 과소자본세제는 차별금지조항의 위반이 될 소지가 있다. 그렇지만, 「조약법에 관한 비엔나조약」 31조에 따라 차별금지조항은 '이전가격 조항' 또는 '이자의 부당행위부인 조항'의 맥락에서 해석되어야 하므로, 이들 규정에 부합하는 조정은 차별금지조항에 반하지 않는다.(OE §24-79)

(4) 이전가격세제

이전가격조사의 경우 거의 모든 나라들은 통상적 요구보다 더 엄격한 추가적 정보요구를 하거나 입증책임을 전환한다. 이는 차별에 해당하지 않는다.(OE §24-80)

5. 모든 조세에 대한 차별금지

OECD모델 24조 6항: 이 조항의 규정은 2조의 규정에도 불구하고, 모든 종류 및 명칭의 조세에 대하여 적용한다.

일반적으로 차별금지원칙은 조약에 따른 조세에 한정되지 않는다. 그러므로 차별금지원칙은 국가, 정치적 하부조직, 지방자치단체나 그들을 대신하여 부과되는 모든 종류, 모든 명칭의 조세에 적용된다.(OE §24-81) 그러나 일부 조세조약에서 차별금지원칙을 조약이 적용되는 조세로 한정하여 적용하는 경우도 있다.

조세조약 대상조세에 한해 차별금지가 적용되는 한국의 조세조약

남아공, 덴마크, 말레이시아, 베트남, 브라질, 싱가포르, 아랍, 아일랜드, 알바니아, 영국, 오만, 우크라이나, 이집트, 인도네시아, 칠레, 캐나다, 피지

II 상호합의절차(Mutual Agreement Procedure)

1. 「국제조세조정에 관한 법률」상 상호합의제도

1.1 상호합의절차의 개시

(1) 신청자 및 신청사유

한국의 거주자, 내국법인, 비거주자 또는 외국법인은 아래와 같은 경우 재정경제부장관 또는 국세청장에게 상호합의절차의 개시를 신청할 수 있다.(국조법 §42 ①) '상호합의절차'란 조세조약의 적용 및 해석이나 부당한 과세처분 또는 과세소득의 조정에 대하여 한국의 권한 있는 당국과 체약상대국의 권한 있는 당국 간에 협의를 통해 해결하는 절차를 말한다.(국조법 §2 ① 10호) 국내의 불복절차와 마찬가지로 직접 당사자뿐 아니라 해당 과세처분으로 권리 또는 이익의 침해를 받거나 받을 우려가 있는 자는 당사자가 되어 상호합의신청을 할 수 있다.(국기통 55-0-4)

상호합의개시 신청사유	관할당국
1. 조세조약의 적용 및 해석에 관하여 체약상대국과 협의할 필요성이 있는 경우	재정경제부장관
2. 체약상대국의 과세당국으로부터 조세조약의 규정에 부합하지 않는 아래의 과세처분을 받았거나 받을 우려가 있는 경우 ① 세법에 부합하지 않거나 과세방법이 잘못된 과세처분 ② 형평에 크게 어긋나거나 차별적으로 이루어진 과세처분	국세청장
3. 조세조약에 따라 한국과 체약상대국 간에 과세조정이 필요한 경우. 예를 들면, 내국법인이 거래처에 지급한 판매장려금을 기업업무추진비로 보아 손금불산입한 처분은 조정이 필요한 사항이 아니며, 내국법인이 부담한 하자보증기간 내 수리비용을 손금불산입한 처분은 조정이 필요한 사항이다.(국업 46522-378, 1999.6.4.)	국세청장

재정경제부장관은 위 1에 해당하는 경우에는 직권으로 체약상대국의 권한 있는 당국에 상호합의절차 개시를 요청할 수 있다.(국조법 §42 ③) 국세청장은 위 2 및 3에 해당하는 경우에는 직권으로 체약상대국의 권한 있는 당국에 상호합의절차 개시를 요청할 수 있다.(국조법 §42 ④) 국세청장은 신청을 받거나 직권으로 상호합의절차 개시를 요청한 경우에는 재정경제부장관에게 보고하여야 하며, 재정경제부장관은 필요한 경우 상호합의절차와 관련된 지시를 할 수 있다.(국조법 §42 ⑤)

(2) 제출서류

상호합의절차 개시신청을 하는 경우 다음 서류를 제출한다.(국조령 §82) 신청인이 국세청장에게 제출하는 자료나 국세청장이 추가로 제출토록 요구한 자료는 한글로 작성하여 제출해야 한다. 다만, 과세당국이 허용하는 경우에는 영문으로 작성된 자료를 제출할 수 있다.(국조규 §86)

1. 상호합의절차 개시신청서(국조칙 §12 ① 별지 4호)
2. 상호합의절차의 개시신청과 관련된 결산서 및 세무신고서
3. 국내 또는 국외에서 이의신청·심사청구·심판청구 또는 소송제기 등의 불복절차를 신청했거나 신청 예정인 경우 그 신청서
4. 상호합의절차 개시 신청 사유에 대한 신청인 의견서 등

(3) 신청의 검토 및 거부

재정경제부장관 또는 국세청장은 상호합의절차의 개시를 신청받은 경우 신청사유에 해당하는지 여부, 과세당국이 상호합의절차를 개시하지 아니하고도 필요한 조치를 함으

로써 합리적 조정을 할 수 있는지 여부를 고려하여 신청을 받은 날부터 3개월 이내에 체약상대국의 권한 있는 당국에 상호합의절차 개시를 요청할 것인지 여부를 결정해야 한다.(국조령 §83 ①) 재정경제부장관 또는 국세청장은 검토 결과 상호합의절차 신청요건을 충족하지 못한 경우에는 신청인에게 이를 보완하여 다시 신청하도록 요구할 수 있다.(국조령 §83 ③)

재정경제부장관 또는 국세청장은 상호합의절차 개시 신청을 거부하는 경우 그 사실을 신청인 및 체약상대국에 통지해야 한다.(국조령 §83 ⑤)

(4) 의견제출 및 처분관련 자료의 제출

신청인은 상호합의절차의 개시일부터 종료일까지 조세조약의 해석 및 적용, 소득금액의 조정 등에 관한 의견을 재정경제부장관이나 국세청장에게 제출할 수 있다.(국조규 §88) 국세청장은 상호합의절차 개시신청 전에 신청인으로부터 상담요청이 있는 경우에는 이에 응할 수 있다. 이 경우 신청인은 자신의 이름을 공개하지 않을 수 있다. 국세청장은 필요한 경우 상호합의절차 신청의 대상이 된 처분을 하였거나 해야 할 지방국세청장 또는 세무서장에게 사전상담 참석을 요구할 수 있다.(국조규 §89)

국세청장은 한국의 처분과 관련된 상호합의절차의 개시신청이 있는 경우에는 그 사실을 상호합의절차 신청의 대상이 된 처분을 하였거나 해야 할 지방국세청장 또는 세무서장에게 통보하고 관련자료와 의견서를 제출할 것을 요구해야 한다.(국조규 §90)

(5) 상호합의 신청기한

조세조약에서 일정한 기한을 규정하면 그 기한이 적용된다. 그렇지 않은 경우, 상호합의는 과세사실을 안 날로부터 3년 이내에 신청한다.(국조법 §42 ② 4호) 예를 들면, 한미조세조약 제27조는 상호합의 신청기한을 규정하지 않으므로 과세사실을 안 날로부터 3년 이내에 상호합의를 신청할 수 있다.(기재부 국조-5, 2004.1.6.)

(6) 체약상대국에 절차개시 요청 및 중단

신청을 받은 재정경제부장관 등은 다음의 경우를 제외하고는 체약상대국의 관할당국에 상호합의절차의 개시를 요청하고 신청인에게 요청사실을 통지한다.(국조법 §42 ②, 국조령 §83 ②)

1. 국내 또는 국외에서 확정판결이 있는 경우. 다만, 체약상대국이 거주자·내국법인과 국외특수관계인의 거래가격을 정상가격으로 조정한 것에 대응하여 과세당국이 각 사업연도 과세표준 및 세액을 조정하여 계산할 필요가 있는 경우, 과세당국이 거주자와 국외특수관계인의 거래가격을 정상가격으로 조정한 것에 대응하여 체약상대국이 국외특수관계인의 각 사업연도 과세표준 및 세액을 조정하여 계산할 필요가 있는 경우는 제외한다. 2. 조세조약상 신청자격이 없는 자가 신청한 경우 3. 납세자가 조세회피목적으로 상호합의절차를 이용하려는 사실이 인정되는 경우 4. 과세사실을 안 날로부터 3년이 경과하여 신청한 경우

재정경제부장관 등은 상호합의절차 개시신청을 받은 이후에도 신청인이 동의하는 경우에는 체약상대국에 상호합의절차 개시를 요청하지 아니하거나 개시된 상호합의절차를 중단할 수 있다.(국조령 §83 ④)

(7) 상호합의절차의 개시일과 종료일

상호합의절차 개시일 (국조법 §45)	
1. 상호합의절차의 개시요청을 받은 경우	수락의사를 통보한 날
2. 상호합의절차의 개시요청을 한 경우	수락의사를 통보받은 날
상호합의절차 종료일 (국조법 §46)	
1. 문서에 의한 합의가 이루어진 경우	문서에 의한 합의가 이루어진 날
2. 상호합의가 이루어지지 않은 경우	개시일의 다음 날부터 5년이 되는 날(당국 간 상호합의절차를 계속 진행하기로 합의한 경우에는 계속되나, 개시일의 다음 날부터 8년을 초과할 수 없음)
3. 상호합의절차 진행 중 법원의 확정판결이 있는 경우	확정판결일
4. 상호합의절차 진행 중 신청인이 상호합의절차 개시 신청을 철회하는 경우	신청철회일
5. 재정경제부장관 등이 직권으로 종료	해당 절차가 종료되었음을 통지받은 날

1.2 불복청구기간과 징수유예 등의 적용특례

(1) 불복청구기간 특례

상호합의절차가 개시된 경우 상호합의절차의 개시일부터 종료일까지의 기간은 국세기본법 및 지방세기본법의 불복청구기간과 결정기간 및 행정소송 제기기간에 산입하지 않는다.(국조법 §50, 국기법 §55의2) 즉, 상호합의절차가 진행되는 동안 다른 불복청구기간은 중단된다.

(2) 납부고지의 유예, 납부기한등의 연장 또는 압류 · 매각의 유예 특례

체약상대국이 상호합의절차의 진행 중에 납부기한등의 연장 또는 압류 · 매각의 유예를 허용하는 경우 납부고지의 유예, 납부기한등의 연장 또는 압류 · 매각의 유예를 한다.(국조법 §49 ④)

① 특례적용의 신청

상호합의 신청인은 납세지 관할세무서장 또는 지방자치단체의 장에게 납부기한등의 연장(징수유예 포함) 또는 압류 · 매각의 유예(강제징수 유예 포함)의 적용특례를 다음 서류를 구비하여 신청할 수 있다.(국조법 §49 ①, 국조령 §91 ①)

1. 납부기한등 연장 적용특례 신청서(국조칙 §13 별지 15호)
2. 국세청장이 발행한 상호합의절차의 개시통보서 사본

② 납부고지의 유예, 납부기한등의 연장 또는 압류 · 매각의 유예

특례적용의 신청을 받은 납세지 관할세무서장 또는 지방자치단체장은 납부할 세액을 고지하기 전에 상호합의절차가 개시된 경우에는 상호합의절차의 종료일까지 납부고지의 유예(고지유예와 분할고지를 포함)를 할 수 있다. 이 경우 납세지 관할세무서장 및 지방자치단체의 장은 납부할 세액을 상호합의절차 종료일의 다음 날부터 30일 이내에 고지하여야 한다.(국조법 §49 ②)

특례적용의 신청을 받은 납세지 관할세무서장 또는 지방자치단체장은 납세자가 납부의 고지 또는 독촉을 받은 후 상호합의절차가 개시된 경우에는 상호합의절차의 개시일부터 종료일까지는 납부기한등의 연장 또는 압류 · 매각의 유예를 할 수 있다. 이 경우 납세지 관할세무서장 및 지방자치단체의 장은 상호합의절차 종료일의 다음 날부터 30일 이내에 납부기한을 다시 정하여 연장 또는 유예된 세액을 징수하여야 한다.(국조법 §49 ③)

③ 특례적용의 배제

특례적용의 신청을 받은 납세지 관할세무서장 또는 지방자치단체장은 아래의 경우에는 고지유예 · 징수유예 또는 강제징수유예를 허용해서는 안 된다. 이 경우 고지유예 · 징수유예 또는 강제징수유예가 이미 허용된 때에는 이를 즉시 취소하고 유예와 관계되는 세액 및 체납액을 일시에 징수해야 한다.(국조령 §91 ②)

1. 신청인이 신청일 현재 국세 또는 지방세를 체납하고 있는 경우 2. 신청인이 국조법 제16조에 따른 국제거래정보통합보고서, 국제거래명세서, 과세당국이 제출을 요구하는 자료의 제출의무를 이행하지 않은 경우 3. 조세를 징수할 수 없게 될 가능성이 매우 높은 경우

(3) 특례적용의 경우 이자상당액 납부

납세지 관할세무서장 및 지방자치단체장은 납부기한등의 연장 또는 압류·매각의 유예를 허용하는 경우에는 납부일 전일 또는 고지일로부터 이자상당액을 계산하여 국세 및 지방세에 가산하여 징수한다.(국조법 §49 ⑤, 국조령 §91 ③)

이자상당액 = 징수유예·강제징수유예를 한 국세·지방세(상호합의절차에 의한 조정이 이루어진 경우 조정금액)×세액납부기한 다음 날 또는 상호합의개시일 중 나중에 도래하는 날부터 상호합의종료일까지의 유예기간의 날짜 × 22/100,000(국기령 §27의4 ①). 유예기간이 2년을 초과하는 경우 그 초과기간은 12/1,000(국기령 §43의3 ②)

(4) 지방세의 자동 징수유예

국세에 대한 고지유예 등이 적용되는 경우에는 해당 국세에 부가되는 지방세에 대하여도 별도의 절차없이 해당 고지유예 등이 그대로 적용된다.(국조법 §49 ⑥) 이 경우 국세청장은 납세자에게 고지유예 등을 통지하는 때에는 해당 국세에 부가되는 지방세를 관할하는 지방자치단체장에게 고지유예 등의 사실을 통지한다.(국조령 §91 ④)

상호합의 종료일 이후 법인세 경정처분을 하는 경우, 그로 인한 지방소득세는 상호합의 종료일의 다음 날부터 30일 이내에 납부기한을 다시 정하여 징수유예세액을 징수한다.(국조법 §49 ③)

1.3 부과제척기한의 특례

(1) 「국제조세조정에 관한 법률」 제51조의 특례

체약상대국과 상호합의절차가 개시된 경우 상호합의절차의 종료일의 다음 날부터 1년간의 기간과 부과제척기간(국기법 §26의2, 지기법 §38 ①) 중 나중에 도래하는 기간 이내에는 국세 또는 지방세를 부과할 수 있다.(국조법 §51) 이는 부과제척기간이 경과한 후에도 상호합의가 종결된 날로부터 1년이 경과되기 전까지는 해당 상호합의에 따라 경정 및 기타 필요한 처분을 할 수 있다는 의미이다.(국조통 27-42…1) 지방세의 경우 상호합의절

차 종료일로부터 1년간은 지방세 부과제척기간에 상관없이 과세처분을 할 수 있다.(지기법 §38 ②)

(2) 조세조약상 상호합의결과 시행에 대한 특례기간

일부 조세조약에서 상호합의결과의 시행에 대한 특례기간을 규정한다. 조세조약의 특례가 유리한 경우 조세조약이 적용된다.

시행의 특례기간	해당 국가
조약상 특별한 규정 없음(국내법 적용)	네덜란드, 덴마크, 독일, 미국, 벨기에, 영국, 우루과이, 캐나다, 태국, 파나마, 프랑스
신청일로부터 6년 이내	아일랜드
국내법과 상관없이 상호합의 결정시 효력발생	위 이외의 국가

1.4 신청인의 협조의무 및 국세청장의 보고의무

재정경제부장관 또는 국세청장은 신청인에게 상호합의절차의 진행에 필요한 자료의 제출을 요구할 수 있다. 이 경우 신청인이 자료제출요구에 성실하게 협조하지 않는 경우에는 상호합의절차를 직권으로 종료할 수 있다.(국조법 §44)

국세청장은 매분기 경과 후 15일 이내에 '분기별 상호합의절차 개시 신청 및 진행 현황 보고서'(국조칙 §12 별지 14호)를 재정경제부장관에게 제출해야 한다. 진행 현황에는 체약상대국으로부터 개시요청을 받은 상호합의의 진행 현황을 포함해야 한다.(국조령 §84)

1.5 상호합의 결과의 시행

(1) 상호합의 종결 및 수락 여부 확인

재정경제부장관이나 국세청장은 상호합의절차를 개시하여 문서로 합의에 도달하고 신청인이 상호합의 내용을 수락하고 상호합의절차와 불복쟁송이 동시에 진행되는 경우로서 신청인이 상호합의 결과와 관련된 불복쟁송을 취하하는 경우에는 지체 없이 그 합의를 이행하여야 한다.(국조법 §47 ③) 국세청장은 상호합의절차가 종결된 경우에는 그 결과를 재정경제부장관에게 보고하고 상호합의서 사본을 제출해야 한다.(국조법 §47 ①, 국조령 §88 ①)

재정경제부장관이나 국세청장은 상호합의절차가 종결된 경우에는 과세당국, 지방자치단체의 장, 조세심판원장, 그 밖의 관계기관 및 신청인에게 그 결과를 상호합의절차의 종료일의 다음 날부터 15일 이내에 '상호합의 종결 통보서'(국조칙 §14 별지 16호)로 통보해야 한다. 또한, 재정경제부장관은 '조세조약의 적용 및 해석에 관한 합의내용'을 즉시 고시해야 한다.(국조법 §47 ②, 국조령 §88 ②)

재정경제부장관 또는 국세청장은 체약상대국과 문서로 합의가 이루어진 경우에는 상호합의절차 종료일의 다음 날부터 15일 이내에 합의 내용을 신청인에게 통보해야 한다.(국조령 §89 ①) 신청인은 통보받은 경우 상호합의 내용에 대한 수락 여부 및 관련 불복쟁송의 취하 여부를 그 통보를 받은 날부터 2개월 이내에 재정경제부장관 또는 국세청장에게 서면으로 제출해야 한다.(국조령 §89 ②) 신청인이 제출기한까지 합의 내용에 대하여 동의하지 않는다는 의사를 제출하거나 관련 쟁송을 취하하지 않는 경우 또는 수락 여부나 관련 불복쟁송의 취하 여부를 서면으로 제출하지 않는 경우에는 해당 상호합의절차 개시의 신청은 철회한 것으로 본다.(국조령 §89 ③)

(2) 상호합의에 따른 처분

과세당국이나 지방자치단체의 장은 상호합의 결과에 따라 부과처분, 경정결정 또는 그 밖에 세법상 필요한 조치를 해야 한다.(국조법 §47 ④) 과세당국 및 지방자치단체의 장은 부과처분, 경정결정 또는 그 밖에 세법상 필요한 조치를 한 경우에는 그 조치를 한 날의 다음 날부터 15일 이내에 재정경제부장관 또는 국세청장에게 그 사실을 통보해야 한다.(국조령 §88 ③)

납세지 관할세무서장 또는 관할지방국세청장은 조세조약의 상대국과 그 조세조약의 상호합의 규정에 따라 거주자·내국법인이 국외에 있는 지점·비거주자 또는 외국법인과 한 거래의 거래금액에 대하여 권한이 있는 당국 간에 합의를 하는 경우에는 그 합의에 따라 그 거주자·내국법인의 각 사업연도의 소득금액을 조정하여 계산할 수 있다.(법법 §53, 소법 §42) 이 경우, 소득금액조정의 신청 및 그 절차 등은 대응조정의 경우를 준용한다.(법령 §91, 소령 §99)

상호합의 결과 연도별로 소득을 조정해야 할 금액이 외화로 결정되고 그 조정해야 할 대상이 국내법인의 매출액일 경우, 소득금액조정을 위해 적용되어야 할 원화환산환율은 해당 조정대상거래가 있었던 당시에 적용한 매입환율을 적용하며, 다만 개별거래를 추적하여 거래일자별로 소득조정을 위한 금액을 배분하는 것이 곤란한 경우, 연평균 매입률을 적용하여 연도별로 일괄조정할 수 있다.(기재부 국조 46017-14, 1998.3.31.)

1.6 상호합의 결과의 확대적용

(1) 확대적용의 신청

신청인은 상호합의절차 종결 통보를 받은 날부터 3년 이내에 상호합의 결과를 신청인과 상호합의 대상국 외의 국가에 있는 국외특수관계인 간의 거래에 대해서도 적용하여 줄 것을 다음 서류를 첨부하여 과세당국 또는 지방자치단체장에게 제출해야 한다.(국조법 §48 ①, 국조령 §90 ①)

1. 상호합의결과 확대적용신청서(국조칙 §14의2 별지 16호의2) 2. 확대적용 요건을 갖추고 있음을 증명하는 서류

(2) 신청요건 및 확대적용

과세당국이나 지방자치단체의 장은 확대적용 신청이 다음 요건을 모두 갖춘 경우에는 그 상호합의 결과를 상호합의 대상국 외의 국가에 있는 국외특수관계인과의 거래에 대해서도 적용할 수 있다.(국조법 §48 ②, 국조령 §90 ②)

1. 상호합의결과와 동일한 유형의 거래일 것 2. 상호합의결과와 동일한 방식으로 과세되었을 것 3. 정상가격 산출시 적용한 통상의 이윤 또는 거래순이익률이 동일할 것

상호합의 결과를 상호합의 대상국 외의 국가에 있는 국외특수관계인에게 확대 적용하는 경우에는 상호합의를 한 것으로 간주하여 시행한다.(국조법 §48 ③)

사례 상호합의결과의 확대적용

- 국내회사 갑은 종합상사로 수백 종의 제품을 국외특수관계인으로부터 매입하여 비특수관계인에게 재판매하는 회사로서
  - 2001년도 매출총액 1,000억원(A국법인 600억원, B국법인 200억원, C국법인 100억원, D국법인 100억원)
  - 갑회사는 신고이익률 3%를 적용한 재판매가격방법에 따라 정상가격 산출
- 과세관청은 갑회사의 정상이익률을 5%로 적용하여 이전소득 과세(매출액 기준)
- 매출액이 제일 큰 A국과 상호합의결과 갑회사의 정상이익률 4%를 적용한 재판매가격방법에 따라 정상가격을 합의하고 이전소득 조정

〈A국 상호합의결과 이전가격 조정〉

상호합의는 A국과 하였더라도 상호합의 내용이 정상가격을 산출할 때 회사의 전체이익률을 적용하였으므로 상호합의가 없는 B, C, D국 소재법인에게도 동일하게 적용하는 것이 경제적 실질에 부합한다.

거래처	매출액	회사신고(3%)	익금조정과세(5%)	상호합의(4%)	
A국 법인	600		+12	상호합의	△6
B국 법인	200		+4	확대적용	△2
C국 법인	100		+2		△1
D국 법인	100		+2		△1
합계	1,000	30	50(+20)		△10

1.7 상호합의절차의 이행 등을 위한 협의기구

재정경제부장관은 다음 사항을 협의하기 위하여 필요한 경우에는 체약상대국의 권한 있는 당국과 공동으로 협의기구를 구성하여 운영할 수 있다.(국조법 §51의2)

1. 상호합의절차의 원활한 이행에 관한 사항
2. 우리나라와 체약상대국 세법의 주요 개정내용 통보에 관한 사항
3. 그 밖에 우리나라와 체약상대국 간의 조세조약 이행과 조세협력에 관한 사항

2. 조세조약의 상호합의절차

2.1 상호합의절차의 의미

상호합의에는 아래 유형이 있다.(OE §25-2~5)

상호합의의 유형
1. 조약과 일치하지 않는 과세에 놓인 납세자의 구제
2. 조약의 해석 및 적용과 관련한 문제를 해소하고, 조약에 규정되지 않은 사안에 대한 이중과세 제거
3. 상호합의절차의 실무적 운용에 대하여 관할당국이 직접 대화하고, 공동위원회(joint commission)를 통해 의견교환
4. 상호합의되지 않은 사안을 중재(arbitration)에 회부

상호합의절차규정을 통해, 체약국들은 조약규정의 적용 및 해석에 대한 포괄적 권한을 관할당국들에 위임하였다. 관할당국들은 국내법으로 인해 발생할 수 있는 조약에 부합하지 않는 과세를 피하기 위해 납세자가 제기한 불복사건을 상호합의로 해결할 권한을 가진다. 마찬가지로, 관할당국들은 개별불복사건(예 단일 납세자에 대한)이나 일반적인 불복사건(예 많은 납세자들에게 적용되는 조약규정의 공동해석)에서 조약의 해석이나 적용에 대한 어려움이나 불확실성을 상호합의로 해결할 권한을 가진다. 관할당국들은 특히 상호합의로 조약의 해석이나 적용에서 발생하는 어려움이나 불확실성을 해소할 수 있는 경우, 조약에 정의되지 않은 용어를 정의하거나 또는 정의된 용어의 정의를 보완하거나 명확히 하는 상호합의를 체결할 수 있다. 그러한 상황은, 예를 들면, 양국의 국내법에 따른 의미의 충돌이 문제를 발생시키거나 또는 의도하지 않거나 불합리한 결과를 낳는 경우이다. 조약에서 사용되는 용어의 의미에 대하여 체결된 합의는 그 용어의 국내법적 의미에 우선한다.(OE §25-6.1) 더 일반적으로, 상호합의의 국내법상 지위는 국가들 간에 차이가 있겠지만, 조약법에 대한 비엔나조약 31조 및 32조에 따른 대로 조약의 해석에 대한 국제법원칙에 따라 국내법원은 그러한 합의를 고려해야 한다는 점은 분명하다. 상호합의절차의 목적은 관할당국들의 협의와 상호합의를 통해 개별불복사건의 일관된 처리와 양국에서 조약규정의 동일한 해석 및 적용을 촉진하는 것이다. 또한 관할당국이 상호합의로 조약을 해석하고 적용하는 데 어려움이나 불확실성을 해결하도록 권한이 부여된다. 명시적 권한에 따라 이루어진 이러한 상호합의는 조약 및 그 용어의 의미에 대한 관할당국 상호이해의 객관적 증거를 보여준다. 이러한 이유로, 관할당국들이 만든 합의는 조약의 해석목적상 고려되어야 한다.(OE §25-6.2) 또한, 체약국들이 관할당국들에게 명시적으로 특정 조약규정들의 적용을 위임하여 이 문제에 있어 관할당국들이 만든 합의가 법적으로 이 조약규정들의 적용을 지배하는 경우가 있다. 예를 들면, 관할당국들은 한 개인이 양 체약국들의 거주자인 경우 이를 상호합의에 의해 해결한다고 규정한다. 일부 조약들은 마찬가지로 관할당국들에게 특정 조약규정의 적용을 위해 다양한 단체나 계약구조의 자격을 함께 판단할 권한을 부여하거나, 또는 이 조약들에 언급된 단체, 기구 또는 국내법규정들의 목록을 보완하거나 변경할 권한을 부여한다.(OE §25-6.3)

상호합의절차규정은 특정 상황에서 조약과 일치하지 않는 과세의 제거를 규정한다. 알려진 대로, 그런 상황에서 즉시 또는 과세당국이 불복사건을 기각한 후에 조세법원에 소를 제기하는 것은 통상 납세자에게 달려 있다. 양국에서 조약의 부적절한 사용 때문에 조약과 일치하지 않는 과세가 행해지면, 납세자는 그런 상황에 따른 모든 불이익과 불확실성을 감수하며 각국에서 소송을 하는 것을 고맙게 생각하게 된다. 그래서 가능한 통상적 법적 수단을 빼앗지 않고 2차적 단계에서 합의된 기반 위에, 즉 관할당국 간의 합의에 의해 분쟁을 해결할 목적으로 상호합의절차로 불리는 절차를 이익이 침해된 납세자가 이용하도록 하는데, 일차적 단계에서는 사안에 대한 관할당국의 결정에 불복사건이 제기된 국가에서 배타적으로 진행된다.(OE §25-7)

상호합의절차는 국내법을 벗어난 특별절차이다. 이 절차는 조약의 규정을 무시하고 조세가 부과되었거나 또는 부과되려고 하는 경우에만 청구에 의해 제기된다. 그러므로 조세부과가 조약과 국내법에 모두 반하여 이루어진 경우, 잘못 적용된 국내법 규정과 조약 규정 간에 상당한 관련이 없는 한 상호합의절차에서는 조약침해를 이유로 청구가 이루어져야 한다.(OE §25-8) 실제에 있어 상호합의절차는 다음과 같은 이중과세사안에 가장 많이 적용된다.(OE §25-9)

1. 사업소득조항에 따라 국내사업장에 소득을 배분하는 것과 관련된 문제
2. 특수관계기업, 이자, 사용료 조항에서 이자와 사용료의 초과부분을 지급자와 실질귀속자 간 특수관계가 있는 경우 지급자의 국가에서 과세하는 문제
3. 채무회사의 국가가 이자를 배당으로 취급하는 경우 특수관계기업, 이자 조항에 근거한 과소자본세제의 문제
4. 납세자의 실제상황에 대한, 특히 거주의 결정, 국내사업장의 존재 또는 근로자에 의해 수행되는 용역의 일시적 성격과 관련하여 정보결여로 조약이 남용되는 문제

이전가격 문제에 있어서 법적 이중과세뿐 아니라 경제적 이중과세 문제, 특히 특수관계기업소득의 조정으로 인한 문제를 상호합의로 해결할 수 있다. 대응조정은 상호합의절차의 범위에 포함되는데, 대응조정과 상호합의는 둘 다 합의에 의해 과세의 정당성을 평가하고 과세금액을 결정하는 절차이다.(OE §25-10)

일반적으로 각국의 조세조약에는 대응조정규정이 포함되어 있다. 1977년 이전 서명된 조약들처럼 조세조약에 명시적인 대응조정규정이 없는 경우에도, 일반적으로 국내법들에 존재하는 부당행위계산부인 원칙을 확인하는 특수관계기업규정은 그 의도로 볼 때 경제적 이중과세를 조세조약의 적용대상에 포함한다. 결론적으로 대부분 국가들은 이전가격세제로 이루어진 소득조정으로 인한 경제적 이중과세는 조약에 반하며, 따라서 상호합의절차의 대상이 된다는 견해이다.(OE §25-11)

상호합의절차는 대응조정규정에 언급된 일련의 대응조정과 관련하여 발생되는 문제를 해결하는 데 분명한 역할을 하지만, 이러한 절차가 없더라도 각국은 이전가격세제 사안에 대하여 대응조정(corresponding adjustment)을 인정하는 등 이중과세를 방지하기 위해 노력해야 한다. 따라서 다른 견해가 있지만, 대응조정규정이 없는 경우에도 각국은 일반적으로 이전가격세제 사안의 경제적 이중과세를 이유로 납세자가 제기하는 상호합의절차에 대응조정문제를 포함하는 것으로 본다. 그런데, 이런 견해에 찬성하지 않는 국가의 경우에도 성실한 회사를 구제하기 위해 국내법에 따라 대부분의 경제적 이중과세 사안을 해결하고 있다.(OE §25-12)

납세자가 관계기업의 소득과 관련된 사안을 상호합의절차에서 고려해 달라고 요청하는 경우, 또는 그러한 사안의 가능한 해결(중재절차 등)을 검토하는 경우, 양 체약국 및 납세자는 이전가격지침 4장 부록의 6항 및 72항을 고려해야 하며, 79항도 검토해야 한다.(OE §25-12.1) 과세가 조약원칙에 위배된다면 이중과세사안이 아닌 경우에도 상호합의절차는 적용된다. 이는 조약이 한 국가에 특정소득에 대한 배타적 과세권을 주었지만 국내법 미비로 그 소득을 과세할 수 없는 경우, 다른 국가가 그 소득을 과세하는 상황을 의미한다. 다른 유형은 한 체약국의 국민이 다른 국가의 거주자로서 다른 국가에서 차별적인 과세취급을 받는 경우이다.(OE §25-13)

2.2 상호합의 신청 및 신청기한

(1) 상호합의 신청

OECD모델 25조 1항: 한 또는 양 체약국의 조치가 한 체약국의 사람에 대하여 이 조약의 규정에 부합하지 않는 과세상의 결과를 초래하거나 초래할 것이라고 그 사람이 판단하는 경우, 그 사람은 각 국내법에 따른 구제절차에 불구하고, 양 체약국의 관할당국에 이의를 제기할 수 있다. 이 이의는 이 조약의 규정에 부합하지 않은 과세상의 결과를 초래하는 조치를 처음 안 날로부터 3년 안에 제기되어야 한다.

OECD모델 25조 2항: 관할당국은 이의가 정당하다고 인정하나 스스로 만족할만한 해결을 할 수 없을 때 이 조약에 부합되지 않는 과세를 회피하기 위해 체약상대국의 관할당국과 상호합의에 의해 그 이의를 해결하기 위해 노력한다. 이에 따라 채택된 상호합의는 체약국 국내법의 시한에 관계없이 시행된다.

① 과세처분 또는 과세처분의 개연성

상호합의절차는 국내의 쟁송과는 달리 '조약과 일치하지 않는' 과세가 이루어지거나 통지될 때까지 기다리지 않고, 납세자의 이의제기에 의해 진행될 수 있다. 상호합의절차를 제기하기 위해 납세자는 '체약국들의 하나 이상의 처분'이 부당한 과세를 초래할 것이라는 점과 또한 이런 과세가 단지 가능한 위험이 아니라 개연성 있는(probable) 위험으로 나타난다는 점을 입증하는 것만으로 충분하다. 이런 처분은 법률이거나 행정명령 성격이든 또는 일반적이거나 개별적 처분이든 관계없이 이의제기에도 불구하고 조약규정에 반하여 필연적으로 과세에 이르게 하는 모든 행위와 결정을 의미한다. 그러므로 한 체약국 세법에 따라 어떤 사람이 조세조약에 반하는 과세를 당하게 될 특정유형의 소득을 수취하는 경우, 그 사람은 세법이 개정된 후 해당 소득을 수취하거나 또는 해당 소득을 수취할 개연성이 큰 때에는 즉시 상호합의절차를 신청할 수 있다. 다른 사례는 자진신고제도에서 신고서제출, 세무조사시 납세자의 특정신고내용에 대한 시정지시 등으로 인해 조약과 불일치되는 과세가능성이 발생하는 경우이다. 이는 한 체약국 국내세법에 따라 그 체약국에서 부과과세제도의 부과처분에 해당하는 납세자에게 강제되는 자진신고로 조약에 반하는 과세가능성이 있는 경우, 또는 한 체약국의 공표된 과세입장이나 조사관행으로 납세자의 특정신고내용에 대한 조사가능성이 높아 결국 조약에 반하는 과세가 이루어지는 경우이다. 또 다른 사례는 한 체약국의 이전가격세제의 정상가격규정을 충족하기 위해 납세자가 특수관계기업과의 거래에서 실제수입보다 더 많은 과세수입을 계상하지만, 상호합의절차가 없어서 체약상대국에서 거래상대방은 대응조정을 할 수 없는 경우이다. 그러한 행위들에는 또한 일부 국가들의 국내법에서 인정되는, 납세자가 적절한 상황에서 자신의 판단으로 정상거래원칙에 부합하게 관계거래의 가격이나 국내사업장에 대한 소득배분을 보고하기 위해 당초 신고내용을 수정하는 신의성실한 납세자의 자기조정을 포함하는 것으로 이해된다. 체약국 일방 또는 쌍방의 행위가 조약에 불일치되는지 여부는 납세자 관점에서 검토되어야 한다. 과세될 것이라는 납세자의 믿음은 합리적이어야 하고 사실에 근거해야 하지만, 단지 과세가 된다는 증거(예를 들면, 국내세법의 개연성에 근거한 입증원칙에 따라)가 부족하다는 이유로 과세당국이 조세조약에 따른 상호합의신청을 거부해서는 안 된다.(OE §25-14)

상호합의절차의 첫 단계는 조약에 반하는 일말의 과세가능성에 대해 초기단계에서 이의를 제기하는 것이므로, 이러한 방법으로 절차를 시작하는 것을 상호합의 신청기간의 시점을 판단할 목적으로 개시일로 보아서는 안 된다.(OE §25-15)

② 상호합의 신청요건 및 신청대상 국가

상호합의 신청은 다음 2가지 요건을 충족해야 한다.

1. 체약국들 중 어느 한 쪽의 관할당국에 제출되어야 한다.
2. 조약과 부합되지 않는 과세처분을 처음 안 때로부터 일정 기간 이내에 제출해야 한다.

신청절차에 대해 조약에는 특별한 규정이 없으며, 각국은 특별절차를 규정한다. 만약 정해진 절차가 없다면 상호합의 신청은 조세관련 불복이 해당국가 세무당국에 제출되는 것과 같은 방식으로 제출될 수 있다.(OE §25-16)

어느 체약국의 관할당국에게나 불복사건을 제출하도록 납세자에게 선택권을 준 것은 상호합의절차에 대한 접근을 가능하면 넓게 인정해야 하고 유연성을 갖추어야 한다는 일반원칙을 강화하기 위한 것이다. 이러한 선택권은 또한 상호합의절차의 둘째 단계(즉, 양 체약국 관할당국의 논의)로 갈 것인지에 대한 결정을 양국의 관할당국이 함께 해야 한다는 점을 확인하기 위한 것이다. 한 사람은 어느 체약국의 관할당국에든 불복사건을 제출할 수 있다. 이는 그 사람이 동시에 양국의 관할당국에 불복사건을 제출해야 한다고 전제하지는 않는다. 한 사람이 양 체약국의 관할당국에 불복사건을 제출하는 경우, 그 불복사건에 대한 협의를 진행할 수 있도록 양국의 관할당국에 이를 적절히 알려야 한다.(OE §25-17)

그러나 체약국들이 납세자는 어느 국가의 관할당국에든 불복사건을 제출할 선택권이 없으며, 처음에는 거주지국 관할당국에 불복사건을 제출해야 한다고 생각할 수 있다. 그런데, 한 국가의 국민이지만 다른 국가의 거주자인 사람이 다른 국가에서 차별적 과세(또는 그와 관련된 요구)를 당한데 대하여 불만을 표시하는 경우, 납세자는 거주지국의 관할당국에 불복사건을 제기해야 한다는 대체원칙에 대한 예외로 그가 국민인 체약국의 관할당국에 불복사건을 제기할 수 있도록 허용하는 것이 명백한 이유로 더 합리적인 것으로 보인다. 마찬가지로, 한 체약국 거주자가 아니지만 그 체약국의 국민인 사람은 그 불복사건이 차별금지조항에 해당하는 경우 그에 대한 불복사건을 동일한 관할당국에 제기하는 것이 적절한 것으로 보인다. 차별금지조항에 해당하는 불복사건에 대한 예외를 수용하기 위해 대체규정을 두기도 한다. 이러한 대체규정을 선호하는 체약국들은 상호합의절차를 폭넓게 이용할 수 있고, 불복사건을 상호합의절차의 둘째 단계로 넘길 것인지를 결정할 때 양국의 관할당국들이 적절히 판단하도록 적당한 수단을 강구해야 한다.(OE §25-18) 납세자가 조약에 부합하지 않는 과세를 당한 이후에 한 국가 거주자가 되는 경우, 이러한 사실과 상관없이 대체규정에 따라 그러한 과세가 이루어졌거나 이루어질 것과 관련된 기간 동안 거주자였던 다른 국가의 관할당국에 불복사건을 제기할 수 있다.(OE §25-19)

③ 상호합의를 위한 조세납부 및 징수유예

일부 국가는 납세자가 관련세액의 전부 또는 일부를 납부하지 않으면 상호합의절차를 신청할 수 없다는 견해이다. 이들은 상호합의절차의 결과에 따라 세액의 전부 또는 일부 환급이 이루어지므로, 미납세액 납부조건은 사실상 상호합의규정과 상관없는 절차적 문제이며 따라서 조세조약 위반이 아니라고 생각한다. 대부분 국가가 취하는 반대 견해는 상호합의규정은 절차가 개시되기 전에 납세자가 행해야 할 모든 사항을 정하며, 미납세액 납부는 조건이 아니라는 것이다. 이들 국가들은 납세자가 과세되기 전이나 과세표준 확정통지 전이라도 합의절차를 진행할 수 있다는 사실 및 관할당국이 개시하는 상호합의절차요건에 명백히 이러한 납부조건은 없다는 점을 이유로 든다.(OE §25-46)

상호합의조항에는 쟁점세액의 전부 또는 일부를 납부하지 않으면 납세자가 신청한 상호합의절차가 거부되는지에 대한 명백한 답이 없다.(OE §25-47) 한 체약국 국내법의 적용만을 내포하는 분쟁과 달리, 상호합의절차를 통해 다루어져야 하는 분쟁들은 대부분의 경우 이중과세를 포함한다. 그러므로 해당 조약규정에 반하여 부과되었다고 납세자가 주장하는 세액을 사전에 납부하도록 요구할 때, 각국은 가능하면 현금흐름문제를 고려해야 한다. 상호합의절차가 궁극적으로 모든 조약에 반하는 이중과세 및 기타과세를 제거한다 해도, 상호합의절차 종결 이전의 조세납부조건은 상호합의절차 종결 이전 기간 동안 부적절하게 과세된 금액의 기간이익(time value)만큼 납세자에게 영구적 부담을 준다. 상식적으로 볼 때, 해당 체약국의 환급관련 이자규정이 납세자의 부담을 완전히 보상하지 않는 경우 이는 당연하다. 따라서 이 경우 경제적 관점에서 조세조약에 반하는 이중과세 또는 기타과세의 부담을 완전히 제거하려는 상호합의절차의 목적을 달성하지 못한다. 또한, 경제적 부담이 궁극적으로 제거된다 해도, 납세자가 동일소득에 대하여 양 체약국에 조세를 납부해야 하는 요건으로 인해 국제무역 및 투자에 대한 장애를 해소하려는 조약목표에 반하는 현금흐름부담(cash flow burdens)이 초래된다. 미납세액 납부조건이 국내법상 불복사건청구 제한요건이 아니라면 상호합의절차 개시요건도 될 수 없다. 또한, 납세자가 과세되기(부과결정) 전에 상호합의절차가 개시되었다면 납부는 과세가 실제 행해질 때 요구되어야 한다.(OE §25-47.1)

상호합의절차 진행 중에 조세징수를 중단하는 것이 적절한 정책인데, 많은 국가들이 이러한 법률을 가진다. 부과된 조세를 구제받기 위한 상호합의절차 진행조건으로 부과조세 납부조건을 적용하는 것은 일반적으로 이러한 분쟁을 해결하기 위해 상호합의절차를 폭넓게 운용하고자 하는 정책에 반한다. 이러한 요건의 또 다른 문제는 기납부세액의 환급이 예상되는 경우 한 체약국이 성실한 상호합의절차의 진행을 꺼린다면 불복사건해결이 지연될 수 있다는 점이다. 많은 국가들에서, 상호합의절차 중에 조세의 부과나 징수의 중단을 적용하기 위해서는 입법적 조치가 필요하다. 상호합의절차의 결론을 기다리며 조세징수를 중단하는 경우 징수협조조항에 채권보전수단을 이용할 수 있다.(OE §25-48)

체약국들의 국내법에 따른 부과와 징수 절차에 실질적 차이가 있을 수 있으므로, 양자협의과정에서 그러한 절차가 상호합의조항의 효과적인 집행에 방해가 되지 않도록 하기 위해, 상호합의절차의 결론 이전까지 각 국에서 그 절차가 어떻게 진행되는지 확인하는 것이 중요하다. 예를 들면, 납세자가 제기하는 상호합의절차의 전제조건으로 미납세액의 납부를 주장하는 국가들은 조약협상중에 체약상대국에 이를 알려야 한다. 양 체약국이 같은 견해라면 공통된 이해가 있는 것이지만, 한편으로 납세자는 동일금액을 두 번 납부할 위험에 직면한다. 국내법(또는 앞 항의 취지와 같은 조약규정)이 허용하는 경우 각국이 이러한 문제를 해결하는 방법은 상호합의절차의 결론 이전까지 두 과세액 중 큰 금액을 신탁(trust), 예탁(escrow) 등으로 보관하는 것이다. 다른 방법으로, 납세자 거래은행의 지급보증은 관할당국의 요구를 충족할 수 있다. 또 다른 방법으로 부과시점 또는 조약의 거주지국 판정으로 결정되는 한 체약국 또는 체약상대국은 체약상대국에 납부된 금액과 자국 부과금액의 차액만 납부하도록 합의할 수 있다. 이 중 어떤 방법을 적용할지는 해당국가의 국내법(행정지침 포함)과 적용조약의 규정들에 달려 있지만, 이들은 가능하면 상호합의절차를 효과적으로 운영하기 위하 고려해야 할 방법들이다. 상호합의절차의 전제조건 또는 상호합의절차에서 불복사건을 적극적으로 검토하기 위한 전제조건으로 미납세액의 납부를 요구하는 국가의 경우, 관할당국이 결정한 상호합의결과에 따라 납세자에게 환급세액의 이자상당액을 환급하는 적절한 체계를 갖추어야 한다. 이러한 지급이자는 납세자가 사용하지 못한 금액에 대한 기간이익의 가치를 충분히 반영해야 한다.(OE §25-48.1) 국내세법은 상호합의신청과 관련된 조세의 징수유예 등을 인정한다.

대부분 국가들은 조세에 부수되는 가산이자나 가산세(administrative penalties)를 조약대상 조세로 보지 않지만 그러한 가산이자나 가산세가 조약대상 조세와 직접 관련되는 경우, 상호합의절차에 따라 그 근거가 되는 조세가 경감되거나 취소되는 만큼 그 가산이자 등은 적절히 경감되거나 취소되어야 한다는 점을 명시하고 있다. 결론적으로, 근거가 되는 조세채무를 기준으로(또는 조정금액 또는 과세소득금액과 같은 세액결정을 위한 다른 금액을 기준으로) 가산이자나 가산세를 적용하고 그 후 상호합의절차에 따라 그 근거가 되는 조세채무를 경감하거나 취소하기로 합의한 한 체약국은 그 가산이자나 가산세의 금액을 경감하거나 취소해야 한다.(OE §25-49) 이에 비하면, 적절한 이전가격서류를 갖추지 못하는 경우의 가산세와 같은 다른 가산세는 상호합의절차의 신청목적인 조세채무와 직접적으로 관련이 없는 국내법상 의무이행 문제이다. 이러한 가산세는 상호합의절차의 범위에 해당하지 않는다. 그런데, 관할당국들은 일정 경우에 서로 상의해 조약에 부합하지 않는 과세와 직접 관련 없는 가산세를 더 이상 정당화하지 않는다고 합의할 수 있다. 예를 들면, 과실, 의도적 행위 또는 사기에 대하여 가산세를 정액으로 과세하였으나, 이후 상호합의절차에서 과실, 의도적 행위 또는 사기의도가 없었다고 인정되었다면, 관할당국들은 그러한 가산세를 적용한 관할당국이 이를 철회하기로 합의할 수 있다. 관할당국들은 또한 일반적 상호합의를 체결하여 조약적용에 있어 어려움과 문제를 일으키는 가산이자나 가산세에 대한 문제를 상호합의절차를 통해 해결하기로 노력할 수 있다. 체약국들은 원하는 경우 상호합의절차에 제기되는 불복사건에 가산이자나 가산세에 상호합의절차를 적용한다는 점을 명시적으로 규정할 수 있다.(OE §25-49.1)

검사나 법원이 부과한 범칙과태료(Criminal penalties)는 일반적으로 상호합의절차의 대상이 아니다. 많은 국가들에서, 관할당국들은 그러한 과태료를 경감하거나 취소할 법적 권한이 없다.(OE §25-49.2)

상호합의로 보통 한 체약국에서 조세채무가 유지되는 한편 체약상대국에서 부과한 조세의 전부 또는 일부를 환급해 주어야 하는 결과가 된다. 이 경우, 양 체약국에서 조세채무와 환급금에 가산이자를 계산하는 방법이 비대칭적이라면 납세자는 상당한 경제적 부담을 안게 된다. 예를 들면, 이는 한 체약국이 상호합의절차의 대상이었던 조세에 대하여 미납부 가산이자를 부과하고, 체약상대국은 납세자에게 환급해야 할 금액에 대하여 과오납부 가산이자를 주지 않는 경우이다. 그러므로 체약국들은 상호합의신청의 목적인 조세채무에 부수된 가산이자를 구제하기 위해 유연한 접근법을 찾아야 한다. 상호합의절차를 통해 불복사건을 해결하는 데 드는 상당한 시간은 대부분 납세자의 통제 밖이라는 점을 고려할 때, 납세자가 상호합의를 진행 중인 기간 동안에 특별히 가산이자를 구제하여 주는 것이 적절하다. 상호합의절차에 따라 관할당국들이 가산이자의 구제를 합의할 수 있으려면 한 체약국 국내법의 개정이 필요할 수도 있다.(OE §25-49.3)

이중과세방지의 조약목적과 조약을 성실하게 집행해야 할 체약국의 의무에 비추어 볼 때, 납세자가 상호합의를 제기하는 것을 사실상 방해하는 식으로 가산이자나 가산세를 부과해서는 안 되는데, 그와 관련된 비용부담이나 현금흐름효과가 문제가 되기 때문이다. 가산이자나 행정벌은, 상호합의절차를 제기할 권리를 포함하여 납세자가 조약의 혜택을 받는 것을 심각하게 방해하거나 무효화하는 식으로 적용되어서는 안 된다. 예를 들면, 미납된 가산세나 가산이자의 납부요건이 납세자가 국내법에 따른 불복을 제기하는 것보다 상호합의절차에서 더 부담스러워서는 안 된다.(OE §25-49.4)

④ **사건의 합의종결**

일부 국가들에서, 조사결과의 종결을 촉진하기 위한 수단으로 조사의 합의종결(audit settlements)이 이용되고 있다. '합의(settlement)'란 용어에서 의미하듯이, 관련 납세자와 세무당국 양측이 보통 양보를 하는데, 상호합의절차를 통해 해결될 수 있는 조약규정의 해석이나 적용과 관련된 문제가 조사에서 게재되어 있는 경우 어려운 문제가 발생할 수 있다. 세무당국들은 가끔 납세자가 후속절차를 진행하지 못하도록 양보하는데, 이에는 납세자가 조사의 합의종결에서 다루는 문제들과 관련하여 상호합의절차를 진행하지 않도록 하는 합의가 있다. 이러한 합의의 결과 이중과세가 종종 발생할 수 있는데, 이로 인해 관할당국들은 상호합의절차를 통한 양자해결을 시도할 수 없고, 사실상 체약상대국이 조사의 합의종결로 해당 체약국에서 납부한 조세에 대하여 국내법에 따른 구제를 거부하는 원인이 될 수 있다. 따라서 납세자는 조사의 합의종결에 있어 관할당국에 불복사건을 제기할 상호합의절차에 따른 권리를 포기할 필요가 없는데, 이는 조세조약의 적절한 적용을 방해할 수 있기 때문이다. 그런데, 이 항의 목적상, '조사의 합의종결'은 조사(audit)나 서면검토(examination)와는 독립적이며 납세자의 신청을 통해서만 진행되는 행정적 또는 입법적 분쟁해결/해소절차(dispute settlement/resolution process)의 결과로 이루어지는 조약분쟁의 해결은 포함하지 않는다. 국가들은 체약상대국들에게 그러한 행정적 입법적 절차를 통보해야 하며, 그러한 절차의 공개지침 및 상호합의절차의 공개지침에서 상호합의절차에 대한 그러한 절차의 효과를 명시적으로 설명해야 한다.(OE §25-45.1)

(2) 상호합의 신청기한

① 상호합의 신청기한

상호합의 신청기한은 신청지연으로 인한 행정지연을 방지하기 위한 것이다. 조세조약에서 납세자의 이익을 위해 각국의 법에 정한 기한을 유추하여 더 긴 기간을 적용하거나, 납세자의 권리를 신장하기 위해 국내법상 불복청구기한을 특정하지 않는 국가는 기한규정을 없애기도 한다.(OE §25-20) 한국의 경우 대부분의 조세조약에서 3년 시한을 규정한다.

| 조세조약상 상호합의 신청기한 |

상호합의 신청기한	해당 조약
2년	이란, 카타르, 캐나다, 필리핀, 포르투갈
조약규정 없음(국내법상 3년 적용)	덴마크, 미국, 브라질, 영국, 터키
3년	위 외의 모든 국가

② 신청기한의 기산

신청기한의 기산점은 '조약규정과 부합하지 않는 과세를 초래한 처분을 처음으로 인지한 날'로부터 시작되며 납세자에게 가장 유리한 방식으로 해석되어야 한다. 따라서 과세가 행정결정이나 일반적 처분에 따라 직접 이루어지는 경우에도 기한은 과세를 초래한 개별처분을 안 날로부터 진행된다. 즉, 부과통지(notice for assessment), 공식요구(official demand) 또는 조세부과나 징수를 위한 기타수단(other instrument)에 의해 증명되는 납세자에게 도달한 과세처분으로부터 진행된다. 납세자는 조약에 반하는 과세가 일어날 것이라고 판단하는 순간부터 상호합의를 신청할 권리가 있으므로, 기한은 과세가 실제로 이루어진 때부터 개시된다 해도 기한이 시작되기 전에 상호합의절차 청구권을 가지는 경우가 있다.(OE §25-21)

③ 부과고지

대부분의 경우 부과고지, 공문요구, 조세징수 및 부과를 위한 수단에 해당하는 것이 무엇인지는 명백하며, 또한 일반적으로 국내세법에 언제 통지(notice)가 '이루어졌는지'를 판단하는 규정이 있다. 이러한 국내세법 규정은 보통 통지가 발송된 시간(발송시기), 발송된 후 경과한 날수, 발송주소에 도달한 것으로 추정하는 시간을 고려하거나, 실제로 수취된 시간(실제수령시기)을 고려한다. 이러한 규정이 없는 경우, 실제수령시기 또는 이것이 명백하지 않다면 통지가 해당주소에 통상적으로 도달한 것으로 추정되는 시기를 통지시기로 보는데, 이 경우 납세자에게 가장 유리한 쪽으로 해석한다.(OE §25-22)

④ 자진신고

자진신고(self assessment)의 경우, 보통 신고를 유도하는 통지(조세채무통지, 환급청구의 거부 또는 조정통지)를 하는데, 일반적으로 납세자가 신고서를 제출하는 시기보다는 통지 시기를 기한의 시발점으로 본다. 신의성실한 자기조정(taxpayer initiated adjustment)을 반영한 수정신고에 대하여 추가세액을 납부하는 경우, 3년 시한의 시작점은 일반적으로 추가세액의 납부시점이 아니라 수정신고로 인한 결정통지 또는 부과통지의 시점이다. 그런데, 조세채무 등의 통지가 없는 경우가 있다. 이러한 경우, 통지시기는 납세자가 일상적 과정에서 조약에 반하는 과세에 놓이게 될 것으로 보는 시기이다. 납세자가 은행의 계정이나 보고서에서 자금이전을 기록한 정보를 처음 안 시기가 이러한 사례이다. 이 경우, 납세자와 같은 상황에서 보통의 상식을 가진 사람이 과세가 조약에 반한다고 판단할 수 있다면 납세자가 과세를 조약에 반한다고 실제 판단했는지와 상관없이 기한은 진행된다. 즉, 납세자에게 과세사실을 통지하는 것만으로 기한은 진행된다. 그런데 납세자와 같은 상황에서 보통의 상식을 가진 사람이 과세가 조약에 반한다고 판단하게 되는 다른 상황(조약규정에 반하는 납세자의 사안과 비슷한 사안에 대하여 조세를 부과하도록 하는 법원결정)이 자진신고와 함께 발생되면, 그 상황이 발생되는 때부터 기한이 진행된다.(OE §25-23)

⑤ 여러 개의 처분이 있는 경우

과세가 원천징수에 의해 이루어진다면 기한은 소득이 지급되는 순간부터 진행되기 시작한다. 그러나 납세자가 더 늦은 날짜에 원천징수가 이루어진 것을 알았음을 증명하기만 한다면 기한은 그 날짜부터 진행된다. 또한 양 체약국의 여러 개 결정이나 처분으로 인해 과세행위가 일어나는 경우 시효는 가장 최근의 결정이나 처분을 처음 안 때로부터 진행된다. 예를 들면, 한 체약국이 조약에 반하는 과세를 하지만 체약상대국이 이중과세를 회피하기 위해 이중과세방지규정에 따라 조세를 경감하도록 규정하는 경우, 사실상 대부분 납세자는 한 체약국의 과세에 대하여 상호합의절차를 신청하지 않을 것이다. 그러나 이후 체약상대국이 한 체약국 과세에 대한 조세경감을 거부한다고 통지하면 이중과세상황이 발생하고 그 통지 이후 새로운 기한이 진행되는데, 이들 양국의 복합적인 행위로 납세자는 조약규정에 반하는 이중과세를 당하게 되기 때문이다. 특히 이러한 경우에 기한이 경과하기 전에 양국의 일반관행에 따라 과세관청의 기록을 주기적으로 파기하는 경우가 있다. 조약은 이러한 파기를 금지하지 않지만 관할당국이 증거 없이 납세자의 주장을 용인하도록 요구하지도 않으며, 다만 이러한 경우 국내세법이 허용하는 한 상호합의절차 진행 중에 납세자에게 충분한 자료소명 기회가 주어져야 한다. 어떤 경우에는 정보협조조항에 따라 체약상대국이 충분한 자료를 제공하기도 한다. 물론, 납세자가 특정사안에 대한 상호합의절차를 신청할 수 있도록 신청기한 동안 과세당국이 이러한 기록을 보관하는 것이 가장 좋은 방법이다.(OE §25-24)

⑥ 국내법 절차 중에도 시효진행

기한은 모든 국내법(행정지침 포함)상 불복절차 진행 중에도 기산된다. 이는 사실상 납세자에게 국내법과 상호합의절차의 수단 중 하나를 선택하게 함으로써 문제를 일으킨다. 일부 납세자들은 오로지 상호합의절차에만 의존하는 데 비해, 대부분 납세자들은 상호합의절차를 신청하면서 동시에 국내법상 절차를 진행하여 이러한 문제에 대처하며, 다만 국내법 절차를 적극적으로 진행하지는 않는다. 이로 인해 상호합의절차가 효과적이지 않을 수 있다. 일부 국가들은 국내법에서 허용하는 경우 국내법 절차가 진행 중인 때에는 특별히 기한이 중단되는 것으로 보아 이 문제를 해결한다. 이에는 아래와 같은 2가지 방법이 있다.

1. 납세자가 상호합의절차를 신청하면 국내법 절차 중에 기한이 중단되지 않지만 관할당국은 국내법 절차가 종결될 때까지 적극적인 협상을 하지 않는 방법
2. 관할당국이 협상을 하지만 납세자가 국내법 절차를 철회한다고 동의하지 않는 한 최종합의를 유보하는 방법. 둘째 방법의 가능성은 아래에서 자세히 검토된다.

이들 두 방법 중에 적당한 방법이 선택될 수 있다는 점을 납세자에게 알려주어야 한다. 국내법절차를 진행하기 위한 요건 때문에 납세자가 국내법에 정한 '보장성격(protective)'의 청구를 제기할 필요성이 있는지는 별론으로 하고, 모든 당사자에게 가장 좋은 방법은 상호합의절차로 납세자문제를 최우선적으로 해결해야 한다는 것이다.(OE §25-25)

⑦ 조세회피사안인 경우

일부 국가는 신청과 관련된 거래가 조세회피사안에 해당하는 경우 납세자의 상호합의 신청을 인정하지 않는다. 이 문제는 '조약의 부적절한 이용' 문제와 밀접히 관련된다. 특별한 규정이 없다면, 조약남용에 해당하는 사안을 상호합의절차로 가져가는 것을 인정하지 않는 일반원칙은 없다. 국내세법의 조세회피방지규정에 따라 이루어진 과세가 상호합의절차를 신청할 수 없는 이유가 될 수 없다. 그러나 국내법을 심각하게 위반하여 상당한 벌칙(penalties)이 적용되는 경우, 일부 국가는 상호합의절차 신청을 인정하지 않는다. 이 경우, 상호합의절차의 신청거부사유를 조약에 명기할 필요가 있다.(OE §25-26)

(3) 다자간 상호합의

몇몇 국가들 간에 체결된 양자조세조약들을 종합하면, 이 국가들의 관할당국들은 그 조약들의 상호합의를 통해 다자간 불복사건을 해결할 수 있다. 다자간 상호합의(multilateral mutual agreement)는 해당 국가들의 모든 관할당국들 사이에 단일합의 협상을 통해서 또는 개별적이지만 일관성 있는 양자상호합의 협상을 통해 달성될 수 있

다.(OE §25-38.1) 예를 들면, 이는 한 기업이 양국에 국내사업장을 가지며 그 기업 소재지국이 이 국가들과 조세조약을 체결한 경우 그 국내사업장들 간에 적절한 소득배분을 결정하는 불복사건이다. 이 경우, 이 두 국내사업장 간 거래와 관련하여 이루어지는 조정은 거주지국 기업의 과세에 영향을 미칠 수 있다. 기업 거주지국과 국내사업장들 소재지국들 사이의 조세조약들에 근거하여, 기업 거주지국 관할당국은 분명 국내사업장 소재지국들의 관할당국들과 상호합의로 그 불복사건을 해결할 수 있으며, 양국과의 조세조약에 맞게 그 거주자의 국내사업장에 적절한 소득배분액을 결정할 수 있다. 기업 거주지국과 국내사업장 소재지국들 간 조세조약이 OECD모델 7조 사업소득규정과 다른 경우(예 2010년 OECD모델의 7조와 다른 이전의 7조 규정), 관할당국들은 적용되는 조약규정들에 부합하는 과세를 보장하기 위한 적절한 해결책을 찾기 위해 언급한 형평성을 고려해야 한다.(OE §25-38.2) 예를 들면, 이는 또한 여러 국가들의 여러 관계기업들이 일련의 통합관계거래에 종사하고 이 기업들 거주지국들 사이에 양자조세조약들이 있는 경우이다. 이러한 일련의 통합관계거래에는 다국적기업그룹의 구성원 둘 사이의 관계거래에서 지적재산권이 허여되어, 그 사용자가 다국적기업그룹의 다른 구성원들에게 판매하는 재화를 제조하는 데 사용하는 경우가 있다. 이 조세조약들에 근거하여, 이 기업들 거주지국의 관할당국들은 분명 정상거래원칙에 부합하게 관계거래에 대하여 적절한 정상거래가격을 결정할 수 있다.(OE §25-38.3)

다자간 불복사건에서 국내사업장 소재지국들 간 상호합의절차에 따라 이 양국들은 조약이 효과적으로 작동하고 이러한 상황에서 발생할 수 있는 이중과세를 적절히 제거되도록 서로 협의할 수 있다.(OE §25-38.4) 확실성을 보장받기 위해 납세자는 여러 국가들의 관계기업들 간 관계거래의 거래가격을 사전에 결정하기 위해 다자간 사전가격합의(APA)를 추진하기도 한다. 이 국가들 간에 양자조세조약이 있고 최소한 한 국가 이상의 행위가 납세자를 조약규정에 부합하지 않은 과세에 처하게 하는 경우, 이 조약들의 25조에 따라 이 국가들의 관할당국들은 관계거래의 이전가격을 결정하기 위해 적절한 기준을 다자간에 합의할 수 있다. 다자간 사전가격합의는 해당 국가들의 모든 관할당국들 사이에 단일합의 협상을 통해서 또는 개별적이지만 일관성 있는 양자상호합의 협상을 통해 달성될 수 있다.(OE §25-38.5)

2.3 상호합의절차의 진행순서

상호합의는 다음 원칙에 따라 진행되어야 한다.(OE §25-41)

1. 상호합의절차를 구성하고 운영할 때 형식절차(formalities)는 최소한에 그쳐야 하고 모든 불필요한 형식절차는 제거되어야 한다.

2. 상호합의 사안은 각 사안별로 해결되어야 하고, 다른 사안과의 균형을 고려해서는 안 된다.
3. 관할당국은 상호합의절차의 사용과 관련된 국내법령, 지침, 절차를 마련하고 공표해야 한다.

이전가격세제의 대응조정의 경우 상호합의절차를 진행하는 데, 다음 사항을 주의해야 한다.(OE §25-40)

1. 세무당국은 가능하면 빨리 이전가격조정을 한다는 의사를 납세자에게 공식적으로 통지해야 한다. 이는 세무당국과 납세자 간, 국외의 특수관계기업과 관련 세무당국 간 모두 관련문제에 대해 가능하면 빠르고 충분하게 확인할 필요가 있기 때문이다.
2. 관할당국은 서면, 전화, 직접대면 또는 원탁회의 등 방식에 상관없이 가장 적절하게 가능하면 유연한 태도로 의사소통해야 하며, 관련문제를 해결하기 위한 효과적인 방법을 사용해야 한다. 이 경우 관할당국이 의사결정을 하기 위한 사실정보를 얻는데 정보교환의 방법을 사용할 수 있다.
3. 이전가격문제에 대한 상호합의절차 과정에서 납세자는 관할당국에 서면 또는 구두로 관련사실과 주장을 제시할 모든 정당한 기회를 가진다.

상호합의절차는 다음 두 단계로 진행된다.(OE §25-30)

① 납세자가 거주지국 관할당국에 상호합의 신청서를 제출

납세자는 양 체약국의 국내법상 가능한 모든 구제수단을 다 취하였는지 여부를 불문하고 거주지국의 관할당국에 합의를 신청할 수 있다. 한편, 관할당국은 그 신청이 정당한지 여부를 판단할 수 있고, 정당한 것이라면 상호합의절차조항에 따른 조치를 취할 의무가 있다.(OE §25-31) 불복사건이 '정당한 것으로 보이는지' 여부의 판단은 그 불복사건이 제기된 관할당국이 양국의 과세가 조약규정에 부합하는지를 결정하기 위해 납세자의 불복사건을 예비적으로 판단해야 한다는 뜻이다. 어느 한 국가에서 조약에 부합하지 않는 과세가 일어났거나 일어날 것으로 인정되는 경우 그 불복사건은 정당한 것으로 인정된다.(OE §25-31.1)

합의신청이 정당하다고 인정되고 쟁점과세가 전적으로 또는 부분적으로 납세자의 거주지국에서 이루어졌다면, 관할당국은 가능하면 빨리 조정을 하거나 경정을 해야 한다. 이 상황에서는 본격적인 상호합의절차에 의존하지 않고 문제를 해결할 수 있다. 이 경우 조약의 해석을 확실히 하기 위해 체약상대국의 관할당국과 의견을 교환하는 것이 유용하다.(OE §25-32) 합의신청의 대상이 되는 과세가 전부 또는 부분적으로 체약상대국에서 일어난 것이라면, 거주지국의 관할당국은 상호합의절차를 진행할 의무가 있다. 관할당국은 가능하면 빨리 상호합의를 진행해야 하는데, 특히 이전가격세제의 결과로 특수관계기업 소득이 조정되었을 경우에 그러하다.(OE §25-33)

납세자는 국내법상 불복청구나 소송제기와 상관없이 거주지국의 관할당국에 상호합의를 신청할 권리가 있다. 소송이 계류 중이라 해도 거주지국의 관할당국은 최종판결을 기다릴 필요가 없으며, 그 사안(case)이 상호합의대상에 해당하는가를 판단하면 된다. 만약 해당한다고 판단하면 자체적으로 만족스러운 해결책에 도달할 수 있는지 아니면 합의신청내용을 체약상대국의 관할당국과 협의해야 하는지를 결정해야 한다. 납세자가 제기한 상호합의신청은 상당한 이유가 없는 한 거부되어서는 안 된다.(OE §25-34)

거주지국 법정에서 최종 판결이 났음에도 불구하고 납세자는 상호합의신청을 하거나 제출된 상호합의가 진행되기를 바랄 수 있다. 일부 국가는 상호합의절차에서 법원결정과는 별도로 해결을 하며, 또 다른 일부 국가는 법원결정에 기속되거나(즉, 법적으로 법원결정을 따라야 할 의무가 있음), 행정원칙이나 실무상 법원결정에서 벗어나지 못한다. 이와 별도로, 관할당국은 체약상대국의 관할당국에 불복사건을 제출할 수 있고, 체약상대국 관할당국에 이중과세를 회피하기 위한 조치를 취할 것을 요청할 수 있다.(OE §25-35)

② 납세자가 거주지국 관할당국에 신청한 상호합의를 상대국 관할당국에 제기

이는 국가 간 협상수준을 의미한다. 이 경우 합의신청을 처음 받은 거주지국은 그 신청의 후견인이 된 것과 같다. 상호합의절차는 국가 간 절차인 것은 분명하지만, 다른 한편으로 아래와 같은 문제가 있다.(OE §25-36)

1. 이것이 단순한 협상의 의무를 양 당사국에게 부여할 뿐 합의에 도달할 의무를 부여하지 않는지 여부
2. 공동위원회의 경우 분쟁을 해결할 의무를 양 당사국에게 부여하는 사법적 성격의 절차로 간주되는지 여부(미해결문제를 해결하기 위한 중재절차가 가능하거나 또는 공동위원회에서 절차가 진행되는 경우)

상호합의규정은 의심할 바 없이 협상의무를 부여한다. 그러나 관할당국은 단지 최선의 노력을 기울일 의무만 있는 것이지 결과를 얻어야 할 의무가 있는 것은 아니다. 그렇지만, 관할당국이 협상을 통해 합의에 도달하지 못하는 경우에도 중재절차를 통해 합의에 도달할 수 있다.(OE §25-37)

상호합의에 있어 관할당국은 납세자뿐 아니라 관할당국도 기속하는 자국세법과 조약의 원칙에 따라 입장을 결정해야 한다. 이런 원칙을 엄격하게 적용함으로써 합의도출이 어렵게 되는 경우 관할당국은 부차적으로 공평성(equity)을 염두에 두고 납세자에게 만족을 줄 수 있는 합의를 이루어내야 한다. 납세자가 관계기업의 소득과 관련된 사안을 상호합의절차에서 고려해 달라고 요청하는 경우, 또는 그러한 사안의 가능한 해결(중재절차 포함)을 검토하는 경우, 이전가격지침 4장 부록의 6항 및 72항을 고려해야 하며 또한 79항도 검토해야 한다.(OE §25-38)

2.4 국내법 절차와의 관계

(1) 상호합의 결과의 시행

상호합의 결과는 국내법의 부과제척기간에도 불구하고 시행된다. 그러나 법률상 이유로 부과제척기간을 변경할 수 없는 국가들은 자국법의 제척기간 내에서 상호합의 결과를 처리한다. 극단적인 경우, 한 체약국은 상호합의를 체결하지 않으려 하는데, 이의 집행을 위해 기한에 관한 국내법령이 무시되어야 하기 때문이다. 그러한 상황으로 상호합의사안을 해결할 수 없는 경우 중재절차를 사용할 수 있다. 제척기간 이외에 상호합의에 영향을 주는 "최종법원판결"같은 다른 장애가 있다.(OE §25-39)

(2) 국내법 절차와 충돌하는 경우

일부 국가는 헌법, 기타 국내법규정이나 판결 때문에 일반적으로 일정 사건들은 상호합의절차에서 해결할 수 없거나 또는 납세자가 신청하는 상호합의절차에서 해결할 수 없다고 생각한다. 납세자에 대한 조세경감이 과세관청이 헌법에 따라 복종해야 할 최종판결에 반하는 경우가 이 경우이다. 그렇지만, 조세조약 및 기타 조약의 일반원칙에 따라 국내세법 또는 그것이 헌법이더라도 조약상 의무를 이행하지 않는 것을 정당화 할 수 없다. 「조약법에 관한 비엔나조약」 27조는 이러한 조약의 일반원칙을 반영한다. 즉, 지키지 않으면 조세조약 위반이 되는 정당성(justification)은 조세조약 규정 자체에 내재하며, 그 규정은 상식적인 조세조약 해석원칙에 따라 해석되어야 한다. 그렇지만, 정당성을 판단하는 일은 어려운데, 정당성은 사건이 상호합의절차에 회부되면 양국이 어떻게 사건을 다룰지를 판단하는 잣대일 뿐 아니라, 또한 양국이 사건을 상호합의절차에 회부하지 않는 경우에도 정당성을 거론할 것이기 때문이다. 한 국가가 다른 국가와 상의 없이 정당성을 판단함에 따라 고려되지 않은 양자해결방안이 사실상 있을 것이므로, 명시적인 조약규정이 없는 한 어떤 사건이 납세자가 신청하는 상호합의절차의 대상이 될 수 없다는 판단을 쉽게 해서는 안 된다. 납세자가 신청한 상호합의절차를 인정하지 않는 이유로 국내법상 제한을 제시하는 관할당국은 이를 상대방 관할당국에 통지해야 하고 입장에 대한 법적 근거를 적절히 설명해야 한다. 대부분의 경우 상호합의절차에 사건을 신청하지 못하는 명백한 국내법상 제한이 있는 것은 아니지만, 명백한 규정으로 인해 관할당국이 조약에 반하는 과세를 회피하는 방식으로 사건을 해결하지 못하고 다른 국가도 납세자를 위해 사건을 해결할 실질적 기회가 없다면, 납세자가 상호합의절차의 결과에 대한 잘못된 기대를 하지 않도록 이러한 상황을 납세자에게 알려야 한다.(OE §25-27)

다른 사건에서, 상호합의절차신청을 받아들였지만 조세조약 체결 이후 발생한 국내법 문제로 관할당국이 납세자 신청사건을 일부 해결하지 못하는 경우가 있다. 결과적으로 관할당국이 법적인 제약으로 양자협상을 통해 문제를 명백히 해결할 수 없는 경우, 대부분 국가들은 이러한 상황변화를 상호합의절차를 중단할 정도의 상당히 중요한 변화로 인정한다. 일부 경우, 문제가 단지 일시적인 경우가 있다. 개정입법이 발효되는 경우 상호합의절차는 취소(terminated)되는 것이 아니라 중단(suspended)된다. 양국 관할당국은 문제를 검토하여 상호합의절차에 미칠 영향을 상의해야 한다. 또한, 납세자가 전체적 또는 부분적으로 선호하는 결정이 이루어져 일방 관할당국에 기속력과 집행력을 가지지만 여전히 상호 협의해야 할 문제가 남는 상황이 있는데, 예를 들면 일방 관할당국이 상대방 관할당국에게 조세경감을 해 줄 것을 요구하는 경우이다.(OE §25-28)

상호합의절차를 통해 이룬 합의를 국내법을 이유로 이행하지 않는 것은 정당화될 수 없다. 합의이행의무는 의문의 여지없이 조세조약에 규정되며 이행사항에 대한 현존하는 장애는 일반적으로 합의조건에 기술되어야 한다. 조세조약은 예측하기 힘든 국내법의 변화를 반영하여 협상되고, 조세조약을 협상하고 상호합의에 이를 때 이러한 점을 양측 모두 인식하므로 상호합의 근간을 변화시키는 예상치 못한 변화는 일반적으로 그에 상응하는 합의개정을 필요로 한다. 발생가능성은 작지만 이러한 유형의 국내법상 변화가 있는 경우, 신의성실의무(good faith obligations)에 따라 가능하면 빨리 통지해야 하고 변화된 국내법이 허용하는 한 상호합의를 개정하거나 새로 합의하려는 신의성실한 노력이 경주되어야 한다. 이 경우, 납세자가 새로운 청구를 제기할 필요 없이 기존의 신청은 유효하다.(OE §25-29)

(3) 소송과 상호합의가 함께 진행 중인 경우

국내법 절차에 따른 불복절차선택은 일반적으로 납세자 몫이며, 이에는 국내법상 불복규정에 의한 심판청구(appeals) 또는 소송(court proceedings) 등이 있는데, 이들은 상호합의절차의 비공식적이고 양자적인 특징을 고려하여 상호합의절차가 진행 중인 경우 중지되기도 한다.(OE §25-44) 국내세법상 납세자는 불복절차를 병행할 권리를 가지며, 그와 상관없이 관할당국이 합의를 추진할 수 있다. 이러한 경우, 정상적인 상호합의 진행을 위해 아래와 같은 사항이 필요하다.(OE §25-45)

1. 납세자의 적극적인 상호합의결과의 인용
2. 상호합의가 이루어진 경우 납세자의 법적 소송 취하

각 체약국 관할법원에 같은 목적으로 소송을 제기한 납세자와 관련된 상호합의가 종결되고 소송은 계속 진행 중일 경우가 있다. 이 경우 납세자는 법원의 판결이 날 때까지 상호합의결과의 수령을 연기할 수 있다. 또한, 납세자가 상호합의절차를 신청한 사건에 대하여 소송을 함께 진행 중인 경우 관할당국 입장에서 구체적인 논의는 법원판결 이후

에 하는 것이 합리적이다. 납세자의 상호합의절차 신청내용이 법원판결과 다른 과세연도에 대한 것이지만, 사실상 동일한 사실 및 법률관계에 대한 것이어서 법원판결이 소송대상이 아닌 연도의 세무처리에도 실질적으로 영향을 미친다면, 사실상 상호합의절차 신청사건도 동일한 결론이어야 한다. 이 경우, 법원판결을 기다리거나 공식적인 국내법상 청구절차를 진행하는 동안 상호합의절차를 정지하는 것은 상호합의기한의 위반이나 기한경과에 해당하지 않는다. 물론, 이 경우 소송이 제기된 국가의 관할당국이 법원판결에 구속되거나 제한되지 않는다는 이유로 국내법절차와 상관없이 사건을 해결하겠다고 판단한다면 상호합의절차는 정상적으로 진행된다. 법원이 어떤 과세를 조세조약 규정에 부합하지 않는다고 결정하는 경우 관할당국은 법적으로 그러한 과세를 유지할 수 없게 된다. 반대로, 일부 국가들에서 어떤 과세가 조세조약 규정에 부합한다는 법원결정에도 불구하고, 관할당국이 법적으로 과세에 대한 구제를 할 수도 있다. 이 경우, 관할당국들이 조세조약의 규정에 부합하지 않는다고 보는 과세를 상호합의에 따라 한 체약국이 구제하여, 해당국가의 법원이 내리는 결정과 달라지는 경우에도 어떠한 문제(예 행정지침이나 실무상)도 발생하지 않는다.(OE §25-42)

(4) 상호합의와 비슷한 사건에 대하여 다른 납세자가 소송을 진행 중인 경우

어떤 사건에 대한 소송이 진행 중이고 소송진행 납세자가 아닌 다른 납세자가 비슷한 사건에 대하여 상호합의절차를 신청하는 경우는 위와 다른 상황이다. 원칙적으로, 납세자가 상호합의절차에 사건을 제기하여 양 체약국 관할당국이 조세조약에 반하는 과세를 방지하기 위해 움직이는 경우 다른 납세자 사례에 대한 법률의 일반적 해석을 참조하기 위해 상호합의절차를 지연시키는 것은 부적절하다. 이는 법률해석이 자신의 사건에 유리하여 상호합의를 신청한 납세자가 동의하는 경우에도 마찬가지이다. 다른 사례에서, 모든 상황에서 상호합의절차의 일부인 관할당국 협의를 지연하는 것이 정당화되기도 하는데, 이 경우에도 관할당국은 시한을 염두에 두어 가능하면 빨리 상호합의를 제기한 납세자의 불이익을 해소하기 위해 노력해야 한다. 이러한 노력에는 국내법상 허용되는 경우 지연기간 동안 또는 최소한 납세자의 귀책사유가 없는 지연기간 동안 미납세액의 납부를 연장하는 것이 있다.(OE §25-43)

2.5 조약해석차이 및 이중과세의 해소

OECD모델 25조 3항: 양 체약국의 관할당국은 이 조약의 해석이나 적용에 있어 발생하는 어려움 또는 의문을 상호합의에 의해 해결하도록 노력한다. 또한 양 당국은 이 조약에 규정되지 않은 경우의 이중과세를 방지하기 위해 상호합의할 수 있다.

(1) 조약해석차이의 해소

각국의 관할당국은 상호합의에 의해 조약의 해석 또는 적용상 발생하는 문제를 해결할 권한이 있다. 조세조약 25조 1항과 2항은 개별사안과 관련되는 데 비해, 25조 3항에 따른 '조약의 해석 및 적용상 차이해소'는 본질적으로 일반적 성격의 문제들이다.(OE §25-50)

조약적용상 발생하는 문제는 상호합의로 해결될 수 있다. 이런 문제들은 배당, 이자 및 사용료의 원천지국에서 원천세액에 대한 조세감면 절차의 제정 및 운용과 관련하여 발생하는 실무적인 문제뿐 아니라, 체약국들이 의도한 조약의 정상적 운용을 침해할 수 있는 문제로서 이전의 조약해석에 대한 합의에 의해 해결되지 않는 것까지 포함한다.(OE §25-51) 이에는 아래 사항이 포함된다.(OE §25-52)

1. 조약상 용어가 불완전하고 애매모호하게 정의된 경우, 어떤 문제를 미연에 방지하기 위해 그 정의를 완벽하게 하거나 명백하게 할 수 있음.
2. 한 국가의 법이 조약과의 형평성을 손상시키거나 본질을 훼손함이 없이 바뀌었을 경우, 이런 개정으로 인한 새로운 과세체계로부터 일어날 수 있는 어떤 문제를 해결할 수 있음.
3. 이자가 차입자의 나라에서 과소자본 원칙상 배당으로 취급될지-또한 어떤 조건으로 배당 취급될지-여부를 결정할 수 있고, 배당과 같은 방식으로 대여자의 거주지국에서 이중과세에 대한 감면을 해줄 수 있음.(예컨대, 감면규정이 관련 양자조약에 있을 때 모자회사간의 감면)
4. 조약의 해석이나 적용에 대하여 어려움이나 애매함이 있는 경우(특히 체약국들의 부작위가 조약규정에 부합하지 않는 과세에 이르는 경우 포함), 각 체약국과 양자조약을 체결한 제삼국의 관할당국과 쌍방적 사전가격조정(APA)은 물론 다자간 사전가격조정을 체결. 다자간 사전가격조정은 해당 국가들의 모든 관할당국 간 하나의 합의를 통해 체결되거나 개별적이지만 일관성 있는 양자상호합의를 통해 체결
5. 상호합의사건 및 다자간 불복사건에 대한 적절한 상호합의절차, 조건 및 형식과 합의결과가 제삼국의 과세에 영향을 미치거나 영향을 받는 경우 상호합의절차에 제삼국을 참여시키기 위한 적절한 절차, 조건 및 형식을 결정

해석과 적용에 대한 일반적 분쟁을 해결하는 상호합의는 관할당국이 상호합의내용을 바꾸거나 취소하기로 동의하지 않는 한 각국의 행정관청을 기속한다.(OE §25-54)

(2) 조세조약 밖의 이중과세사안 해결

관할당국은 조약의 범위에 들지 않는 이중과세사안까지 다룰 수 있다. 이와 관련하여 양 체약국에 국내사업장을 가진 제삼국 거주자가 문제가 될 수 있다. 체약국들의 관할당국들이 국내사업장들 간 거래에서 일어날 수 있는 이중과세를 제거하기 위해 서로 협의할 수 있다. 이는 예를 들면, 체약국들의 하나 또는 둘이 제삼국과 양자조약이 없는 경우이다. 그렇지만, 양 체약국들이 제삼국과 조약이 있다면, 이 두 조약의 조합으로 이 세

국가들의 관할당국들이 상호합의로 불복사건을 해결할 수 있다. 모든 관련국들 간의 다자합의는 모든 이중과세를 제거할 수 있는 가장 최선의 방법이다.(OE §25-55)

명시적이든 묵시적이든 조약에서 다루지 않는 문제에 대한 보충해석을 국내법에서 제한하는 체약국들이 있다. 이 경우, 이러한 문제를 다루는 의정서(protocol)에 의해 조약을 보완할 수 있다. 그런데 그러한 구제규정이 체약국들의 국내법과 충돌하거나 다른 적용가능 조세조약의 규정들에 의해 권한이 부여되지 않은 경우, 3항에 따라 체약국들이 이중과세를 제거할 수 없다. 조약에 규정되지 않는 불복사건에서도 체약국들이 각 국내법 또는 체약국 중 하나가 제삼자와 체결한 조세조약에 따라 이중과세를 제거하기 위해 서로 협의하도록 허용될 뿐이다. 따라서 예를 들면, 제삼국 기업이 양 체약국들에 국내사업장들을 가지는 경우, 체약국들의 관할당국들이 일치된 방법으로 각 국내법을 적용하기 위해 불복사건의 사실관계, 특히 그 국내사업장들의 거래에 대하여 합의할 수 있다. 그렇지만, 체약국들은 각 국내법 규정 또는 한 체약국과 제삼국 간에 체결된 조세조약 규정에서 허용되는 한도까지만 그 국내사업장들 소득의 이중과세를 구제하여 줄 수 있다(즉, 한 체약국과 제삼국 간의 조세조약에 따라).(OE §25-55.1)

관할당국들은 일반적 관점에서 제삼국에서 소득 또는 자본에 대한 과세가 불복사건의 해결에 영향을 미치거나 또는 그에 의해 영향을 받는 상황에서 제삼국 관할당국과 함께 제기된 불복사건을 해결하기 위해 노력한다고 합의할 수 있다. 다자간 상호합의에 대한 명시적 규정을 만들고자 하는 체약국들은 대체규정을 사용하기로 합의할 수 있다.(OE §25-55.2)

(3) 상호합의 권한

조약해석상 제기되는 모든 분쟁을 상호합의에 의해 해결할 권한은 '체약국 관할당국(competent authorities of the contracting states)'에 있는데, 이는 일반적으로 재무부 및 조약의 집행에 책임이 있는 재무부에 의해 권한을 받은 기관(authorized representatives)을 의미한다. 그러나 조세조약에 따라서는 다른 기관(외무부, 법원)이 '관할당국'과 함께 국제조약과 합의에 대한 해석권을 갖는 경우도 있다.(OE §25-53)

2.6 실무 협상

> OECD모델 25조 4항: 양 체약국의 관할당국은 전항에서 의미하는 합의에 도달하기 위해 그들 자신 또는 그들의 대표자로 구성된 공동위원회를 통하는 것 등을 포함하여 직접 상호간 의견을 교환할 수 있다.

상호합의를 할 때 관할당국이 서로 직접 의사소통할 수 있으며, 통상적인 외교통로를 통할 필요가 없다.(OE §25-57) 관할당국은 우편, 팩시밀리전송, 전화, 직접회동 또는 기타 다른 편리한 방법으로 연락할 수 있다. 또한 필요한 경우 그런 목적을 위한 공동위원회(joint commission)를 공식적으로 설립할 수 있다.(OE §25-58) 이러한 공동위원회의 구성원 수나 절차규정은 체약국들의 관할당국의 협의사항이다.(OE §25-59)

요컨대 체약국들은 상호합의절차에서 형식주의(formalism)를 탈피할 수 있으며, 아래와 같이 납세자의 핵심적 권리만 보장하면 된다.(OE §25-60) 그러나 절차의 특수성을 고려할 때 납세자나 대리인(representatives)에게 상호합의와 관련된 서류를 공개할 필요는 없다.(OE §25-61)

1. 개인적으로 또는 대리인을 통해 서면이나 구두로 진술할 권리
2. 자문을 받을 권리

3. 중재절차 등

3.1 상호합의에 따른 중재

상호합의 신청인은 상호합의절차 개시 이후 조세조약에서 정한 기간이 지날 때까지 한국과 체약상대국의 권한 있는 당국 사이에 합의가 이루어지지 못한 경우 조세조약에서 정하는 바에 따라 권한 있는 당국이 각각 선정한 중재인단을 통해 분쟁을 해결하는 중재절차의 개시를 재정경제부장관이나 국세청장에게 요청할 수 있다.(국조법 §43 ①, 2021.1.1. 시행) 중재의 신청 대상, 신청 시기, 적용 가능 사건의 범위, 중재인의 구성, 의사결정 방법, 중재 결정의 효력 등 중재에 관한 구체적인 사항은 조세조약에서 정하는 바에 따른다.(국조법 §43 ②)

(1) 중재절차의 개시 신청 등

중재절차의 개시 신청을 하려는 중재신청인은 '중재절차 개시 신청서'(국조칙 §49 별지 41호)를 재정경제부장관 또는 국세청장에게 제출해야 한다.(국조령 §85 ①) 재정경제부장관 또는 국세청장은 중재절차의 개시 신청을 받은 경우에는 중재신청인에게 중재절차의 진행에 필요한 서류를 제출하도록 요구할 수 있다.(국조령 §85 ②)

(2) 중재절차에 대한 의견제출

중재신청인은 조세조약에서 정하는 바에 따라 중재절차의 개시일부터 종료일까지의 기간 동안 조세조약의 해석 및 적용, 소득금액의 조정, 중재인 선정 및 그 밖에 중재절차

의 진행 등에 관한 의견을 재정경제부장관 또는 국세청장에게 제출할 수 있다.(국조령 §86 ①)

중재신청인은 조세조약에서 정하는 바에 따라 중재절차에서 직접 서면으로 의견을 제출하거나 구두(口頭)로 의견을 개진할 수 있다. 이 경우 의견제출 등과 관련하여 발생하는 비용은 모두 중재신청인이 부담한다.(국조령 §86 ②)

(3) 중재인의 자격 요건

재정경제부장관 또는 국세청장은 조세・법률・회계분야에 관한 전문지식과 경험이 풍부하게 있는 등 재정경제부장관이 정하는 기준을 충족하는 사람으로서 중재절차의 공정성 및 독립성을 확보할 수 있는 사람을 중재인으로 임명해야 한다. 다만, 중재신청인 및 상호합의의 대상 과세처분 등과 관련하여 이해관계가 있는 자 등 재정경제부장관이 정하는 사람은 제외한다.(국조령 §87)

3.2 조세조약의 중재절차

OECD모델 25조 5항: 아래와 같이,

a) 1항에 따라 한 체약국 또는 양 체약국의 행위로 인해 조약규정에 위배되는 과세를 당한 사람이 한 체약국 관할당국에 불복사건을 제기하고, 또한

b) 불복사건을 처리하기 위하여 관할당국들이 필요로 하는 모든 정보를 양 체약국 관할당국들에게 제출한 날로부터 2년 이내에 관할당국들이 2항에 따라 그 불복사건에 대한 합의에 도달하지 못하는 경우

불복사건과 관련된 모든 미해결문제는 불복사건 신청인이 서면으로 요구하는 경우 중재에 회부된다. 그러나 각국의 법원 또는 행정심판(administrative tribunal)에 의해 이러한 미해결문제에 대한 결정이 이루어진 경우 중재에 회부되지 않는다. 불복사건의 직접당사자가 중재결정을 집행하는 상호합의에 특별한 반대를 하지 않으면, 중재결정은 양 체약국을 구속하며 양 체약국의 국내법상 제척기간에 불구하고 집행된다. 상호합의에 따라 체약국 관할당국은 이 항의 적용방법을 결정한다.

한국은 조세조약 상 중재절차를 인정하지 않는다.(OE §25-97)

중재절차 조항이 있는 경우, 관할당국이 2년 이내에 상호합의에 도달하지 못한 불복사건의 경우 상호합의를 제기한 납세자의 서면신청에 따라 중재절차를 통해 미해결문제를 해결할 수 있다. 이 절차는 관할당국의 사전승인을 필요로 하지 않는다. 정해진 절차요건을 충족하면 상호합의에서 해결되지 않은 미해결문제를 중재에 회부해야 한다. 상호합의 절차 사건에서 중재를 통해 미해결 문제의 가능한 해결을 고려할 때, 이전가격지침 4장

부록의 6항 및 72항을 반드시 고려해야 하며, 해당 미해결문제와 관련된 경우에 그 항목들에 포함된 지침을 따라야 한다.(OE §25-63)

중재절차는 상호합의절차의 대체절차나 추가절차가 아니다. 관할당국이 조약적용과 관련하여 미해결문제(unresolved issues) 없이 합의에 도달하였다면 중재에 회부할 미해결문제가 없으므로, 상호합의 신청인이 관할당국의 합의가 사건에 대한 적절한 해결책이 아니라고 하더라도 중재에 회부할 수 없다. 그러므로 중재절차는 결론을 낼 수 없는 문제로 관할당국이 합의에 도달할 수 없는 경우 이 문제를 중재에 회부함으로써 상호합의절차의 효율성을 극대화하는 상호합의절차의 연장이다. 따라서 상호합의절차를 통해 사건을 해결하는 한편, 합의에 도달하지 못하는 특정문제는 중재절차를 통해 처리된다. 이러한 점에서 중재절차는 관련문제를 전부 해결할 권한을 가지는 중재위원(arbitration panel)이 상업중재방식이나 민관합동중재방식과 다르다.(OE §25-64)

5항에 따라 대부분의 중재절차 문제는 관할당국들의 합의로 정해진다. 2018.7.1. 발효된 '세원잠식과 소득이전 방지수단과 관련한 조세조약 집행을 위한 다자조약' 6부에서 중재절차의 절차측면을 많이 포함하고 있는 조약의 예시를 보여준다.(OE §25-65.1)

조세조약에 중재절차가 없는 체약국이 일반적으로 적용하거나 특정사안을 해결하기 위해 중재절차를 시행하고자 하는 경우, 상호합의에 의해 이를 시행할 수 있다. 이 경우, 관할당국은 OECD모델에 제시된 합의샘플대로 상호합의를 할 수 있다. 이러한 상호합의는 다양한 구조적 · 절차적 문제를 처리하기 위한 것이다. 이러한 합의는 상호합의절차의 일환으로 전통적인 상호합의절차를 통해 해결할 수 없는 사건을 해결하기 위한 절차를 진행하기로 관할당국이 합의하는 경우에만 유효하다.(OE §25-69)

3.3 용역거래 일반합의(GATS)의 분쟁해소와 상호합의의 관계

> **OECD모델 25조 6항**: 관세 및 무역에 관한 일반협정(GATT) 22조(협의) 3항의 목적상 체약국은 다음과 같이 합의한다.
> a) 어떤 조치가 "이 조약의 적용범위에 속한다"고 인정되기 위해서는, 그 조치가 24조의 규정이 적용되는 조치인 경우에 한한다.
> b) GATT 22조 3항에도 불구하고, 어떤 조치가 이 조약의 적용범위에 속하는지 여부에 관하여 체약국들 간 분쟁이 있는 경우, 그 분쟁은 25조 3항에 따른 절차에 따라 해결되며, 그 절차에 의하여도 합의에 이르지 못하는 경우에는 양 체약국이 합의한 다른 절차에 따라 해결한다.

6항은 조약과 '용역거래에 대한 일반합의'(General Agreement on Trade in Services; GATS) 간의 관계를 명확히 하는 원칙을 제공한다.(OE §25-88) GATS 22조 3항은 '이중과세방지와 관련한 국제적 합의(조세조약)의 범위에 해당'되는 사안을 GATS 22조와 23

조에 따른 분쟁해소기구에서 다루지 않는다고 규정한다. 또한 국제적 합의의 '범위'에 이견이 있는 경우 3항에 의해 용역거래위원회에서 이견을 강제중재(binding arbitration)하도록 한다. 그런데 3항의 주석에 GATS '발효시에 존재하는' 조약 등에 대한 이견은 관련 당사국이 동의하지 않으면 용역거래위원회에 회부되지 않는다는 중요한 예외가 있다.(OE §25-89) 이 예외규정은 조세조약과 관련하여 다음 2가지 문제가 있다.(OE §25-90)

1. GATS 22조 3항의 각주(footnote)는 'WTO 협정 발효일에 존재하는 합의'를 언급함으로써, 해당 조세조약이 WTO 협정 발효 전후 중 언제 체결되었는지에 따라 조세조약을 차별적으로 대우한다. 분쟁사안을 용역거래위원회에 회부하기 위해 양 당사국이 모두 동의해야 한다는 요건은 1995.1.1. 이전에 체결된 조세조약에 대해서만 적용된다. 이러한 구분은 또한 WTO 협정 발효 당시에 존재했던 조세조약이 이후에 재협상되거나, 기존 조약과 관련하여 사후에 수정의정서가 체결된 경우에도 해당 각주의 절차가 적용되는지에 대한 불확실성을 초래한다. 각주에서 제시하는 대우(양자합의 요건)가 바람직한 것이라면, 정책적 관점에서 볼 때 WTO 협정 발효 전후의 조세조약을 구분하여 적용할 근거가 없어 보인다. 25조 6항은 1995.1.1. 전후에 체결된 조세조약 간의 이러한 차별과, 기존에 존재했으나 이후 수정·재협상된 조약과 관련된 불확실성을 모두 제거하고 있다. 이를 통해 25조 6항이 포함된 모든 조세조약에 대해 GATS 22조 3항 각주의 요건이 동일하게 적용되도록 보장하고 있다.(OE §25-91)
2. GATS 22조 3항에 있는 "범주에 해당하는" 구절은 중재절차와 의미상 불일치를 해소키 위한 대상에서 기왕의 조약을 배제하는 조항을 둘 다 포함시켜 근본적으로 애매모호한 것이다. 어떤 나라가 조세조약의 어떤 조문에도 해당하지 않는 조세에 관해 한 조치는 신의성실원칙상 그 조약의 범위에 해당되지 않는 것이 분명하지만, GATS 22조 3항의 이 구절이 조세조약의 모든 조문에 해당되는 조세관련 조치를 말하는지 아니면 일부 조문에 해당되는 조세관련 조치를 말하는지 여부가 불분명하다.(OE §25-92)

III 정보교환(Exchange of Information)

1. 국조법의 정보교환 및 세무조사협력

1.1 조세정보 및 금융정보의 교환

조세조약 규정에 따라 조세관련 정보를 체약상대국과 교환한다. 대부분 조세조약에는 정보교환규정이 있으며, 특별히 '조세정보교환 행정협정'을 체결하는 경우도 있다.

(1) 조세정보

한국의 '권한 있는 당국'은 세법 이외의 다른 법률에 저촉이 되지 않는 범위 내에서 다음 조세정보를 획득하여 체약상대국과 교환할 수 있다. 조세정보는 납세의무자를 최종적으로 지배하거나 통제하는 '실제소유자(개인)'에 대한 정보를 포함한다.(국조법 §36 ①)

1. 조세의 부과와 징수, 조세불복에 대한 심리, 형사소추 등을 위해 필요한 정보 2. 국제적 관행으로 일반화되어 있는 정보

① 거주자의 국외소득자료

국세청장은 외국 과세당국으로부터 수보한 국외소득자료를 세무서장이나 지방국세청장이 조사 및 세원관리업무에 직접 활용할 수 있도록 국세정보관리시스템 등에 일괄하여 수록한다. 다만, 국세청장은 필요한 경우 특정 자료를 발췌하여 지방국세청장 등에게 별도로 통보할 수 있다.(국조규 §96)

② 비거주자 등 국내원천소득자료

조세조약의 정보교환규정에 따라 체약상대국의 과세당국에 통보하는 자료는 비과세 면제신청서등 및 지급명세서로 한다.(국조규 §98) 국세청장은 상대국의 상황이나 자료의 규모 등을 고려하여 국가별·자료금액별 또는 그 밖의 기준에 의해 통보대상 범위를 정하여 전산매체를 해당국가에 통보한다.(국조규 §99, §100)

(2) 금융정보

① 특정금융정보의 요구

한국의 권한 있는 당국은 체약상대국의 권한 있는 당국이 조세조약에 따라 거주자·

내국법인 또는 비거주자 · 외국법인의 금융정보(「금융실명거래 및 비밀보장에 관한 법률」 제2조 제3호에 따른 금융거래의 내용에 대한 정보 또는 자료)를 요청하는 경우 금융실명법(§4) 에도 불구하고 다음 어느 하나에 해당하는 금융정보의 제공을 금융회사 등의 특정 점포(상속증여세법 제83조 제1항에 따른 금융재산 일괄 조회에 해당하는 경우와 체약상대국의 권한 있는 당국이 요청하는 정보가 특정 금융거래와 관련된 명의인의 인적 사항을 특정할 수 없는 집단인 경우에는 금융회사 등의 장)에 대하여 요구할 수 있다. 이 경우, 그 금융회사 등에 종사하는 사람은 요구받은 정보를 제공하여야 한다.(국조법 §36 ③ · ④) 그렇지만, 체약상대국에서 한 체약국 거주자가 보유하는 모든 은행계좌에 대한 정보나 특정은행에 있는 한 체약국 거주자가 보유하는 모든 은행계좌를 요청할 수는 없다.(USM §26-1)

1. 세법에 따라 제출의무가 있는 과세자료에 해당하는 금융정보
2. 상속 · 증여재산의 확인이 필요한 금융정보
3. 체약상대국의 당국이 조세포탈혐의를 인정할만한 명백한 자료를 확인하기 위해 필요한 금융정보
4. 체약상대국 체납자의 재산조회가 필요한 금융정보
5. 체약상대국의 권한 있는 당국이 납기전 징수에 해당하는 사유로 필요한 금융정보
6. 특정 금융거래와 관련된 명의인의 인적 사항을 특정할 수 없는 집단과 관련된 정보인 경우
7. 상속증여세법 제83조 제1항에 따른 금융재산 일괄 조회에 해당하는 정보인 경우

권한 있는 당국이 금융정보 제공을 요구하는 경우에는 금융실명법(§4 ②)에 따른 '금융거래정보의 제공요구서'에 따라야 한다. 이 경우, 특정 금융거래와 관련된 명의인의 인적사항을 특정할 수 없는 집단에 대한 금융정보의 제공을 요구하거나, 정기적인 금융정보의 제공을 요구할 때 명의인의 인적사항을 특정할 수 없는 경우에는 금융거래정보의 제공요구서에 명의인의 인적사항을 작성하지 않을 수 있다.(국조령 §74 ①)

권한 있는 당국은 상호주의원칙에 따라 체약상대국에 금융정보를 제공하는 것을 제한할 수 있다.(국조법 §36 ⑤)

② 정기적인 금융정보의 요구

한국의 권한 있는 당국은 조세조약에 따라 체약상대국과 상호주의에 따른 정기적인 금융정보등의 교환을 위하여 필요한 경우 금융실명법(§4) 및 그 밖에 금융거래 정보 · 자료의 제공에 관한 법률에도 불구하고 체약상대국의 조세 부과 및 징수와 납세의 관리에 필요한 거주자 · 내국법인 또는 비거주자 · 외국법인의 금융정보등의 제공을 금융거래회사등(금융거래를 하는 법인 또는 단체)의 장에게 요구할 수 있다. 이 경우 그 금융거래회사등에 종사하는 사람은 이를 제공하여야 한다.(국조법 §36 ⑥)

금융정보와 자료 및 금융거래회사등은 다음을 말한다.(국조령 §75 ① · ②)

《금융정보 및 자료 (국조령 §75 ①)》

1. 금융거래 및 유사거래(국조법 §36 ⑥ 1호 및 3호) : 계좌 보유자의 성명, 주소, 조세목적상 거주관할권, 납세자번호(개별 국가에서 납세자 식별을 위하여 부여된 고유번호), 계좌번호, 계좌잔액 및 그 밖에 이와 유사한 정보 또는 자료로서 재정경제부장관이 정하여 고시하는 정보 또는 자료. 유사거래란 다음 거래를 말한다.(국조령 §75 ⑤, 국조칙 §45 ①)
   ① 다음 법인 또는 단체가 취급하는 금융자산[예금 · 적금 · 부금(賦金) · 계금(契金) · 예탁금 · 출자금 · 신탁재산 · 주식 · 채권 · 수익증권 · 출자지분 · 어음 · 수표 · 채무증서 등 금전 및 유가증권, 신주인수권을 표시한 증서, 외국이나 외국법인이 발행한 증권 또는 증서, 그 밖에 재정경제부장관이 정하여 고시하는 것]을 수입(受入) · 매매 · 환매 · 중개 · 할인 · 발행 · 상환 · 환급 · 수탁 · 등록 · 교환하거나 그 이자, 할인액 또는 배당을 지급하는 것과 이를 대행하는 것 또는 그 밖에 금융자산을 대상으로 하는 거래로서 재정경제부령으로 정하는 거래
      ㉮ 투자자문업자 · 투자일임업자 및 집합투자기구
      ㉯ 재정경제부장관이 고시한 기타금융거래를 하는 법인 또는 단체(국조령 §75 ② 15호)
   ② 파생상품시장에서의 거래
   ③ 전자적형태의 법정통화 및 특정전자화폐상품(국조령 §75 ① 1호 및 2호)을 대상으로 하는 거래
2. 암호자산거래(국조법 §36 ⑥ 2호) : 암호화자산(거래를 인증하고 보호할 수 있도록 암호화되어 안전하게 된 분산원장 또는 이와 유사한 기술에 기초하여 자산의 가치를 디지털 방식으로 표현한 것) 이용자의 성명, 주소, 조세목적상 거주관할권, 납세자번호, 암호화자산 거래 총액 및 그 밖에 이와 유사한 정보 또는 자료로서 재정경제부장관이 고시하는 정보 또는 자료. 암호화자산거래란 정보등제공대상 암호화자산의 교환, 이전 등 재정경제부장관이 정하여 고시하는 거래를 말하며, 암호화자산이란 다음 자산을 제외한 "정보등제공대상 암호화자산"을 말한다. (국조령 §75 ③ · ④, 2026. 1. 1. 시행)
   ① 중앙은행이 발행하는 전자적 형태의 법정통화
   ② 특정전자화폐상품(법정통화를 디지털 방식으로 표현한 것으로서 결제 거래를 목적으로 자금을 수령하여 발행된 것을 말한다)으로서 재정경제부장관이 정하여 고시하는 자산
   ③ 지급수단 또는 투자목적으로 사용하기 어려운 자산으로서 재정경제부장관이 정하여 고시하는 자산

《금융거래회사등 (국조령 §75 ②)》

일반은행, 중소기업은행, 한국산업은행, 한국수출입은행, 투자매매업자 · 투자중개업자 · 집합투자업자 · 투자자문업자 · 투자일임업자 · 신탁업자 및 집합투자기구, 상호저축은행 및 상호저축은행중앙회, 농업협동조합, 농업협동조합중앙회 및 농협은행, 수산업협동조합, 수산업협동조합중앙회 및 수협은행, 신용협동조합 및 신용협동조합중앙회, 산림조합 및 산림조합중앙회, 새마을금고 및 새마을금고중앙회, 보험회사, 여신전문금융회사 및 신기술사업투자조합, 암호화자산사업자(암호화자산거래와 관련한 서비스를 제공하는 자로서 재정경제부장관이 정하여 고시하는 자), 그 밖에 금융거래를 하는 재정경제부장관이 정하여 고시하는 법인 또는 단체

금융정보를 제공해야 하는 금융회사 등의 장은 금융거래의 상대방에게 조세조약에 따라 인적사항 등의 확인에 필요한 자료의 제출을 요청할 수 있다.(국조법 §36 ⑧)

권한 있는 당국이 금융정보등의 제공을 금융회사등의 장에게 요구하는 경우에는 금융거래정보제공요구서에 따라야 한다. 이 경우 금융정보등의 제공을 요구하는 명의인의 인적사항을 특정할 수 없는 경우에는 금융거래정보제공요구서에 명의인의 인적사항을 작성하지 않을 수 있다. 이 경우, 금융거래정보제공요구서에 요구·제공과 관련한 기간을 정한 경우에는 그 금융거래정보제공요구서로 그 기간 중의 정보제공요구를 갈음할 수 있다. 다만, 요구대상이 되는 금융거래회사등이나 요구내용에 변동이 생긴 경우에는 새로운 금융거래정보제공요구서를 보내야 한다.(국조령 §75 ⑥·⑦)

㉮ 금융정보의 제출

금융정보등을 제공하는 금융거래회사등에 종사하는 사람은 한국의 권한 있는 당국이 금융정보의 제공을 요구하는 날부터 3개월 이내에(기간을 정한 경우에는 금융거래정보제공요구서에 정기적으로 제출하도록 지정한 날까지) 해당 금융정보등을 '정보제공명세서'(국조칙 별지 36호 또는 36호의2)에 따라 해당 금융거래회사등의 본점에서 작성하여 국세청장에게 정보통신망을 활용하여 제출해야 한다.(국조령 §75 ⑧, 국조칙 §45 ②)

㉯ 정보제공 대상자 인적사항 확인

금융거래회사등의 장이 금융정보등을 제공하는 경우에 확인해야 하는 인적사항과 금융거래의 상대방에게 요청할 수 있는 인적사항은 다음과 같다.(국조령 §75 ⑨)

1. 개인의 경우: 성명, 주소, 체약상대국의 납세자번호(납세자번호가 없는 경우에는 생년월일) 및 그 밖에 조세조약에서 정하는 사항
2. 법인의 경우: 법인명, 본점주소, 실질적 지배자 및 그 밖에 조세조약에서 정하는 사항

그 밖에 인적사항 확인, 실제소유자의 정보요구 및 제출 등에 필요한 사항은 재정경제부장관이 정하여 고시한다. 이 경우 금융위원회위원장 및 국세청장(실소유자 정보요구에 관한 사항은 국세청장으로 한정)과 미리 협의해야 한다.(국조령 §76)

㉰ 교환되는 정보에 오류가 있는 경우

권한 있는 당국은 금융거래회사등으로부터 제공받은 정보에 명백한 오류가 있다고 판단되거나 체약상대국의 권한 있는 당국이 같은 항에 따라 교환받은 정보에 대하여 조세조약에 따라 그 오류의 시정을 요구하는 경우에는 금융거래회사등의 장에게 제공한 정보의 오류 등에 대한 시정을 지체없이 요구해야 한다.(국조령 §75 ⑩) 시정을 요구받은 금융거래회사 등의 장은 시정을 요구받은 날부터 30일 이내에 시정을 요구한 우리나라의 권한 있는 당국에 정보통신망을 활용하여 시정된 정보를 제출하거나 오류가 없음을

소명해야 한다.(국조령 §75 ⑪)

금융거래회사등의 장은 부득이한 사유(국조령 §97 ③)로 기한 내에 시정된 정보를 제출하거나 소명할 수 없는 경우에는 제출기한연장신청서에 따라 그 시정을 요구한 권한 있는 당국에 30일의 범위에서 그 제출기한의 연장을 신청할 수 있다.(국조령 §75 ⑫) 이에 대하여 '이전가격서류의 제출'에서 설명한다.

③ 납세의무자의 실소유자 정보 요구

과세당국은 조세정보의 교환을 위해 필요한 경우 다음과 같은 납세의무자의 실제소유자 정보를 납세의무자에게 요구할 수 있다.(국조법 §36 ②, 국조령 §73)

1. 납세의무자가 법인 또는 단체인 경우: '특정 금융거래정보의 보고 및 이용 등에 관한 법률 시행령' 제10조의5 제2항부터 제4항 본문까지의 규정에 따라 확인하는 개인의 성명, 생년월일, 주민등록번호(외국인의 경우 국적 및 여권번호 또는 외국인등록번호)
2. 납세의무자가 신탁법에 따른 신탁에 관여한 경우: 다음 구분에 따른 확인 대상자(소유주식을 기준으로 실제소유자를 판단하기 어려운 경우에는 해당 법인 또는 단체의 대표자 및 임원을 말하며, 사실상 지배하는 사람이 따로 있는 경우에는 그 사람을 포함)의 성명, 생년월일, 주민등록번호(외국인의 경우 국적 및 여권번호 또는 외국인등록번호)
   ㉮ 신탁법에 따른 위탁자, 수탁자, 수익자, 신탁관리인 및 신탁을 실질적으로 통제하는 사람
   ㉯ 위 ㉮에 해당하는 자가 법인 또는 단체인 경우에는 위 1호에 따라 확인하는 사람

④ 납세자 인적사항의 확인 · 보유

금융거래회사등은 국가 간 금융정보등의 교환을 지원하기 위해 권한 있는 당국의 요구가 없는 경우에도 그 사용 목적에 필요한 최소한의 범위에서 해당 금융거래회사등의 금융거래등 상대방(조세조약에 따른 체약상대국이 아닌 다른 국가의 금융거래등 상대방 포함)에 대한 납세자번호(개별 국가에서 납세자를 식별하기 위한 고유번호)를 포함한 인적사항 등을 미리 확인 · 보유할 수 있다.(국조법 §36 ⑦)

⑤ 금융정보의 제출

금융정보를 제공하는 금융회사 등에 종사하는 사람은 권한 있는 당국이 금융정보의 제공을 요구하는 날부터 3개월 이내에(정기적인 경우에는 최초의 금융거래정보의 제공 요구서에 정기적으로 제출하도록 지정한 날까지) 해당 금융정보를 정보제공명세서(국조칙 §17 별지 20호의2)에 따라 해당 금융회사 등의 본점에서 작성하여 국세청장에게 정보통신망을 활용하여 제출해야 한다.(국조령 §47 ⑥)

금융정보등을 제공하거나 금융정보등을 확인하려는 금융거래회사등의 장은 금융거래의 상대방에게 인적사항 등의 확인을 위해 필요한 자료의 제출을 요청할 수 있다.(국조법 §36 ⑧) 금융거래회사등의 장은 자료제출을 요청받은 금융거래등 상대방이 요청받은 자

료를 제출하지 아니하여 금융정보등을 한국의 권한 있는 당국에 제공할 수 없거나 인적사항 등을 확인할 수 없는 경우에는 해당 금융거래등 상대방의 계좌 개설을 거절할 수 있다.(국조법 §36 ⑨)

⑥ 정보제공 당사자들의 수인의무 및 질문확인

조세정보 또는 금융정보등과 관련된 자 및 금융거래의 상대방은 조세정보 또는 금융정보등의 획득, 교환 또는 제공을 부당하게 방해하거나 지연시켜서는 안 된다.(국조법 §38 ①) 세무공무원은 금융정보등의 제공에 관하여 필요하다고 인정할 때에는 금융거래회사등에 종사하는 사람에게 금융거래등 상대방의 인적사항 등의 확인에 대하여 질문을 할 수 있으며 서류 등을 확인할 수 있다. 세무공무원은 질문 또는 확인을 하는 경우 직무상 필요한 범위 외에 다른 목적 등을 위해 그 권한을 남용해서는 아니 된다.(국조법 §37)

(3) 정보제공사실의 통지 및 통지유예

① 정보제공사실의 통지

권한 있는 당국은 체약상대국의 권한 있는 당국의 요청에 따라 특정 납세의무자의 조세정보 또는 금융정보를 제공한 경우에는 제공한 날(통보를 유예한 경우에는 통보유예기간이 종료한 날)부터 10일 이내에 조세정보 또는 금융정보 등의 제공사실 및 제공내역 등을 '정보제공내용 통지서'(국조칙 §20 별지 20호)에 따라 해당 납세의무자 또는 그 대리인에게 통지해야 한다.(국조령 §74 ②)

② 통지유예

권한 있는 당국은 체약상대국으로부터 다음에 해당하는 사유에 의한 통지의 유예를 서면으로 요청받은 때에는 유예요청기간(유예요청기간이 6월 이상인 경우에는 6월) 동안 통지를 유예할 수 있다.(국조령 §74 ③)

1. 해당 통지가 사람의 생명이나 신체의 안전을 위협할 우려가 있는 경우
2. 해당 통지가 증거인멸·증인위협 등 공정한 사법절차의 진행을 방해할 우려가 명백한 경우
3. 해당 통지가 질문·조사 등의 행정절차의 진행을 방해하거나 과도하게 지연시킬 우려가 명백한 경우

(4) 비밀유지 및 정보제공의무 위반에 대한 벌칙

① 비밀유지의무 위반에 대한 벌칙

다음 사항을 위반한 사람은 5년 이하의 징역 또는 3천만 원 이하의 벌금에 처한다. 이

경우 징역형과 벌금형을 병과할 수 있다.(처벌법 §15) 법인의 대표자나 법인 또는 개인의 대리인, 사용인, 그 밖의 근로자가 그 법인 또는 개인의 업무에 관하여 위반행위(아래 ㉱를 위반한 행위는 제외)를 하면 그 행위자를 벌하는 외에 그 법인 또는 개인에게도 해당 조항의 벌금형을 과한다. 다만, 법인 또는 개인이 그 위반행위를 방지하기 위해 해당 업무에 관하여 상당한 주의와 감독을 게을리하지 아니한 경우에는 그러하지 아니하다.(처벌법 §18)

㉮ 금융회사에 종사하는 자는 국조법 제36조 제2항, 제3항, 제4항 및 제6항을 위반하여 금융정보등의 제공을 요구받은 경우에는 이를 거부해야 한다.(국조법 §38 ②)

㉯ 금융정보등을 알게 된 자는 그 알게 된 금융정보등을 체약상대국의 권한 있는 당국 외의 자에게 제공 또는 누설하거나 그 목적 외의 용도로 이용해서는 안 되며, 누구든지 금융정보등을 알게 된 자에게 그 금융정보등의 제공을 요구해서는 안 된다.(국조법 §38 ③)

㉰ 국조법 제36조 제3항, 제4항 및 제6항을 위반하여 제공 또는 누설된 금융정보등을 취득한 자는 그 위반사실을 알게 된 경우 이를 타인에게 제공 또는 누설해서는 안 된다.(국조법 §38 ④)

㉱ 해외금융계좌정보를 알게 된 세무공무원이나 관계자는 이를 누설하지 말아야 한다.(국조법 §36)

② 정보제공의무 위반에 대한 벌칙

실소유자 정보의 제공을 요구받은 자, 또는 금융정보 또는 금융정보등의 제공을 요구받은 금융거래회사등 또는 금융거래회사등이 정당한 사유 없이 요구받은 정보를 제공하지 아니하거나 거짓으로 제공하는 경우에는 3천만 원 이하의 과태료를 부과하며, 과태료는 과세당국이 부과・징수한다. 다만, 금융거래회사등의 장이 권한 있는 당국의 시정요구에 따라 기한 내에 시정한 경우에는 해당 과태료를 부과하지 않을 수 있다.(국조법 §89, 국조령 §146 ①) 과태료금액은 상황을 고려하여 50% 범위에서 줄이거나 늘릴 수 있으며, 늘리는 경우 과태료 한도를 초과할 수 없다.(국조령 §146 ②)

㉮ 권한 있는 당국이 요구한 금융정보등의 전부를 제공하지 않은 경우: 2천만 원

㉯ 권한 있는 당국이 요구한 금융정보등을 거짓으로 제공한 경우: 1계좌당 30만원(2천만원 한도)

㉰ 권한 있는 당국이 요구한 금융정보등의 일부를 제공하지 않은 경우: 1계좌당 10만원(1천만원 한도)

1.2 세무조사의 협력

한국의 권한 있는 당국은 조세조약이 적용되는 자와의 거래에 대하여 세무조사가 필

요하다고 판단되는 경우에는 그 거래에 대하여 체약상대국과 동시에 세무조사를 하거나 체약상대국에 세무공무원을 파견하여 직접 세무조사를 하게 하거나 체약상대국의 세무조사에 참여하게 할 수 있다. 또한, 권한 있는 당국은 체약상대국이 조세조약에 따라 세무조사협력을 요청하는 경우 이를 수락할 수 있다.(국조법 §39) 권한 있는 당국은 세무조사 협력의 절차·방법 및 범위 등 국가 간 세무조사 협력을 위해 필요한 사항을 체약상대국의 권한 있는 당국과 합의할 수 있다.(국조령 §77)

2. 조세조약의 정보교환

세무당국 간 협조에 관한 규정을 조세조약에 포함시키는 중요한 이유가 있다. 첫째는 조약적용과 관련된 사실을 파악하기 위해 상대국의 행정협조가 필요하기 때문이다. 또한 국제적 경제관계가 더욱 긴밀해지고 확대됨에 따라 조약적용의 문제가 아니더라도 국내과세를 위한 정보교환에 대한 수요는 증가하고 있다.(OE §26-1) 이에 따라 정보교환조항은 체약국의 국내법 집행과 조약적용에 대한 자료를 충분히 확보하기 위해 가능한 한 광범위하게 정보가 교환되어야 한다는 원칙을 규정한다. 정보는 비거주자에 대한 자료를 포함하거나 조약적용 대상조세가 아닌 조세의 집행과 강제절차와 관련이 되기 때문에 정보교환은 조약의 인적범위나 대상조세에 의해 제한되지 않는다.(OE §26-2) 상호합의절차는 25조에서 규정하며 조세징수의 행정협조는 27조에서 다루지만, 조세징수나 상호합의절차를 위한 정보교환은 26조에 규정한다.(OE §26-3)

2.1 체약국 간 정보교환

OECD모델 26조 1항: 양 체약국의 관할당국은 과세가 이 협약에 반하지 않는 한 체약국, 그 정치적 하부조직이나 지방자치단체에 의해 부과된 모든 종류 및 명칭의 조세에 관한 협약의 시행 또는 체약국 국내법의 집행 및 강제집행에 관련될 것으로 예상되는 정보를 교환한다. 정보의 교환은 1조 및 2조에 의해 제한되지 않는다.

(1) 정보교환의 필요성

양 체약국은 각국의 모든 조세와 관련하여 조약규정과 체약국 국내법 규정의 올바른 적용을 보장하는 데 관련될 것으로 예상되는 정보를 교환할 수 있다. '예상되는 관련성(foreseeable relevance)' 기준은 조세문제와 관련한 정보교환의 범위를 가능하면 넓히기 위한 의도인 동시에, 체약국들이 마음대로 해당 납세자의 과세문제와 관련이 없는 정보를 요청하거나 '정보사냥(fishing expeditions)'을 하지 못한다는 점을 분명히 하기 위한 것이다. 요청에 따른 정보교환의 경우, 요청을 하는 때에 요청정보가 관련성이 있다는 합리적 기대가 있어야 한다. 정보가 제공된 후에 실제로 관련이 되었다고 입증할 필요는 없다. 그러므로 진행 중인 조사에 대한 정보의 적정성에 대한 확실한 평가가 정보수취 후에 이루어질 수 있는 경우에도 요청을 거절할 수 없다. 관할당국은 요청정보의 내용, 요청을 하게 된 상황이나 요청정보의 예상되는 관련성이 확실하지 않은 경우 요청국가와 상의해야 한다. 그렇지만, 요청국가가 요청정보의 예상되는 관련성에 대하여 설명을 하였다면, 요청받은 국가는 그 정보가 진행 중인 조사나 범칙조사와 관련성이 없다고 믿는다는 이유로 요청을 거절하거나 요청받은 정보를 지체할 수 없다. 요청받은 국가가 요청정보의 일부가 예상되는 관련성이 있는지 의문스럽다고 생각하는 경우, 관할당국들은 상의해야 하며 요청받은 국가는 요청국가에 이러한 사실들에 대하여 예상되는 관련성을 명백히 하도록 요구할 수 있다. 한편, 정보사냥, 즉 진행 중인 자료요구나 조사에 명백한 관련성이 없는 사안에서 추정에 의한 요청(speculative requests)에 대하여 요청받은 국가는 정보를 제공할 의무가 없다.(OE §26-5)

'조세문제에 대한 정보교환합의모델(Model Agreement on Exchange of Information on Tax Matters)'에 따른 사안의 경우, 정보요청에서 조사나 범칙조사 대상 납세자의 이름이나 주소를 제공하지 않으므로 정보사냥에 해당하지 않는다. 이름이 다르게 기재되거나 이름이나 주소에 대한 정보가 다른 형식으로 표시되는 경우에도 마찬가지로 정보사냥에 해당하지 않는다. 그러나 요청국가가 조사나 범칙조사 대상인 납세자의 이름이나 주소를 제공하지 않는 경우, 요청국가는 납세자를 특정하기에 충분한 다른 정보를 포함해야 한다. 또한, 정보요청에 정보를 보유할 것으로 인정되는 사람의 이름이나 주소를 포함할 필요는 없다.(OE §26-5.1)

'예상되는 관련성(foreseeable relevance)'의 기준은 이름이나 다른 기준에 의해 식별되는 한 납세자나 여러 납세자와 관련된 사안에서 모두 충족되어야 한다. 한 체약국이 법에 따라 어떤 특정그룹의 납세자를 조사하는 경우, 그 조사와 관련된 요청은 보통 국내세법의 '행정행위 또는 집행'에 해당하므로 '예상되는 관련성'의 기준을 충족한다. 그렇지만, 납세자그룹과 관련한 요청이 개별적으로 구분되지 않는 경우, 그 요청이 정보사냥이 아닌지 확인하기가 쉽지 않은데, 대부분의 경우 무작위적이거나 추정에 따른 요청방식을 따르지 않을 수 없어 요청국가는 특정 납세자의 사건과 진행 중 조사를 직접 연관시킬 수 없기 때문이다. 그러므로 이 경우, 요청국가가 납세자그룹의 구체적인 내용과 요청을 하게 된 특별한 상황과 사실관계, 적용법에 대한 설명, 명백한 사실근거에 따라 정보를 요청한 납세자들이 법을 위반하였다고 믿는 이유를 제공해야 한다. 또한, 요청정보가 납세자그룹의 납세의무를 판단하는 데 도움이 된다는 점을 보여주어야 한다.(OE §26-5.2)

체약국들은 조약을 벗어나지 않는 범위에서 효과적인 정보교환을 위해 '관련될 것으로 예상되는'을 '필요한', '관련되는' 또는 '관련될 수 있는' 등으로 바꿀 수 있다. 정보교환 범위는 일반원칙과 피고 및 증인의 권리를 규정한 사법절차상 법규정을 벗어나지 않는 모든 조세문제를 포함한다. 또한 조세범에 대한 정보교환은 사법공조를 위한 양자조약이나 다자조약에 근거하여 이루어질 수 있다. 조약의 틀 속에서 정보교환을 지속하기 위해, 관련 국내세법상 과세가 조약에 반하지 않는 한에서만 정보가 제공되도록 정보교환의 한계가 설정되어 있다.(OE §26-5.3)

교환정보는 납세자의 개별정보에 국한하지 않는다. 관할당국은 또한 조세행정이나 납세자의 신고제고를 위한 다른 민감한 정보를 교환할 수 있는데, 예를 들면 분석방법, 조세회피나 탈세 책략 등이다.(OE §26-5.4)

정보교환의 협조로 인해 체약국 간의 국제적 합의나 기타 협정의 규정이 제한되거나, 그러한 합의 등에 의해 정보교환의 협조가 제한되지 않는다. 관세적용과 관련한 정보교환은 다른 국제조약에 근거하므로, 그러한 특별조약 규정이 일반적으로 우선하며 실무상 관세와 관련된 정보교환에는 조세조약이 적용되지 않는다.(OE §26-5.5) 아래 2가지 유형은 정보교환의 전형적인 경우이다.(OE §26-6)

① **조약의 적용**(OE §26-7)

1. 사용료조항을 적용하면서 수익자(beneficiary)가 거주하는 A국은 지급자가 거주하는 B국에 지급된 사용료 금액에 대한 정보를 요청할 수 있다.
2. 반대로 사용료 조항에 따른 공제를 허용하기 위해 B국은 A국에게 지급금액의 수취인이 실제로 A국의 거주자인지와 사용료의 수익자인지를 문의할 수 있다.
3. 여러 국가 내의 특수관계기업 간 과세소득을 적절히 배분하거나 체약상대국 기업이 보유하는 한 체약국내 국내사업장 귀속소득을 결정하기 위해 정보를 요청할 수 있다.
4. 상호합의를 하기 위해 정보를 요청할 수 있다.
5. 근로소득 및 이중과세방지 조항을 적용할 때, 근로자가 거주하는 A국은 183일 이상 근무하는 B국에게 A국에서 과세상 공제되는 금액을 알려주어야 한다.

② **국내법의 집행**(OE §26-8)

1. A국의 회사가 B국의 독립회사에 제품을 공급한다. 국내법 규정을 올바로 적용하기 위해 A국은 B국의 회사가 그 상품에 대하여 얼마를 받는지 B국에게 알아볼 수 있다.
2. A국의 회사는 C국(저율과세 국가)의 회사를 통해 B국의 회사에 제품을 판다. 그 회사들은 특수관계회사일 수도 있고 아닐 수도 있다. A국과 C국 간 또는 B국과 C국 간에는 어떤 조약도 없다. A국과 B국 간의 조약에 따라 A국은 자국 내에 소재한 회사에 의해 발생된 소득에 대한 국내법규정의 올바른 적용을 위해 B국에 B국의 회사가 얼마의 제품가격을 받는지 문의할 수 있다.

3. A국은 A국과 B국 간의 조약에 따라 자국 내 소재 회사가 설정한 가격과 직접 비교하기 위해 A국 회사와 사업관계가 전혀 없는 B국 회사에 의해 설정된 가격정보를 문의할 수 있다.(예 지배적 위치에 있는 회사나 그룹회사들에 의해 부담되는 가격)
4. B국 거주자인 회사의 수행용역에 대해 A국 소재 회사가 청구한 부가가치세 환급신청을 확인하기 위해 A국은 B국의 회사 장부와 증빙에 용역원가가 정당하게 반영되어 있는지 정보요청을 할 수 있다.
5. A국의 세무당국은 X씨의 세무문제에 대한 세무조사를 한다. 조사에 따라 세무당국은 X씨가 B국의 B은행에 신고하지 않은 은행계좌를 하나 이상 가지고 있다는 단서를 확보한다. 그러나 A국은 경험상 그 은행계좌가 추적을 피하기 위해 실질귀속자의 친인척 명의로 보유될 것으로 예상한다. 이에 따라, A국은 X씨가 실질귀속자인 B은행의 모든 계좌와 배우자 E, 자녀 K 및 L이 보유하는 모든 계좌에 대한 정보를 요청한다.
6. A국은 특정연도에 자국 내에서 발생한 외국 신용카드에 대한 모든 거래정보를 입수한다. A국은 그 자료를 분석하여 해당 연도 중의 거래빈도, 거래유형 및 거래형태로 보아 카드보유자가 A국의 세무상 거주자로 추정되는 모든 신용카드번호를 식별하였다. A국은 국내세무행정에서 가능한 일반적인 정보자료를 사용해서는 그 이름을 확보할 수 없는데, 해당정보는 A국에서는 개인이 소유하거나 통제할 수 없기 때문이다. 신용카드번호로 보아 그 카드들의 발행자는 B국의 B은행이다. 질문 및 조사에 따라, B국에 조사과정 중에 확인된 특정 카드들의 소유자 및 그 카드들의 서명권을 가진 다른 사람들의 이름, 주소 및 생년월일에 대한 정보를 요청한다. A국은 관련된 개인신용카드번호를 제공하며, 요청정보가 조사와 관련하여 더 일반적으로 세법의 집행과 관련하여 예상되는 관련성이 있다는 사실을 보여주는 위와 같은 정보를 제공한다.
7. A국의 거주자인 A사는 B국의 비상장회사 B에 의해 소유되고 있다. A국의 세무당국은 A사의 관리인 X, Y 및 Z가 B사를 직간접적으로 소유하고 있다고 의심한다. 만약 그렇다면, B사가 A사로부터 받은 배당은 A국의 해외자회사과세규정에 따라 거주 주주인 이들 관리인의 손에서 과세될 수 있다. 이러한 의심은 A사의 이전 근로자가 A국 세무당국에 제공한 정보에 근거한다. 이러한 혐의에 대하여 A사의 관리인들은 B사에 대한 지분이 전혀 없다고 주장한다. A국 세무당국은 B국에 대한 소유정보를 확보하기 위해 가능한 모든 국내수단을 동원한다. 이에 따라 A국은 B국에 B사의 소유자가 X, Y, Z인지에 대한 정보를 요청한다. 또한, 이러한 경우 가공회사(shell companies)나 대리인주주들을 통해 소유권을 보유하는 경우가 많으므로 A국은 B국에 X, Y, Z가 간접적으로 B사의 소유권을 보유하는지에 대한 정보를 요청한다. B국이 X, Y, Z가 그러한 간접적 소유권을 보유하는지 판단할 수 없는 경우, 조사를 계속할 수 있도록 주주에 대한 정보만 요청될 수 있다. 이 경우, B국은 예상되는 관련성을 명백히 하도록 A국에 요구할 수 있다.
8. 금융용역 제공자 B는 B국에서 설립되었다. A국의 세무당국은 B가 잘못된 정보를 사용하여 A국 거주자에게 금융상품을 판매하고 있는 것을 발견하였는데, 그 상품에 소득을 축적하면 A국의 소득세 부담을 제거할 수 있다고 선전하고 있다. 그 상품은 투자를 관리하는 B를 통해 계좌를 개설해야 한다. A국의 세무당국은 납세자 주의사항을 공표하여 그 상품에 대한 모든 납세자에게 경고하고 그 상품은 광고된 것과 같은 조세효과가 없으며 그 상품에서 발생한 소

득은 신고되어야 한다는 점을 분명히 하였다. 그럼에도 불구하고 B는 웹사이트에서 그 상품을 계속 판매하고 있으며, A국은 B가 또한 자문인들의 네트워크를 통해 그 상품을 판매하고 있다는 증거를 가지고 있다. A국은 이미 그 상품에 투자한 거주자들을 여럿 발견하였으며, 그들 모두는 투자소득을 신고하지 않았다. A국 세무당국은 그 상품에 투자한 거주자의 신원에 대한 정보를 확인하기 위해 국내적 수단을 모두 사용하였다. A국은 B국에 B에 계좌를 가지고 그 금융상품에 투자한 모든 A국 납세자에 대한 정보를 요청한다. 이러한 요청에서 A국은 금융상품의 내역과 조사상황을 포함하여 위와 같은 정보를 제공한다.

③ **체약국이 정보를 제공할 의무가 없는 경우**(OE §26-8.1)

1. B은행은 B국에 설립된 은행이다. A국은 거주자의 전세계 소득에 대하여 과세한다. A국의 관할당국은 B국의 관할당국에게 B국의 B은행에 계좌를 가지거나, 계좌에 대한 서명권을 가지거나, 실질적 권리를 가지는 A국의 거주자의 이름, 생년월일 및 계좌잔액(그 계좌에 있는 모든 금융자산에 대한 정보를 포함하여)을 제공할 것을 요청한다. 요청서에는 B은행이 상당히 많은 외국인계좌를 가지고 있는 것으로 알려져 있다고 기술하지만 다른 추가적인 정보는 없다.
2. B사는 B국에 설립된 회사이다. A국은 A국의 거주자인 B사의 주주들 모두에 대한 이름과 그 주주들에게 지급한 배당에 대한 모든 정보를 요청한다. 요청받은 국가 A는 B사는 A국에서 상당한 사업활동을 수행하므로 A국 거주자인 주주들이 있을 수 있다는 점을 지적한다. 요청서에서 납세자들이 국외원천 소득이나 자산을 종종 신고하지 않는다는 것은 잘 알려져 있다는 점을 적시한다.

(2) 정보교환의 유형

정보교환은 다음 세 가지 유형으로 이루어진다.(OE §26-9)

상대국 요청에 의한 정보교환	일반적인 경우를 상정하는 것으로서 상대국에 대해 정보를 요청하기 전에 국내 과세절차상 이용가능한 통상적인 정보원천이 우선적으로 활용되어야 한다.
자동적 정보교환	한 체약국에 원천을 갖고 체약상대국에서 수취되는 하나 또는 여러 유형의 소득에 대한 정보가 다른 국가에 체계적으로 전달되는 경우를 의미한다.
자발적 정보교환	특정조사를 통해 다른 국가에서 관심을 가질 것으로 여겨지는 정보를 취득한 국가가 자발적으로 정보를 상대국가에 통보하는 경우이다.

(3) 동시세무조사 및 파견세무조사

위 세 가지 정보교환 방식은 복합되기도 한다. 또한 정보교환이 꼭 이 세 가지 방식으로만 이루어져야 하는 것은 아니며, 동시조사·해외조사 및 산업전반에 대한 정보교환 등과 같이 양 체약국의 관련 있는 정보를 획득하는 다른 수단을 활용할 수 있다. 한국 국세청은 미국 국세청과 2010년 '한미 동시 범칙조사 약정'을 체결하였다.

① **동시조사**(simultaneous examination)

둘 이상의 당국이 자국영토에서 공통 이해관계나 관련이 있는 납세자의 세무사항에 대하여 동시에 조사하여 관련 획득정보를 교환하는 것이다.

② **해외파견조사**(tax examination abroad)

요청국가 관할당국 담당자의 출장을 통해 정보를 획득하는 것을 말한다. 한 체약국은 국내법에서 허용되는 정도까지 체약상대국의 권한 있는 대표가 한 체약국에 입국하여 개인을 면담하거나 그 사람의 장부나 증빙을 조사하도록 할 수 있다. 또는 한 체약국의 관할당국에 의해 진행되는 면담이나 조사에 입회하도록 할 수 있다. 이 경우 구체적인 절차는 양국 간에 합의된 바에 따른다. 한 체약국 납세자가 체약상대국에 증빙 등을 보관할 수 있는 경우 이러한 요청이 이루어진다. 이런 유형의 협조는 상호주의 원칙 하에 제공된다. 외국 세무공무원에게 제공되는 권리의 범위는 국가들의 법과 관행에 따라 다르다. 예를 들면 자국영토 내에서 외국 세무공무원은 적극적 수사나 조사를 하지 못하는 나라들이 있다. 또한 납세자가 동의하는 경우 이런 활동이 가능한 국가들도 있다. '조세문제의 상호행정협조에 대한 Europe/OECD 합동회의'는 상호행정협조조약 9조에 해외세무조사를 특별히 규정한다.

③ **산업전반에 대한 정보교환**

납세자 개인에 대한 것이 아니라 전체적인 경제분야에 대한 특정 세무정보(즉, 정유나 제약산업, 은행분야 등)의 교환을 의미한다.(OE §26-9.1)

(4) 보안시스템의 사용

정보교환의 실행방법은 체약국들에 의해 결정된다. 예를 들면, 체약국들은 시의적절한 정보를 제공하고 정보교환의 질을 높이기 위해 적절한 보안시스템을 포함한 전자적, 또는 기타 정보통신기술을 사용하는 경우가 있다. 국내법에 따라 정보보호법을 준수해야 하는 체약국은 교환되는 개인정보의 보호에 대한 규정을 조세조약에 포함하기도 한다. 개인정보의 자동처리에 있어 정보보호는 개인의 권리와 기본적 자유와 관련되며, 특히 사생활보호권(right to privacy)과 관련된다. 이는 '개인정보의 자동처리와 관련한 개인보호에 대한 유럽연합조약(1981.1.28.)'에서 검토되었다.(OE §26-10)

(5) 정보교환 대상조세

일반적으로, 정보교환 대상조세는 조약에 포함된 조세로 한정된다. 일부조세조약의 경우 체약국, 정치적 하부조직, 지방자치단체 등이 부과한 모든 조세에 대해 정보교환을 포함하는 경우도 있다.(OE §26-10.1)

(6) 제공정보형식 및 조약발효 이전의 정보제공

어떤 경우에는, 한 체약국은 증거목적으로 또는 법적 요건에 따라 특정한 형태의 정보를 받고자 할 수 있다. 이에는 증인의 진술 및 원본의 확인이 있는 사본 등이 있다. 체약국들은 되도록이면 이러한 요청에 맞게 일을 처리해야 한다. 그러나 요청받은 국가는 요청된 형식을 알지 못하거나 법이나 행정실무상 용인되지 않는 경우에는 이러한 특정형식의 정보제공을 거부할 수 있다. 이렇게 요청형식에 맞추어 정보를 제공하지 않는다 해도 정보제공의 의무를 위반한 것은 아니다.(OE §26-10.2)

정보제공 규정이 있는 조세조약이 발효되는 경우, 조약발효 이전에 존재하던 정보의 교환에도 당연히 적용된다. 그러나 체약국들은 이러한 경우 어느 정도까지 조약이 적용될 것인지를 명확히 할 필요가 있는데, 특히 조세조약의 규정이 일정시점 이후에 발생되거나 부과되는 조세에 대하여 적용되는 경우 필요하다.(OE §26-10.3)

(7) 정보제공 시한의 설정

체약국들은 정보제공에 대한 시한을 조세조약에 추가하여 정보교환의 신속성과 시의적절성을 증진할 수 있다.(OE §26-10.4) 이 경우, 정보제공의 기준시한은 요청받은 국가의 세무당국이 이미 요청정보를 보유하는 경우에는 요청받은 때로부터 2개월로 하고, 다른 경우에는 6개월로 하는 것이 바람직하다. 기준시한이나 달리 합의된 시한에도 불구하고, 관할당국들은 사안마다 다른 합의를 할 수 있는데, 시간이 더 필요하다고 합의하는 경우가 있을 수 있다. 이는 요청이 그 성격상 복잡한 경우이다. 이러한 경우, 요청국가의 관할당국은 요청받은 국가의 관할당국의 기한연장 요청에 대하여 불합리하게 거부해서는 안 된다. 요청받은 국가가 법적장애(예 요청의 효력에 대한 납세자의 불복으로 소송진행, 국내통지절차에 대한 소송진행) 때문에 시한 이내에 요청정보를 제공할 수 없는 경우 이는 시한에 대한 위반은 아니다.(OE §26-10.5) 한편, 정보가 관할당국이 합의한 시한이나 해당조항에 규정한 기준시한을 넘겨 교환되었다고 하여 교환된 정보를 사용하지 못하거나 증거능력(admissibility)을 부인하는 것은 아니다.(OE §26-10.6)

2.2 교환된 정보의 비밀보장

> OECD모델 26조 2항: 한 체약국이 1항에 따라 제공받은 정보는 국내법에 따라 얻어진 정보와 같은 방식의 비밀로 취급되며, 이 협약의 적용대상이 되는 조세의 부과(assessment), 징수(collection), 1항에 언급된 조세와 관련한 강제집행이나 기소, 판결에 관계된 사람이나 당국(법원 및 행정기관 포함) 및 그러한 사람이나 당국의 감독기관에게만 공개된다. 그 사람이나 당국은 이 정보를 그 목적만을 위해서 사용한다. 그들은 법정공개절차 또는 사법적 결정의 경우 정보를 공개할 수 있다. 한편, 한 체약국이 수취한 정보는 양 체약국의 법에 따라 그 정보를 다른 목적으로 사용할 수 있는데 정보를 제공한 국가의 권한있는 당국이 그러한 사용을 승인한 경우에는 다른 목적으로 사용할 수 있다.

(1) 비밀보장원칙

정보제공의 상호협조는 제공정보에 대하여 다른 국가의 행정당국이 적절한 비밀을 유지할 것이라고 확신하는 경우에만 가능하다. 비밀보장원칙은 요청을 위해 제공되는 정보와 요청에 대한 답변으로 제공되는 정보 등 조세조약에 따라 수취하는 모든 유형의 정보에 적용된다. 정보 수취국가에서의 비밀 유지는 국내법상 문제이다. 그러므로 비밀원칙은 정보요청서류를 포함한 관할당국의 연락서류를 모두 포함한다. 동시에 요청받은 국가는 요청받은 국가가 요청정보를 수집하거나 요청국가에 요청정보를 제공하는 데 필요한 관할당국의 연락서류에 포함된 최소한의 정보(전부는 아님)를 요청국가의 노력을 방해하지 않는 선에서 공개할 수 있는 것으로 이해된다. 그렇지만, 요청받은 국가의 재판절차나 국내법에 따른 비슷한 절차에서 관할당국의 편지를 공개할 것을 요하는 경우, 요청받은 국가의 관할당국은 요청국가가 따로 요구하지 않는 한 그 연락서류를 공개할 수 있다. 비밀보장원칙은 연관되는 비납세자의 특정정보(즉, 교환된 정보에 포함되는 비납세자에 대한 특정 자료, 요약 및 메모는 물론 통계자료 등의 정보교환을 통해 한 체약국이 수취한 정보에 관한 것이거나 그 정보에 기초하여 생성된 정보)에 대해서도 적용된다. 다만, 이러한 연관되는 비납세자의 특정정보는 한 명 이상의 납세자들의 인적사항을 직간접적으로 노출하지 않으며, 제공국과 수취국이 서로 협의한 결과 그 정보의 공개와 이용이 제공국과 수취국에서 모두 세무행정을 저해하지 않는다고 판단하는 경우에는 그 정보를 제3자에게 공개할 수 있다. 이러한 협의와 그 결론에 대해 서면기록을 하여야 한다는 점을 알아야 한다. 실무관행에 맞추어, 이러한 협의와 결론(또한, 그러한 협의와 결론의 서면기록)은, 다자간 절차에서 공개와 이용이 예견되는 경우, 동료평가방법 등의 다자간 맥락에서도 이루어질 수 있다. 수취국에서의 비밀유지는 국내법의 문제이다. 그러므로 교환된 정보는 수취국에서 그 국가의 국내법상 얻어진 정보와 같은 방법으로 비밀로 취급되어야 한다. 이런 비밀보장의 위반에 대한 제재는 해당국가의 행정법과 형법에 따라 규율된다. 요청받은 국가는 요청국가가 교환된 정보의 비밀보장의무를 이행하지 않는다고 판단하는 경우, 요청받은 국가는 요청국가가 비밀보장의무를 엄수한다는 적절한 확인을 하기 전까지 협조를 하지 않을 수 있다.(OE §26-11)

(2) 정보공개의 대상

수취정보는 관련조세의 부과(assessment), 징수(collection), 강제집행(enforcement), 기소(prosecution), 소송의 판결(determination)에 관계된 사람이나 당국 또는 이들의 감사기관에만 공개된다. 이는 그 정보가 납세자 또는 증인과 관련된 세금문제의 결과와 관련되는 한 (한 명 또는 여러 납세자와 관련하여 입수하였는지에 상관없이) 그 정보를 납세자(또는 그 대리인)에게도 전달할 수 있다는 의미이다. 예를 들면, 복수의 납세자들과 관련된 정보를 포함하는 정보교환의 맥락에서, 앞 문장에 제시된 원칙은 그 정보가 그 특정 납세자와 관련된 세금문제의 결과와 관련이 있는 한도 내에서만 납세자가 "관련자"라는 것을 의미한다. 정보는 납세자, 그의 대리인 또는 증인에게 공개되어야 하는지 여부를 결정할 권한을 가진 정부 또는 사법당국에도 공개될 수 있다. 한 체약국이 수취하는 정보는 그러한 사람들이나 당국들이 해당 목적만을 위해 사용할 수 있다. 그러한 사용은 정보수취의 대상이 되는 사람들과 관련하여 세금에 대한 부과나 징수, 체납처분이나 기소, 또는 불복의 결정에 국한되지 않으며, 다른 사람과 관련하여 그런 목적으로 사용될 수 있다. 수취 체약국은 그러한 사용에 대해 제공국에 정보를 제공하거나 승인을 요청할 필요가 없다. 공개정보는 납세자의 특정 정보이건 아니건, 정보의 자유와 같은 국내 정보공개법이나 정부문서에 자유로운 접근을 허용하는 다른 입법에 상관없이, 2항에 언급되지 않은 사람 또는 당국에게 공개되어서는 안 된다.(OE §26-12)

위에서 설명한 바와 같이 수취정보는 관련된 사람과 당국에게만 제공된다. 그런데 공개법정이나 납세자 실명이 공개되는 판결에서 그 정보들을 공개하는 것은 조약상 정보공개 금지원칙과는 관련이 없다. 일단 정보가 법원판결에 이용되어 결국 일반에 공개된다면 그 순간부터 정보는 다른 목적을 위한 증거로 판결문으로부터 인용될 수 있다. 그러나 이로 인해 관계인이나 관계당국이 수취한 추가정보를 공개할 의무가 생기는 것은 아니다. 법원에 의해 정보가 공개되는 것을 반대하거나 또는 이런 방식으로 공개된 정보라 하더라도 다른 목적을 위해 사용되는 것을 반대하는 국가의 경우 조세조약에 제한규정을 둔다.(OE §26-13)

정보는 감사기관에 공개될 수 있다. 이러한 감사기관에는 체약국 정부의 일반행정의 한 부분인 조세행정기관과 강제집행기관을 감사하는 기관이 포함된다. 그러나 이러한 원칙과 달리, 일부 국가는 조세조약에서 감사기관을 정보공개 대상에서 제외하기도 한다.(OE §26-12.1) 또한, 한 체약국이 받은 정보는 조세조약에 명시적인 공개규정이 없으면 제삼국에 공개하지 못한다.(OE §26-12.2)

(3) 세무목적 이외의 다른 목적에 사용

교환되는 정보가 수취국에게 조세목적 이외에 다른 목적에 필요한 경우가 있을 수 있다. 체약국들은 2가지 조건이 충족되는 경우 조세목적으로 수취한 정보를 공유할 수 있다. 첫째 그 정보를 양국의 법률에 따라 다른 목적으로 사용될 수 있어야 하며, 둘째 제공국가의 관할당국이 그러한 사용을 승인해야 한다. 이에 따라, 정보 수취국이 세무당국의 조세정보를 일정한 긴급사안(자금세탁, 부패, 테러분자 자금)에서 다른 법집행기관 및 사법기관과 공유할 수 있다. 정보 수취국이 정보를 세무목적 이외의 다른 목적으로 사용하고자 하는 경우, 수취국은 제공국에게 그 정보를 사용하고자 하는 다른 목적을 특정해야 하며 수취국이 국내법에 따라 그러한 다른 목적으로 그 정보를 사용할 수 있다는 사실을 확인해야 한다. 제공국이 국제적 합의나 다른 법집행기관이나 사법당국 간의 상호합의에 대한 체약국들 간의 다른 합의에 따라 그 정보를 제공할 수 있는 경우에는, 그 정보가 제공국에서 비슷한 목적으로 사용될 수 있다면 제공국의 관할당국은 일반적으로 다른 목적으로 사용하는 것을 승인하는 것으로 볼 수 있다. 정보를 받은 법집행기관이나 사법당국은 그 정보를 비밀로 취급해야 한다.(OE §26-12.3)

2.3 제공되는 정보의 제한

OECD모델 26조 3항: 어떤 경우에도 1항 및 2항의 규정은 한 체약국에 대하여 다음의 의무를 지우는 것으로 해석되지 않는다.

a. 한 체약국이나 체약상대국의 법률과 행정관행에 저촉되는 행정적 조치를 강구하는 것
b. 한 체약국이나 체약상대국의 법률 하에서 또는 행정의 통상과정에서 얻어질 수 없는 정보를 제공하는 것
c. 교역상, 사업상, 산업상, 상업상, 전문직업상 비밀이나 거래과정을 공개하는 정보 또는 공공정책에 반하는 정보를 제공하는 것

정보요청을 받은 국가의 입장에서 볼 때 제공하는 정보에는 일정한 제한이 있다.

(1) 정보제공은 국내법과 행정관행의 한계를 벗어나지 못함

세무정보의 비밀보장을 요청받은 국가의 국내법 규정은 정보교환의 경우에는 적용되지 않는다. 위에 설명한 대로, 요청국가가 수취정보에 대한 비밀을 지킬 의무가 있다.(OE

§26-14)

일부 국가의 국내법은 정보를 제공하기 전에 정보제공 대상이나 납세자에게 통지하는 절차를 포함하며, 이러한 통지절차는 국내법에 따른 중요한 권리이다. 이는 대상의 착오와 같은 잘못을 방지하고 통지를 받은 납세자가 스스로 요청국가의 세무당국에 협조를 하도록 유도함으로써 정보교환을 효과적으로 만든다. 그러나 납세자에 대한 통지절차(notification procedure)는 특별한 요청상황에서 요청국가의 일을 방해하는 방식으로 이루어져서는 안 된다. 다른 말로 하면, 정보교환을 막거나 부당하게 지연하면 안 된다는 뜻이다. 예를 들면, 요청정보가 긴급한 것이거나 납세자 통지로 인해 요청국가가 진행 중인 조사가 실패할 가능성이 있는 경우, 통지절차의 예외가 적용되어야 한다. 정보제공 대상이나 납세자에게 통지의무가 있는 체약국은 체약상대국에게 국내법상 요건과 이로 인한 상호협조의무에 미치는 결과를 서면으로 알려야 한다. 이러한 서면통보는 조세조약이 체결되는 때와 해당 국내법규정이 개정되는 때에 이루어져야 한다.(OE §26-14.1)

(2) 요청받은 국가는 요청국가의 법이나 정상적 행정과정에서 얻을 수 없는 종류의 정보는 주지 못함

한 체약국은 체약상대국의 정보수집범위가 자국의 수집범위보다 더 광범위할 경우 체약상대국의 정보수집체계의 이점을 이용할 수 없다. 따라서 요청국가가 국내법상 정보제공이나 수취가 금지되거나 요청국가의 행정실무(즉, 충분한 행정정보를 제공할 수 없음)로 볼 때 상호적인 정보교환이 이루어지지 않는 경우, 요청받은 국가는 정보제공을 거부할 수 있다. 그러나 너무 과도하게 상호주의를 적용하면 효과적인 정보교환을 방해할 수 있으므로, 상호주의는 너그럽고 실용적인 의미로 해석해야 한다. 각국은 필연적으로 서로 다른 정보제공과 취득방식을 가진다. 요청국가의 입장에서 볼 때, 이러한 차이로 인해 전반적인 정보수취 능력과 요청받은 국가로부터 정식요청을 받아 정보를 제공하는 능력이 심각하게 저해되지 않는 한 실무와 절차의 다양성을 이유로 다른 국가의 요청을 거부하지 못한다. 한 체약국이 국내법이나 실무에서 보통 사용되지 않는 은행정보에 대한 접근이나 교환 등의 방법을 사용하는 경우, 그 국가는 마찬가지로 체약상대국에 비슷한 정보를 요청할 권리가 있다. 이는 상호주의원칙에 따른 것이다.(OE §26-15)

한 국가가 국내법이나 행정실무상 특별한 절차를 규정하는 경우, 상호주의원칙을 주장할 수 없다. 즉, 정보제공을 요청받은 국가는 정보요청국가의 관련법의 결여를 지적하여 상호주의를 근거로 정보제공을 거부할 수는 없다. 물론, 요청정보가 요청국가의 국내법 또는 정상적 행정절차를 통해 취득될 수 없는 경우, 요청받은 국가는 이러한 요청을 거부할 수 있다.(OE §26-15.1)

대부분 국가에서 국내법상 "유죄인정(self incrimination)특권"을 주장하는 사람의 경우,

그 사람에 대한 정보를 수집할 수 없다. 따라서 요청국가가 국내법의 유죄인정특권 규정에 따라 비슷한 상황에서 정보수집이 제한되는 경우, 요청받은 국가는 정보제공을 거부할 수 있다. 그러나 실무적으로 볼 때, 유죄인정특권은 대부분의 정보요청과 거의 관련이 없다. 유죄인정특권은 사적인 것으로 형사소추의 가능성이 없는 개인이 주장할 수는 없다. 거의 대부분의 정보요청은 은행, 계약의 상대방이나 중개인 등 제삼자로부터 정보를 취득하기 위한 것이며 조사 중인 개인으로부터 직접 수집하는 경우는 드물다. 또한, 유죄인정특권은 자연인 이외의 법인에게는 적용되지 않는다.(OE §26-15.2)

세무당국이 정보를 소유하고 있거나 납세자나 다른 사람의 사업장부에 대한 범칙조사(investigation)나 특별조사(special examination)를 포함하는 조세결정(tax determination)의 통상절차에서 세무당국이 정보를 획득할 수 있다면 행정의 통상절차에서 얻어지는 정보로 간주된다. 한 체약국이 특정 납세자의 조세문제를 조사하면서 그와 관련한 정보를 요청하고, 요청서에 특정한 체약상대국에서 소재하는 몇몇 용역제공자가 그 정보를 보유할 가능성이 있는 경우, 요청받은 국가는 그 정보를 입수하여 제공할 수 있을 것으로 기대한다.(OE §26-16)

어떤 경우에는 요청받은 국가는 요청을 거부할 수 없다. 이는 요청받은 국가가 정보를 입수하지 못한 까닭이 요청정보를 은행이나 기타 금융기관이 보유하기 때문이라는 사실과 관련되는 상황으로, 은행이나 기타 금융기관이 보유하는 정보와 관련된 세무당국의 정보수집권한에 은행이나 기타 금융기관이 아닌 사람이 보유하는 정보에 대하여 일반적으로 적용되는 요건과 다른 요건이 적용되는 상황을 의미한다. 즉, 세무당국이 조사나 특별조사 대상인 납세자에 대한 특정정보를 식별해야 은행이나 기타 금융기관이 보유하는 정보에 대하여 정보수집권한을 행사할 수 있는 경우이다. 이는 또한 은행이나 기타 금융기관이 보유하는 정보에 대하여 정보수집수단을 사용하는 경우, 은행이나 기타 금융기관이 아닌 사람에 대하여 정보수집수단을 사용하는 것보다 은행 등이 그 요청정보를 보유할 개연성이 높은 상황을 말한다.(OE §26-16.1)

요청받은 국가는 정보제공을 거부할 수 있다. 그러나 요청된 정보를 주게 되면 그 국가의 관할당국은 조세조약에 정한 정보교환규정의 적용을 받으며, 따라서 국내법상 비밀보장의무 규정의 적용대상에서 벗어난다.(OE §26-17)

양 체약국의 정보수집체계가 매우 다르다면, 교환정보의 제한조건으로 인해 체약국들은 매우 적은 정보를 교환하거나 아니면 전혀 교환하지 못하게 된다. 이 경우 체약국들은 정보교환의 범위를 넓히는 것이 적절하다.(OE §26-18) 또한, 요청받은 정보는 요청국가에 명시적인 금지규정이 없는 한 요청국가에서도 같은 상황에서 수집될 수 있는 것으로 인정된다.(OE §26-18.1)

(3) 특별한 비밀정보의 제한

비밀은 너무 넓은 의미로 받아들여져서는 안 되며, 납세자가 받는 이익을 형량하여 신중히 검토해야 한다. 그렇지 않으면 비밀에 대한 광의의 해석으로 인해 대부분의 경우 정보교환을 무력화할 것이다. 요청받은 국가는 납세자 이익을 보호하기 위해 정보요청을 거절할 수 있는 일정한 재량이 있지만, 신중한 고려 후에 정보를 제공하였다면 비밀보장원칙을 위반한 것은 아니다.(OE §26-19)

① 사업비밀의 보호

국내법상 비밀보장원칙을 적용할 때, 조세조약의 비밀보장원칙을 또한 염두에 두어야 한다. 요청국가의 국내법과 실무관행은 물론 조세조약상 비밀보장의무는 사업비밀과 기타비밀 등의 정보를 승인되지 않은 목적으로 사용하지 못하도록 보장한다. 따라서 해당 납세자가 정보교환의 취지에 반하는 다른 손해를 입지 않는다는 합리적 판단을 하는 경우에만 정보제공이 이루어질 수 있다.(OE §26-19.1) 그러나 대부분 정보교환의 경우 거래비밀, 사업비밀 및 기타비밀의 문제는 일어나지 않는다. 거래나 사업비밀은 일반적으로 상당한 경제적 중요성이 있고 실제적으로 이용될 수 있으며 승인되지 않는 사용으로 인해 심각한 손해(즉, 심각한 경제적 손해)를 초래하는 사실과 상황을 의미한다. 이 경우 조세의 결정, 부과 및 징수는 심각한 손해를 초래하는 상황에 해당하지 않는다. 장부(book)나 증빙(record)을 포함한 회계정보는 그 성격상 거래, 사업 및 기타비밀에 속하지 않는다. 그러나 일부 예외적 상황에서, 회계정보의 공개는 거래, 사업 및 기타비밀의 공개에 해당하는 경우가 있다. 예를 들면, 특정 구매증빙의 정보요청으로 인한 정보공개가 특정 제품의 제조에 사용된 특허공정의 공개를 의미하는 경우 비밀공개로 볼 여지가 있다. 이러한 정보보호는 제삼자가 보유한 정보에도 마찬가지로 적용된다. 예를 들면, 은행은 비밀의 특허공법을 보관하거나 대출서류나 은행계약에 기록되는 비밀사업과정이나 공정을 보관하는 경우가 있다. 이 경우 거래, 사업 및 기타비밀의 내용들은 교환되는 재무정보에서 제외되어야 한다.(OE §26-19.2)

② 대리인 등의 비밀보호

변호인, 법무사(solicitor) 및 기타 공인된 법적 대리인이 자기 역할 내에서 고객과 한 비밀연락에 대한 정보는 요청받은 국가의 국내법상 비밀이 보장되는 경우 제공하지 않는다. 그러나 이러한 비밀연락에 대한 보호의 정도는 최소한으로 국한된다. 또한 서류나 증빙을 법에 따른 비밀보호를 받으려는 목적으로 변호인, 법무사 및 기타 공인된 법적 대리인에게 송부하는 경우에는 비밀보호대상이 아니다. 또한, 회사의 이사나 실질적 귀속자 등과 같은 사람의 신분에 대한 정보는 보통 보호되지 않는다. 비밀연락에 대한 보호범위는 국가마다 다르지만, 효과적 정보교환에 장애가 되면 곤란하므로 광범위해서는 안 된다. 변호사, 법무사 및 기타 공인된 법적 대리인과 고객 간의 연락은 대리행위가 변호사, 법무사 및 기타 공인된 법적 대리인의 고유권한 내에서 이루어지는 경우에 한하여 비밀이 보장되며, 이와는 다른 차명주주(nominee shareholder), 신탁인, 재산양도신탁인(settlor), 회사 이사 및 사업행위에 대한 회사대리인 등의 자격으로 이루어지는 경우에는 비밀이 보장되지 않는다. 변호사, 법무사 및 기타 공인된 법적 대리인과 고객 간의 비밀연락을 보호하기 위한 판단은 오로지 비밀연락이 행해진 체약국의 국내법에 따라서 이루어져야 한다. 따라서 요청받은 국가의 법원이 요청국가의 국내법에 근거하여 판결해서는 안 된다.(OE §26 - 19.3)

③ 국가적 기밀의 보호

국가 자체의 중요한 이해가 걸린 정보는 교환이 제한된다. 즉, 대부분의 조세조약에는 공개되면 공공정책에 반하는 정보는 제공하지 않는다고 규정된다. 그러나 이러한 제한은 극히 예외적인 경우로 한정된다. 예를 들면, 요청국가의 세무조사가 정치적·인종적 또는 종교적 박해를 위해 이루어진 경우이다. 또한 정보공개가 요청받은 국가의 중대한 이해에 반하는 정보기관이 보유하는 민감한 정보 등과 같은 국가비밀에 해당하는 정보는 교환이 제한된다. 그러나 사실상 공공정책의 문제는 체약국 간 정보교환이라는 맥락에서는 거의 발생하지 않는다.(OE §26 - 19.5)

2.4 요청받은 국가 및 금융회사의 정보제공 의무

> OECD모델 26조 4항: 이 조에 따라 한 체약국이 정보를 요청하는 때에는 체약상대국은 요청정보가 자국의 조세목적상 필요치 않은 경우에도 해당정보 수집을 위해 과세자료 수집방법을 사용한다. 이와 같은 의무는 3항에 의해 제한되며, 다만 이 경우에도 요청정보가 자국 세무상 필요치 않다는 이유만으로 정보제공을 거부하는 것은 허용되지 않는다.

(1) 요청받은 국가의 필요정보가 아닌 경우에도 제공해야 함

요청받은 국가에서 요청받은 정보가 국내세법상 필요한 정보가 아닌 경우에도 정보를 제공해야 할 의무가 있다. 이러한 의무는 각국의 실무관행으로 이루어져 왔다. 즉, 다른 국가로부터 요청된 정보를 수집할 때 체약국들은 비록 자체적으로는 그러한 정보를 필요로 하지 않지만 과세를 위해 국내법에 따른 특별한 조사권이나 수사권을 사용하기도 하였다. 이러한 원칙은 또한 '조세목적상 은행정보 접근방법의 개선 보고서(OECD 2000)'에도 언급되었다.(OE §26 - 19.6)

한룩셈부르크조세조약(의정서 §10)은 자국의 조세와 관련이 없거나 금융회사가 소유한 정보라는 이유로 정보제공을 거부하지 못하도록 규정한다.

(2) 국내법상 정보수집수단의 사용

요청받은 국가에서 국내세무목적으로 그 정보를 여전히 수집하거나 사용하는지와 상관없이, 체약상대국에게만 정보를 제공하기 위한 경우에도 국내법상 정보수집수단을 사용해야 한다.

그러므로 요청받은 국가의 국내법에 따라 부과제척기간이 만료되거나 조사를 이미 종결하였기 때문에 요청 당시에 요청받은 국가가 국내세무상 어떤 사람으로부터 정보를 입수하는 능력에 제한이 따른다 해도 정보교환목적상 정보수집수단을 사용하는 데 제한을 두어서는 안 된다.

'정보수집수단(information gathering measure)'은 요청받은 정보를 수집하고 제공하기 위한 법적 · 행정적 또는 사법적 절차를 의미한다. 요청받은 국가가 요청정보를 입수하고자 노력하였지만 국내의 기록보관기간을 경과하여 그 정보가 더 이상 존재하지 않는 것을 발견한 상황에서 요청받은 국가는 정보를 제공할 의무가 없다. 그렇지만, 그러한 기록보관기간이 경과하였음에도 불구하고 요청정보를 여전히 입수할 수 있는 경우에는 요청받은 국가는 입수가능한 정보의 교환을 거부할 수 없다.

체약국들은 신뢰할 수 있는 회계기록을 5년 이상 보관하도록 해야 한다.(OE §26-19.7) 그러나 조세조약상 정보제공 거부사유에 해당하는 경우 정보제공의무는 없다. 다만, 국내법과 관행에 따라 세무정보는 과세상 필요한 때에만 수집된다는 이유로 정보제공을 거부해서는 안 된다. 즉, 요청받은 국가는 국내법이나 관행에 따라 자국 조세와 관련된 정보만을 제공하겠다고 주장할 수는 없지만, 거래비밀의 공개에 해당하면 정보제공을 거부할 수 있다.(OE §26-19.8)

대부분 국가들에 있어, 조세조약과 국내법의 상호적용으로 정보가 국내과세와 관련이 없다 해도 요청정보를 취득하는데 국내법상 정보수집절차를 사용할 수 있는 충분한 근거가 마련된다. 그러나 일부 국가는 관할당국이 정보수집을 하는 데 필요한 권한을 가졌음을 확인하는 규정을 조세조약에 명백히 포함하기도 한다.(OE §26-19.9)

(3) 금융회사 및 대리인 등의 정보제공의무

> OECD모델 26조 5항: 은행, 기타 금융기관, 대리인 또는 중개인의 자격으로 활동하는 수탁인이나 사람이 정보를 가지고 있거나, 정보가 어떤 사람(법인)에 대한 지분권과 관련되어 있다는 이유만으로 3항에 의해 한 체약국이 정보요청을 거절하는 것은 허용되지 않는다.

한 체약국은 정보가 은행이나 기타 금융회사에 의해 보유된다는 이유로 체약상대국에게 정보제공을 거부할 수 없다. 이는 정보제공 거부요건에 대한 예외에 해당한다.(OE §26－19.11)

대리인이나 수탁인(fiduciary) 자격으로 정보를 보유한다는 이유로 정보제공을 거부할 수 없다. 예를 들면, 단지 수탁인이 보유한다는 이유로 수탁인이 보유하는 모든 정보를 국내법상 '직업적 비밀(professional secret)'로 간주하는 경우, 그러한 법을 체약상대국에 정보제공을 거부하는 근거로 제시할 수는 없다. 일반적으로 한 사람이 행하는 사업, 처리하는 자금 및 재산이 자신을 위하거나 자신의 이익을 위한 것이 아니고 다른 사람의 이익을 위한 것인 경우, 그 사람은 일반적으로 수탁인 자격으로 활동하는 것이다. 신탁인과 수탁인 또는 재산수탁인(trustee)의 관계는 신용과 믿음은 물론 정직을 내포하고 필요로 한다. 대리인(agency)은 매우 넓은 의미로 회사설립대리인, 신탁회사, 공인대리인, 변호사 등과 같이 모든 형태의 사업적 용역공급자를 포함한다.(OE §26－19.12)

3. 국가간 금융정보 자동교환

3.1 다자간 금융정보 자동교환협정

다자간 금융정보자동교환협정(Multilateral Competent Authority Agreement on Automatic Exchange of Financial Account Information; MCAA)에 따라 한국을 포함한 가입국들은 2017년 9월부터 자국의 금융회사로부터 제출받은 상대국 거주자의 금융계좌정보를 매년 1회 자동 교환한다.

금융정보교환은 OECD가 만든 '자동정보교환 표준모델'인 공통보고기준(Common Reporting Standard; CRS)의 양식에 따라 이루어진다. 협정을 집행하기 위해 '정기 금융정보교환을 위한 조세조약 이행규정'이 2016.1.1.부터 시행되며, 이에 따라 국내 금융회사들은 계좌보유자인 외국인의 인적사항과 금융계좌정보를 2017년 7월부터 매년 7월에 국세청에 제출해야 한다.

| 계좌종류별 보고기준 |

구 분				기준(시점 · 잔액)
신규 고객			다자	2016.1.1. 이후 개설
신규 고객			한미	2014.7.1. 이후 개설(매년 말 5만 달러 이하 예금 제외)
기존 고객	개인	고액	다자	2015년 이후 매년 말 백만 달러 초과
기존 고객	개인	고액	한미	2014년 6월 말 또는 매년 말 백만 달러 초과
기존 고객	개인	소액	다자	2015년 말 백만 달러 이하
기존 고객	개인	소액	한미	2014년 6월 말 5만 달러 초과~백만 달러 이하

구 분		기준(시점 · 잔액)
단체	다자	2015년부터 매년 말 25만 달러 초과
	한미	2014년 6월 말 25만 달러 초과 또는 매년 말 백만 달러 초과

※ '다자'는 다자간 협정, '한미'는 한미협정을 말함.

3.2 한미 금융정보교환협정 및 미국 해외계좌신고규정(FATCA)

(1) 한미 금융정보교환협정

2010년 미국은 해외계좌신고규정(FATCA: Foreign Account Tax Compliance Act)을 미국 내국세법(Internal Revenue Code)에 신설하여, 미국납세자 계좌를 보유한 전세계 금융기관은 미국인 계좌정보를 제공하도록 하였다. 이에 따라, 미국은 금융정보를 양국간 상호교환하거나 미국만 외국금융기관으로부터 제공받는 방식으로 정부간 협정체결을 추진하여, 2014년 6월까지 36개국(영국, 스위스, 일본 등)이 협정을 체결하였으며 42개국(인도, 홍콩, 싱가포르 등)은 협정문안에 합의하였다.

2014년 1월 한국과 미국은 상호교환방식으로 협정을 타결하여, 금융기관이 국세청 정보교환시스템(https://www.axis.go.kr)에 전년도 말 기준으로 보고한 금융계좌정보를 양국 국세청이 9월까지 매년 정기적으로 상호교환하기로 하였다.

| 한미 금융정보교환협정 주요내용 |

구분		미국 → 한국	한국 → 미국
대상계좌	개인	• 연간이자 10달러 초과 예금계좌 • 미국원천소득과 관련된 기타금융계좌	5만 달러(기존 저축성보험 25만 달러) 초과 모든 금융계좌
	법인	미국원천소득과 관련된 모든 금융계좌	25만 달러 초과 금융계좌 (신규계좌는 제한 없음)
대상정보		이자, 배당, 기타 원천소득	이자, 배당, 기타 원천소득, 계좌잔액
대상기관		• 은행, 금융투자회사, 보험회사 등 • 정부기관, 중앙은행, 국제기구, 공적연금 등은 원칙적으로 제외	
교환시기		전년도 말 금융정보를 매년 9월까지 상호교환(2015년부터 시행)	
교환방식		정보교환의 구체적 절차는 양국 국세청간 협의를 통해 결정	
계좌 소유자식별		국적, 주소, 출생지, 전화번호 등을 고려하여 식별	

(2) 미국 해외계좌신고규정(FATCA)

해외계좌신고규정에 따라 미국 재무부와 국세청은 시행령을 만들었는데 신고의무(Reporting Requirements), 원천징수의무(Withholding Requirements) 및 기타의무(Other Requirements)로 구성된다.

① 신고의무

신고의무자	신고대상	비 고
미국인(US Person) 개인(시민권자, 영주권자), 파트너십, 법인, 신탁, 상속신탁 등	$50,000 초과 해외금융자산 보유 사실. 단, 보험자산의 경우 $250,000	F8938 양식. 개인의 경우 신고유형별 기준금액 적용
	사모금융투자회사(PFIC)를 보유한 주주는 보유 사실. 사모금융투자회사는 총소득 중 75% 이상이 수동소득(passive income)이거나 총자산 중 50% 이상이 수동소득을 발생시키는 회사를 말한다.	F8621 양식
외국금융기관	$50,000(보험자산의 경우 $250,000) 초과 금융자산을 보유한 미국인 계좌에 관한 정보	IRS에 직접 신고. 미국과 해당국 간 협정에 따른 정부간 정보교류로 제공 가능
비금융외국법인	10% 초과 주식(지분)을 보유한 미국인 소유주 또는 주주에 관한 정보	

② 신고의무 위반시 제재조치

구 분	제재조치
미국 납세자	개인의 경우 ① $10,000~$50,000 벌금(penalty) 부과 ② 과소신고에 대해 신고불성실가산세 40% 부과
	사모금융투자회사의 경우 ① 벌금조항 없으나 미신고시 배당금에 대하여 높은 세율 적용 ② 신고시 장기양도차익에 대하여 낮은 세율 적용
외국금융기관(FFI)	외국금융기관 또는 비금융외국법인의 미국투자소득 30% 원천징수 (조세조약 적용 안함)
비금융외국법인(NFFE)	

Ⅳ 조세징수협조

1. 국내세법상 조세징수협조

조세징수협조는 조세조약상 명문규정이 없는 경우에도 상호주의원칙 하에 가능하다.

1.1 국내조세의 징수위탁

(1) 체약상대국에 징수위탁 요청

납세지 관할세무서장 또는 지방자치단체의 장은 국내에서 납부할 조세를 징수하기 곤란하여 체약상대국에서 징수하는 것이 불가피하다고 판단되는 경우에는 국세청장에게 체약상대국에 대한 조세 징수를 위해 필요한 조치를 하도록 요청할 수 있다.(국조법 §40 ①) 국세청장은 징수위탁의 요청을 받은 경우에는 체약상대국의 권한 있는 당국에 그 조세의 징수를 위탁할 수 있다.(국조법 §40 ②) 이 경우 국세청장은 납세의무자의 국적 및 거주·재산소유현황, 연대납세의무 및 납세담보현황, 조세채권 일실가능성, 조세채권의 소멸시효 등을 검토하여 조세징수위탁 여부를 결정해야 한다. 조세징수 협조요청을 하는 경우 다음 서류를 송부해야 한다. 다만, 아래 ②의 서류는 국내에서 수집가능한 것에 한한다.(국조령 §78 ①·②·③)

1. 국가 간 조세징수위탁요청서 (국조칙 §16 별지 19호)
2. 납세의무자, 연대납세의무자 및 제2차 납세의무자의 국적, 거주현황 관련서류, 국내외 재산보유현황 관련서류

(2) 처리결과통지 및 징수된 조세의 입금

국세청장은 조세징수위탁의 처리결과를 체약상대국으로부터 통지받은 경우, 그 통지내용을 납세지 관할세무서장 또는 지방자치단체장에게 통지해야 한다.(국조령 §78 ④)

국세청장은 체약상대국에서 징수된 한국의 조세를 송금받은 경우에는 그 금액을 국고 또는 지방자치단체의 세입금에 귀속시켜야 한다.(국조령 §80 ③)

1.2 체약상대국 조세의 징수협조

(1) 징수협조

재정경제부장관이나 국세청장은 조세조약에 따라 체약상대국의 권한 있는 당국으로부터 체약상대국에 납부할 조세를 한국에서 징수하도록 위탁받은 경우 납세지 관할세무서장에게 국세 징수의 예에 따라 징수하도록 할 수 있다.(국조법 §40 ③) 재정경제부장관이 체약상대국의 권한 있는 당국으로부터 조세징수를 위탁받은 경우에는 그 처리를 국세청장에게 위임한다. 이 경우 국세청장은 그 처리 결과를 재정경제부장관에게 보고해야 한다.(국조령 §79 ①)

(2) 조세징수 대상자에게 통지

국세청장은 체약상대국의 권한 있는 당국으로부터 조세징수를 위탁받거나 재정경제부장관으로부터 조세징수 위탁처리를 위임받은 경우에는 국내에 거주하는 조세징수 대상자에게 조세징수를 위탁받은 사실을 지체 없이 통지해야 한다. 이 경우 국세청장은 그 대상자에게 소명자료의 제출을 요구할 수 있다.(국조령 §79 ②)

(3) 징수협조 여부의 심사

국세청장은 체약상대국에 대한 조세징수협조 여부를 심사하는 경우에는 다음 사항을 고려해야 한다.(국조령 §79 ④) 국세청장은 체약상대국의 권한 있는 당국에 위탁받은 조세징수와 관련된 법원의 확정판결문, 불복쟁송의 처리 결과 등 조세징수 대상자의 납세의무를 확인할 수 있는 자료를 요구할 수 있으며, 심사와 관련하여 필요한 경우에는 체약상대국에 협의를 요청할 수 있다.(국조령 §79 ③ · ⑤)

1. 납세자가 제출한 자료
2. 납세의무자의 국적 및 거주 · 재산소유현황, 연대납세의무 및 납세담보현황, 조세채권 일실가능성, 조세채권의 소멸시효
3. 체약상대국이 상호주의에 입각한 조세징수협조를 한국에 제공하는지 여부

(4) 징수절차 및 징수비용

국세청장은 체약상대국에 대하여 조세징수협조를 하기로 결정한 경우에는 납세지 관할세무서장이 해당 조세를 징수하도록 지시한다. 관할세무서장은 국세징수법이 정하는 바에 따라 해당 조세를 징수한다. 이 경우 조세징수와 관련하여 통상의 징수경비를 초과

하여 발생한 경비는 징수된 조세에서 차감하여 국고에 불입한다.(국조령 §79 ⑥·⑦)

(5) 징수된 조세의 송금

징수절차가 종결되면 국세청장은 위탁받은 조세의 징수결과를 징수경비 차감내역과 함께 체약상대국에 통지한다. 징수조세의 송금방법은 체약상대국의 권한 있는 당국과 협의해 정한다.(국조령 §80 ①·②)

2. 조세조약의 징수협조

한국이 체결한 아래 조세조약에서 조세징수협조를 규정한다. 특히 아제르바이잔의 경우 모든 조세(간접세 포함)에 대하여 징수, 송금할 의무를 규정한다.

조세징수협조규정이 있는 조세조약

가봉, 나이지리아, 르완다, 미국, 아제르바이잔, 알제리, 에티오피아, 오스트리아, 우즈베키스탄, 일본, 조지아, 콜롬비아, 터키

(1) 징수협조 의무

OECD모델 27조 1항: 체약국은 상호간에 조세채권(revenue claim) 징수에 협조를 제공한다. 이러한 협조는 조약 1조 및 2조에 국한하지 않는다. 체약국의 관할당국은 상호합의에 의해 이 조의 적용방법을 결정할 수 있다.

① 징수협조의 범위

한 체약국이 징수하고자 하는 조세에 대하여 체약상대국은 협조의무가 있다. 이러한 협조방식에는 조세채권의 대리징수와 납세보전의 2가지가 있다.(OE §27-3) 어떤 사람이 한 체약국에서 체납하고 있는 조세채권과 관련하여 한 체약국 거주자 여부와 상관없이 협조가 이루어져야 한다.(OE §27-4) 징수협조를 위해 관할당국은 아래와 같은 실무적 문제를 검토해야 한다.(OE §27-9)

1. 조세채권에 대해 징수협조의 시한이 있는지 여부
2. 요청지국에서 사용되는 화폐와 다른 화폐로 조세채권이 징수될 경우 적용 환율
3. 징수된 금액을 요청지국에 송부하는 방법

② 징수협조의 서면요청

체약국의 관할당국은 징수협조를 하기 위한 서면요청을 합의에 의해 정할 수 있다.(OE §27-6) 일반적으로 징수협조 요청은 요청국가 법에서 요구되거나 양 체약국 관할당국에 의해 합의되는 서면으로 이루어지며, 서면요청은 조세채권 징수나 채권보전 절차에 필요한 것이다. 서면요청에는 조세채권은 강제집행되며 요청지국 법에 정한 납세의무자가 부담한다고 명시되거나, 요청국가의 강제집행 허용절차에 대한 공식서류가 포함될 수 있다. 또한 요청받은 국가의 언어로 내용을 번역해야 한다. 필요한 경우 요청국가의 강제집행절차는 협조요청을 받은 날 이후 요청받은 국가의 국내법에 따라 강제집행절차로 인정, 준용, 보완되거나 대체된다.(OE §27-7)

③ 징수비용

양 체약국은 징수협조를 할 때 요청받은 국가에서 발생한 비용문제를 처리해야 한다. 일반적으로 조세채권의 징수비용은 채무자에게 징수하지만 채무자에게서 받을 수 없는 비용을 어느 국가가 부담할지를 정할 필요가 있다. 이 경우 대부분은 특별한 합의가 없다면 다른 국가에게 협조를 제공하는 국가에서 발생되는 일반적 비용은 다른 국가에게 청구되지 않는다.

일반적 비용은 조세징수와 일반적으로 관련된 것으로 국내 징수절차에서 통상적으로 예상되는 비용을 말한다. 예외적 비용의 경우 양자 간 특별한 합의가 없으면 요청국가가 부담하는 것이 관례이다. 예를 들면, 조세징수시 특별한 형태의 절차가 사용될 때 발생하는 경비, 전문가, 번역 및 통역에 대한 비용이 포함된다. 대부분의 국가는 또한 사법절차나 파산절차 경비를 비경상적 비용으로 간주한다. 양 체약국은 비경상적 비용의 정의와 비경상적 비용이 발생할 개연성이 있는 특정사안에 대한 사전합의가 있어야 한다. 또한 비경상적 비용이 발생될 것이 예상되는 경우 체약상대국에 예상비용을 알려주어 체약상대국이 비용의 적절성을 판단하도록 해야 한다. 체약국들은 합의하에 다른 기준으로 비용을 배분할 수 있다. 징수협조요청이 중단되거나 철회되는 경우 또는 징수협조를 제공하면서 발생된 비용이 이미 다른 방식에 의해 처리된 경우에는 다른 기준이 적용될 것이다.(OE §27-8)

(2) 조세채권의 범위

OECD모델 27조 2항: 체약국이 당사자인 기타 협정과 이 조약에 반하지 않는 한 이 조항상 '조세채권(revenue claim)'은 체약국, 그 정치적 하부조직 또는 지방정부에 의해 부과되는 모든 종류의 조세에 대한 금전채권 및 이와 관련된 이자, 행정벌과금, 징수 · 강제징수 비용을 의미한다.

① 조세채권의 범위

징수협조의 대상이 되는 '조세채권'은 체약국, 체약국 정부조직 또는 지방자치단체가 부과하는 모든 조세에 대한 모든 체납액을 의미한다. 다만, 이러한 조세의 부과가 조약 또는 체약국 간 유효한 기타 양해각서에 반하지 않아야 한다. 또한 이러한 체납액과 관련된 이자, 행정벌과금, 징수 및 납세보전 비용도 포함된다. 그러므로 조약이 적용되는 조세에 한하지 않고 징수협조가 제공된다.(OE §27-10) 일부 국가들은 징수협조의 대상 조세를 조약이 적용되는 조세로 한정한다. 또한 일부 국가는 징수협조 대상조세를 제한하여 구체적인 조세목록을 포함시키는 경우도 있다.(OE §27-12)

② 조약체결 후 징수협조

조세채권에 대한 징수협조가 조약이 체결된 후에 이루어졌다 해도 조약체결 전에 발생한 조세채권에 대한 징수협조는 조약위반이 아니다. 그런데 조약에서 조약규정은 일정시점에 발생되거나 부과된 조세에 대하여 유효하다고 규정하는 경우 그러한 조세채권에 대해 어느 정도까지 징수협조를 제공해야 하는지가 문제가 될 수 있다. 일부 국가는 조약 발효 후에 발생된 채권에 한하여 징수협조를 제공하도록 조약상 규정한다.(OE §27-14)

(3) 조세채권의 대리징수

> OECD모델 27조 3항: 한 체약국의 조세채권이 그 국가법상 유효하고 당시 국가법에 따라 징수대상이 되는 사람에게 부과되는 경우 한 체약국 관할당국의 요청에 의해 조세채권은 다른 국가의 관할당국 징수목적상 인정된다. 이러한 조세채권은 체약상대국에서 자국의 조세채권으로 취급되어 체약상대국 조세의 부과(enforcement) 및 징수(collection)에 적용되는 세법조항에 따라 체약상대국에 의해 징수된다.

① 징수협조의 조건

징수에 대한 협조요청은 아래 2가지 선결조건을 충족해야 한다. 이는 요청국가 국내법상 조세채권을 징수할 권리가 있고 체납자가 징수에 대해 어떠한 행정적·법적 권리도 없음을 의미한다.(OE §27-15)

> 1. 조세채권은 요청국가 법에 따라 강제집행이 가능해야 한다.
> 2. 그 당시의 국내법상 징수를 거부할 수 없는 사람이 체납하고 있어야 한다.

많은 국가에서 채권의 적법성이나 금액의 적정성에 대해 불복할 권리가 남아 있다 해도 조세채권은 징수된다. 그런데 요청받은 국가의 국내법상 불복이 진행 중일 때 조세채권을 징수하지 못하도록 한 경우 이로 인해 요청국가에서 징수에 영향을 받는 것은 아니지만 불복권리가 존재하는 한 요청받은 국가가 요청국가의 조세채권을 징수할 권한은 없다. '조세채권이 체약상대국의 조세채권인 것처럼 다른 국가의 조세에 대한 강제집행과 징수에 적용되는 법규정에 따라 체약상대국에 의해 징수되며'라는 의미는 체약상대국의 조세채권 징수에 적용되는 요청국가의 국내법을 제한하는 효과를 가진다. 그렇지만 많은 국가들이 요청받은 국가의 국내법이 불복청구권이 존재하는 경우 징수를 금지하는 경우에도 그와 상관없이 요청국가에서 조세채권이 징수될 수 있는 때에는 징수협조를 한다. 요청받은 국가에 없는 조세에 대한 징수요청도 가능하다. 요청국가는 필요하다면 조세채권의 성격, 조세채권의 구성내용, 채권의 기한 및 채권추심이 가능한 자산을 명시한다. 이 경우 요청받은 국가는 요청국가의 조세와 비슷한 자국 조세채권에 적용되는 절차를 따르거나 비슷한 조세가 없는 경우 기타 적절한 절차를 따르게 된다.(OE §27-18)

② 조세채권 징수방법

요청받은 국가는 징수협조 요청을 받은 경우 직접적으로 납세자에게 징수행위를 하는 것은 아니지만, 자신의 조세채권처럼 요청국가의 조세채권을 징수할 의무가 있다. 이 경우 징수시효와 조세채권의 우선변제권(priority)에 대하여는 별도의 검토가 필요하다. 위에서 검토한 것처럼 '체약상대국 조세의 강제집행과 징수에 적용되는 자국법 규정에 따라'라는 규정은 요청받은 국가의 국내법상 불복청구권이 존재하면 요청받은 국가의 조세채권 징수가 허용되지 않는 경우 불복청구권이 없는 채권에 대한 징수협조로 범위를 제한하는 효과가 있다.(OE §27-17)

(4) 납세보전의 요청

OECD모델 27조 4항: 한 체약국의 조세채권이 자국법상 납세보전을 위한 담보절차(measures of conservancy)의 집행과 관련된 경우 한 체약국의 관할당국 요청에 따라 체약상대국 관할당국은 담보절차 집행상 이를 인정한다. 담보절차 집행시 조세채권이 한 체약국에서 강제집행 대상이 아니거나 징수대상이 되는 사람이 이의청구권을 가진 경우에도 체약상대국은 자국법상 조세채권과 동일하게 자국법 규정에 따라 조세채권에 대한 담보절차를 취해야 한다.

한 체약국의 징수권을 보호하기 위해 징수협조를 요청하기에는 시기상조라 하더라도 체약상대국에 납세보전절차를 취하도록 요청할 수 있는데, 조세채권을 강제집행할 수 없거나 채무자가 징수에 불복할 권리를 가지는 경우가 이에 해당한다. 이러한 납세보전의 요청은 자국법에 납세보전절차를 규정한 체약국에게만 가능하다. 또한 국내법상 납세보전절차가 있더라도 체약상대국이 징수하는 조세에 대한 보전절차를 진행하는 것이 적절하지 않다고 생각하는 국가는 조약에 납세보전절차를 포함시키지 않거나 범위를 제한한다. 일부 국가에서 보전절차는 '잠정적 조치(interim measure)'로 간주되며 따라서 조속한 시일 내에 조세채권을 확정해야 한다.(OE §27-19)

보전절차를 요청할 때 요청국가는 요청시마다 어떠한 결정단계 또는 징수단계인지를 알려야 한다. 이 경우 요청받은 국가는 자국법이나 행정실무상 보전절차가 허용되는지 여부를 판단해야 한다.(OE §27-21)

납세보전절차는 조세의 최종결정 전에 징수편의를 위해 재산을 압류(seizure)하거나 사용동결(freezing)하는 것이다. 보전절차의 집행시 필요한 조건은 국가마다 다른데, 어떠한 경우든지 조세채권 금액이 임시적이든 부분적이든 사전에 확정되어야 한다. 요청국가가 자국에서 조세채권 금액을 확정할 수 없다면 조세채권에 대한 보전절차 요청은 이루어질 수 없다.(OE §27-20)

(5) 징수시효 및 조세채권의 우선권

OECD모델 27조 5항: 3항과 4항 규정에도 불구하고 3항과 4항에 따라 한 체약국이 인정한 조세채권은 한 체약국의 조세시효 대상이 되지 않거나 또는 이러한 이유로 한 체약국 법상 조세채권에 적용되는 우선권이 부여되지 않는다. 또한 3항과 4항에 따라 한 체약국에서 인정한 조세채권은 체약상대국 법상 그 조세채권에 적용되는 우선권이 적용되지 않는다.

요청받은 국가의 시효, 즉 조세채권이 유효하거나 징수될 수 없는 시한은 요청국가의 조세채권에는 적용되지 않으며, 요청국가의 조세채권 시효가 적용된다. 요청받은 국가의 시효가 적용되지 않는 조세채권은 요청국가에서 강제집행될 수 있는 조세채권과 요청국가에서 보전절차를 취할 수 있는 조세채권을 모두 포함한다.(OE §27-22)

그러므로 요청국가에서 조세채권이 강제집행 또는 징수되거나 보전절차가 행해질 수 있는 한 요청받은 국가법에 따른 시효를 이유로 요청을 거절하는 것은 가능하지 않다. 다만, 국가에 따라서는 국내법상 시효를 적용하는 경우도 있다.(OE §27-23)

일부 국가는 일정 기간이 경과하면 조세채권의 징수협조의무가 더 이상 존재하지 않는다고 간주한다. 이러한 기간은 강제집행이 가능하게 되는 원처분일로부터 기산된다. 일부 국가법은 일정 기간 경과 후 강제집행처분을 새로이 하도록 규정하는데, 이 경우 협조의무가 종료되는 기간은 당초처분부터 계산된다.(OE §27-24)

또한 요청국가와 요청받은 국가의 국내법상 조세채권은 다른 채권보다 우선권이 있다는 규정은 징수협조 요청되는 조세채권에는 적용되지 않는다. 이런 우선권 규정은 세무당국이 가능하면 최대한 조세를 징수하도록 보장하기 위해 대부분의 국내법에 포함된다.(OE §27-25)

요청받은 국가의 조세채권 우선규정이 협조요청된 다른 국가의 조세채권에 적용되지 않는다는 원칙은 요청받은 국가가 이 조세채권을 자국의 조세채권처럼 취급하는 경우에도 적용된다. 한편, 다른 국가의 조세채권에 자국 조세채권에 적용되는 것과 같은 우선권을 부여하는 국가의 경우 해당조항을 수정하여 첫째 문장의 '우선순위의 대상'이란 말을 삭제한다.(OE §27-26) 위 조항의 '그 금액이 갖는 성격을 이유로'라는 표현의 의미는 요청받은 국가의 조세시효와 조세채권 우선권은 미납부 조세에 적용된다는 것이다. 그러므로 다른 채권 이전에 발생되거나 등록된 조세채권으로서 갖는 「민법」상 우선변제권과 같이 일반적인 채권에 적용되는 시효나 우선변제권에 대한 일반규정을 적용하지 못하도록 하는 것은 아니다.(OE §27-27)

(6) 협조대상 조세채권의 불복관할

OECD모델 27조 6항: 한 체약국의 조세채권의 존재여부(existence), 효력(validity) 및 조세채권액에 대한 소송은 체약상대국의 법원이나 행정조직에서 다루어지지 않는다.

요청국가 조세채권의 존재 여부, 효력 및 금액의 적정성에 대한 모든 사법적·행정적 불복은 요청받은 국가의 법원 및 행정기관에서 처리하지 않는다. 그러므로 징수협조되는 조세채권의 적법성 검토와 같은 사법적·행정적 절차는 요청국가에서 진행된다. 이 원칙은 요청국가의 국내법상 이루어진 체납조세에 대하여 요청받은 국가의 행정이나 사법기관에서 결정을 구하는 청구가 이루어지는 것을 방지하기 위한 것이다.(OE §27-28)

(7) 징수협조의 철회

OECD모델 27조 7항: 3항과 4항에 따라 한 체약국의 요청이 이루어진 후 체약상대국이 한 체약국의 해당 조세채권을 징수·교부하기 전에 다음과 같은 상황인 경우 관련 조세채권은 체약상대국에서 효력이 없다.

a) 3항 요청의 경우 한 체약국 법상 강제집행 가능하고 그 당시 징수를 거부할 수 없는 개인이 체납하고 있는 한 체약국의 조세채권 또는

b) 4항 요청의 경우 한 체약국이 자국법상 납세보전을 위한 담보절차를 집행할 수 있는 조세채권

한 체약국 관할당국은 이 사실을 체약상대국 관할당국에 즉시 알려야 하며, 한 체약국은 체약상대국의 동의하에 요청을 연장하거나 철회한다.

징수 또는 납세보전에 대한 협조요청이 이루어진 후에 요청국가에서 조세채권의 강제집행이 중단되는 등 요청당시 적용요건을 충족하지 못하게 되면, 요청국가는 이러한 상황변화를 체약상대국에 즉시 알려야 한다. 요청받은 국가는 이러한 통지를 받게 되면 요청을 보류할 것인지 아니면 요청을 철회할 것인지를 요청국가에 문의할 수 있다. 요청이

보류되는 경우 요청국가가 관련채권 징수에 필요한 조건이 다시 충족되었음을 체약상대국에 통지하는 시점까지 협조는 보류되며, 상당기간 방치되는 경우 요청은 철회된 것으로 본다.(OE §27-29)

(8) 징수협조를 요청받은 국가의 의무제한

OECD모델 27조 8항: 이 조항 규정은 어떠한 경우에도 한 체약국에 아래와 같은 부담을 지우기 위한 것이 아니다.

a) 한 체약국이나 체약상대국의 법과 행정관행에 반하는 행정절차를 집행하는 것

b) 공공정책에 반하는 절차를 집행하는 것

c) 체약상대국이 법과 행정절차상 가능한 징수 및 납세보전을 위한 적절한 절차를 취하지 않은 경우 협조를 제공하는 것

d) 한 체약국을 위한 행정부담이 체약상대국이 받는 혜택과 명백히 불균등할 경우 협조를 제공하는 것

요청받은 국가가 부담하는 의무에는 논리적으로 볼 때 아래와 같은 일정한 제한이 있는데, 이 경우에 해당하면 협조제공을 거부할 수 있다.(OE §27-30) 그러나 협조제공을 거부할 수 있는 사안에 대해 자발적인 협조를 한다면 조약의 적용대상이 되므로 협조제공으로 인해 조약위반이 되는 것은 아니다.(OE §27-31) 일부 국가는 유럽의회 및 OECD 합동의 '조세문제의 상호협조에 대한 다자조약'에서 규정하는 더 많은 제한을 조세조약에 포함하는데, 이는 협조요청된 조세가 과세원칙에 반하여 과세되었다고 판단하는 경우 협조를 거부하기 위한 것이다.(OE §27-37)

① 한 체약국은 자국의 국내법과 행정실무 또는 체약상대국의 국내법이나 행정실무에 반하여 협조할 의무는 없다: 그러므로 요청국가가 납세보전절차를 진행할 국내법상 권한이 없는 경우 요청받은 국가는 요청국가를 대신하여 그러한 절차를 진행하는 것을 거부할 수 있다. 또한 요청받은 국가에서 조세채권을 충족시키기 위한 재산압류가 허용되지 않는다면 징수협조를 하는 경우에도 재산을 압류할 의무가 없다. 그렇지만 요청국가의 조세징수에 대한 협조를 하기 위해서 집행하는 경우라 해도 요청받은 국가의 조세목적상 권한을 부여받은 모든 형태의 행정절차는 사용되어야 한다.(OE §27-32) 한 체약국의 조세시효는 체약상대국이 조세징수협조를 요청한 조세채권에 적용되지 않는다. 그러므로 요청국가에서 해당 조세채권에 적용하는 시효가 만료되지 않은 경우 요청받은 국가의 조세시효가 지난 후에 조세채권에 대한 협조를 제공하는 것은 요청받은 국가 또는 요청국가의 국내법 위반은 아니다.(OE §27-33)

② 공공정책에 반하여 징수절차를 진행할 수 없다: 체약국의 중대한 이해에 영향을 미치는 협조에 대해서는 제한을 두는 것이 적절하다.(OE §27-34)

③ 체약상대국이 자국법이나 행정실무상 가능한 적절한 징수절차나 납세보전절차를 다하지 않은 경우 한 체약국은 요청을 수락할 의무가 없다.(OE §27-35)

④ 요청받은 국가는 실무적 관점에서 요청을 거부할 수 있다: 요청국가의 조세채권 징수에 드는 비용이 조세채권 금액을 초과하는 경우이다.(OE §27-36)

제 2 편

비거주자 · 외국법인의 국내원천소득

Chapter 01

비거주자 · 외국법인 원천징수제도

1. 비거주자 · 외국법인 과세 개요

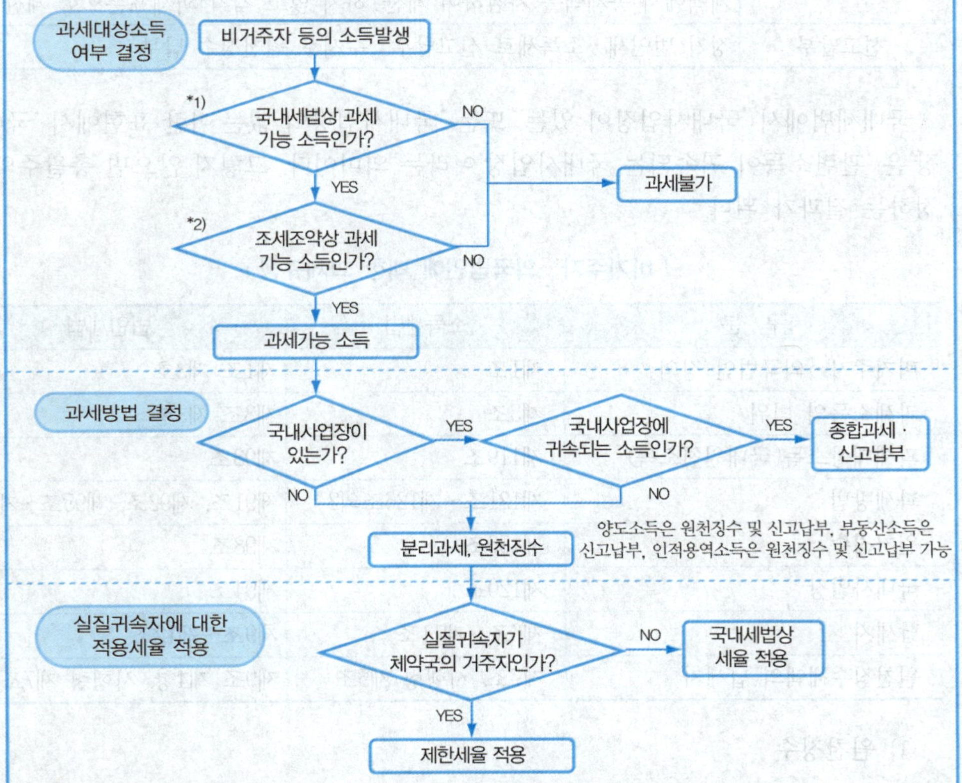

*1) 국내세법상 과세가능소득: 국내원천소득에 해당하고, 비과세 · 면제되지 않는 소득

*2) 조세조약상 과세가능소득: 국내원천소득에 해당하고, 원천지국에 과세권이 있는 소득

(1) 거주자 · 내국법인: 종합과세

거주자 · 내국법인은 모든 국내외소득(worldwide income)에 대하여 납세의무를 진다.

(2) 비거주자 · 외국법인 : 원천징수 또는 종합과세

| 비거주자 · 외국법인의 과세개요 |

국내사업장 귀속 여부	국내사업장 귀속소득	국내사업장이 없거나 국내사업장 귀속소득이 아닌 경우
국내원천소득 계산	국내원천소득의 총합계액 (분리과세소득 제외)	• 각 소득별 수입금액 ※ 근로소득, 퇴직소득, 연금소득, 부동산 소득의 경우 필요경비 공제
과세표준 계산	(종합과세) 국내원천소득의 총합계액에서 공제액을 차감하여 계산	(분리과세) 국내원천소득의 금액을 합산하지 않고 각각 과세표준으로 계산
신고납부	정기 법인세 · 소득세로 신고납부	수시로 원천징수 납부

국내세법에서 '국내사업장이 있는' 또는 '국내사업장이 없는'이란 표현에서 '국내사업장'은 '관련소득이 귀속되는 국내사업장'이라는 의미이다. 그렇지 않으면 총괄주의를 인정하는 결과가 된다.

| 비거주자 · 외국법인에 대한 과세규정 |

구 분	소득세법	법인세법
비거주자 · 외국법인 정의	제1조	제1조 제3호
과세소득의 범위	제3조	제3조 제3항
과세대상소득(국내원천소득)	제119조	제93조
과세방법	제121조~제126조의2	제91조, 제92조, 제95조~제97조
원천징수	제156조	제98조
국내사업장	제120조	제94조
납세지	제6조~제11조	제9조~제12조
원천징수세액의 납세지	제7조, 시행령 제5조	제9조 제4항, 시행령 제7조

① 원천징수

비거주자 · 외국법인은 부동산등 소득 또는 국내사업장에 귀속되는 소득이 없으면 국내세법에 열거된 국내원천소득에 대해서만 분리하여 원천징수된다.(법법 §91 ③ · ④, §98 ① · ③ · ④, 소법 §121 ① · ③) 예를 들면, 외국영주권을 가진 한국인이 국내에 주소 또는 1년 이상의 거소가 없이 내국법인에 출자하여 받은 배당소득과 내국법인의 비상근임원

으로서 받는 급여는 비거주자의 배당소득과 근로소득에 해당되므로 분리하여 원천징수한다.(소통 121-0…1)

② 부동산소득 및 국내사업장 귀속소득의 종합과세

국내원천 부동산소득과 국내사업장 귀속소득이 있는 비거주자·외국법인에 대하여는 국내원천 부동산소득과 국내사업장 귀속소득을 종합하여 과세한다.(법법 §91 ①, 소법 §121 ②) 이에 대하여 국내사업장에서 자세히 설명한다.

2. 국내원천소득 및 원천징수세율, 비과세소득

2.1 국내원천소득의 구분 및 원천징수세율

(1) 국내원천소득의 구분 및 원천징수세율

비거주자와 외국법인의 국내원천소득 과세방법은 같다. 다만, 근로소득, 퇴직소득과 연금소득은 그 성격상 비거주자에게만 발생된다. 각 소득에서 이를 자세히 설명하며, 사업소득은 국내사업장에서 설명한다.

조세조약 (OECD 조항)	거주자	비거주자·외국법인 국내원천소득				국내사업장 있는 경우	국내사업장 없는 경우	국내세법상 원천세율 (법법 §98 ①, 소법 §156 ①)
		소득세법 §119		법인세법 §93				
이자(11)	이자	1	이자소득	1	이자소득			20(14%)
배당(10)	배당	2	배당소득	2	배당소득			20%
부동산(5)	(사업)	3	부동산소득	3	부동산소득			–
(사업)	(사업)	4	선박임대소득	4	선박임대소득			2%
사업(7) 국제운송(8)	사업	5	사업소득	5	사업소득	종합과세 (특정소득 예납적 원천징수)	분리과세 (완납적 원천징수)	2%
인적용역(14) 연예인(17)	(사업)	6	인적용역소득	6	인적용역소득			20%(3%)
사용료(12)	(사업)	10	사용료소득	9	사용료소득			20%
(양도)	(양도)	11	유가증권 양도소득	10	유가증권 양도소득			양도가 10% 또는 양도차익 20%
기타(21)	기타	12	기타소득	11	기타소득			20%(15%) 대가 10%, 차익 20%

조세조약 (OECD 조항)	거주자	비거주자·외국법인 국내원천소득				국내사업장 있는 경우	국내사업장 없는 경우	국내세법상 원천세율 (법법 §98 ①, 소법 §156 ①)
		소득세법 §119		법인세법 §93				
근로(15) 이사보수(16) 공무원(19) 학생(20)	근로	7	근로소득	–	해당 없음			거주자와 동일
연금(18)	퇴직 연금	8	퇴직소득	–	해당 없음	종합과세·분류과세 (양도소득 예납적 원천징수)		–
양도(13)	양도	9	양도소득	7	양도소득			양도가 10% 또는 양도차익 20%

※ 2008년 이전 이자, 배당, 사용료, 양도소득, 유가증권양도소득, 기타소득 세율: 25%

(2) 소득원천의 의미

소득원천(source of income)이란 소득이 만들어진 곳으로 재화나 용역의 판매, 자금의 투자나 대여, 자산의 대여나 양도등의 경제활동이 이루어진 곳을 말한다. 일반적으로 수동소득(이자, 배당, 사용료, 부동산등 양도 및 임대)은 '지급자 거주지' 또는 '자산소재지', 능동소득(사업소득, 용역소득, 근로소득)은 '공급자 활동지'를 원천으로 본다.

| 국내원천소득의 판단기준 |

소득 종류	국내세법	조세조약(OECD모델)
이자	지급자 거주지	지급자 거주지
배당		
사용료		권리 사용지
부동산소득	부동산 소재지	부동산 소재지
부동산 양도소득		
유가증권양도소득	발행법인 소재지	양도자 거주지
사업소득	사업 수행지	사업 수행지
근로소득, 인적용역소득	용역 수행지	용역 수행지
기타소득	지급자 거주지	수취인 거주지

거주자·내국법인이 국외사업장을 위해 비거주자·외국법인에게 소득을 지급하는 경우, 국외사업장이 실질적으로 사용·수익하는 재화 또는 용역에 대한 대가로 국외사업장

의 소득금액을 계산할 때 비용으로 공제된다면 국내원천소득에 해당하지 않는다. 다만, 내국법인 등이 국외사업장을 위해 비거주자 등에게 선박임대소득이나 사용료를 지급하면 국내원천소득에 해당한다. 이러한 상황에서 발생하는 이중과세를 방지하기 위해 조세조약에서 국외사업장 소재지국에 원천징수권을 부여하는 경우도 있다.

(3) 소득구분의 순서

① 소득구분의 순서

국내세법은 국내원천소득을 열거하며 열거하지 않은 소득은 과세되지 않는다. 국내원천소득을 소득종류별로 구분 · 열거하고 있는 이유는 세율이나 과세방법에 차이가 있기 때문이다. 소득을 구분하는 경우, 사업소득과 기타소득 이외의 소득 ⇒ 사업소득 ⇒ 기타소득의 순서로 구분한다. 예를 들면, 대금업을 하는 외국은행에 지급하는 대가가 이자소득에 해당하면서 그 은행의 사업소득에 해당하면 이자소득으로 구분한다.

② 신탁, 사모집합투자기구, 동업기업의 원천징수특례

신탁, 특별한 사모집합투자기구, 동업기업의 경우 발생소득의 내용별로 소득을 구분하여 소득세법 등의 규정을 적용한다. 이는 배당 또는 사업소득으로 과세하지 않고 발생원천에 따라 이자, 배당, 양도소득 등으로 과세한다는 의미이다. 한편, 동업기업의 동업자에 대하여는 특례원천징수세율을 적용한다.

2.2 비과세소득

① 장내파생상품 거래소득

국내사업장이 없는 비거주자 · 외국법인이 「자본시장법」에 따른 장내파생상품의 거래를 통해 취득한 소득은 국내원천소득으로 보지 않는다.(법령 §132 ⑨, 소령 §179 ⑫)

② 유가증권 대차거래 보상금상당액

국내사업장이 없는 비거주자 · 외국법인이 「자본시장법」에 따라 국내사업장이 없는 비거주자 · 외국법인과 유가증권(채권 등을 제외) 대차거래를 하여 유가증권 차입자로부터 지급받는 배당 등의 보상금상당액은 국내원천소득으로 보지 않는다.(법령 §132 ⑮, 소령 §179 ⑰)

③ 보세구역등 물류시설의 재고자산 판매이익

비거주자 · 외국법인이 국외에서 제조하거나 양도받은 재고자산을 보세구역 또는 자유무역지역에 소재하는 물류시설에 보관 후 양도함에 따라 발생하는 국내원천 사업소득에 대하여 원천징수를 면제한다.(조특법 §141의2) 다만, 이러한 거래를 계속하여 국내사업장 요건을 충족하는 경우에는 국내사업장으로 과세한다.(국제세원-489, 2011.10.13.)

④ 외국보험회사에 지급하는 재보험료

국내사업장을 두지 아니한 외국보험회사가 국내에서 사업활동을 함이 없이 국내보험업자와의 계약에 의해 재보험을 국외에서 인수하고 그 대가인 재보험료를 지급받은 경우 동 재보험료는 국내원천소득으로 보지 않는다.(법통 93-132…3)

⑤ 선급금

내국법인이 인도법인과 자동차엔진부품을 위탁생산하는 계약을 체결한 후 인도법인이 원활한 계약이행을 위한 생산시설을 증설할 수 있도록 인도법인과 초기비용계약(Start-up Cost Agreement)을 체결하고 지급하는 금액이 향후 내국법인이 공급받게 될 위탁생산 재화가격의 선급금으로서 지급하는 금액인 경우, 그 지급액은 국내원천소득에 해당하지 않는다.(법규국조 2014-543, 2014.12.24.)

⑥ 원천징수 제외소득

아래 소득을 비거주자·외국법인에게 지급할 때는 원천징수하지 않는다.(법법 §97 ⑤, 법칙 §68, 소법 §86, 소법 §154)

1. 비거주자·외국법인의 국내사업장에 귀속되는 국내원천소득(이자소득 등을 원천징수하는 경우 제외)
2. 공익신탁의 신탁재산에서 생기는 소득
3. 비과세소득과 다른 법률에 의해 조세가 면제되는 소득(조특법 및 공공차관의 도입 및 관리에 관한 법률에 의한 면제소득)
4. 원천징수세액이 1천 원 미만인 경우

2.3 원천징수 과세표준

(1) 원천징수 과세표준의 계산

국내사업장이 없는 비거주자·외국법인에게 지급하는 국내원천소득 또는 그 국내사업장과 실질적으로 관련되지 아니하거나 그 국내사업장에 귀속되지 않는 국내원천소득 금액은 '수입금액' 또는 '소득금액'으로 하며, 해당 소득에서 설명한다.(법법 §92 ②·③, 법법 §91 ②·③, 소법 §126 ①·⑤) 원천징수 과세표준은 소득금액을 합산하지 않고 지급할 때 각각 따로 계산한다.

(2) 지급자 세부담 조건의 경우 과세표준의 계산

국내사업장이 없는 비거주자 또는 외국법인에게 지급하는 사용료 등 대가에 대하여 원천징수할 세액상당액을 내국법인이 부담하는 조건으로 계약을 체결한 경우에는 해당 계약에 따라 내국법인이 부담한 원천징수세액상당액을 대가의 일부로 보아 필요경비 또는 손금에 산입한다.(법통 19-19…27, 소통 27-55…30)

지급자가 세금을 부담하기로 약정한 경우 원천징수 과세표준은 다음과 같이 역산하여 산출한다.(법통 98-0…2) 계약서상 조세부담에 관한 언급이 없이 순액으로 지급하기로 약정한 경우에도 지급자 세금부담조건과 동일하게 취급한다. 아래 산식에서 원천징수세율에는 소득세 또는 법인세의 원천징수세율뿐 아니라 지방소득세의 원천징수세율도 포함된다.

세부담 조건인 경우 과세표준＝지급금액×{1/(1－원천징수세율)}

(3) 외화로 대가를 지급하는 경우 원화환산방법

외화금액을 기준으로 대가를 지급하는 경우 지급일의 기준환율 또는 재정환율에 의해 과세표준을 계산하며, 원화를 외화로 환전하여 지급하는 경우에는 실제로 환전한 원화금액을 과세표준으로 한다.(국업 46017-64, 2001.2.6.) 또한, 외국법인이 내국법인이 발행한 주식을 외화금액을 기준으로 취득하거나 양도하는 경우에 주식양도소득의 계산은 원화금액을 기준으로 산정하며 양도일 및 취득일의 기준환율 또는 재정환율을 적용한다.(국총 46017-811, 1998.11.28.)

2.4 조세조약상 소득구분, 제한세율, 최혜국대우

(1) 조세조약상 소득구분이 국내세법과 다른 경우

원천지국 과세대상 및 제한세율 적용에 대해서는 조세조약이 우선하여 조세조약상 소득구분에 따라 그 판단이 이루어져야 하지만, 국내 과세권이 인정되면 국내세법상 소득구분에 따라 구체적 과세방법이 결정되어야 한다. 따라서 조세조약을 적용할 때, ① 국내세법에 따른 과세권 여부 ② 조세조약에 따른 비과세, 제한세율 여부 ③ 국내세법상 과세방법 적용의 과정을 거친다.(서울행정법원 2021구합68780, 2022.11.25.)

1. 조세조약상 국내원천소득이지만, 국내세법상 국내원천소득이 아닌 경우: 과세할 수 없다.
2. 조세조약 및 국내세법상 국내원천소득인 경우
   ① 조세조약상 특별한 소득구분이 없는 경우: 국내세법을 적용한다. 예를 들면 국내세법은 집합투자기구소득이나 과소자본세제에 따른 처분소득을 배당으로 특별히 구분하므로 조세조약에서 이를 이자나 양도소득으로 구분하는 경우에도 배당소득으로 본다.
   ② 조세조약과 국내세법 중 유리한 세율 적용. 예를 들면 불가리아법인에게 지급하는 기술용역대가는 한불가리아조약에 따라 사용료소득으로 구분되며, 싱가포르법인으로부터 바지선을 임대하고 지급하는 대가는 한싱가포르조약에 따라 사용료소득으로 구분한다. 이 경우, 국내세법에 따른 인적용역소득 또는 선박임대소득의 세율과 조세조약의 제한세율 중 유리한 세율을 적용한다.
   ③ 국내세법이 다른 소득으로 구분하지만 조세조약이 사업소득으로 구분하는 경우: 사업소득으로 본다.(법법 §93 5호 단서, 소법 §119 5호 단서)
3. 조세조약상 국내원천소득이 아니고, 국내세법상 국내원천소득인 경우: 과세할 수 있다.
4. 조세조약상 특별한 소득산정방법이 없는 경우: 국내세법을 적용한다. 예를 들면 한룩셈부르크조약에서 주식의 증여소득을 기타소득으로 구분하지만 국내세법에서 수증인의 주식양도소득을 계산할 때 증여인의 취득가액을 수증인의 취득가액으로 간주하는 경우 이는 수증인에 귀속되는 양도소득을 계산하는 국내세법의 문제이므로 소득구분에 있어 조세조약의 우선원칙에 위반되지 않는다.(대법원 2016두39290, 2016.9.8.)

(2) 조세조약이 없거나 확인되지 않는 경우

소득의 실질귀속자의 거주지국과 조세조약이 없는 경우, 법인세법 · 소득세법에 따른 소득구분 및 원천징수세율을 적용한다. 원천징수의무자나 소득수취인의 귀책사유로 실질귀속자의 거주지국을 확인할 수 없는 경우에도 마찬가지이다.

(3) 조세조약상 제한세율 또는 최혜국대우를 규정하는 경우

① 조세조약상 제한세율을 규정하는 경우

제한세율이란 조세조약에 따라 체약상대국의 거주자 또는 법인에 대하여 과세할 수 있는 최고세율을 말한다.(법법 §93의2 ②, 소법 §119의2 ②) 대부분의 조세조약은 이자, 배당 및 사용료에 대하여 제한세율을 규정한다.

② 조세조약상 최혜국대우를 규정하는 경우

일부 조세조약(예 페루, 칠레, 세르비아)은 제한세율과는 별도로 '최혜국대우'를 규정하는데, 이 경우 조약상 제한세율에도 불구하고 최혜국대우에 따른 제한세율이나 면제가 적용된다. 예를 들면, 한칠레조세조약 의정서 제2조 및 제3조는 이자 및 사용료에 대한 최혜국

대우를 규정한다. 2004년 체결된 칠레・스페인 간 조세조약에서 한칠레조세조약보다 낮은 이자・사용료의 제한세율이 채택되었으며, 최혜국대우조항에 따라 2004.1.1.부터 그 인하된 세율이 한칠레 간에 자동적으로 적용된다.(국제조세-625, 2004.11.15.)

(4) 제한세율의 적용방법

비거주자・외국법인의 국내원천 이자, 배당 또는 사용료소득에 대해서는 조세조약의 제한세율과 국내세법에 정한 세율 중 낮은 세율을 적용한다. 다만, '투과기업 방지규정'(법법 §98의5)이 적용되는 경우에는 국내세법에 따른 세율로 우선 원천징수한다. 이 경우, 국내세법에 따라 원천징수된 이후에 실질귀속자의 경정청구에 따라 과세표준과 세액을 경정하는 경우에는 조세조약상의 제한세율과 국내세법에 따른 세율 중 낮은 세율을 적용한다.(법법 §98의7, 소법 §156의8)[부록 체약국별 제한세율]

① 조세조약의 대상조세에 지방소득세가 포함되지 않는 경우

원천징수 법인세・소득세율 = Min(제한세율, 국내세법 원천징수세율)

조세조약의 대상 조세에 지방소득세가 포함되지 않는 경우에는 제한세율과 국내세법의 원천징수세율 중 낮은 세율을 곱하여 법인세・소득세를 계산한 후, 그 법인세・소득세에 지방소득세율을 곱하여 지방소득세를 계산한다.(법법 §98의7 ① 1호, 소법 §156의8 ① 1호) 남아공, 미국, 필리핀과의 조세조약에서는 지방소득세가 대상조세에 포함되지 않는다. 그런데, 한미조세조약 제1조 제2항은 "소득세나 법인세와 실질적으로 유사한 조세로서 이 협약의 서명일자 이후에 현행 조세에 추가하여 부과되거나 또는 현행 조세에 대체하여 부과되는 조세에 대하여도 적용된다'고 규정하며, 한미조세조약 서명일이 1976.6.4.이고, 주민세(지방소득세)는 1976.12.31. 신설되었다는 점에서 '주민세(지방소득세)는 소득세나 법인세와 실질적으로 유사한 조세로서 그에 추가하여 부과되는 조세'에 해당하므로 대상조세에 포함해야 한다는 주장이 있다.

② 조세조약의 대상조세에 지방소득세가 포함되는 경우

원천징수세율 = Min(제한세율, 국내세법 원천징수세율 + 지방소득세율)

조세조약의 대상 조세에 지방소득세가 포함되는 경우에는 제한세율과 '국내세법의 원천징수세율(이자, 배당, 사용료)에 지방소득세율(법인세의 10%)을 더한 세율' 중 낮은 세율을 곱하여 법인세・소득세 및 지방소득세를 계산한다.(법법 §98의7 ① 2호, 소법 §156의8 ① 2호) 예를 들면, 한일조세조약의 대상조세에는 지방소득세가 포함되므로 법인세・소득세뿐 아니라 지방소득세까지 포함한 제한세율이 10%를 초과해서는 안 된다. 제한세율

이 적용되는 경우, 법인세 · 소득세율은 제한세율을 법인세율 · 소득세율 및 지방소득세율로 안분하여 아래와 같이 산출한다.

원천징수 법인세 · 소득세율＝제한세율×{1/(1＋0.1)}

③ 대상조세에 농어촌특별세가 포함되는 경우

남아공, 네팔, 독일, 라트비아, 리투아니아, 몰타, 미얀마, 벨라루스, 사우디아라비아, 스위스, 슬로바키아, 슬로베니아, 아랍, 아제르바이잔, 알제리, 알바니아, 에스토니아, 영국, 오만, 오스트리아, 요르단, 우루과이, 우즈베키스탄, 우크라이나, 이스라엘, 인도 칠레, 카타르, 콜롬비아, 크로아티아, 파나마, 파푸아뉴기니, 페루, 포르투갈과의 조세조약은 농어촌특별세를 조세조약 적용 대상조세에 포함한다. 농어촌특별세는 법인세나 소득세 감면분의 20%이므로, '법인세율×(1-감면율)＋지방세율(＝법인세율×10%)＋농특세율(＝법인세율×감면율×20%)＝제한세율'의 산식으로 법인세나 소득세를 계산한다.

④ 과세소득과 감면소득이 혼합되어 있는 경우

제한세율은 해당 소득에 적용될 수 있는 최고한도율을 의미한다. 비거주자가 수취하는 소득이 과세소득과 조세특례제한법의 규정에 의한 감면소득으로 혼합되어 있는 경우에는 합산 총소득에 대하여 제한세율을 적용한 세액과 국내세법에 의한 세액 중 낮은 세액을 납부할 세액으로 한다.(조심 2015전2101, 2018.5.15.)

사례 원천징수세액의 계산

1. 조세조약 없는 국가: 나우루법인으로부터 100,000원에 영화필름을 도입하고 사용료를 지급하며, 그에 대한 원천징수세액은 내국법인이 부담하기로 약정
   - 과세표준: 100,000×{1/(1－원천징수세율)}＝100,000×{1/(1－0.22)}＝128,205
     ※ 원천징수세율: 법인세율 20%＋지방소득세율 2%
   - 세액: 28,205＝(법인세 128,205×0.20＝25,641)＋(지방소득세 25,641×0.10＝2,564)
2. 조세조약 있는 국가(지방소득세 불포함): 미국법인에게 저작권사용료 100,000원을 지급하고 그에 대한 원천징수세액은 내국법인이 부담하기로 약정
   - 과세표준: 100,000×{1/(1－원천징수세율)}＝100,000×{1/(1－0.11)}＝112,359
     ※ 원천징수세율＝제한세율(0.1)＋지방소득세율(0.1×10%)＝0.11
   - 세액: 12,358＝(법인세 112,359×0.1＝11,235)＋(지방소득세 11,235×0.10＝1,123)
3. 조세조약 있는 국가(지방소득세 포함): 영국법인에게 기술사용료 100,000원을 지급하고, 그에 대한 원천징수세액은 내국법인이 부담하기로 약정
   - 과세표준: 100,000×{1/(1－원천징수세율)}＝100,000×{1/(1－0.1)}＝111,111
     ※ 원천징수세율: 제한세율 0.1(지방소득세 포함)
   - 법인세 원천징수세율: {0.1/(1＋0.1)}≒0.09091

• 세액: 11,111 = (법인세 111,111 × 0.09091 = 10,101) + (지방소득세 10,101 × 0.1 = 1,010)

4. 과세소득과 감면소득이 혼합된 경우(지방소득세 포함): 독일법인에게 지급하는 배당소득 600,000원 중 400,000원이 50% 감면소득에 해당하며, 원천징수세액은 독일법인이 부담
   • 법인세율: 제한세율 10% × {10%/(10% + 1%)} ≒ 9.091%
   • 지방소득세율: 10% - 9.091% = 0.909%

   <비교 과세>
   • 합산총소득에 대한 제한세율 적용세액(a): 법인세 54,546(600,000 × 9.091%), 지방소득세 5,454(600,000 × 0.909%)
   • 국내세법상 납부세액(b): 법인세 80,000, 지방소득세 8,000
     감면분 법인세 40,000(400,000×50%×20%) + 과세분 법인세 40,000(200,000×20%)
     지방소득세 8,000
   • 납부세액(Min a, b): 법인세 54,5462, 지방소득세 5,454

3. 원천징수의무

3.1 원천징수의무자

| 국내세법상 원천징수의무자의 원칙 및 특례 |

수취인		원천징수의무자
거주자 또는 내국법인	원칙	소득금액을 지급하는 자(법법 §73 ①, 소법 §127 ①)
	특례	• 원천징수의무자를 대리하거나 그 위임을 받은 자(법법 §73 ④, 소법 §127 ②) • 내국인이 발행한 어음, 채무증서, 주식 또는 집합투자증권을 인수·매매·중개 또는 대리하는 금융회사(법법 §73 ⑤, 소법 §127 ③) • 「자본시장법」에 따른 신탁업자가 신탁재산을 운용하거나 보관·관리하는 경우 해당 신탁재산에 귀속되는 소득을 지급하는 자(소법 §127 ④) • 외국법인이 발행한 채권 또는 채무증서를 인수·매매·중개 또는 대리하는 금융회사(소법 §127 ⑤, 수취인이 거주자인 경우만 적용)
비거주자 또는 외국법인	원칙	소득금액을 지급하는 자(법법 §98 ①, 소법 §156 ①)
	특례	• 원천징수의무자를 대리하거나 그 위임을 받은 자(법법 §98 ⑪, 소법 §127 ②, 소법 §156 ⑩) • 금융회사, 신탁회사(법법 §98 ⑫, 소법 §127 ③, 소법 §156 ⑪) • 외국차관자금으로 지급하는 계약상 지급자(법법 §98 ⑤, 소법 §156 ④) • 국제운송업을 하는 외국법인의 국내대리점(법법 §98 ⑥, 소법 §156 ⑤) • 유가증권을 양도하는 경우 투자매매업자. 주식을 상장하면서 이미 발행된 주식을 양도하는 경우 발행법인(법법 §98 ⑦, 소법 §156 ⑥)

수취인		원천징수의무자
		• 국내사업장이 수취하는 공사용역 또는 인적용역 대가의 지급자(법법 §98 ⑧, 소법 §156 ⑦) • 국내원천소득이 국외에서 지급되는 경우 지급자(법법 §98 ⑨, 소법 §156 ③) • 국외특수관계인이 보유하는 주식가치 증가분의 경우 주식발행법인(법법 §98 ⑭, 소법 §156 ⑬) • 가상자산사업자 등을 통해 발생하는 가상자산소득의 경우 가상자산사업자 등(법법 §98 ⑯, 소법 §156 ⑮) • 국내사업장이 없는 다른 외국법인등에게 유가증권을 양도하는 국내사업장이 없는 외국법인등(법법 §98의2 ③, 소법 §126의2 ③) • 국내에 있는 자산을 국내사업장이 없는 외국법인으로부터 증여받는 국내사업장이 없는 외국법인(법법 §98의2 ④) • 어음, 채무증서, 주식 또는 집합투자증권을 인수·매매·중개 또는 대리하는 자 또는 금융회사(법법 §98의3, 소법 §156의3) • 신탁재산을 운용하거나 보관·관리하는 신탁업자(소령 §184의3 ②, 수취인이 비거주자인 경우만 적용)

(1) 국내원천소득을 지급하는 자

비거주자·외국법인에게 국내원천 이자·배당·선박임대소득·사업소득·인적용역소득·부동산양도소득·사용료소득·유가증권양도소득·기타소득으로서 국내사업장과 실질적으로 관련되지 아니하거나 그 국내사업장에 귀속되지 않는 소득의 금액(국내사업장이 없는 비거주자·외국법인에 지급하는 금액을 포함)을 지급하는 자(부동산양도소득을 지급하는 거주자 및 비거주자 제외)는 그 지급하는 때에 국내원천소득에 대한 법인세·소득세를 원천징수한다.(법법 §98 ①, 소법 §2 ② 및 §156 ①) 즉, 부동산양도소득을 지급하는 거주자·비거주자를 제외한 모든 거주자·비거주자, 내국법인·외국법인은 원천징수의무자이다.

국내원천소득이 국외에서 지급되는 경우에 그 지급자가 국내에 주소나 거소, 본점, 주사무소 또는 국내사업장을 둔 때에는 그 지급자가 해당 국내원천소득을 국내에서 지급하는 것으로 보아 원천징수해야 한다.(법법 §98 ⑨, 소법 §156 ③)

소득지급자에게 징수의무를 지우기가 곤란한 경우 특례규정에 따라 간주 징수의무자에게 징수의무를 지운다. 간주 징수의무자가 있는 경우 소득지급자는 징수의무가 면제된다. 예를 들면, 내국법인이 외국인투자자로부터 투자중개업자인 금융회사를 통해 채권을 사는 경우 그 채권의 양도소득 및 채권보유 기간이자에 대하여 그 금융회사가 원천징수하며 내국법인은 원천징수의무가 없다.(법령해석 280, 2016.1.29.) 한편, 이 경우 소득지급자가 원천징수하면 국가는 소득지급자에 오납금을 환급하고 간주 징수의무자에게 원천징수세액과 가산세를 부과해야 한다는 견해가 있다. 그러나 조세채권이 충족되고 소득지급자가 다투지 않는 경우 간주 징수의무자에게 징수의 협조의무를 이행하지 않은 책임을 물어 가산세를 부과하는 것은 가혹한 처사여서 가산세 면제사유가 될 것이다.

(2) 대리인, 금융회사 및 신탁회사

원천징수를 해야 할 자를 대리하거나 그 위임을 받은 자의 행위는 수권 또는 위임의 범위에서 본인 또는 위임인으로 보아 원천징수의무를 진다.(법법 §98 ⑪, 소법 §127 ②, 소법 §156 ⑩) 대리 또는 위임은 사적계약을 의미한다.

금융회사 등이 내국인이 발행한 어음, 채무증서(수취인이 비거주자인 경우 주식, 집합투자증권 포함)를 인수·매매·중개 또는 대리하는 경우에는 그 금융회사 등과 해당 내국인 간에 대리 또는 위임의 관계가 있는 것으로 본다.(법법 §98 ⑫, 소법 §127 ③, 소법 §156 ⑪) 또한, 신탁업자가 비거주자(개인)의 신탁재산을 운용하거나 보관·관리하는 경우에는 그 신탁업자가 원천징수의무자이다.(법령 §111 ⑦, 소령 §184의3 ②)

(3) 한국예탁결제원

한국예탁결제원에 예탁된 증권 등(신탁재산 제외)에서 발생하는 이자 및 배당에 대해서는 다음과 같이 해당 증권 등을 발행한 자 간에 원천징수의무의 대리 또는 위임의 관계가 있는 것으로 보아 원천징수의무를 부담한다.(법령 §111 ⑧, 소령 §184의4)

1. '자본시장법' 제309조에 따라 한국예탁결제원에 계좌를 개설한 예탁자가 소유하고 있는 증권 등의 경우: 한국예탁결제원
2. '자본시장법' 제309조에 따라 예탁자가 투자자로부터 예탁받은 증권 등의 경우: 예탁자

(4) 원천징수의무의 특례

국내세법은 다음과 같은 원천징수의무를 둔다. 그 밖에 유가증권의 양도, 국내자산의 증여, 채권의 중도매매, 주식보유가치의 증가의 경우 원천징수의무의 특례를 둔다.

① 외국차관자금으로 지급하는 경우: 계약상 지급자

국내사업장이 없는 비거주자·외국법인에게 외국차관자금으로 이자소득·사업소득·인적용역소득·사용료소득을 지급하는 계약자는 계약조건에 따라 해당 소득을 자기가 직접 지급하지 않는 경우에도 그 계약상의 지급조건에 따라 그 소득이 지급될 때마다 원천징수한다.(법법 §98 ⑤, 소법 §156 ④)

② 국제운송업: 국내대리점

외국을 항행하는 선박이나 항공기를 운영하는 비거주자 · 외국법인의 국내대리점으로서 종속대리인에 해당하지 않는 자가 그 비거주자 · 외국법인에게 외국을 항행하는 선박이나 항공기의 항행에서 생기는 소득을 지급할 때에는 그 비거주자 · 외국법인의 국내원천소득금액에 대하여 원천징수한다.(법법 §98 ⑥, 소법 §156 ⑤) 한편, 외국선박회사가 부가가치세면세사업자로부터 제공받은 용역의 대가를 국내선박대리점이 대납한 경우 그 면세사업자로부터 교부받은 계산서에 대한 매출 · 매입처별계산서합계표는 국내선박대리점이 관할세무서장에게 제출해야 한다.(법통 121-164…1, 소통 163-212…1)

③ 국내사업장이 수취하는 건설용역 또는 인적용역 대가 : 지급자

비거주자 · 외국법인에게 건축, 건설, 기계장치 등의 설치 · 조립 기타의 작업이나 그 작업의 지휘 · 감독 등에 관한 용역의 제공대가 또는 인적용역소득(조세조약에서 사업소득으로 구분하는 경우 포함)을 지급하는 자는 그 소득이 국내사업장에 귀속되는 경우에도 예납적으로 원천징수한다. 다만, 해당 국내사업장이 이미 사업자등록을 한 경우에는 조세회피의 염려가 없으므로 원천징수를 하지 않는다.(법법 §98 ⑨, 소법 §156 ⑦)

④ 국내원천소득이 국외에서 지급되는 경우: 지급자

국내원천소득이 국외에서 지급되는 경우에 지급자가 국내에 주소, 거소, 본점, 주사무소 또는 국내사업장을 둔 경우에는 지급자가 해당 국내원천소득을 국내에서 지급하는 것으로 보아 원천징수한다.(법법 §98 ⑨, 소법 §156 ③)

⑤ 국내자산의 경매 · 공매: 대금을 배분하는 자

비거주자 · 외국법인이 「민사집행법」에 따른 경매 또는 「국세징수법」에 따른 공매로 인하여 국내원천소득을 지급받는 경우에는 해당 경매대금을 배당하거나 공매대금을 배분하는 자가 해당 비거주자 · 외국법인에 실제로 지급하는 금액의 범위에서 원천징수를 해야 한다.(법법 §98 ⑩, 소법 §156 ⑨)

⑥ 원천징수의무 승계: 청산인 및 합병법인

법인이 해산한 경우에 원천징수를 해야 할 소득세 · 법인세를 징수하지 아니하였거나 징수한 소득세 등을 납부하지 아니하고 잔여재산을 분배한 때에는 청산인은 그 분배액을 한도로 하여 분배를 받은 자와 연대하여 납세의무를 진다. 또한, 법인이 합병한 경우에 합병 후 존속하는 법인 또는 합병에 의해 설립된 법인은 합병에 의해 소멸된 법인이 원천징수를 해야 할 소득세 등을 납부하지 아니한 것에 대하여 납세의무를 진다.(법법 §116, 소법 §157)

3.2 징수의무 법률관계, 납세관리인, 국내사업장 원천징수의무

(1) 원천징수의무의 법률관계

원천징수의무자는 세법에 따라 조세를 징수하여 납부할 의무를 지는 '납세자'이므로 원천징수의무자가 원천징수를 이행하지 않은 경우 국가는 원천징수의무자에게 직접 과세할 뿐 아니라 가산세를 부과하고 조세범으로 처벌할 수 있다. 원천징수의무자는 소득수취인으로부터 세액을 징수할 권리가 있으며 소득수취인은 그러한 징수를 수인할 의무가 있다. 원천징수의무자가 원천징수를 하지 못하고 그 세액을 대납한 경우에는 사법(私法)상 그 세액을 소득수취인으로부터 구상받을 권리가 있다.

소득수취인이 비거주자 · 외국법인인 경우, 국가와 소득수취인은 법률관계가 없으므로 원천징수의무자가 원천징수를 하지 않아도 소득수취인에게 과세할 수 없다. 다만 부동산소득, 부동산 및 부동산주식의 양도소득인 경우에는 소득수취인에게 납세의무를 부여한다. 또한, 소득수취인이 비거주자 · 외국법인인 경우 소득수취인에게 환급경정청구권을 인정한다.

(2) 납세관리인의 신고 및 공시송달

원천징수의무자가 국내에 주소 · 거소 · 본점 · 주사무소 또는 국내사업장이 없는 경우에는 납세관리인(국기법 §82)을 정하여 관할세무서장에게 신고해야 한다.(법령 §137 ⑤, 소령 §207 ①) 외국기업의 납세지를 관할하는 세무서장은 외국기업이 다음에 해당되는 것으로 파악되는 때에는 해당 외국기업이 납세관리인을 정하도록 요청해야 한다.(국조규 §5)

1. 국내사업장을 가지고 있으나 국내에서의 활동기간이 장기간 계속되지 않을 것으로 예상되는 때
2. 국내사업장에 대한 외국기업의 직원이 부재 또는 그 밖의 사유로 인하여 납세의무의 이행이 곤란하여 납세관리인을 정하는 것이 필요하다고 인정되는 때
3. 납세의무의 이행을 완료하기 전에 국내사업장을 폐쇄할 때
4. 종속대리인을 두고 국내에서 사업을 수행할 때
5. 그 밖에 세무서장이 납세관리인을 정할 필요가 있다고 인정되는 때

원천징수의무자가 국내사업장이나 납세관리인을 두지 않고 주소 또는 영업소가 국외에 있어 서류의 송달이 곤란한 때에는 공시송달이 가능하다. 이 경우 서류의 요지를 공고한 날부터 14일이 경과함으로써 서류의 송달이 있은 것으로 본다.(국기법 §11 ①)

(3) 국내사업장의 원천징수의무

비거주자·외국법인의 국내사업장이 다른 비거주자·외국법인에게 지급하는 소득은 한국이 체결한 다른 비거주자·외국법인 거주지국과의 조세조약에 따라 원천징수한다.

비거주자·외국법인의 국내사업장은 물론 국내사업장으로 보지 않는 외국법인의 국내지점도 자기의 계산으로 다른 비거주자·외국법인에게 소득을 지급하는 경우 원천징수의무와 지급명세서 제출의무가 있다.(법통 97-0…2)

3.3 원천징수세액의 납세지

① 일반적인 경우

일반적으로 원천징수세액의 납세지는 원천징수의무자의 소재지이다.(법법 §9 ④, 법령 §7, 법령 §8, 소법 §7, 소령 §5)

원천징수의무자	원천징수 납세지
개인의 경우	• 개인의 주된 사업장 소재지(주된 사업장 외의 사업장에서 원천징수를 하는 경우에는 그 사업장의 소재지) • 사업장이 없는 경우 개인의 주소지 또는 거소지
법인의 경우	• 해당 법인의 본점·주사무소. 국내에 본점이나 주사무소가 소재하지 않는 경우 사업의 실질적 관리 장소의 소재지 • 외국법인의 경우에는 주된 국내사업장의 소재지. 다만, 국내사업장이 없는 외국법인으로서 국내원천 부동산양도소득 또는 국내원천 유가증권양도소득이 있는 경우에는 각각 그 자산의 소재지 • 법인으로 보는 단체의 경우에는 개인과 같은 방법으로 판단. 주된 소득이 부동산임대소득인 단체의 경우에는 그 부동산의 소재지. 이 경우 2 이상의 사업장 또는 부동산을 가지고 있는 단체의 경우에는 주된 사업장 또는 주된 부동산의 소재지를 말하며, 사업장이 없는 단체의 경우에는 당해 단체의 정관 등에 기재된 주사무소의 소재지(정관 등에 주사무소에 관한 규정이 없는 단체의 경우에는 그 대표자 또는 관리인의 주소) • 국내원천 부동산양도소득 또는 유가증권양도소득의 원천징수의무자가 국내에 소재지를 가지지 않는 경우에는 해당 유가증권을 발행한 내국법인 또는 외국법인의 국내사업장의 소재지, 그 외의 경우에는 국세청장이 지정하는 장소 • 법인의 지점·영업소 기타 사업장이 독립채산제에 의해 독자적으로 회계사무를 처리하는 경우에는 그 사업장의 소재지(사업장소재지가 국외에 있는 경우 제외) • 법인이 지점, 영업소 또는 그 밖의 사업장에서 지급하는 소득에 대한 원천징수

원천징수의무자	원천징수 납세지
	세액을 본점 또는 주사무소에서 전자적 방법 등을 통해 일괄계산하는 경우로서 본점 또는 주사무소의 관할세무서장에게 신고한 경우와 부가가치세법(§5)에 따라 사업자단위로 관할세무서장에게 등록한 경우에는 해당 법인의 본점 등 소재지

② 국내원천 부동산양도소득 또는 유가증권양도소득의 경우

구 분	원천징수 납세지
국내에 사업장이 있는 경우	해당 유가증권을 발행한 내국법인 또는 외국법인의 국내사업장의 소재지
위 이외의 경우	국세청장이 지정하는 장소

③ 법인격 없는 단체 및 대리인의 경우

구 분	원천징수 납세지
거주자로 보는 법인격 없는 단체의 경우	단체의 대표자 또는 관리인의 주소지. 다만, 소득세법 제9조에 의해 해당 단체의 업무를 주관하는 장소 등을 납세지로 지정받은 경우에는 그 지정받은 장소를 납세지로 한다.(소통 6-0…1)
원천징수를 해야 할 자를 대리하거나 원천징수의무를 위임받은 경우	대리인 또는 수임인의 납세지(소통 7-0…1)

3.4 원천징수시기 및 원천징수납부

(1) 원천징수시기의 일반원칙

원천징수의무자는 국내원천소득을 실제로 지급하는 때 또는 지급한 것으로 보는 때에 법인세·소득세를 원천징수한다.(법법 §98 ①, 소법 §156 ①) 다음에 규정하는 날은 실제로 지급하는 때로 본다.(소통 127-0…5 ②)

1. 계약의 위약 또는 해약으로 인하여 이미 지급한 계약금 또는 계약보증금이 기타소득으로 되는 경우에는 그 계약의 위약 또는 해약이 확정된 날
2. 원천징수대상이 되는 소득금액을 어음으로 지급한 때에는 해당 어음이 결제된 날
3. 원천징수대상이 되는 소득금액으로 지급할 금액을 채권과 상계하거나 면제받은 때에는 상계한 날 또는 면제받은 날. 예를 들면, 내국법인이 받아야 할 개발비를 외국법인에게 지급하는 사용료와 상계하는 경우 사용료지급의무가 확정되어 실제 상계된 날(국제세원-422, 2009.8.17.),

대체계상으로 인하여 실제로 현금의 지급이 없을 때에는 대체계상한 때(서이 1234.21-567, 1968.5.2.)

4. 원천징수대상이 되는 소득금액을 대물로 변제하는 경우에는 그 변제하는 날
5. 원천징수대상이 되는 소득금액을 당사자 간의 합의에 의해 소비대차로 전환한 때에는 그 전환한 날
6. 원천징수대상이 되는 소득금액을 법원의 전부명령에 의해 귀속자가 아닌 제3자에게 지급하는 경우는 그 제삼자에게 지급하는 날

(2) 원천징수시기의 특례

국내세법은 이자, 배당, 기타소득, 근로소득 및 퇴직소득에 대하여는 원천징수시기 특례를 규정한다.(법령 §137, 소령 §207) 해당 장에서 자세히 설명한다. 아래의 경우는 특별히 주의해야 한다.

① 분할지급

국내원천소득을 분할지급할 때마다 원천징수한다.(국이 46523-135, 1993.3.31.) 대가를 같은 달에 여러 번 지급하였다면 여러 번의 원천징수의무가 성립되지만, 납부세액의 차이는 없기 때문에 합산하여 납부하여도 문제가 없다.

② 법인의 소득처분

세무서장 또는 지방국세청장이 법인소득금액을 결정 또는 경정할 때 처분되는 배당, 상여 및 기타소득은 다음에 해당하는 날에 그 배당 등을 지급한 것으로 보아 소득세를 원천징수한다.(소법 §131 ②, 소법 §135 ④, 소령 §137 ①, 소령 §192)

구 분	의제지급시기
법인세 과세표준을 결정·경정하는 경우	소득금액변동통지서를 받은 날
법인세 과세표준을 신고하는 경우	신고일 또는 수정신고일

③ 조세감면대상 소득의 지급

지급할 당시가 감면기간이면 원천징수할 필요가 없다. 또한 계약초기에 일괄하여 지급하는 때 감면기간이 도래하지 않은 선지급금이 포함된 때에는 향후 감면대상소득에 해당된다면 해당 금액에 대하여 원천징수할 필요가 없다.(국심 84서828, 1984.7.14.) 또한 감면대상소득을 감면기간 경과 후 지급하더라도 원천징수의무는 없다.(국일 22601-140, 1987.3.18.)

(3) 원천징수납부

① 원천징수영수증 교부

원천징수의무자가 원천징수를 하는 때에는 원천징수영수증(소령 §193)을 소득금액을 받는 자에게 교부한다.(법법 §98 ⑬, 소법 §156 ⑫)

② 원천징수납부 및 원천징수이행상황신고서 제출

원천징수세액은 원천징수한 날이 속하는 달의 다음 달 10일까지 원천징수 관할세무서·한국은행 또는 체신관서에 납부해야 한다.(법법 §98 ①, 소법 §156 ①) 원천징수세액의 납부 및 원천징수영수증의 발급은 거주자의 경우와 같다.(법령 §137 ③, 소령 §207 ①)

원천징수의무자는 원천징수세액을 관할세무서 등에 납부하면서 원천징수이행상황신고서(소칙 §100 20호, 별지 21호)를 원천징수 관할세무서장에게 제출(국세정보통신망에 의한 제출 포함)해야 한다.(법령 §115 ①, 소령 §185 ①) 원천징수이행상황신고서의 제출은 협력의무이므로 가산세 대상은 아니다.

4. 원천징수 결정, 수정신고·경정청구, 불복청구

4.1 원천징수 결정, 가산세, 수정신고 및 경정청구

(1) 원천징수 결정

납세지 관할세무서장은 원천징수의무자가 원천징수해야 할 금액을 원천징수하지 아니하였거나 원천징수한 금액을 납부기한까지 납부하지 아니하면 지체 없이 국세징수의 예에 따라 원천징수의무자로부터 그 징수하는 금액에 원천징수 납부지연가산세를 가산하여 법인세·소득세로 징수해야 한다.(법법 §98 ④, 소법 §126 ④) 다만, 원천징수의무자가 원천징수를 하지 아니한 경우로서 다음 어느 하나에 해당하는 경우에는 원천징수 납부지연가산세만을 징수한다.(소법 §126 ④, 소법 §85 ③, 개인이 소득을 수취하는 경우만 해당)

1. 납세의무자가 신고·납부한 과세표준금액에 원천징수하지 아니한 원천징수대상 소득금액이 이미 산입된 경우
2. 원천징수하지 아니한 원천징수대상 소득금액에 대해서 납세의무자의 관할세무서장이 그 납세의무자에게 직접 소득세를 부과·징수하는 경우

고지할 국세(인지세 제외, 교육세·농어촌특별세 포함), 가산세 또는 강제징수비를 합친 금액이 1만 원 미만일 때에는 그 금액은 없는 것으로 본다.(국기법 §83 ①, 국기령 §65의3)

(2) 원천징수 납부지연가산세

① 원천징수 납부지연가산세

원천징수세액을 기한 내에 납부하지 않거나 미달하게 납부한 때에는 아래 금액을 가산세로 징수한다.(국기법 §47의 5 ①) 다만, 소득세 또는 법인세를 원천징수해야 할 자가 한국에 주둔하는 미군이거나, 연금과 퇴직소득을 지급하는 자이거나, 국가, 지방자치단체 또는 지방자치단체조합인 경우(해당기관의 근로자에게 가산세를 부과하는 경우 제외)에는 원천징수 납부지연가산세를 적용하지 않는다.(국기법 §47의5 ③, 법법 §98 ④)

원천징수 납부지연가산세 = Min(①, ② 또는 ③)
① 미납세액×{3%＋미납일수(법정납부기한 다음 날부터 납부일까지※)×22/100,000}
② 미납세액×50%
③ 미납세액×(3%+법정납부기한 다음 날부터 납세고지일까지 일수×22/100,000)×10%

② 원천징수 납부지연가산세의 면제

원천징수의무자는 세법이 과세관청에 부여한 각종 조사권한을 가지고 있지 아니한 점을 고려할 때, 거래과정에서 성실하게 조사하여 확보한 자료를 통해서도 그 소득의 실질귀속자가 따로 있다는 사실을 알 수 없었던 경우 실질귀속자를 기준으로 그 소득에 대한 법인세를 원천징수할 의무가 있다고 볼 수는 없다.(대법원 2011두22747, 2013.10.24.) 따라서 이러한 경우 원천징수 납부지연가산세는 면제된다.

③ 납부환급불성실가산세 및 무신고가산세 적용하지 않음

원천징수 납부지연가산세가 부과되는 경우, 납부환급불성실가산세는 적용하지 않는다.(국기법 §47의4 ④) 또한, 원천징수의무자가 원천징수이행상황신고서를 미제출하는 경우에도 무신고로 보지 않는다.

(3) 수정신고

원천징수의무자가 정산 과정에서의 누락 등의 사유로 불완전한 신고를 하였을 때에는 수정신고를 할 수 있다. 다만, 아래 환급경정청구를 할 수 있는 경우는 제외한다.(국기법 §45) 수정신고를 하는 경우, 미납세액에 대하여 원천징수 납부지연가산세를 납부해야 한다.

(4) 원천징수대상자의 경정청구

원천징수되는 국내원천소득이 있는 비거주자·외국법인에 해당하는 원천징수대상자가 다음 어느 하나에 해당하는 경우에는 일반적 경정청구(5년 이내) 또는 후발적 경정청

구(3월 이내)를 준용하여 경정청구할 수 있다.(국기법 §45의2 ④, 국기령 §25의3 ②)

1. 원천징수의무자 또는 원천징수대상자가 소득세법에 따라 연말정산에 의해 소득세(근로소득세, 공적연금소득세, 보험모집인 등의 사업소득세)를 납부하고 지급명세서를 제출기한(소법 §164, §164의2)까지 제출한 경우
2. 원천징수의무자가 원천징수한 법인세 또는 소득세를 납부하고 지급명세서를 제출기한(소법 §164, §164의2, 법법 §120, §120의2)까지 제출한 경우
3. 원천징수의무자의 부도・폐업 또는 그 밖에 이에 준하는 경우
4. 원천징수대상자가 정당한 사유로 원천징수의무자에게 경정을 청구하도록 요청했으나 원천징수의무자가 이에 응하지 않은 경우

원천징수대상자는 경정을 청구하려는 경우에는 경정청구서에 위의 사유를 입증하는 자료, 국내원천소득의 실질귀속자임을 입증할 수 있는 해당 실질귀속자 거주지국의 권한 있는 당국이 발급하는 거주자증명서를 첨부하여 원천징수의무자의 납세지 관할세무서장에게 제출해야 한다.(국기령 §25의3 ③)

원천징수대상자가 경정청구하는 경우 국세환급금은 원천징수의무자가 아닌 원천징수대상자에게 지급한다.(국제세원-396, 2009.7.24.)

(5) 과오납부 원천징수세액의 조정환급

원천징수의무자가 외국법인에 지급하는 국내원천소득에 대하여 착오로 법인세를 원천징수・납부함으로써 과오납부된 금액은 관할세무서장이 원천징수의무자에게 환급한다.(국기통 51-0…11) 이 경우, 원천징수납부한 소득세・법인세에 과오납이 있는 경우, 원천징수의무자가 원천징수하여 납부할 세액에서 조정하여 환급할 수 있다.(소칙 §93, 법통 64-0…1) 예를 들면, 법인이 특허권자인 개인과 특허권 사용계약을 체결하고 계약에 따라 계약금과 사용료를 지급하면서 당해 소득세를 원천징수 납부한 후에, 계약이 해제되어 납세의무자가 계약금과 사용료를 반환하면서 원천징수당한 세액에 대하여 환급신청하는 경우 원천징수의무자는 당해 환급세액을 납부하여야 할 다른 원천징수세액에 충당한 후의 잔여 세액만을 납부하는 조정환급 방법으로 환급한다.(서이 46013-11389, 2003.7.24)

다른 세목의 원천징수세액에의 충당은 '원천징수이행상황신고서'에 그 충당조정명세를 기재하여 신고한 경우에 한하여 충당할 수 있다. 한편, 원천징수의무자가 환급액을 즉시 환급하여 줄 것을 요구하거나 원천징수하여 납부해야 할 세액이 없는 경우에는 관할세무서장은 즉시 환급해야 한다.(국기법 §51 ④) 과오납부 원천징수세액의 환급을 받기 위해서는 징수권소멸시효(5년) 내에 수정분 신고서를 제출해야 한다.(제도 46019-11701, 2001.6.25.)

4.2 원천징수의 징수권 소멸시효 및 불복청구

(1) 원천징수 징수권의 소멸시효

원천징수세액은 소득금액 또는 수입금액을 지급하는 때에 납세의무가 성립하며, 납세의무가 성립하는 때 특별한 절차 없이 확정된다.(국기법 §21, §22 ②) 원천징수세액의 납세의무는 과세관청의 부과권의 행사에 의하지 아니하고 자동 확정되므로, 부과제척기간(국기법 §26의2 ①, 국기령 §12의3 ②)이 적용되지 않고 징수권 소멸시효(국기법 §27 ①)가 적용된다.(대법원 95누4056, 1996.3.12.)

원천징수의무자는 납부의무만 있고 신고의무는 없으므로 원천징수의무자가 "원천징수이행상황신고서"를 법정기한 내에 제출하지 않더라도 이를 무신고로 보아 부과제척기간을 7년으로 연장할 수 없다.(국심 2003중3447, 2004.2.12.)

국세징수권의 소멸시효는 '징수권을 행사할 수 있는 때(납세의무가 확정된 때)'로부터 5년(5억원 이상 10년)이다. 원천징수세액의 징수권 소멸시효의 기산일은 일반적으로 소득금액 또는 수입금액을 지급하는 때이며, 원천징수의무자로부터 징수하는 국세로서 납세고지한 원천징수세액은 납세고지에 따른 납부기한의 다음 날이다.(국기령 §12의4)

소멸시효가 진행되는 과정에서 채권자의 채권추심이 이루어지면 그때까지 진행되어온 시효는 효력을 상실하고 새로이 진행되는데, 이를 '시효의 중단'이라 한다. 국세징수권의 소멸시효는 고지한 납부기간, 독촉이나 납부최고에 의한 납부기간, 교부청구 중의 기간, 압류해제까지의 기간이 지난 때부터 새로이 진행한다.(국기법 §28 ②)

소멸시효가 진행되는 과정에서 채권자가 채권추심을 할 수 없는 사유가 발생하면 그 기간만큼 시효의 진행을 미루는데, 이를 '소멸시효의 정지'라 한다. 국세징수권의 소멸시효는 세법에 따른 분납기간, 징수유예기간, 강제징수유예기간, 연부연납기간, 세무공무원이 국세징수법에 따른 사해행위취소소송이나 민법에 따른 채권자대위소송을 제기하여 그 소송이 진행 중인 기간에는 정지된다. 다만, 소송제기로 인한 시효정지의 효력은 소송이 각하, 기각 또는 취하된 경우에는 효력이 없다.(국기법 §28 ③·④) 과세예고통지는 소멸시효의 중단사유가 아니며, 과세전적부심사의 심리기간은 소멸시효의 정지사유가 아니다.(서울고법 2013누28765, 2014.5.15.)

(2) 원천징수의 불복청구

원천징수행위는 부과처분이 아니므로 원천징수하여 납부한 세액에 대해 원천징수의무자는 불복청구할 수 없다.(대법원 89누4789, 1990.3.23.) 다만, 과세당국이 고지한 경우 원천징수의무자는 조세불복을 할 수 있다. 소득수취인도 원천징수세액의 환급경정청구를 할 수 있다.

판결에 따라 고지내용에 흠이 있어 고지처분이 취소되는 경우에도 고지행위 자체가 없었다고 할 수는 없으므로 소멸시효의 기산점은 과세관청이 고지한 납부기한의 다음 날이다. 다만, 고지행위 자체에 흠이 있어 무효가 되는 경우 이는 소멸시효 중단의 효력이 없으므로, 소멸시효는 소득금액을 지급한 날부터 기산한다. 이 경우, 판결에 따라 당초 고지한 금액과 다른 금액을 다시 고지하거나, 당초 고지한 세목과 다른 세목으로 다시 고지할 수 있다. 원천징수의무자의 청구로 진행 중인 행정소송이 징수행위에 영향을 주지 않는다면 소멸시효의 정지사유가 될 수 없다. 다만, 행정소송에서 징수유예나 강제징수유예 결정이 이루어진다면 소멸시효의 정지사유에 해당한다.

5. 실질귀속자 원천징수

조세조약에 따른 제한세율이나 비과세·면제를 적용하는 경우 실질귀속자를 파악하여 해당 조세조약을 적용하기 위해 국내세법은 다음과 같은 세원잠식 방지규정을 둔다.

실질과세원칙(국조법 §3)

조세조약 체약국 ⇒ 조세조약 적용	조세조약 미체약국, 거주지국 불명
1. 제한세율 적용소득 ⇒ 제한세율 적용 신청 (법법 §98의6, 소법 §156의6)	국내세법에 따라 원천징수
2. 비과세·면제 소득 ⇒ 비과세 신청 (법법 §98의4, 소법 §156의2)	
3. 말레이시아 라부안 ⇒ 원천징수 후 정산 (법법 §98의5, 소법 §156의4)	
4. 국외투자기구 실질귀속자 특례 (법법 §93의2, 소법 §119의2)	
5. 외국인 통합계좌 실질귀속자 특례 (법법 §98의8, 소법 §119의2)	

국내세법의 세원잠식방지규정의 문제점

제한세율 및 비과세 대상으로 구분하여 규정하나 원천징수 방법이나 절차 등이 거의 같다. 또한, 제한세율이나 비과세 대상이 아닌 소득의 경우 실질귀속자를 따지는 규정이 없다. 그러므로 규정들을 합쳐서 모든 소득에 적용해야 하는데, 이는 OECD모델 29조의 '적격자'와 실질귀속자의 개념을 통일해야 한다는 말이다. 또한, 법인세법 및 소득세법에 따로 규정하는데 실질귀속자가 법인인지 아니면 개인인지 애매한 경우 과세처분을 유지할 수 있도록 애매하면 소득세로 징수하고 법인으로 밝혀지는 경우 법인세를 징수한 것으로 보아야 한다.

5.1 실질귀속자의 개념

(1) 실질귀속자의 의미

실질귀속자란 그 국내원천소득과 관련하여 법적 또는 경제적 위험을 부담하고 그 소득을 처분할 수 있는 권리를 가지는 등 그 소득에 대한 소유권을 실질적으로 보유하고 있는 자를 말한다.(법법 §93의2) 실질귀속자는 투과기업의 반대 개념으로, 조약혜택제한 규정에서 말하는 '적격자'(qualified person)를 의미한다.(조약혜택의 제한에서 설명)

실질귀속자는 '수익적 소유자'로도 번역되며, 경제가치를 실제로 향유하는 사람이라는 점에서 법적 소유자와 대립되는 개념이다. 대법원 판례를 보면 '수익적 소유자'와 '실질귀속자'는 다른 개념으로 OECD도 이러한 개념차이를 인정한다고 하면서, 수익적 소유자는 해당 소득의 수취인이 타인에게 이를 다시 이전할 법적 또는 계약상 의무가 없이 사용 수익권을 갖는 경우를 말하며, 실질귀속자는 국세기본법의 실질과세원칙에 따른 개념으로 재산의 명의자는 이를 지배관리할 능력이 없는 경우 실질적으로 이를 지배관리하는 자가 따로 있는 경우를 말한다고 주장한다.(대법원 2017두33008, 2018.11.15.) 그러나 '수익적 소유자'는 'beneficial owner'의 번역으로 국내세법은 이를 '실질귀속자'라는 용어로 수용하였으며, '수익적 소유자'와 '실질귀속자'는 같은 개념의 다른 표현일 뿐이다. 대법원 판례는 아래 ③의 내용을 오해한 납세자 주장을 무조건 받아들이고 과세당국이 이를 적절히 반박하지 못한 결과이다.

실질귀속자는 '체약상대국 거주자에게 지급된'이란 말의 의미를 명확히 하기 위한 개념이다. 단순히 체약상대국 거주자에게 직접 소득을 지급한다는 이유로 원천지국이 국내원천소득에 대한 과세권을 포기할 의무는 없다. 실질귀속자는 국내원천소득의 실질적 수취인을 식별하기 위해 조세조약에 포함되었으므로 이러한 맥락에서 해석해야 하며, 일부 국가의 국내법에서 나타나는 기술적 의미를 참조할 이유는 없다. 실질귀속자를 조세조약에 추가하였을 때, 많은 국가의 법에서는 그 의미를 명확히 정의한 사실은 없었다. 조세조약에서 '실질귀속자'는 보통법 국가의 신탁법에서 나타나는 의미와 같은 좁은 기계적 의미로 사용된 것은 아닌데, 예를 들면 재량신탁(discretionary trust)의 수탁자가 일정 기간 동안 벌어들인 사용료를 배분하지 않는 경우, 수탁자의 권한을 행사하는 그 수탁자(또는 별도의 납세자로 인식되는 경우 그 신탁)는 관련 신탁법에 따라 실질귀속자가 아니더라도 그 소득에 대한 실질귀속자로 간주될 수 있다. 정리하면, 실질귀속자는 이중과세방지와 조세회피 및 탈세를 방지하기 위한 조세조약의 조항과 조약의 목적과 의미 내에서 이해되어야 한다.(OE §10-12, §10-12.1, §11-9, §11-9.1, §12-4)

① 거주지국에서 과세되지 않는 도관인 경우 실질귀속자가 아님

체약상대국이 같은 소득을 동시에 과세함으로써 일어나는 이중과세를 체약상대국 거주

자가 전부 또는 부분적으로 회피할 수 있도록 원천지국은 일정소득에 대한 조세감면과 비과세를 허용한다. 대리인이나 수탁인으로 활동하는 체약상대국 거주자에게 소득을 지급하는 경우 단순히 체약상대국 거주자로서 소득을 직접 수취한다는 이유로 원천지국이 조세감면이나 비과세를 해준다면 조약목적과 일치하지 않는다. 이 경우, 소득을 직접 수취하는 사람은 체약상대국 거주자로서의 자격이 있지만, 거주지국에서 세무상 소득귀속자로 보지 않을 것이므로 거주자격 때문에 이중과세가 일어날 가능성은 전혀 없다. 마찬가지로 대리인이나 수탁인 관계가 아닌 체약상대국 거주자가 단지 해당 소득을 실질적으로 수취하는 다른 사람의 도관(conduit)역할을 하는 경우 원천지국이 조세감면이나 비과세를 해주는 것은 조세조약목적과 일치하지 않는다. 이러한 이유로, '이중과세조약과 투과기업의 이용'이란 OECD 재무위 보고서(2권 R6-1)에서 투과기업이 서류상으로 수취인이지만 실질적으로 해당 소득과 관련하여 이해당사자를 대신하여 수탁 또는 관리활동을 행하는 아주 제한적 권한만을 가진다면 일반적으로 실질귀속자로 인정되지 않는다고 결론짓고 있다.(OE §10-12.2, §10-12.3, §11-10, §11-10.1, §12-4.2)

② 수취대가를 전달할 의무가 없다면 실질귀속자임

대리인(agent), 명의인(nominee), 그리고 수탁인(fiduciary)이나 관리인(administrator)으로 활동하는 투과기업(conduit company)의 사례에서 배당, 이자 또는 사용료를 직접 수취하는 사람은 실질귀속자가 아닌데, 배당 등을 사용하고 향유하는 수취인의 권한은 수취한 대가를 다른 사람에게 전달하는 계약상 또는 법적 의무에 불과하기 때문이다. 이러한 의무는 보통 해당 법적계약서에 근거하지만, 또한 실질적으로 수취인이 다른 사람에게 수취한 대가를 전달해야 하는 계약상 또는 법적 의무 때문에 그 수취인이 배당 등을 자유로이 사용하고 향유할 권리가 없다는 것을 분명히 보여주는 사실관계에서 존재하는 것으로 추정할 수 있다. 이러한 유형의 의무에는, 대가의 수취에 종속되지 않는 의무로서 직접수취인이 조세조약의 혜택을 받을 수 있는 채무자나 금융거래의 당사자 또는 연금제도(pension schemes)나 집합투자기구의 전형적인 배분의무 당사자로서 가지는 의무와 같이, 직접수취인이 대가의 수취에 종속되지 않는 계약상 또는 법적 의무는 포함되지 않는다. 배당 등의 수취인에게 다른 사람에게 수취대가를 전달할 계약상 또는 법적 의무 없이 배당 등을 사용하고 향유할 권리가 있다면 그 수취인은 그 배당 등의 '실질귀속자'이다.

예를 들면, 배당을 수취한 외국법인이 배당을 타인에게 이전할 법적 또는 계약상의 의무를 부담한 바 없이 그에 대한 사용·수익권을 향유하고 있는 경우 실질귀속자에 해당하며(서울고등법원 2017누46457, 2020.9.18.), 이 사건 중간지주회사는 이 사건 배당 소득을 타인에게 이전할 법적 또는 계약상의 의무를 부담한 바 없이 그에 대한 사용·수익권을 향유하고 있으므로 실질귀속자에 해당한다(서울행정법원 2019구합51130, 2020.6.5.).

③ 실질귀속자는 소득의 최종수취인이나 자산의 소유자를 의미하지 않음

또한, 조세조약은 권리나 자산의 소유자와는 다르게 배당 등의 실질귀속자를 언급하고 있다는 점을 명심해야 하는데, 그러한 권리나 자산의 소유자는 어떤 경우에는 배당 등의 실질귀속자와 다를 수 있다.(OE §10-12.4, §11-10.2, §12-4.3)

조세조약의 혜택과 관련된 '실질귀속자(beneficial owner)' 용어의 의미는 단체나 자산에 대하여 궁극적인 통제권을 행사하는 사람(보통 개인)의 결정과 관련된 다른 목적에서 언급되는 '소득의 귀속자(beneficial owner)' 개념과 다르다. 자금세탁과 테러확산자금의 방지에 대한 국제기준(Inter-national Standards on Combating Money Laundering and the Financing of Terrorism & Proliferation)에 대한 OECD 금융활동연구팀(Financial Action Task Force) 권고의견(OECD-FATF 파리 2012)은 소득의 귀속자를 '고객을 궁극적으로 보유하거나 통제하는 자연인, 또는 그 사람을 대신하여 거래가 수행되는 경우 그 사람'으로 정의하며, OECD 기업소유구조실무팀(OECD Steering Group on Corporate Governance)의 2001보고서 '법인의 베일 뒤: 불법목적의 법인 사용(Behind the Corporate Veil: Using Corporate Entities for Illicit Purposes, OECD 파리 2001)은 '소득의 귀속자는 자연인의 궁극적인 수익 소유권이나 이익권을 말한다. 어떤 상황에서 소득의 귀속자를 밝히는 경우 자연인인 실제 소유자를 찾을 때까지 여러 중간 단체(entities)나 개인을 통과해야 한다. 법인의 경우, 주주나 구성원들이 소유권을 가진다. 파트너십의 경우 무한책임사원이나 유한책임사원들이 출자지분을 가진다. 신탁이나 기금(foundations)의 경우 소득의 귀속자는 수익자를 말하는데, 신탁설정인(settlor) 또는 설립인(founder)이 수익자가 될 수 있다'고 설명한다. 이러한 '소득의 귀속자' 개념은 조세조약의 혜택과 관련하여 적용되지 않는다. 다른 목적에서 사용하는 의미들은 사실상 자연인(개인)을 말하므로, 회사가 배당의 실질귀속자인 상황을 언급하는 배당소득조항의 명시적 규정과 양립할 수 없다. 조세조약상 '실질귀속자'의 용어는 배당, 이자 및 사용료와 관련하여 '체약상대국의 거주자에게 지급되는'이란 표현의 사용에서 일어나는 문제를 해결하기 위한 것이지 이러한 배당, 이자 및 사용료를 지급하는 회사의 주식 소유권이나 채권과 관련한 문제를 해결하기 위한 것이 아니다. 이러한 이유로 조세조약을 적용할 때 '법인이나 법적 계약구조(legal arrangement)를 궁극적이고 실질적으로 통제하는 권한'을 행사하는 개인을 언급하기 위해 개발된 의미를 고려하는 것은 적절하지 않다.(OE §10-12.6, §11-10.4, §12-4.5) 정리하면, 법인이나 단체는 원칙적으로 '실질귀속자'이며 투과기업에 해당하는 경우에만 실질귀속자로 보지 않는다. 국내세법도 이러한 입장이며, 예외적으로 투자기구는 그 투자자를 실질귀속자로 본다.

지주회사가 조세경감 대상이더라도 지주회사의 목적에 맞는 활동이 정상적으로 이루어지는 경우에는 실질귀속자에 해당한다. 예를 들면, 프랑스의 다국적기업그룹 T그룹의 중

간지주회사 영국법인 T가 T그룹 내 석유화학사업을 하는 회사들을 통할하는 경우, 자체 영업부서 등을 갖추는 대신 대부분의 업무를 자회사를 통해 수행하고, T그룹의 최종지배회사 프랑스법인 S 또는 다른 프랑스 자회사들이 그룹차원의 전략적 의사결정을 위해 내국법인에 대한 합작계약의 체결 및 주주활동 과정에 T와 함께 관여하는 상황에서, S나 다른 프랑스 자회사들이 직접 내국법인의 주식을 취득하였을 때와 비교하여 T가 내국법인의 주식을 취득함으로써 배당소득에 대한 조세부담이 일부 경감된다는 사실만으로 T가 그 배당소득의 실질귀속자가 아니라고 단정할 수 없다.(대법원 2015두2451, 2016.7.14.)

④ **투과기업이 아닌 실질귀속자에 대한 제한세율 적용**

조세조약 규정의 다른 요건을 충족한다면 한 체약국 또는 제삼국에 소재한 대리인이나 수탁인 같은 매개자가 소득 지급자와 수익자 사이에 게재되어 있을 때 소득의 실질귀속자가 체약상대국 거주자라면 원천지국에서 제한세율을 적용해야 한다.(OE §10-12.7, §11-11, §12-4.6) 예를 들면, 사용료를 계약상대방인 헝가리법인에게 지급하였지만, 조사결과 특허권의 소유권이 미국법인으로부터 헝가리 자회사에 이전되지 않고 특허권 사용계약 체결권을 부여하는 권한이 실질적으로 미국법인에 있으며 사용료소득이 미국법인에게 사실상 귀속되는 경우에는 미국법인이 실질귀속자이다.(재무부 국조 46017-37, 1996.2.23.)

실질귀속자를 특정하지 않고 추정할 수 있다면 제한세율을 적용한다. 예를 들면, 내국법인에 투자한 아일랜드법인 A를 투과기업으로 확인하였으나 A의 투자자 중 케이만법인의 투자분에 해당하는 배당소득의 실질귀속자가 네덜란드법인인지 또는 스위스법인인지를 확인할 수 없다고 하더라도 한네덜란드조약 및 한스위스조약에서 국내원천 배당소득에 대하여는 동일한 제한세율(15%)을 적용하므로, 세무당국이 케이만법인을 실질귀속자로 보아 법인세법상 원천징수세율을 적용한 것은 부당하다.(국심 2007중3975, 2009.4.2.)

원천지국에서 투과기업에게 조세조약상 제한세율을 허용하는 것은 적절하지 않다. (OE §10-12, §11-8, §12-7) 예를 들면, H는 케이만에 설립된 면세법인(Exempted Company)인 유한회사(LLC)로서 실질적으로 소재지를 근거로 영업활동을 하는 법인으로 보기 어렵고 H의 상위에 있는 미국 투자자들이 H에 발생한 소득 중 자신의 지분만큼에 대해 미국에서 세금을 납부하는 경우, H는 투과기업에 해당한다. H의 투자자 현황이 제출되어 투자자별 조세조약의 적용이 가능한 경우 H 를 양도소득의 실질귀속자로 보아 과세한 처분은 잘못이다.(국심 2004서2580, 2009.5.1.)

(2) 실질귀속자인 경우에도 조세회피상황이라면 제한세율을 적용하지 않음

배당 · 이자 · 사용료의 수취인이 그 소득의 실질귀속자로 간주된다는 사실이 조세조약에 따른 제한세율을 자동적으로 허용해야 한다는 의미는 아니다. 이러한 제한세율은 조세조약을 남용하는 경우에는 허용되어서는 안 된다. '조세조약의 남용사례'에서 설명한 것처럼 투과기업, 그리고 더 일반적으로는 조약쇼핑에 대처하는 방법에는 여러 가지가 있다. '실질귀속자' 개념이 다른 사람에게 이자를 전달할 의무가 있는 수취인을 중간에 두는 구조와 같은 일정한 형태의 조세회피를 다루지만, 조약쇼핑의 다른 사례에는 대처하지 못하므로, 그러한 사례에 대처하기 위해 다른 방법을 적용하는 데 있어 실질귀속자의 개념이 이를 제한하는 것으로 보아서는 안 된다.(OE §10-12.5, §11-10.3, §12-4.4) 이에 대하여 조약혜택의 제한에서 자세히 설명한다.

5.2 실질귀속자 조세조약 제한세율 적용

비거주자・외국법인에게 조세조약상 제한세율을 적용받는 소득(이자, 배당, 사용료 등)을 지급하는 경우 실질귀속자를 확인하여 해당 조세조약을 적용해야 한다.

| 실질귀속자에 대한 조세조약상 제한세율 적용방법 |

소득 수취인	제한세율의 적용요건
일반적인 경우	실질귀속자의 제한세율적용신청서 제출
국외투자기구의 경우	① 체약상대국의 국외공모투자기구: 국외투자기구신고서 및 입증서류, 국외투자기구의 국가별 실질귀속자의 수 및 총투자금액 명세 제출 ② 국외사모투자기구 및 미체약국의 국외공모투자기구: 국외투자기구신고서, 실질귀속자의 제한세율적용신청서 및 실질귀속자 명세 제출 ③ 조세조약상 혜택제한규정이 있는 체약국※의 국외공모투자기구: 조세조약에 정한 방법에 따라 과세(국외사모투자기구의 경우와 마찬가지 요건 적용)

※ 룩셈부르크, 미국, 미얀마, 아랍, 에스토니아, 오만, 중국, 카타르, 태국

(1) 일반적인 경우: 실질귀속자의 제한세율적용신청서 제출

국내원천소득의 실질귀속자인 비거주자・외국법인이 조세조약에 따른 제한세율을 적용받으려는 경우에는 '국내원천소득 제한세율적용신청서'(법칙 별지 §72의2, 소칙 별지 §29의12), 및 국내원천소득의 실질귀속자임을 증명하는 서류를 해당 국내원천소득을 지급받기 전까지 원천징수의무자에게 제출해야 한다. 다만, 외국예탁결제기관이 한국예탁결제원에 개설한 계좌를 통해 지급받는 국내원천소득의 경우에는 제한세율적용신청서를 제출하지 않을 수 있다. 이 경우 '국외투자기구 실질귀속자 특례'(법법 §93의2)에 해당하여 국외투자기구를 국내원천소득의 실질귀속자로 보는 경우에는 그 국외투자기구에 투자한 투자자의 국가별 현황 등이 포함된 '국외투자기구 신고서'를 함께 제출해야 한다.(법

법 §98의6 ①, 소법 §156의6 ①, 법령 §138의7 ①, 소령 §207의8 ①)

(2) 국외투자기구를 통해 국내원천소득이 지급되는 경우 특례

“국외투자기구”라 함은 투자권유를 하여 모은 금전 등을 재산적 가치가 있는 투자대상자산을 취득, 처분 또는 그 밖의 방법으로 운용하고 그 결과를 투자자에게 배분하여 귀속시키는 투자행위를 하는 단체로서 국외에서 설립된 것을 말한다.(법령 §138의7 ①, 소령 §207의8 ①)

① 체약상대국의 국외공모투자기구

다음 요건을 모두 갖춘 ‘국외공모집합투자기구’로서 요건을 확인할 수 있는 서류와 해당 국외투자기구의 국가별 실질귀속자의 수 및 총투자금액 명세를 국외투자기구 신고서에 첨부하여 제출한 경우에는 실질귀속자의 제한세율적용신청서를 제출하지 않을 수 있다.(법령 §138의7 ③, 소령 §207의8 ③)

1. 「자본시장법」에 따른 집합투자기구와 비슷한 국외투자기구로서 체약상대국의 법률에 따라 등록하거나 승인을 받은 국외투자기구
2. 증권을 사모로 발행하지 아니하고 직전 회계기간 종료일(신규로 설립된 국외투자기구인 경우에는 국외투자기구 신고서 제출일) 현재 투자자가 100명(투자자가 다른 국외투자기구인 경우에는 그 국외투자기구를 1명으로 간주) 이상일 것
3. 조세조약에서 조약상 혜택의 적용을 배제하도록 규정된 국외투자기구에 해당하지 아니할 것

② 국외사모투자기구 또는 미체약국의 국외공모투자기구

국내원천소득이 국외사모투자기구 또는 미체약국의 국외공모투자기구를 통해 지급되는 경우에는 그 국외투자기구가 실질귀속자로부터 ‘제한세율적용신청서(별지 29호의12)’와 에 ‘실질귀속자 명세’를 제출받아 이를 ‘국외투자기구신고서(별지 29호의13)’와 함께 국내원천소득을 지급받기 전까지 원천징수의무자에게 제출해야 한다.(법법 §98의6 ②, 소법 §156의6 ②) ‘1차 국외투자기구’에 다른 ‘2차 국외투자기구’가 투자하고 있는 경우 1차 국외투자기구는 2차 국외투자기구로부터 실질귀속자 명세(해당 2차 국외투자기구가 국외공모집합투자기구인 경우에는 이를 확인할 수 있는 서류와 해당 국외투자기구의 국가별 실질귀속자의 수 및 총투자금액 명세)를 첨부한 국외투자기구 신고서를 제출받아 이를 함께 제출해야 한다. 이 경우 다수의 국외투자기구가 연속적으로 투자관계에 있는 경우에는 투자를 받는 직전 국외투자기구를 1차 국외투자기구로, 투자하는 국외투자기구를 2차 국외투자기구로 본다.(법령 §138의7 ④, 소령 §207의8 ④)

③ 조세조약상 혜택제한규정이 있는 국가의 국외공모투자기구

조세조약에서 조약상 혜택의 적용을 배제하도록 규정된 국가의 국외투자기구에 해당되는 경우, 국내원천소득이 국외투자기구를 통해 지급되는 때에는 해당 국외투자기구가 실질귀속자로부터 제한세율적용신청서를 제출받아 '국외투자기구 신고서'에 실질귀속자 명세를 첨부하여 국내원천소득을 지급받기 전까지 원천징수의무자에게 제출해야 한다.(법령 §138의7 ③, 소령 §207의8 ③) 즉, 국외사모투자기구인 경우와 마찬가지 요건을 적용한다.

(3) 연금 · 기금 등의 실질귀속자 간주

체약상대국의 법률에 따라 설립된 연금 · 기금 등으로서 다음 어느 하나에 해당하는 경우에는 이를 실질귀속자로 본다.(법령 §138의7 ⑤, 소령 §207의8 ⑤)

1. 「국민연금법」, 「공무원연금법」, 「군인연금법」, 「사립학교교직원 연금법」 및 「근로자퇴직급여 보장법」 등에 준하는 법률에 따라 외국에서 설립된 연금
2. 체약상대국의 법률에 따라 설립된 비영리단체로서 수익을 구성원에게 분배하지 않는 기금

(4) 제한세율 적용배제 및 서류제출의 면제

① 제한세율의 적용배제

실질귀속자 또는 국외투자기구로부터 신청서등을 제출받은 원천징수의무자는 제출된 신청서등에 누락된 사항이나 미비한 사항이 있으면 보완을 요구할 수 있으며, 실질귀속자 또는 국외투자기구로부터 제한세율적용신청서등 또는 국외투자기구신고서를 제출받지 못하거나 제출된 서류를 통해서는 실질귀속자를 파악할 수 없는 등 아래 사유에 해당하는 경우에는 제한세율을 적용하지 아니하고 국내세법에 정한 원천징수세율로 원천징수해야 한다. 이 경우, 아래 2호 또는 3호는 그 사유가 발생한 부분으로 한정하고, 국외공모투자기구에 대해서는 3호의 사유를 제외한다.(법법 §98의6 ③, 소법 §156의6 ③, 법령 §138의7 ⑦, 소령 §207의8 ⑦)

1. 제한세율적용신청서, 실질귀속자 특례 국외투자기구신고서 또는 국외투자기구신고서를 제출받지 못한 경우
2. 제출된 제한세율적용신청서, 실질귀속자 특례 국외투자기구신고서 또는 국외투자기구신고서에 기재된 내용의 보완 요구에 응하지 않는 경우
3. 제출된 제한세율적용신청서, 실질귀속자 특례 국외투자기구신고서 또는 국외투자기구신고서를 통해서는 실질귀속자를 파악할 수 없는 경우

② 서류제출의 면제

제한세율적용신청서, 실질귀속자 특례 국외투자기구신고서 또는 국외투자신고서는 제출된 날로부터 3년 내에는 이를 다시 제출하지 않을 수 있다. 다만, 그 내용(국외투자기구의 명칭, 주소, 거주지국, 유형, 전화번호, 적용세율 등)에 변동이 있는 경우, 국외투자기구가 투자자 수 등 해당 요건을 충족하지 못함으로써 국외공모집합투자기구에 해당하지 않게 되는 경우, 신청서나 신고서를 제출한 이후 3년이 경과한 경우에는 변동사유가 발생한 날 이후 최초로 국내원천소득을 지급받기 전까지 그 변동 내역을 제출해야 한다.(법령 §138의7 ⑥, 소령 §207의8 ⑥)

(5) 실질귀속자의 경정청구

적용받은 제한세율에 오류가 있거나 제한세율을 적용받지 못한 실질귀속자가 제한세율을 적용받으려는 경우에는 실질귀속자 또는 원천징수의무자가 세액이 원천징수된 날이 속하는 달의 다음 달 11일부터 5년(후발적 사유의 경우 안 날로부터 3개월) 이내에 원천징수의무자의 납세지 관할세무서장에게 경정을 청구할 수 있다.(법법 §98의6 ⑤, 소법 §156의6 ⑤)

경정을 청구하고자 하는 자는 '제한세율 적용을 위한 경정청구서(별지 29호의14)'에 국내원천소득의 실질귀속자임을 입증할 수 있는 다음 서류를 첨부하여 경정을 청구해야 한다. 이 경우 증명서류는 한글번역본과 함께 제출해야 하며, 국세청장이 인정하는 경우에는 영문으로 작성된 서류만을 제출할 수 있다.(법령 §138의8 ①, 소령 §207의9 ①)

1. 제한세율 적용신청서
2. 해당 실질귀속자 거주지국의 권한 있는 당국이 발급하는 거주자증명서
3. 실질귀속자 특례 국외투자기구신고서 또는 국외투자기구신고서(이를 제출해야 하는 경우로 한정)

경정을 청구받은 세무서장은 청구를 받은 날부터 6개월 이내에 과세표준과 세액을 경정하거나 경정해야 할 이유가 없다는 뜻을 청구인에게 알려야 한다.(법법 §98의6 ⑥, 소법 §156의6 ⑥). 세무서장은 '조세조약상의 비과세・면제 또는 제한세율 적용을 위한 경정청구절차'(법령 §138의6, 소령 §207의5)를 준용하여 경정한다.(법령 §138의8 ②, 소령 §207의9 ②)

(6) 원천징수의무자 및 국외투자기구의 자료 제출의무 및 보관의무

① 자료 제출의무

실질귀속자 또는 국외투자기구로부터 신청서등 및 국외투자기구 신고서를 제출받은 원천징수의무자는 제출받은 신청서등 및 국외투자기구 신고서를 납세지 관할 세무서장에게 해당 국내원천소득 지급일이 속하는 연도의 다음 연도 2월 말일(원천징수의무자가

휴업하거나 폐업한 경우에는 휴업일 또는 폐업일이 속하는 달의 다음 다음 달 말일)까지 제출하여야 한다.(법법 §98의6 ④, 소법 §156의6 ④)

② 자료 보관의무

원천징수의무자 및 국외투자기구는 제한세율적용신청서, 실질귀속자 특례 국외투자기구신고서, 국외투자기구신고서 등 관련 자료를 원천징수세액의 납부기한 다음 날로부터 5년간 보관해야 하고, 원천징수의무자의 납세지 관할세무서장이 그 제출을 요구하는 경우에는 이를 제출해야 한다.(법령 §138의7 ⑧, 소령 §207의8 ⑧)

5.3 실질귀속자 조세조약 비과세 · 면제 신청

국내원천소득을 실질적으로 귀속받는 '실질귀속자(비거주자 · 외국법인)'가 조세조약에 따라 비과세 또는 면제를 적용받으려는 경우에는 비과세면제신청서등(소칙 별지 29호의2) 및 국내원천소득의 실질귀속자임을 증명하는 서류를 국내원천소득을 지급하는 '소득지급자'에게 제출하고 해당 소득지급자는 그 신청서등을 납세지 관할세무서장에게 제출해야 한다. 이 경우 '국외투자기구 실질귀속자 특례'(법법 §93의2 ① 1호)에 해당하여 국외투자기구를 국내원천소득의 실질귀속자로 보는 경우에는 그 국외투자기구에 투자한 투자자의 국가별 현황 등이 포함된 국외투자기구신고서를 함께 제출해야 한다.(법법 §98의4 ①, 소법 §156의2 ①, 인적용역소득 2026.1.1. 이후 분부터 제출) 아래 경우에는 신청서 제출대상이 아니다.(법령 §138의4 ⑦, 소령 §207의2 ⑦) 비과세의 절차 및 방법은 제한세율 적용의 경우와 사실상 같다.

1. 법인세법, 소득세법 및 조특법에 의한 비과세 · 면제 국내원천소득 2. 비거주자 · 외국법인에게 지급하는 사업소득

(1) 일반적인 경우: 소득지급자를 통한 비과세신청서 제출

① 소득지급자

비과세 또는 면제를 적용받으려는 국내원천소득의 실질귀속자는 비과세면제신청서등 및 국내원천소득의 실질귀속자임을 증명하는 '신청서등'을 소득지급자에게 제출하고 해당 소득지급자는 소득을 지급하는 날이 속하는 달의 다음 달 9일까지 소득지급자의 납세지 관할세무서장에게 제출해야 한다.(법령 §138의4 ①, 소령 §207의2 ①) 이자나 사용료같이 반복적으로 지급되는 소득은 최초로 지급하는 때에 1회만 면제신청한다. 다만, 면제신청 후 계약내용의 변경 등이 있는 경우 새로 면제신청한다.

② 대리인 등

비거주자 · 외국법인의 편의를 위해 납세관리인, 대리인, 금융회사, 증권회사 또는 주식발행법인 등의 대리인(국세기본법 제82조에 따른 납세관리인 포함)으로 하여금 비과세신청을 하게 할 수 있다. 금융회사가 비거주자 · 외국법인의 채권 등을 인수 · 매매 · 중개 또는 대리하는 경우에는 해당 금융회사와 비거주자 · 외국법인 간에 대리 또는 위임의 관계가 있는 것으로 보아 비과세신청을 할 수 있다. 또한, 유가증권 양도에 관하여 투자매매업자, 투자중개업자 또는 주식발행법인이 원천징수하는 경우에는 해당 투자매매업자, 투자중개업자 또는 주식발행법인과 비거주자 · 외국법인 간에 대리 또는 위임의 관계가 있는 것으로 보아 비과세신청을 할 수 있다.(법령 §138의4 ③ · ④ · ⑤, 소령 §207의2 ③ · ④ · ⑤)

③ 소득수취인

소득지급자가 국내에 주소, 거소, 본점, 주사무소, 사업의 실질적 관리장소 또는 국내사업장이 없는 경우에는 소득지급자를 통해 제출하지 않고 국내원천소득의 실질귀속자가 납세지 관할세무서장에게 직접 비과세면제신청서등을 제출할 수 있다.(법령 §138의4 ⑥, 소령 §207의2 ⑥)

(2) 국외투자기구를 통해 소득이 지급되는 경우 특례

국내원천소득이 국외투자기구를 통해 지급되는 경우에는 해당 국외투자기구가 실질귀속자로부터 비과세면제신청서등을 제출받아 이를 실질귀속자 명세를 포함하여 작성한 '실질귀속자 특례 국외투자기구 신고서'와 함께 소득지급자에게 제출하고 해당 소득지급자는 그 신고서와 비과세면제신청서등을 소득을 지급하는 날이 속하는 달의 다음 달 9일까지 납세지 관할세무서장에게 제출해야 한다. 다만, 국외공모집합투자기구로서 이를 확인할 수 있는 다음 서류를 제출한 경우에는 그러하지 아니하다.(법법 §98의4 ②, 법령 §138의4 ① · ⑨, 소법 §156의2 ②, 소령 §207의2 ⑨)

1. 국외공모집합투자기구를 확인할 수 있는 서류
2. 해당 국외투자기구의 국가별 실질귀속자의 수 및 총투자금액 명세가 포함된 국외투자기구신고서
3. 국외공모집합투자기구의 명의로 작성한 비과세면제신청서등

'1차 국외투자기구'에 다른 '2차 국외투자기구'가 투자하고 있는 경우 1차 국외투자기구는 2차 국외투자기구로부터 실질귀속자별 비과세면제신청서등을 제출받아 그 명세(해당 2차 국외투자기구가 국외공모집합투자기구인 경우에는 이를 확인할 수 있는 서류와 해당 국외투자기구의 국가별 실질귀속자의 수 및 총투자금액 명세)가 포함된 국외투자기구 신고서와 제출받

은 비과세면제신청서등을 제출해야 한다. 이 경우 다수의 국외투자기구가 연속적으로 투자관계에 있는 경우에는 투자를 받는 직전 국외투자기구를 1차 국외투자기구로, 투자하는 국외투자기구를 2차 국외투자기구로 본다.(법령 §138의4 ⑩, 소령 §207의2 ⑩)

① 관할세무서장의 징수 또는 서류보완요구

소득지급자 또는 국외투자가기구로부터 신청서등을 제출받은 납세지 관할세무서장은 비과세 또는 면제요건 충족 여부를 검토한 결과 비과세 · 면제 요건이 충족되지 아니하거나 해당 신청서의 내용이 사실과 다르다고 인정되는 경우에는 원천징수세액을 소득지급자로부터 징수하여야 한다. 이 경우 신청서등에 기재된 내용만으로는 비과세 · 면제 요건의 충족 여부를 판단할 수 없는 경우에는 상당한 기한을 정하여 소득지급자에게 관련 서류의 보완을 요구할 수 있다.(법법 §98의4 ④, 소법 §156의2 ④)

(3) 연금, 기금 등의 실질귀속자 간주

체약상대국의 연금, 기금 등은 실질귀속자로 본다.(법령 §138의4 ⑪, 소령 §207의2 ⑪)

(4) 서류제출 및 보관

① 실질귀속자 증명서류 제출

㉮ 실질귀속자 증명서류 제출

국내원천소득의 실질귀속자임을 증명하는 서류는 다음 구분에 따른 서류로 한다. 다만, 국내원천소득이 국외투자기구(법법 §98의4 ① 후단에 해당하는 실질귀속자 간주 국외투자기구 포함)를 통하여 지급되는 경우와 국내원천소득의 실질귀속자가 '체약상대국의 정부기관 중 재정경제부령으로 정하는 기관'인 경우에는 비과세 또는 면제를 받으려는 세액의 액수에 관계없이 아래 2호에 따른 서류로 한다.(법령 §138의4 ②, 소령 §207의2 ②)

1. 외국법인이 비과세면제를 받으려는 세액이 10억원 이상인 경우(비과세면제를 받으려는 국내원천소득의 지급일이 속하는 달의 말일부터 과거 1년 이내에 비과세면제를 받은 세액의 합계액이 10억원 이상인 경우 포함): 다음 서류(㉯부터 ㉱의 서류는 한글번역본과 함께 제출하며, 국세청장이 인정하는 경우 영문서류만 제출가능)
   ㉮ 해당 외국법인 거주지국의 권한 있는 당국이 발급하는 거주자증명서
   ㉯ 해당 외국법인의 이사회 구성원의 성명 및 주소와 주주등의 인적사항 및 지분 현황. 다만, 주주등이 100명을 초과하는 경우에는 국가별 주주등의 수 및 총투자금액 명세로 갈음한다.
   ㉰ 최근 3년(설립 후 3년이 경과하지 않은 외국법인의 경우에는 해당 법인의 설립일부터 신청서등의 제출일 전날까지의 기간) 동안 체약상대국에 제출한 재무제표(부속서류 포함), 세무신고서 또는 감사보고서

> ㉣ 권리 · 자산 또는 정보의 사용허여(使用許與) 계약서 등 해당 권리등의 등록지 및 소유권자 · 실시권자 등을 확인할 수 있는 서류(비과세면제를 받으려는 국내원천소득이 국내원천 사용료소득인 경우만 해당)
>
> 2. 1호 외의 경우: 해당 비거주자 · 외국법인의 거주지국의 권한 있는 당국이 발급하는 거주자증명서나 국세청장 고시서류

다만, 비거주자가 수취하는 아래 기타소득에 대해서는 여권 사본과 '출입국에 관한 사실증명서'(입국일부터 최근 1년간 출입국 사실을 증명하는 것으로 한정)로 거주자증명서나 국세청장이 정하여 고시하는 서류를 대신하려는 경우에는 거주자증명서나 국세청장이 정하여 고시하는 서류의 제출을 생략할 수 있다.(법령 §138의4 ② 후단, 소령 §207의2 ② 후단)

> 1. 국내에서 발행된 복권, 경품권 또는 그 밖의 추첨권에 당첨되어 받는 당첨금품과 승마투표권, 승자투표권, 소싸움경기투표권, 체육진흥투표권의 구매자가 받는 환급금(소법 §119 12호 바목)
> 2. 슬롯머신 등을 이용하는 행위에 참가하여 받는 당첨금품 등(소법 §119 12호 사목)

㉯ 조세조약 체약상대국의 정부기관등

'조세조약 체약상대국의 정부기관 등"이란 다음 기관을 말한다.(법칙 §68의3 ①)

> 1. 체약상대국의 정부
> 2. 체약상대국의 지방자치단체
> 3. 한국은행법에 따라 설립된 한국은행과 유사한 은행으로서 체약상대국의 중앙은행
> 4. 체약상대국의 공공기관으로서 다음 어느 하나에 해당하는 기관
>   ㉮ '초 · 중등교육법', '고등교육법'에 준하는 법률에 따라 설립된 학교 또는 이와 유사한 단체
>   ㉯ '지방공기업법'에 준하는 법률에 따라 설립된 지방공사, 지방공단 또는 이와 유사한 단체
>   ㉰ '공공기관운영에 관한 법률'에 준하는 법률의 적용을 받는 공공기관 또는 이와 유사한 단체

② 서류제출의 예외

제출된 비과세면제신청서등 또는 '실질귀속자 특례 국외투자기구 신고서'는 제출된 날부터 3년 이내에는 다시 제출하지 않을 수 있다. 다만, 그 내용에 변동이 있는 경우에는 변동사유가 발생한 날 이후 소득을 최초로 지급하는 날이 속하는 달의 다음 달 9일까지 그 변동 내역을 제출해야 한다.(법령 §138의4 ⑫, 소령 §207의2 ⑫)

③ 제출서류의 보관의무

소득지급자 및 국외투자기구는 비과세면제신청서등, 국외투자기구신고서 등 관련 자료를 제출기한의 다음 날부터 5년간 보관해야 하고, 소득지급자의 납세지 관할세무서장이 그 제출을 요구하는 경우에는 이를 제출해야 한다.(법령 §138의4 ⑭, 소령 §207의2 ⑭)

(5) 실질귀속자를 확인할 수 없는 경우

① 비과세 적용을 배제하고 국내세법에 따라 원천징수

실질귀속자 또는 국외투자기구로부터 신청서등을 제출받은 소득지급자는 제출된 신청서등에 누락된 사항이나 미비한 사항이 있으면 보완을 요구할 수 있으며, 소득지급자는 실질귀속자 또는 국외투자기구로부터 비과세면제신청서등 또는 국외투자기구 신고서를 제출받지 못하거나 제출된 서류를 통해서는 실질귀속자를 파악할 수 없는 등 아래 사유에 해당하는 경우에는 조세조약에 따른 비과세 또는 면제를 적용하지 아니하고 국내세법(법법 §98 ①, 소법 §156 ①)에 정한 세액을 원천징수해야 한다. 이 경우, 아래 2 또는 3은 그 사유가 발생한 부분으로 한정한다.(법법 §98의4 ③, 소법 §156의2 ③, 법령 §138의4 ⑬, 소령 §207의2 ⑬)

1. 비과세면제신청서등 또는 실질귀속자 특례 국외투자기구신고서를 제출받지 못한 경우
2. 제출된 비과세면제신청서등 또는 실질귀속자 특례 국외투자기구신고서에 기재된 내용의 보완 요구에 응하지 않는 경우
3. 제출된 비과세면제신청서등 또는 실질귀속자 특례 국외투자기구신고서를 통해서는 실질귀속자를 파악할 수 없는 경우(국외공모집합투자기구 제외)

② 실질귀속자 또는 소득지급자의 경정청구

비과세 또는 면제를 적용받지 못한 실질귀속자가 비과세 또는 면제를 적용받으려는 경우에는 실질귀속자 또는 소득지급자가 세액이 원천징수된 날이 속하는 달의 다음 달 11일부터 5년(후발적 사유의 경우 안 날부터 3개월) 이내에 소득지급자의 납세지 관할세무서장에게 '비과세 · 면제 적용을 위한 경정청구서'에 실질귀속자를 입증하는 다음 서류를 첨부하여 경정을 청구할 수 있다. 이 경우 해당 서류는 한글번역본과 함께 제출해야 하되, 국세청장이 인정하는 경우에는 영문으로 작성된 서류만을 제출할 수 있다.(법법 §98의4 ⑤, 소법 §156의2 ⑤, 법령 §138의4 ⑮, 소령 §207의2 ⑮)

1. 비과세면제신청서 및 증명서류
2. 실질귀속자 특례 국외투자기구신고서 또는 국외투자기구신고서(이를 제출해야 하는 경우에 한정)

경정청구절차에 관하여는 제한세율적용규정(법령 §138의6)을 준용한다.(법령 §138의4 ⑯, 소령 §207의2 ⑯) 경정을 청구받은 세무서장은 청구를 받은 날부터 6개월 이내에 과세표준과 세액을 경정하거나 경정해야 할 이유가 없다는 뜻을 청구인에게 알려야 한다.(법법 §98의4 ⑥, 소법 §156의2 ⑥)

(6) 비거주자 · 외국법인의 거주자증명서

비과세면제신청서에는 해당 비거주자 · 외국법인의 거주지국의 권한 있는 당국이 발급하는 거주자증명서나 국세청장이 정하여 고시하는 서류를 첨부하여야 한다.(법령 §138의4 ②, 소령 §207의2 ②)

| 거주자증명 대체서류(국세청고시 제2023 - 1호, 2023.1.13.) **|**

1. 개인	여권사본, 성명 · 주소 등이 확인되는 신분증 또는 정부기관 발급서류, 외국인투자등록증 중 하나(한국 국적자는 한국 출입국기록증명서 첨부)
2. 법인	법인등기부등본, 법인명 · 주소 등이 확인되는 정부기관 발급서류, 외국인투자등록증 중 하나
3. 정부기관, 연기금 및 기타	투자자의 실체를 확인할 수 있는 정부기관 발급서류 또는 이에 준하는 서류, 외국인투자등록증 중 하나
4. 집합투자기구	① 설립지국의 공모펀드인 경우 설립지국에서 공모펀드임을 입증할 수 있는 공모펀드임을 입증할 수 있는 펀드설립증명서, 펀드등록증, 감독당국 발급서류, 기타 이에 준하는 서류 중 하나 ② 기타 공모펀드로 볼 수 있는 경우 펀드설립증명서, 펀드등록증 등 펀드설립을 입증할 수 있는 서류, 외국인투자등록증 중 하나와 국외공무투자기구에 준하는 국외투자기구의 요건에 해당됨을 입증할 수 있는 서류 ③ 실질귀속자로 보는 국외사모투자기구 국외투자기구임을 입증할 수 있는 펀드설립증명소, 펀드등록증, 감독당국 발급서류, 기타 이에 준하는 서류, 외국인투자등록증 중 하나 ④ 그 외의 경우 최종투자자의 위 1, 2, 3, 4의 ① 및 ② 해당 서류

(7) 비과세 · 면제신청 제도의 의미

비과세 · 면제신청에 대한 과세당국의 확인은 준법률적 행정행위인 '확인'에 해당한다.

비과세확인 과정에서 원천징수의무자가 고의 또는 중대한 과실을 하지 않았고 선량한 관리자로서의 주의의무를 다하였다면 과세당국은 취소권을 행사할 수 없다. 확인행위는 불가변력을 가지므로 과세당국이 아무 거리낌 없이 이를 취소할 수 없으며, 납세자의 사실은폐나 기타 부정한 방법에 의한 행위에 기인한 경우에만 취소할 수 있다.(대법원 95누14190, 1996.10.25.) 예를 들면, 특허계약을 체결한 거래상대방이 특허권 소유자를 미국 A사나 네덜란드 본점법인이 아니라 몰타 및 아일랜드 지점법인으로 하여 거주지국으로부터 발급받은 거주자증명서를 제시하여 이를 근거로 원천징수의무자가 비과세신청서를 제출하여 이를 과세관청이 확인한 경우, 원천징수불이행가산세를 과세할 수 없지만 본세를 과세할 수 있다.(국심 2007서1620, 2007.9.18.)

실질적으로 비과세 대상이지만 신청서를 제출하지 않은 경우, 조세조약에 따른 면제를 인정하지 않고 원천징수 및 가산세 부과를 하는 것은 아니다. 예를 들면, 한중조세조약 제13조는 양도소득을 양도인 거주지국에서 과세한다고 규정하므로 쟁점주식의 양도인이 양도소득에 대한 비과세신청서를 제출하였는지 여부와 관계없이 국내에서 과세되지 않는다.(조심 2015중2399, 2016.4.25.)

5.4 조세피난처 투과기업 원천징수특례

조세피난처인 말레이시아 라부안(기재부고시 2006-21, 2006.6.30.)에 소재하는 비거주자·외국법인이 수취하는 국내원천 이자, 배당, 부동산주식양도소득, 사용료, 유가증권 양도소득에 대해서는 조세조약의 비과세·면제 또는 제한세율 규정에 불구하고 원천징수의무자가 국내세법(법법 §98 ①, 소법 §156 ①)에 정한 원천징수세율을 우선 적용하여 원천징수한 후 사후 정산한다.(법법 §98의5, 소법 §156의4)

(1) 비과세·면제 등의 사전승인

조세조약의 비과세·면제 또는 제한세율을 적용받을 수 있음을 국세청장이 조세피난처 소재 비거주자·외국법인에게 사전승인한 경우에는 원천징수특례를 적용하지 않는다.(법법 §98의5 ①, 소법 §156의4 ①, 법령 §138의5, 소령 §207의4)

① 원천징수특례 사전승인신청서의 제출

사전승인을 받으려는 자는 원천징수특례 사전승인신청서에 다음 서류를 첨부하여 국세청장에게 신청해야 한다.(개인은 아래 ㉮, ㉳, ㉴, ㉵만 해당) 첨부서류는 한글번역본과 함께 제출하며, 국세청장이 인정하는 경우에는 영문으로 작성된 서류만을 제출할 수 있다.

1. 체약상대국에서 발급하는 거주자증명서
2. 법인 또는 단체의 설립신고서 및 정관사본
3. 이사회의 구성원의 성명 및 주소
4. 주주 등의 인적사항 및 지분현황
5. 법인 또는 단체의 근로자 수 및 각 근로자별 업무분장
6. 해당 국내원천소득을 얻기 위한 투자와 관련된 경제적 또는 영업상 동기에 대한 설명서
7. 해당 국내원천소득을 얻기 위한 투자자금 조달방법

8. 해당 국내원천소득 수령 후의 처분명세서 또는 그 계획서
9. 최근 3년(설립 후 3년이 경과하지 아니한 법인의 경우에는 설립일부터 신청일까지의 기간) 동안 체약상대국의 세무당국에 제출한 재무제표 및 부속서류·세무신고서·감사보고서
10. 체약상대국의 상장법인인 경우 체약상대국 증권시장에의 상장등록 사항 및 그 시장에서 정규적인 거래가 이루어지고 있음을 확인할 수 있는 서류
11. 체약상대국의 연금·기금인 경우 연금·기금의 수혜대상자를 확인할 수 있는 서류
12. 체약상대국의 금융당국이 해당 투자회사 등을 규율하는 경우 체약상대국의 금융당국이 규율하고 있음을 확인할 수 있는 서류와 투자회사 등의 투자자의 주식 또는 지분보유 현황을 확인할 수 있는 서류

② 주기적 대가에 대한 사전승인신청

수회에 걸쳐 반복적으로 지급되는 소득의 경우 사전승인신청서는 최초 지급시에만 제출한다. 다만, 사전승인을 받은 후 계약내용 등의 변경으로 당초 신고한 내용과 달라진 경우에는 사전승인신청을 다시 해야 한다.

③ 사전승인신청 보정요구, 사전승인 통지기한, 사전승인 취소

국세청장은 사전승인신청의 내용에 대하여 보정할 필요가 있다고 인정되는 때에는 30일 이내의 기간을 정하여 보정을 요구할 수 있다. 보정요구는 보정할 사항, 보정을 요구하는 이유, 보정할 기간, 그 밖에 필요한 사항을 기재한 문서로 해야 한다. 국세청장은 사전승인신청을 받은 날부터 3월 이내에 승인 여부를 통보해야 한다. 이 경우 보정기간은 기간에 산입하지 않는다. 국세청장은 제출된 서류가 허위로 기재된 것임이 확인되는 경우 사전승인을 취소한다.

(2) 사전승인요건: 실질귀속자 해당

사전승인신청을 받은 국세청장은 국내원천소득을 직접 또는 간접적으로 수취할 소득수취인이 아래 요건 중 하나를 충족하는 경우에는 사전승인을 할 수 있다.(법령 §138의5 ②, 소령 §207의4 ②)

실질귀속자 요건	내 용
1. 실질귀속자 (해당국의 거주 개인)	소득수취인이 국내원천소득과 관련하여 법적 또는 경제적 위험을 부담하고 소득을 처분할 수 있는 권리를 가지는 등 소득에 대한 소유권을 실질적으로 보유하고 있는 자에 해당하고 해당 체약상대국의 거주자인 경우

실질귀속자 요건	내 용
2. 해당국 정부기관	소득수취인이 조세조약 체약상대국의 정부, 지방자치단체, 교육법에 따라 설치된 학교, 지방공기업법에 의한 지방공사 및 지방공단, 정부산하기관관리법 적용을 받는 정부산하기관(법칙 §68의3)
3. 상장법인	소득수취인의 발행주식이 체약상대국의 법령에 의해 인정되는 증권시장에 상장된 법인의 주식으로서 정규적인 거래가 이루어지는 경우: 사업연도 중 해당 법인의 주식거래가 이루어진 일수가 60일 이상이고, 사업연도 중 거래가 이루어진 주식의 총수가 해당 법인의 발행주식총수의 10% 이상일 것(법칙 §68의4)
4. 해당 법인 주식의 50% 이상을 체약상대국의 개인, 정부기관, 상장법인이 소유	소득수취인의 발행주식총수(지분)의 50% 이상이 체약상대국의 개인·정부기관 등 또는 상장법인에 의해 직접 또는 간접으로 소유되는 법인인 경우. 주식의 간접소유비율의 계산은 이전가격세제를 준용.(법령 §138의5 ⑦)
5. 해당 연기금의 수혜자의 50% 이상이 거주자	소득수취인이 체약상대국의 연금·기금 또는 그와 비슷한 단체인 경우에는 동 연금·기금 또는 단체로부터 수혜를 받는 자의 50% 이상이 체약상대국의 거주자인 경우
6. 해당 법인의 3년간 수입금액 중 배당, 이자, 사용료가 10% 이하	소득수취인의 최근 3년 동안의 수입금액(3년 이내에 설립된 법인은 설립 이후 현재까지의 수입금액) 중 주식·채권의 보유나 양도 또는 무형자산의 사용이나 양도로부터 발생하는 최근 3년 동안의 수입금액(3년 이내에 설립한 법인은 설립 이후 현재까지 수입금액)의 비율이 10% 이하인 법인인 경우
7. 공모국외투자기구	아래 요건을 모두 충족하는 소득수취인이 투자회사 또는 이에 준하는 단체인 경우 1. 「자본시장법」에 따른 집합투자기구와 비슷한 국외투자기구로서, 체약상대국의 법률에 따라 등록하거나 승인을 받은 국외투자기구 2. 증권을 사모로 발행하지 아니하고 직전 회계기간 종료일(신규로 설립된 국외투자기구인 경우에는 국외투자기구 신고서 제출일) 현재 투자자가 100명(투자자가 다른 국외투자기구인 경우에는 그 국외투자기구를 1명으로 봄) 이상일 것
8. 해당 국가 부담세액이 국내세법 적용세액과 조세조약 적용세액 차이의 50% 이상	소득수취인이 해당 소득에 대하여 부담할 세액이 국내세법(법법 §98 ①, 소법 §156 ①) 규정에 따른 세율을 적용하여 계산한 세액과 해당국과의 조세조약에 따라 과세될 세액과의 차이의 50% 이상

(3) 원천징수세액에 대한 환급경정청구

① 경정청구서의 제출

조세피난처에 소재하는 비거주자 · 외국법인의 국내원천 이자소득 등을 실질적으로 귀속받는 자(그 대리인 또는 납세관리인을 포함)가 이미 원천징수를 당한 이후에, 해당 소득에 대해 조세조약의 비과세 · 면제 또는 제한세율의 적용을 받고자 하는 경우에는 세액이 원천징수된 날이 속하는 달의 다음 달 11일부터 5년(후발적 사유의 경우 안 날로부터 3개월) 이내에 원천징수의무자의 납세지 관할세무서장에게 경정을 청구할 수 있다.(법법 §98의5 ②, 소법 §156의4 ②) 경정을 청구하고자 하는 자는 원천징수의무자의 납세지 관할 세무서장에게 '원천징수특례적용을 위한 경정청구서'를 제출해야 한다. 첨부서류에 대하여는 원천징수특례 사전승인신청의 요건을 준용한다. 이 경우 증빙서류는 한글번역본과 함께 제출하여야 하며, 국세청장이 인정하는 경우에는 영문으로 작성된 서류만을 제출할 수 있다.(법령 §138의6 ①, 소령 §207의5 ①)

② 경정청구의 검토

경정청구를 받은 세무서장은 그 청구를 받은 날부터 6월 이내에 과세표준과 세액을 경정하거나 경정해야 할 이유가 없다는 뜻을 그 청구를 한 자에게 통지해야 한다.(법법 §98의5 ③, 소법 §156의4 ③) 세무서장은 경정청구를 한 국내원천소득을 수취한 자가 해당 국내원천소득의 실질귀속자에 해당하는 경우에는 경정해야 한다.(법령 §138의6 ②, 소령 §207의5 ②)

③ 경정청구 보정요구

경정청구를 받은 세무서장은 경정청구의 내용에 대하여 보정할 필요가 있다고 인정되는 때에는 30일 이내의 기간을 정하여 보정할 것을 문서로 요구할 수 있다. 이 경우 보정기간은 경정청구 검토기간에 산입하지 않는다. 보정요구는 원천징수특례 사전승인신청 보정요구의 경우를 준용한다.(법령 §138의6 ③ · ④, 소령 §207의5 ③ · ④)

5.5 국외투자기구 실질귀속자 특례

(1) 국외투자기구 실질귀속자 특례

비거주자 · 외국법인이 국외투자기구(투자권유를 하여 모은 금전 등을 재산적 가치가 있는 투자대상자산의 취득, 처분 또는 그 밖의 방법으로 운용하고 그 결과를 투자자에게 배분하여 귀속시키는 투자행위를 하는 기구로서 국외에서 설립된 기구)를 통해 국내원천소득을 지급받는 경우에는 그 외국법인등을 국내원천소득의 실질귀속자(그 국내원천소득과 관련하여 법적 또는 경제적 위험을 부담하고 그 소득을 처분할 수 있는 권리를 가지는 등 그 소득에 대한 소유권을 실질적으로 보유하고 있는 자)로 본다. 이 경우, 국외투자기구가 다음 어느 하나에 해당하는 경우에는 그 국외투자기구를 국내원천소득의 실질귀속자로 본다. 다만, '법인 아닌 단체'(소법 §2 ③)에 해당하는 국외투자기구는 아래 2 또는 3에 해당하는 경우에 실질귀속자로 본다. 아래 3에 해당하여 국외투자기구를 국내원천소득의 실질귀속자로 보는 경우에는 그 국외투자기구에 대하여 해당 조세조약에 따른 비과세·면제 및 제한세율의 규정을 적용하지 않는다.(법법 §93의2, 소법 §119의2)

1. 다음 요건을 모두 충족하는 경우
   ㉮ 조세조약에 따라 그 설립된 국가에서 납세의무를 부담하는 자에 해당할 것
   ㉯ 국내원천소득에 대하여 조세조약이 정하는 비과세·면제 또는 제한세율(조세조약에 따라 체약상대국의 거주자 또는 법인에 과세할 수 있는 최고세율)을 적용받을 수 있는 요건을 갖추고 있을 것
2. 위 1에 해당하지 아니하는 국외투자기구가 조세조약에서 국내원천소득의 수익적 소유자로 취급되는 것으로 규정되고 국내원천소득에 대하여 조세조약이 정하는 비과세·면제 또는 제한세율을 적용받을 수 있는 요건을 갖추고 있는 경우
3. 위 1 및 2에 해당하지 않는 국외투자기구가 그 국외투자기구에 투자한 투자자를 입증하지 못하는 경우(투자자가 둘 이상인 경우로서 투자자 중 일부만 입증하는 경우에는 입증하지 못하는 부분으로 한정)

(2) 거주자가 국외투자기구를 통해 내국법인에 소득을 지급하는 경우

조세조약이 체결되지 않은 국가에 설립된 국외투자기구가 법인세법에 따른 외국법인에 해당하더라도 그 국외투자기구가 소득의 실질귀속자가 아니고 내국법인이 투자자로서 소득의 실질귀속자인 경우, 거주자가 국외투자기구를 통해 내국법인에게 지급되는 소득은 법인세법 제73조에 따라 원천징수한다.(국제조세제도과-487, 2016.12.27.) 이는 거주자가 내국법인에 직접 지급하는 '국내거래'로 본다는 의미이다. 그렇지만 이 경우에도 국외투자기구신고서 및 실질귀속자 명세의 제출을 면제한다는 규정이 없으므로 이를 제출해야 한다. 다만 원천징수를 하는 경우 제한세율적용신청서나 비과세신청서의 제출을 면제하는 규정이 있으므로 이를 제출하지 않아도 된다.

5.6 외국인 통합계좌 원천징수특례

외국법인 또는 국외투자기구가 외국인 통합계좌(자본시장법 제12조 제2항 제1호 나목에 따른 외국 금융투자업자가 다른 외국 투자자의 주식 매매거래를 일괄하여 주문·결제하기 위하여

자기 명의로 개설한 계좌)를 통하여 국내원천소득을 지급받는 경우 해당 국내원천소득을 외국인 통합계좌를 통하여 지급하는 자는 외국인 통합계좌의 명의인에게 그 소득금액을 지급할 때 원천징수세액을 원천징수하여야 한다.(법법 §98의8 ①, 소법 §156의9 ①)

소득을 지급받은 외국법인 또는 국외투자기구는 조세조약상 비과세·면제 또는 제한 세율을 적용받으려는 경우에는 납세지 관할 세무서장에게 경정을 청구할 수 있다.(법법 §98의8 ②, 소법 §156의9 ②) 외국법인 또는 국외투자기구가 경정을 청구하는 경우 경정청구의 기한 및 방법·절차 등에 관하여는 비과세면제신청(법법 §98의4 ⑤~⑦, 소법 §156의2 ⑤~⑦) 및 제한세율적용신청(법법 §98의6 ⑤~⑦, 소법 §156의6 ⑤~⑦)을 준용한다.(법법 §98의8 ③, 소법 §156의9 ③)

5.7 지급명세서의 제출

(1) 지급명세서 제출 및 제출면제

① 지급명세서의 제출

비거주자·외국법인에게 국내원천소득을 국내에서 지급하는 자(주식을 상장하는 경우로서 상장 전 이미 발행된 주식을 양도하는 경우에는 그 주식을 발행한 법인)는 지급명세서를 그 지급일이 속하는 연도의 다음 연도 2월 말일(근로소득 및 퇴직소득은 다음 연도 3월 10일, 휴업 또는 폐업한 경우에는 휴업일 또는 폐업일이 속하는 달의 다음다음 달 말일)까지 관할세무서장에게 제출해야 한다.(법법 §120의2, 소법 §164의2) 지급자를 대리하거나 그 위임을 받은 자는 수권 또는 위임받은 것으로 본다.(소법 §164 ⑨)

이 경우, 거주자의 지급명세서 제출규정(소법 §164, 소령 §215·§216)을 준용한다.(법령 §162의2 ⑤, 소령 §216의2 ⑥) 지급명세서를 제출해야 하는 자는 지급명세서의 기재사항을 정보통신망(국기법 §2 18호)에 의해 제출하거나 전산처리된 테이프 또는 디스켓 등으로 제출해야 한다. 다만, 일정 업종 또는 일정 규모 이하에 해당되는 자에 대하여는 지급명세서를 문서로 제출할 수 있다.(소법 §164 ③·④) 지급명세서는 아래에 따라 제출한다.

| 지급명세서 제출 |

소득구분	서식명	비 고
근로소득	근로소득지급명세서	법령 §162의2 ⑤ 소령 §216의2 ⑥
퇴직소득	퇴직소득지급명세서	
연금소득	연금소득지급명세서	

소득구분	서식명	비 고
이자소득 및 배당소득	이자배당소득지급명세서	법령 §162의2 ④ 소령 §216의2 ④
사업, 선박임대, 인적용역, 사용료, 기타소득	사업소득, 기타소득 등 지급명세서	
부동산양도소득	양도소득지급명세서	
유가증권양도소득	유가증권양도소득지급명세서	
연예인 등의 용역소득	용역제공소득지급명세서	

② 지급명세서 제출의제

원천징수의무자가 원천징수를 하는 경우, 지급명세서 대신 원천징수영수증부본을 제출할 수 있다.(소법 §164 ⑤) 이 경우, 원천징수영수증부본을 지급명세서 제출기한 내에 관할세무서장에게 제출해야 한다.(소령 §215 ①) 또한, 매출·매입처별계산서합계표와 매출·매입처별세금계산서합계표 중 지급명세서에 해당하는 것이 있는 때에는 그 제출한 부분에 대하여 지급명세서를 제출한 것으로 본다.(소법 §164 ⑥)

③ 지급명세서 제출면제

아래 경우 지급명세서 제출의무를 면제한다.(법령 §162의2 ①, 소령 §216의2 ①)

1. 법인세법, 소득세법, 조특법에 따라 비과세되거나 면제되는 국내원천소득. 다만, 국제금융거래 이자(조특법 §21 ①), 비거주자 등의 정기외화예금에 대한 이자소득(조특법 §21의2), 외국인투자가가 받는 배당소득(2014년 개정전 조특법 §121의2 ③)의 경우 지급명세서를 제출해야 함.
2. 국내사업장과 실질적으로 관련되거나 국내사업장 귀속소득(채권 중도양도의 경우 제외)
3. 부동산소득
4. 국내원천 사업소득(원천징수되는 경우 제외)
5. 국내발행 복권·경품권·기타 추첨권의 당첨금품, 승마투표권, 승자투표권, 소싸움경기투표권·체육진흥투표권의 환급금
6. 슬롯머신 등을 이용하는 행위에 참가하여 받는 당첨금품 등
7. 조세조약에 의해 비과세 또는 면제신청을 한 국내원천소득
8. 원천징수세액이 1천 원 미만인 소득(부동산·유가증권양도소득의 경우 제외)
9. 잔액이 30만 원 미만으로서 1년 이상 거래가 없는 계좌에서 발생하는 이자, 배당
10. 계좌별로 1년간 발생한 이자 또는 배당이 3만 원 미만인 경우
11. 국내원천 일용근로자 소득

(2) 지급명세서 제출기한의 연장 등

아래의 경우, 관할세무서장·관할 지방국세청장 또는 국세청장은 지급명세서의 제출을 면제하거나 그 제출기한을 연장할 수 있다. 이 경우, 원천징수의무자는 지급명세서 제출기한 내에 관할세무서장 등에게 연장 등을 신청해야 한다.(법령 §163, 소령 §216)

① 천재지변 등 불가항력인 사유로 인하여 장부 기타 증명서류가 멸실된 경우에는 그 사유가 발생한 달의 전월분부터 해당 사업이 원상으로 회복된 달의 전월분까지 지급명세서의 제출을 면제할 수 있다.

② 권한 있는 기관에 장부 기타 증명서류가 압수 또는 영치된 경우에는 그 사유가 발생한 당월분과 그 전월분에 대하여 지급명세서를 제출할 수 있는 상태로 된 날이 속하는 달의 다음 달 말일까지 제출기한을 연장할 수 있다.

(3) 지급명세서 제출불성실가산세

지급명세서를 제출해야 할 자가 제출기한 내(다음 해 2월 말)에 지급명세서를 제출하지 않았거나 제출된 지급명세서가 불분명한 경우에는 다음 금액을 결정세액에 가산하며, 산출세액이 없는 경우에도 이 가산세를 적용한다. 다만, 제출기한 경과 후 1월 이내 제출하는 경우에는 50%를 경감한다.(법법 §97 ①, 소법 §164, 법법 §75의7, 소법 §81 ⑤) 가산세는 1억원(중소기업 5천만 원)을 한도로 하지만, 고의적으로 위반한 경우는 제외한다.(국기법 §49)

가산세: 미제출 금액의 1%(3개월 이내 지연제출 0.5%), 불분명 지급금액의 1%

비과세신청서와 지급명세서를 제출하지 않은 경우 지급명세서 제출불성실가산세를 부과하며, 다만 지급명세서 미제출가산세를 면제할 정당한 사유에 해당하는 경우 가산세를 면제한다.(조심 2016서1401, 2016.8.16.)

Chapter 02

선박 · 항공기 · 건설기계 등 임대소득

2

1. 선박 · 항공기 · 기계 등 임대소득의 범위

1.1 국내세법

(1) 국내원천 선박 · 항공기 · 기계 등 임대소득의 범위

비거주자 · 외국법인이 거주자 · 내국법인 또는 비거주자 · 외국법인의 국내사업장에 아래 자산을 임대하고 수취하는 소득은 국내원천 선박 · 항공기 등 임대소득이다.(법법 §93 4호, 소법 §119 4호)

① 선박 · 항공기: 거주자 · 내국법인(국내사업장 포함)과의 계약에 따라 임대소득이 발생하면 국내원천소득이다. 소유권이전조건부(국적취득조건부) 약정에 의해 나용선을 수입하면 이는 연불매매로 사업소득이다. 그러나 반환약정이 있는 조건부수입은 임차계약에 해당되므로 임대소득이다. 자항식 준설선은 선박으로 본다.(서이 46017-11800, 2002.9.30.)

② 등록된 자동차 및 건설기계: 국내에서 등록되어 사용되었을 경우만 국내원천소득에 해당한다.

③ 산업상 · 상업상 · 과학상의 기계 · 설비 · 장치

④ 기타 운반구 · 공구 · 기구 및 비품: 원양어업을 영위하는 내국법인이 어획물을 보관하는 용기를 외국법인으로부터 임차하여 이를 국외에서 사용하고 지급하는 임차료는 국내원천소득으로 보지 않는다.(법통 93-132…13)

외국법인이 선박이나 장비를 사용하여 용역을 제공하는 경우 그 대가를 선박 등의 임대소득으로 볼 것인지 아니면 인적용역소득으로 볼 것인지 문제가 될 수 있다. 용역제공자의 사업행태에 따라 판단해야 한다. 예를 들면, 원양어선에게 헬리콥터와 함께 어로탐지능력이 있는 헬리콥터 조종사 및 정비사를 일정 기간 임대하는 형식의 서비스를 제공하여 주는 사업은 어업관련서비스업에 해당하므로 선박 · 항공기 등의 임대에 해당하지 않는다.(국심 2006서1483, 2007.1.22.)

외국법인이 소유권이전조건부로 자산을 리스하는 경우 장기할부조건의 양도에 해당하므로 외국법인이 수취하는 리스료(원금액 및 이자)는 사업소득에 해당한다.(국업 46017-128, 1999.11.5.) 소유권이전조건으로 하지 아니하고 임대기간 만료 후 임대자산을 반환하는 조건으로 리스하는 경우 외국법인이 지급받는 임대료는 선박 등 임대소득이라 판단하였다.(서면인터넷방문상담2팀-1698, 2005.10.21.)

(2) 지급지기준

선박 · 항공기의 임대는 지급지기준으로 자동차 · 중기의 임대는 등록지기준으로 원천을 판단한다.(재국조 1260.1-1084, 1981.9.5.) 해운업을 영위하고 있는 내국법인이 국내사업장이 없는 선주(외국법인)로부터 나용선계약에 의해 용선한 선박을 직접 다른 외국법인에게 제삼국간 국제운항조건으로 임대한 경우 선주에게 지급하는 용선료는 국내원천소득으로 본다.(법통 93-132…16)

1.2 조세조약

조세조약은 선박 등 임대소득을 따로 규정하지 않는다. 일부 조세조약은 이를 사용료소득, 국제운송소득으로 구분하며 특별한 규정이 없으면 사업소득에 해당한다. 조세조약상 사업소득에 해당하는 경우 사업소득의 판단기준에 따라 원천을 판단한다. 예를 들면, 국내사업장이 없는 홍콩법인이 내국법인에게 나용선 및 컨테이너를 임대하고 대가를 지급받는 경우 그 소득은 한홍콩조세조약 7조(사업소득)에 따라 한국에서 과세되지 않는다.(국제세원관리-575, 2017.5.24.)

| 선박 및 기계 등의 임대소득에 대한 조세조약 |

구 분	해당 국가	소득구분(국내세법)
선박 · 항공기 임대	미국	일반사업자: 사용료(선박임대소득) 국제운송사업자: 사업소득(선박임대소득)
	가봉, 대만, 바레인, 러시아, 사우디아라비아, 아제르바이잔, 우루과이, 캐나다, 콜롬비아, 키르기스스탄	모든 임대: 국제운송소득(사업소득)
	남아공, 르완다, 싱가포르, 아랍에미리트, 아일랜드, 에콰도르, 에티오피아, 영국, 요르단, 우크라이나, 이스라엘, 인도, 조지아, 칠레, 케냐, 터키, 페루	나용선: 국제운송소득(사업소득) 선원부용선: 사업소득(선박임대소득)

구 분	해당 국가	소득구분(국내세법)
	덴마크, 벨기에, 일본	나용선: 사용료(선박임대소득) 선원부용선: 사업소득(선박임대소득)
	네덜란드	나용선: 사업소득(선박임대소득) 선원부용선: 사용료(선박임대소득)
	기타 국가	사업소득 또는 사용료(선칵임대소득)
국제운송에 부수하는 컨테이너 임대	가봉, 남아공, 대만, 르완다, 멕시코, 모로코, 미국, 미얀마, 바레인, 베트남, 사우디아라비아, 싱가포르, 아랍, 아제르바이잔, 에콰도르, 에티오피아, 영국, 오만, 요르단, 우루과이, 우크라이나, 이스라엘, 인도, 조지아, 칠레, 케냐, 콜롬비아, 키르기스스탄, 터키, 페루	국제운송소득(사업소득)
산업상·상업상·과학상 장비 임대	가봉, 남아공, 네팔, 뉴질랜드(일부 제외), 르완다, 미국, 바레인, 방글라데시, 스위스, 슬로베니아, 싱가포르, 아랍, 알바니아, 에티오피아, 우크라이나, 이집트, 카타르, 케냐, 쿠웨이트, 크로아티아, 태국, 홍콩	사업소득(장비임대소득)
	위 이외의 국가(멕시코 양도 포함)	사용료(장비임대소득)

※ 사용료(선박·장비임대소득)의 경우 선박·장비임대소득, 국제운송소득(사업소득)의 경우 국제운송소득, 사업소득(선박·장비임대소득)의 경우 사업소득으로 원천징수한다.

2. 선박·항공기·건설기계 등 임대소득 과세방법

소득의 실질귀속자 거주지국과의 조세조약이 있는 경우, 국내사업장이 있으면 국내세법에 따라 종합과세되고 국내사업장이 없으면 조세조약에 따라 원천징수되거나 비과세된다. 조세조약이 없는 경우, 국내사업장이 있으면 국내세법에 따라 종합과세되고 국내사업장이 없으면 선박 등 임대소득으로 2% 원천징수 분리과세된다.(법법 §98 ① 1호, 소법 §156 ① 1호) 임대소득으로 보지 않고 국제운송소득으로 보는 경우 해당 소득의 과세방법을 따른다.

조세조약에 따라 산업·상업·과학 장비임대소득을 사용료소득으로 구분하는 경우에도 국내세법에 따라 '기계 등 임대소득'에 해당하면 국내세법에 따라 원천징수한다. 예를 들면, 국내사업장이 없는 덴마크법인에게 지급하는 산업적·상업적 또는 학술적 장비사용에 대한 대가는 한덴마크조세조약 제12조의 사용료소득에 해당하지만 법인세법에 따른 기계 등 임대소득이므로 2.2%(지방소득세 포함)를 적용하여 원천징수한다.(서면2팀-2003, 2005.12.7.)

| 국내원천 선박 등 임대소득의 과세방법 |

국내사업장 여부	조세조약이 있는 경우	조세조약이 없는 경우
국내사업장 있음.	세법 · 조약에 따라 종합과세	세법에 따라 종합과세
국내사업장 없음.	조약에 따라 원천징수 또는 비과세 (제한세율 적용)	(선박 등 임대소득) 2% 원천징수 분리과세

Chapter 03

부동산소득(Immovable Property Income)

3

1. 부동산소득의 범위

1.1 국내세법

(1) 국내원천 부동산소득

다음 자산의 양도 · 임대 기타 운영으로 인해 발생하는 소득은 부동산소득이다. 다만, 이들의 양도소득은 제외된다.(법법 §93 3호, 소법 §119 3호)

① 국내에 있는 부동산 또는 부동산상의 권리

② 국내에서 취득한 광업권, 조광권, 흙 · 모래 · 돌의 채취권, 지하수 개발 · 이용권

| 조세조약과 국내세법의 부동산 범위 |

조세조약(OE §6)	국내세법(법법 §93 3호, 소법 §119 3호)
1. 부동산 및 부동산종물 2. 부동산상 권리: 지상권, 전세권, 임차권, 부동산취득권 3. 광업권, 조광권, 채석권, 지하수개발이용권, 어업권 4. 농업, 삼림, 가축 및 관련 설비	1. 부동산 2. 부동산상 권리: 지상권, 전세권, 임차권, 부동산취득권 3. 광업권, 조광권, 지하수개발이용권, 어업권, 토사석채취권

(2) 비거주자와 거주자의 부동산소득 차이

국내세법상 비거주자 · 외국법인의 부동산상 권리의 임대, 광업권 등의 양도 및 임대 등은 부동산소득에 해당한다. 그러나 거주자의 경우 이러한 소득은 기타소득이다.

| 비거주자와 거주자의 부동산소득 차이 |

조세조약	국내세법(괄호 안은 거주자)		
	구 분	양도시	임대시
부동산	토지, 건물	양도소득	부동산소득 (사업소득)
부동산상 권리	지상권, 전세권, 임차권, 부동산취득권	양도소득	부동산소득 (기타소득)
광업권, 조광권, 채석권, 지하수개발이용권, 어업권	광업권, 조광권, 채석권, 지하수개발이용권, 어업권	부동산소득 (기타소득)	부동산소득 (기타소득)
농업, 관련 가축 및 설비, 임업	규정 없음.	사업소득	사업소득

1.2 조세조약

OECD모델 6조 2항: 부동산의 의미는 해당 재산이 소재하는 체약국의 법에서 규정한다. 이 용어는 일정한 상황에서 부동산에 부속되는 재산, 농업과 임업에 사용되는 가축과 장비, 토지 관련 재산에 대한 일반법의 규정이 적용되는 권리, 부동산의 용익권, 그리고 광상·광천 및 기타 천연자원의 채취 또는 채취할 권리에 대한 대가인 변동 또는 고정 지급금에 대한 권리를 포함한다. 선박과 항공기는 부동산으로 보지 않는다.

OECD모델 6조 3항: 1항의 규정은 부동산의 직접사용, 임대 또는 기타 형태의 사용으로부터 발생하는 소득에 대하여 적용한다.

대부분 조세조약은 어떤 자산이나 권리가 부동산인지 여부에 대한 해석상 어려움을 피하기 위해 자산 등이 소재한 국가법에 따라 부동산을 정의한다. 다만, 조세조약에는 항상 부동산으로 보아야 하는 자산과 권리를 특별히 규정한다. 사실상 이러한 자산과 권리는 대부분 국가의 국내세법에서 이미 부동산으로 취급되는 것이다. 한편 선박, 비행기는 결코 부동산으로 볼 수 없다고 명시한다. 부동산 담보채권으로 인한 소득과 관련하여 어떤 규정도 없는데 이 문제는 이자소득에서 다룬다.(OE §6-2)

부동산 이용방식과는 무관하게 부동산을 이용하여 발생되는 소득은 부동산소득이다. 즉, 부동산소득은 부동산등의 임대 및 기타 형태의 사용을 통해 받는 모든 대가를 의미한다. 부동산등의 양도는 양도소득에 해당한다. 다만, 부동산투자신탁(REITs)의 배당형식의 소득을 부동산소득으로 볼 것인지에 대한 의문이 있으며, 이를 배당소득에서 구체적으로 검토한다.(OE §6-3)

부동산소득에 대한 조세조약의 특별규정

- 부동산등의 양도를 포함: 미국, 캐나다, 태국
- 토지 및 토지관련 권리만을 부동산으로 규정: 호주
- 농임업, 가축 및 관련장비 소득 포함: 가봉, 나이지리아, 르완다. 베네수엘라, 세르비아, 싱가포르, 슬로베니아, 아랍, 아이슬란드, 아제르바이잔, 알바니아, 알제리, 에스토니아, 에티오피아, 이란, 오만, 요르단, 우루과이, 체코, 카타르, 케냐, 콜롬비아, 크로아티아, 터키, 파나마, 페루
- 주식 소유를 통해 법인의 부동산권리를 향유하면서 직접사용 임대하는 경우 포함: 이란

(1) 농업소득 및 임업소득

조세조약에 따라서 농업소득이나 임업소득을 부동산소득에 포함하는 경우가 있지만, 대부분의 경우 사업소득으로 구분한다.(OE §6-1) 국내세법상 농업소득은 비과세(지방세인 농업소득세 과세)되며, 임업소득은 사업소득에 포함된다.

'농업 또는 임업 소득 포함'이라는 표현으로 부동산소득의 범위를 부동산으로부터 수취하는 소득뿐 아니라 농업이나 임업에 해당하는 활동으로 인한 소득을 포함한다. 농업이나 임업소득은 농업이나 임업에 종사하는 기업이 농작물이나 임작물을 판매하여 수취하는 소득뿐 아니라 농업이나 임업활동을 수행하는 데 중요한 부분에 해당하는 소득도 포함하는데, 예를 들면 탄소배출허가권의 취득이나 거래가 농업이나 임업활동의 수행에 중요한 부분에 해당하는 경우 그로 인한 소득이 이에 해당한다. 이에는 허가권을 농업활동 등을 수행할 목적으로 취득하거나 그 목적으로 취득한 허가권을 필요하지 않다고 판단하여 그 후에 거래하는 경우가 있을 수 있다.(OE §6-2.1)

(2) 거주지국 및 제삼국 소재 부동산소득

부동산소득은 한 체약국 거주자가 체약상대국에 소재한 부동산에서 수취하는 소득을 의미한다. 그러므로 소득수취인이 거주하는 체약국에 소재하는 부동산소득이나 제삼국에 소재하는 부동산소득은 제외된다. 그러한 소득은 상황에 따라 기타소득에 해당한다.(OE §6-1)

(3) 부동산담보채권 소득

부동산담보채권에 대한 이자는 조세조약상 이자소득으로 보는 것이 일반적이다. 부동산담보의 경우 부동산은 단지 채권의 담보로 제공되는 담보물권이지 부동산의 이용 그 자체인 용익물권과는 구별된다.(OE §6-2) 다만, 한이집트조세조약은 부동산 담보채권의 이자를 부동산소득에 포함한다.

(4) 선박 · 항공기의 임대

선박, 단정(boats), 항공기의 임대 또는 사용에 따른 소득은 일반적으로 부동산소득에 해당하지 않는다.(OE §6-2) 이들 소득의 구분은 조세조약에 따라 다르지만, 일반적으로 선원부 용선계약은 국제운송소득으로, 나용선계약은 사업소득 또는 사용료소득으로 구분한다.

(5) 국내사업장 과세와의 관계: 사업소득보다 우선 적용

> OECD모델 6조 4항: 1항 및 3항의 규정은 기업의 부동산으로부터 생기는 소득에 대하여도 적용한다.

체약국소재 부동산등이 국내사업장 요건을 회피하여 사업소득으로 과세되지 않으면 부동산소득 조항을 적용할 수 있다. 원천지국 과세권은 다른 국가 과세권에 우선하고, 기업의 부동산소득이 간접적으로 수취되는 때에도 또한 마찬가지로 적용된다. 이는 국내사업장을 통해 수취될 때 부동산소득을 사업소득으로 취급하지 못하도록 하는 것은 아니며, 재산이 소재지국 국내사업장 일부가 아닌 경우에도 소재지국에서 부동산소득을 과세하도록 보장하기 위한 것이다. 한편, 이러한 규정으로 인해 부동산소득 과세방식과 관련한 국내법 적용이 제한되는 것은 아니다.(OE §6-4)

2. 부동산소득의 원천지국 과세원칙

> OECD모델 6조 1항: 한 체약국 거주자가 체약상대국 내에 소재하는 부동산으로부터 수취하는 소득(농업 또는 임업소득 포함)에 대하여는 그 체약상대국에서 과세할 수 있다.

부동산소득의 과세권은 원천지국에 있다. 즉, 부동산소득을 발생시키는 재산이 소재한 국가가 포괄적 과세권을 가진다. 부동산소득의 경우 발생원천이 오로지 원천지국에 있고 소득발생과 관련한 경제활동이 대부분 원천지국에서 이루어지기 때문이다.(OE §6-1)

3. 부동산소득 과세방법

부동산소득이 있는 비거주자・외국법인에 대하여는 그 부동산과 관련된 소득을 합산하여 국내사업장 과세와 같은 방법으로 종합과세한다.(법법 §91 ①, 소법 §121 ②)

| 국내원천 부동산소득의 과세방법 |

국내사업장 여부	조세조약이 있는 경우	조세조약이 없는 경우
국내사업장으로 의제	세법・조약에 따라 종합과세 (관련소득 합산)	세법에 따라 종합과세 (관련소득 합산)

Chapter 04

국제운송소득(International Traffic Profits)

4

1. 국제운송소득의 범위

1.1 국내세법

국내세법상 국제운송소득은 사업소득에 포함되며, 아래는 국제운송소득에 해당하는 것이다.(법령 §132 ② 7호·8호, 소령 §179 ② 7호·8호)

① 외국법인 등이 국내 및 국외에 걸쳐 선박에 의한 국제운송업을 영위하는 경우에는 국내에서 승선한 여객이나 선적한 화물에 관련하여 발생하는 수입금액을 기준으로 하여 판정한 그 법인 등의 국내업무에서 발생하는 소득

② 외국법인 등이 국내 및 국외에 걸쳐 항공기에 의한 국제운송업을 영위하는 경우에는 국내에서 탑승한 여객이나 적재한 화물과 관련하여 발생하는 수입금액과 경비, 국내업무용 유형·무형자산의 가액이나 그 밖에 그 국내업무가 해당 운송업에 대한 소득의 발생에 기여한 정도 등을 고려하여 아래 산식에 의해 계산한 그 법인 등의 국내업무에서 발생하는 소득(법칙 §66, 소칙 §86)

$$\text{국제운송소득} = \begin{array}{l}\text{해당 법인의 국제노선}\\ \text{에서 생기는 이익}\end{array} \times \left\{ \left[\frac{\text{국내총수입금액}}{\text{국제노선총수입금액}} + \frac{\begin{array}{c}\text{국내고정자산의}\\ \text{장부가액}\end{array} + \left(\begin{array}{c}\text{국제노선에 취항하는}\\ \text{항공기의 장부가액}\end{array} \times \frac{\text{국내에서의 출항횟수}}{\text{국제노선 출항횟수}} \right)}{\text{국제노선에 관련 있는 총고정자산의 장부가액}} + \frac{\begin{array}{c}\text{국내의}\\ \text{급여액}\end{array} + \left(\begin{array}{c}\text{국제노선에 취항하는}\\ \text{항공기 승무원의 급여액}\end{array} \times \frac{\text{국내에서의 출항횟수}}{\text{국제노선 출항횟수}} \right)}{\text{국제노선에 관련한 총급여액}} \right] \times \frac{1}{3} \right\}$$

③ 외국을 항행하는 선박 또는 항공기가 조난으로 인하여 소멸(침몰) 또는 손괴됨에 따라 발생한 보험차익

④ 외국항행을 주업으로 하는 자가 자기가 운용하는 선박·항공기의 탑승을 위해 매표한 탑승권으로 승객이 타인의 선박 또는 항공기에 탑승함으로써 상대편으로부터 받는 매표수수료에 상당하는 금액

⑤ 외국항행만을 목적으로 하는 자가 외국항행사업에 따른 채무를 면제받거나 자산을 수증받은 경우 상당액

1.2 조세조약

(1) 국제운송의 개념

> OECD모델 3조 1항 e) 국제운송이라 함은 선박이나 항공기에 의한 운송을 말한다. 다만, 선박 또는 항공기가 한 체약국내의 장소들 사이를 운항하고 그 선박이나 항공기를 운영하는 기업이 한 체약국의 기업이 아닌 경우는 제외한다.

① 한 체약국에서 체약상대국으로 운항

'국제운송'의 정의는, 한 체약국 기업의 국제운송 선박이나 항공기의 운항이익의 과세권은 국제운송사업의 특수성에 비추어 한 체약국에만 있다는 조세조약에 정한 원칙에 근거한다. 다만, 체약국들이 다른 조항의 일반적 방식과 보조를 맞추기 위해 기업의 실질적 관리장소가 소재하는 국가에 대한 언급을 넣는 것은 자유이다. 이 경우, 정의에서 '국제운송이란 선박이나 항공기를 운영하는 기업이 실질적 관리장소를 두지 않는 한 체약국 내의 장소들만을 그 선박이나 항공기가 운항하는 경우를 제외하는 선박이나 항공기의 운항을 말한다.'고 규정해야 한다.(OE §3-5)

② 체약상대국 내 운항을 포함하는 경우

'국제운송'은 통상 받아들이는 의미보다 더 넓은 의미를 가진다. 이러한 넓은 의미의 정의로 거주지국은 제삼국 간 국제운송뿐 아니라 단순한 국내교통도 과세할 권리를 가진다. 다만, 체약상대국 내에서만 운항하는 경우 체약상대국에 과세권이 있다. 이는 다음 사례에서 명확해진다.

㉮ 한 체약국 내 또는 제삼국 내에서 운항하는 경우

한 체약국 기업이 체약상대국에서 대리인을 통해 한 체약국 내로 한정되거나 또는 제삼국 내로 한정된 여행티켓을 파는 경우 체약상대국은 운행소득을 과세할 수 없다. 체약상대국은 자국 내 장소 사이에서만 운항이 이루어질 경우에 한 체약국 기업에 과세할

수 있다.(OE §3-6)

국제운송의 정의는 제삼국의 기업이 운영하는 선박이나 항공기 운송에도 또한 적용된다는 점을 확인하기 위해 2017년 개정되었다. 이러한 변경은 한 체약국 기업의 소득만을 언급하는 국제운송조항의 적용에 영향을 미치지는 않지만, 이로 인해 제삼국의 기업이 운영하는 선박이나 항공기에 탑승하여 제공하는 근로대가를 수취하는 한 체약국 거주자에게 근로소득조항을 적용할 수 있게 되었다.(OE §3-6.1)

선박이나 항공기의 출발지와 도착지가 한 체약국 내인 경우 선박이나 항공기는 그 여정으로 볼 때 한 체약국 내 장소를 운항하는 것이지만, 한 체약국 밖의 출발지나 도착지를 포함하는 선박이나 항공기의 전체여정 일부에 그 체약국 내 장소의 운항이 포함된다면 국제운송에 해당한다. 예를 들면 동일한 여정의 일부로서 항공기가 한 체약국 장소로부터 체약상대국 장소로 비행하고, 이후 체약상대국 내 있는 또 다른 목적지로 계속 운항하는 경우 이 여정의 첫 부분과 둘째 부분은 각각 '국제운송'의 정의에 해당하는 운항의 일부이다.(OE §3-6.2)

일부 국가는 선박이나 항공기로 국제운송이 이루어진다 하더라도 동일 체약국 내 두 장소 간의 여객이나 화물운송을 국제운송의 범위에서 제외한다. 이 경우 운송(transport)은 여객이나 화물의 국제적 장거리운송(journey)만을 의미한다.(OE §3-6.3)

㉯ 선박 등이 체약상대국 내 두 장소를 운항하면서 공해를 통과하는 경우

부분적으로 국가 밖으로 운송이 일어난다 해도, 선박이나 항공기가 한 국가 내 두 장소를 운항하고 그 선박이나 항공기를 운영하는 기업이 그 국가의 기업이 아닌 경우에는 "국제운송"의 정의가 적용되지 않는다. 따라서 예를 들면 해외 항구에 기항하지 않고 체약상대국에서 시작하여 끝나는 운항은 국제 여객운송이 되지 않는다. 이를 분명히 하는 국가는 조세조약에 이러한 정의를 넣는다.(OE §3-6.4)

(2) 국제운송소득의 범위

선박·항공기의 직접 운행뿐 아니라 이 운행과 밀접하게 관련된 추가적이거나 부수적인 활동으로부터 발생되는 소득도 국제운송소득에 포함된다.

① 국제적 여객 및 화물 운송

국제운송소득은 우선적으로 기업이 자기소유, 리스 또는 자신의 처분 하에 있는 국제운송에 종사하는 선박이나 항공기로 여객 및 화물 운송을 하여 수취하는 소득이다. 그러나 국제운송이 발달하면서 선박운송 및 항공운송 기업은 국제운송영업을 유지하고 촉진하며 지원하기 위한 다양한 활동을 꾸준히 수행하여 왔다. 이에 따라 운송활동과 직접적으로 관련된 활동으로 인한 소득뿐 아니라 국제운송기업의 선박이나 항공기의 국제운송

영업과 직접적으로 관련되지 않은 활동으로 인한 소득이라 하더라도 이러한 운송영업 활동에 부수적인 경우에는 국제운송소득에 해당한다.(OE §8-4)

국제운송에 종사하는 선박이나 항공기의 여객 및 화물운송과 일차적으로 관련되는 국제운송기업에 의해 이루어지는 모든 활동은 국제운송과 직접적으로 관련된 것으로 간주된다.(OE §8-4.1) 또한, 국제운송기업이 국제운송 선박이나 항공기의 운항목적으로 수행할 필요는 없지만 운항활동에 다소의 기여를 하고 운항활동과 상당히 밀접히 관련되어 별도 사업이나 별도의 기업소득원천으로 볼 수 없는 활동은 국제운송 선박 및 항공기의 운영에 부수적인 것으로 간주된다.(OE §8-4.2)

② 인원 및 설비를 갖춘 선박 및 항공기의 임대

설비, 승무원 및 보급품 등을 전부 갖춘 전세 선박이나 항공기의 임대로 받는 소득은 여객이나 화물의 운송소득과 같이 취급된다. 그렇지 않으면 대부분의 해운이나 항공운송이 국제운송소득에 해당하지 않을 것이다. 그러나 선박이나 항공기의 국제운항에 종사하는 기업의 부수적 활동이 아닌 나용선 기준의 선박 및 항공기 임대소득은 일반적으로 사업소득에 해당한다.(OE §8-5) 다만, 한국이 체결한 일부 조세조약들은 나용선 임대를 국제운송으로 규정한다.

③ 부수적 활동

국제운송 선박 및 항공기가 아닌 다른 유형의 여객 및 화물운송으로 수취하는 소득은 이러한 운송이 기업의 국제운송 선박 및 항공기 운항과 직접 관련되거나 부수적 활동인 경우에 국제운송소득에 해당한다.

1. 다른 항공사와 코드공유: 코드공유(code sharing), 시간부전세계약(slot chartering arrangement) 또는 조기출발이익을 얻기 위해 다른 기업이 운영하는 선박 및 항공기를 이용하여 일부 국제운송 여객이나 화물을 운송하는 국제운송기업이 받는 소득은 국제운송소득이다. 예를 들면, 국내사업장을 두고 국제운송업을 영위하던 영국항공사가 항공기의 국내 취항을 일시적으로 중단하고, 내국법인이 운영하는 항공기를 공동운항계약에 의해 일시적으로 사용하면서 국내에서 여객의 탑승이나 화물을 적재하는 등 국제운송업을 계속적으로 수행하는 경우에는 국내사업장은 계속 존재하며 수취소득은 국제운송소득이다.(국총 46017-553, 1999.8.16.)
2. 셔틀버스 운행: 국제운송 여객을 공항에서 또는 공항으로 운송할 목적으로 공항과 시내를 연결하는 셔틀버스를 운영하는 항공사의 소득은 부수적이다.(OE §8-6)
3. 내륙운송: 운송개시국 또는 목적지국에서 여객 및 화물운송계약을 체결하고 다른 기업이 운영하는 모든 형태의 내륙운송을 이용하여 운송을 개시하거나 또는 목적지국에서 운송이 이루어지거나 배달되도록 하는 국제운송 선박이나 항공기를 사용한 여객 및 화물 운송기업은 주의를 요한다. 이 경우, 다른 내륙운송기업이 내륙운송을 제공하고 수취한 소득은 국제운송소득에 해당되지 않지만, 다른 기업이 수행한 운송으로 인해 국제운송기업이 수취한 소득은 국제운송

소득에 해당한다.(OE §8-7)

4. 다른 기업을 위한 티켓판매: 한 기업이 국제운송 선박 및 항공기의 운항티켓을 팔기 위해 유지하는 일정 장소에서 다른 운송기업을 대신하여 티켓을 판매하는 것은 흔히 있는 일이다. 이렇게 다른 기업을 대신하여 티켓을 판매하는 것은 한 기업이 운영하는 선박이나 항공기의 운항과 직접 관련되거나(예 한 기업이 제공하는 국제운송의 국내연장노선을 운행하는 다른 기업이 발행하는 티켓판매), 또는 한 기업의 티켓판매에 부수적인 것으로 국제운송소득에 포함된다.(OE §8-8)
5. 항공기 내 잡지광고: 한 기업이 운영하는 선박이나 항공기 내에서 제공되거나 또는 사업장소(예 티켓발권사무실)에서 제공하는 잡지에 다른 기업을 위해 행하는 광고는 이러한 선박이나 항공기의 운영에 부수적인 것으로 이러한 광고소득은 국제운송소득에 해당한다.(OE §8-8.1)

④ 국제운송에 부수하는 컨테이너 리스

국제운송에서 컨테이너(containers)가 광범위하게 쓰인다. 또한, 이 같은 컨테이너는 내륙운송에서도 자주 쓰인다. 국제운송기업이 국제운송 선박이나 항공기의 운영에 직접 관련되거나 부수적으로 컨테이너를 임대하는 경우, 상당수의 조세조약이 이를 국제운송소득이나 사업소득으로 본다. 국제운송기업이 이러한 컨테이너의 단기보관으로 인해 수취하는 소득(예 운송 중인 화물적재 컨테이너를 보관하고 고객에게 수수료를 청구하는 경우)이나 컨테이너의 반환지연으로 수취하는 지연수수료에도 같은 논리가 적용된다.(OE §8-9) 부수적인 경우가 아니라 별도의 사업으로 컨테이너 임대를 하는 경우 이는 사업소득 또는 사용료소득에 해당한다.

⑤ 다른 운송기업을 위한 용역제공

국제운송 선박이나 항공기 운영을 위해 외국에 자산이나 직원을 유지하는 운송기업이 그 나라에서 다른 운송기업에게 재화나 용역을 공급하고 소득을 수취하는 경우가 있다. 예를 들면 기술자(engineers), 지상요원(ground staff) 및 설비보수요원, 화물담당, 식자재담당(catering staff), 여객담당직원(customer service personnel) 등에 의한 재화와 용역의 공급이다. 국제운송기업이 이러한 재화나 용역을 다른 기업에 공급하고 그 활동이 그 기업의 국제운송 선박이나 항공기의 운영에 직접 관련되거나 부수적인 경우, 다른 기업에 제공하는 이러한 재화나 용역은 국제운송소득에 해당한다.(OE §8-10)

또한, 국제운송기업이 다른 국가에서 운영하는 자기 선박이나 항공기의 보수설비의 유지비용을 줄이기 위해 공동사업계약(pooling arrangement)을 체결하는 경우가 있다. 예를 들면, 국제항공기술공동사업협약(International Airlines Technical Pool Agreement)에 따라 한 항공기업이 특정 지역에 기착하는 다른 항공기업에게 부품을 공급하거나 보수용역을 제공하기로 합의하는 경우(이로 인해 한 기업은 다른 지역에서 이러한 용역을 제공받을 수 있는 권리가 있음), 이러한 협약에 의해 수행되는 활동은 국제운송 항공기업 운영에 부수적이다.(OE §8-10.1)

⑥ 국제운송기업의 조선소

다른 나라에 실질적 관리장소를 가진 선박회사가 한 나라에서 운영하는 조선소(shipbuilding yard)와 관련한 소득은 국제운송소득이 아니다.(OE §8-12)

⑦ 공해상 활동

공해상에서 어업, 준설 또는 예인활동에 종사하는 선박의 운항으로 인한 소득은 일반적으로 국제운송소득에 해당한다. 그러나 국가에 따라서는 이를 국제운송소득에서 제외하는 경우도 있다.(OE §8-17.1)

⑧ 국제운송기업의 투자소득

해운, 내륙수운 또는 항공운송 기업의 투자소득(예 증권, 채권, 주식 또는 대여금)은 이런 종류의 소득에 통상 적용되는 소득으로 구분된다. 다만, 소득창출을 위한 투자가 체약국 내에서 국제운송 선박이나 항공기의 운송사업 수행에 없어서는 안 될 일부로서 이루어지는 경우, 투자는 그 사업에 직접 관련된 것으로 간주된다. 그러므로 예를 들면 사업수행상 한 체약국에서 필요한 현금이나, 사업수행을 위해 법상 요구되는 담보로 예치한 보증금에서 창출되는 이자소득은 국제운송소득에 해당한다. 이 경우, 투자는 그 지역에서 선박 또는 항공기사업을 허가받기 위한 요건이다. 그렇지만, 체약국 내외를 불문하고 해당기업소득이 귀속되지 않는 다른 국내사업장, 관계기업 및 주사무소(재정 및 투자활동의 중심)를 위한 현금관리나 기타 재정활동 과정에서 수취된 이자소득은 국제운송소득에 해당하지 않으며, 사업운영상 자금투자가 필요치 않음에도 불구하고 그 지역 사업운영으로 번 소득을 단기투자해서 수취하는 이자소득도 국제운송소득에 해당하지 않는다.(OE §8-14) 예를 들면, 다음과 같은 소득은 국제운송소득에서 제외된다.

1. 퇴직보험예치금 이자소득: 외국항공사 국내지점이 근로자의 퇴직금을 지급하기 위해 퇴직보험료를 납입함에 따라 발생된 퇴직보험예치금의 이자소득은 외국항행을 목적으로 하는 정상적인 업무에서 발생하는 소득이 아니므로 국제운송소득에 해당하지 않는다.(서이 46017-10071, 2001.8.31.)
2. 정기예금이자: 외국항공사 국내지점이 외국항행사업과 관련하여 생기는 소득을 본점으로 송금하기 위해 일시적으로 은행에 예치하면서 당초 3개월 만기로 가입한 정기예금을 만기가 되면 재연장하여 반복적으로 가입한 것으로 본점으로 송금하기 위한 일시적인 예치라고 보기 어려우므로 국제운송소득이 아니다.(국심 2000서123, 2000.9.2.)
3. 임대소득: 미국항공사 국내지점이 한국공항공단으로부터 공항시설의 일부를 임대받아 사용하면서 운휴시간 동안 이 시설을 타항공사가 귀빈실, 항공권발권카운터로 사용할 수 있도록

제공하여 주고 타항공사로부터 받는 소득은 외국항행을 목적으로 하는 정상적인 업무에서 발생하는 소득이 아니므로 국제운송소득에 해당하지 않는다.(제도 46017-10428, 2001.4.3.)

⑨ **국제운송기업의 탄소배출권 관련소득**

국제운송 선박이나 항공기의 운항에 종사하는 기업들은 그 사업을 위해 탄소배출허가권과 인증권을 취득해야 하는 경우가 있다. 이러한 허가권이나 인증권과 관련하여 그 기업들이 수취하는 소득이 국제운송 선박이나 항공기 운항사업의 수행에 중요한 부분에 해당한다면 국제운송소득으로 볼 수 있는데, 이는 허가권을 선박이나 항공기의 운항목적으로 취득하거나 그러한 목적으로 취득한 허가권을 나중에 그 필요가 없다고 판단하여 거래하는 경우를 말한다.(OE §8-14.1)

1.3 거주지, 실질적 관리장소, 선박등록지

(1) 거주지국 과세

OECD모델 8조 1항: 국제운송 선박 및 항공기의 운항으로부터 한 체약국의 기업이 얻는 소득은 그 국가에서만 과세한다.

국제운송 선박이나 항공기의 운항소득은 한 국가에서만 과세할 수 있도록 보장되며, 그 기업의 소재지국에 과세권이 있다.(OE §8-1) OECD모델은 2017년까지 기업의 실질적 관리장소가 소재하는 국가가 과세권을 가진다고 규정하였다. 그러나 각국의 조세조약을 검토한 결과 상당수는 기업의 거주지국에 과세권을 주는 것을 선호하였으며 그에 따라 8조를 변경하였다. 그러나 일부 국가들은 기업의 실질적 관리장소가 소재한 국가에 배타적 과세권을 주기를 선호한다.(OE §8-2)

한국이 체결한 대부분 조세조약들은 국제운송소득을 '기업의 거주지국'에서 배타적으로 과세하도록 규정한다. 다만, 나이지리아, 미얀마, 방글라데시, 스리랑카, 인도, 태국, 파키스탄의 조세조약은 선박에 대하여 원천지국 과세권을 인정한다.

국제운송소득은 넓은 의미의 사업소득에 포함된다. 그런데 조세조약에서 국제운송소득을 사업소득과 구별하여 규정한 이유는 사업소득과 다른 과세원칙을 적용하기 위해서이다. 결과적으로 대부분의 경우 국제운송소득은 원천지국에서 비과세된다.

(2) 실질적 관리장소 과세

국제운송기업의 경우 거주지국 개념이 아닌 실질적 관리장소 개념을 적용하는 이유는 국제운송기업, 특히 국제운송선박 기업의 사업관행과 관련이 있다. 국제운송선박 기업들은 실질적인 사업활동과는 상관없이 특수목적법인(Special Purpose Company)을 설립하여 파나마, 라이베리아, 그리스 등에 선적을 등록하거나 법인 본점을 유지한다. 이러한 경우, 실질적 관리장소가 과세목적상 더 합리적이다.

실질적 관리장소의 개념은 국내세법에서도 적용된다. 예를 들면, 영국령 케이만 아일랜드에 등록된 선박에 대한 국제운송소득의 상호주의면세는 선박을 실제로 운영하는 법인의 본점 또는 주사무소가 소재한 국가의 조세조약에 의해 결정된다.(국총 46017-9, 1999.1.7.)

기업의 실질적 관리장소가 선박이나 단정 위에 있는 특수한 경우가 있다. 이 경우 조세는 그 선박이나 단정의 모항이 소재한 국가에서 부과된다. 모항을 결정할 수 없으면 조세는 선박이나 단정의 운항자가 거주하는 체약국에서 과세된다.(OE §8-22)

실질적 관리장소를 채택한 조세조약

루마니아, 모로코, 베네수엘라, 사우디아라비아, 싱가폴, 중국, 크로아티아, 케냐, 튀니지

(3) 선박등록지 과세

선박등록지 과세는 상당히 예외적인 과세원칙이다. 한그리스조세조약에서 항공기는 기업의 거주지국에서 과세하는 반면 선박은 '등록된 체약국'에서만 과세한다.

1.4 국제운송소득의 원천지국 과세

일부 조세조약은 예외적으로 다음과 같이 원천지국 과세를 규정한다.

| 원천지국 과세를 규정한 조세조약 |

체약국	원천과세 내용
나이지리아	국제운항이 한 체약국 기업에 의해서만 이루어지는 경우, Min(수입의 1%, 그 기업이 제3국의 국제운항으로 번 수입에 부과되었을 나이지리아 조세)
미얀마, 방글라데시, 캄보디아, 태국, 파키스탄	선박 국제운송소득의 세액 50% 경감
스리랑카	선박 국제운송소득의 세액 50% 경감. 다만, 한스리랑카조세조약 발효 후에 스리랑카가 다른 조세조약에서 이보다 더 조세를 경감하는 경우에는 이에 따름.

체약국	원천과세 내용
인 도	양국 간 선박협정 체결되지 않는 경우 세액의 10% 경감(의정서 §3) : 현재 미체결(체결되는 경우 세액의 50% 경감)
캐나다	국내장소 간 여객 또는 재화수송을 주된 목적으로 선박 또는 항공기를 운행하여 발생시킨 이윤
필리핀	선박 또는 항공기의 국제운송업에서 발생된 총수입금액의 1.5%를 한도로 과세. 다만, 필리핀이 제3국 거주자의 국제운송소득에 대하여 더 낮게 과세 또는 면세하는 경우에는 이에 따름.

2. 특별사안에 대한 검토

2.1 국제적 내륙수운의 동일한 과세취급

강, 운하 및 호수에서의 운송을 국제운송의 선박운송 및 항공운송과 같이 취급하고자 하는 국가들은 양자조약에 해당 규정을 포함하고 있다.(OE §8-15) 이러한 규정은 둘 이상의 국가들 간의 내륙수로운송뿐 아니라, 한 국가의 기업이 다른 국가의 두 장소 사이를 운항하는 내륙수로운송에도 적용된다. 기업의 실질적 관리장소가 소재하는 국가에 과세권을 부여하는 경우 내륙수로운송에도 또한 적용된다. 이 대체규정이 사용되는 경우, '내륙수로운송에 종사하는 단정들(boats)'에 대한 언급을 추가하는 것이 적절한데, 이는 그 단정들을 국제운송에서 운영하는 선박 및 항공기와 같은 방식으로 취급한다는 점을 확인하기 위한 것이다.(OE §8-16)

내륙수로운송에 대하여 '단정'이란 단어를 사용하지만, 이는 전통적인 구분방법을 반영한 것이며 어떤 식으로든 조약에서 사용하는 '선박(ship)'이란 단어의 의미를 제한하는 것으로 해석해서는 안 된다. 선박은 수로운송을 위해 사용되는 모든 종류의 배(vessel)를 포함하는 넓은 의미로 사용된다.(OE §8-17)

공해상에서 어업, 준설, 또는 예인활동에 종사하는 선박의 운항으로 인한 소득을 내륙수로운송의 범위에 포함하도록 양자간 합의할 수 있다.(OE §8-18)

2.2 복합운송 및 국내사업장

선박운송, 항공운송을 동시에 하는 기업의 경우에도 자신의 선박, 단정(boats), 항공기를 운항하고 수취하는 소득에 대하여 국제운송소득 조항을 적용한다.(OE §8-19) 이들 기업이 선박과 항공기의 운항과 전적으로 관련된 국내사업장을 외국에 둔다면, 그 사업

장을 선박운송, 항공운송에 종사하는 기업의 국내사업장과 다르게 취급할 이유가 없다.(OE §8-20)

또한 이들 기업이 다른 국가에 선박운송, 항공운송과 관련이 없는 국내사업장을 두는 경우 국제운송소득 조항은 기업본점에만 적용된다. 기업이 자기 제품을 자기 선박으로 외국에 있는 기업의 국내사업장에 수송하는 경우 자체 수송행위로 얻은 어떤 손익을 국내사업장에 배분하는 것은 적절치 않다. 국내사업장이 선박이나 항공기의 운항을 위한 설비(적송부두)를 유지하거나 기업의 제품수송과 관련한 다른 비용(인건비)을 부담하는 경우에도 마찬가지이다. 이 경우, 국제운송에 종사하는 선박 및 항공기의 운항과 관련한 일부기능이 국내사업장에 의해 수행될 수 있지만 이러한 기능에 배분되는 소득은 그 기업이 소재하는 국가에서 배타적으로 과세된다. 이러한 기능을 수행하면서 발생되는 비용의 전부 또는 일부는 국내사업장이 소재하는 국가에서 과세되지 않는 소득상당액을 계산할 때 공제되어서는 안 되므로 소재지국에서 과세되는 국내사업장 귀속소득을 감소시키지 않는다.(OE §8-21)

선박이나 항공기가 국제운송에 종사하는 경우 전체 기업의 실질적 관리장소가 아닌 국내사업장에 의해 선박과 항공기가 운영된다는 사실에 의해 국제운송소득의 과세권이 영향받는 것은 아니다. 예를 들면, 선박이나 항공기가 국내사업장에 의해 일에 투입되거나 국내사업장 재무상태표상 표시되는 경우에도 과세권은 실질적 관리장소 소재지국에서 행사된다. 그러므로 이러한 소득이 국내사업장에 배분될 수 있다고 해도 특별조항 우선원칙에 따라 해당 소득은 기업의 실질적 관리장소가 소재하는 국가에서만 과세된다.(OE §8-22)

2.3 공동사업에 대한 과세취급

> OECD모델 8조 2항: 1항의 규정은 공동운영(pool), 합작사업(joint business), 국제운송대리(international operating agency)에 참가함으로써 발생되는 소득에 대하여도 적용한다.

선박이나 항공 운송에는 다양한 형태의 국제적 공동운영이 존재한다. 이 분야의 국제적 공동운영은 공동사업의 수입(또는 소득)배분에 대한 일정원칙을 규정하는 공동합의나 기타 유사형태의 조약을 통해 이루어진다.(OE §8-23)

공동운영(pool), 합작사업(joint business)이나 국제운송대리(international operating agency) 참여자의 과세소득을 결정하는 데 문제가 발생할 수 있다. 이 경우 참여자의 지분비율에 비례하여 소득을 계산하는 것이 합리적이다.(OE §8-24) 공동운영이란 항공기의 공동운항이나 공동수선유지 등의 활동을 말하며, 합작사업이란 여러 운수기업들의 공동출자사업을 말하고, 국제운송대리란 한 기업이 다른 기업의 영업을 대리하는 것을 말한다.

3. 국제운송소득의 면세

3.1 비거주자·외국법인 국내사업장의 면세

(1) 상호주의 면세원칙

외국인인 거주자, 비거주자, 외국법인이 선박과 항공기의 외국항행사업으로부터 얻는 소득은 면세한다. 다만, 그 외국인인 거주자 또는 비거주자의 국적지국, 외국법인의 본점 또는 주사무소가 있는 국가에서 한국의 법인 또는 국민이 운용하는 선박이나 항공기에 대하여 동일한 면제를 하는 경우만 해당한다.(법법 §91 ① 3호, 소법 §59 ① 2호) 나이지리아, 미얀마, 아르헨티나 등을 제외한 대부분 국가들은 국제운송소득에 대하여 상호주의 면세를 규정한다.

| 면세대상 외국항행소득(법칙 §62, 소령 §119의2) |

1. 외국항행을 목적으로 하는 정상적인 업무에서 발생하는 소득
2. 자기소유 선박 또는 항공기가 정기용선계약 또는 정기용기계약(나용선계약 또는 나용기계약 제외)에 의해 외국을 항행함으로써 발생하는 용선료 수입

① 외국법인의 국제운송소득 공제

국내사업장을 가진 외국법인과 국제운송소득이 있는 외국법인의 각 사업연도의 소득에 대한 법인세의 과세표준은 국내원천소득의 총합계액(원천징수 대상소득 제외)에서 선박 또는 항공기의 외국항행으로 인하여 발생하는 소득을 공제한 금액으로 한다.(법법 §91 ① 3호)

② 외국인 거주자 및 비거주자의 종합소득 세액감면

거주자 중 외국국적자의 종합소득금액 중 선박과 항공기의 외국항행사업으로부터 얻는 소득이 있을 때에는 그 거주자의 국적지국에서 대한민국 국민이 운용하는 선박과 항공기에 대해서도 동일한 면제를 하는 경우, 종합소득 산출세액에 해당 근로소득금액 또는 사업소득금액이 종합소득금액에서 차지하는 비율을 곱하여 계산한 금액 상당액을 감면한다.(소법 §59의2 ① 2호) 이 경우, 과세표준확정신고와 함께 세액감면신청서를 납세지 관할세무서장에게 제출해야 하지만, 감면신청이 없을 때에도 소득세를 감면한다.(소법 §126 ③, 소령 §138 ①) 소득세를 감면받으려는 외국국적자인 거주자는 그 감면소득과 그 밖의 소득을 구분하여 장부에 기록해야 한다.(소법 §161)

(2) 가산세는 면제대상 아님

면세되는 경우에도 의무불이행으로 인한 가산세는 면제되지 않는다. 예를 들면, 상호면세 적용을 받는 중국법인의 국내지점이 사업자로부터 재화 또는 용역을 공급받고 법인세법 제116조 제2항에 따른 증명서류를 수취하지 않으면 지출증빙가산세는 면제되지 않으므로 법인세로 신고·납부해야 한다.(제도 46017-12462, 2001.7.28.)

3.2 상호면세협정

조세조약과 별개로 체결되는 상호면세협정은 조세조약이 체결되지 않은 경우나 조세조약의 국제운송소득 조항이 미비한 경우 보충적으로 적용된다.

| 국제운송소득에 대한 상호면세협정 |

체결국	대상 국제 운송	면세대상 조세	면세내용	발효 및 적용일	
				발효일	적용일
노르웨이	선박·항공기	소득 및 수입에 관한 모든 조세	상대국에 등록된 선박·항공기에 대하여 상호면세(등록지주의)	1973.2.2.	1972.1.1. 이후 개시되는 과세연도의 수입이나 소득
덴마크	선박·항공기	소득 및 수입에 관한 모든 조세	상대국 기업의 국제운송 수입 또는 소득에 대하여 상호면세(거주지주의)	1975.9.8.	1968.1.1. 이후 발생된 수입이나 소득
벨기에	선박·항공기	소득 및 수입에 관한 모든 조세	상대국 기업의 국제운송 수입 또는 소득에 대하여 상호면세(거주지주의)	1975.1.28.	1974.1.1. 이후 개시되는 과세연도의 수입이나 소득
사우디 아라비아	항공기	한국: 소득세·법인세·지방소득세·방위세 사우디아라비아: 소득세·기타 조세	상대국 지정 기업의 국제항공운수소득	1991.7.18.	각 항공사의 취항일에 소급하여 적용
캐나다	선박·항공기	한국: 이윤에 대한 소득세·영업세·기타조세 캐나다: 이윤에 대한 소득세와 기타 조세	상대국 기업의 국제운송에서 발생된 이윤에 대하여 상호면세(거주지주의)	1974.11.15.	1974.1.1. 이후 개시되는 과세연도
쿠웨이트	항공기	지정 항공사와 그 활동에 대한 모든 조세 및 관세	상대국의 지정 항공사와 그 활동에 대해 상호면세(거주지주의)	1985.12.1.	-

체결국	대상 국제 운송	면세대상 조세	면세내용	발효 및 적용일	
				발효일	적용일
태 국	선박·항공기	한국: 부가가치세 태국: 영업세	상대국 기업의 국제운송에 대하여 상호면세(영세율)	1981.1.5.	1977.11.1. 이후 수취 금액
홍 콩	항공기	소득세, 부가가치세 및 기타 비슷한 모든 조세	상대국 항공사의 국제운송 소득 상호면세	2016.9.27. 조약 의정서 §3	2017.4.1. 이후 수취 금액

3.3 부가가치세의 상호주의 면세

비거주자·외국법인의 선박 또는 항공기의 외국항행용역에 대하여, 그 외국에서 한국의 거주자·내국법인에게 한국의 부가가치세 또는 이와 비슷한 성질의 조세를 면세하거나, 한국의 부가가치세 또는 이와 비슷한 성질의 조세가 없는 때에 영세율을 적용한다. (부법 §23)

| 외국 국제운송기업의 부가가치세 과세방법(부통 11-25…2) **|**

구 분	부가가치세 과세방법
상호면세국 기업인 경우	한국에서 여객이나 화물이 탑승 또는 적재되는 것에 한하여 영세율을 적용
상호면세국 기업이 아닌 경우	한국에서 여객이나 화물이 탑승 또는 적재되는 것에 한하여 부가가치세를 과세

4. 국제운송소득의 과세방법

조세조약의 거주지국 과세원칙과 국내세법의 상호면세원칙으로 인해 국제운송소득이 실질적으로 과세되는 경우는 체약상대국에서 한국기업의 국제운송소득을 과세하는 때뿐이다. 과세되는 경우, 국내세법상 국제운송소득은 사업소득으로 구분되므로 사업소득 과세방법을 적용한다.

예를 들면, 국내지점이 있는 홍콩법인이 국내 및 국외에 걸쳐 선박에 의한 국제운송업을 영위하는 경우 국내에서 선적한 화물과 관련하여 발생하는 수입금액에 대하여 각 사업연도소득에 대한 법인세를 신고·납부하며, 홍콩법인이 국외에서 선적된 화물운임에 대하여 내국법인(선박회사 대리점)으로부터 지급받는 운임은 국외원천소득으로서 과세되지 않는다.(재경원 국조 46017-132, 1996.8.27.) 국내대리점을 통해 지급되는 운임은 지급하

는 국내대리점이 원천징수한다.(법통 98-0…3)

| 국내원천 국제운송소득의 과세방법 |

구 분	조약·협정이 있는 경우	조약·협정이 없는 경우
국내사업장 있음.	세법·조약·협정에 따라 비과세(또는 제한과세)	세법에 따라 상호주의면세(상대국 과세시 종합과세)
국내사업장 없음.	세법·조약·협정에 따라 비과세(또는 제한과세)	세법에 따라 상호주의면세(상대국 과세시 사업소득으로 원천징수: 세율 2%)

Chapter 05

배당소득(Dividends)

5

1. 배당소득의 범위

1.1 국내세법의 배당소득

(1) 국내원천 배당소득의 범위

국내원천 배당소득은 내국법인 및 법인으로 보는 단체나 그 밖에 국내에 소재하는 자로부터 지급받는 다음 소득을 말한다. 이 경우 장외파생상품의 거래를 통하여 지급받는 소득(자본시장법 §5 ③)을 포함한다.(법법 §93 2호, 소법 §119 2호)

① 소득세법(§17 ①)에 따른 배당소득(6호 외국법인으로부터 받는 이익이나 잉여금의 배당 또는 분배금과 해당 외국의 법률에 의한 건설이자의 배당 및 이와 비슷한 성질의 배당 제외)

㉮ 내국법인으로부터 받는 이익이나 잉여금의 배당 또는 분배금

㉯ 법인으로 보는 단체로부터 받는 배당 또는 분배금, 내국법인으로 보는 '법인과세 신탁재산'으로부터 받는 배당금 또는 분배금

㉰ 의제배당

구 분	의제배당액
주식소각, 자본감소, 출자감소	감자 등으로 받은 대가-해당 주식의 취득가액
잉여금 자본전입에 의한 무상주	교부받은 무상주식수×액면가액
자기주식을 주주에게 배정	교부받은 주식수×액면가액
해산, 합병, 분할	해산·합병·분할은 대가-해당 주식의 취득가액

2년 이내 자기주식소각익, 합병·분할평가차익, 토지재평가적립금을 제외한 자본잉여금을 전입하여 받게 되는 주식배당은 배당소득에서 제외한다.(국업 46017-279, 2000.6.15.) 내국법인이 상법에 따라 주식발행초과금을 감액하여 금전으로 주는 배당은 자본금의 환원이므로 배당소득이 아니다.(소령 §26의3 ⑥) 증여받은

주식에 대하여 발생한 의제배당소득을 계산하는 경우 수증주식의 취득가액은 수증 당시의 시가를 적용한다.(국조 46017-30, 2000.2.23.) 주식취득가액이 불분명한 경우 주식액면가액을 주식취득가액(무액면주식의 경우 주식취득 당시 법인의 자본전입액을 자본금 전입에 따라 신규로 발행한 주식수로 나누어 계산한 금액)으로 본다.(소법 §17 ④, 소령 §27 ⑥)

㉣ 법인세법에 따라 배당으로 처분된 금액

㉤ 국내 또는 국외에서 받는 적격집합투자기구로부터의 이익. 2008년 이전 「간접투자자산 운용업법」에 의한 투자신탁이 지급하는 배당부 투자신탁 수익분배금은 배당소득에 해당한다.(서면2팀-2317, 2006.11.13.)

㉥ 국내 또는 국외에서 받는 파생결합증권 또는 파생결합사채로부터의 이익(다만, 당사자 일방의 의사표시에 따라 증권시장 또는 이와 비슷한 시장으로서 외국에 있는 시장에서 매매거래되는 특정 주권의 가격이나 주가지수 수치의 변동과 연계하여 미리 정해진 방법에 따라 주권의 매매나 금전을 수수하는 거래를 성립시킬 수 있는 권리를 표시하는 증권 또는 증서로부터 발생한 이익은 제외), 상장지수증권을 계좌 간 이체, 계좌의 명의변경 및 상장지수증권의 실물양도의 방법으로 거래하여 발생한 이익(다만, 증권시장에서 거래되는 주식의 가격만을 기반으로 하는 지수의 변화를 그대로 추적하는 것을 목적으로 하는 상장지수증권을 계좌 간 이체, 계좌의 명의변경 및 상장지수증권의 실물양도의 방법으로 거래하여 발생한 이익은 제외), 상법 제469조 제2항 제3호에 따른 사채로부터 발생한 이익.(소령 §26의3 ①)

㉦ 금전이 아닌 재산의 신탁계약에 의한 수익권이 표시된 수익증권으로부터의 이익

㉧ 투자계약증권으로부터의 이익

㉨ 국조법(§27)에 따른 특정외국법인 유보소득 배당간주금액

㉩ 공동사업(소법 §43)에서 발생한 소득금액 중 출자공동사업자에 대한 손익분배비율에 상당하는 금액

㉪ 위(㉮부터 ㉨)와 유사한 소득으로서 수익분배의 성격이 있는 것. 환매기간에 따른 사전약정이율을 적용하여 환매수하는 조건으로 증권(채권등은 제외)을 매도하고 환매수하는 날까지 해당 증권의 매수인으로부터 지급받는 해당 증권에서 발생하는 배당에 상당하는 금액(소령 §26의3 ⑦) 종합투자계좌로부터의 이익(소령 §26의3 ⑫)

㉫ 위(㉮부터 ㉪) 소득을 발생시키는 거래 또는 행위와 파생상품이 배당부상품과 파생상품을 함께 거래하도록 결합된 경우 해당 파생상품의 거래 또는 행위로부터의 이익. 이는 다음 어느 하나를 말한다.(소령 §26의3 ⑤)

1. 다음 요건을 모두 갖추어 실질상 하나의 상품과 같이 운영되는 경우
   가. 금융회사 등이 직접 개발·판매한 배당부상품의 거래와 해당 금융회사 등의 파생상품의 계약이 해당 금융회사 등을 통해 이루어질 것
   나. 파생상품이 배당부상품의 원금 및 배당소득의 전부 또는 일부(배당소득 등)나 배당소득 등의 가격·이자율·지표·단위 또는 이를 기초로 하는 지수 등에 따라 산출한 금전이나 그 밖의 재산적 가치가 있는 것을 거래하는 계약일 것
   다. 위 가에 따른 금융회사 등이 배당부상품의 배당소득 등과 파생상품으로부터 이익을 지급할 것
2. 다음 요건을 모두 갖추어 장래의 특정 시점에 금융회사 등이 지급하는 파생상품으로부터의 이익이 확정되는 경우
   가. 금융회사 등이 취급한 배당부상품의 거래와 해당 금융회사 등의 파생상품의 계약이 해당 금융회사 등을 통해 이루어질 것(배당부상품의 거래와 파생상품의 계약이 2 이상의 금융회사 등을 통해 별도로 이루어지더라도 파생상품의 계약을 이행하기 위해 배당부상품을 질권으로 설정하거나 금전신탁을 통해 이루어지는 경우를 포함)
   나. 파생상품이 배당부상품의 배당소득 등이나 배당소득 등의 가격·이자율·지표·단위 또는 이를 기초로 하는 지수 등에 따라 산출한 금전이나 그 밖의 재산적 가치가 있는 것을 거래하는 계약일 것
   다. 파생상품으로부터의 확정적인 이익이 배당부상품의 배당소득보다 클 것

㉶ 일정 기간 후에 같은 종류로서 같은 양의 주식을 반환받는 조건으로 주식을 대여하고 해당 주식의 차입자로부터 지급받는 해당 주식에서 발생하는 배당에 상당하는 금액(소령 §26의3 ④)

② 이전가격세제와 과소자본세제에 따른 배당처분 금액

③ 동업기업으로부터 동업자가 분배받는 소득(조특령 §100의18 ③·④). 다만, 비거주자·외국법인 수동적동업자 및 능동적동업자는 소득구분에 따라 인식

(2) 유가증권 대차거래

비거주자·외국법인이 다른 비거주자·외국법인과 행하는 유가증권 대차거래는 아래와 같이 이루어지며, 국내증권사 등이 유가증권 대차거래의 중개인 역할을 한다.

1. 유가증권의 대여: 대여자(비거주자)가 차입자(비거주자)에게 유가증권의 소유권 이전
2. 대차수수료 지급: 차입자가 대여자에게 대차수수료 지급
3. 이행담보 제공: 차입자가 이행담보를 제공하고 대여자는 차입자에게 담보에 대한 이용료를 지급
4. 배당금 지급: 차입자가 주주명부상 주주인 경우, 주식발행 내국법인이 차입자에게 배당금

지급
5. 배당금 보상액 지급: 차입자가 대여자에게 배당금 전달 또는 배당금 보상액 지급
6. 유가증권의 반환: 대차거래 종료시 차입자가 대여자에게 대체주식의 소유권 이전

유가증권 대차거래는 아래와 같이 세무처리한다.(재경부 국조 46017-80, 2002.5.28.)

① 유가증권 대차거래는 유가증권 양도에 해당하지 않음

유가증권 대차거래는 유가증권의 소비대차거래에 해당하므로, 양도에 해당하지 않으며 증권거래세도 과세되지 않는다.

② 대차수수료는 국내원천 사업소득 또는 기타소득

대여자가 주식대여업을 사업으로 영위하고 있는 경우 유가증권 대차수수료는 사업소득에 해당하며, 그 외의 경우에는 기타소득에 해당한다.(국조 46017-66, 2001.4.14.) 이때 차입자가 지급하기로 한 대차수수료의 지급을 중개기관에 위임하는 경우 위임을 받은 자는 원천징수의무가 있다.(서면1팀-1576, 2005.12.22.)

③ 해외에서 제공되는 이행담보의 이용료는 국내원천소득이 아님

이행담보가 해외에서 제공되고 해외에서 보유되는 경우, 국내에 있는 자산이 아니고 담보이용료의 지급자가 국내사업장이 없는 비거주자이면 담보에 대한 이용료(이자 성격)는 국내원천소득이 아니다.

④ 배당금 지급시 원천징수

유가증권 대차거래 기간 중에 증권예탁원을 통해 지급받는 배당금은 유가증권을 대여한 대여자가 해당 유가증권을 계속 보유한 것으로 보아 배당소득으로 원천징수한다.(재경부 국조 46017-66, 2001.4.14.) 한편, 국내사업장이 없는 비거주자 · 외국법인이 「증권거래법」의 규정에 따라 국내사업장이 없는 비거주자 · 외국법인과 유가증권 대차거래를 하여 유가증권 차입자로부터 지급받는 배당금 보상액은 국내원천소득으로 보지 않는다.(법령 §132 ⑭, 소령 §179 ⑰) 즉, 증권예탁원 등이 대여자에 대하여 소득세 등을 원천징수하는 경우, 차입자가 수령한 배당금을 대여자에게 지급하는 것은 국내원천소득에 해당하지 않는다.(국제조세과-137, 2004.3.6.)

⑤ 채권대차거래의 경우

채권대차거래의 경우에도 위 세무처리를 준용한다. 다만, 채권이자 상당액은 이자소득으로 원천징수한다.

1.2 조세조약의 배당소득

(1) 자본의 의미

자본(capital)은 배당, 즉 주주에 대한 소득처분의 과세와 관련하여 사용된다. '자본'은 주주(모회사)에게 지급하는 배당의 원인이다.(OE §10-15) 자본은 일반적으로 다음과 같은 의미가 있다. 조세조약에 따라서는 '자본' 대신 '의결권주식'이라는 표현을 사용하기도 한다.

① 자본은 「회사법」상 의미이다. 자본잉여금과 같은 다른 항목은 해당되지 않는다.
② 자본은 대부분의 경우 회사의 재무상태표에 자본으로 나타나는 모든 주식들의 액면가액의 합계이다.
③ 발행주식(보통주, 우선주, 복수투표주, 무의결권주, 무기명주, 등록주 등)의 종류에 따른 차이는 고려할 필요가 없다. 그러한 차이는 자본소유권보다는 주주권리의 성격과 관련이 있기 때문이다.
④ 회사에 대한 대여금이나 기타 출자는 엄격히 말해 「회사법」상 자본은 아니지만, 국내법이나 관행에 의해 자본이 되는 경우('과소자본' 또는 대여금을 자본으로 의제) 이와 관련된 수취소득은 배당으로 취급되고, 그러한 출자나 대여금은 조세조약상 '자본'으로 취급된다.
⑤ 회사법에서 의미하는 자본이 없는 단체(bodies)의 경우 조약목적상 자본은 소득분배를 위해 고려되는 단체의 모든 출자액의 총계를 의미한다.

배당이란 주식회사(companies with limited shares), 무한책임회사(limited partnerships with share capital), 유한책임회사(limited liability companies)나 공동출자회사(joint stock companies)가 주주에게 이익을 분배하는 것을 의미한다. 일부 국가에서 공동출자회사는 회사의 주주와는 구별되는 독립된 법인격을 갖는 법적 실체이다. 이 점에서 공동출자회사는 파트너십(partnerships)과 구별되는데 파트너십은 대부분의 국가에서 법인격을 인정받지 못한다.(OE §10-1) 주주는 사업자는 아니며 회사 소득은 그의 것이 아니다. 따라서 회사 소득은 주주에게 귀속될 수 없다. 주주는 회사에 의해 분배된 소득에 대하여만 개인적으로 과세된다. 다만, 일부 국가는 특별한 경우 유보소득에 대하여 과세한다. 주주의 입장에서 볼 때 배당은 회사에 사용하게 한 자본에 대한 대가이다.(OE §10-3)

(2) 배당: 주식투자에 대한 대가

> OECD모델 10조 3항: 이 조항에서 사용되는 '배당'이라 함은 주식(shares), 향익주(jouissance shares)나 향익권(jouissance rights), 광업권주(mining shares), 발기인주(founders shares) 또는 채권이 아닌 기타 소득참여 권리로부터 생기는 소득과 분배를 하는 회사가 거주자인 국가의 법에 따라 동일한 과세상 취급을 받는 모든 법인에 대한 권리(corporate rights)로부터 생기는 소득을 포함한다.

각국 법률 간의 큰 차이를 고려할 때 '배당'을 충분하고 완전하게 정의하는 것은 불가능하다. 조세조약상 정의는 다수 국가의 법률에서 볼 수 있고, 어떤 경우든 다르게 취급되지 않는 사례만을 언급한다. 사실상 각국의 「회사법」과 세법분야의 다양한 차이로 인해 통일적인 배당개념을 정의하는 것은 가능하지 않다. 따라서 조세조약은 체약국의 국내법을 고려하여 다양한 형태의 지급금을 '배당'으로 규정한다.(OE §10-23)

배당의 개념은 기본적으로 회사에 의한 분배와 관련이 있다. 따라서 배당의 정의는 우선 그 권리가 주식(shares)으로 구성되는 소득배분과 관련되는데, 주식은 유한책임을 지는 회사(공동출자회사 포함)의 지분(holdings)이다. 이 정의는 채권을 제외한 회사이익 참가권리를 수반하는 회사발행 증권 모두를 주식과 동일시한다. 이에는 예를 들면 향익주, 향익권, 발기인주 또는 이익에 참가할 기타 권리들이 있다. 물론 관련국의 법적상황에 따라 이런 예시들이 달라질 수 있다. '향익주'나 '발기인주'는 일부 국가에서만 인정된다. 이익참가 채권 및 전환사채에 대한 이자는 배당이 아니다.(OE §10-24)

대부분 국가의 법률은 유한책임회사(societe a responsabilite limitee)의 참여지분을 주식과 동일하게 취급한다. 또한 협동조합(cooperative societies)의 소득분배는 일반적으로 배당으로 간주된다.(OE §10-26)

> **향익주(jouissance shares) 및 발기인주(founder's shares)**
>
> 향익주 및 발기인주는 한국에 없는 제도이다. 향익주는 일정 기간 후에 출자액을 반환받는 주식으로 주주총회 의결권 및 배당청구권만을 가지며 청산시에는 청산소득에 대한 권리가 없다. 발기인주는 회사설립시 발기인에게 실제 자금의 납입없이 공로의 대가로 주며 의결권 없이 배당청구권만을 갖는다. 한국은 나이지리아, 네덜란드, 노르웨이, 덴마크, 독일, 루마니아, 프랑스, 멕시코, 브라질과의 조세조약에서 향익주 및 발기인주를 규정한다.

(3) 파트너십 소득의 분배

많은 국가들은 파트너십에 의해 수행된 사업소득은 파트너(partner)가 자신의 노력으로 수취한 소득이므로 사업소득에 해당한다고 본다. 이에 따라 이 국가들은 파트너십을 비과세하고 보통 파트너에게 파트너십 투자자본에 대한 몫만큼의 파트너십 소득에 대하여 개별적으로 과세한다.(OE §10-2)

파트너십 소득의 분배는 거주지국(또는 실질적 관리장소 소재지국)에서 파트너십을 주식회사와 같이 취급하지 않으면 배당이 아니다.

벨기에, 포르투갈, 스페인 및 프랑스에서 파트너십의 지분참여자(commanditaires)에 대한 배당은 주식회사의 배당으로 간주된다. 한편, 미국과 같이 회사주주에게 일정조건하에 파트너십의 공동사업자로 과세되는 선택권을 주거나 반대로 파트너십의 파트너에게 회사주주로 과세되는 선택권을 주는 경우 납세자의 선택에 따라 사업소득 또는 배당소득으로 과세된다.(OE §10-27) 한국의 경우, 동업기업의 비거주자・외국법인 수동적동업자가 수취하는 소득을 소득구분에 따라 인식한다.

(4) 의제배당 및 청산소득

배당으로 간주되는 대가는 정기주주총회에서 결정된 배분소득뿐 아니라 무상주, 특별배당(bonuses), 청산소득, 자기주식매입(redemption of shares)이나 의제배당(disguised distribution of profit) 등과 같은 금전 또는 금전적 가치가 있는 모든 소득을 포함한다. 이러한 배당이 회사의 현재소득에서 지급되었는지 또는 지난 회계연도의 소득인 유보소득에서 지급되었는지는 중요하지 않다.

통상적으로 회사지분권 감소효과를 가진 분배, 즉 자본상환을 의미하는 대가는 본래의 납입자본금을 초과하는 부분만 배당으로 간주된다.(OE §10-28)

(5) 부당행위의 방지: 실질적 배당

회사지분으로 인해 소득을 받을 자격은 일반적으로 주주에게만 가능하다. 그러나 이런 소득이 주주 아닌 사람에게 주어지는 경우 아래 요건을 충족하면 「회사법」상 배당을 구성하는 것으로 본다.(OE §10-29)

1. 소득 수취인과 회사의 법적 관계가 회사 지분소유관계와 동일함.
2. 소득 수취인이 주주와 밀접하게 연관되어 있음. 예를 들면, 수취인이 주주의 친척이거나 주식소유 회사와 같은 그룹에 속해 있는 경우

소득 수취인과 주주가 각각 원천지국과 조세조약을 체결한 2개의 다른 국가 거주자인 경우 어느 국가와의 조세조약을 적용할지가 문제가 된다. 비슷한 문제가 원천지국이 그 중 한 국가와 조약을 체결하고 다른 국가와는 체결하지 않는 경우에도 생길 수 있다.(OE §10-30)

(6) 지급이자를 배당으로 간주하는 경우: 과소자본세제

자회사가 모회사에 지급하는 이자를 배당으로 간주하는 경우가 있다.

(7) 부동산투자신탁(Real Estate Investment Trusts) 배당

많은 국가에서 부동산 투자는 대부분 부동산투자신탁(REITs)을 통해 이루어진다. 부동산투자신탁이란 부동산 장기투자로 소득을 수취하고 매년 투자소득의 대부분을 분배하며 분배되는 부동산관련 소득에 과세되지 않는 공모회사(widely held company), 신탁(trust) 및 투자신탁계약(contractual or fiduciary arrangement)을 의미한다. 대부분 국가의 국내세법에서 부동산투자신탁의 투자자 단계에서 한몫으로 과세하도록 규정하기 때문에 부동산투자신탁소득은 신탁단계에서 과세되지 않는다.(OE §10-67.1)

부동산투자신탁의 분배소득은 투자자 유형에 따라 배당 또는 양도소득으로 과세하는 것이 적절하다.(OE §10-67.3) 국내세법에서는 법인 여부에 따라 과세가 달라진다.

투자자 유형	세무처리 문제
소액 투자자 (small investor)	소액 투자자는 부동산투자신탁이 취득한 부동산에 대한 통제권이 없고 그 부동산과 어떤 관련도 없다. 그러므로 부동산투자신탁 자체는 배분소득에 대하여 과세되지 않는다는 사실에도 불구하고 소액투자자는 부동산에 투자한 것이 아니라 단지 회사에 투자한 것이므로 투자배당을 수취하는 것으로 보아야 한다. 이러한 세무처리는 또한 부동산투자신탁의 다양한(blended) 투자소득, 즉 투자신탁에 포함된 주식 및 채권 투자소득 등을 고려한 것이다.
고액 투자자 (larger investor)	고액 투자자는 부동산투자신탁의 부동산투자신탁이 취득한 부동산에 더 많은 관심을 둘 것이다. 고액 투자자의 입장에서 부동산투자신탁은 부동산투자신탁 보유자산(underlying property) 투자에 대한 대체지분(substitute)이다. 이 경우, 부동산투자신탁은 자체소득에 대하여 과세되지 않으므로 고액투자자에 대한 분배금을 배당으로 과세하면서 제한세율을 적용하는 것은 부적절하다.

각국은 부동산투자신탁의 배분소득을 아래와 같은 방법으로 과세한다.

1. 고액 투자자에 대한 제한세율 비적용: 부동산투자신탁 자본총액(value of all capital)의 10% 이상을 직・간접적으로 보유하는 고액투자자에 대하여 부동산투자신탁 배당의 제한세율을 적용하는 것은 부적절하므로 주요투자자에 대한 부동산투자신탁 배당을 제한세율 적용대상에서 제외한다.(OE §10-67.4)
2. 우회회사인 부동산신탁에 대한 조세조약 비적용: 부동산투자신탁이 설립된 체약국의 거주회사로서의 자격을 부인하고, 부동산투자신탁의 배당에 대하여는 조세조약을 적용하지 않는다.(OE §10-67.5)

3. 부동산투자신탁을 법인으로 간주: 부동산투자신탁이 신탁이나 투자신탁계약으로 구성되어 회사자격이 없는 경우에도 배분소득을 배당으로 간주하고 부동산소득이나 양도소득으로 보지 않는다.(OE §10-67.7)

2. 원천지국의 제한과세

2.1 거주지국의 종합과세권

OECD모델 10조 1항: 한 체약국의 거주자인 회사가 체약상대국의 거주자에게 지급하는 배당에 대하여는 그 다른 국가에서 과세할 수 있다.

배당소득에 대하여 수익자 거주지국이나 배당지급 회사의 거주지국 중 어느 한 국가가 배타적 과세권을 행사하지 않는다.(OE §10-4) 원천지국에서 배타적으로 배당을 과세하는 경우는 없으며, 배당에 대한 원천과세를 포기하는 국가도 있다. 반면, 거주자가 해외에서 수취한 배당에 대하여 거의 모든 국가가 과세권을 행사한다.(OE §10-5)

원천지국의 과세를 배제하고 수익자 거주지국에서 배타적으로 배당을 과세하는 경우 또한 드물다. '투자소득으로서의 배당' 성격상 거주지국 과세가 적합하지만, 원천지국에서 배당과세를 전적으로 포기하는 경우는 거의 없다.(OE §10-6) 이러한 이유로 대부분 조세조약은 배당에 대한 수익자 거주지국의 최종 과세권을 확인할 뿐 거주지국의 배타적 과세권을 규정하는 경우는 없다.(OE §10-7)

조세조약은 한 체약국 거주자인 회사가 지급하는 배당만을 다루며, 제삼국 거주자인 회사가 지급하는 배당에는 적용되지 않는다. 한 체약국 거주자인 회사가 지급하여 한 체약국 기업이 체약상대국에 두는 국내사업장에 귀속되는 배당은 한 체약국에서 과세될 수 있지만, 또한 체약상대국에서 사업소득으로 과세될 수 있다.(OE §10-8)

2.2 원천지국의 제한 과세권

OECD모델 10조 2항: 그러나 한 체약국의 거주자인 회사가 지급하는 배당은 그 체약국의 법률에 따라 그 체약국에서 또한 과세될 수 있다. 다만, 배당의 실질귀속자(beneficial owner)가 체약상대국의 거주자인 경우 부과되는 조세는 다음을 초과할 수 없다.

ⓐ 실질귀속자가 배당의 지급일을 포함하는 365일의 기간(기간의 계산을 위해 주식을 보유하거나 배당을 지급하는 회사의 합병 또는 분할과 같은 법인구조조정으로 직접 초래되

는 변동을 고려하지 않음) 중에 배당을 지급하는 회사자본의 25% 이상을 직접 소유하는 회사인 경우에는 배당총액의 5%

ⓑ 기타의 모든 경우 배당총액의 15%

체약국들의 관할당국은 상호합의를 통해 이러한 제한세율의 적용방법을 결정한다. 이 항은 배당의 지급원인이 되는 소득에 대한 법인과세에 영향을 미치지 않는다.

(1) 제한세율의 적용

원천지국, 즉 배당을 지급하는 회사가 거주하는 국가는 배당의 제한적 과세권을 가진다. 그렇지만 원천징수세율은 일정률(보통 10~15%)로 제한된다. 이는 원천지국에서 이미 회사 소득이 과세되었으므로, 이러한 과세를 고려할 때 일정세율 이상을 적용하는 것은 국제투자의 흐름을 저해한다는 판단에 따른 것이다.(OE §10-9) '체약상대국의 거주자에게 지급되는'이란 표현의 의미를 명확히 하기 위해 실질귀속자 개념을 사용한다.(OE §10-12) 이는 실질귀속자가 아닌 경우, 조약을 체결한 국가의 거주자에게 직접 소득을 지급한다는 이유만으로 원천지국이 배당소득에 대한 과세권을 포기할 필요는 없다는 점을 분명히 하기 위한 것이다.

원천지국의 제한세율은 과세한도를 의미하는데, 일부 조세조약은 상당히 낮은 세율을 규정하거나, 수익자 거주지국의 배타적 과세를 규정하기도 한다. 이러한 제한세율은 배당소득과 관련되고 배당지급 회사의 법인소득과세와 관련이 없다.(OE §10-13) 조세조약에 따라서는 배당지급회사의 법인세를 비과세하는 경우 그렇지 않은 경우보다 배당의 제한세율을 높게 적용하는데, 한콜롬비아조세조약(의정서 §2)의 경우가 그러하다.

(2) 모회사에 지급하는 배당에 대한 낮은 제한세율

대부분 조세조약은 모회사가 자회사에 직접 투자하여 자회사가 모회사에 지급하는 배당에 대하여는 낮은 제한세율(보통 5~10%)을 적용한다. 모회사가 배당의 지급일을 포함하는 365일 기간 동안 자회사 지분을 상당부분(보통 25%) 이상 직접 소유하는 경우, 자회사가 모회사에게 지급하는 배당소득에 대한 반복과세를 피하고 국제투자를 촉진하기 위해 저율로 과세하는 것이 국제적 경향이다. 그러나 낮은 제한세율은 사실상 모회사 거주지국에서 이 배당을 세무상 어떻게 취급하는가에 달려 있다.(OE §10-10)

2017년 이전 OECD모델 10조 2항 a목은 '파트너십이 아닌' 회사라고 표현하였다. 파트너십이 설립된 체약국에서 세무상 파트너십이 회사로 간주되는 경우 다른 국가가 그 파트너십에 조약의 혜택을 부여하는 것이 적절하다는 점을 고려하여 그러한 예외는 삭제되었다. 세무상 회사로 보는 단체나 계약구조(예 파트너십)는 사실상 회사로서의 자격이 있으며, 따라서 그것이 한 체약국 거주자인 경우 다른 국가 거주자인 회사가 지급하는 배당에 대하여, 그 회사 자본의 25% 이상을 직접 보유한다면, 배당소득조항의 혜택을 받을 자격이 있다. 배당의 원천지국이 그러한 단체나 계약구조를 비과세하는 경우에도 불구하고 이러한 결론은 유효하다. 이러한 결론은 OECD모델 1조 2항의 투과기업에 대한 규정에 의해 확인된다.(OE §10-11) 이 규정에 따라, 투과기업이나 계약구조의 구성원 거주지국의 세무상 그 구성원이 받는 소득으로 간주되는 그 단체나 계약구조가 받는 배당의 경우에는 그 구성원에게 지급되는 배당으로 간주된다. 예를 들면, A국 거주자인 회사가 B국이 비과세하는 파트너십에게 배당을 지급하는 경우, B국이 B국 거주자인 파트너의 소득으로 간주하는 배당은 A국과 B국 간 조약목적상 B국 거주자에게 지급된 배당으로 본다. 또한, 이 경우 회사인 구성원은 투과기업나 계약구조의 보유지분에 비례하여, 그 단체나 계약구조를 통해 보유하는 배당지급 회사자본의 해당부분을 직접 보유하는 것으로 간주되어야 하며, 또한 그 구성원이 배당지급 회사자본의 25% 이상을 직접 보유하는지를 결정하기 위해 해당자본의 그 부분을 그 구성원이 다른 방식으로 직접 보유하는 해당자본의 다른 부분과 합산한다. 이 경우, 배당지급 회사자본의 25% 이상을 365일 동안 보유해야 한다는 요건을 적용하기 위해, 그 구성원이 투과기업이나 계약구조의 해당지분을 보유하는 기간과 그 단체나 계약구조가 배당지급회사자본의 해당부분을 보유하는 기간을 모두 고려해야 한다. 이 두 기간 중 하나가 365일 요건을 충족하지 못하면 낮은 제한세율은 적용되지 않으며, 따라서 배당의 해당부분에 일반 제한세율이 적용된다.(OE §10-11.1)

일부 국가들의 국내법에 따라 투자소득에 대하여 조세를 납부하지 않는 그 국가에 설립된 집합투자기구를 통해 그 국가의 회사지분에 포트폴리오투자를 할 수 있다. 이 경우, 그 투자기구 지분의 25% 이상을 소유하는 비거주회사는 그 투자기구가 지급하는 배당에 대하여 낮은 세율을 적용받을 수 있는데, 그 투자기구가 배당을 지급받는 회사자본의 25% 이상을 보유하지 않은 경우에도 적용받을 수 있다. 이것이 문제라고 생각하는 국가들은 대체규정을 포함하여 그러한 결과를 방지할 수 있다.(OE §10-17)

한국이 체결한 조세조약의 상당수가 모회사 수취배당에 대한 낮은 제한세율을 규정하는데, 일반적으로 지분소유 및 보유기간 요건을 충족해야 한다.

한홍콩조약(§10 ②) 및 한콜롬비아조약(§10)은 파트너십에 낮은 제한세율을 적용하지 않는다. 국내세법은 파트너십을 법인으로 보지만 이들이 '조세조약 적용대상'인지를 판단할 때 해당 소재지국에서 포괄납세의무를 지는 경우에만 조세조약의 혜택을 부여한다. 한미조세조약처럼 파트너십을 법인의 범위에서 제외하면서 법인에게만 낮은 제한세율을 적용하는 경우 파트너십에는 낮은 제한세율을 적용하지 않는다.(대법원 2011두22747, 2013.10.24.) 또한, 한독조세조약 10조 2항에 따라 배당소득에 대해 낮은 제한세율(5%)을 적용하기 위해서는 배당소득의 실질귀속자가 법인(거주자)이어야 한다. 독일의 투과기업이 독일에서 포괄납세의무를 부담하지 않는다면 조세조약상 법인(거주자)으로 볼 수 없으므로 낮은 제한세율을 적용할 수 없고, 그 구성원이 독일에서 포괄납세의무를 부담하는 범위에서 일반 제한세율(15%)을 적용한다.(대법원 2013두7704, 2015.5.28.) 미국의 경우, 실질귀속자의 거주지국이 투과기업을 비과세한다면 투과기업을 통해 소유하는 주식의 지분비율이 지분소유요건을 충족하면 낮은 세율을 적용한다. 예를 들면, 체약상대국 거주자인 P사가 국내세법상 무시되는 제삼국 거주자인 T사의 주식 전부를 소유하고 T사가 내국법인 S의 주식을 전부 소유하며, 체약상대국은 T사를 비과세하며 T사가 수취한 소득에 대하여 즉시 P사에게 과세하는 경우, P사는 S가 지급한 배당을 수취한 것으로 간주된다. 국내세법상 무시되지만 외국세법상 인정되는 혼성단체(hybrid entities)인 경우에도 마찬가지이다.(USM §10-2) 이 경우, 간접소유비율을 어떤 방법으로 계산할 것인지가 문제가 되는데, 국조법 시행령 제2조 제1항을 준용할 수 있다.

| 조세조약상 모회사 수취배당에 대한 규정 |

낮은 제한세율 규정 없음	낮은 제한세율 규정 있음	
	직접소유 요건 없음	직접소유 요건 있음
노르웨이, 뉴질랜드, 덴마크, 몽골, 미얀마, 베트남, 벨기에, 브라질, 아제르바이잔, 요르단, 이란, 체코, 카타르, 쿠웨이트, 태국, 튀니지, 파푸아뉴기니, 페루, 호주	미국, 일본, 영국(직·간접), 이스라엘(직·간접), 칠레(직·간접), 카자흐스탄	그 밖의 국가들

① 지분소유요건

모회사의 지분소유요건은 보통 25%이다. 일부 조세조약은 25% 지분비율보다 낮은 지분비율을 규정하기도 한다. 이는 모회사 거주지국 국내법에 따라 25% 이하의 해외 자회사 투자주식에 대한 수취배당을 모회사가 소득공제 받는 경우가 있기 때문이다.(OE §10-14) 25% 이외의 지분소유요건을 규정한 조세조약은 룩셈부르크·미국·베네수엘라·스위스·아랍·에콰도르·오만(10%), 불가리아(15%), 우루과이·인도·콜롬비아·태국·파키스탄(20%), 러시아(30%)이다.

조세조약에 따라 '지분(holing)'을 자본금(capital) 또는 의결권(voting power)으로 표현하는데, 의결권으로 표현된 경우 의결권 없는 지분을 제외하여 소유비율을 계산해야 한다. 예를 들면, 한일조세조약상 의결권 주식의 소유비율을 계산할 때 자기주식은 제외되는데, 상법상 자기주식을 의결권 없는 주식으로 규정하고 있기 때문이다.(대법원 2017두54043, 2017.10.26.)

대부분 조세조약은 지분의 '직접소유요건'을 규정한다. 한일조세조약과 같은 일부 조세조약은 '직접소유요건'이 없으므로 간접소유하는 경우에도 낮은 제한세율을 적용할 수 있다. 예를 들면, 배당소득을 지급받는 일본법인이 투과기업을 통해 주식을 소유하는 실질귀속자에 해당한다면 지분을 소유한 것으로 보아 한일조세조약에 따라 낮은 제한세율을 적용할 수 있다.(대법원 2012두24573, 2013.5.24.) 또한, 한미조세조약 12조 2항 b호 i목에서 규정하는 소유란 배당수취 법인이 배당의 실질귀속자가 아닌 중간법인을 통해 소유하는 경우를 포함한다.(재국조협력-12, 2016.1.8.)

② 보유기간요건

BEPS보고서에 따라, 2017년 OECD모델 10조 2항 a목을 개정하여 배당수취회사가 배당지급일을 포함하는 365일 기간을 통해 배당을 지급하는 회사자본의 25% 이상을 직접 보유하는 경우로 보유기간을 제한하였다. 그런데 그 기간을 계산할 때 합병이나 분할과 같은 회사구조조정으로 직접 초래되는 소유권의 변경은 고려되지 않는다.(OE §10-16)

일부 조세조약은 보유기간요건을 규정한다. 그렇지 않은 조세조약의 경우 배당소득의 지급시기를 기준으로 판단해야 할 것이다.

③ 실제사업요건

한미조세조약과 같은 일부 조세조약은 자회사가 실질적인 사업을 하는 경우에만 배당의 저율과세를 적용한다. 즉, 자회사 소득의 상당부분(25% 이상)이 이자, 배당 등의 수동소득으로 구성되면 저율과세 대상에서 제외한다. 이는 모회사가 국내 투자기구를 통해 국내 유가증권 등에 대한 포트폴리오투자를 하면서 저율과세되는 상황을 방지하기 위한 요건이다. 한편, 한네덜란드조세조약(의정서 §2)은 네덜란드법인이 한국법인으로부터 수취하는 배당에 대하여 네덜란드 법인세를 부담하는 경우 낮은 제한세율이 아닌 일반 제한세율을 적용한다.

(3) 면세단체에 대한 원천징수 면제

대부분 국가에서는 국내법에 따라 연금기금 및 유사 단체들의 투자소득을 비과세한다. 이러한 단체들의 해외투자를 국내투자와 동일하게 과세취급하기 위해 일부 국가는 체약상대국 거주자인 이러한 단체가 수취하는 배당 등의 소득에 대해 원천징수를 면제하는 조세조약을 체결한다.(OE §10-13.1)

또한, 다른 국가나 국가가 전적으로 소유하는 단체에게 지급되는 배당이 정부성격의 활동으로 인해 수취되는 경우 일부 국가는 이를 과세하지 않는다. 일부 국가는 주권면제원칙(sovereign immunity principle)을 원용하여 이러한 면세를 적용하며, 일부 국가는 국내법규정에 따라 면세를 적용한다.(OE §10-13.2)

(4) 국내법절차에 의한 과세

각국은 국내세법에 따라 배당소득을 과세하며 원천징수제도나 신고납부제도를 운용한다.(OE §10-18) 조세조약은 절차상의 문제를 규정하지 않으므로 각국은 국내세법에 정한 절차를 사용할 수 있다. 따라서 각국은 조세조약에 따른 제한세율에 따라 사전에 원천징수하거나 일반세율로 신고납부한 후 환급한다. 한 체약국 거주회사가 지급하는 배당이 다른 국가 기업이 제삼국에 보유하는 국내사업장에 귀속되는 경우 발생하는 남용 가능성은 혜택제한규정에서 방지될 수 있다.(OE §10-19) 거주지국의 배당과세 여부에 따라 원천지국의 제한세율 적용방법을 달리 적용하는 경우도 있다.(OE §10-20)

3. 국내원천 배당소득의 과세방법

3.1 제한세율의 적용

소득의 실질귀속자 거주지국과의 조세조약이 있는 경우, 조약에서 정한 제한세율로 과세한다. 조세조약이 없는 경우, 국내세법에 따라 20% 원천징수된다. 배당의 지급원인이 되는 주식이 비거주자 · 외국법인의 국내사업장에 실질적으로 관련되는 경우 배당은 국내사업장의 사업소득으로 과세된다.

| 국내원천 배당소득의 과세방법 |

구 분	조약이 있는 경우	조약이 없는 경우
국외로 지급	조약에 따라 제한세율로 원천징수(10~15%) {조세피난처인 경우 20% 원천징수 후 정산}	국내세법에 따라 원천징수 (20%)
국내사업장에 귀속	국내사업장 종합과세	국내사업장 종합과세

3.2 배당소득 지급시기

(1) 원 칙

원칙적으로 국내사업장 및 부동산소득이 없는 비거주자 · 외국법인에게 배당금을 실제 지급하는 때에 원천징수한다.(법법 §98 ①, 소법 §156 ①, 법통 98-137…1) 법인의 배당소득의 지급시기특례는 소득세법(소법 §131 ②, 소령 §191)을 준용한다.(법령 §137 ①)

(2) 원천징수시기특례

① 배당소득 원천징수시기특례

| 배당소득의 원천징수시기특례(소법 §131 ②, 소령 §191) **|**

1. 법인세법 제67조에 따라 처분되는 배당(소법 §131 ②)
   ㉮ 법인세 과세표준을 결정 또는 경정하는 경우: 소득금액변동통지서를 받은 날
   ㉯ 법인세 과세표준을 신고하는 경우: 그 신고일 또는 수정신고일
2. 특수관계인 간 불공정합병·신주배정권 포기(모집방법배정 제외)·신주 고가인수·불균등감자(법령 §137 ⑥, 소령 §207 ④) 및 국외특수관계인이 보유하고 있는 내국법인 주식이 증자 등의 자본거래(법법 §93 10호 자목)로 인해 그 가치가 증가함으로써 다른 주주 등으로부터 이익을 분여받아 발생한 소득(법령 §137 ⑦, 소령 §207 ⑤)의 의제배당(소령 §191 1호): 주식의 소각·자본의 감소 또는 자본에의 전입을 결정한 날(이사회 결의에 의하는 경우에는 「상법」 제461조 제3항에 정한 날)이나 퇴사 또는 탈퇴한 날, 법인이 해산으로 인하여 소멸한 경우에는 잔여재산의 가액이 확정된 날, 법인이 합병으로 인하여 소멸한 경우에는 그 합병등기를 한 날, 법인이 분할 또는 분할합병으로 인하여 소멸 또는 존속하는 경우에는 그 분할등기 또는 분할합병등기를 한 날
3. 출자공동사업자의 배당소득(소령 §191 2호): 지급을 받은 날. 다만, 과세기간 종료 후 3월이 되는 날까지 지급하지 아니한 때에는 그 3월(2009년 이전 1월)이 되는 날
4. 동업기업으로부터 배분받는 소득으로서 해당 동업기업의 과세기간 종료 후 3개월이 되는 날까지 지급하지 아니한 소득(소령 §191 3호): 해당 동업기업의 과세기간 종료 후 3개월이 되는 날
5. 기타 배당소득(소령 §191 4호, 개인이 수취하는 경우에만 적용): 아래 날

지급소득	의제지급시기
무기명주식의 이익이나 배당, 수익분배성격의 배당	그 지급을 받은 날
잉여금의 처분에 의한 배당	해당 법인의 잉여금처분결의일
건설이자의 배당	해당 법인의 건설이자배당결의일
출자공동사업자의 배당	과세기간 종료일
의제배당	주식소각·자본감소 결정일, 퇴사·탈퇴일, 자본전입 결정일, 해산 및 잔여재산가액 확정일, 합병등기일, 분할등기일, 분할합병등기일
「법인세법」에 의해 처분된 배당	해당 법인의 해당 사업연도의 결산확정일
집합투자기구로부터의 이익, 파생결합증권 또는 파생결합사채로부터의 이익	이익을 지급받은 날. 다만, 원본에 전입하는 뜻의 특약이 있는 분배금은 그 특약에 따라 원본에 전입되는 날

6. 규정으로 인한 배당간주금액(국조법 §19 ①): 특정외국법인의 사업연도 종료일의 다음 날부터 60일이 되는 날

② 배당결정일부터 3월이 되는 날까지 지급하지 않은 경우

비거주자 · 외국법인에 대하여 아래 내국법인이 이익 또는 잉여금의 처분에 의한 배당소득을 그 처분을 결정한 날부터 3월이 되는 날까지 지급하지 아니한 때에는 그 3월이 되는 날에 배당소득을 지급한 것으로 본다. 다만, 11월 1일부터 12월 31일까지의 사이에 결정된 처분에 따라 다음 연도 2월 말일까지 비거주자(외국법인 제외)에게 배당소득을 지급하지 아니한 경우에는 그 처분을 결정한 날이 속하는 과세기간의 다음 연도 2월 말일에 그 배당소득을 지급한 것으로 보아 소득세를 원천징수한다.(법령 §137 ②, 소법 §131 ①) 이 경우, 주주총회에서 결정한 배당결의는 동 결의에 대한 수정결의가 이루어지기 전까지는 유효한 것으로 본다.(소통 132-0…1) 또한, 정기주총에서 이익배당으로 확정된 후 3월 이후에 임시주총에서 취소하였다고 하더라도 잉여금처분결의일로부터 3월이 되는 날까지 지급하지 않은 때는 3월이 되는 날에 지급한 것으로 본다.(재소득-277, 2005.12.16.)

주총 결의에 따라 배당을 받았으나 그 배당결의에 하자가 있어 배당금을 반환한 경우에는 그 배당소득은 없는 것으로 보므로, 원천징수의무자는 원천징수납부세액을 조정환급하거나 경정청구에 의해 환급받을 수 있다.(법인 46013-1724, 1997.6.27.)

| 3개월 이상 지급하지 않는 경우 지급의제대상 내국법인 |

소득 수취인	소득지급 내국법인
비거주자(개인)	모든 내국법인
외국법인	법인세법 제51조의2에 해당하는 내국법인 : 유동화전문회사, 투자회사, 사모투자전문회사, 투자목적회사, 기업구조조정투자회사, 기업구조조정부동산투자회사, 위탁관리부동산투자회사, 선박투자회사, 임대목적법인, 문화산업전문회사, 해외자원개발투자회사, 해외자원개발투자전문회사 등 명목법인

(3) 배당결의 후 지급을 면제받은 경우

내국법인이 주주총회에서 비거주자인 주주에게 배당결의를 한 후 미지급배당에 대하여 해당 주주로부터 지급을 면제받은 경우에는 원천징수하지 않는다.(서면2팀-801, 2004.4.16.)

Chapter 06

이자소득(Interest)

6

1. 이자소득의 범위

1.1 국내세법

(1) 국내원천 이자소득

국내원천 이자소득은 다음 소득으로서 소득세법 제16조 제1항에 규정하는 이자소득(국외에서 받는 예금이자 제외) 및 기타의 대금의 이자와 신탁의 이익을 말한다.(법법 §93 1호, 소법 §119 1호)

1. (지급기준) 국가·지방자치단체(지방자치단체조합 포함)·거주자·내국법인, 또는 비거주자·외국법인의 국내사업장으로부터 지급받는 소득
2. (사용기준) 비거주자·외국법인으로부터 지급받는 소득으로서 해당 소득을 지급하는 비거주자·외국법인의 국내사업장과 실질적으로 관련하여 그 국내사업장의 소득금액계산에 있어서 필요경비 또는 손금에 산입되는 것. 한편, 거주자 또는 내국법인의 국외사업장을 위해 그 국외사업장이 직접 차용한 차입금의 이자는 제외

구체적으로 국내원천 이자소득은 다음과 같다.(소법 §16 ①)

1. 국가나 지방자치단체가 발행한 채권 또는 증권의 이자와 할인액
2. 내국법인이 발행한 채권 또는 증권의 이자와 할인액
3. 국내에서 받는 예금(적금·부금·예탁금 및 우편대체를 포함)의 이자
4. 「상호저축은행법」에 따른 신용계 또는 신용부금으로 인한 이익
5. 외국법인의 국내지점 또는 국내영업소에서 발행한 채권 또는 증권의 이자와 할인액
6. 외국법인이 발행한 채권 또는 증권의 이자와 할인액
8. 채권 또는 증권의 환매조건부 매매차익
9. 저축성보험의 보험차익(제외: 보험료합계액 1억원 이하 납입기간 10년 이상 저축성보험, 납입기간이 5년 이상 월보험료 150만 원 이하 월적립식 저축성보험, 55세 이후 지급 종신연

금보험)

10. 직장공제회 초과반환금(초과반환금을 분할하여 지급하는 기간 동안 원본 및 초과반환금 등에 추가로 발생하는 이익 포함)
11. 비영업대금(非營業貸金)의 이익
12. 위 1부터 11까지의 소득과 비슷한 소득으로서 금전 사용에 따른 대가로서의 성격이 있는 것. 환매기간에 따른 사전약정이율을 적용하여 환매수하는 조건으로 채권 또는 채권에 준하는 증권을 매도하고 환매수하는 날까지 해당 채권등의 매수인으로부터 지급받는 해당 채권등에서 발생하는 이자에 상당하는 금액(소령 §26 ⑥)
13. 위 1부터 12 중 어느 하나에 해당하는 소득을 발생시키는 거래 또는 행위와 파생상품이 결합되어 실질상 하나의 상품과 같이 운용되는 경우 해당 파생상품의 거래 또는 행위로부터의 이익. 이는 다음 어느 하나를 말한다.(소령 §26 ⑤)
    ① 다음 요건을 모두 갖추어 실질상 하나의 상품과 같이 운영되는 경우
        ㉮ 금융회사 등이 직접 개발 · 판매한 이자부상품의 거래와 해당 금융회사 등의 파생상품 계약이 해당 금융회사 등을 통해 이루어질 것
        ㉯ 파생상품이 이자부상품의 원금 및 이자소득의 전부 또는 일부(이자소득 등)나 이자소득 등의 가격 · 이자율 · 지표 · 단위 또는 이를 기초로 하는 지수 등에 따라 산출한 금전이나 그 밖의 재산적 가치가 있는 것을 거래하는 계약일 것
        ㉰ 위 ㉮의 금융회사 등이 이자부상품의 이자소득등과 파생상품으로부터 이익을 지급할 것
    ② 다음 요건을 모두 갖추어 장래의 특정 시점에 금융회사 등이 지급하는 파생상품으로부터의 이익이 예상되는 경우
        ㉮ 금융회사 등이 취급한 이자부상품의 거래와 해당 금융회사 등의 파생상품 계약이 해당 금융회사 등을 통해 이루어질 것(이자부상품의 거래와 파생상품의 계약이 2 이상의 금융회사 등을 통해 별도로 이루어지더라도 파생상품의 계약을 이행하기 위해 이자부상품을 질권으로 설정하거나 금전신탁을 통해 이루어지는 경우를 포함한다)
        ㉯ 파생상품이 이자부상품의 이자소득 등이나 이자소득 등의 가격 · 이자율 · 지표 · 단위 또는 이를 기초로 하는 지수 등에 따라 산출한 금전이나 그 밖의 재산적 가치가 있는 것을 거래하는 계약일 것
        ㉰ 파생상품으로부터의 확정적인 이익이 이자부상품의 이자소득보다 클 것
14. 일정 기간 후에 같은 종류로서 같은 양의 채권을 반환받는 조건으로 채권을 대여하고 해당 채권의 차입자로부터 지급받는 해당 채권에서 발생하는 이자에 상당하는 금액(소령 §26 ④)
15. 그 밖의 대금의 이자 및 신탁이익(법법 §93 1호, 법인에만 적용)

(2) 이자소득으로 보지 않는 소득

선물거래소득	「증권거래법」에 의한 유가증권지수의 선물거래(「증권거래법 시행령」 제2조의3 제5호 나목 및 다목 거래) 또는 「선물거래법」에 의한 선물거래를 통해 취득한 소득(법령 §132 ⑨, 소령 §179 ⑫)

국외수취이자	거주자 · 내국법인의 국외사업장을 위해 그 국외사업장이 직접 차용한 차입금의 이자, 국외에서 받는 예금의 이자, 국외에서 받는 투자신탁이익(법법 §93 1호, 소법 §119 1호)
사업관련소득 (소통 16－1)	1. 물품을 매입할 때 대금의 결제방법에 따라 에누리되는 금액 2. 외상매입금이나 미지급금을 약정기일 전에 지급함으로써 받는 할인액 3. 물품을 판매하고 대금의 결제방법에 따라 추가로 지급받는 금액 4. 외상매출금이나 미수금의 지급기일을 연장하여 주고 추가로 지급받는 금액. 이 경우 외상매출금이나 미수금이 소비대차로 전환된 경우에는 예외로 한다. 5. 장기할부조건으로 판매함으로써 현금거래 또는 통상적인 대금의 결제방법에 의한 거래의 경우보다 추가로 지급받는 금액. 다만, 당초 계약내용에 의해 매입가액이 확정된 후 그 대금의 지급지연으로 실질적인 소비대차로 전환되어 발생되는 이자는 이자소득으로 본다.
손해배상 법정이자	손해배상금에 대한 법정이자(계약위반으로 인한 손해배상금 이자는 기타소득이며, 명예훼손 · 교통사고 배상금 이자는 비과세)
채권발행차금	산업금융채권, 정책금융채권, 예금보험기금채권과 예금보험기금채권상환기금채권, 한국은행통화안정증권을 공개시장에서 통합발행(일정 기간 동안 추가하여 발행할 채권의 표면금리와 만기 등 발행조건을 통일하여 발행)하는 경우 해당 채권의 매각가액과 액면가액과의 차액(소령 §22의2 ②)
현재가치할인 차금상각액 및 연지급수입이자 (법령 §72 ④, 소령 §89 ②)	1. 자산을 장기할부조건 등으로 취득하는 경우 발생한 채무를 기업회계기준이 정하는 바에 따라 현재가치로 평가하여 현재가치할인차금으로 계상한 경우의 해당 현재가치할인차금(법령 §72 ④ 1호, 소령 §89 ② 1호) 2. 연지급수입에 있어서 취득가액과 구분하여 지급이자로 계상한 금액(법령 §72 ④ 2호, 소령 §89 ② 2호) ① 은행이 신용을 공여하는 기한부신용장방식 또는 공급자가 신용을 공여하는 수출자신용방식에 의한 수입방법에 따라 그 선적서류나 물품의 영수일부터 일정 기간이 경과한 후에 해당 물품의 수입대금 전액을 지급하는 방법에 의한 수입 ② 수출자가 발행한 기한부 환어음을 수입자가 인수하면 선적서류나 물품이 수입자에게 인도되도록 하고 그 선적서류나 물품의 인도일부터 일정 기간이 지난 후에 수입자가 해당 물품의 수입대금 전액을 지급하는 방법에 의한 수입 ③ 정유회사, 원유 · 액화천연가스 또는 액화석유가스 수입업자가 원유 · 액화천연가스 또는 액화석유가스의 일람불방식 · 수출자신용방식 또는 사후송금방식에 의한 수입대금결제를 위해 「외국환거래법」에 의한 연지급수입기간 이내에 단기외화자금을 차입하는 방법에 의한 수입 ④ 그 밖에 위와 비슷한 연지급수입

1.2 조세조약

OECD모델 11조 3항: 이 조항에서 사용되는 '이자'라 함은 저당권에 의한 담보 여부나 채무자의 이윤에 대한 참가권을 수반하는지 여부에 관계없이 모든 종류의 채권으로부터 발생하는 소득과 특히 국채(government securities)소득, 공채(bonds) 또는 사채(debentures) 소득 및 이들에 부수되는 프리미엄(premium)과 장려금(prize)을 포함한다. 이 조항의 목적상 지급연체로 인한 연체료는 이자로 보지 않는다.

이자(interest)는 일반적으로 금전차용에 대한 대가를 의미하며, '유동자본(movable capital)으로 인한 소득'이다. 배당과 달리 이자는 경제적 이중과세가 일어나지 않는다. 달리 말하면 채무자와 채권자 양쪽에서 동시에 과세되지 않는다. 계약에서 달리 정하지 않으면 이자에 대한 원천세는 이자수취인이 부담한다. 원천에서 부과되는 조세를 채무자가 부담하기로 하였다면, 조세에 상당하는 추가적인 이자를 지급하기로 채권자와 합의한 것으로 취급된다.(OE §11-1)

'이자'는 일반적으로 저당권에 의한 담보 또는 이익참가권을 수반하는지 여부와 상관없이 모든 종류의 채권상 소득을 의미한다. '모든 종류의 채권'이란 용어는 공채, 사채, 무보증사채뿐 아니라 현금, 예금 및 금전형태의 증권을 명백히 포함한다. 국채, 공채 및 회사채는 이자부 채권의 가장 전형적 형태이다. 저당으로 인한 이자는 동산소득으로 이자에 해당한다. 일부 국가들은 이를 부동산소득으로 본다.(OE §11-18)

조세조약상 이자에 대한 정의는 원칙적으로 예시적이며, 구체적 정의는 국내법에 따른다. 그렇지만 아래 이유 때문에 조세조약에서 국내법 준용을 명시적으로 규정하지 않는다.(OE §11-21)

1. 조세조약의 정의는 다양한 국내법에서 이자로 간주하는 모든 종류의 소득을 실질적으로 포괄하고 있음.
2. 예시적 정의는 법적 견지에서 큰 안정성을 가지며, 조세조약이 어떤 국가 국내법의 장래 변화에 영향받지 않는 것임을 확실히 하기 위한 것임.
3. 조세조약에서 국내법을 준용하는 일은 되도록이면 피해야 함.

그러나 조세조약의 정의에 해당하지 않지만 국내세법상 이자로 과세되는 소득을 조세조약에 확대하여 포함하고, 그런 상황에서 각국의 국내법을 준용하는 경우가 있다.

한국이 체결한 대부분 조세조약은 이자소득을 '모든 종류의 채권으로부터 발생되는 소득' 및 '이자소득이 발생한 국가의 세법에서 이자소득으로 규정하고 있는 소득' 등과 같이 매우 넓게 규정한다. 다만, 특별히 부동산담보채권 이자를 부동산소득으로 규정하거나(이집트), 연지급판매이자를 이자소득으로 규정하는 경우도 있다.

(1) 이익참가부 사채

채무자의 사업이익에 대한 참가권을 수반하는 채권, 특히 공채와 사채는 계약의 일반 성격상 명백히 이자부 대여금임이 입증된다면 이익참가권과는 상관없이 채권으로 간주된다. 이익참가부 사채에 대한 이자는 배당으로 간주되어서는 안 되며, 전환사채에 대한 이자도 사채가 실제로 주식으로 전환되기 전까지는 배당으로 간주되어서는 안 된다. 그러나 만약 대여금이 사실상 채무자 회사의 운영위험을 분담하는 것이라면 그 대여금에 대한 이자는 배당으로 간주된다. 과소자본으로 의심되는 상황에서 배당과 이자를 구별하기는 상당히 어려운데, 어떤 경우에도 이자소득과 배당소득을 중복하여 과세해서는 안 된다.(OE §11-19)

(2) 연지급 판매이자

물품을 '연지급 조건'으로 매입하면서 이자상당액을 가산하여 매입가격을 확정하고 연지급방법으로 대가를 지급하는 경우 이자상당액은 이자소득이 아닌 사업소득에 해당한다. 예를 들면, 파나마법인이 해운업을 운영하는 내국법인에게 소유권이전 조건부 장기임대계약에 의해 장비를 임대하는 경우, 내국법인으로부터 받는 이자상당액을 포함하는 모든 대가는 장비판매대금으로 사업소득에 해당한다.(국일 46017-702, 1996.12.26.) 또한, 액화천연가스를 수입하는 법인이 연지급수입방식(사후송금방식)으로 수입대금을 결제하기 위해 상환기간이 1년 이내의 기간을 만기로 하는 Euro CP를 외국에서 발행하여 단기외화자금을 조달하는 경우, Euro CP에 대한 이자를 수입물품의 취득가액과 구분하여 지급이자로 계상하는 경우에도 사업소득으로 보아 원천징수대상에서 제외한다.(국제세원-566, 2011.12.15.)

그렇지만, 당초 계약에 의해 매입가액이 확정된 후 그 대금의 지급지연으로 실질적인 소비대차로 전환되어 발생되는 이자는 이자소득에 해당한다.(법통 73-0…1) 예를 들면, 계약에 의해 미국법인에게 연지급대금을 지급하는 경우 연지급대금에 포함되는 이자상당액은 사업소득으로 구분되나, 연지급대금의 지급지연으로 소비대차로 전환되어 발생된 이자는 이자소득이다.(국이 22601-671, 1991.12.31.)

한편, 방글라데시, 오스트리아, 프랑스, 필리핀과의 조세조약은 연지급판매이자를 특별히 이자소득으로 규정한다.

(3) 약속어음으로 지급하는 대가

주식의 양수대가로 약속어음을 발행하고 만기일에 원금과 발생이자를 동시에 지급하는 경우, 유가증권의 매매대금의 지급기일을 처음부터 연장하여 주고 만기시 추가로 지급받는 이자상당액은 당초 매매계약에 따라 확정되는 것이므로 이자소득이 아닌 매매가액의 일부를 구성하는 것으로 양도소득에 해당한다.(재경부 국조 46017-106, 2000.8.10.)

(4) 선수금 및 선급금에 대한 이자

선수금 및 선급금에 대한 이자상당액은 일반적으로 이자소득으로 구분한다. 예를 들면, 내국법인이 해외로부터 수출과 관련된 선수금을 수령하고 이에 대한 이자를 지급하는 경우 이자소득이다. 또한, 외국법인인 용선자로부터 받은 해상운임 선수금에 대하여 지급하는 이자는 국내원천 이자소득이다.(법통 93-132…1) 또한, 독일법인이 내국법인에게 수수료를 선지급하면서 이자상당액을 차감한 후 지급할 경우, 이는 독일법인이 내국법인으로부터 지급받는 이자소득에 해당한다.(국일 46017-145, 1996.4.15.)

(5) 프리미엄 및 장려금 등 채무원금을 초과하여 지급하는 대가

국채, 사채 및 보증사채와 관련된 프리미엄이나 장려금은 이자에 해당한다. 일반적으로 원천지국에서 과세되는 채권에 대한 이자는 채권발행기관이 채권매입자가 지급한 금액 이상으로 지급하는 모든 대가를 포함하는데, 즉 이자뿐 아니라 상환이나 발행시에 지급한 모든 프리미엄을 포함한다. 또한 사채나 보증사채가 할증발행된 경우 구입자가 반환될 금액을 초과하여 지급한 금액은 이자에서 공제되는 부(△)의 이자이다.(OE §11-20)

(6) 파생상품의 대가

일반적으로, 채권의 원본이 있는 파생상품, 예를 들면 외화예금을 기초자산으로 통화스왑(currency swap)을 하는 경우 스왑으로 인한 선물환차익은 이자소득에 해당한다. 그렇지만, 이자율스왑(interest rate swap)과 같이 채권의 원본이 없는 파생상품에서 이루어지는 대가는 이자소득이 아니다.(OE §11-21.1)

① 이자에 해당하는 경우

A법인이 상장법인의 경영권을 확보하기 위해 필요한 주식을 매수할 때 그 매도인과 주식양수도계약을 체결한 후 해당 주식의 일부에 대해 주식매수인의 지위를 B법인에게 이전하고 그 주식의 의결권은 A법인이 행사하는 조건으로 B법인으로 하여금 해당 주식을 매수하도록 하되, 일정 기간 경과 후 B법인의 그 주식 당초 매입가액에 사전에 정하여진 이율에 의해 결정된 이자상당액을 가산한 가격으로 A법인이 B법인으로부터 동 주식을 다시 매수하는 콜옵션 또는 B법인이 이를 A법인에게 매도할 수 있는 풋옵션 약정을 체결한 경우, 그 약정에 의한 주식거래로 인하여 B법인이 얻는 이익은 환매조건부

매매차익에 해당한다.(서면1팀-606, 2007.5.10.)

② 이자에 해당하지 않는 경우

내국법인이 외국법인으로부터 외화자금을 차입하면서 외국은행과 이자율통화스왑계약을 체결하여 외국은행에게 원화로 이자와 원금을 지급하고 외국은행이 외국법인에게 내국법인 명의로 외화로 이자와 원금을 지급하는 경우, 내국법인은 외국법인에 지급하는 외화이자(내국법인이 외국법인에게 지급하는 외화이자 + 외국은행에 지급하는 원화이자 - 외국은행이 외국법인에게 지급하는 외화이자)를 기준으로 이자소득을 원천징수하며, 내국법인과 외국은행의 스왑거래 손익은 사업소득(비영업의 경우 기타소득)에 해당한다.(국제조세제도과-83 2008.6.3.) 또한, 내국법인과 외국금융회사가 특정주식을 기초자산으로 미래시점의 가격상승과 가격하락에 대한 각자의 전망에 따라 거래 개시시점의 기준가격과 계약 종료시점의 결정가격의 차액을 정산하는 'Equity Swap' 거래에서 발생한 이익을 외국금융회사가 수취하는 경우, 사업소득에 해당한다.(국세 46017-137, 2003.9.30.) 다만, 명목원금계약(notional principal contracts)이나 기타 파생상품으로 인한 소득을 이러한 상품을 사업상 위험을 회피하기 위해 사용하지 않고 사업목적으로 거래하지 않는 사람이 수취하는 경우 기타소득으로 구분한다.(USM §21)

소득세법상 개인에 대하여 외환매매평가손익을 과세하지 않으므로 채권의 원본이 있는 파생상품의 외환손익도 과세되지 않는다. 예를 들면, 고객들이 자신이 소유하던 원화를 엔화로 바꾸어 은행에 예치하고 만기이자는 거의 없으나 계약체결 당시에 이미 약정된 선물환율에 의한 선물환차익을 얻게 되는 경우 그 선물환차익(외환거래차익)은 이자소득에 해당하지 않는다.(대법원 2010두3961, 2011.4.28.)

(7) 연체료

재화 및 용역 대가의 지급지연에 따른 연체료는 이자에 해당하지 않는다. 하지만 국가에 따라서는 조세조약에서 연체료를 이자로 취급하는 경우도 있다. 계약상 또는 관습이나 재판에 따라 지급되는 연체료는 기간비율로 계산된 지급액이나 또는 고정금액으로 구성된다. 어떤 경우에는 두 형태를 모두 포함한다. 연체료가 기간비율로 결정된다 해도 이는 채무자의 의무지체로 채권자가 입은 손해에 대한 특별한 보상이므로 이자소득에 해당되지 않는다.(OE §11-22) 예를 들면, 일본법인으로부터 원자재를 수입하는 내국법인이 당초 구매계약시 원자재 도착 후 일정 기간이 경과한 뒤에 경과기간에 대한 이자상당액을 가산한 금액을 거래대금으로 지급할 것을 약정할 경우, 해당 이자상당액은 원자재 구입대가에 포함되므로 이자소득에 해당되지 않는다. 다만, 당초계약에 의해 물품공급가액과 지급기일을 확정한 후에 대금지급기일을 연장하기로 하고 연장기간에 대한 이자를 추가로 지급하는 경우에는 실질적으로 소비대차로 전환되어 발생하는 이자소득이다.(국일 46017-486, 1998.8.6.)

(8) 실질적으로 이자성격인 경우

① 외국보험회사에 지급하는 예수금에 대한 이자: 국내보험회사가 외국보험회사와의 재보험계약에 의해 그 외국보험회사에 지급하는 보험료 중 국내에 유보하게 되는 일정률의 보험료에 대하여 지급하는 이자는 그 외국보험회사의 국내원천 이자소득으로 본다.(법통 93-132…2)

② 기계 재임차가 실질적 자금차입인 경우: 내국법인이 독일법인의 영국지점에게 기계설비를 매각하는 계약을 체결함과 동시에 그 기계설비를 다시 임차하는 계약을 체결하고 원금상환액과 이자상당액으로 구성된 임차료를 지급하는 경우, 실질적으로 자금을 차입하기 위한 거래에 해당하므로 내국법인이 지급하는 임차료 중 이자상당액은 이자소득에 해당한다.(서이-1719, 2005.10.26.)

③ 미지급이자를 우선주로 출자 전환하는 경우: 외국법인에게 후순위 전환사채(전환권 미행사시 이자 후급조건)를 발행한 외국인 투자법인이 누적결손의 증가로 그 외국법인이 전환권을 행사하지 아니함에 따라 계상된 미지급이자금액을 재무구조개선 목적으로 우선주로 출자전환하는 경우, 외국인 투자법인이 출자 전환된 우선주의 시가 상당액을 초과하여 감소된 채무가액에 대하여 이를 채무면제익으로 익금에 산입하면 외국법인이 채권의 출자전환으로 인해 취득하는 우선주의 가액은 취득 당시의 시가상당액이며 외국인 투자법인은 외국법인이 수취하는 우선주의 시가상당액을 이자소득으로 본다.(서면2팀-1247, 2004.6.16.)

④ 이관하는 대출금에서 발생한 이자: 일본은행 국내지점이 지점을 폐쇄하고 대출채권을 홍콩지점으로 양도하면서 홍콩지점으로부터 원천징수없이 수취하는 그 대출채권에 대한 기발생 미수이자수입은 그 국내지점 폐쇄 사업연도 법인세 과세표준신고시 국내지점에 귀속되는 이자수입으로 계상하며, 약정된 이자지급일에 그 채권에 대한 이자를 홍콩지점으로 지급하는 내국법인은 그 국내지점 귀속분을 제외한 일본은행 홍콩지점 귀속분에 대하여 이자소득으로 본다.(국세청 국업 46017-125, 2000.3.9.)

⑤ 외국법인 발행어음의 해외매각시 이자상당액: 수출대가로 외국법인이 발행한 약속어음을 지급받은 내국법인이 어음상 표시이자율에 의한 이자액에 일정률의 수수료(spread)상당 이자액을 추가하여 지급키로 하고 국외에서 다른 외국법인에게 이를 매각하는 경우 어음발행자인 외국법인이 기간별로 지급하기로 약정한 어음상 표시이자율에 의한 이자액을 어음매입자인 다른 외국법인이 수취하면 수수료 이외의 이자액은 국내원천소득에 해당되지 않으며, 어음발행자인 외국법인이 기간별로 지급하기로

약정한 어음상 표시이자율에 의한 이자액과 어음원금의 상환의무 불이행시 어음의 매각자인 내국법인이 이자의 대지급 및 어음의 재매입조건에 따라 어음발행자의 이자액과 수수료를 지급한 경우 이는 어음을 담보로 한 차입거래에 해당하므로 그 이자는 국내원천이자소득이다.(재무부 국조 46017-13, 1994.1.26.)

(9) 보험연금 제외

보험연금(annuities)을 이자로 보는 것은 문제가 있다. 보험연금은 이자와 다르다고 판단된다. 과거근무 때문에 지급되는 보험연금은 연금(pension)에 관한 원칙이 적용되어야 한다. 또한 상업연금(purchased annuities)의 분할지급금(instalment)은 자본반환과 함께 납입자본에 대한 이자요소를 포함하여 그 분할지급금이 법정과실(fruits civil)에 해당하는 것은 사실이지만, 유형별로 과세하기 위해 자본소득 해당분과 자본반환 해당분을 구분하는 것은 힘든 일이다. 각국의 세법에서는 보험연금을 각각 급여, 임금, 연금 등으로 과세한다.(OE §11-23)

2. 원천지국의 제한과세

2.1 거주지국의 종합과세권

OECD모델 11조 1항: 한 체약국에서 발생하여 체약상대국 거주자에게 지급되는 이자에 대하여는 체약상대국에서 과세할 수 있다.

수취인 거주지국이나 이자 원천지국 중 어느 한 국가에 이자의 배타적 과세권을 주는 방식은 배당과 마찬가지로 양국에서 모두 받아들일 가능성이 없다. 따라서 절충된 해결책이 채택된다. 거주지국에서 이자를 과세할 수 있지만, 원천지국은 국내법상 규정에 따라 원천징수할 수 있다. 그런데 이러한 원천과세권은 제한세율에 의해 제한된다. 체약국들에 따라 원천지국에서 더 낮은 세율을 적용하기로 합의한다. 이 경우 원천지국이 포기하는 세액은 원천지국 과세를 고려하여 거주지국이 부여하는 세액공제에 영향을 미친다.(OE §11-3)

2.2 원천지국의 제한 과세권

> OECD모델 11조 2항: 그러나 한 체약국에서 발생된 이자는 그 체약국에서도 그 체약국의 법에 따라 과세할 수 있다. 다만, 이자의 실질귀속자가 체약상대국의 거주자인 경우 이렇게 부과되는 조세는 이자 총액의 10%를 초과할 수 없다. 양 체약국의 관할당국의 상호합의에 의해 제한세율의 적용방법을 결정한다.

공채(bonds), 사채(debentures), 대출금(loans)에 대한 이자는 통상적으로 이자가 지급되는 원천에서 우선 과세된다. 이런 원천징수방법은 실용적 이유 때문에 대부분의 국가에서 널리 사용되며, 원천징수세액은 이자수취인의 전체 소득에 대하여 수취인이 거주지국에서 납부해야 할 세액의 기납부액으로 처리된다. 이 경우 수취인이 원천징수를 행한 나라의 거주자이면, 그가 받은 이중과세는 국내적 수단에 의해 치유된다. 그러나 수취인이 다른 나라의 거주자이면 입장이 달라진다. 이때 수취인은 이자에 대하여 두 번 과세되는데, 첫째는 원천지국에서 그 다음은 거주지국에서 과세된다. 이러한 이중과세부담은 실제 수취이자를 상당히 감소시킴으로써 자본의 이동과 국제투자의 발전을 저해한다.(OE §11-2)

'체약상대국 거주자에게 지급된'이란 말의 의미를 명확히 하기 위해 실질귀속자 개념을 사용한다.(OE §11-9)

조세조약은 이자가 발생하는 국가에 이자에 대한 과세권을 부여한다. 그러나 제한세율을 정하여 그러한 권리행사를 제한하는데 제한세율은 대부분의 경우 10%로 정해진다. 이 세율은 원천지국이 이미 차입자본의 금융투자로 자국 내에서 창출된 이익이나 소득에 과세권을 행사하였다는 점을 고려할 때 합리적인 상한선으로 판단된다.(OE §11-7)

(1) 원천지국의 결정

원칙적으로, 이자를 지급하는 자는 원천징수의무가 있다. 즉, 국가・지방자치단체・거주자・내국법인은 이자를 지급하는 경우 원천징수해야 한다.(법법 §93 1호, 소법 §119 1호 가목) '지급되는(paid)'이란 용어는 매우 넓은 의미를 가진다. 지급은 계약이나 관습상 요구되는 방법으로 자금을 채권자의 처분에 맡길 의무의 이행을 의미한다.(OE §11-5) 그러므로 상계, 대위변제 등의 경우에도 지급된 것으로 본다.

(2) 원천지국의 비과세

아일랜드, 헝가리, 러시아와의 양자조약상 원천지국에서 이자소득을 비과세한다. 이 경우 거주지국에서만 종합과세된다.

(3) 지급자의 이자비용공제

일부 국가는 수취인이 지급자와 같은 국가에 거주하거나, 같은 국가에서 과세되어야 지급자의 조세목적상 지급이자의 비용공제를 허용한다. 즉, 수취인이 해당 국가의 비거주자이거나 비과세되면 비용공제를 금지한다. 그러나 이자가 한 체약국 거주자에 의해 다른 국가 거주자에게 지급되는 경우 비용공제가 허용되어야 한다. 이러한 문제는 차별금지조항에서 다루어진다.(OE §11-4)

(4) 국내법 절차에 의한 과세

조세조약에서는 원천지국의 과세방식에 대하여 규정하지 않는다. 따라서 각국은 국내법에 따라 원천징수하거나 다른 방법으로 과세할 수 있다. 절차적인 사항은 조세조약에서 다루지 않으며, 각국은 국내법에 정한 절차를 적용한다. 이 경우 세 국가가 관련된 경우 특별한 문제가 발생할 수 있다.(OE §11-12)

거주지국에서 이자소득을 과세하는지 여부에 따라 원천지국에서 상응하는 세액감면이 이루어져야 할 이유는 없다. 또한 이자소득조항에서는 수익자 거주지국이 원천지국의 원천징수세액을 어떻게 조정해야 하는지를 규정하지 않으며, 이는 조세조약의 이중과세 방지조항에서 다루어진다.(OE §11-13, §11-14)

3. 국내사업장 귀속이자의 원천징수

(1) 외국법인 국내사업장 및 내국법인 국외사업장의 귀속이자

OECD모델 11조 5항: 이자의 지급자가 한 체약국의 거주자인 경우 그 이자는 한 체약국에서 발생하는 것으로 본다. 그러나 이자의 지급자가 한 체약국의 거주자인지 여부와 상관없이 그 사람이 한 체약국에 그 이자의 지급원인이 되는 채무의 발생과 관련된 국내사업장을 가지고 있고, 또한 그 이자가 그 국내사업장에 의해 부담되는 경우 그러한 이자는 그 국내사업장이 소재하는 국가에서 발생하는 것으로 본다.

① 국내사업장에서 사용하는 차입금에 대한 이자

이자의 원천지국은 이자 지급자가 거주하는 국가이다. 그러나 이 원칙에 대한 예외로 이자 지급자가 한 체약국에 가진 국내사업장과 이자부 대여금이 명백한 경제적 관련이 있는 경우가 있다. 대여금이 국내사업장에 사용되기 위해 계약되었고 이자가 국내사업장에 의해 부담된다면 이자원천은 국내사업장이 소재한 체약국에 있는 것이다. 이때 국내사업장 소유자의 거주지는 무시되는데, 소유자가 제삼국에 거주할 때도 마찬가지이다.(OE §11-26) 이러한 의미에서 조세조약 및 국내세법은 '사용지 기준'을 보충적으로 적용하는데, 미국세법 또한 같은 논리로 지점이자세(branch interest tax)를 과세한다.

이자발생 대여금과 국내사업장 간에 경제적 관련이 없는 경우 국내사업장 소재지국은 이자발생 국가로 볼 수 없다. 그 소재지국은 기업전체에 대한 국내사업장의 공헌도에 따라 안분한 '과세안분액(taxable quota)'도 과세해서는 안 된다. 그러한 과세행태는 이자소득 과세원칙에 위배된다. 그러므로 대여금과 국내사업장 간에 충분한 경제적 관련이 있을 때에만 국내사업장 소재지국에서 이자가 발생된 것으로 본다. 다음은 이러한 경제적 관련이 있는 사례이다.

① 국내사업장 경영진이 국내사업장의 특별한 필요에 의해서 차입계약을 함: 국내사업장 부채에 차입금이 계상되며 그 이자를 직접 채권자에게 지급한다.
② 기업본점이 다른 나라에 소재한 국내사업장 용도로 쓰일 차입계약을 함: 이자는 본점에서 지급되지만 궁극적으로 국내사업장이 부담한다.
③ 차입계약이 기업본점에 의해 이루어지고 서로 다른 나라에 소재한 여러 국내사업장들을 위해 차입금을 사용한다.

위 사례의 '①'과 '②'의 경우 국내사업장이 소재한 국가는 이자발생 국가로 간주된다. '③'의 경우는 문제가 될 수 있다. 동일 차입금에 대한 복수의 이자원천을 예상하는 것은 엄밀히 말해서 조세조약에서 예상하는 일은 아니다. 게다가 '③'의 상황에서 거주지국과 원천지국에 분배된 차입금과 이자를 계산하는 일은 상당히 복잡한 행정절차를 야기하고 대여자가 이자에 귀속될 조세를 사전에 계산하는 것은 불가능하다.(OE §11-27)

한 체약국에서 발생하여 체약상대국 거주자에게 지급되는 이자만이 이자소득조항의 적용대상이다. 이자나 한 체약국에서 발생하여 한 체약국 기업이 체약상대국에 가진 국내사업장에 귀속되는 이자는 한 체약국에서 과세될 수 있지만 또한, 체약상대국에서 상황에 따라 사업소득이나 기타소득으로 과세될 수 있다.(OE §11-6)

② 비거주자·외국법인 국내사업장의 귀속이자

비거주자·외국법인 국내사업장의 사업활동과 관련하여 발생하고 그 국내사업장의 소득금액계산상 필요경비 또는 손금에 산입된 이자소득은 비록 그 국내사업장의 본점이 다른 비거주자·외국법인에게 지급하는 것이라 하더라도 국내원천소득으로 과세할 수 있다.(법법 §93 1호 나목)

거주자 또는 내국법인의 국외사업장을 위해 그 국외사업장이 직접 차용한 차입금의 이자는 국내원천소득에서 제외된다.(법법 §93 1호, 소법 §119 1호)

③ 거주자 · 내국법인 국외사업장의 귀속이자

거주자 또는 내국법인의 국외사업장을 위해 그 국외사업장이 직접 차용한 차입금의 이자는 국내원천소득에서 제외된다.(법법 §93 1호, 소법 §119 1호) 다만, 내국법인이 지급보증한 해외자회사가 차입금상환을 불이행하여 내국법인이 외국은행에게 대위변제하는 경우, 지급시점을 기준으로 소득원천을 판단하므로 국내원천소득에 해당하여 법인세를 원천징수할 의무가 있다.(대법원 2013두10267, 2016.1.14.)

(2) 국내은행 해외지점 수취이자

국외에 소재하는 외국은행이 수취하는 이자는 특별히 원천지국 비과세를 규정하지 않는 한 원천징수대상이다. 그러나 내국법인이 국내은행 해외지점으로부터 자금을 차입하고 지급하는 이자는 금융보험업의 수입금액으로 법인세법 제73조 제1항에 따라 원천징수가 면제된다.(법인 22601-3656, 1989.10.6.)

(3) 제삼국소재 국내사업장 귀속이자의 원천징수 문제

수익자와 지급자가 모두 양 체약국의 실질적 거주자이지만, 지급자가 제삼국 내 소유하는 국내사업장의 필요에 따라 자금을 차입하고 그 사업장에서 이자를 부담하는 사안은 조세조약의 범위를 벗어난다. 이 경우, 차입금이 제삼국 영토 내에 있는 국내사업장과 실질적으로 관련되어 이자가 지급되는 경우라 해도 이자는 제삼국에서가 아니라 지급자가 거주하는 체약국에서 발생한 것으로 볼 수 있다. 통상적인 방법에 따라 체약국들 간의 이중과세가 회피된다 해도, 제삼국이 자국 내 국내사업장이 부담하는 차입금이자를 원천과세하는 경우 체약국들과 제삼국 간의 이중과세는 양자조세조약상 방지되지 않는다.(OE §11-28)

이러한 이중과세사안에 대한 해결책은 수익자 거주지국과 지급자 거주지국이 문제의 이자를 이자소득으로 보지 않고 사업소득이나 기타소득으로 간주하는 것이다.(OE §11-30) 수익자 거주지국이 배타적 과세권을 갖더라도 이자 지급자가 이자를 원천과세하는 제삼국에 자금을 차입하고 이자를 부담하는 국내사업장을 소유한다면 제삼국과 수익자 거주지국 간의 이중과세가 일어날 수 있다.(OE §11-31)

제삼국에 소재하는 국내사업장이 차입금을 실제로 기표하고 사용하며 이자를 부담한다 해도 제삼국을 위해 지급자 거주지국이 원천과세를 무조건 포기할 필요는 없다. 원천과세를 포기하면, 제삼국이 국내사업장 부담이자를 원천과세하지 않는 경우 제삼국 소재 국내사업장을 이용하여 체약국의 원천과세를 회피하려는 시도가 있을 수 있다.(OE §11-29)

4. 특별한 사안의 검토

4.1 일부 회수시 원금과 이자의 변제순서

(1) 법인이 받는 이자의 경우

내국법인이 받는 이자소득의 경우 차입금과 이자의 변제에 관한 특별한 약정이 없이 차입금 원금 및 차입금 이자의 일부만을 변제한 경우에는 이자를 먼저 변제한 것으로 본다. 다만, 비영업대금의 이익의 경우에는 소득세법(소령 §51 ⑦)의 규정을 준용한다.(법칙 §56)

(2) 개인이 받는 비영업대금인 경우

개인이 받는 비영업대금인 경우에는 원금을 먼저 변제한 것으로 본다. 즉, 비영업대금 이익을 계산할 때 과세표준 확정신고 전에 해당 비영업대금이 회수불능채권에 해당하여 채무자로부터 원금 및 이자의 일부를 회수할 수 없는 경우에는 회수한 금액에서 원금을 먼저 차감하여 계산한다. 이 경우 회수한 금액이 원금에 미달하는 때에는 총수입금액은 없는 것으로 한다.(소령 §51 ⑦)

4.2 채권 등의 보유기간 이자에 대한 원천징수특례

채권의 매도인이 받는 금액은 보통 채권의 매도시점에 아직 지급되지 않은 발생이자를 포함한다. 대부분의 경우, 원천지국은 매도시점에 그러한 발생이자를 과세하지 않으며, 나중에 지급되는 이자총액에 대하여 그 채권이나 공채의 매수인에게 과세한다. 이 경우, 채권매수인이 지급하는 채권가액은 매수시점에 매도인에게 귀속되는 발생이자에 대하여 매수인이 부담하게 될 미래조세를 고려하여 결정되는 것이 일반적이다. 그러나 일부 국가에서는 특정한 상황에서 양도시점에 발생한 이자에 대하여 채권매도인에게 과세하는데, 이는 채권이 면세단체에 매도되는 경우를 말한다. 이러한 발생이자는 이자의 정의를 충족하므로 원천지국에서 과세될 수 있다. 이 경우, 원천지국은 그 이자를 실제로 지급하는 때에 채권매수인의 손에서 같은 금액을 다시 과세해서는 안 된다.(OE §11-20.1)

국내사업장이 없는 비거주자·외국법인에게 원천징수대상 채권 및 증권의 이자, 할인액 및 집합투자기구로부터의 이익을 지급하는 자 또는 채권 등의 이자 등을 지급받기 전에 그 비거주자·외국법인으로부터 채권 등을 매수·중개·알선(환매조건부채권매매 및 채권대차거래 제외)하는 자는 해당 채권 등의 상환기간 중에 보유한 그 비거주자·외국법인에게 그 보유기간별 이자 등 상당액이 각각 귀속되는 것으로 보아 소득금액을 계산

하여 원천징수해야 한다.(법법 §98의3 ①, 소법 §156의3 ①)

(1) 원천징수대상 채권 및 증권

원천징수대상 채권 또는 증권은 다른 사람에게 양도가 가능한 이자, 할인액 및 집합투자기구로부터의 이익을 발생시키는 아래 채권 또는 증권(법률에 따라 소득세 등이 면제된 채권 등은 제외)을 말한다.

채권 또는 증권이 신탁재산에 편입된 경우에도 원천징수특례를 적용한다.(소법 §46 ①, 소령 §102 ②)

1. 국가나 지방자치단체가 발행한 채권 또는 증권
2. 내국법인이 발행한 채권 또는 증권
3. 외국법인이 발행한 채권 또는 증권
4. 금융회사가 발행한 예금증서 및 이와 비슷한 증서(양도성예금증서 포함). 단, 금융보험업 법인이 발행일부터 만기까지 계속 보유하는 예금증서는 제외
5. 금융회사가 발행・매출 또는 중개하는 어음(상업어음 제외)

(2) 적용 세율

채권이자에 대한 적용 세율은 「법인세법」 및 소득세법에 의한 원천징수세율, 조세조약에 의한 제한세율, 「조세특례제한법」에 의한 감면세율 중 하나이다.

구 분	적용 세율
조세조약이 체결되지 않은 경우	국내세법의 원천징수세율 20%(또는 14%)
조세조약이 체결된 경우	각국의 제한세율(0~15%)
「조세특례제한법」 제21조에 의한 외화표시채권	감면세율

(3) 원천징수세액의 계산 (법령 §138의3 ①, 소령 §207의3 ①)

① 보유기간이 입증되는 경우

비거주자・외국법인이 실제 보유한 기간 동안 발생한 이자는 비거주자・외국법인에 대한 적용세율을 적용해서 원천징수하며, 나머지 부분에 대해서는 거주자・내국법인 원천징수세율 14%(비영업대금 25%)를 적용하여 원천징수한다. 즉, 전체 이자를 비거주자・외국법인이 보유한 기간의 이자와 나머지 이자로 구분하여 다음과 같이 원천징수한다.

원천징수세액＝①보유기간이자×적용세율＋(전체이자－①)×14%(25%)

② 보유기간을 입증하지 못하는 경우

㉮ 적용 세율이 14%(25%)보다 높은 경우: 전체 이자가 해당 비거주자 · 외국법인에게 모두 귀속되는 것으로 보아 전체 이자에 비거주자 · 외국법인의 적용 세율을 적용하여 계산한다. 따라서 보유기간을 입증하는 때보다 원천징수세액이 많아지므로 불리하다.

원천징수세액＝전체이자×적용 세율

㉯ 적용 세율이 14%(25%)보다 낮은 경우: 비거주자 · 외국법인이 해당 채권을 이자지급일에 매입한 것으로 보아 계산한다. 따라서 보유기간을 입증하는 때보다 원천징수세액이 많아지므로 불리하다.

원천징수세액＝①1일 이자상당액×적용 세율＋(전체 이자－①)×14%(25%)

(4) 보유기간 이자

보유기간 이자의 계산방법은 거주자 · 내국법인에 관한 규정(법령 §111 ⑥ · §137 ②, 소령 §102 ⑤ · §102 ⑦)을 준용한다.(법령 §138의3 ⑥, 소령 §207의3 ②)

보유기간 이자＝채권 액면가액×보유기간×이자율

㉮ 보유기간

해당 채권 등의 매수일(발행일 또는 직전 원천징수일)부터 매도일(매도일 또는 이자지급일)까지의 일수로 계산한 기간을 말하며 일수의 계산은 매수일과 매도일 중 한 쪽을 산입하는 방법으로 계산한다.(소령 §102 ④ · ⑤) 해당 비거주자 · 외국법인이 원천징수기간 중 해당 채권 등을 보유한 기간을 금융회사의 전산처리체계 또는 통장원장 등에 따라 입증하지 못하는 경우에는 원천징수기간의 이자상당액이 해당 비거주자 · 외국법인에게 귀속된 것으로 보아 소득금액을 계산한다.(소법 §46 ③)

㉯ 이자율(소령 §102 ⑤)

1. 공개시장에서 발행하는 국채(산업금융채권, 정책금융채권, 예금보험기금채권상환기금채권, 한국은행통화안정증권 포함)	할인발행액을 제외한 표면이자율
2. 위 국채 이외의 채권(회사채 포함)	표면이자율에 할인율을 가산하고 할증률을 차감한 약정이자율
3. 전환사채(교환사채, 신주인수권부사채 포함)의 만기보장수익률이 있는 경우	만기보장수익률

국채를 제외한 채권은 약정이자율 또는 만기보장수익률을 적용한다. 다만, 국가가 발행한 채권으로서 그 원금이 물가에 연동되는 채권(물가연동채권, Inflation Linked KTB)의 이자는 '채권액면 × 표면이자율 × 매도일물가연동계수' 방식으로 계산하며, 해당 채권의 원금증가분은 이자에 포함한다.(소령 §22의2 ③)

(5) 원천징수방법

원천징수세액의 납부기한, 가산세의 납부 및 징수에 관하여는 거주자 · 내국법인에 관한 규정을 준용한다.(법법 §98, 소법 §156)

원천징수시기는 해당 채권 등의 매도일 또는 이자상당액의 지급일을 말하며, 해당 채권 등이 상속되거나 증여되는 경우에는 상속개시일과 증여일로 한다.(소법 §46 ②, 소령 §102 ⑦) 원천징수일이 속하는 달의 다음 달 10일까지 원천징수세액을 납부하며, 납부기한 경과 후 납부하는 경우에는 원천징수납부지연가산세를 추가 납부한다.

(6) 환매조건부채권매매 및 채권대차거래에 대한 예외

아래 어느 하나에 해당하거나 여러 개가 혼합되는 경우, 채권보유기간 이자상당액에 대하여 원천징수하지 않는다.(법법 §98의3 ①, 법령 §138의3 ②, 소령 §207의3 ③)

1. 환매조건부채권매매: 비거주자 · 외국법인이 일정 기간 후에 일정가격으로 환매수 또는 환매도할 것을 조건으로 하여 채권 등을 매도 또는 매수하는 거래(해당 거래가 연속되는 경우 포함)로서 그 거래에 해당하는 사실이 한국예탁결제원의 계좌를 통해 확인되는 거래
2. 채권대차거래: 비거주자 · 외국법인이 일정 기간 후에 같은 종류로서 같은 양의 채권을 반환받는 조건으로 채권을 대여하는 거래(해당 거래가 연속되는 경우 포함)로서 그 거래에 해당하는 사실이 채권대차거래중개기관(한국예탁결제원, 증권금융회사, 투자매매업자 또는 투자중개업자)이 작성한 거래원장(전자적 형태의 원장을 포함)을 통해 확인되는 거래. 예를 들면, 외국법인이 파생상품거래계약을 위해 국내 증권회사에 위탁증거금으로 '대용증권'을 납입한 후 국내 수탁은행계좌로 동 증권을 반환받는 경우(원천세과-930, 2010.12.15.)

환매조건부채권매매(REPO) 등은 '차입담보제공'의 성격으로 매도자를 실질적 소유자로 보기 때문에 중도매매로 보지 않는다. 이 경우, 매도자가 지급하는 환매수대가에 포함된 매매차익은 이자에 해당한다. 환매조건부채권매매는 유가증권대차거래와 마찬가지로 세무처리한다.

| 환매조건부채권매매(REPO)의 개념 |

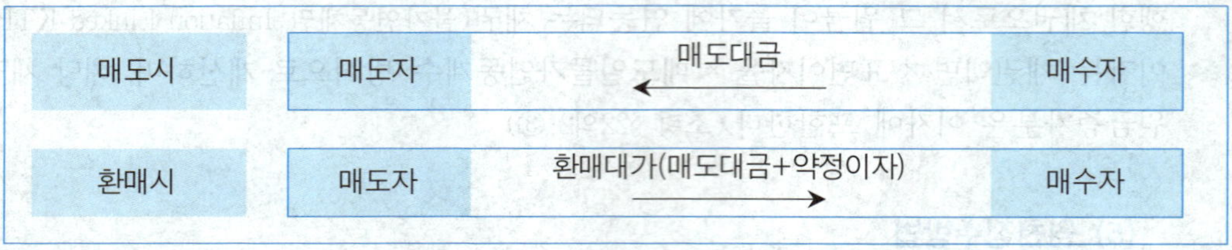

외국법인이 환매조건부채권매매를 통해 채권을 매도자(A)로부터 매수한 후 이를 환매조건부채권매매를 통해 재매도하는 경우(즉 Rerepo의 경우)에도, 그 외국법인에게 지급하는 이자(외국법인이 채권을 매도한 날부터 환매수한 날까지의 기간 동안 그 채권으로부터 발생하는 이자)는 최초 환매조건부채권매매의 매도자(A)에게 귀속되는 것으로 보아 원천징수한다.(국제조세제도과-37, 2014.1.23.)

① 채권이자 지급시 매도자에 대하여 원천징수

환매조건부채권매매 또는 채권대차거래의 경우, 채권 등을 매도 또는 대여한 날부터 환매수 또는 반환받은 날까지의 기간 동안 그 채권 등으로부터 발생하는 이자소득에 상당하는 금액은 매도자 또는 대여자(해당거래가 연속되는 경우 또는 해당거래가 혼합되는 경우에는 최초 매도자 또는 대여자)에게 귀속되는 것으로 보아 소득을 지급하는 자가 원천징수한다.(법령 §138의3 ③, 소령 §207의3 ④) 이 경우, 금융회사인 매수자가 이자를 지급받아 매도자에게 다시 지급하면 매수자가 원천징수의무자이다.

② 환매일 이전 매도시 원천징수 및 환급

환매조건부채권매매 또는 채권대차거래를 통해 매수자 또는 차입자가 매입 또는 차입한 채권 등이 환매일 이전에 제삼자에게 매도 또는 대여되는 경우에는 제삼자는 매수자 등(금융회사는 제외)에게 보유기간이자상당액에 대한 세액을 원천징수해야 하며, 매수자 등은 원천징수당한 세액을 환급받을 수 있다.(법령 §138의3 ④, 소령 §207의3 ⑤) 원천징수된 세액을 환급받으려는 매수자 등은 제삼자에게 매도 또는 대여한 채권 등이 환매조건부채권매매 또는 채권대차거래를 통해 매입한 것임을 증명할 수 있는 서류를 첨부하여 원천징수된 세액의 납부일이 속하는 달의 다음 달 10일까지 매수자 등의 납세지 관할세무서장에게 환급신청서를 제출해야 하며, 환급신청을 받은 관할세무서장은 거래사실 및 환급신청내용을 확인한 후 즉시 환급해야 한다.(법령 §138의3 ⑤, 소령 §207의3 ⑥)

③ 매수자가 채권을 환매조건부로 매도하는 경우

환매조건부채권 매수자가 환매계약기간 중에 해당채권을 매도하였다가 재매입하는 경우, 매도시점부터 재매입시점까지의 채권 이자상당액을 이자지급시와 재매입시에 매도자에게 원천징수한다.(재소득 46073 - 48, 2002.2.22.)

4.3 유가증권에 해당하지 않는 채권의 매매차익

채권 발행자가 수취하고 지급하는 금액의 차액에 해당하지 않는 이익이나 손실은 이자의 정의를 충족하지 않는다. 예를 들면, 발생이자 또는 발행시 할인액이나 할증액에 해당하지 않는 이익이나 손실이 있는데, 채권이나 공채와 같은 증권소지인이 그 증권을 다른 사람에게 매매하여 실현하거나, 증권발행인이 수취한 금액과 다른 금액으로 이전 소지인으로부터 취득한 증권의 원금을 수취하여 실현하는 이익이나 손실을 말한다. 그러한 이익이나 손실은 사안에 따라 사업손익, 양도차손익 또는 기타소득에 해당한다.(OE §11 - 20) 예를 들면, 금융상품의 인수·매매를 주된 영업으로 하는 미국법인이 내국법인에게 자금을 대여한 자로부터 유가증권에 해당하지 않는 대출채권을 할인된 가격으로 매수하여 보유하다가 다른 비거주자에게 양도함으로써 보유기간에 대한 이자상당액 이외에 지급받는 매매차익은 사업소득에 해당한다. 사업성이 없으면 기타소득에 해당한다.(국일 46017 - 373, 1998.6.17.)

다만, 실질적인 이자에 해당하는 경우에는 이자소득으로 보는데, 자산유동화전문회사가 성업공사로부터 부실채권을 취득한 후 이를 기초로 해외에서 유동화증권을 발행하여 아일랜드법인으로부터 자금을 차입하고 금전대차약정에 따라 이 차입금에 대한 지급이자 이외에 부실채권의 매매에서 발생하는 이익의 일부를 아일랜드법인에게 지급하면 해당 지급금은 변동부 이자성격의 대가이므로 이자소득에 해당한다.(국총 46017 - 560, 1999.8.20.) 또한, 옵션부로 발행된 채권에 대하여 채권발행내용에 따라 채권매입자가 중도상환시 지급받는 금액과 채권매입시 지급한 금액과의 차액은 이자소득에 해당한다.(서이 46013 - 11956, 2002.10.28.) 채권매매차익의 소득구분을 정리하면 다음과 같다.

| 채권 매매차익의 소득구분(법법 §93 9호, 소법 §119 11호) |

구 분	소득의 구분
유가증권에 해당하지 않는 채권	사업소득(기타소득). 다만, 환매조건부채권은 이자소득, 집합투자기구는 배당소득으로 과세
유가증권에 해당하는 채권	유가증권양도소득. 다만, 이자소득으로 과세되는 경우는 제외
상업어음	사업소득

4.4 대출채권매입(Loan Participation)

대출채권매입이란 금융회사가 차입자와 직접 계약하지 않고 다른 금융회사를 통해 간접 대출하는 금융상품을 뜻한다. 대출채권매입의 당사자는 차입자, 최초대출 금융회사, 대출채권매입 금융회사이다.

| Loan Participation의 거래형태 |

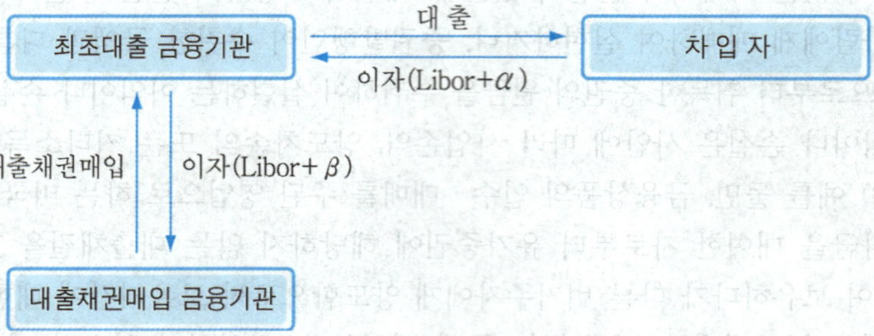

위 그림은 대출채권매입의 일반적 거래형태이다. 최초대출 금융회사가 수취하는 이자율(Libor+α)보다 대출채권매입 금융회사가 수취하는 이자율(Libor+β)이 적다. 이는 최초대출 금융회사가 일정수수료($\alpha - \beta$)를 수취하고 나머지 이자를 대출채권매입 금융회사에 지급하기 때문이다.

대출채권매입은 대출채권매입 금융회사가 이자자산(Property Interest)을 최초대출 금융회사로부터 매입(Purchase)하지만 채권자의 권한을 완전히 행사할 수 없는 제한적 채권양도이다. 대출채권매입 금융회사(Participant)는 일반적으로 이루어진 채권·채무계약에 제삼자로서 간접적으로 계약에 참여하는 채권자이다.

① 원천징수의무자 및 소득수취인

대출채권매입과 관련된 이자소득을 지급하는 경우, 최초대출 금융회사를 소득수취인으로 볼 것인지 또는 대출채권매입 금융회사를 소득수취인으로 볼 것인지가 문제가 된다. 차입자와 대출채권매입 금융회사는 직접적 채권채무관계가 없으므로 직접적 채권채무관계가 있는 최초대출 금융회사가 소득수취인이다. 이는 최초대출 금융회사를 실질귀속자로 본다는 의미이다.

② 특수관계인 간 대출채권매입을 이용한 세원잠식

국내금융회사와 해외금융회사가 특수관계인으로서 형식적인 대출채권매입 계약을 체결한 것이라면 이들의 법률관계를 무시하고 조세조약상의 실질귀속자(Beneficial owner) 과세원칙에 따라 과세할 수 있다.

4.5 국제적 자금공동관리(Cross-Border Cash Pooling)

다국적기업그룹은 그룹의 전체자금을 효율적으로 집행하기 위해 금융회사의 통합계좌(wrap account)를 통해 그룹 내 기업들의 자금을 공동으로 관리한다. 예를 들면, 자금여유가 있는 A국 기업의 자금을 자금부족 상태인 B국 기업에게 사용하도록 하고 이자를 수취하며, C국의 그룹 본점이 소유하는 통합계좌를 통해 이러한 거래가 이루어지는 경우 아래와 같은 회계처리가 이루어진다. 이 경우, B국 세무당국이 C국 기업에게 지급한 이자의 실질귀속자를 A국 기업으로 보아 과세할 수 있다.

구 분	회계 처리	세무 처리
A 기업: 자금공여	C에게 자금을 대여하고 이자를 받은 것으로 처리	C로부터 이자를 받고 원천징수세액을 공제
B 기업: 자금사용	C로부터 자금을 차입하고 이자를 지급한 것으로 처리	C에게 이자를 지급하고 원천징수의무 부담
C 기업: 공동계좌	A로부터 자금을 차입하여 B에게 대여한 것으로 처리(따라서, B로부터 이자를 받고 다시 A에게 이자를 지급한 것으로 처리)	B로부터 이자를 받고 원천징수세액을 공제하며; A에게 이자를 지급하고 원천징수의무 부담

한편, 공동계좌가 개설된 은행은 각 당사자의 지시에 의해 대여자금 및 해당이자를 이체하는 용역을 제공한 것에 불과하므로 이체거래에 대한 원천징수의무가 없다. 다만, 자금예치약정에 따라 C국 기업에 지급하는 이자에 대하여 원천징수한다. C국 기업은 수익으로 계상하였던 이자를 A국 기업에 지급할 때 다시 원천징수한다.

4.6 금융회사의 신용장수수료 및 지급보증수수료

국내세법은 신용장(letter of credit) 관련 수수료(commission)를 사업소득으로 본다. 미국에서는 다음과 같이 일부 수수료를 이자로 본다.(Bank of america case, Court of claim 680F.2d.142, 1982)

수수료 구분	소득 구분	이 유
인수 수수료 (acceptance commission)	이자소득	기한부신용장(usance LC)을 인수하고 그에 따른 지급위험을 부담하는 대가로 받는 수수료는 이자임.
확인 수수료 (confirmation commission)	이자소득	일람부신용장(sight LC)을 인수하고 그에 따른 지급위험을 부담하는 대가로 받는 수수료는 이자임.

수수료 구분	소득 구분	이 유
검사 수수료 (negotiation commission)	사업소득 (용역)	신용장 및 부속서류의 진위를 검사하는 대가로 받는 수수료는 사업소득임.

또한 할부금융업을 영위하는 내국법인이 외국금융회사에 지급하는 지급보증수수료는 사업소득에 해당한다.

5. 국내원천 이자소득 과세방법: 제한세율

(1) 원천징수원칙

실질귀속자 소재지국과의 조세조약이 있는 경우 제한세율로 원천징수한다.[부록 체약국별 제한세율] 조세조약이 없는 경우 국내세법에 따라 원천징수하는데, 일반적으로 20% 원천징수하고, 국가·지방자치단체 및 내국법인이 발행하는 채권에서 발생하는 이자소득의 경우 14% 원천징수한다.

| 국내원천 이자소득의 과세방법 |

구 분	조약이 있는 경우	조약이 없는 경우
비거주자 · 외국법인에게 지급	제한세율 원천징수(5~15%) ※ 조세피난처인 경우 20% 또는 14% 원천징수 후 사후정산	국내세법에 따라 원천징수 • 일반적인 경우: 20% • 국가 · 지방자치단체 및 내국법인이 발행하는 채권에서 발생하는 이자소득: 14%
국내사업장에 귀속	국내사업장 종합과세	국내사업장 종합과세

(2) 원천징수시기

원칙적으로 이자소득을 지급할 때에 원천징수한다.(법법 §98 ①, 소법 §156 ①) 아래 경우에는 특별히 원천징수시기를 의제한다.(소령 §190)

| 이자소득의 원천징수시기특례(소령 §190) |

1. 금융회사 등이 매출 또는 중개하는 어음과 은행 및 상호저축은행이 매출하는 표지어음으로서 보관통장으로 거래되는 것(은행이 매출한 표지어음의 경우에는 보관통장으로 거래되지 않는 것도 포함)의 이자와 할인액. 다만, 어음 및 전자단기사채 등이 한국예탁결제원에 발행일부터 만기일까지 계속하여 예탁된 경우에는 해당 이자와 할인액을 지급받는 자가 할인매출일에 원천징수하기를 선택한 경우만 해당: 할인매출하는 날

2. 비거주자 · 외국법인의 국내사업장 소득금액계산시 손금 · 필요경비에 산입되는 이자(법령 §137 ④): 해당 소득을 지급하는 비거주자 · 외국법인의 해당 사업연도 또는 과세기간의 소득에 대한 과세표준의 신고기한의 종료일(신고기한을 연장한 경우에는 그 연장한 기한의 종료일)
3. 동업기업으로부터 배분받는 소득으로서 해당 동업기업의 과세기간 종료 후 3개월이 되는 날까지 지급하지 아니한 소득: 해당 동업기업의 과세기간 종료 후 3개월이 되는 날
4. 기타 이자소득: 소득세법 시행령 제45조 제1호부터 제10호까지 규정한 날

지급소득	지급시기
금전사용대가성격의 이자와 할인액	약정에 따른 상환일. 다만, 기일 전에 상환하는 때에는 그 상환일
무기명 채권 등의 이자와 할인액	그 지급을 받은 날
기명 채권 등의 이자와 할인액	약정에 의한 지급일
보통예금 · 정기예금 · 적금 또는 부금의 이자	실제로 이자를 지급받는 날, 원본에 전입하는 뜻의 특약이 있는 이자는 그 특약에 의해 원본에 전입된 날. 다만, 소득세가 과세되는 개인연금저축의 이자소득에 대하여는 해당 저축의 중도해약일 또는 연금외의 형태로 지급받는 날, 해약으로 인하여 지급되는 이자는 그 해약일, 계약기간을 연장하는 경우에는 그 연장하는 날, 정기예금연결정기적금의 경우 정기예금의 이자는 정기예금 또는 정기적금이 해약되거나 정기적금의 저축기간이 만료되는 날
통지예금의 이자	인출일
채권 또는 증권의 환매조건부 매매차익	약정에 의한 해당 채권 또는 증권의 환매수일 또는 환매도일. 다만, 기일 전에 환매수 또는 환매도하는 경우에는 그 환매수일 또는 환매도일
저축성보험의 보험차익	보험금 또는 환급금의 지급일. 다만, 기일 전에 해지하는 경우에는 그 해지일
직장공제회 초과반환금	약정에 의한 공제회반환금의 지급일
비영업대금의 이익	약정에 의한 이자지급일. 다만, 이자지급일의 약정이 없거나 약정에 의한 이자지급일전에 이자를 지급받는 경우 또는 총수입금액 계산에서 제외하였던 이자를 지급받는 경우에는 그 이자지급일
중도매매채권 등의 보유기간 이자 등 상당액	해당 채권 등의 매도일 또는 이자 등의 지급일

6. 이자소득의 비과세 및 감면

6.1 국내세법에 따른 이자소득의 비과세 및 감면

(1) 공공차관 대여자가 부담하는 조세의 감면

「공공차관의 도입 및 관리에 관한 법률」 제2조 제6호의 규정에 의한 공공차관의 도입과 직접 관련하여 같은 법 제2조 제10호의 규정에 의해 대여자가 부담해야 할 조세, 공과금 등은 해당 공공차관협약이 정하는 바에 따라 감면한다.(조특법 §20 ①)

(2) 외화표시 채권 · 채무이자에 대한 소득세 · 법인세 면제

다음 소득을 받는 비거주자 · 외국법인(외국법인의 국내사업장은 제외)에 대해서는 소득세 또는 법인세를 면제한다.(조특법 §21 ①) 이 경우, 소득세 등에 대한 최저한세를 적용하며, 농특세가 비과세된다.(조특법 §132, 농특세법 §4 5호)

① 외화표시 채권의 이자 및 수수료

국가 · 지방자치단체 또는 내국법인이 국외에서 발행하는 외화표시채권의 이자 및 수수료에 대하여 소득세 및 법인세를 면제한다.(조특법 §21 ① 1호)

㉮ 외화표시채권

외국통화로 표시된 유가증권으로 공채, 사채, 국채 등과 같이 발행자가 기간이익에 대한 상환의무를 지는 것을 말한다. 「외국환거래법」 제3조는 외국통화로 표시된 채권 또는 외국에서 지급을 받을 수 있는 채권을 외화표시채권으로 정의하며, 이에는 사채(Straight Bond), 전환사채(Convertible Bond), 신주인수권부사채(Bond With Warrant), 금리연동부사채(Floating Rate Note), 예탁증서(Depositary Receipt) 등이 있다.

상환의무가 없는 지분증권 및 주식은 제외되며 상거래 채권 등도 제외된다. 예를 들면, 내국법인이 외화로 표시하여 발행하는 Note Issuance Facility, US CP, Euro CP, Banker's Acceptance 등은 제외되며, 국내기업이 비거주자로부터 상품대가로 수취한 연불수출어음을 해외금융회사에 매각하였을 경우 이로부터 발생하는 이자와 수수료도 면제대상이 아니다.(국조 22601-847, 1990.9.1.) 그러나 상거래채권이 이자부채권으로 전환되었다면 면제대상이다.

㉯ 수수료

외화표시채권의 발행자가 채권발행의 중개역할을 수행하는 금융회사에게 채권의 인수 및 판매 등의 중개대가로 지급하는 인수수수료 등 채권의 발행과 직접 관련된 수수료를 의미한다.(기재부 국조 46017-118, 2000.9.22.)

| 소득세 등의 면제여부 판단사례 |

신탁회사가 발행한 외화채권	신탁회사인 청구법인의 고유재산에 대하여는 상법상 주식회사의 규정이 적용되어 채권발행이 가능하고 신탁재산에 대하여는 채권발행이 제한되므로 청구법인의 주된 업무인 신탁재산의 운용을 위한 채권발행은 현실적으로 불가능하다. 따라서 청구법인이 말레이시아에서 발행한 변동금리부채권의 이자소득에 대하여 법인세를 면제할 수 없음.(국심 2003전2994, 2004.6.11.)
원화연계 외화표시채권	내국법인이 상법 등에서 정하는 절차에 따라 외국환거래법령에 의한 원화연계 외화표시채권을 발행하고 동 채권을 인수한 외국법인에게 지급하는 이자소득에 대한 법인세는 면제됨.(서이 46017-11744, 2003.10.8.)
유동화전문회사의 외화표시채권	자산유동화에 관한 법률에 의해 설립된 유동화전문회사가 상법 등에서 정한 절차에 따라 외화표시채권을 발행하고, 비거주자·외국법인에게 지급하는 이자에 대한 법인세는 면제됨.(서이 46017-10817, 2003.4.19.)
외화표시 후순위채권	국내은행이 은행업감독규정 제49조에 따라 외화표시 후순위채권을 국외에 설립한 특수목적 자회사에게 발행하고 지급하는 이자에 대하여는 법인세가 면제됨.(서이 46017-12155, 2002.12 .3.)
외국은행 국내지점이 발행하는 Euro-bond	외국은행 국내지점이 해외금융회사를 통해 해외에서 유로본드(Euro-bond)를 발행하여 투자자인 외국금융회사, 외국법인 등에게 판매하고 약정에 따라 이자를 지급하는 경우에 해당 유로본드는 외국법인이 외화자금을 조달할 목적으로 발행하는 유가증권으로서 법인세 면제대상에 해당되지 않음.(국일 46017-559, 1997.8.26.)
통화스왑을 하는 외화이자	유동화전문회사가 해외투자자들에게는 외화표시채권을 공모로 발행하고 외화로 이자를 지급하면서 국내 금융회사와 그 외화이자에 대한 원화 통화스왑계약을 체결하여 환위험을 회피하는 경우, 그 지급이자에 대한 법인세를 면제함.(서이 46017-10817, 2003.4.19.)

② 외화표시 채무이자

외국환업무취급기관의 외국환업무를 하기 위해 외국금융기관으로부터 차입하여 외화로 상환해야 할 외화채무에 대하여 지급하는 이자 및 수수료에 대해 소득세 및 법인세를 면제한다.(조특법 §21 ① 2호)

1. 외국환업무취급기관: 기획재정부장관으로부터 외국환업무의 인가를 받은 자를 말하며 대부분의 일반은행, 특수은행, 국책은행 및 외국은행지점을 포함한다.
2. 외국금융회사: 소재지국 법에 따른 금융회사를 말한다.(국제세원-2286, 2008.11.21.)
3. 외화채무: 외국통화로 표시된 채무 및 외국에 지급할 채무를 모두 포함하는데 어음상의 채무도 포함한다.(국일 22601-48, 1987.2.10.)

③ 외화표시어음 및 외화예금증서의 이자

금융회사가 국외에서 발행 또는 매각하는 외화표시어음과 외화예금증서의 이자 및 수수료에 대하여는 소득세 및 법인세가 면제된다.(조특법 §21 ① 3호) 금융회사는 은행법에 의한 은행, 한국산업은행, 한국수출입은행, 중소기업은행, 농업은행, 수산업협동조합중앙회(신용사업에 한함), 자본시장법에 따른 종합금융회사를 말한다.(조특령 §18 ②)

| 소득세 등의 면제여부 판단사례 |

실질적인 담보조건 차입금	국내금융회사가 외국금융회사로부터 형식적으로는 유가증권의 환매조건부매매방식을 취하나 실질적으로 유가증권 담보조건으로 일정한 약정이율에 의해 외화차입금을 차입하고 지급하는 이자는 법인세가 면제됨. 또한 국내금융회사의 채무상환 불이행으로 외국금융회사가 담보로 취득하였던 주식을 처분하여 원금 및 이자에 충당하는 경우에 그 이자에 대한 법인세도 면제됨.(국총 46017-90, 1999.3.8.)
외국은행 국내지점의 차입금	외국은행 국내지점이 해외금융회사로부터 외화자금을 차입하여 내국은행 본점의 역외금융계정에 대출하는 경우 외국은행 국내지점이 해외금융회사에 지급하는 차입금의 이자나 내국은행으로부터 받는 대출금 이자는 법인세 면제대상이 아님.(국일 46017-640, 1997.10.2.)
역외금융거래에 따른 수입이자	외국환은행이 외국환관리법에 따라 외국법인으로부터 외화자금을 차입하여 내국법인의 해외지점에 대여하는 경우 지급받는 이자는 법인세가 면제됨.(재무부 국조 22601-105, 1992.10.13.)
외국은행 국내지점의 역외금융거래 범위	외국은행 국내지점이 해외금융회사로부터 자금을 차입하여 이를 재원으로 다른 해외금융회사가 비거주자에게 행한 외화대출채권을 매수하는 경우 감면대상이 아님.(국조 22601-930, 1990.9.22.)
주식양도대금으로 지급한 어음의 이자	내국법인이 주주인 외국법인의 투자 지분을 인수하고 그 외국법인에게 외화표시약속어음을 발행하고 원금과 이자를 외화로 지급하는 경우 그 이자는 조세감면대상 외화채무이자가 아님.(국이 22601-97, 1992.2.27.)

④ 국제결제은행(BIS) 국내투자소득 비과세

"국제결제은행"이 받는 국내원천 이자소득, 배당소득, 유가증권양도소득 및 기타소득에 대해서는 법인세를 부과하지 아니한다.(조특법 §21 ④, 조특령 §18 ⑤·⑥) 법인세를 부과하지 아니하는 소득에는 국제금융기구가 적격외국금융회사등(법법 §93의3 ②)을 통하여 받는 소득을 포함한다.(조특법 §21 ⑤)

비과세를 적용받으려는 국제금융기구 또는 적격외국금융회사등은 직접 또는 대리인을 통해 납세지 관할 세무서장에게 비과세 적용신청을 하여야 한다.(조특법 §21 ⑥, 조특령 §18 ⑦·⑧) 금융회사 등이 국제금융기구에 비과세대상소득을 지급하는 경우에는 해당 금융회사 등과 국제금융기구 간에 대리 또는 위임의 관계가 있는 것으로 본다.(조특령

§18 ⑨) 다만, 소득지급자가 한국 거주자가 아니거나 국내사업장이 없는 경우에는 국제금융기구 또는 적격외국금융회사등은 소득지급자에게 제출해야 하는 국제금융기구비과세신청서 또는 적격외국금융회사등비과세신청서를 납세지 관할 세무서장에게 직접 제출할 수 있다.(조특령 §18 ⑩)

비과세를 적용받지 못한 국제금융기구 또는 적격외국금융회사등이 비과세 적용을 받으려는 경우에는 국제금융기구, 적격외국금융회사등 또는 소득을 지급하는 자가 납세지 관할 세무서장에게 경정을 청구할 수 있다.(조특법 §21 ⑦, 조특령 §18 ⑪ · ⑫)

(3) 비거주자 · 외국법인의 국채등 이자 · 양도소득 비과세

원천징수대상이 되는 비거주자 · 외국법인의 소득 중 다음 소득에 대해서는 소득세를 과세하지 아니한다.(법법 §93의3 ①, 소법 §119의3 ①)

1. 국내원천 이자소득 중 국채법(§5 ①)에 따라 발행하는 국채, '한국은행 통화안정증권법'에 따른 통화안정증권 및 대통령령으로 정하는 채권에서 발생하는 소득
2. 국내원천 유가증권양도소득 중 국채등의 양도로 발생하는 소득

① 적격외국금융회사등을 통해 받는 경우

법인세 · 소득세를 과세하지 아니하는 국채등에는 아래 요건을 갖추어 국세청장의 승인을 받은 "적격외국금융회사등"을 통하여 취득 · 보유 · 양도하는 국채등을 포함한다.(법법 §93의3 ②, 소법 §119의3 ②)

㉮ 적격외국금융회사등의 준수사항(법령 §132의3 ①, 소령 §179의3 ①)

1. 적격외국금융회사등을 통해 국채등을 취득 · 보유 · 양도하는 외국법인 · 비거주자(실질귀속자로 보는 국외투자기구 포함)의 성명, 국적 및 거주지 등 인적사항에 관한 자료를 보관 · 비치할 것. 다만, 외국법인 · 비거주자가 해당 국가 외의 국가에서 발행된 증권의 보관 업무를 수행하는 법인인 "중간수탁외국금융회사등"을 거쳐 적격외국금융회사등을 통해 국채등을 취득 · 보유 · 양도하는 경우에는 해당 중간수탁외국금융회사등에게 해당 비거주자의 인적사항에 관한 자료의 제출을 요구할 수 있다.
2. 국세청장 또는 소득지급자가 1호의 따른 자료의 제출을 요구하는 경우에는 요구받은 날부터 30일(1호 단서에 해당하는 경우에는 60일) 이내에 그 자료를 제출할 것
3. 국세청장이 적격외국금융회사등의 승인을 할 때 조건을 정한 경우에는 그 조건을 준수할 것

㉯ 적격외국금융회사등의 승인요건 등

"적격외국금융회사등"으로 국세청장의 승인을 받으려는 외국금융회사 등은 한국과

조세조약이 체결된 국가에 본점 또는 주사무소가 있는 외국법인으로서 한국예탁결제원과 유사한 업무를 수행한다고 금융감독원장이 인정하는 법인이어야 한다.(법령 §132의2 ①, 소령 §179의2 ①)

적격외국금융회사등으로 승인을 받으려는 외국금융회사 등은 한국예탁결제원을 거쳐 국세청장에게 '적격외국금융회사등 승인신청서'를 제출해야 한다.(법령 §132의2 ②, 소령 §179의2 ②) 신청서를 제출받은 국세청장은 신청인이 위에 해당하는 법인인 경우 적격외국금융회사등으로 승인해야 한다. 이 경우 국세청장은 신청인이 위에 해당하는 법인인지에 관하여 한국예탁결제원에 자문할 수 있다.(법령 §132의2 ③, 소령 §179의2 ③)

국세청장은 적격외국금융회사등이 다음 어느 하나에 해당하는 경우에는 적격외국금융회사등의 승인을 취소할 수 있다.(법령 §132의2 ④, 소령 §179의2 ④)

1. 신청 서류를 허위로 기재하는 등 거짓이나 부정한 방법으로 승인을 받은 경우
2. 체납세액이 있고 그 징수가 현저히 곤란하다고 인정되는 경우
3. 적격외국금융회사등의 준수사항(법령 §179의3)에 따른 의무를 이행하지 않는 등 적격외국금융회사등의 업무를 수행하도록 하는 것이 적절하지 않다고 인정되는 경우
4. 적격외국금융회사등이 국세청장에게 적격외국금융회사등 승인의 취소를 요청하는 경우

② 국외투자기구를 통해 소득을 지급받는 경우

비거주자가 국외투자기구를 통하여 비과세대상 소득을 지급받는 경우에는 해당 국외투자기구를 그 소득의 실질귀속자로 본다.(법법 §93의3 ③, 소법 §119의3 ③)

③ 비과세 적용신청

㉮ 일반적인 경우

비과세를 적용받으려는 비거주자 · 외국법인(실질귀속자로 보는 국외투자기구 포함) 또는 적격외국금융회사등은 다음 절차에 따라 납세지 관할세무서장에게 비과세 적용신청(변경신청 포함)을 한다. 이 경우 해당 신청에 따라 비과세 적용을 받은 후 국채등으로 발생한 다른 이자 · 양도소득에 대해 비과세 적용을 받으려고 할 때 당초의 신청 내용에 변경사항이 없으면 다음 절차를 다시 거치지 않을 수 있다.(법법 §93의3 ④, 소법 §119의3 ④, 법령 §132의4 ①, 소령 §179의4 ①)

1. 적격외국금융회사등을 통하지 않고 취득 · 보유 · 양도하는 국채등에 대한 소득이 비거주자 · 외국법인에게 지급되는 경우: 다음 각 목의 순서에 따른 절차
   ㉮ 비거주자 · 외국법인은 비거주자 · 외국법인비과세신청서를 소득지급자에게 제출
   ㉯ 소득지급자는 제출받은 비거주자 · 외국법인비과세신청서를 해당 소득을 지급한 날이 속하는 달의 다음 달 9일까지 납세지 관할세무서장에게 제출
2. 적격외국금융회사등을 통해(중간수탁외국금융회사등을 거치는 경우 포함) 취득 · 보유 · 양도

하는 국채등에 대한 소득이 외국법인에게 지급되는 경우: 다음 순서에 따른 절차
㉮ 적격외국금융회사등은 적격외국금융회사등 비과세신청서를 작성하여 소득지급자에 제출
㉯ 소득지급자는 가목에 따라 제출받은 적격외국금융회사등 비과세신청서를 해당 소득을 지급한 날이 속하는 달의 다음 달 9일까지 납세지 관할세무서장에게 제출

㉯ 국내에 소득지급자가 없는 경우 직접제출

국내에 소득지급자의 주소, 거소, 본점, 주사무소, 사업의 실질적 관리장소 또는 국내사업장이 없는 경우에는 국외투자기구, 비거주자 · 외국법인 또는 적격외국금융회사등은 다음 신청서를 납세지 관할세무서장에게 직접 제출할 수 있다.(법령 §132의4 ⑦, 소령 §179의4 ⑦)

1. 비거주자 · 외국법인의 경우: 비거주자 · 외국법인비과세신청서(실질귀속자로 보는 국외투자기구 또는 공모국외투자기구 포함), 해당 비거주자 · 외국법인 거주지국의 권한 있는 당국이 발급하는 거주자증명서 또는 국세청장이 정하여 고시하는 서류
2. 적격외국금융회사등의 경우: 비거주자 · 외국법인비과세신청서", 해당 비거주자 · 외국법인 거주지국의 권한 있는 당국이 발급하는 거주자증명서 또는 국세청장이 정하여 고시하는 서류(또는 적격외국금융회사등용 거래 · 보유 명세서와 적격외국금융회사등 비과세신청서).

㉰ 대리인을 통한 신청

비거주자 · 외국법인과 적격외국금융회사등은 그 대리인(납세관리인을 포함)을 통해 비과세 적용신청을 할 수 있다.(법령 §132의4 ④, 소령 §179의4 ④)

금융회사등(소령 §24)이 외국법인의 국채등을 인수 · 매매 · 중개 또는 대리하는 경우에는 해당 금융회사 등과 외국법인 간에 대리 또는 위임의 관계가 있는 것으로 본다.(법령 §132의4 ⑤) 국채등의 양도에 관하여 투자매매업자 또는 투자중개업자가 원천징수를 하는 경우에는 해당 투자매매업자 또는 투자중개업자와 외국법인 간에 대리 또는 위임의 관계가 있는 것으로 본다.(법령 §132의4 ⑥, 소령 §179의4 ⑥)

㉱ 경정청구

비과세를 적용받지 못한 비거주자 · 내국법인 또는 적격외국금융회사등이 비과세 적용을 받으려는 경우에는 비거주자 · 내국법인, 적격외국금융회사등 또는 소득을 지급하는 자가 납세지 관할세무서장에게 경정을 청구할 수 있다.(법법 §93의3 ⑥, 소법 §119의3 ⑥) 경정청구의 기한 및 방법 · 절차 등에 관하여는 비과세면제신청(법법 §93의3 ⑦, 소법 §156의2 ⑤~⑦)을 준용하며 비과세 적용을 위한 경정청구서에 국내원천소득의 실질귀속자임을 입증할 수 있는 다음 서류를 첨부하여 경정을 청구해야 한다.(법법 §93의3 ⑦, 소법 §119의3 ⑦, 법령 §138의4 ⑯, 소령 §207의2 ⑯)

1. 외국법인비과세신청서 또는 적격외국금융회사등비과세신청서(법령 §132의4 ① 1호 가목, 2호 가목)
2. 해당 외국법인(실질귀속자로 보는 국외투자기구 포함)의 거주지국의 권한 있는 당국이 발급하는 거주자증명서, 법인등기부 등본 등 외국법인에 해당함을 증명할 수 있는 서류

④ 거주자 · 내국법인이 국외투자기구를 통해 국채등에 투자한 경우

거주자 · 내국법인이 국외투자기구를 통해 지급받는 국채등 이자 · 양도소득에 대해서는 원천징수의무를 적용하지 아니하며, 해당 거주자 · 내국법인이 직접 신고 · 납부하여야 한다.(법법 §93의3 ⑤, 소법 §119의3 ⑤, 법령 §132의5 ②, 소령 §179의5 ②)

6.2 조세조약에 따른 비과세

일부 국가의 조세조약에서 모든 이자, 또는 아래와 같은 특정 유형의 이자에 대해 낮은 세율을 적용하거나 수익자 거주지국에 배타적인 과세권을 준다.(OE §11-7) 이는 조세조약에 채택된 일반적인 과세방법, 즉 이자를 원천과세하는 것이 국제무역에 장애가 되거나 아니면 다른 이유 때문에 부적절하기 때문이다. 예를 들면, 이자수익자가 이자수익을 수취하는 사업을 위해 자금을 차입하는 경우 이자방식으로 실현되는 이익은 그가 수취하는 명목상 이자액보다 더 적게 된다. 만약 지급이자가 수취이자와 같거나 수취이자보다 많은 경우 이익이 없거나 손실이 발생한다. 이 경우, 이자소득을 벌기 위해 발생된 비용을 고려하지 않고 이자총액에 대해 무조건 과세하는 원천지국의 과세 때문에 문제가 발생되기 때문에 수익자 거래손익에 대하여 과세하는 거주지국에서는 과세를 않거나 거의 하지 않는다 해도 거주지국에서 이 문제를 해결할 수는 없다. 이러한 문제를 회피하기 위해 수익자는 관행적으로 이자에 대한 원천징수세액 부담을 채무자에게 전가하고, 결과적으로 채무자가 부담하는 이자율이 증가하여 채무자의 재정부담은 원천지국에서 부담하는 세액만큼 증가한다.(OE §11-7.1)

양자조약상 원천지국 비과세는 아래와 같다. 한국의 '정부'는 중앙정부와 정치적 하부조직, 지방자치단체를 말하며 '중앙은행 또는 정부기능을 수행하는 금융회사'는 한국은행, 한국수출입은행, 한국산업은행 등을 말한다.

| 조세조약상 이자소득 비과세 |

비과세 대상이자	해당 체약국
모든 지급이자	러시아, 아일랜드, 헝가리
수출입은행이 공여하거나 보증하는 차관에 대한 지급이자	뉴질랜드, 독일, 룩셈부르크, 말레이시아(금융기관 포함, 말레이시아 지급분만), 모로코, 방글라데시, 불가리아, 스웨덴, 오스트리아, 이스라엘(한국은행, 산업은행 포함), 이집트, 캐나다, 프랑스(한국은행 포함), 필리핀(한국은행, 외환은행 포함), 폴란드
산업, 상업, 과학 설비 신용판매와 관련한 지급이자	남아공, 루마니아, 모로코, 방글라데시, 불가리아, 브루나이
산업, 상업, 과학 설비 및 상품 신용판매이자	독일, 라오스, 몰타, 바레인, 방글라데시, 벨라루스, 스페인, 슬로바키아, 싱가포르, 에콰도르, 오스트리아, 우루과이, 조지아, 체코, 카타르, 캐나다, 투르크메니스탄, 키르기스스탄, 파나마, 프랑스, 폴란드
정부, 중앙은행, 정부소유 금융기관이 보증하거나 지급하는 이자	나이지리아, 독일(정부, 연방은행만 해당), 라오스, 루마니아, 몽골, 베트남, 벨라루스, 사우디아라비아, 스페인, 슬로바키아, 에티오피아, 이탈리아, 인도네시아, 중국, 체코, 카타르, 캄보디아, 케냐, 타지키스탄, 튀니지, 포르투갈, 피지, 필리핀, 홍콩
정부, 정치적 하부조직, 지방자치단체, 중앙은행, 정부성격 금융기관이 수취하는 이자	그리스, 남아공, 네덜란드, 네팔, 노르웨이, 뉴질랜드, 대만, 덴마크, 독일(정부, 연방은행만 해당), 라오스, 라트비아, 룩셈부르크, 르완다, 리투아니아, 말레이시아, 멕시코(연금기구 포함), 모로코(정부, 중앙은행만 해당), 몰타, 몽골, 미국, 미얀마, 바레인, 베네수엘라, 베트남, 벨기에, 벨라루스, 불가리아, 브라질, 사우디아라비아, 세르비아, 스리랑카, 스위스(정부, 정부소유 은행만 해당), 스웨덴, 스페인, 슬로바키아, 슬로베니아, 싱가포르, 아랍, 아이슬란드, 아제르바이잔, 알바니아, 알제리, 영국, 에스토니아, 에콰도르, 오만, 오스트리아, 요르단, 우루과이, 이란, 이집트(정부, 중앙은행만 적용), 이탈리아(정부, 중앙은행만 적용), 인도, 인도네시아, 일본, 중국, 조지아(연기금 포함), 체코, 카타르, 카자흐스탄(금융기관 제외), 캐나다, 콜롬비아, 쿠웨이트, 키르기스스탄, 태국, 터키, 투르크메니스탄, 튀니지(튀니지 지급분만), 파나마, 파키스탄, 파푸아뉴기니, 페루(소유기관 제외), 포르투갈, 폴란드, 프랑스(소유기관 제외), 피지, 핀란드(금융기관 제외), 필리핀, 호주

(1) 중앙은행을 포함한 국가 및 국가기관이 수취하는 이자

일부 국가들은 정부고유활동으로 인해 수취하는 소득인 경우에는 다른 국가나 국가가 전적으로 소유하는 기관(예 별도기관으로 설립된 중앙은행)이 수취하는 소득을 면세한다. 일부 국가는 주권면제원칙의 해석을 통해 면세를 부여하며, 일부 국가는 국내세법규정에 따라 면세를 적용한다. 대부분 국가들은 조세조약에서 이자와 관련한 이러한 정부고유활동의 면세범위를 확인하고 명확히 한다.(OE §11-7.4) 한편, 한국은행은 한국의 정부, 정치적 하부조직 또는 지방공공단체에 해당하지 않으므로 조세조약에 명시되지 않으면 면세대상이 아니다.(서면2팀-2316, 2006.11.13.)

원천지국에 설립한 지점의 사업활동에 해당하는 경우 조세조약의 면세대상이 아니다. 예를 들면, 한국산업은행의 중국 상하이지점이 중국기업이나 중국에 진출한 한국기업을 상대로 자금을 대여하고 이자를 수취하는 경우 그 지점이 중국 내에서 은행고유목적의 사업을 수행하고 해당 자금이 그 지점을 통해 대여되는 것이라면, 그 이자는 한중조세조약 11조 3항에서 규정하는 면세대상 이자소득이 아니며 그 지점의 사업소득으로 과세된다.(국일 46017-682, 1996.12.19.)

(2) 국가 또는 정치적 하부조직이 지급하는 이자

이자 지급자가 국가, 정치적 하부조직 또는 법에 따라 설립된 단체(statutory body)인 경우, 대여자가 원천징수세액을 보상받기 위해 이자율을 올린다면 원천징수세액은 결국 그 국가에서 부담하게 되는 결과가 된다. 이 경우, 그 국가가 이자소득을 원천과세하여 얻는 이익은 차입비용의 증가에 의해 상쇄된다. 이런 이유로 대부분 국가들은 이러한 이자에 대하여 모든 원천과세를 면제한다.(OE §11-7.5)

(3) 수출금융프로그램(export financing programmes)에 따른 지급이자

많은 국가들은 국제무역을 촉진하기 위해 수출금융 직접제공, 상업적 금융회사 제공 수출금융의 보장 및 보증 등의 수출금융프로그램이나 이러한 활동을 하는 수출금융회사를 운영한다. 이러한 유형의 금융은 공공기금에 의해 지원되기 때문에 상당수의 국가들은 조세조약에서 이러한 프로그램에 의해 지원되는 대여금의 이자를 원천지국에서 면세하도록 규정한다.(OE §11-7.6)

(4) 금융회사에 지급하는 이자

일반적으로 원천지국에서 이자총액을 과세함에 따라 이자부 거래로 수취하는 실제 소득은 무시되기 때문에 발생되는 이자총액과세 문제는 특히 금융회사의 경우에 중요하다. 예를 들면, 은행은 보통 자기은행의 차입금, 특히 예금 수탁고를 재원으로 하여 대여금을 제공한다. 원천지국이 이자 원천징수액을 결정할 때 은행의 자금차입비용(cost of fund)을 무시하기 때문에, 원천징수액을 채무자가 부담하지 않는다면 이자부 거래에 있어 이러한 원천징수액은 거래의 장애요인이 된다. 이러한 이유로 일부 국가들은 은행과 같은 금융회사에 지급되는 이자는 원천징수를 면제한다.(OE §11-7.7) 한룩셈부르크조세조약은 은행에 지급되는 이자에 대하여 5% 저율과세를 규정한다.

(5) 신용판매(sales on credit) 이자

금융회사의 대여금과 마찬가지로 설비신용판매와 기타 상업적 신용판매에서 불이익이 자주 발생한다. 이 경우, 판매자는 신용융자은행이나 수출금융회사에 판매자가 지불해야 할 금액을 대부분 스스로 부담하지 않고 바로 구매자에게 떠넘긴다. 신용판매이자는 투자자본으로 인한 소득보다는 판매가격 요소로서의 성격이 더 강하다. 사실상 대부분의 경우 할부금에 포함된 이자를 실제 물품대가와 구분하는 것은 쉽지 않다. 따라서 원천지국에서 이러한 신용판매이자를 포함한 특정이자소득을 면세하도록 조세조약에 포함하는 국가도 있다.(OE §11-7.8) 신용판매는 완전한 한 단위의 판매뿐 아니라 구성부품의 판매까지도 포함한다. 판매자가 구매자에게 제공하는 일반적인 신용판매를 통한 판매금융도 신용판매에 포함된다. 또한, 이자가 판매가격에서 분리되어 추가적으로 기재되는지 또는 처음부터 할부가격에 포함되는지는 중요하지 않다.(OE §11-7.9)

(6) 연금기금 등과 같은 면세단체에 지급하는 이자

대부분 국가의 국내법상 연금기금이나 이와 비슷한 단체는 일반적으로 투자소득에 대하여 면세된다. 이러한 단체들의 해외투자를 국내투자와 동일하게 세무취급하기 위해, 일부 국가들은 조세조약을 체결하여 체약상대국에 거주하는 이러한 단체의 이자 등 수취소득에 대하여 원천지국 과세를 면제한다. 이러한 국가들은 연금기금이 수취하는 소득을 면세하는 조항을 조세조약에서 채택한다.(OE §11-7.10)

(7) 원천지국에서 저율과세

위에서 열거한 유형의 이자를 원천지국에서 전액 면세하는 것을 원하지 않는 국가의 경우, 조세조약에 따른 제한세율보다 낮은 세율을 적용하도록 규정한다. 다만, 이러한 방법은 국가, 정치적 하부조직, 법적기관 등이 지급하는 이자에 대하여는 그리 실용적인 것으로 평가되지 않는다.(OE §11-7.11)

Chapter 07

사용료소득(Royalties)

7

1. 사용료소득의 범위

1.1 국내원천 사용료소득: 국내세법

아래에 해당하는 권리 · 자산 또는 정보를 국내에서 사용하거나 그 대가를 국내에서 지급하는 경우의 그 대가 및 그 권리 등을 양도함으로써 발생하는 소득은 국내원천 사용료소득이다. 다만, 산업상 · 상업상 · 과학상의 기계 · 설비 · 장치 등을 임대함으로써 발생하는 소득을 조세조약에서 사용료소득으로 구분하는 경우 그 사용대가를 포함한다. (법법 §93 8호, 소법 §119 10호, 단서 2023.1.1. 시행)

① 학술 또는 예술상의 저작물(영화필름 포함)의 저작권 · 특허권 · 상표권 · 디자인 · 모형 · 도면이나 비밀의 공식 또는 공정, 라디오나 텔레비전방송용 필름 및 테이프 기타 이와 비슷한 자산이나 권리. '학술 또는 예술상의 저작물'에는 문학상 또는 과학상의 저작물도 포함된다.(법통 93-132…6 ④)

② 산업상 · 상업상 또는 과학상의 지식 · 경험에 관한 정보 또는 노하우

③ 사용지(使用地)를 기준으로 국내원천소득 해당 여부를 규정하는 '사용지기준 조세조약'에서 사용료의 정의에 포함되는 그 밖에 이와 비슷한 재산 또는 권리로, 특허권, 실용신안권, 상표권, 디자인권 등 그 행사에 등록이 필요한 권리가 국내에서 등록되지 아니하였으나 그에 포함된 제조방법 · 기술 · 정보 등이 국내에서의 제조 · 생산과 관련되는 등 국내에서 사실상 실시되거나 사용되는 것. 국내에 등록되지 않은 특허의 대가는 사용료소득으로, 그 권리침해로 인한 손해배상액은 기타소득으로 본다.

1.2 조세조약: 권리대여로 인한 소득

(1) 무형자산의 사용대가

> OECD모델 12조 2항: 이 조항에서 사용되는 '사용료'라 함은 영화필름을 포함한 문학·예술 또는 학술작품의 저작권, 특허권, 상표권, 디자인이나 신안, 도면, 비밀공식이나 비밀공정의 사용 및 사용권 또는 산업적·상업적 및 학술적 경험에 관한 정보의 대가로서 받는 모든 종류의 지급금을 의미한다.

특허나 이와 비슷한 자산의 사용권에 대한 사용료 및 이와 비슷한 지급금은 수취인에게는 대여(letting)로 인한 사용료소득에 해당한다. 대여는 기업과 관련하여 이루어지거나(즉 저작자가 제공하는 문학저작권의 사용, 발명가가 제공하는 특허의 사용) 또는 제공자 활동과는 전혀 독립하여(즉, 발명가의 상속인이 제공한 특허의 사용) 이루어질 수 있다.(OE §12-1)

'사용료'는 일반적으로 다양한 형태의 문학적·예술적 자산이나 권리 또는 산업·상업·학술적 경험 관련 서류나 정보로 특정되는 지적자산과 관련이 있다. 사용료의 개념은 공인등록기관 등록이나 등록필요 여부와 상관없이 위와 같은 종류의 권리를 사용하거나 사용할 권리에 대한 대가에 적용된다.(법통 93-132…6, OE §12-8) 그런데, 소유권의 사용횟수에 따라 대가가 계산되지만 사용료 수취인이 소유권이나 사용권을 소유하지 않는다면 이러한 대가는 사용료 정의에 해당하지 않는다.(OE §12-8.1)

사용료 정의에 열거되는 자산항목(element of property)의 소유권 전부를 양도하는 대가를 지급하는 경우, 이 대가는 자산의 '사용 또는 사용권(use or the right to use)'에 대한 대가가 아니므로 '양도대가'를 사용료에 포함하지 않는 조세조약의 경우 사용료에 해당하지 않는다. 소프트웨어와 관련하여 사용료 정의에 언급된 자산의 일부를 구성하는 권리의 이전인 경우 양도(alienation)에 해당하는 방식으로 권리가 이전되기도 한다. 예를 들면, 판매거래에서 일정 기간 동안 지적재산권을 배타적으로 허용하거나 재산에 관한 모든 권리를 일정지역에서 배타적으로 허용하는 경우가 있다. 각 사례의 사실관계에 따라 다르겠지만 양도 해당 여부는 해당유형의 재산에 적용되는 지적재산 관련법과 기타 국내법의 관점에서 검토되어야 하며, 다만 일반적으로 개별적이고 구체적인 재산에 대한 권리(사용기간제한 권리보다는 사용지역제한 권리인 경우가 대부분)의 양도로 대가가 지급되는 경우 이러한 대가는 이론적으로 사용료보다는 사업소득 또는 양도소득이 될 가능성이 많다. 이는 권리의 소유권이 양도되었다는 사실로부터 추론되는데, 양도대가는 권리사용대가가 될 수 없다. 대부분 국가에서 인정되는 것처럼 양도거래의 본질은 대가형태, 대가의 분할지급 또는 대가의 조건부지급에 따라 달라지지 않는다.(OE §12-8.2) 그런데, 국내세법 및 한국이 체결한 일부 조세조약은 무형자산의 양도대가를 사용료의 범위에 포함한다.

'지급(payment)'은 매우 광범위한 의미로 사용되는데, 지급의 개념이 계약이나 관습에 따른 방식으로 자금을 채권자 처분에 맡길 의무의 이행을 의미한다.(OE §12-8.3)

사용료 대상이 되는 정보가 제공되거나 또는 특정자산이 사용되거나 사용권이 허여되는 경우, 그러한 정보나 자산의 소유자가 사용자 이외에는 그 정보나 권리를 제공하거나 허여하지 않도록 계약할 수 있다. 이러한 방식의 계약에 따른 대가는 각각 정보의 독점권이나 자산사용의 독점권을 보장하기 위한 대가에 해당한다. 정보나 자산의 사용권에 대한 대가로 수취하는 이러한 모든 지급금은 사용료에 해당한다.(OE §12-8.5) 예를 들면, 캐릭터 라이선스 계약에 의거 특정 품목의 캐릭터(character)를 국내에서 독점적으로 사용할 수 있는 권리를 부여받고 미국법인에게 지급하는 대가는 한미조세조약 14조에서 규정하는 사용료소득에 해당한다.(국이 46523-513, 1994.9.12.)

(2) 무형자산의 침해대가

사용료소득에는 이들의 사용을 허여하는 실시권 계약에 의해 지급하는 착수금, 선불금과 이들을 제공하거나 전수하는 데 소요되는 모든 형태의 지급금뿐 아니라, 이들을 불법으로 복제하거나 침해함으로써 지급하는 보상적 성질의 대가도 포함된다.(법통 93-132…6 ③) 다만, 사용지기준 조세조약을 적용하는 경우 국내에서 등록되지 아니한 특허권등의 침해대가는 기타소득으로 구분한다.(법법 §93 10호 차목, 소법 §119 12호 카목)

(3) 산업상 · 상업상 · 과학상 장비의 사용 및 양도

상당수 조세조약은 '산업상 · 상업상 · 과학상 장비의 사용 또는 사용할 권리'에 대한 지급대가를 '사용료'로 구분한다. 그렇지 않은 경우, 컨테이너 임대를 포함한 산업상 · 상업상 · 과학상 장비의 임대성격을 고려하여 이러한 임대소득을 사업소득으로 구분한다.(OE §12-9) 그러므로 개별조세조약을 확인해야 한다.

예를 들면, 내국법인이 일본법인과 한국 및 일본 내에서 각각 서비스 중인 각사의 정보통신망을 국제통신회선으로 상호연결하여 국내가입자로 하여금 그 정보통신망을 이용하게 하는 경우, 일본법인이 보유하는 국제통신 전송설비를 접속 사용한 양에 따라 비례하여 일본법인에게 대가를 지급하면 한일조세조약에 따른 사용료소득이다.(국이 46523-593, 1994.10.31.) 한편, 미국법인이 미국 내에서 개발하여 보유하고 있는 첨단 통신정보시스템 및 그 시스템에 저장되어 있는 각종 정보의 국내 독점사용허여계약을 내국법인과 체결하고 내국법인으로부터 대가를 받는 경우 그 대가는 한미조세조약에 따른 사용료소득에 해당되나, 내국법인이 내국법인의 통신설비를 사용하는 국내가입자로 하여금 그 정보시스템과 이에 포함된 뉴스 및 사회, 과학, 기술분야에 관한 일반정보인 각종 데이터를 사용하게 하고 그 대가를 계약조건에 따라 징수하여 미국 법인에게 지급하는 경우 사용료소득에 해당되지 않는다.(국이 46523-670, 1994.12.5.)

조세조약에 따라 산업상 · 상업상 · 과학상 장비임대소득을 사용료소득으로 구분하는 경우, 원천징수목적상 이를 '선박 · 기계 등 임대소득'으로 보아 원천징수한다. 이 경우 조세조약의 '장비(equipment)'라는 표현을 국내세법에 있는 기계 · 설비 · 장치, 그 밖에 용구를 포괄하는 것으로 볼 것인지 문제가 된다. 조세조약이나 국내세법에 특별한 정의가 존재하지 않는 경우 일반적 용어사용례를 적용해야 하고 장비란 보통 '이동 가능한 기계장치'를 의미하므로 장비는 국내세법에서 열거하는 것들 중 '토지에 고착된 시설'은 제외한 것으로 보아야 한다.

(4) 인공위성 임대, 네트워크 로밍 및 주파수대 사용

인공위성 운영자 및 그들의 고객들(방송 및 통신 기업)은 수시로 송수신기임대(transponder leasing)계약을 체결하여 인공위성 운영자가 고객으로 하여금 위성송수신기 능력을 활용하여 넓은 지역에 송신하도록 허용한다. 전형적인 송수신기임대계약에 따라 고객이 지급하는 대가는 송수신기설비의 사용대가로써 사용료에 해당하지 않는다. 즉, 이러한 대가는 사용료소득 조항에 정의된 자산이나 정보의 사용 또는 사용권에 대한 대가가 아니다. 예를 들면, 위성기술이 고객에게 이전되는 것이 아니므로 정보에 대한 대가 또는 비밀공정의 사용 또는 사용권에 대한 대가가 될 수 없다. 사용료의 정의에 산업적, 상업적, 학술적 설비의 임대를 포함하는 조세조약의 경우, 이러한 대가의 소득구분은 계약조건에 따라 상당히 좌우된다. 이러한 계약에서 종종 송수신기의 임대를 언급하기는 하지만, 대부분의 경우 고객은 송수신기를 실제로 점유하는 것은 아니며 단지 송수신기의 송수신능력(transmission capacity)만을 빌리는 것이다. 인공위성은 임대인에 의해 운영되며 임차인은 자신에게 배당된 송수신기에 접근할 수 없다. 이러한 경우, 고객이 지급하는 대가는 결국 산업적, 상업적, 학술적 설비의 사용이나 사용권에 대가라기보다는 사업소득에 해당하는 용역대가성격이다. 그렇지만 가끔 다른 경우가 있는데, 인공위성 소유자가 다른 사람에게 인공위성을 임대하여 다른 사람이 인공위성을 운영하며 자신의 목적에 맞게 이를 사용하거나 또는 제삼자에게 자료송신능력을 사용하게 한다. 이 경우, 인공위성 운영자가 인공위성 소유자에게 지급하는 대가는 산업적, 상업적, 과학적 설비의 임대대가로 충분히 간주될 수 있다. 이와 마찬가지 판단이 전력 및 통신의 전송을 위한 케이블 능력(해당 능력의 사용권을 허용하는 계약을 통해)이나 파이프라인 능력(가스나 석유의 운반을 위한)을 임차하거나 구매하는 경우 적용된다.(OE §12-9.1)

또한, 전형적인 로밍(roaming)계약에 따라 통신 네트워크사업자가 다른 네트워크사업자에게 지급하는 대가는 자산의 사용이나 사용권에 대한 대가 또는 정보에 대한 대가가 아니므로 사용료소득 조항에 정의된 사용료에 해당하지 않는다. 예를 들면, 비밀기술이

사업자에게 이전되는 것이 아니므로 정보에 대한 대가 또는 비밀공정의 사용 또는 사용권에 대한 대가가 될 수 없다. 이러한 결론은 사용료의 정의에 산업적, 상업적, 과학적 설비의 임대를 포함하는 조세조약의 경우에도 마찬가지로 적용되는데, 로밍계약에 따라 수수료를 지급하는 사업자는 전송하는 네트워크를 물리적으로 접근하는 것은 아니므로 네트워크의 사용 또는 사용권에 대한 대가를 지급하는 것이 아니라 해외 네트워크사업자가 제공하는 통신용역에 대한 대가를 지급하는 것이다.(OE §12-9.2)

전자기파(electromagnetic spectrum)의 지정된 주파수대역에서 방송콘텐츠(media contents)를 송신하도록 허용하는 주파수대역허가(spectrum license)에 따라 라디오주파수대(radio frequency spectrum)의 전부 또는 일부를 사용하거나 사용할 권리에 대한 대가는 사용료정의에 언급된 자산의 사용 또는 사용권에 대한 대가나 정보에 대한 대가에 해당하지 않는다. 이러한 결론은 사용료의 정의에 산업적, 상업적, 과학적 설비의 임대를 포함하는 조세조약의 경우에도 마찬가지로 적용되는데, 이러한 대가는 설비의 사용 또는 사용권에 대한 대가가 아니기 때문이다.(OE §12-9.3)

(5) 영화필름 등의 대여

영화필름 등은 영화에서 사용되건 또는 텔레비전에서 사용되건 그 사용대가는 사용료로 취급된다. 그러나 일부 조세조약에서 영화필름관련 대여료를 사업소득으로 취급하는 경우도 있다.(OE §12-10)

사례 영화필름 등에 대한 대가의 사용료 해당여부

1. 영화음악 제작대가: 미국 거주자가 내국인에게 영화음악을 제작하고 용역대가를 지급받는 경우 영화음악의 소유권 및 저작권이 미국 거주자에게 있고 해당 작품에 한하여 저작권을 사용하면 한미조세조약 제14조의 사용료소득에 해당됨.(국세청 국일 46017-338, 1995.12.21.)
2. 슬라이드 사용대가: 일본의 슬라이드 대여회사로부터 슬라이드(사진 2컷)를 대여받아 내국법인이 발행하는 정기간행물에 게재하고 지급하는 대가는 한일조세조약 제11조의 사용료소득에 해당함.(국세청 국일 46017-101, 1995.2.23.)
3. 사진작품 게재대가: 출판업을 영위하는 내국법인이 해양생물학자이자 해양사진작가인 캐나다 거주자의 사진작품 및 글을 내국법인이 출판하는 정기간행물에 게재하기로 하는 경우, 대가가 그 비거주자의 사진작품에 대한 저작권의 이전에 대한 것이 아니고 단순히 약정된 게재월의 정기간행물에 게재·사용하는 데 대한 대가이더라도 한캐나다조세조약 제12조 제3항에 규정하는 저작권의 사용에 대한 대가로서 사용료소득에 해당함.(국세청 국이 46523-663, 1994.12.3.)
4. TV프로그램 제작대가: 한국방송공사가 일본 NHK와 특정 TV프로그램 공동제작계약을 체결하고 공동제작사로서 일부 제작비를 부담하는 형태를 취하더라도, 계약의 실질내용상 TV프로그램의 제작주체가 NHK이며 제작된 프로그램의 소유권 역시 NHK에게 귀속되고 계약상 공동제작사로 되어 있는 한국방송공사는 단지 원본의 내용과 동일한 한국어본을 제작하여 한

국 내에서 10년간의 독점방영권 등을 허여 받는 것에 불과한 것인 경우 이는 공동제작이라는 계약의 형식을 빌렸을 뿐 그 실질내용은 NHK가 제작하는 텔레비전 방송용 필름의 한국어본 제작 및 한국 내에서의 방영 등 사용에 대한 대가를 지급하는 것이므로, 대가는 한일조세조약 제11조 제3항에 규정하는 사용료임.(국세청 국이 46523-542, 1994.9.29.)

(6) 예술가의 연주

예술가의 연주, 특히 지휘자의 오케스트라공연 또는 음악가의 연주회와 관련하여 혼합계약과 관련한 원칙이 적용될 수 있다. 음악공연을 하면서 동시에 하는 라디오중계에 대한 대가를 함께 받는 경우 이는 연예인소득에 해당한다. 음악연주가 녹음되어 레코드 판매나 공중방송을 하고 예술가가 사용료를 받기로 하였다면, 동일계약인지 아니면 분리된 계약인지 여부와 상관없이 수취대가는 사용료에 해당한다. 그런데 음향녹음에 대한 저작권을 「저작권법」이나 계약조건에 따라 예술가로부터 용역(예 음악공연 중 녹음)을 제공받는 사람 또는 제삼자가 갖는 경우, 그 대가가 녹음의 판매에 부수적이라 해도 사용료소득이 아닌 사업소득에 해당하거나 용역수행이 지급지국 이외에서 일어나는 경우 연예인소득에 해당한다.(OE §12-18)

사례 영화필름 등에 대한 대가의 사용료 해당여부

1. 애니메이션 제작대가: 내국법인이 제공하는 각본과 기본구성에 따라 일본국 법인이 전적으로 일본 내에서 TV 시리즈용 애니메이션을 제작하여 내국법인에게 납품하는 완성물에 대한 제반권리를 내국법인이 원시취득하면서 지급하는 대가는 '인적용역소득'이며, 일본법인이 애니메이션 제작 중에 저작권을 보유하고 있는 캐릭터를 사용하는 등 한일조세조약 제12조 제3항에서 열거하는 각종 권리를 사용하거나 그 제작물을 통해 애니메이션 제작에 관한 산업상·상업상의 노하우가 전수된다면 그 대가는 한일조세조약 제12조의 사용료소득에 해당함.(국세청 국업 46017-558, 2000.11.24.)
2. 미국법인의 음반용 마스터테이프 제작대가: 음반을 제작 판매하는 국내 사업자가 미국법인에게 제작비용을 부담하는 조건으로 음반용 마스터 테이프(Master Tape)의 제작을 의뢰하여 제작이 완료된 테이프를 인수받아 국내에서 판매용 음반을 제작한 후 이를 판매하고 판매이익의 40%를 미국인에게 지급하는 경우, 마스터 테이프의 제작비용을 포함한 일체의 지급금은 한미조세조약 제14조 제2항의 음악 또는 예술작품의 생산 또는 재생산권으로부터 발생되는 사용료소득에 해당함.(국세청 국일 46017-714, 1996.12.31.)
3. 미국 미술관에 지불하는 전시기획료: 내국법인이 미국법인인 미술관과 공동으로 미국작가의 미술작품 전시회를 국내에서 개최하고 지급하는 전시료는 한미조세조약 제14조의 저작권사용료에 해당함. 이 경우, 원천징수대상 금액은 내국법인이 전시관련 계약조건에 따라 미국법인을 위해 지급하는 일체의 비용으로 직접적인 전시료는 물론 이에 부수된 작품운송료와 보험료

등을 포함함. 다만, 내국법인이 직접 계약을 맺고 미국거주자인 운송회사에 지불하는 국제운송료는 같은 조약 제10조의 사업소득으로 비과세됨.(국세청 국일 46017-797, 1995.12.29.)

(7) 제품이나 용역의 판매권

특정지역에서 제품이나 용역의 판매권을 갖기 위한 대가는 사용료조항에 정의된 재산요소의 사용 또는 사용권에 대한 대가가 아니므로 사용료에 해당하지 않는다. 이러한 대가는 판매수입을 증가시키기 위해 부수적으로 이루어지는 것으로 보는 것이 합리적이므로 사업소득에 해당한다. 이러한 대가의 사례에는 한 체약국 거주자인 제조자가 해외에서 만든 상표 있는 의류를 체약상대국 거주자인 의류판매자가 거주지국에서 독점판매할 수 있는 권리에 대한 대가로 제조자에게 일정금액을 지급하는 경우가 있다. 이 경우, 체약상대국 거주자인 판매자는 의류를 판매하는 상표나 상호(trade name or trade mark)의 사용권에 대한 대가를 지불하는 것이 아니다. 판매자는 단지 제조자로부터 구입한 의류를 거주지국에서 팔 수 있는 독점권을 취득한 것이다.(OE §12-10.1)

그렇지만, 한국의 경우 외국법인이 해당 법인의 상표, 상호 등을 사용하여 제품을 판매할 수 있는 독점판매권을 내국법인에게 허여하고 대가를 지급받는 경우 사용료에 해당하는 것으로 본다.(국이 22601-381, 1990.7.13.) 다만, 외국법인으로부터 저작권을 양수 또는 임차하지 아니하고 단순히 서적 등을 수입하는 경우에는 사용료에 해당하지 않는다.(법통 93-132…10)

(8) 광물자원 대가

광상, 광물자원 또는 기타 천연자원에 대한 변동 또는 고정 대가는 부동산소득에 해당하며, 따라서 사용료소득이 아니다.(OE §12-19)

(9) 조세조약상 사용료범위의 축소 및 확대

① 권리 등의 양도대가

국내세법은 특허권이나 사용권의 양도대가를 사용료로 규정하는 데 비해 대부분의 조세조약은 그런 양도대가를 양도소득(또는 기타소득)으로 본다. 예를 들면, 한국 거주자가 독일 거주자에게 지급하는 특허권의 양수대가는 한독조세조약(§13)에 따라 양도인 거주지국에서만 과세된다.(서면2팀-1390, 2007.7.27.)

구 분	국내세법	대부분 조세조약
권리 등의 양도대가	사용료소득에 해당	사용료소득 아님
권리 등의 사용대가	사용료소득에 해당	사용료소득에 해당

② 사용료범위의 축소 및 확대

조세조약에 따라 사용료의 범위를 아래와 같이 축소하거나 확대한다. 장비 등에 대하여는 앞에서 설명하였다. 조세조약상 기술경영자문용역대가를 사용료로 구분하는 경우 국내세법상 인적용역소득에 대한 세율을 적용한다. 이에 대하여 인적용역소득에서 설명한다.

| 사용료에 대한 조세조약의 특별규정 |

특별규정	체약국	비 고
저작권에 대하여 면세	체코	
저작권 및 정보 등의 양도대가는 사용료	멕시코, 미국, 일본	
학술적, 지질학적 또는 기술적 성격의 연구나 조사 또는 감독용역 등의 대가는 사용료소득에서 제외	네덜란드, 이집트, 프랑스, 쿠웨이트	의정서
기술·경영·자문용역 대가를 사용료에 포함	르완다, 베트남, 불가리아, 브라질, 인도, 캄보디아, 콜롬비아, 튀니지, 파키스탄, 페루, 포르투갈	의정서
소프트웨어 과세기준(원시코드 제공, 주문제작, 생산량에 따른 대가)	독일, 캐나다	의정서

2. 특별사안에 대한 검토

2.1 산업·상업·학술 정보 : 노하우

산업적, 상업적 또는 학술적 경험 관련 정보에 대한 대가로 수취된 지급액을 사용료로 분류하기 위해서는 '노하우(knowhow)'의 개념을 이해해야 한다. 여러 전문가 단체나 저자(authors)들이 노하우를 정의해 왔다. '산업적, 상업적 또는 학술적 경험 관련 정보에 대한 대가'라는 용어는 특허가 없고 일반적으로 지적재산권의 범위에 해당하지 않는 일정한 정보의 이전과 관련하여 사용된다. 이는 일반적으로 과거경험으로부터 발생하는 산업적, 상업적 또는 학술적 성격의 미공개정보에 해당하는데, 기업운영에 있어 실질적으로 적용되며 정보공개로 경제적 이익을 얻을 수 있다. 노하우의 정의는 과거경험(previous experience)에 대한 정보와 관련되므로, 대가지급자의 요청에 따른 용역수행결과 획득된 새로운 정보에 대한 대가는 제외된다.(OE §12-11)

노하우 제공계약에서 한 당사자가 다른 당사자에게 대중에 공개되지 않은 특별한 지식이나 경험을 나누어주는 데 합의하는 한편, 자신을 위해서도 이를 사용할 수 있다. 제공자는 사용권(license)을 제공받는 사람에게 제공한 공식의 적용에 있어 어떤 역할을 할 필요가 없고 결과를 보증할 필요도 없다.(OE §12-11.1) 따라서 이런 유형의 계약은 용역제공계약과 다른데, 용역제공에 있어서는 한 사람이 상대방을 위해 자기분야의 관습적 기술을 사용하여 자기책임 하에 일을 한다. 용역제공계약에 따른 대가는 일반적으로 인적용역소득에 해당한다.(OE §12-11.2)

사용료소득과 인적용역소득은 제한세율의 적용, 원천징수방법 등에 있어 차이가 있어 단기간 제공되는 경우 세무상 유리한 인적용역으로 구분하려는 경향이 있다.

| 사용료소득 및 인적용역소득의 구분 |

구 분	특허 (Patent)	노하우 (Know-How)	전문 용역 (Professional Service)	저수익 용역 (Low margin service)	단순용역 (Simple Service)
소득 구분	사용료소득		인적용역소득		
이전가격방법	제삼자가격법 ↔ 잔여이익분할법 ↔ 원가가산법 ↔ 원가법(가산액 없음)				

(1) 노하우의 판단기준

① 노하우와 인적용역의 구분

노하우와 인적용역을 구분하는 것은 실무적으로 어려우며, 일반적으로 아래와 같은 판단기준을 적용한다.

| 노하우와 인적용역의 구분(법통 93-132…7, OE §12-11.3) |

구 분	노하우	인적용역
개념	• 노하우제공계약은 이미 존재하고 있는 정보와 관련되거나, 개발 또는 창작한 후에 공급되는 정보와 관련되며, 또한 제공된 정보의 비밀보장과 관련한 특별규정을 포함한다. • 노하우 제공이 포함된 경우, 존재하는 정보를 제공하거나 존재하는 물질을 재생하는 이외에 공급자가 계약상 수행하는 것은 일반적으로 거의 없다.	• 용역제공계약의 경우 공급자는 자신의 특별한 지식, 기술 및 전문성을 사용하는 용역을 수행하는데, 이러한 특별한 지식, 기술이나 전문성을 제공받는 당사자에게 이전할 필요는 없다. • 용역제공계약은 대부분의 경우 공급자가 계약상 의무를 이행하기 위해 상당한 정도의 비용이 소요된다. 예를 들면, 제공되는 용역의 성격에 따라 공급자는 연구, 디자인,

구 분	노하우	인적용역
		검사, 설계 및 기타 관련활동에 종사하는 고용인의 급여와 노임을 부담하거나 또는 동일용역을 행하는 하청계약자에 대한 대가를 부담한다.
제공자 책임	• 결과에 대한 보증의무가 없다.	• 일정 기간 동안 용역결과에 대해 보증의무 있다.
대가	• 그 대가가 제공된 기술이나 공업소유권을 사용한 횟수, 기간, 생산 또는 사용에 의한 이익에 대응해서 산정된다. • 창출된 가치를 위해 지출된 비용에 통상이윤을 가산한 금액을 훨씬 초과하여 지급된다.	• 해당 용역에 대한 대가가 해당 용역 제공을 위해 지출된 비용에 통상이윤을 가산한 금액이다.

② 인적용역에 해당하는 사례

노하우의 제공대가로 수취한 것이 아니라 인적용역의 제공대가로 간주되는 대가의 예는 다음과 같다.(OE §12-11.4)

㉮ 판매 후 서비스 대가

㉯ 판매자가 구매자에게 보증한 서비스 대가

㉰ 순수한 기술적 지원 대가

㉱ 상당한 노력없이 확보가능한 정보를 이용하여 대가 지급자를 위해 잠재적 고객리스트를 특별히 개발하는 경우, 그 잠재적 고객리스트에 대한 대가. 다만, 특정 제품이나 용역을 제공받은 고객의 미공개리스트를 제공하고 받는 대가는 대가수취인의 고객거래에 대한 상업적 경험과 관련되므로 노하우대가에 해당한다.

㉲ 기술자, 변호사, 회계사가 제공하는 자문에 대한 대가

㉳ 전자적으로 제공된 자문, 기술자와의 전자적 질문·응답, 자주 질문되거나 자주 일어나는 일반적 문제에 대한 비밀 아닌 정보를 소프트웨어 사용자에게 제공하는 데이터베이스 같은 컴퓨터 네트워크를 통한 문제해결 데이터베이스에 접속하는 대가

사례 기술자문용역 대가 등의 사용료 해당 여부

1. 경영관리대가: 국내사업장이 없는 미국법인이 호텔업을 영위하는 내국법인에게 호텔경영과 관련된 축적된 경험에 관한 정보를 제공하고 매출액에 비례하여 지급받는 경영관리대가(management fee)는 그 지급명목에 불구하고 한미조세조약 제14조에서 규정하는 사용료소득에 해당함. 다만, 미국법인이 내국법인을 위해 국외에서 호텔광고선전, 마케팅 등의 용역을 제공하고 이와 관련하여 발생된 비용에 상당하는 금액을 내국법인으로부터 실비로 변상받는 경우 그 대가

는 법인세법 제93조에 열거된 국내원천소득에 해당되지 않음.(국총 46017-283, 1999.4.29.)

2. 인텔리전트빌딩 특수설계 기술자문용역: 일본법인이 국내의 인텔리전트빌딩을 설계하는 내국법인에게 소속 직원을 파견하여 통신관련 시설, 사무자동화관련 시설 및 빌딩의 자동제어·관리시설 등의 특수설계부문에 대한 기술자문용역을 제공하고 대가를 지급받는 경우, 해당 일본법인이 인텔리전트빌딩 건축분야에 축적된 지식 및 경험을 가지고 있어 이를 활용하여 해당 용역을 수행하고 그 결과물에 노하우가 포함되어 그 지식 및 경험이 국내에 전수되는 효과가 있다면, 일본법인에게 지급하는 기술자문용역의 대가는 한일조세조약 제11조에서 규정하는 사용료소득에 해당됨.(국세청 국일 46017-555, 1996.10.4.)

③ 디자인, 모델 및 기획의 개발용역

존재하지 않는 디자인, 모델(model) 및 기획(plan)에 대한 대가를 지급한다면, 디자인, 모델 및 기획을 사용하거나 사용할 권리에 대한 대가를 지급하는 것이 아니다. 이 경우, 디자인, 모델 및 기획의 개발을 위한 용역대가를 지급한 것이므로 사업소득에 해당한다. 이는 디자인, 모델 및 기획(건축)의 창안자(designer)가 이들 디자인, 모델 및 기획에 대한 저작권 등 모든 권리를 소유하는 경우에도 마찬가지이다. 그러나 이미 개발된 기획의 저작권소유자가 실질적인 추가작업 없이 이러한 기획을 개선(modify)하거나 모방(reproduce)할 권리를 누군가에게 부여한다면 저작권소유자가 기획의 사용권을 부여하고 받는 대가는 사용료이다.(OE §12-10.2)

| 설계 대가의 구분 |

노하우로 보는 경우
• 불특정인을 위해 작성된 설계도면을 사용하고 지급하는 반복 사용 또는 복제권리의 대가 • 공개되지 않은 기술적 정보, 즉 노하우가 포함된 도면, 설계용역이 공개되지 않은 기술적 정보를 전수하는 경우와 같이 노하우를 제공하는 것일 경우에는 설계도면의 납품을 통해서 이루어지더라도 사용료에 해당. 국내사업장이 없는 독일법인으로부터 집진기 본체에 연결되는 먼지 포집형 부대설비(DUCT)를 제작할 수 있는 설계도면을 도입하고 지급하는 대가의 경우, 집진기 분야에서 경험에 의해 축적된 공표되지 않은 기술적 정보인 부대설비의 설계각도 결정, 포진위치 선정 등 노하우를 담아 이전함으로써 계약상 제공된 정보에 대해 제삼자에 대한 비밀유지 의무를 부여하고 있는 때에는 독일법인의 사용료소득이 된다.(국일 46017-582, 1995.9.19.) 이탈리아 법인이 새로운 모델의 자동차를 개발하고자 하는 내국법인과 기술제공계약을 체결하고 새로운 자동차의 모형을 개발하여 그 성과물을 도면, 모델 등의 형태로 내국법인에게 제공함으로써 기술을 전수하는 경우 그 기술제공대가는 기술도입계약에 따라 외국법인이 국내에 파견한 기술자에게 지급하는 체제비 등을 포함하여 사용료소득에 해당한다.(국일 46017-28, 1995.1.13.) 내국법인이 무선통신장비의 부품인 Quartz의 품질을 향상시키기 위해 프랑스법인과 노하우 전수목적의 기술도입계약을 추진할 때 프랑스법인이 효율적인 기술이전을 위해 기술자를 국내에 파견하여 동 내국법인의 기술수준 및 제조방법 등을 사전 진단하는 등의 용역을 제공하고 그 대가를

별도로 지급받을 경우 사전진단용역이 기술도입계약에 부수하여 제공되는 것이므로 계약의 주된 목적인 기술도입대가와 같이 사용료소득에 해당한다.(국이 46523-594, 1994.10.31.)

인적용역으로 보는 경우
• 설계사가 제공하는 용역과 같이 정형화된 전문직업적 용역(용역수행자가 통상적으로 보유하는 전문적인 지식 또는 특별한 기능을 활용하여 용역을 제공함)
• 설계사가 전문직업인으로서 지식을 활용하여 제작한 도면
• 용역에 소요되는 직·간접 비용을 기준으로 대가를 산정하는 경우

(2) 혼합계약(mixed contract)

실제 사업에 있어 노하우와 기술적 지원을 모두 포함하여 계약체결이 이루어지는 경우가 있다. 프랜차이즈 계약(franchising contract)이 대표적인 예이다. 프랜차이즈 제공자는 프랜차이즈 사용자에게 자신의 지식과 경험을 나누어주고 이에 더하여 다양한 기술적 지원을 하는데, 어떤 경우에는 재정적 지원과 제품공급 등의 뒷받침을 한다. 혼합계약(mixed contract)은 다음 원칙에 따라 취급한다.(OE §12-11.6)

| 노하우와 기술용역이 혼합된 경우(법통 93-132…7 ④, OE §12-11.6) **|**

1. 계약상 제공하는 정보 또는 노하우와 기술지원용역 중 어느 부분은 해당 계약의 주된 부분을 구성하고 있고, 다른 부분은 부수적이며 보조적인 부분으로 구성되어 있는 경우에는 해당 계약상의 전체 대가를 그 계약의 주된 부분의 소득으로 한다.
2. 위 이외의 경우에는 전체 대가를 계약상 제공하는 정보 또는 노하우의 대가의 크기, 작업시간, 주당임금 등을 기초로 하거나 기타 합리적인 기준에 의해 정보 또는 노하우의 대가와 기술지원 용역의 대가를 구분하여 계산한다.

사례 혼합계약 해당 여부

1. 신국제공항 여객터미널 설계도면대가: 국내사업장이 없는 미국법인이 신국제공항 여객터미널 기본설계용역을 국내에 제공하는 경우, 미국법인이 공항건설분야의 건축 및 엔지니어링 등에 관하여 축적된 지식 및 경험을 보유하고 있어 내국법인에게 제공하는 설계용역의 내용이 공항엔지니어링 기술 및 특수시스템과 관련된 기술과 경험이 내포된 것이며 국내기술이 이 수준에 미치지 못한다면 동 미국법인에게 지급하는 대가는 사용료소득에 해당함.(국세청 국일 46017-104, 1995.2.24.)
2. 상표사용 및 기술도입의 혼합계약: 내국법인이 영국법인으로부터 상표사용 및 기술도입계약을 체결하였으나 상표사용대가와 기술도입대가의 구분없이 대가를 일괄지급하는 경우 계약의 주된 내용에 따라 소득의 구분을 판정해야 하는 바, 영국법인의 상표의 명성과 영업권을 유지하기 위해 관련 제조기술이 부수적으로 도입되는 경우에는 상표사용이 계약의 주된 내용이라 할 것이므로, 한영조세조약의 사용료소득에 해당됨.(국이 46523-304, 1993.6.17.)

2.2 원가분담약정의 대가

일반적으로 원가분담약정의 분담금은 사용료소득이 아니라 사업소득이다. 예를 들면, 내국법인이 미국법인, 싱가포르법인 및 독일법인과 함께 새로운 기술을 미국에서 공동 연구개발하기로 원가분담약정을 체결하고 내국법인이 연구결과물에 대한 소유권을 공유하는 조건으로 연구개발에 소요되는 비용의 일부를 미국법인에게 지급하는 경우 그 대가는 한미조세조약 제14조에 의한 국내원천 사용료소득에 해당하지 않으며, 내국법인이 미국법인에게 지급하는 대가가 노하우의 사용대가로서 사용료소득에 해당하더라도 그 소득의 원천은 한미조세조약 제6조 제3항에 따라 연구개발활동의 수행장소인 미국으로서 국내원천 사용료소득에 해당하지 않는다.(국제조세과-665, 2004.12.10.)

진행 중인 노하우 등의 공동개발에 참여하면서 참여자 간에 부담비용을 조정지급하면 지급자는 비용증가로 수취인은 비용환수(따라서 비용감소)로 회계처리하며, 일반적으로 이러한 조정지급은 아래와 같이 소득을 구분한다.(TP §8.25)

| 원가분담약정의 중도참여대가 |

구 분	세무처리
무형자산 사용권만을 취득하고 무형자산의 소유지분을 취득하지 않는 경우	무형자산 사용에 대한 사용료소득
무형자산의 소유지분을 취득하는 경우	당초참여자 원가부담액 이하 보상분: 사업소득
	당초참여자 원가부담액 초과 보상분: 무형자산 양도에 대한 사용료소득(사용에 대한 사용료소득 아님)

사 례 공동연구개발의 대가

1. 공동연구개발 대가 : 1) 공동연구개발협약과 관련하여 청구법인이 EPRI에게 회비 명목으로 지급한 금액은 회원사로서의 회비 내지는 전력분야의 기술을 공동으로 개발하기 위한 연구개발비 분담금을 지급한 것으로 보는 것이 타당하다. EPRI는 미국 내 주요 전력회사와 일부 외국회사가 회원사로 참여하여 회비를 납부하고, 그 자금을 가지고 공동으로 화력 · 원자력 · 송배전 · 환경 등에 관한 연구개발업무를 수행하며, 그 연구결과물을 공동사용하기 위해 설립된 비영리법인으로 회원사들로부터 회비를 받아 상업적 목적으로 연구개발업을 수행하였다고 볼만한 증거가 없으며, 일반적으로 타인이 독점권을 가지고 있는 산업상 · 상업상 또는 과학상의 지식 · 경험 또는 정보에 관한 노하우를 사용하고자 한다면, 이미 그 정보 또는 노하우가 개발되어 이를 필요로 하는 자에게 제공되고, 사용자의 입장에서 보더라도 그 정보 또는 노하우를 사용하기 전보다 더 많은 수익을 가져다 준다거나 비용절감의 효과를 가져 올 것이 상당정도 확실시되는 것을 전제로 해야 할 것인데, 청구법인이 회비 내지는 분담금을 납부하고 그 회비가 회원사들의 공동관심 연구과제 또는 청구법인이 요청하는 연구과제수행을 위해 필요한 경

비로 배분되어 사용되었고, 그 연구가 성공적으로 수행되리라는 보장도 없으므로 연구실패에 대한 위험부담의 상당부분을 청구법인이 질 수밖에 없다. 2) 공동연구개발협약과 관련하여 청구법인이 AECL에게 지급한 금액은 사용료에 해당된다. 청구법인이 AECL로부터 제공받기로 한 ChemAND 프로그램은 AECL측이 이미 개발하여 그 성능 및 유용성을 이미 입증받은 범용프로그램으로 월성 3호기에 한정되어 임시적인 사용권이 허가된 프로그램이며, AECL이 청구법인에게 제공한 ChemAND 프로그램에 대하여 AECL측에서 계속적으로 소유권을 가지고, 청구법인이 ChemAND 1.8의 원시코드 변경시에도 AECL측의 승인을 얻어야 하는 점 등을 고려할 때 청구법인이 주장하는 65.5%의 기술용역비는 ChemAND 프로그램의 사용권에 부수된 지급액으로 보인다. 3) 쟁점 3)의 금액은 연구개발비 분담금으로 보는 것이 타당하다. 청구법인과 EBARA가 공동연구를 추진하는 과정에서 각자가 분담하여 개발하기로 한 기술의 개발에 소요되는 비용은 각자가 부담하고, 개발된 기술도 각자가 소유권을 갖기로 하였으나, 쟁점 3) 금액은 EBARA가 책임지고 개발하여 청구법인에게 제공하기로 한 'Semi-pilot 제염장치'에 대한 연구개발비 중 일부를 청구법인이 부담하기로 한 약정에 따라 지급되고, EBARA가 'Semi-pilot 제염장치'를 개발하여 청구법인에게 보내기 위해 약 1년의 연구기간을 소모하였으며, 청구법인과 EBARA가 공동개발한 성과물에 대하여 특허출원을 한 점 등으로 보아, 공동연구와 관련하여 EBARA가 청구법인에게 보낸 'Semi-pilot 제염장치'는 공동연구 이전에 이미 개발되어 보유 중인 EBARA의 정보 또는 노하우가 아니라 공동연구과정에서 설계 및 제작된 중간결과물이고, EBARA가 'Semi-pilot 제염장치'를 제작하여 청구법인에게 원시코드를 제공하고 일정 기간 사용권만 부여한 것이 아니라, 공동연구의 목적달성을 위한 범위 내에서 공동사용할 것을 목적으로 'Semi-pilot 제염장치'를 제공한 것이다.(국심 2005전3778, 2006.11.6.)

2. 기술개발용역비 분담금: 내국법인이 국내사업장이 없는 영국법인과 체결한 공동연구개발계약에 따라 동 영국법인으로 하여금 초산생산공정 등의 개선에 관한 연구 및 기술개발용역을 내국법인의 기술자와 함께 영국 내에서 수행하게 하고 기술개발용역비를 분담지급하는 경우 소속 기술자의 공동연구를 통해 영국법인이 보유하고 있는 첨단기술정보를 제공받을 수 있고, 또한 know-how가 있는 연구성과물을 제공받아 국내에서 일정 기간 이용할 수 있는 권리를 허여받는 경우라면 한영조세조약 제12조에 의한 사용료소득에 해당한다.(국일 46017-195, 1995.3.30.)
3. 신제품 공동개발비: 내국법인이 국내사업장이 없는 미국법인과 신제품에 관한 공동연구 개발용역 및 실시허여계약(Joint Development And License Agreement)을 체결한 경우 미국법인이 Actuated Mirror Array(AMA) Display System과 관련하여 전세계에 등록하였거나 또는 등록 출원 중인 특허권을 동 내국법인이 실시허여 받고 지급하는 대가는 한미조세조약 제14조에서 규정하는 사용료소득에 해당함. 또한, 상기 기술을 이용하여 신제품을 상품화하는 데 따른 개발비용과 위험을 공동으로 부담하기로 함에 따라 내국법인이 지급하는 비용은 원가분담약정에 따른 비용으로 과세대상이 아니다.(국세청 국이 46523-148, 1993.4.7.)
4. 연구인력개발비 세액공제대상: 자동차 및 부품의 제조, 판매업을 영위하는 내국법인 A는 미국법인 B(전세계적인 자동차제조법인인 C의 계열사로서 C와 C 그룹사들의 기술개발 전담법인)와 자동차기술을 공동으로 개발하고 그 비용을 서로 분담함. 기술개발촉진법시행규칙 제9조의 규정에 의해 신고된 연구개발전담부서가 있는 A가 B와 공동으로 자동차기술을 개발하

고, 지적재산권의 등록명의인을 B로 일원화하되, A가 한국 내에서 제조하는 자동차에 무제한, 배타적으로 사용하고, 동 기술의 양도 또는 재허여로 인한 수익발생시 양사의 개발비용 부담비율에 따라 배분함. 이 경우, A의 연구인력개발비 세액공제대상은 「조세특례제한법 시행령」 별표 6에서 규정한 구분 1. 가목에 규정한 자체기술개발비와 나목에 규정한 위탁 및 공동기술개발비 중 내국법인이 실질적으로 부담한 금액이며, 국내외 기업의 연구기관 또는 전담부서란 전담부서 등의 소재지가 국내외의 여부에 관계없이 적용된다.(서면2팀-327, 2007.2.22.)

2.3 소프트웨어 사용대가

컴퓨터 소프트웨어 사용대가가 사용료에 해당하는지를 구분하는 것은 어려운 문제이지만, 최근 컴퓨터기술의 빠른 성장과 이러한 기술이전이 국경을 초월한다는 점을 고려하면 상당히 중요한 문제이다.(OE §12-12)

(1) 소프트웨어의 의미

① 소프트웨어

소프트웨어는 컴퓨터 자체의 운영과정에 필요하거나(운영프로그램) 또는 다른 작업의 수행을 위해 필요한(응용프로그램) 하나의 프로그램 또는 일련의 프로그램들을 말하며, 특정의 결과를 얻기 위해 컴퓨터 등 정보처리능력을 가진 기계장치 내에 직접 또는 간접적으로 사용되는 일련의 지시 또는 명령 및 이와 관련되어 사용되는 설명서, 기술서 및 기타 보고서 등으로 구성된다.(법통 93-132…8 ①) 소프트웨어는 다양한 매체에 의해 이전되는데, 예를 들면 서면, 전자적인 자기테이프나 디스크, 레이저디스크나 씨디(CD Rom)에 의해 이전될 수 있다. 소프트웨어는 일반사용자를 위해 표준화되거나 단독사용자를 위해 주문 제작될 수 있다. 또한 컴퓨터 하드웨어의 중요부분으로 장착되어 이전되거나 다양한 하드웨어에서 사용 가능한 독립된 형태로 이전된다.(OE §12-12.1)

컴퓨터 소프트웨어 이전을 포함한 거래에서 수취되는 대가의 성격은 양수자(transferee)가 프로그램 사용과 실행과 관련하여 취득한 계약상 권리의 성격에 좌우된다. 컴퓨터 프로그램에 대한 권리는 지적재산의 한 형태이다. 대부분 국가는 「저작권법」에서 묵시적 또는 명시적으로 소프트웨어 권리를 보호한다. 비록 '컴퓨터 소프트웨어'라는 용어가 지적재산권(저작권)이 수반되는 프로그램과 이것이 담겨 있는 매체를 모두 통칭하지만, 대부분 국가의 「저작권법」에서는 프로그램 저작권과 저작 프로그램의 복제를 의미하는 소프트웨어를 명백히 구별한다. 소프트웨어에 대한 권리이전은 프로그램 저작권 자체의 이전으로부터 프로그램이 넣어진 상품사용에 국한된 판매까지 다양한 방식으로 일어난다. 대가 또한 다양한 형태를 취한다. 이런 이유로 사용료로 정당하게 간주되어야 하는 소프트웨어 대가와 다른 형태의 대가 사이의 경계를 결정하는 일은 어렵다. 컴퓨터 소프트웨어 복제의 용이함으로 인해, 그리고 소프트웨어 취득은 대부분 소프트웨어 실행을 위해 취득자가 복제하는 것을 의미한다는 사실로 인해 어려움은 가중된다.(OE §12-12.2)

일반적으로, 양수자는 저작권 자체에 대한 부분적 권리 또는 완전한 권리를 갖게 되거나, 아니면 프로그램 복제본이 유형매체로 전달되는지 전자적으로 전달되는지 여부와 상관없이 프로그램 복제본에 대한 부분적 권리 또는 완전한 권리(저작권과 동등한 권리)를 갖는다. 특별한 경우 거래는 '노하우'나 비밀공식의 이전일 수 있다.(OE §12-13)

② 소프트웨어 대가

일반적으로, 소프트웨어의 도입자가 비거주자·외국법인에게 지급하는 대가는 거래 성격에 따라 다음과 같이 구분한다.

| 소프트웨어 대가의 구분(법통 93-132…8) |

1. **저작권의 양도 및 사용에 대한 사용료**
   소프트웨어 저작권자로부터 소프트웨어의 저작권을 양수하고 지급하는 대가(저작권 전부의 양도대가), 소프트웨어의 복제권, 배포권, 개작권 등의 사용 및 사용할 권리의 대가(저작권 일부 양도대가)는 사용료이다.(법법 §93 9호 가목, 법통 93-132…8 ② 1호)
2. **노하우의 사용에 대한 사용료**
   소프트웨어의 비공개 원시코드(Source code)가 제공되거나, 원시코드가 제공되지 않는 경우 국내도입자의 개별적인 주문에 의해 제작·개작된 소프트웨어가 제공되거나, 소프트웨어 대가가 해당 소프트웨어의 사용형태 또는 재생산량의 규모 등 소프트웨어의 사용과 관련된 일정 기준에 기초하여 결정되는 경우 그에 대한 대가는 사용료이다.(법법 §93 9호 나목, 법통 93-132…8 ② 2호)
3. **범용소프트웨어 판매 또는 프로그램개발용역 대가**
   상품으로 수입되어 일반적으로 사용되는 범용소프트웨어는 사용료로 과세되지 않는다. 또한, 소프트웨어의 국내도입자가 외국의 소프트웨어개발업자에게 도입자의 비용과 책임으로 자기가 원하는 소프트웨어를 개발하여 제작해 줄 것을 의뢰하고 도입한 것으로서 자기가 그 도입한 소프트웨어에 대한 포괄적인 권리(저작권을 포함)를 원시적으로 취득하고 지급하는 대가는 사용료에 해당되지 않는다.(법통 93-132…8 ④)

(2) 소프트웨어 저작권의 전부 이전: 권리양도의 사용료

저작권을 배타적으로 전부 이전하고 대가를 받는 경우, 국내세법 및 일부 조세조약은 그 대가를 사용료로 본다. 이 경우, 권리를 이전하면서 아래와 같이 대가를 수취한다. 다만, 대부분 조세조약은 이를 사용료로 보지 않는다.(OE §12-15)

1. 특정기간 동안 또는 제한된 지리적 영역 내에서 저작권의 배타적 사용권
2. 사용에 비례하여 추가적으로 지급하는 대가
3. 사실상 일시불(lump sum)지급 형태의 대가

(3) 소프트웨어 저작권의 일부 이전: 사용료

저작권상 부분적 권리(양도인이 저작권의 일부만 이전)의 취득대가가 프로그램 사용권의 허여로 인한 경우 라이선스(License)없이 사용하는 것이 저작권 침해가 된다면 사용료에 해당한다. 이러한 계약에는 저작권 있는 프로그램을 포함한 소프트웨어를 복제하거나 일반에 배포할 라이선스 및 프로그램을 개정하거나 공개적으로 시현할 라이선스를 포함한다. 이 경우 지급금은 프로그램 저작권을 사용할 권리에 대한 대가이다.(즉, 계약이 없었다면 저작권자의 배타적 특권이었을 권리를 실행하는 대가) 소프트웨어 사용대가를 사용료로 보는 경우, 소프트웨어를 문학적·예술적 또는 학술적 성과로 보게 되어 규정적용상 어색함이 있을 수 있다. 이러한 분류는 완벽하지는 않다. 대부분 국가의 「저작권법」은 소프트웨어를 특별히 문학적 또는 학술적 성과로 분류하여 이 문제를 해결한다. 그렇지 않은 나라들은 학술적 성과로 취급하는 것이 가장 현실적인 접근일 것이다. 소프트웨어를 이 중 어떤 유형으로도 구분하기 곤란한 국가는 조세조약의 사용료조항을 개정하여 저작권(copyrights)의 성격에 대한 예시를 아예 없애거나 독일, 캐나다의 양자조세조약 같이 소프트웨어에 대하여 특별히 언급한다.(OE §12-13.1)

| 사용료에 해당하는 소프트웨어 사용대가(한독조약 의정서 2항, 한캐나다조약 의정서 4항) **|**

- 원시코드가 소프트웨어에 부가되어 사용자에게 이전되는 경우
- 소프트웨어가 특정 최종사용자의 특수한 요구에 대응하여 개발되었거나 개작된 경우
- 소프트웨어의 취득에 대한 지급금이 그러한 소프트웨어의 생산성이나 사용을 참조하여 결정되는 경우

(4) 프로그램 정보 및 노하우 제공: 사용료

① 프로그램관련 정보와 원리 제공

일반적인 경우는 아니지만 컴퓨터 소프트웨어 이전의 또 다른 거래유형은 소프트웨어 제작업체(software house)나 컴퓨터 프로그래머가 논리, 알고리즘(algorithm), 프로그램언어나 기술 등의 프로그램에 대한 지식과 원리를 제공하기로 계약하는 경우이다. 이 경우 대가가 비밀공식이나 별개 권리로 존재할 수 없는 산업상·상업상·과학상 경험과 관련된 정보의 사용 또는 사용할 권리에 대한 것이라면 사용료로 구분된다. 이는 프로그램

복제권이 최종사용자의 사용을 위해 취득되는 일반적 경우와 구별된다.(OE §12-14.3)

공급자가 컴퓨터 프로그램과 관련된 정보를 제공하기로 하는 특별계약의 경우 고객의 승인없이는 정보를 공개하지 않는다는 조건으로 정보가 제공되고 그러한 정보가 어떤 이유에서건 거래비밀 보장대상이 된다면 대가는 논리(logic), 알고리즘(algorithms), 프로그램언어, 기술과 같은 프로그램을 이루는 아이디어 또는 원리를 구성하는 정보에 대한 것으로 사용료이다.(OE §12-11.5)

사례 소프트웨어 대가

1. 내국법인이 국내사업장이 없는 미국거주자와 소프트웨어 개발용역 계약을 체결하고 대가를 지급하는 경우, 동 소프트웨어가 내국법인의 개별적인 주문에 의해 개발되고 해당 소프트웨어의 원시코드가 함께 제공된다면 대가는 한미조세조약 제14조 제4호의 사용료소득에 해당한다.(국세청 국업 46017-235, 2000.5.20.)
2. 소프트웨어 개발: 노하우가 있는 특정 소프트웨어에 대한 개발용역을 내국법인(A)으로부터 수주받은 다른 내국법인(B)이 국내사업장이 없는 미국법인에게 동 소프트웨어 개발을 의뢰하였으나, 양자 간 계약에 의해 국내에서는 당초 발주자인 내국법인(A)만이 개발된 소프트웨어를 자체 목적의 범위 내에서 사용 또는 복제할 수 있는 권리 및 비공개 원시코드(source code)를 이용하여 일부 개작할 수 있는 권리 등을 제한적으로 허용받고, 동 소프트웨어의 배타적·실질적 소유권은 당초 소프트웨어의 개발자인 미국법인만이 보유하는 경우 내국법인(B)이 미국법인에게 지급하는 대가는 사용료소득에 해당한다.(국세청 국총 46017-786, 1998.11.19.)
3. 공동연구개발 계약에 따라 첨단 소프트웨어 기술분야(초고속통신망, 멀티미디어 등)의 공통기반기술인 차세대 범용 분산형 멀티미디어 DBMS의 공동연구를 위해 관련 기술정보를 보유하고 있는 미국법인의 신제품 소프트웨어 개발 연구에 내국법인의 연구원이 참여하여 미국법인과 공동으로 연구를 수행하는 과정에서 특허정보를 포함하여 기술정보의 교환을 통해 미국법인으로부터 신제품 소프트웨어 개발기술정보 등을 전수받는 등 첨단기술정보를 제공받음으로써 내국법인이 동 기술정보 등을 국내에서 사용할 수 있게 되는 경우 미국법인에게 공동연구비용으로 지급되는 대가는 사용료소득이다.(국세청 국일 46017-789, 1995.12.27.)

② 노하우의 제공

국내실무상, 특정 기업을 위해 고도의 정보처리나 기술공정에 사용되는 고가의 소프트웨어인 경우 노하우가 포함된 것으로 보는 경향이 있다. 예를 들면, 내국법인이 반도체 제조기업에서 사용하는 특정소프트웨어를 구입하는 경우, 그 소프트웨어 대가는 내국법인이 산업적 용도로 사용하기 위해 소프트웨어 개발자의 노하우에 해당하는 고도의 기술정보를 도입하고 지급하는 사용료소득에 해당한다.(서면2팀-1912, 2005.11.28.) 또한, 내국법인이 독일법인으로부터 전사적 자원관리 소프트웨어(Enterprise Resource Planning Software)의 일종인 SAP R/3 소프트웨어 및 관련정보시스템을 비배타적으로 사용할 수 있는 통상 실시권을 일정 기간 허여받고 지급하는 대가는 한독조세조약 제12조에서 규정하는 사용료소득에 해당한다.(서면2팀 - 1782, 2005.11.4.)

(5) 상품으로서의 소프트웨어 판매: 사업소득

① 구매자에 대한 제한적인 복제권 허용

소프트웨어 저작권이 전부 또는 일부 이전되는 거래와 달리, 저작권과 관련하여 수취한 권리가 사용자가 프로그램을 운영하는 데 필요한 정도로 한정되는 경우가 있는데, 예를 들면 프로그램을 복제할 권리만이 양수자에게 허여되는 경우이다. 이는 프로그램 복제본을 취득하는 거래에서 전형적인 상황이다. 이 경우 이전되는 권리는 컴퓨터 프로그램 성격에 따라 결정된다. 사용자는 예를 들면, 자신의 컴퓨터 하드드라이브에 복사하거나 기록저장을 위해 복사(archival copy)할 수 있도록 허용된다. 이와 관련하여 「저작권법」상 컴퓨터 프로그램에 대한 보호는 나라마다 다르다는 점을 주목할 필요가 있다. 어떤 나라에서는 라이선스 없이 컴퓨터 하드디스크나 본체기억장치(random access memory)에 프로그램을 복제하는 행위는 저작권침해가 된다. 그러나 대부분 국가의 「저작권법」은 컴퓨터 프로그램이 포함된 소프트웨어의 소유자에게 이 권리를 자동적으로 부여한다. 이 권리가 법상 허여되는지 또는 저작권자와의 라이선스 계약상 허여되는지 여부를 떠나 컴퓨터 하드디스크나 본체기억장치에 프로그램을 복제하거나 기록저장을 위해 복사하는 일은 프로그램을 사용하는 데 있어 중요한 단계이다. 그러므로 이러한 복제행위와 관련된 권리는 사용자로 하여금 프로그램을 효과적으로 이용하게 하는 것 이상이 아닌 경우 조세목적상 거래성격을 분석할 때 무시되어야 한다. 이러한 거래유형의 대가는 사업소득으로 취급된다.(OE §12 - 14)

양수자에게 컴퓨터 프로그램을 이전하는 방식은 관련이 없다. 예를 들면, 양수자가 프로그램 복제본을 담은 디스크를 취득하든 아니면 모뎀연결을 통해 자신의 컴퓨터 하드디스크로 직접 복제본을 받든 문제가 되지 않는다. 또한 양수자의 소프트웨어 사용에 있어 제한이 있다는 점도 상관이 없다.(OE §12 - 14.1)

컴퓨터 프로그램 복제의 용이함으로 인해 양수인이 자신의 업무 중에 사용하기 위해 프로그램을 여러 개 복사할 권리를 취득하는 배포계약을 체결하기도 한다. 이런 계약은 통상 '사이트(site) 라이선스', '기업(enterprise) 라이선스'나 '네트워크(network) 라이선스'로 불려진다. 비록 이런 계약이 프로그램의 다수복제를 가능하게 하지만, 그 권리는 일반적으로 사용권자의 컴퓨터나 네트워크상 프로그램을 운영할 정도로만 한정되며, 다른 목적의 복제는 라이선스상 허용되지 않는다. 이러한 계약으로 인한 대가는 대부분의 경우 사업소득으로 취급된다.(OE §12 - 14.2) 예를 들면, 정보통신사업을 영위하는 내국법인이 네트워크의 효율적인 사용을 위해 미국법인으로부터 시뮬레이션 및 디자인에 관련한 소프트웨어를 수입하는 경우 소프트웨어에 대한 비공개 원시코드가 제공되지 않고 미국법인이 개발하여 상품으로 판매하는 소프트웨어를 개작없이 수입하여 시뮬레이션 및 디자인툴로서 사용하며 그 대가를 정액으로 지급하면 그 소프트웨어의 대가는 상품의 구입대가로서 한미조세조약 제8조의 사업소득이다.(국일 46017-75, 1997.1.29.)

② 중간판매인의 판매권

소프트웨어 저작권자와 중간판매인(distribution intermediary) 간의 계약으로 중간판매인은 프로그램 복제권을 제외한 복제프로그램 판매권을 취득하기도 한다. 이러한 거래에서, 저작권과 관련되어 취득한 권리는 상업적 중간판매인이 소프트웨어 프로그램을 판매하는 데 필요한 정도로 제한된다.

이 거래에서, 소프트웨어 복제물(software copies)의 취득대가를 지급할 뿐 소프트웨어 저작권과 관련된 어떠한 권리도 이용하지 않는다. 따라서 중간판매인이 소프트웨어 복제권 없이 소프트웨어 복제물을 취득하고 판매하는 데 대하여 세무상 거래성격을 분석할 때 이러한 판매활동과 직접적 연관이 없는 복제권은 고려할 필요가 없다. 이러한 거래유형의 대가는 사업소득에 해당된다. 이는 판매되는 소프트웨어 복제물을 유형매체로 운반하든 또는 전자적으로 판매하든 상관이 없으며, 또한 소프트웨어를 고객컴퓨터에 깔기 위해 약간 조정하는(customization) 경우에도 마찬가지이다.(OE §12-14.4)

예를 들면, 내국법인이 이스라엘법인으로부터 데이터베이스 및 운용소프트웨어의 최적성능을 유지하는 기능을 가진 소프트웨어를 독점으로 도입하여 국내에 판매하는 경우 해당 소프트웨어가 이미 개발되어 상품화된 것으로서 불특정 다수인에게 판매할 목적으로 밀포장된 완제품 형태로 도입되어 최종사용자가 이를 개봉하거나 사용개시함으로써 공급자와 사용자 간에 소프트웨어 사용허여계약이 자동적으로 체결되는 형식의 계약에 따라 공급되면, 그 소프트웨어의 도입대가는 사업소득이다.(국세청 국총 46017-787, 1998.11.19.) 다만, 내국법인이 미국법인과 소프트웨어 독점판매계약을 맺고 국내에서 소프트웨어를 판매할 때 사용인가번호를 부여받아 다운로드방식으로 제공되는 소프트웨어로서 단순히 상품화되어 불특정 다수인에게 공급되는 소프트웨어에 해당하지 않는다면, 그 소프트웨어 도입대가는 저작권의 사용대가로서 한미조세조약 제14조 제2항에서 규정하는 사용료에 해당한다.(서면2팀-296, 2005.2.16.)

(6) 하드웨어 또는 용역과 함께 제공되는 소프트웨어

소프트웨어 대가지급이 혼합계약 하에 이루어질 수 있다. 이런 계약사례에는 내장소프트웨어와 함께 컴퓨터를 판매하고, 용역제공규정에 함께 포함된 소프트웨어 사용권을 이전하는 경우가 있다. 특허권 사용료나 노하우와 관련한 혼합계약에 적용되는 방법이 똑같이 컴퓨터소프트웨어에도 적용될 수 있다. 필요할 경우 어떤 계약 하에 지급될 대가 총액은 계약에 포함된 정보를 기준으로 배분되거나 합리적 배분방식에 의해 각 부분에 적용될 적절한 소득구분에 따라 배분되어야 한다.(OE §12-17)

예를 들면, 독일법인과 내국법인 간에 제조와 관련된 생산공정의 효율화와 일반경영에 관련된 소프트웨어의 사용허여(License) 및 소프트웨어 설치용역계약을 체결한 후 내국법인이 해당 소프트웨어를 국내 실수요자에게 재사용(Sub-License)하도록 하는 계약을 체결하고 국내 실수요자로부터 지급받는 대가의 일정비율에 상당하는 금액을 독일법인에게 지급하는 경우, 이 대가는 한독조세조약 제12조 제2항 (나)의 규정에 의한 사용료소득이다. 또한, 내국법인이 국내 실수요자에게 해당 소프트웨어의 설치, 적용 등에 관한 용역을 제공할 때 독일법인으로부터 기술지원을 받고 대가를 지급하는 경우, 해당용역이 소프트웨어의 사용허여(License)에 따른 부수적이고 보조적인 용역에 해당되는 경우에는 대가도 사용료소득에 해당한다.

다만, 소프트웨어의 설치, 적용 등에 관한 용역이 소프트웨어의 사용허여계약과는 별도계약에 의해 제공되고 해당 분야에 관한 전문적 지식 또는 기능을 가진 자가 해당 지식 또는 기능을 활용하여 제공하는 용역은 한독조세조약 제7조에서 규정하는 사업소득에 해당한다.(국세청 국일 46017-507, 1997.7.25.)

일반적으로, 하드웨어와 함께 도입되는 소프트웨어 대가는 다음과 같이 구분한다.(법통 93-132…8 ③)

1. 하드웨어와 함께 도입되는 소프트웨어로서 해당 소프트웨어의 가격이 하드웨어의 가격과 분리 가능한 경우는 소프트웨어 대가 부분만 사용료로 본다.
2. 소프트웨어를 담고 있는 매체나 용기의 가격 비중이 전체 도입대가에 비하여 미미한 경우는 그 매체나 용기의 가액을 포함한 전체 도입대가에 대하여 사용료로 본다.

소프트웨어를 수입하면서 관세가 부과되는 경우가 있는데 소프트웨어 대가가 사용료소득으로 구분되는 이상 관세의 부과 여부에 관계없이 법인세가 과세된다.(국조 22601-1022, 1989.9.27.)

사례 하드웨어나 용역에 부수하여 제공되는 소프트웨어

1. 장비와 소프트웨어의 설치: 내국법인이 오스트리아법인으로부터 통신장비를 구입할 때 동 장비의 작동에 필수적으로 부수되어 별도분리될 수 없는 논리회로인 Firmware(컴퓨터 기계어 수준으로 하드웨어화된 소프트웨어)가 동 장비에 내재되어 있는 경우에는 동 장비의 구입대가는 사용료에 해당하지 않는 것임. 다만, 내국법인이 산업상·상업상 경험에 관한 노하우의 도입수단으로 Firmware를 구입하면서 장비대가와는 별도의 대가를 지급하는 경우에 한오스트

리아조약 제12조에 규정하는 사용료소득에 해당되는 것임. 내국법인이 장비를 도입할 때 장비 설치, 교육 등의 용역대가를 장비도입대가와 구분하여 동 오스트리아법인에게 별도로 지급하는 경우 한오스트리아조약 제14조에 규정하는 인적용역소득에 해당한다.(국세청 국총 46017-844, 1998.12.12.)

2. 프로그램 사용교육: 호텔업무용 프로그램을 개발하여 이에 대한 노하우를 보유하고 있는 홍콩의 소프트웨어 전문개발업체와 호텔업을 영위하는 내국법인이 호텔업무용 프로그램 사용계약을 체결하고 동 프로그램 사용운영에 대한 교육훈련대가와 유지관리비를 지급하는 경우, 동 프로그램을 운용할 때 교육을 받지 않으면 운용할 수 없는 호텔업무용 프로그램으로 교육훈련이 필연적인 경우에는 동 프로그램 사용허여대가와 프로그램 도입, 운용과 관련된 교육훈련대가 및 유지비 전체금액이 사용료소득에 해당한다.(국일 46017-316, 1996.10.4.)
3. 온라인 시험: 시험문제·시험실시 프로그램·비밀운영매뉴얼 등 국제공인 자격시험에 필요한 프로그램을 소유한 호주법인이 동 자격시험프로그램을 온라인으로 내국법인의 시험센터에 전송하여 응시자에게 시험을 실시하게 하고, 응시료를 수납한 내국법인이 국내에서 호주법인을 대신하여 제공한 시험관리용역의 대가를 제외한 나머지를 호주법인에게 송금하는 경우 호주법인이 받는 소득은 한호주조세조약 제7조의 사업소득에 해당한다.(재국조-73, 2003.11.6.)
4. 장비에 부수되는 운영소프트웨어: 국내 연구소가 국내사업장이 없는 외국법인으로부터 장비(전산장치, 측정장비 등)를 구입하면서 동 장비를 운영할 소프트웨어나 자료처리용 소프트웨어를 하드웨어의 일부(bundle) 로 도입하는 경우, 외국법인으로부터 이미 개발되어 상품화된 소프트웨어를 국내도입자의 별도 주문에 의한 개작없이 국내도입자의 자체 사용 목적으로 정액으로 수입하는 소프트웨어대가는 사용료소득에 해당되지 않음. 그러나 국내도입자가 단순히 상품화된 소프트웨어를 사용할 목적이 아니고 실질적으로 특정 노하우나 정보를 도입할 목적으로 해당 소프트웨어를 수입하는 경우로서 소프트웨어가 단지 특정한 노하우나 정보의 도입을 위한 하나의 수단으로 이용되어 상품화된 소프트웨어의 시가와 비교하여 그 대가를 훨씬 초과하여 지급하는 것이라면 이는 노하우 도입에 대한 대가이므로 사용료소득에 해당한다.(국일 46017-320, 1997.5.1.)

2.4 전자상거래(E-Commerce)

(1) 디지털상품의 전자상거래

소프트웨어 대가에 대해 위에서 언급한 원칙은 화상, 소리 또는 문자와 같은 다른 형태의 디지털상품의 거래에 대하여도 또한 적용된다. 전자상거래의 발전으로 인해 디지털상품의 거래는 증가하고 있다. 이러한 거래에서 발생되는 대가가 사용료에 해당하는지 여부를 결정할 때 가장 중요한 판단기준은 대가가 무엇 때문에 지급되는지를 구별하는 것이다.(OE §12-17.1)

일부 국가의 관련법에서는 고객이 디지털상품을 전자적으로 다운로드하는 거래는 고객이 저작권을 사용하는 것을 의미하는데, 계약상 디지털 콘텐츠(digital content)를 하나 또는 그 이상 복사할 수 있는 권리가 부여된다. 대가의 핵심이 저작권의 사용 또는 권리의 사용 이외에 대한 것이고, 저작권의 사용이 고객의 컴퓨터, 네트워크 또는 기타 저장장치에 다운로드, 저장, 실행(operation), 작업수행(performance)하거나, 화면에 출력하는 데 필요한 정도의 권리에 한정되는 경우 이러한 저작권사용은 사용료에 해당하지 않는다.(OE §12-17.2)

이러한 예는 고객 자신이 사용하거나 즐기기 위해 디지털상품(소프트웨어, 소리 또는 문자 등)을 고객이(회사가 될 수도 있음) 전자적으로 다운로드하도록 허용하는 거래를 들 수 있다. 이 거래에서 대가의 핵심은 디지털 부호 형태로 전송된 데이터의 취득에 대한 것이므로 사용료에 해당하지 않고 상황에 따라 사업소득이나 양도소득에 해당한다.

디지털 부호를 고객의 하드디스크나 기타 영구저장장치에 복사하는 행위가 관련법과 계약상 조건에 따라 고객에 의한 저작권의 사용을 포함한다 해도 이러한 복사는 디지털 부호를 받아들이고 저장하는 수단에 불과하다. 이러한 유형의 저작권 사용에 있어 중요한 판단기준은 대가가 주로 무엇 때문에 지급되는지의 여부로서 여기서는 디지털 부호의 형태로 전송된 자료를 취득하기 위한 대가로 지급되며 '사용료'는 아니다. 이는 사용료 정의를 적용하는 데 결정적 요소이다. 또한 관련법이나 거래조건에 따라 복사를 하는 것을 고객이 아닌 공급자가 저작권을 사용하는 것으로 본다면 이러한 거래를 '사용료'로 구분할 근거는 없다.(OE §12-17.3)

이와 대조적으로 대가의 핵심이 디지털상품의 저작권을 사용하는 권리의 제공을 목적으로 전자적으로 다운로드한 데 대한 것이라면 이는 사용료에 해당한다. 예를 들면, 출판인이 출판하는 책표지에 넣기 위해 전자적으로 다운로드한 저작권등록 사진을 재생할 권리를 취득하면서 대가를 지급하는 경우가 있다. 이 거래에서 대가의 핵심적 부분은 디지털상품의 저작권을 사용할 권리를 취득하는 것, 즉 사진을 재생하고 배포할 권리를 취득하기 위한 것이며 단순히 디지털 콘텐츠를 취득하기 위한 것은 아니다.(OE §12-17.4)

(2) 국제적 전자상거래의 과세원칙

국내세법은 전자상거래에 대한 특별한 과세원칙을 규정하지 않는다. 다음은 일반적인 전자상거래의 유형 및 소득구분이다.

전자상거래 거래유형 및 소득구분(OECD 보고서 18, 2002.11.7.)

- 유형 1: 유형자산의 전자적 주문처리(Electronic order processing of tangible products)
  소비자가 유형상품의 온라인상 목록을 보고 물품을 선정한 후 상품공급자에게 직접 전자적으로 물품을 주문한다. 상품은 일반적인 운송수단을 사용하여 소비자에게 실물이 인도된다. 이런 유형의 대가는 사업소득에 해당한다.

• 유형 2: 디지털상품의 전자적 주문전송(Electronic ordering and downloading of digital products)
소비자가 소프트웨어나 기타 디지털상품의 온라인상 목록을 보고 물품을 선정한 후 상품 공급자에게 직접 전자적으로 물품을 주문한다. 소비자는 온라인상 목록을 사용하는데 별도의 비용을 부담하지 않는다. 디지털상품은 소비자의 하드디스크나 기타 영구기록매체에 전송된다. 디지털상품에 대한 대가는 사업소득이다.

• 유형 3: 저작권사용을 위한 디지털상품의 전자적 주문 및 전송(Electronic ordering and downloading of digital products for purposes of copyright exploitation)
소비자가 소프트웨어나 기타 디지털상품의 온라인상 목록을 보고 물품을 선정한 후 상품 공급자에게 직접 전자적으로 물품을 주문한다. 온라인상 목록을 사용하는 데 대하여 소비자가 별도의 비용을 부담하지 않는다. 디지털상품은 소비자의 하드디스크나 기타 영구기록매체에 전송된다. 소비자는 디지털상품의 저작권을 상업적으로 사용할 권리를 취득한다.(예 출판업자가 출판하는 책의 표지에 포함될 그림의 저작권을 취득) 이러한 대가는 전형적으로 사용료이다.

• 유형 4: 갱신과 추가(updates and add-ons)
소프트웨어나 기타 디지털상품의 공급자가 소비자에게 디지털상품의 갱신과 추가를 해주기로 합의한다. 특별히 이 소비자만을 위해 갱신과 추가를 한다는 합의는 없다. 이 거래는 갱신과 추가가 유형매체로 전달된다면 위 유형 1의 거래와 동일하며, 갱신과 추가가 전자적으로 전달된다면 위 유형 2의 거래와 동일하게 취급하여 사업소득에 해당한다.

• 유형 5: 한정기간 소프트웨어 및 기타 디지털정보 라이선스(Limited duration software and other digital information licenses)
소비자가 소프트웨어 및 기타 디지털정보를 그 상품의 내용연수보다 짧은 기간 동안 사용할 권리를 취득한다. 상품은 전자적으로 전송되거나 CD와 같은 유형매체로 전달된다. 디지털상품의 모든 복사물은 라이선스 만료일에 지워지거나 사용할 수 없게 된다. 한정기간 디지털상품의 상업적 공급자에 대한 대가는 사업소득이므로 유형 1의 거래로 취급되어야 한다는 것이 다수의견이다.

• 유형 6: 일회사용 소프트웨어나 기타 디지털상품(Single use software or other digital product)
소비자는 소프트웨어나 기타 디지털상품을 일회 사용할 권리를 취득한다. 상품은 전송되거나 원격적으로(예 다른 장소의 서버에 저장된 소프트웨어의 사용) 사용될 수 있다. 소비자는 주어진 용도로 디지털상품을 쓰는데 필요한 정도 이외로 디지털상품을 복사할 권리를 갖지 못한다. 일부는 이 거래유형을 용역계약으로 본다. 다른 사람들은 이에 동의하지 않고 이 거래들을 유형 2 및 유형 5와 비슷한 것으로 본다.

• 유형 7: 프로그램 실행을 위한 주전산기 대여-별도의 라이선스(Application Hosting-Separate License)
사용자는 소프트웨어상품을 사용할 영구적인 라이선스를 가진다. 사용자는 주전산기 소유자(host)에 의해 소유되고 운영되는 서버에 소프트웨어를 탑재(load)키로 주전산기 소유자와 계약을 체결한다. 주전산기 소유자는 시스템의 오류를 방지하기 위한 기술적 지원을 한다. 사용자는 원격적으로 운영 소프트웨어에 접속하고, 실행하며, 운영할 수 있다. 운영소프트웨어는 임시기억장치(RAM)에 전송되어 고객의 컴퓨터에서 실행되거나, 주전산기 소유자의 서버에서 원격적으로 실행된다. 이런 유형의 거래행태는 예를 들면 회계관리, 재고관리, 인사관리나 기타 기업자원관리 응용소프트웨어에 활용될 수 있다. 이 거래유형은 사업소득에 해당한다. 그런데 특정조약에 '산업적, 상업적, 과학적 설비의 사용 또는 사용할 권리에 대한 대가'를 포괄하는 사용료 정의가 포함된 경우 문제가 일어난다. 또한 이런 거래유형에서 발생하는 대가가 '기술적 수수료'를 원천과세하는 조약에 있는 '기술적 성격(technical nature)'의 용역대가로 취급되어야 하는지가 문제가 된다.

- 유형 8: 프로그램 실행을 위한 주전산기 대여-라이선스 포함(Application Hosting-Bundled Contract)
  저작권의 사용자가 하나 이상의 소프트웨어를 실행하게 하고, 주전산기 소유자에 의해 소유되고 운영되는 서버에 응용소프트웨어를 탑재시키며, 하드웨어와 소프트웨어에 대한 기술적 지원을 하는 공급자와 계약을 체결하고 일회의 통합수수료(bundled fee)를 지급한다. 이 사례의 모든 대가는 사업소득에 해당한다.
- 유형 9: 응용서비스 공급자(Application Service Provider)
  공급자가 응용서비스 공급자로서의 사업수행상 응용소프트웨어를 사용할 라이선스를 취득한다. 공급자는 자신이 소유하고 운영하는 컴퓨터 서버상 탑재되는 응용소프트웨어를 고객이 이용가능하게 한다. 이 소프트웨어는 고객을 위해 특정 업무지원(back office) 기능을 자동처리한다. 예를 들면, 이 소프트웨어는 사무용품이나 출장여행처럼 고객의 업무에 사용되는 상품 및 용역의 구매, 주문, 대가지급, 인도 등을 자동처리한다. 공급자는 상품과 용역을 공급하지는 않는다. 다만, 이러한 상품이나 용역을 공급하는 제삼자와의 거래를 자동화하고 관리하는 수단을 고객에게 제공한다. 고객은 소프트웨어를 복사하거나, 공급자의 서버를 벗어나 소프트웨어를 사용할 권리가 없고, 또한 소프트웨어 복사본을 점유하거나 관리할 수 없다. 이 경우, 고객이 지급한 대가와 관련하여 발생하는 문제는 유형 8에서 검토된 것과 유사하다.
- 유형 10: 응용서비스 공급자가 지급하는 라이선스 수수료(ASP License Fees)
  유형 9의 사례에서 응용서비스 공급자가 응용소프트웨어 공급자에게 고객으로부터 수취한 수입의 일정비율을 수수료로 지급한다. 계약기간은 1년이다. 이런 거래유형은 실질적으로 양수인의 사업상 사용되는 소프트웨어의 제공에 해당하므로 사업소득에 해당한다.
- 유형 11: 웹사이트 호스팅(Web site Hosting)
  공급자가 웹사이트를 서버에 운영하도록 한다. 공급자는 웹사이트 콘텐츠의 개발자에 의해 창출된 저작권에 대한 어떠한 권리도 없다. 저작권 있는 콘텐츠의 사이트에 대한 소유자는 사이트상 콘텐츠의 수정을 포함하여 사이트를 원격적으로 관리한다. 공급자는 경과시간에 따른 수수료를 대가로 받는다. 이런 거래유형은 사업소득에 해당한다. 또한 특정조약이 '산업적, 상업적 또는 과학적 설비의 사용 또는 사용권에 대한 대가'를 사용료의 정의에 포함하거나, 조약상 '기술적 사용료'의 원천징수를 허용하고 있는 경우 이러한 거래유형은 프로그램 실행을 위한 주전산기 대여를 다룬 유형 7에서 검토한 문제가 있다.
- 유형 12: 소프트웨어 유지보수(Software maintenance)
  소프트웨어 유지보수계약은 통상 기술적 지원과 소프트웨어 갱신이 함께 포함된다. 일정한 연간 수수료는 갱신과 기술적 지원 2가지에 대하여 지급된다. 대부분의 경우 계약의 주목적은 소프트웨어 갱신에 있다. 혼합계약(mixed contract)에 대한 원칙이 이 거래에 적용된다. 대가 일부가 기술적 지원에 대한 대가인 경우 '기술적 수수료'의 원천과세를 허용하는 조세조약에서 유형 14에 있는 문제가 발생한다.
- 유형 13: 데이터 저장(Data warehousing)

고객은 공급자에 의해 소유되고 운영되는 컴퓨터 서버에 자신의 컴퓨터 데이터를 저장한다. 고객은 원격적으로 데이터에 접속하고, 데이터를 추가, 추출, 관리할 수 있다. 이 거래에 있어 어떠한 소프트웨어상 권리도 고객에게 주어지지 않는다. 공급자의 하드웨어에 재고기록을 저장하는 소매업자와 현 재고수준이 주문을 댈 수 있는지 여부를 검토하기 위해 이 장부를 원격적으로 접속하는 주문담당직원이 그 사례이다. 이 거래유형은 사업소득에 해당한다. 또한 조세조약이 '산업적, 상업적 또는 과학적 설비의 사용 또는 사용권에 대한 대가'를 사용료의 정의에 포함하거나, 조약상 '기술적 사용료'의 원천징수를 허용하는 경우 이 거래유형에는 프로그램 실행을 위한 주전산기 대여를 다룬 유형 7에서 검토한 문제가 있다.

- 유형 14: 컴퓨터 통신망상 고객 지원(Customer support over a computer network)
  공급자는 설치자문(installation advice) 및 문제해결(trouble shooting), 정보(information) 등의 온라인상 기술지원을 고객에게 제공한다. 이러한 지원은 온라인상 기술설명, 문제해결 데이터베이스, 기술자와의 통신(예 이메일) 등의 형태를 띤다. 이 거래유형은 사업소득에 해당한다. 그런데 소수의견은 기술정보의 전자적 전송과 복사가 대가의 부수적인 부분일 경우에만 사업소득에 해당한다고 본다.

- 유형 15: 데이터 추출(Data retrieval)
  공급자는 고객이 검색하고 추출할 수 있는 정보를 보유한다. 광범위하게 이용가능한 데이터 중에서 특정항목의 데이터를 검색하고 추출하는 기능은 고객에게 있어 중요한 가치이다. 이 거래유형에서 발생하는 대가는 사업소득에 해당한다.

- 유형 16: 독점적 데이터, 기타 가치 있는 데이터의 전달(Delivery of exclusive or high value data)
  앞의 사례에서 공급자는 고객이 사용할 수 있는 정보를 보유한다. 이번 사례에서 그 데이터는 고객에게 있어 단순히 검색하고 추출하는 것 이상으로 상당히 중요한 것이다. 공급자는 내용상 상당한 가치를 더한다.(예 일차 데이터의 분석내용을 추가) 그러나 결과물은 특정 고객을 위한 것은 아니며, 고객은 내용에 대한 비밀을 지킬 어떠한 의무도 없다. 이러한 상품에는 특별한 산업이나 투자보고서가 있다. 이 보고서는 구매자에게 전자적으로 보내지거나 구매로 사용가능하게 되며 온라인상 목록이나 목차에서 전송된다. 이 거래에서 유형 15에 기술된 것과 같은 소득구분문제가 있다. 다수의견은 이 거래유형에서 발생되는 대가는 사업소득에 해당한다고 본다. 그러나 소수의견은 이 둘을 구분하여 이 거래유형은 사용료에 해당한다고 본다.

- 유형 17: 광고(Advertising)
  광고주가 특정 웹사이트의 사용자들에게 보여지는 광고에 대하여 대가를 지급한다. 소위 '배너광고(banner ads)'는 웹페이지에 나타나는 작은 그래픽 영상으로 사용자가 접속하면 광고주가 요구하는 웹페이지에 실리게 된다. 광고비는 가장 일반적으로 1,000 임프레션('impression' 사용자가 광고를 보는 횟수)당 원가에 대하여 정해지거나, 또는 접속횟수('click through' 사용자가 광고를 접속하는 횟수)로 정해진다. 이 거래에서 발생된 대가는 사용료가 아닌 사업소득에 해당한다.

- 유형 18: 전문직업적 자문에 대한 전자적인 접속(Electronic access to professional advice)
  상담역, 변호사, 의사나 기타 전문직업적 용역공급자가 이메일(E-mail), 화상회의나 기타 원격 통신수단을 통해 고객에게 자문(예 상담)을 하여 준다. 이 거래로 인한 대가는 사용료가 아닌 사업소득에 해당한다.

- 유형 19: 기술적 정보(Technical information)
  고객은 상품이나 공정에 관한 공개되지 않은 기술적 정보를 제공받는다.(예 비밀공정에 대한 설명서 및 도표) 이 거래유형에서 일어난 대가는 노하우의 제공, 즉 '산업적, 상업적 또는 과학적 경험에 대하여' 이루어졌으므로 사용료에 해당한다.
- 유형 20: 정보의 제공(Information delivery)
  공급자가 구매자의 선호에 따라 주기적으로 구매자에게 데이터를 전자적으로 제공한다. 자신의 특별요구에 따라 정리된 주문형태(custom packaged format)의 광범위하게 쓸 수 있는 정보를 수취하는 편리함은 고객에게 있어 중요한 가치가 있다. 이 거래유형은 기본적으로 유형 15에 기술된 것과 같은 문제가 있다. 따라서 다수의견은 이 거래에서 발생되는 대가를 사업소득으로 보지만, 소수의견은 이 대가를 사용료로 본다.
- 유형 21: 정기구매하는 상호통신 웹사이트 접속(Subscription-based interactive web site access)
  공급자가 구매자에게 정보, 음악, 영상, 게임 및 활동 등(공급자가 개발 또는 소유하는지 여부 불문)을 포함하는 웹사이트상 디지털콘텐츠를 이용하게 한다. 구매자는 사이트 접속에 대하여 일정 정기수수료를 지급한다. 구매자에 대한 사이트의 중요가치는 사이트로부터 상품이나 용역을 획득하는 것이 아니라, 사이트와 온라인상 상호통신하는 것이다. 이 거래유형에서 지급된 구매수수료는 용역에 대한 대가에 해당한다. 한편, 공급자가 구매자에게 콘텐츠를 보여줄 권리에 대하여 디지털콘텐츠의 저작권자에게 지급하는 모든 대가는 사용료에 해당한다.
- 유형 22: 온라인 쇼핑 포털(Online shopping portals)
  웹사이트 운영자가 자신의 컴퓨터 서버에 다수 상인의 전자적 물품목록을 유치한다. 웹사이트 사용자는 이 목록에서 상품을 선택할 수 있고 온라인상 주문할 수 있다. 웹사이트 운영자는 구매자들과 계약상 관계가 없다. 웹사이트 운영자는 단순히 주문을 상인에게 전달하는데, 상인은 주문을 수취하고 이행하는 데 책임이 있다. 상인은 웹사이트 운영자에게 사이트를 통해 이루어진 주문에 비례하여 수수료를 지급한다. 이 대가는 광고나 이와 비슷한 용역으로 인한 사업소득이다.
- 유형 23: 온라인 경매(Online auctions)
  공급자는 경매로 구매할 많은 물품들을 보여준다. 사용자는 사이트를 운영하는 기업이 아닌, 물품소유자로부터 물품을 직접 구입한다. 판매자는 판매가에 비례해서 또는 일정하게 수수료를 지급한다. 이 거래는 경매소의 소득과 비슷한 소득으로 사업소득에 해당된다.
- 유형 24: 판매연결 프로그램(Sales referral programs)
  온라인상 공급자가 공급자의 판매를 연결하는 웹사이트 운영자에게 수수료를 지급한다. 웹사이트 운영자는 웹사이트에 공급자의 상품들을 열거한다. 사용자가 이 상품 중 하나를 클릭하면 상품을 살 수 있는 공급자의 사이트상 웹페이지가 연결된다. 운영자의 웹페이지상 연결이 되는 경우 공급자는 판매연결된 원천을 식별할 수 있고, 사용자가 상품을 구매하는 경우 운영자에게 비례수수료를 지급한다. 이 대가는 사업소득에 해당된다.
- 유형 25: 콘텐츠 취득 거래(Content acquisition transactions)
  웹사이트 운영자가 사용자를 사이트에 유치하기 위해 새로운 설명, 정보 및 온라인 콘텐츠에 대한 대가를 여러 콘텐츠공급자에게 지급한다. 또한 웹사이트 운영자는 웹사이트를 위해 새로운 콘텐츠를 개발하는 콘텐츠공급자를 특별히 고용하기도 한다.

이 2가지 사례는 구별되어야 한다. 웹사이트 운영자가 저작물을 보여주는 권리에 대하여 콘텐츠 공급자에게 대가를 지급하는 경우 콘텐츠공개가 콘텐츠소유자의 저작권에 따른 권리라는 점에서 대가는 사용료에 해당한다. 그러나 웹사이트 운영자가 새 콘텐츠 개발에 대하여 대가를 주고, 계약상 조건에 따라 개발된 콘텐츠의 저작권자가 되는 경우 이 대가는 사용료가 아니고 사업소득에 해당한다.

- 유형 26: 편성된 실시간 웹방송(Streamed real time web based broadcasting)
  사용자가 저작권 있는 음향 및 영상물의 콘텐츠 데이터베이스에 접속한다. 방송자는 시청료를 받거나 광고수입을 수취한다. 이 거래에서 수취되는 시청료나 광고수수료는 사업소득에 해당한다.
- 유형 27: 수행 수수료(Carriage fees)
  콘텐츠공급자가 웹사이트나 통신망 운영자로 하여금 자신의 콘텐츠를 보여주게 하기 위해 특정 웹사이트나 통신망 운영자에게 대가를 지급한다. 이 거래에서 웹사이트나 통신망 운영자는 수수료를 받기 위한 상업적 용역을 제공하며, 이 소득은 사업소득으로 구분된다.
- 유형 28: 디지털상품을 다운로드할 수 있는 웹사이트 이용(Subscription to a web site allowing the downloading of digital products)
  웹사이트 공급자가 이용자들이 저작권 있는 디지털콘텐츠(음악 등)를 웹사이트에서 볼 수 있도록 한다. 유형 21과 달리, 이 웹사이트는 이용자들이 이러한 디지털상품을 다운로드할 수 있도록 하는 데 가치가 있다. 이러한 웹사이트 이용료는 사업소득이다.

3. 원천지국의 제한과세

UN모델 12조 1항: 한 체약국에서 발생하여 체약상대국 거주자에게 지급되는 사용료는 체약상대국에서 과세할 수 있다.

UN모델 12조 2항: 그러나 이러한 사용료는 그 사용료가 발생하는 체약국에서도 그 체약국의 법에 따라 과세할 수 있다. 다만 사용료의 실질적 소유자가 체약상대국의 거주자인 경우, 이렇게 부과되는 조세는 사용료 총액의 10%를 초과할 수 없다. 양 체약국의 관할당국의 상호합의에 의해 이 제한의 적용방법을 결정한다.

한국은 몰타, 아랍, 아일랜드, 헝가리를 제외한 대부분 국가와의 조세조약에서 사용료소득을 원천징수한다.

'체약상대국 거주자에게 지급된'이란 말의 의미를 명확히 하기 위해 실질귀속자 개념을 사용한다.(OE §12-4)

(1) 원천지국의 결정

국내세법 및 대부분 조세조약은 지급지기준으로 원천을 결정한다. 따라서 내국법인이 국내사업장이 없는 외국법인으로부터 특허 등을 도입하여 제3국에 소재하는 내국법인의 해외지점이나 건설공사현장에서 사용하고 그 내국법인이 지급하는 대가는 국내원천 사용료소득에 해당한다.(법통 93－132…15)

| 한국의 조약상 사용료소득의 원천징수 |

지급지기준	대부분 조세조약
사용지기준	미국
거주지국 배타적과세(원천징수 안함)	몰타, 아랍, 아일랜드, 헝가리

한미조세조약은 사용지기준을 적용하는데, '특허의 사용'이라는 용어는 조약에는 정의되지 않으며 국내세법에 따라 '특허권' 자체가 아닌 '특허기술의 사용'을 의미한다. 즉, 특허의 등록지와 관계없이 해당 특허기술을 국내에서 제조·판매 등에 사용했다면 이는 특허의 국내 사용에 해당한다.(대법원 2021두59908, 2025.8.18.) 또한, 특허의 대상이 '지식경험에 관한 정보 또는 노하우'에 해당하는 경우 특허등록 여부와 상관없이 판단한다. 예를 들면, 사용료 지급대상에 포함된 무형자산 중 발명, 기술 등에 관한 비공개 정보를 국내에서 무선기기를 제조하는데 사용하고 그 대가를 지급하였다면 국내에 특허를 등록했는지 여부에 상관없이 그 사용료소득은 국내원천소득에 해당한다.(대법원 2018두36592, 2022.2.10.)

사용료소득의 사용지

원천을 판단할 때 능동소득은 수행지, 수동소득은 지급지를 기준으로 한다. 국내세법은 사용료소득을 수동소득으로 구분하는데 비해 한미조세조약을 포함한 선진국 조세조약은 사용료소득을 능동소득으로 보아 특허가 사용되어 주된 경제적 가치가 창출되는 곳(제조지)을 원천으로 보는 수행지기준을 적용하며 이를 '사용지기준'으로 표현하기도 한다. 그 동안 법원은 '특허 등록지'를 사용지로 본다는 입장이었다. 그렇지만, 특허는 그 자체로 경제적 가치를 지닌 무형자산이고 그에 대한 대가를 사용료로 규정하는 세법이 있음에도 불구하고 가치 있는 무형자산을 국내에서 사용하고 대가를 지급하였다는 사실을 무시하고 단순히 등록되지 않았으므로 무형자산에 대한 사용료가 아니라는 판단은 경제적 실질 또는 조세법률주의 관점에서 볼 때 이해할 수 없는 견해였다.

(2) 지급자의 비용공제

일부 국가들은 사용료수취인이 같은 나라에 거주하지 않거나 자국에서 과세되지 않으면, 지급자의 과세소득 계산에 있어 사용료 지급액의 비용공제를 허용하지 않는다. 더 나아가 사용료의 비용공제를 전혀 인정하지 않는 경우도 있다. 한 체약국 거주자가 체약상대국 거주자에게 사용료를 지급하는 경우 비용공제가 허용되어야 하는지 여부는 차별금지조항에서 검토된다.(OE §12－2)

(3) 체약상대국 국내사업장 귀속 사용료소득

> OECD모델 12조 3항: 한 체약국의 거주자인 사용료의 실질적 소유자가 그 사용료가 발생하는 체약상대국 내에 있는 국내사업장을 통해 사업을 영위하고, 그 사용료의 지급원인이 되는 권리나 재산이 그러한 국내사업장과 실질적으로 관련되는 경우에 1항의 규정은 적용되지 않는다. 그러한 경우에는 7조의 규정이 적용된다.

한 체약국에서 발생되고 체약상대국 거주자에게 귀속되는 사용료만이 사용료소득 조항의 적용대상이다. 그러므로 한 체약국에서 발생한 사용료나 제삼국에서 발생한 사용료가 한 체약국 기업이 체약상대국에 가지고 있는 국내사업장에 귀속된다면 한 체약국 기업의 관점에서 볼 때 사용료소득이 아니다. 이 경우 사업소득으로 보며 기타소득으로 볼 여지도 있다. 한 체약국에서 발생되는 사용료가 체약상대국의 기업이 제삼국에 가지고 있는 국내사업장에 귀속되는 상황에서 일어날 수 있는 조세회피를 조세회피방지규정(OE §29 ⑧)에서 다루고 있다.(OE §12-5)

4. 국내원천 사용료소득 과세방법 및 감면

(1) 제한세율 적용

실질귀속자 거주지국과의 조세조약이 있는 경우, 제한세율로 원천징수한다.[부록 체약국별 제한세율] 조세조약이 없는 경우, 국내세법에 따라 원천징수한다. 국내사업장에 귀속되는 사용료는 국내사업장의 사업소득으로 과세된다.

| 국내원천 사용료소득의 과세방법 |

구 분	조약이 있는 경우	조약이 없는 경우
국내에서 지급	제한세율로 원천징수(2~15%) (※일부 비과세)	국내세법에 따라 원천징수(20%)
국내사업장에 귀속	국내사업장 종합과세	국내사업장 종합과세

국내원천 사용료소득을 지급하는 경우에는 그 지급금액(부가가치세를 포함한 수입금액 또는 판매금액을 기초로 하여 계산한 금액을 기술사용대가로 지급하기로 약정한 경우에는 부가가치세를 포함한 금액)을 원천징수 과세표준으로 한다.(법통 98-0…1)

(2) 공공차관협약에 의한 기술 또는 용역의 대가에 대한 감면

공공차관의 도입과 관련하여 외국인에게 지급되는 기술 또는 용역의 대가에 대하여는 해당 공공차관협약이 정하는 바에 따라 소득세 또는 법인세를 감면한다.(조특법 §20 ②) 이 경우 특정 기술에 한하여 선별적으로 조세감면을 허용하는 것이 아니라 공공차관협약에서 정하는 기술로서 조세감면내용만 명시하면 족하다.

Chapter 08

양도소득(Capital Gains)

8

양도소득 과세는 국가마다 상당히 다른데, 다음과 같이 양도소득을 소극적으로 과세하는 국가도 있다.(OE §13-1)

1. 양도소득을 과세소득으로 보지 않음.
2. 기업의 양도소득은 과세하나, 개인은 사업상 거래목적의 양도소득만 과세함.
3. 개인의 사업거래 이외에서 생긴 양도소득을 과세하는 경우 부동산 매매차익 실현목적이나 투기소득(재판매 목적의 자산구입) 등과 같은 특별한 경우만 과세함.

국가 간 다양한 양도소득 과세제도로 인해 조세조약에는 양도소득에 대한 상세한 정의가 없다. 조약상 '재산의 양도'는 포괄적 의미를 가지는데 재산의 매매나 교환, 부분양도, 수용(expropriation), 회사에 대한 주식교환 현물출자, 권리매각뿐 아니라 증여(gift) 및 사망으로 인한 재산상속관련 이전소득까지 포함하는 경우도 있다.(OE §13-5)

양도소득의 발생원인과 양도소득의 과세는 직접적 관련이 없다. 단기간에 발생한 투기소득뿐 아니라 경제여건의 꾸준한 성장에 따라 장기에 걸쳐 발생한 자본이득도 모두 양도소득에 포함하며, 또한 내국통화의 가치하락으로 인한 자본이득도 포함한다.(OE §13-11)

국내세법은 비거주자·외국법인의 부동산양도와 유가증권양도를 별도로 규정한다. 이에 비해, 조세조약은 이들을 양도소득에서 같이 규정하는데, 이는 사실상 국내세법의 거주자 양도소득 규정과 비슷하다. 조세조약 및 국내세법의 양도소득 규정을 비교하면 다음과 같다.

이 책에서는 국내세법을 기준으로 부동산과 유가증권을 구분하여 설명하며, 부동산주식(비상장)은 부동산과 함께 설명한다.

| 국내세법 및 조세조약의 양도소득 비교 |

국내세법		조세조약(OE §13)
거주자(소법 §94)	비거주자 · 외국법인 (법법 §93 7호, 소법 §119 9호)	
1. 토지 및 건물 2. 부동산 권리 ① 부동산취득권 ② 지상권 ③ 전세권, 등기된 임차권 3. 기타자산 ① 사업용고정자산과 함께 양도하는 영업권 ② 시설물이용권 (시설물관련주식) ③ 부동산주식, 휴양시설주식 4. 주식 ① 상장법인주식 대주주양도분 및 장외거래분 ② 비상장법인 주식	1. 토지 및 건물 2. 부동산 권리 ① 부동산취득권 ② 지상권 ③ 전세권, 등기된 임차권 3. 기타자산 ① 사업용고정자산과 함께 양도하는 영업권 ② 시설물이용권 (시설물관련주식) ③ 비상장 부동산주식 4. 유가증권 (법법 §93 9호, 소법 §119 11호) ① 과점주주 주식(상장) ② 장외거래주식(상장) ③ 비상장주식 ④ 기타 유가증권(채권 등)	1. 부동산 · 이에 준하는 것 ① 토지 및 건물 ② 부동산 권리 2. 사업용동산 3. 국제운송선박 · 항공기 4. 기타자산 ① 과점주주 주식 ② 부동산주식 ③ 기타자산

I 부동산등의 양도소득

1. 부동산 등 양도소득의 범위

1.1 국내원천 부동산 등 양도소득

국내원천 부동산 등 양도소득은 다음에 해당하는 자산 · 권리의 양도소득을 말한다. 다만, 그 소득을 발생하게 하는 자산 · 권리가 국내에 있는 경우로 한정한다.(법법 §93 7호, 소법 §119 9호)

(1) 부동산, 부동산권리 및 기타자산

비거주자 · 외국법인이 수취하는 소득세법에 따른 아래 자산 · 권리의 양도소득은 국내원천 양도소득이다.(법법 §93 7호 가목, 소법 §119 9호 가목)

① 토지 및 건물

토지는 지적공부에 등록해야 할 지목에 해당하는 것으로, 지목은 지적공부상의 지목에 관계없이 사실상의 지목에 의하나 사실상의 지목이 불분명한 경우에는 지적공부상의 지목에 의한다. 건물은 부속된 시설물과 구축물을 포함한다.(소법 §94 ① 1호)

② 부동산에 대한 권리

㉮ 부동산을 취득할 수 있는 권리: 취득시기가 도래하면 해당 부동산을 취득할 수 있는 권리이다.(소법 §94 ① 2호 가목)

㉯ 지상권: 타인의 토지에 건물이나 공작물을 축조하거나 또는 수목을 소유하기 위해 토지를 사용하는 권리를 말한다.(소법 §94 ① 2호 나목)

㉰ 전세권 및 등기된 부동산임차권(소법 §94 ① 2호 다목) 전세권은 전세권자가 전세금을 지급하고 타인(전세권설정자)의 부동산을 점유하여 그 부동산의 용도에 좇아 사용 · 수익하는 권리를 말하며, 부동산임차권이란 임대차계약에 기하여 임차인이 임대인의 소유물건을 사용 · 수익하는 권리를 말한다.

③ 기타자산

㉮ 사업용고정자산(부동산 및 부동산권리)과 함께 양도하는 영업권(영업권을 별도로 평가하지 아니하였으나 사회통념상 영업권이 포함되어 양도된 것으로 인정되는 것과 행정관청으로부터 인가 · 허가 · 면허 등을 받음으로써 얻는 경제적 이익을 포함)(소법 §94 ① 4호 가목)

㉯ 이용권 · 회원권 그 밖에 그 명칭에 관계없이 시설물을 배타적으로 이용하거나 일반이용자에 비하여 유리한 조건으로 이용할 수 있도록 약정한 단체의 일원이 된 자에게 부여되는 시설물이용권(법인의 주식을 소유하는 것만으로 시설물을 배타적으로 이용하거나 일반이용자에 비하여 유리한 조건으로 시설물이용권을 부여받게 되는 경우 해당 주식을 포함)(소법 §94 ① 4호 나목)

㉰ 비상장 부동산주식(소법 §119 9호 나목)

(2) 비상장 부동산주식

내국법인의 주식(주식을 기초로 하여 발행한 예탁증서 및 신주인수권을 포함) 중 양도일이 속하는 사업연도 개시일 현재의 그 법인의 자산총액 중 다음의 가액의 합계액이 50% 이상인 법인의 '부동산주식'으로서 증권시장에 상장되지 아니한 주식의 양도소득은 국내원천 양도소득으로 본다. 이 경우 조세조약의 해석·적용과 관련하여 그 조세조약 상대국과 상호합의에 따라 한국에 과세권한이 있는 것으로 인정되는 주식도 부동산주식에 포함한다.(법법 §93 7호 나목, 소법 §119 9호 나목) 자산총액 및 자산가액은 해당 법인의 장부가액(토지 기준시가가 장부가액보다 크면 기준시가)에 의한다. 이 경우, 무형고정자산의 금액, 양도일부터 소급하여 1년이 되는 날부터 양도일까지의 기간 중에 차입금 또는 증자 등에 의해 증가한 현금·금융재산·대여금은 자산총액에 포함하지 않는다.(법령 §132 ⑫, 소령 §179 ⑭)

① 토지, 건물 및 부동산권리(소법 §94 ① 1호·2호)의 자산가액

② 내국법인이 보유한 다른 '부동산 과다보유 법인'의 주식가액에 그 다른 법인의 부동산 보유비율을 곱하여 산출한 가액. 이 경우, 다른 '부동산 과다보유 법인'이란 그 법인의 부동산 보유비율(토지·건물·부동산권리가액/총자산가액)이 50% 이상인 경우를 말한다.(법령 §132 ⑪, 소령 §119 ⑪)

외국인의 부동산 취득 신고

1. 외국인토지법: 영주권자를 제외한 외국인(외국법인 포함), 외국인이 지분의 50% 이상을 소유하는 내국법인은 국내에서 토지를 취득하는 경우 계약일로부터 60일 이내에 토지소재지 시·군·구청에 신고해야 한다.
2. 외국인투자촉진법: 영주권자를 포함한 외국인(외국법인 포함)은 투자자금 반입 전에 외국환은행에 신고해야 한다.
3. 외국환거래법: 영주권자를 제외한 비거주자는 부동산 취득자금 인출시 외국환은행에 신고해야 한다.

1.2 조세조약

조세조약상 '부동산'의 정의는 부동산에 부수되는 자산, 농림업에 사용되는 가축 및 장비, 부동산에 관한 일반법이 적용되는 권리, 부동산에 대한 용익물권, 광상·광천·기타 자연자원을 채취 또는 채취할 권리를 포함한다. 그러나 사실상 부동산의 정의는 소재지국의 세법규정을 따른다. 사업용 동산은 부동산 이외의 모든 재산을 의미하며, 영업권, 라이선스 등과 같은 부수적인 재산(incorporeal property)도 포함된다.

| 조세조약상 양도소득의 범위 및 과세원칙 |

구 분	재산 내역	과세원칙
부동산	토지, 건물, 부동산에 관한 권리	부동산 소재지국에서 과세 (1차적 과세권)
사업용 동산	국내사업장의 사업용 자산을 구성하는 동산 및 해당 국내사업장(영업권 및 무체재산권 포함)	국내사업장 소재지국에서 과세 (사업소득 과세원칙과 같음)
국제운송 선박 및 항공기	국제운송에 사용하는 선박, 항공기 및 이에 부수되는 동산	그 선박 및 항공기를 운용하고 있는 기업의 거주지국
기타 자산	유가증권 및 기타 자산	거주지국 과세 (일부조약은 원천지국 과세)

2. 부동산 등 양도소득 원천의 판단

일반적으로, 부동산 및 국내사업장 동산의 양도소득은 소재지국에서 원천과세하며, 그 외의 모든 기타자산의 양도소득은 양도인 거주지국에서 배타적으로 과세한다. 일부 조세조약은 부동산 보유회사의 주식을 일부 또는 전부 양도하여 수취하는 소득에도 거주지국 과세원칙을 적용한다.

2.1 부동산 및 부동산 권리: 소재지국

OECD모델 13조 1항: 한 체약국의 거주자가 체약상대국 내에 소재하는 6조에 언급된 부동산의 양도로 얻는 소득에 대하여는 체약상대국에서 과세할 수 있다.

부동산양도소득은 소재지국에서 과세한다. 이러한 소재지국 과세원칙은 부동산임대소득 및 자본의 과세원칙과 맥을 같이 한다. 기업의 재산을 구성하는 부동산도 마찬가지이다. 부동산양도소득 조항은 한 체약국 거주자가 소유하는 체약상대국에 소재한 부동산에 대하여만 적용되며, 양도인이 거주자 자격을 가지는 체약국에 소재하거나 제삼국에 소재하는 부동산양도소득에는 적용되지 않는다. 이러한 경우에는 양도인의 거주지국에서 배타적으로 과세한다.(OE §13-22) 예를 들면, 내국인이 소유하던 토지를 주한 외국공관에 양도함으로써 발생하는 소득은 상호주의에 의한 조세면제규정의 적용대상이 될 수 없고, 현행 소득세법이나 조세감면규제법 규정상 면제규정이 없으므로 양도소득세 과세대상이다.(국세청 재산 01254-1674, 1988.6.15.)

부동산주식 양도소득 조항은 부동산양도소득 조항을 보완하는데, 이는 부동산에서 그 가치의 50%를 초과하여 수취하는 주식 또는 그 같은 지분의 양도로 수취하는 소득에 적용된다.(OE §13-23)

2.2 부동산주식: 소재지국

OECD모델 13조 4항: 주식 또는 이와 비슷한 지분(파트너십이나 신탁의 지분 등)의 가치의 50%를 초과하는 부분이 그 주식의 양도일 이전 365일의 기간 중에 체약상대국 내에 소재한 6조에서 정의한 부동산으로부터 직접 또는 간접으로 수취한 것이라면, 한 체약국 거주자가 해당 주식의 양도로 수취하는 소득에 대하여는 체약상대국에서 과세할 수 있다.

부동산주식의 양도소득과세는 부동산양도소득의 소재지국 과세원칙의 연장이다. 양도 이전 365일 기간 중에 주식이나 이와 비슷한 지분의 50% 이상이 직·간접적으로 한 체약국에 소재한 부동산으로 인한 것이라면 사실상 주식은 부동산의 형식적 표현이므로 이를 부동산과 같은 원칙하에 과세하기 위한 것이다.(OE §13-28.3) 주식가치의 일부가 원천지국에 소재한 부동산이 아닌 재산으로부터 유래한 경우에도 부동산주식에 귀속되는 모든 소득은 소재지국 과세가 가능하다. 주식 또는 이와 비슷한 지분의 50% 이상이 부동산과 직·간접적으로 연관되었는지 여부는 일반적으로 그 부동산 가치를 회사자산의 가치와 비교함으로써 확인할 수 있다. 이때 회사의 부채나 기타 채무는 고려할 필요가 없으며, 해당 부동산에 대한 담보채무도 관련이 없다.(OE §13-28.4) 한국이 체결한 대부분 조세조약은 부동산주식 양도소득을 소재지국에서 과세한다.

주식이나 비슷한 지분의 양도 이전 365일 기간 중 어느 때이든, 그 주식이나 비슷한 지분 가치의 50%를 초과하는 부분이 직간접으로 부동산으로부터 유래하는 경우에 부동산주식 양도소득으로 과세하므로, 그 목적상 그 가치를 고려하는 부동산 자체가 그 회사나 다른 단체에 의해 양도된 날 이후 365일 이내에 주식이 양도되는 경우에도 과세되어야 한다. 일부 국가들은 이 경우 부동산의 양도는 소재지국에서 부동산양도소득으로 과세되기 때문에 그 이후 주식이나 비슷한 지분의 양도소득을 부동산주식 양도소득으로 판단할 때 그 자산의 가치를 고려하는 것은 적절하지 않다고 생각한다. 예를 들면, R국 거주자 개인 X가 R국 거주회사 X의 모든 주식을 보유한다고 가정한다. X사의 주된 자산은 S국에 소재하는 부동산이다. 2017년 1월에 X사는 자산을 매각하며 S국은 1항에 따라 그 양도소득을 과세한다. 2017년 말에 X가 사망하며, S국의 국내법에 따라 이를 세무상 X사 주식의 양도로 본다. 이 경우, 국가들은 X의 사망으로 인해 양도된 주식에 4항을 적용할 때 양도된 부동산의 가치를 고려해서는 안 된다고 생각한다. 이들 국가는 양자합의로 대체규정을 둘 수 있다. 특수관계인 사이에 거래를 함으로써 대체규정에 있는 예외를 남용할 수 있다고 걱정하는 국가들은 그 범위를 제삼자 간에 이루어지는 양도로 제한할 수 있다. 또한, 국내법에서 일정유형의 양도에 대하여는 양도소득을 인정하지 않는 국가들은 대체규정에 포함된 예외의 범위에서 그러한 유형의 양도를 제외할 수 있다.(OE §13-28.9)

(1) 부동산 비율

대부분 조세조약은 부동산과 직·간접적으로 연관되는 주식가치의 비율을 50% 내외로 규정한다. 또한 양도자가 일정 수준 이상의 지분을 보유하는 경우에만 부동산주식을 과세하는 경우도 있다.(OE §13-28.6) 한국은 독일, 베트남, 아랍에미리트, 콜롬비아, 페루 등과의 조세조약에서 '50% 이상'을 규정한다. 그 외는 '주로 부동산으로 구성'이란 표현을 쓰는데 이는 50% 이상을 말한다.

(2) 파트너십, 신탁 및 조합지분

2017년 이전에 OECD모델 13조 4항은 주식의 양도에만 적용되었지만, 주석에서 국가들은 주식으로 인한 소득뿐 아니라, 주식을 발행하지 않는 파트너십이나 신탁과 같은 기타 단체의 지분(interests)이 주식과 유사하게 주로 부동산으로부터 유래하는 경우 그 지분의 양도로 인한 소득에도 적용할 수 있도록 그 범위를 확대할 수 있다고 설명하였다. 2017년에 이러한 목적으로 '비슷한 지분(comparable interests)'이란 표현이 추가되었다. 또한, 양도시점이 아니라 양도 이전 365일 중 아무 때에나 주식이나 비슷한 지분의 가치가 주로 부동산으로부터 유래하는 상황을 포함하기 위해 이 항을 개정하였다. 이러한 개정은 한 체약국에 소재한 부동산으로부터 유래하는 주식이나 지분 가치의 비율을 속이기 위해 한 단체의 주식이나 비슷한 지분의 양도 직전에 자산을 그 단체에 투입하는 상황에 대처하기 위해 이루어졌다.(OE §13-28.5) 한영조세조약 제13조에는 이러한 규정이 있다.

(3) 부동산주식 양도소득을 과세 제외하는 경우

일부 국가들은 체약국의 공인 증권시장에 상장된 회사의 주식 또는 단체나 계약구조의 지분 양도소득, 회사의 구조조정과정에서 일어나는 주식 또는 비슷한 지분의 양도소득 또는 주식이나 비슷한 지분의 가치가 유래되는 부동산이 사업수행(광산이나 호텔 같은)을 위한 부동산인 경우는 과세에서 제외한다.(OE §13-28.7) 또한, 연금기금 및 이와 비슷한 단체가 보유한 주식의 경우에도 면세되는 경우가 있다. 대부분 국가에서는 국내법에 따라 연금기금 및 이와 비슷한 단체의 투자소득에 대한 조세를 면제한다. 이러한 단체들의 해외투자를 국내투자와 세무상 동일하게 취급하기 위해 일부 국가들은 다른 국가 거주자인 이러한 단체들이 수취하는 부동산주식의 양도차익 등 투자소득을 원천과세하지 않도록 조세조약에서 규정한다. 이러한 국가들은 연금소득규정의 대체조항을 조세조약에 규정한다.(OE §13-28.8) 소득공제방법을 채택한 거주지국이 국내세법상 부동산주식의 양도소득을 과세하지 않는 경우에는 국외원천 부동산주식의 양도소득에 대하여 공제할 필요가 없다. 과세소득에 포함되지 않은 양도소득을 공제하면 이중공제하는 결과를 초래한다. 이 경우 국외원천 양도소득을 소득공제에서 제외하여 세액공제하기도 한다.(OE §13-28.13)

(4) 부동산투자신탁 지분의 양도

부동산투자신탁(REITs)의 주식이나 이와 비슷한 지분의 양도는 예외적으로 취급하기도 한다. 부동산투자신탁의 고액투자자의 지분을 양도하는 경우 이는 부동산 직접투자분(substitute)의 양도로 간주되므로 부동산양도로 보는 것이 적절하지만, 부동산투자신탁 소액투자자의 지분양도에 대하여 부동산양도로 보는 것은 부적절하다.(OE §13-28.10)

배당소득에서 검토한 것처럼, 부동산투자신탁의 소액투자자 지분은 부동산에 대한 간접소유라기보다는 주식으로 보는 것이 적절하다. 이러한 맥락에서, 공개된 부동산투자신탁 소액지분의 양도소득을 원천과세하는 것은 실무적으로 상당히 어렵다. 또한, 주로 부동산으로 부가가치를 창출하는 다른 실체(entities)와 달리 부동산투자신탁은 대부분의 소득을 배분하므로, 다른 실체와 비교할 때 양도소득세를 납부할 만한 잔여소득이 남지 않는다. 이러한 이유로 '부동산투자신탁인 회사지분의 10% 미만에 해당하는 지분을 직·간접적으로 보유하는 사람의 보유지분'을 부동산주식에서 제외하는 국가들이 있다. 또한, 부동산주식에 주식과 비슷한 지분을 포함하기도 한다.(OE §13-28.11)

그런데, 일부 국가는 주로 부동산으로 부가가치를 창출하는 회사의 주식양도소득은 모두 양도소득에 해당하므로 부동산투자신탁과 공개회사를 구분하여 취급할 이유가 없다는 견해인데, 특히 부동산투자신탁은 소득에 대하여 과세되지 않기 때문이다. 주식시장에 상장된 회사주식의 양도에 대해 예외를 두지 않는다면 부동산투자신탁의 지분에 대한 특별한 예외도 둘 수 없다는 것이 이들 국가의 견해이다.(OE §13-28.12)

(5) 국내세법상 부동산주식의 과세

부동산이 전체 자산의 50% 이상인 법인의 주식은 '부동산주식'에 해당하여 부동산의 양도로 취급된다. 다만, 부동산주식 중 상장주식은 일반 유가증권의 양도로 본다.(법법

§93 7호 · 9호, 소법 §119 9호 · 12호) 이는 비거주자의 상장부동산주식의 투자를 쉽게 하기 위한 것으로 다음과 같은 이점이 있다.

구 분	비상장 부동산주식(부동산 양도)	상장 부동산주식(유가증권 양도)
원천징수	부동산양도소득에 해당하므로, 대부분 조세조약상 원천지국에서 과세된다.	유가증권 양도소득에 해당하므로, 대부분 조세조약상 원천지국에서 비과세한다.
납세방법	양수자가 원천징수한 후 양도자가 거주자와 마찬가지로 자진 신고납부한다.	과세되는 경우, 양수자가 완납적으로 원천징수한다.
세 율	부동산양도소득은 누진세율이 적용된다.	과세되는 경우, 양도가액의 10%와 양도차액의 20% 중 적은 금액이 과세된다.

2.3 국제운송선박: 거주지국 · 실질적 관리장소

> OECD모델 13조 3항: 국제운송에서 선박이나 항공기를 운영하는 한 체약국의 기업이 그 선박이나 항공기를 양도하거나, 또는 그 선박이나 항공기의 운영에 부수되는 동산을 양도하여 수취하는 소득은 한 체약국에서만 과세된다.

부동산의 경우 소재지국 과세권을 인정하는 데 비해 국제교통에 종사하는 선박, 항공기, 그리고 그 선박, 항공기의 운송에 부수된 동산에 대하여는 소재지국 과세권을 배제한다. 이들 재산의 양도소득은 선박, 항공기, 단정의 운송기업의 거주지국에서만 과세된다. 이러한 과세원칙은 국제운송소득 및 자본의 과세원칙과 일치한다. 특히 기업의 실질적 관리장소가 선박이나 항공기 안에 있는 경우 적용되는 국제운송소득조항은 이들의 양도소득에 대하여도 유추적용된다. 그러나 거주지국의 배타적 과세권을 규정하거나, 거주지 기준과 실질적 관리장소 기준을 복합적으로 규정하는 조세조약도 있다.(OE §13-28)

자기의 운송활동인지 또는 장비, 인원 및 보급품을 전부 갖춘 선박, 항공기를 리스하는지 여부와 상관없이 기업이 자신의 책임 아래 선박 또는 항공기를 운용하는 경우 이들 재산의 양도에는 국제운송선박 양도소득조항이 적용된다. 다만, 선박 또는 항공기를 소유한 기업이 이들을 자기 책임 아래 운용하지 않는 경우 국제운송선박 양도소득조항은 적용되지 않는데, 일시적인 나용선 리스가 아닌 계속적인 나용선 리스를 행하는 경우가 그 예이다. 이 경우 그 재산 또는 관련동산의 실소유주에게 발생된 양도소득은 국내사업장 동산양도 또는 기타자산양도에 해당한다.(OE §13-28.1)

한국이 체결한 대부분 조세조약은 국제운송소득과 마찬가지로 국제운송선박 등의 양도소득에 대하여도 거주지국 과세를 규정한다.

2.4 기타 자산: 거주지국

OECD모델 13조 5항: 1항, 2항, 3항 및 4항에서 언급된 재산 이외의 재산의 양도로부터 발생하는 소득에 대하여는 그 양도인이 거주자인 체약국에서만 과세한다.

부동산, 사업용 동산, 부동산주식 이외의 기타자산 양도소득은 원칙적으로 양도자의 거주지국에서 과세한다. 기타자산에는 부동산주식을 제외한 유가증권, 증권, 공채, 사채 등이 포함된다. 이는 기본적으로 기타소득의 과세원칙과 맥을 같이 한다.(OE §13-29) 다만, 한국이 체결한 일부 조세조약들은 원천지국의 과세권을 인정하는 경우도 있다.

(1) 유가증권 양도

유가증권에는 부동산주식을 제외한 주식, 증권, 공채, 사채 등이 포함된다. 조세조약에 따라 유가증권양도소득에 대한 거주지국의 배타적 과세권을 인정하거나 원천지국의 제한적 과세권을 인정한다.(OE §13-30) 유가증권양도소득은 Ⅱ절에서 구체적으로 검토한다.

(2) 기타 재산 양도

일본법인이 국내에서 내국법인이 발행한 골프회원권을 양도하고 지급받는 대가 및 네덜란드법인이 국내법에 의거 국내에서 등록된 상표권을 국내에서 양도하고 받은 대가는 국내원천 양도소득이다.(국이 46523-584, 1993.11.25.)

한편, 내국법인이 해외자원개발사업을 단독으로 진행하다가 다른 법인들이 해외자원개발사업에 추가로 참여하면서 실질적인 위험과 효익을 약정된 투자지분에 따라 분담하고 공동운영에 따라 발생되는 자산과 부채에 대하여 투자지분에 상당하는 권리와 의무를 갖게 되어 구성원의 공동사업으로 전환함에 따라 해당 내국법인의 지분율이 감소되는 경우, 그 지분율 감소는 자산의 양도에 해당되지 않는다.(법인세과-1205, 2009.10.30.)

(3) 주식매수선택권 행사로 취득한 주식의 양도

직원(employee)이나 임원(member of a board of directors)에게 부여된 주식매수선택권(stock options)의 행사로 취득한 주식의 양도로 인한 양도소득은 근로소득 및 이사의 보수에 해당하는 주식매수선택권 행사 소득과 구분된다.(OE §13-32)

(4) 간주배당 및 간주이자의 과세

주식발행회사의 청산, 주식매입(redemption of shares)이나 감자로 인해 주주가 주식을 양도한다면, 주주가 수취한 대가와 액면가의 차이는 양도소득이 아닌 유보소득의 배당으로 취급될 수 있다. 이러한 차액은 배당의 정의에 포함되기 때문에 해당국가의 국내법이 그 차액을 주식으로 인한 소득으로 간주하는 경우 과세가 인정된다. 주식발행회사의 거주지국이 그 차액을 배당으로 보는 경우, 주주의 거주지국은 자국법에서 그러한 차액이 양도소득에 해당하는 경우에도 이중과세를 해소해야 한다. 이러한 해석은 공채나 사채가 액면가나 발행가보다 높은 가격에 채무자에 의해 상환되는 경우에도 적용된다. 이 경우, 그 차이는 이자로 간주되어 이자 원천지국에서 제한세율로 과세되기도 한다.(OE §13-31) 다만, 국내세법상 간주이자(채권상환차익)는 과세대상이 아니다.

2.5 조세조약상 양도소득 조항이 없는 경우

한국이 체결한 룩셈부르크, 태국과의 조세조약에는 양도소득조항이 없다. 룩셈부르크는 의정서 3항에 의해 양도소득으로 과세되며, 태국은 기타소득으로 과세된다.

3. 각국 과세제도의 차이

3.1 양도소득의 과세시점

대부분 국가는 재산의 양도가 일어나는 때에 과세한다. 그러나 일부 국가는 실현된(realized) 양도소득에만 과세하는데, 양도가 행해지더라도 양도소득이 새 재산을 취득하기 위해 사용되는 경우에는 과세대상으로서의 양도소득이 인식되지 않는다. 실현되었는지 여부는 각국의 국내법에 따라 결정된다.(OE §13-6)

3.2 자산재평가세

원칙적으로 재산양도와 관련되지 않은 가치평가는 양도소득세 과세대상이 아니다. 소유자가 재산을 여전히 소유하는 한 실질적인 양도가 일어난 것으로 볼 수 없다. 그러나 양도가 이루어지지 않더라도 자산평가나 사업재산 재평가차익에 대해 과세하는 세법을 가진 국가가 있다.(OE §13-7) 한국도 한시적으로 「자산재평가세법」을 운영한 적이 있다.

양도되지 않은 재산의 재평가차익에 대하여 특별한 요건을 충족하는 경우 과세를 하기도 한다. 이는 소유자가 재산을 장부상 재평가하는 방식으로 재산가치를 증가시키는 경우 또는 내국통화 가치하락의 경우를 예로 들 수 있다. 많은 국가들이 이러한 장부상 이익, 유보금액, 불입자본 증가 및 재산 내재가치에 따른 장부가치 조정으로 인한 재평가를 특별세의 과세대상으로 한다. 이러한 재산평가세(가치증가세)는 조세조약의 양도소득 규정의 적용대상이 되기도 한다.(OE §13-8)

사업재산의 평가나 재평가 차익을 과세하는 경우, 원칙적으로 사업재산 양도에도 같은 논리가 적용되므로 이에 대한 특별규정을 만들 필요는 없다. 이러한 재평가 차익은 사안에 따라 부동산소득, 사업소득, 기타소득 또는 양도소득에 해당한다. 국내사업장의 사업재산 일부를 구성하는 경우 우선적인 과세권이 재산 소재지국에 주어지는 예외를 제외하고는 원칙적으로 과세권은 양도인의 거주지국에 있다.(OE §13-9)

3.3 양도소득의 계산

양도소득 과세방법은 국가마다 다르며, 크게 다음 2가지 유형이다.(OE §13-2)

1. 대부분 국가의 경우 양도소득은 부동산 양도소득세, 포괄적 양도소득세, 자산재평가세(가치증가세: increment tax)와 같은 분류과세의 대상이다. 이러한 조세는 납세자의 다른 소득(또는 손실)과 합산되지 않고 각 양도소득 또는 일 년간 발생한 양도소득 총액에 대하여 특별세율로 분류과세된다.
2. 일부 국가에서 양도소득은 통상의 소득으로서 다른 원천의 소득들과 합산하여 종합과세된다. 이는 특히 기업의 자산양도로 인한 양도소득에 적용된다.

양도소득 과세문제와 과세방법의 결정은 각국의 국내법 문제이다. 조세조약의 성격상 양도소득조항으로 인해 국내법상 양도소득을 과세하지 않는 국가에 양도소득의 과세권이 창설되는 것은 아니다.(OE §13-3) 양도소득조항은 어떤 종류의 국내조세를 적용할 것인지 결정하기 위한 것이 아니라, 체약국이 양도소득에 부과하는 모든 종류의 조세에 대한 국제적 과세원칙을 정하기 위한 것이다. 조세조약에 따라 한 체약국이 양도소득을 과세할 수 있는 경우, 양도소득과세를 인정하지 않는 이전 조약을 대체하여 새로운 조세조약이 체결된 때에도 새 조약 발효 후에 발생된 양도소득 해당분뿐 아니라 전체소득에 대하여 과세할 수 있다. 다만 양자합의에 따른 다른 규정이 있는 경우에는 그에 따른다.(OE §13-3.1)

조세조약에서는 어떻게 양도소득을 계산할 것인지를 정하지 않는다. 원칙적으로 양도소득은 양도가액에서 취득원가(cost)를 공제하여 계산된다. 취득원가를 산출하기 위해 취득에 부수된 모든 비용과 개량을 위한 모든 지출이 취득가액에 더해진다. 어떤 경우에 취득원가는 법상 허용된 감가상각액을 차감한 후 계산된다. 일부 국가의 세법은 취득원가 대신에 양도소득 과세목적으로 재산양도인의 취득시 신고가격과 같은 다른 기준을

정하기도 한다.(OE §13-12)

양도소득 과세기준이 양 체약국 간에 통일되지 않은 경우 문제가 된다. 한 국가가 재산 소재지국이기 때문에 양도소득 과세권을 가지는 한편, 다른 국가는 기업 거주지국이기 때문에 과세권을 가지는 경우에 한 국가에서 계산된 양도소득이 다른 국가에서 적용되는 원칙에 따라 계산된 양도소득과 일치하지 않을 수 있다.(OE §13-13) 즉, 아래와 같은 사례가 있을 수 있다.

(1) 장부상 감가상각

A국의 기업이 B국에 소재하는 부동산을 매입하였다. 그 기업은 A국에서 기장하는 장부에 부동산의 감가상각비를 계상한다. 만약 그 부동산이 원가 이상의 가격에 팔렸다면 양도소득은 실현되며 이미 공제된 감가상각비는 양도소득에 합산된다. 부동산 소재지인 B국은 장부가 없으므로 부동산 양도소득을 과세할 때 A국에서 기장된 감가상각비를 고려할 필요가 없다.

따라서 B국은 A국에서 인식된 감가상각액을 양도차익에 더하여 과세할 수 없다.(OE §13-14) 한편, 양도인이 거주하는 A국은 B국의 장부상 이익을 조세조약의 소득공제방법에 따라 전부 소득공제할 의무가 없다.(이때 세액공제방법을 적용하는 국가는 거의 문제가 생기지 않는다) 과거에 감가상각으로 인해 A국 과세소득이 감소하였으며 이러한 감가상각에 의해 장부상 양도차익이 현재 A국에서 발생한다면 A국이 이러한 이익을 과세함은 당연하다.(OE §13-15)

(2) 환율변동

A국과 B국의 환율변동으로 인해 문제가 일어날 수 있다. A국 통화가 평가절하되면 A국 기업은 해외소재 재산의 장부상 가치를 증가시켜야 한다. 통화의 평가절하와 마찬가지로 환율변동은 환차익이나 환차손을 발생시킨다. B국 소재 부동산을 매매하는 A국 기업의 경우 B국 통화로 표시된 취득가와 양도가가 동일하다면 B국에서 양도소득이 발생하지 않는다. 그러나 A국 통화와 비교하여 B국 통화가치가 재산취득시보다 양도시에 상승했을 경우 A국 통화로는 기업에 이익이 발생한다. 만약 그 기간 동안 B국 통화가치가 하락하게 되면 양도자에게는 B국에서 인식되지 않는 손실이 발생한다. 이러한 환차익이나 환차손은 외국통화로 계약된 채권·채무계약에서도 발생된다. A국 기업이 B국에 가진 국내사업장 재무상태표에 B국 통화로 채권·채무가 표시되는 경우 변제가 이루어질 때 국내사업장 장부에는 아무 이익이나 손실이 나타나지는 않는다. 그러나 본점 회계에 환율변동이 반영된다. B국 통화가치가 채권 발생시부터 변제시까지 상승할 경우

기업은 이익을 실현할 것이며, 반대의 경우 손실을 인식할 것이다. 이는 또한 채무 발생시부터 변제시까지 B국 통화가치가 하락하거나 상승하는 경우에도 마찬가지이다.(OE §13-16)

양도소득조항에는 환차익과 관련한 규정은 없다. 대부분의 경우 이러한 이익은 재산의 양도와 관련이 없고, 각국의 국내법에도 환차익과세에 대한 규정이 없다. 따라서 이 문제의 본질은 국내사업장 소재지국이 환차익을 과세하는 문제가 아니라, 소득공제방법을 적용할 때 본점 장부상 환차익에 대해 거주지국이 과세를 제한해야 하는가의 문제이다. 이러한 문제는 사업소득 및 소득공제방법 조항과 관련이 있다.(OE §13-17)

3.4 양도대가의 연지급

매각재산의 대가가 한번이 아니라 양도인 생애 동안 연금(annuity) 형태로 지급되는 경우가 있다. 이러한 연금이 취득원가를 상회하는 경우 양도소득인가 또는 기타소득(income not dealt with)인가? 국가에 따라서 이를 양도소득 또는 기타소득으로 취급한다.(OE §13-18) 한국의 경우 주택담보연금(reverse mortgage)은 양도소득이다.(소령 §155의2)

4. 부동산 등 양도소득 과세방법

비거주자·외국법인의 부동산 등 양도소득의 지급자가 법인인 경우 예납적으로 원천징수한 후, 그 비거주자·외국법인이 신고·납부해야 한다.(법법 §97 ①, 소법 §121 ②) 조세조약은 양도소득의 과세권 배분만 규정하므로 과세방법은 국내세법을 따른다.

| 국내원천 부동산 등 양도소득의 과세방법 |

구 분	조약이 있는 경우	조약이 없는 경우
국내사업장 없음.	조약에 따라 과세 또는 비과세 개인: 원천징수 후 양도소득세신고 법인: 원천징수 후 법인세신고	국내세법에 따라 과세 개인: 원천징수 후 양도소득세신고 법인: 원천징수 후 법인세신고
국내사업장 있음.	개인: 양도소득 분류과세 법인: 국내사업장 종합과세	개인: 양도소득 분류과세 법인: 국내사업장 종합과세

※ 법인이 취득하는 경우에만 예납적 원천징수

4.1 양도소득금액 및 납부세액

(1) 외국법인의 경우

① 각사업연도 법인세

국내사업장 또는 국내원천 부동산소득이 없는 외국법인으로서 국내원천 부동산등양도소득이 있는 외국법인의 각 사업연도소득에 대한 법인세는 양도소득(과세표준)에 내국법인에 대한 법인세율(법법 §55)을 적용하여 계산한 금액으로 한다.(법법 §97 ①) 이 경우, 1개월 이내에 사업연도를 정하여 신고하며 납세지는 그 부동산의 소재지이다. 이에 대하여 국내사업장에서 자세히 설명한다.

예를 들면, 국내사업장이 없는 외국법인이 부동산을 보유하다가 다른 외국법인에게 양도하는 경우, 1개월 이내에 사업연도를 정하여 신고하지 않은 경우에도 법인세법 제8조 제6항에 따라 양도일부터 법인세 신고일까지의 기간을 1사업연도로 보아 법인세를 신고납부할 수 있다.(법규국조 2011-221, 2011.7.14.) 외국법인이 국내원천 부동산양도소득에 대해 각 사업연도소득에 대한 법인세를 신고하는 경우 원천징수세액을 기납부세액으로 공제하거나 환급받을 수 있다.(법령해석국조-0641, 2019.7.18.)

② 지가급등지역 토지등 양도소득 과세특례

법인세법 제55조의2에 따라 지가급등지역 토지 및 건물을 양도할 경우 외국법인도 내국법인과 마찬가지로 법인세를 추가 납부한다. 이 경우, 법인세법 제92조 제3항에 따라 아래와 같이 양도소득을 계산하고, 법인세율은 법인세법 제55조의2에 따른 세율이 적용된다.(법법 §95의2)

- 양도소득 = 양도가액 - (취득가액 + 토지 등을 양도하기 위해 직접 지출한 비용)
- 토지 등을 양도하기 위해 직접 지출한 비용(소령 §163 ⑤): 양도소득 세과세표준 신고서 작성비용 및 계약서 작성비용, 공증비용·인지대 및 소개비, 자산을 취득할 때 법령 등의 규정에 따라 매입한 국민주택채권 및 토지개발채권을 만기 전에 양도함으로써 발생하는 매각차손, 하천법·댐건설 및 주변지역지원 등에 관한 법률·그 밖의 법률에 따라 시행하는 사업으로 인하여 해당 사업구역 내의 토지소유자가 부담한 수익자부담금 등의 사업비용, 토지이용의 편의를 위해 지출한 장애철거비용, 토지이용의 편의를 위해 해당 토지 또는 해당 토지에 인접한 타인 소유의 토지에 도로를 신설한 경우의 그 시설비, 토지이용의 편의를 위해 해당 토지에 도로를 신설하여 국가 또는 지방자치단체에 이를 무상으로 공여한 경우의 그 도로로 된 토지의 취득당시 가액, 사방사업에 소요된 비용, 기타 이와 비슷한 비용(컨설팅비용 등)

양도가액 및 취득가액은 실지거래가액으로 하되, 실지거래가액이 불분명한 경우에는 소득세법 제99조, 제100조 및 제114조 제7항을 준용하여 매매사례가액, 감정가액, 환산가액, 기준시가를 적용하여 계산한다.(법법 §92 ④) 토지 등의 양도시기 및 취득시기에 관하여는 소득세법 제98조의 규정을 준용한다.(법법 §92 ⑤)

③ 둘 이상의 자산을 양도한 경우

외국법인이 각 사업연도에 자산을 2회 이상 양도한 경우 양도소득금액의 계산은 해당 사업연도에 양도한 자산별로 양도가액에서 취득가액과 양도비용을 차감하여 계산한 소득금액을 합산한 금액으로 한다. 이 경우 양도한 자산 중 취득가액과 양도비용의 합계액이 해당 자산의 양도가액을 초과하는 자산이 있는 때에는 그 초과하는 금액을 차감하여 양도소득금액을 계산한다.(법령 §129의2 ⑥)

④ 증여받은 토지를 양도한 경우

「상속증여세법」에 의해 상속세과세가액 또는 증여세과세가액에 산입되지 아니한 재산을 출연받은 외국법인이 출연받은 날부터 3년 이내에 토지 등을 양도하는 경우에는 해당 토지 등을 출연한 출연자의 취득가액을 해당 외국법인의 취득가액으로 한다.(법법 §92 ③) 다만, 1년 이상 다음 공익사업(보건업 외의 수익사업 제외)에 직접 사용한 토지 등은 취득 당시 시가를 적용한다.(법령 §129의2 ①)

1. 법령에서 직접 사업을 정한 경우에는 그 법령에 따른 사업
2. 행정관청으로부터 허가·인가 등을 받은 경우에는 그 허가·인가 등을 받은 사업

수증자 그 밖에 이에 준하는 자가 양도한 자산의 취득가액은 당초 증여자 그 밖에 이에 준하는 자를 해당 양도자산의 양도자로 보아 계산한 금액으로 한다. 다만, 해당 자산이 증여자에게 기타소득으로 과세한 경우에는 수증당시 시가를 취득가액으로 한다.(법령 §129의2 ③) 비과세한 출연재산에 대하여 사후에 과세요인이 발생하여 상속세 또는 증여세가 부과되는 경우에는 양도소득세를 과세하지 않는다.(법령 §129의2 ②)

⑤ 양도소득 부당행위계산부인

외국법인의 부동산 등 양도소득의 부당행위계산부인에 관하여는 소득세법 제101조의 규정을 준용한다. 이 경우 '특수관계인'은 '법인세법 제2조 제12호에 정한 특수관계인'을 말한다.(법법 §92 ⑥)

(2) 비거주자(개인)의 경우

① 양도소득금액의 계산

비거주자(개인)의 부동산 양도소득은 거주자와 같은 방법으로 분류과세한다. 다만, 거주자였던 자가 해외이주로 세대전원이 출국하여 2년 내 양도하는 경우 및 거주자였던

자가 1년 이상 계속하여 국외 거주를 필요로 하는 취학 또는 근무상의 형편으로 세대전원이 출국하여 2년 내 양도하는 경우를 제외한 비거주자에게는 1세대 1주택 비과세(소법 §89 ① 3호)를 적용하지 않는다. 또한, '일반건물 장기보유특별공제'만 허용하며 '1세대 1주택자 장기보유특별공제'(소법 §95 ②)를 적용하지 않는다.(소법 §121 ②, 소령 §180의2 ①, 소법 §116 후단)

② 양도소득세의 계산

국내원천 부동산 등 양도소득이 있는 비거주자에 대해서는 거주자와 같은 방법으로 과세표준에 양도소득세율을 곱한 세액을 신고납부한다.(소법 §121 ②) 이 경우 예납적 원천징수세액이 있는 경우 결정세액에서 공제한다.(소법 §116)

(3) 부동산 등 양도소득의 비과세 · 감면의 배제

비거주자 · 외국법인의 양도소득에 대하여는 국내세법에 따른 비과세, 감면을 적용하지 않는다. 또한, 외국법인에 대하여 법인세법 제55조의2 제4항의 '파산선고에 의한 토지 등의 처분으로 인해 발생하는 소득에 대한 비과세'를 적용하지 않는다.

4.2 부동산 등 양도소득에 대한 예납적 원천징수

(1) 예납적 원천징수

취득자가 개인(거주자 및 비거주자)인 경우에는 부동산등의 양도소득 원천징수의무가 없으며, 취득자가 법인인 경우에만 양도소득세를 예납적으로 원천징수한다.(법법 §98 ①, 법령 §137 ⑧, 소법 §156 ①) 양도자가 법인세 · 소득세를 신고 · 납부한 후 양수자가 원천징수하는 경우에는 양도자가 신고 · 납부한 세액을 뺀 금액만을 원천징수한다.(법령 §137 ⑧, 소령 §207 ③) 아래의 경우에는 양수자의 원천징수의무를 면제한다.(소법 §156 ⑮)

1. 양도자(개인)가 양도소득세 예정신고를 하고 소득세를 납부한 경우
2. 양도소득이 비과세 또는 과세미달되는 것임을 입증하는 경우: 양도자는 원천징수의무자의 납세지 관할세무서장에게 '양도소득세 신고납부(비과세 또는 과세미달) 확인신청서'에 해당 부동산에 대한 등기부등본 · 매매계약서를 첨부하여 신청하고, 그 확인을 받아 이를 원천징수의무자에게 제출해야 한다.(소령 §207 ⑥)
3. 비거주자가 부동산등을 경매, 공매 등의 사유로 양도하는 경우로서 양수자가 양도소득세를 원천징수하기 어려운 때에는 양수자의 원천징수의무가 면제된다.(대법원 91누4423, 1992.2.11.)

| 예납적 원천징수세액 및 납세지 |

구 분	내 용
원천징수세액	양도가액(실지거래가)의 10% 또는 실지양도차익의 20% 중 적은 금액
원천징수 납세지	양수자 사업장소재지(사업장이 없는 경우 주소지 또는 거소지)

재외국민이 양도자인 경우에는 예납적 원천징수 대상이 아니다. 재외국민은 관할세무서의 인감경유확인서를 받아야 하며, 이때 양도소득세를 신고납부한다. 외국법인이 사업자로서 양도소득을 사업소득에 합산하여 신고하면 예납적 원천징수대상이 아니다. 다만, 사업폐지 후에 부동산양도소득이 발생하면 예납적 원천징수대상이다.

(2) 원천징수 및 양도소득신고를 하지 않는 경우

비거주자(양도자)의 부동산양도소득에 대하여 소득의 지급자(양수자)가 원천징수를 하지 아니한 경우에는 납세지 관할세무서장이 원천징수의무자(양수자)로부터 원천징수해야 할 세액과 가산세액을 징수한다. 그러나 원천징수의무자도 비거주자이거나 그 행방을 알 수 없는 경우 양도자 납세지 관할세무서장이 납세의무자인 양도자에게 직접 양도소득세를 부과·징수할 수 있다. 원천징수하지 않은 소득금액에 대하여 소득이 있는 납세의무자에게 직접 소득세를 부과·징수하는 경우, 원천징수의무자에게는 미이행가산세만 징수한다.(법법 §71 ③, 소법 §85 ③) 원천징수의무자인 양수자가 원천징수세액을 납부하였으나 그 후 양도자가 양도소득 과세표준을 확정신고하지 않아 관할세무서장이 양도소득 과세표준과 세액을 결정하는 경우, 원천징수세액이 확정된 세액보다 커 환급세액이 발생하는 때에는 양도자에게 환급한다.(재국조-224, 2006.4.14.)

(3) 재외국민과 외국인의 부동산등양도신고확인서의 제출

'재외동포의 출입국과 법적지위에 관한 법률' 제2조 제1호에 따른 재외국민과 '출입국관리법' 제2조 제2호에 따른 외국인이 부동산 및 부동산권리를 양도하고 그 소유권을 이전하기 위해 등기관서의 장에게 등기를 신청할 때에는 '부동산등양도신고확인서'를 제출해야 한다.(소법 §108, 2020.7.1. 이후 적용) 이 경우, 그 사람은 세무서장에게 부동산등양도신고확인서 발급을 신청해야 한다. 다만, 세무서장으로부터 부동산 매도용 인감증명서 발급 확인을 받은 경우에는 부동산등양도신고확인서를 제출한 것으로 본다.(소령 §171)

5. 국외전출자 보유 주식에 대한 과세특례: 국외전출세

5.1 국외전출자 보유 주식의 간주양도

(1) 거주자 출국시 주식에 대한 납세의무

출국일 10년 전부터 출국일까지의 기간 중 국내에 주소나 거소를 둔 기간의 합계가 5년 이상이고, 출국일이 속하는 연도의 직전 연도 종료일 현재 대주주에 해당하는 거주자(국외전출자)는 출국 당시 소유한 국외 전출세 대상 주식을 출국일에 양도한 것으로 보아 양도소득에 대하여 소득세를 납부할 의무가 있다.(소법 §118의9 ①) '국외전출자'란 출국일 10년 전부터 출국일까지의 기간 중 국내에 주소나 거소를 둔 기간의 합계가 5년 이상인 거주자로 출국함으로써 비거주자가 된 사람을 말한다.(국제조세제도과-209, 2019.5.17.)

① 국외전출세 대상 주식

1. 국내 상장 및 비상장 주식(소법 §94 ① 3호 가목 및 나목) 2. 외국법인 발행주식 및 외국시장 상장주식(소법 §94 ① 3호 다)[2027.1.1. 출국분부터 적용] 3. 국내 부동산과다법인 주식(소법 §94 ① 4호 다목) 4. 국내 휴양시설법인 주식(소법 §94 ① 4호 라목)

다만, '외국법인 발행주식 및 외국시장 상장주식'(소법 §94 ① 3호 다목) 중 다음 어느 하나에 해당하는 주식은 국외전출세 대상 주식에서 제외한다.(소령 §178의8 ②)

1. 국외전출자가 출국 당시 소유한 국외주식의 양도가액의 합계가 5억원 이하인 것 2. 외국인 임원 또는 사용인으로서 출국일 10년 전부터 출국일까지의 기간 중 국내에 거소나 주소를 둔 기간의 80% 이상의 기간 동안 국내에서 근로를 제공한 사람(일용근로자는 제외하고, 국내에서 근로의 제공이 종료된 날부터 6개월 이내에 출국하는 외국인 근로자)이 소유한 것 3. 외국인 근로자의 배우자 및 20세 이하(20세가 되는 날과 그 이전 기간)인 직계비속이 그 외국인 근로자가 국내에서 근로를 제공하기 시작한 날 전에 취득한 것

② 국외전출세 대상 대주주

대주주 범위는 양도소득세의 경우(소령 §167의8 ①, §157 ①)와 같다.(소령 §178의8 ①)

구분	코스피 / 코스닥 / 코넥스	비상장주식
소유비율	1% / 2% / 4%	4%
주식가액	50억원	10억원(벤처 40억원)

(2) 과세표준 및 산출세액의 계산

국외전출자 주식의 양도소득에 대하여 다음과 같이 과세표준 및 세액을 계산한다. 특례에 따른 양도소득 과세표준은 종합소득, 퇴직소득 및 양도소득 과세표준과 구분하여 계산한다.(소법 §118의10, 소법 §118의11)

구 분	계산 방법
① 양도가액	출국일 당시의 시가
② 필요경비	양도소득 필요경비 계산방법(소법 §97)에 따라 계산
③ 양도소득금액(① - ②)	양도가액에서 필요경비를 공제한 금액
④ 기본공제	연 250만원
⑤ 양도소득 과세표준(③ - ④)	양도소득금액에서 공제금액을 뺀 금액
⑥ 세율	1. 외국법인 발행주식 및 외국시장 상장주식 • 중소기업 주식 : 과세표준 × 10% • 그 밖의 주식 : 과세표준 × 20% 2. 위 1 이외의 주식 • 과표 3억원 이하: 20% • 과표 3억원 초과: 6천만원 +(과표 - 3억원) × 25%

출국일 당시의 시가는 국외전출자의 출국일 당시의 해당 주식의 거래가액으로 한다. 다만, 출국일 당시의 거래가액이 없는 경우에는 다음 구분에 따른 방법으로 산출한 가격을 말한다.(소령 §178의9)

1. 주권상장법인의 주식: 평가기준일(평가기준일이 매매가 없는 날인 경우 그 전일) 이전·이후 각 1개월 동안 공표된 매일의 거래소 최종시세가액 평균액, 기타자산은 상속증여세법에 따라 평가한 금액, 신주인수권은 다음 구분에 따라 평가한 가액.(소법 §99 ① 6호, 소령 §150의22 ① 1호·3호). 다만, 코스닥시장상장법인 또는 코넥스시장상장법인의 주식으로서 평가기준일 전후 2개월 이내에 거래소가 정하는 기준에 따라 매매거래가 정지되거나 관리종목으로 지정된 기간의 일부 또는 전부가 포함되는 주식(적정하게 시가를 반영하여 정상적으로 매매거래가 이루어지는 경우는 제외)은 제외한다.(소칙 §69의12 ①)
   ㉮ 주식으로의 전환 등이 불가능한 기간 중인 경우의 신주인수권증권에 대한 평가 가액: 신주인수권부사채의 만기상환금액(만기 전에 발생하는 이자상당액 포함)을 사채발행이율에 따라 발행 당시의 현재가치로 할인한 가액에서 그 만기상환금액을 3년 만기 회사채의 유통수익률을 고려하여 '적정할인율'에 따라 발행 당시의 현재가치로 할인한 가액을 뺀 가액.(그 가액이 음수인 경우 영'0')
   ㉯ 주식으로의 전환 등이 가능한 기간 중인 경우의 신주인수권증권 및 신주인수권증서에 대한 평가 가액

1) 신주인수권증권: 위 ㉮에 따라 평가한 가액과 해당 신주인수권증권으로 인수할 수 있는 주식가액에서 배당차액과 신주인수가액을 차감한 가액 중 큰 금액
2) 신주인수권증서: 거래소에서 거래되는 경우 거래소에 상장되어 거래되는 전체 거래일의 종가 평균, 그 밖의 경우 신주인수권증서로 인수할 수 있는 주식의 권리락(權利落) 전 가액에서 배당차액과 신주인수가액을 차감한 가액

2. 주권비상장법인의 주식: 다음 방법을 적용하여 계산한 가액
㉮ 출국일 전후 각 3개월 이내에 해당 주식의 매매사례가 있는 경우 그 가액
㉯ 비상장주식 : 소득세법 시행령(소령 §165 ④)에 따라 상속증여세법(§63 ① 1호 나목)을 준용하여 평가한 가액. 이 경우 장부 분실 등으로 취득 당시의 기준시가를 확인할 수 없는 경우에는 액면가액을 취득 당시의 기준시가로 한다.(소법 §99 ① 4호)
㉰ 신주인수권 : 상속증여세법 시행령(§58의2 ②)을 준용하여 평가한 가액.(소법 §99 ① 5호)
㉱ 시설물이용권주식, 부동산과다법인주식, 휴양시설주식 : 상장주식 및 비상장주식 평가방법(소법 §99 ① 3호·4호) 따라 평가한 가액. 이 경우 휴양시설주식이 비상장주식에 해당하는 경우에는 "직전 사업연도 종료일 현재 해당 법인의 장부가액(토지의 경우 기준시가) ÷ 발행주식총수"로 평가한다.(소법 §99 ① 6호)

3. 외국법인 발행주식 및 외국시장 상장주식 : ㉮ 외국정부의 평가액, ㉯ 6월 이내 실지거래가액·감정가액·보상가액, ㉰ 상속증여세법에 의한 평가액 (※ 외국법인 발행주식은 ㉮만 적용)

(3) 실제양도의 경우 조정공제, 외국납부세액공제, 국내원천소득 세액공제

조정공제, 외국납부세액공제 또는 비거주자의 국내원천소득 세액공제를 받으려는 자는 국외전출자 주식을 실제 양도한 날부터 2년 이내에 세액공제신청서(소칙 별지 §103)를 납세지 관할세무서장에게 제출(국세정보통신망 제출 포함)해야 한다.(소령 §178의10)

① 조정공제

국외전출자가 출국한 후 국외전출자 주식을 실제 양도한 경우로서 실제양도가액이 간주양도가액보다 낮은 때에는 다음의 계산식에 따라 계산한 '조정공제액'을 산출세액에서 공제한다.(소법 §118의12)

조정공제액 = (간주양도가액 − 실제양도가액) × 적용 세율

② 외국납부세액의 공제

국외전출자가 출국한 후 국외전출자 주식을 실제로 양도하여 해당 자산의 양도소득에 대하여 외국정부(지방자치단체 포함)에 세액을 납부하였거나 납부할 것이 있는 때에는 산출세액에서 조정공제액을 공제한 금액을 한도로 다음의 계산식에 따라 계산한 외국납부세액을 산출세액에서 공제한다.(소법 §118의13 ①)

외국납부세액공제액 = 해당 자산의 양도소득에 대하여 외국정부에 납부한 세액 × (간주양도가액 또는 실제양도가액 – 필요경비) ÷ (실제양도가액 – 필요경비)

다음 어느 하나에 해당하는 경우에는 외국납부세액공제를 적용하지 않는다.(소법 §118의13 ②)

1. 외국정부가 산출세액에 대하여 외국납부세액공제를 허용하는 경우
2. 외국정부가 국외전출자 주식의 취득가액을 간주양도가액으로 조정하여 주는 경우

③ 국외전출자의 국내원천소득 세액공제

국외전출자가 출국한 후 국외전출자 주식을 실제로 양도하여 비거주자의 국내원천 유가증권양도소득으로 국내에서 과세되는 경우에는 산출세액에서 조정공제액을 공제한 금액을 한도로 원천징수세액을 산출세액에서 공제한다. 이 경우, 외국납부세액공제를 적용하지 않는다.(소법 §118의14)

실제 양도의 경우 차감납부세액 = 산출세액 – 원천징수세액 ; [한도: 산출세액 – 조정공제액]

위 계산식을 적용하는 경우 조세조약 상 비과세를 적용받더라도 국외전출세 상당액은 납부해야 한다. 이는 국외전출세 목적이 비거주자가 되어 주식을 양도하여 과세를 회피하려는 시도를 차단하기 위한 것이라는 점에서 타당하다.

(4) 신고납부 및 납부유예, 재전입에 따른 환급

① 납세관리인 및 주식보유현황의 신고

㉮ 납세관리인 및 주식보유현황의 신고

국외전출자는 주식의 양도소득에 대한 납세관리인과 출국일이 속하는 연도의 직전 연도 종료일 현재 주식의 보유현황을 출국일 전날까지 납세지 관할세무서장에게 납세관리인 신고서 및 국외전출자 주식 보유현황신고서를 제출하여 신고해야 한다. 이 경우 국외전출자 주식의 보유현황은 신고일의 전날을 기준으로 작성한다.(소법 §118의15 ①, 소령 §178의11 ①)

㉯ 신고불성실가산세

국외전출자가 출국일 전날까지 국외전출자 주식의 보유현황을 신고하지 아니하거나 누락하여 신고한 경우에는 다음 금액의 2%에 상당하는 금액을 산출세액에 더한다.(소법 §118의15 ④)

> 1. 출국일 전날까지 국외전출자 주식의 보유현황을 신고하지 아니한 경우: 출국일 전날의 국외전출자 주식의 액면금액(무액면주식인 경우 그 주식을 발행한 법인의 자본금을 발행주식총수로 나누어 계산한 금액) 또는 출자가액
> 2. 국외전출자 주식의 보유현황을 누락하여 신고한 경우: 신고일의 전날을 기준으로 신고를 누락한 국외전출자 주식의 액면금액 또는 출자가액

② 양도소득과세표준의 신고 및 소득세 납부

국외전출자는 양도소득과세표준을 출국일이 속하는 달의 말일부터 3개월 이내(납세관리인을 신고한 경우에는 과세표준 확정신고 기간 내)에 납세지 관할세무서장에게 양도소득과세표준 신고서 및 납부계산서를 제출하여 신고해야 한다.(소법 §118의15 ②, 소령 §178의11 ②)

국외전출자가 양도소득과세표준을 신고할 때에는 산출세액에서 소득세법 또는 다른 조세에 관한 법률에 따른 감면세액과 세액공제액을 공제한 금액을 납세지 관할세무서, 한국은행 또는 체신관서에 납부해야 한다.(소법 §118의15 ③) 이 경우, 양도소득과세표준 신고와 함께 납세지 관할세무서장에게 납부하거나 납부서에 양도소득과세표준신고서 및 납부계산서를 첨부하여 한국은행 또는 체신관서에 납부해야 한다.(소령 §178의11 ③)

③ 납부유예 및 양도간주

국외전출자가 납세담보를 제공하고 납세관리인을 납세지 관할세무서장에게 신고한 경우에는 출국일부터 국외전출자 주식을 실제로 양도할 때까지 납부를 유예받을 수 있다.(소법 §118의16 ①, 소령 §178의12 ①) 이 경우, 납부유예신청서를 양도소득과세표준 신고서 및 납부계산서를 제출할 때 납세지 관할세무서장에게 제출해야 한다.(소령 §178의12 ④)

납부유예를 받은 국외전출자는 국외전출자 주식을 실제 양도한 경우 양도일이 속하는 달의 말일부터 3개월 이내에 국외전출자 주식에 대한 양도소득세를 납부해야 한다. 이 경우, 국외전출자는 주식에 대한 양도소득세를 납부할 때 납부유예를 받은 기간에 대한 이자상당액을 가산하여 납부해야 한다.(소법 §118의16 ③·④, 소령 §178의12 ③)

> 이자상당액=납부유예세액×신고기한의 다음 날부터 납부일까지의 일수×연 2.1%

납부를 유예받은 국외전출자는 출국일부터 5년(국외유학의 경우 10년) 이내에 국외전출자 주식을 양도하지 아니한 경우에는 출국일부터 5년이 되는 날이 속하는 달의 말일부터 3개월 이내에 국외전출자 주식에 대한 양도소득세를 납부해야 한다.(소법 §118의16 ②, 소령 §178의12 ②)

④ 재전입 및 상속·증여에 따른 환급

국외전출자(아래 3호의 경우 그 상속인)는 다음 어느 하나에 해당하는 사유가 발생한 경우 그 사유가 발생한 날부터 1년 이내에 납세지 관할세무서장에게 납부한 세액의 환급을 신청하거나 납부유예 중인 세액의 취소를 신청해야 한다.(소법 §118의17 ①)

1. 국외전출자가 출국일부터 5년 이내에 국외전출자 주식을 양도하지 아니하고 국내에 다시 입국하여 거주자가 되는 경우(국내에 다시 주소를 두거나 출국일 후 국내에 거소를 둔 기간이 2과세기간에 걸쳐 183일 이상인 경우)
2. 국외전출자가 출국일부터 5년 이내에 국외전출자 주식을 거주자에게 증여한 경우
3. 국외전출자의 상속인이 국외전출자의 출국일부터 5년 이내에 국외전출자 주식을 상속받은 경우

납세지 관할세무서장은 위와 같은 신청을 받은 경우 지체 없이 국외전출자가 납부한 세액을 환급하거나 납부유예 중인 세액을 취소해야 한다. 이 경우, 위 2 또는 3에 해당하여 국외전출자가 납부한 세액을 환급하는 경우에는 국세환급금에 국세환급가산금을 가산하지 않는다.(소법 §118의17 ②·④)

국외전출자가 납부한 세액을 환급하는 경우, 산출세액에 더하여진 신고불성실가산세는 환급하지 아니한다.(소법 §118의17 ③)

국외전출세 등의 보완

거주자가 상속증여세가 없는 저세율국으로 출국하여 외국 거주자에 해당하는 자녀에게 주식을 상속·증여하는 경우, 또는 국외전출세 과세대상이 아닌 자산을 해외반출하는 경우 조세회피가 가능한데, 국외전출세를 보완할 필요가 있다.

1. 국외전출세의 보완
   - 법인의 청산 또는 감자의 경우 배당소득을 조세조약 상 제한세율 대상에서 제외
   - 주식 이외에 다른 금융자산도 과세 대상에 포함
2. 미국 국적이탈세제도(미국세법 제877A조) 도입 : 국적이탈자(covered expatriate)의 모든 재산은 국적 이탈일 전일의 공정시장가치로 양도한 것으로 간주하여 과세
3. 국외도피기업세제(미국세법 제7874조) 도입 : 내국법인의 주주가 현물출자 등의 방식으로 그 주식을 외국법인 등에 양도하여 외국법인이 내국법인 주식의 60% 이상을 보유하고, 외국법인이 능동적 사업활동을 하지 않는 국외도피기업(expatriated entities)에 해당하는 경우, 외국법인을 내국법인으로 간주

(5) 경정청구

조정공제(소법 §118의11 ①), 외국납부세액공제(소법 §118의13 ①) 및 비거주자의 국내원천소득 세액공제(소법 §118의14 ①)를 적용받으려는 자는 국외전출자 주식을 실제 양도

한 날부터 2년 이내에 납세지 관할세무서장에게 경정을 청구할 수 있다.(소법 §118의15 ⑤) 이 경우, 경정청구서에 세액공제신청서를 첨부하여 납세지 관할세무서장에게 제출해야 한다.(소령 §178의11 ④)

(6) 준용규정

국외전출자 주식에 대한 양도소득세에 관하여는 소득세법 제90조(양도소득세 감면), 제92조 제3항(양도소득세 계산순서), 제102조 제2항(양도소득세 구분계산), 제114조(결정, 경정 및 통지), 제116조(징수), 제117조(환급)를 준용한다.(소법 §118의18 ①)

5.2 조세조약 상 국외전출세(Departure Tax)

출국세라고도 하며, 이는 양도 시에는 체약상대국 거주자이나 양도 직전 상당 기간 자산 소재지국의 거주자였던 개인의 자산양도소득을 소재지국에서 과세하기 위한 것이다. 이는 양도자가 상당 기간 해당 국가의 거주자이었던 사실을 중시하여 해당 국가에 과세권을 부여하기 위한 것이다. 유럽국가들과 미국, 호주, 뉴질랜드의 세법에는 출국세가 있다. 한국이 체결한 조세조약의 출국세 과세대상 국가 및 요건은 아래와 같다. 국내세법은 주식에 대하여만 국외전출세를 인정하므로 다른 자산은 과세대상이 아니다.

체약국	출국세 대상	과세요건	과세근거
영 국	모든 양도소득	양도직전 5년 중 일정시점 거주자	조약 13조 6항
캐나다	모든 양도소득	양도직전 6년 중 일정시점 거주자	의정서 7항
프랑스	동산 양도소득	양도직전 5년 중 일정시점 거주자	조약 13조 5항
핀란드	동산 양도소득	양도직전 5년 중 일정시점 거주자	조약 13조 5항
네덜란드	주식 양도소득	양도직전 5년 중 일정시점 거주자	조약 14조 5항
노르웨이	주식 양도소득	양도직전 5년 중 일정시점 거주자	조약 13조 5항

Ⅱ 유가증권양도소득

1. 유가증권양도소득의 범위

1.1 국내원천 유가증권양도소득: 국내세법

(1) 과세대상 유가증권양도소득

아래 2가지 요건을 충족하는 경우 국내원천 유가증권양도소득으로 과세한다. '양도'란 자산에 대한 등기 또는 등록과 관계없이 매도, 교환, 법인에 대한 현물출자 등으로 인하여 그 자산이 유상으로 사실상 이전되는 것을 말한다.(소법 §88 ①)

① 과세대상 유가증권(법법 §93 9호, 소법 §119 11호)

아래에 해당하는 주식(증권시장에 상장된 부동산주식을 포함) 또는 기타의 유가증권(자본시장법 제4조에 정한 채무·지분·수익·투자계약·파생결합·증권예탁증권을 포함)의 양도소득은 유가증권양도소득으로 과세된다. 다만, 비상장 부동산주식은 부동산양도소득으로 과세된다.

1. 내국법인이 발행한 주식과 기타의 유가증권
2. 외국법인이 발행한 주식(증권시장에 상장된 것)
3. 외국법인의 국내사업장이 발행한 그 밖의 유가증권

주식워런트증권(Equity Linked Warrant)은 증권거래세법에서 규정하는 주권에 해당하지 않으므로, 양도소득세 과세대상 주식에 해당하지 않는다.(재산세과-2417, 2008.8.22.)

② 과세대상 양도소득(법령 §132 ⑧, 소령 §179 ⑪)

양도소득	양도자	과세 구분
주식 및 출자증권의 양도소득	국내사업장 있는 외국법인	모든 경우 과세
	국내사업장 있는 비거주자	과세(5년 이내 25% 미만 소유하고 증권시장을 통해 양도하는 경우 비과세)
	국내사업장 없는 비거주자·외국법인	

양도소득	양도자	과세 구분
기타유가증권(채권 등)의 양도소득	국내사업장 있는 비거주자·외국법인	과세(기타유가증권 양도 시에 이자소득으로 과세되는 경우 제외)
	국내사업장 없는 비거주자·외국법인	거주자·내국법인, 비거주자·외국법인의 국내사업장에 양도하는 경우 과세(기타유가증권 양도 시에 이자소득으로 과세되는 경우 제외)

주식의 경우 양도장소와 상관없이 발행자 거주지국을 원천지로 본다. 즉, 외국법인이 내국법인이 발행한 주식을 국외에서 다른 외국법인에게 양도함으로써 발생하는 소득은 국내원천 유가증권양도소득이다.(국이 22601-57, 1990.2.7.) 이에 비해, 기타유가증권(채권)의 경우 양도장소를 원천지로 보는데, 외국법인이 외국에서 다른 외국법인에게 기타유가증권(채권)을 양도하는 경우 국내원천소득이 아니다. 한편, 주식예탁증권(KDR)을 부여받은 국내사업장이 없는 호주 거주자가 그 주식예탁증권의 해지를 통해 이를 다시 원주로 전환하여 보유하거나 전환된 원주를 국외에서 양도하는 경우 국내 유가증권양도소득에 해당하지 않는다.(국제세원담당관실-511, 2012.11.15.)

| 주식·출자증권 외의 기타유가증권 범위 |

기타의 유가증권(법법 §93 9호, 소법 §119 11호)이란 재산적 이익을 얻을 수 있는 모든 종류의 유가증권으로 「자본시장과 금융투자에 관한 법률」 제4조에 열거된 것을 말한다.(법통 92-0…3 ①, 소통 119-0…3 ①)

1. 채무증권: 국채증권, 지방채증권, 특수채증권(법률에 의해 직접 설립된 법인이 발행한 채권), 사채권, 기업어음증권(기업이 사업에 필요한 자금을 조달하기 위해 발행한 약속어음으로서 은행, 한국산업은행 및 중소기업은행이 지급대행을 하는 기업어음증권이라는 문자가 인쇄된 어음용지를 사용하는 것), 그 밖에 이와 비슷한 것으로서 지급청구권이 표시된 것(자본시장법 §4 ③)
2. 지분증권: 주권, 신주인수권이 표시된 것, 법률에 의해 직접 설립된 법인이 발행한 출자증권, 합자회사·유한회사·익명조합의 출자지분, 조합의 출자지분, 그 밖에 이와 비슷한 것으로서 출자지분이 표시된 것(자본시장법 §4 ④)
3. 수익증권: 신탁업자가 금전신탁계약에 의해 발행하는 수익증권(자본시장법 §110), 투자신탁을 설정한 집합투자업자가 발행하는 수익증권(자본시장법 §189), 그 밖에 이와 비슷한 것으로서 신탁의 수익권이 표시된 것(자본시장법 §4 ⑤)
4. 투자계약증권: 특정 투자자가 그 투자자와 타인(다른 투자자를 포함) 간의 공동사업에 금전 등을 투자하고 주로 타인이 수행한 공동사업의 결과에 따른 손익을 귀속받는 계약상의 권리가 표시된 것(자본시장법 §4 ⑥)
5. 파생결합증권: 기초자산의 가격·이자율·지표·단위 또는 이를 기초로 하는 지수 등의 변동과 연계하여 미리 정하여진 방법에 따라 지급금액 또는 회수금액이 결정되는 권리가 표시된 것.(자본시장법 §4 ⑦) 이 경우, 기초자산이란 금융투자상품, 통화(외국통화 포함), 일반상품

(농산물 · 축산물 · 수산물 · 임산물 · 광산물 · 에너지에 속하는 물품 및 이 물품을 원료로 하여 제조하거나 가공한 물품, 그 밖에 이와 비슷한 것), 신용위험(당사자 또는 제삼자의 신용등급의 변동, 파산 또는 채무재조정 등으로 인한 신용의 변동), 그 밖에 자연적 · 환경적 · 경제적 현상 등에 속하는 위험으로서 합리적이고 적정한 방법에 따라 가격 · 이자율 · 지표 · 단위의 산출이나 평가가 가능한 것을 말한다.

6. 증권예탁증권: 위 1.부터 5.까지의 증권을 예탁받은 자가 그 증권이 발행된 국가 외의 국가에서 발행한 것으로서 그 예탁받은 증권에 관련된 권리가 표시된 것(자본시장법 §4 ⑧)
7. 위 어느 하나에 해당하는 증권에 표시될 수 있거나 표시되어야 할 권리는 그 증권이 발행되지 아니한 경우에도 그 증권으로 본다.(자본시장법 §4 ⑨)

(2) 특별한 경우

외국법인 간 흡수합병시 피합병법인이 소유한 국내주식이 합병법인에게 이전되는 경우 주식의 양도소득세 및 증권거래세 과세대상이다.(대법원 2010두7208, 2013.11.28.)

미국법인이 내국법인 A를 100% 지배하는 지주회사 D의 주식을 보유하는 상황에서 내국법인 B가 미국법인의 주주인 미국 거주자로부터 미국법인의 주식을 양수하고 양수대가를 지급하는 경우, 그 거래를 실질적으로는 외국법인이 직접 또는 간접으로 주식을 보유하고 있는 내국법인 A의 주식을 직접 양도한 것으로 볼 수 있다면 그 양도소득은 국내원천소득에 해당한다.(법령해석국조-4772, 2016.12.9.) 다만, 이러한 역외간접양도의 경우 과세규정이 없다는 점에서 실질과세원칙을 적용하여 과세하는 것은 문제가 있다.

영국법인이 자산의 대부분이 사용수익기부자산인 비상장 내국법인의 주식을 양도함으로써 발생하는 소득은 한영조세조약에 따른 주식의 양도소득에 해당한다.(기획재정부 국제조세제도과-513, 2017.11.9.)

해외투과기업이 소유하는 내국법인 주식을 해외투과기업의 주주(실질귀속자)에게 양도하는 경우 이를 양도로 보지 않는 것이 합리적이다. 이는 명의신탁재산을 위탁자에게 환원하는 경우에 양도로 보지 않는 것과 마찬가지 상황이기 때문이다.

(3) 비과세 유가증권양도소득

① 비거주자 · 외국법인이 증권시장을 통해 양도하는 상장주식 양도차익

비거주자 또는 국내사업장이 없는 외국법인이 증권시장을 통해 주식을 양도(「자본시장법」 제78조에 따른 중개에 따라 주식을 양도하는 경우를 포함)함으로써 발생하는 소득으로서 해당 양도인 및 그 특수관계인이 해당 주식의 양도일이 속하는 연도와 그 직전 5년의 기간 동안 계속하여 그 주식을 발행한 법인의 발행주식총수 · 출자총액(외국법인이 발행한 주식의 경우에는 증권시장에 상장된 주식총수 등)의 25% 미만을 소유한 경우에는 비과세

한다.(법령 §132 ⑧ 2호, 소령 §179 ⑪ 1호) 비거주자는 거주자와 마찬가지로 비과세되며, 외국법인 국내사업장은 내국법인과 마찬가지로 과세된다.

한편, 외국법인의 국내사업장이 있더라도 상장주식 양도소득이 귀속되지 않는다면 과세대상이 되지 않는다고 보는 것이 논리적이지만, '국내사업장이 없는 외국법인'이란 표현을 문리적으로 해석하면 국내사업장이 있는 외국법인은 과세할 수 있다는 주장이 가능하다.

외국법인이 취득한 비상장주식을 상장한 후 상장주식을 양도하는 경우 양도일이 속하는 연도와 그 직전 5년의 기간 중 발행주식총수의 25% 미만을 소유하면 비과세한다.(국총 46017-202, 1999.3.26.) '증권회사를 통하지 아니하고 양도'하는 경우는 증권시장 외에서의 매매신고를 금융감독원장에게 한 경우를 포함한다.(국일 46017-700, 1996.12.24.) 투자기구를 통해 투자하는 경우에는 아래와 같이 소유비율을 계산한다. 투자기구란 '간접투자를 수행하기 위한 투자신탁, 투자회사 및 투자전문회사'를 의미하므로 컨소시엄 형태는 투자기구에 해당하지 않는다.(법령 §132 ⑯, 소령 §179 ⑱)

> 비거주자·외국법인이 투자기구(법인의 거주지국에서 조세목적상 주식의 양도로 발생하는 소득에 대하여 법인이 아닌 그 주주 또는 출자자가 직접 납세의무를 부담하는 경우)를 통해 내국법인 또는 외국법인(증권시장에 상장된 외국법인만 해당)의 주식을 취득하거나 투자한 경우 그 주식 소유비율 또는 투자비율은 다음에 따라 계산한다.
>
> 1. 비거주자·외국법인이 투자기구를 통한 간접투자만 한 경우: 투자기구의 투자비율. 이 경우 2 이상의 투자기구를 통해 투자한 경우 그 투자기구들의 투자비율을 각각 합하여 산출한다.
> 2. 비거주자·외국법인이 간접투자와 투자기구를 통하지 않는 직접투자를 동시에 한 경우: 다음에 따라 계산한 비율 중 큰 비율
>   가. 비거주자·외국법인의 직접투자와 간접투자에 의한 투자비율을 각각 합한 비율. 이 경우 비거주자·외국법인이 간접투자한 비율은 해당 비거주자·외국법인이 투자기구에 투자한 비율과 투자기구의 투자비율을 곱하여 산출한다.
>   나. 투자기구의 투자비율. 이 경우 2 이상의 투자기구를 통해 투자한 경우, 그 투자기구들의 투자비율을 각각 합하여 산출한다.

② 기타유가증권양도소득이 이자소득으로 과세되는 경우

비거주자·외국법인이 기타유가증권(채권 등)을 양도하면서 그 양도소득이 이자소득으로 과세되는 경우 유가증권양도소득으로 보지 않는다.(법령 §132 ⑧, 소령 §179 ⑪ 2호 및 3호)

③ 장내파생상품 거래소득

국내사업장이 없는 비거주자·외국법인이 다음 어느 하나에 해당하는 파생상품의 거래를 통해 취득한 소득은 국내원천소득으로 보지 않는다.(법령 §132 ⑨, 소령 §179 ⑫)

1. '자본시장법' 제5조 제2항에 따른 장내파생상품
2. '자본시장법' 제5조 제3항에 따른 장외파생상품으로서 같은 법 시행령 제186조의2에 따른 위험회피목적의 거래인 것

(4) 국내세법과 조세조약의 유가증권양도소득 비교

일반적으로 국내세법과 조세조약의 유가증권양도소득의 범위는 아래와 같이 다르다. 다만, 개별사안에 따라 그 범위가 다양하므로 해당 조세조약을 확인해야 한다.

국내세법		조세조약	
과세대상	과세원칙	과세대상	과세원칙
① 부동산주식(비상장)	양도소득 (소재지과세)	① 부동산주식 ② 과점주주 주식(일정지분)	유가증권 또는 부동산 양도소득 (소재지과세)
② 과점주주 주식(상장) (5년 중 25% 이상 보유) ③ 장외거래(상장) ④ 비상장주식 ⑤ 채권 등	유가증권 양도소득 (원천지과세)	③ 일반주식	유가증권 양도소득 (거주지과세)

1.2 조세조약

조세조약은 유가증권양도소득을 양도소득에서 포괄적으로 규정한다. 이 책에서는 국내세법에 따라 유가증권양도소득을 따로 설명하며, 부동산주식(비상장)은 '부동산 등 양도소득'에 포함하여 설명한다.

OECD모델은 유가증권에 대하여 양도자 거주지국의 배타적 과세권을 인정하는데 비해, UN모델은 예외적으로 법인의 재산이 주로 부동산으로 구성되어 있는 주식(부동산주식) 및 특정 주주가 일정비율 이상의 지분을 가지는 주식(과점주주 주식)을 원천지국에서 과세하도록 규정한다. 한국이 체결한 대부분 조세조약은 UN모델의 과세원칙을 계수한다. 그러나 조세조약에 따라 상당히 차이가 있으므로 개별조세조약을 확인해야 한다.

| 조세조약상 주식양도소득의 과세 |

과세권 배분	체약국
일반주식 (원천지국 과세)	룩셈부르크(의정서), 미국(조세회피목적의 투자회사 및 지주회사), 브라질, 싱가포르(의정서), 슬로바키아, 카자흐스탄(상장주식 제외), 터키(1년 미만

과세권 배분	체약국
	보유), 호주(기타소득으로 비과세. 국제세원-425 2015.2.5.), 홍콩
부동산주식 (원천지국 과세)	나이지리아, 네팔, 노르웨이, 뉴질랜드(의정서), 대만, 독일, 리투아니아, 르완다. 멕시코, 모로코(상장 제외), 몰타, 몽골, 미국(재국조 46017-89, 20015.23.), 미얀마, 방글라데시, 베네수엘라, 베트남, 사우디아라비아, 세르비아, 스위스(상장·기업구조조정 양도 제외), 스웨덴, 스페인, 슬로베니아, 싱가포르, 아랍, 아일랜드(상장 제외), 아제르바이잔, 알바니아, 영국(상장주식 제외), 에스토니아, 에콰도르, 에티오피아, 오스트리아, 요르단, 우루과이, 우크라이나(상장 제외), 이란, 이스라엘, 인도, 일본, 조지아, 중국, 체코, 칠레, 카자흐스탄, 카타르(상장 제외), 캄보디아, 캐나다, 케냐, 콜롬비아, 키르기스스탄, 터키, 태국, 투르크메니스탄, 파나마, 파키스탄, 페루, 폴란드, 프랑스, 핀란드, 필리핀, 호주, 홍콩
과점주주주식 (원천지국 과세)	대만, 독일, 르완다. 멕시코, 미얀마, 베네수엘라, 베트남, 스페인, 아랍에미리트, 오스트리아, 이스라엘(상장주식 제외), 이탈리아, 일본, 인도, 칠레, 캐나다, 콜롬비아, 태국, 파나마, 파키스탄, 페루, 프랑스, 홍콩

(1) 일반유가증권: 거주지국 과세

대부분 조세조약은 일반유가증권양도소득을 거주지국에서만 과세하도록 규정한다. 다만, 룩셈부르크는 조세조약 의정서에 따라 원천과세하며, 한미조세조약 17조는 양도인이 투자회사 또는 지주회사에 해당되며 조세회피의도가 있는 경우 원천과세를 인정한다.

싱가포르는 조세조약 의정서에 따라 정부(대행기관 포함)가 투자한 유가증권양도소득은 비과세하며, 호주는 유가증권양도소득 규정이 없으므로 기타소득으로 과세한다.

사례 싱가포르 정부 대리인의 주식양도소득(국제조세와-78, 2003.11.12.)

한싱가포르조약 의정서 제6조에 따라, 싱가포르 정부는 한국원천으로부터 발생된 배당 또는 증권의 양도소득에 대하여 한국의 조세로부터 면제되며, 면제는 싱가포르 정부의 공공의 목적만을 위해 소유하는 증권에 대한 배당이나 양도소득으로 제한되며, 그러한 증권의 소유가 투자한 회사의 실질적인 지분을 구성하지 아니해야 한다. 싱가포르 정부의 명의와 재산으로 싱가포르투자청(GIC)을 통해 내국법인의 유가증권에 투자하여 얻은 배당 및 주식양도소득은 싱가포르 정부의 예산에 반영되므로 공공목적의 주식보유에 해당하여 조세가 면제된다. 실질적 지분참여(substantial participation)란 한싱가포르조약 의정서 제3조 제2항에 따라 내국법인 발행주식총수의 25% 이상을 보유하거나, 내국법인 임원의 임명권행사·내국법인 사업방침의 결정 등 사실상 경영에 관하여 영향력을 행사하고 있다고 인정되는 경우를 의미한다.

(2) 과점주주 주식: 소재지국 과세

① 조세조약의 과세요건

UN모델 13조 5항: 일방체약국의 거주자인 법인에 대한 참가비율이 25%에 상당하는 경우 그 지분의 양도로부터 발생한 소득에 대해서는 동 일방체약국에서 과세할 수 있다.

일부 조세조약은 회사 주식을 일정비율 이상 소유하면 양도소득을 회사 소재지국에서 과세한다. 과세를 위해서는 다음 세 가지 요건을 모두 충족해야 한다.

㉮ 소유비율: 양도인 및 그와 특수관계인이 회사의 주식을 일정비율 이상 직접 또는 간접 소유하는 지분비율로 대부분 25%를 규정한다. 지분비율의 판정은 일정 기간 합산하여 판정하거나 또는 양도 직전 판정한다.

㉯ 양도비율: 대부분 1주라도 과세하나 독일 및 일본은 총주식의 5% 이상을 양도해야 한다. 주식을 동일 사업연도에 2회 이상 양도하여 조세조약에서 정한 양도비율을 충족하게 되면 아래 ②의 원천징수특례에 따라 신고해야 한다.

㉰ 제한세율: 이스라엘, 오스트리아, 파키스탄의 경우 양도소득의 10%로 원천징수세율을 제한하며, 칠레의 경우 20%로 제한한다.

| 과점주주 주식 양도소득 과세요건 |

체약국	판정시기	소유비율	양도비율
멕시코, 미얀마, 베네수엘라, 베트남, 아랍, 캐나다, 태국, 파나마, 프랑스	양도 당시	25% 이상, 아랍(10%), 베트남(15%), 베네수엘라(20%), 미얀마(35%)	제한 없음.
독일, 일본	양도일이 포함된 과세연도	25% 이상	5% 이상
대만, 르완다, 스페인, 이스라엘, 인도, 칠레, 콜롬비아, 페루	양도 이전 12월 이내	25% 이상, 인도(5%), 칠레·페루(20%)	제한 없음.
오스트리아, 이탈리아, 파키스탄	양도 이전 2년 이내	25% 이상	제한 없음.

② 국내세법상 과점주식 원천징수특례

국내사업장이 없는 비거주자·외국법인이 동일한 내국법인의 주식·출자증권을 동일한 사업연도(주식을 발행한 내국법인의 사업연도)에 2회 이상 양도함으로써 조세조약에서 정한 과세기준을 충족하게 된 경우, 양도 당시 원천징수되지 않은 소득에 대한 원천징수세액을 최종 양도일이 속하는 사업연도의 종료일부터 3월 이내에 신고·납부해야 한다. 국내사업장이 있는 비거주자·외국법인의 소득으로서 그 국내사업장과 실질적으로 관련되지 아니하거나 그 국내사업장에 귀속되지 아니한 소득에 대하여도 마찬가지이다.

(법법 §98의2 ①·②, 소법 §126의2 ①·②) 이 경우, 동일한 사업연도에 양도한 비거주자·외국법인의 양도주식총액과 원천징수되지 아니한 양도주식총액을 구분한 「외국법인 유가증권양도소득 정산신고서」를 제출해야 한다.(법령 §138의2, 소령 §183의4)

2. 유가증권양도소득의 과세방법

2.1 원천징수 개요

(1) 원천징수방법

실질귀속자 거주지국과의 조세조약이 있는 경우 조약에 따라 비과세하거나 원천징수한다. 조세조약이 없는 경우 국내세법에 따라 원천징수한다.

| 국내원천 유가증권양도소득 과세방법 |

<table>
<tr><th rowspan="2">종류</th><th rowspan="2">상장 여부</th><th rowspan="2">거래 구분</th><th colspan="4">국내세법</th><th rowspan="2">조세 조약</th></tr>
<tr><th colspan="2">거주자·내국법인</th><th colspan="2">비거주자·외국법인</th></tr>
<tr><td rowspan="6">주식
·
출자
증권</td><td rowspan="5">상장</td><td rowspan="4">장내</td><td rowspan="2">개인</td><td rowspan="2">대주주만 과세</td><td>국내사업장(유)</td><td rowspan="2">25% 이상
소유만 과세</td><td rowspan="6">대부분
거주지국
과세</td></tr>
<tr><td>국내사업장(무)</td></tr>
<tr><td rowspan="2">법인</td><td rowspan="2">과세</td><td>국내사업장(유)</td><td>과세</td></tr>
<tr><td>국내사업장(무)</td><td>25% 이상
소유만 과세</td></tr>
<tr><td>장외</td><td colspan="2">개인·법인 모두 과세</td><td colspan="2">개인·법인 모두 과세</td></tr>
<tr><td colspan="2">비상장</td><td colspan="2">개인·법인 모두 과세</td><td colspan="2">개인·법인 모두 과세</td></tr>
<tr><td rowspan="4">채권
등</td><td colspan="2" rowspan="4">장내외
구분 없음</td><td rowspan="2">개인</td><td rowspan="2">비과세</td><td>국내사업장(유)</td><td>과세</td><td rowspan="4">대부분
거주지국
과세
(기타자산
양도소득)</td></tr>
<tr><td>국내사업장(무)</td><td>양수자가
거주자·내국법인,
국내사업장인
경우만 과세</td></tr>
<tr><td rowspan="2">법인</td><td rowspan="2">과세</td><td>국내사업장(유)</td><td>과세</td></tr>
<tr><td>국내사업장(무)</td><td>양수자가
거주자·내국법인,
국내사업장인
경우만 과세</td></tr>
</table>

(2) 원천징수세액

유가증권양도소득은 수입금액 또는 양도차익을 기준으로 다음과 같이 원천징수한다.(법법 §98 ① 4호, 소법 §126 ① 1호, 소법 §156 ① 7호, 소령 §183 ① 1호) 다만, 이스라엘, 오스트리아, 파키스탄 등의 경우 과점주식(25% 이상)에 대하여는 양도차익의 10% 제한세율을 적용한다.

원천징수세액 (①, ② 중 택일)	① 수입금액(양도가액으로 지급되는 금액)×10%
	② 양도차익(수입금액 - 취득가액 - 양도비용)×20%

2.2 양도소득 과세표준의 계산

(1) 양도차익과 양도차손의 통산 배제

유가증권양도소득은 종목별 및 매매거래건별로 구분하여 계산하며, 종목 간 또는 매매거래건 간의 차익과 차손은 통산하지 않는다. 다만, 상장유가증권을 각각 다른 증권회사를 통해 취득하여 보관시키고 있는 경우에는 각 증권사에 개설한 계좌별로 종목별, 매매거래건별 계산을 적용할 수 있다.(법통 92-0…2, 소통 156-0…1)

(2) 양도가액 및 취득가액의 원화환산

국내원천소득을 계산할 때 양도 및 취득 가액은 원화를 기준으로 산정한다.(법통 92-0…3, 소통 119-0…3) 이는 「외국인투자촉진법」 등에 의해 외화금액을 기준으로 주식을 취득하거나 양도하는 경우에도 적용한다. 외화금액을 기준으로 취득·양도하는 경우에는 취득·양도일의 기준환율(재정환율)에 의해 환산한다.(국총 46017-811, 1998.11.28.)

(3) 양도가액 및 취득가액의 산정

양도가액 및 취득가액은 원칙적으로 실지거래가액을 확인하여 산정하며, 아래 경우에는 주의해야 한다.

① 실지거래가액이 불분명한 경우: 특수관계없는 외국법인 간 내국법인의 주식을 양도하면서 실지거래가액을 확인할 수 없는 경우에는 상속증여세법에 따른 평가액에 의해 양도가액을 계산한다.(법통 93-132…20, 법령 §89) 예를 들면, 특수관계 없는 외국법인들 간 합병으로 피합병법인 소유의 내국법인 주식이 합병법인에 이전된 경우 그 주식의 양도가액을 확인할 수 없으면 상속증여세법에 따른 평가액에 의해 양도가액을 계산한다.(법규국조 2013-445, 2013.12.6.)

② 관련비용의 포함: 유가증권의 양도자 또는 그 대리인이 원천징수의무자에게 원천징수를 하는 날까지 제출하는 출자금 또는 주금납입영수증·양도증서·대금지급영수증 기타 출자 또는 취득 및 양도에 소요된 금액을 증명하는 자료에 의해 그 유가증권의 취득가액 및 양도비용이 확인된 금액으로 취득 또는 양도에 실제로 직접 소요된 금액(조세, 공과금 또는 중개수수료)은 인정된다. 다만, 유가증권의 취득 및 양도와 관련하여 발생한 투자자문용역, 법률자문용역, 세무자문용역 등의 대가는 양도비용에 해당하지 않는다.(서면2팀-2244, 2004.11.4.)

③ 잉여금의 자본전입: 법인의 잉여금의 전부 또는 일부를 출자 또는 자본의 금액에 전입함으로써 취득한 것이 포함되어 있는 경우 취득가액은 액면가이다. 자본준비금인 주식발행초과금, 합병차익, 재평가적립금을 자본에 전입하는 경우 취득가액은 '0'으로 한다.(법령 §129 ③ 1호, 소령 §183 ① 1호 단서)

④ 상속인·수증자가 양도한 유가증권: 당초 피상속인·증여자를 유가증권 양도자로 보고 계산한 금액을 취득가액으로 한다. 다만, 해당 유가증권에 법인세 또는 상속증여세를 과세한 경우에는 유가증권의 수증 당시의 시가를 취득가액으로 한다.(법령 §129 ③ 2호, 소령 §183 ① 2호) '과세한 경우'란 수증소득이 실제 과세된 경우를 말하며, 비과세·감면되는 경우 또는 조세조약에 의해 국내원천소득에 해당하지 않는 경우는 제외한다.(대법원 2016두39290, 2016.9.8., 조심 2012중314 2013.11.1.)

⑤ 특수관계인 간 자본거래(법령 §88 ① 8호, 8호의2)에 해당하는 자본거래로 인하여 취득한 유가증권: 실제거래가액에 이익분여 해당금액(법령 §132 ⑭)을 더한 금액(법령 §129 ③ 3호, 소령 §183 ① 3호)

⑥ 취득가액이 다른 동일종목의 유가증권(채권의 경우 액면가, 발행일 및 만기일, 이자율 등 발행조건이 같은 동일종목): 취득가액은 이동평균법에 따라 계산한다.(법령 §138, 소령 §183 ②)

⑦ 국내사업장이 없는 비거주자·외국법인이 양도한 해외증권 관련주식: 해외증권 관련주식은 금융감독위원회가 정한 규정에 따라 외국에서 발행되는 전환사채 또는 신주인수권부사채의 전환권 또는 신주인수권을 행사하여 취득한 국내주식을 말한다.(법통 92-129…4, 소통 126-0…1)

1. 전환권행사로 취득한 주식: 전환사채 취득에 실지로 소요된 금액을 취득 주식수로 나눈 금액으로 한다.
2. 신주인수권행사로 취득한 주식: 신주인수권의 취득가액과 주금납입금액의 합계액으로 한다. 다만, 신주인수권을 따로 분리하지 않고 취득한 경우 취득에 실제로 직접 소요된 금액에서 동 사채만의 가치를 차감한 금액을 신주인수권을 행사하여 취득한 주식수로 나눈 금액으로 하되, 신주인수권부사채의 발행주간사가 발행조건 확정시 고시하는 가격범위 안에서 취득가액으로

할 수 있다. 한편, 신주인수권만을 분리하여 취득한 경우 신주인수권 구입에 직접 소요된 금액을 취득한 주식수로 나눈 금액으로 한다.

⑧ 주식매수선택권 행사로 취득한 주식: 행사 당시의 시가

⑨ 현물출자에 따라 출자법인이 취득한 주식(법령 §72 ① 4호)

1. 적격현물출자의 요건을 모두 갖추어 양도차익에 상당하는 금액을 손금에 산입하는 적격현물출자: 현물출자한 순자산의 장부가액
2. 적격현물출자 외의 출자법인(출자법인과 공동으로 출자한 자를 포함)이 현물출자로 인하여 피출자법인을 새로 설립하면서 그 대가로 주식 또는 지분만 취득하는 현물출자: 현물출자한 순자산의 시가
3. 위 1. 및 2. 외의 현물출자: 해당 주식의 시가

⑩ 간주취득세 및 감자손실: 외국법인이 내국법인의 주식을 취득하여 과점주주가 됨에 따라 납부하는 지방세법에 의한 간주취득세는 해당 유가증권의 취득에 직접 소요된 금액에 해당하며, 내국법인의 주식 감자로 손실이 발행하는 경우 그 감자손실액은 잔존주식의 취득가액에서 차감한다.(국제조세제도과-334, 2009.7.21.)

⑪ 재정산하는 유가증권양도소득이 감액되는 경우: 외국법인 간에 내국법인이 발행한 주식을 매매하면서 대금의 일부를 선지급한 후 내국법인의 자산과 부채에 대한 실사결과에 따라 양도자가 선급금의 일부를 양수자에게 되돌려 주어야 하는 감액정산차액은 거래목적물의 가치 이상으로 과다수취한 이득의 반환에 해당하므로, 과다수취 대금의 반환에 부수되는 '이자상당 가산액'을 정상 매매대금에서 차감할 수 없으며, 국외에서 지급하는 '이자상당 가산액'은 국내원천소득이 아니다. 감액정산차액(이자상당 가산액 제외)에 해당하는 환급세액은 당초 납세의무 성립일에 적용하였던 환율을 적용하여 계산하여 환급할 수 있다.(국업 46017-114, 1999.10.25.)

(4) 특수관계인에 양도하는 경우 과세특례

비거주자·외국법인이 특수관계(그의 배우자·직계혈족 및 형제자매, 외국법인의 의결권 있는 주식의 50% 이상을 직간접 소유, 제3자가 일방 또는 타방의 의결권 있는 주식의 50% 이상 직간접 소유)가 있는 비거주자·외국법인 간의 거래로 인한 유가증권 거래가격이 정상가격과 거래가격의 차액이 3억원 이상이거나 정상가격의 5%에 상당하는 금액 이상인 경우 정상가격을 그 수입금액으로 한다.(법법 §92 ② 2호, 소법 §126 ⑥, 법령 §131 ②·⑤, 소령 §183의2 ②·⑤) 정상가격이란 국조법에 따른 방법을 준용하여 계산한 가액을 말한다.(법

령 §131 ①, 소령 §183의2 ①) 주식의 간접소유비율의 계산에 관하여는 국조법 시행령(§2 ③)을 준용한다.(법령 §131 ④, 소령 §183의2 ④)

정상가격을 산출할 수 없는 경우에는 소득세법 기준시가 평가(소법 §99 ① 3호~5호) 및 상속증여세법 할증평가(상증법 §63 ③)를 준용하여 평가한 가액을 정상가격으로 한다.(법령 §131 ③, 소령 §183의2 ③)

2.3 원천징수의무 및 납세지

(1) 원천징수의무자

| 유가증권 거래유형별 원천징수의무 |

구 분	원천징수의무자
양수자에게 직접 양도	유가증권 양수대가를 지급하는 자(양수자가 국외에 있는 경우에도 원천징수의무 있음)
투자매매업자 등을 통해 양도	투자매매업자 등(주식을 상장하는 경우로서 이미 발행된 주식을 양도하는 경우에는 해당 주식을 발행한 법인)
비거주자가 비거주자에게 양도하는 국외발행 주식	유가증권 양도자(양수자가 원천징수하여 납부하는 경우 제외)

① 양도소득을 지급하는 자: 원칙

비거주자에게 원천징수대상이 되는 유가증권양도소득을 지급하는 자는 실제로 지급하는 때에 원천징수한 금액을 각 사업연도의 소득에 대한 법인세·소득세로서 그 원천징수한 날이 속하는 달의 다음 달 10일까지 납부해야 한다.(법법 §98 ①, 소법 §156 ①)

② 투자매매업자 또는 주식발행법인

유가증권을 「자본시장법」에 따른 투자매매업자 또는 투자중개업자를 통해 양도하는 경우에는 해당 투자매매업자 또는 투자중개업자가 원천징수를 해야 한다. 다만, 「자본시장법」에 따라 주식을 상장하는 경우로서 이미 발행된 주식을 양도하는 때에는 해당 주식을 발행한 법인이 원천징수해야 한다.(법법 §98 ⑦, 소법 §156 ⑥) 예를 들면, 외국인투자기업이 구주매출방식으로 기업을 공개함에 따라 국내사업장이 없는 외국투자가가 보유하던 외국인투자기업주식을 내국인에게 양도하는 경우 그에 대한 원천징수는 기업공개를 의뢰받은 주관 증권회사가 외국인투자기업이 은행에 납입한 주식청약금을 인출할 때 한다.(재무부 국조 22601-373, 1990.4.19.)

③ 비거주자 · 외국법인에게 국외발행 주식을 양도하는 비거주자 · 외국법인

국내사업장이 없는 비거주자 · 외국법인이 아래 주식을 국내사업장이 없는 비거주자 · 외국법인에게 양도하는 경우 양도대가를 지급받은 날이 속하는 달의 다음 달 10일까지 해당 주식을 발행한 내국법인의 소재지를 관할하는 세무서장에게 '비거주자 유가증권양도소득신고서'를 작성하여 원천징수세액을 신고 · 납부해야 한다. 다만, 주식 양도에 따른 소득의 금액을 지급하는 자(양수자)가 원천소득에 대한 법인세 · 소득세를 원천징수하여 납부한 경우에는 예외이다.(법법 §98의2 ③, 법령 §138의2 ④, 소법 §126의2 ③, 소령 §183의4 ④) 이는 양도인에게도 납세의무를 지우기 위한 특례이다.

| 비거주자 · 외국법인의 국외발행 주식 (법령 §138의2 ③, 소령 §183의4 ③) |

1. 조특법 시행령 제18조 제4항 제1호 및 제2호에 따라 과세되는 주식 유가증권: 국외에서 발행한 외국통화표시 유가증권, 외국증권시장에 상장 또는 등록된 내국법인 주식
2. 외국에서 거래되는 원화표시 유가증권(외국증권시장 외에서 거래되는 것)

(2) 납세지

원천징수 납세지는 원천징수의무자의 소재지(법법 §9 ④, 법령 §7, 소법 §7)로 원천징수세액의 납세지에서 설명한다.

3. 유가증권 양도소득세 감면 및 과세이연

3.1 국외발행 유가증권의 국외양도소득 면세

국가, 지방자치단체 또는 내국법인이 발행한 아래의 유가증권을 외국법인이 국외에서 양도함으로써 발생하는 소득에 대하여는 법인세를 면제한다.(조특법 §21 ③)

① 국외발행 외화 유가증권

국외에서 발행한 유가증권 중 외국통화로 표시된 것 또는 외국에서 지급받을 수 있는 것으로서 사모방식에 따라 발행된 외화증권. 다만, 주식 · 출자증권 또는 그 밖의 유가증권(과세대상 주식)을 기초로 발행된 예탁증서(Depository Receipts)를 양도하는 경우로서 예탁증서를 발행하기 전 과세대상 주식의 소유자가 예탁증서를 발행한 후에도 계속하여 해당 예탁증서를 양도하기 전까지 소유한 경우는 제외한다. 사모방식에 의한 유가증권은 일반적으로 예탁증서로 발행하며 예탁증서의 거래는 원본 유가증권의 거래로 본다.(조특령 §18 ④ 1호)

② 해외증권시장 상장유가증권

「증권거래법」에 의한 증권시장 또는 협회중개시장과 기능이 비슷한 외국의 증권시장에 상장 또는 등록된 내국법인의 주식으로서 해당 증권시장을 통해 양도되는 것. 다만, 해당 외국의 유가증권시장에서 취득하지 아니한 과세대상 주식으로서 해당 외국의 유가증권시장에서 최초로 양도하는 경우는 제외하되, 외국의 유가증권시장의 상장규정상 주식분산요건을 충족하기 위해 모집·매출되는 과세대상 주식을 취득하여 양도하는 경우에는 포함한다.(조특령 §18 ④ 2호)

Chapter 09

인적용역소득(Personal Service)

9

인적용역은 독립된 자격으로 제공하는 독립적 인적용역과 근로자로서 제공하는 종속적 인적용역으로 크게 구분된다. 조세조약에는 인적용역의 특별규정인 연예인 · 운동가, 이사, 학생 및 교수 등의 조항이 있다.

| 조약상 인적용역소득 조항의 관계 |

일반규정		특별규정	
구 분	과세원칙	구 분	과세특례
인적용역소득	용역수행지 과세	연예인 · 운동가 소득	과세 강화(용역수행지 과세)
근로소득 (종속적 인적용역소득)	용역수행지 과세	이사 보수	과세 완화(기업거주지 과세)
		학생 · 훈련생 · 교수 보수	과세 완화(거주지 과세)
		정부 공무원 보수	과세 완화(파견국 과세)
		연금 · 퇴직소득	과세 완화(지급지 과세)

I 인적용역소득

OECD모델의 인적용역소득 조항(14조)은 2000년 삭제되었다. 이는 사업소득의 국내사업장 개념과 인적용역소득의 일정근거지 개념 간에 차이가 없으며, 사업소득이나 인적용역소득의 소득과 세액을 계산하는 방식에 실질적 차이가 없기 때문이다. 사실상 어떤 활동이 사업소득이 아닌 인적용역소득에 해당하는지도 명확하지 않다. 따라서 OECD모델에서는 전문직업적 용역이나 기타 독립적 성격의 활동으로 인한 소득을 사업소득으로 구분한다. UN모델, 한국세법 및 대부분 조세조약에는 인적용역소득 규정을 그대로 두고 있다. 한국의 조세모델조약은 OECD의 구분을 따른다.

인적용역소득규정이 없는 조세조약
르완다, 싱가포르, 우루과이, 체코, 카타르, 캄보디아, 콜롬비아, 파나마

1. 인적용역소득의 범위

1.1 국내세법

(1) 국내원천 인적용역소득의 범위

인적용역소득이란 본인 또는 그의 근로자 등을 통해 아래 전문직업적 용역을 국내에서 제공하고 수취하는 소득 또는 국외에서 제공하는 기술·경영용역으로 조세조약에 따라 국내에서 발생하는 것으로 간주되는 소득을 말한다.(법법 §93 6호, 법령 §132 ⑥, 소법 §119 6호, 소령 §179 ⑥) 인적용역소득은 사업소득과 마찬가지로 원칙적으로 '수행지 기준'으로 원천을 판단한다.

1. 변호사·공인회계사·세무사·건축사·측량사·변리사 기타 이와 비슷한 전문직업인이 제공하는 용역
2. 과학기술·경영관리 기타 이와 비슷한 분야에 관한 전문적 지식 또는 특별한 기능을 가진 자가 해당 지식 또는 기능을 활용하여 제공하는 용역
3. 직업운동가가 제공하는 용역
4. 배우·음악가, 기타 연예인이 제공하는 용역

한편, 인적용역을 제공받는 자가 인적용역의 제공과 관련하여 항공회사·숙박업자 또는 음식업자에게 실제로 지급(인적용역을 제공하는 자를 통해 지급한 경우를 포함)한 사실이 확인되는 항공료·숙박비 또는 식사대는 인적용역소득에서 제외한다.(법령 §132 ⑦, 소령 §179 ⑦)

(2) 기술·경영용역에 대한 지급지기준의 적용

국외에서 제공하는 '과학기술·경영관리 기타 분야에 관한 전문적 지식 또는 특별한 기능을 가진 자가 해당 지식 또는 기능을 활용하여 제공하는 용역'으로 조세조약에 따라 국내에서 발생하는 것으로 간주되는 소득은 국내원천 인적용역소득으로 본다.(법법 §93 6호 단서, 법령 §132 ⑥, 소법 §119 6호 단서, 소령 §179 ⑥) 이는 소득의 원천을 판단할 때

'수행지'가 아닌 '지급지'를 적용한다는 의미로, 일부 조세조약(사용료소득에서 설명)에서 사용료소득으로 규정하는 기술용역대가와 관련된다. 조세조약에 따라 사용료소득에 해당하는 기술용역대가의 경우 국내세법의 수행지기준을 적용하면 과세되지 않는 경우가 있다. 그 소득을 상대국에서는 과세하는 데 비해 한국에서 과세되지 않는 상황이 발생하는데 이 규정은 이를 방지하기 위한 것이다.

1.2 조세조약

UN모델 14조 2항: '전문적 직업'에는 특히 학술상 · 문학상 · 예술상 및 교육상의 독립적 활동 및 의사 · 변호사 · 기술사 · 건축사 · 치과의사 및 공인회계사의 독립적 활동을 포함한다.

(1) 일반적 개념

독립적 인적용역소득(Independent personal service)은 전문직업적 용역 또는 기타 독립적 성격의 활동으로 수취하는 소득을 말하며, 타인에게 고용되어 용역을 제공하고 대가를 수취하는 근로소득에 대응되는 개념이다. 전문직업적 용역이란 의사 · 변호사 · 기사 · 건축가 · 회계사 등의 활동을 의미한다. 또한 이들이 수행하는 독립적인 학술, 문학, 예술 강연 및 교수활동도 포함하는 조세조약도 있다. 조세조약에 따라 연예인이나 운동가를 별도 조항에서 다루기도 한다.

인적용역소득은 사실상 사업소득과 동일한 과세원칙을 적용한다. 그러므로 본점과 국내사업장(permanent establishment) 간의 소득배분원칙은 독립적 인적용역을 제공하는 고정시설(fixed place of business) 소재지국과 거주지국 간의 소득배분에 적용된다. 같은 논리가 비용배분에도 적용된다.

(2) 법인의 인적용역소득

국내세법은 법인의 독립적 인적용역을 인정하는 데 비하여, 일부 조세조약은 법인의 인적용역소득을 인정하지 않는다. 따라서 이들 조약에서는 법인의 인적용역소득을 사업소득으로 과세한다. 예를 들면, 스위스법인이 근로자를 통해 내국법인에게 기술지원용역을 제공하고 대가로 받는 소득은 한스위스조약 제14조에 따라 독립적 인적용역에 해당한다.(기재부 국조 46017-89, 1998.8.4.) 이에 비해, 미국법인의 근로자가 3개월간 내국법인에 체류하면서 경영진단용역을 제공하고 지급받는 용역대가는 한미조약 제8조에 규정하는 사업소득이다.(국일 46017-506, 1996.9.7.)

2. 용역수행지국 과세원칙

(1) 인적용역소득의 과세요건

UN모델 14조 1항: 일방체약국의 거주자가 자유직업 기타 독립적인 성격을 갖는 활동으로 수취하는 소득에 대해서는 동 일방체약국에서만 과세할 수 있다. 단, 다음에 게기하는 경우에는 동 소득에 대해서 타방체약국에서도 과세할 수 있다.

(a) 동인이 타방체약국 내에 통상활동을 수행하기 위한 고정시설을 갖고 있는 경우. 이 경우에는 그 고정시설에 귀속되는 소득에 대해서만 동 타방체약국에서 과세할 수 있다.

(b) 동인이 관련 과세연도를 통해 합계 183일을 초과하는 기간 동안 타방체약국 내에 체류하는 경우. 이 경우에는 동 소득 중 타방체약국에서 수행된 활동으로부터 취득하는 소득에 대해서만 동 타방체약국에서 과세할 수 있다.

일반적으로 아래 요건 중 하나에 해당하면 용역수행지국에서 과세된다. 거주자부담요건 및 금액요건은 일부 국가의 경우에만 적용된다. 일반적으로 용역수행지국 밖에서 용역이 제공되면 과세대상이 아니다.

1. 고정시설요건: 국내에 고정시설을 유지한다.
2. 장기체류요건: 해당연도 중 총 183일을 초과하여 국내에 체류하며 용역을 수행한다.
3. 거주자부담요건: 용역대가를 용역수행지국 거주자가 직접 지급하거나 용역수행지 국내사업장이 부담한다.
4. 금액요건: 해당연도 중에 그 대가가 일정금액을 초과한다.

한국이 체결한 조세조약별 과세요건은 다음과 같다.

조세조약	용역수행지국에서 다음 중 하나에 해당
미국(개인): US $3,000 초과 파푸아뉴기니(개인): US $10,000 초과	① 과세연도 중에 총 183일 이상 체류 ② 인적용역소득이 과세연도 중 일정금액초과 ③ 과세연도 중 총 183일 이상 고정시설 보유
남아공(개인)·네덜란드·네팔(개인)·네팔대만·독일(개인)·라트비아(개인)·러시아(개인)·룩셈부르크·리투아니아(개인)·멕시코(개인)·몰타·방글라데시(개인)·베네수엘라(개인)·사우디아라비아(개인)·스리랑카(개인)·아제르바이잔(개인)·알바니아(개인)·알제리·에스토니아·에콰도르·오스트리아	① 고정시설 보유 ② 해당 과세연도 중 총 183일 초과하여 체류(방글라데시·인도네시아 90일·필리핀 120일) ※ 몰타·러시아·일본·필리핀은 해당 역년

조세조약	용역수행지국에서 다음 중 하나에 해당
(개인)·요르단 (개인)·우즈베키스탄·이집트·이탈리아·인도네시아(개인)·일본·중국·칠레(개인)·캐나다(개인)·케냐(개인)·페루(개인)·포르투갈·프랑스·필리핀	
그리스·노르웨이·뉴질랜드·라오스(개인)·루마니아·모로코·몽골·베트남·벨라루스(개인)·불가리아·세르비아·스웨덴·스페인·슬로바키아·슬로베니아(개인)·아랍(개인)·아이슬란드(개인)·아일랜드·영국·오만(개인)·에티오피아·우크라이나·이란·이스라엘·인도(개인)·카자흐스탄·쿠웨이트·크로아티아·키르기스스탄·튀니지·폴란드·핀란드·헝가리·호주(개인)	고정시설 보유(국내법상 183일 기준 적용)
말레이시아·미얀마(개인)	① 해당 역년 중 183일 초과하여 체류 ② 용역대가를 용역수행지국 거주자가 직접 지급하거나 용역수행지국 내 국내사업장이 부담하며 USD 3,000 초과(미얀마 USD 12,000)
덴마크·벨기에·스위스·카타르·터키	① 해당 역년에 183일 초과하여 체류(스위스, 태국은 회계연도) ② 용역대가를 용역수행지국 거주자가 직접 지급하거나 용역수행지국 내 국내사업장이 부담
브라질(개인, 용역회사)	대가를 용역수행지국의 법인이나 국내사업장이 부담
태국(개인)·파키스탄(개인)·피지	① 고정시설 보유 ② 해당 회계연도 중 183일 초과하여 체류 ③ 인적용역소득이 과세연도 중 USD 10,000(파키스탄), 10,000피지달러(피지), USD 12,000(태국) 초과

※ 개인으로 표시된 국가의 경우, 법인이 제공하는 용역대가는 사업소득으로 구분

| 인적용역소득의 판단 예시 |

1. 디자인용역: 기업소개 책자를 제작하는 국내업체가 영문판 책자를 제작하는 과정에서 국내사업장이 없는 태국법인 및 미국법인으로부터 영문판 원고의 검토, 수정 및 책자의 디자인용역을 제공받는 경우, 그 용역이 해당 분야에 전문적인 지식을 가진 자가 통상적으로 제공하는 용역으로서 전적으로 국외에서 수행되는 것이라면 용역대가는 한태국조세조약 제15조 및 한미조세조약 제8조의 규정에 의해 국내에서 과세되지 않는다.(국일 46017-207, 1997.3.26.)
2. 설계용역: 내국법인이 중국의 건축주와 건축물에 대한 설계용역계약을 체결하고, 내국법인은 업무총괄과 실시설계를 담당하고 미국의 설계업자로부터 기본설계 및 일부 실시설계용역을 제공받는 경우, 미국설계사가 건축물에 대한 기본설계 및 일부 실시설계용역을 제공하고 지급받는 대가는 설계사가 그 지식이나 기능을 활용하여 제공하는 인적용역소득에 해당되고, 그 용역이 미국 내에서 수행되었다면 한미조세조약 제18조에 따라 과세되지 않는다.(국일 46017-184, 1997.3.18.)
3. 공동연구개발비: 내국법인이 프랑스 소재 비영리연구소와 비타민C의 새로운 생산방법을 공동으로 개발하기 위해 연구계약을 체결하고 연구비를 지급하는 경우, 연구용역이 한불조세조약 의정서 제1조 제3항에 규정하는 과학적 또는 기술적 성격의 연구용역으로서 프랑스 내에서 수행되고, 연구 결과물에 대한 원시적 권리가 내국법인에게 귀속되는 경우에는 그 연구비는 한불조세조약 제14조 제1항에 따라 과세되지 않는다.(국일 46017-160, 1997.3.7.)
4. 인테리어 설계용역: 백화점을 신축하는 내국법인이 미국법인으로부터 백화점의 내·외부 인테리어 설계용역을 제공받는 경우, 설계용역의 주된 내용이 용역수행자가 보유하고 있는 전문적 지식 또는 기능을 활용하여 제공하는 것이라면, 용역대가는 인적용역소득으로서 한미조세조약 제8조의 사업소득에 해당한다.(국일 46017-48, 1997.1.21.)
5. 해외신용조사: 외국의 신용조사회사가 자국 내 기업에 관한 신용정보 등 전문적 지식이나 기능이 없이도 작성가능한 정보를 제공하고 수수료를 받는 경우, 인적용역소득이 아니다.(국일 46017-141, 1995.3.9.)
6. 교통혼잡관리 기술용역: 프랑스법인이 내국법인과 공동으로 부산광역시에 교통혼잡 관리용역을 3개월 동안 제공하는 경우, 프랑스법인이 국내에서 3개월 동안 부산시의 교통수요예측 및 주차관리에 관한 용역을 보고서를 통해 제공하고 지급받는 대가는 '기술적 성격을 가진 특정의 연구나 조사용역'에 해당하는 인적용역소득이므로 한불조세조약 제14조 제1항에 의해 과세되지 않는다.(국일 46017-36, 1997.1.15.)
7. 외국인기술자에게 지급하는 대가: 내국법인이 외국인기술자로부터 국내에서 기술을 제공받고 대가를 지급하는 경우, 외국인기술자와 내국법인 간의 형식적인 고용계약체결 여부에 불구하고 기술자의 근로조건, 대가지급방법, 기술제공형식 및 방법 등을 고려할 때 기술자가 내국법인에게 실질적으로 고용되어 근로를 제공하고 지급받는 대가는 근로소득으로 구분되나, 기술자가 독립된 자격으로 용역을 제공하고 지급받는 대가는 인적용역소득에 해당한다. 또한, 외국인기술자에게 지급하는 대가가 근로소득에 해당되는 경우, 기술자가 고용과 관련하여 지급받는 대가 중 실비변상적인 성질의 급여는 고용계약 체결시 정하여진 고용기간이나 근무일수에 관계없이 비과세된다.(국이 46523-353, 1994.6.10.)

8. 국내사업장이 수취하는 건설공사용역소득: 국내사업장을 가진 일본법인이 본점에서 기술자를 파견하여 내국법인에게 건설공사관련용역을 제공할 때 일본법인의 서울지점이 건설공사관련 용역과 실질적으로 관련되어 그 지점이 내국법인에 용역대가에 대한 세금계산서를 발행하는 경우, 그 지점의 각 사업연도의 국내원천소득을 합산하여 과세소득을 신고해야 하는 때는 일본법인에게 지급되는 용역대가에 대하여는 원천징수를 하지 않는다.(국조 46017-187, 1995.12.19.)
9. 작품제작대가: 국내사업장이 없는 미국의 비거주자에게 개인 예술작품의 제작, 운송, 보험 등의 실비용을 지급하는 경우, 작품제작이 국내에서 수행되면 인적용역소득에 해당함. 그러나 국내사업장이 없는 비거주자(미국, 영국, 폴란드, 프랑스)에게 국외에서 작가 선정, 작가들의 개막식 참석 등을 위한 업무를 수행하게 하고 지급하면 국외원천소득에 해당한다.(국일 46017-711, 1995.11.13.)
10. 수출관련용역: 수출업을 영위하는 내국법인이 볼리비아 거주자와 수출제반업무를 돕는 용역계약을 체결하고 볼리비아 현지에서 그 용역을 제공받고 지급하는 대가는 법인의 손금으로 계상할 수 있으며, 그 용역의 결과물이 국내에서 이용되지 않는 한 국외원천소득이므로 국내에서 과세되지 않는다.(국일 46017-137, 1995.3.7.)

(2) 국내 대리인을 통해 독립적 인적용역을 제공하는 경우

비거주자 · 외국법인이 국내 대리인을 통해 국내 고객에게 독립적 인적용역을 제공하는 경우 국내 고객으로부터 수취하는 소득을 다음과 같이 과세하며, 국내 대리인은 비거주자 · 외국법인으로부터 수취하는 용역대가에 대하여 과세된다. 다만, 부가가치세의 경우, 대리인이 직접 용역을 제공한 것으로 보아 과세된다.

국내 대리인	조세조약 있음	조세조약 없음
종속대리인인 경우	종속대리인의 국내사업장 과세 ※ 다른 요건을 충족하지만 183일 미만 용역을 수행하면 과세되지 않음.	종속대리인의 국내사업장 과세 ※ 다른 요건을 충족하지만 183일 미만 용역을 수행하면 인적용역소득으로 원천징수
독립대리인인 경우	• 183일 이상 용역: 인적용역소득으로 원천징수 • 183일 미만 용역: 과세되지 않음.	• 인적용역소득으로 원천징수

3. 인적용역소득 과세방법

| 인적용역소득 과세방법 |

구 분	조약이 있는 경우	조약이 없는 경우
국내사업장 있음.	국내세법 · 조약에 따라 종합과세 (건설용역 20% · 3% 예납적 원천징수)	국내세법에 따라 종합과세
국내사업장 없음.	조세조약에 따라 비과세 · 과세(20%, 3%) 〈과세의 경우 종합과세 선택가능〉	국내제공용역 원천징수(20%) 〈종합과세 선택가능〉

(1) 일반 원칙

조세조약이 있으면 인적용역소득은 대부분 국내에서 183일 이상 용역이 제공되는 경우에만 과세된다. 조세조약이 없으면 사업소득은 2%로 원천징수하는 데 비해 인적용역소득은 20%로 원천징수한다. 다만, 국외에서 기술경영용역을 제공함으로써 발생하는 소득이 조세조약에 따라 국내에서 발생하는 것으로 간주되는 소득에 대해서는 그 지급액의 3%를 원천징수한다.(법법 §98 ① 2호 단서, 법령 137 ⑩, 소법 §156 ① 2호 단서)

(2) 건축, 건설공사 등의 경우 예비적 원천징수

비거주자 · 외국법인에 건축, 건설, 기계장치 등의 설치 · 조립, 그 밖의 작업이나 그 작업의 지휘 · 감독 등에 관한 용역을 제공함으로써 발생하는 국내원천소득 또는 인적용역을 제공함에 따른 국내원천소득(조세조약에서 사업소득으로 구분하는 경우 포함)의 금액을 지급하는 자는 그 소득이 국내사업장에 귀속되는 경우에도 먼저 원천징수(조세조약에서 사업소득으로 구분하는 경우 사업소득으로)를 해야 한다. 다만, 그 국내사업장이 이미 사업자등록을 한 경우는 제외한다.(법법 §98 ⑧, 소법 §156 ⑦)

(3) 기계설비도입에 부수되는 설치 · 조립 용역

외국법인으로부터 기계설비 등 고정자산을 도입함에 따라 필수적으로 부수되어 그 외국법인으로부터 제공되는 설치 · 조립 등의 용역 및 이의 감리 · 감독용역과 애프터서비스(after service) 등의 용역대가가 해당 도입물품 가격에 포함되는 것은 인적용역소득이나 사용료소득이 아닌 사업소득에 해당된다.(법통 93-132…9) 이 경우, 별도계약이 된 때에도 금액이 미미하다면 부수적인 대가로 취급하는 것이 합리적이다.

(4) 선택적 종합과세

국내원천 인적용역소득에 대하여 종합과세방법을 선택할 수 있다.

① 외국법인의 국내원천 인적용역소득

국내원천 인적용역소득이 원천징수되는 외국법인은 국내용역 제공기간(용역제공기간이 불분명하면 입국일부터 출국일까지의 기간)에 발생한 해당 소득에서 그 소득과 관련되는 것으로 입증된 비용을 뺀 과세표준을 용역 제공기간 종료일부터 3개월 이내에 원천징수의무자의 납세지 관할세무서장에게 신고·납부할 수 있다. 신고·납부하는 경우 과세표준에 원천징수된 국내원천소득이 포함되어 있으면 원천징수세액은 기납부세액으로 공제한다. 신고·납부하는 경우 세액의 계산방법·세율·신고·납부·결정·경정 및 징수방법에 관하여는 내국법인의 경우(법법 §95, §97)를 준용한다.(법법 §99) 이 경우 항공료, 숙박비, 체류비만을 '입증된 비용'으로 본다.(법칙 별지 80호) 인적용역소득에 대한 법인세를 신고·납부하려는 외국법인은 '외국법인 인적용역소득신고서'에 그 소득과 관련된 비용을 입증하는 서류를 첨부하여 제출해야 한다.(법령 §139)

② 비거주자(개인)의 인적용역소득

국내원천 인적용역소득이 있는 비거주자가 원천징수를 하지 않고, 소득세법 제70조의 규정을 준용하여 거주자와 같은 방법으로 종합소득과세표준 확정신고를 하는 경우에는 다른 국내원천소득(소법 §119 1호~7호 및 11호~13호)을 종합하여 과세할 수 있다.(소법 §121 ⑤)

인적용역소득의 선택적 종합과세 규정의 문제

선택적 종합과세는 용역제공의 국내사업장이 구성되는 상황에서 부가가치세 등을 신고하는 불편을 덜어주고 필요경비를 차감하여 과도한 과세를 방지하기 위한 간이과세제도이다. 그런데, 필요경비를 항공료, 숙박비 및 체류비만으로 제한하면 사실상 원천징수방법과 전혀 차이가 없어 납세자가 선택적 종합과세를 선택할 이유가 없다. 따라서 국내사업장 과세와 마찬가지로 관련된 필요경비를 모두 공제할 수 있도록 개선해야 한다.

(5) 국내외에 걸쳐 용역을 제공하는 경우: 국내원천소득계산방법

인적용역소득을 국내외에 걸쳐 제공하는 경우 국내원천소득만을 과세해야 하지만 국내세법에 구체적 배분방법은 없다. 사업소득의 경우 합리적 판단기준을 적용하도록 규정한다.(법령 §132 ② 9호, 소령 §179 ② 9호)

미국세법은 인적용역의 국내배분소득은 원칙적으로 용역제공 시간기준(time basis)으로 계산하며, 납세자의 특별한 입증이 있으면 합리적인 다른 기준을 적용한다.(Reg. §1.861-4.b.2.ii) 또한, 주택보조 등의 부수혜택(fringe benefits)은 용역제공자의 주된 근무지나 합리적인 관련지역에 귀속되는 것으로 본다.

II 근로소득

1. 근로소득의 범위

1.1 국내세법

(1) 근로소득의 범위

국내원천 근로소득은 다음과 같다.(소법 §119 7호, 소령 §179 ⑥)

1. 국내에서 제공하는 근로의 대가로서 받는 급여. 비거주자가 외국법인의 국내사업장에 파견되어 근로를 제공하고 수령하는 급여는 이를 국외에서 대가를 지급받거나, 해외본점에서 지급받거나 또는 국내사업장의 손금으로 계산하는지 여부에 관계없이 국내원천소득이다.(소통 119-0…1, 119-0…2)
2. 거주자 또는 내국법인이 운용하는 외국항행선박ㆍ원양어업선박 및 항공기의 승무원급여
3. 내국법인의 임원의 자격으로서 받는 급여
4. 법인세법에 따라 상여로 처분된 금액

근로소득의 범위는 거주자의 경우를 준용하는데, 근로를 제공함으로써 받는 봉급ㆍ급료ㆍ보수ㆍ세비ㆍ임금ㆍ상여ㆍ수당과 이와 비슷한 성질의 급여, 법인의 주주총회ㆍ사원총회 또는 이에 준하는 의결기관의 결의에 따라 상여로 받는 소득, 법인세법에 따라 상여로 처분된 금액, 퇴직함으로써 받는 소득으로서 퇴직소득에 속하지 않는 소득을 포함하고 비과세소득은 제외한다.(소법 §20) 내국법인이 출자한 해외자회사에 고용되어 국외에서만 근로를 제공하는 비거주자가 국내모회사로부터 부여받은 주식매수선택권은 국내원천근로소득에 해당하지 않는다.(국제세원관리-301, 2011.6.24.)

급여를 금전 외의 것으로 받는 경우 근로소득의 계산은 시가(소령 §51 ⑤)를 적용한다.(소령 §38 ②) 근로소득을 외화로 지급받은 때에는 급여를 지급받은 날 현재 기준환율 또는 재정환율에 의해 환산한 금액을 근로소득으로 하며, 급여를 정기급여지급일 이후에

지급받은 때에는 정기급여일 현재 기준환율 또는 재정환율에 의해 환산한 금액을 근로소득으로 본다.(소칙 §16 ①)

| 근로소득에 포함되는 금액(소령 §38 ①) |

1. 기밀비 · 판공비 · 교제비 기타 이와 비슷한 명목으로 받는 것으로서 업무를 위해 사용된 것이 분명하지 아니한 급여
2. 근로자가 받는 공로금 · 위로금 · 개업축하금 · 학자금 · 장학금(근로자의 수학 중인 자녀가 사업자로부터 받는 학자금 · 장학금을 포함) 기타 이와 비슷한 성질의 급여
3. 근로수당 · 가족수당 · 전시수당 · 물가수당 · 출납수당 · 직무수당 기타 이와 비슷한 성질의 급여
4. 보험회사 · 증권회사 등 금융회사의 내근사원이 받는 집금수당과 보험가입자의 모집, 증권매매의 권유 또는 저축의 권장으로 인한 대가 기타 이와 비슷한 성질의 급여
5. 급식수당 · 주택수당 · 피복수당 기타 이와 비슷한 성질의 급여
6. 주택을 제공받음으로써 얻는 이익. 다만, 주주 또는 출자자가 아닌 임원(주권상장법인의 주주 중 소액주주인 임원을 포함)과 임원이 아닌 근로자(비영리법인 또는 개인의 근로자를 포함) 및 국가 · 지방자치단체로부터 근로소득을 지급받는 자가 사택을 제공받는 경우를 제외한다. 사택은 '사용자가 직접 임차하여 근로자 등에게 무상으로 제공하는 주택'을 의미한다.(소칙 §15의2 ①)
7. 근로자가 주택(주택에 부수된 토지를 포함한다)의 구입 · 임차에 소요되는 자금을 저리 또는 무상으로 대여받음으로써 얻는 이익
8. 기술수당 · 보건수당 및 연구수당, 그 밖에 이와 비슷한 성질의 급여
9. 시간외근무수당 · 통근수당 · 개근수당 · 특별공로금 기타 이와 비슷한 성질의 급여
10. 여비의 명목으로 받는 연액 또는 월액의 급여
11. 벽지수당 · 해외근무수당 기타 이와 비슷한 성질의 급여
12. 근로자가 계약자이거나 근로자 또는 그 배우자 기타의 가족을 수익자로 하는 보험 · 신탁 또는 공제와 관련하여 사용자가 부담하는 보험료 · 신탁부금 또는 공제부금. 다만, 다음의 보험료 등을 제외한다. 근로자의 사망 · 상해 또는 질병을 보험금의 지급사유로 하고 근로자를 피보험자와 수익자로 하는 보험으로서 만기에 납입보험료를 환급하지 않는 단체순수보장성보험과 만기에 납입보험료를 초과하지 않는 범위 안에서 환급하는 보험, 법률 제7379호 「근로자퇴직급여 보장법」 부칙 제2조의 규정에 의한 퇴직보험 또는 퇴직일시금신탁과 법인임원의 퇴직보험 또는 퇴직일시금신탁의 보험료 등, 건설근로자의 고용개선 등에 관한 법률에 의해 공제계약사업주가 건설근로자퇴직공제회에 납부한 공제부금, 임직원의 고의(중과실을 포함한다) 외의 업무상 행위로 인한 손해의 배상청구를 보험금의 지급사유로 하고 임직원을 피보험자로 하는 보험의 보험료
13. 퇴직으로 인하여 받는 소득으로서 퇴직소득에 속하지 않는 퇴직위로금 · 퇴직공로금 기타 이와 비슷한 성질의 급여
14. 휴가비 기타 이와 비슷한 성질의 급여

15. 퇴직보험, 퇴직일시금신탁, 「근로자퇴직급여 보장법」 제16조 제2항의 규정에 따른 보험 또는 신탁이 해지되는 경우 근로자에게 귀속되는 환급금. 다만, 근로자가 해당 환급금을 지급받는 때에 「근로자퇴직급여 보장법」 제8조 제2항의 규정에 의해 퇴직금을 미리 정산하여 지급받는 경우에는 그러하지 아니하다.
16. 계약기간만료 전 또는 만기에 근로자에게 귀속되는 단체환급부보장성보험의 환급금
17. 법인의 임원 또는 근로자가 해당 법인 또는 해당 법인과 「법인세법 시행령」 제87조의 규정에 의한 특수관계에 있는 법인으로부터 부여받은 주식매수선택권을 해당 법인 등에서 근무하는 기간 중 행사함으로써 얻은 이익(주식매수선택권 행사당시의 시가와 실제 매수가액과의 차액을 말하며, 주식에는 신주인수권을 포함한다)
18. 외국인근로자가 앞으로의 근로계약이행을 위해 부임하는 데 소요되는 경비(본인 및 가족항공료와 이사비용)는 실비변상적 성격의 급여로 볼 수 없으므로 원천징수대상이 되는 근로소득이나, 이미 고용하고 있는 자의 부임여비는 사규 또는 고용계약서 내용, 회사의 사업수행목적, 일반적인 고용관행을 판단하여 합리적인 금액의 범위 내에서 실비변상적 급여로 보는 것임. (국세청 국일 46017-206, 1996.4.15.)

비거주자가 된 후에 처분된 인정상여(소통 127-0…3)

인정상여의 지급일로 보는 소득금액변동통지일 또는 법인세 과세표준신고일 현재에는 그 상여처분을 받는 거주자인 대표자가 퇴직하여 비거주자가 된 경우에는 거주자로서의 납세의무가 있다.

(2) 원천징수 제외 근로소득: 국외지급 근로소득

거주자 및 비거주자에게 지급하는 아래 근로소득에 대한 원천징수를 면제한다.(소법 §127 ① 4호) 이는 2009년 이전까지 을종근로소득으로 구분하였다.

① 외국기관 또는 한국 주둔 국제연합군(미군 제외)으로부터 받는 근로소득

② 국외에 있는 비거주자・외국법인(국내지점 또는 국내영업소 제외)으로부터 받는 근로소득. 다만, 국내사업장의 소득을 계산할 때 손금으로 계상된 것은 제외한다.

1.2 조세조약

조세조약에서 사용하는 용어인 '종속적 인적용역소득'은 고용관계 하에서 제공되는 용역에 대한 대가로, 각 국의 소득세법상 근로소득을 의미하며 '급여, 임금 및 기타 보수'로 정의된다. 일반적으로 '급여, 임금 및 기타 유사보수'는 고용과 관련하여 받는 비슷한 급부(benefit)를 포함한다. 예를 들면, 주식매수선택권, 주택, 자동차, 건강생명보험이나 클럽회원권 등의 사용은 근로소득에 해당한다.(OE §15-2.1)

대부분 조세조약은 국제운송 승무원 보수, 이사의 보수, 연예인 및 운동가의 소득, 정부직원의 보수, 학생·훈련생 및 교수의 소득에 대하여 별도조항을 두어 근로소득에 대한 예외를 인정한다.(OE §15-2) 이들에 대한 별도조항이 없거나 이들 조항이 적용되지 않는 경우에는 근로소득 조항이 적용된다.

2. 용역수행지국 과세원칙

OECD모델 15조 1항: 16조, 18조 및 19조의 규정에 따를 것을 조건으로 한 체약국의 거주자가 고용과 관련하여 수취하는 급료, 임금 및 기타 비슷한 보수에 대하여는 고용이 체약상대국에서 수행되지 않는 한 그 국가에서만 과세된다. 고용이 체약상대국에서 수행되는 경우 그로부터 발생하는 보수에 대하여는 체약상대국에서 과세할 수 있다.

조세조약상 근로소득은 용역이 수행된 국가에서 과세할 수 있다. 따라서 용역이 국내에서 수행되는 경우에는 보수가 국내에서 지급되는지 또는 국외에서 지급되는지에 관계없이 과세대상이다. 용역이 개인의 근로계약에 따라 제공되는지 또는 기업 간 용역제공계약에 따라 제공되는지에 따라 아래에서 검토하는 소득구분문제가 발생된다. 소득이 지급되는 활동을 수행하는 시점에 근로자가 물리적으로 실재하는 장소에서 고용이 실행되는 것으로 본다. 그러므로 고용과 관련하여 다른 국가 원천에서 보수를 받은 한 체약국 거주자의 경우 고용의 결과물이 다른 국가에서 사용되었다는 이유만으로는 다른 국가에서 과세되지 않는다.(OE §15-1) 근로소득의 원천지국 과세조건은 원천지국에서 근로제공으로 급여, 임금 및 기타 유사보수가 수취된다는 사실이다. 이 원칙은 그 소득의 실제 지급시기, 미지급 여부 또는 근로자가 정확히 수령하였는지 여부와 상관없이 적용된다.(OE §15-2.2)

이러한 논리에 따라, 비거주자가 거주자 또는 내국법인의 국외사업장 등에서 근무함으로써 발생한 소득은 국내세법에 의한 납세의무가 없다.(소통 3-0…4) 즉, 내국법인이 해외에 연락사무소를 설치하고 오로지 현지에서만 활동하는 비거주자인 현지인을 고용하여 급여를 지급하는 경우, 이 급여는 국외원천소득에 해당되어 원천징수의무가 없다.(소통 156-0…2) 연금, 정부공무원 보수 및 연금의 경우 이러한 일반원칙에 대한 예외가 인정된다.(OE §15-2)

한편, 한국적 선박에 근무하는 비거주자에 지급하는 급여는 국내원천 근로소득이다. 예를 들면, 한국적 원양어선에서 근로를 제공하는 중국, 인도네시아, 페루의 거주자인 외국인 선원이 지급받는 급여는 국내원천소득에 해당하며, 외국인 선원이 지급받는 각종 작업수당은 실비변상적인 해외근무에 따른 수당에 해당되지 않으므로 국외근로자의 비과세 급여에 해당되지 않아 근로소득으로 원천징수해야 한다.(국세청 국일 46017-314, 1995. 5.15.) 외국인기술자가 공해상의 한국적 원양어선에서 인적용역을 제공하고 내국법인으로부터 지급받는 대가는 국내원천소득에 해당한다.(국세청 국이 22630-122, 1986.8.27.)

2.1 단기체류자 근로소득의 비과세

(1) 조세조약의 비과세 요건

> OECD모델 15조 2항: 1항의 규정에도 불구하고, 한 체약국의 거주자가 체약상대국에서 수행한 고용과 관련하여 수취하는 보수에 대하여는 다음의 경우 한 체약국에서만 과세한다.
> ⓐ 수취인이 해당 회계연도가 시작하고 끝나는 임의의 12개월 중 총 183일을 넘지 않는 단일기간 또는 여러 기간 동안 다른 국가 내에 체류하고,
> ⓑ 보수가 다른 국가의 거주자가 아닌 고용주에 의해 또는 그를 대신하여 지급되며,
> ⓒ 그 보수가 다른 국가 내에 고용주가 가지고 있는 국내사업장에 의해 부담되지 않는 경우

일반적으로 조세조약에서는 단기체류자에 대해 세 가지 비과세요건을 아래와 같이 규정한다. 이 세 가지 요건을 모두 충족하는 경우 비과세된다. 이러한 비과세요건은 정부공무원, 연예인 및 운동가를 제외한 근로용역을 제공하는 판매책임자, 건설인부, 기술자 등과 같은 모든 개인에게 적용된다.(OE §15-3) 예를 들면, 국내에서 사업활동을 수행하지 않는 러시아법인의 국내 연락사무소에 근무하는 외국인근로자가 해당 과세기간 중 총 183일을 초과하여 국내에 체류하고 러시아 법인에서 연락사무소로 송금된 운영경비에서 급여를 지급받는 경우에는 한러조세조약 제15조에 의해 근로소득으로 과세된다.(국총 46017-61, 1998.1.25.)

| 단기체류자의 근로소득 비과세 요건 |

> 1. 과세연도 중 183일 미만 국내에 체류할 것
> 2. 보수를 지급하는 고용주가 용역수행지국의 거주자가 아닐 것
> 3. 고용주가 용역수행지국에 가진 국내사업장에 의해 보수가 부담되지 않을 것

① 과세연도 중 183일 미만 국내에 체류할 것

183일의 기간은 '해당 회계연도 중 시작하거나 끝나는 임의의 12개월 중에' 초과되지 않아야 한다. 이는 '해당 회계연도 중(in the fiscal year concerned)에' 183일 기간을 초과할 수 없다고 규정한 이전의 조세조약들과 비교된다. 회계연도를 적용하면 체약국들의 회계연도가 일치하지 않는 경우 문제가 있는데, 예를 들면 해당국에서 근로자가 한 해의 마

지막 $5\frac{1}{2}$월을 체류하고 다음 해의 첫 $5\frac{1}{2}$월을 체류하는 방식으로 조세회피를 할 수 있어 허점이 있다. 현재 조세조약들은 그러한 조세회피 가능성이 없다. 이 조항을 적용할 때, 겹치는 기간을 포함하는 등 가능한 형태의 계속적인 12개월 기간을 모두 포함하는 것으로 해석해야 한다. 예를 들면, 근로자가 2001.4.1.부터 2002.3.31. 사이에 150일 동안 한 국가에 체류하는 한편, 2001.8.1.부터 2002.7.31. 사이에 210일간 체류한다면, 그 근로자는 첫째 12개월 기간 동안 최소 거주요건을 충족시키지 못하지만 둘째 12개월 기간 동안 183일을 초과하여 체류하는 것이다.(OE §15-4)

'해당 회계연도'는 체약상대국의 거주자가 해당 근로용역을 제공하는 국가의 회계연도를 의미한다. 예를 들면, S국의 회계연도가 1월 1일부터 12월 31일까지이며, R국 거주자가 2010년 8월 1일부터 2011년 2월 28일까지 S국에서 근로용역을 제공하는 경우, 2010년 1월 1일부터 12월 31일 사이에 시작하거나 2011년 1월 1일부터 12월 31일 사이에 끝나는 임의의 12개월 기간은 근로용역기간의 모든 부분을 포함하므로 관련이 된다. 예를 들면, 2010년 8월 1일부터 2011년 7월 31일까지의 12개월 기간은 2010 회계연도에 시작하며 그 기간 동안 그 근로자는 183일 이상 S국에 체류하는데, 이 기간은 2010년 8월 1일부터 2010년 12월 31일 사이에 S국에서 제공된 근로용역을 포함한다. 또한, 2010년 3월 1일부터 2011년 2월 28일의 12개월 기간은 2011 회계연도에 끝나며 그 기간 동안 그 근로자는 183일 이상 S국에 체류하는데, 이 기간은 2011년 1월 1일부터 2월 28일 사이에 S국에서 제공된 근로용역을 포함한다. 해당용역에 대한 대가의 과세가 해당 회계연도에 이루어질 필요는 없다. 해당 근로용역에 대한 대가가 다른 연도에 수취되거나 또는 과세가 다른 연도에 이루어지는 경우에도 한 체약국은 특정연도에 그 국가에서 근로로 수취한 대가를 과세할 수 있다.(OE §15-4.1)

다양한 방법이 183일 기간을 계산하기 위해 사용되지만 대부분 국가에서 인정하는 방법은 '실제 체류일(days of physical presence)'이다. 이는 개인이 한 나라에 실제로 존재하는가 여부를 직접 검토하는 것이다. 실제 체류사실은 조세당국이 증거를 필요로 할 때 납세자에 의해 비교적 쉽게 서류로 작성될 수 있다. 이 경우 하루 중 일부, 도착일, 출발일 및 활동 전·중·후에 용역수행지국 내에서 보낸 토요일과 일요일, 국경일, 휴일 같은 모든 날들, 단기휴식(연수, 파업, 직장폐쇄, 공급지연), 병가일(병으로 인해 그 개인의 출국이 방해받았고, 그렇지 않았으면 비과세 자격이 주어졌을 경우 제외) 및 가족의 사망이나 질병일은 포함된다. 그러나 국외의 다른 두 지점 간을 여행하는 과정에서 통과를 위해 용역수행지국에서 보낸 날들은 제외된다. 이런 원칙에 따라 용역수행지국 밖에서 보낸 날은 휴가, 사업여행 또는 어떤 이유로든 고려되지 않는다. 또한 납세자가 한 국가에서 간헐적으로 체류하는 경우에도 183일 기간을 계산하기 위해서 그 국가에서 체류하는 날로 합산된다.(OE §15-5)

그러나 납세자가 원천지국의 거주자인 기간은 계산에 포함되어서는 안 된다. 183일 요건은 '체약상대국에서 수행한 고용과 관련하여 한 체약국 거주자가 수취한 대가'와 관련되므로 동일국가에서 거주하면서 일하는 사람에게는 적용되지 않는다. 183일 요건과 관련하여 원천지국 거주기간 동안에는 그 사람을 체약상대국에서 수행하는 고용과 관련하여 한 체약국 거주자가 수취하는 대가의 수취인으로 볼 수 없다. 아래 사례는 이를 설명한다.(OE §15-5.1)

사 례 거주자인 기간은 단기체류자 체류기간에서 제외

1. 2001년 1월 1일부터 X는 S국에 살며 이에 따라 S국 거주자이다. 2002년 1월 2일 R국 고용주에게 고용되어 R국으로 이사하고 R국 거주자가 된다. 이후, X는 고용주에 의해 2002년 3월 15일부터 3월 31까지 S국에 보내진다. 이 경우, X는 2001년 4월 1일부터 2002년 3월 31일 사이에 292일 동안 S국에 체류하지만, 2001년 4월 1일부터 2001년 12월 31일 사이에 S국 거주자이므로 기간계산에 이 기간(4.1.~12.31.)은 포함되지 않는다.
2. R국 거주자 Y는 S국에서 R국 거주자인 ACo. 사업을 확장하기 위해 2001년 10월 15일부터 31일까지 S국에 체류한다. 2002년 5월 1일 Y는 S국으로 이사하여 S국 거주자가 되고 S국에 새로 설립한 ACo.의 자회사의 매니저로 일한다. 이 경우, Y는 2001년 10월 15일부터 2002년 10월 14일 사이에 S국에서 184일을 체류하지만, 2002년 5월 1일부터 10월 14일 사이에 S국 거주자이므로 이 기간(5.1.~10.14.)은 기간계산에 포함되지 않는다.
3. 연 183일 기준에 의한 단기체류자의 과세 여부를 예시하면 다음과 같다.(재무부 국조 22604-785, 1985.7.23.)

체류 일수		과세 여부	
입국연도	익년도	입국연도	익년도
160일	150일	비과세	비과세
190일	200일	과 세	과 세
190일	90일	과 세	비과세
90일	200일	비과세	과 세

② 보수를 지급하는 고용주가 용역수행지국의 거주자가 아닐 것

고용주 요건이나 국내사업장 요건은 단기근로에 대한 원천과세를 제한하기 위한 것으로 용역수행지국에 고용주가 거주하지 않고 국내사업장도 없어 이들의 과세소득이 형성되지 않아 근로자의 근로소득이 용역수행지국에서 비용공제되지 않는 상황을 의미한다. 특정국가에 단기근로에 대한 비용공제의무를 지우면 고용주가 거주하지도 않고 국내사업장도 없는 경우 행정부담을 초래할 것이므로 단기 근로소득을 비과세 처리하는 것은 합리적이다. 비과세되는 파트너십에 대해 이러한 비과세요건을 적용하는 것은 곤란할 수 있는데, 이러한 파트너십은 한 체약국의 거주자 자격이 없기 때문이다. 이러한 파트너십도 '고용주'(특히 국내세법상 고용주가 근로소득세 원천징수의무자인 경우)의 자격은 분명히 있지만, 파트너

상황을 고려하지 않고 파트너십 차원에서 거주자요건을 적용하는 것은 의미없는 일이다.(OE §15-6.1) 그러므로 파트너십과 같은 투과기업이나 계약구조의 경우, 근로소득 조항은 파트너(partners)나 구성원 차원에서 적용되어야 한다. 즉, 고용주(employer)와 거주자(resident) 개념은 투과기업이나 계약구조의 차원이 아닌 파트너나 구성원의 차원에서 적용된다. 이러한 접근법은 조약의 해석원칙과 일치하는데, 조약의 다른 규정들의 혜택을 투과기업이나 계약구조의 수준이 아니라 파트너나 구성원의 수준에서 과세되는 소득에 대하여 부여해야 한다. 이러한 해석은 파트너들이나 구성원들이 서로 다른 국가에 거주하는 경우 문제를 일으킬 수 있는데, 이러한 문제는 그 단체나 계약구조의 다수 지분을 가진 파트너들이나 구성원들이 거주하는 국가(즉, 비용공제를 많이 받을 수 있는 국가)를 특정하는 상호합의를 통해 해결될 수 있다.(OE §15-6.2)

고용주가 근로자 거주지국의 거주자가 아닌 경우 비과세요건을 충족하는 것으로 인정하는 것은 적절하지 않을 수 있는데, 이를 인정하면 근로자의 근로소득을 결정하거나 고용주에게 원천징수의무를 지우는 데 행정적 어려움이 있을 수 있기 때문이다. 이 경우 조세조약에서 '근로자와 동일국가의 거주자인 고용주'의 요건을 추가하기도 한다.(OE §15-6)

③ **고용주가 용역수행지국에 가진 국내사업장에 의해 보수가 부담되지 않을 것**

요건 ②와 ③은 한 체약국에서 고용주가 지급한 급여에 대하여 공제받는 동시에 근로자가 수취한 금액에 대하여 비과세되는 상황을 방지하기 위한 것이다.(USM §14-2)

'부담(born by)'이란 용역수행지국에 소재한 국내사업장 소득을 계산할 때 사업소득에서 대가(remuneration)를 비용공제하는 상황을 의미한다.(OE §15-7) 따라서 고용주가 국내사업장 귀속소득을 계산할 때 대가를 실제로 공제했는지는 중요하지 않으며, 국내사업장에 귀속되는 소득을 결정할 때 이러한 보수를 비용으로 공제할 수 있는지가 판단의 관건이다. 예를 들면, 원천지국에서 국내사업장이 조세면제를 받거나 또는 고용주가 해당 공제를 신청하지 않음으로 해서 실제로 전혀 비용공제가 이루어지지 않은 경우에도 '보수를 부담한다'는 판단기준은 충족된다. 또한 보수가 국내사업장에서 비용공제되지 않는 것이 아니라 보수의 성격 때문에 공제될 수 없는 경우, 예를 들면 근로자의 주식매수선택권 행사에 따른 주식발행을 비용공제하지 않는 국가의 경우에도 '보수'로서의 판단기준은 충족된다.(OE §15-7.1)

한 체약국 기업의 근로자가 체약상대국에 소재하는 국내사업장의 이익을 위해 체약상대국에서 제공하는 근로용역에 대하여 수취하는 대가는, 국내사업장 귀속소득을 결정할 때 국내사업장의 직접비용으로 공제되거나 본점에서 배분하는 배분비용으로 공제된다. 배분비용으로 공제되는 경우 별개의 독립기업이라는 가정에 따라 국내사업장 귀속소득을 결정하기 위해서 개념적 비용을 계상하는 것이므로, 국내사업장이 근로자의 보수를 부담하는지는 이러한 가정에 구애받지 않고 실제상황을 검토해야 한다.(OE §15-7.2)

(2) 조세조약상 근로소득 비과세 요건

한국이 체결한 대부분 조세조약들은 다음 요건을 모두 갖춘 경우 원천지국에서 비과세한다.

1. 해당 연도※에 개시하거나 종료하는 12개월 중 183일 이하 체류할 것 2. 그 대가가 한국 거주자에 의해 지급되지 않을 것 3. 외국기업의 국내사업장이 근로소득을 부담하지 않을 것 4. 근로소득이 USD 3,000 이하일 것(미국만 적용)

※ 과세연도, 회계연도, 어느 12월 기간 중의 표현을 쓰는 경우도 있음.

2.2 고용종료 후에 지급하는 대가, 국경근무자, 주식매수선택권

(1) 고용종료 후에 지급하는 대가

어떤 경우 개인에게 지급된 봉급, 급여 및 기타 비슷한 대가의 얼마가 해당국에서 근로제공으로 인한 것인지 판단하기 어려운 경우가 있다. 여러 국가들에서 근로를 제공하는 근로자에게 주식매수선택권(stock options)을 부여하는 경우 이러한 문제가 일어날 수 있으며, 근로제공 이후에 이루어지는 대가의 경우에도 또한 이러한 문제가 일어날 수 있다. 이러한 대가는 국제적인 상황에서 조세조약적용문제를 야기하는데, 이에는 국경에 걸쳐 근로를 제공하는 근로자, 근로기간 동안 여러 국가에 걸쳐 근로를 제공하여 온 근로자, 해외로 파견된 후 고용계약이 해지되기 직전에 다시 본국으로 귀국하는 근로자에게 대가를 지급하는 경우가 있다. 이러한 대가를 묘사하는 데 사용하는 용어에도 불구하고, 이러한 대가가 '봉급, 급여나 기타 비슷한 대가'에 해당하는지를 판단하고, 그 대가의 전부 또는 일부가 해당국에서 근로의 제공으로 인해 수취되는 것으로 볼 수 있는 정도를 판단하기 위해 각 사안의 사실관계에 기초하여 그 대가를 개별적으로 사실판단하는 것이 중요하다.(OE §15-2.3)

① 고용계약종료 이후 지급하는 근로대가

고용계약이 종료되기 전에 행해진 근로에 대하여 고용계약종료 후에 대가를 지급하는 경우, 그 대가는 해당 근로활동이 이루어진 국가에서 수취된 것으로 본다. 이에는 지난 근로기간 동안에 대한 급여나 상여 또는 지난 기간 동안 이루어진 판매에 대한 수수료가 있을 수 있다.(OE §15-2.4)

② 과거기간의 휴가일/병가일에 대한 보상

지난해의 근로기간 동안 발생된 사용하지 않은 휴가일/병가일에 대한 대가는 휴가나 병가를 갈 권리를 발생시키는 근로기간에 대한 대가의 일부이다. 고용이 종료되는 때에 근로자는 또한 지난 여러 해 동안 사용하지 않은 휴가일과 병가일에 대한 대가를 받을 권리가 있는 경우가 있다. 사실관계에 따라 그러한 권리가 없다는 것이 분명한 경우를 제외하고, 지난 여러 해 동안 사용하지 않은 휴가일과 병가일에 대한 보상으로 고용종료 후에 받은 대가는 그 근로자가 지난 12개월의 근로에 대한 권리로 받은 혜택으로 간주되며, 그 기간 동안 근로가 제공된 장소를 기준으로 비례하여 안분해야 한다. 이와 다른 결론이 가능한 경우는 납세자의 근로기록에 따라 그러한 휴가일과 병가일이 과거근무의 특정기간과 명백히 연관되고 대가가 이러한 근로기간에 대한 보상에 해당한다는 점이 명백한 때이다. 그런데, 해당국은 그 근로자가 이전에 발생기준으로 이러한 휴가일이나 병가일에 대하여 이미 과세되었을 수도 있다는 사실을 고려해야 한다. 예를 들면, 한 국가의 국내법에 따라 그 국가 내에서 수행된 근로기간과 관련하여 부여된 휴가일과 병가일은 해당근로가 수행되는 회계연도 중에 과세되는 혜택으로 간주되어 과세되기도 한다. 이 경우, 휴가일/병가일에 대한 이후 지급시점에 그 근로자였던 사람의 거주지국은 그 과세에 대하여 이중과세를 방지해야 하며, 그 근로자였던 사람이 마지막 근로연도에 일한 국가는 최종연도 중에 수행한 근로활동과 관련되지 않은 발생기준으로 이미 과세된 그 이전연도들의 사용하지 않은 휴가일/병가일에 대한 대가를 마찬가지로 고려해야 한다.(OE §15-2.5)

③ 고용종료 전 일하지 않는 기간에 대한 대가

어떤 경우에는, 고용주는 고용을 종료하기 전에 법 또는 계약에 따라 근로자에게 일정기간을 두고 고지를 해야 한다. 그 근로자에게 고지기간 동안 일하지 말라고 하고 단순히 그 기간 동안 대가를 지급한다면, 그 대가는 명백히 '고용으로 인해 수취하는' 대가에 해당한다. 이 경우에 수취하는 보수는 그 근로자가 고지기간 동안 일한 것으로 간주되는 국가에서 수취한 것으로 본다. 그 근로자가 고지기간 동안 일한 것으로 합리적으로 간주되는 장소의 판단은 모든 사실관계에 근거해야 한다. 대부분의 경우, 그 장소는 근로가 종료되기 전에 그 근로자가 상당기간 동안 근무한 마지막 장소이다. 그렇지만 그 근로자가 근무할 것으로 예상되었지만 실제로는 상당기간 동안 근무하지 않는 국가의 예상되는 근무기간을 고려하는 것은 부적절하다.(OE §15-2.6)

고용종료를 위한 이행계약에 따라, 근로자는 일하지 않는 기간 동안 급여를 다 받거나 깎인 급여를 받게 된다. 고용이 종료되지 않았더라도 근로자가 일할 필요가 없는 기간 동안 고용주가 급여를 지급하는 경우, 그 급여는 여전히 고용으로 인해 받는 것이므로 '근로로 인해 수취하는' 대가에 해당한다. 이러한 경우 수취하는 대가는 그 기간 동안 근로자가 일했을 것으로 합리적으로 인정되는 국가에서 수취한 것으로 보아야 하는데, 그 국가는 대부분의 경우 근로중단 이전에 근로활동을 수행했던 국가를 말한다.(OE §15-2.16)

④ 퇴직금 또는 해고수당

다른 상황은 퇴직금(severance payment) 또는 해고수당(redundancy payment)인데, 이는 고용주가 고용이 종료되는 근로자에게 법 또는 계약에 따라 지급해야 하는 것이다. 이러한 대가는 항상 그런 것은 아니지만 종종 고용주가 고용한 과거기간을 기준으로 산출한다. 사실관계가 다르지 않다면 이러한 퇴직금은 과거 12개월의 근로에 대한 근로대가로 간주되어야 하며, 이 기간 동안 수행된 근로장소를 기준으로 비례하여 안분되어야 한다.(OE §15-2.7)

⑤ 고용관련 배상금이나 합의금

고용이 종료된 개인이 고용종료가 고용계약이나 법 또는 근로합의에 위반된다고 주장할 만한 법적 근거가 있을 수 있다. 또한 고용종료상황에 따라 손해를 청구할 만한 다른 법적 근거가 있을 수 있다. 이 개인은 관련된 계약 또는 법적 의무의 위반에 대한 손해에 대하여 법적 배상이나 합의금을 받을 수 있다. 어떠한 손해배상이 이루어지는가에 따라 조세조약상 취급이 달라진다. 예를 들면, 고지가 충분하게 이루어지지 않거나 또는 법이나 계약에 따른 퇴직금이 지급되지 않았기 때문에 이루어진 손해배상은 이러한 손해배상이 대신하는 대가로 보아야 한다. 그렇지만 차별적 취급이나 어떤 사람의 명성에 대한 침해와 같은 것에 기인한 징벌적 손해배상은 다르게 취급되어야 한다. 이러한 대가들은 기타소득에 해당한다.(OE §15-2.8)

⑥ 고용종료 후 경업금지 대가

고용계약규정이나 고용종료 후 합의규정에 따라 이전의 근로자가 그의 이전 고용주의 경쟁자를 위해 일을 하지 않는 조건으로 대가를 받는 경우가 있다. 이러한 의무는 거의 모든 경우에 기간이 제한되며 종종 지역도 제한된다. 이러한 대가는 고용과 직접 관련되므로 '고용과 관련하여 수취하는 대가'이지만, 대부분의 경우 고용종료 이전에 수행하는 근로활동으로 수취하는 대가에는 해당하지 않는다. 이러한 이유로, 대가를 수취하는 때에 그 수취인이 거주하는 국가에서만 그 대가를 과세할 수 있다. 그렇지만, 고용종료 후에 이루어지는 그러한 대가가 실질적으로 고용 중에 수행된 활동에 대한 대가인 경우, 예를 들면 경쟁하지 않을 의무가 이전의 고용주에게 별 가치가 없거나 전혀 가치가 없는 경우, 그 대가는 해당 고용기간 동안 수행된 근로에 대하여 수취한 대가와 같은 방법으로 취급되어야 한다. 또한, 일부 국가들에서 고용 중에 지급하는 근로자 급여의 일부는 고용종료 후 일정 기간 동안 경쟁자를 위해 일하지 않을 의무에 대한 대가에 해당하며 이에 따라 고용종료 후에 경업금지에 대한 별도의 대가를 지급받지 않는다. 이 경우, 앞에서 설명한 것과 달리 고용 중에 수취한 대가 중 그 의무에 귀속되는 부분은 그 대가의 다른 부분과 같은 방식으로 취급되어야 한다.(OE §15-2.9)

⑦ 고용종료 후 지급되는 연금기여금의 환급

이전 근로자의 연금기여금(contributions)이나 연금수급권(pension entitlements)과 관련하여 고용종료 후에 여러 가지 대가가 지급되는 경우가 있다. 특정한 대가가 연금과 비슷한 기타 지급금 또는 근로제공에 대한 최종대가에 해당하는지 여부는 사실판단 사항이다.

연금에 해당하지 않는 대가로 '일시적인 고용 이후 연금기여금의 환급'의 사례가 있는데, 이러한 환급이 고용종료로 이전 고용에 대한 추가적인 대가에 해당한다면, 그 대가는 근로소득에 해당하고 고용이 종료된 때에 근로가 이루어진 국가에서 수취된 것으로 본다.(OE §15-2.10)

⑧ 이연대가

여러 가지 이연지급합의에 따라 고용종료 후에 대가지급이 이루어질 수 있다. 이러한 대가는 근로소득으로 취급되어야 하며, 해당 국가에서 과거 근무의 특정기간과 관련된다면 그 국가에서 수행된 근로활동으로 수취한 것으로 보아야 한다. 많은 국가들이 근로대가의 지급이 이연되더라도 근로대가에 대한 과세이연을 허용하지 않으므로, 고용종료 후에 수취하는 이연대가를 과세하는 국가는 이중과세를 구제해 주어야 한다.(OE §15-2.11)

⑨ 성과보상

일반적인 성과보상이나 특별한 주식매수선택권 때문에 고용종료 후에 여러 가지 대가 지급이 이루어지는 경우가 있다. 그러한 대가에 대한 조세조약의 적용은 개별 사안에 따라 다르지만, 주식매수선택권에 대한 원칙이 다른 유형의 성과보상을 다루는 데 도움이 된다.(OE §15-2.12)

⑩ 의료보험 등의 혜택

근로자가 고용종료 후에 일정 기간 동안 의료보험이나 생명보험의 혜택을 받는 경우가 있다. 또한 그 근로자가 고용상담이나 대리인의 서비스와 같은 다른 혜택을 받는 경우가 있다. 사실이 다르지 않다면, 이러한 혜택은 고용이 종료된 때, 달리 말하면 이러한 혜택을 지급할 의무가 발생되는 때 근로가 수행된 국가에서 수취하는 대가로서 근로소득에 해당하는 것으로 본다.(OE §15-2.13)

⑪ 손실보상금

고용종료 시점 또는 이후에 이루어질 수 있는 다른 유형의 대가는 고용과정에서 입은 부상이나 장애로 인한 미래수입의 손실에 대한 보상금이다. 이러한 대가에 대한 조세조약의 취급은 작성된 법적 문서의 맥락에 따라 다를 것이다. 예를 들면, 고용보상펀드(worker's compensation fund)와 같은 사회보장제도에 따른 대가는 연금이나 기타소득에 해당할 수 있다.

근로자가 근로관련 질병이나 부상에 대하여 고용주에게 배상을 청구할 수 있는 법적근거가 있기 때문에 이루어지는 대가는 보통 기타소득에 해당한다. 질병이나 부상이 근로와 관련이 없거나 고용주가 그 질병이나 부상에 대한 책임이 없더라도 고용계약조건에 따라 고용주가 지급하는 대가는 퇴직금과 같은 방식으로 취급되어야 한다. 사실관계가 다르지 않다면, 이러한 대가는 지난 12개월의 근로에 대하여 그 기간 동안 근로가 수행된 장소에 비례하여 안분하여 근로소득으로 보아야 한다. 그렇지만, 고용기간 동안 지급하는 단기장애급여는 고용기간 중 병가보상과 같은 방법으로 취급되어야 한다. 이러한 대가는 근로소득에 해당하며(연예인 및 운동가의 경우 연예인 · 운동가 소득), 근로자가 아프거나 부상당하기 전에 통상적으로 근로를 제공한 국가에서 과세된다.(OE §15-2.14)

고용종료 후에 영업직원이 미래 수수료의 손실에 대하여 대가를 받는 경우가 있다. 이러한 대가의 조세조약상 취급은 대가가 지급되는 법적 서류의 문맥에 따라 다르다. 상황에 따라, 이 대가는 영업직원이 과거의 판매와 관련하여 권리가 있는 이연보상에 해당하거나 또는 영업직원이 고용주에게 가져다 준 고객에 대한 장래매출에 대하여 그 영업직원이 수수료를 받을 권리가 있다는 고용계약규정에 따라 지급된다.

이 2가지 경우 모두, 그 대가는 수수료를 받을 권리를 발생시키는 근로제공에 대한 대가로 취급되어야 한다. 또한, 영업직원이 동일한 고용주를 위해 일을 계속 하였다면 벌었을 장래의 수수료에 대한 보상에 해당하는 대가는 부당한 해고에 대한 보상이나 퇴직금에 해당한다. 이러한 경우, 그에 따라 소득을 구분해야 한다.(OE §15-2.15)

(2) 국경근무자 등

국경근무자 또는 국가 간을 이동하는 트럭이나 기차에서 일하는 사람의 근로소득과 관련하여, 지역적 조건에 따라 발생되는 문제는 해당국 간에 직접 해결하는 것이 더 바람직하므로 조세조약에는 그에 관한 어떠한 특별원칙도 없다.(OE §15-10)

(3) 비거주자의 주식매수선택권(stock option) 과세

비거주자의 주식매수선택권 행사 소득은 근로소득 또는 기타소득으로 과세된다.(소법 §119 7호, 소법 §21 ① 22호)

3. 국제운송 선박·항공기 승무원의 보수

OECD모델 15조 3항: 이 조항의 다른 규정에도 불구하고, 체약상대국 내에서만 운영되는 선박이나 항공기에 탑승하여 수행되는 고용이 아닌 국제운송에서 운영되는 선박이나 항공기의 정규보수를 받는 종업원으로서의 고용과 관련하여 한 체약국 거주자가 받는 대가는 한 체약국에서만 과세된다.

(1) 종업원 거주지국 과세원칙

국제운송에 종사하는 선박이나 항공기 승무원의 보수는 그 종업원의 거주지국에서만 과세된다. 종업원 거주지국의 배타적과세원칙은 2017년 OECD모델의 개정을 통해 추가되었다. 그 개정의 목적은 이 종업원들 보수의 과세와 관련하여 명백하고 행정적으로 단순한 원칙을 제공하기 위한 것이다.(OE §15-9) 이와 동시에, 국제운송의 정의가 개정되었는데, 이는 제삼국의 기업이 운영하는 선박이나 항공기에 의한 운송에도 또한 적용된다는 점을 확실히 하기 위한 것이다. 이러한 변경으로 제삼국 기업이 운항하는 선박이나 항공기에 탑승하여 제공하는 근로에 대한 보수를 수취하는 한 체약국 거주자에게 근로소득조항을 적용할 수 있게 되었다.(OE §15-9.1)

그런데, 다른 국가 내에서만 운항하는 선박이나 항공기에 탑승하는 한 체약국 거주자가 근로를 제공하는 경우, 그 종업원의 거주지국에 배타적 과세권을 부여하는 것은 분명히 부적절하다. '체약상대국 내에서만 운항하는 선박이나 항공기에 탑승하는 경우 이외에'라는 문단에 따라 그러한 종업원에게는 국제운송 근로소득조항이 적용되지 않는다는 점은 분명한데, 이는 그 종업원 보수의 과세는 일반원칙에 따라 과세한다는 의미이다.(OE §15-9.2)

선박이나 항공기의 승무원에게는 국제운송 근로소득의 규정이 적용된다. 이는 '선박이나 항공기의 정규직원의 일원'으로 제공하는 근로에 대한 언급으로 분명해진다. 이 말은 선박이나 항공기의 통상적인 운항과정에서 수행되는 모든 근로활동, 예를 들면 크루즈선상의 식당 종업원의 활동이나 근로를 종료하기 전에 단지 한차례 비행에서 일하는 항공승무원 등을 포괄할 정도로 넓은 의미이다. 그렇지만 선박이나 항공기에 탑승하여 수행될 수 있지만, 그 운항과는 관계가 없는 근로활동은 해당하지 않는다.(예 크루즈선의 승객들에게 가정이나 자동차 보험을 판매하는 보험회사의 종업원)(OE §15-9.3)

강, 운하 및 호수에서의 운송에 국제운송의 선박 및 항공 운송과 같은 취급을 하고자 하는 국가들은 국제운송의 범위를 내륙수로운송에 종사하는 단정의 운항소득을 포함하도록 넓힐 수 있다. 이 국가들은 또한 이 단정들에서 일하는 종업원들의 보수에 국제운송 근로소득조항을 적용할 수 있다. 그런데 내륙수로운송에 종사하는 단정에 탑승하여 일하는 종업원이 수취하는 보수의 경우, 그 단정을 종업원 거주지국의 기업이 운영하는 경우에만 적용되어야 한다. 다른 국가의 거주자이지만 한 체약국 기업(또는 내륙수로운송에 종사하는 단정의 운항으로 수취하는 소득을 면제하기로 한 체약국과 합의하지 않은 제삼국 기업)이 고용한 종업원이 수취하는 보수가 한 체약국에서만 수행한 활동과 관련되는 경우 그 보수를 한 체약국이 면제해야 한다면 이는 정말 부적절할 것이다. 이러한 문제에 대처하고자 하는 국가들은 내륙수로운송에 종사하는 단정의 승무원에 대한 별도의 규정을 양자조약에 포함할 수 있다.(OE §15-9.4)

일부 국가들은 기업의 거주지국이 아니라 실질적 관리장소가 소재한 국가에 선박운송 및 항공운송 소득에 대한 배타적 과세권을 준다.(OE §15-9.5)

일부 국가들은 국제운송에 종사하는 선박이나 항공기에 탑승하여 일을 하는 종업원 보수를 그 선박이나 항공기를 운영하는 기업의 소재지국이나 종업원 거주지국이 모두 과세하도록 허용하길 원한다.(OE §15-9.6) 그러한 접근법을 적용하고자 하는 국가들은 조항의 적용을 체약국들 중 하나의 거주자인 종업원으로 제한할 수 있다.(OE §15-9.7) 이러한 대체규정에 따르면, 기업 소재지국에 종업원의 보수를 과세할 우선권이 있다. 그 종업원이 체약상대국 거주자인 경우 체약상대국에서도 과세할 수 있는데, 체약상대국은 이중과세방지규정에 따라 이중과세를 해소해야 한다.(OE §15-9.8) 대체규정은 선박이나 항공기를 운영하는 기업의 소재지국에서 과세할 수 있도록 하는데, 이는 국제운송에 종사하는 선박이나 항공기에 전적으로 탑승하여 일하면서, 외국에서 수행하는 탑승용역으로 수취하는 근로소득에 대하여 과세하지 않거나 적게 과세하는 국가에 거주를 유지하는 것이 유리하다는 점을 알게 되는 종업원들의 상황에 대처하는 데 도움이 된다. 그런데, 이 규정은 선박이나 항공기를 운영하는 기업들이 체약국들의 기업이기 때문에, 체약국들에서 국내법에 따라 국제운송에 종사하는 선박이나 항공기에 탑승하여 일하는 종업원의 보수를 과세할 가능성이 있다고 전제한다. 그렇지 않은 경우, 이중과세를 구제하기 위해 소득공제방법(exemption method)과 함께 그러한 규정을 사용하면 이중비과세의 위험이 발생한다. 예를 들면, 위 규정이 R국 S국 조약에 포함되어 있으며, R국은 소득공제방법을 따르고 R국 거주자인 종업원이 S국 기업인 항공사가 운항하는 R국과 제삼국 간의 항공노선에서 일한다고 가정한다. 이 경우, S국 국내법에서 S국 거주자가 아니며 S국에서 일을 하지 않는 그 항공기 종업원의 보수를 과세하지 않는다면, S국은 S국에 주어진 과세권을 행사할 수 없으며, 또한 조약규정에 따라 S국이 그 보수에 대한 과세권을 가지므로 R국은 그 보수에 대하여 비과세해야 한다.(OE §15-9.9)

해상운송기업의 실질적 관리장소가 선상에 있는 경우 '실질적 관리장소'에 대하여 언급하는 것이 적절하다. 일부 국가들의 국내법에 따라, 선박이 자국 국적인 경우 승무원 중 비거주자가 승선고용과 관련하여 수취하는 보수를 과세한다. 이런 이유로 이 국가들과 체결된 조약들은 그러한 보수에 대한 과세권은 그 선박의 국적지국에 주어진다고 규정하고 있다. 한편, 대부분 국가들은 그러한 과세권을 행사할 수 없고, 그 경우 그 규정은 앞에서 설명한 것과 마찬가지로 비과세로 귀결될 것이다. 그런데, 국내법상 과세원칙이 있는 국가는 승선고용과 관련한 보수의 과세권을 선박의 국적지국에 주도록 합의할 수 있다.(OE §15-9.10)

조세조약 규정에 따라 한국에 과세권이 있는 경우 183일 요건 등은 따지지 않는다. 15조 3항은 '이 조의 1항 및 2항의 규정에도 불구하고'라고 표현하는데 이는 1항 및 2항의 요건을 적용하지 않고 오로지 3항의 요건에 따라 승무원보수에 대한 과세 여부를 판단한다는 의미이다.

(2) 조세조약상 비과세

국내세법상 거주자에 의해 운용되는 외국항행선박・원양어업선박 및 항공기의 승무원의 급여는 국내원천 근로소득으로 한국에서 과세된다. 반대로, 비거주자에 의해 운용되는 국제운송선박 등의 승무원은 조세조약에 따라 대부분 한국에서 비과세된다. 조세조약이 없는 경우 국내세법의 국내원천 근로소득규정이 적용된다.

| 조세조약상 국제운송선박 등의 승무원보수 과세 |

과세유형	체약국
승무원 거주지국에서만 과세	네덜란드・노르웨이(항공기 승무원)・뉴질랜드・룩셈부르크・스웨덴(항공기 승무원)・스위스・싱가포르・이집트・인도・칠레・터키・필리핀(정규 승무원)・프랑스
국제운송기업 거주지국과 승무원 거주지국에서 각각 과세 가능	그리스・노르웨이(선박 승무원)・독일・말레이시아・멕시코・몰타・브라질・스리랑카・스웨덴(선박 승무원)・스페인・영국・우즈베키스탄・일본・캐나다・핀란드・호주
국제운송기업 거주지국에서만 과세	위 이외의 국가(카타르 승무원 거주지국 조세조약 우선적용, 미국 정규 승무원만 적용, 베네수엘라・알제리・크로아티아는 실질관리장소)

4. 근로소득의 과세방법

4.1 근로소득 과세의 개요

비거주자의 국내원천 근로소득 및 연금소득의 과세표준과 세액의 계산, 신고와 납부, 결정・경정 및 징수와 환급에 대해서는 거주자에 대한 소득세의 과세표준과 세액의 계산 등에 관한 규정을 준용한다. 다만, 인적공제는 아래와 같이 제한하며, 비거주연예인원천징수특례(소법 §156의5)에 따른 원천징수에 의해 소득세를 납부한 비거주자에 대해서는 과세표준 확정신고를 하지 않을 수 있다.(소법 §126 ⑤)

1. 인적공제(기본공제, 추가공제)는 본인에 대한 것만 적용하며, 특별소득공제와 자녀세액공제와 특별세액공제는 적용하지 않음.
2. 근로소득공제 및 근로소득세액공제는 거주자와 동일하게 적용

| 국내원천 근로소득의 과세방법 |

구 분	조약이 있는 경우	조약이 없는 경우
183일 이하 체류자	비과세 (미국은 3백불 초과 과세)	국내원천 근로소득으로 과세 (비거주자)
183일 초과 체류자	근로소득으로 과세 (거주자)	근로소득으로 과세 (거주자)

※ 선박·항공기 승무원의 경우 회사의 소재지에서 과세

4.2 국내 또는 국외 지급에 따른 과세방법의 차이

(1) 국내지급 근로소득만 있는 비거주자

① 원천징수 및 연말정산

외국기관 또는 한국에 주둔하는 국제연합군(미군은 제외)으로부터 받는 근로소득 및 국외에 있는 비거주자 또는 외국법인(국내지점 또는 국내영업소는 제외)으로부터 받는 근로소득(비거주자·외국법인의 국내사업장의 국내원천소득금액을 계산할 때 필요경비 또는 손금으로 계상되는 소득은 제외) 이외의 근로소득만 있는 비거주자는 거주자와 같은 방법으로 원천징수·납부한다. 매월분 근로소득을 지급하는 자는 간이세액표에 의해 소득세를 원천징수하며, 연말에 근로소득을 합산하여 근로소득공제 등을 하여 근로소득 과세표준을 계산하고 여기에 종합소득세율을 적용하여 산출세액을 계산한 후 근로소득세액공제 등을 적용하여 차감납부세액을 계산한다.

② 원천징수시기특례

1~11월 중 근로소득을 해당 연도 12.31.까지 미지급한 경우 12.31. 지급한 것으로 본다. 한편, 12월 중 근로소득을 다음 연도 2월 말까지 미지급한 경우 다음 연도 2월 말에 지급한 것으로 본다. 잉여금처분 결정일부터 3개월이 되는 날까지 근로소득을 지급하지 않으면 3개월이 되는 날에 지급한 것으로 보며, 11월 1일부터 12월 31일까지의 처분에

따라 다음 연도 2월 말일까지 지급하지 않으면 다음 연도 2월 말일에 지급한 것으로 본다. 법인에서 상여로 처분하는 경우, 과세관청이 결정 또는 경정하면 소득금액변동통지서를 받은 날, 법인이 신고하면 신고일 또는 수정신고일을 원천징수시기로 한다.(소법 §135, §131 ②)

(2) 국외지급 근로소득만 있는 비거주자

① 납세조합에 가입한 경우

외국기관 또는 한국에 주둔하는 국제연합군(미군은 제외)으로부터 받는 근로소득 및 국외에 있는 비거주자 또는 외국법인(국내지점 또는 국내영업소는 제외)으로부터 받는 근로소득(비거주자 · 외국법인의 국내사업장의 국내원천소득금액을 계산할 때 필요경비 또는 손금으로 계상되는 소득은 제외)이 있는 비거주자는 납세조합을 조직 · 가입하여 납세의무를 이행할 수 있다.(소법 §149) 납세조합은 조합원의 소득에 대하여 매월 소득세를 원천징수하는데, 그 세액의 5%에 상당하는 금액을 '납세조합공제세액'으로 차감하여 다음 달 10일까지 관할세무서에 납부한다. 납세조합은 연말에 원천징수대상 근로소득과 같은 방법으로 조합원의 근로소득에 대하여 연말정산(소법 §137, §138)을 하며, 연말정산을 하는 때에는 납세조합에 의해 원천징수된 근로소득에 대한 종합소득산출세액의 5%에 상당하는 '납세조합공제세액'을 차감하여 세액으로 납부한다.(소법 §150 ① · ③)

② 납세조합에 가입하지 않은 경우

위와 같은 근로소득이 있는 비거주자가 납세조합에 가입하지 않은 경우에는 해당 근로소득이 발생한 연도의 다음 연도 5월 중에 종합소득세 확정신고를 해야 한다.(소법 §73 ②)

(3) 국내 및 국외 지급 근로소득이 모두 있는 비거주자

원천징수된 근로소득과 원천징수되지 않은 근로소득이 모두 있는 비거주자는 이들 근로소득을 종합하여 다음 연도 5월 중에 소득세 확정신고를 한다.(소법 §73 ②) 다만, 원천징수된 국내지급 근로소득 및 납세조합에 의해 소득세가 징수된 국외지급 근로소득이 있는 경우, 원천징수된 국내지급 근로소득의 주된 근무지의 원천징수의무자가 이들 근로소득을 합한 금액에 대하여 연말정산을 할 수 있다.(소법 §137의2 ③) 예를 들면, 외국법인의 국내지점에 근무하는 외국인인 거주자가 그 외국법인의 다른 외국지점에 일시적으로 근무하고 이에 대한 급여를 다른 외국지점에서 지급받는 경우 주된 근무지에서 연말정산방법에 따라 소득세를 원천징수하거나 또는 다음 해 5월에 직접 확정신고납부할 수 있다.(국이 46524-61, 1994.2.1.)

5. 외국인근로자 등의 비과세 · 감면

국내에서 근무하는 아래 외국인근로자 등에 대하여는 근로소득세를 감면한다. 외국정부공무원에 대하여는 "Ⅵ. 정부공무원"에서 설명한다.

5.1 외국인근로자의 과세특례

① 19% 단일세율 과세특례

외국인인 임원 또는 사용인(일용근로자 제외)이 국내에서 최초로 근로를 제공하기 시작하는 경우 국내에서 근무함으로써 받는 근로소득으로서 국내에서 최초로 근로를 제공한 날부터 20년(2023.1.1. 전 5년) 이내에 끝나는 과세기간까지 받는 근로소득에 대한 소득세는 해당 근로소득에 19%를 곱한 금액을 그 세액으로 할 수 있다. 이 경우, 해당기업이 조세감면대상이 되는 외국인투자기업(조특법 §121의2, 조특령 §116의2 ③~⑩)을 제외한 특수관계기업(외국인근로자가 근로를 제공하는 기업과 국기령 §1의2 ① · ③에 따른 친족관계 또는 경영지배관계에 있는 경우. 다만, 경영지배관계의 경우 사실상 영향력을 행사하는지는 판단하지 않음)에 해당하는 경우에는 과세특례를 적용하지 않는다. 다만, 지역본부에 근무함으로써 받는 근로소득의 경우에는 국내에서 최초로 근로를 제공한 날부터 20년 이내에 끝나는 과세기간까지 받는 근로소득에 대한 소득세에 대하여 해당 근로소득에 19%을 곱한 금액을 그 세액으로 할 수 있다.(조특법 §18의2 ②, 조특령 §16의2 ① · ② · ③) 이 경우, 소득세법 및 조특법에 따른 소득세와 관련된 비과세(사택제공이익 제외), 공제, 감면 및 세액공제는 적용하지 아니하며, 종합소득과세표준에 합산하지 않는다.(조특법 §18의2 ③)

적용기간 20년의 개정규정은 2023.1.1. 당시 국내에서 최초로 근로를 제공한 날부터 20년이 지나지 아니한 외국인근로자에 대해서도 적용한다.(2023.1.1. 개정 조특법 부칙 §10)

'국내에서 근무'한다는 것은 국내에서 근로용역을 제공하고 그에 대한 근로소득세를 납부하는 상황을 의미한다.(조심 2007중3171, 2008.8.26.) 외국인은 한국 국적을 보유하지 않은 사람을 의미하므로 복수국적자는 외국인으로 보지 않는다.(국제세원-29, 2011.1.24.)

② 비과세, 감면공제의 배제

외국인근로자 과세특례를 적용하는 경우, 소득세법 및 조특법에 따른 소득세와 관련된 비과세(복리후생적 비과세 제외), 공제, 감면 및 세액공제에 관한 규정은 적용하지 않으며, 종합소득과세표준에 합산하지 않는다.(조특법 §18의2 ③)

③ 과세특례신청

외국인근로자에 대한 과세특례를 적용받고자 하는 외국인근로자(해당 과세연도 종료일 현재 한국 국적을 가지지 아니한 사람만 해당)는 근로소득세액의 연말정산 또는 종합소득

과세표준 확정신고를 하는 때에 근로소득자소득공제신고서에 '외국인근로자 단일세율적용신청서'를 첨부하여 원천징수의무자 · 납세조합 또는 납세지 관할세무서장에게 제출해야 한다.(조특령 §16의2 ④)

④ 원천징수특례

원천징수의무자는 외국인근로자에게 매월분의 근로소득을 지급할 때 근로소득 간이세액표를 적용하지 않고 해당 근로소득에 19%를 곱한 금액을 원천징수할 수 있다.(조특법 §18의2 ④) 이 경우, 외국인근로자(원천징수 신청일 현재 한국 국적을 가지지 아니한 사람만 해당)는 근로를 제공한 날이 속하는 달의 다음 달 10일까지 '단일세율적용 원천징수신청서'를 원천징수의무자를 거쳐 원천징수 관할세무서장에게 제출해야 한다.(조특령 §16의2 ⑥) 단일세율적용 원천징수신청서를 제출한 외국인근로자가 '단일세율적용 원천징수포기신청서'를 원천징수의무자를 거쳐 원천징수 관할세무서장에게 제출하는 경우에는 제출일이 속하는 과세기간의 다음 과세기간부터 단일세율 원천징수특례를 적용하지 않는다.(조특령 §16의2 ⑦)

5.2 외국인기술자의 근로소득세 감면

외국인기술자가 국내에서 내국인에게 근로를 제공하고 받는 근로소득으로서 그 외국인기술자가 국내에서 최초로 근로를 제공한 날부터 10년이 되는 날이 속하는 달까지 발생한 근로소득에 대해서는 소득세의 50%에 상당하는 세액을 감면한다. 다만, 소재 · 부품 · 장비 관련 외국인기술자의 경우에는 3년이 되는 날이 속하는 달까지 발생한 근로소득에 대해서는 소득세의 70%에 상당하는 세액을 감면하고, 그 다음 날부터 2년이 되는 날이 속하는 달까지 발생한 근로소득에 대해서는 소득세의 50%에 상당하는 세액을 감면한다.(조특법 §18 ①) '국내에서 최초로 근로를 제공한 날'은 기술용역계약건별로 그와 관련한 국내근로계약일을 의미하는 것이 아니라 외국인기술자가 '입국하여 국내에서 최초로 근로를 제공한 날'을 의미한다.(재무부 국조 22601-116, 1992.9.18.)

외국인기술자의 근로소득세 면제는 내국인의 근로자로 근로소득을 수취하는 자에게 적용되므로 독립적 인적용역을 제공하고 지급받는 대가는 면제대상이 아니다.(서면2팀-1456, 2006.8.3.) 또한, 국내에서 내국인에게 근로를 제공하고 지급받는 근로소득에 대한 소득세 면제이므로 외국법인 국내사업장에 근로를 제공하고 지급받는 근로소득은 소득세 면제대상이 아니다.(국세청 국이 22601-47, 1991.1.29.)

외국인기술자가 외국인투자기업에 파견되어 국내에서 근로를 제공하고 급여의 일부는 국내에서 지급받고 일부는 외국법인으로부터 국외에서 지급받는 경우 그 급여는 모두 소득세가 면제되며, 외국법인이 국외에서 지급하는 급여상당액을 외국인투자법인에게 용역대가로 청구하는 경우 그 대가는 그 외국법인의 국내원천 인적용역소득에 해당한다.(국세청 국이 22601-175, 1992.3.28.)

① 면제대상 외국인기술자의 범위

외국인기술자란 한국 국적을 가지지 아니한 다음 어느 하나에 해당하는 사람을 말한다.(조특령 §16 ①, 조특칙 §9) 소재·부품·장비 관련 외국인기술자란 '소재·부품·장비산업 경쟁력강화를 위한 특별조치법' 제16조에 따른 특화선도기업등에서 근무하는 사람을 말한다.(조특령 §16 ②)

- 엔지니어링기술진흥법에 의한 엔지니어링 기술도입계약(30만 불 이상의 도입계약)에 의해 국내에서 기술을 제공하는 사람
- 자연계·이공계·의학계 분야의 학사 학위 이상을 소지하고, 외국의 대학과 그 부설연구소, 국책연구기관 및 기업부설연구소에서 연구원으로 근무한 기간이 합산하여 5년(박사 학위를 소지한 사람의 경우에는 박사 학위 취득 전 경력을 포함하여 2년) 이상이고, 근로를 제공하는 기업과 친족관계 또는 경영지배관계에 있지 않으며(경영지배관계를 판단할 때 '사실상 영향력 행사'요건 적용하지 않음), 연구 기관 또는 부서에서 연구원(행정 사무만을 담당하는 사람 제외)으로 근무하거나 교수(E-1) 체류자격에 해당하는 연구개발특구 또는 첨단의료복합단지에 소재한 기관에서 전문 분야의 교육 또는 지도 활동에 종사하는 사람

② 감면신청 및 원천징수

외국인기술자는 국내에서 근로를 제공하는 날이 속하는 달의 다음 달 10일까지 원천징수의무자를 경유하여 원천징수 관할세무서장에게 세액면제신청을 해야 한다. 원천징수의무자는 소득세가 감면되는 근로소득을 지급할 때에는 감면세액을 제외한 금액을 원천징수한다.(조특법 §18 ③·④) 세액면제신청을 하지 않은 경우에도 해당 소득이 면제대상임이 확인되면 소득세를 면제한다.(국일 46017-25, 1996.1.17.)

5.3 외국법인의 파견근로자 근로소득 원천징수특례

(1) 외국법인의 파견근로자 근로소득 원천징수특례

① 사용내국법인의 원천징수

'내국법인'(사용내국법인)과 체결한 근로자 파견계약에 따라 근로자를 파견하는 국외에 있는 '파견외국법인'(국내지점 또는 국내영업소는 제외)의 소속 파견근로자를 사용하는 '사용내국법인'은 파견근로자가 국내에서 제공한 근로의 대가를 파견외국법인에 지급하는 때에 그 지급하는 금액(파견근로자가 파견외국법인으로부터 지급받는 금액을 사용내국법인이

확인한 경우에는 그 확인된 금액)의 19%에 해당하는 금액을 소득세로 원천징수하여 그 원천징수하는 날이 속하는 달의 다음 달 10일까지 원천징수 관할세무서, 한국은행 또는 체신관서에 납부해야 한다.(소법 §156의7 ①) 이 경우, 파견외국법인의 국내사업장은 없는 것으로 본다.(국내사업장에서 설명)

파견근로자는 파견외국법인에 소속된 근로자로서 사용내국법인에 파견되어 해당 사용내국법인에 근로를 제공하는 자로 한다.(소령 §207의10 ②)

사용내국법인은 다음 요건을 모두 갖춘 내국법인으로 한다.(소령 §207의10 ①)

1. 다음 어느 하나에 해당할 것
   가. 파견외국법인과 체결한 근로자 파견계약상 근로대가가 20억원을 초과할 것
   나. 직전 사업연도에 사용내국법인이 파견외국법인에 실제로 지급한 근로대가의 합계액이 20억원을 초과할 것
2. 직전 사업연도 매출액이 1,500억원 이상이거나 직전 사업연도 말 현재 자산총액이 5,000억원 이상일 것
3. 한국표준산업분류에 따른 항공운송업, 건설업, 전문·과학 및 기술서비스업, 선박 및 수상 부유구조물 건조업, 금융업을 영위할 것

② 파견외국법인 및 사용내국법인의 연말정산

파견외국법인은 파견근로자에게 해당 과세기간의 다음 연도 2월분의 근로소득을 지급할 때에 근로소득세액 연말정산방법(소법 §137)에 따라 해당 과세기간의 근로소득에 대한 소득세를 원천징수해야 한다. 이 경우 파견근로자에 대한 해당 과세기간의 과세표준과 세액의 계산, 과세표준 확정신고와 납부, 결정·경정 및 징수·환급에 대해서는 소득세법에 따른 거주자 및 비거주자에 대한 관련 규정을 준용한다.(소법 §156의7 ②) 또한, 사용내국법인은 파견외국법인을 대리하여 원천징수할 수 있다.(소법 §156의7 ③)

③ 서류의 제출

파견외국법인 또는 사용내국법인은 다음 서류를 원천징수 관할세무서장에게 제출해야 한다. 이 경우, 영문으로 작성된 서류는 한글번역본과 함께 제출해야 한다.(소령 §207의10 ③·④·⑤)

사용내국법인 (원천징수)	원천징수이행상황신고서, 파견근로자 근로계약 명세서, 사용내국법인과 파견외국법인 사이에 체결된 용역제공 관련 계약서
파견외국법인 또는 사용내국법인 (연말정산)	근로소득 지급명세서, 원천징수세액 환급신청서, 파견외국법인과 파견근로자 사이에 체결된 용역제공 관련 계약서, 파견외국법인이 파견근로자에게 지급한 보수 또는 대가에 대한 증거서류

(2) 외국기업 파견근로자 소득의 과세문제

내국기업이 외국기업과 체결한 계약에 따라 외국기업으로부터 파견된 근로자가 국내에서 내국기업에게 근로용역을 제공하는 경우 문제가 발생되는데, 외국기업의 인적용역 제공이 있는 것인지, 외국기업의 국내사업장이 구성되는지, 그 파견근로자의 근로소득을 어떻게 과세할 것인지이다. 위 신설규정(소법 §156의7)은 세 번째 문제를 해결하고 있다.

외국법인으로부터 파견되어 내국법인에 근무하는 파견근로자의 급여를 외국법인이 직접 지급하고 그 지급액을 내국법인으로부터 단순히 보상받는 금액은 국내원천소득으로 보지 않으며, 보상금액을 초과하여 받는 금액은 성격에 따라 사업소득 또는 인적용역소득에 해당한다. 또한, 파견근로자가 내국법인의 업무를 담당하면서 지급받는 급여 및 부대비용으로써 사회통념상 적절하다고 인정되는 범위의 금액은 그 내국법인의 각사업연도의 소득금액계산상 손금에 산입할 수 있다.(서면2팀-985, 2005.7.4.)

① 외국기업을 통한 근로용역

근로소득 비과세요건에 적용되는 원칙은 사업소득조항과 직접 관련된다. 사업소득조항은 한 체약국 기업은 체약상대국에서 국내사업장을 구성하기에 충분할 정도로 사업상 실재하지 않는다면 체약상대국에서 과세대상이 되지 않는다는 원칙을 견지한다. 어느 기업의 근로자 활동이 체약상대국에서 비교적 짧은 기간 동안 수행되는 경우, 근로소득 비과세요건은 사업소득조항의 원칙을 근로자의 과세에 유추하여 적용한다. 그 결과, 한 체약국에서 사업을 영위하거나 또는 용역이 제공되는 국내사업장을 보유하기 때문에 소득에 대하여 과세되는 체약상대국 기업에게 한 체약국 거주자가 근로용역을 제공하면 그 대가는 근로소득으로 과세된다.(OE §15-8) 어떤 경우에는, 체약상대국 개인거주자가 한 체약국에서 한 체약국 기업에게 제공하는 용역이 근로에 해당하는지 또는 독립적 인적용역에 해당하는지 결정하기가 어려울 수 있는데, 즉 근로소득 비과세요건을 적용하는 상황인지를 결정하기가 쉽지 않다.(OE §15-8.1)

㉮ 공식고용관계를 인정하는 경우

일부 국가는 의도적인 조작의 증거가 없다면 공식고용관계를 세무상 부인하지는 않으며, 공식고용관계가 있는 경우 근로용역이 제공된 것으로 간주한다.(OE §15-8.2) 이들 국가는 공식고용관계를 인정하기 때문에 원하지 않는 상황에서 근로소득 비과세요건을 적용하여 혜택을 주는 결과(국제적 인력공급: hiring-out of labour)를 초래할 가능성이 있는데, 이를 방지하기 위해 아래 '국제적 인력공급'의 상황에서는 근로소득 비과세를 적용하지 말아야 한다.(OE §15-8.3)

1. 대가수취인이 근로과정에서 고용주가 아닌 다른 사람에게 용역을 제공하고 그 사람이 직접 또는 간접적으로 용역수행방법을 감독하고 지시하고 통제하며, 또한
2. 이러한 용역이 다른 사람이 수행하는 사업활동의 중요한 부분에 해당하는 경우

많은 국가에서 개인이 기업에게 제공하는 용역을 고용관계에서 제공하는 것으로 간주하는 사안(근로계약)과 이러한 용역을 별개의 두 기업 간 용역공급계약에 따라 제공하는 것으로 간주하는 사안(용역공급계약)을 구분하기 위해 다양한 입법적, 사법적 규정 및 판단기준(실질과세원칙)이 개발되어 왔다. 이러한 구분은 특히 근로소득 비과세요건을 적용할 때 중요하다.(OE §15-8.4)

㈏ 공식고용관계를 무시하는 경우

일부 다른 국가는 개인이 용역수취기업에게 제공하는 용역을 용역수취기업과 개인, 개인이 공식적으로 고용된 기업 또는 개인이 독립적으로 용역제공계약을 체결한 기업의 공식용역공급계약에 따라 제공하는지 여부에 상관없이 근로용역으로 간주한다.(OE §15-8.5) 이 경우, 공식계약에서 용역을 어떻게 구분하는지는 중요하지 않다. 개인과 기업 간에 고용관계가 있다고 판단하기 위한 관점은 개인이 제공하는 용역의 성격으로 용역수취기업이 수행하는 사업에 용역제공자가 밀접히 통합(integration)되었는지 여부이다.(OE §15-8.6) 이러한 방식의 용역을 근로로 보는 국가들은 당연히 근로소득조항을 적용한다. 이들 국가는 근로소득 비과세요건 판단목적상 용역이 제공되는 기업을 개인과 고용관계에 있는 고용주로 간주하며, 그 결과 근로는 용역수행지국의 거주자에게 제공된다고 볼 수 있다.(OE §15-8.7)

㈐ 조세회피사안에 대한 대처

국내법에 따라 공식계약관계를 무시할 수 없어 비거주자인 기업이 공식적으로 고용한 개인이 한 국가 내 거주자인 기업에게 제공하는 용역을 거주자인 기업과의 근로관계(용역계약)에서 제공하는 것으로 볼 여지가 없더라도, 한 국가는 조약남용사안에 대하여 근로소득 비과세규정의 적용을 거부할 수 있다.(OE §15-8.8) 이는 '조약의 남용(improper use of the convention)'에 해당하기 때문이다. 조약의 남용에 해당하는 계약(arrangement)이 체결되는 경우 해당 국가는 조약의 혜택을 부여할 필요가 없음은 이론의 여지가 없다.(OE §15-8.9)

결론적으로, 비거주자에게 공식적으로 고용된 개인이 수행지국 기업에게 제공하는 용역을 그 기업과의 고용관계(용역계약)에서 제공하는 것으로 보는 경우, 조세회피방지규정에 따라 수행지국은 근로소득 비과세규정의 적용을 거부할 수 있다. 이 경우, 근로를 제공하는 개인의 거주지국에서 이중과세를 방지해야 하는데, 거주지국이 국내법에 따라 개인과 용역이 제공되는 기업 간에 고용관계가 있다고 판단하더라도 이중과세를 구제하

는 것이 적절하다.(OE §15-8.10)

그렇지만, 공식계약관계를 무시해야 한다는 결론은 객관적 기준에 따라 이루어져야 한다. 예를 들면, 사실관계를 종합할 때 별개의 두 기업 간에 체결된 용역제공계약에 따라 용역이 제공된 것이 분명한 경우에 해당용역을 국내법에 따라 근로용역에 해당한다고 주장해서는 안 된다. 고용관계가 명백히 없는 경우에 용역을 근로용역으로 간주하거나 또는 비거주자 운영기업이 자신의 직원으로 하여금 거주자 운영기업에게 용역을 제공하는 것이 명백한 때에도 비거주자 운영기업의 고용주 자격을 인정하지 않는다면, 근로소득 비과세요건은 의미가 없어진다. 반대로, 개인이 제공하는 용역을 두 기업 간에 체결된 용역계약에 따른 것이 아니라 고용관계(employment relationship)에서 제공되는 것으로 보는 것이 옳은 경우가 있는데, 같은 논리의 연장에서 그 개인이 공식적 고용주에 해당하는 기업의 사업을 영위하는 것이 아니라고 판단해야 한다. 이는 개인이 활동을 수행하는 장소에 그 기업이 국내사업장을 가지고 있는지를 판단하는 문제와 관련된다.(OE §15-8.11)

개인이 한 국가 내에서 제공하는 용역을 두 기업 간에 체결한 용역제공계약(contract for services)이 아니라 고용관계에서 제공된 것으로 보는 경우, 궁극적으로 이중과세방지조항에 따라 이중과세가 방지되겠지만, 해당기업들이 양국에서 개인의 보수를 동시에 원천징수하게 될 위험이 있다. 이 경우, 그 개인의 거주지국의 기업에게 원천징수세액을 즉시 조정할 수 있도록 허용하여 문제를 해결해야 한다.(OE §15-8.28)

② 고용관계 판단기준

개인이 제공하는 용역을 두 기업 간에 체결된 용역공급계약에 따른 용역제공이 아니라 고용관계에서 제공되었다고 판단하는 것은 쉬운 일은 아니다. 이 경우, 아래 원칙 및 사례를 고려하여 판단해야 한다.(OE §15-8.12)

㉮ 용역의 성격

개인이 제공하는 용역의 성격이 중요한 판단요소가 되는데, 근로자는 고용주가 영위하는 사업활동의 중요부분(integral part)에 해당하는 용역을 제공한다고 보아야 하기 때문이다. 따라서 개인이 제공하는 용역이 제공받는 기업의 사업의 중요한 부분인지를 판단해야 한다. 이를 위해, 개인이 수행한 작업결과에 대해 어느 기업이 책임과 위험을 지는지를 우선적으로 고려해야 한다. 그런데, 분명히 해야 할 것은 이러한 분석은 개인이 용역을 직접 기업에게 제공하는 경우에만 의미가 있다. 즉, 개인이 하청제조업자(contract manufacturer)에게 용역을 제공하거나 또는 사업을 외부의 기업에 하청하는 상황에서 그 기업에 용역을 제공하는 경우, 개인의 용역은 해당 제품이나 용역을 취득하는 기업에게 제공되는 것은 아니다.(OE §15-8.13)

공식적 고용주가 수행하는 사업활동의 일환으로 개인이 제공하는 용역과 개인이 용역을 제공하는 기업이 제공하는 용역성격의 비교는 공식계약관계와는 다른 실질고용관계에 초점을 두는데, 상황을 판단하기 위해 아래 추가적인 요소를 고려해야 한다.(OE §15-8.14)

| 고용관계 판단기준 |

1. 작업수행방법에 대하여 개인에게 지시할 권한을 누가 가지는가
2. 작업수행장소를 누가 통제하고 책임을 지는가
3. 개인의 보수를 공식적 고용주가 용역을 제공받는 기업에게 직접 청구하는가
4. 누가 개인의 처분 하에 두는 작업에 필요한 도구와 재료를 준비하는가
5. 누가 작업을 수행하는 개인의 숫자와 자격을 결정하는가
6. 누가 작업을 수행할 개인을 선택할 권리와 작업수행을 위해 개인과 체결한 계약을 종결할 권리를 가지는가
7. 누가 개인의 작업과 관련하여 교정적 징계(disciplinary sanctions)를 할 수 있는가
8. 누가 개인의 휴일과 작업일정을 결정하는가

㉯ 대가지급계약

한 기업의 근로자인 개인이 다른 기업에게 용역을 제공하는 경우, 공식적인 고용주가 용역을 제공받는 기업에게 개인의 보수를 직접 청구하는지 여부를 결정할 때 결정적인 것은 아니지만 두 기업 간에 이루어진 대가지급계약(financial arrangements)이 관련이 있다. 예를 들면, 개인을 공식적으로 고용하는 기업이 청구하는 대가가 개인이 다른 기업에게 제공하는 용역에 대한 개인의 보수, 복지급여(employment benefits) 및 기타 고용비용에 해당하는 금액에 추가하여 그러한 보수, 복지급여 및 기타 고용비용의 일정비율로 계산되는 이익요소(profit element)를 가산하거나 또는 가산하지 않는다면, 이는 공식적 고용주가 개인의 보수를 용역수취기업에게 직접 청구하는지를 알 수 있는 자료가 된다. 그런데, 용역에 대하여 청구되는 수수료가 개인의 보수와 아무 관련이 없거나 개인의 보수가 실제 용역계약에 따라 청구되는 수수료를 산정하는 여러 요소들 중의 하나일 뿐이라면(즉, 자문회사가 특정계약을 이행하기 위해 근로자 중의 한 사람이 쓴 시간당 수수료기준으로 고객에게 청구하며 수수료에는 자문회사의 여러 가지 다른 비용이 포함되는 경우), 개인의 보수를 직접 청구하는 것은 아니다. 그렇지만, 공식적 고용주가 개인의 보수를 용역을 제공하는 기업에게 직접 청구하는지의 문제는 한 국가가 개인이 제공하는 용역을 두 기업 간에 체결된 용역계약이 아닌 고용관계에서 제공되는 것으로 적절히 볼 것인지를 결정하는 것과 관련되는 부수적인 요소 중 하나일 뿐이다.(OE §15-8.15)

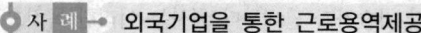

사 례 외국기업을 통한 근로용역제공

1. A국 회사가 B국 회사에 직원을 파견하여 훈련용역을 제공
A국 거주회사인 A사는 B국 거주회사인 B사와 훈련용역을 제공하는 계약을 체결한다. A사는 다양한 컴퓨터 소프트웨어의 사용에 대한 직원훈련을 전문으로 하며, B사는 최근 사들인 소프트웨어를 직원들이 사용하도록 훈련시키고자 한다. A사 직원으로 A국 거주자인 X는 계약의 일환으로 훈련과정을 진행하기 위해 B국의 B사 사무실로 파견된다.(OE §15-8.16) 이 계약에서, B국은 X가 B사와 고용관계에 있다거나 또는 A·B국 간 조세조약상 A가 X의 고용주가 아니라고 주장할 수 없다. X는 공식적으로 A사 직원이며 X의 용역은 A사 사업활동의 중요한 부분이다. X가 B사에게 제공하는 용역은 두 기업 간에 체결된 계약에 따라 A사를 대표하여 제공되는 것이다. 따라서 X가 어느 12개월 기간 동안 183일 이상 B국에 체류하지 않고 A사가 B국에 X의 보수를 부담하는 국내사업장을 가지지 않는다면 X의 보수에 대하여 근로소득 비과세요건이 적용된다.(OE §15-8.17)
2. 직원을 파견하여 자회사 마케팅을 지원
C국 거주자인 C사는 D국 거주자인 D사를 포함하는 그룹사들의 모회사이다. C사는 그룹제품에 대한 새로운 전세계 마케팅전략을 개발하였다. 그룹제품을 파는 D사에게 전략을 이해시키고 따르도록 하기 위해 C사는 전략개발에 참여한 직원들 중 한 명인 X를 4개월 동안 D사 본부에서 근무하도록 파견하여, D사에게 마케팅과 관련한 자문을 하고 D사의 영업부서가 전세계 마케팅전략을 이해하고 따르도록 한다.(OE §15-8.18) 이 경우, C사의 사업에는 그룹의 전세계 마케팅활동의 관리가 포함되며 X의 용역은 그러한 사업활동의 중요한 부분이다. D사가 마케팅과 관련하여 회사에 자문기능을 수행하는 근로자를 쉽게 고용할 수 있다는 주장이 있을 수 있지만, 그러한 기능은 주로 외부전문가(consultant)에 의해 수행되는 것이 현실이며 특히 특별한 지식을 비교적 단기간 동안 필요로 하는 경우에 그러하다. 또한, 그룹의 전세계 마케팅 전략의 이행에 대한 감시기능은 D사가 아닌 C사의 사업이다. 그러므로 다른 조건이 충족된다면 이는 근로소득 비과세가 적용된다.(OE §15-8.18)
3. 직원을 파견하여 자회사 영업을 지원
다국적기업이 여러 자회사를 통해 전세계적으로 호텔을 소유하며 운영한다. 자회사들 중 하나인 E사는 E국에서 호텔을 소유하고 운영한다. X는 호텔에서 일하는 E사의 근로자이다. 그룹의 다른 자회사인 F사는 F국에서 호텔을 소유하고 운영하는데, 외국어 능력이 있는 근로자가 부족하다. 이러한 이유로, F사 호텔의 리셉션데스크에서 5개월 동안 일하도록 X가 파견된다. E사는 공식적으로 X와 고용관계를 유지하며 보수를 지급하는데, F사는 X의 여행경비를 지급하고 E사에게 파견기간 동안 X의 보수, 사회보장기여금 및 기타 복지급여(employment benefits)를 기준으로 관리수수료(management fee)를 지급한다.(OE §15-8.20) 이 경우, F국 호텔의 리셉션데스크에서의 근무는 E사의 사업이 아닌 호텔을 운영하는 F사 사업의 중요한 부분을 구성한다. F국 국내법상 X의 용역이 고용관계에서 F사에게 제공된 것으로 간주된다면, F사가 X의 고용주이며 근로소득 비과세요건이 적용되지 않는다.(OE §15-8.21)
4. 인력파견회사가 인력을 지원
G사는 G국 거주회사이다. G사는 일시적인 사업상 필요를 느끼는 기업에 전문가(specialized personnel)를 파견하는 사업을 영위한다. H사는 H국 거주회사로 건축현장에서 건축용역을 제공

한다. H국에서 계약을 이행하기 위해 H사는 5개월간 기술자가 필요하다. H사는 이러한 목적으로 G사와 계약을 체결한다. G사는 X국 거주자인 기술자 X를 면접하고 5개월의 고용계약을 체결하고 채용한다. G사와 H사의 별도계약에 따라, G사는 X의 용역을 해당기간 동안 H사에게 제공하기로 합의한다. 이러한 합의에 따라 G사는 X의 보수, 사회보장기여금, 여행경비 및 기타 복지급여 및 경비를 지급한다.(OE §15-8.22) 이 경우, G사는 단기간 사업상 필요에 따른 인력을 제공하는 사업을 하는 한편 X는 기술용역을 제공한다. 그 성격상, X가 제공하는 용역은 X의 공식적 인력파견사업활동의 중요한 부분이 아니다. 반면, 이러한 용역은 건축회사인 H사 사업활동의 중요한 부분이다. 그러므로 H국에서 제공되는 기술자의 용역대가에 대하여 근로소득 비과세요건이 적용되지 않는다.(OE §15-8.23)

5. 잉여직원을 일시적으로 파견하여 다른 회사 영업을 수행

I국 거주회사인 I사는 건축용역을 전문적으로 제공한다. I사는 여러 명의 기술자를 정규직으로 고용한다. J국 거주회사인 J사는 I사보다 작은 건축용역회사로 J국 건축현장에서 계약을 이행하기 위해 일시적으로 기술자의 용역을 필요로 한다. I사는 J사와 합의하에 I사가 체결한 계약 이행에 동원하지 않은 I국 거주자인 I사 기술자들 중 한 명을 J사의 상임기술자의 직접적 감독과 통제하에 J사 계약현장에 4개월간 파견한다. J사는 I사에게 해당기간 동안 그 기술자의 보수, 사회보장기여금, 여행경비 및 기타 복지급여에 5%의 수수료를 가산한 금액을 지급한다. J사는 또한, 해당기간 동안 그 기술자의 작업과 관련된 우발적인 손해배상(claims)에 대하여 I사의 책임을 면제하기로 합의한다.(OE §15-8.24) 이 경우, I사가 기술용역 제공사업을 하더라도 J국 건설현장에서 기술자가 수행하는 작업은 I사가 아닌 J사를 위해 수행된다는 사실은 분명하다. 기술자의 작업에 대해 J사가 행하는 직접적 감독 및 통제, 작업에 대하여 J사가 책임을 진다는 사실 및 J사가 해당기간 동안 기술자보수에 대한 부담을 진다는 사실은 기술자가 J사와 고용관계에 있다는 결론을 뒷받침한다. 그러므로 J국에서 수행되는 기술자의 용역보수에 대하여 근로소득 비과세요건을 적용할 수 없다.(OE §15-8.25)

6. 그룹의 인사담당이 그룹사에서 인사업무를 처리

K국 거주회사인 K사와 L국 거주회사인 L사는 동일한 다국적 그룹회사의 일원이다. 그룹활동의 대부분은 기능별 조직에 따라 이루어지므로, 그에 따라 그룹의 여러 회사의 근로자들이 여러 국가에 위치하는 서로 다른 회사에 고용된 관리자의 감독하에 함께 일해야 한다. X는 K사에 고용된 K국 거주자로 다국적그룹의 인사(human resources)기능을 감독하는 상임관리자이다. X는 K사의 근로자이므로 K사는 그룹의 인사관리원가(human resource costs)에 대한 원가중심점(cost centre)이다. 주기적으로 관련원가를 각 회사의 근로자수와 같은 다양한 요소를 고려하여 그룹의 각 회사에 청구한다. X는 그룹의 여러 회사가 사무실을 가지고 있는 여러 나라를 자주 여행해야 한다. 작년에 X는 L사의 인사관리문제를 처리하기 위해서 L국에서 3개월을 보냈다.(OE §15-8.26) 이 경우, X가 수행하는 일은 K사가 다국적그룹을 위해 수행하는 활동의 일환이다. 이러한 활동은 회사 간 의사소통(corporate communication), 전략, 회계 및 세무, 자금(treasury), 정보관리 및 법률지원과 같은 다른 활동과 마찬가지로 대규모 그룹 내에서 중앙집중화되는 것이 일반적이다. 따라서 X가 수행하는 일은 K사 사업의 중요한 부분이다. 그러므로 X가 L국에서 일한 대가로 수취하는 보수에 대하여 근로소득 비과세요건이 적용되어야 한다.(OE §15-8.27)

III 이사의 보수(Director's Fee)

1. 이사 보수의 범위

1.1 국내세법

내국법인 임원의 자격으로서 받는 급여는 국내원천 근로소득에 해당한다.(소법 §119 7호, 소령 §179 ⑥) 이 경우, 국내에서 용역을 제공하는지 여부는 따지지 않는다.(지급 기준)

1.2 조세조약

일반적으로 '이사의 보수(fee) 및 기타 유사 지급금'은 회사의 이사회구성원 자격으로 받는 주식매수선택권, 거주나 자동차, 건강사망보험 및 클럽회원권 등의 사용과 같은 모든 혜택을 포함한다.(OE §16-1.1)

회사 이사회의 구성원은 대부분의 경우 일반직원, 고문, 자문역 등 회사의 다른 기능도 수행한다. 이사의 보수 조항은 다른 기능으로 지급된 보수에는 적용되지 않는다.(OE §16-2) 한국이 체결한 벨기에 및 필리핀 조세조약에서 이사가 경영 또는 기술적 성격의 상근 기능의 수행과 관련하여 수취하는 소득은 이사의 보수가 아닌 근로소득으로 본다.

일부 국가에는 이사회 기능과 비슷한 회사기관들이 존재한다. 조약에 따라서는 이런 회사기관들을 이사의 보수 조항의 적용 대상으로 한다.(OE §16-3) 회사의 비상근이사는 이사로 본다.

근로자에게 부여한 주식매수선택권과 관련하여 근로소득에서 검토한 문제들은 회사의 이사회 이사들에게 부여되는 주식매수선택권의 경우에도 마찬가지로 일어난다. 다른 국가 거주자인 회사의 이사회 이사인 한 체약국 거주자에게 주식매수선택권이 부여되는 경우, 다른 국가는 이사의 보수나 유사 지급금에 해당하는 주식매수선택권의 이익에 해당하는 부분을 과세할 권리가 있다. 이사가 이사회 구성원 지위에서 해임된 이후에 과세가 이루어지는 경우에도 마찬가지 논리가 적용된다. 주식매수선택권 이익의 과세시점과는 상관없이 이사회 이사에게 부여된 주식매수선택권으로 인한 이익은 이사의 보수에 해당하며, 이 경우 주식매수선택권 행사로 취득한 주식의 양도로 인한 양도차익과 주식매수선택권 행사이익을 구분할 필요가 있다.

주식매수선택권이 행사되거나 양도되거나 또는 처분(예 회사나 발행자가 취소하거나 취득하는 경우)되기 전까지 발생한 주식매수선택권으로 인한 모든 이익은 양도소득이 아닌 이사의 보수에 해당한다. 그러나 주식매수선택권이 행사되거나 양도되거나 처분되는 경우, 이사의 보수에 해당하는 과세이익은 실현된 것이며 이후 취득주식(즉, 행사로 인한 주식가액)의 양도차익은 이사회 이사가 주식투자자로서의 지위에서 수취하는 것으로 양도소득에 해당한다. 실제로 이사회 이사자격으로 취득한 주식매수선택권은 행사시점에 소멸하며, 이후에는 주주로서의 자격(보통 자금을 투자하여 취득함)을 갖는다.(OE §16-3.1)

2. 회사 거주지국 과세원칙

OECD모델 16조: 한 체약국의 거주자가 체약상대국의 거주자인 회사의 이사회의 구성원 자격으로 수취하는 임원봉급 및 기타 비슷한 지급금에 대하여는 다른 국가에서 과세할 수 있다.

이사의 보수는 개인 또는 법인인 한 체약국 거주자가 체약상대국 거주자인 회사의 이사회 구성원 자격으로 수취하는 보수이다. 이사의 활동은 대부분 그 용역이 수행된 장소를 확인하기 어려우며, 따라서 회사의 거주지국에서 용역이 수행된 것으로 간주하여 과세된다.(OE §16-1)

이사의 보수 조항은 근로소득 조항에 대한 특별규정으로, 이 규정이 없으면 이사의 보수는 근로소득으로 과세된다. 한국이 체결한 대부분 조약은 이사의 보수에 관한 특별조항을 두어 이사회의 구성원 자격으로서 취득하는 보수는 회사의 거주지국에서 과세할 수 있도록 규정한다.

해당 국가	이사의 보수에 대한 규정
미 국	규정 없음.(근로소득에 해당)
기타 국가	회사 거주지국에서 과세 ※ 벨기에 · 포르투갈 · 필리핀: 상근업무(벨기에는 주식회사 이외의 법인의 동업자소득 포함)는 용역수행지 과세 ※ 쿠웨이트 17% 제한세율 적용

3. 이사보수의 과세방법

미국을 제외한 조세조약은 비거주자인 이사의 보수를 회사 거주지국에서 과세한다. 조세조약이 없는 경우 이사의 보수는 근로소득으로 과세한다.

| 국내원천 이사보수 과세방법 |

조약이 있는 경우	조약이 없는 경우
조약에 따라 회사 거주지국 과세 (미국은 근로소득으로 과세)	국내원천 근로소득으로 과세

IV 연예인 및 운동가(Entertainers and Sportsmen)

1. 연예인 · 운동가소득의 범위

1.1 국내세법

국내세법은 비거주자 연예인·운동가소득을 국내원천 인적용역소득으로 원천징수하며, 외국연예회사의 경우 원천징수특례를 둔다.

한편, 외국인 직업운동가(거주자)가 프로스포츠구단과의 계약에 따라 용역을 제공하고 받는 사업소득(인적용역소득)에 대해서는 20%로 원천징수한다.(소법 §129 ① 3호; 2024.12.31. 이전 계약기간이 3년 이하인 경우에만 원천징수)

1.2 조세조약

(1) 연예인과 운동가의 정의

조세조약에는 연예인과 운동가의 정의가 없다. '연예인'을 정확히 정의하는 것은 가능하지 않지만, 대부분 조세조약에서 연예인의 예를 열거한다. 이 예들은 전체적인 것이 아니지만 우선적으로 '연예인'은 연극배우(Stage Performer), 영화배우(Film Actor), 전직 운동가이었던 텔레비전 광고모델을 포함한다. 또한 흥행적 성격(Entertainment Character)이 있다면 정치적, 사회적, 종교적 또는 자선적 성격이 있는 활동으로부터 수취한 소득에도 적용된다. 그렇지만 초청 강연자(강연계약에 따라 수수료를 받는 전직 정치인), 패션쇼나 사진촬영 중에 옷을 보여주는 모델, 영화촬영기사, 프로듀서, 영화감독, 안무가, 기술직원, 팝그룹의 수행원 등과 같은 행정 또는 보조 직원은 해당되지 않는다. 사실상 행정직원과 연예인 사이에는 종사자의 전반적 활동비율을 관찰해야 할 필요가 있는 애매모호한 영역이 있다.(OE §17-3)

한 개인이 쇼를 감독하고 그 쇼에서 연기하는 경우가 있다. 또는 텔레비전 프로그램이나 영화를 감독하고 연출하면서 그 안에서 역할을 맡을 수 있다. 이 경우 연기를 하는 국가에서 실제로 그 개인이 무엇을 하는지 관찰해야 한다. 만약 그 국가에서 그의 지배적 활동이 연기성격이라면 그 국가에서 활동결과 수취한 모든 소득에 연예인 · 운동가 소득조항이 적용된다. 그러나 그 국가에서 행한 것 중 연기요소가 무시할 부분이라면, 전체소득이 연예인 · 운동가 소득에 해당하지 않는다. 그 밖의 경우에는 다른 합리적인 방법에 따른 배분이 필요하다.(OE §17-4)

'운동가'도 명확한 정의는 없지만 달리기선수, 높이뛰기선수, 수영선수 등의 전통적인 육상경기 참가자에 국한하지 않는다. 예를 들면 자동차경주선수는 물론 골프선수, 기수, 축구선수, 크리켓선수와 테니스선수도 포함된다.(OE §17-5) 또한 당구와 스누커(snooker), 체스와 브리지시합으로 수취한 소득과 같이 통상 흥행적 성격이 있는 것으로 간주되는 모든 활동으로부터 수취한 소득은 연예인 · 운동가소득이다.(OE §17-6) 연예인이나 운동가의 출연을 주선하고 흥행주 등이 받는 소득은 해당되지 않지만, 연예인이나 운동가를 대신하여 그들이 받는 소득은 모두 연예인 · 운동가소득이다.(OE §17-7)

(2) 연예인 · 운동가소득

연예인 · 운동가소득에는 개인 연예인이나 운동가가 직접 또는 간접 수취한 소득이 모두 포함된다. 어떤 경우에는 소득이 개인이나 흥행주 또는 대리인에게 직접 지급되지 않는다. 예를 들면, 오케스트라단원은 개별공연에 대한 대가를 매번 받는 대신 정기적인 급여를 받는다. 공연이 이루어지는 국가는 그 공연에 해당되는 음악가의 급여부분을 과세할 자격이 있다. 또한 연예인이나 운동가가 일인회사 등에 의해 고용된 경우 공연이 이루어지는 국가는 그 개인에게 지급되는 보수의 적당 부분을 과세할 수 있다. 이때 국내세법이 일인회사 등을 '무시하고(look through)' 소득을 개인에게 직접 귀속되는 것으로 취급하는 경우 소득이 비록 개인에게 실제 지급되지 않는다 해도 자국 내 출연으로 수취하여 일인회사 등을 통해 개인에게 귀속된 소득을 과세할 수 있다.(OE §17-8) 누가 소득을 지급하는지는 상관이 없다. 팀이나 개인이 특정 운동경기와 관련하여 받는 전국연합(national federation), 협회나 연맹(league)이 지급하는 상금(prizes)이나 포상금(awards)이 모두 소득에 포함된다.(OE §17-8.1)

실제 출연에 대한 출연료(fee) 외에 연예인과 운동가는 종종 사용료, 후원금(sponsorship)이나 광고대가의 형태로 소득을 수취한다. 일반적으로 해당국에서 공연자의 공연과 그러한 소득 간에 직접적 관련이 없는 경우 다른 소득조항이 적용된다. 그러한 활동수행 없이 그 소득을 수취할 수 있었을 것으로 인정되지 않는 경우 보통 밀접한 관련이 있는 것으로 본다. 이러한 관련성은 소득창출사건의 시점과 관련되거나(예 프로골프선수가 참가한 토너먼트 중에 이루어진 인터뷰에 대하여 받는 대가) 또는 지급되는 소득의 성격과 관련된다.(예 유명테니스선수가 참가하는 토너먼트를 광고하는 포스터에 그의 사진을 사용하고 지급하는 대가) 지적재산권에 대한 사용료는 사용료소득에 해당되며, 일반적으로 후원금이나 광고대가는 사용료소득에 해당하지 않는다. 연예인·운동가 조항은 해당국에서 출연이나 공연과 직간접으로 관련되는 광고대가나 후원금 등에 적용된다. 밀접한 관련은 열거된 행사나 여러 개의 특정되지 않은 행사의 참여와 관련된 계약조건에서 증거를 찾을 수 있다. 여러 개의 행사의 경우, 하나 이상의 행사가 개최되는 한 체약국은 관련된 광고나 스폰서 소득의 해당분을 과세할 수 있다. 그러한 공연이나 출연에 귀속될 수 없는 비슷한 소득은 사업소득이나 근로소득에 해당된다. 또한, 공연취소로 수취하는 대가는 연예인소득의 범위 밖으로 사안에 따라 사업소득이나 근로소득에 해당한다. 상품판매와 관련하여 다양한 대가가 지급될 수 있다. 공공행사와 밀접하게 관련되지만 사용료에 해당하지 않는 판매소득의 일정부분을 연예인이나 운동가에게 지급하는 것은 보통 연예인·운동가소득에 해당하며, 한 체약국에서 행사와 밀접하게 관련되지 않지만 사용료에 해당하지도 않는 그 국가에서 판매로 인해 수취하는 상품판매대가는 보통 사업소득에 해당하며, 그러한 소득을 수취하는 근로자의 경우 근로소득에 해당한다.(OE §17-9)

어떤 소득은 연예인이나 운동가의 인적활동으로 수취한 것인지를 결정하기가 어려운 경우가 있다. 아래 원칙은 이러한 사안들을 다루는 데 유용하다.(OE §17-9.1)

1. '연예인이나 운동가'는 그와 같이 행동하는 사람을 일컫는데, 이는 한 번의 행사인 경우에도 적용된다. 따라서 금전적인 스포츠상금을 획득한 아마추어 또는 영화배우가 아니고 텔레비전 광고나 영화에 일생에 한번 출연한 수수료를 받는 사람도 해당된다.
2. 연예인이나 운동가의 활동은 해당국에서 연예나 스포츠 행사에 출연뿐 아니라, 이러한 출연과 밀접하게 관련된 광고나 인터뷰도 포함한다.
3. 기자가 직접 참가하지 않는 연예 또는 운동 행사에 대하여 단순히 보도하거나 해설하는 것은 연예인이나 운동가의 활동이 아니다. 따라서 부상한 과거 운동가가 직접 참여하지 않는 운동경기의 방송 중에 해설하고 벌어들이는 수수료는 해당하지 않는다.
4. 리허설이나 연습과 같은 준비는 연예인이나 운동가의 통상활동의 일부이다. 연예인이나 운동가가 한 국가에서 리허설, 연습이나 이와 비슷한 준비를 위해 보낸 시간에 대하여 대가를 받는 경우(이는 고용된 연예인 및 운동가에 아주 일반적이지만, 일정 횟수의 리허설에 참여할 것을 요하는 계약을 한 오페라가수와 같은 독자적인 활동을 하는 개인에게서도 볼 수 있다), 그 대가는 행사, 리허설 및 연습(또는 비슷한 준비)을 위해 그 국가에서 여행하는 데 보낸 시간에 대한 대가를 포함한다. 이 경우, 그러한 리허설, 연습 또는 비슷한 준비가 그 국가에서 일어나는 특정 공공행사와 관련되는지 여부와 상관없으며, 시즌 전 연습캠프에 참여하는 데 대하여 지급되는 대가가 이에 해당한다.

연예인이나 운동가의 공연을 동시에 중개하는 대가를 그 공연자에게 직접 지급하거나 그 공연자의 이익을 위해 지급하는 경우(예 공연자의 스타회사에 지급) 연예인·운동가소득에 해당한다. 그러나 그 대가를 제3자(예 방송권의 소유자)에게 지급하여 공연자에게 이익이 되지 않는 경우, 그 대가는 공연자의 인적활동과 관련이 없으므로 연예인·운동가소득에 해당하지 않는다.

예를 들면, 축구토너먼트의 조직인이 그 행사의 지적재산권을 가지고 그 행사와 관련된 방송권에 대한 대가를 받는 경우, 그 대가는 연예인·운동가소득에 해당하지 않는다. 마찬가지로 그 대가의 일부를 참가팀에 배분한 후 선수들에게 재배분하지 않아 선수들의 이익을 위해 지급되지 않는 경우, 그 대가는 연예인·운동가소득에 해당하지 않는다. 이러한 대가가 사용료에 해당하는지 여부는 관련 저작권법에 따른 그 방송권의 법적성격을 보아야 한다.(OE §17-9.4)

연예인이나 운동가가 그의 '초상권(image rights)' 즉, 이름의 사용, 서명이나 개인사진의 사용이나 사용할 권리에 대한 대가의 형태로 상당부분의 소득을 직접 또는 간접(예 연예인이나 운동가의 스타회사에 지급되는 대가를 통해)으로 수취하는 경우가 많다. 이러한 연예인이나 운동가의 초상권의 사용이 해당국가에서 그 연예인이나 운동가의 공연과 밀접히 관련되지 않는다면, 해당대가는 일반적으로 연예인·운동가소득에 해당하지 않는다. 그런데, 한 체약국의 거주자인 연예인이나 운동가에게 또는 다른 사람에게 그 연예인이나 운동가의 초상권의 사용이나 사용할 권리에 대하여 지급하는 대가가 실질적으로 체약상대국에서 이루어지는 연예인이나 운동가의 활동에 대한 대가로서 연예인·운동가소득에 해당하는 경우가 있다.(OE §17-9.5)

한국이 콜롬비아(§16) 및 페루(§16)와 체결한 조세조약은 광고소득 등을 연예인소득으로 과세한다.

(3) 여러 국가들에서 활동하는 경우

연예인이나 운동가는 종종 여러 국가들에서 활동을 하며, 이에 따라 각국에서 수행할 활동으로 인해 어떤 소득을 수취했는지 판단해야 한다. 이러한 판단은 사실관계에 따라 이루어져야 하지만, 아래와 같은 일반적인 원칙을 염두에 두어야 한다.(OE §17-9.2)

1. 한 국가에서 연예인이나 운동가가 수행한 특정활동과 밀접하게 관련된 소득요소, 예를 들면 그 국가에서 개최된 스포츠경기의 승자에게 지급되는 상금, 그 국가에서 개최되는 연습단계의 토너먼트에 참가한데 대하여 지급되는 일수별 수당, 한 국가에서 열린 콘서트에 대하여 음악가에게 지급되는 대가는 그 국가에서 수행된 활동으로 수취한 것으로 본다.
2. 근로대가가 지급되는 활동을 수행하는 때에 근로자가 물리적으로 체류하는 장소에서 근로가

이루어진다. 팀, 공연단 또는 오케스트라에 의해 고용된 연예인이나 운동가가 받는 대가에 일정 기간 동안 수행되는 여러 가지 활동이 모두 포함되는 경우(예 연습이나 리허설, 팀, 공연단 또는 오케스트라와의 여행, 경기나 공연 등의 참가), 그 대가나 그 대가의 일부를 다르게 배분해야 한다는 증거가 없다면, 고용계약에 따라 연예인이나 운동가가 그 활동을 수행해야 하는 각국에서 지낸 근무일수를 기준으로 급여나 대가를 배분해야 한다.

아래 사례는 위와 같은 원칙을 예시한 것이다.(OE §17-9.3)

사례 A: 자영업자인 가수가 여러 국가에서 이루어지는 여러 콘서트에 대하여 일정액을 받고 이에 더하여 각 콘서트의 티켓판매금액의 5%를 받는다. 이 경우, 각국에서 이루어진 콘서트의 객수에 비례하여 일정액을 안분하는 것이 적절하며, 그 각각의 대가를 발생시키는 콘서트가 이루어지는 장소의 티켓판매를 기준으로 일정액을 배분하는 것은 적절하지 않다.

사례 B: 자전거선수가 팀에 고용되어 있다. 그 고용계약에 따라 팀과 함께 여행해야 하며, 팀이 소개하는 공개기자회견에 참석해야 하며, 여러 국가에서 이루어지는 연습활동과 경기에 참여해야 한다. 그 자전거선수는 일정급여에 더하여 특정경기의 결과에 따른 상여금을 지급받는다. 이 경우, 그의 근로관련 활동(예 여행, 연습, 경기, 공개출연이 이루어지는 각국에 체류하는 기간) 중에 근로일수를 기준으로 급여를 배분하는 것이 합리적이며, 상여금은 해당 경기가 개최되는 장소에 배분하는 것이 합리적이다.

(4) 연예인 · 운동가소득의 계산 및 이중과세의 방지

연예인 및 운동가의 소득계산방법은 조약에 규정되지 않는다. 비용에 대한 공제한도의 결정은 각국의 국내법에 따른다. 이에 대한 각국 국내법 규정들은 서로 다른데, 일부 국가의 세법은 연예인이나 운동가에 지급된 총액기준의 저율 원천과세를 규정한다. 이러한 세율은 또한 연주그룹이나 체육법인(incorporated team), 공연단(troupe) 등에 지급된 소득에도 적용된다. 그런데, 일부 국가는 적용세율이 낮더라도 일부 상황에서 총액과세는 부적절하다는 견해를 가진다. 이들 국가는 순액기준으로 납세자에게 과세할 수 있는 선택조항을 둔다.(OE §17-10)

연예인이나 운동가의 인적활동으로 수취하는 소득에 대하여 개인 및 소속법인에 이중으로 과세해서는 안 된다. 이는 중요한 문제인데, 원천지국은 그 국가에서 연예인이 행한 활동과 관련하여 스타회사가 수취하는 대가를 그 연예인의 스타회사에 과세할 수 있으며, 또한 원천지국은 그 연예인의 활동에 합리적으로 귀속될 수 있는 스타회사가 그 연예인에게 지급한 대가의 해당부분을 과세할 수 있다. 이 경우, 원천지국은 국내법에 따라 이러한 활동에 귀속되는 전체소득에 대하여 그 회사 또는 그 연예인 중 어느 하나에게만 과세하거나, 또는 각각 귀속되는 소득분을 각각에 대하여 과세해야 하는데, 즉 회사가 수취한 소득에서 연예인에게 지급된 소득분을 공제하여 과세하고 연예인의 손에서 그 지급소득분을 과세한다.(OE §17-11.5)

외국 팀, 공연단이나 오케스트라의 구성원의 전체 근로대가를 한 국가에서 이루어진 특정활동에 배분하여 그 부분만 과세하는 데 따른 행정적 어려움을 고려하여, 일부 국가들은 이러한 대가를 과세하지 않는 것이 적절하다고 생각한다. 한 국가가 이러한 대가를 일방적으로 면세할 수도 있지만, 이러한 일방적 해결책은 쌍방적인 것은 아니므로 그 소득을 수취하는 사람의 거주지국이 소득공제방법을 사용하면 이중비과세가 될 수 있다. 고용으로 인한 소득에 연예인·운동가조항을 적용하지 않는 방법도 있지만, 일부 국가들은 실무적으로 자주 맞닥뜨리는 스포츠팀 구성원과 같은 사안에 대하여만 제한적으로 예외를 두는 방법을 선호한다.(OE §17-14.1)

(5) 선택적 비과세

일부 국가들은 한 체약국에서 사업소득조항이나 근로소득조항을 적용하면 과세되지 않거나, 해당 과세연도에 한 체약국에서 수행하는 활동으로 단지 적은 금액의 소득을 수취하는 비거주 연예인이나 운동가에게 연예인·운동가소득조항을 적용하는 것은 적절하지 않다고 생각하며, 이 경우, 아래와 같은 제안규정을 적용할 수 있다.(OE §17-10.1)

> 근로소득조항에도 불구하고, 한 체약국의 거주자가 극장, 영화, 라디오나 텔레비전 출연자, 음악가와 같은 연예인 또는 운동가로서 체약상대국에서 수행하는 인적활동으로 수취하는 소득은 체약상대국에서 과세할 수 있다. 다만, 체약상대국의 과세연도 중에 수행한 이러한 활동으로 한 체약국 거주자가 수취하는 해당 소득의 총액이 그 과세연도 초에 체약상대국의 통화로 표시된 [15,000 IMF 특별인출권] 상당액 또는 해당 과세연도 전에 그 과세연도에 대하여 관할당국이 합의한 금액을 넘지 않는 경우를 제외한다.

위에서 언급된 금액은 단순히 예시적인 것으로, 'IMF 특별인출권(IMF Special Drawing Rights)'을 기준으로 함으로써 2개 국가의 통화에 대한 참조를 피하는데, 이는 각국의 환율변동에 불구하고 상대적으로 안정된 가치를 유지하는 금액을 제시하기 위한 것이다. IMF 특별인출권은 주기적으로 업데이트하는 각국 통화의 합산가치를 기준으로 하며 대부분의 결제통화로 쉽게 표시된다.

또한, 행정편의를 위해 제안규정은 해당 과세연도에 한 국가에서 적용되는 한도는 과세연도 초에 그 국가의 통화로 전환된 금액으로 규정한다. 또한 제안규정은 고정된 금액을 채택하는 대신 관할당국들이 적절하다고 판단하는 경우 그 금액을 변경할 수 있도록 허용하는데, 일부 국가들은 주기적인 변경을 허용하는 객관적인 방법을 채택하고자 할 수 있다. 예를 들면, OECD 국가들의 1인당 평균 GDP의 50%와 같은 공식에 의해 그

금액을 대체할 수 있다.(OE §17-10.2)

제약국들이 해당 소득을 받는 때에 조세를 징수하고 나서 한도를 넘지 않았다는 것이 인정되는 연도 말 이후에 조세를 환급하는 경우, 이를 제안규정이 제한하는 것은 아니다.(OE §17-10.3)

제안규정을 적용하면 규정의 혜택을 중복하여 받기 위해 많은 특수관계단체들로 계약을 분산하도록 유도할 위험이 있다. 또한, 제안규정은 일정한 범위의 연예인·운동가소득에 대한 과세권을 제한하지만, 사업소득조항이나 근로소득조항에 따라 가능한 원천과세권을 제한하는 것은 아니다. 그러므로 연예인이 원천지국에 국내사업장을 가지거나 그 국가에 183일 이상 체류하는 경우(또는 원천지국의 거주자인 고용주에 의해 고용되거나, 원천지국에 국내사업장을 가진 고용주에 의해 고용되는 경우) 과세하지 못하도록 하는 것은 아니다.(OE §17-10.4)

2. 용역수행지국 과세원칙

OECD모델 17조 1항: 15조(근로소득)의 규정에도 불구하고 연극·영화·라디오나 텔레비전의 연예인이나 음악가 같은 연예인 또는 운동가인 한 체약국의 거주자가 체약상대국에서 수행하는 인적활동으로부터 수취하는 소득에 대하여는 체약상대국에서 과세할 수 있다.

(1) 일반 원칙

한 체약국 거주자인 연예인과 운동가는 활동의 독립성이나 종속성 여부와 상관없이 그 활동이 수행된 체약상대국에서 과세된다. 이는 인적용역소득 및 근로소득의 비과세원칙에 대한 예외에 해당한다.(OE §17-1)

이러한 과세원칙은 해외에서 공연하는 연예인이나 운동가의 과세에서 흔히 발생하는 실무적인 문제를 피할 수 있게 하지만, 한편으로는 너무 엄격한 과세원칙으로 인해 문화교류를 방해할 수 있다. 이런 불편을 해소하기 위해 조세조약에서 과세대상을 독립적 활동에 국한하는 경우도 있다. 이를 위해 1항 및 2항의 '15조의 규정에도 불구하고'란 문장을 '15조의 규정에 따라'로 바꾸면 충분하다. 그렇게 되면 급여나 임금을 받고 공연하는 연예인과 운동가는 자동적으로 근로자에 해당되며 비과세요건을 충족하는 경우 비과세된다.(OE §17-2)

공연 또는 경기가 국내에서 수행되는 경우에 한하여 과세되며, 연예인·운동가의 용역이 국외에서 제공되고 국내에서 텔레비전으로 상영되는 경우에는 과세되지 않는다. 한국이 체결한 조세조약별 과세요건은 다음과 같다.

| 조세조약상 연예인 · 운동가 소득 과세요건 |

국가별	과세요건
미 국	연예인 · 운동가 조항이 없으므로 인적용역소득 적용(개인만 해당)
일 본	개인이 1역년 동안 US $10,000 초과수취하는 경우만 과세
태 국	개인의 소득이 1일당 US $50을 초과하거나, 소득합계액이 US $1,500을 초과하는 경우만 과세
기타 체약국	국내에서 용역이 수행되는 경우 과세

| 연예인 · 운동가 소득의 사례 |

1. 외국인선수 영입에 따라 지급한 이적료에 대하여 계약대행사의 거주지국이 아닌 이적료의 실질귀속자인 축구선수 소속 클럽의 거주지국과의 조세조약을 적용하는 것임.(국세청 국일 46017-468, 1996.8.21.)
2. 코리아컵 국제축구대회에 참가하는 외국선수단에게 지급하는 상금은 국내세법에 따른 인적용역소득으로 지급금액의 20%를 원천징수하며, 지급받는 자가 브라질, 스웨덴, 벨기에 거주자인 경우에는 각 조세조약의 연예인 · 운동가 조항에 따라 원천징수해야 함.(국세청 국일 46017-191, 1995.5.22.)
3. 내국인이 독일의 음악가를 초청하여 국내에서 공연을 하고 출연사례금을 지급하는 경우 한독조세조약 제16조 규정에 의한 연예인소득으로 국내세법상 인적용역소득에 해당됨.(국세청 국이 46523-121, 1993.3.22.)
4. 외국프로축구단이 국내 프로축구단으로부터 선수이적료 명목으로 일정금액을 수취하면서 해당 선수에 대한 모든 권리 · 의무를 포괄적으로 양도하는 경우에는 기타소득에 해당되나 권리 · 의무를 포괄적으로 양도하지 않는 경우에는 연예인 · 운동가소득임.(재무부 국조 22601-11, 1992.1.17.)
5. 국내사업장이 있는 미국법인 A가 국내에서 개최되는 프로골프대회와 관련하여 국내사업장이 없는 미국법인 B에게 B법인과 고용관계가 없는 외국 프로골프선수의 참가비용을 지급하는 금액은 미국법인 B가 아닌 외국 프로골프선수 개개인에게 귀속되는 소득으로서 한미조세조약 제18조의 연예인 · 운동가소득으로 국내세법상 인적용역소득에 해당함.(국세청 국일 46017-119, 1996.3.11.)

(2) 과세상 문제점

연예인 · 운동가소득은 특별한 상황에서 이중비과세되는 경우가 있다. 소득수취인 거주지국이 소득공제방법을 적용하는 경우 용역수행지국이 과세권을 행사하지 않는다 해도 거주지국은 소득을 과세하지 못한다. 그러므로 이 경우에는 세액공제방법을 적용해야 한다. 용역수행지국이 과세권을 행사하지 못하는 경우 소득수취인 거주지국이 추가적인

과세권을 행사함으로써 이중비과세를 피할 수 있다.(OE §17-12)

3. 정부지원 행사 소득의 면세

연예인이나 운동가가 정부에 의해 고용되어 정부로부터 소득을 수취하는 때에도 과세대상이지만, 공공기금 지원행사나 비영리단체에 의해 이루어지는 행사에 대하여는 조약상 특별히 면세를 규정하는 경우가 대부분이다.(OE §17-14)

① 공공기금 지원행사: 연예인·운동가를 파견한 정부조직이나 지방공공단체 등의 공공기금 지원행사는 연예인 등의 방문에 소요되는 경비를 실질적으로 공공기금으로부터 지원받는 것을 의미하며, 단순히 용역의 제공주체가 국립단체 또는 공공단체라는 이유만으로 면세되는 것은 아니다. 따라서 자국의 문화예술의 홍보 등을 위해 대부분의 비용을 파견국에서 부담하여 제공하는 문화예술공연 등에 제한적으로 적용된다.

② 비영리단체: 영리 아닌 사업을 목적으로 설립된 단체로 국립 및 시립오케스트라, 국립발레단, 국가대표 축구팀 등이 이에 해당된다.

③ 제삼자가 지원을 받는 경우: 일부 국가의 경우 제삼자가 정부, 지방공공단체 등으로부터 공공기금을 지원받아 이루어지는 연예인 등의 활동으로부터 발생되는 소득에 대해 면세하도록 규정한다.

| 조세조약상 정부지원 공연의 면세요건 |

면세유형	해당 국가
비영리단체가 제공하는 용역인 경우 면세	노르웨이, 뉴질랜드, 방글라데시, 벨기에, 불가리아, 아일랜드, 터키, 튀니지, 파키스탄, 폴란드
연예인 등의 소득이 제삼자에게 귀속되는 때 그 제삼자가 정부 등의 공공기금으로부터 지원받거나 비영리단체인 경우 면세	룩셈부르크, 바레인, 스리랑카, 스웨덴, 에콰도르, 이집트, 키르기스스탄, 프랑스, 핀란드, 필리핀, 호주
면세규정 없음.	오스트리아, 칠레, 페루
연예인·운동가의 방문이 파견국의 정부, 지방공공단체 등의 공공기금으로부터 지원되는 경우, 또는 문화교류 협정에 의해 제공하는 경우 면세	대부분 국가

4. 연예회사가 수취하는 소득의 과세

4.1 연예회사 수취소득의 과세

> OECD모델 17조 2항: 연예인이나 운동가가 그러한 자격으로 수행한 인적 활동에 관한 소득이 연예인이나 운동가 자신에게 귀속되지 않고 다른 사람에게 귀속될 때 15조(근로소득)의 규정에도 불구하고, 그 소득은 그 연예인이나 운동가의 활동이 수행되는 체약국에서 과세할 수 있다.

'제삼자에게 귀속되는 소득'이란 연예인 · 운동가의 활동에 따라 발생되는 소득이 연예인 등에게 직접 귀속되지 않고 연예회사 등과 같은 법인에게 귀속되는 경우를 말한다. 이는 국내사업장이 없는 외국법인이 고용인을 통해 국내에서 연예인 · 운동가 활동을 하는 경우로, 연예인이나 운동가가 개인적으로 활동하며 직접 소득을 수취하는 경우와 달리 그들의 활동소득이 제삼자에게 귀속되는 상황이다.

이는 연예인(entertainer)이나 운동가의 소득을 다른 사람이 수취하고 원천지국이 그 수취인을 무시하고 공연자 몫으로 과세할 수 없는 경우, 해당 소득을 그 수취인의 명의로 과세하기 위한 것이다. 소득 수취인이 국내사업장을 구성하지 않더라도 과세할 수 있다. 제삼자가 소득을 수취하는 상황은 아래와 같이 세 가지 경우가 있다.(OE §17-11)

1. 운동가그룹(자체로 법적 실체를 구성하지 않음)의 출연에 대한 소득을 관리회사(management company)가 수취한다.
2. 팀, 공연단, 오케스트라 등의 법적단체(legal entity)가 공연소득을 수취한다. 팀, 오케스트라 등의 개별구성원은 공연이 이루어진 국가에서 공연대가인 보수가 모두 과세된다. 그러나 구성원이 일정 기간 단위로 보수를 받고 소득 일부를 특정공연에 배분하기 곤란한 경우 단체 자체에 과세할 수 있다.
3. 연예인이나 운동가의 공연대가가 연예인 또는 운동가 본인에게 지급되지 않고 소위 연예회사(artiste company)에게 지급될 수 있다. 이 경우 용역수행지국에 국내사업장이 없다면 소득이 연예인이나 운동가의 인적용역으로 과세되지 않고 기업소득으로도 과세되지 않는 조세회피가 일어난다. 일부 국가는 국내법상 이런 회사를 '법인격 부인'하고 그 소득을 연예인이나 운동가가 수취한 것으로 간주한다. 이렇게 간주과세하는 경우 자국 내 활동으로 인한 소득을 과세할 수 있다. 이러한 국내법 규정이 없더라도 기업소득이 연예인 · 운동가 소득으로 사실상 구성되는 경우 연예회사 과세규정에 따라 과세될 수 있다.

연예인이나 운동가가 스타회사(star company)같은 소득수취인이 동일한 체약국 거주자인 경우에만 소득을 과세할 수 있는 것은 아니다. 연예인 등의 경우에는 조약의 다른 규정을 배제하고 연예인이나 운동가의 용역수행지국에서 다른 사람에게 귀속되는 소득을 과세할 수 있다. 그러므로 사업소득 조항과는 상관없이 연예인이나 운동가가 체약상대국의 거주자가 아니라 해도 체약상대국 거주자인 스타회사가 수취한 소득을 용역수행지국에서 과세할 수 있다. 반대로 체약국 중 한 국가 거주자인 연예인의 소득이 용역수행지국과 조세조약을 체결치 않은 제삼국의 연예회사에 귀속되는 경우 용역수행지국에서 국내법에 따라 과세하는 것은 전혀 문제가 없다.(OE §17-11.1)

| 조세조약상 연예회사에 귀속되는 소득의 과세 |

소득의 과세방법	체약국
용역수행지국 과세 못함	네덜란드, 독일, 르완다. 미국, 싱가포르, 캐나다, 태국
용역수행지국 과세	위 이외의 체약국

말의 주인이나 경주차가 속한 팀이 한 번의 경주 또는 일정 기간 동안 수행된 경주들의 결과로 수취하는 상금은 연예인·운동가소득이 아니다. 그러한 경우, 상금은 기수나 경주차운전사의 인적활동에 대한 대가로 지급되는 것이 아니라 말의 소유나 훈련, 차의 설계, 제작, 소유나 수리와 관련한 활동의 대가로 지급되는 것이므로, 기수나 경주차운전사의 인적활동으로 수취한 것이 아니다. 그렇지만, 소유주나 팀이 명백히 기수나 경주차운전사의 인적활동에 대한 대가를 받는다면, 그 소득은 기수나 경주차운전사의 손에서 연예인·운동가소득으로 과세된다.(OE §17-11.2)

4.2 연예회사에 대한 원천징수특례

(1) 스타회사를 통한 조세회피 방지규정

조세회피 사례에 대하여 연예인·운동가나 스타회사(star company)를 원천지국이 국내법상 조세회피방지규정에 따라 과세하는 것은 조세조약에 반하지 않는다. 또한, 조약남용방지규정(OE §29 ⑨항)은 이러한 남용사안에 사업소득 및 근로소득 규정의 혜택을 부여하지 못하도록 한다.(OE §17-11.3) 예를 들면, 국내 초청자가 러시아오케스트라단의 계약대행사인 미국법인과 공연계약을 체결하고 공연대가를 미국법인에게 지급하더라도 해당 공연의 실질적인 제공주체 및 용역대가의 최종적인 귀속자가 러시아오케스트라단이라면 한러조세조약을 적용하여 원천징수한다.

연예인이나 운동가의 인적활동과 관련하여 스타회사가 수취하는 소득은 과세된다. 스포츠팀이나 오케스트라의 이러한 인적활동의 수행에 대하여 지급되어 기업이 수취하는 소득은 연예인·운동가소득이지만, 연예나 스포츠 행사의 연출에 관여하는 모든 기업의 소득에 적용되는지는 분명하지 않다. 예를 들면, 독립적인 콘서트 기획자가 티켓판매와 광고공

간의 대여로 수취하는 소득은 연예인·운동가소득에 해당하지 않는다.(OE §17-11.4)

(2) 국내세법의 연예회사에 대한 원천징수특례

비거주 연예인·운동가가 '외국연예 등 법인'을 통해 국내에서 활동하는 경우, 비거주 연예인·운동가의 국내 제공용역과 관련된 대가를 이들 법인에게 지급할 때 원천징수한 후 사후 정산한다.(소법 §156의5)

| 연예인 및 연예회사의 원천징수 |

구 분	조약이 있는 경우	조약이 없는 경우
연예인이 직접 활동하는 경우	조약에 따라 과세 또는 비과세 (과세시 20% 원천징수)	인적용역소득 과세 (20% 원천징수)
연예인이 연예회사를 통해 활동하는 경우	• 대가지급자가 대행사에게 지급시 20% 원천징수 • 대행사가 연예인 등에게 지급시 20% 원천징수하거나 조세조약에 따라 비과세(대가지급자 원천징수세액을 공제 또는 환급)	• 대가지급자가 대행사에게 지급시 원천징수 20% • 대행사가 연예인 등에게 지급시 20% 원천징수(대가지급자 원천징수세액을 공제 또는 환급)

① 비거주 연예인·운동가의 범위

비거주 연예인·운동가는 '비과세 외국연예 등 법인'의 국내용역을 실제로 제공하는 연예인·운동가뿐 아니라 그 연예인·운동가의 국내용역 제공을 보조하는 감독, 코치, 조명·촬영·음향 기사 및 이와 비슷한 용역을 제공하는 자를 포함한다.(소령 §207의7 ①)

② '비과세 외국연예 등 법인'에 대가를 지급하는 자의 원천징수의무

비거주자인 연예인·운동가가 국내에서 제공한 용역과 관련하여 지급받는 보수 또는 대가(인적용역, 근로, 기타소득 포함)에 대해서 조세조약에 따라 국내사업장이 없거나 국내사업장에 귀속되지 않는 등의 이유로 과세되지 않는 외국법인(비과세 외국연예 등 법인)에 비거주 연예인·운동가가 국내에서 제공한 용역과 관련하여 보수 또는 대가를 지급하는 자는 조세조약에도 불구하고 그 지급금액의 20%를 원천징수하여 납부해야 한다.(소법 §156의5 ①) 원천징수세액을 납부하는 경우에는 다음 서류를 원천징수 관할세무서장에게 제출해야 한다.(소령 §207의7 ②)

1. 원천징수이행상황신고서(소칙 §100 20호, 별지 21호)
2. 해당 비과세 외국연예 등 법인에게 보수 또는 대가를 지급하는 자와 해당 비과세 외국연예 등 법인 사이에 체결된 용역제공관련 계약서

③ '비과세 외국연예 등 법인'의 2차 원천징수의무 및 환급신청

㉮ 2차 원천징수의무

'비과세 외국연예 등 법인'이 비거주연예인 등의 용역제공과 관련하여 보수 또는 대가를 지급하는 때 국내원천소득에 대한 소득세로서 그 지급금액의 20%를 원천징수하여 납부하거나, 조세조약에 따라 비과세한다. 이 경우 비거주연예인 등이 국내에서 제공한 용역과 관련하여 비과세 외국연예 등 법인에게 대가를 지급하는 자가 원천징수하여 납부한 경우에는 그 납부금액의 범위에서 이를 납부한 것으로 본다.(소법 §156의5 ②) 비과세 외국연예 등 법인이 징수한 원천징수세액을 납부하는 경우에는 해당 비과세 외국연예 등 법인에게 보수 또는 대가를 지급한 자의 원천징수 관할세무서장에게 다음 서류를 제출해야 한다.(소령 §207의7 ③)

1. 비거주연예인 등의 용역제공소득 지급명세서 2. 원천징수이행상황신고서

㉯ '비과세 외국연예 등 법인'의 환급신청

'비과세 외국연예 등 법인'에게 대가를 지급하는 자의 원천징수금액이 '비과세 외국연예 등 법인'의 원천징수금액보다 큰 경우, 그 차액에 대하여 '비과세 외국연예 등 법인'은 관할세무서장에게 환급을 신청할 수 있다.(소법 §156의5 ③) 환급을 신청하는 경우 원천징수세액 환급신청서에 다음 서류를 첨부하여 원천징수 관할세무서장에게 신청해야 한다.(소령 §207의7 ④)

1. 비과세 외국연예 등 법인과 비거주연예인 등 사이에 체결된 용역제공 관련 계약서 2. 비거주연예인 등에게 지급한 보수 또는 대가에 대한 증거서류

환급신청을 받은 세무서장은 환급 여부를 결정해야 하며, 환급세액이 있으면 원천징수하여 납부한 날의 다음 날부터 환급결정을 하는 날까지의 기간에 1년 만기 정기예금 이자율(국기령 §30 ②)을 곱하여 계산한 금액을 국세환급금에 가산해야 한다.(소령 §207의7 ⑤)

V 학생 및 교수

실습경험을 얻기 위해 고용되는 교환교수나 학생이 수취하는 보수에 대해 대부분 조약들이 특별원칙을 규정한다. 그 주된 목적은 비과세를 규정함으로써 문화교류를 촉진하는 데 있다. 일부 국가는 국내법상 비과세를 규정하기도 한다.(OE §15-11)

1. 학생 등의 소득: 체류지국 면세

OECD모델 20조: 체약상대국의 거주자이거나 또는 한 체약국을 방문하기 직전에 체약상대국의 거주자였던 단지 교육이나 훈련만을 목적으로 한 체약국에 체류하는 학생이나 견습생이 자신의 생계유지, 교육 또는 훈련의 목적으로 받는 지급금에 대하여는 그러한 지급금이 한 체약국 밖의 원천으로부터 발생하는 경우 한 체약국에서 과세하지 않는다.

수습, 교육이나 훈련목적의 학생이나 산업연수생이 받는 일정 대가와 관련하여 해당 학생이나 산업연수생이 체류하는 국가 외의 원천으로부터 수취하는 모든 대가는 체류지국에서 비과세된다.

예를 들면, 한국의 거주자이거나 이탈리아를 방문하기 직전에 한국의 거주자였던 학생이 이탈리아에 체류하면서 생계 및 교육을 위해 한국으로부터 송금받은 금액은 한이탈리아조세조약 20조에 따라 이탈리아에 방문한 날로부터 5년 동안 이탈리아의 조세로부터 면제되므로 납부한 세액이 있는 경우에는 이탈리아 과세당국에 증명서류(여권사본, 재학증명서, 생활비 또는 교육비 증빙)를 첨부하여 환급신청을 할 수 있다.(국세청 국일 46017-495, 1997.7.21.)

체류지국에서 비과세하기 위한 요건은 일반적으로 아래와 같다. '직전(immediately)'이란 용어의 의미는, 이전에 한 체약국의 거주자였으나 체약상대국을 방문하기 전 제삼국으로 거주를 옮긴 사람에게는 학생소득 조항이 적용되지 않음을 분명히 하기 위한 것이다.(OE §20-2)

1. 학생 또는 훈련생이 체약상대국의 거주자이거나 체류지국을 방문하기 직전에 체약상대국의 거주자일 것
2. 교육이나 훈련목적만을 위해 한 체약국에 체류할 것
3. 해당 지급금액이 생계유지, 교육 또는 훈련을 위해 지급받는 것일 것

수취인이 받는 대가는 오로지 수습, 교육이나 훈련목적인 경우에만 학생소득에 해당한다. 그러므로 근로소득 또는 인적용역소득에 해당하는 용역제공 대가는 학생소득이 아니다. 따라서 학생의 훈련이 근무를 포함하는 경우, 수습, 교육 및 훈련에 대한 대가와 근무에 대한 대가를 구분할 필요가 있다. 보수가 학생이나 산업연수생이 아닌 비슷한 근무를 하는 사람에게 지급된 금액과 별 차이가 없다면, 그 사실에 따라 그 보수를 용역대가로 보아도 무방하다. 또한 수습, 교육이나 훈련에 대한 대가는 수취인의 훈련 등을 보장하는 발생비용 수준을 초과해서는 안 된다.(OE §20-3) 20조는 학생이나 산업연수생(business apprentice)이 오로지 교육이나 훈련 목적으로 체류하는 국가 밖의 원천으로부터 발생되는 대가에 적용된다. 해당 국가 내의 원천으로부터 발생하는 대가는 다른 조항에 의해 다루어진다.

예를 들면, 연수하는 국가에 체류하는 동안 학생이나 산업연수생이 체약상대국의 거주자 자격을 계속 유지한다면 근로소득에 해당하지 않는 보조금이나 장학금은 기타소득으로 거주지국에서만 과세된다. 이 경우, 체약국의 거주자 또는 대리인, 그 국가 내 개인이 소유한 국내사업장으로부터 받은 대가는 그 국가 밖의 원천으로부터 발생하는 것으로 보지 않는다.(OE §20-4)

한국이 체결한 조세조약들의 상당수는 학생보수의 면세를 규정한다. 그 외의 국가는 상황에 따라 근로소득 또는 기타소득에 해당한다.

2. 교수의 소득: 체류지국 면세

한이란조세조약 20조 2항: 일방체약국의 국민이면서 2년을 넘지 않는 단일기간 또는 통산기간 동안 과학적 연구를 진행하거나 교수하는 것을 주된 목적으로 타방체약국에 체류하는 교수나 교사가 받는 보수가 타방체약국 밖의 원천에서 발생할 경우, 타방체약국 과세를 면제한다. 이 조항은 주로 특정 개인이나 다수인의 사적인 목적으로 수행되는 연구에서 발생하는 소득에는 적용하지 않는다.

한국이 체결한 대부분 조세조약은 국가 간의 문화·학술교류를 촉진하기 위해 대학 등 인가된 교육기관에 초청되어 일정 기간을 초과하지 않는 기간 동안 강의나 연구활동 등 인적용역을 제공하고 받는 보수에 대하여 면세하도록 규정한다. 다만, 강의 또는 연구활동이 공공의 이익을 위한 것이 아니고 특정인들의 개인적 이익을 위한 것인 때에는 면세하지 않는다. 조세조약의 면세요건이 충족되지 않거나 조세조약에 교수의 보수에 관한 별도규정이 없는 경우 근로소득 또는 인적용역소득으로 과세한다.

| 조세조약상 교수보수의 면세 |

체약국	면세요건
노르웨이 · 스웨덴 · 싱가포르 · 아제르바이잔 · 오스트리아 · 우즈베키스탄 · 우크라이나 · 체코 · 칠레 · 캐나다 · 튀니지 · 핀란드	면세규정 없음.
대부분 국가	2년간 면세
아랍 · 중국 · 카타르	3년간 면세
알바니아 · 헝가리	면세기간 제한 없음.

※ 독일 · 알바니아 · 터키: 용역수행지에서 보수를 지급하면 과세

| 교수 소득의 사례 |

1. 국내 대학교에서 강의 목적으로 미국 거주자를 1년간 초청하여 강의를 담당하게 하고 보수를 지급하는 경우, 그 미국 거주자가 미국에서 교원신분이 아닌 일반인인 경우에도 동 미국 거주자의 한국에서의 교수활동이 한미조세조약 제20조의 면제요건에 해당되는 경우 국내에서 과세되지 않는 것임.(국세청 국일 46017-244, 1996.4.29.)
2. 한미조세조약 제20조에 따른 '기타 인가된 교육기관'이라 함은 교육법에 규정하는 각급 학교를 의미하므로 민법 제32조 및 '재무부장관 및 그 소속청장의 주관에 속하는 비영리법인의 설립 및 감독에 관한 규칙'에 의해 설립된 한국금융연수원은 기타 인가된 교육기관의 범위에 해당되지 않으므로, 그 연수원에 고용된 강사들의 소득은 근로소득에 해당됨.(국세청 국일 46017-584, 1995.9.19.)
3. 인가된 교육기관인 국내대학에서 2년 내 기간 동안 초청한 미국 교수인 임상학 교수에게 급여 지급과는 별도로 대학부속병원에서 환자를 진료하는 대가로 지급하는 진료수당은 한미조세조약 제20조의 규정에 의한 강의나 연구목적의 대가이므로 과세되지 아니함.(국세청 국일 46017-341, 1995.5.25.)
4. 한국의 거주자 신분을 취득한 미국 교직자가 최초 계약기간 종료 후 출국하여 상당기간이 경과함으로써 한국 거주자의 신분을 상실한 후 미국 거주자 신분으로 재입국하는 경우 조세조약상 면세요건이 충족되는 한 면세되는 것임. 다만, 계약기간이 2년을 초과하면 초과기간은 면세되지 않음. 이중으로 계약하거나 다른 목적으로 이미 입국한 외국인도 면세되나, 2년을 초과하는 기간에 대하여는 면세되지 않음.(국조 1264-1243, 1981.10.28.)

VI 정부공무원(Government Service)

1. 파견국의 배타적 과세

OECD모델 19조 1항: ⓐ 한 체약국, 그 정치적 하부조직 또는 지방자치단체에게 제공되는 용역과 관련하여 그 국가, 정치적 하부조직, 지방자치단체가 개인에게 지급하는 연금 이외의 임금, 급여 및 기타 비슷한 보수는 그 국가에서만 과세된다.

OECD모델 19조 2항: ⓐ 1항의 규정에도 불구하고, 한 체약국, 그 정치적 하부조직 또는 지방자치단체에게 제공되는 용역과 관련하여, 한 체약국, 정치적 하부조직, 지방자치단체에 의해서, 또는 이들에 의해 조성된 기금으로부터 개인에게 지급되는 연금 또는 유사 지급금은 그 국가에서만 과세된다.

정부공무원 용역과 관련된 임금, 급여, 유사보수 및 연금에는 동일한 과세원칙이 적용된다. 과거의 조세조약에도 주권국 간의 국제예양과 상호존중의 원칙을 확인하기 위해 이와 비슷한 규정들이 있었다. 그러나 그러한 조약 규정들은 적용범위에 있어 상당히 제한적이었다. 많은 나라에서 공공부문의 성장결과로 정부의 해외활동이 두드러지게 증대됨에 따라 조세조약상 정부공무원 조항의 중요성과 적용범위는 더욱 확대되었다.(OE §19-1)

대부분 조세조약은 정부공무원의 보수와 연금에 대하여 지급지국이 배타적 과세권을 규정한다. 배타적 과세를 한다 해도 자국 거주자가 수취한 정부공무원 소득 외의 소득에 대한 누진세율을 적용할 때 면제소득을 고려할 수 있다. 지급지국의 공무원 보수에 대한 배타적 과세원칙은 이미 국제적으로 인정된 것으로 대부분 조세조약과 국내세법에 포함된다. 이는 또한 정부공무원 조항의 기반인 국제예양의 원칙과 '외교와 영사관계에 대한 비엔나조약'의 규정과도 일치한다. 정부공무원 조항은 외교사절이나 영사직원에 대한 국제법 원칙의 적용을 제한하기 위한 것이 아니라, 그 원칙이 적용되지 않는 사안을 다루기 위한 것이다.(OE §19-2)

1.1 공무원 보수

(1) 공무원 보수의 범위

대부분 조약은 '보수'를 '임금, 급여 및 기타 비슷한 보수'로 정의하고 있다. 이는 정부공무원 조항의 적용범위를 분명히 하기 위한 것이며, 국가에 독립적 용역을 제공하거나 그러한 용역과 관련하여 연금을 받는 사람이 아니라, 국가 고용인 및 국가의 과거고용으로 인해 연금을 받는 사람에게만 오직 적용된다.(OE §19-2.1)

일반적으로 '지급된 급여, 임금 및 기타 유사보수'는 국가, 정치적 하부조직 및 지방자치단체에 제공하는 용역과 관련하여 받는 주택, 자동차, 건강사망보험 및 클럽회원권의 사용과 같은 비슷한 급부를 포함한다.(OE §19-2.2) 정부공무원 조항은 한 국가가 주는 대가뿐 아니라 그 국가의 정치적 하부조직과 지방자치단체가 주는 대가에도 적용된다.(OE §19-3)

국가, 정치적 하부조직, 지방자치단체에 제공된 용역은 '정부성격의 기능을 집행할 때' 제공될 필요는 없다. 이는 조세조약의 범위를 넓히기 위한 것이며, 이 같은 확대가 바람직하지 못하다고 생각하는 국가들은 '정부성격의 기능을 집행할 때'라는 표현을 계속 사용한다.(OE §19-5)

(2) 공무원 보수의 과세원칙

한국이 체결한 대부분 조세조약은 용역수행지국에서 외국정부 공무원 보수를 면세하도록 규정한다.

| 조세조약상 공무원 보수의 과세원칙 |

과세유형	체약국
용역수행지국에서만 과세	네덜란드, 노르웨이, 뉴질랜드, 독일, 덴마크, 라오스, 라트비아, 리투아니아, 말레이시아, 베네수엘라, 벨기에, 사우디아라비아, 스웨덴, 슬로베니아, 싱가포르, 아랍, 아이슬란드, 아제르바이잔, 알바니아, 알제리, 오만, 요르단, 이란, 카타르, 캐나다, 크로아티아, 태국, 핀란드, 호주
용역수행지국 및 파견국 모두 과세	미국, 스위스, 영국, 일본
원칙: 파견국에서 과세 예외: 자국민이며 거주자인 경우 용역수행지국에서 과세	위 이외의 국가

1.2 공무원 연금

(1) 공무원 연금의 범위

'연금'은 그 의미상 주기적인 지급금만을 의미하지만, '기타 유사지급금'을 추가하여 주기적이 아닌 모든 지급금을 포함하기도 한다. 예를 들면, 퇴직한 국가공무원에게 주기적인 연금급여 대신 지급하는 일시지급금은 연금소득(퇴직소득)에 해당한다. 이 경우, 특정 일시지급금이 연금 또는 퇴직금으로 보는 기타 유사지급금인지 또는 근무에 대한 대가인지는 연금소득에서 검토한 바와 같이 사실판단의 문제이다.(OE §19-5.1) '출연기금으로부터(out of funds created by)'라는 표현은 연금이 국가, 정치적 하부조직 및 지방자치단체로부터 직접 지급되지 않고 정부단체에 의해 출연된 별도기금으로부터 지급되는 상황을 의미한다.

이 경우, 이들 기금이 국가, 정치적 하부조직 및 지방자치단체에 의해 최초로 출자되어 설립된 것일 필요는 없다. 이에는 정부단체를 위해 설립된 민간운영기금으로부터의 지급금을 포함한다.(OE §19-5.2)

(2) 연금이 정부근무와 민간근무를 포함하여 지급되는 경우

연금이 민간근무와 정부근무를 모두 포함하여 지급되는 경우 아래와 같은 문제가 발생한다. 즉, 한 사람이 민간분야와 정부분야에 동시에 고용되고 두 근무기간에 대한 연금을 한 군데서 받는 경우가 있다. 이는 고용되어 있는 동안 동일한 연금기금에 가입하거나 그 사람이 연금수급권을 한 곳으로 이전시켰기 때문에 발생한다.

민간분야와 정부분야의 교류가능성이 증대하는 추세에 있어 이러한 문제는 상당히 중요하다.(OE §19-5.3)

1. 국가기관에서 근무하던 공무원이 공공연금기금의 연금수급권을 민간연금기금으로 이전하는 경우: 연금급여는 정부공무원 조항의 형식적 요건을 충족하지 못하므로 연금소득으로 과세된다.(OE §19-5.4)
2. 민간연금기금의 연금수급권을 공공연금기금으로 이전하는 경우: 일부 국가는 전체 연금급여를 공무원연금으로 과세한다. 그러나 다른 국가는 원천에 따라 연금을 각각 배분하여 일부는 연금소득으로 다른 일부는 공무원연금으로 과세한다. 이 경우, 일부 국가는 한 쪽 원천에서 훨씬 더 많은 연금급여가 지급되는 경우 전체 연금을 그 원천에서 지급되는 것으로 간주한다. 그런데 원천배분방법(apportionment)은 집행상 상당한 문제를 야기한다.(OE §19-5.5) 공공연금과 민간연금 간의 수급권 이전에 따라 연금급여의 세무취급이 달라지는 경우, 조세수입 감소나 이중비과세의 가능성이 있다. 원천배분방법은 이러한 문제를 해결할 수 있다. 그러나 공공연금기금에서 민간연금기금으로 이전하는 연금수급권에 원천배분방법을 적용하기 위해서는 양 체약국이 각 체약국, 정치적 하부조직 및 지방자치단체에 제공하는 근무용역과 관련하여 지급되는 모든 연금 또는 기타 유사지급금을 조세조약에 포함해야 한다. 또는 모든 연금을 동일하게 세무취급한다는 규정을 둘 수도 있다.(OE §19-5.6)

(3) 공무원 연금의 과세원칙

조세조약상 정부공무원 연금은 지급지국에서만 과세하는 경우가 대부분이다.

| 조세조약상 공무원 연금 과세원칙 |

연금에 대한 과세	조세조약
지급지국에서만 과세	프랑스
지급지국과 거주지국에서 과세	우루과이, 캐나다, 파나마
거주지국에서만 과세	라오스, 영국
원칙: 지급지국에서 과세 예외: 거주지국의 국민이면 거주지국에서만 과세	위 이외의 국가

2. 예외적인 거주지국 과세: 자국민 과세원칙

OECD모델 19조 1항: ⓑ 그러나, 그러한 용역이 체약상대국에서 제공되고, 그 개인이 다음에 해당하는 체약상대국의 거주자인 경우, 그 임금, 급여 및 기타 비슷한 보수는 체약상대국에서만 과세된다.

i) 체약상대국의 국민이거나; 또는

ii) 단지 용역의 제공만을 목적으로 그 다른 국가의 거주자가 되지 않았음.

OECD모델 19조 2항: ⓑ 그러나, 그 개인이 체약상대국의 거주자이며 국민인 때에는 그러한 연금 또는 유사 지급금은 체약상대국에서 과세한다.

조세조약에 따라서는 공무원 보수 및 연금에 대하여 지급지국의 배타적 과세원칙에 대한 예외를 두기도 한다. 즉, 국민이면서 거주자인 경우 거주지국에서 과세한다. 이는 비엔나조약에 의한 외국 외교관 및 영사가 고용하는 고용원이 급여를 수취하는 경우, 영주권자나 국민인 고용원에게 지급되는 보수를 고용원 거주지국이 과세하는 것과 같은 맥락이다.

퇴직공무원에게 지급되는 연금은 그 공무원 근무 당시 지급된 임금이나 급여와 같은 방식으로 취급되어야 하므로, 이러한 예외규정은 또한 연금에 대하여도 적용된다.

공무원 보수와 공무원 연금의 거주지국 과세원칙은 약간 다른데, 연금수급자 거주지국은 연금수급자가 자국 거주자나 국민인 경우 공무원 연금에 대한 과세권을 갖는다.(OE §19-4)

3. 정부 시행사업

3.1 지급지국 과세원칙의 배제

OECD모델 19조 3항: 15조, 16조 및 18조 규정은 한 체약국, 그 정치적 하부조직, 지방자치단체에 의해 시행되는 사업과 관련하여 제공되는 용역에 대한 급료, 임금과 이와 비슷한 보수 및 연금에 대하여 적용된다.

국가, 정치적 하부조직, 지방자치단체가 시행하는 사업과 관련하여 용역이 제공되는 경우 정부공무원 조항의 지급지국 과세원칙은 적용되지 않는다. 그러한 경우에는 통상적인 규정들이 적용된다. 임금이나 급여에 대하여는 근로소득, 이사의 보수이나 기타 유사 지급금에 대하여는 이사의 보수, 연예인이나 운동가에 대하여는 연예인·운동가소득, 그리고 연금에 대하여는 연금소득이 적용된다.(OE §19-6)

미국, 태국, 터키 등을 제외한 대부분의 조세조약은 정부 등이 수행하는 사업과 관련하여 제공된 용역에 대한 보수 및 연금에 대하여는 근로소득, 이사의 보수 또는 연금에 관한 조항을 적용한다.

용역의 구분	적용 조항
국가 등을 위해 수행되는 사업에 근로제공대가	근로소득
이사회의 구성원으로서 취득하는 대가	이사의 보수
사업에 대한 근로제공으로 인한 연금	연금
정부에 고용된 연예인·운동가의 활동소득	정부 시행사업 간주(해당조항 적용)

3.2 정부공무원 범위의 확대

국철, 우편, 국립극장 등은 사업활동에 해당하지만 이 같은 일부 공공단체들의 특수기능을 고려하여, 조세조약의 정부공무원 조항에 이 단체들이 지급하는 임금, 급여, 기타 유사보수 및 연금을 포함하는 경우도 있다.(OE §19-6)

한국이 체결한 조세조약에 따라 다소 차이가 있으나 한국은행, 한국산업은행, 한국수출입은행, 한국외환은행, 한국수출보험공사, 대한무역진흥공사, 한국관광공사, 한국방송공사, 국제협력단 등(공무원과 재외공무원복무규정 제24조에 열거된 기관)과 같이 정부기능을 수행하거나, 정부가 소유하는 기관에 근무하는 직원이 받는 소득에 대하여는 정부공무원과 동일한 면세혜택을 준다. 이러한 준정부기관은 조세조약 또는 의정서에 명시되며, 다만 미국, 태국, 튀니지, 파키스탄 등과의 조약에는 구체적으로 열거되지 않는다. 구체적으로 열거되지 않는 경우 관할당국 간의 합의에 의해 면세기관을 확정한다.(예 한미 간 한국수출입은행 및 중소기업은행, 한영 간 중소기업은행)

4. 국내세법상 비과세

4.1 외국정부 공무원 보수의 비과세

조세조약과는 별도로, 국내세법도 국내에 근무하는 외국정부 공무원 보수에 대하여 다음 3가지 요건을 모두 충족하는 경우 비과세한다.(소법 §12 4호 차목)

비과세 요건	구체적 내용
외국정부 또는 국제기관에 근무하는 자가 수취	1. 외국정부: 외국의 지방자치단체 및 연방의 지방자치단체 포함. 2. 국제기관: 국제연합과 그 소속기구를 뜻하며, 별도의 협정체결
대한민국 국민이 아닌 자가 직무수행대가로 수취	1. 대한민국 국민이 아닌 자: 외국국적자, 무국적자 2. 직무수행대가: 근로소득을 의미하며, 기업이 경영하는 수익사업을 직접 경영하는 경우 이에 종사하고 받는 급여는 포함하지 않음.
상호면세주의 국가의 공무원이 수취	조세조약이 없는 국가나 조세조약이 있더라도 상호면세주의를 정하지 않은 국가의 공무원은 비과세대상이 아님.(국제기관에 근무하는 자는 상호면세주의 적용 안함)

4.2 정부 간 협약에 따른 파견근무 외국인의 소득세 면제

조세조약에 특별한 규정이 없는 경우에도 정부 간의 협약에 따라 한국에 파견된 외국인이 그 양쪽 또는 한 쪽 당사국의 정부로부터 받는 급여에 대하여 아래 요건을 모두 충족하는 경우 소득세를 감면한다.(소법 §59의2 ① 1호) 이 경우, 감면신청이 없을 때에도 그 소득에 대한 소득세를 감면한다.(소법 §126 ③)

감면 요건	구체적 내용
정부 간 협약에 의해 국내에 파견된 외국인일 것	1. 정부 간 협약: 조세조약 이외의 조약을 의미 2. 단순초청의 경우: 면세하지 않음. 면세하지 않는 때에 조세를 한국정부가 부담하기로 한 경우 조세는 근로소득에 합산
양국 또는 일방당사국 정부로부터 받는 급여일 것	용역수행지국에서 대가를 받는 경우에도 조세특례를 인정

Ⅶ 연금(Pension) 및 퇴직소득(Retirement Benefit)

1. 연금 및 퇴직소득의 범위

1.1 국내세법

조세조약이 연금 및 기타지급금(퇴직소득)을 연금소득으로 규정하는 데 비해 국내세법은 연금소득 및 퇴직소득을 별도로 구분한다. 따라서 국내에서 퇴직소득으로 지급되는 일시금은 조세조약의 연금소득에 해당한다.

(1) 퇴직소득

'퇴직소득'이란 국내에서 제공하는 근로의 대가로 받는 퇴직으로 발생하는 소득과 국민연금법 또는 공무원연금법 등에 따라서 지급받는 일시금(부가금·수당 등 연금이 아닌 형태로 일시에 받는 것을 포함)으로 해당 과세기간에 발생한 다음의 소득을 말한다.(소법 §119 8호, 소법 §22, 소법 §4 ① 2호)

1. 공적연금 관련법에 따라 받는 일시금
2. 사용자 부담금을 기초로 하여 현실적인 퇴직을 원인으로 지급받는 소득
3. 퇴직소득을 지급하는 자가 퇴직소득의 일부 또는 전부를 지연하여 지급하면서 지연지급에 대한 이자를 함께 지급하는 경우 해당 이자, 「과학기술인공제회법」 제16조 제1항 제3호에 따라 지급받는 과학기술발전장려금, 「건설근로자의 고용개선 등에 관한 법률」 제14조에 따라 지급받는 퇴직공제금

(2) 연금소득

국내에서 지급받는 아래 연금소득(소법 §20의3 ①)을 말한다.(소법 §119 8호의2)

연금소득의 종류		연금소득 과세대상
공적연금	국민연금, 공무원연금, 군인연금, 사립학교교직원 연금	2002.1.1. 이후 납입분 (또는 근로제공분)
	연계연금: 「국민연금과 지역연금의 연계에 관한 법률」에 따라 받는 연계노령연금·연계퇴직연금	2009.12.31.이 속하는 과세기간 발생분부터

연금소득의 종류		연금소득 과세대상
공적연금 외 연금	아래 금액을 그 소득의 성격에도 불구하고 연금저축계좌 또는 퇴직연금계좌에서 정하는 연금형태 등으로 인출하는 경우의 그 연금 • 퇴직소득으로 원천징수되지 아니한 퇴직소득 • 연금보험료 세액공제를 받은 연금계좌납입액 • 연금계좌의 운용실적에 따라 증가된 금액 • 그 밖에 연금계좌에 이체 또는 입금되어 해당 금액에 대한 소득세가 이연된 소득	• 퇴직보험연금(2005.1.1. 이후 퇴직함으로써 받는 것) • 연금저축(2001.1.1. 이후 가입분) • 퇴직연금(2006.1.1. 이후 실제 소득공제받은 금액을 기초로 받는 것) • 신연금저축(2013.3.1. 이후 가입분)

1.2 조세조약

(1) 과거의 근무로 인한 소득

은퇴근로자(former employee)는 물론 그 근로자의 미망인, 자녀 및 동거자 등의 수급자(beneficiaries)에게 직접적으로 지급되는 연금과 과거고용에 대하여 지급되는 보험연금(annuities) 같은 기타 유사지급금은 연금소득에 해당한다. 연금소득에는 또한 공무원연금의 적용을 받지 않는 국가, 정치적 하부조직, 지방자치단체 근무와 관련한 연금도 포함된다. 그런데 연금소득은 오직 과거근무에 대한 대가만을 의미한다. 따라서 근로자연금기관(employment pension scheme)의 기금이 아닌 다른 자금원천에서 연금수급자가 직접 수취하는 보험연금은 연금소득에 해당하지 않는다. 연금소득조항은 연금을 지급하는 연금기관의 세무상 취급과는 상관없이 적용된다. 따라서 조세특혜를 받지 못하는 연금기관(pension plan)에 의한 지급액도 연금 또는 유사지급금에 해당한다. 또한, 공인연금펀드로부터 해당지급이 이루어졌는지 여부에 상관없이 적용된다.(OE §18-3)

연금소득 조항은 과거근무의 대가로 지급되는 연금 및 기타 유사지급금에만 적용되므로, 과거의 독립적 인적용역과 관련하여 지급되는 기타의 연금에는 적용되지 않는다. 그러나 일부 국가들은 정부연금을 포함하여 모든 연금을 연금소득에 해당하도록 조세조약의 범위를 확대하기도 한다.(OE §18-7)

(2) 퇴직일시금: 기타 유사지급금

퇴직을 하게 되면 근로자에게 다양한 유형의 보상대가가 지급된다. 이러한 지급금이 연금소득에 해당하는지 여부는 대가가 이루어지는 사실과 상황을 고려하여 결정된다.(OE §18-4) 연금은 일반적인 의미로는 주기적인 지급금만을 포함하며, 기타 유사지급금은 주기적 지급금이 아닌 것을 모두 포함한다. 예를 들면, 퇴직 당시 또는 퇴직 이후

에 주기적인 연금 대신 일시금을 지급하는 경우에도 연금소득에 해당한다.(OE §18-5)

특정 지급금이 연금에 해당하는 기타 유사지급금인지 또는 근로소득에 해당하는 근로에 대한 최종보수(final remuneration)인지는 사실판단의 문제이다. 예를 들면, 대가지급의 이유가 연금의 일시지급이거나 감소된 연금에 대한 보상성격이라면 이러한 지급금은 연금소득에 규정한 '기타 유사지급금'에 해당한다. 이는 연금수급자가 퇴직시에 연금으로 수령하거나, 또는 기여금 총액이나 연금규정상 가능한 연금액에 비례하여 계산한 일시금으로 수령하는 것을 선택가능한 경우에 해당한다. 일시금 또는 몇 번에 나누어 주는 지급금의 성격은 아래와 같이 판단된다.(OE §18-6)

1. 지급금의 원천이 중요한 판단요소로, 연금기금에서 지급되는 지급금은 통상적으로 연금소득임.
2. 대가지급이 퇴직당시에 이루어지면 근로소득, 퇴직 이후에 이루어지면 연금소득임.
3. 수급자가 계속 근무하면 근로소득임.
4. 수급자가 특정 근무직종의 통상적인 은퇴연령에 해당하면 연금소득임.
5. 동일 유형의 일시금을 받는 다른 수급자가 연금소득으로 받으면 연금소득임.
6. 수급자가 다른 연금급여를 동시에 받는 경우 연금소득임.
7. 임시고용의 해지로 인한 납부기여금 반환은 근로소득임.

2. 거주지국 과세원칙

2.1 각국 연금제도의 차이

OECD모델 18조: 19조 2항의 규정에 따라 과거의 고용에 대한 대가로 한 체약국의 거주자에게 지급되는 연금이나 기타 비슷한 보수에 대하여는 그 국가에서만 과세한다.

민간고용과 관련하여 지급되는 연금은 원칙적으로 수급자의 거주지국에서만 과세된다. 다양한 정책과 행정지침들로 인해 연금과 기타 유사지급금의 과세권은 거주지국이 행사한다는 원칙은 국제적으로 지지된다. 즉, 연금수급자의 거주지국은 다른 국가보다는 수급자의 담세능력을 전반적으로 고려할 수 있는 유리한 위치에 있다. 담세능력은 수급자의 전체 소득과 가족부양의무 같은 개인적 상황에 따라 좌우되기 때문이다. 거주지국 과세원칙은 연금수급자가 거주지국 이외의 국가에서 납세의무를 이행해야 하는 부담을 방지한다.(OE §18-1) 연금을 지급하는 각국은 다양한 제도를 가지며 크게 아래 세 가지로 구분된다.

1. 법에 의한 사회보장제도(statutory social security scheme)
2. 고용연금기금(occupational pension scheme)
3. 개인연금기금(individual retirement scheme)

각국이 세무상 세 가지 유형을 다르게 취급함으로 인해 복잡한 문제가 발생하는데, 이는 또한 각 국이 개인에게 은퇴급부를 보장하기 위해 주로 의존하는 연금유형의 차이로 인한 것이기도 하다. 즉, 일부 국가는 사회보장제도를 통해 은퇴급부를 거의 전부 지급하며, 이에 비해 다른 국가는 고용연금기금이나 개인연금기금에 주로 의존한다.(OE §18-10) 이와 관련한 문제들은 아래 4.1에서 자세히 설명한다.(OE §18-11)

2.2 조세조약상 과세원칙

한국이 체결한 조세조약은 대부분 연금을 주로 거주지국에서만 과세하도록 규정하지만, 일부 조약의 경우 지급지국의 과세권을 인정한다. 예를 들면, 미국세법상 미국 거주자로 간주되는 미국시민권을 가지고 있는 미국교포가 역이민하여 국내세법상 거주자에 해당하는 경우 한미조세조약 제3조 제2항에 따라 한국 거주자로 보며, 국내 거주자가 미국에서 근무하던 회사로부터 지급받는 한미조세조약 제23조에 해당하는 연금에 대하여는 연금수취인의 거주지국(한국)에 과세권이 있지만 그 연금은 소득세법상 과세대상에 해당하지 아니하므로 국내에서 과세되지 아니한다. 그리고 국내거주자가 수취하는 한미조세조약 제24조의 사회보장지급금에 해당하는 지급금은 지급지국인 미국에 과세권이 있다.(국세청 국업 46017-24, 2000.1.13.)

| 조세조약상 연금의 과세권 |

연금의 종류	거주지국 및 지급지국 과세	지급지국에서만 과세	거주지국에서만 과세
퇴직연금	남아공 · 덴마크 · 르완다 · 벨기에 · 세르비아 · 에콰도르 · 우루과이(10% 세율) · 인도네시아 · 조지아(15% 세율) · 카타르 · 캐나다 · 케냐 · 터키 · 태국	가봉 · 바레인 · 브루나이 · 칠레 · 콜롬비아 · 키르기스스탄 · 타지키스탄 · 투르크메니스탄 · 파나마 · 페루 · 홍콩	그 밖의 국가들
보험연금	남아공 · 세르비아 · 에스토니아 · 에티오피아 · 우루과이(10% 세율) · 조지아(15% 세율) · 카타르 · 캐나다 · 터키	가봉 · 바레인 · 브루나이 · 파나마 · 키르기스스탄 · 타지키스탄 · 홍콩	그 밖의 국가들
사회보장 연금	네덜란드 · 노르웨이 · 몰타 · 벨기에 · 스웨덴 · 슬로베니아 · 우루과이(10% 제한세율) · 이란 · 에스토니아 · 터키 · 프랑스	네팔 · 덴마크 · 독일 · 룩셈부르크 · 르완다 · 미국 · 베네수엘라 · 벨라루스 · 브루나이 · 사우디아라비아 · 세르비아 · 에콰도르 · 에티오피아 · 오만 · 우즈베키스	그 밖의 국가들

연금의 종류	거주지국 및 지급지국 과세	지급지국에서만 과세	거주지국에서만 과세
		탄 · 중국 · 케냐 · 캄보디아 · 타지키스탄 · 파나마 · 핀란드 · 필리핀 · 홍콩	

※ 브라질: 퇴직연금, 보험연금 중 연간 총수령액 $3,000 초과분은 양국에서 과세가능
※ 캐나다: 지급지국 제한세율(퇴직연금 15%, 보험연금 10%)

3. 국내원천 퇴직소득 및 연금소득의 과세방법

(1) 일반 원칙

구 분	조약이 있는 경우	조약이 없는 경우
비거주자 퇴직소득	조약에 따라 비과세 또는 과세 (과세시 퇴직소득으로 분류과세)	퇴직소득으로 분류과세
비거주자 연금소득	조약에 따라 비과세 또는 과세 (과세시 연금소득으로 분류과세)	연금소득으로 종합과세 (또는 분리과세)

① 퇴직소득

비거주자의 국내원천 퇴직소득은 거주자와 동일하게 분류과세방법에 따라 원천징수된다.(소법 §121 ②) 다만, 외국기관 또는 한국에 주둔하는 국제연합군(미군 제외)이나 국외에 있는 비거주자 또는 외국법인(국내지점 또는 국내영업소 제외)으로부터 근로소득을 수취하는 사람이 퇴직함으로써 받는 퇴직소득은 국내원천 퇴직소득이 아니다.(소법 §127 ① 7호)

② 연금소득

비거주자의 국내원천 연금소득의 과세표준과 세액의 계산, 신고와 납부, 결정 · 경정 및 징수와 환급에 대해서는 거주자의 연금소득의 과세표준과 세액의 계산 등에 관한 규정을 준용한다. 다만, 인적공제는 본인에 대한 것만 인정되며 특별공제는 인정되지 않는다.(소법 §126 ⑤)

(2) 퇴직소득 원천징수시기특례

1~11월 중 퇴직소득을 해당 연도 12.31.까지 미지급한 경우 12.31. 지급한 것으로 본다. 한편, 12월 중 퇴직소득을 다음 연도 2월 말까지 미지급한 경우 다음 연도 2월 말에 지급한 것으로 본다. 잉여금처분 결정일부터 3개월이 되는 날까지 퇴직소득을 지급하지 않으면 3개월이 되는 날에 지급한 것으로 보며, 11월 1일부터 12월 31일까지의 처분에 따라 다음 연도 2월 말일까지 지급하지 않으면 다음 연도 2월 말일에 지급한 것으로 본다.(소법 §147)

4. 연금의 국제적 과세문제

4.1 연금에 대한 국가 과세권의 충돌

경제의 세계화와 국제적 통신과 교통의 발달로 인해 업무상 또는 개인적 이유로 개인이 국제적으로 이동하는 일이 많아졌다. 이러한 이유로 여러 국가의 서로 다른 연금기금의 상호관련으로 발생하는 국제적 문제가 중요하게 되었다. 사실상 각 국의 연금기금은 당초에 국내 정책적 관점에서 만들어진 것이기 때문이다. 상당히 많은 개인들이 이러한 연금의 국제적 문제들로 인해 곤란을 받게 되면서, 개인 특히 근로자의 국제적 이동에 대한 장애를 제거하기 위해 조세조약에서 이러한 문제를 검토하는 것이 바람직하게 되었다.(OE §18-8)

이러한 문제들의 대부분은 각 국이 퇴직기금과 관련하여 채택하고 있는 전반적 조세정책의 차이 때문에 발생한다. 대부분의 국가에서 연금기여금에 대해 조세혜택(tax incentives)이 주어진다. 이러한 조세혜택은 주로 조세가연(tax deferral)의 형태로 주어지는데, 연금기여금으로 납부하는 개인소득 해당분과 연금기금의 운용소득, 개인의 연금수급권 가치증가액 등은 면세된다. 이에 따라 연금기금으로부터 지급받는 연금급여는 과세된다. 그러나 일부 다른 국가들은 연금기여금을 다른 유형의 저축과 같이 취급하며, 이에 따라 기여금이나 그로 인한 운영소득을 면세하지 않는다. 따라서 당연히 연금급여를 과세하지 않는다. 실제로 각 국들은 이러한 2가지 과세의 기본틀 사이에서 다양한 과세방식을 채택하는데, 기여금, 기여금 운영소득, 연금수급권 가치증가액 및 연금급여를 일부 과세하거나 또는 면세한다.(OE §18-9)

(1) 연금에 대한 국가 과세권 배분

대부분 국가는 연금을 거주지국에서 배타적으로 과세한다. 그러나 일부 국가는 조세

조약에서 이 원칙을 채택하지 않는다.(OE §18-2)

대부분 국가들은 연금기여금, 연금기금의 운용소득 및 연금수급권의 가치증가액에 대한 조세를 전부 또는 부분적으로 이연시킨다. 이렇게 이연된 조세는 연금이 지급되는 때 실제 징수된다.(OE §18-12) 또한, 이들 국가 중 일부는 연금기여금에 대한 공제는 은퇴를 대비하여 저축하는 근로소득의 일부에 대한 과세이연이므로 개인이 연금의 전부 또는 일부를 받기 전에 거주자 자격을 잃는 경우에는 이연된 조세를 징수해야 한다는 입장이다. 이러한 견해는 특히 연금이 한꺼번에 지급되거나 단기간에 걸쳐 지급되는 국가에서 유력한데, 이 경우 이중비과세의 위험이 있기 때문이다.(OE §18-13) 개인이 거주자가 되는 다른 국가가 이전 거주지국과 비슷한 과세방식을 채택하여 그 연금을 과세하는 경우, 문제는 단순하게 이들 양국 간 과세권배분에 대한 것이다. 그러나 이와 달리 만약 개인이 연금을 과세하지 않는 과세방식을 채택한 국가의 거주자가 된다면, 기여금을 비과세하는 이전의 국가와 새 거주지국이 채택한 과세방식의 불일치로 인해 해당 소득은 양국에서 모두 과세대상에서 제외된다.(OE §18-14) 이런 이유로, 일부 국가들은 과거근무의 대가로 받는 연금에 대한 배타적 원천과세권이나 제한적 원천과세권을 보장하기 위한 대체조항을 조세조약에 포함시킨다.

다음은 이러한 대체조항을 예시한 것이다.(OE §18-15)

| 원천지국 과세권을 보장하는 대체조항 예시 |

규 정	내 용
연금의 배타적 원천과세를 허용	원천지국은 연금에 대하여 배타적으로 과세하며, 거주지국은 과세권이 없다.
연금의 비배타적 원천과세를 허용	원천지국은 연금에 대한 원천과세권이 있으며, 이중과세방지조항에 따라 거주지국은 원천징수세액을 공제한다.
연금의 제한적 원천과세를 허용	원천지국은 연금을 과세할 권리가 있지만, 과세권은 제한되며 통상 몇 %로 명시된다. 이러한 조항이 사용되는 경우, 소득공제방법을 적용하는 거주지국은 이중과세방지조항에 연금소득에 대한 규정이 포함되어야 한다. 거주지국은 연금을 과세할 수 있지만 원천지국에서 징수된 조세에 대한 세액공제를 해 주어야 하기 때문이다.
거주지국이 연금을 과세하지 않는 경우에만 원천과세를 허용	이 조항은 위에서 설명한 각국의 과세제도 불일치상황과 관련되며, 연금이 거주지국에서 국내세법에 따라 과세되지 않는 경우 원천지국에서 과세할 수 있다.

대체조항을 채택하는 경우 다음과 같은 다양한 정책적, 행정적인 문제들을 고려해야 한다.(OE §18-16)

① 원천지국의 과다 과세

거주지국은 연금수급자의 전체소득을 쉽게 파악하고 이에 따라 전반적인 담세능력을 고려할 수 있으므로, 연금에 대한 적절한 과세를 할 수 있는 유리한 위치에 있다. 이는 적정한 세율과 인적공제를 적용하기 위해서도 필요하다. 이와는 반대로, 원천지국이 지급총액에 대하여 배타적 원천과세를 하는 경우 과도한 과세를 하는 결과를 낳을 수 있다. 거주지국에서 인적공제 등으로 인해 과세액이 없거나 미미한 경우, 연금수급자는 거주지국에서 원천징수세액을 환급받지 못하게 되기 때문이다. 일부 국가들은 자국에서 거의 모든 소득을 수취하는 비거주자에게 국내세법상의 인적공제를 확대 적용함으로써 이런 한 문제를 해결한다. 또한, 일부 국가들은 비거주자에게 지급하는 연금에 대해 그 비거주자의 전체소득을 과세할 때 적용되는 한계세율(marginal rate)로 과세한다. 그러나 이런 제도는 적용세율을 결정하기 위해 비거주자의 전체소득을 파악할 필요가 있기 때문에 집행이 어렵다.(OE §18-17)

② 각국의 세율차이에 따라 연금 실수령액이 달라짐

원천지국에서 지급되는 연금 실수령액은 일반적으로 그 국가의 세율과 함수관계에 있기 때문에 다른 국가에서 다른 세율을 적용하는 경우 형평성 문제가 있다. 따라서 다른 세율을 적용하는 다른 국가로 이민을 간 개인은 당초 연금기금에서 예견된 것과 다른 세후연금을 수취함으로써 이익을 얻거나 손해를 보게 된다.(OE §18-18)

③ 원천지국 결정 문제

연금을 배타적 또는 제한적으로 원천과세하는 대체조항의 경우 연금의 원천지국 결정을 필요로 한다. 한 체약국에서 '발생한(arising in)' 연금은 한 체약국에서 설립된 연금기금에서 지급된 연금 또는 한 체약국에서 이루어진 근로로 인한 연금 모두를 지칭할 수 있으므로 이 용어의 해석과 적용방법을 명확히 해야 한다.(OE §18-19) 개념적으로, 연금기금이 설립된 국가, 해당근로가 제공된 국가 또는 인적공제를 해주어야 하는 국가를 원천지국으로 볼 수 있다. 이러한 개념을 적용할 때, 여러 국가에서 근무하면서 근무기간 동안 거주지국을 바꾸거나 또는 근무했던 국가가 아닌 다른 국가에 설립된 연금기금으로부터 연금을 받는 개인의 경우 문제가 발생한다. 요즈음 상당수 개인들은 향후 연금을 지급받게 될 연금기금이 설립된 국가가 아닌 다른 국가에서 근로를 제공하기도 한다. 이 경우, 연금기금이 설립된 국가를 원천지국으로 보는 것은 문제가 있다. 근로를 제공하는 국가나 인적공제를 해주는 국가를 원천지국으로 보는 선택적 방안은 설득력은 있지만 납세자나 과세당국 모두에게 절차적 어려움을 초래한다. 특히 근무기간 동안 여러 국가에서 일한 개인의 경우 문제가 되는데 동일한 연금의 여러 부분이 서로 다른 원천지국을 갖기 때문이다.(OE §18-19.1) 연금에 대하여 배타적 또는 제한적 원천과세권을 주는 조항을 가진 국가들은 연금의 원천지국 결정과 관련된 이러한 문제를 검토하여 집행상 문제를 해결해야 한다. 양 체약국이 동일한 연금에 대하여 원천과세권을 주장하는 상황을 방지하는 것도 이에 포함된다.(OE §18-19.2)

④ 연금수급자의 부담

거주지국의 배타적 과세는 연금수급자가 연금소득에 대해 거주지국의 세법규정만을 준수하면 된다는 의미이다. 그러나 연금을 제한적 또는 배타적으로 원천과세하는 경우 수급자는 원천지국과 거주지국 모두에서 세법규정을 준수해야 한다.(OE §18-20)

(2) 거주지국의 배타적 과세로 인해 발생하는 문제

거주지국의 배타적 과세는 해외연금소득의 신고누락(non reporting)에 대한 문제를 야기한다. 적절한 납세자 신고제도(compliance system)와 함께 정보교환으로 해외연금의 신고누락을 방지해야 한다.(OE §18-21)

(3) 연금의 비과세(exemption)

일부 국가는 연금을 전반적으로 과세하지 않거나 또는 연금의 특정 유형이나 일부를 과세하지 않는다. 이 경우, 새로운 거주지국에 연금과세를 규정하는 조세조약이 있는 경우, 원래는 비과세될 것으로 예상하고 급여액이 책정된 연금을 그 국가에서 과세하게 된다. 이는 연금수급자의 입장에서 볼 때 부당한 경제적 부담이다.(OE §18-22) 이러한 불일치 문제를 해결하기 위해, 일부 국가들은 연금수급자가 다른 국가의 거주자인 경우 연금의 비과세를 유지하는 규정을 조세조약에 포함한다. 이러한 조항은 연금의 특정 유형에 한해 비과세를 규정하거나 또는 포괄적 비과세를 규정하기도 한다.(OE §18-23)

4.2 국가 사회보장제도와 관련한 문제

(1) 사회보장급여의 종류

사회보장급여(social security payment)는 상황에 따라 아래 소득으로 구분된다.

구 분	소득 구분
과거근무로 인한 연금 또는 기타 유사지급금	연금소득
한 체약국의 정부에 제공한 용역과 관련하여 그 국가에 의해 지급되거나 그 국가가 설립한 기금으로부터 지급되는 연금	정부공무원 연금소득
다른 조항에 해당하지 않는 소득유형	기타소득

과거근무와 관련하여 국내법에 따른 사회보장연금(social security pension)을 받는 경우, 이는 연금소득이다. 고용이 연금의 조건인 경우 사회보장연금은 '과거근무의 대가'로 볼 수 있다. 이는 다음과 같은 상황을 의미한다.(OE §18-24)

1. 연금액이 근무기간 및 근로소득 중 하나 또는 두 요소에 의해 결정된다. 따라서 개인이 고용되지 않은 기간 동안은 연금급여의 계산대상이 아니다.
2. 연금액이 근로상태에서 근속연수에 따라 이루어지는 연금기여금에 근거하여 결정된다.
3. 연금액이 근속연수에 따라 결정되며, 또한 연금기여금 및 연금 운영소득 중 하나 또는 두 요소에 의해 결정된다.

일반적으로 과거근무에 대한 대가는 연금소득에 해당하지만, 국가, 정치적 하부조직 및 지방자치단체에서 과거에 근무했던 대가로 지급되는 사회보장연금은 공무원연금에 해당한다.(OE §18-25) 한편, 연금소득이나 공무원연금에 해당하지 않는 사회보장급여는 기타소득에 해당한다. 이는 자영업자에게 지급하는 지급금은 물론 과거근무나 과거근무와 관련한 조건과는 상관없이 단순히 자산(resources), 연령(age), 장애(disability)에 근거하여 지급되는 급여를 말한다.(OE §18-26)

(2) 공공연금기금

일부 국가는 사회보장제도의 일환인 공공연금기금(public pension scheme)에 의해 지급되는 연금을 정부공무원연금과 같이 취급한다. 이들 국가는 그 같은 이유에서 원천지국, 즉 연금의 지급지국이 그러한 연금에 대한 과세권을 가져야 한다는 입장이다. 이들 국가에 의해 체결된 조세조약에는 이러한 취지의 대체규정이 있으며, 가끔 원천지국의 사회보장법상 지급되는 기타의 지급금도 포함시킨다. 연금수급자 거주지국이 소득공제방법을 적용하는 경우 그 연금은 원천지국에서만 과세되나, 세액공제방법을 사용하는 국가는 연금에 대하여 과세하되 원천지국 과세액을 세액공제한다. 그러나 통상적으로 세액공제방법을 사용하는 국가라도 원천지국에 배타적 과세권을 주기도 한다.(OE §18-27)

대체규정에는 각 체약국의 사회보장법이 언급되지만, 사회보장법의 범위에는 한계가 있다. 사회보장은 일반적으로 한 국가가 주민(population)에게 최소수준의 소득이나 은퇴급부를 제공하거나 또는 실업, 근무재해, 질병 및 사망 등의 경우 금전적 부담을 완화하기 위해 만든 강행적 보장제도를 말한다. 사회보장제도의 일반적 특징은 국가가 급부수준을 결정한다는 점이다. 대체규정이 적용되는 지급금에는 공공연금기금에 따라 일반주민에게 지급되는 은퇴연금, 노후연금급여는 물론 국가가 지급하거나 기금운영을 위해 설립된 공공기관이 지급하는 실업, 장애, 자녀양육(maternity), 생활보호(survivorship), 질병, 사회복지(social assistance) 및 가정보호(family protection) 급여가 포함된다.(OE §18-28)

4.3 민간 연금기금과 관련한 문제

(1) 개인연금기금의 종류

대부분 국가에서, 개인에게 연금급여(retirement benefit)를 지급하기 위해 설립된 민간저축제도(private saving scheme)에 과세이연과 같은 조세특례를 적용한다. 이러한 개인연금기금은 보통 고용연금기금에 가입할 수 없는 개인이 가입한다. 그러나 사회보장연금이나 고용연금에 가입한 사람들이 추가적 연금급여를 받기 위해 또한 개인연금기금에 가입하는 경우도 있다. 이러한 개인연금기금에는 은행예금계좌, 개인투자펀드(individual investment fund)나 개인적으로 계약하는 종신보험증권(full life insurance policies) 등이 있다. 이들의 일반적 특징은 일정 기여금 한도 내에서 조세특례가 적용된다는 것이다.(OE §18-29)

(2) 개인연금의 비과세

개인연금기금의 경우, 고용연금과 마찬가지로 한 국가에 설립된 연금기금에 납부하는 기여금에 대한 다른 국가의 세무상 취급문제와 같은 여러 가지 국제적 문제가 발생한다. 또한, 개인연금기금에만 특별히 발생하는 문제가 있다. 그중 하나는 체약상대국에 설립된 개인연금기금의 운영소득에 대한 각국의 서로 다른 세무취급이다. 대부분 국가들은 FIF규정(해외투자펀드-foreign investment fund), 일정 조건에 따라 수탁자(trust)소득을 신탁자(settlor)나 수익자(beneficiary)에게 귀속시키는 규정, 또는 종신보험증권과 같은 일정 유형의 투자소득을 발생기준(accrual)으로 과세하는 규정을 둔다. 이는 일정 상황에서 해외에 설립된 개인연금기금에서 발생된 소득을 과세하는 결과를 초래한다. 이러한 과세가 자국의 연금저축 과세제도에 비추어 부적절하다고 생각하는 국가들은 이러한 과세를 자제한다.(OE §18-30)

4.4 외국연금에 대한 기여금의 과세문제

(1) 해외근무자의 기여금 납부

다국적 기업의 직원들은 수시로 모국(home country) 이외의 지역에서 일하게 된다. 다른 나라로 직원을 파견하는 근로조건은 고용주나 근로자에게 모두 첨예한 이해와 중요성을 가진다. 파견되는 근로자의 연금도 중요한 고려요소이다. 또한, 독립적 인적용역을 제공하기 위해 다른 나라로 이동하는 개인은 모국에 설립된 연금기금과 관련하여 이와 비슷한 국제적 조세문제를 겪게 된다.(OE §18-31)

해외에서 일하는 개인은 대부분 해외체류 기간 중에도 모국의 연금기금(연금급여를 지급하는 사회보장제도 포함)에 기여금을 계속 납부하고자 할 것이다. 이는 연금기금을 바꿈으로써 권리나 급부의 손실을 초래할 수 있고, 여러 국가에 연금가입을 함으로써 실제로 많은 곤란이 생길 수 있기 때문이다.(OE §18-32)

해외근무 개인이 납부하거나 그 개인을 위해 대신 납부되는 연금기여금(contribution)에 대한 세무상 취급은 나라마다 틀리고 개별사안에 따라 틀리다. 해외근무를 하거나 해외용역제공 계약을 하기 전에 이들 개인이 납부하거나 그 개인을 위해 대신 납부되는 연금기여금은 보통 모국에서 조세감면 대상이다. 해외근무를 하는 때에도 일정한 경우 기여금에 대한 조세감면은 계속 유지된다. 예를 들면, 그 개인이 모국에서 거주를 유지하고 무제한 납세대상이라면, 모국에 설립된 연금기금에 대한 기여금은 일반적으로 감면자격을 계속 유지한다. 그런데, 해외근무를 하는 개인이 모국에서 납부하는 기여금에 대해 모국이나 주재국(host country) 모두 국내법상 조세감면을 해주지 않는 경우가 종종 있다. 이 경우, 해외근무나 용역제공 기간 중 모국에서 연금자격을 유지하는 것은 그것이 선택사항이 아니라면 더 부담스러운 것이 된다.(OE §18-33) 연금기여금의 조세감면규정을 조세조약에 두는 것이 가장 효과적이다. 그러나 일부 국가들은 이 문제를 조약규정에 의해 해결하는 것보다는 주재국에서 기여금에 대한 공제를 보장하도록 하는 등의 연금제도 개선책을 선호한다.(OE §18-34)

일부 국가들은 사회보장제도의 기여금과 관련된 문제를 다소간 피할 수 있는 양자 간 사회보장통합합의(social security totalisation agreement)를 체결해 왔다. 그러나 이 합의에서는 국제간 기여금납부에 따른 세무상 문제는 거론되지 않는다.(OE §18-35)

(2) 문제해결을 위한 대체규정

1. 다음 경우에, 한 체약국에 설립되고 세무상 인정되는 연금제도에 체약상대국에서 용역을 제공하는 개인이 납부하거나 개인을 대신해 납부되는 기여금은 체약상대국에서 과세되는 기업소득이나 개인의 과세액을 결정할 때, 체약상대국에서 세무상 인정되는 연금에 대한 기여금과 같은 방식, 같은 조건과 제한에 따라 취급된다.
   a) 개인이 체약상대국 거주자가 아니었고, 체약상대국에서 용역을 제공하기 직전까지 연금에 가입하고 있었음.; 또한
   b) 이 연금은 체약상대국이 세무상 인정하는 연금과 일반적으로 동일한 것으로 체약상대국 관할당국에 의해 승인됨.
2. 1항의 목적상:
   a) 연금제도(pension scheme)는 1항에 언급된 용역과 관련하여 지급되는 퇴직급부를 보장하기 위해 개인이 가입하는 기금을 의미함.; 또한
   b) 연금제도에 대한 기여금이 한 국가에서 조세감면 대상이 된다면, 그 국가에서 세무상 인정되는 것임.

대체규정의 목표는 모국에서 납부한 연금기여금과 관련하여 개인의 해외근무로 인해 세무상 불이익을 가능하면 받지 않도록 보장하는 것이다.(OE §18-36)

① 기여금의 조세감면

한 체약국(주재국)에서 용역을 제공하는 개인이 체약상대국(모국)의 특정 연금기금에 납부하거나 개인을 위해 납부되는 기여금은 모국에서 주재국의 국내연금기금 기여금과 같은 조건과 한도에 따라 동일한 방법으로 감면되어야 한다.(OE §18-40)

모국 연금기금 기여금과 관련한 조세감면은 규정된 조건에 따라 연금기금 소재지국인 모국 또는 경제활동이 수행되어 기여금을 납부하는 주재국에 의해 모두 이루어질 수 있다.(OE §18-41) 근로자가 모국에서 과세소득이 적거나 없을 수가 있기 때문에 모국의 조세감면은 효과적이 아니다. 그러므로 실질적 효과를 위해 주재국에 의한 감면이 주어져야 한다.(OE §18-42)

주재국의 기여금의 공제는 주재국 거주자가 된 개인에 한정되지 않는다. 대부분의 해외근무 개인들은 거주지국에서 거주자로 남아 감면자격을 계속 유지하며, 다만 일부만이 거주자격을 유지하지 않는 것이 현실이다. 그러므로 주재국에서 거주자격을 취득한 개인은 물론 주재국에서 일하는 비거주자에게도 공제를 적용해야 한다. 일부 국가는 국내법상 거주자가 납부하는 기여금의 공제를 제한하며, 이 경우 조세조약에서도 공제를 제한할 수 있다. 또한 비거주자에 대한 특별저율과세를 규정하는 국가의 경우 거주자에게만 공제를 허용하는데, 조세조약에서도 거주자에게만 공제를 허용하도록 규정할 수 있다.(OE §18-44)

개인이 좀 더 유리한 국가의 연금기금 가입을 위해 주재국에서 일시적으로 거주자격을 회피하는 경우 이러한 회피가능성을 차단하기 위한 규정이 필요하다. 그중 한 가지가 주재국 국민인 개인을 조세조약 적용대상에서 배제하는 국적기준 규정이다.(OE §18-45)

개인이 계속적으로 여러 국가에 주재하는 것이 드문 일은 아니므로 주재국에서 용역을 제공하기 직전 모국 거주자였던 개인으로 공제대상을 한정하지 않는다. 주재국에서 용역을 제공하기 전 주재국 거주자가 아닌 개인이 공제대상이므로 제삼국에서 주재국으로 온 개인도 포함된다. 다만, 제삼국 거주자는 조약의 적용대상이 아니므로 주재국이나 연금기금이 설립된 모국의 거주자가 아닌 개인은 조약범위 밖에 있다.(OE §18-46)

개인의 주재국 용역제공 기간에 대하여 어떤 제한도 없어야 한다. 개인이 장기간 주재국에서 근무하면 주재국은 실질적으로 그의 거주지국이 되기 때문에, 대체규정을 적용해서는 안 된다는 견해가 있다. 실제로 일부 국가는 주재하는 개인이 일정 기간 이상 체류하는 경우 해외연금기금에 납부하는 기여금의 조세감면을 제한한다.(OE §18-47) 이러한 용역제공기간의 제한으로 인해 조약을 이용해 기여금에 대한 공제를 받을 가능성이 없어진다.(OE §18-48)

② 기여금의 범위

위 대체규정은 모국에서 설립되고 조세목적상 인식된 개인이 납부하거나 또는 개인을 위해 납부되는 기여금에만 적용된다. '개인이 납부하거나 개인을 위해 납부된(made by or on behalf of)'은 개인이 직접 납부하는 것은 물론 고용주 및 배우자 같은 관련당사자가 그 개인을 위해 납부하는 기여금을 모두 포함한다는 의미이다. 차별금지조항에 따라, 체약상대국 거주자인 연금기금에 고용주가 납부하는 기여금은 고용주 거주지국의 연금기금 기여금과 같은 조건으로 비용공제가 가능하지만, 그렇다고 해서 차별금지조항으로 인해 국내연금기금 또는 해외연금기금에 납부하는 고용주의 기여금에 대한 동일한 세무상 취급이 무조건 보장된다고 볼 수 없다. 즉, 고용주가 해외연금기금에 납부하는 기여금을 근로자의 과세소득으로 보거나, 또는 고용주의 기여금 비용공제가 연금기금의 거주자격에 따라 허용되는 것이 아니라 연금기금의 사업자등록(registration with tax authorities)이나 사무실유지 등과 같은 다른 조건에 따라 허용되어 결과적으로 해외연금기금이 대부분 비용공제대상에서 제외되기도 한다.(OE §18-49)

일반적으로 주재국이 조세목적상 인정하는 연금과 같은 종류로서 주재국 관할당국이 인정하는 모국의 연금기금에 기여금이 납부되어야 한다. 이는 인정된 연금기금에 대한 기여금만이 조세감면 자격이 있다는 의미이다. 그러나 이 경우에도 개인의 해외 근무시 납부한 기여금과 모국 근무시 납부한 기여금에 대한 동등한 조세취급이 필연적으로 보장되지는 않는다. 주재국 연금기금의 범위가 모국보다 제한적이라면 모국에서 일할 때보다 주재국에서 일할 때 기여금에 대한 불리한 취급을 받게 된다.(OE §18-50) 그런데 이는 국내에서 인정되는 연금기금과 약간 다른 해외연금 기여금에 대해 가능하면 유리하게 조세감면을 적용하여 국내 기여금과 동일하게 취급하고자 하는 대체규정의 목적에 반한다. 또한 이는 주재국의 조세감면액이 모국의 법에 따라 좌우된다는 것을 의미한다. 그리고 개인의 연금기금이 국내에 있는가 또는 해외에 있는가(또는 해외에 있다면 어느 나라에 있는가)에 따라 같이 일하는 개인을 다르게 취급하는 결과가 된다. 이러한 문제를 해결하기 위해 대체규정을 '주재국의 연금과 일반적으로 비슷한 연금'으로 넓게 규정할 수 있다.(OE §18-51)

대체규정이 적용되는 기여금은 개인이 주재국에 근무하기 전에 가입했던 연금기금에 대한 기여금으로 한정된다. 이는 개인이 주재국에 있는 동안 새로 가입한 연금기금의 기여금은 제외된다는 의미이다.(OE §18-53) 그러나 새로운 연금기금이 이전의 것을 대체하는 경우는 대체규정이 적용된다. 예를 들면, 다른 회사가 한 회사의 근로자를 인수하는 경우, 근로자를 위한 현재 회사의 연금기금은 끝나고 새로운 연금기금이 새로운 고용주에 의해 개시되는 것이 일반적이다.(OE §18-54)

③ 감면방법

개인과 기여금의 자격이 대체규정의 조건에 해당한다면 주재국은 조세감면을 해 주어야 한다. 즉, 주재국에서 설립된 연금기금에 기여금이 납부되는 경우의 세무처리와 같은 방법으로 세무처리된다. 그러므로 해외연금에 납부하는 기여금에 대해 근로자 및 고용주(개인이 고용되어 있고 고용주가 기여금을 납부하는 경우) 모두에게 주재국의 연금기금에 납부하는 기여금과 동일한 조세감면(즉, 비용공제가능)을 한다. 또한, 해외연금 및 국내연금에 대한 고용주의 기여금 납부액에 상당하는 근로자의 근로소득에 대하여도 동일한 세무취급이 이루어져야 한다.(OE §18-55)

물론, 이런 조세감면방법이 개인이 해외에서 일할 때 납부한 기여금과 모국에서 일하는 중에 납부한 기여금에 대해 동일한 과세취급을 보장하지는 않는다. 그렇지만 적어도 이 방법은 같이 일하는 사람(co-workers)간에 기여금의 동등한 취급을 보장한다. 예를 들면, 모국은 소득의 18% 한도로 연금기여금에 대한 공제를 허용한다. 주재국은 20%의 한도로 공제를 허용한다. 대체규정에 따라, 주재국은 자국의 한도 20%까지 조세감면을 해야 한다.(OE §18-56)

④ 고용주가 납부한 기여금

고용연금기금에 가입한 개인의 경우, 해외근무로 인해 모국에서 근로자의 연금기금 기여금에 대한 조세감면 자격을 박탈할 뿐만 아니라, 또한 그로 인해 고용주가 납부한 연금기금 기여금을 조세목적상 근로자의 소득으로 간주하는 경우가 있다. 일부 국가는 근로자가 거주지국에서 근무하는 동안 국내기금에 낸 고용주의 기여금에 대하여 과세하는 반면, 다른 국가에서는 이런 기여금이 면세된다. 대체규정은 근로자 납부기여금과 고용주 납부기여금에 같이 적용되므로, 고용주의 조세부담 측면에서 고용주 납부기여금은 국내연금기금에 납부하는 동일한 종류의 기여금의 세무상 취급과 같은 취급이 보장된다.(OE §18-58)

⑤ 연금기금의 정의

대체규정은 연금기금을 정의한다. 연금기금은 기여금을 내는 개인이 퇴직급여를 보장받기 위해 가입하는 제도이다. 이에 따른 급부(연금)는 주재국에서 제공된 용역과 관련하여 지급된다. 연금기금이 조세감면대상이 되려면 대체규정에 정한 요건을 충족해야 한다.(OE §18-59) 대체규정은 퇴직급부를 보장받기 위한 개인의 연금기금도 포함한다. 이는 연금 외에 퇴직일시금 같은 급부를 보장받기 위해 납부한 기여금도 조세감면 대상임을 분명히 하기 위한 것이다.(OE §18-60)

연금기금은 '제도(arrangement)'로 정의된다. 이는 넓은 의미의 용어로 각국의 다양한 형태(사회보장연금, 고용연금 또는 개인연금기금 등)를 포함한다.(OE §18-61)

용역을 제공하는 개인이 기금에 가입해야 하지만, 기금가입에 의해 보장된 퇴직급부의 수취인에 대하여는 제한이 없다. 이는 부양가족연금을 받기 위한 기여금을 조세감면 대상이 되도록 보장하기 위한 것이다.(OE §18-62)

연금기금에는 국영 직업연금기금에서 지급된 연금과 이와 비슷한 사설기금에서 지급된 연금이 모두 포함된다. 따라서 사회보장제도의 경우, 주재국에서 개인이 제공한 용역과 관련되는 사회보장제도에 대한 기여금에 한하여 대체규정이 적용된다. 근로자 또는 독립적 자격으로 용역이 제공되었는지 여부는 상관없다.(OE §18-63)

감면은 '세무상 인정된(recognised for tax purposes)' 기여금에 주어진다. 대체규정은 기여금을 개인이 모국에 있을 때와 같이 세무취급하도록 보장하는 것이므로 개인이 모국에 있었더라면 감면됐을 기여금으로 대상을 한정하는 것은 당연하다. 대체규정은 연금기금 기여금이 모국에서 조세감면 대상이 되었을 경우, 해당 기여금만을 인정한다. 연금기금이 조세목적상 인정되는지 여부는 그 연금기금이 '공인연금펀드'에 해당되는 문제와는 상관이 없다.(OE §18-64)

과세취급의 형평성을 기하기 위해, 모든 국가가 인정하는 연금기금의 기여금은 감면자격이 있다. 각국의 조세제도상 연금기금의 기여금에 대한 세무취급이 다를 수 있으므로, 조약당사자의 국내법에 맞는 조건으로 감면대상 연금기금을 포괄적으로 정의할 수 있다.(OE §18-65)

4.5 연금수급권의 이관

국제적 노동력 이동(labour mobility)과 관련된 또 다른 문제는 한 체약국에 설립된 연금기금에 대한 연금수급권을 체약상대국에 소재하는 다른 연금기금으로 이관하는 경우 발생하는 조세문제이다.

개인이 한 고용주로부터 다른 고용주에게로 이동하는 경우, 첫째 직장에서 가입한 연금기금에 그 개인이 불입한 연금의 수급권은 둘째 직장에서 가입되는 다른 연금기금으로 이관되는 것이 보통이다. 비슷한 방법으로 개인은퇴연금도 연금수급권을 이관하거나 이관받는 것이 가능한 경우가 있다.(OE §18-66)

이러한 이관의 경우, 보통 이관시점에 개인 연금수급권의 수탁가치(actuarial value)에 해당하거나 또는 개인 기여금과 연금기금에 누적된 운영수익의 전체가치에 해당하는 지급금이 지급된다. 이러한 지급금은 첫째 연금기금에서 둘째 연금기금으로 직접 보내지거나, 또는 첫째 연금에서 인출하여 받은 금액의 전부 또는 일부를 둘째 연금에 개인이 직접 납부한다. 대부분 국가에서, 이관이 국내에서 이루어지는 때에는 이러한 두 경우 모두 비과세 대상이다.(OE §18-67)

그런데, 한 체약국에 소재하는 연금기금에서 체약상대국에 소재한 연금기금으로 연금수급권을 이관하는 경우 문제가 발생한다. 이 경우, 개인이 거주하는 국가는 이관으로 인한 대가를 과세소득으로 간주할 수 있다.

조세조약에 따라 연금급여에 대한 원천과세권을 가진 체약국에 설립된 연금기금에서 연금수급권의 이관과 관련된 지급이 이루어지는 경우 같은 문제가 생기는데, 그 체약국은 연금기금으로부터 지급되는 모든 소득에 대한 과세권을 행사하고자 하기 때문이다.(OE §18-68)

4.6 연금기금 운영소득의 비과세

양 체약국이 국내세법상 자국에서 설립된 연금기금의 투자소득을 일반적으로 면세하는 정책을 취하는 경우, 이들 국가는 투자자본의 소재와 상관없이 중립적인 조세효과를 극대화하기 위해 한 체약국에 설립된 연금기금이 체약상대국에서 수취하는 투자소득에 대해 면세를 확대적용하기도 한다.(OE §18-69)

VIII 외교관(Diplomatic Agents and Consular Posts)

1. 국내세법

국내세법상 외국의 외교관 및 그 가족은 한국국적이 아닌 경우 비거주자로 본다.(소통 1-0…3) 예를 들면, 주한 미국외교관의 아내가 국내에서 개최된 공예전시회에서 자신이 제작한 공예품을 판매하고 지급받은 대가는 비거주자가 수취하는 인적용역소득이다.(서이-2517, 2006.12.8.)

한편, 주한외교관의 가족이 국내에서 영리를 목적으로 공예품의 전시회를 개최하면서 받는 입장료・참가비와 예술창작품에 해당하지 않는 작품의 판매대가에 대하여는 비거주자의 사업소득으로 부가가치세가 과세된다.(서면3팀-1295, 2008.6.26.)

2. 조세조약

(1) 외교관에 대한 거주자 개념의 예외

대부분 조세조약은 거주자 개념에 대한 예외를 규정한다. 즉, 한 국가에 항구적 주소가 없지만 국내법에 따라 거주자로 취급받으면서 그 국가 원천소득이나 그 국가소재 자본에 대해서만 제한과세되는 경우, 그 사람은 조세조약상 '한 체약국 거주자'로 보지 않는다. 이런 상황은 체약상대국에서 근무하는 외교관이나 영사직원 등과 같은 개인과 관련되는데, 외교관이 체류지국에서 본래의 임무수행 이외에 개인적으로 부동산임대업을 하는 경우 그 소득만 비거주자 원천징수대상이 되고 종합과세대상에서 제외하기 위한 것이다.(OE §4-8.1)

(2) 외교관의 면세

> OECD모델 28조: 이 조약의 어떤 규정도 국제법 일반원칙 또는 특별협정의 규정에 의해 주어진 외교사절과 영사직원 구성원의 재정상 특권에 영향을 주지 않는다.

외교사절이나 영사직원은 국제법이나 특별 국제합의에 의해 조세상 특혜를 부여받으며, 이는 조세조약에 의해 영향을 받지 않는다.(OE §28-1)

조세조약의 규정과 국제법상 일반원칙 또는 특별한 국제합의에 의해 부여된 외교관 및 영사특권을 동시에 적용하면, 특정 상황에서 과세되어야 할 조세를 양 체약국에서 모두 면제하는 결과가 된다. 예를 들면, A국에서 B국으로 파견되어 A국 원천으로부터 사용료나 배당을 수취하는 외교사절은 국제법에 따라 이 소득에 대하여 B국에서 과세되지 않고, 또한 양국의 조세조약에 의해 B국 거주자로서 A국 내 소득에 대한 조세의 면제대상이 된다.

이같이 의도되지 않은 조세감면을 피하기 위해서 방지규정을 조세조약에서 채택하는 경우도 있다.(OE §28-2)

대부분 국가의 국내법은 조세목적상 자국에 체류하는 외교사절과 영사직원 구성원을 파견한 국가의 거주자로 간주한다. 이러한 국가들은 조세조약에서 파견국을 체약국의 외교사절과 영사직원 구성원의 거주지국으로 보는 특별규정을 조약에 포함시킨다.(OE §28-3)

한 체약국에 파견된 제삼국 외교사절이나 영사직원 구성원이 그 체약국에서 수취한 소득에 대하여 제한과세(원천징수대상)에만 해당된다면 그 국가 거주자로 보지 않는다. 이러한 판단은 한 체약국에 설립된 국제기구와 그 직원에 대하여도 유효하다. 왜냐하면 국제기구를 설립하는 조약 및 국제기구와 설립지국 간의 조약상 보통 일정한 면세특권을 향유하기 때문이다.(OE §28-4)

(3) 명예영사 고용직원

명예영사 고용직원의 경우 파견국을 대신하여 명예영사가 지불한 비용에 해당하는 대가에 대한 조세만을 면제받는다. 명예영사직원들은 국제법 일반원칙에 해당되는 특권을 받을 수 없는 것은 당연하지만, 조세조약에서 명예영사직원을 외교관 조항의 적용대상에서 명시적으로 제외하는 경우도 있다.(OE §28-5)

(4) 주한 외국정부기관

주한 외국정부기관은 비영리외국법인에 해당하므로 법인세 과세대상이 아니다. 다만, 주한 외국대사관이 국내에 소유하고 있는 부동산 중 공관이 아닌 직원 숙소용 주택을 양도해 양도소득이 발생하는 경우, '외교관계에 관한 비엔나협약'에서 규정하는 공관지역에 해당하지 않는 한 양도소득에 대해 한프랑스조세조약과 법인세법에 따라 법인세가 과세된다.(국제세원관리담당관실-876, 2018.3.23.)

Chapter 10

기타소득(Other Income)

10

1. 기타소득의 범위

1.1 국내원천 기타소득: 국내세법

국내원천 기타소득은 국내 소재 자산이나 발생 행위로 지급받는 다음 소득을 말한다. 다른 종류의 소득에 해당하면 기타소득에서 제외된다.(법법 §93 10호, 소법 §119 12호)

㉮ 국내에 있는 부동산 및 그 밖의 자산 또는 국내에서 경영하는 사업과 관련하여 받은 보험금, 보상금 또는 손해배상금. 이에는 외국법인이 물품의 납품계약에 의한 납품지정기한의 위반으로 인하여 동 계약내용에 따라 지급받는 지체상금, 또는 상행위에서 발생한 크레임(Claim)에 대한 배상으로서 현실적으로 발생한 손해의 배상 또는 원상회복을 초과하는 배상금을 포함된다.(법통 93-132…17)

㉯ 국내에서 지급하는 위약금 또는 배상금: 재산권에 관한 계약의 위약 또는 해약으로 인하여 지급받는 손해배상(보험금을 지급할 사유가 발생하였음에도 불구하고 보험금 지급이 지체됨에 따라 받는 손해배상 포함)으로서 그 명목여하에 불구하고 본래의 계약 내용이 되는 지급 자체에 대한 손해를 넘어 배상받는 금전 또는 기타의 물품의 가액(법령 §132 ⑩, 소령 §179 ⑬) 계약의 위약 또는 해약으로 반환받은 금전 등의 가액이 계약에 따라 당초 지급한 총금액을 넘지 않는 경우에는 지급 자체에 대한 손해를 넘는 금전 등의 가액으로 보지 않는다.(소령 §41 ⑦)

㉰ 국내에 있는 자산을 증여받아 생기는 소득. 이 경우, 국내에 있는 자산을 현저히 낮은 가액으로 양수하는 경우로서 그 대가와 시가의 차액이 기준금액[min(시가의 30%, 3억원)] 이상인 경우 그 대가와 시가의 차액을 포함하며, 증여세가 과세되는 경우는 제외한다.

㉱ 국내에서 지급하는 상금 · 현상금 · 포상금 기타 이에 준하는 소득(소득세법 제12조 제5호 다목의 「상훈법」에 의한 훈장과 관련하여 받는 상금 · 부상 제외)

㉲ 국내에서 발견된 매장물로 인한 소득

㉥ 국내법에 의한 면허·허가 기타 이에 비슷한 처분에 의해 설정된 권리와 기타 부동산 외의 국내자산을 양도함으로써 생기는 소득

㉦ 국내에서 발행된 복권·경품권 기타 추첨권에 의해 받는 당첨금품과 승마투표권·승자투표권·소싸움경기투표권·체육진흥투표권의 구매자가 받는 환급금.(※ 개인의 경우 슬롯머신 등을 이용하는 행위에 참가하여 받는 당첨금품도 포함) 다만, 비거주자(외국법인 제외)의 승마투표권 등의 환급금 및 슬롯머신 당첨금품에 대하여는 거주자와 형평을 유지하기 위해 과세최저한제도를 적용하여 승마투표권 등의 권면액의 합계액이 10만 원 이하이고 단위투표금액당 환급금이 단위투표금액의 100배 이하인 경우와 슬롯머신 등의 당첨금품이 매건마다 500만 원 미만인 경우에는 과세하지 않는다.(소법 §156 ⑧)

㉧ 「법인세법」 제67조에 따라 기타소득으로 처분된 금액

㉨ 거주자·내국법인의 국외특수관계인(국조령 §2 ②) 또는 비거주자·외국법인의 국외특수관계인(법령 §131 ②, 소령 §26의2 ⑦ 1호 가목·나목)이 보유하는 내국법인의 주식 거래를 통해 다음과 같이 주주가 특수관계인인 다른 주주에게 이익을 분여하여 그 가치가 증가함으로써 발생하는 소득(법령 §88 ① 8호·8호의2, 소령 §179 ⑮·⑯)

1) 특수관계 법인 간의 합병(분할합병 포함)에 있어서 주식을 시가보다 높거나 낮게 평가하여 불공정한 비율로 합병한 경우. 다만, 「자본시장법」 제165조의4에 따라 합병(분할합병 포함)하는 경우는 제외한다.
2) 법인의 자본(출자액을 포함)을 증가시키는 거래에 있어서 신주(전환사채·신주인수권부사채 또는 교환사채 등을 포함)를 배정·인수받을 수 있는 권리의 전부 또는 일부를 포기(그 포기한 신주가 「자본시장법」 제9조 제7항에 따른 모집방법으로 배정되는 경우를 제외)하거나 신주를 시가보다 높은 가액으로 인수하는 경우. 시가는 상속증여세법(§60)에 의해 평가한 금액을 의미한다.
3) 법인의 감자에 있어서 주주 등의 소유주식의 비율에 의하지 아니하고 일부 주주 등의 주식을 소각하는 경우
4) 위 외의 경우로서 증자·감자, 합병(분할합병 포함)·분할, 상속증여세법 제40조 제1항에 따른 전환사채 등에 의한 주식의 전환·인수·교환 등 법인의 자본을 증가시키거나 감소시키는 거래를 통해 법인의 이익을 분여하였다고 인정되는 경우. 다만, 주식매수선택권의 행사에 따라 주식을 발행하는 경우는 제외한다.

㉩ 사용지 기준 조세조약 상대국의 법인이 소유한 특허권, 실용신안권, 상표권, 디자인권 등 그 행사에 등록이 필요한 권리로서 국내에서 등록되지 아니하고 국외에서 등록된 특허권 등을 침해하여 발생하는 손해에 대하여 국내에서 지급하는 손해배

상금 · 보상금 · 화해금 · 일실이익 또는 그 밖에 이와 비슷한 소득으로, 해당 특허권 등에 포함된 제조방법 · 기술 · 정보 등이 국내에서의 제조 · 생산과 관련되는 등 국내에서 사실상 실시되거나 사용되는 것과 관련되어 지급하는 소득

㉪ 가상자산소득(외국법인이 가상자산사업자등이 보관 · 관리하는 가상자산을 인출하는 경우 인출 시점에 해당 가상자산을 양도한 것으로 보아 배당소득계산방법에 따라 계산한 가상자산소득금액 포함).(법령 §132 ⑰, 소령 §179 ⑲, 2023.1.1. 시행)

㉫ 위 소득 외에 국내에서 행하는 사업이나 국내에서 제공하는 인적용역 또는 국내에 있는 자산과 관련하여 제공받은 경제적 이익으로 인한 소득(국가 또는 특별한 법률에 의해 설립된 금융회사가 발행한 외화표시채권의 상환에 따라 받은 금액이 그 외화표시채권의 발행가액을 초과하는 경우에 그 차액을 포함하지 않음) 또는 이와 비슷한 소득으로서 대통령령이 정하는 소득.(2022.1.1. 시행)

㉬ 국내의 연금계좌에서 연금 외 수령하는 금액으로서 연금소득공제를 받은 금액 또는 연금계좌의 운용실적에 따라 증가된 금액

| 기타소득 판단사례 |

1. 기타소득에 해당하는 사례

㉮ 내국법인 주식의 불균등감자: 비상장 내국법인이 주주인 홍콩법인이 보유하고 있는 그 내국법인의 주식을 시가보다 낮은 가액으로 매입하여 소각함에 따라 다른 주주인 네덜란드법인이 보유하는 내국법인 주식의 가치가 증가하는 경우 그 주식가치 증가액은 국내자산과 관련하여 제공받은 경제적 이익으로 기타소득에 해당한다.(기재부 국조 46017-116, 2000.9.18.)

㉯ 신주인수권의 포기로 인한 이익분여: 한국법인이 특수관계가 있는 말레이시아 법인에게 신주를 배정받을 수 있는 권리를 포기하거나 무상으로 양도하는 경우 부당행위계산의 부인규정이 적용되는 것이므로 신주인수권의 포기 또는 무상양도에 따라 법인의 이익을 분여하였다고 인정되는 금액(증자 후 신주평가액-신주인수가액)을 익금에 산입하고 기타소득으로 처분한다.(국세청 국일 46017-472, 1997.7.12.)

㉰ 무상으로 증여받은 내국법인 주식: 외국법인이 보유하던 내국법인 발행 주식을 특수관계가 있는 다른 외국법인에게 증여함으로써 다른 외국법인에게 발생하는 소득은 기타소득에 해당한다.(국세청 국업 46017-317, 2000.7.6.)

㉱ 외국법인의 채무면제이익: 외국법인이 내국법인으로부터 받는 채무면제이익이 국내에서 행하는 사업이나 국내에 있는 자산과 관련되지 아니한 경우 국내원천소득에 해당하지 않는다. 다만, 특수관계인에 해당하는 외국법인에 대한 채권을 부당하게 포기하는 때에 익금산입하여 기타소득으로 처분하므로 국내원천소득에 해당한다.(서면2팀-1349, 2005.8.22.)

㉲ 소송비용 등: 1981년 지급의무가 발생한 사용료를 지급받을 주체의 변경에 따른 다툼으로 1992년 법원의 판결에 따라 내국법인이 미국법인에게 대가를 지급하는 경우 그 사용료 발생지가 국외였던 때에는 사용료소득에 해당하지 않으나, 대가지급의 연체에 따른 지연손해금과 중재비용 등 소송비용은 기타소득에 해당하고, 분할지급할 때의 지급순서는 민법 제479조를 준

용하여 소송비용, 지연손해금, 사용료로 한다.(국세청 국일 46017-243, 1995.4.19.)

㉶ 출자금 지연송금 이자: 미국 내 설립된 조합지분의 출자금 송금지연에 따른 지연이자는 국내원천 기타소득에 해당한다.(국일 46017-102, 1995.2.21.)

㉷ 국가에서 주는 상금: 국가기관이 국립중앙박물관 건립을 위해 국제설계경기를 시행하여 입상자인 비거주자에게 지급하는 상금은 기타소득에 해당하나, 국가에서 지급하는 상금은 소득세법 시행령 제13조에 따라 비과세된다.(국일 46017-296, 1995.11.4.)

㉸ 지적소유권 침해에 대한 손해배상금: 내국법인이 국내에서 외국법인의 저작권을 침해함으로써 손해배상금을 지급하는 경우, 저작권 등의 침해사실은 국내에서 저작권 등의 사용을 의미하므로 그 침해대가는 국내원천 사용료소득에 해당하며, 실질적인 사용료 성격을 초과하는 부분의 손해배상금은 기타소득에 해당한다.(국일 46017-353, 1995.6.1.)

㉹ 파생상품 거래가익: 외국금융회사들이 투자자로 구성된 케이만 소재 국외투자기구가 외국은행 국내지점과 장외파생상품거래를 하여 발생한 이익을 지급받는 경우 그 국외투자기구가 수취하는 대가는 국내에 있는 자산과 관련하여 제공받은 경제적 이익으로 국내원천 기타소득에 해당한다.(법령해석과-2056, 2016.6.23.)

2. 기타소득에 해당하지 않는 사례

㉮ 수출알선수수료: 내국인이 외국에 다년간 체류하면서 고용관계없이 독립적으로 내국법인을 위해 국외에서 수출알선 등 용역을 제공하고 그 대가를 내국법인으로부터 지급받는 경우, 내국인이 비거주자에 해당하는 경우에는 국내원천 기타소득에 해당되지 않는다.(국업 46522-202, 2000.4.21.)

㉯ 해외선주들이 선박건조에 사용될 페인트 납품회사를 지정하고 받은 수수료: 해외선주들이 국내 조선회사에 대하여 가지는 오너옵션에 의해 선박건조에 사용될 페인트의 납품회사를 원고회사로 지정한 결과, 원고회사가 국내 조선회사에게 페인트를 납품할 수 있도록 해주고 원고회사가 그에 따른 수수료를 해외선주들에게 지급하였다고 하더라도 이를 국내에서 사업을 행하였거나 해외 선주들이 국내에서 상품중개업에 해당하는 사업을 행하는 것이라고 볼 수 없으므로, 이 사건 수수료는 외국법인이 국내에서 행하는 사업과 관련하여 제공받은 경제적 이익에 해당한다고 할 수 없다.(대법원 2004두2059, 2005.4.29.)

㉰ 손해배상금: 금융회사가 조선사들의 외국선주사들에 대한 선수금 및 이자 채무를 보증하는 선박선수금환급보증계약에 따라 보증인으로서 외국선주사에 지급하는 선수금이자는 외국선주사들이 선수금을 조달하는 과정에서 부담하는 금융비용 등을 전보하기 위한 금원으로 외국선주사들이 실제로 입은 손해를 넘어서 지급되는 손해배상금이 아니라 실제로 발생한 순자산감소를 회복시키는 손해배상금에 해당하므로, 외국법인의 국내원천 기타소득에 해당하지 않는다.(대법원 2017두48482, 2019.4.23.)

㉱ 완전자회사에 주식 현물출자 : 내외국법인(A)가 보유하고 있던 비상장법인인 내국법인(갑)의 주식을 A의 완전자회사인 외국법인(B)에 현물출자하고, 그 현물출자를 받은 B가 완전모회사인 A에 신주를 발행한 경우 A가 B에 현물출자한 갑의 주식의 시가와 B가 A에 발행한 신주 액면가액과의 차액은 기타소득에 해당하지 않는다.(국제조세제도과-240, 2021.5.31.)

1.2 조세조약

조세조약의 기타소득(other income or income not expressly mentioned)은 조세조약의 각 조항에서 명시적으로 다루지 않은 종류의 소득뿐 아니라 조세조약 대상이 아닌 원천의 소득까지 포함한다. 따라서 기타소득에 관한 조세조약 규정은 한 체약국에서 발생된 소득에 한정되지 않고 제삼국에서 발생한 소득에 대하여도 적용된다. 예를 들면, 양 체약국 거주자에 해당하는 사람이 조세조약 규정에 따라 양 체약국 중 한 체약국의 거주자로 간주되는 경우, 이 사람이 체약상대국의 국내법에 정한 거주자이더라도 조세조약의 기타소득조항이 적용되어 제삼국에서 발생된 소득에 대하여 체약상대국에서 과세할 수 없다.(OE §21-1) 다만, 국내세법상 기타소득은 기타소득으로 열거된 소득으로 한정된다.

2. 기타소득 과세원칙

(1) 거주지국 과세원칙

> OECD모델 21조 1항: 한 체약국 거주자가 수취하는 소득 중 이 조약의 다른 조항에서 규정하지 않는 소득에 대하여는 발생지를 불문하고 한 체약국에서만 과세한다.

기타소득은 거주지국에서 배타적으로 과세하는 것이 일반적이다.(OE §21-2) 거주지국 과세원칙은 과세권이 거주지국에 의해 실제로 행사되었는지 여부와 상관없이 적용된다. 따라서 소득이 체약상대국에서 발생될 때 거주지국이 소득을 과세하지 않더라도 체약상대국은 과세하지 못한다. 또한, 제삼국에서 발생하는 소득의 수취인이 양 체약국의 국내법에 따라 양 체약국 거주자로 간주되는 경우 거주지국 판정에 의해 한 체약국 거주자로 취급되면 이에 따라 한 체약국에서만 과세(무제한 납세의무)된다.

두 거주지국 간 충돌은 거주지국 결정원칙에 따라 과세권이 배분된다. 이 경우 체약상대국은 소득수취인이 거주지국 결정원칙에 따라 거주자에 해당하는 국가에서 과세되지 않는 경우에도 제삼국 발생소득에 과세할 수 없다. 이중비과세를 피하기 위해 기타소득의 범위를 소득수취인이 거주하는 체약국에서 과세되는 소득에 한정시키는 경우도 있다.(OE §21-3)

(2) 예외적인 원천지국 과세

> 한호주조약 22조 2항: 그러나 그와 같은 소득이 일방체약국의 거주자에 의하여 타방체약국에 있는 원천으로부터 발생되는 경우 그와 같은 소득은 동 소득이 생긴 동 타방체약국에서 또한 과세될 수 있다.

대부분의 조세조약은 기타소득에 대하여 거주지국 과세를 규정하지만, 일부 조세조약은 원천지국의 제한과세권을 인정한다. 또한 아예 기타소득조항이 없는 경우도 있는데, 이 경우에는 국내세법에 따라 과세한다. 각국별 조약내용은 아래와 같다.

| 기타소득의 체약국별 과세내용 |

유 형	해당 조약
원천지국 과세	뉴질랜드 · 대만 · 르완다 · 말레이시아 · 멕시코 · 방글라데시 · 베네수엘라 · 벨기에 · 브라질 · 싱가폴 · 아제르바이잔(도박 및 복권상금만) · 알제리 · 요르단 · 이집트 · 칠레 · 캐나다 · 파키스탄 · 페루 · 호주
기타소득에 관한 조항 없음 (원천지국 과세가능)	네덜란드 · 덴마크 · 미국 · 태국
거주지국에서만 과세	위 이외의 체약국

3. 기타소득 과세방법

3.1 기타소득의 원천징수

| 국내원천 기타소득의 과세방법 |

구 분	조약이 있는 경우	조약이 없는 경우
비거주자에게 지급	조약에 의해 과세 · 비과세 (과세시 20%, 15% 또는 10%)	국내세법에 따라 원천징수 (20%, 15% 또는 10%)
국내사업장에 귀속	국내사업장 종합과세	국내사업장 종합과세

(1) 기타소득의 원천징수

국내원천 기타소득은 과세표준에 아래 세율을 곱하여 원천징수한다. 국내원천 기타소득은 필요경비가 인정되지 않는다. 다만, 상금 · 부상 등(소령 §87 1호)의 경우 수입금액에서 80% 상당금액(실제 소요된 필요경비가 80% 상당금액을 초과하는 경우 그 초과하는 금액)

을 공제하여 계산한 금액을 원천징수 과세표준으로 한다.(법법 §98 ① 8호, 소법 §156 ① 8호, 법령 §137 ⑩ · ⑪, 소령 §207 ④)

1. 사용지기준 조세조약이 적용되는 경우 특허권 등 침해대가 : 15%
2. 가상자산소득(2023.1.1. 시행)
   ㉮ 가상자산의 취득가액 등이 확인되는 경우: 지급금액의 10% 또는 차익의 20%
   ㉯ 가상자산의 취득가액 등이 확인되지 아니한 경우: 지급금액의 10%
   ※ 가상자산을 교환 · 인출하는 경우 : 다음 계산식에 따른 원천징수액 상당 가상자산을 즉시 현금으로 매각하여 월별 원천징수세액에 합산.

원천징수액 상당 가상자산= 위 2호의 금액 ÷ 가상자산 교환 · 인출 시 가상자산 1개의 가액

3. 위 이외의 경우 : 지급금액(증여의 경우 취득당시 시가)의 20%

(2) 가상자산소득의 소득금액계산 및 원천징수특례

① 가상자산소득 소득금액 계산

국내원천 가상자산소득의 소득금액은 수입금액(가상자산사업자 또는 이와 비슷한 사업자가 보관 · 관리하는 가상자산을 인출하는 경우에는 인출시점의 가상자산 시가)에서 취득가액 등을 공제하여 계산한 금액으로 한다.(법법 §92 ② 1호 나목, 소법 §126 ① 3호, 2023.1.1. 시행)

1. 수입금액 = 가상자산을 인출하는 시점에 그 가상자산을 보관 · 관리하는 가상자산사업자나 이와 유사한 사업자가 표시한 그 가상자산 1개의 가액 × 인출한 가상자산의 수량 (법령 §129 ④, 소령 §183 ⑤)
2. 취득가액 등 = 가상자산의 취득가액※ + 부대비용 (법령 §129 ⑤, 소령 §183 ⑥)
   ※ 2021.12.31. 당시의 시가와 그 가상자산의 취득가액 중에서 큰 금액 적용
   ※ 가상자산의 필요경비 계산규정(소령 §88 ②~④)을 준용하여 계산하되, 평가방법은 이용자의 가상자산주소별로 이동평균법을 적용하여 계산한 금액. 다만, 가상자산사업자등에게 가상자산을 직접 입고한 경우 입고시점에 해당 가상자산사업자등이 표시한 그 가상자산 1개의 가액에 입고한 가상자산의 수량을 곱한 금액 적용

수입금액과 취득가액 등을 산출할 때 가상자산의 가치가 금액으로 표시되지 않는 경우에는 다음 구분에 따른 기축가상자산(입고 또는 인출을 할 때 가치의 기준이 되는 가상자산)의 가액에 거래대상인 가상자산과 기축가상자산 간의 교환비율을 적용하여 해당 금액을 산출한다. 그 밖에 계산에 필요한 사항은 국세청장이 정하여 고시한다.(법령 §129 ⑥, 소령 §183 ⑦, 소령 §88 ③ · ④)

1. 시가고시가상자산사업자를 통해 거래되는 기축가상자산의 경우: 교환거래 시점과 동일한 시점에 기축가상자산이 금전으로 교환된 가액
2. 외국환거래법에 따른 외국통화에 연동되는 기축가상자산의 경우: 교환거래일 현재 기준환율 또는 재정환율에 따라 환산한 가액

② 가상자산소득 원천징수 특례

가상자산사업자등이 원천징수세액을 원천징수하여 가상자산 또는 현금을 인출하는 달의 다음 달 10일(매년 1.1.부터 12.31.까지 인출하지 아니한 경우 그 다음 연도 1.10.)까지 다음의 계산식에 따른 인별로 납부해야 할 금액을 월단위로 합산하여 납세지 관할세무서, 한국은행 또는 체신관서에 납부해야 한다.(법법 §98 ⑯, 소법 §156 ⑯, 법령 §137 ⑫, 소령 §207 ⑧)

1. 수입금액 = 가상자산을 인출하는 시점에 그 가상자산을 보관·관리하는 가상자산사업자등이 표시한 그 가상자산 1개의 가액 × 인출한 가상자산의 수량
2. 취득가액 등 = 가상자산의 실제 취득가액※ + 부대비용
   ※ 2021.12.31. 당시의 시가와 그 가상자산의 취득가액 중에서 큰 금액 적용
   ※ 가상자산사업자등에게 가상자산을 직접 입고한 경우 입고시점에 해당 가상자산사업자등이 표시한 그 가상자산 1개의 가액에 입고한 가상자산의 수량을 곱한 금액 적용

$$\text{인별로 납부해야 할 금액} = (A - D) \times \frac{B}{C}$$

A : 가상자산소득이 발생할 때마다 가상자산사업자등이 원천징수한 금액의 인별누적액
B : 가상자산 또는 현금의 인별인출액. 이 경우 가상자산을 인출하는 경우 그 가상자산 1개의 가액과 인출한 가상자산의 수량을 곱한 금액을 말한다.
C : 가상자산사업자등이 보관·관리하는 인별자산총액
D : 직전 인출시점으로 계산한 인별로 납부해야 할 금액

위 계산식을 적용할 때 외국법인이 가상자산거래로 손실이 발생한 경우 가상자산사업자등은 다음의 계산식에 따라 해당 손실분을 반영하여 원천징수한 금액의 인별누적액(원천징수누적액, 위 A값)을 차감 조정한다.(법령 §137 ⑬, 소령 §207 ⑨) 가상자산사업자등은 차감한 금액에 상당하는 금액을 손실이 발생한 외국법인에 지급해야 한다.(법령 §137 ⑭, 소령 §207 ⑩)

손실발생 시 기준 원천징수누적액 =	손실발생 직전 거래 시 기준 원천징수누적액 − Min(손실금액의 20%, Z금액)

Z : 손실발생 직전 거래 시 기준 원천징수누적액 − 손실발생 직전 인출 시점으로 계산한 인별로 납부해야 할 금액의 누적액

가상자산사업자등은 납세자별로 원천징수를 최초로 이행하기 전에 가상자산을 양도·대여·인출하는 자로부터 원천징수 대상 여부 확인에 필요한 증명자료를 받아 해당 납세자가 원천징수 대상에 해당하는지를 확인해야 한다.(법법 §98 ⑰, 소법 §126 ⑰, 법령 §137 ⑮, 소령 §207 ⑪) 이 경우, 가상자산사업자등은 원천징수대상 여부를 확인한 때부터 3년마다 원천징수대상의 변동 여부를 확인해야 한다.(법령 §137 ⑯, 소령 §207 ⑫)

(3) 국내자산 증여의 경우 신고 특례

국내사업장이 없는 외국법인이 국내에 있는 자산을 국내사업장이 없는 비거주자·외국법인으로부터 증여받아 증여소득(법법 §93 10호 다목)이 발생하는 경우에는 증여받는 날이 속하는 달의 말일부터 3개월 이내에 해당 자산의 소재지(유가증권인 경우 유가증권발행 내국법인 소재지) 관할세무서장에게 '외국법인 증여소득 신고서'를 작성하여 원천징수세액 상당액(20%)을 신고·납부해야 한다. 다만, 국내에 있는 자산을 증여하는 자가 국내원천소득에 대한 법인세를 원천징수하여 납부한 경우에는 그러하지 아니하다.(법법 §98의2 ④, 법령 §138의2 ⑤) 국내에 있는 자산을 증여받아 생기는 소득의 경우, 취득 당시의 시가를 과세표준으로 한다.(법령 §137 ⑨)

(4) 국외특수관계인 보유주식 가치증가의 경우: 주식발행법인

국외특수관계인이 보유하는 내국법인의 주식의 자본거래로 인해 가치가 증가함으로써 발생하는 국내원천소득은 주식을 발행한 내국법인이 해당 주식을 보유하고 있는 국외특수관계인으로부터 원천징수한다.(법법 §98 ⑭, 소법 §156 ⑬)

3.2 기타소득 원천징수시기

원칙적으로 기타소득을 지급하는 때에 원천징수한다.(법법 §98, 소법 §156) 법인의 기타소득의 지급시기특례는 소득세법(소법 §145의2, 소령 §202 ③)을 준용한다.(법령 §137 ⑦)

| 자본거래의 원천징수시기특례 |

1. 내국법인이 기타소득으로 처분하는 경우: 과세관청이 결정 또는 경정하면 소득금액변동통지서를 받은 날, 법인이 신고하면 신고일 또는 수정신고일(소법 §145의2)
2. 동업기업 과세특례(조특법 §100의18 ①)에 따라 배분받은 소득: 지급받은 날. 다만, 해당 동업기업의 과세기간 종료 후 3개월이 되는 날까지 지급하지 아니한 때에는 그 3개월이 되는 날(소령 §202 ③)
3. 국외특수관계인이 보유하는 내국법인의 주식이 불공정·불균등 자본거래로 인하여 그 가치가 증가함으로써 발생하는 소득: 법인이 합병으로 인하여 소멸한 경우에는 그 합병등기를 한 날, 법인이 분할 또는 분할합병으로 인하여 소멸 또는 존속하는 경우에는 그 분할등기 또는 분할합병등기를 한 날, 주식의 소각, 자본의 감소 또는 자본에의 전입을 결정한 날(법령 §137 ⑦, 소령 §207 ④·⑤)

Chapter 11

자본세(Capital Taxation)

11

1. 자본세의 의미

자본세는 유산세(estates tax), 상속세, 증여세 및 양도세(transfer duties) 이외의 순자산에 대한 과세를 의미하며, 부유세(wealth tax)로 부르기도 한다.(OE §22-1)

자본세 시행국가

노르웨이, 룩셈부르크, 스리랑카, 스웨덴, 스위스, 스페인, 아이슬란드, 우루과이, 인도, 콜롬비아, 파키스탄, 프랑스, 핀란드

자본세는 소득에 대한 과세가 아니라 자산 가치에 대한 과세이다. 국내세법에는 없는 조세가나 재산의 내재가치나 미실현처분이익에 대한 과세라는 점에서 종합부동산세, 재산세가 비슷한 종류이다. 자본세는 중앙정부가 매년 과세하는 국세로 개인소득세와 밀접한 관련이 있으며, 부부 또는 가구가 소유한 자산에서 부채를 차감한 순자산가액에 대한 인세(人稅)로 과세하고, 과세대상 자산이 상당히 포괄적이다. 자본세는 재산세, 상속세 및 소득세와 비교할 때 다음과 같은 차이가 있다.

| 자본세와 관련조세의 차이 |

비교 조세	차이점
재산세	재산세는 지방자치단체에 의해 개별 물건별로 과세되는 물세(物稅)인데 비해, 자본세는 부부 또는 가구단위로 순자산가액을 기초로 과세되는 인세
상속·증여세	상속·증여세는 세대 간 또는 타인에 대한 자산이전행위에 대하여 과세되는데 비해, 자본세는 자산의 보유단계에서 과세
소득세	임대소득 및 양도소득은 자산소득이나 자본이득이라는 유량(flow)을 기준으로 과세하는데 비해, 자본세는 원본(stock)을 기준으로 과세

자본세는 주로 개인에 대하여 과세하며 법인에 대한 과세는 예외적이다. 스페인의 부유세를 예로 들면 다음과 같다.

| 스페인의 부유세 |

1. 부과주체: 지방 정부(州)
2. 납세의무자: 개인(부부합산)
3. 과세단위: 거주자는 공제한도를 초과하는 전세계 순자산, 비거주자는 국내소재 자산
4. 대상자산: 부동산, 동산(가재도구, 보석, 자동차, 선박), 금융자산(저축, 연금, 생명보험), 기타(미술품, 특허권 등)

2. 자본세의 과세권

한국은 자본세가 없으므로 한국이 체결한 대부분 조세조약에는 자본세에 관한 규정이 없다. 그러나 조약 상대국이 자본세를 과세하는 경우 자본세를 규정하는 경우도 있다. 이 경우에도 이 규정에 의해 국내과세가 이루어지는 것은 아니며 상대국에서 과세할 때 적용된다.

자본세를 규정한 한국의 조세조약

독일, 루마니아, 룩셈부르크, 아이슬란드, 아제르바이잔, 알제리, 오스트리아, 우즈베키스탄, 우크라이나, 이란, 이스라엘, 칠레, 쿠웨이트, 크로아티아, 키르기스스탄

2.1 부동산 및 국내사업장 동산: 소재지국

OECD모델 22조 1항: 한 체약국의 거주자가 소유하고 체약상대국에 소재한 6조에 언급된 부동산에 의해 표현되는 자본은 체약상대국에서 과세할 수 있다.

OECD모델 22조 2항: 한 체약국의 기업이 체약상대국 내에 소유하고 있는 국내사업장의 사업재산의 일부를 구성하는 동산에 의해 표현되는 자본에 대하여는 체약상대국에서 과세할 수 있다.

일반적으로 자본과세는 그 자본을 이용하여 수취하는 소득의 과세에 대한 보완과세의 성격을 갖는다. 따라서 자본에 대한 조세는 기본적으로 이러한 자본이용 소득에 대한 과세권을 갖는 국가만이 부과할 수 있다. 그러나 한 국가가 배타적으로 모든 소득을 과세

할 수 있는 것은 아니므로, 자본과세 또한 과세원칙을 분명하고 단순하게 제시하는 것은 쉽지 않다.(OE §22-2)

소재지국에서 과세할 수 있는 재산의 범주에는 한 체약국 거주자가 소유하고 체약상대국에 소재하는 부동산 및 한 체약국 기업이 체약상대국에 가지는 국내사업장 사업용 재산 일부를 구성하는 동산이 속한다.(OE §22-3)

자산(property)의 경제적소유권이 국내사업장에 귀속되는 경우, 자산은 국내사업장 사업자산의 일부를 구성한다. 자산의 경제적소유권은 소득세 목적상 그에 수반하는 이익 및 부담을 향유할 수 있는 개별기업의 소유권과 같은 의미이다.(예 자산의 소유권에 귀속되는 소득에 대한 권리, 감가상각할 수 있는 권한 및 자산의 가치증가나 감소로 인한 이익이나 손실의 가능성) 그러므로, 회계목적상 국내사업장의 대차대조표에 자산을 기표하였다는 단순한 사실은 그 자산이 국내사업장과 실질적으로 관련되었다고 결론짓기에는 충분하지 못하다.(OE §22-3.1)

보험활동을 수행하는 기업의 국내사업장의 경우, 자산에 대한 소득(income) 또는 차익(gain)이 국내사업장에 귀속되는 투자자산에 대한 수익을 결정할 때 자산이 국내사업장 사업자산의 일부를 구성하는지를 결정해야 한다.(OE §22-3.2)

2.2 국제운송선박 등: 거주지국

> OECD모델 22조 3항: 국제운송에 종사하는 선박 및 항공기에 의해 표현되거나 그 선박이나 항공기의 운영에 부수하는 동산에 의해 표현되는 선박이나 항공기를 운영하는 한 체약국 기업의 자본은 한 체약국에서만 과세된다.

보통 국제운송에 쓰이는 선박이나 항공기 그리고 그 선박, 항공기의 운행에 관련된 동산은 기업의 거주지국에서 과세된다. 이 원칙은 국제운송소득이나 양도소득 조항의 원칙과 같은 맥락이다. 대기업의 실질적 관리장소 소재지국에 배타적 과세권을 주는 국가들도 있다. 선박, 항공기의 운영에 관련된 부동산을 같은 원칙에 따라 소재지국에서 과세될 수 있다.(OE §22-4)

해당재산을 소유한 기업이 이 항에 언급된 선박이나 항공기를 직접 운영하는 경우도 마찬가지 원칙이 적용되는데, 자신의 운송활동을 위한 경우이건 아니면 설비, 인원 및 보급품을 모두 갖추고 임대조건으로 선박이나 항공기를 리스하는 경우이건 상관없다. 그런데, 선박이나 항공기를 소유한 기업이 이들을 운영하지 않는 경우 국제운송으로 보지 않는다.(예를 들면, 일시적 나용선 리스의 경우에 해당하지 않는 기업이 다른 사람에게 재산을 임대하는 경우) 이 경우 자본에 대하여 다른 항을 적용한다.(OE §22-4.1)

2.3 기타자산: 거주지국

OECD모델 22조 4항: 한 체약국 거주자의 기타 모든 자본요소에 대하여는 그 국가에서만 과세한다.

부동산, 국내사업장 동산 및 선박 등 이외의 재산에 대하여는 소유자가 거주하는 체약국에서만 과세된다.(OE §22-5) 용익권(usufruct)이 설정된 동산에 대한 자본과세를 할 때 국가 간 국내세법의 불일치로 인해 이중과세가 일어날 수 있다.

즉, 동산에 대하여 소재지국이 과세하고 용익권에 대하여 거주지국이 과세하는 경우가 있다.(OE §22-6)

3. 자본세의 과세방법

조세조약에서는 자본세의 계산방법에 대한 아무 원칙도 규정하지 않는다. 특히, 각국의 세법은 다양한 방법으로 부채를 계산하고 있어 공통적인 방법을 찾기가 어렵다. 납세자와 채권자가 같은 국가의 거주자가 아닌 때 일어날 수 있는 부채공제의 문제는 차별금지 조항에서 다룬다.(OE §22-7)

제 3 편

거주자 · 내국법인의 국외원천소득

Chapter 01

국외원천소득의 과세

1

1. 국외원천소득의 과세개요

(1) 국외원천소득의 계산

① 국외 및 국내의 정의

국내세법에 '국외' 또는 '국외'의 정의가 없다. 헌법 제3조는 영토를 '한반도와 그 부속도서'로 규정하는데, 영토란 땅에만 한정되지 않고 땅에 맞닿은 일정 범위의 바다(영해), 땅과 바다의 수직 상공(영공)을 합친 개념이다. 영해법에 따라 영해는 기선으로부터 측정하여 그 외측 12해리의 선까지를 수역으로 하되 일정수역에 있어서는 12해리 이내에서 영해의 범위를 따로 정할 수 있다. 영공의 수직상공에 대한 법령은 없으며, 통상적으로 항공기가 통과할 수 있는 100km를 범위로 본다.

'국외'란 '국내'를 제외한 지역을 말한다고 보여진다. 예를 들면, 공해는 '국외'에 해당한다.(조심 2017서3690, 2018.12.12.)

② 국외원천소득 계산원칙

국외원천소득의 계산은 과세표준 및 외국납부세액 공제한도를 계산하기 위해 필요하다. 국외원천소득은 국내세법에 따라 계산한 것을 말한다.(법통 57-0…1, 소통 57-0…1) 이는 외국세법이 아닌 국내세법의 계산방법에 따라 국외원천소득을 계산한다는 의미이다. 그러므로 외국 세법이나 조세조약에 따라 비과세 또는 면세되는 소득인 경우에도 국내세법에 따라 과세표준을 계산할 때 고려해야 하는 항목(익금, 손금, 이월결손금, 비과세, 소득공제)이면 국외원천소득에 해당하며, 외국 세법에 따라 과세되는 경우에도 국내세법에 따라 비과세되면 국외원천소득이 아니다.

국내외 활동을 통해 소득을 수취하는 경우 국외원천소득을 어떻게 안분할지 분명하지 않지만, 같은 상황에 적용되는 국내원천 사업소득계산방법(법칙 §65, 소칙 §86), 즉 이전가격방법을 준용할 수 있다. 구분경리방법(법법 §113)을 적용하는 것은 적절하지 않다. 기술적으로 국외수입금액에서 국내외 비용을 차감하여 국외원천소득을 계산하거나, 국내외합산소득(국내외 수입금액－국내외 비용)을 이익분할법에 따라 분할하여 국외원천소득을 계산할 수 있다. 이 경우 이론적으로 국외원천소득의 크기가 같아야 하지만 실무적으로 일치하는 경우는 많지 않다.

③ 법인의 국외원천소득

외국법인의 국내원천소득 계산규정을 내국법인의 국외원천소득 계산에 준용할 수 없다.(서울고등법원 2014누4957, 2015.1.28.)

국외원천소득은 국외에서 발생한 소득으로서 내국법인의 각 사업연도소득의 계산에 관한 규정을 준용하여 산출한 금액으로 한다. 특히 공제한도금액을 계산할 때의 국외원천소득은 해당 사업연도의 과세표준을 계산할 때 손금에 산입된 금액(국외원천소득이 발생한 국가에서 과세할 때 손금에 산입된 금액은 제외)으로서 국외원천소득에 대응하는 '국외원천소득 대응비용'을 다음과 같이 뺀 금액으로 한다. 이 경우 내국법인이 연구개발비(연구개발 활동에 따라 발생한 비용으로 연구개발업무를 위탁하거나 공동연구개발을 수행함에 따른 비용 포함)에 대하여 아래 계산방법 중 하나를 선택하여 계산하는 경우에는 그 계산금액을 국외원천소득 대응비용으로 하고, 그 선택한 계산방법을 적용받으려는 사업연도부터 5개 사업연도 동안 연속하여 적용해야 한다.(법령 §94 ②, 법칙 §47 ①·②·③)

실무적으로 구분경리방법으로 간접비용을 배분한다.(감심 2016－787, 2018.12.19. 재조사 사례) 내국법인 국외사업장 귀속소득을 계산할 때 국외사업장이 본점에 지급하는 사용료를 가정하여 국외사업장 비용으로 계상할 수 없다.(대법원 2007두21587, 2011.2.24.)

㉮ 손익계산서 및 세무조정 항목

1. 직접비용: 국외원천소득에 직접적으로 관련되어 대응되는 비용(손금 포함). 이 경우 국외원천소득과 그 밖의 소득에 공통적으로 관련된 비용은 제외한다.
2. 배분비용: 국외원천소득과 그 밖의 소득에 공통적으로 관련된 비용(손금 포함)
   ㉮ 국외원천소득과 그 밖의 소득의 업종이 동일한 경우의 공통손금: 국외원천소득과 그 밖의 소득별로 수입금액 또는 매출액에 비례하여 안분계산
   ㉯ 국외원천소득과 그 밖의 소득의 업종이 다른 경우의 공통손금: 국외원천소득과 그 밖의 소득별로 개별 손금액에 비례하여 안분계산
3. 연구개발비. 아래 매출총이익기준 금액이 매출액기준 금액의 50% 미만인 경우 매출액 기준금액의 50%를 적용한다.
   ㉮ 매출액 기준
      1) 해당 사업연도에 내국법인의 전체 연구개발비의 50% 이상이 소요되는 연구활동이 국내에서 수행된 경우: A×50%×(C/(B+C+D))
      2) 해당 사업연도에 내국법인의 전체 연구개발비의 50% 미만이 소요되는 연구활동이 국내에서 수행된 경우: A×50%×(C/(C+D))+A×50%×(C/(B+C+D))

A: 연구개발비
B: 기업회계기준에 따른 내국법인의 전체 매출액. 이 경우 내국법인의 권리·자산 또는 정보를 사용하거나 양수하여 내국법인에게 그 권리등의 사용료소득(사용대가, 양수대가)를 지급하는 외국법인으로서 내국법인이 의결권이 있는 발행주식총수의 50% 이상을 직간접으로 보유하는 외국자회사의 해당 내국법인에 대한 매출액과 내국법인의 국외사업장에서 발생한 매출액은 해당 내국법인의 전체 매출액에서 차감.
C: 해당 국가에서 내국법인에게 사용료소득을 지급하는 모든 비거주자 또는 외국법인의 해당 사용료소득에 대응하는 매출액(내국법인이 해당 매출액을 확인하기 어려운 경우에는 사용료소득을 기준으로 내국법인이 합리적으로 계산한 금액)의 합계액(내국법인 국외사업장의 매출액을 포함). 다만, 외국자회사의 경우 그 소재지국에서 재무제표 작성 시에 일반적으로 인정되는 회계원칙에 따라 산출한 외국자회사의 전체 매출액(해당 외국자회사에 대한 내국법인의 매출액이 있는 경우 이를 외국자회사의 전체 매출액에서 차감)에 내국법인의 해당 사업연도 종료일 현재 외국자회사에 대한 지분비율을 곱한 금액으로 한다.
D: 해당 국가 이외의 국가에서 C에 따라 산출한 금액을 모두 합한 금액

㉯ 매출총이익 기준

1) 해당 사업연도에 내국법인의 전체 연구개발비의 50% 이상이 소요되는 연구활동이 국내에서 수행된 경우: A×75%×(F/(E+F+G))
2) 해당 사업연도에 내국법인의 전체 연구개발비의 50% 미만이 소요되는 연구활동이 국내에서 수행된 경우: A×25%×(F/(F+G))+A×75%×(F/(E+F+G))

A: 연구개발비
E: 기업회계기준에 따른 내국법인의 매출총이익(국외사업장의 매출총이익과 비거주자 또는 외국법인으로부터 지급받은 사용료소득은 제외)
F: 해당 국가에 소재하는 비거주자 또는 외국법인으로부터 내국법인이 지급받은 사용료소득과 내국법인의 해당 국가에 소재하는 국외사업장의 매출총이익 합계액
G: 해당 국가 이외의 국가에 소재하는 비거주자 또는 외국법인으로부터 내국법인이 지급받은 사용료소득과 내국법인의 해당 국가 이외의 국가에 소재하는 국외사업장의 매출총이익 합계액

4. 이전가격조정으로 산입한 익금 또는 손금 중 국외원천에서 발생된 것. 내국법인이 해외자회사에 대하여 지급보증한데 대하여 이전가격세제에 따라 익금산입한 지급보증수수료는 국외원천소득에 포함한다.(서면국조-22495, 2015.6.25.)

㉰ 이월결손금, 비과세소득, 소득공제

각 사업연도의 과세표준계산 시 공제한 이월결손금·비과세소득 또는 소득공제액이 있는 경우에 이월결손금등이 국외원천소득에서 발생한 경우에는 공제액 전액을 공제하

여 국외원천소득을 계산하고, 이월결손금등이 국외원천소득에서 발생한 것인지가 불분명한 경우에는 국내원천 및 국외원천의 소득금액에 비례하여 안분계산한 금액을 공제하여 국외원천소득을 계산한다.(법령 §94 ⑥)

④ 개인의 국외원천소득

개인이 수취하는 국외원천소득은 국외에서 발생한 소득으로서 거주자의 종합소득금액 또는 퇴직소득금액의 계산에 관한 규정을 준용하여 산출한 금액으로 한다. 이 경우, 외국소득세액의 공제가 적용되는 경우의 국외원천소득은 해당 과세기간의 종합소득금액을 계산할 때 국내 또는 국외에서 발생하여 필요경비에 산입된 금액으로서 국외원천소득에 대응하는 '국외원천소득 대응비용'을 차감한 금액으로 한다. 국외원천소득 대응비용은 법인의 경우와 마찬가지로 계산한다.(소령 §117 ②, 소칙 §60 ③~⑥)

국외원천소득계산방법의 문제

한국법인 및 국외사업장은 한 가지 같은 사업을 수행하며 발생비용은 이러한 목적으로 쓰인 것이며 각 당사자의 비용은 공헌도를 반영한다고 가정한다.

구 분	한국법인 국외사업장(외국)	한국법인(한국)
분석1	국외원천소득 100 비용 80 (국외사업장) 50 (한국 본점) 30 영업이익 20	수입금액 100 비용 80 (한국 본점) 30 (국외사업장) 50 영업이익 20
분석2	국외사업장 수입금액 62.5 국외사업장 비용 50 영업이익 12.5	본점 수입금액 37.5 본점비용 30 영업이익 7.5

분석1은 국외원천 수입금액에서 국내외 발생 직간접비용을 차감하여 국외원천소득을 계산하는 방법이다. 이 방법은 수입금액총액에서 관련비용을 차감하여 영업이익을 모두 국외로 귀속시키기 때문에 국외원천소득을 과다계산하는 경향이 있다. 이 방법은 한국법인 역할이 미미한 수동소득(이자, 배당 등)의 경우에는 특별한 영향이 없지만, 한국법인 역할이 상당한 적극적 소득(사업소득)의 경우에는 한국법인에 귀속되는 소득을 현저히 줄일 수 있다.

분석2는 이전가격방법에 따라 귀속소득을 계산하는 방법이다. 한국본점과 국외사업장의 공헌도분석에 따라 영업이익을 분할한다.(※ 국외사업장을 기준으로 일방적 방법을 적용할 수 있지만 비교대상을 찾지 못하면 정확성이 떨어진다.) 공헌도에 따라 국외사업장에 귀속되는 이익은 12.5(합산이익 20× 국외사업장 비용 50/ 비용합계 80)이고, 나머지 7.5는 한국본점에 귀속된다. 한국본점도 상당한 사업활동을 한다는 점에서 이는 타당한 해석이다. 적극적 소득의 경우 이전가격방법에 따라 국외원천소득을 계산하도록 세법을 개정해야 한다.

(2) 국외원천소득의 구분

외국세법 및 조세조약	국내세법
이자소득	이자소득
배당소득	배당소득
부동산소득, 사업소득, 인적용역소득, 연예인·운동가소득	사업소득
근로소득, 이사의 보수, 교수·학생보수	근로소득
연금소득	퇴직소득
기타소득	기타소득
양도소득	양도소득
자본차익(자본세 과세대상)	(없음)

거주자·내국법인이 받은 국외원천소득은 국내원천소득과 합산되어 종합과세되는데, 거주자의 경우 소득구분에 따라 과세방법이 다르다. 국내세법은 국외원천소득의 범위를 규정하지 않으며, 종합과세 목적상 소득구분을 할 때 소득세법 제16조부터 제23조(소득의 종류와 금액), 소득세법 제3장(양도소득), 소득세법 제119조(국내원천소득) 및 법인세법 제93조(국내원천소득)를 준용할 수 있다.

다만, 조세조약의 적용 및 외국납부세액공제 여부를 판단할 때에는 해당국 세법규정을 적용한다. 예를 들면, 내국법인이 미국법인 발행주식(내국법인이 100% 보유)을 다른 미국법인(내국법인의 지분을 100% 보유한 모법인이 지분을 100% 보유하는 다른 법인)에게 양도하고 지급받은 소득이 미국세법상 배당소득으로 취급되어 미국 법인세가 원천징수된 경우 내국법인이 지급받은 그 소득은 한미조세조약 제12조 배당소득에 해당하며 그 원천징수세액은 '외국법인세액'에 해당한다.(재국조-520, 2024.9.27.)

(3) 국외원천소득의 수입시기

국외원천소득의 수입시기는 국내원천소득의 경우와 같으며, 소득세법 시행령 제3절(총수입금액의 수입시기)에 규정한다. 예를 들면, 해외법인으로부터 잉여금 처분에 의한 배당을 지급받는 경우 그 배당소득의 수입시기는 해외법인의 잉여금 처분결의일이다.(법령해석소득-0250, 2018.5.11.)

2. 국외원천소득

2.1 이자소득 및 배당소득

소득세법은 국외원천 이자소득 및 배당소득을 아래와 같이 규정한다.

◎ 이자(소법 §16)

6호 외국법인이 발행한 채권 또는 증권의 이자와 할인액

7호 국외에서 받는 예금의 이자

◎ 배당(소법 §17 ①)

5호 국외에서 받는 집합투자기구로부터의 이익

6호 외국법인으로부터 받는 이익이나 잉여금의 배당 또는 분배금과 해당 외국의 법률에 의한 건설이자의 배당 및 이와 비슷한 성질의 배당

7호 특정외국법인 유보소득 배당간주규정(국조법 §27)에 따라 배당받은 것으로 간주된 금액

(1) 국외 집합투자기구로부터의 이익: 배당소득

국외 집합투자기구로부터의 이익은 배당소득이다.(소법 §17 ① 5호) '외국법령에 따라 설립된 외국 간접투자기구의 주식 또는 수익증권'을 취득하여 발생한 거래나 평가로 인한 손익은 모두 배당으로 과세한다.(소령 §26의2 ④ 1호 나목)

| 국내외 집합투자기구의 과세 비교 |

국내 집합 투자 기구	국내 주식	증권시장에 상장된 증권(채권, 외국 집합투자기구의 주식 또는 수익증권 제외), 벤처기업의 주식, 이들의 장내파생상품의 매매평가차익 비과세(소령 §26의2 ④)
	해외 주식	국외에서 발행되어 국외에서 거래되는 주식의 매매평가차익 비과세(조특법 §91의17)
국외 집합 투자 기구	국내 주식	국내발행 주식의 매매평가차익 과세
	해외 주식	2009.2.4. 이후 취득한 해외발행 주식의 매매평가차익 과세(소령 §26의2 ④ 1호 나목)

주식의 가격변동에 따른 손실과 환차익을 통산한 금액이 배당소득금액에서 제외되는 국외상장주식의 매매 · 평가손익에 해당하므로, 환차익만을 분리하여 배당소득금액에 포함할 수 없다.(대법원 2013두6107, 2015.12.10.)

(2) 국외원천 배당소득으로 보는 경우

거주자가 출자한 중국법인이 해산함에 따라 잔여재산가액의 일부를 분배받는 경우 당초 출자가액을 초과하는 금액은 의제배당이며, 해산법인의 잔여재산의 가액이 확정된 날 이후 외화금액을 원화로 환전함으로써 얻는 환차익은 소득세 과세대상이 아니다.(소득세과-567, 2009.4.16.) 내국법인 임직원이 유한회사인 해외모회사로부터 취득한 사원권이 해외모회사가 주식회사로 조직변경함에 따라 주식으로 전환된 경우 조직변경일의 주식의 시가와 유한회사 사원권 취득일의 시가와의 차액은 의제배당이 아니다.(소득세제과-612, 2012.12.5.)

해외자회사가 모회사인 내국법인의 사업부를 양수하고 양수대가로 신주를 발행하면서 자본준비금을 계상한 후 자본준비금을 감액하여 내국법인에게 배당한 경우 이는 투자자본의 환급으로 내국법인의 익금에 해당하지 않는다.(조심 2021인1896, 2022.3.7.)

외국법인의 출자자가 사외유출소득을 자신에게 귀속시킨 경우 배당소득으로 본다. 예를 들면, 피고는 홍콩법인 주식 모두를 자신 또는 타인의 명의로 실제 소유하여 홍콩법인의 실질적인 1인 주주였으며, 피고는 홍콩법인 매출액의 0.2%, 매입액의 0.6%에 해당하는 금액만을 수출중개수수료 명목으로 홍콩 과세관청에 신고하고 나머지 매출액 중 11%를 '판매 및 검사수수료' 명목으로, 잔여이익에 상당하는 부분을 '감사료' 명목으로 피고가 실질적으로 지배하는 타인명의 계좌로 송금하였고, 홍콩법인과 타인 사이에는 수수료 등 명목의 돈을 주고받을 만한 거래가 없고 홍콩법인이 타인에게 위 돈을 반환하라고 요청하였다거나 실제로 위 돈이 홍콩법인으로 반환되었다고 볼 자료가 없을 뿐 아니라 위 돈이 홍콩법인의 이익을 위해 사용되었다는 자료도 없는 경우, 피고에게 귀속된 돈은 '외국법인으로부터 받는 이익'에 해당한다.(대법원 2014도9026, 2018.11.9.)

(3) 해외주식투자전용 집합투자기구의 외국주식 매매 · 평가손익 비과세

거주자가 국외에서 발행되어 국외에서 거래되는 해외상장주식에 자산총액의 60% 이상을 투자하는 '해외주식투자전용 집합투자기구'의 집합투자증권에 다음 요건을 모두 갖추어 투자하는 경우에는 해외주식투자전용 집합투자증권저축에 가입한 날부터 10년이 되는 날까지 해당 해외주식투자전용 집합투자기구가 직접 또는 집합투자증권에 투자하여 취득하는 해외상장주식(외국상장주식을 기초로 발행되어 외국증권시장에 상장된 주식예탁증서 포함)의 매매 또는 평가로 인하여 발생한 손익(환차손익 포함)을 배당소득금액으로 보지 아니하고 비과세한다.(조특법 §91의17, 조특령 §93의3)

1. 해외주식투자전용 집합투자증권저축에 가입하여 해당 해외주식투자전용 집합투자증권저축을 통해 해외주식투자전용 집합투자기구의 집합투자증권에 투자할 것
2. 거주자 1명당 모든 금융회사에 가입한 해외주식투자전용 집합투자증권저축에 납입한 원금의 합계액이 3천만 원 이내일 것

(4) 미국 유한책임회사로부터 받는 소득

거주자가 미국 유한책임회사(Limited Liability Company)에 출자한 사원이며 LLC는 미국 유한파트너십(Limited Partnership)에 출자한 투자자이자 업무집행사원(General Partner)이고, LP는 국내 비상장회사의 주식을 취득하였다 내국법인에게 양도하였으며, 수령한 양도대금을 LP의 투자자들(LLC의 경우 그 투자자)에게 지급하였으며, LLC는 미국의 파트너십과세방법을 선택한 경우, 거주자가 LLC로부터 분배받는 소득은 배당소득에 해당한다.(국제세원-325, 2012.7.6.) 파트너 과세방식을 선택한 미국 유한책임회사(LLC)에 출자한 거주자가 그 유한책임회사에서 발생한 소득에 대해 미국에서 조세를 납부하는 경우 외국납부세액공제를 적용받을 수 있다.(서면2팀-2215, 2006.11.1.)

(5) 금융소득 종합과세, 국내 위탁지급자의 원천징수

거주자의 국외원천 금융소득은 원칙적으로 종합과세된다.(소법 §14 ③)

외국법인이 발행한 채권 또는 증권에서 발생하는 이자소득 또는 배당소득(내국법인이 받는 경우 투자신탁의 배당소득에 한함)을 거주자에게 지급하는 경우에는 국내에서 그 지급을 대리하거나 그 지급권한을 위임 또는 위탁받은 자가 그 소득에 대한 법인세·소득세를 원천징수한다.(법법 §73 ⑥, 소법 §127 ⑤) 이 경우, 이자소득 또는 배당소득에 대해서 외국에서 외국소득세액을 납부한 경우에는 그 원천징수세액에서 그 외국소득세액을 뺀 금액을 원천징수세액으로 하며, 외국소득세액이 원천징수세액을 초과할 때에는 그 초과하는 금액은 없는 것으로 본다.(소법 §129 ④)

원천징수 여부	과세방법
국내 위탁 지급자가 원천징수하는 경우	조건부 종합과세
국외에서 직접 지급받는 경우	무조건 종합과세

거주지국에서 비과세되는 이자소득(한브라질 조세조약 §11 ③ 나목)

한브라질 조세조약 11조 3항 나목은 '일방체약국의 정부, 중앙은행 또는 양자가 직접 또는 간접으로 소유하는 금융회사에 의해 발행되는 증권, 채권 또는 사채로부터 생기는 이자에 대하여는 동 일방체약국에서만 과세한다.'고 규정한다. 이에 따라, 내국법인이 브라질 정부가 발행한 국채에 투자하여 브라질 정부로부터 이자소득을 수취하는 경우 그 이자소득을 한국에서 과세하지 않는다.(서면2팀-1752, 2006.9.12.) 이러한 소득은 신고서에 비과세소득으로 구분하여 기재한다.

2.2 근로소득

국내세법은 국외원천 근로소득을 특별히 정의하지 않지만, 거주자가 국외에서 근로를 제공하고 비거주자·외국법인으로부터 받는 대가를 말한다.(소법 §20)

(1) 국외 파견근로자의 소득세

① 국외 파견근로자 소득세 과세

거주자나 내국법인의 국외사업장 또는 해외현지법인(내국법인이 발행주식총수의 전부를 직간접으로 출자한 경우에 한정)에 파견된 임직원이나 국외에서 근무하는 공무원은 거주자로 본다.(소령 §3) 국외원천소득을 종합소득에 포함하는 경우 외국소득세는 소득세에서 공제된다.(소법 §57)

해외관계회사에 파견된 근로자는 내국법인 및 해외관계회사에서 각각 급여를 받는 경우가 많은데, 한국 및 해당국에서 각각 소득세를 내거나 해당국에서 소득세를 낸 후 한국에서 합산신고하고 외국납부세액공제를 받고 있다. 대부분 국가는 일정기간(통상 1년 이상) 체류하는 파견근로자를 자국 거주자로 규정하는데, 이중거주에 해당하는 경우 조세조약에 따라 거주지국을 판단하여야 한다.

② 외화로 지급받는 급여의 원화환산

거주자가 근로소득을 외화로 지급받은 때에는 해당 급여를 지급받은 날 현재 「외국환거래법」에 의한 기준환율 또는 재정환율에 의해 환산한 금액을 근로소득으로 한다. 이 경우 급여를 정기급여지급일 이후에 지급받은 때에는 정기급여일 현재 「외국환거래법」에 의한 기준환율 또는 재정환율에 의해 환산한 금액을 근로소득으로 본다.(소칙 §16 ①)

(2) 국외근로자의 비과세 급여

국외근로자가 받는 급여에 대하여 아래 금액을 비과세한다.(소령 §16) 근로대가를 국내에서 받는 경우를 포함하며 상여를 포함하여 공제를 계산한다. 아래 ①, ②의 경우 급여가 비과세 소득 이하인 경우에는 그 급여를 한도로 하여 비과세하며 다음 달 급여에서 이월공제하지 않는다. 공제액을 계산할 때 국외근무기간이 1월 미만인 경우에는 1월로 본다.(소통 12-16…4)

국외근로자는 거주자로서 국외에서 근로를 제공하는 자를 의미하므로, 비거주자가 한국적의 원양어선에 근로를 제공하는 경우에는 국외근로자에 해당하지 않는다.(재경원 국조 46017-124, 1995.8.17.) 또한, 인력공급회사가 해운회사로부터 선원의 급여 및 관리수수료를 결제받은 후 인도네시아 선원공급업체로 송금하여 인도네시아 선원이 받는 근로소득에 대하여 '국외항행선박 근로소득 비과세'와 '외국인근로자 조세특례'를 적용한다.(국제세원관리담당관실-1805, 2008.10.1.)

① 국외 또는 「남북교류협력에 관한 법률」에 따른 북한지역에서 근로를 제공하고 받는 보수 중 월 100만원 이내의 금액

② 원양어업선박, 국외 등을 항행하는 선박 또는 국외 등의 건설현장 등에서 근로(설계 및 감리업무 포함)를 제공하고 받는 보수 중 월 500만 원 이내의 금액. 이 경우, 원양어업에 종사하면서 받는 급여와 국외 등을 항행하는 기간 등 국외근로에 대하여 받는 급여에 한한다. 승선 중인 선원에게 공급하는 식료에 대하여는 비과세되나 휴가기간 동안에 지급받는 급식비는 급여로 보며, 외항선원이 유급휴가기간 동안에 지급받는 급여도 국외에서 근무를 제공하고 받는 보수로 본다.(소통 12-16…5)

㉮ 원양어업선박: 「수산업법」에 의해 허가를 받은 원양어업용의 선박

㉯ 외국항행기간: 해당 선박이나 항공기가 화물의 적재 · 하역 기타 사유로 국내에 일시적으로 체류하는 기간을 포함

㉰ 승무원: 원양어업선박에 승선하여 근로를 제공하는 자 및 외국을 항행하는 선박에서 근로를 제공하는 자로, 해당 선박에 전속되어 있는 의사 및 그 보조원 및 해외기지조업을 하는 원양어업의 경우에는 현장에 주재하는 선박수리공 및 그 사무원을 포함

㉱ 국외건설현장: 국외건설공사 현장에 필요한 장비 · 기자재의 구매 · 통관 · 운반 · 유지 · 보수가 이루어지는 장소를 포함

③ 공무원(재외공관 행정직원등 포함), 대한무역투자진흥공사 · 한국관광공사 · 한국국제협력단 · 한국국제보건의료재단 · 한국산업인력공단, 중소벤처기업진흥공단의 종사자가 국외 등에서 근무하고 받는 수당 중 해당 근로자가 국내에서 근무할 경우에 지급받을 금액 상당액을 초과하여 받는 금액 중 실비변상적 성격의 급여로서 외교부장관이 재정경제부장관과 협의해 고시하는 금액

④ 작전임무를 수행하기 위해 외국에 주둔 중인 군인 · 군무원이 받는 급여. 이에는 미

리 받은 급여(업무수행기간 후의 기간에 해당하는 급여를 포함)를 포함하는 것으로 한다. 다만, 외국에 주둔 중인 군인·군무원이 징계 등의 사유로 해당 외국에서의 업무수행에 부적합하다고 인정되어 소환된 경우 그 잔여기간에 해당하는 급여는 제외한다.(소법 §12 3호 파목, 소령 §15)

(3) 국외근로소득 해당 여부

① 해외 연수 중에 받는 급여: '국외에서 근로를 제공하고 받는 보수'는 해외에 주재하면서 근로를 제공하고 받는 급여를 말하며 출장, 연수 등을 목적으로 출국한 기간 동안의 급여상당액은 국외근로소득이 아니다.(소통 12-16…1)

② 원양어선의 선원이 받는 보합금: 원양어선에 승선한 선원이 근로의 대가를 도급계약에 의한 보합금 등의 방법으로 지급받는 경우에는 보합금으로 지급받는 금액을 어로기간의 월수로 나눈 금액을 매월 지급받은 것으로 본다.(소통 12-16…2)

③ 외국항행선박의 승무원이 받는 대명급여: 국외에서 근로를 제공할 것을 조건으로 고용된 자가 국내에서 제공한 근로에 대한 대가(대기기간 급여)는 국외근로소득이 아니다. 다만, 원양어업선박 또는 외국항행선박이 수리 및 정비 등의 사유로 국내에 체류하는 기간 중에 받는 급여는 국외근로소득에 포함한다.(소통 12-16…3)

④ 해외근무에 따른 귀국휴가 여비: 국외에 근무하는 내국인근로자의 본국휴가에 따른 왕복교통비 및 경유지 숙박료(관광여행비 제외)는 다음의 경우 실비변상적 급여로 비과세한다.(소통 12-12…3)

㉮ 회사의 사규 또는 고용계약서 등에 본국 이외의 지역에서 1년 이상 근무한 근로자에게 귀국여비를 회사가 부담하도록 되어 있을 것

㉯ 해외근무라고 하는 근무환경의 특수성에 따라 직무수행상 필수적이라고 인정되는 휴가일 것

(4) 해외 자회사 및 지점 근로자의 근로소득

① 해외 자회사나 지점에 파견한 임직원 : 이중자격의 근로자

내국법인이 발행주식총수의 100%를 직접 또는 간접 출자한 해외현지법인에 파견한 임원 또는 직원의 인건비로서 근로소득세가 원천징수된 인건비는 해당 내국법인 및 해외출자법인이 지급한 인건비 합계의 50% 미만을 한도로 손금산입한다.(법령 §19 3호, 2023년 이전 중소중견기업만 해당) 이는 파견근로자가 내국법인의 업무와 관련되는 경우 국내외에서 지급받은 총급여의 50% 내에서 내국법인의 손금으로 인정한다는 뜻이다.(서면법인-2823, 2020.8.25.) 업무 관련성은 객관적인 증빙을 제시하는 경우 또는 해외자회사

의 생산제품을 구입하여 제3국에 수출하여 해외자회사의 업무활동이 내국법인의 매출증대에 기여하는 경우 등을 말한다.(조심 2018중4299, 2019.10.7.)

완전자회사가 아닌 관계회사에 임직원을 파견하는 경우에도 같은 방법으로 근로소득을 손금산입하는 것이 합리적이다.

내국법인	파견근로자
1. 내국법인이 해외현지법인의 전방/후방산업에 해당하고, 파견근로자가 내국법인 사업에 기여 : 파견근로자 총급여의 50% 초과액 손금불산입(해외현지법인 출자증가 유보처분) 2. 위 1 이외 경우 : 파견근로자 급여 전액 손금불산입(해외현지법인 출자증가 유보처분)	※ 한국 및 파견국 세법상 이중거주자 1. 조약상 한국 거주자에 해당하는 경우 - 한국 및 파견국에서 근로소득 원천징수 - 한국에서 근로소득 합산하여 종합소득세 신고 후 외국납부세액공제 2. 조약상 한국 비거주자에 해당하는 경우 - 한국에서 근로소득 원천징수하지 않음 - 파견국에서 근로소득 원천징수 - 파견국에서 근로소득 합산 종합소득세 신고

내국법인이 해외자회사에 근무하거나 근무할 자의 여비·급료 기타 비용을 대신하여 부담하고 이를 가지급금으로 계상한 금액(그 금액을 실지로 환부받을 때까지의 기간에 상당하는 금액에 한함)에 대하여는 부당행위계산부인(인정이자계산)을 하지 않으며, 업무무관 가지급금에 대한 지급이자부인도 하지 않는다.(법령 §89 ⑤, 법칙 §44 2호)

② 해외지점에 근무하는 비거주자 근로자

비거주자가 거주자 또는 내국법인의 국외사업장에서 근무함으로써 발생한 소득은 국내원천소득에 해당하지 않는다.(소통 3-0…4) 내국법인이 해외에 연락사무소를 설치하고 현지에서만 활동하는 연락사무소장이 현지인(외국국적의 비거주자)을 고용하여 급여를 지급할 경우에 이 급여는 국외원천소득에 해당되어 원천징수대상이 아니다. 다만, 고용된 연락사무소의 소장이 거주자에 해당하면 근로소득세를 납부해야 한다.(소통 156-0…2, 제도 46017-12367, 2001.7.25.) 비거주자인 근로자에게 급여를 지급하는 경우 지급명세서를 제출하지 않는다.(소법 §164의2)

(5) 비거주자·외국법인으로부터 지급받은 근로소득의 종합과세

거주자가 외국기관 또는 한국에 주둔하는 국제연합군(미군 제외)으로부터 받는 근로소득이나 국외에 있는 비거주자·외국법인(국내지점 또는 국내영업소 제외)으로부터 받는 근로소득은 국내에서 원천징수되지 않는다. 이 경우, 납세조합을 통해 원천징수하거나 종합소득세를 신고납부해야 한다.(소법 §127 ① 4호)

2.3 주식매수선택권의 세무처리

(1) 국내세법상 주식매수선택권의 과세

① 상법상 근거

상법(§340의2) 및 증권거래법(§189의4)에 근거하여 주식매수선택권을 아래와 같이 부여하고 행사한다.

| 주식매수선택권 부여 및 행사 요건 |

1. 회사는 정관이 정한 바에 따라 주주총회의 결의로 회사의 설립·경영과 기술혁신 등에 기여하거나 기여할 수 있는 회사의 이사·감사 또는 피용자에게 주식매수선택권을 부여
2. 주식매수선택권의 2가지 유형
   - 주식매수선택권의 행사가액으로 신주를 인수하거나 자기의 주식을 매수할 수 있는 권리를 부여
   - 다만, 주식매수선택권의 행사가액이 주식의 실질가액보다 낮은 경우에 회사는 그 차액을 금전으로 지급하거나 그 차액에 상당하는 자기의 주식을 양도할 수 있음.
3. 신주 또는 양도할 자기의 주식은 회사의 발행주식총수의 10%를 초과할 수 없음.
4. 주식매수선택권의 행사가액은 다음 가액 이상이어야 함.
   - 신주를 발행하는 경우에는 주식매수선택권의 부여일을 기준으로 한 주식의 실질가액과 주식의 권면액 중 높은 금액
   - 자기의 주식을 양도하는 경우에는 주식매수선택권의 부여일을 기준으로 한 주식의 실질가액
5. 주식매수선택권은 주주총회결의일부터 2년 이상 재임 또는 재직해야 행사할 수 있음.

② 주식매수선택권 행사 소득의 구분

법인의 임원 또는 근로자가 해당 법인 또는 해당 법인과 「법인세법 시행령」 제87조의 규정에 의한 특수관계에 있는 법인으로부터 부여받은 주식매수선택권을 해당 법인 등에서 근무하는 기간 중 행사함으로써 얻은 이익(주식매수선택권 행사 당시의 시가와 실제 매수가액과의 차액을 말하며, 주식에는 신주인수권을 포함)은 근로소득으로 과세된다.(소령 §38 ① 17호) 특수관계 외국법인으로부터 수취하는 소득은 국외원천소득으로서 원천징수제외 근로소득이지만, 내국법인(국내사업장 포함)의 손금에 산입되는 것은 국내원천소득으로서 원천징수대상 근로소득에 해당한다.(재경부 국조-196, 2006.4.5.) 퇴직 전에 부여받은 주식매수선택권을 퇴직 후에 행사하거나 고용관계 없이 주식매수선택권을 부여받아 이를 행사함으로써 얻는 이익은 기타소득으로 과세된다.(소법 §21 ① 22호)

| 주식매수선택권 행사 소득의 구분 |

거주자 국외원천소득	비거주자 국내원천소득
• 근로소득: 임원 또는 근로자가 부여받은 주식매수선택권을 해당 법인 등에서 근무하는 기간 중 행사함으로써 얻은 이익(소령 §38 ① 17호)	• 근로소득: 국내에서 제공하는 근로와 대통령령이 정하는 근로의 대가로서 받는 급여(소법 §119 7호)
• 기타소득: 퇴직 전에 부여받은 주식매수선택권을 퇴직 후에 행사하거나 고용관계 없이 주식매수선택권을 부여받아 이를 행사함으로써 얻는 이익(소법 §21 ① 22호)	

③ 주식매수선택권 행사 소득의 수입시기

주식매수선택권을 행사하여 실제로 주식을 부여받거나 해당 소득을 수취하는 때가 수입시기이다. 이 경우, 주식매수선택권 부여조건에 따라 아래와 같이 수입시기를 구분하며 소득금액은 조건이 성취되어 권리가 발생하는 날의 주식의 시가이다. 예를 들면, 외국법인의 한국 지사에 근무하는 임직원이 외국 모회사로부터 일정한 조건이 성취되는 때에 권리가 부여되는 제한주식(restricted stock)을 부여받은 경우, 그 제한주식에 대한 근로소득의 수입시기는 조건이 성취되어 권리가 발생하는 날이며, 이때 근로소득은 권리가 발생하는 날의 주식의 시가로 한다. 또한, 거주자가 미국 뉴욕증권거래소, 나스닥, 아메리칸증권거래소 등 외국 유가증권시장에 상장된 주식을 양도하는 때에는 양도소득세가 과세된다.(서면2팀 - 398, 2005.3.10.)

조 건	해제 조건인 경우	정지 조건인 경우
유 형	주식을 부여한 후, 일정조건을 위반하면 부여한 주식을 회수	일정조건을 성취하면 주식을 부여
수입시기	• 주식을 부여한 날 • 소득세 신고 후 조건위반으로 부여한 주식을 회수하는 때, 소득세 재정산	조건을 성취하여 주식을 부여한 날
소득구분	• 부여주식에 대한 배당: 배당소득 • 선택권 행사차액: 근로소득(퇴직 후 기타소득) • 부여주식 양도: 양도소득	• 부여주식에 대한 배당: 배당소득 • 선택권 행사차액: 근로소득(퇴직 후 기타소득) • 부여주식 양도: 양도소득

④ 주식매수선택권을 부여한 법인의 세무처리

구 분		세무 처리
주가차액 보상방식	현금보상	• 선택권을 행사하는 때에 행사가격이 주식의 시장가격보다 낮으면 회사는 그 차액을 금전으로 지급 • 권리행사일에 손금에 산입

구 분		세무 처리
	주식보상	• 선택권을 행사하는 때에 행사가격이 주식의 시장가격보다 낮으면 회사는 그 차액에 상당하는 자기주식 또는 신주를 교부 • 권리행사일에 자기주식처분손익을 손금 또는 익금에 산입(신주교부는 자본거래이므로 손금으로 보지 않음)
주식 교부방식	신주교부	• 선택권을 행사하여 행사가격을 회사에 납입하면 회사는 신주를 발행하여 교부 • 신주교부는 자본거래이므로 손금으로 보지 않음.
	자기주식 교부	• 선택권을 행사하여 행사가격을 회사에 납입하면 회사는 이미 보유하고 있는 자기주식을 교부 • 권리행사일에 자기주식처분손익을 손금 또는 익금에 산입

⑤ 외국법인에 지급한 주식매수선택권 행사비용등의 손금산입

내국법인 또는 외국법인 국내지점은 다음과 같이 해외모법인 또는 외국법인의 주식매수선택권 등 행사비용을 손금산입할 수 있다.(2009.2.4. 이후 적용) 다만, 주식기준보상의 경우, 2009년 이전 사안에 대하여도 손금산입을 인정한다.(조심 2009서0561, 2010.8.18.)

㉮ 손금산입의 허용

내국법인	외국법인 국내사업장
임직원이 해외모법인으로부터 부여받거나 지급받은 주식매수선택권 및 주식기준보상(주식이나 주식가치에 상당하는 금전으로 지급받는 상여금)을 행사하거나 지급받는 경우, 해당 주식매수선택권 또는 주식기준보상을 부여하거나 지급한 법인에 그 행사 또는 지급비용으로서 보전하는 금액은 손금산입된다.(법령 §19 19호)	외국법인 국내지점의 임직원에게 부여된 주식매수선택권 등이 행사되거나 지급된 경우로서 국내지점이 외국법인에 그 행사 또는 지급비용으로 보전하는 금액 중 국내 근로제공으로 발생하는 소득에 해당하는 금액은 손금에 산입한다.(법령 §129 ① 7호) 외국법인 국내사업장은 주식기준보상 대가를 손금산입할 수 없다.

㉯ 해외모법인 또는 외국법인의 요건

내국법인	외국법인 국내사업장
해외모법인은 다음 요건을 모두 갖춘 법인을 말한다.(법칙 §10의2 ②) 1. 외국법인으로서 발행주식이 「자본시장법」에 따른 증권시장 또는 이와 비슷한 시장으로서 증권의 거래를 위해 외국에 개설된 시장에 상장된 법인	외국법인은 다음 하나에 해당하는 외국법인을 말한다.(법칙 §62의2 ①) 1. 「자본시장법」에 따른 증권시장 또는 이와 비슷한 시장으로서 증권의 거래를 위해 외국에 개설된 시장에 상장된 외국법인 2. 국내·외 증권시장에 상장되지 아니한 외국법

내국법인	외국법인 국내사업장
2. 외국법인으로서 주식매수선택권 등의 행사 또는 지급비용을 보전하는 내국법인(상장법인 제외)의 의결권 있는 주식의 90% 이상을 직접 또는 간접으로 소유한 법인. 이 경우 주식의 간접소유비율은 다음 산식에 따라 계산하되 해당 내국법인의 주주인 주주법인이 둘 이상인 경우에는 각 주주법인별로 계산한 비율을 합산한다. 해당 외국법인과 주주법인 사이에 하나 이상의 법인이 개재되어 있고, 이들 법인이 주식소유관계를 통해 연결되어 있는 경우에도 또한 같다. [해당 외국법인이 소유하고 있는 주주법인의 의결권 있는 주식 수가 그 주주법인의 의결권 있는 총주식 수에서 차지하는 비율×주주법인이 소유하고 있는 해당 내국법인의 의결권 있는 주식 수가 그 내국법인의 의결권 있는 총주식 수에서 차지하는 비율]	인 자회사의 의결권 있는 주식의 90% 이상을 직접 또는 간접으로 소유한 외국법인이 국내·외 증권시장에 상장된 경우에는 그 상장된 외국법인 모회사의 외국법인 자회사. 이 경우 주식의 간접소유비율은 다음 산식에 따라 계산하되 외국법인 자회사의 주주인 주주법인이 둘 이상인 경우에는 각 주주법인별로 계산한 비율을 합산한다. 해당 외국법인 모회사와 주주법인 사이에 하나 이상의 법인이 개재되어 있고 이들 법인이 주식소유관계를 통해 연결되어 있는 경우에도 또한 같다. [외국법인 모회사가 소유하고 있는 주주법인의 의결권 있는 주식 수가 그 주주법인의 의결권 있는 총주식 수에서 차지하는 비율×주주법인이 소유하고 있는 외국법인 자회사의 의결권 있는 주식 수가 그 외국법인 자회사의 의결권 있는 총주식 수에서 차지하는 비율]

㉰ 주식매수선택권의 요건

다음 요건을 모두 갖춘 것을 말한다.(법칙 §10의2 ③, 법칙 §62의2 ②)

1. 상법에 따른 주식매수선택권과 비슷한 것으로서 해외모법인·외국법인·외국법인모회사의 주식을 미리 정한 행사가액으로 인수 또는 매수(행사가액과 주식의 실질가액과의 차액을 현금 또는 해당 해외모법인의 주식으로 보상하는 경우를 포함)할 수 있는 권리일 것(주식매수선택권만 해당)
2. 해외모법인·외국법인·외국법인모회사가 발행주식총수의 10%의 범위에서 부여하거나 지급한 것일 것
3. 해외모법인·외국법인·외국법인모회사와 내국법인·국내지점 간에 해당 주식매수선택권 등의 행사 또는 지급비용의 보전에 관하여 사전에 서면으로 약정하였을 것

㉱ 주식기준보상의 요건

임직원이 지급받는 상여금으로서 다음 각 호의 요건을 모두 갖춘 것을 말한다.(법칙 §10의2 ①)

1. 주식 또는 주식가치에 상당하는 금전으로 지급하는 것일 것
2. 사전에 작성된 주식기준보상 운영기준 등에 따라 지급하는 것일 것
3. 임원이 지급받는 경우 정관·주주총회·사원총회 또는 이사회의 결의로 결정된 급여지급기준

에 따른 금액을 초과하지 아니할 것
4. 지배주주 등인 임직원이 지급받는 경우 정당한 사유 없이 같은 직위에 있는 지배주주 등 외의 임직원에게 지급하는 금액을 초과하지 아니할 것

(2) 국외 주식매수선택권등 거래명세서 제출

내국법인 또는 외국법인의 국내사업장을 둔 외국법인은 아래 1호의 자에게 2호의 사유가 발생하면 그 사유가 발생한 과세기간의 다음 연도 3월 10일(휴업, 폐업 또는 해산한 경우에는 휴업일, 폐업일 또는 해산일이 속하는 달의 다음 다음 달 말일)까지 3호의 주식매수선택권등 거래명세서를 납세지 관할 세무서장에게 제출하여야 한다.(소법 §164의5 ①)

1. 해당 내국법인 또는 외국법인의 국내사업장에 종사하는 다음에 해당하는 임원 또는 종업원(임원 또는 종업원이었던 자 포함)
   ㉮ 거주자
   ㉯ 비거주자(주식매수선택권등으로부터 발생하는 소득의 전부 또는 일부가 국내원천소득에 해당하는 사람으로 한정)
2. 임원등이 다음 어느 하나에 해당하게 된 경우
   ㉮ 국외 지배주주인 외국법인으로부터 부여받은 주식매수선택권(이와 유사한 것으로서 주식을 미리 정한 가액으로 인수 또는 매수할 수 있는 권리를 포함)을 행사한 경우. "국외 지배주주인 외국법인"이란 다음 외국법인을 말한다.(소령 §216의5 ①)
      1) 임원등이 내국법인에 종사하는 경우: 내국법인 의결권주식의 50% 이상을 직간접으로 소유하는 외국법인
      2) 임원등이 외국법인의 국내사업장에 종사하는 경우: 그 외국법인의 본점·지점, 그 외국법인 의결권주식의 50% 이상을 직간접으로 소유하는 외국법인
   ㉯ 외국법인으로부터 다음 요건을 모두 갖춘 주식기준보상을 지급받은 경우(소령 §216의5 ②)
      1) 주식 또는 주식가치에 상당하는 금전으로 지급하는 것일 것
      2) 사전에 작성된 주식기준보상 운영기준 등에 따라 지급하는 것일 것
3. 임원등의 인적사항과 주식매수선택권등의 부여·행사 또는 지급 내역 등을 적은 주식매수선택권등 거래명세서

납세지 관할 세무서장은 내국법인 또는 국내사업장을 둔 외국법인이 주식매수선택권등 거래명세서를 제출하지 아니하거나 거짓으로 제출한 경우 해당 서류의 제출이나 보완을 요구할 수 있다.(소법 §164의5 ②) 주식매수선택권등 거래명세서의 제출 또는 보완을 요구받은 자는 그 요구를 받은 날부터 60일 이내에 해당 서류를 제출하여야 한다.(소법 §164의5 ③)

(3) 주식매수선택권 과세와 관련한 국제조세문제

근로자의 주식매수선택권 과세에 대한 각 국의 입장은 서로 다르며, 이로 인해 아래에서 검토하는 특별한 문제가 일어난다. 대부분의 경우 근로자가 받는 대가를 어떻게 볼 것인지가 문제가 되는데, 특히 주식매수선택권과 관련하여 고용회사 또는 관계회사의 주식가치 평가가 문제가 된다. 이는 주식매수선택권으로 보상되는 고용이 이루어지는 시점과 주식매수선택권이 과세되는 시점(즉, 주식매수선택권이 행사되거나 주식이 처분되는 시점)이 다르다는 사실에 주로 기인한다.(OE §15-12)

원칙적으로, 원천지국에서 이루어진 근로로 인한 대가에 해당하는 주식매수선택권 이익은 근로소득으로 원천지국에서 과세할 수 있다. 이 경우 근로자가 원천지국에서 더 이상 고용되지 않는 이후 시점에 과세가 되어도 상관이 없다는 것이 일반적인 견해이다.(OE §15-12.1)

주식매수선택권 이익의 과세시점과 상관없이 근로자에게 부여된 주식매수선택권으로 인한 고용상 이익은 근로소득에 해당하지만, 이러한 고용상 이익과 주식매수선택권 행사로 취득한 주식의 양도로 인한 양도차익(capital gain)을 구분할 필요가 있다. 결론적으로, 주식매수선택권의 행사, 매도 및 기타 처분(예 고용주나 발행자가 취소하거나 매수하는 경우) 이전에 발생하는 주식매수선택권 자체로 인한 이익은 양도소득이 아닌 근로소득에 해당한다.(OE §15-12.2)

근로자에게 부여된 주식매수선택권 이익은 일반적으로 기타소득에 해당하지 않는다. 왜냐하면 기타소득조항은 다른 유형의 소득에 해당하지 않는 경우에만 적용되기 때문이다. 또한 주식매수선택권 이익은 연금소득에도 해당하지 않는데, 연금소득 조항은 연금이나 이와 비슷한 대가에만 적용되기 때문이다. 주식매수선택권이 고용종료나 퇴직 이후에 행사된다 해도 이는 연금에 해당하지 않는다.(OE §15-12.5)

① 의무고용기간 중 주식가치 증가분: 근로소득

행사된 주식매수선택권의 조건에 따라 의무고용기간을 경과하지 않으면 주식이 환수되는 경우, 주식매수선택권 행사 이후 의무고용기간 동안의 주식가치 증가분은 근로소득에 해당한다.(OE §15-12.2)

② 주식매수선택권 행사 이후 소득: 양도소득

주식매수선택권이 행사되거나 처분되면 고용상 이익은 실현된 것이고 그 이후 근로자의 취득주식(즉, 주식매수선택권 행사 이후 실제 취득된 주식가액)과 관련한 이득은 투자자부터 주주로서 수취하는 것으로 양도소득에 해당한다. 이 경우 근로자가 고용상 부여받은 주식매수선택권이 소멸되고 주식을 부여받아(이 경우 통상적으로 주식취득을 위해 현금을 투자함) 주주자격을 취득하는 때가 주식매수선택권 행사시점이다.(OE §15-12.2)

③ 과세방법: 국내세법에 의함

주식매수선택권이 행사되거나 매도되거나 처분되기 이전에 주식매수선택권으로 인해 발생한 모든 소득은 조세조약의 근로소득에 해당하므로, 그 이익의 전부 또는 일부를 국내세법상 어떤 소득으로 구분하는지는 중요하지 않다. 즉, 주식매수선택권 행사, 매도 및 처분 시점까지 발생한 이익은 원천지국에서 과세할 수 있지만, 구체적으로 그 소득을 과세하는 방법(예 근로소득 또는 양도소득)은 원천지국에 달려 있다. 예를 들면, 근로자가 원천지국에서 거주를 하지 않게 되는 시점에 주식매수선택권을 양도소득으로 과세하는 경우, 이러한 과세방법이 조세조약에 반하는 것은 아니다. 거주지국의 경우에도 마찬가지이다. 예를 들면, 주식매수선택권 행사로 수취한 주식가치 증가분은 조세조약상 양도소득에 해당하므로 거주지국에서 배타적으로 과세할 수 있으며, 거주지국은 국내법에 따라 이러한 주식가치 증가분을 양도소득이 아닌 근로소득으로 과세할 수 있다.(OE §15-12.4)

④ 귀속시기

주식매수선택권의 행사 또는 처분 이후의 이익이 근로소득에 해당하지 않는다는 사실로 인해 이러한 행사나 처분 시점에 국내세법에 따라 무조건 근로소득의 과세가 이루어져야 하는 것은 아니다. 조세조약에서는 원천지국에서 근로소득을 언제 과세해야 할지를 규정하지 않는다. 따라서 원천지국은 주식매수선택권 부여시점, 행사시점(또는 처분시점) 또는 주식 매도시점에 해당 소득을 과세할 수 있다. 다만, 원천지국은 주식매수선택권 자체에 귀속되는 이익만을 근로소득으로 과세해야 하고 주식매수선택권 행사로 취득한 주식보유로 인한 이익은 근로소득으로 과세하면 안 된다. 그렇지만 위에서 설명한 의무고용기간이 있는 경우는 예외이다.(OE §15-12.3)

원천지국에서 이루어진 근로로 인한 급여, 봉급 및 기타 유사 대가는 원천지국에서 과세된다. 특정 국가에서 이루어진 근로로 인한 주식매수선택권에 대한 과세 여부 및 과세한도의 결정은 주식매수선택권과 관련한 계약조건(즉, 부여된 주식매수선택권을 행사하거나 처분하는 조건) 등을 포함한 모든 관련 자료와 상황을 고려하여 개별적으로 결정해야 한다. 가능한 상황은 아래와 같다.(OE §15-12.6)

㉮ 근로자가 주식매수선택권을 갖기 위한 의무근무기간 후에 제공하는 용역과 주식매수선택권이 관련되지 않는 경우

이는 일반적인 경우로, 3년 동안 동일 고용주(또는 동일 관계기업)에게 근로용역을 제공하는 조건으로 근로자에게 주식매수선택권이 부여된 경우 이러한 주식매수선택권으로 인한 근로이익은 그 3년 기간 이후에 제공된 근로용역과 관련이 없다.(OE §15-12.7) 그런데 이 원칙을 적용할 때, 근로자가 주식매수선택권을 행사할 권리를 취득하는 데 필요한 의무근무기간과 그 주식매수선택권을 행사하기 전에 단순히 경과해야 하는 행사금지

기간을 구분해야 한다. 따라서, 예를 들면 3년 동안 동일 고용주(또는 동일 관계기업)에게 근로용역을 제공한다는 조건으로 근로자에게 부여된 주식매수선택권은 그 3년 동안 제공하는 근로용역과 관련되는 반면, 어느 시점에 추가 근무조건 없이 근로자에게 부여되었지만 계약조건에 따라 3년 후에 행사할 수 있는 주식매수선택권은 부여시점 이후의 3년 동안 제공되는 근로와는 관련이 없다. 왜냐하면 근로자가 주식매수선택권을 받은 후 즉시 고용관계를 청산하고 주식매수선택권 행사에 필요한 3년을 기다려 행사하는 경우에도 이러한 주식매수선택권의 이익을 받을 수 있기 때문이다.(OE §15-12.8)

또한, 주식매수선택권을 행사할 권리를 취득하기 위한 조건(즉, 주식매수선택권 부여조건)으로 일정 근로기간이 요구되는 경우와 이미 부여된 주식매수선택권이 근로관계가 청산되기 전(또는 근로관계 청산 후 단기간 이내)에 행사되지 않아 무효화되는 경우를 구분할 필요가 있다. 후자의 경우, 근로자는 이미 주식매수선택권 이익을 취득하였고 사실상 아무 때나 이를 실현할 수 있기 때문에 주식매수선택권 이익은 주식매수선택권 부여 이후에 제공된 근로용역과 관련되지 않는다. 고용관계 청산시 부여된 주식매수선택권을 무효화한다는 조건은 이익을 수취하기 위한 조건은 아니며, 이미 수취된 이익을 향후에 박탈할 수 있다는 조건이다. 아래 비교 사례는 이를 설명하기 위한 것이다.(OE §15-12.9)

미국형 주식매수선택권과 유럽형 주식매수선택권

미국형 주식매수선택권은 일정 기간(보통 수년간) 동안 행사될 수 있는 반면, 유럽형 주식매수선택권은 특정시점(특정 일자)에 행사되어야 한다.

〈미국형 주식매수선택권〉 2001년 1월 근로자에게 주식매수선택권이 부여되었다. 주식매수선택권은 근로자가 2003년 1월까지 동일 고용주에게 근로를 계속 제공한다는 조건으로 부여되었다. 이러한 조건을 충족하는 경우 주식매수선택권은 2003년 1월부터 2010년 1월까지 행사될 수 있다. 그런데 위 조건에 더하여 고용관계 청산시점까지 행사되지 않은 주식매수선택권은 고용관계 청산시 박탈된다는 조건이 있다. 이 경우 주식매수선택권을 행사할 권리는 2003년 1월(즉, 주식매수선택권 부여일)에 부여된 것이다. 그 시점 이후의 근로기간은 근로자가 주식매수선택권을 행사할 권리를 취득하는 데 필요한 것은 아니다.

〈유럽형 주식매수선택권〉 2001년 1월 주식매수선택권이 근로자에게 부여되었다. 주식매수선택권은 2005년 1월 행사될 수 있다. 근로자가 2005년 1월까지 계속 근무하는 경우 그 날에 행사될 수 있다는 조건으로 주식매수선택권이 부여되었다. 이 경우, 주식매수선택권을 행사하는 권리는 행사일인 2005년 1월 이전에는 부여된 것으로 볼 수 없다. 주식매수선택권(즉, 실제 효력이 있는 주식매수선택권)을 행사하는 권리를 취득하기 위해서는 그 날까지 근무해야 하는 요건이 있기 때문이다.

그런데, 위 사례의 원칙이 적용되지 않는 경우도 있다. 근로자가 근무를 시작하는 시점에 조건 없이 주식매수선택권이 부여되는 동시에 그 근로자가 새로운 국가로 전근하거나 또는 새로이 중요 직책을 맡는 경우가 있다. 어느 경우이건 주식매수선택권은 미래의 특정기간 동안 근로자가 수행하는 새로운 직무와 명백히 관련된다. 이 경우, 주식매수선택권을 행사할 권리가 새로운 직무수행 이전에 취득되었다 해도 주식매수선택권은 새로운 직무와 관련된다. 또한 주식매수선택권이 형식적으로 부여되지만 의무고용기간이 경과하기 전까지는 근로자가 주식을 사실상 취득할 수 없는 주식매수선택권 약정이 있다. 이 경우, 주식매수선택권은 주식매수선택권 부여시점부터 주식취득시점까지의 전 기간 동안 제공된 근로용역과 관련이 된다.(OE §15-12.10)

㉯ 주식매수선택권이 특정기간 동안 근로자가 제공한 용역을 보상하기 위해 부여되며, 주식매수선택권이 부여되기 전에 제공된 근로용역과 관련되는 경우

이는 명백히 일정 기간 동안 근로자의 과거근무에 근거하여 보상이 이루어지는 경우이거나, 또는 보상이 고용주의 과거 재무상태에 근거하고 이러한 재무상태가 연유한 특정기간 동안 고용주 또는 관계회사를 위해 근무한 근로자에게 조건에 따라 주식매수선택권이 부여되는 경우이다. 이 경우, 과거근무기간 동안의 보수 중 일부가 향후 부여되는 주식매수선택권을 통해 지급되어 왔다는 사실은 근로자 주식매수선택권 부여프로그램을 근로자들이 충분히 인식한다는 객관적인 증거가 될 수 있다. 예를 들면, 고용주가 수년 동안 비슷한 수준의 주식매수선택권을 부여하여 왔다는 지속적인 관행을 이러한 증거로 볼 수 있는데, 이러한 관행이 중단된다는 예측이 가능한 경우에는 예외이다. 다른 요소들과 함께 검토할 때, 이러한 증거들은 주식매수선택권이 과거의 근무기간과 관련이 있는지 그리고 어느 정도 관련이 있는지를 결정하는 데 상당히 중요하다.(OE §15-12.11)

근로자가 주식매수선택권을 행사할 권리를 부여받기 위해 통상 일정한 의무근무기간이 요구되지만, 고용주가 근무를 종료시키는 경우 또는 근로자가 은퇴연령이 되는 경우 등과 같은 상황에서 이러한 의무근무기간이 적용되지 않는 때에는 주식매수선택권 이익은 이러한 상황이 실제 발생한 때 실제로 제공된 근로용역기간에 귀속된다.(OE §15-12.12)

㉰ 미래의 근무와 관련되는 경우

일부 요소를 보면 근로자 주식매수선택권이 과거근무를 보상하는 것처럼 보이지만, 다른 요소를 보면 주식매수선택권이 미래근무와 관련되는 것처럼 보이는 경우가 있다. 이렇게 애매모호한 경우, 근로자 주식매수선택권은 일반적으로 미래근무에 대한 인센티브(incentive) 또는 능력 있는 근로자를 붙잡아 두기 위해 부여되는 것으로 간주된다. 따라서 이 경우, 주식매수선택권은 미래근무와 관련된다. 그러나 이러한 결론에 도달하기 전에 모든 관련 사실과 상황을 검토해야 한다. 과거기간 동안 특정 근무목표를 달성한 근로자를 기준으로 주식매수선택권이 부여되지만, 근로자가 향후 3년간 더 근무해야 주식매수선택권을 행사할 수 있는 조건에서는 사실상 주식매수선택권이 과거근무 및 미래근무를 모두 포함한 일정 기간과 관련된다.(OE §15-12.13)

2.4 사업소득

국외원천 사업소득은 거주자·내국법인이 국외에서 수행한 사업활동에 대하여 비거주자·외국법인으로부터 받는 대가를 말한다.(소법 §19) 예를 들면, 내국법인 A가 100% 출자한 미국현지법인 B를 설립하고 B는 100% 출자하여 또 다른 미국현지법인 C를 설립하고 A가 C에 기술을 제공하고 대가를 수취하는 경우 C로부터 받는 기술사용료는 국외원천 사업소득에 해당한다.(서면2팀-565, 2005.4.19.)

(1) 국외원천 사업소득 과세방법

내국법인의 경우, 국외원천 사업소득은 당연히 내국법인의 소득에 합산되어 국내원천소득과 같은 방법으로 과세된다. 거주자(개인)의 경우에도 국내원천소득과 같은 방법으로 과세되며, 종합소득세 확정신고시 소득세법 시행규칙 제101조(별지 40호)에 따라 국외원천소득의 명세를 기재한다.

거주자·내국법인은 국외원천소득과 관련한 비용을 손금산입할 수 있다. 예를 들면, 내국법인이 해외현지법인을 설립하기 위한 투자금을 동업자에게 송금하였으나 동업자의 횡령 등으로 인하여 동 법인이 설립되지 않고 동업자로부터 받을 횡령액 상당의 채권은 회수할 수 없는 경우 대손금으로 손금산입한다.(법인세과-1175, 2009.10.23.) 또한, 제품을 제조하는 법인이 특수관계인인 판매법인이 소재하는 국외 지역에서 제품 브랜드에 대한 광고선전을 하는 경우 해당 법인과 판매법인 간 광고선전비 등을 배부할 수 있다.(법인세과-756, 2009.7.2.)

국외원천소득금액을 장부와 기타 증명서류에 의해 계산할 수 없는 경우에는 추계방법에 따라 계산할 수 있다.(소득 46011-3857, 1998.12.10.)

(2) 외국에서 투과기업을 통해 사업활동을 하는 경우

내국법인이 외국에서 투과기업(Paper Company)인 외국법인을 설립하여 자기 명의가 아닌 외국법인 명의로 사업활동을 하고 외국 법인세를 납부하는 경우, 내국법인이 직접 사업을 한 것으로 본다.

2.5 부동산임대소득, 연금소득, 기타소득

(1) 국외 부동산임대소득

① 종합소득세 신고

거주자는 국외 부동산임대소득에 대하여 국내 부동산임대소득과 마찬가지로 종합소득세를 신고·납부해야 한다. 이 경우, 해외직접투자 및 자본거래(외국환거래법 §3 ① 16호, 18호) 중 거주자가 외국에 있는 부동산이나 이에 관한 권리를 취득하거나 투자운용(임대)한 사실이 있는 경우에는 해당 연도 종합소득과세표준이 없거나 결손금액이 있는 때에도 '해외부동산 취득 및 투자운용(임대)명세서'(국세청고시 제2008-17호)를 제출해야 한다.(소칙 §65 ② 2호)

거주자가 해외부동산을 임대하면 해외부동산 소재지국 세법에 따라 그 국가에서 소득세를 납부해야 하며, 그 해외부동산 임대소득을 다른 소득과 합산하여 다음 연도 5월 중에 종합소득세과세표준 확정신고를 해야 한다. 이 경우, 소재지국에서 납부한 임대소득 관련 외국납부세액은 세액공제 또는 필요경비에 산입하는 방법으로 공제받을 수 있다.

② 결손금 공제

국외 부동산임대소득의 결손금은 국내 부동산임대소득의 결손금과 같이 취급한다. 따라서 국내 부동산임대소득에 한하여 공제하며, 다른 소득금액에서 공제하지 않고 미공제 이월결손금은 10년 내 부동산 임대소득에서만 공제한다. 무기장 추계신고시에는 결손금을 공제할 수 없다.

③ 국외주택임대소득의 조세특례

국외주택임대소득은 국내의 주택 수에 관계없이 모두 과세대상이다.(소법 §12 2호 나목, 소령 §8의2 ①) 주택의 경우 임대소득은 월세 등을 의미하며 임대보증금에 대한 간주임대료는 소득으로 보지 않는다.(소령 §8의2 ①) 국외원천 임대소득의 원화환산은 다음과 같이 한다.

1. 임대수입금액: 계약 또는 관습에 의해 지급일이 정하여진 것은 그 정하여진 날. 계약 또는 관습에 의해 지급일이 정하여지지 아니한 것은 그 지급을 받은 날
2. 필요경비: 급여, 유지보수비, 광고비 등 필요경비를 지출한 날. 수차에 걸쳐 지출하는 경우에는 지출하는 때

(2) 연금소득 및 퇴직소득(소법 §20의3)

소득세법상 연금소득 및 퇴직소득은 국내에서 지급된 것에 한한다. 따라서 조세조약상 한국이 과세권을 행사하는 국외 연금이나 퇴직금인 경우에도 국내에서 과세되지 않는다. 예를 들면, 국내기업체에 고용되어 소득세법상 거주자에 해당하는 영국인이 종전 근무처인 영국법인으로부터 퇴직연금을 지급받는 경우 한영조세조약 제18조(연금)에 의해 거주자인 영국인에게 지급되는 연금에 대해 한국에 과세권이 있지만 소득세법은 해외연금을 과세소득으로 규정하지 않으므로, 해당 퇴직연금은 과세소득이 아니다.(국일 46017-37, 1998.1.22.)

(3) 기타소득

소득세법은 국외원천 기타소득을 다음과 같이 규정한다.(소법 §21 ① 13호)

> 거주자・비거주자 또는 법인과 특수관계에 있는 자가 그 특수관계로 인하여 해당 거주자・비거주자 또는 법인으로부터 받는 경제적 이익으로서 급여, 배당 또는 증여로 보지 않는 금품. 다만, 우리사주조합원이 해당 법인의 주식을 그 조합을 통해 취득한 경우에 그 조합원이 소액주주에 해당하는 자인 때에는 그 주식의 취득가액과 시가와의 차액으로 인하여 발생하는 소득을 제외한다.

대학교수가 외국법인에게 일시적 인적용역제공으로서 연구개발을 하고 지급받는 대가는 기타소득에 해당하며, 지속적이고 독립적으로 계약 등에 의해 연구개발용역을 제공하고 지급받는 대가는 사업소득에 해당하고, 고용관계에 의해 지급받는 대가는 근로소득에 해당한다.(서이 46017-12202, 2002.12.9.)

3. 국외자산 양도소득 등의 과세

3.1 국외 부동산 등 양도소득 과세특례

(1) 납세의무자

국외자산의 양도소득에 대한 납세의무자는 양도일 당시 거주자로서 국내에 5년 이상 계속하여 주소 또는 거소를 둔 개인이다.(소법 §118의2) '5년 이상 계속'이란 양도일로부터 소급하여 5년간 계속하여 비거주자에 해당하지 않는다는 의미이다. 국외 자산의 양도에 대하여 양도소득세 납세의무는 양도일 직전 5년 중 일정 기간(3개월) 동안 출국한 경우를 포함한다.(서면4팀-2981, 2007.10.17.) 내국법인의 국외사업장 등에 파견된 임직원으로서 가족이나 자산상태로 보아 파견기간 종료 후 재입국할 것으로 인정되어 그 파견기간에 관계없이 거주자로 보는 자가 국외에 있는 자산을 양도한 경우 양도소득세 납세의무가 있다.(부동산거래관리과-1000, 2010.7.29.)

(2) 국외 부동산 등의 범위

① **토지, 건물** (소법 §118의2 1호)

소득세법의 일반적 정의를 적용하며, 해당 국가에서 과세목적상 토지로 취급되거나 건물로 취급되는 경우를 포함한다. 건물은 부속된 시설물과 구축물을 포함한다.

② **부동산에 관한 권리** (소법 §118의2 2호)

부동산을 취득할 수 있는 권리(건물이 완성되는 때에 그 건물과 이에 딸린 토지를 취득할 수 있는 권리를 포함), 지상권, 전세권과 부동산임차권

③ **국외에 있는 아래 자산** (소법 §118의2 5호)

㉮ 사업용 부동산과 함께 양도하는 영업권. 영업권을 별도로 평가하지 아니하였으나 사회통념상 영업권이 포함되어 양도된 것으로 인정되는 것과 행정관청으로부터 인가·허가·면허 등을 받음으로써 얻는 경제적 이익을 포함한다.

㉯ 이용권·회원권, 그 밖에 그 명칭과 관계없이 시설물을 배타적으로 이용하거나 일반이용자보다 유리한 조건으로 이용할 수 있도록 약정한 단체의 구성원이 된 자에게 부여되는 시설물 이용권. 법인의 주식을 소유하는 것만으로 시설물을 배타적으로 이용하거나 일반이용자에 비하여 유리한 조건으로 시설물이용권을 부여받게 되는 경우 해당 주식을 포함한다.

㉰ 부동산주식 및 휴양시설주식

1. 법인의 부동산가액이 50%가 넘고 과점주주가 50% 이상 소유하는 주식을 50% 이상 양도. 주식을 수회에 걸쳐 양도하는 때에는 소급하여 3년 내에 양도한 주식을 합산한다. 이 경우 요건판정은 합산기간 초일 현재를 기준으로 한다.
2. 부동산가액이 80% 이상인 골프장업·스키장업 등 체육시설업, 휴양시설관련업, 부동산업·부동산개발업을 영위하는 법인 주식의 양도

㉱ 위 ②의 '부동산에 관한 권리'로서 미등기 양도자산

(3) 양도가액 및 필요경비

① 양도가액

국외자산의 양도가액은 양도 당시의 실지거래가액으로 한다. 실지거래가액을 확인할 수 없는 경우에는 양도자산이 소재하는 국가의 양도당시의 현황을 반영한 시가에 의하며, 시가를 산정하기 어려운 때에는 다음에 해당하는 가액이 확인되는 때에는 이를 해당 자산의 시가로 한다. 다만, 외국법인 발행주식·내국법인 발행 국외상장주식과 위 (2) ③의 자산(시설물이용권의 경우에는 부동산주식 및 휴양시설주식으로 한정)의 경우에는 아래 2호부터 4호를 적용하지 않는다.(소법 §118의3 ①, 소령 §178의3 ①)

1. 국외자산의 양도에 대한 과세와 관련하여 이루어진 외국정부의 평가가액
2. 국외자산의 양도일 또는 취득일 전후 6월 이내에 이루어진 실지거래가액
3. 국외자산의 양도일 또는 취득일 전후 6월 이내에 평가된 감정평가기관의 감정가액

4. 국외자산의 양도일 또는 취득일 전후 6월 이내에 수용 등을 통해 확정된 보상가액
5. 상속증여세법에 의한 평가액

국외 부동산 및 부동산에 관한 권리의 경우에는 상속증여세법(§61, §62, §64, §65)을 준용하여 평가하며, 다만, 상속증여세법을 준용하여 국외자산가액을 평가하는 것이 적절하지 아니한 경우에는 「부동산 가격공시 및 감정평가에 관한 법률」 제2조 제9호에 따른 감정평가업자가 평가하는 가액을 적용한다. 또한, 유가증권가액은 상속증여세법 제63조의 규정에 의한 평가방법을 준용하여 평가하며, 이 경우 '평가기준일 이전·이후 각 2월'은 각각 '양도일·취득일 이전 1월'로 본다.(소령 §178의3 ②) 예를 들면, 청구법인은 주식을 양도하기 위해 주식의 평가를 회계법인에 의뢰하였고, 회계법인은 2001.11.30. 기준으로 상속증여세법의 비상장주식 평가방법을 적용하여 주식을 평가한 결과 1주당 가격을 3,628원/주(USD 2.88/주)으로 평가(주식 1,500,000주를 달러로 환산하는 경우 1,500,000주×2.88＄=4,320,000＄)하였는 바 청구법인은 해외특수관계법인 을에 2001.12.18. 쟁점주식을 3,894,150＄에 매매하는 것으로 계약을 체결하였다. 그러자 처분청은 위 4,320,000＄과 3,894,150＄의 차액인 425,850＄에 주식 매매계약 체결일 기준환율 1,293원/USD을 곱하여 계산한 550,624,050원을 부당행위계산부인하고 청구법인에 법인세를 과세하였다. 청구법인이 2001사업연도 법인세를 신고하면서 상속증여세법 제63조의 규정에 의해 평가한 평가액을 국조법 규정에 따라 처분청에 제출한 점에 비추어 볼 때 청구법인 스스로 쟁점 평가액을 정상가격으로 신고한 것으로 보이므로 쟁점 평가액을 정상가격으로 보는 것이 합당한 것으로 판단된다.(국심 2005서1406, 2005.7.4.)

② 양도소득의 필요경비계산

국외자산의 양도에 대한 양도차익의 계산에 있어서 양도가액에서 공제하는 필요경비는 다음 금액을 합한 것으로 한다.(소법 §118의4)

1. 취득가액: 취득에 소요된 실지거래가액. 실지거래가액을 확인할 수 없는 경우에는 위 양도가액에서 정한 방법으로 추정한 가액을 적용한다.
2. 자본적 지출액 및 양도비용: 국외부동산의 취득·양도시 지급한 중개수수료는 필요경비로 공제하며, 매매대금의 지급수단으로 활용된 금융회사 차입금의 지급이자는 필요경비에 해당하지 않는다.(재산세과-1720, 2008.7.16.)

거주자가 외국법인이 주식을 발행하여 국내의 예탁기관에 이를 예탁하고 동 예탁기관을 통해 외국법인의 주식을 원주로 하여 발행되는 한국예탁증서를 취득하고 이를 원주로 전환하여 양도하는 경우 한국예탁증서의 취득에 든 실지거래가액을 해당 주식의 취득가액으로 본다.(부동산거래관리과-301, 2010.2.26.)

③ 외화차입금으로 국외자산을 취득한 경우 환차익의 제외

국외자산 양도소득이 국외에서 외화를 차입하여 취득한 자산을 양도하여 발생하는 소득으로서, 환율변동으로 인하여 외화차입금으로부터 발생하는 환차익을 포함하고 있는 경우에는 해당 환차익을 양도소득의 범위에서 제외한다.(소법 §118)

④ 양도가액 및 필요경비의 원화환산

국외자산의 양도에 따른 소득이 국외에서 외화를 차입하여 취득한 자산을 양도하여 발생하는 소득으로서 환율변동으로 인하여 외화차입금으로부터 발생하는 환차익을 포함하고 있는 경우에는 해당 환차익을 양도소득의 범위에서 제외한다.(소법 §118의2 단서) 국외자산의 양도차익을 계산할 때 그 자산의 양도가액 및 취득가액으로 수수된 외화대출금의 환차손은 필요경비에 해당되지 않는다.(부동산거래관리과-1312, 2010.11.2.)

양도가액 및 필요경비를 수령하거나 지출한 날 현재의 기준환율 또는 재정환율에 의해 환산한다. 장기할부조건의 경우 양수인이 사용수익하는 날을 양도일 및 취득일로 의제하여 환산한다.(소령 §178의5)

양도소득세 신고 후 가감되는 일정금액에 대하여는 그 일정금액을 각각 받기로 한 날에 양도가액을 경정하여 신고할 수 있으며 가산세는 납부하지 않는다. 예를 들면, 비상장주식을 양도하고 잠정합의된 양도가액을 수령한 다음 약정에 의한 추가금액을 수령할 경우 양도시기는 잠정합의된 가액을 수령한 날이며, 양도당시 거래금액을 양도일의 양도가액으로 하고 양도일 이후에 가감하기로 한 일정금액에 대하여는 그 일정금액을 각각 받기로 한 날에 양도가액을 경정한다.(서면4팀-1467, 2004.9.18.)

⑤ 국외자산 양도차손의 통산

국외자산의 양도소득 과세표준 계산에 있어 국내자산 양도소득 과세표준 계산규정(소법 §92)을 준용하므로 국외자산 양도소득도 1호(토지 · 건물, 부동산에 관한 권리 및 기타자산) 및 2호(주식)로 구분하여 각 호별 국외자산 양도차손은 각 호별 국외자산 양도차익과 통산한다.(재산세과-311, 2009.9.25.) 다만, 국외자산 양도소득은 소득세법상 독립된 절(제3장 제10절)로 규정하므로 국외자산과 국내자산의 양도소득은 합산하지 않고 이들의 양도차손 또한 통산할 수 없다.(소법 §102, §118의8, 소령 §167의2)

⑥ 국외 기타자산에 대한 준용규정

국외 기타자산(위 (2) ③ ㉮~㉰)에 대해 양도소득세를 과세하는 경우에는 국내 기타자산 과세방법(소령 §158 ②~④)을 준용한다.(소령 §178의2 ⑤)

(4) 양도소득세의 계산

① 양도소득 기본공제

국외자산 양도소득이 있는 거주자는 해당 과세기간의 양도소득금액에서 250만 원을 기본공제한다. 감면소득금액은 감면소득금액 외의 양도소득금액에서 먼저 공제하는데, 해당 연도 중 먼저 양도하는 자산의 양도소득금액에서부터 순차로 공제한다.(소법 §118의7)

② 적용세율

국외자산 양도소득에 대하여 종합소득 기본세율을 적용한다.(소법 §118의5 ①)

③ 외국납부세액공제

국외자산 양도소득을 해당 외국에서 과세하는 경우 그 양도소득에 대한 '국외자산 양도소득세액'을 납부하였거나 납부할 것이 있는 때에는 세액공제 또는 필요경비산입 중 하나를 선택하여 공제받을 수 있다.(소법 §118의6, 부동산거래관리과-629, 2010.4.30.)

1. 세액공제방법: 다음 중 작은 금액을 해당 연도의 양도소득 산출세액에서 공제
   ① 국외자산 양도소득세액
   ② 한도액: 해당 과세기간 국외자산 양도소득 산출세액 × $\dfrac{\text{해당 국외자산 양도소득금액}}{\text{해당 과세기간 국외자산 양도소득금액}}$
2. 필요경비 산입방법: 국외자산 양도소득에 대하여 납부하였거나 납부할 외국납부세액을 해당 과세기간의 필요경비에 산입

'국외자산 양도소득세액'은 국외자산의 양도소득에 대하여 외국정부(지방자치단체 포함)에 의해 과세된 세액으로, 개인의 양도소득금액을 과세표준으로 하여 과세된 세액 및 개인의 양도소득금액을 과세표준으로 하여 과세된 세액의 부가세액을 말한다.(소령 §178의7 ①) 국외자산 양도소득세액을 공제받고자 하거나 필요경비에 산입하고자 하는 자는 '국외자산 양도소득세액공제(필요경비 산입)신청서'를 양도소득 과세표준 확정신고(예정신고 포함) 기한 내에 납세지 관할세무서장에게 제출해야 한다.(소령 §178의7 ②)

④ 준용규정

국외자산 양도소득세를 계산할 때 국내자산 양도소득에 대하여 적용되는 소득세법 제89조(비과세), 제90조(양도소득세액감면), 제92조(과세표준계산), 제95조(양도소득금액, 장기보유특별공제 제외), 제97조 제3항(감가상각비계산), 제98조(양도·취득시기), 제100조(양도차익산정), 제101조(부당행위계산), 제105조부터 제107조(예정신고), 제110조부터 제112조(확정신고), 제114조(결정경정), 제114조의2(환산취득가액 가산세), 제115조부터 제117조(기장불성실가산세, 신탁수익자명부 제출, 징수환급)을 준용한다.(소법 §118의8)

| 해외주택과 국내주택 양도의 과세차이 |

적용항목	해외주택	국내주택
• 1가구 1주택 비과세	• 적용 안함.	• 적용
• 장기보유특별공제	• 적용 안함.	• 적용(요건 충족시) ; 2(3)주택 소유자 적용배제
• 적용세율	• 일반 양도소득세율 적용	• 일반 양도소득세율 적용; 다주택소유자 중과세율
• 기준시가 규정	• 적용 안함.	• 적용(요건 충족시)

3.2 국외 금융투자소득의 과세

(1) 외국법인 발행주식, 외국시장 상장주식의 양도소득

다음과 같은 외국법인이 발행하였거나 외국에 있는 시장에 상장된 주식의 양도소득은 국내 주식의 양도소득과 합산하여 과세한다.(소법 §94 ① 3호 다목, 소령 §157의3, 2024.12.31. 까지 적용)

1. 외국법인이 발행한 주식. 다만, 국내의 증권시장 상장주식, 부동산주식 및 과점주주주식은 제외한다.
2. 내국법인이 발행한 주식(국외예탁기관이 발행한 증권예탁증권을 포함)으로서 자본시장법 시행령 제2조 제1호에 따른 해외증권시장에 상장된 것

(2) 국외금융투자소득

① 국외금융투자소득

거주자의 해당 과세기간에 국외에 있는 자산으로부터 발생한 "국외금융투자소득"의 범위는 다음과 같다. 이 경우 국외금융투자소득이 국외에서 외화를 차입하여 취득한 주식, 채권등 및 투자계약증권을 양도하여 발생하는 소득으로서 환율변동으로 인하여 외화차입금으로부터 발생하는 환차익을 포함하고 있는 경우에는 해당 환차익은 제외한다. (소령 §150의6, 소칙 §69의2, 2025.1.1. 이후 적용)

1. 내국법인이 발행한 주식과 채권으로서 해외 증권시장에 상장된 것
2. 외국법인이 발행한 주식과 채권으로서 국내 증권시장에 상장되지 않은 것
3. 투자계약증권(소법 §87의6 ① 3호)으로서 외국에서 발행된 것

② 국외금융투자자산 양도가액

거주자의 국외금융투자소득을 계산할 때 국외에 있는 주식, 채권등 및 투자계약증권의 양도가액은 그 자산의 양도 당시의 실지거래가액으로 한다. 다만, 양도 당시의 실지거래가액을 확인할 수 없는 경우에는 양도자산이 소재하는 국가의 양도 당시 현황을 반영한 시가(국외금융투자자산의 양도에 대한 과세와 관련하여 이루어진 외국 정부 · 지방자치단체의 평가가액이 확인되는 경우 해당 가액 포함)에 따르되, 시가를 산정하기 어려울 때에는 금융투자소득의 기준시가를 적용하여 산출한 가액으로 한다.(소령 §150의12, 소칙 §69의7 ① · ②) 국외금융투자자산의 금융투자소득금액을 계산할 때 양도가액의 외화환산 및 수입시기에 관하여는 '국외자산 양도차익의 외화환산'(소령 §178의5)을 준용한다.(소칙 §69의7 ③) 외국법인 비상장주식의 최대주주 할증평가를 하는 경우 중소중견기업특례를 적용하지 않는다.(서면2팀-2030, 2004.10.5.)

외국법인 비상장주식 평가방법

구 분	평가 방법
(상증법 §60) (법령 §89) 비상장주식평가	외국에 있는 재산에 대하여 시가 또는 보충적 평가방법이 부적절한 경우 (상증령 §58의3) 1. 외국세법에 의한 평가액 2. 둘 이상의 국내 또는 외국의 감정기관 평가액
(국조법 §2) 자산 평가	정상가격. 예를 들면 현물출자 1년 3개월 전 제삼자로부터 취득한 주식가액은 거래시기차이가 거래가격에 중대한 영향을 주지 않거나 그 차이를 합리적으로 조정할 수 있는 경우 정상가격으로 볼 수 있으며, 상증세법의 보충적 평가방법에 앞서 적용(국제세원-34, 2010.1.21.)

③ 국외금융투자소득 필요경비

국외금융투자자산의 금융투자소득금액을 계산할 때 양도가액에서 공제하는 필요경비의 계산에 관하여는 '국외자산 양도소득의 필요경비 계산'(소법 §118의4)을 준용한다.(소령 §150의15)

④ 국외금융투자소득의 과세

국외금융투자소득은 국내금융투자소득금액의 구분별로 합산하여 과세한다.

3.3 해외부동산의 취득 · 보유 · 처분에 따른 조세문제

(1) 해외부동산의 취득 · 보유 · 처분에 따른 조세문제의 개요

거주자가 해외부동산을 취득 · 보유 · 처분할 경우에 발생할 수 있는 조세문제는 아래와 같다. 내국법인은 종합과세되므로 특별한 문제가 없다.

구 분	취득단계	보유단계	처분단계	
관련세목	증여세	종합소득세	양도소득세	상속 · 증여세
내 용	해외부동산 취득자금을 증여받거나 자금출처가 불분명한 경우	국외 부동산임대소득 등 종합소득세 신고 (소법 §3, 소통 3-3)	국외부동산등 양도소득세 신고	처분대금 상속 · 증여한 경우
적용세율	10~50% (누진세율)	8~35% (누진세율)	9~36% (누진세율)	10~50% (누진세율)

해외부동산 관련 외국환거래규정

☐ 해외부동산 취득관련 「외국환거래규정」 개정 연혁(§9-39)

구 분	2006.3.2. 이후	2007.2.26. 이후	2008.6.20. 이후
주거목적	한도 없음.		
투자목적	100만 불	300만 불	한도 없음.

☐ 해외부동산 취득자의 외국환은행 제출보고서

보고서명	제출기한	규 정
해외부동산취득보고서	부동산 취득 후 3월 이내	§7-44의2 ② 1
해외부동산처분보고서	부동산 처분 후 3월 이내	§7-44의2 ② 2
수시 보고서	해외체류사실 또는 취득부동산의 계속 보유 여부의 증명 등 사후관리에 필요하여 요구하는 경우	§7-44의2 ② 3

☐ 외국환은행의 해외부동산 취득 · 양도자료 국세청 통보

구 분	금액 기준	국세청 통보시기	규 정
취 득	취득가액 30만 불 초과 (송금액 기준)	신고수리 후 매 익월 20일까지	§7-44의2 ①
양 도	전체(금액 기준 없음.)	처분(변경)보고서 제출받은 후 익월 말일까지	§7-44의2 ②

(2) 해외부동산 투자명세서 등의 제출의무

종합소득세신고를 할 때 '해외부동산 취득 및 투자운용(임대)명세서'(소칙 별지 97호)를 제출해야 한다. 제출하지 않는 경우 과태료가 부과된다.(해외현지법인에서 설명) 또한, 해외부동산(이에 관한 권리 포함) 등을 취득하거나 운용한 사실이 있는 거주자가 다음 연도 종합소득세 확정신고 기한까지 '해외부동산 취득 및 투자운용(임대)명세서'를 제출하지 않은 경우 1천만 원 이하의 과태료가 부과된다.(외국환거래법 §32 ②)

4. 해외현지법인 및 해외지점

4.1 해외현지법인명세서 등의 제출

거주자 · 내국법인이 사업목적으로 해외에 진출하는 경우, 해외관계회사(overseas subsidiaries) 또는 해외지점(overseas branches)의 형태로 진출한다.

진출형태		해외현지법인	해외지점
현지세법상 성격		거주자 · 내국법인(사업자)	비거주자 · 외국법인의 국내사업장
국내투자자 입장	진출형태	자회사 · 개인투자회사	해외지점, 해외사무소, 해외건설현장
	투자수익	배당소득 · 사업소득	사업소득
	외국납부세액	배당소득세 · 사업소득세 (간접법인세)	사업소득세

(1) 해외현지법인 등의 자료 제출

① 해외현지법인명세서 등의 제출

외국환거래법(§3 ① 18호)에 따른 해외직접투자(지분출자 및 대부투자)를 한 거주자 · 내국법인(비영구거주자 제외)은 소득세법에 따른 과세기간 또는 법인세법에 따른 사업연도 종료일이 속하는 달의 말일부터 6개월 이내에 아래 해외현지법인명세서 등을 납세지 관할세무서장에게 제출해야 한다. 소득세법에 따른 과세기간 또는 법인세법에 따른 사업연도 중 해외직접투자를 받은 외국법인의 주식(출자지분)을 양도하거나 해외직접투자를 받은 외국법인이 청산하여 해외직접투자에 해당하지 아니하게 되는 경우에도 또한 같다. (국조법 §58 ①, 국조령 §98, 국세청고시 제2009-92호)

제출	제출 대상
해외현지법인명세서 (국조칙 §56 별지 47호)	해외직접투자를 한 거주자 · 내국법인 ※ 해외현지법인이 지분의 10% 이상을 소유하는 외국법인 포함
해외현지법인 재무상황표(해외현지법인이 투자한 외국법인 재무상황 포함) (국조칙 §56 별지 48호)	㉮ 피투자법인의 발행주식총수의 10% 이상을 소유하고 그 투자금액이 1억원 이상인 거주자 · 내국법인; 또는 ㉯ 피투자법인의 발행주식총수의 10% 이상을 직접 또는 간접으로 소유하고 피투자법인과 특수관계(이전가격세제에 따라 판정)에 있는 거주자 · 내국법인 (※ 공동투자의 경우 투자자 모두)
손실거래명세서(거주자 · 내국법인 및 외국법인의 손실거래) (국조칙 §55 별지 49호)	위 ㉯에 해당하는 거주자 · 내국법인 중 해외직접투자를 한 거주자 · 내국법인의 손실거래(해외직접투자를 받은 외국법인과의 거래에서 발생한 손실거래로 한정) 및 해외직접투자를 받은 외국법인의 손실거래(해외직접투자를 한 거주자 · 내국법인과의 거래에서 발생한 손실거래는 제외)의 건별 '손실거래금액'이 다음 구분에 따른 요건을 갖춘 거주자 · 내국법인 ㉮ 거주자: 손실거래금액이 단일 과세기간에 10억원 이상이거나 최초 손실이 발생한 과세기간부터 5년이 되는 날이 속하는 과세기간까지의 누적 손실금액이 20억원 이상일 것 ㉯ 내국법인: 손실거래금액이 단일 사업연도에 50억원 이상이거나 최초 손실이 발생한 사업연도부터 5년이 되는 날이 속하는 사업연도까지의 누적 손실금액이 100억원 이상일 것 ※ 손실거래금액은 다음 손실로서 거주자 · 내국법인은 기업회계기준, 피투자법인은 해당 거주지국에서 재무제표 작성시 일반적으로 인정되는 회계원칙(그 거주지국에서 일반적으로 인정되는 회계원칙이 한국 기업회계기준과 현저히 다른 경우에는 한국 기업회계기준)에 따라 산출 ㉠ 자산의 매입 · 처분 · 증여 · 평가 · 감액 등으로 인한 손실 (사업목적에 따른 재고자산의 매입 · 판매, 사업목적으로 사용되는 유형자산 및 무형자산의 감가상각비, 유가증권시장 거래 유가증권의 처분 · 평가 · 감액, 화폐성 외화자산 · 부채의 환율변동 평가손실 제외) ㉡ 부채(충당금 포함, 미지급법인세 제외) 인식 · 평가 · 상환 손실 ㉢ 증자 · 감자 · 합병 · 분할 등 자본거래로 인한 손실
해외영업소설치현황표 (국조칙 §56 별지 50호)	해외지점, 해외사무소 및 해외건설현장을 이미 설치하였거나 해당 사업연도 중 설치한 거주자 · 내국법인

해외현지법인명세서 등은 다음과 같이 작성한다.

㉮ 투자금액은 투자 당시의 기준환율 또는 재정환율을 적용하여 환산한다. 즉, 최초 장부가액으로 계상하고 이후의 외환차익을 반영하지 않는다.(법법 §42)

㉯ 해외현지법인의 외화표시 재무제표의 원화환산은 사업연도 종료일 현재의 기준환

율 또는 재정환율을 적용한다. 다만, 해외사업장 과세표준 계산특례(법법 §53의3)를 적용하는 경우 그 환산방법에 의한다.

㉰ 본점과 해외현지법인의 사업연도 종료일이 상이한 경우 모기업의 사업연도 종료일 직전에 작성된 현지법인의 재무제표를 기준으로 작성한다.

㉱ 재무상황표의 특수관계인은 해외현지법인의 특수관계기업으로 국내특수관계기업 뿐 아니라 국외특수관계기업도 포함한다.

㉲ 해외지사명세서의 경우, 수익사업 여부와 상관없이 해외에 설치한 모든 지점, 사무소에 대하여 작성한다.

해외관계회사 고유번호

국세청에서 해외관계회사별로 부여한 번호이다. 해외관계회사 고유번호는 "000 - 000000" 형태의 9자리로 구성되며, 첫 3자리는 국가코드, 다음 1자리는 현지기업의 인격(1: 법인, 5: 개인, 9: 지사 및 연락사무소), 나머지 5자리는 진출국 일련번호이다.

② 해외부동산등명세의 제출

외국환거래법(§3 ① 19호)에 따른 자본거래 중 외국에 있는 부동산 또는 이에 관한 권리(해외부동산등)를 취득하여 보유하고 있거나 처분한 거주자 또는 내국법인이 다음 어느 하나에 해당하는 경우에는 소득세법에 따른 과세기간 또는 법인세법에 따른 사업연도 종료일이 속하는 달의 말일부터 6개월 이내에 아래 구분에 따른 해외부동산등명세를 납세지 관할세무서장에게 제출하여야 한다.(국조법 §58 ②, 국조령 §98 ②)

해외부동산등의 취득가액이 2억원 이상인 경우	해외부동산등 취득 · 투자운용(임대를 포함) · 처분 명세 및 과세기간 또는 사업연도 종료일 현재 보유현황(국조칙 §55 별지 51호)
해외부동산등의 취득가액이 2억원 미만으로서 처분가액이 2억원 이상인 경우	해외부동산등 처분 명세(국조칙 §55 별지 51호 4항)

해외부동산등명세를 작성할 때 취득가액 및 처분가액은 다음에 따라 계산한다. 이 경우 외화의 원화 환산은 외화를 수령하거나 지급한 날의 외국환거래법에 따른 기준환율 또는 재정환율을 적용하여 계산한다.(국조법 §58 ⑦)

> 1. 취득가액: 다음 구분에 따른 금액
>   ㉮ 거주자: 소득세법(§118의4 ① 1호)에 따른 취득가액(실지거래가액, 외국정부 평기가액, 6개월 이내 거래가액, 감정평가액)
>   ㉯ 내국법인: 법인세법(§41)에 따른 취득가액
> 2. 처분가액: 소득세법(§118의3)에 따른 양도가액(실지거래가액, 외국정부 평가가액, 6개월 이내 거래가액, 감정평가액)

③ 해외신탁명세 제출

외국의 법령에 따른 신탁 중 신탁법에 따른 신탁과 유사한 "해외신탁"을 설정(재산을 해외신탁에 이전하는 경우 포함)하는 거주자 또는 내국법인(위탁자)은 다음 구분에 따른 해외신탁명세서(해외신탁의 내용과 해외신탁재산의 가액 등 해외신탁의 설정과 관련된 명세; 국조칙 별지 51호의2)를 소득세법에 따른 과세기간 또는 법인세법에 따른 사업연도 종료일이 속하는 달의 말일부터 6개월 이내에 납세지 관할세무서장에게 제출하여야 한다.(국조법 §58 ③, 국조령 §98 ④·⑤)

> 1. 위탁자가 해외신탁을 해지할 수 있는 권리, 수익자를 지정하거나 변경할 수 있는 권리 또는 해외신탁 종료 후 잔여재산을 귀속 받을 권리를 보유하는 등 위탁자가 해외신탁재산을 실질적으로 지배·통제하는 해외신탁의 경우: 해외신탁 설정일부터 종료일까지의 기간이 속하는 각 과세기간 또는 사업연도의 해외신탁명세
> 2. 위 1호의 해외신탁을 제외한 해외신탁의 경우: 해외신탁 설정일이 속하는 과세기간 또는 사업연도의 해외신탁명세

해외신탁명세를 작성할 때, 해외신탁재산의 가액은 해외신탁재산이 있는 국가의 현황을 반영한 것으로서 다음 구분에 따른 시가에 따른다.(국조법 §58 ⑧ 전단)

> 1. 위 1호의 경우: 다음 각 목의 구분에 따른 시가
>   ㉮ 해외신탁이 유지되는 경우: 과세기간 또는 사업연도 종료일 현재의 시가
>   ㉯ 해외신탁이 종료된 경우: 해외신탁 종료일 현재의 시가
> 2. 위 2호의 경우: 해외신탁 설정일 현재의 시가

해외신탁재산의 시가는 다음 구분에 따른 금액으로 산정한다.(국조법 §58 ⑧ 후단, 국조령 §98 ⑥·⑦)

《시가를 산정할 수 있는 경우》
1. 현금: 시가기준일(위 종료일 및 설정일)의 종료시각 현재 잔액
2. 「자본시장과 금융투자업에 관한 법률」에 따른 증권시장 또는 이와 유사한 해외 증권시장에 상장된 주식과 그 주식을 기초로 발행한 예탁증서: 시가기준일의 최종 가격(시가기준일이 거래일이 아닌 경우에는 그 직전 거래일의 최종 가격)
3. 「자본시장과 금융투자업에 관한 법률」에 따른 증권시장 또는 이와 유사한 해외 증권시장에 상장된 채권: 시가기준일의 최종 가격(시가기준일이 거래일이 아닌 경우에는 그 직전 거래일의 최종 가격)
4. 「자본시장과 금융투자업에 관한 법률」에 따른 집합투자증권 및 이와 유사한 해외집합투자증권: 시가기준일의 기준가격(시가기준일의 기준가격이 없는 경우에는 시가기준일의 환매가격 또는 그 전의 가장 가까운 날의 기준가격)
5. 「보험업법」에 따른 보험상품 및 이와 유사한 해외보험상품: 시가기준일의 종료시각 현재의 납입금액
6. 「가상자산 이용자 보호 등에 관한 법률」 제2조 제1호의 가상자산 및 이와 유사한 자산: 시가기준일의 최종 가격(그 직전 거래일의 최종 가격으로 하되, 해당 가상자산의 매매 또는 교환을 할 수 있는 시장이 운영되지 않아 시가기준일의 최종 가격을 확인할 수 없는 경우에는 해당 가상자산이 거래되는 국내외 시장의 시가기준일의 최종 가격 중에서 위탁자가 선택한 하나의 가격)
7. 1호부터 6호까지에서 규정한 해외신탁재산 외의 해외신탁재산: 불특정 다수인 사이에 자유롭게 거래가 이루어지는 경우에 통상적으로 성립된다고 인정되는 가액

《시가를 산정하기 어려운 경우》
- 그 해외신탁재산의 취득가액

④ 제출 또는 보완 요구

과세당국은 거주자·내국법인이 해외직접투자명세등·해외부동산등명세·해외신탁명세를 제출하지 아니하거나 거짓된 해외직접투자명세등을 제출한 경우에는 해외직접투자명세등의 제출이나 보완을 요구할 수 있다. 자료제출 또는 보완을 요구받은 자는 요구받은 날부터 60일 이내에 해당 자료를 제출해야 한다.(국조법 §58 ⑤·⑥)

(2) 자료제출 의무 불이행 시 취득자금 출처에 대한 소명

과세당국은 거주자·내국법인이 소명 요구일 전 10년 이내에 해외직접투자를 받은 외국법인의 주식을 취득하거나 해외부동산등을 취득하거나 해외신탁을 설정한 경우로서 다음 어느 하나에 해당하는 경우에는 그 거주자 또는 내국법인에 아래 구분에 따른 취득자금출처 소명대상금액(외국환거래법 제18조에 따라 신고한 금액은 제외)의 출처에 관하여 소명을 요구할 수 있다.(국조법 §59 ①)

1. 해외직접투자를 한 거주자 · 내국법인이 해외직접투자를 받은 법인의 발행주식 총수의 10% 이상을 직접 또는 간접으로 소유한 경우로서 제출기한까지 해외직접투자명세서를 제출하지 아니하거나 거짓된 자료를 제출한 경우: 해외직접투자를 받은 외국법인 주식의 취득에 든 금액
2. 제출기한까지 해외부동산등 취득 · 투자운용 · 처분 명세 및 과세기간 또는 사업연도 종료일 현재 보유현황을 제출하지 아니하거나 거짓된 자료를 제출한 경우: 해외부동산등의 취득에 든 금액
3. 제출기한까지 해외신탁명세를 제출하지 아니하거나 거짓된 자료를 제출한 경우: 해외신탁재산의 취득에 든 금액

소명을 요구받은 내국법인은 통지를 받은 날부터 90일 이내의 소명기간에 '취득자금 소명대상금액의 출처확인서'(국조칙 §56 별지 52호)를 과세당국에 제출해야 한다. 이 경우 소명을 요구받은 내국법인이 소명을 요구받은 금액의 80% 이상에 대하여 출처를 소명한 경우에는 소명을 요구받은 전액에 대하여 소명한 것으로 본다.(국조법 §59 ②, 국조령 §99 ①)

소명기간에도 불구하고 내국법인이 자료의 수집 · 작성에 상당한 기간이 걸리는 등 부득이한 사유로 소명기간의 연장을 신청하는 경우에는 납세지 관할세무서장은 60일의 범위에서 한 차례만 연장할 수 있다.(국조법 §59 ③) 부득이한 사유는 해외현지법인 등의 자료제출 의무불이행 등에 대한 과태료 면제사유와 같다.(국조령 §99 ②)

(3) 해외현지법인 등의 자료제출의무불이행에 대한 제재

① 해외직접투자명세 등 제출의무불이행 과태료

해외직접투자명세 등의 자료제출 의무가 있는 거주자 · 내국법인(외국법인 발행주식총수의 10% 이상을 직간접으로 소유한 경우만 해당)은 제출기한까지 명세등을 제출하지 아니하거나 거짓된 명세등을 제출하는 경우 또는 자료제출 또는 보완을 요구받은 기한까지 해당 자료를 제출하지 아니하거나 거짓된 자료를 제출하는 경우 그 거주자 · 내국법인에는 5천만원 이하의 과태료를 부과한다. 다만, 기한 내에 자료제출이 불가능하다고 인정되는 다음과 같은 부득이한 사유가 있는 경우에는 그러하지 아니하다.(국조법 §91 ① 국조령 §148 ②)

1. 화재 · 재난 및 도난 등의 사유로 자료제출이 불가능한 경우
2. 사업이 중대한 위기에 처하여 자료제출이 매우 곤란한 경우
3. 관련 장부 · 서류가 권한 있는 기관에 압수되거나 영치된 경우
4. 자료의 수집 · 작성에 상당한 기간이 소요되어 기한 내에 자료를 제출할 수 없는 경우
5. 그 밖에 기한 내에 자료를 제출할 수 없다고 인정하는 경우

② 해외부동산등명세 제출의무 불이행 과태료

해외부동산등명세를 제출할 의무가 있는 거주자·내국법인이 제출기한까지 해외부동산등의 투자명세 등을 제출하지 아니하거나 거짓된 해외부동산등명세를 제출하는 경우 또는 자료제출 또는 보완을 요구받은 제출기한까지 해당 자료를 제출하지 아니하거나 거짓된 자료를 제출하는 경우에는 그 거주자·내국법인에게 해외부동산등의 취득가액, 처분가액 및 투자운용소득의 10%(1억원 한도) 이하의 과태료를 부과한다. 다만, 기한 내에 자료제출이 불가능하다고 인정되는 위 ①의 부득이한 사유가 있는 경우에는 과태료를 부과하지 않는다.(국조법 §91 ②) 해외부동산등의 취득가액, 처분가액 및 투자운용소득이란 다음을 말한다.(국조령 §148 ③)

1. 취득가액: 취득가액에서 해당 해외부동산등의 취득과 관련해 외국환거래법 제18조에 따라 신고한 금액을 뺀 가액
2. 처분가액: 양도가액에서 해당 해외부동산등의 처분과 관련해 외국환거래법 제20조에 따라 보고한 금액을 뺀 가액
3. 투자운용소득: 해외부동산등의 투자운용과 관련되어 신고한 총수입금액 또는 익금

③ 취득자금출처에 대한 소명의무 불이행 과태료

거주자·내국법인이 취득자금출처 소명대상금액의 출처에 대하여 소명하지 아니하거나 거짓으로 소명한 경우에는 소명하지 아니하거나 거짓으로 소명한 금액의 20%에 상당하는 과태료를 부과한다. 다만, 부득이한 사유(천재지변, 재난 및 도난 등 불가항력적 사유로 증명서류 등이 멸실되어 소명이 불가능한 경우, 해당 해외현지법인, 해외부동산등의 또는 해외신탁재산의 소재 국가의 사정 등으로 소명이 불가능한 경우)가 있는 경우에는 과태료를 부과하지 않는다.(국조법 §91 ③, 국조령 §148 ⑤)

④ 해외부동산 등 명세 제출의무 불이행 과태료

해외신탁명세를 제출할 의무가 있는 위탁자가 다음 어느 하나에 해당하는 경우 그 위탁자에게는 해외신탁재산 가액의 10% 이하의 과태료(1억원 한도)를 부과한다. 다만, 위 ①의 부득이한 사유가 있는 경우에는 과태료를 부과하지 아니한다.(국조법 §91 ④, 국조령 §148 ⑥)

1. 제출기한까지 해외신탁명세를 제출하지 아니하거나 거짓된 해외신탁명세를 제출하는 경우
2. 자료 제출 또는 보완을 요구받고 제출기한까지 해당 자료를 제출하지 아니하거나 거짓된 자료를 제출하는 경우

⑤ 과태료의 부과기준

해외현지법인명세서 등을 제출하지 않거나 거짓으로 제출한 경우에는 건별 1천만원(거주자 5백만원)의 과태료를 부과하며, 해외부동산등의 투자명세 등을 제출하지 않거나 거짓으로 제출하는 경우에는 해외부동산등의 취득가액, 처분가액 및 투자운용소득의 10%(1억원 한도)를 과태료로 부과한다.(국조령 §148 ① 별표)

관할세무서장은 위반 정도, 위반 횟수, 위반행위의 동기 및 그 결과 등을 고려하여 과태료 금액의 50%의 범위에서 그 금액을 줄이거나 늘릴 수 있다. 다만, 늘려 부과하는 경우에는 법에 따른 과태료의 상한을 넘을 수 없다.(국조령 §104 ⑦) 과태료 부과절차는 질서위반행위규제법에 따른다.(부과 기준 및 절차는 해외금융계좌신고에서 설명)

4.2 해외관계회사 관련 세무문제

(1) 일반적인 국제조세문제

해외관계회사가 국내본점 등과 거래를 하는 경우 소득구분 및 원천징수(2편), 국내사업장(4편), 해외자회사(3편), 외국납부세액공제(3편), 이전가격(5편), 부가가치세(1편) 등 아래와 같은 국제조세와 관련한 전반적인 문제가 발생한다.

1. 해외관계회사 차입금이자를 국내 모법인의 비용으로 계상
2. 해외관계회사에게 수출채권을 양도하는 방법으로 자금대여
3. 해외관계회사에 대한 매출채권을 지연 회수
4. 해외관계회사에 대한 외상매입금 과다계상
5. 수출선수금 명목의 채권을 국내로 반입
6. 해외주재원의 파견명목으로 주주 등 친인척 해외체류
7. 해외 출자지분 양도 및 청산시 수익금액을 과소계상
8. 해외 광고비의 과다지급
9. 해외지사 등 폐쇄시 보유자산 매각대금 과소계상

1 중국세법에 따라 원천징수된 영업세를 환급받는 경우(서면2팀 - 2243, 2004.11.4.)

내국법인이 중국에 소재하는 자회사로부터 사용료소득 수취시 중국세법에 따라 소득세 및 영업세가 원천징수된 경우 소득세는 외국법인세액에 해당하나, 영업세는 외국법인세액에 해당하지 아니하며 해당 법인의 각 사업연도 소득금액 계산시 이를 손금에 산입함. 또한, 원천징수된 영업세가 환급되는 경우 동 영업세는 환급이 확정되는 사업연도에 익금에 산입하고, 영업세 환급으로 인하여 추가납부하는 중국 소득세는 같은 사업연도에 외국납부세액공제 대상이다.

2 투과기업(conduit company)를 통한 자금대여(국심 2000서750, 2001.3.14.)

쟁점금액은 청구법인이 호주법인 SHH에 자본금으로 출자하였고 SHH가 호주법인 LRD에 대여하였으며 청구법인과 LRD는 특수관계가 아니라고 청구법인은 주장하나, 청구법인이 당초 숙박시설 건립목적으로 SHH에 송금한 쟁점금액을 SHH는 당초 사업계획대로 토지구입이나 호텔건축자금 등으로 사용하지 아니하였고 전액 LRD에 대부하였으며, LRD는 쟁점금액을 차입금으로 계상하였다. 또한, 1997.6.30. 작성된 LRD의 Trial Balance상의 총액이 4,081,093.91호주달러로 LRD가 사업활동에 필요한 자금의 대부분을 SHH에서 차입(87.5%)한 사실이 확인되는 점으로 보아 국조법상 청구법인과 LRD는 특수관계인에 해당한다. 따라서 SHH는 사업실적이 없고 청구법인이 송금한 자금을 숙박업을 위한 투자자금으로 사용하지 아니하고 곧바로 LRD에 자금을 대여하였으므로 SHH는 위장회사로 판단되어, 청구법인과 국외특수관계인으로 호주에서 골프장건설 등을 추진하고 있는 LRD에 청구법인이 무상으로 쟁점금액을 대부한 것으로 본 것은 정당하고 그 자금의 성격은 투자가 아닌 대여금이므로 그 거래가격이 정상가격에 미달하여 정상가격을 기준(청구법인이 1996.12.31. 청구 외 호주법인 CA와 체결한 금전의 대차계약서상의 이자율을 적용함)으로 산출한 이전가격조정금액 365,412,933원과 외화환산이익 917,550,000원을 익금산입하여 과세한 당초 처분은 달리 잘못이 없다고 판단된다.

(2) 해외관계회사에 대한 보증 및 보증채무 대위변제

① 보증용역

해외관계회사에 대한 보증은 용역에 해당하며, 보증수수료를 외국환은행을 통해 외화로 받으면 부가가치세 영세율대상이다.(재부가-279, 2010.4.23.) 보증을 하는 경우 정상대가를 수취해야 한다.

② 보증채무 대위변제

내국법인이 보증채무를 대위변제하는 금액에 포함된 이자는 손금산입하는 이자비용에 해당하지 않으며 국내원천 이자소득으로 보지 않는다.(재국조-223, 2011.5.20.)

내국법인이 보증채무를 대위변제하는 경우, 구상채권에 대하여 대위변제일부터 구상채권 소멸일까지 정상이자상당액을 익금산입하며 익금산입액 중 해외자회사로부터 반환되지 않는 금액은 해외자회사에 대한 출자의 증가로 유보처분한다.(법규국조 2012-141, 2012.5.8.) 이 경우, 구상채권을 바로 출자의 증가로 유보처분할 수 있다.

국세청 해석에 따르면, 대위변제금액이 업무와 관련이 없으면 출자금의 처분손실을 손금산입할 수 없고, 업무관련성이 인정되면 출자지분을 양도하거나 해외자회사가 청산되는 때에 출자의 증가로 유보처분한 금액을 △유보처분한다.(서이-805, 2007.5.1.) 업무 관련성 여부는 경제적 합리성을 따져서 판단한다. 그러나 내국법인이 수취하는 보증수수료는 미래에 보증채무를 대위변제할 경우 부담할 위험에 대한 대가라는 점을 고려할 때, 보증수수료를 익금산입한 상황에서 그 보증수수료와 관련된 법적의무로 발생하는 대위변제금액을 업무와 관련이 없다는 이유로 손금으로 인정할 수 없다는 논리는 설득력이 없다. 대위변제금액을 손금불산입하는 경우, 그동안 익금산입한 보증수수료를 익금불산입해야 한다.

| 해외관계회사 지급보증 및 대위변제 세무처리 |

회계 처리	세무 처리
1. 지급보증하는 경우	
현금(미수금) / 보증수수료	(정상 보증수수료에 미달하는 경우) • 보증수수료 익금산입 유보
2. 해외관계회사 청산개시의 경우	
우발손실비용 / 우발손실충당금	• 우발손실충당금 손금불산입 유보
3. 보증채무 대위변제의 경우	
우발손실충당금 / 현금	• 우발손실충당금 손금산입 △유보 • 구상채권 익금산입 유보 (미수금계상 보증수수료 + 우발손실충당금 손금산입액) • 가지급금 인정이자 익금산입 유보 • 가지급금관련 지급이자 손금불산입 기타사외유출 (업무무관이 아닌 경우 지급이자 조정 없음.)
4. 구상채권을 회수한 경우	
현금 / 구상채권 회수이익	• 구상채권 손금산입 △유보 • 가지급금 인정이자 손금산입 △유보
5. 구상채권을 회수하지 않고 해외관계회사를 청산한 경우	
출자지분처분손실 / 출자지분 (또는) 현금 / 출자지분 처분이익	• 보증수수료 손금산입 △유보(미수금 계상의 경우) • 구상채권 손금산입 △유보 • 가지급금 인정이자 손금산입 △유보 (업무무관으로 보는 경우 위 세무조정 부인하여 처분) • 보증수수료 손금산입액 부인 기타사외유출 • 구상채권 손금산입액 부인 기타사외유출 • 가지급금 인정이자 손금산입액 부인 기타사외유출

③ 해외관계회사 청산 전에 증자하여 보증채무를 대위변제하는 경우

내국법인이 100% 출자한 해외관계회사에 대한 보증채무를 대위변제하기 위해 추가 출자한 후 해외관계회사를 청산하는 경우, 경제적 합리성이 없다면 주식처분손실에 대하여 부당행위계산부인규정을 적용한다.(법인-21, 2011.1.6.) 경제적 합리성이 있는 경우 부당행위계산부인규정을 적용하지 않으며, 위 ①의 보증채무 대위변제의 세무처리방법에 따라 처리한다. 경제적 합리성은 업무관련성을 따져서 판단하는데, 예를 들면 내국법인이 최소자본으로 해외자회사를 설립한 후 지급보증으로 추가자금을 확보하여 사업을 진행하였으나 사업부진으로 손실이 누적되자 이를 해소하기 위해 유상증자를 통해 사업자금을 제공한 경우, 해외자회사는 내국법인이 제조한 제품의 미국시장진출창구로 내국법인과 사업관련성이 있으며 해외자회사는 수익성확보 및 적자감축을 위해 노력하였고 유상증자로 조달된 자금을 대부분 은행차입금(재고자산구매 및 운전자금에 사용)을 상환하는데 사용하여 해외자회사에 대한 내국법인의 투자는 영업의 연장선에서 이루어진 것으로, 해외자회사가 파산하면 내국법인의 대위변제가 불가피할 뿐 아니라 내국법인의 신용도 하락까지 우려되었다는 사실이 인정되므로 경제적 합리성이 있다고 볼 수 있다. 또한, 해외자회사의 지분을 100% 소유하던 내국법인이 참여한 유상증자의 경우, 내국법인 이외의 다른 주주에게 이익을 분여할 수 없고, 유상증자가 오로지 보증채무 대위변제를 위한 것이라 하더라도 그 이익은 궁극적으로 내국법인에게 다시 귀속되므로 해외자회사에게 이익을 분여하였다고 보기 어려워 부당행위계산의 부인대상으로 볼 수 없다.(조심 2011서2344, 2011.11.18.)

또한, 내국법인이 해외관계회사의 차입금에 대하여 해외관계회사를 대신하여 외국금융회사에 보증료를 지급하는 경우, 해외관계회사를 위해 외자를 유치할 수밖에 없고 그것이 궁극적으로 내국법인의 이익이 된다면 업무무관 가지급금으로 보지 않는다.(국심 2007서3619, 2008.9.22.)

(3) 해외관계회사 외상매출채권

① 지연회수하는 매출채권에 대한 인정이자 계산과 지급이자 부인

내국법인이 해외관계회사와의 거래에 따라 지급받기로 한 금액을 독립거래의 상관행상 통용될 수 있는 특별한 이유 없이 장기간 지급받지 아니하고 미수금으로 처리했을 때 그 거래는 조세를 부당하게 감소시킨 경우에 해당하여 그 미수금은 해외관계회사에 대한 가지급금으로 본다.(서이-1565, 2005.9.28.) 이 경우, 원칙적으로 이전가격방법으로 인정이자를 계산하고 '업무무관 가지급금' 관련 지급이자를 손금불산입(법법 §28 ① 4호)하지만, 무조건 하는 것은 아니며 다음 사항을 고려해야 한다.

㉮ 인정이자의 계산

제삼자거래와 비교할 때 특수관계거래 매출채권을 지연회수한 것에 대해 합리적인 이유가 없으면 인정이자를 계산할 수 있으며(조심 2014전2757, 2015.2.23.), 내국법인이 해외자회사에 대한 매출대금의 회수기간을 해외자회사와 동일지역에 있는 제삼자에 대한 매출채권 회수기간보다 장기로 하면 이전가격조정을 할 수 있다.(조심 2013서4447, 2013.12.30.) 이 경우 안전항이자율이 아닌 정상이자율에 따라 인정이자를 계산해야 한다.(조심 2021중6901, 2022.10.12)

그러나, 모든 매출채권에 일률적인 회수기간(무이자신용기간 60일, 90일 등)을 적용하는 것은 적절하지 않다. 제품유형(자본재, 소비재 등)에 따라 판매대금 회수기간이 다르고, 거래지역(아시아, 미국 등)에 따라 운송・통관기간에 차이가 있으므로 이러한 차이를 고려하여 각 거래처별로 회수기간을 정해야 한다. 예를 들면, 대만법인에 대해 대만 관련 업계의 관행상 매출채권 회수기간인 120일에 가공, 재고 및 운송기간 등을 추가하여 150일의 신용기간을 제공하였고, 미국법인에 대해 일반적인 매출채권 회수기간 70일에 현지회수기간, 운송기간 및 재고보유기간 등을 고려하여 120일의 신용기간을 제공하는 등 쟁점거래에 대해 적용한 매출채권 회수기간이 현지의 업계관행, 해당 법인의 채권회수기간 및 운송가공기간 등을 고려한 최소한의 회수기간이라는 청구주장은 타당하다.(조심 2011서0356, 2014.1.10.)

또한, 해외관계회사가 과소자본상태에서 내국법인이 주주로서 매출채권의 지연회수를 통해 자금을 지원하는 경우 이는 자본성격이므로 이자를 받아야 할 상황이 아니다. 이 경우 해외관계회사가 과소자본상태인지 여부는 동종 업종의 평균 자본・부채비율을 기준으로 판단할 수 있다.

㉯ 업무무관 가지급금 관련 지급이자 손금불산입

해외관계회사에 대한 매출채권의 회수가 지연되는데 정당한 사유가 있는 경우 업무무관 가지급금으로 보지 않는다. 정당한 사유란 (1) 내국법인의 영업활동과 관련하여 매출채권이 발생된 경우, (2) 해외현지법인의 영업활동이 실질적으로 내국법인의 경영의 일부로 이루어지거나 가치사슬로 엮여 있는 경우, (3) 해외현지법인의 자금사정으로 회수가 불가능하고 강제회수의 경우 더 큰 손실이 예상되는 경우이다. 다음과 같은 경우에는 업무무관 가지급금으로 보지 않는다.

1. 법인이 특수관계거래에서 거래상대방의 자금사정 등으로 불가피하게 그 회수가 지연되는 등 매출채권의 회수가 지연되는데 정당한 사유가 있다고 인정되는 경우에는 매출채권의 지연에 따른 연체료를 받기로 한 경우에도 그 매출채권이 업무무관 가지급금으로 전환된 것으로 보지 않는다.(서면2팀 - 1795, 2005.11.8.)

2. 해외관계회사의 시설운영자금으로 사용하기 위해 외상매출채권을 지연회수하는 것이 내국법인의 영업활동과 관련된 경우.(법인 46012-1282, 2000.5.31.)
3. 외국인의 부동산 취득이 금지된 국가의 건설 및 부동산 개발시장에 해외현지법인을 설립하여 진출한 내국법인이 해당 현지법인의 영업부진에 의한 자금사정으로 장기간 회수하지 못한 공사미수금이 발생하였으나 해외현지법인의 영업활동이 실질적으로 내국법인의 경영의 일부로 이루어진 경우.(국심 2005서1707, 2006.2.7.)
4. 내국법인이 해외현지법인의 시설 및 운영자금을 대여한 경우 그 자금의 대여가 사실상 해당 내국법인의 영업활동과 관련된 경우.(법인세과-599, 2009. 5. 21.)
5. 해외현지법인에 대한 외상매출금을 장기간 회수하지 아니한 것이 경기악화로 인한 해외현지법인의 무자력으로 사실상 회수불능에 기인한 것이고, 강제회수에 따른 더 큰 손실을 피하기 위한 결정에 따른 경우.(국심 92부3693, 1993.1.30.)

② 해외관계회사와의 DA거래

해외관계회사가 D/A 기간 이내에 대금을 결제하지 못함에 따라 내국법인이 부담한 D/A 연장기간에 대한 지연이자는 해외관계회사가 부담해야 할 비용을 대신 부담한 것이므로 내국법인의 손금에 해당하지 않는다.(국심 2003서3061, 2004.10.19.)

또한, 내국법인이 해외관계회사로부터 변제받은 지연이자에 상당하는 금액은 내국법인의 국외원천소득에 포함되지 아니하므로 외국납부세액공제를 적용받을 수 없다.(국제조세제도과-67, 2011.2.25.)

③ 해외관계회사 매출채권의 대손처리

상법에 따라 소멸시효가 완성되거나 부도발생일로부터 6월 이상 경과한 수표 등 대손요건을 충족하는 해외매출채권은 대손금으로 인정된다.(국심 2004서1754, 2005.7.18.) 내국법인이 보유하는 미국현지법인에 대한 매출채권의 금액을 적절하게 대손처리하여 손금산입하는 경우 기타소득으로 처분하지 아니하나, 임의로 매출채권을 포기한 경우에는 부당행위계산부인규정에 따라 기타소득으로 처분한다.(법령해석-0066, 2015.7.22.)

(4) 업무수행상 필요한 해외여행의 판정

사업자 또는 근로자의 해외여행이 사업상 필요한 것인가는 그 여행의 목적・여행지・여행경로・여행기간 등을 참작하여 판정한다. 다만, 다음에 해당하는 여행은 원칙적으로 해당 사업의 업무 수행상 필요한 해외여행으로 보지 않는다. 다만, 아래에 해당하는 경우에도 그 해외여행 기간 중에 있어서의 여행지, 수행한 업무의 내용 등으로 보아 사업과 직접 관련이 있는 것이 있다고 인정되는 때에는 그 여비 가운데 해당 사업에 직접 관련 있는 부분에 직접 소요된 비용(왕복 교통비는 제외)은 여비로서 필요경비에 산입한다.(소

통 27-55…24)

1. 관광여행의 허가를 얻어 행하는 여행 2. 여행알선업자 등이 행하는 단체여행에 응모하여 행하는 여행 3. 동업자단체·기타 이에 준하는 단체가 주최하여 행하는 단체여행으로서 주로 관광목적이라고 인정되는 것

사업자 또는 근로자의 업무 수행상 필요하다고 인정되는 해외여행에 그 친족 또는 그 업무에 상시 종사하고 있지 않는 자를 동반한 경우에는 필요경비로 인정하지 않는다. 다만, 그 동반이 다음에 해당되는 경우와 같이 해외여행의 목적을 달성하기 위해 필요한 동반이라고 인정되는 때에는 그러하지 않는다.(소통 27-55…25)

1. 사업자 또는 근로자가 상시 보좌를 필요로 하는 신체장애인인 경우 2. 국제회의의 참석 등에 배우자를 필수적으로 동반하도록 하는 경우 3. 그 여행의 목적을 수행하기 위해 외국어에 능숙한 자 또는 고도의 전문적 지식을 갖춘 자를 필요로 하는 경우에 그러한 적임자가 근로자 가운데 없기 때문에 임시로 위촉한 자를 동반하는 경우

5. 거주자·내국법인의 해외금융계좌 신고

(1) 계좌신고의무자의 신고

① 계좌신고의무자

㉮ 계좌명의자, 실질적 소유자 및 공동명의자

해외금융계좌를 보유한 거주자·내국법인(실질적 소유자 포함) 중에서 해당 연도의 매월 말일 중 어느 하루의 보유계좌잔액(해외금융계좌가 여러 개인 경우에는 각 해외금융계좌 잔액을 합산한 금액)이 5억원을 초과하는 계좌신고의무자는 해외금융계좌정보를 다음 연도 6월 1일부터 30일까지 납세지 관할세무서장에게 '해외금융계좌 신고서'(국조칙 §53 별지 45호)에 의해 신고해야 한다.(국조법 §53 ①, 국조령 §92 ③·④) 계좌신고의무자는 신고대상 연도 종료일을 기준으로 판정한다.(국조령 §92 ②) 계좌신고의무자는 해외금융계좌 신고서에서 정하는 바에 따라 본인 외의 해외금융계좌 관련자 정보를 함께 제출해야 한다.(국조령 §92 ⑤)

아래와 같은 '해외금융계좌 관련자'는 해당 해외금융계좌의 잔액 전부를 각각 보유한 것으로 보아 신고의무가 있다.(국조법 §53 ②, 국조령 §92 ⑥)

1. 해외금융계좌 중 실지명의에 의하지 아니한 계좌 등 그 계좌의 명의자와 실질적 소유자가 다른 경우: 그 명의자와 실질적 소유자
2. 해외금융계좌가 공동명의계좌인 경우: 각 공동명의자. 이 경우, 공동명의계좌인지 여부와 해당 해외금융계좌의 공동명의자를 판단할 때에는 해당 해외금융계좌가 개설된 해외금융회사등이 소재하는 국가의 법령에 따른다.(국조령 §92 ⑦)

'실질적 소유자'란 해당 계좌의 명의와는 관계없이 해당 해외금융계좌와 관련한 거래에서 경제적 위험을 부담하거나 이자·배당 등의 수익을 획득하거나 해당 계좌를 처분할 권한을 가지는 등 해당 계좌를 사실상 관리하는 자를 말한다.(국조령 §94 ①) 이는 타인 명의로 금융계좌를 개설한 '본인'을 의미하며, 이에 더하여 내국인이 지배하는 명목외국법인이 보유하는 해외금융계좌의 '실질적 소유자'를 내국인으로 볼 수 있다. 예를 들면, 외국법인이 보유한 해외금융계좌가 실지명의에 의하지 아니한 계좌에 해당하고 당해 계좌의 실제 소유자가 내국법인인 경우 지분율 및 조세조약 체결 여부 등과 무관하게 실제 소유자인 내국법인에게 해외금융계좌 신고의무가 있다.(국제조세제도과-276, 2016.6.27.) 선박투자회사법에 따라 설립된 선박투자회사는 해외자회사(SPC) 명의 해외금융계좌의 실질적 소유자에 해당되며 해외자회사는 집합투자기구 등에 해당하지 않는다.(국제세원관리담당관실-472, 2011.10.7.) 내국법인과 거주자가 지분을 나누어 보유하고 있는 외국법인 명의 해외금융계좌를 공동으로 관리하는 경우에는 내국법인과 거주자가 신고의무가 있다.(법령해석국조-253, 2016.6.24.) 내국법인이 공동수주한 공사수행을 위하여 국외에서 법인격을 가지지 아니하는 조인트벤처를 구성하고 조인트벤처의 해외금융계좌를 개설한 경우, 그 해외금융계좌가 내국법인을 포함한 당사자들의 공동명의계좌이거나 내국법인이 계좌의 실질적 소유자인 경우에는 내국법인에게 해외금융계좌의 신고의무가 있다. 다만, 공동명의계좌는 2명 이상의 명의인 간에 공동명의계좌 개설이라는 의사의 합치 하에 개설국 금융기관의 공동명의계좌 개설 절차를 거쳐 2명 이상의 명의인이 예금주로 되어 있는 계좌를 말하므로 이 건은 공동명의계좌에 해당되지 않는다. 또한, 내국법인에게 해외금융계좌와 관련한 거래에서 경제적 위험을 부담하고, 이자·배당 등의 수익을 받거나 해당 계좌를 처분할 권한이 없으므로 실질적 소유자에 해당되지 않는다.(재국조-282, 2023.6.2.)

㉯ 미체약국 외국법인을 100% 보유하는 경우

내국인이 외국법인의 의결권 있는 주식의 100%를 직접 또는 간접으로 소유(내국인과 국세기본법 제2조 제20호 가목 또는 나목의 친족관계나 경제적 연관관계에 있는 자가 직접 또는 간접으로 소유한 주식 포함)한 경우에는 그 내국인을 실질적 소유자로 간주한다. 다만, 해당 외국법인이 한국과 조세조약을 체결하고 시행하는 국가에 소재하는 경우에는 제외한다.(국조령 §94 ②) 한편, 해외금융계좌의 명의자가 금융위에 등록된 집합투자기구 또는

이와 비슷한 외국에서 설립된 집합투자기구, 투자중개업자 또는 한국예탁결제원, 금전신탁계약의 신탁업자, 중소기업창업투자조합, 한국벤처투자조합인 경우 그 해외금융자산에 투자한 자는 실질적 소유자로 보지 않는다.(국조령 §94 ③)

② 수정신고 및 기한후신고

신고기한까지 해외금융계좌정보를 신고한 자로서 과소 신고한 자는 과세당국이 과태료를 부과하기 전까지 해외금융계좌정보를 수정신고할 수 있다. 또한, 신고기한 내에 해외금융계좌정보를 신고하지 아니한 자는 과세당국이 과태료를 부과하기 전까지 해외금융계좌정보를 신고할 수 있다. 이 경우 '해외금융계좌 수정신고서' 또는 '해외금융계좌 기한후신고서'(국조칙 §53 별지 45호)를 납세지 관할세무서장에게 제출해야 한다.(국조법 §55, 국조령 §96)

(2) 신고의무면제

계좌신고의무자가 다음 중 하나에 해당하는 경우 신고의무를 면제한다.(국조법 §54)

1. 개인.(국조령 §95 ①·②·③)
   ㉮ 외국인 비영구거주자(소법 §3 ①)
   ㉯ 재외국민으로서 해당 신고대상 연도 종료일 1년 전부터 국내에 거소를 둔 기간의 합계가 182일 이하인 사람
   ㉰ 국제기관(소법 §12 3호 차목, 아래 2호)에 근무하는 다음 요건을 모두 갖춘 사람
   ⓐ 다음 어느 하나에 해당하는 사람으로서 대한민국 국민이 아닐 것
   - 국제기관에서의 직무수행 대가로 받는 급여에 대하여 소득세법(§12 3호 차목)에 따라 소득세가 과세되지 않는 사람
   - 국제기관에서의 직무수행 대가로 받는 급여에 대하여 우리나라가 다른 국가와 체결한 조약·협약·협정·각서 등 국제법에 따라 소득세가 과세되지 않는 사람
   ⓑ 정기적인 금융정보등의 교환이 이루어지는 국가 외의 국가에 소재하는 해외금융회사등에 해외금융계좌를 보유하고 있지 아니할 것
2. 국가, 지방자치단체 및 「공공기관의 운영에 관한 법률」에 따른 공공기관, 한국이 다른 국가와 체결한 조약·협약·협정·각서 등 국제법에 따라 규율되는 모든 유형의 국제적 합의에 의하여 설립된 기관
3. 금융회사 등
4. 해외금융계좌 관련자 중 어느 하나가 본인의 해외금융계좌정보를 함께 제출함에 따라 납세지 관할세무서장이 본인이 보유한 모든 해외금융계좌정보를 확인할 수 있는 자.(국조령 §95 ④)
5. 「자본시장법」에 따른 금융투자업 관계기관·집합투자기구·집합투자기구평가회사·채권평가회사, 「금융지주회사법」에 따른 금융지주회사, 「외국환거래법」에 따른 외국환업무취급기관·외국환중개회사, 「신용정보의 이용 및 보호에 관한 법률」에 따른 신용정보회사 및 채권추

심회사(국조령 §95 ⑤)
6. 해외신탁명세(국조법 §58 ③)를 제출할 때 해외금융계좌정보를 함께 제출한 자
7. 조세조약에 따라 체약상대국의 거주자로 인정된 자

(3) 해외금융회사 및 해외금융계좌

① 해외금융회사 등

'해외금융회사 등'이란 국외에 소재하는 다음에 해당하는 자를 말한다. 이 경우 내국법인의 국외사업장을 포함하고 외국법인의 국내사업장은 제외한다.(국조법 §52 1호, 국조령 §92 ①)

1. 국외에 소재하는 금융업, 보험 및 연금업, 금융 및 보험 관련 서비스업 및 이와 비슷한 업종을 하는 금융회사로서 「금융실명거래 및 비밀보장에 관한 법률」에 따른 금융회사 또는 외국 금융 관련 법령에 따라 설립된 금융회사 중 이와 비슷한 금융회사
2. '가상자산 이용자 보호 등에 관한 법률' 제2조 제2호의 가상자산사업자 및 외국의 가상자산 관련 법령에 따라 설립된 가상자산사업자 중 이와 비슷한 가상자산사업자

외국에 설립된 집합투자기구에 출자한 지분은 해외금융계좌에 해당하지 않는다.(국제조세제도과-40, 2023.1.30.)

② 해외금융계좌

해외금융계좌란 해외금융회사등과 금융거래('금융실명거래 및 비밀보장에 관한 법률' 제2조 제3호의 금융거래 및 이와 비슷한 거래를 포함) 및 가상자산거래(가상자산 이용자 보호 등에 관한 법률 제2조 제1호의 가상자산거래 및 이와 비슷한 거래를 포함)를 위해 해외금융회사 등에 개설한 아래 계좌를 말한다.(국조법 §52 2호)

1. 「은행법」 제27조에 따른 은행업무와 관련하여 개설한 계좌
2. 「자본시장법」 제4조에 따른 증권 및 이와 비슷한 해외증권의 거래를 위해 개설한 계좌
3. 「자본시장법」 제5조에 따른 파생상품 및 이와 비슷한 해외파생상품의 거래를 위해 개설한 계좌
4. 「특정 금융거래정보의 보고 및 이용 등에 관한 법률」 제2조 제3호의 가상자산 및 이와 비슷한 자산의 거래를 위해 국외에 있는 같은 조 제1호 하목의 가상자산사업자 및 이와 비슷한 사업자에 개설한 계좌 (2021.10.1. 시행)
5. 위 1부터 4까지에서 규정한 계좌 외의 계좌로서 그밖에 금융거래 또는 가상자산거래를 위해 해외금융회사등에 개설한 계좌 (2021.10.1. 시행)

해외금융계좌는 거래실적 등이 없는 계좌, 연도 중에 해지된 계좌 등 해당 연도 전체 기간 중에 보유한 모든 계좌를 포함한다. 다만, 다음 계좌는 제외한다.(국조령 §93 ②)

1. '보험업법'에 따른 보험상품 및 이와 비슷한 해외보험상품으로서 순보험료가 위험보험료만으로 구성되는 보험계약에 해당하는 금융계좌
2. '근로자퇴직급여 보장법'에 따른 퇴직연금제도 및 이와 비슷한 해외퇴직연금제도에 따라 설정하는 퇴직연금계좌로서 다음의 요건을 모두 갖춘 계좌
   ㉮ 계좌가 해당 국가에서 다음의 어느 하나에 해당하는 세제혜택 대상일 것
      1) 계좌에 대한 납입금이 계좌보유자의 총소득에서 공제 또는 제외되는 경우
      2) 계좌에 대한 납입금이 감면된 세율로 과세되는 경우(계좌에 대한 납입금의 전부 또는 일부가 종합소득산출세액에서 공제되는 경우를 포함)
      3) 계좌로부터 발생하는 투자소득에 대한 과세가 이연되거나 감면된 세율로 과세되는 경우
   ㉯ 계좌와 관련하여 해당 외국 과세당국에 매년 정보 보고가 이루어질 것
   ㉰ 특정 퇴직연령 도달, 장애 또는 사망과 같은 특정 사건이 발생하는 경우에만 인출이 허용되거나 특정 사건이 발생하기 전에 인출을 할 경우 불이익이 있을 것
   ㉱ 계좌에 대한 연간 납입금이 5천만 원 이내로 제한되거나 전체 납입금이 10억원 이내로 제한될 것. 이 경우 해외퇴직연금제도에 따른 퇴직연금계좌가 복수인 경우에는 합계액을 기준으로 판단한다.

③ **해외금융계좌 정보**(국조법 §52 3호)

1. 보유자의 성명·주소 등 신원에 관한 정보
2. 계좌번호, 금융회사의 이름, 매월 말일의 보유계좌잔액의 최고금액 등 보유계좌에 관한 정보
3. 아래 해외금융계좌 관련자에 관한 정보
   ㉮ 해당 계좌의 명의자와 실질적 소유자가 다른 경우에는 명의자 및 실질적 소유자
   ㉯ 공동명의 계좌인 경우에는 각 공동명의자

(4) 보유계좌잔액의 계산

계좌신고의무자의 매월 말일 보유계좌잔액은 계좌신고의무자가 보유한 각 해외금융계좌의 자산에 대하여 다음 구분에 따라 산정한 금액을 해당 표시통화의 환율(외국환거래법에 따른 일별 기준환율 또는 재정환율)로 각각 환산한 후 합산하여 산출한다. 이 경우 피상속인 명의의 해외금융계좌를 수인이 공동으로 상속받은 경우에는 계좌잔액 중 공동상속인 각자의 상속분에 해당하는 금액만큼만 환산하여 합산한다.(국조령 §93 ①)

1. 현금: 해당하는 매월 말일의 종료시각 현재의 잔액
2. 「자본시장법」에 따른 증권시장 또는 이와 비슷한 해외 증권시장에 상장된 주식과 그 주식을 기초로 발행한 예탁증서: 해당하는 매월 말일의 종료시각 현재의 수량 × 해당하는 매월 말일의 최종가격(해당하는 매월 말일이 거래일이 아닌 경우에는 그 직전 거래일의 최종가격)
3. 「자본시장법」에 따른 증권시장 또는 이와 비슷한 해외 증권시장에 상장된 채권: 해당하는 매

월 말일의 종료시각 현재의 수량 × 해당하는 매월 말일의 최종가격(해당하는 매월 말일이 거래일이 아닌 경우에는 그 직전 거래일의 최종가격)

4. 「자본시장법」에 따른 집합투자증권 및 이와 비슷한 해외집합투자증권: 해당하는 매월 말일의 종료시각 현재의 수량 × 해당하는 매월 말일의 기준가격(해당하는 매월 말일의 기준가격이 없는 경우에는 해당하는 매월 말일 현재의 환매가격 또는 해당하는 매월 말일 전 가장 가까운 날의 기준가격)
5. 「보험업법」에 따른 보험상품 및 이와 비슷한 해외보험상품: 해당하는 매월 말일의 종료시각 현재의 납입금액
6. 가상자산사업자 등으로서 본점 또는 주사무소가 외국에 있는 국외 가상자산사업자등(사업의 실질적 관리장소가 국내에 있지 않는 경우만 해당)이 보관·관리하는 「가상자산 이용자 보호 등에 관한 법률」 제2조 제1호의 가상자산 및 이와 비슷한 가상자산: 해당하는 매월 말일의 종료시각 현재의 수량 × 해당하는 매월 말일의 최종 가격(그 직전 거래일의 최종 가격으로 하되, 해당 가상자산의 매매 또는 교환을 할 수 있는 시장이 운영되지 않아 매월 말일의 최종 가격을 확인할 수 없는 경우에는 해당 가상자산이 거래되는 국내외 시장의 매월 말일의 최종 가격 중에서 계좌신고의무자가 선택한 하나의 가격)
7. 위 1호부터 6호까지 규정한 자산 외의 자산: 해당하는 매월 말일의 종료시각 현재의 수량 × 해당하는 매월 말일의 시가(시가산정이 곤란한 경우에는 취득가액)

(5) 해외금융계좌 신고의무 위반금액의 출처에 대한 소명요구

① '해외금융계좌 신고의무 위반금액 출처 확인서'의 제출

계좌신고의무자가 신고기한까지 해외금융계좌정보를 신고하지 아니하거나 과소 신고한 경우에는 해당 과세당국은 그 계좌신고의무자에게 신고기한 내 신고하지 아니하거나 과소 신고한 '신고의무 위반금액'의 출처에 대하여 소명을 요구할 수 있다. 소명을 요구받은 해당 계좌신고의무자는 그 요구를 받은 날부터 90일 이내의 소명기간에 '해외금융계좌 신고의무 위반금액 출처 확인서'(국조칙 §54 별지 46호)를 과세당국에 제출해야 한다. 이 경우, 소명을 요구받은 금액의 80% 이상에 대해 출처를 소명한 해외금융계좌에 대해서는 신고의무 위반으로 소명을 요구받은 전부를 소명한 것으로 본다.(국조법 §56 ①·②, 국조령 §97 ①·②)

② 소명의 면제

계좌신고의무자가 수정신고 및 기한 후 신고를 한 경우(과세당국의 과태료 부과를 미리 알고 신고한 경우는 제외)에는 소명요구를 하지 않는다. 다만, 과세당국이 과태료를 부과할 것을 미리 알고 신고한 경우에는 소명을 요구할 수 있다.(국조법 §56 ③)

③ 소명기한의 연장

계좌신고의무자가 자료의 수집·작성에 상당한 기간이 걸리는 등 아래 부득이한 사유

로 소명기간의 연장을 신청하는 경우에는 납세지 관할세무서장은 60일의 범위 내에서 한 차례만 그 소명기간의 연장을 승인할 수 있다.(국조법 §56 ② 단서, 국조령 §97 ③)

1. 신고의무자가 화재 · 재난 및 도난 등의 사유로 자료를 제출할 수 없는 경우
2. 신고의무자가 사업이 중대한 위기에 처하여 자료를 제출하기 매우 곤란한 경우
3. 관련 장부 · 서류가 권한 있는 기관에 압수되거나 영치(領置)된 경우
4. 자료의 수집 · 작성에 상당한 기간이 걸려 기한까지 자료를 제출할 수 없는 경우
5. 1호부터 4호까지에 준하는 사유가 있어 기한까지 자료를 제출할 수 없다고 판단되는 경우

(6) 과태료

계좌신고의무자가 신고기한 내에 해외금융계좌정보를 신고하지 아니하거나 과소 신고한 경우에는 신고 대상 계좌별로 미신고금액 또는 과소신고금액을 합하여 그 합계액의 20% 이하에 상당하는 과태료를 부과한다. 또한, 계좌신고의무자가 신고의무 위반금액의 출처에 대하여 소명하지 아니하거나 거짓으로 소명한 경우에는 소명하지 아니하거나 거짓으로 소명한 금액의 20% 이하에 해당하는 과태료를 부과한다. 과태료는 세무서장 또는 지방국세청장이 부과 · 징수한다.(국조법 §90 ① · ② · ③)

미신고 또는 과소신고한 계좌가 추가로 확인되는 경우에 추가로 부과하는 과태료는 미신고 또는 과소신고한 전체 금액을 기준으로 부과할 과태료에서 이미 부과한 과태료를 차감한 금액을 부과한다.(국조령 §147 ⑦)

과태료처분은 사전통지, 의견제출, 부과, 이의제기의 순서로 진행된다. 과태료처분에 불복하는 경우 부과통지를 받은 날부터 60일 이내에 과세당국에 이의를 제기할 수 있다. 이의제기가 있는 경우 과세당국은 14일 이내에 관할법원에 그 사실을 통보해야 하며, 관할법원은 과태료의 재판을 해야 한다. 이의제기를 하지 아니하고 과태료를 납부하지 아니한 경우 국세강제징수의 예에 의해 징수한다.(국조규 §116, 질서위반행위규제법 §20~§24)

신고의무자가 신고기한 내에 특정계좌의 해외금융계좌정보를 신고하지 아니하거나 과소신고한 경우에는 신고대상 계좌별로 신고의무 위반금액을 산정한다.(국제조세제도과-188, 2014.5.2.) 해외금융계좌를 신고해야 할 거주자가 해외금융계좌를 확인할 수 있는 증빙을 첨부하여 양도소득세 예정신고서를 제출한 경우, 해외금융계좌 신고서를 제출한 것으로 보지 않으며 과태료를 부과한다.(서면법규-56, 2014.1.21.) 해외금융계좌 실질소유자의 기한후신고를 통해 명의자의 해외금융계좌정보를 확인할 수 있게 된 경우, 실질소유자에게만 과태료를 부과한다.(서면법규-1053, 2014.10.6.)

① **과태료 부과기준** (국조령 §147 ①)

㉮ 계좌신고의무자가 신고기한까지 해외금융계좌정보를 미신고·과소신고한 경우

계좌별 미신고금액 합계	과태료
미신고금액 20억원 이하	미신고한 금액 × 10%
미신고금액 50억원 이하	2억원 + (미신고금액 - 20억원) × 15%
미신고금액 50억원 초과	6억5천만원 + (미신고금액 - 50억원) × 20% (20억원 한도)

㉯ 계좌신고의무자가 신고의무 위반금액의 출처에 대해 소명하지 않거나 거짓으로 소명한 경우: 소명하지 않거나 거짓으로 소명한 금액 × 20%

② **과태료의 면제 및 경감**

천재지변, 화재·재난, 도난 등 불가항력적 사유로 증명서류 등이 없어져 소명이 불가능한 경우, 또는 해외금융계좌 소재 국가의 사정 등으로 신고의무자가 신고의무 위반금액의 출처에 대하여 소명하는 것이 불가능한 경우 등 부득이한 사유가 있는 경우에는 과태료를 부과하지 아니한다.(국조법 §90 ② 단서, 국조령 §147 ⑤)

조세범처벌법 제16조 제1항에 따라 처벌되거나 조세범처벌절차법 제15조 제1항에 따른 통고처분을 받고 그 통고대로 이행한 경우에는 과태료를 부과하지 아니한다.(국조법 §90 ④)

과태료를 부과할 때 해외금융계좌 잔액 합산의 오류 등 단순 착오에 따라 신고하지 않았다고 인정할 만한 사유가 있는 경우에는 과태료를 부과하지 않을 수 있다.(국조령 §147 ⑥)

과태료는 그 위반행위의 정도, 위반 횟수, 위반행위의 동기와 결과 등을 고려하여 그 금액의 50% 범위에서 줄이거나 늘릴 수 있다. 다만, 과태료를 늘리는 경우에는 과태료의 상한(20%)을 넘을 수 없다.(국조령 §147 ②) 과세당국은 과태료 부과 대상자가 외국환거래법 제20조에 따라 해외에서 거래한 예금의 잔액현황보고서를 제출한 경우 과태료의 50% 범위에서 그 금액을 줄여 부과할 수 있다.(국조령 §147 ③) 과태료를 부과할 때 신고하지 않거나 과소 신고한 계좌가 추가로 확인되는 경우 추가로 부과하는 과태료는 신고하지 않거나 과소 신고한 전체 금액을 기준으로 부과할 과태료에서 이미 부과한 과태료를 뺀 금액으로 한다.(국조령 §147 ⑦)

유형	사유	내용	비율
가중	상습적 위반	2차 위반	30%
		3차 이상 위반	50%
	고의적 위반	해외금융계좌를 이용한 불법반출·은닉, 조세탈루	30~50%
감경	단순 미신고	세법에 따른 신고의무 이행 등으로 미신고 해외금융계좌 보유내역이 확인되는 경우	50%
		미신고 해외금융계좌에서 발생된 국외소득라 신고	
		외국환거래법에 따른 외환거래신고, 정상회계처리(법인)	
		외국환거래법에 따라 해외예금 잔액현황보고서 제출	
	계좌정보 일부 확인	공동명의자 등 관련인 신고	
		이전 연도에 기신고된 계좌	

다음 어느 하나에 해당하는 경우 해당 과태료에 다음에서 정하는 감경비율을 추가로 적용해야 한다. 다만, 계좌신고의무자가 과세당국의 과태료 부과를 미리 알고 신고한 경우는 제외한다.(국조령 §147 ④)

> 1. 신고기한이 지난 후 수정신고한 경우 : 신고기한 후 6개월 이내 90%, 6개월 초과 1년 이내 70%, 1년 초과 2년 이내 50%, 2년 초과 4년 이내 30%
> 2. 신고기한이 지난 후 기한 후 신고한 경우 : 신고기한 후 1개월 이내 90%, 1개월 초과 6개월 이내 70%, 6개월 초과 1년 이내 50%, 1년 초과 2년 이내 30%

③ 과태료 부과제척기간

행정청은 질서위반행위가 종료된 날(다수인이 질서위반행위에 가담한 경우에는 최종행위가 종료된 날)부터 5년이 경과한 경우에는 해당 질서위반행위에 대하여 과태료를 부과할 수 없다.(질서위반행위규제법 §19 ①)

(7) 징역·벌금, 미신고자 제보 및 인적사항 공개

① 징역 및 벌금

해외금융계좌정보의 계좌신고의무자로서 신고기한 내에 신고하지 아니한 금액이나 과소 신고한 '신고의무 위반금액'이 50억원을 초과하는 경우에는 2년 이하의 징역 또는 신고의무 위반금액의 20% 이하에 상당하는 벌금에 처한다. 다만, 정당한 사유가 있는 경우에는 그러하지 아니하다. 이 경우 징역형과 벌금형을 병과할 수 있다.(처벌법 §16) 내국법인의 대표자, 내국법인 또는 거주자의 대리인, 사용인, 그 밖의 근로자가 그 내국법인 또는 거주자의 업무에 관하여 범칙행위를 하면 그 행위자를 벌할 뿐만 아니라 그 내국법인 또는 거주자에게도 벌금형을 과(科)한다. 다만, 내국법인 또는 거주자가 그 위반행위를 방지하기 위해 해당 업무에 관하여 상당한 주의와 감독을 게을리하지 아니한 경우에는 그러하지 아니하다.(처벌법 §18)

② 해외금융계좌 미신고자에 대한 제보

국세청장은 해외금융계좌 신고의무 위반행위를 적발하는 데 중요한 자료를 제공한 자(탈세제보에 따라 포상금을 지급받는 자는 제외)에게는 20억원의 범위에서 포상금을 지급할 수 있다. 다만, 해외금융계좌 신고의무 불이행에 따른 과태료금액이 2천만 원 미만인 경우 또는 공무원이 그 직무와 관련하여 자료를 제공하거나 은닉재산을 신고한 경우에는 포상금을 지급하지 않는다. 자료 제공 또는 신고는 성명 및 주소를 분명히 적고 서명 또는 날인한 문서로 해야 한다. 이 경우 객관적으로 확인되는 증거자료 등을 첨부해야 한다. 포상금지급과 관련된 업무를 담당하는 공무원은 신고자 또는 자료 제공자의 신원 등 신고 또는 제보와 관련된 사항을 그 목적 외의 용도로 사용하거나 타인에게 제공 또는 누설해서는 아니 된다.(국기법 §84의2 ①·④·⑤, 국기령 §65의4 ⑤ 2호)

③ 해외금융계좌 신고의무 위반자의 인적사항 공개

국세청장은 해외금융계좌정보의 계좌신고의무자로서 신고기한 내에 신고하지 아니하거나 과소신고한 금액이 50억원을 초과하는 자의 인적사항, 신고의무 위반금액 등을 관보에 게재하거나 국세정보통신망 또는 관할세무서 게시판에 게시하는 방법으로 공개할 수 있다. 국세청장은 국세정보공개심의위원회의 심의를 거친 공개 대상자에게 해외금융계좌 신고의무 위반자 명단공개 대상자임을 통지하여 소명 기회를 주어야 하며, 통지일부터 6개월이 지난 후 위원회로 하여금 해외금융계좌의 신고의무 이행 등을 고려하여 해외금융계좌 신고의무 위반자 명단 공개 여부를 재심의하게 한 후 공개대상자를 선정한다.(국기법 §85의5)

(8) 해외금융계좌정보의 비밀유지

세무공무원은 해외금융계좌정보를 타인에게 제공 또는 누설하거나 목적 외의 용도로 사용해서는 아니 된다. 다만, 과세정보 제공사유(국기법 §81의13 ①)에 해당하는 경우에는 그 사용 목적에 맞는 범위에서 해외금융계좌정보를 제공할 수 있다.(국조법 §57 ①) 또한, 해외금융계좌정보를 알게 된 사람은 이를 타인에게 제공 또는 누설하거나 그 목적 외의 용도로 사용해서는 아니 된다.(국조법 §57 ②)

이를 위반한 사람은 5년 이하의 징역 또는 3천만 원 이하의 벌금에 처한다. 이 경우 정상에 따라 징역형과 벌금형을 병과할 수 있다.(처벌법 §15)

6. 국제거래의 부과제척기간특례, 체납자 출국금지

6.1 국제거래의 부과제척기간 특례

납세자가 국제거래에서 발생한 부정행위로 국세를 포탈하거나 환급 · 공제받은 경우에는 15년간을 국세의 부과제척기간으로 한다. 이 경우 부정행위로 포탈하거나 환급 · 공제받은 국세가 법인세이면 이와 관련하여 법인세법 제67조에 따라 처분된 금액에 대한 소득세 또는 법인세에 대해서도 그 소득세 또는 법인세를 부과할 수 있는 날부터 15년간을 부과제척기간으로 한다.(국기법 §26의2 ① 1호)

6.2 체납자 출국금지

(1) 출국금지 요청

국세청장은 정당한 사유없이 5천만 원 이상의 국세를 체납한 아래 사람에 대하여 법무부장관에게 출국금지를 요청해야 한다. 법무부장관이 출국금지를 한 경우에는 국세청장에게 그 결과를 정보통신망 등을 통해 통보해야 한다.(국징법 §7의4)

| 출국금지요청 대상자(국징령 §10의5 ②) **|**

다음에 해당하는 자로서 관할세무서장이 압류 · 공매 등으로 조세채권을 확보할 수 없고, 강제징수를 회피할 우려가 있다고 인정되는 자를 말한다. 1. 배우자 또는 직계존비속이 국외로 이주(국외에 3년 이상 장기체류 중인 경우를 포함)한 자 2. 출국금지 요청일 현재 최근 2년간 미화 5만 달러 상당액 이상을 국외로 송금한 자 3. 미화 5만 달러 상당액 이상의 국외자산이 발견된 자 4. 「국세기본법」 제85조의5 제1항 제1호에 따라 명단이 공개된 고액 · 상습체납자 5. 출국금지 요청일부터 최근 1년간 체납액이 5천만 원 이상인 상태에서 사업목적, 질병 치료, 직계존비속의 사망 등 정당한 사유 없이 국외 출입 횟수가 3회 이상인 자

(2) 출국금지 해제 요청

① **의무적으로 출국금지 해제를 요청해야 하는 경우**(국징령 §10의6 ①)

1. 체납액을 납부하거나 부과결정 취소 등에 따라 체납액이 5천만 원 미만으로 된 경우 2. 재산 압류, 담보 제공, 보증인의 납세보증서 등으로 조세채권이 확보된 경우 3. 출국금지 요청의 요건이 해소된 경우

② 선택적으로 출국금지해제를 요청할 수 있는 경우

국세청장은 출국금지 중인 자에게 다음 어느 하나에 해당하는 사유가 발생한 경우로서 강제징수를 회피할 목적으로 국외 도피할 우려가 없다고 인정되는 자에 대해서는 법무부장관에게 출국금지의 해제를 요청할 수 있다.(국징령 §10의6 ②)

1. 국외건설계약 체결, 수출신용장 개설, 외국인과의 합작사업 계약 체결 등 구체적인 사업계획을 가지고 출국하려는 경우
2. 국외에 거주하는 직계존비속이 사망하여 출국하려는 경우
3. 본인의 신병치료 등 불가피한 사유로 출국금지를 해제할 필요가 있다고 인정되는 경우

Chapter 02

외국법인 수동소득 익금산입특례

2

내국인이 출자한 외국법인의 수취소득이 주로 수동소득(passive income)인 경우 그 소득을 내국인이 즉시 인식하는데, 조세피난처 소재 외국법인 및 국외투과기업이 그 대상이다. 이는 외국법인으로부터 배당을 이연하여 과세를 회피하는 것을 방지하는 규정이다.

I 특정외국법인 유보소득 배당간주

1. 특정외국법인 유보소득 배당간주 : 조세피난처세제

'특정외국법인 유보소득 배당간주규정'은 '해외자회사규정(Controlled Foreign Company rule)' 또는 조세피난처세제라 하며 기지회사(base companies)의 조세회피를 방지하기 위해 실질과세원칙(substance over form)을 적용하는 한 방법이다.(OE §1-22) 투과기업(conduit company)과 기지회사 모두 조세회피기능을 하지만, 투과기업은 원천징수를 회피하기 위한 경유지로 소득을 통과시키는 역할을 하며 기지회사는 모회사에서 과세를 회피하기 위해 국외소득을 통과시키지 않고 유보하는 기능을 한다.

해외자회사의 실질적 관리장소가 설립지국이 아니라 모회사의 거주지국에 있는 경우 자회사, 특히 조세피난처(tax haven)에 설립되거나 부당한 특혜제도(harmful preferential regimes)의 혜택을 받는 자회사의 조약상 혜택은 부인되고 국내세법 및 조세조약 상 모회사 거주지국의 거주자로 취급된다.(OE §1-10.1) 또한 해외자회사가 모회사 거주지국에서 관리됨으로써 모회사 거주지국에 그 소득의 전부 또는 일부가 귀속되는 국내사업장(실질적 관리장소를 가짐)을 둔 것으로 볼 수 있는 경우가 있다. 조세피난처세제는 이 2가지 경우와 관련된다.(OE §1-10.2)

(1) 특정외국법인 유보소득 배당간주

특정외국법인에 대하여 내국인이 출자한 경우에는 특정외국법인의 각 사업연도 말 현재 배당 가능한 유보소득 중 내국인에게 귀속될 금액은 내국인이 배당받은 것으로 본다.(국조법 §27 ①)

내국인이 외국의 법령에 따라 설정된 신탁으로서 법인과세(법법 §5 ②) 목적신탁, 수익증권발행신탁, 유한책임신탁, 이와 유사한 신탁에 해당하는 외국신탁의 수익권을 직접 또는 간접으로 보유하고 있는 경우에는 신탁재산별로 각각을 하나의 외국법인으로 보아 조세피난처세제를 적용한다.(국조법 §27 ③)

(2) 특정외국법인 및 내국인

① 특정외국법인

특정외국법인이란 다음 요건을 모두 충족하는 외국법인을 말한다.(국조법 §27 ① 후단)

1. 본점, 주사무소 또는 실질적 관리장소를 둔 국가 또는 지역에서의 실제부담세액이 [외국법인의 실제발생소득×일정세율(법인세세율 24%×70%=16.8%)] 이하일 것.(2021. 12. 31. 이전 15%)
2. 해당 법인에 출자한 내국인과 특수관계에 있을 것

특수관계란 지분소유관계나 실질지배관계(국조령 §2)를 말하며, 지분소유관계를 판단할 때에는 아래 '내국인의 친족 등 특수관계인'이 직접 또는 간접으로 보유하는 주식을 포함한다.(국조법 §27 ① 2호, 국조령 §63 ①) 이 경우, 내국인의 친족 등 특수관계인이 간접으로 보유하는 주식을 계산할 때 특수관계인이 해당 내국인을 통해 간접으로 보유하는 주식은 제외한다.(국조령 §63 ②)

| 친족 등의 특수관계인(국기법 §2 20호 가목·나목, 국조법 §2 ① 8호) |

1. 혈족·인척 등 다음의 어느 하나에 해당하는 친족관계
   ㉮ 6촌 이내의 혈족
   ㉯ 4촌 이내의 인척
   ㉰ 배우자(사실상의 혼인관계에 있는 자 포함)
   ㉱ 친생자로서 타인에게 친양자 입양된 자 및 그 배우자·직계비속
2. 임원·사용인 등 다음의 어느 하나에 해당하는 경제적 연관관계에 있는 자
   ㉮ 임원 기타 사용인
   ㉯ 본인의 금전 기타 재산으로 생계를 유지하는 자
   ㉰ 위 ㉮, ㉯의 자와 생계를 함께 하는 친족
3. 지분소유관계·실질지배관계의 특수관계인(국조법 §2 ① 3호)

'지분소유'는 객관적으로 입증되어야 한다. 예를 들면, 내국법인 갑이 출자관계가 없는 홍콩법인 A와 화물운송계약을 체결하고 갑의 대표이사가 A의 이익 중 50%를 배분받기로 한 경우 갑은 A와 출자관계에 있지 않으므로 A는 특정외국법인에 해당하지 않는다. (국심 2000서1101, 2000.10.16.)

② 내국인

내국인은 특정외국법인의 각 사업연도 말 현재 발행주식총수의 10% 이상을 직접 또는 간접으로 보유하는 거주자 · 내국법인을 말한다. 이 경우, 보유비율을 판단할 때 내국인의 특수관계인(혈족 · 인척 및 임원 · 사용인)이 직접 보유하는 발행주식을 합하여 계산한다.(국조법 §27 ②) 발행주식총수의 간접보유비율은 이전가격세제의 간접소유비율 계산방법을 준용한다.(국조령 §63 ③) 주식보유비율을 판정할 때와 배당간주금액을 계산할 때의 '간접소유비율' 계산방법은 아래와 같이 다르다.

| 간접소유비율 계산방법 |

1. 주식보유비율 판정 (국조령 §2 ③)	• 보유비율 50% 이상 : 최종 매개법인의 지분율 전부를 소유비율로 간주 • 보유비율 50% 미만 : 각 단계의 지분율을 곱하여 소유비율 계산
2. 배당간주금액 계산 (국조령 §67)	50% 요건과 상관없이 각 단계의 지분율을 곱하여 소유비율 계산

(3) 특정국가의 정의 및 조세부담비율의 계산

① 특정국가등의 정의

'특정국가등'은 외국법인의 부담세액이 실제발생소득에 일정세율을 곱한 금액 이하인 국가 또는 지역으로, 아래 1호 금액이 2호 금액에 일정세율을 곱한 금액 이하인 경우에 해당하는 국가 또는 지역을 말한다.(국조법 §27 ①)

1. 외국법인의 해당 사업연도를 포함한 최근 3개 사업연도 실제부담세액의 합계 금액으로서 해당 외국법인의 거주지국 세법에 따라 산정한 금액. 실제부담세액은 외국법인의 해당 사업연도를 포함한 최근 3개 사업연도에 실제로 부담한 세액을 합계한 액수의 연평균액으로서 해당 외국법인의 거주지국 세법에 따라 산정한 금액으로 한다. 이 경우 실제로 부담한 세액은 그 외국법인의 세전이익에 대한 조세를 말하며, 해당 거주지국 외의 국가에서 납부한 세액과 이월결손금 공제로 인한 감소세액을 포함한다.
2. 외국법인의 해당 사업연도를 포함한 최근 3개 사업연도 실제발생소득의 합계 금액. 이 경우 세전이익이 결손인 사업연도의 경우 실제발생소득은 영(0)으로 본다.

'최근 3개 사업연도'를 계산할 때에는 무조건과세 대상업종을 하는 기간으로 한정하여 계산하고, 그 기간이 3개 사업연도에 미달하는 경우에는 해당 사업연도까지의 기간으로 한정하여 계산한다.(국조령 §62 괄호)

'거주지국 세법'은 과세권의 주체인 국가 또는 지방자치단체에 의해 국민 또는 주민에게 부과·징수하는 조세에 관한 종목과 세율을 정한 법을 말한다.(국조칙 §36)

② 조세부담비율의 계산

부담세액은 '실제로 부담한 세액'으로 해당 사업연도에 소득공제, 세액공제 또는 세액감면 되거나 사실상 비과세된 금액을 제외한 차가감 납부세액을 말한다. 거주지국에서 연결납세제도를 적용받아 법인세를 납부하는 경우 특정외국법인의 '부담세액'은 특정외국법인이 부담하는 부분을 말하며, 특정외국법인이 연결납세제도의 적용으로 인해 감소한 법인세액 상당액을 연결집단 내 결손법인 등에 지급하는 경우 그 지급액까지 포함한 금액이다.(국제조세제도과-242, 2008.10.10.)

조세부담비율 = (①+②+③) ÷ ④

① 거주지국에서 실제로 납부한 최근 3개 사업연도 납부세액 합계
② 거주지국 외의 국가에서 실제로 납부한 최근 3개 사업연도 납부세액 합계
③ 최근 3개 사업연도 감소세액 합계: 해당 사업연도에 이월결손금이 포함되어 법인소득에 대한 조세가 계산된 경우, 이월결손금이 산입됨으로써 감소한 법인소득에 대한 조세액의 합계
④ 최근 3개 사업연도 조정 후 세전 당기순이익 합계(아래 ③)
※ 최근 3개 사업연도는 무조건과세 대상업종 영위기간만 포함하며, 3개 사업연도에 미달하면 그 기간만 포함

사례 이월결손금 산입으로 인한 감소세액의 계산

구 분	2011년	2012년
법인세 차감 전 당기순이익	△ 2,000	5,000
주식 평가손익 및 실현손익 조정	1,000	1,500
실제발생소득(조정 후 세전 당기순이익)	△ 1,000	6,500
이월결손금	-	△ 1,000
과세표준	-	5,500
이월결손금 반영 후 산출세액 ①	-	900 = 200+(5,500-2,000)×20%
이월결손금 반영 전 산출세액 ②	-	1,100 = 200+(6,500-2,000)×20%
감소세액 = ② - ①	-	200 = 1,100-900

※ 법인세율: 2,000 이하 10%, 2,000 초과 20%

③ 실제발생소득의 계산

외국법인의 실제발생소득은 해당 외국법인의 본점, 주사무소 또는 실질적 관리장소가 있는 거주지국에서 재무제표를 작성할 때에 일반적으로 인정되는 회계원칙(한국 기업회계기준과 현저히 다른 경우에는 한국 기업회계기준)에 따라 산출한 해당 사업연도를 포함한 최근 3개 사업연도에 실제로 발생한 소득을 합계한 액수의 연평균액으로 한다. 이 경우 각 사업연도에 실제로 발생한 소득은 세전이익에 다음 사항을 반영하여 조정한 금액을 말하며, 세전이익이 결손인 사업연도는 실제로 발생한 소득은 영으로 본다.(국조령 §61 ①) 최근 3개 사업연도에는 무조건과세 대상업종(국조법 §29 ① 1호 및 2호)을 주된 사업으로 하는 사업연도만 포함되며, 3개 사업연도에 미달하는 경우에는 해당 사업연도만으로 연평균액을 계산한다.(국조령 §61 ②)

실제발생소득 = ① ± ② + ③

① 세전이익 : 기업회계기준에 따른 법인세 차감 전 당기순이익(해당 외국법인의 거주지국 세법에 따라 산출한 법인 소득에 대한 조세 및 이에 부수되는 조세에 의하여 부담되는 금액을 빼기 전의 순이익)
② 세전이익에 주식 또는 출자증권의 평가손익이 반영되어 있는 경우: 그 평가이익을 빼고 평가손실을 더할 것. 다만, 거주지국에서 그 자산의 평가손익의 전부 또는 일부가 해당 외국법인의 과세소득을 계산할 때 반영되어 있는 경우에는 그 평가손익은 빼거나 더하지 않는다.
③ 주식 또는 출자증권을 매각하거나 그 자산에서 생기는 배당금 또는 분배금을 받은 경우로서 그 사업연도 이전에 그 자산에 대한 평가손익이 있는 경우: 그 평가손익을 포함할 것

일반적으로 인정되는 회계원칙은 거주지국 정부 또는 정부의 위임을 받은 기관에 의해 제정 또는 승인된 회계기준으로서 동 거주지국 기업이 재무제표 작성시에 적용해야 하는 회계처리 및 보고에 관한 일반적인 기준으로 한다.(국조칙 §35 ①) 한국의 기업회계기준은 한국채택국제회계기준, 한국회계기준원이 정한 회계처리기준, 증권선물위원회가 정한 업종별회계처리준칙, 공기업·준정부기관 회계규칙, 상법 시행령 제15조 제3호에 따른 회계기준, 그 밖에 법령에 따라 제정된 회계처리기준으로서 재정경제부장관의 승인을 받은 것을 말한다.(국조령 §61 괄호, 국조칙 §35 ②)

(4) 후발적 사유로 세율이 낮아진 경우

후발적 사유로 세율이 낮아진 경우 조세피난처세제를 적용하지 않는다. 예를 들면, 홍콩의 세무조례상 1997년 법인세율은 16.5%였으나 홍콩정부는 경기진작책의 일환으로 1999년 법인세 납부세액의 10%를 환급하였다. 결과적으로 홍콩소재 해외자회사의 법인세율이 실제발생소득의 15.13%에서 13.62%로 낮아진 경우, 조세피난처세제의 요건은

1997년 신고 당시를 기준으로 판단하므로 조세피난처세제를 적용하지 않는다.(국심 2004서2014, 2004.12.6.)

2. 비과세요건 및 과세요건

(1) 비과세요건

① 실제발생소득이 2억원 이하인 경우

특정외국법인의 각 사업연도 말 현재 실제발생소득을 기준환율 또는 재정환율로 환산한 금액이 2억원 이하인 경우에는 조세피난처세제를 적용하지 않는다. 다만, 사업연도가 1년 미만인 경우에는 안분계산(2억원×해당사업연도의 개월 수/12)에 따라 산출한 금액으로 한다.(국조법 §28 1호, 국조령 §64 ①)

내국인이 지배하고 있는 외국법인이 조세피난처에 본점을 두고 있더라도 그 법인의 실제발생소득이 2억원 이하인 경우 특정외국법인이 될 수 없고, 여러 외국법인들이 이러한 특정외국법인에 해당하는 경우에도 배당가능 유보소득을 산정할 때에는 2억원을 각각 공제해야 한다.(대법원 2015두1243, 2016.2.18.)

② 적극적 사업을 하는 경우

특정외국법인이 소재한 국가 또는 지역에 사업을 위해 필요한 사무소, 점포, 공장 등의 고정된 시설을 가지고 있고, 그 법인이 스스로 사업을 관리하거나 지배 또는 운영을 하며, 그 국가 또는 지역에서 주로 사업을 하는 경우에는 조세피난처세제를 적용하지 않는다.(국조법 §28 2호)

③ 해외지주회사인 경우

특정외국법인이 주식의 보유를 '주된 사업'(총수입금액 중 50%를 초과하는 수입금액을 발생시키는 사업)으로 하는 해외지주회사로서 다음 요건을 모두 갖추어 해외자회사의 주식을 보유하고 있는 경우에는 조세피난처세제를 적용하지 않는다.(국조법 §28 3호, 국조령 §64 ②~⑤, 국조칙 §37)

1. 해외지주회사가 모든 해외자회사 발행주식총수의 40% 이상을 해당 자회사의 배당기준일 현재 6월 이상 계속하여 보유하고 있을 것
2. 해외자회사가 특정지역에 소재하지 않고, '같은 국가나 지역'[유럽연합과 영국, 중국과 홍콩, 동남아시아국가연합(ASEAN)]에 본점 또는 주사무소를 두고 있을 것
3. 해외지주회사가 위 1 및 2의 요건을 충족하는 해외자회사로부터 받은 아래 소득금액비율이 각 사업연도 말 현재 90% 이상일 것

소득금액비율 = A/(B−C−D) A: 자회사로부터 받은 이자소득, 배당소득, 그 밖에 자회사로부터 받은 이자소득과 배당소득을 예금·적금으로 예치함에 따라 발생하는 이자소득을 합친 금액 B: 해외지주회사의 소득금액 C: 해외지주회사가 사무실, 점포, 공장 등의 고정된 시설을 가지고 그 시설을 통해 무조건 과세되는 사업 외의 사업을 실질적으로 운영함에 따라 발생하는 소득금액 D: 해외지주회사가 자회사의 주식을 처분함에 따라 발생하는 소득금액

해외지주회사가 자회사를 처분함에 따라 사업연도 말 현재 자회사 지분의 40% 이상을 보유하지 못한 경우에는 그 자회사로부터 처분 전에 받은 배당소득은 소득금액비율 계산시 분자에 포함하지 않는다.(국제조세제도과−45, 2022.1.26.) 소득금액은 수입금액에서 필요경비를 뺀 금액으로 부(−)의 금액일 경우 영으로 보는 것이 합리적이다.

④ 일정지역 내의 제삼자에게 판매하는 도매업자

도매업을 영위하는 특정외국법인이 '같은 국가나 지역'(유럽연합, 중국과 홍콩, 동남아시아국가연합(ASEAN)을 말함)에 있는 제조업을 영위하는 특수관계인으로부터 매입하여 같은 국가나 지역에 있는 특수관계가 없는 자에게 판매하는 경우, 특수관계가 없는 자에게 판매한 금액이 총매출액의 50%를 초과하면 과세대상에서 제외한다. 특수관계는 이전가격세제를 준용하여 판단하며 이 경우 '내국법인'을 '특정외국법인'으로 본다.(국조법 §29 ① 단서, 국조령 §65 ①) 홍콩에 설립된 특정외국법인의 자회사가 중국에 모회사를 두는 경우 동일 지역에 모회사가 있는 경우에 해당한다.(서울고법 2015누34108, 2015.12.10.)

(2) 무조건 과세요건

비과세요건에 해당하는 특정외국법인의 경우에도 다음 중 하나에 해당하면 조세피난처세제를 적용한다.

① 한국표준산업분류에 의한 도매업, 금융 및 보험업, 부동산업, 전문·과학·기술 서비스업(건축기술, 엔지니어링 및 관련 기술서비스업은 제외), 사업시설관리·사업지원 및 임대서비스업을 영위하면서 아래 기준에 모두 해당하는 법인(국조법 §29 ①, 국조령 §65 ②)

㉮ 위 업종에서 발생한 수입금액의 합계액 또는 매입원가의 합계액이 총수입금액 또는 총매입원가의 50%를 초과. 다만, 도매업의 경우에는 최근 3사업연도(3사업연도에 미달하는 경우에는 해당 사업연도까지의 기간)의 평균금액을 기준으로 한다.

㉯ 특수관계인과의 거래금액이 수입금액의 합계액 또는 매입원가의 합계액의 50%를 초과. 특수관계인은 이전가격세제에 따라 판단한다.

② 주식 또는 채권의 보유, 지식재산권의 제공, 선박·항공기·장비의 임대, 투자신탁 또는 기금에 대한 투자를 주된 사업(총 수입금액 중 50%를 초과하는 수입금액을 발생시키는 사업)으로 하는 법인(국조법 §29 ①, 국조령 §65 ③)

③ 주식 또는 채권의 보유, 지식재산권의 제공, 선박·항공기·장비의 임대, 투자신탁 또는 기금에 대한 투자에서 발생하는 소득과 이러한 행위에서 발생하는 소득과 관련된 자산(금융 및 보험업을 하는 특정외국법인이 주식·채권의 보유에서 발생하는 소득과 관련된 자산을 금융 및 보험업의 수행과 관련하여 보유하는 경우 및 특정외국법인이 선박·항공기·장비의 임대에서 발생하는 소득과 관련된 자산을 특정외국법인의 사업에 직접 사용하는 경우의 해당 자산은 제외)의 매각손익의 합계(합하여 '수동소득')가 해당 특정외국법인의 총 수입금액의 5%를 초과하는 경우. 다만, 해당 특정외국법인이 다음 어느 하나에 해당하는 외국법인의 주식을 10% 이상 보유한 경우에는 그 주식에서 발생하는 배당금은 해당 수동소득의 합계에서 제외한다.(국조법 §29 ② 국조령 §65 ④)

> 1. 위 ①에 열거한 사업 이외의 사업을 하는 외국법인
> 2. 위 ①의 도매업을 하는 외국법인으로서 같은 국가에 있는 특수관계가 없는 자에게 판매한 금액이 해당 사업연도 총 수입금액의 50%를 초과하는 경우

3. 배당간주금액 익금산입 및 외국납부세액공제

(1) 배당간주금액의 계산

내국인이 배당받은 것으로 보는 '배당간주금액'은 다음과 같이 계산한다.(국조법 §30)

① **일반적인 경우**(국조법 §30 ①)

> 배당간주금액 = 특정외국법인 배당가능유보소득 × 내국인의 특정외국법인 주식보유비율

② **주식·채권보유, 지식재산권제공, 선박·항공기·장비임대, 투자신탁·기금투자를 주된 사업으로 하는 경우**

주식 또는 채권의 보유, 지식재산권의 제공, 선박·항공기·장비의 임대, 투자신탁 또는 기금에 대한 투자와 관련한 소득의 합계가 특정외국법인 총수입금액의 50%를 초과하는 때에는 아래와 같이 계산한 소득을 배당간주금액으로 본다. 이 경우, 특정외국법인이 적극적 사업활동을 영위하는 다른 외국법인의 주식을 10% 이상 보유한 경우 그 주식에서 발생하는 배당금은 아래 산식에서 자산소득의 합계에서 제외하여 계산한다.(국조법 §30 ②) 아래에서 '제외되는 수동소득'이란 무조건 과세되는 수동소득에서 제외되는 소득

(위 2.(2)③)을 말한다.(국조령 §67 ④)

배당간주금액 = 특정외국법인 배당가능유보소득 × 내국인의 특정외국법인 주식보유비율 ×((수동소득 합계금액 - 제외되는 수동소득)/특정외국법인 총수입금액)

(2) 배당가능 유보소득

① 배당가능 유보소득의 계산

특정외국법인의 각 사업연도 말 현재의 배당가능 유보소득은 특정외국법인의 거주지국에서 재무제표 작성시에 일반적으로 인정되는 회계원칙(한국의 기업회계기준과 현저히 다른 경우에는 한국의 기업회계기준)에 의해 산출한 처분 전 이익잉여금에서 해당 사업연도 전의 임의적립금을 가감한 금액을 기준으로 아래 항목을 공제 또는 가산(평가손실에 한함)한 금액이다.(국조령 §66 ①, 국조칙 §38) 특정외국법인의 배당가능 유보소득은 그 거주지국에서 연결재무제표 작성을 의무화하는 경우에도 개별재무제표를 기준으로 산출한다.(서면2팀 - 303, 2008.2.19.)

처분 전 이익잉여금(사업연도 중 이익잉여금 처분에 의한 중간배당액을 빼기 전의 금액) + ㉮ 사업연도 전의 이익잉여금 처분명세 중 임의적립금 △ ㉯ 사업연도 전의 이익잉여금 처분명세 중 임의적립금 이입액 △ ㉰ 배당가능 유보소득 - 1997.1.1. 이후 이익잉여금 처분 누계액 (※ 1997.1.1. 이전 산출한 배당가능 유보소득을 보유한 경우) △ ① 이익잉여금 처분액 중 이익의 배당금(사업연도 중에 있었던 이익잉여금 처분에 의한 중간배당액 포함) 또는 잉여금 분배금 △ ② 이익잉여금 처분액 중 상여·퇴직급여 및 기타사외유출 △ ③ 이익잉여금 처분액 중 거주지국 법령에 정한 의무적립금 및 의무적인 이익잉여금 처분액 △ ④ 사업연도 개시일 이전에 간주배당으로 보아 이미 과세된 금액 중 위 ①에 따른 이익잉여금 처분이 되지 않은 금액 △ ⑤ 1997.1.1. 이전에 발생한 이익잉여금(아래 ⑥ 제외) 중 위 ①, ②에 따른 이익잉여금 처분이 되지 않은 금액 △ ⑥ 주식 평가이익 중 사업연도 말 현재 실현되지 않은 금액 △ ⑦ 2억원 ÷ 12 × 사업연도의 개월 수
= 배당가능 유보소득

1997.1.1. 이전에 배당가능한 유보소득 또는 해당 사업연도 개시일 이전에 위 ④, ⑤의 금액을 보유한 경우 위 ①, ②에 따른 이익잉여금 처분을 하는 때에는 그 금액 중 먼저 발생한 것부터 우선적으로 처분된 것으로 본다.(국조령 §66 ②)

내국인이 특정외국법인의 지분을 취득하기 전 사업연도에 발생된 특정외국법인의 이익잉여금은 '조세피난처세제가 적용되지 아니할 때 발생한 이익잉여금'에 해당하는 것으로 보아 차감한다.(국제세원-89, 2012.2.24.)

(3) 주식보유비율

배당간주금액을 산출하기 위한 내국인의 특정외국법인 주식 보유비율은 다음의 방법으로 계산한다.(국조령 §67 ①·②)

1. 내국인과 특정외국법인 사이에 주식 보유를 통해 하나 이상의 법인이 끼어 있고 이들이 모두 직렬출자관계로 연결되어 있는 경우: 각 단계의 주식 보유비율을 모두 곱하여 산출. 이 경우, 내국인과 특정외국법인 사이에 주식 보유를 통해 하나 이상의 내국법인이 끼어 있는 경우 내국인 간 주식 보유비율은 없는 것으로 본다.
2. 내국인과 특정외국법인 사이에 둘 이상의 직렬출자관계가 있는 경우: 각각의 직렬출자관계에 대하여 위 1호에 따라 산출한 주식 보유비율을 모두 더하여 산출

(4) 배당간주금액 익금산입

내국인의 배당간주금액은 특정외국법인의 해당 사업연도 종료일의 다음 날부터 60일이 되는 날이 속하는 내국인의 과세연도의 익금 또는 배당소득에 산입한다. 이때 적용환율은 그 60일이 되는 날 현재의 기준환율 또는 재정환율이다.(국조법 §31, 국조령 §67 ③)

특정외국법인에 여러 사업연도 동안 배당가능 유보소득이 발생하였지만 내국인이 해당 과세연도에 그 소득을 배당간주금액으로 익금산입하지 않아 부과제척기간이 끝난 경우, 부과제척기간이 경과한 과세연도분을 어떻게 처리할지 문제가 된다. 예를 들면, 2014년에 4억원, 2015년에 6억원의 배당간주금액을 익금산입해야 하는 내국법인(사업연도 1.1부터 12.31.)이 익금산입하지 않은 경우, 2014년도분의 부과제척기간은 2020.3.31.까지이다. 과세당국이 2020년 5월 내국법인의 법인세를 결정할 때 2015년도분 6억원만 익금산입하거나, 2014년도분 4억원을 '처분전 잉여금'으로 보아 합계 10억원을 익금산입할 수 있다. 국조법은 배당간주금액을 매 사업연도에 익금산입하도록 규정하므로, 과세권을 행사하지 않아 부과제척기간이 끝난 과세연도분을 '처분전 잉여금'으로 보아 과세권을 행사하는 것은 다툼의 여지가 있다.

(5) 외국납부세액공제

① 외국납부세액공제

특정외국법인이 내국인에게 실제로 배당할 때에 외국납부세액이 있는 경우 조세피난

처세제에 따라 익금산입한 과세연도의 배당간주금액은 국외원천소득으로 보고, 실제 배당 시 외국납부세액은 익금산입한 과세연도에 외국납부세액으로 보아 공제한다.(국조법 §33 ①) 외국납부세액을 공제받으려는 자는 실제로 배당을 받은 과세연도의 법인세 또는 소득세 신고기한으로부터 1년 이내에 납세지 관할세무서장에게 경정을 청구하여야 한다.(국조법 §33 ②) 이 경우 제척기간에도 불구하고 경정청구일부터 2개월이 지나기 전까지는 경정결정이나 그 밖에 필요한 처분을 할 수 있다. 또한, 경정청구가 있는 경우 그 경정청구의 대상이 된 과세표준 또는 세액과 연동된 다른 과세기간의 과세표준 또는 세액의 조정이 필요한 경우 당초 경정청구일부터 2개월 이내에 결정 등을 할 수 있다.(국기법 §26의2 ② 3호·4호) 이 경우, 환급가산금의 기산일은 국세 납부일의 다음 날이다.(재조세-1077, 2025.6.20.)

실제배당금액에 대한 외국납부세액공제를 적용받으려는 자는 '외국납부세액 공제세액계산서'(국조칙 §40, 법칙 별지 8호 부표 5 및 부표 5의2)를 첨부하여 배당간주금액으로 익금에 산입한 과세연도의 소득세·법인세 과세표준 및 세액을 다시 계산하여 납세지 관할세무서장에게 환급 경정청구해야 한다. 다만, 외국정부의 배당소득에 대한 세액의 결정·통지가 지연되거나, 과세기간이 다르다는 사유 등으로 소득세·법인세신고시 경정청구를 할 수 없는 경우에는 실제로 배당을 받은 과세연도의 소득세·법인세 신고기한으로부터 1년이 경과하였더라도 외국정부의 국외배당소득에 대한 세액결정통지를 받은 날부터 3개월 이내에 증명서류를 첨부하여 경정을 청구할 수 있다.(국조령 §69)

② 간주외국납부세액공제

조세피난처세제에 따라 익금산입한 배당간주금액은 이를 익금산입한 과세연도의 수입배당금액으로 보아 간주외국납부세액공제(법법 §57 ④)를 적용한다.(국조법 §33 ③)

4. 실제배당금액의 익금불산입

(1) 실제배당금액의 익금불산입

특정외국법인의 유보소득이 내국인의 익금 등으로 산입된 후 그 법인이 해당 유보소득을 실제로 배당(감자, 청산 등으로 받은 의제배당 포함)을 한 경우 이월익금(법법 §18 2호, 소법 §17 ①)으로 보아 과세표준에 산입하지 않는다. 이 경우, 배당가능 유보소득이 발생된 순서에 따라 동 유보소득으로부터 실제로 배당이 이루어진 것으로 본다.(국조법 §32 ①, 국조령 §68 ①) 내국인이 실제배당금액 중 익금에 산입하지 않는 소득으로 보거나 배당소득에 해당되지 않는 것으로 보는 금액을 산출하는 경우에는 '실제배당금액의 이월익금(배당소득에 해당되지 않는 금액)명세서'를 제출해야 한다.(국조칙 §39 ① 별지 28호)

(2) 동일 사업연도에 이전가격조정으로 소득을 반환하는 경우

특정외국법인의 배당간주금액을 익금산입한 후 이전가격세제를 하여 특정외국법인이 이전소득을 반환하는 경우 그 반환금액을 이월익금으로 보아 익금불산입한다.(국제세원-400, 2009.7.27.)

(3) 내국인이 출자한 중간외국법인이 특정외국법인에 다시 출자한 경우, 중간외국법인이 내국인에게 실제로 배당을 하는 경우

그 배당금액은 아래 금액을 한도로 내국법인의 이월익금으로 보아 익금불산입하거나 거주자의 배당소득에서 제외한다. 내국인과 특정외국법인 사이에 둘 이상의 중간외국법인이 끼어 있는 경우에도 아래 계산방법을 준용한다.(국조령 §68 ②·③)

특정외국법인 유보소득 중간외국법인에 실제 배당한 금액(의제배당 포함)	×	실제 배당 당시 내국인의 중간외국법인 주식 소유비율의 합계	-	과거 사업연도에 중간외국법인이 내국인에게 실제로 배당하여 이월익금 등으로 보는 금액

(4) 특정외국법인 지분을 양도하는 경우

특정외국법인의 배당간주금액을 내국인의 익금으로 산입한 후 내국인이 특정외국법인의 주식을 양도한 경우에는 양도차익을 한도로 아래 금액(부수인 경우 영)을 익금에 산입하지 않는 소득으로 보거나 양도소득에 해당하지 않는 것으로 본다.(국조법 §32 ②) 이월익금으로 보거나 양도소득에 해당되지 않는 것으로 보는 금액을 산출하는 경우에는 '실제배당 전 주식의 양도시 익금불산입(양도소득에 해당되지 않는 금액)명세서'를 제출해야 한다.(국조칙 §39 ② 별지 29호)

이월익금: 양도주식에 대한 배당간주금액 합계 - 양도주식에 대한 실제배당금액 합계

(5) 장부 및 증명서류의 보존

이월익금 등의 계산에 필요한 장부 및 증명서류는 부과제척기간(국기법 §85의3 ②)에 불구하고 배당일 또는 양도일이 속하는 과세연도의 법정신고기한까지 보존해야 한다.(국조법 §32 ③)

5. 특정외국법인 관련 자료의 제출 및 가산세의 부과

(1) 법인세·소득세 신고시 제출서류

특정외국법인의 사업연도 말 현재 특정외국법인을 보유하는 내국인은 다음 서류를 법인세 또는 소득세 과세표준 신고기한까지 관할세무서장에게 제출해야 한다. 다만, '조세피난처세제'의 적용대상이 아닌 경우에는 아래 4호부터 6호까지 해당하는 서류를 관할세무서장에게 제출해야 한다.(국조법 §34, 국조령 §70)

1. 특정외국법인의 재무제표
2. 특정외국법인의 법인세 신고서 및 부속서류(특정외국법인이 소재한 특정 국가 등의 과세당국이 요구하는 부속서류)
3. 특정외국법인의 유보소득계산 명세서(국조칙 §41 ① 별지 30호)
4. 특정외국법인의 유보소득 합산과세 판정 명세서(국조칙 §41 ② 별지 31호)
5. 특정외국법인의 유보소득 합산과세 적용범위 판정 명세서(국조칙 §41 ③ 별지 32호)
6. 국외 출자 명세서(국조칙 §41 ④ 별지 33호)

(2) 특정외국법인 유보소득계산명세서 제출불성실가산세

'특정외국법인의 유보소득계산명세서'를 제출해야 하는 거주자·내국법인이 그 제출기한까지 제출하지 아니하거나, 배당 가능한 유보소득금액 산출시 기재해야 하는 금액의 전부 또는 일부를 기재하지 아니하거나 잘못 기재하여 배당 가능한 유보소득금액을 잘못 계산한 경우에는 아래 가산세를 법인세 또는 소득세로 징수한다. 산출세액이 없는 경우에도 가산세는 징수한다.(법법 §75의9, 소법 §81 ⑭, 소령 §147의8) 다만, 가산세는 1억원(중소기업 5천만 원)을 한도로 하며, 해당 의무를 고의적으로 위반한 경우에는 그러하지 아니하다.(국기법 §49 ①)

가산세 : 해당 특정외국법인의 배당가능 유보소득금액 × 0.5%

6. 조세조약의 해외자회사규정

6.1 조세조약의 해외자회사규정

많은 국가들은 해외기지회사(base companies)와 관련한 문제에 대처하기 위해 '해외자회사(controlled foreign company)' 규정을 채택하여 왔다. 이러한 규정의 틀은 국가마다 상당히 다르지만 국제적으로 국내과세기반 보호를 위한 법적수단으로 인식된다. 이러한 규정의 일반적 형태는 거주자가 일정한 외국법인에 관여하는 경우 외국법인소득을 거주자의 국가에서 과세하도록 한다. 사업소득 및 배당 등 조약규정의 해석상 조세피난처세제는 조약규정과 충돌한다는 견해가 있다. 이러한 견해는 조약규정을 올바로 해석한 것이 아니며, 사업소득 및 배당소득 규정을 보면 이러한 견해는 틀린 것임을 알 수 있다. 이에 따라 일부 국가는 조세피난처세제가 조약과 충돌하지 않는다는 점을 조세조약에 명시하기도 하지만 꼭 필요한 것은 아니다. 대부분 국가는 국내법의 조세피난처세제는 조세조약 규정과 상반되는 것이 아니라고 인정한다.(OE §1-81)

납세자 거주지국이 자국의 조세피난처세제에 따라 해외자회사의 실제 배분되지 않은 소득을 국내거주 모회사의 배당소득으로 과세하는 것은 '배당의 영토 밖 과세금지원칙'의 위반이라는 논란이 있을 수 있다. 그러나 '배당의 영토 밖 과세금지원칙'은 배당소득의 원천과세에 한정된 것으로 해외자회사 유보소득 배당간주에 의한 거주자 과세와는 관련이 없다. 게다가 조세조약의 배당원천과세 조항은 회사차원의 과세만을 다루며 주주와는 상관이 없다.(OE §10-37)

(1) 소득처분금액의 소득구분 문제

조세피난처세제의 적용에는 몇 가지 문제가 있다. 소득이 납세자에게 지급되면 이때 소득의 각 종류별로 사업소득, 이자, 사용료 등 조약의 해당 규정에 따라 취급되어야 한다. 만약 지급액이 간주배당으로 취급되면 이는 분명히 원천회사로부터 수취된 것이고 원천회사 거주지국에서 받은 소득이 된다. 그런데 이 경우 과세대상 금액을 '배당'으로 볼 것인지 아니면 '기타소득'으로 볼 것인지가 분명하지 않다. 국내세법은 이를 배당으로 본다.

(2) 세액공제 등의 허용문제

독일과 같은 일부 국가의 조세피난처세제에서는 과세대상 금액을 배당으로 취급하면서 자회사배당공제(affiliation exemption)와 같은 조세조약상 간접외국납부세액공제를 배당간주금액에 확대 적용한다. 거주지국이 이러한 방법을 적용하지 않는 경우 사전에 간주배당 형태로 과세함으로 인해 실제 배당시 적용되는 간접외국납부세액공제의 통상절차가 방해받게 될 수 있다.(OE §10-38)

조세피난처 소재 회사가 배당을 실제로 배분하는 경우 조약에서 규정한 배당소득에 해당하므로 배당과 관련한 조세조약의 규정은 정상적 방법으로 적용되어야 한다. 따라서 원천지국은 배당을 원천과세한다. 주주의 거주지국은 이중과세 제거를 위한 통상적 방법을 적용하여 소득공제나 세액공제를 할 것이다. 이는 분배소득인 배당이 조세피난처세제에 의해 이미 수년 전에 과세되었다 하더라도, 배당소득 원천세가 주주의 거주지국에서 공제되어야 함을 의미한다. 그런데 이 경우 국내세법상 공제를 해주어야 할 의무가 있는지는 명확치 않다. 일반적으로 그 같은 배당이 이미 조세회피방지규정하에서 과세되었으므로 소득공제를 받을 수 있지만, 세액공제는 근거가 없을 수 있다. 그렇지만 조세피난처세제에 따라 배당과세를 미리하였다는 이유만으로 세액공제를 하지 못한다면 이중과세의 회피라는 조약목적이 달성될 수 없다. 구체적인 사항은 사안의 특수성(예컨대 '간주배당'과세 후 제척기간의 경과), 조세피난처세제의 절차상 문제 및 외국납부세액에 대한 국내세법의 공제제도에 좌우되지만, 위에서 검토한 바와 같이 일반 원칙은 공제를 허용해야 한다는 것이다. 다만, 이 경우에도 의도적인 조세회피술책에 의존하는 납세자를 과세당국이 적극적으로 보호할 이유는 없다.(OE §10-39)

국내세법의 경우, 해외자회사 유보소득 배당간주가 이루어지는 과세연도에 배당소득에 대한 외국납부세액공제가 허용된다.(법법 §57 ④)

6.2 미국의 해외자회사규정

미국의 경우 외국법인 귀속소득을 'CFC rule' 또는 'PFIC rule'로 과세하며, 내국인에게 귀속되는 소득을 배당으로 보지 않는다.(IRS Notice 2004-44 IRB 724)

해외자회사 규정(Controlled Foreign Corporations Rule)은 'Subpart F rule'이라고도 하며 해외자회사가 거래소득을 유보하는 행위를 방지하기 위한 규정이다.(Reg §1.952.a)

① 과세대상 해외자회사(CFC) 및 미국주주

다음 2가지 요건을 모두 충족해야 한다.

1. 해외자회사: 미국주주들(US shareholders)이 의결권 있는 주식총수 또는 총주식가치의 50%를 초과하여 보유하는 외국법인(Reg §1.957.a)
2. 미국주주(US shareholders): 외국법인의 의결권 있는 총주식수의 10% 이상을 소유하는 미국인. 주식소유비율은 직·간접 소유비율(direct and indirect ownership)과 의제소유비율(constructive ownership)을 모두 합하여 계산한다.(Reg §1.951.b) 의제소유비율은 1차 해외자회사를 통해 소유하는 2차 해외자회사의 소유비율을 의미한다.

② 과세대상 소득

외국법인이 과세연도 중 계속하여 30일 이상 해외자회사에 해당하면, 해당 연도의 마지막 날에 주식을 소유하는 미국주주는 해외자회사 유보소득 및 해외자회사의 미국 내 자산투자소득에 대해 지분비율만큼 과세소득으로 신고해야 한다.

㉮ 해외자회사 유보소득(Subpart F Income)

1. 미국원천 보험소득(Insurance Income): 해외자회사의 보험사업 소득이 미국 내 원천으로부터 발생되는 경우, 이는 조세회피의도가 있는 것으로 보아 과세된다.(Reg §1.952.a.1)
2. 해외기지회사 소득(Foreign Base Company Income)
   - 해외사적지주회사(Foreign Personal Holding Company) 소득: 이자, 배당, 임대료, 사용료 등 수동적 투자소득과 이러한 투자소득을 창출하는 자산의 양도소득, 그 밖의 기타자산 양도소득, 상품거래 및 외환거래로부터 얻는 소득 등을 말한다.(Reg §1.954.a.1.c) 해외사적지주회사 소득에는 실질적인 이자(equivalent of interest) 및 배당에 해당하는 금액을 포함한다. 다만, 금융소득, 임대료, 사용료의 경우 적극적 사업활동소득(소득창출활동이 해외자회사에 의해 해외에서 이루어지며, 미국 이외 지역의 고객으로부터 얻은 소득)이라면 해외사적지주회사 소득이 아니다.(Reg §1.954.h)
   - 해외기지회사(Foreign Base Company)의 판매소득: 해외자회사 설립지국 밖에서 사용될 예정으로 자산이 제조되고 그 자산을 특수관계인으로부터 구입하거나 특수관계인에게 판매하여 수취하는 소득을 말한다.(Reg §1.954.a.2) 이 규정은 판매기능만을 저율과세국으로 이전하여 조세부담을 회피하려는 것을 방지하기 위한 것으로, 해당 자산이 해외자회사의 설립지국 내에서 사용 또는 소비될 용도로 제조・판매되거나 해외자회사이 해당 자산을 직접 제조하였다면 해외기지회사 판매소득이 아니다.(Reg §1.954-3.a.4)
   - 해외기지회사(Foreign Base Company)의 용역소득: 해외자회사이 설립된 국가 이외의 지역에서 특수관계인을 위해 또는 대신하여 용역을 수행하고 수취하는 소득을 의미한다.(Reg §1.954.a.3) 용역은 기술, 관리, 공학, 건축학, 과학, 산업, 상업상의 용역을 포함한다. 이 규정은 인적용역소득을 저율과세국에 분리하는 것을 방지하기 위한 것이다. 그러나 해외자회사이 용역을 모회사를 대신하여 제공하고 해외자회사이 제조한 상품의 판매와 용역이 직접 관련되어 있으며 용역이 상품판매 전에 수행된다면 그 소득은 해외기지회사 소득이 아니다.(Reg §1.954.e.2)
   - 해외기지회사 석유관련 소득: 석유 및 가스 제품을 미국 밖에서 제조 및 판매함으로써 얻은 소득을 의미한다. 석유제품이 해외자회사이 설립된 국가에서 추출되고 사용되지 않는 한 해외자회사의 소득은 해외기지회사 소득에 해당한다.(Reg §1.954.a.5)
3. 국제적 보이콧 소득(international boycotts income): 국제적 보이콧 대상국가에서 수취하는 소득을 의미한다.(IRC §999) 국제적 보이코트 대상국가는 레바논, 바레인, 사우디아라비아, 시리아, 아랍에미리트, 예멘, 오만, 요르단, 카타르, 쿠웨이트이다.(US Notice 95-3)
4. 해외자회사이 정부공무원에게 직접 또는 간접 지급하는 뇌물 또는 사례비
5. 비우호국으로부터 수취하는 소득: 미국이 승인하지 않거나 테러지원국을 의미하며 수단, 알바니아, 앙골라, 이란, 쿠바 등이다.(US Notice 95-63)

㉯ 미국자산 투자소득의 증가분

해외자회사이 미국자산(US property)에 투자하는 경우, 미국주주에 대한 배당으로 보아 주식소유비율 만큼 과세된다.(Reg §1.951.a.1.B) 자산투자소득은 분기별 평균액을 매년 말에 평가한 자산가치의 증가분을 의미한다. 미국자산이란 미국주주 또는 미국 특수관계인에 대한 대여금(지급보증 및 저당권 포함), 미국 특수관계인으로부터 취득한 매출채권, 미국 특수관계인의 주식, 미국의 유형자산 및 무형자산을 말한다.

③ 예외 규정

1. 소액면제: 대부분의 해외자회사는 제조회사라 하더라도 Subpart F 규정의 적용을 받을 가능성이 크다. 따라서 해외자회사에 대한 부담을 완화하기 위해 소액의 해외기지회사 소득에 대하여는 면제규정을 두는데, 해외기지회사 소득과 일정 보험소득의 총액이 해외자회사 총소득의 5% 또는 1백만불보다 적다면 과세대상에서 제외된다.(Reg §1.954.b.3.A) 2. 간주과세 규정: 해외기지회사 소득과 일정 보험소득 총액이 해외자회사 총소득의 70%를 초과하는 경우에는 해외자회사의 총소득 전체가 과세대상 소득으로 간주된다.(Reg §1.954.b.3.B) 3. 세율기준 면제: 해외자회사 설립지국의 법인세 실효세율이 미국 법인세율 중 최고세율의 90%보다 크다면 해외기지회사 소득 또는 보험소득은 과세대상에서 제외된다.(Reg §1.954. b.4) 4. 결손금 이월공제: 현년도의 Subpart F income과 동일한 활동에서 발생된 전년도의 결손(qualified deficit)은 현년도의 과세소득에서 공제할 수 있다.(Reg §1.952.c.1.B)

II 국외투과기업 귀속소득 익금산입특례

1. 국외투과기업 귀속소득 익금산입

'국외투과기업 귀속소득 익금산입특례규정'은 한국 투자자들이 미국 및 EU 등의 역혼성단체방지규정을 회피하기 위한 것으로, 미국의 PFIC rule(소극적해외투자회사규정)에 해당한다.

(1) 국외투과기업 귀속소득 소득구분별 익금산입

국외투과기업의 주주, 출자자 또는 수익자에 해당하는 거주자 또는 내국법인이 "국외투과기업 과세특례"의 적용신청을 한 경우 국외투과기업에 귀속되는 소득은 그 출자자

등에게 귀속되는 소득으로 보아 소득세법 또는 법인세법을 적용한다.(국조법 §34의2 ②, 국조령 §70의2 ②, 2023.1.1. 이후 신고분부터 적용)

과세특례를 적용하는 경우 출자자등에게 귀속되는 소득은 국외투과기업에 귀속되는 소득의 소득구분에 따르며, 국외투과기업에 그 소득이 귀속되는 날이 속하는 거주자등의 과세연도에 그 출자자등에게 그 소득이 귀속되는 것으로 본다.(국조법 §34의2 ⑥, 국조령 §70의2 ⑨)

'자본시장법'에 따른 투자신탁, 투자합자조합 및 투자익명조합의 경우에는 그 투자신탁등을 내국법인으로 보아 과세특례를 적용한다.(국조법 §34의2 ⑤)

(2) 국외투과기업의 정위

"국외투과기업"란 다음의 요건을 모두 충족하는 단체를 말한다.(국조법 §34의2 ①)

1. 외국법인(법법 §2 3호), 국외투자기구(법법 §93의2) 또는 법인 아닌 단체(국기법 §13 ①)와 유사한 단체로서 국외에서 설립된 단체에 해당하는 '외국법인등'일 것
2. 외국법인등이 설립되었거나 외국법인등의 본점 또는 주사무소가 소재하는 국가의 세법에 따라 그 외국법인등의 소득에 대하여 해당 외국법인등이 아닌 외국법인등의 주주, 출자자 또는 수익자가 직접 납세의무를 부담할 것. 이 경우, 외국법인등이 설립되었거나 외국법인등의 본점 또는 주사무소가 소재하는 국가의 법률에 따라 개인과 법인의 소득 전부에 대해 납세의무가 없는 경우에는 그 외국법인등의 소득에 대해 해당 외국법인등의 주주, 출자자 또는 수익자가 직접 납세의무를 부담하는 것으로 본다.(국조령 §70의2 ①)

(3) 실제분배소득 익금불산입

국외투과기업의 소득이 출자자등의 총수입금액 또는 익금으로 산입된 후 해당 국외투과기업이 출자자등에게 실제로 분배하는 소득은 총수입금액 또는 익금에 산입되지 아니하는 소득으로 본다.(국조법 §34의2 ⑦)

(4) 외국납부세액공제

국외투과기업의 소득으로서 과세특례에 따라 출자자등에게 직접 귀속되는 것으로 보는 소득에 대하여 외국에서 출자자등에게 부과된 세액은 대통령령으로 정하는 바에 따라 외국납부세액공제의 적용대상이 되는 외국소득세액 또는 외국법인세액으로 본다.(국조법 §34의2 ⑧)

2. 과세특례 신청 및 조건

(1) 과세특례의 신청

과세특례를 적용받으려는 출자자등은 다음 구분에 따라 납세지 관할세무서장에게 국외투과기업과세특례의 적용신청을 하여야 한다.(국조법 §34의2 ③, 국조령 §70의2 ③)

1. '국가재정법' 별표 2에서 규정하는 법률에 따라 설치된 기금 중 중앙관서의 장이 관리·운용하는 기금의 자산을 운용하는 경우: 해당 기금을 관리·운용하는 중앙관서의 장(기금의 관리·운용 업무가 위탁된 경우에는 위탁받은 자)
2. '한국투자공사법'에 따라 정부·한국은행이나 '국가재정법'에 따른 기금의 관리주체가 보유하는 자산을 운용하는 경우: 해당 자산을 위탁받아 관리·운용하는 한국투자공사
3. '우체국예금·보험에 관한 법률'에 따른 우체국예금 자금 또는 '우체국보험특별회계법'에 따른 우체국보험적립금을 운용하는 경우 : 우정사업총괄기관
4. 위 1호부터 3호 외의 경우: 국외투과기업과세특례를 적용받으려는 거주자 또는 내국법인

국외투과기업과세특례를 적용받으려는 거주자등이 국외투과기업과세특례의 적용을 신청하는 경우에는 '국외투과기업과세특례 적용신청서 및 국외투과기업과세특례 적용제외 신청서'(국조칙 §41의2 ① 별지 33호의2)에 국외투과기업과세특례를 적용받으려는 최초의 과세연도(투자신탁, 투자합자조합 및 투자익명조합의 경우에는 회계기간)를 적어 납세지 관할 세무서장에게 제출해야 한다.(국조령 §70의2 ④)

국외투과기업과세특례의 적용 신청은 국외투과기업과세특례를 적용받으려는 국외투과기업 각각에 대해 해야 한다.(국조령 §70의2 ⑤) 그렇지만, 국외투과기업이 다른 국외투과기업에 투자하고 있는 경우 등 다수의 국외투과기업이 연속적으로 투자관계에 있는 경우에는 거주자등이 직접 투자한 국외투과기업에 대해 국외투과기업과세특례의 적용을 신청할 때 해당 국외투과기업과 연속적인 투자관계에 있는 국외투과기업 전부를 국외투과기업과세특례의 적용 대상으로 신청한 것으로 본다. 다만, 재정경제부령으로 정하는 국외투과기업과세특례 적용제외 신청서를 납세지 관할 세무서장에게 제출한 경우에는 그렇지 않다.(국조령 §70의2 ⑥)

(2) 과세특례의 포기제한

과세특례를 적용받은 출자자등은 적용신청 이후 국외투과기업의 요건(국조법 §34의2 ①)을 충족하지 못하게 된 경우를 제외하고는 국외투과기업 과세특례의 적용을 포기할 수 없다.(국조법 §34의2 ④, 국조령 §70의2 ⑦)

국외투과기업과세특례를 적용받은 거주자등은 국외투과기업(국외투과기업과세특례의

적용 대상으로 신청된 것으로 보는 국외투과기업을 포함)가 국외투과기업의 요건을 충족하지 못하게 된 경우에는 '국외투과기업과세특례 포기신청서'(국조칙 §41의2 ② 별지 33호의3)를 납세지 관할 세무서장에게 제출해야 한다.(국조령 §70의2 ⑧)

(3) 조세피난처세제의 배제

과세특례가 적용되는 경우 조세피난처세제(국조법 §27)는 적용하지 아니한다.(국조법 §34의2 ⑨)

3. 미국의 소극적해외투자회사규정

미국의 소극적해외투자회사(Passive Foreign Investment Company; PFIC) 규정은 아래 요건을 충족하는 경우 해외투자소득에 대해 납세자가 발생기준으로 신고하도록 한다. 발생기준으로 신고하지 않는 경우, 지급시 이연세액에 대한 이자를 과세한다.(Reg §1.1291~§1.1298) PFIC 규정이 적용되는 경우 CFC 규정은 적용되지 않는다. 소극적해외투자회사(PFIC)는 아래 소득요건(income test) 및 자산요건(asset test)을 충족하는 외국회사이다.

1. 소득요건: 외국법인의 소득 중 75% 이상이 소극적 투자소득인 경우. 소극적 투자소득이란 Subpart F 규정 하에서 해외사적지지회사 소득으로 취급되는 이자, 배당, 임대료 등의 소득을 포함한다.(Reg §1.1297.a.1) 해당 외국법인이 다른 법인의 주식을 25% 이상 보유하면 소유비율에 상응하는 다른 법인의 소극적 투자소득도 포함한다.(Reg §1.1297.c.2)
2. 자산요건: 외국법인의 자산가치 중 50% 이상이 소극적 투자소득의 창출에 사용되는 경우이다.(Reg §1.1297.a.2)

PFIC에 해당하면 아래 적격펀드법이나 시장가격법에 따라 신고할 수 있고, 신고하지 않는 경우 이연이자법에 따라 과세된다.

1. 적격펀드법(Qualified Electing Fund Method): 주주의 소득 및 신원에 대한 필요한 정보를 제공하는 일정 요건을 갖춘 적격펀드(QEF: Qualified Electing Fund)인 경우, 매년 말 주주의 주식소유비율에 해당하는 소득을 신고・납부할 수 있다.(Reg §1.1295) 이 경우에도 배당이 이루어지거나, 주식처분이 이루어질 때까지 세금 및 이자의 납부를 연기하는 선택을 할 수 있다.
2. 시장가격법(mark-to-market election method): 상장주식 시장거래가 가능한 PFIC 주식을 보유한 주주는 매년 연초와 연말의 시장가격의 차이를 이득 또는 손실로 인식할 수 있다. 이 방법은 필요한 정보를 제공하지 못하여 적격펀드법을 선택할 수 없거나, 이연이자법으로 소득

을 신고하기를 원하지 않는 미국주주들에게 유용하다.

3. 이연이자법(Deferred interest charge method): PFIC으로부터 '초과배당(excess distribution)'이 있거나, 주식을 처분할 때까지 세금과 이자의 납부를 이연하는 방법이다.(Reg §1.1291) 주주가 취득가액 $100, 시장가치 $600인 PFIC 주식을 5년간 보유하다가 파는 경우 양도차익 $500을 5년간 균등배분하여 각 연도에 $100씩 과세하고 4년간 이연세금에 대한 이자를 각 연도 납부세액에 가산하여 납부해야 한다.

Chapter 03

국제적 이중과세의 방지

3

1. 이중과세 방지제도의 개요

1.1 국내세법의 이중과세 방지제도

(1) 세액공제, 익금불산입, 손금산입의 적용

국내세법은 이중과세의 방지를 위해 외국납부세액공제(직접, 간접, 간주), 수입배당금액 익금불산입 및 세액의 손금산입을 규정한다. 조세조약의 이중과세방지조항은 선언적 규정으로 국내세법에 규정이 없으면 적용되지 않는다. 양도소득은 국외자산 양도소득에서 설명한다.

| 국내세법의 세액공제 개요 |

세 목	국외원천소득	세액공제/소득공제(손금산입)
법인세 (법법 §57, §18의4)	내국법인의 각 사업연도 소득에 포함되어 과세된 소득	직접 · 간접 · 간주외납세액공제 (※ 세액의 손금산입) 수입배당금액 익금불산입
종합소득세 (소법 §57)	거주자의 종합소득에 포함되어 과세된 소득	직접 · 간주외납세액공제 (※ 세액의 손금산입)
양도소득세 (소법 §118의6)	거주자(5년 이상)의 국외자산 양도소득에 포함되어 과세된 양도소득	직접외국납부세액공제 (※ 세액의 필요경비산입)
상속 · 증여세 (상증법 §29)	상속 · 증여세 과세대상에 포함되어 과세된 국외 상속 · 증여재산	직접외국납부세액공제

거주자 · 내국법인은 국외원천소득에 대하여 외국의 소득세 · 법인세를 납부한 경우 외국납부세액공제(또는 손금산입)를 한다. 이월공제기간이 지난 때에는 미공제분을 이월공제기간의 종료일 다음 날이 속하는 사업연도에 손금산입한다.(법법 §57, 소법 §57) 직접 및 간접 외국납부세액공제는 조세조약 여부에 상관없이 받을 수 있다.(소통 57-0…2)

| 외국납부세액공제, 수입배당 익금불산입 |

구 분	직접외국납부세액공제	간접외국납부세액공제	간주외국납부세액공제
공제대상	외국원천징수세액	배당에 대한 외국법인세	직접·간접외납세액 감면액
공제근거	법인세법·소득세법 (거주자·내국법인)	법인세법·조세조약 (내국법인)	법인세법·소득세법·조세조약 (거주자·내국법인)
회계처리	현금 720 / 국외소득 800 외국원천세 80	현금 720 / 국외소득 800 외국원천세 80 (외국법인세 200)	현금 800 / 국외소득 800 (외국법인세 감면 80)
세액공제 세무조정	• 손금불산입 80 기타 • 세액공제 80	• 손금불산입 200 기타 • 세액공제 200	• 세액공제 80
수입배당 익금불산입	• 손금불산입 76 기타 • 익금불산입 760 기타	(해당 없음)	(해당 없음)

직접외국납부세액을 손금산입에서 세액공제로 변경하는 경우 손금산입하였던 외국납부세액을 익금산입한다.(조심 2011서3018, 2013.5.24.) 간접외국납부세액을 세액공제하는 경우 간접외국납부세액의 전액을 익금산입한다.(국제조세제도과-252, 2016.6.1)

(2) 세액공제 또는 익금불산입 선택 적용

수입배당금액 익금불산입(법법 §18의4)의 적용대상이 되는 수입배당금액에 대해서는 외국납부세액공제(법법 §57 ①~⑥)를 적용하지 않는다.(법법 §57 ⑦)

(3) 법인세 추계결정시 외국납부세액공제 등의 배제

법인세를 추계결정하는 경우에는 외국납부세액공제 또는 외국납부세액 손금산입을 적용하지 않는다. 다만, 천재지변 등으로 장부 기타 증명서류가 멸실되어 추계하는 경우에는 예외이다.(법법 §68)

1.2 거주자·내국법인의 거주자증명서 발급

① 거주자증명서의 신청 및 발급

과세당국은 거주자 또는 내국법인이 다음 사유로 거주자 또는 내국법인에 해당함을 증명하는 서류의 발급을 신청하는 경우 그 증명서를 발급할 수 있다.(국조법 §41 ①)

1. 조세조약에 따른 비과세 · 면제 또는 제한세율(조세조약에 따라 체약상대국이 거주자 또는 법인에 대하여 과세할 수 있는 최고세율을 말한다)을 적용받으려는 경우 2. 조세정보, 금융정보 또는 금융정보등의 교환 등 조세조약의 이행을 위하여 필요한 경우 3. 조세 및 금융정보의 교환 등 조세조약의 이행을 위하여 필요한 경우 4. 그 밖에 조세 목적상 거주자 또는 내국법인임을 증명할 필요가 있는 경우

'거주자증명서 발급 신청서'(국조칙 §47 ① 별지 38호)를 제출받은 관할세무서장은 사실확인을 거쳐 '거주자증명서'(국조칙 §47 ② 별지 39호)를 발급해야 한다. 다만, 체약상대국 정부가 발행한 거주자증명서에 따라 발급하여 줄 것을 신청받은 경우에는 그 해당에 따라 거주자증명서를 발급할 수 있다.(국조령 §81)

② 집합투자기구 수익적 소유자의 거주자증명서 신청

과세당국은 집합투자기구(자본시장법 §9 ⑱ 1호 · 5호 · 6호)로서 그 수익적 소유자가 거주자 또는 내국법인으로만 구성되어 있는 집합투자기구가 제1항 각 호의 사유로 수익적 소유자가 거주자 또는 내국법인에 해당함을 증명하는 서류의 발급을 신청하는 경우 대통령령으로 정하는 바에 따라 해당 집합투자기구의 명의로 그 증명서를 발급할 수 있다.(국조법 §41 ②)

③ 벨기에 및 네덜란드 조세조약 : 별도 신청서

벨기에의 경우에는 벨기에 과세당국에 제출하는 소득세감면신청서의 거주자확인란에 확인을 받아야 하며, 네덜란드의 경우에는 국세청고시 제85-18호 별지 1호 '거주자증명 신청서'에 거주자임을 확인받아야 한다.

1.3 조세조약의 이중과세방지규정

(1) 이중과세방지의 필요성

이중과세에는 법적 이중과세(juridical double taxation)와 경제적 이중과세(economic double taxation)의 2가지 유형이 있다.(OE §23-1,2)

법적 이중과세	같은 사람의 같은 소득이나 자본이 2개 국가에 의해 과세되는 경우
경제적 이중과세	두 명의 다른 사람이 같은 소득이나 자본에 대하여 과세되는 경우

조세조약상 이중과세문제는 법적 이중과세에 대한 것이며, 경제적 이중과세는 배당조항에서 별도로 검토된다. 법적 이중과세는 각국 조세제도의 차이로 인해 다양한 형태로 발생된다. 크게 다음과 같은 세 가지 유형으로 구분할 수 있다.

| 국제거래에서 일어나는 법적 이중과세 유형 |

법적 이중과세 유형	구체적 내용
① 거주지국 간 과세의 경합	양 체약국이 같은 사람의 전세계 소득이나 자본에 대하여 과세하는 경우
② 거주지국과 원천지국 과세의 경합	한 사람이 한 체약국(R)의 거주자이고, 체약상대국(S 또는 E)에서 소득을 수취하거나 자본을 소유하며, 양국 모두 그 소득이나 자본에 대하여 과세하는 경우
③ 원천지국 간 과세의 경합	양 체약국이 어느 국가의 거주자도 아닌 같은 사람에 대하여 한 체약국에서 수취한 소득이나 소유한 자본에 대하여 과세하는 경우

※ R: 거주지국, S: 원천지국이나 소재지국, E: 국내사업장 소재지국

① 거주지국 간 과세의 경합: 동시 무제한 납세의무

조세조약의 거주자조항이 적용된다는 점에서 위 유형 ①은 사실상 유형 ②와 같은 개념이다. 이는 거주지 판정을 위해 조세조약을 적용할 때 '한 체약국의 거주자'는 그 사람의 주소, 거주지, 관리장소나 유사성격의 기타기준에 따라 거주지가 결정되며, 이중거주의 경우 어느 국가가 조약상 의미하는 거주지국(R)인지를 결정하는 특별기준에 따라 거주지가 결정되기 때문이다.(OE §23-4) 그런데 거주자조항은 무제한 납세의무가 동시에 발생하는 경우에만 적용되므로, 유형 ①에 있어 동일소득이 다른 시점에 양국의 무제한 납세의무에 해당하는 경우는 해결할 수 없다. 다음 사례는 이러한 문제를 보여준다.(OE §23-4.1)

> 사례: R1국의 거주자가 자신에게 부여된 근로자 주식매수선택권의 과세이익을 수취한다고 가정하자. R1국은 선택권이 부여된 때 그 이익을 과세한다. 이후 그 사람은 R2국의 거주자가 되는데, R2국은 선택권 이익을 부여 이후 행사시점에 과세한다. 이 경우, 그 사람은 각국의 거주자인 시점에 각국에서 과세되며, 조세조약의 거주자조항은 양국 간의 거주자격 충돌이 없기 때문에 이 문제에 대하여 적용되지 않는다.

위 충돌사안은 결국 유형 ②의 경우로 볼 수 있으며, 따라서 주식매수선택권이 관련된 근로용역이 어느 체약국에서 제공되었는지에 따라 해결될 수 있다. 관련 근로가 제공된 국가에서 주식매수선택권이 행사된 것이기 때문이다. 이런 경우, 실제로 근로가 제공된 국가가 다른 국가의 이중과세방지 목적상 원천지국이 된다. 원천지국이 동시에 과세를 하지 않으면 문제가 발생하지 않는다. 또한, 다른 국가가 원천지국에 대응하여 거주지국 자격으로 과세하는 것도 문제가 없다.(OE §23-4.2)

그러나 관련 근로용역이 양국에서 모두 이루어지지 않았던 경우, 위 충돌사안은 거주

지국과 원천지국의 이중과세 문제가 아니며, OECD모델 23조 1항에 있는 '그 소득이 또한 다른 국가 거주자가 수취하는 소득이라는 이유로, 이 규정들에서 다른 국가가 과세하도록 허용하는 경우는 제외하고'라는 문단에서 확인하는 대로, 그로 인해 발생되는 모든 이중과세는 이 조항의 범위를 벗어난다. 이 경우 상호합의절차로 해결해야 한다. 가능한 방법은 근로자가 제삼국의 거주자였을 때 제공한 근로와 관련한 이익에 대해 거주자 자격으로 납부한 세액을 각국이 서로 공제하는 것이다. 따라서 위 사례에서, 그 사람이 R2국 거주자가 되기 전에 제삼국에서 근무를 하였다면, 제삼국에서 제공된 근로와 관련된 이익에 대한 R1국 조세를 R2국이 공제해 주어야 한다. 왜냐하면, 근로제공 시점에 조세조약에 따라 납세자는 R2국이 아닌 R1국 거주자이기 때문이다.(OE §23-4.3)

한미조세조약 상 이중과세문제

한미조세조약 제4조 제4항(유보조항)은 "이 협약의 어떠한 규정에도 불구하고 어느 체약국은, 이 협약이 효력을 발생하지 아니하였던 것처럼, 동 체약국의 시민 또는 거주자에 대하여 과세할 수 있다"고 규정하며, 제5항은 "제4항은 제5조(이중과세회피), 제7조(무차별), 제24조(사회보장지급금), 제27조(상호합의절차), 제20조(교직자), 제21조(학생 · 훈련생), 제22조(정부기능)에는 적용되지 않는다"고 규정한다.

이에 따라 미국 시민권자로서 한국 거주자인 사람이 미국 주식을 양도하는 경우 미국 거주자로 과세되면서 동시에 한국 거주자로 과세되어 이중과세된다. 이 경우, 한미조세조약 제16조(양도소득)에 따라 한국에 과세권이 있지만 유보조항에 따라 미국은 제16조에도 불구하고 시민권자를 과세할 수 있다. 한국 과세당국은 유보조항에 따라 양도소득조항이 무시되어 미국세법이 적용되는 경우 이중과세회피조항은 그대로 적용되므로 그에 따라 미국에서 이중과세를 조정해야 한다는 입장이다.(조심 2023서9381, 2024.3.27.) 이에 비해 미국 과세당국은 양도소득조항은 유보조항에 의해 효력이 제거되므로, 미국원천소득을 이중으로 과세한 한국에서 이중과세를 조정해야 한다는 입장이다.(Filler v. Commissioner, 74T.C.406, 1980)

② 거주지국과 원천지국 과세의 경합: 무제한납세의무와 제한납세의무

이 경우 이중과세문제는 체약국 간에 과세권을 배분함으로써 해결될 수 있다. 이러한 과세권 배분은 원천지국(S) · 국내사업장 소재지국(E)이나 거주지국(R)에 의해 과세권이 자제되거나 또는 양국 간에 과세권을 공유함으로써 이루어진다. 사실상 조약의 규정들은 이러한 과세권의 배분을 규정하기 위한 것이다.(OE §23-5)

일부 종류의 소득과 자본에 대하여는 체약국 중 어느 한편에 배타적 과세권이 주어지는데, 해당 소득이나 자본이 '한 체약국에서만 과세된다(shall be taxable only)'고 표현된다. '한 체약국에서만 과세된다'는 말은 체약상대국의 과세를 배제하고, 따라서 이중과세가 회피된다. 배타적 과세권은 보통 납세자 거주지국(R)에 주어지나, 국제운송소득 등의 배타적 과세권을 납세자 거주지국이 아닌 원천지국에 준다.(OE §23-6)

그러나 대부분 소득 및 자본에 대한 과세권은 배타적인 것이 아니며, 이 경우 해당 소득과 자본은 납세자가 거주하지 않는 국가(원천지국이나 국내사업장 소재지국)에서 '과세될 수 있다(may be taxed)'고 표현된다. 이때 거주지국(R)은 이중과세를 회피하기 위해 공제를 해주어야 한다. 이중과세방지조항은 이러한 공제를 적용하기 위한 것이다.(OE §23-7)

이중과세방지조항은 거주지국(R)의 거주자가 체약상대국(원천지국이나 국내사업장 소재지국)에서 소득을 수취하거나 자본을 소유하며 그런 소득이나 자본이 조약에 따라 원천지국(S)이나 국내사업장 소재지국(E)에서 과세되는 상황에 적용된다. 즉, 이중과세방지조항은 거주지국에 적용되며 원천지국(S)이나 국내사업장 소재지국(E)에 적용되는 것은 아니다.(OE §23-8)

거주지국(R)의 거주자가 체약상대국(E)에 있는 국내사업장을 통해 거주지국(R)으로부터 소득을 수취하는 경우 국내사업장 소재지국(E)은 그 소득이 국내사업장에 귀속된다면 과세할 수 있다.(거주지국 소재 부동산소득 제외) 이 경우, 해당 소득이 원래 거주지국에서 발생되었다는 사실에도 불구하고 거주지국은 국내사업장 소재지국의 국내사업장에 귀속되는 소득에 대해 이중과세를 조정해 주어야 한다. 그렇지만, 체약국들이 거주지국이 배당이나 이자의 원천지국으로서 조약상 제한세율로 과세권을 행사하도록 합의하였다면, 거주지국이 과세한 조세에 대하여 국내사업장 소재지국이 세액공제를 해주도록 또한 합의해야 한다.(OE §23-9)

그런데, 거주지국이 소득공제방법을 적용하는 경우 거주지국이 원천지국으로서 배당과 이자를 과세하면 문제가 발생할 수 있다. 사업소득조항과 소득공제조항에 따라 거주지국은 국내사업장에 귀속된 국외원천소득을 과세하지 못하는데, 이에 비하여 이자나 배당을 체약상대국의 거주자에게 지급하면 거주지국은 원천지국으로서 조약상 제한세율로 그 소득을 과세할 수 있다. 이런 결과에 만족하지 못하는 체약국들은 조약에 거주지국은 소득공제방법을 적용한다는 사실에도 불구하고 배당이나 이자의 원천지국으로서 조약의 제한세율로 그 소득을 과세한다는 규정을 포함시킬 수 있다. 국내사업장 소재지국은 이중과세방지조항에 따라 이러한 조세에 대하여 세액공제를 해줄 수 있다. 물론 국내사업장 소재지국이 국내법상 국내사업장 귀속 배당이나 이자를 과세하지 않는 경우 이러한 세액공제는 주어지지 않는다.(OE §23-9.1)

거주지국(R) 거주자가 국내사업장 소재지국(E)에 가지고 있는 국내사업장을 통해 제삼국으로부터 소득을 수취하는 경우 국내사업장 소재지국(E)은 소득이 국내사업장에 귀속된다면 그 소득(제삼국소재 부동산소득 제외)을 과세할 수 있다. 거주지국(R)은 국내사업장 소재지국(E)의 국내사업장에 귀속된 소득과 관련하여 이중과세를 조정해야 한다. 소득이 발생한 제삼국에서 부과된 조세에 대하여 국내사업장 소재지국(E)이 공제를 해주어야 할 조약상 의무는 없다. 그러나 차별금지조항에 따라 국내사업장 소재지국(E)의 국내법상 국내사업장 소재지국(E) 거주자를 위해 규정된 공제는 거주지국(R) 기업이 국내사업장 소재지국(E)에 가진 국내사업장에도 또한 허용된다.(OE §23-10)

외국법인 국내사업장의 외국납부세액공제

외국법인 국내사업장이 외국의 제삼자(본점 포함)로부터 소득을 수취하는 경우 해당 소득에 대하여 외국납부세액공제를 적용해야 하지만(법법 §97 ①), 다음과 같은 이유로 외국납부세액공제를 할 수 있는 경우가 거의 없다. 그러므로 상호주의에 따라 국내사업장 외국납부세액공제를 허용하도록 법을 개정할 필요가 있다.

1. 과세표준에 국외원천소득이 포함된 경우 외국납부세액공제를 허용하는데, 국내사업장 귀속 국외원천 자산소득은 국내원천소득으로 간주하므로(법령 §132 ③) 그러한 소득에 대하여는 외국납부세액공제를 적용할 수 없다.
2. 양자조세조약은 양 체약국 거주자에게 지급하는 소득에 대한 원천징수 및 외국납부세액공제를 규정하므로 양 체약국 거주자에 해당하지 않는 외국법인 국내사업장은 양자조세조약의 적용대상이 아니다.
3. 대부분 국가의 국내세법은 비거주자(한국 거주자)에게 지급하는 소득에 대한 원천징수를 규정하므로 외국법인 국내사업장은 해당국의 국내세법에 따른 비거주자에 해당하지 않는다.

③ 원천지국 간 과세의 경합: 동시 제한납세의무

유형 ③은 예를 들면 비거주자가 한 체약국(E)에 국내사업장을 가지고, 이를 통해 체약상대국(S)에서 소득을 수취하거나 자본을 소유하는 경우이다.(OE §23-3) 조세조약은 그 의미상 한 체약국이나 양 체약국의 거주자인 사람에게만 적용되므로, 유형 ③의 경우는 조약의 적용범위 밖에 있다. 따라서 이러한 문제는 상호합의절차를 통해 해결되어야 하며, 이때 '유형 ②'의 해결방안이 적용될 수 있다.(OE §23-11)

④ 동일소득이 양국에서 과세되는 경우

일부 경우, 동일한 소득이나 자본을 각 체약국에서 자국 거주자의 소득이나 자본으로 과세할 수 있다. 예를 들면, 이는 체약국들 중 하나가 그 국가 거주자인 단체의 전세계 소득을 과세하는 반면, 다른 국가는 그 단체를 비과세하여 그 국가 거주자인 그 단체의 구성원들에게 각 소득의 몫에 대하여 과세하는 경우에 발생한다. 이중과세방지조항의 '이 규정들에서 그 소득이 또한 다른 국가 거주자가 수취하는 소득이거나 또는 그 자본이 다른 국가 거주자가 보유하는 자본이기 때문에 다른 국가가 과세하도록 허용하는 경우는 제외하고'라는 문단은, 그러한 경우 양국은 그 납세자 거주지에 근거하여 배타적으로 과세되는 각국 과세에 대하여 호혜적으로 구제할 의무가 없으며, 따라서 원천지국으로서 또는 그 소득이나 자본이 귀속되는 국내사업장 소재지국으로서 해당 소득이나 자본을 과세하도록 하는 조약규정에 따라 다른 국가가 과세하는 경우 각국은 이중과세를 구제할 의무가 있고, 그렇게 함으로써 다른 국가에서 오로지 그 사람 거주지를 이유로 과세하는 것을 배제할 수 있다는 점을 확인한다. 이러한 결론은 이 규정이 없는 경우에도 이중과세방지조항의 취지를 합리적으로 따른 것이지만, 이 규정을 추가함으로써 이에 대한 의문을 없앨 수 있다.(OE §23-11.1) 이러한 원칙은 아래 사례에서 예시된다.(OE §23-11.2)

- **사례 A**: R국에 설립된 단체가 R국 거주자에 해당하며, 이에 따라 R국에서 전세계 소득에 대하여 과세된다. S국은 그 단체를 비과세하며 그 단체의 구성원에게 그 단체를 통해 수취하는 소득의 몫에 대하여 과세한다. 그 단체의 구성원들은 모두 S국 거주자이다. 그 단체의 소득은 모두 R국에 소재하는 국내사업장에 귀속되는 사업소득이다. 이 경우, 그 단체가 납부할 조세를 결정할 때, R국은 그 단체의 소득에 대하여 이중과세방지조항에 따른 이중과세를 해소할 의무가 없는데, S국은 단지 그 단체 구성원의 거주지국을 이유로 조약규정에 따라 그 소득을 과세하기 때문이다. 한편, S국은 그 단체의 전체소득에 대하여 이중과세방지조항에 따른 이중과세를 해소해야 하는데, R국이 자국 거주 단체가 그 소득을 수취한다고 보는 사실과 상관없이 사업소득조항에 따라 R국이 그 소득을 과세할 수 있기 때문이다. 세액공제규정에 따라 그 단체의 구성원에 대하여 이중과세를 해소하기 위해 R국에서 납부한 소득세를 결정할 때, S국은 R국에서 그 단체가 납부한 조세를 고려해야 한다.

- **사례 B**: 사례 A와 사실관계는 같으며, 다만 그 단체를 통해 수취하는 소득의 30%가 R국 국내사업장에 귀속되는 S국에서 발생한 이자이며, 나머지는 같은 국내사업장에 귀속되는 사업소득이다. 이 경우, 이자를 제외한 사업소득에 대한 이중과세해소는 사례 A에서 설명할 것처럼 이루어진다. 그러나, 이자의 경우 R국은 그 단체 구성원들이 S국에서 납부한 이자에 대한 세액에 대하여 이자총액의 10%(이자소득조항에 따라 S국에서 납부할 최대세액) 또는 이자에 대하여 R국에서 납부해야 할 세액 중 작은 금액을 이중과세방지조항에 따라 그 단체에 세액공제를 해 주어야 한다. 한편, S국은 S국 거주자인 그 단체의 구성원들에게 이중과세를 해소해야 하는데, 사업소득조항에 따라 R국이 그 소득을 과세할 수 있기 때문이다. S국이 소득공제방법을 적용한다면 이는 S국이 자국 거주자인 구성원들에게 귀속되는 이자상당액을 소득공제 한다는 의미이다. S국이 23B조의 세액공제방법을 적용하는 경우, S국이 이자소득조항에 따라 과세할 권한이 있는 세액을 초과하는 S국에서 납부하는 세액상당액에 대하여만 세액공제를 적용하며, 그 세액공제는 R국이 이자소득조항에 따라 S국에서 납부하는 세액에 대하여 적용하는 세액공제액을 차감한 후에 R국에서 납부하는 세액에 대하여 적용되어야 한다.

- **사례 C**: 사실관계는 사례 A와 같으며, 다만 단체의 모든 소득을 S국에 소재하는 부동산으로부터 수취한다. 이 경우, 단체가 납부할 세액을 결정할 때 R국은 단체의 전체소득에 대하여 이중과세해소를 해 주어야 하는데, S국이 자국 거주자인 구성원들이 그 소득을 수취하는 것으로 본다는 사실과 상관없이 부동산소득조항에 따라 S국에서 그 소득을 과세할 수 있기 때문이다. 한편, S국은 이중과세의 구제를 해줄 필요가 없는데, 그 단체의 거주지국을 이유로 R국이 조약규정에 따라 그 소득을 과세하기 때문이다.(그 소득이 R국에 소재하는 국내사업자에 귀속되는 경우에도 결론은 같다)

• 사례 D: 사례 A와 사실관계가 같다. 다만, 단체의 모든 소득은 국내사업자에 귀속되지 않는 S국에서 발생한 이자이다. 이 경우, 단체가 납부할 세액을 결정할 때 R국은 단체의 모든 구성원들이 S국에서 납부한 이자에 대한 세액에 대하여 이자총액의 10%(이자소득조항에 따라 S국에서 납부할 최대세액) 또는 이자에 대하여 R국에서 납부해야 할 세액 중 작은 금액을 그 단체에게 세액공제 해야 한다. 한편, S국은 그 단체의 소득에 대하여 이중과세의 구제를 해줄 필요가 없는데, 그 소득은 R국에서 발생되지 않았고 R국 국내사업장에 귀속되지 않으며, 단지 R국 거주자가 그 소득을 수취한다는 이유로 R국이 그 소득을 과세하기 때문이다. 이자소득조항에 따라 R국은 자국 거주자인 단체가 수취하는 소득인 이자를 과세할 권리가 있다.

• 사례 E: 사실관계는 사례 D와 같다. 다만, 단체의 모든 소득은 R국에서 발생한다. 이 경우, 단체가 납부한 세액을 결정할 때 R국은 단체의 소득에 대하여 이중과세의 구제를 할 의무가 없는데, 단지 그 단체 구성원들의 거주지국을 이유로 S국이 조약규정에 따라 그 소득을 과세하기 때문이다. 한편, S국은 그 단체가 R국에서 납부한 이자에 대한 세액에 대하여 이자총액의 10%(이자소득조항에 따라 S국에서 납부할 최대 세액) 또는 이자에 대하여 S국에서 납부해야 할 세액 중 작은 금액을 그 구성원들에게 세액공제해야 한다. 그렇지만, S국은 R국에서 납부한 세액에 대하여 이자소득조항에 따라 납부할 세액을 초과하여 이중과세를 구제하여 줄 의무가 없는데, 그 이자는 R국 국내사업장에 귀속되지 않으며 단지 그 소득이 R국 거주자가 수취하는 소득이라는 이유로 R국이 그러한 추가과세를 하기 때문이다. 기타소득조항에서 R국 거주 단체가 수취하는 소득인 이자를 R국이 과세할 권리를 확인한다.

• 사례 F: 사실관계는 사례 D와 같다. 다만, 단체의 모든 소득은 제삼국에서 발생하는 이자이다. 이 경우, 그 단체가 납부할 세액을 결정할 때 R국은 단체의 소득에 대하여 이중과세의 구제를 할 의무가 없는데, 단지 그 단체 구성원들의 거주지국을 이유로 S국이 조약규정에 따라 그 소득을 과세하기 때문이다. S국 또한 단체의 소득에 대하여 이중과세의 구제를 할 의무가 없는데, 그 소득은 R국에서 발생하지 않고 R국의 국내사업장에 귀속되지 않으며, 단지 R국 거주자가 수취하는 소득이라는 이유로 R국이 그 소득을 과세하기 때문이다. 기타소득조항에서 R국 거주 단체가 수취하는 소득인 이자를 R국이 과세할 권리를 확인한다. 또한, 기타소득조항에서 그 단체의 구성원인 S국 거주자가 수취하는 소득인 이자를 S국이 과세할 권리를 확인한다.

(2) 이중과세 방지방법의 유형

조세조약상 2가지 지배적인 이중과세 방지방법이 있다. 아래에서 소득세를 예로 들어 설명한다. 똑같은 원칙이 자본세에도 적용된다.(OE §23-12) 이들 방법의 본질적인 차이는 소득공제방법은 소득을 조정하고, 세액공제방법은 세액을 조정한다는 것이다.(OE §23-17)

조세조약에서는 소득공제방법과 세액공제방법 모두 광범위하게 쓰인다.(OE §23-28) 이론적으로는 네 가지 기본적인 방지방법이 적용될 수 있으며, 누진소득공제방법과 일반세액공제방법이 바람직하다.(OE §23-29) 국내세법에는 '소득공제방법', '일반세액공제방법'과 '세액의 손금(필요경비)산입방법'이 있다.

① **소득공제방법**(The Principle of Exemption)

소득공제방법을 적용하면, 거주지국(R)은 조약에 따라 국내사업장 소재지국(E)이나 원천지국(S)에서 과세된 소득을 과세소득에서 공제한다. 물론 국내사업장 소재지국(E)이나 원천지국(S)에서만 배타적으로 과세되는 소득은 거주지국에서는 아예 과세소득에 해당하지 않는다.(OE §23-13) 소득공제방법에는 다음 2가지가 있다.(OE §23-14)

완전 소득공제 (full exemption)	국내사업장 소재지국(E)이나 원천지국(S)에서 과세된 소득은 거주지국(R)에서 과세상 전액 공제되며, 거주지국(R)은 잔여소득에 대한 세율결정시 그 공제소득을 고려하지 않음.
누진 소득공제 (exemption with progression)	국내사업장 소재지국(E)이나 원천지국(S)에 과세된 소득은 거주지국(R)에서 과세시 공제되지만, 거주지국(R)은 잔여소득에 대한 세율결정시 그 공제소득을 고려함.

② **세액공제방법**(The Principle of Credit)

세액공제방법에서 거주지국(R)은 국내사업장 소재지국(E)이나 원천지국(S)에서 발생하고 조세조약에 따라 그 다른 국가에서 과세되는 소득을 포함한 납세자의 전체소득을 기준으로 세액을 계산한다. 다만, 원천지국(S)에서 배타적으로 과세되는 소득은 제외된다. 세액계산 후에 다른 국가 납부세액을 자국의 산출세액에서 공제해 준다.(OE §23-15) 세액공제방법은 다음 2가지 방법으로 적용된다.(OE §23-16)

완전 세액공제 (full credit)	거주지국(R)은 다른 국가에서 과세된 소득에 대해 그 국가에서 납부한 전체세액의 공제를 허용함.
일반 세액공제 (ordinary credit)	다른 국가에서 납부된 조세에 대하여 거주지국(R)에 의해 주어지는 공제는 다른 국가에서 과세된 소득에 해당하는 만큼의 자국 세액에 한정됨.

(3) 이중과세 방지방법의 적용사례

100,000의 총소득이 있는데, 그중 80,000은 거주지국(R)에서 수취되고, 20,000은 원천지국(S)에서 수취된 것으로 가정한다. 거주지국(R)에서 100,000에 대한 소득세율이 35%(사례 1)이고, 80,000에 대한 소득세율은 30%(사례 2)이다. 원천지국(S)의 소득세율은 20%(사례 1) 또는 40%(사례 2)이며, 이 경우 20,000에 대한 소득세는 4,000(사례 1) 또는 8,000(사례 2)이다.(OE §23-18)

구 분	사례 1	사례 2
거주지국(R) 소득	80,000	80,000
원천지국(S) 소득	20,000	20,000
거주지국(R) 소득세율	35%: 100,000인 경우 30%: 80,000인 경우	35%: 100,000인 경우 30%: 80,000인 경우
원천지국(S) 소득세율	20%	40%
원천지국(S) 소득세	4,000	8,000

각 사례별 총부담세액의 변화는 다음과 같다.

거주지국(R) 총소득: 100,000	총세액=35,000	
양국 발생소득 거주지국(R) 80,000 원천지국(S) 20,000	원천지국(S) 과세의 경우 총세액	
	4,000(사례 1)	8,000(사례 2)
조약 없음.	39,000	43,000
완전 소득공제	28,000	32,000
누진 소득공제	32,000	36,000
완전 세액공제	35,000	35,000
일반 세액공제	35,000	36,000

각 사례별로 거주지국에 의해 포기되는 세액은 다음과 같다.

구 분	원천지국(S) 과세의 경우	
	4,000(사례 1)	8,000(사례 2)
조약 없음.	0	0
완전 소득공제	11,000	11,000
누진 소득공제	7,000	7,000
완전 세액공제	4,000	8,000
일반 세액공제	4,000	7,000

(4) 이중과세와 이중비과세의 방지

① 각국의 국내법 차이로 인한 조세조약 적용의 차이

원천지국과 거주지국의 국내법상 차이 때문에 특정 소득이나 자본에 대하여 거주지국이 적용하는 것과 다른 조약규정을 원천지국에서 적용하는 경우, 그 소득이나 자본은 당연히 원천지국에서 해석하고 적용한 조약규정에 의해 과세된다. 이 경우 국내법상 차이로 인한 감면자격의 충돌에도 불구하고 거주지국이 이중과세에 대한 감면을 해주어야 한다. 아래 사례는 이를 설명한다.(OE §23-32.3)

> 사례: 파트너십이 국내사업장 소재지국(E)에 설립한 국내사업장을 통해 사업을 수행한다. 거주지국(R) 거주자인 파트너(partner)가 파트너십에 대한 자기 지분을 양도하였다. 거주지국(R)은 파트너십을 과세단체로 취급하는 반면, 국내사업장 소재지국(E)은 파트너십을 비과세한다. 따라서 국내사업장 소재지국(E)은 파트너십 지분양도를 거주지국(R)과의 조약상 파트너십 수행사업의 기초자산(underlying asset)을 파트너가 양도한 것으로 취급하여 부동산 및 동산 양도소득조항에 따라 과세한다. 거주지국(R)은 파트너십을 과세단체로 취급하기 때문에 파트너십 지분양도를 회사주식 양도와 같이 생각하는데, 이 경우 유가증권양도소득 조항에 따라 국내사업장 소재지국(E)에서는 과세되지 않는다. 이 사례에서 양국가 국내법상 파트너십에 대한 상이한 취급을 함으로써 감면자격의 충돌이 발생하며, 거주지국(R)은 국내사업장 소재지국(E)이 '조약규정에 따라' 양도소득을 과세할 것으로 예상한다. 그러므로 양도소득을 거주지국(R) 국내법상 회사주식 양도소득으로 취급하는지 여부와 상관없이, 또한 국내사업장 소재지국(E)의 소득구분이 거주지국(R)과 일치하면 거주지국(R)은 감면을 해 줄 필요가 없다는 점을 고려하지 말고 거주지국(R)은 소득공제 또는 세액공제를 허용해야 한다.(OE §23-32.4)

② 사실관계 및 조세조약 규정의 해석차이

거주지국이 적용하는 것과 다른 조세조약 규정을 소득에 적용하여 원천지국이 과세하는 경우 거주지국이 항상 이중과세를 제거해야 할 조약상 의무는 없다. 위 사례에서 국내사업장 소재지국(E)이 동산양도소득 조항을 적용하면서 파트너십이 국내사업장에서 사업을 수행했다고 판단하는 반면, 거주지국(R)은 파트너십이 국내사업장 소재지국(E)에 국내사업장이 없으므로 기타재산양도소득 조항이 적용된다고 생각하는 경우 실질적 문제는 국내사업장 소재지국(E)이 조약규정을 바르게 해석하였는가이다. 국내사업장 소재지국(E)이 동산양도소득 조항을 적용할 때 특정자산을 포함시키기 위해 거주지국(R)의 해석과 다르게 '사업재산의 일부를 구성하는'을 적용하는 경우 문제가 발생한다. 사실에 대한 다른 해석이나 조약규정에 대한 다른 해석으로 인한 이러한 충돌은 위의 국내법상 다른 규정으로 인한 감면자격의 충돌과 구분되어야 한다.

거주지국(R)이 사실이나 조약의 잘못된 해석이라고 판단한 것에 근거하여 국내사업장 소재지국(E)이 과세하는 경우, 거주지국(R)은 국내사업장 소재지국(E)이 조약규정에 따라 과세하지 않았다고 주장할 수 있다. 이중과세를 초래할 수 있는 이런 사안의 충돌의 경우에는 이중과세 방지방법은 별 효과가 없고 양 체약국은 상호합의에 의해 문제를 해결해야 한다.(OE §23-32.5)

③ **이중비과세의 방지**

'이 조약 규정에 따라 과세될 수 있다'는 규정으로 인해 이중과세 방지방법을 적용하는 경우 이중비과세(double non-taxation)가 일어날 가능성이 있다. 원천지국이 과세권을 가진 소득이나 자본을 조약규정 때문에 과세에서 제외해야 한다고 판단하는 경우 거주지국은 자신이 원천지국의 입장이라면 그 소득에 대한 과세권을 갖기 위해 조약을 다르게 적용했을지라도 원천지국에서 그 소득이 조약규정에 따라 과세되지 않았다는 사실에 주목해야 한다. 이 경우, 거주지국이 그 소득에 대해 공제를 해 주는 것은 이중과세를 제거하기 위한 조세조약의 원칙에 맞지 않는다.(OE §23-32.6) 아래 사례는 위 ①의 사례에 변화를 준 것이다.

> **사례:** 국내사업장 소재지국(E)에 설립된 파트너십이 국내사업장 소재지국(E)에서 국내사업장을 통해 사업을 수행하며, 거주지국(R)의 거주자인 파트너가 파트너십에 대한 자기지분을 양도한다. 그런데 이번에는 국내사업장 소재지국(E)이 파트너십을 과세단체로 취급하고, 반면 거주지국(R)은 비과세한다고 가정하자. 또한 거주지국(R)은 소득공제방법을 적용한다고 가정하자. 국내사업장 소재지국(E)은 파트너십을 법인체로 인정하기 때문에 파트너십 지분양도를 회사주식 양도로 생각하며, 따라서 기타재산양도소득 조항에 따라 과세하지 않는다. 한편, 거주지국(R)은 파트너십 지분양도를 부동산 및 동산양도소득 조항이 적용되는 파트너십이 수행한 사업의 기초자산을 파트너가 양도한 것으로 보아 국내사업장 소재지국(E)에 의해 과세된다고 판단한다. 그럼에도 불구하고 거주지국(R)이 이중과세방지 조항에 따라 그 소득을 공제할 의무가 있는지 여부를 결정할 때 거주지국(R)은 국내사업장 소재지국(E)의 국내법과 조약규정에 따라 국내사업장 소재지국(E)에서 그 소득을 과세하지 않을 수 있음을 고려해야 한다. 따라서 거주지국(R)은 그 소득을 공제할 어떤 의무도 없다.(OE §23-32.7)

④ **과세시점의 차이**(timing mismatch)

조세조약은 일정유형의 소득이나 자본에 대한 원천과세를 규정하지만, 언제 과세를 할 것인지는 규정하지 않는다. 이중과세방지조항은 특정 소득이나 자본이 조세조약 규정에 따라 원천지국에서 과세되는 경우 공제를 허용한다고 규정하므로 원천지국의 과세시기와 상관없이 공제가 이루어져야 한다. 따라서 거주지국은 원천지국이 사전에 또는 사후 과세를 하는 경우에도 해당 소득이나 자본에 대한 세액공제나 소득공제를 통해 이중과세를 해소해야 한다.(OE §23-32.8)

2. 직접외국납부세액공제

내국법인의 각 사업연도의 과세표준 또는 거주자의 종합소득금액 · 퇴직소득금액에 국외원천소득이 포함되고 그 국외원천소득에 대하여 외국에서 납부하였거나 납부할 외

국 법인세액 또는 소득세액이 있는 경우에는 세액공제를 받을 수 있다.(법법 §57 ①, 소법 §57 ①)

| 직접외국납부세액 공제요건 |

구 분	내국법인(법법 §57)	거주자(소법 §57)
적용요건	1. 내국법인(외국법인 국내사업장 포함)으로서	1. 거주자로서
	2. 각 사업연도 과세표준에 국외원천소득이 포함되었고	2. 종합소득, 퇴직소득, 양도소득에 국외원천소득이 포함되었고
	3. 국외원천소득에 대하여 외국법인세액을 납부하였거나 납부할 것	3. 국외원천소득에 대하여 외국법인세액을 납부하였거나 납부할 것
적용대상 소득	제한 없음.	종합소득, 퇴직소득, 양도소득
미공제액 손금산입	제한 없음.	부동산임대소득, 사업소득, 퇴직소득, 양도소득만 선택적용 가능

2.1 외국납부세액의 범위

(1) 법인의 외국납부세액

공제대상 외국납부세액은 다음과 같으며 가산세는 제외한다.(법령 §94 ①)

1. 초과이윤세 및 기타 법인의 소득 등을 과세표준으로 하여 과세된 세액
2. 법인소득 등을 과세표준으로 하여 과세된 세의 부가세액
3. 법인소득 등을 과세표준으로 하여 과세된 세와 동일한 세목에 해당하는 것으로서 소득외의 수익금액 또는 이에 준하는 것을 과세표준으로 하여 과세된 세액

① 외국납부세액에 해당하는 경우

소득에 대한 지방세나 이자·배당에 대한 원천소득세는 공제대상이다. 내국법인이 부담해야 할 세액을 계약에 의해 원천징수의무자인 외국법인이 부담하는 경우에도 공제대상이다. 내국법인 해외지점의 소득이 결손임에도 해당 외국정부로부터 인정과세방식에 의해 납부한 법인세는 외국납부세액에 해당한다.(재국조-123, 2003.12.29.) 공제대상 외국납부세액은 내국법인의 익금에 산입해야 한다.(법통 57-94…3)

독일의 영업세나 통일세(국제세원-427, 2012.9.17.), 필리핀의 지점세(서면법규-1323, 2014.12.16.), 멕시코의 자산세(국제세원-1680, 2008.9.12.), 리비아의 지하도세(법인 1264.21-755, 1984.2.28.), 베트남의 외국인계약자세(한베트남조약 §2)는 외국납부세액에 해당한다.

② 외국납부세액에 해당하지 않는 경우

㉮ 외국납부세액에 해당하지 않는 경우

부가가치세와 같은 간접세 및 직접세라 하더라도 소득에 대하여 과세되지 않는 것은 제외된다. 예를 들면, 법인의 수입금액 · 생산량을 과세표준으로 하여 과세되는 세액, 조세가 아닌 사회보장부담금 · 보험료 · 공과금, 법인세 · 소득세에 대한 가산세는 공제대상이 아니다.(법통 57-94…2) 내국법인이 중국에 소재하는 자회사로부터 사용료소득을 받을 때 중국세법에 따라 소득세 및 영업세가 원천징수된 경우 영업세는 외국법인세액에 해당하지 아니하여 이를 손금에 산입하며, 원천징수된 영업세가 환급되는 경우 그 영업세는 환급이 확정되는 사업연도에 익금에 산입한다.(서이-2243, 2004.11.4.) 러시아의 부가가치세(서면2팀-638, 2006.4.19.), 베트남의 간접세에 해당하는 외국인계약자세(서면법령법인-1756, 2016.4.28.), 에티오피아의 withhold tax(국제세원-625, 2009.12.18.)도 외국납부세액에 해당하지 않는다. 또한, 보증성격의 선납세금(deposit tax)은 실제납부세액으로 처리되는 때에 공제대상이 된다.

대가관계납세자(dual capacity taxpayer): Reg §1.901-2.a.2

미국세법은 조세명목으로 외국정부에 납부하더라도 실질적으로 자산이나 용역을 제공받은 대가에 해당하는 경우에는 외국납부세액공제를 인정하지 않는다. 이러한 납세자를 대가관계납세자(dual capacity taxpayer)라고 한다. 대가관계가 있는 조세로는 중동국가에 납부하는 원유광구세, 기타 정부기관에게 납부하는 토지이용세 등이 있다.

㉯ 상호합의에 따른 이전가격조정의 경우

상호합의에 따라 내국법인의 소득이 감액 조정된 금액 중 국외특수관계인에게 반환되지 않고 내국법인에게 유보된 금액에 대하여 외국정부가 과세한 금액은 외국법인세액에서 제외된다.(법령 §94 ① 단서) 그런데, 이 시행령 규정은 '이중과세방지'를 선언한 모법의 위임범위를 벗어나거나 조세조약의 이중과세방지규정에 위반하는 것으로, 이를 적용하면 사업소득에서 전환된 배당소득에 대하여 세액공제뿐 아니라 손금산입도 인정되지 않는 모순이 발생한다.

※ 국외자회사에서 상품거래가격을 감액하여 경정한 것에 대하여 국내모회사가 반환하지 않아 배당소득으로 과세되는 경우

- 국외자회사: 손금불산입 100 국내모회사에 대한 배당
  (국내모회사에게 지급한 사업소득을 부인하고 이를 배당소득으로 간주)
- 국내모회사: 익금불산입 100 △유보 ⇒ 익금산입 100 유보(사업소득을 배당소득으로 재구분)
  손금산입 10 기타사외유출 ⇒ 손금불산입 10 기타
  (배당소득에 대한 외국납부세액이지만 인정되지 않음)

㉰ 조세조약에 따른 세액을 초과하는 외국납부세액

외국납부세액이 조세조약에 따른 비과세 · 면제 · 제한세율에 관한 규정에 따라 계산한 세액을 초과하는 경우에는 그 초과하는 세액은 공제대상에서 제외하되, 러시아연방 정부가 비우호국과의 조세조약 이행중단을 내용으로 하는 자국 법령에 근거하여 조세조약에 따른 비과세 · 면제 · 제한세율에 관한 규정에 따라 계산한 세액을 초과하여 과세한 세액은 포함한다.(법령 §94 ① 단서) 이는 조세조약에 따라 감면되는 조세를 감면받지 못한 경우 상대국에서 감면을 받아야 한다는 의미이다.

(2) 거주자의 외국납부세액

거주자의 공제대상 외국납부세액은 다음과 같으며, 가산세는 제외한다. 다만, 해당 세액이 조세조약에 따른 비과세 · 면제 · 제한세율에 관한 규정에 따라 계산한 세액을 초과하는 경우에는 그 초과하는 세액은 제외하되, 러시아연방 정부가 비우호국과의 조세조약 이행중단을 내용으로 하는 자국 법령에 근거하여 조세조약에 따른 비과세 · 면제 · 제한세율에 관한 규정에 따라 계산한 세액을 초과하여 과세한 세액은 포함한다.(소령 §117 ①)

1. 거주자의 소득금액을 과세표준으로 하여 과세된 세액과 그 부가세액
2. 위와 비슷한 세목에 해당하는 것으로서 소득 외의 수입금액 또는 기타 이에 준하는 것을 과세표준으로 하여 과세된 세액

외국인이라 하더라도 거주자가 된 경우에는 외국납부세액의 공제대상이다.(외인 22630-1762, 1986.5.29.) 종합소득 · 퇴직소득 또는 양도소득으로 구분하여 과세되지 아니한 국외원천소득에 대한 외국납부세액은 종합소득금액 · 퇴직소득금액 또는 양도소득금액에 의해 안분계산한다.(소칙 §60 ①)

(3) 납부하였거나 납부할 세액

① 납부한 세액: 세법상 의무가 있는 세액을 납부한 것만을 의미하며 착오나 고의로 과다하게 납부한 세액을 포함하지 않는다.

② 납부할 세액: 구체적인 납세의무가 확정되어 금전적 조세채무가 존재하는 경우의 세액을 의미한다.(법통 57-94…2) 따라서 신고 또는 결정고지에 의해 납부할 세액이 확정되면 현금납부, 분납, 징수유예와 상관없이 공제대상 외국납부세액이다.

(4) 외국법인세를 원천징수하지 않거나 외국의 지급자가 부담하는 경우

국외원천소득을 수취하면서 외국에서 외국법인세를 원천징수하지 않거나 국외원천소득을 지급하는 외국의 지급자가 원천징수세액을 부담하는 경우가 있다. 이 경우 다음과 같이 세무처리한다.

상 황	원천징수하지 않은 경우
수취	현금 1,000 / 국외원천소득 1,000
수취인이 원천징수세액 부담	손금산입 미지급법인세 100 기타, 손금불산입 외국법인세 100 기사
	지급자에게 주어야 할 외국법인세를 미지급으로 인식하고, 이를 손금불산입하여 세액공제
지급자가 원천징수세액 부담	익금산입 수증이익 100, 손금산입 미지급법인세 10, 손금불산입 외국법인세 10
	지급자가 부담한 원천징수세액을 익금으로 인식하고, 그에 대한 추가 원천징수세액을 각각 손금 및 익금으로 계상하고 세액공제

(5) 납부세액의 원화환산(법칙 §48, 소칙 §60)

구 분	적용 환율
외국세액을 납부한 때	외국세액을 납부한 때의 기준환율 또는 재정환율
해당 사업연도 중에 확정된 외국법인세가 분납 또는 체납으로 인하여 미납된 경우	그 사업연도 종료일 현재의 기준환율 또는 재정환율
사업연도 종료일 이후에 확정된 외국법인세를 납부하는 경우 미납된 분납세액	확정일 이후 최초로 납부하는 날의 기준환율 또는 재정환율
사업연도 종료일 이후 그 사업연도의 과세표준에 포함된 국외원천소득에 대한 외국정부의 법인세 결정통지를 받은 때	결정통지를 받은 날의 기준환율 또는 재정환율 (법인 22601-2555, 1988.9.9.)
공제받은 외국납부세액을 외국에서 환급받아 국내에서 추가로 세액을 납부하는 경우	• 해당 외국납부세액을 납부한 때의 기준환율 또는 재정환율 • 다만, 환급받은 세액의 납부일이 분명하지 아니할 경우 ⇒ (해당 과세기간 동안 해당 국가에 납부한 외국납부세액의 원화환산 합계액 ÷ 해당 과세기간 동안 해당 국가에 납부한 외국납부세액의 합계액)으로 계산한 환율

2.2 외국납부세액공제의 한도

외국납부세액공제는 국내에서 실제 납부한 세액을 넘지 않아야 한다는 것이 원칙이다. 공제한도는 직접·간주·간접 외국납부세액을 모두 포함하여 계산한다.

(1) 공제한도액 계산(법법 §57 ①, 소법 §57 ①)

$$\text{해당 사업연도 법인세·소득세} \times \frac{\text{국외원천소득} - \text{국외원천소득 중 「조세특례제한법」 등에 의한 감면액}}{\text{해당 사업연도 과세표준}}$$

'해당 사업연도 법인세 또는 소득세'는 해당 사업연도의 법인세액(토지등 양도소득에 대한 법인세액과 투자상생협력촉진을 위한 과세특례에 따른 미환류소득에 대한 법인세액은 제외) 및 소득세액을 말하며, 각종 면제세액이나 세액공제액을 계산하기 전의 금액이다.(법법 §57 ① 1호)

국외원천소득의 범위는 국외원천소득의 과세에서 설명한다. '조세특례제한법 등에 의한 감면액'은 조세특례제한법 및 기타 법률에 의한 면제 또는 세액감면의 대상이 되는 국외원천소득에 해당 면제 또는 감면비율을 곱하여 산출한 금액을 말한다.(법법 §57 ① 단서, 소법 §57 ① 단서) 이 경우, 세액감면의 대상이 되는 국외원천소득에 곱하는 감면비율은 해당 법인이 실제로 감면받은 세액을 기준으로 산정하며, 외국납부세액공제와 감면 중 납세자가 유리한 방법을 선택하여 적용함에 따라 해당 감면을 적용받지 아니하거나 최저한세의 적용으로 감면이 배제되는 금액은 감면비율 산정시 제외한다.(법인 46012-681, 2002.12.18.)

과세표준에 포함되는 국외원천소득이 없는 거주자·내국법인이 납부하였거나 납부할 외국납부세액에 대하여는 세액공제를 받을 수 없다.(법인 46012-3484, 1999.9.10.) 또한, 공제한도액은 산출세액에 일정비율을 곱하여 계산하므로 산출세액이 없는 사업연도에는 공제되는 외국납부세액이 없다.

사례 외국납부세액 공제액의 계산

갑법인의 국내 및 국외의 원천소득 현황은 아래와 같다.

구 분	국내 본점	A국 사업장	B국 원천	C국 원천	합산과세
수입금액	3,000	1,000	500	500	5,000
비 용	2,300	200	–	–	2,500
소득금액	1,000	500	500	–	2,500
납부세액(세율)	–	200(40%)	75(15%)	–	500(20%)

※ 본점에서 발생한 비용 중 A국 사업장 관련비용 300, B국 원천 관련비용 200
※ C국 원천소득 500은 C국에서 받아야 할 이자소득을 세무조정으로 익금산입한 금액
- 공제한도액: 500×[(1,000－200－300)+(500－200)+500]/2,500=260
- 외국납부세액 공제액: Min(260, 200+75)=260

(2) 사업연도가 다르거나 소득귀속연도가 다른 경우

국외사업장의 사업연도와 내국법인의 사업연도가 다른 경우 국외원천소득 및 외국납부세액의 계산은 내국법인의 사업연도를 기준으로 한다. 예를 들면, 내국법인 사업연도가 1월~12월까지이고 외국법인 사업연도는 7월~다음 해 6월까지인 경우 국외원천소득은 각각 7월~12월, 다음 해 1월~6월로 구분하여 귀속되며 그 귀속소득에 비례하여 외국납부세액을 안분한다.

또한, 장기제공용역에서 국외사업장의 소득인식시기와 내국법인의 소득인식시기가 다른 경우, 내국법인의 소득인식시기를 기준으로 그 귀속소득에 비례하여 외국납부세액을 안분한다.

(3) 2 이상의 국가에 국외사업장들이 있는 경우 국별로 공제한도 계산

① 외국납부세액의 국별한도 공제방법

외국납부세액의 공제한도금액을 계산할 때 국외사업장이 2 이상의 국가에 있는 경우에는 사업자가 국가별로 국외사업장의 소득금액을 계산하여 공제한도를 국가별로 정하는 방법으로 이를 계산한다.(법령 §94 ⑦, 소령 §117 ⑦)

국외사업장이 없는 국외원천소득의 일괄한도 적용

법인세법 시행령 제94조 제2항에 따라 국외원천소득을 합산하여 공제한도를 계산하고 제7항에 따라 국외사업장이 2 이상의 국가에 있는 경우에는 국별로 공제한도를 계산한다. 따라서 국외사업장이 없는 국가에서 발생한 국외원천소득에 대하여는 국별한도가 아닌 일괄한도를 적용한다.

② 일괄공제를 적용하던 이월된 외국납부세액의 처리(대통령령 26068호 부칙 §15)

2014년 이전 일괄공제방법을 적용함으로써 공제한도를 초과하여 이월된 외국법인세액에 대해서는 2015.1.1. 이후 최초로 개시하는 사업연도에 다음 어느 하나를 선택하여 그 비율에 따라 국가별로 안분하여 국별 외국납부세액을 계산한 후 국별 공제한도를 계산한다. 이 경우, 어느 국가의 국외원천소득 또는 외국법인세액이 영(0) 이하인 경우 그 국가의 국외원천소득 또는 외국법인세액은 영(0)으로 한다.

> 국별 외국납부세액 = 이월된 외국납부세액의 총액 × (① 또는 ②)
> ① 2015.1.1. 이후 최초 개시 사업연도의 각 국가별 국외원천소득 ÷ 국가별 국외원천소득의 합계
> ② 2015.1.1. 이후 최초 개시 사업연도의 각 국가별 외국법인세액 ÷ 국가별 외국법인세액의 합계

2015.1.1. 이후 최초 개시 사업연도의 국외원천소득과 외국법인세액이 모두 영(0) 이하여서 국가별로 안분할 수 없는 경우에는 위의 비율 중 어느 하나의 비율이 발생하는 최초의 사업연도에 그 비율에 따라 국가별로 안분하여 공제한도를 적용한다.

이는 결국, 2014년 이전에 이월된 외국법인세가 있는 경우 아래와 같은 순서로 세액공제방법을 적용한다는 의미이다.

> 1. 국별 세액(①)의 산정 = 2014년 이월세액 × (2015년 이후 국별소득/국외원천소득합계 또는 국별세액/외국세액합계)
> 2. 국별 한도액(②)의 산정 = 법인세 × (국별 원천소득/과세표준)
> 3. 세액공제금액의 판단 = Min(①, ②)

사례 국별한도방법과 일괄한도방법(법통 57-94…1)

갑법인은 A국, B국, C국의 사업장에서 다음과 같이 소득을 벌었다. 갑법인은 공제가능한 이월결손금이 100,000,000이며, 이는 국내에서 80,000,000, A국에서 20,000,000 발생하였다.

구 분	국 내	A국	B국	C국	계
소득금액	400,000,000	40,000,000	60,000,000	△20,000,000	480,000,000
외국납부세액	–	9,000,000	5,000,000	–	14,000,000

- 과세표준: 소득금액 480,000,000－이월결손금 100,000,000＝380,000,000
- 법인세 산출세액: 20,000,000＋180,000,000×20%＝56,000,000
- 외국납부세액 공제액: Max(①, ②)＝8,842,105

① 국별한도방법의 공제액: 7,771,578

국가	외국납부세액(a)	국별 소득(b)	이월결손금(c)	과세표준(d= b+c)	공제한도(e)	공제액(Min a, e)
A국	9,000,000	40,000,000	△20,000,000	20,000,000	56,000,000×(20,000/380,000) =2,947,368	2,947,368
B국	5,000,000	60,000,000	–	60,000,000	56,000,000×(60,000/380,000) =8,842,105	5,000,000
C국	–	△20,000,000		△20,000,000	–	–
국내	–	400,000,000	△80,000,000	320,000,000	–	–
합계	14,000,000	480,000,000	△100,000,000	380,000,000	–	7,947,368

② 일괄한도방법의 공제액: 8,842,105

원천	외국납부세액 (a)	원천별 소득	이월결손금	과세표준	공제한도 (b)	공제액 (Min a.b)
국외	14,000,000	80,000,000	20,000,000	60,000,000	56,000,000×(60/380) =8,842,105	8,842,105
국내	–	400,000,000	80,000,000	320,000,000	–	–
합계	14,000,000	480,000,000	100,000,000	380,000,000	8,842,105	8,842,105

(4) 이월결손금 공제특례를 적용받는 대기업 등의 경우 공제한도

대기업과 중견기업의 경우 과세표준을 계산할 때 이월결손금은 소득금액의 80%만을 공제한다.(법법 §13 ①) 이 경우, 공제된 이월결손금은 국내 또는 국외 원천별로 구분계산하지 않으며, 과세표준에 대한 국외원천소득의 비율로 안분한 금액을 국외원천소득에서 차감하여 외국납부세액 공제한도를 계산한다.

2.3 외국납부세액 공제시기, 경정청구특례

(1) 외국납부세액 공제시기

외국납부세액은 해당 국외원천소득이 과세표준에 산입되는 사업연도의 산출세액에서 공제한다. 이 경우, 거주자·내국법인은 외국납부세액공제신청서를 국외원천소득이 산입된 연도의 소득세·법인세를 신고할 때에 관할세무서장에게 제출해야 한다.(법령 §94 ③, 소령 §117 ③) 신청서를 제출하지 않더라도 요건에 해당하면 공제를 받을 수 있다.

내국법인이 외국법인에 대여한 금액에 대한 이자상당액을 외국법인으로부터 수령하지 않았으나 이미 경과한 기간에 대응하는 이자를 해당 사업연도의 익금으로 계상한 경우, 내국법인의 법인세 과세표준에 포함된 국외원천 이자소득에 대한 외국법인세액은 해당 국외원천소득이 법인세 과세표준에 포함되어 있는 사업연도의 법인세액에서 공제한다.(법인 46012-836, 2001.7.23.) 내국법인이 제작 중인 드라마와 관련하여 일본기업과 드라마판권 양도계약을 체결하고 계약에 따라 로열티보증금을 수령하였으나 익금귀속시기가 도래하지 않아 이를 선수금으로 계상하는 경우, 선수금을 익금에 포함하여 신고하는 때에 그에 대하여 납부한 외국법인세액을 공제받을 수 있다.(서면2팀-417, 2007.3.14.)

(2) 외국납부세액공제의 경정청구특례

① 결정통지일부터 3개월 이내 경정청구

아래 경우에는 외국정부의 국외원천소득에 대한 법인세 결정통지를 받은 날부터 3개월 이내에 외국납부세액공제세액계산서 등에 증명서류를 첨부하여 제출할 수 있으며, 이에 따라 외국납부세액 공제금액을 재계산할 수 있다. 이 경우 환급세액이 발생하면 국세환급금(국기법 §51)으로 보아 그 후 사업연도에 납부할 법인세 등에 충당하거나 환급할 수 있다.(법령 §94 ④·⑤, 소령 §117 ④·⑤)

1. 외국정부의 국외원천소득에 대한 법인세의 결정·통지의 지연, 과세기간의 상이 등의 사유로 과세표준 신고기한 내에 증명서류를 함께 제출할 수 없는 경우
2. 외국정부가 국외원천소득에 대하여 결정한 법인세액을 경정함으로써 외국납부세액에 변동이 생긴 경우

한편, 국외원천소득이 포함되어 있는 사업연도 법인세의 부과제척기간이 경과하여 외국정부로부터 국외원천소득에 대한 법인세 결정통지를 받은 경우에는 '후발적 사유(국기법 §45 ②)'로 보아 부과제척기간에 상관없이 그 통지를 받은 날(그 사유가 발생한 것을 안 날)로부터 3개월 이내에 경정청구를 할 수 있으며 경정청구일로부터 2개월이 지나기 전까지는 경정결정을 할 수 있다.(국제세원-504, 2010.11.10.)

② 경정청구에 따른 과소신고가산세 및 환급가산금

손금산입방법을 세액공제방법으로 변경하여 경정청구하면 가산세 대상이 아니다.(국기법 §47의3) 다만, 2014년 이전에는 외국납부세액을 익금산입함에 따라 당초 신고한 과세표준보다 증가하는 과세표준에 대하여 과소신고가산세를 적용하였다.(대법원 2002두10643, 2004.2.26.) 또한, 경정청구로 인한 법인세 환급금은 '납부 후 그 납부의 기초가 된 신고 또는 부과를 경정하거나 취소함에 따라 발생한 환급'에 해당하므로 해당 사업연도의 법인세 납부일을 기준으로 환급가산금을 계산한다.(국기법 §52)

③ 경정환급 이후에 외국의 과세가 취소되는 경우

관할세무서장의 경정환급 이후에 외국의 과세가 취소되는 경우, 관할세무서장이 국세의 과세표준과 세액을 재경정하여 통지하기 전까지 과세표준수정신고서를 제출할 수 있다.(국기법 §45 ①) 이 경우, 가산세를 부과하지 않는다. 예를 들면, 내국법인의 국외사업장에 대한 외국 과세당국의 과세처분에 따라 내국법인이 외국에 납부한 세액에 대하여 경정청구를 통해 추가로 외국납부세액공제를 받은 이후, 외국 과세당국의 과세처분에 대한 소송으로 외국법원으로부터 그 과세처분을 감액하는 판결을 받음에 따라 당초 경정청구를

통해 공제받은 외국납부세액에 대하여 수정신고하는 경우에는 초과환급신고가산세 및 납부환급불성실가산세를 부과하지 않는 정당한 사유에 해당한다.(징세과-359, 2011.4.15.)

2.4 외국 투과기업의 외국납부세액공제 특례

(1) 외국 투과기업의 소득을 출자자 단계에서 과세하는 경우

미국세법의 'check the box rule'의 경우, 법인소득을 법인 단계에서 과세하지 않고 출자자 단계에서 과세한다. 이 경우, 출자자가 납부하는 조세는 법인소득에 대한 법인세 및 자신이 수취하는 배당소득에 대한 배당소득세의 이중적 성격을 가진다. 국내세법은 이러한 경우 출자자가 납부한 법인소득에 대한 간접외국납부세액을 구분하지 않고 이를 출자자의 외국납부세액으로 보아 공제하도록 한다.

내국법인이 외국 법률에 따라 지점이나 사업장 형태로 사업을 할 수 없어 투과기업(paper company)인 외국법인을 설립하여 자기 명의가 아닌 외국법인 명의로 사업활동을 하고 외국 법인세를 납부하는 경우, 내국법인이 직접 사업을 한 것으로 보아 외국법인 명의로 계상된 수익과 비용을 내국법인에 귀속되는 익금과 손금으로 볼 수 있다.(서면2팀-386, 2006.2.21.) 이 경우, 투과기업인 외국법인 명의로 납부한 외국법인세액에 대하여 내국법인이 세액공제를 받을 수 있다.(국제세원담당관실-347, 2009.6.29.)

① 투과기업 외국납부세액 요건

내국법인의 각 사업연도소득금액 또는 거주자의 종합소득금액·퇴직소득금액에 외국법인으로부터 받는 수입배당금액이 포함되어 있는 경우, 그 외국법인의 소득에 대하여 해당 외국법인이 아니라 출자자인 거주자·내국법인이 직접 납세의무를 부담하는 등 다음 어느 하나에 해당하는 경우에는 그 외국법인의 소득에 대하여 출자자인 거주자·내국법인에게 부과된 외국납부세액 중 해당 수입배당금액에 대응하는 금액은 세액공제(미공제분 손금산입) 되는 외국납부세액으로 본다.(법법 §57 ⑥, 법령 §94 ⑬, 소법 §57 ④, 소령 §117 ⑧)

1. 외국법인의 소득이 그 본점 또는 주사무소가 있는 '거주지국'에서 발생한 경우: 거주지국의 세법에 따라 그 외국법인의 소득에 대하여 해당 외국법인이 아닌 그 주주 또는 출자자인 내국법인이 직접 납세의무를 부담할 것
2. 외국법인의 소득이 거주지국 이외의 '원천지국'에서 발생하고 다음 요건을 모두 갖춘 경우
   ㉮ 거주지국의 세법에 따라 그 외국법인의 소득에 대하여 해당 외국법인이 아닌 그 주주 또는 출자자인 내국법인이 직접 납세의무를 부담할 것
   ㉯ 원천지국의 세법에 따라 그 외국법인의 소득에 대하여 해당 외국법인이 아닌 그 주주 또는 출자자인 내국법인이 직접 납세의무를 부담할 것

② **수입배당금액에 대응하는 외국납부세액**(법령 §94 ⑭, 소령 §117 ⑨)

거주자 · 내국법인이 부담한 외국법인의 해당 사업연도소득에 대한 법인세	×	수입배당금액 / (외국법인의 해당 사업연도소득×거주자 · 내국법인의 해당 사업연도 손익배분비율) – 거주자 · 내국법인이 부담한 외국법인의 해당 사업연도소득에 대한 법인세

(2) 파트너십에 대한 세액공제

체약국들이 파트너십과 같은 단체를 상이하게 취급하는 경우 문제가 발생될 소지가 있다. 예를 들면, 파트너십이 설립된 국가가 파트너십을 회사로 취급하고, 파트너의 거주지국은 비과세하는 사례를 가정하자. 파트너십의 국가는, 조약 규정상 소득이 실현되었을 때 파트너십에 대하여 과세하고, 배당소득조항에 따라 파트너십이 비거주 파트너에게 이익을 배당할 때 또한 과세한다. 그러나 파트너 거주지국은 파트너십에 의해 소득이 실현되었을 때, 파트너십 지분에 대하여 파트너에게 과세할 뿐이다.(OE §23-69.1)

이 경우 일어나는 첫째 문제는, 파트너십 소득의 지분에 대하여 파트너를 과세하는 파트너 거주지국이 조약상 파트너십을 별도 과세단위로 보는 파트너십의 국가에서 파트너십에 부과된 조세에 대한 세액공제를 해주어야 하는가이다. 원천지국 또는 그 소득이 귀속되는 국내사업장 소재지국으로서 해당 소득의 과세를 허용하는 조약규정에 따라 그 소득을 파트너십의 국가가 과세하는 경우라면, 그 대답은 예이다. 파트너를 과세하기 위해 파트너 거주지국이 파트너십 소득을 파트너에게 귀속시킨 만큼, 파트너에 대한 이중과세를 제거하기 위해 동일방식으로 파트너십이 납부한 조세를 파트너에게 귀속시켜야 한다.(다만, 원천과세를 허용하는 조약규정에 따라 그 조세를 납부하는 경우로 제한) 부언하면, 원천지국이 파트너십에 대하여 인식한 회사자격을 거주지국이 파트너의 소득과세를 위해 무시한 경우, 외국납부세액공제를 하기 위해 똑같이 회사자격이 무시되어야 한다.(OE §23-69.2)

일어날 수 있는 둘째 문제는 파트너 거주지국이 거주지국에서 과세되지 않는 배당에 대하여 파트너십의 국가가 부과한 조세를 얼마나 공제하여 주어야 하는가이다. 거주지국이 배당을 과세하지 않는다는 사실에 이 문제의 답이 있다. 파트너 거주지국에서 배당이 과세되지 않으므로, 배당에 대하여 파트너십의 국가가 부과한 세액을 공제하여 줄 세액이 파트너 거주지국에는 전혀 없게 된다. 소득의 발생(generation)과 그 소득의 배당(distribution)은 엄격히 구분되어야 하며, 파트너 거주지국은 발생소득에 부과한 세액에서 파트너십 국가가 배당에 부과한 세액을 공제하여 줄 필요는 없다.(OE §23-69.3)

(3) 공동사업체를 통해 사업을 수행하는 경우

내국법인이 다른 법인들과 외국에서 공동사업체(joint venture)를 설치하고 공동사업체에서 발생된 소득에 대하여 외국정부에 공동사업체 또는 공동사업체 중의 하나인 외국법인 명의로 법인세를 납부하였으나 공동사업계약서에 의해 각 참여자의 외국납부세액 부담액이 확인되는 경우, 내국법인이 실제로 부담한 외국법인세액은 외국납부세액 공제 대상이다.(서면2팀-1536, 2006.8.18.)

2.5 간접투자회사등이 납부한 외국법인세액 공제특례

(1) 간접투자회사등으로부터 받은 국외원천소득의 외국납부세액공제

거주자(종합소득 또는 퇴직소득)·내국법인이 다음 요건을 모두 갖춘 경우에는 해당 사업연도(과세기간 포함)에 아래 1호의 간접투자회사등이 납부한 2호의 간접투자외국법인세액 중 일정금액을 해당 사업연도의 산출세액에서 공제할 수 있다.(법법 §57의2 ①, 소법 §57의2 ①) 2024.12.31.까지는 간접투자회사 단계에서 외국납부세액공제를 하였다.

1. 다음 어느 하나에 해당하는 "간접투자회사등"으로부터 금융상품을 취득하였을 것
   가. 투자회사, 투자목적회사, 투자유한회사, 투자합자회사(기관전용 사모집합투자기구는 제외), 투자유한책임회사, 투자신탁, 투자합자조합 및 투자익명조합
   나. 기업구조조정 부동산투자회사 및 위탁관리 부동산투자회사
   다. 내국법인으로 보는 신탁재산(법법 §5 ②)
2. 간접투자회사등이 위 1호에 따른 금융상품의 투자대상에서 발생한 소득에 대하여 간접투자외국법인세액(간접투자회사등이 다른 간접투자회사등이 발행하는 증권을 취득하는 구조로 투자한 경우로서 그 다른 간접투자회사등이 납부한 다른 외국법인세액이 있는 경우 해당 세액을 포함)을 납부하였을 것

거주자·내국법인은 외국납부세액의 공제를 받으려는 경우에는 과세표준신고와 함께 외국납부세액공제 계산서를 납세지 관할세무서장에게 제출해야 한다.(법령 §94의2 ⑧, 소령 §117의2 ⑧)

① 거주자·내국법인별 간접투자외국법인세액

간접투자회사등이 간접투자외국법인세액을 납부한 경우 간접투자회사등이 거주자·내국법인별로 지급한 소득에 대응하는 간접투자외국법인세액은 다음 금액들을 더한 금액으로 한다.(법령 §94의2 ①, 소령 §117의2 ①)

간접투자외국법인세액 = 1+2

1. 간접투자회사등이 다른 간접투자회사등이 발행하는 증권을 취득하는 구조 외의 방식으로 투자한 경우: 다음 계산식에 따라 일(日)별로 계산한 금액의 합계액

거주자 · 내국법인의 일별 간접투자 외국법인세액 = A×B

A: 간접투자회사등이 납부한 일별 좌당 또는 주당 외국법인세액(간접투자회사등이 납부한 총 외국법인세액을 간접투자회사등이 발행한 총 주식수로 나눈 금액)

B: 거주자 · 내국법인의 간접투자회사등에 대한 주식수(간접투자회사등이 외국법인세액을 납부할 당시 내국법인이 보유하고 있던 주식수)

2. 간접투자회사등이 다른 간접투자회사등이 발행하는 증권을 취득하는 구조로 투자한 경우: 다음 계산식에 따라 일별로 계산한 금액의 합계액

거주자 · 내국법인의 일별 간접투자 외국법인세액 = A×B×C

A: 다른 간접투자회사등이 납부한 일별 주당 외국법인세액(다른 간접투자회사등이 납부한 총 외국법인세액을 다른 간접투자회사등이 발행한 총 주식수로 나눈 금액)

B: 간접투자회사등의 다른 간접투자회사등에 대한 보유 주식수(다른 간접투자회사등이 외국법인세액을 납부할 당시 간접투자회사등이 보유하고 있던 주식수)

C: 거주자 · 내국법인의 간접투자회사등에 대한 보유 주식수의 비율(다른 간접투자회사등이 외국법인세액을 납부할 당시 거주자 · 내국법인이 보유하고 있던 주식수를 간접투자회사등이 발행한 총 좌수 또는 총 주식수로 나눈 값)

② 공제하는 거주자 · 내국법인별 간접투자외국납부세액

거주자(종합소득 또는 퇴직소득) · 내국법인의 산출세액에서 공제하는 금액은 거주자 · 내국법인별 간접투자외국납부세액에 다음 구분에 따른 계산식에 따라 계산한 비율을 곱한 금액으로 한다.(법법 §57의2 ① 2호, 소법 §57의2 ② 2호, 법령 §94의2 ③, 소령 §117의2 ③)

《내국법인의 경우》

1. 투자신탁이익(법법 §73 ① 2호)

가. 법인세법(법법 §73 ①)에 따른 원천징수세율이 간접투자외국법인세액에 적용된 외국 원천징수세율보다 작은 경우

$$\frac{\text{법인세법에 따른 원천징수세율}}{\text{간접투자외국법인세액에 적용된 외국 원천징수세율}} - \frac{\text{법인세율(법법 §55 ①)에 따른}}{\text{법인세 과세표준에 대한 한계세율}}$$

나. 법인세법(법법 §73 ①)에 따른 원천징수세율이 간접투자외국법인세액에 적용된 외국 원천징수세율보다 크거나 같은 경우

1 - 법인세율(법법 §55 ①)에 따른 법인세 과세표준에 대한 한계세율

2. 간접투자회사등으로부터 지급받은 위 1호 외의 소득의 경우

1 - 법인세율(법법 §55 ①)에 따른 법인세 과세표준에 대한 한계세율

《거주자의 경우: 아래 (3)에서 추가 설명》

1. 종합소득산출세액에서 공제하는 금액

$$(A \times B) + (C \times D) + (E \times F)$$

A: 간접투자회사 원천징수세액 계산방법(소법 §129 ⑤ 2호, ⑥ 및 ⑦)에 따라 계산한 배당금액의 합계액
B: 배당소득 조정계수(소령 §117의2 ④ 1호)
C: 연금계좌 이자소득에 대해 간접투자외국법인세액 계산방법(소법 §129 ⑧ 2호, ⑨ 및 ⑩)에 따라 계산한 금액의 합계액
D: 이자소득 조정계수(소령 §117의2 ④ 2호)
E: 연금계좌 연금소득에 대해 간접투자외국법인세액 계산방법(소법 §129 ⑧ 2호, ⑨ 및 ⑩)에 따라 계산한 금액의 합계액
F: 연금소득 조정계수(소령 §117의2 ④ 3호)

2. 퇴직소득 산출세액에서 공제하는 금액: 연금계좌 퇴직소득에 대해 간접투자외국법인세액 계산방법(소법 §129 ⑧ 2호, ⑨ 및 ⑩)에 따라 계산한 금액의 합계액

위 투자신탁이익(법인)의 경우, 외국 원천징수세율은 간접투자회사등이 위 1호의 어느 하나에 해당하는 방식으로 투자한 투자대상별로 다음 계산식에 따라 계산한 비율을 합산한 율로 한다.(법령 §94의2 ④, 소령 §117의2 ④)

$$비율 = (A/B) \times C$$

A: 투자대상에서 발생한 소득에 대응하는 위 1호 각 구분에 따라 계산된 간접투자외국법인세액
B: 투자대상별 간접투자외국법인세액의 합계액
C: 투자대상별 외국 원천징수세율(간접투자회사등이 직전 사업연도 또는 회계기간에 납부한 외국납부세액 ÷ 해당 외국납부세액에 대응하는 국외원천소득금액). 이 경우 직전 사업연도 또는 회계기간의 외국납부세액 또는 국외원천소득의 금액을 알 수 없는 등의 사유로 외국 원천징수세율을 계산할 수 없으면 해당 외국 원천징수세율은 14%로 한다.

③ 간접투자외국납부세액 공제한도

산출세액에서 공제할 수 있는 금액이 다음 계산식에 따른 "공제한도금액"을 초과하는 경우, 그 초과하는 금액은 해당 사업연도의 다음 사업연도 개시일부터 10년 이내에 끝나

는 각 사업연도로 이월하여 그 이월된 사업연도의 공제한도금액 내에서 공제할 수 있다.(법법 §57의2 ②, 소법 §??)

> 공제한도금액 = A ×(B/C)
>
> A: 해당 사업연도 법인세 산출세액(토지양도소득 법인세, 상생협력 법인세 제외) 또는 해당 과세기간의 종합소득산출세액
>
> B: 해당 사업연도의 간접투자회사등으로부터 지급받은 소득(해당 소득에 대하여 간접투자외국법인세액이 납부된 경우로 한정)의 합계액과 산출세액에서 공제할 수 있는 금액을 합산한 금액
>
> C: 해당 사업연도의 법인세 과세표준 또는 종합소득금액

간접투자회사등으로부터 지급받은 소득(해당 소득에 대하여 간접투자외국법인세액이 납부된 경우로 한정)에 관한 자료가 없는 기간에 대해서는 '해당기간 중 간접투자회사등이 국외에서 납부한 세액을 투자대상국가의 원천징수세율로 나눈 금액에서 간접투자외국법인세액을 차감한 금액'으로 공제한도금액을 계산한다.(재국조-357, 2025.6.27.)

'내국법인이 간접투자회사등으로부터 지급받은 소득'은 자본시장법 제238조 제6항에 따른 세후기준가격(간접투자외국법인세액이 차감된 가격)을 기준으로 계산된 금액으로 한다. 다만, 증권시장에 상장된 간접투자회사등의 증권의 매도에 따라 간접투자회사등으로부터 지급받은 소득은 대통령령으로 정하는 바에 따라 계산한 금액으로 한다.(법법 §57의2 ③, 소법 §57의2 ② 1호)

④ 간접투자외국법인세액이 환급된 경우 납부

간접투자회사등(간접투자회사등이 다른 간접투자회사등이 발행하는 증권을 취득하는 구조로 투자한 경우에는 그 다른 간접투자회사등을 포함)이 납부한 간접투자외국법인세액의 전부 또는 일부가 해당 사업연도 또는 회계기간 이후 환급된 경우 간접투자회사등은 '간접투자회사등의 외국납부세액 환급금 신고 및 납부계산서'를 작성하여 간접투자외국법인세액 환급금을 지급받은 날이 속하는 분기의 마지막 달의 다음 달 말일까지 그 환급금을 납세지 관할 세무서장에게 신고·납부해야 한다.(법령 §94의2 ⑥, 소령 §117의2 ⑥, 법칙 §48의2, 소칙 §60의2) 이 경우, 투자신탁재산을 운용하는 집합투자업자는 그 투자신탁을 대리하는 것으로 본다.(법령 §94의2 ⑦, 소령 §117의2 ⑦)

(2) 간접투자외국법인세액이 있는 내국법인의 원천징수세액

내국법인의 이자소득등에 대한 원천징수를 할 때 투자신탁이익에 대하여 간접투자외국법인세액이 납부되어 있는 경우에는 다음과 같이 원천징수한다. 이 경우 2호의 금

액은 1호의 금액을 한도로 한다.(법법 §73 ②, 법령 §111 ②)

> 원천징수 = 1 — 2(≤ 1)
>
> 1. 투자신탁이익(세후기준가격을 기준으로 계산된 금액)에 대한 원천징수세액
> 2. 내국법인별 간접투자외국법인세액(법령 §94의2 ①)에 다음 계산식에 따라 계산한 율을 곱한 금액
>   ㉮ 원천징수세율이 간접투자외국법인세액에 적용된 외국 원천징수세율보다 작은 경우
>
> $$\frac{\text{국내법에 따른 원천징수세율}}{\text{간접투자외국법인 세액에 적용된 외국 원천징수세율}} - \text{국내법에 따른 원천징수세율}$$
>
>   ㉯ 원천징수세율이 간접투자외국법인세액에 적용된 외국 원천징수세율 이상인 경우
>
> $$1 - \text{국내법에 따른 원천징수세율}$$
>
> ※ 외국 원천징수세율 : 간접투자회사등이 간접투자외국법인세액 계산방법(법령 §94의2 ①)으로 투자한 투자대상별로 다음 계산식에 따라 계산한 율의 합계.(법령 §111 ③)
>
> $$\frac{A}{B} \times C$$
>
> A: 투자대상에서 발생한 소득에 대응하는 간접투자외국법인세액 계산방법에 따라 계산된 간접투자외국법인세액
> B: 투자대상별 간접투자외국법인세액의 합계액
> C: 투자대상별 외국 원천징수세율(간접투자회사등이 직전 사업연도 또는 회계기간에 납부한 외국납부세액 ÷ 해당 외국납부세액에 대응하는 국외원천소득의 금액). 이 경우 직전 사업연도 또는 회계기간의 외국납부세액 또는 국외원천소득의 금액을 알 수 없는 등의 사유로 외국 원천징수세율을 계산할 수 없으면 해당 외국 원천징수세율은 14%로 한다.

위 산식에서 2호의 금액이 1호의 금액을 초과하는 경우에는 해당 간접투자외국법인세액의 납부일부터 10년이 지난 날이 속하는 연도의 12월 31일까지의 기간 중에 투자신탁이익을 지급받는 때에 해당 투자신탁이익에 대한 원천징수세액을 한도로 공제할 수 있다.(법법 §73 ③)

(3) 간접투자외국법인세액이 있는 거주자의 원천징수세액

① 간접투자회사등에게 받은 국외원천배당소득의 경우

원천징수세액을 계산할 때, '간접투자회사등 외국납부세액 공제특례'(소법 §57의2 ①)의 요건을 갖춘 배당소득에 대해서는 다음을 원천징수세액으로 한다. 이 경우 2호의 금액은 1호의 금액을 한도로 한다.(소법 §129 ⑤, 소령 §189의2 ①·②·③)

원천징수 = 1 — 2 (≤ 1)

1. 투자신탁이익(세후기준가격을 기준으로 계산된 금액)에 대한 원천징수세액
2. 내국법인별 간접투자외국법인세액(법령 §94의2 ①)에 다음 계산식에 따라 계산한 율을 곱한 금액
   ㉮ 원천징수세율(법법 §73 ①)이 간접투자외국법인세액에 적용된 외국 원천징수세율보다 작은 경우

$$\frac{\text{국내법에 따른 원천징수세율}}{\text{간접투자외국법인 세액에 적용된 외국 원천징수세율}} - \text{국내법에 따른 원천징수세율}$$

   ㉯ 원천징수세율(법법 §73 ①)이 간접투자외국법인세액에 적용된 외국 원천징수세율보다 크거나 같은 경우

$$1 - \text{국내법에 따른 원천징수세율}$$

※ 외국 원천징수세율: 간접투자회사등이 투자한 투자대상별로 다음 계산식에 따라 계산한 율을 합산한 율.

$$\frac{A}{B} \times C$$

A: 투자대상에서 발생한 소득에 대응하는 투자유형에 따라 계산된 간접투자외국법인세액
B: 투자대상별 간접투자외국법인세액의 합계액
C: 투자대상별 외국 원천징수세율(간접투자회사등이 직전 사업연도 또는 회계기간에 납부한 외국납부세액 ÷ 해당 외국납부세액에 대응하는 국외원천소득의 금액). 이 경우 직전 사업연도 또는 회계기간의 외국납부세액 또는 국외원천소득의 금액을 알 수 없는 등의 사유로 외국 원천징수세율을 계산할 수 없으면 해당 외국 원천징수세율은 14%로 한다.

※ 개인종합자산관리계좌(조특법 §91의18 ①)로부터 지급받은 소득에 둘 이상의 간접투자회사등으로부터 지급받은 소득이 포함되어 있는 경우에는 해당 간접투자회사등별 간접투자외국법인세액을 합한 금액을 해당 개인종합자산관리계좌의 간접투자외국법인세액으로 하고, 외국 원천징수세율은 14%로 하여 계산한다.

위 2호의 금액은 "배당소득공제한도금액(국외원천배당소득×14%)"을 한도로 한다.(소법 §129 ⑥) 위 2호의 금액이 배당소득공제한도금액을 초과하는 경우 그 초과하는 금액은 해당 간접투자외국법인세액을 납부한 날부터 10년이 지난 날이 속하는 연도의 12월 31일까지의 기간 중에 해당 간접투자회사등으로부터 소득을 지급받는 때에 해당 소득에 대한 배당소득공제공제한도금액 내에서 공제할 수 있다. 다만, 간접투자회사등이 발행한 증권의 전부 환매 또는 전부 양도에 따른 소득에 대한 2호의 금액이 배당소득공제공제한도금액을 초과하는 경우 그 초과하는 금액은 없는 것으로 한다.(소법 §129 ⑦)

② 연금계좌를 통해 간접투자회사등으로부터 받은 국외원천소득의 경우

원천징수세액을 계산할 때 ,연금계좌로부터 인출한 이자소득, 연금소득, 기타소득 및 퇴직소득(소법 §127 ① 1호 및 5호~7호) 중 간접투자회사등으로 받은 국외원천 "연금계좌인출공제소득"(소법 §57의2 ①)에 대해서는 아래 1호의 금액에서 2호의 금액을 뺀 금액을 원천징수세액으로 한다. 이 경우, 2호의 금액은 1호의 금액을 한도로 한다.(소법 §129 ⑧ · ⑨, 소령 §189의2 ④)

원천징수 = 1 — 2 (≤ 1)

1. 연금계좌인출공제한도금액: 연금계좌인출공제소득[간접투자회사등으로 지급받은 국외원천소득에서 간접투자외국법인세액이 차감된 기준가격(소법 §57의2 ② 1호)]에 해당 구분소득에 대한 원천징수세율(소법 §129 ①)을 적용하여 계산한 금액
2. 간접투자외국법인세액 : 간접투자회사등이 소득을 지급할 때마다 계산식(거주자별 간접투자외국법인세액의 55%)에 따라 계산한 금액을 누적하여 합산한 금액

위 2호의 금액이 '연금계좌인출공제한도금액'을 초과하는 경우 그 초과하는 금액은 해당 간접투자외국법인세액을 납부한 후 연금계좌로부터 연금계좌인출공제소득을 인출하는 때에 해당 소득에 대한 연금계좌인출공제한도금액 내에서 공제할 수 있다.(소법 §129 ⑩)

2.6 조세조약의 세액공제방법(Credit Method)

(1) 일반세액공제

OECD모델 23B조 1항: 이 조약의 규정에 따라 한 체약국 거주자가 체약상대국에서 과세되는 소득을 수취하거나 자본을 소유하는 경우(이 조약규정에 따라, 그 소득이 체약상대국 거주자가 수취하는 소득이라는 이유 또는 그 자본이 체약상대국 거주자가 소유하는 자본이라는 이유 때문에 체약상대국에서 과세가 허용되는 경우 제외), 한 체약국은 아래와 같이 공제를 허용한다.

a) 다른 국가에서 납부한 소득세와 같은 금액을 그 거주자의 소득세에서 공제
b) 다른 국가에서 납부한 자본세와 같은 금액을 그 거주자의 자본세에서 공제

그러나 어떤 경우든 이같은 공제는 공제가 주어지기 전에 계산된 바에 따라 다른 국가에서 발생된 소득이나 자본에 귀속될 소득세나 자본세 상당액을 초과하지 못한다.

일반 세액공제의 경우, 거주지국(R)은 원천지국(S) 또는 국내사업장 소재지국(E)으로부터 수취한 소득이나 소유한 자본에 대해 원천지국(S) 또는 국내사업장 소재지국(E)에서 납부한 조세상당액을 자국 거주자 소득이나 자본에 대한 과세에서 공제를 허용하지

만 공제액은 자국조세의 안분액으로 제한된다.(OE §23-57) 소득공제방법을 일반적으로 적용하면서 배당과 이자에 대해 원천징수세액을 공제해주는 국가에서 일반세액공제방법을 채택하기도 한다.(OE §23-58)

원천지국(S) 또는 국내사업장 소재지국(E)의 소득이나 자본에 대한 조세를 거주지국(R)이 세액공제해 줄 의무가 있는지는 이 소득이나 자본이 원천지국(S) 또는 국내사업장 소재지국(E)에서 과세되는지 여부에 달려 있다. 국제운송소득, 양도소득, 정부공무원 보수 및 자본세는 다른 국가에서만 과세되는 소득과 자본으로 거주지국(R)에서 당초부터 면세대상이며, 그런 면세소득이나 자본에는 세액공제가 적용될 여지가 없다.(OE §23-59) 세액공제의 구체적 계산방법은 조약에는 규정되지 않으며, 대부분 국가는 국내법에 외국납부세액공제에 대한 상세한 원칙을 규정한다. 이에 따라 대부분 조세조약들은 체약국 국내법을 준용한다는 규정을 둔다.(OE §23-60)

세액공제가 허용되는 외국납부세액(foreign tax)은 다른 국가에서 조약에 따라 실제로 납부한 세액이다.(그 소득이나 자본이 또한 다른 국가 거주자가 수취하는 소득이거나 그 국가 거주자가 소유하는 자본이기 때문에 그 국가에 납부되는 세액은 제외) 세액이 과세연도 소득에 대하여 계산된 것이 아니라 전년도 또는 이전 2개년도 이상의 평균소득에 대하여 산출되는 경우 문제가 생긴다. 또한 상이한 소득결정방법 또는 환율변동(평가절하 및 재평가)으로 인해 문제가 생길 수 있다. 이러한 문제는 국내법 규정에 의해 해결되어야 한다.(OE §23-61)

① **세액공제한도**(maximum deduction)

거주지국(R)이 허용하는 공제는 원천지국(S)이나 국내사업장 소재지국(E)에서 수취한 소득에 부과될 조세액 해당분으로 한정되는데, 다음 2가지 계산방법이 널리 쓰인다.

1. 세액공제한도=산출세액 × (세액공제 대상소득 ÷ 총소득)
2. 세액공제한도=세액공제 대상소득 × 총소득에 대한 누진세율

원천지국(S) 또는 국내사업장 소재지국(E)에서 징수되는 세액이 거주지국(R)에서 부과되는 세액 이상인 경우, 세액공제방법은 누진소득공제방법과 같은 결과가 된다. 또한 세액공제방법의 소득금액, 세율 등에 있어 소득공제방법에서 일어나는 비슷한 문제들이 생길 수 있다.(OE §23-62)

세액공제한도는 순소득, 즉 원천지국(S) 또는 국내사업장 소재지국(E)의 소득에서 공제대상비용(직접비용이나 간접비용)을 차감한 금액을 기초로 산출한다. 이런 이유로 대부분의 경우 세액공제한도는 원천지국(S) 또는 국내사업장 소재지국(E)에서 실제로 납부된 세액보다 더 적다. 예를 들면, 원천지국(S) 발생이자를 수취하는 거주지국(R) 거주자가 대출을 위해 제삼자로부터 자금을 차입하는 경우가 있다. 이 차입금에 대한 이자비용은 원천지국(S)으로부터 수취된 이자소득에서 차감되므로 거주지국(R)에서 과세되는 순소

득은 아주 작거나 심지어 순소득이 전혀 없을 수도 있다. 이 경우, 거주지국(R)에서 과세되는 세액은 작거나 아예 없을 것이므로 거주지국(R)이 문제를 해결할 수는 없다. 한 가지 해결책은 그 이자에 대하여 원천지국(S)에서 조세를 면제하는 것이다.(OE §23-63)

거주지국(R) 거주자가 원천지국(S)으로부터 여러 종류의 소득을 수취하고 원천지국(S)이 국내법에 따라 이들 중 한 종류에만 과세한다면, 일반적으로 거주지국(R)이 허용하는 세액공제한도는 원천지국(S) 과세소득 중 한 종류에 해당하는 자국의 세액이 된다. 그렇지만 아래와 같이 복잡한 사안에는 다른 해결책이 가능하다.

1. 원천지국(S)에서 서로 다른 세율로 과세되는 여러 종류의 소득 또는 여러 국가로부터의 소득에 대해 조약 유무와 상관없이 세액공제를 해주는 경우 세액공제액 및 세액공제한도(maximum deduction)를 소득의 각 종류에 대하여 개별적으로 계산해야 하는지, 각국별로 계산해야 하는지 또는 국내법과 조약상 세액공제 가능한 모든 해외소득에 대하여 계산해야 하는지가 문제가 된다. '일괄세액공제(overall credit)방법'에서는 모든 해외소득이 합산되고 외국납부세액의 총액이 총해외소득에 해당하는 국내세액을 한도로 공제된다.(OE §23-64)
2. 손실의 경우에는 더 복잡한 문제가 생긴다. 국내사업장 소재지국(또는 원천지국)으로부터 소득을 수취하는 거주지국(R) 거주자가 거주지국(R)에서 손실을 내거나 국내사업장 소재지국(또는 원천지국) 또는 제삼국에서 손실을 낼 수 있다. 일반적으로 세액공제 목적상 특정국가의 손실은 그 국가의 다른 소득과 상계된다. 거주지국(R) 밖에서(예 국내사업장) 발생된 손실이 거주지국(R) 내외의 다른 소득에서 공제될 수 있는지 여부는 거주지국(R) 국내법에 달려 있다. 총소득이 해외에서 수취되고 거주지국(R)에서는 소득은 없이 해외 수취소득을 초과하지 않는 손실이 발생하는 경우 거주지국(R) 총세액은 원천지국(S) 소득에 대해 계산되고 거주지국(R) 세액공제한도는 결과적으로 거주지국(R)의 부과세액이 된다.(OE §23-65)

세액공제를 적용하는 방법은 각국의 국내법에 따른다. 이런 점에서 일부 국가의 세액공제제도는 아직 정교하지 못하다. 또한 일부 국가는 미공제세액의 이월을 인정하기도 한다.(OE §23-66)

② 과소자본세제 간주배당 과세의 세액공제

과소자본(thin capitalization) 상황에서 일정 요건에 따라 차입회사 거주지국은 지급이자를 배당으로 취급한다. 과소자본세제의 대전제는 차입금 대여자가 차입회사의 위험을 실질적으로 공유해야 한다는 것이다. 이로 인해 아래 2가지 결과가 초래된다.(OE §23-67)

1. 이러한 '이자'를 배당세율로 원천과세
2. 대여회사의 과세소득에 그 '이자'를 포함

해당 요건에 부합한다면 대여자 거주지국은 그 이자지급액이 마치 실제배당인 것처럼 법적·경제적 이중과세에 대한 감면을 해주어야 한다. 이때 거주지국은 차입회사 거주지국의 이자에 대한 실제 원천징수세액을 배당세율 한도 내에서 세액공제해 준다. 또한 대여자가 차입회사의 모회사라면 그 '이자'에 대해 거주지국의 모・자회사 제도에 따른 기타 추가적인 감면을 적용해야 한다.(OE §23-68)

(2) 공제소득에 대한 누진세율 적용

> OECD모델 23B조 3항: 조약의 규정에 따라, 한 체약국의 거주자가 수취한 소득이나 소유한 자본이 그 국가에서 조세 감면되는 경우, 한 체약국은 그와 상관없이 그 거주자의 잔여소득이나 자본에 대한 세액을 계산할 때, 그 감면된 소득이나 자본을 고려할 수 있다.

위 조항은 거주지국에 자국에서 공제된 소득이나 자본금액을 잔여소득이나 잔여자본의 과세결정에 있어 포함시킬 권한을 부여하기 위한 것이다. 이러한 권한은 다른 국가에서만 과세되는 소득이나 자본에까지 확대된다. 이에 따라 누진과세원칙은 다른 국가에서 과세될 수 있는 소득이나 자본뿐 아니라 다른 국가에서만 과세되는 소득이나 자본에 대하여도 거주지국의 과세를 보장한다.(OE §23-79)

(3) 자본세의 외국납부세액공제

거주지국의 소득세를 위한 공제는 원천지국의 소득세에 대해서만 허용되며, 거주지국의 자본세를 위한 공제는 원천지국의 자본세에 대해서만 허용된다. 결론적으로 거주지국의 자본세를 위한 또는 원천지국의 자본세에 대한 세액공제는 양국에 자본세가 있는 경우에만 가능하다.(OE §23-70)

양 체약국의 자본세 특성상 소득세와 밀접하게 관련된 경우, 조세조약에 따라서 원천지국 자본세를 거주지국 소득세에서 세액공제를 허용하거나 또는 원천지국 소득세를 거주지국 자본세에서 세액공제를 허용하기도 한다. 또한 이러한 논리를 연장하여 조약상 조세의 성격에 상관없이 원천지국의 총세액을 거주지국의 총세액에서 공제하자는 주장도 있다. 그러나 진정한 자본세와 그 특성상 소득세에 가까운 자본세를 구분할 때 후자의 자본세에 대하여서만 소득세 세액공제를 허용하는 것이 합리적이다. 체약국 중 한 국가가 자본세를 과세하지 않거나 또는 양국가 오직 국내자산에만 자본세를 과세하는 경우 자본세의 이중과세는 일어나지 않는다.(OE §23-71)

3. 간접외국납부세액공제(Underlying Tax Credit)

3.1 간접외국납부세액공제 적용대상

내국법인의 각 사업연도의 소득금액에 외국자회사로부터 받는 '수입배당금액'(이익배당이나 잉여금 분배액)이 포함되어 있는 경우, 그 외국자회사의 소득에 대하여 부과된 외국법인세액 중 그 수입배당금액에 대응하는 금액은 세액공제되는 간접외국납부세액으로 본다. 거주자(개인)에게는 간접외국납부세액공제를 적용하지 않는다.(법법 §57 ④) 「국제조세조정에 관한 법률」 제17조에 따른 조세피난처의 배당간주금액도 간접외국납부세액공제 대상이다.

3.2 간접외국납부세액공제 요건

간접외국납부세액을 공제받기 위해 아래 2가지 요건을 충족해야 한다.(법법 §57 ⑤)

지분소유비율	• 내국법인이 의결권 있는 발행주식총수의 10% 이상(조특법 §22의 해외자원개발사업 외국법인은 2% 이상)을 출자하고 있는 외국법인 (※ 2022년 이전 25% 이상) • 지분소유비율은 국내세법 및 조세조약 중 유리한 비율을 적용한다.
지분소유기간	내국법인이 직접 외국자회사의 의결권 있는 발행주식총수의 10% (해외자원개발사업을 하는 외국법인의 경우 2%) 이상을 해당 외국자회사의 배당기준일 현재 6개월 이상 계속하여 보유. 내국법인이 적격합병, 적격분할, 적격물적분할, 적격현물출자에 따라 다른 내국법인이 보유하고 있던 외국자회사의 주식을 승계받은 때에는 그 승계 전 다른 내국법인이 외국자회사의 주식을 취득한 때부터 해당 주식을 보유한 것으로 본다.(법령 §94 ⑨)

조세조약에서 간접외국납부세액의 지분소유요건을 정하고 있는 경우, 법인세법과 조세조약 중 유리한 비율을 적용한다.

| 조세조약상 간접외국납부세액 적용요건 |

체약국	지분소유 요건(일방국에서 적용하지 않는 경우)
덴마크, 르완다, 스페인, 싱가포르, 체코, 캄보디아, 크로아티아, 터키	25% 이상(르완다, 터키 미적용, 스페인조약의 경우 한국 미적용)
네팔, 브루나이, 사우디아라비아, 아이슬란드, 알바니아, 오만, 이스라엘, 일본(6월 이상 보유), 조지아, 투르크메니스탄	20% 이상(사우디아라비아, 아이슬란드, 알바니아, 오만, 조지아, 투르크메니스탄 미적용)

체약국	지분소유 요건(일방국에서 적용하지 않는 경우)
가봉, 나이지리아, 라오스, 라트비아, 멕시코, 미국, 브라질, 파나마, 세르비아, 스위스, 슬로베니아, 아랍에미리트, 에스토니아, 에티오피아, 영국, 우루과이, 중국, 칠레, 케냐, 콜롬비아, 타지키스탄, 페루, 폴란드, 홍콩	10% 이상(가봉, 세르비아, 스위스, 슬로베니아, 아랍에미리트, 에스토니아, 우루과이, 칠레, 콜롬비아, 타지키스탄, 파나마, 페루, 폴란드, 홍콩 미적용. 멕시코조약의 경우 한국 미적용)

3.3 간접외국납부세액 계산 및 공제한도

(1) 간접외국납부세액의 계산

내국법인의 각 사업연도의 소득금액에 외국자회사로부터 받는 이익의 배당이나 잉여금의 분배액이 포함되어 있는 경우, 그 외국자회사의 소득에 대하여 부과된 외국법인세액 중 그 수입배당금액에 대응하는 금액으로 다음과 같이 계산한 금액은 세액공제(미공제분 손금산입)되는 외국법인세액으로 본다.(법법 §57 ④, 법령 §94 ⑧ 산식)

$$\text{간접외국납부세액} = \frac{\text{외국자회사}}{\text{해당 사업연도 법인세}} \times \frac{\text{수입배당금액}}{\text{외국자회사 소득금액} - \text{외국자회사 법인세}}$$

외국자회사 법인세액은 다음을 말한다.(법법 §57 ④, 법령 §94 ⑧)

1. 외국자회사의 해당 사업연도 법인세액: '외국자회사의 해당 사업연도 법인세액'은 배당확정일이 속하는 사업연도의 직전 사업연도 소득을 과세표준으로 하여 외국자회사에 과세된 세액이며, 외국자회사로부터 받은 수입배당금이 외국자회사의 해당 사업연도 소득금액에서 해당 사업연도 법인세액을 차감한 금액에서 차지하는 비율이 100%을 초과하는 경우에는 100%로 한다.(서면인터넷방문상담2팀-2429, 2004.11.24.)
2. 다음 세액으로서 외국자회사가 외국납부세액으로 공제받았거나 공제받을 금액. 이 경우, 외국손회사로부터 지급받는 수입배당금액이나 제3국의 지점 등 귀속소득에 대하여 외국자회사의 소재지국에서 국외소득 비과세·면제를 적용받았거나 적용받을 경우 그 공제받았거나 공제받을 세액의 50%에 상당하는 금액
   ㉮ 외국자회사가 외국손회사로부터 지급받는 수입배당금액에 대하여 외국손회사의 소재지국 법률에 따라 외국손회사의 소재지국에 납부한 세액
   ㉯ 외국자회사가 제삼국(본점이나 주사무소 또는 사업의 실질적 관리장소 등을 둔 국가 외의 국가)의 지점 등에 귀속되는 소득에 대하여 그 제삼국에 납부한 세액

외국법인으로부터 수취하는 배당소득에 대한 직접외국납부세액을 외국법인 단계에서

납부하는 경우(예 인도의 배당분배세) 이를 수취하는 내국법인은 간접외국납부세액으로 보아 공제할 수 있다.

외국자회사가 사업부문별 매출총이익에 서로 다른 세율을 곱하여 계산한 금액을 소득에 대한 조세로 납부하는 경우 각 사업별로 계산한 세전소득과 납부세액이 외국자회사의 해당 사업연도 소득금액 및 법인세액에 해당한다.(서면2팀-1121, 2004.6.1.)

(2) 외국손회사의 범위

외국손회사는 아래 2가지 요건을 모두 충족하는 법인을 말한다.(법령 §94 ⑩)

1. 해당 외국자회사가 직접 외국손회사의 의결권 있는 발행주식총수의 10%(해외자원개발사업을 경영하는 외국법인의 경우에는 5%) 이상을 해당 외국손회사의 배당기준일 현재 6개월 이상 계속하여 보유하고 있을 것
2. 내국법인이 외국손회사의 의결권 있는 발행주식총수의 10%(해외자원개발사업을 경영하는 외국법인의 경우에는 5%) 이상을 외국자회사를 통해 간접 소유할 것. 이 경우 주식의 간접소유비율은 내국법인의 외국자회사에 대한 주식소유비율에 그 외국자회사의 외국손회사에 대한 주식소유비율을 곱하여 계산

(3) 간접외국납부세액 공제한도

직접·간주외국납부세액과 함께 공제한도를 계산한다. 세액공제를 받는 경우, 간접외국납부세액은 익금에 산입하여 국외원천소득에 포함하여 계산한다.(법법 §15 ②, 서면2팀-582, 2008.4.1.) 이 경우, 실제 세액공제금액이 아니라 간접외국납부세액의 총액을 익금산입하며 공제한도를 초과하는 간접외국납부세액은 이월공제한다.(재국조-252, 2016.6.1.)

사례 간접외국납부세액공제액의 계산

내국법인 갑은 5년 전 투자한 외국자회사 A의 주식 60%를 보유한다. A는 외국손회사 B(간접외국납부세액공제요건 충족)의 주식을 보유한다. 기타 관련사항은 다음과 같다.

A로부터 받은 배당	36,000
A 소득금액(법인세)	300,000 (60,000)
A가 B로부터 받은 배당	9,000
B 소득금액(법인세)	40,000 (10,000)

간접외국납부세액 공제액의 계산

61,500×{36,000 / (300,000 − 60,000)} = 9,225

• 계산대상세액: 61,500 = 60,000 + 10,000×{9,000/(40,000 − 10,000)}×50%

(4) 이월이익잉여금을 재원으로 배당하는 경우 배분순서

외국자회사의 이월이익잉여금을 재원으로 배당한 배당소득에 대해 국내 모회사가 간접외국납부세액을 계산하는 경우에는 배당의 재원이 된 잉여금이 발생하는 각 연도별로 외국자회사의 소득금액과 법인세액을 계산하여 이를 합산한다.(국제조세과-59, 2005.2.18.) 이 경우, 외국자회사로부터 받는 수입배당금액(외국자회사가 외국손회사로부터 지급받는 수입배당금액을 포함)은 이익이나 잉여금의 발생순서에 따라 먼저 발생된 금액부터 배당되거나 분배된 것으로 본다.(법령 §94 ⑧ 후단)

사례 이월이익잉여금을 재원으로 배당하는 경우 간접외국납부세액의 계산

내국법인 갑이 100% 지분을 소유하는 외국 자회사의 이익잉여금을 재원으로 200,000을 배당하는 경우 간접외국납부세액은 다음과 같이 계산한다.

구 분	당기순이익	법인세	배 당	간접외국납부세액 해당액
2004년	125,000	25,000	없음	25,000 × (100,000 / 100,000) = 25,000
2005년	210,000	60,000	200,000	60,000 × (100,000 / 150,000) = 40,000
계	335,000	85,000	200,000	65,000

3.4 간접외국납부세액 공제시기, 적용환율, 이월공제

세액공제된 외국법인세액 상당액은 세액공제받는 사업연도의 익금에 산입한다. 공제시기, 적용환율, 이월공제 등에 대하여는 직접외국납부세액공제와 같다.

3.5 경제적 이중과세방지의 이론적 검토

> 한오만조약 23조 1항 나: 오만왕국에서 취득된 소득이 오만의 거주자인 법인이 그 법인이 발행한 총주식의 최소한 20퍼센트를 보유하는 대한민국의 거주자인 법인에게 지급하는 배당의 경우, 세액공제를 할 때 그 배당의 지급원인이 되는 이윤에 대하여 그 법인이 납부하는 오만의 조세를 고려한다.

대부분의 국가는 법인단계의 법인소득과 주주단계의 배당소득에 대한 경제적 이중과세를 회피하거나 감소시키기 위한 국내법 규정을 둔다. 이러한 규정은 크게 세 가지로 나눌 수 있다.(OE §10-40) 국내세법은 주주단계에서 국외배당에 대한 간접외국납부세액공제를 적용한다.

| 배당소득의 경제적 이중과세 조정방법 |

조정방법	내 용
법인단계에서 차등법인세율 적용	분배된 소득에 대한 법인단계의 과세는 유보소득보다 낮은 세율을 적용
법인단계에서 과세 제외	주주배당에 한 번 과세하고, 분배된 소득은 법인단계에서 과세하지 않음.
주주단계에서 공제 (Imputation)	주주의 소득세를 계산할 때 경감세율 적용

(1) 개인이 배당을 수취하는 경우

법적 이중과세 개념에 비해 경제적 이중과세 개념은 약간 불명확하다. 일부 국가들은 경제적 이중과세 개념을 인정하지 않는다. 많은 국가들은 국내에서 법인이 주주에게 분배한 배당에 대한 경제적 이중과세를 경감해 주지 않는다. 사실상 경제적 이중과세의 개념은 명확히 정의되어 있지 않으므로, 이 문제는 실용적 관점에서 검토하는 것이 적절하다. 이는 이중과세를 회피하기 위한 각종 제도가 국제적 자본교류에 미치는 영향을 의미한다. 이를 위해 무엇보다도 각국의 다양한 제도가 어떠한 왜곡과 차이를 유발하는지 검토할 필요가 있다.

또한 국가재정과 효과적 세무조사에 대한 의미를 고려할 필요가 있다. 이러한 모든 측면을 검토할 때 법인세로 인한 부담을 개인의 소득세 계산에서 완전히 공제할 수 없음은 분명하다.(OE §10-41)

① 전통적으로 경제적 이중과세를 조정하지 않는 국가

경제적 이중과세를 국내적 수준에서 경감하지 않는 경우 국제적 수준에서도 경감할 필요가 없다. 전통적 제도를 가진 양국, 즉 경제적 이중과세를 경감하지 않는 원천지국과 배당수취인 거주지국의 경우 양국의 법인세율은 원천지국의 배당 원천세율(15% 제한세율)에 영향을 미치지 않는다. 결론적으로 이 경우에도 조약위반에 해당하지 않는다.(OE §10-42)

② 차등법인세율을 적용하는 국가

이들 국가는 회사가 소득을 어떻게 처리하였는가에 따라 차등법인세율로 과세한다. 유보된 소득에는 높은 세율이 적용되고, 배당으로 분배된 소득에는 낮은 세율이 적용된다.(OE §10-43) 법인세 차등세율 적용을 이유로 회사가 다른 국가 거주자인 개인주주에게 지급하는 배당에 15% 이상의 원천세를 과세할 수는 없다.(OE §10-44)

차등세율 적용국가(B국) 회사 배당소득의 15% 이하 과세분이 전통적 제도를 가진 국가(A국) 거주자인 주주의 소득세에서 공제되지 않는 경우 저율법인세 효과를 상쇄하기 위해 B국이 조정과세(balancing tax)의 형태로 배당을 15% 이상 원천과세해야 하는가?(OE §10-45) 이 경우 세율의 비교는 B국 법인세 평균세율을 산출하여 그 평균세율을 A국 거주회사의 단일세율과 비교해야 한다. 또한 A국에서 공제받지 못하는 추가적인 원천세를 B국에서 부과하는 것은 이중의 차별을 일으킨다. 왜냐하면 첫째로 B국 회사가 분배한 배당이 B국 거주자에게 분배된 때보다 A국 거주자에게 분배된 때에 더 무겁게 과세되고, 둘째로 A국 거주자는 공제를 받지 못하므로 B국의 배당에 대해 A국의 배당보다 더 많은 개인소득세를 납부하게 되기 때문이다. 따라서 조정과세는 인정되지 않는다.(OE §10-46) 차등법인세율 과세제도는 2002년에 폐지한 법인세법의 적정유보초과소득에 대한 법인세와 같은 논리이며, 현재 독일, 일본, 오스트리아 등 대륙법계 국가들이 채택하고 있다.

③ 주주단계에서 경감을 하는 국가

이들 국가에서 회사는 배당 여부와 상관없이 전 소득에 대하여 과세되고, 배당은 거주주주(개인)의 소득으로 과세된다. 이 경우 배당이 회사 소득을 구성하여 법인세를 부담하였다는 견지에서 주주는 개인소득세에 대한 세액공제로 경감받을 권리가 있다.(OE §10-47)

이들 국가의 국내법은 국제적 이중과세에 대한 조세경감을 확대 규정하지는 않는다. 경감은 단지 거주자에게만 허용되고, 국내원천배당에만 국한한다. 그런데, 아래에서 설명하는 것처럼 일부 국가는 체약상대국 거주자에게 상호주의 적용없이 일방적으로 국내법에 정한 세액공제를 확대하는 조세조약을 체결한다.(OE §10-48)

주주단계 경감을 따른 국가의 경우 배당지급소득이 이미 회사단계에서 과세되었다는 사실을 고려하여 주주는 세액공제를 받는다. 거주지국에서 주주는 공제세액을 더한 총액(gross up)으로 과세된다. 이 공제세액은 납부세액과 상계되고 환급도 가능하다. 이러한 배당세액공제제도를 적용하는 국가가 일부 조세조약에서 체약상대국의 거주자인 주주에게 세액공제를 확대하기도 한다. 그렇지만, 대부분 국가는 배당세액공제를 상호주의원칙에 따라 적용하며, 한국을 포함한 일부 국가에서만 일방적으로 배당세액공제를 적용한다.(OE §10-49)

주주단계의 경감을 규정하고 있는 국가들은 법인세는 주주의 거주 여부 또는 개인인지 법인인지 여부에 상관없이 회사 자체상황만 고려하여 부과된다는 점과 과세액은 전액 자국의 수입이 된다는 점에서 자국 제도상 법인세는 전부 진정한 법인세로 남는 것이며, 주주에게 주어지는 세액공제는 개인소득세 부담을 경감하기 위한 것으로 법인세를 조정하기 위한 것은 아니라는 입장을 가진다. 따라서 세액공제액이 개인소득세를 상회할 때는 환급하지 않는다.

이들과 다른 입장을 가진 국가는 경감은 법인세를 조정하는 것이라는 견해이다.(OE

§10-50) 이들의 견해가 근본적 차이(fundamental difference)가 있는지는 명확하지 않다.(OE §10-51) 차이가 있다는 것이 다수 의견이다. 배당에는 법인세가 내포되어 있다는 사실을 고려할 때 개인소득세 경감을 따른 국가의 조세경감의 진정한 성격은 주주 개인소득세를 완화하기 위한 것이다.(OE §10-53) 주주단계의 경감을 규정하는 국가는 한국, 영국, 프랑스 등이다.

프랑스의 간접납부세액공제액 환급제도(한불조세조약 §10 ③)

가. 만약 불란서의 거주자가 수취했더라면 그 거주자가 배당세액공제를 받을 권리를 가질 수 있는 배당을 불란서의 거주자인 법인으로부터 수취한 한국의 거주자는 본조 제2항 나)에서 따른 원천과세에 따를 조건으로 동 배당세액공제에 상당하는 지급금을 불란서 국고로부터 받을 권리가 있다.

나. 본항 세항 가.의 규정은 다음의 한국거주자에게만 적용된다.

(1) 개인, 또는

(2) 배당금을 지급하는 불란서 법인의 자본금의 10퍼센트 미만을 직접 또는 간접으로 소유하는 법인

다. 본항 세항 가.의 규정은 동항 세항 가.에 규정한 불란서 국고로부터 받은 환급금의 수취인이 그 환급금에 대하여 한국조세의 대상이 아니면 적용되지 않는다.

라. 본항 세항 가.에 따른 불란서 국고로부터의 환급금은 본 협약의 목적상 배당으로 간주된다.

(2) 법인이 배당을 수취하는 경우

개인에게 지급된 배당과 관련한 위의 설명은 배당을 지급하는 회사자본의 25% 이하를 보유한 법인에 지급되는 배당에 일반적으로 적용된다. 다만, 집합투자기구에 지급하는 배당의 세무처리는 특별한 문제를 야기한다.(OE §10-59)

배당지급 회사자본의 25% 이상을 보유하는 회사에 지급된 배당과 관련하여 위에서 설명한 개인사례(3가지 유형)가 자회사에 의해 지급된 배당과세에 미치는 영향은 다양하다.(OE §10-60) 자회사와 모회사의 과세에 국한될 경우에도 다양한 견해가 있을 수 있는데, 일반적인 경제문제를 다루거나 모회사 주주의 과세문제로 확대된다면 더욱 복잡해진다.(OE §10-61) 각국은 조세조약에서 각기 다른 해결책을 따르는데, 경제적 목적이나 자국의 법적 특수상황, 재정적 고려, 기타 요소들에 의해 좌우된다. 따라서 일반적으로 받아들여진 원칙은 없다.(OE §10-62)

① 자회사 국가의 전통적 제도

이 유형은 배당분배 회사가 거주하는 국가가 소위 회사과세의 '전통적 제도'를 가진 경우인데, 즉 배당소득은 회사나 주주단계 모두에서 어떤 조세혜택도 받지 못한다. 다만,

회사 간 배당의 반복적 과세를 피하기 위한 경우는 예외이다.(OE §10-63)

② 자회사 거주지국의 차등법인세율 제도

이 유형의 국가들은 유보소득보다 낮은 세율로 분배소득에 법인세를 부과하는데, 그 결과 자회사가 모회사에 분배한 소득인 경우에는 낮은 법인세율을 적용한다. 이런 상황을 고려하여 이들 국가 대부분은 조약에 10%나 15%의 원천세율을, 어떤 경우는 15% 이상의 세율을 규정한다. 그러나 국가 간 차이가 많아 공통원칙을 찾기는 어렵다.(OE §10-64)

③ 자회사 국가의 배당세액공제(imputation) 제도

이들 국가에서 회사는 분배와 상관없이 전체소득이 과세된다. 분배회사가 거주하는 국가의 거주 주주는 분배받은 배당에 대해 과세되는데, 배당소득이 회사단계에서 과세되었다는 사실을 고려하여 세액공제를 받는다.(OE §10-65)

이런 유형의 국가가 다른 국가 거주자인 모회사(주주)에게까지 공제혜택을 확대해야 하는지 또는 그 모회사에 직접세액공제를 허용해야 하는지 여부가 문제가 된다. 이에 대한 일치된 의견은 없으며, 각국의 조세조약에서 개별적으로 규정한다.(OE §10-66) 분배 여부와 상관없이 회사 소득이 동일한 세율로 과세된다면, 이 제도는 분배회사 단계에서는 '전통적' 제도와 차이가 없다. 따라서 자회사가 거주하는 국가는 경감세율로 원천과세할 수 있다.(OE §10-67)

4. 간주외국납부세액공제(Tax Sparing)

4.1 간주외국납부세액공제 개요

국외원천소득이 있는 거주자 · 내국법인이 조세조약의 상대국에서 해당 국외원천소득에 대하여 법인세 · 소득세를 감면받은 세액 상당액은 그 조세조약으로 정하는 범위에서 외국납부세액으로 세액공제(미공제분 손금산입)한다.(법법 §57 ③, 소법 §57 ③) 대부분 조세조약은 경제개발촉진특별법에 따른 감면만을 공제대상으로 규정하며, 일부 조세조약에서 국내법 또는 조세조약상 감면을 추가하여 규정한다.

간주외국납부세액공제는 원천지국에서 과세되는 소득으로 조세조약에 정한 감면(비과세 포함)대상인 경우에만 적용한다.(법인 46012-1806, 1997.7.3.) 조세특례제한법은 한체코조약 제23조 제3항, 한그리스조약 제23조 제3항, 한슬로바키아조약 제23조 제3항의 '경제개발증진을 위한 조세유인계획', 한인도조약 제24조 제4항, 한터키조약 제22조 제4항, 한태국조약 제23조 제2항의 '한국의 경제개발을 촉진시키기 위한 장려책에 관련되는 한국의 법률'에 해당한다.(국제세원-1369, 2008.7.30.)

내국법인이 외국자회사로부터 수취하는 배당금이 당초부터 외국 과세당국으로부터 법인세가 과세되지 않는 경우에는 간주외국납부세액공제 대상이 아니다.(법통 57－0…3) 한편, 조세조약에 정한 제한세율이 조세조약의 간주외국납부세액공제를 허용하는 간주세율보다 낮은 경우, 차액에 대하여 간주외국납부세액공제를 할 수 있다. 예를 들면, 중국기업소득세법에 따라 경감된 세율이 배당금액의 10%이지만 한중조세조약에 따른 제한세율 5%를 적용한 경우, 한중조세조약의 간주외국납부세액 공제규정에 따라 배당에 대한 간주세율 10%를 적용하면 실제 납부한 5%는 직접외국납부세액으로 그 차액인 5%는 간주외국납부세액으로 공제할 수 있다.(대법원 2014두38019, 2014.10.15.)

조세조약에 '간주외국납부세액공제'규정이 있는 경우, 내국법인이 해외자회사로부터 받은 배당에 대하여 감면받은 세액(직접외국납부세액)뿐 아니라 그 배당에 대하여 감면받은 해외자회사가 납부해야 할 법인세액(간접외국납부세액)도 공제대상으로 본다는 심판례(조심 2013서3834, 2015.9.1.)가 있다. 그러나 조세조약은 창설적 효력이 없으며 국내세법(법법 §57 ③, 소법 §57 ③)은 간접외국납부세액의 감면분에 대한 세액공제를 규정하지 않으므로 입법적 보완이 필요하다.

4.2 공제금액 및 공제한도

(1) 공제금액 및 공제한도

간주외국납부세액 상당액은 감면이 없었다면 납부해야 할 날을 기준으로 원화로 환산한다.(국제세원－247, 2010.5.17.) 간주외국납부세액은 직접 · 간접외국납부세액과 일괄하여 공제한도를 계산하며 마찬가지로 이월공제한다.

국내세법에 따라 계산하는 간주익금에 대하여는 간주외국납부세액공제를 적용하지 않는다. 예를 들면, 내국법인의 중국현지법인이 잉여금을 자본에 전입함에 따라 내국법인이 법인세법 제16조에 해당하는 의제배당금액을 각 사업연도 소득금액에 익금에 산입하는 경우, 그 의제배당금액은 한중조세조약 23조 3항에 따른 간주외국납부세액공제 대상이 아니다.(서이 46017－10478, 2002.3.15.)

조세조약에 정한 제한세율이 조세조약의 간주외국납부세액공제를 허용하는 간주세율보다 낮은 경우, 차액에 대하여 간주외국납부세액공제를 할 수 있다. 예를 들면, 중국기업소득세법에 따라 경감된 세율이 배당금액의 10%이나 한중조세조약에 따른 제한세율 5%를 적용한 경우, 한중조세조약의 간주외국납부세액 공제규정에 따라 배당에 대한 간주외국납부세액공제 간주세율 10%를 적용하여 실제 납부한 5%는 직접외국납부세액으로 그 차액인 5%는 간주외국납부세액으로 공제할 수 있다.(대법원 2014두38019, 2014.10.15.)

대부분 조세조약은 제한세율 적용소득에 대하여 아래와 같이 세액공제한도를 특별히 규정하며, 규정되지 않은 경우에도 제한세율을 적용한 세액에 대하여만 간주외국납부세액공제를 적용한다.

| 체약국별 간주외국납부세액공제 내역 |

체약국	공제허용 국가	공제대상조세	공제한도
나이지리아	나이지리아, 한국 (2025년까지)	경제개발촉진 감면세액 (간접외국납부세액 제외)	이자, 배당, 사용료: 10%
룩셈부르크	룩셈부르크	경제개발촉진 감면세액	이자(15%), 배당(20%), 사용료(20%)
르완다	르완다, 한국 (2034년까지)	경제개발촉진 감면세액	규정 없음 (상호합의)
말레이시아	말레이시아, 한국	경제개발촉진 감면세액	이자(15%), 배당(20%), 사용료(15%)
멕시코	한국	국내법상 감면세액	배당(15%)
방글라데시	방글라데시, 한국	경제개발촉진 감면세액	이자(10%), 배당(10%, 15%), 사용료(10%)
베트남	한국 (2014년까지)	외국인투자법 및 경제개발촉진 감면세액	이자(10%), 배당(10%), 사용료(15%)
브라질	브라질, 한국	국내법상 감면세액	이자(20%), 배당(25%), 사용료(20%)
사우디아라비아	사우디아라비아, 한국	경제개발촉진 감면세액	조약적용조세(2012년까지)
스리랑카	스리랑카, 한국	경제개발촉진 감면세액	이자, 배당, 사용료: 10%
스위스	스위스	조특법 제121조의2(외국인투자감면), 제121조의4(증자감면), 제121조의6(기술도입감면)	이자, 사용료: 10%
슬로바키아	슬로바키아, 한국	경제개발촉진 감면세액	이자(10%), 배당(5%, 10%), 사용료(10%)
알제리	한국	경제개발촉진 감면세액	이자(10%), 배당(5%, 15%), 사용료(2%, 10%)
싱가포르	싱가포르, 한국	경제개발촉진 감면세액	배당(10%, 15%), 사용료(5%)
영국	영국	조특법 제121조의2(외국인투자감면), 제121조의4(증자감면), 제121조의6(기술도입감면)	이자(10%), 배당(5%, 15%), 사용료(2%, 10%)
에티오피아	에티오피아, 한국	경제개발촉진 감면세액	규정 없음.
오스트리아	오스트리아	국내법 및 조약상 감면세액	이자, 배당, 사용료, 주식양도소득: 15%

체약국	공제허용 국가	공제대상조세	공제한도
요르단	한국	특별투자유인조치 감면세액(2015년까지)	규정 없음.
이집트	이집트, 한국	경제개발촉진 감면세액	이자, 배당, 사용료: 10%
인도네시아	인도네시아, 한국	경제개발촉진 감면세액	배당: 10%
체코	체코, 한국	경제개발촉진 감면세액	이자, 배당, 사용료: 제한세율
카타르	카타르, 한국	국내법상 감면세액(2017년까지)	규정 없음.
캄보디아	한국 (2031년까지)	경제개발촉진 감면세액	규정 없음.
태국	한국	경제개발촉진 감면세액	이자(10%), 배당(10%), 사용료(5%, 10%, 15%)
파키스탄	파키스탄, 한국	경제개발촉진 및 조약상 감면세액	이자(12.5%), 배당(15%), 사용료(10%)
필리핀	한국	국내법 및 조약상 감면세액	이자(15%), 배당(20%), 사용료(15%, 25%)

(2) 세액공제하는 경우 세무조정 여부

간주외국납부세액은 실질적으로 외국조세를 납부한 것은 아니므로 회계처리가 불필요하며 세무조정 또한 하지 않는다. 즉, 간주외국납부세액을 세액공제하는 경우에는 외국납부세액 상당액을 익금산입할 수 없다.

4.3 간주외국납부세액공제의 이론적 검토

> **한체코조약 23조 3항:** 제1항 및 제2항의 목적상, 일방체약국에서 배당・이자・사용료에 대하여 납부한 세액은 동 체약국에서 경제개발증진을 위한 조세유인계획과 관련하여 경감되거나 면세하였을지라도 그렇지 아니할 경우 이 협약의 제규정에 의해 납부해야 할 세액을 포함하는 것으로 본다.

(1) 간주외국납부세액공제(Tax Sparing)의 의미

대부분의 국가들은 외국인투자를 유치하기 위해 외국인투자자에게 다양한 종류의 조세특혜(tax incentives)를 준다. 투자자의 거주지국이 세액공제방법을 적용하는 경우 조세특혜를 받은 소득을 거주지국이 과세할 때 원천지국에서 실제 납부된 조세만 공제한다면 원천지국에서 부여된 조세특혜의 혜택은 감소한다.

이와 마찬가지로, 거주지국이 원천지국의 소득이 일정수준을 넘어야 소득공제방법을 적용한다면 투자자는 원천지국의 조세혜택에 대하여 거주지국에서 소득공제방법을 적용받지 못한다.(OE §23-72)

거주지국에서 이런 결과를 피하기 위해 조세특혜제도를 가진 국가들은 조약상 '간주외국납부세액공제(tax sparing)' 규정을 포함시킨다. 이 규정의 목적은 원천지국의 조세특혜로 감면된 조세를 거주자가 외국납부세액공제(foreign tax credit)를 받도록 하거나, 세액공제제도에서 조건을 적용할 때 감면된 조세가 포함되도록 하는 것이다.(OE §23-73)

간주외국납부세액공제 규정은 아래와 같이 일반적인 소득공제조항이나 세액공제조항의 형태를 가진다.(OE §23-74)

1. 원천지국이 경제개발촉진을 위한 특별법에 따라 조세의 전부나 일부를 감면하는 경우 거주지국은 원천지국의 일반세법에 따라 부과하는 세액 또는 조약상 제한세액(이자, 배당에 대한 제한세율 적용)을 공제한다.
2. 원천지국의 조세감면액(tax reduction)에 대하여 거주지국은 높은 세율이 적용되는 일정세액(일부 간주세액)을 자국 조세에서 공제한다.
3. 거주지국은 원천지국의 조세특혜를 받은 소득을 공제한다.

(2) 간주외국납부세액공제 효과

감면된 외국납부세액을 공제하는 경우 해외투자로 인한 조세부담을 경감시키게 된다. 이는 해외진출을 촉진하는 효과를 낳는다.

| 간주외국납부세액 공제효과의 비교 |

구 분	외국에서 과세하는 경우	외국에서 감면하는 경우	
		간주외국납부 세액공제 없는 경우	간주외국납부 세액공제 있는 경우
해외배당소득 ①	100	100	100
외국납부세액 ②	10	0	0
산출세액	30	30	30
외국납부세액공제	10	0	10
납부세액 ③	20	30	20
총부담세액(②+③)	30	30	20
세후 소득	70	70	80

(3) 간주외국납부세액공제의 문제점

경험적으로 볼 때 간주외국납부세액공제는 납세자의 조약의 부당한 이용을 초래할 가능성이 농후한데, 이는 원천지국과 거주지국 모두에게 재정수입 감소를 초래한다. 이런 유형의 조약의 부당한 이용은 발견하기가 쉽지 않다. 또한 발견하는 경우에도 거주지국이 이러한 남용에 대해 신속하게 대처하는 것이 쉽지 않다.

남용을 막기 위해 현재의 조세경감 규정을 없애거나 변경하는 절차가 대부분 느리고 신중하기 때문이다.(OE §23-76)

또한 간주외국납부세액공제가 경제개발을 촉진하는 필연적으로 효과적인 수단이 아닐 수 있다. 거주지국이 조세특혜 감면을 공제해주는 경우는 소득이 거주지국으로 송금되는 때이다. 따라서 소득의 본국송금을 촉진함으로써 간주외국납부세액공제는 원천지국에서 외국인투자자가 단기간 투자하는 경우 유리하고 장기간 사업하는 경우 불리하다. 일반적으로 세액공제제도는 외국납부세액의 공제액 계산시 외국인투자자가 조세특혜로 받은 감면세액과 거주지국이나 다른 나라에서 납부한 고세율의 조세를 일정 부분 상계하도록 하는 방식으로 고안된다. 이 결과 조세특혜로 인해 거주지국이 추가적 조세를 부과하지 못하게 된다.(OE §23-77)

국가경제 간의 점진적 통합으로 국가 조세기반이 점점 더 지리적으로 불분명해지고 있다. 국제경제의 출현으로 다른 국가의 조세기반 침해를 주목적으로 하는 조세제도를 채택하는 국가들이 나타났다. 이런 유형의 조세특혜는 세율차이에 특히 민감한 유동성이 강한 금융이나 금융관련 용역을 목표로 만들어진다. 이러한 조세제도의 악영향은 조약에 불순한 의도가 있는 간주외국납부세액공제를 규정함으로써 가중된다. 특히 한 국가가 조약체결 이후에 조세제도를 만들면서 이 조세제도를 조약의 간주외국납부세액공제 규정이 적용되도록 만드는 경우도 있다.(OE §23-78)

간주외국납부세액공제 규정은 선진국보다는 후진국을 위한 조약 규정이다. 조약의 남용을 방지하기 위해서는 간주외국납부세액공제가 필요한 국가를 정의하기 위한 객관적인 경제기준을 정할 필요가 있다.

원천지국 기반시설(infrastructure)의 개발을 위한 진정한 투자에만 간주외국납부세액공제 규정이 적용되어야 한다. 또한 실질적 투자에 한정하여 규정을 적용함으로써 국제적 투기활동을 위한 부적절한 조세경쟁을 막아야 한다.(OE §23-78.1)

5. 외국납부세액 이월공제, 손금산입

5.1 외국납부세액 이월공제, 이월공제의 제한

내국법인 및 거주자(종합소득만 해당)는 외국정부에 납부하였거나 납부할 외국납부세액이 해당 사업연도(과세연도)의 공제한도금액을 초과하는 경우 그 초과하는 금액은 해당 사업연도의 다음 사업연도 개시일부터 10년(2020.12.31. 이전 5년) 이내에 끝나는 각 사업연도(이월공제기간)로 이월하여 그 이월된 사업연도의 공제한도금액 내에서 공제받을 수 있다.(법법 §57 ②, 소법 §57 ②)

외국납부세액 공제한도를 초과하는 외국법인세액 중 국외원천소득 대응비용과 관련된 아래 외국법인세액에 대해서는 이월공제를 적용하지 않는다. 이 경우 해당 외국법인세액은 세액공제를 적용받지 못한 사업연도의 다음 사업연도 소득금액을 계산할 때 손금에 산입할 수 있다.(법령 §94 ⑮, 소령 §117 ⑩) 즉, 국내발생비용을 국외원천소득에서 뺀 경우에는 이월세액공제를 할 수 없고 손금산입만 허용한다는 의미이다.

이월공제 배제금액	=	비용 차감 전 국외원천소득을 기준으로 계산한 공제한도금액	−	비용 차감 후 국외원천소득을 기준으로 계산한 공제한도금액

과세표준 및 국외원천소득이 모두 결손이 된 경우에는 공제되지 않은 외국납부세액은 이월공제된다. 예를 들면, 내국법인이 여러 국가에 사업장을 두고 건설용역을 수행하면서 국외원천소득에 직간접으로 대응하는 비용을 각 해외지점에 모두 배부하고 각 해외지점은 국외원천소득에 대해 소재지국 세법에 따라 외국법인세액을 납부하였으나 특정 해외지점의 결손과다로 국내외원천의 전체소득이 결손이 되어 외국납부세액 공제한도가 '0'인 경우, 해외지점의 외국납부세액 중 공제한도를 초과하는 금액은 이월공제된다.(서면법규과-108, 2014.2.4.)

사례 이월공제세액의 계산

내국법인 한성물산의 2019년 국내외 수입금액과 비용의 내역은 아래와 같다.

구 분	국외원천	국내원천	계
소 득	1,000	3,000	4,000
비 용	국외발생 400 국내발생 200	1,000	1,600
과세표준	400	2,000	2,400
법인세	480(외국법인세 200)		

<2019년 외국납부세액 공제액의 계산>
- 공제한도: 법인세 480×(국외원천소득 400÷과세표준 2,400)=80
- 공제액: Min(외국법인세 200, 공제한도 80)=80

<2020년 이후 이월공제세액의 계산>
- 이월대상 외국법인세: 외국법인세 200-2019년 공제세액 80=120
- 이월배제 외국법인세: ①-②=120-80=40
  ① 직간접비용 차감 전 국외원천소득 기준 공제한도금액
  법인세 480×(국외원천소득 600÷과세표준 2,400)=120
  ② 직간접비용 차감 후 국외원천소득 기준 공제한도
  법인세 480×(국외원천소득 400÷과세표준 2,400)=80
- 이월공제액: 이월대상 120-이월배제 40=80

5.2 미공제액 손금산입

외국납부세액공제를 적용하지 않는 경우의 외국법인세액은 손비로 한다.(법령 §19 10호) 또한, 거주자(종합소득만 해당) 및 내국법인이 외국정부에 납부하였거나 납부할 외국법인세액을 이월공제기간 내에 공제받지 못한 경우 그 공제받지 못한 외국법인세액은 이월공제기간(해당 사업연도의 다음 사업연도 개시일부터 10년 이내에 끝나는 사업연도)의 종료일 다음 날이 속하는 사업연도의 소득금액을 계산할 때 손금에 산입할 수 있다.(법법 §57 ② 단서, 소법 §57 ②, 2021.1.1. 시행)

내국법인은 모든 국외원천소득에 대하여 손금산입을 적용할 수 있는 데 비해 거주자는 사업소득 및 양도소득이 있는 경우에만 손금산입을 적용한다.(소령 §117 ⑥)

5.3 이월공제기간 경과 후 미공제액 손금산입

내국법인 및 거주자(종합소득만 해당)가 외국정부에 납부하였거나 납부할 외국법인세액을 이월공제기간 내에 공제받지 못한 경우 그 공제받지 못한 외국법인세액은 이월공제기간(해당 사업연도의 다음 사업연도 개시일부터 10년 이내에 끝나는 사업연도)의 종료일 다음 날이 속하는 사업연도의 소득금액을 계산할 때 손금에 산입할 수 있다.(법법 §57 ② 단서, 소법 §57 ②, 2021.1.1. 시행) 내국법인은 모든 국외원천소득에 대하여 손금산입을 적용할 수 있는 데 비해 거주자는 사업소득 및 양도소득이 있는 경우에만 손금산입을 적용한다.(소령 §117 ⑥)

5.4 법인지방소득세의 외국납부세액 손금산입

내국법인의 각 사업연도의 소득에 대한 법인세 과세표준에 국외원천소득이 포함되어 있는 경우로서 법인세법에 따라 외국납부세액공제를 하는 경우에는 해당 외국법인세액을 법인세 과세표준에서 차감한 금액을 법인지방소득세 과세표준으로 한다. 이 경우 해당 사업연도의 법인세 과세표준에 손금에 산입한 외국법인세액이 있는 경우에는 그 손금산입 금액을 법인세 과세표준에 가산한 이후에 외국법인세액을 차감한다.(지법 §103의19 ②) 이 경우, 손금산입하는 외국법인세액이 해당 사업연도의 법인세 과세표준을 초과하는 경우에 그 초과하는 금액은 해당 사업연도의 다음 사업연도 개시일부터 15년 이내에 끝나는 각 사업연도로 이월하여 그 이월된 사업연도의 법인지방소득세 과세표준을 계산할 때 차감할 수 있다.(지법 §103의19 ①)

법인세에서 공제하는 외국납부세액은 외국의 지방자치단체가 부과하는 조세를 포함하므로 주의해야 한다. 예를 들면, 1,000원의 외국납부세액(외국의 지방자치단체 과세분 포함)이 발생하는 경우, 1,000원을 법인세의 외국납부세액으로 모두 공제하거나, 또는 909원(1,000원 × 100/110)은 법인세의 외국납부세액으로 공제하고 91원은 법인지방소득세의 과세표준에서 차감할 수 있다. 법인세 공제한도가 모자라 법인지방소득세에서 손금산입을 하거나 법인지방소득세의 일괄한도(지방소득세는 국별한도를 적용하지 않음)를 이용하는 경우라면 유리할 수 있다.

6. 소득공제방법(Exemption Method)

(1) 외국자회사 수입배당금액 및 외국법인 감자배당 익금불산입

외국자회사 수입배당금액 및 외국법인 감자배당액에 대해 '익금불산입'을 선택할 수 있다.

① 외국자회사 수입배당금액 및 외국법인 감자배당 익금불산입

내국법인(간접투자회사등[법법 §57의2 ①]은 제외)이 해당 법인이 출자한 '외국자회사'로부터 받은 "수입배당금액"의 95%에 해당하는 금액은 각 사업연도의 소득금액을 계산할 때 익금에 산입하지 아니한다. '외국자회사'는 내국법인이 직접 외국법인의 의결권 있는 발행주식총수의 10%(해외자원개발사업을 하는 외국법인 2%) 이상을 그 외국법인의 배당기준일 현재 6개월 이상 계속하여 보유(내국법인이 적격합병, 적격분할, 적격물적분할, 적격현물출자에 따라 다른 내국법인이 보유하고 있던 외국자회사의 주식을 승계받은 때에는 그 승계 전 다른 내국법인이 외국자회사의 주식을 취득한 때부터 해당 주식을 보유한 것으로 간주)하고 있는 법인을 말한다.(법법 §18의4 ①, 법령 §18 ①)

또한, 내국법인이 해당 법인이 출자한 외국법인(외국자회사는 제외)으로부터 자본준비금을 감액하여 받는 배당으로서 익금불산입 내국법인 감자배당(법법 §18 8호)에 준하는 성격의 수입배당금액을 받는 경우 그 금액의 95%에 해당하는 금액은 각 사업연도의 소득금액을 계산할 때 익금에 산입하지 아니한다.(법법 §18의4 ②)

② 소득공제 수입배당금액에 대한 외국납부세액의 손금불산입

익금불산입 수입배당금액에 대한 외국납부세액은 손금불산입한다.(법법 §21 1호)

③ 익금불산입의 배제

㉮ 조세피난처세제를 적용하는 경우

'조세피난처세제'(국조법 §27, §29)에 따라 특정외국법인의 유보소득에 대하여 내국법인이 배당받은 것으로 보는 금액 및 해당 유보소득이 실제 배당된 경우의 수입배당금액에 대해서는 '익금불산입'을 적용하지 아니한다.(법법 §18의4 ③)

㉯ 무조건 익금산입하는 경우

다음 어느 하나에 해당하는 금액은 각 사업연도의 소득금액을 계산할 때 '익금불산입'을 적용하지 않고 익금에 산입한다.(법법 §18의4 ④)

1. 특정외국법인(국조법 §27 ①)으로부터 받은 해당 사업연도에 대한 다음 금액. 다만, 해외자원개발사업자가 해외자원개발을 위해 외국법인에 출자하거나 외국자회사에 투자를 하는 경우에는 그 외국법인 또는 외국자회사의 해당 사업연도에 대한 다음 금액은 제외한다.(법령 §18 ②)
   ㉮ 이익잉여금 처분액 중 이익의 배당금(해당 사업연도 중에 있었던 익잉여금 처분에 의한 중간배당을 포함) 또는 잉여금의 분배금
   ㉯ 배당금 또는 분배금으로 보는 금액(법법 §16)
2. 다음 혼성금융상품의 거래에 따라 내국법인이 지급받는 수입배당금액(법령 §18 ③)
   ㉮ 한국의 경우: 한국세법에 따라 해당 금융상품을 자본으로 보아 내국법인이 해당 금융상품의 거래에 따라 거래상대방인 외국자회사로부터 지급받는 이자 및 할인료를 배당소득으로 취급할 것
   ㉯ 외국자회사가 소재한 국가의 경우: 그 국가의 세법에 따라 해당 금융상품을 부채로 보아 외국자회사가 해당 금융상품의 거래에 따라 거래상대방인 내국법인에 지급하는 이자 및 할인료를 이자비용으로 취급할 것
3. 위와 유사한 것으로서 대통령령으로 정하는 수입배당금액

④ **익금불산입신청, 외국납부세액공제 선택적용**

익금불산입을 적용받으려는 내국법인은 '외국자회사 수입배당금액 명세서'를 납세지 관할 세무서장에게 제출하여야 한다.(법법 §18의4 ⑤, 법령 §18 ④)

'수입배당금액 익금불산입'은 직접외국납부세액공제와 선택적으로 적용할 수 있다. 수입배당금액 익금불산입을 적용하는 경우에도 간접외국납부세액공제나 간주외국납부세액공제를 추가하여 적용할 수 있다.

(2) 조세조약의 소득공제방법

OECD모델 23A조 1항: 이 조약의 규정에 따라, 한 체약국 거주자가 체약상대국에서 과세되는 소득을 수취하거나 자본을 소유하는 경우(이 조약의 규정에 따라, 그 소득이 체약상대국 거주자가 수취하는 소득이라는 이유 또는 그 자본이 체약상대국 거주자가 소유하는 자본이라는 이유 때문에 체약상대국에서 과세가 허용되는 경우 제외), 한 체약국은 2항과 3항의 규정에 따라 그러한 소득이나 자본에 대한 과세를 감면한다.

OECD모델 23A조 2항: 한 체약국 거주자가 10조 및 11조의 규정에 따라, 체약상대국에서 과세되는 종목의 소득을 수취하는 경우(이 규정들에 따라, 그 소득이 체약상대국 거주자가 수취하는 소득이라는 이유 때문에 체약상대국에서 과세가 허용되는 경우 제외), 한 체약국은 다른 국가에서 지급한 세액 상당액을 그 거주자의 소득에 대한 조세로부터 공제를 허용한다. 그러나 이같은 공제는 공제가 주어지기 전에 계산된 바에 따라 다른 국가에서 발생된 소득에 귀속될 조세 상당액을 초과하지 못한다.

OECD모델 23A조 3항: 조약의 규정에 따라, 한 체약국의 거주자가 수취한 소득이나 소유한 자본이 그 국가에서 조세 감면되는 경우, 한 체약국은 그와 상관없이 그 거주자의 잔여소득이나 자본에 대한 세액을 계산할 때, 그 감면된 소득이나 자본을 고려할 수 있다.

OECD모델 23A조 4항: 체약국의 일방이 수취한 소득이나 소유한 자본에 대하여 본 조약상의 면제조항을 적용하거나 10조 2항 또는 11조를 적용하는 경우에는 본 1번 단락의 조항은 적용되지 않아야 한다.

소득공제방법은 국외원천소득을 과세소득에서 제외하는 방법으로, 결과적으로 납세자는 해당 소득에 대하여 원천지국의 조세만 납부하며 거주지국에서는 조세를 납부하지 않는다.

소득공제방법을 적용하는 경우, 거주지국(R)은 조약에 따라 원천지국(S)이나 국내사업장 소재지국(E)에서 '과세될 수 있는' 소득과 자본에 대하여 소득공제를 해야 한다.(OE §23-33) 따라서 거주지국은 다른 국가에 의해 실제로 과세권이 행사되었는지 여부를 떠나 조약에 따라 다른 국가에 의해 과세되는 소득과 자본에 대한 공제를 해준다.

이러한 방법은 다른 국가의 실제 과세사실을 조사할 거주지국의 책임을 면제함으로써 가장 실용적인 것으로 평가된다.(OE §23-34)

소득공제방법을 규정한 양자조세조약: 한국에서 적용 안함
스위스, 파나마, 남북합의서(한국에서 적용)

Chapter 04

외화환산과 파생상품

4

1. 외화의 원화환산

1.1 원화기준의 세무신고

(1) 환율의 의미

국내세법은 원화를 기준으로 과세표준 및 세액을 계산한다. 그러므로 외화로 거래하는 경우 원화환산 문제가 발생되며, 이는 직접세뿐 아니라 다른 조세에서도 마찬가지이다. 은행은 기준환율을 기준으로 매도율과 매입률을 결정한다. 기준환율에는 미국 달러화 교환비율인 기준환율과 그 외의 통화 교환비율인 재정환율이 있다.

| 환율의 개념 |

환율의 구분	예 시	비 고
대고객 매도율	1＄: 1,100원	매입·매도가격을 기준가격에 비해 10% 차이(spread)가 나게 하여 은행이 100원의 수수료수익 실현
기준환율 (기준환율, 재정환율)	1＄: 1,000원	
대고객 매입률	1＄: 900원	

(2) 환율이 조세에 미치는 영향

환율이 조세에 영향을 미치는 때는 손익 및 자산의 평가, 납부세액계산의 경우이다.

구 분		발생 사유
손익 및 자산의 평가	외화거래손익	외화거래, 사업소득 등 외화기준 거래
	외화평가손익	외화 자산부채의 평가, 해외현지법인 및 해외지사 재무제표의 평가
납부세액의 계산		외국납부세액의 계산, 국내징수세액의 계산

1.2 외화거래손익

(1) 외화채권 · 채무의 거래손익 계상

외화거래손익은 아래와 같이 인식한다. 국내원천소득에 대한 원천징수세액이나 국외원천소득에 대한 외국납부세액과 관련한 외화거래손익은 각각 손금 또는 익금에 산입한다.

구 분	처리 방법
법 인	내국법인이 상환받거나 상환하는 외화채권 · 채무의 원화금액과 원화기장액의 차익 또는 차손은 해당 사업연도의 익금 또는 손금에 이를 산입한다. 다만, 「한국은행법」에 따른 한국은행의 외화채권 · 채무 중 외화로 상환받거나 상환하는 '외화금액'의 환율변동분은 한국은행이 정하는 방식에 따라 해당 외화금액을 매각하여 원화로 전환한 사업연도의 익금 또는 손금에 산입한다.(법령 §76 ⑤)
개 인	사업자의 경우 상환받거나 상환하는 '화폐성 외화자산 · 부채'의 원화기장액과 상환받거나 상환하는 원화금액과의 거래손익은 해당 연도의 필요경비 또는 총수입금액에 산입한다.(소령 §97 ①) 사업자 이외의 개인에 대하여는 외화거래손익은 인정되지 않는다.

(2) 적용 환율

거래금액 및 납부세액의 계산시 적용하는 환율은 각 세법에 규정되며, 이러한 규정의 기본원칙은 다음과 같다. 원화환산일이 공휴일인 경우에는 그 직전일의 기준환율 또는 재정환율에 의해 원화로 환산한다.(소통 39-97…1)

① 지급기일(수령기일) 이전에 지급(수령)한 경우: 실제 지급(수령)한 원화금액

② 지급기일(수령기일) 이후에 지급(수령)한 경우: 지급기일(수령기일)의 기준환율을 적용하여 계산한 원화금액

③ 선물거래계약을 연장하는 경우: 외국환은행과 법인 간에 선물환거래계약을 체결하였으나 당초 계약서상 매매하기로 한 날 이를 실행하지 않고 쌍방 간의 합의에 따라 그 기간을 연장하는 수정계약을 체결하는 경우, 선물환거래로 인하여 생긴 외화거래손익은 실질적인 거래가 이루어지는 연장된 매매기준일의 환율을 적용하여 계산한다.(법인 22601-3776, 1988.12.23.)

④ 수차례에 걸쳐 입금한 외화예금의 일부를 인출하는 경우: 내국법인이 수차례에 걸쳐 입금한 외화예금의 일부를 인출한 때에는 먼저 입금된 분부터 인출하는 것으로 보나, 해당 법인이 '이동평균법'을 적용하여 온 경우에는 이동평균법을 적용할 수 있다.(법인세과-865, 2009.7.29.)

| 거래금액 및 납부세액 계산시 적용환율 |

세 목	거래구분	시 기	내 용	비 고
법인세·소득세	국내원천소득	지급시	지급일 기준환율	국일 46017-533
	유가증권 양도소득	양도·취득시	양도일·취득일 기준환율	국총 46017-811
	외국납부세액	납부시	납부일 기준환율	법칙 §48
		미납시	사업연도 종료일 기준환율	
		사업연도 종료 후 확정	최초납부일 기준환율	
	근로소득	지급기일 이전 지급	지급일 기준환율	소통 20-14
		지급기일 이후 지급	지급기일 기준환율	
	구상무역	선수출·후수입	수출선적일의 수입품 대고객매입률	법칙 §40
		선수입·후수출	수입통관일의 수입품 대고객매입률	
	공통경비 배분	연평균 기준환율(월평균 기준환율/사업월수)		고시 2001-10
	조세피난처 간주배당	사업연도 종료일 다음 날부터 60일의 기준환율		국조령 §33
부가가치세	재화용역 공급	공급시기 이전 수령	실제 원화환산가액	부령 §28
		공급시기 이후 수령·보유	공급시기의 기준환율	
		내국신용장 공급	공급시기의 기준환율	
	대리납부	지급시(보유외화 지급시)	지급일 기준환율	부령 §95
증권거래세	거래징수자	지급시	지급일 기준환율	재일 46014-1651
	양도자	양도시	양도시 기준환율	
인지세	문서작성	작성시	작성시 기준환율	인통 4-8-8
상속세	국외자산평가	평가시	평가시 기준환율	상증칙 §15 ②

(3) 개인의 외화거래손익 과세문제

① 사업거래가 아닌 경우 개인의 환차익은 과세대상 아님

사업과 관련 없는 개인의 외화예금 인출 및 환전에 따라 발생하는 외화거래손익은 과세소득에 영향을 미치지 않는다. 예를 들면, 사업자가 아닌 거주자가 외화증권에 투자하여 이자를 받는 경우 외화소득의 원화환산은 이자의 수입시기 현재의 기준환율 또는 재

정환율을 적용하며, 외화금액을 원화로 환전함으로써 발생하는 환차익은 과세대상 소득이 아니다.(소득 46011-1532, 1998.6.11.)

| 개인의 외화예금 과세 예시 |

구 분	예금시 환율: 1,000원	만기시 환율: 1,200원	과세 여부
외화예금($1,000)	1,000,000원	1,200,000원	환차익 200,000원 비과세
이자($50)	-	60,000원	이자소득 60,000원 과세

② 파생상품을 이용한 부당거래의 경우 환차익 과세됨

아래와 같이 통화스왑거래를 이용하여 어떤 경우에도 개인은 동일한 원화수입, 즉 고정이자를 보장받는 경우가 있다. 이 경우, 환차익을 포함한 모든 소득을 이자로 구분한다.(재소득-114, 2005.3.30.)

<예시 1> 만기시 현물환율 > 선물환율인 경우

구 분	현물거래	스왑거래	
		고 객	은 행
예금시 (현물① 1,000)	$10,000 × 1,000원=10,000천	$10,000 × 1,000원=10,000천	(대) 10,000천
만기시 (현물② 1,200) (선물③ 1,100)	원본 $10,000 × 1,200원 =12,000천 (현물환차익 ②-①: 2,000천) 이자 $500 × 1,200원=600천 총수령액 12,600천	원본 $10,000 × 1,100원=11,000천 (현물환차익 ②-①: 2,000천) (선물환차손 ③-②: △1,000천) 이자 $500 × 1,100원=550천 총수령액 11,550천	(현물거래손) 2,000천 (선물거래익) 1,000천 (이자비용) 550천 총비용 11,550천

<예시 2> 만기시 현물환율 < 선물환율인 경우

구 분	현물거래	스왑거래	
		고 객	은 행
예금시 (현물① 1,000)	$10,000 × 1,000원=10,000천	$10,000 × 1,000원=10,000천	(대) 10,000천
만기시 (현물② 1,060) (선물③ 1,100)	원본 $10,000 × 1,060원 =10,600천 (현물환차익 ②-①: 600천) 이자 $500 × 1,060원=530천 총수령액 11,130천	원본 $10,000 × 1,100원=11,000천 (현물환차익 ②-①: 600천) (선물환차익 ③-②: 400천) 이자 $500 × 1,100원=550천 총수령액 11,550천	(현물거래손) 600천 (선물거래손) 400천 (이자비용) 550천 총비용 11,550천

1.3 외화평가손익

(1) 법인의 외화 자산 · 부채의 평가

① 법인 외화평가규정의 변천

법인의 경우 외화자산 · 부채의 평가규정은 아래와 같이 여러 번 변천하였다.(법령 §73, §76)

| 법인의 외화 자산 · 부채 평가방법의 변천 |

구 분	외화평가대상 자산 및 부채(법령 §73 4호 · 5호)
2008.2.28.~	• 은행이 보유하는 모든 외화 자산 · 부채 • 은행이 보유하는 통화선도 및 통화스왑(원가법 선택가능)
2011.1.1.~	• 은행이 보유하는 화폐성외화자산 · 부채와 통화선도 · 통화스왑 · 환변동보험 • 은행 외의 법인이 보유하는 화폐성외화자산 · 부채, 환위험회피용통화선도 · 통화스왑 · 환변동보험

※ 통화선도는 원화와 외국통화 또는 서로 다른 외국통화의 매매계약을 체결할 때 장래의 약정기일에 약정환율에 따라 인수 · 도 하기로 하는 거래(법칙 §37의2 1호)

※ 통화스왑은 약정된 시기에 약정된 환율로 서로 다른 표시통화간의 채권채무를 상호 교환하기로 하는 거래(법칙 §37의2 2호)

※ 환변동보험은 한국무역보험공사가 운영하는 환변동위험을 회피하기 위한 선물환 방식의 보험계약(당사자 어느 한쪽의 의사표시에 의해 기초자산이나 기초자산의 가격 · 이자율 · 지표 · 단위 또는 이를 기초로 하는 지수 등에 의해 산출한 금전, 그 밖의 재산적 가치가 있는 것을 수수하는 거래를 성립시킬 수 있는 권리를 부여하는 것을 약정하는 계약과 결합된 보험계약 제외)(법칙 §37의2 3호)

② 법인의 외화 자산 및 부채의 평가방법

법인은 아래와 같이 외화자산 및 부채를 평가해야 한다. 화폐성 외화자산 · 부채, 통화선도 · 통화스왑 · 환변동보험, 환위험회피용 통화선도 · 통화스왑 · 환변동보험을 평가한 법인은 법인세신고와 함께 '외화자산등 평가차손익 조정명세서(법칙 §82 ① 별지 38호)'를 관할세무서장에게 제출해야 한다.(법령 §76 ⑦)

또한, 마감환율평가방법을 적용하거나 평가방법을 변경하려는 법인은 최초로 평가방법을 적용하거나 변경하려는 사업연도의 법인세신고와 함께 '화폐성 외화자산등 평가방법 신고서(법칙 §82 ⑦ 별지 3호의4)'를 관할세무서장에게 제출해야 한다.(법령 §76 ⑥)

| 법인의 외화자산 · 부채 기말평가 |

금융회사		비금융회사	
화폐성 자산 · 부채	통화선도등	화폐성 자산 · 부채	통화선도등
필수적 평가	선택적 평가	선택적 평가	

㉮ 금융회사의 외화자산 및 부채의 평가

금융회사등이 보유하는 화폐성외화자산 · 부채와 통화선도 · 통화스왑 · 환변동보험은 다음 각 호의 방법에 따라 평가해야 한다.(법령 §76 ①)

금융회사는 시중은행, 한국산업은행, 중소기업은행, 한국수출입은행, 한국정책금융공사, 농업협동조합중앙회, 수산업협동조합중앙회를 말한다.(법령 §61 ② 1호~7호) 금융회사등이 신고한 통화선도등의 평가방법은 그 후의 사업연도에 계속하여 적용해야 한다.(법령 §76 ③)

1. 화폐성외화자산 · 부채: 사업연도 종료일 현재 「외국환거래규정」에 따른 기준환율 또는 재정환율로 평가하는 방법(마감환율 평가방법)
2. 통화선도 · 통화스왑 · 환변동보험: 다음 방법 중 관할세무서장에게 신고한 방법에 따라 평가하는 방법. 다만, 마감환율평가방법으로 신고하기 이전 사업연도에는 거래일환율평가방법을 적용해야 한다.
   ㉮ 거래일환율 평가방법: 계약의 내용 중 외화자산 및 부채를 계약체결일의 기준환율 등으로 평가하는 방법
   ㉯ 마감환율 평가방법: 계약의 내용 중 외화자산 및 부채를 사업연도 종료일 현재의 기준환율 등으로 평가하는 방법

㉯ 금융회사등 외의 법인

금융회사등 외의 법인이 보유하는 화폐성 외화자산 · 부채(보험회사의 책임준비금은 제외) 및 화폐성 외화자산 · 부채의 환위험을 회피하기 위해 보유하는 환위험회피용 통화선도 · 통화스왑 · 환변동보험은 다음 방법 중 관할세무서장에게 신고한 방법에 따라 평가해야 한다. 다만, 최초로 마감환율평가방법으로 신고하기 이전 사업연도에는 거래일환율평가방법을 적용해야 한다.(법령 §76 ②) 금융회사등 외의 법인이 신고한 평가방법은 그 후의 사업연도에도 계속하여 적용해야 한다.

다만, 신고한 평가방법을 적용한 사업연도를 포함하여 5개 사업연도가 지난 후에는 다른 방법으로 신고를 하여 변경된 평가방법을 적용할 수 있다.(법령 §76 ③)

1. 거래일환율 평가방법: 화폐성외화자산 · 부채와 환위험회피용통화선도 등의 계약 내용 중 외화자산 및 부채를 취득일 또는 발생일(통화선도 · 통화스왑의 경우에는 계약체결일) 현재의 기준환율 등으로 평가하는 방법
2. 마감환율 평가방법: 화폐성외화자산 · 부채와 환위험회피용통화선도 등의 계약 내용 중 외화자산 및 부채를 사업연도 종료일 현재의 기준환율 등으로 평가하는 방법

③ 평가대상 외화 자산·부채

기업회계기준에 따른 화폐성 외화자산·부채와 이들의 환위험을 회피하기 위해 보유하는 통화선도 등이 평가대상으로, 보유하는 화폐나 확정된 화폐단위로 회수하거나 지급하는 자산 및 부채를 말한다.

평가대상이 되는 화폐성 항목	평가대상이 아닌 비화폐성 항목
1. 외화채권·채무, 외화현금·예금, 외화보증금 등 2. 현금으로 상환하는 충당부채, 부채로 인식하는 현금배당	1. 재화와 용역에 대한 선급금, 선수금 2. 외화표시 주식, 영업권, 무형자산, 재고자산, 유형자산, 비화폐성자산에 의해 상환하는 충당부채 등

보험회사가 특별계정에 속하는 자산을 시가로 평가하는 경우 특별계정 내 외화유가증권의 외화환산손익은 그 시가평가액에 포함된다.(법인세과-419, 2010.4.26.) 수출계약 후 미래에 회수하게 될 외화대금의 환위험을 회피하기 위해 통화선물계약을 체결하고 계약한 파생상품의 평가손익을 기업회계기준에 따라 각각 재무상태표의 자본과 손익계산서의 영업외손익으로 계상한 경우, 이는 평가대상 파생상품이 아니다.(서면2팀-687, 2008.4.15.)

④ 외화평가손익의 세무처리

마감환율 평가방법을 적용하는 경우, 아래 평가손익은 해당사업연도의 익금 또는 손금에 이를 산입한다. 이 경우 통화선도 등 및 환위험회피용통화선도 등의 계약 당시 원화기장액은 계약의 내용 중 외화자산 및 부채의 가액에 계약체결일의 기준환율 등을 곱한 금액을 말한다.(법령 §76 ④)

평가손익 = 외화금액 × 사업연도 종료일 기준환율 등 - 거래(계약) 당시 원화기장액

⑤ '마감환율 평가방법'으로 처음 변경하는 경우 평가손익의 인식

화폐성 외화자산·부채 및 통화선도·통화스왑에 대하여 '마감환율 평가방법'을 최초로 적용할 경우, 당초의 원화기장액은 직전사업연도 종료일의 기준환율 등으로 평가한 금액으로 한다.(대통령령 22577호 §19) 이는 평가손익을 최초로 인식할 때, 해당연도 평가분만 반영되도록 하여 기존 평가손익 부인액이 일시에 과세소득에 반영되는 것을 방지하기 위한 것이다. 직전 사업연도까지 부인한 평가손익은 유보로 관리하고 처분시 익금 또는 손금 산입한다.

평가손익 = 평가손익을 최초로 인식하는 사업연도 종료일 현재의 환율을 적용한 가액 - 평가손익을 최초로 인식하는 사업연도의 직전 사업연도 종료일 현재의 환율을 적용한 가액

사례 2011년 이후 마감환율 평가방법으로 처음 변경하는 경우

외화자산을 2009년 중에 1$에 취득하고, 2011년 사업연도부터 외화 자산·부채의 평가손익을 인식하는 것으로 적법하게 신고한 후, 2013년에 동 자산을 처분한 경우(환율 상승)

일자	환율	회계상		세무상		세무조정(유보)	
		가액	손익	가액	손익	당기	누계
2009년 중	1,000	1,000	–	1,000	–	–	–
2009.12.31.	1,200	1,200	200	1,000	–	△200	△200
2010.12.31.	1,500	1,500	300	1,000	–	△300	△500
2011.12.31.	1,600	1,600	100	1,100	100*	–	△500
2012.12.31.	2,000	2,000	400	1,500	400	–	△500
2013년 중	2,000	2,000	–	2,000	500	500	–

*2011년 말 회계상 가액(1,600) – 2010년 말 회계상 가액(1,500)

⑥ 법인의 외화자산·부채의 기장환율(법통 42–76…2)

㉮ 새로 발생된 자산·부채: 발생일 현재 기준환율 또는 재정환율로 환산. 이 경우 발생일이 공휴일인 때에는 그 직전일의 환율 적용

㉯ 외화를 매각하거나 매입: 실제 적용환율

㉰ 보유외화로 다른 외화자산을 취득하거나 기존 외화부채를 상환: 보유외화의 장부상 원화금액으로 회계처리

㉱ 자산 양도대가로 외화부채를 인계·인수: 부채의 인계·인수일의 기준환율 또는 재정환율로 환산(법통 42–76…1)

㉲ 새로운 외화채무로 종전의 외화채무를 상환: 당초 채무의 원화기장액을 그대로 유지(법통 42–76…3)

⑦ 외화예금등의 기장

수차례에 걸쳐 입금한 외화예금의 일부를 인출한 때에는 선입선출법으로 기장한다. 다만, 이동평균법을 계속 적용하여 온 경우에는 그 방법을 적용할 수 있다.(법인세과–865, 2009.7.29.)

(2) 개인의 외화자산·부채의 평가

개인의 경우, 외화평가손익은 과세대상이 아니다.(소령 §97)

1.4 외화거래의 세무관련 사항

(1) 외화송금 및 외화매각의 국세청 통보

외화거래는 외국환거래법에 따라 정한 외국환거래규정(재경부고시 2005-25, 2006.1.1.)에 따라 규제된다.

① 외화송금자료의 국세청 통보기준

1. 증여성 해외송금은 건당 미화 1만 불을 초과하는 경우
2. 거주자가 해외에서 비거주자와 외화예금거래를 하거나 국내에서 송금한 자금으로 예치하는 때에는 1만 불을 초과하는 경우
3. 해외유학생, 해외체류자의 여행경비는 연간 10만 불을 초과하는 경우
4. 그 밖에 미화 1만 불을 초과하는 금액을 외국환은행을 통해 지급하는 경우

② 외국환매각자료의 국세청 통보기준

1. 외국환은행이 미화 2만 불을 초과하는 대외지급수단을 매입하는 경우
2. 미화 1만 불 상당액을 초과하는 대외지급수단을 수입하는 경우나 휴대반입하는 경우

(2) 재외동포의 확인서 제출의무

재외동포가 외국환을 반출하는 경우, 거래은행에 다음과 같은 관할세무서의 확인서를 제출해야 한다.

① 해외이주비 등 자금출처확인신청서: 해외이주자(해외이주신고일로부터 3년 이내인 자 포함)가 세대별 해외이주비 지급누계액 10만 불을 초과하는 경우 최종주소지 관할 세무서에서 발급한다.(외국환거래규정 §4-5 ②)

② 부동산 매각자금확인서: 재외동포가 부동산처분대금을 국외로 반출하는 경우 부동산소재지 관할세무서에서 발급한다.(외국환거래규정 §4-6 ① 1호)

③ 예금 등 자금출처확인서: 재외동포가 연간누계금액 10만 불을 초과하는 국내원화 예금·신탁계정의 원리금을 국외반출하는 경우 거래외국환은행 관할세무서에서 발급한다.(외국환거래규정 §4-6 ① 2호)

(3) 외화거래의 세무상 검토사항

외화거래를 하는 경우 일반적으로 증여 해당 여부, 경비에 대한 증빙문제, 원천징수 여부와 같은 세무사항을 검토한다.

2. 기능통화 도입법인 및 해외사업장의 과세표준 계산특례

K-IFRS에서 '기능통화 계산방법'을 인정함에 따라, 세무조정의 부담을 덜어주기 위해 내국법인 및 내국법인 해외사업장의 과세표준을 계산할 때 '기능통화 과세표준 계산방법'을 선택하여 적용할 수 있도록 하였다.

2.1 기능통화 도입법인의 과세표준 계산특례

기능통화로 과세표준계산방법을 적용하려는 법인은 최초로 기능통화 과세표준계산방법을 적용하려는 사업연도의 법인세신고와 함께 납세지 관할세무서장에게 '기능통화 과세표준계산방법신고서(법칙 §82 ⑦ 별지 4호의6)'를 제출해야 한다.(법령 §91의2 ①)

(1) 기능통화 과세표준계산방법

기업회계기준에 따라 원화 외의 통화를 기능통화로 채택하여 재무제표를 작성하는 내국법인의 과세표준계산은 다음 과세표준계산방법 중 납세지 관할세무서장에게 신고한 방법에 따른다. 다만, 최초로 2방법 또는 3방법을 신고하여 적용하기 이전 사업연도의 소득에 대한 과세표준을 계산할 때에는 1방법을 적용해야 하며, 같은 연결집단에 속하는 연결법인은 같은 과세표준계산방법을 신고하여 적용해야 한다.(법법 §53의2 ①)

① 1방법: 원화기준

원화 외의 기능통화를 채택하지 않았을 경우에 작성해야 할 재무제표를 기준으로 과세표준을 계산하는 방법. 이 경우, 손금으로 계상한 경우에만 각 사업연도의 소득금액을 계산할 때 손금에 산입할 수 있는 항목은 원화 외의 통화를 기능통화로 채택하지 않았을 경우에 작성해야 할 '원화재무제표'의 금액을 기준으로 손금계상액을 산정한다.(법령 §91의3 ①)

| 1방법 적용순서 |

1. 외화로 표시된 재무제표항목을 원화로 환산 2. 원화로 환산된 재무제표를 기준으로 세무조정을 하여 법인과세표준 계산

② 2방법: 기능통화기준

기능통화로 표시된 재무제표를 기준으로 과세표준을 계산한 후 이를 원화로 환산하는 방법. 이 경우, 익금 및 손금, 결손금, 비과세소득 및 소득공제액은 기능통화로 표시하여 과세표준을 계산한 후 이를 원화로 환산해야 한다.(법령 §91의3 ②) 아래 경우, 사업연도 종료일 현재의 기준환율 등 또는 해당 사업연도 평균환율 중 법인세신고와 함께 납세지 관할세무서장에게 신고한 환율을 적용한다.(법령 §91의3 ③)

'해당 사업연도 평균환율'이란 해당 사업연도 매일의 「외국환거래규정」에 따른 기준환율 또는 재정환율의 합계액을 해당 사업연도의 일수로 나눈 금액을 말한다.(법칙 §44의2)

1. 기능통화로 표시된 과세표준을 원화로 환산하는 경우
2. 기업업무추진비 한도금액을 기능통화로 환산하는 경우
3. 외국납부세액공제(법법 §57, §57의2) 및 조세특례(조특법 §5, §10, §11, §24부터 §26, §94, §104의5)의 적용을 받는 세액공제액을 기능통화로 계산한 후 원화로 환산하는 경우

기능통화 도입 이전에 원화로 계상된 세무상 유보금액은 대응되는 자산·부채의 취득일 또는 발생일의 환율을 적용하여 기능통화로 환산하며, 기능통화로 표시되는 자산·부채와 관련된 외화환산손익에 대한 세무상 유보금액은 추인되어 소멸된다.(법인세과-663, 2011.9.8.)

| 2방법 적용순서 |

1. 재무제표를 기능통화(외화)로 작성
2. 기능통화로 작성된 재무제표를 기준으로 세무조정하여 과세표준 작성
3. 기능통화로 작성된 과세표준을 원화로 환산

③ 3방법: 현행환율법 준용

재무상태표 항목은 사업연도 종료일 현재의 기준환율 또는 재정환율, 포괄손익계산서(포괄손익계산서가 없는 경우에는 손익계산서를 말함) 항목은 해당 거래일 현재의 기준환율 등(아래 ㉮는 사업연도 평균환율)을 적용하여 원화로 환산한 재무제표를 기준으로 과세표준을 계산하는 방법

㉮ 평균환율을 적용하는 항목(법령 §91의3 ⑥)

감가상각비, 퇴직급여충당금, 대손충당금, 구상채권상각충당금, 현재가치할인차금상당액, 건설 등의 제공으로 인한 손익(법령 §69 ①), 이자 및 할인액(법령 §70 ① 1호 단서 및 2호 단서), 보험료상당액 등(법령 §70 ③ 단서), 이자 및 할인액과 배당소득(법령 §70 ④), 임대료상당액과 이에 대응하는 비용(법령 §71 ① 단서), 사채할인발행차금(법령 §71 ③)

㉯ 세무조정(법령 §91의3 ⑦·⑧)

3방법을 적용하는 경우 감가상각비, 퇴직보험료(확정기여형 퇴직연금 등의 부담금), 퇴직급여충당금, 대손충당금, 구상채권상각충당금 등에 대해서는 손금계상액 및 손금산입한도를 각각 기능통화로 표시하여 손금산입액을 결정한다.

| 3방법 적용순서 |

1. 재무상태표는 사업연도 종료일 현재의 기준환율, 포괄손익계산서는 거래일 기준환율 또는 평균환율을 적용하여 원화로 환산
2. 원화로 환산된 재무제표를 기준으로 세무조정을 하여 법인과세표준 계산(일부 손금은 기능통화로 계산)

사 례 기능통화도입기업 세액계산

- 자산 3개를 3회에 걸쳐 각각 3$에 구입(환율 1,000원, 1,100원, 1,200원)
- 자산 2개를 2회에 걸쳐 각각 5$에 판매(환율 1,300원, 1,400원)
- 나중에 판매한 대금(5$)은 연말까지 매출채권으로 보유
- 취득가액 10$(취득시 환율 1,000원)인 유형자산 감가상각(5년 정액법)
- 자산평가방법은 선입선출법, 기능통화는 미국달러, 세율 50%, 12월 말에 세금납부
- 연평균 환율 1,250원, 기말환율 1,500원

구 분	1방법	2방법	3방법
매출액	$10	₩13,500	₩13,500
매출원가	$6	₩6,300	₩6,300
감가상각비	$2	₩2,000[2)]	₩2,500[2)]
외화환산이익	-	₩500[3)]	-
당기순이익	$2	₩5,700	₩4,700
과세표준	$2	₩5,700	₩4,700
산출세액	$1	₩2,850	₩2,350
납부할세액 원화금액	₩1,250[1)]	₩2,850	₩2,350

1) 연평균환율 적용을 가정
2) 감가상각비: 2방법은 역사적환율 적용, 3방법은 평균환율 적용(표시통화환산 시 감가상각비 · 대손충당금 · 퇴직급여충당금 등은 평균환율 적용)
3) 외화환산이익: 매출채권 기말환율 적용에 따른 환산차익. 3방법에서 표시통화환산 시 발생하는 외화환산손익은 기타포괄손익으로 처리

(2) 화폐성 외화자산 · 부채의 기능통화 평가제외

위 2방법 및 3방법의 과세표준계산방법을 적용할 때 아래 외화자산 · 부채(법령 §73 3호 · 5호, 법령 §76 ① · ②)는 기능통화 외의 통화로 계상한다.(법령 §91의3 ④) 즉, 일반적인 화폐성 외화자산 · 부채의 평가방법을 적용한다.

1. 기업회계기준에 따른 화폐성 외화자산과 부채
2. 화폐성외화자산 · 부채의 환위험을 회피하기 위해 보유하는 통화선도와 통화스왑

(3) 기능통화 과세표준계산방법의 변경 및 최초사용

① 과세표준계산방법의 변경

2방법 또는 3방법에 해당하는 과세표준계산방법을 신고하여 적용하는 법인은 아래 사유가 발생한 경우 외에는 과세표준계산방법을 변경할 수 없다.(법법 §53의2 ②, 법령 §91의2 ②)

1. 기능통화를 변경한 경우
2. 과세표준계산방법이 서로 다른 법인이 합병(분할합병 포함)한 경우
3. 과세표준계산방법이 서로 다른 사업자의 사업을 인수한 경우
4. 연결납세방식을 최초로 적용받는 내국법인의 과세표준계산방법이 해당 연결집단의 과세표준계산방법과 다른 경우(해당 연결집단의 과세표준계산방법으로 변경하는 경우만 해당)

② 기능통화변경 승인신청

'기능통화 과세표준계산방법'을 적용하는 법인이 위 ①에 해당하는 사유가 발생하여 과세표준계산방법을 변경하려는 경우에는 변경된 과세표준계산방법을 적용하려는 사업연도 종료일까지 납세지 관할세무서장에게 '과세표준계산방법변경신청서'를 제출해야 한다.(법령 §91의2 ③) 신청서를 접수한 관할세무서장은 사업연도 종료일부터 1개월 이내에 그 승인 여부를 결정하여 통지해야 한다.(법령 §91의2 ④) 법인이 승인을 받지 아니하고 과세표준계산방법을 변경한 경우 과세표준은 변경하기 전의 과세표준계산방법에 따라 계산한다.(법령 §91의2 ⑤)

③ 기능통화변경시 세무조정

2방법 또는 3방법을 적용하는 법인이 기능통화를 변경하는 경우에는 기능통화를 변경하는 사업연도의 소득금액을 계산할 때 개별 자산 · 부채별로 아래 표 1.의 금액에서 2의 금액을 뺀 금액을 익금에 산입한다. 익금산입금액은 일시상각충당금 또는 압축기장충당금으로 계상하여 손금산입해야 하며, 이러한 손금산입금액은 해당 자산 · 부채를 처분할 때 일시상각충당금 등의 환입으로 보아 익금에 산입한다.(법법 §53의2 ③, 법령 §91의3 ⑧)

1. 변경 후 기능통화로 표시된 해당 사업연도의 개시일 현재 해당 자산·부채의 장부가액
차감 (△)
2. 변경 전 기능통화로 표시된 직전 사업연도의 종료일 현재 자산·부채의 장부가액에 해당 자산·부채의 취득일 또는 발생일의 기준환율 등(또는 사업연도 평균환율)을 적용하여 변경 후 기능통화로 표시한 금액
⇒ 일시상각충당금(압축기장충당금) 익금산입 후 손금산입

④ 2방법 또는 3방법의 최초사용

법인이 2방법 또는 3방법을 최초로 사용하는 경우에 기능통화를 변경한 것으로 보아 위 ③과 같이 처리한다. 이 경우 변경 전 기능통화는 원화로 본다.(법법 §53의2 ④)

(4) 기능통화 도입법인의 재무제표 제출

기능통화 도입법인은 법인세신고시 아래와 같이 재무제표를 제출해야 한다.(법법 §60 ②)

1. 기업회계기준에 따라 원화 외의 통화를 기능통화로 채택한 법인이 원화기준 과세표준계산방법(법법 §53의2 ① 1호)을 적용하는 경우: 원화 외의 기능통화를 채택하지 아니하고 계속하여 기업회계기준을 준용하여 원화로 재무제표를 작성할 경우에 작성해야 할 '원화재무제표'(법령 §97 ⑤ 1호의3)
2. 기업회계기준에 따라 원화 외의 통화를 기능통화로 채택한 경우: 원화를 표시통화로 하여 기업회계기준에 따른 기능통화재무제표를 환산한 '표시통화재무제표'(법령 §97 ⑤ 1호의2)

2.2 내국법인 해외사업장 과세표준 계산특례

(1) 해외사업장 과세표준 계산방법

내국법인의 해외사업장의 과세표준 계산은 다음 과세표준계산방법 중 납세지 관할세무서장에게 신고한 방법에 따른다. 다만, 최초로 2방법 또는 3방법의 과세표준계산방법을 신고하여 적용하기 이전 사업연도의 소득에 대한 과세표준을 계산할 때에는 1방법의 과세표준계산방법을 적용해야 한다.(법법 §53의3 ①)

① 1방법: 해외사업장 재무제표를 원화로 환산

해외사업장 재무제표를 원화 외의 기능통화를 채택하지 않았을 경우에 작성해야 할 재무제표로 재작성하여 본점의 재무제표와 합산한 후 합산한 재무제표를 기준으로 과세표준을 계산하는 방법. 이 경우, 손금으로 계상한 경우에만 각 사업연도의 소득금액을 계산할 때 손금에 산입하는 항목은 원화재무제표의 금액을 기준으로 손금 계상액을 산정한다.(법령 §91의5 ①)

| 1방법 적용순서 |

1. 해외사업장 재무제표를 현지통화로 작성
2. 현지통화로 작성된 해외사업장 재무제표를 원화로 환산
3. 원화로 환산된 해외사업장 재무제표를 본점 재무제표와 합산
4. 원화로 환산된 합산재무제표를 기준으로 세무조정을 하여 법인과세표준 계산

내국법인 해외사업장 외화표시 재무제표의 원화환산기준

해외사업장의 외화표시 재무제표를 본점의 재무제표와 합산하는 경우에는 다음 방법 중 하나를 선택하여 원화로 환산해야 한다. 이 경우 한번 선택한 방법은 그 후 사업연도에 있어서 계속 이를 적용해야 한다. 아래 방법을 적용하지 아니하거나 선택한 방법을 임의로 변경한 경우에는 '사업연도 종료일 현재의 기준환율'에 의해 환산한 금액을 원화환산금액으로 한다. 다만, 임의평가한 해외사업장의 결산재무제표상의 당기순이익이 '사업연도 종료일 현재의 기준환율'에 의해 환산한 당기순이익보다 큰 때에는 그러하지 않는다. 환산차액은 결산에 반영해야 한다.(법통 42-76…4)
해외사업장 평가방법은 자산·부채 평가방법(법령 §76)에 우선하여 적용된다.(법통 42-76…5)

<table>
<tr><th>환산방법</th><th colspan="2">재무상태표 항목</th><th>손익계산서 항목</th><th>환산차손익처리</th></tr>
<tr><td rowspan="2">화폐성·비화폐성법</td><td>화폐성 자산·부채</td><td>비화폐성 자산·부채</td><td rowspan="2">1. 현금수수거래는 거래의 발생일
2. 화폐성 자산·부채계정과 손익계정이 대체되는 경우에는 대체거래 발생일
3. 비화폐성 자산·부채와 손익계정이 대체되는 경우에는 당초 취득일 또는 발생일</td><td rowspan="2">환산차손익 손익산입</td></tr>
<tr><td>사업연도 종료일 (종료일이 속하는 달의 말일) 기준환율</td><td>취득일 또는 발생일(해당일이 속하는 달의 말일) 기준환율</td></tr>
<tr><td rowspan="2">현행환율법</td><td colspan="2">사업연도 종료일 현재의 기준환율</td><td>사업연도의 평균 기준환율 (일별환율/사업연도일수)</td><td rowspan="2">환산차손익(본지점계정환산차액, 손익계산서 순이익과 재무상태표 순이익의 차액) 손익불산입</td></tr>
<tr><td colspan="2">사업연도 종료일 현재의 기준환율</td><td></td></tr>
</table>

현행환율법을 적용함으로써 자산의 취득일 또는 거래의 발생일의 환율에 의해 환산한 금액과 차액이 있는 경우에도 그 차액은 세무조정으로써 이를 익금 또는 손금에 산입하지 않는다. 현행환율법에 의한 환산차손익은 국외지점별로 구분하여 그 후의 사업연도에서 발생하는 국외지점별 환산차손익과 우선적으로 상계하며 잔액은 국외지점 등을 폐쇄하는 때에 익금 또는 손금에 산입해야 한다.(서면2팀-2204, 2004.11.1.)

② 2방법: 해외사업장 기능통화 과세표준을 원화로 환산

해외사업장의 기능통화로 표시된 해외사업장 재무제표를 기준으로 과세표준을 계산한 후 이를 원화로 환산하여 본점의 과세표준과 합산하는 방법. 이 경우, 해외사업장의 익금 및 손금을 해외사업장의 기능통화로 표시하여 과세표준을 계산한 후 이를 원화로 환산해야 하며, 원화로 환산한 해외사업장 과세표준을 본점의 과세표준과 합산한 금액에 대하여 법인의 과세표준을 계산한다.(법령 §91의5 ②)

| 2방법 적용순서 |

1. 해외사업장 재무제표를 기능통화(현지통화)로 작성
2. 기능통화로 작성된 해외사업장 재무제표를 기준으로 세무조정하여 해외사업장 과세표준 작성(아래 ㉯의 손금산입항목 제외)
3. 기능통화로 작성된 해외사업장 과세표준을 원화로 환산
4. 원화로 환산된 해외사업장 과세표준을 본점 과세표준과 합산(아래 ㉮의 적용환율, 아래 ㉯의 손금산입항목은 합산하여 한도계산)

㉮ 적용환율

기능통화기준의 경우, 기능통화로 표시된 해외사업장 과세표준을 사업연도 종료일 현재의 기준환율·재정환율 또는 평균환율 중 과세표준계산방법의 신고와 함께 납세지 관할세무서장에게 신고한 환율을 적용하여 원화로 환산해야 한다.(법령 §91의5 ③)

㉯ 손금산입항목의 세무처리

해외사업장에서 지출한 기부금, 기업업무추진비, 고유목적사업준비금, 책임준비금, 비상위험준비금, 퇴직급여, 퇴직보험료(확정기여형 퇴직연금 등의 부담금), 퇴직급여충당금, 대손충당금, 구상채권상각충당금, 그 밖에 손금산입한도가 있는 손금항목은 이를 손금에 산입하지 않는다. 손금에 산입하지 아니한 금액은 사업연도 종료일 현재의 기준환율 등 또는 평균환율을 적용하여 원화로 환산한 후 본점의 해당 항목과 합산하여 본점의 소득금액을 계산할 때 해당 법인(본점과 해외사업장을 포함)의 손금산입한도 내에서 손금에 산입한다. 이 경우 해당 법인의 손금산입한도를 계산할 때 해외사업장 재무제표는 사업연도종료일 현재의 기준환율 등 또는 평균환율을 적용하여 원화로 환산한다.(법령 §91의5 ④·⑤)

③ 3방법 : 현행환율법을 준용하여 재무제표 환산

해외사업장의 재무제표에 대하여 재무상태표 항목은 사업연도 종료일 현재의 기준환율 등을, 포괄손익계산서 항목은 아래 환율을 각각 적용하여 원화로 환산하고 본점 재무제표와 합산한 후 합산한 재무제표를 기준으로 과세표준을 계산하는 방법(법령 §91의5 ⑦)

1. 감가상각비, 퇴직급여충당금, 대손충당금, 구상채권상각충당금, 현재가치할인차금상당액, 건설 등의 제공으로 인한 손익(법령 §69 ①), 이자 및 할인액(법령 §70 ① 1호 및 2호), 보험료상당액 등(법령 §70 ③), 이자 및 할인액과 배당소득(법령 §70 ④), 임대료상당액과 이에 대응하는 비용(법령 §71 ①), 사채할인발행차금(법령 §71 ③): 평균환율
2. 위 1. 외의 경우: 해당 항목의 거래일 현재의 기준환율 등 또는 평균환율 중 납세지 관할세무서장에게 신고한 환율

| 3방법 적용순서 |

1. 해외사업장 재무제표를 현지통화로 작성
2. 해외사업장의 재무상태표는 사업연도 종료일 현재의 기준환율, 포괄손익계산서는 평균환율 또는 거래일 기준환율을 적용하여 원화로 환산
3. 원화로 환산된 해외사업장 재무제표를 본점 재무제표와 합산
4. 합산재무제표를 기준으로 세무조정을 하여 법인과세표준 계산

(2) 화폐성 외화자산 · 부채의 기능통화 평가제외

2방법 및 3방법의 과세표준계산방법을 적용할 때 아래 외화자산 · 부채는 해외사업장의 기능통화 외의 통화로 계상한다.(법령 §91의5 ⑥) 즉, 일반적인 화폐성 외화자산 · 부채의 평가방법(법령 §73 3호 · 5호, 법령 §76 ① · ②)을 적용한다.

1. 기업회계기준에 따른 화폐성 외화자산과 부채
2. 화폐성 외화자산 · 부채의 환위험을 회피하기 위해 보유하는 통화선도와 통화스왑

(3) 과세표준계산방법의 신청 및 변경

과세표준계산방법의 신청 및 변경에 관하여는 '기능통화 도입기업의 과세표준계산방법 신청 및 변경'규정(법령 §91의2)을 준용한다.(법령 §91의4 ②) 2방법 또는 3방법을 신고하여 적용하는 법인은 아래 사유가 발생한 경우 외에는 과세표준계산방법을 변경할 수 없다.(법법 §53의3 ②, 법령 §91의4 ①)

1. 과세표준계산방법이 서로 다른 법인이 합병(분할합병 포함)한 경우
2. 과세표준계산방법이 서로 다른 사업자의 사업을 인수하는 경우

3. 파생상품(Derivatives)

(1) 파생상품의 분류

파생상품이란 기초자산(underlying assets)의 가치변화에 따라 가격이 변하는 금융상품(financial instruments)을 말한다.

파생상품을 기초자산, 거래형태에 따라 분류하면 다음과 같다.

구 분	주가지수	환 율	이자율	신용도	기 타
선도 (Forward)		선물환	이자율 선도 (FRA)		
선물 (Future)	주가지수 (주식)선물	통화선물	국채선물, CD금리선물		돈육선물, 금선물
옵션 (Option)	주가지수 옵션	통화옵션	이자율옵션		
스왑 (Swap)	지수스왑	통화스왑(CRS), 외환스왑	이자율스왑 (IRS)	CDS, TRS	
스왑션 (Swaption)			이자율스왑션	신용스왑션	
기타복합파생				synthetic CDO	

(2) 파생상품의 회계처리

① 파생상품 회계처리 요약

파생상품은 거래목적에 따라 아래와 같이 회계처리한다.(기업회계기준 §70)

거래목적	거래유형	평가기준		파생상품 평가손익 처리
		실물자산	파생상품	
위험회피목적	공정가액	공정가액	공정가액	당기손익처리(실물자산의 평가손익도 당기손익처리)
	현금흐름	–	공정가액	자본조정계상 후 • 자산·부채취득: 자산·부채에 가감 • 기타: 예상거래가 당기손익에 영향을 미치는 회계기간에 영업외손익 처리
매매 목적		회계기준에 따라 평가	공정가액	당기손익처리

② 파생상품 회계처리의 일반원칙

구 분		내 용
파생상품의 인식		• 계약에 따라 발생한 권리와 의무를 자산 또는 부채로 인식 • 계상금액: 명목계약금액이 아니라 공정가액(예 차액결제금액)임. 따라서 자산·부채를 동시에 총액으로 계상해서는 안 됨.
파생상품의 평가		• 공정가액으로 평가(최초계약시와 결산시) - 계약시: 공정가액으로 평가하되 순공정가액이 0인 경우가 대부분이므로 별다른 회계처리가 필요 없음.(옵션의 경우 예외: 아래 옵션프리미엄 참조) - 파생상품은 만기결제시까지 공정가액이 계속 변동되고 취득원가가 0인 경우가 많기 때문에 공정가액 평가필요
회계처리	평가손익	• 매매목적: 파생상품의 평가손익을 당기손익으로 처리 • 위험회피목적: 위험회피유형별로 달리 처리함.
	지급수수료	• 목적에 관계없이 발생시점에 전액 비용으로 인식
	스왑수수료	• 스왑거래에서 발생하는 최초수수료(Front end fee)나 최종수수료(Back end fee): 최초계약시 자산 또는 부채로 인식
	선물거래의 일일정산액	• 일일정산에 따른 기중결제액: 정산차금으로 관리 • 정산차금순액: 반대매매, 만기결제, 기말평가시 관련 선물거래손익 또는 선물평가손익에서 조정함.
	옵션 프리미엄	• 최초 계약시[지급(매수자) 또는 수취(매도자)시] - 매수옵션: 자산계상 - 매도옵션: 부채계상 • 옵션 미행사로 소멸시 - 매수옵션: 당기손실 처리 - 매도옵션: 당기이익 처리
재무제표상의 표시		• 성질이나 금액이 중요한 파생상품의 공정가액과 평가손익은 파생상품계약별로 B/S와 I/S에 구분하여 기재 • 파생상품계약별 공정가액(자산·부채)과 평가손익은 상계하지 않고 총액으로 표시(부담한 총위험의 크기에 대한 정보제공목적)

(3) 파생상품 손익의 세무조정

① 세법상 일반원칙

일반적으로 계약종료 전에 기업회계기준에 따라 계상한 평가손익은 세무상 부인된다. 다만, 금융회사 등이 보유하는 통화선도·통화스왑·환변동보험 및 금융회사 등 외의 법인이 화폐성외화자산·부채의 환위험을 회피하기 위해 보유하는 통화선도·통화스왑·환변동보험은 다음 방법 중 관할세무서장에게 신고한 방법에 따라 평가해야 한다.(법령

§73 4호, §76 ②) 이자율스왑계약은 세법상 평가대상이 아니다.(서이 46012-12333, 2002.12.27.)

> 1. 사업연도 종료일 기준(시가법): 계약의 내용 중 외화자산 및 부채를 사업연도 종료일 현재의 「외국환거래법」에 따른 기준환율 또는 재정환율로 평가하는 방법
> 2. 계약체결일 기준(원가법): 계약의 내용 중 외화자산 및 부채를 계약체결일의 「외국환거래법」에 따른 기준환율 또는 재정환율로 평가하는 방법

한편, 계약이 종료되어 실현된 거래손익과 목적물을 인도하지 않고 차액만 정산하는 파생상품의 거래로 인한 손익은, 그 거래에서 정하는 대금결제일이 속하는 사업연도의 익금과 손금으로 한다.(법령 §71 ⑥)

(4) 금융회사의 파생상품 세무조정사례

금융회사가 취급하는 파생상품의 종류에는 통화선도, 통화스왑, 통화옵션, 이자율선도, 이자율 스왑매입, 이자율 옵션(이자율 캡, 이자율 플로어, 스왑션), 주가지수선물, 주가지수옵션 등이 있다.

아래는 통화스왑(엔달러 쿠폰통화스왑)의 사례를 보여주는데, 통화스왑은 서로 다른 통화로 표시된 원금에 대하여 일정시점마다 서로 다른 통화로 표시된 이자를 교환하고 만기에 해당 원금을 교환하는 약정이다.

① 계약일	2003.1.1.	
② 만기일	2004.12.31.	
③ 계약금액	10,000	JPY(만기수취)
	100	USD(만기지급)
④ 고정이자율	4%	JPY(수취)
변동이자율	Libor	USD(지급)
⑤ 이자교환일	2003.12.31.	
	2004.12.31.	

⑥ 시점별 이자율		
구 분	2003.1.1.	2003.12.31.
KRW(PR)	8%	6%
JPY	4%	2%
USD(Libor)	6%	4%

⑧ 통화스왑공정가액	
2003.1.1.	-
2003.12.31.	6,259(*)
2004.12.31.	-(**)

⑦ 시점별 현물환율			
구 분	KRW/USD	KRW/JPY	JPY/USD
2003.1.1.	1,000	10.0	100
2003.12.31.	1,008	10.5	96
2004.12.31.	1,034	11.0	94

(*) 이자율 교환조건에 따라 2003년 말의 각 통화별 이자율 및 현물환율을 이용하여 산출한 현금흐름의 현가(즉, 통화스왑공정가액)임.

(**) 통화스왑의 만기가 도래하였으므로 공정가액은 0임.

<table>
<tr><th rowspan="2">시점별</th><th colspan="4">회계처리</th><th rowspan="2">세무
조정</th><th rowspan="2">비 고</th></tr>
<tr><th colspan="2">차 변</th><th colspan="2">대 변</th></tr>
<tr><td>계약시
(2003.1.1.)</td><td colspan="4">계약시 공정가액이 '0'이므로 회계처리 없음.</td><td></td><td></td></tr>
<tr><td rowspan="3">결산시
이자교환
(2003.12.31.)</td><td>현금(*)</td><td>4,200</td><td rowspan="2">현금(**)</td><td rowspan="2">6,048</td><td rowspan="3">없음.</td><td rowspan="2">(*) 10,000JPY × 4% × 10.5
(**) 100USD × 6% × 1,008</td></tr>
<tr><td>이자비용</td><td>1,848</td></tr>
<tr><td>통화스왑</td><td>6,259</td><td>스왑평가익</td><td>6,259</td><td>스왑공정가액평가</td></tr>
<tr><td rowspan="5">종료시
이자교환
(2004.12.31.)</td><td rowspan="2">현금(1)</td><td rowspan="2">4,400</td><td>현금(2)</td><td>4,136</td><td rowspan="5">없음.</td><td rowspan="4">(1) 10,000JPY × 4% × 11
(2) 100USD × 4% × 1,034</td></tr>
<tr><td>이자수익</td><td>264</td></tr>
<tr><td rowspan="3">현금(3)</td><td rowspan="3">110,000</td><td>현금(4)</td><td>103,400</td></tr>
<tr><td>통화스왑</td><td>6,259</td></tr>
<tr><td>스왑거래익</td><td>341</td><td>계약종료시 원금교환
(3) 10,000JPY × 11
(4) 100USD × 1,034</td></tr>
</table>

통화스왑을 하는 경우, 약정에 의해 교환된 이자명목의 금액은 만기일 이전이라도 해당 거래가 확정된 사업연도에 이를 손익으로 인식하며, 평가손익은 손익으로 인식하지 않는다.(서이-454, 2005.3.28.)

또한, Forward Starting Swap(통화스왑)을 체결하여 이후 사업연도에 약정 환율에 의해 서로 다른 표시통화 간 채권채무를 최초로 교환하고 통화스왑계약 만기일에는 반대의 통화교환이 이루어지는 경우, 계약체결일이 속한 사업연도의 평가대상 외화자산 및 부채는 최초교환시점과 계약만기시점에 발생하는 외화자산 및 부채를 대상으로 한다.(법인세과-1231, 2009.11.5.)

제 4 편

사업소득과 국내사업장

Chapter 01

사업소득(Business Profits)

1. 사업소득의 범위

1.1 국내세법

(1) 국내원천 사업소득의 범위

비거주자 · 외국법인이 국내에서 영위하는 사업에서 발생하는 아래와 같은 소득은 국내원천 사업소득이다. 사업소득이 인적용역소득에도 해당하는 경우에는 인적용역소득으로 본다. 국내세법이 다른 소득으로 구분하지만 양자조세조약이 사업소득으로 구분하는 경우에는 사업소득으로 본다.(법법 §93 5호, 법령 §132, 소법 §119 5호, 소령 §179) 사업소득은 '소득수취인 활동'을 기준으로 원천을 판단한다.

① 국내판매소득

비거주자 · 외국법인이 국외에서 양도받은 재고자산을 국외에서 제조 · 가공 · 육성 기타 가치를 증대시키기 위한 제조 등의 행위를 하지 않고 이를 국내에서 양도하거나, 재고자산을 국내에서 제조 등을 한 후 양도하는 경우 발생하는 모든 소득(법령 §132 ② 1호, 소령 §179 ② 1호)

② 국외제조 후 국내판매소득

비거주자 · 외국법인이 국외에서 제조 등을 행한 재고자산을 국내에서 양도하거나, 재고자산을 국내에서 제조 등을 한 후 양도하는 경우 발생하는 소득 중 국외에서 제조 등을 행한 타인으로부터 통상의 거래조건에 따라 해당 자산을 취득하였다고 가정할 때에 이를 양도하는 경우 발생하는 소득(법령 §132 ② 2호, 소령 §179 ② 2호)

③ 국내제조 후 국외판매소득

비거주자 · 외국법인이 국내에서 제조 등을 행한 재고자산을 국외에서 양도하거나, 재고자산을 국외에서 제조 등을 한 후 양도하는 경우 발생하는 소득 중 국내에서 제조한 해당 재고자산을 국외의 타인에게 통상의 거래조건에 따라 양도하였다고 가정할 때에 그 국내에서 행한 제조 등에 의해 발생하는 소득(법령 §132 ② 3호, 소령 §179 ② 3호)

④ 판매나 제조와 관련한 중요한 행위가 국내에서 행해지는 경우

위 ①, ②, ③에서 규정하는 재고자산이 다음에 해당하는 경우에는 국내에서 해당 재고자산의 양도가 이루어지는 것으로 보아 해당 규정을 적용한다.(법령 §132 ⑤, 소령 §179 ⑤)

1. 해당 재고자산이 양수자에게 인도되기 직전에 국내에 있거나 또는 양도자인 해당 비거주자·외국법인의 국내사업장에서 행하는 사업을 통하여 관리되고 있는 경우
2. 해당 재고자산의 양도에 관한 계약이 국내에서 체결된 경우
3. 해당 재고자산의 양도에 관한 계약을 체결하기 위해 주문을 받거나 협의 등을 하는 행위 중 중요한 부분이 국내에서 이루어지는 경우

⑤ 국내 건설공사 등의 소득

비거주자·외국법인이 국외에서 건설·설치·조립 기타 작업에 관하여 계약을 체결하거나 필요한 인원이나 자재를 조달하여 국내에서 작업을 집행하는 경우에는 해당 작업에 의하여 발생하는 모든 소득(법령 §132 ② 4호, 소령 §179 ② 4호)

⑥ 국제적 보험사업소득

비거주자·외국법인이 국내 및 국외에 걸쳐 손해보험 또는 생명보험사업을 영위하는 경우에는 해당 사업에 의하여 발생하는 소득 중 국내에 있는 해당 사업에 관한 영업소 또는 보험계약의 체결을 대리하는 자를 통하여 체결한 보험계약에 의하여 발생하는 소득(법령 §132 ② 5호, 소령 §179 ② 5호)

⑦ 국제적 광고사업소득

출판사업 또는 방송사업을 영위하는 비거주자·외국법인이 국내 및 국외에 걸쳐 타인을 위해 광고에 관한 사업을 행하는 경우에는 해당 광고에 관한 사업에 의하여 발생하는 소득 중 국내에서 행하는 광고에 의하여 발생한 소득(법령 §132 ② 6호, 소령 §179 ② 6호)

⑧ 국제선박운송소득

비거주자·외국법인이 국내 및 국외에 걸쳐 선박에 의한 국제운송업을 영위하는 경우에는 국내에서 승선한 여객이나 선적한 화물에 관련하여 발생하는 수입금액을 기준으로 하여 판정한 그 법인의 국내업무에서 발생하는 소득(법령 §132 ② 7호, 소령 §179 ② 7호)

⑨ 국제항공기운송업

비거주자·외국법인이 국내 및 국외에 걸쳐 항공기에 의한 국제운송업을 영위하는 경

우에는 국내에서 탑승한 여객이나 적재한 화물과 관련하여 발생하는 수입금액과 경비, 국내업무용 고정자산의 가액 기타 그 국내업무가 해당 운송업에 대한 소득의 발생에 기여한 정도 등을 고려하여 재정경제부령이 정하는 방법에 의하여 계산한 그 법인의 국내업무에서 발생하는 소득.(법령 §132 ② 8호, 소령 §179 ② 8호) 자세한 내용은 국제운수소득에서 설명한다.

⑩ 기타 국제적 사업소득

비거주자 · 외국법인이 국내 및 국외에 걸쳐 위 '①' 내지 '⑨' 외의 사업을 영위하는 경우에는 해당 사업에서 발생하는 소득 중 해당 사업에 관련된 업무를 국내업무와 국외업무로 구분하여 이들 업무를 각각 다른 독립사업자가 행하고 또한 이들 독립사업자 간에 통상의 거래조건에 의한 거래가격에 따라 거래가 이루어졌다고 가정할 경우 그 국내업무와 관련하여 발생하는 소득 또는 그 국내업무에 관한 수입금액과 경비, 소득 등을 측정하는데 합리적이라고 판단되는 요인을 고려하여 판정한 그 국내업무와 관련하여 발생하는 소득(법령 §132 ② 9호, 소령 §179 ② 9호)

⑪ 상장된 외국법인 유가증권 투자소득

외국법인이 발행한 주식 · 출자지분으로서 증권시장에 상장된 것에 투자하거나 기타 이와 유사한 행위를 함으로써 발생하는 소득.(법령 §132 ② 10호, 소령 §179 ② 10호) 이는 유가증권양도소득과 관련된다.

⑫ 설비양도소득

비거주자 · 외국법인이 산업상 · 상업상 또는 과학상의 기계 · 설비 · 장치 · 운반구 · 공구 · 기구 및 비품을 양도함으로 인하여 발생하는 소득(법령 §132 ② 11호, 소령 §179 ② 11호)

| 국내원천 사업소득에 해당하는 경우 |

1. 외국생명보험사의 국내 행위(법통 93-132…4): 외국보험회사가 국내법에 의하여 국내 보험사업 면허를 받아 국내에 대표자와 직원을 두고 보험의 모집과 신청 등, 보험업과 관련된 중요한 영업행위를 하는 경우에는 비록 해당 외국법인의 본사가 보험증권의 교부, 보험료의 납입, 보험금의 지급 등을 행하는 경우에도 국내 영업행위에서 발생한 소득은 국내원천소득으로 본다.
2. 외국법인 국내지점이 약초 등을 건조 · 검사하는 행위(법통 93-132…5): 유지비 · 건조비 등 일체의 비용을 외국의 본사로부터 송금을 받아 사용하고 있는 외국법인의 국내사업장이 건조시설을 갖추고, 수출하기 위해 국내생산자 등으로부터 모집한 약초를 그 건조시설을 이용하여 건조하거나 조사 등을 하는 경우에는 그 행위로부터 발생하는 소득은 국내원천소득으로 본다.
3. 외국법인의 현금차관알선 수수료 수입(법통 93-132…11): 외국법인 국내지점이 국내법인에게 현금차관을 중개 또는 알선함으로써 부수적으로 발생되는 수수료 수입은 국내원천소득으로 본다.

4. 파생금융상품 거래이익(서이 46017-11743, 2003.10.8.) : 증권업을 영위하는 내국법인과 국내사업장이 없는 금융업을 영위하는 외국법인이 특정주식을 기초자산으로 하여 해당 주식의 특정 미래시점에서의 가격상승과 가격하락에 대한 각자의 전망에 따라 거래개시시점의 기준가격과 계약종료시점의 결정가격의 차액을 정산하는 파생금융상품거래의 일종인 equity swap 계약을 체결하고 동 거래에서 발생한 이익을 외국법인이 지급받는 경우 사업소득에 해당한다.
5. 영국법인이 운영하는 통신망 사용대가(국세청 국업 46017-532, 2000.11.10.) : 내국법인이 영국법인인 E사가 운영하는 VPN(Virtual Private Network ; 가상사설통신망)을 통하여 세계 각국의 관계회사와 모든 업무연락, 자료 송・수신을 하고 지급하는 통신비는 영국법인 E사의 통신망 운영소득으로 한・영조세조약 제7조에서 규정하는 사업소득에 해당한다.
6. 기계설비도입에 부수되는 설치용역 대가(법통 93-132…9) : 국내사업장이 없는 외국법인으로부터 기계설비 등 고정자산을 도입함에 따라 필수적으로 부수되어 그 외국법인으로부터 제공받는 설치・조립 등의 용역 및 이의 감리・감독용역과 판매후서비스(after service) 등의 용역대가로서 그 대가가 도입물품 가격에 포함되는 것은 사업소득이다.
7. 제품디자인 개발대가(국세청 국이 46524-201, 1994.3.4.) : 내국법인이 국내사업장이 없는 미국법인으로부터 디자인 개발 및 디자인 업무에 관한 자문용역을 제공받고 그 대가를 지급하는 경우 그 용역의 주된 부분이 미국 내에서 수행되고 그 용역의 성과물에 대한 소유권이 내국법인에게 귀속된다면 내국법인이 지급하는 대가는 한미조세조약 제8조의 사업소득에 해당한다.
8. 외국은행 국내지점의 수입이자(외인 1264.37-1220, 1982.4.17.) : 외국은행 국내지점이 제3국의 다른 지점이나 다른 은행 또는 해외사업자에게 대부하고 받는 수입이자는 사업소득이다.
9. 시험관리용역 대가(기재부 국조-73, 2003.11.6.) : 시험문제, 시험실시, 프로그램・비밀운영매뉴얼 등 국제공인 자격시험에 필요한 프로그램을 소유한 호주법인이 그 자격시험프로그램을 온라인으로 내국법인의 시험센터에 전송하여 응시자에게 시험을 실시하게 하고, 응시료를 수납한 내국법인이 국내에서 호주법인을 대신하여 제공한 시험관리용역의 대가를 제외한 나머지를 호주법인에게 송금하는 경우 호주법인이 받는 소득은 한・호조세조약 제7조의 사업소득에 해당한다.

| 국내원천 사업소득에 해당하지 않는 경우 |

1. 외국법인의 관광알선 수수료(법통 93-132…12) : 외국법인이 외국에서 관광객의 모집, 쇼핑센터의 선전, 관광 및 구매 등을 알선함으로써 내국법인으로부터 받는 관광알선 수수료 등은 국내원천소득으로 보지 아니한다.
2. 내국법인의 해외건설공사장에서 외국법인이 제공한 용역대가(법통 93-132…14) : 국내에 사업장이 없는 외국법인이 내국법인이 수행하는 해외건설공사와 관련하여 해당 공사의 설계용역의 제공, 자재 및 장비 등의 구매・조달의 주선, 운송에 관한 조치, 건설감독, 기술요원의 모집・훈련 등 일련의 용역을 제공하는 사업을 수행함으로써 발생하는 사업소득은 국내원천소득으로 보지 아니한다.
3. 이란법인에게 사례금조로 지급하는 커미션(서이 46017-11824, 2003.10.21.) : 국내사업장이 없는 이란법인에게 제품을 판매하고 사전약정에 의하여 판매된 제품의 매출금액에 따라 그 이란법

인에게 지급하는 금액은 법인세법 제93조에서 규정하는 국내원천소득에 해당되지 않으며, 제품의 국외 판매촉진 등을 위해 사례금조로 지급하는 commission(수수료)은 법인세법 제25조의 규정에 의한 기업업무추진비로 본다.

4. 국외 자금중개수수료(국업 46017-425, 2000.9.14.): 자금중개를 전문으로 하는 국내사업장이 없는 홍콩법인이 내국법인을 위해 국외에서 자금중개를 하고 내국법인으로부터 받는 중개수수료는 법인세법 제93조에 규정하는 국내원천소득에 해당하지 않는다.
5. 미국현지의 수출중개수수료(국총 46017-498, 1999.7.16.): 미국 시민이 미국현지에서 국내기업의 제품에 대한 수출을 중개하고 국내기업으로부터 지급받는 수출중개수수료는 소득세법 제119조에서 규정하는 국내원천소득에 해당되지 않는다.
6. 해외에서 제공한 금형제작대가(국일 46017-528, 1997.8.11.): 국내사업장이 없는 영국법인과 일본법인이 해당국 내에서 제품의 수탁생산에 소요되는 금형을 위탁자인 내국법인이 제공한 도면 및 제작일정에 따라 해당국내에서 제작하여 주고 내국법인으로부터 지급받는 대가는 한·영조세조약 제7조 및 제14조, 한·일조세조약 제6조 및 제12조 규정에 의하여 국내원천소득에 해당하지 않는다.
7. 외국법인의 영화제작 용역대가(국일 46017-26, 1995.1.13.): 해외에서 영화제작 사업을 영위하는 캐나다 법인이 아이맥스(IMAX)영화를 제작하려는 내국법인과 영화제작 용역계약을 체결하고 그 계약내용에 따라 기술상으로 보편화된 촬영 및 제작기술을 활용하여 영화를 제작, 내국법인에게 제공하고 내국법인은 영화에 대한 원시적 저작권을 취득하는 조건으로 대가를 지급하는 경우 대가를 지급받는 캐나다 법인의 용역이 전적으로 해외에서 수행되었으므로 그 대가는 한·캐나다조세조약 제7조에서 규정하는 사업소득에 해당되어 국내에서 과세되지 않으며, 그 영화의 형질변경 등을 방지하기 위해 계약당사자 간 옵션에 의거 외국법인에게 허여한 1%의 저작권에 대하여는 그 권리의 소유와 관련하여 지급되거나 발생되는 대가가 없는 한 국내원천소득이 발생하는 것은 아니다.
8. 수입제품 품질검사 대가(국일 46501-24, 1995.1.13.): 내국법인이 홍콩소재 외국법인을 통하여 제품을 수입하는 경우 그 외국법인이 생산공장의 선정, 제품의 품질검사, 제품의 납기 준수 등의 서비스를 국외에서 제공하고 이에 대한 대가로 수입가액의 5%에 상당하는 금액을 수수료로 지급받는다면, 그 수수료는 국내원천소득에 해당되지 않는다.
9. 해양광구탐사 용역대가(국이 46523-668, 1994.12.5.): 국내사업장이 없는 중국법인이 내국법인과의 계약에 의거 중국의 영해 내에서 그 법인이 보유하고 있는 장비(탐사선, 수중청음기 등) 및 인원을 활용하여 해저물리탐사 용역을 수행하고 그 성과물인 탐사도면, 보고서 등을 내국법인에게 제공하고 그에 대한 대가를 용역이 수행된 거리에 비례하여 내국법인으로부터 지급받는 경우 그 대가는 국외원천소득이다.
10. Teleprocessing 사용료(국이 46524-253, 1994.5.9.): 내국법인과 국내사업장이 없는 미국법인이 한국과 미국 내에서 각각 운영 중인 각사의 정보통신망을 국제통신회선으로 상호연결하여 내국법인이 그 국제통신의 국내가입자로 하여금 정보통신망을 이용하게 하고 지급받는 이용대가 중 일부를 미국법인에게 지급하는 경우, 그 지급대가는 국외원천소득이다.

(2) 거주자 · 내국법인과의 차이

거주자 · 내국법인과 비거주자 · 외국법인의 사업소득은 아래와 같은 차이가 있다.

거주자 · 내국법인 (국내세법)	비거주자 · 외국법인 (국내세법)	비거주자 · 외국법인 (조세조약)
1. 개인: 사업소득 (소법 §19) 2. 법인: 모든 소득 (법법 §14)	사업소득 (법법 §93, 소법 §119)	사업소득(OECD모델 7조)
		국제운수소득(OECD모델 8조)
	독립적 인적용역소득 (법법 §93, 소법 §119)	독립적 인적용역소득(UN모델 14조)
	부동산소득 (소법 §119 3호, 법법 §93 3호)	부동산소득(OECD모델 6조)

1.2 조세조약

(1) 다른 소득조항의 우선적용

> OECD모델 7조 4항: 사업소득이 이 조약의 다른 조문에서 별도로 취급되는 소득항목을 포함하는 경우 다른 조문의 규정은 이 조문의 규정에 의해 영향받지 않는다.

조세조약에서 소득(profits)을 정의할 필요는 없으며, 조세조약의 사업소득조항 및 다른 조항에서 사용하는 소득이라는 용어는 기업을 운영하면서 수취하는 모든 소득을 포함하는 넓은 의미로 이해해야 한다. 이러한 넓은 의미의 정의는 대부분 국가의 세법에서 정의된 용어의 사용과 일맥상통한다.(OE §7-71) 한국이 체결한 조세조약의 경우, 미국, 태국, 싱가포르를 제외하고는 사업소득에 대한 구체적 정의가 없다.

'다른 소득조항 우선원칙'이 없는 경우, 조세조약을 적용할 때 '사업소득'의 해석이 약간 불분명해지는 문제가 생긴다. 사업소득에 조세조약의 다른 조항에 별도로 규정된 소득종류, 즉 배당과 같은 것이 포함되어 있는 경우 이러한 소득종류에 어느 조항을 적용할지에 대한 의문이 생기는데, 즉 사업소득조항 또는 배당소득조항을 적용하는 문제가 생긴다.(OE §7-72)

사업소득조항이나 다른 조항을 적용할 때 동일한 과세결과가 된다면 실무적으로 큰 문제는 되지 않는다. 사실상, 조세조약의 다른 조항에서 일부유형의 소득을 사업소득으로 볼 것인지를 특별히 다루기도 한다. 예를 들면, 국내사업장에 귀속되는 배당 · 이자 · 사용료 · 기타소득은 사업소득으로 과세하며 기업소유 부동산임대소득은 부동산소득으로 과세하고 연예인이 기업을 통해 받은 소득은 연예인소득으로 과세하기도 한다.(OE §7-73) 이에 더하여, 다른 유형의 소득과 관련하여 문제가 발생할 수 있으므로 특정소득에 적용되는 조항이 사업소득조항에 우선한다는 확인규정을 조세조약에 두기도 한다. 이는 사업소득조항은 다른 조항에서 다루는 소득종류에 속하지 않는 사업소득에 적용되며, 배당, 이자, 사용료 및 기타소득 조항에 따라 국내사업장에 귀속되는 소득은 사업소득으로 구분한다는 원칙에서 비롯된다. 그렇지만, 이 원칙이 국내세법상 소득을 구분하는 방법을 정하기 위한 것은 아니다. 따라서 한 체약국이 조세조약의 다른 조항에 의해 특정소득을 과세할 수 있다면, 그 국가는 해당소득의 과세취급이 조세조약규정에 반하지 않는 한 국내세법에 따라 해당소득을 구분하여 과세할 수 있다. 즉, 사업소득 또는 다른 소득으로 과세할 수 있다. 또한, 한 체약국 기업이 상대방 체약국에 소재하는 국내사업장을 통해 부동산소득을 수취하는 경우, 상대방체약국은 한 체약국에 소재하거나 또는 제삼국에 소재하는 부동산으로부터 수취하는 부동산소득을 과세할 수 없다.(OE §7-74)

(2) 장비임대소득 및 독립적 인적용역소득과의 관계

① 장비임대소득

일부 조세조약의 '사용료' 정의는 '산업적, 상업적, 학술적 장비의 사용이나 사용권에 대한 대가'를 포함한다. 또 다른 일부 조세조약은 컨테이너 임대소득을 포함하여 산업적, 상업적, 학술적 장비의 임대소득을 사용료가 아닌 사업소득이나 부동산소득으로 구분한다.(OE §7-76)

② 독립적 인적용역소득

OECD모델은 2000년에 '독립적 인적용역소득' 조항을 삭제하였는데, 사업소득에서 사용하는 국내사업장 개념과 독립적 인적용역소득에서 사용된 일정근거지 개념 간에 특별한 차이가 없으며, 소득을 계산하는 방법이나 세액을 산출하는 방법에 특별한 차이가 없기 때문이다. 그러나 UN모델 및 과거에 체결된 대부분 조세조약은 아직도 독립적 인적용역소득조항을 둔다.(OE §7-77) 한국의 경우, 2010년 이후 체결하는 조세조약(예 홍콩)에서 독립적 인적용역소득을 사업소득에 포함하고 있다.

(3) 탄소배출권 관련 소득의 구분

지구온난화를 해결하기 위한 국제적 전략의 일환으로 많은 국가에서 탄소배출권(emissions) 거래제도가 집행되고 있다. 이러한 거래제도에 따라, 온실가스를 배출하는 일정한 경제활동을 수행하기 위해서 탄소배출권이 필요하며, 다른 국가의 탄소배출감소나 탄소배출제거에 대하여 발급된 인증권(credit)이 인정된다. 유럽연합 배출권거래제도(European Union Emissions Trading System)와 같은 배출권거래제도의 국제적 양상을 고려할 때, 이러한 거래제도들은 조세조약에서 특별한 문제를 야기하는데, 가장 중요한 문제는 배출권 및 인증권의 발행 및 거래로 인한 소득의 구분이다. 이러한 문제들은 OECD 위원회 보고서 '배출권 및 인증권에 대한 조세조약의 문제'에서 검토되었다. 이 보고서에서 설명한 바와 같이 배출권이나 인증권의 발행이나 거래로 인한 소득은 일반적으로 사업소득 또는 양도소득에 해당한다. 그러나 어떤 경우에는 그 소득은 부동산소득, 국제운수소득이나 기타소득에 해당할 수 있다.(OE §7-75.1)

2. 조세조약상 사업소득 과세원칙

> OECD모델 7조 1항: 한 체약국 기업의 소득은 기업이 상대방 체약국 안에 소재하는 국내사업장을 통하여 사업을 영위하지 않는 한 한 체약국에서만 과세된다. 기업이 상대방 체약국에서 사업을 수행한다면 기업의 소득 중 그 국내사업장에 귀속시킬 수 있는 부분에 대하여서만 상대방 체약국에서 과세될 수 있다.

조세조약상 사업소득은 일반적으로, 다음 두 가지 원칙에 따라 과세된다.

1. 국내사업장 과세: 한 체약국 기업이 상대방 체약국에 국내사업장을 가지지 않으면 그 기업의 사업소득은 상대방 체약국에서 과세되지 않는다.
2. 귀속소득 과세: 한 체약국 기업이 상대방 체약국에 소재한 국내사업장을 통해 사업을 영위하면 독립기업원칙에 따라 결정되는 국내사업장 귀속소득은 상대방 체약국에서 과세된다.

그렇지만, 사업소득조항은 국제운수 선박 및 항공기의 운항소득 또는 사업소득을 구성하는 일부유형의 소득(기업가나 체육인의 인적활동으로 기업이 수취하는 소득)에 대한 특별원칙을 규정하는 다른 조항의 적용에 영향을 미치지 않으며, 이 경우 사업소득조항의 적용은 제한된다.(OE §7-10)

2.1 국내사업장이 없는 경우 비과세

한 체약국 기업이 상대방 체약국에 소재하는 국내사업장을 통해 사업을 영위하지 않으면 그 기업은 상대방 체약국에서 과세되지 않는다는 원칙은 오랜 역사를 가진 일반원칙으로 한 국가의 기업이 다른 국가에 국내사업장을 설립하기 전에는 다른 국가가 그 소득에 대한 과세권을 행사할 정도로 다른 국가의 경제적 활동에 참여한 것으로 보아서는 안 된다는 국제적 합의를 반영한다.(OE §7-11)

2.2 국내사업장 사업소득의 범위

국내사업장 과세소득의 범위를 정하는 기준에는 귀속주의(attribution Rule)와 포괄주의(entire Rule)가 있다. 귀속주의는 국내사업장에 실질적으로 귀속되는 소득을 과세하는 독립기업원칙(separate entity approach)을 의미하며, 포괄주의는 국내사업장 소재지국에서 발생한 모든 사업소득을 국내사업장 소득으로 과세하는 흡수과세원칙(force of attra-ction)을 의미한다.

(1) 흡수과세의 금지

귀속주의원칙은 국내사업장이 소재한 국가의 과세권은 그 기업이 소재지국에서 수취하였지만 국내사업장에 귀속되지 않는 소득에는 확장되지 않는다는 것이다. 이러한 과세원칙에는 역사적으로 다른 견해가 존재하는데, 일부 국가는 예전에 일반적인 '흡수과세(force of attraction)원칙'을 추구하여 수취인이 해당 국가에 국내사업장을 가진다면 동일 영토 내의 여러 다른 원천으로부터 발생하는 사업소득, 배당, 이자 및 사용료는 이들 소득이 명백히 그 국내사업장에 귀속되지 않더라도 해당 국가에서 종합과세하였다. 이러한 일반적인 흡수과세원칙은 더 이상 조세조약에서 인정되지 않지만, 일부 조세조약은 국내사업장이 수행하는 활동과 유사한 활동으로부터 수취하는 사업소득에만 적용하는 제한적 흡수과세원칙(restricted force of attraction approach)에 근거한 제한적 조세회피방지원칙(anti-avoidance rule)을 아직까지 적용하고 있다.

대부분 조세조약에서 일반적으로 인정되는 독립기업원칙은 특정 국가에서 외국기업이 수취하는 소득을 과세하는 경우 해당 국가의 과세당국은 해당국가에서 기업이 수취하는 소득의 개별원천을 식별해야 하고 조세조약의 해당조항에 따라 각각에 대하여 국내사업장을 판정해야 한다는 견해에 입각한다. 이러한 방법은 간단하고 능률적인 조세행정 및 조세협력을 가능하게 하고 일반적으로 사업을 영위하는 방식과 밀접히 관련된다. 현대사업의 조직은 상당히 복잡하다. 광범위하게 여러 활동에 종사하면서 많은 국가에서 폭 넓은 사업을 영위하는 상당히 많은 회사들이 있다. 한 회사가 다른 국가에서 제조활동을 수행하는 국내사업장을 설립하는 한편 동일회사의 다른 부서가 독립대리인을 통해 그 국가에서 다른 상품을 파는 경우가 있다. 그 회사는 그러한 사업방식을 취하는 상업적 이유가 분명히 있다. 예를 들면, 역사적인 사업방식에 따른 것이거나 사업상 편리 때문일 수 있다. 국내사업장 소득과 다른 원천소득을 합산해야 한다는 견해에 입각하여 국내사업장이 소재한 국가가 각 사업단위를 통하여 수행하는 각 거래의 소득요소를 결정하고 과세하고자 한다면, 그로 인해 일상적 사업활동을 심각하게 방해하게 되며 이는 조

세조약의 목적에 반한다.(OE §7-12)

국내사업장에 귀속되는 소득은 독립기업원칙에 의해 결정되는데, 이는 '국내사업장 귀속소득'의 의미를 정의한다. 국내사업장이 소재하는 국가는 국내사업장 귀속소득에 대하여만 과세권을 가지며, 따라서 국내사업장에 귀속되지 않는 소득에 대하여 조약의 다른 조항이 적용되기 전에는 국내사업장 소재지국은 상대방 체약국 기업을 과세하지 못한다.(OE §7-13)

외국법인이 매입한 부동산 등의 회계처리(법통 23-24…5)

외국법인의 국내사업장과 다른 외국법인의 국내사업장 간에 부동산 · 전화가입권 등의 매매계약을 체결하고 대금을 본점 간에 결제한 경우 매입한 부동산 및 동산은 국내사업장의 자산으로 처리한다.

(2) 제한적 흡수과세의 인정

한국이 체결한 인도네시아 및 멕시코 조세조약은 제한적 흡수과세(restricted force of attraction)를 규정한다.

| 제한적 흡수과세(Force of Attraction)를 규정한 조세조약 |

체약국	과세내용	근 거
인도네시아	국내사업장과 유사한 재화판매 또는 사업거래는 국내사업장 소득으로 과세	조약 7조
멕시코	국내사업장과 유사한 재화나 상품의 판매는 국내사업장 소득으로 과세	의정서 2항

2.3 국내세법의 해외자회사 유보소득 과세제도와의 관계

대부분 국가들은 자국기업이 해외자회사를 이용하여 조세를 회피하는 것을 방지하는 특별규정을 둔다. 이를 '해외자회사 유보소득 과세제도'라 한다. 국내사업장 귀속소득 과세원칙은 상대방 체약국 기업의 사업소득을 한 체약국이 과세할 권리를 제한하기 위한 것이다. 상대방 체약국 거주자인 기업에 대한 한 체약국 거주자의 참여지분에 배분되는 일정이익에 기초하여 한 체약국 거주자를 과세하는 경우, 사업소득조항을 이유로 한 체약국이 국내세법에 있는 '해외자회사 유보소득 과세규정(controlled foreign companies provisions)'에 따라 자국 거주자를 과세할 권리를 제한할 수 없다. 한 체약국이 자국 거주자에게 과세하는 조세로 인해 상대방 체약국 기업의 소득이 감소하는 것은 아니며, 따라서 해당소득에 대하여 과세하였다고 할 수 없기 때문이다.(OE §7-14)

3. 사업소득 과세방법

3.1 국내원천 사업소득 과세원칙

(1) 과세원칙

조세조약이 있는 경우 사업소득은 국내사업장이 있는 때에만 국내세법에 따라 종합과세되며, 국내사업장이 없으면 비과세된다.

조세조약이 없는 경우 사업소득은 국내사업장이 있으면 국내세법에 따라 종합과세되며, 국내사업장이 없으면 2% 원천징수(조세조약에 따라 국내원천 사업소득으로 과세할 수 있는 소득은 제외) 분리과세된다.

| 국내원천 사업소득의 과세방법 |

국내사업장 여부	조세조약이 있는 경우	조세조약이 없는 경우
국내사업장 있음.	세법 · 조약에 따라 종합과세 (건설공사 2% 예납적 원천징수)	세법에 따라 종합과세 (건설공사 2% 예납적 원천징수)
국내사업장 없음	조약에 따라 비과세	세법에 따라 원천징수 (2% 완납적 원천징수)

(2) 건설공사대금의 예납적 원천징수

비거주자 · 외국법인에게 건축, 건설, 기계장치 등의 설치 · 조립 기타의 작업이나 그 작업의 지휘 · 감독 등에 관한 용역의 제공으로 인하여 발생하는 국내원천소득을 지급하는 자는 해당 소득이 국내사업장에 귀속되는 경우에도 예납적으로 원천징수를 하여야 한다. 다만, 해당 국내사업장이 이미 사업자등록을 한 경우에는 원천징수를 하지 않는다.(법법 §98 ⑦, 소법 §156 ⑥)

예를 들면, 일본법인 국내지점이 내국법인에게 건설공사용역을 제공하고 받는 대가는 국내지점의 사업소득으로 신고하며, 국내지점의 사업자등록과 관계없이 건설공사 사업장의 사업자등록을 하지 아니한 경우 일본법인에게 건설공사용역대가를 지급하는 내국법인은 예납적 원천징수를 하여야 한다.(국세청 국일 46017-84, 1995.2.14.)

(3) 국내원천소득과 국외원천소득의 구분계산

국내원천소득 중 ② 국외제조 후 국내판매소득, ③ 국내제조 후 국외판매소득, ⑩ 기타 국제적 사업소득에서 '통상의 거래조건'은 그 법인이 재고자산 등을 정상가격산정방법

(국조법 §5)을 준용하여 계산한 시가에 의하여 거래하는 것을 말한다.(법칙 §65, 소칙 §86 ②) 이 경우, 법인세 신고시 아래 서류를 제출해야 한다.

① 국제거래명세서(국조칙 §27 ① 별지 16호)

② 용역거래에 대한 정상가격산출방법신고서(국조칙 §27 ③ 1호 별지 18호)

③ 무형자산에 대한 정상가격산출방법신고서(국조칙 §27 ③ 2호 별지 19호)

④ 정상가격산출방법신고서(국조칙 §27 ③ 3호 별지 20호)

미국세법의 재고자산 생산 · 판매 국내원천소득(Reg.§1.863-3.b)

① 50:50 배분방법(50-50 method): 일반적으로 제조활동(production activity) 및 판매활동(sales activity)에는 총소득의 반을 배분하는 것으로 한다. 이때, 제조활동 또는 판매활동이 각각 국내외에 걸쳐 이루어진다면 배분된 50% 소득을 다시 적절히 배분한다.

② 제조자 정상판매 가격(independent factory price): 제조자가 제삼자에게 판매한 가격을 특별히 입증하는 경우, 이 가격을 제조활동 정상소득을 계산하는데 적용할 수 있다.

③ 천연자원 등의 시장가격(fair market value): 미국 내 천연자원 등의 국외판매로 인한 국내원천소득은 수출항의 시장가격을 적용하여 계산한다.

3.2 사업소득의 비과세 및 면세

(1) 예비적 · 보조적 활동의 비과세

비거주자 · 외국법인이 국내에서 영위하는 사업을 위해 국외에서 광고, 선전, 정보의 수집과 제공, 시장조사 그 밖에 그 사업수행상 예비적 보조적인 성격을 가진 행위를 하는 경우 또는 국외에서 영위하는 사업을 위해 국내에서 이들 행위를 하는 경우에는 해당 행위에서는 소득이 발생하지 않는 것으로 본다.(법령 §132 ④, 소령 §179 ④)

(2) 비영리외국법인의 선급검사용역의 상호면세

비영리내국법인이 외국에서 영위하는 선급검사용역에 대하여 해당 외국이 법인세를 부과하지 않는 경우, 해당 외국에 본점 또는 주사무소가 있는 비영리외국법인(국내에 사업의 실질적 관리장소가 소재하지 않는 경우에 한함)이 국내에서 영위하는 선급검사용역은 법인세 과세소득에서 제외한다.(법령 §2 ② 2호의2)

(3) 보세구역 물류시설의 재고자산 판매이익에 대한 원천징수면제

국내사업장이 없는 비거주자・외국법인이 국외에서 제조하거나 양도받은 재고자산을 「관세법」 제154조에 따른 보세구역 또는 「자유무역지역의 지정 및 운영에 관한 법률」 제2조 제1호에 따른 자유무역지역에 소재하는 「물류정책기본법」 제2조 제1항 제4호에 따른 물류시설에 보관 후 양도함에 따라 발생하는 국내원천 사업소득에 대하여 원천징수 법인세・소득세를 면제한다.(조특법 §141의2) 이 경우, 부가가치세도 면제한다.(부가가치세제과-742, 2010.11.10.)

원천징수를 면제받으려는 비거주자・외국법인은 원천징수면제신청서에 물류시설의 재고자산 입・출고내역을 첨부하여 매분기 종료일의 다음 달 말일까지 물류시설을 운영하는 자의 납세지 관할세무서장에게 제출하여야 한다. 원천징수 면제신청서(조특칙 별지 84호의2)는 물류시설을 운영하는 자가 제출할 수 있다.(조특령 §134의2)

Chapter 02

국내사업장의 개념

2

I 본래의 국내사업장

1. 국내사업장 과세원칙의 필요성

(1) 원천지국 과세원칙과 거주지국 과세원칙의 절충

한 국가에서 비거주자·외국법인에 해당되지만 그 국가에서 계속적으로 사업을 영위하는 경우, 거주자·내국법인의 사업소득을 누진세율로 과세하는 것과 비교할 때 비거주자·외국법인의 계속사업 소득을 단일세율로 원천징수하는 것은 형평성의 문제가 있다. 그렇지만, 비거주자·외국법인의 전세계소득을 사업활동 국가에서 모두 포괄하여 과세하는 것도 불공평하다. 이 경우 그 국가에서 발생한 적극적 사업소득만을 거주자·내국법인과 같은 방법으로 과세하는 것이 온당하다. 이를 국내사업장 과세원칙이라 하며, 이는 거주지국 과세원칙과 원천지국 과세원칙을 혼합하는 국제조세 특유의 과세원칙이다.

국내사업장 개념은 한 체약국이 상대방 체약국의 기업소득을 과세할 권리를 결정하기 위한 것으로, 조세조약이 체결되어 있는 경우 비거주자가 한 체약국에 소재한 국내사업장을 통해 사업을 영위하지 않으면 한 체약국은 상대방 체약국의 기업소득을 과세할 수 없다.(OE §5-1)

개인도 다른 국가에서 종업원이나 대리인을 통해 사업을 영위할 수 있으므로, 국내사업장 개념은 법인은 물론 개인에게도 적용된다. 그러나 대부분 국가들의 세법은 개인이 1년 중 183일 이상 체류하면 거주자로 구분하므로, 법인이라면 국내사업장이 구성되는 상황에서 개인은 거주자로 판정된다. 이러한 이유로 실무적으로 개인의 국내사업장이 문제되는 경우가 드물다.

(2) 국내사업장(PE)과 일정근거지(fixed base)

'국내사업장'은 국내세법상 용어이고 '고정사업장'은 관습적 용어이다. 2000년 이전의 OECD모델은 전문직업적 성격의 활동을 '독립적 인적용역' 조항에서 다루었다. 이 조항은 사업소득조항과 비슷했지만, 국내사업장(permanent establishment)이 아닌 일정근거지(fixed base)의 개념을 사용하였는데, 이는 국내사업장 개념이 상업적, 산업적 활동에 더 적절하다고 생각되었기 때문이다. 국내사업장 개념과 일정근거지 개념에 의도된 차이가 없으며, 이 조항들을 적용한 소득이나 세액의 계산방식에 차이가 없다는 점으로 인해 2000년에 독립적 인적용역조항의 삭제가 이루어졌다. 이는 사실상 일정근거지와 국내사업장의 개념에 차이가 없다는 것을 의미한다.(OE §5-2)

(3) 2017년 OECD모델 5조의 변경

2017년에 OECD모델 5조 주석에 상당한 변경이 이루어졌다. 이러한 변경의 일부는 5조의 해석을 명확히 하기 위한 것으로, 현행규정의 적절한 해석과 특정상황에 대한 적용에 있어 각국의 합의를 반영한 것이기 때문에 이러한 변경 이전에 체결된 조약들을 해석하고 적용하는데 고려되어야 한다.(OE §5-3) 그렇지만, OECD/G20 BEPS프로젝트 과제 7에 대한 보고서의 채택결과 이루어진 5조 4.1항의 추가 및 4, 5, 6항의 개정과 관련된 5조 주석의 변경은 미래적으로만 적용되며, OECD모델의 이전 규정들이 포함된 조세조약의 해석에는 영향을 미치지 않는데, 특히 이러한 변경 이전의 5조 4항 및 5항의 해석의 경우 그러하다.(OE §5-4)

(4) 부가가치세법상 사업자와의 관계

많은 국가들에서, 외국기업은 그 국가에서 사업을 전적으로 또는 부분적으로 수행하는 일정장소를 보유하는지 또는 국내사업장을 가지는지와 상관없이 부가가치세나 재화용역세(goods and services tax)의 목적상 등록이 허용되거나 요구된다. 그런데, 부가가치세/재화용역세의 세무취급은 조약의 국내사업장 정의의 해석이나 적용을 위한 목적과는 상관이 없다. 그러므로 국내사업장의 정의를 적용할 때 부가가치세/재화용역세 목적상 외국기업의 취급상황을 놓고 추론하여서는 안 된다.(OE §5-5) 그러나, 국내세법 및 조세조약의 국내사업장 요건은 소득세법 및 부가가치세법의 사업자 개념과 비슷한 점이 많다.

| 국내사업장 요건과 사업자개념의 비교 |

국내사업장 요건	구체적 내용	「소득세법」 및 「부가가치세법」의 사업자 개념
1. 사업장소 (place of business)	토지 · 건물, 기계나 설비 같은 시설의 존재	인적 · 물적 독립성
2. 계속성 (permanence)	어느 정도의 계속성을 가지고 분명히 일정 장소에 확정되어 있어야 함.	계속성 · 반복성
3. 사업활동 (business activity)	통상적으로 기업에 어떤 방식으로든 종속된 사람(직원)이 일정한 사업장소가 소재한 국가에서 기업의 사업을 수행	• 영리목적(소득세법) • 재화 · 용역의 공급(부가세법)

(5) 국내사업장에 대한 조세조약의 적용

국내사업장은 그 소재지국에서 비거주자로 취급한다. 이에 따라 조세조약을 적용할 때 특별한 취급을 한다.

사 례	조세조약 적용
한국법인이 스위스법인의 싱가포르지점에 지급하는 배당소득	한스위스조세조약에 따라 원천징수 (재국조 46017-3, 2002.1.4.)
한국법인이 외국법인 국내지점에 지급하는 이자소득	조세조약을 적용하지 않으며 법인세법에 따라 원천징수(국제세원-21897, 2015.3.19.)
한국법인이 국내은행 런던지점에 지급하는 이자소득	한영조세조약을 적용하지 않으며 국내은행에 지급하는 이자(법인 22601-3656, 1989.10.6.)
한국법인이 미국지점에서 자체개발한 기술을 국내에서 제공받고 지급하는 사용료	한국법인 내부거래로 보아 국내거래로 간주 (국일 46017-524, 1998.8.22.)

2. 국내사업장의 정의

OECD모델 5조 1항: 이 조약의 목적상 '국내사업장'이라 함은 한 기업의 사업이 전적으로 혹은 부분적으로 수행되는 일정사업장소(fixed place of business)를 의미한다.

국내사업장은 비거주자 · 외국법인이 국내에서 사업의 전부 또는 일부를 수행하는 고정된 장소이다.(법법 §94 ①, 소법 §120 ①, 국조법 §2 ① 2호) 이 정의는 아래 요건으로 세분된다.(OE §5-6)

2.1 사업장소(Place of Business)

(1) 사업활동에 사용하기 위해 지배하는 공간

'사업장소'는 사업목적에 배타적으로 쓰이는지를 불문하고 기업의 사업수행에 쓰이는 모든 토지 · 건물, 설비나 장치 등을 의미한다. 사업장소는 기업의 사업활동을 수행하기 위한 토지 · 건물이 없거나 토지 · 건물이 필요하지 않은 곳에 존재할 수 있고, 단지 사용 가능한 일정 공간만 가진 곳에 있을 수 있다. 소유형태는 중요한 것이 아니며, 토지 · 건물, 설비나 장치는 소유되거나 임차되거나 또는 다른 방식으로 기업의 지배(at the disposal)하에 있으면 된다. 따라서 사업장소는 시장의 귀퉁이나 세관 보세창고(보세재화의 보관을 위한)의 일정 사용구역일 수 있다. 또한 사업장소는 다른 기업의 사업설비 내에 위치할 수도 있다. 예를 들면, 외국기업이 다른 기업이 소유하는 토지 · 건물이나 그 일부를 자신의 지속적 지배(constant disposal)하에 두는 경우가 있다.(OE §5-10) 사업활동에 사용되는 지배할 수 있는(at disposal) 일정 공간을 기업이 가진다는 단순한 사실로 인해 사업장소는 구성된다. 따라서 그 장소를 사용할 형식적인 법적 권리는 필요요건이 아니다. 그러므로 예를 들면, 기업이 사업을 수행하는 일정 장소를 불법적으로 점유하는 경우에도 국내사업장은 존재한다.(OE §5-11)

(2) 사업장소 사용권리와 사업활동

국내사업장 개념은 19세기 독일에서 시작하여 북유럽을 중심으로 발달하였으며, 1958년 OECD모델에서 이러한 국내사업장 개념을 계수하였다. 물리적 사업장소와 그 사업장소의 사용권리(right of use)를 중시하는 유럽국가들과는 달리 영미국가들은 사업활동 자체를 중시한다. 미국세법은 국내사업장 대신 '실질적 관련소득(effectively connected income)'의 용어를 사용하며 중요한 사업활동이 국내에서 일어나면 국내사업장이 구성되는 것으로 본다.

특정 장소가 국내사업장이 되는 데 있어 그 장소에 대한 형식적인 법적 권리가 필요한 것은 아니지만, 특정 장소에 기업이 단순히 존재한다는 것만으로는 그 장소가 기업의 지배(at disposal)하에 있음을 의미하지 않는다. 어떤 장소를 '기업의 사업이 전적으로 또는 부분적으로 수행하는 사업장소'를 구성하는 방식으로 그 기업의 처분 하에 있다고 볼 것인지는 그 기업에게 그 장소를 사용할 실질적 권한이 있는지 여부는 물론 그 장소에서 그 기업이 실재하는지 및 그 곳에서 수행하는 활동이 있는지 여부에 달려 있다. 이는 아래 사례에서 예시된다.(OE §5-12)

- 한 기업이 자기 사업활동을 위해만 사용되는 특정장소를 사용할 배타적 법적 권리를 가지는 경우(즉, 그 기업에 그 장소의 법적 소유권이 있는 경우), 그 장소는 명백히 그 기업의 처분 하에 있다. 이에는 또한 다른 기업에 속하거나 여러 기업이 사용하는 특정장소를 한 기업이 사용하도록 허락받고, 상당한 기간 동안 계속적으로 그 장소에서 사업활동을 수행하는 경우가 포함된다. 그렇지만, 한 장소에서 기업의 실재가 너무 간헐적이거나 부수적이어서 그 장소를 그 기업의 사업장소로 볼 수 없는 경우(즉, 한 기업의 종업원들이 자주 방문하여 관계기업의 구내에 들어갈 수 있지만 상당기간을 이 구내에서 일을 하지는 않는 경우)는 제외된다.
- 기업이 한 장소에 체재할 권리가 없고 실제로 그 장소 자체를 사용하지 않는 경우, 그 장소는 명백히 그 기업의 처분 하에 있지 않다. 그러므로 예를 들면, 공급자나 하청제조업자가 배타적으로 소유하고 사용하는 공장의 경우, 그 공장에서 생산된 재화를 수취하는 기업이 그 재화를 모두 사업활동에 사용한다는 이유만으로는 그 기업의 처분 하에 있다고 볼 수 없다.
- 한 장소가 기업의 활동이 부분적으로 수행되는 사업장소인 경우에도, 그 장소에서 수행되는 사업활동이 예비적 · 보조적 활동에 해당하는 경우에는 국내사업장으로 보지 않는다는 점을 명심하여야 한다.

이러한 원칙은 한 기업의 직원이 다른 기업의 소유자산(premises)에 존재하는 아래 사례들에서 설명된다.(OE §5-13) 그러나 이러한 사례는 사업장소에 대한 사실상 사용(factual use)과 암묵적 법적사용권에 대한 명확한 구분이 없다는 점에서 혼란스러운데, 어떤 환경에서 어느 정도까지의 사실상 사용이 국내사업장을 구성하기에 충분한지에 대한 명확한 구분이 없다. 논리적으로 볼 때, 사업장소 사용요건은 법적사용권을 의미할 경우에만 중요성이 있으며, 사업장소에 대한 사실상 사용을 그 장소를 통한 사업활동의 수행과 별개로 취급하면 혼란을 초래한다. '사업활동(business activity)'은 '사실상 사용(factual use)'보다 좁은 개념으로, 사업활동이 있다면 사실상 사용은 당연히 이루어진다. 그러나 반대로 사실상 사용이 있다고 하여 모두 사업활동으로 볼 수 없다. 이 경우에는 사실상 사용이라는 요건 이외에 사업활동이 있었는지를 추가로 검토해야 한다.(SKARR, The Concept of PE 11쪽, 2005) 아래 사례에서 어떤 원칙을 추론하기는 쉽지 않지만, 계약에 따른 의무이행을 위해 비거주자가 국내의 계약상대방 소유 부동산에 소재하면서 용역을 수행하는 경우 해당 부동산에 대한 명시적인 임차권이나 처분권이 없는 경우에도 국내사업장이 구성된다는 것이 일반적인 견해이다.(독일 대법원 BFH in BStBI 1990 Ⅱ 23)

① 영업직원이 방문하는 고객사무실

영업직원이 주문을 받고 주요 고객을 정기적으로 방문하여 주문담당자 사무실에서 상담을 하는 경우, 고객의 사업장소는 영업직원이 일하는 기업의 지배하에 있지 않고 따라서 기업의 사업이 수행되는 일정 사업장소가 아니다. 그러나 상황에 따라 주문담당자가 종속대리인에 해당하여 간주국내사업장이 구성될 수 있다.(OE §5-14)

② 자회사에 파견된 본사직원

한 회사 직원이 계약체결에 따른 의무이행을 확실히 보장받기 위해 장기간 다른 회사(예 새로 취득한 자회사)의 사무실을 사용하도록 허락받는 경우, 직원이 자기회사 사업과 관련된 활동을 수행하면서 다른 회사의 사무실을 국내사업장을 구성하기에 충분한 장기간 동안 사용하고 이곳에서 수행되는 활동이 보조적 활동이 아니라면 직원을 고용한 모회사의 국내사업장이 구성된다.(OE §5-15) 다만, 파견직원이 오로지 자회사의 일을 수행하는 경우에는 예외이다.(관계기업의 국내사업장에서 설명)

③ 고객창고를 하역장소로 사용하는 운송기업

고객이 구매한 상품을 운반하기 위해 수년간 매일 고객창고의 하역장소(delivery dock)를 사용하는 육상운송기업의 경우, 하역장소에서 육상운송기업의 실재는 아주 제한적인 것이므로 하역장소를 국내사업장을 구성할 정도로 그 기업의 지배하에 있는 것으로 볼 수 없다.(OE §5-16)

④ 거래처소유 건물을 도색하는 도장공

2년간 주요 거래처의 사무용 건물에서 일주일에 3일을 보내는 도장공의 경우, 타인의 사무용 건물에서 자기 사업의 가장 중요한 기능, 즉 건물을 도색하는 도장공이 존재함으로 해서 그 도장공의 국내사업장이 구성된다.(OE §5-17)

⑤ 정지궤도에 떠 있는 인공위성

관련 사업장소가 한 체약국의 영토에 명백히 소재하는 경우에만 국내사업장이 그 국가에 소재하는 것으로 본다. 정지궤도(geostationary orbit)에 있는 위성이 위성운영자의 국내사업장을 구성하는지는 한 국가의 영토가 우주로 얼마나 멀리 확장되는지 하는 문제와 관련된다. 어떤 국가도 이러한 위성의 소재지가 적용가능한 국제법상 한 체약국 영토의 일부라고 생각하지 않으며, 따라서 해당 위치에 소재하는 국내사업장이 있다고 생각하지 않는다. 또한, 위성의 신호를 수신할 수 있는 특정지역(위성의 지상수신범위: satellite's footprint)을 위성운영자의 사업장소로 볼 수 있을 정도로 위성운영자의 처분하에 있는 것으로 볼 수 없다.(OE §5-27)

(3) 주택이나 기타 관련장소에서 국제적 근무

최근 개인들이 개인적 사유로 한 체약국 기업 업무의 전부 또는 일부를 상대방 체약국에 있는 장소에서 수행하는 경우가 늘고 있다. 이 장소는 해당 기업의 사업장도 아니며, 고객, 공급업자 또는 특수관계기업처럼 해당 기업과 계약관계가 있는 다른 기업의 사업장도 아니다.(예 개인의 주택, 세컨드하우스, 휴가용 임차숙소, 친구나 친척의 집 등). 이러한 국제 근무 방식은 해당 주택이나 기타관련장소가 '기업의 사업이 전적으로 또는 부분적으로 수행되는 일정사업장소'에 해당하는지 판단할 때 특별한 문제를 야기한다.(OE §5-44.1)

어느 개인이 주택이나 기타관련장소를 기업의 사업과 관련된 활동을 수행하기 위해 사용하는 경우, 기업의 사업장을 사용하는 것과는 다른 특징을 가진다. 예를 들면, 대부분 주택이나 기타관련장소를 기업을 위해 일하는 다른 직원들은 접근할 수 없으며, 해당 개인과 더 깊은 연관이 있고 그 개인에 의해 통제된다. 결과적으로, 그 장소에서 수행되는 활동이 기업의 사업이 수행되는 일정사업장소를 구성하기에 충분한지 판단하기 어려울 수 있다. 아래 고려사항은 주택이나 기타관련장소가 기업의 사업을 수행하는 일정사업장소인지 판단하는데 관련되지만, 완전한 기준은 아니다.(OE §5-44.2)

앞(OE §5-8)에서 설명한 바와 같이, 한 국가에 국내사업장이 존재하는지 여부는 일정기간 동안 적용되는 사실과 상황을 기준으로 판단해야 하며, 기업의 사업운영방식이 다른 과거 또는 미래의 기간에 적용되는 사실과 상황을 기준으로 판단해서는 안 된다.(OE §5-44.3)

국내사업장이 성립하기 위해서는 사업장이 고정되어 있어야 한다. 이는 사업장이 어느 정도 영속성을 가져야 함을 의미한다. 주택이나 기타관련장소가 고정되어 있는지 여부의 판단은 국내사업장 규정에 따라 이루어진다.(OE §5-44.4)

국내사업장 여부는 개인이 수행하는 활동의 맥락에서 고려되어야 한다. 사업장이 국내사업장으로 인정될 수 있는 경우라 하더라도, 그 장소에서 수행되는 활동이 예비적 보조적 성격의 활동에 한정된다면 그 장소를 국내사업장으로 보지 않는다.(OE §5-44.5)

국내사업장이 성립하기 위해서는 주택이나 기타관련장소가 기업의 사업장이어야 한다. 단순히 개인(예 직원)이 기업의 사업과 관련된 활동을 수행하기 위해 일정장소를 사용한다는 사실만으로 그 장소가 해당 기업의 사업장이라고 자동적으로 결론지어서는 안 된다. 그러한 장소가 기업의 사업장에 해당하는지는 각 사안의 사실과 상황에 따라 달라진다.(OE §5-44.6)

대부분의 경우, 개인(예 직원)의 주택이나 기타관련장소에서 기업의 사업과 관련된 활동을 수행하는 것이 아주 간헐적이거나 부수적 성격이기 때문에 그 장소를 기업의 사업장으로 보지 않는다. 그러나 주택이나 기타관련장소가 장기간에 걸쳐 지속적으로 기업의 사업과 관련된 활동을 수행하는 데 사용된다면, 이러한 사실과 기타 요소들(아래에서 추가로 고려되는 사항들)로부터 그 장소를 기업의 사업장으로 보아야 한다고 추론할 수 있다.(OE §5-44.7)

개인은 일반적으로 주택이나 기타관련장소에서 사적인 맥락으로 시간을 보내면서, 그 주택이나 기타관련장소에서 기업의 사업과 관련된 활동을 수행할 수도 있다. 이는 해당 주택이나 기타관련장소가 기업의 사업장에 해당하는지 여부를 판단할 때 고려해야 할 점이다. 개인이 자신의 주택이나 기타관련장소를 사용하여 기업의 사업과 관련된 활동을 수행하는 상황에서, 그 개인이 해당 기업을 위해 총 근무시간의 50% 미만을 해당 주택이나 기타관련장소에서 근무하는 경우, 일반적으로 그 장소는 기업의 사업장으로 간주되지 않는다. 이러한 접근방식에 대한 예외는, 국제근무 형태의 맥락과 이해를 고려할 때, 대부분 상황에서 생기지 않을 것이다.(OE §5-44.8)

개인의 실제 업무수행방식이 근무시간의 계산을 결정한다. 개인과 기업 간 공식계약관계(기업의 관련정책 포함)는 개인의 실제 업무수행방식과 일치하는 범위 내에서 이와 관련된 실질적 참고자료가 된다.(OE §5-44.9)

해당 회계연도에 시작하거나 종료되는 12개월 기간 중 개인이 총근무시간의 50% 이상을 주택이나 기타관련장소에서 근무하는 경우 그 장소가 기업의 사업장에 해당하는지 여부를 사실관계에 따라 판단한다.(OE §5-44.10)

중요한 고려요소는 주택이나 기타관련장소가 소재한 체약국에서 그 개인이 활동하는데 상업적 이유가 존재하는지 여부이다. 한 체약국에서 기업의 사업과 관련된 개인의 활동에 상업적 이유가 존재하는 것으로 보려면, 그 개인의 물리적 존재 자체가 기업의 사업수행을 쉽게 하는 경우여야 하며, 예를 들면 기업이 사업활동수행을 위해 접근해야 할 인적자원이나 물적자원이 그 국가에 존재하는 경우가 이에 해당한다.(OE §5-44.11)

44.12 일반적으로, 기업이 활동을 수행하기 위해 상대방 체약국에 개인(예 근로자)을 물리적으로 존재하게 할 이유가 있고, 주택이나 기타관련장소의 사용이 그러한 활동을 쉽게 하는 경우에는 상업적 이유가 존재한다고 본다. 예컨대 주택이나 기타관련장소가 이용 가능하지 않았다면 기업이 다른 국가에서 다른 사업장(예 기업이 임차한 사무실)을 사용하였을 상황이 있다. 또한 개인이 기업을 대표하여 고객, 공급업자, 특수관계기업 또는 기타 상대방과 직접 접촉하고, 그 국가에 개인이 소재함으로써 그 접촉이 촉진되는 경우에도 상업적 이유가 존재한다.(OE §5-44.12)

기업의 각 부문이 전체의 생산성에 기여한다는 점은 자명하며, 따라서 계약에 상업적 이유가 있는지 판단할 때 개인의 주택이나 기타관련장소의 사용이 '생산적 성격'을 가지는지 여부를 검토할 필요는 없다. 기업의 사업과 관련된 활동을 수행하기 위해 주택이나 기타관련장소를 사용하는 이유는 여러 가지가 있으며, 그중 하나라도 상업적 이유에 해당한다면 이 지표는 충족된다.(OE §5-44.13)

해당 거래가 간헐적이거나 부수적 수준에 그치는 경우에는 상업적 이유가 존재한다고 보지 않는다. 예를 들면 고객의 사업장을 단기간 · 간헐적으로 방문하는 경우나, 전체적인 고객과의 사업관계에서 볼 때 경미한 거래에 불과한 경우에는 체약국에서 기업의 사업과 관련된 개인의 활동에 상업적 이유가 있다고 결론짓기에 부족하다. 상업적 이유의 존재 여부는 기업의 사업내용과 개인의 구체적 활동이 그 사업과 어떻게 연관되는지를 종합적으로 고려하여 판단해야 한다.(OE §5-44.14)

상업적 이유가 인정되기 위해서는 해당 국가의 주택이나 기타관련장소에서 개인의 존재와 기업의 사업수행 사이에 관련이 있어야 한다. 단순히 기업이 해당 개인의 용역을 확보하거나 유지하기 위해 주택이나 기타관련장소에서 근무를 허용하는 경우에는 이러한 관련성 존재하지 않는다.(OE §5-44.15)

기업이 오로지 비용절감(예 사무공간 관련 비용감소)을 목적으로 주택이나 기타관련장소에서 근무를 허용한다면, 이는 그 목적 때문이지, 주택이나 기타관련장소가 소재한 그 체약국 또는 그 국가와 동일지역에서 개인이 기업의 사업관련활동을 수행할 상업적 이유 때문은 아니다.(OE §5-44.16)

예를 들면, 상대방 체약국에서 주택이나 기타관련장소에서 일하는 개인이 (그 국가 또는 그 국가와 동일지역에서 물리적 접촉이 필요하여) 다음과 같은 사항을 수행하거나 안배하는 경우, 그 국가에서 기업의 사업관련활동을 할 상업적 이유가 있을 수 있다. 이 사항들은 그 사람이 제3자이든 특수관계기업이든 관계없이 동일하게 적용된다.(OE §5-44.17)

- 개인과 기업의 고객 간 회의
- 신규고객층 개척 또는 사업기회 발굴
- 신규 공급업자 발굴, 공급업자와의 관계 관리, 또는 공급계약의 체결·이행·감독·관리
- 다른 시간대에 위치한 고객 또는 공급업자와의 실시간 또는 준실시간 상호작용(예 콜센터 서비스, 원격 IT 지원 또는 의료 서비스 제공)
- 기업의 사업활동수행에 활용되는 전문지식에 대한 접근(예 기업의 사업관련연구를 수행하는 대학 인력과의 정기적 회의)
- 다른 기업과의 협업
- 해당국에 위치한 고객이나 의뢰인을 위한 용역제공으로서, 기업의 직원 또는 기타인력이 그 국가에 물리적으로 존재해야 하는 경우(예 고객 사업장에서 수행되는 교육 또는 수리서비스)
- 해당 기업 또는 특수관계기업의 직원이나 기타인력과의 상호교류

기업의 고객이나 공급업자, 위에 언급된 다른 사람들 또는 특수관계기업이 주택이나 기타관련장소가 위치한 체약국에 있다는 사실만 가지고, 그 장소를 이용해 기업의 사업관련활동을 수행할 상업적 이유가 있다고 자동적으로 결론지어서는 안 된다. 마찬가지로, 주택이나 기타관련장소가 기업이 위치한 체약국과 다른 시간대에 있다는 사실만 가지고, 그 장소를 이용해 기업의 사업관련활동을 수행할 상업적 이유가 있다고 자동적으로 결론지어서도 안 된다.(OE §5-44.18)

상대방 체약국에 소재한 주택이나 기타관련장소에서 기업의 사업관련활동을 수행할 상업적 이유가 없다면, 다른 사실과 상황이 확인되지 않는 한, 그 장소를 기업의 사업장

으로 보지 않는다.(OE §5-44.19)

개인이 기업의 사업을 수행하는 유일한 사람 또는 주요인물인 경우에는 위에 기술한 것과 다른 판단을 해야 한다. 명확한 사례로, 해당국에 상당기간 체류하면서 그 국가에 있는 자기 주택 내 사무실에서 자신의 컨설팅기업의 대부분 사업활동을 수행하는 비거주 컨설턴트의 경우로, 그 주택 사무실은 그 기업의 사업장을 구성한다.(OE §5-44.20)

다음의 사례들은 주택이나 기타관련장소에서 국제근무를 하는 경우 5조 1항을 적용하는 상황을 보여준다. 사례 A는 사업장이 고정된 것인지 보여주고, 사례 B~E는 보다 구체적으로 주택이나 기타관련장소가 기업의 사업장인지 보여준다. 이러한 사례들을 검토할 때, 5조 1항은 각 사례의 사실관계에 따라 적용되어야 함을 명심해야 한다.(OE §5-44.21)

사 례

사례 A: R국 기업 RCo의 직원이 정규근무의 일환으로 R국에서 근무한다. 12개월 기간 동안, 그녀는 S국에서 휴가를 보낸 후 연속 3개월 동안 S국의 한 장소를 임차하여 근무한다. S국에서 근무한 장소에서 12개월 중 3개월만 RCo의 사업이 수행되었으므로 일정사업장소로 보지 않는다. 즉, 영속성이 부족하다. 위와 같은 사실관계에서 근무지가 개인적 이유(예 병든 친척 돌봄)로 선택된 경우에도 동일한 결론을 낼 수 있다. 또한 위와 같은 상황에서 근무지가 체류지와 다른 장소인 경우에도 마찬가지이다. 어떤 장소가 수년에 걸쳐 반복적으로 기업활동수행에 사용되는 상황이라면, 각 사용기간은 그 장소를 수년 동안 사용한 시간을 모두 합쳐서 판단해야 한다. 개인이 별장과 같은 장소를 유지하고 일정기간 동안 그 관리비용을 지출한다는 사실은 관련성이 없다. 그 장소에서 해당 기업의 사업관련활동을 수행한 시간만이 5조 1항의 "고정성" 여부를 평가하는데 결정적 요소이다.

사례 B: R국 기업 RCo의 직원이 12개월 동안 매주 1~2일씩 S국의 주택에서 근무하며, 이는 전체 근무시간의 30%에 해당한다. S국 주택은 12개월 동안 RCo의 사업활동수행에 사용되었으므로 충분한 영속성을 갖춘 일정사업장소로 간주된다. 그러나 그녀가 S국 자택에서 근무한 시간은 전체 근무시간의 50% 미만이다. 이와 다른 사실관계가 확인되지 않는 한, 그 주택은 RCo의 사업장이 아니며 따라서 S국에서 RCo의 국내사업장으로 간주되지 않는다.

사례 C: R국 기업 RCo의 직원이 12개월 동안 근무시간의 80%를 S국 주택에서 근무한다. 그는 정기적으로 S국 고객들을 방문하여 서비스를 제공한다. S국 주택은 12개월 동안 RCo의 사업활동수행에 사용되었으므로 충분한 영속성을 갖춘 사업장으로 간주된다. 그는 근무시간의 50% 이상을 S국 주택에서 근무하며, S국에 체류할 상업적 이유가 존재한다. RCo가 S국 고객들에게 서비스를 제공하기 위해 직원의 S국 체류가 필요하기 때문이다. 이와 다른 사실관계가 확인되지 않는 한, 그 주택은 RCo의 사업장으로 S국에서 국내사업장으로 간주된다.

사례 D: R국 기업 RCo의 직원이 12개월 동안 근무시간의 60%를 S국 주택에서 근무한다. 그는 고객대응업무만 담당하며, R국·S국·제3국의 고객들에게 원격으로 서비스를 제공하고 직접 만나지는 않는다. 분기마다 한 번씩 S국 고객의 사업장을 방문해 계약성과를 검토한다. S국 주택은

12개월 동안 RCo의 사업활동수행에 사용되었으므로 충분한 영속성을 갖춘 고정된 장소로 간주된다. 그러나 그가 근무시간의 50% 이상을 S국 주택에서 근무하더라도, S국에 체류할 상업적 이유가 있는지는 다른 사실관계를 고려해야 한다. 단순히 S국에 고객이 있다는 사실만으로 상업적 이유가 있다고 볼 수 없다. 또한 그의 고객방문은 간헐적이고 부수적이다. 따라서 S국 자택에서 RCo의 사업 활동을 수행할 상업적 이유는 없다. 이와 다른 사실관계를 확인하지 않는 한, 그 주택은 RCo의 사업장소가 아니며 S국에서 국내사업장으로 간주되지 않는다.

사례 E: R국 기업 RCo의 직원이 거의 전적으로 S국 주택에서 근무한다. 그녀는 R국 및 다른 시간대에 위치한 고객들에게 온라인으로 서비스를 제공한다. 이러한 활동수행은 그녀가 고객들에게 실시간 또는 거의 실시간으로 서비스를 제공할 수 있게 한다. S국 주택은 12개월 동안 RCo의 사업활동수행에 사용되었으므로 충분한 영속성을 갖춘 고정된 장소로 간주된다. 그녀는 근무시간의 50% 이상을 S국 주택에서 근무하며, S국에 체류할 상업적 이유가 존재한다. 이는 RCo가 S국 주택을 통해 R국 및 다른 시간대의 고객들에게 서비스를 제공할 수 있기 때문이다. 이와 다른 사실관계를 확인하지 않는 한, 그 주택은 RCo의 사업장소이며 S국에서 국내사업장으로 간주된다.

(4) 지리적, 상업적 일체성(Geographical, Commercial Coherent Whole)

'사업장소를 통하여(through the place of business)'는 사업활동을 위해 기업의 지배하(at the disposal)에 있는 특정 장소에서 사업활동이 수행되는 모든 상황에 적용되도록 넓은 의미를 가진다. 예를 들면, 도로포장에 종사하는 기업은 이 활동이 일어나는 장소들을 '통하여' 사업을 영위하는 것으로 볼 수 있다.(OE §5-20)

사업장소는 '일정한(fixed)' 것이어야 한다. 따라서 통상적인 경우 사업장소는 특정 지리적 위치와 관련이 있어야 한다. 명백히 한 장소에서 사업을 한다면 한 체약국 기업이 얼마나 오랫동안 상대방 체약국에서 영업하는가는 중요하지 않다. 그러나 이것이 사업장소를 구성하는 설비가 기업이 서 있는 토양에 실제로 고착되어야 함을 의미하지는 않는다. 설비가 특정 위치에 있는 것으로 충분하다.(OE §5-21)

기업이 영위하는 사업활동 성격이 인근 장소를 자주 옮겨 다니며 활동하는 것이라면 일정한 '사업장'이 있는지를 결정하는데 어려움이 있을 수 있다. 이 경우 만약 두 개의 사업장이 있고, 다른 요건을 충족한다면 기업은 당연히 두 개의 국내사업장을 가지게 된다. 그러나 사업성격상 옮겨 다니며 활동하는 장소 중 특정 장소가 사업에 비추어 상업적으로나 지리적으로 전체적 관련성을 가진 것으로 인식된다면 이곳에 단일사업장이 존재하는 것으로 볼 수 있다.(OE §5-22) 이는 다음 사례에 의해 설명된다.

| 지리적 · 상업적 일체성의 판정사례 |

지리적 · 상업적 일체성이 있는 경우	지리적 · 상업적 일체성이 없는 경우
1. 대규모 광산에서 사업활동이 한 장소에서 다른 장소로 옮겨진다 해도 광산업과 관련하여 볼 때 동일한 지역적 · 상업적 단위라면 광산은 단일사업장을 구성한다. 2. 자문회사가 정기적으로 호실에 상관없이 사무실을 빌리는 오피스텔(office hotel)은 그 회사의 단일사업장으로 볼 수 있는데, 이 경우 오피스텔 건물은 지리적으로 하나이며 자문회사의 단일사업장이다. 3. 판매상이 정기적으로 좌판을 설치하는 여러 곳의 시장거리, 야외시장 또는 박람회는 그 판매상의 단일사업장이 된다.(OE §5-23) 4. 단일계약에 의해 단일고객을 위해 건물 내에서 작업을 하는 여러 도장공들의 경우 이는 그 도장공들의 단일사업으로 그 건물은 상업적 · 지리적으로 일체성이 있으므로 작업목적상 단일사업장으로 간주된다.(OE §5-24) 5. 은행직원 훈련목적으로 상담직원이 동일한 지점소재지 내의 한 사무실에서 다른 사무실로 옮겨 다니는 경우 동일사업장에 있는 것으로 보아야 한다. 동일지점 소재지 내에서 이동하는 것은 상담직원이 서로 다른 지역의 지점으로 이동하는 경우 결여되는 지리적 일체성을 갖는다.(OE §5-25)	1. 상업적 일체성이 없는 경우 제한된 지역에서 활동이 수행된다는 사실로 인해 그 지역을 단일사업장으로 보아서는 안 된다. 예를 들면, 도장공이 대형 사무용건물에서 여러 명의 서로 다른 고객과 여러 개의 서로 다른 계약을 맺고 계속하여 작업을 하는 경우 건물 안에서 단일작업이 이루어진다고 말할 수는 없으며, 건물은 도장공의 작업목적상 단일사업장으로 볼 수 없다. 2. 은행직원 훈련목적의 단일 프로젝트에 따라 각각의 지역에 있는 서로 다른 지점에서 상담을 하는 경우 각 지점을 개별적인 사업장으로 보아야 한다. 전체적으로 상업적 일체성을 가진 단일사업의 일환으로 활동이 수행되지만, 각 지역이 단일사업장으로 볼 수 있는 지리적 일체성 요건을 갖추지 못하기 때문이다.(다만, 이 경우에도 한 국가내의 서로 다른 지역이라면 그 국가의 국내사업장 과세목적으로 볼 때, 단일사업장으로 판단할 수 있다) 3. 국제수로에서 운항하거나 한 국가 또는 여러 국가 내에서 운항하는 선박은 고정되어 있지 않으므로, 일정사업장소를 구성하지 않는다. (그 선박의 운영이 상업적 지역적 일체성을 가진 특정장소에 국한하지 않는다면) 상점이나 식당의 운영과 같이 이러한 선박에 탑승하여 수행되는 사업활동이 국내사업장을 구성하는지 판단하기 위해 같은 방식이 적용된다. 그런데, 이 활동들의 일부를 국내사업장으로 볼 수 있는데, 예를 들면 그 상점이나 식당이 한 국가 내에서 운영되도록 계약이 체결되는 경우이다.(OE §5-26)

(5) 사업장소에 대한 이론적 변화

사업장소를 어떻게 판정할 것인지가 문제가 된다. 거점이론이 통설이지만 조세회피사안에 대하여 일정범위이론 및 지원기능흡수이론을 적용하는데, 2003년 OECD모델에 도입된 '예비적 · 보조적 활동의 복합'과 '지리적 · 상업적 동일체(Geographical, Commercial Coherent Whole)'는 이를 반영한 것이다.

① **거점이론**(base Theory)

법적형식을 엄격히 적용하여 국내사업장의 물리적 실체를 중시하는 이론이다. 한 기업이 한 국가 내에 다양한 시설들을 가지고 있다면 각각에 대하여 국내사업장 요건을 적용하여 판단하고, 그 결과 개별적으로 여러 개의 국내사업장이 구성된다. 이 경우, 개별 시설의 활동이 핵심적 사업활동이 아니라면 사업관련성 여부에 불구하고 예비적 · 보조적 활동에 해당하여 국내사업장에서 제외된다.

② **일정범위이론**(Spatial delimitation Theory)

거점이론이 특정장소를 강조하는 데 비해, 일정범위이론은 해당국가에서 사업활동과 관련 있는 여러 장소들을 묶어서 하나의 사업장소로 간주한다. 예를 들면, 독일의 여러 삼림지역에서 목재운반을 하는 노르웨이 트럭회사는 작업을 수행한 여러 삼림지역 및 차고 · 정비장소에 걸쳐 사업장소가 있다.(독일 · 네델란드상호합의, 1990.6.14.)

③ **지원기능흡수이론**(Attraction－Support Theory)

국내사업장의 물리적 실체보다는 사업활동을 중시하는 이론이다. 외국기업이 국내에서 여러 가지 활동을 하지만 이것이 하나의 사업을 위한 지리적, 상업적 동일체(geographical, commercial coherence)로 인식된다면 하나의 국내사업장으로 판단한다. 국내사업장 과세를 회피하기 위해 국내사업장의 요건을 충족하지 않는 장소에서 핵심적 사업활동을 수행하면서 예비적 · 보조적 활동을 하는 사업장소(business place)에서 핵심적 사업활동(core business activity)을 지원하는 상태를 인위적으로 만든다. 이러한 국내사업장 회피사안에 대하여 예비적 · 보조적 활동을 어떻게 해석할 것인지가 문제가 되어 왔는데, 거점이론에 따르면 제외대상(negative list)으로 열거된 활동은 국내사업장을 구성하지 않는다. 그러나 지원기능흡수이론을 적용하면, 일정사업장소에서 이루어지는 예비적이고 보조적인 활동과 그 사업장소 밖에서 이루어지는 핵심적 사업활동이 복합적으로 동일한 과세권 내에서 이루어진다면 국내사업장을 구성하기에 충분하다.(The Dutch supreme court in BNB(1976/121): Norwegian lower court in Utv.1981, at 285)

지원기능흡수이론을 적용하면, 국내사업장에서 제외되는 사업장소는 좁은 의미로 해석된다. 한 국가에서 일정장소를 통해 예비적이고 보조적인 활동만이 이루어진다면 그 국가 내에서의 활동은 국내사업장을 구성하지 않는다. 그러나 핵심적 사업활동이 동일한 과세관할권 내에서 행해지고 예비적 · 보조적 활동을 하는 사업장소에 의해 핵심적 사업활동이 지원된다면 국내사업장이 구성된다. 더 나아가서, 예비적 · 보조적 활동과 동일한 과세관할권에서 독립대리인이 수행한 핵심적 사업활동은 모두 합해져서 하나의 국내사업장을 구성한다.(The finish Supreme Administrative Court in KHO 1974 II 56)

④ **흡수이론**(Force of attraction theory)

흡수이론을 적용하면, 수익자(beneficiary)가 자국 내에 국내사업장을 가진 경우 자국 원천에서 발생하는 사업소득, 배당, 이자 및 사용료 등의 소득이 그 국내사업장과 관련이 없더라도 이를 종합과세(fully taxable)한다. 흡수이론은 국제적으로 인정되지 않는다.(OE §구7-10)

2.2 사업의 계속성(Permanecy)

(1) 계속성의 의미

사업장소가 일정해야 하기 때문에 사업장소가 단순히 일시적 성격이 아닌 어느 정도의 계속성을 가지는 경우 국내사업장이 존재한다. 계속성은 끊임없이 지속된다는 영속적인(perpetual) 의미는 아니다. 계속성은 영속적이기보다는 정해지지 않은 상당기간(indefinite duration)의 의미이다. 이 경우, 사업장의 실제존속기간(factual duration)은 사업을 시작한 동기(motive)보다는 사업을 하는 목적(objective)에 따라 판단한다. 다만, 이러한 사업목적의 판단은 상당히 애매모호한 측면이 있으며 그로 인해 체류기간은 계속성을 판단하는데 가장 중요한 근거가 된다. 그런데 사업성격상 단기간 동안 수행될 것이라면 실제로 아주 단기간 동안만 사업장이 존재한다 해도 그 사업장은 국내사업장이 될 것이다. 이런 사례에 해당하는지 여부를 결정하기가 어려운 경우가 때때로 있다. 사업활동 기간문제에 대한 각국의 적용례가 일치하지는 않지만, 대부분 국가는 보통 6개월 이상 유지되는 사업장을 통해 사업이 한 국가에서 행해지는 경우 국내사업장이 있는 것으로 본다.(OE §5-28)

(2) 반복적 활동, 독점적 활동 및 활동중단

반복적 성격의 활동은 단기활동의 예외를 구성한다. 이 경우, 장소를 사용한 각 기간이 장소사용 회수(수년간에 걸쳐 있을 수 있음)와 곱해져서 고려될 필요가 있다. 이러한 예외는 다음 사례에서 예시된다. R국의 기업이 S국의 격리된 극지방에서 시추작업을 수행한다. 그 지역의 계절상황으로 매년 3개월 이상 작업을 진행할 수 없으며 작업은 5년간 지속될 것으로 예상된다. 이 경우, 그 지역에서의 사업수행의 성격을 감안할 때, 계속되는 기간이 모두 6개월 미만 지속된다는 사실에도 불구하고 국내사업장을 위한 기간요건은 그 활동의 반복적 성격 때문에 충족되는 것으로 볼 수 있다. 마찬가지로 해당사업의 특별한 성격에 의해 판단할 수 있는 더 짧은 반복되는 기간의 경우에는 시간의 요건은 충족될 수 있다.(OE §5-29)

이러한 일반원칙에 대한 다른 예외는 그 국가에서만 배타적으로 수행되는 사업활동의 경우이다. 이 경우 사업성격상 단기간일 수 있지만 사업이 그 국가에서 전부 행해지므로 그 국가에 대한 관련성은 크다. 이러한 예외는 다음 사례에서 예시된다. R국의 개인 거주자는 텔레비전 다큐멘터리가 자신의 아버지가 여전히 큰 집을 소유하고 있는 S국의 외진 마을에서 촬영된다는 사실을 알게 되었다. 다큐멘터리를 위해 4개월의 기간 동안 여러 배우 및 기술자들이 체류하여야 한다. 그 개인은 다큐멘터리의 연출자와 그 4개월의 기간 중에 배우와 기술자들에게 식사를 제공하기로 계약하였으며, 계약에 따라 아버지의 집을 그 기간 동안 전적으로 운영하는 카페테리아로 사용하였다. 이는 그녀가 수행하는 유일한 사업활동이며 그 기업은 그 기간이 끝나면 종료된다. 그러므로 그 카페테리아는 그 기업의 사업이 전적으로 수행되는 유일한 장소가 된다. 이 경우, 그 식당이 특정사업의 전체 존속기간 동안 운영되기 때문에 국내사업장의 기간요건은 충족되는 것으로 판단할 수 있다. 그렇지만 R국에서 다양한 음식공급시설을 운영하는 R국의 회사 거주자가 4개월의 다큐멘터리 촬영기간 동안 S국에서 카페테리아를 운영하는 경우는 다른 상황이다. 그러한 경우, 그 회사의 사업은 R국에서 계속적으로 수행되며 S국에서는 단지 일시적으로 수행된다.(OE §5-30)

일시적인 활동중단으로 인해 국내사업장이 존재하지 않게 되는 것은 아니다. 이와 마찬가지로 특정 사업장이 짧은 기간 동안만 사용되지만 이러한 사용이 장기간 동안 주기적으로 이루어진다면 그 사업장을 단순히 일시적 성격으로 보아서는 안 된다.(OE §5-32)

(3) 여러 개로 분할된 사업활동

동일인이나 특수관계인이 여러 가지 유사한 사업을 특정 사업장에서 행하면서 그 사업장을 각 사업의 단순한 일시적 목적 이상으로 사용한다는 판정을 피하기 위해 그 사업장을 아주 단기간만 사용하는 경우가 있다. 이러한 기간요건의 회피행위는 상업적·지리적으로 일관된 전체를 형성한다면 비록 여러 개의 계약으로 이루어졌더라도 단일 건으로 간주한다.(OE §5-33)

(4) 사업활동 기간의 변동

사업장소를 단지 국내사업장을 구성하지 않는 단기간 사용할 일시적 목적으로 설치하였지만, 실제로는 일시적인 것으로 볼 수 없을 정도의 기간 존속한다면 일정사업장소가 되며 따라서 소급하여 국내사업장이 된다. 또한, 비록 기업활동의 특수한 성격이나 납세자 사망이나 투자실패 등의 특별한 상황으로 조기 청산하였기 때문에 실제에 있어 매우 짧은 기간 동안 존속한다 해도 당초부터 국내사업장이 될 수 있다.(OE §5-34) 예를 들면, 외국법인이 6개월을 초과하지 않는 기간 동안 건설용역을 제공하기로 하였으나 작업 지연으로 6개월을 초과하여 용역을 제공하는 경우 그 건설장소는 외국법인의 국내사업장에 해당되고 6개월을 초과하는 시점에 국내사업장 설치신고를 하여야 한다. 이때 신고 관련 가산세는 적용하지 않는다.(서이-37, 2004.1.16.)

(5) 사업활동의 개시와 종료 시점

국내사업장은 기업이 일정한 사업장소를 통하여 사업을 수행하기 시작할 때부터 존재한다. 이는 기업이 사업장에서 사업장을 계속 사용하기 위한 활동을 준비하는 경우를 포함한다. 그렇지만 이런 준비활동이 사업장이 계속 수행할 활동과 현저하게 다르다면 기업이 일정사업장소를 설치하는 기간을 포함해서는 안 된다. 국내사업장은 일정사업장소의 처분이나 그곳을 통한 활동의 종료로 존재하지 않게 된다. 활동종료는 국내사업장의 이전활동과 관련된 모든 행위와 수단들이 제거되는 때이다.(현재사업의 철수, 설비의 수선 및 수리) 운영의 일시적 장애는 종료로 볼 수 없다. 만약 일정사업장소가 다른 기업에 리스된다면 그 사업장은 보통 임대인보다는 임차기업의 활동에 쓰일 것이다. 일반적으로 임대인이 일정사업장소에서 자신의 사업활동을 계속하는 경우를 제외하고는 임대인의 국내사업장은 존재하지 않는다.(OE §5-44)

2.3 사업활동(Business Activity)

(1) 사업특성이나 소득구분과는 관련이 없음

어떤 사업장소가 국내사업장이 되기 위해서는 그 장소를 이용하는 기업은 사업장소를 통하여 전반적 또는 부분적으로 사업을 수행해야 한다. 그 활동이 생산적 성격일 필요는 없다. 또한 영업중단이 전혀 없이 활동이 계속적일 필요는 없지만 영업이 정기적으로 수행되어야 한다.(OE §5-35) 과거에는 사업활동의 생산적 성격 여부가 국내사업장의 중요한 판단요건으로 거론되었다. 말하자면, 기업소득에 기여해야 한다는 것이다. 현재 정의에는 이런 요건은 없다. 잘 운영되는 사업조직의 틀 속에서 각 부문이 전체의 생산성에 기여하는 것은 자명하다. 그러므로 전체조직의 큰 틀 속에서 특정 사업장이 '생산적 성격'을 가졌기 때문에 따라서 이 사업장은 특정 국가 내에서 세무목적상 적절한 소득이

배분되어야 하는 국내사업장이라는 결론은 모든 경우에 옳은 것은 아니다.(OE §5-7)

사업이 수행되는 방법이 수년에 걸쳐 진화하면서 어느 시점에 적용되는 사실과 방식이 해당국에서 사업활동이 수행되는 방법이 변화된 이후에는 더 이상 관련이 없어질 수 있다는 점을 알아야 한다. 분명한 것은, 해당기간 중에 한 국가에 국내사업장이 존재하는지 여부는 그 기간에 해당하는 상황을 기초로 판단되어야 하며, 사업을 수행하는 방법을 바꾼 새로운 방식을 채택하기 이전의 기간과 같이, 과거나 미래 기간 중에 적용되는 상황을 기초로 하여서는 안 된다.(OE §5-8) 또한, 한 체약국 기업이 상대방 체약국에 국내사업장을 가지고 있는지는 그 기업이 수취하는 소득에 조약의 어느 규정을 적용할지 판단하는 문제와 별개로 이루어져야 한다. 예를 들면, 한 체약국에 소재하고 상대방 체약국 거주자가 이용하는 농장이나 아파트 임대사무실은 그 국내사업장에 귀속되는 소득이 부동산소득에 해당하는지 여부와 상관없이 국내사업장을 구성할 수 있다. 이 경우 국내사업장의 존재는 부동산소득 조항의 적용과 관련이 없지만, 이자소득(§11 ④ 및 ⑤), 근로소득(§15 ② c), 차별금지(§24 ③)와 같은 다른 규정의 목적상 관련이 있을 수는 있다.(OE §5-9)

(2) 시설 등의 임대

다른 국가에서 시설, 산업·상업·학술(ICS) 장비, 건물 같은 유형재나 특허권, 실용신안권(procedure) 및 이와 유사한 무형재를 보유하고 있는 일정사업장소(fixed place of business)를 통해 제삼자에게 임대하거나 리스하는 경우 통상 이런 활동은 그 사업장소를 국내사업장이 되게 한다. 자본이 일정사업장소를 통하여 사용되는 경우에도 같은 논리가 적용된다. 다른 국가에 일정사업장소를 유지함이 없이 한 국가 기업이 시설, 산업·상업·학술장비, 건물이나 무형재를 임대나 리스활동을 위해 다른 국가 기업에 임대하거나 리스하는 경우 계약이 단지 산업·상업·학술장비의 리스에만 국한된다면 리스된 시설, 산업·상업·학술장비, 건물 또는 무형재는 임대인의 국내사업장이 되지 않는다. 이는 예를 들면 임대인이 설비를 설치한 후 운영할 직원을 보내는 경우에도 해당되는데, 이때 직원의 책임은 임차인의 지시, 책임과 통제 아래 산업·상업·학술장비의 운영과 유지에만 국한된 것이어야 한다. 만약 직원이 설비가 사용되는 작업과 관련한 결정에 참여하며 넓은 책임을 지거나, 임대인의 책임하에 직원이 설비를 운영, 수리, 점검, 유지한다면 임대인의 활동은 산업·상업·학술장비의 단순 리스범위를 넘는 것으로 사업활동이 된다. 이 경우에 계속성 기준에 부합된다면 국내사업장이 존재한다. 이러한 활동이 용역의 제공과 관련이 있거나 성격상 유사한 경우 기간테스트(6개월 등)가 적용된다. 그 밖의 경우는 상황에 따라 결정되어야 한다.(OE §5-36)

(3) 컨테이너 리스

컨테이너 리스는 산업 또는 상업적 설비리스의 특수한 경우이다. 한국을 포함한 대부분의 국가는 단순한 컨테이너 리스를 국내사업장으로 보지 않는다.(OE §5-37)

(4) 전화로밍계약에 의한 네트워크 사용

해외 전화사업자의 전화네트워크에 사용자를 연결하기 위해 해외 전화사업자와 로밍계약(roaming agreement)을 체결하는 한 체약국 전화사업자의 경우도 해외 전화사업자가 국내사업장소를 통해 사업을 전부 또는 일부 수행하는 것으로 볼 수 없는 사례이다. 로밍계약에 따라 사용자 거주지국 네트워크의 지리적 범위를 벗어난 전화사용자는 해외 네트워크의 사용을 통해 음성전화를 걸거나 받으며, 데이터를 송신하거나 수신하며 또는 다른 서비스를 받게 된다. 이 경우, 해외 네트워크사업자는 사용자 거주지국의 네트워크 사업자에게 사용에 따른 대가를 청구한다. 전형적인 로밍계약에서, 거주지국 네트워크사업자는 해외 사업자의 네트워크에 단순히 음성이나 데이터를 전송하며 해외 네트워크를 운영하거나 또는 물리적으로 접속하는 것은 아니다. 이러한 이유로, 해외 네트워크가 소재하는 어느 지역도 거주지국 네트워크사업자의 처분하에 있다고 볼 수 없으며 따라서 거주지국 네트워크사업자의 국내사업장을 구성하지 않는다.(OE §5-38)

3. 국내사업장의 사례

OECD모델 5조 2항	법법 §94 ②, 소법 §120 ②
1. 관리장소 2. 지점 3. 사무소 4. 공장 5. 작업장 6. 광산 7. 유정 · 가스정, 채석장 또는 기타 천연자원의 탐사 · 채굴 · 채취와 관련된 그 밖의 장소	1. 지점 · 사무소 또는 영업소 2. 상점 기타의 고정된 판매장소 3. 작업장 · 공장 또는 창고 4. 6월 초과 건축장소, 건설 · 조립 · 설치공사의 현장 또는 관련감독활동 수행장소 5. 종업원을 통하여 아래 용역을 제공 가. 용역의 제공이 계속되는 12월 기간 중 합계 6월을 초과하는 기간 동안 용역이 수행되는 장소 나. 용역의 제공이 계속되는 12월 기간 중 합계 6월을 초과하지 않는 경우로서 유사한 종류의 용역이 2년 이상 계속적 · 반복적으로 수행되는 장소

OECD모델 5조 2항	법법 §94 ②, 소법 §120 ②
	6. 광산 · 채석장 또는 해저천연자원 기타 천연자원의 탐사 및 채취장소(국제법에 의하여 우리나라가 영해 밖에서 주권을 행사하는 지역으로서 우리나라의 연안에 인접한 해저지역의 해상과 하층토에 있는 것을 포함)

「법인세법」 및 「소득세법」과 마찬가지로 대부분 조세조약도 국내사업장 사례를 열거한다. 그러나 이 사례가 무조건 국내사업장에 해당하는 것은 아니며, 예비적 · 보조적 장소가 아닌 경우에만 국내사업장에 해당한다.(OE §5-45)

(1) 지점, 사무소 또는 영업소

비거주자의 국내지점, 사무소 및 영업소는 명칭과 관계없이 사업을 수행하는 경우 국내사업장으로 과세된다. 그러나 해당 지점 등이 예비적 · 보조적인 활동을 하는 경우라면 과세되지 않는다.

연락사무소는 일반적으로 정보수집, 시장조사, 타당성조사를 위해 설치되므로, 일반적으로 국내사업장을 구성하지 않는다. 그러나 연락사무소가 대가의 유무와 관계없이 판매제품에 대한 판매후 서비스를 제공하거나, 제품개발업무와 같이 사업상 중요한 업무를 수행하는 경우에는 국내사업장에 해당한다.

관리장소도 국내사업장에 포함되며, 필수적으로 '사무소'일 이유가 없다. 그러나 '사무소'와 '관리장소'를 특별히 구분할 실익은 없다.(OE §5-46)

(2) 천연자원 채취장소

광산, 유정이나 가스정(gas well), 채석장 또는 기타 천연자원의 채취장소는 국내사업장이다. '기타 천연자원의 추출장소'는 넓게 해석되어야 한다. 이는 육지건 바다건 탄화수소를 채취하는 모든 장소를 포함한다.(OE §5-47) 일부 국가들은 물고기(fish)를 천연자원으로 보아 어선은 천연자원을 추출하거나 개발하는 장소로 간주될 수 있다는 규정을 두기도 한다.(UN §5-6)

천연자원의 탐사가 육지에서 이루어지건 또는 바다에서 이루어지건 상관이 없다. 이런 활동으로 인한 수입이 사업소득으로 판단되는 경우 추출장소가 국내사업장 요건을 충족하는지 여부는 다시 판단되어야 한다. 천연자원추출소득의 과세권과 탐사활동의 소득유형에 대한 국가 간 이해가 다르기 때문에 체약국들은 특별규정을 두는 경우가 있다.

예를 들면, 상대방 체약국 내의 장소나 영역에서 한 체약국 기업이 행하는 천연자원 탐사활동을 아래 중 하나로 구분한다. 또한 그 활동으로 인한 소득을 별도소득으로 규정하기도 한다.(OE §5-48)

1. 상대방 국가에 국내사업장을 갖지 않은 것으로 간주 2. 상대방 국가에서 국내사업장을 통하여 활동을 수행하는 것으로 간주 3. 일정기간을 넘으면 상대방 국가에서 국내사업장을 통해 활동하는 것으로 간주

한편, 체약국들은 아래에서 설명하는 추출가능 천연자원의 탐사 및 개발과 관련하여 수행되는 활동에 대해 독립된 형태의 대체조항을 채택하기로 합의할 수 있다. 그 조항의 핵심은 국내사업장 요건을 완화하는 것으로, 비거주 기업이 해당국에서 양국이 합의한 기간을 초과하여 관련활동을 수행할 경우 국내사업장이 존재하는 것으로 본다.

4. 국내사업장의 예외

4.1 예비적 · 보조적 활동

(1) 국내세법

다음 '활동장소'가 외국법인 등의 사업 수행상 예비적 보조적인 성격을 가진 활동을 하기 위해 사용되는 경우에는 국내사업장에 포함되지 아니한다.(법법 §94 ④, 소법 §120 ④) 국내세법의 규정은 대부분의 조세조약과 비슷하다.

① 외국법인 등이 자산의 단순한 구입만을 위해 사용하는 일정한 장소

② 외국법인 등이 판매를 목적으로 하지 않는 자산의 저장 또는 보관을 위해서만 사용하는 일정한 장소. 예를 들면, 미국의 수출업자가 국내의 보세구역 내에 창고를 임차하여 국내판매용 물품을 반입하여 보관하고 종속대리인이 아닌 국내 무역대리점의 오퍼에 의하여 수입업자와 계약을 체결한 후 해당 보세창고에 보관 중이던 물품을 인도하는 경우, 해당 보세창고를 물품의 판매 또는 주문취득 등의 활동을 하지 아니하고 단지 수입용 물품의 보관 및 인도를 위한 시설로 사용되는 때(Bonded Warehouse Transaction)에는 국내사업장에 해당되지 않는다.(국일 46017-470, 1998.7.27.)

③ 외국법인 등이 광고, 선전, 정보의 수집 및 제공, 시장조사, 그 밖에 이와 유사한 활동만을 위해 사용하는 일정한 장소

④ 외국법인 등이 자기의 자산을 타인으로 하여금 가공하게 하기 위해서만 사용하는 일정한 장소. 그렇지만, 외국법인이 국내 가공업자에게 원재료를 가공하여 완제품

을 만들게 한 후 완제품을 내국법인에게 판매하는 경우 국내 가공장소는 예비적·보조적 활동장소가 아니다.(서면2팀-1007, 2005.7.5.)

(2) 조세조약

> OECD모델 5조 4항: 이 조문 전항의 규정들에도 불구하고 '국내사업장'은 다음의 것을 포함하지 않는 것으로 본다.
>
> ⓐ 기업에 속하는 재화나 상품의 저장, 전시 또는 인도만을 목적으로 한 시설의 사용
>
> ⓑ 저장, 전시 또는 인도만을 목적으로 하여 기업에 속한 재화나 상품의 재고보유(maintenance)
>
> ⓒ 다른 기업에 의한 가공만을 목적으로 한 기업이 소유한 재화나 상품의 재고보유
>
> ⓓ 기업을 위한 재화나 상품의 구입 또는 정보의 수집만을 목적으로 한 일정사업장소의 유지
>
> ⓔ 기업을 위해 다른 활동만을 수행할 목적으로 일정사업장소의 유지
>
> ⓕ ⓐ목부터 ⓔ목에 언급된 복합적 활동의 수행만을 위한 일정사업장소의 유지
>
> 다만, 그러한 활동 또는 ⓕ목의 경우 일정사업장소 활동의 전부가 예비적·보조적 성격인 경우이어야 한다.

활동이 일정사업장소에서 수행되는 경우에도 국내사업장에 해당하지 않는 일련의 사업활동이 있다. 이들 활동의 공통적 특징은 일반적으로 예비적이고 보조적인 활동이라는 것이다. 그 활동이 예비적·보조적 성격이라면 열거되지 않은 다른 활동도 해당되기 때문에, 이는 실질적으로 국내사업장 정의의 범위에 대한 일반적 예외에 해당하며, 어떤 것이 국내사업장을 구성하는지 결정하는 데 있어 더 자세한 선택지를 제공한다. 이러한 예외는 국내사업장의 정의를 상당한 정도로 제한하며 많은 일정사업장소를 광범위한 정의에서 제외하는데, 그러한 장소들을 통하여 수행되는 사업활동들은 단순히 예비적·보조적인 것이므로 국내사업장으로 간주되어서는 안 된다. 그러한 사업장소는 기업 생산성에 기여하지만, 그 장소가 수행하는 용역은 실제 소득과는 거리가 멀어 그 일정사업장소에 소득을 배분하기에는 어렵기 때문이다. 또한, 동일한 일정사업장소에서 여러 예비적·보조적 활동의 복합에 따른 그 일정사업장소의 전반적 활동이 예비적·보조적 성격이라면 국내사업장이 아니다. 그러므로 한 국가의 기업이 순전히 예비적·보조적 성격의 활동을 다른 국가에서 수행하는 경우 다른 국가에서 과세되지 않는다. 신설된 4.1항의 규정들은 이러한 원칙을 보완하는데, 일정사업장소에서 수행되는 활동의 예비적·보조적 성격은 핵심사업의 일부로서 동일기업 또는 밀접한 관계기업이 동일국가에서 수행하는 보완적 기능을 구성하는 다른 활동인지의 관점에서 검토되어야 한다는 점을 확인하고 있다.(OE §5-58)

기업을 위해 예비적·보조적 활동으로 열거되지 않은 활동을 수행하기 위해 유지하는 일정사업장소의 활동이 예비적·보조적 성격이라면 그 사업장소는 국내사업장으로 보지 않는다. OECD모델 5조 4항 a목부터 d목은 예시규정이며, e목은 일반규정에 해당한다.(OE §5-70) 본질적으로 예비적·보조적인 활동인 경우, 세무당국과 납세자 모두에게 확실성을 주기 위해 이러한 활동들을 예비적·보조적 성격으로 굳이 규정할 필요가 없다고 생각하는 국가들도 있다.(OE §5-78)

4.2 예비적·보조적 활동의 사례

(1) 사업목적의 여부

예비적 활동은 전반적으로 기업활동의 핵심적이고 중요한 부분을 구성하는 활동의 수행을 예상하여 이루어지는 활동을 말한다. 예비적 활동은 보통 다른 활동을 앞서기 때문에 비교적 단기간 동안 수행되며, 그 기간의 길이는 기업의 핵심활동의 성격에 따라 결정된다. 그런데, 이는 언제나 사실은 아니며 다른 곳에서 일어나는 활동을 준비하는데 상당한 시간 동안 일정장소에서 활동이 일어나는 경우도 있다. 예를 들면, 건설회사가 종업원들을 다른 국가들에 있는 해외작업장들에 일하러 보내기 전에 한 장소에서 이들을 훈련시키는 경우, 그 장소에서 이루어지는 훈련은 그 기업의 예비적 활동을 구성한다. 한편, 보조적 성격을 가진 활동은 전반적으로 기업활동의 핵심적이고 중요한 부분을 지원하기 위해 수행되는 활동에 해당하는 것이 일반적인데, 핵심활동의 일부를 구성하는 것은 아니다. 기업의 자산이나 종업원의 상당부분을 필요로 하는 활동은 보조적 성격을 가진 것으로 볼 수 없다.(OE §5-60) 예를 들면, 외국법인 국내사무소의 일반적인 활동목적이 외국법인의 전반적 사업목적과 동일한 경우에는 외국법인의 국내사무소가 수행하는 활동은 사업의 예비적·보조적 활동에 해당하지 않는다.(법통 94-0…2 ②)

(2) 자기목적 이외의 활동

자기 기업을 위해 수행되는 활동은 예비적·보조적 활동이 될 수 있다. 그러므로 동일한 일정사업장소에서 이러한 활동들을 다른 기업들을 위해 수행한다면 국내사업장이 존재하게 된다. 예를 들면, 자사의 제품이나 용역을 광고하는 사무실을 유지하는 기업이 또한 그 장소에서 다른 기업을 위해 광고를 한다면, 그 사무실은 이를 유지하는 기업의 국내사업장으로 본다.(OE §5-61)

예를 들면, 외국법인의 국내사무소가 외국법인의 영업활동을 보조하기 위해 국내에서 자산의 단순구입, 업무연락, 광고·선전, 정보의 수집·제공, 시장조사 및 기타 사업의 예비적 · 보조적 활동만을 수행하는 경우에는 그 국내사무소를 외국법인의 국내사업장으로 보지 않는다. 다만, 이와 같은 활동이 외국법인을 위해서가 아니라 타인을 위해 행해지는 경우에는 그 국내사무소를 외국법인의 국내사업장으로 본다.(법통 94－0…2 ①)

(3) 상품의 저장, 전시, 운반을 위한 시설

한 기업이 자기 제품이나 상품을 저장, 전시 또는 운반하기 위해 사용하는 설비로 구성되는 일정사업장소에서 수행되는 활동이 예비적 · 보조적 성격을 가지는지는 그 기업의 전반적 사업활동을 포함하는 요소들의 관점에서 결정되어야 한다. 예를 들면, R국 기업이 S국에 아주 큰 창고를 유지하고 그 안에 그 기업이 S국의 고객들에게 온라인으로 판매하는 기업소유 재화를 저장하고 배달할 주목적으로 상당히 많은 종업원들이 일을 하는 경우, 이러한 창고에는 4항이 적용되지 않는데 중요한 자산에 해당하며 상당한 종업원이 일을 하는 그 창고를 통하여 수행되는 저장 및 배달 활동은 그 기업의 판매/유통 사업의 핵심적 부분을 구성하므로 예비적 · 보조적 성격이 될 수 없기 때문이다.(OE §5－62) 예를 들면, 한 국가의 과일수출업자가 다른 국가에서 세관통관절차 동안 통제환경에서 과일을 저장하기 위한 목적으로 다른 국가에 유지하는 특별냉장설비를 갖춘 보세창고는 보조적인 것이다. 또한, 한 기업이 고객에게 판매한 기계에 대하여 고객에게 부품을 배달하기 위한 목적으로 유지하는 일정사업장소에도 적용된다. 그렇지만, 한 기업이 고객에게 공급한 기계에 대하여 고객에게 부품을 배달하는 데 더하여 그러한 기계의 유지 및 수선을 위해 일정사업장소를 유지한다면, 이는 단순배달을 넘어서는 것으로 예비적 · 보조적 활동에 해당하지 않는데, 이러한 판매 후 활동은 고객에 대한 기업서비스의 핵심적이고 중요한 부분에 해당하기 때문이다.(OE §5－63)

(4) 재고 보유

기업에 속한 제품이나 상품의 재고 보유는 보조적인 것이다. 이는 한 기업에 속한 제품이나 상품을 다른 사람이 운영하는 시설에서 다른 사람이 보유하고 그 기업이 그 시설을 처분 하에 두지 않는 경우와는 관련이 없는데, 이 경우 재고가 유지되는 그 장소는 그 기업의 국내사업장이 될 수 없다. 예를 들면, 물류회사가 S국에서 창고를 운영하며 그 창고에 물류회사와 밀접한 관계가 없는 R국 기업에 속하는 제품과 상품을 계속적으로 저장하는 경우 그 창고는 R국 기업의 처분 하에 있는 일정사업장소에 해당하지 않는다. 그런데, R국 기업이 그 곳에 저장된 제품이나 상품을 검사하거나 유지하기 위해 창고의 구분된 공간에 제한없이 접근할 수 있는 경우 국내사업장이 존재하는지 여부는 이러한 활동들이 예비적 · 보조적 활동인지에 달려 있다.(OE §5－65)

제품이나 상품이 해당지역에 있는 동안 기업에 속해 있다면, 제품이나 상품이 판매되기 전에 어디에서 보관되고 운반되었는지는 중요하지 않다.(그 장소에 보관하는 제품의 일부에 대한 재산권이 운반시 또는 그 이후에 고객에게 이전되는 한 그 제품이 이미 팔렸는지 여부와 상관없이 예비적 · 보조적 활동을 판단한다) 또한 보관, 전시 및 운반의 복합을 위해 제품이나 상품의 재고를 유지하거나 시설이 사용되는 상황도 마찬가지인데, 제품의 운반에 사용되는 시설은 거의 언제나 최소한 단기간 동안 이 제품들을 보관하는 데 사용되기 때문이다. 제품(goods) 및 상품(merchandise)은 유형재화를 말하며, 부동산(immovable property)이나 데이터(data)는 제외된다. 다만, CD나 DVD 같은 데이터를 포함하는 유형상품은 유형재화로 본다.(OE §5-66)

(5) 통신케이블, 파이프라인

한 국가의 영역을 통과하는 통신케이블(cable)이나 파이프라인과 같은 설비의 경우도 문제가 된다. 다른 기업에게 설비를 임대함으로써 설비소유주나 운영자가 수취하는 소득은 부동산임대소득에 해당한다. 즉, 이런 설비가 다른 기업에 속한 재산을 운반하는 데 사용된다면 기업의 사업목적을 위해 쓰이는 것이므로 예비적이거나 보조적인 성격이 아니다. 따라서 국내사업장을 구성한다. 그런데 주로 자기 자산을 운반하기 위해 한 국가의 영역을 통과하는 통신선이나 파이프라인을 기업이 소유하고 운영하는 경우 사업상 단순히 부수적으로 이러한 통신선 등을 유지한다면 위와 다른 상황으로 해석해야 한다. 다른 국가에 소재한 정유공장에 자신의 원유를 운반하기 위해 한 국가의 영역을 통과하는 파이프라인을 소유하고 운영하는 정유사업기업을 예로 들 수 있다. 이 경우 보조적인 설비로 보아 국내사업장이 구성되지 않는다. 또 다른 문제는 케이블이나 파이프라인이 또한 케이블이나 파이프라인 운영자의 고객의 국내사업장을 구성하는지인데, 즉 데이터, 전력 또는 자산을 한 장소로부터 다른 장소로 전송하거나 운반하게 하는 기업의 국내사업장을 말한다. 이 경우, 그 기업은 케이블이나 파이프라인 운영자가 제공하는 전송 또는 운반 용역을 단순히 취득하는 것으로 케이블이나 파이프라인을 자신의 처분하에 두는 것은 아니다. 따라서 케이블이나 파이프라인은 그 기업의 국내사업장에 해당하지 않는다.(OE §5-64)

예를 들면, 국내은행이 벨기에법인이 운영하는 '은행 간 국제정보통신망(swift)'을 이용하여 국제금융업무에 필요한 메시지 송 · 수신, 전문발송, 은행 간 자금이체를 하고 대가를 지급한다. 국내은행은 국제통신 정보 및 회선을 사용하는 대가를 사용량별로 약정된 요율에 의하여 매분기별로 지급한다. 이 경우 국내에 설치된 접속장비(sap)는 벨기에법인의 국내사업장에 해당하지 않는다.(기재부 국조-161, 2004.3.17.)

(6) 하청 제조업자

한 기업에 속한 제품이나 상품을 다른 기업이 한 기업을 대신하여 또는 한 기업의 계산으로 가공하는 경우 보조적 활동이다. 한 기업에 속한 제품이나 상품의 단순한 존재로 이 제품이나 상품이 보관되는 일정사업장소가 그 기업의 처분 하에 있다고 볼 수는 없다. 예를 들면, R국의 기업 R사에 속한 제품의 재고를 R국에 소재하는 하청제조업자가 가공할 목적으로 보관하는 경우, 어떠한 일정사업장소도 R사의 처분 하에 있지 않으므로 재고를 보관하는 장소를 R사의 국내사업장으로 볼 수 없다. 그런데, R사가 보관된 제품을 검사하고 유지하기 위해 하청제조업자의 시설의 구분된 공간에 제한없이 접근할 수 있다면 R사의 제품재고유지가 예비적 · 보조적 활동에 해당하는지 판단할 필요가 있다. R사가 다른 기업이 생산한 제품의 판매인에 불과한 경우에는 예비적 · 보조적 활동인데, 다른 기업이 가공하기 위해 재화의 재고를 단순히 유지하는 것은 R사의 전반적 활동의 핵심적이고 중요한 부분에 해당하지 않기 때문이다. 이 경우, 하청제조업자가 가공하는 자기제품을 보관할 목적으로 R국 기업의 처분 하에 있는 그 일정사업장소와 관련하여 R사의 국내사업장은 없는 것으로 본다.(OE §5-67)

한미조세조약(§9 ⑤)은 한 체약국 기업이 상대방 체약국 내에 일정사업장소를 유지하면서 재화 또는 상품을 타인에게 가공하도록 하는 경우 국내사업장이 구성되는 것으로 본다.

(7) 구매사무소 및 정보수집

고정재산(premises)을 기업을 위해 제품이나 상품을 구매할 목적으로만 사용하는 상황과 관련된다. 이러한 예외는 그 활동이 예비적 · 보조적 성격인 경우에만 적용되므로, 어떤 기업의 전반적 활동이 재화를 판매하는 것이고 구매가 그 기업 사업의 핵심기능인 경우 제품이나 상품의 구매에 사용되는 일정사업장소에는 보통 적용되지 않는다. 아래 사례들은 구매활동이 수행되는 일정사업장소에 대한 적용상황을 예시한다.(OE §5-68)

사례 1: R국의 거주자 R사는 S국에서 생산된 특별한 농업제품의 최대구매자로, R사는 R국에서 여러 나라의 판매인들에게 이를 판매한다. R사는 S국에 구매사무소를 유지한다. 그 사무소에 근무하는 종업원들은 이런 종류의 제품에 특별한 지식을 갖추고 있는 경험이 풍부한 구매인들로 S국 생산자들을 방문하여 국제기준에 맞는 제품의 형식/질을 결정하며 R사의 제품구매를 위한 여러 유형의 계약(현금 또는 선도 거래)을 체결한다. 이 사례에서, 그 사무실을 통하여 수행되는 유일한 활동이 R사를 위한 제품구매이지만, 예비적 · 보조적이 아니므로 국내사업장이 존재하는데, 그 구매기능은 R사의 전반적 활동의 핵심적이고 중요한 부분을 구성하기 때문이다.

사례 2: R국의 거주자 R사는 많은 할인점들을 운영하며, S국에 점포를 설립하기 위해 지역시장

> 을 조사하고 정부정책 변화를 위한 로비를 위해 2년 동안 S국에 사무실을 유지하고 있다. 이 기간 동안 R사의 종업원들은 그 사무실에 필요한 일용품을 가끔 구매한다. 그 사무실을 통하여 수행된 활동(구매, 조사 및 로비 활동이 그 사무실에서 수행된 유일한 활동들인 경우) 전반적으로 예비적 성격이기 때문이다.

또한, 기업을 위한 정보수집에만 사용되는 일정사업장소와 관련된다. 기업은 한 국가에서 핵심사업활동을 할 것인지 및 어떻게 할 것인지를 결정하기 전에 정보를 수집할 필요가 많다. 기업이 해당국가에서 일정사업장소를 유지하지 않고 정보를 수집한다면 국내사업장을 판단할 필요가 없다는 점은 분명하다. 그런데, 일정사업장소를 그러한 목적으로만 유지한다면 정보수집이 예비적·보조적이라는 요건을 넘어서는지 판단할 필요가 있다. 예를 들면, 투자펀드가 한 국가에서 가능한 투자기회를 모색하기 위한 정보를 수집하기 위해 그 국가에 사무실을 내는 경우, 그 사무실을 통한 정보수집은 예비적 활동이다. 이는 통계나 특정시장위험과 같은 정보수집만을 위해 사무실을 내는 보험회사의 경우, 또는 광고활동을 하지 않고 가능한 뉴스에 대한 정보를 수집하기 위해 한 국가에 설립하는 신문사 지국의 경우에도 마찬가지이다. 이 2가지 경우에 정보수집은 예비적 활동이다.(OE §5-69)

한미조세조약(§9 ⑤)은 한 체약국 기업이 상대방 체약국 내에 재화를 구매하여 일부 또는 전부를 상대방 체약국에서 판매하는 경우 국내사업장이 구성되는 것으로 본다.

(8) 광고, 연구, 정보 및 특허 제공, 관리사무소, 계약협상, 계약체결

그 활동들이 예비적·보조적 성격인 경우는 광고, 정보제공, 과학적 연구, 특허나 노하우의 제공 목적으로만 사용하는 일정사업장소들이 있다. 그런데, 정보제공에 사용되는 일정사업장소가 정보를 제공할 뿐 아니라 개별고객을 위해 특별히 개발한 계획 등을 제공한다면 국내사업장에 해당한다. 또한, 연구시설이 제조와 관련이 된다면 국내사업장에 해당한다. 마찬가지로, 특허 및 노하우의 제공이 기업의 목적인 경우, 그러한 활동을 수행하는 그 기업의 일정사업장소는 국내사업장이다. 기업을 관리하거나 해당 기업 또는 그룹의 일부만을 관리하는 기능을 가진 일정사업장소는 예비적·보조적 활동을 하는 것으로 보지 않는데, 이러한 관리활동은 그 수준을 넘어선 것으로 보기 때문이다. 국제적인 연결망을 가진 기업이 자회사들, 국내사업장들, 대리인들이나 특약점들을 거느린 국가들에 소위 '관리사무소(management office)'를 설립하고, 그 사무실이 해당지역에 소재하는 기업의 모든 부문들에 대한 감독 및 조정 기능을 하는 경우, 그 '관리사무실'의 기업을 관리하는 기능은 해당활동의 일정부분에만 국한하더라고 그 기업운영의 핵심부분을 구성하므로 어떤 경우에도 예비적·보조적 성격을 가진 활동으로 볼 수 없기 때문이다.(OE §5-71) 또한, 전세계적으로 재화를 판매하는 기업이 한 국가에 사무실을 설립하고 그 사무실에서 일하는 종업원들이 항상 계약을 체결하지 않고 계약체결에 이르는 중요역할을 하지 않지만 그 국가에서 구매자들에게 제품을 판매하기 위해 계약의 중요한 부분을 협상하는 데 적극적 역할을 하는 경우(예 이 계약들에 포함되는 제품의 유형, 품질 또는 수량에 대한 결정에 참여), 그러한 활동은 보통 기업 사업운영의 핵심부분에 해당하므로 예비적·보조적 성격을 가진 것으로 보지 않는다. 그러므로 그 사무실은 국내사업장을 구성한다.(OE §5-72)

일정사업장소를 통해 수행되는 사업활동이 예비적·보조적 활동에 해당하는 한 그 일정사업장소는 국내사업장으로 보지 않는다. 이는 그러한 사업활동을 개시하고 수행하기 위해 필요한 계약이 사업장을 책임지는 사람들에 의해 체결된다 해도 마찬가지이다. 이 계약체결이 예비적·보조적 활동의 요건을 충족한다면, 그 종업원들에 의한 계약체결은 그 기업의 국내사업장을 구성하지 못한다. 이에 대한 사례는 예비적·보조적 연구활동이 수행되는 사업장소의 관리인이 그 장소에서 수행되는 활동의 일부로 그 사업장소를 설립하고 유지하는 데 필요한 계약을 체결하는 경우이다.(OE §5-73)

(9) 판매후서비스

기업이 고객에게 판매한 기계를 위한 부품을 공급하거나 기계유지나 수선을 위해 일정사업장소를 유지하는 경우 이것은 단순배달을 넘어서기 때문에 국내사업장을 구성할 수 있다. 왜냐하면 이런 판매후서비스 조직은 고객을 상대하는 기업 용역제공의 핵심적이고 중요한 부분을 구성하므로 그 활동은 단순히 보조적인 것이 아니다. 즉, 외국법인의 국내사무소가 외국법인이 국내 고객에게 판매한 제품과 관련하여 부품을 공급하거나 판매한 제품을 유지·보수하는 등 판매후서비스 활동을 수행하는 경우에는 그 사무소는 판매후서비스에 대한 대가를 받는지와 상관없이 외국법인의 국내사업장에 해당한다.(법통 94-0…2 ③)

예를 들면, 내국기업에게 통신장비를 판매하는 미국법인이 국내에 판매후서비스용 부품보관창고를 설치하고 창고 내에 일정량의 부품을 상시 보관하면서 고장난 부품을 무상으로 교체해주는 경우 해당 부품보관창고는 국내사업장에 해당되므로 사업자등록을 해야 한다.(국총 46017-259, 1999.4.20.)

(10) 복합활동

한 사업장소에서 여러 종류의 예비적이고 보조적인 활동이 복합적으로 일어나는 경우 그것만으로는 국내사업장이 존재하지 않는다. 일정사업장소의 복합활동이 단지 예비적이고 보조적인 성격이라면 국내사업장은 없는 것이다.(OE §5-73)

국내사업장의 분할방지규정(anti-fragmentation provisions)이 적용되지 않는 경우 기업이 예비적 · 보조적인 몇 개의 일정사업장소를 보유하는 상황에는 복합활동으로 보지 않는데, 이 경우에 국내사업장이 구성되는지 여부를 결정함에 있어 각 사업장은 독립적이고 분리된 것으로 보아야 한다.(OE §5-74)

한 기업이 예비적 · 보조적 활동에 사용하는 일정사업장소를 또한 예비적 · 보조적 활동을 넘어서는 다른 활동에 사용하는 경우, 그 사업장소는 그 기업의 국내사업장을 구성하며, 그 모든 유형의 활동에 대하여 그 국내사업장에 귀속되는 소득은 국내사업장에 소재하는 국가에서 과세된다.(OE §5-77)

(11) 자산의 처분

일정사업장소가 국내사업장으로 간주되지 않으면 이 예외는 그곳에서 기업활동을 종료할 때 사업장 자산인 동산의 처분에도 똑같이 적용된다. 예컨대 상품의 전시는 예비적 · 보조적인 활동이기 때문에 무역박람회나 대회의 종료시에 판매하는 상품은 이 예외에 해당한다. 물론 이런 예외는 무역박람회나 대회에 실제 전시되지 않은 상품의 판매에는 적용되지 않는다.(OE §5-76)

II 간주 국내사업장: 국내사업장 개념의 확장

본래의 국내사업장(basic PE)의 요건을 충족하지 못하는 때에도 국내사업장으로 보는 경우가 있다. 이를 간주 국내사업장(fictitious PE)이라 하며 관계기업, 종속대리인, 용역수행, 건설공사 및 전자상거래 국내사업장이 있다.

| 본래의 국내사업장 및 간주 국내사업장 |

구 분	본래의 국내사업장	간주 국내사업장
개 념	주된 사업활동의 수행과 사업의 계속성을 충족하는 고정된 사업장소	국내사업장의 3가지 요건을 충족하지 못하는 때에도 실질적으로 사업활동을 하는 경우
법형식	비거주자 · 외국법인과 동일 인격체	비거주자 · 외국법인과 동일 인격체 또는 다른 인격체

간주 국내사업장의 판정은 단순히 기업이 한 국가에서 국내사업장을 가진 것인지 아닌지에 대한 양자택일적 결정을 위한 것이다.(OE §5-35)

간주 국내사업장의 판정기준(법통 94-133…2)

1. 어떤 사람이 간주 국내사업장에 해당하는지를 결정함에 있어 그 사람이 해당 외국법인을 위해 수행하는 업무와 활동의 경제적 또는 상업적 실질에 따라 판단해야 한다.
2. 간주 국내사업장에 해당하는 사람은 해당 외국법인의 종업원이나 제3자일 수도 있고 개인이나 법인일 수도 있다.
3. 간주 국내사업장에 해당하는 사람은 그 외국법인을 위해 수행하는 해당 활동에 대해서 그 외국법인의 국내사업장이 있는 것으로 본다.
4. 간주 국내사업장은 어떤 외국법인이 국내사업장을 가지고 있는지를 결정하기 위한 제2차적인 판단기준이며, 만약 그 외국법인이 자기의 사업과 관련하여 국내에 보유하고 있는 사무소, 기타 영업소 또는 대리인이 이들의 국내활동상황, 종업원의 구성, 외국소재 본점과의 업무관계 등 제반 사항을 종합하여 판단할 때 국내사업장에 해당되는 것이 분명한 경우에는 간주 국내사업장 규정에 불구하고 국내사업장 규정에 의한 국내사업장에 해당하는 것으로 본다.

1. 관계기업의 국내사업장

1.1 밀접한 관계기업들의 통합된 사업활동: 국내사업장

(1) 국내세법

특정활동장소를 따로 떼어놓고 보는 경우 예비적 보조적 활동에 해당하더라도 다음 어느 하나에 해당하는 경우에는 국내사업장으로 본다.(법법 §94 ⑤, 소법 §120 ⑤, 2019년 신설)

1. 외국법인·비거주자와 특수관계가 있는 외국법인등이 특정활동장소와 같은 장소 또는 국내의 다른 장소에서 사업을 수행하고 다음 요건을 모두 충족하는 경우. 특수관계란 일방이 타방의 의결권 있는 주식의 50% 이상을 직접 또는 간접으로 소유하고 있는 관계, 또는 제삼자가 일방 또는 타방의 의결권 있는 주식의 50% 이상 직접 또는 간접으로 각각 소유하고 있는 경우 그 일방과 타방간의 관계를 말한다.(법령 §133 ③)
   ㉮ 특정활동장소와 같은 장소 또는 국내의 다른 장소에 해당 외국법인 또는 특수관계가 있는 자의 국내사업장이 존재할 것
   ㉯ 특정활동장소에서 수행하는 활동과 가목의 국내사업장에서 수행하는 활동이 상호 보완적일 것
2. 외국법인등 또는 특수관계가 있는 외국법인등이 특정활동장소와 같은 장소 또는 국내의 다른

장소에서 상호 보완적인 활동을 수행하고 각각의 활동을 결합한 전체적인 활동이 외국법인 또는 특수관계가 있는 자의 사업 활동에 비추어 예비적 보조적인 성격을 가진 활동에 해당하지 않는 경우

일반적으로 외국기업의 국내사업장이 여러 개 있는 경우 각 국내사업장을 별개의 납세자로 보지만, 밀접한 관계기업들의 국내사업장들의 경우 여러 국내사업장들을 하나로 간주한다.

(2) 조세조약상 밀접한 관계기업들의 국내사업장

① 밀접한 관계기업들의 국내사업장

OECD모델 5조 4.1항: 어느 기업 또는 그 기업의 밀접한 관계기업(closely related enterprise)이 동일 체약국의 같은 장소나 다른 장소에서 사업활동을 수행하고 다음에 해당하는 경우에는 4항은 그 기업이 사용하거나 유지하는 일정사업장소에는 적용되지 않는다.

a) 같은 장소나 다른 장소가 이 조문에 따른 그 기업 또는 관계기업의 국내사업장을 구성하거나, 또는

b) 같은 장소에서 두 기업이 수행하거나, 또는 두 장소에서 그 기업 또는 관계기업이 수행하는 활동의 복합으로 인한 전반적 활동이 예비적·보조적 성격이 아닌 경우

다만, 동일 장소에서 두 기업들이 수행하거나 또는 두 장소에서 그 기업 및 관계기업이 수행하는 사업활동이 일관된 사업활동(cohesive business operation)의 일환으로 보완기능(complementary functions)에 해당하는 경우는 제외한다.

한 기업이나 밀접한 관계기업들의 그룹이 통합된 사업활동을 여러 개의 작은 활동으로 쪼개어서 각 부분이 단지 예비적·보조적 활동을 수행한다고 주장하는 상황을 방지할 필요가 있다. 사업장소에서 수행되는 활동과 그 장소 또는 동일국가의 다른 장소에서 수행되는 동일기업 또는 밀접한 관계기업들의 다른 활동들이 통합된 사업활동의 일부로서 보완기능을 구성하는 경우, 회피행위가 없었다면 국내사업장이 구성되었을 사업장소는 예비적·보조적인 것으로 보지 않는다. 그런데 이러한 판단을 하기 위해서는 이 활동들이 수행되는 장소 중 적어도 하나는 국내사업장을 구성하여야 하며, 그렇지 않은 경우 관련활동의 복합으로 인한 전반적 활동이 단순한 예비적·보조적 범위를 넘어서야 한다.(OE §5-79) 이를 위해서는 한 기업이 다른 기업의 밀접한 관계기업인지를 판단하여야 한다.(OE §5-80) 아래 사례들은 이러한 회피상황을 예시한다.(OE §5-81)

사례 A: R국 거주자인 은행 R은 S국에 국내사업장에 해당하는 많은 지점들을 두고 있다. R은 또한 S국에 별도의 사무실을 두는데 여기에서 몇몇 종업원들이 여러 지점들에 대출신청을 낸 고객들이 제공한 정보를 확인한다. 이 종업원들이 수행한 확인결과는 R국의 본사로 전달되는데, 그곳에서 다른 종업원들이 대출신청에 포함된 정보를 분석하여 대출승인을 하는 결정이 이루어지는 지점들에 결과보고서를 제공한다. 이 경우, S국의 다른 장소(즉, 대출신청이 이루어지는 다른 지점들)는 R사의 국내사업장을 구성하고 R사가 그 사무실 및 관련 지점에서 수행하는 사업활동은 통합된 사업활동의 일부로 보완기능에 해당하기 때문에 그 사무실은 예비적·보조적인 것이 아니다.

사례 B: R국 거주자 R사는 가전제품을 생산하여 판매하며, R사의 완전자회사인 S국 거주자 S사는 R사로부터 취득한 가전제품을 판매한다. R사는 또한 S국에 작은 창고를 보유하는데, 여기에 S사가 소유하는 매장에 전시되어 있는 것들과 동일한 몇몇 대형제품들을 보관한다. 고객이 S사로부터 그러한 대형제품을 사는 경우, S사 종업원은 그 창고로 가서 고객에게 배송하기 전에 그 제품을 인도받는다. 그 제품이 창고를 떠날 때야 비로소 S사는 그 제품의 소유권을 R사로부터 취득한다. 이 경우, 그 창고는 예비적·보조적이 아니며, 그 창고가 저장이나 인도 목적인지 판단할 필요는 없다. 다음과 같은 이유로 국내사업장 판정요건이 충족된다.

- S사는 R사의 밀접한 관계기업이며;
- S사의 매장은 S사의 국내사업장을 구성하며(국내사업장의 정의는 한 체약국 거주자가 상대방 체약국에 일정사업장소를 사용하거나 유지하는 상황으로 제한되지 않으며, 한 체약국 기업이 동일국가에서 일정사업장소를 사용하거나 유지하는 경우에도 마찬가지로 적용된다.);
- R사가 자기창고에서 수행하고 S사가 자기 매장에서 수행하는 사업활동은 통합된 사업활동의 일부로 보완기능에 해당한다.(즉, 동일국가의 다른 장소를 통한 재화의 판매로 발생하는 의무의 일환으로 재화를 배달하기 위해 한 장소에 그 재화를 보관)

한오스트리아조세조약 5조 5항은 밀접한 관계기업들의 국내사업장을 규정한다.

② 밀접한 관계기업의 정의

OECD모델 5조 8항: 이 조의 목적상, 모든 관련 사실 및 상황에 따라, 어떤 사람이나 기업이 상대방을 지배하거나 두 사람이 같은 사람이나 기업의 지배를 받는 경우 그 사람이나 기업은 다른 기업의 밀접한 관계기업으로 본다. 일방이 직접 또는 간접으로 상대방의 수익권(beneficial interest)의 50%를 초과하여(회사의 경우 그 회사의 출자자본 또는 수익지분의 총 의결권 및 가치의 50%를 초과하여) 소유하거나, 다른 사람이나 기업이 직접 또는 간접으로 그 사람이나 기업 또는 두 기업의 수익권(beneficial interest)의 50%를 초과하여(회사의 경우 그 회사의 출자자본 또는 수익지분의 총 의결권 및 가치의 50%를 초과하여) 소유하는 경우, 그 사람이나 기업은 무조건 밀접한 관계기업으로 간주된다.

'한 기업과 밀접한 관계(closely related to an enterprise)'에 있는 사람이나 기업의 개념은 관계기업조항(OE §9) 목적상 사용되는 '특수관계기업(associated enterprises)의 개념과 구별된다. 이 두 개념은 어느 정도 겹치기는 하지만 동일하지는 않다.(OE §5-119)

정의의 첫째 부분은 한 기업에 밀접한 관계가 있는 사람이나 기업의 일반적 정의를 포함한다. 여기에서 모든 사실관계에 근거할 때 한 사람이 다른 사람을 통제하거나 또는 두 사람이 동일한 사람들이나 기업들의 통제하에 있다면 한 사람이나 기업은 다른 기업과 밀접한 관계라고 규정한다. 예를 들면, 이러한 일반원칙은 한 사람이나 기업이 다른 기업 수익지분의 50%를 초과하여 직·간접으로 소유하였다면 가졌을 것과 비슷한 권리를 행사할 수 있도록 허용하는 특별한 계약 때문에 그 사람이나 기업이 다른 기업을 통제하는 상황에 적용된다. 복수형태가 사용되는 대부분의 사안들처럼 '동일한 사람들이나 기업들'에 대한 언급은 그러한 사람이나 기업이 한 명인 경우에도 적용된다.(OE §5-120)

정의의 둘째 부분은 한 기업에 밀접한 관계가 있는 사람이나 기업의 정의에 있는 요건은 일정상황에서는 자동적으로 충족된다고 규정한다. 이에 따라, 한 사람이 다른 사람 수익지분의 50%를 직·간접으로 소유하거나, 또는 제삼자가 그 개인과 그 기업 또는 두 기업 수익지분의 50%를 초과하여 직·간접으로 소유하면 한 사람이나 기업은 다른 기업과 밀접한 관계에 있는 것으로 본다. 회사의 경우, 한 사람이 그 회사의 총의결권(aggregate vote)과 지분가치 또는 그 회사 수익지분의 50%를 초과하여 직·간접으로 보유하면 이 요건이 충족된다.(OE §5-121)

1.2 법적으로 종속된 지배관계의 제외

(1) 법적으로 종속된 지배관계의 제외

> OECD모델 5조 7항: 한 체약국의 거주자인 한 회사가 상대방 체약국의 거주자인 회사, 또는 상대방 체약국에서(국내사업장을 통하거나 다른 방법에 의하여) 사업을 영위하는 회사를 지배하거나 또는 그 회사에 의하여 지배된다는 사실만으로는 어느 회사가 다른 회사의 국내사업장이 되지 않는다.

자회사가 밀접한 관계기업을 위해 전적으로 또는 거의 전적으로 활동하지 않기 때문에 종속대리인이 아닌 경우, 모회사가 주주자격으로 자회사에 대하여 행하는 통제는 자회사의 종속성 또는 자회사의 모회사 대리인 여부에 대한 판단과는 상관이 없다. 법적 종속성은 관련이 없으며, 이 경우 종속대리인의 판단기준에 따라 종속대리인 여부를 판단해야 한다.(OE §5-105)

자회사의 존재 그 자체로는 모회사의 국내사업장을 구성하지 않음은 널리 인식되어 왔다. 이는 과세목적상 자회사는 독립된 법적 실체를 구성한다는 원칙의 귀결이다. 자회사가 수행하는 거래 또는 사업이 모회사에 의해 관리된다 할지라도 자회사는 모회사의 국내사업장을 구성하지는 않는다.(OE §5-115) 예를 들면, 외국법인이 내국법인과 종업원파견에 관한 계약을 체결하고, 내국법인에 파견되어 고용된 종업원이 오로지 내국법인만을 위해 근로를 제공하고 외국법인이 영위하는 사업은 전혀 수행하지 않으며 외국법인이 종업원의 파견과 관련하여 내국법인으로부터 일체의 대가(급여대지급에 따른 정산대가는 제외)를 지급받지 않는 경우 그 종업원이 근로를 제공하는 장소는 그 종업원이 외국법인과 고용계약을 유지하는지의 여부에 관계없이 외국법인의 국내사업장에 해당되지 아니한다.(법통 94-0…6)

(2) 자회사의 국내사업장이 구성되는 경우

자회사가 사업장소를 가진 국가에 모회사의 국내사업장을 가진 것으로 볼 수 있는 경우가 있다. 이 경우, 모회사의 관리 하에 있으며 그곳을 통해 모회사가 사업을 수행하는 일정사업장소를 구성하는 자회사 소유의 일정 장소나 재산은 모회사의 국내사업장을 구성한다. 또한 자회사가 한 국가에 모회사의 이름으로 계약을 체결할 권한을 가지고 일상적으로 행사하는 경우 자회사가 행사하는 모든 활동과 관련하여 그 국가에 국내사업장을 가진 것으로 간주된다. 다만 이 경우에 자회사의 활동은 예비적 · 보조적 활동을 벗어나며, 또한 독립대리인으로서의 일상적 사업 활동을 넘어선 것이어야 한다.(OE §5-116)

다국적기업의 일부를 구성하는 자회사에도 위와 같은 원칙이 적용되는데, 이러한 자회사는 다국적 기업그룹의 다른 회사 소유의 자산을 사용하거나 그 자산을 자신의 처분하에 두는 경우, 또는 그 자회사가 종속대리인으로서 국내사업장을 구성하는 것으로 간주되는 경우 그 국가에 국내사업장을 가진다. 이때 국내사업장 판정을 하는 경우 다국적 기업그룹의 개별 회사를 대상으로 판단해야 한다. 그러므로 기업그룹의 한 회사의 국내사업장이 어떤 국가에 존재한다고 해도 기업그룹의 다른 회사가 그 국가에 국내사업장을 가지는지를 판단하는 데 영향을 미쳐서는 안 된다.(OE §5-117)

다국적 기업그룹의 일원인 어떤 회사소유 자산을 그룹소속의 다른 회사의 처분하에 두는 경우, 다른 회사가 그 장소를 통해 사업활동을 하는 때에는 다른 요건을 충족한다면 다른 기업의 국내사업장이 구성된다. 그러나 이러한 사례를 다국적 기업그룹의 일원인 한 회사가 그룹의 다른 회사 소유가 아닌 자산에서 자신의 직원을 사용하여 한 회사 사업의 일환으로 다른 회사에게 용역(예 경영용역)을 공급하는 현실적으로 자주 일어나는 사례와 구분할 필요가 있다. 즉, 이러한 장소는 용역을 공급받는 회사의 국내사업장이 될 수 없다.

실질적으로, 일정 장소의 한 회사 활동이 다른 회사 사업에 경제적 이익을 제공한다는 사실로 인해 다른 회사가 그 장소에서 사업을 영위한다는 것을 의미하지는 않는다. 분명한 것은 한 회사가 다른 국가에서 다른 회사에 의해 생산된 부품이나 제공된 용역을 단순히 구매하는 경우 그로 인해 국내사업장을 구성하지는 않는데, 이는 그러한 부품의 제조나 용역의 공급으로 인해 혜택을 받는 경우에도 마찬가지이다.(OE §5-118)

예를 들면, 외국 모회사가 국내에서 특별한 사업활동을 하면서 국내사업장 판정을 회피하기 위해 국내 자회사로 하여금 모회사 사업기능의 일부를 담당하게 하는 상황이 있을 수 있다. 모회사와 자회사가 사실상 하나의 사업활동을 하면서 조세회피목적으로 회계단위를 분리한다면, 모회사와 자회사는 실질적인 경제적 동일체(economic coherent whole)이므로 모회사의 국내사업장이 있는 것으로 본다.(국심 88서885, 1998.11.2.) 또한, 플랜트 건설·판매업을 영위하는 외국기업이 플랜트 건설·판매계약을 체결함에 있어 플랜트 건설·판매업무를 국내와 국외에 걸쳐서 수행하는 부분과 국내에서 수행하는 부분으로 분리하여, 국내와 국외에 걸친 업무는 해당 외국법인이 수행하고 국내업무는 해당 외국기업의 자회사의 국내지점이 수행하는 것처럼 계약을 분리하여 각각 체결하였으나, 실제로는 해당 외국기업이 동 플랜트 건설·판매와 관련한 국내업무와 국내와 국외에 걸친 업무의 전부를 자기 책임하에 일괄수행하는 경우에는, 해당 외국기업의 자회사의 국내지점은 해당 외국법인의 국내사업장으로 보며 동 플랜트 건설·판매에서 발생하는 모든 익금과 손금은 해당 외국기업에 귀속된다.(법통 94-0…4)

2. 종속대리인의 국내사업장

기업은 다른 국가에서 대리인을 통하여 사업활동을 할 수 있으며, 이러한 대리인을 모두 그 기업의 국내사업장으로 보는 것은 국제경제관계에 이익이 될 수 없다. 따라서 국제조세에서는 기업의 특별한 지배를 받는 대리인만을 국내사업장으로 간주하도록 하여 과세대상을 제한한다. 이러한 특별한 지배를 받는 대리인을 종속대리인이라 하는데, 본래의 국내사업장이 없더라도 일정조건에 따라 기업을 위해 활동하는 사람이 있다면 그 국가에 국내사업장을 가진 것으로 간주하기 위한 개념이다. 이는 실질적으로 사업활동이 일어나는 국가에 과세권을 주기 위한 것이다.(OE §5-82)

국내세법은 비거주자·외국법인이 본래의 국내사업장을 두지 않더라도 비거주자·외국법인을 대리하는 사람 또는 이에 준하는 사람을 두고 사업을 경영하는 경우에는 그 사람의 사업장소재지(사업장이 없는 경우에는 주소지로 하고, 주소지가 없는 경우에는 거소지)에 국내사업장을 둔 것으로 본다.(법법 §94 ③, 법령 §133 ①, 소법 §120 ③, 소령 §180 ①) 이

때, 비거주자 · 외국법인에는 그 비거주자 · 외국법인의 과점주주, 비거주자 · 외국법인이 과점주주인 다른 법인, 비거주자 · 외국법인의 특수관계인도 포함된다.(법령 §133 ② · ③, 소령 §180 ②) 비거주자의 특수관계인은 비거주자의 배우자 · 직계혈족 및 형제자매, 또는 비거주자가 외국법인의 의결권있는 주식의 50% 이상을 직접으로 소유하는 경우 그 외국법인을 말하며(소령 §180 ②), 외국법인의 특수관계인은 일방이 타방의 의결권 있는 주식의 50% 이상을 직간접으로 소유하는 경우, 또는 제3자가 일방 또는 타방의 의결권 있는 주식의 50% 이상을 직간접으로 각각 소유하고 있는 경우 그 일방과 타방을 말한다.(법령 §133 ③)

| 국내세법상 종속대리인 |

대리인의 종류	활동 내용
계약체결대리인 주문취득대리인	• 국내에서 외국법인 · 비거주자를 위해 외국법인등 명의의 계약, 외국법인등이 소유하는 자산의 소유권 이전 또는 소유권이나 사용권을 갖는 자산의 사용권 허락을 위한 계약, 외국법인등의 용역제공을 위한 계약을 체결할 권한을 가지고 그 권한을 반복적으로 행사하는 자, 또는 외국법인등을 위해 외국법인등 명의 계약등을 체결할 권한을 가지고 있지 아니하더라도 계약을 체결하는 과정에서 중요한 역할(외국법인이 계약의 중요사항을 변경하지 아니하고 계약을 체결하는 경우로 한정)을 반복적으로 수행하는 자(법법 §94 ③, 소법 §120 ③) • 중개인 · 일반위탁매매인 기타 독립적 지위의 대리인으로서 전적으로 또는 거의 전적으로 국조법상 특수관계가 있는 비거주자 · 외국법인을 위해 계약체결 등 사업에 관한 중요한 부분의 행위를 하는 자(이들이 자기사업의 정상적인 과정에서 활동하는 경우를 포함)(법령 §133 2호, 소령 §180 ① 2호)
재고보유대리인	비거주자 · 외국법인의 자산을 상시 보관하고 관례적으로 이를 배달 또는 인도하는 자(법령 §133 ① 1호, 소령 §180 ① 1호)
보험대리인	보험사업(재보험사업을 제외)을 영위하는 비거주자 · 외국법인을 위해 보험료를 징수하거나 국내소재 피보험물에 대한 보험을 인수하는 자(법령 §133 ① 3호, 소령 §180 ① 3호)

한국이 체결한 조세조약은 계약체결대리인을 주로 규정하며, 조약에 따라 다른 종속대리인을 포함하기도 한다. 조세조약이 없는 경우에는 물론 국내세법이 적용된다.

| 조세조약의 종속대리인 범위 |

조세조약 내용	해당 체약국
계약체결대리인, 재고보유대리인	독일, 나이지리아(판매대리점), 미국, 방글라데시, 베네수엘라, 사우디아라비아, 싱가포르, 알바니아, 영국, 우크라이나, 인도(주문취득대리인), 캐나다, 쿠웨이트, 태국(주문취득대리인), 터키, 호주(상품가공대리인)
계약체결대리인, 보험대리인	그리스, 네팔, 르완다, 모로코, 미얀마, 벨기에, 브루나이, 우즈베키스탄, 카타르, 케냐, 콜롬비아, 투르크메니스탄(보험대리인은 재보험만), 튀니지, 페루
계약체결대리인, 재고보유대리인, 보험대리인	아랍에미리트, 인도네시아, 파키스탄, 필리핀
계약체결대리인	위 이외의 체약국

2.1 독립대리인

OECD모델 5조 6항: 한 체약국에서 활동하는 사람이 상대방 체약국의 기업을 위해 한 체약국에서 독립대리인으로 사업을 수행하면서 그 사업활동의 일상적 과정에서 그 기업을 위해 활동하는 경우 5항은 적용되지 않는다. 그러나 그 사람이 하나 이상의 밀접한 관계기업을 위해 배타적으로 또는 거의 배타적으로 활동하는 경우, 그 사람은 그 기업에 대하여 이 항에서 의미하는 독립대리인으로 보지 않는다.

한 체약국 기업이 사업을 하는 독립대리인을 통해 사업거래를 하는 경우, 만약 그 대리인이 그 사업의 일상적 과정에서 활동한다면 그 거래에 대하여는 상대방 체약국에서 과세할 수 없다. 별개의 독립된 기업을 대신하는 이러한 대리인의 활동은 당연히 외국기업의 국내사업장에 해당하지 않는다.(OE §5-102)

| 독립대리인 판단기준(법통 94-133…3,) |

1. 법적, 경제적 독립성: 대리인이 법적 · 경제적으로 외국기업으로부터 독립
㉮ 업무감독의 정도 • 대리인이 외국법인을 위한 활동을 함에 있어 해당 외국법인으로부터 세부적인 지시나 통제를 받지 않음. • 외국법인이 대리인의 특별한 기술이나 지식에 의존함. • 대리인은 위탁된 범위 내에서 자유롭게 활동함.

㉯ 사업상의 위험부담
- 대리인의 대리활동(대리인의 일상적 사업활동)으로 인해 발생하는 사업상의 위험을 외국법인이 부담하지 않음.
- 대리인이 외국기업 사업에 대한 위험을 부담하지 않음.

㉰ 전속대리인 여부
- 대리인이 전적으로 또는 거의 전적으로(50% 이상) 외국법인을 위해 활동하지 않음.
- 다수의 외국법인이 협력하여 대리인을 지배하지 않음.(OE §5-38.6)
- 외국법인으로부터 받는 대가가 대리인 수입의 상당부분을 구성하지 않음.(서이 46017-11578, 2002.8.23.)

2. 일상적 사업과정: 대리인이 자기 사업의 일상적 사업과정에서 대리행위를 함.

대리인이 표방하고 등록한 사업목적에 따라 다른 고객에게 제공하는 것과 동일한 활동을 외국법인을 위해 수행

※ 위 요건을 모두 충족하는 경우 독립대리인임.

(1) 자기의 일상적 사업과정에서 자기 책임으로 활동

한 사람이 독립대리인으로서 사업의 수행과정에서 한 기업을 대신하여 활동하는 경우에는 종속대리인이 아니다. 따라서 종업원이 고용주를 대신하여 활동하거나 파트너(partner)가 파트너십을 대신하여 활동하는 경우와 같이, 한 사람이 다른 자격으로 한 기업을 대신하여 활동하는 경우에는 적용되지 않는다. 개인이 제공한 용역이 근로용역에 해당하는지 아니면 별개기업이 제공한 용역에 해당하는지를 판단하는 것이 어려울 때가 가끔 있으며, 이 경우 근로소득조항의 판단요건을 준용한다. 그런데, 한 개인이 자신의 사업을 수행하는 과정에서 한 기업의 종업원이 아니라 그 기업을 대신하여 활동하는 경우 독립대리인으로서 그 활동을 하여야 하는데, 그 개인의 활동이 전적으로 또는 거의 전적으로 그 기업 또는 그 기업의 밀접한 관계기업을 위해 이루어진다면 이러한 독립자격이 있다고 할 수 없다.(OE §5-103)

대리인으로 활동하는 한 사람이 대리하는 기업으로부터 독립적인지 여부는 그 기업에 대하여 갖는 책임한도에 달려 있다. 기업을 위한 그 사람의 상업활동이 기업의 구체적 지시나 전체적 통제하에 놓여 있다면, 그 사람은 기업으로부터 독립적이라고 볼 수 없다. 다른 중요한 기준은 사업위험을 그 사람이 부담하는지 아니면 기업이 부담하는지이다. 여하튼, 관계기업을 위해 활동하는 일정상황에서 어떤 사람을 독립대리인으로 보지 않는데, 대리인이 독립적인지를 판단하기 위해 다음 사항을 염두에 두어야 한다.(OE §5-104)

① 자회사가 밀접한 관계기업을 위해 전적으로 또는 거의 전적으로 활동하지 않기 때

문에 종속적이지 않는 경우, 모법인이 주주 자격으로 자회사에 대하여 행하는 통제는 자회사의 종속성 또는 모회사 대리인 자격의 판단과는 상관이 없음을 알아야 한다. 이는 자회사의 국내사업장 판단원칙(OE §5 ⑦)과 일치한다.(OE §5-105)

② 독립대리인은 전형적으로 자기 업무결과에 대해 위탁인에게 책임을 지나, 업무수행 방법과 관련하여 심한 통제를 받지 않는다. 독립적 대리인은 업무수행과 관련하여 위탁인으로부터 세세한 지시를 받지 않는다. 위탁인이 대리인의 특별한 기술이나 지식에 의존한다는 사실은 독립성의 지표가 된다.(OE §5-106)

③ 대리인이 수행하는 사업범위의 제한은 분명히 대리인의 권한 범위에 영향을 미친다. 그런데, 이러한 제한은 종속성과 관련이 없는데, 종속성은 계약에 따라 허여된 권한 범위 내에서 위탁인을 대신하여 대리인이 어느 정도 자유롭게 사업을 수행하는지에 따라 판단된다.(OE §5-107)

④ 계약에 따라 수행되는 사업과 관련하여 대리인이 위탁인에게 중요한 정보를 제공하는 것은 계약진행과정의 특징일 수 있다. 사업수행을 위한 방법으로 위탁인의 승인을 받는 과정에서 정보가 제공되지 않는다면, 이는 그 자체로는 대리인이 종속적이라는 결론을 내기에 충분한 판단기준은 되지 않는다. 단순히 계약을 원만히 유지하고 좋은 관계를 지속하기 위한 목적으로 정보를 제공한다면 이는 종속의 표시는 아니다.(OE §5-108)

(2) 위탁인수 및 관계기업을 위한 대리

독립상태를 판단함에 있어 고려해야 할 다른 요소는 대리인이 대리하는 위탁인수이다. 사업기간을 통틀어서 또는 장기간 동안 대리인의 모든 활동 또는 거의 모든 활동이 단지 한 기업만을 대리하여 수행된다면 독립상태는 아니라고 보아야 한다. 그런데 이 사실 하나만으로는 결정적인 것은 아니다. 대리인 활동이 자신이 위험을 부담하고 자신의 기업적 기술과 지식을 사용하여 대가를 수취하는 자기가 수행하는 독립사업을 구성하는지를 판단하기 위해서는 모든 사실과 상황을 종합하여 검토해야 한다. 대리인이 자기 사업의 일상적 과정에서 여러 위탁인을 위해 활동하며 대리인이 수행하는 사업의 관점에서 위탁인 누구도 지배적이 아닌 경우에도, 위탁인을 대신하는 대리인의 사업과정에서 위탁인들이 협력하여 대리인 활동을 통제한다면 종속성은 존재할 수 있다.(OE §5-109)

외국법인이 공동투자한 기업의 한국 내 대리인

외국법인들이 공동투자를 통해 관리회사를 국외에 설립하여 이 관리회사가 한국 내 지사를 설치한 후 외국법인들의 제품만을 수입판매하거나 알선한다. 이 경우 여러 개의 회사를 위해 활동하므로 법적, 경제적 종속성을 찾기는 어렵다. 그러나 동일목적의 공동투자회사를 설립하여 국내활동을 한다면 사실상 종속대리인에 해당한다.

OECD모델 5조 6항 단서는 한 사람이 밀접한 관계에 있는 하나 이상의 기업을 위해 전적으로 또는 거의 전적으로 활동하는 경우 독립대리인으로 볼 수 없다고 규정한다. 그런데 이 단서가 한 사람이 밀접한 관계가 없는 하나 이상의 기업을 위해 활동하면 자동적으로 종속대리인이라는 의미는 아니다. 그 사람의 활동이 그 사람의 사업기간 내내 또는 장기간에 걸쳐 전적으로 또는 거의 전적으로 단 하나의 기업(또는 밀접한 관계에 있는 기업그룹)을 위해 수행된다면 독립자격이 있다고 볼 수 없다. 그런데, 한 사람이 단기간 동안(예 그 사람의 사업활동초기) 밀접한 관계가 없는 한 기업을 위해 전적으로 활동하는 경우, 독립대리인이 될 여지가 있다.(OE §5-111) 6항 단서는 어떤 사람이 '전적으로 또는 거의 전적으로' 밀접한 관계기업을 대신하여 활동하는 경우에만 적용된다. 이는 밀접한 관계가 없는 기업을 대신하는 그 사람의 활동이 그 사람 사업의 중요한 부분에 해당하지 않는다면 그 사람은 독립대리인으로서의 자격이 없다는 의미이다. 예를 들면, 밀접한 관계가 아닌 기업을 위해 대리인이 체결하는 판매가 다른 기업을 위해 활동하는 대리인으로서 체결하는 모든 판매의 10% 미만에 해당하는 경우, 그 대리인은 밀접한 관계기업을 대신하여 '전적으로 또는 거의 전적으로' 활동하는 것으로 보아야 한다.(OE §5-112)

'밀접한 관계'의 정의가 한 회사가 다른 회사를 통제하거나 통제당하는 상황에 적용된다는 사실과 6항 단서조항의 원칙이 자회사의 국내사업장의 범위를 제한하는 것은 아니다. 자회사가 모회사를 대신하여 활동하는 경우 모회사가 국내사업장을 가지는 것으로 볼 수 있는 상황이 있다. 그러한 경우, 모회사를 위해 전적으로 또는 거의 전적으로 활동하는 자회사는 '독립대리인' 예외의 혜택을 볼 수 없다. 그런데, 이것이 모자회사 관계로 독립대리인 요건이 무력화되고 그러한 관계만으로 이 요건들이 충족된다고 보기에 충분하다는 의미는 아니다.(OE §5-113)

1980년 이전 UN모델 5조 7항은 '전적으로 또는 거의 전적으로(wholly or almost wholly)' 기업을 대신하여 활동하는 대리인을 종속대리인으로 판정하였다. 이 경우, 위탁인 수가 1명인 경우 예외 없이 종속대리인에 해당한다. 이러한 문제를 해결하기 위해 UN모델은 1999년 개정되어 기업과 대리인의 전체적인 사업 및 재무 상황을 검토하여 정상적인 독립기업 간에 나타나는 것과 다른 상황일 경우에만 종속대리인으로 판정한다.

그러므로 독립대리인의 위탁인수가 1명으로 줄어들었다고 하여 무조건 독립대리인이 종속대리인이 되는 것은 아니다.(UN §5-31)

(3) 일상적 사업과정

독립대리인이 자기의 대리사업과 관련없는 활동을 수행하는 경우 대리인으로서 자기사업의 일상적 과정에서 활동한다고 말할 수 없다. 예를 들면, 여러 회사를 위해 판매인으로서 자기계산으로 활동하는 회사가 또한 다른 기업을 위한 대리인으로 활동하는 경우, 그 회사가 판매인으로 수행하는 활동은 그 회사가 대리인으로서 자기사업의 일상적 과정에서 수행하는 활동의 일부로 볼 수 없다. 그런데, 한 기업이 대리인으로 수행하는 사업의 일상적 과정의 일부에 해당하는 활동은, 특정사업영역의 일반행태와 마찬가지로, 가끔은 대리인으로서 수행하고 가끔은 그 기업의 자기계산으로 수행하는 중개활동(intermediation activities)을 포함하는데, 이러한 중개활동들을 사실상 서로 구별하기 어렵다. 예를 들면, 금융분야의 증권중개인(broker-dealer)이 같은 방식으로 다양한 시장중개활동을 수행하면서 고객의 수요에 부응하여 가끔은 다른 기업의 대리인으로 활동하고 가끔은 자기계산으로 활동하는 경우, 그 증권중개인은 이러한 다양한 시장중개활동을 수행하는 경우 대리인으로서 자기사업의 일상적 과정에서 활동하는 것으로 본다.(OE §5-110) 예를 들면, 국내운수업을 영위하는 항공회사가 국제항공운송협회(IATA)에 가맹하여 국제운항조약에 따라 다른 항공회사의 대리점으로서 다른 항공회사의 운송계약을 체결하여 주는 경우, 그 외국법인과 동일 또는 유사한 사업을 하며 그 사업의 성질상 불가피한 필요에 따라 그 외국법인을 위해 계약체결에 관한 업무를 하므로 종속대리인이 아니다.

2.2 계약체결대리인

OECD모델 5조 5항: 1항 및 2항의 규정에도 불구하고 6항의 규정에 따라, 한 사람이 한 체약국에서 한 기업을 위해 활동하며, 이를 위해 계약을 항상 체결하거나, 그 기업의 중요한 수정 없이 상시적으로 체결되는 계약을 체결하도록 이끄는데 중요한 역할을 항상 수행하며, 이 계약이:

a) 그 기업의 이름으로 체결되거나,
b) 그 기업이 소유하는 자산의 소유권을 양도하거나 사용할 권리를 부여하거나, 그 기업이 사용할 권리를 가진 자산을 사용할 권리를 부여하거나,
c) 그 기업이 용역을 제공하는 경우에는, 그 기업은 그 사람이 수행하는 활동에 대하여 그 국가에 국내사업장을 가진 것으로 간주한다. 다만, 그 사람의 활동이 일정사업장소(4.1

항이 적용되는 일정사업장소 제외)를 통하여 행하여진다 하더라도 그 일정사업장소가 국내사업장으로 되지 않는 4항에 언급된 활동에 한정되지 않는 경우이어야 한다.

그 활동이 기업을 위한 국내사업장을 구성하는 사람은 종업원이건 아니건 기업을 대신하여 활동하는 사람으로, 독립대리인으로서 일상적 사업수행 중에 그렇게 하는 사람이 아닌 사람을 말한다. 개인이건 법인이건 그러한 사람이 될 수 있으며, 기업을 대신하여 활동하는 국가의 거주자일 필요도 없고, 그 국가에 사업장을 가질 필요도 없다. 기업을 대신하여 활동을 하는 사람은 누구든 기업의 국내사업장이 될 수 있다고 규정하는 것은 국제경제관계에 이익이 될 수 없다. 이러한 국내사업장 판정은 그들 활동의 성격으로 볼 때, 관련국에서 사업활동에 상당히 개입하는 사람으로 한정된다. 따라서 기업의 이름으로 이루어지는 계약이나 기업이 수행하여야 할 계약을 항상 체결하거나, 또는 기업에 의해 실질적인 수정없이 반복적으로 체결되는 계약을 체결하도록 주된 역할을 항상 수행하는 사람만이 기업을 위한 국내사업장이 될 수 있다. 이 경우, 기업을 대신하는 그 사람의 행위는 그러한 계약의 체결로 이어지고 단순한 판촉이나 광고를 넘어서는 것으로, 해당국에서 그 기업이 사업활동을 영위한다고 결론짓기에 충분한 것이어야 한다. 이러한 맥락에서 '국내사업장' 용어의 사용은 당연히 그 사람에 의하여 또는 그 사람 행위의 직접적 결과로서 이루어지는 계약체결이 단지 가끔이 아니라 계속적으로 이루어진다는 것을 전제로 한다.(OE §5-83) 계약체결대리인이 되기 위해서는 다음 요건을 모두 충족하여야 한다.(OE §5-84)

- 한 사람이 기업을 위해 한 체약국에서 활동하여야 하며;
- 이렇게 함에 있어, 그 사람은 항상 계약을 체결하거나, 기업이 중요한 변경을 하지 않고 반복적으로 체결되는 계약의 체결에 이르도록 주요역할을 항상 하여야 하며;
- 이러한 계약은 기업의 이름으로 이루어지거나, 그 기업이 소유하거나 또는 그 기업이 사용권을 가진 자산의 소유권 이전을 위해, 그 기업 소유자산을 사용할 권리를 허여하기 위해, 또는 그 기업이 용역을 제공하기 위해 이루어진다.

그렇지만, 이러한 요건들이 충족되더라도 기업을 대신하여 그 사람이 수행하는 활동이 독립대리인에 해당하거나, 일정사업장소를 통하여 행사되는 때에 국내사업장을 구성하지 않는 것으로 보는 예비적·보조적 활동에 국한되는 경우 계약체결대리인으로 보지 않는다. 후자의 예외는, 예비적·보조적 목적으로만 일정사업장소를 유지하는 것은 국내사업장을 구성하지 않으므로, 그러한 목적에 국한하는 활동을 하는 사람도 역시 국내사업장을 구성하지 않는다는 논리로 설명된다. 예를 들면, 한 사람이 기업을 위한 구매대리인으로만 역할하면서, 이를 위해 그 기업의 이름으로 구매계약을 항상 체결하는 경우, 그러한 활동이 예비적 · 보조적이라면 그 사람이 기업으로부터 독립되지 않았더라도 종속대리인으로 보지 않는다.(OE §5-85)

한 사람이 한 체약국에서 한 기업을 상당한 정도로 사업활동에 개입시킨다면 그 사람은 기업을 대신하여 한 체약국에서 활동하는 것이다. 예를 들면, 대리인이 위탁인을 위해 활동하거나, 파트너가 파트너십을 위해 활동하거나, 임원이 회사를 위해 활동하거나, 또는 종업원이 고용주를 위해 활동하는 경우가 그것이다. 기업이 어떤 사람이 수행하는 행위로 직간접으로 영향을 받지 않는다면 그 사람이 기업을 대신하여 활동한다고 말할 수 없다. 회사도 한 기업을 대신하여 활동하는 사람이 될 수 있으며, 그 경우 그 회사의 종업원 및 임원들의 행위는 그 회사가 그 기업을 대신하여 활동하였는지 및 어느 정도 활동하였는지를 판단할 목적으로 함께 고려된다.(OE §5-86)

계약체결대리인의 판단요건(법통 94-133…2 ⑤)

'국내에 자기를 위해 계약을 체결할 권한을 가지고 그 권한을 반복적으로 행사하는 자'를 해석 · 적용함에 있어서 해당 용어의 해석은 다음에 의한다.

1. '계약'이라 함은 외국법인의 고유사업과 관련하여 체결하는 계약을 말하며 해당 외국법인의 사무실의 임차 또는 종업원의 고용 등 기업의 내부적인 경영 · 관리활동과 관련하여 체결하는 계약은 포함되지 않는다.
2. '계약을 체결할 수 있는 권한'이라 함은 해당 대리인이 해당 외국법인을 구속할 수 있는 계약의 중요하고 세부적인 사항에 관하여 상담 협의할 수 있는 권한을 말하며, 해당 대리인이 그 계약체결권을 가지고 있는 경우에는 비록 그 외국법인이나 그 외국법인이 있는 국가의 제삼자가 그 계약서에 서명 또는 날인할지라도 그 대리인이 한국에서 그 권한을 행사한 것으로 본다.
3. '반복적 행사'에는 장기의 대리계약에 의하여 계약체결권을 계속적 · 반복적으로 행사하는 경우뿐만 아니라 2개 이상의 단기대리계약에 의하여 계약체결권을 계속적 · 반복적으로 행사하는 경우도 포함된다.

계약체결대리인의 요건에 부합되는 경우, 계약을 체결하는 사람이나 또는 그 기업의 중요변경 없이 반복적으로 체결되는 계약체결에 이르는 주요역할을 하는 사람을 포함하여, 그 기업을 위해 활동하는 사람은 그 기업의 국내사업장을 구성한다.(OE §5-99)

판단요건에 부합되는 사람은 국내사업장을 구성하지만, 다른 모든 사람은 국내사업장이 되지 않는다. 그런데, 판단요건은 단순히 기업이 한 국가에서 간주국내사업장을 가진 것인지 아닌지에 대한 양자택일적 판단기준을 규정하고 있음을 명심해야 한다. 기업이 본래의 국내사업장을 가진 것으로 밝혀진다면, 그 사람이 간주국내사업장에 해당됨을 밝힐 필요는 없다.(OE §5-100)

(1) 계약체결, 자산양도, 권리부여 또는 용역제공

'계약체결(concludes contracts)'이란 용어는 계약에 적용되는 법에 따라 한 사람이 계약을 체결한 것으로 볼 수 있는 상황에 초점을 둔다. 계약조건을 적극적으로 협상하지 않고도 계약은 체결될 수 있다. 이는 예를 들면, 한 기업과 표준계약을 체결하는 제삼자가 제기한 제안을 그 기업을 대신하여 한 사람이 받아들이면 계약이 체결된다고 관련법에서 규정하는 경우이다. 또한 관련법에 따라 해당국가 밖에서 계약이 서명된다고 해도 그 국가에서 계약이 체결될 수 있다. 예를 들면, 기업을 대신하여 행위하는 사람이 제삼자가 제시한 계약을 체결하기 위한 제안을 받아들인 결과 계약체결이 이루어지는 경우, 그 국가 밖에서 계약이 서명되는지는 문제되지 않는다. 더 나아가, 한 사람이 한 국가에서 계약의 모든 요소와 내용을 협상하여 이것이 기업을 구속하는 경우, 그 국가 밖에서 다른 사람이 계약에 서명한다고 해도 그 국가에서 그 사람이 계약을 체결하였다고 말할 수 있다.(OE §5-87)

'또는 기업이 중요한 변경을 하지 않고 반복적으로 체결하는 계약의 체결로 이끄는 주요역할을 항상 행사한다.'는 문구는 관련법에 따라 한 사람이 한 체약국에서 계약을 체결하지 않더라도 기업을 대신하여 그 국가에서 수행한 활동의 직접적 결과로 계약이 체결되는 상황을 전제로 한다. '계약을 체결한다(concludes contracts)'라는 문구는 계약법에 근거한 비교적 잘 알려진 판단기준을 제공하지만, 계약법의 관련규정에 따르면 계약체결이 한 국가의 밖에서 이루어졌지만 분명히 한 사람의 활동의 직접적 결과로 계약이 체결되는 상황을 언급하기 위해, 이러한 판단기준에 한 국가에서 실질적 활동이 일어났는지에 초점을 두는 판단기준을 보완할 필요가 있다. 이 문구는 해당 조항의 목표와 목적에 비추어 해석되어야 하는데, 한 국가에서 한 사람이 행하는 활동이 외국기업이 수행하는 계약의 주기적 체결로 이어지게 되는 상황에 적용하기 위한 것으로, 이는 그 사람이 그 기업의 판매인력(sales force)으로 활동하는 경우이다. 따라서 계약체결에 이르는 주요역할은 보통 제삼자로 하여금 그 기업과 계약을 체결하도록 설득하는 그 사람의 활동과 관련된다. '그 기업이 중요한 변경을 하지 않고 반복적으로 체결하는 계약의 체결'이란 문구는 그 국가에서 주요역할이 수행되는 경우 계약이 그 국가에서 공식적으로 체결되지 않고, 예를 들면 그 국가 밖에서 일상적으로 계약을 검토하고 승인하며 이러한 검토가 없으면 이 계약들의 주요내용을 고치게 되는 결과에 이르는 경우에도 그 사람의 행위는 계약체결대리인의 범위에 해당한다는 점을 분명히 한다.(OE §5-88)

그러므로 '기업이 중요한 변경을 하지 않고 반복적으로 체결하는 계약의 체결로 이끄는 주요역할을 항상 행사한다.'는 문구는 예를 들면 한 사람이 기업에 속한 재화를 배달하는 창고로 직접 지시되는 주문을 주고받으며(그러나 공식적으로는 확정짓지 않고), 기업은 일상적으로 이 거래를 승인하는 경우에 적용된다. 그렇지만 한 사람이 한 기업의 재화나 용역을 단순히 판촉활동을 하지만 계약체결의 결과로 직접 이어지지 않는 경우에는 적용되지 않는다. 예를 들면, 제약회사의 대리인이 그 회사가 생산한 약품을 적극적으로 판촉하여 의사들이 나중에 이 약품으로 처방을 하는 경우, 그 판촉활동이 직접적으로 의사와 그 기업의 계약체결로 이어지지는 않으므로, 그 판촉활동의 결과 약품판매가 상당히 증가한다 해도 계약체결대리인이 아니다.(OE §5-89) 예를 들면, 외국펀드가 국내에 투자자산의 보관업무를 수행할 보관기관으로 국내금융회사를 지정한다든지, 투자활동에 필요한 증권시장정보의 수집업무를 수행하는 투자자문회사를 둔다든지 또는 한국 유가증권 등을 거래한다는 이유만으로는 국내사업장을 둔 것으로 간주되지 않는다. 그러나 그 투자자문회사가 주로 외국펀드만을 위해 유가증권 투자업무 중 중요한 부분의 행위(실질적인 투자결정 등)를 하는 경우에는 국내사업장을 구성한다.(국조 46017-143, 1996.10.17.)

다음은 계약체결대리인을 예시하는 다른 사례이다.(OE §5-90)

사례: R국 거주자 R사는 자체 웹사이트를 통하여 여러 제품과 용역을 전세계적으로 판매한다. S국 거주자 S사는 R사의 완전자회사이다. S사의 종업원들은 대규모 기관들에게 이메일을 보내거나, 전화를 하거나, 직접 방문하여 R사의 제품과 용역을 구매하도록 설득하며, 따라서 S국의 대형거래처(large accounts)에 대한 책임이 있다. S사 종업원들의 급여는 이들 거래처로부터 R사가 수취하는 총소득에 부분적으로 비례하며, S사 종업원들은 이 거래처들의 수요를 예측하고 R사가 제공하는 제품과 용역을 취득하도록 설득하기 위해 마케팅능력을 발휘한다. S사의 종업원이 이 거래처들 중 하나를 설득하여 재화나 용역의 일정수량을 구매하도록 하는 경우, 그 수량에 대하여 지급되어야 할 가격을 알려주고, R사가 재화나 용역을 공급하기 전에 R사와 온라인으로 계약을 체결하여야 함을 알려주며, R사 계약의 표준조건을 설명하는데, 이에는 그 종업원이 변경할 권한이 없는 R사가 사용하는 확정된 가격구조도 포함한다. 이에 따라, 거래처는 S사 종업원이 제시한 가격구조에 따라 그 종업원과 논의한 수량에 대하여 온라인으로 계약을 체결한다.
이 사례에서, S사 종업원은 거래처와 R사의 계약체결에 이르는 주요역할을 하며, 그 계약은 그 기업에 의한 중요변경 없이 일상적으로 체결된다. S사 종업원들이 계약조건을 변경할 수 없다는 사실이 계약체결이 기업을 대신하여 수행하는 활동의 직접적 결과가 아니라는 의미는 아니며, 거래처가 이러한 표준조건을 받아들이도록 설득하는 것은 거래처와 R사의 계약체결에 이르도록 하는 중요요소이다.

OECD모델 5조 5항 a, b, c목의 문구는 한 사람이 대신하여 활동하는 기업 및 그 계약을 체결하는 제삼자 간에 법적으로 효력이 있는 권리와 의무를 창설하는 계약에만 적용되는 것이 아니라, 계약에 따라 의무가 부여되는 그 사람이 아닌 그 기업이 실질적으로 수행하여야 하는 의무를 창설하는 계약에도 적용된다.(OE §5-91) a, b, c목이 적용되는 전형적인 사안은 한 기업과 고객 간에 법적으로 효력이 있는 권리와 의무를 창설하기 위해 그 기업의 대리인, 파트너(partner) 또는 종업원이 그 고객과 계약을 체결하는 경우이다. a, b, c목은 또한 한 기업 대신 활동하는 사람이 체결하는 계약이 계약체결 상대방인 제삼자에 대하여 그 기업을 구속하지 않지만, 그 기업이 소유하거나 또는 그 기업이 사용권을 가진 자산의 소유권을 이전하거나, 사용권을 허여하는 계약이거나, 또는 그 기업이 용역을 제공하는 계약이다. 전형적인 사례는 '수수료대리인(commissionnaire)'이 외국기업과의 수수료약정에 따라 제삼자와 체결하는 계약인데, 수수료약정에 따라 수수료대리인은 그 기업을 대신하여 활동하며, 외국기업과 제삼자 간에 법적으로 효력이 있는 권리와 의무를 창설하지 않고 자기이름으로 계약을 체결하지만, 수수료대리인과 외국기업 간의 계약으로 인해 외국기업은 소유하거나 사용권을 가진 자산의 소유권이나 사용권을 제삼자에게 직접 이전하게 된다.(OE §5-92) a목에서 '의 이름으로 된(in the name of)' 계약이라는 말은 그 기업의 이름으로 된 계약으로 한정하지 않는다. 이는 예를 들면, 서면계약에서 그 기업의 이름이 공개되지 않는 상황에도 적용될 수 있다.(OE §5-93) b목 및 c목의 적용을 위한 중요조건은 계약을 항상 체결하는 사람 또는 기업에 의한 중요변경 없이 반복적으로 계약체결에 이르게 하는 주요역할을 하는 사람은 기업을 대신하여 활동하는 것으로, 자산의 소유권이나 사용권 또는 용역의 공급과 관련한 계약부분은 그 기업을 대신하여 활동하는 개인이 아닌 그 기업이 수행하게 된다는 것이다.(OE §5-94)

b목의 목적상, 기업을 위해 활동하는 사람과 제삼자 간의 계약체결 시점에 해당자산이 존재하였는지 또는 기업이 소유하였는지는 중요하지 않다. 예를 들면, 한 기업을 대신하여 활동하는 사람은 한 기업이 고객에게 자산을 직접 이전하기 전에 그 기업이 생산하게 될 자산을 미리 팔 수도 있다. 또한, '자산(property)'이란 모든 형태의 유형자산 및 무형자산을 포함한다.(OE §5-95)

계약체결대리인의 상황을 한 사람이 자신을 위해 계약을 체결하고 그 계약으로 인한 의무를 이행하기 위해 다른 기업으로부터 재화나 용역을 취득하거나, 또는 다른 기업으로 하여금 그 재화나 용역을 배달하도록 하는 상황과는 구별하여야 한다. 이러한 경우, 그 사람은 다른 기업을 '대신하여' 활동하는 것이 아니며, 그 사람이 체결한 계약은 다른 기업의 이름으로 이루어진 것이 아니고 다른 기업이 소유하거나 사용권을 가진 자산의 소유권이나 사용권을 제삼자에게 이전하거나 다른 기업이 용역을 제공하기 위한 것도 아니다. 예를 들면, 특정시장에서 제품판매인으로 활동하는 회사가 그 활동을 하면서 한 기업(관계기업 포함)으로부터 구매한 제품을 고객에게 판매하는 경우, 그 회사는 그 기업을 대신하여 활동하는 것이 아니고 고객에게 판매하는 자산은 그 판매인이 보유하는 것이므로 그 기업이 소유하는 자산을 파는 것도 아니다. 이는 또한 그 판매인이 대리인이 아닌 소위 '저위험 판매업자(low-risk distributor)'로 활동하면서, 그 저위험 판매업자가 판매하는 자산의 소유권 이전이 기업으로부터 그 판매인에게 또한 그 판매인으로부터 고객에게 이루어지는 경우(판매인이 얼마나 오래 판매제품의 소유권을 가지는지는 상관없이)에도 마찬가지인데, 판매인은 수수료 형태의 대가 대신 판매수익을 수취하기 때문이다.(OE §5-96)

'계약'은 기업 고유사업을 구성하는 영업관련 계약을 포함한다. 예를 들면, 그 사람이 기업을 위한 자신의 활동을 지원하기 위해 기업을 위해 고용계약을 체결하였거나 또는 기업명의로 기업내부운영과 관련된 유사계약을 체결하였다는 것은 관련이 없다. 또한 한 사람이 항상 계약을 체결하는지 또는 기업의 중요변경 없이 반복적으로 체결되는 계약체결에 이르는 주요역할을 항상 하는지 여부는 그 상황의 상업적 실제에 근거하여 판단하여야 한다. 한 사람이 한 국가에서 기업과 고객 간의 협상에 참여하거나 관여하였다는 사실만으로 한 체약국에서 그 사람이 계약을 체결하였다거나 또는 그 기업의 중요변경 없이 반복적으로 체결되는 계약체결에 이르는 주요역할을 하였다고 예단하여서는 안 된다. 다만, 한 사람이 협상에 참여하거나 관여하였다는 사실은 기업을 대신하여 그 사람이 수행한 기능을 정확히 판단하는 데 필요조건이 될 수 있다.(OE §5-97)

(2) 항상 행사

대리인이 "항상(habitually)" 계약을 체결하거나 또는 그 기업의 중요변경 없이 반복적으로 이루어지는 계약체결에 이르는 주요역할을 해야 한다는 요건은 기업이 한 체약국에 유지하는 장소는 국내사업장을 보유함으로써 그 국가에서 과세대상이 되는 것으로 간주되기 위해서는 단순히 일시적인 것 이상이어야 한다는 원칙에 따른 것이다. 대리인이 "항상" 계약을 체결하거나 또는 그 기업의 중요변경 없이 반복적으로 체결되는 계약체결에 이르는 주요역할을 하는 것으로 판단하기 위해 필요한 활동 정도와 빈도는 계약의 성격과 주된 사업에 따라 다를 것이다. 명확한 활동빈도의 기준을 정하는 것은 불가능하다. 그렇지만, 독립대리인의 판단요소들이 이러한 판단을 하는데 준용될 수 있다.(OE §5-98) 예를 들면, 인공위성과 각국의 통신망을 이용하여 전세계 고객에게 전자사서함서비스를 제공하는 미국법인의 국내 대리인이 계속적으로 전자사서함서비스 이용자 모집활동 및 전자사서함서비스 이용에 필요한 소프트웨어의 판매활동을 하는 경우 한·미조세조약 9조 4항의 종속대리인에 해당한다.(국일 22601-55, 1991.2.1.)

(3) 간주국내사업장 판정의 효과

요건에서 언급된 계약으로 인한 권리와 의무는 보통 간주국내사업장에 귀속된다. 이것이 이러한 계약의 실행으로 인한 모든 소득이 그 국내사업장에 귀속되어야 한다는 의미는 아니라는 점을 알아야 한다. 판단의 결과 구성되는 국내사업장에 귀속되는 소득의 결정은 사업소득규정에 따라 이루어지며, 이 경우 다른 기업과 국내사업장이 속한 기업의 나머지 부문이 수행한 활동은 적절히 대가를 받아야 하며, 국내사업장에 귀속되는 소득은 그 국내사업장이 그 국내사업장에 귀속되는 활동을 수행하는 별개의 독립기업이라면 수취하였을 소득이다.(OE §5-101)

2.3 재고보유, 주문취득, 보험 대리인

(1) 재고보유대리인

재고보유대리인은 외국법인의 재고자산을 상시 보관하고 관례적으로 고객에게 배달 또는 인도하는 자이다.(법령 §133 ① 1호, 소령 §180 ① 2호) 예를 들면, 석유판매업을 하는 외국법인을 위해 국내의 공항에서 항공연료를 보관하고 해당 외국법인과 연료의 공급계약을 체결한 항공회사에 상시 급유를 하는 자가 이에 해당한다.

그러나 모든 판매 활동이 소재지국 밖에서 일어나고 소재지국에서 대리인에 의해 운반만 이루어지는 경우에는 국내사업장에 해당하지 않는다. 그렇지만, 광고 또는 판촉 등의 판매관련활동이 어떤 기업을 위해 소재지국에서 이루어지고 그 기업이 직접 또는 종속대리인을 통해 해당 상품의 판매에 기여한다면 국내사업장이 구성될 수 있다.(UN §5-26)

(2) 주문취득대리인

UN모델 5조 7항: 기업이 한 체약국에서 중개인 · 일반위탁매매인 또는 그 밖의 독립적 지위를 가진 대리인을 통하여 사업을 수행한다는 이유만으로는 기업이 그 체약국에 고정사업장을 가진 것으로 보지 아니한다. 대리인이 사업을 통상적으로 경영하는 경우에 한한다. 그러나 대리인의 활동이 전적으로 또는 거의 전적으로 그 기업을 대신하여 수행되는 경우, 또한 조건이 독립적 기업 간에 만들어진 관계와 다른 상업적이고 금융적 관계에서 기업과 대리인 사이에 만들어졌거나 부과된 경우, 그는 이 항의 의미 내의 독립적 지위를 가지는 대리인으로 보지 아니한다.

주문취득대리인은 '중개인 · 일반위탁매매인, 기타 독립적 지위의 대리인으로서 주로 특정 외국법인만을 위해 계약체결 등 사업에 관한 중요한 부분의 행위를 하는 자(이들이 자기사업의 정상적인 과정에서 활동하는 경우를 포함)'를 말한다.(법령 §133 ① 2호, 소령 §180 ① 2호)

(3) 보험대리인

보험사업(재보험사업을 제외)을 영위하는 외국법인을 위해 보험료를 징수하거나 국내

소재 피보험물에 대한 보험을 인수하는 보험대리인은 국내사업장으로 간주된다.(법령 §133 ① 3호, , 소령 §180 ① 1호)

한 국가의 보험회사가 다른 나라에서 일정사업장소나 대리점을 통해 사업을 수행하면 다른 나라에서 보험사업에 대하여 과세된다. 그런데 일정사업장소나 대리점이 없는 외국 보험회사는 비록 다른 국가에서 사업소득이 발생되지만 그 국가에서 과세되지 않고 대규모 사업을 할 가능성이 있다. 이런 가능성을 미연에 방지하기 위해 일부 국가와의 조세조약에 특별규정을 포함한다. 즉, 한 국가의 보험회사가 만약 다른 국가에 설립된 대리인(종속대리인 여부와 상관없이)을 통해 보험료를 징수하거나 그 대리인을 통해 그 국가영역 내의 보험을 인수하는 경우 다른 국가에 국내사업장을 가진 것으로 간주한다.(OE §5 - 114)

일부 국가들은 독립대리인이 보험업을 대리하는 경우에도 과세한다. 이는 보험사업의 성격상 위험이 과세권을 가진 국가에 있고 대리인들이 수시로 독립적 상태에서 보험회사를 대리하므로 독립대리인과 종속대리인을 구분하기가 어렵기 때문이다.(UN §5 - 29)

외국보험회사협회의 국내사업장(법통 94 - 133…1)

외국보험회사의 공동조직인 외국보험협회가 산하 업체명의로 국내에 지점을 설치하고 자기 계산하에 보험사업을 영위하면서 또한 산하 타업체 명의로 재보험계약을 체결하는 등 보험업을 영위하는 경우에는 형식상의 명의자에 불구하고 사실상의 영업자인 그 협회는 국내사업장에 해당한다. 다만, 그 협회가 보험사업을 영위하지 아니하고 산하 타보험회사의 국내지점이 협회와 관계없이 자기계산하에 독자적으로 보험사업을 영위하는 경우에는 그 보험회사의 국내지점은 자기가 영위한 사업분에 한하여 납세의무가 있다.

3. 건축, 건설공사의 국내사업장

OECD모델 5조 3항: 건축현장, 건설 혹은 설비공사는 12개월을 초과하여 존속하는 경우에만 국내사업장이 된다.

대부분의 조세조약은 건축현장이나 건설 또는 설비공사는 6개월 또는 12개월 이상 지속될 경우 국내사업장이 된다고 규정한다. 기간요건이 충족되지 않으면 사무소나 작업장 같은 건설활동과 연관되는 구조물이 국내에 있더라도 국내사업장이 되지 않는다. 그런데 이러한 사무소나 작업장이 여러 개의 건설공사를 위해 사용되고 이러한 활동이 예비적·보조적 활동을 넘어선다면 개별적인 건축현장, 건설 및 설비공사가 일정기간 이상 지속되지 않는 경우에도 국내사업장 구성요건을 충족하는 경우 국내사업장으로 간주된다. 즉, 이 경우 작업장이나 사무소의 상황은 개별 현장이나 공사와는 다른 것으로 사용자산이나 부담위험을 감안하여 사무소나 작업장을 통해 수행되는 기능에 귀속되어야 할 적정이익을 국내사업장에 배분해야 한다. 적정이익은 여러 개의 건설현장과 관련하여 수행되는 기능과 부담되는 위험에 배분되어야 할 이익으로, 그러한 기능과 위험이 사무소와 적절히 관련되는 선에서 국내사업장에 귀속된다.(OE §5-49)

(1) 건축현장 및 설비공사의 범위

건축현장 및 설비공사의 범위는 다음과 같다.(OE §5-50)

① 건축현장, 건설 또는 설비공사: 건물신축뿐 아니라 도로, 교량, 운하의 건설, 건물, 도로 또는 운하의 개축(단순한 유지나 수리 이상의 것을 포함), 파이프라인의 설치, 굴착과 준설을 포함한다. 예를 들면, 외국법인의 기술자가 국내에서 하천 또는 취수지점을 측량하고 이에 대한 설계보고서를 작성하는 업무를 상당기간 수행하는 경우에는 국내사업장이 있는 것으로 본다. 다만, 단순한 자료의 수집과 기술협조만을 하는 때에는 국내사업장이 없는 것으로 본다.(법통 94-0…1)

② 설비공사(installation project): 건설공사와 관련된 설비에만 한정하지 않는다. 기존 건물이나 옥외에 설치하는 기계장치 등과 같은 새로운 장비의 설치를 포함한다.

③ 공사감독 등: 건물공사의 현장기획이나 감독도 공사의 범위에 포함된다.

(2) 국내세법 및 조세조약상 건설공사의 기간요건

한국이 체결한 조세조약은 건설공사 등의 국내사업장 기간요건으로 6~12월을 규정한다. 국내세법은 6월을 초과하는 경우 국내사업장으로 본다.(법법 §94 ② 4호, 소법 §120 ② 4호) 따라서 조세조약에 특별한 규정이 없다면 6월 기준이 적용된다.

| 조세조약의 건설공사 국내사업장 기간요건 |

조약국	건축, 건설, 설치 또는 조립공사	건설공사 등의 지휘 · 감독
나이지리아, 네덜란드, 대만, 덴마크, 멕시코, 미얀마, 벨기에, 사우디아라비아, 스웨덴, 스위스, 싱가포르, 인도네시아, 일본, 중국, 칠레, 캐나다, 콜롬비아, 쿠웨이트, 터키, 튀니지, 페루, 필리핀(자원탐사 12월), 호주	6월	6월
베트남	6월	12월
노르웨이, 르완다. 미국, 브라질, 알제리, 카타르, 태국, 파키스탄, 포르투갈, 핀란드	6월	규정 없음

조약국	건축, 건설, 설치 또는 조립공사	건설공사 등의 지휘·감독
모로코	8월	규정 없음
그리스(자원탐사 6월), 라트비아, 리투아니아, 몰타, 베네수엘라, 에스토니아, 에콰도르, 우루과이, 피지, 오만, 캄보디아(자원탐사 6월)	9월	9월
불가리아, 알바니아, 이집트, 슬로바키아, 조지아, 체코	9월	규정 없음
룩셈부르크, 말레이시아, 크로아티아(지휘·감독 제외)	12월	6월
가봉, 뉴질랜드, 독일, 루마니아, 바레인, 슬로베니아, 아일랜드, 아제르바이잔, 영국, 요르단, 이란, 이스라엘, 카자흐스탄, 키르기스스탄, 투르크메니스탄	12월	12월
남아프리카공화국, 벨라루스, 브루나이, 라오스, 러시아(24월 연장 가능), 몽골, 세르비아, 스페인, 아이슬란드, 에티오피아, 오스트리아, 우즈베키스탄, 우크라이나(18월 연장 가능), 이탈리아, 케냐, 크로아티아, 타지키스탄, 폴란드, 프랑스, 헝가리	12월	규정 없음
파푸아뉴기니	183일	6월
네팔, 스리랑카, 인도	183일	183일
방글라데시	183일	규정 없음
아랍에미리트	18월	18월

(3) 건설공사의 시작과 종료

기간테스트는 각 개별 현장과 공사에 적용된다. 얼마나 길게 그 현장이나 공사가 지속되었는지를 결정할 때 그 공사와 전혀 상관없는 다른 현장이나 공사와 관련하여 계약자가 이전에 소모했던 시간을 고려해서는 안 된다. 건축현장은 그 공사가 상업적·지리적으로 일관된 전체를 형성한다면 비록 여러 개의 계약으로 이루어졌더라도 단일 건으로 간주된다. 이 규정에 따라 여러 사람의 지시에 의한 것이라도 한 건축현장은 한 개의 단위(예 주택단지)를 이룬다.(OE §5-51) 그러나 기간테스트를 기계적으로 적용하는 경우 조약의 부당한 이용을 불러올 수 있다. 대륙붕에서 일하거나 대륙붕 개발이나 탐사관련 활동에 종사하는 계약자나 하도급자가 원계약을 몇 개로 나누어 각각이 일정기간 이하가 되도록 하여 실제는 같은 그룹에 의해 소유된 서로 다른 회사가 일을 배분하는 경우가 있다. 이러한 조약남용은 조약혜택 제한규정을 통하여 방지될 수 있다. 이러한 남용을 명시적으로 방지하려 하거나, 조약혜택 제한규정이 없는 국가들은 계약의 분할(contract splitting)을 다룰 다음과 같은 규정을 둘 필요가 있다.(OE §5-52)

3항에 언급된 12개월 기간이 초과하는지를 결정하기 위해; a) 한 체약국의 기업이 건축현장이나 건설 또는 설비 프로젝트에 해당하는 상대방 체약국의 장소에서 활동을 수행하고 이들 활동이 12개월 초과하지 않고 합계 30일을 초과하는 하나 이상의 기간들 중에 수행되고, 또한 b) 한 기업의 밀접한 관계기업들 중 하나 이상이 각각 30일을 초과하면서 여러 기간 중에 동일 건축현장이나 건설 또는 설비 프로젝트에서 연결된 활동들이 수행되는 경우, 이러한 여러 기간들은 한 기업이 그 건축현장이나 건설 및 설비 프로젝트에서 활동을 수행하는 기간에 합산된다.

위 규정의 목적상 활동이 연결되어 있는지를 판단할 때, 다른 활동을 대상으로 하는 계약들을 동일인이나 관계인이 체결하였는지, 한 사람과의 추가계약체결이 그 사람 또는 관계인이 체결한 이전계약의 논리적 결과인지, 그 활동들을 조세회피의도가 없는 단일계약에 포함할 수 있었는지, 여러 계약들에 포함된 작업의 성격이 같거나 비슷한지, 같은 종업원들이 서로 다른 계약들에 따라 활동을 수행하는지 여부를 검토하여야 한다.(OE §5-53)

건축현장은 계약자가 건축이 행해질 나라에서 건설을 위한 기획사무소를 설치하는 등의 준비작업을 포함하여 일을 시작하는 날부터 존재한다. 만약 전체공정을 맡은 기업(원도급자)이 다른 기업(하도급자)에게 공정의 일부를 하도급 하였다면, 원도급자의 국내사업장이 존재하는지를 판단하기 위한 목적으로 건축현장에서 하도급자가 지낸 기간은 건축공정에서 원도급자가 지낸 시간으로 본다. 그 경우, 그 기간 중에 원도급자가 명백히 그 건축현장을 자신의 처분 하에 두는 상황이라면 모든 하도급자가 그 현장에서 보낸 시간 동안 그 현장은 원도급자의 처분 하에 있었던 것으로 보아야 하는데, 원도급자가 그 현장의 법적 소유권을 갖고 그 현장의 접근이나 사용을 통제하며 그 기간 동안 그 장소에서 발생하는 일에 대하여 전반적인 책임이 있었다면 처분 하에 있는 것이다. 하도급자 자신은 그의 활동이 12개월 이상 지속되면 그 현장에 국내사업장을 가진 것이다.(OE §5-54)

통상적으로 건설현장은 작업이 완료되거나 영구히 포기될 때까지 존재한다. 따라서 원도급자나 하도급자가 건물이나 설비를 테스트하는 기간은 일반적으로 건축현장이 존속하는 기간에 포함되어야 한다. 실무적으로, 고객에게 건물이나 설비를 인계하는 것이 작업기간의 종료를 나타내는데, 다만 원도급자나 하도급자가 건축을 완공하여 인계한 후에 그 현장에서 더 이상 작업을 하지 않아야 한다. 일이 일시적으로 중단될 때는 존재하지 않는 것으로 보아서는 안 된다. 계절적 또는 일시적 장애는 건설장소의 존재기간을 계산하는 데 포함되어야 한다. 계절적 장애는 나쁜 날씨에 의한 장애를 포함한다. 일시적 장애는 예를 들면, 물자부족이나 노동애로 때문에 발생할 수 있다. 따라서 도급자가 5월 1일 작업을 시작해서 나쁜 날씨나 물자부족으로 11월 1일 작업을 중단하고, 다음 해 2월 1일 작업을 재개하였다면 그 건설공사는 일을 처음 시작한 날(5.1.)과 최종적으로 끝낸 날(다음 해 6.1.) 사이에 13개월이 흘렀기 때문에 국내사업장으로 간주된다. 건축이 완료된 후에 한 기업이 사후수리보증에 따라 현장에서 수행하는 작업은 보통 당초의 건축기간에 포함되지 않는다. 그렇지만, 상황에 따라 연장기간 동안에 이루어지는 추가작업(보증에 따라 이루어지는 작업 포함)은 그 작업이 또 하나의 국내사업장을 통하여 수행되는지를 판단하기 위해 검토되어야 한다. 예를 들면, 기술적으로 진보된 건축프로젝트를 인계한 후에 소유주의 종업원들을 훈련시키기 위해 원도급자나 하도급자의 종업원들이 4주 동안 잔류하는 경우, 이러한 훈련작업은 건축프로젝트를 완성하기 위한 목적으로 이루어진 작업으로 보지 않는다. 원래의 건축프로젝트에 이후의 건축프로젝트 작업이 포함되는 것을 방지하기 위해 계약을 분할하는 경우 이를 합산한다.(OE §5-55)

다만, 공정진행에 따른 불가피한 사유로 공사기간이 중단되는 경우는 예외로 한다. 예를 들면, 외국법인이 국외에서 직접 제조한 기계설비의 국내설치에 따른 감독용역을 국내에서 2개월간 제공하고 다른 법인들이 다른 기계설비를 설치하는 5개월간 본국으로 철수하여 기다리다가 기계설비가 전체적으로 완성된 후 재입국하여 외국법인이 제조·설치한 기계설비의 검사 및 시운전을 1개월간 수행하는 경우 외국법인과 다른 법인들의 관계가 법적·경제적으로 독립되고 기다리는 기간이 공사의 공정상 구조적으로 불가피하게 예정된다면 다른 법인들의 공사로 인하여 본국으로 철수하여 기다리는 5개월은 외국법인의 건설공사현장의 존속기간에 합산하지 않는다.(국일 46017-311, 1995.5.12.)

| 건설공사현장 존속기간 계산방법(법칙 §67) |

1. 건설공사 현장의 존속기간은 외국법인이 국내에서 건설공사의 작업에 착수한 날부터 해당 작업을 완료하거나 영구적으로 포기한 날까지의 기간으로 한다. 이 경우 건설공사의 작업에 착수한 날은 해당 공사를 위한 설계사무소를 설치하는 등 준비작업을 한 날로 한다.
2. 날씨가 고르지 못한 등 계절적 요인이나 자재 또는 노동력 부족 등으로 공사의 진행이 일시적으로 중단되는 경우의 건설공사의 존속기간은 그 일시적으로 중단된 기간을 합하여 계산한다.
3. 건설공사 등의 도급을 받은 외국법인이 그 공사의 전부 또는 일부를 다른 법인에게 하도급한 경우 도급을 받은 외국법인의 건설공사 현장의 존속기간은 해당 외국법인이 수행한 작업기간과 외국법인으로부터 하도급받은 다른 법인이 수행한 작업기간을 합하여 계산한다.

(4) 파트너십

세무상 무시되는 파트너십의 경우에도, 6개월(12개월) 테스트는 파트너십 자체의 활동기간을 기준으로 판단한다. 만약 파트너 또는 파트너십의 종업원이 현장에서 보낸 기간이 6개월(12개월)을 초과한다면 이에 따라 파트너십이 수행한 사업은 국내사업장에 해당하는 것으로 간주된다. 따라서 각 파트너는 자신이 현장에서 보낸 시간과 상관없이 파트너십에 의해 수취되는 사업소득의 자기 지분에 대한 과세상 국내사업장을 가진 것으로 간주된다. 예를 들면, A국 거주자와 B국 거주자는 10개월을 지속하는 C국에 소재하는 건설현장의 건설활동을 수행하기 위해 B국에 설립된 파트너십의 파트너들이라고 가정한다. A국 B국 조세조약은 OECD모델과 일치하지만, B국 C국 조세조약의 5조 3항은 건설현장은 8개월을 초과하여 존속하는 경우에만 국내사업장을 구성한다고 규정한다. 그 경우, 각 조약의 요건은 조세조약에 해당하는 소득의 각 파트너의 몫에 대하여만 파트너십 차원에서 적용된다. 조약들이 서로 다른 기간요건들을 정하므로, C국은 B국 거주자인 파트너에게 배분되는 파트너십 소득의 몫에 과세할 권리가 있지만 A국 거주자인 파트너에게 배분되는 몫에 대하여는 과세권이 없다. 이는 각 조약 3항의 규정들이 동일 기업의 수준에 적용되지만(즉, 파트너십), 각 지분에 대하여 적용되는 조약의 기간요건에 따라 파트너십의 여러 지분들에 대하여 다른 결과가 되기 때문이다.(OE §5-56)

(5) 건설현장의 이동

건설이나 설비공사의 성격상 도급자의 활동은 공정이 진행됨에 따라 계속 또는 가끔 옮겨 다닐 수 있다. 도로나 운하가 건설되거나, 수로가 준설되거나, 가스관이 매설되는 경우가 이것이다. 이와 마찬가지로 해양기지(offshore platform)같은 중요 설비의 각 부분들이 한 국가의 여러 장소에서 조립되어 최종조립을 위해 그 국가의 다른 장소로 이동되는 경우 이것은 단일작업의 일부이다.

이 경우 시공인력이 특정장소에 상당기간 동안 상주하지 않는 것은 중요하지 않다. 각 지점에서 수행되는 활동은 단위공사일 뿐이고, 만약 전체로 보아 공사가 일정기간 이상 지속되면 국내사업장으로 간주되어야 한다.(OE §5-57)

(6) 채굴가능 천연자원의 탐사 · 개발 관련 활동 과세특례

아래에서 채굴산업(extractive industries)에 종사하는 기업의 과세를 규율하기 위해 국가들이 사용할 수 있는 대체규정을 제시한다. 그 핵심은 국내사업장(permanent establishment)의 기간요건을 낮추는 것이며, 비거주 기업이 양자합의기간을 초과하여 한 국가에서 활동하는 경우 국내사업장 기준을 충족한 것으로 본다. 이 규정은 많은 양자조세조약에서 보이는 규정과 유사하다. 여기서 제시되는 대체규정은 이러한 접근방식에 합의하는 국가들에 대해 해석의 일관성과 확실성을 제고하기 위한 것이다. 이 규정은 모델조약에 기초한 양자조세조약에서 사용될 수 있도록 독립된 조문 형태로 작성되었다.(OE §5-170)

석유, 가스, 광물과 같은 채굴가능 천연자원이 풍부한 국가는 그 자원의 개발과 관련하여 정책적 선택에 직면한다. 고용에 대한 영향이나 환경에 미치는 효과 등도 고려해야 할 문제이다. 그러나 각국은 자신이 소유한 자원에 내재된 가치, 특히 그 자원의 유한성에서 비롯되는 가치를 적절히 보장받고자 할 것이다. 그 가치를 어떻게 확보할 것인지는 매우 복잡한 문제로, 각국의 특수성, 비거주 기업의 특성, 그리고 해당 자원의 성격에 따라 달라진다. 일반적으로 국가는 자원개발수익을 극대화하기 위해 여러 수단을 병행하여 사용하는데, 예를 들면 생산물 분배계약, 선급 보너스 지급, 계속적 로열티, 그리고 법인세(특정자산 고세율제도) 등이 있다.(OE §5-171)

이러한 수단들 및 기타 가능수단을 어떻게 활용할지는 주석의 범위를 벗어난다. 대신, 이 절의 출발점은, 국가들이 모든 관련 고려사항을 감안하여, 모델조약을 따르는 양자조세조약이 통상적으로 허용하는 범위를 넘어 비거주 기업의 채굴가능 천연자원개발로부터 발생하는 이익에 대해 원천지국 과세권을 확대하기로 양자 간에 합의하였으며, 이를 국내사업장 기간요건을 낮추는 방식으로 달성하기로 하였다는 것이다.(OE §5-172)

이러한 규정을 선호하지 않는 국가들이 강조하는 고려사항 중 하나는, 더 많은 국내사업장의 존재로 인해 납세협력 및 행정 부담이 증가하고, 특히 국내사업장의 존속기간이 짧은 경우 이익(또는 손실)을 귀속시키는데 수반되는 어려움이다. 원천지국과 거주지국 간의 균형을 어떻게 설정할지는 양자협상의 문제이다. 다만 천연자원채굴이 어렵고 위험하며 고도의 기술을 요하는 과정이고, 투자기업이 위험이 낮은 산업에 종사하는 기업보다 더 높은 수익을 요구할 수 있다는 점을 원천지국은 유의해야 한다. 따라서 원천지국에 더 큰 과세권을 배분함에 있어, 특히 기존 투자에 대해서는 세후수익률이 과도하게 낮아지지 않도록 하는 것이 중요하다.(OE §5-173)

그럼에도 불구하고, 여기에서 제시되는 대체규정은 일부 국가들이 원천지국에 유리한 채굴산업 과세제도를 선택하고, 다른 국가들도 이에 동의한다는 것을 전제로 한다. 특히 활동이 해상(offshore)에서 수행되는 경우 이러한 경향이 두드러지며, 이는 대부분 5조의 규정에 따르는 경우보다 낮은 국내사업장 기간요건을 설정하는 방식으로 이루어진다. 요점은, 7조에 따라 한 국가는 일반적으로 비거주 기업이 그 국가 내 국내사업장을 통해 사업을 수행하는 경우에만 그 기업의 이익에 대해 과세할 수 있다는 것이다. 채굴산업에는 특히 비거주 기업이 불균형적으로 많이 관여하는 경우가 많으며, 이는 소규모 국가에서 더욱 그러하다. 육상(onshore) 개발활동의 경우, 예컨대 광산은 일반적으로 국내사업장을 구성하므로 이 기간요건이 충족될 가능성이 크고, 해상개발활동도 마찬가지일 것이다. 그러나 해상탐사활동 및 해상 탐사 또는 개발과 관련된 각종 용역활동은 그 기간이 짧고 지리적으로 고정된 일정사업장소(fixed place of business)에서 이루어지지 않을 수 있다(위 48항 참조). 이 경우 국내사업장을 통해 수행된 활동으로 보지 않을 수 있다.(OE §5-174)

일부 국가들은 조문을 해양(offshore) 활동으로 제한하는 것으로 충분하다고 보는데,

앞서 언급한 바와 같이, 육상(onshore) 활동의 주요 장소(예컨대 광산)는 일반적으로 채굴을 수행하는 비거주 기업의 국내사업장을 구성하기 때문이다. 또한 단기간·이동형 용역은 해양부문에서 더 흔하다. 이러한 용역은 수익성이 상당히 높은데도, 수행장소가 국내사업장 정의에 포함되지 않을 수 있다.(OE §5-175)

다른 국가들은 해양활동뿐 아니라 육상활동까지 포괄하는 조항이 필요하다고 본다. 이는 육상자원의 가치를 충분히 포착하기 위한 것이다. 육상의 유한한 천연자원과 관련된 작업을 수행하는 일부 기업의 활동(예 엔지니어링, 컨설팅용역 및 탄성파조사)은 국내사업장 기준에 미치지 못할 수 있다. 예를 들면, 광산운영에 인접 국가에 거주하는 개인의 용역이 필요할 수 있으며, 이러한 활동은 적절한 조항이 없다면 본래의 국내사업장이나 용역제공 국내사업장을 구성하지 않을 것이다. 육상활동을 포함하는 조문의 또 다른 특징은 해양과 육상에서 유사한 작업을 수행하는 비거주 용역제공자를 동일하게 취급한다는 것이다. 그러나 육상활동을 조문의 범위에 포함하면, 예컨대 광산과 공장에서 모두 유사한 고급기술 작업을 수행하는 기업에 대해 차별적 대우를 하게 될 수 있다. 국가들은 조문의 지리적 범위를 결정할 때 이러한 고려사항을 균형 있게 검토해야 한다.(OE §5-176)

천연자원 탐사 · 개발활동과 관련된 과세를 규율하는 기존의 양자조약 규정들이 다양하게 존재하고 그 중 일부는 의도대로 작동하지 않을 수 있다는 점을 감안하여, 이런 활동에 대해 다른 세무처리를 원할 경우 국가들이 양자조약에서 사용할 수 있는 모델조문을 제공하는 것이 유익할 것이다. 다음은 그러한 조항의 예시이다. 이 조문의 많은 부분이 기존실무에 기초하며, 그 국가들이 선택해온 특정 정책결정을 반영한다.(OE §5-177)

《추출가능 천연자원 탐사 · 개발활동 관련 조문》

1. 이 조의 규정은 5조 및 13조의 규정에도 불구하고 적용된다.

해양 활동만(Offshore only)	**해양 및 육상 활동**(Offshore and onshore)
2. 이 조의 목적상, "관련활동(relevant activity)"이라는 용어는 해저 및 그 하층토와 그 천연자원의 탐사 또는 개발과 관련하여 해양(offshore)에서 수행되는 활동을 말한다.	2. 이 조의 목적상, "관련 활동(relevant activity)"이라는 용어는 해저 및 그 하층토와 그 천연자원의 탐사 또는 개발과 관련하여 수행되는 활동을 말한다. 이 용어는 또한 육상(onshore)의 유한한 천연자원의 탐사 및 개발, 그리고 그와 관련하여 수행되는 기타 전문적 활동을 포함한다.

그러나, (i) 물자나 인원을 운송하는 경우, 또는 (ii) 예인(towing)이나 정박처리(anchor handling)를 수행하는 경우, 또는 해저 및 그 하층토와 그 천연자원의 탐사 또는 개발을 보조하는 기능을 가진 기타 선박의 운항을 주된 목적으로 사용되는 선박이나

항공기의 운항은 "관련활동"에 해당하지 않는다;

3. 한 체약국 기업이 상대방 체약국에서 관련활동을 수행하는 기간이, 해당 회계연도에 시작하거나 종료되는 12개월 기간 중 합산하여 [양자합의기간]을 초과하는 경우, 상대방 체약국에서 수행된 관련활동은 상대방 체약국에 소재한 그 기업의 국내사업장을 통해 수행된 것으로 본다.

4. 한 체약국 거주자가 수취하는 다음 양도소득은 상대방 체약국에서 과세된다.

 a) 상대방 체약국에 소재한 천연자원과 관련된 6조에서 언급된 부동산(탐사권 또는 개발권을 포함)의 양도로부터 발생한 소득, 또는

해양 활동만(Offshore only)	**해양 및 육상 활동**(Offshore and onshore)
b) 상대방 체약국에 소재한 국내사업장의 사업재산을 구성하는 동산으로서, 해당 거주자가 보유하며 상대방 체약국에 위치한 해저 및 그 하층토와 그 천연자원의 탐사 또는 개발과 관련하여 사용되는 동산; 또는	상대방 체약국에 소재한 국내사업장의 사업재산을 구성하는 동산으로서, 해당 거주자가 보유하며 상대방 체약국에 위치한 해저 및 그 하층토와 그 천연자원의 탐사 또는 개발, 또는 육상의 유한한 천연자원의 탐사 또는 개발과 관련하여 사용되는 동산; 또는

 c) 주식 또는 유사지분(예 조합이나 신탁의 지분)으로서, 양도 직전 365일 동안 어느 시점에 이러한 주식이나 유사지분의 가치가 직접 또는 간접으로 위 a) 또는 b)목에서 언급된 재산으로부터, 또는 그러한 재산을 합산한 것으로부터 50% 이상 파생한 경우, 상대방 체약국에서 과세할 수 있다.

《조문 1항 주석》

1항은 모델조약 5조와 13조의 규정에도 불구하고 이 조문이 적용된다고 규정하는데, 이 조문이 없다면 유한한 천연자원을 가진 국가가 그 자원의 탐사 및 개발과 관련하여 비거주자가 수취하는 일정 소득과 이익을 과세하는 것을 배제할 수 있다. 반대로, 원천지국이 5조나 13조에 따라 과세권을 유지하지만 이 조문에 따라서는 유지하지 않는 경우 그 과세권은 계속 유지된다.(OE §5-178)

《조문 2항 주석》

2항은 "관련활동(relevant activity)"이라는 용어를 정의하는데, 이에는 2가지 형태가 있다. 하나는 조문의 범위를 해양(offshore) 활동으로만 제한하려는 국가를 위한 것이고, 다른 하나는 육상(onshore) 활동까지 포함하려는 국가를 위한 것이다.(OE §5-179)

한 체약국에 대해 "해양(offshore)"에서 수행되는 활동에 대한 언급("해양 활동만" 버전의 2항)은 자국의 내수(internal waters)나 군도수역(archipelagic waters), 영해, 그리고 국제

법에 따라 해저와 그 하층토 및 그 천연자원에 대해 자국의 주권을 행사할 수 있는 영해 너머의 지역에서 수행되는 활동을 말한다. 이 용어들은 1982년 유엔해양법협약(United Nations Convention on the Law of the Sea)[1]에 규정된 뜻을 지니며, 이는 현재 일반적으로 관습국제법으로 인정되는 관점을 성문화한 것이다. 이 항은 3조 주석 1항에 영향을 주지 않는데, 그 주석은 "조항에 포함된 정의 외에도, 체약국들은 '한 체약국'과 '상대방 체약국'이라는 용어의 정의를 양자 간 합의할 수 있다. 또한 체약국들은 '체약국'의 가능한 정의에 대륙붕을 포함시키기로 양자 간 합의할 자유가 있다"고 언급한다. "해양 활동만" 버전의 2항과 비교할 때, "해양 및 육상 활동" 버전의 2항은 해저와 그 하층토 및 그 천연자원의 탐사 또는 개발과 관련된 "관련활동" 개념을 해양에서 수행되는 활동으로만 제한하지 않는다. "해양 및 육상 활동" 버전의 2항에서 "관련활동" 개념은 해양 탐사 및 개발 활동과 관련하여 육상에서 수행되는 활동도 포함한다.(OE §5-180)

두 경우 모두 "~와 관련하여(in connection with)"라는 표현을 사용함으로써 "관련활동"이라는 용어는 탐사 및 개발 활동 자체뿐만 아니라 일정한 관련용역의 수행도 포함한다. 아래에서 이러한 용역들이 일반적으로 탐사 및 개발 분야에서 어떻게 수행되는지를 설명한다.(OE §5-181)

해양활동의 경우 일정한 선박활동을 명시적으로 제외한다. 그러나 그 외에는 관련활동이 해저 및 그 하층토와 그 천연자원의 탐사 및 개발과 관련된 모든 활동을 포함한다("해양 활동만" 버전에서는 이러한 관련활동이 반드시 해양에서 수행되어야 한다는 추가 제한이 있다). 실제로 해양활동의 원격성과 난이도로 인해, 해양에서 수행되는 용역(예 해저 포화잠수, 파이프라인 설치)은 천연자원의 탐사 및 개발과 거의 독점적으로 관련된다.(OE §5-182)

육상활동에서 "전문적(specialised)"이라는 수식어의 사용은 관련용역의 범위를 육상 탐사 및 개발 활동에 맞춰진 용역으로 제한한다. 전문적 용역은 달리 설명하면 유사용역을 제공할 때 요구되지 않는 전문성이나 특수장비의 사용을 포함한다. 예를 들면, 한 기업이 다양한 산업의 여러 고객에게 동일한 장비와 전문성을 사용해 용역을 제공한다면(예 일반적 급식용역), 이는 일반적인(generic, 비전문적) 것으로 본다. 또한 단순히 육상 탐사 및 개발 활동이 이루어지는 현장에서 수행된다고 해서 용역을 전문적이라고 보지는 않는다. 그러나 그 현장이 특히 외진 곳이거나 접근·운영이 어려운 경우, 그 현장에서 수행되는 대부분 용역은 전문적일 수 있다. 전문적 활동의 예로는 전문적인 광산 인프라 및 장비의 조립 · 설치 · 유지, 육상 탐사 및 개발 활동과 관련된 엔지니어링 및 컨설팅

1) 튀르키예는 자국이 당사국이 아닌 유엔해양법협약에 대한 언급과 관련하여 입장을 달리한다. 튀르키예가 소득 및 자본에 관한 OECD 모델조세조약 논의에 참여한 것은, 해당 문서와 관련하여 잘 알려진 튀르키예의 법적 입장이 변경되었다고 해석될 수 없다.

용역의 수행, 탄성파조사 수행 등이 있다. 그러나 광산 운영자에게 전기, 물, 인터넷 접속을 공급하거나, 국경을 넘어 도로로 매월 물자를 공급하는 것은 일반적(비전문적) 용역으로 조문의 범위 밖에 있다. 예를 들면, 광산 운영자에게 인터넷 접속을 제공하는 것(비전문적)과 광산 운영의 특성에 맞춘 정보기술용역을 제공하는 것(전문적), 또는 어느 지역에서나 동일한 장비와 전문성을 사용해 설치하는 수도관 설치(비전문적)와 시추현장의 특성에 맞춰 특수장비와 전문성을 사용해 설치하는 수도관 설치(전문적) 사이에는 구분이 가능하다. 이러한 비전문적 활동에서 발생하는 이익은 여전히 5조(필요한 경우 3항 포함)와 7조의 일반규정에 따라 과세된다. 예를 들면, 한 체약국의 기업이 상대방 체약국의 광산현장에 일반적인 음식배달용역을 제공하는 경우 이는 조문의 2항에 포함되지 않는다. 그러나 그 기업이 5조 1항의 요건을 충족한다면 상대방 체약국에 국내사업장을 가질 수 있으며, 그 국내사업장에 귀속되는 이익은 7조에 따라 상대방 체약국에서 과세될 수 있다.(OE §5-183)

동일 논리에 따라, 규정의 두 가지 형태 모두에 적용되는 조문 말미의 문언에 해저 및 그 하층토와 그 천연자원의 탐사 또는 개발에 부수기능을 수행하는 운송, 예인, 정박처리 및 기타 선박의 운항에 대한 명시적 제외규정을 두고 있다. 예인용역에는 예인선이 수행하는 용역이 포함되며, 항만 안팎이나 계선장 간에 해상 선박의 이동을 보조하는 용역, 바지선의 예인(또는 밀기), 그리고 선박 통로나 항만에 입항을 대기 중인 선박으로 항만도선사를 수송하는 용역 등을 포함한다. 보조적 기능을 수행하는 선박에는 소방 및 구조지원에 사용되는 선박도 포함된다. 그러나 예를 들면 다음과 같은 유형의 선박은 천연자원개발에 있어 핵심활동을 수행하는 것이므로 해당 제외규정의 대상이 아니다. 즉, 원유생산선박, 시추장비 또는 플랫폼(숙소로 사용되는 것 포함), 탄화수소자원에 사용되는 부유식 저장·생산·하역 설비(FPSO), 준설선, 파이프부설선, 지진탐사선 또는 수중조사선, 중량물 운반선 등이 이에 해당한다.(OE §5-184)

8조에서 이미 한 체약국 기업이 국제운송에서 선박 또는 항공기를 운항함으로써 얻는 소득은 그 체약국에서만 과세된다고 규정한다. 따라서 일부 운송선박은 그 항해가 "국제운송"의 정의에 해당함으로써 사실상 이미 이 조문의 대상에서 제외된다. 그렇지만, 대체규정의 적용에서 제외되는 명시적 제외는 그보다 더 광범위하다. 다만, 이렇게 제외된 선박운항으로부터 발생하는 소득이라 하더라도 5조 및 7조의 일반규정은 여전히 적용된다. 예를 들면, 한 체약국 기업이 상대방 체약국의 항만에서 준설선을 예인하기 위해 예인선을 운항하는 경우, 해당 기업은 이 조문 2항에 따라 대상에서 제외되지만 5조 1항에 따라 상대방 체약국에 국내사업장을 구성하는 것으로 볼 수 있다. 이 경우 해당 국내사업장에 귀속되는 소득은 7조에 따라 상대방 체약국에서 과세된다.(OE §5-185)

"~와 관련하여(in connection with)"라는 표현은 시간적 의미에서도 사용되며, 천연자원 채굴과정의 모든 단계에서 이루어지는 유사활동을 포함한다. 즉, 예비조사가 수행되고 탐사권이 취득되며 실제탐사가 이루어지는 탐사단계, 필요한 인프라가 구축되는 개발단계, 자원이 채굴·가공·운송·마케팅·판매되는 생산단계(이러한 과정 전체를 "개발(exploitation)"이라고 표현할 수 있음)와 인프라가 철거되고 현장이 복구되는 폐쇄·복구단계까지 모두 포함한다.(OE §5-186)

"해저 및 그 하층토와 그 천연자원" 또는 "육상의 유한한 천연자원"을 언급함으로써, 이 조문은 탄화수소, 귀금속, 금속 광석, 희토류 및 기타 광물과 같은 비재생자원의 채굴을 포괄한다. 다만, 수력, 풍력, 파력, 조력 또는 태양광 발전과 같은 재생에너지 자원의 이용은 이 조문의 대상에 포함되지 않는다.(OE §5-187)

이 조문과 유사한 조문을 포함하는 일부 조세조약은 5조 4항에 열거된 활동을 대상에서 제외한다. 그러나 일반적 관행을 따르고, 단순성을 도모하며, 이러한 활동이 고부가가치일 수 있음을 고려하여, 이 조문은 그러한 제외규정을 두지 않는다. 또한 이러한 활동은 통상적으로 국내사업장을 통해 수행되는 기간보다 훨씬 짧은 기간 동안 이루어질 수 있으므로, 이를 포함하는 것은 적절하지 않다고 본다. 더 나아가, 이 조문의 적용을 받는 활동(해상 및 육상 모두)은 예비적 보조적 성격에 해당할 가능성도 상대적으로 낮다. 다만, 그러한 제외를 규정하고자 하는 국가들은 이를 명시할 수 있으며, 예를 들면 3항 끝에 다음과 같은 문언을 추가할 수 있다.(OE §5-188)

"다만 해당 기업의 활동이 5조 4항에 언급된 활동으로 한정되고, 그러한 활동이 (5조 4.1항이 적용되는 국내사업장 이외의) 일정사업장소를 통해 수행되었다고 하더라도, 해당 항의 규정에 따라 그 일정사업장소가 국내사업장을 구성하지 않는 경우에는 제외한다."

《조문 3항 주석》

한 체약국 기업이 양자합의로 정해진 최소기간을 초과하여 상대방 체약국에서 관련 활동을 수행하는 경우, 이 항은 그 활동이 상대방 체약국에 있는 국내사업장을 통해 수행되는 것으로 본다. 이는 해당 기업이 수행하는 모든 관련활동을 포괄하며, 그 활동이 하나 이상의 고객, 프로젝트 또는 기타 요소와 관련되는지 여부는 고려하지 않는다. 다만, 이러한 활동이 상대방 체약국 내에서 수행되는 경우로 한정한다. 다른 장소에서 수행된 활동은 상대방 체약국에 국내사업장이 존재하는지 여부를 판단할 때 고려되지 않는다. 예를 들면, 체약국 R 거주 기업이 체약국 R에서 위성영상자료나 기타 지구물리학적 자료를 분석하는 경우, 비록 탐사대상 광상이 체약국 S에 소재하더라도, 이는 그 기업이 체약국 S에 국내사업장을 보유하는지 여부와는 무관하다.(OE §5-189)

일단 국내사업장이 존재하는 것으로 간주되면, 원천지국은 7조에 따라 그 간주 국내사업장에 귀속되는 비거주 기업의 소득에 대해 과세할 수 있으며, 거주지국은 23조에 따라 이중과세를 제거한다. 활동이 동일 프로젝트에 속하거나 동일 고객을 위해 수행될 필요는 없으며, 오로지 원천지국에서의 활동기간이 판단기준이다. 이 간주 국내사업장에 대한 소득귀속에는 7조의 일반원칙이 적용된다.(OE §5-190)

기간요건의 구체적 기간은 체약국 간에 합의로 정한다. 유사규정을 포함하는 기존의 양자조약들은 30일, 90일, 183일 등 다양한 기간요건을 사용하고 있다.(OE §5-191)

이 조문 3항은 "상대방 체약국에서(in the other Contracting State)" 수행되는 활동을 언급한다. 이 표현의 의미를 명확히 하기 위해, 각국은 통상적으로 국제법에 따라 해저 및 그 하층토와 그 천연자원에 대해 주권적 권리를 행사할 수 있는 지역을 포함하는 방식으로 자국의 범위를 정의하는 것이 확립된 관행이다.(OE §5-192)

이 조문 3항에는, 계약분할(contract splitting)에 대한 방지 규정이 포함되지 않는다. 그러나 일부 국가, 특히 29조 9항의 주목적 요건(PPT)을 조약에 포함하지 않는 국가는 이러한 남용을 명시적으로 규율하고자 할 수 있다. 이러한 규정은 다음과 같은 형태로 작성될 수 있다.

'3항에 규정한 "[양자합의기간]" 요건이 초과되었는지 판단할 목적으로, 한 체약국 기업이 상대방 체약국에서 관련활동을 수행하고, 5조 8항의 의미에서 그 기업과 밀접하게 관련된 하나 이상의 기업들이 상대방 체약국에서 서로 다른 기간 동안 실질적으로 동일한 관련활동을 수행하는 경우, 그러한 각 기간은 최초 언급된 기업이 관련활동을 수행한 기간에 합산된다.'

이 규정은 관련활동이 동일장소에서 수행될 것을 요구하지 않으며, 다만 밀접하게 관련된 하나 이상의 기업이 수행한 관련활동이 "연결된(connected)" 것이 아니라 "실질적으로 동일(substantially the same)" 활동일 것을 요구한다(52항 규정과 대비). "실질적으로 동일"이라는 표현은 동일한 자원의 유형과 동일한 탐사 또는 채굴 방법에 적용된다. 따라서, 예를 들면, 대륙붕에서의 시추활동과 육상 탐사·채굴활동을 합산하거나, 해상에서의 지자기장 분석과 육상에서의 지진탐사를 합산하는 것은 허용되지 않는다. 또한, 분할활동이 이 규정의 대상이 되기 위해 수행되어야 하는 최소기간은 없다. 이는 이 조문 3항에서 양자합의로 정한 기간이 5조 3항의 12개월 기간보다 상당히 짧을 수 있기 때문이다.(OE §5-193)

위에 언급된 계약분할방지규정은 최초 언급된 기업과 "5조 8항의 의미에서" 밀접하게 관련된 하나 이상의 기업을 대상으로 한다. 이는 모델조약이 5조 4.1항 및 6항의 적용을 위해 해당 용어를 5조 8항에서 정의하기 때문이다. 이 규정을 채택하는 국가들은 그 정의를 5조 8항에서 3조 1항으로 옮기는 방식을 선호할 수도 있으며, 이 경우 위 문언 중 "5조 8항의 의미에서"라는 표현은 삭제된다.(OE §5-194)

《조문 4항 주석》

4항은 양도소득의 과세를 다루는데, 일정 자산(부동산, 일정한 동산, 주식 및 그와 유사지분)의 처분으로부터 발생하는 소득에 대해 원천지국에 1차적 과세권을 부여한다. 원천지국의 이러한 과세권은 일반적으로 13조 1항, 2항 또는 4항의 적용을 통해 유지된다. 다만, 이 조문 4항은 자원 채굴·개발과 관련된 각 유형의 소득 및 양도차익에 대한 취급 원칙을 하나로 통합하여 제시함으로써 투명성과 명확성을 제공한다. a목, b목 및 c목은 해당 자산의 범위를 설명한다. c목은 13조 4항에 따른 과세권을 확장한다.(OE §5-195)

a목은 4항의 적용 목적상, 천연자원의 탐사 및 개발에 관한 권리가 부동산의 정의에 포함됨을 확인한다. 이러한 권리는 6조에서 부동산으로 정의되며(명시적으로 또는 예컨대 부동산 부수재산으로), 이에 따라 13조 1항의 대상에도 포함된다. 탐사권 또는 개발권에 대한 별도의 정의를 두는 것은 필요하지 않다. 부분적 권리 역시 하나의 권리이므로, 이 용어에는 내부인수(farm-in) 및 외부위탁(farm-out) 계약과 같은 구조도 포함된다. 예를 들면, 석유 또는 가스 권리의 보유자(farmor)가 그 권리의 전부가 아닌 일부를 수탁인(farmee)에게 이전하고, 그 대가로 프로젝트 비용의 분담, 일정용역의 제공 또는 단순 현금지급과 같은 의무를 부담하게 하는 경우가 이에 해당한다.(OE §5-196)

b목은 두 부분(해상에만 적용되는 부분과 해상·육상 모두에 적용되는 부분)으로 구성되며, 한 체약국 거주자가 이 조문 2항에 언급된 탐사 또는 개발과 관련하여 사용하고, 국내사업장의 사업용 자산을 구성하는 동산을 양도함으로써 얻는 소득을 포함한다. 즉, b목은 13조 2항의 규정과 그 내용을 일치시킨 것이다.(OE §5-197)

c목은 양도 전 365일 중 어느 시점에 그 가치의 50%를 초과하는 부분이 a목 및 b목에 언급된 재산으로부터 직간접적으로 파생된 주식 또는 이와 유사한 지분을 다룬다. 이 조문은 13조 4항의 규정을 모델로 하지만, 50% 가치요건 적용할 때 a목과 b목에 명시된 재산의 가치를 합산하도록 함으로써 그 범위를 확장했다. 예를 들면, 기업가치의 30%가 채굴권에서 발생하고 나머지 30%가 해당 권리를 활용하는 이동식 시추장비(movable rig)에서 발생하는 경우, 원천지국이 해당 기업의 주식 양도소득을 과세할 수 있다.(OE §5-198)

《근로소득에 대한 고려》

이 조문은 관련활동을 수행하는 기업의 과세만을 다룬다. 그러나 일부 양자조약의 규정은 15조에서 허용하는 범위를 넘어, 근로소득에 대한 원천지국의 과세권을 확대하기도 한다. 15조는 비거주자의 근로소득에 대해 과세할 수 있는 원천지국의 권리를 대부분의 경우 유지한다. 하지만 비거주 직원이 여러 비거주 고용주들과 연속적으로 계약을 체결하고, 그 보수를 국내사업장(이 조문 3항에 따라 구성되는 것으로 간주되는 사업장 포함)이 부담하지 않는 경우, 15조는 원천지국 과세를 규정하지 않는다(다만, 해당 비거주 직원이 회계연도 중 시작하거나 종료되는 12개월의 기간 중 총 183일을 초과하여 원천지국에 체류하는 경우는 제외). 사실관계에 따라, 15조의 목적상 '고용주'를 결정하기 위해 직원과 고용주 간의 형식적 계약관계에 이의를 제기할 수 있으며(15조 주석 8.1~8.28항 참조), 필요한 경우 29조 9항의 주목적 요건(PPT)를 원용할 수도 있다. 그럼에도 불구하고 이러한 상황이 여전히 우려되는 경우, 15조 2항 뒤에 다음과 같은 규정을 추가할 수 있다.(OE §5-199)

"이 조문의 앞 규정에도 불구하고, 한 체약국의 거주자가 상대방 체약국에서 수행하는 [X]조에서 의미하는 관련활동과 연결된 고용과 관련하여 수취하는 급여, 임금 및 기타 유사한 보수는, 해당 고용이 회계연도 중 시작하거나 종료되는 12개월의 기간 중 총 [양자합의기간]을 초과하는 기간 동안 수행되는 경우 상대방 체약국에서 과세할 수 있다."

이 규정에 따라, 고용이 이루어진 국가(원천지국)는 국내사업장이 없더라도, 해당 12개월 기간 중 양자합의기간을 초과하여 고용이 수행되었다면 비거주 직원의 보수에 대해 고용주에게 과세할 수 있다. 그러나 이 규정의 사용 여부와 상관없이, 고용주가 해당 국가에 보유한 국내사업장(3항에 따라 구성되는 것으로 간주되는 사업장 포함)이 그 보수를 부담한다면, 15조 2항 c목의 요건이 충족되지 않기 때문에, 15조에 따라 기간에 상관없이 비거주자의 고용이 이루어진 국가가 해당 근로소득을 과세할 권리를 가진다.(OE §5-200)

원천지국의 근로소득에 대한 과세권을 확대하는 다른 방법은 15조 2항 a목을 다음과 같이 개정하는 것이다.

"a) 수취인이 해당 과세연도에 시작하거나 종료되는 12개월 기간 중 상대방 체약국에 총 183일을 초과하지 않는 기간 (또는, 고용이 [X]조 3항의 의미에 따른 관련 활동과 연관되어 수행되는 경우 [양자합의기간]) 동안 체류하는 경우"

이 접근방식에서는 고용수행기간이 아니라 체류일수를 기준으로 하며, 이는 15조가 일반적으로 작동하는 방식과 일치한다.(OE §5-201)

근로소득에 대한 확장규정을 사용하는 것을 고려하는 국가들은 15조 주석에서 설명하는 대로, 해당 조문의 일반원칙 중 하나는 원천지국에서 단기고용 근로소득을 공제가능 비용으로 인정하지 않는 경우 원천지국에서 단기근로계약에 대해 과세하는 것을 피해야 한다는 점을 알아야 한다. 이러한 규정을 채택하는 국가는 고용주가 해당 국가의 거주자가 아니거나 국내사업장을 두지 않은 경우 행정부담이 증가할 수 있음을 고려해야 한다.(OE §5-202)

소득공제방식(exemption method)을 채택하는 국가들은 근로소득에 대한 확장규정을 포함하는 것이 해당 소득의 이중비과세(double non-taxation)를 초래하지 않도록 주의해야 한다. 이러한 국가들은 해당 근로소득을 공제대상에서 제외하고, 23A조 및 23B조 주석의 35항에서 제안된 바와 같이 세액공제방식(credit method)을 적용하는 것을 고려할 수 있다.(OE §5-203)

4. 용역제공 국내사업장

4.1 국내세법의 용역제공 국내사업장

(1) 기본 원칙

아래와 같이 종업원을 통해 용역을 제공하는 장소는 국내사업장이다.(법법 §94 ② 5호, 소법 §120 ② 5호) 용역제공 국내사업장은 '사업장소 요건'을 충족하지 않아도 된다.

① 용역제공이 계속되는 12월 기간 중 합계 6월을 초과하는 기간 동안 용역이 수행되는 장소. 예를 들면, 일본법인이 종업원을 통하여 2001년에서 2002년에 걸쳐 계속되는 12월 기간 중 합계 6월을 초과하는 기간 동안 국내에서 용역을 수행하면 국내사업장에 해당한다. 이때 일본법인이 사업자등록을 하지 아니하였다면 용역대가를 지급하는 자는 원천징수를 해야 한다.(서면2팀-1222, 2004.6.14.)

② 용역제공이 계속되는 12월 기간 중 합계 6월을 초과하지 않는 경우로서 유사한 종류의 용역이 2년 이상 계속 반복적으로 수행되는 장소. 예를 들면, 미국법인이 5년 단위의 계약으로 매 3개월에 1개월씩 주기적으로 종업원을 통하여 국내에서 기술자문용역을 제공하면 국내사업장에 해당한다.(제도 46017-10588, 2001.4.13.)

(2) 인력공급회사인 외국기업이 내국기업에 종업원을 파견

인력공급회사인 외국기업이 내국기업에 인력을 파견하는 경우, 국내에 파견한 인력의 용역에 대한 책임과 위험을 외국기업이 부담하지 않는다면 외국기업의 국내사업장은 구성되지 않는다.

이 경우, 외국기업에게 지급하는 대가는 사업소득이며 파견인력은 내국기업의 근로자로 과세된다. 다만, 국내 파견인력의 용역에 대한 책임과 위험을 외국기업이 부담하고 자기계산으로 급여를 지급하면 외국기업의 국내사업장이 구성된다.(서이 46017-10335, 2003.2.17.)

(3) 기술도입과 관련된 용역(법통 94-0…3)

기술도입계약에 의한 용역을 국내에서 제공하는 경우에는 외국인투자촉진법의 규정에도 불구하고 다음과 같이 처리한다.

> 1. 도입하는 기술이 사용료소득(법법 §93 9호)에 해당하는 노하우인 때에는 국내사업장이 없는 것으로 본다.
> 2. 도입하는 기술이 노하우가 아니고 사업소득(법법 §93 5호) 및 인적용역소득(법법 §93 6호)에 해당하면 기술제공자의 국내사업장은 국내사업장 판정기준(법법 §94)에 따라 판단한다.

4.2 조세조약의 용역제공 국내사업장

> UN모델 5조 3항: 국내사업장은 또한 아래 경우를 포함한다.
> (b) 한 기업이 종업원 또는 다른 인원을 통해 제공하는 자문용역 등의 용역을 해당 과세연도에 시작하거나 끝나는 임의의 12개월 기간 중 총 183일을 초과하는 기간 동안 한 체약국에서 계속 수행하는 경우

많은 개발도상국들의 조세조약은 관리나 자문용역의 제공을 국내사업장에 포함하는데 선진국 기업이 이러한 용역제공으로 큰 소득을 내기 때문이다.(UN §5-9) 한국이 체결한 일부 조세조약은 외국기업이 종업원을 파견하여 일정기간 동안 용역(자문용역 포함)을 제공하면 국내사업장으로 본다.

| 종업원을 통한 용역제공시 국내사업장 판정 |

기간 요건	해당 국가
12월 중 6월 초과	나이지리아, 대만, 미얀마, 사우디아라비아, 아제르바이잔, 알바니아, 우루과이, 중국, 쿠웨이트, 타지키스탄, 페루, 포르투갈
12월 중 183일 초과	그리스, 르완다. 스리랑카, 요르단, 인도, 투르크메니스탄, 칠레, 필리핀
12월 이상	오만, 키르기스스탄(12월 초과), 아랍에미리트(18월 초과)

한국은 인적용역을 제공하는 사람이 임의의 12개월 중 총 183일 이상 국내에 체류하는 경우 그 용역을 수행할 목적의 국내사업장이나 일정사업장소를 특정하지 못하는 경우에도 이를 과세할 권리를 유보하고 있다.(OE §7-87)

(1) 종업원 또는 하청계약자를 통한 용역제공

기업의 사업은 기업가(entrepreneur)나 기업과 유급고용관계를 가진 개인(직원)에 의해 주로 수행된다. 직원에는 종업원(employee) 및 기업으로부터 지시를 받는 다른 사람(예

종속대리인)이 포함된다. 제삼자와 관련된 이들 직원의 권한은 상관이 없다. 그런데, 한 기업에 의해 공식적으로 고용된 개인이 실제로는 다른 기업의 사업을 수행하고, 그에 따라 이 개인들이 근로를 수행하는 장소에서 한 기업이 자기 사업을 수행하는 것으로 볼 수 없는 경우가 있다. 다국적기업그룹에서 한 기업의 종업원이 일시적으로 그룹의 다른 기업에 파견되어 분명히 그 다른 기업의 사업에 속하는 사업활동을 수행하는 것은 상당히 흔한 일이다. 이러한 경우, 관리문제(예 직급이나 연금을 유지할 필요)로 고용계약을 바꾸지 못하는 일이 종종 있다. 이러한 사안을 외국기업의 종업원들이 그 기업 자체의 사업활동을 수행하는 상황과 구분하여야 한다.(OE §5-39)

기업은 또한 하청계약자를 통하여, 그 하청계약자가 전적으로 또는 그 기업의 종업원과 함께 활동하면서, 사업을 수행할 수 있다. 그 경우, 다른 조건들이 충족된다면 그 기업을 위한 국내사업장이 구성된다. 그런데, 이는 그 국내사업장에 어느 만큼의 소득을 귀속시켜야 하는지에 대한 별개의 문제를 해결하지는 못한다. 이러한 상황에서 국내사업장이 존재하려면 그 하청계약자가 그 기업의 처분 하에 있는 일정사업장소에서 기업의 업무를 수행한다는 요건이 충족되어야 한다. 하청계약업자가 기업의 업무를 수행하는 일정사업장소가 그 기업의 처분 하에 있는지 여부를 결정하여야 한다. 그런데, 그 기업의 종업원이 없는 경우 기업이 명백히 그 장소를 사용할 실질적 권한이 있다는 점을 보여줄 다른 요소들을 기준으로 그 장소가 기업의 처분 하에 있다는 점을 증명하여야 하는데, 예를 들면, 그 기업이 그 장소를 소유하거나 법적 점유권이 있으며 그 장소에 대한 접근이나 사용을 통제하는 등의 사유가 그것이다. 이러한 상황은 건설현장의 경우에 나타나는데, 이는 또한 다른 경우에서도 발생할 수 있다. 한 가지 사례는 소규모호텔을 소유하고 호텔방을 인터넷을 통하여 빌려주는 기업이 원가가산방법으로 대가를 받는 회사에 호텔의 실제운영(on-site operation)을 하청계약하는 경우이다.(OE §5-40)

(2) 자동설비

사업이 주로 자동설비에 의해 수행되고 직원활동이 그 설비의 설치, 운영, 통제 및 유지에만 국한하더라도 국내사업장은 존재할 수 있다. 따라서 한 국가 기업에 의해 다른 국가에 설치된 게임기나 자판기 등이 국내사업장을 구성하는지는 기업이 기계의 최초 설치 이외의 사업활동을 수행하는가에 달려 있다. 만약 기업이 단지 기계를 설치한 후 다른 기업에 리스하였다면 국내사업장은 존재하지 않는다. 그러나 기계를 설치한 기업이 자신의 소득을 위해 기계를 운영하고 유지한다면 국내사업장은 존재한다. 기계가 기업의 종속대리인에 의해 운영되고 유지된다면 이 원칙이 마찬가지로 적용되어 국내사업장이 구성된다.(OE §5-41)

이는 '한 체약국의 기업'이란 용어의 정의를 따른 것인데, 이 용어는 한 체약국의 기업이 수행하는 모든 기업형태를 일컫는데, 그 기업이 법적으로 회사, 파트너십, 자영업자(sole proprietorship) 또는 다른 법적형태로 설립되었는지 여부는 따지지 않는다. 여러 기업들이 동일 프로젝트에서 협업할 수 있으며 그들의 협업이 별개의 기업을 구성하는지는 사실관계 및 각국의 국내법에 달려 있다.

분명한 것은 각각 별개의 기업을 영위하는 두 사람이 이 사람들이 주주가 되는 회사를 만들기로 한 경우, 그 회사는 또 다른 별개의 기업이 되는 법인을 구성한다. 그렇지만 대부분의 경우는 서로 다른 기업들이 동일프로젝트의 각 부분을 수행하기로 합의하고, 이 기업들이 사업활동을 공동으로 수행하지 않으며, 그 소득을 공유하지 않고, 프로젝트의 전체 산출물이나 프로젝트의 맥락에서 수행된 활동에 대한 대가를 나누지만, 그 프로젝트에 대한 서로의 활동에 대하여 책임을 지지 않는다. 이 경우, 별개의 기업이 설립된 것인지 판단하기가 쉽지 않다.

이러한 계약을 많은 국가들에서 '공동사업(joint venture)'으로 이름 붙이고 있지만, 공동사업의 의미는 국내법에 따라 다르며 일부 국가들에서 '공동사업'이란 별개의 기업을 의미한다.(OE §5-42)

(3) 파트너십

세무상 무시되는 파트너십의 형태를 취하는 기업의 경우, 각 파트너(partner)가 사업을 영위하며, 각 파트너의 소득의 몫에 대하여 자신의 거주지국 기업에 해당한다. 그 파트너십이 한 체약국에 국내사업장을 가지고 있는 경우, 그 국내사업장에 귀속되는 소득의 각 파트너의 몫이 그 파트너 거주지국 기업이 수취하는 소득이 된다.(OE §5-43)

4.3 용역제공 국내사업장의 과세문제

(1) 용역수행지국 과세원칙

한 체약국에 일정사업장소(fixed place of business)가 없는 상대방 체약국 기업이 한 체약국 영토 내에서 수행하는 용역소득의 원천지국과세는 과세소득결정 및 해당세액징수와 관련하여 어려움이 있다. 대부분의 경우, 이러한 기업은 국내사업장과 관련된 회계장부나 자산이 없으며 세무신고 및 징수절차를 이행할 종속대리인이 없기 때문이다.(OE §5-134)

원천지국 밖에서 비거주자가 수행하는 용역소득에 대하여 원천지국은 과세권이 없다는 것은 모든 국가가 분명히 인정한다. 한 국가에서 국내사업장을 통해 생산되거나 판매되지 않고 한 국가의 거주자에 의해 단순히 수입되는 재화의 해외 판매자 판매소득은 조세조약상 한 국가에서 과세되지 않으며, 동일원칙이 용역인 경우에도 적용된다. 용역대가의 지급자가 한 국가의 거주자이거나 한 국가의 국내사업장에 의해 용역대가가 부담된다거나 용역 결과물이 국내에서 사용된다는 단순한 이유는 그 국가에 소득과세권을 배분할 수 있는 충분한 인과관계를 형성하지 못한다.(OE §5-139)

(2) 수입금액 과세는 부적절함

용역제공에 대한 다른 중요한 과세문제는 과세표준의 결정과 관련된다. 독립적 용역(non employment service)은 용역 순소득(net profit)이 과세대상이어야 한다. 그러므로 원천징수를 하면서 용역에 대한 대가총액을 과세하도록 하는 것은 용역을 과세하는 적절한 방법은 아니다.

이는 원천지국 이외의 지역에서 수행한 용역도 과세하므로 원천지국에서 영위하지 않은 사업활동도 과세하는 효과가 있다. 또한, 용역소득(profit from services)을 과세하는 것이 아니라 용역에 대한 대가총액(gross payments for services)을 과세하게 되어 불합리하다.(OE §5-140)

(3) 용역제공 국내사업장의 합리적 과세방안

① 사업장소개념의 완화

용역제공 국내사업장을 과세하는 경우, 아래와 같은 원칙을 적용하는 것이 중요하다.(OE §5-142) 이는 순소득 과세원칙을 지키면서, 비거주자가 수행하는 용역의 과세를 위해 국내사업장 정의를 확대한다.(OE §5-145)

| 용역제공 국내사업장 과세요건 예시(OE §5-143) |

1. 국가영토 밖에서 수행된 용역소득은 과세하지 않음.
2. 용역대가총액이 아니라 용역소득에 한정하여 과세
3. 일정기간 동안 용역제공을 위해 체류해야 함.

용역제공 국내사업장은 다른 국내사업장 개념을 적용하면 구성되지 않는 국내사업장이 존재하는 효과가 있다. 예를 들면, 컨설턴트(consultant)가 한 국가에서 상당기간 동안 용역을 제공하지만 여러 지역에서 제공하여 하나 또는 여러 개의 국내사업장을 구성하기 위한 사업장소기준을 충족하지 못하는 경우에도 용역제공 국내사업장 규정은 적용될 수 있다.(OE §5-146)

사 례 용역제공 국내사업장(OE §5-148)

(사례 1) 한 체약국 거주자인 개인 자영업자가 용역을 제공하며 12개월 기간 중 183일 이상을 상대방 체약국에 체류하지만 건설공사현장이 아닌 한 장소(건설이나 설비 프로젝트와 관련되지 않음) 및 두 개의 건축현장에서 용역을 수행하며, 각 장소의 체류기간은 조세조약에 정한 건설공사기간보다 작다. 건설공사의 국내사업장 규정에 따라 이들 장소는 국내사업장을 구성하지 않지만 용역제공 국내사업장 규정은 건설공사의 국내사업장 규정에 우선하여 적용되므로 개인이 영위하는 기업이 국내사업장을 가진 것으로 간주한다.

(사례 2) 다른 사례는 한 국가에서 단일건설공사를 수행하는 대규모 건설기업이다. 건설공사가 단일장소에서 수행되는 경우, 그 장소가 국내사업장이 되기 위한 기간과 용역제공 국내사업장 규정에서 정한 기간이 사실상 다르지 않다면 용역제공 국내사업장 규정은 중요한 영향이 없다.

용역제공 국내사업장 규정은 한 국가의 특정장소에서 기업의 일정사업장소를 구성할 정도로 충분한 기간 동안 체류하지 않더라도 한 국가에서 상당한 기간을 체류하는 외국기업에 대해 소재지국 과세를 가능하게 한다.(OE §5-149)

② 합리적인 용역제공 국내사업장 판정요건

㉮ 제삼자에게 제공하는 용역

용역제공 국내사업장은 오로지 용역(services)에만 적용된다. 그러므로 용역에 해당하지 않는 다른 활동은 그 범위에서 제외된다. 따라서 예를 들면, 한 국가 영해 내에서 어로활동을 하고 수산물을 팔아 수입을 얻는 외국기업에게는 적용되지 않는다.(OE §5-150)

기업 자신에게 용역을 제공한다는 이유로는 기업의 용역제공 국내사업장이 구성될 수 없음은 명백하다. 예를 들면, 고용주는 용역을 전혀 수행하지 않고 개인이 그의 고용주에게 용역을 제공하는 경우가 있다.(즉, 개인이 기업에 제조용역을 제공하고 기업은 그 제품을 판매하는 경우) 다른 사례는 한 기업의 종업원이 한 국가에서 특수관계기업의 구체적 지시 및 면밀한 감독 하에 특수관계기업에게 용역을 제공하는 경우이다. 이 경우, 문제의 용역은 제삼자의 이익을 위한 것이 아니라는 점을 감안할 때 특수관계기업은 용역을 전혀 수행하지 않은 것이다.(OE §5-151) 또한, 용역제공 국내사업장 규정은 외국기업이 한 국가에서 수행하는 용역에 적용된다. 관련용역이 그 국가의 거주자에게 제공되었는지는 문제가 되지 않으며, 관건은 그 국가에 체류하는 개인을 통해 용역이 그 국가에서 수행되었다는 점이다.(OE §5-152)

용역이 무조건 '종업원(employee)이나 기업에 의해 계약된 기타 직원(personnel)을 통해' 수행되어야 하는 것은 아니며, 용역이 기업에 의해 수행되면 된다. 한 체약국에서 수행되는 용역과 같이 기업의 사업은 '기업가 또는 기업과 대가지급-고용관계(paidemployment relationship)가 있는 직원(personnel)에 의해' 주로 수행된다. 이러한 직원에는 종업원 및 기업으로부터 지시를 받는 다른 사람(예 종속대리인)이 포함된다. 개인을 통해 기업의 용역을 제공하는 경우 그 개인은 당연히 대가지급-고용관계가 있어야 하며, 다만 감독·지시·통제가 이루어지지 않으면 제외된다.(OE §5-153)

㈏ 기간요건과 소득요건

용역제공 국내사업장은 주로 개인에 의해 용역이 수행되는 상황과 관련된다.(OE §5-155) 이는 자영업자(sole proprietorship), 파트너십의 파트너, 회사의 직원 등과 같은 개인을 통해 기업이 용역을 제공하는 여러 상황에 적용될 수 있다. 이 경우 중요한 요건은 다음과 같다.(OE §5-156)

1. 기간요건: 용역을 제공하는 개인이 임의의 12개월 중 총 183일을 초과하는 단일기간 또는 합산기간 동안 한 국가에 체류하며, 또한
2. 소득요건: 체류하는 단일기간 또는 합산기간 동안 적극적 사업활동(active business activities)에 귀속되는 총수입의 50% 이상이 개인을 통해 그 국가에서 수행한 용역으로부터 수취됨.

사례 용역제공의 국내사업장(기간요건)(OE §5-159)

(사례 1) R국의 거주자 W는 자신의 이름으로 자신의 사업활동을 수행하는 컨설턴트이다.(즉, 자영업자이다) 2000년 2월 1일부터 2001년 2월 1일까지 W는 190일간 S국에 체류하였고 이 체류기간 동안 S국에서 수행한 용역으로부터 수입의 대부분을 수취하였다. 이 경우 W의 용역은 S국의 국내사업장을 통해 수행된 것으로 간주된다.

(사례 2) R국 거주법인으로 엔지니어링용역을 제공하는 X사의 주주 2명 중 한 명인 R국 거주자 X는 또한 X사의 종업원이다.2000년 12월 20일부터 2001년 12월 19일까지 X는 190일간 S국에 체류하였고, 이 체류기간 동안 적극적 사업활동에 해당하는 X사 총수입의 70%는 S국에서 X가 수행한 용역으로부터 수취되었다. 이 경우 이 용역은 S국내 X사의 국내사업장을 통해 수행된 것으로 간주된다.

(사례 3) R국 거주자인 X와 Y는 R국에 설립되어 법률용역을 제공하는 파트너십 X&Y의 2명의 파트너(partner)이다. R국은 세무상 파트너십을 과세대상으로 보지 않는다. 2000년 7월 15일부터 2001년 7월 14일까지 Y는 240일간 S국에 체류하였고, 이 체류기간 동안 X&Y의 적극적 사업활동에 해당하는 X&Y 총수수료의 55%를 S국에서 Y가 수행한 용역으로부터 수취하였다. 이 경우 X와 Y의 과세목적상 Y가 수행한 용역은 S국의 국내사업장을 통해 수행된 것으로 간주된다.

(사례 4) R국 거주자인 Z는 회계용역을 제공하는 R국 거주자인 A사 종업원 10명 중 한명이다. 2000년 4월 10일부터 2001년 4월 9일까지 Y는 190일간 S국에 체류하였고, 이 체류기간 동안 A사의 적극적 사업활동에 해당하는 A사 총수입의 12%를 S국에서 Z가 수행한 용역으로부터 수취하였다. 이 경우 A사는 S국에 국내사업장이 있는 것으로 간주되지 않는다.

㉰ 기업이 제공하는 용역

기업이 특정 프로젝트(또는 여러 연관프로젝트)와 관련하여 용역을 제공하며, 이러한 용역을 상당기간에 걸쳐 한 명 또는 여러 명의 개인을 통해 수행하는 상황이 있을 수 있다. 용역수행기간은 기업에 직접 적용하며 개인에 적용하는 것은 아니다. 따라서 동일한 개인이 용역을 제공하면서 그 기간 동안 체류할 필요는 없다. 해당일에 기업이 용역을 수행하면서 그 국가에 체류하는 한 사람 이상을 통해 용역을 제공한다면, 그 날은 용역수행기간에 포함된다. 다만, 해당일에 기업을 위해 용역을 제공하는 사람이 아무리 많더라도 그 날은 하루로 계산됨은 의문의 여지가 없다.(OE §5-160)

'동일한 프로젝트를 위해 이러한 용역을 수행하는 기업'은 용역을 제공하는 기업의 관점에서 해석된다. 그런데, 기업에 따라 동일한 고객에게 용역을 제공하는 두 개의 다른 프로젝트가 있을 수 있다.(예 세무자문용역 및 세무와 관련 없는 훈련용역) 고객관점에서 보면 하나의 프로젝트일 수 있지만, 두 개의 용역이 동일한 프로젝트를 위해 수행된 것으로 보아서는 안 된다.(OE §5-161)

사례 용역제공의 국내사업장(소득금액 요건)(OE §5-165)

(사례 1) R국 거주자 X는 Y사와 합의하여 Y사가 개발권을 가진 S국의 여러 지역에서 지질조사를 수행한다. 2000년 5월 15일부터 2001년 5월 14일까지 X의 종업원 및 X의 감독, 지시 및 통제하에 일하는 X의 하청을 받은 자영업 개인이 185일의 근무일 동안 지질조사를 수행한다. 이 경우 S국에서 X의 국내사업장을 통해 지질조사용역이 수행된 것으로 간주된다.

(사례 2) T국 거주자 Y는 훈련용역을 제공하는 R국 거주회사 WY사의 2명의 주주 및 종업원 중 한 명이다. 2000년 6월 10일부터 2001년 6월 9일까지 WY사가 S국 거주회사와 체결한 직원훈련계약에 따라 Y는 훈련용역을 제공한다. 훈련용역은 185일의 근무일 동안 제공된다. S국에서 Y의 체류기간 중 제공용역으로 인한 수입은 WY사의 적극적 사업활동 총수입의 40%에 해당한다. 이 경우 S국에서 WY사의 국내사업장을 통해 훈련용역이 수행된 것으로 간주된다.

(사례 3) R국 거주자 Z사는 S국 거주자 O사로부터 고객에게 전화로 제공하는 기술지원에 대한 외주용역을 제공받는다. O사는 Z사와 비슷한 여러 회사를 위해 콜센터(call center)를 운영한다. 2000년 1월 1일부터 2000년 12월 31일까지 O사 직원이 Z사의 여러 고객에게 기술지원을 제공한다. O사 직원은 Z사의 감독, 지시 및 통제에 따라 일하는 것이 아니므로 Z사는 O사 직원을 통해 S국에서 용역을 제공하는 것으로 볼 수 없다. 또한, Z사의 여러 고객에게 O사 직원이 제공하는 용역은 비슷하지만 이 용역은 Z사가 제삼자고객과 체결한 여러 건의 개별계약에 따라 수행된다. 그러므로 동일프로젝트 또는 연관프로젝트에 대하여 기술지원용역을 제공한다고 볼 수 없다.

4.4 펀드의 국내사업장

국제적 환경에서 투자자산 소재지국에서 투자소득이 발생하여 펀드(집합투자기구) 또는 자산운용사의 손을 통과하여 투자자에 도달되는데, 이러한 의미에서 이를 통과소득(conduit income)이라 한다. 국제적 환경에서 조세중립성을 보장하기 위해서는 집합투자기구 또는 자산운용사가 소재한다는 이유로 해당 소재지국이 통과소득을 과세해서는 안 된다. 비거주자가 국내에 설립된 펀드를 통해 국외자산에 투자하는 경우, 펀드를 내국법인으로 보아 과세할 위험이 있다. 또한, 비거주자가 국외에 설립된 펀드를 통해 국내외자산에 투자하는 경우 자산운용사가 국내에 소재하면 실질적 관리가 국내에서 이루어지는 것으로 보아 그 펀드를 내국법인 또는 국내사업장으로 과세할 수 있다. 이러한 경우 국제적 펀드나 자산운용사가 국내에 소재할 실익이 없으므로 국제적 펀드산업이 국내에 존재할 이유가 없다.

펀드나 자산운용사의 소재에 따른 과세차이를 방지하고 조세중립성을 보장하는 문제는 결국 통과소득의 과세문제인데, 국내원천소득에 대한 원천징수와 자산운용사가 정상적으로 수취하여야 할 수수료와 성공보수(carried interest)에 대한 과세를 제외하고 투자자의 손에서 과세되어야 할 몫을 국내에서 과세하지 말아야 한다.

(1) 호주의 자산운용사 과세특례

2011.1.19. 호주 재무성은 호주의 자산운용사가 운용하는 외국펀드에 대한 국내사업장 과세규정의 개선안을 공표하였다. 자산운용사 과세특례(investment Manager Regime)의 핵심은 국외자산에 투자하는 비거주자가 호주 중개인을 사용하는 경우 투자와 관련하여 추가적으로 호주에서 과세되지 않도록 보장하는 것으로, 비거주자의 국외자산에서 발생하여 비거주자에게 실질적으로 귀속되는 통과소득(conduit income)은 호주에서 과세되지 않는다.

| 자산운용사 과세특례(investment Manager Regime) 요약 |

1. 자산운용사 과세특례는 기관투자자용 펀드 또는 최종투자자용 펀드에 모두 적용하며, 펀드 운용 이외의 다른 금융서비스 분야에도 적용한다. 다만, 금융분야에서 활동하는 기업에게만 적용된다.
2. 독립적인 거주 투자자문사(investment advisor), 펀드운용사(fund manager), 중개인(broker), 환전상(exchange), 대리인(agent)을 사용하는 비거주 투자자의 경우
   - 모든 국외자산의 투자에 대하여 호주 내에서 과세되지 않는다.
   - 호주 내 자산의 투자는 호주 내 중개인(intermediary)을 사용하지 않고 비거주자가 직접 투자하는 것으로 보아 과세한다.
3. 정상적(at arm's length)으로 거래하는 종속적인 중개인을 사용하는 비거주 투자자의 경우

- 모든 국외자산의 투자에 대하여 호주 내에서 과세되지 않는다.
- 호주 내 자산의 투자는 현행과 마찬가지로 소액투자면세(de minimis exemption)를 적용한다. 과세되는 경우, 호주자산의 투자는 호주 내 중개인(intermediary)을 사용하지 않고 비거주자가 직접 투자하는 것으로 보아 과세한다.

4. 해당 투자펀드의 실질적 관리나 통제가 호주에서 이루어진다는 사실만으로 투자펀드를 호주 거주자로 보지 않는다.

(2) 일본의 자산운용사의 종속성 판정기준

일본의 경우, 2008년 법인세법 집행령 제186조 및 소득세법 집행령 제290조의 독립대리인 판정기준을 아래와 같이 보완하여 펀드 투자관리인(investment manager)의 대리활동, 계약체결권 및 지속적 사업수행 여부에 대한 판정기준을 명확히 하였다.

1. 구체적 지시(detailed instruction): 국내투자관리인(domestic investment manager)이 대리하는 투자결정이 해외투자관리인의 구체적 지시에 의해 이루어진다면 해외펀드의 GP(general partner)나 해외투자관리인(foreign investment manager)이 직접 국내에서 투자활동을 하는 것으로 간주한다.
2. 직원의 공유(shared officers): 국내투자관리인의 임직원의 50% 이상이 해외펀드의 GP나 해외투자관리인의 임직원에 해당하는 경우 독립대리인이 아니다.
3. 보상(remuneration): 국내투자관리인이 원가가산방식(cost plus type)으로 대가를 받지 않고, 투자자산 또는 투자소득을 기준으로 기여도를 반영하여 대가를 받는 경우 독립대리인이 아니다.
4. 사업변환능력(diversification test): 국내투자관리인이 해외펀드나 해외투자관리을 위해 전적으로 또는 거의 전적으로 사업을 수행하는 경우, 국내투자관리인이 사업수행방식을 근본적으로 변경하거나 또는 사업의 합리성을 상실하지 않는 한도에서 사업을 변환하거나 새로운 고객을 창출할 수 없다면 독립대리인이 아니다.

(3) 영국의 자산운용사의 간주국내사업장 제외요건

영국 국세청(HMRC)은 2007년 예규(Statement of Practice 1/01)를 개정하여 아래 요건을 충족하는 경우 투자관리회사면세(investment Management Exemption)를 적용한다. '종속대리인'을 판정하기 위해 70%의 요건을 적용하는데, 이에 비해 법인세법 기본통칙(94-133…3) 제2항 제3호는 '전적으로 또는 거의 전적으로'라고 표현한다.

1. 투자관리회사(manager)는 일상적인 사업활동을 수행해야 한다.
2. 투자관리회사는 아래 요건을 모두 충족하는 독립대리인으로 활동해야 한다.(독립성 테스트)
   ① 펀드가 다수에 의하여 소유될 것
      • 5명 이하의 사람들이 50% 이상의 펀드지분을 소유하거나, 특정인이 20% 이상의 펀드지분을 소유하지 않을 것, 또는
      • 다수에 대하여 펀드를 적극적으로 판매할 것
   ② 투자관리회사가 펀드로부터 수취하는 소득이 투자관리회사 전체소득의 70% 이하
3. 투자관리회사는 용역제공대가를 통상수수료 이하로 받지 않아야 한다.(통상수수료 테스트)
4. 펀드는 국내의 다른 투자관리회사를 통해 다른 사업을 하지 않아야 한다.
5. 투자관리회사면세는 상장주식투자 등의 특정범위 거래에 대하여만 적용된다.

5. 전자상거래의 국내사업장

전자상거래를 위해 한 국가에서 컴퓨터장비를 단순히 사용하는 것이 국내사업장을 구성하는지가 문제가 된다.(OE §5-122)

(1) 서버의 국내사업장

자동설비가 한 기업에 의해 운영되는 장소는 그것이 소재하는 국가의 국내사업장을 구성하지만, 일정장소에 설립되어 일정조건하에 국내사업장을 구성하게 되는 컴퓨터설비와 그 설비에 의해 사용 또는 저장되는 정보(data)나 소프트웨어는 구분할 필요가 있다. 인터넷 웹사이트는 소프트웨어와 전자적 정보가 합쳐진 것으로 그 자체로는 유형자산에 해당하지 않는다. 따라서 웹사이트를 구성하는 소프트웨어와 정보만을 놓고 볼 때 '어떠한 토지건물과 같은 시설, 또는 일련의 기계장치나 설비'가 없기 때문에 '사업장소'를 구성하는 일정장소(a location)는 없다. 다만, 웹사이트가 탑재되거나 웹사이트에 접속가능한 서버는 물리적 장소를 가진 일종의 설비로 이러한 장소는 그 서버를 운영하는 기업의 '일정사업장소'가 될 수 있다.(OE §5-123)

① 서버는 국내사업장이 될 수 있다

소프트웨어나 데이터가 일정장소의 서버에서 저장되고 운영된다면 소프트웨어 등은 여기서 수행되는 기능에 공헌하는 것이다. 이때 일어나는 모든 일을 관찰하여 기업의 사업이 그 장소에서 수행되는지를 결정해야 한다. 예를 들면, 계약체결권이 없는 종업원은 국내사업장을 구성하지 않지만 한 기업의 사업이 특정건물 내에서 수행되는지 여부를 결정하기 위해 건물 내에서 이 종업원이 수행한 기능을 관찰할 필요가 있다. 아무것도

탑재되지 않은 서버는 빈 건물처럼 그 자체로는 국내사업장이 되지 않는다. 예를 들면, 게임을 개발한 일본법인이 내국법인이 소유하는 서버를 통해 국내게임이용자가 게임을 이용하고 대가를 내국법인을 통하여 받는 경우 게임서버 및 네트워크의 설치 및 운용은 내국법인이 수행 게임업데이트 및 소스변경 등 중요한 관리는 일본법인이 수행한다면, 일본법인이 국내에서 게임을 제공하는 서버는 국내사업장에 해당한다.(서면법규-941, 2013.9.2.) 한편, 서버가 무조건 국내사업장에 해당하는 것은 아니다. 예를 들면, 내국법인이 일본 내 사무실에 컴퓨터 서버(FTP) 등 전산장비의 관리를 위해 직원이 출장하여 이를 관리하여 왔으나, 그 컴퓨터 서버(FTP)는 인터넷을 통하여 한 컴퓨터에서 다른 컴퓨터로 파일을 전송하는 단순히 파일을 전달하는 장비에 불과하여 일본 내에서 본질적이고 중요한 사업활동을 수행하고 있다고 볼 수 없다. 또한, 수주한 애니메이션 제작용역의 대부분이 중국이나 한국에 소재한 사업체에 재하청되고 업무성격에 비추어 애니메이션 제작용역의 수주나 수주한 제작용역의 재하청 등 중요한 사업활동은 모두 내국법인이 직접 하였을 것으로 보이는데, 내국법인이 1년 동안 일본에 체류한 기간이 최대 4개월 남짓, 짧게는 1개월 남짓에 불과한 점을 종합하면, 내국법인이 일본 내에서 본질적으로 중요한 사업활동을 수행하였다고 인정하기에 부족하다. 따라서 내국법인이 일본 내에서 행한 사업활동은 부수적이고 보조적인 활동에 불과하여 일본 내 국내사업장이 존재한다고 볼 수 없다.(서울행법 2007구합30703, 2008.5.1.)

② **백업서버도 국내사업장이 될 수 있다**

백업(back up)서버(주로 다른 나라에 있고 기업소유 여부는 상관없음)가 있는 경우 어느 특정시간에 메인서버(main server)가 어떤 역할을 한다고 말하기는 어렵다. 백업서버가 예비적이고 보조적인지에 대한 문제가 검토되어야 한다. 백업서버에서 수행된 기능이 예비적이고 보조적인 정도를 넘어섰다면 일정장소의 특정서버가 국내사업장을 구성하는 데는 문제가 없다.

예를 들면, A사의 사업활동은 세계 각국의 정보수집요원들이 각국의 금융정보 등을 수집하여 A사의 미국 본사에 송부하면 미국 본사가 그 정보의 정확성을 검증한 후 이를 가공・분석하여 미국에 소재하는 주컴퓨터에 입력하고 입력된 정보를 노드장비와 수신기를 통하여 고객에게 전달하는 과정으로 이루어지므로 사업의 본질적인 부분은 정보를 수집하고 이를 가공・분석하여 그 부가가치를 극대화하는 부분과 이를 판매하는 부분이다. A사가 노드장비 등을 한국에서 설치하거나, A사 홍콩지점의 한국담당 직원들이 한국을 방문하여 고객의 사무실에서 A사가 제공하는 서비스에 대한 판촉활동을 하며 정보이용료 등의 계약조건을 안내하거나, A사의 한국자회사가 고객에게 장비사용법에 관한 교육훈련을 실시하는 것은 A사의 본질적이고 중요한 사업활동으로 볼 수 없으므로 A사의 국내사업장이 존재한다고 볼 수 없다.(대법원 2009두19236, 2011.4.28.)

(2) 웹사이트의 국내사업장

서버를 운영하는 기업과 웹사이트를 통해 사업을 수행하는 기업이 다를 수 있으므로 웹사이트 자체와 웹사이트가 저장되고 사용되는 서버와의 구분은 중요하다. 예를 들면, 어떤 기업이 사업을 수행하는 웹사이트가 인터넷 용역공급자(internet service provider)의 서버에 탑재되는 경우는 흔한 일이다. 이러한 계약에서 인터넷 용역공급자에게 지급하는 수수료가 웹사이트에 필요한 정보나 소프트웨어를 저장하는 데 쓰이는 디스크공간에 따라 정해지지만, 웹사이트 운영기업이 웹사이트를 특정장소의 특정서버에 탑재하도록 결정할 수 있었다 해도 이 계약으로 인해 필연적으로 서버나 서버소재지가 그 웹사이트 운영기업의 처분에 맡겨지는 것은 아니다. 이 경우 웹사이트는 유형적인 것이 아니므로 웹사이트 운영기업은 그 장소에 물리적 실재가 없다고 보아야 한다. 따라서 웹사이트 운영기업이 서버 탑재계약에 의해 사업장소를 가진 것으로 보아서는 안 된다. 그렇지만, 웹사이트를 통하여 사업을 운영하는 기업이 자신의 처분하에 서버를 소유하고 있는 경우, 즉 그 기업이 웹사이트를 저장하고 사용하는 서버를 소유(또는 임차)하여 운영한다면 서버가 소재하는 장소는 기업의 국내사업장을 구성한다.(OE §5-124)

(3) 사업장소의 유지

일정장소에 있는 컴퓨터는 계속성 요건(requirement of being fixed)을 충족하는 경우에만 국내사업장이 될 수 있다. 서버의 경우에 서버의 이동가능성은 특별한 상관이 없고 실제로 이동되었는지가 판단요소이다. 국내사업장소를 구성하기 위해서는 계속성이 있다고 판단될 정도의 충분한 기간 동안 일정장소에 서버가 소재해야 한다.(OE §5-125)

또한 서버 등의 설비를 자기 처분하에 둔 장소에서 사업이 전부 또는 부분적으로 수행되는지를 검토해야 한다. 사업이 이러한 설비를 통하여 전부 또는 부분적으로 수행되는지 여부는 구체적 사실에 따른다. 즉, 이러한 설비가 사업기능이 수행되는 자기 처분하의 설비에 해당하는지를 검토해야 한다.(OE §5-126)

(4) 자동적으로 운영되는 설비

기업이 특정장소에서 컴퓨터설비를 운영하는 경우 그 설비운영장소에 기업의 직원이 필요하지 않은 경우에도 국내사업장은 구성될 수 있다. 그 장소에서 사업활동을 수행하는 데 사실상 직원이 필요치 않다면 기업이 전부 또는 부분적으로 일정장소에서 사업을 수행하는지 여부를 검토하는 데 직원의 존재는 필요치 않다. 이는 천연자원의 추출에 쓰이는 자동펌프 설비같이 자동적으로 운영되는 설비와 관련된 활동에 적용되는 원칙인데, 전자상거래에도 마찬가지로 적용될 수 있다.(OE §5-127) 예를 들면, 해외 정보제공업자가 국내 고객에게 정보를 제공하면서 인적 관여없이 타인 소유의 국내 소재 컴퓨터통신장비를 이용하는 경우 정보의 생산, 가공, 편집 등과 같은 정보제공업자의 핵심적 기능이 국내 컴퓨터장비를 통해 수행되면 정보제공업자의 국내사업장을 구성한다.(국세 46522-71, 2003.4.15.) 미국법인이 다수의 국내 인터넷 종합쇼핑몰에 상품판매자로 등록한 후 해당 쇼핑몰을 통하여 국내소비자로부터 주문받은 상품을 미국에서 직배송하는 방법으로 상품을 판매함에 있어, 국내에서 인터넷 종합쇼핑몰을 운영하는 인터넷 서비스공급자인 내국법인이 해당 외국법인의 국내 상품판매를 위해 대금정산, 반품처리, 고객상담, 광고, 기타 판매와 관련된 부수용역을 수행하는 경우 그 용역수행장소는 국내사업장에 해당한다.(법규국조 2013-163, 2013.5.28.)

(5) 예비적 · 보조적 활동

한 국가의 일정장소에서 컴퓨터설비를 통하여 수행되는 전자상거래 활동이 예비적이고 보조적인 활동에 한정되는 경우 국내사업장이 존재하지 않는 것으로 보아야 한다. 일정장소에서 수행되는 특정활동이 예비적 · 보조적인지 여부는 그 설비를 통하여 기업이 수행한 다양한 기능을 감안하여 구체적 사실에 따라 검토해야 한다. 일반적으로 예비적이고 보조적인 것으로 간주되는 활동사례는 다음과 같다.(OE §5-128)

1. 전화선과 같이 공급자와 고객 간 통신연결망을 제공
2. 재화나 용역의 광고
3. 보안 및 능률성 제고를 위해 미러서버(mirror server)를 통한 정보전달
4. 기업을 위한 시장정보 수집
5. 정보(information) 제공

그러나 이런 기능이 그 자체로 기업전체 사업활동의 필수적이고 중요한 부분이거나 또는 기업의 다른 핵심적 기능이 컴퓨터설비를 통하여 수행되는 경우, 이들은 예비적 · 보조적인 활동범위를 넘어선 것으로 설비가 기업의 일정사업장소에 해당한다면 국내사업장을 구성한다.(OE §5-129)

특정기업의 핵심기능이 무엇인지는 그 기업이 수행하는 사업의 성격에 전적으로 좌우된다. 예를 들면, 어떤 인터넷 용역공급자들은 다른 기업의 웹사이트나 기타 응용프로그램을 탑재할 목적으로 자체 서버를 운용하는 사업을 한다. 이들 인터넷 용역공급자들에게는 고객에게 용역을 제공하기 위해 자신의 서버를 운영하는 것이 사업활동의 필수적

부분이므로 예비적 또는 보조적 활동으로 볼 수 없다. 이와 다른 사례는 흔히 전자상거래인(e-tailor)으로 호칭되는 인터넷을 통하여 제품을 파는 사업을 행하는 기업이다. 이 경우 기업은 서버를 운영하는 사업을 하지 않으므로 어떤 장소에서 서버를 운영한다는 것만으로는 그 장소에서 수행한 활동이 예비적이고 보조적인 것을 넘어섰다고 결론지을 수 없다. 이러한 경우 기업이 행하는 사업의 관점에서 그 장소에서 수행된 활동의 성격을 검토할 필요가 있다. 만약 이 활동이 인터넷에서 제품을 파는 사업에 단지 보조적이고 예비적인 것이라면, 즉 많은 사례에서 보듯이 그 장소가 제품목록의 전시, 광고 또는 잠재고객에 대한 정보제공에 전적으로 쓰이는 웹사이트를 탑재하는 서버운영에 사용되는 경우라면 그 장소는 국내사업장에 해당하지 않는다. 그렇지만 그 장소에서 정형적인 판매관련 기능이 수행된다면, 즉 고객과의 계약체결, 대금결제 및 제품전달이 그 장소에 소재한 설비를 통하여 자동적으로 수행되는 경우라면 이런 활동은 단순한 예비적·보조적 활동으로 볼 수 없다.(OE §5-130)

(6) 인터넷 서비스공급자의 간주국내사업장

인터넷 서비스공급자가 다른 기업의 국내사업장을 구성하는 것으로 간주될 수 있는지 여부가 문제가 된다. 이미 언급한 것처럼 인터넷 서비스공급자가 자체 서버에 다른 기업의 웹사이트를 탑재하는 서비스를 제공하는 것은 흔한 일이다. 문제는 이들 인터넷 서비스공급자가 소유하고 운영하는 서버를 통해 운영되는 웹사이트에서 전자상거래를 행하는 기업의 간주국내사업장이 구성되는가이다. 국내사업장이 매우 특수한 상황에서 구성되는 경우도 있겠지만 국내사업장은 구성되지 않는데, 인터넷 용역공급자는 많은 기업들의 웹사이트를 탑재한다는 사실에서 보듯이, 인터넷 용역공급자는 웹사이트를 소유하는 기업의 대리인(agent)이 아니며 이 기업들의 이름으로 계약을 체결하지 않고 이 기업들의 이름으로 계약체결에 이르는 주요역할이나 이 기업들이 소유하는 자산의 이전이나 이 기업들의 용역제공에 있어 주요역할을 하지 않으며 독립대리인으로 사업의 일상적 과정에서 활동하기 때문이다. 이는 인터넷 서비스공급자가 많은 다른 기업들의 웹사이트를 탑재한다는 사실에서도 증명된다. 또한 기업이 사업을 행하는 웹사이트는 그 자체로는 조세조약상 '사람(person)'의 요건에 해당하지 않는다. 따라서 웹사이트는 기업의 대리인으로서 간주국내사업장을 구성한다는 요건을 충족할 수 없다.(OE §5-131)

Chapter 03

국내사업장 소득금액의 계산

3

I 조세조약의 국내사업장 과세원칙과 특례

1. OECD모델 사업소득조항의 변화

조세조약의 다른 조항에 따라 과세되지 않는 한, 한 체약국 기업의 사업소득 과세권은 조세조약의 사업소득조항에 따라 배분된다. 이는 한 체약국 기업이 상대방 체약국에 국내사업장을 유지하지 않으면, 상대방 체약국이 과세권을 행사하는 조세조약의 다른 소득조항에 해당하지 않는 한 그 기업의 사업소득은 과세되지 않는다는 기본원칙을 의미한다.(OE §7-1)

사업소득조항의 국내사업장 소득배분규정에 내재하는 원칙에는 역사적인 배경이 있다. 국내사업장 소득배분규정이 근거하는 독립기업(separate entity) 및 정상거래(arm's length) 원칙은 국제연맹의 조약모델에 이미 포함된 것이었고 OECD모델은 내용을 분명히 하기 위해 이들 원칙을 약간 수정하고 변경하여 제시하였다.(OE §7-3)

그런데, 실무에서 이러한 일반원칙 및 사업소득조항에 대한 해석에 있어 상당한 차이를 보여 왔다. 공통된 해석의 결여로 이중과세 및 이중비과세의 문제가 야기되어 왔다. 1977년 OECD 모델조약을 채택하였을 때 사업소득조항 구문에 대한 약간의 변화와 주석에 대한 상당한 변화가 이루어졌다. 은행사례에 대한 문제를 검토한 '다국적 은행기업의 과세' 보고서가 1984년 출간되었다. 1987년 국내사업장 귀속소득의 결정이 불분명할 수 있음을 지적하면서 OECD 재무위는 이 문제에 대한 검토를 착수하여 1993년 '국내사업장에 대한 소득배분보고서'를 채택하였고 그에 따라 주석을 변경하였다.(OE §7-4)

이러한 작업에도 불구하고, 국내사업장에 대한 소득배분에 대한 각국의 실무 및 사업소득조항에 대한 해석은 국가들 간에 상당한 차이가 있었다. OECD 재무위는 납세자에게 좀 더 명확한 지침을 제시할 필요를 인식하였으며, 이러한 작업의 결과로 2008년 '국

내사업장에 대한 소득배분보고서'를 발표하였다.(OE §7-5)

2008년 보고서에서 개발한 접근법은 당초의도나 기존관행 및 7조의 해석에 구애되지 않는 것이었다. 대신 현대의 다국적기업의 운영 및 거래를 감안하여 7조에 따라 국내사업장에 소득을 배분하는 가장 바람직한 방법을 만드는데 중점을 두었다. 2008년 보고서를 채택할 때, 이 보고서에 포함된 지침이 이전의 것보다는 국내사업장에 소득을 배분하는 더 좋은 방법이라고 합의하였다. 그렇지만, 한편으로 2008년 보고서의 일부 결론이 이전의 7조 주석과 차이가 있음은 분명하다.(OE §7-6) 이에 따라, 국내사업장 소득배분 방법을 최대한 분명히 하기 위해 장래에 조세조약을 체결하거나 현재의 조세조약을 개정할 때 적용할 수 있도록 2008년 보고서의 결론을 7조의 새로운 조문 및 그에 대한 주석에 충분히 반영하여야 한다고 권고하고 있다. 또한, 2008년 보고서의 채택 이전에 존재하던 주석과 2008년 보고서가 충돌하지 않는 점을 감안하여, 구7조 조항에 근거하여 이미 체결된 조세조약을 명확히 해석하기 위해 구7조 조항에 대하여 개정주석을 마찬가지로 적용하도록 하였다.(OE §7-7)

OECD 모델조세조약은 2010년에 새로운 7조를 채택하여 수록하였다. 동시에, 2008 보고서의 결론을 새로운 7조의 새로운 문맥과 바뀐 조항번호에 맞추어 자연스럽게 읽히도록 2008년 보고서를 개정하여 2010년 보고서를 채택하였다. 그렇지만 2010년에 채택한 개정된 2008년 보고서의 결론과 해석은 2008년 보고서와 다르지 않으며 다만 현행 7조 규정과 조화를 이루기 위한 것이다.(OE §7-8) 그러므로 현행 7조 규정은 2010년 보고서에서 개발된 접근법을 반영하며 2010년 보고서에 포함된 지침에 따라 해석하여야 한다. 2010년 보고서는 일반적인 국내사업장 소득배분(1부)과 특히 국내사업장을 통한 거래가 활발한 금융분야에서 활동하는 기업의 국내사업장 소득배분을 모두 다룬다. 2부는 은행의 국내사업장을 다루며 3부는 국제금융거래를 수행하는 기업의 국내사업장을 다루고 4부는 보험활동을 수행하는 기업의 국내사업장을 다룬다.(OE §7-9) 그렇지만, 대부분의 조세조약은 아직도 2008년 개정 전 모델을 채택하고 있다.

| OECD모델 사업소득조항의 변화 |

2009년 이전 OECD모델	한국의 조세조약	2010년 이후 OECD모델
1. 국내사업장이 없으면 비과세	모든 조세조약에서 채택	1. 국내사업장이 없으면 비과세
2. 정상거래원칙에 의한 국내사업장 소득계산	인도네시아를 제외한 조세조약에서 채택	2. 정상거래원칙에 의한 국내사업장 소득계산
3. 국내사업장 관련경비 배부	멕시코, 베네수엘라, 사우디아라비아, 아랍에미리트, 우즈베	(삭제)

2009년 이전 OECD모델	한국의 조세조약	2010년 이후 OECD모델
	키스탄, 인도네시아, 터키를 제외한 조세조약에서 채택	
(신설)	(없음)	3. 이중과세의 방지
4. 총소득배분방법 인정	일부국가를 제외한 조세조약에서 채택	(삭제)
5. 단순구매활동손익 제외	모든 조세조약에서 채택	(삭제)
6. 동일한 소득배분방법 계속 사용	모든 조세조약에서 채택	(삭제)
7. 다른 소득구분 우선적용	모든 조세조약에서 채택	4. 다른 소득구분의 우선적용

2. 독립기업원칙의 적용

2.1 독립기업원칙의 의미

OECD모델 7조 2항: 7조 및 23조의 적용목적상 1항에 언급된 각국의 국내사업장에 귀속되는 소득은 기업의 다른 부문과 거래하는 경우 같거나 유사한 상황에서 같거나 유사한 활동에 종사하는 별개의 독립된 기업이 수취하였을 것으로 예상되는 소득을 의미하며, 소득을 결정할 때 국내사업장 및 기업의 다른 부문이 수행하는 기능, 사용하는 자산 및 부담하는 위험을 감안하여야 한다.

(1) 특수관계기업 정상가격산출방법의 준용

국내사업장 귀속소득은 국내사업장 및 그 기업의 다른 부문을 통해 수행되는 기능, 사용되는 자산 및 부담하는 위험을 감안하여 같거나 비슷한 조건에서 같거나 비슷한 활동에 종사하는 별개의 독립기업으로 가정할 때 국내사업장이 벌어들였을 것으로 예상되는 소득을 의미한다. 또한, 이 기본원칙은 국내사업장과 기업의 다른 부문 간 거래에 대하여도 적용할 수 있다.(OE §7-15) 즉, 국내사업장 귀속소득을 계산할 때 국내사업장이 개별기업으로써 다른 사람은 물론 국내사업장이 속한 기업의 다른 부문과도 거래하는 것으로 가정하여야 한다.

이 가정의 두 번째 요건은 특수관계기업의 소득을 조정할 목적으로 적용되는 정상거래원칙(arm's length principle)과 일맥상통한다.(OE §7-16)

(2) 총수익배분방법의 제한

정상거래원칙은 기업전체소득을 국내사업장 및 기업의 다른 부문에 전반적으로 다 배분하라는 의미는 아니며, 오히려 국내사업장을 개별기업으로 보아 국내사업장에 배분되는 소득을 결정해야 한다는 의미이다. 그러므로 기업 전체적으로 이익이 없는 경우에도 국내사업장에 소득을 배분하는 경우가 있다. 반대로, 기업 전체적으로 이익이 있는 경우에도 국내사업장에 소득이 배분되지 않는 경우도 있다.(OE §7-17)

한 체약국 기업이 상대방 체약국에 국내사업장을 가지는 경우 한 체약국은 국내사업장이 소재하는 상대방 체약국에서 정상거래원칙이 올바로 적용되는지 관심을 갖는다. 정상거래원칙은 양 체약국에 모두 적용되므로 기업의 거주지국은 국내사업장에 적절히 귀속되는 소득에 대한 이중과세를 제거해야 한다. 달리 말하면, 국내사업장 소재지국이 사업소득조항을 적용할 때 국내사업장에 귀속되지 않는 소득을 과세하려고 시도한다면 이는 기업 거주지국에서만 온당히 과세되어야 할 소득에 대한 이중과세가 된다.(OE §7-18)

2.2 독립기업원칙에 따른 국내사업장 귀속소득의 계산

(1) 이전가격방법에 따른 국내사업장 귀속소득의 계산

국내사업장 소득계산은 정상거래원칙에 따라 이루어져야 한다.(OE §7-19) 국내사업장 소득배분은 독립기업과의 거래, 관계회사와의 거래(이전가격지침을 직접 적용) 및 동일기업의 다른 부문과의 거래를 포함하는 모든 거래로 인한 손익계산에서 출발한다. 이러한 분석은 아래에서 설명하는 두 단계를 거친다. 이 두 단계에서 열거되는 항목은 순차적인 것은 아닌데 이들 여러 항목들은 상호 관련되기 때문이다. 예를 들면, 국내사업장이 위험부담과 관련한 중요한 인적기능을 행사하면 위험이 우선적으로 국내사업장에 배분되지만, 그 이후에 이루어지는 국내사업장과 위험을 관리하는 기업의 다른 부문의 거래를 인식하고 구분(characterisation)함에 따라 위험 및 위험담보자본(risk supporting capital)이 기업의 또 다른 부문으로 이전될 수 있다.(OE §7-20)

첫째 단계에서 아래와 같이 기능분석 및 사실분석이 이루어진다.(OE §7-21)

1. 국내사업장이 속한 기업과 독립기업 간 거래로 발생하는 권리와 의무를 적절하게 국내사업장에 배분
2. 자산의 경제적 소유권 배분 및 국내사업장에 경제적 소유권을 배분하기 위한 중요한 인적기능의 식별
3. 위험부담 및 국내사업장에 위험을 배분하기 위한 중요한 인적기능의 식별

4. 국내사업장의 기타 기능의 식별
5. 적절히 인식할 수 있는 국내사업장과 동일기업 다른 부문과의 거래인식 및 거래성격의 판정
6. 국내사업장에 배분되는 자산 및 위험에 근거한 자본의 배분

둘째 단계에서, 국내사업장에 귀속되는 특수관계기업과의 모든 거래는 이전가격지침에 따라 가격이 정해지며, 이전가격지침은 국내사업장과 동일기업 다른 부문과의 거래에도 유추하여 적용된다. 이 과정에서 인식된 거래에 대하여 정상거래조건에 따른 가격산정이 아래와 같이 이루어진다.(OE §7-22)

1. 국내사업장의 특별한 사실관계를 감안하여 이전가격지침의 비교가능성 판단요소를 직접적용(재화 및 용역의 성격, 경제적 환경 및 사업전략)하거나 유추적용(기능분석, 계약조건)하여 설정한 독립거래와 특수관계거래의 비교가능성 판단
2. 국내사업장과 기업의 다른 부문 간의 거래에 대한 정상가격을 산정하기 위해 국내사업장 및 기업의 다른 부문이 수행하는 기능 및 이들에 배분되는 자산과 위험을 감안하여 이전가격지침의 정상가격산출방법을 유추하여 적용

특히 국내사업장을 통한 거래가 광범위하게 이루어지는 금융분야에서 영업하는 사업자들의 국내사업장에 대한 소득배분에 대하여는 제5편에서 자세히 설명한다.(OE §7-23)

(2) 종속대리인 국내사업장 귀속소득의 계산

종속대리인(dependent agent) 활동으로 인해 한 체약국 기업의 국내사업장이 상대방 체약국에 존재하는 것으로 간주되는 경우, 다른 유형의 국내사업장에 소득을 배분하기 위해 사용되는 것과 동일한 원칙이 종속대리인 간주국내사업장(deemed PE)에 소득을 배분하기 위해 적용된다. 우선적으로 기능분석 및 사실분석을 통해 기업을 위해 종속대리인이 수행한 활동을 식별하고, 종속대리인이 자신을 위해 수행한 기능과 기업을 대신하여 수행한 기능을 구별해야 한다. 종속대리인 자신과 종속대리인이 대리활동을 하는 기업은 개념적으로 2명의 별개 납세자이다. 종속대리인은 기업을 위해 자신이 수행한 활동으로부터 소득이나 수익을 얻는다. 종속대리인 자신이 소재지국의 거주자인 경우, 조세조약규정이 관련소득에 적용된다.(종속대리인이 위탁기업의 특수관계인인 경우 이전가격세제 적용) 또한, 기업의 간주국내사업장에 기업을 대신하는 종속대리인이 수행한 기능, 즉 기업을 위해 종속대리인이 수행한 활동과 관련된 기업의 자산과 위험을 배분해야 하며 그러한 자산과 위험을 담보하기에 충분한 자본도 배분해야 한다. 이후에, 자산, 위험 및 자본을 기준으로 간주국내사업장에 소득이 배분된다. 이러한 소득은 종속대리인 자신이 적

절히 계상하는 소득이나 수익과는 별개이므로 종속대리인 소득에는 포함되지 않는다.(OE §구7-26)

종속대리인 국내사업장이 구성되는 경우 보통 종속대리인 본인과 외국법인 국내사업장을 납세자로 하는데, 이를 이중납세자 접근법(Dual Taxpayer Approach)이라 한다. 이중납세자 접근법에 따르면, 종속대리인 본인에게 지급하는 정상가격과 외국법인 국내사업장에 귀속되는 정상소득이 다를 수 있다. OECD모델과 국내세법은 이중납세자 접근법을 따른다.

이와 비교되는 단일납세자 접근법(Single Taxpayer Approach)은 외국법인이 종속대리인 본인에게 지급하는 정상가격은 외국법인 국내사업장의 비용으로 공제되므로 국내사업장에 귀속되는 이익은 "영(0)"이고, 따라서 종속대리인 본인과 외국법인 국내사업장을 별개의 납세자로 구분할 필요가 없다는 입장이다. 단일납세자 접근법은 사실상 '이전가격 과세방법'과 같다. '실질지배관계에 의한 이전가격'은 외국법인이 국내 특수관계인을 실질적으로 지배하는 경우 특수관계인의 정상소득을 산출하며, 과세대상은 국내 특수관계인이다. '종속대리인 국내사업장'과 '실질지배관계에 의한 이전가격'은 과세대상에 차이가 있을 뿐 그 내용은 같다. 이 경우, 이전가격은 실질지배관계를 포괄적으로 판단하는 데 비해 국내사업장은 계약체결권 등의 과세요건을 구체적으로 판단하므로, 이전가격이 국내사업장에 비해 과세가 쉽다. 그러므로 부가가치세를 고려하지 않는다면, '실질지배관계에 의한 이전가격'이 있으면 '종속대리인 국내사업장'은 사실상 의미가 없다.

구 분	종속대리인 국내사업장	실질지배관계에 의한 이전가격
과세요건	전적으로 또는 거의 전적으로 외국법인을 위해 활동하는 국내 대리인으로 계약체결권 등을 가진 경우(법통 94-133…3)	자본의 출자관계, 재화·용역의 거래관계, 자금의 대여 등에 의하여 소득을 조정할 수 있는 공통의 이해관계가 있고, 타방의 사업방침의 전부 또는 중요한 부분을 실질적으로 결정할 수 있는 관계(국조법 §2 ① 8호 다목)
납세의무자	외국법인(종속대리인 국내사업장)	내국법인 또는 국내사업장
과세표준	외국법인 국내사업장에 귀속되는 사업소득	내국법인 또는 국내사업장에 귀속되는 사업소득
부가가치세	외국법인이 납세의무자로 국내사업장 귀속수입에 대한 부가세 납부	내국법인이 납세의무자이며 영세율불성실가산세 대상

스위스 · 독일조세조약의 종속대리인 과세규정

스위스 · 독일조세조약 의정서 제2조는 자회사의 종속대리인 문제가 발생할 경우 국내사업장이 아닌 이전가격과세를 한다. 종속대리인 귀속소득은 자회사가 정상적으로 받아야 할 수수료를 산정함으로써 계산될 수 있기 때문이다. 이 경우 자회사를 모회사의 종속대리인으로 판정한 후 다시 종속대리인 귀속소득을 계산하는 2단계 과세에서 자회사가 종속대리인 기능을 수행함으로써 받아야 할 정상소득을 계산하는 1단계 과세로 줄어든다.

사례 국내사업장 귀속소득의 계산 (OECD 국내사업장 소득배분 추가지침)

사례 1. 보관, 운반, 판촉 및 정보수집 활동

온라인사는 R국 거주자로 S국을 포함한 여러 시장에서 온라인 플랫폼을 통하여 고객에게 직접 재화를 판매하는 회사이다. 재화는 제삼자 공급자로부터 구매된다. 온라인사는 S국에 창고를 운영하며 이 곳에 온라인사의 직원 25명이 있다. 온라인사는 제삼자 소유자로부터 창고를 임차하고 있다. 직원들은 온라인사 본부의 지시에 따라 S국에서 공급자로부터 재화의 수령, 재화의 적치, 독립 운송용역제공자를 이용한 고객에 발송을 담당한다. 온라인사는 또한 창고 이외의 지역에 사무실을 보유한다. 온라인사의 사무실에는 15명의 직원이 있으며 이들은 S국에서 온라인사 제품의 판촉과 온라인사 고객의 정보수집을 담당한다.

창고 및 사무실에서 온라인사가 수행하는 사업활동이 핵심사업활동의 보완적 기능을 구성한다고 가정하는 경우, 창고 및 사무실은 S국 내 2개의 국내사업장을 구성하는데, 각 장소는 온라인사의 사업이 부분적으로 수행되는 일정사업장소이며, S국에서 수행되는 활동의 복합으로 인한 전체활동은 예비적이거나 보조적인 성격이 아니다. '국내사업장 소득배분 추가지침' 1단계에 따른 기능 및 사실 분석에서 R국에 소재하는 온라인사의 직원은 제삼자 공급자로부터 상품구매와 제삼자 고객에게 상품판매를 담당한다. 이에 따라, 온라인사와 제삼자 공급자 및 고객 간의 거래로 발생하는 온라인사의 권리와 의무를 온라인사의 본부가 가지는 것으로 가정한다. 국내사업장의 직원은 S국에서 창고를 임차하고 운송을 위한 제삼자 용역공급자를 고용할 책임이 있다. 이에 따라, 온라인사와 창고 소유자 및 제삼자 용역공급자 간의 거래로 발생하는 온라인사의 권리와 의무를 그 국내사업장이 가지는 것으로 가정한다. 또한, S국 국내사업장의 직원이 수행하는 창고관리는 중요한 인적기능(significant people functions)에 해당한다. 이에 따라 그 국내사업장은 창고의 경제적 소유자로 가정한다. 이에 더하여, 국내사업장과 본사의 내부거래를 인식하여야 한다. 이 사례에서 내부거래는 창고 국내사업장이 본사에 보관 및 운반 용역을 제공하는 것으로 가정한다. 국내사업장 소득배분 추가지침 2단계에 따라, 국내사업장과 본사 사이의 내부거래 정상거래가격을 결정하기 위해 이전가격지침을 유추하여 적용한다. 이 경우, 정상가격은 온라인사가 S국에서 독립기업으로부터 보관 및 운반 용역을 제공받는 경우에 지급하였을 가격과 같다. (그러한 기능과 관련된 온라인사의 자산 및 위험의 소유권을 그 용역제공자에게 배분하여) 국내사업장의 직원은 S국에서 판매 및 정보수집 활동을 책임진다. 이에 따라, 국내사업장은 판매 및 정보수집 용역을 제공하는 과정에서 제삼자와의 거래로 발생하는 온라인사의 권리와 의무를 가지는 것으로 가정한다. 또한, S국 국내사업장의 직원이 수행하는 사무실관리는 중요한 인적기능에 해당한다. 이에 따라 그 국내사업장은 그 사무실의 경제적 소유자로 가정한다. 국내사업장 소득배분 추가지침의 1단계에서 국내사업장과 본사의 내부거래를 인식하여야 한다. 이 사례에서 내부거래는 사무실 국내사업장이 본사에 판매 및 정보수집 용역을 제공하는 것으로 가정한다. 국내사업장 소득배분 추가지침 2단계에 따라, 국내사업장과 본사 사이의 내부거래 정상거래가격을 결정하기 위해 이전가격지침을 유추하여 적용한다. 이 경우, 정상가격은 온라인사가 S국에서 독립기업으로부터 판매 및 정보수집 용역을 제공받는 경우에 지급하였을 가격과 같다.(그러한 기능과 관련된 온라인사의 자산 및 위험의 소유권을 그 용역제공자에게 배분하여)

사례 2: 수수료대리인 (Commissionnaire structure)

R국 거주자 T사는 시험기구를 매매한다. S국 거주자 S사는 S국에서 T사의 수수료대리인으로 T사를 대신하여 판촉 및 판매 활동을 수행하는데, S사는 자기 이름으로 S국의 구매자들에게 시험기구를 판매하지만, 구매자들에게 시험기구를 운반할 의무를 이행하기 위하여 수수료대리인계약에 따라 T사에 의존한다. S사는 어떤 경우에도 시험기구를 소유하지 않으며 구매자가 시험기구에 대하여 지급한 대가에 대한 권리도 없다. 그 대가는 T사에 귀속된다. S사의 직원은 재고를 보관하며 적정재고 수준을 결정하고 감시할 책임이 있다. 이 사례의 목적상, S사가 S국에서 T사를 대신하여 판매하여 T사가 수취하는 판매대가의 일정비율에 생당하는 수수료를 T사가 S사에게 지급한다고 가정한다. S사의 사업은 T사를 위한 활동으로만 구성된다. T사는 S국에서 자체사업을 하지 않으며 S사가 대리하는 것 이외에 S국에서 판매를 하지 않는다.

T사는 S국에 국내사업장을 가지는데, S사는 T사의 재화판매를 위하여 T사를 대리하여 항상 계약을 체결하며 S사는 독립대리인에 해당하지 않기 때문이다. T사가 S사에게 지급하는 대가는 정상가격에 해당한다고 가정한다. '국내사업장 소득배분 추가지침' 1단계에 따른 기능 및 사실 분석에서 R국에 소재하는 T사의 직원은 재삼자 공급자로부터 시험기구를 구매한다. 또한 분석에 따르면 S국에서 T사를 대리하여 S사의 직원이 최종 소비자에게 시험기구를 판매한다. 이에 따라, 그 국내사업장은 T사와 최종소비자 및 S사의거래로 발생하는 T사의 권리와 의무를 가지는 것으로 가정한다. 또한, S국에서 T사를 대리하여 S사의 직원이 수행하는 재고위험의 부담과 재고의 처분은 중요한 인적기능에 해당한다. 이에 따라 그 국내사업장은 재고의 경제적 소유자로 재고위험의 당사자로 가정한다. 이에 더하여, 국내사업장과 본사의 내부거래를 인식하여야 한다. 이 사례에서 내부거래는 본사가 국내사업장에 재화를 판매하는 것으로 가정한다. 국내사업장 소득배분 추가지침 2단계에 따라, 국내사업장과 본사 사이의 내부거래 정상거래가격을 결정하기 위해 이전가격지침을 유추하여 적용한다. 이 경우, 정상가격은 S국에서 S사가 T사를 대리하여 수행하는 것과 같거나 비슷한 상황에서 같거나 비슷한 활동을 수행하는 독립기업에게 T사가 재화를 판매하였다면 수취하였을 금액과 같다.(그러한 기능과 관련된 T사의 자산 및 위험의 소유권을 그 독립당사자에게 배분하여) 국내사업장의 세금을 계산할 때, 이 금액은 재화의 원가로 공제되며 S사에게 지급한 대가 또한 국내사업장의 목적상 발생된 다른 비용과 함께 비용으로 공제된다. 행정적 편의 때문에, S사 및 국내사업장의 조세부담에 따라 세액을 따로 계산하는 경우에도 S국 세무당국은 S사로부터 세금을 한 번에 징수하려 할 수 있다.

다음을 제외하고 사실관계가 같다면 분석은 위 사례와 같다. : S사는 S국에서 수수료대리인으로 판매를 하는 것이 아니라 T사와 용역계약에 따라 S국에서 활동을 하는데, 그에 따라 S국의 고객에게 판매를 하고 T사가 수취하는 판매수입의 일정비율에 상당하는 수수료를 T사가 S사에게 지급하며 이 계약구조의 효과는 고객의 재화구매 조건을 변경하지 않고 S국의 고객에게 T사가 일상적으로 판매를 하도록 S사가 주된 역할을 하는 것이다.

웹사이트 광고판매(Sale of advertising on a website)나 재화의 구매조달(Procurement of goods)의 경우도 수수료대리인과 마찬가지 방법으로 분석할 수 있다. 2008년 모델조세조약 7조 5항은 '국내사업장이 그 기업을 위하여 단순히 재화나 상품을 구매한다는 이유로 그 국내사업장에 소득을 배분하지 않는다'고 해석하였으며, 그에 따르면 재화의 구매조달 상황에서 국내사업장에 어떠한 소득도 배분되지 않았다. 지금은 그러한 주석이 적용되지 않는다.

(3) 건설공사 국내사업장의 소득산정

간주국내사업장 규정에 따라 건축현장, 건설 또는 설비공사의 일정사업장소를 국내사업장으로 판정한다. 이러한 일정사업장소는 보통 6개월~12개월 이상 지속하는 경우에만 국내사업장이 된다. 경험적으로 볼 때 이러한 유형의 국내사업장에 소득을 배분할 때 특별한 문제가 생긴다.(OE §7-35) 이러한 문제들은 주로 건축현장, 건설 또는 설비공사와 관련하여 기업의 다른 부문이나 관계회사들이 재화를 공급하거나 용역을 제공하는 경우 발생한다. 이러한 문제들은 모든 국내사업장에서 일어날 수 있지만 특히 건축현장, 건설 또는 설비공사에서 중요하다. 이 경우, 해당기업의 국내사업장을 통해 수행하는 활동과 관련된 소득만이 국내사업장에 배분된다는 일반원칙을 좀 더 충실하게 적용해야 한다.(OE §7-36) 즉, 기업의 다른 부문이 이러한 재화를 공급하는 경우 발생하는 소득은 국내사업장을 통해 수행하는 활동의 결과가 아니다. 마찬가지로, 국내사업장이 소재하는 국가 밖에서 영업하는 기업의 다른 부문이 제공하는 용역(계획, 설계, 청사진도면, 기술자문)으로 인한 소득은 국내사업장이 수행하는 활동의 결과가 아니므로 국내사업장에 귀속되지 않는다.(OE §7-37)

(4) 기업내부거래에 대한 특별고려

① 특수관계기업과의 거래

국내사업장과 동일기업 다른 부문과의 거래를 특별히 언급하는 것이 독립기업원칙의 적용범위를 제한하기 위한 것은 아니다. 국내사업장을 통해 판매하는 재화를 특수관계기업으로부터 취득하는 경우와 같이 국내사업장이 속한 기업과 특수관계기업 간에 이루어지는 거래가 국내사업장 배분소득의 결정에 직접적 영향을 미치는 경우, 국내사업장 배분소득을 계산하기 위해 독립기업들 간의 유사한 거래조건을 반영하여 필요한 경우 해당 특수관계 거래조건을 조정해야 한다.(OE §7-24)

사례 특수관계기업과의 거래

S국에 소재하는 R국 기업의 국내사업장이 T국의 특수관계기업으로부터 재화를 취득하는 경우를 가정하자. 이들 두 특수관계기업들 간의 계약에서 이루어진 가격이 독립기업들 간에 합의되었을 가격을 초과하는 경우, R국·S국 조세조약의 사업소득조항에 따라 S국은 별개의 독립기업이 그 재화에 대하여 지불하였을 금액을 감안하여 국내사업장에 배분되는 소득을 조정할 수 있다. 이 경우, R국 또한 R국·T국 조세조약의 특수관계기업조항에 따라 R국 기업의 소득을 조정할 수 있는데, 이로 인해 대응조정이 이루어지게 된다.

② 기업내부거래

국내사업장과 동일기업 다른 부문과의 거래는 전체기업 입장에서는 아무런 법적 효과가 없다. 이로 인해 특수관계기업들 간 거래보다 이러한 거래를 더 면밀히 분석해야 한다. 또한, 동일기업 내 거래로 인해 법적계약이 존재하지 않을 수 있기 때문에 법적계약이 존재하는 다른 경우에 비해 좀 더 면밀히 서류를 검토해야 한다.(OE §7-25)

그렇지만 이러한 이유로 동일기업 내 거래에 대하여 특수관계거래에 적용되는 것보다 추가적인 서류제출부담을 주어서는 안 된다. 또한, 이전가격지침에서 언급한 것처럼 이전가격서류와 관련하여 상황에 걸맞지 않게 납세자에게 비용이나 부담을 주는 방식으로 서류요건을 정해서는 안 된다. 그럼에도 불구하고, 동일기업 간 거래의 특수성을 감안하여 납세자로 하여금 거래를 식별하기에 적합한 서류를 명백히 제시하도록 요건을 정하는 국가들이 있다. 예를 들면, 경제적으로 중요한 위험, 책임 및 효익을 이전하는 거래를 보여주는 회계장부나 시의적절한 서류는 소득배분을 위한 유용한 근거가 된다. 이렇게 함으로써 소득배분방법의 적용과 관련한 잠재적 분쟁을 실질적으로 해소할 수 있으므로 납세자는 이러한 서류를 적극적으로 준비할 것이다. 이러한 서류가 법적효과는 없더라도 세무당국은 해당서류를 다음과 같은 방식으로 인정할 수 있다.(OE §7-26)

- 기능 및 사실 분석결과 서류는 기업 내에서 이루어진 활동의 경제적 실질과 일치한다.
- 전반적으로 볼 때, 거래와 관련하여 서류로 작성된 거래방식은 상업적으로 합리적인 방식으로 행동하는 비교가능 독립기업들이 채택하였을 방식과 다르지 않으며, 다른 경우에도 납세자의 서류에서 제시된 거래구조가 과세당국이 실질적으로 적절한 이전가격을 결정하는 데 방해가 되지 않는다.
- 납세자의 서류에서 제시된 거래가 정상거래원칙에 반하지 않는다. 예를 들면, 기능과 분리하는 방식으로 위험을 이전하는 것은 원칙에 반하지 않는다.

(5) 이중과세의 방지

'각 체약국 내에서' 독립기업원칙에 따라 소득을 결정해야 한다는 말은 국내사업장이 소재한 체약국이 과세할 수 있는 소득을 결정하기 위해 사업소득조항을 적용할 뿐 아니라 상대방 체약국이 이중과세방지조항을 적용하기 위해 사업소득조항을 적용할 수 있다는 의미이다. 한 체약국 기업이 상대방 체약국에 소재한 국내사업장을 통해 사업을 수행하는 경우, 한 체약국은 국내사업장 귀속소득에 대하여 소득공제를 하거나 또는 해당소득에 대하여 상대방 체약국이 부과하는 조세를 세액공제한다.(OE §7-27)

2.3 개념적 소득의 원천징수제한

독립기업원칙은 국내사업장 귀속소득의 결정에만 적용된다. 독립기업원칙의 적용결과 해당기업에 실제 소득이 발생되는 것은 아니지만, 조세조약의 다른 조항에 해당하는 소득이기 때문에 사업소득조항에도 불구하고 그 소득을 과세할 수 있다고 주장하면서 한 체약국이 국내세법에 따라 과세하는 경우가 있다.(OE §7-28)

1. 특정상황에서 국내사업장이 사용하는 건물의 경제적 소유권을 본사에 귀속시켜야 하는 것이 정당한 경우를 가정하자. 이 경우, 국내사업장 귀속소득을 결정할 때 개념적인 임차료의 공제를 필요로 한다. 그렇지만, 이러한 가정이 부동산소득을 발생시키는 것으로 해석되어서는 안된다. 독립기업원칙의 적용으로 기업이 수취하는 소득의 성격이 실질적으로 바뀌지는 않는다. 독립기업원칙은 단지 국내사업장 귀속소득을 결정하기 위해 적용된다.
2. 국내사업장 귀속소득을 결정할 때 개념적 이자비용을 공제할 수 있다는 사실이 국내사업장이 속한 기업에 이자가 실제 지급되었다는 의미는 아니다. 독립기업원칙은 이자소득조항에 확대 적용되지 않으며, 이 경우 한 기업의 어떤 부문이 동일기업의 다른 부문에 이자를 지급하는 것으로 볼 수 없다. 그러나 분명한 것은 한 기업의 국내사업장과 관련한 채무에 대하여 그 기업이 다른 사람에게 이자를 지급하고 국내사업장이 이를 부담하는 경우, 이러한 실제지급이자는 국내사업장이 소재하는 국가에 의해 과세된다.
3. 국내사업장과 동일기업 다른 부문 간의 자산이전은 사업소득 계산목적상 거래로 취급되며, 사업소득조항에 따라 과세가 이루어지면 그러한 거래로 인한 손익은 양도소득조항의 적용대상이 아니다.

(1) 자회사와 같은 방식으로 과세하는 국가

일부 국가는 국내사업장을 자회사와 같은 방식으로 취급하도록 보장하기 위해 정책적으로 독립기업원칙을 사업소득 및 이중과세방지에 국한하지 않고 조세조약의 다른 조항의 해석 및 적용에도 확대해야 한다고 생각한다. 이들 국가는 국내사업장 소득을 계산할 때 공제되는 개념적 비용(notional charge)을 조세조약의 다른 조항의 목적상 자회사가 모회사에 지급하는 지급대가와 동일한 방식으로 취급한다. 그에 따라 이들 국가는 내부거래비용을 부동산임대소득이나 이자소득으로 인식한다는 조세조약 규정을 포함한다. 다만, 이러한 규정과 관련한 조세는 국내세법규정에 따라 과세된다는 점을 명심해야 한다. 한편, 두 독립기업 간 거래가 부동산임대소득이나 이자소득을 발생시키는 경우 어떠한 내부거래도 인식하지 않는다는 견해를 취하는 국가들도 있다. 다만, 이러한 경우 거래를 인식하였다면 발생하였을 적절한 비용상당액을 기업의 해당부문에 배분하는 것이 중요하다. 그렇지만, 이러한 대안을 고려하는 국가들은 은행과 같은 금융기업의 부문 간에 청구되는 내부이자에 대한 특별한 고려 때문에 이러한 이자비용을 발생시키는 거래는 오래 전부터 인식되어 왔다는 사실을 잊지 말아야 한다.(OE §7-29)

(2) 국내법에 따른 과세 및 차별금지

국내사업장 귀속소득에 대한 과세권을 배분한 후 독립기업원칙에 따라 국내사업장에 배분되는 소득을 결정한다. 국내사업장 귀속소득이 결정되면 독립기업원칙 및 조약의 다른 규정에 배치되지 않는 한 그 소득을 과세할지 및 어떻게 과세할지는 각 체약국 국내법에 따라 결정된다. 각 체약국에서 기업소득을 계산할 때 어떤 비용을 공제할지에 대한 문제를 사업소득조항에서 다루지는 않는다. 비용공제요건은 국내세법에 따라 결정되어야 할 문제이며, 조세조약규정 특히 국내사업장 차별금지규정에 위배되어서는 안 된다.(OE §7-30)

그러므로 국내사업장 배분소득을 결정하기 위해 인식되어야 할 거래를 무시하는 국내세법규정이나 국내사업장의 이익을 위해 배타적으로 발생하지 않은 비용의 공제를 부인하는 국내세법규정은 명백히 사업소득조항의 위반이지만, 기업업무추진비와 같은 일정 유형의 비용의 공제를 제한하거나 특정비용의 공제를 강제하는 규정은 사업소득조항의 위반이 아니다. 그렇지만, 위반 여부를 판단할 때 국내법상 실제지급시기를 기준으로 비용이나 소득 항목을 제한하는 경우에는 어려운 문제가 일어난다. 예를 들면, 내부거래에서 두 부문간 실제적인 양도나 지급이 이루어지지 않더라도 실제지급을 기준으로 하는 국내법상 제한을 적용할 때에는 일반적으로 그 거래의 성격을 감안하여 해당 양도나 지급이 두 부문 간에 실제로 이루어진 것처럼 취급해야 한다.(OE §7-31)

두 체약국에서 독립기업원칙에 따라 국내사업장 귀속소득금액을 계산하는 경우에도 감가상각률(depreciation rates), 소득인식시기 및 특정비용의 공제제한 등과 같은 문제들에 대한 양국의 국내법상 차이로 인해 각국의 과세소득이 다를 수 있다. 그러므로 국내사업장이 소재한 체약국과 상대방 체약국에서 사업소득조항이 동일하게 적용되는 경우에도 한 체약국 기업이 국내사업장을 가진 국가에서 과세되는 과세소득금액이 일정 과세기간 동안 한 체약국에서 경감해 주어야 하는 과세소득금액과 다를 수 있다. 또한, 공제대상 비용의 인식시기차이와는 달리 공제대상비용의 유형에 대한 국내법의 차이로 인한 공제비용의 차이는 영구적 차이를 유발한다.(OE §7-32)

한편, 자국영토 내에 소재하는 국내사업장 귀속소득을 과세함에 있어 한 체약국은 차별금지규정을 지켜야 한다. 차별금지규정에 따라 한 체약국에 소재한 고정사업장을 위해 발생하든 아니면 그 국가 기업의 소득과세목적으로 발생하든 동일한 조건으로 비용을 공제해야 한다. 즉, 국내사업장은 그 기업본사의 경상비부분을 국내사업장에 귀속시킬 권리에 더하여 일반적으로 세법에 의해 과세소득에서 공제하도록 인정받은 거래비용을 공제할 수 있도록 거주기업과 같은 권리를 부여받아야 한다. 또한, 거주기업에 적용되는 공제와 다르게 제한을 하여서는 안 된다.(OE §7-33)

차별금지규정에 따라, 기업이 국내사업장 이익을 창출하기 위해 어떤 방식으로 비용을 계상하든 상관없이 공제되어야 한다. 어떤 때에는 기업의 다른 부문과 거래한 것이 아닐 수 있다. 예를 들면, 외국기업의 국내사업장에 해당하는 건설현장에서 전속적으로 일하기 위해 고용되고 노임이 지급되는 그 지역 건설노동자의 경우, 국내사업장이 수행하는 활동목적상 기업이 계상한 비용은 국내사업장 소득을 결정할 때 직접 공제된다. 이와 다른 경우에 기업이 계상한 경비는 국내사업장의 이익을 위해 기업의 다른 부문이 전적으로 또는 부분적으로 수행한 기능에 배분되며, 국내사업장 귀속소득을 결정할 때 적절한 비용이 공제된다. 예를 들면, 국내사업장의 이익을 위해 본사가 수행하는 행정기능과 관련한 경상경비가 있다. 이 두 경우 차별금지규정에 따라 해당 국가의 기업에 적용되는 것과 같은 조건으로 국내사업장 비용으로 공제되어야 한다. 그러므로 국내사업장의 이익을 위해 기업이 직접적으로 또는 간접적으로 계상하는 모든 비용은 조세목적상 해당 국가의 기업이 계상하는 유사한 비용에 비해 불리하게 취급되어서는 안 된다. 비용이 국내사업장에 직접 배부되든, 아니면 기업의 다른 부문에 배부되어 국내사업장에 개념적 비용을 계상하든 상관없이 차별금지원칙은 적용된다.(OE §7-34)

3. 국내사업장 귀속소득의 과세

3.1 국내세법의 국내사업장 귀속소득의 과세

국외에서 발생하는 소득으로서 국내사업장에 귀속되는 것은 국내원천 사업소득으로 한다.(법령 §132 ③, 소령 §179 ③)

① 국내사업장에 귀속되는 국외의 배당, 이자 및 자산 임대·양도소득

배당, 이자, 사용료를 수취하는 외국법인이 국내사업장을 가지며 배당소득 등을 발생시키는 자산 또는 권리가 국내사업장과 실질적으로 관련된 경우에는 조세조약상 제한세율을 적용하지 않고 국내사업장의 사업소득으로 과세한다. 이 경우, 실질적 관련성의 판단기준은 다음과 같다.(법통 93-132…18)

1. 그 자산 또는 권리를 국내사업장을 통해 사업활동에 사용하고 있는지의 여부 또는 사업활동에의 사용을 위해 보유하고 있는지의 여부
2. 국내사업장을 통해 수행된 활동이 그 자산 또는 권리로부터 발생하는 소득을 실현함에 있어 실질적인 요소가 되었는지 여부

② 외국은행 국내지점의 외국은행차관 이자소득(법통 93-0…1)

1. 실질적 관련이 없는 경우: 해외에 있는 외국은행 본점 또는 지점이 내국인과 차관계약을 체결하고 공여하는 차관에 대하여 취득하는 이자 및 이와 관련하여 발생하는 기타소득은 해당 외국은행의 국내지점이 동 차관 등을 계상하였다는 이유만으로 국내지점의 소득으로 보지 않는다.
2. 실질적 관련이 있는 경우: 외국은행의 국내지점이 차관 등의 대주로 참여하고 자기 책임과 위험으로 차관 자금을 조달하여 그 차관에 실질적으로 관련된 경우에는 차관에 대한 이자소득과 이에 대응하는 손금은 국내지점의 손익에 귀속된다.
3. 업무연락을 한 경우: 외국은행의 국내지점이 해외에 있는 외국은행의 본점 또는 지점이 제공한 차관에 실질적으로 관련됨이 없이 해외에 있는 외국은행 본점 또는 지점을 위해 그 차관과 관련한 보조적 연락업무를 수행하는 경우에는 그 국내지점이 업무연락을 수행했다는 이유만으로 차관의 이자소득은 그 국내지점의 소득에 귀속되지 않는다. 이 경우 그 차관과 관련한 연락업무에 소요되는 비용은 그 국내지점의 국내영업활동과 관련없는 비용으로서 그 국내지점의 소득금액 계산상 손금에 산입하지 않는다.

③ 외국법인 국내사업장이 외국항구선적조건으로 물품판매

외국법인 국내사업장이 외국에서 자기가 직접 생산하였거나 매입한 물품을 국내에 판매함에 있어서 계약상 물품의 인도조건이 외국항구선적조건인 경우에는 계약금을 영수한 날에 불구하고 그 물품이 외국항구에서의 선적된 날에 수익이 실현된 것으로 본다.(법통 40-71…10)

④ 국내지점들 간 사업양도

한 외국법인 국내사업장과 다른 외국법인 국내사업장 간에 부동산·전화가입권 등의 매매계약을 체결하고 대금을 그 본점 간에 결제한 경우 매입한 부동산 등은 한 외국법인 국내사업장의 자산으로 처리한다.(법통 23-24…5) 2개 외국은행들 합병으로 국내의 2개

지점을 통합하는 경우 거래 당사자가 없는 내부회계처리로 장부를 통합한 것에 불과하므로 소멸지점의 자산이나 영업권 등이 존속지점에게 양도되었다고 볼 수 없다.(조심 2008서2240, 2009.4.16.) 외국법인들이 법인세법에 따른 적격 합병이나 분할 등에 해당하는 경우 그 국내사업장들의 통합은 과세대상이 아니다.

3.2 조세조약의 국내사업장 귀속소득의 과세

OECD모델 10조 5항: 한 체약국의 거주자인 회사가 상대방 체약국으로부터 소득을 수취하는 경우, 비록 지급된 배당 또는 유보소득이 전부 또는 부분적으로 상대방 체약국에서 발생한 소득으로 구성되어 있다 할지라도, 상대방 체약국은 이러한 배당이 상대방 체약국의 거주자에게 지급되거나 또는 그 배당의 지급원인이 되는 지분이 상대방 체약국안에 소재하는 국내사업장 또는 일정근거지와 실질적으로 관련되는 경우를 제외하고는, 그 회사가 지급하는 배당에 대하여 과세할 수 없으며 그 회사의 유보소득을 유보소득세의 대상으로 할 수 없다.

OECD모델 11조 4항: 이자의 지급인이 한 체약국의 거주자인 경우, 그 이자는 한 체약국에서 발생하는 것으로 본다. 그러나 이자의 지급인이 한 체약국의 거주자인지 여부와 상관없이, 그 사람이 한 체약국에 그 이자의 지급원인이 되는 채무의 발생과 관련된 국내사업장을 가지고 있고, 또한 그 이자가 그 국내사업장에 의해 부담되는 경우, 그러한 이자는 그 국내사업장이 소재하는 국가에서 발생하는 것으로 본다.

OECD모델 12조 2항: 한 체약국의 거주자인 사용료의 실질적 소유자가 그 사용료가 발생하는 상대방 체약국 내에 있는 국내사업장을 통하여 사업을 영위하고, 그 사용료의 지급원인이 되는 권리나 재산이 그러한 국내사업장과 실질적으로 관련되는 경우에 1항의 규정은 적용되지 않는다. 그러한 경우에는 7조의 규정이 적용된다.

OECD모델 12조 2항: 한 체약국의 기업이 상대방 체약국내에 가지고 있는 국내사업장의 사업용 재산의 일부를 구성하는 동산의 양도로부터 발생하는 소득은, 그러한 국내사업장(단독 혹은 기업체와 함께)의 양도로부터 발생하는 소득을 포함하여, 상대방 체약국에서 과세할 수 있다.

OECD모델 21조 2항: 1항의 규정은, 한 체약국의 거주자인 소득의 수취인이 상대방 체약국 안에 소재하는 국내사업장을 통하여 그곳에서 사업을 영위하고, 또한 그 소득의 지급 원인이 되는 권리나 재산이 그러한 국내사업장과 실질적으로 관련되는 경우, 6조 2항에 규정된 부동산소득 이외의 소득에 대하여는 적용되지 않는다. 이러한 경우 7조의 규정이 적용된다.

(1) 흡수과세금지 및 귀속소득과세 원칙

일부 국가는 자국 원천에서 발생하여 상대방 국가 거주자인 개인이나 법인에게 지급하는 소득은 수익자가 국내사업장을 원천지국에 갖고 있는 경우에는 원천지국과 수익자

거주지국 양국의 과세권 배분대상이 아니라는 견해를 갖는다. 대부분의 조세조약은 이러한 국내사업장의 흡수과세(force of attraction of permanent establishment) 개념을 인정하지 않는다. 체약국 거주자가 상대방 국가 소재 원천으로부터 수취한 소득은 법적의제 또는 법적추정으로 상대방 국가에 가진 국내사업장과 관련되며, 따라서 상대방 국가는 이 경우 과세를 제한할 의무가 없다는 견해는 경제적 실질을 반영한 것이 아니다. 다만, 국내사업장 자산의 일부를 구성하거나 또는 그 사업장과 실질적으로 관련된 자산에 대하여 배당, 이자, 사용료, 동산양도소득 및 기타소득을 지급하는 경우 그 소득을 원천지국에서 상대방 국가 거주자인 수익자가 소유하는 국내사업장 소득의 일부로 과세할 수 있다. 이는 조세조약의 사업소득 과세원칙이다.(OE §10-31, §11-24, §12-20, §13-27) 예를 들면, 외국법인 국내사업장이 내국법인에게 철강제조설비를 판매하고 설치용역을 제공하면서 설비운영을 위한 교육훈련을 국내외에 걸쳐 수행하는 경우 교육훈련대가는 국내사업장에 귀속되므로 사업소득으로 신고해야 한다.(국일 46017-508, 1995.8.20.)

(2) 국내사업장 귀속 동산양도소득

① 동산양도소득

기업의 국내사업장 사업용 재산의 일부를 구성하는 동산의 양도소득은 국내사업장 소재지국에서 과세된다. 이는 사업소득 과세원칙과 일치한다. '동산'은 부동산 이외의 모든 재산을 의미하며, 영업권, 라이선스, 탄소배출권(emissions permits) 등과 같은 무형자산(incorporeal property)도 포함된다.(OE §13-24) 국내사업장의 동산이 양도되는 경우 국내사업장을 양도하는 경우와 마찬가지 과세원칙이 적용된다. 전체 기업이 양도되면 국내사업장의 사업자산을 구성하는 동산의 양도로 인한 소득은 소재지국에서 과세된다. 한 국가의 국내사업장 재산을 다른 국가의 국내사업장이나 본사에 이전하는 경우에도 마찬가지이다.(OE §13-25) 예를 들면, 일본법인 국내사업장이 내국법인의 해외건설현장에 직접 자산을 양도하는 경우 내국법인과의 계약에 의해 양도가 이루어지므로 국내원천소득이다. 이 경우, 자산양도와 함께 이루어지는 기술용역 제공대가도 국내원천소득에 해당한다.(국일 22601-301, 1990.6.2.)

② 세무상 무시되는 단체의 지분 양도소득

기업지분의 양도로 인한 양도소득에 양도소득조항이 항상 적용되는 것은 아니다. 그 기업이 한 체약국 세법에 따라 세무상 무시되는 단체나 계약구조의 형태로 활동을 수행하는 경우, 기업 전부를 양도하여 소득이 발생하는 경우에도 그 국가는 양도소득조항에 따라 그 단체나 계약구조의 비거주 파트너나 구성원의 손에서 그 국가에 소재하는 기업의 국내사업장 사업자산의 일부를 구성하는 동산의 양도소득을 과세할 수 있다. 그런데,

한 국가에서 체약국들 중 하나의 개별 거주 납세자로 취급하는 단체나 계약구조의 형태로 한 기업이 활동을 수행하는 경우, 그 국가는 그러한 단체나 계약구조 지분의 양도를 주식양도소득 조항이 적용되는 회사주식과 같은 방법으로 취급하여야 한다. 이러한 경우 이중과세를 방지하여야 한다.(OE §13-26)

③ 국내사업장 폐쇄 후에 양도소득이 실현되는 경우

외국법인이 국내사업장을 유지하다 국내사업장의 사업을 접고 재고와 자산들을 내국법인에게 1차 연도에 매각하고 3차 연도에 지급되는 이자부 어음을 받는 경우, 외국법인은 3차 연도에 국내사업장이 없으므로 동산양도로 인한 양도소득에 대하여 과세되지 않지만, 그 외국법인이 이연하여 인식하는 동산양도소득은 국내사업장 소득으로 과세될 수 있다.(USM §7-7)

(3) 국내사업장 귀속 기타소득

① 기타소득의 종합과세

기타소득이 한 체약국 거주자가 상대방 체약국에 갖고 있는 국내사업장 활동과 연관된 경우 예외적으로 과세할 수 있다. 이에는 제삼국에서 발생한 기타소득도 포함한다. 이 경우 과세권은 국내사업장이 소재한 체약국에 주어진다. 다만, 소재지국이 일차적 과세권을 갖는 부동산소득에는 적용되지 않는다. 그러므로 상대방 체약국 소재 기업이 운영하는 한 체약국 내 국내사업장의 사업재산을 구성하는 부동산은 그 부동산이 소재하고 부동산소득 수취인이 거주하는 한 체약국에서만 과세된다. 이러한 과세원칙은 양도소득과 자본에 대한 과세원칙과도 부합하는 것으로 이들 소득에 대한 과세원칙은 국내사업장의 동산에도 적용된다.(OE §21-4)

② 본사가 해외의 국내사업장에 이자 · 배당을 지급하는 경우

소득의 귀속자와 지급인이 둘 다 같은 국가의 거주자이고, 소득수취인이 다른 국가에 갖고 있는 국내사업장에 소득이 귀속되는 경우 기타소득으로 볼 수 있다. 이 경우 국내사업장이 소재한 국가에서 과세할 수 있다. 이중과세가 발생되는 경우 거주지국이 소득공제나 세액공제를 해 주어야 한다.(OE §21-5)

(4) 원천지국 국내사업장을 통한 조세회피방지

일부소득에 대한 조세특혜를 주는 국가에 설립된 국내사업장으로 자산을 이전시킴으로써 조세조약이 이용될 수 있다. 이러한 조세조약을 이용한 조세회피거래는 국내법의

조세회피방지규정의 적용대상이 되지만, 염두에 두어야 할 것은 원천지국의 특정장소는 그 곳에서 사업이 수행되는 경우에만 국내사업장을 구성하며, 또한 자산이 그 장소에 실질적으로 관련된다는 요건은 회계목적으로 국내사업장의 장부에 자산을 단순히 기록하는 것 이상을 필요로 한다는 것이다.(OE §10-32, §11-25, §12-21)

(5) 경제적 소유권의 국내사업장 배분

국내사업장 귀속소득을 계산하기 위해 지분, 채권, 권리 및 자산의 경제적 소유권이 국내사업장에 귀속되는 경우, 소득지급의 원인이 되는 경제적 소유권은 국내사업장과 실질적으로 관련되므로 그에 따라 국내사업장 사업자산의 일부를 구성한다. 경제적 소유권은 소득세 목적상 부수하는 이익 및 부담을 향유하는 개별기업의 소유권과 같은 의미로, 소유권에 귀속되는 소득에 대한 권리 및 자산가치의 증가나 감소로 인한 이익이나 손실의 가능성을 내포한다.(OE §10-32.1, §11-25.1, §12-21.1, §13-27.1, §21-5.1)

보험활동을 수행하는 기업의 국내사업장의 경우, 국내사업장에 귀속되는 투자자산액에 상응하는 국내사업장 소득을 결정할 때 이전가격방법에 따라 지분, 채권, 권리 및 자산이 국내사업장과 실질적으로 관련되었는지를 결정한다.(OE §10-32.2, §11-25.2, §12-21.2, §13-27.2, §21-5.2)

소득공제방법을 적용하는 일부 국가들은 기타소득조항에 따를 경우 한 체약국 기업이 상대방 체약국에서 유리한 과세상 혜택을 받기 위해 상대방 체약국에 소재한 국내사업장에 주식, 채권, 특허권과 같은 자산을 유입하도록 유도할 수 있다는 우려를 가질 수 있다. 그러한 목적으로 수행된 계약의 경우 조약혜택 제한규정에 따라 소득공제의 혜택을 거부할 것이라는 사실과 별개로, 그러한 자산이 그러한 국내사업장과 '실질적으로 관련되어야 한다'는 요건은 단순히 회계목적상 국내사업장의 대차대조표에 자산을 기표하였다는 사실 이상을 필요로 한다는 점을 명심하여야 한다.(OE §21-6)

4. 국내사업장 관련비용 배부원칙

4.1 국내사업장 관련비용 배부원칙

> UN모델 7조 3항: 국내사업장의 소득을 결정함에 있어, 경영 및 일반 관리비를 포함하여 국내사업장이 소재한 국가 또는 다른 국가에서 그 국내사업장의 사업목적으로 발생한 비용을 공제할 수 있다. 다만, 특허나 기타 권리의 사용대가인 사용료, 수수료(fees)나 기타 유사한 지급금의 방식으로, 또는 특정용역수행이나 관리에 대하여 수수료의 방식으로, 은행기업을 제외

하고 국내사업장에 대여한 자금에 대한 이자방식으로 기업의 본점이나 다른 지점에 국내사업장이 지급하는 금액에 대하여는, 실제 발생비용을 보상하는 것이 아니라면 공제할 수 없다.

국내사업장의 이익을 위해 직간접적으로 발생된 비용은 국내사업장 소재지국 밖에서 발생된 것이라 해도 국내사업장 소득을 결정할 때 고려해야 한다. 대부분의 조약은 실제 발생비용뿐 아니라 국내사업장에 간접적으로 이익을 주는 비용의 공제를 인정한다.(OE §7-38) 그렇지만, 이는 일반적으로 문제가 되지는 않았는데 기업 일반관리비의 일부를 국내사업장에 배분할 때 발생원가기준으로 하기 때문이다.(OE §7-39)

기업의 부문이 국내사업장 이익을 위해 기능을 수행(예 일상적인 경영지원규정에 따라)하는 거래를 식별하고 정상대가를 산정한다. 이러한 거래에 대한 정상대가는 실제발생비용에 대한 공제와는 달리 정상거래원칙에 따라 이루어진다. 상황에 따라, 비용의 전부 또는 일부를 공제하여 소득을 결정하거나 또는 국내사업장과 기업의 다른 부문간 거래에 대한 정상대가를 공제하여 소득을 결정한다.(OE §7-40)

(1) 정상거래원칙과의 관계

국내사업장과 본사의 거래가격은 정상거래원칙에 따라 산정되어야 하며, 재화를 거래하는 국내사업장은 독립기업과 거래할 경우 수취하였을 이익을 계상해야 한다. 그런데, 국내사업장을 위해 발생한 비용은 통상 이익요소를 더하지 않은 실제 발생원가이어야 한다. 그러므로 실무상 이러한 원칙에 맞게 국내사업장의 수익과 비용을 적절히 계상하는 것은 상당히 어렵다.(OE §구7-28)

독립기업원칙 또는 정상거래원칙을 구체적으로 적용하기 위한 비용배부원칙을 적용할 때 실무적인 어려움이 있지만, 아래와 같이 이 두 원칙 간에 특별한 차이는 없다.(OE §구7-29)

1. 관련비용배부원칙	국내사업장 소득을 결정함에 있어 관련비용이 공제되어야 한다. 즉, 관련비용배부원칙은 국내사업장의 정상거래소득을 결정함에 있어 우선적으로 적용된다.
2. 정상거래원칙	비용공제(deduction of expense)와 관련되는 관련비용배부원칙에 따라 결정된 소득은 같거나 유사한 조건에서 같거나 유사한 활동에 종사하는 개별기업이 얻었을 소득이어야 한다. 즉, 정상거래원칙에 따라 결정된 소득은 별개의 독립기업이 이루었을 소득과 일치해야 한다.

(2) 관련비용의 배부

국내사업장의 소득을 산정함에 있어 발생국가와 상관없이 국내사업장을 위해 발생된 비용은 공제되어야 한다. 어떤 경우에는 조세조약에 정한 방식에 따라 비용추정이나 계산이 필요하다. 예를 들면, 본사에서 발생된 일반관리비의 경우 국내사업장 매출(또는 총소득)이 기업의 총매출액에서 차지하는 비율에 따라 배분되는 것은 적절한 방법으로 인정된다. 이렇게 국내사업장을 위해 발생된 것으로 추산된 비용은 실제발생비용으로 간주된다. 실제대가지급 여부와는 상관없이 전체 기업비용의 일부로 국내사업장에 배분되는 비용을 국내사업장에서 공제할 수 있다.(OE §구7-27)

(3) 세법상 손금산입 여부

비용배부원칙은 국내사업장에 배부되어야 하는 소득을 결정하기 위해 국내사업장에 배부되는 비용을 결정하는 원칙이다. 비용이 배부된 후 국내사업장의 과세소득계산에 있어 그것이 손금산입(deductible) 대상인지 여부는 비용배부원칙과 관련이 없는데, 배부비용의 손금산입요건은 국내세법에 의해 결정되어야 할 문제이다.(OE §구7-30)

(4) 이익요소의 가산문제

독립기업원칙을 가정할 때, 국내사업장의 실제소득결정에 있어 전체기업에 발생된 특정원가를 국내사업장을 위해 발생된 진정한 비용으로 볼 수 있을지가 문제가 된다. 보통 독립기업들은 상호거래로 이익을 추구하며, 상호간 재화를 양도하거나 용역을 제공할 때 경쟁시장에서 형성되는 가격을 매길 것이다. 그런데, 특정 재화나 용역을 독립기업으로부터 획득할 수 없는 경우나 독립기업들이 상호이익을 위해 공동수행하는 활동에 대한 원가를 서로 부담하기로 합의하는 경우가 있다. 이러한 특수 상황에서, 기업에 발생된 원가 중 국내사업장 관련원가를 국내사업장을 위해 발생한 비용으로 취급하는 것이 적절하다. 전체기업의 발생원가를 국내사업장 비용으로 볼 수 없어 독립기업원칙에 따라 본사와 국내사업장 간에 해당 재화나 용역을 이익요소를 포함한 가격에 이전하는 것으로 보는 상황을 공동원가 배분상황과 구별하기는 어렵다. 이는 재화나 용역의 내부이전이 정상사업과정에서 정상가격으로, 즉 통상적 매출원가에 적절한 이익을 포함하여 제삼자에게 판매하는 상황과 유사하기 때문이다.(OE §구7-31) 이익요소를 가산할 것인지 여부는 아래와 같이 판단한다.(OE §구7-32)

| 본지점 거래의 이익요소가산 |

국내사업장을 통해 특정 재화나 용역을 판매하고 소득을 실현하는 역할을 직접적으로 수행함에 있어 비용이 주로 발생된 경우	이익요소를 가산할 수 있음.
기업전체원가를 합리적으로 배분하거나 일반적 방법으로 판매를 촉진시키는 기능을 수행함에 있어 비용이 주로 발생된 경우	이익요소를 가산할 수 없음

(5) 소득추계(보험사 등)

필요한 조정을 거쳐 소득과 비용을 비교적 정확히 기업 특정부문에 배분하기 위해 기업 각 부서나 부문에 맞는 적절한 회계방법이 있다. 이러한 회계적 배분방법은 상당히 실용적인 것으로 선호된다. 그러므로 독립기업원칙만을 고집하여 다른 방법을 국내사업장 소득계산에 사용하는 것을 금지하는 것은 적절하지 않다. 예를 들면, 보험회사 소득은 특별한 계산방법에 의해 간편하게 확정될 수 있다. 즉 관련국의 보험증권소지자로부터 받은 총보험료에 사전에 계산된 보험효율(coefficient)을 적용하는 것이다. 또한 두 국가의 국경에 걸쳐 운영하는 비교적 작은 기업의 경우 국내사업장을 위한 적절한 계정이 없거나 또는 적절한 회계방법이 없을 수 있다. 게다가 국내사업장 업무가 본사의 것과 너무 밀접하게 묶여있어 지점회계의 엄격한 기준 위에서 이를 떼어내는 것이 불가능한 경우가 있다. 이 경우 적당한 기준에 따라 국내사업장의 정상소득(arm's length profit)을 추계하는 것이 관습적인 때는 소득의 정확한 측정이 가능하지 않아 적정한 회계가 아니더라도 추계방법이 적용될 수밖에 없다. 또한 그 과정이 관습적이 아닌 경우에도 실용적 이유 때문에 정상소득을 추계(estimate)하는 일이 예외적으로 필요할 수 있다.(OE §구7-51)

(6) 조세조약상 비용의 배분제한

한국이 체결한 멕시코, 베네수엘라, 사우디아라비아, 아랍에미리트, 우즈베키스탄, 인도네시아, 터키 조세조약은 아래 비용의 배분을 원칙적으로 인정하지 않는다. 다만, 이 경우에도 실제발생비용, 즉 직접비용에 대하여는 배분은 인정된다.

1. 특허권 및 기타권리의 사용료, 수수료, 기타 이와 유사한 대가
2. 특정용역이나 사업관리의 대가로 지급한 수수료
3. 국내사업장에 대한 대여와 관련된 이자(은행 제외)

4.2 기업내부거래의 유형별 검토

(1) 재화의 공급

완제품, 원재료나 반제품으로 재판매되기 위해 재화가 공급되는 경우 독립기업원칙에 따라 계상된 소득이 기업의 공급부문에 배분되어야 한다. 그러나 예외가 있을 수 있다. 재화가 재판매를 위해 공급되는 것이 아니고 사업상 일시적 사용을 위해 공급되는 경우에는 재화를 공동으로 사용하는 기업 각 부문의 재화원가 부담분, 즉 기계의 경우 각 부문이 사용한 기계관련 감가상각비를 부담하는 것이 적절하다. 물론 재화의 단순구매활동은 국내사업장을 구성하지 않으므로 이러한 상황에서 국내사업장과의 소득배분문제는 전혀 일어나지 않는다.(OE §구7-33)

(2) 무체재산권의 제공

무체재산권(intangible right)의 경우 동일그룹의 개별기업 간에 적용되는 원칙들이(예 사용료 지급이나 공동원가 배분) 동일기업 부문 간에는 적용되지 않는다. 즉, 외국법인이 국내사업장에 무체재산권을 제공하는 경우 독립거래와는 다른 형태를 띤다. 사실상 무체재산권의 '소유권(ownership)'을 기업의 한 부문에 주고 독립적 기업처럼 이 부문이 다른 부문으로부터 사용료를 받아야 한다는 주장은 가능하지 않다. 오직 하나의 법적 실체이므로 법적 소유권을 기업의 특정부문에 주는 것은 가능하지 않으며, 실무적으로 발생원가를 기업의 한 부문에 전부 배분하는 것도 상당히 곤란하다. 따라서 무체재산권 취득원가는 그것을 사용하는 모든 부문에 배분하여 기업의 여러 관련부문에서 발생한 것으로 보는 것이 옳다.

이런 상황에선 이익이나 사용료를 추가하지 않고 무체재산권과 관련한 부수적인 원가를 포함한 무체재산권의 취득원가(acquisition cost)나 제작원가(creation cost)를 기업의 여러 부문 간에 배분하는 것이 적절하다. 이 경우 연구개발활동으로 초래되는 불리한 결과(예 제품과 관련한 책임이나 환경파괴)도 또한 기업의 여러 부문에 배분하여 적절히 보상적 비용부담을 해야 한다.(OE §구7-34)

(3) 용역의 제공

용역(service)대가가 실제발생원가로 부담되어야 하는지 또는 용역을 제공하는 기업부문의 이익을 가산한 가격으로 부담되어야 하는지가 문제가 된다. 본지사 간 또는 본지점 간 거래에 용역제공이 포함될 수 있고, 이러한 용역제공에 대한 기준가격이 있을 수 있다. 이 경우 외부고객이 부담하는 것과 같은 요율로 용역대가를 지불하는 것이 적절하

다.(OE §구7-35)

국내사업장의 주된 활동이 모기업에 특정용역을 제공하는 것으로 이 용역이 기업에 실질적 혜택을 주며, 그 원가가 기업비용의 중요한 부분인 경우 용역제공 국가에서 원가에 이익상당액을 포함하여 과세되는 경우도 있다. 이 경우 용역제공 국가는 개별사안에 따라 용역가치를 계산하고 그 결과에 따라 과세해야 한다.(OE §구7-36) 그러나 기업이 공동훈련제도를 집행하여 기업 각 부문의 종업원들이 혜택을 받는 경우와 같이 대부분의 기업공통의 용역제공은 단순히 회사의 일반경영활동의 일환이다. 이 경우 기업의 용역제공 부문에 이익을 가산(mark up)해서는 안 된다. 기업의 여러 부문에 실제원가기준으로 배분되는 전체기업의 일반관리비의 일부로 용역원가를 취급하는 것이 적절하다.(OE §구7-37)

경영관리비 같은 간접비용을 배분하는 것은 어려운 일이다. 국내세법은 간접비용배분방법을 규정하고 있다.

(4) 경영관리 대가

우수한 경영관리로 인해 기업소득이 증가할 수 있다. 그러나 문제는 이러한 우수 경영관리로 인한 기업소득 증가분을 측정하는 일이다. 한 나라에 본사가 있지만 모든 업무를 다른 나라에 위치한 국내사업장을 통해 수행하는 회사의 경우를 가정해 보자. 극단적인 경우에는 단지 이사회만이 본사에서 열리고 순수한 법적 활동 이외의 모든 활동이 국내사업장에서 수행될 수도 있다. 이 경우 전체 기업소득의 일부가 이사의 능란한 경영과 사업상 통찰로 발생한 것이므로 최소한 기업소득의 일부는 본사가 소재한 국가에 귀속되어야 한다는 견해가 있을 수 있다.

만약 그 회사가 관리대행사에 의해 관리되었다면 관리대행사는 용역에 대한 보수를 청구했을 것이고 그 보수는 기업소득에 비례하는 관계일 것이다. 그러나 이론과는 달리 실무적으로는 이에 대한 반대견해가 지배적이다. 위 사례의 경우 실질적으로 발생된 관리비는 물론 국내사업장의 소득배분방법에 따라 처리될 것이지만, 관념적인 '우수경영관리대가'에 대한 비용을 공제하여 장부상 계상하는 것은 적당하지 않다. 따라서 위 사례의 경우에는 경영관리대가와 같은 관념적 비용을 국내사업장 과세소득 결정시 고려해서는 안 된다.(OE §구7-38)

국내사업장 소득의 일부를 우수경영관리대가로 기업본사에 배분하는 관행을 가진 본점소재지국이 그러한 관행대로 과세하는 것은 조세조약 위반이 아니다. 그렇지만 이 경우에도 위에서 검토한 바와 같이 국내사업장 소재지국은 국내사업장 귀속소득계산시 본사에 배분되는 우수경영관리대가로 간주되는 금액을 공제할 필요가 전혀 없다.(OE §구7-39)

(5) 자금의 제공

① 본사 대여금의 이자비용은 인정되지 않음

본지점 간 이자비용의 처리는 특별한 문제를 야기한다. 본사가 국내사업장(지점)에 제공한 대여금(loans)에 대하여, 국내사업장이 본사에게 이자명목으로 대가를 지급하기도 한다. 은행 같은 금융회사를 제외하고 이러한 내부이자(internal interest)는 인식할 필요가 없다는 것이 일반적 견해이다. 이는 아래 이유 때문이다.(OE §구7-41)

1. 법적 관점에서 이자수취를 위한 자금공여 및 상환시의 자금반제는 국내사업장의 법적 성격과는 양립할 수 없는 자기와 자기 자신이 자금을 수수하는 허위행위에 불과하다.
2. 경제적 관점에서 기업내부 간 채무와 채권(receivables)은 존재하지 않는다. 자기자금(출자)의 경우 이자를 부담하지 않으므로 본사자금에 대하여 국내사업장이 비용을 공제하는 것은 적절하지 않다. 대칭적인 부채부담과 부채반제는 기업 전체소득을 왜곡시키지 않는 것은 분명하지만, 국내사업장에서 볼 때 자의적 거래로 인해 부분적 결과가 왜곡될 수 있다.

② 실제 이자비용의 공제는 인정됨

기업에 의해 실제로 차입된 부채에 대한 이자의 공제는 다른 문제이다. 이러한 부채는 전부 또는 부분적으로 국내사업장 활동과 관련될 수 있다. 사실상 기업에 의해 계약된 대출금(loan)은 본사를 위해 쓰이거나, 국내사업장을 위해 쓰이거나, 또는 모두를 위해 쓰일 수 있다. 이러한 대출금과 관련하여 일어나는 문제는 국내사업장 귀속소득을 계산함에 있어 어느 정도의 이자비용을 공제할 것인지이다.(OE §구7-43)

실용적 해결방안의 목표는 국내사업장의 기능, 자산 및 위험을 지원하기 위해 적절한 자본상당액을 배분한 후에 국내사업장에 정상적인 이자금액을 배분하는 것이다. 정상거래원칙에 따라 국내사업장은 자신이 수행하는 기능, 경제적으로 소유하는 자산, 부담하는 위험을 지원하기에 충분한 자본을 유지해야 한다. 금융분야에서는 사업의 잠재적 위험이 금융손실로 구체화되는 경우 이를 부담하기 위해 최소 자본유지한도를 정한다. 이와 마찬가지로 비금융분야에서도 자본은 위험이 실현될 경우에 대비한 담보수단이다. (OE §구7-45)

4.3 단순구매활동 손익

한이란조약 7조 5항: 어떠한 이윤도 고정사업장이 해당 기업을 위해 재화나 상품을 단순히 구매한다는 이유만으로는 그 고정사업장에 귀속되지는 아니한다.

한 체약국 기업이 상대방 체약국에서 오로지 재화를 구매할 목적으로 일정사업장소를 유지하는 경우, 그 장소에서의 활동을 상대방 체약국에서 과세할 만한 수준의 사업활동으로 볼 수 없다.

그렇지만, 일정사업장소를 통해 기업이 다른 활동을 수행하기 때문에 그 장소를 국내사업장으로 보아 단순구매로 인한 예외를 적용할 수 없는 경우, 그 장소에서 수행되는 모든 기능에 소득을 배분하는 것은 정당하다는 논쟁이 있을 수 있다. 사실상, 독립기업이 구매활동을 대행한다면 구매대행자는 해당용역에 대하여 정상가격기준으로 대가를 받을 것이다. 또한, 기업을 위해 수행한 구매활동에 대하여만 비과세하면 이러한 활동을 수행하기 위해 발생된 비용을 국내사업장의 소득을 결정할 때 제외해야 하므로 계산이 복잡해진다. 이러한 이유로, 기업을 위해 재화나 상품을 단순히 구매한다는 이유로 국내사업장에 소득을 배분하지 말아야 한다는 논리는 정상거래원칙에 부합하지 않는다.(OE §7-43)

4.4 동일한 소득배분방법의 계속사용

UN모델 7조 5항: 고정사업장에 귀속되는 이윤은 그에 반대되는 타당하고 충분한 이유가 없는 한 매년 동일한 방법으로 결정되어야 한다.

한 번 사용된 소득배분방법은 다른 배분방법이 특정연도에 더 나은 결과를 나타낸다는 이유만으로 변경되지 않는다. 조세조약의 역할은 한 체약국 기업에게 상대방 체약국 내 국내사업장이 받을 과세상 대우를 보장하는 것이다. 이는 국내사업장과 거래하는 본점 소재지국에 대하여도 마찬가지이다. 이런 이유로 지속적이고 영구적인 과세상 취급이 필요하다.(OE §구7-58) 그렇지만, 정상가격산출방법과 근본적으로 다른 방법들을 정해서는 안 된다.(OE §7-42)

5. 총소득배분방법의 인정: 관련사업활동 접근법

UN모델 7조 4항: 기업의 총소득을 각 부문에 배분하여 국내사업장에 귀속될 소득을 결정하는 것이 한 체약국의 관례로 되어 있는 한, 2항의 어떤 규정도 그 체약국이 그러한 관례적인 배분방법에 의하여 과세될 소득을 결정하는 것을 배제하지 않는다: 그러나 채택되는 배분방법은 그 적용결과가 이 조문에 포함된 원칙에 부합하는 것이어야 한다.

총소득배분방법(apportionment of total profits)이 체약국에서 관습적으로 적용되고 그 결과가 정상거래원칙에 부합되는 경우에는 그러한 방법을 적용할 수 있다. 사실상 심각하게 난해한 상황에서도 기업의 총소득배분방법이 아닌 방법을 적용할 수 있다. 그렇지만, 총소득배분방법의 적용은 매우 예외적이며 적용결과가 정상거래원칙에 부합한다고 보장하기가 극히 어렵다.(OE §7-41)

(1) 관련사업활동 접근법

총소득배분방법은 관련사업활동 접근법(Relevant Business Activity Approach)이라고도 하며, 독립기업원칙(Functionally Separate Entity Approach)과 구별된다. 이 원칙을 적용하는 경우, 국내사업장과 본사가 일관된 사업활동을 하는 경우 기업의 한 부문은 유기적으로 연결된 것이므로 다른 부문의 손익은 국내사업장의 소득계산에 있어 고려되어야 하기 때문에 국내사업장 귀속소득은 전체 기업이 관련사업활동으로 인해 수취하는 총소득을 초과할 수 없다.

(2) 총소득배분방법의 예외적 인정

독립기업원칙 및 정상거래원칙에 의하지 않고 단순히 다양한 공식에 따라 기업총소득을 배분하여 국내사업장 귀속소득을 결정하는 일이 있었다. 이 방법은 독립기업원칙에 따른 소득귀속이 아니라 총소득의 배분만을 염두에 두기 때문에 조세조약의 일반원칙에 반한다. 따라서 독립회계에 기초하여 계산한 결과와 다른 결과를 가져올 수 있다. 그러나 비록 이 방법으로 계산된 결과가 독립회계로부터 얻는 결과와 다소 다르지만, 분명 독립기업원칙을 크게 벗어나지 않는 것으로 보이는 경우 이 방법을 관습적으로 사용하는 것은 허용된다. 일반적으로 국내사업장에 귀속되는 소득은 국내사업장 회계가 사실을 반영한다면 그에 따라 결정되어야 한다. 총소득배분에 기초한 방법은 국내사업장 활동만을 고려한 방법과는 다른 것이므로 과거부터 관습적으로 관련국 과세당국과 납세자 모두가 만족하는 상태에서 받아들여졌을 때에만 예외적으로 사용되어야 한다.(OE §구7-52)

한국이 체결한 아래 조세조약은 총소득배분방법에 의한 국내사업장과세를 인정한다. 과세방법은 각국의 국내세법에 따르지만 한국의 경우 총소득배분방법에 대한 구체적 규정이 없다.

| 총소득배분방법을 인정한 조세조약 |

몰타, 미얀마, 베네수엘라, 스리랑카, 스위스, 슬로바키아, 슬로베니아, 아랍에미리트, 아이슬란드, 아제르바이잔, 오만, 요르단, 우크라이나, 이란, 이스라엘, 체코, 카타르

(3) 총소득배분방법의 유형

총소득배분방법은 각국의 조세조약에 따라 다양하다.(OE §구7-53) 총소득배분방법의 본질적 성격은 전체기업 소득에 비례하는 일부소득이 기업부문에 배분되는 것인데, 기업의 모든 부문은 채택된 기준에 따라 전체수익에 기여하는 것으로 가정된다. 다양한 총소득 배분방법들 간의 차이는 주로 총소득의 얼마가 적정비율인지 결정하는데 쓰이는 상이한 기준에서 발생한다. 주로 아래와 같이 세 가지 유형의 기준이 사용된다. 이들 방법은 각각 특성이 다르며, 개별 방법의 적정성은 그것이 적용되는 상황에 달려 있다.(OE §구7-54)

배분방법의 기준	구체적 내용	적용대상 사업
기업수입금액	매출액이나 수수료에 비례하여 소득배분	1. 순소득이 주로 외형에 의존하는 수익성이 큰 용역을 제공하거나 특허품을 만드는 기업 2. 각 관련국의 보험가입자로부터 수취한 보험료를 고려하여 전체소득을 배분하는 보험사
기업비용	급여 등 직접비용에 근거하여 소득배분	소득이 비용과 밀접한 관련이 있는 많은 재료비나 노동비가 투입되는 제품을 생산하는 기업
자본상당액	각 지점이나 부문에 배분된 기업전체 자본상당액비율에 근거하여 소득배분	자본상당액비율이 가장 관련 있는 기준이 되는 은행이나 금융기업

(4) 세무당국의 사전지침 문제

총소득배분방법의 일반적 목표는 독립회계상 이루어지는 수치와 가능하면 가까운 과세소득 추정치를 만들어내는 것이다. 그러므로 관련국가의 세무당국이 기왕에 발생된 사실자료에 근거하여 독립기업원칙의 결과에 근접하는 방법을 사용하도록 하는 일 이외에 적극적으로 개입하여 세부지침을 정하는 것은 바람직하지 않다.(OE §구7-54)

6. 국내사업장 차별금지

6.1 국내사업장 차별금지원칙의 개요

UN모델 24조 3항: 한 체약국의 기업이 상대방 체약국 내에 가지고 있는 국내사업장에 대한 조세는 같은 활동을 수행하는 상대방 체약국의 기업에 부과되는 조세보다 불리하게 과세되지 않는다. 이 규정은 한 체약국이 자국 거주자에게 국민자격(civil status)이나 가족부양의무(family responsibility)로 인하여 부여하는 조세목적상의 어떤 인적공제(personal allowance), 경감(relief), 감면(reduction)을 상대방 체약국의 거주자에게도 해주어야 할 의무를 한 체약국에 부여하는 것으로 해석되지 않는다.

(1) 국내사업장 차별금지원칙의 개념

국적에 근거한 차별뿐 아니라 기업의 실제 소재지(actual situs)에서 기업형태에 따른 차별도 금지된다. 그러므로 국적에 상관없이 상대방 체약국에 국내사업장을 가진 한 체약국의 모든 거주자는 차별대우를 받지 않는다.(OE §24-33)

그런데 거주자에 비해 비거주자에게 더 부담스러운 과세를 초래하지 않는 한, 실무적 이유에서 비거주자를 거주자와 다르게 과세하는 것은 차별이 아니다. 즉, 과세가 이루어지는 특정상황에 대한 과세방식은 과세국가의 고유권한이며, 중요한 것은 거주자와 다른 초과적인 과세부담은 안 된다는 점이다. 예를 들면, 국내사업장 귀속소득을 결정하기 위해서만 적용되는 특별한 방법의 적용은 금지되지 않는다. 국내사업장 차별금지원칙은 조세조약의 전체적 맥락에서 해석되어야 하는데, 특히 국내사업장 귀속소득은 같거나 유사한 조건에서 같거나 유사한 활동에 종사하는 별개의 독립기업이 벌었을 것으로 예상되는 소득이라고 규정하는 사업소득조항의 맥락에서 해석되어야 한다. 분명한 것은, 국내사업장 귀속소득을 결정하기 위한 세법규정이나 실무는 국내사업장 차별금지원칙의 위반이 아닌데, 유사한 활동을 영위하는 국내기업에 과세되는 것보다 불리하게 국내사업장을 과세하여서는 안 된다는 국내사업장 차별금지원칙은 독립기업원칙과 동일한 바탕을 두고 있기 때문이다.(OE §24-34)

이러한 논리에 입각하여 국내사업장은 같은 활동을 수행하는 거주기업보다 해당국가에서 불리하게 과세되지 않는다. 국내사업장 차별금지원칙은 상업적 활동에 근거한 조세, 특히 사업소득에 대한 조세에 있어 같은 활동영역에 속한 거주기업과 비교하여 국내사업장에 대한 모든 차별을 종식시키기 위한 것이다.(OE §24-35)

(2) 차별에 해당하지 않는 경우

국내사업장 차별금지원칙을 적용하려면, 한 체약국에서 상대방 체약국 기업의 국내사업장에 대한 세무취급을 국내사업장을 가진 기업과 유사한 법적구조를 가진 한 체약국 기업의 세무취급과 비교해야 한다. 따라서 예를 들면, 비거주자가 운영하는 기업의 국내사업장 소득에 대하여 거주회사가 운영하는 기업에 적용되는 세율과 동일한 세율을 적용할 것을 차별금지원칙에서 요구하는 것은 아니다.(OE §24-37)

이와 마찬가지로, 규제대상활동과 비규제대상활동은 차별금지원칙에서 이야기하는 '같은 활동'에 해당하지 않는다. 따라서 예를 들면, 자금대여 및 차입활동을 하지만 은행으로 등록하지 않은 국내사업장을 국내은행의 세율보다 높게 과세하는 것은 차별금지원칙의 위반이 아닌데 이는 국내사업장이 같은 활동을 수행한다고 볼 수 없기 때문이다. 또 다른 예는 국가나 공공단체(public bodies)가 수행하는 활동인데 이들은 국가에 의해 통제되므로 다른 국가의 기업이 국내사업장을 통해 수행하는 활동과 유사하다고 볼 수 없다.(OE §24-38)

(3) 국내사업장 소유 개인의 차별금지

차별금지원칙은 한 체약국 거주자로 상대방 국가에 국내사업장을 가진 개인에게도 적용된다. 이는 거주지국의 국내법 적용에 따라 또한 상대방 국가에서 차별금지원칙에 따라 두 국가에서 인적공제나 가족부양공제를 받음으로써 이들이 거주자보다 더 큰 혜택을 받을 수 없도록 하기 위한 것이다. 이러한 이유로 국내사업장 소재지국에서 개인의 국내사업장에 인적공제 등을 적용할 때 상대방 체약국의 종합소득에 대한 국내사업장 소득금액 비율을 적용하기도 한다.(OE §24-36)

6.2 국내사업장 차별금지원칙의 적용사례

차별금지원칙의 적용사례를 명백하게 열거하는 것은 어렵다. 이로 인해 이 원칙의 다양한 의미에 대한 견해차이가 있어 왔는데, 이는 국내사업장의 실질적 성격 때문이다. 국내사업장은 독립된 법적 실체가 아니고 본사가 상대방 국가에 있는 기업의 일부분이다. 국내사업장의 상황은 국내기업의 그것과는 다른데, 국내기업은 기업의 재정관계는 물론 모든 활동이 본사가 소재하는 국가관할 내에서 전적으로 이루어진다. 다음과 같은 사례에 있어 차별금지원칙 즉, 평등대우원칙이 적용된다.(OE §24-39)

(1) 과세소득의 계산

① 국내사업장 과세소득의 계산

조세의 부과기준인 과세소득과 관련하여 차별금지원칙은, 보통 다음 의미를 가진다.(OE §24-40)

㉮ 국내사업장은 거주기업과 마찬가지로 세법에 의해 과세소득에서 공제가 인정되는 거래비용을 공제할 수 있는 권리가 있다. 이러한 공제는 거주기업에 허용되는 것과 다른 어떠한 제한없이 허용된다.

㉯ 국내사업장은 감가상각이나 준비금(reserves)에 있어 같은 혜택을 받아야 한다. 국내사업장은 기업회계상 가능한 감가상각(정액상각 및 정률상각)뿐 아니라, 여러 나라에 존재하는 특별감가상각(즉시상각 및 가속상각 등)까지 활용할 자격이 주어져야 한다. 준비금의 경우 기업회계기준상 인정되는 발생가능성이 있는 자

산감모상각, 비용 및 손실의 보전목적 외의 준비금이 세법상 인정되기도 한다. 이에 따라 일부 국가에서는 기업들이 투자를 위한 충당금(Provision)이나 준비금(Reserves)을 과세소득에서 공제할 수 있다. 이러한 공제가 모든 기업에 의해 향유되거나 일정요건에 해당하는 기업들에게 허용되는 경우 충당금이나 준비금이 설정되는 활동이 그 국가에서 과세되는 한 같은 조건하에 해당국에 소재한 국내사업장에게도 허용되어야 한다.

㉰ 국내사업장은 거주기업에게 인정되는 경우, 회계기간 말에 발생된 결손을 일정기간(예 5년)에 걸쳐 이월공제 또는 소급공제할 수 있다. 국내사업장의 경우 이월이 인정되는 손실은 자기사업활동의 손실을 의미한다.

㉱ 국내사업장은 사업활동 중 또는 사업종료시를 불문하고 자산양도로 인한 양도소득과세에 있어서 거주기업에 적용되는 것과 같은 과세원칙을 적용받는다.

② 연결납세

동일과세취급원칙(equal treatment principle)은 국내사업장 자체의 활동에 대한 과세에 적용된다. 따라서 이 원칙에 따라 국내사업장 자체활동에 적용되는 규정과 독립거주기업이 영위하는 유사한 사업활동에 적용되는 규정만이 비교대상이다. 한 기업과 다른 기업 간의 관계를 고려해야 하는 규정(예 연결납세, 손실이전, 동일지배하의 회사 간 자산이전의 비과세허용)에는 확대적용되지 않는데, 이러한 규정은 국내사업장 활동과 유사한 기업의 자체사업활동을 과세하기 위한 것이 아니고 특수관계기업 그룹의 일원인 거주기업을 과세하기 위한 것이기 때문이다. 이러한 규정들은 대부분 국내 그룹사의 세무신고 및 세무행정을 보장하고 장려하기 위해 운영된다. 그러므로 동일과세취급원칙은 적용될 여지가 없다. 같은 이유로, 거주기업의 소득배당과 관련된 규정은 국내사업장에 확대적용되지 않는데, 이들은 차별금지규정에서 의미하는 국내사업장 사업활동과 관련되지 않기 때문이다.(OE §24-41)

③ 이전가격과세

국내사업장과 본사 간 거래에 대하여 정상가격기준(arm's length standard)에 따른 이전가격원칙을 적용하는 것은 국내사업장이 소재한 국가의 기업 간 거래에 이전가격원칙을 적용하지 않는다 해도 차별금지규정 위반이 아니다. 사실상, 사업소득조항에 따라 국내사업장 귀속소득 결정에 정상가격기준을 적용하며, 이 규정의 맥락에서 차별금지규정이 해석되어야 한다. 또한, 특수관계기업조항에 따라 국내기업과 국외특수관계기업 간 거래에 정상가격기준을 적용하므로, 국내사업장에 대한 정상가격기준의 적용이 국내사업장 소재지국 기업에 대한 과세보다 차별적이라고 할 수 없다.(OE §24-42)

④ 조세특혜

위 적용사례들이 차별금지원칙과 충돌할 가능성은 거의 없지만, 위 적용사례들이 과세표준계산과 관련하여 차별금지원칙 적용결과에 대한 모든 가능한 상황을 설명하는 것은 아니다. 그런데, 산업분산, 경제적 낙후지역개발, 경제성장에 필요한 새로운 활동촉진과 같은 문제에 직면한 대부분 국가들이 이를 해결하기 위해 정책목적상 도입한 투자기업에 주는 조세감면, 세액공제, 기타 조세혜택과 같은 조세특혜(tax incentive)의 경우 차별금지원칙의 적용이 애매한 상황이 있다.(OE §24-43)

이런 조세특혜들은 해당국의 목적달성에 필요한 경제활동에 직접 관련된 것이므로 조세조약의 상대방 국가 기업의 국내사업장이 국내법이나 양국 간 체결된 국제합의(통상조약, 영사조약 등)에 의해 그 국가에서 산업적·상업적 활동에 종사할 권리를 부여받았다면 이들 국내사업장에게까지 확대되어야 마땅하다.(OE §24-44) 그러나 국내사업장이 해당국가에서 이러한 조세특혜를 요구할 자격을 얻기 위해서는 거주기업과 같은 조건과 자격을 갖추어야 한다. 따라서 국내사업장이 조세특혜를 받는 데 필요한 조건과 자격을 충족하지 못한다면 조세특혜는 거부된다.(OE §24-45)

또한 국가이익, 국방, 국가경제보호의 견지에서 비거주기업에게는 허용되지 않고 거주기업만이 종사할 수 있는 활동에 부여되는 조세특혜는 비거주기업에게는 주어질 수 없다.(OE §24-46) 마찬가지로, 해당국가에서 특별히 공공이익을 위해 활동하는 비영리기관에 조세특혜(special taxation privileges)를 규정하는 국가에게 해당국가의 공공이익만을 위해 활동하는 것이 아닌 다른 국가의 유사한 비영리기관의 국내사업장에 동일한 조세특혜를 적용하도록 차별금지원칙을 해석하지는 않는다.(OE §24-47)

(2) 국내사업장 보유주식에 대한 배당

많은 나라는 회사 간 배당과세에 대하여 특별원칙을 적용한다.(모·자회사의 특별취급, 법인의 특권) 그러므로 국내사업장 자산의 일부를 구성하는 투자자산에 대한 배당도 동일하게 취급해야 하는지가 문제가 된다.(OE §24-48)

① 특별원칙을 국내사업장에도 적용할 수 있다는 견해

특별원칙은 자회사가 창출하여 모회사에 분배된 소득에 대한 이중과세를 피하기 위해 적용된다. 원칙적으로 소득세는 소득창출활동을 하는 자회사의 손에서 한 번 과세된다. 모회사는 자회사로부터 받은 소득에 대한 과세를 면제받거나, 간접세액공제방법에 의해 자회사 부담조세에 대해 공제받는다. 국내사업장이 직접투자를 하여 주식을 보유하는 경우 소득세는 자회사의 손에서 이미 과세되었다는 점에서 자회사로부터 배당을 받는 국내사업장에게는 모회사와 같은 특별원칙이 적용되어야 함은 논리적으로 볼 때 타당하다. 한편, 이러한 맥락에서 모회사의 거주지국에서 국내사업장 소재지국이 두 번째 과세하여 초래된 이중과세에 대한 경감을 해 줄 이유는 없다. 모회사 거주지국에서는 이중과세소득을 발생시킬 어떠한 활동도 일어나지 않았으므로 보통 해당소득을 소득공제하거나, 피투자회사의 소득세 및 배당소득에 대한 국내사업장 소득세에 대하여 이중세액공제(double credit)가 안 될 만큼의 소득세를 부과한다. 이는 국내사업장이 보유하는 주식이 실질적으로 국내사업장 활동과 관련된 경우로 한정된다. 또한 이러한 처리를 하기 위해서는 배당이 분배되는 원본소득에 법인세가 과세되어야 한다.(OE §24-49)

② 특별원칙을 국내사업장에 적용할 의무가 없다는 견해

특별원칙의 목적은 배당의 경제적 이중과세를 피하는 데 있으며, 배당과 관련한 비용부담은 국내사업장 소재지국이 아닌 배당수취회사 거주지국에서 하는 것이 타당하다. 왜냐하면 배당수취회사의 거주지국이 특별원칙을 적용하는 것이 적절하기 때문이다. 또 다른 이유는 국가 간의 조세수입의 배분과 관련된다. 한 국가에서 특별원칙을 적용함으로써 일실된 조세수입은 특별원칙을 적용받는 모회사에 의해 재분배되는 배당에 과세하여 부분적으로 상쇄된다.(배당원천과세, 주식보유세) 국내사업장에 특별원칙을 적용하는 국가는 그러한 보상을 받지 못한다. 이 경우 특별원칙을 배당의 재분배라는 조건하에 적용한다면 이를 국내사업장에 확대하는 것은 공정하지 않다는 논리가 가능하다. 국내사업장은 상대방 국가 회사의 일부로 배당을 분배하지 못하므로 거주 회사보다 유리한 대우를 받는 결과를 초래하기 때문이다.

③ 특별원칙을 이용하는 경우 차별금지원칙의 적용제외

한 국가의 회사가 상대방 국가의 회사지분을 오로지 특별원칙의 적용을 받기 위해 상대방 국가 내의 국내사업장에 이전시키는 경우 차별금지조항은 적용되지 않아야 한다.(OE §24-50) 다만, 아래 경우는 기업 본사가 아닌 국내사업장이 정당한 사유로 주식을 보유·관리하는 상황이므로 차별금지조항의 적용을 배제해서는 안 된다.(OE §24-51)

1. 자기임무 완수에 대한 보증으로서 주로 일정액의 자산, 특히 주식을 업무수행지국에 예치시켜야 할 은행, 재정기관 및 보험회사의 법령상 의무 때문에
2. 주식이 국내사업장과 사업관계를 가지거나 그 주식발행 본사가 국내사업장과 같은 나라에 소재하는 경우 편의 때문에
3. 대기업의 경우, 경영의 분권화에 대한 최근의 경향에 발맞추어 단순히 실제적 편리성 때문에

다양한 상황과 다양한 입장을 감안할 때 논란의 소지를 줄이기 위해서 조세조약을 체결하면서 명백한 규정을 둘 필요가 있다.(OE §24-52) 예를 들면, 상대방 체약국(B) 거주

회사의 국내사업장이 한 국가(A)에서 보유하는 주식에 대한 특별원칙의 확대적용으로 인해 A국 거주회사의 주식을 직접 소유하는 상대방 체약국 거주 다른 회사에 비해 국내사업장을 소유한 회사가 불공정한 특혜를 받는 경우가 있다. 이 경우 국내사업장을 소유한 회사의 배당은 원천세를 부담하지 않고 본사로 송금될 수 있는 반면, A국 거주회사의 배당은 5%(25% 이하 지분소유)나 15%의 원천세를 부담한다. 이 경우, 조세중립성과 조세부담의 평등을 고려할 경우 A국 거주회사가 B국 거주회사의 A국 국내사업장에 지급한 배당에 대해 B국 본사가 직접 수취하는 것으로 의제하여 A국에서 거주회사의 원천세율로 과세하도록 배당소득규정을 수정할 필요가 있다.(OE §24-53)

국내법상 규정미비로 국내사업장에 지급되는 배당에 대해 원천과세할 수 없는 경우에도 배당이 상대방 국가 거주회사의 국내사업장에 의해 수취되든 또는 본사에 의해 직접 수취되든 상관없이 원천지국 조세액이 동일하다면 회사 간 배당에 대한 특별원칙은 국내사업장에 확대 적용될 수 있다.(OE §24-54)

(3) 조세의 구조와 세율(structure and rate of tax)

① 누진세율 및 최저한세율

회사귀속 소득에 과세하는 국가의 경우 차별금지조항은 국내사업장 적용세율에 대한 문제를 야기한다. 이는 국내사업장이 소재지국의 법적 관할 내에 있지 않은 법적 실체의 일부에 불과하다는 사실 때문이다.(OE §24-55)

㉮ 기업전체 소득을 고려할 수 있나?

한 국가 거주자인 회사소득이 누진세율(progressive scale of rates)에 따라 과세된다면 원칙적으로 그 세율은 그 국가소재 국내사업장에도 적용된다. 누진세율을 적용함에 있어 국내사업장 소재지국이 국내사업장이 속한 회사전체의 소득을 고려하는 경우 거주회사들이 사실상 같은 방식으로 과세될 것이므로, 이는 평등대우원칙에 반하는 것은 아니라는 견해가 있다. 이러한 과세방식을 적용하는 국가는 조세조약에 국내사업장 과세방식을 정의한다.(OE §24-56) 누진세율 과세체계와 함께 국내사업장에 최저한세율(minimum rate)을 적용한다는 원칙을 포함하는 경우 이를 평등대우원칙(equal treatment principle) 위반이라고 보기는 어렵다. 누진세율에 의한 적용세율을 결정하는데 국내사업장이 속한 기업의 전체소득이 감안된다. 적용세율이 최저한세율보다 낮은 경우 최저한세율로 과세되며, 이 경우 차별금지조항을 위반한 것은 아니다.(OE §24-57) 한국은 외국기업의 전체 소득을 고려하는 누진세율이나 최저한세율을 적용하지 않는다.

㉯ 독립기업원칙의 적용

누진세율이나 최저한세율을 적용할 때 국내사업장이 속한 기업전체소득이 고려된다 해도 국내사업장 소득결정을 위한 독립기업원칙을 위배해서는 안 된다. 그러므로 국내사업장 소재지국의 과세최저액은 국내사업장이 속한 기업전체소득에 근거하지 않고, 별개의 독립기업이라면 부담해야 할 금액이다. 따라서 국내사업장 소재지국에서 기업전체소득이 국내사업장 소득보다 적은 경우, 기업전체소득을 무시하고 국내사업장 소득에 거주회사에 적용하는 누진세율을 적용하는 것은 정당화된다. 또한 거주회사에게 최저한세율을 적용하는 국가는 국내사업장이 속한 기업전체소득을 고려하면 더 낮은 세액이나 과세미달이 되는 경우에도 최저세율로 국내사업장 소득을 과세할 수 있다.(OE §24-58)

② 국내사업장소득의 배당

국내사업장은 그 성격상 배당을 지급하지 못하므로, 국내사업장이 속한 기업의 배당은 차별금지규정의 적용범위를 넘어선다. 차별금지규정은 국내사업장 자체활동소득의 과세에만 적용되며 기업전체의 과세에 확대적용되지 않는다. 이는 차별금지규정에서 확인되는데 국내사업장을 소유하는 납세자와 관련한 인적공제 및 비용공제 등의 조세문제에는 차별금지규정이 적용되지 않는다. 따라서 법인 및 주주의 이중과세방지를 위한 다양한 조세제도와 관련한 문제, 즉 선납법인세(advance corporate tax), 원천징수(precompte mobilier), 배당소득계산 및 배당세액공제(computation of franked income and related dividend tax credits)는 차별금지규정의 적용범위를 벗어난다.(OE §24-59)

그런데, 국내사업장 소득계산에서 공제되는 이자에 대해 과세하는 지점수준의 이자소득세(branch level interest tax) 같은 조세와 지점세는 구별되어야 한다. 지점수준의 이자소득세는 국내사업장 자체에 과세되는 것이 아니라 이자지급대상으로 간주되는 기업에게 과세하며 따라서 차별금지규정의 적용대상이 아니다. 다만, 상황에 따라 이러한 조세가 조약상 허용되는지를 판단하기 위해 사업소득 및 이자소득 규정이 적용된다.(OE §24-61)

(4) 국내사업장이 수취하는 배당, 이자, 사용료의 원천과세

국내사업장이 배당, 이자 또는 사용료를 받을 때 이들 소득은 배당, 이자 및 사용료 규정에 따라 사업소득에 해당하고 그 결과 국내사업장 과세소득에 포함된다.(OE §24-62) 국내사업장이 수취하는 배당, 이자, 사용료는 국내사업장이 소재한 원천지국에서 국내기업에게 적용하는 일반적인 세율로 원천징수할 수 있다.(OE §24-63) 이러한 해석은 거주자(사업소득규정에 따라 거주기업과 같이 원천과세되는 국내사업장 포함) 또는 비거주자 여부와 상관없이 원천징수하는 국가의 경우 차별과 관련한 문제가 없는 반면, 비거주자

수취소득만 원천징수하는 경우에는 문제가 될 수 있다.(OE §24-64) 비거주자 수취소득만 원천징수하는 경우 국내사업장 차별금지원칙과 원천징수를 조화시키는 것은 실제적으로 어렵다. 국내사업장 활동으로 수취하는 소득이나 그 활동과 관련된 배당, 이자, 사용료는 국내사업장소득으로 과세되므로 원천과세 대상이 아니기 때문이다.(OE §24-65)

(5) 제삼국과 체결한 조세조약 혜택의 국내사업장 확대

① 배당, 이자에 대한 세액공제의 허용

국내사업장이 해외소득을 수취하여 과세소득에 포함할 경우 국내법상 거주기업에 세액공제를 허용한다면 같은 원칙에 따라 해외소득으로 인해 부담된 외국납부세액을 국내사업장에서 공제하도록 허용하는 것은 당연하다.(OE §24-67)

예를 들면, B국 기업의 국내사업장이 소재한 A국에서 C국 조세에 대한 세액공제가 조세조약에 따라 허용되면, 제삼국 C와 체결된 조세조약의 세액공제혜택을 국내사업장에 확대할 것인가가 문제가 된다. 국내사업장 자체는 사람(person)에 해당하지 않아 조세조약의 혜택을 받을 자격이 없지만, 국내사업장 과세와 관련하여 특별히 고려되어야 할 문제이다.(OE §24-68) 한 체약국의 거주기업이 상대방 체약국에 가진 국내사업장이 제삼국으로부터 배당, 이자를 받는 경우 국내사업장이 소재한 상대방 체약국에서 어느 정도까지 공제해 주어야 하는가?(OE §24-69)

이 상황은 이중과세에 해당하므로 경감조치가 이루어져야 한다는 데는 이견이 없다. 이 경우 대부분 국가들은 국내법에 따라 세액공제를 허용한다. 세액공제를 허용하지 않는 국가의 경우 별도의 조약규정을 둘 필요가 있다. 즉, 국내사업장 소재지국과 제삼국과의 조약상 거주기업에게 적용되는 세액공제액을 한도로 국내사업장 소재지국에서 소득원천지국에서 납부한 세액의 공제를 허용할 수 있다. 제삼국과 국내사업장의 본사 거주지국 간 조약에 따른 원천세가 제삼국과 국내사업장 소재지국 간 조약에 따른 원천세보다 적은 경우 제삼국에서 징수된 낮은 세액만을 공제하기도 한다. 발생지국에서 과세되어 그에 대한 세액공제가 이루어져야 하는 다른 소득유형(사용료)을 조세조약에 규정하는 경우, 조약규정 또한 알맞게 고쳐야 한다.(OE §24-70)

② 조세조약의 부당한 이용 방지

한 체약국(거주지국) 거주기업이 상대방 체약국에서 소유하는 국내사업장이 제삼국(원천지국)으로부터 배당, 이자, 사용료를 수취하고 거주지국과 원천지국 간의 조약상 제한세율로 원천세를 과세하기 위해 거주지증명이 필요할 경우 이 증명은 거주지국에 의해 발행되어야 한다. 거주지증명 절차는 거주지국이 세액공제방법을 채택한 경우 유용한 반면, 제삼국의 소득이 기업 거주지국에서 과세되지 않는 소득공제방법을 사용하는 국가의 경우에는 전혀 쓸모가 없다. 국내사업장 소재지국은 거주지증명절차(certification procedure)로 도움을 받을 수 있는데, 조약의 부당한 이용의 경우 조사를 위한 유용한 정보를 제공한다. 삼각관계에서 일어날 수 있는 또 다른 문제는 조약남용이다.

예를 들면, 상대방 체약국에서 발생하는 소극적 소득(passive income)이 이를 과세하지 않는 제삼국에 소재하는 국내사업장에 귀속되는 경우, 그 소득에 대하여 소득면제방법을 적용한다면, 그 소득을 이 세 국가들에서 모두 과세하지 않을 위험이 있다. 조약혜택 제한규정은 이러한 문제를 다룬다.(OE §24-71) 또 다른 삼각관계는 본점 소재지국에서 소득이 발생되고 상대방 국가의 국내사업장에 이 소득이 귀속되는 경우이다. 이런 경우에 대한 전형적인 해결방안은 아직 없다.(OE §24-72)

7. 국내사업장소득의 이중과세방지

> OECD모델 7조 3항: 2항에 따라 한 체약국이 체약국들 중 하나의 기업의 국내사업장에 귀속되는 소득을 조정함에 따라 상대방 체약국에서 과세된 그 기업의 소득을 과세하는 경우, 상대방 체약국은 해당 소득에 대한 이중과세를 방지하기 위해 그 소득에 부과된 세액을 적절히 조정해야 한다. 이러한 조정을 함에 있어 체약국들의 관할당국들은 필요한 경우 상호합의한다.

(1) 국내사업장소득 이중과세방지원칙

국내사업장 소재지국의 과세권을 제한하는 사업소득조항 및 거주지국에 이중과세방지의무를 부여하는 이중과세방지조항의 조합으로 국내사업장에 정당하게 귀속되는 소득에 대한 이중과세는 모두 경감된다. 즉, 양 체약국은 사업소득조항을 달리 해석하여 초래되는 과세차이를 해결해야 하며, 이중과세에 해당하는 이러한 과세차이를 해결하기 위해 가능한 방법을 모두 사용해야 한다.(OE §7-44)

납세자는 국내사업장 소득배분규정에 따라 각국에서 동일한 방법으로 국내사업장 귀속소득을 결정할 것이므로 이중과세위험은 일반적으로 회피될 수 있는데, 이로써 사업소득조항 및 이중과세방지조항의 목적상 동일한 결과가 보장된다. 납세자가 이런 방법으로 소득을 결정하였다고 각국이 인정한다면, 각국은 다른 결론을 내기 위해 소득을 조정해서는 안 된다.(OE §7-46)

사 례 본 · 지점 간의 소득금액계산에 동일한 정상가격을 사용(OE §7-47)

R국 기업의 R국에 소재하는 제조공장은 S국에 소재하는 그 기업의 국내사업장에 판매를 위해 상품을 이전한다. 기능 및 사실분석과 일치하며 납세자가 각국에서 과세소득을 계산하기 위한 근거로 사용하는 기업의 서류에는 R국 공장이 S국 국내사업장에 상품의 판매형태로 거래하였고 개념적 정상가격 10이 국내사업장 귀속소득을 결정하는데 적용되었다. 양국은 납세자의 거래인식 및 적용가격이 이전가격지침의 원칙에 부합한다고 동의한다. 이러한 경우, 양국은 서로 다른 정상가격을 적용하여 소득을 조정해서는 안 된다. 납세자가 국내사업장 소득배분규정에 맞게 처리했다는 합의가 있다면 양국의 과세당국은 정상거래조건에 대한 납세자의 판단을 무시하고 다시 판단을 해서는 안 된다. 이 예시에서, 양국에서 동일한 정상가격을 사용하였다는 사실 및 양국이 조세조약의 적용을 위해 그 가격을 인정한다는 사실로 인해 거래와 관련한 이중과세는 이중과세방지조항에 따라 모두 제거될 수 있다.

위 예시에서, 양국은 거래의 인식 및 납세자가 적용한 이전가격이 이전가격지침의 원칙에 부합한다고 합의한다. 그런데, 체약국들이 항상 이러한 합의에 이르는 것은 아니다. 일부 경우, 이전가격지침을 적용하여 국내사업장 소득배분규정을 다르게 해석하기도 하며 그로 인해 이중과세를 초래하는데, 이러한 이중과세는 해소되어야 한다는 점이 중요하다.(OE §7-48)

예를 들면, 국내사업장에 자본금상당액(free capital)을 배분하는 방법으로 국내사업장에 배분되는 이자비용을 결정하는 데 있어 여러 가지 다른 방법이 인정된다. 이로 인해 문제가 발생할 수 있는데, 양국이 다른 소득배분방법을 적용하여 어떤 방법이 정당한 것인지 판단하지 못할 경우, 그러한 차이로 초래되는 어떠한 이중과세도 제거되어야 함을 인식하는 것이 중요하다.(OE §7-49) 국내사업장의 소득조정은 다음 원칙하에 이루어져야 한다.

1. 각국에서 납세자가 동일한 방법으로 국내사업장 귀속소득을 결정했고 납세자가 정당하게 소득을 결정하였다고 양국이 합의한 경우, 다시 국내사업장 소득배분규정을 적용하여 다른 결과가 될 수 있는 소득조정이 이루어져서는 안 된다.(OE §7-51)
2. 국내사업장소득 이중과세방지조항이 각국이 사업소득조항 및 이중과세방지조항에 따른 의무를 이행하기 위해 이미 적용하는 수단을 제한해서는 안 된다. 예를 들면, 한 체약국에 소재하는 국내사업장 귀속소득을 한 체약국이 결정한 것이 국내사업장 소득배분규정에 부합하지 않는 경우, 그 국가가 조세조약에 따라 과세하지 않았다는 사실을 다투기 위해 납세자는 적절한 국내법적 수단 및 상호합절차를 사용할 수 있다. 마찬가지로, 상대방 체약국이 국내사업장 귀속소득을 적절하게 결정하지 않아 이중과세방지조항에 어긋난다면 그에 따른 의무이행절차를 청구할 수 있다.(OE §7-52)

사례 본 · 지점 간 거래가격을 다르게 조정하는 경우(OE §7-55, §7-56)

R국 기업의 R국에 소재한 제조공장은 S국에 소재한 그 기업의 국내사업장에 판매를 위해 상품을 이전한다. 국내사업장 귀속소득을 결정하기 위해, 거래를 인식해야 하고 그 거래에 대한 개념적 정상가격(notional arm's length price)을 결정해야 한다. 납세자가 각국에서 과세소득을 계산하기 위한 근거로 사용하는 기능 및 사실분석과 일치하는 기업의 서류는 R국 공장이 S국 국내사업장에 상품의 판매형태로 거래하였고 개념적 정상가격 90이 국내사업장 귀속소득을 결정하는데 적용되었음을 보여 준다. S국은 납세자가 적용한 가격을 인정하지만 R국은 국내세법 및 정상거래원칙에 따른 가격보다 거래가격이 낮다고 판단한다. R국은 적용되어야 하는 적절한 정상가격은 110이라고 판단하여 R국의 과세액을 조정하며 그에 따라 국내사업장에 귀속되는 소득과 관련하여 납세자가 신청한 소득공제액 또는 세액공제액을 감소시킨다. 이러한 경우, 동일한 거래가격이 S국에서는 90으로 R국에서는 110으로 결정되었기 때문에 20의 소득이 이중과세된다. 국내사업장 이중과세방지규정은 실제로 이중과세가 발생하고 R국이 한 조정이 적절한 경우 S국으로 하여금 양국에서 과세된 소득에 대하여 S국의 과세액을 대응조정하도록 규정함으로써 사안을 해결하도록 한다.(OE §7-55)

그런데, R국의 조정이 정상거래원칙에 부합한다고 생각하지 않는 경우, S국은 조정을 할 필요를 느끼지 않을 것이다. 이러한 경우, S국이 조정을 해야 하는지(R국이 한 조정이 적절한지) 또는 R국은 처음에 조정을 자제해야 하는지(그 조정이 적절하지 않은지)에 대한 문제는 상호합의절차에서 해결해야 하며, 필요하면 중재절차를 이용한다(일방 또는 양 체약국의 행위가 납세자에게 조세조약과 다른 과세를 초래하거나 초래할 문제를 포함하기 때문에). 이러한 절차를 통해 양국은 동일한 정상가격에 합의할 수 있고, 그 가격은 납세자가 제시한 가격이거나 양국 또는 일방 체약국이 제시한 가격이 된다.(OE §7-56)

(2) 대응조정 및 상호합의

특수관계기업 간 대응조정의 경우와 마찬가지로, 한 체약국이 국내사업장에 귀속되는 소득을 조정했다고 해서 자동적으로 대응조정이 이루어지는 것은 아니다. 대응조정은 상대방 체약국이 그 조정소득이 정상거래원칙에 부합한다고 판단하는 범위 내에서만 요구된다. 다시 말해, 상대방 체약국은 당초 조정이 원칙적으로 정당하다고 판단하는 경우 적절한 대응조정을 할 의무가 있으며, 그 금액은 정상거래원칙에 따라 올바르게 계산되었을 때의 소득을 반영한다고 판단되는 범위에 한정된다. 체약국들이 상호합의절차를 통해 협의하여 그러한 조정의 금액에 합의하는 경우, 국내사업장에 귀속되는 소득을 당초 조정한 체약국도 상호합의의 일환으로 그 당초 조정금액을 조정하여 양체약국에서 국내사업장에 귀속되는 소득이 동일하게 되도록 하고, 이중과세가 제거되도록 합의하게 된다.(OE §7-59.1)

'2차 조정(secondary adjustments)'의 문제는 국내사업장 소득의 대응조정에서는 일어나

지 않는다.(OE §7-61)

상대방 체약국에서 소득을 증액조정함에 따라 한 체약국이 국내사업장 귀속소득을 조정해야 하는 기간에 제한을 두지 않는 것이 일반적이지만, 일부 국가들은 실무적인 견지에서 이런 식의 무한정 조정은 합리적이지 않다고 생각한다. 체약국들은 조정기간을 제한하는 규정을 통하여 이 문제를 해결할 수 있다.(OE §7-62)

사업소득조항의 이중과세방지규정은 과세권을 배분하기 위해 수익과 비용을 배분하는데 적용되며 어떤 수익이 과세되고 어떤 비용이 공제되는지에 대한 문제를 판단하지 않는데, 이러한 문제는 국내법 적용의 문제이다. 국내사업장 귀속소득이 각국에서 같은 경우에도, 해당 과세기간에 각국에서 부과되는 조세와 관련된 과세표준에 포함되는 소득금액은 국내세법 규정에 따라 달라질 수 있는데, 예를 들면 소득인식 및 비용공제의 차이가 있을 수 있다. 이러한 국내세법규정의 차이는 각국에 귀속되는 소득에만 적용되므로 그 자체로 이중과세를 초래하지는 않는다.(OE §7-66) 또한, 국내사업장 소재지국에서 국내사업장 귀속소득에 대하여 해당국가에 납부한 조세에 대한 이중과세를 해소하지 못하는 경우를 제외하고는 사업소득조항은 소득공제나 세액공제의 계산에 영향을 주지 않는다. 그러므로 상대방 체약국의 국내세법에서 해당소득을 전부소득공제하거나 국내사업장 소재지국에서 납부한 조세를 상대방 국가의 조세에서 전부세액공제하는 경우에는 사업소득조항의 이중과세방지규정은 적용되지 않는다.(OE §7-67)

Ⅱ 외국법인 국내사업장의 법인세 신고

1. 외국법인 국내사업장의 설치 및 법인세 신고

1.1 외국법인 국내지점 설치 및 사업자등록

(1) 외국인의 국내사업

① 법인 및 지점의 설치

외국인의 국내사업 진출은 법인, 지점 또는 연락사무소 설립을 통해 이루어진다. 내국법인이나 개인사업장의 경우에는 외국인투자촉진법이 적용되며, 지점 또는 연락사무소의 경우에는 외국환거래법이 적용된다.

외국인 투자회사	외국인투자촉진법 및 상법이 적용되며, 투자회사는 내국법인에 해당한다. 외국인은 외국 국적자나 외국법인을 의미한다. 외국인이 외국인투자회사를 설립하기 위해서는 1억 원 이상을 투자하여야 한다.
지 점	외국기업이 국내에서 영업활동을 수행하기 위해서는 국내지점의 대표자를 임명하고 외국환거래법에 의한 지점 설립절차를 밟아야 하며 법원의 등기가 필요하다.
연락사무소 (liaison office)	연락사무소는 본사를 위한 비영업적 활동만 수행하므로, 관할세무서에서 사업자등록에 준하는 고유번호만을 부여하며 법원에 등기를 할 필요가 없다.

② 외국인투자회사 설립절차

외국인투자회사의 설립절차는 외국인투자신고, 투자자금의 송금, 법인설립 등기 및 사업자 등록, 외국인투자기업 등록의 네 단계로 이루어진다.

㉮ 외국인투자신고

투자자 또는 대리인이 Invest KOREA 또는 외국환은행 본·지점에 신고하면 즉시 처리된다. 제출서류는 외국인투자신고서, 투자자의 국적을 증명하는 서류(개인투자가는 여권사본), 출자목적물이나 주식취득관련 증빙서류이다.

㉯ 투자자금 송금

외국인투자자금의 송금방법은 계좌를 통한 송금과 세관 휴대반입이 있다. 송금의 경우 국내에서 환전하여 주금납입보관계정(유가증권청약증거금계정)에 예치하면 은행은 주금납입보관증명서(법인설립등기시 필요) 및 외국환매입증명서(외국인투자기업 등록시 필요)를 발급한다.

㉰ 법인설립 등기

합명·합자·주식·유한회사 등으로 설립한다. 이 중 주식회사의 설립절차는 아래와 같다. 발기설립은 설립경과의 조사가 종료된 날로부터 2주 이내, 모집설립은 창립총회 종료일로부터 2주 이내에 등기를 해야 한다.

발기인의 구성 → 정관의 작성과 공증 → 주식발행사항의 결정 → 발기인의 주식인수 → 주주모집(모집설립인 경우) → 출자의 이행 → 창립총회의 개최(모집설립인 경우) → 이사 및 감사의 선임, 설립경과의 조사 → 이사회의 개최 및 대표이사의 선임 → 법인설립등기 → 법인설립신고 및 사업자등록

㉱ 사업자 등록

법인설립신고와 사업자등록신청은 동시에 할 수 있으며, 신청장소는 본점소재지 관할

세무서 또는 Invest KOREA이고 신청기한은 사업자등록신청은 사업개시일부터 20일 이내, 법인설립신고는 법인설립등기일부터 2월 이내이다. 필요서류는 아래와 같다.

- 법인설립신고 및 사업자등록신청서(Invest KOREA, 세무서 제공)
- 정관 사본(현물출자시 출자목적물 명세서 첨부)
- 주주 등의 명세
- 사업허가증 사본 등(법령에 의한 허가·등록 또는 신고를 요하는 사업인 경우)
- 임대차계약서 사본(사업장을 임차한 경우)
- 기타 구비서류(외국인등록증 또는 여권 사본, 국내에 임직원이 없는 경우 납세관리인설정신고서, 외화매입·예치 증명서 사본)

외국인 투자가가 현물을 출자하여 법인을 설립하는 경우에는 출자목적물의 통관시 납부한 부가가치세의 환급을 받기 위해서 사업자등록증이 필요하므로 출자목적물의 수입에 앞서 사업자등록을 완료하여야 한다.

㉲ 외국인투자기업 등록

출자목적물의 납입을 완료하거나, 대금정산을 하고 주식을 취득한 때로부터 30일 이내에 외국인투자신고를 한 기관에 등록을 한다. 필요서류는 외국인투자 기업등록신청서, 법인등기부등본 또는 사업자등록증 사본, 외국환매입·예치증명서, 주주명부 또는 주식대금양수도 증빙서류이다.

(2) 외국법인 국내지점 설치신고

① 개요

외국법인(비거주자 포함)이 국내에 지점 및 사무소를 설치·운영하고자 하는 경우 외국환거래규정 제7-48조(설치신고 등)에 의한 신고를 해야 한다. 외국법인 국내지점은 아래 두 가지 유형으로 나눌 수 있다.

1. 지점(Branch): 국내에서 수익을 발생시키는 영업활동 영위
2. 사무소(Liaison Office): 국내에서 수익을 발생시키는 영업활동을 영위하지 아니하고 연락업무, 시장조사, 연구개발활동 등 비영업적 기능만을 수행

② 국내지점 설치신고 절차

1. 일반적인 경우 지정 거래외국환은행의 장에게 신고한다.(외국환거래규정 제7-48조 ①)
2. 다음에 해당하는 금융관련 업종을 영위하는 경우 기획재정부장관에게 신고해야 한다.(외국환

거래규정 제7-48조 ②)
• 자금의 융자, 해외금융의 알선 및 중개, 카드업무, 할부금융 등 은행업 이외의 금융관련업무
• 증권업무 및 보험업무와 관련된 업무
• 외국인투자촉진법 등 다른 법령의 규정에 의하여 허용되지 않는 업무

③ 설치신고시 제출서류

외국법인 국내지점을 설치신고할 때 제출할 서류는 아래와 같다. 서류는 한글로 작성하고 외국어 서류가 있는 경우에는 한글번역본을 첨부해야 한다.

1. 외국기업국내지사설치신고서(외국환거래규정 별지 7-11호)
2. 사업계획서
3. 본사의 정관(법인의 경우 본사의 정관 및 본사소재지의 공증)
4. 국내지사장 임명장, 본사소재지의 공증
5. 위임장(지사설치업무를 타인에게 위임시 본사소재지의 공증)
6. 본사의 등기부등본 또는 영업허가서(사본제출시 본사소재지의 공증)

(3) 세법에 따른 국내사업장 설치신고 및 사업자등록신청

① 국내사업장 설치신고

외국법인이 국내사업장을 가지게 된 때에는 그날부터 2월 이내에 국내사업장설치신고서에 다음의 서류를 첨부하여 납세지 관할세무서장에게 신고해야 한다.(법법 §109 ②, 법령 §152 ④) 국내원천 부동산소득이 있는 외국법인의 경우도 마찬가지이다.(법법 §109 ④) 다만, 관련법령상 생략되거나 허가를 받을 필요가 없는 서류는 첨부하지 않으며 지점등기부등본은 상법규정상 등기의무가 없으면 제출하지 않는다.(국일 46017-411, 1995.7.3.)

1. 국내사업장 설치신고서(법인의 명칭과 대표자의 성명, 본점 또는 주사무소의 소재지, 국내에서 수행하는 사업이나 국내에 있는 자산의 경영 또는 관리책임자의 성명, 국내사업의 목적 및 종류와 국내자산의 종류 및 소재지, 국내사업을 시작하거나 국내자산을 가지게 된 날을 명기)
2. 국내사업장을 가지게 된 날 현재의 재무상태표
3. 본점의 등기에 관한 서류
4. 정관
5. 지점등기부등본 또는 국내사업장의 사업영위 내용을 입증할 수 있는 서류

② 사업자등록신청

외국법인은 국내에 지점·지사 등의 사업장을 설치하고 신규로 사업을 개시하는 해당

사업의 개시일부터 20일 내에 사업자등록을 해야 한다.(법법 §111, 부령 §11~§16) 사업자등록신청시 제출서류는 다음과 같다. 법인세법 제109조에 의한 국내사업장 설치신고를 한 경우에는 사업자등록신청을 한 것으로 본다.(법법 §111 ④)

㉮ 사업자등록신청서

㉯ 사업허가증 사본, 사업등록증 사본 또는 신고필증사본(법령에 의하여 허가를 받거나 등록 또는 신고를 해야 하는 사업의 경우)

㉰ 임대차계약서 사본(사업장을 임차한 경우)

㉱ 상가건물임대차보호법 제2조 제1항의 규정에 의한 상가건물을 임차한 경우 해당 부분의 도면(상가건물의 일부분을 임차하는 경우에 한함)

㉲ 납세관리인설정신고서

③ 비영리외국법인의 수익사업개시신고

국내사업장이 있는 비영리외국법인이 새로 수익사업을 개시한 때에는 사업개시일부터 2월 이내에 다음 사항을 기재한 신고서에 사업개시일 현재의 수익사업관련 재무상태표를 첨부하여 수익사업개시신고를 해야 한다.(법법 §110)

법인의 명칭, 본점 또는 주사무소의 소재지, 대표자의 성명과 경영 또는 관리책임자의 성명, 고유목적사업, 수익사업의 종류, 수익사업의 개시일, 수익사업의 사업장

(4) 종속대리인을 둔 외국법인의 사업자등록신청

국내에 종속대리인을 두고 사업을 영위하는 외국법인은 종속대리인과는 별도로 자신의 사업자등록을 해야 한다.(법법 §94 ③, §111)

국내에 종속대리인을 둔 외국법인의 사업자등록방법은 외국법인 국내사업장의 사업자등록절차와 같다. 외국법인이 사업자등록을 하지 않은 경우 관할세무서장은 종속대리인 해당사실의 통지와 함께 직권으로 사업자등록 조치를 한다. 단, 종속대리인을 둔 외국법인은 국내에 직접 인적·물적 시설이 없는 것이므로 사업자등록 및 지점설치 신고시 사실상 기재 또는 첨부가 불가능한 사항(예 지점등기서류)은 요구되지 않는다.

물적 설비가 전무하고 용역제공의 종료와 함께 국내사업장이 소멸하게 되는 경우, 국내사업장설치신고 및 납세관리인신고(국기법 §82, 국기령 §64, 국기칙 §33)로 사업자등록을 할 수 있다.

(5) 외국법인 연락사무소 현황자료 및 계산서매입처별합계표 제출

① 외국법인 연락사무소 현황자료 제출 및 제출명령

외국법인이 국내에서 수익을 발생시키는 영업활동을 영위하지 아니하고 업무연락, 시장조사, 정보수집 등 외국법인의 사업수행상 예비적 또는 보조적 성격을 가진 활동을 수행하는 외국법인 연락사무소(국내사업장에 해당하지 아니하는 것)를 국내에 두고 있는 경우에는 다음 현황자료를 그 다음 연도 2월 10일까지 외국법인 연락사무소 소재지 관할세무서장에게 제출하여야 한다.(법법 §94의2 ①, 법령 §133의2)

1. 외국법인 연락사무소의 명칭, 고유번호 등 일반현황
2. 연락사무소를 설치한 외국법인의 명칭, 소재지와 국내에서의 거래 · 투자 등에 관한 사항
3. 연락사무소의 임차 현황, 직원 현황 등 연락사무소의 운영에 관한 사항
4. 연락사무소가 계산서 또는 세금계산서를 발급받은 경우 각각의 합계액

외국법인연락사무소 소재지 관할 세무서장은 외국법인이 현황자료를 제출하지 아니하거나 거짓의 자료를 제출하는 경우에는 30일의 이행기간을 정하여 외국법인에 그 시정에 필요한 명령을 할 수 있다.(법법 §94의2 ④) 이 명령을 위반한 외국법인에 1천만원 이하의 과태료를 부과 · 징수한다.(법법 §124 ②)

② 외국법인 연락사무소 계산서매입처별합계표 제출

외국법인 연락사무소는 발급받은 계산서의 매입처별합계표를 외국법인 연락사무소 소재지 관할세무서장에게 매년 2월 10일까지 제출하여야 한다.(법법 §94의2 ② · ③)

1.2 외국인투자 조세지원

외국인투자 조세감면은 2019년 폐지되었으며, 2018.12.31. 이전 투자에 대하여는 종전 규정을 적용한다.

| 조세특례제한법상 외국인투자 조세감면 내용 |

적용대상	조세지원 내용	조특법 관련규정
외국인 투자기업	소득에 대한 법인(소득)세 감면	§121의2 ②
	재산에 대한 취득세 · 재산세 감면(2010 이전 등록세 포함)	§121의2 ④, ⑤
	자본재의 도입시 관세 · 개별소비세 및 부가가치세 면제	§121의3 ①, ②
외국투자가	배당소득에 대한 법인(소득)세 감면	§121의2 ③

1.3 외국법인 국내사업장의 법인세 신고

(1) 국내사업장의 법인세 등 신고의무

① 국내사업장의 법인세 등 납세의무

국내사업장을 가진 영리외국법인과 비영리외국법인은 내국법인과 마찬가지로 법인세 납세의무가 있다. 그 밖에 부가가치세 등의 납세의무도 내국법인과 마찬가지로 진다.

| 내국법인과 외국법인 국내사업장의 납세의무 |

구 분		각 사업연도소득 법인세	양도소득 특별부가세	청산소득 법인세
외국법인 국내사업장	영 리	국내원천소득 종합과세	○	×
	비영리	국내원천소득 중 일정 수익사업소득 종합과세	○	×

② 국내사업장 법인세 신고개요

국내사업장이 있거나 국내원천 부동산등 양도소득이 있는 외국법인의 법인세 신고·납부·결정 등에 대하여는 내국법인의 과세규정을 준용한다. 즉, 세액공제와 세액감면(법법 §57 ①·②, §58, §58의3, §59), 신고와 납부(법법 §60, 이익잉여금처분계산서 또는 결손금처리계산서를 제외), §62, §64), 중간예납(법법 §63, §63의2), 과세표준의 결정과 경정(법법 §66~§70), 세액의 징수와 환급(법법 §71), 원천징수(법법 §73, §73의2, §74), 가산세(법법 §75, §75의2~§75의9) 규정들에 따라 각 사업연도소득에 대한 법인세를 신고·납부한다.(법법 §97 ①) 국내사업장에 귀속되는 국내원천소득이 없더라도 국내사업장이 있는 외국법인은 법인세신고서를 제출해야 한다.

| 내국법인과 외국법인 국내사업장의 법인세 비교 |

구 분	내국법인	외국법인 국내사업장
1) 납세의무 범위	• 전세계소득 • 청산소득 • 토지 등 양도소득	• 국내원천소득(국내사업장에 귀속되는 국외원천소득) • 토지 등 양도소득 • 지점세(조약에 따라)
2) 과세표준계산 (공제항목)	• 각 사업연도소득 ① 이월결손금(10년 내) ② 비과세소득 ③ 소득공제액	• 각 사업연도소득 ① 이월결손금(10년 내) ② 비과세소득 ③ 국제운수소득(조약)

<table>
<tr><th>구 분</th><th>내국법인</th><th>외국법인 국내사업장</th></tr>
<tr><td>3) 세액계산
• 일반법인 세율</td><td><table><tr><th rowspan="2">과세표준</th><th colspan="3">법인세율</th></tr><tr><th>2009</th><th>2010~2011</th><th>2012</th></tr><tr><td>2억 원 이하</td><td>11%</td><td>10%</td><td>10%</td></tr><tr><td>2억 원 초과</td><td>22%</td><td>22%</td><td>20%</td></tr></table></td><td>• 좌동</td></tr>
<tr><td>• 조합법인 세율
• 세액공제</td><td>• 9%(조특법 §72)
• 외국납부세액공제
• 재해손실세액공제
• 농업소득세 세액공제
• 조특법상 세액공제 적용</td><td>• 조합법인 해당 없음
• 외국납부세액공제
• 재해손실세액공제
• 농업소득세 세액공제
• 조특법상 세액공제 적용 안함.</td></tr>
<tr><td>4) 세무협력의무
① 법인설립신고</td><td>• 설립등기일로부터 2월 이내</td><td>• 국내사업장 설치, 부동산임대소득이 있는 날로부터 2월 이내</td></tr>
<tr><td>② 원천징수의무</td><td>• 의무 있음.</td><td>• 의무 있음.</td></tr>
<tr><td>③ 지급명세서 제출의무</td><td>• 의무 있음.</td><td>• 의무 있음.</td></tr>
<tr><td>④ 장부비치 · 기장의무</td><td>• 의무 있음.</td><td>• 의무 있음.</td></tr>
<tr><td>⑤ 계산서작성 · 교부의무</td><td>• 의무 있음.</td><td>• 의무 있음.</td></tr>
<tr><td>⑥ 거래명세서 제출의무</td><td>• 의무 있음.</td><td>• 의무 있음.</td></tr>
<tr><td>⑦ 사업자등록</td><td>• 사업개시일로부터 20일 이내</td><td>• 사업개시일로부터 20일 이내</td></tr>
<tr><td>⑧ 주식이동상황명세서 제출의무</td><td>• 주식 변동상황이 있는 법인</td><td>• 해당 없음</td></tr>
<tr><td>5) 자본금</td><td>등기</td><td>순자산가액(자산－부채)</td></tr>
</table>

③ 국내사업장이 없는 외국법인의 세법상 협력의무

국내사업장으로 보지 않는 외국법인의 국내지점은 법인세의 납세의무는 없으나, 원천징수의무와 지급명세서 제출의무가 있다.(법통 97－0…2)

(2) 사업연도 및 납세지

① 사업연도

사업연도는 법령 또는 법인의 정관에서 정하는 1회계기간으로 한다. 다만, 그 기간은 1년을 초과하지 못한다.(법법 §6 ①) 법령 또는 정관에 사업연도에 관한 규정이 없는 외국법인은 따로 사업연도를 정하여 국내사업장(지점) 설치신고서 또는 사업자등록과 함께 납세지 관할세무서장에게 신고해야 한다.(법법 §6 ③)

국내사업장이 없는 외국법인으로서 국내원천 부동산임대소득이나 부동산등양도소득만 있는 법인은 따로 사업연도를 정하여 그 소득이 최초로 발생하게 된 날부터 1월 이내에 납세지 관할세무서장에게 이를 신고해야 한다.(법법 §6 ④) 이 경우, 해당소득이 발생하지 않게 되어 납세지 관할세무서장에게 이를 신고한 때에는 사업연도 개시일부터 그 신고일까지를 1사업연도로 본다.(법법 §8 ⑦)

㉮ 사업연도를 신고하지 않은 경우

국내사업장이 있는 외국법인으로서 법령 또는 정관에 사업연도에 관한 규정이 없는 외국법인이 따로 사업연도를 정하여 정부에 이를 신고하지 않는 경우에는 매년 1월 1일부터 12월 31일까지를 그 법인의 사업연도로 본다.(법법 §6 ⑤) 다만, 해당 외국법인의 첫 사업연도는 지점·사업소 등의 국내사업장을 가지게 된 날 또는 '부동산임대소득' 및 '양도소득'이 최초로 발생하게 된 날로부터 그 날이 속하는 해의 12월 31일까지로 한다.(법령 §4 ① 2호)

㉯ 국내사업장을 가지지 않게 된 경우

국내사업장이 있는 외국법인이 사업연도 중에 국내사업장을 가지지 않게 된 경우에는 그 사업연도 개시일부터 국내사업장을 가지지 않게 된 날까지의 기간을 그 법인의 1사업연도로 본다. 다만, 국내에 다른 사업장을 계속하여 가지고 있는 경우에는 그러하지 아니하다.(법법 §8 ⑥)

은행지점 폐쇄의 인가를 득한 경우 '국내사업장을 가지지 않게 된 경우'로 본다.(국업 46522-367, 2000.8.7.) 그렇지만, 국내사업장은 사업활동과 관련된 모든 행위와 수단들이 제거되는 때에 존재하지 않게 된다는 원칙을 고려할 때 은행지점 폐쇄인가는 충분조건이 아니며 관련 자산 및 인원의 정리가 끝나는 때를 국내사업장이 존재하지 않는 때로 보는 것이 합리적이다.

외국은행이 국내사업장을 가지지 않게 되어 최종사업연도분 법인세를 신고한 이후 발생한 채권의 이자소득은 국내사업장이 없는 외국법인의 이자소득에 해당한다.(서면2팀-2167, 2004.10.27.)

② 외국법인의 납세지

외국법인의 법인세 납세지는 국내사업장의 소재지이다. 다만, 국내사업장이 없는 외국법인으로서 부동산임대소득이나 양도소득이 있는 외국법인의 납세지는 각각 그 자산(부동산, 양도하는 자산이나 권리 또는 산림)의 소재지이다.(법법 §9 ②) 또한, 건설업을 영위하는 외국법인의 등기부상 소재지가 따로 있고 그 등기부상 소재지에서 사업장에 관한 거래와 그에 관한 기장이 이루어지는 때에는 그 등기부상의 소재지를 납세지로 본다.(법통 9-6…1)

2개 이상의 국내사업장이 있는 외국법인의 납세지는 주된 사업장의 소재지이다.(법법 §9 ③) '주된 사업장의 소재지'라 함은 직전 사업연도의 사업수입금액이 가장 많은 사업장을 말한다.(법령 §6 ②·③) 다만, 법인세의 납세지였던 한 국내사업장에서 직전 사업연도의 사업수입금액이 없거나 해당 사업연도에 신규로 2 이상의 국내사업장이 있게 되어 납세지 지정이 되지 않은 때에는 해당 사업연도의 사업수입금액이 많은 곳이 주된 사업장이 된다.(국일 46017-169, 1996.4.1.)

2개 이상 자산(부동산, 양도하는 자산이나 권리)이 있는 경우, 해당자산으로부터 국내원천소득이 발생하게 된 날부터 1월 이내에 그 소득발생장소 중 해당 외국법인이 납세지로 신고하는 장소가 납세지가 된다.(법법 §9 ③, 법령 §6 ④)

건설업 등을 영위하는 외국법인의 국내사업장이 영해에 소재하는 이유 등으로 국내사업장을 납세지로 하는 것이 곤란한 경우에는 국내의 등기부상 소재지를 납세지로 한다. 다만, 등기부상 소재지가 없으면 국내에서 그 사업에 관한 업무를 총괄하는 장소를 납세지로 한다.(법령 §6 ⑤)

아래 경우에는 관할지방국세청장이 납세지를 지정할 수 있다. 이 경우에 새로이 지정될 납세지가 그 관할을 달리할 때에는 국세청장이 납세지를 지정할 수 있다.(법법 §10) 납세지를 지정하는 때에는 납세지 지정사실을 사업연도 종료일부터 45일 이내에 통지해야 하며, 45일 이내에 통지하지 않은 때에는 종전의 납세지를 그 법인의 납세지로 본다. (법령 §8 ③·④)

1. 2개 이상의 국내사업장을 가지고 있는 외국법인의 주된 사업장의 소재지를 판정할 수 없는 경우
2. 국내사업장은 없고 부동산임대소득 및 양도소득이 발생하는 2개 이상의 자산이 있는 외국법인이 2개 이상의 국내원천소득이 발생하게 된 날부터 1월 이내에 신고하지 않은 경우

납세지가 변경된 때에는 그 변경된 날부터 15일 이내에 변경 후의 납세지 관할세무서장에게 신고해야 한다. 외국법인이 국내사업장이나 자산의 소재지를 국내에 가지지 않게 된 때에는 그 사실을 납세지 관할세무서장에게 신고해야 한다.(법법 §11)

(3) 법인세 신고기한

각 사업연도의 종료일부터 3월 이내에 해당 사업연도의 소득에 대한 법인세의 과세표준과 세액을 서면으로 관할세무서에 신고해야 한다.(법법 §60)

외국법인의 본점 등의 결산이 확정되지 아니하거나 기타 부득이한 사유로 인하여 법정신고기한 내에 법인세신고서를 제출할 수 없는 외국법인은 해당 사업연도 종료일부터 60일 이내에 사유서를 갖추어 납세지 관할세무서장에게 신고기한연장승인신청을 할 수 있다. 관할세무서장은 신청일로부터 7일 이내에 승인 여부를 통지해야 하며, 신고기한 연장승인을 얻은 외국법인이 신고세액을 납부하는 때에는 국세기본법 집행령 제43조의3 제2항에 따른 이자상당액(연 2.1%)을 가산하여 납부해야 한다. 가산할 금액을 계산할 때

의 기한연장일수는 신고기한의 다음 날부터 연장승인을 받은 날까지의 일수로 한다. 다만, 연장승인기한에 신고 및 납부가 이루어진 경우에는 그 날까지의 일수로 한다.(법법 §97 ②·③·④, 법령 §136)

(4) 국내사업장의 세액공제 및 소득처분

① 세액공제

㉮ 내국법인의 세액공제방법 준용

외국법인 국내사업장이 부담할 법인세액은 내국법인과 마찬가지로 과세표준에 세율을 적용하여 세액을 산출한 후에 그 산출세액에서 면제소득 및 감면소득에 대한 세액을 면제 또는 감면하고 다시 세액공제를 한 금액이다.

한편, 외국법인 국내사업장이 수취하는 외국법인 거주지국 원천소득에 대해 그 거주지국에서 납부한 원천징수세액은 외국법인 국내사업장의 외국납부세액공제 대상이 아니다. 예를 들면, 중국은행 서울지점이 국내조달자금을 중국지점에 예금하거나 중국 사업자에 대여해 얻은 이자소득에 대한 중국 원천징수세액에 대해 외국납부세액공제를 받을 수 없다.(대법원 2021두46940, 2024.1.25.)

㉯ 국내원천소득의 원천징수세액 공제문제

국내세법에는 외국법인의 국내원천소득에 대하여 원천징수한 후 그 소득이 다시 외국법인의 국내사업장에 귀속되는 경우, 부동산등 양도소득의 경우를 제외하고는 원천징수세액을 기납부세액으로 공제할 것인지에 대한 규정이 없다. 실무적으로 국내사업장 과세를 하는 경우 원천징수를 하지 않는다.

㉰ 「조세특례제한법」상 세액공제의 배제

「조세특례제한법」은 세액공제대상을 대부분 거주자·내국법인으로 한정하므로, 「조세특례제한법」의 세액공제는 비거주자·외국법인에게는 적용되지 않는다.

② 소득처분의 특례

외국법인 국내사업장의 각 사업연도소득에 대한 법인세의 과세표준을 신고하거나 결정 또는 경정함에 있어서 아래 익금에 산입한 금액은 기타사외유출로 처분한다.(법령 §106 ① 3호 차목)

1. 익금에 산입한 금액이 그 외국법인 등에 귀속되는 소득
2. 이전가격 과세조정(국조법 §4, §6의2)에 따라 익금에 산입한 금액이 국외특수관계인으로부터 반환되지 아니한 소득

외국법인 국내사업장의 과세표준을 추계 결정·경정하는 경우에 결정된 과세표준과 당기순이익과의 차액은 대표자 상여처분을 하지 않고 기타사외유출로 처분한다.(법통 67-106…15)

2. 외국법인 국내사업장 소득금액 계산

2.1 각 사업연도소득 및 과세표준의 계산

(1) 각 사업연도소득의 계산

외국법인 국내사업장의 각 사업연도의 국내원천소득의 총합계액은 해당 사업연도에 속하는 익금의 총액에서 해당 사업연도에 속하는 손금의 총액을 뺀 금액으로 하며, 각 사업연도의 소득금액의 계산에 관하여는 내국법인의 경우를 준용하여 계산한 금액으로 한다. 다만, 법인세법 제44조의3, 제45조, 제46조의3 및 제46조의4를 준용할 때 합병법인 및 분할신설법인 등은 피합병법인 및 분할법인 등의 결손금을 승계하지 않는 것으로 보아 각각의 규정을 준용한다.(법법 §92 ①) 적격 합병 등에 해당하는지 여부는 외국법인 본점의 상황을 놓고 판단한다.

각 사업연도소득·익금의 계산(법법 §14~§18, §18의2, §18의3), 손금의 계산(법법 §19, §19의2, §20~§31, §33~§38), 손익의 귀속시기(법법 §40~§44), 합병 및 분할 특례(법법 §44의2, §44의3, §45, §46, §46의2~§46의5, §47, §47의2, §50), 비과세소득(법법 §51), 소득공제(법법 §51의2), 부당행위계산부인(법법 §52), 외국법인거래계산특례(법법 §53), 기능통화 도입기업 과세표준계산특례(법법 §53의2), 해외사업장 과세표준계산특례(법법 §53의3), 부당행위계산부인규정(법법 §54), 임대보증금 간주익금(조특법 §138)

(2) 과세표준의 계산

국내사업장을 가진 외국법인과 국내원천 부동산소득이 있는 외국법인의 각 사업연도의 소득에 대한 법인세의 과세표준은 국내원천소득의 총합계액(원천징수되는 국내원천소득 금액은 제외)에서 다음 금액이나 소득을 차례로 공제한 금액으로 한다.(법법 §91 ①, 소법 §121 ②) 이는 국내사업장이나 부동산에 관련되는 소득만을 합산하여 종합과세하며 관련없는 그 외국법인의 수취소득은 별도로 원천징수한다는 의미이다.

1. 각 사업연도의 개시일 전 10년 이내에 개시한 사업연도에 국내에서 발생한 결손금으로서 그 후의 각 사업연도의 과세표준을 계산할 때 공제되지 아니한 금액으로 각 사업연도소득의 80%. '결손금'은 세무상 결손금으로서 신고하거나 결정·경정되거나, 수정신고한 과세표준에 포함된 결손금을 말한다.
2. 법인세법과 다른 법률에 따른 비과세소득
3. 선박이나 항공기의 외국 항해로 인하여 발생하는 소득. 다만, 그 외국법인의 본점 또는 주사무소가 있는 해당 국가가 우리나라의 법인이 운용하는 선박이나 항공기에 대하여 동일한 면제를 하는 경우만 해당한다.

과세표준을 계산할 때 이월결손금은 먼저 발생한 사업연도의 결손금부터 차례로 공제하고, 해당 사업연도에 공제되지 아니한 비과세소득은 해당 사업연도의 다음 사업연도 이후로 이월하여 공제할 수 없다.(법법 §91 ⑤)

2.2 국내사업장 손금산입 기준

외국법인 국내사업장의 손금산입 기준은 다음과 같다.(법령 §129)

① 손금은 국내원천소득과 관련되는 수입금액·자산가액과 국내원천소득에 합리적으로 배분되는 것에 한한다.

② 퇴직급여충당금을 계상하는 경우에는 해당 외국법인의 임원 또는 직원 중 해당 외국법인이 국내에서 영위하는 사업을 위해 국내에서 채용하고 국내사업장에서 상시 근무하거나 국내원천 부동산소득의 발생지에서 상시 근무하는 임원 또는 직원에 대한 것에 한정한다. 예를 들면, 연락사무소에서 지점으로 전환한 경우 퇴직급여추계액 계산시 연락사무소에 근무한 기간은 통산하지 않으며 지점 전환시점에 직원을 신규채용한 것으로 보아 연락사무소와 지점이 지급할 퇴직금에 따라 안분하여 손금산입한다. 노사합의에 의해 연락사무소 근무기간을 통산하여 퇴직금을 지급하기로 한 경우 이는 퇴직소득에 해당한다.(서이 46017-10820, 2003.4.19.)

③ 법인세·법인지방소득세·벌금·과료·과태료·가산금·강제징수비·공과금 등은 외국의 법령에 의하여 부과된 것을 포함한다.

④ 유형자산 및 무형자산은 해당 외국법인의 유형자산 및 무형자산 중 국내사업장에 귀속되는 사업용자산에 한하여 감가상각을 인정한다.

⑤ 장기할부기간 중에 국내사업장을 가지지 않게 된 때에는 회수되지 않은 판매 또는 양도금액과 이에 대응하는 비용은 국내사업장을 가지지 않게 된 날이 속하는 사업연도의 익금과 손금에 각각 산입한다.

⑥ 무형자산은 해당 외국법인의 무형자산 중 해당 외국법인이 국내에서 영위하는 사

업에 귀속되거나 국내사업장에 귀속되는 자산과 관련되는 것에 한정한다.

⑦ 외국법인 국내지점의 임직원에게 부여된 주식매수선택권 등이 행사되거나 지급된 경우로서 국내지점이 외국법인에 그 행사 또는 지급비용으로 보전하는 금액 중 국내 근로제공으로 발생하는 소득에 해당하는 금액은 손금에 산입한다.

⑧ 국내사업장이 약정 등에 따른 대가를 받지 아니하고 본점 등을 위해 재고자산을 구입하거나 보관함으로써 발생한 경비, 기타 국내원천소득의 발생과 합리적으로 관련되지 않는 경비는 국내사업장 비용에서 제외한다.(법칙 §63) 국내사업장에서 영위하는 사업에 귀속되지 아니하거나 직접 관련이 없는 개발비 등은 손금으로 보지 아니한다.(법통 92-129…1)

⑨ 외국은행 국내지점의 대손충당금의 구분계산: 외국은행 국내지점은 개별손금방법이나 공통손금방법에 의해 대손충당금을 계산한다. 이 경우, 매년 법인세신고시 동일한 방법을 계속 적용해야 한다.(법통 92-129…3)

1. 개별손금방법: 과세사업과 면세사업의 개별손금으로 신고하는 경우에는 동 대손충당금은 개별손금으로 본다. 이 경우, 과세사업의 개별손금에 산입할 대손충당금은 해당 사업연도 종료일 현재의 과세사업채권의 장부가액 합계액의 2%에 상당하는 금액과 채권잔액에 대손실적률을 곱하여 계산한 금액 중 큰 금액으로 한다.
2. 공통손금방법: 국내에서 원화대부 등의 과세사업과 외화대부 등의 면세사업을 겸영하는 외국은행의 국내지점이 대손충당금을 설정하는 경우에 동 대손충당금은 원칙적으로 과세사업과 면세사업의 공통손금으로 본다. 이 경우 대손충당금은 사업연도 종료일 현재의 과세사업채권과 면세사업채권의 장부가액 합계액의 2%에 상당하는 금액과 채권잔액에 대손실적률을 곱하여 계산한 금액 중 큰 금액으로 한다.

2.3 본지점 내부거래에 따른 국내원천소득금액 계산

비거주자 · 외국법인의 국내사업장의 각 과세기간의 소득금액을 결정할 때 국내사업장과 국외의 본점 및 다른 지점 간 내부거래에 따른 국내원천소득금액의 계산은 특별히 국내세법에서 달리 정하는 것을 제외하고는 '정상가격 산출방법'에 의하여 계산한 금액으로 한다. 이 경우, 내부거래에 따른 비용은 정상가격의 범위에서 국내사업장에 귀속되는 소득과 필수적 또는 합리적으로 관련된 비용에 한정하여 손금에 산입하고, 아래 비용은 이를 손금에 산입하지 않는다. 다만, 자금거래에 따른 이자에 대해 조세조약에 따라 손금에 산입할 수 있는 경우에는 그렇지 않다.(법령 §130 ① · ②, 법칙 §64 ②, 소령 §181의2 ① · ②, 소칙 §86의4 ②)

비거주자 · 외국법인이 내부거래에 따른 국내원천소득금액을 계산할 때에는 국제거래명세서(국조칙 §27 ① 별지 16호), 무형자산에 대한 정상가격산출방법 신고서(국조칙 §27 ③ 1호 별지 18호), 용역거래에 대한 정상가격산출방법 신고서(국조칙 §27 ③ 2호 별지 19호), 정상가격산출방법 신고서(국조칙 §27 ③ 3호 별지 20호)를 사업연도 종료일이 속하는 달의 말일부터 6개월 이내 납세지 관할세무서장에게 제출하고 보관하여야 한다.(법령 §130 ④, 소령 §181의2 ④, 법칙 §64 ④, 소칙 §86의4 ④)

① 배분대상경비의 범위

비거주자·외국법인의 국내사업장의 각 사업연도의 소득금액을 결정함에 있어서 본점 및 그 국내사업장을 관할하는 관련지점 등의 경비 중 공통경비로서 그 국내사업장의 국내원천소득의 발생과 합리적으로 관련된 것은 국내사업장에 배분하여 필요경비·손금에 산입한다. 이 경우, 국내사업장 발생경비 중에서 공통경비는 국내사업장의 손금에 직접 산입하지 않고 배분대상경비에 포함한다.(법령 §130 ③, 소령 §181의2 ③)

② 배분대상경비에서 제외되는 경비(법칙 §64 ①·④, 소칙 §86의4 ①·④)

1. 자금거래에서 발생한 이자비용(외국은행 국내지점의 이자비용은 제외)
2. 보증거래에서 발생한 수수료 등 비용
3. 국내사업장이 소득창출에 기여하지 않은 아래 경비
   - 본점 및 지역통할점에서 수행하는 업무 중 회계감사, 각종 재무제표의 작성 또는 주식발행 등 본점 및 지역통할점만의 고유업무를 수행함으로써 발생하는 경비
   - 본점 및 지역통할점의 특정 부서나 특정 지점만을 위해 지출하는 경비
   - 본점 및 지역통할점에서 다른 법인에 대한 투자와 관련되어 발생하는 경비
   - 그 밖의 국내원천소득의 발생과 합리적으로 관련되지 않는 경비
4. 공통경비에 해당되는 경우에도 그 경비가 발생된 본점이나 지역통할점 소재지국의 조세법령 등에 의하여 소득금액을 계산하는 때에 손금으로 산입되지 않는 경비
5. 각종 충당금이나 준비금의 전입액 중 실제로 발생하지 아니하여 국내사업장의 적정한 소득을 계산함에 있어서 손금으로 인정될 수 없는 경비

보증거래에서 발생한 수수료 등 비용의 의미

국내사업장의 배분대상경비에서 제외되는 '보증거래에서 발생한 비용'은 국내사업장이 제삼자로부터 차입한 차입금에 대하여 본사 또는 다른 지점이 보증을 서고 받는 대가를 의미하며, 다음의 경우는 제외한다.

- 외국은행 국내지점이 은행업감독규정에 따라 신용공여 범위의 제외 항목으로 인정되는 위험참가(Risk Participation) 거래 또는 무역금융 지급보증(Stand-by L/C) 거래 등을 통하여 국외의 본점 등에 신용위험을 이전하는 금융거래에서 발생되는 비용은 '보증거래에서 발생한 비용'에 해당하지 아니한다.(재국조-81, 2016.2.23.)

• 외국은행 국내지점이 제삼자 고객에게 보증을 서거나 위험을 인수하고 이를 다시 본점 등에게 보증하도록 하는 경우, 또는 금융규제에 따라 차입한도가 정해진 외국은행 국내지점이 차입한도를 초과한 금액을 제삼자로부터 차입하면서 본점이 보증을 서는 경우 그에 대한 대가는 정상거래 원칙에 따라 본사에 지급하여야 한다.

③ 공통경비배분액 계산방법

공통경비배분액은 다음 방법 중 하나를 선택하여 특별한 사유가 없는 한, 다음 사업연도 이후에도 계속하여 적용한다.(법칙 §64 ⑤, 소칙 §86의4 ⑤)

㉮ 항목별 배분

배분대상 공통경비를 경비항목별로 구분한 후 수입금액, 매출총이익, 자산가액, 인건비, 그 밖의 해당 경비항목의 성격에 따라 합리적이라고 인정되는 기준으로 배분한다. 국내사업장에 귀속되는 공통경비배분액은 배분대상 공통경비를 발생장소별로 구분한 후 항목별 배분대상 공통경비에 국내사업장의 배분기준액(자산가액, 인건비 등)이 본점 및 지역통할점의 배분기준액에서 차지하는 비율을 곱하여 계산한다.

| 항목별 배분방법의 예시 |

공통경비 항목	발생금액	배부기준	본지점총액	국내사업장 금액	배부액
전산용역비	100	매출총이익	100	5	5
직원교육비	200	인건비	100	6	12
특허권료	100	수입금액	100	7	7
지급이자	300	자산가액	100	8	24
공통경비 배부액					48

㉯ 일괄배분

일괄배분방법은 항목별 배분방법을 적용하는 것이 적절하지 않거나 배분대상 공통경비액이 적어 항목별 배분의 실익이 없는 때 적용한다. 본점 및 지역통할점의 수입금액과 이들 산하 각 지점 등의 수입금액의 합계액은 본점과 지역통할점 및 산하 각 지점별로 수입금액을 계산하여 합계한 금액을 말하며 본점과 지점 간 또는 지점 간의 거래로 인하여 발생한 수입금액을 상계하지 아니한 금액으로 한다.

$$\text{배분액} = \frac{\text{본점}}{\text{공통경비}} \times \frac{\text{국내사업장 수입금액}}{\text{본·지점 총수입금액}} + \frac{\text{통할점}}{\text{공통경비}} \times \frac{\text{국내사업장 수입금액}}{\text{통할점·지점 총수입금액}}$$

※ 지점은 모든 지점・연락사무소를 말하며, 금융업의 경우 국내사업장의 영업과 동일한 본점이 51%

이상 출자한 금융법인을 포함.

공통경비의 경우 구체적 증빙이 없는 경우에도 인정받을 수 있다. 예를 들면, 청구법인의 본점 국제부에서 지출된 비용은 국제부의 조직이 중동담당과 아시아지역담당으로 구분되고, 다시 중동담당은 하부조직으로 쿠웨이트, 터키, 베트남, 태국, 한국, 필리핀 담당을 각각 1인씩 두고 있는 점을 감안할 때 국내사업장의 소득발생과 관련성이 있음이 객관적으로 인정되므로 본점공통경비를 전액 부인하는 것은 사실관계와 부합되지 않는다. 따라서 청구법인의 본점국제부에서 지출된 비용을 배부대상 본점공통경비로 보아 관련사업장의 총매출액에 대한 국내사업장 매출액 비율로 안분한 금액을 손금산입함이 타당하다.(국심 2002서2163, 2002.11.19.)

④ 외화의 원화환산

공통경비를 배분하는 경우 외화의 원화환산은 해당 사업연도의 「외국환거래법」에 의한 기준환율 또는 재정환율의 평균(해당연도 월평균 기준환율 합계/해당 사업연도 월수)을 적용한다.(법칙 §64 ⑥, 소칙 §86의4 ⑥)

⑤ 관련점 경비배분계산서 제출 및 입증책임(국세청고시 2018-38)

손금에 산입한 공통경비가 있는 경우 다음의 서류를 법인세신고시 또는 법인세수정신고시에 해당 신고서에 첨부하여 제출하여야 한다.

1. 외국기업 본점 등의 공통경비배분계산서(별지 1호)
2. 배분대상 공통경비명세 및 입증자료(손익계산서 등)
3. 본점 및 지역통할점의 수입금액명세 및 입증자료(통합손익계산서 등)
4. 본점 및 지역통할점의 조직도, 부서별 업무분장규정 등 본점의 공통경비 배분내역을 입증할 수 있는 자료

국내사업장이 정당한 사유없이 서류를 제출하지 않거나 경비배분기준의 합리성 및 경비배분계산이 적정함을 입증하지 않은 경우에는 해당 서류를 제출하거나 입증할 때까지 그 외국기업 국내사업장의 소득금액을 결정 또는 경정함에 있어서 손금에 산입하지 아니한다.

2.4 외국은행 국내지점 이자비용 배분 : 간주자본세제

외국은행 국내지점의 자본금 계정상의 금액이 '자본금추산액'에 미달하는 경우 외국은행의 본점 또는 해외지점으로부터 공급받은 총자금 중 그 미달하는 금액에 상당하는 금액에 대한 '간주자본 지급이자'를 손금에 산입하지 아니한다.(법령 §129의3 ①) 다만, ,과

소자본 지급이자가 발생하지 않는 경우에는 손금에 산입하지 않는 간주자본 지급이자는 없는 것으로 본다.(법령 §129의3 ④)

손금불산입액 = 본점 등 지급이자 × (자본금추산액 - 국내지점 장부상 자본금)

자본금추산액은 아래 금액을 선택하여 적용할 수 있다.(법령 §129의3 ① 후단)

자본금추산액 계산방법	설 명
자산비율 적용	외국은행의 자기자본금 총액 × $\frac{\text{국내지점의 총자산액}}{\text{외국은행의 본·지점의 총자산액}}$ ※ 해당 사업연도 말 현재 재무상태표 금액 기준
이전가격방법 적용	1. 국내지점의 기능, 소유자산, 부담한 위험 등을 반영하여 국제결제은행이 정하는 기준에 따라 국내지점의 위험가중자산에 외국은행 본·지점의 자기자본금(법령 §129의3 ① 1호)이 위험가중자산에서 차지하는 비율을 곱하여 산정한 방법으로 계산한 금액 2. 외국은행 본·지점이 국제결제은행이 정하는 기준을 다른 방법으로 적용하고 있는 경우에는 본점의 적용방법으로 조정할 수 있다.(법칙 §63의2 ①)

(1) 본·지점 회계차이의 조정

자본금추산액을 산정할 때 본·지점 간 회계처리 방법에 차이가 있으면 본점의 회계처리 방법을 사용할 수 있다. 이 경우 국내지점은 본점의 회계처리 방법으로 조정한 자료를 보관·비치하여야 한다.(법령 §129의3 ②)

(2) 과소자본세제와의 적용순위

국조법 제22조에 따라 손금에 산입되지 않는 '과소자본 지급이자'와 '간주자본 지급이자'가 동시에 발생한 경우에는 다음과 같이 처리한다.(법령 §129의3 ③)

상 황	처리방법
간주자본 지급이자가 과소자본 지급이자보다 적은 경우	손금에 산입하지 않는 간주자본 지급이자는 없는 것으로 본다.
간주자본 지급이자가 과소자본 지급이자보다 많은 경우	간주자본 지급이자에서 과소자본 지급이자를 뺀 금액만을 손금에 산입하지 아니한다.

2.5 국내사업장 자본금상당액 계산

국내사업장의 자본금상당액은 다음과 같이 계산한다.(법령 §134 ②, 법통 92-0…1)

자본금 상당액	=	해당 사업연도 종료일 현재 재무상태표상 자산 합계액	−	부채 합계액(충당금 포함, 미지급법인세, 본점계정잔액 제외)

비거주자·외국법인의 그룹내부거래에 따라 국내사업장에 귀속되는 자본은 다음의 절차에 따라 계산한다. 다만, 보다 합리적이라고 인정될만한 절차가 따로 있는 경우에는 그 절차에 따라 계산할 수 있다.(법칙 §64 ③, 소칙 §86의4 ③)

1. 국내사업장이 속한 본점과 독립된 기업들 간 거래로부터 발생하는 권리 및 의무를 국내사업장에 적절하게 배분
2. 자산의 경제적 소유권의 배분과 관련된 중요한 인적 기능을 확인하여 국내사업장에 자산의 경제적 소유권을 배분
3. 위험의 부담과 관련된 중요한 인적 기능을 확인하여 국내사업장에 위험을 배분
4. 국내사업장에 관한 그 밖의 기능의 확인
5. 국내사업장과 본점 및 다른 지점 간 거래의 성격에 대한 인식 및 결정
6. 국내사업장의 자산 및 위험 배분에 기초한 자본의 배분

3. 지점세(Branch Tax)

3.1 '배당의 영토 밖 과세' 금지

한이란조약 10조 5항: 일방체약국의 거주자인 법인이 타방체약국으로부터 이윤이나 소득을 취득하는 경우, 그 타방체약국은 배당이 그 타방체약국의 거주자에게 지급되거나 그 배당의 지급원인이 되는 지분이 그 타방체약국에 소재하는 고정사업장이나 고정시설과 실질적으로 관련되는 경우를 제외하고는, 비록 지급된 배당이나 유보이윤의 전부 또는 일부가 그 타방체약국에서 발생한 이윤이나 소득으로 구성된다고 할지라도 그 배당에 대해서는 과세할 수 없으며, 그 법인의 유보이윤도 유보이윤에 대한 조세의 대상으로 할 수 없다.

'배당의 영토 밖 과세(extra territorial taxation)'는 '추적과세'로도 표현한다. 일부 국가들은 내국법인이 지급하는 배당뿐 아니라 자국 내의 외국법인 국내사업장이 창출한 소득의 배당에도 과세한다. 각국은 자국 내에서 외국법인 국내사업장이 창출한 소득을 사업소득조항에 의해 과세할 권한이 있지만, 외국법인의 주주는 그 국가 거주자로서 자동적

으로 그 국가의 과세대상이 되지 않는 한 과세되어서는 안 된다.(OE §10-33)

배당의 영토 밖 과세(extra territorial taxation)는 국제적으로 인정받지 못한다. 이는 배분원천인 외국법인 소득이 자국영토 내에서 유래(즉, 그 국가소재 국내사업장을 통해 창출됨)되었다는 이유만으로 외국법인 국내사업장에서 이전된 것으로 보는 배당을 과세하는 것이기 때문이다. 물론 외국법인 소득의 원천지국(국내사업장 소재지)이 자국 거주자인 주주나 자국 소재의 다른 기업 국내사업장에 지급된 배당에 과세하는 경우 영토 밖 과세 문제는 없다.(OE §10-34)

한편, 자국영토 내의 외국법인 국내사업장에 의해 배당명목으로 현금이 해외로 지급되는 경우 그에 대한 원천과세를 제한할 수 없다는 견해를 취하는 국가도 있다. 이 경우 사실상 납세의무의 기준은 배당의 지급사실이지 배당에 쓰인 법인소득의 원천이 아니다. 그런데, 한 체약국에서 배당을 현금으로 받은 사람이 상대방 체약국 거주자이고 배당을 지급하는 법인 역시 상대방 체약국 거주자인 경우 배당수익자가 받는 소득은 기타소득으로 조세조약에 따라 거주지국에서 한 체약국의 원천세를 면제받거나 징수한 원천세를 환급받게 된다. 이와 마찬가지로 배당수익자가 배당을 현금지급하는 국가와 조세조약을 체결한 제삼국 거주자이면 역시 기타소득규정에 따라 배당지급국의 원천세를 면제받거나 징수한 원천세를 환급받을 수 있다.(OE §10-35) 외국법인 국내사업장의 이전소득뿐 아니라 유보소득에 대하여도 추가적인 과세는 제한된다.(OE §10-36)

한국이 체결한 대부분 조세조약은 '배당의 영토 밖 과세'를 금지한다. '배당의 영토 밖 과세'와 지점세는 역사적 배경이 다르지만 '법인세 차감후 소득'을 배당으로 보아 과세한다는 점에서 사실상 같다. '배당의 영토 밖 과세 금지규정'이 있는 경우 일반적으로 지점세를 과세하지 않지만 미국 및 캐나다는 지점세를 과세할 수 있다는 입장이다.(OE §10-83)

3.2 조세조약에 따른 지점세 과세

(1) 차별금지원칙에 반하는 지점세

일부 국가에서 상대방 체약국 기업의 국내사업장 소득을 자국기업의 소득세율보다 높은 세율로 과세한다. '지점세(branch tax)'로 일컬어지는 이러한 추가조세는 외국기업의 자회사가 국내사업장과 같은 소득을 번 후에 이 소득을 배당으로 배분할 때 배당소득조항에 따라 배당에 대한 추가세가 이루어진다는 사실로부터 정당성을 찾는다. 이러한 과세는 국내사업장 소득에 대해 납부되는 추가조세에 해당하며, 국내사업장 자체활동소득에 부과되는 조세가 아니라 국내사업장 소유자 자격인 기업에 대한 조세에 해당한다. 그러므로 지점세는 차별금지규정에 반한다.(OE §24-60) 지점세는 미국세법 규정(IRC

§884)을 다른 나라들이 받아들인 것이다.

(2) 상호주의에 따른 지점세 과세

한모로코조약 10조 6항: 일방체약국의 거주자인 법인이 타방체약국에 고정사업장을 가지고 있는 경우 타방체약국의 국내법에 의하여 동 타방체약국에서 납세의무가 있을 수 있으나, 그러한 세금은 고정사업장의 이윤에서 법인세를 납부한 후 계산되는 이윤의 5%를 초과할 수 없다.

외국법인(비영리외국법인 제외)의 국내사업장은 한국과 그 외국법인의 본점 또는 주사무소가 있는 거주지국과 체결한 조세조약에 따라 지점세 과세대상 소득금액(한국과 그 외국법인의 거주지국과 체결한 조세조약에서 이윤의 송금액에 대하여 과세할 수 있도록 규정하고 있는 경우에는 송금액)에 지점세율을 적용하여 계산한 세액을 법인세에 추가하여 납부하여야 한다. 다만, 그 외국법인의 거주지국이 그 국가에 있는 한국의 법인의 국외사업장에 대하여 추가하여 과세하지 않는 경우에는 그러하지 아니하다.(법법 §96 ①)

지점세율은 20%이며, 한국과 해당 외국법인의 거주지국과 체결한 조세조약으로 따로 정하는 경우에는 그 조약에 따른다.(법법 §96 ③) 지점세를 과세할 수 있는 체약국 및 세율은 다음과 같다.

체약국	조세조약			해당국가 지점세율
	제한세율	과세표준	관련 조항	
모로코	5%	과세대상소득금액	10조 6항	10%
브라질(한국은 적용 안함)	15%	과세대상소득금액	10조 5항	해당 없음
인도	15%	과세대상소득금액	의정서 2항	10%
인도네시아	10%	과세대상소득금액	10조 6항	20%
카자흐스탄	5%	과세대상소득금액	10조 6항	15%
캐나다	5%	과세대상소득금액	10조 6항	25%
태국	10%	과세대상소득금액	10조 5항, 6항	10%
파나마	2%	과세대상소득금액	10조 6항	30%
필리핀	10%	실제로 송금된 이윤	의정서 5조	15%
프랑스	5%	과세대상소득금액	10조 7항	25%
호주	15%	과세대상소득금액	10조 6항	해당 없음

브라질 및 호주는 세법에 지점세규정이 없어 지점세를 과세하지 않는다. 한미조세조약에는 지점세과세규정이 없지만 '배당의 영토 밖 과세 금지규정'도 없으며 미국세법에는 지점세규정이 있어 사실상 지점세를 과세한다.

3.3 지점세 계산방법

지점세 계산은 다음과 같이 한다.(법법 §96 ②) 아래 공식은 '실제송금액'을 지점세로 과세한다는 의미이다. 지점세는 외국법인 국내사업장의 사업연도 종료일을 기준으로 계산한다.(국업 46522-47, 2000.1.25.)

지점세	=	과세대상 소득금액	×	조약에 정한 지점세율 (없는 경우 20%)
과세대상 소득금액	=	국내사업장 각 사업연도 소득금액	−	① 법인세 및 법인지방소득세 ② 국내사업장 재투자인정금액(자본금감소액은 가산) ③ 과소자본세제에 따른 이자 손금불산입액

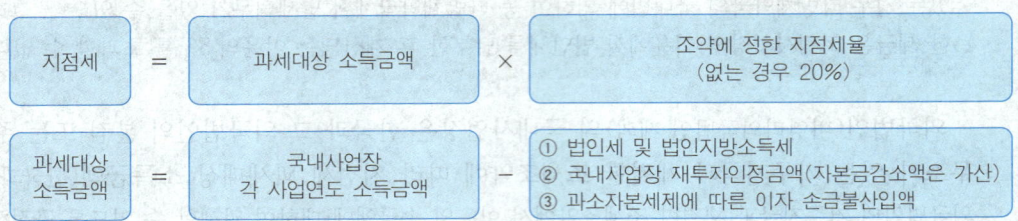

(1) 법인세 및 지방법인세의 가감

각 사업연도 소득금액에서 차감하는 '법인세'는 각 사업연도 법인세에서 다음의 금액을 가감한 것이다. 법인세 증감에 따라 법인지방소득세도 가감한다.

① 가산: 가산세(법법 §75~§75의9, 국기법 §47의2~§47의5), 법인세법 또는 조세특례제한법에 의한 추가납부세액

② 차감: 외국납부세액공제(법법 §57), 재해손실세액공제(법법 §58), 조세특례제한법등에 따른 공제감면세액

(2) 재투자 인정금액 차감, 자본금감소액 가산

① 재투자 인정금액의 차감

국내사업장이 사업을 위해 재투자할 것으로 인정되는 금액은 각 사업연도의 소득금액에서 차감한다.(법령 §134 ②) '재투자할 것으로 인정되는 금액'은 아래 금액을 모두 합한 금액이다.(법령 §134 ①) 이때, 부(△)의 미과세누적유보소득을 지점세과세소득에서 차감하는 이유는 전기까지의 순소득이 지점세과세소득보다 적은 경우 이를 당기에 조정하기 위한 것이다.

1. 자본금상당액증가액: 해당 사업연도 종료일 현재의 자본금상당액이 해당 사업연도 개시일 현재의 자본금상당액을 초과하는 금액

> • 자본금상당액 증가(감소)액=기말 자본금상당액-기초 자본금상당액
> • 자본금상당액=재무상태표 자산총액-부채총액(충당금 포함, 미지급법인세 제외)

2. 미과세누적유보소득(음수인 경우만 해당)에서 음의 부호를 뗀 금액. 다만, 그 금액은 국내사업장의 각 사업연도소득에서 '법인세 및 지방소득세', '과소자본 이자손금불산입액', 자본금상당액증가액을 뺀 금액을 한도로 한다.

미과세 누적 유보 소득	=	전기까지의 각 사업연도의 소득금액의 합계액 −(전기까지의 각 사업연도 결손금의 합계액 +전기까지의 각 사업연도의 소득에 대한 법인세 및 지방소득세 소득분의 합계액)	−	전기까지의 각 사업연도의 지점세 과세된 소득금액 합계액

사례 재투자인정금액

자본금상당액증가액은 5천만 원, 전기까지의 지점세과세소득은 5억 원, 전기까지의 순소득은 4억8천만 원이다. ⇒ **《재투자인정금액》** 자본금상당액증가액 5천만 원 + △ 미과세누적유보소득(4억8천만 원−5억 원) = 7천만 원

② 자본금상당액 감소액의 가산

위 표의 산식에서 자본금상당액이 감소하는 경우 잉여금을 유출한 것으로 보아 해당 사업연도의 소득금액에 합산한다. 다만, 합산되는 금액은 직전 사업연도 종료일 현재의 미과세누적유보소득(음수가 아닌 경우만 해당)을 초과하지 못한다. 전기의 자본금상당액을 유출하는 경우에는 자본의 반환에 해당하기 때문이다. 1996년 이후 최초개시 사업연도에 대한 지점세신고시 직전 사업연도에 대한 미과세누적유보소득은 '0'으로 계산한다.

③ 결손금이 발생한 경우

결손금이 발생한 경우에도 위 자본금상당액 가감계산방법을 적용한다. 따라서 해당 사업연도의 자본금상당액 감소액이 결손금을 초과하는 경우에는 미과세누적유보소득을 한도로 그 초과액을 과세대상소득으로 가산한다. 이때, 해당 사업연도의 미과세누적유보소득이 부수로 계산되더라도 지점세의 과세대상소득금액을 소급조정하지 않는다.(서면2팀-1403, 2004.7.5.)

(3) 과소자본세제에 따른 이자 손금불산입액 차감

과소자본세제를 적용하여 비용으로 인정하지 않은 이자를 익금산입하여 배당으로 처분한 금액은 지점세 과세소득금액에서 제외한다.(법법 §96 ② 4호) 이는 배당으로 사외유출된 금액이므로 유보소득 과세성격의 지점세를 과세할 이유가 없기 때문이다.

(4) 지점세의 납부

지점세는 각 사업연도의 법인세로 납부하며, 중간예납대상이 아니다.(국일 46017-508, 1998.8.14.)

사 례 지점세의 계산

프랑스법인 A는 2005년 국내지점을 설치하였으며, 지점설치 당시 자산은 40억 원, 부채는 30억 원이다. 연도별 과세자료는 다음과 같다. (단위: 천원)

구 분	2005년	2006년
각 사업연도소득	250,000	300,000
법인세 · 지방소득세	55,000	77,000
연도 말 자산	41억	44억
연도 말 부채	30억	34.5억

2005년 과소자본세제 적용결과 국외특수관계인에 대한 지급이자 손금불산입액이 3천만 원이다. 이 경우 2005년 및 2006년 지점세는?

① 2005년: 자본금상당액이 증가한 경우
- 자본금상당액증가액: (41억-30억)-(40억-30억)=1억
- 과세대상소득(천 원): 250,000-(55,000+100,000+30,000)=65,000
- 지점세(천 원): 65,000×15%(한 · 호주조세조약상 지점세율)=9,750

② 2006년: 자본금상당액이 감소한 경우
- 자본금상당액감소액: (44억-34.5억)-(41억-30억)=△1억5천
  한도: 미과세누적유보소득(천 원) 250,000-(55,000+30,000+65,000)=1억
- 과세대상소득(천 원): 300,000-(77,000-100,000)=323,000
- 지점세(천 원): 323,000×15%=48,450

(5) 국내사업장을 폐쇄하는 경우

지점세는 배당과세와 같은 맥락이므로 국내사업장 폐쇄시 잔여소득을 법인 청산소득의 의제배당과 같이 취급한다. 외국법인이 국내사업장을 폐쇄하는 경우, 폐쇄당시 의제사업연도의 지점세 과세대상소득금액을 계산하는 때에는 의제사업연도 종료일 현재의 자본금 상당액은 '0'으로 본다.(법령 §134 ⑥) 또한, 외국법인이 국내사업장을 폐쇄하면서 의제사업연도의 지점세 과세대상 소득금액을 송금액기준으로 계산하는 때에는 의제사업연도 종료일까지 미송금한 이윤상당액은 의제사업연도 종료일에 전액 송금한 것으로 본다.(법령 §134 ⑦)

3.4 송금액기준 과세

한국과 외국법인의 거주지국과 체결한 조세조약에서 이윤의 송금액에 대하여 과세할 수 있도록 규정하는 경우, 각 사업연도 중 실제로 송금된 이윤을 지점세의 과세대상 소득금액으로 한다. 다만, 각 사업연도에 실제로 송금된 이윤이 직전 사업연도 과세대상 소득금액을 초과할 경우, 과세대상 소득금액은 그 초과분 중 직전 사업연도까지의 미과세누적유보소득을 한도로 한다.(법법 §96 ①, 법령 §134 ⑤) 즉, 자본의 반환에 해당하는 금액은 과세하지 않는다.

이 규정은 필리핀에만 적용된다. 즉, 필리핀법인 국내사업장의 각 사업연도 소득금액 중 실제 송금액에 10%의 세율로 과세하며, 실제송금액이 직전사업연도 과세대상소득을 초과할 경우 초과분은 직전사업연도의 미과세누적유보소득을 한도로 이윤의 송금으로 본다.(국조 46017-216, 2001.12.29.)

III 비거주자(개인) 국내사업장의 소득세 신고

| 거주자 및 비거주자의 소득세 납세의무 |

구 분	거주자	비거주자
종합과세	사업소득, 부동산임대소득	국내사업장(사업소득), 부동산임대소득, 독립적 인적용역(선택)
분류과세	양도소득, 퇴직소득	양도소득, 퇴직소득
분리과세	(일정금액 이하): 이자, 배당, 기타소득	위 이외에 국내사업장이 없는 경우

1. 비거주자의 국내사업장 및 부동산소득 신고방법

국내사업장이 있거나 국내원천 부동산소득이 있는 비거주자에 대하여는 국내사업장 등과 관련된 모든 소득을 종합하여 거주자에 대한 소득세의 과세표준과 세액의 계산에 관한 규정을 준용하여 과세한다. 국내원천 퇴직소득 및 양도소득은 거주자와 같은 방법으로 분류과세한다.(소법 §121 ②, 소법 §122) 국내원천 인적용역소득이 있는 비거주자는 선택적으로 다른 소득과 합산하여 종합소득과세표준 확정신고를 할 수 있다.(소법 §121 ⑤)

(1) 소득공제 및 세액공제

비거주자에 대하여는 본인에 대한 인적공제(기본공제, 경로자공제, 장애인공제)만을 적용하며, 다른 인적공제(소법 §51 ③)와 특별소득공제(소법 §52), 자녀세액공제(소법 §59의2) 및 특별세액공제(소법 §59의4)는 적용하지 아니한다.(소법 §122)

비거주자의 종합소득 과세표준에 건축·건설, 기계장치 등의 설치·조립, 그 밖의 작업이나 그 작업의 지휘·감독 등에 관한 용역의 제공으로 발생하는 국내원천소득 또는 인적용역소득으로 원천징수된 금액이 포함되어 있는 경우에는 그 원천징수세액은 공제되는 세액으로 본다.(소법 §124 ①, §125)

국내사업장이 있는 비거주자가 공동으로 사업을 경영하고 그 손익을 분배하는 공동사업의 경우, 공동사업장에서 발생한 소득금액에 대하여 원천징수세액은 각 공동사업자의 손익분배비율에 따라 배분한다.(소법 §121 ⑥)

(2) 법인 아닌 단체 비거주자 구성원 종합소득세 신고특례

법인으로 보는 단체 외의 법인 아닌 단체 중 단체의 구성원별로 납세의무를 부담하는 단체의 '비거주자구성원'이 국내원천소득(비거주자구성원의 국내원천소득이 해당 단체의 구성원으로서 얻은 소득만 있는 경우로 한정)에 대하여 종합소득 과세표준확정신고를 하는 경우로서 다음 요건을 모두 갖춘 경우에는 해당 단체의 거주자인 구성원 1인(대표신고자)이 동의한 비거주자구성원을 대신하여 비거주자구성원의 종합소득과세표준을 일괄 신고할 수 있다.(소법 §124 ②) 이 경우, 대표신고자가 자신의 납세지 관할세무서장에게 신고서류를 제출해야 한다. 다만, 그 대표신고자가 단체의 구성원별로 소득세 납세의무를 지는 구성원이 아닌 경우에는 해당 단체의 납세지 관할세무서장에게 신고서류를 제출해야 한다.(소령 §182 ②)

1. 비거주자구성원의 전부 또는 일부가 대표신고자가 자신의 종합소득과세표준을 대신 신고하는 것에 동의할 것
2. 비거주자구성원이 자신이 거주자인 국가에서 부여한 납세자번호(국조법 §36 ⑦)를 대표신고자에게 제출할 것

(3) 거주자의 신고납부 및 결정 방법 준용

국내사업장 등에 대하여 과세표준 확정신고를 하는 비거주자의 신고와 납부(중간예납 포함)에 관하여는 거주자의 신고·납부에 관한 소득세법 제65조 내지 제77조와 거주자의 소득세 결정, 경정과 징수 및 환급에 관한 소득세법 제80조 내지 제86조를 준용한다.

(소법 §124) 비거주자가 과세표준확정신고를 하는 때에는 외국인등록표등본 또는 이에 준하는 서류를 첨부하여 제출해야 한다.(소령 §219)

비거주자의 국내원천소득을 종합하여 과세하는 경우에 이에 관한 신고, 납부, 결정, 경정, 징수 및 환급에 관하여는 거주자에 대한 소득세의 신고, 납부, 결정, 경정, 징수 및 환급에 관한 규정을 준용한다.(소법 §125, 소령 §87)

(4) 납세지

비거주자의 소득세 납세지는 국내사업장의 소재지로 한다. 다만, 국내사업장이 둘 이상 있는 경우에는 주된 국내사업장의 소재지로 한다.(소법 §125 ②)

2. 국내사업장 등의 필요경비 및 본사경비 배부

필요경비는 국내원천소득에 합리적으로 대응되는 비용이다. 발생장소 및 지급장소가 국외라 할지라도 국내원천소득과 실질적으로 관련되는 것으로 입증된다면 필요경비로 인정된다. 아래는 소득세법에서 특별히 규정한 것이며, 그 외의 필요경비 및 본사경비 배부액은 외국법인의 경우(법령 §129)와 같다.(소령 §181)

① 대손충당금의 필요경비계산에 있어서 그 대손금은 비거주자가 국내에서 영위하는 사업에 관한 것에 한한다.

② 퇴직급여충당금의 필요경비계산에 있어서 종업원은 비거주자의 종업원 중 그 비거주자가 국내에서 영위하는 사업을 위해 국내에서 상시 근무하는 자에 한한다.

③ 소득세와 지방소득세, 벌금 · 과료와 과태료, 가산금과 강제징수비, 세금 및 가산세, 공과금 등의 경비에는 외국정부 또는 외국지방자치단체에 의하여 부과된 것을 포함한다.

④ 기부금 또는 기업업무추진비 등의 필요경비계산에 있어서 그 기부금 또는 기업업무추진비 등은 국내에서 영위하는 사업에 관한 것에 한한다.

⑤ 장기할부조건에 의한 상품의 판매는 비거주자가 국내에서 영위하는 사업에 관한 것에 한한다.

⑥ 장기할부조건의 건설 · 제조 기타 용역(도급공사 및 예약매출을 포함)은 비거주자가 국내에서 영위하는 사업에 관한 것에 한한다.

⑦ 감가상각자산은 비거주자의 감가상각자산 중 국내에 있는 것에 한한다.

⑧ 재고자산 또는 유가증권은 비거주자의 해당 자산 중 국내에 있는 것에 한한다.

⑨ 무형고정자산은 비거주자의 무형고정자산 중 비거주자가 국내에서 영위하는 사업

에 귀속되는 것 또는 그 비거주자의 국내에 있는 자산에 관한 것에 한한다.

⑩ 이자소득 또는 배당소득은 국내에서 받는 것에 한한다.

⑪ 국내사업장에서 발생된 판매비 및 일반관리비와 기타의 경비 중 국내원천소득의 발생과 관련되지 않는 것으로서 아래 경비는 필요경비에 포함하지 않는다.(소칙 §86의 3)

㉮ 국내사업장이 본점 등을 위해 재고자산을 구입하거나 보관함으로써 발생한 경비

㉯ 기타 국내원천소득의 발생과 합리적으로 관련되지 않는 경비

제 5 편

세원잠식·소득이전(BEPS) 방지

Chapter 01

1 국제적 조세회피의 방지

1. 조세조약 및 국내세법의 조세회피방지규정

1.1 조세회피방지규정

조세조약의 남용(improper use of tax treaties)을 방지하고 대처하기 위해 국가들은 아래와 같이 여러 가지 방법들을 사용한다.(UN §1 - 10)

1. 국내법의 일반적 조세회피방지규정
2. 국내법의 구체적 조세회피방지규정
3. 국내법의 사법원칙
4. 조세조약의 일반적 조세회피방지규정
5. 조세조약의 구체적 조세회피방지규정
6. 조세조약 규정의 해석

(1) 국내법의 일반적 조세회피방지규정

조세조약남용(예 기지회사의 사용)에 대처하기 위한 실질과세(substance over form), 경제적 실질, 일반적 조세회피방지규정 등은 국내세법에 규정한 기본적인 국내법 규정의 일부이다. 이들 규정은 조세조약에서는 다루지 않으며, 따라서 조세조약에 의해 영향을 받지 않는다.(UN §1 - 22.1) 어떤 거래나 행위의 주된 목적이 더 나은 조세취급을 받는 것이고 호혜적인 조세취급을 하는 것이 관련 규정의 의도나 목적에 반하는 경우, 조세조약의 혜택은 부인되어야 한다는 것이 일반적 원칙이다.(UN §1 - 23) 어떤 거래나 행위가 조세조약 규정의 남용에 해당하려면 아래 2가지 요건이 충족되어야 한다.(UN §1 - 25)

1. 이러한 거래나 행위를 행하는 주목적이 더 나은 조세혜택을 보장받으려는 것이고;
2. 더 나은 조세혜택을 받는 것이 관련 규정의 취지나 목적에 반함.

이러한 2가지 요건은 명시적이든 묵시적이든 여러 국가들이 개발한 일반적 조세회피방지규정이나 원칙에서 일반적으로 나타난다.(UN §1-26) 이러한 방법을 적용할 때 초래될 수 있는 불확실성을 최소화하기 위해, 이러한 일반적 지침은 객관적 사실에 따라 적용되어야지 당사자들의 의도만을 추정하여 적용되어서는 안 된다. 따라서 거래나 행위를 하는 주된 목적이 조세혜택을 얻으려는 것인지는 모든 사실관계를 고려하여 객관적인 판단에 따라 결정되어야 하는데, 이러한 조세혜택이 없는 경우에도 합리적인 납세자가 같은 계약이나 행위를 할 것인지를 판단해야 한다.(UN §1-27)

(2) 국내법의 구체적 조세회피방지규정

조세조약의 남용에 대처하는 세무당국은 우선적으로 국내법에 포함된 구체적 조세회피방지규정을 적용할 것이다.(UN §1-12) 많은 국내법 규정들이 이러한 목적과 관련된다. 예를 들면, 해외자회사(controlled foreign corporation)규정은 거주자가 상대체약국의 거주자인 기지회사나 도관회사를 사용하는 일정한 조세회피구조를 방지하기 위해 적용된다. 해외투자펀드(foreign investment funds) 규정은 상대체약국에 설립된 해외투자펀드에 투자하는 거주자의 투자소득에 대한 조세의 이연이나 회피를 방지한다. 과소자본(thin capitalization) 규정은 상대체약국의 거주자에게 지급되는 자본 침해적 비용공제를 제한하기 위해 적용된다. 이전가격세제는 비록 당초에 조세회피방지목적으로 설계된 것은 아니라도 상대체약국의 거주기업에 거주기업의 소득을 인위적으로 이전하는 것을 방지한다. 출국세(exit or departure taxes) 규정은 조약상 면세되는 양도소득의 실현 전에 거주지를 바꿈으로써 양도소득세를 회피하는 것을 방지한다. 또한, 간주배당(dividend stripping) 규정은 배당을 조약상 면세되는 양도소득으로 변질시키는 거래를 통해 국내에서 배당원천징수를 회피하는 것을 방지한다.(UN §1-13)

조세조약의 남용에 해당하는 조세회피구조에 이러한 종류의 조세회피방지규정을 적용할 때 일어나는 일반적인 문제는 조세조약의 규정과 충돌이 일어날 수 있다는 것이다. 각국의 국내법에 있는 구체적 조세회피방지규정이 조세조약의 규정과 충돌하는지에 대하여 양 체약국이 서로 다른 견해라면, 아래 원칙을 고려하여 상호합의절차를 통해 문제를 해결할 수 있다.(UN §1-14)

일반적으로, 국내법 규정과 조세조약 규정을 적용한 결과 충돌이 일어나는 경우 조세조약 규정이 우선한다. 이는 '조약법에 관한 비엔나조약'의 36조에 내재하는 '조약은 준수되어야 한다.(pacta sunt servanda)'는 원칙을 적용한 당연한 결과이다. 따라서 국내법 규정을 적용한 결과 조세조약에서 허용하는 것 이상으로 납세자의 세부담이 증가된다면, 이는 조세조약 규정과 충돌하는 것이므로 일반적인 국제법원칙에 따라 조세조약 규정이 우선해야 한다.(UN §1-15) 그렇지만, 아래에서 설명하는 것처럼 이러한 충돌은 상당부분 회피될 것이므로 각 사안은 상황에 따라 분석되어야 한다.(UN §1-16)

1. 조약에서 특별히 개별 유형의 국내 조세회피방지규정의 적용을 허용할 수 있다. 예를 들면, 조약 9조는 특별히 9조에 정의된 상황에서 국내법의 이전가격세제를 적용하는 것을 허용한다. 또한, 많은 조약들은 과소자본세제, 조세피난처세제, 출국세규정 등이나 아니면 좀 더 일반적으로 조세회피를 방지하기 위한 국내법 규정들은 조약규정과 충돌하지 않는다거나 또는 충돌하는 경우 국내법 규정들이 우선적으로 적용된다는 점을 명시하는 특별규정을 포함한다.(UN §1-17)
2. 많은 조세조약 규정들은 국내법의 적용에 의존한다. 이는 예를 들면 사람의 거주지국을 결정하거나, 부동산을 정의하거나, 회사지분으로 인한 소득이 배당으로 간주되는 시기 등과 관련된 사안이다. 더 일반적으로, 조약에 정의되지 않은 용어의 정의는 국내법 규정을 참조하도록 하고 있다. 그러므로 대부분 경우에 국내법의 조세회피방지규정을 적용하는 것은 충돌을 불러오는 것이 아니라 조세조약 규정을 적용하는 방법을 결정하는 문제에 불과하다.(UN §1-18)
3. 조세조약 규정을 남용하는 상황에서 조세조약 규정을 적용하는 것을 조세조약의 합리적 해석을 통해 거부할 수 있다. 그러한 상황에서 조세조약의 해석과 국내법의 개별적 조세회피방지규정에 따라 조세조약의 혜택이 부인되면 조세조약 규정과 충돌하는 것이 아니다. 그렇지만 국내의 개별적 조세회피방지규정은 대부분 객관적인 사실, 예를 들면 주주의 일정지분율, 일정한 부채자본비율에 따라 규정된다. 이러한 객관적 규정은 적용이 효과적이지만 가끔 남용에 해당하지 않는 거래들에도 적용되는 결과를 초래한다. 물론 이 경우 조약남용거래를 부인하는 조약규정의 합리적 해석을 통해 조약규정과 충돌하는 국내법 규정의 적용을 제한할 수 있다.(UN §1-19)

(3) 국내법의 사법원칙(司法原則)

조세회피사안에 있어, 세법해석과정에서 많은 국가의 법원들은 여러 사법원칙이나 법해석원칙을 개발하여 왔다. 실질과세(substance over form), 경제적 실질(economic substance), 가장행위(sham), 사업목적(business purpose), 단계거래(step-transaction), 법남용(abuse of law) 및 탈법(fraus legis) 등이 그것이다. 이러한 사법원칙과 법해석원칙은 국가마다 다양하며, 이어지는 법원 결정으로 바뀌어 가면서 시간을 두고 세련되게 발전하면서, 세법을 어떻게 해석할지에 대하여 법원이 제시한 견해들이다. 조세조약의 해석은 조약법에 관한 비엔나조약의 31조부터 33조에 규정된 일반원칙에 의해 지배되지만, 그 일반원칙은 비슷한 사법원칙 및 조세조약 해석원칙의 적용을 금지하지 않는다. 예를 들면, 한 국가의 법원이 법해석 문제로 국내세법 규정을 특정거래의 경제적 실질에 근거하여 적용하여야 한다고 결정하였다면, 비슷한 거래에 조세조약 규정을 적용할 때 비슷한 접근법을 취하는 것을 방해할 것은 없다.(OE §1-78)

따라서 일반적으로 조세조약과 사법원칙 또는 국내법의 일반적 조세회피방지규정의 충돌은 없다. 예를 들면, '실질과세'나 '경제적 실질' 같은 국내법의 일반적 조세회피방지규정이나 사법원칙의 적용으로 소득종류를 재구성하거나 해당 소득을 수취한 것으로 간주되는 납세자를 재지정하게 되는 경우 조약규정은 이러한 변동을 감안하여 적용된다.(OE §1-79)

이런 원칙들은 조세조약과 충돌하지 않지만, 회원국들은 조약이 남용된다는 명백한 증거가 없는 한 이중과세를 구제하기 위하여 조세조약에 내재하는 구체적 의무를 주의 깊게 지켜야 한다는 데에는 이견이 없다.(OE §1-80)

(4) 조세조약의 일반적 조세회피방지규정

일반적 조세회피방지규정으로 간주되는 조세조약 규정의 사례로는, 아래 이스라엘과 브라질이 2002년에 체결한 조약 25조 2항이 있다.(UN §1-34)

> 한 체약국의 관할당국은 조세조약의 혜택을 주는 것이 조약목적상 조약남용에 해당한다면 어떤 사람이나 어떤 거래에 대한 조약의 혜택을 부인할 수 있다. 이 규정을 적용하는 경우 해당 체약국의 관할당국은 상대체약국의 관할당국에 통지를 해야 한다.

어떤 국가는 체약국들은 남용사안에 대하여 조약규정의 혜택을 부인할 때 방해받지 않는다고 확인하는 정도로 규정하는데, 이 경우 조약혜택을 부인하는 권한이 조약규정에서 비롯된다고 볼 수 없다. 이러한 유형의 규정은 캐나다와 독일이 2001년 체결한 조약 29조 6항에서 볼 수 있다.(UN §1-35) 한룩셈부르크조세조약(의정서 §12), 한페루조세조약(§27) 또한 조약의 어떠한 규정도 조세회피 또는 탈세를 방지하고자 설계된 국내법 규정의 적용을 제한하지 않는다고 규정한다.

국내법이나 조세조약의 해석방법으로 조세조약의 남용에 적절히 대처할 수 있다고 확신하지 못하는 국가는 조약에 아래와 같이 일반적 조세회피방지규정을 포함한다.(UN §1-36)

> 거래나 행위를 하는 주목적이 조약의 혜택을 받는 것이고 그 상황에서 혜택을 받는 것이 이 조약 관련 규정의 취지와 목적에 반하는 것으로 판단되는 때에는 이 조약에 따라 받을 수 있는 혜택을 주지 않을 수 있다.

이러한 규정을 만들 때, 일부 국가들은 의문의 여지없이 오로지 조세목적인 거래에만 그 규정을 적용된다는 점을 분명히 하기 위해 '주목적'이라는 말을 '그 주목적'으로 바꾸기도 한다. 그렇지만 다른 국가들은 국내법에 있는 비슷한 일반적 조세회피방지규정에 대한 경험에 근거하여, '그 주목적'이라는 말로 인해 세무당국이 조세혜택을 받는 것이 다른 목적들보다 객관적으로 더 중요하다는 점을 입증해야 하는 비현실적으로 높은 조건이 되고 그로 인해 그 규정은 비효율적이 될 것으로 생각한다. 그런데, 대부분 국가들은 조약에 이러한 규정이 없으면 조세조약의 남용에 대처할 다른 방법을 사용할 수 없다는 의미로 받아들여질 수 있다고 생각한다. 이는 특히 이러한 규정이 없는 조약을 이미 다수 체결한 국가들에게 문제가 될 수 있다. 그러한 이유로, 다른 방법을 통해 조세조약의 남용에 대처하지 못하는 국가들은 우선적으로 이러한 규정을 고려해야 한다.(UN §1-37)

(5) 조세조약의 구체적 조세회피방지규정

조약남용에 대처하기 위한 조세조약 규정이 있는데, 운반목적 상품재고 보관 대리인 규정, 실질수익자 개념, 이자 및 사용료에 적용되는 특수관계(special relationship)규정, 부동산회사 주식양도 규정, 연예인회사 규정 등이다. 또 다른 예는 일부 조세조약에서 발견되고 제한적인 조세회피사안에만 적용되는 제한적 흡수과세원칙(limited force of attraction rule)의 변형된 규정이다.(UN §1-31) 이러한 규정들은 일반적 조세회피방지규정이나 사법적 방법에 대한 효과적인 보완책이 될 수 있다.(UN §1-32)

그런데, 조세회피전략을 다루기 위해 구체적 조세회피방지규정에만 의존하는 것은 위험하다. 첫째, 구체적 조세회피방지규정은 특별한 조세회피전략이 식별되면 규정된다. 둘째, 구체적 조세회피방지규정을 조약에 포함하면 다른 유형의 조약남용에 대하여 일반적 조세회피방지규정이나 원칙을 적용하는 것을 약화시킬 수 있다. 조세조약에 구체적 조세회피방지규정을 더하는 것은 조세조약에 포함된 특별한 조세조약 규정에서 다루는 것과 유사하지만, 약간 다른 조세회피가 허용되며 일반적 조세회피방지규정이 적용되지 않는다는 의미로 잘못 받아들여질 수 있다. 셋째, 특별히 복잡한 회피전략에 대처하기 위해 복잡한 규정이 필요할 수도 있다. 이는 특히 이러한 규정들이 거래나 행위의 목적과 같은 유연한 요건이 아닌 해석의 여지가 없는 요건을 적용함으로써 문제에 대처하는 경우를 말한다. 이러한 이유로, 구체적 조세회피방지규정을 조세조약에 포함하는 것이 어떤 상황에 대처하기 위한 가장 적절한 방법이지만, 그것이 조약남용에 대한 완벽한 해결책이 될 수는 없다.(UN §1-33)

① 다른 국가에서 다르게 취급되는 소득에 대한 조약혜택제한

한 국가가 어떤 소득종목을 과세할 권리를 제한하는 조약규정을 받아들이는 경우, 이러한 소득종목은 다른 국가에서 과세되는 것으로 이해하고 이러한 행위를 한 것으로 본다. 한 국가가 소득세를 과세하지 않거나 낮은 세율로 과세하는 경우, 다른 국가는 조세조약을 정당화할 이중과세위험이 실제로 있는지 판단하여야 한다. 또한 다른 국가의 조세제도에 국내경제의 불균형을 초래하는 조세특혜와 같은 이중비과세위험을 증가시키는 요소가 있는지 판단하여야 한다.(OE §1-82)

다른 국가의 조세제도의 일부 특징이 조세조약을 체결하기에는 큰 장애가 되지는 않는다고 생각하지만 이러한 특징으로 인해 비과세되거나 저과세되는 소득에 대해 한 국가는 조약의 적용을 제한할 수 있다. 다른 국가의 조세제도의 특징을 조약을 협의할 때 알 수 있는 경우, 이러한 특징으로 혜택을 받는 소득에 대하여 조약혜택을 특별히 부인하는 규정을 만드는 것은 가능하다.(OE §1-83) 그런데 이런 특징을 조약체결 후에 체약상대방의 세제에 만들거나, 조약이 발효된 후에 알게 될 수 있다. 이에 따라 조세조약을 체결하면서, 한 체약국은 체결 당시 알지 못하거나 체결 후에 체약 상대방의 세제의 일부가 되는 특징에 대하여 관심을 두게 된다. 일반적 접근법이 이러한 특징에 대처하는데 도움이 되지만, 이러한 특징으로 인한 문제들은 납세자나 자문가가 고안한 조세회피전략이 아니라 체약 상대방의 세법 설계에서 비롯된 것이기 때문에, 체약국들은 이러한 문제들을 특별한 조약규정을 통하여 해결할 수 있다. 이러한 목적으로 아래 예시와 같은 규정을 포함할 수 있다.(OE §1-84)

② **특례세제에 대한 규정(Provision on special tax regimes)**

'특례세제(special tax regimes)'의 일반적 정의의 요건을 충족하는 조세제도로부터 혜택을 받는 소득과 관련하여 특정 조약규정의 적용을 부인하기 위한 규정을 조세조약에 포함할 수 있다. 예를 들면, 특수관계인(connected person)으로부터 수취하는 이자 및 사용료에 대하여, 실질귀속자의 거주지국에서 특례세제로 인해 그 이자 및 사용료에 특혜가 적용되는 경우 배당 및 사용료 규정의 혜택을 부인할 수 있다. 이는 해당 규정들에 아래와 같은 규정을 추가하여 이루어진다. 이는 체약국들의 상황에 맞게 고치거나 조약의 다른 조문에 넣을 수 있게 고칠 수 있다.(OE §1-85)

> [11조 1항 및 2항의 규정에도 불구하고 다만 4항의 규정에 따라] 또는 [12조 1항에도 불구하고 다만 3항의 규정에 따라], 한 체약국에서 발생하고 지급인과 관계가 있는 상대방 체약국 거주자에게 실질적으로 귀속되는 [이자] 또는 [사용료]의 경우, 그 거주자가 거주지국에서 [이자][사용료]에 대한 특례세제로 혜택을 받는 경우 한 체약국에서 국내법에 따라 과세될 수 있다.

또한 위 규정은 '특례세제'의 정의를 필요로 하는데, 아래와 같이 만들어질 수 있으며 일반적 정의(OE §3 ①) 목록에 추가될 수 있다.(OE §1-86)

a) '특례세제'란 2조에 열거한 조세와 관련된 한 체약국의 법, 시행령 및 행정실무로서 아래 요건을 모두 충족하는 것을 말한다.

(i) 아래 중 하나에 해당하는 것:

A) 재화·용역의 판매로 인한 소득에 비하여 이자, 사용료 또는 이들의 복합에 대한 특혜세율

B) 재화·용역의 판매로 인한 소득에 대하여 동일한 경감을 제공함이 없이 이자, 사용료 또는 이들의 복합에 대한 과세표준의 영구경감을 아래와 같이 제공

1) 총소득에서 제외

2) 지급하였거나 지급할 의무와 상관없이 비용공제

3) 지급하였거나 지급할 배당의 비용공제

4) 7조나 9조의 원칙에 배치되는 과세

C) 해당 체약국에서 적극적 사업활동을 수행하지 않는 회사 소득의 전부 또는 그 회사의 국외원천소득의 전부에 대하여 위 B) 1), 2), 3) 유형의 특혜세율 또는 과세표준의 영구감면

(ii) 사용료에 대한 특혜세율 또는 과세표준의 영구경감의 경우, 다음 요건으로 특혜를 부여하지 않는 경우

A) 그 체약국에서 이루어지는 연구개발활동의 경우; 또는

B) 특혜를 받는 사람이 실질적인 연구개발활동 목적으로 쓰는 비용(관계인에게 하청계약을 하거나 자산취득원가로 쓴 비용은 제외)

(iii) 일반적으로 다음 세율 중 낮은 세율보다 낮은 세율에 해당하게 되는 경우

A) [양자간에 합의한 세율]; 또는

B) 상대방 체약국에서 적용되는 법정 법인세율의 60%

(iv) 다음에는 주로 적용되지 않음:

A) 공인연금펀드

B) 종교, 자선, 과학, 예술, 문화 또는 교육 목적만을 위해 설립되고 관리되는 계약구조

C) 본인 또는 본인의 주주의 손에서 선택적으로 한번 과세되는 사람(최대 1년의 조세이연 가능)으로, 다양한 주식포트폴리오를 보유하고 체약국의 투자자보호규정의 적용대상이며 그 지분은 주로 소매 투자자들(retail investors)에게 판매되는 경우; 또는

D) 본인 또는 본인의 주주의 손에서 선택적으로 한번 과세되는 사람(최대 1년의 조세이연 가능)으로, 부동산을 대부분 보유하는 경우; 또한

(v) 한 체약국과의 협의를 거쳐, 상대방 체약국이 한 체약국에게 외교통로를 통하여 이 목의 (i)부터 (iv)를 충족하는 것으로 확인한 경우

상대방 체약국이 이 목 (i)부터 (iv)를 충족하는 제도로 확인하는 서면통지를 한 때로부터 30일이 되는 때까지는 어떠한 법, 시행령 또는 행정실무도 특례세제로 간주되지 않는다.

위 '특례세제'의 정의는 조세조약이 서명되기 전 또는 발효된 후에 존재하는 아래 다섯 가지 요건을 모두 충족하는 모든 법, 시행령 또는 행정실무에 적용된다.(OE §1-87)

정의의 (i)에서 언급한 첫째 요건은, 조세제도가 다음 중 하나에 해당하는 경우이어야 한다.(OE §1-88)

A. 재화·용역의 판매로 인한 소득에 비하여 이자, 사용료 또는 이들의 복합에 대한 특혜세율
B. 재화·용역의 판매로 인한 소득에 대하여 동일한 경감을 제공함이 없이 이자, 사용료 또는 이들의 복합에 대한 과세표준의 일정한 영구경감
C. 해당 체약국에서 적극적 사업활동을 수행하지 않는 회사의 소득의 전부 또는 그 회사의 국외원천소득의 전부에 대하여 특혜세율 또는 과세표준의 일정한 영구감면. 이 부분의 정의는 일반적으로 고정소득(non-mobile income) 보다 유동소득(mobile income)을 더 우호적으로 과세하는 제도를 식별할 의도이다.

A)에서 규정하는 것처럼, (i)은 조세제도가 재화 또는 용역의 판매로 인한 소득에 비하여 이자, 사용료에 대한 특혜세율을 규정하는 경우 요건이 충족된다. 예를 들면, 거주회사가 받는 사용료소득에 대하여 특혜세율을 규정하지만 재화나 용역의 판매소득에는 그러한 특혜세율을 규정하지 않는 제도는 이 요건을 충족한다. 또한, 모든 종목의 소득에 대하여 특혜세율을 규정하지만, 이러한 특혜세율을 주로 이자, 사용 또는 이 둘의 복합에 대하여 실질적으로 허용하는 제도는 우호적 대우가 명시적으로 이 두 종류의 소득에게 한정되지 않음에도 불구하고 (i)의 요건을 충족한다. 예를 들면, 주로 이자소득을 받는 사업을 표방하는 회사(그룹 금융지원회사와 같은)에 대하여 특혜세율을 규정하는 예규를 발표하는 세무당국의 행정실무는 그 예규가 기술적으로 모든 소득에 대하여 특혜세율을 규정하는 경우에도 (i)의 요건을 충족한다.(OE §1-89)

마찬가지로, B)에서 규정하는 대로 아래 방법 중 하나의 방법으로 제도가 재화·용역의 판매로 인한 소득에 비하여 이자, 사용료 또는 이들의 복합에 대한 과세표준의 영구경감을 제공하는 경우 (i)의 요건을 충족한다 : 총소득에서 제외(소득에 포함된 사용료소득금액의 일정액을 자동적으로 경감하는 방법. 이러한 경감은 재화나 용역의 판매소득에 대하여는 적용되지 않음); 지급하였거나 지급할 의무와 상관없이 비용공제; 지급하였거나 지급할 배당의 비용공제; 조약의 국내사업장 및 특수관계기업 규정의 원칙에 배치되는 과세. 특수관계기업의 원칙에 배치되는 과세가 되는 조세제도의 사례에는 상대방 체약국 거주자인 관계기업이 발행하고 한 체약국의 거주회사가 보유하는 무이자채권에는 이자를 계상하지 않는 제도가 있다.(OE §1-90)

한 국가에서 과세표준의 영구경감은 단순한 시간차이에서 발생하지는 않는다. 예를 들면, 어떤 국가가 이자가 경제적으로 발생한 때가 아니라 실제로 지급될 때가지 과세하

지 않는다는 사실을 과세표준의 영구감면을 규정하는 제도로 보지 않는데, 이러한 규정은 일반적인 시간차이에 해당하기 때문이다. 그렇지만, 수년의 기간에 걸친 과도한 이연은 과세표준의 영구감면을 규정한 것으로 보는데, 이러한 규정은 실질적으로 과세국에서 과세표준의 영구적 차이를 만들기 때문이다.(OE §1-91)

한편, C)에서 규정하는 것처럼, 제도가 해당 체약국에서 적극적 사업활동을 수행하지 않는 회사 소득의 전부 또는 그 회사의 국외원천소득의 전부에 대하여 특혜세율 또는 과세표준의 영구감면을 규정하는 경우 (i)목의 요건은 충족된다. 예를 들면, 그룹 금융지원회사(group financing companies)나 지주회사의 소득에만 특혜세율(preferential rates of taxation)을 규정하는 제도는 보통 (i)의 요건을 충족한다.(OE §1-92)

모든 소득(특히 재화 및 용역의 판매소득) 및 모든 산업에 걸쳐 적용되는 우호적 조세취급을 일반적으로 규정하는 제도는 (i)의 요건을 충족하는 것으로 보지 않는다. (i)의 요건을 충족하지 않는 일반적으로 적용되는 규정의 사례에는 표준공제를 허용하는 제도, 가속상각, 연결법인세, 수취배당공제, 결손금이월공제 및 외국납부세액공제가 있다.(OE §1-93)

정의 (ii)에서 언급한 둘째 요건은, 사용료에 대하여만 적용되며 제도에 그 체약국에서 이루어지는 연구개발활동의 경우 또는 특혜를 받는 사람이 실질적인 연구개발활동 목적으로 쓴 비용(관계인에게 하청계약을 하거나 자산취득원가로 쓴 비용은 제외)에 대하여 혜택을 준다는 조건이 없다면 요건이 충족된다. (ii)는 특허나 혁신 장려제세(patent box or innovation box regimes)로 혜택을 받는 사용료는 이러한 2가지 요건 중 하나를 충족하는 경우에만 조약혜택을 받을 수 있도록 한다. 그런데, 일부 국가들은 그 체약국에서 이루어지는 연구개발활동의 경우에만 (ii)의 요건을 충족하는 것으로 제한하기도 한다. 이러한 견해를 가진 국가들은 다음과 같은 (ii)의 대체문구를 사용하기도 한다. (ii)의 이 2가지 문구에 따라, OECD 유해조세관행에 대한 포럼에서 검토하였던 대로 실제로 유해한 것으로 보지 않는 사용료과세제도는 일반적으로 (ii)의 요건을 충족하지 않으며, 그러한 경우 특례세제로 보지 않는다.(OE §1-94)

> (ii) 사용료에 대한 특혜세율 또는 과세표준의 영구경감에 있어, 그 체약국에서 이루어지는 연구개발활동을 조건으로 특혜를 부여하지 않는 경우

정의 (iii)에서 언급한 셋째 요건은, 체약국들의 양자합의로 정한 세율 또는 상대방 체약국의 제도를 '특례세제'로 간주하는 한 체약국에서 적용되는 법정 법인세율의 60% 중 낮은 세율보다 낮은 세율에 해당하게 되는 경우 그 제도를 특례세제로 간주한다.(OE §1-95)

국가들은 (iii)의 목적상 '세율(rate of taxation)'이란 용역을 분명히 하기 위하여 조약의 일치된 해석을 반영하는 수단으로 아래 내용을 포함할 필요가 있다고 생각할 것이다.(OE §1-96)

> 아래에서 달리 규정하지 않으면, 세율이란 해당 조세제도를 시행하는 체약국의 소득세 과세원칙에 근거하여 결정된다. 따라서 특혜세율만을 규정하는 제도의 경우, 그 제도에 따라 일반적으로 예상되는 세율은 그 특혜세율이 된다. 과세표준의 영구감면만을 규정하는 제도의 경우, 세율은 그 체약국의 해당제도에서 회사에게 일반적으로 적용되는 법정 법인세율에서 제도에서 일반적으로 규정하는 과세표준(체약국의 과세원칙에 따라 결정된 과세표준. 다만 (i) B)에 설명한 과세표준의 영구감면을 고려하지 않음)에 세율을 적용하여 산출한 경감비율을 차감한 비율을 말한다. 예를 들면, 회사의 과세표준에 대하여 일반적으로 20%의 영구경감을 규정하는 제도는 적용되는 법정 법인세율의 20%를 감소시킨 세율과 같다. 특혜세율과 과세표준의 영구경감 모두를 규정하는 제도의 경우, 세율은 그 특혜세율과 과세표준의 경감비율로 감소된 특혜세율을 말한다.

앞에서 해당제도를 시행하는 체약국의 소득세 과세원칙에 따라 세율이 결정되어야 한다는 점을 분명히 하였다. 이에 따라, 특혜세율(preferential rate of taxation)만을 규정하는 제도의 경우, 일반적으로 예상되는 세율은 특혜세율이다. 과세표준의 영구경감만을 규정하는 제도의 경우, 세율은 해당제도에서 회사에 일반적으로 적용되는 법정 법인세율에서 과세표준(체약국의 과세원칙에 따라 결정된 과세표준. 다만 (i) B)에 설명한 과세표준의 영구감면을 고려하지 않음)의 경감비율에 해당하는 감소세율을 차감한 것이다. 예를 들면, 회사의 과세표준에 대하여 일반적으로 20%의 영구경감을 규정하는 제도는 적용되는 법정 법인세율의 20%를 감소시킨 세율과 같다. 따라서 한 체약국에서 시행되는 법정 법인세율이 25%인 경우, 이러한 제도로 인한 세율은 20%가 된다.(25-(25 × 0.20)) 특혜세율과 과세표준의 영구경감 모두를 규정하는 제도의 경우 세율은 특혜세율에서 경감된 과세표준에 해당하는 세율을 차감한 세율이 된다.(OE §1-97)

정의 (iv)에 언급된 넷째 요건은 제도가 주로 공인연금펀드, 종교, 자선, 과학, 예술, 문화 또는 교육 목적만을 위해 설립되고 관리되는 계약구조에게 적용되는 경우 특례세제로 보지 않는다고 규정한다. 또한, (iv)에 따라 본인 또는 본인의 주주의 손에서 선택적으로 한번 과세되는 사람(최대 1년의 조세이연 가능)으로 다양한 주식포트폴리오를 보유하고 체약국의 투자자 보호규정의 적용대상이며 그 지분이 주로 소매 투자자들(retail investors)에게 판매되는 경우, 관련제도는 특례세제로 보지 않는다. 이는 일반적으로 위 22항에 언급된 집합투자기구와 관련된다. (iv)에 규정된 또 다른 예외는 본인 또는 본인의 주주의 손에서 선택적으로 한번 과세되는 사람(최대 1년의 조세이연 가능)으로, 부동산을 대부분 보유하는 경우에 적용되는 제도와 관련된다.(OE §1-98)

정의 (v)에서 언급하는 다섯째 요건은 상대방 체약국의 제도를 '특례세제'로 간주하고자 하는 한 체약국은 상대방 체약국과의 협의를 거쳐 한 체약국이 상대방 체약국에게 외교통로를 통하여 그 제도가 정의의 다른 요건을 충족하는 것으로 확인하였음을 통보하여야 한다고 규정한다.(OE §1-99)

정의의 마지막 부분에서 다른 국가의 제도를 '특례세제'로 간주하고자 하는 체약국은 그 제도가 정의를 충족한다는 취지의 서면통지를 하도록 규정한다. 조약목적상, 서면통지일로부터 30일이 되면 특례세제로 간주된다.(OE §1-100)

③ **국내세법 개정에 대한 규정**(Provision on subsequent changes to domestic law)

특례세제에 대한 위 제안규정은 해당조세제도의 문제에 대처하는 것이지만, 만약 체결 당시에 존재하였다면 체결하지 않았을, 조세조약 체결 이후에 체약상대방의 국내법에 도입될 수 있는 더 일반적 성격의 변화에 대처할 수는 없다. 예를 들면, 상대방 체약국에서 법인소득에 부과하는 세율을 조세조약 체결목적상 일반적으로 받아들일 수 있는 선 아래로 떨어뜨리는 경우 일부 체약국들은 이를 간과하지 않을 것이다. 또한 일부 국가들은 조세조약 체결 당시에 모든 종류의 국외소득을 과세하던 국가가 갑자기 거주회사가 수취하는 국외소득을 면세하는 상황을 염려할 것이다. 아래 내용은 이러한 문제에 대처하기 위한 규정의 예시로, 각국의 특별한 문제를 적절히 대처하기 위하여 제안규정의 내용을 제한하거나 확장할 필요가 있다.(OE §1-101)

1. 이 조약의 서명 이후 어느 때이든 한 체약국이,
   a) 아래 중 낮은 세율보다 낮게 되도록 거주회사의 모든 소득에 대하여 실질적으로 적용되는 일반적인 법정 법인세율을 낮추는 경우
      (i) [양 체약국들이 합의하는 세율] 또는
      (ii) 상대방 체약국에서 적용되는 일반적인 법정 법인세율의 60%, 또는
   b) 국외원천소득(이자 및 사용료 포함)에 대하여 거주회사에 실질적으로 조세면제를 하는 경우;

   체약국들은 체약국들 간에 과세권의 적절한 배분을 복원하기 위하여 이 조약을 개정하기 위하여 협의한다. 이러한 협의가 진행되지 않으면, 상대방 체약국은 외교통로를 통하여 10, 11, 12조의 규정을 더 이상 적용하지 않는다는 사실을 통지할 수 있다. 이 경우, 상대방 체약국이 이들 규정의 적용을 중단한다고 명시한 서면통지를 한 날로부터 6개월이 되는 때부터 양 체약국의 거주회사들에 대한 지급금에는 이 조약규정들이 적용되지 않는다.
2. 일반적인 법정 법인세율을 결정하기 위하여:
   a) 과세소득의 일정비율에 상당하는 일반적으로 적용되는 공제액 및 전체세율을 경감시키는 기타 비슷한 방법을 고려하며; 다만
   b) 아래 사항은 감안되지 않는다.

(i) 회사의 배당에 대하여 그 회사 또는 주주에게만 적용되는 조세, 또한
(ii) 회사의 배당에 대하여 환급되는 조세액.

이 제안규정은 조약서명 이후에 체약국이 국내법을 변경하는 경우, 체약국들이 협의 후에 체약국들 간 과세권의 적절한 배분을 재구성하기 위하여 조약개정에 합의하지 못하는 경우 10, 11, 12조의 규정은 회사에게 지급하는 대가에 대하여 효력을 중지한다고 규정한다.(OE §1-102)

제안규정 1항은 조세조약 서명 이후 한 국가에 의해 이루어지는 그 국가 거주회사에 적용하는 2가지 유형의 세법규정의 변경을 언급한다. 첫째 유형은 그 국가가 사실상 거주회사의 모든 소득에 대하여 적용되는 일반적인 법정 법인세율을 낮추는 것으로, 경감세율이 양자 간에 합의되는 최저세율이나 상대방 체약국에서 적용되는 일반 법인세율의 60%보다 더 낮은 세율에 해당하는 경우이다.(OE §1-103)

1항의 목적상, '일반적인 법정 법인세율'이란 법에서 정하는 일반적인 법인세율을 말하며, 법인세율이 누진세율이라면 최고세율을 말하는데, 이 경우 최고세율은 대다수의 법인 납세자에게 적용되며 단순히 이 조문의 적용을 회피하기 위하여 만들어진 것이 아니어야 한다. 일반적으로 사업소득이나 소위 '거래소득(trading income, 재화나 상품의 제조, 용역 또는 거래로 인한 소득을 포함하는 넓은 의미의 정의)'에 적용되는 일반적인 법정 법인세율은, 일부종목의 소득(포트폴리오투자나 기타 소극적 활동으로 인한 소득 등)이 제외된다고 해도, 실질적으로 거주회사의 모든 소득에 적용되는 것으로 본다. 양도소득(capital gains)에 대하여만 적용되는 경감세율은 이 조의 범위에서 제외되는데, 사업소득과 양도소득의 구분은 거주지국의 국내법에 따른다. 2항은 한 국가의 일반적인 법정 법인세율을 판단하는데 일어날 수 있는 문제를 특별히 다룬다. 2항 a)목에서, 1항은 다른 방법으로 동일한 효과를 나타내는 국내법의 다른 변경과 같은 일반적인 법정 법인세율의 경감에도 마찬가지로 적용된다고 규정한다. 예를 들면, 한 체약국의 법정 법인세율이 20%이었으나 조약의 서명 이후 한 체약국 거주법인이 과세금액의 50% 상당금액의 공제를 청구할 수 있도록 허용한다면, 일반적인 법정 법인세율은 10%가 된다.(20-(20×0.5) 마찬가지로, 한 체약국의 법정 법인세율이 20%이었으나 조약의 서명 이후에 한 체약국 거주법인이 과세소득의 50%까지 지분비율 상당금액을 공제받을 수 있고, 일반적으로 대부분 회사들은 최대한도까지 공제를 받을 수 있다면, 일반적인 법인세율은 10%가 된다. 2항 b)목은 일반적인 법정 법인세율을 판단할 때 감안하지 않아야 하는 조세를 열거한다. 첫째, b)목 (i)의 규정에 따라 회사가 소득을 배분할 때 회사나 주주의 손에서 과세되는 조세는 일반적 법인세율을 판단할 때 감안되지 않는다.(예 거주회사가 배당을 하기 전까지 회사 수준

에서 전혀 과세되지 않는 경우, 배당에 과세되는 조세는 일반 법인세율의 일부로 보지 않는다) 둘째, b)목 (ii)의 규정에 따라 한 국가의 국내법에 따라 회사가 소득을 배분하면 환급되는 법인세액은 일반적인 법정 법인세율을 판단할 때 감안하지 않는다.(OE §1-104)

1항이 적용되는, 조약서명 이후 국내세법 변경의 둘째 유형은 한 국가가 거주회사가 수취하는 모든 국외원천소득(이자 및 사용료 포함)에 대하여 실질적으로 과세를 면제한다고 규정하는 경우이다. 거주회사가 수취하는 모든 국외원천소득의 면제라는 표현은 국외원천소득(이자 및 배당 포함)이 단지 그 국가 밖에 원천을 둔다는 이유(소위 '영토주의 territorial systems')로 과세면제 되는 조세제도를 말한다. 이 표현은 해외 국내사업장으로부터 수취하는 국외원천 배당이나 사업소득만을 거주지국에서 면제하는 조세제도(소위 '배당면제제도 dividend exemption systems')는 포함하지 않는다.(OE §1-105)

어떠한 유형이든 국내법 변경이 일어나는 경우, 양 체약국 간의 적절한 과세권의 배분을 복원하기 위하여 조약을 개정할 의도로 우선 협의해야 한다. 이러한 개정에 합의하는 경우, 또는 협의 후에 체약국들이 한 체약국 국내법의 변경으로 조약의 과세권 배분에 영향이 없다고 합의하는 경우, 1항은 더 이상 적용되지 않는다. 그러나 일정기간 경과 후에도 이러한 협의가 진행되지 않으면 상대방 체약국은 국내법을 변경한 국가에 외교통로를 통하여 이자, 배당, 사용료 및 기타소득 조항의 적용을 중단한다는 사실을 통지할 수 있다. 1항을 적용하기 위하여 이러한 외교적 통지가 이루어지면, 원천지국은 서면고시로 이 조문들의 규정은 더 이상 적용되지 않는다는 사실을 공지하여야 한다. 이러한 서면고시가 이루어진 날부터 6개월이 지나면 이 조문들의 규정은 양 체약국의 거주회사에 대한 지급금에 대하여 효력을 중단한다.(OE §1-106)

④ **지분에 대한 간주공제 규정**(Provision on notional deductions for equity)

조약혜택을 특별히 제한하여야 할 조세제도의 유형 중 한 가지 사례는 지분에 대하여 간주공제(notional deductions)를 규정하는 국내법 규정과 관련된다. 이러한 간주공제로 혜택을 받는 관계인에게 지급되는 이자에 대하여 배당소득 규정을 적용하지 않기로 합의하는 국가는 배당소득 규정에 아래 항을 포함하여 그렇게 할 수 있다. 지급인과 특수관계가 있는 거주자에 대해서도 마찬가지로 적용된다.(OE §1-107)

2. 이 조의 1항에도 불구하고, 한 체약국에서 발생하여 지급인과 (5조 8항에서 정의하는) 특수관계가 있는 상대방 체약국 거주자에게 실질적으로 귀속되는 이자는, 그 거주자에게 이자가 지급되는 과세연도 중 어느 때이든 실질귀속자 거주지국이 지분으로 보는 금액에 대한 간주공제로 그 거주자가 혜택을 받는 경우, 한 체약국에서 국내법에 따라 과세될 수 있다.

⑤ 송금기준과세에 대한 규정(Provision on remittance based taxation)

조약혜택을 특별히 제한하여야 하는 조세제도의 또 다른 사례는 송금기준과세이다. 일부 국가의 국내법상, 거주자 자격이 있지만 그 국가에 영구적인 관련(본적지 "domicile"로 일컬어짐)이 없는 것으로 간주되는 사람은 그 국가 밖에 있는 원천에서 수취되는 소득은 실제로 송금되거나 반환되는 경우에만 과세된다. 그러므로 거주지국에 해외소득이 송금되지 않고 그 소득에 대해 조약규정의 혜택을 주는 것이 적절치 않다고 판단되는 한, 이 사람이 이중과세될 가능성은 없다. 조약규정의 적용을 실질적으로 이 사람에게 과세되는 소득에 대해 한정키로 합의하는 체약국들은 조약에 아래 규정을 추가하여 그렇게 할 수 있다.(OE §1-108)

> 한 체약국에서 발생된 소득을 이 조약의 규정에 따라 한 체약국에서 전부 또는 일부 과세면제하고, 상대방 체약국의 실정법에 따라 동일한 소득에 대해 상대방 체약국에서 소득의 총액이 아닌 송금받거나 수취되는 금액만큼 과세되는 경우, 이 조약의 규정에 따른 과세면제는 상대방 체약국에서 과세되는 소득금액에만 적용된다.

일부 국가에서, 한 체약국에서 소득이 발생된 시점과 상대방 체약국 거주자에게서 과세되는 시점 간에 상당한 차이가 있는 경우 그런 규정의 적용은 실무적 어려움을 야기할 수 있다. 이러한 곤란에 대처하고자 하는 국가는 위 규정의 말미에 추가적인 규정을 둘 수 있는데, 즉 문제의 소득은 한 체약국에서 소득이 발생된 일정 기간 내에 상대방 체약국에서 과세되어야만 한다는 조건으로, 상대방 체약국에서 과세될 때에만 한 체약국에서 조약의 혜택을 받을 자격이 생기는 것이다.

(6) 조세조약 규정의 해석

조약의 남용에 대처하기 위해 사용되는 다른 방법은 조약 그 자체의 남용이 있을 수 있다고 생각하여, 관련 조약규정의 문맥, 조약의 취지와 목적을 고려하고 이들 규정을 '조약법에 관한 비엔나조약' 31조에 따라 신의성실하게 해석할 의무를 고려하여 규정을 적절히 해석하고 남용에 해당하는 거래를 부인하는 것이다. 이미 언급한 바와 같이, 여러 국가들은 국내세법의 남용에 대처하기 위해 법적 해석을 하는 절차를 오랫동안 사용하였는데, 조약남용에 대처하기 위해 조세조약 규정을 이러한 방법으로 해석하는 것은 적절한 것이다.(UN §1-38)

한인도조세조약 제28조 제3항은 '거주자가 한 체약국의 거주자가 아닌 한 명 이상의 인에 의해 직접 또는 간접적으로 통제되는 경우' 조세조약의 혜택을 제한한다. 이 경우, 통제(control)란 지분관계가 아닌 실질지배관계에 따른 사업방침을 실질적으로 결정할 수 있는 경우를 의미한다고 보는 것이 조세회피방지규정의 목적상 올바른 해석이다.

1.2 국내세법의 실질과세원칙 및 조세회피방지규정

(1) 국내세법의 실질과세원칙

① 실질과세원칙

헌법 제11조 제1항은 '모든 국민은 법 앞에 평등하다. 누구든지 성별 · 종교 또는 사회적 신분에 의해 정치적 · 경제적 · 사회적 · 문화적 생활의 모든 영역에 있어서 차별을 받지 않는다'는 평등원칙을 규정하며, 조세평등주의는 평등원칙의 세법적 표현으로 국세기본법 제14조의 실질과세원칙은 조세평등주의의 이념을 실현하기 위한 제도이다.(헌법재판소 89헌마38, 1989.7.21.) 헌법상 조세평등주의는 법률에 준하는 효력을 가지는 조세조약에 우선하므로 실질과세원칙의 적용이 조세조약 엄격해석의 원칙에 위배되지 않는다.(서울행정법원 2008구합17110, 2009.12.30.) 실질과세원칙은 외국법인이 원천지국의 조세를 회피하기 위해 조세조약상 혜택을 받는 나라에 도관회사를 설립하여 그 법인형식만을 이용하는 거래뿐 아니라, 내국법인이 거주지국의 조세를 회피하기 위해 소득세를 비과세하거나 낮은 세율로 과세하는 조세피난처에 사업활동을 수행할 능력이 없는 기지회사를 설립하고 그 법인형식만을 이용함으로써 그 실질적 지배 · 관리자에게 귀속되어야 할 소득을 유보하는 거래에도 마찬가지로 적용된다.(대법원 2014도9026, 2018.11.9.)

국세기본법 제14조의 '실질과세원칙'은 개별세법의 지도이념으로 개별세법은 실질과세(법법 §4, 국조법 §3), 부당행위계산부인(법법 §52, 소법 §41), 이전가격(국조법 §4) 규정을 둔다. 국제거래에 있어 아래와 같이 실질과세원칙을 적용한다.(국조법 §3)

| 국조법 제3조의 실질과세원칙 |

구 분	구체적 내용	관련 개념
귀속주체의 실질 (1항)	국제거래에 있어서 과세의 대상이 되는 소득 · 수익 · 재산 · 행위 또는 거래의 귀속이 명의일 뿐이고 사실상 귀속되는 자가 따로 있는 경우에는 사실상 귀속되는 자를 납세의무자로 하여 조세조약을 적용	실질귀속자 (beneficial owner) 실질적 관리장소
우회거래의 부인 (3항, 4항)	국제거래에서 국조법 및 조세조약의 혜택을 부당하게 받기 위해 제삼자를 통한 간접적인 방법이나 2 이상의 행위 또는 거래를 거치는 우회거래로 인정되는 경우에는 그 경제적 실질에 따라 당사자가 직접 거래한 것으로 보거나 연속된 하나의 행위 또는 거래를 한 것으로 보아 국조법 및 조세조약을 적용	

구 분	구체적 내용	관련 개념
거래내용의 실질 (2항)	국제거래에 있어서 과세표준의 계산에 관한 규정은 소득 · 수익 · 재산 · 행위 또는 거래의 명칭이나 형식에 불구하고 그 실질내용에 따라 조세조약을 적용	이전가격세제, 과소자본세제, 조세피난처세제

실정법이 있는 경우 실질과세원칙을 적용하지 못한다. 국세기본법 제3조(세법 등과의 관계) 제1항은 '이 법은 세법에 우선하여 적용한다. 다만, 세법이 이 법 제2장 제1절(국세부과원칙, 이 중 제14조가 실질과세원칙)에 대한 특례규정을 두는 경우에는 그 세법이 정하는 바에 의한다.'고 규정하여 '조세법률주의'가 실질과세원칙에 우선하여 적용된다는 점을 확인한다.

② 실질의 개념

'실질'에 대해서는 법적 실질설과 경제적 실질설의 2가지 견해가 있다.

구 분	구체적 내용
법적 실질설	법형식과 법실질이 서로 다른 경우 법실질에 따라 적용
경제적 실질설	법실질과 경제적 실질이 서로 다른 경우 경제적 실질에 따라 적용

법적 실질설에 따르면, 조세법 영역에서는 조세법률주의에 따라 법 규정대로 엄격하게 해석할 것이 요구되고, 어떠한 경우에도 확장해석이나 유추해석은 금지된다. 확장해석이나 유추해석을 허용하는 경우에는 경제적 실질 개념의 모호성으로 인해 과세관청으로 하여금 실질적인 법규를 제정하게 하는 이유를 주게 되어 결과적으로 징세권을 남용할 소지가 있기 때문이다. 통설과 판례는 법적 실질설을 지지한다.

경제적 실질설에 따르면, 조세부담의 공평은 헌법상 원칙으로 '공평'이란 결국 납세의무자의 실질적 담세력에 의해 측정될 수밖에 없으므로 경제적 실질에 따라 납세자의 담세력을 측정하고 과세해야 한다. 조세법률주의에 의한 엄격해석을 요구하는 조세법 영역에서 경제적 실질설을 수용할 수 있는지에 대한 논란이 있으며, 경제적 실질을 우선하여 무조건 법적 실질을 무시한다면 현실 세계에 존재하는 제도를 부인하는 결과를 초래하므로 경제적 실질에 따른 과세는 신의성실한 거래를 방해하지 않는 선에서 거래가 오로지 조세회피의 목적으로 왜곡되는 경우에만 제한적으로 적용한다. 조세회피목적의 판단은 '납세자의 특정행위가 합리적인 사업상의 이유가 아니라 오로지 조세특혜를 받기 위해 이루어졌는지' 여부에 달려 있다. 이러한 의미에서 실질과세(substance over form)원칙은 신의성실(bona fide)원칙과 통해 있다. 국제조세, 특히 이전가격세제의 경우 경제적 실질을 중시한다.

(2) 국내세법과 조세조약의 조세회피방지규정

국내세법과 조세조약의 조세회피방지규정은 크게 원천징수회피 방지규정, 이전가격세제 및 조세피난처세제로 구분할 수 있다. 이들을 조세조약 혜택제한(limit of benefit) 규정이라고도 한다.

내 용		국내세법	OECD모델
거주지 판정	도관회사의 부인(실질귀속자)	국조법 제3조	제4조 제1항, 제29조
	실질적 관리장소의 판정	법인세법 제1조 1호・3호	제4조 제3항
특수관계거래의 조정	이전가격세제 부당한 이자의 조정 부당한 사용료의 조정 부당한 기타소득의 조정	국조법 제6조	제9조 제1항 제11조 제6항 제12조 제4항 제21조
	조세피난처세제	국조법 제27조	제2조
	과소자본세제	국조법 제22조	제10조 제3항

(3) 우회거래의 부인

우회거래(제삼자를 통한 간접적인 방법이나 2 이상의 행위 또는 거래를 거치는 경우)를 통해 한국에서 납부할 조세부담이 우회거래의 경제적 실질에 따라 계산한 조세부담의 50% 이하로 현저히 감소하는 경우 납세의무자가 해당 우회거래에 정당한 사업목적이 있다는 사실 등 조세를 회피할 의도가 없음을 입증하지 아니하면 조세조약 및 이 법의 혜택을 부당하게 받기 위해 거래한 것으로 추정하여 그 경제적 실질에 따라 당사자가 직접 거래한 것으로 보거나 연속된 하나의 행위 또는 거래로 보아 조세조약 및 국조법을 적용한다. 다만, 해당 우회거래의 금액 및 한국에 납부할 조세부담의 감소된 금액 등이 아래 요건에 해당하는 경우는 제외한다. '조세부담은 소득세, 법인세 및 그 밖에 조세조약의 적용대상이 되는 조세만 포함하여 산정한다.(국조법 §3 ③・④, 국조령 §3)

1. 우회거래의 금액이 10억원 이하인 경우
2. 우회거래를 통한 조세부담 감소액이 1억원 이하인 경우

2. 조세조약혜택제한: OECD모델 29조

2.1 조세조약혜택제한규정의 개요

(1) 조세회피에 대한 조약혜택의 제한

조세조약혜택제한규정(OE §29)은 조약쇼핑구조 등 조세회피나 탈세를 통한 비과세나 조세경감에 대한 기회를 만들지 않고 이중과세를 제거하기 위한 체약국들의 의도를 반영한다. 이러한 의도와 혜택제한규정의 문단은 OECD/G20 세원잠식·소득이전 프로젝트(BEPS Project)의 일부로 합의되고 '2015 최종보고서 과제 6: 부적절한 상황에서 조약혜택부여 방지(Preventing the Granting of Treaty Benefits in Inappropriate Circumstances-Action 6: 2015 Final Report)'에서 설명되는 최소기준을 충족해야 한다. 이 보고서에서 지적한 대로, 조약규정의 문단은 체약국들이 최소기준을 어떻게 집행할지에 따라 달라진다. 국가들은 자국의 상황에 따라 일반적 조약남용 방지규정(OE §29 ⑨)만을 채택하거나, 구체적 조약남용 방지규정(OE §29 ①~⑦)을 채택하여 조약규정에서 다루지 않는 도관계약구조(conduit arrangements)에 대처하는 방법을 보완할 수 있으며, 또는 구체적 조약남용 방지규정과 함께 일반적 조약남용 방지규정을 조약에 포함할 수 있다.(OE §29-1) 대부분 국가들은 후자의 방법을 선호하는데, 여러 가지 남용거래들을 방지할 수 있는 일반규정의 유연성과 조약쇼핑문제를 일으키는 것으로 알려진 거래들을 방지하고 일정한 특징(단체의 외국인소유권 등)을 기준으로 쉽게 적용할 수 있는 '자동적용' 규정의 확실성을 조합하기 때문이다.(OE §29-2) 그런데, 어떤 국가는 일반적 조약남용 방지규정 없이 구체적 조약남용 방지규정에 의존하며 이 규정들의 적용을 회피하는 도관구조에 대처할 방법을 추가하면서 조약쇼핑에 대처한다. 이는 다른 형태의 조약남용에 대처하기에 충분한 강력한 남용방지규정을 국내법에 가지는 국가의 경우이다. 이러한 방법을 채택한 국가들은 양자조약에 포함한 구체적 남용방지규정들이 대부분 형태의 조약쇼핑을 방지할 정도로 강력한지 확인해야 한다.(OE §29-3)

혜택제한규정에는 한 체약국 거주자가 아닌 사람들이 양국 간에 체결된 조세조약의 혜택을 통해 상대체약국에서 조세를 경감 또는 면제받기 위해 한 체약국 거주자에 해당하는 단체를 설립하는 다양한 형태의 조약쇼핑을 방지하는 규정들이 포함된다. 조약혜택(배당, 이자 또는 사용료에 대한 원천세의 경감 또는 면제)을 직접 받을 부적격자들에게 조약쇼핑을 통해 이러한 혜택을 받도록 하는 것은 조세조약의 양자적, 상호적 성격을 위협한다. 예를 들면, 한 국가가 자국 거주자들이 다른 국가가 체결한 조약들의 혜택을 간접적으로 받을 수 있다는 것을 안다면, 한 국가는 조세조약의 체결을 통해 다른 국가 거주자들에게 호혜적 혜택을 부여하는 데 별 관심을 두지 않을 수 있다. 또한, 그러한 경우 한

국가 조세체계의 성격을 고려할 때 간접적으로 받을 수 있는 혜택이 적절하지 않을 수 있는데, 예를 들면, 한 국가가 일정 유형의 소득에 소득세를 과세하지 않는 경우 그런 유형의 소득에 대하여, 다른 국가들이 그 소득을 과세한다는 전제하에 만들어진, 원천과세를 경감하거나 면제하는 다른 국가들 간에 체결된 조세조약규정의 혜택을 한 국가 거주자들이 받는 것은 부적절하다.(OE §29-4)

구체적 남용방지규정은 보통 조약혜택을 직접 받을 부적격자들에게 간접적으로 조약혜택을 부여하는 결과가 되는 구조에서 그러한 혜택을 거부하는 한편, 한 체약국 거주자가 아닌 사람이 정당한 사업상 이유 때문에 한 국가에 설립하는 단체에 그 혜택을 부여하기 위한 것이다. 이 규정들은 특정구조가 조약쇼핑목적을 위해 선택되었는지 여부와 상관없이 적용되지만, 조약의 다른 규정들에 따라 이들 혜택이 거부되는 경우 한 체약국 관할당국이 그 구조의 주목적의 하나가 조약상 혜택을 받기 위한 것이 아니라고 판단하는 때에는 한 체약국 관할당국이 조약혜택을 부여하도록 허용한다.(OE §29-5)

(2) OECD 혜택제한규정의 구성

OECD의 혜택제한규정(OE §29)은 미국의 조약혜택 제한요건(IRS Form W-8 BEN)과 상당히 비슷하다. OECD의 혜택제한규정은 조약의 다른 규정들의 일반적 범위를 제한하는데, 이에는 조약이 한 체약국 거주자인 사람에게 적용된다는 1조가 포함된다.(OE §29-6)

| OECD 혜택제한규정의 구성 |

1항(조약혜택제한) 한 체약국 거주자는 2항의 '적격자(qualified person)'에 해당하지 않거나, 3항, 4항, 5항 또는 6항의 규정에 따른 혜택의 대상이 아니면 조약혜택을 받을 자격이 없다.

2항(적격자) 여러 유형의 사람들의 특징이나 속성을 기준으로 '적격자'에 해당하는지 판단하며, 2항이 적용되는 사람은 모든 조약혜택을 받을 자격이 있다.

3항(적극적 사업활동소득의 예외) 2항에 따른 '적격자'에 해당하지 않더라도 어떤 소득유형이 거주지국에서 적극적 사업활동에서 발생하거나 부수되는 경우 그 소득유형에 대하여 조약혜택을 받을 수 있다.

4항(2차적 혜택의 예외) 제삼국 거주자들이 소유하는 일정 단체의 경우, 그 거주자들이 직접 투자하였다면 동일한 혜택을 받을 자격이 있는 경우 그 단체에 혜택을 부여한다.

5항(본점의 예외) 2항에 따라 혜택을 받을 수 없는 회사이지만 특정 소득유형에 대하여 혜택을 받을 수 있다.

6항(체약국의 재량) 조약의 다른 규정들에서 조약혜택을 거부하는 경우에도 한 체약국 관할당국이 조약혜택을 부여할 수 있다.

7항(용어의 정의) 혜택제한규정에서 사용하는 용어를 정의한다.

2.2 부적격자에 대한 조약혜택의 제한

(1) 부적격자에 대한 조약혜택의 제한

OECD모델 29조 1항: 이 조에서 달리 규정하지 않으면, 한 체약국 거주자는 그 거주자가 조약혜택이 부여되는 때에 2항에서 정의한 '적격자'가 아니면 이 조약에서 부여하는 혜택을 받을 자격이 없다.(다만, 4조 3항, 9조 2항 및 25조에 따른 혜택 제외)

한 체약국 거주자가 '적격자'에 해당하는 경우, 다른 조항에 따라 다른 혜택이 부여되지 않는 경우에는 조약에 따라 한 체약국 거주자에게 부여되는 혜택을 받을 자격이 있다. 조약에 따라 한 체약국 거주자에게 부여되는 혜택에는 체약국들의 과세권에 대한 포괄적 제한, 이중과세방지, 차별금지가 포함된다. 그렇지만 이것이 법인거주지 판정(§4 ③), 대응조정(§9 ②), 상호합의(§25) 또는 어떤 사람이 조약규정들(예 양 체약국 거주자가 아닌 양 체약국 국민에게 적용되는 차별금지조항)의 혜택을 받기 위해 한 체약국 거주자가 될 필요가 없는 조약의 일부 규정에 따른 조약혜택을 받을 자격을 제한하는 것은 아니다. 국내사업장 소득조정규정(§7 ③)은 대응조정(§9 ②)의 주요특징들을 공유하지만, 국내사업장 소득조정규정의 혜택은 혜택제한규정에 의해 제한되는데, 사업소득조항(§7)에 따른 이중과세의 구제는 대체적으로 혜택제한규정에 따르므로, 혜택제한규정에 따른 구제보다 국내사업장 소득조정규정항에 따른 구제가 더 관대하다면 일관성이 없게 되기 때문이다.(OE §29-7) 혜택제한규정이 조약의 다른 규정들이 부여하는 혜택의 범위를 확대하는 것은 아니다. 따라서 '적격자'에 해당하는 한 체약국 거주자는 다른 규정들에 따른 혜택을 받기 위해 조약의 다른 규정들을 또한 충족해야 하며(예 배당제한세율의 혜택을 받기 위해서 해당 거주자는 배당의 실질귀속자여야 함), 이러한 혜택들은 일반적 조약남용 방지규정에 따라 거부되거나 제한될 수 있다.(OE §29-8)

조약에서 한 체약국 거주자에게 여러 혜택들을 규정하는 경우에도 혜택제한규정은 항상 적용된다. 예를 들면, 한 체약국 거주자가 부동산소득을 수취하거나, 배당소득을 수취하거나 또는 사업소득이 발생되는 경우 혜택제한규정이 적용된다. 조약의 해당 규정에서 정하는 혜택을 받기 위해서 한 체약국 거주자는 해당 시점에 '적격자'여야 한다. 그런데 어떤 경우에는 '적격자'의 정의에 따라 한 체약국 거주자가 일정 시점에 '적격자'가 되기 위해서는 일정 기간에 걸쳐 일정 요건을 충족해야 한다.(OE §29-9)

2차적 혜택을 다루는 4항에서 사용하는 '간주 실질귀속자(equivalent beneficiary)' 정의는, 한 조약에 규정하는 경감(relief)보다 불리한 원천지국 과세를 다른 조약에 의해 감면받을 자격이 있는 사람을 배제하기 때문에, 두 조약에서 부여하는 감면의 차이가 상대적으로 작더라도 '간주 실질귀속자' 정의에 따라 모든 조약의 혜택을 거부하는 소위 '절벽효과(cliff effect)'가 나타난다. 그러한 경우, 일부 국가들은 다른 조약에 따라 받았을 감면만큼 원천지국 과세를 감면하는 것이 적절하다고 생각한다. 이러한 감면은 배당, 이자 및 사용료의 과세와 관련된 대체규정을 통해 이루어질 수 있는데, 이 대체규정은 '간주 실질귀속자'에 해당되는 사람이 다른 조약에 따라 원천지국 과세의 감면을 받을 자격이 있지만 그 감면이 한 조약에서 부여하는 감면보다 유리하지 않은 경우, '절벽효과'를 완화하는 규정이다. 그 소득에 대한 조세혜택을 모두 거부하는 대신, 대체규정을 통해 크게 보아 다른 조약에서 가능하였을 혜택에 해당하는 만큼은 혜택을 부여할 수 있다. 이 경우, 이 대체규정이 부여하는 혜택을 부인하지 않는다는 것을 보장하기 위해 혜택제한규정을 바꾸어야 한다.(OE §29-10)

(2) 적격자에 해당하는 거주자

OECD모델 29조 2항: 한 체약국 거주자는 한 체약국이 혜택을 부여하는 시점에 그 거주자가 다음에 해당하는 경우 적격자에 해당한다.

a) 개인(individual)
b) 한 체약국, 그 정치적 하부조직, 그 기관 및 조직(agencies and instrumentalities)
c) 일정한 상장 회사 및 단체(entities)
d) 상장된 회사 및 단체의 일정한 관계회사
e) 일정한 비영리기관 및 공인연금펀드
f) 일정한 소유요건 및 세원잠식 방지요건을 충족하는 일정 단체
g) 일정한 집합투자기구

조약혜택을 주장하는 시점에 '적격자'에 해당하는 거주자 유형은 열거적인 것이다.(OE §29-11) 조약혜택을 주장하는 데는 관할당국의 사전 해석이나 승인을 요하지 않는다. 물론 세무당국들은 검토 후에 납세자들이 2항을 부적절하게 해석하였으며, 주장하는 혜택을 받을 자격이 없다는 판단을 할 수 있다.(OE §29-12) '적격자'는 실질귀속자의 개념을 포괄하는 개념으로, 실질귀속자는 제한세율 대상 소득종류에 쓰이는데 비해 적격자는 모든 소득종류에 쓰인다.

미국세법의 적격자 (USM §22-2)

1. 개인(Individuals). 다만, 개인이 수탁인(nominee)이면 조세조약의 혜택은 부인된다.
2. 정부(Governments). 정부와 정치적 하부조직 및 지방정부
3. 상장회사(Publicly-Traded Corporations). 거주지국의 주식시장에서 주식이 상시 거래되고 주된 관리장소가 거주지국에 소재하는 회사를 말하며, 상시거래는 주식이 과세연도에 60일 이상 거래되고 해당연도에 거래되는 종류의 주식총수가 발행주식총수의 10% 이상인 경우를 말한다.
4. 상장회사들의 자회사. 5개 이하의 상장회사들이 어떤 회사의 총발행주식의 50% 이상을 직간접적으로 소유하는 경우를 말한다. 다만, 상장회사들이 간접 소유자이면 중간회사들이 양 체약국 중 하나의 거주자이어야 한다.
5. 면세단체(tax exempt organizations). 연금펀드(pension fund)의 경우 연금기금의 수익자, 구성원 또는 참여자의 50% 이상이 양 체약국 중 하나의 거주자이어야 한다. 연금펀드가 아닌 면세단체는 수익자나 구성원의 거주지와 상관없다. 이러한 면세단체는 종교, 자선, 과학, 학술, 문화, 교육목적을 위한 기관들을 말한다.
6. 소유자/귀속자(ownership/ baneficial owner). 소유란 법인지분의 50% 이상을 법인 거주지국의 거주자들이 직간접적으로 소유하고 이들 거주자들이 조세조약의 혜택을 받을 수 있는 것을 말한다. 귀속은 법인 총소득의 50% 이상이 체약국 거주자에게 지급되거나 귀속되는 것을 말한다.

① 개인(individuals)

한 체약국 거주자인 개인은 적격자가다. 일부 조세조약은 집합투자기구를 해당 조약의 적용목적상 개인으로 취급하는데, 이 경우 그러한 집합투자기구는 적격자에 해당한다.(OE §29-13)

② 체약국, 정치적 하부조직, 지방정부, 그 국가·정치적 하부조직·지방정부의 기관 및 기구

한 체약국 및 정치적 하부조직 또는 지방정부는 적격자에 해당한다. 이는, 별개의 사람에 해당하지 않으며 별개의 사람이 소유하지 않는 그 국가가 설립한 개별펀드와 같은 국가의 모든 부문에 적용된다. 한 체약국 거주자로서 한 체약국, 정치적 하부조직 또는 지방정부의 기관이나 기구인 별개의 법인 또한 적격자가며, 따라서 그러한 자격이 있다면 모든 조약혜택을 받을 자격이 있다. 기관 또는 기구(agency or instrumentality)의 개념은 정부성격의 기능을 전적으로 수행하는 국가(또는 정치적 하부조직 및 지방정부)가 설립한 단체들로 국한되는데, 이는 예를 들면 일정 목적을 위한 정부의 대리인으로 활동하지만 정부성격의 기능을 수행하기 위해 국가가 설립하지는 않은 회사에는 적용되지 않는다. 국부펀드와 같은 국가소유 단체의 경우, 체약국에서 가지는 여러 법적 성격과 해당 국가가 이 단체에 대하여 거주자 정의를 적용하기 위한 여러 가지 견해를 고려하여 문단을 선택해야 한다.(OE §29-14)

③ **일정한 상장 회사 및 단체**(entities)

> OECD모델 29조 2항 c) 해당 시점을 포함하는 과세기간에 걸쳐, 주요종류의 주식 및 불균등종류 주식(disproportionate class of shares)을 하나 이상의 공인증권거래소에서 정기적으로 거래하는 회사나 기타단체가 다음 중 하나에 해당하는 경우:
> (i) 주요종류의 주식이 그 회사나 단체의 거주지국에 소재하는 공인증권거래소에서 주로 거래되거나, 또는
> (ii) 그 회사나 단체의 주된 관리통제장소가 거주지국에 소재

일반원칙으로, 공개된 회사나 기타단체의 주식은 보통 대중적으로 소유되므로 이 회사나 단체는 조약쇼핑목적으로 설립되지는 않았을 것이다.(OE §29-16)

한 체약국 거주 회사나 단체는 조약에 의해 혜택을 받는 시점을 포함하는 과세기간에 걸쳐 주요종류의 주식 및 불균등종류 주식이 하나 이상의 공인증권거래소에서 정기적으로 거래되는 경우 다음 중 하나의 요건을 충족하면 혜택을 받는 시점에 적격자에 해당하는데, 첫째 그 회사나 단체의 주요종류의 주식이 그 회사나 단체의 거주지국에 소재하는 하나 이상의 공인증권거래소에서 주로 거래되며, 둘째 그 회사나 단체의 주된 관리나 통제 장소가 그 거주지국 내에 있는 경우이다. 이러한 2가지 추가요건은, 공개된 회사나 단체는 기술적으로 해당 국가의 거주자이겠지만, 그 회사나 단체에 그 국가가 체결한 조약혜택을 허용할 정도로 충분한 관련성이 없을 수도 있다는 사실을 고려한 것이다. 공개거래되는 회사나 단체의 주식이 주로 그 회사나 단체의 거주지국에 소재한 공인증권거래소에서 주로 거래된다는 사실로 그러한 충분한 관련성을 입증할 수 있다. 금융시장의 세계화로 일부 국가의 거주자인 상장회사의 주식이 외국증권거래소에서 적지 아니 거래된다는 사실을 고려할 때, 추가요건에서 또한 그 회사나 단체가 주로 거주지국에서 관리되고 통제된다는 사실을 충분한 관련성의 증거로 들고 있다.(OE §29-17) 그런데, 주요종류의 주식이 공인증권거래소에서 정기적으로 거래되는 회사나 단체가 공인증권거래소에서 정기적으로 거래되지 않는 불균등종류 주식을 보유하는 경우 혜택을 받을 자격이 없다.(OE §29-18)

공인증권거래소, 주식, 주요종류의 주식, 불균등종류 주식의 용어는 정의를 따른다. 주식의 정의에서 지적한 대로 이 용어는 조약혜택의 대상이 되는 회사 아닌 단체들의 주식에 해당하는 지분을 포함하는데, 이에는 공개거래되는 신탁지분(units of a trust)이 있다.(OE §29-19)

정기적 거래요건은 한 국가에 소재하는 공인증권거래소에서 발행주식을 거래하면 충족된다. 하나 이상의 공인증권거래소들에서 거래되는 경우 이 요건의 목적상 합산될 수 있는데, 즉 상대체약국에 소재한 공인증권거래소에서 주식의 전부 또는 일부가 정기적으

로 거래되면 그 회사나 단체는 이 요건을 충족한다.(OE §29-20)

위 (i)에 회사나 단체의 주식이 그 회사나 단체의 거주지국에 소재한 하나 이상의 공인증권거래소에서 주로 거래되어야 한다는 요건이 있다. 일반적으로, 해당 과세연도 중에 그 증권거래소에서 거래되는 회사나 단체의 주요종류의 주식의 수가 다른 국가의 증권시장에서 거래되는 그 회사나 단체의 주요종류의 주식의 수를 초과하는 경우, 회사나 단체의 주요종류의 주식이 회사나 단체의 거주지국에 소재한 하나 이상의 공인증권거래소에서 '주로 거래'되는 것이다. 그런데, 일부 국가들은 한 체약국 거주 회사나 단체가 다른 국가(예 '증권거래소 및 증권에 대한 규정'이 증권거래를 위한 단일시장을 형성하는 유럽경제공동체의 일부인 국가)에 소재하는 공인증권거래소에서 주로 거래된다는 사실은 조약쇼핑 목적상 그 회사나 단체를 사용하지 않는다는 충분한 반증이라고 생각한다. 이러한 견해를 가진 국가들은 (i)을 그렇게 고칠 수 있다.(OE §29-21) 위 (ii)는 주요종류의 주식이 공인증권거래소에서 정기적으로 거래되지만 회사나 단체의 거주지국에 소재한 공인증권거래소에서 주로 거래되지 않는 회사나 단체에 적용되는 추가요건을 규정한다. 그러한 회사나 단체는 주된 관리나 통제 장소가 그 거주지국에 있는 경우 조약혜택을 주장할 수 있다.(OE §29-22)

c목의 요건은 회사나 단체의 과세기간에 걸쳐 충족되어야 한다. 이는 그 회사나 단체의 주식이 해당기간 중 매일 해당 증권거래소에서 거래되어야 한다는 의미는 아니다. 과세기간에 걸쳐 하나 이상의 증권거래소에서 정기적으로 거래되는 것으로 간주되는 주식의 경우, 그 주식의 적지 않은 비율이 그 기간 내에 충분히 많은 날들 동안 적극적으로 거래되어야 한다. 예를 들면, 어떤 회사의 해당 종류주식 평균발행주수의 10%가 그 회사의 과세연도 중에 60일 동안 거래되었다면 이러한 기준을 충족한다. '과세기간'은 그 회사나 단체의 거주지국에서 연간 세무신고서를 제출해야 하는 기간을 말한다. 체약국들이 국내법에 '과세연도'와 같은 과세기간에 대응되는 개념을 두고 있다면 그러한 개념을 과세기간 대신 사용할 수 있다.(OE §29-23)

④ 상장된 회사 및 단체의 일정한 관계회사

OECD모델 29조 2항 d) 다음과 같은 회사:

(i) 해당시점을 포함하는 과세기간에 걸쳐, 그 회사 주식의 의결권 및 가치의 50% 이상(또한 불균등종류 주식의 의결권 및 가치의 50% 이상)을 이 항 c목에 따른 혜택을 받을 자격이 있는 5개 이하의 회사들이 직간접으로 보유하고, 간접보유의 경우 각 중간소유자가 이 조약에 따른 혜택을 주장할 수 있는 체약국 거주자이거나 또는 적격 중간소유자(qualifying intermediate owner)인 경우; 또한

(ii) 배당소득 조항의 경우를 제외하고 이 조약에 따른 혜택과 관련하여, 해당시점을 포함

하는 과세기간 동안 그 회사 총소득의 50% 미만 및 해당그룹 총소득의 50% 미만이 그 회사 거주지국에서 이 조약의 대상이 되는 조세목적상 해당 과세기간에 비용공제되는 지급형태로 a), b), c)나 e목에 따라 이 조약의 혜택을 받을 자격이 있는 양 체약국 거주자가 아닌 사람들에게 직간접으로 지급되거나 계상되는 경우(다만, 용역이나 유형재화에 대하여 일상적 사업과정에서 지급하는 정상대가는 제외하며, 해당그룹의 내부거래는 제외)

회사의 정의(d목)는 상장회사의 정의(c목)에 내재하는 원칙(즉, 공개거래 회사나 단체는 조약쇼핑목적으로 설립되지 않았음)을 5개 이하의 공개거래 회사들이나 단체들이 과반수 지분을 소유하면서 추가요건을 충족하는 일부 회사들에 확대 적용한다.(OE §29-24) 한 체약국 거주 회사가 일정시점에 d목에 따라 조약의 모든 혜택을 받을 자격이 있으려면 회사는 그 시점을 포함하는 과세기간에 2가지 요건을 모두 충족해야 한다.(OE §29-25)

첫째, 그 회사는 소유요건을 충족해야 한다. 이 요건에 따라, 5개 이하의 c목에서 열거한 공개거래 회사나 단체들이 그 과세기간에 걸쳐 해당 회사의 총 의결권과 가치의 50% 이상(또한 불균등종류 주식의 50% 이상)을 직간접으로 소유해야 한다. 그런데, 공개거래 회사나 단체가 간접소유자인 경우, 중간 회사들이나 단체들 각자는 조약에 따른 혜택을 요청해야 할 체약국 거주자이거나 또는 '적격 중간소유자'이어야 한다. 적격 중간소유자의 정의에 따라 적격 중간소유자는 또한 d목에 따라 혜택을 주장하는 동일 체약국 거주 회사를 포함한다.(OE §29-26) 그러므로 예를 들면, 한 체약국 거주 회사를 동일국가의 거주자인 다른 회사가 전적으로 소유하고 다른 회사가 c목의 요건을 충족한다면 (i)의 요건을 충족한다. 더 나아가, 상대체약국 내의 공개거래 모회사가 일련의 자회사들을 통해 그 회사를 간접적으로 소유한다면, 그 일련의 자회사들 각각은 중간소유자로서 이 조약에 따른 혜택을 요구해야 할 체약국 거주자이거나 그 회사가 (i)의 소유요건을 충족할 수 있도록 하는 적격 중간소유자이어야 한다.(OE §29-27) '주식의 총 의결권 및 가치의 50%'는 해당 회사나 단체의 총 의결권의 50% 이상 및 그 회사나 단체의 모든 주식의 50% 이상을 표현하는 지분을 말한다. 따라서 가치기준을 충족하지 않고 의결권기준만을 충족하는 지분의 경우에는 그 기준을 충족하는 것이 아니다(반대도 마찬가지).(OE §29-28)

둘째, 그 회사는 주장하는 조약혜택(배당소득조항에 따른 배당과 관련한 혜택 제외)과 관련하여 세원잠식 방지요건(base erosion test)을 충족해야 한다. 이러한 세원잠식 방지요건은 다음의 경우 충족된다.(OE §29-29)

• 혜택을 주장하는 시점을 포함하는 과세기간에 그 회사 총소득의 50% 미만(또한 그룹의 경우 그 그룹의 총소득의 50% 미만)을 혜택을 받을 부적격자에게 직간접으로 지급하거나 계상하며, 그 지급대가는 회사 거주지국에서 회사의 조세를 계산할 때 비용으로 공제될 수 있는 경우, 또한
• 혜택을 주장하는 시점을 포함하는 과세기간에 해당그룹 총소득의 50% 미만(그룹의 경우)을 혜택을 받을 부적격자에게 직간접으로 지급하거나 계상하며, 그 지급대가는 거주지국에서 조약혜택을 주장하는 그룹의 구성회사 거주지국에서 그 회사의 조세를 계산할 때 비용으로 공제될 수 있는 경우

'부적격자(ineligible persons)'란 2항 a), b), c) 또는 e목에 따라 조약혜택을 받을 자격이 있는 각 체약국 거주자가 아닌 사람을 말한다. 그러므로 체약국들의 거주자이고 2항 d목이나 f목에 따라 조약혜택을 받을 자격이 있는 단체는 부적격자가다. 이는 d목에 따른 혜택을 받으려는 회사가 원천과세를 회피하여 지급하는 상당한 금액의 대가를 제삼국 투자자들이 간접적으로 축적할 수 있도록 하는 계약구조에 이 단체들을 사용할 수 없도록 한다. 해당그룹이나 총소득은 7항에서 정의한다.(OE §29-30)

세원잠식 방지요건의 목적상, 비용공제되는 대가는 용역이나 유형재화에 대하여 사업의 일상적 과정에서 지급되거나 계상되는 정상대가를 포함하지 않는다. 과세표준에서 공제되는 경우, 신탁의 분배금은 공제되는 대가로 본다. 다른 사람에게 지급하거나 계상한 대가에 해당하지 않는 감가상각(depreciation)이나 감모상각(amortisation)의 공제는 이 목적으로는 무시된다. 또한, 그룹의 경우 그룹내부 지급대가는 공제비용으로 보지 않는다. 끝으로, 이자지급은 용역이나 유형재화를 위해 사업의 일상적 과정에서 지급되거나 계상되는 정상대가로 보지 않으므로, 부적격자에게 지급되는 경우 공제비용으로 보지 않는다.(OE §29-31) 아래는 한 체약국이 '해당그룹' 및 '총소득'의 정의를 고려하여 세원잠식 방지요건을 적용하는 사례이다.(OE §29-32)

사례 A: 모든 기간에 걸쳐 R3는 다른 회사 R2가 전적으로 소유하는 회사이고, R2는 c목의 요건을 충족하는 공개거래 회사 R1이 전적으로 소유하는 회사이다. R3, R2, R1은 모두 상대체약국 거주자들이고 동일한 연결납세그룹의 구성원들이다. c목의 요건을 충족하는 R1이 R3의 총 의결권 및 가치의 50% 이상(또한 R3의 불균등종류주식의 총 의결권 및 가치의 50% 이상)을 간접소유하며, 중간소유자 R2는 상대체약국 거주자로 중간소유자 요건을 충족하기 때문에, d목 (i)의 소유요건은 충족된다. 한 체약국이 혜택을 부여할 수 있는 시점을 포함하는 과세기간 동안, R3는 첫째로 상대체약국에서 R3의 총소득에서 제외되는 제삼국 거주 회사로부터 배당 200을 수취하며, 둘째로 조약 이자소득조항의 혜택을 받을 수 있는 한 체약국에서 발생된 이자 100을 수취한다. R3는 부적격자에게 49의 세원잠식 대가를 지급하며 R2에게 51의 배당을 지급한다. R3로부터 수취하는 51의 배당에 더하여 R2는 해당그룹 밖의 사람들로부터 100의 추가소득을 수취한다. R2

는 부적격자에게 51의 세원잠식 대가를 지급한다. 이 사례에서, R3, R2 및 R1 세회사들이 연결납세제도에 포함되므로 해당그룹은 이들로 구성된다. 한 체약국에서 발생되는 이자에 대한 혜택을 받기 위해, R3 및 해당그룹은 (ii)의 세원잠식 방지요건을 충족해야 한다. R3의 총소득은 100(한 체약국에서 발생된 이자)인데, 제삼국에서 R3에게 지급한 배당 200은 제외되기 때문이다. 따라서 R3가 혜택을 주장하는 과세기간 동안 R3 총소득의 50% 미만이 부적격자에게 세원잠식 대가의 형태로 지급된다. R3는 세원잠식 대가로 49를 지급하므로 세원잠식 방지요건을 충족한다. 상대체약국 세법에 따라 해당그룹의 소득을 산출할 때, 내부거래(즉, R3가 R2에게 준 51의 배당)는 물론 제삼국 회사가 R3에게 지급한 200의 배당이 제외된다. 이에 따라 해당그룹의 소득은 200이 된다.(한 체약국에서 발생된 이자 100에 해당그룹 밖의 사람들로부터 R2가 받은 100을 더한 금액) 그러므로, 해당 과세기간 동안 해당그룹은 (ii)의 세원잠식 방지요건을 통과하기 위해서는 부적격자에게 세원잠식 대가를 100 미만으로 지급해야 한다. 이 사례에서, R3는 d목의 요건을 충족하지 못한다. 부적격자에게 준 R3의 세원잠식 대가 49가 50 미만이라는 한도를 넘지 않지만, 해당그룹의 부적격자들에 대한 세원잠식 대가의 합계 100(49+51)은 해당그룹의 부적격자들에 대한 세원잠식 대가의 한도 100을 초과한다.

사례 B: 사실관계는 사례 A와 같다. 다만 R3는 한 체약국에서 발생된 이자가 아닌 한 체약국 거주 회사가 지급하는 배당 100을 수취하고, 그 과세연도에 다른 소득은 없다. R3가 받을 수 있는 조약혜택은 그 배당에 대하여 배당소득조항에 따른 것이므로, R3는 (ii)에 따른 세원잠식 방지요건의 대상이 아니다. 따라서 R3는 (i)의 소유요건을 충족하기 때문에 d목에 따른 배당에 대하여 적격자에 해당한다.

사례 C: 해당기간에 P2는 c목을 충족하는 공개거래회사 P1이 전적으로 소유하는 회사이다. P2 및 P1은 상대체약국 거주자이다. 해당 과세연도 중에 P2의 유일한 소득은 한 체약국에서 발생된 이자 100이며, P2는 이에 대하여 이자소득조항의 혜택을 받으려 한다. P2는 c목의 요건을 충족하는 P1에게 이자를 지급하고 비용으로 공제한다. P1은 동일 과세기간에 Y국 거주 회사인 제삼자에게 100을 지급하고 비용으로 처리한다. P2는 P1을 통해 간접적으로 부적격자에게 세원잠식 대가를 지급하였다. 이 사례에서 (ii)에 따른 세원잠식 방지요건을 충족하지 못하므로 P2는 적격자가 아니다.

일부 국가들은 '특별조세제도(special tax regimes)'와 같은 제도로 혜택을 받는 관계인(connected persons)에게 지급되는 소득에 대하여 특정 조약규정의 적용을 거부하거나, 자본에 대하여 간주이자공제(notional deductions)를 규정한 국내법 규정들로 혜택을 받는 관계인에게 지급되는 이자에 대하여 배당소득조항의 적용을 거부하기 위해서는 조세조약에 그러한 규정들이 포함되어 있어야 한다고 생각한다. 이 국가들은 부적격자의 범위에 체약국들 중 하나의 거주자이지만 그들에게 지급되거나 계상되는 공제가능 대가에 대하여 그러한 특별조세제도나 간주이자공제로 혜택을 받는 사람들을 포함하기 위해 (ii)의 세원잠식 방지요건을 바꿀 수 있다.(OE §29-33) 아래 사례는 세원잠식 방지요건의 대안을 적용하는 상황을 설명한다.(OE §29-34)

사례: 위 사례 B와 사실관계는 같다. 다만, R3의 유일한 소득은 조약혜택을 받아야 할 국가에서 발생한 사용료 100이 전부이며, 이에 대하여 R3는 사용료소득조항의 혜택을 받으려 한다. R3는 R1에게 공제가능 사용료를 지급한다. 해당기간 동안 R1은 사용료에 대하여 특별조세제도(해당 조약에 정의)로 혜택을 받는다. c목의 요건을 충족하는 회사 R1은 R3의 총 의결권 및 가치의 50% 이상을 소유하며, R2는 적격 중간소유자이기 때문에, d목 (i)의 소유요건이 충족된다. 그렇지만, R1이 c목의 요건을 충족하는 사람이지만 R3가 R1에게 지급하는 공제가능 사용료는 R1이 부적격자이므로 세원잠식 대가에 해당한다. R1은 R3에 대하여 관계인이며 그 사용료소득에 대하여 특별조세제도로 혜택을 받고 있다. 이 사례에서 R3는 특별조세제도로 혜택을 받는 사람에게 100의 세원잠식 대가를 지급하였으며, 그 금액 100은 부적격자에게 지급하는 세원잠식 대가의 허용한도(그 지급대가총액이 50 이상이면 한도를 초과)를 넘기 때문에, R3는 (ii)에 따른 세원잠식 방지요건을 충족하지 못한다.

그런데, 일부 다른 국가들은 공개거래 회사나 단체가 주로 소유하는 회사들의 경우 (ii)의 세원잠식 방지요건을 적용할 필요가 없다고 생각한다.(OE §29-35)

⑤ 일정한 비영리기관 및 공인연금펀드

OECD모델 29조 2항 e) 개인이 아닌:

(i) [각국에 있는 관련 비영리기관에 대한 합의된 설명]에 해당되는 사람, 또는

(ii) 3조 1항의 공인연금펀드 정의 (i)이 적용되는 공인연금펀드로, 각 체약국 거주 개인들이 그 사람 수익지분의 50%를 초과하여 소유하거나, 또는 아래 요건을 충족하는 각 체약국 또는 다른 국가 거주 개인이 그 사람 수익지분의 [..%]를 초과하여 소유하는 경우;

A) 다른 국가 거주 개인이 다른 국가와 이 조약의 혜택을 받아야 할 국가 간의 다른 조약의 혜택을 받을 자격이 있으며, 또한

B) 이 조약의 배당소득조항 및 이자소득조항에 언급된 소득과 관련하여, 그 사람이 다른 조약의 혜택을 모두 받을 자격이 있는 다른 국가 거주자이고, 그 사람은 이 조약상 혜택을 받을 수 있는 특정종류의 소득에 대하여 이 조약상 적용되는 낮은 세율보다 작게 그 조세조약에 따른 세율을 받을 자격이 있는 경우; 또는

(iii) 3조 1항의 공인연금펀드 정의 (ii)가 적용되는 공인연금펀드로, 위 (ii)에 언급된 단체나 계약구조의 이익을 위해 전적으로 또는 거의 전적으로 펀드에 투자하기 위해 설립되거나 운영되는 경우

일정한 비영리기관 및 공인연금펀드가 한 체약국 거주자로 인정되는 경우 조약의 모든 혜택을 받을 자격이 있다.(OE §29-39) e목 (i)에 언급된 단체들은 그 수익자나 구성원의 거주지에 상관없이 자동적으로 조약혜택을 받을 자격이 있다. 이 단체들은 일반적으로 해당 거주지국에서 조세를 납부하지 않는 것들로 전적으로 일정한 사회적 기능을 수행하기 위해 설립되고 운영된다.(예 자선, 과학, 예술, 문화 또는 교육) (i)에 포함되는 그

러한 단체들의 요건은 보통 각국에서 이 단체들을 열거하는 국내법 규정이나 또는 이 단체들을 식별할 수 있는 국내법 요건을 참조하게 된다.(OE §29-40)

(ii)에 따라, 개인에 대한 퇴직급부 또는 그에 부수하거나 우발적인 급부를 관리하거나 제공하는 단체에 적용되는 정의에 해당하는 '공인연금펀드'는 각 체약국의 거주 개인들이 그 펀드 수익지분의 50%를 초과하여 소유하거나, 또는 각 체약국의 거주 개인들 또는 다음 요건을 충족하는 제삼국의 거주 개인들이 그 펀드 수익지분 중 양자합의에 따라 정해지는 일정률을 초과하여 소유하는 경우 조약혜택을 받을 자격이 있다. 다만, 제삼국 거주 개인들의 경우 2가지 추가요건을 충족해야 하는데, 첫째 그 개인들은 다른 국가와 원천지국 간의 이중과세방지조약의 혜택을 받을 자격이 있으며, 둘째 그 조약이 제삼국의 연금펀드가 수취하는 이자나 배당에 대하여 유사하거나 더 큰 원천세 감면을 규정해야 한다. 이 규정의 목적상 '그 펀드 수익지분(beneficial interests)'은 그 펀드로터 연금급부를 받을 자격이 있는 사람이 보유하는 수익권을 말한다. 그런데, 일부 국가들은 공인연금펀드가 조약쇼핑을 할 위험성이 펀드들에게 연금급부를 받을 개인들의 조약상 거주지와 자격을 밝히도록 요구하는 데 드는 의무준수비용을 합리화할 정도로 크지는 않다고 생각한다. 그러한 견해를 가진 국가들은 (ii) 및 (iii)을 개정할 수 있으며, 이 두 규정을 '공인연금펀드의 경우'라는 하나의 규정으로 대체할 수 있다.(OE §29-41)

(iii)은 '공인연금펀드' 정의에 언급된 소위 '펀드의 펀드'에 적용된다. 이것은 개인들에게 퇴직급부를 직접 제공하지 않지만, '공인연금펀드' 정의에 해당하는 공인연금펀드에 자금을 투자하기 위해 설립되고 운영되는 펀드이다. 그렇지만, 그 '펀드의 펀드' 소득이 모두 (ii)에 따른 혜택을 받을 자격이 있는 공인연금펀드의 이익을 위해 이루어진 투자로부터 수취되는 경우에만 (iii)이 적용된다.(OE §29-42)

⑥ 일정한 소유요건 및 세원잠식 방지요건을 충족하는 일정 단체

OECD모델 29조 2항 f) 개인이 아닌 사람으로,

(i) 그 시점 또는 그 시점을 포함하는 12개월 기간 중 반 이상, a), b), c) 또는 e목에 따른 이 조약의 혜택을 받을 자격이 있는 체약국 거주자인 사람들이 직접 또는 간접으로 그 단체 지분 총 의결권 및 가치의 50% 이상(또한, 불균등종류 주식의 총 의결권 및 가치의 50% 이상)을 소유하고, 간접소유의 경우 각 중간소유자가 적격 중간소유자이며, 또한

(ii) 그 시점을 포함하는 과세기간에 그 단체 총소득의 50% 미만 및 해당그룹 총소득의 50% 미만이 그 단체 거주 체약국에서 이 조약의 대상이 되는 조세목적상 공제가능한 대가의 형태로 이 항의 a), b), c) 또는 e목에 따라 이 조약의 혜택을 받을 자격이 있는 각 체약국 거주자가 아닌 다른 사람에게 직접 또는 간접으로 지급되거나 계상되는 경우(다만, 일상적 사업과정에서 용역이나 유형재화에 대한 정상대가는 제외하며, 해당그룹의 내부거래는 제외)

한 체약국 거주자에 해당하는 일정유형의 단체에 대하여 조약혜택을 부여한다. 이들에 대하여 소유요건 및 세원잠식 방지요건의 2가지 요건을 규정하는데, 조약혜택을 받으려면 2가지 모두 충족되어야 한다.(OE §29-46)

(i)의 소유요건에 따라, 해당 조약혜택을 받을 수 있는 시점과 그 시점을 포함하는 12개월 기간 중 반 이상의 기간에 한 체약국 거주자로서 a), b) c) 또는 e목에 따라 조약의 혜택을 받을 자격이 있는 사람들이 직간접으로 그 단체 지분의 총 의결권 및 가치의 50% 이상(또한 불균등 종류의 지분의 총 의결권 및 가치의 50% 이상)을 소유해야 한다. 그런데, 간접소유의 경우 각 중간소유자는 '적격 중간소유자(qualifying intermediate owner)'여야 한다. 또한 그 정의에 따라 적격 중간소유자는 f목에 따른 혜택을 받으려고 하는 회사에 해당하는 동일 체약국 거주자를 포함한다.(OE §29-47)

f목은 보통 사적회사(private companies)의 경우와 관련되지만, 한 체약국 거주 신탁과 같은 단체로 f목의 요건을 충족하는 경우에도 또한 적용된다. 회사가 아닌 단체의 경우 '지분'의 언급은 지분에 상당하는 수익권을 의미하는데, 이는 일반적으로 신탁 수익권의 경우를 말한다. 신탁 수익권은 각 수익자의 신탁에 대한 보험계리적 수익권에 비례하여 수익자들이 소유하는 것으로 본다. 신탁의 잔여분에 대한 수익자의 수익권은 100%에서 소득수익자가 소유하는 총비율을 뺀 것과 같다. 신탁 수익자의 보험계리적 수익권을 결정할 수 없다면 a), b), c) 또는 e목에 따른 혜택을 받을 사람이 그 수익자의 수익권을 소유하는 것으로 보지 않는다. 즉, 신탁에서 수익자의 보험계리적 수익권을 결정할 수 없는 경우, 모든 수익자들이 a), b), c) 또는 e목에 따른 혜택을 받을 수 있는 사람들이 아니라면 (i)에 따른 소유요건이 충족되지 않는다.(OE §29-48)

(ii)는 세원잠식 방지요건에 해당하며 d목 (ii)의 세원잠식 방지요건과 상당히 비슷하지만, 그 요건과는 달리 배당소득조항에 따른 혜택을 받으려는 사람에게도 또한 적용된다. 이 세원잠식 방지요건은 아래의 경우 충족된다.(OE §29-49)

- 혜택을 받으려는 시점을 포함하는 과세기간에 그 사람 총소득의 50% 미만(해당그룹이 있는 경우, 해당그룹 총소득의 50% 미만)이 그 사람 거주지국에서 그 회사의 조세를 계산할 때 조세목적상 공제가능한 대가의 형태로 부적격자에게 직접 또는 간접으로 지급되거나 계상되는 경우, 또한
- 혜택을 받으려는 시점을 포함하는 과세기간에 해당그룹 총소득의 50% 미만(해당그룹이 있는 경우)이 조약혜택을 받으려는 회사 거주지국에서 해당그룹의 구성원의 조세를 계산할 때 조세목적상 공제가능한 대가의 형태로 부적격자에게 직접 또는 간접으로 지급되거나 계상되는 경우

'부적격자(ineligible persons)'란 용어는 a), b), c) 또는 e목에 따라 이 조약의 혜택을 받을 수 있는 각 체약국 거주자가 아닌 다른 사람을 말한다.(OE §29-50) (ii)의 세원잠식 방지요건은 d목의 경우와 달리 어떤 사람이 배당소득조항의 혜택을 받고자 하는 경우 적용된다. 그 사람은 (ii)의 목적상 그 사람 거주지국에서 배당을 사실상 비과세하는 경우에도 모든 수취배당을 총소득에 포함해야 한다.(OE §29-51)

d목 세원잠식 방지요건의 경우와 마찬가지로, (ii)에서 이 요건을 적용할 때 공제가능(즉, 세원잠식) 대가는 일상적 사업과정에서 용역이나 유형재화에 대하여 지급되거나 계상되는 정상대가를 포함하지 않는다. 그 대가가 그 사람 거주지국의 세법에 따른 과세표준에서 공제될 수 있다면, 신탁의 분배금은 이러한 세원잠식 대가에 해당한다. 감가상각 및 감모상각의 공제는 다른 사람에게 지급하거나 계상하는 것이 아니므로 (ii)의 목적상 대가로 보지 않는다. 또한, 해당그룹의 경우 그룹내부 지급대가는 공제가능 대가로 보지 않는다. 끝으로, 이자의 지급은 일상적 사업과정에서 용역이나 유형재화에 대하여 지급되거나 계상되는 정상대가로 보지 않으며, 따라서 부적격자에게 지급되는 경우 공제가능 대가에 포함된다.(OE §29-52)

d목의 세원잠식 방지요건과 마찬가지로, '특별조세제도'에 해당하는 제도로 혜택을 받는 관계인(connected persons)에게 지급되는 소득에 대하여 특정 조약규정의 적용을 거부하거나, 지분에 대하여 간주이자공제를 규정한 국내법 규정으로 혜택을 받는 관계인에게 지급하는 이자에 대하여 이자소득조항의 적용을 거부하고자 하는 국가들은 '부적격자'의 유형에 체약국 중 하나의 거주자이지만 그들에게 지급되거나 계상되는 공제가능 대가에 대하여 특별조세제도나 간주이자공제로 혜택을 받는 사람을 포함하기 위해 (ii)의 세원잠식 방지요건 규정을 고칠 수 있다.(OE §29-53) 아래 사례는 한 체약국이 해당그룹 및 총소득의 정의에 입각하여 f목 (ii)의 세원잠식 방지요건을 적용하는 상황을 설명한다.(OE §29-54)

사례 A: 해당기간 동안 R2(f목에 따라 조약혜택을 받고자 하는 단체)는 R1이 전적으로 소유하는 자회사이며, R1은 개인 Z이 전적으로 소유하는 회사이다. R1, R2 및 Z은 상대체약국 거주자들이다. R2 및 R1은 동일 연결그룹의 구성원들이다. a목에 따른 적격자에 해당하는 Z가 R2의 총 의결권 및 가치의 50% 이상을 간접적으로 소유하고 R1은 적격 중간소유자이므로, f목 (i)의 소유요건은 충족된다. 해당 과세기간 동안, R2는 제삼국 거주회사가 지급하는 비과세 배당 50을 받으며, 상대체약국에서 발생한 이자 50을 받는다. R2는 부적격자에게 24의 공제가능 이자비용을 지급하며 R1에게 51의 배당을 지급한다. R2로부터 받은 51의 배당에 더하여, R1은 해당그룹 밖의 사람들로부터 100의 소득을 받는다. R1은 부적격자에게 51의 공제가능 이자비용을 지급한다. R2는 조약 이자소득조항의 혜택을 받으려 하며, 배당소득조항의 혜택은 받지 않는다. 세원잠식 방지요건을 할 때, 해당그룹은 R1과 R2로 구성된다. 이 경우 해당그룹의 총소득은 150이다.(상대체약국에서 발생한 50의 이자와 해당그룹 밖의 사람이 지급한 100의 추가소득) R2는 부적격자에게 24의 세원잠식 대가를 지급하고, R1은 부적격자에게 51의 세원잠식 대가를 지급한다. 해당그룹의 세원잠식 대가는 총 75(24+51)인데, 이는 해당그룹의 총소득 150의 50% 미만이다. 따라서 세원잠식 방지요건을 충족하지 못하므로 R2는 f목에 따른 적격자가 아니다.

사례 B: 사실관계는 사례 A와 같다. 다만, R2가 적격자에 해당하는 소득은 상대체약국에서 발생된 이자 50이 아니라 그 국가 거주회사가 지급한 배당 50이다. 그러므로 R2의 총소득은 100이다.(제삼국 거주회사가 지급한 배당 50과 상대체약국 회사가 지급한 배당 50) 해당그룹의 총소득은 200이다.(R2의 총소득 100과 R1의 해당그룹 밖의 사람으로부터 받은 총소득 100) R2는 세원잠식 대가 24를 지급하였으며, R1은 세원잠식 대가 51을 지급하였다. R2의 세원잠식 대가는 24이며 이는 R2의 총소득 100의 50% 미만이다. 또한, 해당그룹 세원잠식 대가의 총액 75(24+51)는 해당그룹 총소득 200의 50% 미만이다. 따라서 이 사례에서 (ii)의 세원잠식 방지요건이 충족되고 R2는 상대체약국 거주회사가 지급하는 배당에 대하여 낮은 세율을 적용받는데 있어 f목에 따른 적격자에 해당한다.

⑦ **일정한 집합투자기구**(Collective investment vehicles)

집합투자기구에 대한 특별규정을 포함할지 여부와 포함한다면 그 규정을 어떻게 만들지는 조약이 집합투자기구에 적용되는 방식 및 각 체약국에서 집합투자기구를 취급하고 사용하는 방식에 달려 있다. 2항의 다른 요건에 따라 적격자에 해당하는 단체에 대하여 그러한 규정은 필요 없지만, 집합투자기구는 많은 경우에 다음과 같으므로 2항의 대체규정이 필요하거나, 또는 3항, 4항 및 5항에 따른 조약혜택을 받을 자격이 없기 때문에 특별규정이 필요한 경우가 많다.(OE §29-55)

- 집합투자기구의 수익권들이 공개거래되지 않음.(수익권들이 넓게 배분된 경우에도)
- 제삼국 거주자들이 이 수익권들을 보유함.
- 집합투자기구의 배당은 공제가능 대가임.
- 집합투자기구는 '적극적 사업활동'을 위한 것이 아니라 투자목적으로 사용됨.
- 집합투자기구는 4항의 소유요건을 충족하지 못함.; 또한
- 집합투자기구는 5항의 본점에 해당하지 않음.

집합투자기구에 대한 정의를 혜택제한규정에 포함하는 경우, 상대체약국에 설립된 집합투자기구가 상대체약국 거주자에 해당한다고 한 체약국이 동의하는 상황을 설명해야 한다. 이러한 동의는 상호합의로 이루어지거나, 또는 사법적 행정적 공표로 이루어질 수 있다. 혜택제한규정은 한 체약국 거주자 자격이 없는 집합투자기구와는 관련이 없다.(OE §29-57)

집합투자기구의 조약혜택 자격문제를 다루고 싶은 체약국들은 각 체약국에서 사용되는 여러 유형의 집합투자기구의 경제적 특성을 고려할 수 있으며, 이에는 조약쇼핑의 가능성도 포함된다.(OE §29-58) 그러한 분석의 결과, 체약국들은 양국에서 설립된 집합투

자기구의 조세취급이 조약쇼핑문제를 야기하지 않는다고 결론짓고 거주자 정의에 대한 대체규정을 양자조약에 포함하기로 결정할 수 있는데, 그 대체규정은 각국에서 설립된 집합투자기구의 조약상 자격을 명시적으로 규정하며, 또한 동시에 적격자에 해당한다는 점을 분명히 한다. 대체규정이 적용되는 집합투자기구는 개인으로 취급되기 때문이다. 이 경우, g목은 생략되어야 한다. 양국에 설립된 집합투자기구가 조약쇼핑문제를 야기하지 않는다는 견해를 가지고 거주자 정의에 대한 대체규정을 조약에 포함하지 않는 국가들은 한 체약국 거주자인 집합투자기구는 적격자에 해당한다는 점을 보장해야 한다. 이 경우, g목을 '이 경우 집합투자기구[집합투자기구의 정의]는 7항에 포함된다'고 바꾸어야 한다.(OE §29-59)

그런데, 체약국들은 제삼국 거주자들이 직접 투자하였다면 가능하지 않을 조약혜택을 제삼국 거주자들이 받을 기회를 집합투자기구가 제공한다고 생각할 수 있으며, 그러한 이유로 한 체약국 거주자인 집합투자기구는 그 집합투자기구의 실질수익권을 간주 실질귀속자가 소유하는 경우에만 적격자에 해당한다고 g목을 규정할 수 있다.(OE §29-60) 이러한 취급은 거주자 정의에 대한 대체규정과 비슷한 규정을 조세조약에 포함하는 방법과 일맥상통한다. 그러한 대체규정을 포함하는 것은 집합투자기구와 관련하여 발생되는 조약문제에 대한 포괄적인 해결책을 제공하는데, 조약쇼핑문제에 대처하는 동시에 양 체약국에서 집합투자기구의 조세조약상 취급을 명확히 할 것이기 때문이다. 그러한 대체규정이 조세조약에 포함되는 경우, 대체규정이 적용되는 집합투자기구에 대하여 g목은 필요하지 않다. 그 대체규정은 해당 집합투자기구를 개인으로 취급한다고 규정하기 때문에(그 집합투자기구의 실질수익권을 간주 실질귀속자가 소유하는 경우로 한정) 그 집합투자기구는 적격자에 해당한다.(OE §29-61)

위에서 설명한 접근법에서, 해당 집합투자기구가 특정 소득유형에 대하여 혜택을 받으려고 하는 경우 직접 투자하였다면 혜택을 받았을 수익자의 수익지분 비율을 결정해야 한다. 그런데 집합투자기구의 수익지분은 정기적으로 바뀌며 또한 그 수익지분은 중간회사(intermediaries)를 통해 보유되는 것이 보통이다. 그러한 이유로, 집합투자기구 및 그 관리인은 수익지분 소유자의 이름이나 조약상태를 알지 못하는 경우가 보통이다. 그러므로 집합투자기구가 소득을 수취할 때마다 관련 중간회사로부터 그러한 정보를 수집하는 것은 비현실적이다. 따라서 체약국들은 그러한 일일거래목록을 필요로 하지 않는 현실성 있고 믿을 만한 접근법을 받아들여야 한다. 개인투자자의 명단은 매일 바뀌겠지만 집합투자기구 투자자의 비율은 비교적 천천히 바뀐다. 그러한 이유로, 집합투자기구의 수익지분을 간주 실질귀속자가 소유하는 비율의 결정은 정기적으로 이루어져야 하며, 일정시점에 이루어진 결정은 다음 결정이 있을 때까지 수취하는 대가에 적용되어야 한다.(OE §29-62)

집합투자기구에 대하여 다른 견해를 채택하는 체약국들은 한 체약국 거주자인 집합투자기구는 그 집합투자기구의 수익지분을 그 집합투자기구가 설립된 체약국 거주자가 소유하는 경우에만 적격자에 해당하는 것으로 g목을 구성할 수 있다.(OE §29-63) 이러한 접근법의 변형은, 한 체약국 거주자인 집합투자기구 수익지분의 다수를 집합투자기구가 설립된 체약국 거주자인 개인들이 소유하는 경우 한 체약국 거주자인 집합투자기구를 적격자로 보는 것이다. 이러한 결과는 g목을 생략하고 단순하게 f목(소유요건 및 세원잠식방지요건)만을 적용하면 나타난다.(OE §29-64)

체약국들이 채택할 수 있는 또 다른 가능한 견해는 집합투자기구 투자자들의 상당수에 조약을 적용할 수 있다는 사실은 조약쇼핑이 없다는 적절한 반증이므로 집합투자기구가 수취하는 모든 소득에 대하여 혜택을 부여할 수 있는 소유요건을 규정하는 것이다. 체약국들이 양자조약에 그러한 규정을 포함한다면, 그 규정이 적용되는 집합투자기구에 대하여 거주자 정의의 대체규정과 g목은 필요하지 않다. 조약에 그 규정이 포함되어 있지 않은 경우 '집합투자기구, 다만 집합투자기구 수익지분의 [양자합의 일정비율]을 집합투자기구가 설립된 국가의 거주자 및 간주 실질귀속자가 소유하는 경우로 한정한다.' 라는 문장으로 비슷한 결과를 얻기 위해 g목의 범위를 넓힐 수 있다.(OE §29-65)

마찬가지로, 체약국들이 '공개거래 집합투자기구의 주주나 지분소유자가 개인적으로 그 기구를 통제할 수 없기 때문에 그 집합투자기구는 조약쇼핑을 위해 효과적으로 사용될 수 없다'고 생각하는 경우, 거주자 정의의 대체규정을 사용할 수 있다. 이 경우, 대체규정이 적용되는 집합투자기구에 대하여 g목은 필요하지 않다. 그러한 견해를 갖지만 그 대체규정을 조약에 포함하지 않은 국가들은 g목을 '집합투자기구의 주요종류의 주식이 공인증권거래소에 상장되고 정상적으로 거래되는 경우의 집합투자기구'와 같이 구성할 수 있다.(OE §29-66)

끝으로, 소득을 즉시 배분하지 않고 유보하는 비과세 또는 저율과세 대상 집합투자기구와 관련하여 발생할 수 있는 과세이연 문제에 공감하는 국가들은 수익을 즉시 배분해야 하는 집합투자기구에만 혜택을 부여하는 규정을 만들 것이다. 그 문맥에 다르지만 그런 규정으로 g목은 필요없게 된다.(OE §29-67)

2.3 적극적 사업활동에 대한 조약혜택의 부여

OECD모델 29조 3항

a) 한 체약국 거주자는, 그 거주자가 적격자인지 여부에 불구하고, 그 거주자가 한 체약국에서 사업을 적극적으로 수행하는 경우(다만, 그 거주자 본인을 위한 투자의 수행 또는

관리업무의 경우는 제외하며, 은행이나 [체약국들이 은행으로 간주하는 은행과 비슷한 금융기관의 목록], 보험기업 또는 등록증권중개인이 수행하는 은행, 보험 또는 증권 활동은 포함한다.), 상대체약국에서 수취하는 소득종류와 또한 그 사업에서 발생하거나 부수적인 상대체약국에서 수취하는 소득에 대하여 이 조약에 따른 혜택을 받을 자격이 있다. 이 조의 목적상, '적극적 사업활동(active conduct of a business)'은 다음 활동들 또는 그 활동들의 복합은 포함하지 않는다.

(i) 지주회사로서 활동

(ii) 그룹회사의 감독 또는 관리의 제공

(ii) 그룹금융의 제공(자금 공동사용 포함)

(iv) 투자의 실행 및 관리. 다만 은행, [체약국들이 은행으로 간주하는 은행과 비슷한 금융기관의 목록], 보험기업 또는 등록증권중개인이 일상적 사업과정에서 이 활동들을 수행하는 경우는 제외한다.

b) 한 체약국 거주자가 상대체약국에서 수행하는 사업활동으로 소득종류를 수취하는 경우 또는 관계인으로부터 상대체약국에서 발생된 소득종류를 수취하는 경우, 그 소득종류와 관련된 한 체약국에서 그 거주자가 수행한 사업활동이 상대체약국에서 그 거주자 또는 그 관계인이 적극적으로 수행한 동일사업활동 또는 보완적 사업활동과 실질적으로 관련되는 경우에만, a목에 언급한 요건을 충족하는지 검토한다. 이 항의 목적상 사업활동이 실질적으로 관련되는지는 모든 사실관계를 고려하여 판단한다.

c) 이 항의 적용을 위해 한 체약국 거주자와 관련하여 관계인이 수행하는 활동은 그 거주자가 수행하는 것으로 간주한다.

한 체약국 거주자는 거주지국에서 수행하는 적극적 사업과 관련된 소득종류에 대하여 조약혜택을 받을 수 있다. 이는 한 체약국 거주 단체가 그 국가에서 관계인이 수행하는 활동을 포함하여 적극적으로 사업활동을 수행하고 상대체약국으로부터 그 사업활동에서 발생하거나 또는 그 사업에 부수적인 소득을 수취하는 경우, 그 소득에 대하여 조약혜택을 적용하는 것은 그 단체의 성격이나 소유권에 상관없이 조약쇼핑의 문제를 야기하지 않는다는 점을 확인한다. 이 규정에 따라, 어떤 단체가 2항에 따른 '적격자'가 아니기 때문에 1항에 따라 혜택이 부인되는 여러 상황에서 혜택을 제공하게 된다.(OE §29-68)

한 체약국 거주자는 2항에 따른 적격자가 아니라는 사실에 관계없이 3항에 따라 혜택을 받을 수 있다. 3항의 적극활동요건(active conduct test)에 따라 어떤 사람(보통 회사)이 2가지 요건을 충족하면 조약혜택을 받을 수 있는데, 첫째 거주지국에서 적극적 사업활동을 수행하며, 둘째 혜택을 받으려는 지급대가가 그 사업과 관련되어야 한다. 일정한 경우에는 소득을 창출하는 원천지국의 활동에 비례하여 사업규모가 상당해야 한다는 추가요건을 충족해야 한다.(OE §29-69) a목은 한 체약국에서 적극적 사업활동을 수행하는 한 체약국 거주자는 상대체약국에서 수취하는 소득종류에 대하여 조약상 혜택을 받을 수 있다는 일반원칙을 규정한다. 그런데, 그 소득종류는 그 사업에서 발생되거나 그 사업에 부수적이어야 한다.(OE §29-70) '사업(business)'은 정의되지 않으며(전문용역 또는 독립적 성격의 기타활동의 수행을 포함한다는 정도의 제한적 목적은 예외), 따라서 국내법에 따른 의미를 적용한다. 어떤 단체를 위해 활동하는 사람(회사의 임원이나 직원)이 상당한 관리 또는 영업 활동을 하는 경우에만 그 단체가 적극적 사업활동을 수행하는 것으로 볼 수 있다.(OE §29-71)

한 체약국에서 적극적 사업활동으로 볼 수 없는 하나 또는 복합의 특정기능을 열거하는데, 이는 그 기능들이 모두 동일국가에서 수행되는 경우에도 마찬가지이다. 이에는 (i) 지주회사로서 활동; (ii) 회사그룹의 전반적 감독이나 관리의 제공; (iii) 그룹금융의 제공(자금공동사용 포함); (iv) 투자의 시행 및 관리가 있으며, 다만 공인은행(또는 체약국들이 합의한 금융기관), 보험회사 또는 등록증권중개인이 일상적 사업과정에서 수행하는 활동을 제외한다.(OE §29-72) 이 활동목록은, 지주회사로서의 운영활동은 물론 다국적기업들의 관리지원기능은 적극적 사업활동에 해당하지 않으므로 그 활동으로 인한 소득 또는 부수하는 소득은 조약혜택을 받을 수 없다는 점을 명시하기 위한 것이다. 그런데, 일부 국가들은 열거한 활동의 일부 또는 전부는 적극적 사업활동에 해당하는 것들로 보아야 한다고 생각하며, 이에 따라 이 국가들은 a목의 형태를 달리 채택할 수 있다.(OE §29-73)

소득종류가 거주지국에서 그 회사의 적극적 사업활동으로 발생하는지 여부는 사실관계에 근거하여 판단해야 한다. 일반적으로, 적극적으로 수행된 활동과 혜택을 받아야 할 소득종류 간에 실질적 관련이 있다면 거주지국에서 적극적 사업활동으로 그 소득종류가 발생된 것이다. 예를 들면, 회사가 거주지국에서 신공정을 위한 특허의 연구개발을 수행하는 경우, 그 특허 대여로 인한 사용료는 거주지국의 적극적 사업활동에 실질적으로 관련된다. 모회사에 지급하는 배당이나 이자의 경우, 거주지국에서 모회사의 적극적 사업활동으로 그 배당이나 이자가 발생되었는지 결정하는데 그 지급회사의 활동을 본다.(OE §29-74)

원천지국에서 지급회사의 활동이 거주지국의 적극적 사업활동과 실질적 관련성이 있는지를 결정할 때, 각국의 사업종목(lines of business)을 비교하는 것이 중요하다. 원천지국의 사업종목은 거주지국에서 수행되는 활동의 후방활동이거나 전방활동일 수 있다. 즉, 원천지국의 사업종목은 거주지국에서 이루어지는 제조과정에 대한 재료투입이거나, 또는 거주지국에서 수행된 제조과정 산출물의 판매일 수 있다. 아래 사례에서 이러한 원칙을 예시한다.(OE §29-75)

사례 A: A사는 A국 거주회사이며 해당국에서 X제품 생산의 적극적 사업활동에 종사한다. A사는 B국 거주회사 B사 지분의 100%를 소유한다. B사는 A사로부터 X제품을 취득하며 B국의 고객들에게 이를 판매한다. B사의 X제품 판매활동은 A사의 X제품 제조와 사실상 관련되므로, B사가 A사에게 지급한 배당은 A사의 사업으로부터 발생된 것으로 본다.

사례 B: A사는 A국 거주회사로 A국에서 지적재산을 개발하는 대규모 연구개발시설을 운용하며, 그 지적재산을 B사를 포함하여 전세계 관계사들에게 대여한다. A사는 B국 거주회사 B사의 지분 100%를 소유한다. B사는 A사 설계상품을 B국에서 제조하여 판매한다. B사가 수행한 활동은 A국에서 A사의 적극적 사업활동과 사실상 관련되므로, B사가 지적재산에 대하여 A사에게 지급한 사용료는 A사의 사업에서 발생된 것으로 본다.

사례 C: A사는 A국 거주회사로 A국에서 X상품의 사용을 필요로 하는 제조업을 적극적으로 수행한다. A사는 B국 거주회사 B사의 지분을 100% 소유하며, B사는 X상품을 대규모로 도매한다. B사는 X상품을 추려 A사에게 판매하며, A사는 이를 이용하여 제품을 제조하여 시장에 판매한다. B사가 수행한 사업활동은 A사가 제품을 생산하는 데 사용하기 위해 A사에게 재료를 공급하는 것으로 B사의 사업은 A국에서 A사 사업활동에 사실상 관련이 있다. B사가 A사에게 지급한 배당은 A사의 사업에서 발생된 것으로 본다.

원천지국 소득종류의 창출로 거주지국의 사업활동이 촉진된다면, 원천지국으로부터 수취하는 소득종류는 거주지국에서 수행된 사업에 '부수적인' 것이다. 부수적 소득의 한 가지 사례는 거주지국에서 어떤 사람이 운전자본을 원천지국의 다른 사람이 발행한 증권에 일시적으로 투자하여 수취하는 소득이다.(OE §29-76)

해당 소득종류를 창출하는 사업을 그 소득을 수취하는 사람 또는 원천지국의 관계인이 수행하는 경우, 3항 b목은 a목의 일반원칙에 대한 추가요건을 규정한다. 이러한 경우, b목은 거주지국에서 수행된 사업은 원천지국의 활동과 실질적으로 관련되어야 한다고 규정한다. 실질적 관련성은 사실관계에 기초하여 결정되는데 각국의 사업규모, 양국의 경제규모나 시장규모, 각국에서 수행되는 활동의 성격, 각국에서 사업에 대하여 이루어진 기여의 정도를 비교해야 한다.(OE §29-77)

b목이 적용되는지 여부의 판단은 해당 소득종류가 창출되는 거주지국의 사업을 기준으로 원천지국에서 수취하는 소득종류별로 이루어진다. 그러므로 한 사람이 어떤 소득종류에 대하여 조약의 혜택을 받을 수 있지만 다른 소득종류에 대하여는 받을 수 없는 경우가 있다. 한 체약국 거주자가 특정 소득종류에 대하여 조약혜택을 받을 자격이 있다면, 그 거주자는 원천지국에서 그 소득종류의 과세에 영향을 미치는 조약상 모든 혜택을 받을 수 있다.(OE §29-78) 그런데, 혜택을 받고자 하는 거주자 또는 원천지국의 관계인이 원천지국에서 해당 소득종류를 창출하는 사업을 수행하지 않는다면 b목에 따른 실질요건을 적용할 필요가 없다. 예를 들면, 한 국가의 작은 연구기업이 제조법을 개발하여 그

작은 연구기업의 관계인이 아닌 다른 국가의 대형 제약제조사에 빌려주는 경우, 한 국가의 연구기업 사업활동의 규모를 제약제조사의 사업활동의 규모와 비교하여 검토할 필요가 없다. 마찬가지로, 한 국가의 소규모 은행이 관계인이 아닌 다른 국가에서 사업을 영위하는 대기업에게 자금을 대여하는 경우, 그 은행은 조약혜택을 받기 위해 실질요건(substantiality test)을 충족할 필요는 없다.(OE §29-79)

c목은 a목 및 b목의 실질요건을 적용하기 위해, 관계인이 수행하는 활동의 경우 귀속원칙(attribution rules)을 규정한다. 이에 따라, 한 사람이 적극적 사업활동에 종사해야 하고 그 소득종류는 그 적극적 사업에서 창출되어야 한다는 a목의 요건을 충족하는지 판단할 목적으로 이 원칙을 적용하며, 또한 b목의 '실질요건'에서 요구하는 비교판단을 하기 위해 이 원칙을 적용한다.(OE §29-80)

아래 사례는 관계인이 수행하는 활동에 대하여 3항을 적용하는 상황을 예시한다.(OE §29-81)

사례 A: P사는 제삼국 거주자로 H사의 모회사이고, H사는 C1사 및 C2사의 모회사이며, H사 및 C1사는 A국 거주자이다. C2사는 B국 거주자이다. C1 및 C2는 각 거주지국에서 동일제품을 제조하는 사업을 영위한다. H사는 그룹의 투자를 관리하며 사업을 적극적으로 수행하지 않는 것으로 가정한다. H사는 C2사로부터 배당을 수취한다. c목에 따라, A국에서 사업을 적극적으로 수행하는 C1의 활동은 H사의 활동으로 간주되므로 H사는 사업을 적극적으로 수행하는 것으로 본다. 이에 따라, H사는 A국에서 적극적 사업활동을 하는 것으로 간주된다. 그렇지만, H사의 간주사업이 C2의 사업과 같다는 사실이 C2가 지급하는 배당이 H사의 적극적 사업활동과 실질적으로 관련된다는 점을 충분히 입증하는 것은 아니다. 그러므로 3항에 따라 그 배당에 대하여 A국 B국 조약 배당소득조항의 제한세율을 적용받을 수 없다.

사례 B: A사는 A국 거주회사로 A국에서 상품 X의 사용을 필요로 하는 제조업을 적극적으로 영위한다. A국 거주회사 H사는 A사의 지분을 전부 보유하며, H사는 또한 B국 거주회사 B사의 지분을 전부 보유한다. B국에서는 상품 X가 대규모로 유통된다. B사는 X상품을 수집하여 A사에게 판매하며, A사는 그 상품을 사용하여 제품을 제조하며 제품을 시장에서 판매한다. H사는 c목에 따라 A사의 활동을 수행하는 것으로 간주되므로 적극적 사업활동을 수행하는 것으로 본다. B사가 수행하는 사업활동은 H사의 간주사업활동에 사용되는 재료공급에 해당하기 때문에, B사의 사업은 H사의 간주제조사업에 실질적으로 관련된다. 따라서 B사가 H사에게 지급하는 배당은 H사의 간주사업활동에서 창출된 것이다.

2.4 일정 요건을 충족하는 경우 2차적 혜택의 부여

OECD모델 29조 4항: 한 체약국 거주회사는 또한 다음과 같은 경우 이 조약에서 부여하는 혜택을 받을 자격이 있다.;

a) 혜택을 부여받을 수 있는 시점에 그 시점을 포함하는 12개월 기간 중 반 이상을 그 주식의 총 의결권 및 가치의 95% 이상(또한 불균등종류 주식의 총 의결권 및 가치의 50% 이상)을 실질귀속자에 해당하는 7명 이하 사람들이 직간접으로 소유하며, 간접소유의 경우 각 중간소유자가 적격 중간소유자이고, 또한

b) 그 시점을 포함하는 과세기간 동안 그 사람의 거주지국에서 결정된 그 사람 총소득의 50% 미만 및 해당그룹 총소득의 50% 미만을 그 사람 거주지국의 조약대상이 되는 조세목적상 공제되는 대가의 형태로 다음 사람에게 직간접으로 지급하거나 계상하는 경우(다만, 일상적 사업과정에서 지급되는 용역이나 유형재화에 대한 정상대가는 포함하지 않으며, 해당그룹의 내부거래는 포함하지 않음)

(i) 실질귀속자로 볼 수 없는 사람;

(ii) 이 조의 5항만을 적용하거나 관련되는 이중과세방지조약의 유사규정만을 적용하는 경우 실질귀속자로 볼 수 있는 사람;

(iii) 이 항에서 설명한 회사와 관계인으로서 실질귀속자로 볼 수 있는 사람으로, 공제가능 대가에 대하여 이 조약의 ['특별조세제도'의 정의를 포함하는 조약규정을 참조]에서 정의한 특별조세제도로 혜택을 받는 사람. 다만, 관련 이중과세방지조약이 이 조약에 있는 특별조세제도 용어의 정의와 비슷한 정의를 포함하지 않는 경우 그 정의 (v)의 요건에도 불구하고 그 정의의 개념이 적용된다.;

(iv) 이자의 지급과 관련하여, 이 항에서 언급한 회사의 관계인으로서 실질귀속자로 볼 수 있는 사람으로, [지분에 대한 간주이자공제에 대한 이자소득조항 조항 참조]에서 언급한 유형의 간주이자공제로 혜택을 받는 사람

일부 국가들은 '특별조세제도'로부터 혜택을 받는 관계인에게 지급되는 소득에 대하여 특정 조약규정의 적용을 거부하고, 지분에 대하여 간주이자공제를 허용하는 국내법규정으로 혜택을 받는 관계인에게 지급되는 이자에 이자소득조항의 적용을 거부하기 위한 규정을 조약에 포함시켜야 한다고 생각한다. 이 국가들은 조약에 포함된 2차적 혜택규정에 따라 관계인이 실질귀속자로서 자격이 있더라도 그 관계인에게 지급된 세원잠식(base erosion) 대가를 인정하지 않는다.(OE §29-84)

그런데, 특별조세제도 및 지분과 관련된 간주이자공제에 대한 규정들을 조세조약에 포함시켜야 한다고 생각하지 않는 국가들도 있다.(OE §29-85) 또한, 일부 국가들은 2차적 혜택규정은 원천지국에서 공제되는 대가에 대하여 인정할 수 없는 조약쇼핑위험을 야기한다고 생각한다. 이 국가들은, 이러한 2차적 혜택을 규정하는 대신에, 그 규정의 범

위를 일반적 공제대상이 아닌 배당으로 제한하기도 한다. 이러한 견해를 가진 국가들은 대체규정의 첫 부분을 '4항. 한 체약국 거주회사는 또한 다음과 같은 경우 배당소득조항에서 부여하는 혜택을 받을 자격이 있다'라고 바꾼다.(OE §29-86)

2차적 혜택에 대한 4항은 적격자가 아닌 한 체약국 거주자가 일정 소득종류에 대하여 조약혜택을 받을 수 있는 선택적 요건을 규정한다. 일반적으로, 이러한 2차적 혜택요건에 따라 한 체약국 거주회사 지분의 의결권 및 가치의 95%를 7명 이하의 실질귀속자가 직간접으로 소유하고 그 회사가 세원잠식 방지요건을 충족하는 경우 조약혜택을 받을 수 있다. 4항에 따른 조약혜택을 받으려면 회사의 의결권 및 가치의 95%를 7명 이하의 실질귀속자가 직간접으로 소유해야 한다는 요건은 상당수의 주주들이 실질귀속자인지를 결정해야 하는 행정부담을 덜어주기 위한 것이다. 이는 또한 그 규정에 언급되는 상황에서 다국적기업그룹의 지주회사에 대한 혜택을 제공하기 위한 2차적 혜택요건의 목적에 부합한다.(OE §29-87)

a목은 소유요건을 규정한다. 이 요건에 따라, 혜택을 부여하는 날을 포함하는 임의의 12개월 기간 중 반 이상을 7명 이하의 실질귀속자가 직간접으로 회사의 총 의결권 및 가치의 95% 및 불균등종류 주식의 50% 이상을 소유해야 한다. 간접소유의 경우, 각 중간소유자는 적격 중간소유자이어야 한다. 아래 사례는 '적격 중간소유자'의 정의를 적용하는 상황을 예시한다.(OE §29-88)

사례: H사는 A국 거주회사로 Z국 거주회사 Z사의 완전자회사이며, Z사는 X국 거주회사 X사의 완전자회사이다. X사의 주요종류 주식은 주로 X국 증권거래소에서 정기적으로 거래된다. H사는 제삼국에서 공개거래되는 제삼국 거주회사의 자회사이기 때문에 A국·B국 조약의 2항에 따른 혜택을 받을 자격이 없다. H사는 A국에서 적극적 사업을 수행하지 않으며, 따라서 3항에 따른 혜택을 받을 수 없다. H사는 A국·B국 조약 이자소득조항의 혜택을 받을 수 있는 B국에서 발생한 이자를 수취하며 그 소득의 실질귀속자이다. B국·X국 조약의 규정에 따라 X사는 A국·B국 조약에 있는 용어의 정의에 따른 실질귀속자에 해당한다고 가정한다. X사는 H사의 모든 지분을 간접적으로 소유하지만, H사가 B국에서 수취하는 이자에 대하여 A국 및 B국 조약의 이자소득조항의 혜택을 받기 위해서는 Z사는 중간소유자로서 A국·B국 조약 7항의 '적격 중간소유자'의 정의를 충족해야 한다. Z국이 조세조약을 체결하지 않았다면(또는, 적격 중간소유자의 정의가 있고, 그러한 조약이 있지만 Z사가 '특별조세제도'나 간주이자공제로 혜택을 받는다면), Z사는 중간소유자로서 자격이 없으며 a목의 요건이 충족되지 않아 결과적으로 H사는 4항에 따라 조약혜택을 받을 수 없다.

b목은 '세원잠식 방지요건'을 규정한다. 이 요건은 2항 f목 (ii)의 세원잠식 방지요건과 상당히 비슷하지만, 부적격자의 목록에서 차이가 있다. b목의 요건은 다음의 경우 충족된다.(OE §29-89)

- 혜택을 받아야 하는 시점을 포함하는 과세기간 동안 그 사람 총소득의 50% 미만(그리고 해당그룹이 있는 경우 해당그룹 총소득의 50% 미만)을 거주지국에서 그 회사의 조세를 결정할 때 조세목적상 공제되는 대가의 형태로 부적격자에게 직간접으로 지급하거나 계상하는 경우, 그리고
- 혜택을 받아야 하는 시점을 포함하는 과세기간 동안 해당그룹 총소득의 50% 미만(해당그룹이 있는 경우)을 조약혜택을 주장하는 회사 거주지국에서 해당그룹 구성원의 조세를 결정할 때 조세목적상 공제되는 대가의 형태로 부적격자에게 직간접으로 지급하거나 계상하는 경우

'부적격자(ineligible persons)'는 간주 실질귀속자에 해당하지 않는 사람, 또는 간주 실질귀속자로 보지만 아래 셋 중 하나에 해당하는 사람을 말한다.(OE §29-90)

1. 이 조약 또는 해당 조약의 5항에 따른 본점(headquarters company)라는 이유만으로 간주 실질귀속자로 보는 경우
2. 4항에 따른 조약혜택과 그 지급대가에 대하여 특별조세제도로 인한 혜택을 받고자 하는 회사의 관계인에 해당하는 사람, 또는
3. 이자의 지급과 관련하여, 4항에 따른 조약혜택과 지분에 대한 간주이자공제의 혜택을 받고자 하는 회사의 관계인에 해당하는 사람

아래는 4항의 세원잠식 방지요건의 사례를 예시한다.(OE §29-91)

사례: X국 거주자 X사는 Y국 거주자 Y사를 소유한다. Y사는 4항에 따라 A국·B국 조약의 혜택을 받고자 하는 B사를 소유한다. X사는 간주 실질귀속자이고 Y사는 A국·B국 조약 용어의 정의에 따른 적격 중간소유자이다. 이에 따라, B사는 a목의 소유요건을 충족하는데, 첫째 간주 실질귀속자인 X사는 B사의 총 의결권 및 가치의 95% 이상과 불균등종류 주식의 50% 이상을 표현하는 지분을 간접적으로 소유하며, 둘째 각 중간소유자(즉, Y사)는 적격 중간소유자이다. 해당 과세기간 동안 B사의 총소득은 A국에서 발생된 이자 100 및 B국 세법에 따라 비과세되는 제삼국에서 받은 배당 200으로 구성된다. B사는 이자 100에 대하여 조약혜택을 받으려 한다. B국 세법에 따라, B사, Y사 및 X사는 일반적인 연결납세 또는 이 세 회사들이 손익을 공유하는 다른 제도를 적용받지 못하며 또한 손실을 공유하는 제도도 없다. 이에 따라, 이 사례에서 해당그룹이 존재하지 않는다. B사의 총소득은 100이다.(A국 발생이자) B사가 위에서 언급한 부적격자에게 50% 이상의 세원잠식 대가를 지급한다면 B사는 b목의 세원잠식 방지요건을 충족하지 못한다.

2.5 그룹의 본점에 대한 조약혜택의 부여

OECD모델 29조 5항: 한 체약국 거주회사와 직간접 자회사들로 구성된 다국적기업그룹에서 그 거주회사가 그 그룹의 본점(headquarters company)로 기능하는 경우, 그 거주회사가 적격자인지 여부에 상관없이, 그 다국적기업그룹의 구성원들이 지급하는 배당 및 이자에 대하여 이 조약에 따른 혜택을 받을 수 있다. 이 항의 목적상 그 거주회사는 다음의 경우에만 본점으로 본다.

a) 그 회사의 주된 관리통제장소가 그 회사 거주지국에 소재하며;
b) 다국적기업그룹이 적극적 사업을 수행하는 4개국 이상의 거주회사로 구성되며, 그 4개국(또는 4개 그룹의 국가들)에서 수행하는 사업에서 그룹 총소득의 10% 이상이 산출되고,
c) 본점의 거주지국이 아닌 국가에서 수행하는 다국적기업그룹의 사업에서 그 그룹 총소득의 50% 미만이 산출되고;
d) 본점 총소득의 25% 이하가 상대체약국으로부터 수취되며;
e) 본점는, 이 조 3항에 언급한 사람에 해당하고, 거주 체약국에서 동일한 소득과세규정의 대상이며; 또한
f) 본점 총소득의 50% 미만과 해당그룹 총소득의 50% 미만이 본점 거주 체약국에서 이 조약이 적용되는 조세목적상 공제되는 대가의 형태로 2항 a, b, c 또는 e목에 따라 이 조약혜택을 받을 자격이 있는 양 체약국 거주자가 아닌 사람에게 직간접으로 지급되거나 계상된다.(다만, 일상적 사업과정에서 지급되는 용역이나 유형재화에 대한 정상대가 또는 본점의 관계인이 아닌 은행에 대한 금융채무에 대한 대가는 포함하지 않으며, 해당그룹의 내부거래도 포함하지 않는다)

해당과세기간에 이 항의 b, c 또는 d목의 요건이 충족되지 않는다면, 앞선 4개 과세기간의 총소득을 평균하여 정해진 비율에 해당하는 경우 요건을 충족하는 것으로 본다.

5항은 본점으로서 2항에 따른 적격자가 아닌 한 체약국 거주회사가 그 회사의 다국적기업그룹의 구성원들이 지급하는 배당 및 이자에 대하여 조약혜택을 받을 수 있는 선택적인 요건을 규정한다. 본점의 다국적기업그룹은 본점 및 그의 직접 또는 간접 자회사들을 말한다. 따라서 상위의 회사들은 포함하지 않는다.(OE §29-92) 본점으로서 혜택을 받고자 하는 회사는 6가지 요건을 충족해야 한다.

첫째, a목에 따라 본점의 주된 관리통제장소가 거주 체약국 안에 있어야 한다. 동일한 요건이 공개거래회사에 대하여도 적용된다. '주된 관리통제장소'의 정의 (ii)에서 특별한 경우 관계회사 전체그룹의 최상위 회사가 아닌 회사가 하위그룹(지역을 통할하는 하위그룹과 같은)의 관리를 할 가능성을 열어두고 있는데, 또한 드문 경우이지만 하위회사가 본점요건을 충족하는 경우도 있다.(OE §29-93)

둘째, b목에 따라 다국적기업그룹이 4개국(양 체약국 포함) 이상에서 적극적 사업(3항에서 정의)을 수행하는 거주회사로 구성되며, 그 4개국(또는 4개 그룹의 국가들)에서 수행

하는 사업에서 각각 그룹 총소득의 10% 이상이 산출되어야 한다. 아래에서 이 요건의 적용사례를 보여 준다.(OE §29-94)

사례: X사는 X국 거주자로, 본인 및 X, A, B, C, D 및 E국 거주자인 직간접 자회사들로 구성되는 다국적기업그룹의 구성원이다. 1차년도 및 2차년도에 이 회사들이 산출하는 총소득은 다음과 같다.

국가	1차 연도	2차 연도
X	45	60
A	25	12
B	10	20
C	10	12
D	7	10
E	10	9
F	5	7
합 계	112	130

1차년도에 이 그룹 총소득의 10%는 11.20이다. 1차년도에는 X국 및 A국 회사만이 b목 요건을 충족한다. 다른 국가들은 이 요건을 충족하기 위해 그룹으로 합하여질 수 있다. B국 및 C국은 소득의 합계가 20이고, D, E 및 F국은 소득의 합계가 22이므로, 이 두 그룹의 국가들은 b목의 목적상 다국적기업그룹의 셋째 및 넷째 구성원으로 볼 수 있다. 2차년도에 총소득의 10%는 13이다. 2차년도에는 X국 및 B국 회사만이 b목 요건을 충족한다. A국 및 C국은 소득의 합계가 24이고, D, E 및 F국은 소득의 합계가 26이므로, 이 두 그룹의 국가들은 b목의 목적상 다국적기업그룹의 셋째 및 넷째 구성원으로 볼 수 있다. 그룹에서 A국이 B국을 대체하였다는 사실은 이 경우 상관이 없다. 그룹으로 합치는 것은 매년 달라질 수 있다.

셋째, c목에 따라 본점 거주지국이 아닌 국가에서 수행하는 다국적기업그룹의 사업에서 그룹 총소득(7항에서 정의)의 50% 미만이 산출되어야 한다. 다국적기업그룹이 원천지국에서 그룹 총소득의 50% 이상을 산출하는 소속 회사는 이 조건을 충족하지 못한다.(OE §29-95)

넷째, d목에 따라 본점 총소득의 25% 이하가 상대체약국으로부터 수취되어야 한다. 앞에서 언급한 셋째 조건과 달리, 이 조건은 다국적기업그룹의 구성원들이 버는 총소득이 아닌 본점으로서 자격을 갖춘 회사가 버는 총소득만을 대상으로 한다.(OE §29-96)

다섯째, e목에 따라 본점은 3항에 언급한 사람에 해당하며 거주 체약국에서 일반적 소득과세규정의 대상이어야 한다. 그러므로 본점은 거주 체약국에서 '지주회사에 대한 제도'가 아닌 적극적 사업활동을 수행하는 회사들에 대한 일반적 과세규정의 대상이어야 한다.(OE §29-97)

여섯째, f목에 따라 그 회사는 2항 f목 (ii)의 세원잠식 방지요건과 상당히 비슷한 세원잠식 방지요건을 충족해야 하는데, 이 경우 세원잠식 대가는 회사의 관계인이 아닌 은행에 대한 금융채무의 지급을 포함하지 않는다. 즉, 2항 f목의 세원잠식 방지요건과 달리, 회사의 관계인이 아닌 은행에 그 회사가 지급하는 이자는 5항의 세원잠식 방지요건의 목적상 세원잠식 대가로 보지 않는다.(OE §29-98)

또한, '특별조세제도'에 해당하는 제도로 혜택을 받는 관계인에게 지급되는 소득에 대하여 특정 조약규정의 적용을 거부하거나, 지분에 대하여 간주이자공제를 규정하는 국내법규정으로 혜택을 받는 관계인에게 지급되는 이자에 대하여 이자소득조항의 적용을 거부하고자 하는 국가들은 체약국 중 하나의 거주자이지만 그에게 지급되거나 계상되는 공제되는 대가와 관련하여 그러한 특별조세제도 또는 간주이자공제로 혜택을 받는 사람을 '부적격자'의 목록에 포함할 수 있다.(OE §29-99)

회사가 조약에 따른 혜택을 받고자 하는 배당이나 이자를 수취하는 과세연도에 대하여 5항의 6가지 조건들을 검토해야 한다. 해당 과세연도에 위에서 언급된 둘째, 셋째 또는 넷째 조건을 충족하지 못하는 회사는 직전 4개 과세기간(조약혜택을 받으려는 대가를 포함하는 과세기간 제외) 동안 해당비율의 평균이 그 요건을 충족하는 경우 본점으로 간주된다.(OE §29-100)

2.6 체약국 재량에 의한 구제

> **OECD모델 29조 6항**: 한 체약국 거주자가 이 조 2항의 규정에 따른 적격자가 아니고 또한 3항, 4항 또는 5항에 따른 혜택을 받을 자격이 없는 경우, 해당 규정에 따라 혜택을 거부하는 체약국 관할당국은 그럼에도 불구하고 이 조약의 목적을 고려하여 이 조약의 혜택 또는 특정 소득이나 자본의 종목에 대한 혜택을 부여할 수 있다. 다만, 이 경우 그 거주자는 그 설립, 취득이나 유지 또는 사업의 수행이 이 조약에 따른 혜택을 얻기 위한 주목적으로 이루어진 것이 아니라는 점을 그 관할당국에 제시해야 한다. 이 항에 따라, 상대체약국 거주자가 혜택을 신청한 체약국의 관할당국은 그 신청을 인정하거나 거부하기 전에 상대방 관할당국과 협의한다.

한 체약국 거주자가 조약혜택을 받을 자격이 없는 경우 그 거주자는 6항에 따라 혜택을 거부한 국가의 관할당국에 혜택을 부여하도록 신청할 수 있다.(OE §29-101) 신청이 이루어지는 경우, 신청을 받은 관할당국은 조약의 목적을 고려하여 조약상 혜택 또는 특정 소득이나 자본 종류에 대하여 혜택을 부여할 수 있지만, 이 경우 그 거주자는 사업의 설립, 취득이나 유지 또는 사업의 수행이 조약에 따른 혜택을 얻기 위한 주목적으로 이루어진 것이 아니라는 점을 그 관할당국에게 납득시켜야 한다. 따라서 조약혜택을 받을 주목적으로 체약국 중 하나에 사업을 설립하는 사람은 6항에 따른 조약혜택을 받을 수

없다.(OE §29-102)

그 사람이 6항에 따른 혜택을 받으려면, 혜택을 부여하는 국가의 관할당국을 납득시키기 위해서, 첫째 사업의 설립, 취득이나 유지 또는 사업의 수행이 세무목적으로 이루어진 것이 분명히 아니며, 둘째 혜택의 부여는 조약의 목적에 반하지 않는다는 점을 입증해야 한다. 한 체약국 거주자 사업의 설립, 취득이나 유지 또는 사업의 수행이 조약에 따른 혜택을 받을 주목적이 아닌지를 판단할 때, 관할당국이 보통 고려해야 할 요소들 중 하나는 그 거주자가 거주지에 조세 이외의 실질적 연관성이 있는지 여부이다. 예를 들면, 제삼국에 모회사를 둔 거주 자회사의 경우, 해당 조약에 따른 원천세율이 원천지국과 제삼국 간 조세조약의 원천세율보다 낮다는 사실만으로 상대체약국에 대한 연관성이나 관련성을 입증한 것은 아니다. 마찬가지로, 체약국에 대한 연관성이나 관련성은 조세조약들의 네트워크를 포함하여 체약국의 유리한 국내법의 이점을 취하고자 한다는 사실로 입증될 수는 없다.(OE §29-103) 또한, 신청자의 거주지국 및 원천지국에서 양 체약국 국내법과 조약의 규정 및 목적을 고려할 때, 신청한 혜택으로 그 소득종류에 대한 비과세 또는 저율과세의 결과가 되는 경우 재량에 의한 혜택은 보통 부여되지 않는다. 예를 들면, 거주지국에서 혼성파생상품(hybrid instrument)에서 발생되는 소득을 면세하는 경우 원천지국에서 이에 대한 비용공제를 받는 혼성파생상품의 사용을 통해 이중비과세가 일어날 수 있다. 한편, 체약국들이 조약규정으로 양국에서 배당을 비과세 또는 저율과세하도록 정한 경우, 배당을 지급하는 한 국가의 거주회사가 그 회사의 상당부분을 소유하는 다른 국가의 거주회사에게 지급하는 배당에 대하여 양국에서 비과세 또는 저율과세된다는 사실은 조약의 목적에 반하지 않는다.(OE §29-104)

6항의 적용에 관련되는 모든 사실관계를 상세히 나열하는 것은 가능하지 않지만, 이러한 사실관계를 예시하자면 신청을 하는 거주자의 과거이력, 구조, 소유 및 사업활동, 그 거주자가 조세 이외의 이유로 비거주자가 최근에 취득한 오래된 단체인지 여부, 그 거주자가 실질적 사업활동을 수행하는지 여부, 혜택을 신청한 그 거주자의 소득이 이중과세의 대상인지 여부 및 그 거주자의 설립 및 사용이 소득에 대한 비과세 또는 저율과세를 초래하는지 여부 등이 있다.(OE §29-105)

6항에서 '그 주목적의 하나'에 대한 언급은 조세조약에 따른 혜택을 받는 것이 그 사람의 설립, 취득이나 유지 또는 사업수행을 위한 유일하거나 주된 목적이 될 필요는 없다는 의미이다. 주목적의 하나가 조약혜택을 받는 것이면 충분하다. 관할당국이 모든 관련 사실관계를 고려하여 조약에 따른 혜택을 받는 것이 주된 의도는 아니며 그 사람의 설립, 취득이나 유지 및 그 사업수행의 목적이 아니라고 판단하는 경우, 그 사람에게 조약상 혜택이나 특정 소득이나 자본 종류에 대한 혜택을 부여할 수 있다. 그런데, 그 사람의 설립, 취득이나 유지 및 그 사업수행이 여러 조약들에 따른 비슷한 혜택을 받을 목적으로 이루어지는 경우, 다른 조약들에 따른 혜택을 받았다고 하여 한 조약에 따른 혜택을 받는 것이 이러한 활동을 위한 주목적이 아니라고는 할 수 없다.(OE §29-106)

6항에 따른 신청은 보통 한 체약국 거주자가 상대체약국의 관할당국에게 하지만, 한 체약국 거주자가 자신의 거주지국 관할당국에 6항에 따른 구제를 하여 줄 것을 신청하는 경우도 있다. 이는 이중과세 방지규정의 혜택과 같은 조약혜택을 거주지국이 부여하는 경우이다.(OE §29-107)

관할당국이 6항의 요건에 따라 재량을 행사하는 경우, 관할당국에 광범위한 재량을 인정하며 관할당국의 결정을 조약규정에 부합하지 않는 과세에 이르는 행위로 보지 않는다. 그런데, 6항에 따라 한 체약국 관할당국은 결정을 하기 전에 관련 사실관계를 고려해야 하며, 상대체약국 거주자가 신청한 혜택을 부여하거나 거부하기 전에 상대체약국 관할당국과 협의해야 한다. 첫째 요건은 관할당국이 각 요청을 개별적으로 검토하도록 보장하는 것이며, 또한 상대체약국과 협의해야 한다는 요건은 체약국들이 비슷한 사안들을 동일한 방법으로 처리하도록 보장하고 특정사안의 사실관계에 근거한 결정을 정당화 할 수 있다. 그렇지만, 이 협의과정은 신청을 받은 관할당국이 상대방 관할당국의 동의를 얻어야 한다는 의미는 아니다.(OE §29-108)

6항에 따라 신청을 받은 관할당국은 혜택을 부여하지만, 신청한 납세자에게 조약의 모든 혜택을 부여하거나 일부 혜택만 부여할 수 있다. 예를 들면, 3항과 같은 방법으로 특정 소득종류에 대하여만 혜택을 줄 수 있다. 더 나아가, 관할당국은 부여한 구제기간에 대한 시한과 같은 조건을 정할 수 있다.(OE §29-109)

신청은 신청을 하는 사람의 설립, 취득 또는 유지 시점의 이전(예 예규신청을 통해) 또는 이후에 이루어질 수 있다. 그렇지만, 혜택을 받기 전에 신청이 이루어져야 한다. 관할당국이 혜택을 부여하기로 결정하는 경우, 혜택은 해당 조약규정의 효력발생 시기까지 소급하거나 또는 신청을 한 사람의 설립 또는 취득 시기까지 소급하여 부여될 수 있는데, 이 경우 모든 사실관계에 따라 혜택의 소급적용이 정당해야 한다.(OE §29-110) 구제의 신청을 접수한 관할당국은 그 신청을 신속히 처리해야 한다.(OE §29-111)

재량적 구제에 대한 신청을 검토해야 할 부담을 감소시키고 불필요한 신청을 제한하기 위해, 체약국은 재량적 구제에 해당하거나 해당하지 않는다고 생각하는 유형에 대한 지침을 공개하는 것이 유용하다고 생각할 수 있다. 그런데, 어떤 사람이 혜택을 부여하도록 관할당국을 설득할 수 있다는 합리적인 이유를 가진 경우, 체약국이 신청인에게 부과하는 행정적 조건 때문에 그 사람이 신청을 못하도록 방해해서는 안 된다.(OE §29-112)

2.7 용어의 정의

(1) 공인증권거래소(recognised stock exchange)

OECD모델 29조 7항 a) '공인증권거래소'는 다음을 의미한다.
(i) [서명일 현재 합의된 증권거래소의 목록]; 또한
(ii) 체약국들의 관할당국들이 합의한 다른 증권거래소

'공인증권거래소' 정의에 양 체약국들이 조약서명 당시에 특정하기로 합의한 증권거래소들을 포함한다. 이에는 보통 체약국의 거주자인 공개거래 회사들이나 단체들의 주식이 활발히 거래되는 체약국에 설립된 증권거래소들이 포함되지만, 정의에서 특정하는 증권거래소가 꼭 체약국들 중 하나에 설립된 것일 필요는 없다. 이는 금융시장의 세계화와 대규모 금융센터의 중요성 때문에 많은 공개회사들이 거주지국 밖에 소재하는 하나 이상의 증권거래소에서 그 회사들의 주식을 활발히 거래하고 있다는 사실을 고려한 것이다.(OE §29-116)

정의에 포함되어야 할 목록에는 특정 증권거래소의 이름이 포함된다. 또한 '공인증권거래소'에 해당하는 여러 증권거래소의 일반적 설명을 포함할 수 있다. 예를 들면, 미국의 경우 이러한 일반적 설명은 '1934년 미국 증권거래법에 따른 국가 증권거래소에 해당하는, 미국 증권거래위원회에 등록한 모든 증권거래소'가 된다. 체약국들이 공식적으로 인정된 유럽연합 증권거래소를 포함하려 하는 경우, 이러한 일반적 설명은 '유럽연합의 구성원인 국가 또는 유럽경제지역합의(Agreement on the European Economic Area) 당사국에 설립되고, 유럽연합 금융상품시장규정(Markets in Financial Instruments Directive, 2004/ 39/EC) 또는 이를 대체하는 규정에 따라 규제되는 모든 증권거래소'가 된다.(OE §29-117)

정의에 따라 체약국 관할당국은 추가합의를 통해 조약서명 당시에 정의에서 특정한 증권거래소의 목록을 보완할 수 있다.(OE §29-118) 정의에 포함되는 증권거래소는 그 증권거래소에 상장된 단체들의 주식이 실제로 공개거래될 수 있도록 일정 요건을 정해야 한다. 증권거래소가 정의에 열거되어야 하는지 또는 앞에서 언급된 관할당국 합의를 통해 나중에 목록에 추가되어야 하는지를 결정할 때 다음 요소들을 고려해야 한다.(OE §29-119)

- 증권거래소에 회사를 등록하기 위한 요건/기준이 무엇인가?
- 최소재무기준을 포함하여, 증권거래소에 계속 상장되기 위한 요건/기준은 무엇인가?
- 증권거래소에서 주식을 거래하는 회사들에 대한 연간/중간 공시 또는 보고 요건은 무엇인가?
- 1역년에 그 증권거래소에서 거래되는 주식의 수량은 어느 정도인가?
- 증권거래소를 규제하는 규정은 상장주식의 활발한 거래를 보장하나? 보장한다면 어떻게 보

장하나?
- 증권거래소에 상장된 회사들은 재무정보와 회사의 재무상황에 중요한 영향을 미치는 사건에 대한 정보를 공개할 의무가 있나?
- 증권거래소에 상장된 회사들의 거래수량 및 전반적 주식소유에 대한 정보를 공개적으로 구할 수 있나?
- 증권거래소는 거래소에서 주식을 거래하는 회사들에 대하여 최소 자본이나 종업원수와 같은 최소규모요건을 정하고 있나?
- 증권거래소가 주식공개 최소비율을 정하고 있나? 있다면 최소금액은 얼마인가?
- 증권거래소에 상장된 회사의 경우, 회사주식의 가격이 자유로이 협의되고 대가가 전부 지급되나?
- 증권거래소는 일정시간 내에 상장회사의 주식가격을 공개하나?
- 증권거래소가 소재지국의 정부기관에 의해 규제되고 감독되나?
- [현행목록에 새로운 증권거래소를 추가하는 경우] 회사가 조세조약에서 '공인증권거래소'로 이미 인정된 거래소를 포함하여 기존거래소 보다 새로운 증권거래소를 선호하는 이유가 무엇인가? 예를 들면, 새 거래소에서는 기업지배구조와 재무정보공개의 요건이 더 적은가?
- [현행목록에 새로운 증권거래소를 추가하는 경우] 새로운 증권거래소는 자본조달을 위한 더 효과적인 수단을 제공하나? 그렇다면 어떻게 제공하나?

(2) 주식(shares)

OECD모델 29조 7항 b) 회사가 아닌 단체들의 경우, '주식'은 주식에 상당하는 수익권(interests)을 말한다.

'주식'이란 용어의 확실한 정의를 포함하지 않으며, 국내법에서 가진 의미를 일반적으로 적용한다. 그렇지만, b목은 주식을 발행하지 않은 단체(예 신탁)에 대하여 사용되는 '주식'은 주식에 상당하는 수익권을 말한다고 규정한다. 이는 보통 그 단체의 소득이나 자산을 그 소유자에게 배분하는 수익권을 의미한다.(OE §29-120)

(3) 주된 종류의 주식(principal class of shares)

OECD모델 29조 7항 c) '주된 종류의 주식'이란 회사나 단체의 일반 또는 보통 주식을 말하며, 총 의결권 및 가치의 다수를 반영한다. 단일 종류의 일반 또는 보통 주식이 그 회사나 단체의 총 의결권 및 가치의 다수를 반영하지 않는 경우, '주된 종류의 주식'은 총 의결권 및 가치의 다수를 반영하는 종류들의 주식이다.

'주된 종류의 주식'에 대한 정의는 회사나 단체의 일반 또는 보통 주식으로, 그 종류의 주식이 총 의결권 및 가치의 다수를 반영하는 경우로 한정한다. 회사나 단체가 한 종류의 주식을 가지고 있다면, 그 종류의 주식은 자연적으로 '주된 종류의 주식'에 해당한다. 회사나 단체가 한 종류 이상의 주식을 가지고 있다면, 어느 종류의 주식이 '주된 종류의 주식'에 해당하는지 판단할 필요가 있는데, 이는 합산하여 그 회사나 단체의 총 의결권 및 가치의 다수를 반영하는 종류의 주식 또는 여러 혼합종류의 주식을 말한다. 회사나 단체가 총 의결권 및 가치의 다수를 반영하는 일반 또는 보통 주식을 가지고 있지 않다면, '주된 종류의 주식'은 합산하여 그 회사나 단체의 의결권 및 가치의 다수를 반영하는 혼합종류의 주식을 말한다. 여러 종류의 주식을 가진 회사에서 여러 종류주식의 그룹 여러 개가 그 회사의 총 의결권 및 가치의 다수를 반영하는 경우도 있지만, 그 회사가 조약혜택을 받기 위해서는 2항 c목의 조건을 충족하는 한 그룹의 주식을 특정할 필요가 있다.(회사나 단체의 총 의결권 및 가치의 다수를 반영하지만 2항 c목의 조건을 충족하지 못하는 주식의 둘째 그룹이 식별되는 경우라도 그 회사나 단체에 혜택이 거부되지 않는다).(OE §29-122)

몇몇 국가에서 일부 상장거래회사들에게 이중상장 회사제도(dual listed company arrangement)가 적용되며, 이 국가들은 '주된 종류의 주식'의 정의 때문에 이 회사들이 조약혜택을 부적절하게 거부당하지 않도록 보장하기 위해 이 회사들의 상황을 명시적으로 언급할 수 있다. '이중상장 회사제도'란 두 모회사 간에 일련의 합의를 통해 각자가 증권거래소에 상장하고, 예를 들면 특별의결권주식을 만드는 등 각자의 정관에 특별규정을 넣어 관리, 운영, 주주권리, 목적 및 사업의 공통성을 반영하는 일부 상장회사들이 채택하는 제도를 말한다. 이러한 구조에서, 두 모회사의 주주들의 입장은 흡사 단일회사의 주식을 보유하는 것과 같은데, 동일한 배당권과 청산할 때 이중상장회사들의 자산을 배분받을 동일한 권리를 가진다. 이에 따라, 이러한 회사들의 상황을 언급하고자 하는 국가들은 '주된 종류의 주식'의 정의에 '이중상장 회사제도를 사용하는 회사의 경우, 주된 종류의 주식은 이중상장 회사제도를 적용하기 위해 발행된 특별의결권주식을 제외하고 결정된다.'는 문단을 넣을 수 있다.(OE §29-123) 이러한 추가문단에 '이중상장 회사제도'의 정의를 추가하여 보완할 수 있다.(OE §29-124)

그런데 다른 국가들은 7항에 이중상장 회사제도에 대한 특별한 언급을 포함하지 않으려고 할 수 있는데, 이는 조세회피목적으로 이러한 제도를 사용할 수 있다는 생각 때문이며, 이에 따라 재량에 따른 구제조항과 같은 다른 조항을 통해 합법적인 이중상장 회사제도를 사안별로 언급할 수 있다.(OE §29-125)

(4) 관계인(connected person)

OECD모델 29조 7항 d) 한 사람이 다른 사람의 수익지분의 50% 이상(또는 회사의 경우 그 회사의 총 의결권 및 가치의 50% 이상)을 직간접으로 소유하거나, 또는 또 다른 사람이 그 두 사람의 수익지분의 50%(또는 회사의 경우 그 회사의 총 의결권 및 가치의 50% 이상) 이상을 직간접으로 소유하는 경우 두 사람은 관계인이다. 사실관계에 근거할 때 한 사람이 다른 사람을 통제하거나 두 사람이 동일한 사람 또는 사람들의 통제하에 있는 경우 그 두 사람은 관계인에 해당한다.

'관계인(connected person)'이란 용어의 정의는 5조의 '밀접한 관련(closed related)'의 정의와 여러모로 비슷하지만, 중요한 차이는 수익지분 50%의 직간접 소유로 한 사람이 다른 사람의 '관계인'이 되는 반면, '밀접한 관련'의 정의는 수익지분의 50%를 초과하는 직간접 소유를 요건으로 한다.(OE §29-126) 일부 국가들은 '특별조세제도'에 해당하는 제도로 혜택을 받는 관계인에게 지급되는 소득에 대하여 특정 조약규정의 적용을 거부하기 위해서 또는 지분과 관련하여 간주이자공제를 규정하는 국내법 규정으로 혜택을 받는 관계인에게 지급되는 이자에 대하여 이자소득조항의 적용을 거부하기 위해서는 조약에 그러한 규정들이 있어야 한다고 생각한다. 이러한 규정들이 조약에 포함되어 있는 경우, 체약국들은 조약의 '일반적 정의'규정에 '관계인'의 정의를 포함하는 것이 적절하다고 생각할 것이다.(OE §29-127)

(5) 간주 실질귀속자(equivalent beneficiary)

OECD모델 29조 7항 e) '간주 실질귀속자'란 다음을 말한다.
(i) 한 국가 거주자로서:
A) 2항 a), b), c), 및 e목과 비슷한 규정들에 따라 혜택의 신청대상 체약국과 한 국가 간 이중과세방지조약의 모든 혜택을 받을 자격이 있는 거주자, 또는 거주자의 다국적 기업그룹의 구성원이 지급하는 이자나 배당에 대하여 혜택을 받고자 하는 경우 그 거주자는 29조 5항과 비슷한 해당 조약 규정에 따른 혜택을 받을 자격이 있다. 다만, 그 조약에 상세한 혜택제한규정이 없다면, 그 조약은 그 조약에 2항 a), b), c) 및 e목(해당 목의 요건적용에 대한 정의를 포함)이 포함되어 있는 것처럼 적용된다. 또한,
B) 1) 배당소득조항, 이자소득조항 또는 12조에서 언급된 소득에 대하여, 거주자가 그 소득을 직접 수취하는 경우 해당 조약, 국내법규정 또는 다른 국제합의에 따라 그 거주자는 이 조약에 따른 혜택을 받을 수 있는 그 소득에 대하여 이 조약에서 적용되는 세율보다 작거나 같은 세율을 적용받을 자격이 있다. B)의 목적상 4항에 따라 회사가 배당에 대하여 배당소득조항의 혜택을 받고자 하는 경우:
I) 그 거주자가 개인이고 그 회사가 배당이 지급되는 소득을 산출하는, 또한 이와

유사하거나 보완적인, 사업에 실질적으로 관련되는 거주 체약국에서 적극적 사업활동을 영위하는 경우, 그 개인은 회사로 간주된다. 혜택을 받고자 하는 회사의 관계인인 사람이 수행하는 활동은 그 회사가 수행하는 것으로 간주된다. 사업활동이 실질적인 것인지는 모든 사실관계에 근거하여 판단한다. 또한,

II) 그 거주자가 회사인 경우(회사로 취급되는 개인 포함), 그 거주자가 이 조약에 따라 적용되는 세율보다 작거나 같은 세율을 적용받을 자격이 있는지 결정할 때 그 거주자가 보유하는 배당지급회사자본의 간접보유지분은 직접 보유하는 것으로 본다. 또는

2) 이 조약 7, 13 또는 21조에 언급된 소득종류와 관련하여, 이 조약에 따라 받을 수 있는 혜택과 같은 혜택을 받을 자격이 있다. 또한

C) 한 거주자가 (i)의 A) 및 B)의 요건을 충족함에도 불구하고 혜택을 받고자 하는 회사 거주 체약국 법에 따라 투과기업을 통해 소득종류를 수취하는 경우, 이 조 4항에 따라 혜택을 받으려는 회사가 아니라 그 거주자 자신이, 그 회사가 이를 통해 간접적으로 소득을 수취하는, 그 단체를 소유하였다면 1조 2항과 비슷한 규정에 따라 그 소득종류를 그 거주자의 소득으로 보지 않는 경우, 그 거주자는 그 소득종류에 대한 간주 실질귀속자에 해당하지 않는다.

(ii) 2항 a), b), c) 또는 e목을 이유로 이 조약의 혜택을 모두 받을 자격이 있는, 이 조 4항의 2차적 혜택을 받으려는, 회사와 같은 체약국 거주자 또는 그 거주자의 다국적기업그룹의 구성원이 지급하는 이자나 배당에 대하여 혜택을 받으려는 경우 그 거주자는 5항에 따른 혜택을 받을 자격이 있다. 다만, 5항에 언급한 거주자의 경우, 거주자가 그러한 이자나 배당을 직접 수취한다면, 그 거주자는 해당 소득에 대하여 4항의 2차적 혜택을 받으려는 회사에게 이 조약에 따라 적용되는 세율보다 작거나 같은 세율을 적용받을 자격이 있다. 또는,

(iii) 2항 a), b), c) 또는 e목을 이유로 이 조약의 모든 혜택을 받을 수 있는 이 조약의 혜택을 받으려는 체약국 거주자. 다만, 4항의 2차적 혜택을 받으려는 회사의 총 의결권 및 가치(또한 불균등종류 주식)에 대한 그 거주자 소유권이 그 회사의 총 의결권 및 가치(또한 불균등종류 주식)의 25%를 넘지 않아야 한다.

'간주 실질귀속자' 정의는 2차적 혜택요건과 관련되며 또한 집합투자기구와도 관련된다.(OE §29-131) 정의에 따라 '간주 실질귀속자'에 해당하는 3가지 다른 유형의 사람이 있을 수 있다.(OE §29-132)

첫째 유형은 거주지국과 혜택을 받으려는 국가 간 조세조약의 모든 혜택을 받을 자격이 있는 제삼국 거주자를 말한다. 한 회사가 5항과 비슷한 규정을 둔 해당 조약에 따른 본점요건에 의해 조약혜택을 받을 수 있다면 그 회사는 또한 (i)의 간주 실질귀속자인데, 다만 그 회사가 받으려는 혜택은 그 간주 실질귀속자의 구성원이 지급하는 이자나 배당과 관련된 것이어야 한다. 해당 조약에 포괄적 혜택제한 조항(comprehensive limitation on benefits article)이 없다면, 제삼국 거주자가 해당 조약에 2항 a, b, c 및 e목의 규정이 포함

되어 있는 것처럼 적용하고 그 포함되는 규정들 때문에 혜택제한규정들 중 하나를 충족하는 경우, (i)의 A)의 요건을 또한 충족하는 것이다.(OE §29-133) 아래 사례는 정의 (i)의 적용을 예시한다.(OE §29-134)

사례 A: R국 거주자 H사는 X사가 전적으로 소유하는 직접 자회사이다. X사의 주된 종류의 주식은 주로 X국에 소재하는 증권거래소에서 정기적으로 거래된다. H사는 제삼국에서 공개거래되는 제삼국 거주회사의 자회사이기 때문에, S국 · R국 조약 2항에 따른 혜택을 받을 자격이 없다. H사는 R국에서 적극적 사업을 수행하지 않으며, 따라서 3항에 따른 혜택을 받을 수 없다. H사는 S국 · R국 조약 이자소득조항의 10% 세율을 적용할 수 있는 S국에서 발생하는 이자를 수취하는 실질귀속자이다. H사가 그 조약 4항의 2차적 혜택요건에 따른 혜택을 받을 자격이 있는지 결정하기 위해서, X사가 7항의 간주 실질귀속자 정의를 충족하는지 판단해야 한다. S국 · X국 조약에는 포괄적 혜택제한규정이 있으며 이에는, 2항 c목과 사실상 비슷한, 주된 종류의 주식이 X국 증권거래소에서 주로 정기적으로 거래되는 회사에 대한 규정도 포함된다. S국 · X국 조약은 또한 각 국에서 발생되는 이자에 이자소득조항의 10% 세율을 적용하며, 따라서 X사는 간주 실질귀속자의 정의 (i)의 B) 요건을 충족한다. 그러므로 X사는 간주 실질귀속자이다.

사례 B: 사례 A와 사실관계는 비슷하다. 다만, S국 · X국 조세조약에는 포괄적 혜택제한규정이 없다. 이에 따라 X사가 간주 실질귀속자인지 결정하기 위해서 그 조약에 2항 a, b, c 및 e목의 규정(해당 규정을 적용하기 위한 관련 정의 포함)을 포함하는 것으로 보아 적용한다. 이 조약이 X 증권거래소를 포함하는 공인증권거래소를 정의한다고 할 때, X사의 주된 종류의 주식은 X사 거주지국에 소재하는 공인증권거래소에서 주로 거래된다. 그러므로 X사는 2항 c목을 충족하며 간주 실질귀속자에 해당한다. 그렇지만, X 증권거래소가 공인증권거래소로 이 조약에 포함되어 있지 않다고 한다면, X사는 간주 실질귀속자가가 아니다.

제삼국 거주자가 다음 중 하나만 해당한다면 간주 실질귀속자로 볼 수 없다. 왜냐하면, 그러한 거주자는 2항 a, b, c 또는 e목과 같은 규정에 따라 '적격자'가 아니기 때문이다.(OE §29-135)

- 2항 d목과 사실상 비슷한 공개거래 회사의 관계회사 요건
- 2항 f목과 사실상 비슷한 소유요건/세원잠식 방지요건
- 2항 g목에 포함되는 것과 사실상 비슷한 집합투자기구 요건
- 3항과 사실상 비슷한 적극사업 요건
- 4항과 사실상 비슷한 2차적 혜택 요건
- 6항과 사실상 비슷한 재량에 의한 구제규정
- OECD 모델 29조에 따른 요건이 아닌 해당 조약의 다른 혜택제한규정

일부 국가들은 송금기준으로 과세되거나 고정불/장기연지급(fixed fee/forfait) 기준으로 과세되는 개인에게 조약혜택을 제한하거나, 어떤 경우 거부할 수 있다. 체약국 간 조약이

그런 취지라면, 그 국가들은 또한 그러한 제삼국 거주개인들을 '간주 실질귀속자'의 범위에서 제외할 수 있다.(OE §29-136)

(i)의 B) 1)에서 간주 실질귀속자는, 해당 조약의 4항(2차적 혜택), 국내법 또는 다른 국제합의에 따른 혜택을 받고자 하는 회사가 수취하는 소득종류에 대해, 4항의 2차적 혜택을 받고자 하는 회사에 그 조약에서 적용되는 세율보다 작거나 같은 세율을 적용받을 수 있다고 규정한다. 따라서 비교되어야 하는 세율은, 첫째로 혜택을 받을 수 있는 경우 그 회사에게 지급되는 소득에 대하여 조약상 부과할 수 있는 원천지국의 세율이며, 둘째로 간주 실질귀속자가 원천지국으로부터 직접 그 소득을 받았다면 원천지국에서 부과하였을 세율이다.(OE §29-137) B) 1)에서 국내법이나 다른 국제합의에 따라 적용되는 경감세율을 고려해야 한다고 규정한다. 이 규정은 회사간 배당, 이자 및 사용료에 대한 원천세는 대부분 조세조약이 아니라, 예를 들면 유럽연합의 모자회사 및 이자와 사용료 지침(2011.11.30. 유럽의회지침 2011/96/EU)과 같은 규정에 따라 제거될 수 있다는 점을 염두에 둔 것이다. 아래 사례는 이를 예시한다.(OE §29-138)

> 사례: E사는 E국 거주회사로 A국 거주자 A사를 전적으로 소유한다. A사는 U국 거주자 U사를 전적으로 소유하며 U국에서 발생한 이자를 수취한다. A국 · U국 조약은 간주 실질귀속자의 정의를 포함하며, 이자의 원천징수를 면제한다. E국 및 U국은 모두 유럽연합 회원국들이다. 이자와 사용료 지침에 따라 U사가 E사에게 지급한 이자는 U국에서 과세되지 않는다. 따라서 E국 · U국 조세조약이 이자의 원천과세를 허용함에도 불구하고, E사는 A국 · U국 조세조약의 간주 실질귀속자의 정의 (i) B) 1)을 충족한다.

(i)의 B) 1) (I)은 배당에 적용되는 규정을 두는데, B) 1)의 세율비교를 위해 개인을 회사로 간주한다. 개인이 실질적으로 수취하는 배당은 배당소득조항에 따른 낮은 세율을 적용받을 수 없는 반면 회사는 일정 요건을 충족하면 낮은 세율을 적용받을 수 있기 때문에, 만약 이 규정이 없다면, 4항의 2차적 혜택을 받으려는 회사의 개인주주들은 다른 회사에 실질적으로 참여하여 수취하는 배당의 경우 일반적으로 간주 실질귀속자로서의 자격이 없다. 세율비교를 위해 개인을 법인으로 취급하도록 함으로써, 이 규정은, 4항의 2차적 혜택을 받고자 하는 회사를 간주 실질귀속자가 95% 이상 소유하는지 결정할 때, 개인이 직간접으로 소유하는 주식을 2항 c목에 언급한 회사가 소유하는 것으로 보아 포함시키도록 허용한다.(OE §29-139)

B) 1) I)의 규정을 적용받기 위해서, 4항의 2차적 혜택을 받고자 하는 회사는 거주지국에서 적극적 사업활동을 영위해야 한다. 이 규정에서, 4항의 2차적 혜택을 받고자 하는 회사가 거주지국에서 배당을 지급하는 소득을 산출하는 사업과 실질적으로 관련되는, 또는 그 사업과 유사하거나 보완적인, 적극적 사업활동을 영위하는 경우에만 (i) A)의 요

건을 충족하는 개인주주를 2항 c목의 회사로 간주한다. B) 1) I)의 요건은 3항의 적극적 사업활동요건과 비슷하지만, 4항의 2차적 혜택을 받고자 하는 회사가 적극적으로 수행하는 사업으로부터 원천지국 소득이 창출되어야 한다는 요건이 없다는 점에서 정확히 같지는 않다. '적극적 사업활동'이란 표현은 3항 a목과 같은 의미이며, 따라서 그 목의 (i)부터 (iv)까지 열거한 활동들을 포함하지 않는다. 4항의 2차적 혜택을 받으려는 회사가 한 체약국에서 적극적 사업활동을 하는지 판단할 때, 그 회사의 관계인이 수행한 활동은 그 회사가 수행한 것으로 본다. '실질적으로 관련된(substantial in relation to)'이란 표현은 3항 c목과 같은 의미이다. 그런데 그러한 실질성 요건은 관계인으로부터 배당을 수취하는지 여부와 상관없이 적용되어야 한다. 한편, 상대체약국으로부터 수취한 배당에 대해 혜택을 받기 위해, 3항 a목의 요건과 같이 4항의 2차적 혜택을 받으려는 회사의 적극적 사업으로부터 산출될 필요는 없는데, B) 1) I)의 목적상 거주지국에서 수행되는 적극적 사업은 원천지국에서 수행된 적극적 사업활동과 '유사하거나 보완적'이면 되고, 원천지국에서 수행된 적극적 사업과 '동일하거나 보완적'일 필요는 없기 때문이다.(OE §29-140) 아래 사례는 B) 1) I)의 적용을 예시한다.(OE §29-141)

사례: R사는 R국 거주회사이다. R사는 R국에서 적극적 사업활동을 영위하며, 이는 S국 거주회사 S사의 사업과 비슷하다. R사는 13개월 동안 R국 거주자였으며, 또한 13개월 동안 S사의 지분 25%를 소유하고 있다. 개인 Y는 R사의 단독주주이며 Y국 거주자이다. S국 · Y국 조약 그리고 S국 · R국 조약의 배당소득조항 2항은 OECD모델과 같다. 그러므로 R사는 배당에 적용되는 낮은 세율에 대하여 배당소득조항에 정한 요건을 충족한다. 그런데, B) 1) I)이 없다면, 개인 Y가 S사로부터 직접 배당을 수취하는 경우 배당소득조항에 따라 15% 세율만 적용받기 때문에 R사는 낮은 세율을 적용받을 수 없다. 그렇지만, B) 1) I)의 규정 덕분에 Y는 세율비교요건의 목적상 S국 · R국 조약 2항 c목의 의미에서 회사로 간주되는데, 이는 R사가 세율비교요건을 충족한다는 의미이다. 그러므로 다른 모든 조건들(세원잠식 방지요건 및 배당소득조항의 실질소유요건)을 충족한다면, R사는 S사가 지급하는 배당에 대하여 S국 · R국 조약 배당소득조항의 낮은 세율을 적용받을 수 있다.

B) 1) II)은 세율비교요건의 목적상 간주 실질귀속자가 보유하는 것으로 간주하는 배당지급회사의 지분비율을 결정하기 위한 원칙을 규정하는데, 이는 B) 1) I)와 마찬가지로 배당소득조항에 따라 간주 실질귀속자가 직접 배당을 수취하는 경우 적용되는 낮은 세율에 영향을 미친다. 이러한 목적으로, B) 1)에서 설명한 세율비교요건을 적용할 때 간주 실질귀속자가 간접 보유하는 배당지급회사 지분은 직접 보유하는 것으로 본다. 아래 사례는 B) 1) II)의 적용을 예시한다.(OE §29-142)

> **사례:** X사와 Y사는 R국 거주회사 R사의 지분을 각각 50%씩 직접 소유한다. 13개월 동안 R사는 S사의 지분 25%를 보유하며, 계속 R국의 거주자였다. S국은 R국, X국 및 Y국과 조약을 체결하고 있으며, 이들 조약 배당소득조항 2항은 OECD모델과 같다. X사는 X국 거주자이며 S국 · R국 조약 2항 c목에 따라 적격자에 해당한다. Y사는 Y국 거주자이며 또한 S국 · R국 조약 2항 c목에 따라 적격자에 해당한다. 그러므로 X사와 Y사는 모두 간주 실질귀속자 정의의 A)를 충족한다. 그런데, X사와 Y사가 S국과의 각 조세조약에 따라 적용받을 수 있는 X사가 지급하는 배당에 대한 세율을 결정할 때, B) 1) II)에 따라 X사와 Y사는 각각 S사의 지분 12.5%를 직접 보유하는 것으로 간주된다.(S사 지분 25%의 50%는 12.5%로, 이는 X사 및 Y사가 각각 S사의 지분을 직접 보유하는 것으로 보는 간접보유 지분이다.) 그러므로, X사와 Y사는 배당소득조항 2항 a목의 낮은 세율을 받을 자격이 없으며, B) 1)에 따른 세율비교요건을 충족하지 못하기 때문에 간주 실질귀속자로 볼 수 없다.

(i) B) 2)는 사업소득, 양도소득 또는 기타소득에 해당하는 소득종류에 대한 2차적 혜택규정이다. 간주 실질귀속자는 조약에 따라 사업소득, 양도소득 또는 기타소득에 적용되는 혜택과 같은 호혜적 혜택을 해당 조약에 따라 받아야 한다. 이에 따라 비교되어야 하는 혜택은, 첫째로 2차적 혜택을 받고자 하는 회사가 해당 소득종류에 대하여 혜택을 받을 자격이 있는 경우 4항의 2차적 혜택에 따라 원천지국이 그 회사에게 부여하는 혜택과, 둘째로 간주 실질귀속자가 그 소득을 직접 수취하는 경우 원천지국이 간주 실질귀속자에게 부여하였을 혜택이다. 아래에서 B) 2)의 사례를 예시한다.(OE §29-143)

> **사례:** R사는 R국 거주회사이며, X국에서 공개거래되는 거주회사 X사는 R사를 전적으로 소유한다. R사는 S국에 대형 사무복합빌딩을 건설하는 계약을 체결한다. S국 · R국 조약 규정에 따라, 건설현장은 12개월 이상 지속되는 경우에만 국내사업장을 구성한다. 그렇지만, S국 · X국 조약 규정에 따라 건설현장은 6개월 이상 지속되는 경우 국내사업장을 구성한다. 그 건설현장이 6개월 초과 12개월 미만 지속되는 경우, X사는 S국 · X국 조약 7조에 따라 S국 · R국 조약 7조에 따른 적격자가 받을 수 있는 동일한 보호를 받을 수 없기 때문에, X사는 간주 실질귀속자가 될 수 없다.

4항의 2차적 혜택을 받고자 하는 회사의 거주지국 법에 따른 투과기업을 통해 소득종류를 수취하는 경우, (i) C)에서 추가적 제한을 규정한다. 이 경우, 회사가 2차적 혜택을 받으려는 조약규정과 검토대상 조약규정을 비교할 때 거주자가 A) 또는 B)의 요건을 충족함에도 불구하고, 4항의 2차적 혜택을 받으려는 회사가 아닌 그 거주자가 회사가 혜택을 주장하는 소득종류를 지급받은 경우 1조 2항과 같은 규정에 따라 해당 소득종류를 그 거주자의 소득으로 보지 않는다면, 그 거주자는 C)의 요건을 충족하지 못한다. 아래 사례는 C)의 적용을 예시한다.(OE §29-144)

사례: R사는 R국에 상장된 거주회사로, S국에 설립된 파트너십 P를 통해 S국 거주회사 S사를 소유한다. P는 S국 국내법에 따라 과세제외되며, R국 국내법에 따라 회사로 취급된다. 이에 따라 P를 통해 S사에게 지급되는 배당은 R사가 수취하는 것으로 보지 않으므로, 배당소득조항에 따라 S국 원천과세의 경감을 받을 수 없다. R사는 P와의 사이에 X국 거주자 X사를 둔다. X국 국내법에 따라 P는 과세제외되므로, S사가 P에게 지급하는 배당을 X사가 수취하는 것으로 본다. S국 · X국 조약은 혜택제한규정을 포함한다. 해당 조약에서 규정하는 배당의 원천징수경감을 받기 위해, X사는 2차적 혜택요건을 충족해야 한다. S국 · X국 조약의 배당소득조항에 따른 배당세율은 S국 · R국 조약의 배당소득조항과 같으며, (i) A)의 요건을 충족하지만 X사가 아닌 R사가 파트너십 P를 통해 S사를 소유한다면 R사가 배당을 수취한 것으로 볼 수 없다. 따라서 C)에 따라 R사는 간주 실질귀속자가 아니므로, X사는 P를 통해 S사가 지급한 배당에 대하여 4항의 2차적 혜택을 받을 자격이 없다.

'간주 실질귀속자'에 해당하는 사람의 둘째 유형(정의 (ii))은 4항의 2차적 혜택을 받고자 하는 동일 체약국 거주자들에게 적용된다. 그 사람들은 본점으로서 2항 a, b, c나 e목, 또는 5항을 이유로 혜택을 받을 수 있는 경우 간주 실질귀속자가 된다. 그런데, 본점은 그 다국적기업그룹의 구성원으로부터 이자나 배당을 받는 경우에만 4항의 2차적 혜택을 받으려는 회사의 간주 실질귀속자가 된다. 그렇지만, 세율비교요건은 상대체약국으로부터 배당이나 이자를 수취하는 5항의 본점요건을 충족하는 모든 거주자에게 적용된다. 그 요건은 본점은 배당이나 이자에 대하여 최소한 4항의 2차적 혜택을 받으려는 회사와 동일한 조약혜택을 받을 수 있다는 점을 확인하기 위한 것으로, 예를 들면 조약의 이자소득조항이 일반적으로 이자에 대한 원천과세를 면제하지만 다국적기업그룹 구성원이 본점에 지급하는 이자에 대해서는 면제하지 않는 경우, 본점은 비슷한 이자대가에 적용되는 조약상 원천비과세를 받을 수 있는 회사의 간주 실질귀속자가 아니다.(OE §29-145)

'간주 실질귀속자'에 해당하는 사람의 셋째 유형(정의 (iii))은 원천지국 거주자들에게 적용된다. 그 거주자들이 소유하는 2차적 혜택을 요구하는 회사 주식의 총 의결권 및 가치의 지분이 25%를 초과하지 않는다면, 그 사람들이 2항 a, b, c나 e목을 이유로 혜택을 받을 수 있는 경우 간주 실질귀속자가 된다. 4항 a목의 소유요건에 따라, 소유는 직간접을 모두 포함하지만, 간접소유의 경우 각 중간소유자는 '적격 중간소유자'여야 한다.(OE §29-146)

2차적 혜택에 대한 4항이 적용되는 경우, 간주 실질귀속자의 정의는 해당 조약에서 규정하는 구제보다 덜 호의적인 다른 조약에 따른 원천지국 과세의 구제를 받을 수 있는 사람을 제외한다. 일부 국가들은 다른 조약에서 규정하는 구제와 비슷하게 원천지국이 과세의 구제를 규정하여 두 조약들에서 규정하는 구제의 차이가 상대적으로 크지 않은 경우에도 모든 조약혜택을 거부하는 소위 절벽효과(cliff effect)의 문제를 언급하려 할 수 있다. 이러한 취급은 다른 조약에 따라 가능하였을 혜택에 상당하는 제한된 혜택을 부여하는 배당, 이자 및 사용료에 대한 대체규정을 통해 이루어질 수 있다.(OE §29-147)

(6) 불균등종류 주식

OECD모델 29조 7항 f) '불균등종류 주식'이란 회사의 특정 자산이나 활동으로 상대체약국에서 산출하는 소득에 대하여 주주에게 배당, 상환지급 등을 통해 불균등하게 높은 수익권을 부여하는 체약국들 중 하나의 거주 회사 또는 단체의 주식을 말한다.

혜택제한규정의 여러 부분에서 소유요건을 판단하는 데 쓰이는 '불균등종류 주식'의 정의에 따라, 주식 보유자가 특별 규정이나 조건이 없는 경우 받았을 것보다 더 많은 회사나 단체로부터의 소득을 상대체약국에서 수취할 수 있는 특별 규정이나 조건에 해당하는 주식을 발행하는 경우, 그 회사나 단체는 불균등종류 주식을 발행한 것이다. 따라서 예를 들면, 한 체약국 거주회사 발행주식의 일부가 상대체약국에서 그 회사의 사용자산에 대한 수익을 측정하는 공식에 기초하여 배당을 지급하는 '추종 주식(tracking shares)'인 경우, 그 회사는 '불균등종류 주식'을 두고 있는 것이다. 이는 다음 사례로 예시된다.(OE §29-148)

사례: A사는 A국 거주회사이다. A사는 보통주와 우선주를 발행하였다. 보통주는 A국 주요 증권거래소에 상장되어 있고 정기적으로 거래된다. 우선주는 의결권이 없지만 A국이 B국 제삼자 차입자로부터 수취하는 이자대가 상당금액의 배당을 그 보유자들이 수취할 수 있도록 보장한다. 우선주는 B국과 조세조약이 없는 제삼국 거주자인 단일 주주가 전부 소유한다. 보통주는 A사 가치의 50% 이상을 표현하며 의결권의 100%를 표현한다. 우선주 소유자는 B국에서 발생하는 A사의 이자소득에 상당하는 대가를 받을 수 있기 때문에 그 우선주는 '불균등종류 주식'에 해당하며, 이 주식은 공인증권거래소에서 정기적으로 거래되지 않으므로 A사는 2항 c목에 따른 혜택을 받을 자격이 없다.

(7) 주된 관리통제장소(primary place of management and control)

OECD모델 29조 7항 g) 한 회사의 '주된 관리통제장소'는 다음의 경우 거주 체약국에 있는 것으로 본다.

(i) 다른 국가가 아닌 그 체약국에서, 그 회사나 단체의 임원이나 고위 관리직원이 그 회사나 단체 및 그 직간접 자회사들을 위해 많은 전략, 재무 및 영업의 정책결정에 대한 책임을 일상적으로 수행하며 그 사람들의 직원이 그러한 결정을 준비하고 내리는데 필요

한 많은 일상적 활동을 수행하고; 또한

(ii) 다른 회사나 단체의 임원이나 직원보다, 그 임원이나 고위 관리직원이 그 회사나 단체 및 그 직간접 자회사들을 위한 많은 전략, 재무 및 영업의 정책결정에 대한 책임을 일상적으로 수행하며 그 사람들의 직원이 그러한 결정을 준비하고 내리는데 필요한 많은 일상적 활동을 수행한다.

'주된 관리통제장소'란 용어는 2항 c목과 5항과 관련된다. 이 용어는 거주자조항에서 2017년 이전에 사용되었고 국제운송소득조항을 포함한 여러 규정들에서 선박 및 항공기에 적용되었던 '실질적 관리장소'란 개념과 구분되어야 한다. 일부 국가들은 '실질적 관리장소'의 개념을 보통 가장 고위의 사람이나 사람들(예 이사회)이 회사의 사업수행에 필요한 핵심적 관리 및 상업적 결정을 하는 장소로 해석하였다. 이에 비하여 주된 관리통제장소는 회사나 단체(또한 그의 직간접 자회사들)의 관리에 대한 책임을 일상적으로 수행하는 장소를 말한다.(OE §29-149) 한 회사나 단체의 주된 관리통제장소는 다음 2가지 요건이 충족되는 경우에만 그 회사나 단체의 거주지국에 소재한다.(OE §29-150)

첫째, (i)에 따라 다른 국가나 제삼국이 아닌 그 체약국에서 임원 및 고위 관리직원이 그 회사나 단체 및 그 직간접 자회사들을 위해 많은 전략, 재무 및 영업의 정책결정에 대한 책임을 일상적으로 수행하며, 그 사람들의 직원이 그러한 결정을 준비하고 내리는데 필요한 많은 일상적 활동을 수행한다. 따라서 이 요건에서 그러한 활동이 어디에서 수행되는지를 보기 위해 관련된 사람들의 전반적 활동을 관찰한다. 대부분의 경우, 최고경영자 및 다른 고위임원이 통상적으로 회사가 거주자인 체약국에 소재하는 것은 필요조건이지만 충분조건은 아니다.

둘째, 다른 회사나 단체의 임원이나 직원보다, 그 회사나 단체 및 그 직간접 자회사들을 위해 그 임원이나 고위 관리직원이 많은 전략, 재무 및 영업의 정책결정에 대한 책임을 일상적으로 수행하며, 그 사람들의 직원이 그러한 결정을 준비하고 내리는데 필요한 많은 일상적 활동을 수행해야 한다.

(8) 적격 중간소유자(qualifying intermediate owner)

OECD모델 29조 7항 h) '적격 중간소유자'란 다음 중 하나에 해당하는 중간소유자를 말한다.

(i) 이 조약에 따른 혜택을 요구할 대상 체약국과 이중과세방지조약을 체결한 국가의 거주자; 또는

(ii) 이 조약에 따른 혜택을 받을 자격이 있는지 여부를 결정하기 위해 2항 d목 및 f목과 4항에 따른 요건을 적용받는 회사와 동일한 체약국의 거주자

'적격 중간소유자' 정의는 2항 d목 및 f목에 있는 소유요건과 4항의 2차적 혜택과 관련된다.(OE §29-151) 정의 (i)에 따라, 적격 중간소유자는 조약혜택을 요구할 대상 체약국과 조세조약을 체결한 제삼국의 거주 단체이다.(OE §29-152) 일부 국가들은 '특별조세제도'에 해당하는 제도로 혜택을 받는 소득에 대하여 특정 조약규정의 적용을 거부하거나, 지분과 관련하여 지급되는 이자에 이자소득조항의 적용을 거부하기 위해서는 조약에 규정을 포함해야 한다고 생각한다. 이 국가들은 (i)의 범위를 제한하여 조약혜택을 요구할 대상 국가와 조세조약을 체결한 제삼국 거주자에게만 적용되도록 하여 특별조세제도나 간주이자공제로 혜택을 받을 수 없도록 할 것이다.(OE §29-153) 정의 (ii)에 따라, 적격 중간소유자는 또한 2항 d목 및 f목에 따라 소유요건이 적용되거나 4항의 2차적 혜택이 적용되는 회사와 동일한 체약국의 거주자를 포함한다.(OE §29-154)

(9) 해당그룹(tested group)

OECD모델 29조 7항 i) '해당그룹'이란 이 조약에 따른 혜택을 받을 수 있는지를 결정하기 위해 2항 d)나 f목 또는 4항이나 5항에 따른 요건을 적용하는 한 체약국 거주자(해당 거주자)로서, 다음과 같은 회사나 국내사업장을 말한다.

(i) 손익을 공유하는 그룹의 구성원이 되어야 하는 연결납세(tax consolidation), 연결회계(fiscal unity) 또는 이와 비슷한 제도에 구성원으로 해당 거주자와 함께 참여하는 경우, 또는

(ii) 해당 과세기간에 그룹경감 또는 기타 손실공유제도에 따라 해당 거주자와 함께 손실을 공유하는 경우

i)에서 2항 d목 및 f목의 (ii), 4항 및 5항의 세원잠식규정을 위해 '해당그룹'이란 용어를 정의한다. 해당그룹은 관련 세원잠식 방지규정이 적용되는 해당회사('해당 거주자') 및 손익을 공유하는 그룹의 구성원이 되게 하는 연결조세제도, 연결회계 또는 이와 비슷한 제도에 그 해당회사와 함께 구성원으로 참여하는 모든 회사들로 구성되거나, 또는 해당 과세기간 동안 그룹경감 또는 기타 손실공유제도에 따라 해당 거주자와 함께 손실을 공유하는 회사로 구성된다. 해당그룹이 없는 경우, 관련 해당그룹에 적용되는 세원잠식 방지요건은 적용되지 않는다.(OE §29-155)

(10) 총소득(gross income)

OECD모델 29조 7항 j) '총소득'이란 혜택을 부여하려는 시점을 포함하는 과세기간에 대하여 그 사람의 거주 체약국에서 결정되는 총수입(gross receipts)을 말하며, 다만 재화의 제조, 생산이나 판매에 해당하는 사업을 영위하는 경우 '총소득'은 매출원가를 차감한 금액을 말하며, 금융용역이 아닌 용역사업을 영위하는 경우 '총소득'은 그 총수입을 산출하기 위한 직접원가를 차감한 금액을 말한다. 또한, 다음의 조건을 충족해야 한다.

(i) 이 조약 배당소득조항에 따른 혜택을 결정하는 경우를 제외하고, 총소득은 그 사람의 거주 체약국에서 공제 또는 다른 방법을 통해 사실상 비과세 되는 배당액을 포함하지 않으며, 또한

(ii) 과세되는 배당액의 경우를 제외하고, 해당그룹의 총소득은 해당그룹 내 회사들 간의 거래를 고려하지 않는다.

2항 d목 및 f목의 (ii), 4항 및 5항의 세원잠식 방지규정을 위해 '총소득'이란 용어를 정의한다. 총소득계산의 출발점은 혜택을 부여하려는 시점을 포함하는 과세기간에 대하여 해당 단체의 거주 체약국에서 결정되는 총수입(gross receipts)이다. 그 단체가 재화의 제조, 생산이나 판매에 해당하는 사업을 영위하는 경우 '총소득'은 매출원가를 차감한 금액이다. 해당 자회사가 금융용역이 아닌 용역사업을 영위하는 경우 '총소득'은 그 총수입을 산출하기 위한 직접원가를 차감한 금액이다.(OE §29-156)

정의 (i)에서 또한, 배당소득조항에 따른 혜택을 결정하는 경우를 제외하고 총소득은 배당을 지급하는 회사 거주지국을 불문하고 그 사람의 거주 체약국에서 공제 또는 다른 방법을 통해 사실상 비과세 되는 배당액을 포함하지 않는다고 규정한다. 정의 (ii)에서, 과세되는 배당액의 경우를 제외하고, 해당그룹의 총소득은 해당그룹 내 회사들 간의 거래를 고려하지 않는다고 규정한다.(OE §29-157)

(11) 집합투자기구(collective investment vehicle)

OECD모델 29조 7항 k) '집합투자기구'란, A국의 경우 [..]이며 B국의 경우 [..]이고, 체약국들의 관할당국들이 이 항의 목적으로 집합투자기구로 간주하기로 합의하는 각 체약국에 설립된 기타 투자펀드, 기구나 단체를 포함한다.

집합투자기구를 다루는 규정이 2항 g목에 포함되어 있는 경우 '집합투자기구'의 정의를 포함해야 한다. 그 정의에서 그 규정을 적용하는 각 체약국의 집합투자기구를 식별해야 한다.(OE §29-158) 2항 g목이 적용되는 집합투자기구를 구체적 정의에 포함하지 않은 부분은 각국의 해당 세법이나 증권법 규정을 참조하려는 의도이다.(OE §29-159)

2.8 제삼국 소재 국내사업장에 대한 조약혜택제한

> OECD모델 29조 8항: a) (i) 한 체약국의 기업이 상대체약국에서 소득을 수취하고 한 체약국이 그 소득을 제삼국에 소재하는 그 기업의 국내사업장에 귀속되는 것으로 인정하며, 또한
>
> (ii) 그 국내사업장에 귀속되는 소득이 한 체약국에서 면세되는 경우, 소득의 종목에 관계없이 제삼국의 조세가 그 소득금액의 [양자합의에 따른 세율], 또는 국내사업장이 한 체약국에 소재하는 경우 그 소득에 대하여 한 체약국에서 과세되었을 조세의 60% 보다 작은 경우 그 소득에는 이 조약의 혜택을 허용하지 않는다. 이 경우, 이 항의 규정이 적용되는 소득은 조약의 다른 규정에도 불구하고 상대체약국의 국내법에 따라 과세될 수 있다.
>
> b) 위 a목은 상대체약국에서 수취하는 소득이 그 국내사업장을 통해 수행되는 사업으로부터 직접 또는 부수하여 발생되는 경우에는 적용되지 않는다. 이 경우, 그 기업의 계산을 위해 투자하거나 관리하거나 단순히 보유하는 경우는 사업으로 보지 않으며, 다만 이러한 활동이 은행, 보험기업 또는 등록된 증권거래인이 수행하는 은행, 보험 또는 증권 활동인 경우에는 사업으로 본다.
>
> c) 한 체약국 거주자가 수취하는 소득종류에 대하여 위 a) 및 b목에 따라 이 조약의 혜택이 부인되는 경우에도, 상대체약국의 관할당국은 해당 거주자의 신청에 따라 그 관할당국이 그 거주자가 해당 항의 요건을 충족하지 않는다는 이유(손실계상 등의 경우)를 고려하여 혜택을 부여하는 것이 적절하다고 판단하는 경우 그 소득에 대하여 혜택을 부여할 수 있다. 그러한 신청을 받은 체약국의 관할당국은 그 요청을 인정하거나 거부하기 전에 상대체약국의 관할당국과 협의한다.

주식, 채권, 권리나 자산을 과세하지 않거나 그에 대하여 우호적 과세취급을 하는 국가에서 오로지 조약남용목적으로 설립된 국내사업장에 그러한 자산소득을 이전하는 경우 조약남용이 이루어질 수 있다. 거주지국이 제삼국에 소재하는 그러한 국내사업장에 귀속되는 소득을 공제하는 경우, 원천지국은 그 소득에 대하여 조약혜택을 부여해서는 안 된다. 8항은 제삼국에 소재하는 국내사업장에 귀속되는 한 체약국 기업의 소득을 한 체약국이 공제하는 경우 적용되는데, 그러한 경우 조약혜택을 부여하지 않는다. 그런데, 이 규정은 다음의 경우 적용되지 않는다.(OE §29-161)

- 국내사업장이 소재하는 국가에서 그 소득에 대하여 상당한 수준의 조세를 부과하는 경우, 또는
- 그 소득이 국내사업장을 통한 적극적 사업활동에서 산출되거나 또는 그 활동에 부수적인 경우. 이 경우 은행, 보험기업이나 등록된 증권거래인이 수행하지 않는 투자사업은 적극적 사업활동으로 보지 않는다.

c목에 따라, 조약혜택이 거부되는 경우 해당 소득을 수취하는 한 체약국 거주자는 상대체약국의 관할당국에게 그 혜택을 부여해 줄 것을 요청할 수 있다. 이러한 요청을 받은 관할당국은 그렇게 하는 것이 정당하다고 판단하는 경우 재량으로 그 혜택을 부여할 수 있다. 그런데, 그 관할당국은 그 요청을 인정하거나 거부하기 전에 상대체약국의 관할당국과 협의해야 한다.(OE §29-162) 다음 사례는 8항이 적용되는 상황의 유형을 예시한다.(OE §29-163)

> **사례**: 한 체약국 기업이 국내사업장의 소득에 대하여 비과세 또는 저율과세하는 제삼국에 국내사업장을 설립한다. 국내사업장 귀속소득은 한 체약국과 국내사업장 소재지국 간 조세조약에 포함된 소득공제규정 또는 한 체약국 국내법에 따라 한 체약국에서 비과세 된다. 그 기업은 상대체약국에서 발생되는 이자를 수취하며, 이는 국내사업장 귀속소득에 포함된다. 이자소득조항의 적용을 위한 조건이 충족된다면, 이자 발생국은 8항이 없으므로 그 이자가 한 체약국에서 비과세되며 국내사업장이 소재하는 제삼국에서 비과세 또는 저율과세 된다는 사실에도 불구하고 이자소득조항에 따른 제한세율의 혜택을 부여해야 한다. 그러한 경우, 적극적 사업활동에서 산출되거나 그에 부수적인 소득에 적용되는 b목의 예외가 해당 소득에 적용되지 않거나 이자 발생국 관할당국이 c목의 재량적 구제규정에 따라 그 혜택을 부여하지 않는다면, 조약혜택은 그 소득에 대하여 거부된다.

(i)에서 '소득'이란 단어의 언급은 해당 소득이 사업소득에 해당하는지 여부에 상관없이 그 규정이 적용된다는 의미이다. 그러므로 이 원칙은 한 체약국 기업이 상대체약국으로부터 소득을 수취하고, 한 체약국이 소득지급과 관련된 권리나 자산을 제삼국에 소재하는 국내사업장과 실질적으로 관련된 것(한 체약국과 제삼국 간 조약의 기타소득조항 포함)으로 보는 경우 적용된다.(OE §29-164)

(i)과 (ii)의 요건이 충족되는 경우, 해당 소득이 제삼국에 소재하는 국내사업장 소득의 일부로 취급되거나, 그 제삼국에서 그 소득종류에 부과되는 세액이 다음 둘 중 작은 금액보다 작은 경우, a목은 조약의 다른 규정에 따라 적용되는 혜택을 거부한다.(OE §29-165)

> a) 체약국들이 8항의 목적상 합의해 결정한 최소율을 그 소득종류의 금액에 곱한 세액;
> b) 국내사업장이 그 기업 소재지국에 소재하였다면 그 기업 소재지국에서 그 소득종류에 부과하였을 세액의 60%

'그 소득종류의 금액'이란 해당지역의 법에 따라 공제되는 그 소득종류와 관련된 모든 비용을 공제한 후의 해당 소득금액을 말한다. 따라서 그 소득종류와 관련된 제삼국의 조세를 결정하기 위해, 제삼국 소재 국내사업장에 귀속되는 과세소득을 결정하면서 제삼국 법에 따라 공제가능 비용을 모두 공제한 후 그 국내사업장 소득에 적용되는 조세총액을 우선 계산한다. 그 후, 국내사업장 과세소득에 대한 그 소득종류의 순소득금액(즉, 소득총액에서 국내사업장 과세소득을 산출할 때 그 소득종류에 직접 또는 비례하여 공제되는 관련비용을 차감한 금액)의 비율에 국내사업장 소득에 적용되는 조세총액을 곱하여 해당 소득종류의 금액에 적용되는 조세를 결정한다. 국내사업장이 기업 거주지국에 소재하고 있다면 그 기업 거주 체약국에서 그 소득종류에 부과하였을 조세도 비슷한 방법으로 계산한다. 이 경우, 공제되는 비용은 그 국가의 법에 따라 공제가능한 비용이다.(OE §29-166)

b목에 포함된 예외의 목적상, '적극적 사업활동에서 산출되거나, 그에 부수적인' 소득에 대한 언급은 '적극적 사업활동에 대한 조약혜택의 적용'에서 설명한 대로 해석해야 한다.(OE §29-167)

8항의 문단을 채택하는 대신, 일부 국가들은 한 체약국 기업이 제삼국 소재 국내사업장 귀속소득에 대하여 한 체약국에서 비과세 되는 경우로 제한하지 않으며, 적극적 사업활동에서 산출되거나 그에 부수적인 소득에 적용되는 예외를 포함하지 않고, 국내사업장이 그 기업 거주지국에 있었다면 그 국가에서 납부하였을 조세를 평가하는 요건을 정하지 않는 더 포괄적인 해결책을 선호할 수 있다. 이 경우, 제삼국 소재 국내사업장에 귀속되는 한 체약국에서 수취하는 소득이 그 기업 거주지국과 국내사업장 소재지국에서 양자합의로 결정된 낮은 세율 또는 기업 거주지국의 일반 법인세율의 60%보다 낮은 실효세율로 합산과세되는 경우로 바꿀 수 있다.(OE §29-168)

2.9 일반적 조약혜택제한

OECD모델 29조 9항: 이 조약의 다른 규정들에 불구하고, 모든 관련 사실 및 상황을 고려할 때 직접 또는 간접으로 그 혜택을 받게 되는 방안(arrangement)이나 거래의 주목적이 혜택을 받으려는 것이라고 합리적으로 판단할 수 있는 경우 이 조약에 따른 혜택을 부여하지 않는다. 다만, 이러한 상황에서 혜택을 부여하는 것이 이 조약의 관련규정들의 취지나 목적에 반하지 않는 경우에는 혜택을 부여할 수 있다.

어떤 방안이나 거래의 주목적이 조세조약에 따른 혜택을 보장받는 것이고, 그 상황에서 그 혜택을 받는 것이 조세조약의 관련규정의 목적에 반하는 경우, 조세조약의 혜택을 받아서는 안 된다. 국가들이 국내법으로 혜택을 부여하지 않을 수 있지만, 조약남용사안에 대처하기 위해, 9항은 조약에 국내법 규정들에 내재하는 원칙을 명시한다. 9항은 국내법에서 이러한 문제들에 이미 대처하고 있는 국가들에 대하여 이 원칙의 적용을 다시 한번 확인한다.(OE §29-169) 행하여진 어떤 방안이나 거래의 주목적의 하나가 조약에 따른 혜택을 받는 것이라면, 9항의 규정은 조세조약의 혜택을 거부하는 효과가 있다. 그런데, 9항의 마지막 부분에서 혜택을 거부당하게 될 사람이 이 상황에서 혜택을 받는 것은 이 조약 관련규정의 목적에 부합하다는 점을 입증할 수 있도록 한다.(OE §29-170)

9항은 보충적인 것으로, 1항부터 7항까지 규정(혜택제한규정) 및 8항 규정(제삼국 소재 국내사업장에 적용되는 규정)의 범위나 적용을 제한하지 않는다. 이들 규정에 따라 거부되는 혜택은 9항이 또한 거부할 수 있는 '조약에 따른 혜택'이 아니다. 더 나아가, 9항에 대한 주석은 1항부터 8항까지 해석하는데 적용할 수 없으며, 그 반대도 마찬가지이다.(OE §29-171)

반대로, 한 사람이 1항부터 7항에 따른 혜택을 받을 자격이 있다는 사실이 9항에 따라 그 혜택을 거부할 수 없다는 말은 아니다. 1항부터 7항은 한 체약국 거주자의 법적형태, 소유권 및 일반적 활동에 대하여 주로 초점을 두는 규정이다. 아래 사례에서 예시하듯이, 이 규정들이 그 거주자가 행한 방안이나 거래가 조약규정의 남용에 해당하지 않는다고 확인하는 것은 아니다.(OE §29-172)

1항부터 7항의 맥락과 서문을 포함하여 조약의 나머지 부분의 맥락에서 9항을 해석해야 한다. 이는 특히 조약의 관련규정의 목적을 결정하기 위해 중요하다. 예를 들면, 회사 거주 체약국의 공인증권거래소에서 그 주식이 정기적으로 거래되는 공개회사가 상대체약국에서 소득을 수취한다고 가정한다. 그 회사가 '적격자'라면, 오로지 그 회사의 소유구조, 즉 그 회사 주주들의 대부분이 그 국가 거주자들이 아니라는 이유 등으로 조약의 혜택을 거부할 수 없다는 점은 분명하다. 2항 c목의 목적은 여러 국가의 거주자들이 그 주식을 보유하는 공개회사의 조약상 자격에 대한 기준을 정하는 것이다. 그렇지만 그 회사가 적격자라는 사실이 9항에 따라 그 혜택을 거부할 수 없다는 의미는 아닌데, 9항은 그 회사 주식의 소유와는 관련이 없기 때문이다. 예를 들면, 공개회사가 제삼국 거주자에게 간접적으로 조세조약에 따른 낮은 원천과세의 혜택을 주기 위한 우회금융계약(conduit financing arrangement)을 체결하는 은행이라고 가정한다. 이 경우, 조약의 나머지 부분 특히 서문의 맥락에서 볼 때 2항 c목은 양 체약국에 의해 공개회사가 체결하는 조약쇼핑거래를 인정하는 목적을 가진 것으로 볼 수 없기 때문에, 9항은 그 혜택을 거부하기 위해 적용된다.(OE §29-173)

모든 사실관계를 고려할 때 방안이나 거래의 주목적의 하나가 조약상 혜택을 얻기 위한 것이라고 결론짓는 것이 합리적인 경우, 한 체약국은 조세조약의 혜택을 거부할 수 있다고 9항은 규정한다. 이 규정은 조세조약은 체결된 목적에 맞게, 즉 더 유리한 조세취급을 받기 위한 주목적의 거래가 아닌 신의성실한 재화 및 용역의 거래, 또는 자본 및 사람의 이동에 대하여 혜택을 제공하기 위해 적용된다는 점을 보장하기 위한 것이다.(OE §29-174)

'혜택'이란 용어는 조약의 소득조항들에 따라 원천지국에서 부과되는 조세에 대한 모든 구제(예 조세경감, 면제, 이연 또는 환급), 이중과세방지 및 한 체약국 거주자나 국민에게 부여되는 보호, 또는 이와 비슷한 다른 구제를 포함한다. 예를 들면, 이는 배당소득조항, 이자소득조항이나 사용료소득조항에 따라 한 체약국에서 발생되어 상대체약국 거주자(실질귀속자)에게 지급되는 배당, 이자나 사용료에 대한 한 체약국 과세권의 제한을 포함한다. 이는 또한, 양도소득조항에 따라 상대체약국 거주자가 한 체약국에 소재하는 동산의 양도로 수취하는 양도소득에 대한 한 체약국 과세권의 제한을 포함한다. 조세조약에서 다른 구제(간주세액공제규정 등)를 포함하는 경우, 조약혜택제한조항의 규정들은 그러한 혜택에 대하여 적용된다.(OE §29-175)

'직접 또는 간접으로 그러한 혜택으로부터 초래된'이란 문단은 의도적으로 넓게 표현한 것으로 조약에 따른 혜택의 적용을 주장하는 사람이 그 조약혜택을 받으려는 주목적의 하나를 위해 이루어진 것이 아닌 거래에 대하여 그렇게 하는 상황을 포함하기 위한 것이다. 이는 다음 사례에서 예시된다.(OE §29-176)

> 사례: T사는 T국 거주자로 S국 거주회사 S사의 모든 주식과 채권을 취득하여 보유하며, 이 주식과 채권은 모회사가 보유하고 있던 것이다. 이에는 상환청구가 가능한 4% 이자로 S사에게 빌려준 대여금을 포함한다. T국은 S국과 조세조약이 없으며, 이에 따라 S사가 T사에게 지급하는 모든 이자는 S국 국내법에 따라 25%의 세율로 원천징수된다. 그런데 R국·S국 조약에 따라, 한 체약국 거주회사가 상대체약국의 실질귀속자에게 지급하는 이자는 원천징수되지 않는다. 또한, 그 조약은 1항부터 7항과 비슷한 규정을 두지 않는다. T사는 대여금을 3.9%의 이자로 상환청구가 가능한 3개의 약속어음과 교환하여 R국 자회사 R사에게 이전하기로 결정한다. 이 사례에서, R사는 유효한 상업적 이유로 체결된 대여금에 대하여 R국·S국 조약의 혜택을 주장하지만, 사안의 사실에서 R사에게 대여금을 이전하는 T사의 주목적의 하나가 R국·S국 조약의 혜택을 받기 위한 것이라는 점을 알 수 있는 경우, 대여금 이전으로 간접적으로 그 혜택이 초래된 것이므로 그 혜택을 거부하기 위해서 9항을 적용할 수 있다.

'방안이나 거래(arrangement or transaction)'라는 용어는 넓게 해석되어야 하며 그것이 법적으로 유효한지 여부와 상관없이 모든 합의, 각서, 계획, 거래를 포함해야 한다. 특히 이에는 소득 그 자체, 또는 발생소득과 관련된 자산이나 권리의 창출, 배정, 취득 또는 이전을 포함한다. 이 용어는 소득수취인을 체약국들 중 하나의 거주자 자격을 갖게 하는 것을 포함하여 그 사람의 설립, 취득 또는 유지와 관련된 계약을 모두 포함하며, 또한 그 사람이 거주를 확보하기 위해 취하는 모든 단계를 포함한다. '방안(arrangement)'의 사례에는 회사가 거주지를 변경하였다는 주장을 하기 위해 회사 이사회를 다른 국가에서 열도록 조치하는 경우이다. 하나의 거래로 혜택을 받게 되거나 또는 일련의 의도적인 거래들을 함께 하여 혜택을 받을 수 있다. 어떠한 경우이든 9항의 규정은 적용된다.(OE §29-177)

방안이나 거래의 주목적이 조약혜택을 받기 위한 것인지 결정할 때, 그러한 방안이나 거래를 시도하는 데 관여하거나 거래 상대방으로 관여한 모든 사람의 목표와 목적을 객관적으로 분석하는 것이 중요하다. 방안이나 거래의 목적이 무엇인지는 사실의 문제로, 이는 개별적으로 그 방안이나 거래의 모든 상황을 고려해야만 답할 수 있다. 방안이나 거래와 관련된 사람의 의도를 입증할 결정적 단서를 찾을 필요는 없지만, 관련 사실관계의 객관적 분석 후에 그 방안이나 거래의 주목적의 하나가 조세조약의 혜택을 받는 것이었다는 합리적 결론을 내려야 한다. 그렇지만, 조세조약상 혜택을 받은 것이 방안이나 거래의 주목적의 하나였다고 섣불리 가정해서는 안 되며, 방안의 결과만을 검토하는 것은 보통 그 목적에 대하여 결론을 이끌어내기에는 부족하다. 그러나 조약상 발생하는 혜택으로만 합리적으로 설명되는 방안의 경우에는, 그 방안의 주목적은 혜택을 받기 위한 것이라고 결론지을 수 있다.(OE §29-178)

한 사람이 방안이나 거래를 조약혜택을 받기 위해 수행하거나 계획하지 않았다는 주장을 하는 것만으로는 9항의 적용을 피할 수 없다. 방안이나 거래가 그러한 목적으로 수행되거나 계획되었다고 판단하는 것이 합리적인지 여부는 모든 증거를 검토하여 결정해야 한다. 결정을 할 때 합리성을 요하는데, 이는 사실의 다른 해석가능성을 객관적으로 고려해야 한다는 뜻이다.(OE §29-179)

'주목적의 하나'라는 표현은 조세조약상 혜택을 받는 것이 특정 방안이나 거래의 유일하거나 지배적인 목적일 필요는 없다는 말이다. 주목적 중 최소한 하나가 혜택을 받는 것이면 족하다. 예를 들면, 한 사람은 여러 이유로 자산을 팔 수 있지만, 판매 이전에 그 사람이 체약국들 중 하나의 거주자가 되고 그렇게 하는 주목적의 하나가 조세조약의 혜택을 얻고자 하는 것이라면, 자산판매를 촉진하거나 양도소득의 재투자와 같은 거주지를 바꾸는 다른 주목적이 또한 있다는 사실에도 불구하고 9항이 적용될 수 있다.(OE §29-180)

모든 사실관계를 고려할 때, 혜택을 받는 것이 주된 관점이 아니었고 단독 또는 다른 거래와 함께 혜택을 초래한 방안이나 거래를 행하는 것을 정당화하지 못하였을 것이라고 합리적으로 결론짓는 경우, 이를 주목적으로 보지 않는다. 특히, 어떤 방안이 핵심 상업활동과 불가분하게 연결되고 그 형식이 혜택을 받기 위한 고려로 이루어진 것이 아닌 경우, 그 주목적이 혜택을 받기 위한 것이라고 볼 수 없다. 그렇지만, 여러 조약상 비슷한 혜택들을 받기 위한 방안을 만드는 경우, 다른 조약상 혜택들을 받기 때문에 한 조약상 혜택을 받는 것을 그 방안의 주목적으로 보지 않아야 한다고 판단해서는 안 된다. 예를 들면, A국 거주 납세자가 B국 거주 금융기관과 우회거래계약을 체결하여, 그 금융기관이 그 납세자의 궁극적인 이익을 위해 A국은 조약이 없지만 B국은 있는 여러 국가들이 발행한 채권에 투자한다고 가정한다. 사실관계에서 이 조세조약들의 혜택을 받을 주목적으로 그 계약을 체결하였다는 점이 밝혀진다면, 특정조약에 따른 혜택을 받는 것이 그 계약의 주목적의 하나라고 보아서는 안 된다. 마찬가지로, 국내법의 회피목적을 조약혜택을 받는 것은 그 목적에 단순히 부수적인 것이라는 주장에 사용해서는 안 된다.(OE §29-181)

아래 사례는 9항의 적용을 예시한다. 이 사례들을 볼 때, 9항의 적용은 각 사안의 사실관계에 기초하여 결정되어야 한다는 점을 알아야 한다. 그러므로 아래 사례들은 단지 예시적인 것이며 유사거래들이 9항 규정의 적용을 회피하기 위해서 충족해야 하는 조건이나 요건을 제공하는 것으로 해석해서는 안 된다.(OE §29-182)

사례 A: T국 거주회사 T사는 S국 증권거래소에 상장된 S사의 주식을 소유한다. T국은 S국과 조세조약이 없으므로, S사가 T사에게 지급하는 모든 배당은 S국 국내법에 따라 25%의 원천세에 해당한다. R국 · S국 조약에 따라, 한 체약국 거주회사가 지급하고 상대방 거주회사가 실질적으로 수취하는 배당에 대하여 원천세를 면제한다. T사는 R국 거주 독립 금융기관 R사와 합의해, 그에 따라 S사가 결의하였지만 아직 지급하지 않은 배당의 수취권을 T사는 R사에게 위임한다. 이 사례에서 달리 판단할 사실관계가 없다면, T사가 배당수취권을 R사에게 위임한 계약의 주목적의 하나는 R사가 R국 · S국 조약이 규정한 배당의 원천세를 면제하는 혜택을 얻도록 하는 것이며, 조약쇼핑계약에 따른 그러한 면제의 혜택을 부여하는 것은 조약의 목적에 반한다고 판단하는 것은 합리적이다.

사례 B: S국 거주회사 S사는 T국 거주회사 T사의 자회사이다. T국은 S국과 조세조약이 없으므로, S사가 T사에게 지급하는 모든 배당은 S국 국내법에 따라 25%의 원천세에 해당한다. 그런데, R국 · S국 조약에 따라 S국 회사가 R국 거주자에게 지급하는 배당에 대한 원천세율은 5% 이다. 이에 따라 T사는 2항 c목에 따른 적격자에 해당하는 R국 거주 금융기관 R사와 계약을 체결하며, 이에 따라 R사는 S사가 새로 발행한 무의결 우선주의 용익권을 3년간 취득한다. T사는 이 주식의 유일한 소유자이다. 이 용익권으로 R사는 우선주에 대한 배당을 수취한 권리를 가진다. R사가 용익권을 취득하기 위해 지급한 금액은 우선주에 대하여 3년 동안 지급될 배당의 현재가치에 해당한다.(T사가 R사로부터 차입할 수 있는 이자율로 할인) 이 사례에서 달리 판단할 사실관계가 없다면, S사가 발행한 우선주의 용익권을 R사가 취득하는 계약의 주목적의 하나는 R국 · S국 조약이 규정하는 배당의 원천과세에 적용되는 5%의 제한세율 혜택을 받기 위한 것이며, 이러한 조약쇼핑계약에 따라 제한세율의 혜택을 부여하는 것은 조약의 목적에 반한다고 판단하는 것은 합리적이다.

사례 C: R국 거주회사 R사는 전기용품을 생산하는 사업을 하며 사업이 빨리 성장하고 있다. R사는 지금 낮은 제조원가의 혜택을 얻기 위해 개발도상국에 제조공장을 설립하려 한다. 기초조사를 하여 가능한 장소를 3개국에서 물색하였다. 3개국 모두 비슷한 정치경제 환경에 놓여 있다. 이 국가들 중 S국만이 R국과 조세조약을 체결한 국가라는 점을 고려하여, 그 국가에 공장을 설립하기로 결정한다. 이 사례에서, S국 투자결정이 R국 · S국 조약에 따른 혜택을 고려하여 이루어졌지만, 그 투자를 하고 공장을 건설하는 주목적은 R사 사업의 확장 및 그 국가의 낮은 제조원가와 관련된다는 점은 분명하다. 이 사례에서, 공장건설의 주목적의 하나가 조약혜택을 받기 위한 것이라고 판단하는 것은 합리적이지 않다. 또한, 조세조약의 일반목적은 국제투자를 촉진하는 것이므로, S국에 설립되는 공장에 투자하기 위해 R국 · S국 조약의 혜택을 받는 것은 조약규정의 목적에 부합한다.

사례 D: R국 집합투자기구 R사는 국제금융시장에서 다양한 투자포트폴리오를 관리한다. R사는 최근 S국 거주회사 주식의 15%를 투자포트폴리오로 보유하며, 매년 배당을 수취한다. R국 · S국 조약에 따라, 배당에 대한 원천세율은 30%에서 10%로 낮아진다. R사의 투자결정은 R국의 광범위한 조세조약 네트워크에서 제공되는 조세혜택을 고려한 것이다. R사 투자자의 다수는 R국 거주자이지만, 여러 투자자들(소수 투자자들)은 S국과 조세조약이 없는 국가의 거주자들이다. R사에 대한 투자자들의 결정은 R사가 하는 특정투자에 따라 이루어지지 않으며, R사의 투자전략 또한 투자자들의 조세입장에 따라 이루어지지 않는다. R사는 매년 그 소득의 거의 전부를 투자자들에게 배분하며 해당연도에 배분하지 않는 소득에 대하여 R국에서 조세를 납부한다. S국 거주회사의 주식에 투자를 결정하면서, R사는 배당에 대하여 R국 · S국 조약에 따른 혜택을 고려하지만, 그 자체로는 9항을 적용할 충분조건은 되지 않는다. 조세조약의 목적은 국제거래를 촉진하기 위한 혜택을 제공하는 것이므로, 어떤 투자에 9항을 적용할지 판단할 때 투자가 이루어진 맥락을 검토할 필요가 있다. 이 사례에서, R사의 투자가 조약혜택을 받기 위한 주목적으로 수행된 조치의 일환이 아니거나 수행된 다른 거래와 관련되지 않았다면, R사에 대하여 R국 · S국 조약의 혜택을 거부하는 것은 합리적이지 않다.

사례 E: R사는 R국의 거주회사이며, 지난 5년 동안 S사의 주식 24%를 보유하여 왔다. R국 · S국 조약의 발효에 따라, R사는 S사 주식의 소유를 25%까지 높이기로 결정한다. 사실관계를 보면 추가적인 주식매입을 결정한 것은 주로 조약 배당소득조항 2항 a목에 따른 낮은 세율의 혜택을 받기 위해 이루어졌다. 그러한 경우, 추가적 주식취득을 통한 거래의 주목적 중 하나가 배당소득조항 2항 a목의 혜택을 받기 위한 것이 분명하지만, 이러한 상황에서 혜택을 부여하는 것은 배당소득조항 2항 a목의 목적에 부합하는 것이기 때문에 9항은 적용되지 않는다. 배당소득조항 2항 a목은 배당에 대한 낮은 세율을 적용받을 수 있는 25%의 재량적 요건을 사용하며, 이 요건을 충족하기 위해 회사에 대한 지분을 사실상 증가시키는 납세자에게 이 항의 혜택을 부여하는 것은 이 항의 취지에 부합한다.

사례 F: T사는 T국의 공개거래 거주회사이다. T국에서 개발된 T사의 정보기술사업은 T사의 경영진들이 추구하는 공격적인 합병매입정책에 따라 지난 몇 년간 상당히 성장하였다. R국(배당 및 사용료에 대하여 비과세 또는 저율과세를 규정하는 조세조약을 많이 체결한 국가) 거주회사 R사는 정보기술분야에서 활발한 어느 그룹사의 가족소유 지주회사이다. R사의 거의 모든 주식은 R사 그룹의 사업을 착수하고 개발한 기업가의 친인척들인 R국 거주자들이 소유한다. R사의 주요 자산은 인근 국가들에 소재하는 자회사들의 주식들이며, 이에는 S국 거주회사 S사 및 R국에서 개발되어 이 자회사들에게 대여하는 특허를 포함한다. T사는 오랫동안 R사 그룹의 사업과 특허들을 매입하는 데 관심을 보여 왔으며, R사의 모든 주식을 매입하기 위한 제안을 하였다. 이 사례에서, 달리 드러난 사실이 없다면 R사 매입의 주목적은 T사 그룹의 사업확장과 관련되며 R국 · S국 조약의 혜택을 받기 위한 것은 아니라고 보는 것이 합리적이다. R사가 주로 지주회사로 활동한다는 사실로 그러한 결론이 바뀌지는 않는다. R사의 주식을 매입한 후에 T사 경영진이 S사의 주식과 S사에게 대여한 특허를 R사에 놓아두는 결정을 하기 전에 R국 · S국 조약의 혜택을 고려하는 것은 당연한 일이다. 그런데 이는 해당거래인 R사 주식의 매입과 관련된 목적으로 볼 수 없다.

사례 G: T사는 T국에서 공개거래되는 T국 거주회사이다. T사는 여러 국가들에서 많은 자회사들을 직간접으로 소유한다. 이 회사들의 대부분은 지역시장에서 T사 그룹의 사업활동을 수행한다. 한 지역에서, T사는 5개 자회사의 주식을 소유하는데 각 회사는 각각 인접국가에 소재한다. T사는 이 회사들에게 회계, 법무 및 인사와 같은 관리용역, 환위험관리 위험회피계약체결과 같은 회계재정용역 및 기타 비재무용역을 포함하는 그룹용역을 제공하기 위해 지역통할회사를 설립하려 한다. 가능한 지역을 검토한 후에 T사는 R국에 지역통할회사 R사를 설립하기로 결정한다. 이러한 결정은 주로 R국의 숙련된 인력, 믿을만한 법무시스템, 사업친화환경, 정치안정, 지역그룹의 구성, 세련된 은행산업 및 광범위한 조세조약 네트워크를 고려한 것이며, 이에는 T사가 소유하는 자회사들의 낮은 원천세율을 규정하는 5개국 조세조약도 포함된다. 이 사례에서 자회사들이 지역통할회사에 장래에 지급할 대가에 대한 조약효과만을 고려하는 것은 T사가 R사를 설립한 목적에 대한 합당한 결론이 될 수 없다. 사업수행에 필요한 의사결정을 포함하여 R사가 제공하는 그룹내부용역은 R사가 실제자산을 사용하고 실제위험을 부담하여 실질적 경제기능을 수행하는 실제사업에 해당하며, 그 사업은 R사가 R국에 소재하는 자체직원을 통해 수행된다고 가정할 때, R국과 자회사들이 소재하는 5개국이 체결한 조약의 혜택을 거부하는 것은 합리적이지 않다. 다만, R사가 다른 조세목적으로 설립되었다는 다른 사실관계가 있거나, R사가 9항이 적용될 특정거래를 체결한 경우에는 예외이다.(R사가 그룹 금융활동에서 수취하는 이자나 다른 대가에 대하여는 아래 사례 H 참조)

사례 H: T사는 T국 증권거래소에 상장된 T국 거주회사이다. T사는 전세계적으로 다양한 사업(도매, 소매, 제조, 투자, 금융 등)을 수행하는 다국적기업들의 모회사이다. 교통, 시차, 외국어 능통직원의 제한 및 사업파트너의 외국소재로 인해 T사는 T국에서 해외활동을 관리하는 데 어려움을 겪고 있다. 이에 따라, T사는 해외사업활동을 개발하기 위한 전초기지로 R국(선진 국제무역 및 금융시장, 풍부한 고능력 인적자원을 갖춘 나라) 거주 자회사 R사를 설립한다. R사는 도매, 소매, 제조, 금융 및 국내외투자와 같은 다양한 사업활동을 수행한다. R사는 이러할 활동을 수행하는 데 필요한 인적자원 및 금융자원(법무, 금융, 회계, 조세, 위험관리, 감사 및 내부통제와 같은 여러 분야에서)을 보유한다. R사의 활동은 R국에서 적극적 사업활동에 해당한다는 점은 분명하다. R사는 또한 활동의 일환으로 S국에 새로운 제조시설의 개발을 착수한다. 이 목적을 위해 R사는 그 시설을 보유할 목적으로 설립한 S국 거주 자회사 S사에 지분투자 및 대부투자를 한다. R사는 S사로부터 배당 및 이자를 수취할 예정이다. 이 사례에서, R사는 사업의 능률성을 위해 설립되었고 S사에 대한 지분 및 대부투자는 R국에서 R사의 적극적 사업활동의 일환으로 이루어진다. 이러한 사실에 기초하고 또한 R사의 설립이나 S사에 대한 투자의 주목적의 하나가 R국 · S국 조약의 혜택을 받기 위한 것이라는 점을 보여주는 다른 사실이 없다면, 9항은 이 거래에 적용되지 않는다.

사례 I: R국 거주회사 R사는 공개적으로 음악을 연주하거나 라디오, 텔레비전이나 인터넷에서 음악을 방송하기 위해 저작권자이나 저작인접권자(neighbouring right holder)를 대신하여 사용권을 대여하는 여러 집합관리기구들 중 하나이다. S국 거주회사 S사는 S국에서 이와 비슷한 활동을 한다. 여러 국가들의 연주가들이나 저작권자들이 R사나 S사를 사용권 대여를 위한 대리인으로 지정하여, 보유하는 저작권이나 저작인접권에 대하여 사용료를 수취한다. R사 및 S사는 각 권리보유자를 대신하여 받은 사용료에서 수수료를 뺀 금액을 그 보유자에게 지급한다.(대부분의 경우 각 보유자에게 지급되는 금액은 비교적 작다.) R사는 S사와 계약을 체결하여, S사가 S국의 사용자에게 사용권을 대여하도록 하고 R사가 관리하는 권리에 대하여 R사에게 사용료를 지급하도록 한다. R사는 S사가 관리하는 권리에 대하여 R국에서 동일한 활동을 한다. S사는 S국 세무당국과 합의를 하여 R사에게 지급하는 대가에 대하여 R사가 제공한 정보에 근거하여 R사가 대리하는 각 권리보유자의 거주지국과 S국이 맺은 조약에 따라 사용료를 원천징수하는데, 이들 권리보유자를 S사가 R사에게 지급하는 사용료의 실질귀속자로 보기 때문이다. 이 사례에서, 권리보유자들과 R사 및 S사, 그리고 S사 및 R사의 계약은 많은 소규모거래들에 대하여 사용권의 대여 및 사용료의 징수를 효율적으로 관리하기 위해 이루어진 것이 분명하다. 이러한 계약을 체결한 목적의 하나는 개별 권리보유자가 성가시고 비용이 드는 소액의 환급청구를 할 필요없이 올바른 조약상 세율로 원천징수를 하기 위한 것이며, 정당하고 효과적인 조세조약의 적용을 촉진하는데 기여하는 그러한 목적은 조세조약의 해당 규정의 목적에 부합한다.

사례 J: R사는 R국 거주회사이다. R사는 S국 제삼자 거주회사 S사를 위한 발전소 건설입찰을 성공적으로 마무리하였다. 이 건설공사는 22개월 동안 지속될 것으로 예상된다. 계약협상 중에 이 공사를 2개의 계약으로 나누어 각각 11개월을 지속하는 것으로 하였다. 첫째 계약은 R국 거주회사 R사와 체결되며, 둘째 계약은 R사의 자회사 U사와 체결된다. 이 두 계약의 수행을 R사가 책임지도록 계약상 보장받기 위한 S사의 요청에 따라, R사는 U사와의 계약에 따른 U사의 계약 의무수행에 대하여 U사와 연대책임을 진다는 계약을 체결한다. 이 사례에서, 달리 판단할 사실관계가 없다면, 별개의 계약을 체결하여 U사가 건설공사의 일부를 수행하는 주목적은 R사 및 U사가 각각 R국 · S국 조약 5조 3항 규정의 혜택을 얻기 위한 것으로 판단하는 것이 합리적이다. 이러한 상황에서 그 규정의 혜택을 부여하는 것은 그 항의 기한요건을 무력화하는 것이 되므로 그 항의 목적에 부합하지 않는다.

사례 K: R국 거주회사 R사는 T국 법령에 따라 설립된 T국 거주자인 기관투자자의 완전자회사이다. R사는 펀드를 위한 지역투자 플랫폼으로서 R국을 포함하는 지역그룹에 소재하는 여러 민간시장분야의 투자포트폴리오의 매입 및 관리를 통해 투자수익을 창출하기 위해 전속적으로 활동한다. R국에 지역투자플랫폼을 설립하는 결정은 지역의 사업행태 및 법령에 대한 지식을 갖춘 임원들, 숙련된 외국어 능통 인력, R국이 포함된 지역그룹, 낮은 원천세율을 적용하는 S국과의 조약을 포함한 R국의 광범위한 조세조약 네트워크 때문에 이루어졌다. R사는 펀드의 투자제안을 검토하기 위해 경험있는 지역 관리팀을 고용하며, 또한 여러 다른 기능들도 수행하는데 이에는 투자의 승인이나 감시, 재정기능의 수행, R사의 장부나 기록의 유지, 투자국의 법령준수의무의 준수 등이 포함된다. R사의 이사회는 펀드가 지명하며, 펀드 국제관리팀의 구성원들과 함께 상당수는 투자관리에 전문성을 갖춘 R국 거주 이사들로 구성된다. R사는 R국에서 조세를 납부하며 세무신고를 한다. R사는 S국 거주회사 S사에 투자를 검토하고 있다. S사에 대한 투자는 R사의 전반적인 투자포트폴리오의 일환으로, R사는 같은 지역그룹에 속하는 S국에 더하여 여러 국가들에 투자하고 있다. R국 · S국 조약에 따라 배당 원천세율은 30%에서 5%로 낮아진다. S국 · T국 조약에 따라 배당 원천세율은 10%이다. S사에 투자할 것인지를 결정할 때, R사는 배당에 대한 R국 · S국 조약에 따른 혜택이 있는지를 검토하지만, 그것만으로는 9항을 적용할 충분조건은 아니다. 조세조약의 의도는 국제투자를 촉진하기 위한 혜택을 제공하는 것이므로, 투자에 대하여 9항을 적용할지를 판단할 때, R사를 R국에 설립한 이유와 R국에서 수행되는 투자기능 및 기타활동 등 투자가 이루어진 맥락을 고려해야 한다. 이 사례에서, R사의 투자가 조약혜택을 받으려는 주목적으로 이루어진 방안이나 또는 그러한 목적으로 이루어진 다른 거래와 관련되었다는 점을 보여주는 다른 사실관계가 없다면, R사에게 R국 · S국 조약의 혜택을 거부하는 것은 합리적이지 않다.

사례 L: R국 거주자인 유동화회사(securitisation company) R사는 여러 국가들에 소재하는 채권자들이 소유하는 대여금 및 기타 채권들의 포트폴리오를 R사에 판매한 은행에 의해 설립되었다. R사는 가치가 없는 1주를 발행하였다. R사의 대여금융은 제삼자 투자자들이 광범위하게 보유하는 채권의 발행을 통해 조달되었다. 이 채권은 공인증권거래소에 상장되어, 2차 시장에서 채권거래가 가능하며 증권결제시스템을 통해 보유된다. 규제요건을 준수하기 위해, 은행은 또한 R사가 발행한 공개거래되는 채권 소량을 보유한다. R사는 최근 S국 중소기업의 채권을 포트폴리오의 60% 정도로 보유하며, 이에 대하여 정기적인 이자를 지급받는다. 은행은 T국 거주자로 T국은 S국과 조세조약이 있어 R국 · S국 조약에서 제공하는 것과 같은 혜택을 제공한다. R국 · S국 조약에 따라, 이자에 대한 원천징수세율은 10%로 제한된다.(S국 국내법은 30%의 원천징수세율을 규정한다) R사를 설립할 때 은행은 여러 가지 문제를 검토하였는데, 이는 R국의 활발한 증권유동화 사업체계, 유동화 및 관련 법령, R국의 숙련되고 경험많은 직원 및 지원용역의 가능성, R국의 광범위한 조약네트워크에서 제공하는 조약혜택의 존재를 말한다. 투자자의 R사에 대한 투자결정은 R사의 특정투자에 따라 이루어진 것은 아니며, R사의 투자전략은 투자자들의 세무입장을 고려하여 이루어지지 않는다. R사는 수취소득에 대하여 R국에서 과세되며 투자자들에게 지급하는 이자에 대하여 전액 공제받을 수 있다. S국 거주기업이 소유하는 채권을 팔지 결정할 때, 은행과 R사는 이자에 대한 R국 · S국 조약상 혜택여부를 고려하였지만 그것만으로는 9항을 적용할 만한 충분조건은 아니다. 조세조약의 의도는 국제투자를 촉진하는 혜택을 제공하는 것이므로, 투자에 9항을 적용할지 여부를 결정하기 위해서는 투자가 이루어진 맥락을 고려할 필요가 있다. 이 사례에서, R사의 투자가 조약혜택을 받으려는 주목적으로 이루어진 방안이나 또는 그러한 목적으로 이루어진 다른 거래와 관련되었다는 점을 보여주는 다른 사실관계가 없다면, R사에게 R국 S국 조세조약의 혜택을 거부하는 것은 합리적이지 않다.

사례 M: C국에서 비과세되는 파트너십인 부동산펀드 C는 특정지역의 부동산투자 포트폴리오에 투자하기 위해 설립되었다. 부동산펀드는 규제를 받는 펀드관리인이 관리하며, 펀드의 투자정책에 근거하여 연금기금이나 국부펀드와 같은 기관투자자들에게 판매된다. 여러 지역의 다양한 거주 투자자들이 부동산펀드에 자금을 위탁한다. 부동산펀드의 마케팅자료에 나타나는 펀드의 투자전략은 투자자들의 세무입장을 고려하지 않으며, 일정 부동산자산의 투자에 기초하고 투자자산의 처분을 통해 가치를 극대화하여 평가차익을 실현한다. 부동산펀드의 투자는 R국에 설립된 지주회사 R사를 통해 이루어진다. R사는 부동산펀드의 모든 부동산자산을 관리하며, 부동산자산이 소재하는 국가의 거주자인 완전자회사를 통해 간접적으로 이 부동산들을 보유한다. R사는 또한 그 기초자산을 직접 보유하는 이 지역회사들에게 대부 또는 지분 투자를 한다. R사는 여러 상업적 법적 이유들 때문에 설립되었는데, 펀드의 부동산자산에 대한 채무나 부동산자산에 대한 청구로부터 부동산펀드를 보호하고, 대부투자(제삼자 대여자를 포함)와 지분투자의 실현, 관리 및 처분을 가능하게 하기 위한 것이다. R사는 또한 적용 조세조약에 따른 원천세 경감청구를 관리할 목적으로 설립되었다. 이는 R사의 중요한 기능인데, 각 기관투자자가 경감청구를 하도록 하는 것보다 한 회사가 조세혜택을 받는 것이 행정적으로 간단하기 때문이며, 특히 각 투자자들이 특정 소득종류에 대하여 받을 수 있는 조약혜택이 작은 금액인 경우 그러하다. 가능한 지역들을 검토한 후에, 부동산펀드는 R사를 R국에 설립하기로 결정하였다. 이 결정은 주로 R국의 정치안정성, 규제 및 법적 시스템 및 투자자친화성, 적절한 능력을 갖춘 인재의 확보, 투자대상지역 국가들과의 조약을 포함하여 R국의 광범위한 조약체계를 바탕으로 한 것이다. 그런데, 투자자들이 해당국에서 직접 투자하였다면 받았을 혜택이나 투자자들이 거주지국들과 체결된 조약들에 따라 받았을 조약혜택보다 더 나은 조약혜택을 R사는 받을 수 없다. 이 사례에서, R사를 R국에 소재하도록 한 결정은 R국과 투자대상 특정지역 내의 국가들과의 조세조약에 따른 혜택여부를 고려하여 이루어지지만, R사의 부동산투자는 펀드의 투자정책에 부합하는 상업적 목적으로 이루어진다는 점은 분명하다. 또한, R사는 그 투자자들이 받았을 혜택 및 R사의 부동산 투자가 이루어진 각국이 그 투자로 직접 수취한 소득에 과세하는 것 보다 유리한 조약혜택을 추구하지 않는다. R사의 투자가 조약혜택을 받으려는 주목적으로 이루어진 방안이나 또는 그러한 목적으로 이루어진 다른 거래와 관련되었다는 점을 보여주는 다른 사실관계가 없다면, R사에게 R국 및 R사의 부동산투자가 소재하는 국가들 간 조세조약들의 혜택을 거부하는 것은 합리적이지 않다.

여러 국가들에서, 국내법에 있는 일반적 남용방지규정의 적용에 일종의 승인절차를 거치게 된다. 일부 경우, 그 절차에서 행정기관 고위공무원들이 그 규정에 입각한 활발한 내부토론을 할 것을 규정한다. 다른 경우, 그 절차에서 그 규정의 적용에 대하여 자문기구로 하여금 의견을 개진하도록 한다. 이런 유형의 승인절차는 이 분야에서 심각한 분쟁의 소지를 반영하며 규정의 적용에 전반적인 일관성을 향상시키기 위한 것이다. 국가들은 9항이 행정기관 내 고위급의 승인 후에 적용될 수 있도록 보장하는 비슷한 형태의 행정절차를 확립할 수 있다.(OE §29-183) 또한, 일부 국가들은, 어떤 사람이 9항에 따라 조약혜택을 부인당하는 경우, 이 혜택을 부여하였을 체약국 관할당국이 9항의 적용을 초래한 방안이나 거래가 없었으면 혜택을 그 사람에게 부여했어야 했다면, 그 사람이 이 혜택 또는 관련 소득종류나 자본항목에 대하여 다른 혜택을 받을 가능성이 있는지를 확인해야 한다는 입장이다. 이러한 가능성을 열어두기 위해, 그 국가들은 양자조약에 대체규정을 포함할 수 있다.(OE §29-184) 이 대체규정의 목적상, 9항에 언급된 방안이나 거래가 없으면 혜택을 부여했을 것이라는 판단과 부여할 혜택의 판단은 요청을 접수한 관할당국의 재량에 맡겨진다. 대체규정에서 이러한 판단을 위해 관할당국에 광범위한 재량을 부여한다. 그렇지만, 이 규정에서 관할당국이 결론을 내리기 전에 관련 사실관계를 고려해야 하며, 상대체약국 거주자가 요청한 경우 그 요청을 거부하기 전에 상대체약국의 관할당국과 협의해야 한다고 규정한다. 첫째 요건은 관할당국이 각 요청을 개별적으로 고려한다는 점을 명확히 하면서, 상대체약국 거주자가 요청한 경우 상대체약국과 협의해야 한다는 요건은 관할당국들이 비슷한 사안을 일관된 방법으로 다루도록 보장하면서 특정사안의 사실관계에 기초한 결정의 정당성을 확보하도록 한다. 그런데, 이러한 협의과정에서 요청을 접수한 관할당국이 협의 상대방 관할당국의 동의를 얻어야 하는 것은 아니다.(OE §29-185) 다음 사례는 이 대체규정의 적용상황을 예시한다.(OE §29-186)

사례: R국 거주자로 S국 회사 S사의 주식을 소유하는 개인이 그 회사가 선언한 배당을 수취할 권리를 R국 거주회사 R사에게 위임한다. R사는 배당소득조항 2항 a목에서 규정한 원천징수 제한세율을 적용받을 주목적으로 S사의 자본을 25% 이상 소유한다. 이 경우, 9항에 따라 이 목의 혜택을 거부해야 한다고 결정하는 경우, 대체규정에서 S국의 관할당국이 배당의 수취권을 R사에게 위임하지 않았다면 그 혜택을 부여하였을 것이라고 판단한다면, 배당소득조항에 따른 제한세율의 혜택을 부여하도록 한다.

여러 가지 이유로, 일부 국가들은 9항에 포함된 규정을 인정하지 않을 수 있다. 그렇지만, 모든 형태의 조약쇼핑에 효과적으로 대처하기 위해, 이 국가들은 1항부터 7항까지 혜택제한규정을 보완하여, 이 규정들에서 다루지 않은 '도관책략(conduit arrangements)'을 일반적으로 언급하여 조약쇼핑책략에 대처하는 규정을 둘 필요가 있다. 이러한 규정들은 도관책략에 따라 또는 도관책략의 일환으로 수취하는 모든 소득에 대하여 조약규정들의 전부 또는 일부의 혜택을 거부하여 그러한 도관책략에 대처한다. 그 규정들은 또한 유사할 결과를 나타내는 국내의 남용방지규정이나 판례원칙(judicial doctrines)의 형식이 될 수도 있다. 아래에서 이러한 규정들에 의해 대처될 필요가 있는 도관책략의 사례와 도관책략으로 볼 수 없는 사례를 예시한다.(OE §29-187)

사례 A: R국에서 공개거래되는 거주회사 R사는 S국 거주회사 S사의 주식을 모두 소유한다. S국과 조세조약이 없는 T국 거주회사 T사는 S사의 소액지분을 매입하고자 하지만 S국에서 부과되는 배당원천세가 투자의 경제성을 떨어뜨린다고 생각한다. R사는 S사가 대신에 S사 순소득의 20%에 상당하는 대가에 더하여 4%의 고정수익을 지급하는 우선주를 R사에게 발행할 것을 제안한다. 우선주는 20년 기간으로 발행된다. T사는 R사와 별도의 계약을 체결하여, R사에게 우선주의 발행가액에 상당하는 금액을 지급하고 20년 후에 주식상환대가를 R사로부터 수취한다. 20년 동안, R사는 S사 순이익의 20%에 더하여 발행가의 3.75%에 상당하는 금액을 T사에게 지급한다. 이러한 계약은 혜택제한규정에서 대처해야 하는 도관책략에 해당하는데, R사가 이 거래에 참여한 주목적은 T사에 대한 원천세를 낮추기 위한 것이기 때문이다.

사례 B: S국 거주회사 S사는 R국 거주회사 R사가 전부 소유하는 한 종류의 주식만을 발행하였다. R사 또한 한 종류의 주식만을 발행하였는데, S국과 조세조약이 없는 T국 거주회사 T사가 이를 모두 소유한다. R사는 전자제품의 생산을 영위하며 S사는 S국에서 R사의 독점 판매인으로 활동한다. 혜택제한규정 3항에 따라, R사의 주식을 제삼국 거주자가 소유하고 있지만 R사는 S사로부터 수취하는 배당과 관련하여 혜택을 받을 자격이 있다. 이 사례는 R사 및 S사가 R국 및 S국에서 실질적인 경제활동을 수행하는 개념적 상업구조를 보여준다. S사와 같은 자회사들이 지급하는 배당은 정상적인 사업거래이다. 그러한 사업구조를 설립한 주목적의 하나가 S사로부터 T사로 배당을 통과시키기 위한 것이라는 증거가 없다면, 이러한 구조는 도관책략에 해당하지 않는다.

사례 C: S국과 조세조약이 없는 T국 거주회사 T사는 완전자회사인 S국 거주회사 S사가 발행한 사채를 인수하고 1,000,000을 대여한다. T사는 나중에 완전자회사인 R국 거주회사 R사에게 그 사채를 양도하면 S사가 부과하는 이자 원천세를 회피할 수 있다는 사실을 알게 된다.(R국 · S국 조약은 일정상황에서 이자의 원천과세를 면제한다.) 이에 따라, T사는 R사가 T사에게 발행한 사채와 교환하여 R사에게 그 사채를 양도한다. S사가 발행한 사채는 7%의 이자를 지급하며 R사가 발행한 사채는 6%의 이자를 지급한다. S사가 발행한 사채를 R사가 취득하는 거래는 도관책략에 해당하는데, T사가 S국에서 지급해야 할 원천세를 회피하기 위한 구조이기 때문이다.

사례 D: S국과 조세조약이 없는 T국 거주회사 T사는 S국 거주회사 S사의 모든 주식을 소유한다. T사는 T사 및 S사와 독립적인 R국 거주은행 R사와 오랜 동안 모든 은행업무를 하여 왔는데, T국의 은행시스템이 상대적으로 낙후되었기 때문이다. 결과적으로, T사는 R사에 상당한 예금을 유지하여 왔다. S사가 자산취득을 위한 자금대여가 필요할 때, T사는 S사에게 R사와 협의할 것을 제안하는데 R사는 T사 및 S사가 수행하는 사업을 이미 알고 있기 때문이다. S사는 여러 다른 은행들과 R사가 제안한 것과 비슷한 조건으로 융자에 대하여 상의하지만 최종적으로 R사와 융자계약을 체결하는데, 이는 부분적으로 R사에게 지급하는 이자가 S국 · R국 조약에 따라 S국에서 원천징수되지 않는 반면 T국 거주은행에 지급하는 이자는 S국에서 과세되기 때문이다. S사가 R사로부터 빌리면 R국 · S국 조약의 혜택을 받을 수 있으며 다른 곳에서 빌리면 비슷한 혜택을 받을 수 없다는 사실은 명백히 S사의 결정에 영향을 미치는 한 가지 요소이다.(이는 100% 주주인 T사가 준 자문에 따른 영향일 수 있다.) 조약혜택의 가능성이 R사로부터의 차입을 다른 은행보다 선호하게 한다는 점에서 결정적 요소라 할 만하다. 그렇지만, 조약혜택을 받는 것이 거래의 주목적의 하나인지 여부는 사실관계에 기초하여 결정되어야 한다. 위에서 제시된 사실에서, R사는 T사나 S사와 독립적이고 S사가 지급하는 이자가 어떤 식으로든 T사에게 흘러 들어간다는 증거는 없다. T사가 R사에 상당한 예금을 하여 왔다는 사실 또한 S사에 대한 융자가 T사의 특정 예금과 상계되지 않는다는 점을 시사한다. 이러한 사실관계에 입각할 때, 이 거래는 도관책략으로 볼 수 없다. 그런데 S사에게 자금을 대여하는 R사의 결정이 융자를 담보하는 동반예금을 제공하는 T사에 달려 있어서 그러한 예금이 없다면 R사는 동일한 조건으로 그 거래를 체결하지 않을 것이라면, T사는 R국의 은행을 통해 우회적으로 자금을 S사에게 대여한 것으로 볼 수 있으며, 이러한 경우 그 거래는 도관책략에 해당한다.

사례 E: R국 거주회사 R사는 완전경쟁 기술분야 제조그룹의 지주회사이다. 이 제조그룹은 전세계에 걸쳐 소재하는 자회사들에서 연구를 수행한다. 자회사에서 개발된 특허를 그 자회사가 R사에게 대여하며, R사는 다시 그 특허를 필요로 하는 자회사들에게 그 기술을 대여한다. R사는 수취하는 사용료에 대하여 작은 이익만을 취하고, 그 수익의 대부분은 그 기술을 개발하기 위해 위험을 부담한 자회사에게 간다. S국과 조세조약을 체결하지 않은 국가에 소재하는 T사는 S국 거주회사 S사를 포함한 R사의 모든 자회사들의 수익성을 개선할 수 있는 제조공법을 개발하였다. 통상적인 관행에 따라, R사는 T사로부터 그 기술을 대여받아 자회사들에게 다시 대여한다. S사는 R사에게 사용료를 지급하고 사실상 그 사용료의 전부가 T사에게 지급된다. 이 사례에서, R사가 S국에서 지급해야 할 원천세를 감소시키기 위해 특허대여사업을 설립했다는 증거는 없다. R사가 특허의 대여 및 재대여 활동을 구성하는 방식에서 그룹의 표준적 사업구성과 활동에 맞추고 있고, 유사하거나 더 우호적인 혜택을 제공하는 조약을 가진 국가들에서 비슷한 활동을 수행하는 다른 자회사들이 채택한 것과 같은 구조를 취하기 때문에 S사, R사 및 T사의 계약은 도관책략에 해당하지 않는다.

사례 F: T사는 S국과의 조세조약이 없는 T국에서 공개거래되는 거주회사이다. T사는 R국 거주회사 R사 및 S국 거주회사 S사를 포함하는 다국적기업그룹의 모회사이다. S사는 S국에서 적극적 사업활동에 종사한다. R사는 T사의 모든 자회사들의 금융을 조정하는 역할을 한다. R사는 T사 및 그 자회사들을 위해 중앙집중 현금관리 회계시스템을 유지하면서, 모든 관계회사 간 채권 및 채무를 기록한다. R사는 관계회사들과 제삼자들 간 거래에서 소요되는 현금대가의 지급 및 수취를 책임진다. R사는 현금흐름 유입 및 유출의 불일치로 발생되는 위험을 관리하는 데 필요한 이자율 및 외환 계약을 체결한다. R사의 활동은 거래원가와 경상비 및 기타 고정비를 경감하기 위한 것이다.(또한 합리적으로 그렇게 예상된다.) R사는 R국에 50명의 직원을 두는데 사무 및 기타 백오피스 직원을 포함한다. 이 직원 숫자는 R사의 사업활동의 규모를 반영한다. T사는 연 5%의 이자를 지급하는 10년 만기 사채를 받고 R사에게 A통화로 15,000,000(B통화로 10,000,000의 가치)을 대여한다. 같은 날에, R사는 연 5%의 이자를 지급하는 10년 만기의 사채를 받고 S사에게 B통화로 10,000,000을 대여한다. R사는 이러한 금융거래에 대하여 장기위험회피거래를 체결하지 않으며, 다만 선물환거래를 체결하여 일별, 주별 및 분기별로 그 거래에서 발생하는 이자율 및 환위험을 관리한다. 이 사례에서, R사는 실제 경제기능을 수행하고 실제자산을 사용하며 실제위험을 부담하는 실제사업을 수행하는 것으로 나타난다. R사는 또한 T사와 S사의 거래와 관련하여 중요한 활동을 하는데, 이는 R사의 통상적 재정사업의 일환으로 보인다. R사는 또한 이자율 및 외환 위험을 부담하는 것으로 보인다. 이러한 사실관계에 입각하고 이 대여금의 주목적의 하나가 S국에서 원천세를 회피하기 위한 것이라는 다른 사실관계가 없다면, T사가 R사에게 빌려준 대여금 및 R사가 S사에게 빌려준 대여금은 도관책략에 해당하지 않는다.

Chapter 02

과다비용의 제한

2

1. 과다지급대가에 대한 조약혜택제한

1.1 이자, 사용료, 기타소득에 대한 조약혜택제한

(1) 이자소득에 대한 조약혜택제한

OECD모델 11조 6항: 지급자와 실질귀속자 간 또는 그 양자와 제삼자 사이의 특수관계로 인해 이자지급액이 이자지급의 원인이 되는 대여금을 고려할 때 그러한 특수관계가 없을 경우 지급자와 실질귀속자 사이에 합의하였을 금액을 초과하는 경우, 이 조항의 규정은 정상 이자액에 대하여만 적용한다. 그러한 경우 그 지급액을 초과하는 금액에 대하여는 이 조약의 다른 규정을 적절히 고려하여 각 체약국의 법에 따라 과세한다.

이자지급자와 실질귀속자 간 또는 그 둘과 다른 사람 간의 특수관계 때문에 지급된 이자액이 지급자와 실질귀속자가 정상거래하였다면 합의했을 금액을 초과하는 경우 이자의 과세와 관련하여 조세조약의 적용은 제한된다. 이 경우 조세조약의 이자소득조항은 정상거래 금액에만 적용되고, 이자의 초과부분은 조약의 다른 조항을 적절히 고려하여 양 체약국의 국내법에 따라 과세된다.(OE §11-32)

지급자와 실질귀속자 간 또는 양자와 다른 사람들 간의 특수관계에 기인한 과다이자에 이 규정을 적용한다. 지급자를 직간접으로 통제하거나, 지급자에 의해 통제되거나 또는 지급자와 같은 이해를 가진 그룹에 종속된 개인이나 법인에게 이자가 지급되는 경우를 예로 들 수 있다. 이런 사례들은 사실상 이전가격세제 대상이 되는 사례와 같거나 비슷하다.(OE §11-33) 특수관계의 개념은 혈연이나 결혼에 의한 관계는 물론, 통상 이자지급을 초래하는 법적 관계와 구별되는 모든 공동이해관계(community of interest)를 포함한다.(OE §11-34)

과다이자에 적용되는 과세취급과 관련하여 과다이자의 정확한 성격은 해당국가의 국내세법과 조세조약을 적용하여 소득유형을 결정하는 각 사안마다 사실에 따라 확정되어야 한다. 이 규정은 이자부담비율의 조정만을 허용하며 차입금을 주주자본의 공여로 보아 재분류하는 것은 아니다. 따라서 이 규정은 과소자본세제와는 관련이 없고 이전가격세제와 밀접한 관련을 갖는다. '이자지급의 원인이 되는 대여금을 고려할 때(having regard to the debt claim)'라는 제한문단을 삭제하여 고정이자율을 기준으로 이자율 차이를 조정하는 경우도 있다. 이를 명확히 하기 위해서 '초과하는(exceeds) 금액' 뒤에 '무조건(for whatever reason) 적용한다.'라는 표현을 넣기도 한다. 이러한 선택규정은 제삼자간에 합의된 대여금이나 대여조건(이자율 등)과 달리 과다이자가 지급되는 경우 적용된다.(OE §11-34)

이전가격세제 또는 과소자본세제에 따라 배당처분된 이자소득은 한미조세조약 제13조 제6항에 따른 과다이자이므로 국내세법에 정한 세율을 적용하여 원천징수한다. 내국법인이 특수관계 외국법인에게 정상이자율 10%를 초과하는 15% 이자를 지급하였다면 정상이자율 10%에 대하여는 조세조약의 제한세율이 적용되고 나머지 5%는 국내세법에 따라 원천징수한다.(기획재정부 조세정책과-523, 2019.3.21.) 그런데 이 해석은 문제가 있다. 한미조세조약 제13조 제5항은 과다이자에 대하여 제한세율의 적용을 배제하지만, 이전가격세제(또는 과소자본세제)에 따라 과다이자를 처분할 때 국내세법은 외국법인 국내지점이 본점에 지급하거나 내국법인이 해외자회사에게 지급하는 경우 이외에는 배당소득으로 본다. 또한 외국법인 국내지점이 본점에 지급하는 금액은 지점세 과세대상일 수 있다. 국내세법에는 과다이자를 이자소득으로 간주하는 규정이 없다. 그러므로, 국내세법에 과다이자를 이자소득으로 본다는 명시규정을 두지 않고 조세조약을 이유로 국내세법의 배당처분규정을 무시하는 것은 적절하지 않다.

이자소득 부당행위계산부인은 수익자뿐 아니라 과다이자의 지급자에게도 영향을 주는데, 원천지국법에 따라 과다이자를 손금불산입하거나 조세조약의 다른 소득조항을 적용하여 원천과세하기도 한다.(OE §11-35)

(2) 사용료소득에 대한 조약혜택제한

> OECD모델 12조 4항: 지급자와 실질귀속자 간 또는 그 양자와 제삼자 간의 특수관계로 인해 그 사용, 권리 및 정보대가로 지급되는 사용료의 금액이 그런 특수관계가 없었을 경우 지급자와 실질귀속자간에 합의하였을 금액을 초과하는 경우에 이 조항의 규정은 후자의 금액에 대하여만 적용된다. 그러한 경우 그 지급액의 초과부분에 대하여는 이 조약의 다른 규정을 적절히 고려하여 각 체약국의 법에 따라 과세한다.

사용료 과세와 관련하여 지급자와 실질귀속자 간 또는 그 둘과 다른 사람 간의 특수관계 때문에 사용료지급액이 지급자와 실질귀속자가 정상적으로 계약할 때 합의했을 금액을 초과하는 경우 사용료소득 조항의 적용을 제한한다. 이 경우 사용료소득 조항은 정상거래 금액에만 적용되고, 사용료의 초과부분은 조약의 다른 규정을 적절히 고려하여 양체약국의 법에 따라 과세된다. 사용료소득의 부당행위계산부인을 하는 경우 사용료금액의 조정만을 허용하는 것이며 사용료를 다른 소득종류, 즉 출자금의 증가로 조정하는 것은 아니다. 이러한 조정이 가능하려면 사용료소득 조항의 '사용, 권리 또는 정보를 고려하여'라는 제한규정을 삭제해야 한다. 내용을 명확히 하기 위해 '초과하는 경우'에 뒤에 '무조건(for whatever reason)'을 추가하는 경우도 있다.(OE §12-22)

사용료소득의 부당행위계산부인규정을 적용하기 위해서는 지급자와 실질귀속자 간 또는 그 둘과 다른 사람 간의 특수관계 때문에 초과지급이 이루어져야 한다. 이런 사례들은 이전가격세제에서 검토한 사례들과 사실상 같다.(OE §12-23)

(3) 기타소득에 대한 조약혜택제한

> 한독조약 21조 3항: 제1항에 언급된 일방체약국의 거주자와 제3자 또는 그 양자와 제삼자 간의 특수관계로 인하여 제1항에 언급된 소득액이 그러한 관계가 없는 때에 그들 간에 합의되었을 금액을 초과하는 경우, 이 조의 규정은 그 합의되었을 금액에 대하여만 적용된다. 그러한 경우, 그 소득의 초과부분에 대하여는 이 협정의 다른 규정을 적절히 고려하여 각 체약국의 법에 따라 과세한다.

금융상품(financial instruments)의 거래당사자들이 특수관계일 경우 이전에 존재하지 않던 파생금융상품으로 인한 소득의 과세권 배분이 문제가 될 수 있다. 이러한 특수관계인 간 부당행위를 방지하기 위해 기타소득조항에 특별규정을 두기도 한다. 이 특별규정은 제삼자 간 거래의 세무처리에 영향을 미치지는 않는다.(OE §21-7)

이 특별규정은 특수관계인 간 이자소득 부당행위계산부인규정이 이자소득조항의 적용을 제한하는 것과 같은 방식으로 다른 조항에서 취급되지 않는 소득의 과세에 대한 기타소득조항의 적용을 제한한다. 그러므로 이자소득의 부당행위계산부인과 관련한 원칙들이 이 특별규정에도 마찬가지로 적용된다.(OE §21-8) 이 특별규정을 기타소득에 해당되는 모든 소득에 적용할 수 있지만, 실제로 이혼위자료나 사회보장지급금 같은 지급대가에 적용될 가능성은 없다. 이 규정은 특수관계인 간에 파생금융상품계약을 하는 경우에 적용될 가능성이 가장 크다.(OE §21-9) 한국은 독일, 아제르바이잔, 영국, 오만, 일본 등과의 조세조약에 부당한 기타소득규정을 둔다.

기타소득 부당행위계산부인규정은 부당한 이자소득의 과세규정과 2가지 점에서 중요한 차이가 있는데, 첫째 일정 조건이 충족되는 경우 파생금융상품의 모든 지급대가를 과다지급액으로 간주하며, 둘째 이자소득조항의 적용대상이 아닌 소득은 조약의 다른 조항을 적용하여 과세할 수 있지만, 기타소득에 해당하지 않는 소득은 정의에 따라 다른 어떤 소득에도 해당되지 않는다. 그러므로 기타소득 부당행위계산부인에 따라 소득의 일부가 기타소득조항의 적용대상에서 제외되면 이때에는 조약의 어떠한 소득조항도 적용되지 않고 오로지 각국의 국내법에 따라 과세된다.(OE §21-10)

예를 들면, 내국법인 갑은 합병법인, 내국법인 을은 피합병법인으로 불공정합병이 이루어져서 갑법인의 주주 일본법인 A는 손실이 발생하고 을법인의 주주 일본법인 B는 이익이 발생하는 경우, 일본법인 B가 분여받은 소득은 한일조세조약 22조 3항의 기타소득 부당행위계산부인규정에 따른 국내원천 기타소득에 해당하며 법인세법에 따라 이는 의제배당소득으로 과세된다.(국제조세와-61, 2006.1.19.) 한편, 비거주자가 국내에 있는 자산을 증여받은 경우 조세조약의 기타소득 부당행위계산부인규정을 적용하며 소득을 재구분하지 않으므로, 내국법인이 발행한 주식 100%를 보유한 독일법인이 구조조정목적으로 특수관계 영국법인에게 내국법인의 주식 전부를 무상으로 이전하는 경우 이를 저가양도로 보아 국내원천 양도소득으로 과세할 수 없다.(조세정책과-1167, 2018.10.18.)

1.2 유가증권양도소득에 대한 조약혜택제한

비거주자・외국법인이 특수관계가 있는 비거주자・외국법인에게 유가증권을 양도하면서 정상가격과 거래가격의 차액이 3억원 이상이거나 정상가격의 5% 이상인 경우, 정상가격을 기준으로 유가증권 양도소득을 계산한다.(법법 §92 ② 2호, 법령 §131 ⑤, 소법 §126 ⑥, 소령 §183의2 ⑤) 예를 들면, 외국법인이 특수관계가 있는 다른 외국법인에게 내국법인의 주식을 저가로 양도하는 경우에는 정상가격을 수입금액으로 하여 유가증권양도소득금액을 계산하며, 이 경우 저가양도금액과 정상가격과의 차액을 양수법인에게 기타소득으로 과세하는 것은 아니다.(국제세원-439, 2009.8.27.) 한편, 외국법인이 특수관계가 있는 거주자로부터 국내 비상장주식을 현물출자받고 신주를 발행할 때 현물출자하는 국내 비상장주식의 시가가 외국법인으로부터 교부받는 주식의 시가보다 높은 경우, 그 차액을 그 외국법인의 기타소득으로 본다.(국제세원-593, 2011.12.30.)

| 국내원천 유가증권양도소득 부당행위계산부인 비교 |

(1) 거주자 · 내국법인이 특수관계 거주자 · 내국법인에게 양도(법법 §52, 소법 §101 ①)

구분	매도자	매입자
저가 양도	법인: (시가-양도가) 익금 · 기타사외유출 개인: (시가-양도가) 양도소득	법인: (시가-양도가) 익금 · 유보 개인: (시가의 70%-양도가) 증여의제
고가 양도	법인: 조정 없음 개인: 조정 없음	법인: (양도가-시가) 익금 · 기타사외유출 개인: 조정 없음

(2) 거주자 · 내국법인이 특수관계 비거주자 · 외국법인에게 양도(법법 §52, 소법 §101 ①)

구분	매도자	매입자
저가 양도	법인: (시가-양도가) 익금 · 기타사외유출 개인: (시가-양도가) 양도소득	법인: (시가-양도가) 기타소득 개인: (시가-양도가) 기타소득
고가 양도	법인: 조정 없음 개인: 조정 없음	법인: 조정 없음 개인: 조정 없음

(3) 비거주자 · 외국법인이 특수관계 거주자 · 내국법인에게 양도(법법 §92 ⑥, 상증법 §35 ①)

구분	매도자	매입자
저가 양도	법인: (시가-양도가) 양도소득 개인: 조정 없음	법인: (시가-양도가) 익금 · 유보※ 개인: (시가 70%-양도가) 증여의제
고가 양도	법인: 조정 없음 개인: 조정 없음	법인: (양도가-시가) 익금 · 기타 개인: 조정 없음

(4) 비거주자 · 외국법인이 특수관계 비거주자 · 외국법인에게 양도(법법 §92 ② 2호, 소법 §126 ③)

구분	매도자	매입자
저가 양도	법인: (시가-양도가) 양도소득 개인: (시가-양도가) 양도소득	법인: (시가-양도가) 조정 없음 개인: (시가-양도가) 조정 없음
고가 양도	법인: 조정 없음 개인: 조정 없음	법인: 조정 없음 개인: 조정 없음

※ 특수관계 개인으로부터 매입한 경우만 해당(법법 §15 ①)

(1) 정상가격의 정의

유가증권의 정상가격은 이전가격세제를 준용하여 계산한 가액이다. 다만, 이전가격세제에 따라 정상가격을 산출할 수 없는 경우에는 소득세법(§99 ① 3호~6호)과 상속증여세법(§63 ③)을 준용하여 평가한 가액을 정상가격으로 한다.(법령 §131 ①, 소령 §183의2 ①) 예를 들면, 청구법인은 독일 슈르트가르트법을 적용하여 평가한 쟁점주식의 장부가액 주당 15,801원을 쟁점주식의 정상가격으로 보아야 한다는 것인데 슈르트가르트법도 평가대상법인의 수익가치 · 순자산가액 · 가중치 · 이자율 등을 고려하여 기업가치를 평가하도록 하고 있어 상속증여세법의 비상장주식평가방법과 비슷한 방법으로 보인다. 그러나, 법인세법 시행령 제131조에 따라 외국법인에게 국내원천소득이 있는 경우에는 '국조법에 따른 평가액'을 정상가격으로 하여 계산하므로 쟁점주식의 양도자 및 양수자가 독일법인이라 하더라도 쟁점주식을 독일법에 따라 평가하기는 어렵다. 처분청은 국조법에 따라 정상가액을 산정하면서 상속증여세법에 근거하여 유사상장법인 선정기준과 방법을 참작하여 비교대상업체를 선정하고 평가대상법인과 자본이익률이 가장 근접한 하위 3개 업체의 가격을 정상가격범위로 선정한 다음 그 3개 업체의 평균값 1주당 45,369원을 쟁점주식의 정상가격으로 보았다. 그러나, 국세청 훈령 제15조 제3호의 규모기준에 의하면 매출액과 순자산가액이 평가대상법인의 매출액과 순자산가액의 5배를 초과하지 않을 경우에는 비교대상으로 선정할 수 있는데 처분청이 임의대로 2배를 초과한 업체를 비교대상에서 제외하여 5배를 적용할 경우 비교대상으로 선정될 수 있는 여러 업체들이 비교대상에서 제외되었고, 사분위범위로 조정하면 정상가격범위에서 벗어나는 업체들이 비교대상에 포함되었으며, 비교대상 중 자본이익률이 평가대상법인과 가장 근접한 상위 2개 업체와 하위 2개 업체의 가격을 정상가격범위로 선정하여야 함에도 처분청이 임의대로 하위 3개 업체의 가격을 정상가격범위로 선정하여, 결과적으로 B법인의 가격이 정상가격범위로 선정되었다.(국심 2006전2735, 2007.2.2.)

(2) 특수관계

특수관계는 아래와 같이 판단한다. 주식의 간접소유비율의 계산에 관하여는 「국조법 시행령」 제2조 제2항의 규정을 준용한다.(법령 §131 ②, 소령 §183의2 ②)

비거주자	1. 비거주자와 그의 배우자 · 직계혈족 및 형제자매인 관계 2. 비거주자가 외국법인의 의결권 있는 주식의 100분의 50 이상을 직접 또는 간접으로 소유하고 있는 관계
외국법인	1. 일방이 타방의 의결권 있는 주식의 100분의 50 이상을 직접 또는 간접으로 소유하고 있는 관계 2. 제3자가 일방 또는 타방의 의결권 있는 주식의 100분의 50 이상 직접 또는 간접으로 각각 소유하고 있는 경우 그 일방과 타방 간의 관계

(3) 국외 특수관계인 간 주식양도가액검토서의 제출

특수관계가 있는 비거주자 · 외국법인들 간의 유가증권양도가 증권시장 등을 통하지 않고 이루어진 경우, 유가증권 양도소득의 지급자가 '국외특수관계인 간 주식양도가액검토서'(국조칙 별지 20호의2)를 원천징수세액 납부기한까지 제출해야 한다.(법령 §131의2, 소령 §183의3)

(4) 무상이전의 경우

국내세법상 무상이전은 증여로 본다. 예를 들면, 비거주자가 타인으로부터 내국법인 주식을 증여받으면 증여세를 납부할 의무가 있으며 납세지는 주식발행 법인의 본점소재지이다.(국이 22601-739, 1990.12.27.) 외국법인 A가 모기업인 외국법인 B에게 내국법인의 주식을 무상양도함으로써 B가 받는 자산수증익은 국내원천 기타소득에 해당한다.(국조 22601-140, 1991.2.1.) 다만, 조세조약의 조세회피방지규정에 따라 유가증권의 무상이전을 양도소득으로 보는 경우도 있다.

| 무상이전의 경우 과세방법 |

양수자	과세방법	근거규정
거주자 및 비거주자	양수자 증여세	상증법 §2 ① 1호
영리 내국법인	양수법인 무상수증익(법인세 신고납부)	법법 §15
비영리 내국법인	양수법인 증여세	상증법 §2 ①
영리 외국법인	양수법인 무상수증익(기타소득 원천징수)	법법 §93 10호
비영리 외국법인	양수법인 증여세	상증법 §2 ① 2호

2. 과다지급 이자비용의 손금불산입

내국법인이 국외특수관계인과 대차거래를 하면서 부당하게 이자비용을 과다계상하여 내국법인의 과세소득을 감소시키려는 조세책략을 시도하기도 한다. 이러한 시도를 차단하기 위해 과소자본(국조법 §22), 소득 대비 과다이자비용 손금불산입(국조법 §24), 혼성금융상품 이자비용 손금불산입(국조법 §25) 규정을 두고 있다. 이 규정들의 적용순서는 다음과 같다.(국조법 §26, 국조령 §60의2)

| 이자비용 손금불산입 적용 순서 |

① 과소자본세제(국조법 §22)
② 소득 대비 과다이자비용 손금불산입(국조법 §24)
③ 혼성금융상품 이자비용 손금불산입(국조법 §25)
④ 이전가격세제(국조법 §6 및 §7)
⑤ 지급이자 손금불산입(법법 §28)
⑥ 차입 후 1년 초과 특수관계거래 이자 손금불산입(법령 §70 ① 2호)

2.1 과소자본세제(Thin Capitalization Rule)

(1) 과소자본세제의 개념: 이자를 배당으로 간주

자금의 대여자가 실질적으로 회사의 위험을 분담하는 상황, 즉 차입금반환이 기업의 사업성공 여부에 달려 있는 경우 그 이자는 배당소득으로 간주한다. 이런 형태의 이자를 차입자의 소재지국에서 과소자본에 적용되는 국내법에 따라 배당으로 취급하는 것은 조세조약의 위반이 아니다. 기업이 부담하는 위험을 대여자가 공유하는지 여부는 아래의 상황을 고려하여 개별 사안에 따라 결정해야 한다. 차입금의 성격이 실질적으로 자본의 공여인 경우 그 이자는 배당에 해당한다.(OE §10-25)

1. 차입금이 기업의 자본에 공여된 다른 자금보다 더 중요하며(또는 결손자본금의 일부를 실질적으로 대체하기 위해 차입) 상환가능자산과 실질적으로 대응되지 않음.
2. 대여자가 회사이익을 공유함.
3. 다른 대여자의 반환청구나 배당지급이 차입금반환에 우선함.
4. 이자지급수준이 회사이익에 좌우됨.
5. 대여계약에 정확한 반환날짜에 대한 확정규정이 없음

과다차입금을 판정하는 방법은 다음 2가지로 나눌 수 있다.

판정방법	내 용	해당국가
고정비율로 판정	정상적인 자본금에 대한 차입금의 비율을 법으로 정함.	미국, 일본, 프랑스, 캐나다 등은 고정비율(1.5~3배)을 사용
독립기업 비율을 기준으로 판정	독립기업접근법에 따라 동종기업의 차입금 비교	한국, 독일, 호주 등은 고정비율을 원칙으로 하고, 납세자의 특별한 입증이 있는 경우 예외적으로 독립기업 비율을 인정

① 과소자본세제 적용 요건

내국법인(외국법인 국내사업장 포함)의 차입금 등을 합한 금액이 그 국외지배주주가 출자한 출자금액의 2배(금융업의 경우 6배)를 초과하는 경우에는 초과분에 대한 지급이자 및 할인료는 그 내국법인의 손금에 산입하지 아니하며 배당 또는 기타사외유출로 처분된 것으로 본다.(국조법 §22 ②)

손금불산입액 = 차입금 등 - 국외지배주주 출자액 × 2(금융업의 경우 6)

내국법인의 차입금에 대하여 주주인 외국법인이 연대보증을 서는 경우, 예를 들면 외국법인이 100을 투자한 내국법인이 외국법인의 연대보증으로 500을 차입하여 공장시설을 400에 취득하고 차입금이자 50을 지급하는 경우 내국법인은 300의 과소자본상태이므로 이자비용 30을 배당으로 간주한다. 이 경우, 차입계약에서 외국법인의 보증한도를 100으로 명시한다면 외국법인의 보증으로 차입한 금액에 대하여 과소자본세제를 적용할 수 없지만, 외국법인이 연대보증을 하는 경우 내국법인의 담보가치가 충분하므로 과소자본상태로 볼 수 없다는 주장은 법적 근거가 없다. 이러한 경우, 제삼자들의 '통상적인 조건에 의한 차입금'과 다르지 않은 상황이라는 특별한 입증이 필요하다.

② 외국법인 국내지점 간주자본계산방법과의 불일치 문제

과소자본세제는 적정자본(arm's length capital)을 차입금이 자본금의 2배인 경우로 특정한다. 이는 과소자본세제를 적용하면 정상 자본금이 자산의 33% 이상이어야 한다는 의미이다.

① 자산(A) = 부채(L) + 자본(C) ② 적정자본비율: 부채(L) = 자본(C) × 2배 → A = 2C + C → A = 3C ∴ C = 1/3A → C = 0.33A

이에 비해 '외국법인 국내지점의 간주자본 지급이자' 규정(법령 §129의3)은 외국법인의 전체 자본자산비율을 정상적인 자본금으로 본다.

지점의 자본금상당액 = 지점 총자산 × (본·지점 전체자본금액/본·지점 전체자산액)

과소자본세제가 일방적으로 33%의 자본자산비율을 적정자본으로 보는 데 비해 외국법인 국내지점 간주자본 계산방법은 기업 전체의 자본자산비율을 적정자본으로 간주한다. 과소자본세제와 '외국법인 국내지점의 간주자본 계산방법'은 사실상 같은 과세논리의 다른 표현이므로, 이 2가지 방법을 일치시켜야 한다.

(2) 국외지배주주의 범위

'국외지배주주'는 내국법인 또는 외국법인의 국내사업장을 실질적으로 지배하는 자를 말한다.(국조법 §22 ①) 이는 이전가격세제의 국외특수관계인 중 지분소유관계(제삼자를 통한 소유 제외) 및 실질지배관계에 해당한다.

아래에서 주식의 간접소유비율의 계산방법은 이전가격세제의 경우(국조령 §2 ③)를 준용한다.(국조령 §45 ③)

① 내국법인의 국외지배주주

내국법인의 국외지배주주는 각 사업연도 종료일 다음 어느 하나에 해당하는 자로 한다.(국조령 §45 ①)

지분소유관계	1. 내국법인의 의결권 있는 주식의 50% 이상의 주식을 직접 또는 간접으로 소유하고 있는 외국주주 2. 1호의 외국주주가 의결권 있는 주식의 50% 이상의 주식을 직접 또는 간접으로 소유하고 있는 외국법인
실질지배관계	외국주주가 다음 어느 하나의 방법으로 내국법인의 사업 방침 전부 또는 중요한 부분을 실질적으로 결정할 수 있는 경우 (국조령 §2 ② 3호 준용) 1. 타방법인의 대표임원이나 총임원수의 절반 이상에 해당하는 임원이 일방법인의 임원 또는 종업원의 지위에 있거나 사업연도 종료일부터 소급하여 3년 이내에 일방법인의 임원 또는 종업원의 지위에 있었을 것 2. 일방이 조합이나 신탁을 통해 타방의 의결권 있는 주식을 50% 이상 소유할 것 3. 타방이 사업활동의 50% 이상을 일방과의 거래에 의존할 것 4. 타방이 사업활동에 필요한 자금의 50% 이상을 일방으로부터 차입하거나 일방에 의한 지급보증을 통해 조달할 것. 이 경우 자금은 총자본(자기자본+타인자본)으로 자본금, 내부유보, 충당금 등의 자기자본과 차입금, 매입채무 등의 타인자본을 포함하는 개념이다.(국조통 2-2…1) 5. 타방이 일방으로부터 제공되는 지식재산권에 50% 이상을 의존하여 사업활동을 영위할 것. '50% 이상을 의존'하는 것은 특정 무체류산권의 사용대가가 전체 영업비용의 50% 이상을 차지하는 경우를 의미한다.(국조통 2-2…2)

② 외국법인 국내사업장의 경우

외국법인 국내사업장의 경우에는 아래와 같은 지분소유관계가 있는 자를 국외지배주주로 본다.(국조령 §45 ②)

1. 국내사업장이 있는 외국법인의 본점 · 지점(국외에 소재하는 다른 지점을 말함)
2. 위 1호에 해당하는 외국법인이 의결권 있는 주식의 50% 이상의 주식을 직접 또는 간접으로 소유하고 있는 외국법인
3. 위 1호에 해당하는 외국법인의 본점 또는 2호에 해당하는 외국주주가 의결권 있는 주식의 50% 이상의 주식을 직접 또는 간접으로 소유하고 있는 외국법인

(3) 지급이자 손금불산입액의 계산

| 과소자본세제 적용대상 차입금 적수 |

국외지배주주 차입금 적수
제외(△): 정부요청에 의한 국외지배주주 외화차입금 적수
제외(△): 역외금융 및 외국환은행 간 외화대출로 사용한 외화차입금 적수
제외(△): 역외금융 및 외국환은행 간 외화대출로 사용한 외화차입금 간주금액 적수
= 과소자본세제 적용대상 차입금 적수

① 손금불산입 대상 차입금의 범위

과소자본세제 적용대상 차입금은 다음과 같은 것으로 이자 및 할인료를 발생시키는 부채이다.(국조법 §22 ②, 국조령 §46 ①) 이자 또는 할인료를 발생시키지 않는 것은 제외한다.(국조통 14-24…2) 예를 들면, 이자 및 할인료를 발생시키는 후순위채는 차입금에 해당한다.(서면2팀-331, 2005.2.22.)

1. 국외지배주주로부터 차입한 금액. 국외지배주주에 간접소유관계의 외국주주와 실질지배관계의 외국법인이 모두 포함되어 있는 경우에는 외국법인과 관련된 국외지배주주 차입금을 외국주주와 관련된 국외지배주주 차입금에 더한다.(국조령 §46 ③)
2. 국외지배주주의 국세기본법 제2조 제20호 가목 또는 나목에 따른 특수관계인으로부터 차입한 금액. 국외지배주주의 특수관계인은 친족(6촌 이내의 혈족, 4촌 이내의 인척, 배우자(사실상의 혼인관계에 있는 자 포함), 친생자로서 타인에게 친양자 입양된 자 및 그 배우자 · 직계비속), 경제적 연관관계에 있는 자(임원 기타 사용인, 본인의 금전 기타 재산으로 생계를 유지하는 자, 이들과 생계를 함께 하는 친족)을 말한다.(국조령 §24의2) 내국인 주주와 국외지배주주로부터 지급보증이행의 우선순위 없이 공동으로 지급보증을 받는 경우 국외지배주주의 지급보증에 의한 차입금은 국외지배주주가 실질적으로 지급보증한 총차입금 한도를 의미하며, 외화로 지급보증한 경우 기준환율 또는 재정환율을 적용하여 계산한다.(국일 46017-138, 1998.3.16.)
3. 국외지배주주의 지급보증(담보의 제공 등 실질적으로 지급을 보증하는 경우 포함)에 의해 제3자로부터 차입한 금액. 내국법인이 발행한 수출환어음 또는 내국수출업체가 수출대금으

> 로 지급받은 외국금융회사의 해외발행 외국통화표시 약속어음(promissory note)을 외화로 매입하기 위해 외국은행 국내지점이 해외의 본・지점으로부터 차입한 자금(국조통 14-2 4…1)

② 제외되는 차입금

외국은행의 국내지점이 차입한 금액 중 다음 금액은 국외지배주주 차입금에서 제외한다.(국조령 §46 ① 단서)

㉮ 정부(한국은행 포함)의 요청에 따라 외화로 차입하는 금액

㉯ 다음 어느 하나의 방법으로 사용하기 위해 해당 외국은행의 본점・지점으로부터 외화로 예수하거나 차입하는 금액

> 1. 외국환거래법 따른 비거주자 또는 외국환업무취급기관에 외화로 예치하거나 대출하는 방법
> 2. 외국환거래법에 따른 비거주자 또는 외국환업무취급기관이 발행한 외화표시증권을 인수하거나 매매하는 방법

③ 차입금 원천이 불분명한 경우: 안분계산

위 ②의 ㉯의 경우, 외국은행의 본・지점으로부터 외화로 예수하거나 차입한 금액인지가 불분명한 경우로서 해당 사업연도의 재무상태표(연평균 잔액 기준) 등에 계상(計上)된 자금의 원천비율로 그 구분이 가능한 경우에는 그 원천비율에 따라 계산된 금액을 본점・지점으로부터 차입한 금액으로 본다. 이 경우 연평균 잔액은 일별 또는 월별로 계산할 수 있다.(국조령 §46 ②) 이 경우 위 ②의 ㉮ '정부의 요청에 의한 외화차입금'은 외국은행 본・지점 차입금에서 차감하여 계산한다.

| 차입금 원천이 불분명한 경우 외화차입금 간주금액 적수 |

$$\text{본・지점 외화차입금이 분명하지 않은 금액적수} \times \frac{\text{월별 본・지점 차입금 잔액합계}}{\text{월별 총차입금 잔액합계}}$$

④ 국외지배주주 차입금의 원화환산

국외지배주주 차입금을 사업연도 종료일 현재의 외국환거래법에 따른 기준환율 또는 재정환율을 적용하여 환산한다.(국조령 §46 ④) 다만, 통계법의 한국표준산업분류에 따른 금융업에 종사하는 내국법인은 차입한 금액을 환산할 때 아래 환율 중 어느 하나를 선택하여 적용할 수 있다. 이 경우 내국법인은 선택하여 적용한 환산방식은 그 후의 사업연도에도 계속하여 적용해야 하며, 선택한 환산방식을 적용한 사업연도를 포함하여 5개 사

업연도가 지난 후에는 다른 방법을 선택하여 적용할 수 있다.(국조령 §46 ⑤·⑥)

1. 사업연도 종료일 현재의 외국환거래법에 따른 기준환율 또는 재정환율 2. 외국환거래법에 따른 일별 기준환율 또는 재정환율

(4) 이자 및 할인료의 범위

① 이자 및 할인료의 범위

이자 및 할인료의 범위는 국외지배주주 차입금에서 발생한 모든 이자로서 내국법인이 국외지배주주에게 지급해야 할 사채할인발행차금 상각액, 융통어음 할인료 등 그 경제적 실질이 이자에 해당하는 것을 모두 포함한다.(국조령 §48 ③)

상품, 제품 등을 판매하고 받은 상업어음을 할인할 때 그 거래가 매각거래에 해당하면 처분손실은 이자로 보지 않으나, 차입거래에 해당하면 이자로 본다.(국조통 14-25…2) 내국법인이 금융회사와 '역구매카드가맹계약'을 체결하고 모법인인 국외지배주주가 양해각서(letter of comfort)를 통해 사실상 지급보증을 하는 경우, 내국법인이 금융회사에 지급하는 매출채권 조기회수에 대한 수수료는 이자에 해당한다.(서면2팀-1039, 2004.5.19.) 또한, 국외지배주주로부터 외화로 차입하면서 국외지배주주의 보증을 받아 거래은행과 외화차입금에 대한 통화·이자율 스왑계약을 체결하여 거래은행으로부터 원화를 받는 경우, 스왑대가는 원화조달에 소요되는 이자에 해당한다.(조심 2008서3913, 2010.11.24.)

② 제외되는 경우

건설자금이자는 이자의 범위에서 제외한다.(국조령 §48 ③ 단서) 지급보증수수료도 제외된다. 또한 내국법인이 국외지배주주인 해외금융회사로부터 자금을 차입하면서 환율변동위험을 회피하기 위해 제삼자인 국내은행과 환스왑계약을 체결하고 지급하는 수수료는 과소자본세제 적용대상 이자에 해당하지 않는다.(국조통 14-0…3)

지연지급으로 인한 지체상금은 사업소득으로 보지만 소비대차로 전환된 것은 이자에 해당한다. 예를 들면, 국외지배주주인 독일법인으로부터 자동차를 수입하여 판매하는 내국법인이 약정한 무이자신용기간 20일이 경과한 이후에 물품대금과 함께 이자상당액을 추가로 지급하는 경우, 내국법인이 독일법인에 대하여 부담하는 채무는 물품대금을 지급해야 할 의무로서 소비대차에 해당하지 아니하며 당사자의 명시적인 소비대차약정이 없었으므로 20일 이후에 지급된 금액은 물품대금을 지연하여 지급한 것으로 이자로 볼 수 없다.(조심 2010서1063, 2012.7.30.)

(5) 제삼자 개입거래

내국법인이 국외지배주주가 아닌 자로부터 차입한 금액이 아래 요건에 해당하는 경우에는 이를 국외지배주주로부터 직접 차입한 금액으로 보아 과소자본세제를 적용한다. 다만, 내국법인이 국외지배주주가 아닌 국외특수관계인으로부터 차입한 경우에는 아래 2의 요건만 갖추어도 과소자본세제를 적용한다.(국조법 §23) 그렇지만, 국외지배주주인 외국법인의 다른 국내지점으로부터의 차입거래를 제삼자 개입거래로 보아 과소자본세제를 적용할 수 없다.(서이-1562, 2004.7.23.)

1. 해당 내국법인과 국외지배주주 간에 그 차입에 대한 사전계약(차입과 관련된 증거에 따라 사전에 실질적인 합의가 있는 것으로 인정되는 경우 포함)이 있을 것
2. 해당 내국법인과 국외지배주주 간에 그 차입의 조건이 실질적으로 결정될 것

국외지배주주의 지급보증의 범위에는 지급보증서의 유무, 지급보증서의 종류 또는 지급보증방법에 불구하고 내국법인 등의 채무불이행시 국외지배주주가 실질적으로 채무를 이행해야 하는 모든 형태의 지급보증을 포함한다.(국조통 14-0…2) 지급보증은 letter of guarantee, letter of awareness 등으로 이루어진다. 다만, 국외지배주주가 법적으로 구속력 있는 보증행위나 의무부담 없이 단순히 내국법인이 대출금을 신속히 변제하도록 노력한다는 협조의지를 표명하는 수준의 서신(comfort letter)을 송부하는 경우 제삼자 개입거래로 보지 않는다.(국총 46017-731, 1998.10.30.)

(6) 손금불산입 이자 계산 및 기준배수

과소자본세제에 의한 지급이자 손금불산입액은 아래와 같이 계산한다.(국조령 §48 ①)

지급이자 손금불산입액	$= \Sigma$ (초과차입금 적수 $\times \frac{1}{365} \times$ 각 차입금 이자율) 손금불산입한도: 이자율 높은 차입금 적수부터 누적한 적수 ≦ 초과차입금 적수 (누적적수가 초과차입금 적수보다 많아지게 되는 때의 마지막 차입금의 적수 중 초과차입금 적수보다 많아지는 부분은 제외)
초과차입금 적수	초과차입금 적수 = 국외지배주주 차입금 적수 − 국외지배주주 출자금액 적수 × 업종별 배수 (일반 2, 금융업 6)

① 업종별 배수

국외지배주주의 출자지분에 대한 차입금의 배수는 통계법 제22조에 따라 통계청장이

고시하는 한국표준산업분류에 따른 금융업의 경우에는 6배를 적용한다. 그 밖의 경우에는 2배를 적용한다.(국조법 §22 ②·③, 국조령 §50 ①) 대금업은 금융업에 해당하지 않으며(서이 46017-10241, 2003.2.3.), 자산유동화에 관한 법률에 따라 설립된 자산유동화전문회사가 같은 법에 규정된 업무를 수행하면 금융업에 해당한다.(국총 46017-331, 1999.5.14.)

내국법인이 금융업과 금융업이 아닌 업종을 겸영(兼營)하고, 그 내국법인의 출자금액 또는 차입금이 업종별로 구분되지 않는 경우에는 다음 구분에 따라 출자금액 또는 차입금을 배분한 후 각각 업종별 배수를 적용한다.(국조령 §50 ②)

1. 금융업과 금융업이 아닌 업종에서 영업이익(기업회계기준에 따른 영업이익)이 각각 발생한 경우 : 각 영업이익에 비례하여 출자금액 또는 차입금을 배분
2. 금융업과 금융업이 아닌 업종 중 어느 하나의 업종에서 영업이익이 발생하지 않은 경우: 매출액기준 또는 매출총이익기준으로 출자금액 또는 차입금을 배분

② 지급이자 손금불산입 적용순서

과소자본세제를 적용하여 배당으로 간주된 이자를 손금불산입하는 경우 국조법 제6조(이전가격세제), 법인세법 제28조(지급이자의 손금불산입) 및 기본통칙 92-129…2(외국은행 본·지점 간의 자금거래에 따른 이자의 손금계산)에 우선하여 적용한다.(국조법 §16)

과소자본세제를 적용할 때 서로 다른 이자율이 적용되는 이자나 할인료가 함께 있는 경우에는 높은 이자율이 적용되는 것부터 먼저 손금불산입한다.(국조법 §22 ⑥) 즉, 높은 이자율이 적용되는 차입금의 적수가 초과차입금적수에 먼저 포함되는 것으로 하고, 같은 이자율이 적용되는 차입금이 둘 이상인 경우에는 차입시기가 늦은 차입금의 적수부터 초과차입금적수에 포함하며, 이자율과 차입시기가 모두 같은 경우에는 차입금의 비율에 따라 안분하여 초과차입금적수에 포함한다.(국조령 §48 ②)

(7) 국외지배주주의 내국법인 출자금액 계산

① 지분소유관계인 경우

㉮ 국외지배주주의 내국법인 등 출자금액

국외지배주주의 내국법인 출자금액은 각 사업연도 종료일 현재를 기준으로 아래와 같이 계산한다.(국조령 §47 ①) 자산총액에서 차감하는 부채 범위에는 미지급한 본점 송금액을 포함하지 않는다.(국조통 14-0…4)

$$\text{국외지배주주의 내국법인 출자금액} = \text{Max(자기자본, 납입자본금)} \times \frac{\text{국외지배주주 납입자본금}}{\text{내국법인의 총납입자본금}}$$

※ 국외지배주주에 차입금을 합산하는 외국주주와 외국법인이 모두 포함되어 있는 경우에는 외국주주가 납입한 자본금을 외국주주와 외국법인이 납입한 자본금으로 본다.

1. 자기자본(재무상태표) = 자산총액 - 부채총액(충당금 포함, 미지급 법인세 제외)
2. 납입자본금: 자본금 + 주식발행액면 초과액 및 감자차익 - 주식할인발행차금 및 감자차손

㈏ 사업연도 중 자본변동이 있는 경우

사업연도 중 합병·분할 또는 증자·감자 등에 따라 자본이 변동된 경우에는 해당 사업연도 개시일부터 자본 변동일 전날까지의 기간과 그 변동일부터 해당 사업연도 종료일까지의 기간으로 각각 나누어 계산한 자본의 적수를 합한 금액을 자기자본 또는 납입자본금의 적수로 한다.(국조령 §47 ②)

㈐ 국외지배주주가 내국법인의 주식을 간접적으로 소유하는 경우

국외지배주주가 내국법인의 주식을 간접적으로 소유하고 있는 경우 납입자본총액에서 국외지배주주가 납입한 자본금 비율의 계산은 다음 각 방법에 의한다.(국조령 §47 ③)

1. 국외지배주주와 내국법인 그리고 이들 사이의 하나 이상의 법인이 모두 하나의 일련의 주식소유관계를 통해 연결된 '직렬출자관계'에 해당하는 경우 : 각 단계의 지분비율을 모두 곱하여 산출한 비율. 다만, 직렬출자관계에 차입금을 합산하는 외국주주와 외국법인이 모두 포함된 경우에는 이전가격세제의 주식 간접소유비율 계산방법을 준용하여 산출하며, 이 경우 '간접소유비율'은 '납입자본금비율'로 본다.
2. 국외지배주주와 내국법인 사이에 둘 이상의 직렬출자관계가 있는 경우 : 각각의 직렬출자관계에서 산출한 납입자본금비율을 모두 더하여 산출한 비율

② 실질지배관계의 외국법인이 포함되어 있는 경우

국외지배주주에 차입금을 합산하는 외국주주(지분소유관계)와 외국법인(실질지배관계)이 모두 포함되어 있는 경우에는 외국주주가 납입한 자본금이 차지하는 비율을 외국주주와 외국법인이 납입한 자본금이 차지하는 비율로 보아 출자금액을 계산한다.(국조령 §25 ③) 이는 실질지배관계의 경우 출자금액이 없어 지급이자 손금불산입 한도액이 늘어나는 것을 방지하기 위한 것이다.

| 실질지배관계회사의 출자비율 계산사례(출자비율: B 80% × C 90% = 72%) |

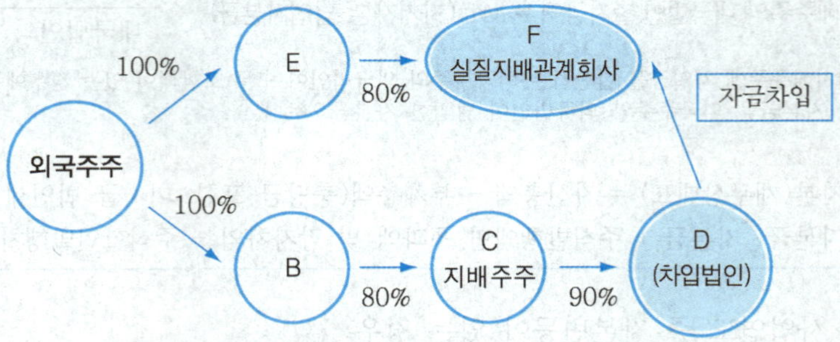

(8) 국외지배주주의 국내사업장 출자금액 계산

외국법인 국내사업장의 경우에는 각 사업연도 종료일 현재 국내사업장 재무상태표상의 자산총액에서 부채총액을 뺀 금액이 출자금액이다.(국조령 §47 ① 단서)

> 자본금상당액: 자산총액 - 부채총액(충당금 포함, 본 · 지점계정, 미지급법인세 제외)

계산 사례 외국은행 국내지점에 대한 과소자본세제 적용

1) 재무상태표(연평균 잔액)

(자 산)	1,050억원	(부채 및 자본)	1,050억원
		본점 외화차입금	800억원
		기타차입금	200억원
		자기자본	50억원

2) 본점외화차입금 지급이자: 60억원

이자율	이자금액	차입금적수
18%	6억원	12,120억원
16%	4억원	9,120억원
13%	47억원	131,960억원
12%	3억원	9,000억원
합 계	60억원	162,200억원

3) 손금불산입 지급이자

▷ 초과적수: 52,700억원 = 총차입금적수 162,200억원 - 자기자본적수의 6배 109,500억원

▷ 손금불산입 지급이자: 22.6억원

적용 이자율	이자금액	차입금적수
18%	6억원	12,120억원
16%	4억원	9,120억원
13%	12.6억원	35,480억원
합 계	22.6억원	56,720억원

※ 13% 적용이자 안분: 47억원×35,480억원/131,960억원 = 12.6억원

(9) 지급이자 손금불산입액의 소득처분

① 국외지배주주 차입금이자

국외지배주주로부터 차입한 금액에 대한 지급이자 손금불산입액은 배당으로 처분된 것으로 본다.(국조령 §49 전단) '제삼자 개입거래'에 해당되어 국외지배주주로부터 직접 차입한 금액으로 보는 경우 그 이자의 손금불산입액도 배당으로 처분한 것으로 본다.(국조통 15-25…1 ①) 배당처분하는 경우에는 이자의 지급 여부에 불구하고 해당 법인이 법인세 신고기한 종료일에 배당소득을 지급한 것으로 보아 법인세 등을 원천징수한다.(국조령 §25 ⑦, 국조통 14-25…1)

과소자본세제에 따라 배당간주된 이자소득은 한미조세조약 13조 6항에 따른 이자소득이고, 이에 대한 원천징수는 같은 조 5항에 따라 국내세법에 따라 결정한다.(기획재정부 조세정책과-523, 2019.3.21.) 이 해석은 문제가 있는데, 부당한 이자소득의 조약혜택제한에서 설명한다.

유동화전문회사에 대한 소득공제를 적용할 때 과소자본세제에 의한 배당처분액은 배당으로 본다.(법인세과-3269, 2008.11.5.) 이 경우, 그 배당처분액은 외국인투자가의 배당소득 감면대상이 아니다.(서이 46017-10081, 2003.1.13.)

외국인투자법인이 미국 모회사로부터 차입한 금액에 대하여 미지급이자를 계상하고 실제 지급하지 못하였으며, 이후 외국인투자법인이 과소자본세제에 따라 일부 이자를 손금불산입하고 손금불산입된 이자에 대하여 채무면제를 받은 경우, 손금불산입된 이자와 그 이자의 채무면제이익은 상계처리할 수 없다.(서이-949, 2007.5.16.)

② 제삼자로부터 자금을 차입한 경우

국외지배주주의 특수관계인으로부터 차입한 금액 및 국외지배주주의 지급보증에 의해 제삼자로부터 차입한 금액에 대한 지급이자 손금불산입액은 기타사외유출로 처분된 것으로 본다.(국조령 §49 후단) 이 경우 이자로서의 속성은 그대로 유지된다.

③ 국외지배주주 차입금 이자와 국외지배주주의 지급보증에 의한 제삼자 차입금 이자가 같은 과세기간에 함께 발생한 경우

국외지배주주로부터의 차입금과 국외지배주주의 지급보증에 따라 차입한 금액의 비율에 따라 손금불산입된 지급이자를 안분하여 배당 및 기타사외유출로 각각 처분된 것으로 본다. 이 경우 국외지배주주에 차입금이 합산되는 외국주주와 외국법인이 모두 포함된 경우에는 외국주주로부터의 차입금과 외국법인으로부터의 차입금의 비율에 따라 손금불산입된 지급이자를 안분하고, 외국주주의 지급보증에 따라 차입한 금액과 외국법인의 지급보증에 따라 차입한 금액의 비율에 따라 손금불산입된 지급이자를 안분한다.

계산 사례 과소자본세제 적용 및 소득처분

갑은 판매법인이다. 재무상태표상 자기자본은 500,000이고, 재무상태표상 부채에는 미지급법인세 30,000이 포함되어 있다. 기말현재 납입자본금은 400,000이다. 지급이자 내역은 다음과 같다.

이자율	이자비용	차입금적수	비 고
9%	45,000	183,000,000	50% 주주 A 차입금
7%	28,000	146,400,000	A의 보증 차입금

① 국외지배주주 출자적수: Max(500,000+30,000, 400,000)×출자비율 50%×366일=96,990,000
② 과소자본: 차입금적수 329,400,000−96,990,000×3=38,430,000
③ 과소자본에 대한 지급이자: 45,000×38,430,000/183,000,000=9,450
④ 소득처분
A 차입금: 9,450×183,000,000/329,400,000=5,250(배당 처분)
A 보증 차입금: 9,450×146,400,000/329,400,000=4,200(기타사외유출 처분)

(10) 원천징수세액의 상계조정

지급이자의 전부 또는 일부가 손금불산입되어 배당으로 조정된 경우 해당 내국법인이 이미 이자소득세로 원천징수한 세액이 있으면 배당으로 조정된 세액을 상계하여 조정한다.(국조법 §22 ⑤) 원천징수세액에 대한 상계조정을 한 결과 납부할 세액이 있는 경우에는 법인세 신고기한이 속하는 달의 다음 달 10일까지 이를 관할세무서장에게 납부하며, 환급받을 세액이 있는 경우에는 관할세무서장에게 환급을 신청한다.(국조령 §52)

(11) 조정명세서 등의 제출

국외지배주주로부터 자금을 차입하거나 지급보증받은 내국법인 등은 법인세 확정신고시 아래 서류를 납세지 관할세무서장에게 제출한다.(국조령 §53)

1. 국외지배주주에게 지급하는 이자에 대한 조정명세서(국조칙 §32 ① 별지 24호)
2. 원천징수세액조정명세서(국조칙 §32 ② 별지 25호). 추가로 납부해야 하는 세액이 있거나 환급을 신청할 세액이 있는 경우 제출

(12) 통상적인 조건에 의한 차입금의 과세 제외

내국법인이 국외지배주주로부터 차입한 차입금의 규모 및 차입조건이 특수관계가 없는 자 간의 통상적인 차입규모 및 조건과 동일 또는 비슷한 것임을 입증하는 경우에는 그 차입금에 대한 지급이자 및 할인료에 대하여는 과소자본세제를 적용하지 않는다.(국조법 §22 ④) 이는 사실상 이전가격방법을 적용한다는 의미이다.

① 통상적인 조건에 의한 차입금의 입증자료

국외지배주주의 출자금액에 대한 차입금의 배수가 2배(금융회사 6배)를 초과하는 내국법인이 과소자본세제의 적용 제외를 받고자 하는 경우에는 다음 각 자료를 법인세 신고기한까지 과세당국에 제출해야 한다.(국조령 §51 ①) 이러한 입증자료를 납세자가 법정제출기한 경과 후 제출한 경우 해당 서류의 지연제출이 조세행정의 집행에 중대한 장애를 초래하거나 납세자의 탈루혐의와 연계되어 있다고 판단되는 등 타당한 사유가 있는 때에는 해당 서류의 효력을 부인할 수 있다.(국조통 14-27…2)

㉮ 이자율, 만기일, 지급방법, 자본전환 가능성, 다른 채권과의 우선순위 등을 고려할 때 해당 차입금이 사실상 출자에 해당되지 아니함을 입증하는 자료

㉯ 해당 내국법인과 동종의 사업을 영위하는 비교가능한 법인의 자기자본에 대한 차입금의 배수(비교대상배수)에 관한 자료. 비교가능한 법인이란 해당 내국법인과 사업규모 및 경영여건 등이 비슷한 내국법인 중 차입금의 배수에 있어 대표성이 있는 하나 또는 다수의 법인을 말한다.

② 독립기업 비교대상배수를 초과하는 경우 손금불산입

국외지배주주의 내국법인 출자금액에 대한 차입금의 배수가 독립기업 비교대상배수를 초과하는 경우 내국법인의 손금불산입액은 기준배수 적용방법을 준용하여 계산한다. 이 경우 '기준배수'는 '비교대상배수'로 본다.(국조령 §51 ②)

계산 사례 과소자본세제의 적용(비교대상배수)

미국에 본점을 두는 General Bank는 General Bank 한국지점을 다음과 같이 설립하였다. 본점 차입금에 대한 지급이자는 150백만 원이다. 차입금의 제삼자 비교대상배수는 5배이다.

사업연도 종료일 현재 재무상태표 (단위: 백만 원)

자 산	1,740백만	부 채(본점차입금)	1,500백만
		자본금(본점)	200백만
		이익잉여금	40백만
자산합계	1,740백만	부채와 자본합계	1,740백만

※ 본점 차입금은 15% 단일이자율로 차입하였다.

- 부채비율: 총차입금 적수/자산총액에서 부채총액을 공제한 금액의 적수
  =(1,500백만×365)/(240백만×365)=6.25(배)
- 손금불산입액: 30백만 원(배당처분)

$$= 150\text{백만} \times \frac{1{,}500\text{백만}\times 365 - 240\text{백만}\times 365\times 5\text{배}}{1{,}500\text{백만}\times 365}$$

2.2 소득 대비 과다이자비용 손금불산입

(1) 과다이자비용 손금불산입금액의 계산

내국법인이 국외특수관계인으로부터 차입한 금액에 대한 순이자비용이 조정소득금액의 30%를 초과하는 경우에는 그 초과하는 금액은 손금에 산입하지 아니하며 기타사외유출로 처분된 것으로 본다. 이 경우, 국외특수관계인에게 지급하는 지급이자 및 할인료 중 서로 다른 이자율이 적용되는 이자나 할인료가 함께 있는 경우에는 높은 이자율이 적용되는 것부터 먼저 손금에 산입하지 아니하며, 같은 이자율이 적용되는 차입금이 둘 이상인 경우에는 최근 차입한 금액에 대한 지급이자 및 할인료부터 차례대로 손금에 산입하지 않으며, 이자율과 차입시기가 모두 같은 경우에는 차입금의 비율에 따라 안분하여 손금에 산입하지 않는다.(국조법 §24 ①·②·④, 국조령 §54)

손금불산입금액 = 순이자비용 - 조정소득금액 × 30%

1. 순이자비용: 내국법인이 모든 국외특수관계인으로부터 차입한 전체 차입금에 대하여 지급하는 이자 및 할인료의 총액－내국법인이 국외특수관계인으로부터 수취하는 이자수익의 총액(음수인 경우에는 '0'). 이자 및 할인료의 범위는 과소자본세제와 같음.

2. 조정소득금액: 소득금액 + (감가상각비 + 순이자비용)
   ※ 소득금액 : 지급이자 손금불산입(법법 §28), 이전가격조정(국조법 §6, §7), 과소자본세제(국조법 §22), 3자개입 차입거래(국조법 §23), 혼성금융상품 지급이자 손금불산입(국조법 §25), 특수관계인 지급이자(국조령 §60의2) 적용 전 금액(부수인 경우 '0')
   ※ 감가상각비 : 법인세법(§23)에 따라 손비로 계상한 감가상각비
   ※ 조정소득금액이 음수인 경우에는 영으로 본다.

(2) 금융업 및 보험업의 제외

과다이자비용 손금불산입 규정은 금융 및 보험업을 영위하는 내국법인(금융지주회사가 아닌 지주회사는 제외)에게는 적용하지 않는다.(국조법 §24 ③, 국조령 §55)

(3) 순이자비용에 대한 제출

국외특수관계인으로부터 자금을 차입한 내국법인은 '국외특수관계인에게 지급하는 순이자비용에 대한 조정명세서'(국조칙 별지 10호의10)를 법인세 확정신고와 함께 납세지 관할세무서장에게 제출해야 한다.(국조령 §56)

2.3 혼성금융상품 이자비용 손금불산입

(1) 혼성금융상품 이자비용의 손금불산입

① 혼성금융상품 이자비용 익금산입금액의 계산

내국법인이 국외특수관계인과의 '혼성금융상품' 거래에 따라 지급한 이자 및 할인료 중 '적정기간' 내에 그 거래상대방이 소재한 국가에서 거래상대방의 소득에 포함되지 않는 등 과세되지 아니한 금액에 해당하는 금액은 적정기간 종료일이 속하는 사업연도의 소득금액을 계산할 때 내국법인의 익금에 산입하며 기타사외유출로 처분된 것으로 본다. 이 경우 내국법인은 '이자 상당액'을 적정기간 종료일이 속하는 사업연도의 법인세에 더하여 납부하여야 한다.(국조법 §25 ②) 적정기간 종료일이 속하는 사업연도의 소득금액을 계산할 때 익금에 산입하는 금액은 아래와 같이 계산한 금액으로 한다.(국조령 §59 ②)

익금산입액 = ①×②

① 내국법인이 거래상대방에게 지급하는 이자 및 할인료의 금액
② '과세되지 아니한 금액' ÷ 거래상대방이 내국법인으로부터 지급받는 배당소득금액

'혼성금융상품'이란 자본 및 부채의 성격을 동시에 갖고 있는 금융상품으로서 다음 요건을 모두 충족하는 금융상품을 말한다. 다만, 금융 및 보험업을 영위하는 내국법인이 발행하는 금융상품은 제외한다.(국조법 §25 ①, 국조령 §57)

> 1. 한국의 경우: 국내세법에 따라 해당 금융상품을 부채로 보아 내국법인이 해당 금융상품의 거래에 따라 거래상대방(국외특수관계 외국법인)에게 지급하는 이자 및 할인료를 이자비용으로 취급할 것
> 2. 거래상대방이 소재한 국가의 경우: 그 국가의 세법에 따라 해당 금융상품을 자본으로 보아 거래상대방이 내국법인으로부터 지급받는 이자 및 할인료를 배당소득으로 취급할 것

'적정기간'이란 내국법인이 혼성금융상품의 거래에 따라 이자 및 할인료를 지급하는 사업연도의 종료일 이후 12개월 이내에 개시하는 거래상대방의 사업연도의 종료일까지의 기간을 말한다.(국조령 §58)

'과세되지 아니한 금액'의 범위는 내국법인이 지급한 이자등이 거래상대방이 소재한 국가의 세법에 따라 배당소득으로 취급되어 과세소득에 포함되지 않은 금액으로서 다음의 구분에 따른다.(국조령 §59 ①)

> 1. 해당 이자 등의 전부가 거래상대방의 과세소득에 포함되지 않은 경우: 전체 금액
> 2. 해당 이자 등의 10% 미만의 금액만 거래상대방의 과세소득에 포함되는 경우: 과세소득에 포함되지 않은 금액

② 이자 상당액의 계산

법인세에 더하여 납부하는 '이자상당액'은 다음과 같이 계산한 금액을 말한다.(국조령 §59 ③)

> 이자상당액 = ① × ②
>
> ① 거래상대방에게 지급한 이자 및 할인료를 손금에 산입한 사업연도에 위 '익금산입액'을 손금에 산입하지 않았을 경우 발생했을 법인세액의 차액
>
> ② 손금에 산입한 사업연도의 다음 사업연도 개시일부터 익금에 산입한 사업연도의 종료일까지의 기간에 대하여 1일 22/100,000 (2022.2.1. 이전 25/100,000)

③ 혼성금융상품 자료제출

혼성금융상품 이자비용을 익금에 산입하는 내국법인은 '혼성금융상품 관련 이자비용에 대한 조정명세서'(국조칙 §34 별지 27호)를 적정기간 종료일이 속하는 사업연도를 기준으로 하여 법인세 신고기한까지 납세지 관할세무서장에게 제출하여야 한다.(국조법 §25 ③, 국조령 §60)

④ 과태료부과

혼성금융상품 거래에 관한 자료 제출 의무가 있는 내국법인이 자료를 제출하지 아니하거나 거짓의 자료를 제출하는 경우에는 상품별로 3천만원 이하의 과태료를 아래와 같이 부과한다.(국조법 §88, 국조령 §145 ①) 이 경우, 과태료는 그 위반행위의 정도, 위반 횟수, 위반행위의 동기와 결과 등을 고려하여 해당 과태료의 50% 범위에서 줄이거나 늘릴 수 있다. 다만, 과태료를 늘리는 경우에는 과태료의 상한(3천만원)을 넘을 수 없다.(국조령 §145 ②)

1. 신고기한까지 혼성금융상품 관련 이자비용에 대한 조정 명세서를 제출하지 않은 경우: 혼성금융상품별 2천만원
2. 거짓의 조정명세서를 제출한 경우: 혼성금융상품별 1천만원

(2) OECD 혼성불일치 방지규정

OECD BEPS Action 2 보고서는 아래와 같이 혼성불일치 방지규정을 권고하였다. 이는 주로 투자기구와 관련되는 것으로 투자기구, 투자자, 투자대상자산의 관할국이 다른 경우에 일어나는 이중비과세를 방지하기 위한 것이다. 한국은 권고 1 '혼성금융상품 기본규정'만 도입하였다. G20 국가들이 혼성불일치 방지규정을 도입하는 상황에서, 권고안의 나머지 규정들을 도입하고 외국의 혼성불일치 방지규정에 따라 한국 투자자를 투과기업으로 보지 않도록 국내세법(특히, 투자기구세제)을 개정해야 한다.

| OECD BEPS Action 2. 혼성불일치거래 방지규정 권고안 |

권고 1. 혼성금융상품(Hybrid financial instrument) 규정

1. 지급이 공제/소득불포함 결과를 초래하는 경우 불일치 해소
   혼성불일치를 초래하는 금융상품에 따른 지급 및 금융상품을 이전하는 거래에 따른 대체지급에 대해 다음 규정을 적용한다.
   (a) 지급자 관할국은 공제/소득불포함 결과를 초래하는 경우에는 그 지급에 대한 공제를 부인한다.
   (b) 지급자 관할국이 불일치를 해소하지 않는 경우, 수취인 관할국은 지급이 공제/소득불포함 결과를 초래하는 경우에는 그 지급을 경상소득에 포함한다.
   (c) 납세자가 합리적 기간 내에 그 지급이 통상소득에 포함된다는 것을 세무당국에 입증하는 경우, 지급시기 차이는 금융상품으로 인한 지급에 대한 공제/소득불포함 결과를 초래하는 것으로 보지 않는다.
2. 금융상품 및 대체지급의 정의
   이 규정의 목적상:

(a) 금융상품이란 지급자 및 수취인 관할국 법의 부채, 지분 또는 파생상품 과세규정에 따라 과세되는 약정을 말하며 혼성거래(hybrid transfer)를 포함한다.

(b) 혼성거래는 납세자가 계약한 금융상품을 다음 경우에 다른 사람과 거래하는 약정을 포함한다.

(i) 납세자가 거래자산의 소유자로, 그 자산에 대한 거래상대방의 권리는 납세자의 의무에 해당한다. 또한

(ii) 거래상대방 관할국 법에 따라, 거래상대방은 거래자산의 소유자로 그 자산에 대한 납세자의 권리는 거래상대방의 의무에 해당한다.

이 목적상, 자산의 소유권은 그 자산으로 인한 현금흐름의 소유자로서 납세자가 과세되는 규정의 적용대상을 포함한다.

(c) 관할국은, 금융제공이나 지분수익과 관련하여 한 사람이 다른 사람에게 금전을 주는 약정을 그 금융제공이나 지분수익의 한도 내에서 금융상품으로 보아야 한다.

(d) 거래상대방 관할국 법에 따라 금융상품으로 보지 않는 약정에 따른 지급은 그 지급이 금융제공이나 지분수익에 해당하는 경우에만 불일치를 초래하는 것으로 본다.

(e) 대체지급(substitute payment)이란, 지급이나 수익이 다음에 해당하는 경우 기초금융상품에 대한 금융제공이나 지분수익을 포함하거나 표현하는 금액의 지급에 해당하는 경우, 금융상품거래 약정에 따라 이루어지는 지급을 말한다.

(i) 지급자의 경상소득에 포함되지 않았음;

(ii) 수취인의 경상소득에 포함되었음; 또는

(iii) 혼성불일치를 초래하였음.

3. 혼성불일치를 초래하는 금융상품에 따른 지급에만 규정을 적용

금융상품약정 때문에 불일치가 발생하는 경우, 금융상품에 따른 지급은 혼성불일치를 초래한다. 납세자의 상황이나 금융상품을 보유하는 상황으로 인해 불일치가 발생한다면, 그 금융상품 약정에 따른 지급으로 보지 않는다.

4. 규정의 범위

특수관계인에게 지급하는 경우, 또는 구조화약정에 따라 지급하면서 납세자가 구조화약정의 당사자인 경우에만 이 규정을 적용한다.

5. 규정의 예외

권고 1.1(a)의 기본규정은 다음 상황에서 설립지 관할국 법에 따른 특례 규정이나 세무취급 대상인 투자기구가 지급하는 경우에는 적용되지 않는다.

(a) 설립지 관할국 세무정책은 다음을 보장하는 금융상품에 따른 지급의 공제를 인정하는 것이다.

(i) 납세자는 투자소득에 대해 비과세 또는 저율과세 된다.

(ii) 납세자가 발행한 금융상품 보유자는 그 지급에 대해 경상소득으로 즉시 과세된다.

(b) 설립지 관할국 법령 및 세무제도로 인해, 투자기구가 발행한 금융상품의 경우 납세자가 그 소득을 계상하거나 수취한 때로부터 합리적 기간 내에 납세자 투자수익의 전부 또는 사실상 전부를 그 금융상품 보유자에게 지급하고 분배하게 된다.

(c) 설립지 관할국의 조세정책은 지급 전액을 다음과 같이 취급한다.

(i) 설립지 관할국에서 수취인의 경상소득에 포함한다. 또한

(ii) 설립지 관할국과 수취인 관할국 사이의 조약에 따라, 수취인 관할국 법에 의한 수취인 경상소득에서 제외되지 않는다.

(d) 구조화약정에 따른 지급이 아니다.

권고 1.1(b)의 방어규정은 그 투자기구가 지급하는 모든 지급에 계속 적용된다.

권고 2. 금융상품 세무취급(tax treatment of financial instruments) 상세권고

1. 공제되는 지급에 대한 배당소득공제 부인

금융상품에 따라 발생하는 공제/소득불포함 결과를 방지하기 위해, 지급자가 배당을 공제하는 경우 경제적 이중과세의 구제를 위해 제공되는 배당소득공제(dividend exemption)를 국내법상 허용해서는 안 된다. 마찬가지로, 관할국은 기초소득(underlying profits)에 대한 경제적 이중과세를 구제하기 위해 부여하는 다른 유형의 배당감면에 대해서 유사한 제한을 채택하도록 고려해야 한다.

2. 혼성거래에 따른 외국납부세액공제 제한

혼성거래에 따른 세액공제의 중복을 막기 위해, 혼성거래로 인한 지급에 대한 원천징수세액의 구제를 허용하는 관할국은 그러한 구제혜택을 거래로 인한 납세자 순과세소득에 비례하도록 제한해야 한다.

3. 규정의 범위

이 권고의 범위에는 제한이 없다.

권고 3. 인식되지 않는 혼성지급(Disregarded hybrid payments) 규정

1. 지급이 공제/소득불포함 결과를 초래하는 경우 불일치 해소

혼성불일치를 초래하는 혼성지급자가 주는 인식되지 않는 지급(disregarded payment)에 다음 규정을 적용해야 한다.

(a) 지급자 관할국은 공제/소득불포함 결과를 초래하는 경우 그 지급에 대한 공제를 부인한다.

(b) 지급자 관할국이 불일치를 해소하지 않으면, 수취인 관할국은 지급이 공제/소득불포함 결과를 초래하는 한도 내에서 그 지급을 경상소득에 포함해야 한다.

(c) 지급자 관할국의 공제가 수취인 관할국 및 지급자 관할국 법에 따라 모두 소득에 포함되는 소득(즉, 이중포함소득)과 상계되는 경우에는 불일치가 발생하지 않는다.

(d) 이중포함소득금액을 초과하는 공제(초과공제)는 다른 기간에 이중포함소득과 상계할 수 있다.

2. 혼성지급자가 지급한 인식되지 않는 지급에만 규정을 적용

이 규정의 목적상:

(a) 인식되지 않는 지급이란 지급자 관할국 법에 따라 공제 대상이지만, 수취인 관할국 법에 따라 인식되지 않는 지급을 말한다.

(b) 수취인 관할국 법에 따른 지급자의 세무취급으로 해당 지급이 인식되지 않는 지급이 되는 경우 그 지급자는 혼성지급자에 해당한다.

3. 혼성불일치를 초래하는 지급에만 규정을 적용
그 혼성지급자 관할국 법에 따라 이중포함소득이 아닌 소득에서 공제를 상계할 수 있는 경우, 혼성지급자에 의한 인식되지 않는 지급으로 혼성불일치가 초래된다.
4. 규정의 범위
불일치 당사자들이 동일지배그룹에 속하거나 또는 구조화약정에 따라 지급이 이루어지고 납세자가 구조화약정의 당사자인 경우에만 이 규정을 적용한다.

권고 4. 역혼성규정(reverse hybrid rule)

1. 지급이 공제/소득불포함 결과를 초래하는 경우 불일치를 해소
역혼성불일치를 초래하는 역혼성단체에 대한 지급과 관련하여 지급자 관할국은 공제/소득불포함 결과를 초래하는 경우에만 그 지급에 대한 공제를 부인하는 규정을 적용해야 한다.
2. 규정은 역혼성단체에 대한 지급에만 적용
역혼성단체란 투자자에 의해 독립실체로 취급되며 설립지 관할국 법에 따라 투과기업으로 취급되는 사람을 말한다.
3. 규정은 역혼성불일치에만 적용
투자자에게 직접 발생소득을 지급하였다면 불일치가 발생하지 않았을 경우, 그 지급은 혼성불일치를 초래한다.
4. 규정의 범위
이 권고는 투자자, 역혼성단체 및 지급자가 동일지배그룹의 구성원이거나, 구조화약정에 따라 지급이 이루어지며 지급자가 그 구조화약정의 당사자인 경우에만 적용된다.

권고 5. 역혼성단체 세무취급(tax treatment of reverse hybrids) 상세권고

1. 조세피난처세제 및 기타 역외투자제도 개선
관할국들은 역혼성단체에 대한 지급과 관련하여 공제/소득불포함 결과가 발생하는 것을 방지하기 위해 역외투자제도를 도입하거나 개선해야 한다. 마찬가지로, 관할국들은 국외불일치약정(imported mismatch arrangements)과 관련하여 역외투자제도를 도입하거나 개선하는 것을 고려해야 한다.
2. 비거주 투자자에 대한 조세투명성 제한
역혼성단체의 소득이 설립지 관할국 법에 따라 과세대상이 아니고 역혼성단체와 동일지배그룹 내 비거주 투자자의 수취소득이 투자자국 법에 따라 과세대상이 아닌 경우, 역혼성단체는 설립지 관할국에서 거주자로 취급되어야 한다.
3. 중간체에 대한 정보 보고
관할국들은 납세자와 세무당국이 비거주 투자자에게 귀속된 지급액을 적절히 산정할 수 있도록 관할국 내에 설립된 사람에 대한 적절한 세무신고 및 정보보고 요건을 도입해야 한다.

권고 6. 공제되는 혼성지급(Deductible hybrid payments) 규정

1. 지급이 이중공제 결과를 초래하는 경우 불일치를 해소
지급자 관할국 법에 따라 공제되는 지급을 하고 모회사 관할국(parent jurisdiction)에서 이중공제를 유발하여 혼성불일치를 초래하는 혼성지급자(hybrid payer)에게 다음 규정을 적용한다.

(a) 지급으로 이중공제가 발생하는 경우 모회사 관할국은 그 지급에 대한 이중공제를 부인한다.

(b) 모회사 관할국이 불일치를 해소하지 않으면, 지급자 관할국은 이중공제 결과를 초래하는 한도 내에서 그 지급에 대한 공제를 부인한다.

(c) 모회사 관할국과 지급자 관할국 법에 따라 모두 소득에 포함된 소득(즉, 이중포함소득)에 대해 공제를 상계하는 한도 내에서 불일치는 발생하지 않는다.

(d) 이중포함소득금액을 초과하는 공제(초과공제)는 다른 기간에 이중포함소득과 상계할 수 있다. 미공제손실을 방지하기 위해, 세무당국의 재량으로, 납세자가 다른 관할국의 초과공제를 이중포함소득이 아닌 다른 관할국 법에 따른 다른 사람의 소득에 대해 상계할 수 없도록 하는 경우, 초과공제를 할 수 있다.

2. 혼성지급자가 지급하는 공제되는 지급에만 규정을 적용

한 사람은 다음 경우에 지급자 관할국 법에 따라 공제되는 지급에 대해 혼성지급자로 간주된다.

(a) 지급자는 지급자 관할국 거주자가 아니며, 그 지급으로 지급자가 거주하는 관할국(모회사 관할국) 법에 따라 지급자(또는 특수관계인)에 대한 이중공제를 유발한다. 또는

(b) 지급자는 지급자 관할국의 거주자이며, 그 지급으로 다른 관할국(모회사 관할국)의 법에 따라 지급자(또는 특수관계인)에 대한 이중공제를 유발한다.

3. 혼성불일치를 초래하는 지급에만 규정을 적용

지급자 관할국 법에 따라, 이중포함소득이 아닌 소득에 대해 지급의 공제가 이루어지는 경우, 그 지급은 혼성불일치를 초래한다.

4. 규정의 범위

불일치 당사자들이 동일한 지배그룹에 있거나, 불일치가 구조화약정에 따라 발생하고 납세자가 구조화약정의 당사자인 경우에만 방어규정을 적용한다. 권고안과 관련하여 범위에 제한이 없다.

권고 7. 이중거주 지급자(Dual resident payer) 규정

1. 지급으로 이중공제 결과를 초래하는 경우 불일치를 해소

지급자가 거주자인 양 관할국들 법에 따라 공제되며 이중공제 결과로 혼성불일치가 발생하는 지급을 하는 이중거주자에게 다음 규정을 적용한다.

(a) 이중공제 결과를 초래하는 경우 각 거주지국은 그 지급에 대한 공제를 부인한다.

(b) 양 관할국들 법에 따라 소득으로 포함되는 소득(즉, 이중포함소득)에 대해 공제를 하는 경우 불일치는 발생하지 않는다.

(c) 이중포함소득금액을 초과하는 공제(초과공제)는 다른 기간의 이중포함소득과 상계할 수 있다. 미공제손실을 방지하기 위해, 납세자가 이중포함소득이 아닌 다른 관할국 법에 따른 소득에 대해 초과공제를 하지 않는 한, 초과공제를 허용한다.

2. 이중거주자가 주는 공제되는 지급에만 규정을 적용

납세자가 둘 이상의 관할국 법에 따라 세무상 거주자에 해당하는 경우 이중거주자이다.

3. 혼성불일치를 초래하는 지급에만 규정을 적용

지급에 대한 공제가 다른 관할국 법에 따라 이중포함소득이 아닌 소득에 대해 상계되는 경우, 그 지급에 대한 공제는 혼성불일치를 초래한다.

4. 규정의 범위
이 규정의 범위에는 제한이 없다.

권고 8. 국외불일치 규정(imported mismatch rule)

1. 지급으로 간접 공제/손금불산입 결과가 초래되는 경우 공제 부인
수취인이 수취인 관할국에서 지급을 혼성공제에서 상계하는 경우에만, 지급자 관할국은 국외불일치 지급에 대한 공제를 부인하는 규정을 적용한다.
2. 혼성공제(hybrid deduction)의 정의
혼성공제란 다음의 결과로 발생하는 공제를 말한다. 이 경우, 지급을 다른 혼성공제에서 상계하는 경우 다른 사람에게 주는 지급으로 인한 공제를 포함한다.
(a) 혼성불일치를 초래하는, 금융상품에 따른 지급
(b) 혼성불일치를 초래하는, 혼성지급자가 지급하는 인식되지 않는 지급
(c) 혼성불일치를 초래하는, 역혼성단체에 주는 지급; 또는
(d) 혼성불일치를 초래하는 이중공제를 유발하는, 혼성지급자 또는 이중거주자가 주는 지급;
3. 국외불일치 지급
국외불일치 지급은 혼성불일치규정이 적용되지 않는 수취인에게 주는 공제되는 지급을 말한다.
4. 규정의 범위
납세자가 국외불일치거래의 당사자와 동일지배그룹에 속하거나, 지급이 구조화약정에 따라 이루어지고 납세자가 구조화약정 당사자인 경우 이 규정을 적용한다.

권고 9. 구조화약정의 정의

1. 일반 정의
구조화약정(structured arrangements)은 약정조건에 따라 혼성불일치의 가격이 책정되거나 약정의 사실관계(조건 포함)가 혼성불일치를 발생시키도록 설계되었음을 나타내는 약정을 말한다.
2. 구조화약정의 구체적 사례
혼성불일치를 발생시키도록 약정이 설계되었음을 나타내는 사실관계는 다음 중 하나를 포함한다.
(a) 혼성불일치를 발생시키기 위해 설계되거나 계획의 일부인 약정
(b) 혼성불일치를 발생시키기 위해 사용되는 조건, 조치 또는 거래를 포함하는 약정
(c) 조세혜택의 일부 또는 전부가 혼성불일치에서 파생되는, 전체 또는 일부 조세혜택상품으로 마케팅되는 약정
(d) 혼성불일치가 발생하는 관할국의 납세자에게 주로 판매되는 약정
(e) 혼성불일치를 더 이상 사용할 수 없는 경우, 반환을 포함하여 약정에 따라 조건을 변경하는 특성을 포함하는 약정; 또는
(f) 혼성불일치가 없으면 마이너스 수익을 창출할 수 있는 약정.

3. 납세자가 구조화약정의 당사자가 아닌 경우

납세자 또는 동일지배그룹 구성원이 혼성불일치를 인식할 것으로 합리적으로 예상할 수 없었고 혼성불일치로 인한 조세혜택의 가치를 공유하지 않았다면, 그 납세자를 구조화약정의 당사자로 보지 않는다.

Chapter 03

디지털경제 다국적기업 조세회피방지

3

OECD는 세원잠식 · 소득이전(BEPS) 방지를 위해 15가지 과제를 선정하여 해결책을 제시하였다. 과제 중 5, 6, 13, 14는 최소기준(minimum standards)으로 집행이 강제된다. 국내사업장 및 이전가격 등은 해당 장에서 설명한다.

| OECD BEPS Action |

1. 디지털경제 세무문제(Tax Challenges Arising from Digitalisation)
2. 혼성불일치거래 해소(Neutralising the effects of hybrid mismatch arrangements)
3. 해외자회사(Controlled Foreign Company)
4. 이자비용제한(Limitation on Interest Deductions)
5. 조세경쟁방지(Counter harmful tax practices)
6. 조세조약남용방지(Prevention of tax treaty abuse)
7. 국내사업장회피방지(Prevent the artificial avoidance of permanent establishment status)

8-10. 이전가격(Ensure transfer pricing is in line with value creation)

11. 세원잠식 · 소득이전 자료분석(BEPS data analysis)
12. 공개강제규정(Disclosure aggressive tax planning arrangements)
13. 국가별보고서(Country-by-Country Reporting)
14. 상호합의절차(Mutual Agreement Procedure)
15. 다자기구(Multilateral Instrument)

과제 1(Action 1)에 따라 디지털경제에서 다국적기업의 조세회피방지를 위해 필라1 및 필라2를 발표하였다. 이들은 원천판단 및 정상거래원칙에 대한 예외이다.

필라1	(Amount A) 대규모고수익그룹의 잔여소득의 25%를 시장소재지국에서 과세 (Amount B) 기본적 판매활동에 대해 단순간이접근법 적용 (이전가격에서 설명)
필라2	(글로벌최저한세) 모기업 소득산입규칙(IIR) 및 구성기업 소득산입보완규칙(UTPR)에 따라 구성기업에 대해 15% 최저한세 과세
	(수동소득 추가원천징수규칙: STTR) 이자, 사용료 등의 수취국에서 9% 미만으로 과세되는 경우 다국적기업 원천지국에서 추가원천징수

I 글로벌최저한세

1. 글로벌최저한세 개요

모기업 소득산입규칙은 2024년 사업연도, 구성기업 소득산입보완규칙은 2025년 사업연도부터 적용된다.(법률 제19191호 부칙 §6)

| 글로벌최저한세 계산구조 |

구성기업 회계상 순손익 ± 순조세비용, 배당, 벌금과태료, 지분손익, 재평가손익, 비대칭외환손익, 미지급연금비용, 주식기준보상비용, 그룹내부금융비용, 총자산처분이익, 기업회생 채무면제이익, 적격환급가능세액공제, 전기오류수정회계정책변경, 연결회계조정, 공정가치평가, 이전가격조정, 보험계약자귀속손익, 은행기타기본자본 배당 △ 국제해운손익 및 국제해운부수손익 **= 글로벌최저한세손익**
△ 실질기반제외소득금액(급여 및 유형자산의 일정률) **= 구성기업 초과이익**
⇒ 추가세율(추가세율) = 최저한세율(15%) - 실효세율 • 실효세율 = 해당국 조정대상조세 합계/순글로벌최저한세손익 합계 • 조정대상조세 = 대상조세(법인세비용) ± 가감액(이연법인세조정 포함)
⇒ **국별 추가세액(해당국 구성기업 추가세액 합계)** = ∑[(구성기업 초과이익 × 추가세율) + 당기추가세액(이전연도 조정분) - ① 적격소재지국추가세액] ① 적격소재지국추가세액(QDMTT) = 해당국 초과이익 × 최저한세율 ⇒ **저율과세구성기업 추가세액** = 국별 추가세액×(구성기업 최저한세손익/모든 구성기업 최저한세손익 합계)

② 모기업 소득산입규칙(IIR)
⇒ **모기업 추가세액** = ∑〔저율과세구성기업 추가세액×(1－저율과세구성기업 최저한세손익 중 모기업 이외 귀속분)/저율과세구성기업 최저한세소득〕
③ 구성기업 소득산입보완규칙(UTPR)
⇒ **국별 추가세액** = (저율과세구성기업 추가세액 합계－모기업 추가세액) × 국내배분비율 $국내배분비율 = 50\% \times \frac{해당국\ 종업원수}{글로벌최저한세\ 시행국\ 종업원수} + 50\% \times \frac{해당국\ 유형자산}{글로벌최저한세\ 시행국\ 유형자산}$
⇒ **국내구성기업 내국추가세액 배분액** (일반구성기업 및 투자구성기업 각각 계산) = 그룹 내국추가세액 × 국내구성기업 최저한세 소득/국내구성기업 최저한세 소득 합계
• 특례: 소수지분구성기업, 조직재편, 공동기업, 복수모기업기업그룹, 최종모기업 투과기업, 최종모기업 배당공제제도, 최종모기업 투과기업, 적격분배과세제도, 투자구성기업 • 과세경감 : 최소적용제외, 전환기적용면제, 최초적용연도, 해외진출초기

1.1 용어의 정의

용어의 정의는 다음과 같다. 특별히 정하지 않은 경우 국제회계기준에서 정하는 용어의 예에 따른다.(국조법 §61, 국조령 §100)

1. "기업"(entity)이란 법인(국가 및 지방자치단체 제외), 별도의 회계계정이 있는 조합 또는 신탁 등 약정(arrangement)을 말한다.
2. "그룹"이란 다음 집단 등을 말한다.
   ㉮ 소유 또는 지배를 통해 서로 연관된 다음 기업집단.(국조령 §100 ①, 국조칙 §58)
   • 기업의 자산, 부채, 수익, 비용 및 현금흐름이 최종모기업의 연결재무제표에 항목별로 포함되어 있는 기업
   • 최종모기업이 소유 또는 지배하고 있는 기업으로서 매출이 거의 없거나 청산 중에 있는 등의 사유로 해당 기업을 연결재무제표에 포함하지 않더라도 그 이용자의 의사결정에 영향을 미치지 않는다는 점이 소명되는 경우, 또는 매각을 목적으로 해당 기업을 보유하는 경우에 해당하는 이유로 그 자산, 부채, 수익, 비용 및 현금흐름이 최종모기업의 연결재무제표에 항목별로 포함되어 있지 않은 "연결제외기업"
   ㉯ ㉮의 그룹에 속하지 않은 기업으로서 해당 기업이 소재하는 국가[재정자치권(fiscal autonomy)을 보유하는 지역을 포함하며, 그 지역은 별개의 국가로 간주] 외의 국가에 하나 이상의 고정사업장을 가지고 있는 기업(소재지국이 그 귀속소득에 대하여 과세하지 않는 고정사업장을 가지고 있는 기업 제외)
3. "고정사업장"이란 사업의 전부 또는 일부를 수행하는 고정된 다음 장소를 말한다.

㉮ 적용가능 조세조약(한국이 체약당사자가 아닌 조세조약 포함)에 따라 고정된 사업장이 있는 것으로 인정되고 OECD 모델조세조약에 따른 사업소득의 계산방법이나 이와 유사한 방법으로 그 사업장의 소재지국이 해당 사업장에 귀속되는 소득에 대하여 과세하는 사업장

㉯ 적용가능 조세조약이 없는 경우의 사업장으로서 그 사업장의 소재지국 세법에 따른 거주자에 대한 과세방법과 유사한 방법으로 그 사업장의 소재지국이 해당 사업장에 귀속되는 소득에 대하여 과세하는 사업장

㉰ 법인세제가 없는 국가에 있는 사업장으로서 OECD 모델조세조약에 따른 사업소득의 계산방법에 따라 그 사업장의 소재지국이 해당 사업장에 귀속되는 소득에 대하여 과세할 수 있는 사업장

㉱ 위 이외에 기업이 그 사업장의 소재지국 외의 국가에서 그 사업장을 통하여 사업을 수행하고 그 기업의 소재지국이 해당 사업장에 귀속되는 소득에 대하여 과세하지 않는 사업장

4. "다국적기업그룹"이란 최종모기업이 소재하는 국가 외의 국가에 기업 또는 고정사업장을 가지고 있는 그룹을 말한다.
5. "모기업"이란 제외기업이 아닌 최종모기업, 중간모기업 또는 부분소유모기업을 말한다.
6. "최종모기업"이란 다음 기업을 말한다.

㉮ 다음 요건을 모두 갖춘 기업 : 1) 해당 기업이 다른 기업에 대한 지배지분을 직접 또는 간접으로 소유할 것, 2) 다른 기업이 해당 기업에 대한 지배지분을 직접 또는 간접으로 소유하지 아니할 것

㉯ 위 2 ㉯의 기업그룹 본점

7. "중간모기업"이란 같은 다국적기업그룹에 속하는 다른 구성기업의 소유지분을 직접 또는 간접으로 보유하는 구성기업으로서 최종모기업, 고정사업장, 부분소유모기업 또는 투자구성기업이 아닌 구성기업을 말한다.
8. "부분소유모기업"이란 같은 다국적기업그룹에 속하는 다른 구성기업의 소유지분을 직접 또는 간접으로 보유하는 구성기업 중 다국적기업그룹에 속하지 않은 자가 그 구성기업의 소유지분 중 이익에 대한 것의 20%을 초과하여 직간접으로 보유하는 구성기업으로서 최종모기업, 고정사업장 또는 투자구성기업이 아닌 구성기업을 말한다.
9. "구성기업"이란 다국적기업그룹에 포함된 기업과 그 기업을 본점(재무제표에 고정사업장의 회계상 순손익을 포함하는 기업)으로 하는 고정사업장을 말한다. 이 경우 각각의 고정사업장은 본점과 그 본점의 다른 고정사업장과는 별개의 기업으로 본다.
10. "소유지분"이란 기업의 이익, 자본금 또는 준비금(본점의 고정사업장의 이익, 자본금 또는 준비금을 포함)에 대한 권리를 수반하는 주식 또는 출자지분 및 이와 유사한 지분에 대한 권리를 말한다. 이 경우 본점은 고정사업장의 소유지분을 전부 보유하는 것으로 본다.
11. "지배지분"이란 소유지분을 보유한 자(정부가 국제수지의 균형, 재정수요의 대비, 그 밖에 이와 유사한 목적을 위하여 설립한 투자펀드로서 그 운용에 직접 또는 간접적으로 관여하고 있는 정부기업은 제외)가 회계기준 등을 통해 다음과 같이 다른 기업을 연결해야 하는 경우의 해당 소유지분을 말한다. 이 경우 본점은 고정사업장의 지배지분을 보유하는 것으로 본다.(국조령 §100 ②·③)

㉮ 다른 기업의 소유지분을 보유한 자가 인정회계기준(국조령 §105 ② 1호)에 따라 해당 기업의 자산, 부채, 수익, 비용 및 현금흐름을 각 항목별로 연결해야 하는 경우

㉯ 다른 기업의 소유지분을 보유한 자가 연결재무제표를 작성할 의무는 없으나 연결재무제표를 작성한다고 가정할 때 해당 기업의 자산, 부채, 수익, 비용 및 현금흐름을 항목별로 연결해야 하는 경우

12. "연결재무제표"란 "주식회사 등의 외부감사에 관한 법률"(§2 3호)에 따른 연결재무제표와 그와 유사한 재무제표를 포함하는 것으로서 하나의 기업이 다른 기업에 대한 지배지분을 소유하는 경우 그 기업들을 연결하여 작성하는 다음 어느 하나에 해당하는 재무제표를 말한다.(국조령 §100 ④)

㉮ 모기업이 인정회계기준에 따라 작성하는 재무제표로서 그 기업 및 그 기업이 지배지분을 보유하는 기업의 자산, 부채, 수익, 비용 및 현금흐름이 하나의 경제적 실체로 표시된 재무제표

㉯ 최종모기업이 고정사업장을 가진 기업에 해당하는 그룹(국조법 §61 ① 2호 나목)일 경우 그 기업이 인정회계기준에 따라 작성하는 재무제표

㉰ 최종모기업이 인정회계기준이 아닌 회계기준(일반적으로 공정 · 타당하다고 인정되는 기업회계기준)에 따라 작성한 것으로서 중대한 왜곡을 방지하기 위한 "중대왜곡방지조정"이을 반영한 재무제표. "중대왜곡방지조정"이란 인정회계기준이 아닌 회계기준의 특정 원칙이나 절차를 적용하여 계산된 값과 그에 대응되는 국제회계기준의 원칙이나 절차를 적용하여 계산된 값 간의 합계 편차가 각 사업연도에 7천5백만유로를 초과하는 경우에 해당 특정 원칙이나 절차가 적용된 항목이나 거래를 그에 대응되는 국제회계기준의 원칙이나 절차를 적용하여 회계처리하는 것을 말한다.(국조칙 §59)

㉱ 위 ㉮부터 ㉰까지의 재무제표를 작성할 의무가 없는 최종모기업이 인정회계기준에 따라 작성하는 재무제표 또는 공인회계기준에 따라 작성하고 중대왜곡방지조정을 거친 연결재무제표. 이 경우 그 재무제표의 사업연도는 1역년(歷年)으로 한다.

13. "회계상 순손익"이란 최종모기업의 연결재무제표를 작성하기 위하여 산정한 해당 구성기업의 순손익으로서 내부거래제거등을 위한 연결조정을 반영하기 전의 금액을 말한다.

14. "신고구성기업"이란 글로벌최저한세정보신고서를 제출하는 기업(국외에 소재하는 구성기업이 글로벌최저한세정보신고서를 그 기업이 소재하는 국가의 과세당국에 제출하는 경우에는 그 제출하는 구성기업)을 말한다.

15. "주주구성기업"이란 같은 다국적기업그룹에 속하는 다른 구성기업의 소유지분을 직접 또는 간접으로 보유하는 구성기업을 말한다.

16. "소수지분구성기업"이란 최종모기업이 같은 다국적기업그룹에 속하는 구성기업에 대하여 직접 또는 간접으로 보유하는 소유지분비율이 30% 이하인 경우 그 구성기업을 말한다.

17. "저율과세구성기업"이란 실효세율이 최저한세율(15%)보다 낮은 국가에 소재하는 구성기업을 말한다.

18. "투자구성기업"이란 다음과 같은 구성기업을 말한다.(국조령 §100 ⑤)

① 투자기업: 다음 어느 하나에 해당하는 기업

㉮ 투자펀드 또는 부동산투자기구.(국조령 §102 ① 5호 나목, 6호 나목)

㉯ ㉮의 기업이 직접 또는 ㉮에 따른 하나 이상의 다른 기업을 통하여 간접으로 보유하는 소유지분가치비율이 95% 이상인 기업으로서 ㉮에 따른 기업의 계산으로 자산을 보유하거나 자금을 투자하기 위한 사업활동만을 수행하는 기업. 소유지분가치비율은 해당 기업에 대한 가장 최근의 소유지분 변동 당시를 기준으로 ㉮의 기업이 보유하고 있는 소유지분의 종류별 가치의 합계가 해당 기업에 대한 모든 소유지분의 가치에서 차지하는 비율로 한다.(국조칙 §60)

㉰ 소유지분가치비율이 85% 이상인 기업으로서 소득의 전부 또는 거의 전부가 배당수익 또는 지분손익인 기업

② 보험투자기업: 다음 요건을 모두 갖춘 기업

㉮ 집합투자기구 또는 이와 유사한 투자기구로서 일정요건(국조령 §102 ① 5호 나목 2부터 6)을 모두 갖춘 기업투자펀드 또는 부동산투자기구, 또는 투자 대상이 주로 부동산(그 가치가 부동산에 연계된 증권 포함)인 기업으로서 일정요건(국조령 §102 ① 5호 나목 2)의 요건을 갖춘 기업

㉯ 보험 또는 연금보험 계약에 따른 채무와 관련하여 설립되고 그 소재지국에서 보험회사로 규제받는 기업이 전부 소유하는 기업일 것

19. 간접보유비율 : 어느 기업의 다른 기업의 소유지분에 대한 "간접보유비율"은 기업과 해당 다른 기업 사이에 소유지분 보유를 통하여 한 개 이상의 기업이 개재되어 있는 "간접소유관계"의 경우에 각 단계의 직접보유비율을 모두 곱하여 계산한 비율을 말한다. 이 경우 기업과 해당 기업 사이에 둘 이상의 간접소유관계가 있는 때에는 기업의 해당 기업에 대한 간접보유비율은 각각의 간접소유관계에서 계산한 비율을 모두 합하여 계산한다.

1.2 글로벌최저한세 대상기업 및 제외기업

(1) 글로벌최저한세 대상기업

글로벌최저한세는 각 사업연도(다국적기업그룹의 최종모기업이 연결재무제표를 작성하는 대상이 되는 회계기간)의 직전 4개 사업연도 중 2개 이상 사업연도의 다국적기업그룹 최종모기업의 연결재무제표상 연결매출액이 각각 7억5천만유로(약 1조원) 이상인 경우 그에 해당하는 사업연도 다국적기업그룹의 구성기업에 대하여 적용한다. 이 경우 사업연도가 12개월이 아닌 경우에는 12개월로 환산하여 연결매출액을 계산한다.(국조법 §62 ①)

① 연결매출액

연결매출액이란 연결재무제표상 매출액에 이와 별도로 표시되는 통상적인 사업활동에서 발생하는 아래 수익의 가감조정사항을 반영한 금액을 말하며, 연결재무제표상 매출액을 산정할 때 연결손익계산서에 다국적기업그룹의 통상적인 사업활동에서 발생하는

여러 종류의 매출액이 각각 별도로 표시되는 경우에는 해당 매출액을 모두 합산한다.(국조법 §62 ① 단서, 국조령 §101 ①)

1. 연결손익계산서에 매출액과 별도로 표시되는 특별수익 · 비경상수익의 가산
2. 연결손익계산서에 매출액과 별도로 표시되는 투자에 따른 순이익(미실현 순이익을 포함하며, 투자에 따른 이익과 손실이 각각 총액으로 표시되는 경우에는 그 이익의 총액이 그 손실의 총액을 초과하는 경우에만 그 이익의 총액에서 그 손실의 총액을 차감하여 계산)의 가산
3. 구성기업이 금융기업인 경우에는 최종모기업의 회계기준에 따른 매출액과 유사한 항목은 그 회계기준에서 항목별로 표시하는 방법에 따라 총액 또는 순액으로 조정

② 합병, 분할, 신설의 경우

합병, 분할 및 신설의 경우 연결매출액 등을 다음과 같이 환산한다.(국조법 §62 ②)

㉮ 합병, 분할 및 신설(국조령 §101 ③)

1. 합병: 둘 이상의 그룹이 합쳐져 하나의 그룹을 이루게 되거나, 구성기업이 아닌 기업이 다른 기업 또는 그룹과 합쳐져 하나의 그룹을 이루게 되는 경우
2. 분할: 하나의 그룹이 둘 이상의 그룹으로 분리되어 각 그룹에 속하는 구성기업이 더 이상 같은 최종모기업을 기준으로 연결되지 않는 경우
3. 신설: 그룹이 새로 설립되는 경우(합병, 분할에 해당하는 경우 제외)
4. 사업연도(최종모기업이 연결재무제표를 작성하는 대상이 되는 회계기간)와 회계기간의 불일치: 사업연도와 일정기업(연결제외기업, 공동기업그룹, 공동기업그룹에 속하지 않는 공동기업)의 회계기간이 일치하지 않는 경우

㉯ 연결매출액 등 환산(국조령 §101 ④)

1. 합병

㉮ 각 사업연도의 직전 4개 사업연도 중에 둘 이상의 그룹이 합병을 한 경우: 직전 4개 사업연도 중에 합병 전 각 그룹의 연결매출액 합계가 7억5천만유로 이상인 사업연도는 합병으로 설립되거나 합병 이후 존속하는 "합병그룹"의 해당 사업연도 연결매출액이 7억5천만유로 이상인 것으로 본다.

㉯ 각 사업연도의 직전 4개 사업연도 중에 구성기업이 아닌 기업과 다른 기업이 합병을 한 경우: 직전 4개 사업연도 중 합병 전의 각 기업의 매출액의 합계가 7억5천만유로 이상인 사업연도는 합병그룹의 해당 사업연도 연결매출액이 7억5천만유로 이상인 것으로 본다.

㉰ 각 사업연도의 직전 4개 사업연도 중에 구성기업이 아닌 기업과 다른 그룹이 합병을 한 경우: 직전 4개 사업연도 중 합병 전의 기업의 매출액과 그룹의 연결매출액의 합계가 7억5천만유로 이상인 사업연도는 합병그룹의 해당 사업연도 연결매출액이 7억5천만유로 이상인 것으로 본다.

㉱ 위 ㉮부터 ㉰를 적용할 때 합병 전의 그룹 또는 기업의 사업연도가 합병그룹의 사업연도와 일치하지 않는 경우: 합병 전의 그룹 또는 기업의 합병일이 속하는 사업연도의 직전 4개

사업연도의 매출액 또는 연결매출액의 합계는 그 각 사업연도의 종료일이 속하는 합병그룹의 각 사업연도의 연결매출액으로 본다.

2. 분할 : 분할이 없었다면 분할이 이루어진 사업연도에 글로벌최저한세가 적용되었을 다국적기업그룹이 둘 이상의 그룹으로 분할된 경우, 그 분할일이 속하는 "분할사업연도"에 분할에 따라 설립된 "분할그룹"의 연결매출액이 7억5천만유로 이상인 분할그룹에 대해서는 글로벌최저한세를 적용하고, 분할사업연도 다음의 3개 사업연도에 대해서는 분할사업연도 및 그 직후 3개 사업연도 중 둘 이상의 사업연도에 분할그룹의 연결매출액이 7억5천만유로 이상인 때 글로벌최저한세를 적용한다.
3. 신설 : 그룹이 새로 설립된 경우에는 그 설립일이 속하는 "신설사업연도"와 그 직후 사업연도의 연결매출액이 7억5천만유로 이상인 때 또는 신설사업연도와 그 직후 2개 사업연도 중 둘 이상의 사업연도의 연결매출액이 7억5천만유로 이상인 때 글로벌최저한세를 적용한다.
4. 사업연도와 회계기간의 불일치: 다국적기업그룹의 사업연도 중에 종료되는 일정기업(연결제외기업, 공동기업그룹, 공동기업그룹에 속하지 않는 공동기업)의 회계기간을 해당 사업연도로 보아 글로벌최저한세를 적용한다.

③ 기준금액 산정 시 적용환율

연결매출액 등 다음과 같은 글로벌최저한세 과세표준을 산출하는데 필요한 금액을 유로로 환산하기 위한 환율은 유럽중앙은행(European Central Bank)이 해당 사업연도의 직전 사업연도 12월에 고시하는 매일 환율의 평균을 사용한다. 다만, 유럽중앙은행이 이를 고시하지 않은 경우에는 유로로 환산하려는 해당 통화의 발행 국가 중앙은행(Central Bank)이 해당 사업연도의 직전 사업연도 12월에 고시하는 매일 환율의 평균을 사용한다.(국조령 §101 ⑤)

(2) 글로벌최저한세 제외기업

① 글로벌최저한세 제외기업

다음 "제외기업"은 구성기업이 아닌 것으로 본다.(국조법 §62 ③, 국조령 §102 ①)

1. 정부기업(governmental entity): 다음 요건을 모두 갖춘 기업
   ㉮ 정부[국가(재정자치권을 보유하는 지역은 별개의 국가로 봄), 지방자치단체 및 이에 준하는 정부의 정치적 하부조직 또는 지방정부를 포함]에 속하거나 정부가 전부 소유할 것
   ㉯ 그 활동의 주된 목적이 정부의 기능을 수행하거나 정부의 자산을 관리하고 투자하는 것으로서 영리 목적의 사업을 영위하지 않을 것
   ㉰ 그 활동의 성과에 대해 정부에 책임을 지고 연간 성과를 정부에 보고할 것
   ㉱ 그 순이익을 분배하는 경우 전부를 정부에 분배하고, 해산 시에는 잔여재산이 정부에 귀속

될 것

2. 국제기구(International Organization) : 다음 요건을 모두 갖춘 정부간 기구(초국가기구를 포함) 또는 그 기구가 전부 소유하는 기관 또는 조직을 말한다.

㉮ 주로 정부로 구성될 것

㉯ 본부협정((정부 간 기구와 그 본부의 소재지국 간에 체결하는 협정) 또는 그와 유사한 협정이 체결되어 발효 중일 것

㉰ 그 소득이 사인에 귀속되는 것이 금지되어 있을 것

3. 비영리기구(Non-profit Organization) : 다음 요건을 모두 갖춘 단체를 말한다. 다만, 해당 단체의 설립목적과 직접 관련되지 않은 사업을 영위하는 단체를 제외한다.

㉮ 다음 어느 하나에 해당하는 단체일 것

1) 종교, 자선, 과학, 예술, 문화, 체육, 교육 또는 그 밖에 이와 유사한 목적을 위해 운영되는 단체

2) 전문직업단체, 사업연맹, 상공회의소, 노동단체, 농업 또는 원예단체 및 시민단체 또는 그 밖에 이와 유사한 단체로서 사회복지증진을 위해 설립운영되는 단체

㉯ 단체의 거의 모든 소득이 해당 단체가 설립운영되는 국가에서 과세되지 않을 것

㉰ 단체의 소득이나 자산에 대한 소유권 또는 사용·수익권을 전유(專有)하는 주주나 구성원이 없을 것

㉱ 단체의 소득이나 자산이 다음의 어느 하나에 해당하는 경우를 제외하고는 사인이나 자선사업을 영위하지 않는 기업에 분배되거나 제공되지 않을 것

1) 해당 단체의 자선 활동의 수행에 따른 경우

2) 해당 단체가 제공받은 용역이나 사용하는 재산 또는 자본에 대해 합리적 대가를 지불하는 경우

3) 해당 단체가 구매한 자산에 대해 공정가치에 상당하는 대가를 지불하는 경우

㉲ 해당 단체가 폐업, 해산 또는 청산할 때 잔여재산이 그 단체가 설립·운영되던 국가의 다른 단체(위 ㉮부터 ㉱의 요건을 갖춘 단체로 한정), 정부 또는 정부기업에 귀속될 것

4. 연금펀드(Pension Fund)

㉮ 개인에 대한 급부(퇴직급여 및 그에 부수하여 지급되는 급부, 사망·상해 등 우발적 상황에서 지급되는 급부)를 관리하고 제공하기 위해 설립·운영되는 기업으로서 다음의 어느 하나의 요건을 갖춘 기업

1) 해당 기업이 설립·운영되는 국가에서 그 기업의 설립·운영 목적에 맞도록 규제할 것

2) 해당 급부가 안정적으로 이행될 수 있도록 신탁을 통해 보유되는 집합자산 등으로 재원이 조달되고, 그 이행 불능을 대비하여 적절한 담보 수단이나 제도적 보장책을 갖추고 있을 것

㉯ 다음 어느 하나에 해당하는 목적으로 설립·운영되는 기업

1) 위 ㉮에 따른 기업을 위해 자금을 투자할 것

2) 위 ㉮에 따른 기업과 같은 그룹에 속한 기업으로서 ㉮에 따른 기업이 수행하는 급부의 지급을 위한 부수적인 활동을 수행할 것

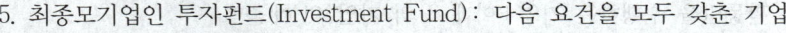

5. 최종모기업인 투자펀드(Investment Fund): 다음 요건을 모두 갖춘 기업
   ㉮ 최종모기업에 해당할 것
   ㉯ 자본시장법(§9 ⑱)에 따른 집합투자기구 또는 이와 유사한 투자기구로서 다음의 요건을 모두 갖춘 기업에 해당할 것
   1) 투자자가 다수이고, 투자자로부터 자산을 모으도록 설계되고 정해진 투자 정책에 따라 투자를 실행할 것. 다만, 투자자들이 모두 특수관계자들로만 구성된 경우 제외하며, 특수관계자란 OECD모델(§5 ⑧)에 따른 50% 이상의 이해관계 · 지분을 보유하는 관계기업을 말한다.(국조칙 §61)
   2) 투자자의 조사분석 및 거래의 비용을 줄이거나 위험을 분산할 수 있도록 하고, 주로 투자수익의 창출이나 특정적 또는 일반적인 사건 및 결과에 대한 보호를 위해 설계될 것
   3) 투자자가 본인의 기여에 기초하여 펀드자산으로부터의 수익에 대한 권리를 보유할 것
   4) 해당 기업이나 그 경영자에게 해당 기업이 설립 · 운영되는 국가의 규제체제(자금세탁방지 및 투자자보호규제 포함)가 적용될 것
   5) 투자펀드 관리 전문가가 투자자를 대신하여 펀드를 관리할 것
6. 최종모기업인 부동산투자기구(Real Estate Investment Vehicle): 다음 요건을 갖춘 기업
   ㉮ 최종모기업에 해당할 것
   ㉯ 투자 대상이 주로 부동산(그 가치가 부동산에 연계된 증권 포함)이고, 해당 투자기구에 대한 소유가 분산된 기업으로서 해당 기업과 그 지분의 소유자 중 하나에 대해서만 과세(최대 1년까지 과세가 이연되는 경우 포함)될 것
7. 기타제외기업: 위 1호부터 제6호까지 해당하는 제외기업 중 하나 이상의 "지배기업"(위 4호 ㉯의 기업은 제외)이 직접 또는 다른 제외기업을 통해 간접으로 소유하는 "피지배기업"으로서 다음 어느 하나에 해당하는 기업
   ㉮ 지배기업이 소유하고 있는 피지배기업의 "소유지분가치비율"이 95% 이상인 기업으로서 다음의 어느 하나에 해당하는 기업(해당 기업의 고정사업장 포함). 소유지분가치비율은 해당 기업에 대한 가장 최근의 소유지분 변동 당시를 기준으로 해당 제외기업이 보유하고 있는 소유지분의 종류별 가치의 합계가 해당 기업에 대한 모든 소유지분의 가치에서 차지하는 비율로 한다.(국조칙 §62 ①)
   1) 지배기업을 위해 자산을 보유하거나 자금을 투자하기 위한 사업활동만을 수행하는 기업(해당 사업활동 외의 사업활동을 적극적으로 수행하지 않는 경우 포함). 이 경우 같은 그룹에 속한 기업이 아닌 자로부터 차입한 자금으로 자산을 보유하거나 투자하는 때에도 이를 지배기업을 위한 것으로 본다.
   2) 지배기업이 수행하는 활동에 대한 부수적 활동만을 수행하는 기업. 이 경우 하나 이상의 비영리기구(위 3호)가 소유지분가치(국조법 §62 ③ 7호)의 전부를 직접 또는 간접으로 소유하고 있는 기업으로서 해당 기업을 포함하는 그룹의 매출액 합계에서 다음 각 매출액 합계를 제외한 금액이 7억5천만유로보다 적고 해당 다국적기업그룹의 매출액 합계의 25%에 해당하는 금액보다 적은 기업이 수행하는 활동은 부수적 활동에 해당하는 것으로 본다.(국조칙 §62 ②): 비영리기구의 매출액, 비영리기구가 지배하는 "위 1)의 기업 +

부수적 활동만을 수행하는 기업+아래 3)의 기업"의 매출액
3) 1)에 해당하는 사업활동과 2)에 해당하는 부수적 활동을 모두 수행하는 기업
㈏ 소유지분가치비율이 85% 이상인 기업으로서 소득의 전부 또는 거의 전부가 배당수익 또는 지분손익인 기업

② 신고구성기업 선택에 의한 제외기업 포함 : 5년 선택 및 배제

제외기업에 대해서는 신고구성기업의 선택에 따라 구성기업으로 보아 글로벌최저한세를 적용할 수 있다.(국조법 §62 ④) 신고구성기업의 선택은 그 선택의 대상이 되는 첫 번째 사업연도와 그 다음 4개 사업연도에 대해 적용하는 "5년 선택"을 한다. 이 경우, 적용대상 사업연도에 대해서는 그 선택을 취소할 수 없다. 신고구성기업이 마지막 적용대상 사업연도의 다음 사업연도에 대해 그 선택을 취소한다는 의사를 표시하지 않으면 해당 선택은 마지막 적용 대상 사업연도 후의 사업연도에도 1년 단위로 다시 적용된다. 신고구성기업이 적용대상 사업연도 후의 사업연도에 대해 그 선택을 취소하면 해당 취소가 적용되는 첫 번째 "취소사업연도"와 그 다음 4개 사업연도에 대해서는 동일한 선택을 다시 할 수 없다.(국조령 §102 ②)

사례 재무제표를 작성할 필요가 없고 작성하지 않는 비상장기업

1. 재무제표를 작성할 필요가 없고 작성하지 않는 비상장기업 (사례 10.1-1)

이 사례는 재무제표를 작성할 필요가 없고 작성하지 않는 비상장기업(privately held entity)과 관련하여, 연결재무제표의 정의와 지배지분의 정의에 따른 간주연결요건을 예시한다. 투자회사 I사는 A국에 소재하는 비상장회사로 재무제표를 작성할 필요가 없으며 작성하지도 않는다. 그런데 I사는 국제회계기준 10에 따른 투자기업이 아니다. I사는 본부회사, 영업회사1 및 영업회사2의 모든 소유지분을 직간접적으로 소유한다. A국에 소재하는 본부회사는 공인증권거래소에서 거래되는 채무증권을 발행했으며 A국 증권규제당국의 요구로 A국 인정회계기준인 국제회계기준에 따라 재무제표를 작성해야 한다. 또한 I사는 다국적기업그룹의 모기업1, 모기업2, 자회사1 및 자회사2의 소유지분을 모두 소유하는데, 이들 모두 재무제표를 작성할 필요가 없다. 다음은 기업들의 소유구조와 소재지를 보여준다.

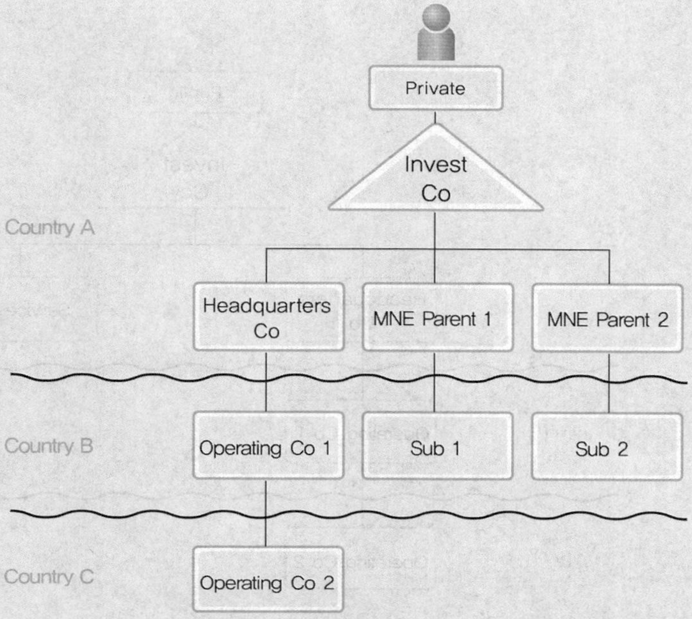

이 사례에서, I사는 본부회사, 영업회사1, 영업회사2, 모기업1, 자회사1, 모기업2 및 자회사2의 지분을 보유하는 것으로 간주되는데, 해당국에서 인정회계기준인 국제회계기준에 따라 재무제표를 작성한다면 I사는 해당 기업들의 재무결과를 항목별로 재무제표에 연결해야 하기 때문이다. 본부회사가 I사를 포함하지 않는 연결재무제표를 작성한다는 사실은 I사와 관련하여 지배지분의 정의에 따른 분석에 영향을 미치지 않는다. I사가 인정회계기준에 따라 재무제표를 작성하지 않기 때문에 연결재무제표의 정의를 적용할 수 있다. I사의 연결재무제표는 A국 인정회계기준인 국제회계기준에 따라 작성해야 하는 재무제표를 말한다. 따라서 다국적기업그룹에는 I사, 본점회사, 영업회사, 영업회사2, 모기업1, 자회사1, 모기업2, 자회사2가 포함된다.

2. 투자를 연결할 필요가 없는 투자기업 (사례 10.1-2)

이 사례는 투자를 연결할 필요가 없는 투자기업과 관련하여 연결재무제표의 정의와 지배지분의 정의에 따른 간주연결요건을 예시한다. I사는 A국 거주자로 설립된 투자펀드이다. I사는 A국 공인증권거래소에서 거래되는 주식을 시장에서 발행한다. A국 법에 따라 I사는 국제회계기준에 따라 재무제표를 작성해야 한다. I사는 용역회사와 본부회사의 발행주식을 모두 소유한다. 용역회사는 I사에 회계 및 기타투자용역을 제공하며 A국 거주자이다. 본부회사는 영업회사1과 영업회사2의 일상적 사업운영을 적극적으로 관리하며 A국 거주자이다. 본부회사는 B국 거주 영업회사1과 C국 거주 영업회사2의 주식을 100%(직간접으로) 소유한다. 기업들의 지배구조와 소재지는 다음과 같다.

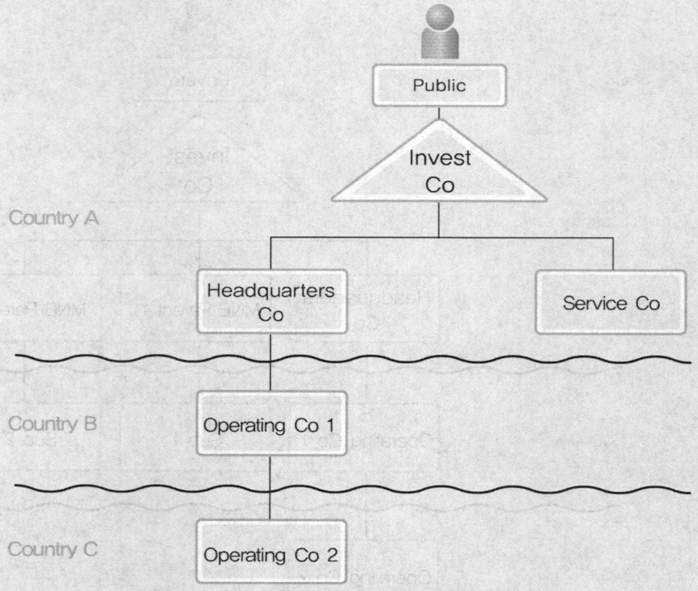

I사는 국제회계기준 10에 따른 투자기업이다. I사는 I사와 용역회사의 재무결과를 항목별로 연결하는 연결재무제표를 작성하지만, (직간접으로) 발행주식을 소유함에도 불구하고 본부회사, 영업회사1 및 영업회사2를 항목별로 연결할 필요는 없다. 오히려 국제회계기준 10에 따르면 I사는 공정가치법에 따라 그 투자성과를 재무제표에 반영해야 한다. 국제회계기준 10에 따른 투자기업이 아닌 본부회사는, 본부회사, 영업회사1 및 영업회사 2의 재무결과를 항목별로 연결하여 연결재무제표를 작성한다. 이 사례에서, I사는 용역회사의 지배지분을 보유하기 때문에 인정회계기준인 국제회계기준에 따라 용역회사의 재무결과를 자신의 재무결과와 연결해야 한다. I사는 본부회사, 영업회사1 및 영업회사2의 지배지분을 보유하지 않기 때문에, 인정회계기준인 국제회계기준에 따라 이 기업들의 재무결과를 연결할 필요가 없다. 마찬가지로, I사는 지배지분을 보유하는 기업(용역회사)의 재무결과를 연결하는 국제회계기준에 따른 연결재무제표를 작성하기 때문에 이 상황에서 연결재무제표의 정의가 적용되지 않는다.

3. 재무제표를 작성하지 않는 투자기업 (사례 10.1-3)

이 사례는 재무제표를 작성할 필요가 없고 작성하지 않는 투자기업과 관련하여 연결재무제표의 정의와 지배지분의 정의에 따른 간주연결요건을 예시한다. I사가 재무제표를 작성할 필요가 없고 작성하지 않는다는 점을 제외하고, 사실관계는 사례 10.1-2와 같다. 이 사례에서, I사가 국제회계기준에 따라 연결재무제표를 작성했다면 용역회사의 재무결과를 항목별로 연결했을 것이므로 지배지분의 정의에 따라 용역회사의 지배지분을 보유하는 것으로 본다. 그런데, 국제회계기준을 적용한다고 가정할 때, I사는 연결재무제표를 작성할 필요가 없기 때문에 I사는 본부회사, 영업회사1 및 영업회사2의 지배지분을 보유하는 것으로 보지 않는다. 마찬가지로, I사와 관련하여 연결재무제표의 정의가 적용된다. I사의 연결재무제표는, 예컨대 법 또는 규제기관에 의해 인정회계기준이나 중요한 경쟁왜곡을 방지하기 위해 조정된 다른 회계기준에 따라 연결재무제표를 작성하도록 요구되는 경우에, 작성되어야 할 재무제표이다. I사의 관할국에서 적용되는 국제회계기준에 따라 I사는 용역회사의 재무결과를 연결해야 한다. 그러나 국제회계기준 10에 따르면 I사는 본부회사, 영업회사1 및 영업회사2의 재무결과를 연결할 필요가 없다.

4. 재무제표를 작성하지 않는 비투자기업 (사례 10.1-4)

이 사례는 재무제표를 작성할 필요가 없고 작성하지 않는 비투자기업과 관련하여 연결재무제표의 정의와 지배지분의 정의에 따른 간주연결요건을 예시한다. 본부회사가 영업회사1과 영업회사2의 재무결과를 포함하는 재무제표를 작성할 필요가 없고 작성하지 않는다는 점을 제외하고, 사실관계는 사례 10.1-2와 같다.

이 사례에서, 본부회사가 국제회계기준에 따라 연결재무제표를 작성한다면 영업회사들의 재무결과를 자신의 재무결과와 항목별로 연결해야 하기 때문에 본부회사는 지배지분의 정의에 따라 영업회사1과 영업회사2의 지배지분을 보유하는 것으로 간주된다. 마찬가지로, 본부회사와 관련하여 연결재무제표의 정의가 적용된다. 본부회사의 연결재무제표는, 예컨대 법 또는 규제기관에 의해 인정회계기준이나 중요한 경쟁왜곡을 방지하기 위해 조정된 다른 회계기준에 따라 연결재무제표를 작성하도록 요구되는 경우에, 작성되어야 할 재무제표이다. 본부회사의 관할국에서 적용되는 국제회계기준에 따라 본부회사는 본부회사, 영업회사1, 영업회사2의 재무결과를 연결해야 한다. 그러나 국제회계기준 10에 따르면 I사는 본부회사, 영업회사1 및 영업회사2의 재무결과를 연결할 필요가 없다. 사례 10.1-1과 같이, 위에 설명한 이유로 I사는 본부회사, 영업회사1, 영업회사2의 지배지분을 보유하는 것으로 보지 않는다. 본부회사의 관할국에 국제회계기준 외에 다른 인정회계기준이 있으며, 다른 인정회계기준이 해당 사실관계에서 (다른 기준을 적용할 때 중요한 경쟁왜곡에 대한 조정을 고려한 후) 연결을 요하지 않는다면, 본부회사는 글로벌최저한세 목적상 자회사들을 연결하지 않기 위해 다른 인정회계기준을 적용할 수 있다. 이러한 상황에서, 본부회사가 국제회계기준에 따라 연결재무제표를 작성하도록 요구되지 않으며, 따라서 본부회사는 글로벌최저한세 목적상 다국적기업그룹의 최종모기업으로 취급되지 않는다.

1.3 납세의무자, 기업 소재지국, 국내구성기업 납세지

(1) 납세의무자

같은 다국적기업그룹에 속하는 구성기업으로서 국내에 소재하는 "국내구성기업"은 다음 추가세액배분액등을 법인세로서 납부할 의무가 있다.(국조법 §63)

1. 모기업 : 소득산입규칙(국조법 §72)에 따른 추가세액배분액
2. 자회사 : 소득산입보완규칙(국조법 §73)에 따른 추가세액배분액
3. 저율과세구성기업 : 내국추가세액계산(국조법 §73의7)에 따른 내국추가세액배분액

(2) 기업 소재지국

① 기업의 소재지국

기업이 소재하는 "소재지국"은 다음 구분에 따른다.(국조법 §64 ①) "투과기업"이란 해당 기업이 설립·운영되는 국가에서 과세상 투시(해당 기업의 소득, 지출 및 손익을 그 기업의 지분을 직접 보유하는 자에게 지분비율에 따라 귀속시켜 과세하는 것)되는 기업을 말한다.(국조령 §103 ①)

1. 기업의 소득 등이 해당 기업의 소유자에게 귀속되는 것으로 보는 "투과기업"이 아닌 경우: 다음 구분에 따른 국가
   ㉮ 실질적관리장소 또는 설립장소나 이와 유사한 기준에 따라 국가에 납세의무(해당 국가 내의 원천으로부터 발생한 소득에 대해서만 그 국가에 납세할 의무가 있는 경우는 제외)가 있는 기업인 경우: 해당 국가
   ㉯ 위 ㉮ 외의 기업인 경우: 해당 기업이 법령에 따라 설립·등록된 국가
2. 투과기업 : 다음 구분에 따른 국가
   ㉮ 다국적기업그룹의 최종모기업이거나 소득산입규칙(국조법 §72 ④ 1호)을 적용해야 하는 구성기업인 경우: 해당 기업이 법령에 따라 설립·등록된 국가
   ㉯ 위 ㉮ 외의 투과기업 : 무국적 구성기업으로 본다.(국조법 §64 ②)
3. 고정사업장의 소재지국: 다음 구분에 따른 국가(국조법 §64 ③, 국조령 §103 ②)
   ㉮ (제1형) 적용가능 조세조약(한국이 체약당사자가 아닌 조세조약 포함)에 따라 고정사업장이 있는 것으로 인정되고 OECD표준조세조약에 따른 사업소득의 계산 방법이나 이와 유사한 방법으로 해당 사업장에 귀속되는 소득에 대해 과세되는 고정사업장: 해당 조세조약에 따라 고정사업장으로서 과세하는 국가
   ㉯ (제2형) 적용가능 조세조약이 없는 경우의 사업장으로서 세법상 거주자에 대한 과세방법과 유사한 방법으로 해당 사업장에 귀속되는 순소득에 대해 과세되는 고정사업장: 사업 장소에 기초한 순소득을 기준으로 과세하는 국가
   ㉰ (제3형) 해당 사업장에 대한 법인세제가 없는 국가에 소재하는 사업장으로서 OECD표준조세조약에 따르면 그 사업장이 실재하는 국가가 해당 사업장에 귀속되는 소득에 대해 과세권을 가지는 것으로 인정되는 고정사업장: 해당 사업장이 실재하는 국가
   ㉱ (제4형) 위 이외의 사업장으로서 해당 사업장에 귀속되는 소득에 대해 과세되지 않는 고정사업장 : 소재지국이 없는 것으로 본다.

② 소재지국이 둘 이상인 이중소재기업의 경우

㉮ 이중소재기업 소재지국

소재지국이 둘 이상인 "이중소재기업"의 경우 다음 기준에 따라 소재지국을 정한다.(국조법 §64 ④, 국조령 §103 ③)

1. 적용가능 조세조약이 있는 경우 : 해당 조세조약에 따라 결정
2. 적용가능 조세조약이 있지만 그에 따라 소재지국을 결정할 수 없는 경우 또는 적용가능 조세조약이 없는 경우: 다음 순서에 따라 결정
   ㉮ 해당 사업연도에 더 큰 금액의 대상조세(피지배외국법인과세제도의 적용에 따라 발생하는 세액은 제외)를 납부한 국가가 있는 경우에는 그 국가로 결정
   ㉯ 해당 사업연도에 국가별로 납부한 대상조세가 같거나 납부한 금액이 없는 경우에는 국가별로 계산한 실질기반제외소득금액이 더 큰 국가로 결정
   ㉰ 해당 사업연도에 국가별로 납부한 대상조세가 같거나 납부한 금액이 없고, 국가별로 계산한 실질기반제외소득금액도 같거나 없는 경우에는 소재지국이 없는 것으로 결정하되, 해당 기업이 다국적기업그룹의 최종모기업인 경우에는 해당 기업이 설립 · 운영되는 국가에 소재하는 것으로 결정

㉯ 이중소재기업 소재지국 중 하나가 적격소득산입규칙 미시행국인 경우

위 ㉮에 따라 결정된 모기업의 소재지국에서 적격소득산입규칙을 시행하지 않는 경우 ㉮에 따른 결정에서 제외된 다른 소재지국은 해당 모기업에 대해 그 적격소득산입규칙을 적용할 수 있다. 다만, 적용가능 조세조약에서 그 적용을 제한하고 있는 경우에는 그렇지 않다.(국조령 §103 ④)

③ 사업연도 중에 소재지국을 변경한 경우

기업이 사업연도 중에 그 소재지국을 변경한 경우에는 그 기업은 그 사업연도의 개시일 당시의 소재지국을 해당 사업연도의 소재지국으로 본다.(국조령 §103 ⑤)

(3) 국내구성기업 납세지

국내구성기업의 납세지, 납세지의 지정 · 변경 등에 관하여는 법인세법규정(§9 납세지, §10 납세지의 지정, §11 납세지의 변경, §12 과세 관할)을 준용한다.(국조법 §65)

2. 글로벌최저한세손익 계산

2.1 글로벌최저한세손익 계산

(1) 글로벌최저한세손익 : 회계상순손익 ± 조정액

구성기업의 각 사업연도 글로벌최저한세 소득 또는 결손('글로벌최저한세손익'이라 하며, 실효세율을 계산하기 위한 구성기업의 소득금액으로 그 금액이 양수일 때는 "글로벌최저한세소

득", 영 이하일 때는 "글로벌최저한세결손")은 아래와 같은 조정사항을 해당 사업연도의 회계상 순손익에 가산하거나 차감하여 계산한다.(국조법 §66 ①, 국조령 §104 ①, 국조칙 §63 별표1)

1. 순조세비용 가산: +(㉮~㉱) - ㉲
   ㉮ 비용으로 계상된 대상조세 + 법인세비용으로 계상된 당기법인세 및 이연법인세 (최저한세 손익에서 제외하는 소득에 대한 대상조세 포함)
   ㉯ 비용으로 계상된 적격소재지국추가세액(국조법 §70 ⑤)
   ㉰ 비용으로 계상된, 글로벌최저한세제도에 따라 발생한 추가세액(국조법 §81 ①)
   ㉱ 비용으로 계상된 비적격환급가능귀속세액(국조령 §1029 ② 4호)
   ㉲ 해당 사업연도에 발생한 결손금으로 인한 이연법인세자산. 다만 해당 이연법인세자산금액이 위 ㉮의 법인세비용에 포함되는 경우만 해당한다.
2. 배당수익 가감: -㉮ + ㉯
   ㉮ 차감하는 배당수익
   1) 구성기업이 보유하는 소유지분에 대한 이익의 배당금과 그 밖의 분배금 수익
   2) 복합금융상품(자본적 요소와 부채적 요소가 혼합된 소유지분 및 이와 유사한 금융상품으로서 발행기업이 인정회계기준에 따라 자본과 부채로 각각 구분하여 계상하는 것)에 의한 수익 중 자본적 요소로부터 지급받거나 발생된 수익
   ※ 가산 선택: 신고구성기업은 구성기업이 보유하는 분산투자지분에 대한 배당수익을 해당 구성기업의 글로벌최저한세소득에 포함하여 계산하는 방법을 선택할 수 있다. 그 선택은 5년 선택이며 구성기업별로 적용한다.
   ㉯ 가산하는 배당수익
   1) 단기분산투자지분 : 다음 요건을 모두 갖춘 소유지분
   - 다국적기업그룹이 보유한 소유지분에 수반하는 이익·자본금·준비금 또는 의결권에 대한 권리비율(종류가 같은 소유지분별로 해당 다국적기업그룹의 모든 구성기업이 보유한 소유지분을 합산한 비율)이 배당지급일 또는 처분일 현재 10% 미만인 "분산투자지분"
   - 구성기업 분산투자지분 보유기간이 배당기준일로부터 1년 미만일 것(구성기업이 최소 12개월 동안 중단 없이 소유지분을 보유하는 경우 1년간 소유지분을 보유한 것으로 보며, 구성기업 간에 글로벌최저한세조직재편이 있는 경우에는 보유기간이 중단되지 않는 것으로 보고, 종류가 다른 분산투자지분에 대해서는 분산투자지분의 종류별로 보유기간을 계산하며, 배당지급일 이전 1년 이내의 기간에 처분한 지분이 있는 경우 가장 나중에 취득한 분산투자지분을 먼저 처분한 것으로 간주)
   - 과세분배방법선택(국조법 §79 ⑥)이 적용되는 투자구성기업에 대한 소유지분
3. 정책적 부인비용 가산: 뇌물 및 불법사례금 등과 같은 불법적 지출, 5만유로 이상의 벌금 및 과태료(동일위반사항에 대해 주기적으로 부과되는 벌금 및 과태료는 연도별로 합산하며, 동일 유형의 반복적 위반행위에 대해 부과되는 벌금 및 과태료는 개별 산정)

4. 지분손익의 조정 : ± 다국적기업그룹 보유 소유지분 관련 이익

㉮ 제외 : 분산투자지분과 관련하여 발생하는 공정가치평가손익, 지분법회계손익, 처분손익은 차감하거나 가산하지 않는다.

㉯ 환위험회피손익 : 신고구성기업은 환위험 회피수단에서 발생하는 구성기업의 손익으로서 다음 요건을 모두 충족하는 손익을 포함하는 선택을 할 수 있다. 이 경우 선택은 구성기업의 소재지국별로 할 수 있으며, 그 선택은 5년 선택이며 구성기업별로 적용한다: 소유지분(분산투자지분 제외)의 환위험을 회피하기 위한 위험회피수단에서 발생하는 외화평가손익에 해당할 것, 회계기준에 따른 연결재무제표를 작성할 때 기타포괄손익으로 계상될 것, 연결재무제표 작성기준이 되는 공인회계기준에서 위험회피에 효과적인 것으로 인정되는 위험회피수단에서 발생한 손익에 해당할 것

㉰ 지분투자손익포함 선택:

1) 위 ㉮에도 불구하고 신고구성기업은 다음의 요건을 모두 충족하는 경우 지분투자손익포함선택"을 구성기업의 소재지국별로 할 수 있다. 그 선택은 5년 선택이며 구성기업별로 적용하며, 지분투자손익포함선택이 적용되는 사업연도 중 해당 소유지분으로 인한 손실을 그 소유 구성기업의 글로벌최저한세손익의 계산에 포함한 때에는 해당 선택을 취소할 수 없다: 구성기업이 보유한 소유지분이 분산투자지분에 해당하지 않을 것, 그 소유지분과 관련한 공정가치평가손익, 지분법회계손익, 처분손익이 해당 구성기업의 소재지국에서 과세되는 것일 것

2) 신고구성기업이 지분투자손익포함 선택을 하는 경우 구성기업이 아닌 투시과세기업의 소유지분(투자하는 구성기업 소재지국의 세무상 소유지분으로 취급되고 해당 투시과세기업 소재지국의 공인회계기준상 소유지분으로 취급되는 경우의 소유지분)으로서 "적격소유지분"을 보유하는 구성기업이 해당 적격소유지분과 관련하여 회계상 인식하는 손익(공정가치평가손익, 지분법회계손익, 처분손익 및 해당 구성기업에 투과되는 손익)은 해당 구성기업의 글로벌최저한세손익을 계산할 때 포함하지 않는다. 이 경우 구성기업에 투과되는 이익과 관련하여 구성기업이 계상하는 조세비용은 그 구성기업의 조정대상조세에 포함하지 않는다.

3) "적격소유지분"은 구성기업이 보유하는 해당 투시과세기업의 소유지분으로서 해당 구성기업이 해당 투시과세기업에 대한 투자를 실행할 때 해당 투자의 조건 등 객관적 사실 및 정황상 해당 소유지분으로부터의 총수익(해당 투시과세기업으로부터의 분배, 해당 투시과세기업의 결손으로 인한 조세혜택 및 해당 투시과세기업으로부터 해당 구성기업에 투과되는 적격환급가능세액공제를 포함하며, 적격환급가능세액공제 외의 세액공제는 제외)이 해당 구성기업의 투자가액에 미달할 것으로 예상되어 그 투자가액의 일부가 적격환급가능세액공제 외의 세액공제 형태로 회수되어야 하는 경우의 소유지분으로 한다. 다만, 다음 어느 하나에 해당하는 경우 해당 투시과세기업의 소유지분은 적격소유지분으로 보지 않는다: 투자자가 해당 소유지분을 실질적으로 소유하지 않는 경우, 투자자가 해당 투자에 따르는 손실 위험을 부담하지 않는 경우, 개발자(투시과세기업의 소유지분을 보유하면서 사업을 기획·운영하는 기업) 또는 투자자가 그 소재지국에서 글로벌최저한세

제도의 적용 대상이 되는 경우에만 투시과세기업의 세액공제 효과가 그 소유지분을 통해 해당 개발자 또는 투자자에 투과되는 경우

4) 적격소유지분을 통해 구성기업에 투과되는 적격투과조세혜택, 적격환급가능세액공제, 투시과세기업으로부터의 분배 및 자본의 회수, 적격소유지분 매각대가의 취급은 다음과 같이 한다. 적격투과조세혜택은 해당 구성기업에 투과되는 조세혜택으로서 세액공제(적격환급가능세액공제 제외) 금액 또는 해당 투시과세기업의 결손으로서 해당 구성기업에 투과되는 금액에 해당 구성기업에 적용되는 명목세율을 곱한 금액을 말한다.

가) 적격투과조세혜택, 적격환급가능세액공제, 분배 및 자본의 회수, 적격소유지분 매각대가는 해당 구성기업의 투시과세기업에 대한 투자가액이 영이 될 때까지 그 투자가액을 감액한다.

나) 위 가)에 따라 해당 구성기업의 투시과세기업에 대한 투자가액을 감액한 적격투과조세혜택으로서 회계상 법인세비용의 감액으로 처리된 금액을 해당 구성기업의 조정대상조세에 가산한다. 다만, 해당 구성기업의 투시과세기업에 대한 투자가액이 영이 된 후에 발생하는 적격투과조세혜택은 그렇지 않다.

다) 적격환급가능세액공제, 분배 및 자본의 회수 또는 적격소유지분 매각대가로서 해당 구성기업의 해당 투시과세기업에 대한 투자가액이 영이 된 후에 받는 것은 해당 투자가액이 영이 될 때까지 그 감액에 사용된 적격투과조세혜택 금액을 한도로 해당 구성기업의 조정대상조세를 감액한다.

5) 위 4)에도 불구하고 적격소유지분에 투자하는 구성기업이 회계상 각 사업연도의 적격소유지분에 대한 투자가액의 회수액 결정에 대해 다음의 계산식에 따른 비례상각법을 적용하는 경우에는 해당 구성기업은 비례상각법을 적용하여 투자가액을 감액한다.

해당 사업연도의 적격소유지분에 대한 투자가액의 회수액 = A × B ÷ C
A: 적격소유지분에 대한 투자가액
B: 해당 사업연도에 발생한 적격투과조세혜택 금액
C: 해당 적격소유지분에 대한 투자기간 중 발생할 것으로 예상되는 적격투과조세혜택 금액 총액

6) 회계상 비례상각법을 적용하지 않는 구성기업은 위 4)에도 불구하고 신고구성기업의 매년 선택에 따라 비례상각법을 적용하여 투자가액을 감액할 수 있다. 이 경우 해당 사업연도에 해당 적격소유지분에 대한 투자가액을 감액하는 적격투과조세혜택으로서 회계상 법인세비용의 감액으로 처리된 금액은 해당 구성기업의 조정대상조세에 가산한다. 매년 선택은 해당 구성기업이 해당 적격소유지분에 투자하는 첫 번째 사업연도 또는 해당 구성기업이 글로벌최저한세제도를 적용받는 첫 번째 사업연도에 대한 선택으로 한정하며, 이를 취소할 수 없다.

5. 재평가손익 조정: 회계상 다음 요건을 모두 갖춘 유형자산의 공정가치 재평가이익(재평가이익에 따른 대상조세의 증가금액을 차감하기 전의 금액)에서 재평가손실(재평가손실에 따른 대상조세의 감소금액을 가산하기 전의 금액)을 차감한 금액으로 한다. 이 경우 해당 금액이 양수일 때는 이를 가산하고 음수일 때는 음의 부호를 뗀 금액을 차감한다.

㉮ 정기적으로 유형자산의 장부가액을 공정가치로 재평가할 것
㉯ 위 ㉮에 따른 유형자산 재평가 금액의 증감을 기타포괄손익 항목으로 계상할 것
㉰ 위 ㉯에 따라 기타포괄손익으로 계상된 손익이 해당 사업연도 후의 사업연도에 회계상 손익으로 대체되지 않을 것

6. 비대칭외환손익 조정: 기업의 재무제표 작성에 사용된 "회계상기능통화"와 세무상 소득금액 계산에 사용된 "세무상기능통화"가 다른 경우 발생한 외환손익은 다음과 같이 조정한다.

㉮ 회계상기능통화와 세무상기능통화 간의 환율변동에 따른 외화환산손익이 구성기업의 과세소득에 포함되는 경우 ㉯ 세무상기능통화와 제3의 외국통화(회계상기능통화나 세무상기능통화에 해당하지 않는 외국통화) 간의 환율변동에 따른 외화환산손익의 경우(해당 손익이 과세소득에 포함되어 있는지 여부와 관계없이)	외화환산이익: 가산 외화환산손실: 차감
㉰ 회계상기능통화와 세무상기능통화 간의 환율변동에 따른 외화환산손익이 구성기업의 회계상 순손익에 포함되는 경우 ㉱ 회계상기능통화와 제3의 외국통화 간의 환율변동에 따른 외화환산손익이 구성기업의 회계상 순손익에 포함되는 경우	외화환산이익: 차감 외화환산손실: 가산

7. 연금손익 조정: 퇴직연금제도와 관련해 다음 계산식에 따른 연금조정액을 가산하거나 차감한다(양수인 경우 차감하고 음수인 경우 가산). 다만, 사외적립자산에서 지급하지 않고 직접 임직원에게 지급하는 퇴직급여는 제외한다.

> 연금조정액 = A + B
> A: 퇴직연금제도와 관련하여 발생한 회계상 수익에서 비용을 차감한 금액
> B: 해당 구성기업이 납입한 사외적립자산기여금

8. 주식기준보상비용 조정 : 신고구성기업은 해당 다국적기업그룹의 구성기업 소재지국별로 적용하는 5년 선택으로 회계상 계상된 "회계상주식기준보상비용"을 대신하여 해당 국가의 세무상 손금으로 공제되는 "세무상주식기준보상비용"을 사용할 수 있다.
㉮ 5년 선택을 한 경우로서 주식기준보상이 행사되지 않고 소멸되는 경우: 소멸되는 사업연도 이전 사업연도의 글로벌최저한세손익을 계산할 때 공제된 주식기준보상비용 총액을 소멸되는 사업연도의 글로벌최저한세손익에 가산한다.
㉯ 5년 선택 사업연도 이전 사업연도에 주식기준보상비용을 계상한 경우: 해당 주식기준보상비용 총액(이전 사업연도에 글로벌최저한세손익을 계산할 때 공제된 것)이 해당 이전 사업연도에 해당 선택이 적용되었다면 글로벌최저한세손익을 계산할 때 공제되었을 세무상주식기준보상비용 총액을 초과하는 금액을 해당 선택사업연도의 글로벌최저한세손익에 가산한다.
㉰ 5년 선택을 취소하는 경우: 1)의 총액에서 2)의 총액을 뺀 금액을 해당 취소가 적용되는 첫 번째 "취소사업연도"의 글로벌최저한세손익에 가산한다.

1) 취소사업연도의 개시일 당시 행사 기간이 도래하지 않았거나 소멸되지 않은 주식기준보상에 대해 해당 선택에 따라 해당 취소사업연도의 이전 사업연도의 글로벌최저한세손익을 계산할 때 공제한 주식기준보상비용의 총액

2) 해당 이전 사업연도의 회계상의 주식기준보상비용의 총액

9. 저율과세기업 그룹내부금융약정비용 조정: 둘 이상의 구성기업 간에 체결된 것으로서 고율과세거래상대방(저율과세기업의 해당 그룹내부금융약정의 상대방으로서 실효세율이 최저한세율보다 낮은 저율과세국가가 아닌 국가 또는 해당 그룹내부금융약정으로 인해 발생하는 소득 또는 비용을 고려하지 않고 그 실효세율을 계산했다면 저율과세국가가 아니었을 국가에 소재하는 구성기업)이 저율과세기업(저율과세국가 또는 해당 그룹내부금융약정으로 인해 발생하는 소득 또는 비용을 고려하지 않고 실효세율을 계산했다면 저율과세국가가 되었을 국가에 소재하는 구성기업)에 직접 또는 간접으로 신용을 공여하거나 투자하는 약정에 따른 결과가 다음 요건을 모두 충족할 것이 합리적으로 예상되는 경우에는 저율과세기업의 글로벌최저한세손익을 계산할 때 해당 약정으로 인해 발생하는 아래 ㉮에 따른 증가비용을 차감하지 않는다. 다만, 해당 비용에 대해 은행구성기업 기타기본자본에 대한 배당조정(국조령 §104 ① 18호)에 따라 조정할 때에는 이를 차감한다.

㉮ 저율과세기업의 글로벌최저한세손익을 계산할 때 공제되는 비용을 증가시킬 것

㉯ 고율과세거래상대방의 과세소득 금액을 ㉮의 금액만큼 증가시키지 않을 것

10. 총자산처분이익 조정: 신고구성기업이 국가별로 선택하는 경우 매년 선택이 적용되는 사업연도의 총자산처분이익금액(선택연도에 구성기업들이 해당 국가에서 보유하는 "현지부동산"을 처분함에 따른 처분 이익의 합계액이 처분 손실의 합계액을 초과하는 경우 그 초과 금액으로서 그룹에 속하는 기업 간의 처분에 따른 손익을 제외한 것)을 해당 사업연도의 글로벌최저한세손익에서 차감하고 해당 사업연도 및 그 직전 4개 사업연도의 글로벌최저한세손익은 다음 각 목의 방법에 따라 조정한다. 이 경우 직전 4개 사업연도의 실효세율과 추가세액을 다시 계산한다.

㉮ 선택연도에 구성기업의 자산처분순이익금액(현지부동산 처분에 따른 이익 합계액이 손실 합계액을 초과하는 경우 그 초과 금액으로서 그룹기업 간 처분에 따른 손익을 제외한 것) 또는 자산처분순손실금액(현지부동산 처분에 따른 손실 합계액이 이익 합계액을 초과하는 경우 그 초과 금액으로서 그룹기업 간 처분에 따른 손익을 제외한 것)에 대한 대상조세는 해당 선택연도의 조정대상조세 계산에서 제외한다.

㉯ 선택연도의 총자산처분이익금액을 직전 4개 사업연도 중 가장 빠른 손실연도(구성기업들의 자산처분순손실금액의 합계액이 자산처분순이익금액의 합계액을 초과하는 사업연도)에 자산처분순손실이 발생한 구성기업의 자산처분순손실금액과 비례적으로 상계하여 해당 상계 금액을 해당 구성기업의 글로벌최저한세손익에 가산한다.

㉰ 위 ㉯에서의 가장 빠른 손실연도의 이후 손실연도에 조정자산처분이익금액(총자산처분이익금액에서 이전 손실연도에 구성기업의 자산처분순손실 금액과 상계된 금액의 누계액을 차감한 금액)을 해당 이후 손실연도에 자산처분순손실이 발생한 구성기업의 자산처분순손실 금액과 비례적으로 상계하여 해당 상계 금액을 해당 구성기업의 글로벌최저한세손

익에 가산한다. 이 경우 해당 비례적 상계는 빠른 손실연도부터 적용한다.

㉱ 위 ㉯ 및 ㉰를 적용한 후에도 조정자산처분이익금액이 남아있는 경우에는 해당 금액은 다음의 순서에 따라 처리한다.

1) 해당 조정자산처분이익금액을 선택연도 및 그 직전 4개 사업연도에 균등하게 배분한다.

2) 해당 선택연도에 배분된 조정자산처분이익금액은 해당 선택연도에 자산처분순이익이 발생한 구성기업에 자산처분순이익금액과 비례적으로 배분하고 배분된 금액을 해당 선택연도의 해당 구성기업의 글로벌최저한세손익(해당 자산처분순이익금액을 차감한 글로벌최저한세손익)에 가산한다.

3) 선택연도 직전 4개 각 사업연도에 배분된 조정자산처분이익금액은 특정 구성기업(선택연도에 자산처분순이익이 발생한 구성기업으로서 그 직전 4개 각 사업연도에 존재한 구성기업)에 다음 계산식에 따라 배분한다.

특정 구성기업별로 글로벌최저한세손익에 가산될 금액 = A × B ÷ C
A: 선택연도 직전 4개 각 사업연도에 배분된 조정자산처분이익금액 B: 해당 특정 구성기업의 선택연도의 자산처분순이익금액 C: 모든 특정 구성기업의 선택연도의 자산처분순이익금액의 합계액

4) 위 3)에 따라 배분된 금액은 해당 직전 4개 각 사업연도의 해당 특정 구성기업의 글로벌최저한세손익에 가산한다. 다만, 직전 4개 각 사업연도에 특정 구성기업이 없는 경우에는 그 사업연도에 배분된 조정자산처분이익금액은 그 사업연도에 존재한 구성기업에 균등하게 배분하고, 이를 해당 사업연도의 해당 구성기업의 글로벌최저한세손익에 가산한다.

11. 기업회생 채무면제이익 제외: 신고구성기업의 매년 선택에 따라 회계상 이익으로 계상된 것으로서 다음 어느 하나에 해당하는 채무면제이익은 해당 구성기업의 글로벌최저한세손익의 계산에서 제외할 수 있다.

㉮ 법원(그 밖의 사법기관을 포함)이 감독하거나 독립적인 관리인이 진행하는 회생 또는 파산 절차에 의해 채무가 면제되어 발생하는 채무면제이익

㉯ 특수관계자가 아닌 자에 대한 "제3자채무"가 포함된 채무조정 약정이 체결되고, 그 약정에 따라 제3자채무가 면제되지 않는다면 채무자가 12개월 이내에 지급불능이 될 것으로 합리적으로 예상되는 경우의 채무면제이익(특수관계자에 대한 채무 포함)

㉰ 위 ㉮ 및 ㉯에 따른 채무면제이익 외의 제3자채무의 채무면제이익의 경우에는 다음의 금액 중 적은 금액

1) 초과부채금액(해당 채무가 면제되기 직전의 부채금액 합계가 자산의 공정가액 합계를 초과하는 경우 그 초과금액)

2) 해당 채무면제이익 중 채무자 소재지국에서 결손, 세액공제 또는 자산가액 등의 세무사항을 감액하는 금액

12. 적격환급가능세액공제 및 적격양도가능세액공제 조정

㉮ 구성기업이 수혜 조건을 갖춘 때부터 4년 이내에 현금 또는 현금등가물로 지급되는 "적격환급가능세액공제" 금액으로서 회계상 순손익을 계산할 때 수익에 포함되지 않는 금액:

글로벌최저한세손익을 계산할 때 가산한다. 이 경우, 부분적으로 환급 가능한 세액공제는 구성기업이 수혜 조건을 갖춘 때부터 4년 이내에 현금 또는 현금등가물로 지급받는 범위로 한정하여 적격환급가능세액공제로 본다. 한편, 적격귀속세액 또는 비적격환급가능귀속세액(국조칙 제67) 중 환급되거나 세금에서 공제되는 금액은 적격환급가능세액공제 금액에 포함하지 않는다.

㉯ 다음의 요건을 모두 충족하는 "적격양도가능세액공제"로서 구성기업의 회계상 순손익을 계산할 때 수익에 포함되지 않는 금액: 글로벌최저한세손익을 계산할 때 가산한다. 이 경우 세액공제의 일부 금액만이 적격양도가능세액공제에 해당하는 경우에는 그 일부 금액에 대해서만 가산한다.

1) 세액공제자산 요건: 회계상 자산으로 취급되고 이를 처음 취득한 자(해당 세액공제의 요건을 충족하는 자) 또는 양수한 자가 대상조세를 납부하기 위해서만 사용할 수 있는 "세액공제자산"일 것

2) 양도가능성 요건: 가) 세액공제 자산을 처음 취득한 자: 해당 세액공제가 발생한 사업연도의 종료일로부터 15개월 이내에 특수관계자가 아닌 자에게 이를 양도할 수 있을 것, 나) 세액공제 자산을 양수한 자: 해당 자산을 양수한 사업연도에 특수관계자가 아닌 자에게 이를 양도할 수 있을 것. 이 경우 해당 자산을 양도할 때 그 자산을 처음 취득한 자보다 더 엄격한 법적 제한이 적용되는 경우에는 양도가능성 요건을 충족하지 않는 것으로 본다.

3) 시장성 요건

가) 세액공제 자산을 처음 취득한 자: 해당 세액공제가 발생한 사업연도의 종료일부터 15개월 이내에 기준가격 이상의 가격으로 특수관계자가 아닌 자에게 해당 자산을 양도할 것. 다만, 양도가 이루어지지 않거나 특수관계자에게 양도한 경우에는 해당 세액공제가 발생한 사업연도의 종료일부터 15개월 이내에 특수관계자가 아닌 자간에 해당 세액공제 자산과 유사한 세액공제 자산이 기준가격 이상의 가격으로 거래되어야 한다. 기준가격이란 세액공제를 허용하는 정부가 발행하는 채권으로서 해당 자산을 양도하는 사업연도(양도가 이루어지지 않은 경우에는 세액공제가 발생한 사업연도)에 발행되고 해당 세액공제의 사용 기한과 그 만기(5년을 넘지 않는 것으로 한정)가 동일하거나 유사한 것의 수익률을 기준으로 계산한 세액공제 금액의 순현재가치에 80%을 곱한 금액을 말한다.

나) 세액공제 자산을 양수한 자: 해당 자산을 특수관계자가 아닌 자로부터 기준가격 이상의 가격으로 양수했을 것. ※ 기준가격을 산정할 때 세액공제 금액은 다음의 구분에 따른 금액으로 하며, 순현재가치 계산에 반영되는 매 사업연도의 현금흐름 금액은 세법상 해당 매 사업연도에 해당 세액공제를 사용할 수 있는 최대 금액으로 한다: 1) 세액공제를 사용하지 않은 경우 발생한 세액공제금액, 2) 세액공제를 사용한 경우 사용하고 남은 금액

㉰ 다음의 모두에 해당하는 경우 해당 구성기업은 그 회계상의 처리를 글로벌최저한세손익에 반영할 수 있다.

1) 구성기업이 취득하거나 건설하는 자산과 관련하여 적격환급가능세액공제 또는 적격양도가능세액공제가 발생할 것
2) 해당 구성기업이 회계상 그 적격환급가능세액공제 금액 또는 적격양도가능세액공제금액만큼 취득하거나 건설하는 자산의 장부가액을 감액하거나 회계상 이연수익금액을 계상할 것

13. 세액공제자산 등의 양도 조정

㉮ 적격양도가능세액공제를 손익에 포함한 구성기업: 적격양도가능세액공제가 발생한 "발생사업연도"에 발생한 세액공제금액을 글로벌최저한세손익의 계산에 포함한 구성기업이 해당 세액공제자산을 양도하는 경우에는 다음의 기준에 따라 글로벌최저한세손익을 조정한다.

1) 발생사업연도의 종료일부터 15개월 이내에 해당 세액공제자산을 양도하는 경우: 해당 발생사업연도의 글로벌최저한세손익의 계산에 포함된 해당 세액공제 금액을 그 양도가액(해당 세액공제자산을 양도하고 받은 대가)으로 대체할 것
2) 발생사업연도의 종료일부터 15개월 후에 해당 세액공제자산을 양도하는 경우: 그 양도가액과 세액공제 금액의 "양도차액"을 해당 자산을 양도하는 사업연도의 글로벌최저한세손익의 계산에서 손실로 산입할 것
3) 그 회계상의 처리를 반영하는 경우(12호 바목) : 양도차액 만큼 취득 · 건설하는 해당 자산 가액을 증액하거나 해당 이연수익금액을 감액할 것

㉯ 세액공제자산을 양수한 구성기업: 세액공제자산을 양수하는 구성기업은 양수한 해당 자산의 세액공제 금액과 그 양수가액(해당 세액공제자산을 양수하고 지급한 대가)의 차액 중 대상조세의 납부에 사용한 해당 세액공제 금액에 상응하는 "실현이익금액"을 해당 사업연도의 글로벌최저한세손익의 계산에서 소득으로 산입한다.
세액공제자산을 양수한 구성기업이 이를 양도하는 경우에는 다음 계산식에 따라 계산한 양도차손익금액을 그 양도하는 사업연도의 글로벌최저한세손익의 계산에 산입한다.

세액공제자산의 양도차손익금액 = A − (B + C − D)
A: 세액공제자산의 양도가액 B: 세액공제자산의 양수가액 C: 실현이익금액 D: 양수한 세액공제자산 금액 중 사용한 세액공제 금액

㉰ 발생한 적격양도가능세액공제 금액의 전부 또는 일부가 사용되지 않아 해당 세액공제자산이 소멸하는 경우: 소멸하는 금액을 소멸하는 "소멸사업연도"의 글로벌최저한세손익의 계산에서 손실로 산입한다. 이 경우 해당 적격양도가능세액공제가 발생했을 때 그 금액만큼 해당 적격양도가능세액공제의 발생과 관련하여 취득하거나 건설하는 자산 가액을 감액하거나 이연수익을 계상한 때에는 그 소멸하는 세액공제자산 금액만큼 취득하거나 건설하는 해당 자산 가액을 증액하거나 해당 이연수익 금액을 감액한다.

㉱ 양수한 세액공제자산 금액의 전부 또는 일부가 사용되지 않아 해당 세액공제자산이 소멸하는 경우: 다음 계산식에 따라 계산한 소멸손실금액을 소멸사업연도의 글로벌최저한세

손익의 계산에서 손실로 산입한다.

양수한 세액공제자산의 소멸손실금액 = A + B − C A: 세액공제자산의 양수가액 B: 실현이익금액 C: 양수한 세액공제자산 금액 중 사용한 금액

㉮ 적격환급가능세액공제에 대한 글로벌최저한세손익의 조정: 위 ㉮부터 ㉱까지 준용한다.

14. 전기오류수정 또는 회계정책변경에 따른 조정: 구성기업이 다음 어느 하나에 해당하여 해당 사업연도의 직전 사업연도까지 회계상 순손익의 증가 또는 감소가 발생하는 경우 해당 사업연도의 글로벌최저한세손익을 계산할 때 기초자본의 증가분은 가산하고 기초자본의 감소분은 차감한다.
   ㉮ 다른 국가의 글로벌최저한세제도가 적용되었던 과거 사업연도(글로벌최저한세제도가 적용된 사업연도로 한정)의 회계상 오류를 수정하여 회계상 순손익에 증감이 발생하는 경우
   ㉯ 해당 사업연도에 적용하는 회계원칙 또는 회계정책을 변경하여 해당 사업연도의 직전 사업연도까지 회계상 순손익에 증감이 발생하는 경우
15. 구성기업간 내부거래제거 연결회계 조정: 신고구성기업이 구성기업의 소재지국별로 적용하는 5년 선택에 따라 같은 국가 내의 연결납세대상 구성기업 간의 내부거래에서 발생하는 소득·비용·이익 및 손실을 제거하기 위해 실시하는 연결회계조정은 해당 국가에 소재한 연결납세 대상 구성기업(투자기업, 소수지분구성기업, 공동기업 제외)의 글로벌최저한세손익을 계산할 때 반영할 수 있다.
16. 공정가치평가 자산부채의 실현주의적용 조정
   ㉮ 신고구성기업은 연결재무제표상 공정가치평가 및 손상차손평가 회계처리의 대상이 되는 자산 및 부채에 대해 그 자산이 양도되거나 부채가 상환되는 등의 시점에 손익을 인식하는 것으로 선택할 수 있다. 이 경우 해당 선택은 해당 다국적기업그룹에 속하는 구성기업의 소재지국별로 적용하는 5년 선택으로 하며, 해당 국가에 소재하는 구성기업에 대해 적용한다.
   ㉯ 신고구성기업은 위 ㉮에 따른 선택의 적용을 구성기업의 유형자산 또는 투자구성기업의 자산 및 부채로 한정할 수 있다.
   ㉰ 위 ㉮ 및 ㉯에 따른 실현주의의 적용을 선택하는 경우 해당 자산 및 부채에 대해 회계상 계상된 공정가치평가 또는 손상차손평가에 의한 손익 중 이익은 차감하고 손실은 가산하여 글로벌최저한세손익을 계산한다.
   ㉱ 해당 자산이 양도되거나 부채가 상환되는 등 자산 및 부채와 관련된 손익이 실현되는 경우 실현손익(양도 또는 상환 사업연도에 회계상 계상된 실현손익 제외) 중 이익은 가산하고 손실은 차감하여 글로벌최저한세손익을 계산한다. 이 경우 실현손익을 계산할 때 사용되는 자산 및 부채의 장부가액은 선택사업연도의 개시일과 해당 자산의 취득일(부채의 경우 발생일) 중 늦은 날의 장부가액으로 한다.
   ㉲ 위 ㉮ 및 ㉯에 따른 선택을 취소하는 경우에는 다음 계산식의 C가 양수이면 해당 금액을 가산하고 C가 음수이면 음의 부호를 뗀 해당 금액을 차감하여 취소사업연도의 글로벌최

저한세손익을 계산한다.

> C: A − B
> A: 취소사업연도 개시일의 자산의 공정가치에서 부채의 공정가치를 차감한 금액
> B: 자산의 장부가액에서 부채의 장부가액을 차감한 금액. 이 경우 장부가액은 라목 후단의 장부가액으로 한다.

17. 구성기업간 거래에 대한 정상거래원칙 적용 조정

㉮ 서로 다른 국가에 소재하는 구성기업 간 거래의 당사자인 구성기업은 회계상 순손익을 계산할 때 사용한 해당 거래의 가격에도 불구하고 글로벌최저한세손익을 계산할 때에는 해당 거래에 대해 정상가격원칙에 따른 가격을 사용해야 한다.

㉯ 위 ㉮를 적용할 때 다음의 일방적인 조정이 있는 경우에도 정상가격원칙을 적용한 것으로 본다.

1) 일방적 이전가격사전합의(과세소득의 계산에 적용할 정상가격원칙에 따른 가격에 관한 해당 기업과 그 소재지국 과세당국 간의 합의로서 일방적 사전승인 포함)에 따른 과세소득의 조정
2) 정상가격원칙 적용을 위한 해당 구성기업의 과세소득의 신고 또는 수정신고에 따른 과세소득의 조정
3) 정상가격원칙 적용을 위한 소재지국 과세당국에 의한 과세소득의 조정

㉰ 위 ㉮에도 불구하고 다음의 어느 하나에 해당하는 경우에는 정상가격원칙에 따른 가격을 사용하지 않을 수 있다. 이 경우 거래 당사자의 글로벌최저한세손익을 계산할 때 해당 거래와 관련하여 동일한 가격을 사용해야 한다.

1) 해당 구성기업에 적용되는 명목세율이 최저한세율에 미달하는 경우
2) 해당 구성기업에 적용되는 명목세율이 최저한세율보다 높더라도 그 소재지국이 해당 과세소득 조정대상 사업연도의 직전 2개 사업연도 모두 저율과세국가였던 경우

㉱ 글로벌최저한세손익을 계산할 때 다음 어느 하나에 해당하는 경우에는 같은 국가에 소재하는 구성기업 간 거래에도 정상가격원칙에 따른 가격을 사용해야 한다.

1) 자산의 판매 · 양도 또는 이와 유사한 거래로 인해 회계상 손실이 발생하는 경우로서 해당 자산이 거래가 발생한 사업연도 중 다국적기업그룹 외의 자에게 다시 판매 · 양도 또는 이와 유사한 거래가 되지 않는 경우
2) 거래 당사자 중 소수지분구성기업이 있는 경우
3) 거래 당사자 중 투자구성기업이 있는 경우

18. 보험구성기업의 보험계약자 귀속손익 조정

㉮ 보험구성기업(소재지국에서 보험회사로 규제받는 보험업을 영위하는 구성기업)이 보험계약자에게 귀속되는 수익에 대해 납부하는 세금을 그 회계상 순손익의 계산에서 비용으로 계상되지 않은 경우에는 해당 보험구성기업이 보험계약자에게 청구하는 금액 중 해당 세금에 대한 금액은 글로벌최저한세손익의 계산에서 제외한다.

㉯ 보험계약자에 귀속되는 수익 중 보험구성기업의 회계상 순손익의 계산에서 수익으로 계상되지 않은 수익(해당 수익에 상당하는 보험계약자에 대한 채무 증감이 해당 보험구성기업

의 회계상 순손익을 계산할 때 손익으로 계상되는 경우)은 해당 보험구성기업의 글로벌최저한세손익의 계산에 포함한다.

19. 은행구성기업의 기타기본자본에 대한 배당 조정: 은행업의 자본 건전성 규제 또는 보험업의 지급 여력 규제에 따라 발행되는 기타기본자본(은행업을 영위하는 구성기업이 발행하는 금융상품으로서 금융위기 등 특정 사건이 발생할 경우 손실을 흡수하기 위해 자본으로 전환되거나 상각되도록 설계된 것) 및 제한기본자본(보험업을 영위하는 구성기업이 발행하는 금융상품으로서 대형사고 등 예상하지 못한 손실이 발생하더라도 일정 수준의 지급 여력을 유지하기 위해 자본으로 전환되거나 상각되도록 설계된 것)에 대해 지급하거나 지급할 배당 또는 수취하거나 수취할 배당은 글로벌최저한세손익을 계산할 때 다음 각 목의 방법에 따라 조정한다.
   ㉮ 기타기본자본 또는 제한기본자본을 발행한 구성기업이 그에 대해 지급하거나 지급할 배당이 해당 구성기업의 회계상 자본의 감소로 계상된 경우: 그 금액을 비용으로 보아 차감
   ㉯ 기타기본자본 또는 제한기본자본을 취득한 구성기업이 그에 대해 수취하거나 수취할 배당이 해당 구성기업의 회계상 자본의 증가로 계상된 경우: 그 금액을 소득으로 보아 가산
20. 그 밖에 연결조정사항반영 조정: 구성기업의 별도 회계상 계상되지 않는 연결조정사항으로서 내부거래제거 및 매수법회계적용 목적 외의 연결조정사항은 해당 수익 또는 비용이 귀속되는 구성기업을 일관되고 신뢰성 있게 추적할 수 있는 경우로 한정하여 그 금액을 글로벌최저한세손익을 계산할 때 반영할 수 있다.

사례 단기분산투자지분에 대한 배당 제외

1.(사례 3.2.1(b)-1) 이 사례에서 포트폴리오주식 보유기간을 확인하는 방법을 예시한다. A사는 글로벌최저한세의 적용을 받는 다국적기업그룹의 구성기업으로 가정한다. B사는 A사의 특수관계인이 아니다. B사는 보통주 10,000주를 발행하였으며, 발행된 보통주는 이익분배와 자본에 대한 동등한 권리를 가진다. A사는 1차년도 7월 1일에 B사의 보통주 200주를 취득하고, 2차년도 3월 31일에 B사의 보통주 100주를 추가로 취득한다. B사는 한 종류의 주식만 발행하였으며 2차년도 12월 31일에 주당 0.10유로의 배당금을 분배한다. A사가 2회에 걸쳐 B사 주식을 보유하는 기간과 배당금을 수령한 기간은 다음과 같다.

1차년도				2차년도			
1월~3월	4월~6월	7월~9월	10월~12월	1월~3월	4월~6월	7월~9월	10월~12월
		200주					
					100주		
		7.1. 200주 취득		3.31 100주 취득			12.31 30 배당

A사는 B사의 지분 10% 미만을 보유한 다국적기업그룹의 구성원이다. 따라서 A사는 배당지급일에 B사 주식을 포트폴리오로 보유한다. 이러한 주식 중 100주는 배당일에 A사가 12개월 미만

보유하기 때문에 규정에 따라 단기분산투자지분으로 취급된다. 이 주식에 대해 받은 배당(10=100주×0.10)은 A사의 소득을 계산할 때 고려되며, 나머지 200주에 대해 A사가 받은 20의 배당만 제외배당으로 처리된다.

2.(사례 3.2.1(b)-2) 2차년도 9월 30일에 A사가 B사 주식 40주를 처분하는 것 이외에, 사실관계는 사례 3.2.1(b)-1과 같다. B사 주식의 매각을 A사가 최근에 취득한 동종 주식의 매각으로 본다. 따라서 A사는 2차년도 3월 31일에 취득한 B사 보통주를 처분한 것으로 처리된다. B사는 2차년도 12월 31일에 주당 0.10유로의 배당금을 분배한다. A사가 B사 주식을 보유하는 기간과 배당을 수령한 기간을 나타내는 표는 다음과 같다.

<table>
<tr><th colspan="4">1차년도</th><th colspan="4">2차년도</th></tr>
<tr><td>1월~3월</td><td>4월~6월</td><td>7월~9월</td><td>10월~12월</td><td>1월~3월</td><td>4월~6월</td><td>7월~9월</td><td>10월~12월</td></tr>
<tr><td></td><td></td><td colspan="6">200주</td></tr>
<tr><td></td><td></td><td></td><td></td><td></td><td colspan="3">60주</td></tr>
<tr><td></td><td></td><td></td><td></td><td></td><td colspan="2">40주</td><td></td></tr>
<tr><td></td><td></td><td>7.1.
200주취득</td><td></td><td>3.31
100주취득</td><td></td><td>9.30
40주매도</td><td>12.31
26 배당</td></tr>
</table>

배당일 현재, A사가 60주를 12개월 미만 보유하기 때문에 보유주식 260주 중 60주는 단기분산투자지분 보유로 본다. 그 주식에 대한 배당(6=60주×0.10)은 A사의 소득을 계산할 때 고려되며, 나머지 200주에 대해 A사가 받은 배당 20은 제외배당으로 처리된다.

3.(사례 3.2.1(b)-3) A사가 1차년도 12월 31일에 50주를 처분하는 것 이외에, 사실관계는 사례 3.2.1(b)-1과 같다. B사 주식의 양도는 A사가 최근에 취득한 주식의 양도로 본다. 이 경우 A사는 1차년도 7월 1일에 취득한 B사 주식을 처분하고, B사는 2차년도 12월 31일에 주당 0.10유로의 배당을 분배한다. A사가 B사 주식을 보유한 기간과 배당을 수령한 기간을 나타내는 표는 다음과 같다.

<table>
<tr><th colspan="4">1차년도</th><th colspan="4">2차년도</th></tr>
<tr><td>1월~3월</td><td>4월~6월</td><td>7월~9월</td><td>10월~12월</td><td>1월~3월</td><td>4월~6월</td><td>7월~9월</td><td>10월~12월</td></tr>
<tr><td></td><td></td><td colspan="6">150주</td></tr>
<tr><td></td><td></td><td colspan="2">50주</td><td></td><td colspan="3">100주</td></tr>
<tr><td></td><td></td><td>7.1.
200주취득</td><td>12.31
50주매도</td><td>3.31
100주취득</td><td></td><td>9.30
40주매도</td><td>12.31
26 배당</td></tr>
</table>

배당일 현재 100주는 단기분산투자지분 보유로 취급되는데, A사가 그 주식을 12개월 미만 보유했기 때문이다. 이 주식의 배당(10=100주×0.10)은 A사 소득을 계산할 때 고려되며 나머지 150주에 대해 A사가 받은 배당 15는 제외배당으로 처리된다.

사례 제외지분손익 (사례 3.2.1(c)-1)

이 사례에서 위험회피 소유지분을 보유하는 구성기업이 아닌 다른 구성기업(발행 구성기업)이 위험회피수단(hedging instrument)을 발행하는 경우에 단기분산투자지분 보유가 아닌 소유지분으로서 통화위험을 회피하는 위험회피수단에 대한 제외지분손익을 배분하는 방법을 예시한다.

A그룹은 달러로 연결재무제표를 작성하고, B그룹은 유로로 연결재무제표를 작성한다. A그룹은 하위그룹이 되는 B그룹을 취득하고, 연결재무제표에서 자산과 부채를 유로에서 달러로 환산할 때 생기는 새로 취득한 B그룹의 자산과 부채의 가치변동을 회피하기 위해 유로표시 외부대출계약을 체결한다. 그 대출은 A그룹의 연결재무제표 작성에 사용된 인정회계기준에 따라 효과적인 위험회피로 간주되며, 취득 후에도 계속 달러로 기표된다.

대출은 A그룹의 연결재무제표에서 새로 취득한 B그룹 투자에 대한 순투자위험회피로 기표되며, 외환평가손익은 모두 손익계산서가 아닌 기타포괄손익에 반영된다. 이는 유로와 달러 간 외환가치변동이 A그룹의 연결재무제표에서 하위그룹B에 대한 재무결과에 영향을 미치지 않도록 하기 위한 것이다.

대출은 A그룹의 재무기능을 수행하는 A국에 소재하는 구성기업 TC사에 의해 계약된다. 그러나 새로 인수한 B그룹에 대한 투자는 B국에 소재하는 A그룹의 다른 구성기업 B그룹지주사에 의해 이루어진다. TC사와 B그룹지주사의 기능통화는 달러이며 A국과 B국의 법인세율은 모두 25%이다.

과거 B그룹 기업들의 회계장부는 유로로 유지되며 연결을 위해 달러로 환산된다. TC사의 기업회계에서 순투자위험회피회계를 사용할 수 없는데, TC사는 하위그룹B와 관련된 외환위험노출(foreign exchange exposure)이 없으므로 TC사의 관점에서 외부대출은 위험회피가 아니기 때문이다. 결과적으로, 대출의 환율변동은 회계장부의 손익계산서에 반영된다. 과세소득에 영향을 미치는 외부대출에 대한 큰 환율변동을 피하기 위해, TC사(대여자)와 B그룹지주사(차입자)는 TC사가 받은 외부대출과 동일한 가치의 유로표시 그룹내부대출계약을 체결한다. 이에 따라, 외부대출의 환율변동은 그룹내부대출의 동일한 반대변동으로 상쇄되어 TC사의 회계장부나 과세소득에 포함되는 외부대출 관련 순손익은 발생하지 않는다. B그룹지주사의 입장에서 그룹내부대출의 환율변동은 회계장부에 포함된다. 이는 하위그룹B에 대한 금융투자는 원가로 측정되고 환율변동에 따른 소유지분의 가치변동을 반영하지 않으므로, 기업회계에서 순투자위험회피회계를 사용할 수 없기 때문이다. 결과적으로 그룹내부대출에 대한 변동은 기업관점에서 손익계산서의 환율변동위험을 회피하지 못한다. 그런데, B국 세법에 따라, 그룹내부대출의 환율변동은 새로 취득한 B그룹에 대한 B그룹지주사의 투자위험을 회피하기 위해 사용된 대출과 관련되기 때문에 과세소득에 포함되지 않는다. 따라서, 그룹내부대출로 A그룹의 과세소득에 영향을 미치는 외부대출의 위험을 회피하는데, 이 경우 연결관점에서 볼 때 전체대출계약에서 순이익은 발생하지 않는다.

1차 연도에 TC사와 하위그룹B(B그룹 지주사 포함)는 환율변동을 고려하기 전에 각각 1,000달러의 소득을 계상한다. 그러나, 환율변동으로 인해 유로표시 외부대출의 가치가 100달러 증가하여 TC사의 비용이 100달러가 된다. A그룹의 연결재무제표에서 이 100달러는 기타포괄손익에 반영된다(따라서 이익에 포함되지 않음). (연결조정과 상관없이) 기업장부에 기초하여 결정된 TC사의 손익계산서에 미치는 영향이 상쇄되도록 그룹내부대출에도 동일한 환율변동이 적용된다

(즉, 외부대출에 대한 100달러의 비용은 그룹내부대출에서 발생하는 100달러의 수익으로 상쇄됨). B국 세법에 따라, 그룹내부대출에서 발생하는 100달러의 비용은 B그룹지주사의 회계장부에 반영되지만 과세소득의 계산에서 제외된다. 따라서 TC사의 전체회계이익이 1,000달러이고 하위그룹B의 회계이익은 900인 경우(=하위그룹B 이익 1,000달러 - 그룹내부대출에서 발생한 B그룹지주사 비용 100달러), A국과 B국 모두에서 250달러의 세금(=1,000달러×25% 법인세율)을 납부한다.

환율변동이 기타포괄손익에 반영되고 외부대출은 A그룹의 연결재무제표 작성에 적용된 인정회계기준에 따라 유효한 위험회피로 간주되므로 TC사의 100달러 비용은 제외지분손익이다. 그러나 TC사는 하위그룹B에 대한 투자지분을 소유하지 않으므로 100달러의 비용은 실제로는 B그룹지주사의 글로벌최저한세손익에서 제외된다. 따라서 TC사의 경우 1차 연도에 글로벌최저한세소득이 1,000달러이고 최저한세율이 25%(=조정대상조세 250/최저한세소득 1,000)이다. 또한 하위그룹B의 경우 1차 연도에 글로벌최저한세소득이 1,000달러(=회계이익 900+제외지분손익 100)이고 최저한세율이 25%(=조정대상조세 250/최저한세소득 1,000)이다.

사례 비대칭외환손익

1.(사례 3.2.1(f)-1) A국에 있는 A사는 다국적기업그룹의 구성원이다. A사는 회계 및 세무 보고기간으로 역년을 적용한다. A사는 세무기능통화로 유로화를 사용하고 회계기능통화로 달러화를 사용한다. 1차년도 초에 A사는 액면가 1,000달러의 무이자채권을 보유하는데, 연초에 유로:달러 환율은1: $1이지만, 연말까지 유로가 달러에 대해 강세를 보여 환율은 1: $1.25이다. 유로채권의 가치하락(-200유로 = [1,000유로/1.25] - 1,000유로)은 A국 법에 따라 1차년도에 A국 과세소득을 계산할 때 공제금액으로 인정된다. 그러나 채권은 회계장부와 같은 통화로 표시되므로 A사 회계소득에는 변동이 없다. 아래 표는 1차년도 환율변동의 영향을 보여준다. 표 왼쪽에 현지세무목적상 A사 소득과 실효세율을 보여주고(유로 계산), 표 오른쪽에 회계목적상 동일한 계산을 보여준다.(달러 계산) 다른 소득과 A국 법인세는 연말환율 1: $1.25를 기준으로 환산한다.

세무기능통화 (유로)		회계기능통화 (달러)	
기타 소득	500	기타 소득	625
외환손익	(200)	외환손익	-
총소득	300	총소득	625
A국 법인세	60	A국 법인세	75
실효세율	20%	실효세율	12%

이 경우 유로의 강세로 유로로 환산하면 A사의 소득감소(그로 인한 법인세비용의 감소)가 발생하지만, 채권과 회계장부는 모두 같은 통화로 표시되므로 회계장부에는 채권에 대한 외환손실이 나타나지 않는다. 이에 따라, A사의 세무기능통화의 실효세율은 20%인 반면 회계기능통화의 실효세율은 12%(75/625)이다. 세무상 발생하는 외환손실은 회계기능통화와 세무기능통화의 환율변동에 기인한다. 따라서 이러한 손실은 비대칭외환손익에 해당한다. 세무상 인식되는 손실금

액은 해당환율(1: $1.25)로 달러로 환산해야 하며, A사의 회계상 순손익에 대한 차감조정으로 산입되어야 한다. 아래 표는 실효세율 계산에 비대칭외환손실을 포함하는 효과를 보여준다.

회계기능통화 (달러)	
기타 소득	625
비대칭외환손익의 조정	(250)
총소득	375
A국 법인세	(75)
실효세율	20%

2.(사례 3.2.1(f)-2) A국에 있는 A사는 다국적기업그룹의 구성원이다. A사는 회계 및 세무 보고기간으로 역년을 적용한다. A사는 세무기능통화로 유로를 사용하고 회계기능통화로 달러를 사용한다. 1차년도 초에 A사는 유로로 표시된 차입계약을 체결하고 1차년도 말에 500유로의 이자비용이 발생하며, 1차년도 유로:달러 환율이 1:1이기 때문에 연결재무제표에서 500달러의 이자비용으로 환산된다. 2차년도에 A사는 1차년도 말에 발생한 이자비용 500유로를 지불한다. 유로가 달러에 대해 강세를 보이고 환율이 1:1.25이기 때문에 재무회계에서 625달러로 환산된다. 미지급이자비용($500)과 지급금액($625)의 차이는 연결재무제표에 외환손실 또는 추가이자비용으로 반영된다. 그러나 세무상 차입과 이자비용은 세무기능통화인 유로로 표시되기 때문에 그 차이는 법인세손익으로 귀결되지 않는다. 아래 표는 1차년도부터 2차년도까지 환율변동 효과를 나타낸다. 표 왼쪽은 2차년도에 현지 법인세목적상 A사 소득과 실효세율을 나타내고(유로 계산), 표 오른쪽은 회계목적상 동일한 계산을 나타낸다.(달러 계산) 다른 소득과 법인세는 연말 환율 1:1.25를 기준으로 환산된다.

세무기능통화 (유로)		회계기능통화 (달러)	
기타 소득	1,000	기타 소득	1,250
외환손익	–	외환손익	(125)
총소득	1,000	총소득	1,125
A국 법인세	(200)	A국 법인세	(250)
실효세율	20%	실효세율	22.2%

이 경우, 유로의 강세로 인해 외환손실이나 달러조건으로 A사에 지급하는 이자의 증가가 초래되지만, 지급이자와 세무회계는 모두 같은 통화로 표시되므로 세무회계상 지급이자에 대해 A사에 외환손실이 없다. 따라서 A사의 실효세율은 세무회계상 계산하면 20%지만, 재무회계상 계산하면 22.2%(즉, 250/1,125)이다. 회계목적상 발생하는 외환손실은 세무기능통화와 회계기능통화의 환율변동에 기인한다. 따라서 이러한 손실은 비대칭외환손익에 해당한다. 회계목적상 인식되는 손실금액은 A사의 회계상 순손익에 가산조정으로 포함되어야 한다. 아래는 소득 및 실효세율 계산에 비대칭외환손실을 포함하는 효과를 보여준다.

회계기능통화 (달러)	
기타 소득	1,250
외환손익	(125)
비대칭외환손익의 조정	125
총소득	1,250
C국 법인세	(250)
실효세율	20%

3.(사례 3.2.1(f)-3) A국에 있는 A사는 다국적기업그룹의 구성원이다. A사는 회계 및 세무 보고기간으로 역년을 적용한다. A사는 세무기능통화로 유로를 사용하고 회계기능통화로 달러를 사용한다. 1차년도의 파운드:유로 환율은 1.1, 파운드:달러 환율은 1.8, 달러:유로 환율은 $1:0.61이다. 1차년도에 A사가 100파운드에 상품을 판매하여 현지 세무목적상 110유로의 수취채권과 회계목적상 180달러의 수취채권을 계상한다. 2차년도에 A사는 1차년도에 계상한 수취채권에 대해 100파운드를 받는다. 121유로와 198달러로 환산되는데, 이는 파운드가 강세를 보였기 때문으로 (i) 유로에 대해 환율이 £1:1.21; (ii) 달러에 대해 환율이 £1: $1.98 이다. (2차년도에 달러:유로 환율은 $1:0.61이다.) 파운드 강세로 세무상 11유로(= 121 - 110)의 이익을 계상하는데, A사는 세무회계상 110유로로 계상한 수취채권에 대해 121유로에 해당하는 파운드를 받았기 때문이다. 또한, 회계목적상 180달러로 기록된 수취채권에 대해 A사는 198달러 상당의 파운드를 받았기 때문에 회계상 이익은 18달러(=198 - 180)가 된다. 그러나 유로기준의 이익은 A국 법에 따라 A사의 과세소득을 계산할 때로 고려되지 않는다. 아래 표는 1차년도부터 2차년도까지 환율 변동효과를 나타낸다. 표 왼쪽은 2차년도에 현지 세무상 A사의 소득과 실효세율을 나타내고(유로 계산), 표 오른쪽은 회계상 동일한 계산(달러 계산)을 나타낸다. 다른 소득과 법인세는 연말환율 £1:1.21 및 £1: $1.98 기준으로 환산된다.

세무기능통화 (유로)		회계기능통화 (달러)	
기타 소득	200	기타 소득	328
외환손익	-	외환손익	18
총소득	200	총소득	346
A국 법인세	30	A국 법인세	
실효세율	15%	실효세율	

이 경우, 파운드 강세는 달러기준으로 A사 이익의 증가를 초래한다. 회계목적상 발생하는 외화차익은 A사의 제3통화(파운드)와 회계기능통화 간 환율변동에 기인한다. 따라서 이러한 차익은 비대칭외환손익에 해당한다. 그러므로 회계상 인식되는 차익은 A사의 회계상 순손익에 차감조정되어야 한다. 제3통화(파운드)와 A사의 세무기능통화의 환율변동에 기인하는 외화차익은 비대칭외환손익에 해당한다. 그 변동에 기인하는 손익이 A사의 과세소득에 포함되는지 여부에 관계없이 그러한 손익이 있을 경우 회계상 순손익을 조정해야 한다. 따라서 세무기능통화 관련이익을 회계기능통화로 환산하여 A사의 회계상 순손익에 가산조정으로 포함해야 한다. 아래 표는 실효세율 계산에서 비대칭외화차익 조정을 하는 효과를 보여준다.

회계기능통화 (달러)	
기타 소득	328
외환손익	18
비대칭외환손익의 조정 (c)	(18)
비대칭외환손익의 조정 (d)	18
총소득	346
A국 법인세	49
실효세율	14%

사례 ― 연금비용 계상액의 조정

1.(사례 3.2.1(i)–1) 이 사례는 구성기업의 연금비용에 대한 회계순손익의 조정을 예시한다. A사는 글로벌최저한세를 시행하는 A국에 소재한다. A사는 글로벌최저한세의 적용대상인 ABC그룹의 구성기업이다. A사는 직원들을 위해 연금기금을 설정했는데, 이 기금은 직원들의 퇴직급부를 관리하고 지급하기 위해 독자적으로 운영된다. A국은 15%의 법인세를 부과하고, A국의 세법에 따라 연금기금에 출연하는 과세연도에 연금부채의 공제가 허용되거나 또는 연금기금을 통해 관리되지 않는 연금급부의 경우 연금수급자에게 지급하는 때 연금부채의 공제가 허용된다.

1차년도에 A사는 회계상 100유로의 소득을 계상하며 20유로의 연금비용을 계상한다. 2차년도에 A사는 100유로의 소득을 계상하며 연금기금에 15유로를 적립한다. 1차년도에 A사는 100유로의 과세소득을 창출하며, 이로 인해 15유로의 법인세부채가 발생한다. A국 세무상 연금기금에 적립되지 않았기 때문에 회계상 연금비용의 계상은 무시된다. 연금기금에 적립되기 전까지 20유로의 연금부채는 세무상 손금산입할 수 없으며, 회계상 부채가 세무상 부채보다 20유로 많기 때문에 A사는 이연법인세자산 3유로(= 20×15%)를 계상하였다. 이러한 일시적 차이는 20유로를 연금기금에 적립하면 해소된다. 회계상 계상된 이연법인세자산 때문에 1차년도 A사의 법인세비용은 12유로(=15−3)이며, 회계상 실효세율은 15%(=법인세비용 12/세전소득 80)이다.

1차년도에 A사는 회계순손익 68유로(=소득 100−연금비용 20−법인세 12)를 계상한다. 글로벌최저한세 목적상, 연금부채는 회계연도 중 연금기금에 적립되는 경우에만 글로벌최저한세손익 계산에서 비용으로 인정된다. A사의 회계순손익은 다음 공식에 따라 조정되어야 한다: 글로벌최저한세조정=(회계연도 발생 소득 또는 비용+회계연도 지급액)×(−1); 발생소득 및 지급액은 양수 표시. 발생비용은 음수 표시.

1차년도 글로벌최저한세조정액은 +20유로[=(−20+0)×(−1)]이며, 이에 따라 글로벌최저한세소득은 100유로(=회계순손익 68+연금조정액 20+법인세비용 12)가 된다. A사가 회계상 이연법인세자산 3을 계상하였지만, 글로벌최저한세 조정후에 더 이상 법인세계산과 글로벌최저한세소득 사이에 일시적 차이가 없기 때문에, 이연법인세자산의 계상은 A사의 조정대상조세 산정목적상 무시된다. 이에 따라 A국에서 ABC그룹의 글로벌최저한세 실효세율은 15%(=조정대상조세 15/글로벌최저한세소득 100)이다. 아래 표는 1차년도에 대한 이 사례의 계산결과를 보여준다.

소득	발생 연금비용	적립 연금기금	과세소득	법인세부채
100	20	0	100	15

이연법인세자산	법인세비용	회계순손익	최저한세조정	최저한세소득
3	12	68	20	100

2차년도에, A사는 세전소득 100유로를 계상하고 연금기금에 15유로를 적립하지만, 회계장부에 연금비용을 0으로 계상한다. A사는 또한 연금비용에 대한 이연법인세자산을 3에서 0.75로 줄여 2.25의 이연법인세비용을 계상한다. 세무상 연금기금에 대한 15유로의 적립은 과세소득에서 공제가 허용되어 12.75유로의 법인세부채가 계상되므로 A사의 과세소득은 85유로이다. A사의 회계순손익은 85유로(=소득 100-법인세비용 12.75-이연법인세비용 2.25)이다. 연금비용은 위 산식에 따라 조정되어야 한다. 이에 따라 A사의 회계순손익에 -15유로[=(0+15)×(-1)]의 조정이 이루어지며, 그 결과 글로벌최저한세소득은 85유로(= 회계순손익 85-연금조정 15+법인세 12.75 + 이연법인세비용 2.25)가 된다. A사가 회계상 이연법인세자산을 2.25 감소시켰지만, 이연법인세자산의 변동은 A사의 조정대상조세 목적상 무시된다. 따라서 A국에서 ABC그룹의 글로벌최저한세 실효세율은 15%(조정대상조세 12.75/최저한세소득 85)이다. 아래 표는 2차년도에 대한 이 사례의 계산결과를 보여준다.

소득	발생 연금비용	적립 연금기금	과세소득	법인세부채
100	0	15	85	12.75

이연법인세자산	법인세비용	회계순손익	최저한세조정	최저한세소득
0.75	15	85	△15	85

2.(사례 3.2.1(i)-2) 다음을 제외하고, 사실관계는 사례 3.2.1(i)-1과 같다; a. 3차연도에 A사는 100의 소득을 계상한다. b. 연금기금에서 40유로의 수익이 발생하였다. c. 해당연도의 A사 연금부채는 10유로이다. d. A사는 이연법인세자산을 0.75 감소시켰다.

연금기금에서 발생한 이익으로 인해 A사는 1차년도에 계상한 연금비용에 기초하여 5유로를 더 이상 적립할 필요가 없기 때문에 이연법인세자산을 환입하며, 세액공제는 해당국의 연금기금 적립을 전제로 한다는 점에서 결과적으로 추가세액공제는 없다. A사의 3차연도 회계순손익은 연금수익 30유로를 소득으로 포함한다. 연금수익을 회계상 이연법인세에 반영하지 않으므로 기존 이연법인세자산의 환입으로 발생하는 이연법인세비용은 0.75유로뿐이다.

3차연도 회계상 30유로의 연금수익을 A국 세무상 고려하지 않으므로, A국의 과세소득은 100유로, 법인세부채는 15유로이다. A국의 회계순손익은 114.25유로(=소득 100+연금수익 30-법인세 15-이연법인세비용 0.75)이다.

회계순손익에 인식된 연금수익 또는 연금소득이 있는 경우에도, 다음 공식에 따라 3차연도에 A사 회계순손익에 대한 연금비용 계상액을 조정해야 한다; 글로벌최저한세조정=(회계연도 발생 소득 또는 비용 + 회계연도의 지급액)×(-1); 발생소득 및 지급액은 양수 표시. 발생비용은 음수 표시.

3차연도의 글로벌최저한세조정액은 −30유로(=(30+0)×−1)이며, 이에 따라 글로벌최저한세소득은 100유로(= 회계순손익 114.25−조정액 30 + 법인세 15 + 이연법인세비용 0.75)가 된다. A사가 회계상 이연법인세자산을 감소시켰지만, 이연법인세자산의 변동은 A사의 조정대상조세 목적상 무시된다. 따라서 A국에 대한 ABC그룹의 글로벌최저한세 실효세율은 15%(조정대상조세 15유로/최저한세소득 100유로)이다. 아래 표는 3차연도에 이 사례의 계산결과를 보여준다.

소득	발생 연금비용	연금초과수익	과세소득	법인세부채
100	0	30	100	15

이연법인세자산	법인세비용	회계순손익	최저한세조정	최저한세소득
0	15.75	114.25	△30	100

사례 국제거래의 정상거래조건

1.(사례 3.2.3 − 1) A국에 있는 A사와 B국에 있는 B사는 동일한 다국적기업그룹의 구성원들이다. A국 명목세율은 25%이며 B국은 해당 지역에 소재한 기업에 법인세를 부과하지 않는다. B사는 1차년도에 A사에 용역을 제공한다. A사 재무회계는 100의 비용을 계상하고 B사 재무회계는 100의 수익을 계상한다. 그러나 세무상 A사는 용역에 대해 150을 공제한다. 그룹 내 기업들 간 거래는 동일가격으로 정상거래원칙에 부합해야 한다. 이중과세 또는 이중비과세를 방지하기 위해 필요한 경우, 구성기업이 관계거래에 귀속되는 세무상 소득 또는 비용을 재무에 반영되는 금액과 다른 금액으로 청구할 때 회계상 순손익을 조정해야 한다. 이 사례에서, A사는 1차년도에 A국 세무신고에서 150의 비용과 1차년도 재무회계에 100의 비용을 보고했다. B사는 1차년도에 재무회계에 100의 소득을 보고했다. 그 결과, 다국적기업그룹의 소득 중 50은 A국에서 과세되지 않으며 B국의 추가세액 대상에서 제외된다. 이중비과세를 피하기 위해, A사가 1차년도 손익계산에 추가비용 50을 포함시키고, B사는 1차년도 손익계산에 추가소득 50을 포함해야 한다.

2.(사례 3.2.3 − 2) A사가 A국과 체결한 일방적 사전가격합의에 따라 A국 세무신고에서 B사 거래에서 발생한 80의 비용을 신고한 것을 제외하고, 사실관계는 사례 3.2.3−1과 같다. 이 사례에서 A사는 1차년도에 A국 세무신고에 80의 비용을, 1차년도의 재무회계에 100의 비용을 보고했다. B는 1차년도 재무회계에 100의 소득을 보고했다. 그 결과, A사는 20의 소득에 대해 A국에서 과세되며, 이는 B국에서 추가세액 과세대상이 된다. 이중과세를 피하기 위해, A사는 손익계산에서 비용을 20만큼 줄이고, B사는 손익계산에서 20을 적게 포함해야 한다.

3.(사례 3.2.3 − 3) B국 명목세율이 7.5%이고, B사는 B국과 체결한 일방적 사전가격합의에 따라 B국에서 A사 거래에서 얻은 소득 50을 신고한 것을 제외하고, 사실관계는 사례 3.2.3−1과 같다. 이 사례에서, B사는 B국 세무신고에서 소득 50을 1차년도에 보고하고, 1차년도 제무회계에 100의 소득을 보고했다. A사는 1차년도에 A국에서 세무신고와 재무회계에서 100의 비용을 보고했다. A사의 A국 과세소득에서 공제되고 B사의 B국 과세소득에서 제외된 소득 50은 B의 손익

에 포함되므로, B국의 추가세액 대상이 된다. B사 거주지국 세무처리에 맞게 조정하면 이중비과세가 발생할 수 있는데, 그 소득은 A국 과세대상이 아니거나 B국 추가세액에 노출되지 않기 때문이다. 따라서, A사나 B사의 손익에 조정을 해서는 안 된다.

사례 양도차익 5년 배분의 선택 (사례 3.2.6-1)

A사는 다국적기업그룹의 구성원이다. A사는 A국에 설립된 거주자로 현지에 유형자산을 보유한다. 3차년도에 A사는 현지 유형자산을 처분하여 25유로의 양도손실을 계상하였다. 5차년도에 A사는 나머지 현지 유형자산을 300유로에 처분했다. 5차년도에 처분된 유형자산의 장부가액은 100유로였다. 그 결과 5차년도에는 200유로의 양도차익이 실현되었다. A사는 5차년도 양도차익에 대해 이연선택을 하였다. A사는 5차년도의 유형자산 처분에 의해 양도차익 200유로를 실현했다. A사는 3차년도에 25유로의 양도차손을 계상하였으므로, A사는 먼저 3차년도에 양도차익 25유로를 배분해야 한다. 선택연도의 양도차익을 가장 최근의 손실연도로 이월하여 양도차손과 상계해야 하기 때문이다. 그 다음, A사는 나머지 175유로를 전년도 4개 회계연도 및 선택연도로 구성된 소급기간에 걸쳐 균등하게 배분해야 한다. 따라서 소급기간의 매 회계연도에 35유로의 이월액이 발생하는 결과가 된다. A사의 손익, 실효세율 및 추가세액은 각 연도에 배분된 총양도차익을 포함하여 소급기간의 각 회계연도에 대해 재계산해야 한다. 소급기간 5년에 걸친 총양도차익의 배분은 다음과 같이 요약할 수 있다.

총 양도차익	1차년도	2차년도	3차년도	4차년도	5차년도
200유로	35유로	35유로	60유로	35유로	35유로

사례 그룹내부금융

1. 그룹내부금융에 대한 특례 (사례 3.2.7-1)

A사는 10%의 법인세율을 적용하는 A국에 있는 구성기업이다. B사는 법인세율이 30%인 B국에 있는 동일 다국적기업그룹의 구성기업이다. 다음 설명된 거래 이전에 다국적기업그룹에 대한 A국 실효세율은 10%, B국은 30%이다; A사는 현금을 받고(A사가 B사로부터 차입) B사에게 이자부증권을 발행하며, 이는 회계상 채무로 취급되지만 A국 및 B국 모두 세무상 자본으로 취급한다. 그 결과, 금융상품에 대한 지급액은 A사 손익을 감소시키지만, A사의 A국 법인세부채는 감소시키지 않는다. 이는 이자지급액이 회계상 손익에 포함되지만, A국 및 B국 세무상 배당은 손익에 포함되지 않기 때문이다. 마찬가지로, 금융상품에 대한 지급액은 B사의 손익을 증가시키지만, B사의 B국 법인세부채는 증가시키지 않는다. 증권의 발행으로, A국 실효세율이 증가하고 B국 실효세율이 감소한다. 이 약정이 그룹 내 자금조달약정인지 여부를 판단하기 위해 분석해야 한다. 그룹 내 자금조달약정이란 다국적기업그룹의 2인 이상 구성원들 간에 체결된 약정으로, 고율과세 상대방이 직접 또는 간접으로 저율과세기업에게 신용을 제공하거나 그 밖의 방법으로 자금을 제공하는 것을 말한다. 고율과세 상대방이란 저율과세국이 아닌 관할국에 소재하는 구성기

업 또는 그룹 내 자금조달에 대해 발생한 수입 또는 비용을 고려하지 않고 실효세율을 결정할 경우 저율과세국이 아닌 관할국에 소재하는 구성기업을 말한다. 저율과세국은 다국적기업그룹이 소득을 계상하고 해당기간에 최저한세율보다 낮은 실효세율을 적용받는 관할국을 말한다. 이 거래에도 불구하고, 30%의 실효세율은 최저한세율을 초과하여 저율과세국에 소재하지 않으므로, B사는 고율과세 상대방이다. B사는 고율과세 상대방이므로, A사가 저율과세기업인지 여부를 판단해야 한다. 저율과세기업이란 저율과세국(또는 저율과세가 의심되는 국가)에 있는 구성기업을 말한다. 이 거래에도 불구하고, A사의 실효세율은 10%로 최저한세율보다 낮으므로 A사는 저율과세구성기업이다.

분석의 마지막 단계는 약정의 예정기간에 걸쳐 다음 사항을 합리적으로 예상할 수 있는지를 판단하는 것이다: a. 이 약정으로 저율과세기업(A사)의 손익을 계산할 때 고려되는 비용이 증가하며; b. 그에 상응하여 고율과세 상대방(B사)의 과세소득이 증가하지 않는다.

B사와 A사 사이에 발행된 금융상품은 회계상 이자부채무로 취급되기 때문에 A사의 손익계산 시 고려되는 비용이 증가하여 첫째 요건을 충족한다. B사와 A사 사이에 발행된 증권은 B국에서 세무상 자본으로 취급되며, 이에 따라 B국에서 B사의 과세소득이 증가하지 않으므로 둘째 요건도 충족된다. 요건을 모두 충족하므로 B사와 A사 사이에 발행된 증권에 대한 이자비용은 A사의 손익계산에서 제외한다.

2. 그룹내부금융 및 저율과세기업 실효세율 증가를 위한 법인세 특례 (사례 3.2.7 - 2)

A사와 B사 사이에 발행된 증권이 A국 및 B국에서 세무상 채무로 취급되는 것을 제외하고, 사실관계는 사례 1과 같다. 증권이 발행될 때 A사는 차입이 아주 많아서 A국 세무상 추가이자비용을 공제할 수 없다. B사 또한 차입이 아주 많아서 B국 세무상 공제가 부인된 이자비용이 이월되어 A사와 B사 간에 발행된 금융상품에 대한 이자수익을 상계하기에 충분하다. A사가 계상한 이자비용은 위 1의 a 요건을 충족시키는데, 그 이자비용은 A사의 손익을 계산할 때 고려되는 비용을 증가시키기 때문이다. B사의 과세소득이 A사의 이자비용에 비례하여 증가하지 않으므로, 위 b 요건도 충족한다. 이는 B사의 초과이자비용 이월액을 고려할 때 A사로부터 받은 이자소득과 관련하여 B국 과세소득이 거의 증가하지 않기 때문이다. 사례 1과 같이 요건이 모두 충족되므로, A사와 B사 간에 발행된 금융상품에 대한 이자비용은 A사의 손익계산에서 제외된다.

(2) 최종모기업회계기준을 사용하지 않는 경우 인정회계기준 등

최종모기업의 연결재무제표를 작성하는 데 사용되는 "최종모기업회계기준"에 따라 구성기업의 회계상 순손익을 산정하기 어려운 경우로서 아래 1호의 요건을 갖춘 경우에는 최종모기업회계기준이 아닌 "인정회계기준" 또는 "공인회계기준"을 사용하여 해당 구성기업의 회계상 순손익을 산정할 수 있다.(국조법 §66 ②)

1. 다음 요건을 모두 갖춘 경우(국조령 §105 ①)
   ㉮ 회계가 인정회계기준 또는 공인회계기준에 따라 기록되고 관리될 것
   ㉯ 회계에 포함된 정보를 신뢰할 수 있을 것
   ㉰ 수익, 비용 또는 거래 항목에 대하여 인정회계기준 또는 공인회계기준을 적용한 결과와 최종모기업회계기준을 적용한 결과를 비교하였을 때 1백만유로를 넘는 영구적 차이가 발생하는 경우 해당 항목에 대해서는 최종모기업회계기준을 적용하여 처리할 것
2. 인정회계기준 또는 공인회계기준(국조령 §105 ②, 국조칙 §64)
   ㉮ 인정회계기준: 국제회계기준 및 한국, 뉴질랜드, 러시아, 멕시코, 미국, 브라질, 스위스, 싱가포르, 영국, 유럽경제지역 회원국, 유럽연합 회원국, 인도, 일본, 중국, 캐나다, 호주, 홍콩의 일반적으로 인정된 회계원칙
   ㉯ 공인회계기준 : 재무보고 목적의 회계기준을 제시, 수립 또는 채택할 수 있는 권한이 있는 공인회계기구에 의해 승인된 회계원칙

(3) 국제해운손익 및 국제해운부수손익의 제외

구성기업의 회계상 순손익에 포함된 국제항행 선박을 통한 여객 또는 화물의 운송 소득 등의 국제해운손익과 국제항행 선박을 통한 여객 또는 화물의 운송과 관련하여 수행하는 활동에서 발생하는 적격국제해운부수손익은 해당 구성기업의 글로벌최저한세손익의 계산에서 제외한다.(국조법 §66 ③) 이 경우, 구성기업은 국제해운손익 및 적격국제해운부수손익을 제외하려면 해당 손익과 관련하여 다음 활동이 해당 구성기업의 소재지국에서 실효적으로 수행되었음을 소명해야 한다.(국조칙 §65 ②)

1. 전략적 관리활동: 주요 자본투자, 자산처분, 주요계약체결, 전략적 제휴 및 공동운항계약에 관한 합의, 해외 지점의 관리 등에 관한 의사결정
2. 운영상관리활동: 노선계획, 화물여객의 예약접수, 보험, 자금조달, 인력관리 및 교육, 보급 등의 관리활동

① 국제해운손익

국제해운손익이란 다음 어느 하나에 해당하는 "국제해운사업"을 영위함에 따라 발생하는 구성기업의 순손익을 말한다. 다만, 선박의 운송활동(여객 또는 화물을 운송하는 활동)이 같은 국가의 내륙수로에서 이루어지는 경우 이에 따라 발생하는 순손익은 제외한다.(국조령 §106 ①)

1. 구성기업이 소유 또는 임차하거나 처분 권한을 가진 국제항행 선박을 통한 운송활동
2. 일부용선 계약에 따른 국제항행 선박의 운송활동
3. 국제항행 운송활동에 사용될 선박(선박장비, 선원 및 선용품 포함)의 임대
4. 다른 구성기업에 국제항행 운송활동에 사용될 선박을 나용선으로 임대
5. 국제항행 선박의 운송활동을 위한 공동운항, 공동사업 또는 국제해운기구 참여
6. 국제항행 운송활동에 사용된 선박으로서 구성기업이 1년 이상 보유한 선박의 매각

② 적격국제해운부수손익

적격국제해운부수손익이란 국제항행 운송활동과 관련하여 수행되는 다음 어느 하나에 해당하는 활동에서 발생하는 순손익을 말한다. 다만, 한 국가에 소재한 구성기업의 적격국제해운부수손익의 합계가 국제해운손익 합계의 50%를 초과하는 경우에는 그 초과금액을 순손익에서 제외한다. 이 경우 순손익에서 제외되는 금액은 각 구성기업의 적격국제해운부수손익에 비례하여 해당 구성기업의 글로벌최저한세손익의 계산에 포함한다.(국조령 §106 ② · ③)

1. 구성기업 외의 해운기업에 대한 나용선 임대(용선기간이 3년을 초과하지 않는 경우로 한정)
2. 국제항행 여정의 국내 구간을 항행하는 다른 해운기업이 발권하는 표의 판매
3. 컨테이너 임대(반납지연에 따른 지체료 포함) 및 통상 5일 이하의 단기 보관
4. 엔지니어, 유지보수 인력, 화물 처리 인력, 급식서비스 인력 및 고객서비스 인력이 다른 해운기업에 제공하는 서비스
5. 국제해운사업의 영위를 위한 필수적인 투자(국제해운사업 영위에 필요한 예금 또는 단기 운전자금의 운용, 법률상 요구되는 보증채권의 위탁 등을 포함하고, 다른 구성기업을 위한 자금흐름관리 및 재무관리는 제외)

③ 국제해운사업 및 국제해운부수활동 순손익 계산

국제해운사업 또는 국제해운부수활동에서의 순손익은 해당 국제해운사업 또는 해당 국제해운부수활동에서의 매출액에서 각각 다음 비용을 공제한 금액으로 한다.(국조칙 §65 ①) 아래 비용은 구성기업의 글로벌최저한세손익을 계산할 때 차감조정되는 비용(국조법 §66 ①)에서 제외한다.

1. 해당 국제해운사업 또는 적격국제해운부수활동과 직접적으로 관련된 비용
2. 해당 국제해운사업 또는 적격국제해운부수활동과 간접적으로 관련된 비용(해당 국제해운사업과 그 외의 사업이나 활동 또는 해당 국제해운부수활동과 그 외의 사업이나 활동에 각각 공통적으로 관련된 비용)으로서 전체 매출액에서 해당 국제해운사업 또는 해당 국제해운부수활동에서의 매출액이 차지하는 비율에 따라 배분되는 비용

사 례 · 국제해운소득

1. 국제해운소득 및 국제해운부수소득의 제외 (사례 3.3.1 - 1)

이 사례에서 국제해운소득 및 국제해운부수소득의 제외가 어떻게 이루어지는지 예시한다. 구성기업의 회계상 순이익을 200유로로 가정한다. 이 구성기업은 제외되지 않는 활동을 수행함으로써 얻은 60유로의 소득이 있다. 또한 이 구성기업은 국제해운소득 100유로, 국제해운부수소득 40유로가 있다. 국제해운소득과 국제해운부수소득의 제외 이외의 다른 조정은 구성기업의 소득을 계산하는 데 필요하지 않다. 결과적으로 구성기업의 소득은 60유로(=200-(100+40))이다. 그에 따른 조정을 다음 표에서 보여준다.

구성기업의 소득계산	소득금액
[A] 회계 손익	200
[B] 소득 (운송소득 이외)	60
[C] 국제해운소득	100
[D] 국제해운부수소득	40
[E] 차감조정= [C+D]	140
글로벌최저한세소득 = [A]-[E]	60

2. 국제해운부수소득이 한도를 초과하는 경우 국제해운소득 및 국제해운부수소득의 제외 (사례 3.3.1 - 2)

이 사례에서, 국제해운부수소득이 한도를 초과하는 경우 국제해운소득 및 국제해운부수소득의 제외가 어떻게 이루어지는지 예시한다. 제외되지 않는 활동을 수행함으로써 발생하는 소득이 40유로이고 국제해운부수소득이 60유로라는 점을 제외하고, 사실관계는 사례 3.3.1 - 1과 같다. 관할국에 소재하는 모든 구성기업 국제해운부수소득의 합계가 그 구성기업들 국제해운소득의 50%를 넘지 않아야 한다. 따라서, 이 사례에서 국제해운부수소득의 총액은 50유로로 제한된다. 결과적으로 구성기업의 소득은 50유로(=200-(100+50))이다. 그에 따른 조정을 다음 표에서 보여준다.

구성기업의 소득계산	소득금액
[A] 회계 손익	200
[B] 소득 (운송소득 이외)	40
[C] 국제해운소득	100
[D] 국제해운부수소득	60
[D'] [D]를 50%×[C]로 제한	(10)
[E] 차감조정= [C+D+D']	150
글로벌최저한세소득 = [A]-[E]	50

3. 국제해운손실 및 국제해운부수손실의 제외 (사례 3.3.1 - 3)

이 사례에서 국제해운소득 및 국제해운부수소득의 제외금액이 부수(즉, 손실 발생)일 때 어떻게 적용하는지 예시한다. 구성기업이 국제해운소득에 포함되지 않는 활동을 수행함으로써 얻은 360유로의 소득이 있으며, 100유로의 국제해운손실과 60유로의 국제해운부수손실을 계상한다는 점을 제외하고, 사례 3.3.1-1과 같다. 구성기업의 재무상 순이익은 200유로이지만, 구성기업의 소득은 360유로(=200-(-100-60)=200+160)이다. 이에 따른 조정을 다음 표에서 보여준다.

구성기업의 소득계산	소득금액
[A] 회계 손익	200
[B] 소득 (운송소득 이외)	360
[C] 국제해운소득	(100)
[D] 국제해운부수소득	(60)
[E] 차감조정= [C+D]	(160)
글로벌최저한세소득 = [A]-[E]	360

(4) 고정사업장의 회계상 순손익

① 고정사업장의 회계상 순손익의 계산

구성기업인 고정사업장의 회계상 순손익은 해당 고정사업장의 별도 회계상 순손익을 말하며, 해당 고정사업장의 별도 회계가 없는 때에는 최종모기업회계기준에 따라 별도 회계를 기록 및 관리하였음을 가정할 경우의 회계상 순손익을 말한다. 이 경우, 고정사업장의 회계상 순손익은 다음 구분에 따른 조약 또는 세법에서 정하는 바에 따라 해당 고정사업장에 귀속되어야 할 수익 및 비용만을 반영하여 계산한다.(국조법 §66 ④, 국조령 §107 ①)

1. (제1형~제3형) 고정사업장의 회계상 순손익
   ㉮ (제1형) 유효한 조세조약에 따라 인정되고 과세되는 고정사업장: 해당 고정사업장 소재지국과 본점 소재지국 간의 유효한 조세조약
   ㉯ (제2형) 유효한 조세조약이 없지만 소재지국 세법상 거주자 과세방법과 유사한 방법으로 과세되는 고정사업장 : 고정사업장 소재지국의 세법
   ㉰ (제3형) 소재지국 세법상 과세하지 않지만 OECD표준조세조약에 따라 소재지국이 과세권을 갖는 고정사업장: OECD표준조세조약 제7조(사업소득)에 따른 계산 방법
2. (제4형) 소재지국이 그 귀속소득에 대해 과세하지 않는 고정사업장: (본점 소재지국에서 과세되지 않는 수익으로서 그 소재지국 밖에서 수행하는 활동에 귀속되는 수익) — (본점 소재지국에서 세무상 공제되지 않는 비용으로서 그 소재지국 밖에서 수행하는 활동에 귀속되는 비용)

② 본점의 글로벌최저한세손익에 예외적으로 포함되는 경우

고정사업장의 회계상 순손익은 해당 고정사업장 본점의 글로벌최저한세손익 계산에는 포함하지 않는다. 다만, 다음 경우에는 고정사업장 본점의 글로벌최저한세손익에 포함하여 계산한다.(국조법 §66 ⑤, 국조령 §66 ⑤)

1. 고정사업장의 결손이 해당 고정사업장 본점의 국내 과세소득 산정에서 손금으로 산입되고, 고정사업장의 결손이 해당 고정사업장 소재지국 및 해당 고정사업장 본점 소재지국의 세법에 따라 과세대상 소득과 상계되지 않는 경우 : 그 결손은 본점의 글로벌최저한세손익의 계산에서 비용으로 공제한다.
2. 위 1호에 따라 고정사업장의 결손이 해당 고정사업장 본점의 글로벌최저한세손익의 계산에서 손금으로 산입된 후의 사업연도에 해당 고정사업장에서 글로벌최저한세소득이 발생하는 경우 : 이전 사업연도에 해당 고정사업장의 결손이 본점의 손금으로 산입된 금액을 한도로 해당 고정사업장의 소득을 해당 고정사업장 본점의 글로벌최저한세손익의 계산에 포함한다.

(5) 투과기업의 회계상 순손익

① 투과기업의 사업이 고정사업장을 통해 수행되는 경우

구성기업인 투과기업의 회계상 순손익은 해당 투과기업의 사업 전부 또는 일부가 고정사업장을 통해 수행되는 경우 해당 고정사업장에 배분하고, 그 배분 후 남는 순손익은 다음 구분에 따라 배분한다.(국조법 §66 ⑥, 국조령 §108 ①)

1. 투과기업이 그 주주구성기업 중 다음 어느 하나에 해당하는 "적격지분보유자"의 소재지국에서 과세상 투시되는 "투시과세기업"으로서 최종모기업인 경우: 해당 투과기업에 배분. "투시과세기업"이란 투과기업의 소유지분에 귀속되는 소득이 그 소유자가 소재하는 국가에서 과세되는 기업을 말한다.(국조법 §79 ① 괄호)
   ㉮ 해당 투과기업의 소유지분을 직접 보유하는 구성기업으로서 투과기업이 아닌 기업
   ㉯ 해당 투과기업의 소유지분을 다른 투과기업을 통하여 간접 보유하는 구성기업으로서 투과기업이 아닌 기업
   ㉰ 최종모기업(해당 투과기업의 소유지분을 직접 또는 간접으로 보유하는 구성기업이 전부 투과기업인 경우로 한정)
2. 투과기업이 투시과세기업으로서 최종모기업이 아닌 경우: 적격지분보유자가 보유하는 소유지분에 따라 적격지분보유자에게 배분
3. 투과기업이 적격지분보유자의 소재지국에서 과세상 투시되지 않는 "역혼성기업"인 경우: 해당 투과기업에 배분

위 경우, 해당 투과기업이 투시과세기업 또는 역혼성기업에 해당하는지 여부는 그 투과기업의 적격지분보유자별로 판단한다. 다만, 해당 투과기업이 실질적 관리장소 또는 설립 장소나 이와 유사한 기준에 따라 어느 국가에서도 과세상 거주자・내국법인(해당 국가 내의 원천으로부터 발생한 소득에 대해서만 그 국가에서 납세할 의무가 있는 경우는 제외)에 해당하지 않고, 그 소득 또는 이익에 대해 그 다른 국가에서 대상조세 또는 적격소재국추가세액이 과세되지 않는 기업으로서 다음 요건을 모두 충족하는 경우에는 그 범위

에서 투시과세기업으로 본다.(국조령 §108 ②)

1. 해당 투과기업이 그 적격지분보유자의 소재지국에서 과세상 투시될 것
2. 해당 투과기업이 소재하는 국가에 사업장을 가지지 않을 것
3. 해당 투과기업의 수입, 비용, 이익 또는 손실이 고정사업장에 귀속되지 않을 것

② 제삼자가 보유하는 투과기업 소유지분에 귀속되는 회계상 순손익

같은 다국적기업그룹에 속하지 않는 자가 직접 또는 하나 이상의 투시과세기업(해당 투과기업과 같은 다국적기업그룹에 속하는 기업으로 한정)을 통하여 간접으로 투과기업의 소유지분을 보유하는 경우 그 소유지분에 귀속되는 회계상 순손익은 배분되는 회계상 순손익에서 제외한다.(국조령 §108 ③)

다만, 해당 투과기업이 최종모기업인 경우에는, 투과기업인 최종모기업이 직접 또는 하나 이상의 투시과세기업을 통하여 간접으로 해당 투과기업의 소유지분을 보유하는 기업인 경우에는 최종모기업을 통하여 간접으로 해당 투과기업의 소유지분을 보유하는 범위에서 회계상 순손익에서 제외하지 않는다. 이 경우 글로벌최저한세손익의 계산에 관하여는 배당공제제도특례(국조법 §77의2 ②)에 따른다.(국조령 §108 ④)

2.2 조정대상조세 계산

(1) 조정대상조세

구성기업의 각 사업연도 조정대상조세는 해당 사업연도 구성기업의 소득 또는 이익에 부과되는 "대상조세"에 조정사항을 가산하거나 차감하여 계산한다. 이 경우 고정사업장의 소득과 다른 구성기업으로부터 받은 배당소득 등과 관련된 대상조세, 그 밖에 다른 구성기업등에 배분할 필요성이 인정되는 대상조세는 다른 구성기업 및 해당 사업연도 구성기업이 보유한 소유지분 등을 고려하여 다른 구성기업등에 배분한다.(국조법 §67 ①)

① 대상조세

"대상조세"란 다음을 말한다.(국조령 §109 ①)

1. 해당 구성기업의 소득 또는 이익에 대하여 부과되는 세금
2. 해당 구성기업이 소유지분을 보유한 다른 구성기업의 소득이나 이익 중 그 소유지분비율에 해당하는 금액에 대하여 부과되는 세금.
   ㉮ 투시과세기업의 미분배손익 중 구성기업의 소유지분비율에 해당하는 금액에 대하여 부과되는 세금

㉯ 피지배외국법인과세제도에 따라 구성기업에게 부과되는 세금
㉰ 다른 구성기업으로부터 분배받은 배당에 대하여 부과되는 세금
3. 적격분배과세제도(국조법 §78 ①)를 적용받는 구성기업이 분배하는 금액(분배하는 것으로 간주되는 금액 포함) 또는 지출하는 업무무관비용에 대하여 부과되는 세금
4. 일반적으로 적용되는 법인세에 대신하여 부과되는 다음 세금(국조칙 §66)
㉮ 구성기업이 지급받는 이자, 임차료, 사용료 등에 대한 원천징수세액. 이에는 원천지국 세법에 따라 부과되는 원천징수세액을 포함한다.
㉯ 구성기업의 소재지국의 법에 따라 소득이나 이익이 아닌 "대체과세표준"을 기준으로 부과되는 세금. 이에는 대체과세표준을 기준으로 지방정부에서 부과하는 세금으로서 해당 국가의 중앙정부가 부과하는 일반적으로 적용되는 법인세에서 공제되는 것을 포함한다.
5. 이익잉여금 및 자본과 관련하여 부과되는 세금(소득 및 자본에 기초한 복수의 구성요소에 대한 세금을 포함). 이 경우 소득 및 자본 외의 요소에 대한 세금부분은 제외하되, 소득 및 자본 요소에 해당하는 부분과 그 외의 부분이 구분이 불가능한 경우에는 관련 세금전액을 대상조세로 본다.

② 대상조세에서 제외하는 금액

대상조세는 다음 어느 하나에 해당하는 금액을 제외한다.(국조령 §109 ②)

1. 구성기업이 부담하는 적격소재지국추가세액(국조법 §70 ⑤)
2. 적격소득산입규칙(국조법 §72 ④ 1호)에 따라 모기업이 부담하는 추가세액
3. 적격소득산입보완규칙(국조법 §73 ③ 1호)에 따라 구성기업이 부담하는 추가세액
4. 구성기업이 지급하는 배당의 원천이 되는 소득에 대하여 해당 구성기업이 납부하는 "비적격환급가능귀속세액"으로서 해당 배당의 수익적 소유자에게 환급되거나 수익적 소유자의 해당 배당에 대한 세금 외의 세금에서 공제될 수 있고, 해당 구성기업이 배당을 지급할 때 그 구성기업에 환급 가능한 것. 다만 다음 어느 하나에 해당하는 적격귀속세액은 제외한다.(국조칙 §67)
㉮ 해당 구성기업에 대하여 귀속세액을 부과한 국가가 아닌 다른 국가가 외국납부세액공제제도에 따라 환급하거나 세액공제하는 경우
㉯ 해당 구성기업에 대하여 귀속세액을 부과한 국가의 국내법에 따라 해당 배당이 그 실질귀속자에게 최저한세율 이상의 명목세율로 과세되는 경우
㉰ 해당 배당의 실질귀속자가 해당 구성기업에게 귀속세액을 부과한 국가의 세무상 거주자인 개인으로서 해당 배당이 그 개인에게 일반적 소득으로 과세되는 경우
㉱ 해당 구성기업이 납부하는 세액이 해당 배당의 실질귀속자인 정부기관, 국제기구, 거주자인 비영리기구, 거주자인 연금펀드, 거주자이고 그룹구성원이 아닌 투자기업, 거주자인 생명보험회사(연금펀드 사업과 관련하여 해당 배당을 수취하고 연금펀드가 수취한 배당이 과세되는 방식과 유사한 방식으로 과세되는 범위에 한정)에게 환급되거나 세액공제되는 경우. 이 경우 비영리기구나 연금펀드는 설립되고 관리되는 국가의 거주자로 보고, 투자기업은 설립되고 감독받는 국가의 거주자로 보며, 생명보험회사는 그 소재지국의 거주자로 본다.
5. 보험계약자에 귀속되는 수익에 대해 보험회사가 납부하는 세금

③ 구성기업 간 대상조세의 배분

㉮ 구성기업의 대상조세 배분

다음 각 구분에 따른 구성기업의 대상조세는 해당 구분에서 정하는 다른 구성기업, 공동기업 또는 공동기업자회사에 배분한다.(국조령 §111 ①) 조정대상조세를 계산할 때에는 같은 대상조세를 서로 다른 구성기업이 중복하여 산입할 수 없다.(국조령 §109 ③)

① 본점인 구성기업의 회계상 계상된 대상조세로서 고정사업장의 글로벌최저한세손익에 귀속되는 것 : 해당 고정사업장에 배분. 이 경우 고정사업장에 배분할 본점의 대상조세는 다음 순서에 따라 산정한다.

㉮ 본점의 글로벌최저한세손익에 포함된 "고정사업장의 글로벌최저한세손익"을 본점 소재지국의 법률에 따라 산정한다.

㉯ 고정사업장 귀속 대상조세가 해당 고정사업장의 글로벌최저한세손익에 대하여 본점 소재지국의 세법에 따라 허용된 외국납부세액공제금액을 초과하는 경우에 그 초과금액은 해당 고정사업장에 배분한다.

② 투시과세기업의 회계상 계상된 대상조세 또는 피지배외국법인인 투시과세기업에 배분된 대상조세로서 적격지분보유자에게 귀속되는 글로벌최저한세손익에 대응되는 것: 해당 적격지분보유자에게 배분

③ 혼성기업(해당 기업의 소유지분을 직간접으로 보유하는 자의 소재지국에서 과세상 투시되는 기업으로서, 해당 기업이 소재하는 국가에서 과세되는 기업 또는 해당 기업에 대한 법인세제가 없는 국가에 소재하면서 투시과세기업이 아닌 기업)이 얻은 소득에 대한 대상조세로서 그 주주구성기업의 회계상 계상된 것: 해당 혼성기업에 배분

④ 역혼성기업이 얻은 소득에 대한 대상조세로서 적격지분보유자의 소유지분을 직간접으로 보유하는 구성기업의 회계상 계상된 것: 해당 역혼성기업에 배분

⑤ 사업연도 중에 다른 구성기업, 공동기업 또는 공동기업자회사로부터 받는 배당(주주구성기업의 소재지국의 세법상 배당으로 간주하는 것 포함)에 대한 대상조세로서 해당 배당을 지급하는 다른 구성기업, 공동기업 또는 공동기업자회사의 소유지분을 직접 보유한 주주구성기업의 회계상 계상된 것 : 해당 배당을 분배하는 구성기업, 공동기업 또는 공동기업자회사에 배분

⑥ 다음 어느 하나에 해당하는 과세제도의 적용에 따라 주주구성기업이 납부하는 대상조세: 해당 대상조세에 대응되는 소득을 얻은 피지배외국법인(주주가 소유지분을 직간접으로 보유하는 외국에 소재하는 기업)에 배분. 다만, 아래 ㉯의 과세제도의 적용에 따라 납부하는 대상조세는 2025.12.31. 이전에 개시하고 2027.6.30. 이전에 종료하는 각 사업연도의 소득 또는 이익에 부과되는 대상조세에 한정하여 배분한다.

㉮ 피지배외국법인의 소득 중 그 소유지분에 상응하는 금액에 대한 대상조세를 그 주주가 납부하는 "피지배외국법인과세제도"(특정외국법인의 유보소득 배당간주제도 포함)

㉯ 전 세계에 소재하는 피지배외국법인의 소유지분 중 주주가 보유하는 소유지분에 귀속되는 소득과 결손을 모두 통산하고 피지배외국법인이 납부하는 세액(그 주주의 소재지국에서 세액공제의 대상이 되는 것) 중 주주가 보유하는 소유지분에 귀속되는 세액을 모두 합산하여

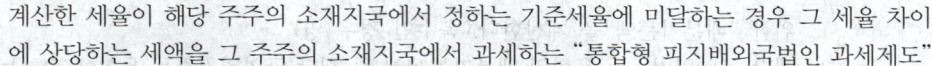

계산한 세율이 해당 주주의 소재지국에서 정하는 기준세율에 미달하는 경우 그 세율 차이에 상당하는 세액을 그 주주의 소재지국에서 과세하는 "통합형 피지배외국법인 과세제도"

⑦ 고정사업장의 글로벌최저한세손익이 해당 고정사업장 본점의 글로벌최저한세손익에 포함되는 경우(국조법 §66 ⑤ 단서, 국조령 §107 ②·③) 해당 고정사업장이 그 소득과 관련하여 해당 고정사업장의 소재지국에 납부하는 대상조세: 해당 고정사업장 본점에 배분. 고정사업장 본점에 배분하는 대상조세는 해당 고정사업장의 소득금액에 대해 본점의 소재지국에서 일반적 소득에 대해 적용하는 법인세 최고세율을 곱한 금액을 한도로 한다.(국조칙 §70의4)

⑧ 구성기업의 소재지국이 일괄한도 외국납부세액공제제도(구성기업 소재지국의 세법상 외국납부세액공제 금액의 한도를 계산함에 있어서 국외원천소득으로 간주되는 소득에 대해 외국에서 납부하거나 납부할 것이 있는 세액을 납부된 국가별로 구분하지 아니하고 해당 사업연도의 해당 구성기업의 법인세액에서 공제)를 채택하는 경우 해당 구성기업이 국외원천소득과 관련하여 해당 구성기업의 소재지국에 납부하는 대상조세: 해당 구성기업과 같은 다국적기업그룹에 속하는 다른 구성기업, 공동기업 또는 공동기업자회사에 배분(국조칙 §70 ① 별표2)

1. 고정사업장 본점 또는 주주구성기업에게 일괄한도외국납부세액공제가 국외원천소득 유형별로 적용되는 경우 대상조세 중 당기법인세비용의 배분금액은 일괄한도외국납부세액공제가 적용되는 국외원천소득 유형별로 다음 순서에 따라 산정한다.

가. 해당 국외원천소득 유형에 속하는 다음의 국외원천소득금액을 각각 계산한다.

1) 고정사업장, 피지배외국법인, 혼성기업 또는 역혼성기업(고정사업장등의 국외원천소득금액)

2) 다른 국가에 소재한 기업으로부터 수취한 국외원천배당금액(해당 구성기업 소재지국의 세법상 간접외국납부세액공제가 허용되는 경우에는 해당 배당금액에 해당 외국납부세액을 포함한 금액)

3) 해당 구성기업이 직접수취국외원천소득금액(배당 제외)

나. 해당 국외원천소득 유형의 국외원천소득금액에 대한 "배분가능세액"을 다음 계산식에 따라 계산한다. 이 경우 조정당기법인세비용이 영이거나 음수인 때에는 모든 배분가능세액이 없는 것으로 보며, 해당 배분가능세액이 음수로 산정되는 때에는 해당 배분가능세액이 없는 것으로 본다.

배분가능세액 = A − B − C − D

A: 조정당기법인세비용

B: 조정당기법인세비용 중 아래 4호 나에 따른 조정국내원천소득금액에 귀속되는 금액(음수인 경우 영)

C: 조정당기법인세비용 중 통합형피지배외국법인과세제도에 따라 발생한 금액

D: 조정당기법인세비용 중 해당 국외원천소득 유형 외 각 국외원천소득 유형의 국외원천소득금액에 귀속되는 금액(음수인 경우 영)의 합계

다. 해당 국외원천소득 유형의 배분가능세액을 해당 유형에 속하는 고정사업장등의 각 국외원천소득금액, 각 국외원천배당금액 또는 각 직접수취국외원천소득금액에 배분하기

위한 "배분기준액"을 계산한다.(음수인 경우 영)

라. 해당 국외원천소득 유형의 배분가능세액 중 해당 국외원천소득 유형에 속하는 국외원천소득이 있는 고정사업장등, 배당을 지급하는 기업 또는 해당 구성기업에 배분할 "배분금액"을 다음 계산식에 따라 계산한다. 이 경우 해당 구성기업의 글로벌최저한세손익에 포함되지 않는 국외원천소득과 관련된 배분금액으로서 구성기업 및 공동기업등에 해당하지 않는 "글로벌최저한세 비적용기업"에 배분되는 것으로 계산되는 배분금액은 해당 글로벌최저한세비적용기업에 배분하고, 국외원천배당금액으로 인하여 배당을 지급하는 기업에 배분되는 것으로 계산되는 배분금액 중 해당 구성기업의 글로벌최저한세손익에 포함되는 국외원천배당금액과 관련한 배분금액 및 해당 구성기업의 직접수취 국외원천소득금액으로 인하여 해당 구성기업에 배분되는 것으로 계산되는 배분금액은 해당 구성기업의 대상조세에 포함한다.

> 배분금액 = 배분가능세액 × D ÷ E
>
> D: 고정사업장등, 배당을 지급하는 기업 또는 해당 구성기업의 배분기준액
>
> E: 배분기준액의 합계

2. 고정사업장 본점 또는 주주구성기업에게 일괄한도 외국납부세액공제가 국외원천소득 유형에 관계없이 모든 국외원천소득에 대하여 적용되는 경우 대상조세 중 당기법인세비용의 배분 금액은 다음 순서에 따라 산정한다.

가. 다음의 국외원천소득금액을 각각 계산 : 고정사업장등의 국외원천소득금액, 국외원천배당금액, 직접수취국외원천소득금액

나. 모든 국외원천소득에 대한 배분가능세액을 다음 계산식에 따라 계산한다.(조정당기법인세비용이 영 이하 또는 배분가능세액이 음수인 경우 배분가능세액은 영)

> 배분가능세액 = A − B − C
>
> A: 조정당기법인세비용
>
> B: 조정당기법인세비용 중 조정국내원천소득금액에 귀속되는 금액(음수인 경우 영)
>
> C: 조정당기법인세비용 중 통합형피지배외국법인과세제도에 따라 발생한 금액

다. 배분가능세액을 각 고정사업장등의 국외원천소득금액, 각 국외원천배당금액 또는 각 직접수취국외원천소득금액에 배분하기 위한 "배분기준액"을 계산한다.(배분기준액이 음수인 경우 영)

라. 배분가능세액 중 국외원천소득이 있는 고정사업장등, 배당을 지급하는 기업 또는 해당 구성기업에 배분할 "배분금액"을 다음 계산식에 따라 계산한다. 이 경우 해당 구성기업의 글로벌최저한세손익에 포함되지 않는 국외원천소득과 관련된 배분금액으로서 구성기업 및 공동기업등에 해당하지 않는 "글로벌최저한세 비적용기업"에 배분되는 것으로 계산되는 배분금액은 위 1호 라 계산식 외 본문 후단을 적용한다.

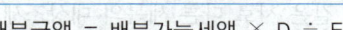

배분금액 = 배분가능세액 × D ÷ E D: 고정사업장등, 배당을 지급하는 기업 또는 해당 구성기업의 배분기준액 E: 배분기준액의 합계

3. 위 1호 가 1) 및 2호 가 1)에 따른 고정사업장등의 국외원천소득금액은 다음에 따라 산정한다.
   가. 고정사업장등이 해당 구성기업 소재지국의 세법상 국내원천소득에 해당하는 금액을 수취하고 해당 금액이 해당 고정사업장등의 글로벌최저한세손익에 포함되는 경우의 해당 금액은 해당 고정사업장등의 국외원천소득금액에 포함한다. 이 경우 국외원천소득 유형별로 일괄한도외국납부세액공제가 적용되는 때에는 해당 구성기업 소재지국의 세법상 해당 금액에 대하여 고정사업장등이 납부한 세액이 배분되거나 배분되었을 국외원천소득 유형에 해당 금액을 배분한다.
   나. 해당 구성기업이 고정사업장등에게 지급하는 금액이 해당 구성기업 소재지국의 세법상 해당 고정사업장등의 국외원천소득에 산입되지 않는 경우로서 그 금액이 해당 고정사업장등의 글로벌최저한세손익에 포함되는 경우의 해당 금액은 해당 고정사업장등의 국외원천소득금액에 포함한다.
   다. 고정사업장등이 다른 고정사업장등에 지급하는 금액으로서 해당 금액을 지급받는 고정사업장등의 글로벌최저한세손익에 포함되고 지급하는 고정사업장등의 글로벌최저한세손익 계산에서 비용으로 공제되는 경우의 해당 금액은 지급받는 고정사업장등의 국외원천소득금액에 포함하고 지급하는 고정사업장등의 국외원천소득금액에는 포함하지 아니한다.
   라. 해당 구성기업 소재지국 세법상의 외국납부세액공제한도 계산에서 고정사업장등에 배분된 해당 구성기업의 국내 발생 비용으로서 해당 고정사업장등의 글로벌최저한세손익의 계산에서 공제되지 않는 경우의 해당 금액은 해당 고정사업장등의 국외원천소득금액에 포함한다.
   마. 고정사업장등이 해당 구성기업에게 지급하는 금액으로서 해당 구성기업 소재지국 세법상의 외국납부세액공제한도 계산에서 해당 고정사업장등의 국외원천소득을 감액하지 않지만 해당 고정사업장등의 글로벌최저한세손익의 계산에서는 공제되는 경우의 해당 금액은 해당 고정사업장등의 국외원천소득금액에 포함하지 아니한다.
4. 위 1호 나 및 2호 나 계산식에서 "조정당기법인세비용", "조정국내원천소득금액", "조정당기법인세비용 중 조정국내원천소득금액에 귀속되는 금액" 및 "조정당기법인세비용 중 해당 국외원천소득 유형 외 각 국외원천소득 유형의 국외원천소득금액에 귀속되는 금액"은 다음 각 목에 따라 산정한다.
   가. 조정당기법인세비용: 당기법인세비용에 1)의 금액을 포함하고 2)에서 6)까지의 각 금액은 포함하지 아니한다. 이 경우 해당 구성기업 소재지국이 해당 구성기업의 소득에 대하여 과세표준이 서로 다른 세목의 대상조세를 부과하는 때에는 각 세목별 조정당기법인세비용을 대상으로 위 1호 나부터 라까지 또는 2호 나부터 라까지를 각각 적용하

고 과세표준이 같은 서로 다른 세목의 대상조세를 부과하는 때에는 각 세목별 조정당기법인세비용이 합산된 전체 조정당기법인세비용을 대상으로 1호 나부터 라까지 또는 2호 나부터 라까지를 적용한다.

1) 적격환급가능세액공제 금액 또는 적격양도가능세액공제 금액으로서 당기법인세비용의 차감으로 처리된 세액공제액 또는 환급세액(국조령 §110 1호 다목) 및 해당 구성기업의 투시과세기업에 대한 투자가액을 감액한 적격투과조세혜택으로서 회계상 법인세비용의 감액으로 처리된 금액(국조칙 별표1 4호 사목 2))
2) 다른 국가에서 해당 구성기업에 부과한 대상조세(적격소재국추가세액 포함) 금액으로서 해당 구성기업의 당기법인세비용에 포함된 금액
3) 비적격환급가능세액공제(전부 또는 부분적으로 환급 가능한 세액공제로서 적격환급가능세액공제에 해당하지 않는 세액공제) 금액으로서 당기법인세비용의 차감으로 처리되지 않은 세액공제액 또는 환급세액.(국조령 §110 2호 나목)
4) 비적격양도가능세액공제(양도는 가능하나 시장성이 없는 자산으로 지급받는 세액공제를 말한다) 금액으로서 당기법인세비용의 차감으로 처리되지 않은 세액공제액(국조령 §110조 2호 다목)
5) 적격환급가능세액공제 금액 및 적격양도가능세액공제 금액을 제외한 대상조세 환급액 또는 공제액으로서 회계상 당기법인세비용에서 차감되지 않은 금액(국조령 §110 2호 마목)
6) 불확실한 세무처리 항목과 관련된 당기법인세비용(국조령 §110 2호 바목)

나. 조정국내원천소득금액: 해당 구성기업의 전체 과세소득금액에서 위 1호 가 또는 2호 가의 금액의 합계를 차감한 금액에 다음 조정사항을 각각 반영하여 산정한다.

1) 다. 적격환급가능세액공제 금액 또는 적격양도가능세액공제 금액으로서 당기법인세비용의 차감으로 처리된 세액공제액 또는 환급세액(국조령 §110 1호 다목)의 가산
2) 위 3호 나에 따라 고정사업장등의 국외원천소득금액에 포함되는 금액이 있는 경우로서 해당 구성기업에게 국외원천배당 또는 직접수취 국외원천소득이 있는 때에는 다음 계산식에 따른 금액의 가산

가산액 = F × G ÷ H F: 제3호 나목에 따라 고정사업장등의 국외원천소득금액에 포함되는 금액 G: 국외원천배당금액 및 직접수취 국외원천소득의 합계액 H: 고정사업장 본점 또는 주주구성기업의 국내 세법상 국내원천소득금액, 국외원천배당금액 및 직접수취 국외원천소득의 합계액

3) 위 3호 라에 따라 고정사업장등의 국외원천소득금액에 포함되는 금액의 가산

다. 조정당기법인세비용 중 조정국내원천소득금액에 귀속되는 금액: 해당 구성기업의 모든 과세소득에 같은 세율이 적용되는 경우에는 조정국내원천소득금액에 해당 세율을 곱하여 산정하고 해당 구성기업의 과세소득 구간별로 서로 다른 세율이 적용되는 경우에는 각 세율이 적용되는 해당 구성기업의 각 과세소득 구간 금액 중 조정국내원천소

득금액이 전체 과세소득 금액에서 차지하는 비율에 상당하는 금액이 조정국내원천소득금액인 것으로 보아 해당 금액별로 해당 과세소득 구간에 적용되는 각 세율을 곱한 금액을 합산하여 산정한다. 이 경우 해당 금액에 국외원천소득과 관련된 세액공제 또는 고정사업장등의 결손금으로 인한 세액효과가 포함되어서는 아니된다.

라. 조정당기법인세비용 중 해당 국외원천소득 유형 외 각 국외원천소득 유형의 국외원천소득금액에 귀속되는 금액: 다음에 따라 계산한다.

1) 국외원천소득 유형별로 다른 세율체계(단일세율 또는 누진세율)가 적용되는 경우에는 각 국외원천소득 유형별 국외원천소득금액에 대하여 해당 국외원천소득 유형에 적용되는 세율체계에 따라 위 '다'를 준용하여 계산한 세액에서 해당 국외원천소득 유형의 국외원천소득금액에 대하여 납부한 외국납부세액을 차감한 금액을 합산하여 산정한다.

2) 각 국외원천소득 유형을 포함한 전체 과세소득에 대하여 같은 세율체계가 적용되는 경우에는 각 국외원천소득 유형별 국외원천소득금액에 대하여 해당 세율체계에 따라 다목을 준용하여 계산한 세액에서 해당 국외원천소득 유형의 국외원천소득금액에 대한 외국납부세액을 차감한 금액을 합산하여 산정한다.

3) 서로 다른 유형의 국외원천소득과 관련하여 세액공제 또는 결손금이 발생하는 경우에는 관련 제도의 내용을 감안하여 합리적이고 일관된 방식으로 그 세액효과를 각 유형의 국외원천소득에 배분하여야 한다.

5. 위 1호 다의 배분기준액은 다음 각 목에 따라 계산한다.

가. 국외원천소득 유형별로 다른 세율체계가 적용되는 경우에는 1)에서 2)을 차감한 금액

1) 해당 국외원천소득 유형에 속하는 고정사업장등의 각 국외원천소득금액, 각 국외원천배당금액 또는 각 직접수취국외원천소득금액에 대하여 해당 국외원천소득 유형에 적용되는 세율체계에 따라 위 4호 다를 준용하여 계산한 세액

2) 해당 고정사업장등의 각 국외원천소득금액, 각 국외원천배당금액 또는 각 직접수취국외원천소득금액에 대한 외국납부세액

나. 각 국외원천소득 유형을 포함한 전체 과세소득에 대하여 같은 세율체계가 적용되는 경우에는 1)에서 2)을 차감한 금액

1) 해당 국외원천소득 유형에 속하는 고정사업장등의 각 국외원천소득금액, 각 국외원천배당금액 또는 각 직접수취국외원천소득금액에 대하여 해당 세율체계에 따라 위 4호 다를 준용하여 계산한 세액

2) 해당 고정사업장등의 각 국외원천소득금액, 각 국외원천배당금액 또는 각 직접수취국외원천소득금액에 대한 외국납부세액

6. 위 2호 다목의 배분기준액은 아래 가에서 나를 차감하여 산정한다.

가. 각 고정사업장등의 국외원천소득금액, 각 국외원천배당금액 또는 각 직접수취국외원천소득금액에 대하여 위 4호 다를 준용하여 계산한 세액

나. 해당 각 고정사업장등의 국외원천소득금액, 각 국외원천배당금액 또는 각 직접수취국외원천소득금액에 대한 외국납부세액

㉯ 대상조세배분의 적용을 받지 않는 기업 등의 배분방법

위 ㉮에 따른 대상조세 배분의 적용을 받지 않는 기업 또는 고정사업장에 배분하는 방법은 다음과 같다.(국조령 §111 ②)

1. 구성기업이 일괄납부 외국납부세액공제제도를 적용받는 경우로서 국외원천소득과 관련하여 해당 구성기업의 소재지국에 납부하는 대상조세 중 위 ㉮의 ①, ③, ④, ⑤ 또는 ⑥ ㉮에 해당하는 것: 위 ㉮의 해당 항 배분방법에 따라 해당 대상조세에 대응되는 소득을 얻은 기업 또는 고정사업장에 배분 2. 주주구성기업이 위 ㉮의 ⑥ ㉯의 통합형피지배외국법인과세제도의 적용에 따라 납부하는 대상조세: 해당 대상조세에 대응되는 소득을 얻은 피지배외국법인에 배분

㉰ 통합형피지배외국법인과세제도에 따른 배분

위 ㉮의 ⑥ ㉯ 통합형피지배외국법인과세제도에 따라 주주구성기업이 납부하는 "배분대상세액"은 다음 계산식에 따라 각 피지배외국법인에 배분한다.(국조칙 §70 ②)

피지배외국법인에 대한 배분세액 = A × B ÷ C A: 배분대상세액 B: 피지배외국법인별 배분지표 C: 피지배외국법인별 배분지표의 합계
B = D×(E－F); E－F의 값이 음수인 경우 B는 영(零)으로 함. D: 통합형피지배외국법인과세제도에 따라 결정되는 피지배외국법인의 소득으로서 주주구성기업이 보유하는 소유지분에 귀속되는 금액 E: 통합형피지배외국법인과세제도에서의 기준세율(최저한세율보다 작은 경우로 한정) F: 통합형피지배외국법인과세제도에 따른 세액을 고려하지 않고 계산한 해당 피지배외국법인 소재지국의 실효세율(해당 주주구성기업의 소재지국에서 적격소재국추가세액을 세액공제의 대상으로 하는 경우에는 이를 대상조세에 포함하여 계산)

㉱ 회계상 이연법인세비용 배분

위 ㉮의 ①, ③, ④, ⑥에 따라 구성기업의 대상조세 중 해당 사업연도 구성기업의 회계상 이연법인세비용의 배분금액은 다음 순서에 따라 산정한다. 다만, 신고구성기업은 5년 선택의 방법으로 구성기업 간 대상조세 배분 시 이연법인세비용을 제외할 수 있으며, 해당 이연법인세비용은 모든 구성기업의 조정대상조세의 계산에 산입하지 않는다.(국조령 §111 ③, 국조칙 §70의2 ①·②)

1. 구성기업이 다른 구성기업의 자산 또는 부채 등과 관련하여 계상한 이연법인세비용을 다음 각각에 관한 것으로 구분한다. 다만, . 본점인 구성기업의 회계상 계상된 대상조세로서 고정사업장의 글로벌최저한세손익에 귀속되는 대상조세 중 이연법인세비용을 배분할 때 대응되는 소득이 아래 다인 경우 나로 본다.
   가. 다른 구성기업의 글로벌최저한세손익에 포함되지 아니하는 소득
   나. 다른 구성기업의 글로벌최저한세손익에 포함되는 소득으로서 수동소득이 아닌 소득
   다. 다른 구성기업의 글로벌최저한세손익에 포함되는 수동소득(국조칙 §70의3 ①)
2. 위 1호의 각 소득에 관한 이연법인세비용의 산정에 반영되었거나 반영될 수 있는 "공제대상외국납부세액"은 다음 각 금액을 합산한 금액으로 한다. 다만, 공제대상외국납부세액은 아래 3호에 따른 외국납부세액공제전 이연법인세비용의 금액을 초과할 수 없다.
   가. 해당 이연법인세비용과 관련된 다른 구성기업의 소득에 대하여 구성기업이 그 소재지국에서 납부하였거나 납부할 대상조세 금액(해당 구성기업의 소재지국에서 해당 다른 구성기업 소재지국의 적격소재국추가세액을 외국납부세액공제의 대상으로 하는 경우에는 이를 포함). 이 경우 외국납부세액공제 한도는 고려하지 않는다.
   나. 해당 소득 외 해당 구성기업의 국외원천소득에 대하여 부과된 외국납부세액으로서 일괄한도외국납부세액공제에 따라 합리적으로 해당 이연법인세비용과 관련된 소득에 배분되는 것으로 볼 수 있는 금액. 이 경우 해당 금액은 외국납부세액공제 한도 내의 금액으로 한다.
3. 위 1호의 각 소득에 관한 "외국납부세액공제전 이연법인세비용"이란 해당 구성기업에 적용되는 외국납부세액공제제도를 고려하지 않고 다음에 따라 산정되는 금액을 말한다.
   가. 외국납부세액공제와 상계하지 아니하고 총액으로 계상한 경우: 회계상 계상된 이연법인세비용
   나. 외국납부세액공제와 상계하여 순액으로 계상한 경우: 회계상 계상된 이연법인세비용에 위 2호에 따른 공제대상외국납부세액을 합산한 금액
4. 위 1호 가의 소득에 관한 해당 구성기업의 이연법인세비용은 다음 계산식으로 산출되는 금액(음수인 경우 영)을 다른 구성기업에 배분한다. 다만, 해당 다른 구성기업은 해당 이연법인세비용을 총이연법인세조정금액에 포함하지 아니한다.
5. 위 1호 나의 소득에 관한 해당 구성기업의 이연법인세비용의 경우에는 다음 계산식으로 산출되는 금액을 다른 구성기업에 배분한다. 이 경우 해당 다른 구성기업은 해당 이연법인세비용을 총이연법인세조정금액에 포함하는 반면, 해당 구성기업의 총이연법인세조정금액에는 포함하지 않는다.
6. 위 5호에 따라 다른 구성기업으로 배분된 이연법인세비용의 기초가 되는 이연법인세자산 또는 이연법인세부채가 환원되는 경우에는 해당 다른 구성기업의 해당 사업연도의 대상조세에 이연법인세비용의 환원 금액을 산입한다.
7. 위 1호 다의 소득에 관한 해당 구성기업의 이연법인세비용은 아래 ㈑의 수동소득 대상조세 배분방법(국조칙 §70의3)에 따라 다른 구성기업에 배분한다.

이연법인세비용을 다른 구성기업에 배분하는 경우에도 통합형피지배외국법인과세제도에 따른 회계상 이연법인세비용은 배분하지 않는다.(국조령 §111 ④)

㉲ 수동소득에 대한 대상조세의 배분

위 ㉮의 ③, ④ 및 ⑥을 적용할 때 구성기업의 수동소득(배당 또는 간주배당, 이자 또는 간주이자, 임대료, 사용료, 연금, 또는 이같은 소득을 발생시키는 재산의 처분소득)으로서 주주구성기업의 소득에 포함되는 금액에 대해 발생하는 대상조세는 다른 구성기업에 배분한다.(국조칙 §70의3 ①)

주주구성기업의 대상조세 중 구성기업의 수동소득과 관련한 "당기법인세비용배분금액"과 "이연법인세비용배분금액"의 합계액인 "대상조세금액"을 다음 순서에 따라 해당 대상조세에 대응되는 소득을 얻은 다른 구성기업에 배분한다. 이 경우 배분한도를 초과하는 대상조세 금액은 그 주주구성기업의 조정대상조세에 포함한다.(국조칙 §70의3 ①·②)

1. 해당 사업연도의 이연법인세비용배분금액 중 그 이전 사업연도에 발생한 이연법인세부채 또는 이연법인세자산으로서 해당 이전 사업연도에 해당 주주구성기업에서 해당 구성기업으로 배분되었던 이연법인세부채 또는 이연법인세자산의 환원과 관련된 금액
2. 해당 사업연도의 당기법인세비용배분금액
3. 해당 사업연도의 이연법인세비용배분금액 중 해당 사업연도에 발생한 이연법인세부채 또는 이연법인세자산과 관련된 금액

수동소득 대상조세의 배분한도 = A×B

A: 수동소득에 대해 주주구성기업이 납부하는 대상조세를 해당 구성기업의 대상조세에 산입하지 않고 계산하는 해당 구성기업 소재지국의 추가세율(국조법 §70 ②)

B: 해당 구성기업의 수동소득 중 주주구성기업의 과세대상 소득에 포함되는 금액

사례 추가세액의 배분

1.(사례 4.3.2-1) X국에 최종모기업이 있는 다국적기업그룹은 X국이 과세하는 혼성조세피난처세제의 대상이다. X국의 혼성조세피난처세제에 따라, 해외종속회사의 주주들은 소유지분이 있는 모든 해외종속회사들의 소득 및 조세에 대한 지분을 합산한다. 이 혼성조세피난처세제에 따른 과세를 회피하기 위한 외국납부세액공제를 받으려면 외국의 실효세율이 13.125% 이상이여야 한다. 이는 X국에 적용되는 외국납부세액공제한도 계산공식과는 상관이 없다.

최종모기업은 A국(A사), B국(B사) 및 C국(C사)에 해외종속회사를 소유한다. 해당 회계연도에 A사는 귀속소득 100, B사는 귀속소득 50, C사는 귀속소득 25를 계상한다. 최종모기업은 각 해외종속회사를 100% 소유하며 각 해외종속회사의 모든 소득은 최종모기업에 귀속된다.

해당국들의 글로벌최저한세 실효세율은 다음과 같다: A국 10%, B국 20%, C국 5%.

혼성조세피난처세제에 따라, 최종모기업은 법인세 20을 계상하며 이는 해외종속회사들에 배분되어야 한다. 각 해외종속회사들에 대한 혼성조세피난처세제 배부기준은 다음과 같이 계산된다:

기업명	배부기준 계산식 (기업별 귀속소득×(적용세율－글로벌최저한세 실효세율)	혼성배분기준
A사	100×(13.125%－10%)	3.125
B사	50×(13.125%－20%)	배부 없음
C사	20×(13.125%－5%)	2.031
혼성배부기준 합계		5.156

이에 따라 혼성조세피난처세제 과세액 20은 다음과 같이 배분된다.

기업명	배부금액계산(혼성배부기준/총혼성배부금액)× 혼성조세피난처세제 과세액	혼성배분금액 (배부금액계산 결과)
A사	(3.125/5.156)×20	12.12
B사	배부 없음	배부 없음
C사	(2.031/5.156)×20	7.88
혼성배부기준합계		20.00

2.(사례 4.3.2-2) A국에 2개의 기업이 있다는 것을 제외하고, 사실관계는 사례 4.3.2－1과 같다. A1사는 구성기업이 아니고 A2사는 구성기업이다. A1사는 총소득 100을 계상하고 그 중 25는 그 기업에 귀속되는 소득이다. A2사는 소득 75를 계상하고 이 모든 소득이 그 기업에 귀속된다. 혼성조세피난처세제 배분기준은 아래와 같이 계산된다:

기업명	배부금액 계산; 기업귀속소득×(적용세율－글로벌최저한세 실효세율)	혼성배부금액 (배부금액계산 결과)
A1사	25×(13.125%－10%)	0.781
A1사	75×(13.125%－10%)	2.344
B사	50×(13.125%－20%)	배부 없음
C사	25×(13.125%－5%)	2.031
혼성배부기준합계		5.156

이에 따라 혼성조세피난처세제 과세액 20은 다음과 같이 배분된다.

기업명	배부금액 계산; (혼성배부기준/총혼성배부금액)×혼성조세피난처 과세액	혼성배분금액 (배부금액계산 결과)
A1사	(0.781/5.156)×20※	구성기업이 아니므로 제외
A1사	(2.344/5.156)×20	9.09
B사	배부 없음	배부 없음
C사	(2.031/5.156)×20	7.88
혼성배부기준합계		16.97※

※ A1사는 구성기업이 아니므로, 혼성조세피난처세제 과세액 3.03은 A1사에 배분되며 다국적기업그룹의 조정대상조세에 포함되지 않음.

④ 조정대상조세 : 대상조세 ± 조정사항

조정대상조세는 다음 조정사항을 구성기업의 당기법인세비용으로 계상된 대상조세에 가산하거나 차감하여 계산한다.(국조령 §110)

1. 대상조세에 가산
   ㉮ 회계상 세전이익의 계산에서 비용으로 계상한 대상조세의 금액
   ㉯ 이전 사업연도에 아래 2호 ㉳에 따라 대상조세를 차감하는 것으로 처리되었던 불확실한 세무처리항목(세무상 처리 기준이 명확하지 않거나 과세당국의 세법 해석이나 적용과 일치하지 않는 등의 이유로 과세당국의 수용 여부가 확실하지 않은 세무처리 항목으로서 최종모기업회계기준에 따라 대상조세를 계상한 경우)과 관련된 대상조세로서 해당 사업연도에 납부된 금액
   ㉰ 적격환급가능세액공제 또는 적격양도가능세액공제로서 당기법인세비용의 차감으로 처리된 세액공제액 또는 환급세액
   ㉱ 사용된 것으로 보는 결손취급특례 이연법인세자산(국조령 §113의4 ④)
2. 대상조세에서 차감
   ㉮ 글로벌최저한세손익 계산에서 제외되는 소득(국조법 §66 ①·③)에 대한 당기법인세비용
   ㉯ "비적격환급가능세액공제" 금액으로서 당기법인세비용의 차감으로 처리되지 않은 세액공제액 또는 환급세액. 다만, 글로벌최저한세제도가 적용되는 "최초적용연도" 전 사업연도에 발생한 비적격환급가능세액공제가 최초적용연도 후 사업연도에 세액공제 또는 현금지급으로 정산되는 경우에는 해당 금액은 차감하지 않는다.
   ㉰ "비적격양도가능세액공제(양도는 가능하나 시장성이 없는 자산으로 지급받는 세액공제)"로서 당기법인세비용의 차감으로 처리되지 않은 다음 세액공제액
      1) 비적격양도가능세액공제의 최초 수익자: 비적격양도가능세액공제 금액 중 사용한 금액 및 사용하고 남은 해당 세액공제를 양도하는 경우 그 양도가액
      2) 비적격양도가능세액공제 자산을 양수한 자: 양수한 자산의 세액공제 금액이 그 양수가액을 초과하는 경우 그 초과 금액 중 사용한 세액공제 금액에 상응하는 금액 및 해당 자산을 양도하는 경우 그 양도차익 금액(양도차손이 발생하는 경우에는 그 금액을 글로벌최저한세손익의 계산에서 손실로 산입)
   ㉱ 적격환급가능세액공제 및 적격양도가능세액공제를 제외한 대상조세 환급액 또는 공제액으로서 회계상 당기법인세비용에서 차감되지 않은 금액
   ㉲ 불확실한 세무처리 항목과 관련된 당기법인세비용
   ㉳ 해당 사업연도 종료일부터 3년 이내에 납부되지 않을 것으로 예상되는 당기법인세비용
3. 구성기업의 글로벌최저한세손익을 계산할 때 포함되고 해당 구성기업의 소재지국에서 과세대상인 손익에 대응되는 대상조세의 증감액으로서 회계상 자본 또는 기타포괄손익 항목에 반영되는 금액: 대상조세에 가산하거나 대상조세에서 차감한다.

사 례 순액 기준 법인세 (사례 4.1.3-1)

A사는 다국적기업그룹의 구성원으로 법인세 20%를 부과하는 A국에 소재한다. 한 회계연도에 A사는 손익계산에서 제외된 100의 배당을 받는다. 그러나 그 배당은 A국 과세소득계산에 포함된다. 같은 회계연도에 A는 소득에 해당하는 A국 과세소득 100을 추가로 받는다. 따라서 A국 세무상 A사는 과세소득 200(배당 100+영업소득 100)과 A국 법인세 40(20%×200)을 계상한다.

	1차 연도
A사 국내과세소득	
배당	100
영업이익	100
A국 과세소득 총액	200
A국 법인세 (20%)	40
A사 소득	
배당	0
영업이익	100
A사 소득총액	100

소득계산에서 제외되는 소득에 대한 당기 법인세비용의 금액은 구성기업에 대한 대상조세를 감소시켜야 한다. 따라서, 제외배당과 관련된 A국 법인세는 A사 조정대상조세에서 제외되어야 한다. 제외소득에 귀속되는 감소금액은, 제외소득금액을 관할국의 과세소득으로 나눈 후 당기법인세비용을 곱하여 산출한다. 이 경우, 제외소득 100(수취 배당)과 과세소득 200(배당 100+영업이익 100)이 발생한다. 100을 200으로 나누면 A국에서 A사 과세소득이 50% 감소한다. 그 다음 이 비율에 A사의 A국 법인세 40을 곱하여, A사의 대상조세 계산에서 20을 공제한다. 그 결과, 해당 회계연도에 A는 소득 100(배당 제외)과 실효세율 20%(대상조세 20/글로벌최저한세소득 100)을 계상한다.

사 례 조정대상조세 (조세피난처 법인세의 제한) (사례 4.3.3-1)

A사는 A국에 있는 다국적기업그룹의 구성기업이다. A국은 25%의 법인세를 부과하며, 해외자회사가 수취하는 수동소득에 대해 주주에게 법인세를 부과하는 조세피난처세제를 두고 있다. A사는 B국에 있는 B사를 전적으로 소유한다. B국은 5%의 법인세를 부과한다. B사는 B국에 있는 유일한 구성기업이다. 1차년도에 B사 소득은 100유로이며, 그 중 50유로는 A국 조세피난처세제의 적용을 받는 수동소득이다. A국은 B사가 벌어들인 수동소득 50유로에 대해 조세피난처세제를 적용한다. 이 조세피난처세제 과세액은 B사가 벌어들인 수동소득에 25%의 A국 법인세율을 적용하고 해당되는 외국납부세액공제는 차감하여 계산한다. 따라서 A국 조세피난처세제 과세액은 10[(25%×50)-(5%×50)]이다. A사는 1차년도에 다른 영업이익이 없다. 다음 표는 A사와 B사의 법인세 계산을 나타낸다.

A사 (A국)	
A국 소득	
영업이익	0
해외자회사합산(B사)	50
과세소득 합계	50
A국 법인세	
영업이익 법인세	0
해외자회사합산 법인세	12.5
외국납부세액 (해외자회사)	-2.5
A국 법인세 합계*	10

B사 (B국)	
B국 소득	
영업이익	50
수동소득	50
과세소득 합계	100
B국 법인세	
영업이익 법인세	2.5
수동소득 법인세	2.5
A국 법인세 합계	5

* 다른 소득이 없기 때문에 해외자회사 소득에 귀속

해외자회사 지분을 직간접으로 보유하는 구성기업의 재무회계에 포함되는 조세피난처 법인세액은 해당 해외자회사에 배분된다. 다만, 조세피난처 법인세의 배분은 제한을 받는다. 조세피난처세제 법인세의 배분은 다음 중 작은 금액으로 한다; (a) 해당 수동소득에 대한 대상조세의 실제금액, (b) 자회사 관할국에 적용되는 추가세율에 조세피난처세제에 따라 포함되는 자회사의 수동소득금액을 곱한 금액. 이 공식의 목적상 추가세율은 조세피난처세제에 따라 자회사에 배분되는 대상조세에 상관없이 결정된다. 이에 따라, A국에서 B국으로 (실효세율을 증가시키기 위해) 배분할 수 있는 조세피난처 법인세의 최고액은 다음과 같이 계산된다.

- 1단계: B국의 추가세율은 해당 수동소득에 대한 구성기업 소유자의 대상조세를 고려하지 않고 결정된다. 이 세율은 10%(15%-5%) 이다.
- 2단계: 1단계에서 계산한 추가세율에 A국 조세피난처세제에 따라 포함되는 구성기업의 수동소득금액을 곱한다. 이 금액은 5유로(10%×50유로) 이다.
- 3단계: 수동소득에 대한 2단계 금액 또는 실제 조세피난처 법인세 중 적은 금액을 B사에 배분한다.

이 경우, 2단계 금액은 5이지만 실제 조세피난처 법인세액은 10이다. 따라서, A국에서 B국으로 5의 대상조세를 배분한다. 제한이 없다면 10유로의 조세피난처 법인세를 전부 B국에 배분했을 것이다. A국에서 B국으로 배분된 조세피난처 법인세가 조세피난처세제에 따라 과세되는 소득에 대해 최저한세율로 적용된다. A국의 나머지 5유로의 대상조세는 A국의 실효세율을 결정하기 위해 A국의 조정대상조세에 포함된다. 다음 표는 제한의 적용 후 계산을 보여준다.

A사 (A국)		B사 (B국)	
글로벌최저한세소득		글로벌최저한세소득	100
대상조세		대상조세	
A국 법인세	10	B국 법인세	5
B국에 배분되는 조세피난처 법인세	-5	A국에서 배분되는 조세피난처 법인세	5
A국 조정대상조세 합계	5	B국 조정대상조세 합계	10
실효세율		실효세율	10%
추가세액		추가세액	5

(2) 총이연법인세조정금액의 계산

각 사업연도 구성기업의 총이연법인세조정금액은 해당 사업연도의 회계상 이연법인세비용에 글로벌최저한세손익의 계산에 포함되지 않은 손익에 대한 이연법인세비용을 제외하는 등의 조정사항을 반영하여 계산한다. 이 때, 최저한세율 미만의 세율로 계상한 이연법인세자산이 글로벌최저한세결손으로 인한 것임을 구성기업이 소명하는 경우에는 해당 이연법인세자산을 최저한세율로 다시 계산하여 그 증가액을 해당 이연법인세자산이 발생한 사업연도의 총이연법인세조정금액에서 차감할 수 있다.(국조법 §67 ②, 국조령 §112 ②)

① **이연법인세비용 조정**(국조령 §112 ① 1호, 국조칙 §70의5)

글로벌최저한세손익 계산의 기초가 되는 글로벌최저한세가액(자산 및 부채의 가액)이 회계상 자산 및 부채의 가액과 다른 경우(다음 어느 하나에 따라 글로벌최저한세손익을 계산하는 경우)에는 회계상 이연법인세비용을 글로벌최저한세가액 기준으로 조정

1. 조직재편에 대한 특례(국조법 §76 ① 단서, §76 ③)
2. 회계상순손익의 조정사항(국조령 §104 ① 7호 · 8호 · 15호 · 16호)
3. 조직재편 시 구성기업의 처리(국조칙 §80 1호; §80 2호의 요건을 모두 충족하지 않음에도 불구하고 하방회계가액을 사용한 경우로 한정)

② **제외 금액 : 다음과 관련된 이연법인세비용**(국조령 §112 ① 1호의2)

㉮ 글로벌최저한세손익의 계산에서 제외되는 손익에 대한 이연법인세비용

㉯ 다음 항목과 관련한 이연법인세비용

1. 향후 사업연도 과세소득에 대한 전망의 조정 등에 따른 이연법인세자산에 대한 평가 조정 또는 인식 조정
2. 법인세 세율의 변동에 따른 재계산
3. 이월세액공제의 발생 또는 사용. 다만, 다음 요건을 모두 충족하는 경우에 국내원천결손[국외원천소득(구성기업의 소재지국 세법에 따라 해당 구성기업의 과세소득에 포함되는 피지배외국법인, 고정사업장, 역혼성기업 또는 혼성기업의 소득)을 제외하면 결손인 경우 그 결손으로서 해당 사업연도에 발생한 것과 이전 사업연도에 발생하여 그 후의 각 사업연도의 과세소득 계산 시 공제되지 않고 해당 사업연도로 이월된 것 포함]이 있는 사업연도에 국내원천결손 및 외국납부세액과 관련하여 설정하는 '이연법인세자산'(대체이월결손금이연법인세자산)은 제외한다.(국조칙 §71 ①)
   ㉮ 구성기업의 소재지국 세법에서 국내원천결손이 있는 경우에 소재지국 세법상 과세소득 및 외국납부세액공제한도 계산에서 국외원천소득 금액을 국내원천결손 금액과 상계하도록 규정되어 있을 것
   ㉯ 해당 사업연도에 ㉮에 따라 국외원천소득 금액의 전부 또는 일부와 상계할 수 있는 국내원천결손이 구성기업에 있을 것
   ㉰ 구성기업의 소재지국 세법에 따라 ㉮에 따른 상계로 인해 국내원천결손이 있는 사업연도에 공제되지 않은 외국납부세액은 그 후 사업연도로 이월하여 글로벌최저한세손익의 계산에 포함되는 소득에 대한 세액에서 공제하도록 할 것. 구성기업의 소재지국 세법에서 외국납부세액의 이월공제를 허용하지 않지만 국내원천결손이 있는 사업연도에 ㉮ 및 ㉯에 따라 국외원천소득과 상계된 국내원천결손 금액만큼 그 후 사업연도에 발생하는 국내원천소득의 원천을 국외로 변경할 수 있도록 하는 경우에는 국내원천결손이 있는 사업연도에 국외원천소득과 상계되는 국내원천결손 금액에 대해 대체이월결손금이연법인세자산을 설정할 수 있다.(국조칙 §71 ③)

   대체이월결손금이연법인세자산은 다음 중 작은 금액으로 한다.(국조칙 §71 ②)

   - 국내원천결손이 있는 사업연도의 국외원천소득에 대한 외국납부세액으로서 세법상 이월공제되는 금액
   - 국내원천결손 금액(국외원천소득과 상계되기 전의 금액)에 최저한세율을 곱한 금액]

4. 이연법인세부채 관련 법인세의 납부 기간 내에 해당 금액이 환원(자산 또는 부채의 장부가액과 세무상 가액의 일시적 차이가 해소되는 등에 따라 이연법인세자산 또는 이연법인세부채가 소멸하는 것)될 것으로 예상되지 않는 이연법인세부채의 발생. 다만, 신고구성기업의 매년 선택(해당 선택의 대상인 사업연도에만 그 선택이 적용되는 것) 또는 5년 선택의 방법으로 해당 이연법인세비용을 총이연법인세조정금액에 포함하지 않는 경우만 해당한다. 이 경우, 5년 선택의 적용은 다음 기준에 따른다.(국조칙 §71 ④)
   1) 계정 또는 계정그룹별로 각각 이연법인세부채의 전체 금액에 대해 적용할 것
   2) 직전 사업연도까지 5년 선택을 적용하지 않았으나 해당 사업연도부터 5년 선택을 적용하는 경우로서 그 이후 사업연도에 환원되는 이연법인세부채 금액이 5년 선택을 적용하지 않았

던 사업연도의 이연법인세부채에 대한 환원 금액인 경우에는 해당 금액을 환원되는 사업연도의 조정대상조세에 산입할 것

3) 최초적용연도부터 5년 선택을 적용하는 경우 5년 선택을 취소하는 사업연도의 직전 사업연도까지에 대해서는 5년 선택이 적용되는 계정 또는 계정그룹에서 발생 또는 환원되는 모든 이연법인세부채 금액을 해당 사업연도의 조정대상조세에 산입하지 않을 것. 다만, 5년 선택이 적용되는 계정 또는 계정그룹의 이연법인세부채에 최초적용연도 개시 전에 발생한 이연법인세부채가 포함되어 있는 경우에는 해당 계정 또는 계정그룹에서 환원되는 이연법인세부채 금액은 최초적용연도 개시 전에 발생한 이연법인세부채부터 환원되는 것으로 보아 해당 금액을 환원되는 사업연도의 조정대상조세에 산입한다.

4) 직전 사업연도까지 5년 선택을 적용하였으나 해당 사업연도에 5년 선택을 취소하는 경우에는 그 이후 사업연도에 환원되는 이연법인세부채 금액이 5년 선택이 적용되었던 이연법인세부채에 대한 환원 금액인 경우에는 해당 금액을 환원되는 사업연도의 조정대상조세에 산입하지 않을 것

㉰ 불확실한 세무처리항목, 다른 구성기업으로부터 받는 분배, 또는 통합형피지배외국법인과세제도의 적용으로 인해 이연법인세비용이 변동되는 금액.(국조칙 §71 ⑤)

③ 가산금액(국조령 §112 ① 2호)

㉮ 이전 사업연도의 이연법인세 미반영사항에 해당하였던 이연법인세비용으로서 해당 사업연도 중 환원된 금액

㉯ 이전 사업연도에 발생한 이연법인세부채환입액(이연법인세부채 관련 법인세의 조정기간 내에 환원되지 않은 이연법인세부채 관련 법인세)으로서 해당 사업연도 중 환원한 금액

④ **차감금액 : 다음 요건을 모두 갖춘 총이연법인세조정금액 감소액**(국조령 §112 ① 3호)

㉮ 해당 사업연도의 세무상 결손금이 회계상 이연법인세자산의 인식 기준을 충족하지 못하여 관련 이연법인세자산이 회계상 계상되지 않았을 것

㉯ 해당 사업연도의 세무상 결손금을 회계상 이연법인세자산으로 인식하여 관련 이연법인세자산이 회계상 계상되었다면 총이연법인세조정금액이 감소하였을 것

사례 총이연법인세조정금액 - 세액공제의 발생 (사례 4.4.1 - 1)

A사는 다국적기업그룹의 구성기업이다. A사는 A국에 있는 유일한 구성기업이다. A국 법에 따라 A사에 부과되는 유일한 법인세는 25%의 세율로 부과되는 법인세이다. A국 과세표준은 글로벌최저한세 과세표준과 같다. A국에는 최소 17%의 법인세를 과세연도에 납부해야 하는 최저한세제도가 있다. 1차년도에 A사는 A국에서 소득 100을 벌어들인다. 이에 따른 A사의 당초 법

인세는 25이지만, A국은 15의 특례세액공제를 제공한다. A국의 최저한세제도로 인해 최저한세율 요건이 17%인 1차년도에는 특례세액공제를 8만 사용할 수 있다. 특례세액공제의 나머지 7은 이후 과세연도로 이월할 수 있다. 따라서 A는 1차년도에 A국 법인세 중 17을 납부하고 세액공제 초과액 7을 이월한다. 2차년도에 A는 소득 100을 벌고 A국에서 법인세 25를 납부해야 한다. A사는 1차년도에서 이월된 잔여세액공제 7을 적용하여 2차년도에 A국 법인세 18을 납부한다. 세액공제의 발생 및 사용과 관련된 이연법인세비용을 제외하기 때문에 1차년도에 발생한 7의 이월은 이연법인세자산을 발생시키지 않으며, 이에 따라 1차년도에 A국 조정대상조세를 감소시키지 않는다. 같은 원칙을 적용하면, 2차년도에 세액공제 이월액 7을 사용하더라도 2차년도에 A국의 조정대상조세는 증가하지 않는다. 그 결과, A국 실효세율은 1차년도에 17%(17/100), 2차년도에 18%(18/100)가 된다. 이 사례의 계산결과를 나타내는 표는 다음과 같다.

	1차년도	2차년도
글로벌최저한세손익	100	100
A국 법인세 (25%)	(25)	(25)
세액공제 발생	15	0
세액공제 이월	0	7
최저한세 조정	(7)	(0)
A국 최종법인세	(17)	(18)
A국 실효세율	17%	18%
추가세액	0	0
세액공제초과액 이월	7	0

이러한 원칙이 없다면, 세액공제이월로 이연법인세자산을 발생시켜 조정대상조세를 최저한세율 미만으로 감소시키기 때문에, A국의 결과는 1차년도에 세액공제초과액의 발생으로 인해 왜곡되었을 것이다.

사례 → 이연법인세비용

1.(사례 4.4.1(e) – 1) ABC다국적기업그룹은 Z국에 있는 구성기업A의 지분 100%를 소유한다. 구성기업A는 Z국에 있는 ABC그룹의 유일한 구성기업이다. Z국은 17.5%의 법인세를 부과하고 조세피난처세제를 통해 구성기업A의 전세계소득에 법인세를 부과한다. 구성기업A는 Y국에 소재하는 구성기업B의 지분 100%를 소유한다. Y국은 20%의 법인세를 부과한다. 구성기업B의 소득은 Z국의 조세피난처세제에 따라 구성기업A의 과세소득에 포함되는 국외원천소득에 해당한다. Z국은 국외원천소득에 대한 법인세에서 차감하기 위해 외국납부세액공제를 허용한다. Z국의 조세피난처세제를 제외하고, Z국 및 Y국의 과세기준은 글로벌최저한세 과세기준과 같다.

1차연도에 구성기업A는 Z국에서 손실(100)을 계상하고, 구성기업B는 Y국에서 소득 100을 계상한다. 구성기업B는 1차연도에 Y국에서 법인세 20을 납부한다. 구성기업A는 Z국에서 과세소득이 없기 때문에 법인세를 납부하지 않는다. Z국에서 국내손실이 국외원천소득과 상계되므로 손실이월액이 발생하지 않는다. 1차연도에 납부된 Y국의 법인세로 인한 외국납부세액 미사용분에 대해 Z국에서 외국납부세액공제 이월액을 설정한다. 최저한세율로 재계산한 외국납부세액공제 이월액과 같은 금액인, 손실이월액 대응 이연법인세자산 15(=100×15%)를 계상하여 이월한다.

2차연도에 구성기업A는 Z국에서 소득 100을 계상하고, 구성기업B는 Y국에서 손익이 없다. Z국 법에 따라 1차연도에 이월결손금이 발생하지 않았기 때문에 이월된 외국납부세액공제액을 사용하여 국내원천소득 100과 상계할 수 있다. 이러한 외국납부세액공제가 적용되면 손실이월액 대응 법인세자산을 환입하여 조정대상조세에 가산한다. 이에 따라 Z국의 2차연도 조정대상조세는 15이고 추가세는 없다. 이는 1차연도에 Z국 손실에 대하여 손실이월액이 발생된 후 이월되어 2차연도에 적용되는 것과 마찬가지 결과이다.

1차연도	국외원천	국내원천	합계
구성기업A 손익	100	(100)	0
외국납부세액공제	20	0	20
손실	0	0	0
외국납부세액공제 이월액	20	0	20
Z국 법인세(17.5%)	-	-	0
Z국 글로벌최저한세손익		(100)	
Z국 글로벌최저한세 조정대상조세		(15)	

2차연도	국외원천	국내원천	합계
구성기업A 손익	0	100	100
외국납부세액공제	20	(17.5)	(17.5)
손실	0	0	0
외국납부세액공제 이월액	2.5	0	2.5
Z국 법인세(17.5%)	–	–	0
Z국 글로벌최저한세손익		100	
Z국 글로벌최저한세 조정대상조세		15	

2.(사례 4.4.1(e) – 2) ABC 다국적기업그룹은 Z국에 있는 구성기업A의 지분 100%를 소유한다. 구성기업A는 Z국에 있는 다국적기업그룹의 유일한 구성기업이다. Z국은 17.5%의 법인세를 부과하고 조세피난처세제를 통해 구성기업A의 전세계소득에 법인세를 부과한다. Z국 세법은 국외원천소득에 부과된 조세에 대해 외국납부세액공제를 적용하기 전에 국외원천소득을 국내손실과 상계하도록 규정한다. 구성기업A는 Y국에 소재하는 구성기업B의 지분 100%를 소유한다. Y국은 30%의 법인세를 부과한다. 구성기업B의 소득은 조세피난처세제가 적용되는 국외원천소득으로서 Z국에서 구성기업A의 과세소득에 포함된다. Z국은 국외원천소득이 있는 연도에 국내손실에 대한 손실이월을 규정하는 대신, 후속과세연도에 국내원천소득을 국외원천소득으로 재분류하도록 허용함으로써, 시간이 경과하여 국외원천소득이 특정연도의 국내손실과 상계될 때 국외원천소득의 적정금액이 고려되도록 한다. 이 규정에 따른 재분류의 최대금액은 국외원천소득과 상계되는 국내손실금액이다. Z국은 외국납부세액공제의 이월을 허용하지 않지만, 재분류제도를

통해 손실이월이 발생한 경우 나타나는 결과보다 후하지 않은 동등한 결과를 제공한다. Z국의 조세피난처세제를 제외하고, Z국 및 Y국의 과세기준은 글로벌최저한세 과세기준과 동일하다.

1차연도에 구성기업A는 Z국에서 손실(100)을 계상하고, 구성기업B는 Y국에서 소득 100을 계상한다. 구성기업B는 Y국에서 1차연도에 법인세 30을 납부한다. 구성기업A는 Z국에서 과세소득이 없기 때문에 법인세를 납부하지 않는다. 국내손실이 국외원천소득과 상계되었기 때문에 Z국에서 손실이월이 발생하지 않는다. 그러나 1차연도에 국내손실 100이 국외원천소득 100과 상계됨으로써 이후과세연도에 국내원천소득 100을 국외원천소득으로 재분류하여 외국납부세액공제를 사용할 수 있다.

이 사례에서, 구성기업A의 손실이월액 대응 이연법인세자산은 조세손실금액 (100)에 Z국 세법에 따라 법인세율 17.5%를 곱하고 최저한세율 15%로 조정되는 금액이다. 결과적으로 1차연도 손실이월액 대응 이연법인세자산은 15이다.

2차연도에 구성기업A는 Z국에서 소득 100을 계상하고, 구성기업B는 Y국에서 소득 200을 계상한다. 외국납부세액공제를 고려하기 전에 구성기업A의 Z국 납부세액은 52.5(=300×17.5%)이다. 구성기업B는 Y국에서 60의 법인세를 납부하며, 구성기업B의 소득 200에 대한 Z국 법인세와 상계하기 위해 그 중 35에 대해 Z국에서 외국납부세액공제를 받는다. 이에 더하여, Z국 세무상 구성기업A의 국내원천소득 100을 국외원천소득으로 재분류하여 외국납부세액공제 17.5를 추가로 사용할 수 있다. 따라서 2차연도에 Z국에서 법인세를 납부하지 않는다. 그러나 국내원천소득을 국외원천소득으로 재분류한 후 그 재분류소득에 대해 외국납부세액공제 17.5를 사용하여 Z국 법인세를 상계하는 경우, 글로벌최저한세규정에 따라 손실이월액 대응 법인세자산을 환입해야 하므로 2차연도에 Z국 조정대상조세에 15를 추가하는 결과가 된다. 따라서 2차연도에 Z국의 조정대상조세는 15이며 2차연도에 Z국에 대한 추가세는 없다. 이는 Z국에서 2차연도에 이월하여 적용할 수 있는 국내원천손실에 대해 1차연도에 손실계상을 허용한 것과 같은 결과이다.

손실이월액 대응 법인세자산의 환입을 반영하기 위한 조정대상조세에 대한 가산금액은 재분류연도에 재분류를 이유로 사용된 추가 외국납부세액공제액으로 제한된다는 점을 알아야 한다. 따라서 2차연도에 국내원천소득을 국외원천소득으로 재분류한 결과 Z국에서 추가 외국납부세액공제가 허용되지 않는다면 손실이월액 대응 법인세자산의 환입은 Z국의 조정대상조세에 추가되지 않는다.

1차연도	국외원천	국내원천	합계
구성기업A 손익	100	(100)	0
외국납부세액공제	30	0	30
손실	0	0	0
외국납부세액공제 이월액	0	0	0
Z국 법인세(17.5%)	–	–	0
Z국 글로벌최저한세손익		(100)	
Z국 글로벌최저한세 조정대상조세		(15)	

2차연도	국외원천	국내원천	합계
구성기업A 손익	200	100	300
외국납부세액공제	(35)	(17.5)	(52.5)(세율 17.5% 한도)
손실	0	0	0
외국납부세액공제 이월액	0	0	0
Z국 법인세(17.5%)	–	–	0
Z국 글로벌최저한세손익		100	
Z국 글로벌최저한세 조정대상조세		15	

(3) 5년 경과 후 이연법인세부채에 따른 재계산

① 이연법인세부채에 따른 재계산 및 환입제외

구성기업이 총이연법인세조정금액에 반영된 이연법인세부채를 계상한 날부터 5년이 지난 날이 속하는 사업연도의 종료일까지 해당 이연법인세부채와 관련된 법인세를 납부하지 않은 경우에는 해당 금액을 그 계상한 날이 속하는 사업연도의 대상조세에서 차감하여 해당 사업연도의 실효세율과 추가세액을 다시 계산한다. 이연법인세부채에는 총계정원장의 계정 또는 둘 이상의 계정을 하나로 묶은 것(개별자산부채 및 총계정원장의 계정을 하나로 묶은 것 포함)이 포함되며, 아래 사항의 발생에 따른 이연법인세부채의 변동금액으로서 법인세비용으로 계상된 금액은 제외된다.(국조법 §67 ③, 국조령 §113)

1. 유형자산의 원가(취득원가 등에 자본화된 금액 및 임차한 유형자산의 사용료를 포함)를 회수하기 위하여 설정된 충당금
2. 상당한 규모의 유형자산 투자가 수반되는 부동산의 사용, 천연자원의 채취, 전자통신을 위한 주파수 대역의 사용 등에 대해 정부로부터 사용권 또는 유사한 인허가를 취득하기 위하여 발생하는 비용(국조칙 §72)
3. 연구개발비
4. 발전소, 유정, 광산 등의 경제적 내용연수가 종료할 때 발생할 미래의 해체 또는 복구 비용
5. 공정가치 회계처리로 발생하는 미실현 순이익. 다만, 5년 선택이 적용되는 경우를 제외한다.
6. 해당 다국적기업그룹의 연결재무제표에서 사용되는 통화가 아닌 통화로 표시된 화폐성 자산 및 부채를 회계상 보고기준일의 환율에 의해 해당 다국적기업그룹의 연결재무제표에서 사용되는 통화로로 평가함에 따른 순외환차익(구성기업 별로 외환차익이 외환차손을 초과하는 경우의 그 초과금액).(국조칙 §73)
7. 보험 책임준비금 및 보험계약 이연신계약비(인수하는 보험사업의 가치에 따른 자산 및 부채를 고려하여 계상하는 금액 포함)

8. 구성기업 소재지국에 소재한 유형자산을 매각함으로써 발생하는 차익으로서 매도금액이 동일 국가에 소재한 유형자산에 재투자되는 경우 그 재투자되는 금액
9. 위 1호부터 8호까지의 항목과 관련된 회계기준의 변경에 따라 증가하는 금액

② 이연법인세부채환입액의 계산

㉮ 환입액의 계산

이연법인세부채환입액은 다음 계산식에 따라 산출한 구성기업의 해당 사업연도의 비적격잔액에서 직전 사업연도의 비적격잔액을 차감한 금액으로 한다. 다만, 그 계산 결과가 음수인 경우에는 해당 금액을 이연법인세부채환입액으로서 해당 사업연도 중 환원된 금액(국조령 §112 ① 2호 나목)으로 본다.(국조령 §113의2 ①)

비적격잔액 = A − B

A: 해당 사업연도 종료일 현재 이연법인세부채 금액 — 최초적용연도의 직전 사업연도 종료일까지의 이연법인세부채 금액

B: 해당 사업연도 및 직전 4개 사업연도의 이연법인세부채 발생금액(해당 사업연도 종료일 현재 이연법인세부채 금액이 직전 사업연도 종료일 현재 이연법인세부채 금액보다 증가한 경우 그 증가한 금액)의 합계 — 이연법인세부채 환원금액(해당 사업연도 종료일 현재 이연법인세부채 금액이 직전 사업연도 종료일 현재 이연법인세부채 금액보다 감소한 경우 그 감소한 금액)의 합계

이연법인세부채환입액을 계산할 때 계정 또는 계정그룹 단위로 사업연도별 이연법인세부채의 변동 금액을 관리하는 경우로서 해당 사업연도 종료일 현재 이연법인세부채 금액이 직전 사업연도 종료일 현재 이연법인세부채 금액에 비해 감소하는 경우에는 그 감소액을 그 이전 사업연도에 발생한 이연법인세부채 금액(최초적용연도 개시 전 발생한 이연법인세부채 금액 포함)이 다음 어느 하나에 해당하는 방법에 따라 환원된 것으로 본다.(국조칙 §74의2 ①)

1. 해당 사업연도의 직전 사업연도 종료일 현재 이연법인세부채 금액 중 먼저 발생한 이연법인세부채부터 환원되는 것으로 보는 방법. 다만, 최초적용연도 개시 전 발생한 이연법인세부채가 모두 환원된 이후에는 해당 사업연도 개시 전 다섯 번째 사업연도에 발생한 이연법인세부채가 환원된 것으로 본다.
2. 해당 사업연도의 직전 사업연도 종료일 현재 이연법인세부채 금액 중 나중에 발생한 이연법인세부채부터 환원되는 것으로 보는 방법

위 1호에 따른 방법은 다음 어느 하나에 해당하는 경우에만 적용할 수 있다.(국조칙 §74의2 ②)

1. 계정 단위로 이연법인세부채를 관리하는 경우
2. 계정그룹 단위로 이연법인세부채를 관리하는 경우로서 개별 자산 및 부채 또는 계정에서 발생하는 이연법인세부채가 각각 환원되는 기간의 차이가 2년 미만인 경우
3. 계정그룹 단위로 이연법인세부채를 관리하는 경우로서 계정그룹에서 발생하는 장기이연법인세부채(단기이연법인세부채 외의 이연법인세부채)가 적정하게 환입될 것으로 세법 등에 따라 소명될 수 있는 경우(2호에 해당하지 않는 경우로 한정)

㉯ 단위별 산정

이연법인세부채환입액을 계산할 때 이연법인세부채 발생금액은 다음에 해당하는 단위로 산정한다.(국조령 §113의2 ②) 글로벌최저한세손익의 계산에서 제외되는 소득과 관련된 자산 및 부채는 아래 각 단위에 포함되지 않는다.(국조칙 §74의2 ③)

1. 개별 자산 및 부채
2. 총계정원장의 계정
3. 둘 이상의 계정을 하나로 묶은 계정그룹(1 및 2를 하나로 묶은 것 포함)

계정그룹은 다음 기준에 따른다.(국조칙 §74의2 ④)

1. 계정그룹의 각 계정 또는 개별 자산 및 부채는 같은 재무상태표계정(재무상태표에서 구분되어 표시되는 자산 및 부채의 단위)에 속할 것. 다만, 해당 재무상태표계정에 하위 재무상태표계정이 있는 경우에는 계정그룹의 각 계정 또는 개별 자산 및 부채는 같은 하위 재무상태표계정에 속해야 한다.
2. 이연법인세부채가 발생한 날부터 5년이 지난 날이 속하는 사업연도의 종료일까지 전부 환원되는 "단기이연법인세부채"를 발생시키는 개별 자산 및 부채 또는 계정과 장기이연법인세부채를 발생시키는 개별 자산 및 부채 또는 계정이 포함될 수 있을 것
3. 다음 어느 하나에 해당하는 계정 또는 개별 자산 및 부채가 포함되지 않을 것
   가) 다음 어느 하나에 해당하는 자산 또는 부채가 포함되어 있는 계정과 그 외의 계정
      1) 회계상 상각 대상이 아닌 무형자산
      2) 회계상 상각 대상인 무형자산으로서 내용연수가 5년을 초과하는 것
      3) 특수관계자와의 거래로 발생하는 채권 및 채무
   나) 이연법인세자산만 발생하는 계정 또는 개별 자산 및 부채
   다) 이연법인세자산과 이연법인세부채를 상계한 순액이 시점에 따라 이연법인세자산 또는 이연법인세부채로 상호 교차될 수 있는 계정(swinging accounts)

위 3호 나목에도 불구하고 단기이연법인세부채 및 단기이연법인세자산(이연법인세자산이 발생한 날부터 5년이 지난 날이 속하는 사업연도의 종료일까지 전부 환원되는 이연

법인세자산)만 발생하는 계정 또는 계정그룹에 대해서는 해당 단위에 따라 산정한 이연법인세부채환입액은 없는 것으로 본다.(국조칙 §74의2 ⑦)

계정그룹이 위 기준을 충족하지 못하거나 또는 해당 이연법인세부채가 모두 단기이연법인세부채임을 소명할 수 없음에도 불구하고 구성기업이 계정그룹의 단위로 산정한 이연법인세부채환입액을 없는 것으로 본 경우에는 해당 계정그룹의 이연법인세부채와 관련된 이연법인세비용을 조정대상조세에 산입할 수 없다.(국조칙 §74의2 ⑧)

계정 또는 계정그룹의 구성에 변동이 발생하는 경우에는 변동 전의 계정 또는 계정그룹에 대하여 산정된 다음 금액이 중복하여 산입되거나 누락되지 않도록 해당 금액을 변동 후의 계정 또는 계정그룹에 배분해야 한다.(국조칙 §74의2 ⑤)

1. 비적격잔액(국조령 §113의2 ①)
2. 해당 사업연도 종료일 현재 이연법인세부채 금액(최초적용연도의 직전 사업연도 종료일까지의 이연법인세부채 금액 제외)
3. 최초적용연도 개시 전 발생한 이연법인세부채로서 환원되지 않고 남아 있는 것으로 보는 이연법인세부채 금액
4. 변동이 발생한 사업연도의 직전 5개 사업연도 중 발생한 이연법인세부채 금액

㉰ 단기이연법인세부채 특례

위 ㉮의 계산식에도 불구하고 계정 또는 계정그룹의 단위로 이연법인세부채환입액을 산정하는 경우로서 계정 또는 계정그룹에 속한 자산 및 부채의 성격과 경제적 특성 등을 기초로 해당 이연법인세부채가 모두 단기이연법인세부채임을 소명할 수 있는 때에는 해당 단위에 따라 산정한 이연법인세부채환입액은 없는 것으로 본다.(국조령 §113의2 ③, 국조칙 §74의2 ⑥)

(4) 글로벌최저한세 결손취급특례

① 결손취급특례의 선택

대상조세에 조정사항을 반영할 때 신고구성기업의 선택에 따라 총이연법인세조정금액을 적용하지 아니하고 일정금액을 이연법인세자산으로 보는 글로벌최저한세 "결손취급특례"를 구성기업(적격분배과세제도에 대한 특례가 적용되는 구성기업 제외)의 소재지국별로 적용할 수 있다.(국조법 §67 ④, 국조령 §135 ①) '일정금액'이란 해당 사업연도 해당 국가의 순글로벌최저한세소득금액(최종모기업이 투과기업인 경우에는 해당 최종모기업을 제외하고 계산한 금액)이 음수인 경우로서 해당 "순글로벌최저한세결손금액"에 최저한세율을 곱하여 계산한 "결손취급특례이연법인세자산"을 말한다.(국조령 §113의3 ①)

신고구성기업이 최종모기업에 대하여 결손취급특례를 적용하기로 선택한 경우에는 해당 최종모기업의 글로벌최저한세소득금액 및 글로벌최저한세결손금액을 각각 순글로벌최저한세소득금액 및 순글로벌최저한세결손금액으로 보아 결손취급특례이연법인세자산을 계산한다.(국조령 §113의3 ③)

- 특례결손이연법인세자산 = 순글로벌최저한세결손금액 × 최저한세율
- 순글로벌최저한세결손금액 = 모든 구성기업의 소득 – 모든 구성기업의 결손 : 모든 구성기업의 소득 또는 결손은 해당국의 모든 구성기업의 소득합계 또는 결손합계

위에 따라 계산한 결손취급특례이연법인세자산은 결손취급특례를 적용하기로 선택한 사업연도 이후 순글로벌최저한세소득금액이 발생하는 사업연도에 다음 각 금액 중 작은 금액만큼 사용된 것으로 보고, 해당 금액을 해당 사업연도의 결손취급특례가 적용되는 구성기업 중 하나의 대상조세에 가산한다.(국조령 §113의3 ④)

1. 순글로벌최저한세소득금액에 최저한세율을 곱한 금액
2. 직전 사업연도 종료일 현재 결손취급특례이연법인세자산의 잔액

② 결손취급특례의 선택, 취소 및 배제

신고구성기업은 최종모기업이 투과기업인 경우에는 같은 국가에 소재하는 다른 구성기업들과 별도로 해당 최종모기업에 대하여 결손취급특례의 적용 여부를 선택할 수 있다.(국조법 §67 ⑤, 국조령 §113의3 ②) 이 경우, "최초적용연도"(국조법 §81 ①)에 대한 글로벌최저한세정보신고서를 제출할 때 결손취급특례 적용 대상 구성기업의 소재지국을 선택하여 제출하여야 한다.

신고구성기업이 결손취급특례 적용 대상으로 선택한 소재지국의 구성기업에 대해서는 최초적용연도와 그 후의 사업연도에도 계속하여 결손취급특례를 적용한다. 신고구성기업은 그 선택을 취소할 수 있으며, 이 경우 해당 취소가 적용되는 사업연도와 그 후의 사업연도에 대해서는 계속하여 결손취급특례를 선택할 수 없다.(국조법 §67 ⑥)

신고구성기업이 결손취급특례 적용의 선택을 취소하는 경우에는 해당 취소가 적용되는 사업연도의 개시일 현재 결손취급특례이연법인세자산의 잔액을 영으로 본다. 이 경우 결손취급특례 적용의 선택이 취소된 소재지국의 구성기업의 조정대상조세를 계산할 때 총이연법인세조정금액의 계산에 관하여는 최초적용연도특례(국조법 §81)를 준용한다.(국조령 §113의3 ⑤)

적격분배과세제도(국조법 §78)에 따라 매년 선택이 적용되는 국가에 대하여는 결손취급특례를 적용하지 않는다.

③ 투과기업의 결손취급특례 선택

최종모기업인 투과기업에 대하여는 다른 구성기업과 별도로 결손취급특례를 적용할 것을 선택할 수 있다. 이 경우 '해당 투과기업의 각 소유지분에 귀속되는 글로벌최저한세결손'의 차감조정(국조법 §77 ③)을 거친 해당 투과기업의 글로벌최저한세결손에 대하여 결손취급특례를 적용한다.

2.3 신고 후 조정대상조세 증감 및 세율변경

(1) 신고 후 조정대상조세의 증감

각 사업연도에 구성기업의 이전 사업연도 회계상 계상된 대상조세가 글로벌최저한세정보신고서의 제출 이후에 결정이나 경정 등으로 증가 또는 감소되는 경우에는 다음 구분에 따라 결정이나 경정 등이 이루어진 날이 속하는 "경정사업연도"의 대상조세 또는 결정이나 경정의 대상이 되는 이전 "경정대상사업연도"의 조정대상조세에 가산하거나 차감한다.(국조법 §68 ①)

1. 경정대상사업연도의 대상조세가 증가되는 경우: 대상조세의 증가액을 경정사업연도의 대상조세에 가산한다.
2. 경정대상사업연도의 대상조세가 감소되는 경우: 대상조세의 감소액을 경정대상사업연도의 조정대상조세에서 차감하고, 전기오류수정에 따른 조정(국조령 §104 ① 13호)에도 불구하고 해당 글로벌최저한세손익을 대상조세의 감소에 상응하여 조정한다.(국조령 §114)

(2) 경미한 감액의 당기조정

경정대상사업연도 대상조세의 감소액이 경미한 감액(같은 국가 내 구성기업들의 경정대상사업연도 조정대상조세의 합계에서 감액되는 총금액이 1백만 유로 미만인 경우)에 해당하는 경우에는 신고구성기업의 매년 선택에 따라 그 감소액을 해당 구성기업의 경정사업연도 대상조세에서 차감할 수 있다.(국조법 §68 ②, 국조령 §115)

(3) 이연법인세비용 산정세율 변경의 경우

구성기업의 소재지국에서 구성기업의 이연법인세비용 산정에 적용되는 세율이 변경되는 경우에는 다음 방법으로 대상조세를 조정한다.(국조법 §68 ③, 국조령 §116)

① 해당 구성기업에 적용되는 세율이 최저한세율 미만으로 인하되어 이전 사업연도에 계상된 이연법인세비용이 감소하는 경우: 그 감소액을 해당 이연법인세비용이 발

생한 사업연도의 대상조세에서 차감하고 그 사업연도의 실효세율과 추가세액을 다시 계산한다. 다만, 감소액이 경미한 감액에 해당하는 경우에는 위 (2)와 같이 처리할 수 있다.

② 해당 구성기업에 적용되는 세율이 인상되어 이전 사업연도에 최저한세율 미만으로 계상된 이연법인세비용이 증가하는 경우: 그 증가액(최저한세율을 적용한 금액 한도)을 해당 이연법인세부채가 환원되는 사업연도의 대상조세에 가산한다.

(4) 1백만유로 초과 세액을 미납한 경우

구성기업이 이전 사업연도에 회계상 당기법인세비용으로 계상하고 조정대상조세에 포함한 금액으로서 1백만유로를 초과하는 세액을 그 이전 사업연도의 종료일부터 3년 이내에 납부하지 않은 경우에는 미납된 금액을 그 이전 사업연도의 조정대상조세에서 차감하고, 위 (3)의 방법에 따라 해당 이전 사업연도의 실효세율과 추가세액을 다시 계산한다.(국조법 §68 ④)

3. 추가세액 과세: 소득산입규칙, 소득산입보완규칙

3.1 국가별 실효세율 계산

(1) 국가별 실효세율

① 국가별 실효세율의 계산

각 사업연도 다국적기업그룹의 실효세율은 국가별로 다음과 같이 계산한다.(국조법 §69 ①·②) 아래 ②의 금액이 영 이하일 때에는 순글로벌최저한세손익은 없는 것으로 보아 해당 국가에 대해서는 실효세율을 계산하지 않는다.(국조법 §69 ⑤)

국가별 실효세율＝①/②
① 해당 국가에 소재한 각 구성기업의 조정대상조세의 합계
② 순글로벌최저한세손익＝(해당 국가에 소재하는 각 구성기업 해당 사업연도의 글로벌최저한세소득 합계)－(해당 국가에 소재하는 각 구성기업 해당 사업연도의 글로벌최저한세결손 합계)

위 ①의 금액이 음수일 때에는 실효세율은 영으로 본다. 이 경우, 실효세율을 영으로 보아 실효세율 계산에 산입되지 아니한 금액은 그 후 사업연도의 실효세율을 계산할 때 다음 방법을 순차적으로 적용하여 위 ①의 금액에 산입한다.(국조법 §69 ③·④, 국조령 §116의2)

1. 실효세율 계산에 산입되지 않은 금액 : 그 후 순글로벌최저한세소득금액이 있는 첫 번째 사업연도의 실효세율을 계산할 때 위 ①의 금액에 산입
2. 위 1호에 따라 산입하고 남은 금액 : 그 금액이 영이 될 때까지 순글로벌최저한세소득금액이 있는 다음 사업연도로 이월하여 위 ①의 금액에 산입

② 순글로벌최저한세손익 미발생연도 특례

해당 사업연도에 순글로벌최저한세손익이 발생하지 않은 국가에서 해당 국가의 조정대상조세가 영(零)보다 작고 "조정대상조세예상액(구성기업 소재지국의 글로벌최저한세손익에 최저한세율을 곱한 금액)"보다 작을 경우 해당 국가의 구성기업에 대해서는 조정대상조세와 조정대상조세예상액과의 차액만큼 당기추가세액가산액(국조법 §70 ④)이 발생하는 것으로 본다.(국조령 §118)

(2) 무국적구성기업별 구분계산

"무국적구성기업"(소재지국이 없는 것으로 보는 투과기업 및 제4형 고정사업장)은 무국적구성기업별로 별도의 국가로 보고 그 국가에 소재하는 구성기업으로 본다.(국조법 §69 ⑥, 국조령 §117)

(3) 소수지분구성기업 및 투자구성기업의 제외

실효세율을 계산할 때 해당 국가에 소재하는 소수지분구성기업 또는 투자구성기업의 글로벌최저한세손익과 조정대상조세는 해당 국가의 순글로벌최저한세손익 및 조정대상조세의 합계를 계산할 때 제외한다.(국조법 §69 ⑦)

사례 손실연도의 실효세율 계산

1. 손실연도 추가세 부과 (사례 4.1.5 - 1)

A사는 글로벌최저한세규정의 적용을 받는 다국적기업그룹의 구성원이다. A사는 A국에 있는 유일한 구성기업이다. A국 법에 따라 A사에 부과되는 유일한 조세는 15%의 세율로 부과되는 법인세이다. A국은 세무상 손실의 이월을 규정하며, 이를 통해 납세자는 향후 과세소득을 감소시키기 위해 이러한 손실을 후속기간으로 이월할 수 있다.

1차년도에 A사는 글로벌최저한세규정에 따라 120의 소득과 220의 지출을 계상하며, 그 결과 그 기간에 (100)의 글로벌최저한세손실을 계상한다. 그러나 A국 세법상 A사는 과세소득이 100인 것으로 취급된다. 이는 A사의 소득 중 20이 A국 법에 따라 비과세되는 양도차익에서 발생했기 때문이다. 아래 표는 관할국 및 글로벌최저한세 목적상 A사의 과세상황을 보여준다. 표 왼쪽은 관할국 세무상 결정된 A사의 손실을 나타내고 표 오른쪽은 동일한 계산을 글로벌최저한세 규정

에 따라 산출한 것이다.

관할국 조세		글로벌최저한세 규정	
소득	100	소득	100
		관할국법에서 제외한 양도차익	20
비용	(220)	비용	(220)
총손익	(120)	총손익	(100)
조세(이연)	(18)	조정대상조세 (예상)	(15)

A사의 관할국 세무상 손실은 글로벌최저한세 목적상 기록된 손실보다 크다. A국 법에서 20의 추가 세무상 손실은 A국 법에서 20의 양도차익을 포함하지 않기 때문에 발생한다(즉, 추가손실은 비경상적 손실과 관련된 영구적 차이이다). A사의 세무상 손실은 법인세율에 세액을 곱한 것과 동일한 회계상 이연법인세자산(120×15%=18)을 발생시킨다. 이연법인세자산의 발생은 A사의 이연법인세 조정액에 포함되며, A사의 조정대상조세에 대한 감액으로 처리된다. 손실이월액이 A국에서 다음 연도에 사용되는 경우, 이연법인세자산은 A사의 조정대상조세에 추가되는 것으로 처리된다.

관할국에 글로벌최저한세소득이 없는 회계연도에 관할국의 조정대상조세가 영(0) 미만으로 예상 조정대상조세보다 작은 경우, 관할국 구성기업은 관할국에서 이들 금액의 차액 상당액을 당해연도에 발생하는 당기추가세로 추가 납부해야 하는 것으로 본다. 예상 조정대상조세는 관할국의 글로벌최저한세손익에 최저한세율을 곱한 금액이다. 이 경우, A사는 글로벌최저한세손실을 계상하며 A국에 있는 유일한 구성기업이다. 이는 A국에는 글로벌최저한세소득이 없다는 의미이다. A사의 그 연도 예상 조정대상조세는 A사의 글로벌최저한세손실(100)에 15%의 최저한세율을 곱한 금액이다.[(100)×15%=(15)]

A사의 조정대상조세(18)가 A사의 예상 조정대상조세(15)보다 적다. 따라서 A사는 1차년도에 3유로의 추가세를 추가 부담한다. 1차년도에 A사에 즉시 조세를 부과하는 것은, 회계기준에 따른 A사의 이연법인세비용과 글로벌최저한세규정(18유로의 이연법인세자산 결정)간의 연관을 유지하면서, 관할국 세무상 발생된 추가 법인세자산을 조정대상조세로 인식할 수 있음을 의미한다. (즉, 회계상 결정된 이연법인세자산 18유로는 글로벌최저한세 목적으로도 사용됨) 이에 따라, 나중에 이연법인세항목을 사용할 때 세무상 손실이 부풀려지는 영구적 차이가 A국의 실효세율을 과대표시하지 않도록 보장한다.

2차년도에 A사가 220의 소득과 (100)의 지출을 계상하며, 그로 인해 120의 이익이 글로벌최저한세소득과 과세소득에 모두 포함된다고 가정한다. A사는 1차년도에 관할국 법에 따라 120유로의 손실이월액을 계상하므로 2차년도에 120유로의 글로벌최저한세소득, 0의 과세소득 및 0의 당기조세비용을 계상한다. 그러나 18유로의 이연법인세자산은 2차년도 조정대상조세에 포함되며 추가세는 발생하지 않을 것이다.

아래 표는 2차년도 관할국 조세 및 글로벌최저한세 목적상 A사의 과세상황을 보여준다. 표 왼쪽은 관할국 세무상 A사의 입장으로 보여주고, 표 오른쪽은 글로벌최저한세 규정에 따른 실효세율 계산을 보여준다.

관할국 조세		글로벌최저한세 규정	
소득 비용 손실상계	100 (100) (120)	소득 비용	220 (100)
총손익	0	총손익	120
		조정대상조세	18
		글로벌최저한세 실효세율	15%

2. 조정대상조세 (사례 4.1.5 - 2)

다음 사항을 제외하고, 사실관계는 사례 4.1.5-1과 같다; a. A사 1 및 A사 2는 글로벌최저한세 규정의 적용을 받는 다국적기업그룹의 구성원들이며, 둘 다 A국에 소재한다. b. 1차년도에 A사 1은 A사 2와 동일한 조세결과를 계상한다.(최저한세손실 100, 이연법인세자산 18) c. 1차년도에 A사 2의 글로벌최저한세소득은 50이다.

이 사례에서 A국의 조정대상조세가 영 미만이고 예상 조정대상조세보다 작은 경우, A사 1 및 A사 2는 이 두 금액의 차액에 상당하는 1차년도에 발생하는 당기추가세를 부담한다.

A사 1 및 A사 2의 1차년도 예상 조정대상조세는 관할국의 글로벌최저한세손익에 최저한세율을 곱한 금액과 같다. 이런 이유로, A사 1의 이연법인세자산 (18)은 A사 2의 대상조세 7.5(15%×50)에 가산해야 하는데, 그 결과 A국의 조정대상조세는 (10.5)가 된다. A사 1과 A사 2의 1차년도 예상 조정대상조세는 A사 1과 A사 2의 글로벌최저한세손실 (50)에 15%의 최저한세율을 곱한 금액이다.[(50)×15%=(7.5)]

조정대상조세 (10.5)가 0보다 작고 예상 조정대상조세 (7.5)보다 작으므로, 당기추가세 가산액 3이 발생한다. A사 1이 0보다 작고 글로벌최저한세손익에 최저한세율을 곱한 금액보다 작은 조정대상조세를 계상함에 따라 당기추가세 가산액 3은 A사 1에 배분된다. 이 사례의 결과를 나타내는 표는 다음과 같다.

	A사 1	A사 2	A국 과세
글로벌최저한세손익	(100)	50	(50)
이연법인세자산	(18)	–	–
대상조세	–	7.5	–
예상 조정대상조세			(7.5)
조정대상조세	(18)	7.5	(10.5)
당기추가세 가산액			3

3. 조정대상조세 (사례 4.1.5-3)

A국의 소득세율이 25%라는 점을 제외하고, 사실관계는 사례 4.1.5-2와 같다. 이 사례에서, A사 2는 12.5(50×25%)의 조정대상조세를 계상한다. 글로벌최저한세손실에 항상 최저한세율(15%×(50))을 곱하기 때문에 1차년도 A국의 예상 조정대상조세는 (7.5) 그대로이다. A사 1의 이연법인세자산은 최저한세율로 재계산되므로 (18) 그대로 유지되며, A사 2의 조정대상조세 12.5에 가산되어, A국에서 (5.5)의 조정대상조세가 계상된다.

A국의 조정대상조세 (5.5)은 예상 조정대상조세 (7.5)보다 작지 않기 때문에, 이 경우 조정이 필요하지 않다. 1차년도에 A사 2가 계상한 조세는 A사 1의 영구적 차이를 추가세로부터 방어하기에 충분하다. 이 사례의 결과를 나타내는 표는 다음과 같다.

	A사 1	A사 2	A국 과세
글로벌최저한세손익	(100)	50	(50)
이연법인세자산	(18)	-	-
대상조세	-	12.5	-
예상 조정대상조세			(7.5)
조정대상조세	(18)	12.5	(5.5)
당기추가세 가산액			0

4. 제외배당 (사례 4.1.5-4)

A사는 25%의 국내 법인세율을 부과하는 A국에 있다. A국의 과세표준은 글로벌최저한세 규정의 과세표준과 같다. 한 회계연도에 A사는 글로벌최저한세손익에서 제외되는 100의 배당소득을 받는다. A사는 또한 그 회계연도 중 배당소득과 직접 관련된 150의 비용을 계상한다. 글로벌최저한세규정은 배당소득만을 제외하기 때문에 A사는 배당을 제외하여 그 회계연도의 글로벌최저한세손실 (150)을 계상한다. A사의 예상 조정대상조세는 (22.5)이고, 글로벌최저한세 목적상 설정된 실제 이연법인세자산도 (22.5)(국내 세무상 손실 (150)에 최저한세율 15%를 곱한 금액)이므로 추가세는 발생하지 않는다.

5. 부의 법인세비용(Excess Negative Tax Expense)(사례 4.1.5-5)

이 사례는 부의 법인세비용의 처리절차를 예시한다. X국에서 운영되는 다국적기업그룹은 1차년도에 (100)의 글로벌최저한세손실을 계상한다. 그런데 X국 세법상 다국적기업그룹은 1차년도에 (300)의 영업순손실을 계상한다. X국의 예상 조정대상조세는 (15)이고 조정대상조세는 (45)이다. 다국적기업그룹은 부의 법인세비용 처리절차를 적용하기로 선택하고 1차년도에 추가세를 납부하지 않는다. 부의 법인세비용 이월액 30을 계상한다.

2차년도에 다국적기업그룹은 X국에서 글로벌최저한세소득 300을 계상하고 세법상 소득과 상계하기 위해 영업순손실 300을 사용한다. 글로벌최저한세 목적상, 1차년도에 계상한 이연법인세자산 (45)는 이월결손금 사용으로 환입된다. 그런데 1차년도에 부의 법인세비용 처리절차를 선택했기 때문에, 2차년도에 X국의 조정대상조세는 부의 법인세비용 이월액 30만큼 감소한다. 결과적으로, 2차년도에 조정대상조세는 15, 실효세율은 5%(=조정대상조세 15/최저한세소득 300)이다. X국의 추가세율은 10%(=최저한세율 15%-실효세율 5%)이며 2차년도에 30의 추가세가 적용된다.

3.2 구성기업 소재지국 추가세액 계산

(1) 구성기업 소재지국의 추가세액

각 사업연도 해당 다국적기업그룹의 구성기업이 소재한 국가의 추가세액은 다음 계산식에 따라 계산한 금액으로 한다.(국조법 §70 ①)

> 구성기업 소재지국가 추가세액 = (A×B) + C − D
>
> A: 해당 다국적기업그룹의 구성기업이 소재한 국가의 추가세율 : 최저한세율 − 실효세율. 영 이하인 경우 추가세율은 영으로 본다.(국조법 §70 ②)
>
> B: 해당 다국적기업그룹의 구성기업이 소재한 국가의 초과이익
>
> C: 해당 다국적기업그룹의 구성기업이 소재한 국가의 당기추가세액가산액
>
> D: 해당 다국적기업그룹의 구성기업이 소재한 국가의 적격소재지국추가세액(국조법 §70 ⑤)

① 해당 다국적기업그룹의 구성기업이 소재한 국가의 초과이익

"해당 다국적기업그룹의 구성기업이 소재한 국가의 초과이익"이란 순글로벌최저한세손익에서 해당 국가에 소재하는 구성기업의 적격인건비 및 적격유형자산 장부가액의 일정액인 "실질기반제외소득금액"을 차감한 금액을 말하며, 그 계산 결과가 음수인 경우 초과이익은 영으로 본다.(국조법 §70 ③, 국조령 §118) 이 경우, 적격인건비 및 적격유형자산 장부가액을 계산할 때 총이연법인세조정금액(국조령 §112 ① 1호)은 포함하지 않는다.(국조칙 §75 ⑬)

> 1. 구성기업 소재지국 초과이익 = 순글로벌최저한세손익 − 구성기업 실질기반제외소득금액
> 2. 실질기반제외소득금액 = 적격인건비의 일정액 + 적격유형자산 장부가액의 일정액
>
> ㉮ 적격인건비의 일정액 : 구성기업이 소재한 국가에서 해당 다국적기업그룹을 위하여 근로를 제공하는 "적격종업원"에게 지급되는 "적격인건비"에 다음 비율을 곱한 금액
>
> > 개시사업연도: 2024 9.8%, 2025 9.6%, 2026년 9.4%, 2027 9.2%, 2028 9.0%, 2029 8.2%, 2030 7.4% 2031 6.6%, 2032 5.8%, 2033 이후 5.0%
>
> 1) 적격종업원은 해당 구성기업의 종업원(시간제 종업원) 또는 해당 구성기업의 관리·감독 아래 해당 구성기업의 통상적인 사업활동에 참여하는 자연인인 독립 계약자(인력공급회사에 고용된 자를 포함하되, 해당 구성기업에 재화 또는 용역을 공급하는 법인에 고용된 자는 제외)를 말한다.(국조칙 §75 ①)
> 2) 적격인건비는 종업원에게 직접적이고 개별적인 편익이 되는 근로의 대가로서 봉급·급료·보수·세비(歲費)·임금·상여·수당과 이와 유사한 성질의 급여, 건강보험료, 연금 기여금(퇴직급여 포함), 그 밖에 고용주가 부담하는 사회보장기여금, 회계상 주식기

준보상비용, 그 밖에 고용과 관련하여 고용주가 부담하는 세금을 포함한다.(국조칙 §75
②) 적격인건비를 계산할 때 회계상 자본화되어 적격유형자산의 장부가액에 포함되는 인건비, 글로벌최저한세손익의 계산에서 제외되는 적격국제해운소득 및 적격국제해운부수소득과 관련된 인건비는 제외한다.(국조칙 §75 ④)

㉯ 적격유형자산 장부가액의 일정액 : 해당 국가에 소재하는 "적격유형자산" 장부가액에 다음 비율을 곱하여 산정한 금액.

개시사업연도: 2024 7.8%, 2025 7.6%, 2026년 7.4%, 2027 7.2%, 2028 7.0%, 2029 6.6%, 2030 6.2% 2031 5.8%, 2032 5.4%, 2033 이후 5.0%

1) 적격유형자산은 해당 국가에 소재하는 재산 · 공장 · 장비, 해당 국가에 소재하는 석유 · 천연가스 · 목재 · 광물 등의 천연자원, 해당 국가에 소재하는 유형자산에 대한 사용권(right of use) 자산, 해당 국가에 소재하는 부동산의 사용 또는 천연자원의 개발(전자통신을 위한 주파수 대역의 사용 포함)에 대해 정부로부터 받은 사용권 또는 유사한 인허가(상당한 규모의 유형자산 투자가 수반되는 것으로 한정)을 말하며, 매각 · 임대 또는 투자를 위해 보유하는 유형자산과 적격국제해운소득 및 적격국제해운부수소득의 창출에 사용되는 유형자산(선박, 해양 장비 및 기반시설 포함)은 제외한다.(국조칙 §75 ③)
2) 적격유형자산의 장부가액은 해당 다국적기업그룹의 연결재무제표 작성 목적으로 계상한 적격유형자산의 장부가액으로서 해당 사업연도의 기초가액과 기말가액의 평균금액으로 하며, "취득가액+자본화되는 인건비−누적 감가상각 · 상각 · 감모상각 또는 손상차손 금액+손상차손환입금액−취득 이후 재평가로 증가된 장부가액"으로 계산한다.(국조칙 §75 ⑤)
3) 적격유형자산이 운용리스의 대상인 경우 해당 운용리스의 리스제공자 및 리스이용자의 적격유형자산 장부가액은 다음 구분에 따른 금액으로 한다.(국조칙 §75 ⑥)

1. 리스이용자가 회계상 사용권자산을 계상하지 않는 경우
   가. 리스제공자: 리스자산의 장부가액
   나. 리스이용자: 0원
2. 리스이용자가 회계상 사용권자산을 계상하는 경우
   가. 리스제공자: 리스이용자가 같은 그룹의 구성기업이 아닌 경우 리스자산(리스제공자의 소재지국에 소재하는 것으로 한정)의 장부가액에서 리스이용자의 기초 및 기말 잔여 리스기간 동안의 리스사용료 합산 금액의 평균을 차감한 금액. 리스이용자가 같은 그룹의 구성기업으로서 리스제공자와 같은 나라에 소재하는 경우: 리스자산(리스제공자의 소재지국에 소재하는 것으로 한정의 장부가액
   나. 리스이용자: 리스제공자가 같은 그룹의 구성기업이 아닌 경우 회계상 계상한 사용권자산의 장부가액, 리스제공자가 같은 그룹의 구성기업으로서 같은 나라에 소재하는 경우 0원

구성기업의 적격종업원이 해당 구성기업의 소재지국 외에서 근로를 제공하는 경우, 또는 구성기업의 적격유형자산이 해당 구성기업의 소재지국 외에 소재하는 경우 해당 소재지국에서의 "국내근로시간비율" 또는 해당 소재지국에서의 유형자산 "국내소재기간비율" 상당하는 적격인건비 금액 또는 적격유형자산 장부가액만을 해당 구성기업의 적격인건비 금액 또는 적격유형자산 장부가액으로 산정한다. 다만, 국내근로시간비율 또는 국내소재기간비율이 50%를 초과하는 경우에는 그 비율을 100%로 본다.(국조칙 §75 ⑦) 구성기업이 이에 따라 실질기반제외소득금액을 계산하는 경우에는 국내근로시간비율 또는 국내소재기간비율 산정에 필요한 사항(해당 구성기업 소재지국에서의 적격종업원 근무시간 또는 적격유형자산 소재일수 등에 관한 사항)을 기록 · 유지해야 한다.(국조칙 §75 ⑧)

㉮ 고정사업장의 실질기반제외소득금액

고정사업장인 구성기업의 적격인건비 및 적격유형자산은 해당 고정사업장의 별도 회계상 계상되고 조정된 것으로서 해당 고정사업장의 소재지국에 소재하는 적격근로자 및 적격유형자산으로 한정한다. 이 경우 고정사업장의 적격인건비 금액 및 적격유형자산 장부가액은 해당 고정사업장 본점의 적격인건비 금액 및 적격유형자산 장부가액에 산입하지 않는다.(국조칙 §75 ⑨)

고정사업장의 글로벌최저한세소득의 전부 또는 일부가 해당 고정사업장의 글로벌최저한세소득 금액의 계산에서 제외되는 경우에는 실질기반제외소득금액을 계산할 때 그 제외비율에 상당하는 해당 고정사업장의 적격인건비 금액 및 적격유형자산 장부가액을 해당 다국적기업그룹의 실질기반제외소득금액의 계산에서 제외한다.(국조칙 §75 ⑩)

㉯ 투과기업의 실질기반제외소득금액

투과기업인 구성기업의 실질기반제외소득금액을 계산할 때, 고정사업장에 배분되지 않은 투과기업의 "잔여 적격인건비 및 적격유형자산 장부가액"은 다음에 따라 배분한다.(국조칙 §75 ⑪)

1. 투과기업의 회계상 순손익이 적격지분보유자에게 배분되는 경우(국조령 §108 ① 1호): 그 배분비율에 따라 해당 적격지분보유자에 배분.(해당 적격지분보유자가 해당 적격근로자 및 적격유형자산의 소재지국에 소재하는 경우로 한정)
2. 투과기업이 최종모기업인 경우 : 그 금액 중 최종모기업의 국가에 소재하는 적격근로자 및 적격유형자산에 한하여 해당 최종모기업에 배분. 다만, 최종모기업의 글로벌최저한세소득이 소유지분 소유자에게 귀속되어 해당 최종모기업의 글로벌최저한세소득이 차감되는 경우(국조법 §77의2 ②)에는 다음 산식에 따라 계산한 실질기반제외금액을 잔여 적격인건비 금액 및 적격유형자산 장부가액에 포함하지 않는다.

실질기반 제외금액 = A × B ÷ C

A: 해당 최종모기업의 잔여 적격인건비 금액 또는 잔여 적격유형자산 장부가액

B: 투과기업 손익조정(국조법 §77의2 ②)에 따라 차감되는 최종모기업 글로벌최저한세소득금액

C: 투과기업 손익조정에 따라 차감되기 전의 최종모기업 글로벌최저한세소득금액

3. 위 1호 및 2호에 따라 배분되지 않은 잔여 적격인건비 금액 및 적격유형자산 장부가액: 해당 다국적기업그룹의 실질기반제외소득금액의 계산에서 제외한다.

㉰ 배당공제제도를 적용받는 구성기업의 실질기반제외소득금액

배당공제제도(국조법 §77의2)를 적용받는 구성기업의 글로벌최저한세소득이 차감되는 경우에는 다음 계산식에 따라 계산한 실질기반제외금액을 해당 구성기업의 적격인건비 금액 및 적격유형자산 장부가액에 포함하지 않는다.(국조칙 §75 ⑫)

실질기반제외금액 = A × B ÷ C

A: 해당 구성기업의 적격인건비 금액 또는 적격유형자산 장부가액

B: 배당공제제도에 따라 차감되는 구성기업의 글로벌최저한세소득 금액

C: 배당공제제도에 따라 차감되기 전의 구성기업의 글로벌최저한세소득 금액

② 실질기반제외소득금액 차감 미적용 : 매년 선택

신고구성기업은 각 사업연도에 대한 글로벌최저한세정보신고서를 제출할 때 해당 국가에 대해 실질기반제외소득금액 전부 또는 일부(적격종업원 일부 또는 적격유형자산 일부에 대한 실질기반제외소득금액)를 차감하지 않고 해당 국가에 대한 추가세액을 계산할 것을 매년 선택(신고구성기업의 선택으로서 해당 선택의 대상인 선택연도에만 적용되는 것)할 수 있다. 이 경우 매년 선택은 취소할 수 없다.(국조칙 §75 ⑫)

③ 구성기업 소재지국의 당기 추가세액가산액

"해당 다국적기업그룹의 구성기업이 소재한 국가의 당기추가세액가산액"이란 이전 사업연도의 실효세율을 다시 계산하는 경우 발생하는 해당 사업연도의 추가세액에 가산하는 금액으로, 각 사업연도에 이연법인세부채조정(국조법 §67 ③), 경정대상사업연도 대상조세감소조정(국조법 §68 ① 2호) 및 미납세액조정(국조법 §68 ④), 간주분배세액 미과세조정(국조법 §78 ②), 이연법인세비용조정(국조법 §68 ③) 및 총자산처분이익조정(국조령 §104 ① 10호)에 따라 실효세율 또는 추가세액을 다시 계산한 결과 이전 사업연도의 추가세액이 증가하는 경우 그 증가액을 해당 사업연도에 해당 국가의 추가세액에 가산하는 금액으로 한다.(국조법 §70 ④, 국조령 §119 ①, 국조칙 §76)

각 사업연도에 순글로벌최저한세소득이 없는 국가의 경우 해당 국가에 소재하는 각 구성기업의 조정대상조세 금액의 합계액이 음수로서 해당 국가에 소재하는 각 구성기업의 글로벌최저한세손익금액 합계액에 최저한세율을 곱한 금액(= "조정대상조세 금액의 합계 예상액")보다 작을 때에는 해당 국가에 소재하는 각 구성기업의 조정대상조세 금액의 합계액과 조정대상조세 금액의 합계 예상액과의 차액을 해당 국가의 당기추가세액가산액으로 본다.(국조령 §119 ②) 다만, 신고구성기업은 같은 항에 따라 당기추가세액가산액으로 보는 차액을 매년 선택에 따라 그 차액이 발생한 이후 순글로벌최저한세소득이 있는 첫 번째 사업연도의 해당 국가에 소재하는 각 구성기업의 조정대상조세 금액의 합계액에서 차감할 수 있다. 이 경우 해당 차액에서 차감되지 않고 남은 금액은 순글로벌최저한세소득이 있는 다음 사업연도로 이월한다.(국조령 §119 ③)

④ 구성기업 소재지국의 적격소재지국추가세액(QDMTT)

"해당 다국적기업그룹의 구성기업이 소재한 국가의 적격소재지국추가세액"이란 추가세액을 영으로 만들기 위하여 소재지국에서 부과하는 세금으로서 해당 국가의 "적격소재지국추가세제도"에 따라 납부하였거나 납부할 금액을 말하며, 다음에 해당하는 경우에는 해당 사업연도 추가세액은 없는 것으로 본다.(국조법 §70 ⑤)

1. 해당 다국적기업그룹의 구성기업이 소재한 국가의 적격소재지국추가세액을 차감한 결과 해당 국가의 추가세액이 영이거나 음수인 경우
2. 해당 다국적기업그룹의 구성기업이 소재한 국가의 적격소재지국추가세제도가 해당 사업연도의 추가세액을 없는 것으로 보기 위한 회계요건 등을 갖춘 경우. 이는 해당 구성기업이 소재한 국가의 적격소재국추가세제도가 다음 요건을 모두 충족하는 경우로서 신고구성기업이 해당 사업연도의 추가세액을 없는 것으로 선택하는 경우를 말한다.(국조령 §120 ②)
   ① 회계요건: 구성기업이 회계상 순손익을 산정할 때에는 다음 어느 하나에 해당하는 회계기준을 따르도록 할 것. 다만, 해당 국가에 소재한 일부 구성기업이 ㉰의 부분 후단의 요건을 충족하지 못했거나 해당 국가에 소재한 일부 구성기업의 사업연도가 연결재무제표에 따른 사업연도와 다른 경우에는 ㉮ 또는 ㉯의 회계기준에 따르도록 해야 한다.
      ㉮ 최종모기업회계기준(국조법 §66 ②)
      ㉯ 인정회계기준 또는 공인회계기준(최종모기업회계기준에 따라 구성기업의 회계상 순손익을 산정하기 어려운 경우로서 적용가능 회계기준(국조령 §105 ①)에 해당하는 경우로 한정)
      ㉰ 구성기업의 소재지국에서 권한이 있는 공인회계기구에 의하여 승인된 회계기준으로서 인정회계기준 또는 중대왜곡방지조정을 거친 공인회계기준. 이 경우 구성기업이 해당 회계기준에 따른 회계계정을 작성하도록 하고, 해당 회계계정이 그 소재지국의 회사법 또는 세법에 따라 작성되도록 하거나 외부회계 감사의 대상이 되도록 한 경우로 한정한다.
   ② 일관성요건: 다음 어느 하나에 해당하는 요건을 충족할 것

㉮ 해당 다국적기업그룹의 구성기업이 소재한 국가의 적격소재국추가세제도를 적용한 결과가 국제적으로 합의한 글로벌최저한세 규칙을 적용한 결과와 일치할 것
㉯ 실질기반제외소득금액을 인정하지 않거나 실질기반제외소득금액을 국제적으로 합의한 글로벌최저한세 규칙을 적용하여 계산한 금액보다 적게 인정할 것
㉰ 최소적용제외 특례(국조법 §74)에 상당하는 다른 국가의 규칙을 인정하지 않거나 최소적용제외 특례 적용을 위한 매출액 및 글로벌최저한세손익에 관한 기준 금액을 국제적으로 합의한 글로벌최저한세 규칙에서 정한 기준 금액보다 적게 규정할 것
㉱ 적격소재국추가세제도에 따른 세율을 최저한세율보다 높게 규정할 것
③ 운영요건: 국제적으로 합의한 글로벌최저한세 규칙의 적용에 대한 모니터링에 관한 것으로서 재정경제부령으로 정하는 요건을 충족할 것

적격소재지국추가세제도란 다음 요건을 모두 갖춘 제도를 말한다.(국조령 §120 ①)

1. 국제적으로 합의한 글로벌최저한세규칙과 부합하는 방식으로 인정회계기준 또는 중대왜곡방지조정을 거친 공인회계기준에 따라 해당 국가의 초과이익 금액을 산정할 것
2. 해당 국가의 1호에 따른 초과이익 금액에 대한 세부담을 해당 초과이익 금액에 최저한세율을 곱하여 계산되는 금액까지 증가시킬 것
3. 국제적으로 합의한 글로벌최저한세규칙을 적용한 결과에 부합하는 결과를 가져오는 방식으로 시행되고 해당 국가가 해당 규칙에 따라 추가세액을 부담하는 기업에 해당 규칙과 연관된 편익(세제혜택 및 보조금을 포함)을 제공하지 않을 것

(2) 저율과세구성기업의 추가세액

① 저율과세구성기업의 추가세액 계산

각 사업연도에 저율과세구성기업의 추가세액은 다음 계산식에 따라 계산한다.(국조법 §71)

각 구성기업의 추가세액 = A×(B÷C)

A: 각 사업연도 해당 다국적기업그룹의 구성기업이 소재한 국가의 추가세액
B: 각 사업연도 해당 구성기업의 글로벌최저한세손익
C: 각 사업연도 해당 국가에 소재하는 각 구성기업의 글로벌최저한세손익 합계

② 순글로벌최저한세소득이 없는 경우 당기추가세액가산액의 배분

각 사업연도 구성기업의 추가세액을 계산할 때 해당 사업연도에 해당 국가의 순글로벌최저한세소득이 없는 경우에는 다음 구분에 따른 방법으로 해당 국가의 당기추가세액가산액을 각 구성기업에 배분한다.(국조령 §121 ①) 이렇게 당기추가세액가산액이 배분되

는 구성기업은 소득산입규칙이나 소득산입보완규칙을 적용할 때 저율과세구성기업으로 본다.(국조령 §121 ②)

1. 해당 사업연도에 조정으로 이전 사업연도의 재계산 결과 당기추가세액가산액이 발생하는 경우(국조령 §119 ①): 해당 국가 각 구성기업에 다음 산식에 따른 배분기준율에 비례하여 배분

   배분기준율 = A÷B

   A: 당기추가세액가산액이 발생한 이전 사업연도의 해당 구성기업의 글로벌최저한세소득

   B: 당기추가세액가산액이 발생한 이전 사업연도의 해당 국가에 소재하는 각 구성기업의 글로벌최저한세소득 합계

2. 사업연도에 조정대상조세가 음수로서 조정대상조세예상액보다 작아 당기추가세액가산액이 발생하는 경우(국조령 §119 ②): 해당 국가 각 구성기업[해당 사업연도의 해당 구성기업의 조정대상조세 금액이 음수로서 해당 사업연도의 해당 구성기업의 조정대상조세예상액(글로벌최저한세손익금액에 최저한세율을 곱한 금액)보다 작은 경우의 구성기업으로 한정]에 다음 계산식에 따른 배분기준액에 비례하여 배분

   배분기준액 = A－B

   A: 해당 사업연도의 해당 구성기업의 조정대상조세예상액

   B: 해당 사업연도의 해당 구성기업의 조정대상조세

사례 부의 법인세비용 처리절차 (사례 5.2.1－1)

이 사례는 부의 법인세비용 처리절차((Excess Negative Tax Expense)를 예시한다. X국에서 운영되는 다국적기업그룹은 1차년도에 글로벌최저한세소득 200을 계상한다. 그러나 X국 세법상 다국적기업그룹은 1차년도에 영업순손실(100)을 계상한다. 다국적기업그룹은 법인세손실에 따른 이연법인세자산 15 및 그에 따른 부의 법인세비용 15를 계상한다. 다국적기업그룹은 1차년도에 부의 법인세비용 처리절차를 적용해야 한다. 이에 따라 부의 법인세비용을 제거한 후 1차년도의 조정대상조세는 0이고 실효세율은 0%이며 추가세 30(＝최저한세소득 200×(15%－0%))이 계상된다. 부의 법인세비용 이월액은 15이다.

2차년도에 다국적기업그룹은 글로벌최저한세소득 100을 계상하며, 영업순손실 이월액 100으로 인해 X국에서 법인세를 내지 않는다. 영업순손실 이월액을 사용하는 경우 그 영업순손실에 대해 계상한 이연법인세자산 15를 환입한다. 이로 인해 일시적으로 조정대상조세 15가 발생된다. 그러나 1차년도에 부의 법인세비용 처리절차를 적용하였기 때문에 2차년도에 부의 법인세비용 이월이 적용되어 2차년도에 대한 조정대상조세는 0이다. 결과적으로 2차년도에 X국의 실효세율은 0%이며 추가세 15(＝글로벌최저한세소득 100×(최저한세율 15%－실효세율 0%))이 계상된다.

사례 **실질기반제외소득 (사례 5.3.7 - 1)**

이 사례에서 투과기업가 적격 급여비용과 적격 유형자산을 보유하는 상황에서 실질기반소득 제외의 적용을 예시한다. A사는 A국에 있으며 AB그룹의 최종모기업이다. A사는 B사 1의 소유지분 50%, B사 2의 소유지분 100%를 소유한다. B사 1의 나머지 소유지분은 B사 2(45%)와 제삼자(5%)가 보유한다. 또한, B사 1은 B국에서 사업활동을 수행하는 투과기업이다. B국에서 B사 1이 사업활동을 수행한 결과 A사는 B국에 고정사업장을 보유한다. A사, B사 1, B사 2 및 국내사업장(PE)는 AB그룹의 구성기업들이다. B사 1은 1차년도에 소득 1,000유로를 벌고, B국에서 일하는 종업원에 대하여 200유로의 급여비용을 지급하고, B국에 400유로의 유형자산을 보유한다.

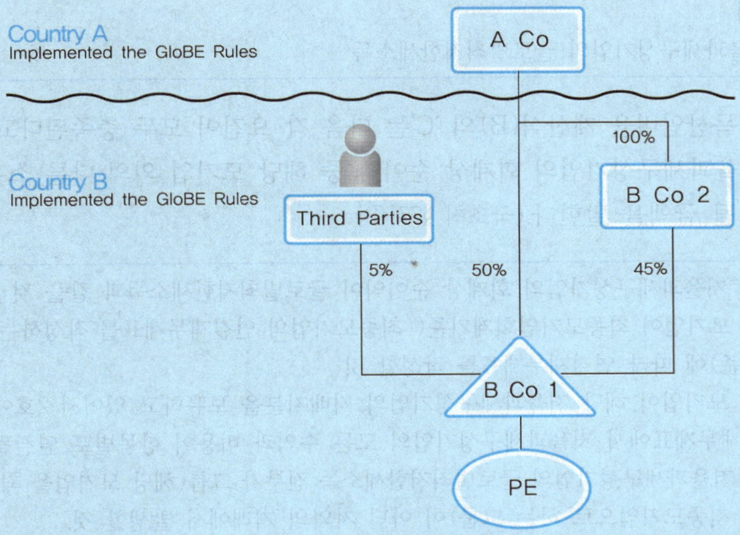

B사 1의 소득은 다음과 같이 감소되고 배분된다. 첫째, B사 1의 소득은 그룹구성원이 아닌 사람에게 배분되는 금액 50만큼 감소된다. 다음으로, B사 1의 소득 중 500유로는 고정사업장에 배분되며 소득에서 차감한다. 마지막으로, B사 1의 소득 중 나머지 450유로는 B사 2에 배분된다. B사 1의 급여비용과 유형자산은 다음과 같이 배분된다. B사 1의 급여비용(100) 및 유형자산(200)의 50%는 고정사업장에 배분된다. B사 2는 B국에 소재하기 때문에, B사 1의 급여비용(90)과 유형자산(180)의 45%는 B사 2에 배분된다. B사 1의 급여비용(10)과 유형자산(20)의 나머지 금액은 구성기업의 실질기반제외소득 계산에 포함되지 않는다.

3.3 모기업 소득산입규칙 : 모기업 추가세액 우선계산

저율과세구성기업의 추가세액에 대해서는 추가세액배분액(발생한 추가세액을 모기업 또는 다른 구성기업들에 배분한 후의 그 배분된 추가세액)을 모기업에 과세하는 소득산입규칙을 우선 적용한다. 이 경우 국내구성기업은 추가세액배분액을 계산하여 납부하여야 한다.(국조법 §72 ①)

(1) 모기업 추가세액배분액의 계산

각 사업연도 저율과세구성기업의 추가세액 중 모기업에 대한 추가세액배분액은 다음 계산식에 따라 계산한다.(국조법 §72 ②, 국조령 §122)

> 모기업에 대한 추가세액배분액 = A×B
>
> A: 저율과세구성기업의 추가세액
>
> B: 저율과세구성기업의 글로벌최저한세소득 중 모기업에 귀속되는 소득산입비율(=1-C/D)
>
> C: 저율과세구성기업의 글로벌최저한세손익 중 모기업 외의 다른 소유지분 보유자에게 귀속되는 금액
>
> D: 저율과세구성기업의 글로벌최저한세소득

위 소득산입비율 계산식(B)의 'C'는 다음 각 요건이 모두 충족된다고 가정하였을 때 해당 저율과세구성기업의 회계상 순이익 중 해당 모기업 외의 다른 소유지분 보유자에게 귀속될 금액을 말한다.(국조칙 §77 ①)

> 1. 해당 저율과세구성기업의 회계상 순이익이 글로벌최저한세소득과 같을 것
> 2. 해당 모기업이 최종모기업회계기준((최종모기업의 연결재무제표를 작성하는 데 사용되는 회계기준)에 따라 연결재무제표를 작성할 것
> 3. 해당 모기업이 해당 저율과세구성기업의 지배지분을 보유하고 있어서 2호에 따른 모기업의 연결재무제표에서 저율과세구성기업의 모든 수익과 비용이 항목별로 연결될 것
> 4. 해당 저율과세구성기업의 글로벌최저한세소득 전부가 그룹(해당 모기업을 최종모기업이나 가상의 최종모기업으로 하는 그룹)이 아닌 자와의 거래에서 발생할 것.
> 5. 해당 저율과세구성기업의 소유지분 중 해당모기업이 직접 또는 간접으로 보유하지 않은 것은 그 그룹의 구성원이 아닌 자가 보유할 것

위 소득산입비율 계산식(B)의 "D"는 다음 구분에 따른 금액을 말한다.(국조칙 §77 ②)

> 1. 해당 사업연도에 조정으로 이전 사업연도의 재계산결과 당기추가세액가산액이 발생하는 경우(국조령 §119 ①)로서 해당 국가의 순글로벌최저한세소득금액이 없는 경우: 해당 저율과세구성기업에 배분되는 당기추가세액가산액을 최저한세율로 나누어 계산한 금액
> 2. 해당 사업연도에 조정대상조세가 음수로서 조정대상조세예상액보다 작아 당기추가세액가산액이 발생하는 경우(국조령 §119 ②) : 해당 저율과세구성기업에 배분되는 당기추가세액가산액(국조령 §121 ① 2호)을 최저한세율로 나누어 계산한 금액

(2) 최종모기업이 저율과세구성기업의 소유지분을 보유하는 경우

국내구성기업인 최종모기업이 해당 사업연도 중 저율과세구성기업의 소유지분을 직접 또는 간접으로 보유하는 경우 해당 최종모기업은 최종모기업에 대한 추가세액배분액을 납부해야 한다.(국조법 §72 ③)

(3) 중간모기업이 저율과세구성기업의 소유지분을 보유하는 경우

국내구성기업인 중간모기업이 해당 사업연도 중 저율과세구성기업의 소유지분을 직접 또는 간접으로 보유하는 경우(해당 중간모기업의 고정사업장이 보유하는 해당 저율과세구성기업의 소유지분을 포함) 해당 중간모기업은 중간모기업에 대한 추가세액배분액을 납부해야 한다. 다만, 다음 어느 하나에 해당하는 경우에는 그러하지 않는다.(국조법 §72 ④)

1. 해당 사업연도에 저율과세구성기업이 속하는 다국적기업그룹의 최종모기업이 다음 요건을 갖춘 "소득산입규칙" 또는 그에 상당하는 다른 국가의 "적격소득산입규칙"을 적용받는 경우(국조령 §123)
   ㉮ 국제적으로 합의한 글로벌최저한세규칙에 따른 결과와 부합하도록 시행될 것
   ㉯ 해당 국가가 글로벌최저한세제도에 따라 추가세액을 부담하는 기업에 해당 제도와 연관된 편익(세제 혜택 및 보조금을 포함)을 제공하지 않을 것
2. 해당 사업연도에 중간모기업의 지배지분을 직접 또는 간접으로 보유하는 다른 중간모기업이 소득산입규칙을 적용받는 경우

(4) 부분소유모기업이 저율과세구성기업의 소유지분을 보유하는 경우

국내구성기업인 부분소유모기업이 해당 사업연도 중 저율과세구성기업의 소유지분을 직접 또는 간접으로 보유하는 경우 해당 부분소유모기업은 부분소유모기업에 대한 추가세액배분액을 납부해야 한다.(국조법 §72 ⑤) 다만, 해당 사업연도에 소득산입규칙을 적용해야 하는 부분소유모기업이 다른 부분소유모기업의 소유지분을 직접 또는 간접으로 모두 보유하고 있는 경우 다른 부분소유모기업에 대해서는 이를 적용하지 않는다.(국조법 §72 ⑥)

(5) 모기업이 중간모기업을 통해 저율과세구성기업의 소유지분을 보유하는 경우

모기업이 적격소득산입규칙을 적용받는 기업으로서 중간모기업 또는 부분소유모기업을 통해 저율과세구성기업의 소유지분을 간접으로 보유하는 경우 해당 모기업에 대한 추가세액배분액은, 위 (1)에 따라 계산된 추가세액배분액에서 적격소득산입규칙이 적용

되는 그룹의 구성기업인 중간모기업 또는 부분소유모기업이 납부하는 추가세액배분액 중 해당 모기업이 직접 또는 간접으로 보유하는 해당 중간모기업 또는 해당 부분소유모기업의 소유지분에 귀속되는 금액을 차감하여 계산한다.(국조법 §72 ⑧, 국조령 §124)

(6) 국내 저율과세구성기업의 제외

국내 저율과세구성기업에 대해서는 소득산입규칙(추가세액배분액 납부)을 적용하지 않는다.(국조법 §72 ⑦)

사례 하향식접근법의 적용

1. 하향식접근법의 적용(사례 2.1.3 – 1)

이 사례에서 최종모기업이 소득산입규칙을 적용할 필요가 없는 상황에서 하향식접근법을 적용하는 방식을 예시한다. A사는 A국에 소재하며 ABC그룹의 최종모기업이다. A사는 B국에 소재하는 B사 1과 B사 2를 직접 소유한다. B사 1과 B사 2는 각각 C국에 소재하는 구성기업 C사 지분의 50%를 보유한다. C사 지분은 이익분배와 자본에 대한 동등한 권리를 갖는 보통주이다. A사, B사 1, B사 2, C사는 유일한 ABC그룹 구성원들이다. A사, B사 1, B사 2는 회계연도에 모두 최저한세율보다 높은 실효세율을 적용하지만, C사는 저율과세국에 있는 저율과세구성기업이다. 3국 중 B국만 소득산입규칙을 시행한다. 아래 그림은 ABC그룹의 구성원들의 소유구조와 국가를 보여준다.

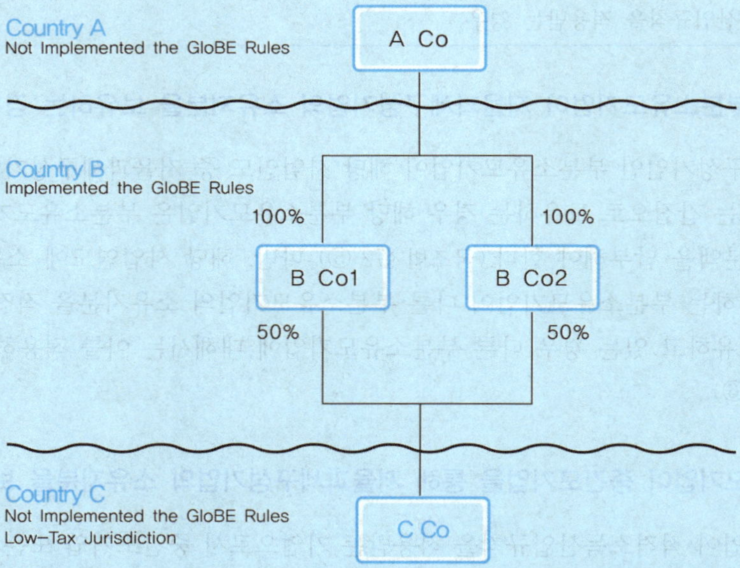

C국은 저율과세국이며 C사는 저율과세구성기업으로, C사에 대해 결정되는 추가세액은 소득산입규칙에 따라 부과된다. A사가 최종모기업이고, A국이 소득산입규칙을 시행하고 있는 경우, A

사는 소득산입규칙을 적용할 우선권을 갖는다. 그런데, 이 경우 B국만이 소득산입규칙을 도입해서 A사는 우선권이 없으므로, 중간모기업(B사 1 및 B사 2)이 소득산입규칙을 적용해야 한다. B사 1 및 B사 2는 C사 추가세액의 귀속분(각 50%)을 기준으로 소득산입규칙을 적용한다. B사 1 및 B사 2는 C사의 추가세액 전액과 동일한 추가세액을 소득산입규칙에 따라 납부한다.

2. 하향식접근법 및 상계방식의 적용(사례 2.1.3 - 2)

이 사례에서 소득산입규칙을 적용해야 하는 중간모기업이, 동일한 저율과세구성기업에 대해 소득산입규칙을 적용해야 하는 다른 중간모기업의 소유지분을 소유하는 상황에서 하향식접근법의 적용을 예시한다. 다음 사항을 제외하고, 사례 2.1.3-1의 사실관계와 같다; a. A사는 B사 1이 보유한 B사 2 지분을 제외한 나머지에 해당하는 B사 2 지분의 80%를 직접 보유한다. b. B사 1, B사 2가 각각 C사 지분의 50%를 보유하는 것이 아니라 B사 1이 C사 지분의 10%를, B사 2가 90%를 보유한다. 아래 그림은 ABC그룹 구성원들의 소유구조 및 소재지를 보여준다.

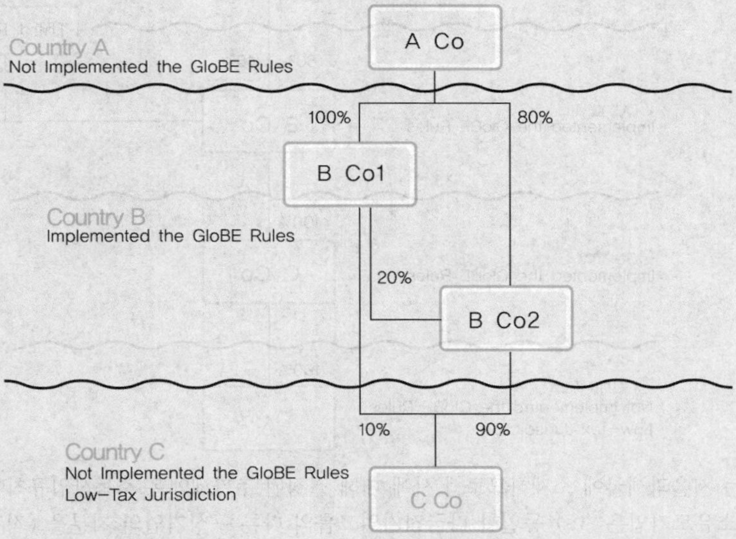

이 사례에서 소득산입규칙을 적용해야 하는 중간모기업의 하나(B사 1)가 다른 중간모기업(B사 2) 지분의 일부를 보유한다. 그러나 B사 1이 B사 2에 대한 지배지분을 소유하지 않으므로, 종속기업(B사 2)이 소득산입규칙을 적용하는 것을 배제하지 않는다. 따라서 B사 1 및 B사 2는 모두 추가세액의 배분액에 근거하여 소득산입규칙을 적용해야 한다. 이 경우, C사 추가세액에 대한 B사 2의 배분액은 90%(C사에 대한 직접보유지분에 근거하여), B사 1의 추가세액배분액은 28%(직접보유에 의한 10%, 간접보유에 의한 18%)로 가정한다. 그런데, 이중과세를 피하기 위해 C사에 대한 간접소유에 귀속되는 추가세액을 B사 2 부담액만큼 B사 1이 감액해야 한다.

사 례 소득산입규칙의 적용–부분소유모기업

1.(사례 2.1.5 – 1) 이 사례에서 최종모기업과 부분소유모기업이 동일한 저율과세구성기업에 대해 소득산입규칙을 적용해야 하는 상황에서 분할소유원칙(split-ownership rules)과 하향식접근법의 적용을 예시한다. A사는 A국에 소재하며 ABCD그룹의 최종지배기업이다. A사는 B국, C국, D국에 소재하는 B사, C사, D사의 3개 구성기업에 대한 지배지분을 소유한다. A사는 B사 지분의 60%를 소유하고 나머지 40%는 제삼자가 소유한다. B사는 C사를 완전히 소유하고 C사는 D사를 완전히 소유한다. B사, C사, D사의 지분은 이익분배와 자본에 대한 동등한 권리를 갖는 보통주이다. 다음 그림은 ABCD그룹 구성원들의 소유구조와 소재지를 보여준다.

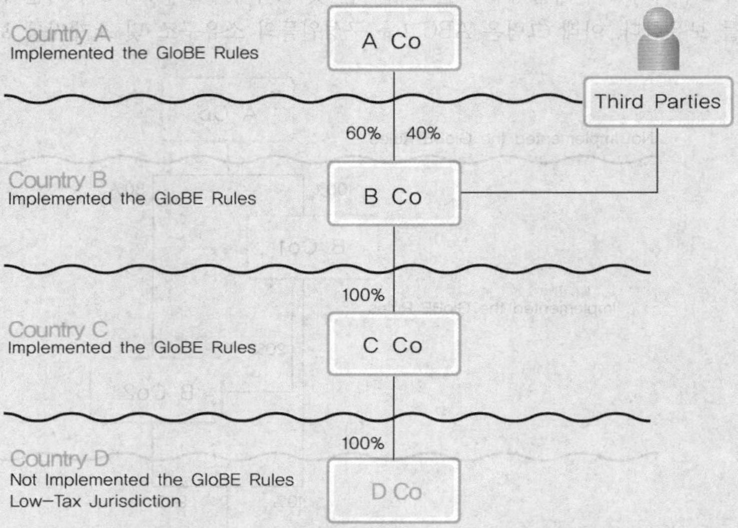

D사는 저율과세국에 소재하므로, D사에 대해 결정된 추가세액은 소득산입규칙에 따라 부과된다. 부분소유모기업은: (a) 동일한 다국적기업그룹의 다른 구성기업의 지분을 (직간접으로) 소유하고, (b) 다른 구성기업 지분의 20% 이상을 다국적기업그룹의 구성기업이 아닌 사람이 직간접으로 소유하는 경우의 구성기업을 말한다. 간접소유요건에서 최종모기업을 통해 구성기업이 아닌 자가 소유하는 지분은 고려하지 않는다. (a) B사는 C사 지분을 소유하고, (b) B사 지분의 40%를 ABCD그룹의 구성기업이 아닌 자가 소유하기 때문에 B사는 부분소유모기업이다. 또한, (a) C사는 D사의 지분을 소유하고 (b) C사 지분의 40%를 ABCD그룹의 구성기업이 아닌 자가 (B사를 통해) 간접적으로 소유하기 때문에 C사는 부분소유모기업의 정의를 충족한다. 그런데 D사 지분의 40%를 (B사와 C사를 통해) 다국적기업그룹의 구성기업이 아닌 자가 간접적으로 소유하지만, D사는 다국적기업그룹의 구성기업 지분을 소유하지 않으므로 D사는 부분소유모기업은 아니다. 최종모기업이나 중간모기업 또한 소득산입규칙을 적용해야 하는지 여부에 상관없이, 부분소유모기업은 저율과세구성기업 추가세액의 배분액에 근거하여 소득산입규칙을 적용해야 한다. 따라서 B사와 C사 모두 D사에 대한 지분이 있기 때문에 소득산입규칙을 적용해야 한다. 그런데, C사를 다른 부분소유모기업(B사)이 완전히 소유하기 때문에 소득산입규칙의 적용은 제한된다. 그러므

로 B사는 소득산입규칙을 적용하고 D사 추가세액의 100%에 해당하는 법인세를 납부한다. 부분소유모기업이 있다고 해서 최종모기업이 소득산입규칙을 적용하는 것을 막을 수는 없다. 다만, 소득합산상계방식에서 최종모기업은 부분소유모기업이 부담하는 부분만큼 추가세액의 배분액을 감액해야 한다. 이에 따라, A사는 D사의 추가세액 배분액을 0으로 감액해야 한다.

2.(사례 2.1.5-2) 이 사례에서 동일한 저율과세구성기업에 대해 2개의 부분소유모기업이 소득산입규칙을 적용해야 하는 상황에서 따른 분할소유원칙과 하향식접근법의 적용을 예시한다.

다음 사항을 제외하고 사실관계는 사례 2.1.5-1과 같다: a. C사 지분의 10%를 제삼자가 직접 보유한다. b. 나머지 90%를 여전히 B사가 보유한다. 아래 그림은 ABCD그룹 구성원의 소유구조 및 소재지를 보여준다.

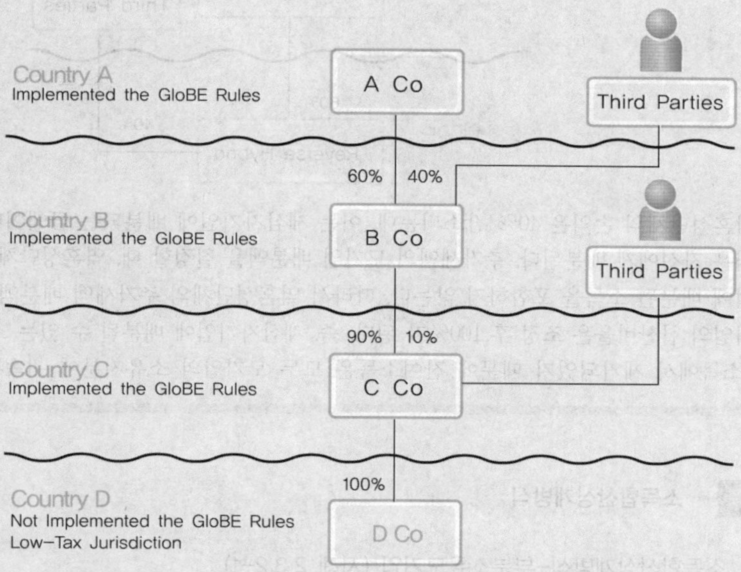

B사 및 C사 지분의 20% 이상을 ABCD그룹의 구성기업이 아닌 사람이 소유하기 때문에 B사 및 C사는 부분소유모기업이다. B사 지분의 40%를 제삼자가 직접보유하기 때문에 B사는 부분소유모기업이며, C사 지분의 46%를 제삼자가 직접보유(10%) 또는 간접보유(40%*90%= 36%) 하므로 C사도 부분소유모기업이다. 그런데, 이 상황에서 C사를 다른 부분소유모기업이 완전히 소유하지 않으므로 C사가 소득산입규칙을 적용하는 것이 제한되지 않는다. 따라서, C사는 D사의 추가세액 100%에 대하여 소득산입규칙을 적용하는데, 그것이 추가세액 배분액이기 때문이다. 이 경우, B사는 여전히 소득산입규칙을 적용해야 하며(추가세액 배분액이 달라짐) 제한되지 않는다. 그러나 소득합산상계방식으로 A사와 B사가 D사에 대해 소득산입규칙을 적용함에 따라 발생할 수 있는 이중과세를 방지하게 된다.

사 례 소득산입규칙에 따른 추가세액 배분액 (사례 2.2.4-1)

이 사례에서 저율과세구성기업의 소득 중 일부를 제삼자기업에 배분하는 경우 합산비율 및 추가세액배분액의 산정을 예시한다. 역혼성단체(Reverse Hybrid Entity)는 B국 세법상 무시되지만 A국 세법상 인정되는 B국에서 설립된 회사이다. A국에 소재하는 다국적기업그룹의 모기업은 역혼성단체 지분의 60%를 소유하고 나머지 40%는 제삼자기업이 소유한다. 아래 그림은 다국적기업그룹 구성원의 소유구조와 소재지를 보여준다.

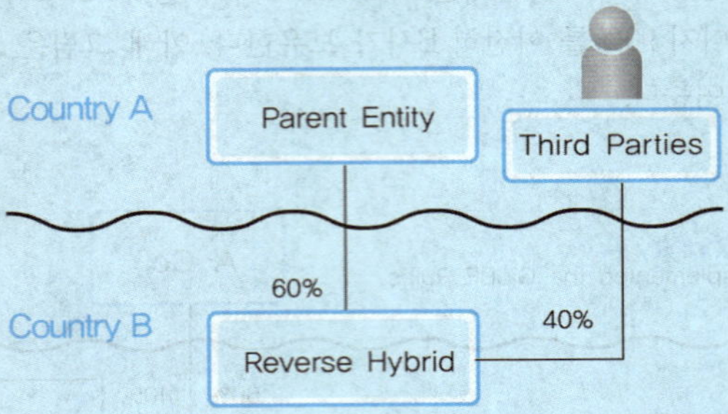

역혼성단체의 손익은 40% 감소되는데, 이는 제삼자기업에 배분되는 금액이다. 나머지 60%의 손익은 자신에게 배분된다. 추가세액의 모기업 배분액을 결정할 때, 역혼성단체의 소득은 제삼자기업에 배분된 소득을 포함하지 않는다. 따라서 역혼성단체의 추가세액 배분액을 결정하기 위한 모기업의 합산비율은 조정 후 100%가 된다. 즉, 제삼자기업에 배분될 수 있는 소득은 역혼성단체의 소득에서 제거되었기 때문에 잔여소득은 모두 모기업의 소유지분에 귀속된다.

사 례 소득합산상계방식

1. 소득합산상계방식-부분소유모기업 (사례 2.3.2-1)

이 사례에서 최종모기업과 부분소유모기업이 동일한 저율과세구성기업에 대해 소득산입규칙을 적용하는 상황에서 소득합산상계방식을 적용하는 방법을 예시한다. A사는 ABC그룹의 최종모기업이다. A사는 A국에 소재하며, A국에서 두 자회사의 지배지분을 직간접적으로 소유한다. B사와 C사는 각각 B국과 C국에 소재한다. C사는 저율과세국에 있는 저율과세구성기업이다. A사, B사 및 C사는 ABC그룹의 유일한 구성원들이다. A사는 B사 지분의 60%를 소유하며, 나머지 40%는 제삼자가 소유한다. B사는 C사를 완전히 소유한다. B사와 C사의 지분은 이익분배와 자본에 대한 동등한 권리를 갖는 보통주이다. 아래 그림은 다국적기업그룹 구성원들의 소유구조와 소재지를 보여준다.

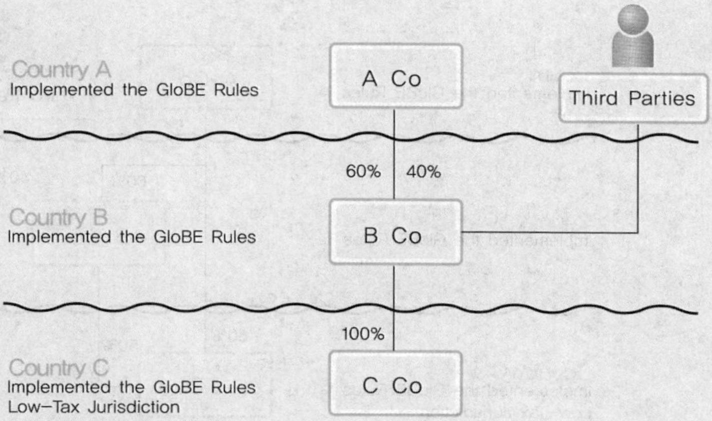

C사의 추가세액은 1천만유로이다. B사는 ABC그룹의 다른 구성기업에 대한 지분을 소유하며 그 지분의 40%를 제삼자기업이 보유하기 때문에 부분소유모기업이다. 따라서 B사는 저율과세구성기업의 지분을 소유하는 부분소유모기업이므로 소득산입규칙을 적용해야 한다. A사 또한 최종모기업이므로 소득산입규칙을 적용해야 한다. 그러나 A사는 부분소유모기업(B사)을 통해 저율과세구성기업(C사) 지분을 소유하기 때문에 이중과세를 방지하기 위해 A사에 배분된 추가세액을 감액한다. 추가세액의 감액은 최종모기업(A사)에 배분되고 하위중간모기업 또는 부분소유모기업(B사)이 '부담하는' 추가세액 '해당분'으로 제한된다. 이에 따라, B사는 소득산입규칙을 적용해야 하며, 추가세액 배분액은 1천만유로이다. A사도 소득산입규칙을 적용해야 하지만, B사가 부담한 추가세액으로 인해 추가세액 배분액(600만 유로)이 0으로 감소한다. 이 사례의 결과를 나타내는 표는 다음과 같다.

기업	C사에 대한 직접 지분	C사에 대한 간접 지분	합산비율	추가세액 배분액	소득합산 상계	추가세액 부담
A사	100%		1	10백만유로	-	10백만유로
B사		60% (60%*100%)	0.6	6백만유로	6백만유로	0

2. 소득합산상계방식-부분소유모기업 (사례 2.3.2-2)

이 사례에서 최종모기업이 저율과세구성기업에 대한 직접소유지분을 보유하고, 부분소유모기업을 통해 저율과세구성기업에 대한 간접소유지분을 보유하며, 최종모기업과 부분소유모기업이 모두 저율과세구성기업에 대해 소득산입규칙을 적용하는 경우에 소득합산상계방식의 적용을 예시한다. A사가 C사에 대한 직접 소유지분이 50%이고 나머지 50%는 B사가 보유하는 것을 제외하고, 사실관계는 사례 2.3.2-1과 같다. B사와 C사의 소유지분은 이익분배와 자본에 대한 동등한 권리를 갖는 보통주이다. 아래 그림은 다국적기업그룹 구성원들의 지배구조와 소재지를 나타낸다.

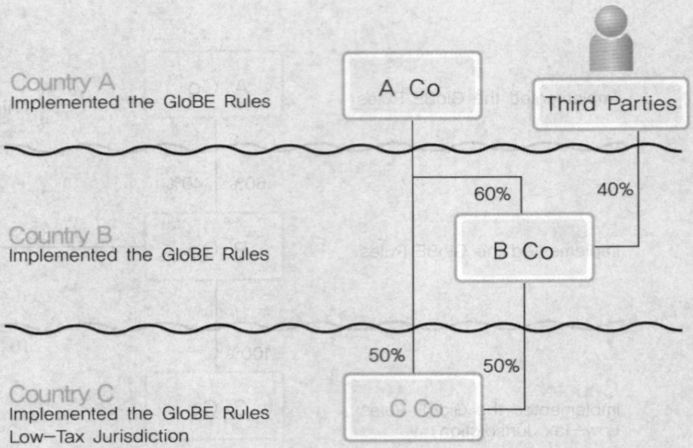

C사의 추가세액은 1천만유로이다. B사는 저율과세구성기업(C사) 지분의 50%를 소유한 부분소유모기업이기 때문에 소득산입규칙을 적용해야 한다. A사 또한 저율과세구성기업(C사) 지분의 80%를 직간접적으로 소유하는 최종모기업이기 때문에 소득산입규칙을 적용해야 한다. 다만, A사의 추가세액 배분액은 하위모기업(B사)이 부담하게 되는 부분만큼 감소한다. 다음 표는 이 사례의 결과를 보여준다.

기업	C사에 대한 직접 지분	C사에 대한 간접 지분	합산비율	추가세액 배분액	소득합산 상계	추가세액 부담
B사	50%		0.5	5백만유로	-	5백만유로
A사	50%	30% (60%*50%)	0.8	8백만유로	3백만유로	5백만유로

3. 소득합산상계방식-중간모기업 (사례 2.3.2-3)

이 사례에서 2개의 중간모기업이 동일한 저율과세구성기업에 대해 소득산입규칙을 적용하는 경우 소득합산상계방식의 적용을 예시한다. A사는 ABCD그룹의 최종모기업이다. A사는 A국에 소재하는 회사로 B국, C국 및 D국에 각각 소재하는 B사, C사 및 D사의 3개 자회사의 지배지분을 소유한다. D사는 저율과세국에 있는 저율과세구성기업이다. A사, B사, C사 및 D사는 ABCD그룹의 유일한 구성원들이다. 글로벌최저한세 규정을 시행하는 곳은 B국과 C국뿐이다. A사는 B사에 대한 소유지분 100%와 C사에 대한 소유지분 60%를 보유한다. B사는 C사에 대한 나머지 40%의 소유지분을 보유하는데, 이 사례의 목적상 이것은 지배지분이 아니다. 또한 C사는 D사에 대한 소유지분을 100% 보유한다. C사의 소유지분은 이익분배와 자본에 대한 동등한 권리를 갖는 보통주이다. 아래 그림은 다국적기업그룹 구성원들의 지배구조와 소재지를 나타낸다.

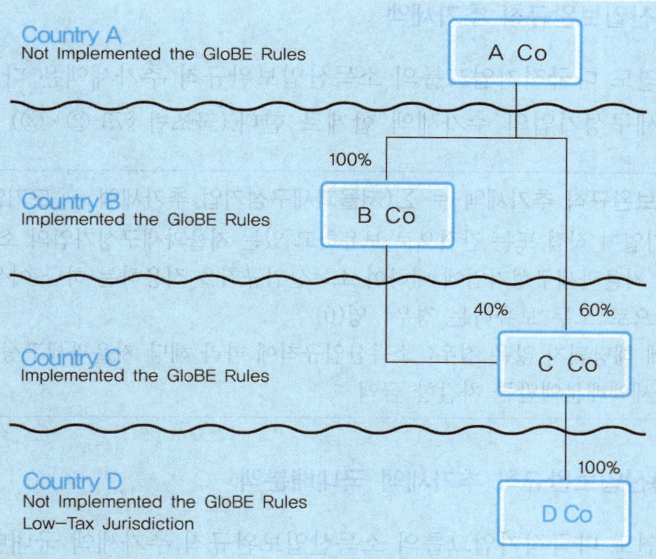

D사의 추가세액은 1천만유로이다. A국은 글로벌최저한세를 시행하지 않으므로 최종모기업(A사)은 소득산입규칙을 적용할 필요가 없다. C사는 중간모기업으로 저율과세구성기업(D사)에 대한 지분을 소유하기 때문에 소득산입규칙을 적용해야 한다. A사 지배지분을 보유하는 모기업은 소득산입규칙을 적용할 필요가 없으므로, 소득산입규칙을 적용할 C사의 의무는 면제되지 않는다. 또한, B사는 저율과세구성기업(D사) 지분의 40%를 소유하는 중간모기업이며, 소득산입규칙을 적용해야 하는 모기업이 B사의 지배지분을 보유하지 않으므로 소득산입규칙을 적용해야 한다.(A사는 소득산입규칙을 적용할 필요가 없다) 그런데 B사의 추가세액 배분액은 D사에 대한 지분을 보유하는 하위모기업(C사)이 부담하는 금액만큼 감소한다. 다음 표는 이 사례의 결과를 보여준다.

기업	D사에 대한 직접 지분	D사에 대한 간접 지분	합산비율	추가세액 배분액	소득합산 상계	추가세액 부담
A사	–	100% (60%+40%)	–	–	–	–
B사	–	40%	0.4	4백만유로	4백만유로	0
C사	100%	–	1	1천만유로		1천만유로

3.4 구성기업 소득산입보완규칙

저율과세구성기업의 추가세액 중 소득산입규칙이 적용되지 않은 금액에 대해서는 아래와 같이 계산한 추가세액배분액을 해당 다국적기업그룹의 구성기업들에 과세하는 소득산입보완규칙을 적용한다. 이 경우 국내구성기업은 추가세액배분액을 계산하여 납부하여야 한다.(국조법 §73 ①)

(1) 소득산입보완규칙 추가세액

각 사업연도 다국적기업그룹의 소득산입보완규칙 추가세액은 다음과 같이 계산한 모든 저율과세구성기업의 추가세액 합계로 한다.(국조법 §73 ②·③)

> 소득산입보완규칙 추가세액 = Σ(저율과세구성기업 추가세액 - 모기업 추가세액 배분액)
>
> 1. 최종모기업이 직접 또는 간접으로 보유하고 있는 저율과세구성기업의 소유지분을 해당 사업연도에 그 저율과세구성기업에 대하여 소득산입규칙을 적용하는 하나 이상의 모기업이 직접 또는 간접으로 모두 보유하는 경우: 영(0)
> 2. 위 1호에 해당되지 않은 경우: 소득산입규칙에 따라 해당 저율과세구성기업의 모기업에 부과된 추가세액배분액만큼 차감한 금액

(2) 소득산입보완규칙 추가세액 국내배분액

각 사업연도 다국적기업그룹의 소득산입보완규칙 추가세액 국내배분액은 위 (1)의 소득산입보완규칙 추가세액에 소득산입보완규칙 국내배분비율을 곱하여 계산한다.(국조법 §73 ④)

> 1. 소득산입보완규칙 추가세액 국내배분액
>   = 소득산입보완규칙 추가세액 × 국내배분비율
> 2. 국내배분비율 = (A/B)×50% + (C/D)×50%
>
> A: 해당 다국적기업그룹 각 국내구성기업의 종업원수 합계
> B: 적격소득산입보완규칙을 시행하는 국가에 소재하는 해당 다국적기업그룹 구성기업의 종업원수 합계
> C: 해당 다국적기업그룹 각 국내구성기업의 유형자산 순장부가액 합계
> D: 적격소득산입보완규칙을 시행하는 국가에 소재하는 해당 다국적기업그룹 구성기업의 유형자산 순장부가액 합계

"적격소득산입보완규칙"이란 국제적으로 합의한 글로벌최저한세 규칙에 따른 결과와 부합하도록 시행되고, 해당 국가가 글로벌최저한세제도에 따라 추가세액을 부담하는 기업에 해당 제도와 연관된 편익(세제혜택 및 보조금을 포함)을 제공하지 않는 소득산입보완규칙(국조법 §73) 또는 그에 상당하는 다른 국가의 규칙을 말한다.(국조령 §125 ③)

① 종업원수와 유형자산 순장부가액의 배분

종업원 수는 각각 적격종업원에 대해 해당 사업연도의 상시근로시간 기준에 따라 환산하여 다음과 같이 계산한다.(국조령 §125 ①, 국조칙 §78 ①)

> 종업원 수 = A÷B(100분의 1 미만 버림)
> A: 해당 사업연도 매월 말 상시 근로시간 기준으로 환산한 종업원 수의 합계
> B: 해당 사업연도의 개월 수

종업원 수와 유형자산 순장부가액은 다음 기준에 따라 배분한다.(국조칙 §78 ②) 유형자산 순장부가액은 적격유형자산 장부가액을 말한다.(국조령 §125 ②)

> 1. 종업원의 인건비 또는 유형자산이 고정사업장의 회계상 순손익계산에 따라 결정되고 조정되는 고정사업장의 별도 회계에 포함되는 경우 그 종업원 또는 유형자산은 해당 고정사업장이 소재하는 국가의 종업원 또는 유형자산으로 보고, 해당 종업원 수 또는 유형자산의 순장부가액은 본점의 종업원 수 또는 유형자산의 순장부가액에 산입하지 않을 것.
> 2. 투자구성기업의 종업원 수와 유형자산 순장부가액은 종업원 수와 유형자산 순장부가액에서 각각 제외할 것.
> 3. 고정사업장에 배분되지 않는 투과기업의 종업원 수와 유형자산 순장부가액은 투과기업이 설립된 국가에 소재하는 다른 구성기업이 있는 경우 해당 국가에 배분할 것.
> 4. 투과기업이 설립된 국가에 투과기업 외의 어떠한 구성기업도 소재하지 않는 경우 1호에 따라 고정사업장에 배분되지 않는 투과기업의 종업원 수와 유형자산 순장부가액은 종업원수와 유형자산 순장부가액에서 각각 제외할 것.

② 이전 회계연도에 추가법인세비용을 현금으로 계상하지 않은 경우

위 계산식에도 불구하고, 적격소득산입보완규칙을 시행하는 국가에 소재하는 다국적기업그룹의 구성기업이 각 사업연도 전 사업연도에 배분받은 소득산입보완규칙 추가세액 배분액의 전부 또는 일부를 회계상 당기법인세비용으로 계상하지 않는 경우에는 해당 국가에 대한 해당 사업연도 다국적기업그룹의 소득산입보완규칙 추가세액 국내배분비율은 영으로 본다. 이 경우 해당 국가에 소재하는 해당 다국적기업그룹 구성기업의 종업원 수 합계와 유형자산 순장부가액 합계액도 각각 영으로 본다.(국조법 §73 ⑥)

각 사업연도에 추가세액 배분비율이 영(0)인 경우 구성기업의 종업원수 및 유형자산 순장부가액은 그 사업연도에 구성기업 추가세액을 배부하기 위한 계산식에서 제외된다. 다만, 소득산입보완규칙을 시행 중인 모든 국가에서 각 사업연도에 다국적기업그룹의 추가세액 배분비율이 영(0)인 경우에는 그 사업연도에는 이러한 예외를 적용하지 않는다.

(3) 각 국내구성기업에 배분되는 소득산입보완규칙 추가세액배분액

소득산입보완규칙 추가세액 국내배분액을 각 사업연도 다국적기업그룹의 각 국내구성기업(투자구성기업 제외)에 배분하는 경우 다음 방법 중 신고구성기업이 선택하는 방법

을 적용하여 계산한다. 다만, 소득산입보완규칙 추가세액 국내배분액의 배분이 이루어지는 사업연도의 직전 사업연도 말까지 아래 2의 방법을 적용하여 계산된 소득산입보완규칙 추가세액배분액의 전부 또는 일부가 납부되지 아니한 경우 소득산입보완규칙 추가세액 국내배분액은 국내구성기업인 최종모기업에 배분하는 방법을 적용하여 계산하며, 국내에 해당 최종모기업이 소재하지 아니하는 경우에는 아래 1의 방법을 적용하여 계산한다.(국조법 §73 ⑤, 국조령 §125의2, 국조칙 §78의2)

> 1. 소득산입보완규칙 추가세액 국내배분액 × 소득산입보완규칙 국내구성기업 배분비율
>   소득산입보완규칙 국내구성기업 배분비율 = (A/B)×50% + (C/D)×50%
>   A: 해당 사업연도의 해당 국내구성기업이 속하는 다국적기업그룹의 최종모기업이 직간접으로 보유하고 있는 해당 국내구성기업에 대한 소유지분비율(해당 국내구성기업에 대한 모든 소유지분의 가치/국내구성기업에 대한 가장 최근의 소유지분 변동 당시를 기준으로 해당 국내구성기업이 속하는 다국적기업그룹의 최종모기업이 보유하고 있는 소유지분의 종류별 가치의 합계). 다만, 해당 국내구성기업이 최종모기업인 경우에는 1로 한다.
>   B: 해당 최종모기업이 직접 또는 간접으로 보유하고 있는 모든 국내구성기업에 대한 소유지분비율의 합계. 다만, 최종모기업이 국내에 소재하는 경우에는 소유지분 비율의 합계에 1을 더한다.
>   C: 해당 사업연도 말 해당 국내구성기업의 현금 및 현금성자산 가액 평균(기초 가액과 기말 가액의 평균)
>   D: 각 국내구성기업의 현금 및 현금성자산 가액 평균의 합계
> 2. 다국적기업그룹의 모든 국내구성기업이 합의한 것으로서 신고구성기업이 지정하는 하나 이상의 국내구성기업에 배분하는 방법

다국적기업그룹의 국내구성기업은 소득산입보완규칙 추가세액배분액을 납부해야 한다.(국조법 §73 ⑦)

사례 소득산입보완규칙의 적용 - 추가 현금법인세비용(이월결손의 감소) (사례 2.4.1 - 1)

이 사례에서 관할국에 소재한 구성기업이 해당국에 배분되는 추가세액에 상당하는 추가 현금법인세비용을 계상하는지 여부를 평가하는 방법을 예시한다. 구성기업이 추가세액과 동일한 추가 현금법인세비용을 계상하는지 평가하는 것은 이월제도의 적용가능성 및 관할국의 미달세액추징비율에 미치는 영향의 적용목적에도 관련된다. 관할국에 있는 구성기업이 1차년도에 200유로의 수익과 300유로의 비용을 계상하고(100유로 손실), 2차년도에 200유로의 수익과 100유로의 비용을 계상(100유로 이익) 한다고 가정한다. 구성기업이 소재하는 관할국에서 손실을 무한정 이월할 수 있다고 가정한다. 해당국에 배분된 추가세액이 1차년도에 60유로이고, 해당국 법인세율은 20%이며, 해당국에 다른 구성기업은 없다고 가정한다. 추가 현금법인세비용이란, 구성기업이 과세소득 및 법인세부채를 계산하기 위해 통상적 국내법규정에 따라 납부했을 추가세액에 가

산하는 금액을 말한다. 따라서 추가 현금법인세비용은 미달세액추징조정 후 부담하는 세액과 통상적 과세소득 산정을 위한 통상적 국내법규정에 따라 납부했을 세액을 비교하여 산정한다. 관할국은 추가세액에 상당하는 60유로의 추가법인세비용을 산출하기 위해 소득산입보완규칙에 따라 300유로(=60/20%)의 공제를 부인한다. 1차년도에는 300유로의 비용공제를 부인하면 손실이월액 100유로가 없어지고 200유로의 이익이 발생한다. 200유로의 이익에 대하여, 구성기업은 1차년도에 40유로의 법인세를 부담하는데, 미달세액추징조정이 없었다면 어떠한 법인세도 부담하지 않았을 것이다. 추가세액 40유로는 1차년도에 발생한 추가 현금법인세비용이며, 추가 현금법인세비용(60)의 전부가 1차년도에 납부되지 않는다. 추가세액 40유로는 관할국에 배분된 추가세액 60유로에 비해 낮지만, 손실이월액이 없어지기 때문에 미래연도에 추가 현금법인세비용이 발생할 수 있다. 이 사례에서, 1차년도에 한 미달세액추징조정은 2차년도에 또 다른 현금법인세비용을 초래한다. 미달세액추징조정으로 손실이월액 100유로가 없어졌기 때문에 구성기업은 2차년도에 발생한 이익에 대해 20유로의 현금법인세비용을 추가로 부담하게 된다. 만약 미달세액추징조정의 결과로 1차년도에 100유로의 이월손실이 없어지지 않았다면, 2차년도에 과세소득을 상계하고 2차년도에 소득산입보완규칙을 적용하지 않은 법인세부채를 발생시키지 않았을 것이다. 다음 표는 미달세액추징조정 전 관할국 내 구성기업의 법인세 부담을 정리한 것이다.

미달세액추징조정 전	1차년도	2차년도
수입금액	200	200
공제 비용	(300)	(100)
손익 (미달세액추징조정 전)	(100)	100
발생된 (또는 사용된) 이월결손금 (미달세액추징조정 전)	100	(100)
이월결손금 잔액 (미달세액추징조정 전)	100	0
해당국의 법인세부담 (미달세액추징조정 전)	0	0

다음 표는 미달세액추징조정 후 관할국 내 구성기업의 법인세 부담을 정리한 것이다.

미달세액추징조정 후	1차년도	2차년도
수입금액	200	200
공제 비용	(300)	(100)
미달세액추징조정 (공제의 부인)	300	–
손익 (미달세액추징조정 후)	200	100
발생된 (또는 사용된) 이월결손금 (미달세액추징조정 후)	0	0
이월결손금 잔액 (미달세액추징조정 후)	0	0
해당국의 법인세부담 (미달세액추징조정 후)	40	20

다음 표는 구성기업이 1차년도 및 2차년도에 대해 계상했던 추가 현금법인세비용을 평가하기 위한 계산을 보여준다.

추가 현금법인세비용의 계산	1차년도	2차년도
[A] 관할국의 법인세부담 (미달세액추징조정 전)	0	0
[B] 관할국의 법인세부담 (미달세액추징조정 후)	40	20
[C] 추가 현금법인세비용, [C]=[B]-[A]	40	20

이 사례에서 보듯이, 손실이월액을 감소시켜도 후속기간에 상응하는 수익이 발생할 때까지는 현금법인세비용이 추가로 발생하지 않는다. 이에 기초할 때, 구성기업에 발생된 추가 현금법인세비용은 1차년도에 40유로, 2차년도에 20유로에 달한다. 따라서 이 구성기업은 해당 기간에 60유로의 현금법인세비용을 추가로 부담한다.

사 례 소득산입보완규칙의 적용 - 추가 현금법인세비용(이월결손의 배제) (사례 2.4.2-1)

이 사례에서 관할국에 소재한 구성기업이 관할국에 배분된 추가세액에 상당하는 추가 현금법인세비용을 계상하는데 이월방식이 필요한 상황을 예시한다. 사례 2.4.1-1에서 1차년도에 소득산입보완규칙의 적용으로 2차년도로 이월 가능한 손실이 없어지고, 추가세액에 상당하는 현금법인세비용이 2년간 추가된다. 이에 따라 2차년도에는 미달세액추징조정이 추가로 필요하지 않다. 관할국에서 과세소득계산에 손실이월을 허용하지 않는다는 점을 제외하고, 사실관계는 사례 2.4.1-1과 같다. 다음 표는 미달세액추징조정 전 관할국 내 구성기업의 법인세부담을 정리한 것이다.

미달세액추징조정 전	1차년도	2차년도
수입금액	200	200
공제 비용	(300)	(100)
손익 (미달세액추징조정 전)	(100)	100
이월결손금 (미달세액추징조정 전) - 적용되지 않음	0	0
해당국의 법인세부담 (미달세액추징조정 전)	0	20

다음 표는 1차년도에 대한 미달세액추징조정 후 관할국 내 구성기업의 법인세부담을 정리한 것이다.

1차년도 미달세액추징조정 후	1차년도	2차년도
수입금액	200	200
공제 비용	(300)	(100)
미달세액추징조정 (공제의 부인)	300	-
손익 (미달세액추징조정 후)	200	100
이월결손금 (미달세액추징조정 후) - 적용되지 않음	0	0
해당국의 법인세부담 (미달세액추징조정 후)	40	20

이 사례에서, 추가조정이 이루어지지 않는 한(아래 참조), 구성기업이 계상하는 추가 현금법인세비용은 1차년도에 40유로, 2차년도에 0유로이다. 2차년도에는 1차년도에 이루어진 미달세액추징조정으로 인한 추가 현금법인세비용이 없다. 따라서 2차년도에 소득산입보완규칙에 따라 추가 현금법인세비용을 부과하기 위해 관할국은 소득을 200유로로 증가시키기 위해 2차년도에 다시 100유로의 공제를 부인해야 한다.(소득산입보완규칙의 적용에 따라 20유로의 추가 법인세를 부과함으로써) 다음 표는 1차년도 미달세액추징조정 및 2차년도 추가조정 후의 관할국 내 구성기업의 법인세부담을 정리한 것이다.

1차 및 2차년도의 미달세액추징조정 후	1차년도	2차년도
수입금액	200	200
공제 비용	(300)	(100)
미달세액추징조정 (공제의 부인)	300	100
손익 (미달세액추징조정 후)	200	200
이월결손금 (미달세액추징조정 후) - 적용되지 않음	0	0
해당국의 법인세부담 (미달세액추징조정 후)	40	40

다음 표는 구성기업이 1차년도 및 2차년도에 계상했던 추가 현금법인세비용을 평가하기 위한 계산을 나타낸 것이다.

추가 현금법인세비용의 계산	1차년도	2차년도
[A] 관할국의 법인세부담 (미달세액추징조정 전)	0	0
[B] 관할국의 법인세부담 (미달세액추징조정 후)	40	40
[C] 추가 현금법인세비용, [C]=[B]-[A]	40	20

이 사례에서 구성기업의 추가 현금법인세비용은 1차년도에 40유로, 2차년도에 20유로에 달한다. 따라서 이 구성기업은 이 기간에 60유로의 현금법인세비용을 추가로 부담하지만, 사례 2.4.1-1과 달리 이러한 결과를 얻기 위해서는 2차년도에 추가로 미달세액추징조정을 해야 했다.

사례 추가세액 (사례 2.5.3-1)

이 사례에서 추가세액을 계산하는 방법을 예시한다. A사를 ABC그룹의 최종모기업으로 가정한다. A사는 A국에 소재한다. A사는 B사의 100%, C사의 55%, D사의 100%를 직접 소유하며, 이들은 각각 B국, C국 및 D국에 소재한다. B사는 C사의 지분 40%를 소유하며 C사의 나머지 지분 5%를 소액주주가 소유한다. 다음 그림은 ABC그룹의 구성원들의 지배구조와 소재지를 보여준다.

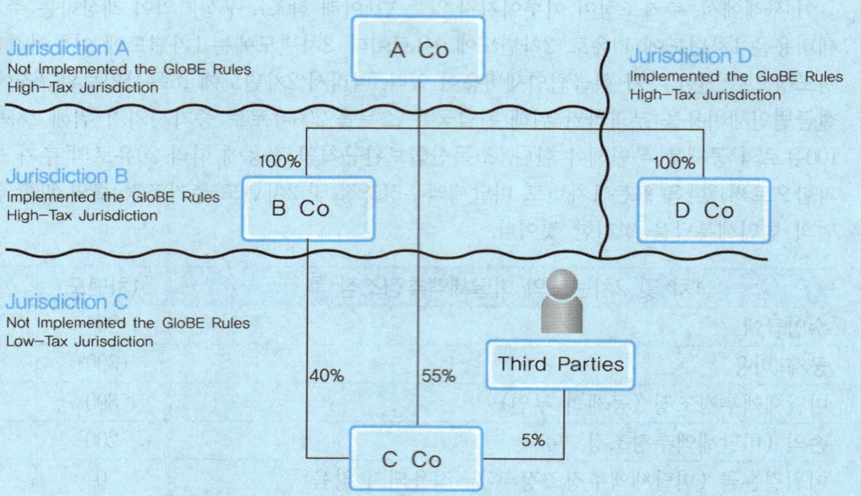

C사는 저율과세구성기업이고, A국과 C국은 글로벌최저한세를 시행하지 않은 반면 B국과 D국은 모두 소득산입규칙 및 소득산입보완규칙을 시행한다. C사의 추가세액은 100유로로 가정한다. A사는 소득산입규칙을 적용할 필요가 없다. C사의 추가세액 중 B사에 배분액은 40%이다. 따라서, B사는 C사 추가세액의 40%에 대해 소득산입규칙을 적용한다. B사는 40유로의 추가세액을 납부해야 한다. C사에 대한 A사의 소유지분은 총 95%(B사에 의한 간접지분 40%, 직접지분 55%)이다. 따라서 C사에 대한 A사의 소유지분 전부를 C사에 대한 소득산입규칙을 적용해야 하는 모기업이 보유하지 않으므로, 각각 소득산입보완규칙을 적용한다. 소득산입보완규칙에 따라 배분되는 추가세액을 산출하기 위해 C사의 추가세액 100유로에서 C사의 추가세액 중 B사 배분액(40유로) 만큼 감소시킨다. 이 사례에서 추가세액은 60유로(= 100 - 40)이다.

4. 저율과세구성기업 내국추가세액 과세

4.1 내국추가세액의 배분 및 납부

국내 저율과세구성기업은 내국추가세액을 해당 국내구성기업에 배분한 후의 그 배분된 "내국추가세액배분액"을 납부하여야 한다.(국조법 §73의7 ①)

내국추가세액은 다음 방법 중 신고구성기업이 선택하는 방법에 따라 배분한다.(국조법 §73의7 ②) 이 경우, 내국추가세액의 배분이 이루어지는 사업연도의 직전 사업연도 말까지 아래 ② 방법을 적용하여 계산된 내국추가세액배분액의 전부 또는 일부가 납부되지 아니한 경우에는 내국추가세액은 국내구성기업인 최종모기업에 배분한다. 다만, 국내에 최종모기업이 소재하지 아니하는 경우에는 아래 ① 방법에 따라 배분한다.(국조법 §73의7 ③)

(1) 각 국내구성기업의 내국추가세액에 대한 기여도와 부담능력을 고려해 배분하는 방법 (국조법 §73의7 ② 1호, 국조령 §125의8 ①)

① 국내구성기업(투자구성기업 제외)에 대한 내국추가세액배분액

$$\text{국내구성기업에 대한 내국추가세액배분액} = A \times \frac{B}{C}$$

A: 소득산입보완규칙(국조법 §73의6)에 따라 계산한 각 사업연도 해당 다국적기업그룹의 내국추가세액

B: A의 계산에 포함되는 해당 국내구성기업의 글로벌최저한세소득 금액

C: A의 계산에 포함되는 각 국내구성기업의 글로벌최저한세소득 금액의 합계액

위 계산식에서, 각 사업연도 국내구성기업의 내국추가세액배분액을 계산할 때 해당 사업연도 해당 다국적기업그룹에 순글로벌최저한세소득금액이 없는 경우에는 다음 구분에 따른 방법으로 당기내국추가세액가산액을 각 국내구성기업에 배분한다.(국조령 §125의8 ②) 이 경우, 당기내국추가세액가산액이 배분되는 구성기업은 내국추가세액 과세규정(국조법 §73의7)을 적용할 때 저율과세구성기업으로 본다.(국조령 §125의8 ④)

1. 실효세율 변경 또는 재계산(국조령 §125의7 ①)에 따른 당기내국추가세액가산액: 각 국내구성기업에 다음 계산식에 따른 배분 기준율에 비례하여 배분

   $$\text{배분 기준액} = A \div B$$

   A: 당기내국추가세액가산액이 발생한 이전 사업연도의 해당 국내구성기업의 글로벌최저한세소득 금액

   B: 당기내국추가세액가산액이 발생한 이전 사업연도의 각 국내구성기업의 글로벌최저한세소득금액 합계액

2. 순글로벌최저한세소득금액이 없는 다국적기업그룹의 당기내국추가세액가산액(국조령 §125의7 ②) : 각 국내구성기업[해당 사업연도의 해당 투자구성기업의 내국추가세액 계산을 위한 조정대상조세 금액이 음수로서 해당 사업연도의 해당 국내구성기업의 조정대상조세예상액보다 작은 경우의 국내구성기업으로 한정]에 다음 계산식에 따른 배분 기준액에 비례하여 배분

   $$\text{배분 기준액} = A - B$$

   A: 해당 사업연도의 해당 국내구성기업의 조정대상조세예상액((글로벌최저한세손익금액에 최저한세율을 곱한 금액)

   B: 해당 사업연도의 해당 국내구성기업의 내국추가세액 계산을 위한 조정대상조세 금액

② 국내에 소재한 투자구성기업에 대한 내국추가세액배분액

> 국내에 소재한 투자구성기업에 대한 내국추가세액배분액 $= A \times \frac{B}{C}$
>
> A: 투자구성기업 내국추가세액 계산방법(국조법 §79 ③ 2호)에 따라 계산한 각 사업연도 국내에 소재하는 투자구성기업들의 내국추가세액
>
> B: A의 계산에 포함되는 해당 투자구성기업의 글로벌최저한세소득 배분액[투자구성기업의 글로벌최저한세소득 배분방법(국조령 §135 ② 2호)에 따른 투자구성기업의 글로벌최저한세소득 배분액]
>
> C: A의 계산에 포함되는 각 투자구성기업의 글로벌최저한세소득 배분액의 합계액

위 계산식에서, 각 사업연도 국내에 소재한 투자구성기업의 내국추가세액배분액을 계산할 때 해당 사업연도 국내에 소재한 투자구성기업들의 추가세액 · 내국추가세액 계산특례(국조령 §135 ③ 2호)에 따라 준용되는 "각 투자구성기업의 글로벌최저한세소득 배분액의 합계액에서 각 투자구성기업의 글로벌최저한세결손 배분액의 합계액을 차감한 금액"(국조령 §135 ③ 1호 나목 1))이 영(0) 이하인 경우, 투자구성기업들의 추가세액 · 내국추가세액 계산특례(국조령 §135 ③ 2호)에 따라 투자구성기업 당기추가세액가산액 계산방법(국조령 §135 ③ 1 다목)을 준용하여 다음 방법으로 계산한 당기내국추가세액가산액을 각 투자구성기업에 배분한다.(국조령 §125의8 ③) 이 경우, 당기내국추가세액가산액이 배분되는 구성기업은 내국추가세액 과세규정(국조법 §73의7)을 적용할 때 저율과세구성기업으로 본다.(국조령 §125의8 ④)

> 1. 실효세율 변경 또는 재계산(국조령 §125의7 ①)에 따른 당기내국추가세액가산액: 각 투자구성기업에 다음 계산식에 따른 배분 기준율에 비례하여 배분
>
> > 배분 기준액 = A ÷ B
> >
> > A: 당기내국추가세액가산액이 발생한 이전 사업연도의 해당 투자구성기업의 글로벌최저한세소득 배분액
> >
> > B: 당기내국추가세액가산액이 발생한 이전 사업연도의 각 투자구성기업의 글로벌최저한세소득 배분액 합계액
>
> 2. 순글로벌최저한세소득금액이 없는 다국적기업그룹의 당기내국추가세액가산액(국조령 §125의7 ②) : 각 투자구성기업[해당 사업연도의 해당 투자구성기업의 내국추가세액 계산을 위한 조정대상조세 금액이 음수로서 해당 사업연도의 해당 투자구성기업의 조정대상조세예상액(해당 투자구성기업의 글로벌최저한세손익에 조정소득산입비율(국조령 §135 ② 2호 나목)과 최저한세율을 각각 곱한 금액)보다 작은 경우의 투자구성기업으로 한정]에 다음 계산식에 따른 배분

기준액에 비례하여 배분

배분 기준액 = A − B
A: 해당 사업연도의 해당 투자구성기업의 조정대상조세예상액
B: 해당 사업연도의 해당 투자구성기업의 내국추가세액 계산을 위한 조정대상조세 금액

(2) 내국추가세액(각 사업연도 해당 다국적기업그룹에 2개 이상의 내국추가세액이 계산되는 경우에는 각 내국추가세액의 합계)의 배분에 대하여 해당 다국적기업그룹의 모든 국내구성기업(투자구성기업 제외)이 합의하여 신고구성기업이 지정하는 하나 이상의 국내구성기업에 배분하는 방법 (국조법 §73의7 ② 2호)

4.2 내국추가세액의 계산

① 내국추가세액의 계산

각 사업연도 다국적기업그룹의 내국추가세액은 다음 계산식에 따라 계산한 금액으로 한다.(국조법 §73의6 ①) 국내에 소재하는 것으로 보는 구성기업(국조법 §73의5 ⑤) 및 고정사업장은 별개의 다국적기업그룹에 속한 국내구성기업으로 보아 개별 구성기업 및 고정사업장별로 내국추가세액을 계산한다.(국조법 §73의6 ⑤)

해당 다국적기업그룹의 내국추가세액 = (A × B) + C
A: 해당 다국적기업그룹의 내국추가세액비율
B: 해당 다국적기업그룹의 국내 초과이익 금액
C: 해당 다국적기업그룹의 당기내국추가세액가산액

위 계산식에서 "해당 다국적기업그룹의 내국추가세액비율"이란 최저한세율에서 실효세율을 차감하여 계산한 비율을 말하며, 그 계산결과가 음수인 경우 내국추가세액비율은 영으로 본다.(국조법 §73의6 ②) "해당 다국적기업그룹의 국내 초과이익 금액"이란 순글로벌최저한세소득금액에서 그 국내구성기업들의 실질기반제외소득금액을 차감한 금액을 말하며, 그 계산결과가 음수인 경우 국내 초과이익 금액은 영으로 본다.(국조법 §73의6 ③)

"해당 다국적기업그룹의 당기내국추가세액가산액"은 다음 규정에 따라 실효세율(국조법 §73의5) 또는 내국추가세액(국조법 §73의6)을 다시 계산한 결과 이전 사업연도의 내국추가세액이 증가하는 경우 그 증가액을 해당 사업연도 내국추가세액에 가산하는 금액을 말한다.(국조법 §73의6 ④, 국조령 §125의7 ①)

1. 조정대상조세의 계산에 따른 총이연법인세조정금액 계산(소법 §67 ③)
2. 신고 후 조정 및 세율변경에 따른 대상조세금액의 감소(소법 §68 ① 2호) 및 미납조세금액의 차감(소법 §68 ④)
3. 그 밖에 실효세율 등을 다시 계산하도록 하는 규정(국조칙 §76): 이연법인세비용 산정에 적용되는 세율이 변경되는 경우 대상조세 조정(국조법 §68 ③), 부동산처분이익의 조정(국조법 §104 ① 10호)

다만, 각 사업연도에 순글로벌최저한세소득금액이 없는 다국적기업그룹의 경우 해당 다국적기업그룹의 내국추가세액 계산을 위한 조정대상조세 금액의 합계액이 음수로서 조정대상조세 금액의 합계 예상액보다 작을 때에는 해당 조정대상조세 금액의 합계액과 조정대상조세 금액의 합계 예상액과의 차액을 당기내국추가세액가산액으로 본다.(국조령 §125의7 ②) 이 경우, 신고구성기업은 당기내국추가세액가산액으로 보는 차액을 매년 선택에 따라 그 차액이 발생한 이후 순글로벌최저한세소득금액이 있는 첫 번째 사업연도의 내국추가세액 계산을 위한 조정대상조세 금액의 합계액에서 차감할 수 있다. 해당 차액에서 차감되지 않고 남은 금액은 순글로벌최저한세소득금액이 있는 다음 사업연도로 이월한다.(국조령 §125의7 ③)

② 신고 후 조정 및 세율변경의 경우

내국추가세액을 계산하는 국내구성기업이 이전 사업연도의 글로벌최저한세정보신고서의 제출 이후 내국추가세액을 계산하는 경우의 대상조세 및 조정대상조세 등의 조정 등에 관하여는 대상조세 감액에 따른 글로벌최저한세손익의 조정(국조령 §114), 경정대상사업업도 대상조세의 경미한 감액(국조령 §115), 세율 변동으로 인한 대상조세의 조정(국조령 §116) 규정을 준용한다.(국조령 §125의4)

4.3 내국추가세액 계산을 위한 글로벌최저한세손익의 계산

내국추가세액 계산을 위한 글로벌최저한세손익의 계산에 관하여는 글로벌최저한세손익의 계산방법(국조법 §66)을 준용한다.(국조법 §73의2)

4.4 내국추가세액 계산을 위한 조정대상조세의 계산

① 준용규정

내국추가세액 계산을 위한 조정대상조세의 계산에 관하여는 조정대상조세의 계산규정(국조법 §67 ①~③)을 준용하며, 구체적으로 내국추가세액의 계산을 위해 대상조세의 범위(국조령 §109), 대상조세의 조정사항(국조령 §110), 구성기업 갈 대상조세의 배분(국조령 §111), 총이연법인세조정금액의 계산(국조령 §112), 이연법인세부채의 환입 제외(국조령 §113), 이연법인세부채환입액의 계산(국조령 §113의2), 글로벌최저한세결손취급특례(국조령 §113의3) 규정을 준용한다.(국조법 §73의3 ①, 국조령 §125의3 ①)

다만, 국외에 소재하는 구성기업이 국내구성기업에게 배분하는 대상조세 중 다음 어느 하나에 해당하는 대상조세는 해당 국내구성기업의 내국추가세액 계산을 위한 조정대상조세 계산에서 제외한다.(국조법 §73의3 ⑤, 국조령 §125의3 ②)

1. 국내구성기업인 고정사업장에 배분되는 대상조세.(국조령 §111 ① 1호)
2. 다음 어느 하나에 배분되는 대상조세로서 우리나라 이외의 소재지국 세법에 따라 부과된 것.(국조령 §111 ① 3호·3호의2)
   가. 국내구성기업인 혼성기업
   나. 국내에 소재하는 것으로 보는 구성기업.(국조법 §73의5 ⑤)
3. 배당을 지급하는 국내구성기업에 배분되는 대상조세 중 해당 국내구성기업이 국외에 소재하는 주주구성기업에 대하여 지급하는 "국외배당"에 대한 대상조세.(국조령 §111 ① 4호) 다만, 사업연도 중에 국내구성기업이 해당 국외배당과 관련하여 우리나라에서 원천징수한 세액으로서 그 원천징수 사실이 확인되는 경우 해당 금액은 신고구성기업의 선택에 따라 해당 국내구성기업의 내국추가세액 계산을 위한 조정대상조세 계산에 포함할 수 있다.
4. 국내구성기업인 피지배외국법인에 배분되는 대상조세.(국조령 §111 ① 5호)

② 수동소득에 대한 대상조세의 배분

국외에 소재한 혼성기업 및 피지배외국법인의 수동소득(이자, 배당 등)으로서 국내구성기업의 소득에 포함되는 금액에 대한 대상조세는 그 국내구성기업의 내국추가세액 계산을 위한 조정대상조세 계산 시 신고구성기업의 선택에 따라 다음 어느 하나에 해당하는 방법을 적용할 수 있다.(국조령 §125의3 ③, 국조칙 §78의3)

1. 추가세액계산의 수동소득에 대한 대상조세 배분방법(국조칙 §70의3 ②)을 적용하여 혼성기업 등에 배분[2.2 참조]
2. 해당 대상조세 전액을 국내구성기업의 조정대상조세 계산에서 제외

③ 결손취급특례

조정대상조세의 계산규정을 준용하는 경우, 대상조세에 조정사항을 반영할 때 신고구성기업의 선택에 따라 결손취급특례를 적용할 수 있다.(국조법 §73의3 ②) 신고구성기업

은 결손취급특례를 적용받으려는 경우에는 최초적용연도에 대한 글로벌최저한세정보신고서를 제출할 때 결손취급특례 적용 여부를 선택하여 제출하여야 한다.(국조법 §73의3 ③) 신고구성기업이 결손취급특례 적용 여부를 선택하는 경우에는 다음 기준에 따른다.(국조법 §73의3 ④)

> 1. 신고구성기업이 결손취급특례 적용을 선택하는 경우 : 국내구성기업들에 대해서는 최초적용연도와 그 후의 사업연도에도 계속하여 결손취급특례를 적용한다.
> 2. 신고구성기업은 1호에 따라 결손취급특례 적용을 선택하는 경우 : 국내구성기업들에 대하여 그 선택을 취소할 수 있다.
> 3. 신고구성기업이 1호에 따른 국내구성기업들에 대하여 결손취급특례 적용 선택을 취소하는 경우 : 해당 취소가 적용되는 사업연도와 그 후의 사업연도에 대해서는 계속하여 결손취급특례를 선택할 수 없다.

4.5 내국추가세액 계산을 위한 신고 후 조정 및 세율변경

내국추가세액 계산을 위한 신고 후 조정 및 세율변경에 관하여는 신고 후 조정 및 세율변경(국조법 §68 ①~④)을 준용한다.(국조법 §73의4 ①)

4.6 내국추가세액 계산을 위한 실효세율의 계산

① 내국추가세액 계산을 위한 실효세율

내국추가세액 계산을 위한 실효세율은 아래 계산식과 같이 계산한다.(국조법 §73의5 ①)

> 내국추가세액 계산을 위한 실효세율 = A/B
>
> A. 각 국내구성기업의 제73조의3에 따른 조정대상조세 금액의 합계액
> B. 국내구성기업들의 순글로벌최저한세소득금액

위 계산식의 A 금액이 음수일 때에는 같은 항에 따라 계산되는 실효세율은 영으로 본다.(국조법 §73의5 ②) 실효세율을 영으로 보아 실효세율 계산에 산입되지 아니한 금액은 그 후 사업연도의 실효세율을 계산할 때 '실효세율 계산에 산입되지 않은 조정대상조세 금액의 처리 방법'(국조령 §116의2)에 따라 A 금액에 산입한다.(국조법 §73의5 ③, 국조령 §125의5)

B 금액이 영이거나 음수일 때에는 순글로벌최저한세소득금액은 없는 것으로 보아 해

당 다국적기업그룹에 대해서는 실효세율을 계산하지 아니한다.(국조법 §73의5 ④)

위 계산식을 적용할 때 소재지국이 없는 것으로 보는 투과기업(국조법 §64 ②)으로서 우리나라의 법령에 따라 우리나라에서 설립 · 등록된 구성기업 및 고정사업장(본점이 제4형고정사업장을 통해 우리나라에서 사업의 전부 또는 일부를 수행하는 경우)은 국내에 소재하는 것으로 본다.(국조법 §73의5 ⑤, 국조법 §125의6)

② 국내 소수지분구성기업 · 투자구성기업 글로벌최저한세손익과 조정대상조세 제외

위 계산식에 따라 실효세율을 계산할 때 국내 소수지분구성기업 또는 투자구성기업의 글로벌최저한세손익과 조정대상조세는 해당 다국적기업그룹의 순글로벌최저한세소득 금액 및 조정대상조세 금액의 합계를 계산할 때 제외한다.(국조법 §73의5 ⑥)

5. 과세특례

5.1 소수지분구성기업 특례

(1) 소수지분하위그룹

소수지분모기업 및 소수지분자회사로 구성된 "소수지분하위그룹"에 해당하는 경우에는 그 소수지분하위그룹을 별개의 다국적기업그룹으로 보아 추가세액계산규정(국조법 §66~§71), 국내추가세액계산규정(국조법 §73의2~§73의7) 및 특례규정(국조법 §76~§81)에 따라 그 실효세율, 추가세액, 내국추가세액 및 내국추가세액배분액을 계산한다.(국조법 §75 ①, 국조령 §127)

1. 소수지분모기업: 다음 요건을 모두 갖춘 소수지분구성기업(30% 미만 소유)
   ㉮ 해당 소수지분모기업이 다른 소수지분구성기업에 대한 지배지분을 직접 또는 간접으로 소유할 것
   ㉯ 다른 소수지분구성기업이 해당 소수지분모기업에 대한 지배지분을 직접 또는 간접으로 소유하지 않을 것
2. 소수지분자회사: 그 지배지분을 위 1호의 소수지분모기업이 직접 또는 간접으로 소유하고 있는 소수지분구성기업

(2) 소수지분하위그룹에 속하지 않는 소수지분구성기업의 제외

소수지분하위그룹에 속하지 않은 소수지분구성기업에 대해서는 해당 소수지분구성기업별로 추가세액계산규정(국조법 §66~§71) 국내추가세액계산규정(국조법 §73의2~§73의

7) 및 특례규정(국조법 §76~§81)에 따라 그 실효세율, 추가세액, 내국추가세액 및 내국추가세액배분액을 계산한다.(국조법 §75 ②)

소수지분하위그룹에 속하지 않은 소수지분구성기업이 투자구성기업인 경우에는 '투자구성기업 특례'(국조법 §79)를 적용한다.(국조법 §75 ③)

(3) 다른 구성기업의 계산에서 제외

같은 다국적기업그룹의 다른 구성기업에 대하여 순글로벌최저한세소득금액 및 실효세율을 계산하는 경우에는 소수지분하위그룹과 소수지분구성기업의 조정대상조세 및 글로벌최저한세손익은 제외하고 계산한다.(국조법 §75 ④)

5.2 조직재편 특례

(1) 이전대상기업에 대한 특례

① 이전대상기업 특례

기업에 대한 직접 또는 간접 소유지분이 이전되어 그 이전되는 "이전대상기업"이 다국적기업그룹의 구성기업이 되거나(새로운 다국적기업그룹의 최종모회사가 되는 경우 포함), 다국적기업그룹의 구성기업에서 제외되는 경우에는 이전사업연도(이전대상기업에 대한 직접 또는 간접 소유지분이 이전되는 사업연도)에 대해 다음과 같이 처리한다.(국조법 §76 ①, 국조령 §128 ①)

1. 이전대상기업의 경우: 해당 기업의 자산, 부채, 수익, 비용 또는 현금흐름의 일부가 다국적기업그룹의 최종모기업 연결재무제표에 항목별로 포함되는 경우에는 해당 기업을 해당 다국적기업그룹의 구성기업으로 취급
2. 다국적기업그룹의 경우: 이전대상기업의 회계상 순손익 및 조정대상조세 중 해당 다국적기업그룹의 최종모기업 연결재무제표에 포함된 금액만을 해당 이전대상기업의 글로벌최저한세손익 및 조정대상조세의 계산에 산입

이러한 조직재편 시 구성기업의 처리는 다음 기준에 따른다.(국조칙 §80)

1. 이전대상기업은 이전사업연도와 그 이후 사업연도의 글로벌최저한세손익 및 조정대상조세를 계산할 때 자산 및 부채의 기존 장부가액을 사용한다. 다만, 이전대상기업이 다음 요건을 모두 충족하는 경우에는 그 별도재무제표에 반영된 하방회계가액을 사용하여 글로벌최저한세손익과 조정대상조세를 계산한다. 이 경우 그 가액과 관련된 이연법인세자산과 이연법인세부채도

하방회계가액을 사용하여 계산한다.

㉮ 해당 다국적기업그룹의 최종모기업회계기준에서 해당 이전대상기업이 하방회계가액 조정(자산 및 부채를 해당 기업이 이전된 날의 공정가치로 평가하여 해당 기업의 별도재무제표에 반영하는 회계처리)을 할 수 있도록 규정하고 있을 것

㉯ 해당 이전대상기업의 인수가 2021.11.30. 이전에 있었을 것

㉰ 해당 다국적기업그룹이 자산 및 부채의 기존 장부가액을 사용하여 해당 이전대상기업의 회계상 순손익을 정확하게 산정할 수 있는 충분한 자료를 보유하고 있지 않을 것

2. 이전대상기업의 적격인건비 및 적격유형자산 장부가액을 계산할 때 다음 기준을 따른다.

㉮ 해당 이전대상기업의 적격인건비는 해당 다국적기업그룹의 연결재무제표에 반영된 것으로 산입할 것

㉯ 해당 이전대상기업의 적격유형자산 장부가액은 해당 다국적기업그룹에 속했던 기간에 비례하여 조정하고, 취득에 따른 매수법회계 연결조정을 반영한 금액을 기준으로 계산할 것

3. 다국적기업그룹 간에 구성기업인 이전대상기업이 이전되는 경우 인수하는 "인수다국적기업그룹"은 해당 이전대상기업의 이연법인세자산 및 이연법인세부채가 발생했던 당시에 해당 이전대상기업이 인수다국적기업그룹의 구성기업이었다고 가정하여 글로벌최저한세를 적용한다.

4. 이전대상기업의 총이연법인세조정금액의 계산에 포함되었던 이연법인세부채의 이전 당시 잔액은 추가세액(내국추가세액 포함)을 다시 계산할 때 다음 기준에 따라 계산한다.

㉮ 이전대상기업을 구성기업에서 제외하는 다국적기업그룹의 경우에는 이전대상기업이 구성기업에서 제외되는 사업연도에 해당 잔액이 납부된 것으로 볼 것

㉯ 이전대상기업을 구성기업에 포함하는 다국적기업그룹의 경우에는 이전대상기업이 구성기업에 포함되는 사업연도에 해당 잔액에 상당하는 이연법인세부채가 새로 발생한 것으로 볼 것. 다만, 해당 이연법인세부채로 인해 발생하는 이연법인세부채환입액은 이전대상기업을 인수하는 사업연도가 아닌 해당 환입이 이루어진 사업연도의 대상조세 감액으로 처리한다.

5. 이전사업연도에 이전대상기업이 둘 이상의 다국적기업그룹의 모기업인 경우 해당 이전대상기업은 다국적기업그룹별로 결정된 추가세액배분액에 대해 적격소득산입규칙을 별도로 적용한다.

② 지배지분 이전을 자산·부채의 이전으로 보는 경우

구성기업인 이전대상기업의 소재지국(이전대상기업이 투시과세기업인 경우에는 자산이 소재하는 국가)이 이전대상기업에 대한 소유지분의 이전을 세무상 해당 이전대상기업의 자산 및 부채의 이전 또는 이와 유사한 것으로 보아 해당 자산 및 부채의 세무상 가액과 해당 지배지분의 이전대가 또는 해당 자산 및 부채의 공정가액 간의 차액을 해당 지배지분을 처분하는 기업에 과세하는 경우에는 아래 (2) 및 (3)과 같이 처리한다. 이 경우 이전대상기업은 자산 및 부채의 이전과 관련한 처분손익에 대하여는 처분구성기업(국조법 §76 ② 1호)으로, 자산 및 부채의 취득과 관련하여는 취득구성기업(국조법 §76 ② 2호)으로 본다.(국조법 §76 ① 단서, 국조령 §128 ②)

(2) 처분구성기업 및 취득구성기업의 글로벌최저한세손익의 계산

① 처분구성기업 및 취득구성기업의 글로벌최저한세손익의 계산

자산 및 부채를 처분하는 "처분구성기업"과 자산 및 부채를 취득하는 "취득구성기업"의 글로벌최저한세손익의 계산은 다음 구분에 따른다.(국조법 §76 ②)

> 1. 처분구성기업: 해당 자산 및 부채의 처분으로 발생한 "처분손익"을 글로벌최저한세손익 계산에 포함한다.
> 2. 취득구성기업: 연결재무제표를 작성할 때 적용하는 회계기준에 따른 해당 자산 및 부채의 취득가액을 사용하여 취득 이후의 글로벌최저한세손익을 계산한다.

② 취득구성기업 소재지국에서 취득자산부채 장부가액을 공정가액으로 보는 경우

구성기업의 자산 및 부채의 처분 · 취득이 이루어진 경우로서 구성기업의 소재지국 세법에서 자산 및 부채의 장부가액을 공정가액으로 조정하도록 하거나 조정할 수 있도록 규정한 경우에는 신고구성기업의 선택에 따라 다음 방법을 순차적으로 적용하여 과 글로벌최저한세손익을 계산한다. 다만, 구성기업 간의 재고자산 등 통상적인 자산의 판매 또는 정상가격원칙에 따른 조정의 경우는 제외한다.(국조법 §76 ④, 국조령 §129 ④) 아래 방법이 적용된 사업연도와 그 후 사업연도의 글로벌최저한세손익을 계산할 때에는 자산 및 부채의 회계상 공정가액을 사용하여 계산한다.(국조령 §129 ⑤)

> 1. 자산 및 부채의 조정 전 장부가액과 조정 후 공정가액의 차액을 자산 및 부채별로 각각 계산
> 2. 위 1호에 따라 장부가액과 공정가액의 차액을 계산할 때 비적격처분손익이 있는 경우에는 비적격처분이익 금액은 차감하고 비적격처분손실 금액은 가산할 것
> 3. 위 1호 및 2호에 따라 자산 및 부채별로 각각 계산한 차액의 합계 금액을 다음 어느 하나에 해당하는 방법으로 글로벌최저한세손익의 계산에 포함할 것
>   ㉮ 신고구성기업의 선택이 이루어진 사업연도의 글로벌최저한세손익의 계산에 포함하는 방법
>   ㉯ 위 1호 및 2호에 따라 자산 및 부채별로 각각 계산한 차액을 합산하여 5로 나눈 금액을 신고구성기업의 선택이 이루어진 사업연도부터 연속하여 5개 사업연도 동안 각 사업연도 글로벌최저한세손익의 계산에 포함하는 방법. 다만, 해당 5개 사업연도 동안 해당 구성기업이 다국적기업그룹을 이탈한 경우에는 그 전 사업연도 글로벌최저한세손익의 계산에 포함하고 남은 금액 전부를 해당 구성기업이 다국적기업그룹을 이탈한 사업연도 글로벌최저한세손익의 계산에 포함한다.

(3) 이전대가로 주식을 받는 경우

아래 ①의 '요건을 갖춘 조직재편'의 일부로 자산 및 부채의 처분 · 취득이 이루어진

경우에 대한 글로벌최저한세손익의 계산은 다음 구분에 따른다. 이 경우 처분구성기업이 조직재편에 따른 손익의 일부를 인식하는 경우에는 글로벌최저한세손익을 계산할 때 그 손익을 아래 ②에 따라 산입한다.(국조법 §76 ③)

1. 처분구성기업: 처분손익을 글로벌최저한세손익의 계산에서 제외한다.
2. 취득구성기업: 처분구성기업이 해당 자산 및 부채를 처분할 당시의 장부가액을 사용하여 취득 이후의 글로벌최저한세손익을 계산한다.

① 요건을 갖춘 조직개편

"요건을 갖춘 조직재편"이란 다음 요건을 모두 갖춘 합병, 분할, 청산 및 이와 유사한 거래에 따른 자산 및 부채의 이전 또는 조직변경에 해당하는 "글로벌최저한세조직재편"을 말한다. 이 경우 법인세법에 따른 적격합병(법법 §44), 적격분할(법법 §46) 및 조직변경(법법 §78)은 글로벌최저한세조직재편으로 본다.(국조령 §129 ①)

1. 자산 및 부채 이전 대가의 전부 또는 일부가 자산 및 부채를 취득하는 "취득구성기업" 또는 그 특수관계인의 출자지분(청산의 경우에는 자산 및 부채를 처분하는 "처분구성기업"의 출자지분을 말하며, 출자지분의 경제적 가치 유무는 불문)일 것
2. 처분구성기업의 자산 처분손익 전부 또는 일부에 대해 과세되지 않을 것
3. 취득구성기업이 그 소재지국의 세법에 따라 처분구성기업 자산의 처분 전 장부가액에 아래 ②에 따라 비적격처분손익을 조정한 후의 가액을 사용하여 취득일 이후의 과세소득을 계산할 것

② 조직재편에 따른 손익의 일부를 인식하는 경우: 비적격처분손익

"조직재편에 따른 손익의 일부를 인식하는 경우"란 다음 중 작은 금액에 해당하는 "비적격처분손익"을 인식하는 경우를 말한다.(국조령 §129 ②)

1. 글로벌최저한세조직재편과 관련하여 처분구성기업의 소재지국에서 과세되는 처분손익
2. 글로벌최저한세조직재편과 관련하여 계상되는 회계상 발생하는 처분손익

비적격처분손익은 다음과 같이 처리한다.(국조령 §129 ③)

1. 처분구성기업: 비적격처분손익을 글로벌최저한세손익의 계산에 포함
2 취득구성기업: 처분구성기업의 장부가액에 비적격처분손익을 조정(자산의 경우 비적격처분이익을 가산하고 비적격처분손실 금액을 차감하고, 부채의 경우 비적격처분이익을 차감하고 비적격처분손실 금액을 가산)한 후의 가액을 사용하여 취득 이후의 글로벌최저한세손익을 계산

사례 다국적기업그룹에 참여하거나 탈퇴하는 구성기업 (사례 6.2.1-1)

ABC그룹은 2차년도 9월 30일 200유로의 가격으로 DEF그룹에 완전지배 구성기업 C사의 주식을 모두 매각한다. C사는 유형자산을 유일한 자산으로 보유하며, 그 자산은 ABC그룹의 연결재무제표를 작성하기 위해 1차년도 말에 장부가액 100유로(2차년도 초 장부가액이기도 함)로 계상되어 있다. 2차년도 말에 그 자산의 장부가액은 20유로인데, C사는 2차년도에 ABC그룹이 소유하는 기간 중에 자산에 대해 감가상각 80유로를 했기 때문이다. 회계연도는 12월에 끝난다.

자산의 장부가액 계산은 최종모기업의 연결재무제표 작성을 위해 기록된 보고회계연도의 기초 및 기말 장부가액의 평균으로 해야 한다. 장부가액은 C사가 ABC그룹의 구성원이었던 해당 회계연도기간에 비례하여 조정되어야 한다. 따라서 ABC그룹의 자산 장부가액은 45유로[(100+20)/2)×(9/12)]이다.

DEF그룹의 경우, 보고연도(2차년도) 초에 취득한 C사 유형자산의 장부가액은 0이 된다. 그러나 최종모기업 연결재무제표는 DEF그룹의 감가상각누계액으로 조정된 자산의 간접취득원가에 기초한 자산의 공정가치를 반영하기 때문에 2차년도 말 장부가액은 200유로이다. DEF그룹의 보고회계연도(2차년도)의 개시와 종료 시점의 자산 장부가액과 C사가 DEF그룹의 구성원이 된 2차년도의 기간을 고려하면 자산의 장부가액은 25유로[(0+200)/2)]이다.

5.3 공동기업 특례

(1) 공동기업 특례

다국적기업그룹의 최종모기업이 그 소유지분의 50% 이상을 직접 또는 간접으로 보유하는 기업으로서 해당 최종모기업이 연결재무제표를 작성할 때 그 소유지분의 50% 이상을 보유하고 있는 기업에 대한 투자를 지분법을 사용하여 회계처리하는 기업 중 "공동기업" 및 "공동기업자회사"에 대해서는 다음과 같은 특례를 적용한다.(국조법 §77 ①)

1. 공동기업 및 공동기업자회사 : 별개의 다국적기업그룹의 구성기업으로 보고 해당 공동기업을 해당 다국적기업그룹의 최종모기업으로 보아 추가세액계산규정(국조법 §66~§71), 국내추가세액계산규정(국조법 §73의2~§73의7) 및 특례규정(국조법 §74~§76, §77의2~§81)을 적용한다.
2. 공동기업 또는 공동기업자회사의 소유지분을 직간접으로 보유하는 모기업 (국조령 §130 ③)
   ㉮ 해당 모기업은 공동기업 및 공동기업자회사를 구성기업으로 하는 다국적기업그룹의 각 구성기업에 대한 추가세액 중 모기업에 대한 소득산입규칙에 따른 추가세액배분액을 납부해야 한다.
   ㉯ 위 ㉮에 따른 다국적기업그룹의 각 구성기업에 대한 추가세액 중 최종모기업에 대한 추가세액배분액의 합계에서 적격소득산입규칙에 따라 각 모기업에 부과되는 금액을 차감한 후 남는 금액은 해당 다국적기업그룹의 소득산입보완규칙 추가세액에 산입한다.

(2) 공동기업 및 공동기업자회사

공동기업은 다음에 해당하지 않는 기업을 말한다.(국조령 §130 ①)

1. 글로벌최저한세가 적용되는 다국적기업그룹(공동기업 및 공동기업자회사가 아닌 다국적기업그룹)의 최종모기업
2. 제외기업(국조령 §102 1호~6호)
3. 다음에 해당하는 기타제외기업(지배기업이 소유지분을 직접 보유하는 경우로 한정)
   ㉮ 전적으로 또는 거의 전적으로 투자자들을 위하여 자산을 보유하거나 자금을 투자하는 사업활동만을 수행하는 기업
   ㉯ 지배기업이 수행하는 활동에 부수적인 활동을 수행하는 기업
   ㉰ 소득의 전부 또는 거의 전부가 제외배당(국조령 §104 ① 2호) 또는 제외지분손익(국조령 §104 ① 4호)인 기업
4. 제외기업으로만 구성된 다국적기업그룹이 그 소유지분을 보유하는 기업
5. 공동기업자회사

공동기업자회사란 인정회계기준에 따라 공동기업에 연결되거나 해당 기업에 인정회계기준을 적용한다고 가정하였을 경우 공동기업에 연결되어야 하는 공동기업자회사를 말한다. 이 경우 공동기업 또는 공동기업자회사의 고정사업장은 별개의 공동기업자회사로 본다.(국조령 §130 ②)

5.4 복수모기업다국적기업그룹 : 결합구조약정 및 이중상장약정

(1) 복수모기업다국적기업그룹의 범위

다음 요건을 모두 갖춘 둘 이상의 그룹 및 해당 각 그룹에 속하는 기업들은 하나의 다국적기업그룹으로 보는 '복수모기업다국적기업그룹' 및 그 구성기업으로 보아 특례를 적용한다.(국조법 §77 ②)

1. 각 그룹의 최종모기업 사이에서 다음 어느 하나에 해당하는 약정이 체결되었을 것
   ㉮ 최종모기업 중 하나가 각 그룹에 속하는 모든 기업을 연결하는 하나의 연결재무제표를 작성하도록 하는 "결합구조약정"
   ㉯ 각 그룹의 사업을 결합하도록 하는 약정으로서 "이중상장약정"
2. 결합구조약정 또는 이중상장약정에 따라 결합된 그룹의 기업 또는 고정사업장이 그 결합된 그룹 중 적어도 한 개 이상의 다른 기업과 다른 국가에 소재할 것

"결합구조약정"이란 다음 요건을 모두 갖춘 약정을 말한다.(국조령 §131 ②)

1. 각 그룹 최종모기업 소유지분의 50% 이상이 소유권의 형식, 이전의 제한 또는 그 밖의 제약 및 조건에 따라 상호 결합되어 있어 자본시장에서 독립적으로 이전되거나 거래될 수 없고, 증권거래소에 상장된 소유지분에 대해서는 단일 가격으로 호가될 것
2. 최종모기업 중 하나가 해당 약정의 모든 그룹에 속한 기업에 대해 연결재무제표(기업의 자산, 부채, 수익, 비용 및 현금흐름이 하나의 경제단위로 함께 표시되는 연결재무제표)를 인정회계기준에 따라 작성하고, 이에 대한 외부감사가 의무화되어 있을 것

"이중상장약정"이란 다음 요건을 모두 갖춘 약정을 말한다.(국조령 §131 ③)

1. 최종모기업들이 그 주주에게 배당 및 청산을 하는 경우에는 상호 간에 고정된 비율로 분배하기로 할 것
2. 각 그룹이 별도의 법적 정체성을 유지하지만 해당 약정에 따라 그 모든 활동이 하나의 경제적 실체에 의한 것으로 관리될 것
3. 각 최종모기업의 소유지분이 서로 다른 자본시장에서 독립적으로 호가, 거래 및 이전될 것
4. 최종모기업들이 해당 약정의 모든 그룹에 속한 기업에 대해 연결재무제표(기업의 자산, 부채, 수익, 비용 및 현금흐름이 하나의 경제단위로 함께 표시되는 연결재무제표)를 인정회계기준에 따라 작성하고, 이에 대한 외부감사가 의무화되어 있을 것

(2) 복수모기업다국적기업그룹 특례

하나의 다국적기업그룹으로 보는 "복수모기업다국적기업그룹" 및 그에 속하는 구성기업에는 다음과 같이 글로벌최저한세를 적용한다.(국조령 §131 ①)

1. 복수모기업다국적기업그룹을 구성하는 각 그룹의 최종모기업 각각을 해당 복수모기업다국적기업그룹의 최종모기업으로 본다.
2. 복수모기업다국적기업그룹을 구성하는 각 그룹의 최종모기업이 결합구조약정(국조법 §77 ② 1호 가목) 또는 이중상장약정(국조법 §77 ② 1호 나목)에 따라 작성한 연결재무제표를 해당 복수모기업다국적기업그룹의 연결재무제표로 본다.
3. 국내에 소재하는 복수모기업다국적기업그룹의 모기업(최종모기업 포함)에 대해 소득산입규칙을 적용한다.
4. 국내에 소재하는 복수모기업다국적기업그룹의 구성기업에 대해 소득산입보완규칙을 적용한다.
5. 국내에 소재하는 복수모기업다국적기업그룹의 구성기업에 대해 내국추가세액 과세규정(국조법 §73의7)에 따라 내국추가세액을 배분한다.
6. 복수모기업다국적기업그룹은 글로벌최저한세정보신고서를 납세지 관할세무서장에게 제출한다. 다만 지정신고기업을 지정하는 경우를 제외한다. 이 경우 해당 신고서에는 복수모기업다국적기업그룹을 구성하는 각 그룹에 대한 정보를 포함해야 한다.(국조칙 §81)

5.5 최종모기업등 배당공제제도 특례

배당공제제도란 해당 기업이 그 주주, 사원 또는 출자자에게 이익을 분배(협동조합의 조합원에 대한 이용고배당 포함)하는 경우 그 분배액을 해당 기업의 소득에서 공제하는 제도로서 이익의 분배액이 기업의 주주등 단계에서만 과세되도록 하는 제도(협동조합에 대한 면세제도 포함)를 말한다.(국조령 §132 ②) "협동조합"이란 조합원을 위하여 재화·용역을 공동으로 판매·구매하고, 해당 기업을 통해 판매하거나 구매하는 조합원의 재화 또는 용역과 관련하여 조세중립성(해당 기업이 재화·용역을 구매하거나 판매하는 제3자로부터 조합원이 직접 해당 재산·용역을 판매하거나 구매하는 때에 기업이 부담하는 세금과 해당 조합원이 부담하는 세금이 같은 경우)이 확보되도록 하는 소재지국의 과세제도가 적용되는 기업을 말한다.(국조칙 §82)

(1) 최종모기업등이 배당공제제도를 적용받는 경우

다음 각 구성기업의 각 사업연도 글로벌최저한세소득은 해당 사업연도의 종료일부터 12개월 이내에 분배되는 배당액을 차감하여 계산하며, 그 차감하고 남은 금액이 음수일 경우에는 영으로 본다.(국조법 §77의2 ①)

1. 배당금액을 배당지급자의 과세소득에서 공제하는 "배당공제제도"를 적용받는 다국적기업그룹의 최종모기업
2. 다음 요건을 모두 충족하는 구성기업
   ㉮ 배당공제제도를 적용받는 구성기업일 것
   ㉯ 배당공제제도를 적용받는 최종모기업이 해당 구성기업(해당 최종모기업이 소재하는 국가에 소재하는 구성기업으로 한정)의 지분을 직접 보유하거나 배당공제제도를 적용받는 하나 이상의 다른 구성기업을 통하여 간접 보유할 것. 다만, 해당 다른 구성기업이 그 이익을 직접 또는 해당 하나 이상의 구성기업을 통하여 최종모기업에 분배하고 그 분배된 이익을 "차감하는 배당액"(국조령 §155 ②)의 요건에 따라 분배하는 경우에 한한다.(국조칙 §?55 ④)

배당공제제도를 적용받는 구성기업의 대상조세 및 글로벌최저한세소득은 각각 아래 1호의 금액에 2호의 비율을 곱하여 산출한 금액을 차감하여 계산한다.(국조령 §132 ②)

차감하는 대상조세 및 글로벌최저한세소득 비율 = 1×2

1. 해당 구성기업의 대상조세
2. 차감되는 배당액 ÷ (해당 구성기업의 글로벌최저한세소득 금액 — 순조세비용(미분배소득 또는 자본·유보 소득에 대한 세금을 제외한 금액)

(2) 글로벌최저한세소득에서 차감하는 배당액

차감하는 배당액은 다음 구분에 따른 배당액을 말한다.(국조령 §132 ①)

1. 배당공제제도를 적용받는 다국적기업그룹의 최종모기업: 해당 최종모기업이 그 주주, 사원 또는 출자자에게 이익을 분배(협동조합의 조합원에 대한 이용고배당 포함)할 때 해당 최종모기업 소재지국의 세법에 따라 해당 최종모기업의 과세소득에서 공제되는 이익의 분배액으로서 다음 각 목의 어느 하나에 해당하는 자에게 분배되는 배당액
   ㉮ 다국적기업그룹의 글로벌최저한세소득이 발생한 사업연도 종료일의 다음 날부터 12개월 이내에 종료하는 과세기간에 그 배당수취인에게 분배되는 "귀속분배금액"이 다음 어느 하나에 해당하는 경우 그 배당수취인
      1) 귀속분배금액 전액에 대해 최저한세율 이상의 명목세율(누진세율이 적용되는 경우에는 귀속소득금액이 해당 소유지분 보유자의 과세소득 전부라고 가정할 때 그 소유지분 보유자에게 적용되는 최고세율)로 과세(협동조합으로부터 자연인 외의 조합원이 분배받는 이용고배당의 경우에는 그 배당수취인의 과세소득 계산에서 공제되는 비용 또는 원가를 감액하는 경우에 과세되는 것으로 간주)되는 경우
      2) 귀속분배금액의 원천이 되는 소득에 대한 최종모기업의 조정대상조세 금액과 해당 귀속분배금액에 대해 그 배당수취인에게 과세되는 세액의 합계액이 해당 귀속분배금액 전액에 최저한세율을 곱하여 계산되는 금액 이상이 될 것으로 합리적으로 예상되는 경우
      3) 배당수취인이 자연인이고 해당 귀속분배금액이 협동조합(협동조합으로서 제3자로부터 재화 또는 용역을 구매하여 조합원에 공급하는 협동조합으로 한정)으로부터 받는 이용고배당인 경우
   ㉯ 다음의 요건을 모두 갖춘 자연인
      1) 해당 최종모기업 소재지국의 세법상 거주자일 것
      2) 해당 사업연도 종료일 현재 해당 최종모기업의 이익과 자산 각각에 대해 5% 이하의 권리를 수반하는 소유지분을 직접 보유할 것
   ㉰ 최종모기업의 소재지국에서 설립 · 운영되는 정부기업, 국제기구, 비영리기구 또는 연금펀드(부수활동 연금펀드 제외)
2. 배당공제제도를 적용받는 다국적기업그룹의 최종모기업이 같은 소재지국의 구성기업 지분을 직간접으로 보유하는 구성기업: 해당 구성기업이 배당공제제도를 적용받는 다국적기업그룹의 최종모기업에 분배하는 배당액으로서 다음 요건을 모두 충족하는 배당액
   ㉮ 해당 구성기업이 직접 또는 배당공제제도를 적용받는 하나 이상의 다른 구성기업(해당 최종모기업 및 해당 구성기업과 같은 국가에 소재하는 기업으로 한정)을 통하여 간접으로 해당 최종모기업에 분배할 것
   ㉯ 해당 최종모기업이 가목에 따라 분배받은 배당액을 위 1호의 어느 하나에 해당하는 자에게 분배할 것

(3) 대상조세의 차감

배당공제제도를 적용하여 글로벌최저한세소득을 차감하는 최종모기업은 그 차감비율(=글로벌최저한세소득 차감금액/[글로벌최저한세소득－순조세비용])에 따라 대상조세(배당공제를 두고 있지 않은 세목에서 발생한 것에 한정)를 감액하고 그 감액한 금액을 글로벌최저한세소득에서 차감한다.(국조칙 §?55 ③)

5.6 최종모기업 투과기업 특례

(1) 최종모기업이 투과기업인 경우 글로벌최저한세손익 및 대상조세

다국적기업그룹의 최종모기업이 투과기업인 경우 그 투과기업의 각 사업연도 글로벌최저한세손익은 다음 금액을 차감하여 계산한다.(국조법 §77의2 ②) 이 경우, 최종모기업의 대상조세는 글로벌최저한세소득 금액에서 아래 1호에 따른 금액이 차지하는 비율을 곱하여 조정한다.(국조령 §133 ②)

1. 각 사업연도의 글로벌최저한세소득 : 해당 투과기업의 각 소유지분에 귀속되는 글로벌최저한세소득 중 각각 다음 소유지분에 귀속되는 글로벌최저한세소득.(국조령 §133 ①)
   ㉮ 투과기업인 최종모기업의 해당 사업연도 종료일의 다음 날부터 12개월 이내에 종료하는 과세기간에 그 소유지분에 귀속되는 귀속소득금액이 다음 어느 하나에 해당하는 경우 그 소유지분의 보유자
      1) 귀속소득금액 전액에 대해 최저한세율 이상의 명목세율로 과세되는 경우
      2) 귀속소득금액에 대한 해당 투과기업의 조정대상조세과 그 소유지분 보유자에게 과세되는 세액의 합계가 해당 귀속소득금액 전액에 최저한세율을 곱하여 계산한 금액 이상이 될 것으로 합리적으로 예상되는 경우
   ㉯ 다음 요건을 모두 갖춘 자연인
      1) 해당 최종모기업 소재지국의 세법상 거주자일 것
      2) 해당 사업연도 종료일 현재 해당 최종모기업의 이익과 자산 각각에 대해 5% 이하의 권리를 수반하는 소유지분을 직접 보유할 것
   ㉰ 다음 요건을 모두 갖춘 정부기업, 국제기구, 비영리기구 또는 연금펀드
      1) 해당 최종모기업 소재지국에서 설립·운영될 것
      2) 해당 사업연도 종료일 현재 해당 최종모기업의 이익과 자산 각각에 대하여 5% 이하의 권리를 수반하는 소유지분을 직접 보유할 것
2. 각 사업연도의 글로벌최저한세결손 : 해당 투과기업의 각 소유지분에 귀속되는 글로벌최저한세결손 중 그 소유지분을 보유한 자가 과세소득을 산정할 때 해당 글로벌최저한세결손을 공제할 수 있는 경우 해당 금액

(2) 투과기업 고정사업장에 대한 준용

투과기업인 최종모기업의 고정사업장(최종모기업이 지분을 직접 보유하거나 투시과세기업을 통하여 간접 보유하는 구성기업의 고정사업장 포함)의 각 사업연도 글로벌최저한세손익은 다음 금액을 차감하여 계산한다.(국조법 §77의2 ③) 이 경우, 해당 고정사업장의 대상조세는 글로벌최저한세소득 금액에서 아래 1호에 따른 금액이 차지하는 비율을 곱하여 조정한다.(국조령 §133 ④)

1. 글로벌최저한세소득: 해당 고정사업장의 각 소유지분에 귀속되는 글로벌최저한세소득 금액 중 최저한세율 이상으로 과세되는 등 대통령령으로 정하는 소유지분에 귀속되는 글로벌최저한세소득 금액
2. 글로벌최저한세결손: 해당 고정사업장의 각 소유지분에 귀속되는 글로벌최저한세결손 금액 중 그 소유지분을 보유한 자가 과세소득을 산정할 때 해당 글로벌최저한세결손 금액을 공제할 수 있는 경우 해당 금액

투과기업인 최종모기업 고정사업장의 각 소유지분은 각각 다음 구분에 따른 소유지분으로 한다.(국조령 §133 ③)

1. 다국적기업그룹의 최종모기업의 고정사업장인 경우: 해당 최종모기업에 대한 소유지분
2. 다국적기업그룹의 최종모기업이 지분을 직접 보유하거나 투시과세기업을 통하여 간접 보유하는 구성기업의 고정사업장인 경우: 해당 최종모기업의 소유지분을 보유한 자가 투시과세기업인 해당 구성기업에 대하여 간접으로 보유하는 소유지분

사례 최종모기업 투과기업 특례

1.(사례 7.1.1(a) – 1) A사는 다국적기업그룹의 최종모기업으로 투과기업이다. A사는 A국에 있으며 회계연도는 1월 31일에 종료된다. 개인 1은 A국에 거주하는 개인납세자이고 개인 2는 B국에 거주하는 개인납세자이다. 개인 1과 개인 2는 각각 A사의 소유지분 50%를 보유한다. 1차년도 1월 31일에 종료된 회계연도의 경우, A사는 법인세목적상 모두 14만유로의 소득을 보고한다. A국 세법상, A사 소득 중 7만유로는 12월 31일에 종료된 1차년도의 개인 1의 과세소득에 포함된다. 개인 1의 과세소득계산에 A국에서 수행되는 다른 사업에서 발생한 5만유로의 손실도 포함된다. A국 세법상 개인 1의 과세소득은 20,000유로(= 70,000 – 50,000)이며, 개인 1은 해당 과세소득에 대해 20%의 세율로 A국에서 과세된다. 개인 2는 A국 세법상 A국에 고정사업장을 둔 것으로 간주되며, 그 고정사업장 과세소득은 A국 과세소득 중 7만유로를 포함한다. 개인 2는 A국에서 1차년도 12월 31일 종료되는 역년의 고정사업장 소득에 대해 20%의 세율로 과세된다. 최종모기업 투과기업의 경우, (1) 그 소유자가 다국적기업그룹의 회계연도 말의 12개월 이내에 종료하는 과세기간에 배분된 소득에 대해 과세되고, (2) 소유지분의 소유자가 최저한세율과 같거나 높

은 명목세율로 배분된 소득금액 전부에 대해 과세되는 경우, 그 소유지분에 배분되는 소득금액만큼 소득금액을 감소시킨다. 개인 1의 소득세부채의 납부기한이 A사 회계연도 말의 12개월 이내가 아님에도 불구하고, 개인 1은 1차년도 12월 31일에 끝나는 A사 회계연도 말의 12개월 이내인 1차년도 12월 31일에 끝나는 과세기간에 A사 소득 중 자신의 몫에 과세된다. 개인 1의 경우 해당 소득의 전액에 대해 과세되며, A국의 소득 중 자신의 몫을 자신의 A국 과세소득을 계산할 때 다른 사업에서 발생한 손실과 상계할 수 있다. 이에 따라, A사는 개인 1이 보유한 소유지분에 대해, 1차년도 1월 31일에 종료된 회계연도의 소득을 7만유로 감소시킨다. A사는 대상조세를 비례적으로 감소시킨다. 개인 2는 A사의 소득에 대한 자신의 몫에 대해 A사의 회계연도 말 12개월 이내 종료되는 과세기간에 과세된다. 또한, 개인 2는 최저한세율과 같거나 초과하는 명목세율로 그 소득금액 전액에 대해 과세된다. 이에 따라, A사는 1차년도 1월 31일에 종료된 회계연도의 소득을 개인 2가 보유한 소유지분에 대해 7만유로 감소시킨다. 이 사례의 결과를 나타내는 표는 다음과 같다.

	개인 1	개인 2
글로벌최저한세소득	70,000	70,000
최저한세율	15%	15%
명목세율	20%	20%
소득 감소	Yes	Yes

2.(사례 7.1.1(a) – 2) C사는 다국적기업그룹의 최종모기업으로 투과기업이다. C사는 5%의 법인세율이 적용되는 C국에 있다. 1차년도 12월 31일에 종료된 회계연도에 C사의 과세소득은 20만유로이다. 그 소득에 대한 C사의 조정대상조세는 1만유로(=5%×200,000)이며, 이러한 법인세는 대상조세의 정의를 충족한다. 개인 3은 C국에 거주하는 개인납세자로 C사 소유지분의 50%를 보유한다. 개인 3은 C사의 1차년도 소득에서 95,000유로(=50%×[200,000–10,000])의 몫이 있다. 개인 3은 명목상 11%의 개인소득세율을 역년기준으로 적용받는다. 1차년도 12월 31일에 종료된 회계연도에 대한 C사 소득 중 개인 3의 몫은 1차년도 12월 31일에 종료된 역년의 개인 3의 C국 과세소득에 포함된다. 개인 3은 그 소득에 부과된 C국 소득세를 이유로 C사 소득 중 자신의 몫에 부과된 C사에 대한 C국 법인세를 줄일 수 없다.

개인 3에 적용되는 개인소득세율이 최저한세율보다 낮은 명목세율 11%이므로 C사는 소득을 감소시킬수 없다. 다만, (1) 그 소유자가 다국적기업그룹의 회계연도 말의 12개월 이내에 종료하는 과세기간에 배분된 소득에 대해 과세되고, (2) 해당소득에 대한 최종모기업의 조정대상조세 및 소유지분 소유자의 소득세의 합계가 최저한세율에 그 소득금액 전부를 곱하여 산출한 금액 이상인 경우, 최종모기업 투과기업은 그 소유지분에 배분되는 소득금액만큼 소득금액을 감소시킨다.

개인 3은 C국에서 10,450유로의 소득세(=11%×C사 세후소득 95,000유로)를 납부할 것으로 예상된다. 개인 3에 귀속되는 소득 100,000유로에 대해 개인 3과 C사가 납부한 조세의 합계는 15,450유로(=개인 3 납부 10,450유로+C사 납부 5,000유로)이며, 이는 그 소득 전부에 최저한세율을 곱한 금액 15,000유로(=100,000×15%)을 초과한다. 따라서 C사는 1차년도 소득 200,000유로에서 개인 3의 소유지분에 귀속되는 소득 100,000유로를 감소시킨다. C사는 대상조세를 비례적으로 감소시킨다. 이 사례의 결과를 나타내는 표는 다음과 같다.

	유로
글로벌최저한세소득	100,000
최저한세율 법인세	15,000
C사 법인세	5,000
개인 3 소득세	10,450
합산 법인세	15,450
소득 감소	Yes

개인 3이 C국에서 C사가 납부한 법인세와 동일한 금액의 세액공제를 받는 경우, C사는 소득을 감소시킬 수 없다. 예를 들면, 개인 3(6,000유로)과 C사(5,000유로)가 납부한 조세의 합계(11,000유로)가 소득의 전부에 최저한세율을 곱한 금액 이상일 것으로 예상하는 것은 합리적이지 않다. 이러한 계산결과를 나타내는 표는 다음과 같다.

	유로
글로벌최저한세소득	100,000
최저한세율 법인세	15,000
C사 법인세	5,000
개인 3 소득세	6,000
합산조세	11,000
소득 감소	No.

3.(사례 7.1.4 - 1) A사는 ABC 그룹의 최종모기업이다. 2명의 소유자가 A사 소유지분의 50%를 각각 소유하며, A사는 A국에 설립된 투과기업이다. A사는 A국 및 B국에서 사업을 수행한다. A사가 B국에서 사업을 수행하는 사업장소에는 B국 고정사업장이 구성된다. A사는 회계연도에 A국과 B국에서 전부 300유로의 소득을 창출했다. A사 소득 중 100유로는 B국 고정사업장에 귀속된다. B국은 고정사업장에 귀속된 100유로의 소득에 대해 15%의 명목세율로 A사 소유자에게 소득세를 부과하고 각 소유자는 B국에서 각각 7.5유로(총 15유로)의 소득세를 납부했다. B국에서 A사의 소유지분 소유자는 최저한세율과 같은 명목세율로 과세되며, 각 소유자가 납부하는 7.5유로의 소득세는 고정사업장 소득의 각 소유자 몫에 최저한세율을 곱한 금액 7.5유로(=소득 50×최저한세율 15%)와 같다고 볼 수 있다. 따라서, 고정사업장의 소득은 B국에서 100유로 감소한다. 이 사례의 결과를 나타내는 표는 다음과 같다.

	B국
귀속소득	100유로
세율	15%
납부세액	15유로
최저한세율과의 차이	0
세액 감소	Yes

5.7 적격분배과세제도 특례

(1) 간주분배세액의 가산

적격분배과세제도의 적용을 받는 구성기업의 경우 해당 구성기업이 소재하는 국가의 조정대상조세 합계를 계산할 때에는 신고구성기업의 선택에 따라 실효세율이 최저한세율에 도달하기 위하여 필요한 "간주분배세액"을 가산할 수 있다.(국조법 §78 ①) 신고구성기업의 선택은 매년 선택으로 국가별로 적용한다.(국조령 §134 ③)

① 적격분배과세제도

"적격분배과세제도"란 다음 요건을 모두 갖춘 과세제도를 말한다.(국조령 §134 ①)

1. 법인의 이익을 주주에게 분배(분배하는 것으로 간주되는 경우 포함)하는 때에만 해당 이익에 대해 법인세를 부과하거나 법인의 이익 분배 시점에 법인세를 과세하는 국가에서 정하는 특정 업무무관비용을 지출하는 때에만 해당 비용에 대해 법인세를 부과할 것 2. 최저한세율 이상의 세율을 적용하여 과세할 것 3. 2021년 7월 1일 이전부터 시행되었을 것

② 간주분배세액

"간주분배세액"이란 다음 중 작은 금액이다.(국조령 §134 ②)

1. 해당 사업연도 해당 국가의 실효세율(국조법 §67 총이연법인세조정금액 중 지급할 배당과 관련된 금액을 포함하지 아니하고 산정한 것)이 최저한세율에 도달하기 위하여 추가적으로 필요한 조정대상조세 2. 해당 국가의 모든 구성기업이 해당 사업연도에 발생한 적격분배과세제도 적용대상 소득의 전부를 그 사업연도 중에 분배하는 경우 발생할 법인세액

(2) 실효세율과 추가세액의 재계산

① 실효세율과 추가세액 재계산

위 ①에 따라 간주분배세액이 가산된 구성기업은 간주분배세액환입계정이 설정된 날이 속하는 사업연도 개시일부터 그 후 네 번째 사업연도의 종료일까지의 기간 이내에 그 가산한 간주분배세액에 상응하는 금액이 실제로 과세되지 아니하여 그 기간의 종료일에 해당 간주분배세액환입계정의 잔액이 있는 경우에는 그 간주분배세액을 가산한 사업연도의 실효세율과 추가세액을 다시 계산해야 한다.(국조법 §78 ②, 국조령 §134 ⑤ · ⑥) 실효세율과 추가세액을 다시 계산해야 하는 이 경우, 경우에는 간주분배세액환입계정의 잔액을 해당 계정을 설정한 사업연도의 해당 국가 조정대상조세에서 차감한 후 그 실효세율과 추가세액을 다시 계산한다.(국조령 §134 ⑦)

② 간주분배세액환입계정

신고구성기업이 적격분배과세제도를 적용하기로 선택하는 경우 다국적기업그룹은 선택연도별로 해당 사업연도의 간주분배세액과 같은 금액의 "간주분배세액환입계정"을 국가별로 설정해야 한다.(국조령 §134 ④) 다국적기업그룹은 간주분배세액환입계정을 설정한 사업연도 이후의 매 사업연도 말에는 해당 간주분배세액환입계정의 잔액에서 다음 각 금액을 순서대로 차감한다. 이 경우 먼저 설정된 간주분배세액환입계정의 잔액부터 차감하여 그 잔액이 영이 될 때까지 차감하며, 아래 1호에 따라 차감되는 세액은 해당 사업연도의 조정대상조세에 산입하지 않는다.(국조칙 §83 ①)

1. 구성기업이 실제로 분배되는 이익 또는 분배되는 것으로 간주되는 이익에 대하여 해당 사업연도 중 납부한 세액
2. 해당 사업연도 해당 국가에 순글로벌최저한세결손이 발생한 경우에는 해당 순글로벌최저한세결손에 최저한세율을 곱하여 계산된 환입계정결손금액
3. 해당 사업연도로 이월된 환입계정결손이월 금액. 이는 해당 국가의 이전 사업연도의 환입계정결손금액이 해당 국가의 해당 이전 사업연도 말의 모든 간주분배세액환입계정잔액(이전의 각 선택사업연도별로 설정되었던 간주분배세액환입계정의 잔액)의 합계액을 초과하는 경우의 그 초과 금액을 말한다.

(3) 이탈등에 따른 간주분배세액환입계정의 계산

① 구성기업이 해당 다국적기업그룹을 이탈하는 경우

적격분배과세제도(국조법 §78 ①) 적용국가의 구성기업이 해당 다국적기업그룹을 이탈하거나 해당 구성기업의 자산 및 부채의 전부 또는 대부분을 해당 다국적기업그룹에 속하지 않는 기업 또는 해당 적격분배과세제도 적용국가 이외의 국가에 소재하는 구성기업에 이전하는 경우에는 그 이탈등이 이루어진 사업연도의 말에 해당 국가의 이전 선택연도별로 설정되었던 간주분배세액환입계정잔액이 있는 경우에는 다음 순서에 따라 해당 국가의 추가세액 등을 다시 계산한다.(국조칙 §83 ②) 아래에 따라 추가세액을 재계산하는 경우 적격분배과세제도 적용국가의 이탈등 사업연도의 이전 각 선택사업연도의 간주분배세액환입계정잔액, 순글로벌최저한세소득금액, 조정대상조세 및 실질기반제외소득금액은 각 해당 금액에 해당 선택사업연도의 처분환입비율을 곱하여 계산되는 금액만큼 감액한다.(국조칙 §83 ③)

1. 이탈등이 이루어진 "이탈등 사업연도"의 말에 해당 국가의 이전 각 선택사업연도별로 설정되었던 간주분배세액환입계정의 잔액이 있는 경우에는 해당 간주분배세액환입계정 잔액을 해당 선택사업연도의 해당 국가의 조정대상조세에서 차감하여 해당 선택사업연도의 해당 국가의 실효세율과 추가세액을 다시 계산한다.
2. 위 1호에 따라 산정된 이전 각 선택사업연도의 해당 국가의 추가세액에 다음 "처분환입비율"을 곱하여 계산되는 금액의 합계액을 해당 이탈등 사업연도 해당 국가의 당기추가세액가산액에 산입한다. 이 경우 해당 구성기업에 글로벌최저한세결손이 발생하였던 선택사업연도의 처분환입비율은 영(0)으로 본다.

처분환입비율 = A/B

A: 1호에 따라 해당 국가에 추가세액이 발생한 각 선택사업연도의 해당 구성기업의 글로벌최저한세손익의 합계

B: 1호에 따라 해당 국가에 추가세액이 발생한 각 선택사업연도의 해당 국가의 순글로벌최저한세손익의 합계. 이 경우 해당 구성기업에 글로벌최저한세결손이 발생한 선택사업연도의 해당 국가의 순글로벌최저한세손익은 산입하지 않는다.

② 이탈등 사업연도 말에 해당 국가에 환입계정결손이월금액이 있는 경우

이탈등이 사업연도의 말에 해당 국가에 환입계정결손이월금액이 있는 경우에는 그 환입계정결손이월금액에서 다음 금액을 감액한다.(국조칙 §83 ④)

감액하는 환입계정결손이월금액 = A x (B/C)

A: 이탈등 사업연도 말의 환입계정결손이월금액

B: 해당 환입계정결손이월금액과 관련된 순최저한세결손이 발생한 사업연도의 해당 구성기업의 글로벌최저한세결손금액(해당 구성기업에 글로벌최저한세소득이 발생한 경우는 이를 영으로 함)

C: 해당 환입계정결손이월금액과 관련된 순최저한세결손이 발생한 사업연도의 해당 국가의 구성기업의 글로벌최저한세결손금액의 합계

사례 적격분배과세제도 특례 (사례 7.3.4-1)

A사는 다국적기업그룹의 구성기업으로 적격분배과세제도가 있는 관할국에 있다. 배당(및 간주배당)은 15%로 과세된다. 관할국에서 1차년도, 2차년도 및 3차년도에 선택이 이루어진다. A사는 1차년도, 2차년도 또는 3차년도에 실제 또는 간주 배당을 하지 않는다. 1차년도에 A사는 소득 100유로를 계상하고 간주분배세액 15유로를 계상한다. 이에 따라, 1차년도 말 간주분배세액환입계정 잔액은 15유로이다.

2차년도에 A사에 손실 120유로가 발생한다. 손실에 최저한세율을 곱하고(즉, 120×15%=18), 15유로를 산입하여 간주분배세액환입계정을 0으로 감소시킨다. 간주분배당세액환입계정 초과액

3유로(=18-15)는 환입계정 이월액에 가산한다. 3차년도에 A사는 100유로의 소득을 계상하고, 최저한세율을 달성하기 위해 간주분배세액 15유로를 계상한다. 간주분배세액환입계정은 15유로 증가하고 3유로 감소하며, 2차년도의 환입계정 이월손실 잔액은 3차년도에 12유로가 된다.

5.8 투자구성기업 특례

(1) 투자구성기업의 실효세율

최종모기업이 아닌 투자구성기업(투시과세기업 제외)의 소재지국에 대해서는 각 사업연도별로 다른 구성기업의 실효세율과는 별개로 투자구성기업들의 실효세율을 다음 계산식에 따라 계산한다.(국조법 §79 ①)

해당 국가에 소재하는 투자구성기업들의 실효세율 = A/(B - C)

A: 각 투자구성기업의 조정대상조세의 합계
B: 각 투자구성기업의 글로벌최저한세소득 배분액의 합계
C: 각 투자구성기업의 글로벌최저한세결손 배분액의 합계

위 계산식을 적용할 때, 해당 사업연도에 B에서 C를 차감한 값이 영이거나 음수인 경우에는 해당 국가에 소재하는 투자구성기업들의 실효세율을 계산하지 않는다.(국조법 §79 ②) 계산식에 사용되는 용어의 정의는 다음과 같다.(국조령 §135 ②)

1. 각 투자구성기업(투시과세기업 제외)의 조정대상조세 금액: 다음에서 정하는 금액
   ㉮ 투자구성기업특례(국조법 §79 ③ 1호)에 따른 추가세액 계산을 위하여 실효세율을 계산하는 경우: 아래 2호에 따른 해당 투자구성기업의 글로벌최저한세소득 배분액에 해당하는 조정대상조세 금액 및 해당 투자구성기업에 대한 조정대상조세 배분액
   ㉯ 국내구성기업으로서 투자구성기업특례(국조법 §79 ③ 2호)에 따른 내국추가세액 계산을 위하여 실효세율을 계산하는 경우: 내국추가세액 계산을 위한 조정대상조세 계산 규정(국조령 §125의3 ②·③)에서 정하는 사항을 반영하여 계산한 위 ㉮의 금액
2. 각 투자구성기업(투시과세기업 제외)의 글로벌최저한세소득 배분액: ㉮의 금액 × ㉯의 비율
   ㉮ 해당 투자구성기업의 글로벌최저한세소득
   ㉯ 해당 다국적기업그룹 최종모기업의 해당 투자구성기업에 대한 소득산입비율 중 투자구성기업특례(국조법 §79 ⑤·⑥)에 따른 선택이 적용되지 않는 소유지분에 해당하는 "조정소득산입비율"
3. 각 투자구성기업의 글로벌최저한세결손 배분액: 해당 투자구성기업의 글로벌최저한세결손에 조정소득산입비율을 곱하여 계산한 금액

"투시과세기업"이란 투과기업으로서 그 소유지분에 귀속되는 소득이 해당 소유지분을 직간접으로 보유하는 자의 소재지국에서 과세상 투시되는 기업을 말한다. 다만, 투과기업이 실질적 관리장소 또는 설립 장소나 이와 유사한 기준에 따라 어느 국가에서도 과세상 거주자 · 내국법인에 해당하지 않고, 그 소득 또는 이익에 대해 그 다른 국가에서 대상조세 또는 적격소재국추가세액이 과세되지 않는 기업(국조령 §108 ②)은 투시과세기업으로 본다.(국조법 §79 ① 괄호, 국조령 §135 ①)

(2) 국별 투자구성기업들의 추가세액

각 사업연도 해당 국가에 소재하는 투자구성기업들의 추가세액 및 내국추가세액은 다음 구분에 따라 계산한다.(국조법 §79 ③)

① 해당 국가에 소재하는 투자구성기업들의 추가세액 (국조법 §79 ③ 1호)

해당 국가에 소재하는 투자구성기업들의 추가세액 = (A×B) + C − D
A: 해당 국가에 소재하는 투자구성기업들의 추가세액비율
B: 해당 국가에 소재하는 투자구성기업들의 초과이익
C: 해당 국가에 소재하는 투자구성기업들의 당기추가세액가산액
D: 해당 국가에 소재하는 투자구성기업들의 적격소재지국추가세액(국조법 §70 ⑤)

② 국내에 소재하는 투자구성기업들의 내국추가세액 (국조법 §79 ③ 2호)

국내에 소재하는 투자구성기업들의 내국추가세액 = (A × B) + C
A: 국내에 소재하는 투자구성기업들의 내국추가세액비율
B: 국내에 소재하는 투자구성기업들의 국내 초과이익 금액
C: 국내에 소재하는 투자구성기업들의 당기내국추가세액가산액

③ A~D 금액의 구체적 계산방법

위 계산식을 적용할 때 각 항목은 다음에 따라 계산한다.(국조령 §135 ③)

1. (A)투자구성기업들의 추가세액비율 : 최저한세율에서 위 (1)에 따른 실효세율을 차감한 비율(음수인 경우 영으로 봄)
2. (B)투자구성기업들의 초과이익 : ㉮ 금액 − ㉯ 금액(음수인 경우 영으로 봄)
   ㉮ 1)에서 2)를 차감한 금액
      1) 각 투자구성기업의 글로벌최저한세소득 배분액의 합계
      2) 각 투자구성기업의 글로벌최저한세결손 배분액의 합계
   ㉯ 각 투자구성기업들의 실질기반제외소득 배분액(각 투자구성기업에 대한 실질기반제외소득

금액에 해당 투자구성기업의 조정소득산입비율을 적용하여 감액한 금액을 합산한 금액)의 합계
3. (C)투자구성기업들의 당기추가세액가산액 : 각 투자구성기업에 대해 계산한 당기추가세액가산액 합산액
4. (D)투자구성기업들의 적격소재지국추가세액 : 해당 투자구성기업들과 관련하여 적격소재지국추가세제도(국조법 §70 ⑤)에 따라 납부하거나 납부할 금액. 이 경우 적격소재지국추가세액을 차감한 결과 해당 국가에 소재하는 투자구성기업들의 추가세액이 영 이하인 경우 해당 사업연도의 추가세액은 없는 것으로 본다.(국조령 §135 ④)

(3) 각 투자구성기업의 추가세액

① 각 투자구성기업의 추가세액

각 사업연도 해당 투자구성기업의 추가세액은 다음 계산식에 따라 계산한다.(국조법 §79 ④)

해당 투자구성기업의 추가세액 = A×(B÷C)

A: 해당 국가에 소재하는 투자구성기업들의 추가세액
B: 해당 투자구성기업의 글로벌최저한세소득 배분액
C: 해당 국가에 소재하는 각 투자구성기업의 글로벌최저한세소득 배분액의 합계

② 모기업에 대한 소득산입규칙 적용

각 투자구성기업의 추가세액에 대하여 소득산입규칙(국조령 §72)을 적용하여 모기업의 추가세액배분액을 계산할 때 소득산입규칙(국조법 §72 ②) 계산식 B의 '소득산입비율'은 다음 구분에 따른 값으로 한다.(국조령 §135 ⑤, 국조칙 §84)

1. 최종모기업에 대한 추가세액배분액을 계산하는 경우: 1
2. 최종모기업이 아닌 모기업에 대한 추가세액배분액을 계산하는 경우: 아래 ㉮ ÷ ㉯
   ㉮ 해당 모기업의 소득산입비율=(1－저율과세구성기업의 글로벌최저한세손익중 모기업 외의 다른 소유지분 보유자에게 귀속되는 금액/저율과세구성기업의 글로벌최저한세손익)
   ㉯ 해당 모기업이 속한 다국적기업그룹의 최종모기업의 조정소득산입비율=(1－저율과세구성기업의 글로벌최저한세손익중 모기업 외의 다른 소유지분 보유자에게 귀속되는 금액/저율과세구성기업의 글로벌최저한세손익)

(4) 투자구성기업의 주주구성기업이 공정가치에 따라 과세되는 경우

① 주주구성기업이 공정가치과세제도를 적용받는 경우

다음의 경우, 신고구성기업의 선택에 따라 해당 투자구성기업을 투시과세기업으로 보아 각 투자구성기업의 회계상순손익배분액(국조령 §108 ① 2호) 및 대상조세배분액(국조령 §111 ① 2호)을 계산한다.(국조법 §79 ⑤, 국조령 §136 ①·②)

> 1. 투자구성기업의 주주구성기업이 그 소재지국에서 해당 투자구성기업에 대한 소유지분의 연간 공정가치 변동에 따른 이익에 대하여 과세되거나 이와 유사한 방법으로 과세되는 경우로서 최저한세율 이상의 세율을 적용하여 과세되는 경우
> 2. 투자구성기업의 주주구성기업이 보험업법에 따른 상호회사 또는 이와 유사한 기업인 경우

신고구성기업의 선택은 5년 선택으로, 해당 주주구성기업별로 주주구성기업이 보유하는 투자구성기업의 소유지분 전부에 대하여 적용한다.(국조령 §136 ③) 신고구성기업이 선택을 취소하는 경우 해당 투자구성기업의 글로벌최저한세손익을 계산할 때 자산 또는 부채의 처분손익은 취소사업연도의 개시일의 해당 자산 또는 부채의 공정가치를 기준으로 산정한다.(국조령 §136 ④)

② 다른 투자구성기업의 소유지분을 간접 보유하는 경우

구성기업이 소유지분을 직접 보유하는 투자구성기업을 통해 하나 이상의 다른 투자구성기업의 소유지분을 간접으로 보유하는 경우 해당 구성기업이 직접 보유하는 소유지분에 대하여 공정가치과세제도등을 적용받는 경우에는 다른 투자구성기업의 소유지분에 대해서도 공정가치과세제도등을 적용받는 것으로 본다.(국조령 §158 ④)

(5) 주주구성기업이 최저한세율 이상으로 과세되는 경우; 과세분배방법 선택

투자구성기업의 주주구성기업(투자구성기업 제외)에 대한 분배금(해당국 세법에 따라 분배금으로 보는 금액 포함)에 대하여 최저한세율 이상으로 과세될 것이 합리적으로 예상되는 경우에는 신고구성기업의 선택에 따라 다음 각 방법을 적용할 수 있다.(국조법 §79 ⑥)

> 1. 투자구성기업의 글로벌최저한세소득 중 주주구성기업에 분배되는 금액 : 해당 주주구성기업의 글로벌최저한세소득을 계산할 때 포함한다.
> 2. 각 사업연도 종료일에 해당 사업연도 개시 전 세 번째 사업연도의 투자구성기업 글로벌최저한세소득 중 아직 분배되지 아니한 금액 : 해당 투자구성기업을 저율과세구성기업으로 보고, 그 금액 중 주주구성기업에 귀속되는 금액에 최저한세율을 곱하여 계산한 금액을 그 투자구성기업

의 추가세액 및 내국추가세액으로 보아 소득산입규칙(국조법 §72), 소득산입보완규칙(국조법 §73) 및 추가세액계산규정(국조법 §73의7)을 적용한다.

위 2호를 적용할 때 해당 미분배순글로벌최저한세소득의 잔액 중 해당 주주구성기업이 보유하는 소유지분에 귀속되는 금액을 해당 투자구성기업의 해당 사업연도 글로벌최저한세소득으로 보아 다음 구분에 따른 방법을 적용한다.(국조칙 §85 2호)

가. 추가세액 계산을 위하여 실효세율을 계산하는 경우: 해당 투자구성기업의 해당 사업연도 글로벌최저한세소득 금액에 최저한세율을 곱하여 계산한 금액을 해당 사업연도 저율과세구성기업의 추가세액(해당 투자구성기업의 주주구성기업이 2개이상인 경우에는 주주구성기업별로 계산한 추가세액의 합계)으로 볼 것

나. 국내구성기업으로서 내국추가세액 계산을 위하여 실효세율을 계산하는 경우: 해당 투자구성기업의 해당 사업연도 글로벌최저한세소득 금액에 최저한세율을 곱하여 계산한 금액을 해당 사업연도 국내에 소재한 투자구성기업에 대한 내국추가세액배분액(해당 투자구성기업의 주주구성기업이 2개 이상인 경우에는 주주구성기업별로 계산한 내국추가세액배분액의 합계)으로 볼 것. 다만, 해당 사업연도 해당 다국적기업그룹이 내국추가세액을 모든 국내구성기업이 합의하여 신고구성기업이 지정하는 하나 이상의 국내구성기업에 배분하는 방법(국조법 §73의7 ② 2호)을 적용하는 경우에는 해당 금액이 그 방법에 따라 배분되는 내국추가세액의 범위에 포함되는 것으로 본다.

"최저한세율 이상으로 과세될 것이 합리적으로 예상되는 경우"란 다음 금액의 합계액이 투자구성기업(투시과세기업 제외)의 주주구성기업에 대한 분배금에 최저한세율을 곱하여 계산되는 금액 이상이 될 것으로 합리적으로 예상되는 경우를 말한다.(국조령 §137 ①)

1. 투자구성기업의 주주구성기업에 대한 분배금의 원천이 되는 소득에 대한 투자구성기업의 조정대상조세 금액
2. 투자구성기업의 주주구성기업에 대한 분배금에 대하여 그 주주구성기업에 과세되는 세액

① 글로벌최저한세소득 중 분배되는 금액

"글로벌최저한세소득 중 분배되는 금액"이란 투자구성기업(투시과세기업 제외)이 주주구성기업에 분배하거나 분배하는 것으로 보는 이익, 잉여금 등(분배금등)을 말한다. 이 경우 분배하는 것으로 간주되는 금액에는 주주구성기업이 직접 또는 간접으로 보유하는 투자구성기업의 소유지분을 해당 다국적기업그룹에 속하지 않는 기업에 이전하는 경우 그 이전하는 날의 직전일의 해당 투자구성기업의 미분배 순글로벌최저한세소득 중 이전하는 소유지분에 귀속되는 금액을 포함한다.(국조령 §137 ③)

② 글로벌최저한세소득 중 아직 분배되지 아니한 금액

"글로벌최저한세소득 중 아직 분배되지 아니한 금액"이란 각 사업연도 개시 전 세 번째 "대상사업연도" 투자구성기업의 글로벌최저한세소득에서 다음 각 금액을 차감하여 계산한 "미분배 순글로벌최저한세소득"을 말한다. 이 경우 해당 글로벌최저한세소득이 영이 될 때까지만 차감한다.(국조령 §137 ④)

1. 해당 투자구성기업의 대상조세
2. 대상기간(대상사업연도의 개시일부터 해당 각 사업연도 종료일까지의 기간으로서 해당 투자구성기업이 속한 다국적기업그룹이 해당 투자구성기업의 소유지분을 보유하고 있는 기간) 중 해당 투자구성기업의 주주(투자구성기업 제외) 또는 다른 투자구성기업을 통하여 간접으로 해당 투자구성기업의 소유지분을 보유하는 자(투자구성기업 제외)에 대한 분배금등(해당 분배금등이 해당 대상사업연도의 이전 대상사업연도의 미분배 순글로벌최저한세손익을 감액하는데 사용된 경우 그 금액 제외)
3. 대상기간 중 해당 투자구성기업의 글로벌최저한세결손금액(해당 금액이 이전 사업연도에 미분배 순글로벌최저한세손익을 차감하는데 사용된 경우 그 금액은 제외하며, 대상기간 후 남은 잔액은 다음 사업연도로 이월)

③ 중간투자구성기업이 투자구성기업으로부터 분배를 받은 경우

과세분배방법을 선택하는 경우, 해당 투자구성기업으로부터 분배를 받은 주주구성기업이 "중간투자구성기업"인 경우에는 그 분배 받은 금액을 해당 중간투자구성기업의 글로벌최저한세손익에 포함시키지 않는다. 이 경우 그 분배받은 금액이 과세분배방법이 적용되는 주주구성기업에게 분배되는 금액으로서 해당 금액이 해당 주주구성기업의 글로벌최저한세손익에 포함되는 경우에만 해당 투자구성기업의 미분배 순글로벌최저한세소득으로 차감한다.(국조칙 §85 1호)

④ 공제금액을 주주구성기업의 글로벌최저한세소득과 조정대상조세에 산입

과세분배방법을 선택하는 경우, 투자구성기업(투시과세기업 제외)이 납부해야 하는 대상조세으로서 그 주주구성기업이 해당 투자구성기업으로부터 받는 분배금등과 관련하여 그 주주구성기업에 발생하는 조세금액에서 공제되는 금액이 있는 경우에는 그 금액을 해당 주주구성기업의 글로벌최저한세소득과 조정대상조세에 각각 산입한다.(국조령 §137 ②) 이 경우, 각 사업연도 투자구성기업의 글로벌최저한세소득 또는 글로벌최저한세결손과 이에 귀속되는 조정대상조세는 실효세율의 계산(국조법 §69, §73의5)에 산입하지 않는다. 다만 미분배소득금액이 소유지분에 귀속되는 경우(국조령 §137 ④)에는 실효세율의 계산에 산입한다.(국조칙 §85 3호)

⑤ 5년 선택

신고구성기업의 선택은 5년 선택으로 하고, 해당 주주구성기업별로 주주구성기업이 보유하는 투자구성기업의 소유지분 전부에 대해 적용한다.(국조령 §137 ⑤) 신고구성기업이 선택을 취소하는 경우 취소사업연도의 직전 사업연도 말에 해당 주주구성기업이 보유하는 소유지분에 귀속되는 미분배순글로벌최저한세소득의 잔액이 있는 때에는 그 잔액을 취소사업연도의 해당 투자구성기업의 글로벌최저한세소득으로 보며, 그 금액에 최저한세율을 곱하여 계산한 금액을 해당 투자구성기업의 추가세액[해당 투자구성기업이 내국추가세액을 계산하는 경우에는 내국추가세액배분액을 말하며, 해당 취소사업연도에 해당 다국적기업그룹이 내국추가세액 합계금액을 하나 이상의 국내구성기업에 배분하는 방법(국조법 §73의7 ② 2호)을 적용하는 경우에는 배분되는 내국추가세액의 범위에 포함되는 금액]으로 본다.(국조령 §137 ⑥)

6. 과세 면제 및 경감

6.1 최소적용제외 특례

(1) 최소적용제외 특례

신고구성기업이 각 사업연도에 다음 요건을 모두 갖춘 국가의 경우 해당 국가에 소재하는 각 구성기업의 각 사업연도 추가세액, 내국추가세액 및 내국추가세액배분액을 영으로 할 수 있다. 최소적용제외는 신고구성기업의 매년 선택으로 적용할 수 있다.(국조법 §74 ①, 국조령 §126 ①)

1. 해당 국가에 소재하는 각 구성기업의 해당 사업연도와 그 직전 2개 사업연도의 매출액 합계의 평균이 1천만유로 미만일 것. 매출액 합계의 평균이란 해당 국가에 소재하는 각 구성기업의 해당 사업연도 및 직전 2개 사업연도의 매출액(조정사항을 반영하여 계산한 것) 합계의 평균을 말한다. 이 때 사업연도가 1년보다 짧을 경우에는 1년을 기준으로 그 매출액을 환산한다.(국조령 §126 ②)
2. 해당 국가에 소재하는 각 구성기업의 해당 사업연도와 그 직전 2개 사업연도의 "글로벌최저한세손익 합계의 평균"이 1백만유로 미만일 것. 글로벌최저한세손익 합계의 평균이란 해당 국가에 소재하는 각 구성기업의 해당 사업연도 및 직전 2개 사업연도의 글로벌최저한세손익 합계의 평균을 말한다.(국조령 §126 ③)

위 평균을 계산할 때, 해당 국가에 직전 또는 그 직전 사업연도에 글로벌최저한세 매출액이 있는 구성기업이 없거나 글로벌최저한세결손이 있는 구성기업이 없는 경우에는

그 사업연도는 제외하고 해당 국가의 매출액 평균 및 글로벌최저한세손익의 평균을 계산한다.(국조칙 §79)

(2) 최소적용제외 배제

다음 구성기업에는 최소적용제외를 적용하지 않는다.(국조법 §74 ②, 국조령 §126 ⑤)

1. 무국적구성기업 또는 투자구성기업
2. 신고구성기업이 글로벌최저한세정보신고서를 제출할 때에는 최소적용제외요건을 갖추었으나 신고 후 조정 및 세율변경(국조법 §68, §73의4 ①)으로 최소적용제외 요건을 갖추지 못하게 된 국가에 소재하는 각 구성기업
3. 신고구성기업이 글로벌최저한세정보신고서를 제출할 때에는 최소적용제외요건을 갖추지 못하였으나 총자산처분이익의 조정(국조령 §104 ① 10호)이 이루어져 그 요건을 갖추게 된 국가에 소재하는 각 구성기업

사례 최소적용제외-평균으로 고려하는 단기회계연도 (사례 5.5.2-10)

이 사례에서 회계연도가 짧은 상황에서 평균수익과 평균소득의 계산을 어떻게 조정하는지 보여준다. ABC그룹은 역년을 회계연도로 사용하며 B국에 B사만 구성기업으로 한다고 가정한다. B사는 1차년도 7월 1일에 설립되었으며, 1차년도수익은 100만유로, 소득은 5천만유로이다. 2차년도 B사 수익은 100만유로, 소득은 10만유로로 가정한다. 3차년도 B사 수익이 300만 유로, 손실은 20만유로이다. B사는 B국에서만 수익, 소득 및 손실이 발생하였다. 이 사례에서 계산방법을 보여주고 3차 회계연도에 추가세액이 0으로 간주될 수 있는지 여부를 평가한다. 평균금액의 계산은 회계연도의 기간이 같다는 가정하에 이루어진다. 1개 회계연도가 짧은 경우, 평균은 12개월 기간에 대한 짧은 회계연도 기간에 비례하여 수익 및 소득(또는 손실) 계산을 조정하여 계산한다. 따라서 1차년도에 B사의 수익과 소득이 6개월(7월 1일~12월 31일)에 걸쳐 실현되었기 때문에 1차년도의 수익과 소득에 2(=12/6)를 곱하여 평균 연간 수익과 소득을 결정한다.

평균의 계산은 다음과 같다. B국의 3년간 평균수익은 다음과 같다. [(2×100만)+100만+300만]/3=200만유로. 또한 B국의 3년간 평균손익은 다음과 같다. [(2×50,000)+100,000+(-200,000)]/3=0. B국의 평균수익은 1천만유로 미만이고, 평균손익은 1백만유로 미만이다. 결과적으로, 신고구성기업이 선택을 하는 경우 B사의 추가세액은 영으로 간주된다.

6.2 전환기적용면제

(1) 전환기적용 면제 요건

① 전환기적용 면제 요건

'구성기업 소재지국 추가세액 계산규정'(국조법 §70 ①) 및 '내국추가세액 계산규정'(국조법 §73의6)에도 불구하고 전환기사업연도(2027.12.31. 이전 개시 2029.6.30. 이전 종료 각 사업연도)에 다음 어느 하나에 해당하는 전환기적용면제 요건을 갖춘 국가에 대해서는 신고구성기업의 선택에 따라 전환기사업연도의 해당 국가의 추가세액 및 내국추가세액을 영으로 볼 수 있다.(국조법 §80 ①, 국조령 §138 ① · ②) 신고구성기업의 선택은 매년 선택으로 한다.(국조령 §138 ③)

1. 소액 요건: 다국적기업그룹이 "적격재무제표"를 기초로 작성하여 제출한 "적격국가별보고서"에 따른 해당 국가의 총수익금액 및 세전손익이 각각 1천만유로, 1백만유로 보다 작을 것.
   - 적격재무제표란 최종모기업의 연결재무제표 작성에 사용된 재무제표로서 내부거래의 제거 등을 위한 연결조정을 반영하기 전의 재무제표, 인정회계기준 또는 공인회계기준에 따라 작성된 각 구성기업의 별도재무제표(별도재무제표의 정보를 신뢰할 수 있는 경우), 다국적기업그룹의 국가별보고서 작성에 사용되는 구성기업의 재무제표(휴면 · 청산 등으로 해당 구성기업이 연결재무제표에서 제외되는 경우)를 말한다. 다만, 해당 재무제표에 하방회계가액 조정이 포함되어 있는 경우에는 2023.1.1. 이후에 개시하는 각 사업연도에 대한 재무제표에도 하방회계가액 조정이 포함되어 이를 기초로 국가별보고서가 작성되었거나 구성기업의 소재지국에서 전환기사업연도에 대하여 하방회계가액 조정이 의무화된 경우로 한정하여 해당 재무제표를 적격재무제표로 인정할 수 있다.(국조칙 §86 ①) 적격재무제표로 인정되는 경우로서 2021.12.1. 이후에 이루어지는 소유지분 이전 거래로 인해 발생하는 영업권의 손상이 해당 구성기업의 재무제표에 이익의 감소로 계상된 경우에는 그 감소액을 가산한 세전손익금액을 기준으로 아래 2호 및 3호에 따른 요건을 적용한다. 다만, 해당 영업권의 손상과 관련하여 이연법인세부채가 환원되었거나 이연법인세자산이 발생한 경우에는 감소액을 가산하기 전의 세전손익금액을 기준으로 2호에 따른 요건을 적용한다.(국조칙 §86 ⑥)
   - 적격재무제표의 경우, 구성기업별 또는 국가별로 같은 종류의 적격재무제표를 사용해야 하며 연결제외기업(매출이 거의 없거나 청산 등의 경우로 한정)이나 고정사업장에 해당하는 경우에는 적격재무제표가 아닌 자료(재무보고, 규제당국보고, 세무신고 또는 내부관리 목적)를 사용할 수 있으며 서로 다른 국가에 소재하는 구성기업은 다른 종류의 적격재무제표를 사용할 수 있다.(국조칙 §86 ②)
   - 총수익금액은 "적격국가별보고서"에 따른 해당 국가의 매출액 합계액, 세전손익금액은 적격국가별보고서에 따른 해당 국가의 세전손익 합계액을 말한다.(국조칙 §86 ③)
   - 해당 국가의 구성기업에 매각을 위해 보유하는 기업이 있는 경우에는 그 기업의 적격국가별보고서에 따른 매출액과 총수익금액을 합계한 금액을 기준으로 소액 요건을 적용한다.(국

조칙 §86 ④)
2. 간이실효세율 요건: 전환기사업연도에 대하여 간이실효세율이 다음 각 비율 이상일 것
㉮ 사업연도 개시일이 2024년에 속한 전환기사업연도: 15%
㉯ 사업연도 개시일이 2025년에 속한 전환기사업연도: 16%
㉰ 사업연도 개시일이 2026년부터 2027년까지의 기간에 속한 전환기사업연도: 17%
※ 간이실효세율 = 간이대상조세 ÷ 세전손익금액
• 간이대상조세 = 해당 구성기업의 적격재무제표에 따른 해당 국가의 법인세비용(직전 사업연도 귀속 법인세의 추정액과 확정액의 차이 포함) 합계액 - 대상조세에 해당하지 않는 법인세비용 - 불확실한 세무처리 항목과 관련된 법인세비용 - 최초적용연도(전환기적용면제가 없다고 가정할 경우 최초적용연도)와 그 후 사업연도의 총이연법인세조정금액 산정(전환기적용면제가 없다고 가정할 경우 총이연법인세조정금액 산정)에서 제외되었을 이연법인세자산 또는 이연법인세부채와 관련한 법인세비용. 다만, 제외되었을 해당 이연법인세자산이 환원되는 경우 이연법인세자산 금액의 20% 한도 내에서 최초적용연도와 그 후 사업연도의 총이연법인세조정금액에 산입된 금액을 고려하여 환원금액 계산방법(국조칙 §89 ③)을 준용하여 간이대상조세에 반영할 수 있다.(국조칙 §86 ⑤)
3. 초과이익 요건: 세전손익이 손실이거나, 적격국가별보고서에 따른 해당 국가 모든 구성기업의 실질기반제외소득금액의 합계보다 같거나 작은 경우

위 요건을 적용할 때 다음 1호에 따른 약정이 있는 경우에는 2호에서 정하는 바에 따라 세전손익금액과 법인세비용을 조정한다.(국조칙 §86 ⑦)

1. 2022.12.16. 이후 체결된 약정(2022.12.15. 이전에 체결된 기존약정이 2022.12.16. 이후 변경 또는 이전되는 경우 및 2022.12.16. 이후 기존약정상의 권리 및 의무의 이행이 달라지거나 기존약정에 관한 회계처리가 달라지는 경우의 기존약정을 포함)으로서 다음 어느 하나에 해당하는 "혼성거래약정"
㉮ 구성기업, 공동기업, 공동기업자회사 또는 적격재무제표를 사용하는 구성기업이 아닌 기업이 다른 구성기업등에 직접 또는 간접으로 신용을 공여하거나 투자하는 약정으로서 해당 다른 구성기업등이 비용 또는 손실을 인식하지만 해당 구성기업등은 이에 상응하는 수익 또는 이익을 인식하지 않거나 해당 약정 기간 동안 이에 상응하는 과세소득의 증가가 없을 것으로 합리적으로 예상되는 약정. 다만, 기타기본자본 또는 제한기본자본과 관련된 약정은 제외한다. 이 경우, 다음 어느 하나에 해당하는 때에는 '약정 기간 동안 이에 상응하는 과세소득의 증가가 없을 것으로 합리적으로 예상되는 약정'으로 본다.(국조칙 §86 ⑧)
1) 이연법인세자산이 평가 조정 또는 인식 조정이 된 경우, 또는 해당 과세소득이 없었더라면 이연법인세자산이 평가 조정 또는 인식 조정이 되었을 경우로서 과세소득이 이월결손금이나 해당 구성기업등의 소재지국 세법에 따른 이자비용공제한도를 초과하여 이월된 이자비용 등과 상계되는 경우
2) 어느 한 구성기업등의 비용등으로 인식되는 지급이 그 거래 상대방인 구성기업등이 소재

하는 다른 국가의 세전손익금액 산정에서 공제되지 않지만 해당 거래 상대방인 구성기업등과 같은 국가에 소재하는 다른 구성기업등의 과세소득에서 공제되는 경우. 이 경우, 투시과세기업의 비용등을 그 투시과세기업의 주주인 구성기업등이 인식하는 경우에는 해당 투시과세기업은 해당 비용등을 인식하지 않는 것으로 본다.(국조칙 §86 ⑨)

㉯ 비용등을 서로 다른 구성기업등이 중복하여 인식하는 약정. 다만, 비용등을 인식하는 구성기업등이 모두 이에 상응하는 수익을 인식하여 해당 수익이 해당 비용등과 상계되는 경우의 약정은 제외한다.

㉰ 구성기업등이 인식하는 비용등이 다른 국가에 소재하는 구성기업등의 과세소득에서 공제되는 약정. 다만, 해당 비용등을 인식하는 구성기업등이 이에 상응하는 수익을 인식하고, 해당 비용등을 과세소득에서 공제하는 구성기업등이 이에 상응하는 과세소득을 산입하는 경우의 약정은 제외한다.

㉱ 법인세비용의 전부 또는 일부가 둘 이상의 구성기업등의 조정대상조세 또는 간이대상조세에 중복하여 산입되는 약정. 다만, 다음의 어느 하나에 해당하는 경우의 약정은 제외한다.

1) 해당 법인세비용의 산출과 관련된 이익이 해당 구성기업등에 인식되는 경우

2) 다른 구성기업등에 배분되는 법인세비용이 해당 구성기업등의 간이 실효세율을 계산할 때 간이대상조세에 산입되는 경우(국조법 §67 ① 후단)

2. 다음 구분에 따라 세전손익금액과 법인세비용을 조정할 것

㉮ 1호 ㉮부터 ㉰ 중 어느 하나에 해당하는 약정이 있는 경우: 비용등을 세전손익금액에 가산할 것. 다만, ㉯에 해당하는 약정이 있는 경우에는 어느 한 구성기업등이 인식한 비용등은 세전손익금액에 가산하지 않는다.

㉯ 1호 ㉱에 해당하는 약정이 있는 경우: 국가의 법인세비용 합계액에서 약정에 따라 발생한 법인세비용을 차감할 것

② 공동기업 등에 대한 적용

구성기업과 같은 국가에 소재하는 공동기업그룹(공동기업 및 공동기업자회사) 또는 공동기업그룹에 속하지 아니하는 공동기업은 각각 구성기업의 소재지국과는 다른 국가에 소재하는 것으로 보아 전환기적용면제를 적용한다.(국조법 §80 ②) 전환기적용면제요건을 공동기업 및 공동기업자회사에 대해 적용할 때에는 총수익금액 및 세전손익금액을 대신하여 해당 기업의 적격재무제표상의 매출액 및 세전손익 금액을 사용한다.(국조칙 §88 ①)

배당공제제도를 적용받는 최종모기업의 세전손익은 글로벌최저한세소득에서 감액되는 금액을 차감하여 산정하고, 대상조세금액은 다음 계산식에 따라 계산되는 금액을 차감하여 산정한다. 이 경우 해당 차감액은 최종모기업의 세전손익에서도 감액한다.(국조칙 §88 ③)

대상조세 차감액＝A÷B×C
A: 배당공제제도에 따라 최종모기업의 글로벌최저한세소득에서 차감되는 금액
B: 해당 최종모기업의 글로벌최저한세소득에서 순조세비용(별표 1)을 차감한 금액
C: 해당 최종모기업의 대상조세 금액(배당공제제도를 두고 있지 않은 세목에서 발생한 것)

투과기업인 최종모기업(국조령 §133)의 소유지분을 보유한 자가 다국적기업그룹의 최종모기업인 투과기업의 소유지분을 모두 보유하지 않는 경우 그 최종모기업이 소재한 국가에 대하여 전환기적용면제를 적용하지 않는다.(국조칙 §88 ②)

③ 투자구성기업 등의 경우

전환기적용면제를 적용할 때 국가별보고서에 해당 국가의 구성기업에 투자구성기업 또는 투자구성기업의 주주구성기업이 포함되어 있는 경우 투자구성기업에 대해서 투자구성기업특례(국조법 §79)에 따라 실효세율, 추가세액 및 내국추가세액을 계산한다. 다만, 다음에 모두 해당하는 투자구성기업은 제외한다.(국조칙 §88 ④)

1. 투자구성기업의 주주구성기업특례(국조법 §79 ⑤ · ⑥)에 따른 선택을 하지 않을 것
2 투자구성기업 및 투자구성기업의 모든 주주구성기업이 같은 국가에 소재할 것

투자구성기업에 대해 투자구성기업특례(국조법 §79)에 따라 실효세율, 추가세액 및 내국추가세액을 계산하는 경우에도 투자구성기업 소재지국과 그 주주구성기업 소재지국에 대해서는 다음 방법에 따라 전환기적용면제 요건을 적용할 수 있다.(국조칙 §88 ⑤)

1. 투자구성기업 소재지국에 대해 전환기적용면제요건을 적용할 때 투자구성기업의 매출액, 세전손익 및 법인세비용은 고려하지 않을 것
2. 주주구성기업 소재지국에 전환기적용면제요건을 적용할 때 투자구성기업의 매출액 및 세전손익 금액에 주주구성기업의 해당 투자구성기업에 대한 직접보유비율을 곱하여 계산한 금액과 투자구성기업의 "법인세비용－제외법인세비용－불확실한세무처리 법인세비용－세전손익금액"(국조령 §86 ⑤ 1호)에 주주구성기업의 해당 투자구성기업에 대한 직접보유비율을 곱하여 계산한 금액을 고려할 것

④ 5천만유로 초과 순미실현공정가치손실액 제외

전환기적용면제요건을 적용할 때, 적격국가별보고서에서 해당 국가의 해당 다국적기업그룹이 보유하는 소유지분(10% 미만 분산투자지분 제외)의 공정가치 변동으로부터 발생하는 모든 손실금액(손상차손 및 손상차손의 환입금액 포함)에서 이익금액을 차감하여 계산한 "순미실현공정가치손실액"이 5천만유로를 초과하는 경우에는 세전손익금액에서

순미실현공정가치손실액을 제외한다.(국조칙 §88 ⑥)

(2) 전환기적용면제 특례

적용면제요건에도 불구하고 대상조세의 명목세율이 20% 이상인 최종모기업의 소재지국에 대해서는 신고구성기업의 선택에 따라 일정 사업연도(2025.12.31. 이전 개시2026.12.30. 이전 종료 각 사업연도)의 소득산입보완규칙 추가세액을 계산할 때 해당 국가에 소재하는 저율과세구성기업의 추가세액을 영으로 볼 수 있다.(국조법 §80 ③, 국조령 §138 ⑥)

또한, 적용면제요건을 갖춘 국가에 대해서는 신고구성기업의 선택에 따라 각 사업연도의 추가세액 및 내국추가세액을 영으로 볼 수 있다. 다만, 그 요건을 갖추었음을 소명하지 못하는 경우에는 그러하지 아니하다.(국조법 §80 ④)

국가별보고서 제출의무가 없는 다국적기업그룹이 적격재무제표를 기초로 총수익금액 및 세전손익금액을 포함한 글로벌최저한세정보신고서를 납세지 관할 세무서장에게 제출한 경우에는 적격국가별보고서를 제출한 것으로 보아 해당 다국적기업그룹에 대해 전환기적용면제특례를 적용한다.(국조칙 §88 ⑧)

(3) 전환기적용면제 배제

아래 ①의 요건을 갖추었는지에 대하여 소명하지 못하는 경우로서 아래 ②의 경우에는 전환기적용면제를 적용하지 않는다.(국조법 §80 단서)

① **적용요건: 다음 어느 하나에 해당하는 경우**(국조령 §138 ④)

1. 해당 국가가 전환기적용면제요건의 어느 하나에 해당할 것
2. 해당 국가가 신고구성기업이 간주분배세액을 가산하기로 선택한 국가에 해당하지 않을 것
3. 해당 다국적기업그룹이 복수모기업다국적기업그룹인 경우에는 하나의 적격국가별보고서에 그 둘 이상의 그룹에 관한 사항이 일부라도 누락되어 있는 경우에 해당하지 않을 것
4. 해당 구성기업이 무국적구성기업에 해당하지 않을 것
5. 해당 전환기사업연도가 국제적으로 합의한 글로벌최저한세 규칙의 적용 대상이 되는 다국적기업그룹의 전환기사업연도에 해당 국가에 전환기적용면제가 적용되지 않는 경우(해당 다국적기업그룹이 첫 전환기사업연도에 해당 국가에 구성기업을 두지 않은 경우는 제외) 해당 국가의 그 이후 전환기사업연도에 해당하지 않을 것

② **소명요건: 다음에 모두 해당하는 경우**(국조령 §138 ⑤)

1. 해당 국가의 실효세율이 최저한세율보다 낮아 우리나라가 추가세액배분액 및 내국추가세액배분액을 부과할 수 있을 것
2. 한국 과세당국이 적용면제가 없었다면 추가세액배분액 및 내국추가세액배분액의 납부의무를 지게 되는 국내구성기업에 대해 해당 적용면제에 중대한 영향을 미칠 수 있는 사항 등을 글로벌최저한세정보신고서 제출기한으로부터 36개월 이내에 통보하고 해당 국내구성기업이 그 통보일로부터 6개월의 "소명기한" 이내에 해당 사항 등이 적용면제에 미치는 영향에 관하여 소명할 것을 요구하였을 것. 이 때 국내구성기업이 둘 이상인 경우에는 그 중 하나에 대하여만 통보 및 소명 요구를 할 수 있다. 이러한 통보는 글로벌최저한세정보신고서 제출기한이 끝나는 날부터 36개월 이내에 해야 하며, 소명은 적용면제가 없었다면 추가세액배분액등의 납부의무를 지게 되는 국내구성기업에 대해 통보일부터 6개월 이내에 해야 한다.(국조칙 §87 ①·②) 적용면제가 없었다면 추가세액배분액등의 납부의무를 지게 되는 국내구성기업이 둘 이상인 경우에는 그 중 하나에 대해서만 통보 및 소명의 요구를 할 수 있다.(국조칙 §87 ③)
3. 통보를 받은 국내구성기업이 그 통보를 받은 날부터 6개월 이내에 해당 사항이 적용면제에 중대한 영향을 미치지 않았다는 사실을 소명하지 못하였을 것

(4) 전환기적용면제를 적용하는 경우 최초적용연도

전환기적용면제가 이루어지는 경우 최초적용연도는 해당 국가가 전환기적용면제를 적용받지 못하거나 선택하지 않은 최초의 사업연도로 한다. 다만, 다음 어느 하나에 해당하는 경우 다국적기업그룹의 최초적용연도는 해당 국가에 대해 글로벌최저한세 또는 그에 상당하는 다른 국가의 법령이 적용되는 첫 번째 사업연도로 한다.(국조칙 §88 ⑦)

1. 해외진출초기특례(국조법 §82 ① 단서)에 따라 소득산입보완규칙이 적용되는 경우
2. 글로벌최저한세정보신고서(국조법 §83 ①·④)를 신고하는 경우
3. 모기업추가세액배분액(국조법 §84 ①) 신고를 하는 경우

(5) 전환기사업연도 무신고가산세 및 납부지연가산세 경감

전환기사업연도의 추가세액배분액을 한국에 신고납부할 의무가 있는 국내구성기업에 대해서는 무신고가산세 및 과세신고가산세(국기법 §47의2, §47의3)를 적용하지 아니하며, 해당 국내구성기업에 대한 추가세액배분액의 납부지연가산세(국기법 §47의4 ①)는 해당 금액의 50%를 감면한다.(국조법 §84 ⑤)

6.3 최초적용연도 특례

다국적기업그룹이 국가별 실효세율을 계산할 때 해당 국가에 대하여 "최초적용연도(첫 번째 사업연도)"와 그 후 사업연도 다국적기업그룹의 총이연법인세조정금액은 '조정대상조세 계산규정'(국조법 §67 ②) 및 '내국추가세액 계산규정'(국조법 §73의3 ①)에도 불구하고 해당 국가에 소재하는 모든 구성기업의 최초적용연도 개시일의 회계계정에 계상되거나 공시된 모든 이연법인세자산과 이연법인세부채를 산입하여 산정한다.(국조법 §81 ①)

(1) 최초적용연도 이연법인세자산 및 이연법인세부채

한국 또는 다른 국가의 글로벌최저한세제도가 적용되는 최초적용연도와 그 후 사업연도의 총이연법인세조정금액을 산정할 때 산입하는 이연법인세자산 및 이연법인세부채에 대해서는 해당 이연법인세자산 및 이연법인세부채의 산정에 적용되는 국내세율과 최저한세율 중 낮은 세율을 적용한다.(국조령 §139 ①) 다만, 최저한세율보다 낮은 국내세율이 적용된 이연법인세자산으로서 그 발생 사업연도에 글로벌최저한세제도가 적용되었다고 가정할 경우 해당 이연법인세자산이 글로벌최저한세결손으로 인하여 발생하였을 것임을 해당 다국적기업그룹이 소명하는 경우에는 해당 이연법인세자산에 최저한세율을 적용하여 다시 계산할 수 있다.(국조령 §139 ②)

(2) 최초적용연도 및 그 이후 연도 총이연법인세조정금액

최초적용연도와 그 후 사업연도의 총이연법인세조정금액을 산정할 때에는 다음 기준에 따른다.(국조령 §139 ③)

① 이월세액공제금액(국조령 §112 ① 1호 나목 3)으로 인하여 발생하는 이연법인세자산은 다음 구분에 따라 처리한다. 이 경우 다음에 따라 다시 계산함으로 인한 이연법인세자산 금액의 변동은 총이연법인세조정금액의 계산에 산입하지 않는다.

㉮ 해당 이연법인세자산의 산정에 적용되는 국내세율이 최저한세율 이상인 경우: 해당 이연법인세자산 금액에 최저한세율을 해당 이연법인세자산의 산정에 적용되는 국내세율로 나눈 비율을 곱하여 다시 계산

㉯ 해당 이연법인세자산 산정에 적용된 국내세율이 최초적용연도 이후 변경(최저한세율 이상의 세율이 유지되는 경우로 한정)되는 경우: 변경 국내세율이 적용되기 직전의 회계상 잔존 이연법인세자산 금액에 최저한세율을 변경된 국내세율로 나눈 비율을 곱하여 다시 계산

② 최초적용연도 전 사업연도에 발생하였으나 회계기준에 따라 과세소득 발생 가능성이 높지 않은 것으로 판단되어 최초적용연도 개시일에 회계상 이연법인세자산으로 계상되지 않은 것도 이연법인세자산에 포함한다.

③ 최초적용연도 전 사업연도에 발생한 비적격환급가능세액공제가 최초적용연도에 세액공제 또는 현금지급으로 정산되는 경우에는 "비적격환급가능세액공제 차감규정"(국조령 §110 2호 나목)에도 불구하고 그 금액을 해당 사업연도의 대상조세에서 차감하지 않는다.

④ 최초적용연도특례가 적용되는 이연법인세부채에 대해서는 "추가세액 재계산"(국조법 §67 ③)을 적용하지 않는다.

⑤ 다음 이연법인세자산 및 이연법인세부채는 총이연법인세조정금액의 계산에 산입하지 않는다.

㉮ 통합형피지배외국법인과세제도에 따른 이연법인세자산 및 이연법인세부채

㉯ 2021.12.1.부터 최초적용연도 개시일 전날까지의 거래에서 발생한 이연법인세자산으로서 글로벌최저한세손익 계산에서 제외되는 경제적 비용 · 손실이 아닌 항목과 항목에 대한 다음 이연법인세자산. 거래에는 조세혜택을 제공하는 정부와의 약정, 정부의 예규, 정부의 결정 및 이와 유사한 조치 등(조세혜택의 수혜요건이나 금액 등의 중요한 사항이 정부의 행정적 재량에 의하여 결정되지 않고 법령에 따라 직접 결정되는 경우 제외), 과세당국의 결정이나 구성기업의 신고가 이미 이루어진 과세연도의 과세소득 결정에 있어 특정 거래에 대한 취급을 소급하여 변경하는 해당 구성기업의 선택을 포함한다.(국조칙 §89 ① · ②)

1) 자산 취득가액을 초과하는 감가상각비의 세무상 인정 등 글로벌최저한세손익 금액과 과세소득 간의 영구적 차이로 발생한 세무상 결손과 관련된 이연법인세자산

2) 글로벌최저한세손익 금액의 계산에 포함될 소득에 대한 대상조세를 미리 납부함에 따라 발생한 것이 아닌 이연법인세자산

3) 향후 발생할 지출이나 활동의 수행 등을 조건으로, 해당 지출 또는 활동이 실제로 이루어지기 전에 제공되는 세액공제 등으로 인해 발생한 이연법인세자산으로서 위 1) 및 2)에 해당하는 것과 그 효과가 유사한 것

㉰ 2021.12.1. 이후 최초적용연도 개시일 전일까지의 기간 중 법인세제가 신규 도입되는 경우에 자산 또는 부채의 장부가액과 세무상 가액의 차이로 인해 발생하는 이연법인세자산 및 이연법인세부채

⑥ 다음 이연법인세자산 및 이연법인세부채는 총이연법인세조정금액의 계산에 산입하지 않는다.

⑦ 위 ⑤의 ㉰에도 불구하고 최초적용연도 개시일에 계상된 결손과 관련된 이연법인세

자산 중 해당 법인세제가 시행되는 첫 번째 사업연도의 직전 5개 사업연도 중 발생한 결손에 상당하는 것은 총이연법인세조정금액의 계산에 산입한다.

⑧ 위 ⑤의 ㉯ 및 ㉰에 해당하는 이연법인세자산이 환원되는 경우에는 이연법인세자산의 환원금액의 범위에서 총이연법인세조정금액에 산입할 수 있다. 다만, 해당 각 사업연도의 총이연법인세조정금액에 산입하는 환원 금액의 합계는 이연법인세자산 금액(해당 이연법인세자산의 산정에 적용되는 세율이 최저한세율 이상인 경우, 위 ①의 ㉮에 따라 다시 계산한 금액)의 20%를 초과할 수 없다. 환원금액은 다음 각 호의 구분에 따른 것으로서 최저한세율과 해당 구성기업 소재지국의 적용세율 중 낮은 세율로 계산한 금액을 말한다. 다만, 2024.11.19. 이후 관련 세법, 회계처리방법, 선택 또는 정부조치의 조건 등의 변경에 따른 효과는 감안하지 아니한다.(국조칙 §89 ③)

1) 위 ⑤의 ㉯ 거래에 따른 것으로서 2024.11.18. 이전에 발생한 것: 2024.1.1.부터 2025.12.31. 이전 개시하고 2027.6.30. 이전에 종료하는 각 사업연도에 환원되는 금액

2) 2021.12.1. 이후 최초적용연도 개시일 전일까지 기간 중 법인세제가 신규 도입되는 경우 발생하는 이연법인세자산 · 부채로서 2024.11.18. 이전에 발생한 것: 2025.1.1.부터 2026.12.31. 이전에 개시하고 2028.6.30. 이전에 종료하는 각 사업연도에 환원되는 금액

(3) 2021.12.1. 이후 취득 유형자산의 취득가액 : 처분구성기업 장부가액

① 처분구성기업 장부가액을 취득가액으로 적용

2021.12.1.부터 최초적용연도 개시일 전날까지 구성기업(해당 거래일의 직전에 글로벌최저한세제도가 적용되었다면 같은 다국적기업그룹에 속한 구성기업이었을 기업) 간에 자산(재고자산 제외)을 다음 거래로 이전하는 경우 해당 자산을 취득하는 "취득구성기업"은 그 자산의 취득가액을 해당 자산을 처분하는 "처분구성기업"의 "처분당시장부가액"을 기초로 하여 최초적용연도 및 그 이후 사업연도의 글로벌최저한세손익을 계산한다.(국조칙 §89 ④)

1. 금융리스(Capital Lease or Finance Lease)
2. 회계상 실질적인 판매로 간주되는 라이선스(License)
3. 지배지분 매각에 따른 자산의 이전
4. 라이선스 보유자 또는 임대인이 수익으로 인식한 로열티 또는 임차료로서 라이선스 사용자 또는 임차인이 자산화하여 상각하는 로열티 또는 임차료의 선지급
5. 기초자산에서 발생하는 수익 또는 처분 손익에 대한 권리를 취득하는 기업에 해당 기초자산이 회계상 이전되는 것으로 취급되는 총수익스왑

6. 기업 소재지국이 변경될 때 세무상 가액 또는 장부가액이 공정가치 평가 등으로 증액되는 경우의 기업 소재지국 변경
7. 공정가치 측정 회계정책으로의 변경에 따른 기초자산의 조정

② 이연법인세자산의 조정

해당 자산의 세무상 가액과 처분당시장부가액의 차이로 인해 취득구성기업에 해당 자산의 이전과 관련하여 발생하는 이연법인세자산은 다음 금액을 더한 금액 및 해당 취득자산의 세무상 가액과 처분당시장부가액의 차액에 최저한세율을 곱한 금액 중 적은 "조정이연법인세자산금액"을 기초로 최초적용연도 및 그 후 사업연도의 조정대상조세에 반영한다. 이 경우 조정이연법인세자산금액은 그 발생 이후 매년 해당 사업연도 중의 감가상각 · 감모상각 · 손상 · 매각 등 해당 자산 장부가액 감액에 비례하여 감액하되, 최초적용연도 및 그 후 사업연도에는 해당 사업연도 중의 감액 상당액을 해당 사업연도의 조정대상조세의 계산에 산입한다.(국조칙 §89 ⑤)

1. 해당 자산의 처분구성기업이 해당 자산의 이전에 관해 납부한 대상조세 금액
2. 해당 자산의 처분이익이 그 처분구성기업의 과세소득에 포함되지 않았다면 이연법인세자산(국조법 §81 ①)으로 취급되었을 금액으로서 해당 자산의 처분이익이 처분구성기업의 과세소득에 포함되어 처분구성기업이 사용했거나 계상하지 못한 이연법인세자산 금액
3. 해당 자산의 이전과 관련한 대상조세로서 대상조세배분방법(국조령 §111)에 따라 해당 자산의 처분구성기업에 배분된 금액

③ 취득자산을 공정가액으로 계상하는 경우

자산 이전으로 취득구성기업이 해당 자산의 취득 시 해당 자산을 그 세무상 가액과 동일한 공정가액으로 계상하는 경우에는 다음 어느 하나에 해당하는 방법으로 최초적용연도 및 그 후 사업연도의 글로벌최저한세손익을 계산한다.(국조칙 §89 ⑥)

1. 해당 자산을 처분당시장부가액으로 계상했더라면 발생했을 가상의 이연법인세자산을 감안하여 위 ① 및 ② 방법에 따라 계산하는 방법
2. 해당 자산의 공정가액을 기초로 글로벌최저한세소득 · 결손 금액을 계산하는 방법(위 1호의 방법에 따라 조정이연법인세자산금액을 조정대상조세에 반영할 수 있는 경우에 한정)

사례 최초적용연도 특례에 따른 조세배분

1.(사례 9.1.1-1) A사는 2023.12.31. 종료되는 회계연도에 처음으로 글로벌최저한세규정이 적용되는 다국적기업그룹의 구성기업이다. A사는 A국에 소재하며 전세계소득합산과세제도를 적용하고 이중과세를 방지하기 위해 외국납부세액공제를 적용한다. A국은 20%의 법인세를 부과한다. A국 세무상 A사의 과세연도는 12월 31일에 종료된다.

2022년에 A사는 B국에서 이자소득 100을 수취하고 30을 원천징수납부한다. A국 세법에 따라 2022년에 A사는 원천징수세액 20을 세액공제로 사용하고 나머지 세액공제 10을 이월한다. A사는 회계장부에 이연법인세자산 10을 계상했다. 또한 2022년에 A사는 연구개발을 위한 적격지출을 계상했으며 투자세액공제 10을 인정받았다. A사는 그에 따라 회계장부에 이연법인세자산 10을 계상했다. 세액공제 이월액에 대한 이연법인세자산은 전환연도와 이후 회계연도에 고려되며, 적용 내국세율이 최저한세율 이상이므로 그 이연법인세자산을 최저한세율로 환산해야 한다. 외국납부세액공제 이월액(10) 및 투자세액공제 이월액(10)으로 발생하는 이연법인세자산은 환산공식에 따라 환산된다. 이 경우, 각 이월액에 대한 환산 이연법인세자산은 7.5[=(이연법인세자산 10/국내세율 20%)×최저한세율 15%]이다.

2.(사례 9.1.1-2) A사가 투자세액공제를 회계장부에 이연법인세자산으로 처리하지 않고 소득으로 처리한 것을 제외하고, 사실관계는 사례 9.1.1-2와 같다. 투자세액공제는 적격환급세액공제의 정의를 충족하지 않는다. 2027년에 A사는 투자세액공제 10을 받아 납부세액이 경감된다. 해당 연도에 A사의 조정대상조세는 공제받은 투자세액공제액만큼 감액되지 않는다.

사례 최초적용연도 개시 전 자산장부가액 및 이연법인세

1.(사례 9.1.3-1) 이 사례는 자산장부가액 및 이연법인세에 대한 처리를 예시한다. A사는 A국에 있다. A사는 B국 소재 B사와 C국 소재 C사를 전적으로 소유한다. B국은 법인세가 없지만 C국은 15%의 법인세를 부과한다. 2021년 및 과거회계연도에, A사는 연결재무제표에 B사 및 C사의 자산, 부채, 수익, 비용 및 현금흐름을 포함시켰다. 따라서, 아래에 설명하는 양도 직전에 글로벌최저한세규정을 그 다국적기업그룹에 적용했다면 B사와 C사는 A사를 최종모기업으로 하는 다국적기업그룹의 구성기업이다.

B사는 재무상태표에 장부가치 1천만유로로 기록되었지만 공정시장가치 1억 1천만유로인 무형자산을 소유하였다. B사 또는 다국적기업의 회계장부에 계상한 무형자산에 대한 이연법인세자산은 없다. 그 자산은 B사 입장에서 재고가 아니다. 2021.12.5. B사는 그 무형자산을 C사에 1억 1천만 유로에 매각했다. 아래 표에서 지배구조, 구성기업 소재지 및 자산양도를 보여준다.

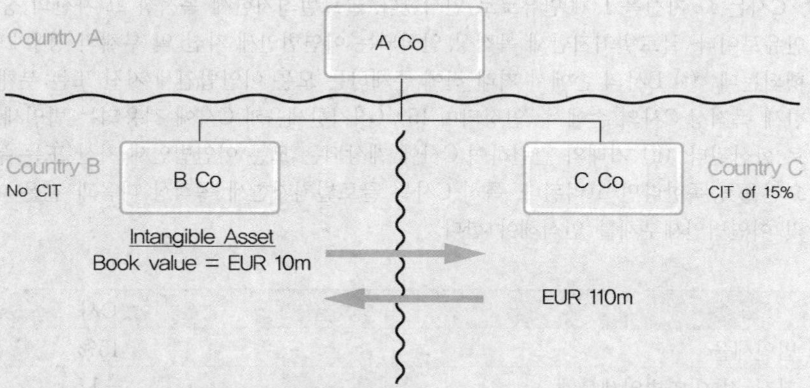

C국은 세무상 취득원가기준을 인정하여, 무형자산에 대한 C사의 세무상 평가액은 1억 1천만유로이다. A사의 연결재무제표 작성에 사용된 회계기준에 따라, C사의 무형자산 장부가액은 자산 취득원가 1억 1천만유로가 아니라 1천만유로이다. 그런데, 해당 회계기준에 따라 C사는 회계상 장부가액과 세무상 장부가액의 차이가 1억유로인 무형자산에 대해 1,500만유로의 이연법인세자산을 계상한다. 그룹내부양도가 2021.11.30. 이후 전환연도 개시 전에 이루어졌기 때문에 9.1.3항이 적용되며, 글로벌최저한세 목적상 취득무형자산에 대한 C사의 취득원가는 B사의 처분시 장부가액(1천만유로)에 이후의 자본적지출 또는 상각액을 조정한 것이다. B국은 법인세가 없기 때문에 양도 이전에 B사 또는 다국적기업의 회계장부에 계상된 무형자산에 대한 이연법인세자산이 없었고, 양도차익은 B사의 과세소득에 포함되지 않아 양도와 관련하여 법인세를 내지 않았다. 따라서 글로벌최저한세 목적상 무형자산과 관련하여 이연법인세자산을 인식하지 않는다.

2.(사례 9.1.3-2) 다음을 제외하고 사실관계는 사례 9.1.3-1과 같다; a. B국은 20%의 법인세를 부과한다. b. B사는 6,000만유로의 수익에서 4,000만유로의 비용을 공제한 후 2,000만유로의 기타 과세소득이 있다. c. B사는 2021.12.31. 종료되는 과세연도의 총과세소득 1억 2천만유로에 대해 2,400만유로(세율 20%)의 법인세를 납부했다(그룹내부 자산양도 1억유로, 일상영업 2천만유로).

C사는 자산양도와 관련된 그룹내부거래차익에 대한 납부세액 또는 15% 상당세액 중 작은 금액에 해당하는 이연법인세자산을 계상할 수 있다. B사는 모든 소득에 대해 20% 세율을 적용받아 1억유로의 소득에 대해 2,000만유로의 법인세를 납부했다. C사는 취득한 무형자산에 대하여 글로벌최저한세 목적상 1,500만유로의 이연법인세자산을 계상할 수 있다. 이 사례의 사실관계에 따라, C국은 15%의 세율로 법인세를 부과한다. 우연이지만, 설정된 이연법인세자산은 C사 개별재무제표상 인식된 이연법인세자산의 금액과 같다. 이 이연법인세자산은 회계상 환입되는 이연법인세자산과 함께 매년 조정된다.

3.(사례 9.1.3-3) 다음을 제외하고 사실관계는 사례 9.1.3-2과 같다; a. B사는 가속상각을 한 양도자산에 대해 이연법인세부채 200만유로를 계상하였으며, 이 때 과세표준은 0이고 회계상 장부가액은 1,000만유로이다. b. B사는 세무상 자산양도차익을 1억 1천만유로(=1억 1천만유로-0)로 결정한다. 이 과세소득은 B사에게 완전히 과세되며 그 법인세는 2,200만유로(1억 1천만유로×20%)이다.

C사는 그 자산을 1,000만유로로 인식한다. 글로벌최저한세 목적상 그 자산의 장부가치는 1,000만유로이다. 글로벌최저한세 목적상 인식되는 이연법인세 자산 및 부채의 경우 2단계 분석이 수행되는데: (i) B사의 손에서 거래 전에 존재하는 모든 이연법인세 자산 또는 부채는 글로벌최저한세 목적상 C사의 손에서 인정되며 15%(최저한세율과 C사에 적용되는 법인세율 중 작은 것)로 환산된다. (ii) 거래와 관련하여 C사에 계상되는 모든 이연법인세 자산 또는 부채는 10.9항의 요건을 충족한다면 고려된다. 특히 C사는 글로벌최저한세 목적상 다음과 같은 이연법인세자산 및 이연법인세부채를 인식해야 한다.

(단위: 백만유로)

	C사
법인세율	15%
거래 전 이연법인세부채	-1.5
거래로 인한 이연법인세자산	16.5
이연법인세자산 순액	15

자산양도와 관련하여 B사가 법인세를 내지 않았다면, C사의 이연법인세자산 계상액은 0이 되고 글로벌최저한세 목적상 기왕의 이연법인세부채 150만유로(즉, 최저한세율로 환산)만 인식되었을 것이다.

4.(사례 9.1.3-4) 다음을 제외하고 사실관계는 사례 9.1.3-1과 같다: a. B사는 양도차익에 대해 10%의 세율, 양도차익 이외 다른 소득에 대해 20%의 세율을 적용받는다. b. B사는 다른 소득에 대해 400만유로(세율 20%), 무형자산양도소득에 대해 1,000만유로(세율 10%)를 납부한다. c. B사는 2021.12.31. 종료되는 과세연도의 총과세소득 1억 2천만유로에 대해 총 1,400만유로의 세금을 납부했다.

C사는 자산양도와 관련된 그룹내부거래차익에 대한 납부세액 또는 15% 상당세액 중 작은 금액에 해당하는 이연법인세자산을 계상할 수 있다. B사는 무형자산양도차익에 대해 10%의 세율을 적용받아 1억유로에 대해 1,000만유로의 세금을 납부했다. C사는 취득한 무형자산과 관련하여 글로벌최저한세 목적상 1,000만유로의 이연법인세자산을 계상할 수 있다.

5.(사례 9.1.3-5) 다음을 제외하고 사실관계는 사례 9.1.3-1과 같다: a. B사는 모든 소득에 대해 10%의 세율을 적용받는다. b. B국은 결손금 이월을 무기한 허용한다. c. B사는 2,000만유로의 공제가능비용이 있다. d. 이에 따라, B사는 2021.12.31. 종료되는 과세연도의 총과세소득 8,000만유로에 대해 800만유로(세율 10%)의 세금을 납부했다.

무형자산 양도차익이 B사 수익에 포함되지 않았다면 2,000만유로의 손실을 계상하고 200만유로의 이연법인세자산을 계상했을 것이다. C사는 자산양도와 관련된 그룹내부거래차익에 대한 납부세액 또는 15% 상당세액 중 작은 금액에 해당하는 이연법인세자산을 계상할 수 있다. C사는 취득한 무형자산과 관련하여 글로벌최저한세 목적상 1,000만유로의 이연법인세자산을 계상할 수 있다.

글로벌최저한세규정을 적용하는 첫해에 C사는 그 자산을 1억 1천만유로의 가격으로 제3자에게 매각한다. 회계상 장부가액은 1,000만유로(회계상 상각하지 않음)이고 양도차익 1억유로를 계상하지만, 세무상 자산가액은 1억 1천만유로이므로 세금이 발생하지 않는다(세무상 상각하지 않은 것으로 가정). 이전에 계상한 이연법인세자산 1,000만유로는 환입되어 C사의 조정대상조세에 포함된다. C사가 해당연도에 다른 소득이 없다고 가정하면 C국의 실효세율은 10%(=조정대상조세 1,000만유로/최저한세소득 1억유로)이다.

6.(사례 9.1.3-6) 다음을 제외하고 사실관계는 사례 9.1.3-1과 같다: a. B사는 세무상 1억유로의 이월결손금과 이에 상응하는 2,000만유로의 이연법인세자산을 보유한다. b. B국은 20%의 세율을 적용하고 법인세결손의 무기한 이월을 허용한다. c. B사는 2021.12.31. 종료되는 과세연도에 세금을 납부하지 않았다.

C사는, 그룹내부거래 양도차익과 상계하지 아니하였다면 인식하였을 이연법인세자산을 한도로, 이연법인세자산을 계상할 수 있다. B사의 세무상 이월결손금 1억유로와 관련된 이연법인세자산 2,000만유로는 2021.11.30. 이전에 계상하였고 전환연도 이전에 소멸되지 않았기 때문에 인식할 수 있다. 따라서 C사는 1,500만유로에 상당하는 이연법인세자산을 계상할 수 있다.

7.(사례 9.1.3-7) A사의 연결재무제표 작성에 사용된 회계기준에 따라 C사의 매입 무형자산 장부가액이 1억 1천만유로로 세무상 취득원가는 회계상 장부가액과 같다는 것을 제외하고, 사실관계는 사례 9.1.3-2과 같다. 이에 따라 회계장부에 이연법인세자산을 계상하지 않는다. 그렇지만, 글로벌최저한세 목적상 자산의 장부가치는 1,000만유로이며 글로벌최저한세 목적상 1,500만유로의 이연법인세자산이 고려된다.

1억 1천만유로의 장부가액은 세무상 및 회계상 10년 정액법으로 상각된다(매년 1,100만유로). 동시에 이연법인세자산 중 150만유로를 매년 환입한다. 이연법인세자산의 상각 및 환입은 C사가 해당연도에 글로벌최저한세규정을 적용하는지 여부에 상관없이 매년 이루어진다. C사에 글로벌최저한세규정을 적용하는 각 연도에, 회계장부에 자산을 공정가치로 기록하는 것과 관련된 연 1,000만유로(1,100만-100만)의 추가상각은 C사의 글로벌최저한세손익의 계산에서 제외되어야 한다. 그런데, 이연법인세자산 환입은 C사의 조정대상조세에 포함되며, 실효세율에 대한 글로벌최저한세소득 추가효과를 상쇄한다(즉, 매년 실효세율 계산식의 분자는 150만유로 증가하며 글로벌최저한세소득 추가액 1천만유로에 대해 15% 실효세율을 산출한다).

마찬가지로, C사가 글로벌최저한세규정이 적용되는 연도에 자산을 제3자에게 양도하는 경우 양도로 인한 글로벌최저한세손익은 양도시점의 글로벌최저한세 장부가액을 기준으로 결정되며, 잔여 이연법인세자산은 환입되어 C사의 조정대상조세에 포함된다. 따라서 C사가 2년 후 자산을 1억유로에 양도하면 글로벌최저한세 장부가치는 800만유로(=1,000만-상각액 200만)이고 글로벌최저한세손익은 9,200만유로(=1억-800만)이다. 이에 비해, 회계상 및 세무상 장부가액은 8,800만유로(=1억1,000만-상각액 2,200만)이고 회계상 양도차익은 1,200만유로(1억-8,800만)이다. 따라서 글로벌최저한세손익은 양도차익 8,000만유로 만큼 더 증가하고 잔여 이연법인세자산(즉 8,000만에 15%를 곱한 1,200만)은 환입되므로 더 커진 글로벌최저한세소득을 실효세율 계산에서 적용한다.

대안으로, 인정되는 이연법인세자산이 양도차익의 15%에 해당하므로, C사는 양도자산의 회계상 장부가액을 C사의 글로벌최저한세손익을 계산하기 위해 사용할 수 있다.

6.4 해외진출초기 특례

(1) 해외진출초기 소득산입보완규칙 적용배제

① 해외진출초기 소득산입보완규칙 적용배제

각 사업연도에 해외진출 초기의 다국적기업그룹으로서 다음에 모두 해당하는 다국적기업그룹에 대해서는 소득산입보완규칙(국조법 §73)을 적용하지 않는다.(국조법 §82 ①, 국조령 §140)

1. 해당 다국적기업그룹의 구성기업이 6개국 이하의 국가에 소재할 것. 이 경우 해당 다국적기업그룹에 속한 무국적 구성기업은 소재하는 국가가 없는 것으로 본다.
2. 준거국가(해당 다국적기업그룹이 글로벌최저한세제도를 적용받는 사업연도에 그 다국적기업그룹이 소유한 국가별 유형자산의 순장부가액 합계가 가장 큰 국가) 외의 국가에 소재하는 해당 다국적기업그룹의 모든 구성기업에 대한 유형자산 순장부가액(국조령 §125 ②) 합계가 5천만유로(약 750억원) 이하일 것. 이 경우 해당 다국적기업그룹에 속한 무국적구성기업의 유형자산은 그 유형자산이 준거국가에 소재한다는 것을 해당 다국적기업그룹이 소명하지 못하는 경우에는 준거국가 외의 국가에 소재하는 것으로 보아 전단에 따른 유형자산 순장부가액의 계산에 산입한다.

② 한국 소재 유형자산이 가장 큰 경우 소득산입보완규칙 적용

위 ①에도 불구하고, 해당 다국적기업그룹이 최초적용연도에 그 다국적기업그룹이 소유한 국가별 유형자산 순장부가액의 합계가 가장 큰 국가가 한국인 경우에는 다음 어느 하나의 방법에 따라 소득산입보완규칙을 적용한다.(국조법 §82 ① 단서)

1. 한국에 저율과세구성기업이 소재하는 경우 : 소득산입보완규칙 추가세액(국조법 §73 ② · ③)을 계산할 때 해당 저율과세구성기업의 추가세액을 영으로 본다.
2. 다른 국가에 저율과세구성기업이 소재하는 경우 : 소득산입보완규칙에 따른 추가세액 국내배분액(국조법 §73 ④)을 계산할 때 소득산입보완규칙의 국내배분비율을 1로 본다.

(2) 5년 경과 후 정상 적용

다국적기업그룹이 처음으로 소득산입보완규칙을 적용받는 사업연도의 개시일 이후 5년이 되는 날의 다음 날 이후에 개시하는 사업연도부터는 위 적용배제규정을 적용하지 않는다.(국조법 §82 ②)

7. 글로벌최저한세 신고 및 납부

(1) 글로벌최저한세정보신고서의 제출

① 글로벌최저한세정보신고서의 제출

국내구성기업은 글로벌최저한세정보신고서(국조칙 별지 53호 · 54호)를 각 사업연도 종료일부터 15개월(최초적용연도에는 18개월)이 되는 날과 2026.6.30. 중 늦은 날까지 한글 및 영문으로 작성하여 관할세무서장에게 정보통신망을 통해 제출해야 한다.(국조법 §83 ①, 국조령 §141 ①)

국내구성기업이 제출해야 하는 글로벌최저한세정보신고서는 해당 국내구성기업과 같은 다국적기업그룹에 속하는 "지정국내기업"이 대신하여 제출할 수 있다.(국조법 §83 ②) 지정국내기업이란 다국적기업그룹에 속하는 국내구성기업을 대신하여 글로벌최저한세정보신고서를 제출하거나 국외 소재 구성기업에 관한 사항을 신고할 수 있는 다른 국내구성기업으로서 지정된 기업을 말한다.(국조령 §141 ②)

글로벌최저한세정보신고서는 다음 정보가 포함된 것을 말한다.(국조칙 §90, 별지 53호, 54호)

1. 모든 구성기업(무국적 구성기업 포함) 및 공동기업의 기본점항[납세자번호, 상호, 소재지국 및 글로벌최저한세를 적용할 때의 지위(최종모기업, 중간모기업 또는 부분소유모기업, 소수지분 구성기업, 공동기업, 투자구성기업 등에 해당하는지 여부) 등을 포함]
2. 다국적기업그룹의 지배구조 등에 관한 사항(구성기업, 제외기업, 공동기업의 전부와 이들 사이에 보유되는 소유지분 또는 지배지분, 지분구조 변동내역 등에 관한 사항을 포함)
3. 다음 계산에 필요한 사항
   ㉮ 국가별 실효세율 및 저율과세구성기업의 추가세액
   ㉯ 공동기업그룹의 구성원 및 공동기업의 추가세액
   ㉰ 소득산입규칙에 따른 추가세액배분액 및 소득산입보완규칙에 따른 국가별 추가세액배분액
4. 글로벌최저한세에 따른 신고구성기업의 선택에 관한 사항
5. 기타 글로벌최저한세 집행에 필요한 사항

② 글로벌최저한세정보신고서의 통화

글로벌최저한세정보신고서에 포함되는 모든 금액은 해당 다국적기업그룹의 연결재무제표에서 사용되는 통화로 표시해야 한다.(국조령 §141 ① 후단) 이 경우 글로벌최저한세 계산에 사용되어야 할 항목의 금액이 연결재무제표 통화로 표시되지 않은 때에는 해당 다국적기업그룹의 연결재무제표 작성에 적용되는 공인회계기준의 외화환산원칙에 따라 해당 금액을 연결재무제표 통화로 환산해야 한다.

③ 신고서 제출면제 및 관련정보 제출

국내구성기업은 해당 국내구성기업과 같은 다국적기업그룹에 속하는 국외 소재 구성기업이 글로벌최저한세정보신고서에 해당하는 신고서를 그 소재지국 과세당국에 제출하는 경우로서, 국외 소재 구성기업이 해당 신고대상 사업연도에 대해 글로벌최저한세정보신고서의 연례 자동정보교환을 규정한 권한 있는 당국 간의 약정이 발효 중인 국가에 소재하는 경우에는 글로벌최저한세정보신고서를 제출하지 아니할 수 있다.(국조법 §83 ③, 국조령 §141 ③)

글로벌최저한세정보신고서를 제출하지 않는 경우에도 해당 국내구성기업 또는 지정국내기업은 글로벌최저한세정보신고서에 해당하는 국외소재구성기업정보신고서(국조칙 별지 55호)를 해당 사업연도 종료일부터 15개월(최초적용연도의 경우에는 18개월)이 되는 날과 2026.6.30. 중 늦은 날까지 납세지 관할세무서장에게 신고해야 한다.(국조법 §83 ④)

④ 보정요구

납세지 관할세무서장 또는 관할 지방국세청장은 제출된 글로벌최저한세정보신고서 또는 그 밖의 제출서류에 미비한 점이 있거나 오류가 있을 때에는 보정할 것을 요구할 수 있다.(국조법 §83 ⑤)

⑤ 과태료의 부과

이에 대해 이전가격서류의 제출에서 함께 설명한다.(국조법 §87 ① 3호)

(2) 추가세액배분액등의 신고 및 납부

① 추가세액배분액등의 신고

추가세액배분액등을 한국에 납부할 의무가 있는 국내구성기업은 해당 사업연도 종료일부터 15개월(최초적용연도의 경우에는 18개월)이 되는 날과 2026.6.30. 중 늦은 날까지 다음 서류를 제출하여 추가세액배분액등을 납세지 관할세무서장에게 신고해야 한다.(국조법 §84 ①, 국조령 §142 ①) 추가세액배분액등을 신고한 경우에는 국세기본법을 적용할 때 국세의 과세표준과 세액을 신고한 것으로 본다.(국조법 §84 ④)

1. 모기업인 국내구성기업에 대한 추가세액배분액등을 납부하는 국내구성기업 : 추가세액신고서 (국조칙 별지 56호)
2. 국내구성기업에 배분되는 추가세액배분액등을 납부하는 국내구성기업
   ㉮ 각 국내구성기업의 소득산입보완규칙 추가세액배분비율(국조법 §73 ⑤ 1호)을 적용하여 추가세액배분액을 계산하는 경우: 추가세액신고서, 추가세액계산내역서

㉯ 다국적기업그룹의 모든 국내구성기업이 합의한 것으로서 신고구성기업이 지정하는 하나 이상의 국내구성기업에 배분하는 방법(국조법 §73 ⑤ 2호)을 적용하여 추가세액배분액등을 계산하는 경우: 추가세액신고서, 추가세액배분지정서 및 지정합의서

3. 국내구성기업에 배분되는 내국추가세액배분액을 납부하는 국내구성기업

㉮ 각 국내구성기업의 기여도와 부담능력을 고려하여 배분하는 방법(국조법 §73의7 ② 1호)을 적용하여 내국추가세액배분액을 계산하는 경우: 내국추가세액신고서(국조칙 별지 §59), 내국추가세액계산내역서(국조칙 별지 §60)

㉯ 신고구성기업이 지정하는 하나 이상의 국내구성기업에 배분하는 방법(국조법 §73의7 ② 2호)을 적용하여 내국추가세액배분액을 계산하는 경우: 내국추가세액신고서, 내국추가세액배분지정서 및 지정합의서(국조칙 별지 §61)

② 추가세액배분액등의 원화 환산

국내구성기업이 추가세액배분액등을 신고하거나 추가세액배분액등을 납부하기 위하여 원화가 아닌 연결재무제표 통화를 원화로 환산하는 때에는 해당 사업연도의 평균환율을 다음과 같이 적용한다.(국조령 §142 ① 후단, 국조칙 §92)

평균환율 = 해당 사업연도 매일의 1호 또는 2호에 따른 기준율의 합계액÷해당 사업연도의 일수

1. 최근 거래일의 외국환중개회사를 통해 거래가 이루어진 미화와 위안화 각각의 현물환매매 중 익익영업일 결제거래에서 형성되는 율과 그 거래량을 가중 평균하여 산출되는 시장평균환율
2. 최근 주요 국제금융시장에서 형성된 미화와 위안화 외의 통화와 미화와의 매매중간율을 미화 매매기준율로 재정(裁定)한 율

③ 추가세액배분액등의 납부

추가세액배분액등을 납부하는 국내구성기업은 신고기한까지 신고와 함께 신고와 함께 납세지 관할세무서장에게 납부하거나 납부서를 첨부하여 한국은행(그 대리점 포함) 또는 체신관서에 납부해야 한다.(국조법 §84 ②, 국조령 §142 ②)

국내구성기업이 납부할 추가세액배분액등이 1천만원을 초과하는 경우에는 법인세법 시행령(§101 ②)을 준용하여 납부할 금액의 일부를 납부기한이 지난 날부터 1개월(중소기업의 경우에는 2개월) 이내에 분납할 수 있다.(국조법 §84 ③, 국조령 §142 ③)

(3) 결정 · 경정 · 통지 및 징수

① 결정 · 경정 · 통지 및 징수

납세지 관할세무서장 또는 관할 지방국세청장은 국내구성기업이 추가세액배분액등의

신고를 하지 아니한 경우에는 그 기업의 각 사업연도 추가세액배분액을 결정한다.(국조법 §85 ①)

납세지 관할세무서장 또는 관할 지방국세청장은 국내구성기업이 신고한 내용에 오류 또는 누락이 있는 경우에는 그 기업의 추가세액배분액등을 경정한다.(국조법 §85 ②) 납세지 관할세무서장 또는 관할 지방국세청장은 추가세액배분액등을 결정 또는 경정한 후 그 결정 또는 경정에 오류나 누락이 있는 것을 발견한 경우에는 즉시 그 추가세액배분액등을 다시 경정한다.(국조법 §85 ④)

납세지 관할세무서장 또는 관할 지방국세청장은 추가세액배분액등을 결정 또는 경정하는 경우에는 장부나 그 밖의 증명서류를 근거로 해야 한다.(국조법 §85 ③)

납세지 관할세무서장 또는 관할 지방국세청장은 기업의 추가세액배분액등을 결정 또는 경정한 경우에는 그 사실을 해당 기업에 알려야 한다.(국조법 §85 ⑧) 추가세액배분액등을 통지하는 경우에는 납부고지서에 그 추가세액배분액등의 계산명세를 첨부해야 하며, 각 사업연도의 추가세액배분액등이 없는 경우에는 그 결정된 내용을 통지해야 한다.(국조령 §166 ③) 이 경우, 납세지가 분명하지 아니한 국내구성기업에 대하여 추가세액배분액등을 결정한 때에는 이를 공시송달해야 한다.(국조령 §166 ④)

② 수시부과

납세지 관할세무서장 또는 관할 지방국세청장은 국내구성기업이 그 사업연도 중에 "수시부과사유"로 추가세액배분액등을 포탈할 우려가 있다고 인정되는 경우에는 수시로 그 기업에 대한 추가세액배분액등의 "수시부과" 할 수 있다. 이 경우 추가세액배분액등을 한국에 납부할 의무가 있는 국내구성기업은 수시부과된 세액을 납부한 경우에도 각 사업연도 추가세액배분액등에 대하여 추가세액배분액등의 신고를 해야 한다.(국조법 §85 ⑤) 납세지 관할세무서장 또는 관할지방국세청장이 수시부과를 하는 경우에는 장부나 그 밖의 증명서류를 근거로 해야 한다.(국조령 §143 ②)

수시부과사사유"란 다음 어느 하나에 해당하는 경우를 말한다.(국조령 §143 ①)

1. 신고를 하지 아니하고 본점 등을 이전한 경우
2. 사업부진 및 기타의 사유로 인하여 휴업 또는 폐업상태에 있는 경우
3. 그 밖에 조세를 포탈할 우려가 있다고 인정되는 상당한 이유가 있는 경우

수시부과는 그 사업연도 개시일부터 수시부과사유가 발생한 날까지를 수시부과 기간으로 하여 적용한다. 다만, 직전 사업연도에 대한 추가세액배분액등 신고기한 이전에 수시부과사유가 발생한 경우(직전 사업연도에 대한 추가세액배분액등의 신고를 한 경우는 제외)에는 직전 사업연도 개시일부터 수시부과사유가 발생한 날까지를 수시부과 기간으로 한

다.(국조법 §85 ⑥)

납세지 관할세무서장 또는 관할 지방국세청장은 수시부과결정 · 경정한 추가세액배분액등을 해당 기업에 통지하는 경우에는 그 납부고지서에 추가세액배분액등 계산명세를 첨부해야 하며, 각 사업연도의 추가세액배분액등이 없는 경우에는 그 내용을 통지해야 한다.(국조령 §143 ③) 이 경우, 납세지가 분명하지 않은 국내구성기업에 대해서는 공시송달의 방법으로 통지해야 한다.(국조령 §143 ④)

③ 징수

납세지 관할세무서장은 국내구성기업이 추가세액배분액등의 전부 또는 일부를 납부하지 아니하면 그 미납된 추가세액배분액등을 국세징수법에 따라 징수해야 한다.(국조법 §85 ⑨)

(4) 질문 · 조사

글로벌최저한세에 관한 사무에 종사하는 공무원은 그 직무수행에 필요한 경우에는 국내구성기업 및 국내구성기업과 거래가 있다고 인정되는 자에 대하여 질문하거나 해당 장부 · 서류 또는 그 밖의 물건을 조사하거나 그 제출을 명할 수 있다. 이 경우 직무상 필요한 범위 외에 다른 목적 등을 위하여 그 권한을 남용해서는 안된다.(국조법 §86)

(5) 부과제척기간 특례

지방국세청장 또는 세무서장은 다국적기업그룹의 국가별 실효세율(국조법 §69 ②)이 변경된 경우 국가별 실효세율의 변경이 있음을 안 날부터 1년 이내에 글로벌최저한세의 경정이나 그 밖에 필요한 처분을 할 수 있다.(국기법 §26의2 ⑥ 7호)

II 원천지국 추가과세

OECD BEPS의 과제1 필라 2의 원천지국 추가과세규칙(Subject to Tax rule)에 따라, 원천지국 제한세율 적용 대상소득을 거주지국에서 9% 미만 세율로 과세하는 경우 해당 소득을 수취하는 특수관계인에 대해 추가원천징수를 할 수 있다. 이 규칙은 양자조세조약의 개정을 통해 적용된다.

| 원천지국 추가과세규칙(STTR) |

과세표준＝대상소득－비과세대상소득(저수익소득, 원천지국 국내사업장 본사지급액)×조정세율＝추가과세액
• 제외 : 개인지급, 수취인이 개인 · 제삼자 · 펀드투자기구 · 비영리기구 · 정부기관 · 국제기구 등 (§8) • 특수관계인 : 일방이 타방의 지분의 50% 이상, 또는 제삼자가 양방의 지분의 50% 이상 직간접으로 지배 (§9) • 과세최저한 : 1 회계연도 일정금액 이하 (§11)
대상소득 : 이자, 사용료, 판매권대가, 보험료, 금융보증수수료, 임대료, 장비사용료, 기타마케팅용역대가 (§4 a)
비과세대상소득 • 저수익소득＝(대상소득 〈 관련비용의 1.05%), 원지급금 및 관계지급금 제외 (§4 b.c.d) • 원천지국 국내사업장 본사 지급액 : 국내사업장 사업소득으로 과세 (§12)
조정세율 • 조정세율＝일정세율(최저세율 9%－실효세율)－조약의 다른 규정 적용세율(§2, §3) • 실효세율＝명목세율－조세특혜(비과세면제, 소득공제, 세액공제) (§5, §6) • 대상소득이 제삼국 국내사업장에 귀속되는 경우 (§7) if (실효세율 〉 수취인 거주지국 적용세율) and 수취인 거주지국이 국내사업장 귀속소득 비과세 ⇒ then 제삼국 조정세율 적용

1. 원천지국 추가과세규칙(STTR) 모델

1. ()조 규정에 따라 한 체약국('원천지국'을 말함)에서 발생된 대상소득(covered income)에 대해 한 체약국에서 부과되는 조세가 제한되는 경우, 그 조항의 규정에도 불구하고, 소득을 수취하는 사람이 거주하는 상대방 체약국('거주지국'을 말함)에서 그 대상소득에 대해 [9%] 미만의 세율로 과세되는 경우 한 체약국은 그 소득을 (추가로) 과세할 수 있다.
2. (원천지국 과세권을 일정세율로 제한) 대상소득이 발생된 한 체약국에서 1항에 따라 부과되는 조세는 대상소득의 총액에 일정세율(specified rate)을 곱한 금액을 초과하지 못한다. 이 조의 목적상, 3조 둘째 문장에 따라, 일정세율이란 [9]%와 소득수취인의 거주지국에서 대상소득에 대해 5항에 따라 산정된 세율의 차이를 말한다.
3. (다른 조항들과의 관계) 이 조약의 다른 규정에 따라 대상소득이 발생된 한 체약국에서 2항에 따라 산출된 일정세율 이상의 세율로 대상소득의 총액이 과세되는 경우, 1항 및 2항은 적용되지 않는다. 이 조약의 다른 조항에 따라 대상소득이 발생된 한 체약국에서 2항에 따라 산출된 일정세율 미만의 세율로 대상소득 총액이 과세되는 경우, 그 다른 조항은 계속 적용되며 일정세율은 그 낮게 적용된 세율을 차감하여 적용된다.
4. (대상소득) 이 조항의 목적상;

a) 대상소득은 다음을 말한다.

(i) 11조 3항('이 조에서 사용된' 이란 말 생략)에 정의된 이자

(ii) 12조 2항('이 조에서 사용된' 이란 말 생략)에 정의된 사용료

(iii) 상품이나 용역과 관련된 판매권의 대가로 주는 지급금

(iv) 보험료 또는 재보험료

(v) 금융보증 또는 기타 금융보증을 제공하는 수수료

(vi) 임대료 또는 산업, 상업, 과학 장비의 사용 또는 사용권에 대한 지급금

(vii) 마케팅, 조달, 금융중개, 대리, 기타중개용역의 제공에 대해 수취하는 모든 소득

b) 1항 및 2항의 규정은 a)목 (iii)부터 (vii)에 해당하는 대상소득을 수취하는 사람이 그 대상소득에 대해 저수익(low return)을 창출하는 경우에는 그 대상소득에 적용되지 않는다. 이 목의 목적상;

(i) 대상소득을 계속하여 지급하는 경우 대상소득이 저수익에 해당하는지 판단할 때 그 사람이 수취하는 대상소득 지급금에서 대상소득을 버는데 직간접으로 발생된 비용을 차감하여 계산한다.

(ii) 대상소득 각 종목의 금액과 각 종목의 소득을 버는데 발생된 직간접 비용을 합리적으로 구분할 수 없을 정도로 밀접히 관련되어 있는 경우, 대상소득이 저수익에 해당하는지 판단할 때 그 사람이 수취하는 여러 종목의 대상소득 지급금에서 대상소득을 버는데 직간접으로 발생된 모든 비용을 차감하여 계산한다.

c) b)목의 목적상, 대상소득(한 종목 또는 여러 종목) 총액이 대상소득을 버는데 소득수취인에게 직간접으로 발생된 비용과 그 비용에 [5%]를 가산한 금액에 상당하는 금액을 초과하지 않는 경우 대상소득에 대해 저수익을 창출한 것으로 본다.

d) 대상소득이, 10항의 의미상 10항 a)목부터 c)목의 요건을 충족하는, 원지급금(origianal payment) 또는 관계지급금(related payment)에 해당하는 경우에는 b)목을 적용하지 않는다.

e) a)목 (i)의 이자가 한 체약국에서 발생된 것인지를 판단할 때 11조 5항을 적용한다. 그 밖의 모든 경우에 a)목 (ii)부터 (vii)에 해당하는 대상소득은 지급자가 거주하는 한 체약국에서 발생된 것으로 본다. 그러나, 대상소득을 지급하는 사람이, 한 체약국 거주자 여부와 상관없이, 한 체약국에 대상소득을 지급할 채무를 계상한 국내사업장을 보유하는 경우 그 국내사업장이 대상소득을 부담하며 그에 따라 국내사업장이 소재하는 국가에서 대상소득이 발생된 것으로 본다.

5. (세율의 정의) 이 조의 목적상;

a) 대상소득을 수취하는 사람이 거주하는 체약국에서 대상소득에 대한 세율은 그 사람이 손에서 그 대상소득에 대하여 그 국가에서 적용되는 세율을 말한다. 다만, 그 사람이 그 국가에서 그 대상소득에 대하여 조세특혜(preferential adjustment)를 적용받는 경우, 그 조세특혜의 효과를 감안하여 세율을 산정한다.

b) 세율 산정을 위해 고려되는 조세는 2조에 따른 대상조세로 순소득에 대한 모든 조세를 포함한다.(관련 조세)

c) 체약국의 세무당국은, 이 조의 적용과 관련되는 경우, 다음 사항을 상호 통지한다.

(i) 대상소득과 관련하여 체약국 거주자에게 적용되는 법정세율(또는 법정세율의 변경사항)

(ii) 체약국 거주자의 대상소득에 적용되는 세법규정(또는 규정의 변경사항) 및 대상소득의 조세특혜에 해당하는 세법규정(또는 규정의 변경사항)

6. (조세특혜에 따른 조정) 이 조의 목적상, 대상소득에 대한 조세특혜란 대상소득을 수취하는 사람의 거주지국에서 과세대상 대상소득 금액이나 대상소득에 대한 납부세액을 다음과 같은 방식으로 영구적으로 경감하는 것을 말한다.

a) 소득에서 전액 또는 일부 소득면제 또는 비과세

b) 소득금액을 기준으로 계산하고 다른 관련 지급금이나 지급의무를 고려하지 않은 과세표준에서 공제

c) 대상소득 금액 또는 대상소득에 대한 세액을 기준으로 계산한 세액공제. 다만, 대상소득에 대한 외국납부세액의 공제는 제외한다.

이러한 비과세, 소득공제 및 세액공제는 지리적으로 이동할 수 있는 활동으로 인한 소득에 대하여 조세특혜를 제공하는 국가에서 발생하는 대상소득과 직접 관련되는 것을 말한다.

이 항의 목적상 23A조 및 23B조에 따른 소득공제나 세액공제를 해 줄 의무에 대해서는 고려하지 않는다.

7. (제삼국 국내사업장에 귀속되는 대상소득)

a) 1항의 목적상 한 체약국에서 발생하고 상대방 체약국 기업이 수취하는 대상소득에 적용되는 세율이 [9%] 미만이고;

b) 상대방 체약국과 제삼국이 그 대상소득을 제삼국에 소재하는 그 기업의 국내사업장에 귀속되는 것으로 보는 경우,

아래에 해당하면, 5항에 언급한 세율은 그 국내사업장에 귀속되는 대상소득에 대해 제삼국에서 적용되는 법정세율 및 조세특혜 결과에 따라 산출된다.(소득수취인과 그의 거주지국에 대한 5항 a)목과 6항을 각각 국내사업장과 국내사업장 소재지국으로 변경하여 적용)

(i) 조세특혜를 적용한 후 세율이 상대방 체약국의 적용세율보다 높은 경우; 또는

(ii) 상대방 체약국이 제삼국과의 조세조약규정에 따라 국내사업장에 귀속되는 소득을 비과세하는 경우.

8. (적용 제외) 이 조의 앞 항들은 개인이 지급하거나 다음과 같은 상대방 체약국 거주자가 수취하는 한 체약국에서 발생하는 대상소득에는 적용되지 않는다.

a) 개인

b) 지급자의 비특수관계인(not connected)

c) 공인 연금펀드

d) 종교, 자산, 과학, 예술, 문화, 체육, 교육, 또는 기타유사목적을 위해 전적으로 설립되고 유지되는 비영리기관

e) 체약국 및 그 정치적 하부조직이나 지방단체, 체약국·정치적 하부조직·지방단체의 기관이나 기구, 중앙은행, 체약국·정치적 하부조직·지방단체가 직간접으로 전부 또는 주로 소유하는 기타 단체로서 체약국들의 관할당국 간 서신으로 수시로 합의되는 것들

f) 국제기구

g) 주로 투자소득을 창출하기 위해 또는 일정사안에 대한 보장을 제공하기 위해 제삼자로부터 수취한 자금을 투자할 목적으로 고안된 투자전문관리 법인(entity)이나 계약으로, 그 법인나 계약 또는 관리인은 규제대상이 되는 경우

h) 법인이나 계약 또는 그 지분투자자들(최대한 1년 이연과세)의 손에서 한번 과세되는 단일 과세대상이 되는 단체나 계약으로, 그 법인이나 계약은 주로 부동산을 보유하며 투자지분을 공모하는 경우

i) 위 d)부터 h)까지 열거한 사람들이 (직간접으로) 전부 또는 주로 소유하고 설립하며, d)부터 h)꺼지 열거한 사람의 이익을 위해 자산을 보유하고 자금을 투자하기 위해 전적으로 또는 거의 전적으로 설립하고 운영하는 법인이나 계약

9. (특수관계인(connected persons)의 정의) 이 조의 목적상, 사실관계에 따라, 한 사람이 다른 사람을 통제하거나 두 사람이 동일인(또는 동일한 여러 사람들)의 통제하에 있는 경우 한 사람은 다른 사람의 특수관계인에 해당한다. 다음과 같은 경우 한 사람은 다른 사람의 특수관계인으로 간주된다.

a) 한 사람이 다른 사람의 수익지분의 50%를 초과하여 (또는, 회사의 경우 회사의 총의결권 및 주식가치 또는 회사의 출자지분의 50%를 초과하여) 직간접으로 소유하는 경우

b) 제삼자가 두 사람의 수익지분의 50%를 초과하여 (또는, 회사의 경우 두 회사의 총의결권 및 주식가치 또는 회사의 출자지분의 50%를 초과하여) 직간접으로 소유하는 경우

10. (특수관계인 – 회피방지규정(anti-avoidance rule))

a) 개인이 아닌 사람이 한 체약국에서 발생된 대상소득(원지급금)을 어느 체약국의 거주자(중개인, intermediary)에게 지급하고,

b) 원지급금을 지급한 날을 포함하는 365일의 기간 중에 중개인이 원지급금의 전부 또는 사실상 전부에 상당하는 금액을 직간접으로 아래 사람에게 지급금의 형식으로 지급하며,

(i) 원지급금를 지급한 사람과 특수관계인으로, 8항에 해당하지 않는 사람(관계수취인, conn ected payee)이고,

(ii) 관계수취인은 관계지급금(related payment)와 관련하여 그 거주지국에서 [9%] 미만의 세율로 과세되고,

(iii) 중개인이 거주지국에서 과세소득에 원지급금를 포함하는 경우 과세소득을 계산할 때 관계지급금를 공제할 수 있음.

c) 중개인은 원지급금이 없었다면 관계지급금을 지급하지 않았을 것이라고 판단하는 것이 합리적인 경우;

중개인 또는 상대방 체약국 거주자인 관계수취인에게 지급한 원지급금이나 관계지급금은, 이 조의 목적상, 상대방 체약국 거주자인 특수관계인에게 지급된 대상소득으로 간주되며, 대상소득에 대한 세율은 1항, 2항 및 5항의 목적상 관계수취인 거주지국에서 관계지급금에 대하여 관계수취인에 부과되는 세율로 간주된다.

11. (중요성 기준 (materiality threshold)) 1항 및 2항은 다음과 같은 대상소득에는 적용되지 않는다.

a) 한 체약국 거주자가 지급하고 지급자와 특수관계인에 해당하는 상대방 체약국의 거주자(또는 거주자들)가 수취하는 대상소득의 총액이 해당 회계연도에 [ ]유로를 초과하지 않거나,

b) 한 체약국의 국내사업장이 부담하고 그 국내사업장을 통해 사업을 수행하는 기업과 특수관계인에 해당하는 상대방 체약국의 거주자(또는 거주자들)가 수취하는 대상소득의 총액이 해당 회계연도에 [ ]유로를 초과하지 않는 경우.

[이 항의 목적상, 상대방 체약국에서 대상소득에 적용되는 세율에 대해서는 고려하지 않는다]

12. (원천지국 국내사업장에 대한 적용) 대상소득을 수취하는 사람이, 한 체약국 거주자에 해당하고, 상대방 체약국에 소재하는 국내사업장을 통해 사업을 수행하며 그 대상소득이 그 국내사업장에서 발생되는 경우, 1항 및 2항의 규정은 다음에 적용되지 않는다.

a) 이자나 사용료와 관련된 채권, 권리나 자산이 국내사업장과 실질적으로 관련된 경우 그 이자나 사용료

b) 7조의 규정에 따라 국내사업장에 귀속되는 다른 대상소득

그 경우, 7조의 규정이 적용된다.

2. 원천지국 추가과세규칙 적용사례

사례 원천지국추가과세규칙 적용사례

《사례 1》

1. S국과 R국은 원천지국추가과세규칙을 포함하는 조약을 체결하였다. S사(S국 거주자)와 Plc(은행, S국 거주자)는 S사가 Plc에게 100의 대상소득을 지급하고, S사가 100을 지급한 날의 다음 달의 첫째 날에 Plc는 R사(S사의 관계인으로 R주 거주자이며, 대상소득에 최저세율 미만의 법정세율을 적용)에 99.5를 지급할 의무를 지는 계약을 체결한다. Plc은 S사 또는 R사의 관계인이 아니다. Plc는 S국의 과세소득을 계산할 때 소득에 100을 포함하며 99.5를 공제받을 수 있다.

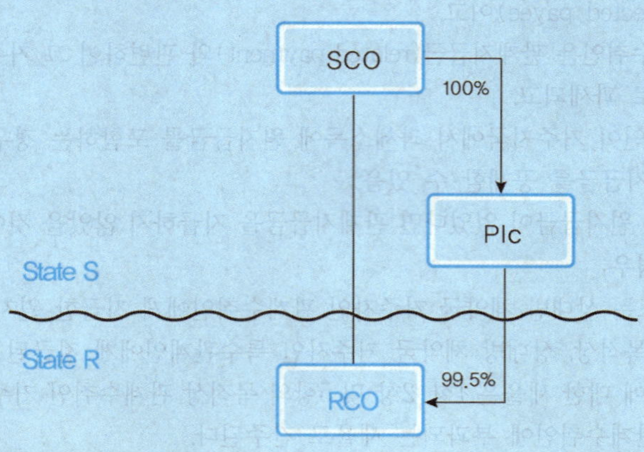

2. 개인이 아닌 사람(S사)이 체약국 거주자(Plc, S국 거주자)에게 대상소득을 지급하기 때문에 a)목의 요건은 충족된다. 100의 지급은 "원지급금"이며, Plc은 "중개인"이다. 또한, 원지급일을 포함한 365일 동안에 Plc가 (i) 제외대상이 아닌 S사의 관계인 R사에게 직접 원지급금의 전부

또는 대부분에 상당하는 금액을 지급하고, (ii) R사는 R국에서 해당 지급액에 대해 9% 미만의 세율을 부담하며, (iii) Plc는 100을 소득으로 인식하지만 S국에서 과세소득을 계산할 때 99.5를 공제받을 수 있어 세원잠식요건을 충족하기 때문에, b)목의 요건이 충족된다. 또한, S사와 Plc 간의 계약요건에 따라 원지급금과 관계지급금 사이에 필수인과관계가 있다고 결론짓는 것이 합리적이기 때문에 c)목의 요건도 충족된다.

3. 10항을 적용한 결과, Plc가 R사에 지급한 99.5의 제삼자 지급금을 R국의 관계인에게 지급한 대상소득으로 간주한다. 원천과세규정을 적용하기 위한 세율은, 5항에 따라 계산한, 관계지급금에 대하여 R국에서 R사에게 적용되는 세율이다. 99.5를 S국에서 발생되고 9% 미만의 세율을 적용받는 R국 거주자가 수취하는 대상소득의 지급으로 간주하므로, 원천과세규정을 적용한다. 즉, 1항의 요건이 충족된다. R사는 원천과세규정의 적용 목적상 Plc의 관계인으로 간주되기 때문에 8 b)항의 예외는 적용되지 않는다.

《사례 2》

1. Plc는 R국에 거주하며, 관계수취인은 T사(S사의 관계인으로 T국 거주자)라는 점을 제외하고, 사실관계는 사례1과 같다. 계약에 따라 Plc는 99.5(T사에 대한 "관계지급금")을 지급하고 S사는 그 지급일로부터 3번째 달의 첫째 날에 Plc에게 100(원지급금)의 대상소득을 지급할 의무가 있다. T사는, 5항에 따라 계산된, Plc로부터 수취하는 99.5의 소득에 대해 T국에서 9% 미만의 세율을 적용받는다. R국에서 Plc는 100의 소득에 대해 소득면제된다.

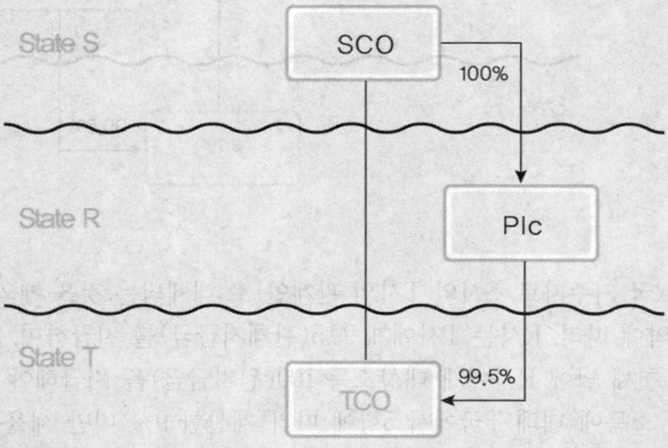

2. a)목의 요건은 사례1과 같은 이유로 충족된다.(R국 거주자로서 Plc는 S국-R국조약에 따른 한 체약국 거주자임) b)목의 요건도 사례1과 같은 이유로 충족된다.(관계 지급이 원지급일을 포함한 365일 기간 중에 이루어진다면 원지급보다 선행되는 것은 중요하지 않음) b)목 (i)의 요건은 사례 1과 같은 이유로 충족된다.(이 요건은 관계수취인 T사가 어느 국가 거주자인지 명시하지 않으며, 관계수취인이 제삼국 거주자인 경우에도 적용됨) b)목 (ii)의 요건은 사례1과 같은 이유로 충족된다. 원지급금이 중개인 거주지국에서 과세되는 경우에만 b)목 (iii)이 적용되는데, 이 사례에서 Plc가 수취한 지급액이 R국에서 과세되지 않기 때문에, b)목 (iii)의 요건을 충족할 필요가 없다. c)의 요건은 사례 1과 같은 이유로 충족된다.

3. 10항을 적용한 결과, S사가 제삼자 Plc에 지급한 원지급금 100을 R국의 관계인에게 지급한

대상소득으로 간주한다. 원천과세규정을 적용하기 위한 세율은, 5항에 따라 계산된, 관계지급금 99.5에 대해 T국에서 T사에게 적용되는 세율이다. 100이 S국에서 발생되고 9% 미만의 세율을 적용받는 R국 거주자가 수취하는 대상소득의 지급으로 간주하므로, 원천과세규정을 적용한다. 즉, 1항의 요건이 충족된다. T사는 원천과세규정의 적용을 위해 Plc의 관계인으로 간주되기 때문에 8 b)항의 예외는 적용되지 않는다.

《사례 3》

1. Plc가 T국에 거주하고, 관계수취인이 R사(R국에 거주하며 S사의 관계인)라는 점을 제외하고, 사실관계는 사례2와 같다. 사례2의 계약과 같은 특징을 가진 계약에 따라, S사는 Plc에게 원지급금 100을 지급하고 Plc는 R사에게 99.5의 관계지급금을 지급한다. R사는 관계지급금에 대해 R국에서 9% 미만의 세율을 적용받는다. S국-R국조약의 원천과세규정 10항은 a)목의 요건이 충족되지 않기 때문에 적용되지 않는다. Plc는 S국이나 R국 거주자가 아니다. 그러나 S국-T국조약에 포함된 원천과세규정 10항은 사례2와 같은 이유로 적용된다.

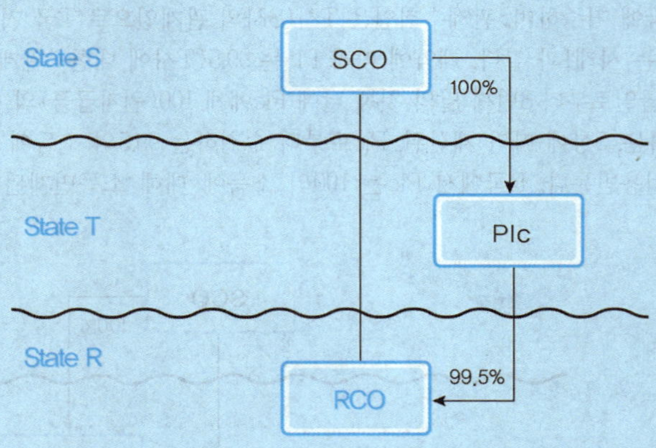

《사례 4》

1. Plc가 R사(R국 거주자로, S사와 T사의 관계인)로 대체되는 것을 제외하고, 사실관계는 사례2와 같다. 계약에 따라, R사는 T사에게 99.5(관계지급금)를 지급하며, S사는 해당 지급일 이후 3번째 달의 첫째 날에 R사에게 대상소득 100(원지급금)을 지급해야 한다. T사는 R사로부터 받는 99.5의 소득에 대해 T국에서 5항에 따라 계산한 9% 미만 세율을 적용받는다. R국에서 R사는 100의 순이익에 대해 9% 이상의 세율을 적용받는다. R사는 원지급금 100을 과세소득에 포함시키고 관계지급금 99.5에 대해 공제받을 수 있다.

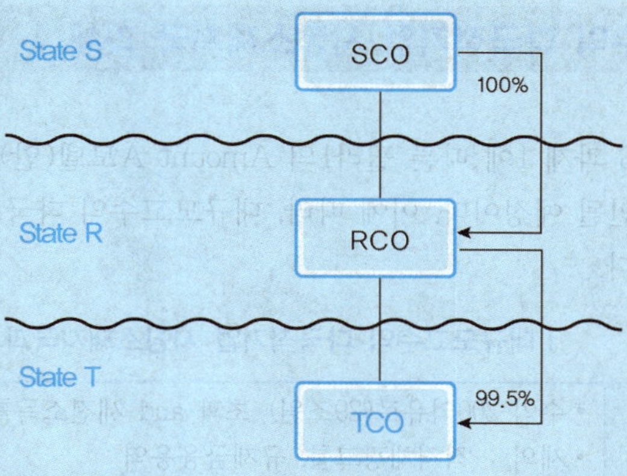

2. 원지급금 100을 S사가 상대방 체약국에 거주하는 관계인 R사에게 지급하지만, R사는 9% 이상 세율을 적용하므로 1항의 요건은 충족되지 않는다. 그런데, 10항은 1항의 비율요건을 회피하기 위해 고안된 계약(back to back 약정 등)이나 제삼자 제외요건의 혜택을 받기위해 위해 고안된 계약에 대처한다. a)목과 b)목의 요건은 관계인이거나 제삼자인 중개인에게 동일하게 적용되며, 이 사례에서도 사례2와 같은 이유로 충족된다. 특히, R사는 고세율국 거주자이지만 b)목 (iii)의 세원잠식요건을 충족하는 공제대상 지급금의 형태로 사실상 원지급금 전부를 지급해 버린다. b)목 (ii)의 요건이 충족되는데, 관계수취인 T사는 S사(원지급금을 지급)의 관계인이고, 관계지급금에 대해 T국에서 9% 미만의 세율을 적용받기 때문이다. c)의 요건은 사례2와 같은 이유로 충족된다.
3. 10항을 적용한 결과, S사가 R사에게 지급한 원지급금 100을 R국의 관계인에게 지급한 대상소득으로 간주하며, 99.5의 관계지급금에 대해 T국에서 T사에 적용되는 세율을 원천과세규정의 목적상 대체하여 적용한다. 100이 S국에서 발생된 대상소득의 지급으로 간주되며 9% 미만의 세율을 적용받는 R국 거주자가 수취하기 때문에 원천과세규정이 적용된다. 즉, 1항의 요건이 충족된다.

III 대규모고수익 다국적기업 시장소재지국 과세

OECD BEPS 과제 1에 따른 필라1의 Amount A모델(안)이 발표되었으며, 2024년에 모델규정이 승인될 예정이다. 이에 따라, 대규모고수익 다국적기업은 시장소재지국에서 추가로 과세된다.

| 대규모고수익 다국적기업 시장소재지국과세 |

대상그룹	• 수익 200억유로(29조원) 초과 and 세전소득률 10% 초과 그룹 • 제외 : 적격채광그룹, 규제금융용역
대상 관할국	• 관할국 발생수익 1백만유로(14억원) 이상(관할국 GDP가 400억유로 미만 ⇒ 36억원 이상)
관할국 배분소득	Q = (P-R×10%)×25%×L/R Q: 관할국에 배분되는 대상그룹 소득금액 P: 대상그룹의 조정세전소득 R: 대상그룹의 총수익 10%: 수익성기준 25%: 재배분비율 L: 관할국에서 발생하는 대상그룹 수익

| A금액에 대한 모델규정 (Substantive Rules on Amount A) |

1. 이 모델은 대규모고수익그룹의 잔여소득 중 일부(A금액)에 대한 [관할국]의 과세관련 규정의 핵심요소를 규정한다. 이 규정은 국내법 규정(이하 "법"이라 한다)으로 정해지며, 7개의 장(title)과 10개의 부칙(schedule)으로 구성된다.
2. 1장은 2장에 따라 소득을 과세할 수 있는 대상그룹(Covered Group)을 정의하며, 이에는 시장관할국(market jurisdiction)이 대상그룹의 [하나 이상의 그룹법인]에 새로운 과세권을 적용할 수 있도록 하는 과세규정이 포함된다. 3장은 관할국에서 과세관련성(taxable nexus)이 있기 위해 충족해야 하는 요건을 포함하며, 관할국에서 수익(revenues)이 발생하는 것으로 보는 시기를 판단한다. 4장은 한 기간에 [관할국]에 대한 과세소득의 결정 및 배분을 규율하는 규정을 포함한다. 5장은 시장관할국에서 대상그룹의 잔여소득 중 일부의 과세로 발생하는 이중과세 방지규정을 포함한다. 6장은 절차 및 행정관리 규정을 포함한다. 7장은 이 법 및 부칙의 목적을 위한 정의를 포함한다.
3. 부칙은 각 장에 포함된 규정을 보완하고 적용지침을 제공한다. 부칙 A는 1조를 보완하는 적용범위에 대한 규정을 포함한다. 부칙 B는 적격 채광(Extractives) 그룹의 수익과 소득의 제외 규정을 포함한다. 부칙 C는 규제금융용역에서 수취하는 수익과 소득의 제외 규정을 포함한다.

부칙 D는 대상부문(Covered Segment)의 모든 부문기업(Segment Entity)에 이 법을 적용하기 위한 규정을 포함한다. 부칙 E는 4조를 보완하는 자세한 수익원천규칙(revenue sourcing rules)을 포함한다. 부칙 F, G, H는 5조를 보완하며 각각 자산공정가치(Asset Fair Value)나 손상(Impairment) 조정을 위한 규정, 취득지분기준조정(Acquired Equity Basis Adjustments) 및 승계손실(Transferred Losses)에 관한 규정을 포함한다. 마지막으로, 부칙 I과 J는 A금액과 관련된 이중과세제거에 대해 5장에 있는 규정을 보완하는 추가조항을 포함한다.

1장 범위 (Title 1: Scope)

1조 대상그룹 (Article 1: Covered Group)

1. 이 법 2장부터 6장까지 포함된 의무는 개시일 이후 개시되는 기간에 대상그룹의 하나 이상의 그룹법인(Group Entities)에 적용된다. 이 조항들에 포함된 규정의 적용을 위하여 부칙 A(적용범위에 대한 보충규정)에 있는 보충규정을 적용한다.
2. 한 그룹이 아래 a와 b를 모두 충족하는 경우 해당기간의 "대상그룹"이다.
   a. 해당기간의 그룹 수익이 200억 유로(수익기준)를 초과한다. 기간이 12개월보다 짧거나 긴 경우, 200억 유로의 금액은 기간의 길이에 비례하여 조정된다.
   b. 다음 기간에 그룹의 세전소득률이 10%를 초과한다.(수익성기준);
      i. 해당기간 내(기간기준), 그리고
      ii. 직전 2개 연속기간 중 대상그룹이 아닌 경우 :
         (a) 직전 4개 기간 중 2개 이상의 기간 내(과거기간기준), 또한
         (b) 해당기간 및 직전 4개 기간에 걸친 평균으로(평균기준)
3. 그룹이 2항의 조건을 충족하는 적격채광그룹인 경우, 다음의 경우를 제외하고 그 그룹은 대상그룹으로 보지 않는다.
   부칙 B의 2항(적격채광그룹의 수익 및 소득 제외)에 포함되어 있는;
   a. 채광 제외 수익기준을 충족하며;
   b. 채광 제외 수익성기준을 충족한다.
4. 그룹이 2항의 조건을 충족하는 규제금융용역(Regulated Financial Services)을 수행하는 경우, 다음과 같은 경우를 제외하고 그 그룹은 대상그룹으로 보지 않는다.
   부칙 C의 2항(규제금융용역의 수익 및 소득 제외)에 포함되어 있는;
   a. 규제금융용역(RFS) 제외 수익기준을 충족하며;
   b. 규제금융용역 제외 수익성기준을 충족한다.
5. 그룹이 3항 또는 4항의 조건을 충족하는 경우, 해당 대상그룹의 모든 그룹법인은 부칙 B와 C에 의해 개정된 이 법의 2항부터 6항에 포함된 의무를 따른다.
6. 그룹이 다음과 같은 경우:
   a. 해당기간 중 2.a의 조건을 충족하지만, 2.b의 조건을 충족하지 않거나;
   b. 해당기간 중 3.a의 조건을 충족하지만, 3.b의 조건을 충족하지 않거나;
   c. 해당기간 중 4.a의 조건을 충족하지만, 4.b의 조건을 충족하지 않는 경우,
   그룹의 공시부문(Disclosed Segment)이 d 및 e의 조건을 모두 충족하면 해당기간의 대상부

문(Covered Segment)으로 본다.

d. 해당기간 중 공시부문의 부문수익이 200억 유로(부문 수익기준)를 초과한다. 기간이 12개월보다 짧거나 긴 경우, 200억 유로의 금액은 기간의 길이에 비례하여 조정된다.

e. 다음 기간에 공시부문의 부문 세전소득률이 10%를 초과한다(부문 수익성기준).

i. 공시부문과 관련된 부문 변경이 해당기간 및 직전 4개 기간에 발생하지 않은 경우:

(a) 해당기간 내; 또한

(b) 공시부문이 직전 2개 연속기간에 대상부문이 아닌 경우;

(1) 직전 4개 기간 중 2개 이상의 기간; 또한

(2) 해당기간 및 직전 4개 기간에 걸친 평균으로.

ii. 다음 기간 중 공시부문과 관련된 부문 변경이 해당기간 또는 직전 4개 기간에 발생하였으나, 직전 4개 기간에 공시부문의 회계장부를 각각 재작성한 경우;

(a) 해당기간 내; 또한

(b) 부문의 재작성 장부에 기초한 직전 2개 연속기간에 공시부문이 대상부문이 아닌 경우;

(1) 직전 4개 기간 중 2개 이상의 기간, 또한

(2) 해당기간 및 직전 4개 기간에 걸친 평균으로.

iii. 다음 기간 중 공시부문과 관련된 부문 변경이 해당기간 또는 직전 4개 기간 중에 이루어졌고, 직전 4개 기간에 공시부문의 장부가 재작성되지 않은 경우:

(a) 해당기간 내; 또한

(b) 최근의 부문 변경이 발생한 기간 이후의 기간 평균으로.

7. 공시부문이 6항의 조건을 충족하는 경우 하나 이상의 부문법인은 이 법 2조부터 6조까지 포함된 의무를 부담하며, 법 조항은 부칙 D(대상부문)에 의해 수정될 수 있다.

8. 둘 이상의 공시부문이 6항에 정한 조건을 충족하는 경우, 이 법 2장부터 6장은 각각의 공시부문이 독립적인 것처럼 별도로 적용되며, 법 조항은 부칙 D에 의해 수정될 수 있다.

9. 공시부문이 6항의 조건을 충족하고 적격채광그룹이 공시부문의 재무보고를 하는 경우, 다음 경우를 제외하고 공시부문은 적용대상에 해당하지 않는다.

a. 채광 제외부문 수익기준을 충족하며;

b. 부칙 B의 12절에 포함된 채광 제외부문 수익성기준을 충족한다.

10. 공시부문이 6항의 조건을 충족하고 규제금융용역을 수행하는 그룹이 공시부문의 재무보고를 하는 경우, 다음의 경우를 제외하고는 공시부문은 적용대상에 해당하지 않는다.

a. 비규제금융용역 부문 수익기준을 충족한다.

b. 부칙 C의 12절에 포함된 비규제금융용역 수익성기준을 충족한다.

2장 과세 (Title 2: Charge to tax)

2조 과세 (Article 2: Charge to tax)

1. 한 기간에 이 법에 따른 과세소득은 4조에 따라 [관할국]에서 발생하는 것으로 간주되는 수익과 관련된 대상그룹의 조정세전소득 상당액으로, 3조의 관련성기준(nexus test)을 충족하는 것이다. 대상그룹의 조정세전소득 상당액은 다음 2단계에 따라 결정된다.

a. 5조에 있는 규정(해당되는 경우 부칙에 의해 수정된)에 따라 해당기간에 대상그룹의 조정세전소득을 결정;
b. 6조에 있는 규정에 따라 해당기간에 [관할국]에 조정세전소득(있는 경우)의 일부를 배분이 소득은 이 법 5장에서 정하는 기간에 [법인세에 관한 국내법 조항]에 규정된 원칙에 따라 [대상그룹의 하나 이상의 그룹법인]의 소득으로 과세된다.
2. 5장에 따라 식별된 대상그룹의 그룹법인에 대해 이 조에 따라 부과되는 법인세는 동일한 대상그룹의 그룹법인에 대한 [관할국]의 다른 직간접 조세, 관세 또는 사회보장기여금의 결정에 영향을 미치지 않는다.

3장 관련성 및 수익원천규칙 (Title 3: Nexus and revenue sourcing rules)

3조 관련성기준 (Article 3: Nexus test)

1. 해당기간에 4조에 따라 관할국에서 발생한 것으로 간주되는 대상그룹의 수익이 1백만 유로 이상인 경우, 해당기간에 관련성기준이 충족된다. 기간이 12개월보다 짧거나 긴 경우, 1백만 유로의 금액은 기간의 길이에 비례하여 조정된다.
2. 1항의 목적상, 한 기간에 관할국의 국내총생산이 400억 유로 미만인 경우, 100만 유로의 금액은 25만 유로로 대체된다.
3. 1항은 대상그룹의 그룹법인이 관할국에서 이 법에 따른 과세대상인지 여부를 결정하는 데만 적용되며, 대상그룹의 그룹법인에 다른 어떤 영향도 미치지 않는다.

4조 수익원천규칙 (Article 4: Revenue sourcing rules)

1. 이 조는 대상그룹에 의해 창출된 수익을 이 법의 목적상 관할국에서 발생된 것으로 간주하는 시기를 결정한다. 이 조에 포함된 규정의 적용을 위해, 부칙 E(구체적 수익원천규칙)에 정한 보충조항을 적용한다.
2. 배분기준(Allocation Key)이 적용되는 경우를 제외하고, 수익은 대상그룹이 판매하거나, 허여하거나, 또는 달리 이전하고 제공하는 재화, 콘텐츠(content), 재산, 제품 및 용역, 이들의 수량 및 가격에서 국가 간 차이를 고려하는 방식으로 원천을 정해야 한다.
3. 수익은 벌어들인 수익의 유형에 따라 원천을 정해야 한다. 둘 이상의 유형에 속하는 수익은 주된 성격에 따라 원천을 정한다. 종된 거래(Supplementary Transactions)에서 벌어들인 수익은 주된 수익에 적용되는 수익원천규칙에 따라 원천을 정할 수 있다.
4. 수익원천규칙을 적용할 때, 대상그룹은 모든 수익의 원천을 정해야 한다. 수익은 대상그룹의 특정 사실관계에 따라 믿을만한 방법을 사용하여 원천을 정해야 한다.
5. 최종고객에게 판매된 완제품 판매에서 발생하는 수익은 해당 최종고객에게 완제품을 인도하는 장소가 한 관할국에 있는 경우 그 관할국에서 발생하는 것으로 본다.
6. 구성품(Components)이 아닌 디지털콘텐츠의 판매에서 발생한 수익은 8.f.에 따라 발생하는 것으로 본다.
7. 구성품 판매에서 발생한 수익은 구성품이 포함된 완제품의 최종고객에게 인도되는 장소가 한 관할국에 있는 경우 그 관할국에서 발생한 것으로 본다.
8. 용역 제공에서 발생하는 수익은 다음과 같이 원천을 정한다.

a. 지역특정용역(Location-Specific Services) :

i. 지역특정용역의 제공에서 발생하는 수익은 용역수행장소가 한 관할국에 있는 경우 그 관할국에서 발생하는 것으로 본다.

b. 광고용역(Advertising Services):

i. 온라인 광고용역 제공으로 얻은 수익은 광고 시청자의 소재지가 한 관할국에 있는 경우 그 관할국에서 발생하는 것으로 본다.

ii. I호에 정한 광고용역 이외의 광고용역 제공으로 얻은 수익은 광고의 전시 또는 수신 장소가 한 관할국에 있는 경우 그 관할국에서 발생하는 것으로 본다.

c. 온라인 중개용역(Online Intermediation Services):

i. 유형자산, 디지털콘텐츠 또는 지역특정용역 이외 용역의 판매 또는 구매를 용이하게 하는 온라인 중개용역의 제공에서 발생하는 수익은 다음과 같이 처리한다.

(a) 그 수익의 절반은 유형자산, 디지털콘텐츠 또는 지역특정용역 이외 용역의 구매자의 소재지가 한 관할국에 있는 경우 그 관할국에서 발생하는 것으로 본다; 또한

(b) 그 수익의 절반은 유형자산, 디지털콘텐츠 또는 지역특정용역 이외 용역의 판매자의 소재지가 한 관할국에 있는 경우 그 관할국에서 발생하는 것으로 본다.

ii. 지역특정용역의 판매 또는 구매를 촉진하는 온라인중개용역의 제공에서 발생하는 수익은 다음과 같이 처리한다.

(a) 그 수익의 절반은 지역특정용역 구매자의 소재지가 한 관할국에 있는 경우 그 관할국에서 발생하는 것으로 본다.

(b) 그 수익의 절반은 한 관할국에서 지역특정용역이 수행되는 경우 그 관할국에서 발생하는 것으로 본다.

d. 운송용역:

i. 여객운송용역의 제공에서 발생하는 수익은 여객운송용역의 목적지 관할국에서 발생하는 것으로 본다.

ii. 화물운송용역의 제공으로 발생하는 수익의 절반은 화물운송용역의 출발지(Place of Origin) 관할국에서 발생하는 것으로 보며, 나머지 절반은 목적지 관할국에서 발생하는 것으로 본다.

e. 고객보상 프로그램 (Customer Reward Programs):

i. 고객보상 프로그램 수익은 한 관할국에 소재한 고객보상 프로그램 활성회원의 비율에 비례하여 그 관할국에서 발생하는 것으로 본다.

f. 기타용역:

i. a부터 e가 적용되지 않는 기타용역을 제공하여 얻은 수익은 용역사용장소가 한 관할국에 있는 경우 그 관할국에서 발생하는 것으로 본다.

9. 다음 항목의 권리허여(licensing), 판매 또는 기타 이전으로 얻은 수익:

a. 무형자산은 아래 관할국에서 발생한 것으로 본다.

i. 무형자산이 완제품이나 구성품과 관련되면, 최종고객에게 완제품(구성품이 통합되는 완제품 포함)의 인도장소가 그 관할국에 있는 경우;

ii. 무형자산이 용역이나 디지털콘텐츠를 지원하면, 용역이나 디지털콘텐츠의 사용장소가 그 관할국에 있는 경우; 또는

iii. i과 ii가 적용되지 않으면, 무형자산의 사용장소가 그 관할국에 있는 경우.

b. 사용자 데이터의 경우 데이터와 관련된 사용자의 소재지가 한 관할국에 있으면 그 관할국에서 발생한 것으로 본다.

10. 부동산의 매각, 임대 또는 기타 이전으로 발생한 수익은 부동산의 소재지가 한 관할국에 있는 경우 그 관할국에서 발생한 것으로 본다.
11. 정부보조금으로 얻은 수익(Revenues)은 한 관할국 정부가 정부보조금을 주거나 지원하였을 때 그 관할국에서 발생한 것으로 본다.
12. 5항부터 11항에서 달리 다루지 않는 비고객(Non-customer) 수익은 5항부터 11항에 따라 발생하는 다른 수익에 비례하여 한 관할국에서 발생하는 것으로 본다.
13. 이 조 전항들에도 불구하고, 초기 전환단계(Transition Phase)에서 대상그룹은 부칙 E의 11항에 정한 규정을 적용할 수 있다.

4장 과세소득의 결정 및 배분 (Title 4: Determination and allocation of taxable profit)

5조 그룹의 조정세전소득의 결정

1. 이 법의 목적상, 한 기간에 대한 조정세전소득은 2항에 정한 조정을 하고 3항에 따라 순손실을 차감한, 대상그룹의 손익을 말한다.
2. 한 기간에 대한 대상그룹의 손익은 다음 항목에 대해 조정된다.(회계-세무조정)
   a. 조세비용(또는 조세소득)은 제외;
   b. 제외배당(Excluded Dividends)은 제외;
   c. 제외지분손익(Excluded Equity Gain or Loss)은 제외;
   d. 정책적 부인비용(Policy Disallowed Expenses)은 제외;
   e. 전기오류 및 회계원칙변경은 고려;
   f. 제외법인(Excluded Entities)의 손익은 제외;
   g. 자산공정가치(Asset Fair Value)나 손상(Impairment) 조정은 부칙 F(자산공정가치나 손상조정)에 있는 규정에 따라 시행;
   h. 취득지분기준조정(Acquired Equity Basis Adjustments)은 부칙 G(취득지분기준 조정)에 있는 규정에 따라 시행;
   i. 자산손익이연조정(Asset Gains or Loss Spreading Adjustments)을 고려;
   j. [비지배지분에 귀속되는 소득의 처리](배분 과세표준과 제외 과세표준의 맥락에서 비지배지분에 귀속되는 대상그룹 소득의 처리와 그 소득을 과세표준에 포함할지 또는 제외할지 여부를 판단하는 추가작업이 진행 중이다.)
3. 1항에 따라 순손실을 차감할 때, 대상그룹의 당기 순손실은 다음으로 구성된다.
   a. 각 과거기간에 2항에 정한 조정을 한 후, 그 과거기간 동안 대상그룹의 누적 회계이익총액을 초과하는 대상그룹의 누적 회계손실총액; 또한
   b. 부칙 H(승계손실)의 규정에 따라 결정된 사업결합(Business Combination) 또는 분할(Division)

에서 승계되는 모든 손실.

순손실은 이월되고 순차적으로 공제된다.

6조 소득배분 (Article 6: Allocation of profit)

1. 한 기간에 [관할국]에서 과세되는 대상그룹의 조정세전소득 상당액은 2항에 정한 공식(소득배분공식)에 따라 배분된 소득금액에서, 3항에 정한 조정(마케팅판매소득 안정항 조정; Marketing and Distribution Profits Safe Harbour Adjustment)에 따른 감액을 한 금액 또는 영(0) 중 큰 금액으로 한다.
2. 소득배분공식(profit allocation formula)은 다음과 같이 구성된다.
   a. 수익에 대한 조정세전소득률 10%로 정한 수익성기준;
   b. a의 수익성기준을 초과하는 조정세전소득금액의 25%로 정한 재분배비율; 또한
   c. 대상그룹의 수익에 대해 [관할국]에서 발생하는 수익비율에 상당하는 배분기준.

   수학적 형식으로 표현한 공식은 다음과 같다.

$$Q = (P - R \times 10\%) \times 25\% \times L/R$$

   - Q는 한 기간에 [관할국]에 배분된 대상그룹의 소득금액.
   - P는 5조에 따른 대상그룹의 조정세전소득.
   - R은 한 기간에 대상그룹의 수익.
   - 10%는 수익성기준.
   - 25%는 재배분비율.
   - L은 4조에 따라 [관할국]에서 발생하는 한 기간의 대상그룹 수익으로, 3조에 따라 해당기간에 관련성기준을 충족하는 것.
3. 대상그룹이 한 기간에 4항에 정한 조건을 충족하는 경우, 2항에 따라 해당기간에 대해 [관할국]에 배분된 소득금액을 감액하기 위해 5항에 따라 계산한 마케팅판매소득안전항 조정을 적용한다.
4. [관할국]에서 대상그룹의 제거소득이 한 기간에 [X]백만 유로 이상인 경우에만 3항을 적용한다.(최소금액기준)](최저금액요건의 도입과 설계는 물론 다른 범위조건의 적용을 고려하기 위한 추가작업이 진행 중이다.)
5. 3항에 따른 조정금액은 다음 마케팅판매소득안전항 공식을 적용하여 결정한다.

$$M = MIN((EP - PEP) \times [Y\%],\ Q)$$

   - M은 2항에 따라 한 기간에 [관할국]에 배분된 소득금액에서 공제되는 마케팅판매소득 안전항 조정.
   - EP는 한 기간에 [관할국]에서 대상그룹의 제거소득(Elimination Profit).
   - PEP는 한 기간에 [관할국]에서 대상그룹 제거소득의 일부로, [대상그룹의 감가상각비·급여에 대한 제거기준 수익률(Elimination Threshold Return)이나 40% 중 큰 금액에 상당하는 [관할국]에서 대상그룹의 감가상각비·급여에 대한 수익률]이 된다.]
   - Y는 상계비율로, 마케팅판매소득안전항(MDSH) 공식에 따라 상계할 수 있는 관할국의 잔여소득(즉, EP-PEP)의 일부.
   - Q는 2항에 따라 한 기간에 [관할국]에 배분된 대상그룹의 소득금액.

- MIN(,)은 조정액 M이 (EP - PEP)× Y% 또는 Q 중 작은 금액이라는 의미.

6. [관할국]에서 5항에 따라 마케팅판매소득안전항 조정을 적용하는 경우, 동일기간에 [관할국]에서 대상그룹의 제거소득에서 [조정액] 상당액을 공제한다.

5장 A금액에 대한 이중과세제거

7조 A금액 과세의 경감 (Article 7: Relief for Amount A taxation)

1. [관할국]이 9조 6항부터 14항에 따라 A금액의 소득에 대한 이중과세제거의무를 부담하기 때문에, 9조 3항에 따라 한 기간에 대상그룹에 대해 경감 관할국으로 확인되는 8조에 정의된 특정관할국(Specified Jurisdiction)인 경우, 10조의 규정들은 이중과세를 방지하기 위해 11조에 열거한 그룹법인에 적용된다.

8조 대상그룹에 대한 특정관할국의 식별

1. 이 장의 목적상, 한 기간에 대상그룹에 대한 특정관할국은 다음을 말한다.
   a. 합산 제거소득(aggregate Elimination Profit)이 해당기간에 대상그룹의 총제거소득의 95% 이상인 국가들에 해당하는 각 관할국(제거소득이 작은 국가보다 제거소득이 큰 국가가 우선함); 또한
   b. 부칙 I(제외 과세표준)에 정의된 제거소득이 해당기간에 5,000만 유로 이상인, a목에서 식별되지 않은 각 관할국.

9조 A금액 소득에 대한 이중과세제거의무의 배분

1. 이 조는 각 특정관할국을 한 기간에 대상그룹에 대한 경감 관할국으로 취급하는 범위를 결정하는데 적용된다.
2. 다음의 정의를 이 조의 목적상 적용한다.
   a. 한 기간에 대상그룹의 "A금액 소득"은 6조의 규정에 따라 각 관할국에 한 기간에 배분된 금액의 합계이다.
   b. 각 대상그룹에 대한 각 특정관할국을 위해 :
      i. 한 기간에 "감가상각비와 급여에 대한 관할국 수익률"은 부칙 J에 따라 결정되는 해당 특정관할국의 감가상각비와 급여에 대한 수익률이다.
      ii. 한 기간에 "감가상각비와 급여에 대한 관할국 조정수익률"은, 6항부터 14항의 규정에 따라 특정관할국에 이중과세제거의무가 이미 부여된 경우, 그 계산에 사용된 제거소득에서 총 A금액 소득을 차감하여 재계산한 "감가상각비와 급여에 대한 관할국 소득"이다.
3. 특정관할국은, 6항부터 14항에 따라 특정관할국에 이중과세제거의무가 부여되는 경우, 한 기간에 대상그룹에 대한 경감 관할국으로 본다. 한 기간에 경감 관할국에 A금액 경감의무가 부여된 대상그룹의 총 A금액 소득은 6항부터 14항의 절차에 따라 5항의 각 단계에서 해당 경감 관할국에 배분된 금액의 합계이다.
4. 6항부터 14항의 규정은 순차적으로 대상그룹에 대해 A금액 소득에 대한 이중과세제거의무가 경감 관할국들에 완전히 배분될 때까지 한 기간에 대상그룹과 관련된 특정관할국들에 적용되며, 앞의 항들을 적용한 후 이중과세제거의무가 배분되지 않고 남아있는 A금액 소득이 있는

경우에만 후속 항들을 적용한다.

5. 대상그룹 및 한 기간과 관련하여:
   a. 특정관할국에서 대상그룹의 감가상각비와 급여에 대한 관할국 수익률이 대상그룹에 대한 감가상각비와 급여에 대한 수익률의 1,500%를 초과하는 경우 그 특정관할국은 1단계(Tier 1)에 해당한다.
   b. 특정관할국 대상그룹의 조정 감가상각비와 급여에 대한 수익률이 대상그룹의 감가상각비와 급여에 대한 수익률의 150%를 초과하는 경우, 그 특정관할국은 2단계(Tier 2)에 해당한다.
   c. 대상그룹이, 다음과 같이, 특정관할국에서 감가상각비와 급여에 대한 관할국 조정수익률에 해당하는 경우 그 특정관할국은 3A단계(Tier 3A)에 해당한다.
      i. 대상그룹의 감가상각비와 급여에 대한 제외기준 수익률보다 크고; 또한
      ii. 40%를 초과.
   d. 특정관할국에서 감가상각비와 급여에 대한 관할국 조정수익률이 대상그룹의 감가상각비와 급여에 대한 제외기준 수익률보다 큰 경우, 그 특정관할국은 3B단계(Tier 3B)에 해당한다.

1단계 (Tier 1)

6. 한 기간에 대상그룹에 대해, 대상그룹의 감가상각비와 급여에 대한 관할국 수익률이 가장 높은 1단계의 특정관할국에 배분된 A금액 소득에 대한 이중과세제거 의무는 다음 중 작은 금액으로 한다.
   a. 특정관할국의 감가상각비와 급여에 대한 관할국 수익률이 두 번째로 높은 감가상각비와 급여에 대한 관할국 수익률과 같아질 때까지 해당 특정관할국의 감가상각비와 급여에 대한 관할국 조정수익률을 감소시키는 금액
   b. 해당 대상그룹의 A금액 소득; 또한
   c. 해당 특정관할국의 감가상각비와 급여에 대한 관할국 조정수익률을 대상그룹의 감가상각비와 급여에 대한 수익률의 1,500%로 감소시키는 금액

7. 한 기간에 대상그룹에 대해, 6.a의 규정에 따라 감가상각비와 급여에 대한 관할국 수익률이 가장 높은 특정관할국에 A금액 소득의 일부를 배분하는 경우, 감가상각비와 급여에 대한 관할국 수익률이 가장 높은 특정관할국은 감가상각비와 급여에 대한 관할국 수익률이 두 번째로 높은 특정관할국과 함께, 이 항에 따라 배분된 금액이 다음 중 가장 작은 금액에 도달할 때까지, 그 특정관할국에 대해 c에서 언급한 금액이 두 특정관할국들에 대해 c에서 언급한 금액의 합계가 되는 비율에 비례하여, 금액 A 소득에 대한 이중과세제거의무를 각각 배분받는다.
   a. 특정관할국의 감가상각비와 급여에 대한 수익률이 세 번째로 높은 감가상각비와 급여에 대한 수익률과 같도록 감가상각비와 급여에 대한 관할국 조정수익률을 감소시키는 금액
   b. 해당 대상그룹의 A금액 잔여소득, 또는
   c. 특정관할국의 감가상각비와 급여에 대한 관할국 조정수익률을 대상그룹의 감가상각비와 급여에 대한 수익률의 1,500%로 감소시키는 금액

8. 7항에 기술한 A금액 소득에 대한 방지의무의 배분방법은, 특정관할국에서 시작하여 다음으로 높은 감가상각비와 급여에 대한 관할국 조정수익률을 보이는 1단계의 추가적인 특정관할국에 대해, 다음에 해당할 때까지, 반복적으로 적용한다.

a. 한 기간에 대상그룹의 A금액 소득에 대한 이중과세제거의무가 1단계에서 특정관할국에 완전히 배분된다. 또는
b. 1단계에서 각 특정관할국에서 감가상각비와 급여에 대한 관할국 조정수익률이 한 기간 대상그룹의 감가상각비와 급여에 대한 수익률의 1,500%와 같다.

2단계 (Tier 2)

9. 6항부터 8항을 적용한 후에도 배분되지 않은 한 기간의 대상그룹에 대한 A금액 소득에 대한 이중과세제거의무는, 다음에 해당할 때까지, 해당기간에 대상그룹에 대하여 2단계에 있는 모든 특정관할국의 2단계 잔여소득의 합계에 대한 해당 특정관할국의 2단계 잔여소득의 비율에 비례하여, 2단계에서 각 특정관할국에 배분된다.
a. 해당 대상그룹의 A금액 잔여소득에 대한 이중과세제거의무가 완전히 배분된다. 또는
b. 해당 대상그룹에 대하여 배분된 금액이 해당 특정관할국에 대한 감가상각비와 급여에 대한 관할국 조정수익률을 대상그룹의 감가상각비와 급여에 대한 수익률의 150%로 감소시킨다.
10. 한 기간에 대상그룹에 대한 특정관할국의 2단계 잔여소득은, 다음 금액을 차감한, 해당 특정관할국의 제거소득(Elimination Profit)이다.
a. 해당 특정관할국의 감가상각비와 급여에 대한 수익률이 대상그룹의 감가상각비와 급여에 대한 수익률의 150%에 상당하는 해당 특정관할국의 제거소득 부분; 또한
b. 이중과세제거의무가 1단계에서 특정관할국에 배분된 모든 A금액 소득.

3A 단계 (Tier 3A)

11. 6항부터 10항을 적용한 후 배분되지 않은 한 기간의 대상그룹에 대한 A금액 소득에 대한 이중과세제거의무는, 다음에 해당할 때까지, 해당기간에 대상그룹에 대하여 3A단계에 있는 모든 특정관할국의 3A단계 잔여소득의 합계에 대한 해당 특정관할국의 3A단계 잔여소득의 비율에 비례하여, 3A단계에서 각 특정관할국에 배분된다.
a. 해당 대상그룹의 A금액 잔여소득에 대한 이중과세제거의무가 완전히 배분된다. 또는
b. 해당 대상그룹에 대하여 배분된 금액이 해당 특정관할국에 대한 감가상각비와 급여에 대한 관할국 조정수익률을 대상그룹의 감가상각비와 급여에 대한 제거기준(Elimination Threshold) 수익률과 40% 중 높은 쪽으로 감소시킨다.
12. 한 기간에 대상그룹에 대한 특정관할국의 3A단계 잔여소득은, 다음 금액을 차감한, 해당 특정관할국의 제거소득(Elimination Profit)이다.
a. 해당 특정관할국의 감가상각비와 급여에 대한 수익률이 대상그룹의 감가상각비와 급여에 대한 제거기준 수익률과 40% 중 높은 쪽에 상당하는 해당 특정관할국의 제거소득; 또한
b. 이중과세제거의무로 1단계 및 2단계에서 특정관할국에 배분된 모든 A금액 소득.

3B 단계 (Tier 3B)

13. 6항부터 12항을 적용한 후 배분되지 않은 한 기간의 대상그룹에 대한 A금액 소득에 대한 이중과세제거의무는, 다음에 해당할 때까지, 해당기간에 대상그룹에 대하여 3A단계에 있는 모든 특정관할국의 3B단계 잔여소득의 합계에 대한 해당 특정관할국의 3B단계 잔여소득의 비

율에 비례하여, 3B단계에서 각 특정관할국에 배분된다.

a. 해당 대상그룹의 A금액 잔여소득에 대한 이중과세제거의무가 완전히 배분된다. 또는

b. 해당 대상그룹에 대하여 배분된 금액이 해당 특정관할국에 대한 감가상각비와 급여에 대한 관할국 조정수익률을 대상그룹의 감가상각비와 급여에 대한 수익률 제거기준(Elimination Threshold)으로 감소시킨다.

14. 한 기간에 대상그룹에 대한 특정관할국의 3B단계 잔여소득은, 다음 금액을 차감한, 해당 특정관할국의 제거소득(Elimination Profit)이다.

a. 해당 특정관할국의 감가상각비와 급여에 대한 수익률이 대상그룹의 감가상각비와 급여에 대한 수익률의 제외기준에 상당하는 해당 특정관할국의 제거소득; 또한

b. 이중과세제거의무로 1단계, 2단계 및 3A단계에서 특정관할국에 배분된 모든 A금액 소득.

10조 대상그룹의 법인에 대한 A금액 과세경감의 제공

1. [관할국]이 경감을 적용하는 관할국인 경우, 9조 6항부터 14항에 따라 [관할국]에 배분된 금액에 대한 경감은 11조에 따라 식별된 대상그룹의 그룹법인에게 2항에 따라 적용한다.
2. [소득공제방법 또는 세액공제방법(Exemption method or Credit method)]

6장 행정관리 (Title 6: Administration) 〔추가 발표.〕

7장 정의 (Title 7: Definitions)

1. 이 장에 포함된 정의는, 달리 명시되지 않는 한, 이 법 및 부칙의 목적에 적용된다.

그룹 및 관련 정의 (Group and related definitions)

2. "법인(Entity)"은 별도의 회계장부를 작성하거나 작성해야 하는 모든 단체(자연인 제외) 또는 계약(arrangement)을 말하며, 파트너십, 신탁 등을 포함한다.
3. "제외법인(Excluded Entity)"은 다음을 말한다.

a. 다음 중 하나에 해당하는 법인:

i. 정부기관

ii. 국제기구

iii. 비영리법인

iv. 연금기금

v. 최종모법인(UPE)인 투자펀드; 또는

vi. 최종모법인인 부동산투자기구

b. a목 i부터 vi에 언급하는 하나 이상의 제외법인(연금용역법인 제외)이 그 법인 가치의 95% 이상 (직접 또는 일련의 제외법인를 통해) 소유하는 법인으로, 그 법인이 다음에 해당하는 경우;

i. 제외법인의 이익을 위해 자산을 보유하거나 자금을 투자하기 위해 독점적으로 또는 거의 독점적으로 운영된다. 또는

ii. 제외법인이 수행하는 활동에 보조적 활동만 수행한다.

4. "그룹(Group)"은 다음을 말한다.

a. 자산, 부채, 수익, 비용 및 현금흐름이 최종모법인의 연결재무제표에 포함되거나, 최종모법

인이 연결재무제표를 작성하는 경우 포함되었을 그룹법인의 집합; 또는

b. 제외법인이 아니거나 또는 최종모법인 이외의 투자펀드나 부동산투자기구가 아닌 법인으로, 1조 2항의 수익기준 및 수익성기준을 충족하는 다른 그룹의 일부에 해당하지 않는 법인.

5. "그룹법인(Group Entity)"은 다음을 말한다.

a. 자산, 부채, 수익, 비용 및 현금흐름이 최종모법인의 연결재무제표에 포함되거나, 최종모법인이 연결재무제표를 작성하는 경우 포함되었을, 제외법인이 아닌, 법인

b. 4항 b에 언급된 법인

6. "최종모법인"(UPE)은 다음을 말한다.

a. 다음 기준을 충족하는 법인:

i. 다른 법인에 대한 지배지분을 직간접적으로 소유한다.

ii. 지배지분이 있는 다른 법인이, 정부기관 또는 연금기금인 경우를 제외하고, 해당 법인을 직간접적으로 소유하지 않는다. 또한

iii. 해당 법인은 정부기관이나 연금기금이 아니다.

b. 4항 b에 언급된 법인.

연결재무제표 및 관련 정의

7. "재무회계기준"은 다음 국가의 국제회계기준(IFRS) 및 재무회계기준(GAAP)을 말한다. 호주, 브라질, 캐나다, 유럽연합 회원국, 유럽경제지역 회원국, 홍콩, 중국, 일본, 멕시코, 뉴질랜드, 중국, 인도, 한국, 러시아, 싱가폴, 스위스, 영국, 미국.

8. "연결재무제표(Consolidated Financial Statements)"는 다음을 말한다.

a. 그룹 및 기타그룹법인의 최종모법인의 자산, 부채, 수익, 비용 및 현금흐름을 단일 경제실체의 것들로 표시하는 재무회계기준에 따라 그룹의 최종모법인이 작성하는 독립감사 재무제표; 또는

b. 4항 b에 언급된 법인의 목적상, 재무회계기준에 따라 작성된 그 법인의 독립회계감사 재무제표.

9. "재무회계 소득 또는 손실(손익; Financial Accounting Profit or Loss)"은 기타포괄손익으로 보고되는 항목을 제외한 대상그룹의 모든 수익과 비용을 고려하여 대상그룹 최종모법인의 연결재무제표에 기재된 손익을 말한다.

10. "기업회계기준(GAAP)"은 재무보고 목적으로 회계기준을 규정, 제정 또는 수용하기 위해 해당 관할국에서 법적 권한을 가진 기관이 채택한 일반적으로 인정되는 회계원칙을 말한다.

11. "국제회계기준(IFRS)"은 국제적으로 인정된 재무회계기준을 말한다. 이에는 규정(EC) No. 1126/2008으로 채택한 IFRS와 재무보고 목적으로 회계기준을 규정, 제정 또는 수용하기 위해 해당 관할국에서 법적 권한을 가진 기관이 개정하여 채택한 IFRS가 포함된다.

12. "기타포괄손익(Other Comprehensive Income)"은 대상그룹의 연결재무제표에서 기타포괄손익으로 공시하는 수익 또는 비용 항목을 말한다. 의문의 여지를 없애기 위해 연결재무제표에서 기타포괄손익으로 표시되는 항목은 손익에 포함되지 않는다.

13. 한 기간에 그룹의 "세전소득률(Pre-Tax Profit Margin)"은 다음과 같이 나누어 백분율로 표시한 수치를 말한다.

a. (분자) 해당기간에 5조 2항에 정한 조정을 수행한 후 해당기간의 그룹 손익
b. (분모) 해당기간의 그룹 수익

14. 한 기간의 그룹 "수익"은, 다음과 같이 조정한, 재무회계기준에 따라 작성한 해당기간에 대한 그룹의 연결재무제표에 보고되는 수익을 말한다.
 a. 5조 2항 b-c의 제외항목과 관련된, 해당기간의 그룹 수익을 제외;
 b. 제외법인으로부터 수취한, 해당기간의 수익을 제외;
 c. 전기오류 및 회계원칙변경의 수정이 재무회계기준에 따라 수익으로 구분되는 금액과 관련된 경우, 5조 2항 e에 따라 해당기간에 그룹의 전기오류 및 회계원칙변경의 수정; 또한
 d. 조인트벤처 또는 공동사업에서 수취하는 손익에 대한 그룹의 지분비율에 맞추어, 해당기간에 조인트벤처 또는 공동사업에서 수취하는 수익의 조정

세무조정 및 관련 정의 (Book-to-tax Adjustments and related definitions)

15. "취득지분기준조정(Acquired Equity Basis Adjustments)"은 부칙 G에 기술된 조정을 말한다.
16. "자산공정가치 또는 손상 조정(Asset Fair Value or Impairment Adjustments)"은 부칙 F에 기술된 조정을 말한다.
17. "자산손익이연조정(Asset Gain or Loss Spreading Adjustments)"은 자산을 매각할 때 인식한 차익(또는 차손)이 발생한 기간과 이후 4개 기간 사이에 균등하게 배분되도록 하기 위해 필요한 조정을 말한다. 이 조정은 재고자산 이외의 자산매각에 적용한다.
18. "제외배당(Excluded Dividends)"은 소유지분에 대하여 수취하거나 발생하는, 재무회계기준에 따른 대상그룹의 손익을 계산할 때 포함된 배당 또는 기타분배금을 말한다.
19. "제외지분손익(Excluded Equity Gain or Loss)"은 재무회계기준에 따라 대상그룹의 재무회계 손익을 계산할 때, 다음에서 발생하는 차익, 소득 또는 손실을 말한다.
 a. 소유지분 공정가치 변동으로 인한 차손익
 b. 지분법에 따라 포함된 소유지분에 대한 손익. 다만 대상그룹이 공동지배권을 갖는 조인트벤처에서 수취하는 손익은 제외한다. 또한
 c. 소유지분 처분으로 인한 차손익
20. "정책적으로 부인되는 비용(Policy Disallowed Expenses)"은 다음을 말한다.
 a. 뇌물 및 리베이트를 포함한 불법지급금으로 대상그룹의 손익에 포함된 비용
 b. 벌금 또는 과태료로 대상그룹의 손익에 포함된 비용으로, 그룹법인에 대하여 50,000유로 이상인 경우(또는 그 그룹법인의 손익이 계산되는 기능통화로 환산한 같은 금액)
21. "전기오류 및 회계원칙변경(Prior Period Errors and Changes in Accounting Principles)"은, 거래나 기타사건이 당초에 기록된 후, 한 기간에 조정세전소득의 계산에 포함된 소득이나 비용에 영향을 주는 과거기간의 손익산정오류 수정과 관련되거나, 또는 조정세전소득의 계산에 포함된 소득이나 비용에 영향을 주는 회계원칙이나 정책의 변동과 관련되는 경우, 대상그룹이 A금액에 해당한 해당기간에 영향을 미치는 거래나 기타사건으로 초래된 대상그룹의 해당기간 개시자본의 변동을 말한다.
22. "조세비용 또는 조세소득(Tax Expense or Tax Income)"은 재무회계기준에 따라 대상그룹의

손익을 계산할 때 포함된 법인세(비용 또는 소득)를 말한다. 조세비용(또는 조세소득)은 대상 그룹의 손익에 인식된 당기 및 이연 법인세비용을 포함한다. 조세비용(또는 조세소득)의 정의는 지연납부로 인한 이자가산세는 포함하지 않는다.

기타 정의 (Other definitions)

23. "인수그룹(Acquiring Group)"은 재무회계기준 목적상 인수자에 해당하는 합병법인(combining entity)을 포함하는, 그룹합병 이전에 존재한 그룹을 말한다.

24. "평균(Average)"은 다음에 의해 백분율로 표시되는 값을 말한다.
    a. 각 기간 및 해당기간 직전 4개 기간의 세전소득률에 해당기간의 수익을 곱한다.
    b. a의 결과값을 합산한다. 또한
    c. b의 결과값을 해당기간과 해당기간 직전 4개 기간의 수익의 합으로 나눈다;
    다만:
    d. 그룹합병의 경우, 한 기간이 합병기간 이전인 경우, 상황에 따라 인수그룹 또는 기존그룹의 수익을 해당기간의 a 및 c의 목적상 적용한다. 또한
    e. 그룹분할의 경우, 한 기간이 분할기간 이전인 경우, 분할그룹의 수익을 해당기간의 a 및 c의 목적상 적용하며, 다음과 같은 계산한다.: (A/B)Cn
       n = 기간, 현재 기간은 0.
       A = 분할기간에 피분할그룹(Demerged Group)의 수익
       B = 분할기간에 모든 피분할그룹의 수익 합계
       Cn= 기간 n의 분할그룹(Demerging Group)의 수익.

25. "개시일(Commencement Date)"은 [관할국]에서 A금액을 시행하는 다자협약(MLC)이 발효되는 날]을 말한다.

26. "지배지분(Controlling Interest)"은 다음을 말한다.
    a. 지분소유자가 다음에 해당하는 경우 그 법인의 소유지분(Ownership Interest);
       i. 재무회계기준에 따라 법인의 자산, 부채, 소득, 비용 및 현금흐름을 그대로 연결한다; 또는
       ii 지분소유자가 연결재무제표를 작성했다면 법인의 자산, 부채, 소득, 비용 및 현금흐름을 그대로 연결했어야 한다. 또한
    b. 부칙 A의 2항 비분할원칙(anti-fragmentation rule)과 37항에 규정된 내부분할(Internal Fragmentation) 정의의 목적상, 투자펀드나 부동산투자기구가 보유하는 법인의 소유지분으로, 지분소유자가 재무회계기준에 따라 지배력을 가지며 재무회계기준에 따라 투자소득을 공정가치로 측정해야 하거나 최종모법인이 연결재무제표를 작성해야 한다.

27. "공시부문(Disclosed Segment)"은, 재무회계기준에 따라 작성된, 그룹의 최종모법인의 연결재무제표에 보고된 모든 부문을 말한다.

28. "이중상장계약(Dual-listed Arrangement)"은 둘 이상 별도그룹의 최종모법인들이 체결하는 다음과 같은 계약을 말한다.
    a. 최종모법인들이 계약만으로 사업을 결합하는데 동의한다.
    b. 계약상 약정에 따라 최종모법인은 고정비율에 따라 주주에게 배당(배당 및 청산 관련)을 한다.

c. 그들의 활동은 독립된 법정체성을 유지하면서 계약상 약정에 따라 단일 경제주체로 관리된다.
d. 계약을 구성하는 최종모법인의 소유지분은 서로 다른 자본시장에서 독립적으로 상장, 거래 또는 양도된다. 또한
e. 최종모법인은 연결재무제표를 작성하는데, 연결재무제표에서 그룹들의 모든 법인들의 자산, 부채, 소득, 비용 및 현금흐름을 단일경제단위로 합쳐서 표시하며 규제법령에 따라 외부감사를 받아야 한다.

29. "적격 과거기간(Eligible Prior Period)"은, 대상그룹이 과거기간에 대상그룹인지 여부에 관계없이, 다음을 말한다.
   a. 5조 2항에 정한 조정을 한 후 미사용손실이 있는 대상그룹의 가장 빠른 과거기간으로 다음 중 하나;
      i. [날짜] 이후에 [시작하거나][종료하며], 또한 당기 개시전 10년 이내에 [시작하거나][종료하고](시행 후 손실) ; 또한
      ii. [날짜] 이전에 [시작하거나][종료하며], 또한 (i) [날짜] 전 3년 이내이고, (ii) 당기 개시전 10년 이내에 [시작하거나][종료하고](시행 후 손실); 또한
   b. a에 따라 결정된 적격 과거기간과 당기 사이의 모든 기간.
30. [관할국]에서 한 기간의 대상그룹 "제외손익(Elimination Profit or Loss)"은 부칙 I에 따라 계산된 관할국 각 그룹법인의 제외손익의 합계를 말한다.
31. 한 기간에 "대상그룹의 감가상각비와 급여에 대한 공제기준 수익률(Elimination Threshold Return on Depreciation and Payroll of a Covered Group)"은 대상그룹의 수익에 10%를 곱한 금액을 대상그룹의 감가상각비와 급여의 합계액으로 나누어 산정한다.
32. "기존그룹(Existing Group)"은 그룹합병(Group Merger)을 하기 전에 존재하고 연결재무제표를 작성한 그룹을 말한다.
33. "정부단체(Governmental Entity)"는 다음 조건을 모두 충족하는 단체를 말한다.
   a. 정부(정치적 하부조지 또는 지방정부 포함)의 일부이거나 정부가 전부 소유한다;
   b. 거래나 사업을 영위하지 않으며, 다음을 주된 목적으로 한다.
      i. 정부기능을 수행한다. 또는
      ii. 정부나 관할국의 자산에 대한 투자를 투자시행, 자산관리, 관련투자활동을 통해 수행한다.
      iii. 전반적 성과에 대해 정부에 책임을 지고, 정부에 연간정보보고를 한다. 또한
      iv. 그 자산은 해산시 해당정부에 귀속되며, 순이익을 분배하는 경우 그 순이익의 어떠한 부분도 사인의 이익이 되지 않도록 오로지 정부에게만 분배된다.
34. "국내총생산(Gross Domestic Product)"은 해당기간이 종료된 후 종료되지 않은 최근 역년도의 국내총생산 가치를 말하며, 유엔이 발표한 관할국의 현행 미달러화 가치로 표시하거나, 그것이 없으면 세계은행이 발표한 현행 미달러화 가치를 평균환율로 유로화로 환산한다. 한 관할국에 대해 그러한 발표자료가 없으면, 해당 역년에 대해 유엔이 발표한 그 관할국의 인구에 기초하여 추계하며, 이것도 가능하지 않으면 전년도에 국내총생산 자료를 공개한 모든 관할국에 대한 인구대비 국내총생산 비율의 단순평균으로 기초하여 추계한다.
35. "그룹분할(Group Demerger)"은 단일그룹(피분할그룹)의 그룹법인이 더 이상 동일한 최종모

법인의 연결재무제표에 포함되지 않는 둘 이상의 그룹들(각 그룹은 "분할그룹")로 분리되는 모든 거래 또는 약정을 말한다.

36. "그룹합병(Group Merger)"이란, 다음에 해당하는, 한 기간에 재무회계기준 목적상 사업결합을 하는 거래 또는 약정을 말한다.
   a. 거래나 약정 전에 최종모법인의 정의를 충족한 법인이 더 이상 그 정의를 충족하지 않으며; 또한
   b. a에서 언급하는 법인 이외의 법인이 거래나 약정의 결과 한 그룹의 최종모법인이다.
37. "내부분할(Internal Fragmentation)"은 [날짜] 이후 그룹의 하나 이상 그룹법인에 적용되는 모든 약정, 거래 또는 일련의 거래로, 다음과 같은 경우를 말한다.
   a. 약정, 거래 또는 일련의 거래 이전에 그룹의 최종모법인을 제외법인, 최종모법인이 아닌 투자펀드 또는 지배지분을 가진 최종모법인이 아닌 부동산투자기구가 직간접적으로 소유한다. 또한
   b. 약정, 거래 또는 일련의 거래에 따라, 그 그룹은 둘 이상의 그룹으로 분리되며 각 그룹의 최종모법인을 동일한 제외법인, 최종모법인이 아닌 투자펀드 또는 지배지분을 가진 최종모법인이 아닌 부동산투자기구가 직간접적으로 소유한다.
38. "국제기구(International Organisation)"는 다음 조건을 모두 충족하는 정부 간 조직(초국가조직 포함) 또는 정부가 전적으로 소유하는 기관이나 기구를 말한다.
   a. 주로 정부들로 구성된다.
   b. 사실상 설립된 관할국에 본부나 또는 실질적으로 유사한 협정(예 관할국에 설립된 해당기관의 사무소나 시설(예 지부나 지역사무소)에 특권 및 면책권을 부여하는 협정)을 둔다. 또한
   c. 법이나 집행규정으로 사인의 이익을 위해 그 소득을 유용하지 못하도록 한다.
39. "투자펀드(Investment Fund)"는 다음 조건을 모두 충족하는 단체를 말한다.
   a. 다수의 투자자(투자자 일부는 특수관계인들이 아님)로부터 자산(금융 및 비금융)을 모집하도록 설계되었다;
   b. 정의된 투자정책에 따라 투자한다.
   c. 투자자는 거래, 연구 및 분석 비용을 줄이거나 위험을 일괄적으로 분산시킬 수 있다.
   d. 주로 투자 소득이나 차익을 창출하거나 특별하거나 일반적인 사건 또는 결과를 방지하도록 설계되었다.
   e. 투자자는 펀드자산 또는 그 자산의 수익에서 투자기여분에 기초하여 반환받을 권리가 있다.
   f. 해당 단체나 관리인은 설립되거나 관리하는 관할국의 규제제도(자금세탁방지 및 투자자보호 규제 포함)를 따라야 한다. 또한
   g. 펀드는 투자자들을 대신하여 투자펀드 관리전문가들에 의해 관리된다.
40. "공동사업(Joint Operation)"은 약정에 대한 공동지배력을 가진 당사자들이 약정과 관련된 자산에 대한 권리와 부채에 대한 의무를 가지며, 그룹의 최종모법인은 재무회계기준에 따라 연결재무제표에서 자산부채를 표시하여 공동사업에 대한 지분을 인식해야 하는 약정을 말한다.
41. "조인트벤처(Joint Venture)"는 공동지배력을 갖는 당사자들이 약정의 순자산에 대한 권리를

가지며, 약정의 재무결과는 재무회계기준의 지분법에 따라 대상그룹의 연결재무제표에 보고되는 약정을 말한다.

42. "관할국(Jurisdiction)"은 영토, 내륙수면, 영해 및 영공은 물론, 통치권이 미치는 해양지역, 국제법에 따라 천연자원의 채취, 개발 및 보호 목적을 위한 지역을 말한다.[포함되는 다자협정의 협상 중에 정의 개발]

43. "비영리단체(Non-profit Organisation)"는 다음 조건을 모두 충족하는 단체를 말한다.
 a. 다음 목적으로, 거주지 관할국에 설치 및 운영된다.
  i. 종교, 자선, 과학, 예술, 문화, 체육, 교육 또는 기타 유사목적만을 위해; 또는
  ii. 전문가단체, 사업자단체, 상공회의소, 노동단체, 농업·원예단체, 시민단체 또는 사회복지증진만을 위해 운영되는 단체;
 b. a에 언급된 활동으로 인한 모든 소득은 실질적으로 거주지 관할국에서 법인세를 면제받는다.
 c. 소득이나 자산에 대한 재산이나 수익 지분을 가진 주주나 구성원이 없다.
 d. 단체의 소득이나 자산은, 다음을 제외하고, 사인(private person)이나 비자선단체에 분배되거나 그 이익을 위해 사용되지 않는다.
  i. 그 단체의 자선활동 수행에 따른 경우;
  ii. 제공된 용역 또는 재산이나 자본의 사용에 대한 합리적 보상지급인 경우; 또는
  iii. 그 단체가 매입한 자산의 공정시장가치에 해당하는 지급의 경우; 또한
 e. 그 단체의 종료, 청산 또는 해산 시, 단체의 모든 자산은 비영리조직, 그 단체의 거주 관할국(정부기관 포함) 또는 그 정치적 하부조직에 분배되거나 반환되어야 한다.
 그러나 설립목적과 직접 관련이 없는 거래나 사업을 영위하는 단체는 포함하지 않는다.

44. "소유지분(Ownership Interest)"은 재무회계기준에 따라 산정되는 법인의 소득, 자본 또는 잉여금에 대한 권리를 수반하는 지분권을 말한다.

45. "연금기금(Pension Fund)"은 다음을 말한다.
 a. 개인에게 퇴직급여 및 그에 부수적 보조적 급여를 지급하거나 관리하기 위해 독점적으로 또는 거의 독점적으로 설립되고 운영되는 단체로:
  i. 해당 관할국이나 그 정치적 하부조직 또는 지방정부에 의해 규제되거나; 또는
  ii. 그러한 혜택은 국가 법령에 의해 보장되거나 보호되며, 그 단체가 속한 그룹의 지급불능에 대비하여 해당 연금채무의 이행을 보장하기 위한 수탁약정이나 신탁을 통해 보유된 집합자산에 의해 지원된다. 또한
 b. 연금용역법인(Pension Services Entity).

46. "연금용역법인(Pension Services Entity)"는 다음을 위해 독점적으로 또는 거의 독점적으로 설립되고 운영되는 단체를 말한다.
 a. 연금기금 정의 a에 언급된 법인의 이익을 위해 기금을 투자한다. 또는
 b. 연금기금 정의 a에 언급된 법인들이 연금용역법인과 동일한 그룹의 구성원들인 경우, 그 법인들이 수행하는 규제 활동에 부수적인 활동을 수행한다.

47. "기간(Period)"은 그룹의 최종모법인이 연결재무제표를 작성하는 보고기간을 말한다.

48. "적격채광그룹(Qualifying Extractives Group)"은 부칙 B에 정의된 그룹을 말한다.

49. "부동산투자기구(Real Estate Investment Vehicle)"는, 그 단체가 주로 부동산을 보유하고 그 자체가 널리 보유되고 있다는 전제 하에, 그 단체의 손 또는 그 지분소유자의 손(최대 1년 이연)에서 단일수준의 과세를 하는 단체를 말한다.
50. "규제금융용역(Regulated Financial Services)"은 부칙 C(규제금융용역으로부터의 수익 및 소득 제외)에 정의된 규제금융기관이 수행하는 용역을 말한다.
51. 한 기간에 "대상그룹의 감가상각비와 급여에 대한 수익률(Return on Depreciation and Payroll of a Covered Group)"은 해당기간에 대상그룹에 대해 부칙 J에 따라 산정한 감가상각비와 급여에 대한 수익률을 말한다.
52. "부문변경(Segment Change)"은 그룹이 재무회계기준에 따라 과거기간에 대한 부문정보의 해당항목 재작성 여부를 공시해야 함에 따라 그룹의 공시부문 구성을 변경하는 것을 말한다.
53. "부문법인(Segment Entity)"은 소득과 비용의 전부 또는 일부가 다음 항목에 포함되는 모든 그룹법인을 말한다.
   a. 공시부문, 또는
   b. 공시부문의 부문 조정세전소득.
54. "부문 재작성계정(Segment Restated Accounts)"이란, 재무회계기준에 따라, 부문변경 전 기간에 새로운 보고할 공시부문을 반영하기 위해, 부문변경에 따라 재작성된 연결재무제표에 보고된 정보를 말한다.
55. "묶임구조(Stapled Structure)"는 둘 이상 개별그룹의 최종모법인이 체결하는 계약으로, 다음을 말한다.
   a. 개별그룹 최종모법인에 대한 소유지분의 50% 이상을 소유형태, 양도제한 또는 서로 결합된 기타 조건 때문에, 독립적으로 양도하거나 거래할 수 없다. 결합된 소유지분들이 상장되는 경우 단일가격으로 호가된다. 또한
   b. 그 최종모법인들 중 하나는 연결재무제표를 작성하는데, 거기에는 모든 그룹법인들의 자산, 부채, 소득, 비용 및 현금흐름을 단일경제단위로 함께 표시하고 규제제도에 따라 외부감사를 받아야 한다.
56. "미사용손실(Unused Loss)"이란, 5조 3항의 규정에 따라, 해당기간에 5조 2항의 조정을 한 후 후속기간의 회계소득과 상계되지 않은 과거기간의 회계손실을 말한다.

제 6 편

이전가격

Chapter 01

이전가격세제의 개요

1

1. 이전가격세제

1.1 이전가격세제의 의미

(1) 이전가격세제의 변천

1915년 영국에서 이전가격세제가 출현하였으며 그 다음이 1917년 미국이다. 그렇지만, 이전가격은 1960년대 후반 국제무역이 규모면에서 커질 때까지 큰 문제는 아니었다.(UT §3.1.1) 세계무역시장에서 다국적기업의 역할은 지난 20년에 걸쳐 획기적으로 증가했다. 다국적기업에 대한 과세는 단일 국가의 문제가 아니며 광범위한 국제적 맥락에서 해결되기 때문에 상당히 복잡한 과세문제를 일으켰다. 이전가격세제는 여러 국가에서 활동하는 특수관계기업들의 소득과 비용 그리고 그에 따른 과세소득을 결정하는 방법이기 때문에 납세자와 과세당국 모두에게 중요한 문제이다.(TP §P.1, §P.2)

2011년 말 현재 100여 개국 정도가 세법에 이전가격세제를 두고 있다.(UT §1.9.2) 국제적으로 OECD이전가격지침과 UN이전가격매뉴얼이 인용되며, 이들은 상당부분 미국세법 시행령(Reg §1.482)과 비슷하다. 국조법의 이전가격세제는 OECD이전가격지침, UN이전가격매뉴얼 및 미국세법 시행령(Reg. §1.482)과 대부분 일치한다.

(2) 국내세법에 의한 이전가격세제

① 국내세법에 의한 정상가격 산출

조세조약에 특수관계기업규정이 있다. 그러나 조세조약에는 이전가격계산에 대해 구체적 규정이 없으며, 이는 오로지 국조법의 이전가격세제에 따른다.

과세당국은 거주자·내국법인(내국법인, 국내사업장 포함)과 국외특수관계인 간의 국제거래에서 그 거래가격이 정상가격보다 낮거나 높은 경우에는 정상가격을 기준으로 거주자·내국법인의 과세표준 및 세액을 결정하거나 경정할 수 있다.(국조법 §7 ①) 과세당국

이란 납세지 관할 세무서장 또는 지방국세청장을 말한다.(국조법 §2 ① 6호)

② 조세조약과 국내세법의 관계

일부 국가들이 특수관계기업들 간의 거래를 다루기 위해 채택한 국내법상 특별규정들이 조세조약에 위배되는지가 문제될 수 있다. 예를 들면 국내법에서 발견되는 입증책임의 전환이나 일정한 가정들이 독립기업접근법에 따른 것인지가 문제가 된다. 대부분 국가들은 조세조약의 요건과 다른 국내법에 따라 소득을 조정할 수 있으며, 조세조약의 특수관계기업규정은 단지 정상거래원칙을 조약수준에서 확인하는 기능을 한다고 본다. 또한 일반적 요구보다 더 엄격한 2차적인 정보요구나 입증책임의 전환이 차별금지규정에서 의미하는 차별에 해당하지 않는다는 것이 통설이다. 그러나 이런 이유로 일부 국가의 국내법 적용 결과 조세조약의 원칙과 다른 소득조정이 초래될 여지가 있다. 대응조정이나 상호합의절차에 의해 그러한 상황을 해결해야 한다.(OE §9-4)

(3) 이전가격 과세조건

① 조세회피목적이 이전가격세제의 요건이 아님

이전가격조정은 조세회피목적이나 국외특수관계인의 과세소득실현을 전제조건으로 하지 않는다.(국조통 4-0…1) 납세자의 고의 또는 실수와 상관없이 특수관계인 간 거래소득이 제삼자 간 거래소득과 차이가 있는 경우에는 이전가격세제에 의한 소득조정이 이루어진다. 국가 간 세율이 동일한 경우에는 한 국가에서 다른 국가로 소득을 이전하는 방법으로 세액을 줄일 수는 없다. 물론 결손금액 등 다른 요인이 개입되면 전체 세액이 줄어들 수도 있으나, 다른 조건을 감안하지 않는다면 세액의 변동은 없다. 그럼에도 불구하고 다국적기업은 국가 간에 소득을 이전시키려는 의도를 가진다. 경우에 따라서는 그룹 간에 자금이동을 원활하게 하여 자금조달비용을 줄일 수 있기 때문이다.(Reg §482-1.f.1)

② 이익실현이 이전가격세제의 요건이 아님

이익이 없는 경우에도 이전가격세제에 의한 조정이 가능하다. 다음은 몇 가지 사례이다.

㉮ 이익실현을 목표로 사업활동을 하였으나 이익이 발생하지 않고 결손이 누적되는 경우가 있다. 이 경우에도 이익을 기대하고 사업활동을 한 것이므로 기대이익이 실현되지 않았더라도 기대이익에 해당하는 만큼은 실현된 것으로 보아 소득조정을 할 수 있다. 이는 관계거래가 전체적으로 손실을 가져온 경우에도 마찬가지이다. 즉, 특수관계인 중 어느 한 쪽이 다른 쪽에게 정상가격보다 저가로 판매하고 다른 쪽 또한 저가로 제삼자에게 판매하여 손실이 발생해도 특수관계인 간 저가판매로

인한 소득은 조정된다. 이는 모든 기업은 이익창출을 목표로 하므로 수행되는 기능으로부터 발생하리라고 기대되는 이익이 있어야 한다는 논리에 근거한다.

㉯ 특수관계인 중 어느 한 쪽이 한 사업연도에 물건을 정상가격보다 낮은 가격으로 공급하였으나, 이를 받은 다른 쪽이 이 물건을 다음 회계연도에 판매했다고 가정하자. 이 경우, 그룹 전체적으로는 이익실현이 되지 않았지만 어느 한 쪽에 대한 소득조정은 물건이 공급된 사업연도에 이루어진다.

㉰ 특수관계인의 일방이 자금을 낮은 이자로 타방에게 대여하고 이를 이용한 다른 쪽의 이자소득이 실현되지 않았어도 자금을 공급한 일방의 소득조정은 가능하다.

③ **다른 세법규정과의 관계**

다른 세법규정에 따라 세무상 이익 또는 손실을 이연하거나 인식하지 않는 경우가 있다. 이 경우에도 이전가격조정은 가능하다. 이전가격세제는 국가 간 조세회피방지 또는 정확한 과세소득의 산정을 위한 것으로 다른 세법규정에 우선한다.

④ **산출방법보다 정상가격을 중요시함.**

관계거래의 결과가 정상적인지 평가할 때 특수관계 납세자가 해당 관계거래의 조건을 결정함에 있어 사용한 방법이나 절차가 독립된 납세자와 정상적으로 거래하는 납세자가 사용하였을 방법이나 절차와 같다는 점을 과세당국이 인정해야 할 필요는 없다. 그러한 경우, 과세당국은 선택된 방법을 사용하여 산출한 결과가 정상가격에 해당하는지만을 평가하기 때문이다.(Reg §482-1.f.2.ⅴ.a)

사 례 이전가격방법보다는 산출결과가 중요한 사례(Reg §482-1.f.2.ⅴ.B)

FS는 한국법인 갑의 해외자회사이다. 갑은 가정용기구를 제조하여 판매한다. FS는 유럽시장에서 갑이 제조한 물품을 독점 공급한다. 갑은 매년 예산정책·생산계획·성과측정을 위해 FS에게 판매하는 제품의 이전가격을 설정한다. FS의 판매사업에서 수취하는 매출총이익률은 18%이다. ED는 FS가 판매하는 제품과 경쟁되는 상품을 유럽시장에서 판매하고 있는 유통업체로 독립기업이다. ED를 비교대상으로 사용하기 위해 ED와 FS의 재고량·판매량·보증계약 등의 사소한 차이를 반영해 조정한 결과 ED의 매출총이익률은 18%이다. 그러므로 과세당국은 갑이 FS에게 판매하는 가정용기구에 대한 판매가격을 정상이라고 판단할 수 있는데, 이 경우 갑의 예산, 생산 및 성과측정 절차가 ED가 사용하는 절차들과 비슷한 것인지 판단할 필요는 없다.

1.2 이전가격 대상거래 및 제외거래

(1) 사업거래(business transactions)

이전가격 대상이 되는 '국제거래'란 거래 당사자의 어느 한 쪽이나 양쪽이 비거주자 · 내국법인 · 외국법인(비거주자 · 내국법인 · 외국법인의 국내사업장 제외)인 아래 거래를 의미한다.(국조법 §2 ① 1호) 이는 법인세법과 소득세법의 부당행위계산 대상거래와 유사하다. 다만, 증여거래는 이전가격 대상에서 제외된다.

이전가격 대상거래
1. 유형자산 또는 무형자산의 매매(transfer) 2. 유형자산 또는 무형자산의 임대차(Lease or License) 3. 용역의 제공(provision of services) 4. 금전의 대출 및 차용(Loans) 5. 기타 납세자의 손익에 영향을 미치는 모든 거래(원가분담약정, 파생상품 및 재보험)

한국이 체결한 대부분 조세조약은 소득에 대한 조정을 규정하여 소득에 영향을 미치는 모든 손익항목을 조정할 수 있다. 한미조세조약은 소득뿐 아니라 비용공제(deduction), 세액공제(credit) 및 보조금(allowance)까지 조정대상으로 규정한다.

(2) 증여거래의 제외

1. 자산을 무상(無償)으로 이전(현저히 저렴한 대가를 받고 이전하는 경우 제외)하거나 채무를 면제하는 경우
2. 수익이 없는 자산을 매입하였거나 현물출자를 받았거나 그 자산에 대한 비용을 부담한 경우
3. 출연금을 대신 부담한 경우
4. 특수관계인인 다른 주주에게 이익을 분여하는 경우(법령 §88 ① 8호, 8호의2)
   ㉮ 특수관계인인 법인 간의 합병 · 분할시 불공정합병한 경우
   ㉯ 증자시 신주배정권의 포기나 신주를 시가보다 고가로 인수하는 경우
   ㉰ 감자시 불균등하게 소각하는 경우
   ㉱ 위 외의 경우로서 증자 · 감자, 합병(분할합병 포함) · 분할, 전환사채 등에 의한 주식의 전환 · 인수 · 교환 등 법인의 자본을 증가시키거나 감소시키는 거래를 통해 법인의 이익을 분여했다고 인정되는 경우. 다만, 성과급으로 지급하는 주식매수선택권의 행사에 따라 주식을 발행하는 경우는 제외한다.

위와 같은 증여거래에 대해서는 부당행위계산부인규정(법법 §52, 소법 §41)이 적용되며 이전가격세제 대상이 아니다.(국조법 §4 ②, 국조령 §4, 국조통 3-3의2…1) 예를 들면, 업무무관비용에 대해서 법인세법의 규정을 적용한다.(기재부 국조-1174, 2008.3.31.) 내국법인

의 주주 외국법인이 내국법인에 대한 대여금을 주식으로 전환하는 경우 이전가격세제 대상이 아니다.(서이 46017-11367, 2002.7.16.) 내국법인이 미국자회사에 대한 매출채권을 포기하면 법인세법에 따라 국내원천 기타소득으로 처분한다.(사전법령국조-66, 2015.7.22.) 외국법인이 특수관계 거주자에게 무상으로 자금을 대여하면 이전가격세제를 적용할 수 없으므로 상속증여세법의 금전무상대출이익 증여규정에 따라 과세할 수 있다. 다만, 내국법인이 미국자회사에 대한 출자금을 감자하여 무상대여금으로 보유하는 경우 정상이자에 미달하면 이전가격 대상이다.(대법원 2003두9893, 2004.10.27.)

2. 정상가격(arm's length price)

2.1 정상가격 및 정상가격범위

(1) 정상거래원칙

OECD모델 9조 1항 : ⓐ 한 체약국의 기업이 상대방 체약국 기업의 경영, 지배 또는 자본에 직접·간접으로 참여하거나 또는 ⓑ 같은 사람들이 한 체약국의 기업과 상대방 체약국 기업의 경영, 지배, 자본에 직접·간접으로 참여하며, 그리고 위 어느 경우에 있어서도 양 체약국 기업들 간의 상업상 또는 재정상 관계에 있어 독립기업 간에 설정된 것과 다른 조건이 설정되거나 부담되는 경우 그 조건이 없었더라면 두 기업 중 한 기업의 소득이 되었을 것이 그 조건으로 인해 그 기업의 소득이 되지 않을 때에는 그 소득은 그 기업의 소득에 가산하며 이에 따라 과세될 수 있다.

① 정상거래원칙(arm's length principle)

9조는 거래가 정상거래조건이 아닌 특수관계기업 간(모자회사나 동일한 통제하에 있는 회사들)에 이루어졌을 경우 세무상 이루어질 수 있는 소득에 대한 조정을 다루고 있다. 위원회는 이 조의 적용요건과 그 결과, 그리고 거래가 정상거래조건이 아닌 상태에서 이루어졌을 경우 적용될 수 있는 다양한 방법들을 검토하는 데 상당한 시간과 노력을 기울여왔다(또한 앞으로도 계속할 것이다). 이에 대한 결론은 다국적기업 및 조세행정을 위한 이전가격지침에 나와 있는데, 이는 주기적으로 갱신되고 있다. 이 보고서는 국제적으로 합의된 원칙을 보여주고, 9조에 따른 권위 있는 해석이 주어진 독립기업원칙의 적용지침을 기술하고 있다.(OE §9-1) 1항은 한 체약국 과세당국이 특수관계기업의 조세부담액을 계산하기 위해, 기업들 간 특수관계로 인해 해당국에서 발생했을 정상소득을 반영하지 못하는 경우, 그 기업의 회계를 재작성할 수 있도록 규정한다. 이러한 상황에서 조정이 강제되는 것은 당연한 것이다. 이 항의 규정은 두 기업 간에 독립당사자들이 유사한 상황에서 합의했을 조건과 다른 특별한 조건이 설정되거나 강제된 경우에만 적용되며, 따라서 특수관계기업들 간 거래가 정상거래기준으로 이루어진 경우에는 회계장부를 재작성하지 않는다. 이 항에 따라 회계장부를 재작성할 경우 정상거래원칙과 OECD 이전가격지침을 지켜야 한다.(OE §9-2)

관계기업들의 소득이 정상거래원칙(arm's length principle)에 따라 배분된 후, 각 체약국의 국내법이 해당 소득을 과세할지 여부와 그 방법을 결정하게 되며, 이는 조약의 다른 규정의 요건과 일치해야 한다. 9조는 어느 기업의 과세소득을 계산할 때 비용이 공제가능한지에 대해서 다루지 않는다. 비용공제 가능성에 대한 요건은 조약규정, 특히 차별금지규정에 따라 국내법에서 결정되는 사항이다. 비용공제를 부인할 수 있는 국내법 규정의 예로는 접대비 관련 규정이나, OECD/G20 세원잠식 및 소득이전(BEPS) 프로젝트의 과제 4 최종보고서에서 권고된 고정비율원칙(fixed ratio rule) 및 그룹비율원칙(group ratio rule)과 같은 이자비용 관련 규정이 있다.(OE §9-3.1)

정상거래원칙은 비교가능상황에서 비교가능한 제삼자거래에 대해 독립기업이 정하였을 거래조건을 기준으로 이익조정을 모색함으로써, 다국적기업그룹의 기업들을 분리할 수 없는 하나의 통합된 사업체로 보는 것이 아니라 독립기업으로 취급하는 접근방법을 따른다. 독립기업접근법(separate entity approach rule)은 다국적기업그룹의 기업을 독립기업으로 취급하기 때문에 기업들 간 거래조건을 중시하며, 이들의 거래조건이 비교가능 제삼자거래의 거래조건과 다른지를 평가한다. 비교가능성분석으로 일컬어지는 이러한 관계거래와 독립거래의 분석은 사실상 정상거래원칙 적용의 핵심을 이룬다.(TP §1.6) 비교가능성분석을 할 때 비교가능성의 신뢰성을 증진시키는 문제와 그로 인해 납세자 및 과세관청에게 주는 부담을 적절히 형량하는 것이 중요하다.(TP §1.7)

국제적으로 정상거래원칙을 채택하는 몇 가지 이유가 있다. 가장 중요한 이유는 정상거래원칙이 다국적기업과 독립기업 간에 과세형평을 이루어주기 때문이다. 정상거래원칙은 특수관계기업들과 독립기업들을 과세상 동일하게 대우하므로, 정상거래원칙이 없었다더라면 나타날 각 기업의 형태에 따라 상대적 경쟁입지를 왜곡하는 과세상의 이익 또는 불이익 상태의 조성을 피할 수 있다. 기업들 간의 경제적 의사결정에 있어 이러한 과세상 문제들을 고려대상에서 제외함으로써 정상거래원칙은 국제거래와 투자의 증대를 촉진한다.(TP §1.8)

정상거래원칙은 대부분 과세사안에 효과적으로 적용된다. 예를 들면 비교가능상황에서 비교가능한 독립기업들에 의해 이루어진 비교가능거래들에서 재화의 구매와 판매, 자금의 대여를 포함한 여러 거래의 독립기업 가격을 쉽게 발견할 수 있다. 또한, 원가가산율, 총이익률, 순이익률과 같은 회계지표(financial indicators) 수준에서 거래의 상대비교가 가능하다. 그런데, 정상거래원칙을 적용하기 어렵거나 적용하기에는 너무 복잡한 사안들이 있다. 예를 들면, 고도로 전문화된 재화를 그룹 내에서 협력생산(integrated production)하거나, 독특한 무형자산이 거래되거나, 또는 다국적기업그룹 내에서 전문화된 용역을 제공하는 경우이다.(TP §1.9) 독립기업접근법은 규모의 경제와 협력사업(integrated businesses)을 잘 설명하지 못한다는 이유에서, 정상거래원칙에 본질적으로 결함이 있다고 보는 견해가 있다. 그러나 규모의 경제나 특수관계기업들 간의 결합(integration) 이익을 배분함에 있어서 널리 인정된 객관적 기준은 없다.(TP §1.10)

정상거래가격을 실제로 적용하는 데 어려움이 있는 이유는 특수관계기업들이 독립기업들이라면 하지 않을 거래들을 하기 때문이다. 그런데, 조세회피를 목적으로 이런 거래들을 하거나, 다국적기업그룹 내 기업들이 상호거래에 있어서 독립기업들이 처한 상업적 상황과는 다른 상황에 직면하기 때문에 이런 거래를 하기도 한다. 독립기업들이 특수관계기업들 간에 이루어지는 거래형태를 잘 취하지 않은 경우에는, 독립기업들 사이에서 설정되었을 조건들이 어떤지를 알 수 있는 직접증거가 없기 때문에 정상거래원칙을 적용하기 어렵다. 독립기업들 간에 거래가 발견되지 않는다는 사실이 바로 정상거래가 아니라는 의미는 아니다.(TP §1.11)

어떤 경우에는 정상거래가격을 적용하기 위해 납세자와 과세당국이 상당히 많은 수와 형태의 국제거래를 평가해야 하는 실무적 부담을 진다. 보통 계약 당시에 계약조건을 확정하지만 특수관계기업들은 이후의 어떤 시점에 그 조건들이 정상거래원칙에 부합한다는 것을 입증해야 한다. 과세당국 역시 거래가 일어난 후 몇 년이 지나 이런 입증과정에 참여한다. 그러한 경우 과세당국은 많은 다양한 거래에 대해 거래가 성립된 시점의 시장조건과 비슷한 거래들에 대한 정보를 수집한다. 이런 작업은 대개 시간이 지남에 따라 점점 어려워진다.(TP §1.12)

과세당국이나 납세자들 모두 정상거래가격을 적용하기 위한 적절한 정보를 얻는 데 어려움이 있다. 납세자와 과세당국은 정상거래원칙에 의해 독립기업의 제삼자거래와 사업활동을 평가하고, 이를 특수관계기업 간의 활동 및 거래와 비교해야 하므로 상당한 양의 자료를 필요로 한다. 입수가능한 정보들이 완전하지 않거나 그 의미를 파악하기가 어려울 수 있다. 어떤 정보는 존재하더라도, 그 정보가 소재하는 지역 때문에 또는 정보를 수집해야 하는 대상의 지리적 위치 때문에 수집하기 어려울 수 있다. 더구나, 독립기업이 정보누출을 꺼리는 경우에는 정보를 수집하기 어렵다. 또한, 해당산업이 고도로 통합되어 있다면 관련되는 독립기업에 대한 정보가 존재하지 않거나 믿을만한 비교대상 독립기업이 없을 수 있다. 어떤 경우에도, 합리적으로 믿을만한 정보에 기초하여 정상거래결과를 합리적으로 추정하기 위한 객관적 시각을 잃지 않는 것이 중요하다. 이전가격은 '엄밀한 과학'(exact science)이 아니며 과세당국이나 납세자의 판단을 요구한다.(TP §1.13)

② 정상거래원칙을 국제적 합의로 유지

여러 가지 문제가 있는 것은 사실이지만, 정상거래원칙에 따라 특수관계기업들 간의 이전가격이 평가되어야 한다. 정상거래원칙은 특수관계기업들 간에 이전되는 자산(재화, 유형자산, 무형자산 등) 및 제공되는 용역에 대한 경쟁시장 결정가격을 가장 비슷하게 반영하기 때문에 이론적 장점이 있다.(TP §1.14)

정상거래원칙에서 벗어나게 되면 위에서 설명한 이론적 기반을 포기하고 국제적 합의를 위협하며 이중과세의 위험을 높이게 된다. 지금까지 광범위한 그리고 고도로 복잡한 이전가격사안을 정상거래원칙에 따라 처리한 경험이 있기 때문에, 기업들과 과세당국들 사이에 상당한 정도의 공통분모가 형성되었다. 요약하면, 정상거래원칙은 국제적으로 지지를 받고 있다. 사실 정상거래원칙을 대체할 만한 어떤 법적·행정적 대체수단은 나타나지 않고 있다. 공식에 의한 배분방법(global formulary apportionment)은 이론적으로나 실제 집행면에서나 받아들이기 힘들다.(TP §1.15)

(2) 정상가격(arm's length price)

정상가격은 거주자·내국법인 또는 국내사업장이 국외특수관계인이 아닌 자와의 통상적인 거래에서 적용하거나 적용할 것으로 판단되는 가격으로, 거래당사자의 어느 한 쪽이 국외특수관계인인 국제거래에 있어서 거래가격이 정상가격에 미달하거나 초과하는 경우에는 과세당국이 거주자·내국법인 또는 국내사업장의 과세표준 및 세액을 결정 또는 경정할 수 있는 기준이 되는 가격이다.(국조법 §2 ① 5호)

비슷한 상황에서 비슷한 거래를 행하는 독립기업을 현실에서 발견한다는 것은 매우 힘들기 때문에, 일반적으로 비교가능상황에서 비교대상거래로부터 도출된 결과를 기준으로 정상가격을 추정한다. 따라서 비교대상거래를 찾기 위해서는 우선적으로 비교가능성을 파악해야 한다. 그리고 관계거래가 정상가격에 일치하는지 여부는 최적방법원칙에 의해 선정된 방법을 이용하여 판정한다.(Reg §482-1.b.1)

정상가격이란 시가를 넘어서 정상가격산출방법에 따라 합리적으로 평가한 금액을 말한다.(서울고법 2024누52610, 2025.2.5.) 즉, 정상가격은 법인세법 등의 시가(실제거래가액, 매매사례가액)는 물론, 시가가 없는 경우 경제적 분석을 통해 계산하는 경쟁(일정한 경우 과점 또는 독점) 시장가격도 포함한다.

(3) 정상가격범위(arm's length range)

정상가격을 산출하는 경우에는 특수관계가 없는 자 간에 있었던 둘 이상의 거래를 토대로 정상가격범위를 산정하여 과세당국이 정상가격에 의한 과세조정 여부를 판정하거나 거주자·내국법인이 정상가격에 의한 신고 여부를 결정할 때 사용할 수 있다.(국조령 §15 ⑤, Reg §482-1.e.2. i)

정상거래원칙을 적용하여 거래조건들이 정상거래와 부합하는지 결정하기 위한 가장 믿을만한 단일 숫자(가격이나 이익률)를 찾을 수 있다. 그러나 이전가격산정은 엄밀한 과학이 아니기 때문에 적절한 방법들을 사용한 결과, 정상가격 또는 정상이익률이 동일하게 믿을 만한 여러 숫자들의 범위로 나타날 수도 있다. 이 경우 그 범위를 구성하는 숫자가 여럿 나타나는 이유는, 일반적으로 정상거래원칙을 적용하면 정상거래들 간에 설정되었을 조건들의 근사치를 구할 수밖에 없기 때문이다. 이러한 범위 내의 각각 다른 숫자는 비교가능 상황에서 비교가능거래를 한 독립기업이 분석대상거래와 완전히 일치하는 가격을 책정하지 않을 수도 있다는 사실을 나타낸다.(TP §3.55, Reg §482-1.e.1)

어떤 경우에는 검토된 모든 비교가능거래들이 상대적으로 동일한 정도의 비교가능성을 갖지 않는 경우도 있다. 일부 독립거래가 다른 거래보다 비교가능성이 떨어지는 경우 이들을 제외하는 결정을 할 수 있다.(TP §3.56) 또한, 일정 범위의 숫자를 산출하여 비교가능성이 떨어지는 숫자들을 제외하기 위한 노력을 하겠지만, 비교대상 선정에 사용되는 과정과 비교대상에 대한 정보의 제한을 감안할 때 식별할 수 없거나 계량화하지 못하는 비교가능성 오류가 남을 수 있으며 결국 이들을 조정하지 못한다. 이 경우, 가격범위가 어느 정도 범위의 관측도수를 포함하면 사분위값이나 백분율(percentiles) 등의 중앙집중도(central tendency)를 감안한 통계방법이 분석의 신뢰성을 증진시키는데 도움이 된다.(TP §3.57)

정상가격범위의 숫자들은 관계거래를 평가하기 위해 한 가지 이상의 방법이 적용될 때에도 나타난다. 예를 들면, 동일한 정도의 비교가능성이 있는 두 가지 방법이 관계거래의 정상거래 여부를 평가하기 위해 사용될 수 있다. 각 방법은 적용시 그 방법의 성격 또는 자료의 성격 차이로 서로 다른 값이나 범위값을 나타낼 수 있다. 그럼에도 불구하고 각각의 숫자범위는 잠정적인 정상가격범위로 유용하게 이용될 수 있다. 이러한 범위를 나타내는 자료들은, 그 범위들이 중복될 때에는 정상거래가격을 보다 정확히 결정하는 데 이용되며, 중복되지 않을 때에는 사용한 다른 방법의 타당성을 재검토하는 데 이용된다.(TP §3.58)

하나 이상의 방법의 적용으로 숫자범위가 생겨났을 때 그 범위 중 일부 숫자가 다른 숫자와 상당한 편차를 보이면, 이 숫자에 사용된 자료가 다른 숫자에 사용된 자료에 비해 신뢰성이 떨어지거나 또는 그 숫자의 산출에 사용된 자료에 대해 조정이 필요하다는 것을 의미한다. 그러한 경우, 그 자료들을 정상가격범위에 포함시키는 것이 적절한지를 평가하기 위해 추가적인 분석을 해야 한다.(TP §3.59) 관계거래의 관련조건(예 가격이나 이익률)이 정상가격범위 내에 들어 있다면 어떠한 조정도 이루어져서는 안 된다.(TP §3.60)

(4) 정상가격범위를 벗어난 관계거래의 조정

최적가격을 결정할 때, 가격범위들이 비교적 비슷하게 높은 신뢰성을 나타낸다면 범위 내의 어떤 가격도 정상가격원칙에 맞는 것이라는 주장이 있을 수 있다. 비교가능성 오류가 남아 있다면 확인되지 않거나 계산되지 않은 남아 있는 비교가능성 오류의 위험을 최소화하기 위해 중앙집중도 측정방법을 적절히 적용하여 자료의 개별적인 성격을 고려한 중앙값, 평균값, 사분위값 등의 기준가격을 결정해야 한다.(TP §3.62)

① 정상가격범위를 항상 사용하는 것은 아님

이전가격세제를 위해 반드시 정상가격범위를 산정해야 하는 것은 아니다. 비교가능제삼자가격법을 이용하여 정상가격을 산정하는 경우에는 정상가격범위를 산정하지 않고 단 하나의 독립거래를 이용할 수 있다.(Reg §482-1.e.4)

② 평균값 등을 적용하여 조정

과세당국 또는 거주자·내국법인이 정상가격범위를 벗어난 거래가격에 대해 이전가격의 조정 또는 신고를 하는 경우에는 그 정상가격범위 안의 거래에서 산정된 평균값, 중위값, 최빈값, 기타 합리적인 특정가격을 기준으로 해야 한다.(국조령 §15 ⑥) 평균값, 중앙값, 최빈값 및 사분위값의 의미는 다음과 같다.

구 분	설 명
평균값(average)	정상가격범위에 있는 자료관측값의 산술평균으로 관측값을 모두 합한 후에 관측도수의 총수로 나눈 값
중앙값(median)	정상가격범위에 있는 관측값의 자료를 크기순서대로 정리해 놓은 후에 가운데에 위치하는 관측값 → 관측값이 (2, 4, 5, 6, 7, 8, 9)의 경우 중앙값은 네 번째인 6
최빈값(mean)	정상가격범위에 있는 관측값의 자료 중 관측빈도수가 가장 많은 값 → 관측값이 (5, 2, 8, 5, 7, 9, 7, 4, 3, 7)의 경우 최빈값은 7
사분위범위(inter-quartile range) 및 사분위값(quartile)	사분위범위란 관측값을 크기순으로 배열하였을 경우 하위 25%에 해당하는 값과 상위 25%에 해당하는 값 사이의 범위를 말한다. 하위 사분위값은 (n+2)/4이고 상위 사분위값은 (3n+2)/4이다. 예를 들면 관측값이 91개인 경우, 하위사분위 값은 (91+2)/4=23.25으로 통상 23번째와 24번째 값의 평균을 적용한다. 상위사분위값은 (91×3+2)/4=68.75으로 통상 68번째와 69번째 값의 평균을 적용한다.(국조통 5-6…1, Reg §482-1.e.2.iii.c)

③ 사분위범위의 적용문제 (PG 9.04.d)

비교대상거래와 관계거래를 비교할 수 있는 자료가 충분하지 않아서 사분위범위가 사용된 경우에는 일반적으로 정상가격의 중앙값, 즉 정상가격범위의 50%에 위치하는 값을 기준으로 차이조정을 한다. 그러나 비교대상거래와 관계거래에 대한 자료가 충분하여 차이가 규명되고 이를 반영한 정상가격범위를 산출할 수 있는 경우에는 정상가격범위의 결과값을 산술평균한 값을 기준으로 차이조정을 한다. 즉, 정상가격범위를 산정할 때 정상가격범위가 전체 결과 중 50%만으로 구성되는 경우에는 정상가격범위에 해당하는 50%의 중간값을 조정 기준값으로 사용하고, 사용된 모든 결과가 정상가격범위를 구성하는 경우에는 전체 결과의 평균치를 조정 기준값으로 사용한다.(Reg §482-1.e.3)

비교대상의 순이익률지표가 정상분포(frequency distribution)하는 경우 통계적 방법으로 중앙집중도(central tendency)와 유효분포도(variability of the distribution)를 측정할 수 있을 뿐 아니라 이러한 측정의 신뢰성을 측정할 수 있다. 즉, 비교대상의 순이익률지표가 정상분포한다는 가정하에 신뢰구간(confidence interval)의 개념이 사분위범위를 측정하는데 사용된다. 그런데 실무적으로 적용되는 자본수익률, 베리비율, 영업이익률 같은 순이익률지표가 정상분포하지 않는 경우, 이를 적절한 통계적 방법으로 조정할 수 없다. 정상분포에서 나타나는 편차에 비해 비교대상들이 너무 많은 편차를 보여 비교대상들이 높은 수익률이나 낮은 수익률을 나타내고, 순이익률지표의 분포가 비대칭으로 나타나는 경우가 있기 때문이다. 이는 사실상 정상표본의 평균값보다 큰 비교대상이 있거나 아니면 작은 비교대상이 존재한다는 의미이다. 이러한 실증자료를 바탕으로 2가지 결론을 얻을 수 있다.

1. 사분위범위는 순이익률지표가 정상분포한다는 신뢰구간 개념에 근거하지 않는다. 25% 및 75%의 구간측정은 믿을 만한 신뢰구간이 아니다. 정확성을 기하기 위해 25% 및 75%의 평가값은 비교대상의 실제값(actual value) 사이에 가상의 중간값을 삽입하여 추정해야 한다.
2. 정상분포를 하지 않는 경우 중앙값(median)은 평균값(mean)보다 높거나 낮다. 사분위범위를 사용하는 경우 비교대상의 평균값이 아닌 중앙값을 사용하여 조정이 이루어져야 한다.

즉, 정확성을 기하기 위해 비교대상의 순이익률지표의 실제값 사이에 가상의 중간값을 삽입하여 사분위범위를 추정해야 한다. 이 경우 통상적인 표본의 평균값 개념이나 신뢰구간의 개념이 적용되어서는 안 된다.

사례 가상의 중간값을 사용한 사분위범위 적용

내국법인 갑의 비교대상들의 영업이익률을 조정한 결과가 다음과 같다.

a	B	c	d	e	F
10.47	8.15	13.58	14.35	12.54	14.10

과세당국은 이 결과값의 편차가 크므로 다음과 같이 사분위범위를 계산하여 평균값을 정상가격으로 산정했다.

하위사분위	평균값	상위사분위
10.47	12.72	14.10

이 경우, 비교대상 자료가 이상분포를 하므로 실제값 사이에 가상의 중간값을 삽입하여 대칭적 분포상태를 만든다. 이 경우 3개의 중간값이 삽입된다.(구간간격 : 1.55)

1구간	2구간	3구간	4구간
8.15 8.4 8.92	9.96 10.47	12.03 12.54	13.58 14.10 14.35

이를 토대로 분석하면 다음과 같은 결과값을 얻는다.

하위사분위	중앙값	상위사분위
9.18	11.25	13.32

통계적으로 극단적인 값에 해당하여 배제되어야 한다는 증명이 없다면 사분위범위를 사용하여 비교대상의 범위를 축소조정하는 것은 타당하지 않다.(서울고법 2015누66006, 2017. 11.29.) 미국세법은 기능이나 위험의 차이에 대한 조정없이 사분위범위 내에서 정상가격을 결정하도록 한다. 이러한 사분위범위의 사용과 관련하여 아래와 같은 3가지 문제가 있을 수 있다.(TPH 24.4.b)

㉮ 기능 및 위험의 차이에 대한 조정을 하지 않는 경우 신뢰할 만한 결과를 얻을 수 있는가? 경험상 신뢰할 만한 결과를 얻을 수 없다.

㉯ 사분위범위로 비교대상을 축소하는 경우 적절한 조정을 하여 얻은 결과값과 같은 결과값을 얻을 수 있는가? 경험상 같은 결과값을 얻을 수 없다.

㉰ 사분위범위로 비교대상을 축소하는 경우 부적절하게 높은 또는 낮은 결과값이 나오지 않는가? 경험상 부적절한 값이 나올 수 있다.

사 례 사분위범위에 의한 정상가격범위 산정(Reg §482-1.e.5)

이 사례에서 제품과 기능면에서 관계거래와 4개의 독립거래가 차이가 난다. 그러나 이들 차이조정을 하기에는 자료가 너무 불충분하다. 재판매가격법을 이용한 결과 과세당국은 4개의 독립거래로부터 다음과 같은 4개의 결과를 도출했다.

비교대상거래	정상가격($ 가격)
1	42.00
2	44.00
3	45.00
4	47.50

이 사례는 독립거래와 관계거래의 차이가 반영되지 않았기 때문에 차이를 반영한 사례와 정상가격에서 차이를 보인다. 만일 과세당국이 재판매가격법이 최적방법이라고 생각하여 4개의 정상가격을 이용해야 한다고 판단한 경우에는 4개의 결과를 이용하되 4개 모두를 정상가격범위에 포함시킬 수는 없다. 이 경우에 정상가격의 신뢰성을 높이는 방법으로 사분위범위를 사용한다. 이 경우, 하위사분위는 $42과 $44의 평균치인 $43이고, 상위사분위는 $45과 $47.5의 평균치인 $46.25이다. 만약 관계거래가 정상가격범위를 벗어나는 경우에는 소득조정이 이루어져야 한다. 이 때 조정기준은 중앙값(median)인 $44.5[($44+$45)/2]이다.

(5) 증액 및 감액 조정

거래가격이 정상가격범위에 미달하거나 초과하는 경우에는 평균값 등을 기준으로 증액경정뿐만 아니라 감액경정해야 한다. 즉, 이전가격방법 중 동일한 이전가격방법을 적용하여 둘 이상의 과세연도에 대해 정상가격을 산출하고 그 정상가격을 기준으로 일부 과세연도에 대한 과세표준 및 세액을 결정하거나 경정하는 경우에는 나머지 과세연도에 대해서도 그 정상가격을 기준으로 과세표준 및 세액을 결정하거나 경정해야 한다.(국조법 §7 ②)

(6) 예외적인 결과값

① 예외적인 결과값

예외적인 결과값이란 손실 또는 비정상적으로 높은 이익을 말한다. 예외적인 결과값은 선택된 방법에서 검토하는 재무지표에 영향을 미치는데, 즉 재판매가격법을 적용할 때 매출총이익 또는 거래순이익률법을 적용할 때 순이익률에 영향을 미친다. 비교대상후보가 하나 이상의 예외적인 결과값을 갖는 경우, 이러한 예외적인 결과값에 대한 이유를 알기 위해서 추가적인 검토가 필요하다. 예외적인 결과값은 이전에 간과된 비교가능성

오류가 드러난 경우에는 제외되지만, 다른 방법으로 제시된 비교대상의 결과값과 다르게 나타난다는 이유만으로는 제외되지 않는다.(TP §3.63)

미래이익을 합리적으로 기대하지 않으면 독립기업은 손실이 나는 활동을 계속하지 않는다. 특히 단순하거나 낮은 수준의 기능은 장기간에 걸쳐 손실을 낳을 것으로 예상되지 않는다. 그렇지만, 이것이 손실을 계상하는 거래는 절대로 비교대상이 될 수 없다는 의미는 아니다. 일반적으로 모든 관련된 정보를 검토해야 하며, 손실을 계상한 비교대상을 포함해야 한다거나 제외해야 한다는 절대원칙은 없다. 사실상, 비교대상을 결정하는 것은 재무상태가 아니라 해당회사와 관련된 사실과 상황이다.(TP §3.64)

손실이 정상적인 사업조건을 반영하지 못하거나, 제삼자가 계상한 손실이 관계거래에서 납세자가 계상한 손실과 비교가능한 위험수준에서 초래된 것이 아닌 경우에 손실계상 활동을 비교대상에서 제외해야 한다. 그렇지만, 비교가능성분석을 만족하는 손실계상 비교대상을 단지 손실을 계상했다는 이유로 제외해서는 안 된다.(TP §3.65) 비정상적으로 큰 이익을 계상하는 비교대상후보에 대해도 비슷한 검토가 이루어져야 한다.(TP §3.66)

② 정상가격범위가 이상분포하는 경우

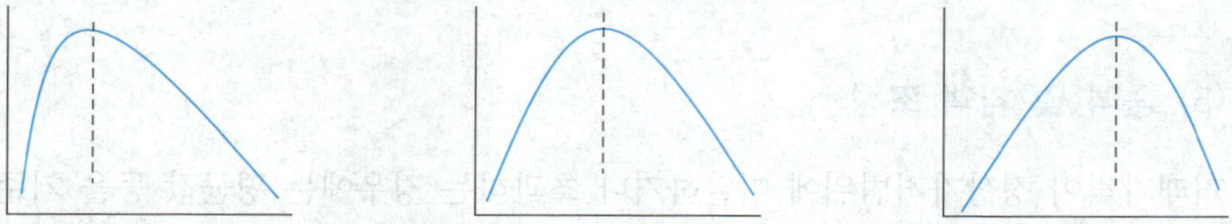

이상분포(A) 정상분포(B) 이상분포(C)

정상가격범위의 비교대상후보가 위와 같이 세 가지 분포형태를 나타내는 경우, 정상분포하는 B를 제외한 A 및 C는 평균값, 중앙값, 사분위값 모두 통계학적 의미에서 정상분포가 아닌 한쪽으로 치우친 결과를 나타낸다. 이와 같이 정상가격범위의 폭이 넓고 그 구성가격의 분산이 클 경우에는 정상가격범위를 설정하기 위해 사용한 자료가 조악하다는 의미로 자료에 대한 추가작업이 필요하다. 따라서 복수의 비교대상을 조정한 결과가 이상분포하는 경우 단순한 통계적 방법을 적용하는 것은 무의미하며, 비교대상의 차이조정이 잘못되었으므로 구조조정하거나 또는 분석대상과 가장 비슷한 비교대상기업을 제외한 나머지를 정상가격범위에서 제외해야 한다.

(7) 통계적 신뢰구간(statistical confidence intervals) : 금융상품

금융상품의 정상가격범위를 산정할 때 독립거래와 관계거래의 가격을 통계적 신뢰구간을 적용하여 비교하기도 한다. 여러 국가에 걸쳐 상당히 독립적인 지점들을 거느린 금융회사에 이 방법을 사용한다. 본점과 해외지점의 소득은 본・지점 내부회계처리방법에 따라 배분되는데, 이 때 내부회계처리방법을 신뢰하기 위해서는 모든 관계거래가 독립거래와 같은 시장가격으로 이루어져야 한다. 이 경우, 정상가격 여부를 검토하기 위해 어떤 지점의 관계거래는 가까운 시점에 이루어진 비교대상 독립거래와 비교된다. 이 때, 무수하게 많은 지점거래를 모두 비교할 수 없으므로 관계거래에 전체적으로 독립거래보다 높거나 낮은 가격차이가 있는지 확인하기 위해 통계적 검토가 이루어진다. 이 검토는 통계신뢰구간을 산출함으로써 완료되며, 대개 95% 신뢰구간이 사용된다. 무작위로 뽑은 관계거래가격과 독립거래가격의 차이가 5% 이내이면 관계거래가격을 정상가격으로 인정한다.(미국세청 APA교재, 2005.)

사례 통계적 신뢰구간의 적용

미국은행 국내지점은 본점과 유가증권 매매거래를 하면서 수수료를 수취했다. 같은 거래를 제삼자와도 수행했다. 본점 및 제삼자와의 거래건수는 연간 100만건을 넘는다. 정상거래여부를 확인하기 위해 2008년 12월 거래자료를 표본으로 분석했다.

거래 구분	수수료율 평균
본점거래	29.2 bp
제삼자거래	22.5 bp(하위사분위 16, 상위사분위 32)

본점거래의 수수료율 평균은 제삼자거래의 수수료율 평균에 비해 약간 높은 것으로 평가된다. 제삼자 수수료율의 하위사분위값은 16 bp이며 상위사분위값은 32 bp이다. 따라서 본점거래 수수료율은 정상가격범위에 있다고 판단할 수 있다.

2.2 정상가격의 경제학적 의미

(1) 국제거래의 정상가격

국제거래의 정상가격이란 경제학에서 말하는 경쟁시장의 가격을 의미하며 '가격 = 평균수입(AR) = 한계수입(MR)'의 조건을 충족한다. 이에 비해 독점시장(과점시장 포함)의 가격은 '가격 = '평균수입(AR) 〉 한계수입(MR)'의 조건을 충족한다. 독점시장의 가격은 경쟁시장의 가격보다 높게 형성되며 공급자는 초과이익을 누린다.

수출국과 수입국이 서로 다른 경쟁시장이나 독점시장이라면 가격차이가 발생하며, 수출국의 가격이 수입국의 가격에 비해 우위에 있는 경우 국제거래가 이루어진다. 이 경우, 단기적으로 볼 때 정상가격은 수출국이나 수입국의 국내가격과 달라지는데 수출국에서는 국내가격보다 높아지고 수입국에서는 국내가격보다 낮아진다. 즉, 국제거래의 정상가격은 수출국의 국내가격과 수입국의 국내가격 사이에서 결정된다. 그러나 장기적으로 볼 때 수출국과 수입국의 국제거래 가격은 같아지게 된다. 그러나 지역 간 생산요소(노동이나 자본 등)의 가격이 같아지는 것은 아니며 어느 정도 차이는 발생한다.

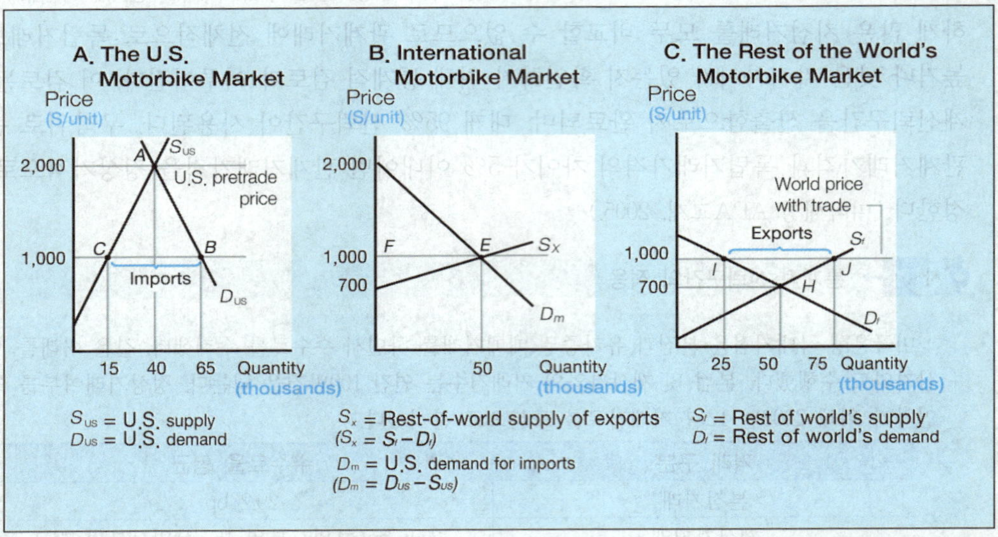

비교우위만으로는 기술이나 생산요소가치가 비슷한 산업국가들 사이의 국제거래를 설명할 수 없다. 국제거래는 제품차이, 독점이나 과점, 규모의 경제(기업 내부 및 외부), 정부규제 및 경제블록 등 지리적 요소(location factors)의 차이로 인해 일어난다.

(2) 국제거래의 이전가격분석

OECD 이전가격지침은 교역이익을 수출국의 자본이나 무형자산에 대한 초과이익으로 보아 수출국의 몫으로 본다. 이에 비해 UN 이전가격매뉴얼은 교역이익을 수입국의 시장이나 노동에 대한 초과이익으로서 수입국의 몫으로 보며 이를 지리적 이점의 개념으로 설명한다. 이 경우, 수출국이나 수입국이 상대국의 국내가격을 기준으로 초과이익을 모두 가져가는 상황이 발생하는데 이는 경제적 분석에 부합하지 않는다. 이러한 점에서 일방분석은 한계가 있으며 쌍방분석이 이러한 문제를 해결할 수 있는 방법이다.

3. 국외특수관계인의 정의

'국외특수관계인'이란 거주자 · 내국법인, 내국법인 또는 국내사업장과 특수관계에 있는 비거주자・내국법인・외국법인(비거주자・내국법인・외국법인의 국내사업장은 제외)을 말한다.(국조법 §2 ① 4호) 국외특수관계는 크게 두 가지로 나눈다.(국조법 §2 ① 3호)

| 국외특수관계의 유형 |

국외특수관계		일반적 요건
지분소유관계	직간접 지분소유 (국조법 §2 ① 3호 가목)	한 쪽이 다른 쪽의 주식・출자지분을 50% 이상 직・간접으로 소유
	제삼자에 의한 지분소유 (국조법 §2 ① 3호 나목)	제삼자가 한 쪽과 다른 쪽의 주식・출자지분을 50% 이상 직・간접으로 소유
실질지배관계	직접 실질지배 (국조법 §2 ① 3호 다목)	① 한 쪽이 다른 쪽의 임원을 50% 이상 선임 ② 한 쪽이 신탁 등을 통해 50% 이상 주식 소유 ③ 한 쪽이 사업, 차입금, 지식재산권의 50% 이상을 다른 쪽에 의존
	제삼자에 의한 실질지배 (국조법 §2 ① 3호 라목)	① 제삼자가 어느 한 쪽과 다른 쪽을 지배 ② 같은 기업집단의 계열회사

대부분 조세조약은 이전가격 대상을 특수관계기업(related enterprises)으로 규정하는데, 이는 사업목적으로 활동하는 법인 및 개인을 의미한다. 국조법은 특수관계인이라는 표현을 사용하지만 자본거래 및 증여거래를 제외하므로 사실상 사업거래만을 이전가격의 대상으로 한다. 더 나아가, 법인의 경우 국조법에 따른 이전가격 조정소득을 익금으로 보는데 문제가 없지만, 개인의 경우 국조법에 따른 이전가격 조정소득을 과세소득으로 본다는 명시적 규정이 없어 과세가 가능하지 않다. 예를 들면, 해외현지법인에 자금을 무상대여하는 내국법인 대표자인 경우 이전가격조정을 할 수 없다.

| 양자조약상 이전가격 과세대상 |

적용 대상	과세 요건	해당 국가
특수관계인 (related persons)	비영리목적의 개인 및 법인을 포함	미국, 러시아, 태국
특수관계기업 (related enterprises)	비영리목적의 개인 및 법인을 제외	위 국가를 제외한 모든 국가

3.1 지분소유관계

(1) 지분소유관계의 범위

① 거래 당사자 중 어느 한쪽이 다른 쪽의 의결권 있는 주식의 50% 이상을 직접 또는 간접으로 소유하고 있는 경우 그 거래당사자 간의 관계(국조법 §2 ① 3호 가목)

㉮ 거주자·내국법인 또는 국내사업장을 두고 있는 외국법인이 다른 외국법인의 의결권 있는 주식의 50% 이상을 직접 또는 간접으로 소유한 경우 그 거주자·내국법인 또는 국내사업장과 다른 외국법인의 관계(국조령 §2 ② 1호 가목)

㉯ 외국에 거주하거나 소재하는 자가 내국법인 또는 국내사업장을 두고 있는 외국법인의 의결권 있는 주식의 50% 이상을 직접 또는 간접으로 소유한 경우 그 자와 내국법인 또는 국내사업장의 관계(국조령 §2 ② 1호 가목)

② 제3자와 그 친족 등이 거래 당사자 양쪽의 의결권 있는 주식의 50% 이상을 직·간접으로 각각 소유하고 있는 경우 그 거래 당사자 간의 관계(국조법 §2 ① 3호 나목) 이는 내국법인 또는 국내사업장을 두고 있는 외국법인의 의결권 있는 주식의 50% 이상을 직접 또는 간접으로 소유하고 있는 제3자와 그의 친족 등이 다른 외국법인의 의결권 있는 주식의 50% 이상을 직접 또는 간접으로 소유한 경우 그 내국법인 또는 국내사업장과 다른 외국법인의 관계를 말한다.(국조령 §2 ② 3호) '친족 등'이란 6촌 이내의 혈족, 4촌 이내의 인척, 배우자(사실상의 혼인관계에 있는 자 포함), 친생자로서 다른 사람에게 친양자 입양된 자 및 그 배우자·직계비속을 말한다.(국조령 §2 ①)

(2) 지분비율의 계산방법

① 간접소유비율의 계산

어느 한 쪽(거주자·내국법인, 내국법인, 비거주자·내국법인 또는 외국법인)의 다른 쪽(내국법인 또는 외국법인)에 대한 간접소유비율은 다음 방법으로 계산한 비율로 한다.

1. 어느 한 쪽이 다른 쪽의 주주인 '중간법인'의 의결권 있는 주식의 50% 이상을 소유하고 있는 경우: 중간법인이 소유하고 있는 다른 쪽의 의결권 있는 주식이 그 다른 쪽의 의결권 있는 주식에서 차지하는 '중간법인의 주식소유비율'
2. 어느 한 쪽이 중간법인의 의결권 있는 주식의 50% 미만을 소유하고 있는 경우: 그 소유비율에 중간법인의 주식소유비율을 곱한 비율
3. 위 1 및 2를 적용할 때 중간법인이 둘 이상인 경우: 중간법인별로 위 1 및 2에 따라 계산한 비율을 더한 비율
4. 어느 한 쪽과 중간법인, 그리고 이들 사이의 하나 이상의 법인이 주식소유관계를 통해 연결되어 있는 경우: 위 1부터 3까지의 계산방법을 준용하여 계산한 비율

② 지분비율 계산방법

지분은 직렬연결관계 및 병렬연결관계를 통해 소유된다. 병렬연결관계인 경우 이러한 지분율을 합하여 총지분율을 구한다.(국조통 2-2…3)

| 지분비율 계산방법 |

지배 구조	중간법인	하위법인	소유비율
1. 직접소유	-	20%	20%
2. 간접소유(50% 이상)	60%	40%	40%
3. 간접소유(50% 미만)	30%	30%	9%
소유비율 합계			69%

㉮ 직렬연결관계

법인세법은 직렬연결관계를 통한 간접지배의 경우 2단계까지의 지배관계에 대해만 특수관계를 인정하나, 국조법에서는 이러한 제한이 없다. 따라서 수차례에 걸친 직렬관계를 형성하고, 이러한 관계를 통해 일방기업이 간접소유비율에 의해 타방기업을 간접적으로 50% 이상 소유하게 되는 경우 일방기업과 타방기업은 특수관계를 형성한다. 아래 예시에서 일방기업의 간접소유비율은 40%이다.

㉯ 병렬연결관계

각 중간법인별로 계산한 비율을 합계한 비율을 일방기업의 타방기업에 대한 간접소유비율로 한다. 아래 예시에서 일방기업의 타방기업 간접소유비율은 중간회사 A를 통한 비율 40%와 중간회사 B를 통한 비율 15%(30%×50%)를 합한 55%이다.

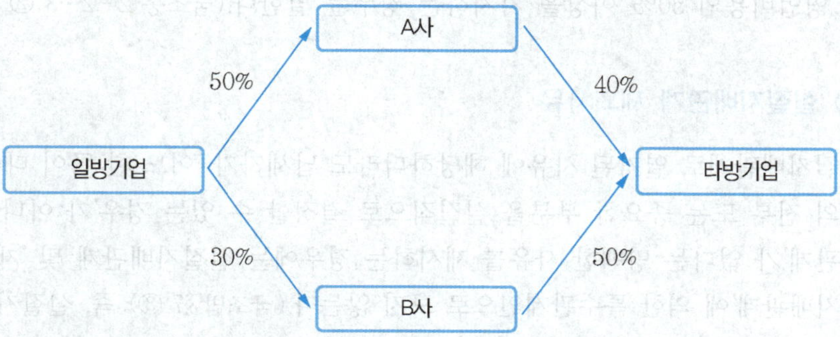

3.2 실질지배관계

(1) 실질지배관계의 요건

거래 당사자 간에 자본의 출자관계, 재화 · 용역의 거래관계, 금전의 대차관계 등에 따라 소득을 조정할 만한 공통의 이해관계가 있고, 거래 당사자가 거주자 · 내국법인 또는 국내사업장과 비거주자 · 내국법인 · 외국법인 또는 이들의 국외사업장이고, 거래 당사자 한 쪽이 다음 어느 하나의 방법으로 다른 쪽의 사업 방침 전부 또는 중요한 부분을 실질적으로 결정할 수 있는 경우 그 거래 당사자 간의 관계를 말한다.(국조법 §2 ① 3호 다목, 국조령 §2 ① 3호)

① 다른 쪽 법인의 대표임원이나 총 임원 수의 절반 이상에 해당하는 임원이 거래 당사자 한 쪽 법인의 임원 또는 종업원의 지위에 있거나 사업연도 종료일부터 소급하여 3년 이내에 거래 당사자 한 쪽 법인의 임원 또는 종업원의 지위에 있었을 것

② 거래 당사자 한 쪽이 조합이나 신탁을 통해 다른 쪽의 의결권 있는 주식의 50% 이상을 소유할 것

③ 다른 쪽이 사업활동의 50% 이상을 거래 당사자 한 쪽과의 거래에 의존할 것. 이는 다른 쪽이 매입거래의 전부를 어느 한 쪽에 의존하는 경우를 포함한다.(서이-273, 2005.2.11.)

④ 다른 쪽이 사업활동에 필요한 자금의 50% 이상을 거래 당사자 한 쪽으로부터 차입하거나 거래 당사자 한 쪽에 의한 지급보증을 통해 조달할 것. 이 경우 자금은 총자본으로 자본금, 내부유보, 충당금 등의 자기자본과 차입금, 매입채무 등의 타인자본을 포함하는 개념이다.(국조통 2-2…3 ② 1호)

⑤ 다른 쪽이 사업활동의 50% 이상을 거래 당사자 한 쪽으로부터 제공되는 지식재산권에 의존할 것. '50% 이상을 의존'하는 것은 특정 지식재산권의 사용대가가 전체 영업비용의 50% 이상을 차지하는 경우를 말한다.(국조통 2-2…3 ② 2호)

(2) 실질지배관계 제외사유

실질지배관계로 열거된 사유에 해당하더라도 납세자가 '어느 한 쪽이 다른 쪽의 사업방침의 전부 또는 중요한 부분을 실질적으로 결정할 수 있는 경우'가 아니거나 '공통의 이해관계'가 없다는 명백한 사유를 제시하는 경우에는 실질지배관계 및 '제삼자에 의한 실질지배관계'에 의한 특수관계인으로 보지 않는다.(국조법 §7 ③) 즉, 실질지배관계, 어느 한 쪽이 다른 쪽의 사업방침의 전부 또는 중요한 부분을 실질적으로 결정할 수 있는 경우, 공통의 이해관계의 3가지 요건을 모두 충족하는 경우에만 실질지배관계에 의한 특수관계

인에 해당한다.(대법원 2008두14364, 2008.12.11.)

3.3 제삼자를 통한 실질지배관계

거래 당사자 간에 자본의 출자관계, 재화 · 용역의 거래관계, 금전의 대차관계 등에 따라 소득을 조정할 만한 공통의 이해관계가 있고, 거래 당사자가 거주자 · 내국법인 또는 국내사업장과 비거주자 · 내국법인 · 외국법인 또는 이들의 국외사업장이고, 제3자가 다음 어느 하나의 방법으로 거래 당사자 양쪽의 사업 방침을 실질적으로 결정할 수 있는 경우 그 거래 당사자 간의 관계를 말한다.(국조법 §2 ① 3호 라목, 국조령 §2 ① 4호) 다만, 실질지배관계가 없다면 특수관계인으로 보지 않는다.

① 제3자가 거래 당사자 한 쪽의 의결권 있는 주식의 50% 이상을 직접 또는 간접으로 소유하고, 다른 쪽의 사업 방침 전부 또는 중요한 부분을 위 실질지배관계의 방법으로 실질적으로 결정할 수 있을 것
② 제3자가 거래 당사자 양쪽의 사업 방침 전부 또는 중요한 부분을 위 실질지배관계의 방법으로 실질적으로 결정할 수 있을 것
③ 거래 당사자 한 쪽이 '독점규제 및 공정거래에 관한 법률 시행령' 제3조의 어느 하나에 해당하는 기업집단에 속하는 계열회사이고, 그 기업집단 소속의 다른 계열회사가 다른 쪽의 의결권 있는 주식의 50% 이상을 직접 또는 간접으로 소유할 것

4. 다국적기업그룹의 사업행태

4.1 다국적기업그룹의 사업구조 및 사업행태

(1) 다국적기업그룹의 사업구조 : 가치사슬

다국적기업그룹은 전세계적으로 생산이나 유통, 연구개발활동을 하는 사업구조(structuring)를 취하는 경우가 대부분이다.

재화나 용역을 공급하는 회사의 기능을 공급사슬(supply chain)이라 하는데, 공급사슬을 통해 투입자원을 재화나 용역으로 전환한다. 공급사슬은 상품의 생산이나 분배 과정의 순서로 정의된다. 가치사슬(value chain)은 공급사슬을 포함하는 개념으로 생산, 마케팅 및 애프터서비스의 제공 등을 포함하여 재료에 가치를 더하는 과정이나 활동으로 정의된다.(UT §2.2.5) 다국적기업그룹이 가치사슬을 형성하는 유형은 아래와 같이 3가지 사업활동구조로 나눌 수 있다.(UT §2.3.14)

1 유형 : 가치사슬에서 상당히 고유한 기능을 수행하는 3개의 다른 회사를 사용한다. A국의 회사1은 연구개발기능을 수행하는 연구개발회사이며, 전체그룹을 위한 제품디자인과 관련한 활동을 수행한다. 이러한 기능을 수행하는 회사는 기술자나 과학자 같은 기술직원을 고용한다. B국의 회사2는 완전제조회사(fully fledged manufacturing company)이며, 제품디자인과 실제적용을 의한 일부 기능을 수행한다. C국의 회사3은 그룹의 마케팅, 판매 및 판매 후 서비스에 대한 책임을 진다.
2 유형 : 가치사슬에서 기능의 일부를 수행하는 2개의 자회사를 사용하며, 그룹은 일부활동을 외부 제삼자에게 위탁한다. A국의 회사1은 연구개발회사이며 회사의 제품과 관련한 모든 연구 및 디자인 활동을 수행한다. 이 회사는 유형 A의 회사1과 유사하지만, 모든 디자인기능이 회사1에 있으며 부분적으로 회사2에 의해 수행되지 않는다는 점에서 다르다. B국의 회사2는 마케팅 및 고객서비스에 대한 책임을 진다. 즉, 이 회사는 그룹을 위한 고객창구역할을 한다. 그룹은 생산 및 판매기능을 제삼자회사들에게 위탁하기로 결정했다.
3 유형 : 제삼자가 개발하여 사용계약에 따라 그룹이 사용하는 무형자산을 사용하여 여러 지역에서 동일한 제조 및 판매 기능을 수행하는 3개 회사를 운영한다.

(2) 다국적기업그룹의 조직구조(organisational structures)

다양한 산업분야에서 다국적기업들은 사업활동을 고도로 통합하는 구조와 전략을 사용하는 경향이 있다. 통합(integration)은 어떤 기업이 그룹 전체적인 기능을 통제하거나 또는 두 개 이상의 기업들이 그룹전체적인 기능을 공유하는 구조를 말한다.(UT §2.2.6) 다국적기업들은 통합경제를 통해 원가를 최소화할 수 있는데, 이는 순수한 국내기업들에는 가능하지 않은 일이다.(UT §2.2.7)

1. **기능구조**(functional structure) : 기능적 구조에서 다국적기업의 기능은 기능부서 내의 직원들에 의해 수행된다. 이러한 기능들은 보통 전문화된 기능을 말하는데, 예를 들면 정보통신기술부서는 소프트웨어기술자들이 직원이다. 보통 기능조직은 규모의 경제를 실현하기 위해 정형화된 재화나 용역을 대규모로 저가에 생산하는데 적합하다. 기능구조에서 작업의 조정과 전문화는 중앙에 집중되어 제한된 수량의 제품이나 용역을 능률적이고 예측가능하게 생산할 수 있다.(UT §2.3.9)
2. **부문구조**(divisional structure) : 부문구조에서 각 조직기능은 한 부문으로 묶여지는데, 각 부분은 인사나 회계와 같은 모든 필요한 자원이나 기능을 그 부문에 포함한다. 부문은 여러 가지 기준으로 구성될 수 있는데, 지역기준(예 중국부문, 서아프리카부문)이나 제품/용역기준(예 가정, 회사와 같은 여러 고객에 대한 여러 제품)이 있을 수 있다. 예를 들면, 자동차회사는 하이브리드차를 위한 부문과 다른 차를 위한 부문을 둘 수 있는데, 각 부문은 자체적으로 판매, 기술 및 마케팅 부서를 둔다.(UT §2.3.10)
3. **행렬구조**(matrix structure) : 행렬구조에서는 직원을 다양한 기준으로 구분하는데 가장 일반적인 기준은 기능 및 제품이며, 기능 및 지역 기준도 가능하다. 행렬구조를 가진 조직은 작업을 수행하기 위한 팀을 운용한다. 기능/지역 행렬구조의 사례에는 여러 지역에서 두 종류의 상품을 생산하는 회사가 있다. 행렬구조를 사용하여 이 회사는 다음과 같이 기능을 조직할 수

있다. 아래 행렬조직에서 브라질의 A상품 부서 직원은 전세계 A상품 부서장에게 보고하는 동시에 미주 지역본부장에게 보고해야 한다.(UT §2.3.11)

상품A/미주; 상품B/미주;
상품A/아시아태평양; 상품B/아시아태평양;
상품A/유럽중동아프리카; 상품B/유럽중동아프리카

(3) 다국적기업의 사업행태

① 제조업자 또는 판매업자의 사업행태

제조업자의 경우 자기책임으로 사업을 수행하는지 여부에 따라 완전제조업자(full fledged manufacturer), 면허제조업자(licensed manufacturer), 저위험제조업자(limited risk manufacturer), 하청제조업자(contract manufacturer), 임가공업자(toll manufacturer)의 순으로 구분할 수 있다. 자기 상표를 가지는지 여부에 따라 제조업자를 상표가 없는 OEM(original equipment manufacturer)과 상표가 있는 ODM(original design manufacturer)으로 구분하기도 한다.

판매업자 또한 완전판매업자(full fledged distributor), 저위험판매업자(limited risk distributor), 무역회사(trading company), 수수료중개인(commission agent), 판매지원용역제공자(sales supporting service provider)의 순으로 구분할 수 있다.

② 사업행태의 구분요소

㉮ 기능, 위험 및 자산 : 이는 사업행태를 결정짓는 가장 중요한 요소이다. 완전제조업자나 완전판매업자는 높은 수준의 연구개발, 제조, 판매 기능을 수행하면서 상당한 위험을 부담하며 유형자산 및 무형자산을 보유한다.

㉯ 관계회사에 대한 거래의존도 : 관계거래의 비중이 높은 자회사는 저위험제조업자나 저위험판매업자로, 계약에 따라 주문자가 정하는 방법에 따라 제품을 공급하거나 판매하는 자회사는 하청제조업자나 수수료제조업자 또는 무역회사나 수수료중개인으로 구분될 가능성이 크다. 이와 달리 비중이 낮은 관계거래를 수행하는 자회사는 완전제조업자 또는 완전판매업자로 구분될 가능성이 크다.

㉰ 설립시기 : 시간이 지날수록 회사의 사업행태는 진화한다. 자회사는 설립초기에 모회사로부터 지원 및 통제를 받으므로, 제조법인은 하청제조업자 또는 수수료제조업자로, 판매법인은 수수료중개인 또는 판매지원용역제공자로 시작하는 경우가 많다. 그 이후부터 점점 진화하면서 모회사에 대한 기능과 위험의 의존을 낮추고 독립적인 사업을 영위하게 된다.

㉣ 독립적 의사결정 : 자회사가 독립적 의사결정 권한이 없이 모회사의 의사결정을 따라야 하는 상황이라면 완전제조업자 또는 완전판매업자로 볼 수 없다.

(4) 다국적기업그룹의 이전가격

① 특수관계기업들 간 이전가격 결정

독립기업거래에서 사용하는 상업 · 금융 조건들은 보통 시장원리에 의해 결정된다. 특수관계기업거래에서는 시장원리에 따르더라도 독립기업들처럼 외부시장이 거래조건에 직접 영향을 미치지는 않는다. 정상거래원칙은 특수관계기업들 간의 세무와 관련 없는 계약의무에 대해서는 영향을 미치지 않으며, 세금을 줄이거나 회피할 의도가 없다 하더라도 조정을 할 수 있다. 탈세(tax fraud)나 조세회피(tax avoidance)를 위해 이전가격정책을 이용하는 경우가 없는 것은 아니나, 이전가격이 탈세 또는 조세회피 문제와 직결되는 것으로 혼동해서는 안 된다.(TP §1.2) 이전가격은 관세, 반덤핑관세, 환율 또는 가격통제와 관련된 국내외 정부압력에 의해 영향을 받는다. 또한 이전가격은 다국적기업그룹 내 기업들의 현금흐름수요(cash flow requirement)에 의해서도 왜곡된다. 주식이 상장된 다국적기업그룹은 주주들로부터 모기업 수준의 높은 수익성을 실현하도록 압력을 받을 수 있다.(TP §1.4)

② 자율거래와 통제거래

본지사 간 거래 및 본지점 간 거래의 가격결정권을 각자가 갖는 것을 자율거래(autonomous transactions)라 하며, 거래가격을 그룹 또는 회사 전체차원에서 결정하는 것을 통제거래(mandated transactions)라 한다.

다국적기업그룹내의 기업들도 상당한 정도의 자율성을 가지며 때에 따라서는 그들이 독립기업들처럼 서로 거래한다. 특수관계기업들은 독립기업과의 관계나 특수관계기업과의 관계에 있어 시장여건에 따라 주어진 경제적 상황에 대해 반응한다. 예를 들면, 지역담당자는 이익실적을 올리는 데 관심이 있어 자기회사이익을 감소시키는 것을 원하지 않는다. 과세당국은 이전가격 검토대상을 선정하거나 조사를 할 때 효율적인 인력배분을 위해 이러한 점들을 고려해야 한다. 때에 따라서는 특수관계기업들 간의 관계가 거래(bargaining) 결과에 영향을 미친다. 그러므로 심하게 가격을 깎았다는 사실이 바로 그 거래가 정상거래가격으로 이루어졌다는 것을 증명하는 것은 아니다.(TP §1.5)

③ 본지점 간 거래

이전가격세제는 본지사 간 거래(inter-company transactions)의 정상가격산출을 위한 것이다. 그러나 본지점 간 거래(intra-company transactions)에 대해도 이전가격세제가 유

추하여 적용된다.(TPH §1.5)

4.2 다국적기업의 동반효과(synergies)

(1) 동반효과의 의미

다국적기업그룹의 동반효과로 인해 비교가능성 문제, 비교가능성조정의 필요성이 생긴다. 어떤 경우, 다국적기업그룹 및 관계회사들은 비슷한 환경에 있는 다른 독립기업이라면 누릴 수 없는 상호작용 또는 동반효과에 따른 이익을 누린다. 이러한 그룹의 동반효과에는 구매력의 통합이나 규모의 경제, 통합된 컴퓨터 및 통신 시스템, 통합관리, 중복기능의 제거, 향상된 차입능력 등이 있다. 이러한 그룹 동반효과는 보통 그룹차원에서 이익이 되므로, 실제 기대했던 원가절감의 실현 여부 및 경쟁상황에 따라 그룹 구성원이 수취하는 전체이익을 높일 수 있다. 다른 상황에서, 그룹의 동반효과가 부정적 결과를 초래하는 경우도 있다. 예를 들면, 기업의 규모나 영업범위로 인해 작은 기업이라면 직면하지 않을 관료주의의 벽에 맞닥뜨릴 수 있으며, 다국적기업그룹에 의해 정해진 그룹차원의 기준으로 인해 어떤 사업부에게는 비효율적인 컴퓨터 및 통신시스템 사용이 강제되는 경우 그룹의 동반효과는 오히려 부정적일 수 있다.(TP §1.177)

(2) 부수편익 또는 의도적 그룹공동행위

오로지 다국적기업에 속하기 때문에 얻게 되는 부수편익(incidental benefits)에 대해서는 대가를 지급할 필요가 없다. 이 경우, '부수'라는 의미는 오로지 그룹의 일원으로서 얻게 되는 편익을 의미하며, 그 이익을 얻기 위해 어떤 의도적 그룹공동행위(deliberate concerted group action)나 거래가 없는 상황을 말한다. '부수'라는 용어는 편익의 양을 말하는 것은 아니며, 편익이 작거나 상대적으로 중요하지 않아야 한다는 의미는 아니다. 그룹의 구성원에게 부수되는 편익에 대한 일반적 견해에서 볼 때, 그룹 구성원들의 의도적 공동행위나 그룹 구성원들의 용역 또는 다른 기능수행 없이 오로지 다국적기업그룹 구성원이기 때문에 동반효과의 편익이나 부담이 발생하는 경우, 다국적기업그룹 구성원들 간에 별도로 보상되거나 특별히 배분될 필요는 없다.(TP §1.178) 그렇지만, 어떤 경우에 관계회사 자격으로 얻는 동반효과의 편익 또는 부담은 그룹차원의 의도적 그룹공동행위로 발생하며, 비교가능거래 당사자나 그룹 구성원이 아닌 시장참여자에 비해 그러한 편익 또는 부담은 시장에서 다국적기업에게 중요하고 식별가능한 구조적 이익이나 불이익을 초래한다. 이러한 구조적 유·불리가 있는지, 동반효과의 편익 또는 부담의 본질이 무엇인지, 의도적 그룹공동행위를 통해 동반효과의 편익 또는 부담이 발생하는지는 구체적 기능분석 및 비교가능성분석을 통해 결정된다. 거래가 구성되는지 판단하기 위해 의도적 그룹공동행위를 고려하는 국가들도 있다. 일관된 관점은 어떠한 경우에도 의도적 그룹공동행위는 정상가격으로 보상되어야 한다는 것이다.(TP §1.179) 예를 들면, 그룹이 수량할인(volume discount)을 받기 위해 구매기능을 그룹 내 한 회사에 집중시키고 그 회사가 구매한 재화를 다른 관계회사들에게 재판매하는 경우, 그룹의 구매력을 이용하기 위한 의도적 그룹공동행위가 이루어진 것이다. 또한, 모회사 또는 지역관리센터의 중앙구매담당이 그룹전체의 최소구매수준을 기준으로 판매자와 협상을 하고 관계회사들은 할인가격으로 그 판매자와 거래한다면, 관계회사들 간의 구매 또는 판매 거래가 없었지만 의도적 그룹공동행위가 이루어진 것이다. 그렇지만, 공급업자가 그룹 내 다른 관계회사에 대한 영업활동을 위해 그룹의 특정 관계회사를 통해 유리한 가격을 제시하는 경우에는 의도적 그룹공동행위가 있었다고 할 수 없다.(TP §1.180)

의도적 그룹공동행위에 따른 동반효과가 관계회사들에게 비교대상들은 누릴 수 없는 중요한 이익이나 불이익을 초래하는 경우, 이러한 유・불리의 특성, 제공된 편익 또는 부담의 금액, 관계회사들 간에 편익 또는 부담이 어떻게 배분되는지 확인할 필요가 있다.(TP §1.181) 중요한 그룹 동반효과가 존재하고 이러한 동반효과가 의도적 그룹공동행위로 초래된 것이라면 동반효과와 관련된 편익은 동반효과 창출에 기여한 공헌도에 따라 그룹 내 각 기업에게 배분되어야 한다. 예를 들면, 그룹 관계회사가 대량구매를 통한 규모의 경제를 이용하는 통합구매행위와 같은 의도적 그룹공동행위를 하는 경우, 그러한 구매활동을 조정하는 당사자에게 적절한 보상을 하고 나서, 대량구매에 따른 동반효과의 편익이 남는 경우 관계회사들의 구매비율에 따라 그 편익을 배분해야 한다.(TP §1.182) 그룹 동반효과를 반영하기 위해 비교가능성조정을 할 수 있다.(TP §1.183)

사례 다국적기업그룹의 동반효과(synergies)의 비교가능성 조정

1. P사는 금융사업을 영위하는 다국적기업그룹의 모회사이다. 그룹의 연결재무제표에 따라 P사는 신용등급 AAA를 유지한다. S는 그룹의 다른 관계회사들과 비슷한 금융사업을 하는 관계회사로 중요시장에서 대규모사업을 한다. 독립적으로 볼 때, S의 재무제표에 따른 신용등급은 BAA이다. 그렇지만, S는 그룹의 관계회사로서 신용등급 A인 기업들에게 적용되는 차입이자율로 자금을 차입할 수 있다. 즉, S는 같은 재무상태를 가진 독립기업이었다면 적용되었을 이자율보다 더 낮은 이자율로 자금을 차입할 수 있다. 다만, 모회사에게 적용되는 이자율보다는 높다.(TP §1.184) S가 신용등급 A인 기업들에게 적용되는 시장이자율로 외부의 자금대여자로부터 5천만 유로를 차입한다고 가정한다. S는 또한 외부 자금대여자와 비슷한 성격인 P사의 다른 자회사 T사로부터 같은 조건 및 이자율(A등급의 이자율)로 5천만 유로를 빌린다. 외부 자금대여자는 이 같은 자금대여 기간 및 조건으로 S가 T로부터 자금을 대여한 사실을 안다고 가정한다.(TP §1.185) 이 경우, T가 S에게 자금을 대여할 때 적용한 이자율은 정상가격에 따른 이자율

이라고 볼 수 있다. T와 S의 차입거래에서 적용된 이자율은 (i) 비교가능거래에서 제삼자 자금대여자와의 차입거래에서 적용된 이자율과 같고, (ii) S가 그룹에 속해 있지 않은 경우 빌릴 수 있었던 이자율보다 더 낮지 않으므로, 이러한 동반효과는 오로지 S가 그룹에 속해 있기 때문이며 다국적기업의 의도적 그룹공동행위로 인한 것이 아니어서 어떤 대가의 지급이나 비교가능성조정이 필요하지 않다.(TP §1.186)

2. S의 신용등급과 차입능력에 관한 사실관계는 사례 1과 같다. S는 A은행에서 5천만 유로를 차입한다. 기능분석에 따르면 A은행은 지급보증이 없을 경우 A등급에 해당하는 차입자에게 적용되는 이자율로 S에게 자금을 빌려준다. 그런데, P사는 S가 AAA등급에 적용되는 이자율로 빌릴 수 있도록 지급보증을 한다. 이 경우, S는 P사에게 그 지급보증에 대한 수수료를 지급해야 한다. 정상 지급보증수수료를 산출할 때, 그 수수료는 S의 신용등급이 A에서 AAa로 높아진 편익을 반영해야 한다. S의 신용등급이 BAA에서 A로 높아진 것은 오로지 그룹의 관계회사라는 소극적 관계에 따른 것으로 보상할 이유가 없다. S의 신용등급이 A에서 AAa로 높아진 것은 P사의 지급보증으로 인한 의도적 그룹공동행위 때문이므로 이를 보상해야 한다.(TP §1.187)

3. A사는 그룹전체를 대신하여 중앙구매역할을 담당한다. A사는 외부 독립공급업자로부터 재화를 구매하여 이를 관계회사들에게 재판매한다. A사는 그룹전체의 구매력으로 구매협상에서 유리한 지위에 있어 특정부품 구매가격을 200불에서 110불로 인하할 수 있다. 이 경우, A사의 관계회사에 대한 해당부품 정상 재판매가격은 200불 정도가 아니다. 정상가격에는 A사가 그룹전체를 위해 구매활동을 관리하는데 대한 보상이 고려되어야 한다. 비교가능성분석 결과, 비슷한 구매량 및 조건의 거래에서 A사의 구매관리용역에 대한 원가가산율이 제품당 6불이라면 A사의 관계회사에 대한 정상 재판매가격은 116불 정도이다. 이 경우, 다른 관계회사들은 그룹전체의 구매력에 의한 동반효과를 제품당 84불 정도 누린다고 볼 수 있고, A사는 용역을 수행하면서 관계회사가 구매하는 부품당 6불을 벌게 된다.(TP §1.188)

4. 사례 3과 사실관계가 비슷하다. 다만, A사는 실제로 구매와 재판매를 하는 것이 아니라 관계회사들을 위해 구매조건을 협상하며 그 결과에 따라 관계회사들이 공급업자로부터 직접 부품을 구매한다. 이 경우, 비교가능성분석에 따라 A사가 관계회사들을 위해 수행하는 용역에 대한 수수료로 부품당 5불을 수취할 권리가 있다고 가정한다.(사례 3에 비해 사례 4에서는 용역수수료가 더 낮다고 가정하는데, 이는 부품재고를 보유하지 않기 때문이다) 부품을 구매하는 관계회사들은 용역수수료를 지급하고 그룹전체에 대한 구매할인의 편익을 누릴 수 있다.(TP §1.189)

5. A국에 소재하고, B국과 C국에 제조자회사를 가진 다국적기업그룹이 있다. B국 세율은 30%이며 C국 세율은 10%이다. 그룹은 D국에 통합용역센터를 둔다. B국과 C국의 제조자회사들은 제조에 투입하기 위해 5천개의 작은 부품들을 필요로 한다. D국의 통합용역센터는 지속적으로 B와 C를 포함한 다른 관계회사들로부터 원가가산법에 따라 통합용역활동에 대한 수수료를 수취한다. 이 경우, 수수료는 제공되는 용역 수준과 특성에 부합하는 정상가격이다.(TP §1.190) 독립공급업자는 작은 부품들을 7,500개 이상 구매하는 대량구매에 대해서는 5% 할인해 개당 10불씩 판매한다. D국 소재 통합용역센터의 구매담당직원은 그 공급업자에게 B국 및 C국의 제조자회사가 각각 5천개씩, 그룹차원에서 총 1만개의 부품을 구매하는 경우 대량구매에 따른 할인율을 구매할 때마다 적용할 수 있는지 확인한다. 독립 공급업자는 두 제조회사들이 개별적으로 부품을 구매하더라도 5% 할인을 적용하여 총 1만개의 부품을 95,000불에 판매하기로 한다.(TP §1.191) 통합용역센터의 구매담당직원은 공급업자에게 필요한 부품을 주문하면서, B국 소재 제조자회사

에게 5천개 부품을 5만불에 판매하는 내용의 송장발행을 요청하고, C국 소재 제조자회사에게는 5천개 부품을 4만5천불에 판매하는 내용의 송장발행을 요청한다. 공급업자는 이러한 주문서에 따라 물건을 납품하고, 약정한 대로 총 1만개의 부품 대가로 95,000불을 받는다.(TP §1.192) 이 경우, B국은 2,500불의 비용을 감소조정 할 수 있다. 부품구매와 관련된 동반효과를 적절하지 않게 배분하는 계약이므로 이에 대한 조정이 필요하다. B국 소재 제조회사가 개별적으로 부품을 구매할 때 50,000불 이하로 구매하는 경우에도 이러한 조정은 가능하다. B국과 C국의 제조자회사 간에 명시적 거래가 없다 하더라도 구매할인과 관련된 의도적인 그룹공동행위는 B국 제조자회사에게 그 이익을 배분해야 하는 원인이 된다.(TP §1.193)

4.3 지리적 이점 및 지리적 원가절감

(1) 지리적 이점의 의미

무역과 경제의 세계화로 지리적 원가절감(location savings)이나 시장프리미엄(market premium), 더 일반적으로 지리적 이점(location specific advantages)이 문제가 되고 있다.(UT §10.3.3.1) 지리적 이점에는 전문화된 인력 및 지식, 성장하는 지역시장에의 접근, 소비능력이 있는 대규모 소비자, 개선된 기반시설(예 정보통신네트워크, 판매체계 등), 시장프리미엄 등이 있다.(UT §5.3.2.41) 지리적 이점으로 이루어지는 추가소득을 지역프리미엄(location rent)이라고 한다. 지역프리미엄의 가치는 대부분 지리적 이점의 가치와 같거나 작다.(UT §5.3.2.42) 소비제품시장이 경쟁적이어서 잠재적 경쟁자들도 지리적 이점이 있는 경우, 지리적 이점의 상당부분은 낮은 제품가격으로 소비자에게 이전되므로 지역프리미엄은 거의 없게 된다. 그렇지만, 추가소득이 고객에게 이전되는 것이 일시적이라면, 경쟁기간이 끝나는 경우 다국적기업은 높은 가격에 제품을 팔면서 지역시장에서 시장점유율을 높일 수 있다. 한편, 다국적기업이 지리적 이점을 배타적으로 누린다면 상당한 지역프리미엄을 누릴 수 있다.(UT §5.3.2.43)

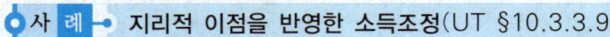

사 례 지리적 이점을 반영한 소득조정(UT §10.3.3.9)

중국 납세자의 연구개발센터의 원가는 100이고 비교대상인 선진국의 연구개발센터의 원가는 150이며, 원가가산율은 8%라고 가정한다. 원가는 인건비, 재료비 및 간접비를 모두 포함한다.

단 계	계 산
1. 선진국의 비교대상을 기준으로 원가가산율의 정상 가격범위를 산정	원가가산율의 중앙값을 8%로 가정
2. 중국 납세자와 외국회사의 원가차이를 계산	150 - 100 = 50
3. 원가차이금액의 정상 원가가산율에 해당하는 금액을 산정	50 × 8% = 4
4. 지리적 원가절감에 해당하여 중국에 배분할 수 있는 추가적인 이익	4
5. 중국납세자를 위한 정상이익의 총액	100 × 8% + 4 = 12
6. 중국납세자의 조정된 정상원가가산율	12 ÷ 100 = 12%

(2) 지리적 원가절감 및 기타 지역시장의 특성

영업활동이 수행되는 지리적 시장범위가 비교가능성과 정상가격에 영향을 미칠 수 있다. 서로 다른 지리적 시장의 차이점을 평가하고 적절한 비교가능성조정을 판단하는 과정에서 어려운 문제들이 일어난다. 이러한 문제들은 특정시장에서 영업활동으로 인한 비용절감에 대한 고려와 연계된다. 이러한 비용절감을 '지리적 원가절감(location savings)'이라 한다. 한편, 지리적 원가절감과 직접적으로 관련이 없는 지역시장의 특성과 관련한 비교가능성 문제가 발생하기도 한다.(TP §1.159)

① 지리적 원가절감

지리적 원가절감은 고비용 지역에서 저비용 지역으로 사업활동을 재배치한 결과로 이루어지는 원가의 감소를 말한다. 절감되는 원가의 유형에는 노무비, 재료비, 운반비, 임대료, 훈련비, 보조금(subsidies), 조세감면을 포함한 특혜, 기반시설비 등이 있다. 원가절감은 전력공급의 질, 높은 운반비나 품질관리비와 관련된 열악한 기반시설 때문에 일어나는 추가지출(dis-savings)로 상계되기도 한다. 그러므로 순원가절감은 원가절감에서 추가지출을 고려하여 판단해야 한다.(UT §5.3.2.39)

지리적 원가절감은 사업구조조정의 문제와 밀접히 관련된다.(TP §1.160) 관계회사들간 사업이전에 따른 편익이 어떠한 방식으로 공유되는지 판단할 때 다음 사항들을 고려해야 한다.(TP §1.161)

1. 지리적 원가절감의 존재 여부
2. 지리적 원가절감의 금액
3. 지리적 원가절감의 편익이 다국적기업그룹 관계회사에 유보되는지 아니면 제삼자고객이나 공급자에게 전가되는지
4. 제삼자고객이나 공급자에게 지리적 원가절감의 편익이 전부 전가되지 않는 경우, 비슷한 환경에서 활동하는 독립기업들 간에 지리적 원가절감의 순이익이 배분되는 방식

기능분석의 결과, 제삼자고객이나 공급자에게 편익이 돌아가지 않는 지리적 원가절감이 있고 지역시장에서 비교대상들과 비교대상거래가 식별되는 경우, 이러한 지역시장의 비교대상은 관계회사들 간 사업이전에 따른 편익의 배분결정에 가장 믿을만한 지표가 된다. 그러므로 지역시장의 비교대상 식별을 통해 정상가격을 결정할 수 있는 경우, 지리적 원가절감과 관련한 별도의 비교가능성조정을 하지 않아도 된다.(TP §1.162)

지역시장에 믿을만한 비교대상들이 없는 경우, 다국적기업그룹 구성원들 간 지리적 원가절감의 존재와 배분에 대한 판단과 지리적 원가절감을 고려한 비교가능성조정은 반드시 모든 관련사실의 분석에 기초해야 하는데, 이에는 사업구조조정에서 설명된 방법에 따른 특수관계기업들의 수행기능, 부담위험 및 사용자산의 분석을 포함한다.(TP §1.163)

② 지역시장의 다른 특성

관계회사들의 영업활동이 이루어지는 지역시장(local market)의 특성은 관계회사들 간의 거래에 대한 정상가격에 영향을 미친다. 이러한 특성들 중 일부는 지리적 원가절감에 직접적 영향을 주는 반면, 다른 특성들은 그러한 편익과 직접적으로 관련되지 않아 비교가능성이 어려울 수 있다. 예를 들면, 어떤 상황에 대해 수행된 비교가능성분석에서 제품이 제조되거나 판매되는 지리적 시장의 특성, 해당시장 소비자의 구매력 및 제품선호도, 해당시장의 확장 및 축소 여부, 해당시장에서의 경쟁순위 및 기타유사요소들이 그 시장에서 형성되는 가격과 이익에 영향을 미친다는 사실을 알 수 있다. 마찬가지로, 다른 상황에 대해 수행된 비교가능성분석에서 해당국가의 기반시설, 숙련근로인력의 확보가능성, 수익성 있는 시장에 대한 접근성 및 이와 비슷한 요소들이 영업활동이 수행되는 지리적 시장에서 유·불리에 영향을 준다는 사실을 알 수 있다. 비교가능성을 높일 수 있는 믿을만한 조정항목들을 식별할 수 있는 경우, 그러한 조정항목들을 고려하여 적절하게 비교가능성을 조정해야 한다.(TP §1.164)

이러한 지역시장의 특성에 대해 비교가능성조정이 필요한지 판단할 때, 믿을만한 방법은 비교가능 독립기업들 간의 지리적 시장에서 발생하는 비교가능 제삼자거래에 대한 정보를 참조하는 것이다. 이러한 비교가능 제삼자거래들은 관계거래와 같은 시장조건에서 이루어져야 하므로, 지역시장에서 비교가능거래를 찾아야 하며 지역시장의 특성에 관

한 특별한 조정을 해서는 안 된다.(TP §1.165)

합리적으로 믿을만한 지역시장의 비교대상이 없는 경우, 지역시장의 특성을 고려한 적절한 비교가능성조정을 하려면 모든 사실을 고려해야 한다. 지리적 원가절감의 경우와 마찬가지로 지역시장의 믿을만한 비교대상이 없는 경우, 다음 사항을 고려할 필요가 있다.(TP §1.166)

1. 지역시장에 유·불리가 존재하는지 여부
2. 다른 시장의 비교대상과 비교할 때 지역시장에서 유·불리 때문에 나타나는 매출, 비용 또는 소득의 증감정도
3. 지역시장특성으로 인한 유·불리가 제삼자고객이나 공급자에게 전가되는 정도
4. 제삼자고객이나 공급자에게 지역시장특성으로 인한 유·불리가 전부 전가되지 않는 경우, 비슷한 상황에서 활동하는 독립기업들 간에 지리적 원가절감의 유·불리로 인한 순이익이나 부담이 배분되는 방식

합리적으로 믿을만한 지역시장의 비교대상이 없는 경우, 여러 맥락에서 지역시장의 특성과 관련한 비교가능성조정이 필요하다. 일부 경우 시장에 대한 유·불리가 관계회사들 간 제공되는 재화나 용역의 정상가격에 영향을 미친다.(TP §1.167) 또 다른 상황에서, 관계회사들 간 무형자산의 이전 또는 사업구조조정으로 인해, 그러한 경우가 없었더라면 가능하지 않았을 방식으로, 거래의 일방이 지역시장에서 우세하여 편익을 수취하거나 열등하여 불리함을 부담한다. 이 경우, 지역시장에서 유·불리의 존재는 사업구조조정 또는 무형자산의 이전과 관련하여 지급되는 정상가격에 영향을 미친다.(TP §1.168)

이전가격분석을 할 때, 무형자산이 아닌 지역시장의 특성과 무형자산인 시장을 이용하는데 필요한 계약상 권리, 정부허가(license)나 노하우(knowhow)를 구별해야 한다. 상황에 따라 이러한 무형자산들은 상당한 가치를 지니는데, 이 경우 무형자산에 대한 방법으로 이전가격분석이 이루어져야 하며 특히 무형자산개발과 관련된 기능, 자산 및 위험을 부담하는 기업들에 대한 지침을 고려해야 한다. 어떤 상황에서, 계약상 권리 및 정부허가는 경쟁자들이 특정시장에 진입하는 것을 제한하므로, 지역시장특성의 경제적 결과가 특정거래 당사자들 간에 배분되는 방식에 영향을 미친다. 다른 상황에서, 시장에 진입하기 위한 계약상 권리나 정부허가가 거의 제한없이 시장진입자들에게 열려 있는 경우도 있다.(TP §1.169) 예를 들면, 어떤 국가에서 투자관리사업을 하는 조건으로 규제허가가 필요하며, 그러한 허가를 통해 외국인투자기업의 수를 제한한다. 이 경우, 비교가능성분석에서 관련정부기관은 그 허가를 주기 위해 용역제공자가 해당사업을 성공적으로 수행하기 위한 충분한 경험과 자본을 보유한다는 사실을 입증하도록 요구한다는 사실을 알 수 있다. 이러한 허가와 관련된 시장은 또한 특별한 시장특성을 가진다. 예를 들면,

이러한 시장에서 연금 및 보험의 계약구조로 대규모 현금보유와 국제적 분산투자의 필요성이 야기되고, 그 결과 질 높은 투자관리용역과 해외금융시장에 대한 지식을 상당히 필요로 하게 되어 이러한 용역제공이 상당히 수익성이 좋게 된다. 비교가능성분석을 하면, 지역시장의 이 같은 특성이 투자관리용역을 제공할 때 수취하는 수수료와 그로 인한 수익률에 영향을 미친다는 사실을 알 수 있다. 이처럼 규제허가를 받아야 하는 상황에서, 무형자산(예 투자관리용역을 제공하기 위한 허가)은 허가가 필요하지 않는 경우에 비해 허가를 받은 당사자가 시장의 고유특성에 따른 이익에 더하여 더 큰 영업이익을 취할 수 있도록 한다. 그러나 규제허가(regulatory licence)의 영향을 평가할 때, 지역시장 내 그룹 구성원과 이러한 허가의 취득에 필요한 자본을 제공하는 지역시장 밖의 그룹 구성원들의 기여를 모두 고려해야 한다.(TP §1.170)

다른 상황에서, 비교가능성분석에 따르면 어떤 지역에서 특정용역을 제공하려면 사전에 정부가 인정하는 사업허가를 받아야 한다. 그러나 일정자격을 갖추기만 하면 언제든 허가를 받을 수 있어 시장 내 경쟁자수를 제한하지 못한다. 이 경우 정부허가의 취득요건은 중요한 진입장벽이 되지 못하며, 이러한 허가의 보유는 기업이 해당시장에서 영업활동으로부터 얻는 이익에 상당한 영향을 미치지 못한다.(TP §1.171)

(3) 사업구조조정으로 이루어진 지리적 원가절감

다국적기업그룹이 재배치에 쓰는 비용(기존사업의 종료비용, 새 지역에서의 기반시설비용, 새 사업이 시장으로부터 먼 경우 운반비용, 해당지역 근로자의 훈련비용)을 감안하여 원래 활동을 수행하던 지역보다 비용(노동비용, 부동산비용 등)이 낮은 지역으로 활동의 일부를 재배치하는 경우 지리적 원가절감의 혜택을 누릴 수 있다.(TP §9.126) 사업구조조정으로 상당한 지리적 원가절감이 이루어진다면 지리적 원가절감을 당사자들 간에 공유해야 하는지와 어떻게 공유해야 하는지가 문제가 된다. 독립당사자들이 비슷한 상황에서 어떻게 합의할 것인지에 달려 있는데, 각 당사자의 기능, 자산 및 위험과 그들의 협상능력에 달려 있다.(TP §9.127)

사례 상표가치가 큰 제조기업

상표있는 의류를 디자인하고 생산하며 판매하는 기업이 있다. 제조과정은 일반적이지만 상표는 유명하여 상당히 가치있는 무형자산이라고 가정하자. 이 기업이 노동원가가 높은 A국에 설립된 제조활동을 폐쇄하고 노동원가가 상당히 낮은 B국 관계회사에 제조활동을 재배치하는 것으로 가정한다. A국 기업은 상표에 대한 권리를 보유하며 의류디자인을 계속한다. 구조조정에 의해, 하청제조계약에 따라 B국 관계회사가 의류를 생산하게 된다. 이 거래에서 A국 기업에 의해 소유되거나 대여되는 중요한 무형자산의 사용이 이루어지지 않으며, B국 관계회사가 중요한 위험을 부담하지 않는다. B국 관계회사가 생산하면, 의류는 A국 기업에게 판매되어 다시 제삼자

고객에게 재판매된다. 이러한 구조조정으로 A국 기업이 속한 그룹은 B국 관계회사로 하여금 상당한 지리적 원가절감을 누리게 한다. 지리적 원가절감이 A국 기업에게 귀속되어야 하는지, B국 관계회사에 귀속되어야 하는지, 아니면 둘 다에게 귀속되어야 하는지, (그리고 어느 정도 귀속되어야 하는지) 문제가 된다.(TP §9.128)

재배치된 활동이 높은 경쟁력을 가진다고 가정할 때, A국 기업은 현실적으로 B국 관계회사 또는 제삼자 제조업자를 사용할 수 있는 선택권을 가진다. 결론적으로, 제삼자가 정상적인 상황에서 A국 기업을 위해 기꺼이 의류를 제조하는 조건을 결정할 수 있는 비교대상자료를 발견할 수 있어야 한다. 이런 상황에서, 정상적인 하청제조업자는 일반적으로 지리적 원가절감의 아주 적은 부분을 받는다. 이와 달리 처리하면, 관계 제조업자는 독립제조업자의 상황과 다른 상황이 되며 정상거래원칙에 반하는 것이다.(TP §9.129)

사례 **구조조정으로 인한 지리적 원가절감**

X국 기업이 독립고객에게 고도의 전문기술서비스를 제공한다고 가정한다. 이 기업은 고품질기준으로 잘 알려져 있다. 이 기업은 동일시장에서 유사용역을 제공하는 경쟁자가 청구하는 시간당 수수료율에 비교되는 시간당 수수료율에 근거해 독립고객들에게 수수료를 청구한다. X국의 자격있는 기술자들의 임금은 높다고 가정하자. 이 기업은 이후에 사실상 낮은 임금으로 동등한 자격을 갖춘 기술자를 고용할 수 있는 Y국에 자회사를 설립하고 Y국 자회사에 기술작업의 상당부분을 하도급 주어, 그 기업과 자회사로 구성된 그룹전체적으로 지리적 원가절감을 누린다. 고객은 계속 X국 기업과 직접 거래하므로 하청계약을 인지할 필요는 없다. 일정기간 동안 X국 기업은 상당히 감소된 기술용역원가에도 불구하고 원래의 시간당 수수료율로 용역대가를 계속 청구한다. 그렇지만, 일정기간 후에 경쟁으로 인해 시간당수수료율을 낮출 수밖에 없으며 지리적 원가절감의 일부를 고객에게 이전해야 한다. 또한 이 경우에 다국적기업의 어느 당사자가 지리적 원가절감을 정상적으로 누려야 할지가 문제되는데, Y국 자회사, X국 기업, 또는 양자 모두인지(이 경우 어느 정도인지)가 문제가 된다.(TP §9.130)

어느 당사자에게 지리적 원가절감을 정상적으로 배분해야 하는지 결정할 때, 당사자들의 기능, 위험 및 자산은 물론 각자에게 실제로 가능한 대안을 고려하는 것이 중요하다. 이 사례에서, X국에서 그 회사가 판매하는 유형의 기술용역에 대한 수요가 많다고 가정한다. 또한, Y국 자회사는 요구되는 질적기준에 맞춰 그러한 용역을 제공할 수 있는 저비용지역에서 활동하는 유일한 기업이며, Y사는 보유하는 기술노하우를 경쟁의 방어막으로 활용할 수 있기 때문에 경쟁적 가격압박에도 견딜 수 있다고 가정한다. 또한, X국 회사는 이러한 용역을 제공할 수 있는 X국의 자격있는 기술자를 선택할 수 없는데, 고객에게 청구되는 시간당 임율에 비해 그 기술자들의 임금비용이 너무 높기 때문이다. 이러한 사실을 고려할 때, X국 기업은 Y국 자회사를 활용하는 것 이외에 가능한 선택이 많지 않다. X사가 Y사에게 지급하는 대가에는 그러한 용역을 제공하는데 사용된 무형자산을 포함한 용역의 가치에 더하여, Y사가 창출하는 지리적 원가절감을 고려해야 한다. 일부 경우, X국 기업 및 Y국 자회사가 하는 기여의 성격은 거래이익분할법의 사용기준을 충족한다.(TP §9.131)

Chapter 02

이전가격방법

2

1. 이전가격방법(TP methods)

1.1 이전가격방법의 소개

(1) 이전가격방법의 종류

이전가격방법은 보통 이전가격방법으로 부르며 크게 전통적거래방법(traditional transaction methods)과 거래이익방법(transactional profit methods)으로 구분한다.(TP §2.1) 전통적 거래방법을 매출총이익수준분석, 거래이익방법을 영업이익수준분석이라 한다.

| 이전가격방법 |

구 분	산출방법	비 고
전통적 거래방법 (매출총이익수준분석)	비교가능제삼자가격법(CUP)	
	재판매가격법(RP)	
	원가가산법(CP)	
거래이익 방법 (영업이익수준분석)	거래순이익률법(TNMM)	미국의 비교이익법(CPM)
	거래이익분할법(PSM)	비교이익분할법과 잔여이익분할법
기타 방법	복합적인 방법(Hybrid)	단일 방법을 복합하여 사용

(2) 쌍방분석과 일방분석

비교가능제삼자가격법, 거래이익분할법 또는 원가분담에 따른 정상가격은 거래의 쌍방 모두에게 적용되는데, 이러한 의미에서 이들을 쌍방분석이라고 한다. 이에 비해 재판매가격법, 원가가산법 또는 거래순이익률법에 의해 결정된 정상가격은 거래의 일방에만 적용되며, 이러한 의미에서 이들을 일방분석이라 한다.

쌍방분석을 적용하면 일정가격을 기준으로 양당사자의 소득이 결정되므로 이중과세나 이중비과세가 발생할 가능성이 적다. 일방분석을 적용하는 경우 한 국가에서 인정된 거래가격이 다른 국가에서 인정된 거래가격과 다르다면 이중과세뿐 아니라 이중비과세도 발생할 수 있다. 예를 들면, 다국적기업그룹이 A국 기업의 제품을 B국 기업에 판매하면서 C국 도관회사를 통해 거래하는 경우, 일방분석에 의해 계산한 정상소득률이 A국 30%, B국 40%라면 결과적으로 30%의 소득은 어느 곳에서도 과세되지 않는 이중비과세가 발생된다.

일방분석에서 상대방 중위값을 기준으로 분석대상 정상소득을 산정하는 경우 문제점

B의 정상소득을 산정하기 위해 거래상대방 A의 정상소득범위를 계산한 후, A의 중앙값을 초과하는 소득을 B의 이전소득으로 과세할 수 있다는 주장이 있다. 그러나 다국적기업의 국제거래에서 교역이익(초과이익)이 발생하며, A의 중앙값을 기준으로 잔여소득을 B에게 귀속시키면 초과이익을 모두 B가 가지는 결과가 될 수 있다. 다음 예시는 이런 상황을 설명하기 위한 것으로, A 및 B 모두 하위값 25, 상위값 75, 중앙값 50이다.

(예시 1. 초과이익이 없는 경우); 합산소득 100 = B 85 + A 15
B의 중앙값 50을 초과하는 소득 30을 A에게 귀속 ⇒ A소득 45 = 15+30
(예시 2. 초과이익이 있는 경우) ; 합산소득 130 = B 85 + A 50
B의 중앙값 50을 초과하는 소득 30을 A에게 귀속 ⇒ A소득 80 = 50+30

위 예시 2를 보면, A 및 B 모두 초과이익이 발생하고 정상소득범위에 해당하는 경우 상대방(B)의 중앙값을 기준으로 분석대상(A)에 초과이익을 귀속시키면 분석대상 귀속소득은 정상소득범위를 초과한다. 따라서 초과이익이 발생하는 국제거래에서는 상대방의 중앙값을 기준으로 분석대상의 정상소득을 산정하는 방식은 경제학적으로 옳지 않다. 불가피하게 상대방 기준을 적용하는 경우에도 초과이익 전액이 한쪽으로 이전되지 않도록 상대방의 상위값을 기준으로 배분하거나, 일상적 보상을 중위값을 기준으로 배분한 후 잔여이익분할법에 따라 초과이익을 합리적으로 배분하도록 해야 한다.

1.2 최적방법원칙

(1) 최적방법원칙

① 최적방법원칙

최적방법원칙(best methods rule)이란 여러 정상가격 산출방법 중에서 가장 합리적인 방법을 선택해야 한다는 것이다. 정상가격을 산출할 때에는 다음 기준을 고려하여 가장 합리적인 방법을 선택해야 한다.(국조령 §14 ①)

1. 특수관계가 있는 자 간의 국제거래와 특수관계가 없는 자 간의 거래 사이에 비교가능성이 높을 것. 이 경우 비교가능성이 높다는 것은 다음에 해당하는 경우를 말한다.
   가. 비교되는 상황 간의 차이가 비교되는 거래의 가격이나 순이익에 중대한 영향을 주지 아니하는 경우
   나. 비교되는 상황 간의 차이가 비교되는 가격이나 순이익에 중대한 영향을 주는 경우에도 동 영향에 의한 차이를 제거할 수 있는 합리적 조정이 가능한 경우
2. 사용되는 자료의 확보 · 이용 가능성이 높을 것
3. 특수관계가 있는 자 간의 국제거래와 특수관계가 없는 자 간의 거래를 비교하기 위해 설정된 경제여건 · 경영환경 등에 대한 가정이 현실에 부합하는 정도가 높을 것
4. 사용되는 자료 또는 설정된 가정의 결함이 산출된 정상가격에 미치는 영향이 작을 것
5. 특수관계가 있는 자 간의 거래와 이전가격방법과의 적합성이 높을 것

그러나 최적의 방법을 찾아낸다는 것은 거의 불가능하다. 따라서 경제학적 의미에서 일반적으로 차선(second-best)의 방법을 찾는다. 이론적 연구보다 실제 응용측면이 강하게 나타나는 이전가격세제에 이러한 원리가 적용되는 것은 당연하다. 그렇다 하더라도 이전가격세제는 관계거래에 대해 진정한 귀속소득이 무엇인가를 규명하려는 노력이기 때문에 최적방법에 의해 정상가격이 도출되어야 한다. 그러나 실무적으로 최적방법을 발견하는 것이 어려우므로, 상대적인 적합성을 비교하여 사용된 방법이 최적이라는 것을 입증할 수밖에 없다. 즉 특정방법을 사용하여 산출한 정상가격이 다른 방법에 의해 산출된 정상가격보다 신뢰성이 떨어진다면 다른 방법을 사용해야 한다. 따라서 어떤 방법을 최적방법으로 간주하기 위해서는 가능한 모든 방법을 사용하여 비교해야 하나 실제적으로는 불가능한 경우가 대부분이므로 비교가능한 방법 중에서 상대적으로 신뢰성이 높고 또한 독립기업 결과에 근접하는 것으로 추정되면 충분하다. 이렇게 보았을 때 사실상 최적방법원칙이라고 말할 수는 없으며, 다만 차선의 방법원칙에 지나지 않는다고 볼 수도 있다. 최적방법원칙에서 가장 중요한 것은 비교가능성이다. 즉 분석대상인 관계거래에 가장 비교가능한 정상가격을 산출해 낼 수 있는 방법이 어떤 것인가를 찾아야 한다.(Reg §482-1.c.1, TP §2.8)

정상거래원칙을 적용하기 위한 모든 이전가격방법들은 독립기업들은 현실적으로 가능한 대안을 고려하며, 대안들을 비교할 때 거래가격에 상당한 영향을 주는 대안들 간의 차이를 고려한다는 개념과 관련이 있다. 예를 들면, 정해진 가격에 상품을 매입하기 전에 독립기업들은 보통 다른 사람으로부터 싸지만 비교가능한 조건으로 동질의 상품을 살 수 있는지 검토한다. 이에 따라 비교가능제삼자가격법(CUP)은 관계거래와 일치하는 시장에 직접 참여하여 당사자들이 합의하였을 가격을 직접 산출하는 비슷한 독립거래와 관계거래를 비교한다. 그렇지만, 독립기업들 사이에 상당한 영향을 미치는 독립거래의 특성들이 모두 비교가능하지 않다면 비교가능제삼자가격법은 정상거래에 대한 믿을만

한 대안이 될 수 없다. 마찬가지로, 재판매가격법이나 원가가산법은 관계거래에서 달성한 총이익률(gross profit margin)을 비슷한 독립거래에서 달성한 총이익률과 비교한다. 이러한 비교로 당사자가 독립기업으로서 동일기능을 수행했다면 달성하였을 총이익률을 산정하고, 그에 따라 당사자가 그 기능을 수행하는 데 대해 정상적으로 요구할 수 있고 상대방이 기꺼이 지급하고자 하는 대가를 산정한다. 다른 방법들은 특수관계기업의 당사자가 독립기업들과 거래했다면 달성하였을 이익을 산정하는 수단으로 독립기업과 특수관계기업의 순이익지표(순이익률 등)를 비교대상으로 하며, 이에 따라 관계거래에서 자원을 사용하는 데 대해 정상대가로 요구할 가격을 산정한다. 실질적으로 비교에 영향을 미치는 비교상황들 간의 차이가 있는 경우 비교의 신뢰성을 높이기 위해 가능하면 비교가능성조정을 해야 한다. 그러므로 어떤 경우에도 조정되지 않은 산업평균수익률을 정상가격으로 보아서는 안 된다.(TP §1.40)

② 비교가능성의 평가

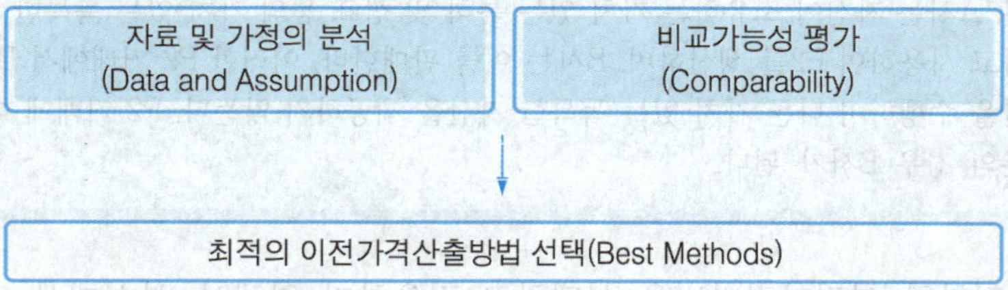

어떤 방법을 사용할 때 비교대상으로 사용되는 독립거래와 관계거래가 비교가능성이 없는 경우 그 방법은 최적방법이 될 수 없다.(Reg §482-1.c.2)

(2) 이전가격방법의 적용순서

정상가격은 국외특수관계인이 아닌 자와의 통상적인 거래에서 적용되거나 적용될 것으로 판단되는 재화 또는 용역의 특성·기능 및 경제환경 등 거래조건을 고려하여 비교가능제삼자가격법, 재판매가격법, 원가가산법, 이익분할방법이나 거래순이익률법 중 가장 합리적인 방법으로 계산한 가격으로 한다.(국조법 §8 ①) 이전가격방법의 적합성이 높은지를 평가하는 경우에는 관계거래에서 가격·이윤 또는 거래순이익 중 어느 지표가 산출하기 쉬운지 여부, 관계거래를 구별 짓는 요소가 거래되는 재화나 용역인지 또는 수행되는 기능의 특성인지 여부, 거래순이익률법 적용 시 거래순이익률지표와 영업활동과의 상관관계 등을 분석해야 한다.(국조령 §14 ③)

전통적 거래방법 및 거래이익방법을 동일한 신뢰성을 가지고 적용할 수 있다면, 전통적 거래방법을 거래이익방법에 우선하여 적용할 수 있다. 또한, 비교가능제삼자가격법 및 기타 방법을 동일한 신뢰성을 가지고 적용할 수 있다면, 비교가능제삼자가격법을 기타 방법에 우선하여 적용하는 것이 적절하다.(TP §2.3)

(3) 분석대상(tested party)의 선택

분석대상의 선택은 거래의 기능분석에 맞게 이루어져야 한다. 일반원칙으로, 분석대상은 이전가격방법이 가장 믿을만한 방법으로 적용될 수 있고 믿을만한 비교대상을 찾을 수 있는 기업으로, 대부분의 경우 덜 복잡한 기능분석을 할 수 있는 기업이 된다.(TP §3.18)

사례 분석대상의 선택(TP §3.19)

A는 두 가지 종류의 제품 P1 및 P2를 생산하며, 이를 다른 국가에 있는 특수관계인 B에게 판다. A는 B가 소유하는 가치 있는 무형자산을 사용하여 B의 기술적 지시에 따라 P1을 생산한다. 이러한 P1 거래에서 A는 단순한 제조기능만을 수행하며 다른 가치 있는 독특한 자산을 제공하지 않는다. 이러한 P1 거래에서 분석대상은 대부분의 경우 A사가 된다.

한편, A사는 자신이 소유하는 가치 있는 특허 및 상표 등의 가치 있는 독특한 무형자산권리를 보유하고 사용하여 P2를 생산하며, B사는 이를 판매한다. 이러한 P2 거래에서 B는 단순한 판매기능만을 수행하며 다른 가치 있는 독특한 자산을 제공하지 않는다. P2 거래에 대한 분석대상은 대부분의 경우 B사가 된다.

가장 적합한 이전가격방법을 선택하고 적용하기 위해서, 분석대상 관계거래에 대한 비교가능성 요소에 대한 정보, 특히 국외특수관계인을 포함한 관계거래의 모든 당사자들에 대한 기능, 자산 및 위험에 대한 정보가 필요하다. 특히, 일방분석(원가가산법, 재판매가격법 및 거래순이익률법)에서 거래당사자의 어느 한 쪽(분석대상)에 대한 재무지표나 이익수준지표가 필요하지만, 관계거래의 성격을 적절히 구분하고 가장 적합한 이전가격방법을 선택하기 위해 분석대상이 아닌 상대방의 비교가능성 요소에 대한 질적 정보, 특히 기능분석에 대한 정보가 또한 필요할 수 있다.(TP §3.20)

가장 적합한 이전가격방법이 일방분석인 경우 분석대상에 대한 재무정보가 필요한데, 분석대상이 내국기업이든 외국기업이든 상관없다. 그러므로 가장 적합한 방법이 원가가산법, 재판매가격법 및 거래순이익률법일 때 분석대상이 외국 거주자 · 내국법인이라면, 분석대상이 아닌 기업의 거주지국 과세당국 또한 국외특수관계인에 대한 이전가격방법의 적용을 검토하기 위한 충분한 정보를 받아야 한다. 한편, 일방분석 중 한 가지가 가장 적합한 방법으로 선택되고 분석대상이 국내 납세자라면 과세당국이 국외특수관계인의 재무자료를 추가적으로 요청할 이유는 없는 것이 보통이다.(TP §3.22)

가장 적합한 이전가격방법이 거래이익분할법인 경우, 국내 및 국외를 포함한 모든 거래당사자들에 대한 재무정보가 필요하다. 이 방법의 쌍방향적 성격을 고려하면, 거래이익분할법의 적용은 특히 거래의 국외특수관계인에 대한 상세한 정보를 필요로 한다. 이에는 질적 정보(당사자 간의 관계를 적절히 식별하고 거래이익분할법의 적절성을 입증하기 위한 비교가능성 요소의 검토)는 물론 재무정보(분할되어야 할 결합이익의 결정 및 이익분할은 국외특수관계인을 포함한 모든 거래당사자들의 재무정보에 의존)가 포함된다.(TP §3.21)

(4) 이익형성

분석대상 및 분석방법의 선택은 위험배분에 영향을 미친다. 특수관계 판매업자에게 제품을 판매하는 제조업자의 경우, 판매업자만을 분석하면 일정한 수익률을 적용하게 된다. 이에 따라 판매업자는 제조와 판매로 인한 전체이익과는 상관없이 일정한 이익을 계상해야 한다. 즉, 제조자가 실질적으로 손해이며 거래전체도 손해인 경우에도 판매자는 일정한 이익이 보장된다. 이를 '이익형성(profit creation)'이라 하는데, 거래전체는 손해이지만 거래 일방은 이익을 본다. 사안에 따라 이러한 이익형성은 위험을 정당하게 배분하는 것이다. 그렇지만, 거래이익분할법을 사용하여 두 당사자를 검토한다면 위험을 배분해야 한다는 주장을 할 수 있다. 이익분할법을 적용하는 경우, 전체적으로 손실이라면 판매자의 이익형성은 작아야 하며, 반대로 전체이익이 클 경우 판매자에게 더 많은 이익이 배분되어야 한다.(미국세청 2018년 APA 교육자료)

(5) 동일 방법의 사용 및 다른 방법에 의한 검증

관계거래에 대해서 정상가격을 계산할 수 있는 방법이 여러 가지 있는 경우 가장 적합한 방법이 사용되어야 하지만, 관계거래가 여러 가지의 복합 형태로 이루어져 있는 경우는 각각의 거래행태에 대해서 서로 다른 방법을 쓸 수도 있다. 가령 재화의 공급과 동시에 용역이 제공되는 경우 재화와 용역에 대해서 각각 다른 방법을 사용하여 정상가격을 산출한다. 또한, 어떤 거래의 성격을 세법상 특별히 규정한 경우에는 이에 따라 특별한 방법이 적용된다.(Reg §482-1.b.2)

어떤 방법이든 특정거래와 관련되어 있는 다국적기업그룹 내의 기업들이 받아들일 수 있고, 또한 그 기업들이 소재하는 과세당국들이 인정할 수 있는 방법이라면 허용되어야 한다.(TP §2.11) 한 가지 이상의 방법으로 꼭 분석해야 하는 것은 아니다. 방법의 선택이 쉽지 않은 경우 한 가지 이상의 방법이 고려될 수 있으나, 일반적으로 정상거래가격을 가장 잘 반영하는 하나의 방법을 선택한다. 그러나 어떤 방법도 결정적이지 못한 어려운 사안의 경우에는 여러 방법을 결합하여 사용하는 신축적 접근이 필요하다.(TP §2.12)

서로 다른 방법을 사용하여 도출된 정상가격이 서로 다른 경우에는 어느 방법을 사용해야 하는가? 이 경우에도 최적방법원칙을 적용한다. 그러나 최적방법원칙을 적용해도 판단하기 어려운 경우에는 제삼의 방법을 사용하여 도출된 결과와 비교하여 가장 근접한 방법을 최적방법으로 선택한다. 납세자와 과세당국이 같은 방법을 사용하여 도출된 결과가 서로 다른 경우에는 다른 방법을 사용하여 검증을 할 수도 있지만, 같은 방법을 동일한 가정하에 다시 적용하여 오류를 찾아내야 한다.(Reg §482-1.c.2.iii)

사례 **원가가산법이 적절치 않은 경우**(국심 2003서3061, 2004.10.19.)

처분청이 정상가격을 산출하기 위해 선정한 비교대상의 회계처리가 감가상각비 등의 미계상으로 이익이 과다계상되거나 임의적인 회계처리로 계속성의 원칙에 위배되는 등 부적절 면이 있음에도 이러한 재무제표에 의해 산출된 매출총이익률을 기준으로 정상가격을 산정하고 이에 근거해 소득조정을 한 것은 타당하지 않고, 처분청이 원단 매출원가계산에 사용한 청구법인의 전체매출총이익률은 쟁점원단 매출뿐만 아니라 총매출액의 80%에 상당하는 봉제품 등 다른 매출부분이 포함된 것이어서 그 매출총이익률에 의해 산정된 매출원가를 쟁점원단의 매출원가로 보기는 어렵고, 쟁점원단 매출에 대한 정상가격을 산출하기 위해서는 먼저 원단의 실지발생 매출원가를 산정해야 함에도 이처럼 실지발생원가에 의하지 않고, 추정에 의해 환산된 매출원가에 기초하여 정상가격을 산출하는 것은 원가가산법의 정의에도 부합하지 아니하는 면이 있으며, 청구법인이 제시하는 쟁점원단에 대한 원가자료에 근거해 처분청이 선정한 비교대상 중 다툼이 없는 A섬유의 매출총이익률을 적용하고 처분청이 차이조정한 D/A이자를 합하여 계산해도 이전가격 소득조정액이 산출되지 않고, 청구법인이 제시한 원가자료에 의한 매출총이익률이 1998년 20.19%, 2001년 14.63%로 처분청이 정상가격을 산정하는데 이용한 비교대상의 매출총이익률 1998년 12.02%, 2001년 12.62%를 상회하고 있으며, 처분청의 산정방식에 의하더라도 1999 및 2000 사업연도에는 이전가격 소득조정액이 없는 것으로 나타나는 점 등을 종합하면 쟁점원단 매출은 정상가격의 범위를 벗어났다고 보기 어렵다.

2. 전통적 거래방법(traditional transaction methods)

전통적 거래방법에는 비교가능제삼자가격법, 재판매가격법 및 원가가산법이 있다.(TP §2.12.)

2.1 비교가능제삼자가격법(CUP method)

(1) 적용 요건

비교가능제삼자가격법(comparable uncontrolled price method)은 정상가격결정의 가장 원칙적 방법으로 거주자·내국법인과 국외특수관계인 간의 국제거래와 유사한 거래 상황에서 특수관계가 없는 독립된 사업자 간의 거래가격을 정상가격으로 보는 방법이다.

'제삼자 간 거래'란 다음과 같은 특수관계가 없는 기업 간 거래를 의미한다.(국조법 §8 ① 1호, TP §2.13)

1. 관계기업의 어느 한 쪽이 제삼자에게 판매하는 경우
2. 제삼자가 특수관계기업 어느 한 쪽에게 판매하는 경우
3. 관계기업과 관련이 없는 독립기업 간 거래의 경우

비교가능제삼자가격법에서는 제품의 유사성이 비교가능성에 가장 큰 영향을 미친다. 비교대상 제품 간에 상당한 차이가 있고 이러한 차이에 대한 조정이 이루어질 수 없으면 비교가능제삼자가격법을 적용해서는 안 된다. 차이를 유발할 수 있는 요인으로는 다음과 같은 것이 있다.(국조칙 §6 ② 1호, TP §2.14, Reg §482-3.b.2)

제품의 품질, 계약조건(보증범위 및 기간, 판매량 또는 매입량, 신용조건, 운반조건), 시장단계(도매, 소매 등), 거래가 발생한 시장의 지리적 차이, 거래시기, 판매와 관련된 무형자산, 환율변동위험, 구매자 또는 판매자에게 실제적으로 가능한 대안들

① 시장 : 상품가격이 비교가능하기 위해서는 경제적으로 비슷한 시장에서 판매되는 상품이어야 한다.

② 유통과정 : 상품가격을 비교하려면 생산자로부터 소비자에 이르는 유통과정 가운데 동일한 단계에서 판매되는 상품끼리 비교해야 하는데 거래단계, 거래수량, 거래시기, 인도조건, 지불조건, 거래시장, 지리적 조건 등과 같이 가격결정에 영향을 미칠 수 있는 조건들에 차이가 있는지 검토해야 한다.

③ 상품 : 물리적으로 비슷한 동질성을 가진 상품을 서로 비교해야 한다. 상품이 자연적인 생산물이거나 대량생산물인 경우에는 경쟁시장가격을 쉽게 찾을 수 있으나, 표준화가 덜 된 상품일수록 정상가격을 찾아내기가 어렵다. 비교되는 상품 간에 약간의 차이가 있을 경우에는 그 차이점을 조정하여 정상가격을 산출해야 한다.

④ 부수적 서비스와 지식재산권 : 부수적인 서비스제공 여부와 특허권, 노하우, 영업권, 상표권과 같은 지식재산권이 상품판매와 동시에 이전되었는지 판단하여 동시에 이전된 경우에는 지식재산권 등의 대가를 고려하여 상품의 정상가격을 결정해야 한다.

비교되는 거래 간 또는 거래에 참여한 기업 간의 어떠한 차이도 공개시장의 가격에 실질적인 영향을 미치지 못하는 경우, 또는 합리적 조정으로 그러한 차이의 실제적 효과를 제거할 수 있는 경우 비교가능제삼자가격법을 적용할 수 있다.(TP §2.15) 관계거래와 충분히 비슷하면서 가격에 실질적 영향을 미치지 않을 만큼 특별한 차이가 없는 독립기

업거래를 찾는 것은 어렵다. 비록 동일한 이익을 가져올 만큼 사업활동의 성격이 충분히 유사하다 하더라도 관계거래에서 이전된 재화와 독립기업거래에서 이전된 재화의 사소한 차이는 가격에 중대한 영향을 미칠 수 있다. 이 경우 조정이 필요하지만, 조정의 범위와 신뢰성은 비교가능제삼자가격법에서 분석의 상대적인 신뢰성에 영향을 미친다.(TP §2.16) 비교가능성을 검토할 때 단지 제품의 비교가능성이 아닌, 넓은 관점에서 사업기능이 가격에 미치는 효과에 대해 주의를 기울여야 한다. 관계거래와 독립기업거래 간 또는 거래당사자들 간에 차이가 있다면 가격에 미치는 효과를 제거하기 위한 합리적 조정이 어려울 수 있다. 합리적 조정이 어렵다고 하여 비교가능제삼자가격법이 당연히 배제되는 것은 아니다.(TP §2.17)

일반적으로 비교가능제삼자가격법이 특수관계기업들 간 상품거래에 대한 정상가격을 산출하기 위한 가장 합리적 방법이다. 상품(commodities)이란 산업 내에서 독립기업들이 거래가격을 정하기 위해 공개시장 거래가격을 사용하는 실체가 있는 제품을 포괄하는 개념이다. '공개시장 거래가격(quoted price)'이란 해당기간에 국외 또는 국내 상품시장에서 찾은 상품가격을 의미한다. 이러한 맥락에서, 투명하고 공인된 가격조사기관, 통계청 또는 정부의 가격설정기관으로부터 입수한 가격지표들을 독립기업거래가격을 정할 때 사용하는 경우 공개시장 거래가격으로 볼 수 있다.(TP §2.18)

비교가능제삼자가격법에서 상품거래의 정상가격을 독립거래 및 공개시장 거래가격에서 나타나는 비교가능제삼자의 계약에 따라 산정할 수 있다. 일반적으로, 상품의 공개시장 거래가격은 특정시점에 시장에서 구체적 조건에 따라 거래되는 상품의 구체적 유형 및 수량에 대해 독립된 구매자와 판매자가 체결한 계약에 나타난다. 특정상품에 대한 공개시장 거래가격을 사용하는 것이 적합한지를 판단할 때 해당산업의 일반상황에서 관계거래와 비교가능한 독립거래 가격협상에서 공개시장 거래가격이 얼마나 폭넓고 일상적으로 사용되는지가 관건이다. 그러므로 공개시장 거래가격이 관계회사들 간 상품거래가격을 결정하는 데 참고가 된다.(TP §2.19)

비교가능제삼자가격법을 상품거래에 믿을만하게 적용하려면 관계거래의 경제적 특성과 제삼자거래 또는 공개시장 거래가격으로 나타나는 제삼자계약의 경제적 특성을 비교해야 한다. 상품거래와 관련한 경제적 특성에는 특히 (i) 상품의 물리적 특성 및 품질, (ii) 관계인들 사이에 체결된 거래량, 계약기간, 운송시점 및 운송조건, 운송수단, 보험, 외환조건 등의 계약조건을 포함한다. 일부상품의 경우 특별한 경제적 특성(예 신속운송)으로 인해 가산금(premium)이나 할인이 있을 수 있다. 공개시장 거래가격을 참고할 경우, 시장에서 상품이 거래되는 기준 및 상품의 공개시장 거래가격을 형성하는 기준을 명시한 표준계약서가 중요하다. 관계거래의 조건과 제삼자거래의 조건 또는 상품의 공개시장 거래가격을 결정하는 조건 사이에 상품거래가격에 상당한 영향을 미치는 차이가 있는 경우, 해당거래들 사이의 경제적 특성을 비교할 수 있도록 합리적으로 정확한 조정을 해야 한다. 공급사슬(supply chain)에서 다른 기업들이 수행기능, 사용자산 및 부담위험의 형태로 수행한 기여분에 대해 이전가격지침의 원칙에 따라 보상을 해야 한다.(TP §2.20)

납세자는 믿을만한 증거를 제출해야 하며, 이전가격보고서의 일부로 (i) 상품거래가격 결정정책, (ii) 독립거래 또는 공개시장 거래가격으로 나타나는 비교가능 제삼자계약을 근거로 거래가격을 조정하였음을 소명하는 정보, (iii) 가격산정공식, 제삼자실수요자와의 계약서, 가산금이나 할인의 적용 여부, 가격결정일, 공급사슬의 정보, 세무 이외의 목적으로 준비된 정보 등을 문서로 준비해야 한다.(TP §2.21)

공개시장 거래가격을 참조하여 가격을 결정하는 상품거래에서 특히 중요한 요소는 가격결정일(pricing date)인데, 이는 상품거래가격을 결정하기 위해 당사자들이 선택한 특정 시간, 일자 또는 기간(예 평균가격이 결정되는 구체적 날짜의 범위)을 말한다. 납세자가 관계 상품거래에서 거래발생시점에 관계회사들과 합의한 가격결정일에 대한 믿을만한 입증자료(예 제안 및 수락, 계약서, 계약조건을 제시하는 자료)를 제출하고 이것이 당사자들의 실제행위 또는 기타사실관계와 일치하는 경우, 과세당국은 관계인들 사이에 합의된 가격결정일을 참조하여 상품거래가격을 결정해야 한다. 관계인들 사이의 서면계약에 명시된 가격결정일이 당사자들의 실제행위 또는 기타사실관계와 일치하지 않는 경우, 과세당국은 기타사실관계와 일치하며 독립기업이 비슷한 상황에서(산업관행을 고려하여) 합의하였을 다른 가격결정일을 확인해야 한다. 납세자가 관계거래에서 관계회사들 사이에 합의된 가격결정일에 대한 믿을만한 증거를 제출하지 않고 과세당국이 다른 가격결정일을 확인할 수 없는 경우, 과세당국은 가능한 증거를 바탕으로 상품거래가격 결정일을 추정할 수 있는데, 이에는 선하증권이나 선하증권에 준하는 문서에 명시된 선적일자가 있다. 이는 가능한 정보에 기초하여 적절하게 비교가능성 차이조정을 할 수 없다면, 선적일자의 공개시장 거래가격의 평균을 기준으로 거래상품의 가격을 결정할 수 있다는 의미이다.(TP §2.22)

(2) 비교가능제삼자가격의 예시

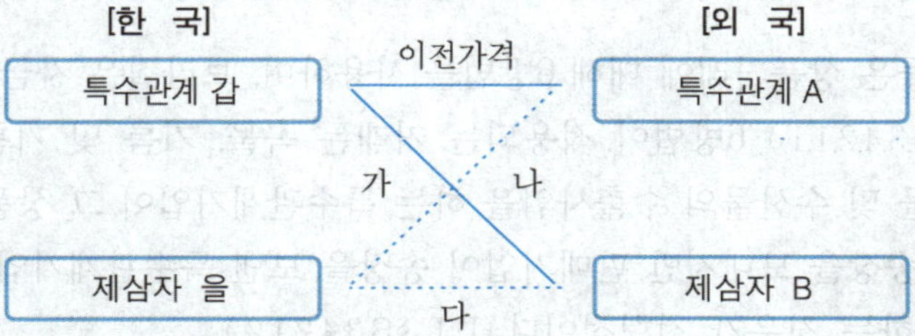

위에서 비교가능제삼자가격으로서 이용가능한 것은 내부비교대상인 '가'와 외부비교대상인 '나', '다'가 있는데, 내부비교대상은 조정해야 할 차이가 적으므로 외부비교대상보다 우선 적용된다.

(3) 비교가능제삼자가격법의 특징

독점제품 또는 세분화된 제품을 판매하는 경우에는 공개경쟁가격을 수집하기 어려울 뿐 아니라 경제사회적 관습, 지리적 위치 및 소비자의 행태에 따라 동일제품에 대해도 공급과 수요가 다르기 때문에 비슷한 시장을 찾기가 매우 어렵다. 또한 특수관계기업 간에 독립기업들이 수행할 수 없는 거래를 행할 경우에는 이 방법을 적용할 수 없다.

사례 비교가능제삼자가격법의 특징

1. 독립기업과 동일한 제품을 판매하는 경우 : 독립기업이 특수관계기업 간에 판매되는 것과 비슷한 상표없는 콜롬비아 커피콩을 판매한다. 활용가능한 단 하나의 독립거래가 브라질 커피콩이라면, 실질적으로 커피콩의 평가에 차이가 있는지 확인해야 한다. 예를 들면 커피콩의 원산지가 공개시장에서 더 나은 평가를 받는지 또는 할인요인이 되는지 검토해야 한다. 이러한 정보는 상품시장에서 얻거나 딜러가격으로부터 추정할 수 있다. 만약 이런 차이가 가격에 실질적 영향을 미친다면 조정이 필요하다. 합리적 조정이 이루어질 수 없다면 비교가능제삼자가격법은 사용될 수 없다.(TP §2.24)
2. 운송조건의 차이 : 관계거래가격은 운송료 포함가격이며 독립거래가격은 운송료 제외가격이라는 사실을 제외하고는 관계거래와 독립거래의 상황이 모두 동일하다. 일반적으로 운송료와 보험료의 차이는 가격에 대해 식별할 수 있는 영향을 미친다. 그러므로 독립거래가격을 결정하기 위해서는 운송조건의 차이를 조정해야 한다.(TP §2.25)
3. 거래량의 차이 : 어떤 납세자가 특수관계기업에게 톤당 80불로 1,000톤을 판매하고 동시에 독립기업에게 톤당 100불로 500톤을 판매한다. 이 경우 거래량의 차이로 인해 가격이 변동되는지 평가해야 한다. 판매량할인(volume discount)이 있는 경우 일반적으로 그 정도가 어떤지를 결정하기 위해서는 비교가능시장의 유사재화의 거래를 분석해야 한다.(TP §2.26)

(4) 6방법(sixth method) 또는 상품규정(commodity rule)

남미국가들은 상품거래에 대해 6방법을 사용하며, 브라질은 자금거래에 6방법을 준용한다.(UT §B.3.4.2.1.1.) 6방법이 적용되는 거래는 곡물, 기름 및 기름씨앗(oilseeds), 석유 및 가스, 광물 및 수산물의 수출사업을 하는 특수관계기업이 그 상품을 판매하는 특수관계기업에게 송장을 보내지만 판매기업이 송장을 보낸 특수관계기업과 다른 지역으로 그 상품을 운송하는 경우가 전형적이다.(UT §B.3.4.2.1.2.)

| 6방법의 적용예시 (UT 표 B.3.9.) |

구분	채택 방법
대상 거래	• 수출거래에만 적용 • 수입거래에만 적용 • 수출 및 수입거래
계산의 성격	• 비교가능제삼자가격법 적용 방식 • 정상가격 산출 방식 • 특정방식 없음
계산대상 제품이나 재화	• 재생가능 천연자원; • 또는 재생불가능 천연자원; • 또는 공개시장 시장가격이 알려진 재화; • 법에서 계산대상을 명시하지 않음. 일부 법은 과세당국이 일정요건을 충족하는 경우 다른 재화를 계산대상에 포함. • 중간회사가 경제적 실질이 없음; • 또는 과세당국이 필요하다고 인정하는 경우
특수관계 요건	• 일부국가에서 수출업자 및 중간 무역업자 또는 재화의 실제 예정수취인이 특수관계인이어야 한다는 요건을 정하지만, 모든 국가가 그런 것은 아님. • 한 국가(브라질) 이상이 외국법인이 일정지역(비협조, 저세율 또는 조세특혜제도 지역) 거주자·내국법인이면 관련회사들이 특수관계인인지 여부에 상관없이 6방법을 적용
중간회사 요건	일부국가는 6방법을 적용하기 위해 경제적 실질이 없는 국제적 중간회사가 있어야 한다는 요건을 적용하지만, 없는 국가들도 있음.
적용 순서	• 법에 정한 요건을 충족하는 경우 무조건 적용 • 6방법 또는 비교가능제삼자가격법의 적용을 선택 • 법에 명시적으로 규정하지 않음
적용 가격	• (운송을 위한) 선적일에 공개시장 재화의 시장가격과 예정 중간회사와 합의한 가격 중 높은 가격 • 수출과 수입을 달리 취급 • 수출의 경우 : 최종 선적일(다른 날 합의되었다는 증거가 없으면)에 당사자들이 합의한 조건에 따른 국제가격을 확인 • 수입의 경우 : 그 가격은 당초 매입한 날 국제기준가격을 넘지 않음 • 복합기준 : (i) 선적일 또는 하역일 공개시장 가격; (ii) 4개월간, 또는 하역일 전 또는 선적일 후 120일 간 평균가격; (iii) 합의를 시행한 날 가격; (iv) 합의를 시행한 날 이후 30일 간 평균가격; (v) 선적일 공개시장 가격, 선적일 전날 시장가격을 확인할 수 있는 경우 그 가격, 재화를 최초로 선적한 날의 가격 • 일부국가들은 합의를 서명한 때로부터 수일 이내에 과세당국이나 다른 정부기관에 제출하는 경우 당사자들이 합의한 가격을 인정

구분	채택 방법
비교가능성 조정	일부국가들은 시장상황, 계약조건 및 제품의 품질과 사양을 고려하여 공개시장가격에 비교가능성 조정을 허용하는 반면, 다른 국가들은 비교가능성 조정을 인정하지 않음.
6방법 적용예외	일부국가에서 시행되는 6방법에서 납세자가 중간회사가 경제적 실질이 있다는 입증을 할 수 있도록 규정. 다만 이를 인정하지 않는 국가들도 있음.

2.2 재판매가격법(resale price method)

(1) 적용요건

재판매가격법은 거주자·내국법인과 국외특수관계인 간의 국제거래에서 거래 당사자 중 어느 한쪽인 구매자가 특수관계가 없는 자에 대한 판매자가 되는 경우 그 판매가격에서 그 구매자가 판매자로서 얻는 통상의 이윤으로 볼 수 있는 금액을 뺀 가격을 정상가격으로 보는 방법이다. 이 방법은 해외에서 상품을 수입하여 국내에서 판매하는 경우 가장 효과적으로 적용할 수 있다.(국조법 §8 ① 2호, TP §2.27) 재판매가격법이 적합한지를 평가할 때, 분석대상 당사자가 중요한 가공기능 또는 제조기능 없이 판매 등을 하는지 여부를 분석해야 한다. 이 경우 거래되는 재화나 용역의 특성보다는 분석대상 당사자와 비교가능대상 사이의 기능상의 동질성 여부를 우선적으로 고려해야 하며, 고유한 무형자산(상표권이나 고유한 마케팅 조직 등)의 사용 등에 따른 차이는 합리적으로 조정될 수 있어야 한다.(국조칙 §6 ② 2호)

(2) 재판매가격법의 예시

재판매가격법에서 정상가격의 산정은 제삼자에게 재판매되는 가격에서 출발한다. 재판매가격에서 매출총이익에 해당하는 통상이윤을 차감한다. 통상이윤을 차감한 금액에서 물품매입과 관련한 다른 원가(관세 등)를 조정한 후의 가격이 정상가격이다. 재판매가격법에서 가장 주요한 개념은 통상이윤인데, 통상이윤은 아래와 같이 계산한다.(국조령 §6 ①)

통상이윤 = 제삼자 판매가 × 판매기준 통상이익률(비교거래와 수행기능, 사용자산, 부담위험의 정도가 비슷한 독립거래의 매출총이익률)

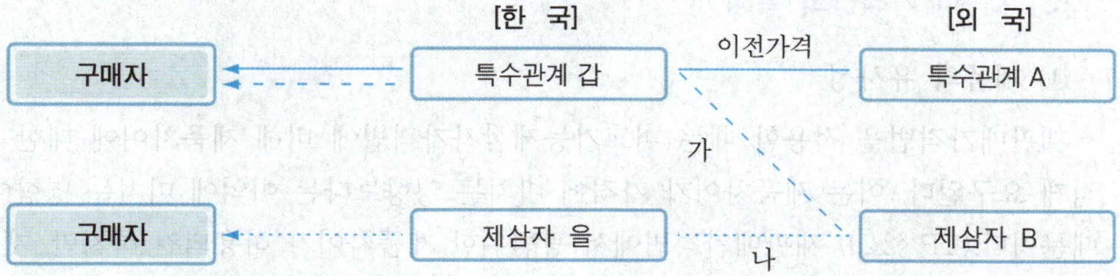

위에서 갑의 통상이윤은 갑의 제삼자(B) 거래 '가' 또는 을의 거래 '나'의 매출총이익률을 사용하여 다음과 같이 산정된다. 비교가능성을 고려할 때 내부비교대상 이익률이 우선적으로 사용된다.(국조령 §6 ②)

① 내부비교대상 이익률 : 갑의 가거래 매출총이익/갑의 가거래 매출
② 외부비교대상 이익률 : 을의 나거래 매출총이익/을의 나거래 매출

사례 재판매가격법의 적용사례(Reg §482-3.c.4)

한국법인 갑은 외국법인 을의 자회사로서 독점적 유통업체이다. 분석대상 사업연도의 기초 및 기말 재고에는 변화가 없다. 갑의 총매출원가(장부상)는 $800이고 이 중 $600은 을로부터의 자산매입과 관련한 것이며, 나머지 $200은 독립기업으로부터의 자산매입과 관련한 것이다. 갑의 적용가능한 재판매가격과 매출총이익은 다음과 같다.

적용가능 재판매가격	$1,000
매출원가	$800
을로부터의 매입가격	(600)
독립기업으로부터의 매입가격	(200)
매출총이익	$200

위 사례에 대해서 과세당국은 비교가능제삼자거래로부터의 적정매출총이익이 25%라고 결정했다. 그러면 갑의 적정매출총이익은 $250($1,000×25% = $250)이 된다. 그런데 갑은 특수관계인 을뿐만 아니라 독립기업으로부터도 자산을 매입하므로, 특수관계인 을로부터 매입한 자산의 원가를 산정하기 위해서는 두 단계를 거쳐야 한다. 첫째, 적정매출총이익($250)을 적용가능 재판매가격($1,000)으로부터 차감하여 $750을 구한 후에, 다시 이로부터 독립기업으로부터 매입한 자산의 원가($200)를 차감한다. 이때 독립기업으로부터 매입한 자산원가를 아무런 수정없이 그대로 차감하는 이유는 그 원가가 곧 정상가격에 해당하기 때문이다. 이렇게 해서 산정한 $550은 특수관계인인 갑으로부터 매입한 자산의 정상원가라고 볼 수 있다. 따라서 위 사례에서 갑은 을에게 $50에 해당하는 소득을 이전시켰다는 결론에 도달한다.

(3) 재판매가격법의 특징

① 제품의 유사성

재판매가격법을 적용할 때는 비교가능제삼자가격법에 비해 제품차이에 대한 조정이 적게 요구된다. 이는 제품차이가 가격에 미치는 영향보다는 이익에 미치는 영향이 작기 때문이다.(TP §2.29) 재판매가격법에서 광범위한 제품차이가 허용되긴 하지만, 제품차이가 너무 크면 관계거래와 독립거래에서 양 당사자 간에 수행되는 기능차이에 큰 영향을 미칠 가능성이 있다. 재판매가격법을 적용하면 상대적으로 제품이 덜 비슷해도 되지만 제품이 비슷할수록 나은 결과가 나오는 것이 일반적이다. 높은 가치가 있거나 상대적으로 독특한 무형자산이 거래에 관련된 경우, 제품의 유사성이 상당히 중요하므로 비교가능성을 유지하기 위해서는 특별한 주의를 기울여야 한다.(TP §2.31)

순이익률이 이전되는 물품과는 2차적으로 관련될 뿐이고, 물품 이외의 특성에 주로 관련되는 경우에는 비교가능성의 다른 특성들(수행기능, 경제적 여건 등)에 중점을 두는 것이 타당하다. 이런 예는 이전되는 물품에 상당한 가치를 더하기 위해 상대적으로 독특한 자산(상당히 가치 있는 무형자산)을 사용하지 않는 특수관계기업에 대한 이익을 결정할 때에 나타난다. 관계거래와 독립거래 간에 물품 그 자체를 제외한 모든 특성들이 비교가능할 경우, 이전되는 물품의 차이에 대한 합리적 조정을 할 수 없다면 재판매가격법은 정상거래조건을 측정하는 데 비교가능 제삼자가격법보다 믿을 만한 수단이다.(TP §2.32)

② 기능의 유사성

시장경제에서 비슷한 기능을 수행하는 데 따른 대가는 사업내용이 틀리더라도 같아지는 경향이 있다. 반면, 종류가 다른 제품들의 가격은 그 제품들이 서로 대체재가 되는 범위 내에서만 같아진다. 매출총이익은 총보상(gross compensation)을 나타내므로 수행기능에 대한 매출원가(cost of sales)를 공제하고 난 후에 제품차이는 중요성이 다소 떨어진다. 예를 들어, 유통회사는 빵 굽는 기계를 팔 때나 커피혼합기를 팔 때 사실상 비슷한 기능을 수행한다. 따라서 시장경제에서 두 활동에 대해 비슷한 수준의 보상이 주어진다. 그러나 소비자는 빵 굽는 기계와 커피혼합기를 특별히 가까운 대체재로 생각하지 않으므로 그 가격들이 같아지지는 않는다.(TP §2.30)

관계거래와 독립거래 사이에 중요한 차이가 존재하고, 또한 이들 차이가 매출총이익률에 영향을 미친다면 이들 차이에 대한 조정이 이루어져야 한다. 이 경우 수행기능과 부담위험과 관련하여 발생한 영업비용에 대한 검토가 필요하다. 수행기능의 차이는 종종 영업비용에 반영되기 때문이다. 그러나 수행기능의 차이가 있는 경우에도 기능차이로 인한 영업비용의 차이만큼 반드시 매출총이익의 차이가 있는 것은 아니다. 기능차이 또는 위험차이를 유발하는 요인에는 다음과 같은 것이 있다.(Reg §482-3.c.3.ii.c, TP §2.40)

> 재고수준, 재고회전율, 위험수준, 제조자에 의한 반품프로그램(buy back programs), 계약조건(보증범위 및 조건 · 판매 또는 매입량 · 신용조건 · 운송조건), 판매 · 마케팅 · 광고프로그램 및 용역(판매선전 · 리베이트 · 공동광고), 시장수준(도매 또는 소매), 외환변동위험

③ **재판매자의 활동수준**

재판매이익률은 재판매자의 활동수준에 의해 영향을 받는다. 활동수준은 재판매자가 대리인으로서 최소한 서비스를 제공하는 경우로부터 재판매자가 소유에 따르는 위험을 전부 부담하고 광고, 마케팅, 유통, 제품보증, 재고유지, 자금조달, 기타 관련서비스 등에 따르는 위험에 대한 완전한 책임을 지는 경우에 이르기까지 아주 다양하다. 재판매자가 실질적인 영업활동을 하지 않고 단지 제품을 제삼자에게 이전하는 경우라면 수행기능이 적으므로 재판매이익률은 아주 적어야 한다. 재판매자가 제품의 마케팅에 특별한 기술이 있거나, 사실상 특별한 위험을 부담하거나, 제품과 관련된 무형자산의 개발 · 유지에 실질적으로 기여하는 경우에는 재판매이익률은 더 높아진다. 주의할 점은 재판매자 활동을 다른 측면에서 분석해야 하는 경우이다. 예를 들면 판매촉진비(promotional expense)의 일부 또는 대부분이 상표의 법적소유권자, 즉 제품 생산자에 대한 용역제공 차원에서 발생하는 것이 명백하다면 원가가산법에 의해 제공용역을 평가해야 한다.(TP §2.37)

사례 재판매자의 활동수준

1. 중개업자의 중개수수료 : 재판매자가 일반적인 중개업자로 활동하는 경우에는 재판매이익은 중개수수료를 의미하는데, 중개수수료는 보통 판매된 물품의 판매가격의 일정비율로 계산된다. 그러므로 재판매이익을 결정할 때에는 중개업자가 대리인 자격으로 활동하는지 또는 당사자(principal) 자격으로 활동하는지 고려해야 한다.(TP §2.28)
2. 보증의 차이 : 동일시장내에 동일한 상표로 동일한 제품을 판매하는 유통업자 A 및 B가 있다. 유통업자 A는 제품보증(warranty)을 하고, 유통업자 B는 제품보증을 하지 않는다. 유통업자 A는 제품보증을 가격전략에 포함하여 높은 가격으로 판매하며, 낮은 가격(제품보증비용 제외)으로 판매하는 B보다 높은 매출총이익을 실현한다. 이 경우, 제품보증비용에 대한 차이를 조정하지 않으면 두 기업의 매출총이익은 비교될 수 없다.(TP §2.36)
3. 보증비용을 보상받는 경우: 모든 제품에 대해 제품보증이 이루어지며 가격기반은 동일하다. 유통업자 A는 제품보증기능을 수행하나 사실상 공급자로부터 제품을 낮은 가격으로 매입하여 보상을 받는다. 유통업자 B는 제품보증기능을 수행하지 않고 공급자가 그 기능을 수행한다.(제품은 공장으로 반품됨) B의 공급자는 유통업자 A가 지불하는 가격보다 높은 가격을 B에게 청구한다. 만약 A가 제품보증비용을 매출원가로 처리한다면 기능차이로 인한 매출총이익의 조정은 자동적으로 이루어진다. 그러나 제품보증비용을 영업비용으로 처리한다면 매출총이익은 조정되지 않는다. 이 때, B가 제품보증기능을 수행하면 B의 공급자는 공급가격을 낮

출 것이며 B의 매출총이익은 증가할 것이다.(TP §2.43)

4. 기술지원을 하는 경우 : 어떤 기업이 자회사가 없는 5개 국가에 독립된 판매업자를 통해 제품을 판매한다. 판매업자들은 단순히 판매만 하며 그 외의 추가적 활동은 하지 않는다. 어느 한 국가에 그 기업이 자회사를 설립한다. 그 국가의 시장은 전략적 중요성이 있기 때문에 그 기업은 자회사로 하여금 그 기업제품만을 판매하고 고객에 대한 기술지원을 하도록 요구한다. 다른 여건들은 비슷하지만, 자회사와 달리 독점판매약정도 없고 기술지원기능도 수행하지 않는 독립기업의 이익률을 자회사에 적용하기 위해서는 비교가능성을 확보하기 위한 조정을 하는 것이 적절하다.(TP §2.44)

④ 재판매자가 상당한 영업활동을 수행하는 경우

재판매자가 상당한 영업활동을 수행한다면, 상당한 정도의 재판매이익률이 기대된다. 만약 재판매자가 그 활동에 가치 있고 독특한 자산, 즉 마케팅조직과 같은 자신만의 무형자산을 사용한다면, 이와 비슷한 자산을 사용하지 않은 독립기업의 매출총이익률을 사용해서 관계거래의 정상가격을 평가하는 것은 부적절하다. 재판매자가 가치 있는 마케팅 관련 무형자산을 소유한다면 독립기업의 매출총이익률보다 높은 매출총이익률을 계상해야 한다.(TP §2.32)

⑤ 추가가공을 하거나, 상표권이 개입된 경우

재판매 전에 제품을 추가가공하거나, 여러 부품들을 결합하여 완제품 또는 반제품을 만드는 경우에는 재판매가격법을 적용하기 힘들다. 또한, 다른 특수관계기업이 소유한 제품과 관련된 상표권의 창출 또는 유지에 재판매자가 실질적으로 기여하는 경우 최종제품의 가치창출에 대한 통상이윤을 평가할 수 없다.(TP §2.35) 특히, 특수관계인 해외생산업자로부터 구매하는 재판매자의 경우 과다한 광고선전비를 검토해야 한다. 광고선전비는 재판매자의 매출총이익에 영향을 미치지 않으므로 외면적으로는 정상적인 매출총이익 범위에 드는 것처럼 보이지만, 재판매자가 상표를 소유하는 해외 생산업자에 혜택을 주는 대규모의 광고를 행하는 경우가 있다. 이러한 상황을 방지하기 위해 매출총이익을 분석하는 때에도 일정수준 이상의 광고선전비는 매출총이익에서 차감조정할 필요가 있다. 또한 이 경우 거래순이익률법을 사용하여 매출총이익 범위와 함께 영업이익 범위를 함께 검토하기도 한다.(미국 2005년 APA교재)

사례 **상표부착 여부**(Reg §482-3.c.4)

제품 X에는 갑이 소유하는 상표(상당한 가치 있음)가 부착되어 있다. 또한 독립기업(A, B, C, D, E) 중 A, B, C는 상표가 부착되지 않은 제품을 유통시키며, D, E는 제품 X와는 다른 상표를 부착하여 유통시킨다. 물론 이들 제품은 경쟁관계에 있다. 그런데 D, E가 사용하고 있는 상표에 대해서는 소유권행사를 하지 못한다. A, B, C가 판매하는 제품의 가치는 을이 판매하는 제품의 가치와 차이가 있으나, D, E가 판매하고 있는 제품의 가치는 을이 판매하는 제품의 가치와 유사하다. 이러한 상황에서 재판매가격법을 사용하는 경우 A, B, C, D, E의 비교가능성은 어떠한가?

재판매가격법은 비교가능제삼자가격법에 비해서 제품의 품질 및 종류 면에서 동질성 내지는 유사성을 덜 요구하지만, 그렇더라도 그 제품의 가치가 크게 차이 난다면 이로 인해 가격 및 수익에 미치는 영향이 상당할 것이므로 분석에 대한 신뢰성이 떨어진다. 위 사례에서 A, B, C의 경우 상표가 부착되지 않고, D, E의 경우에만 상표가 부착되어 있다. 그런데 상표부착 여부에 따라서 제품의 가치가 크게 달라지므로 A, B, C의 상표부착 여부의 차이에 대한 조정이 이루어지지 않으면 A, B, C를 비교대상으로 삼기는 어렵다. 따라서 D, E만을 이용하여 정상가격범위를 산정하는 것이 보다 신뢰성을 높일 것이다.

⑥ 재판매 시기

재판매자가 제품을 매입한 후 즉시 판매하는 경우 정상가격을 결정하기가 가장 쉽다. 당초매입과 재판매 사이에 보다 많은 시간이 경과할수록 비교시에 환율, 비용의 변화 등 다른 요인이 고려되어야 한다.(TP §2.36)

⑦ 중간회사를 통해 상품거래가 이루어지는 경우

중간회사를 통해 연쇄적으로 상품유통이 이루어지는 경우 중간회사(intermediate company)로부터 매입한 상품의 재판매가격뿐 아니라 중간회사가 원공급자로부터 매입하는 가격과 중간회사의 수행기능도 같이 검토해야 한다. 그러나 이러한 정보를 얻는 데 어려움이 있으므로 중간회사의 기능을 결정하기 어려울 수 있다. 중간회사가 실질적 위험을 부담하지 않거나 제품가치를 증진시키는 경제적 기능을 수행하지 않는다면, 중간회사가 계상한 이익을 적절히 분해하여 다른 기업에 귀속시켜야 한다.(TP §2.33)

⑧ 재판매자의 독점판매권

독점판매권은 독립거래에서도 찾아볼 수 있으며 이익에 영향을 미친다. 독점판매권에 귀속될 이익은 지리적 판매범위와 대체재의 존재, 대체재간의 상대적 경쟁성에 따라 다르다. 독점판매권은 재판매자로 하여금 공급자의 특별한 상품을 판매하려는 노력을 하게 하며, 한편으로는 재판매자가 별다른 노력없이 큰 매출을 실현할 수 있게 한다.(TP §2.34)

사례 독점판매를 하는 경우(TP §2.42)

A는 자회사가 없는 5개 국가에 독립된 유통업자를 통해 제품을 판매한다. 유통업자들은 단순한 판매만 하며 그 이외 추가적 활동은 하지 않는다. 다른 국가에 A가 자회사를 설립한다. 그 국가의 시장은 전략적 중요성을 가지기 때문에 A는 자회사로 하여금 A제품만을 판매하고 고객에 대한 기술지원을 하도록 요구한다. 다른 여건은 유사하지만 독점판매약정도 없고 기술적 지원 기능도 수행하지 않는 독립 유통업자들을 비교대상으로 사용하는 경우 비교가능성을 확보하기 위한 조정이 이루어져야 한다.

2.3 원가가산법(cost plus method)

(1) 적용 요건

원가가산법이란 거주자·내국법인과 국외특수관계인 간의 국제거래에서 거래 당사자 중 어느 한쪽이 자산을 제조·판매하거나 용역을 제공하는 경우 자산의 제조·판매나 용역의 제공 과정에서 발생한 원가에 자산 판매자나 용역 제공자의 통상의 이윤으로 볼 수 있는 금액을 더한 가격을 정상가격으로 보는 방법이다. 이 방법은 국내의 제조업체가 해외 특수관계기업 및 제삼자에게 제품을 판매하는 경우 주로 적용되는 방법이다.(국조법 §8 ① 3호) 원가가산법이 적합한지를 평가할 때, 특수관계인 사이에 반제품 등의 중간재가 거래되거나 용역이 제공되는지 여부를 분석해야 한다. 이 경우 분석대상 당사자와 비교가능대상 사이의 기능상의 동질성 여부를 우선적으로 고려하되, 분석대상 당사자와 비교가능대상 사이에서 비교되는 총이익은 원가와의 관련성이 높고 동일한 회계기준에 따라 측정될 수 있어야 한다.(국조칙 §6 ② 3호)

원가가산법은 특수관계기업들이 반제품 또는 용역을 거래하거나, 공동설비계약(joint facility agreements) 또는 장기구매공급약정(long term buy and supply arrangements)을 맺는 경우 아주 유용하다.(TP §2.45)

관계거래와 독립거래 간 차이가 존재하는 경우 매출총이익률은 영향을 받는다. 이 경우 독립거래에서 도출된 매출총이익의 조정이 필요하다. 이 때에는 수행기능 및 부담위험과 관련한 영업비용을 고려해야 한다. 영업비용에는 이러한 기능차이가 반영되기 때문이다. 수행기능의 차이로 인해 매출총이익에 미치는 영향이 반드시 관련 영업비용의 영향과 동일하지는 않다. 원가가산법을 사용하는 경우에는 다음의 차이가 조정되어야 한다.(Reg §482-3.d.3. ii.c)

제조 또는 조립의 복잡성, 제조·생산·공정기술, 원자재 매입·재고관리, 검사기능, 판매관리비, 환율변동위험, 계약조건(보증범위 및 조건, 판매 또는 매입량, 신용조건, 운송조건)

(2) 원가가산법의 예시

원가가산법의 적용에 있어 통상의 이윤은 아래와 같이 계산한다.(국조령 §7 ①)

통상이윤 = 발생원가 × 통상이익률(자산을 정상가격으로 매입·건설·제조하는데 필요한 원가 또는 용역을 제공하는 과정에서 정상가격에 의해 발생한 원가에 대한 총이익률)

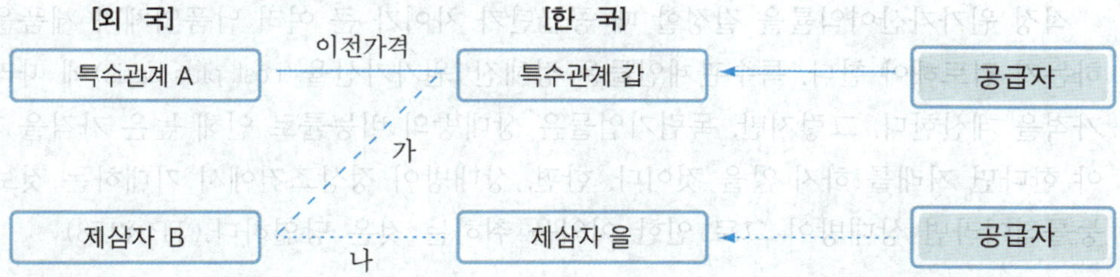

위에서 갑의 통상이윤은 갑의 제삼자(B) 거래 '가' 또는 을의 거래 '나'의 매출총이익률을 사용하여 다음과 같이 산정된다. 이 경우 비교가능성의 측면을 고려하여 내부비교대상 이익률이 우선적으로 사용된다.(국조령 §7 ②, TP §2.46)

- 내부비교대상 이익률 : 갑의 B품목 매출총이익/갑의 B품목 원가
- 외부비교대상 이익률 : 을의 B품목 매출총이익/을의 B품목 원가

(3) 원가가산법의 특징

① 원가의 개념

일반적으로 기업의 원가와 비용은 세 가지 범주로 나눈다. 첫째, 원재료와 같이 제품이나 서비스를 생산하는데 드는 직접원가가 있다. 둘째, 생산과정과 밀접한 관계가 있지만 여러 제품과 용역에 공통으로 소요되는 간접원가가 있다. 셋째, 판매·일반관리비와 같은 기업 전체적인 영업비용이 있다.(TP §2.53) 일반적으로, 원가가산법을 포함한 매출총이익 분석은 직접원가 및 간접원가를 공제한 후의 이익을 사용하는 데 비해 영업이익 분석은 영업비용까지 공제한 후의 이익을 사용한다. 그러나 기업에 따라서는 매출원가와 영업비용의 구분이 다르다.(TP §2.54) 원가가산법은 역사적 원가에 기초한다. 여러 제품의 생산에 공통적인 원가 또는 특정생산라인 전체에 연관된 원가의 경우에는 평균원가를 계산하는 것이 적절하다. 또, 여러 제품의 생산 또는 처리가 동시에 이루어지고 생산활동 수준에 등락이 있는(fluctuate) 경우 고정자산과 관련하여 평균원가를 적용하는 것이 적절하다. 대체원가(replacement costs)와 한계원가(marginal costs)를 측정할 수 있는 경우, 이들 원가를 이용하여 적정이익률을 보다 정확히 측정할 수 있다.(TP §2.55)

공급자(주로 자회사)에게 혜택을 주기 위해 간접비와 기타 원가를 공급자에게 적절히 배분하지 않고 구매자(주로 모회사)가 부담하는 경우가 있다. 원가배분은 각 당사자들의 수행기능을 바탕으로 하여 이루어져야 한다. 특히, 간접원가는 매출액, 근로자수 또는 고용원가(cost of employees) 등에 따라 배분되어야 한다.(TP §2.56)

② 제조능률차이

적정 원가가산이익률을 결정할 때 공급단가 차이가 큰 여러 납품업체가 제품을 공급하는지 검토해야 한다. 특수관계인들은 정해진 '원가가산율'(cost plus basis)에 따라 거래가격을 계산한다. 그렇지만, 독립기업들은 상대방의 비능률로 인해 높은 가격을 지불해야 한다면 거래를 하지 않을 것이다. 한편, 상대방이 정상조건에서 기대하는 것보다 더 능률적이라면 상대방이 그로 인한 이익을 취하는 것은 당연하다.(TP §2.58)

사례 제조효율의 차이(TP §2.48)

회사 A는 특수관계 유통업자에게 제빵기계를 판매하고 회사 B는 제삼자인 유통업자에게 다리미를 판매한다. 소형가전 제품시장(SMall household apPLIance industry)에서는 제빵기계와 다리미 제조 이익률은 대체적으로 동일하다. 원가가산법이 적용된다면 관계거래와 독립거래의 비교이익은 제조자의 유통업자에 대한 판매가격과 제품 제조원가와의 차이이다. 그러나 회사 A는 회사 B에 비해 제조효율이 우수할 수 있으며, 이 경우 회사 A는 더 낮은 원가를 계상한다. 결론적으로, 회사 A가 제빵기계 대신 다리미를 만들어 회사 B와 동일한 가격을 책정한다 하더라도 회사 A의 이익률은 회사 B보다 높다. 이러한 제조효율의 차이가 이익률에 미치는 영향에 대한 조정이 가능하지 않다면 원가가산법은 신뢰할 수 없다.

③ 원가구성내용에 대한 차이조정

기업이 일정기간에 걸쳐 들인 비용은 회수(cover)되어야 하지만, 특정연도에 귀속되지 않고 이연되거나 조기 인식되기도 한다. 또한, 기업들은 경쟁에 의해 가격인하를 단행할 때 재화의 제조비용 또는 용역의 제공비용을 참고하지만, 어떤 경우에는 발생비용과 시장가격 사이에 특별한 관계가 없을 수도 있다. 예를 들면 매우 가치 있는 발견을 하였지만 아주 적은 개발비용을 들인 경우가 있다.(TP §2.49) 그리고 원가가산법 적용시에는 원가구성내용이 비교가능해야 한다. 예를 들면, 비교대상은 임대자산을 사용하고 특수관계인은 자기자산을 사용한다면 조정 없이는 원가를 비교할 수 없다.(TP §2.50) 원가구성내용의 차이에는 다음과 같은 것들이 있다.(TP §2.51)

1. 원가차이가 기능차이(사용자산과 부담위험)에 의한 경우 : 원가가산이익률의 조정이 필요하다.
2. 원가가 원가가산법에 의해 검증되는 활동들과는 구별되는 추가적 기능수행에 따른 비용인 경우 : 그 기능에 대한 별도보상(separate compensation)이 필요하다. 이 경우, 그 기능수행을 적정한 대가가 지급되어야 할 용역공급으로 볼 수 있다. 또한 관계거래 약정을 통해 비정상적 자본구조(과소자본 등)로 인해 발생하는 비용은 별도 조정을 해야 한다.
3. 원가차이가 감독비용, 일반관리비처럼 단순히 기업의 능률 또는 비능률을 반영하는 경우 : 원가가산이익률에 대한 조정은 적절하지 않다.

사례 원가가산법 적용사례

1. 원가의 구성내용(TP §2.60) : B국가 소재 회사 B는 Y국가 소재 회사 Y의 100% 출자기업이다. 국가 Y와 비교할 때 국가 B의 임금수준은 매우 낮다. 회사 Y의 비용과 위험부담으로 회사 B가 tv를 조립한다. 모든 필요부품과 노하우 등은 회사 Y가 제공한다. 조립된 제품이 기준미달인 경우에도 회사 Y가 전량매입한다. 품질검사 후 tv는 회사 Y의 비용 및 위험부담으로 여러 국가에 소재하는 Y의 판매센터로 보내진다. 회사 B의 기능은 순수 제조이다. 회사 B는 합의된 양과 질에서 차이가 나는 경우에 대해서만 책임을 진다. 이 경우, 원가가산법 적용을 위한 원가는 조립활동과 관련된 원가로 구성된다.
2. 연구용역(TP §2.61) : 다국적기업그룹의 A사는 같은 그룹 내의 회사 B를 위해 연구용역을 제공하기로 합의한다. 연구실패의 모든 위험은 회사 B가 부담한다. 회사 B는 연구결과로 얻어지는 모든 무형자산을 소유하며 연구결과에서 얻어지는 모든 이익을 향유한다. 이 경우는 원가가산법을 적용할 수 있는 전형적인 경우이다. 양 당사자가 합의한 모든 연구원가는 보상되어야 한다. 추가적으로 지급해야 할 원가가산이익은 연구의 혁신성과 복잡성에 달려 있다.

3. 거래이익방법(transactional profit methods)

거래이익방법에는 거래이익분할법과 거래순이익률법이 있다. 이익을 거래조건으로 하는 거래를 하는 기업을 찾기는 어렵다. 그렇지만, 비교가능상황에서 독립기업이 정하였을 조건과 다른 조건으로 거래가 영향을 받았는지 보여 줄 수 있는 지표로 관계거래에서 발생하는 이익을 사용할 수 있다.(TP §2.63)

어떤 경우에는 거래이익방법이 전통적 거래방법보다 더 적합한 방법이다. 영업이익수준 분석(net profit margin analysis)이 총이익수준 분석(gross margin analysis)보다 신뢰성이 큰 상황이 있는데, 이는 총이익수준을 넘어서는 영업비용에만 반영되는 독립거래와 관계거래의 기능차이가 상당히 큰 상황을 의미한다. 또한, 관계거래 당사자들이 상당히 독특한 무형자산을 제공하거나 고도로 통합된 활동을 하는 경우가 있는데, 이때에는 거래이익분할법이 다른 일방적인 방법보다 더 적합하다. 제삼자에 대한 공개된 믿을만한 총이익에 대한 정보를 수집하기가 불가능하다면 전통적 거래방법을 적용하기가 어려우며, 합리적으로 믿을만한 정보의 가능성이라는 관점에서 거래이익방법이 가장 적합한 방법이다.(TP §2.4)

거래이익방법에서는 독립기업이 거래를 영위하면서 실현할 것으로 예상되는 순이익의 몫(division)을 추정한다.(TP §2.6) 단순히 기업들이 평균보다 낮은 이익을 계상한다는 이유로 거래이익방법을 적용하여 세금을 과다하게 부담시키거나, 반대로 평균보다 높은 이익을 계상하는 기업에 대해 거래이익방법을 적용하여 세금을 낮게 부담시켜서는 안된다. 상업적 이유 때문에 사업실적이 저조한 경우 평균보다 낮은 이익을 내는 기업에 대해 추가적인 세금을 부담시키는 것은 적절하지 않다.(TP §2.7)

3.1 거래이익분할법(transactional profit split method)

(1) 거래이익분할법의 개요

① 거래이익분할법의 개요

거래이익분할법은 거주자·내국법인과 국외특수관계인 간의 국제거래에서 거래 당사자 양쪽이 함께 실현한 거래순이익을 합리적인 배부기준에 따라 측정된 거래당사자들 간의 상대적 공헌도에 따라 배부하고, 이와 같이 배부된 이익을 기초로 산출한 거래가격을 정상가격으로 보는 방법이다. 이 경우 상대적 공헌도는 비슷한 상황에서 특수관계가 없는 독립된 사업자 간의 거래시 일반적으로 행하여지는 공헌도에 의해 측정한다. 이익에 적용되는 논리는 마찬가지로 손실에도 적용된다.(국조법 §8 ① 5호, TP §2.114, Reg §482-6.a) 미국의 경우, 비교이익분할법(comparable profit split method)이라는 표현을 쓴다.

거래이익분할법의 적합성을 평가할 때, 특수관계인 쌍방이 특수한 무형자산 형성에 관여하는 등 고도로 통합된 기능을 수행하는 경우에 특수관계가 없는 독립된 당사자 사이에서도 각자의 기여에 비례하여 그 이익을 분할하는 것이 합리적으로 기대되는지 여부를 분석해야 한다.(국조칙 §6 ② 5호)

② 거래이익분할법의 장점 및 단점

㉮ 거래이익분할법의 장점

거래이익분할법의 주된 장점은 거래의 양 당사자가 독특하고 가치있는 자산을 기여하는 경우(예 독특하고 가치있는 무형자산)에 해결책을 제공할 수 있다는 것이다. 이 경우에 독립당사자들은 각자의 공헌도에 비례하여 이익의 몫을 나누기를 원할 것이므로 이러한 상황에서 쌍방적 분석방법(two sided method)이 더 적합하다. 더 나아가, 그러한 기여가 독특하고 가치있다면 다른 방법을 적용하여 거래전체를 믿을만한 방식으로 가격산정하는 데 사용할 수 있는 믿을만한 비교가능정보는 없을 것이다. 이 경우, 거래이익분할법에 따른 이익배분은 각자의 기능, 자산 및 위험의 상대적 가치를 기준으로 특수관계기업들의 기여에 따라 이루어진다.(TP §2.119) 거래이익분할법은 일방적 분석방법이 적절하지 않은 고도로 통합된 거래에 대한 해결책을 제시한다.(TP §2.120)

거래이익분할법의 또 다른 장점은 독립기업들 간에 존재하지 않는 특수관계기업들의 특별하고 독특한 사실과 상황을 감안할 수 있는 유연성을 보여준다는 것이다. 더 나아가, 거래와 관련하여 각 당사자의 불확실성이 높은 경우, 예를 들어 모든 당사자가 경제적으로 중요한 위험을 공유(또는 밀접하게 관련된 경제적으로 중요한 위험의 개별 부담)하는 거래에서 거래이익분할법의 유연성으로 거래관련된 위험의 실제결과에 따라 달라지는 각 당사자의 정상이익을 결정할 수 있다.(TP §2.121)

거래이익분할법의 또 다른 장점은 거래가격결정의 일환으로 모든 거래관련 당사자들이 직접 평가된다는 것인데, 이는 거래관련 각 당사자의 정상대가를 결정하기 위해 거래에 대한 각 당사자의 기여를 특별히 식별하고 상대적 가치를 측정한다는 말이다.(TP §2.122)

㉯ 거래이익분할법의 단점

거래이익분할법의 단점은 적용상의 어려움과 관련된다. 어떻게 보면, 거래이익분할법은 정상거래에 대한 정보의존성이 떨어지므로 납세자와 세무당국 모두로부터 호응을 받을 것처럼 보인다. 그러나 특수관계기업과 세무당국 모두 국외 특수관계기업에 대한 정보접근에 어려움을 겪을 수 있다. 또한, 관계거래에 참여한 모든 특수관계기업들의 결합 이익과 비용을 측정하는 일은 어려운데, 이를 위해서는 공통기준에 따라 장부와 증빙을 작성하고 회계실무 및 통화에 대한 조정을 해야 한다. 더 나아가, 거래이익분할법이 영업이익에 적용되는 경우, 거래와 관련된 적정 영업비용을 확정하고 간접비용을 그 거래와 특수관계기업들의 다른 거래 간에 배분하는 것은 쉽지 않다. 적절한 이익분할요소를 식별하는 것 또한 어렵다. 거래이익분할법의 적용 매개변수들을 각각 결정할 때 판단이 필요하다는 점을 고려할 때 그 방법을 어떻게 적용했는지를 문서화하는 것이 특히 중요한데, 이에는 분할이익의 결정과 이익분할요소를 어떻게 찾았는지 등이 포함된다.(TP §2.123)

거래이익분할법은 독립기업들 간에 거의 사용되지 않으므로, 관계거래에 적용되는 경우도 없어야 한다는 주장이 가끔 있다. 이 방법이 최적방법이라고 판단되는 경우, 이전가격방법이 반드시 독립당사자들 간의 행동을 복제하기 위한 것이 아니라 관계거래에 대해 정상거래결과를 수립하고 검증하는 수단으로 기능하기 때문에, 제삼자들 간에 적용하지 않는다는 것은 판단요소가 될 수 없다. 또한, 비교가능거래에서 독립당사자들이 이익분할방법을 적용한다는 증거가 있는 경우, 거래이익분할법이 관계거래에서 최적방법인지 판단하는데 그러한 증거를 고려해야 해야 한다.(TP §2.124)

㉰ 자산영업이익률의 차이가 큰 경우 이익분할법은 적절치 않음

이익분할법의 이익분할요소로 거래순이익률법에서 사용하는 요소를 적용할 수 있다. 그런데 제삼자의 자산영업이익률(연결영업이익/연결자산)이 특수관계인 간의 자산영업이익률과 현저한 차이를 보이는 경우에는 이익분할법을 사용하기 어렵다. 즉, 비교가능성이 높다 하더라도 자산영업이익률이 현저하게 다르다면 이익분할법을 사용해서는 안 된다. 예를 들면, 특수관계인 A와 B의 자산영업이익률이 5%이고 제삼자 갑과 을의 자산영업이익률이 20%로 현저한 차이를 보인다면 갑과 을의 영업이익 분할비율은 비교가능성이 없다. 그 이유는 결합영업손익을 창출하는 자산의 효율성이 현저하게 다르므로 비교가능성을 상실하기 때문이다.(Reg §482-6.c.2)

③ 정확하게 기술된 거래의 성격

실제거래의 정확한 기술은 거래이익분할을 적용할 수 있는지 판단하는 데 중요하다. 이 과정은 각 거래 당사자가 무엇을 하는지에 대한 분석을 포함하여, 특수관계기업들 간의 상업적, 재정적 관계와 관계거래가 발생하는 맥락을 고려해야 한다. 즉, 어떤 이전가격방법이 궁극적으로 최적인지에 관계없이, 거래를 정확하게 기술하기 위해 쌍방적 분석(또는 필요한 경우 둘 이상의 특수관계기업들의 기여에 대한 다자적 분석)이 필요하다.(TP §2.125)

관계거래에 대한 각 당사자의 독특하고 가치있는 기여가 있다는 것은 거래이익분할이 적절하다는 가장 명확한 지표이다. 거래가 발생하는 산업과 그 분야의 사업성과에 영향을 미치는 요소를 포함하는 거래의 맥락은 당사자들의 기여와 그 기여가 독특하고 가치있는지 평가하는데 특히 관련된다. 사안의 사실에 따라, 거래이익분할이 최적방법이 되는 다른 지표는 거래관련 사업활동의 높은 수준의 통합 및 경제적으로 중요한 위험의 공유(또는 밀접하게 관련된 경제적으로 중요한 위험의 개별적 부담)를 포함한다. 주의할 점은 지표들이 상호 배타적이지 않으며 오히려 단일사안에서 함께 발견되는 경우가 많다는 것이다.(TP §2.126)

이와 반대로, 거래의 정확한 기술에 따라, 거래의 일방이 단순기능만 수행하고 거래와 관련된 경제적으로 중요한 위험을 부담하지 않으며 독특하고 가치있는 기여를 하지 않는다고 판단되면, 보통 거래이익분할은 적절하지 않은데, (경제적으로 중요한 위험에서 벗어남으로써 영향을 받을 수 있는) 이익의 몫이 그러한 기여나 위험부담에 대한 정상거래결과를 보여줄 가능성이 낮기 때문이다.(TP §2.127)

덜 복잡한 기능을 수행하는 당사자에 대한 정상수익률을 찾는데 사용되는 비교가능

제삼자거래가 부족하기 때문에, 거래이익분할이 최적방법이라고 결론내서는 안 된다. 사안의 사실에 따라, 충분히 비교가능하지만 관계거래와 동일하지 않은 제삼자거래를 사용하는 방법이 거래이익분할법을 부적절하게 사용하는 것보다 더 신뢰성이 있다.(TP §2.128)

또한, 산업실무를 고려하는 것도 관련이 있다. 예를 들어, 독립당사자들이 비슷한 상황에서 이익분할방법을 일반적으로 사용한다는 정보를 알 수 있다면, 거래이익분할법이 관계거래에 최적방법인지 신중히 고려해야 한다. 그러한 산업실무는 각 당사자가 독특하고 가치있는 기여를 하고, 당사자들이 매우 상호의존적이라는 사실에 대한 표현일 수 있다. 이와 반대로 유사거래를 하는 독립당사자들이 다른 이전가격방법을 사용하는 것으로 밝혀진다면, 최적방법을 결정할 때 이 또한 고려해야 한다.(TP §2.129)

㉮ 거래 당사자의 독특하고 가치있는 기여

(ⅰ) 비교가능 상황에서 독립당사자들의 기여와 비교할 수 없고, (ⅱ) 사업활동에서 기여가 실질적 또는 잠재적 경제효익의 주요원천에 해당하는 경우, 그 기여(예 수행기능 또는 사용·기여자산)는 "독특하고 가치있는" 기여이다. 이 2가지 요소들은 서로 연결되는데; 경제적 효익의 주요 원인이 그 기여이기 때문에, 그 기여에 대한 비교대상을 거의 찾을 수 없을 것이다. 이러한 상황에서 각각의 독특하고 가치있는 기여와 관련된 위험을 다른 당사자가 통제할 수 없는 경우가 있다. 이는 실제거래의 정확한 기술에서 위험부담에 영향을 준다. 예를 들어, 제품의 핵심요소의 개발자와 제조자는, 그 핵심요소와 함께 판매가능제품을 구성하는 다른 핵심요소의 개발자와 제조자와 함께, 경제적 효익의 핵심원천을 나타내는 기능과 무형자산의 관점에서 독특하고 가치있는 기여를 공동으로 하는 경우가 있다. 실무적으로 이들 모두 제품 전체에 대해 개발위험을 통제할 수 없지만, 대신에 함께 개발위험을 통제하고 각각의 기여로 인한 이익을 공유한다.(TP §2.130)

거래의 각 당사자가 거래와 관련된 독특하고 가치있는 무형자산을 법적으로 소유하는 경우, 거래의 정확한 기술에 따라, 그들이 각각 그 무형자산과 관련된 경제적으로 중요한 위험을 부담하는지 판단해야 하는데, 위험은 개발, 진부화, 침해, 제품책임 및 무단사용과 관련한 위험을 말한다.(TP §2.131)

믿을만한 비교가능 제삼자거래를 식별할 수 없는 경우 완전히 개발된 무형자산(무형자산 사용권 포함)의 이전에 대해 거래이익분할법이 최적방법이다. 거래이익분할법은 부분적으로 개발된 무형자산의 이전에도 적합하다. 이전된 무형자산이 평가곤란 무형자산에 해당하는 경우 평가곤란 무형자산의 지침을 고려해야 한다.(TP §2.132)

사례 이익분할법을 적용하는 사례 (TP 2장 부록 2)

사례 1. A사는 제약분야의 다국적기업그룹 모회사이다. A사는 신약제재의 특허를 소유하고 있다. A사는 임상시험을 설계하고 제품개발 초기 연구개발기능을 수행해 특허권을 부여받았다. A사는 생산예정 의약품에 대한 특허권을 자회사 S사에 허여하는 계약을 체결한다. 계약에 따라 S사는 제품의 후속개발을 수행하고 중요한 기능강화업무를 수행한다. S사는 관련 규제기관으로부터 승인을 받는다. 그 제품의 개발은 성공적이고 전세계 다양한 시장에서 판매된다. 거래의 정확한 기술에 따르면, A사와 S사 모두의 기여가 의약품 개발에 독특하고 가치있는 것으로 나타난다. 이러한 상황에서, A사가 S사에 허여한 특허권 대가를 결정하는 최적방법은 거래이익분할법이다.

사례 2. T그룹의 일원 A사는 A국에 설립된 회사로, 주요활동은 차의 재배와 가공이다. A사는 차를 재배하기에 매우 좋은 토양을 가진 땅을 확인하고 취득하며 경작한다. A사는 재배방법을 통해 차의 바람직한 품질을 극대화하는 것을 포함하여 차재배에 대한 광범위한 노하우를 개발했다. 경작방법과 토양의 특성으로 인해 A사의 차는 매우 선호되는 풍미를 제공한다. 회사는 고객의 주문사양에 따라 찻잎 분류, 등급부여, 전체 또는 부분 발효, 수출을 위한 블렌딩 및 포장 등의 작업을 수행하여 차를 처리한다. 블렌딩에서 T그룹 고객들이 인정하는 독특한 맛과 어우러지기 위해 다양한 차를 섞는 광범위한 독점 노하우를 활용한다. A사가 생산하는 차는 독특한 맛과 향으로 국제적인 찬사를 받았다. A사는 B국에 소재하는 모회사 B사에 차를 판매한다. 그다음 B사는 목표시장에서 판매하기 위해 차를 다시 포장하고 상표를 붙인다. B사는 독특하고 가치있는 상표명과 상표를 소유하며, 이를 자체적 노력으로 개발했다. 하지만 상표는 차의 기원과 A사가 개발한 독특한 블렌딩을 특징으로 한다. B사는 전파매체, 인터넷, 무역박람회 및 산업잡지 출판물을 통해 광범위한 광고캠페인을 실시하여 제품군이 여러 지역시장에서 선두주자가 되었다. T그룹이 판매하는 차는 프리미엄가격이 책정된다. 이 사안에서 거래의 정확한 기술을 통해, A사와 B사가 독특하고 가치있는 기여를 한다고 판단되며, 가장 적절한 이전가격 방법은 거래이익분할법이다.

사례 3. A사와 B사는 전자제품을 판매하는 다국적기업그룹의 구성원이다. 새로운 제품군의 출시를 위해 A사는 설계, 개발, 제조를 책임지는 반면 B사는 제품의 마케팅기능과 글로벌 유통을 담당한다. 특히, A사는 연구개발기능을 수행하고 연구진 및 일정 등을 결정한다. A사는 새로운 제품군의 생산을 위해 생산수준을 결정하고 품질관리를 수행한다. 이를 위해 A사는 가전제품의 제조에 관한 귀중한 노하우와 전문지식을 활용한다. 제품이 생산되면 B사에 판매되며, B사는 새로운 제품군과 관련된 최첨단 글로벌마케팅 활동을 전개하고 시행한다. 특히 B사는 마케팅전략을 설계하고, 제품이 출시될 각 지역의 마케팅 비용 지출수준을 결정하며, 월단위로 마케팅캠페인의 영향을 검증하는 업무를 담당한다. B사가 수행하는 마케팅활동은 새로운 제품군이 시장에서 경쟁사 대체품에 비해 우월하게 차별화되는 가치있는 상표권과 관련 영업권으로 귀결된다. B사는 제품의 글로벌유통에도 책임이 있다. B사가 수행하는 유통활동은 경쟁사에 비해 경제적 우위가 있는 핵심 원천활동이다. B사는 제품성능에 대한 고객들의 반응을 얻기 위해 연구개발활동을 수행하고 정교한 독점 알고리즘개발과 관련된 위험을 부담한다. 이 정보는 고객이 48시간 이

내에 주문품을 받을 수 있도록 수요를 정확하게 예측하고 재고 및 유통물류를 관리하는 데 가치가 높다. 거래의 정확한 기술에서, A사와 B사의 기여가 신제품군의 잠재적 성공에 독특하고 가치있다는 점이 나타난다. 이러한 상황에서, 거래당사자 A가 B사에게 판매한 제품에 대한 보상을 결정하는 최적방법이 거래이익분할법이 될 수 있는데, 양 당사자들이 거래에 독특하고 가치있는 기여를 하기 때문이다.

사례 4. 이 사례의 사실은 B사가 수행하는 마케팅활동이 더 제한적이고 상표와 관련된 영업권이나 명성을 중요하게 향상시키지 않는다는 것을 제외하고는 사례 3과 같다. B사는 판매하는 제품에 대한 고객의견을 A사에게 전달하는 체계를 갖추고 있지만, 이는 비교적 간단한 과정이며 독특하고 가치있는 기여에 해당하지 않는다. 요약하면, 유통활동은 해당산업에서 특별한 경쟁우위의 원천은 아니다. 특히, 새로운 제품군의 잠재적인 성공은 기술사양, 디자인 및 최종고객에게 제품을 판매하는 가격에 크게 좌우된다. 기능분석에서 A사는 제품의 설계, 개발 및 제조와 관련된 위험을, B사는 마케팅 및 유통과 관련된 위험을 부담한다고 결론짓는다. B사가 부담하는 마케팅 및 유통 위험은 A사의 궁극적인 수익성에 영향을 미칠 수 있다. 그러나 기능분석에 따르면 B사가 부담하는 위험은 사업활동에 경제적으로 중요하지 않으며 B사는 관계거래에서 독특하고 가치있는 기여를 하지 않는다고 판단된다. 이러한 상황에서, B사의 기여에 대한 정상대가는 비교가능 독립거래를 기준으로 일방적 이전가격방법을 적용하여 신뢰성 있게 측정될 수 있으므로 거래이익분할법이 최적방법이 아니다.

사례 5. WebCo는 사업자 고객을 위한 IT솔루션을 개발하는 다국적기업그룹의 구성원이다. 최근, WebCo는 인터넷사이트로부터 가격데이터를 수집하기 위한 검색구조(웹크롤러)를 설계했다. WebCo는 이 프로그램코드를 작성하여 시장에서 이용할 수 있는 다른 유사 검색엔진보다 더 효율적이고 빠른 방법으로 웹페이지를 체계적으로 검색할 수 있다. 이 단계에서, WebCo는 동일한 다국적기업그룹에 속한 회사 ScaleCo에 프로그램을 허여한다. ScaleCo는 웹크롤러를 확장하고 검색전략을 결정하는 역할을 한다. ScaleCo는 웹크롤러를 위한 추가기능을 설계하고 시장격차를 해소하기 위해 제품을 맞춤화하는 전문가이다. 이러한 기여가 없다면 시스템은 잠재적 고객의 요구를 충족시킬 수 없을 것이다. 허여조항에 따라 WebCo는 기본기술을 계속 개발하고 ScaleCo는 이러한 개발을 사용하여 웹크롤러를 확장한다. 기능분석 결과, 거래와 관련하여 경제적으로 중요한 위험은 개발위험, 즉 웹크롤러가 개발되지 않는 위험이라고 결론짓는다. 위험분석체계에 따라, WebCo와 ScaleCo가 소프트웨어 개발위험을 부담한다고 판단된다. 거래에 대한 정확한 기술에서, WebCo와 ScaleCo의 기여가 웹크롤러의 생성과 예상되는 성공에 독특하고 가치있다는 것이 밝혀진다. 이러한 상황에서, 거래이익분할법이 WebCo와 ScaleCo 사이의 권리허여에 대한 정상대가를 결정하는 최적방법이다.

㈏ 고도로 통합된 사업활동(highly integrated business operations)

대부분 다국적기업그룹은 어느 정도 통합되어 있지만, 일정 사업활동에서 특히 높은 수준으로 통합되어 있다면 이는 거래이익분할법을 고려할 수 있는 지표가 된다. 높은 수준의 통합이란 거래의 일방이 기능을 수행하고 자산을 사용하며 위험을 부담하는 방식이 거래의 상대방이 기능을 수행하고 자산을 사용하며 위험을 부담하는 방식과 상호연관되어 있어, 이를 별개로 신뢰성있게 평가할 수 없는 경우를 말한다. 이와 반대로, 다국적기업그룹 내의 많은 통합사례에서 비교가능 제삼자거래를 기준으로 거래 당사자의 기여를 신뢰성있게 평가할 수 있는 상황이 있다. 예를 들어, 기업들이 보완적이지만 구별되는 활동을 수행하는 경우 믿을만한 비교대상을 찾을 수 있는 때가 있는데, 각 단계에 포함된 기능, 자산 및 위험을 제삼자계약의 그것들과 비교할 수 있기 때문이다. 특정사안에서 어떤 이전가격방법이 최적인지 판단할 때 이를 염두에 두어야 있다.(TP §2.133)

어떤 경우에는 일방의 기여를 상대방의 기여와 분리하여 평가할 수 없을 정도로 당사자들이 기능을 공동으로 수행하거나 자산을 공동으로 사용하거나 위험을 공동으로 부담하기도 한다. 예를 들면, 특수관계기업들의 금융상품 국제거래에 거래이익분할법을 적용할 수 있다.(TP §2.134)

또 다른 사례는 당사자들 간의 통합이 고도의 상호의존 형태를 띠는 경우이다. 예를 들어, 당사자의 가치가 계약의 상대방에 좌우되는 중요한 기여(예 자산)를 각 당사자가 하는 장기약정을 체결하는 독립기업들은 이익분할법을 사용한다. 이러한 종류의 사안에서, 각 당사자가 그러한 기여를 하고 다른 당사자에 종속되는 경우(또는 한 당사자의 기여 가치가 다른 당사자의 기여에 상당히 좌우되는 경우), 상대방에 대한 의존으로 인해 발생하는 각 당사자가 부담하는 위험의 결과를 고려하여 그에 따라 달라지는 유연한 가격책정 형태를 볼 수 있다.(TP §2.135)

사업활동이 고도로 통합된 경우, 당사자들이 경제적으로 중요한 동일위험을 공동으로 부담하거나 밀접하게 관련된 경제적으로 중요한 위험을 개별적으로 부담하는 정도는 최적방법의 선택에 영향을 미치며, 거래이익분할법이 최적방법으로 고려되는 경우 어떻게 적용해야 할지, 특히 실제이익 또는 기대이익의 분할을 적용해야 할지가 관건이 된다.(TP §2.136)

일방이 경제적으로 중요한 위험의 통제에 기여하지만 그 위험을 거래상대방이 부담하는 경우, 일방이 지배력에 비례하여 그 위험에 대해 가능한 수익증감을 공유하는 것이 적절하다. 그러나 기업이 위험과 관련된 통제기능을 수행한다는 사실만으로 반드시 거래이익분할이 최적방법이라고 결론지어서는 안 된다.(TP §2.137)

기여들의 상호관련성이나 상호의존도가 높은 경우 당사자들 각각의 기여들을 전체적으로 평가할 필요가 있다. 즉, 고도의 통합은 기업들의 기여들을 독특하고 가치있는 것으로 볼지 여부에 영향을 미친다. 예를 들어, 일방의 독특한 기여는 상대방의 독특한 기여와 결합되어 고려될 때 중요한 큰 가치를 가질 수 있다.(TP §2.138)

사례 고도로 통합된 사업활동 (TP 2장 부록 2 사례)

사례 6. AS사는 특수관계자에게 자산관리용역을 제공하는 다국적기업그룹의 모회사이다. 이 회사는 2개의 자회사를 두는데, A국의 A사 및 B국에 B사이다. F사는 독립 자산관리회사로 A국과 B국의 개인투자자에게 집합투자기구를 제공한다. F사가 출시한 투자기구는 A국과 B국의 주식을 보유하고 있는 미러펀드(mirror funds)이다. F사는 펀드에 대한 자산관리용역을 제공하기 위해 AS사를 고용한다. F사는 A국 및 B국의 개인투자자에게 판매된 펀드의 관리대상 결합자산에 기초하여 AS사에 수수료를 지불한다. AS사는 A사 및 B사와 자산관리용역을 제공하기로 계약을 체결한다. A사는 A국 주식에 특화된 자산관리인을 고용하고, B사는 B국 주식에 특화된 자산관리인을 고용한다. AS사는 A사와 B사의 대리인으로 활동한다. F사는 계약과 관련하여 어떠한 기능도 수행하지 않으며, 어떠한 자산이나 위험도 인수하지 않았다. A사와 B사의 동일한 수의 자산관리인으로 구성된 투자운용위원회가 펀드운용을 결정한다. 이 위원회는 정기적으로 회의를 열고 펀드구성을 결정한다. A국과 B국의 주식 간 펀드구성은 위원회의 결정에 따라 달라진다. 기능분석에서, 특히 실적악화로 인해 개인투자자가 F사의 미러펀드에서 자금을 회수하는 것과 관련하여 경제적으로 중요한 위험이 있다고 결론짓는다. 지침 1장 1.2.1에 기술된 위험분석체계에 따라, A사와 B사는 펀드운용과 관련된 위험을 공동부담하고 고도로 통합된 방식으로 자산관리용역을 수행한다고 판단된다. A사와 B사는 가치있는 용역을 제공하지만, 자산관리용역에 대한 활발한 경쟁시장은 그 용역이 독특하지 않다는 점을 보여준다. 그러한 자산관리용역(즉, A사와 B사가 함께 수행하는 용역)에 대한 비교대상이 있지만, A사와 B사 간의 정상수수료 분할방법에 대한 정보는 없다. 이러한 상황에서, A사와 B사의 영업이 고도로 통합되고 상호의존적이어서, 각자의 기여에 대한 정상대가를 결정하는데 일방분석을 사용할 수 없기 때문에, 거래이익분할법은 A사와 B사의 보상을 결정하는데 최적방법이다. AS사가 F사로부터 받은 정상수수료는 A사와 B사가 분할하는 소득에 해당하는 수입금액이 된다. AS사에 대한 정상대가는 영이 된다.

사례 7. L국에 거주하는 L사와 M국에 거주하는 M사는 다국적기업그룹 LM의 일원이다. L사와 M사는 제삼자 고객에게 국제무역촉진, 화물운송, 세관중개 용역을 제공한다. L사와 M사는 함께 고객에게 수출국에서의 상품수취, 수출국에서의 통관, 컨테이너 화물상적, 선박에 컨테이너 선적 및 하적, 컨테이너화물 하적, 수입국에서 통관 및 목적지 상품배송을 포함한 용역을 제공한다. 고객은 수입업자 또는 수출업자이며 L사와 M사는 양국에서 수출입을 촉진한다. 고객은 일반적으로 이러한 용역에 대해 재화의 부피와 무게의 조합에 따라 대가를 지불한다. 거래의 정확한 기술에 따라, L사와 M사는 동일한 무역촉진, 화물출고 및 세관중개 용역을 고도로 통합된 방식으로 공동으로 수행한다고 판단된다. L사와 M사는 고객과의 거래를 성공적으로 완료하기 위해 서로에 대한 의존도가 매우 높다. L사와 M사는 또한 고객의 소재지에 맞추어 유사한 마케팅 및 고객관리 기능을 수행한다. L사와 M사는 통합상품추적 IT시스템을 공동으로 사용한다. 이 시스템은 처음에 L사와 M사가 공동으로 제삼자 공급업체로부터 구매했다. L사와 M사는 가능한 경우 각자가 시스템을 점진적으로 개선한다. LM그룹이 고객에게 제공하는 가치제안은 효율성 및 규모의 경제, 국경을 넘는 완벽한 통합에 의해 가능한 경쟁력 있는 가격책정에 있다. L사와

M사는 동일한 핵심 부가가치기능을 공동으로 수행하고 다국적기업그룹의 가장 중요한 자산을 공동으로 사용하고 그에 기여하고 있다. 비록 그들의 공동활동에 대한 정상가격을 쉽게 구할 수 있지만, 그들의 영업은 고도로 통합되고 상호의존적이어서 각자의 기여 중 하나에 대한 정상가격의 결정을 위해 일방분석을 사용할 수 없다. 따라서 이 경우 L사와 M사에 대한 정상대가의 결정에는 거래이익분할이 최적방법이다. L사와 M사가 거래와 관련된 경제적으로 중요한 위험을 공동부담한다면 실제이익의 분배가 적절하다.

사례 8. A사는 전자기기 제조 및 유통에 종사하는 다국적기업그룹 M의 모회사이다. A사는 모든 지역에서 그 기기를 판매할 독점권을 가지고 있다. A사는 전자제품의 제조를 M그룹의 다른 구성원 B사에 하청을 준다. 계약조건에 따라 B사는 A사의 지시에 따라 기기를 생산한다. B사는 최종제품의 여러 부분을 만드는데 필요한 자재를 구매하고 공급한다. 제조공정의 주요부품은 A사에서 조달된다. B사는 완제품을 A사에게 판매하고, A사는 제삼자고객에게 제품을 마케팅하고 판매한다. B사는 제조활동을 수행하기 위해 M그룹에서 판매하는 전자기기 생산에 특화된 기계 및 연장에 투자했다. B사는 A사 이외에 다른 고객이 없기 때문에 제품전량을 A사가 취득한다. 정확하게 기술된 거래에 따라, B사가 M그룹의 관계거래 및 사업과 관련하여 독특하고 가치있는 기여를 하지 않음을 알 수 있다. 더욱이 B사가 부담하는 위험은 그룹의 사업활동에 경제적으로 중요하지 않다. B사의 영업이 A사의 영업과 어느 정도 통합되어 A사에 의존적이고, B사의 기여에 대한 정상대가는 비교가능 독립거래를 기준으로 일방분석을 적용하여 신뢰성 있게 추정할 수 있다. 이러한 상황에서 거래이익분할법은 최적방법이 될 수 없다.

사례 9. A국 거주 A사와 B국 거주 B사는 다국적기업그룹 AB의 구성원이다. A사는 화합물 A에 대한 전세계특허를 소유하고 B사는 효소 B에 대한 전세계특허를 소유한다. 화합물 A와 효소 B는 둘 다 독특하다. A사와 B사는 각각 다른 목적으로 자체적 노력으로 화합물 또는 효소를 개발했지만, 이들을 원래 의도한 대로 사용할 수 없다는 것을 발견했다. 그 결과, 화합물 A와 효소 B 모두 현재 중요한 가치는 없다. 그런데, A사와 B사의 기술자들은 화합물 A와 효소 B의 조합이 특정질병을 치료하는데 매우 효과적이고 가치가 높은 독특하고 가치있는 약물을 만든다고 결론지었다. A사는 B사에 복합물 A의 사용권을 부여하는 계약을 체결했다. B사는 신약을 개발하기 위해 두 성분을 결합하고 시판할 것이다. 이러한 상황에서, A사와 B사 기여들의 높은 통합과 상호의존성은 기여의 가치에 영향을 미치며, 각 기여가 다른 기여와 결합하여 고려될 때 독특하고 가치있다. 결과적으로 A사에 의해 복합체 A의 사용권이 B사에 이전되는 보상을 결정하는데 거래이익분할법이 최적방법이 된다.

㉰ 경제적으로 중요한 위험의 공동부담, 밀접하게 관련되는 위험의 개별부담

정확하게 기술된 거래에 따라, 관계거래의 각 당사자가 해당 거래와 관련하여 경제적으로 중요한 위험들 중 하나 이상을 공동부담하는 경우, 거래이익분할이 최적방법일 수 있다.(TP §2.139)

정확하게 기술된 거래에 따라, 거래와 관련하여 경제적으로 중요한 다양한 위험들을 당사자들이 개별적으로 부담하지만 그 위험들이 매우 밀접하게 상호관련되거나 상호연관되어 각 당사자의 위험을 신뢰성있게 구분할 수 없는 경우, 거래이익분할이 최적방법이다.(TP §2.140)

거래이익분할법에 대한 지표로서 이 요소의 적합성은 각 당사자에게 해당이익의 몫을 좌우할 정도로 관련위험이 경제적으로 중요한지 여부에 크게 의존한다. 위험의 경제적 중요성은, 그 사업활동이 해당이익에 포섭되는 범위를 넘어서는 특수관계기업 일방에 대한 중요성이 아니라, 관계거래의 실제 또는 기대 해당이익에 대한 중요성과 관련하여 분석되어야 한다.(TP §2.141)

각 당사자가 경제적으로 중요한 위험을 공동부담하거나 상호관련된 경제적으로 중요한 위험을 개별부담하고 거래이익분할이 최적방법이라고 판단되는 경우, 분할되는 실제 해당이익은 각 당사자의 위험을 반영하기 때문에 기대이익보다는 실제이익의 분할이 적절하다. 반대로, 기대이익의 이익분할은 경제적으로 중요한 위험을 일방에 집중하여 반영하는 경향이 있다. 요컨대, 이전가격의 결과(실제이익 또는 기대이익의 공유)는 거래의 정확한 기술과 일치해야 한다.(TP §2.142)

사례 경제적으로 중요한 위험의 공동부담 (TP 2장 부록 2 사례 10)

A사는 첨단 산업제품군을 설계, 개발 및 생산한다. 새로운 제품군에는 A사의 특수관계기업 B사가 개발하여 만든 핵심부품이 장착된다. 이 핵심부품은 매우 혁신적이며, 독특하고 가치있는 무형자산을 포함한다. 이러한 혁신은 신제품의 차이를 나타내는 핵심요소이다. 신제품의 성공은 B사가 만든 핵심부품의 성능에 크게 좌우된다. 핵심부품은 신제품에 맞게 특별히 제작되어 다른 제품에는 사용할 수 없다. 핵심부품은 전적으로 B사에 의해 개발되었다. 거래의 정확한 기술에 따라, B사가 A사의 관여없이 부품개발과 관련된 모든 통제기능을 수행하고 모든 위험을 부담한다고 판단된다. 또한 거래의 정확한 기술에 따라, A사는 신제품의 전반적인 생산과 판매와 관련하여 모든 통제기능을 수행하고 모든 위험을 부담한다는 것을 알 수 있다. A사는 핵심부품의 성과와 관련된 위험을 통제할 수 없으므로 이를 부담하지 않는다. 이 사례에서 A사와 B사는 경제적으로 중요한 위험을 각각 부담하지만, 그 위험은 상호의존성이 매우 높다고 판단된다. 결론적으로 거래이익분할법이 최적방법이다. 이 사례에서 거래이익분할법을 적용하는 가장 적절한 방법이 A사의 신제품 판매수익 또는 총이익을 분할하는 것이라고 밝혀지면, 각 당사자는 자신의 영업원가와 관련된 위험을 부담하는 결과가 된다.

④ 신뢰할 만한 정보의 확보가능성

일반적으로 거래이익분할이 최적방법임을 알려주는 요인의 존재는 비교대상에 전적으로 의존하는 다른 이전가격방법이 최적방법임을 알려주는 요인의 부존재에 해당하는 경우가 많다. 다시 말해, 믿을만한 비교가능 제삼자거래에 대한 정보로 거래전체의 가격을 매길 수 있다면 거래이익분할법이 최적방법이 될 가능성은 낮다. 그렇지만 비교대상이 없다는 이유만으로 거래이익분할의 사용을 정당화할 수는 없다.(TP §2.143)

제삼자 비교대상이 없는 경우 거래이익분할법을 적용할 수 있지만, 독립 당사자들 간 거래 정보는, 예를 들어 해당이익의 분할을 예시하거나 잔여이익분할법을 적용하는 경우 여전히 이익분할법 적용에 필요하다.(TP §2.144)

(2) 결합이익의 결정

① 결합이익과 분할기준

결합이익 및 분할기준은 아래와 같이 이루어져야 한다.(TP §2.147, §2.148)

- 분석대상 관계거래의 기능분석에 따라 이루어져야 하며, 특히 당사자 간의 위험배분을 반영해야 한다.
- 독립 당사자 간에 합의되었을 분할대상 결합이익의 결정방법 및 분할기준과 일치해야 한다.
- 공헌도분석법, 잔여이익분석법, 소급법(ex ante) 또는 미래법(ex post) 등 여러 이익분할방법의 유형에 대한 고려가 있어야 한다.
- 합리적으로 믿을만한 방법으로 측정될 수 있어야 한다.
- 거래이익분할법을 사용하는 경우(소급법), 거래 전에 요건이나 배부기준을 합의하는 것이 합리적이다.
- 납세자나 과세당국은 방법의 적절성 및 적용방식의 적절성을 입증해야 하고, 특히 결합이익을 분할하는데 사용하는 요건이나 배부기준의 적절성을 입증해야 한다.
- 정상거래의 독립당사자들이 달리 합의하거나 다른 요건이나 배부기준을 명시적으로 만들거나 또는 특별한 상황으로 독립당사자들이 정당하게 재협상하기 전에는 분할되는 결합이익의 결정 및 분할요소의 결정은 해당거래의 존속기간 동안 계속적으로 적용되어야 하며, 이는 손실기간 동안에도 마찬가지이다.

② 이익분할의 방법 : 공헌도 분석(Contribution analysis)

독립기업이 기대했을 기대이익 또는 실제실현이익을 기초로 하여 이익분할을 추정하는 여러 방법이 있다. 위에서 설명한 것처럼, 그 방법들은 비교가능상황에서 독립기업들 간에 달성될 수 있는 결과를 추정하기 위해 경제적으로 유효한 기준에 따라 관계거래에서 발생하는 해당이익을 분할하기 위한 것이다. 이는 각 당사자의 상대적 공헌도를 고려함으로써 이루어질 수 있다(공헌도 분석).(TP §2.149)

공헌도분석에서 결합이익은 분석대상 관계거래의 모든 이익을 말하며, 비교대상거래에 개입된 독립기업들이 실현했을 것으로 예상되는 이익분할을 합리적으로 추정하여 관계거래에 참가한 각 특수관계기업들의 수행기능의 상대적 가치를 기준으로 특수관계기업들 간에 분할된다. 이익분할을 할 때 합리적으로 믿을만한 비교대상자료를 사용해야 한다. 비교대상자료가 없다면, 사용자산 및 부담위험을 감안하여 관계거래에 참여한 각 특수관계기업이 수행한 기능의 상대적 가치에 근거해 이익을 분할하는 것이 일반적이다. 공헌도의 상대적 가치를 직접 측정할 수 있는 경우에는 각 참여자의 공헌도의 실제 시장가치를 측정할 필요는 없다.(TP §2.150) 공헌도 결정은 각 당사자의 다양한 형태의 기여(용역제공, 부담한 개발비용, 투자자본 등)의 성격과 정도를 비교하고, 그 상대적 비교결과와 외부시장자료를 참고하여 비율을 최종 결정한다.(TP §2.151)

③ 결합이익의 결정

㉮ 결합이익의 측정

결합이익은 거래 양쪽이 함께 실현한 거래순이익으로 제3자와의 거래에서 실현한 매출액에서 매출원가 및 영업비용(판매비와 일반관리비)을 차감한 금액으로 한다.(국조령 §9 ① 1호)

거래이익분할법에 따라 분할되는 관련이익은 검토대상 관계거래의 결과로 발생하는 특수관계기업들의 이익이다. 통합수준을 식별하는 것이 필수적이다. 따라서 관련이익을 결정할 때, 먼저 거래이익분할법을 적용할 거래를 식별하고 정확하게 기술하며, 이를 통해 해당거래와 관련된 각 당사자의 관련 소득과 비용 금액을 식별해야 한다.(TP §2.154)

분할되는 관련이익이 둘 이상의 특수관계기업들의 이익으로 구성되는 경우, 거래이익분할이 적용되는 거래당사자들의 관련 재무자료를 동일기준의 회계관행 및 통화로 결합해야 한다. 회계기준은 분할되는 이익의 결정에 중요한 영향을 미칠 수 있기 때문에, 납세자가 거래이익분할법을 사용하기로 한 경우 그 방법을 적용하기 전에 회계기준을 선택하여 해당기간에 걸쳐 일관되게 적용해야 한다. 회계기준의 차이는 이익계산을 위한 비용처리 뿐만 아니라 수익인식 시점에도 영향을 미친다. 당사자들이 사용하는 회계기준 간의 중요한 차이를 식별하고 일치시켜야 한다.(TP §2.155)

사례 결합이익의 결정 (TP 2장 부록 2 사례 12)

A국에 거주하는 A사, B국에 거주하는 B사 및 C국에 거주하는 C사는 다국적기업그룹의 구성원들이다. A사와 B사는 제품의 설계와 제조를 담당하며, 이와 관련된 활동은 고도로 통합되어 있다. 또한 A사와 B사는 각각 A국과 B국의 제삼자고객에게 제품을 마케팅하고 판매할 책임이 있다. C사는 A사와 B사에서 매입한 제품을 C국의 제삼자고객에게 마케팅하고 판매할 책임이 있다. A사와 B사는 서로 다른 모델의 제품을 제조하기 위해 부품, 주형 및 구성품을 구매하고 판매하기로 계약을 체결한다. 이러한 거래에는 또한 고객의 요구를 적시에 효과적으로 충족시키기 위해 반제품도 포함될 수 있다. A사와 B사는 이 분야에 대한 폭넓은 경험을 바탕으로 각자 설계 및 제조공정에서 각각 독특하고 가치있는 노하우와 기타무형자산을 개발했다. 이와 반대로,

거래의 정확한 기술에 따라, C사는 독특하고 가치있는 기여를 하지 않는다는 것을 알 수 있다. 대신 C사는 비교대상을 찾을 수 있는 마케팅 및 판매 기능을 수행한다.

설계 및 제조는 다국적기업그룹의 핵심가치 요인으로 식별되며, 기능분석에서 경제적으로 중요한 위험은 설계 및 제조 기능과 관련된 전략 및 운영 위험이라는 사실을 알 수 있다. A사와 B사는 서로 다른 부품과 기여를 제공할 수 있는 상대방 역량에 따라 회사의 성과가 크게 좌우되는 복잡한 그룹내 거래망에 관여하고 있다. A사와 B사의 제조활동과 설계활동은 상호의존도가 매우 높으며 이들 모두 경제적으로 중요한 위험에 대한 통제기능을 수행한다. 지침 I장 D.1.2.1에 기술된 위험분석체계에 따라, A사와 B사는 설계 및 제조와 관련된 위험을 공동부담한다고 판단된다. A사와 B사는 제조 및 설계 과정에 독특하고 가치있는 기여를 하고 있다.

이러한 상황에서, A사와 B사의 그룹내 거래와 관련하여 A사와 B사의 보상을 결정하는 최적 방법이 거래이익분할법이다. 그러나 C사의 정상대가를 결정하려면 재판매가격법이나 거래순이익률법 같은 일방분석이 가장 적합하다. 거래이익분할법을 적용하는 경우, A국, B국, C국의 제품 판매는 분배될 이익을 결정할 때 고려되어야 한다. C국의 경우, C사의 기여에 대한 정상대가(위에 언급한 것처럼)를 차감하고 C사의 매출수익을 참조하여 이익을 계산한다.

잔여이익접근법에 따르면, 첫째 단계에서 각 당사자들(즉, A사와 B사)의 덜 복잡하고 비교대상을 찾을 수 있는 기여에 대한 정상이익을 결정한다. 이 금액을 해당이익의 총액에서 차감하여 분할할 잔여이익을 산출한다. 둘째 단계에서 잔여이익에 대한 상대적 공헌도에 근거해 A사와 B사가 잔여이익을 분할한다.

㉯ 회계실무의 일치

재무회계는 받아들여질 수 있는 세무회계기준이 없는 경우 분할대상 이익을 결정하기 위한 출발점이 된다. 원가회계의 사용은 그러한 회계처리가 존재하고, 믿을만하며, 검증 가능하고 충분히 거래를 반영하는 경우 인정된다. 이러한 맥락에서, 생산라인별 손익계산서나 부문회계를 유용한 회계증빙으로 인정할 수도 있다.(TP §2.156)

그러나, 당사자들 각각의 총활동이 이익분할대상이 되는 상황을 제외하고, 당사자들이 수행한 결합기여와 관련된 이익을 식별하기 위해, 재무자료를 분리하여 정확히 기술한 거래에 따라 배분할 필요가 있다. 예를 들어, 유럽의 마케팅과 유통에 종사하는 특수관계기업과 이익분할을 하는 제품공급자는 유럽시장을 위한 재화의 생산에서 발생하는 이익을 식별해야 하고, 다른 시장을 위한 재화의 생산에서 발생하는 이익은 제외해야 한다. 동일재화가 모든 시장에 공급된다면 이 계산은 비교적 간단하지만, 예를 들어 생산원가가 다르거나 내재기술이 다른 재화가 다른 시장에 공급된다면 복잡해지게 된다. 마찬가지로, 유럽 마케팅과 판매에 종사하는 특수관계기업이 다른 출처의 제품을 매입하는 경우, 이익분할에서 관련제품 공급업체로부터 매입한 상품과 관련된 수익, 비용 및 이익을 반영하는 방식으로 재무자료를 분리할 필요가 있다. 경험에 따르면, 이익분할을 하는 이러한 최초단계는 어떤 상황에서는 매우 복잡하므로, 거래관련 이익을 식별하는 방법과

그 과정에서 이루어진 가정을 문서화해야 한다.(TP §2.157)

㉰ 실제이익 또는 기대이익의 분할

그 이익이 실제이익인지, 기대이익인지 또는 이들의 조합인지를 포함하여 분할대상 이익의 결정은 정확하게 기술된 거래와 일치해야 한다. 2장 부록 2 사례 13은 이 절의 원칙을 설명한다.(TP §2.158)

거래이익분할법이 최적이라고 판단되는 경우, 실제이익의 분할, 즉 경제적으로 중요한 위험에 노출되어 영향받은 이익의 분할은, 거래의 정확한 기술에서, 당사자들이 사업기회와 관련된 경제적으로 중요한 위험을 공동부담하거나 개별적으로 부담하여, 결과적으로 발생하는 손익을 공유해야 한다는 것을 보여주는 경우에만 적절하다. 이러한 유형의 위험부담은 사업활동이 고도로 통합되거나 각 당사자가 독특하고 가치있는 기여를 하는 상황에서 발생한다.(TP §2.159)

다른 경우, 거래이익분할법이 최적방법으로 밝혀지지만(예 거래당사자 중 한 명이 독특하고 가치있는 기여를 하기 때문) 거래 후에 발생하는 경제적으로 중요한 위험을 공동부담하지 않는 경우, 기대이익의 분할이 더 적절하다.(TP §2.160)

거래이익분할을 적용할 때 소급적용하지 않도록 주의해야 한다. 즉, 기대이익 또는 실제이익을 분할했는지 여부에 상관없이, 독립당사자들 간에 생겼으면 재협상을 초래했을 예상치 못한 중요사건이 없다면, 이익분할요소, 관련이익 계산방법, 조정이나 부수조건을 포함하여, 특수관계기업들 간 분할기준은 거래발생 당시에 당사자들에게 알려지거나 합리적으로 예상되는 정보에 기초하여 결정되어야 한다. 대부분의 경우 실제계산은 그 이후에 행해질 수밖에 없는데, 예를 들면 처음에 정한 이익분할요소를 실제이익에 적용하는 경우이다. 또한, 거래를 정확하게 기술하는 출발점은 일반적으로 계약이 체결된 시점에 당사자들의 의도를 반영할 수 있는 서면계약이다.(TP §2.161)

사례 실제이익 또는 기대이익의 분할 (TP **2장 부록 2 사례** 13)

A국에 거주하는 A사는 소매 패션산업에 종사하는 다국적기업그룹 R의 모회사이다. A사는 수년간 노하우를 개발하여 집중적인 마케팅활동을 통해 사업의 상표권 및 관련 영업권 가치를 높이고 있다. 이 경우 A사가 개발하고 소유하는 무형자산은 평가곤란 무형자산에 해당하지 않는다. A사는 B국으로 사업을 확대하기 위해 B국에 거주하는 소매그룹 소속 B사와 협약을 체결한다. 이 계약에 따라, A사는 B사에게 B국 소매패션 목적으로 노하우를 활용하고 상표를 사용할 권리를 부여한다. B사는 소매패션 유통경험이 풍부하며 혁신적 마케팅 전략과 활동을 전개하고 시행하는 사내팀을 통해 B국에서 브랜드 인지도와 충성도를 구축한 전력이 있다. 거래의 정확한 기술에 따라, 소매그룹의 B국 사업에 두 회사의 기여가 독특하고 가치있다는 것을 보여준다. 아래에 제시된 상황에서, 거래당사자 쌍방이 독특하고 가치있는 기여를 하고 있다는 사실에 근거해 A사가 B사에게 부여한 권리의 보상을 결정하는 최적방법은 거래이익분할이라고 판단한다.

상황 1 (Scenario 1)

정확하게 기술된 거래에서, A사가 부여한 무형자산에 대한 B사의 마케팅 및 사용활동과 관련된 경제적으로 중요한 위험을 공동부담하지 않는다는 것을 보여준다. 이러한 상황에서, 거래이익분할의 적용은 적절한 기간에 걸쳐 제품을 상업화하여 창출될 것으로 예상되는 이익(할인현금흐름평가방법 사용)에 기초해야 한다. A사와 B사의 통합기여로 인한 B사의 기대이익을 분할하는데 이 기업들 기여의 상대적 가치를 사용한다. 거래대금은 A사에 대한 일시불 또는 판매기준 사용료 등 다양한 형태로 지급될 수 있다.

상황 2 (Scenario 2)

이 상황에서 정확하게 기술된 거래는 다음을 보여준다.

- A사와 B사는 B사 제품의 판매로 인한 실제이익의 분할에 동의한다.
- A사와 B사는 상표권 제품과 관련된 마케팅 및 유통 활동을 공동으로 수행하며,
- A사와 B사는 모두 B사의 제품 마케팅과 판매의 성공과 관련된 위험을 부담한다.

이러한 상황에서, 거래이익분할법은 제품의 판매로 얻은 실제이익에 적용되며, A사와 B사기여의 상대적 가치를 이용하여 이익분할을 결정한다.

㉣ 이익측정의 차이 (Different measures of profits)

가장 일반적으로, 거래이익분할법에 따라 분할되는 관련이익은 영업이익이다. 이런 방식으로 거래이익분할법을 적용하면 다국적기업그룹의 수익과 비용을 특수관계기업에 일관된 기준으로 귀속시킬 수 있다. 다만 거래의 정확한 기술에 따라 총이익 같은 다른 측정치를 분할한 다음 관련 기업별로 발생하거나 귀속되는 비용(이미 고려한 비용 제외)을 차감하는 것이 적절할 수 있다. 그러한 경우, 각 기업에 발생하거나 귀속되는 비용이 거래, 특히 각 당사자가 수행하는 활동과 위험의 정확한 기술과 일치하고 또한 이익배분이 당사자들의 기여와 일치되도록 주의해야 한다.(TP §2.162)

말하자면, 분할이익의 측정은 거래의 정확한 기술에 따라 달라진다. 예를 들어, 거래를 정확하게 기술하여 판매량과 가격에 영향을 미치는 시장위험뿐만 아니라 총이익수준에 영향을 미치는 재화나 용역의 생산 또는 취득과 관련된 위험도 당사자들이 함께 부담한다고 판단된다면, 분할기준으로 총이익을 사용하는 것이 적절하다. 이러한 상황에서, 당사자들은 재화와 용역의 생산이나 취득과 관련된 기능과 자산을 통합하거나 연계시킬 수 있다. 거래를 정확하게 기술하여, 시장위험과 생산위험에 더하여 무형자산투자를 포함하는 영업비용 수준에 영향을 미치는 추가 위험범위를 당사자들이 공동부담한다고 판단된다면, 분할기준으로 영업이익을 사용하는 것이 적절하다. 이 경우, 당사자들은 전체 가치사슬과 관련된 통합기능이나 연계기능을 수행한다.(TP §2.163)

예를 들면, 각자가 제조전문성과 독특하고 가치있는 무형자산을 보유한 두 개의 특수관계기업들이 혁신적이고 복잡한 제품을 생산하기 위해 무형자산을 기여하기로 합의한

다. 이 사례에서 거래의 정확한 기술로, 기업들이 시장에서 제품성공이나 그 밖의 것들과 관련된 위험을 공동부담한다고 판단된다. 그런데, 이들은 대부분 통합되지 않은 판매 및 기타비용과 관련된 위험에 대해서는 공동부담하지 않는다. 양 당사자의 모든 비용을 뺀 후의 결합영업이익에 기초하여 이익분할을 적용하면 당사자 중 한쪽만 부담하는 위험의 결과를 공유하는 결과가 된다. 이 경우, 총이익분할은 당사자들이 관련위험을 공동부담하는 판매와 생산 활동의 결과를 포착하기 때문에 더 적절하고 믿을 수 있다. 마찬가지로, 고도로 통합된 국제무역활동을 하는 특수관계기업들의 경우, 실제거래의 정확한 기술에 따라, 위험의 공동부담과 통합수준이 영업비용으로 확장되지 않는 것으로 판단되면, 각 거래활동의 총수익을 분할한 후 각 기업에 배분된 총수익의 해당몫에서 각 기업의 영업비용을 차감하는 것이 적절하다.(TP §2.164)

사례 이익측정의 차이 (TP 2장 부록 2 사례 14)

아래에서 거래이익분할법을 적용할 경우 분할되는 결합이익을 결정하기 위한 이익측정방법의 선택에 따른 효과를 예시한다.

(상황 1)

A 및 B는 서로 다른 조세관할권에 소재하는 관계회사이다. 양 회사는 동일한 기계를 제조하며 비용을 지출하여 공동으로 사용할 수 있는 무형자산을 개발한다. 이 사례의 목적상, 이 특정자산의 성격은 해당연도에 A 및 B에 각각 귀속되는 무형자산 공헌도의 가치는 해당연도의 A 및 B의 상대적 비용과 비례하는 것으로 가정한다. (이러한 가정은 실무상 항상 맞는 것은 아님을 명심해야 한다. 이는 각 당사자에게 귀속되는 무형자산 공헌도의 상대적 가치가 현재연도는 물론 이전연도 비용까지 포함하는 누적비용에 비례하는 경우가 있을 수 있기 때문이다.) A 및 B는 독점적으로 제3자에게 제품을 판매한다고 가정한다. 사용하기에 가장 적합한 이전가격방법을 잔여이익분할방법으로 결정하였으며, A 및 B의 제조활동이 단순하고, 매출원가의 10%에 해당하는 수익을 우선적으로 배분해야 하는 독특하지 않은 거래이며 또한 잔여이익은 A 및 B의 무형자산관련 비용에 비례하여 분할된다고 가정한다.

	A	B	A+B 결합
매출	100	300	400
매출원가	60	170	230
매출총이익	40	130	170
간접경비	3	6	9
기타 영업비용	2	4	6
무형자산 비용	30	40	70
영업이익	5	80	85

1단계 : 특별하지 않은 제조거래에 대한 1차 수익의 결정 (이 사례의 경우 매출원가+10%)

A	60+(60×10%)=66	A의 제조거래에 대한 1차수익 = 6
B	170+(170×10%)=187	B의 제조거래에 대한 1차수익 = 17
1차 수익배분 합계		6+17=23

2단계 : 분할되는 잔여이익의 결정

a) 영업이익을 기준으로 결정하는 경우

결합 영업이익	85
기배분이익 (제조거래에 대한 1차수익)	23
A 및 B의 무형자산 비용에 비례하여 분할되는 잔여이익	62
A에게 배분되는 잔여이익 : 62×30/70	26.57
B에게 배분되는 잔여이익 : 62×40/70	35.43
A에게 배분되는 총이익 : 6(1차수익)+26.57(잔여이익)	32.57
B에게 배분되는 총이익 : 17(1차수익)+35.43(잔여이익)	52.43
합계	85

b) 간접경비(overhead expenses) 차감전 영업이익을 기준으로 결정하는 경우(A 및 B의 간접경비가 검토대상과 관련이 없으며 분할결합이익이 결정에서 제외된다고 가정)

	A	B	A+B 결합
매 출	100	300	400
매출원가	60	170	230
매출총이익	40	130	170
기타 영업비용	2	4	6
무형자산 비용	30	40	70
간접경비전 영업이익	8	86	94
간접경비	3	6	9
영업이익	5	80	85

간접경비전 결합 영업이익	94
기배분이익 (제조거래에 대한 1차수익)	23
A 및 B의 무형자산 비용에 비례하여 분할되는 잔여이익	71
A에게 배분되는 잔여이익 : 71×30/70	30.43
B에게 배분되는 잔여이익 : 71×40/70	40.57
A에게 배분되는 총이익 : 6(1차수익)+30.43(잔여이익)−3(간접경비)	33.43
B에게 배분되는 총이익 : 17(1차수익)+40.57(잔여이익)−6(간접경비)	51.57
합 계	85

위 사례에서 보듯이, 분할되는 결합이익의 결정에서 일부 특정항목을 제외하는 것은 각 당사자가 그 항목과 관련하여 자기 비용에 대해 책임이 있다는 의미이다. 결과적으로, 일부 특정항목을 제외할지에 대한 결정은 거래의 비교가능성 분석(기능분석 포함)과 일맥상통해야 한다.

(상황 2)

다른 사례를 보면, 잔여이익분할분석에서 사용되는 배부기준(allocation key)이 일부 비용에 근거한 것이라면 그러한 유형의 비용은 배부수익에서 차감하지 않는 것이 적절한 경우가 있다. 예를 들면, 무형자산 개발에 기여하는 상대적 비용이 가장 믿을만한 이익분할요소로 판단되는 경우 잔여이익은 그러한 비용을 차감하기 전 영업이익에 기준을 둘 수 있다. 잔여이익의 분할액을 결정하고 난 후에 각 특수관계기업은 각자의 해당 비용을 차감한다. 아래 사례는 이를 설명한다. 사실관계는 위 2항과 같으며, 분할되는 잔여이익을 결정할 때 간접비용을 차감하지 않았다고 가정한다.

1단계 : 제조활동에 대한 기본이익의 결정 (이 사례에서 매출원가+10%)
(상황 1의 1단계와 같음)

2단계 : 분할되는 잔여이익 결정

a) 무형자산비용 차감 후 영업이익을 기준으로 결정하는 경우
(상황 1의 2단계 사례 a)와 같음)

b) 무형자산비용 차감전 영업이익을 기준으로 결정하는 경우

	A	B	A+B 결합
매 출	100	300	400
매출원가	60	170	230
매출총이익	40	130	170
간접경비	3	6	9
기타 영업비용	2	4	6
무형자산비용 차감전 영업이익	35	120	155
무형자산 비용	30	40	70
영업이익	5	80	85

무형자산비용 차감전 결합 영업이익	155
기배분이익 (제조거래에 대한 1차수익)	23
A 및 B의 무형자산 비용에 비례하여 분할되는 무형자산비용차감전 잔여이익	132
A에게 배분되는 잔여이익 : 132×30/70	56.57
B에게 배분되는 잔여이익 : 132×40/70	75.43
A에게 배분되는 총이익 : 6(1차수익)+56.57(잔여이익)-30(무형자산비용)	32.57
B에게 배분되는 총이익 : 17(1차수익)+75.43(잔여이익)-40(무형자산비용)	52.43
합 계	85

위 경우, 무형자산비용 차감후 영업이익을 분할대상 이익으로 결정하는 경우와 동일한 이익을 A 및 B가 배분하게 된다. 위 사례 a) 참조.

이 사례에서, 잔여이익을 분할하는데 사용하는 배부기준이 해당기간 중에 발생한 비용항목에 근거하는 경우 분할대상 잔여이익이 관련비용을 차감하고 결정되든 또는 차감하고 결정되든 차이가 나지 않음을 알 수 있다. 그렇지만, 분할기준이 당해연도 뿐 아니라 이전연도의 누적비용에 근거하는 경우 결과는 다르게 나타날 수 있다.

(3) 이익분할

이익은 거래에 대한 당사자들의 상대적 기여를 반영하여 경제적으로 유효한 기준으로 나누어져야 하며, 이에 따라 정상적으로 얻을 수 있는 이익분할에 근접해야 한다. 비교가능 제삼자거래 또는 내부자료의 참조가능성과 이익의 정상적 분할을 달성하기 위해 사용되는 기준은 사안의 사실관계에 따라 달라진다. 그러므로, 일의적 기준이나 이익분할요소의 목록을 정하는 것은 바람직하지 않다. 이에 더하여, 이익분할에 사용되는 기준이나 분할요소는 다음과 같아야 한다.(TP §2.166)

- 이전가격정책 수립과 무관해야 함. 즉, 관계거래의 대가와 관련된 자료(예 관계 기업에 대한 판매)가 아닌, 객관적 자료(예 독립당사자에 대한 판매)에 근거해야 함.
- 확인할 수 있어야 함.
- 비교가능자료, 내부자료 또는 이 둘 모두에 의해 보완되어야 함.

가능한 한 가지 방법은 비교가능 독립거래에서 실제로 일어난 이익분할에 근거해 결합이익을 배분하는 것이다. 사실과 상황에 따라 다르지만, 이익분할기준의 유용한 자료가 될 수 있는 독립거래에 대한 가능한 정보원천으로는 석유 및 가스산업의 개발사업, 제약산업 협력, 공동마케팅, 공동사업개발계약 등의 이익을 공유하는 독립당사자들 간의 조인트벤처 계약 및 독립된 음악레코드상표와 음악가 간의 사용계약 및 금융용역분야의 제3자간 계약 등이 있다.(TP §2.167)

그러나 이러한 방식으로 사용할 수 있는 신뢰할 수 있는 비교자료를 찾는 것은 어렵다. 그럼에도 불구하고, 외부시장자료는 각 특수관계기업이 거래에 기여하는 가치를 평가하기 위해 이익분할분석에 사용될 수 있다. 실제로, 가정은 독립당사자들이 거래이익창출에 대한 각자의 기여가치에 비례하여 관련이익을 배분했을 것이라는 것이다. 이에 따라 비교가능상황에서 독립당사자들이 비교가능거래에서 어떻게 이익배분할지에 대한 직접증거가 없다면, 이익배분은 수행기능, 사용자산 및 부담위험에 따라 측정되는 당사자들의 상대적 기여에 근거한다.(TP §2.168)

① 이익분할요소

| 이익분할요소(국조령 §9 ① 2호) |

1. 사용된 자산 및 부담한 위험을 고려하여 평가된 거래당사자가 수행한 기능의 상대적 가치
2. 영업자산, 유·무형 자산 또는 사용된 자본
3. 연구개발, 설계, 마케팅 등 핵심분야에 지출·투자된 비용
4. 그 밖에 판매증가량, 핵심분야의 종업원원 또는 노동투입시간, 매장규모 등 거래순이익의 실현과 관련하여 합리적으로 측정가능한 배부기준

독립당사자들은 이익창출에 대한 상대적 공헌도에 기초하여 이익을 나눈다고 가정할 수 있다. 거래이익분할법에 따른 관련이익 분할은 일반적으로 하나 이상의 이익분할요소를 사용하여 이루어진다. 거래가 일어나는 상황(예 산업 및 환경)의 분석과 기능분석은 이익분할에 사용할 관련요소를 결정하는 과정에 필수적인데, 이러한 결정에는 둘 이상의 요소가 사용되는 경우, 적용되는 이익분할요소의 가중치를 결정하는 것을 포함한다. 적절한 이익분할요소의 결정에는 거래와 관련된 가치에 대한 중요한 기여가 반영되어야 한다.(TP §2.169)

사안의 사실관계에 따라, 분할요소는 수치(예 유사거래에서 독립당사자들 간에 달성된 유사한 분할사례에 근거한 30%~70% 분할)가 되거나, 또는 변수(예 참여자의 마케팅공헌도의 상대적 가치 또는 아래에 논의하는 기타 가능한 요소)가 되는데, 단일 이익분할요소 또는 다중요소의 가중치를 기준으로 계산된다.(TP §2.170)

자산 또는 자본(예 운용자산, 고정자산(생산자산, 소매자산, IT자산), 무형자산), 또는 비용(예 연구개발, 엔지니어링, 마케팅과 같은 핵심영역에 대한 상대적 지출 및 투자)에 기초한 이익분할요소로 당사자들에게 이익이 분할되고 믿을 수 있게 측정되는 경우, 그것을 사용할 수 있다. 원가(cost)는 기여하는 무형자산의 가치를 거의 측정할 수 없지만, 당사자들이 부담한 원가의 상대적 가치는, 기여가 본질적으로 원가와 유사한 경우, 기여의 상대적 가치에 대한 합리적 지표를 제공할 수 있다는 점에 유의한다.(TP §2.171)

일부상황에 적절한 그 밖의 이익분할요소는 매출증가액이나 종업원보상(예 금융상품의 국제거래와 관련하여 거래가치를 창출하는 주요기능에 관여하는 개인)을 포함한다. 다른 상황에서, 비슷한 책임을 지는 비슷한 숙련종업원의 일정집단이 투입하는 인원수나 시간을 사용하는데, 이들이 관련이익으로 표현되는 가치창출과 강력하고 비교적 일관된 상관관계가 있어야 한다. 이 절의 지침을 가능한 이익분할요소의 전체 목록으로 보아서는 안된다. 모든 관련당사자들에게 정상거래결과를 나타낸다면 그 밖의 이익분할요소도 허용된다.(TP §2.172)

납세자 및 그 특수관계기업의 자세한 기능분석을 담고 있는 지역파일(local file)에 더

하여, 다국적기업그룹의 기본파일(Master File)은 적절한 이익분할요소의 결정을 위한 유용한 정보원천이 된다. 기본파일에는 사업이익의 주요원인, 그룹 내 기업의 가치창출에 대한 주된 기여 및 그룹의 중요 무형자산에 대한 정보가 포함된다. 그런데 기본파일은 다국적기업그룹에 대한 높은 수준의 개요를 제공하기 위한 것이지 그룹의 모든 거래들에 대한 자세하고 구체적인 정보가 아니라는 점을 알아야 한다.(TP §2.173)

사 례 이익분할요소 (TP 2장 부록 2 사례)

사례 15. A국에 거주하는 A사와 B국에 거주하는 B사는 다국적기업그룹의 구성원이다. 두 회사는 제품의 설계와 제조를 담당하며, 이러한 점에서 이들의 활동은 고도로 통합된다. 또한 A사와 B사는 각각 A국과 B국의 제삼자고객에게 제품을 마케팅하고 판매할 책임이 있다. A사와 B사는 다양한 모델의 제품을 제조하기 위하여 부품, 주형 및 여러 부품을 사고팔기로 약정을 체결한다. 이러한 거래에는 또한 고객의 요구를 적시에 효과적으로 충족시키기 위해 반제품을 포함한다. A사와 B사는 이 분야에 대한 폭넓은 경험을 바탕으로 각자의 설계 및 제조공정에서 각각 독특하고 가치있는 노하우와 기타무형자산을 개발했다. 기능분석에 따르면 경제적으로 중요한 위험은 설계 및 제조 기능과 관련된 전략과 운영 위험이며, A사와 B사는 각 회사의 성과는 서로 다른 부품과 기타 조력을 제공하는 다른 회사의 능력에 크게 좌우되는 그룹 내 거래의 복잡한 공급망에 관여하고 있다. A사와 B사의 제조활동과 설계활동은 상호의존도가 매우 높으며 이들 모두 경제적으로 중요한 위험에 대한 통제기능을 수행한다. I장 D.1.2.1에 기술된 위험분석체계에 따라, A사와 B사는 설계 및 제조와 관련된 위험을 공동부담한다고 판단된다. A사와 B사 모두 설계와 제조과정에 독특하고 가치있는 기여를 하고 있다. 이러한 상황에서, A사와 B사의 그룹 내 거래와 관련하여 보상을 결정하는데 거래이익분할법이 최적방법이다. 비교가능 상황에서 독립당사자들이 어떻게 이익을 분배했는지에 대한 비교가능 독립거래나 직접적 증거가 없다면, A사와 B사의 기여에 대한 상대적 가치에 근거해 이익분할을 적용할 수 있다. 특히 기능분석에서 A사와 B사의 자산과 이들 관계거래의 가치창출 사이에 강한 상관관계가 있다고 판단된다면 자산기준 분할요소가 적절하다.

사례 16. 동일 다국적기업그룹의 구성원 A사, B사, C사는 신제품의 신규개발을 분담하기로 합의한다. 이와 관련하여, 어떤 기업도 기존에 존재하는 무형자산과 같은 현재의 가치를 프로젝트에 기여하지 않는다. 각 기업은 제품의 3가지 핵심부품 중 하나를 개발하고 제조할 책임이 있다. 이 경우, 거래이익분할이 신제품 판매로 인한 3회사의 이익을 결정하는데 최적방법이라고 가정한다. 기능분석에 따라, 부품개발에 있어 각 기업이 부담하는 상대적 비용과 각 기업이 기여하는 상대적 가치 사이에 직접적 상관관계가 있으므로, 당사자의 상대적 공헌도를 각 기업에 발생하는 상대적 비용을 기준으로 측정할 수 있다고 판단한다. 이에 따라 신제품 판매와 관련한 관련 이익(손실)은 각 당사자가 부담하는 상대적 개발비를 기준으로 나눌 수 있다. 이 사례에서 상대적 개발원가에 기초한 이익의 분할은 원가분담약정의 경우와 비슷한 결과를 낳는데, 특정사안의 계약조건이 원가분담약정인지 여부에 상관없이, 유사한 경제적 성격을 가진 활동을 수행하는 당사자들은 유사한 예상수익을 받아야 하기 때문이다.

② 납세자 자신의 독립거래자료 활용 (내부자료)

결합이익을 분할할 때 비교가능 독립거래를 충분히 믿을 수 없다면 내부자료를 고려해야 하는데 이러한 자료는 이익분할의 정상거래성격을 확보하거나 검토하는 데 성공적인 수단이 될 수 있다. 이전가격분석과 관련되는 이러한 내부자료의 유형은 사실과 상황에 따라 다르겠지만, 객관성요건을 충족해야 한다. 이러한 자료는 일반적으로 납세자의 원가회계나 재무회계 자료로부터 추출된다.(TP §2.174)

예를 들면, 자산을 기초로 한 배부기준을 사용하는 경우, 거래 당사자의 대차대조표에서 추출한 자료를 기준으로 적용할 수 있다. 대부분의 경우 납세자의 모든 자산이 해당 거래와 관련되는 것은 아니므로, 거래이익분할법을 적용하기 위해 거래와 관련된 대차대조표를 작성하기 위한 분석작업을 해야 한다. 마찬가지로, 납세자의 손익계산서로부터 추출한 자료를 근거로 원가를 기초로 한 배부기준을 사용하는 경우, 검토대상 관계거래와 관련된 비용을 식별하고 배부기준의 결정에서 제외되어야 할 비용을 식별하기 위해 거래와 관련된 손익계산서를 새로이 만들 필요가 있다. 어떤 비용이 검토대상 거래와 관련된 것인지 아니면 그 납세자의 다른 거래(즉, 이익분할결정 대상이 아닌 다른 종류의 상품거래)와 관련된 것인지를 판단하기 위한 기준과 함께 고려해야 할 비용항목(즉, 급여, 감가상각비 등)은 거래 당사자들 모두에게 동일하게 적용되어야 한다. 순이익을 자산에 대한 가중치로 평가하는 거래순이익률과 관련된 자산의 평가방법은 자산을 기초로 한 배부기준이 사용되는 거래이익분할에 대한 자산평가에도 마찬가지로 적용된다.(TP §2.175)

마찬가지로, 납세자의 손익계정에서 추출한 자료에 기초한 원가기준 이익분할요소(cost-based profit splitting factor)가 사용되는 경우, 해당 관계거래와 관련된 비용과 이익분할요소 결정에서 제외되어야 할 비용을 식별하는 거래계정을 작성할 필요가 있다. 해당비용이 검토거래와 관련되는지 아니면 납세자의 다른 거래(예 이익분할결정 대상이 아닌 다른 제품라인)와 관련되는지 결정하는데 사용되는 기준은 물론, 고려되는 지출유형(예 급여, 감가상각 등)은 거래의 모든 당사자들에게 일관되게 적용되어야 한다.(TP §2.176)

법적 의무로 작성한 회계(statutory accounting)가 아니라 원가회계시스템(cost accounting system)에 기초한 내부자료를 사용한 배부기준 또한 유용하게 사용될 수 있는데, 예를 들면 일련의 거래에 참여한 인원수, 일정 업무에 투입된 일정 그룹의 직원이 사용한 시간, 서버의 개수, 저장된 자료, 소매점의 바닥면적 등이 있다.(TP §2.177)

내부자료는 관계거래 당사자의 상대적 공헌도의 가치를 평가하는 데 필수적이다. 그러한 가치의 결정은 관계거래 당사자들이 기여한 모든 경제적으로 중요한 기능, 자산 및 위험을 고려한 기능분석에 따라 이루어지는데, 이러한 기능분석은 관계거래의 부가가치를 창출하기 위해 기여하는 기능, 자산 및 위험의 상대적 중요성을 평가하는 일을 포함한다. 중요한 무형자산 및 위험이 기여하는 상대적 공헌도의 식별, 그리고 이러한 중요한 무형자산 및 위험을 야기하는 요소의 중요성, 관련성 및 측정방법에 대한 판단에 특별한 주의를 기울여야 한다.(TP §2.178)

③ 이익분할요소의 사례(Examples of profit splitting factors)

㉮ 자산기준 이익분할요소(Asset-based profit splitting factors)

자산기준 또는 자본기준 이익분할요소는 관계거래의 맥락에서 가치창출과 유·무형자산 또는 사용자본 간에 상당한 관련이 있는 경우 적용된다. 의미있는 이익분할요소가 되기 위해서 거래의 모든 당사자들에게 똑같이 적용되어야 한다. 거래순이익률법에서 자산평가에 대한 비교가능성 문제는 또한 거래이익분할법에서도 마찬가지로 적용된다.(TP §2.179) 거래이익분할법이 가장 적절하다고 판단되는 거래 당사자 중 하나 이상이 무형자산 형태로 기여한다면, 이들의 식별과 가치평가와 관련하여 어려운 문제가 발생한다.(TP §2.180)

㉯ 원가기준 이익분할요소(Cost-based profit splitting factors)

발생비용과 기여가치 사이에 상대적으로 강한 상관관계를 식별할 수 있는 경우, 비용기준 이익분할요소가 적절하다. 예를 들어, 마케팅무형자산 가치가 광고에 의해 영향을 받는 소비재에서 광고가 고유하고 가치있는 마케팅무형자산을 생성한다면, 마케팅비용이 판매자-유통업자에게 적절한 계수가 된다. 연구개발비는 특허 등 고유하고 가치있는 무형자산의 개발과 관련된 제조업자들에게 적합할 수 있다. 그러나, 예를 들어 각 당사자가 서로 다른 가치있는 무형자산을 기여하는 경우, 원가가 무형자산의 상대적 가치를 믿을만하게 측정하지 못하거나 상대적 가치를 믿을만하게 측정하기 위해 원가를 위험가중평가할 수 없다면, 원가기준계수를 사용하는 것은 적절하지 않다. 각 당사자가 동일 종류의 무형자산을 기여하는 경우에도 위험가중평가(risk-weighting)는 적절한 고려사항이 된다. 예를 들어, 개발 초기단계의 실패위험이 후기단계 또는 이미 개발된 개념의 개선에 대한 실패위험보다 몇 배 더 높은 경우, 초기단계에서 발생하는 비용에 후기단계 또는 개선 시 발생하는 비용보다 더 높은 위험가중치를 주어야 한다. 직원의 기술 및 경험과 관련된 기능이 관련수익을 창출하는 데 중요요인이 되는 상황에서는 종업원 보수가 적절하다.(TP §2.181)

적절한 원가기준 이익분할요소를 식별하고 적용할 때 여러 문제를 고려해야 한다. 그 하나는 지출시기에 있어 당사자 간에 차이가 있을 수 있다는 점이다. 예를 들어, 당사자의 기여가치와 관련된 연구개발원가는 과거 몇년전에 발생했을 수 있는 반면, 다른 당사자의 지출은 현재 것일 수 있다. 결론적으로, 위험가중치에 더하여 과거원가를 현재가치로 환산할 필요가 있다. 관련원가는 분석되어 이익분할거래에 대한 기여에 배분될 필요가 있는 더 큰 원가집합의 일부일 수 있다. 예를 들어, 마케팅비용은 여러 제품군에 걸쳐 발생하고 기록될 수 있는 반면, 오직 하나의 제품군이 이익분할거래의 대상이 되기도 한다. 다국적기업그룹 구성원이 누리는 지리적 원가절감(location savings)이 이익에 중요한 기여를 하고 그 비용이 분할이익에 포함되는 경우, 독립당사자들이 누리는 지리적 원가절감을 배분하는 방식을 고려하여, 이익분할에 반영해야 한다. 원가기준 이익분할요소는 원가분류의 차이와 변동에 매우 민감하다. 따라서, 이익분할요소를 결정할 때 사전에 어떤 원가를 고려할지 명확히 파악하고 당사자들 간에 일관되게 그 요소를 결정해야 한다.(TP §2.182)

어떤 경우, 원가기준 이익분할요소의 신뢰성에 대한 중요한 문제는 이익분할요소(예 자산, 원가 및 기타)를 적용해야 하는 해당기간의 결정이다. 비용이 발생되는 때와 가치가 창출되는 때 사이에 간격이 있을 수 있고, 가끔 어느 기간의 비용을 사용해야 할지 결정하기 어렵기 때문에 문제가 일어난다. 예를 들면, 원가기준요소의 경우, 단일연도기준으로 비용을 사용하는 것이 어떤 상황에 적절하지만, 다른 상황에서 현재연도는 물론 과거연도에 발생된 누적비용(상황에 따라 감가상각 및 감모상각을 차감)을 사용하는 것이 더 적절하다. 사실관계에 따라, 이러한 판단은 당사자들 간 이익분할에 중요한 영향을 미친다. 이익분할요소의 선택은 사안의 특정상황에 적합해야 하며 독립당사자들이 합의하였을 이익분할의 믿을만한 추정치를 제공해야 한다.(TP §2.183)

(4) 잔여이익분할법(Reg §482-6.c.3)

① 잔여이익분할법의 적용

잔여이익분할법(residual profit split method)은 거래 형태별로 거래 당사자들의 적절한 기본수입을 우선 배부하고, 잔여이익을 상대적 공헌도에 따라 배부하는 방법을 말한다.(국조령 §9 ②) 거래이익분할법이 최적방법이지만, 일방이 비교가능 독립거래를 기준으로 비교할 수 있는 덜 복잡한 기여를 하는 경우 2단계의 "잔여이익분할"이 적절하다.(TP §2.149 하단)

② 무형자산에 대한 잔여이익배분

특수관계인의 일상적 업무에 해당하는 소득배분은 특수관계인의 어느 한 쪽만 보유한 무형재화의 가치는 반영하지 않는다. 즉, 독립기업이 보유하지 못한 고가의 무형재화를 특수관계인이 소유하는 경우 이론적으로 볼 때 관계거래로 발생하는 수익은 독립기업의 수익보다 커야 한다. 이러한 논리에 따라, 관계거래에 각 당사자가 공헌한 일상적 업무의 시장가치를 우선적으로 각자에게 배분한 후에 남는 초과이익을 배분하는 것이 잔여이익 배분단계이다.

관계거래에 고가의 무형재화가 개입된 경우, 통상적으로 일상적 업무에 이익을 배분한 후에도 배분되지 않는 잔여이익이 있다. 잔여이익 배분단계에서는 일상적 업무를 넘어서는 무형재화 가치를 반영한 활동소득을 배분한다. 이 경우 무형재화의 상대적 가치는 시장가치를 반영하는 지표에 의해 측정된다. 즉, 무형재화의 상대적 가치는 무형재화의 개발·유지·보수에 소요된 자본적 지출액에서 그 무형재화의 감가상각액을 차감한 가액으로 평가한다. 또한, 특수관계인 각자가 분담한 무형재화 개발비용이 장기간에 걸쳐 일정하고 감가상각액이 거의 같은 경우에는 최근에 실제 소요된 비용을 기준으로 무형재화의 상대적 가치를 측정할 수 있다.

관계거래에서 어느 한 쪽이 제공한 무형자산이 제삼의 특수관계인과 행한 거래와도 관련되는 경우 무형자산이 사용된 모든 거래에 무형자산의 가치배분이 이루어져야 한다. 즉, 특수관계인 갑과 을의 관련거래에 갑이 무형재화를 제공하였으며 또한 이 무형재화가 특수관계인 병과의 거래에 대해서도 사용된 경우, 무형재화의 가치는 양 거래에 안분되어야 한다.

③ 비교가능성 및 신뢰성(Reg §482-6.c.3. ii)

무형자산 개발비용의 자산계상액을 무형자산 가치평가에 사용하는 경우, 다음과 같은 이유로 유형자산의 평가에 비해 신뢰성이 떨어지게 된다.

1. 어떠한 경우에도 무형자산의 개발비용이 그 자산의 시장가치로 연결되지는 않는다. 즉 개발비용이 많이 투입되었다고 해서 항상 무형자산의 가치가 큰 것은 아니다.
2. 무형자산 개발을 위해 지출한 자본적 지출액을 계상하기 위해서는 해당 특수관계인의 관련거래와 비관련거래 간에 간접원가를 배분하는 문제가 생기며 이로 인해 신뢰성은 감소한다.
3. 무형자산의 개발비용을 무형자산의 가치평가에 이용하는 경우, 왜곡된 원가배분으로 인해 무형자산의 자본적 지출액은 커지거나 작아지며 그 결과 무형자산의 가치가 왜곡될 수 있다.

전통적 거래방법 및 비교이익법과 마찬가지로 잔여이익분할법의 첫째 단계는 외부시장지표에 전적으로 의존한다. 따라서 관계거래와 독립거래 사이에 비교가능성이 증가하면 상대적으로 비교이익분할법의 신뢰성도 증가한다. 그러나 둘째 단계에서는 외부시장지표에 직접적으로 근거하지 않으므로 시장지표에 의한 다른 방법보다 상대적으로 신뢰성이 감소한다.

사례 잔여이익분할법의 사례 (TP 2장 부록 2 사례 11)

전자제품의 성공은 전자적 처리방식과 주요 부품의 창의적 디자인에 달려 있다. 그 부품을 관계사 A가 생산하고 관계사 B에게 공급하면 B는 제품의 나머지 부분을 디자인하고 생산하여 관계사 C가 제품을 시판한다. C사의 시판 기능과 위험이 B가 C에게 공급하는 완제품의 이전가격에 의해 적정하게 보상된다는 것은 재판매가격법에 따른 자료에 의해 입증되고 있다.

만약 충분한 비교대상이 있다면, A가 B에게 공급하는 부품 가격산정에 대한 가장 적절한 방법은 비교가능 제삼자가격법(CUP)이 될 것이다. 지침 2.15항 참조. 그렇지만 A가 B에게 공급하는 부품은 이 시장에서 우월적인 A의 창의적 선진기술로 인한 것이므로, A가 자기 제품의 정상가격을 정하는데 있어 (적절한 기능분석과 비교대상 분석을 행한 후에) 적정가격을 계산할 수 있는 비교가능 제삼자가격법은 없을 것이다. 한편 A의 제조원가에 대한 수익(return)은, 제조과정에서 쓰여진 무형자산에 귀속되는 이익요소를 무시한다면, A의 제조기능을 보상하는 이익요소를 추정가능 하게 한다. B사의 제조원가에 대해도 똑같은 계산이 가능한데, 무형자산에 귀속되는 이익요소를 무시한다면 제조기능에서 수취되는 B의 이익을 추정할 수 있다. B가 C에게 파는 가격은 알려져 있으며 정상가격으로 인정되므로, A와 B가 각자의 무형자산 사용으로 인해 함께 받게되는 잔여이익(residual profit) 금액은 계산 가능하다. 이 시점에서는 각 기업에 전체 잔여이익의 얼마를 귀속시키는 것이 적절할지는 결정되지 않는다.

사실과 상황을 분석하여 얻어진 지표에 따라 추가적 보상이익을 정상가격 기준으로 배분함으로써 잔여이익은 분할된다. 각 회사의 연구개발 활동(R&D activity)은 같은 종류의 품목에 대한 기술적 디자인을 위한 것이다. 이 사례에서 연구개발비의 상대적 금액은 각 회사 공헌도의 가치를 상대적으로 나타낸다. 이것은 제품의 기술적 창의성에 대한 각 회사의 공헌은 연구개발에 대한 상대적 비용에 의해 측정 가능하며, 이에 따라 A의 연구개발비가 15이고 B가 10인 경우 잔여이익은 3:2로 분할될 수 있다는 것을 의미한다. 아래 예에서 수치로 확인해 볼 수 있다.

a) A와 B의 이익과 손실

	A	B
매출	50	100
차감		
자재 매입	(10)	(50)
제조 원가	(15)	(20)
매출총이익	25	30
차감		
연구개발비	15	10
판매・관리비	10 (25)	10 (20)
순이익	0	10

b) A와 B의 제조관련 통상이익(routine profit) 결정 및 총 잔여이익의 산출

두 기업 소재지국에서 창의적 무형재가 없는 비교가능 독립 제조업자의 경우 제조원가(자재매입을 제외한) 대비 10%(직간접 제조원가에 대한 순이익률)의 수익을 올리는 것으로

나타나고 있다. A의 제조원가는 15이므로 원가대비 수익은 A에게 1.5의 제조수익이 배분된다. B의 제조원가는 20이므로 원가대비 수익은 2.0이 된다. 이에 따라 총 순이익 10에서 총 제조이익 3.5를 공제함으로 해서 잔여이익 6.5를 계산할 수 있다.

c) 잔여이익배분(Allocate residual profit)

처음의 이익배분(A에게 1.5 및 B에게 2.0)은 A와 B의 제조기능에 대한 보상이며, 기술적으로 앞선 제품에 내포된 각각의 연구개발의 가치를 감안한 것은 아니다. 따라서 이 사례에서 각 회사의 상대적인 연구개발비는 제품의 기술혁신 가치에 대한 상대적 공헌도를 정확히 반영한다고 가정하고 있으므로, 잔여이익은 연구개발비 총액에 대한 각자의 비율에 근거해 A와 B간에 분할될 수 있다. A의 연구개발비는 15이고 B는 10이므로, 연구개발비 총액은 25가 된다. 잔여이익은 6.5인데, A에게는 15/25가 배분되고 B에게는 10/25가 배분되므로, 각각 아래와 같이 3.9 및 2.6이 배분된다.

A 해당분 : 6.5×15/25=3.9

B 해당분 : 6.5×10/25=2.6

d) 이익의 재계산 (Rec및ulate Profits)

A의 순이익은 1.5+3.9=5.4

B의 순이익은 2.0+2.6=4.6

세무목적상 조정된 손익계산서는 다음과 같이 된다.

	A	B
매출	55.4	100
차감		
자재 매입	(10)	(55.4)
제조 원가	(15)	(20)
매출총이익	30.4	24.6
차감		
연구개발비	15	10
판매 · 관리비	10 (25)	10 (20)
순이익	5.4	4.6

잔여이익배분은 적절한 배분방식을 정하고 계산함에 있어 실무상 상당한 주의를 요한다는 점을 명심해야 한다. 연구개발비가 사용되는 경우 연구개발 수행형태의 차이를 감안해야 하는데, 연구개발 형태의 차이는 관련 위험(risk)의 차이로 나타나며 이는 정상거래 기준으로 볼 때 기대이익의 차이로 나타날 것이기 때문이다. 또한 현재의 연구개발비 상대비율이 현재 이익에 대한 공헌도를 적정하게 반영하지 못 할 수 있는데, 현재 이익은 과거에 개발되거나 취득된 무형재와 관련되기 때문이다.

3.2 거래순이익률법(TNMM)

(1) 거래순이익률법의 적용요건

거래순이익률법(transactional net margin method)은 거주자・내국법인과 국외특수관계인 간의 국제거래와 유사한 거래 중 거주자・내국법인과 특수관계가 없는 자 간의 거래에서 실현된 통상의 거래순이익률을 기초로 산출한 거래가격을 정상가격으로 보는 방법이다.(국조법 §8 ① 4호)

거래순이익률법의 적합성을 평가할 때, 거래순이익률지표와 영업활동과의 상관관계가 높은지 여부를 분석해야 한다. 이 경우 다른 이전가격방법보다 더 엄격하게 관계거래와 비교가능거래와의 유사성이 확보될 수 있거나 비교되는 상황간의 차이가 합리적으로 조정될 수 있어야 한다.(국조칙 §6 ② 4호) 전통적 거래방법을 적용하기 위해 수립된 안전장치가 거래순이익률법 적용시에 간과될 수 있다. 그러므로 비교되는 기업들의 특성차이가 순이익률에 실질적 영향을 미친다면 그런 차이에 대한 적절한 조정없이 거래순이익률법을 적용하는 것은 적절하지 않다.(TP §2.153)

거래순이익률법은 원가가산법이나 재판매가격법과 비슷한 방법으로 적용된다. 이러한 유사성은 거래순이익률법을 믿을만하게 적용하기 위해서는 원가가산법이나 재판매가격법을 적용하는 방식과 동일한 방식으로 적용해야 한다는 의미이다.(TP §2.64) 거주자・내국법인(내국법인과 국내사업장 포함)가 거주자・내국법인과 국외특수관계인 간의 국제거래와 비슷한 거래를 특수관계가 없는 자와는 한 적이 없는 경우에는 국외특수관계인과 특수관계가 없는 자 간의 거래, 특수관계가 없는 제3자 간의 거래 중 해당 거래의 조건과 상황이 비슷한 거래의 거래순이익률을 사용할 수 있다.(국조령 §4 ③ 2호)

거래 당사자들이 독특한 무형자산을 제공하는 경우에는 거래순이익률법은 신뢰성이 없다. 이 경우, 거래이익분할법 같은 쌍방분석(two sided method)이 일반적으로 적합하다. 전통적 거래방법이나 거래순이익률법 같은 일방분석(one sided method)은 거래의 어느 한 쪽이 전적으로 독특한 무형자산을 제공하고 반면에 다른 당사자는 특별한 기여를 하지 않는 경우에 적용할 수 있다. 이 경우, 분석대상은 무형자산을 제공하지 않는 당사자로 한정된다.(TP §2.65) 거래의 어느 한 쪽이 통상적인 공헌을 하는 경우는 상당히 많은데, 즉 특별하지 않은 사업과정이나 특별하지 않은 시장지식 등과 같은 특별하지 않은 무형자산을 사용하는 경우이다. 이 경우, 비교대상 또한 여러 가지 통상적인 공헌을 할 것이므로 전통적 거래방법이나 거래순이익률법을 적용하는 데 있어 비교가능성 요건을 충족한다.(TP §2.66)

사례 거래순이익률을 비교해야 하는 상황

1. 총이익률을 파악할 수 없는 경우 : 원가가산법의 신뢰성 있는 적용을 위해서는 총이익률의 조정이 필요하지만, 조정에 필요한 원가의 파악이 불가능한 경우라도 거래에서 발생하는 순이익을 파악할 수 있는 경우에는 거래순이익률법을 적용할 수 있다. 예를 들어 실제 정상거래인 X, Y, Z의 매출원가로 계상된 일반관리비를 구분할 수 없고 다른 신뢰성 있는 비교가 불가능한 상황이라면 순이익률을 검토해야 한다.(TP §2.111)
2. 개별원가를 파악하지 못하는 경우 : A기업이 자회사가 없는 5개 국가에 독립된 유통업자를 통해 제품을 판매한다. 유통업자들은 판매와 동시에 고객에 대한 기술지원을 한다. 다른 국가에 A가 자회사를 설립한다. A는 자회사로 하여금 A제품을 판매하도록 한다. 기술지원비용은 매출원가에는 포함되지만 별개로 파악할 수 없다. 기능차이로 인한 이전가격의 차이를 평가하기 위해서는 순이익률을 검증하는 것이 신빙성이 있다.(TP §2.112)
3. 보증비용을 구분하지 못하는 경우 : 모든 제품에 대해 제품보증이 이루어지며 가격기반은 동일하다. 유통업자 A는 제품보증기능을 수행한다. 유통업자 B는 제품보증기능을 수행하지 않고 공급자가 그 기능을 수행한다.(제품은 공장으로 반품됨) 유통업자 A에 의해 발생된 제품보증비용을 구분하기 어려워 B와 비교가능하도록 매출총이익률을 적절히 조정하기가 불가능하다. 만약, A와 B사이에 다른 실질적인 기능상의 차이가 없고 A의 매출대비 순이익률이 알려져 있다면, A의 매출대비 순이익률과 이와 똑같은 방법으로 계산한 B의 매출대비 순이익률을 비교함으로써 거래순이익률법을 적용하는 것이 가능하다.(TP §2.113)

(2) 거래순이익률법(TNMM) 및 비교이익법(CPM)의 비교

미국세법에 규정된 비교이익법(comparable profit method)은 거래순이익률법과 사실상 같다.(Reg §482-5.a)

| TNMM과 CPM의 비교 |

구 분	TNMM(국조령 §8)	CPM
순이익률지표 (net profit margin indicators)	• 4가지 주요방법 - 영업이익/매출 - 영업이익/영업자산 - 영업이익/(매출원가+영업비용) - 매출총이익/영업비용 • 기타 방법도 가능	• 3가지 주요방법 - 영업이익/매출 - 영업이익/영업자산 - 매출총이익/영업비용 • 기타 방법도 가능
사용되는 자료	여러 연도 자료	그 연도 및 이전 2개연도
선호되는 비교대상	1순위 : 납세자의 독립거래 후순위 : 제삼자 간 거래	구분 없음
정상가격범위	결과값의 전부	조정없는 경우 사분위범위
조정 기준값	없음	중앙값, 평균값

(3) 거래순이익률법의 장점 및 단점

① 거래순이익률법의 장점

거래순이익률법의 순이익률지표는 가격(price)에 비해 거래차이로 인한 영향을 적게 받는다. 순이익률지표는 또한 매출총이익률에 비해 관계거래와 독립거래 간의 기능차이에 의한 영향을 적게 받는다. 수행기능의 차이는 영업비용의 차이로 나타난다. 이로 인해 기능이 비슷하다면, 기업들의 매출총이익률은 상당히 다를 수 있지만 순이익률은 상당히 비슷한 수준이 된다. 또한, 매출총이익이나 영업이익을 결정하기 위한 비용의 구분과 관련하여 공개된 자료의 투명성에 문제가 있는 국가에서 매출총이익 수준의 비교가능성을 평가하기는 어려우며, 이러한 문제는 영업이익 수준을 비교함으로써 회피된다.(TP §2.68) 거래순이익률법은 일방분석이므로 특수관계기업의 어느 한 쪽(분석대상)에 대한 재무지표만을 검토하면 된다. 또한, 거래이익분할법에서처럼 당사자들의 사업활동에 대한 장부와 증빙에 동일한 회계기준이 적용되도록 하거나 관련당사자들에게 원가배분을 하지 않아도 된다. 이것은 거래 당사자 중 하나가 복잡한 거래를 하고, 여러 가지 상호관련활동을 하거나 한 당사자에 대한 믿을만한 정보를 얻기 어려울 때에 실질적으로 도움이 된다.(TP §2.69)

② 거래순이익률법의 단점

이전가격과 관계없는 많은 요인들이 순이익에 영향을 미치고 거래순이익률법의 신뢰성을 떨어뜨린다. 다국적기업의 전체이익을 관계거래를 행하는 분석대상에 부적절하게 배분하는 것을 막기 위해 거래이익분할법과 함께 거래순이익률법의 결론을 함께 확인하는 것이 유용하지만, 이것이 그룹의 전체적인 수익성에 따라 통상적인 기능에 대해 다르게 보상해야 한다는 의미는 아니다.(TP §2.72)

거래순이익률법은 대응조정에 심각한 어려움을 발생시키는데, 특히 순이익률로부터 '이전가격을 역산(work back to a transfer price)'하는 것이 가능하지 않는 경우가 있다. 예를 들어 납세자가 여러 특수관계기업과 구매・판매 양면에 걸쳐 거래를 하는 경우, 거래순이익률을 적용하여 납세자의 이익이 상향조정된다면 특수관계기업 중 어느 기업의 이익이 줄어들어야 하는지가 불확실할 수 있다.(TP §2.73)

영업이익수준을 분석하면 이전가격의 결정에 상당한 변동성이 초래될 수 있다. 기업 간에 영업비용의 차이가 있는 경우 매출총이익이나 가격에 중요하지 않거나 직접적 영향을 주지 않는 요소들에 의해 영업이익이 영향을 받는데, 영업이익은 감가상각자산의 내용연수 차이, 영업활동주기 차이(시작단계 또는 성숙단계), 경영효율 차이(판매관리비 등)에 의해 영향을 받는다.(Reg §482-5.c.2) 거래순이익률법에서는 재판매가격법이나 원가가산법처럼 단순히 두 기업의 기능이 유사하다고 해서 신뢰할 만한 비교가 되지는 않는다. 비교기업이 다른 경제분야 또는 이익수준이 다른 시장에서 비슷한 기능을 수행한다면 그러한 기능과 관련된 이익률을 무조건 비교할 수는 없다. 순이익률에 심각한 영향을 주는 요소로는 아래와 같이 여러 가지가 있다.(TP §2.75)

| 순이익률에 영향을 주는 요소(TP §2.77) |

제품과 기능, 새로운 진입가능성(제품차별성, 자본요구정도, 정부보조금, 규제), 경쟁정도, 경영능률, 개별전략, 대체재 출현가능성, 변동비구조(공장설비와 기계장치의 사용연수에 반영되는), 자본비용 차이(자기자본 또는 차입), 사업경험정도(그 사업이 창업단계에 있는지 아니면 성숙단계에 있는지)

영업이익은 경쟁 여부와 같은 가격이나 매출총이익에 영향을 미치는 일부 요소들에 의해 마찬가지로 영향을 받는데 이들의 영향을 전부 제거하지 못한다. 전통적 거래방법에서는 제품 및 기능의 유사성을 강화함으로써 이러한 요소의 영향을 자연스럽게 제거한다. 비교대상의 원가구조 및 수익구조에 대한 기능의 차이에 따라 다르지만, 영업이익(net profit margin)은 매출총이익(gross margin)에 비해 기능의 정도와 복잡성의 차이 및 위험수준의 차이(계약상 위험배분이 정상적이라고 가정할 때)에 대해 덜 민감하다. 한편, 고정원가 및 변동원가의 비율에 따라 다르지만, 거래순이익률법은 원가가산법이나 재판매가격법에 비해 공장가동률(capacity utilization)의 차이에 민감한데, 고정제조간접비나 고정판매관리비 등의 간접고정원가 배부수준의 차이는 영업이익에는 영향을 미치지만 이를 가격차이에 반영하지 않는 한 매출총이익이나 원가 대비 총수익에는 영향을 미치지 않는다.(TP §2.76)

사례 순이익에 영향을 미치는 경우(TP §2.78)

납세자가 특수관계기업에 최고급 VCR(video cassette recorder)을 판매하는데, 비교가능 독립기업의 수집가능한 정보로는 중급의 VCR 판매에 대한 정보뿐이다. 최고급 VCR 시장은 규모가 커지고 있으며, 진입장벽이 높고, 경쟁자가 적으며, 제품차별화 가능성이 크다. 이런 모든 차이는 분석대상활동과 비교대상활동의 수익성에 실질적인 영향을 미치며 그러한 경우에는 조정이 필요하다. 다른 방법에서처럼, 필요한 조정의 신뢰성은 분석의 신뢰성에 영향을 미친다. 두 기업이 똑같은 산업에 속한다 하더라도, 수익성은 시장 점유율이나 경쟁정도 등에 따라 달라진다.

(4) 순이익률지표의 선택

거래순이익률법을 적용할 때 가장 적합한 순이익률지표(net profit margin indicators)를 선택해야 한다.(TP §2.82)

① 순이익의 결정

영업활동항목이 아닌 소득세 등은 순이익률지표를 결정하는 데서 제외된다. 비일상적인 성격의 예외적이고 특별한 항목들은 일반적으로 제외된다. 그러나 언제나 이러한 항목을 제외하는 것은 아니며, 이들을 포함하는 것이 적절한 경우도 있다. 또한, 순이익률의 결정에 이들 항목을 제외하는 경우에도 이들을 검토할 필요가 있는데, 분석대상이 일정한 위험을 부담한다는 사실 등 중요한 정보를 알 수 있다.(TP §2.86)

신용조건(credit terms)과 판매가격간에 상관관계가 있으면, 순이익률을 계산할 때 단기운용자본(working capital)에 대한 이자소득을 반영하는 자산집중도조정을 한다. 예를 들면, 대규모 도매업자가 공급업자와는 장기신용조건으로 거래하고 고객과는 단기신용조건으로 거래하여 이익을 취하는 경우 추가적으로 현금을 융통할 수 있으므로 그에 따라 이러한 신용조건으로 거래하지 않을 때에 비해 고객에게 낮은 가격으로 판매할 수 있다.(TP §2.87)

외환 차익이나 차손을 순이익률의 결정에 포함할지 또는 제외할지는 이들이 위험회피되지 않는 거래 채권 및 채무에 대한 차손익인지 및 분석대상이 이에 대한 책임이 있는지에 따라 다르다. 결론적으로, 분석대상이 외환위험을 부담하는 거래에 거래순이익률법을 적용하는 경우, 순이익률지표의 계산에 포함하거나 아니면 제외하여 외환손익을 일관성 있게 처리해야 한다.(TP §2.88)

이자가 사업소득에 해당하는 금융활동의 경우, 자본구조가 가격에 상당한 영향을 미치는 다른 상황과 마찬가지로 거래순이익률을 결정함에 있어 이자의 영향을 고려하는 것이 일반적으로 적절하다.(TP §2.89)

독립 비교대상의 일부 항목에 대한 회계처리가 불분명하거나 회계자료를 믿을 수 있게 측정하거나 조정할 수 없는 경우 비교가능성에 문제가 생긴다. 특히, 감가상각, 감모상각, 주식선택권(stock option) 및 연금비용(pension cost)의 경우 이러한 문제가 발생한다. 순이익의 결정에 이러한 항목들을 포함할 것인지는 종합적으로 판단해야 한다.(TP §2.90)

개업비용(start up costs) 및 폐업비용(termination costs)을 순이익의 산정에 포함해야 하는지는 사실관계 및 비교되는 상황에 따라 다른데, 정상거래를 하는 독립당사자들은 해당기능을 수행하는 당사자가 개업비용이나 폐업비용을 부담하거나, 이러한 비용의 일부 또는 전부를 이익가산없이 거래상대방이나 고객에게 배분하거나, 이러한 비용의 일부 또는 전부를 이익을 가산하는데, 즉 해당기능을 수행하는 당사자의 수익률지표의 계산에 이 비용을 포함한다.(TP §2.91)

② 순이익률의 측정(weighting the net margin) 및 분모의 선택

순이익률지표의 분모(denominator) 선택은 비교가능성분석과 일관성이 있어야 하며

특히 당사자 간의 위험배분을 반영해야 한다. 운영위험(시장위험이나 재고위험 등)이 제한적인 경우에도 일부 제조활동과 같은 자본집약적 활동(capital intensive activities)에는 투자의 중요성 때문에 상당한 위험이 내재되어 있다. 이러한 사안에서 순이익률지표가 투자수익률(return on Investment), 즉 사용자본에 대한 수익 또는 자산에 대한 수익이라면 투자관련 위험이 반영된 것이다. 어떤 거래 당사자가 이러한 위험을 부담하느냐에 따라 또는 관계거래 및 비교대상거래에 나타나는 위험의 정도에 따라 이러한 지표를 조정해야 한다.(TP §2.92)

분모는 분석대상 거래의 당사자가 수행하는 기능의 가치와 관련된 지표와 상관성이 있어야 한다. 대부분의 경우 판매 및 유통의 영업비용은 도매활동에 대한 적절한 기준이 되고, 전부원가 또는 영업비용은 용역이나 제조 활동에 대한 적절한 기준이 되며, 영업자산은 일정한 제조활동이나 제조시설과 같은 자본집약적 활동(capital intensive activities)에 대한 적절한 기준이 된다.(TP §2.93)

비교대상과 분석대상의 순이익률지표 분모에는 관계거래의 자료를 쓰지 않는다. 의미 있는 일차함수가 되기 위해서는 하나 이상의 상수가 있어야 하는데, 관계거래 자료를 분모로 취하면 모든 항목이 변수가 되어 일정한 궤적을 가져야 하는 함수로서의 의미를 상실하기 때문이다. 예를 들면, 판매자가 제삼자 고객에게 재판매하기 위해 특수관계인으로부터 재화를 매입하는 거래를 분석할 때 매출원가에 대한 순이익률을 측정하면 안 되는데, 이 경우 매출원가는 평가되어야 하는 대상이기 때문이다. 마찬가지로, 특수관계인에게 용역을 제공하는 관계거래에 대해 용역매출에 대한 순이익률을 측정하면 안 되는데, 이는 특수관계 매출이기 때문이다. 분모가 분석대상이 아닌 특수관계인 간 비용에 실질적인 영향을 받는다면(특수관계인에게 지급하는 본사비용, 임대료 및 사용료 등), 이러한 특수관계인 간 비용이 실질적으로 분석결과를 왜곡시키지 않도록 주의해야 한다.(TP §2.94)

순이익률지표에는 아래와 같은 것이 있다. 선택된 거래순이익률지표는 분석대상 당사자와 독립된 제3자 사이에서 같은 기준으로 측정하고, 관계거래와의 직접적·간접적 관련성 및 영업활동과의 관련성 등을 고려하여 합리적인 수준까지 전체기업의 재무정보를 세분화하여 측정해야 한다.(국조칙 §6 ③)

| 순이익률지표(net profit margin indicators or profit level indicators) |

순이익률지표	설 명
영업이익률(Operating Margin) → 국조령 §8 ① 1호	• 영업이익(매출총이익 - 판매관리비)/매출 • 특수관계인으로부터 구매한 제품을 독립된 제3자에게 재판매하는 경우에 사용. 이 경우 분석대상과 비교대상의 판매장려금, 매출할인, 외환손익에 대해 동일한 회계기준을 적용(국조칙 §6 ③ 1호)
자산수익률(Return On Assets) → 국조령 §8 ① 2호	• 영업이익/사업용 자산(보통 유형자산) • 유형자산의 집약적인 제조활동, 자본집약적인 재무활동 등과 같이 분석대상 당사자가 창출한 거래순이익과 자산의 관련성이 큰 경우에 사용. 이 경우 자산의 범위에는 토지·건물·설비·장비 등 유형의 영업자산과, 특허권·노하우 등과 같이 영업활동에 사용되는 무형의 영업자산 및 재고자산·매출채권(매입채무는 차감) 등과 같은 운전자본이 포함됨. 다만, 투자자산 및 현금은 금융산업인 경우에만 영업자산으로 인정(국조칙 §6 ③ 2호) • 자본수익률(return on capital employed) 또는 투자수익률(return on Investment)로도 부르며, 일반적으로 영업자산(operating assets)에서 무형자산을 제외하며 영업이익에서도 무형자산 감가상각비를 제외
총원가가산율(Markup on Total Costs) → 국조령 §8 ① 3호	• 영업이익/총원가(매출원가+판매관리비) • 제삼자에게서 구매하여 특수관계인에 판매하는 제조자에게 적용. 이 경우 매출원가 및 영업비용은 분석대상이 사용한 자산, 부담한 위험, 수행한 기능 및 영업활동과의 관련성을 고려하여 측정(국조칙 §6 ③ 3호) • 총원가는 전부원가(fully loaded cost)로도 부름.
베리비율(Berry Ratio) → 국조령 §8 ① 4호	• 매출총이익/판매관리비 • 판매자 및 제조자 모두에게 적용. 분석대상이 재고에 대한 부담 없이 단순 판매활동을 수행하는 경우(특수관계인으로부터 재화를 매입하여 또 다른 특수관계인에게 판매하는 단순 중개활동을 수행하는 경우)에 사용(국조칙 §6 ③ 4호)
기타 합리적 비율(국조령 §8 ① 5호) • 투자자본수익률(Return On Invested Capital) • 매출총이익률(Gross Margin) • 매출원가가산율(Markup on Cost of Goods Sold)	 • 영업이익/[사업용 자산(보통 유형자산) - 무이자채무(매입채무)] • 매출총이익/매출. 특수관계기업에서 구매하여 제삼자에게 판매하는 판매자에게 적용 • 영업이익/매출원가. 제삼자에게서 구매하여 특수관계기업에 판매하는 제조자에게 적용

위 산식에서 쓰이는 용어는 다음과 같이 정의된다.(Reg §482-5.d)

수입금액(sales revenues)이란 재화판매 및 용역제공으로부터 발생한 총수입에서 매출환입 및 매출할인을 차감한 금액이다. 수입금액을 계상하기 위한 회계기준 및 공준은 분석대상이 속하는 산업분야에서 사용되는 것이다.

매출총이익(Gross profit)은 (매출액 – 매출원가)를 말하며, 영업비용(operation expenses)은 매출원가에 포함되지 않는 비용으로서 다음 비용을 의미한다.

영업비용에서 제외	① 이자비용 ② 외국납부세액 및 국내납부세액 ③ 분석대상 사업활동과 관련이 없는 비용
영업비용에 포함	① 광고비, 판촉비, 판매비, 마케팅활동비 ② 창고료, 유통비용, 관리비 ③ 감가상각비 및 감모상각비

영업이익(operating profit)은 거래순이익이라고도 하며, 매출총이익에서 영업비용을 차감한 금액으로서 거래순이익률법의 적용대상거래에서 창출된 모든 소득을 말한다. 그러나 다음과 같은 소득은 포함하지 않는다.

1. 이자, 배당
2. 분석대상의 사업거래 이외의 활동으로부터 창출된 소득
3. 분석대상의 계속적 영업활동과 관련 없는 특별손익

영업자산(operating assets)은 분석대상거래에 사용된 자산가치를 말한다. 이에는 고정자산 및 현금, 현금등가자산, 외상매출금 등의 유동자산도 포함된다. 그러나 영업자산에는 관계자회사에 대한 투자, 초과현금 및 포트폴리오 투자금액은 포함되지 않는다. 영업자산은 순장부가격 또는 시장가격 등으로 평가되는데 비교대상과 분석대상에게 같은 방법이 사용되고 매년 일관성이 있는 한 어느 방법을 사용해도 무방하다. 그 외에도 영업자산을 평가함에 있어 분석대상 또는 비교대상의 재무제표에 나타난 새로 매입한 자산, 리스자산, 무형자산, 환율변동요인 등을 고려해야 하며, 또한 재무제표에 영향을 주는 다른 요인도 감안해야 한다. 영업자산가치는 사업연도 중 커다란 변화가 없는 한 기초와 기말의 자산가치를 평균하여 구한다. 만일 사업연도 중에 자산의 변동이 심해서 기초 및 기말의 평균치가 연간 평균치를 나타내기에 부적합한 경우에는 좀 더 정확한 영업자산의 평균가치를 측정할 수 있는 방법이 사용되어야 한다.

③ **손익계산서기준 순이익률지표**(미국세청 APA교재, 2005)

손익계산서항목을 적용하는 순이익률지표에는 영업이익률(OM), 매출총이익률(GM),

베리비율(Berry Ratio), 총원가가산율(MTC), 매출원가가산율(MCOG)이 있다. 손익계산서항목을 기준으로 하는 순이익률지표는 다음과 같은 특징을 가진다.

1. 도매상이나 용역공급업자와 같이 고정자산이 영업이익 창출에 중요한 역할을 하지 않는 경우 주로 사용된다.
2. 재무상태표 기준 순이익률지표의 신뢰성이 떨어지는 경우 손익계산서 기준 순이익률지표가 유용하다. 예를 들면 비슷한 판매기능과 판매무형자산을 가진 도매업을 영위하는 비교대상과 분석대상의 경우, 비교대상에 비해 분석대상이 재고수준과 고객에 대한 외상매출이 작다면 이로 인해 분석대상의 무형자산비율은 비교대상에 비해 상대적으로 크게 된다. 이 경우 재무상태표기준 순이익률지표는 신뢰성이 떨어진다. 그러나 분석대상의 매출대비 무형자산 비율은 비교대상과 비슷할 수 있다. 즉, 매상과 관련하여 가치가 평가되는 판매조직의 경우 이러한 판매조직은 동일한 정도로 영업이익 창출에 기여할 것이므로 영업이익률은 신뢰성이 있다.
3. 영업이익률(om)은 분석대상이 비교대상과 기능면에서 정확히 일치하지 않는 경우에 적용된다. 기능상 차이는 매출총이익에는 영향을 미치지만 영업이익에는 영향이 비교적 작다.

매출총이익률은 순이익률지표로 잘 쓰이지 않는다. 영업비용과 매출원가는 구분조작이 가능하며 상당한 영업손실을 내는 특수관계기업이 높은 영업이익을 내는 비교대상을 기준으로 정상가격범위에 해당하는 매출총이익률을 만들어 낼 수 있기 때문이다. 또한, 기능상 차이는 매출총이익률에 영향을 미친다.

위에서 설명한 것처럼, 순이익률지표의 분모는 일반적으로 관계거래를 포함하지 않는다. 그러므로 총원가에 관계거래 원가가 포함되어 있지만 관계거래 매출은 구분할 수 있는 경우 영업이익률보다는 총원가가산율을 사용하는 것이 적절하다. 특수관계 판매자에게 제품을 판매하는 제조자가 이 경우이다. 때로는 총원가의 일부를 차감하여 분모로 사용하기도 한다. 즉, 구매자가 부담하는 판매관련 조세를 대상원가에서 제외한다. 매출원가가산율을 사용하는 경우 위에서 설명한 매출총이익률을 적용할 때와 같은 문제가 있다.

영업이익률(OM)과 총원가가산율(MTC)의 관계

영업이익률과 총원가가산율은 일정한 상관관계가 성립된다.

- 기본식 s=p+c, om=p/s, mtc=p/c (s 매출, p 영업이익, c 총원가)
- mtc=p/c → p/(s-p) → (p/s)/[(s/s)-(p/s)] → om/(1-om)
- om =p/s → p/(c+p) → (p/c)/[(c/c+(p/c)] → mtc/(1+mtc)

매출총이익을 순이익률지표(PLI)로 사용하는 비교이익법과 재판매가격법을 구분하거나, 원가가산율을 순이익률지표로 사용하는 비교이익법과 원가가산법을 구분하기는 쉽지 않다. 이들의 차이는 종류의 차이라기보다는 정도의 차이이다. 전통적 거래방법은 개별거래나 소규모 단위거래를 분석대상으로 하는 데 비해 비교이익법은 광범위한 거래이익이나 기업거래 전체를 검토한다. 따라서 미국의 경우 비교이익법을 선호하지 않는 국가와의 협상시 비교이익법(CPM) 대신 수정된 재판매가격법이나 원가가산법이란 용어를 쓰기도 한다.(미국세청 APA교재, 2005) 비교이익법(comparable profit methods) 또는 수정된 원가가산법이나 재판매가격법(modified cost plus/resale price methods)은 국내세법과 일치하는 경우에만 인정된다.(TP §2.62)

㉮ 매출기준 순이익률지표

매출기준 순이익률지표 또는 영업이익기준 순이익률지표는 제삼자 고객에게 재판매하기 위해 특수관계인으로부터 매입하는 상품의 정상가격을 결정하기 위해 자주 사용된다. 이 경우, 분모의 매출액은 관계거래에서 매입된 품목의 재판매액이어야 한다. 제삼자 매입거래(제삼자에게 재판매하기 위해 제삼자로부터 매입)로 인한 매출은 관계거래의 대가를 결정하거나 검토하는데 포함되어서는 안 되며, 다만 관계거래와 독립거래가 너무 밀접하게 연결되어 구분하여 평가하기에 적절치 않은 경우에는 예외이다. 이러한 사례는 제삼자 고객에게 도매업자가 제공하는 판매 후 용역(after sales services)이나 부품판매와 관련하여 가끔 발생하는데, 이들 거래는 동일한 제삼자 고객에게 재판매하는 도매업자가 행하는 특수관계 매입거래와 밀접히 관련된다.(TP §2.96) 납세자나 비교대상이 고객에게 지급하는 리베이트(rebates)나 할인(discounts)을 어떻게 처리할 것인지가 문제가 된다. 회계기준에 따라, 리베이트나 할인은 수입금액의 차감 또는 비용으로 처리된다. 비슷한 문제가 외환 차익이나 차손과 관련하여 발생한다. 이러한 항목들이 실질적으로 비교가능성에 영향을 미치는 경우, 동일하게 놓고 비교하는 것이 중요하며 납세자와 비교대상에 동일한 회계기준을 적용해야 한다.(TP §2.97)

㉯ 원가기준 순이익률지표

원가기준의 순이익률지표는 원가가 분석대상의 수행기능, 사용자산 및 부담위험의 가치와 관련되는 경우에만 사용된다. 또한, 어떤 원가들을 대상원가에 포함할지는 사실관계를 면밀히 검토한 후에 결정해야 한다. 순이익률지표가 원가기준으로 측정되는 경우, 분석대상 관계거래와 직·간접적으로 관련된 원가들만을 포함해야 한다. 따라서 다른 활동이나 거래와 관련된 원가를 분모에서 제거하기 위해 납세자의 회계를 적절한 수준으로 구분할 필요가 있다. 또한, 영업비 성격의 원가들은 분모에 포함되어야 한다.(TP §2.98)

대부분의 경우 전부원가를 사용하는데, 활동이나 거래에 배분되는 모든 직·간접 원가를 포함하며 사업의 간접관리비(overheads)도 적절히 배분해야 한다. 문제는, 정상거래 관점에서 납세자 원가의 상당부분을 이익과 관련없는 원가(순이익률지표의 분모에서 제외되어야 할 원가)로 보는 경우 이를 인정할 것인지와 어느 정도 인정할 것인지이다. 정상거래를 하는 독립 당사자가 발생비용의 일부에 대해 대가를 지급하지 않을 것이라면, 이러한 비용은 제외하는 것이 적절하다. 이러한 판단은 내부(internal) 또는 외부(external) 원가인지의 구분에 따라 이루어지는 것이 아니라 비교가능성분석에 따라 이루어져야 한다.(TP §2.99)

정상거래관점에서 비용을 무시해야 하는 경우, 두 번째 문제는 이로 인해 비교가능성 및 정상가격범위에 미치는 결과이다. 동일하게 놓고 비교해야 하므로 납세자의 순이익률 지표 분모에서 상관없는 비용을 제외하는 경우, 비교대상의 해당비용 또한 비교대상의 순이익률지표 분모에서 제외되어야 한다. 비교대상의 비용구분에 대한 자세한 정보가 없는 경우, 이로 인해 실무적으로 비교가능성에 문제를 일으킬 수 있다.(TP §2.100)

상황에 따라, 실제원가(actual costs), 표준원가(standard costs) 및 예산원가(budgeted costs)를 원가기준으로 사용한다. 실제원가를 사용하면 분석대상이 원가를 세심하게 관리하는 경우 누려야 할 이익을 반영하지 못하므로 문제가 있다. 독립당사자 간의 계약에서 원가절감목표를 대가지급조건으로 하는 경우가 드물지 않다. 또한, 독립당사자 간의 제조계약에서 표준원가기준으로 가격을 정하고 표준원가에 대비한 실제원가의 가감액을 제조자에게 배부하기도 한다. 이러한 거래들이 독립당사자 간에 정상적으로 이루어지는 계약을 반영하는 경우, 원가기준 거래순이익률법을 적용할 때 비슷한 방식을 사용할 수 있다.(TP §2.101) 또한, 예산원가(budgeted costs)를 사용하면 실제원가와 예산원가에 차이가 많을 경우 문제를 일으킨다. 독립당사자들이라면 예산을 책정할 때 어떤 요소를 감안할 것인지 사전에 합의하지 않거나 과거연도에 예산원가와 실제원가를 어떻게 다른지를 검토하지 않은 경우, 예상치 못한 상황에 어떻게 대처할 것인지 정하지 않은 채 예산원가를 기준으로 가격을 책정하지는 않는다.(TP §2.102)

④ 재무상태표 기준 순이익률지표

1. 유형영업자산이 수익성(profitability)과 밀접한 관련이 있는 경우 신뢰성이 높다.(Reg §482-5.b.4. i) 예를 들면, 유형고정자산(property, plant, equipment : PPE) 등의 제조자 영업자산은 판매자의 유형고정자산에 비해 수익성과 더 밀접한 관련이 있다. 판매자의 주된 부가가치는 판매자가 제공하는 용역으로 인한 것으로 영업자산과는 큰 관련이 없기 때문이다.
2. 분석대상의 자산구성내용이 비교대상과 다른 경우 신뢰성이 떨어진다. 자산이 다르다면 수익률도 다를 수 있기 때문이다. 예를 들면 고정자산은 가변성이 떨어져 유동자산보다 위험에 더 노출되므로 고정자산의 비율이 크다면 더 높은 수익률이 기대된다.
3. 비교대상과 분석대상의 유형자산과 무형자산의 상대적 비율이 다른 경우 신뢰성은 떨어진다. 무형자산을 자산에서 배제한다 해도 무형자산이 수익성에 기여한 부분을 제거할 수 없기 때문이다. 따라서 무형자산비율이 다른 경우 비교대상에서 제외해야 한다.
4. 자산을 계상하는 방법, 즉 장부가로 할 것인지 시장가로 할 것인지가 문제가 된다. 장부가를 사용하면 비교가 왜곡될 가능성이 있는데, 자산을 모두 감가상각한 기업과 최근에 자산을 취

득하여 감가상각이 진행중인 기업 간에 왜곡이 있을 수 있고 또한 매입한 무형자산을 사용하는 기업과 자체 개발한 무형자산을 사용하는 기업 간에 왜곡이 있을 수 있다. 시장가격을 사용하면 이러한 문제를 해소할 수 있지만, 자산의 평가가 불확실한 경우 신뢰성의 문제가 있으며, 또한 자산평가는 매우 어렵고 돈이 많이 드는데 특히 무형자산일 경우 그렇다. 가장 믿을만한 방법을 찾기 위한 노력의 일환으로 장부가치, 조정된 장부가치, 시장가치 및 기타 가능한 대안을 선택할 수 있다.(TP 2.104)

자산수익률(ROA)과 투자자본수익률(ROIC)은 재무상태표 항목을 분모로 사용한다. 지표가 자산에 대한 순이익인 경우, 투자자산 및 현금시재액을 제외한 영업자산(operating assets)이 사용된다. 영업자산은 토지 및 건물, 공장 및 설비 등의 유형영업고정자산(tangible operating fixed assets), 특허 및 노하우 등의 사업에 사용되는 영업무형자산(operating intangible assets) 및 재고 및 매출채권(매입채무 차감) 등의 영업자본자산(working capital assets)을 포함한다. 투자자산이나 현금자산은 일반적으로 비금융분야에서는 영업자산에 해당하지 않는다.(TP 2.103) 미국세법(Reg §482-5.b.4.1)은 유형자산(tangible asset) 대신 영업자산(operating asset)이란 용어를 쓰며, 이 용어는 자산수익률에 적용되지만 투자자본수익률에는 적용되지 않는다. 미국세법은 분석대상의 자산을 장부가치 또는 정상시장가치로 평가하도록 하고 있으나, 회사자산을 정상시장가치로 평가하는 것은 쉽지 않다. 또한 미국세법은 무형자산(intangible asset)을 자산의 범위에 포함하지만, 분석대상과 비교대상의 무형자산을 동일한 기준으로 평가하는 것은 어려운 일이다. 예를 들면, 매입한 무형자산은 회사장부에 시장가격으로 기록되지만 자체개발한 무형자산은 시장가격으로 기록되지 않는다. 그러므로 실무에서는 보통 무형자산을 자산에서 제외하며, 이와 함께 무형자산 감가상각비를 영업비용에서 제외한다. 자산수익률과 투자자산수익률은 다음과 같은 특징이 있다.

ROA와 ROIC의 차이

ROA는 영업자산을 기준으로 하는 반면, ROIC는 회사에 투자된 부채(debt)와 자본(equity capital)을 기준으로 한다. 영업자산이 각각 200인 회사를 예로 들어보자. 첫째 회사는 무이자채무(non interest bearing liability)가 없는 반면 둘째 회사는 무이자채무(매입채무)가 100 있다. ROA의 경우 영업자산 200이 분모가 되며, 이는 두 회사 모두 같다. 그러나 ROIC의 경우, 첫째 회사의 투자자본은 200이지만, 둘째 회사의 투자자본은 100으로 영업에 필요한 나머지 100은 상품공급자에 의해 제공된다. 그러나 실무적으로 ROA를 사용하는 대부분의 분석에서 매입채무와 같은 무이자채무를 차감조정하므로 ROA와 ROIC의 결과는 큰 차이가 없다.

⑤ **베리비율**(Berry ratio)

베리비율은 듀퐁사례(dupont case, 1979)를 분석한 Berry교수의 이름을 딴 것이다. 베리비율은 손익계산서항목을 이용하는 순이익률지표의 일종으로 매출총이익을 판매관리비(operating expense)로 나눈 비율이다. 판매관리비는 감가상각비를 포함한 판매비 및 일반관리비 등을 의미한다. 매출총이익은 영업이익과 판매관리비를 합한 금액이므로 베리비율은 1+(영업이익/판매관리비)와 같으며 이익이 있는 기업의 베리비율은 1보다 크다. 베리비율은 사실상 원가가산법(cost plus method)의 변형에 해당한다. 제조자의 경우 제조원가에 일정한 이익을 가산한 가격을 정상가격으로 보는 것과 같이, 판매자의 용역원가, 즉 일반관리비에 일정한 수익을 가산한 가격을 정상가격으로 보기 때문이다.(TPH §20.3)

베리비율이 이전가격방법으로 인정되는 이유는 일반적으로 매출총이익은 기업이 용역을 수행한 데 대해서 받는 보상이라고 할 수 있으며, 수행기능은 영업비용 수준에 의해 측정된다고 보기 때문이다. 여기서 영업비용이란 이자비용・소득세를 제외한 모든 비용으로서 매출원가에 포함되지 않은 비용으로 합리적인 범위 내의 판촉비, 광고선전비, 감가상각비 등 판매비와 일반관리비를 의미한다.(국조통 5-4…1, TP §2.106) 이전가격방법으로 베리비율을 적용하는 것은 비교적 간편하나 다음과 같은 사항에 유의해야 한다.

1. 베리비율이 유용한 상황은 납세자가 특수관계인으로부터 재화를 매입하고 다른 특수관계인에게 그 재화를 즉시 판매하는 중개인 역할을 하는 경우이다. 이 경우, 제삼자에 대한 매출이 없으므로 재판매가격법은 적용할 수 없으며, 또한 판매재화의 원가에 대한 가산을 규정하는 원가가산법은 매출원가가 특수관계인 매입에 해당하므로 적절치 않다. 반면, 중개인(intermediary)의 경우 영업비용은 이전가격거래와는 특별하게 관련되지 않으므로 일반적인 상황에서 베리비율이 적절한 지표가 될 수 있으며, 다만 관계회사에 지급하는 본사비용, 임대료나 사용료 등의 관계회사비용에 의해 실질적으로 영향을 받는 경우가 있다.(TP 2.108) 제조업의 경우에는 생산량이나 자동화 정도에 따라 매출총이익과 영업비용이 반드시 비례한다고 볼 수 없다.
2. 베리비율은 영업비용과 수행용역이 상당한 상관관계가 있어야 한다. 베리비율은 영업비용 및 기타비용 등의 원가구분에 매우 민감하다. 판매제품의 가치가 관계거래에서 수행하는 기능(사용자산 및 부담위험을 감안하여)의 가치에 실질적으로 영향을 미치지 않는다. 즉, 기능의 가치가 매출에 비례하지 않는다. 관계거래에서 납세자는 다른 이전가격방법이나 재무지표를 사용하여 보상받아야 하는 다른 중요한 기능(제조기능 등)을 수행하지 않는다.(TP §2.107)
3. 영업비용 증가에 대응하여 매출총이익이 증가해야 한다. 매출에 비해 낮은 영업비용(10~15% 이하)을 계상하는 도매업자(wholesale distributor)는 매출대비 높은 영업비용을 계상하는 다른 회사에 비해 높은 베리비율을 나타낸다. 따라서 매출대비 낮은 영업비용의 회사를 매출대비 높은 영업비용의 회사와 비교하기 위해 베리비율을 쓰는데 주의를 기울여야 한다. 이는 판매시장 수준에 따라 베리비율이 달라질 수 있음을 의미한다. 그러나 판매량의 변화가 기능이나 위험의 변화를 초래하지 않는 경우 영업이익률보다는 베리비율이 더 신뢰성이 있다.(미국세청 APA교재, 2005.)

4. 비교대상과 회계처리방식이 다른 경우에는 동일한 회계처리 방식하에서 비교가 될 수 있도록 조정해야 한다.

사 례 — 총이익률지표 및 순이익률지표의 민감도(TP부록)

거래순이익률은 특성차이에 대해 덜 민감한 것으로 알려져 있다. 실무적으로, 거래순이익률을 적용하면 일반적으로 제품의 특성보다는 기능적 비교가능성을 상당히 중요하게 평가한다. 그렇지만, 거래순이익률법은 아래에서 예시하는 것처럼 영업비용의 차이에 반영되는 기능차이에 민감하게 반응하지 못한다.

(사례 1) 판매업자가 수행하는 판매기능의 범위와 복잡성의 차이에 대한 효과

아래 사례는 판매업자가 수행하는 판매기능의 범위와 복잡성의 차이에 대한 효과를 설명하기 위한 것이다.

구 분	상황1 판매업자는 제한적인 판매기능을 수행함	상황2 판매업자는 중요한 판매기능을 수행함
제품 매출(동일가격으로 동일시장에서 동일제품을 동일수량 판매)	1,000	1,000
기능분석에 따른 판매기능의 중요성을 감안한 제조업자로부터의 매입가격	600	480(*)
총이익	400 (40%)	520 (52%)
판매 비용	50	150
기타 비용	300	300
순이익	50 (5%)	70 (7%)

(*) 매입가격차이 120은 판매자가 수행하는 판매기능의 범위와 복잡성의 차이를 반영한다고 가정(추가비용 100 및 판매자 기능에 대한 보상)

납세자가 상황2에서와 같이 특수관계 제조업자와 영업을 하는 한편 독립 비교대상은 상황1에서와 같이 영업하는 경우, 당시에 독립 비교대상에 대한 충분히 자세한 정보가 없어서 판매기능의 범위와 복잡성의 차이가 식별되지 않는다고 가정하면, 총이익률법을 적용할 때 오류를 범할 위험은 120(12% × 1,000)이며, 순이익률법을 적용하면 20(2% × 1,000)이다. 이는 상황 특히 비용구조 및 비교대상이 수입의 기능적 차이로 인한 결과에 따라 다르지만, 순이익률이 총이익률보다 기능의 범위와 복잡성의 차이에 덜 민감하다는 사실을 보여준다.

(사례 2) 판매업자가 부담하는 위험수준의 차이에 대한 효과

아래 사례는 판매업자 및 비교대상이 부담하는 위험수준의 차이에 대한 효과를 설명하기 위한 것이다.

구 분	상황1 판매되지 않은 모든 재고를 제조업자가 재매입하는 '재매입'약정이 있기 때문에 판매업자는 진부화제품에 대한 위험을 부담하지 않음	상황2 판매업자는 진부화제품에 대한 위험을 부담함. 판매업자는 제조업자와의 계약에 '재매입'약정이 없음
제품 매출(동일가격으로 동일시장에서 동일제품을 동일수량 판매)	1,000	1,000
기능분석에 따른 진부화위험을 감안한 제조업자로부터의 매입가격	700	640(*)
총이익	300 (30%)	360 (36%)
진부화 재고 손실	0	50
기타 비용 (간접비)	250	250
순이익	50 (5%)	60 (6%)

(*) 매입가격차이 60은 제조업자와 판매업자 간의 진부화위험의 배분의 차이를 반영한다고 가정(추가적인 추정손실 50 및 판매자 위험에 대한 보상) 즉, 이는 계약상 '재매입'약정에 대한 가격이다.

관계거래가 상황1과 같이 이루어지는 반면 독립 비교대상이 상황2와 같이 이루어지는 경우, 독립 비교대상에 대한 상세한 정보가 불충분하여 위험수준의 차이를 구분할 수 없다고 가정하면, 총이익률을 적용할 때 오류위험은 60(6% × 1,000)인 반면 순이익률을 적용할 때 오류위험은 10(1% × 1,000)이다. 이는, 상황 특히 비용구조 및 비교대상이 수입의 기능적 차이로 인한 결과에 따라 다르지만, 순이익률은 총이익률에 비해 위험수준의 차이에 덜 민감하다는 사실을 보여준다.(계약상 위험배분이 정상적이라는 전제하에) 결론적으로, 서로 다른 기능을 수행하는 기업들은 넓은 범위의 총이익률을 계상하는 한편, 상당히 비슷한 수준의 순이익을 계상한다. 예를 들면, 거래순이익률법은 수량(volume), 기능의 범위 및 복잡성, 영업비용의 차이에 덜 민감하다고 알려져 있다. 한편, 거래순이익률법은 원가가산법 또는 재판매가격법에 비해 공장가동률(capacity utilisation)에 더 민감한데, 간접고정비(고정제조비 또는 고정판매비)의 흡수수준의 차이는 순이익률에 영향을 미치지만 사례 3에서 보는 것처럼 이것이 가격차이에 반영되지 않는다면 총이익률이나 매출원가가산율에 영향을 미치지 않기 때문이다.

(사례 3) 제조업자의 설비가동률의 차이에 대한 효과

아래 사례는 판매업자 및 비교대상의 설비가동률의 차이에 대한 효과를 설명하기 위한 것이다.

구 분	상황1 제조업자는 최대 가동률로 생산을 함 : 연간 1,000개	상황2 제조업자는 최대 가동률 이하인 80%로 생산을 함 : 연간 800개
제품 매출(동일 설비가동능력을 가지며, 생산제품 1개당 동일가격으로 동일시장에서 동일제품을 동일수량 생산하고 판매)(*)	1,000	800

구 분	상황1 제조업자는 최대 가동률로 생산을 함 : 연간 1,000개	상황2 제조업자는 최대 가동률 이하인 80%로 생산을 함 : 연간 800개
매출원가 : 직접원가 및 간접제조원가의 표준배부(동일한 단위당 변동매출원가 제품당 0.75를 계상하며, 고정인건비 50을 계상)	변동비 : 750 고정비 : 50 합 계 : 800	변동비 : 600 고정비 : 50 합 계 : 650
매출원가에 대한 가산액	200 (25%)	150 (23%)
간접원가(두 제조업자 모두 동일한 간접원가를 계상)	150	150
순이익	50 (5%)	이익 없음

(*) 제조상품의 정상가격은 제조업자의 설비가동률에 영향을 받지 않는 것으로 가정

관계거래가 상황1과 같이 이루어지고 독립 비교대상이 상황2와 같이 이루어지는 경우, 독립 비교대상에 대한 상세한 정보가 불충분하여 설비가동률의 차이를 구분할 수 없다고 가정하면, 총이익률을 적용할 때 오류위험은 16(2%×800)인 반면 순이익률을 적용할 때 오류위험은 50(5%×1,000)이다. 이는, 상황 특히 고정비와 변동비의 비율에 따라 다르고 납세자나 비교대상의 가동률 수준에 따라 다르지만, 순이익률은 매출원가가산율(gross markup) 또는 총이익률(gross margins)에 비해 설비가동률 차이에 더 민감하다는 사실을 보여 준다.

사 례 조정을 수반하지 않는 유형자산의 이전(Reg §482-5.e)

갑은 외국상장법인으로 국내에 을이라는 자회사를 두고 있다. 을은 1996사업연도 신고분에 대해서 세무조사를 받고 있다. 갑은 세계적으로 유통망을 가진 소비자용품을 제조하며 을은 이 제품을 수입하여 국내의 도매시장에 유통시킨다. 이때 을은 갑의 상호를 사용한다. 갑은 제삼자가 이 상품을 유통시키는 것을 허용하지 않는다. 물론 비슷한 상품이 다른 회사에 의해서 생산되지만 역시 이러한 유사상품이 제삼자에게 판매되는 경우는 없다. 이 경우 이전가격 방법은?

과세당국은 거래순이익률법을 적용하는 것이 최적이라고 판단했다. 과세당국은 우선적으로 갑과 을 중 어느 기업을 분석대상으로 할 것인가를 판정함에 있어 을의 거래가 갑보다 덜 복잡하다는 판단아래 을의 거래를 분석대상거래로 선정했다. 을과 비슷한 유통업을 하는 비교대상은 숫자상으로 많으며 이들과 관련된 자료도 마련되어 있다. 이중에서 과세당국은 을과 비슷한 기능을 수행하고 비슷한 정도의 위험을 부담하는 기업 중 을의 산업과 동일한 산업군에 속하는 비교대상을 선정했다. 이들 비교대상의 자료를 분석한 결과 영업이익률(영업이익/매출)을 순이익률지표로 사용하는 것이 가장 합리적이라고 보았다. 이 비율은 최소한 3개 사업연도를 고려하여 산정된 것으로서 연도별로 보았을 때 평균적으로 상대적 안정감을 유지한다. 즉 연도별로 크게 변화하지 않는다. 1994년부터 1996년에 걸치는 을의 영업실적은 다음과 같다.

사업연도	1994	1995	1996	평 균
매출	500,000	560,000	500,000	520,000
매출원가	393,000	412,400	400,000	401,800
영업비용	80,000	110,000	104,600	98,200
영업이익	27,000	37,600	(4,600)	20,000

비교대상으로 선정된 10개의 기업에 대해서 분석대상과의 차이조정을 한 후 그 기업들의 영업이익률을 산정했다. 이들 각각의 영업이익률을 을에게 적용하여 다음과 같은 비교가능영업이익을 구했다.

비교대상	영업이익/매출액	을의 비교가능영업이익
a	1.7%	$8,840
B	3.1%	$16,120
c	3.8%	$19,760
d	4.5%	$23,400
e	4.7%	$24,440
F	4.8%	$24,960
G	4.9%	$25,480
H	6.7%	$34,840
I	9.9%	$51,480
J	10.5%	$54,600

위에서 을과 비교대상의 차이조정이 이루어졌다고는 하나, 모든 차이가 반영되었다고 결론내리기는 어렵다. 따라서 정상가격범위를 사용하는데 있어 과세당국은 위에서 사용한 모든 비교대상기업을 모두 정상가격범위에 포함시킬 수 없다는 결론을 내고 사분위범위를 적용했다. 따라서 정상가격범위는 $19,760부터 $34,840사이에 해당하고 을의 3개 사업연도 평균영업이익이 $20,000이므로 비록 1996년도 을의 영업이익이 $4,600의 손실로 나타난다 하더라도 아무런 소득조정도 하지 않는다.

사례 조정을 수반하는 유형자산의 이전(Reg §482-5.e)

거래상황은 위 사례와 같다. 다만 을의 소득 및 비용은 다음과 같다.

사업연도	1994	1995	1996	평 균
매출	500,000	560,000	500,000	520,000
매출원가	370,000	460,000	400,000	410,000
영업비용	110,000	110,000	400,000	410,000
영업이익	20,000	(10,000)	(10,000)	0

이 경우 을의 소득조정이 필요한가?

비교가능영업이익의 사분위범위는 변화가 없다. 그러나 을의 3년간 평균영업이익이 '0'이므로 사분위범위를 벗어난다. 따라서 과세당국은 소득조정이 필요하다고 결론을 내렸다. 이에 과세당국은 1996년 을의 영업이익과 비교대상의 영업이익을 비교했다. 우선적으로 비교대상의 1996년 영업이익률을 산정하여 이를 을의 1996년 매출액에 적용했다. 그 결과는 다음과 같다.

비교대상	영업이익/매출	을의 비교가능영업이익
c	0.5%	$2,500
d	1.5%	$7,500
e	2.0%	$10,000
a	2.6%	$13,000
F	2.8%	$14,000
B	2.9%	$14,500
J	3.0%	$15,000
I	4.4%	$22,000
H	6.9%	$34,500
G	7.4%	$37,000

위 자료에 의해 1996년의 비교가능영업이익의 중간값을 계산한 결과 $14,250[(14,000+14,500)/2]를 얻었다. 그런데 1996년 을의 영업이익은 △$10,000이므로 $14,250-(△$10,000)에 상당하는 익금 $24,250을 산입한다. 다른 연도도 이런 방식으로 조정한다.

사례 해외제조자에게 무형자산을 이전하는 경우(Reg §482-5.e)

갑은 내국법인으로서 장난감의 개발·생산·유통의 역할을 수행한다. 갑은 새로운 장난감 A를 개발하여 X국에 소재하는 자회사 을이 제조하도록 했다. 을은 A를 생산하여 국내에 소재하는 병(갑의 국내자회사)에게 판매했다. 과세당국은 1996사업연도에 대한 세무조사를 하고 있다. 새로운 장난감 제조기술에 대해서 을이 갑에게 지불하고 있는 사용료 5%가 적절한 것인가?

과세당국은 거래순이익률법이 정상가격 측정을 위한 가장 신뢰할 수 있는 방법이라는 결론을 내렸다. 이 방법을 이용함에 있어 과세당국은 갑과 을 중 어느 기업을 분석대상으로 분석할 것인가를 우선적으로 결정해야 한다. 상대적으로 단순한 제조활동을 하고 있는 을을 분석대상으로 선정했다. 그리고 순이익률지표로서 영업자산이익률(영업이익/영업자산)을 사용하기로 했다. 그런데 을과 비슷한 기능을 수행하는 제삼자를 X국에서는 발견할 수 없었다. 을과 비슷한 기능을 수행하고 비슷한 위험을 부담하는 업체들로서 비슷한 시장에서 활동하는 가장 비교가능성이 높은 기업을 M국과 N국에서 발견할 수 있었고 이들에 관한 자료가 완벽하여 을과의 차이분석 및 차이에 대한 조정이 가능했다. 이 경우, 자료가 불충분할 때에는 차이가 존재하지
않는 것처럼 보인다. 특히 시장의 지리적 차이로 인한 경우인데 이 사례에서와 같이 시장여건이 다른 M국과 N국의 비교대상을 사용하는 경우 중요한 차이를 유발할 수도 있다. 별도의 검토를 통해 을이 병에게 받은 장난감 가격이 정상가격에 해당한다는 결론을 내렸다. 그러므로 을이 병에 대한 판매와 관련하여 작성한 재무자료는 신뢰성이 있다고 볼 수 있다. 1994년부터 1996년까지 을의 재무자료는 다음과 같다.

사업연도	1994	1995	1996	평 균
자산	$24,000	$25,000	$26,000	$25,000
병에 대한 판매	25,000	30,000	35,000	30,000
매출원가	6,250	7,500	8,750	7,500
△갑에 지불한 사용료	1,250	1,500	1,750	1,500
△ 기타비용	5,000	6,000	7,000	6,000
영업비용	1,000	1,000	1,000	1,000
영업이익	17,750	21,500	25,250	21,500

M국과 N국에 소재하는 비교대상의 1994년부터 1996년까지의 평균 영업자산이익률을 을의 평균영업자산에 적용하여 비교가능영업이익을 얻어냈다. 이들 비교가능영업이익을 이용하여 사분위범위를 산정한 바 $3,000에서 $4,500에 해당한다. 1994년부터 1996년까지 을의 신고된 평균영업이익은 $21,500로서 비교가능영업이익의 사분위범위를 벗어나 있다. 그러므로 과세당국은 분석대상기간인 1996사업연도에 대해서 소득조정이 필요하다고 판단했다. 소득조정액을 결정하기 위해 과세당국은 비교대상의 1996년의 비교가능영업이익을 산정해서 이들의 중간값을 계산한다. 1996년의 비교대상에 대한 비교가능영업이익의 중간값은 $3,750이다. 이에 따라 을이 갑에게 지급하는 사용료를 $21,500($25,250 - $3,750) 증액 조정한다.

4. 그 밖의 이전가격방법, 공식에 의한 배분

(1) 그 밖의 정상가격 산출방법

정상거래원칙이 충족되는 한 '그 밖에 합리적인 방법'을 사용할 수 있다. 그렇지만, 통상적인 이전가격방법을 거래의 사실관계에 더 적합하게 적용될 수 있는 경우 통상적인 이전가격방법을 무시하고 대신하여 사용할 수 없다.(국조법 §8 ① 6호, TP §2.9) '그 밖에 합리적이라고 인정되는 방법'이란 전통적 방법이나 거래이익 분석방법 외에 거래의 실질 및 관행에 비추어 합리적이라고 인정되는 방법을 말하며, 간주정상이자율의 적용방법, 지급보증대가의 산정방법 및 무형자산의 현재가치평가방법을 포함한다.(국조령 §10)

경험칙(a rule of thumb)의 적용은 기능분석 및 비교가능성분석의 적절한 대안이 될 수 없다. 그러므로 경험칙은 가격 또는 배분소득이 정상이라는 증거로 사용될 수 없다.(TP §2.10)

(2) 공식에 의한 배분

① 공식에 의한 배분

공식에 의한 배분(global formulary apportionment)은 적정이익수준을 결정하는 데 있어 정상거래원칙에 대한 대안으로서 일부 국가에 의해 제기되었다. 이러한 공식에 의한 배분법(공식배분법)은 지방세 과세에 적용되기도 하지만, 국가 간에 적용되지는 않았다.(TP §1.16) 공식배분법은 미리 결정된 수학적 공식을 기초로 여러 국가에 소재하는 다국적기업 그룹의 전세계이익을 연결하여 특수관계기업들에게 배분하는 것이다. 공식배분법의 적용에는 세 가지 기본요소가 있다. 과세단위 결정, 즉 다국적기업 그룹 내의 어떤 자회사 또는 지점이 과세객체를 구성할 것인지 하는 문제, 전세계 이익을 정확히 결정하는 문제, 그리고 전세계 이익을 배분하는 데 사용될 공식을 정하는 문제이다. 공식은 원가나 자산, 급료 또는 매출액 등의 조합에 기초한다.(TP §1.17)

공식배분법은 거래이익방법과 차이가 있다. 전자는 이익배분을 위해 미리 결정된 공식을 사용하는 데 비해 거래이익방법은 사안별로 특수관계기업의 이익을 독립기업의 이익과 비교한다. 또한 상호합의, 사전가격조정 등에서 납세자와 과세당국이 개발하거나, 특정사실과 여건을 면밀히 분석하여 다국적기업 그룹이 개발한 공식과 공식배분법을 동일시해서는 안 된다. 이런 공식은 납세자의 특정사실과 여건으로부터 도출되어 나오는 것이므로 공식배분법처럼 기계적으로 미리 결정된 경우와는 차이가 있다.(TP §1.18)

② 정상거래원칙과의 비교

공식배분법은 행정편의와 납세자에 대한 확실성을 제공한다고 주장하는 사람들에 의해 정상거래원칙에 대한 대안으로서 추진되어 왔다. 이들은 또한 이 방법이 경제적 현실에 보다 잘 부합한다는 입장을 취한다. 그들은 그룹 내의 특수관계기업들 간의 사업관계를 반영하기 위해서는 다국적기업 그룹 전체차원에서 또는 연결회계에서 검토되어야 하며, 독립회계방법은 다국적기업 그룹의 전체이익에 대해 각 특수관계기업이 어느 정도 기여를 하는지 결정하기 어렵기 때문에 '상호 밀접하게 협력하는'(highly integrated) 다국적기업 그룹에 대해 적용하기 곤란하다고 주장한다.(TP §1.19) 또한, 주창자들은 공식배분법은 원칙적으로 과세목적상 하나의 회계처리만 준비하면 되므로 납세자들의 납세협력비용을 줄여준다고 주장한다.(TP §1.20) 그러나 일반적으로 이런 주장은 받아들여지지 않으며, 공식배분법은 정상거래원칙의 대안으로서 고려되지 않는다.(TP §1.21)

그런데, 유럽연합집행부는 유럽연합(EU) 내에서 다국적기업들의 소득배분을 위한 초안을 만들어 왔다. 초안에는 '공동의 결합법인세 과세표준(common consolidated corporate tax base)'과 '모국과세(home state taxation)'가 포함되어 있다. 이에 따르면 이전가격방법은 공식배분법(formulary apportionment)으로 대체되는데 매출, 인건비나 자산을 고려하는 합의된 공식에 따라 각 국에서 수행되는 다국적기업의 사업활동을 기준으로 과세된다.(UT §1.3.11)

Chapter 03

비교 대상 (comparable)

3

1. 비교자료의 완전성 및 가정의 신뢰성

1.1 비교자료의 완전성

이전가격방법의 합리성은 사용된 자료가 얼마만큼 완전하며 정확한가에 달려 있다. 산출된 정상가격이 자료의 불완전 또는 부정확한 정도에 의해 얼마나 영향을 받을지를 분석하는 것도 중요하다. 이러한 요인들은 특히 독립거래와 관계거래 사이에 어느 정도의 비교가능성이 존재하는 것인가를 결정함에 있어 중요한 영향을 준다. 특정방법을 사용하였을 때 정상가격에 영향을 미칠 수 있는 요소를 찾아내고 이들 요소들의 계량화를 가능하게 하는 것이 바로 자료의 완전성이다. 일반적으로 자료가 완전하고 정확한 경우 비교가능성은 높아진다.(Reg §482-1.c.2. ii.a)

1.2 비교자료의 시점 및 여러 사업연도 자료

비교가능요소에 대한 정보, 비교대상자료(origin) 등의 수집 및 가공 시점, 비교대상기간은 비교가능성에 영향을 미친다.(TP §3.67)

(1) 비교대상자료의 시점(timing of origin)

원칙적으로, 관계거래와 같은 기간 동안 착수되거나 수행된 비교가능 제삼자거래의 조건과 관련한 정보(거래 당시의 제삼자거래)는 비교가능성분석에 사용하기 위한 가장 믿을만한 정보인데, 이는 관계거래의 경제적 환경과 같은 경제적 환경에서 제삼자가 어떻게 행동했을 것인지 반영하기 때문이다. 그렇지만, 시의적절한 제삼자거래에 대한 정보의 활용가능성은 실무적으로 제한되므로 정상가격 사전설정방법 또는 사후검증방법에 의해 보완된다.(TP §3.68)

상속증여세법 시행령(§49 ①)은 시가를 '거래일 전후 6개월 이내의 가액'으로 정의한다. 거래시기에 차이가 나면 경제상황이 달라져서 동일한 재화나 용역이라도 거래가격이 달라질 수 있다. 예를 들면, 2009년에 경제상황이 악화되어 재협상을 통해 인하된 수수료율을 2007년 거래에 소급하여 적용해서는 안 된다.

(2) 정상가격 사전설정방법 및 사후검증방법

일부 경우, 납세자는 그룹내부거래를 수행한 시점에 정상거래원칙에 맞게 합리적인 처리했다는 것을 보여주기 위해 거래 당시 합리적으로 가능한 정보에 근거해 이전가격 서류를 만든다.(사전설정방법 ; the arm's length price setting approach) 이러한 정보에는 이전연도의 비교가능거래에 대한 정보뿐 아니라, 그 이전연도 및 관계거래연도 사이에 일어난 경제적 변화 및 시장변화에 대한 정보를 포함한다. 실질적으로, 비교가능상황의 독립당사자들은 과거정보에만 의존하여 이전가격을 결정하지는 않는다.(TP §3.69) 다른 사례에서, 납세자는 관계거래의 조건이 정상거래원칙과 일치한다는 점을 보여주기 위해 관계거래의 실제결과를 사후적으로 검토한다.(사후검증방법 ; the arm's length outcome testing approach) 이러한 검토는 일반적으로 연도말에 세무신고서를 만드는 과정의 일부로 수행된다.(TP §3.70)

정상가격의 사전설정방법 및 사후검증방법 또는 이 두 방법의 혼합방법을 사용할 수 있다. 특수관계기업들 간에 관계거래가 이루어질 때 서로 다른 방법으로 서류작성 및 분석이 이루어져서 서로 다른 결과값이 산출되는 경우, 예를 들면 정상가격 사전설정방법에서 고려한 시장예측과 정상가격 사후검증방법에서 산출된 실제결과 간의 차이 때문에 서로 다른 결과값이 산출되는 경우 이중과세의 문제가 발생한다.(TP §3.71)

관계거래를 검토하는 시점에 예상치 않은 미래의 사건에 대한 이전가격분석을 어떻게 평가해야 하는지, 특히 이전가격분석 당시에 평가가 상당히 불확실한 경우에 어떻게 평가해야 하는지 문제가 된다.(TP §3.72) 일반적으로 아래와 같이 처리한다.

| 불확실한 사건에 대한 이전가격(TP §3.73) |

상 황	판 단
당초에 평가가 상당히 불확실하여 독립기업들이라면 가격조정과정을 거칠 것이며, 가치변동이 필수적이라서 거래조건의 재협상이 이루어져야 하는 경우	제삼자거래에서 이루어지는 조정규정이나 재협상에 따라 해당거래의 정상가격을 조정해야 한다.

상 황	판 단
당사자가 가격조정을 필요로 할 개연성이나 합의조건을 재협상할 개연성만 있을 뿐 당초에 평가가 상당히 불확실한 것으로 볼 이유가 없는 경우	정상가격을 조정할 이유는 없으며, 이는 부적절한 소급적용(use of hindsight)일 뿐이다. 단순히 불확실성이 존재한다고 하여 독립기업이 행하거나 합의하였을 상황을 고려함이 없이 무조건 소급조정해서는 안 된다.

거래연도 이후의 자료 또한 이전가격분석과 관련이 있을 수 있지만, 소급적용의 문제를 피하기 위해 주의를 기울여야 한다. 예를 들면, 어떤 이전가격방법을 적용하는데 제삼자거래가 적절한 비교대상인지 결정함에 있어 관계거래 및 독립거래의 제품수명주기(product cycle)를 비교할 때 거래 이후 연도의 자료가 유용할 수 있다. 당사자들이 수행하는 거래 이후 연도의 행위 또한 당사자들 간에 수행하는 실제 조건을 확인하는 데 도움이 된다.(TP §3.74)

(3) 여러 사업연도의 자료

원칙적으로, 관계거래의 정상가격은 분석대상 연도와 동일한 연도의 비교대상거래를 기준으로 산정된다.(Reg §482-1.f.2.iii) 다만, 경제적 여건이나 사업전략 등의 영향이 여러 연도에 걸쳐 발생함으로써 해당 사업연도의 자료만으로 가격·이윤 또는 거래순이익을 산출하는 것이 합리적이지 않은 아래의 경우에는 여러 사업연도의 자료를 사용할 수 있다. 몇 개 연도를 대상으로 할 것인지에 대한 명확한 지침을 정하는 것은 적절치 않다.(국조령 §15 ③, 국조칙 §9, TP §3.75)

1. 시장침투전략, 제품 수명 주기를 고려한 판매전략 등 사업전략이 여러 사업연도에 걸쳐 제품의 가격에 영향을 미치는 경우
2. 경기변동 등 경제여건의 변화에 따른 효과가 여러 사업연도에 걸쳐 제품의 가격에 영향을 미치는 경우
3. 그 밖에 거래의 실질 및 관행에 비추어 여러 사업연도의 자료를 사용하는 것이 합리적이라고 인정되는 경우(분석대상 사업연도 자료의 충분성, 특수관계인이 속해 있는 산업의 사업활동 주기)

관계거래와 관련된 사실과 상황을 완벽하게 이해하기 위해서는 그 연도뿐 아니라 과거연도의 자료까지 모두 검토하는 것이 유용하다. 이러한 정보의 분석으로 이전가격결정에 영향을 주었을 것이거나 또는 틀림없이 주었던 사실들을 알 수 있다. 예를 들면, 과거연도 자료를 봄으로써 납세자의 어떤 거래의 손실이 과거 비슷한 거래손실의 연장인지, 전년도의 특별한 경제적 상황으로 인해 이후 연도의 비용을 증가시킨 것인지, 또는 제품

수명주기의 끝 단계에 와 있기 때문인지 알 수 있다. 이러한 분석은 거래이익방법이 적용되는 경우 특히 유용하다.(TP §3.76)

여러 사업연도 자료는 비교가능한 사업이나 제품수명주기에 대한 정보를 보여준다. 사업상 또는 제품수명주기상 차이는 비교가능성을 결정하는데 평가되어야 하는 이전가격거래의 조건에 실질적인 영향을 미친다. 과거연도의 자료는 비교가능거래를 한 독립기업이 비슷한 방식으로 비교가능한 경제여건 하에서 비교가능거래를 했는지 또는 과거연도의 특별한 여건들이 가격이나 이익에 영향을 미쳐서 그 독립거래를 비교가능거래로 사용하지 못할 것인지 보여준다.(TP §3.77) 또한, 여러 사업연도 자료를 사용하면 독립비교대상의 선택과정을 개선할 수 있는데, 검토되는 관계거래에 내재하는 비교가능성 특성과 심각한 차이를 나타내는 결과를 구별할 수 있고, 일부 경우에는 비교대상에서 제외하거나 제삼자 정보의 편차를 식별하는 데 도움이 된다.(TP §3.78)

여러 사업연도 자료의 사용이 필수적으로 여러 사업연도의 평균을 사용해야 한다는 의미는 아니다. 그렇지만, 가격범위의 신뢰성을 증진시키기 위해 여러 사업연도 자료 및 그 평균을 사용하는 경우도 있다.(TP §3.79)

① 여러 사업연도의 자료를 이용하는 경우 정상가격 산정

여러 사업연도 자료를 평균하여 비교하고 관계거래가 정상가격범위에 해당하지 않는 경우에는 조정을 하며, 조정은 각 사업연도에 대해 비교대상과의 차이를 조정한다. 여러 사업연도의 자료를 가지고 사분위법을 사용해서 정상가격범위를 산정하는 경우, 조정은 각 사업연도의 사분위내 결과의 중앙값을 기준으로 하여 이루어진다. 그러나 사분위법을 사용하지 않고 비교대상거래 결과를 모두 이용하는 경우에는 각 사업연도의 결과의 산술평균값을 기준으로 한다.(Reg §482-1.f.2.iii.d)

| 여러 사업연도 자료를 이용한 정상거래판정 및 차이조정 |

정상거래의 판정	분석대상과 비교대상의 여러 사업연도의 자료를 평균하여 비교
차이조정	개별 사업연도에 대해 조정. 다만, 개별 사업연도 조정결과가 여러 사업연도 평균 정상가격범위를 초과해서는 안 됨. 〈사분위범위 적용〉 중앙값(median)에서 조정 〈그 밖의 경우〉 평균값(mean)에서 조정

② 여러 사업연도 자료를 필수적으로 사용해야 하는 경우

위험분담에 의한 영향분석, 시장점유전략에 의한 영향분석, 주기적인 조정을 하는 경우, 거래순이익률법을 사용하는 경우에는 분석대상 사업연도의 전후 사업연도 자료가 이용되어야 한다. 일반적으로 비교가능제삼자가격법에서는 여러 사업연도 자료를 사용하

지 않으나, 위험분담 및 시장점유전략 등을 고려해야 하는 경우에는 여러 사업연도 자료를 사용해야 한다.(Reg §482-1.f.2.iii.B)

독립거래는 지속적으로 이익을 실현하는 데 비해 관계거래는 지속적으로 손실을 보았다면 관계거래는 정상가격을 반영하지 못할 가능성이 크다. 이때 분석대상 사업연도 이외의 다른 사업연도의 자료를 이용하여 정상가격을 산정할 수 있다.(Reg §482-1.f.2.iii.c)

사례 계절적 또는 경기변동요인이 있는 경우 여러 사업연도 자료 이용(Reg §482-1.f.2.iii.e)

법인 p는 1995년 중 특수관계인 S에게 제품 X를 개당 $60로 판매했다. 그 거래에 대해 재판매가격법을 적용하려고 한다. 이를 위해서 같은 사업연도의 독립거래로부터 정상가격범위를 산출한 결과 개당 $52에서부터 $59이었다. 그런데 그 제품의 판매는 계절적 또는 다른 경기변동요인에 의해서 영향을 받는다. 이러한 계절적 영향은 독립기업뿐만 아니라 특수관계기업에도 미친다. 그런데 이러한 영향으로 인한 차이에 대해서 조정을 하려고 했으나 어려웠다. 이 경우 1995사업연도의 관계거래에 대해서 이전가격세제를 적용해야 하는가?

제품 X의 판매에 계절적 요인 등의 주기적 변화요인이 없다면, 1995년의 거래만을 고려하여 특수관계인 S의 소득을 조정할 수 있다. 그러나 주기적 변화요인이 있기 때문에 한 사업연도만을 가지고 관계거래와 독립거래를 비교한다면 신뢰성이 떨어진다. 따라서 이 경우에는 여러 사업연도의 자료를 기준으로 하여 비교를 하는 것이 더 합리적이다. 이 경우 1993, 1994, 1995 사업연도의 독립거래의 평균값을 이용하여 정상가격범위를 산출할 수 있다. 그 결과 정상가격범위는 개당 $56부터 $58이었다. 또한 동일한 복수 사업연도에 해당하는 관계거래의 개당 평균값을 산정하여 보니 3개 연도의 평균 개당가격은 $57로서 비교대상거래의 정상가격범위인 $56과 $58사이에 포함되었다. 따라서 관계거래에 대한 소득조정은 하지 않는다.

사례 환위험부담을 고려하는 경우 여러 사업연도 자료 이용(Reg §482-1.f.2.iii.e)

갑과 을은 특수관계인이다. 갑은 X국에서 기계를 디자인·제조하며, 원가 및 비용을 X국의 통화로 기록한다. 을은 미국 내에서 갑이 생산한 제품을 독점적으로 공급한다. 갑은 이 기계를 을에 판매하면서 매출가격을 X국의 통화로 표기했다. 따라서 매입계약시점과 매입대가 지불시점 사이의 환율변동으로 인해 발생하는 위험은 을이 부담한다. 1995 사업연도에 X국의 통화에 대한 가치가 하락했다. 그 결과 을의 매출총이익률은 8%에 지나지 않았다. 이 거래의 비교대상으로 병을 선정했다. 병은 을이 취급하는 기계와 비슷한 기계를 미국 내에서 공급한다. 병이 수행하는 기능은 을이 수행하는 기능과 매우 유사하다. 다만, 병이 기계를 매입할 때나 팔 때의 가격지불은 달러로 한다. 따라서 환율변동으로 인해 발생하는 위험은 부담하지 않는다. 1995년 병의 매출총이익은 10%이며, 1990년부터 1998년까지의 평균매출총이익은 12%였다.

환율변동은 계속적으로 발생한다. 따라서 1995 사업연도만을 고려하여 관계거래와 독립거래를 비교한다면 신뢰성이 떨어진다. 그러므로 1995년을 전후한 다수사업연도의 자료를 이용하는 것이 적합하다. 즉 비교대상인 병의 9년간 평균매출총이익률이 12%였기 때문에, 을의 복수 사업연도의 평균매출총이익률을 산정하여 비교해 볼 필요가 있다. 같은 기간 동안 을의 매출총이익률이 13%라면 1995 사업연도에 대한 소득조정은 하지 않는다. 그러나 11%라고 한다면 1995 사업연도의 을 소득은 조정된다.

1.3 가정의 신뢰성

대부분의 이전가격분석에는 가정을 사용한다. 이 경우 가정이 비현실적이라면 그에 바탕을 둔 분석은 아무런 가치가 없다. 예를 들어 관계거래와 독립거래 사이에 대금결제의 차이가 있어 이러한 차이를 조정하는 절차를 거쳤다고 한다면, 대금결제의 차이는 현금의 시간가치와 밀접한 관련이 있다는 가정에 입각한 것이다. 물론 장래 현금흐름의 현재가치를 산정하기 위해 적정이자율을 적용해야 한다. 이 경우 주관적인 판단이 개입될 수는 있으나 대금결제방법의 차이와 현금의 시간가치를 연관시킨 것은 매우 합리적이다. 즉, 가정이 어느 정도 현실성이 있다. 경우에 따라서는 비현실적인 가정을 사용하는 경우도 있다. 잔여이익분할법을 사용하면서 그 기준으로 자본화된 무형자산 개발비용을 사용하는 경우이다. 특수관계인이 공동으로 무형자산을 개발하여 이익을 창출한 경우 이익의 배분기준으로 각자가 투자한 연구개발비용을 사용한다면, 연구개발비용의 크기에 따라 이익의 규모가 비례적으로 커져야 한다. 그러나 실제적으로는 연구개발비용의 크기가 무형자산의 시장가치와 그다지 상관관계가 깊지 않을 수도 있다. 이러한 가정을 사용하였을 경우에는 정상가격의 신뢰성에 영향을 미친다.(Reg §482－1.c.2. ii .B)

| 중요한 가정(2010년 미국세청 APA보고서) |

세율 또는 회계실무의 중요한 변화, 사업의 중요한 변화, 실질적으로 동일한 자산을 유지, 특수관계회사의 변동, 판매액의 중요한 변화, 환율 변동, 금융비율

2. 비교대상의 선정

2.1 독립거래

(1) 독립거래의 의미

비교대상거래는 특수관계가 없는 자 간의 거래이어야 한다. 비교가능 제삼자거래는 분석대상 관계거래와 비교되는 두 독립당사자들 간의 거래이다. 이는 관계거래의 어느 한 쪽과 독립기업 간의 비교가능 거래이거나(내부비교대상), 또는 관계거래의 당사자가 아닌 두 독립기업 간의 거래이다(외부비교대상).(TP §3.24) 동일한 다국적그룹 또는 다른 다국적그룹이 수행하는 관계거래에 대한 정보는 위험평가측면에서 유용하지만, 다른 관계거래와 납세자의 관계거래를 비교하는 것은 정상거래원칙의 적용과는 상관이 없으므로 이전가격을 산정하기 위해 사용해서는 안 된다.(TP §3.25) 소액주주의 존재는 납세자가 정상에 가까운 관계거래를 하는 원인이 될 수 있지만, 이를 결정적인 것으로 받아들여서는 안 된다.(TP §3.26)

(2) 실질지배관계 특수관계인의 비교대상 선정문제

실질지배관계(국조법 §2 ① 8호 다목 및 라목)의 경우 '사업방침을 실질적으로 결정한' 경우에 해당하지 않으면 특수관계인에 해당하지 않는다. 그러나 실무적으로 비교대상후보를 찾는 데 활용하는 데이터베이스(Value-Search 등)에서 '사업방침을 실질적으로 결정했다'는 사실을 확인하기는 불가능하다. 이러한 이유로 '실질지배관계조항'에서 정한 외형적 요건을 충족하면 비교대상에서 제외하는 것이 바람직하다.

2.2 내부비교대상 및 외부비교대상

(1) 내부비교대상(internal comparables)

비교대상을 선정할 때, 내부비교대상이 있으면 먼저 적용한다. 내부비교대상은 외부비교대상보다 분석대상거래와 더 직접적이고 밀접한 관련이 있다. 내부비교대상은 관계거래와 동일한 회계기준 및 회계실무를 적용하기 때문에 재무분석은 더 쉽고 믿을만하다. 또한, 내부비교대상 정보에 대한 접근은 결함이 적으며 비용이 적게 든다.(TP §3.27)

그렇지만, 내부비교대상이 항상 믿을 만 하지는 않으며, 납세자와 제삼자 간의 모든 거래가 항상 동일한 납세자가 수행한 관계거래에 대한 믿을만한 비교대상이 되지는 않는다. 내부비교대상이 있는 경우 외부비교대상과 마찬가지로 다섯 가지 비교가능성 요소를 충족해야 한다. 비교가능성 조정에 대한 지침 또한 내부비교대상에 적용된다. 예를 들면, 납세자가 어떤 제품을 제조하고 제품의 대부분을 해외 특수관계 판매자에게 판매하고 제품의 나머지를 제삼자에게 판다고 가정하자. 이 경우, 수량의 차이는 두 거래의 비교가능성에 중요한 영향을 미친다. 이러한 차이에 대한 영향을 제거하기 위한 합리적으로 믿을만한 조정이 불가능하다면, 제삼자와의 거래는 유효한 비교대상이 될 수 없다.(TP §3.28)

(2) 외부비교대상 및 정보의 수집

① 상용데이터베이스

외부비교대상 후보를 탐색할 수 있는 정보출처(source of information)에는 여러 가지가 있으며, 상용 데이터베이스(data base)가 가장 보편적인 정보출처이다.(TP §3.29)

일반적으로 상용 데이터베이스에서 정보를 수집하는데, 상용 데이터베이스는 여러 회사들이 관련 정부기관에 제출하는 회계자료를 수집하여 탐색이나 통계분석에 적합한 전자적 형식으로 제공하는 발행인들(EDitors)에 의해 개발된 것이다. 이러한 데이터베이스는 유용하며 외부비교대상을 식별하는데 비용을 절감하게 하여 주고, 또한 사안의 사실관계에 따라 가장 믿을만한 정보원이 된다.(TP §3.30)

상용 데이터베이스에는 여러 가지 제약이 있다. 상용 데이터베이스는 공개된 정보에 의존하는데, 모든 국가가 회사들에 대한 정보를 동일하게 공개하는 것은 아니므로 모든 국가에서 데이터베이스를 사용할 수 있는 것은 아니다. 또한, 사용할 수 있는 경우에도 해당 국가에서 영업하는 모든 회사에 대해 동일한 유형의 정보를 담고 있는 것은 아닌데, 공개나 제출요건이 회사의 법적 형태에 따라 다르고 상장 여부에 따라 다르기 때문이다. 이러한 데이터베이스를 사용할 것인지 또는 어떻게 사용할 것인지 따져 봐야 하는데, 애초에 이들 데이터베이스는 이전가격 목적으로 작성되고 제공되는 것은 아니기 때문이다. 선택된 이전가격방법을 옹호할 만큼 충분히 자세한 정보를 데이터베이스가 항상 제공하는 것은 아니다. 모든 데이터베이스가 동일한 수준의 세부사항을 포함하지는 않으며 비슷한 수준의 신뢰성을 갖고 사용할 수 있는 것도 아니다. 중요한 점은 많은 국가에서 상용 데이터베이스는 거래기준보다는 회사기준의 결과를 비교하는 데 사용한다는 것인데, 제삼자거래의 정보는 입수하기가 쉽지 않기 때문이다.(TP §3.31)

외부비교대상에 대한 기능분석의 정확성이 상대적으로 떨어지더라도 제삼자 자료의 양이 많다면 문제될 것이 없다는 주장이 있다. 그러나 믿을만한 분석결과를 만드는 데 있어 자료의 질이 중요하지 양이 중요한 것은 아니다.(TP §1.51) 특히, 상용 데이터베이스를 사용할 때 질보다 양을 따져서는 안 된다. 실무적으로, 상용 데이터베이스만을 사용하여 비교가능성분석을 수행하면 분석의 신뢰성에 문제가 있는데, 데이터베이스로부터 전형적으로 수집되는 정보의 질에 문제가 있을 수 있기 때문이다. 이러한 문제를 해결하기 위해, 다른 공개된 정보에 의해 데이터베이스 탐색을 보완할 필요가 있다. 다른 정보자료를 이용한 데이터베이스 탐색의 보완은 정형화된 접근방법의 질적 향상을 의미하며, 납세자/전문가가 수행하는 탐색이나 과세당국이 수행하는 탐색에 모두 적용할 수 있다.(TP §3.33)

일부 자문사가 개발하여 유지하는 개별 데이터베이스가 있다. 상업적으로 널리 사용되는 상용 데이터베이스에 대해 언급한 문제 이외에 개별 데이터베이스는 데이터의 범위에 대한 문제를 추가적으로 야기하는데 이들은 상용 데이터베이스보다는 제한된 시장의 한 부분에 국한하기 때문이다. 납세자가 이러한 개별 데이터베이스로 자신의 이전가격을 옹호하려 한다면, 과세당국 또한 이러한 데이터베이스에 접근할 수 있어야 한다.(TP §3.34)

② 회사기준의 제삼자 자료

이전가격방법은 원칙적으로 거래기준으로 적용되어야 한다. 그렇지만, 실무적으로 회사기준의 제삼자자료를 광범위하게 사용한다. 제삼자자료는 대부분 적용되는 회계기준에 따라 회사수준 또는 부문별로 결합된 자료이다. 이러한 회사기준의 제삼자자료가 납세자의 관계거래에 대해 합리적으로 믿을만한 비교대상이 될지는 특히 제삼자가 실질적으로 다른 유형의 거래를 행하는지에 달려 있다. 부문별 자료를 이용할 수 있다면 개별거래기준에 더 가까우므로 회사 전체적으로 구분되지 않은 자료를 사용하는 것보다 더 비교가능한데, 다만 부문별 자료는 여러 부문에 비용을 배분하는 문제가 있다. 어떤 경우에는 회사 전체적인 제삼자자료가 부문자료보다 더 나은 비교대상이 될 수 있는데, 비교대상에 반영된 활동이 납세자의 일련의 결합된 관계거래와 비슷한 경우이다.(TP 3.37)

2.3 비교대상후보의 선택과 제외

비교대상후보를 선정하기 위해 이루어지는 과정은 비교가능성분석에서 가장 중요한 부분으로 명료하고 체계적이며 반복가능해야 한다. 특히, 선정기준의 선택은 분석결과에 큰 영향을 미치므로 비교거래의 의미 있는 경제적 특징을 모두 반영해야 한다. 비교대상 선정에서 주관적 판단을 완전히 배제할 수 없지만, 주관적 판단을 적용함에 있어 객관성을 증가시키고 투명성을 보장하기 위한 다양한 방안을 모색해야 한다. 과정의 투명성을 보장하는 일은 비교대상후보를 선정하는데 사용하는 기준을 공개할 수 있는지 및 비교대상후보의 일부를 제외하는 이유를 설명할 수 있는지에 달려 있다. 또한, 선정과정의 객관성을 증진하고 투명성을 보장하는 일은 선정과정을 검토하는 사람(납세자 또는 과세당국)이 수행한 선정과정에 대한 정보에 접근할 수 있는지 및 동일한 자료출처에 접근할 수 있는지에 달려 있다.(TP §3.46)

(1) 직접선정법(additive method)

비교대상후보를 탐색하는 방법에는 두 가지가 있다.(TP §3.40) 첫째 방법은 직접선정법(additive approach)인데 비교대상 거래를 수행한다고 여겨지는 독립기업을 파악하여 이 기업의 재무자료를 수집하고 미리 정한 기준에 따라 이 기업과 비교가능성이 있는지 검토하는 방법이다. 이 방법은 비교대상으로 선정된 기업이 동종업계에서 널리 알려진 기업인 경우 적절한 비교대상으로 선정될 수 있다는 장점도 있으나, 분석대상이 속한 산업군의 전체 모습이 제공되지 않고 의도적으로 유리한 외부비교대상을 선택할 수 있는 단점도 있다. 직접선정법이 내부비교대상을 탐색할 때 이루어지는 방법과 유사하다면 의미가 없다. 실무적으로, 직접선정법은 내부비교대상 및 외부비교대상을 모두 포함한다.(TP §3.41)

(2) 간접선정법(deductive method)

이 방법은 상업용 데이터베이스 등을 이용하여 분석대상과 동일한 산업군에 속해 있는 기업을 다수 선택한 후 취급제품, 외형, 경제환경, 사업전략 등과 같은 양적, 질적 기준을 적용하여 비교가능성이 적은 기업을 단계적으로 제외시키는 방법이다. 이 방법은 신뢰성, 객관성 및 투명성이 확보되는 장점이 있는 반면, 분석대상이 수행하는 사업에 대한 이해 없이 분석대상과 동일한 산업 분류코드에 속해 있다는 이유만으로 비교대상을 선정한다면 비교가능성이 결여될 수 있다는 단점이 있다.(TP §3.42)

'간접선정법'의 장점은 '직접선정법'에 비해 반복가능하고 투명하다는 것이다. 이 방법은 또한 검증하기가 쉬운데, 비교대상 선정과정과 정해진 선택기준에 대한 검토만 하면 된다. 한편, '간접선정법'의 결과의 품질은 탐색방법의 우수성에 좌우되는데, 즉 데이터베이스가 사용되는 경우 데이터베이스의 우수성 및 충분히 상세한 정보를 얻을 가능성에 달려 있다. 이러한 이유로, 비교가능성분석에서 데이터베이스의 신뢰성과 유용성이 의심되는 일부 국가에서는 실무적인 제약이 있다.(TP §3.44)

상황에 따라 '직접선정법' 또는 '간접선정법'을 사용할 수 있으며, 또한 둘을 조합하여 사용할 수 있다. '직접선정법'이나 '간접선정법'은 대부분 단독적으로 사용되지 않는다. 알려진 경쟁자들이 다른 산업분류에 포함되는 경우가 있기 때문에, 전형적인 '간접선정법'에서 공개된 데이터베이스를 탐색하는 한편 간접선정법을 단순히 적용하면 찾지 못할 이들 경쟁자들을 포함시키는 것이 일반적이다. 이 경우, '직접선정법'은 '간접선정법'에 따른 자료탐색을 보완하는 역할을 한다.(TP §3.45)

비교대상의 탐색은 전형적으로 3과정으로 이루어지는데, 데이터베이스탐색(1차 탐색), 양적분석(2차 탐색) 및 질적분석(3차 탐색)으로 이루어진다. 데이터베이스탐색은 보통 산업코드, 지역, 시장수준, 사업내용, 사업규모, 독립성 및 재무상태를 기준으로 이루어진다. 양적분석(quantitative screening)은 보통 비교대상후보가 영업이익자료를 충분히 설명하는 비교가능한 재무정보나 보고서를 가지고 있는지 결정하기 위해 해당기간 동안의 재무정보를 분석하는 것이다. 이에 비해 질적분석(qualitative screening)은 2차 탐색을 마친 비교대

상후보군들에 여러 가지 재무비율(분석비율)을 적용하여 분석하는 것이다.(UT §5.3.4.11)

① 상용데이터베이스를 통한 비교대상 탐색

다음과 같은 상용 데이터베이스 등을 통해 비교대상을 탐색할 수 있다.

회 사	데이터베이스
Bureau van dijk	Amadeus(유럽회사), Jade(일본회사), Fame(영국회사), ORBIS(전세계 회사), OSIRIS(전세계 상장회사), ORIANA(아시아 회사), TP catalyst (분석시스템)
disclosure	Sec(미국 상장회사), CANCorp(캐나다 회사), Worldscope(전세계 회사)
standard & poor's	Compustat(전세계 상장회사), Capital IQ(전세계 회사)
기 타	Thomson Reuters의 onesource(전세계 회사, 정상이자율), Royaltystat (무형자산 사용료), Ktmine Ip(무형자산 사용료), Royalty source(무형 자산 사용료)
한국신용평가(주)	Value-search(한국 회사)
금융감독위원회	Dart system(한국 감사대상 회사)

② 산업분류코드 및 관세품목코드의 활용

표준산업분류코드 및 관세품목코드를 활용하여 분석대상과 동일품목을 취급하거나 또는 동일업종을 영위하는 기업을 찾을 수 있다. 이 경우 완벽하게 일치하는 경우도 있고, 아니면 정확하게 일치하지 않더라도 비슷한 품목이나 업종의 기업인 경우도 있다.

㉮ 산업분류코드

국제적으로 사용되는 데이터베이스에서는 표준산업분류(standard Industry classification) 또는 미국표준산업분류(north american industry classification system)를 사용한다. 한국의 경우 사용되는 통계청에서 고시하는 한국표준산업분류(KSIC)는 다음과 같은 체계로 구성된다.

업종코드		분 류	
자릿수	코드번호	분류단계	업종별
①	d	대 분 류	제조업
②	15	중 분 류	음식료품제조업
③	155	소 분 류	음료제조
④	1551	세 분 류	증류주 및 합성주
⑤, ⑥	155102	품목분류	소주

㉯ 품목코드

관세청에서 쓰는 품목코드는 국제공통(Iso) 코드로 다음과 같은 체계로 구성된다.

품목코드		분 류	
자릿수	코드번호	분류단계	업종별
①, ②	02	대 분 류	육류
③, ④	0207	중 분 류	가금류
⑤	020714	소 분 류	닭의 절단육
⑥, ⑦, ⑧, ⑨, ⑩	0207141010	세 분 류	닭다리

㉰ 산업분류코드 및 품목코드의 활용

산업분류코드 및 품목코드를 이용하는 경우 비교대상이 바로 선정되는 것이 아니라 임시로 비교대상후보가 선정된다. 이러한 비교대상후보에 대해 여러 비교가능성 요소들을 평가하여 최종적으로 비교대상으로 선택된다. 비교대상후보는 업종과 품목이 정확히 일치하지 않지만 비슷한 경우까지 포함하며, 유사성에 따라 이전가격방법이 아래와 같이 달라질 수 있다.

| 업종과 품목의 유사성에 따른 이전가격방법(예시) |

이전가격방법	업종코드의 유사성	품목코드의 유사성
비교가능제삼자 가격방법	품목분류까지 일치해야 함.	세분류까지 일치해야 함.
재판매가격법, 원가가산법	① 세분류까지 일치해야 함. ② 예외적으로 소분류까지 인정	① 소분류까지 일치해야 함. ② 예외적으로 중분류까지 인정
거래이익방법	① 소분류까지 일치해야 함. ② 예외적으로 중분류까지 인정	① 중분류까지 일치해야 함. ② 예외적으로 대분류까지 인정

③ 양적기준과 질적기준

비교대상을 선택하거나 제외하기 위해 양적기준과 질적기준을 적용한다. 양적기준은 제품 포트폴리오 및 사업전략에서 찾을 수 있다. 가장 일반적으로 볼 수 있는 양적기준(quantitative criteria)은 아래와 같다.(TP §3.43)

| 비교가능성 판단을 위한 양적기준(TP §3.43, UT §5.3.4.39) |

1. 국가나 지역에 따른 지리적 제한
2. 특정 산업구분
3. 잠재적으로 이전가격문제가 있거나 독립성이 없는 기업들의 제외 : Bureau Van dijk의 데이

터베이스는 독립성을 A부터 D까지 구분하며 보통 B 이상을 독립적인 것으로 본다.

4. 매출, 고정자산 및 직원수와 관련한 규모기준(size criteria) : 거래규모나 당사자들의 활동에 비례하는 상대적인 거래규모가 판매자나 구매자의 경쟁력에 영향을 미치고 이에 따라 비교가능성에 영향을 주므로 매출규모기준이나, 종업원수기준이 비교대상 선택이 자주 사용된다.(UT §5.3.4.15)
5. 무형자산순가치/총순자산가치의 비율, 연구개발비/매출의 비율 등 상황에 따른 무형자산 관련기준. 예를 들면, 분석대상이 중요한 무형자산을 사용하지 않거나 연구개발에 종사하지 않는 경우 중요한 무형자산이나 연구개발활동을 하는 회사를 비교대상에서 제외하기 위해 이들을 사용한다.
6. 수출(해외매출/총매출)의 중요성과 관련한 기준
7. 절대값 또는 상대값으로 표현된 재고관련 기준
8. 사업개시, 파산 등의 특별한 상황이어서 명백히 적절한 비교대상이 될 수 없는 경우 이러한 상황에 있는 제삼자를 제외하기 위한 기타 기준

재무분석비율(diagnostic ratio)의 적용은 분석비율이 특정사업부문의 가치를 반영하고 비교대상의 기능이나 위험성향을 반영한다는 가정에 근거한다.(UT §5.3.4.21) 예를 들면, 비슷한 기능이나 위험성향을 가진 비교대상후보를 식별하기 위해 적절한 분모(총영업비용 또는 총매출)에 대한 임금원가수준을 측정하는 분석비율을 소프트웨어개발을 하는 비교대상회사들이 고용한 기술인력수준을 측정하기 위한 기준으로 사용될 수 있다. 분석비율의 선택은 지역, 사업유형, 상품이나 용역, 사업의 성격과 같은 여러 요소에 의해 달라질 수 있다.(UT §5.3.4.22)

매출수준의 판단은 매출규모가 작은 기업은 분석대상 회사의 거래나 사업과 근본적으로 다른 경제적 상황에 있을 수 있기 때문에 이러한 기업을 제외하기 위해 적용된다. 또한, 재정적 곤란에 직면한 회사는 분석대상회사의 사업활동과 비교할 수 없는 비정상적인 상황 및 사업운영위기에 직면해 있을 것이기 때문에 이들을 제외한다. 이러한 재정적 곤란기준은 감사인의 부적정의견, 파산, 금융채무의 미변제가 있으며 일정기간 영업손실의 경우도 포함된다. 또한 중요한 선정기준으로 무형자산의 개발 및 소유를 들 수 있다. 대부분의 경우, 비교대상은 중요한 무형자산을 사용하지 않는 사업활동 또는 무형자산개발에 종사하지 않는 사업활동에서 찾아진다. 자산의 비교가능성 및 영업비용의 비교가능성도 선정기준으로 사용된다. 매출액이나 자산에 비례한 유형고정자산의 검토로 산업분류가 일치하더라도 판매업자(낮은 유형고정자산비율)를 제조업자(높은 유형고정자산비율)와 비교하지 않을 수 있다. 마찬가지로 매출액에 대한 영업비용비율은 회사가 중요한 마케팅 및 판매기능을 수행하는지 판단하도록 도와준다.(2010 미국세청 APA보고서)

실무적으로 아래와 같은 질적기준을 적용하는데, 이는 '비상장주식평가심의위원회 설치 및 운영에 관한 규정'의 기준과 비슷하다.

| 비교대상 제외요건 |

1. 비교대상으로 사용되는 자료의 결함이 있는 경우
   ㉮ 적정한 회계감사를 받지 않거나 부적정 의견을 받은 경우
   ㉯ 분석대상 기간의 재무자료가 없거나, 재무보고서의 내용이 부실한 경우
   ㉰ 분석대상 기간 중 합병, 청산 등이 있는 경우
2. 비교대상 자료가 과세당국 및 납세자가 모두 확보가능한 자료가 아닌 경우
3. 비교대상과 분석대상의 경제, 경영여건 등의 가정이 현실에 부합되지 않는 경우
   ㉮ 특별한 정부지원을 받거나 독점사업인 경우
   ㉯ 그룹의 소속사로 그룹 내 회사를 대상으로 사업을 하는 경우
4. 비교대상과 분석대상의 차이를 합리적으로 조정할 수 없는 경우

상당한 유사성이 있는 경우에도 차이조정이 불가능하면 비교대상으로 사용할 수 없다. 차이조정을 거치지 않고 다수의 비교대상을 통계방법을 적용하여 사분위값 등을 산출하여 적용하는 것은 정상가격이 아니다.

| 자료와 가정의 차이에 따른 비교대상 선정 |

구 분	차이조정가능 여부	선 정
비교대상과 분석대상이 정확히 일치함.	-	비교대상으로 선정
비교대상과 분석대상이 상당부분 유사함.	차이조정 가능	조정 후 비교대상으로 선정
	차이조정 불가능	비교대상에서 제외
비교대상과 분석대상이 상당부분 다름.	-	비교대상에서 제외

2.4 특별한 경우, 국내거래, 조작거래, 국외비교대상

(1) 특별한 경우

① 데이터베이스의 부족

개발도상국의 경우, 데이터베이스의 부족으로 신뢰할 만한 비교대상거래가 없는 경우가 있다. 이 경우 외국의 비교대상을 조정을 거쳐 사용할 수 있지만, 해당 국가의 과세당국이 데이터베이스를 사용하지 못하는 경우 납세자가 사용하는 자료에 의존할 수밖에 없다. 다른 방법은 해당지역의 다른 산업분야의 비교대상을 사용하는 것이다. 예를 들면, 분석대상이 새로운 산업의 제조업자여서 독립 비교대상을 찾을 수 없는 경우, 다른 산업에서 영업을 하지만 비교가능 기능분석을 할 수 있는 비교대상 제조업자를 사용할 수 있다.(UT §5.4.3.3)

항상 국가별로 비교대상을 탐색하는 것은 아니며, 국내수준에서 충분한 비교대상이 없는 경우나 다국적그룹의 여러 기업에 대한 비교대상 기능분석을 할 때 비용을 절감하기 위해 여러 국가에 걸쳐 비교대상을 탐색할 수 있다. 국내비교대상이 아니라고 하여 이들을 자동적으로 배척해서는 안 된다. 해외비교대상이 합리적으로 믿을만한지 사안별로 판단해야 하며, 이들이 다섯 가지 비교가능성 요소를 충족하는지에 따라 판단해야 한다. 이 경우, 회계기준이 다름으로 해서 문제가 발생할 수 있다.(TP §3.35)

② 새로운 기술, 제품 및 용역이 사용되는 경우

새로운 기술, 제품 및 용역이 사용되는 경우가 있다. 예를 들면 고도의 기술이 사용된 컴퓨터 소프트웨어와 관련된 지식재산권이 사용되는 경우가 있다. 이 경우 두 가지 방법을 쓸 수 있는데, 하나는 무형자산을 제공하지 않는 일방을 분석대상으로 삼는 일방분석을 적용하거나, 양 당사자가 모두 특별한 무형자산을 제공하는 상황에서는 이익분할법을 적용한다.(UT §B.2.4.3.6, TP 3.39)

같은 시장이나 산업에서 독립거래가 드문 경우에는 아래와 같이 실질적인 해법을 모색해야 한다.(TP 3.38)

1. 자료탐색범위를 넓힌다.
2. 동종 산업분야 또는 비교가능 지역의 시장에서 일어나는 사업전략이 다르거나, 사업모델이 다르거나, 또는 경제적 환경이 약간 다른 제삼자거래에 대한 정보를 활용한다.
3. 다른 지역시장의 동일산업에서 일어나는 제삼자거래에 대한 정보를 활용한다.
4. 다른 산업의 동일 지역시장에서 일어나는 제삼자거래에 대한 정보를 활용한다.

③ 합병이나 수직적 통합의 경우

합병이나 수직적 통합으로 믿을만한 내부 또는 외부 비교대상을 찾기가 몹시 어려운 경우가 있다. 예를 들면, 제약산업에서 능률을 높이기 위해 상당한 수준으로 수직적 통합이나 합병을 하는 경우가 있다. 이 경우 관계거래는 거대한 국제적 공급사슬의 일부로 독립기업들 간의 비교대상거래를 찾기 어렵다. 이 경우, 다른 산업에서 비교대상을 찾아 조정을 거쳐 사용할 수 있다.(UT §5.4.3.5)

(2) 관계거래 및 국내거래

관계기업 간의 거래로부터 수집한 자료는 비교대상거래로 사용될 수는 없다. 다만, 분석대상거래를 이해하거나 추가적인 조사가 필요한지 여부를 결정하는 데 활용할 수 있다.(국조통 5-0…4) 관계거래를 하는 기업들로부터 수집하는 자료들도 분석대상거래를 이해하거나 추가적인 조사가 필요한지 여부를 결정하는 가늠자(pointer)로서 유용하다.(TP §2.11) 실무적으로 관계거래 가격을 정상가격으로 인정한 사례가 있다.(국심 2003서2424, 2004.3.2.) 한국의 경우 시장규모가 협소하기 때문에 다국적기업의 경우 동종 품목을 취급하는 다른 다국적기업 이외에는 비교대상이 없는 경우가 있다. 따라서 이러한 관계거래 가격도 아래 요건을 충족한다면 정상가격으로 보는 것이 효율적이다.

1. 이전가격조사 또는 사전가격합의(APA)에 의해 양 체약국 및 관련 당사자에 의해 정상가격으로 인정됨.
2. 위 정상가격 적용에 대해 과세당국 및 관련 당사자가 반대하지 않음.

국내거래도 비교대상으로 선정할 수 있다.(국조령 §5 ①)

(3) 납세자에게 공개되지 않은 정보

과세당국은 다른 납세자에 대한 조사로부터 또는 납세자에게 공개되지 않은 정보자료로부터 사용할 수 있는 정보를 얻을 수 있다. 그러나 국내법상 비밀보장의 한도 내에서 과세당국이 그 정보들을 납세자에게 공개하여 납세자가 자신의 입장을 방어하고 법원의 효과적인 사법통제에 의해 보호받을 기회를 갖지 못한다면, 그러한 정보를 기초로 하여 이전가격방법을 적용하는 것은 공정하지 못하다.(TP §3.36) 사용되는 자료의 확보, 이용 가능성이 높아야 하므로 납세자가 정상적인 방법으로 찾을 수 없는 비교대상의 사용은 제한되어야 한다.(국조령 §5 ① 2호)

호주, 캐나다, 중국, 프랑스, 독일, 인도, 일본, 네덜란드 등은 과세당국이 수집한 비공개자료(secret comparable)를 비교대상으로 사용한다. 이들 비공개자료를 사용하는 국가들의 경우에도 공개자료가 존재하는 경우에는 비공개자료를 우선적으로 적용하지는 않는다. 미국은 1994년 세법 시행령 1.482조 개정 이후 비공개자료의 사용을 금지했다.

(4) 비교대상의 의도적 선택(cherry picking) 및 손실거래

과세당국이나 납세자는 자신들에게 유리한 비교대상을 선택하고 불리한 비교대상을 제외하려는 경향이 있다. 극단적인 결과는 자료를 왜곡하는 경향이 있으므로 극단적인 결과가 나온 이유를 주의 깊게 검토하여 비교대상에서 제외할 수 있다.(UT §5.4.4.1 전단)

그렇지만, 손실이 나는 정당한 이유가 있는 경우 손실계상 회사를 비교대상에서 제외하는 것은 옳지 않다. 이는 관계거래나 독립거래에 마찬가지로 적용되는 불경기 때문에 손실이 나는 경우이거나, 또는 독립기업이 막 설립된 경우에 손실이 나는데 마찬가지로 특수관계기업도 막 설립된 경우이다.(UT §5.4.4.1 후단) 경기침체, 대량실업 등 특수한 경제위기 상황을 고려할 필요가 있는 경우에는 경제상황의 변동으로 손실이 발생한 기업이 한쪽 또는 양쪽의 당사자인 거래도 거주자와 국외특수관계인 간 거래의 비교대상 거래로 삼을 수 있다.(국조령 §15 ⑦)

(5) 조작거래 및 제삼자개입거래의 배제

① 조작거래의 배제

과세당국은 특수관계가 없는 자 간의 거래가 거래 당사자에 의해 임의로 조작되어 정상적인 거래로 취급될 수 없는 경우에는 그 거래를 비교가능한 거래로 선택하지 아니할 수 있다.(국조령 §14 ④) 다음에 해당하는 경우에는 비교대상거래로 인정되지 않는다.(Reg §482-1.d.4.iii)

1. 정상적인 사업활동과정에서 발생되지 않는 거래
2. 관계거래에 대한 정상가격을 설정할 목적으로 비교대상거래를 인위적으로 행하는 경우

사 례 정상적 사업활동에서는 형성되지 않는 거래(Reg §482-1.d.4.iii.B)

컴퓨터 소프트웨어 생산업체인 한국법인 갑은 X국에 소재하는 자회사(유통업체)에게 제품을 판매한다. 또한 갑의 경쟁회사인 또 다른 미국법인 을도 유사제품을 X국에 소재하는 유통업체(독립기업)를 통해 판매한다. 그런데 을은 비교대상 회계연도에 파산을 하여 결국 모든 제품을 X국의 유통업체에 전부 판매했다. 이 때 판매가격은 청산가격을 기준으로 했다. 일반적으로 청산가격은 매우 저렴하다. 이 경우 을이 갑의 비교대상이 될 수 있는가?

청산의 목적으로 재고를 정리하는 을의 판매행위는 일상적 사업과정에서 이루어진 것이 아니므로 갑의 적절한 비교대상이 될 수 없다.

사 례 오로지 정상가격을 설정할 목적으로 실행한 거래(Reg §482-1.d.4.iii.B)

농기구 제조업체인 한국법인 U는 Y국에 소재하는 자회사인 유통업체 UP에게 제품을 판매한다. U는 거의 완전가동상태에 있으며 생산된 제품의 95%를 UP에게 판매한다. 그런데 U는 UP에게 판매한 제품에 대해서 정상가격을 설정할 목적으로 생산조업도를 높여 추가생산을 한 후, Y국과 비슷한 경제적 조건하에 있는 X국에 소재하는 유통업체(독립기업)를 통해 판매를 했다. 이 경우에도 X국에 판매하는 거래가 비교대상거래가 될 수 있는가?

U가 의도적으로 UP와의 관계거래에 대한 독립거래가격을 얻기 위해서 Y국과 경제적 조건이 비슷한 국가인 X국 소재의 유통업체를 통해 동일한 상품을 판매한 것은 정상적인 사업활동의 연속선상에서 이루어진 것이 아니므로 비교대상거래로 볼 수 없다.

② 제삼자 개입거래의 배제

이전가격 과세대상은 거주자・내국법인과 국외특수관계인 간에 이루어진 거래에 한정된다. 이에 따라 이전가격세제의 적용을 회피하기 위해 특수관계인 사이에 제삼자(개인 또는 특수관계 없는 법인)를 개입시켜 이를 통해 국외특수관계인에게 재화 또는 용역을 제공하는 거래를 조작할 우려가 있다. 제삼자 개입거래는 다음의 두 가지로 크게 분류된다.

1. 제삼자를 통한 매출거래 : 거주자・내국법인과 제삼자와의 거래의 대상이 되는 자산 또는 용역 등이 국외특수관계인에게 양도・임대 또는 제공되도록 그 거래를 행할 당시 계약 또는 기타 방법에 의해 미리 정해져 있고 제삼자와 국외관계거래조건이 그 법인과 국외특수관계인 간에 실질적으로 결정되어 있다고 인정되는 경우 거주자・내국법인과 제삼자 간의 거래
2. 제삼자를 통한 매입거래 : 제삼자와 국외특수관계인이 행하는 거래의 대상이 되는 자산 또는 용역 등이 제삼자를 통해 해당 거주자・내국법인에게 양도・임대 또는 제공되도록 그 거래를 행할 당시의 계약 또는 기타 방법에 의해 미리 정해져 있고, 거주자・내국법인과 국외특수관계인 간에 제삼자와 거주자・내국법인과의 거래에 대해 그 거래조건(대가 등)이 실질적으로 결정되어 있다고 인정되는 경우 거주자・내국법인과 제삼자와의 거래

이와 같은 제삼자 개입거래를 규제하기 위해, 거주자・내국법인이 국외특수관계인이 아닌 자와 국제거래를 할 때에도 그 거래가 다음의 요건을 모두 갖춘 경우에는 국외특수관계인과 국제거래를 하는 것으로 보아 그 거래에 대해 이전가격세제를 적용한다.(국조법 §10)

1. 해당 거주자・내국법인과 국외특수관계인 간에 그 거래에 대한 사전계약이 있을 것. 거래와 관련된 증빙에 의해 사전에 실질적인 합의가 있는 것으로 인정되는 경우 포함
2. 해당 거주자・내국법인과 국외특수관계인 간에 그 거래의 조건이 실질적으로 결정될 것 : 최근의 국제거래는 명문의 사전계약 없이 전화나 이메일 등을 이용한 합의를 통해 이루어지고 있는 추세이다. 따라서 '사전계약이 있을 것'이라는 조건을 완화하여 실질적으로 제삼자 개입거래임이 이메일, 기타 증빙에 의해 확인되는 경우 정상가격으로 과세할 수 있다.

(6) 국외비교대상의 선택과 지리적 원가절감의 고려

① 국외비교대상의 선택

지리적 시장은 식별되어야 하는 또 다른 경제상황이다. 관련시장의 식별은 사실에 대한 문제이다. 어떤 산업에서 한 국가 이상을 포괄하는 대규모 지역시장을 하나의 시장으로 간주되는 데 비해, 다른 산업의 경우 각국 시장(국내시장 내에서도)의 차이는 상당히 심각하다.(TP §1.132) 몇 나라들에서 다국적기업그룹이 비슷한 관계거래들을 수행하며 이들 나라들의 경제상황이 실제로 같은 경우, 이 다국적기업그룹이 이들 국가에서 그룹

에 대한 이전가격정책을 입증하는 복수국가의 비교가능성분석을 하는 것도 적절하다. 그러나 다국적기업그룹이 각국에서 상당히 다른 유형의 제품이나 용역을 제공하거나 각국에서 상당히 다른 기능을 수행하거나(상당히 다른 자산을 사용하고 상당히 다른 위험을 부담하여), 사업전략이나 경제상황이 상당히 다른 경우도 많다. 이렇게 다른 상황이면 복수국가접근법은 신뢰성을 떨어뜨린다.(TP §1.133)

원칙적으로, 비교대상은 지리적으로 동일한 시장에서 찾아야 한다. 경우에 따라서는 지리적 차이가 중요한 요소로 작용하기 때문이다. 동일시장에서 비교대상을 발견하지 못하면 지리적으로 다른 시장에서 비교대상을 찾을 수 있다. 그러나 이 경우에는 시장의 지리적 차이를 감안하여 비교대상을 조정해야 한다. 지리적으로 동일한 시장이란 관련되는 제품 또는 용역이 거의 동일한 시장이다. 그러므로 경제적 환경에 따라서는 여러 국가가 될 수 있다.(Reg §482-1.d.4. ii .a)

사 례 비교대상을 서로 다른 시장에서 발견(Reg §482-1.d.4. ii .B)

M은 Z국가에 있는 제조회사로서 한국법인 U의 완전자회사이다. M은 제품을 제조하여 U에게 판매한다. 그런데 비교가능제삼자가격법에서는 신뢰할 수 있는 독립기업결과를 찾아야 하는데 이 사례에서는 이를 찾을 수 없다. 즉 동일한 지리적 시장에서 비교되는 상황하의 비교대상기능을 수행하는 독립기업을 발견할 수 없다.

이 경우에는 다른 시장에서 비교대상제삼자의 제조자를 선정하여 원가가산법을 적용할 수 있다. 따라서 비교대상 제조자를 한국 내에서 찾아 원가가산법을 적용할 수 있다. 이 경우 물론 한국과 Z국가의 시장조건상의 차이를 조정해야 한다. 그러나 차이를 조정한다고 해도 사용된 방법의 신뢰성은 떨어질 수밖에 없다. 따라서 최적방법이라고 보기는 어렵다.

② 지리적 차이에 의한 원가절감의 고려

관계기업과 비교대상이 되는 독립기업이 지리적으로 떨어져 있는 시장에서 영업활동을 하는 경우 그 독립기업을 비교대상으로 삼기 위해서는 어떠한 방법으로든 조정이 필요하다. 이 경우 관계거래에 대한 가격조정은 각각의 시장에 있어서 판매자와 구매자의 상대적 경쟁조건에 기초를 두어야 한다. 가령 어떤 지역에서 특수관계 제조업체가 제품을 생산하는 데 드는 비용이 다른 지역에서 제품을 생산하는 데 드는 비용보다 적은 경우, 비용차이로 인해 독립기업의 이익이 증가된다고 가정한다면 특수관계기업의 이익은 증가해야 한다.(Reg §482-1.d.4. ii .c)

사례 원가절감과 이익창출이 비례하지 않는 경우(Reg §482-1.d.4. ii .d)

한국의 의복디자인업체 갑은 Y국에 소재하는 완전자회사 을과 의복제조계약을 체결했다. Y국의 제조비용은 한국의 제조비용보다 훨씬 적다. 을이 생산하는 제품에 갑의 상표가 부착되어 높은 가격으로 판매되지만 제품생산에 특별한 비법이 사용된 것은 아니다. 을이 제품생산에 투여한 기능은 Y국과 비슷한 다른 국가에서도 을의 경쟁자에 의해서 수행될 수 있는 정도이며, 그 기능에 대한 대가도 비싸지 않다.

Y국과 경제적 조건이 비슷한 국가에서의 경쟁자를 분석해 본 결과 그 경쟁자도 동일한 기능을 수행하여 비슷한 제품을 역시 저렴한 가격으로 생산하고 있었다. 결론적으로 원가가 절감된다고 하여 반드시 비례적으로 이익이 증가되는 것은 아님을 알 수 있다.

2.5 관계거래의 통합 및 분리, 상계거래

(1) 납세자 상황의 전반적 분석

'납세자 상황의 전반적인 분석'은 비교가능성분석에서 필수적인 단계이다. 이는 산업, 경쟁, 경제적 규제적 요소 및 납세자 및 관련 환경에 영향을 미치는 기타 요소를 포함하지만, 분석대상인 개별거래를 면밀히 관찰하는 단계는 아직 아니다. 이 단계에서 납세자의 관계거래 조건과 비교되는 독립거래 조건을 이해해야 하며, 특히 거래의 경제적 환경을 이해해야 한다.(TP §3.7)

(2) 납세자의 통합거래 및 개별거래의 평가

분석대상 관계거래의 검토는 분석대상의 선택, 상황에 가장 적합한 이전가격방법의 선택 및 적용, 검토되어야 하는 회계지표, 비교대상의 선택, 비교가능성조정의 판단에 영향을 미치는 관련요소를 식별하기 위한 것이다.(TP §3.8)

① 거래의 통합(aggregation of transactions)

원칙적으로, 공정한 시장가치를 정확하게 평가하기 위해서는 개별거래기준(transaction by transaction basis)으로 정상가격이 결정되어야 한다. 그러나 개별거래들이 서로 밀접하게 연관되거나 연속되어 있어 개별거래별로 구분하여 가격·이윤 또는 거래순이익을 산출하는 것이 합리적이지 아니할 경우에는 개별거래들을 통합하여 평가할 수 있다.(국조령 §15 ②, 국조칙 §8, TP §3.9, Reg §482-1.f.2.i.a)

1. 동일한 제품라인과 같이 서로 밀접하게 연관된 제품군인 경우
2. 특수관계 제조기업에게 노하우를 제공하면서 핵심 부품을 공급하는 경우
3. 특수관계인을 이용한 우회거래인 경우
4. 한 제품의 판매가 다른 제품의 판매에 직접 관련되어 있는 경우(프린터와 토너, 커피제조기와 커피캡슐 등)
5. 그 밖에 거래의 실질 및 관행에 비추어 개별거래들을 통합하여 평가하는 것이 합리적이라고 인정되는 경우(재화나 용역의 장기공급계약, 제조 또는 판매과정에서 무형자산을 사용할 권리)

관계거래가 둘 이상 발생하고 이들 거래가 서로 밀접한 관계가 있는 경우 또는 일련의 거래가 사업연도를 달리하여 발생한 경우, 각각의 거래를 구분하여 정상가격을 산정하는 것보다 전체를 하나의 거래로 보아서 정상가격을 산정하는 것이 합리적이다. 거래를 통합해야 하는 또 다른 사례는 포트폴리오 접근법과 관련된다. 포트폴리오 접근법(portfolio approach)은 거래가격을 결정하거나 검토하기 위해 납세자의 일정한 거래들을 묶어서 구성하는 사업전략을 말한다. 예를 들면, 어떤 제품을 낮은 이익이나 손해를 보고 판매하는데, 이들 제품이 동일한 납세자의 다른 제품에 대한 수요를 창출하며 다른 제품을 높은 이익을 내고 팔 수 있기 때문이다(예 커피자판기와 커피제품, 프린터와 카트리지 등의 장비와 그 장비에 필수적인 소모품). 비슷한 접근법을 다양한 산업에서 볼 수 있다. 포트폴리오 접근법은 비교가능성분석 및 비교대상의 신뢰성을 검토할 때에 고려해야 하는 사업전략의 일례이다. 그러나 이러한 접근법은 상당기간에 걸친 지속적이고 전반적인 손실이나 사업부진을 설명하지는 못한다. 또한, 포트폴리오 접근법이 받아들여지기 위해서는 합리적인 목표가 있어야 한다. 서로 다른 거래에 서로 다른 경제적 논리가 적용되기 때문에 이들 거래를 구분해야 하는 경우에 하나의 이전가격방법을 회사전체수준에서 적용하기 위해 포트폴리오 접근법을 이용해서는 안 된다. 다국적기업그룹의 한 회사가 다른 회사에게 이익을 주기 위해 포트폴리오 접근법을 이용하여 정상소득 이하로 이익을 계상해서는 안 된다.(TP §3.10)

관계거래는 한 번의 동일한 상품거래에 한정되지 않고 여러 종류의 제품을 여러 번 또는 동일한 상품을 여러 번 거래하는 것이 보통이다. 이 경우 각 거래를 개별거래로 보아 정상가격 여부를 판정하기는 어렵다. 따라서 여러 거래를 합하여 적절한 이전가격방법을 적용하는 것이 허용된다. 그 밖에도 관계거래 중 일부를 표본추출하여 검사하거나 또는 다른 통계적 방법을 이용하여 정상가격을 추정하기도 한다.(Reg §482-1.f.2.iv)

관계기업들인 제조업자들에게 노하우를 제공하는 등의 무형자산거래와 함께 필수적인 부품을 공급하는 경우, 관련거래들을 구분하기가 쉽지 않다. 또한, 장기용역공급계약과 이와 밀접하게 관련된 상품의 가치평가는 구분거래로 분석하기가 쉽지 않다.(UT §5.4.6.3) 결합거래의 또 다른 중요한 양상은 다국적기업그룹 내에서 복합계약(composite contracts)과 일괄거래(package deals)의 증가인데, 복합계약이나 일괄거래는 사용료, 임대료, 판매 등의 요소를 모두 하나의 거래에 일괄하여 담는 것이다. 이 경우, 적절한 정상가격을 산출하기 위해 각 요소를 구분하여 평가하는 것이 적절할 수 있다.(UT §5.4.6.4)

거래의 통합문제는 또한 비교대상에도 일어난다. 내부비교대상이 없으면 거래기준의 제삼자정보를 알 수 없기 때문에 실무적으로는 기업기준 정보를 주로 사용한다.(UT §5.4.6.5) 실무에서는 기업전체자료를 사용하는 것이 왜곡을 줄이고 신뢰성을 높이는 방법이다. 예를 들면, 일본 국세청은 세무목적상 수집된 기업의 세분화된 비교대상 자료를 사용하는데, 이러한 자료는 납세자에게 공개되지 않은 자료를 포함하므로 정당화 될 수 없다.(PG2.06.a) 비교가능제삼자법(CUP) 이외의 방법을 적용하는 경우 기능상 큰 차이가 없다면 분석대상과 비교대상의 거래를 통합한 자료를 기준으로 비교하는 것이 오히려 비교가능성을 높인다. 개별거래 손익을 작성하기 위한 직접비용과 간접비용의 계상에는 많은 가정이 필요하므로 이에 대해 과세당국과 납세자가 동의할 가능성은 거의 없기 때문이다.

사례 관련되는 거래를 통합거래로 간주(Reg §482-1.f.2.i.B)

P는 자회사 S1과 제조기술 제휴계약을 체결하였고 S1은 이를 이용하여 제품을 생산하여 특정 지역에서 판매할 수 있다. S1은 제품을 생산하여 P의 다른 자회사 S2에게 판매하고, S2는 다시 이를 지정된 지역에서 제삼자에게 재판매한다. 이 경우 S1이 P에게 지급하는 기술사용료의 정상가격을 어떻게 산정할 것인가?

통합거래에 있어서는 P가 S1으로부터 받은 기술제휴대가의 정상가격을 산정하기 위해 동일한 기술을 제공하는 독립기업을 찾아 비교대상으로 삼는 것보다는 S1과 S2가 획득하는 전체이익을 고려하여 결정하는 것이 적합하다.

② **거래의 분리**(segregation of transactions)

관계기업 간에 일괄 체결된 어떤 거래들을 개별적으로 평가해야 하는 경우가 있다. 다국적기업은 특허, 노하우, 상표권의 사용허여, 기술 및 경영 서비스, 제조설비의 임대 등을 하나의 거래로 묶어 단일가격을 책정하기도 한다. 이런 형태의 약정은 일괄거래(package deal)로 불린다. 이러한 일괄거래는 대부분의 경우 재화의 판매는 포함하지 않는다. 일괄거래를 전체적으로 평가하는 것이 가능하지 않으면 각 거래들을 분리해야 한다.(TP §3.11) 일괄거래를 한 거래로 보아 이전가격을 정하는 경우에도, 세무상 소득을 구분계산해야 하는 경우가 있다. 예를 들면, 사용료 지급은 총액으로 원천징수되나 임대료는 순액으로 과세(net taxation)되기 때문이다. 이 경우, 과세당국은 비슷한 정상거래를 분석할 때와 같은 방법으로 검토해야 한다.(TP §3.12)

사 례 통합거래에 해당하지 않는 경우(Reg §482-1.f.2.i.B)

p는 S1과 기술제휴계약을 체결하여 S1이 동 기술을 이용하여 제품 X를 생산하도록 허용하고, 그 제품을 제삼자에게 일정지역에서만 판매하도록 했다. 이외에도 p는 미국에서 생산된 제품 Y(제품 X와는 관계없음)를 S1에게 판매한다. 제품 Y는 S1에 의해서 동일한 지역 내에서 판매된다. 이 경우에도 p가 제품 Y를 S1에게 판매하는 행위와 제품 X를 생산하는데 필요한 기술을 제공한 것을 함께 판단해야 하는가?

제품 X를 생산하기 위해 p가 S1에게 제공한 기술에 대한 대가의 정상가격을 산정하는데 Y제품의 판매행위를 개입시킬 필요는 없다. 왜냐하면 전혀 별개의 거래에 해당하기 때문이다.

(3) 상계거래의 인정

'상계거래'는 국외특수관계자와의 국제거래가 정상가격으로 이루어지지 아니하여 이를 시정하고자 하는 거래를 말한다.(국조통 8-0…1)

① 의도적 상계(intentional set off)

의도적 상계란 특수관계기업이 의도적으로 관계거래 조건을 맞추는 거래를 말한다. 의도적 상계는 한 기업이 그룹 내의 다른 특수관계기업에게 주는 이익과 어느 정도 균형이 맞추어지는 이익을 받는 경우에 나타난다. 이 기업들은 각각 주고받는 이익을 상계하여 거래의 순이익 또는 순손실만을 세무상 고려해야 한다고 주장한다. 예를 들어, 어떤 기업이 다른 기업으로부터 노하우를 제공받으면서 그 대가로 특허권을 사용하도록 하여 두 거래로부터 쌍방 간에 어떤 이익이나 손실도 없는 경우가 있다. 그런 거래는 독립기업들 사이에서도 가끔 볼 수 있다.(TP §3.13)

의도적 상계거래는 규모나 복잡성 면에서 여러 가지가 있다. 상계거래는 두 거래의 단순상계(재화생산에 쓰이는 원재료를 싼 가격에 매입하는 대가로 제조된 상품을 싼 가격에 파는 것)부터, 장기간에 걸쳐 양 당사자에게 귀속하는 모든 이익을 상계하는 일반적 계약까지 있다. 이익이 정확히 계량화되고 계약이 미리 성립되는 경우가 아니라면 독립기업이 후자와 같은 형태의 계약을 할 가능성은 적다. 대신 독립기업들은 정상거래로 인한 모든 이익과 손실을 별도로 계상해서 수입 또는 비용을 개별적으로 처리할 것이다.(TP §3.14)

의도적 상계거래를 인정할 경우에도, 과세목적상 관계거래의 이전가격은 정상거래원칙에 부합되어야 한다는 기본요건은 변하지 않는다. 납세자는 특수관계기업들 간 2개 이상의 거래로 이루어진 의도적 상계거래가 있었음을 공개하고, 상계를 감안한 거래조건들이 정상거래원칙에 부합한다는 것을 입증하는(또는 입증할 수 있는 관련자료를 보관하며 충분한 분석을 했다는 것을 알리는) 것이 실무적으로 좋다.(TP §3.15) 상계거래에 포함된 거래들이 정상거래원칙을 만족시키는지 평가할 때, 각각 따로 평가해야 한다. 그 거래들을 하나로 묶어 분석하는 경우, 비교가능거래를 선택하는데 주의를 기울여야 한다. 국제거래와 관련된 '상계'의 의미는 국내거래와 관련된 '상계'의 의미와 다른데, 국가 간에 상계에 대한 세무취급이 다르거나 조세조약에서 거래별로 대가에 대한 세무취급이 다르기 때문이다. 판매수입과 사용료를 상계하는 경우 원천징수문제가 복잡해진다.(TP §3.16)

② 상계(set off) 요건

국제거래에서 그 거래가격이 정상가격과 다른 경우에도 아래 요건을 충족하는 때에는 그 상계되는 모든 국제거래를 하나의 국제거래로 보아 이전가격을 산정한다.(국조법 §11 ①) 이 경우, '그 차액을 상계했다고 납세자가 입증하는 때'는 사전에 국외특수관계인과의 거주자·내국법인 간에 의도적으로 설정된 상계처리 약정이 존재한다는 것과 그 약정에 따른 거래들이 정상거래원칙에 부합된다는 것을 입증하는 경우를 말한다.(국이 46500-27, 1998.1.19.)

1. 동일한 국외특수관계인과의 거래 : 당초 차액이 발생한 거래당사자 이외의 제삼자는 상계거래의 상대방이 될 수 없다.
2. 동일한 과세연도 : 과세연도를 달리하는 거래 간에는 상계거래가 적용되지 않는다.
3. 거래 전에 상계하기로 계약을 체결할 것 : 상계의 의도가 없이 이미 거래가 종료한 두 거래를 사후에 상계거래로 처리할 수 없다.

미국세법은 상계처리에 대한 입증기한을 소득조정의 통보일로부터 30일 이내로 정하고 있다.(Reg §482-1.g.4) 국내세법에는 상계처리의 입증기한이 없다.

사례 동일사업연도에 발생한 서로 다른 거래의 상계 후의 2차 조정(Reg §482-1.g.4.iii)

한국법인 U는 필리핀에 소재하는 자회사 UP의 공장건설과 관련하여 건설용역을 제공했다. 그 용역에 대해서 최적방법에 의해 산정한 정상가격은 $100,000이었다. 그리고 그 건물의 건설과 관련하여 UP는 U에게 기계를 임대했다. 기계임대와 관련한 적정임대료는 $25,000이었다. 이와 같은 용역제공 거래와 기계임대 거래에 대해서 U는 UP에게 총 $75,000의 송장을 발송했다. 당초부터 U는 건설용역대가로 $100,000을 신고하고 기계임대료로 $25,000을 신고했다. 이 경우 U의 소득조정은 어떻게 하는가?

이렇게 신고를 하는 경우에는 U가 지배법인으로서 해당국가 과세당국의 제재를 받을 수 있기 때문에 U는 건설용역대가로 처리할 수도 있다. 따라서 소득을 건설용역대가와 기계임대료로 재구분하여 신고하는 경우에는 이와 같은 효과가 반영되도록 모든 2차 조정을 해야 한다.

③ 상계거래에 대한 원천징수

상계거래 중 원천징수대상이 되는 거래가 있는 경우에는 상계거래가 없는 것으로 보아 원천징수규정을 적용한다.(국조법 §11 ②) 이는 국내원천소득에 대한 과세권을 보장하기 위한 것이다.

사 례 사용료와 유형재화 대가를 상계하는 경우 원천징수(Reg §482-1.g.4.iii)

한국법인 U가 미국에 소재하는 자회사 s로부터 기술을 전수받고 사용료($1,000)를 지불해야 하나 대가를 지불하지 않고, 이후에 U가 S에 유형재화를 판매하면서 정상가격($10,000)보다 기술사용료만큼 미달하는 대가($7,000)를 수령했다. 물론 두 거래는 동일한 사업연도 내에서 발생했다. 이에 대한 소득조정 내역은?

과세당국은 U를 조사하면서 유형재화의 판매대가가 $3,000만큼 적게 수령된 것을 발견하고 소득조정을 하기 위해 U에게 통보했다. 이에 U는 기술사용료와 물품대가를 상계처리하였음을 서류로 입증했다. 그러나 그것이 전부는 아니다. 그 상계거래로 인해 한국의 과세권이 영향을 받기 때문이다. 즉, 기술사용료의 원천지국이 한국인데도 불구하고 그 대가의 지급이 상계거래를 통해 이루어져 한국이 원천징수를 하지 못하게 된다. 따라서 U가 상계를 인정받기 위해서는 사용료 전액을 원천징수해야 하며, 상계거래로 한국의 과세권이 영향을 받지 않아야 한다.

Chapter 04

비교가능성 분석

4

1. 비교가능성 분석목적 및 절차

1.1 비교가능성 분석목적

(1) 비교가능성 분석목적 : 상업재정관계의 식별

비교가능성 분석은 정상거래원칙을 적용하기 위한 핵심이다. 당사자들이 독립적인 비교가능상황에서 비교가능거래를 수행하는 경우 이루어졌을 조건과 관계거래의 조건을 비교하여 이를 기초로 정상거래원칙을 적용한다. 이러한 분석에는 2가지 중요한 관점이 있는데, 첫째로 관계거래를 정확히 기술하기 위해 특수관계기업들의 상업재정관계를 식별하고 그 관계를 둘러싼 조건과 관련경제상황을 인식하며, 둘째로 정확히 기술된 관계거래의 조건과 관련경제상황을 독립기업의 조건 및 관련경제상황과 비교한다.(TP §1.33)

관계기업들 간의 상업재정관계와 그러한 관계에 내포된 조건 및 관련경제상황을 식별하는 과정에서 다국적기업그룹이 영업을 하는 산업분야(예 광업, 제약, 사치품)와 해당산업분야의 사업수행에 영향을 주는 요소들에 대한 넓은 이해가 필요하다. 해당산업분야의 사업수행에 영향을 주는 요소들에 다국적기업그룹이 어떻게 대응하는지 전반적으로 보여주는 그룹의 사업개황에서 이해를 넓힐 수 있는데, 그러한 요소들에는 사업전략, 시장, 상품, 공급사슬, 수행되는 주요기능, 사용되는 유형자산, 부담하는 주요위험이 있다. 이러한 정보는 납세자의 기본파일(master file)의 일부로 포함되는데, 다국적기업그룹 구성원들 간의 상업재정관계를 파악할 수 있는 유용한 자료이다.(TP §1.34) 그 다음에 어떻게 다국적기업그룹의 기업이 활동하는지 식별하고 기업이 무엇을 하는지(예 제조회사, 판매회사)를 분석하며, 관계거래에서 기술된 상업재정관계를 식별한다. 특수관계기업들의 실제거래의 정확한 기술에는 거래의 경제적 관련특성의 분석이 필요하다. 경제적 관련특성이란 거래조건과 거래가 이루어지는 관련경제상황을 말한다. 정상거래원칙의 적용은 독립당사자들이 비교가능상황에서 비교가능거래에 합의하였을 조건을 판단하는 문제이다.

그러므로 독립거래와 비교하기 전에 관계거래에서 나타나는 상업재정관계의 경제적 관련특성을 식별하는 것이 필수적이다.(TP §1.35)

| 비교가능성 분석목적(국조령 §6 ②) |

1. 최적의 이전가격방법의 선택 : 최적의 이전가격방법을 선택하기 위해 비교가능성이 높은지의 여부를 평가해야 하며, 이 경우 비교가능성 평가요소를 분석해야 한다. 2. 관계거래와 독립거래의 차이조정 : 정상가격을 산출하는 경우 그 거래와 특수관계가 없는 자 간의 거래 사이에서 비교가능성 분석요소의 차이로 인해 적용하는 가격·이윤 또는 거래순이익에 차이가 발생하는 때에는 그 가격·이윤 또는 거래순이익의 차이를 합리적으로 조정해야 한다.

경제적 관련특성 또는 비교가능성요소들은 이전가격분석의 2가지 단계에서 사용된다.

첫째 단계는 관계거래의 정확한 기술과정과 관련되며 특수관계기업이 수행하는 거래의 특성과 조건, 수행기능, 사용자산, 부담위험을 확인하고, 거래상품이나 제공용역의 성격, 특수관계기업의 상황을 위 유형에 따라 정의하는 과정이다.(TP §1.37) 독립기업들은 거래조건을 정할 때 그 거래를 현실적으로 가능한 다른 대안에 비교하여 사업목표를 달성하기 위한 더 좋은 기회를 제공하는 다른 대안이 없는 경우에만 그 거래를 한다. 다른 말로 하면, 독립기업들은 최선의 대안보다 나쁘지 않은 거래가 아닌 경우에만 그 거래를 한다. 예를 들면, 어떤 기업이 다른 잠재고객이 비슷한 상황에서 자기상품을 더 비싸게 사거나 같은 가격에 더 좋은 조건을 제시할 것을 안다면 또 다른 독립기업이 제시하는 가격을 받아들이지 않을 것이다. 독립기업들은 대안을 검토할 때 일반적으로 현실적으로 가능한 대안들 사이의 경제적으로 관련된 차이(위험수준의 차이 등)를 고려한다. 그러므로 거래의 경제적 관련특성을 식별하는 것은 관계거래를 정확히 기술하고, 선택된 거래가 현실적으로 가능한 다른 대안보다 사업목적에 맞는 명백히 더 좋은 기회를 제공한다는 결론에 도달하기 위해 거래당사자들이 고려해야 하는 일련의 특성들을 드러내는 데 있어 중요하다. 이러한 평가를 함에 있어, 여러 거래를 합하여 거래를 평가하는 것이 필요하고 유용한데, 제삼자에게 현실적으로 가능한 대안의 평가는 단일거래로 국한되는 것이 아니라 경제적으로 관련된 일련의 거래를 고려해야 하기 때문이다.(TP §1.38)

둘째 단계는 관계거래의 정상가격을 결정하기 위해 관계거래와 독립거래를 비교하는 절차와 관련된다. 이러한 비교를 위해, 납세자와 과세당국은 우선 관계거래의 경제적 관련특성을 파악해야 한다. 비교되는 상황들 간에 비교가능성이 있는지 그리고 비교가능성을 확보하기 위해 어떤 조정이 필요한지를 판단하기 위해 관계거래와 독립거래의 경제적 관련특성의 차이를 고려해야 한다.(TP §1.39)

(2) 비교가능성 분석요소

과세당국은 거주자·내국법인과 국외특수관계인 간의 상업적 또는 재무적 관계 및 해당 국제거래의 중요한 거래조건을 고려하여 해당 국제거래의 실질적인 내용을 명확하게 파악해야 하며, 해당 국제거래가 그 거래와 유사한 거래 상황에서 특수관계가 없는 독립된 사업자 간의 거래와 비교하여 상업적으로 합리적인 거래인지를 판단해야 한다.(국조법 §8 ②) 실제거래를 정확히 기술하기 위해 특수관계기업들의 상업재정관계에서 식별되어야 하는 경제적 관련특성 또는 비교가능성요소들은 크게 다음과 같이 구분된다. 실제거래의 경제적 관련특성에 대한 정보는 납세자의 국가별보고서의 일부로 포함되어야 한다.(국조령 §14 ② 및 §16 ①, TP §1.36, Reg §482-1.d.1) 또한, 비교가능성을 평가할 때 각 이전가격방법의 특성을 고려해야 한다.(국조칙 §6 ②)

| 비교가능성 분석요소(국조령 §16 ①, 국조칙 §6 ①) |

1. 재화나 용역의 종류 및 특성
   가. 유형재화: 재화의 물리적 특성, 품질 및 신뢰도, 공급 물량·시기 등 공급 여건
   나. 용역: 제공되는 용역의 특성 및 범위
   다. 무형자산: 거래 유형(사용허락 또는 판매 등), 자산의 형태(특허권, 상표권, 노하우 등), 보호기간과 보호 정도, 자산 사용으로 인한 기대이익
2. 사업활동의 기능: 설계, 제조, 조립, 연구·개발, 용역, 구매, 유통, 마케팅, 광고, 운송, 재무 및 관리 등 수행하고 있는 핵심 기능
3. 거래에 수반되는 위험: 제조원가 및 제품가격 변동 등 시장의 불확실성에 따른 위험, 유형자산에 대한 투자·사용 및 연구·개발 투자의 성공 여부 등에 따른 투자위험, 환율 및 이자율 변동 등에 따른 재무위험, 매출채권 회수 등과 관련된 신용위험
4. 사용되는 자산: 자산의 유형(유형자산·무형자산 등)과 자산의 특성(내용연수, 시장 가치, 사용 지역, 법적보호장치 등)
5. 계약 조건: 거래에 수반되는 책임, 위험, 기대이익 등이 거래당사자 간에 배분되는 형태(사실상의 계약관계를 포함한다)
6. 경제 여건: 시장 여건(시장의 지리적 위치, 시장 규모, 도매·소매 등 거래단계, 시장의 경쟁 정도 등)과 경기 순환변동의 특성(경기·제품 주기 등)
7. 사업전략: 시장침투, 기술혁신 및 신제품 개발, 사업 다각화, 위험 회피 등 기업의 전략

(3) 정확히 기술된 거래의 인식과 거래의 재해석

이전가격분석에서 당사자들의 상업재정관계의 실질을 식별하며, 경제적 관련특성을 분석하여 실제거래를 정확히 기술한다.(TP §1.139) 분석을 함에 있어, 당사자들의 실제거래는 당사자들의 서면계약과 행위에서 유추된다. 계약서에서 확인된 형식조건은 당사자들의 행위와 거래의 다른 경제적 특성을 분석하여 확인되고 보완된다. 경제적으로 중요

한 거래의 특성이 서면계약과 일치하지 않는 경우, 당사자들의 행위에 반영된 경제적 특성에 따라 실제거래를 기술한다. 계약상 위험부담 및 그 위험부담과 관련된 실제행위를 위험통제와 위험부담 재정능력을 감안하여 검토하며, 궁극적으로 관계거래의 위험분석 과정(4단계 및 5단계)에 기초하여 당사자 행위 및 기타요소들에 따라 계약상 부담위험을 배분한다. 이에 따라, 분석에서 당사자들의 상업재정관계의 실제를 드러내어 실제거래를 정확히 기술하게 된다.(TP §1.140)

정상거래원칙에 따라 정확히 기술된 실제거래에 대한 가격을 결정하기 위한 노력을 기울여야 한다. 아래에서 설명하는 예외상황에 해당하지 않는다면, 과세당국은 실제거래를 무시하거나 실제거래를 다른 거래로 대체할 수 없다.(TP §1.141)

거래의 부인으로 인해 분쟁이 발생하고 이중과세가 될 수 있으므로, 거래의 실제성격을 결정하고 정확히 기술된 거래에 정상가격을 적용하기 위한 노력과, 단지 정상가격을 결정하기 어렵기 때문에 인정하지 않는다는 것이 아니라는 점을 납득시키기 위한 노력을 기울여야 한다. 비교가능상황에서 독립당사자들 간에 같은 거래가 보인다면,(즉, 검토대상거래와 같은 경제적 관련특성이 독립기업들의 거래에서 나타나는 경우) 이를 인정하지 않을 이유가 없다. 중요한 것은, 그 거래가 독립당사자들 사이에서 보이지 않는다는 사실만으로 부인해서는 안 된다. 특수관계기업들은 독립기업들이 할 수 있는 것보다 훨씬 더 다양한 계약을 체결할 능력이 있으며, 독립기업들이 취하지 않는 또는 거의 취하지 않는 특별한 성격의 거래를 체결할 수 있으며, 온당한 사업상 이유 때문에 그렇게 한다. 거래와 관련하여 이루어진 계약이 전체적으로 볼 때 비교가능상황에서 상업적으로 합리적 방식으로 행동하는 독립기업이 채택하였을 것과 달라서 두 당사자의 입장과 계약체결 당시에 양자에게 현실적으로 가능한 대안을 고려할 때 두 당사자가 받아들일 수 있는 가격의 결정을 방해하는 경우, 정확히 기술하는 과정에서 거래를 인정하지 않을 수 있으며 적절하다면 다른 거래로 대체할 수 있다. 또한, 다국적기업그룹 전체적으로 세전기준으로 경영이 악화되었는지 평가하는 것이 관련지표가 되는데, 이는 검토대상 거래가 전체적으로 독립당사자들 간 계약의 상업적 합리성이 결여되었다는 표시가 될 수 있기 때문이다.(TP §1.142)

과세당국은 거래의 사실을 판단하여 거주자 · 내국법인과 국외특수관계인 간의 국제거래가 상업적으로 합리적인 거래가 아닌 것으로 판단하고, 해당 국제거래에 기초하여 정상가격을 산출하는 것이 현저히 곤란한 경우 그 경제적 실질에 따라 해당 국제거래를 없는 것으로 보거나 합리적인 방법에 따라 새로운 거래로 재구성하여 판단할 수 있다.(국조법 §8 ③) 이 경우, 다음과 같은 기준을 고려해야 한다.(국조령 §16 ②)

1. 특수관계가 없는 독립된 사업자 사이에서는 해당 거래조건에 대한 합의가 이루어지지 않을 것으로 예상할 수 있을 것. 이 경우 유사한 거래 상황에서 특수관계가 없는 독립된 사업자 간 해당 거래와 유사한 거래가 체결된 사례가 없다는 사실만으로 해당 거래조건에 대한 합의가 이루어지지 않을 것으로 판단해서는 안 된다.
2. 해당 거래를 체결하지 않거나 다른 방식으로 거래를 체결하는 것이 거주자 · 내국법인 또는 국외특수관계인에게 사업목적상 유리할 것
3. 해당 거래로 인해 거주자 · 내국법인 또는 국외특수관계인의 조세부담이 상당히 감소하는 등 조세 혜택을 고려하지 않는다면 해당 거래가 발생하지 않을 것으로 예상할 수 있을 것

분석에서 실제거래가 비교가능 경제상황에서 제삼자 당사자들이 합의하였을 계약의 상업적 합리성을 띠는지가 중요하며, 동일거래가 독립 당사자들 사이에서 보이는지 여부는 중요하지 않다. 정상계약의 상업적 합리성이 있는 거래를 부인하는 것은 정상거래원칙을 적절히 적용하는 것이 아니다. 정당한 사업거래를 재구성하는 것은 아주 자의적인 처사인데, 거래가 어떻게 구성되어야 하는지에 대해 상대방 과세당국이 같은 견해를 공유하지 않는다면 그러한 불균형으로 이중과세가 일어난다. 독립기업들 사이에서 그 거래를 볼 수 없다는 사실만으로 정상계약의 성격이 없다는 의미는 아니다.(TP §1.143) 이전가격목적상 납세자가 실제로 채택한 것을 대체하는 구조는 가능하면 실제거래의 사실에 맞게 이루어져야 하는 동시에 계약이 체결될 때에 두 당사자들에게 받아들여질 수 있는 가격에 이르도록 하는 상업적으로 합리적인 예상결과가 되어야 한다.(TP §1.144) 다음 사례에서 거래를 부인하는 기준을 보여 준다.(TP §1.145)

사례 거래의 재해석

1. S1은 제조업을 영위하며 상당한 재고를 보유하고 공장 및 기계에 대한 상당한 투자를 한다. S1은 최근 몇 년간 홍수가 자주 범람하는 지역에 사업자산을 보유한다. 제삼자 보험업자는 대규모 보험금청구의 위험노출로 상당한 불확실성을 경험하여, 그 지역에서 자산에 대한 보험은 실제로 이루어지지 않는다. 관계사 S2는 S1에게 보험을 제공하며 S1은 재고, 자산 및 콘텐츠 가치의 80%에 상당하는 연간보험료를 지급한다. 이 사례에서 S1은 상업적으로 비합리적 거래를 체결했는데, 상당한 보험금청구를 감안할 때 보험시장이 형성되지 않으므로 장소를 옮기거나 보험을 들지 않는 것이 더 현실적 대안이기 때문이다. 그 거래는 상업적으로 비합리적이기 때문에, S1이나 S2의 입장에서 받아들일 수 있는 가격은 없다.(TP §1.146) 이 거래는 무시된다. S1은 보험을 들지 않은 것으로 취급되어 S2에게 지급한 대가는 수익에서 차감되지 않는다. S2는 보험을 발행하지 않은 것으로 취급되어 어떠한 보험청구에도 응할 이유가 없다.(TP §1.147)

2. S1은 생산하고 판매할 수 있는 새로운 상품을 만들기 위한 무형자산을 개발하는 연구활동을 수행한다. S1은 관계사 S2에게 일시금을 받고 20년간의 미래작업으로 만들어질 미래의 무형자산에 대한 독점권을 이전하는데 합의한다. 이 계약은 두 당사자들에게 상업적으로 비합리적인데, 그 기간 동안 S1이 어느 정도의 개발활동을 수행할지 불확실하고 또한 기대수익을 평가하는 것은 전적으로 추정에 근거하므로, S1과 S2 모두 그 대가가 적절한 평가를 반영한 것인지 판단할

믿을만한 방법이 없기 때문이다. 납세자가 채택한 계약구조는 지급방식을 포함하여 이전가격목적상 재구성되어야 한다. 대체된 구조는 특수관계기업들의 상업재정관계의 수행기능, 사용자산 및 부담위험을 포함한 경제적 관련특성에 따라야 한다. 이러한 사실들을 파악하여 사실관계와 일치하는 구조로 대체할 수 있다. 예를 들면, 평가곤란 무형자산에 대한 지침에 따라 계약을 S2의 금융지원 또는 S1의 연구용역제공으로 재해석하거나, 특별한 무형자산이 식별되는 경우 그 특별한 무형자산의 개발에 대한 조건부지급조건의 기술대여로 재해석한다.(TP §1.148)

1.2 비교가능성 분석절차

비교는 말 그대로 두 가지 상황, 즉 관계거래 및 독립거래를 비교한다는 의미이다. 비교대상 탐색은 비교가능성분석의 일부분이다. 비교대상 탐색을 비교가능성분석과 혼동하거나 구분해서는 안 된다. 잠정적인 비교대상후보에 대한 정보탐색과 비교대상의 식별과정은 납세자의 관계거래 및 그로부터 추출한 비교가능성 요소의 사전분석을 바탕으로 이루어진다.(TP §3.1) '합리적으로 믿을만한 비교대상(reasonably reliable comparables)'은 주어진 사안의 상황에서 가장 믿을만한 비교대상을 의미한다.(TP §3.2) 분석과정의 투명성을 높이기 위해서, 이전가격을 입증하기 위해 비교대상을 사용하는 납세자나 이전가격세제를 입증하기 위해 비교대상을 사용하는 과세당국 모두 사용되는 비교대상의 신뢰성을 평가할 수 있는 적절한 입증서류를 관련 당사자(세무조사관, 납세자 및 외국 과세당국)에게 제공할 준비가 되어 있어야 한다.(TP §3.3)

비교가능성 분석은 납세자의 사업환경 및 관계거래 분석, 내부 및 외부 비교가능거래에 대한 자료수집, 이전가격방법의 선택 및 가격 · 이윤 또는 거래순이익 산출, 비교가능거래 선정 및 합리적인 차이 조정 등의 분석절차를 통해 이루어진다.(국조령 §15 ①)

| 비교가능성 분석절차(국조칙 §7, TP §3.4) |

순 서	설 명
1단계	분석대상 사업연도의 선정
2단계	사업환경 분석 : 산업, 경쟁, 규제 요소 등 거래와 관련된 납세자 사업환경의 전반적인 분석(broad analysis)
3단계	관계거래 분석 : 국내외 분석대상 당사자, 적합한 이전가격방법의 선택, 핵심적인 비교가능성분석요소의 식별 등을 위한 분석
4단계	내부 비교가능거래에 대한 자료수집과 검토 : 분석대상 당사자가 특수관계 없는 독립된 사업자와 한 거래에 대한 자료의 수집과 이에 대한 분석
5단계	외부 비교가능거래에 대한 자료수집과 검토 : 특수관계 없는 제3자 간의 거래를 파악하기 위한 상업용 데이터베이스 등 이용 가능한 자료의 수집 및 관계거래와의 관련성 분석

순 서	설 명
6단계	가장 합리적인 이전가격방법의 선택 및 선택된 산출방법에 따라 요구되는 재무지표(거래순이익률 지표를 포함한다)의 선정 정의)
7단계	비교가능거래의 선정 : 비교가능성분석요소를 바탕으로 독립된 제3자 거래가 비교가능거래로 선정되기 위해 갖추어야 할 특성을 검토하여 선정
8단계	합리적인 차이 조정 : 회계기준, 재무정보, 수행한 기능 · 사용된 자산 · 부담한 위험 등 관계거래와 독립된 제3자 거래 간의 가격 및 이윤 등에 실질적인 차이를 유발하는 요인들에 대한 합리적인 조정
9단계	수집된 자료를 해석하고 사용하여 정상가격을 결정

실무적으로, 이러한 분석과정이 순차적으로 일어나는 것은 아니다. 특히 5단계부터 7단계는 만족할 만한 결과를 얻을 때까지, 즉 최적방법이 선택될 때까지 반복해서 행해지는데, 이는 가능한 정보자료의 검토가 이전가격방법의 선택에 영향을 미치는 사례가 자주 발생하기 때문이다. 예를 들면, 비교가능거래에 대한 정보를 찾을 수 없는 경우(7단계) 또는 합리적으로 정확한 조정을 할 수 없는 경우(8단계), 납세자는 다른 이전가격방법을 선택하거나 4단계부터 과정을 다시 반복해야 한다.(TP §3.6)

1.3 비교가능성 조정(comparability adjustment)

(1) 비교가능성 조정의 목적(purpose of comparability adjustments)

정상가격을 산출하는 경우 해당 거래와 특수관계가 없는 자 간의 거래 사이에서 비교가능성 분석요소의 차이로 인해 가격 · 이윤 또는 거래순이익에 차이가 발생할 때에는 그 가격 · 이윤 또는 거래순이익의 차이를 합리적으로 조정해야 한다.(국조령 §15 ④)

일반적으로 비교대상의 거래와 관계거래 간에 차이가 존재하는 경우에는 비교대상의 거래에 대해서 어떠한 방법으로든 조정이 이루어져야 하며, 이러한 조정은 상관행과 경제원칙 및 통계적 방법에 의해 이루어진다. 조정이 빈번할수록, 또 조정의 신뢰성이 떨어질수록 분석방법의 신뢰성은 떨어진다. 조정을 위해 계산편의상 경우에 따라서는 평균개념의 수치를 사용하여 정상가격을 산출한다. 그렇지만, 어떠한 경우에도 조정이 되지 않은 산업평균지수 등은 그 자체만으로서 정상가격을 형성할 수 없다.(Reg §482-1.d.2)

비교가능성 결정요소들이 비교가능성을 결정하는 데 미치는 영향의 정도는 관계거래의 성격과 채택된 이전가격방법에 달려 있다.(TP §1.37) 전통적 거래방법은 매출총이익수준을 비교하며 거래이익방법은 영업이익수준을 비교한다. 따라서 영업이익수준에 영향을 미치는 요소를 전통적 거래방법을 적용할 때 특별히 조정할 이유는 없다.

차이조정으로 결과의 신뢰성을 증대시킬 것으로 예상되는 경우 또는 증대시키는 경우에만 조정을 해야 한다.(TP §3.50)

비교가능성 조정은 비교에 중요한 영향을 미치는 차이가 있는 경우에만 의미가 있다. 일부차이는 납세자의 관계거래와 독립 비교대상 간에 당연히 있을 수 있다. 차이가 비교의 신뢰성에 중요한 영향을 미치지 않는다면 차이를 조정하지 않더라도 비교가 가능하다. 한편, 너무 많은 조정이나 비교대상에 아주 큰 영향을 미치는 조정은 조정되는 제삼자거래가 사실상 충분한 비교대상이 아니라는 사실을 의미한다.(TP §3.51)

항상 조정을 하는 것은 아니다. 예를 들면, 회계기준에 해결할 수 없는 중요한 차이가 있다면 매출채권의 차이조정은 별로 유용하지 않다. 정교한 조정으로 비교대상 탐색결과가 과학적이며 신뢰할 만하고 정교하다는 잘못된 인상을 심어주어서는 안 된다.(TP §3.52)

차이조정을 하지 않은 비교대상은 쓸 수 없다. 예를 들면, 과세관청은 재조사결정에 따라 거래순이익률방법을 적용하여 이 사건 각 용역의 정상가격을 재산출하면서 비교대상업체로 9개의 수리업종을 선정하였는데, 위 9개 수리업종의 대상 품목은 일반기계 및 장비, 컴퓨터, 사무용 기기, 수입자동차, 통신장비 등으로 모두 납세자가 판매하는 명품시계와는 그 종류와 성격에서 차이가 난다. 일반적으로 최고급 명품제품은 중급제품과 같은 산업에 속하더라도 진입장벽이 높고, 생산하는 제품의 수량도 비교적 소량이며, 매우 고가여서 고객에게 제품을 판매한 뒤에도 해당 제품의 고유번호 등을 통해 제품의 정품 여부를 철저히 확인하여 그에 따른 사후관리(수리, 청소) 서비스를 제공함이 특징이고, 이러한 요소들은 영업이익률에 중대한 영향을 미칠 수 있으므로 합리적인 조정이 필요하다. 9개 비교대상업체들의 경우 일반기계 및 장비, 컴퓨터, 사무용 기기, 수입자동차, 통신장비 등을 수리하는 업체들로서, 대상 품목의 종류와 성격은 물론 새로운 시장진입자의 출현, 경쟁정도, 사업 전략, 사업활동의 기능, 경제여건 등에 있어서 이 사건 각 용역과 조건과 상황이 결코 유사하다고 볼 수 없다.(서울고등법원 2022누47935, 2023.6.14.)

(2) 비교가능성 조정의 여러 유형(different types of comparabilities adjustments)

비교대상이 된다는 것은 비교되는 상황들 간의 차이가 이전가격방법에 검토되는 조건에 중요한 영향을 미치지 않거나, 또는 차이가 있다면 이러한 차이를 제거하기 위해 합리적으로 정확한 조정이 가능하다는 의미이다.(TP §3.47)

비교가능성 조정은 관계거래와 독립거래의 회계실무차이로 일어나는 차이를 제거하기 위해 고안된 회계일관성 유지를 위한 조정, 영향을 미치는 비교대상제외거래를 제거하기 위한 회계자료의 구분 및 자본, 기능, 자산, 위험 차이의 조정을 포함한다.(TP §3.48)

실무적으로 채권, 채무 및 재고 수준의 차이를 반영하는 영업자본조정(working capital

adjustment)을 하는데, 이러한 조정을 일상적이고 강제적으로 해야 하는 것은 아니다. 오히려, 어떤 유형이든 간에 조정을 함으로써 비교가능성이 증진되는 때에만 조정을 해야 한다. 제삼자 및 특수관계인 간에 상당히 다른 수준의 영업자본은 비교대상후보의 비교가능성 특성에 대한 추가적인 검토를 필요로 하며, 단순히 조정만을 할 상황은 아니다.(TP §3.49)

| 비교대상 및 분석대상에 대한 조정유형(2009년 미국 APA 보고서) |

1. 재무상태표 조정 : 채무, 채권, 재고자산, 자산, 공장 및 설비
2. 회계차이 조정 : 재고자산의 후입선출법을 선입선출법 조정, 회계과목 조정(매출원가항목을 영업비용항목으로)
3. 수익률지표 조정(한 지표에서 다른 지표로 변경) : 영업비용
4. 기타 사항의 조정 : 영업권가치 및 상각, 주식기준 보상, 지리적 차이

사례 비교대상기업과의 차이조정

한국법인과 베트남자회사를 합하면 완전제조업자에 해당하며, 한국법인만을 보면 제한적 위험의 제조업자이다. 비교대상기업은 완전제조업자이다. 비교가능성을 높이기 위해, 파견자가 베트남자회사를 위해 수행하는 기능과 베트남자회사 생산직 종업원이 수행하는 기능에 대응되는 이익 상당액을 비교대상기업 영업이익에서 차감조정한다. 인건비가 공헌도를 표현한다고 가정하여 다음과 같이 계산한다.

(단위: 천원)

	한국법인	2021년	2020년	2019년	합계
a	파견자급여(한국분)	1,880,624	2,062,494	2,041,344	5,984,461
b	파견자급여(베트남분)	967,370	1,068,383	1,057,360	3,093,112
c=(a+b)×50%	파견자 총급여 50%	1,423,997	1,565,438	1,549,352	4,538,787
d=a-c	베트남 귀속 파견자급여	456,627	497,055	491,992	1,445,675
e	베트남 생산직 급여총액	21,811,991	17,876,028	17,329,466	57,017,485
f	한국 인건비 총액	2,376,914	2,715,919	2,647,594	7,740,426
g	베트남 인건비 총액	25,671,661	21,368,947	20,533,993	67,574,602
h=(d+e×40%)/(f+g)	차감 조정률	32.73%	31.75%	32.02%	39.77%
c=(a+b)×50%	파견자 총급여의 50% : (한국지급 파견자 급여+베트남지급 파견자 급여)× 50% (※ 파견자 활동 50%를 베트남자회사에 기여한 것으로 간주)				
d=a-c	베트남 귀속 파견자 급여 : 한국지급 파견자 급여-파견자 총급여의 50%				
e	베트남 생산직 급여총액				
f	한국 인건비 총액 : 파견자 포함 인건비 합계액				

g	베트남 인건비 총액 : 부서별 인건비 합계액(파견자 포함)
h=(d+e×40%)/(f+g)	차감조정률 : (베트남 귀속 파견자 급여+베트남 생산직 급여총액의 40%)/(한국 인건비 총액+베트남 인건비 총액). ※ 보수적 계산을 위해 생산직 급여총액의 40%만 반영

2. 회계차이 및 재화용역의 특성

(1) 회계차이조정(accounting adjustments)

① 회계차이조정

분석대상과 비교대상에 회계차이가 있다면 이는 조정되어야 한다. 회계는 기업회계뿐 아니라 세무회계도 포함한다. 회계차이에는 회계항목 구분차이나 회계기준에 따른 회계차이가 있다.(UT §5.3.5.1, §5.3.5.3) 대부분의 경우 아래 이유로 이러한 차이를 밝혀내기가 쉽지 않다.(UT §5.3.5.5)

1. 공개된 자료에서 비교대상에 대한 정보가 부족함.
2. 민간정보회사가 제공하는 재무자료의 일관성이 없을 수 있음.
3. 회사들의 재무자료 작성방법이 다를 수 있음.
4. 국가별로 회계기준이 다름.

관계거래와 독립거래의 회계관행이 틀린 경우, 일관성을 유지하기 위해 각 사안별로 동일한 비용항목을 사용하도록 자료에 대한 적절한 조정이 있어야 한다. 어떤 경우에는 일관성과 비교가능성을 확보하기 위해 일정한 영업비용을 고려해야 하는데, 이 경우 원가가산법은 총이익률(gross margin)보다는 순이익률에 근접한다. 분석에 영업비용이 적용되면 분석의 신뢰도는 낮아진다.(TP §2.52)

회계차이는 전통적 방법을 사용할 때 주로 문제가 된다. 재고자산 및 원가 계산방법의 차이, 매출원가와 영업비용의 항목차이가 있을 수 있는데, 할인료・매출환입 및 할인・리베이트・운송원가・보험료・포장료 등의 처리가 일치하지 않는다면 매출총이익률을 이용한 방법의 신뢰성은 떨어진다.(Reg §482-3.c.3.iii.B, Reg §482-3.d.3.iii.B) 연구개발비용이 한 거래에서는 영업비용에, 다른 거래에서는 매출원가에 반영된다면 각각의 매출총이익률을 적절한 조정없이 비교할 수 없다.(TP §2.41)

사례 회계차이의 조정

1. A는 대량생산용 시계에 사용되는 빠르기조절장치(timing mechanism)의 국내제조자이다. A는 이 제품을 해외자회사 B에게 판매한다. A는 제조활동으로 5%의 매출총이익을 얻는다. X, Y, Z는 대량생산용 시계에 사용되는 빠르기조절장치를 만들어 특수관계가 없는 외국의 구매자에게 판매하는 국내제조자이다. X, Y, Z는 제조활동으로 3%에서 5%에 이르는 매출총이익을 얻는다. A는 감독 및 일반관리비를 영업비로 처리하므로 이 비용들은 매출원가에 반영되지 않는다. 그러나 X, Y, Z는 감독 및 일반관리비를 매출원가의 일부로 처리한다. 따라서 X, Y, Z의 매출총이익률은 회계처리의 일관성을 위해 조정되어야 한다.(TP §2.59)
2. 한국법인 갑(자회사)은 외국법인(모회사)의 한국 내 독점유통회사로 장난감을 판매하고 있다. 갑의 매출총이익률은 25%인데 이 비율이 정상가격에 해당하는지 여부를 알기 위해서 과세당국은 재판매가격법을 사용하려고 한다. 과세당국은 관계거래와 비슷한 상황에서 비슷한 기능을 수행하는 몇몇 독립유통회사를 발견했다. 그러나 이들 특수관계 없는 유통회사들은 할인료 및 보험료 등의 비용을 매출원가로 처리한다. 반면에 갑은 이들 비용을 영업비용으로 처리한다. 이 경우 당연히 비용재분류를 통해 회계상의 일관성을 유지하기 위한 조정이 있어야 한다. 이러한 회계차이를 조정하지 못한다면 비교대상거래의 신뢰성이 낮아진다.(Reg §482-3.c.4)
3. A사가 행한 관계거래의 순이익률과 B사가 행한 독립거래의 순이익률을 비교한다. A사는 종업원 스톡옵션보상을 비용으로 장부에 계상했다. B사는 해당연도에 세후 금액 325만불의 종업원 스톡옵션보상을 실시하였지만, 이를 비용으로 계상하지 않았다. 이러한 회계차이로 A사에 비해 그 비용이 적게 계상되기 때문에, B사가 보고한 순이익률에 중요한 차이를 유발한다. 이러한 차이를 조정하기 위해, 세율을 35%로 가정하면 B사가 보고한 세후 스톡옵션보상은 세전 금액 500만불(325/(1-0.35))로 환산되며 이에 따라 B사의 순이익률은 다음과 같이 조정된다.

	조정 전 B사 순이익률	조정 후 B사 순이익률
수입금액	100	100
매출원가	△65	△65
매출 총이익	35	35
판매관리비	△19	△24
감가상각비	△5	△5
영업이익	11	6
영업이익률	11%	6%

② 세무조정사항의 반영

법인세법에 따른 세무조정사항의 경우, 회계상 매출총이익 또는 영업이익에 변동을 초래하는 항목을 구분하여 각각 매출총이익 또는 영업이익에서 조정한다.

(2) 분석대상거래와 관련된 자료

재무자료는 분석대상거래에 관련된 것이어야 한다. 예를 들면, 어느 기업의 특정품목을 조사하는 경우 그 품목과 직접 관련이 깊은 재무자료를 이용하는 것이 모든 품목과 관련된 재무자료를 이용하는 것보다 신뢰성이 높아진다. 즉, 순이익률지표가 분석대상과 사업상 관련이 깊을수록 신뢰성이 크다. 따라서 비교대상거래로부터 산출된 순이익률지표는 가능한 한 분석대상거래와 직접적으로 관련된 재무자료에 적용되어야 한다.(Reg §482-5.b, TP §2.109)

분석대상의 영업활동에 대한 소득・원가・자산의 배분이 분석대상 영업활동과 분석대상이 아닌 영업활동 간에 합리적 방법에 의해 이루어지지 않는 경우 양자의 영업이익 및 순이익률지표에 영향을 준다. 소득・원가・자산의 배분은 사실관계에 입각해서 이루어져야 하나 이것이 불가능할 경우에는 합리적 배분공식이 사용될 수 있다. 그러나 직접 배분방법에 의해 배분되지 않고 배분공식을 이용하면 그만큼 신뢰성은 떨어진다. 또한 순이익률지표를 얼마나 분석대상거래와 밀접하게 관련된 부분에 한정하여 사용할 수 있는가에 따라 신뢰성은 영향을 받는다. 분석대상의 분석대상거래가 특수관계인으로부터 매입한 부품과 제삼자로부터 매입한 부품을 조립하는 행위인 경우, 비교대상의 순이익률지표를 그 분석대상거래에 그대로 사용하면 신뢰성은 떨어진다. 정확한 비교가능성을 위해 특수관계인으로부터 매입한 부품과 제삼자로부터 매입한 부품에서 발생하는 각각의 이익효과를 구별해야 한다.(Reg §482-5.c.3, TP §2.83~85)

(3) 재화와 용역의 특성

공개시장에서 재화나 용역의 가치의 차이는 재화나 용역의 특성(characteristics of property or services)의 차이 때문에 나타나는 것이 보통이다. 그러므로 이러한 특성의 비교는 거래를 기술하고 관계거래와 독립거래의 비교가능성을 판단하는 데 도움이 된다. 검토해야 할 중요 특성에는 다음과 같은 것들이 있다. 무형자산의 특성에 대해는 무형자산에서 설명한다.(TP §1.127)

| 재화와 용역의 특성(국조칙 §5 ①) |

거래의 구분	구분되는 특성
유형자산	재화의 물리적 특성, 품질 및 신뢰도, 공급 물량・시기 등 공급여건
용역	제공되는 용역의 특성 및 범위
무형자산	거래유형(사용허여 또는 판매 등), 자산의 형태(특허권・상표권・노하우 등), 보호기간과 보호정도, 자산 사용으로 인한 기대이익

이전가격방법에 따라, 이러한 특성은 중요하거나 중요하지 않을 수 있다. 비교가능제삼자가격법에서는 재화나 용역의 비교가능성 요건이 가장 엄격하다. 비교가능제삼자가격법에서는 재화나 용역의 중요한 차이는 가격에 영향을 미칠 수 있으며 적절한 조정을 해야 한다. 재판매가격법이나 원가가산법에서 재화나 용역의 약간의 차이는 총이익률이나 원가가산율에 중요한 영향을 미치지 않는다. 재화나 용역의 특성의 차이는 또한 전통적거래방법의 경우에 비해 거래이익방법의 경우에 덜 민감하다. 그렇지만 이는 재화나 용역의 특성에 있어 비교가능성의 문제가 거래이익방법을 적용하는 경우 무시될 수 있다는 의미는 아닌데, 제품차이는 검토대상기업의 수행기능, 사용자산 및 부담위험의 차이를 내포할 수 있기 때문이다.(TP §1.128)

실무적으로, 총이익이나 순이익 지표를 기반으로 한 방법에 대한 비교가능성분석은 보통 제품유사성보다는 기능유사성을 더 강조한다. 비슷한 기능이 수행되는 경우 다른 제품을 포함하는 독립거래를 포함하도록 비교가능성분석의 범위를 넓히기도 한다. 그렇지만, 이러한 방법을 허용할지는 제품차이가 비교의 신뢰성에 미치는 영향과 더 믿을만한 자료를 입수할 수 있는지 여부에 달려 있다. 비슷한 수행기능을 기준으로 많은 비교대상후보를 포함하도록 탐색범위를 넓히기 전에, 이러한 거래들이 관계거래에 대한 믿을만한 비교대상이 될 수 있는지 먼저 생각해야 한다.(TP §1.129)

상업용 데이터베이스의 업종코드를 활용하여 비교대상을 찾는 경우 이는 비슷한 재화나 용역을 제공하는 기업을 비교대상으로 선정한다는 의미이므로, 실무적으로 재화나 용역의 특성에 대한 평가를 따로 하지 않는다.

3. 기능(functions)

3.1 기능분석의 의미

거래 당사자가 수행한 기능은 거래 당사자뿐만 아니라 거래 당사자와 특수관계가 있는 자 모두를 고려하여 전체적으로 사업활동이 수행되고 있는 방식, 거래 상황 및 관행을 종합적으로 고려해야 한다.(국조령 §16 ① 2호 후단)

두 독립기업들의 거래에서 대가는 보통 각 기업의 사용자산 및 부담위험을 고려한 수행기능을 반영한다. 그러므로 관계거래를 기술하고 관계거래와 독립거래 사이의 비교가능성을 판단할 때, 기능분석이 필요하다. 이러한 기능분석은 경제적으로 거래당사자가 수행한 중요한 활동과 책임, 사용되거나 기여된 자산, 부담한 위험을 식별하기 위한 것이다. 분석은 당사자가 실제로 수행한 활동과 그 능력에 초점을 둔다. 이러한 활동과 능력(capabilities)에는 사업전략과 위험에 대한 결정과 같은 의사결정(decision-making)이 포함된다. 이를 위해, 다국적기업그룹의 구조와 조직을 이해하고, 이들이 다국적기업의 활동에 어떠한 영향을 주는지 이해하는 것이 도움이 된다. 특히, 그룹전체적으로 가치가 어떻게 창출되는지, 특수관계기업들이 그룹의 다른 기업들과 함께 수행하는 기능의 상호의존, 특수관계기업들의 가치창출에 대한 기여를 이해하는 것이 중요하다. 또한 기능을 수행하는 데 있어 각 당사자의 법적 권리와 의무를 판단하는 것도 관련이 있다. 한 당사자가 거래에서 다른 당사자에 비해 많은 기능을 수행할 수 있지만, 무엇보다 의미있는 것은 거래의 각 당사자에게 빈도, 성격 및 가치의 관점에서 그러한 기능의 경제적 중요성이다.(TP §1.51)

당사자들의 실질적 기여, 능력 및 기타 특징들은 그들에게 현실적으로 가능한 대안에 영향을 미친다. 예를 들면, 어느 특수관계기업이 그룹을 위해 운송용역을 제공한다. 그 운송회사는 한 지역에서 공급유통에 장애가 발생하는 경우에 대비하기 위해 몇 개 지역에서 여유공간을 보유한 창고를 운영해야 한다. 지역의 통합이나 여유공간의 감소를 통해 높은 효율성을 확보하는 선택은 가능하지 않다. 그러므로 독립운송회사가 공급유통의 장애위험을 줄이기 위해 동일한 능력을 제공하지 않는 상황이라면, 특수관계기업의 기능과 자산은 독립운송회사의 그것과 다르다.(TP §1.52) 그러므로 상업재정관계의 경제적 관련특성을 식별하는 과정에서 당사자 능력에 대한 고려, 그러한 능력이 현실적으로 가능한 대안에 미치는 영향, 비교대상의 정상계약에 비슷한 능력이 반영되는지 여부에 대한 판단을 포함해야 한다.(TP §1.53)

기능분석시 고려해야 할 요인으로는 다음과 같은 것들이 있다.(국조칙 §5 ①, TP §1.54, Reg §482-1.d.3.i, 2010년 미국세청 APA 보고서)

1. 연구개발, 제품디자인
2. 설계, 제조, 조립, 포장, 품질관리, 제품서비스
3. 구매 및 자재관리
4. 시장조사, 마케팅, 판매, 유통관리(재고관리, 제품보증, 광고)
5. 수송 및 창고보관
6. 관리, 법무용역, 회계 및 재무, 신용 및 대금회수, 훈련, 인사관리
7. 무형자산 대여, 기술훈련 및 기술지원, 공정 엔지니어링(process engineering)
8. 엔지니어링 및 건설관련 용역
9. 유형고정자산, 무형자산, 금융자산과 같은 사용자산의 유형을 고려하고, 또한 사용연수, 시장가치, 소재지, 재산권보호 등과 같은 사용자산의 상태

기능분석에서 다국적기업그룹이 고도로 통합된 기능을 여러 관계회사들을 통해 분할하고 있는지 여부를 알 수 있다. 분할된 활동들은 상당히 상호의존할 수 있다. 예를 들면 운송, 보관, 마케팅 및 판매기능을 수행하는 여러 법인들로 분할하는 경우 분할활동들이 효과적으로 상호작용하도록 하기 위해 상당한 조정이 필요하다. 판매활동은 마케팅활동에

상당히 의존하며, 마케팅활동의 예상결과를 포함한 판매수행은 선적과정과 운송능력의 조정을 필요로 한다. 분할활동을 수행하는 특수관계기업들의 일부 또는 전부가 이렇게 필요한 조정을 수행하거나, 별도의 조정기능을 통해 수행하거나, 아니면 이 2가지를 복합하여 수행한다. 위험은 모든 당사자들의 기여를 통해 완화되거나, 조정기능이 위험완화활동을 주로 수행한다. 이에 따라, 분할활동에서 상업재정관계를 식별하는 기능분석을 수행하는 경우 그 활동들이 상당히 상호 의존하는지, 상호의존한다면 상호의존의 성격과, 특수관계기업들이 기여하는 상업활동이 어떻게 조정되는지 판단하는 것이 중요하다.(TP §1.55)

3.2 공헌도를 이용한 직접법 : 기능분석표 분석

사업조직을 바탕으로 기능분석표를 만들고 기능별 공헌도를 평가하여 그 차이비율만큼 매출총이익률 또는 영업이익을 조정하는 방법이다. 전통적 거래방법을 사용하는 경우에는 매출총이익에 영향을 미치는 기능만 평가해야 하는데, 일반적으로 관리나 연구개발 등은 제외된다. 거래이익방법을 사용하는 경우에도 영업이익과 상관이 없는 기능은 제외된다. 직접법을 적용하는 경우에도 공헌도는 간접법의 논리를 적용하여 평가한다.

| 공헌도에 의한 기능분석의 예 |

수행기능	공헌도	해외본사	국내자회사
	100%	65%	35%
A. 제품 개발	25%	23%	2%
1. 제조 전 제품개발(특허 등 등록)	23%	○	×
2. 제조 후 제품조합	2%	×	○
B. 제 조	40%	○	×
C. 물 류	5%	5%	0%
1. 구매		○	×
2. 제조자 → 판매자 운송(선적, 통관)		○	×
3. 고객에게 제품운송		○	×
4. 제품보관 및 관리		×	×
5. 상품 재포장, 상품 간 혼합		○	×
6. 재고반품		×	×
D. 마케팅	10%	0%	10%
1. 제품판촉 및 홍보물 제작		×	○

수행기능	공헌도 100%	해외본사 65%	국내자회사 35%
2. 제품판촉 위한 trade show 참석		×	○
3. 시장조사		×	○
4. 제품광고		×	○
5. 불만사항 접수 및 대응		×	○
6. 기술서비스		×	○
7. 고객요구에 맞는 제품변형		×	×
8. 불량제품 회수		×	×
E. 판　매	20%	0%	20%
1. 고객방문 및 주문권유		×	○
2. 고객주문 접수		×	○
3. 판매장 유지		×	×
4. 판매 및 영업사원 훈련		×	○
5. 제조자에게 주문전달		×	○
F. 관　리	3%	0%	3%
1. 금융거래(신용제공)		×	○
2. 송장(Invoice) 발행		×	○
3. 매출채권 및 매입채무 관리		×	○
4. 매출관련 보험, 인허가 관리		×	○
5. 자금, 회계, 일반관리		×	○
6. 사업계획		×	○

3.3 재무제표를 이용한 간접법

(1) 수입금액 및 비용의 조정

비교대상후보와 분석대상의 수행기능, 사용자산, 부담위험에 상당한 차이가 있을 수 있다.(UT §5.3.5.10) 이러한 차이로 인한 효과를 제거하기 위해 비교대상의 재무제표를 조정할 필요가 있다. 조정은 비교대상이 수행하는 기능과 관련된 수입금액 및 비용에 대해 이루어진다.(UT §5.3.5.11) 예를 들면, 독립판매인들이 가장 적합한 비교대상으로 판단됨에도 불구하고, 특수관계 판매회사가 독립판매인들이 수행하지 않는 수입(import) 및 규제

관련 기능을 수행하거나 1차 도매업자의 기능만을 수행하거나 제한된 제조나 조립기능을 수행한다는 점에서 특수관계 판매회사가 독립판매인들과 다를 수 있다. 이러한 차이를 조정하기 위해 비교대상이 수행하는 기능과 관련된 수입금액, 비용이나 관련이익을 반영해 비교대상의 재무제표를 조정한다.(UT §5.3.5.12) 메모리장치를 판매하는 특수관계판매인과 독립판매인을 가정하자. 독립판매인은 제조 또는 조립활동을 수행하며 소매기능을 수행하는데 특수관계판매인은 이를 수행하지 않는다. 이 경우, 비교대상 저장장치 제조 및 소매 거래에서 이루어지는 소득에 근거해 제조 또는 조립활동과 소매기능과 관련된 이익을 비교대상의 재무제표에서 제외하는 조정이 필요하다. 즉, 비교목적으로 특수관계판매인이 수행하는 기능과 비교가능한 기능만이 고려되어야 한다.(UT §5.3.5.13)

기업 간 수행기능의 차이는 주로 영업비용의 차이로 나타난다.(TP §3.27) 독립거래와 관계거래 간에 매출총이익 등에 영향을 미치는 중요한 차이가 있는 경우 비교가능성을 높이기 위해 독립거래를 기준으로 매출총이익수준의 조정이 이루어져야 한다. 이 경우 수행기능이나 부담위험과 관련한 영업비용(operating expenses)을 고려할 필요가 있는데, 수행기능의 차이는 주로 영업비용에 반영되기 때문이다. 그러나 수행기능상 차이가 있더라도 관련 영업비용의 금액차이가 바로 매출총이익의 차이로 이어지는 것은 아니다.(Reg §482-3.c.3. ii.c)

기능을 주관적으로 평가하는 직접법에 비해 간접법은 해당 비용의 회계수치를 기능수준으로 활용함으로써 객관적 평가를 할 수 있다는 장점이 있다. 간접법을 적용하는 경우 세 가지를 주의해야 한다.

첫째, 비용은 기능수준의 지표로 사용된다. 그러므로 비용을 직접 매출총이익 또는 영업이익에 가감하는 것이 아니라, 비용차이가 반영하는 기능차이에 해당하는 매출총이익률 또는 영업이익률을 조정해야 한다.

둘째, 모든 비용이 영업이익과 매출총이익에 영향을 미치는 것은 아니다. 따라서 관련 없는 비용은 제외되어야 한다.

셋째, 전통적 거래방법을 적용하는 경우 매출총이익과 관련이 없는 항목은 제외하는데, 관리부서의 인건비, 감가상각비 등이 이에 해당한다. 거래이익방법을 적용하는 경우에도 영업이익과 상관 없는 항목은 제외된다.

간접법을 적용하는 경우 아래와 같은 공식을 사용할 수 있다.

① 조정공식 1(IRS APA 교육교재, 2001.7.16.)

매출총이익 = (비교영업이익/비교판관비 × 조사판관비/조사매출) + 조사판관비/조사매출

② 조정공식 2

매출총이익(영업이익) = 비교이익률×[1 - (비교판매비/비교매출 - 조사판매비/조사매출)]

※ 비교 : 비교대상, 조사 : 분석대상

| 간접법을 적용한 매출총이익 조정 사례(공식 2) |

1. 기능차이를 반영하는 비용항목 확인	2. 기능차이비율 계산	3. 기능차이비율에 따른 매출총이익 조정
(분석대상) (비교대상) 매 출 900 매 출 700 판매비 300 판매비 300 관리비 100 관리비 50	(분석대상) (비교대상) 33% 42% (300/900) (300/700)	(분석대상) (비교대상) 총이익 100 총이익 200 이익률 11% 이익률 28%
분석대상 → 판매비	기능차이비율 : 9% = 42% - 33%	비교대상 조정이익률 : 25.5% = 28%×(1 - 9%)

사례 수출물류비의 조정 (국내사례)

2024년에 수출물품의 항공 및 해운 물류비용이 크게 증가하였는데, 이는 국제정세 +해운수요회복 +운송공급제약이라는 3가지 원인 때문입니다. 이스라엘전쟁으로 홍해위기가 현실화되면서 항로우회가 본격화되어 연료비・보험료의 증가로 운송비가 증가하고, 코로나팬데믹 이후 쌓였던 물동량이 해소되고 인플레이션/소비 회복으로 글로벌 교역이 급증하면서 수요가 급격히 터진 영향이 겹치고, 선박건조와 항만인프라 증설은 단기적으로 한계가 있기 때문에, 해운수송의 수급불균형이 고스란히 운임에 반영될 수밖에 없었다. 해운비 단가 추이를 보면 2023년 톤당 2천불~4천불 하던 것이 2024년에 8천불~1만2천불 수준까지 3배 정도 치솟았다.

B사는 미국 자회사에 총매출의 46%(900억여 원)을 도착지인도조건으로 수출하고 있다. 이에 비해 비교대상기업들은 수출비중이 낮거나 아예 없는 경우들이 많은 것으로 확인된다. 비교대상기업들과 B사의 매출 대비 판매관리비 및 운반비의 비율은 다음과 같다.

회사명	구분	2022년	2023년	2024년	평균
비교대상	판매관리비	3.8%	3.3%	3.0%	3.4%
	운반비	0.5%	0.5%	0.5%	0.5%
B사	판매관리비	9.6%	8.1%	13.6%	10.4%
	운반비	8.0%	5.3%	11.9%	8.4%

B사의 매출 대비 판매관리비 및 운반비(수출제비용)의 평균비율은 10.4% 및 8.4%로 비교대상기업들의 평균비율 3.4% 및 0.5%에 비해 현저히 높은데, 이는 비교대상기업들에 비해 B사는 수출물류비용을 상당히 지출하고 있다는 증거이다. 특히 B사의 운반비는 2023년에 50억 정도이던 것이 2024년에 95억여 원으로 191% 증가하였는데, 이는 매출증가율 121%를 훨씬 넘는 것이다.

(단위 천원)

	2023년	2024년	증가율
매출	152,416,897	183,882,486	121%
운반비	4,941,704	9,457,433	191%

비교대상기업들의 비교가능성을 높이기 위해서는 이러한 차이를 조정해야 한다. 이에 따라, 다음과 같이 비교대상기업들의 운반비 비율을 B사의 운반비 비율을 기준으로 조정하여 영업이익에서 차감한 후 조정자산수익률을 계산하였으며, B사는 정상가격범위에 해당한다.

비교대상 조정자산수익률= 비교대상 조정영업이익/비교대상 자산총계
비교대상 조정영업이익= 비교대상 영업이익－비교대상 조정운반비
비교대상 조정운반비 = 비교대상 매출(a)*부산케이블 운반비 비율－비교대상 운반비
※ 비교대상매출(a): 부산케이블의 Pulse Wire 수출에서 운반비 차이가 발생하고 그 금액은 총매출의 46%이므로 비교대상도 매출의 46%만 반영하여 계산

〈비교대상 조정자산수익률〉

	2024년	2023년	2022년	평균
당초 상위사분위값	5.6%	5.8%	5.5%	5.7%
당초 중위값	4.0%	4.8%	4.1%	4.3%
당초 하위사분위값	1.9%	－0.6%	2.6%	1.3%
조정 상위사분위값	－1.0%	1.5%	－5.0%	－1.5%
조정 중위값	－1.6%	－0.3%	－12.1%	－4.7%
조정 하위사분위값	－3.6%	－2.3%	－17.5%	－7.8%

보충적으로, B사와 비교대상기업의 운반비(수출제비용)를 모두 무시하는 경우 영업이익과 자산수익률은 다음과 같다. 이는 B사의 영업이익이 비교대상기업에 비해 낮아진 원인이 주로 운반비 차이에 기인하며, 이를 무시하는 경우 B사의 영업이익은 정상가격범위에 해당한다.

〈자산수익률(운반비 제외 영업이익/총자산)〉

	2022년	2023년	2024년	평균
상위사분위값	6.0%	4.4%	4.4%	4.9%
중위값	4.2%	2.5%	2.5%	3.1%
하위사분위값	1.5%	-0.7%	1.2%	0.7%
B사	44.8%	11.4%	4.1%	20.1%

(2) 사용자산 분석

기능분석을 하는 경우, 플랜트 및 장비 등 사용자산의 형태, 가치 있는 무형자산의 사용 여부, 자산의 사용연수, 시장가치, 사용장소, 재산권 보호 등과 같은 자산의 성격을 고려해야 한다.(TP §1.44)

(3) 자산집중도조정(asset Intensity adjustment) : 재무상태표 분석

자산집중도조정은 재무상태표조정(balance sheet adjustment) 또는 영업자본조정(working capital adjustment)으로도 부른다.

① 조정이 필요한 이유

자산집중도를 조정하는 이유는 두 가지이다. 첫째, 사업에 실질적으로 사용되는 자본은 일반적으로 회사의 경제적이익과 예상수입에 영향을 준다. 둘째, 회사의 비용이나 수입에 포함된 암묵적 이자는 제거되어야 한다.

예를 들면, 거래순이익률법에서 사용되는 순이익률지표에서는 실제 지급되거나 수취되는 이자를 제외한다. 자본구조만 다를 뿐 영업자본, 수행기능, 매출, 상품, 시정, 매입채무 수준 등 모든 면에서 동일한 세 회사를 가정하자. 첫째 회사는 필요한 영업자본을 전액 투자자본으로 충당할 뿐 아니라 여유자금이 있어 매출의 1%에 해당하는 이자를 지급하는 예금증서(CD)에 투자한다. 둘째 회사는 필요한 영업자본을 전액 투자자본으로 충당하지만 여유자금은 없다. 셋째 회사는 필요한 영업자본을 일부 투자자본으로 충당하고 일부는 매출의 1%에 해당하는 이자를 지급하는 장기차입금으로 충당한다. 이 세 회사의 이자 가감 전 영업이익은 같지만, 이자 가감 후 영업이익은 다르다. 이전가격 목적상 이 세 회사는 자본구조와 상관없이 동일한 영업이익을 달성해야 한다. 따라서 이 세 회사를 비교하기 위한 순이익률지표는 이자 차가감전 영업이익을 반영하는 것으로 정의된다.

장기예금이나 장기차입금은 영업이익에 영향을 미치지 않지만 사업에 실질적으로 사용되는 영업자본은 다음과 같은 방식으로 영업이익에 영향을 미친다.

1. 소비자에게 외상매출을 한다. 이 경우 매출가격에 추가하여 이자상당액을 받게 되며 이는 영업이익을 증가시킨다.
2. 공급자에게 더 빨리 대금을 지급한다. 이 경우 저가구매가 가능하며 이는 영업이익을 증가시킨다.
3. 재고자산을 더 많이 보유한다. 이 경우 공급자로부터 더 많은 상품을 구매할 수 있으며 소비자의 수요에 더 빨리 대응한다. 공급자는 매출할인을 할 것이고 소비자는 추가적인 수수료를 지급할 것이기 때문에 영업이익을 증가시킨다.
4. 영업이익을 증가시킬 수 있는 시설 및 설비를 보유한다.

자산집중도조정은 많은 영업자본을 가진 회사는 많은 이익이 예상된다는 논리를 반영해 명목 이익수준을 조정하기 위한 것이다. 일반적으로 자산집중도를 조정하면 잉여자본을 유지하는 데 드는 자본비용만큼 영업이익이 증가한다고 가정한다. 잉여자본 유지비용은 우대금리(prime rate)와 같은 대출금리로 정의되지만, 납세자의 가중평균 자본비용과 같은 더 높은 금리가 적당한 경우도 있다.

자산수준은 상대적 기준으로 비교된다. 예를 들면, 영업이익률과 같이 분모가 매출(s)인 순이익률지표에서는 매출대비 자산기준으로 비교된다. 이 방법의 논리는 다음과 같다. 1단위의 영업자본이 영업이익을 y만큼 증가시키면, d단위의 영업자본은 영업이익을 dy만큼 증가시키며 영업이익률을 dy/s만큼 증가시킨다. 이러한 개념은 자산집중도라는 명칭에 반영되는데, 즉 회사 간 자산수준의 절대치를 비교하는 것이 아니라 자산의 상대적 비용 또는 집중도를 비교한다.

② 자산집중도조정을 할 수 없는 경우

어떤 때에는 자산으로 인한 이익이 잉여자본 유지비용과 상당히 다르며 통상적인 조정은 의미가 없는 경우가 있다. 예를 들면, 갑작스런 시장붕괴로 많은 재고가 쌓이거나, 소비자의 곤궁으로 인해 매출대금회수가 지연되지만 추가적 이자를 받을 수 없는 경우가 있다. 심각한 자산집중도의 차이는 비교대상후보의 비교가능성을 좀 더 평가해야 한다는 의미로, 단순한 자산집중도조정만으로는 문제를 해결하지 못할 수 있다.(UT §5.3.5.6)

③ 자산조정항목

자산조정항목은 거래순이익률법의 순이익률지표(PLI)의 분모가 손익계산서항목(영업이익률, 베리비율, 총원가가산율)인지 또는 재무상태표항목(ROA, ROIC)인지에 따라 다르다.

㉮ 분모가 손익계산서 항목인 경우

가장 일반적인 자산조정은 매출채권, 재고자산 및 매입채무(무이자채무)에 대한 것이다. 대부분의 경우 유형고정자산(plant, property & equipment) 조정을 하지 않지만, 미국 국세청은 추가적 유형고정자산은 추가적 이익을 가능하게 하기 때문에 유형고정자산에 대한 조정이 필요하다는 입장이다. 매출채권, 재고자산 및 매입채무에 대해는 단기이자율(short term interest rate)을 적용하는 데 비해 유형고정자산을 조정하는 경우 중기이자율(medium term interest rate)을 적용한다. 이는 유형고정자산이 다른 자산에 비해 장기보유자산이기 때문이다.

위 외의 다른 자산은 거의 조정하지 않지만, 미국 국세청은 사업에 실질적으로 사용되는 이익창출 자산은 모두 조정되어야 한다는 입장이다. 이러한 자산에는 영업자산에 필요한 현금(cash), 선급금(prepaid expenses), 미지급금(accrued expenses) 등이 있다. 그렇지만 이에는 두 가지 제한이 있다. 첫째, 이자를 발생시키는 자산이나 부채는 제외된다. 이자부(interest bearing) 자산에는 사업에 실질적으로 사용되지 않는 여유자금 투자나 명시적으로 이자를 받는 매출채권 등이 있다. 매출채권으로 명시적 이자를 받는 경우, 이러한 추가소득은 매출증가가 아닌 이자소득으로 계상되므로 매출총이익과 영업이익은 영향을 받지 않는다. 마찬가지로 이자부 매입채무는 이자비용으로 계상되므로 매출원가에는 영향을 미치지 않는다. 둘째, 무형자산은 회사 간 일관된 비교가 가능하지 않으므로 조정되지 않는다.

베리비율을 적용할 때 기능차이가 큰 경우 분석대상과 비교대상의 매출채권을 영(0)으로 조정하는 것이 적절하다. 많은 비용을 들여 소량판매하는 비교대상과 적은 비용을 들여 대량판매하는 분석대상(총판업자)의 경우, 고객에 대한 신용매출을 감안하지 않는다면 분석대상의 비용 대비 수익률이 높다. 이 경우, 분석대상을 기준으로 비교대상의 매출채권을 조정한다면 왜곡된 결과를 가져온다.

㉯ 분모가 재무상태표항목인 경우

자산수익률(ROA)이 사용되는 경우, 매출채권 및 무이자매입채무(NIBL)의 차이를 조정해야 한다. 사실상, 매입채무가 많은 회사는 매입가격에 추가적인 이자를 더 지급할 것이고 이는 영업이익을 감소시킨다. 이러한 조정을 하는 경우 자산수익률의 조정값은 투자자본수익률(ROIC)을 적용한 결과값과 유사해진다. 대체로 조정은 수익 대비 부채율을 기준으로 이루어지는데 이는 일반적으로 회사전체의 가중평균 자본비용보다 작다. 만약, 조정에 사용되는 이자율이 회사전체의 자산수익률과 같다면 자산수익률과 투자자본수익률은 동일한 결과값을 나타낸다.

자산수익률을 적용하는 경우 재고자산차이는 조정할 필요가 없다. 많은 재고를 유지하여 결과적으로 많은 영업자산을 유지하는 회사는 비례적으로 많은 영업이익을 버는 경향이 있다. 즉, 자산수익률은 재고보유수준의 차이에 따라 비례적으로 영향을 받는 것이 일반적이다.

| 자산집중도 조정공식 |

매출원가(cogs)가 관계거래 가격인 경우 : 매출액을 분모로 사용

- 매출채권 조정(Ra) = {(art / salest) × salesc − arc} × {i/[1 + (i × hc)]}
- 매입채무 조정(Pa) = {(apt / salest) × salesc − apc} × {i/[1 + (i × hc)]}
- 재고자산 조정(Ia) = {(Invt / salest) × salesc − Invc} × i
- 유형고정자산 조정(PPEa) = {(PPEt / salest) × salesc − PPEc} × i

매출액(sales)이 관계거래 가격인 경우 : 원가를 분모로 사용

- 매출채권 조정(Ra) = {[(art / tct) × tcc] − arc} × {i/[1 + (i × hc)]}
- 매입채무 조정(pa) = {[(apt / tct) × tcc] − apc} × {i/[1 + (i × hc)]}
- 재고자산 조정(Ia) = {[(Invt / tct) × tcc] − Invc} × i
- 유형고정자산 조정(PPEa) = {[(PPEt / tct) × tcc] − PPEc} × i

비교대상업체에 대한 차이조정공식

- 조정 매출액 = salesc + Ra
- 조정 매출원가 = cogsc + pa − Ia

- 조정 영업비용=opexc －PPEa

변수의 정의(definitions of Variables)

- ap : 평균 매입채무
- ar : 평균 순매출채권(대손충당금 제외)
- cogs : 매출원가
- Inv : 평균 재고자산(선입선출법 기준으로 산정)
- opex : 영업비용(일반관리비, 판매비 및 감가상각비)
- PPE : 유형고정자산(property, plant, and equipment)으로서 감가상각액 차감순액
- sales : 순매출액
- tc : 총비용(cogs＋opex)
- h : 매입채무 또는 매출채권의 평균보유기간(보유월수/12로 계산)
- i : 연간 이자율
- t : 분석대상업체(entity being tested)
- c : 비교대상업체(comparable)

④ 조정차이 계산 방법

이론적으로 조정차이를 계산하는 방법은 다음 세 가지가 가능하다.

1. 관계기업을 기준으로 비교대상을 조정
2. 비교대상을 기준으로 특수관계기업을 조정
3. 비교대상과 특수관계기업의 자산집중도를 영(0)으로 조정

이론적으로 위 세 가지 방법은 모두 동일한 결과를 나타내야 한다. 그러나 2방법은 비교대상이 여럿 있을 경우 별도로 조정해야 하므로 서로 다른 값을 나타낼 수 있으므로 1방법이 주로 사용된다.

⑤ 조정대상 자산의 범위 :영업자산

자산집중도 조정대상 자산의 범위는 매출총이익 또는 영업이익과 관련된 자산이어야 한다. 예를 들면, 쟁점현금 등은 매출액이나 매출원가와 관련이 없어 매출총이익의 형성요인과 관련되지 않는다고 판단되며, 처분청도 자산분류명세서를 보면 쟁점현금 등을 도매업의 비영업자산으로 분류하였으나 그 비율을 계산하면서 착오로 쟁점현금 등을 영업자산의 범위에 다시 포함하였음이 확인되는 경우, 쟁점현금 등은 도매업의 매출총이익과 관련된 영업자산에 해당되지 않는다고 판단된다. 또한, 처분청은 쟁점토지 등을 실제의 사용용도와 관계없이 청구법인의 제조업과 도매업의 매출액으로 안분하여 도매업 해당분을 도매업의 영업용자산으로 분류하였는 바, 쟁점토지 등은 먼저 실제 사용용도에 따라 제조업 또는 도매업용 자산으로 분류하고 제조업과 도매업에 공통되는 자산에 한하

여 제조업과 도매업의 매출액비율로 안분하는 것이 타당하다고 판단되며, 쟁점토지 등이 도매업용 자산에 해당된다고 하더라도 쟁점토지 등의 보유비용은 기업회계상 판매비와 일반관리비로 계상되어 영업이익의 감소항목이므로 매출총이익의 형성과 관련성이 인정되지 아니하여 쟁점토지 등을 도매업의 매출총이익과 관련된 영업자산으로 분류하는 것은 타당성이 없다.(국심 2001서1303, 2001.11.1.)

⑥ 위험차이 조정과의 관계

자산집중도조정은 서로 다른 자산·부채의 보유수준에 대한 단기금융비용만을 조정하는 것으로, 다른 수준의 자산·부채에 대한 보유위험을 조정하는 것은 아니다. 위험차이를 조정하기 위해서는 동종기업에 적용되는 가중평균자본비용(weighted average cost of capital)을 사용해야 하지만, 동종기업의 가중평균자본비용을 산출하는 일은 쉽지 않다.

사례 영업자본조정의 사례(TP부록)

아래 예시는 분석대상과 비교대상 간의 영업자본수준에 차이가 있는 경우 조정하는 방법을 보여준다. 실무적으로, 영업자본조정은 거래순이익률법을 적용할 때 보통 이루어지며 또한 원가가산법이나 재판매가격법에서도 적용되기도 한다. 비교대상의 신뢰성을 증진시키거나 합리적으로 정확한 조정을 하기 위해 영업자본조정을 해야 한다. 영업자본조정을 자동적으로 해야 하는 것은 아니며 과세당국이 이를 당연히 받아들이는 것은 아니다.

(1) 영업자본조정을 하는 이유

경쟁상황에서, 돈은 시간가치를 지닌다. 회사가 60일 지급조건으로 재화를 공급하는 경우, 재화의 가격은 즉시 지급할 경우의 금액에 60일의 이자를 더한 가격과 같아야 한다. 많은 채권을 지닌 회사는 고객에게 상대적으로 긴 기간 동안 채무를 갚도록 허용하는 것이다. 경쟁상황에서, 거래가격에는 이러한 지급조건을 반영하는 이자요소를 포함해야 한다. 더 나아가, 많은 채권을 지닌 회사는 채무를 상환하기 위해 자금을 차입하거나 또는 투자에 사용할 수 있는 잉여금을 감소시켜야 한다. 높은 수준의 채권은 결과적으로 높은 이자비용 또는 감소된 이자수익을 초래하며, 또한 순매출을 과장하는 결과를 낳는다. 반대논리가 높은 수준의 채무에 적용된다. 이로 인해 이자비용이 과소계상 되거나 이자수익이 과대계상 되는 경향이 있다. 매출원가 또한 과대계상 된다. 분석대상회사가 비교되는 회사에 비해 60일 지급조건으로 재고를 구매하는 경우, 분석대상 회사의 원가는 비교대상의 원가에 비해 60일 이자에 상당하는 금액만큼 증가되는 효과가 있다.

영업자본조정은 분석대상과 비교대상후보 간의 이자비용 차이를 조정하기 위한 것으로, 이자비용 차이는 이익에 반영되어야 하기 때문이다. 이에 내재하는 논리는 아래와 같다.

- 회사는 자금투자시점(재화 공급업자에게 돈을 지불함)과 투자회수시점(고객으로부터 돈을 받음) 간의 시간차이를 담보할 자금을 필요로 한다.
- 이러한 시간차이는 다음과 같이 계산된다. 재화를 고객에게 파는데 필요한 기간 +(가산) 고객으로부터 대가를 받는데 필요한 기간 -(차감) 공급업자에게 채무를 상환하도록 허용된 기간

높은 재고수준을 유지하는 회사는 매입을 하기 위한 자금을 빌리거나 또는 투자에 사용할 수 있는 잉여금을 감소시켜야 한다. 이자율은 투자구조(재고매입이 부분적으로 지분투자 자금에 의해 이루어지는 경우)에 영향을 받거나 또는 특정 유형의 재고를 보유하는 것과 관련된 위험에 영향을 받는다는 점을 명심해야 한다.

(2) 영업자본조정 계산과정

1. 영업자본수준의 차이 확인. 일반적으로 매출채권, 재고 및 매입채무 등 3개 계정이 분석대상이다. 거래순이익률법은 적절한 기준에 근거해 적용되는데, 예를 들면 원가, 매출 또는 자산이다. 적절한 기준이 매출인 경우, 영업자본수준의 차이는 매출에 대한 비율로 측정되어야 한다.
2. 적절한 이자율을 사용한 돈의 시간가치를 반영해 적절한 기준에 비례하는 분석대상과 비교대상 간의 영업자본차이에 대한 가치를 산출한다.
3. 영업자본수준의 차이에 대한 가치를 계산. 아래 사례에서 분석대상의 영업자본수준을 반영해 비교대상의 결과를 조정한다. 선택적으로 비교대상의 영업자본수준을 반영해 분석대상의 결과를 조정하거나, 또는 분석대상 및 비교대상의 결과를 영업자본 영(0) 수준으로 조정하기도 한다.

(3) 영업자본조정 계산사례

분석대상회사	1년도	2년도	3년도	4년도	5년도
매출	179.5	182.5	187	195	198
이자 · 조세 차감 전 소득(EBIT)	1.5	1.83	2.43	2.54	1.78
EBIT/매출	0.8%	1%	1.3%	1.3%	0.9%
영업자본(연도 말)					
매출채권(R)	30	32	33	35	37
재고자산(I)	36	36	38	40	45
매입채무(p)	20	21	26	23	24
매출채권(R) + 재고자산(I) − 매입채무(p)	46	47	45	52	58
(R+I−p)/매출	25.6%	25.8%	24.1%	26.7%	29.3%
매출	120.4	121.2	121.8	126.3	130.2
이자 · 조세 차감 전 소득(EBIT)	1.59	3.59	3.15	4.18	6.44
EBIT/매출	1.32%	2.96%	2.59%	3.31%	4.95%

비교대상회사	1년도	2년도	3년도	4년도	5년도
			영업자본(연도 말)		
매출채권(R)	17	18	20	22	23
재고자산(I)	18	20	26	24	25
매입채무(p)	11	13	11	15	16
매출채권(R)+ 재고자산(I)- 매입채무(p)	24	25	35	31	32
(R+I-p)/매출	19.9%	20.6%	28.7%	24.5%	24.6%

영업자본조정	1년도	2년도	3년도	4년도	5년도
분석대상 (R+I-p)/매출	25.6%	25.8%	24.1%	26.7%	29.3%
비교대상 (R+I-p)/매출	19.9%	20.6%	28.7%	24.5%	24.6%
차이(d)	5.7%	5.1%	-4.7%	2.1%	4.7%
이자율(i)	4.8%	5.4%	5.0%	5.5%	4.5%
조정(d×i)	0.27%	0.28%	-0.23%	0.12%	0.21%
비교대상 EBIT/매출	1.32%	2.96%	2.59%	3.31%	4.95%
비교대상 EBIT/매출 기준 영업자본조정	1.59%	3.24%	2.35%	3.43%	5.16%

(4) 고려해야 할 사항

영업자본조정을 함에 있어 나타나는 문제는 언제 시점으로 매출채권, 재고자산 및 매입채무를 분석대상과 비교대상 간에 비교할 것인지이다. 위 사례에서는 회계연도 말에 이들의 수준을 비교한다. 그러나 이 시점이 해당연도의 영업자본수준을 대표하는 것이 아니라면 적절치 않다. 이 경우, 평균액이 연간 영업자본수준을 더 잘 반영한다면 평균액을 사용해야 한다.

영업자본조정을 함에 있어 중요한 문제는 어떤 이자율을 적용하는지이다. 사용 이자율은 분석대상에게 적용되는 정상이자율을 기준으로 결정된다. 대부분의 경우 차입이자율이 적절하다. 분석대상회사의 영업자본이 부의 수로 나타나는 경우(즉, 매입채무 〉 매출채권+재고자산), 대출이자율이 적용될 수 있다. 사례에서는 분석대상회사가 지역시장에서 차입할 때 적용되는 이자율을 사용한다. 사례는 또한 매출채권, 매입채무 및 재고자산에 동일한 이자율이 적용된다고 가정한다.

영업자본조정의 목적은 비교대상의 신뢰성을 높이기 위한 것이다. 일부 비교대상의 결과값은 믿을만한 수준으로 조정할 수 있는 반면, 다른 비교대상의 결과값은 그렇지 못한 경우, 영업자본조정을 해야 하는지는 의문이다.

4. 위험(Risk)

4.1 위험분석의 개요

(1) 위험분석의 의미

실제로 예상되는 위험은 특수관계기업들 간의 거래가격이나 기타조건에 영향을 주기 때문에, 각 당사자가 부담하는 중요한 위험을 식별하지 않고 고려하지 않는다면 기능분석은 불완전하다. 보통 공개시장에서 예상되는 위험의 증가는 또한 기대수익의 증가로 보상되는데, 실제수익은 위험이 실제로 실현된 정도에 따라 증가하거나 증가하지 않는다. 그러므로 위험의 수준과 예상은 이전가격분석의 결과를 판단하는데 중요한 경제적 관련특성(economically relevant characteristics)이다.(TP §1.56) 위험은 사업활동에 내재한다. 기업들은 수익을 낼 기회를 찾기 위해 상업활동을 하지만 그 기회는 불확실성을 동반하는데, 기회를 추구하는 데 필요한 자원이 예상보다 크거나 기대수익을 창출하지 못할 수 있다. 위험식별은 기능과 자산의 식별과 함께 이루어지는데 특수관계기업의 상업재정관계의 식별과정과 거래의 정확한 기술과정에 포함된다.(TP §1.57)

사업기회와 관련된 위험부담은 공개시장에서 그 기회의 기대이익에 영향을 미치며, 계약 당사자들 간의 부담위험 배분은 거래가격을 통해 거래손익을 어떻게 정상적으로 배분하는지에 영향을 미친다. 그러므로 관계거래와 독립거래 그리고 관계당사자와 독립당사자를 비교하는 경우, 어떠한 위험을 부담하는지, 이러한 위험의 부담 또는 그 결과에 관련되거나 영향을 주는 어떠한 기능이 수행되는지, 그리고 어느 거래당사자가 이 위험을 부담하는지 분석해야 한다.(TP §1.58) 기능이나 자산에 비해 위험이 더 중요하다는 의미로 받아들여서는 안 된다. 어떤 거래에서 기능, 위험 및 자산의 관련성은 상세한 기능분석을 통해 결정되어야 한다. 거래에서 위험은 기능이나 자산보다 식별하기 어려우며, 어느 특수관계기업이 거래의 특정위험을 부담하는지 결정하는 데 면밀한 분석이 필요하다.(TP §1.59)

(2) 위험관리와 위험부담

① 위험관리

'위험관리(risk management)'는 사업활동과 관련된 위험을 평가하고 대응하는 기능을 말한다. 위험관리는 다음 3가지 요소로 구성된다.(TP §1.61)

1. 위험한 활동을 선택하거나, 그만두거나 줄이는 결정을 할 능력
2. 의사결정기능을 실제로 수행하면서 사업기회와 관련된 위험에 대응할 것인지 및 어떻게 대응할 것인지 결정할 능력
3. 위험을 완화할 능력. 이는 위험완화작업을 실제로 하면서 위험결과에 영향을 미칠 방법을 강구할 능력을 말한다.

일부 위험관리기능은 사업기회(commercial opportunities)를 창출하고 추구하는 기능을 수행하고 자산을 사용하는 당사자만이 행사할 수 있는 반면, 다른 위험관리기능은 다른 당사자도 행사할 수 있다. 수익을 최적화하는 활동의 수행과 달리 위험관리는 별도대가를 받아야 하는 별도기능에 의해 이루어져야 한다고 생각해서는 안 된다. 예를 들면, 개발활동을 통한 무형자산개발은 실시가능기준에 입각한 사양에 따라 적시에 개발을 수행하는 것과 관련된 위험의 완화를 포함하는데, 개발기능수행 그 자체를 통해 특정위험이 완화된다. 예를 들면, 특수관계기업들 간 계약이 연구개발계약인 경우 개발활동을 통해 수행된 위험완화기능에 대한 대가는 정상용역대가에 포함된다. 무형자산위험이나 이러한 위험과 관련된 잔여소득은 용역공급자에게 배분되지 않는다.(TP §1.62)

위험관리는 위험부담과 같은 의미는 아니다. 위험부담(risk assumption)은 위험으로 인한 수익의 증가나 감소의 결과를 감수한다는 의미로, 위험을 부담한 당사자는 위험이 실현되면 재정 또는 다른 결과를 또한 부담한다. 위험관리기능의 일부를 수행하는 당사자는 그 관리활동에 해당하는 위험을 부담하지 않고, 위험부담 당사자의 지시에 따라 위험완화기능을 수행하도록 고용되기도 한다. 예를 들면, 위험부담 당사자의 세부지시에 따라 특정제조과정의 품질관리를 하는 당사자로부터 상품반환위험을 일상적으로 완화하는 업무를 외부조달할 수 있다.(TP §1.63)

② **위험부담**

위험을 부담할 재정능력은 위험을 부담하거나 위험을 없애거나, 위험완화기능에 대한 대가를 지급하거나, 위험이 실현되면 그 결과를 책임질 자금능력으로 정의된다. 위험부담 당사자의 자금능력(access to funding)은 위험이 실현되면 예상되는 손실을 충당하기 위해 가능한 자산과 필요한 경우 현실적으로 가능한 추가적 유동성을 고려해야 한다. 이러한 판단은 위험부담 당사자가 특수관계기업과 같은 상황에서 제삼자로서 활동한다는 전제하에 이루어져야 하며, 정상거래원칙에 따라 정확히 기술되어야 한다. 예를 들면, 소득창출자산의 이용권리는 그 당사자에게 가능한 자금원이 될 수 있다. 위험부담 당사자가 위험과 관련된 자금소요를 충당하기 위해 그룹으로부터 자금을 받는 경우, 자금을 제공하는 당사자는 재무위험을 부담하지만 자금을 제공했다는 이유만으로는 추가자금이

필요한 특정위험을 부담하는 것은 아니다. 위험을 부담할 재정능력이 결여된 경우 분석의 5단계에 따라 위험배분을 위한 추가검토가 필요하다.(TP §1.64)

③ 위험통제와 위험완화

위험통제는 위에서 정의한 위험관리 요소들 중 2가지를 포함하는데, (i) 위험한 활동을 선택하거나, 그만두거나 줄이는 결정을 할 능력, (ii) 의사결정기능을 실제로 수행하면서 사업기회와 관련된 위험에 대응할 것인지 및 어떻게 대응할 것인지 결정할 능력이 그것이다. 위험을 통제하기 위해 일상적 위험완화활동을 수행할 필요는 없다. 이러한 일상적 위험완화활동은 외부조달이 가능하다. 그런데 이러한 일상적 위험완화활동을 외부조달하는 경우 위험통제는 외부조달활동의 목표를 정할 능력을 의미하는데, 이는 위험완화기능의 제공자를 고용하는 결정을 하고, 그 목표가 적절히 이루어졌는지 평가하며, 필요한 경우 용역제공자와 계약을 체결하거나 해지하는 결정을 하기 위한 판단과 의사결정을 포함한다. 이러한 위험통제의 정의에 따라, 당사자는 위험통제를 하기 위해서 이러한 능력과 수행기능을 모두 갖추어야 한다.(TP §1.65)

특정위험에 대한 의사결정기능 수행능력 및 그 의사결정기능의 실제수행에는 그러한 결정의 결과로 예상되는 위험의 감소 및 증가를 평가하고 사업에 대한 결과를 평가하는데 필요한 정보분석에 기초한 위험의 이해가 필요하다. 의사결정자는 결정을 해야 하는 특정위험분야에 대한 능숙함과 경험이 있어야 하며 그 결정이 사업에 미치는 영향을 이해해야 한다. 의사결정자는 정보를 스스로 수집하거나, 의사결정과정을 돕기 위한 정보를 특정하고 입수할 권한을 행사하여 관련정보를 입수해야 한다. 이 경우, 의사결정자는 정보의 수집과 분석의 목적을 정하고, 정보를 수집하고 분석을 담당할 당사자를 고용하며, 올바른 정보가 수집되고 분석이 적절히 이루어지는지 평가하며, 필요한 경우 해당 용역제공자와 계약을 하거나 해지할 능력이 있어야 하는데, 이는 이러한 평가나 의사결정에 모두 필요하다. 다른 지역에서 이루어진 결정의 형식적 승인을 위해 조직된 회의, 이사회 회의록과 결정관련 서류의 서명 형태의 형식적 의사결정 결과, 또는 위험관련 정책상황 결정만으로는 위험통제에 해당할 정도로 충분한 의사결정기능의 행사로 볼 수 없다.(TP §1.66)

위험통제(control over risk)라는 말을 위험 그 자체에 영향을 미칠 수 있다거나 불확실성을 완전 해소할 수 있다는 의미로 받아들여서는 안 된다. 일부위험은 인위적으로 통제할 수 없으며 사업활동을 하는 모든 사업에 영향을 미치는 사업활동의 일반조건이다. 예를 들면, 일반적 경제상황과 상품가격주기는 영향을 받는 다국적기업그룹의 통제범위 밖에 있다. 대신 위험통제는 위험을 부담할지 결정하고, 투자시점, 개발프로그램의 성격, 마케팅전략의 설계, 생산수준의 설정을 통해 그 위험에 대처할지 및 어떻게 대처할지 결정하는 능력과 권한으로 이해되어야 한다.(TP §1.67) 위험완화(risk mitigation)란 위험의 결과에 영향을 줄 것으로 예상되는 방법을 말한다. 이러한 방법에는 불확실성을 감소시키는 방법이나 위험의 이익감소효과가 일어나는 경우 그 결과를 감소시키는 방법을 포함한다. 위험통제를 위험완화방법을 선택해야 한다는 의미로 받아들여서는 안 되는데, 위험을 평가할 때 사업가는 사업활동에 내재하는 위험과 같은 일부위험과 관련된 불확실성을 평가한 후에 기회를 창출하고 최대화하기 위해 위험을 부담하고 직면해야 하기 때문이다.(TP §1.68)

사례 위험통제의 개념

1. A사는 전문 제조업자 B사를 지정하여 상품을 대신 제조하도록 한다. 계약내용에 따라 B사는 제조용역을 수행하지만 A사가 상품양식과 설계를 제공하며, A사가 수량과 상품인도시기 등 생산스케줄을 결정한다. 계약관계를 보면 A사가 재고위험과 제품반환위험을 진다. A사는 C사를 고용하여 생산과정의 품질관리를 정기적으로 수행하게 한다. A사는 품질관리검사의 목표와 A사를 대신하여 C사가 수집할 정보를 지정한다. C사는 A사에게 직접 보고한다. 경제적 관련특성의 분석에 따르면, A사는 위험을 부담할지 및 어떻게 부담할지, 어떻게 위험에 대처할지에 대한 여러 가지 결정을 할 능력과 권한을 행사함으로써 상품반환위험 및 재고위험을 통제한다. 이에 더하여, A사는 위험완화기능과 관련하여 상황을 판단하고 결정할 능력이 있으며 실제로 이러한 기능을 수행한다. 이에는 외부조달활동의 목표결정, 다른 제조업자와 품질검사인을 고용하는 결정, 목표가 적절히 이루어졌는지에 대한 평가, 필요한 경우 계약을 체결하거나 해지할 결정이 포함된다.(TP §1.69)
2. 투자자가 자기 명의로 자금을 투자하기 위해 투자관리인(fund manager)을 고용한다고 가정한다. 투자자와 투자관리인의 합의에 따라, 투자관리인은 투자자의 선호위험수준을 반영해 일상적으로 투자자를 대신하여 분산투자(portfolio Investments)를 할 권리가 있으며, 투자가치의 손실은 투자자가 부담한다. 이 사례에서, 투자자는 4가지 결정을 통해 위험을 통제하는데, 선호위험수준에 대한 결정과 그에 따른 분산투자인 다양한 투자에 내재하는 위험의 다양화에 대한 결정, 특정 투자관리인을 고용하거나 계약을 해지하는 결정, 투자관리인에게 주는 권한의 정도와 그에게 부여하는 목표에 대한 결정, 투자관리인에게 관리하도록 요청하는 투자금액의 결정이 그것이다. 또한, 투자자는 투자관리인 활동결과를 평가하므로 투자관리인은 일반적으로 투자자에게 정기적으로 보고해야 한다. 이 경우, 투자관리인은 용역을 제공하며 자기사업의 위험(예 신뢰성 확보)을 자기 관점에서 관리한다. 투자관리인이 고객을 잃을 가능성과 같은 운영위험은 고객의 투자위험과는 구별된다. 이는 투자관리인의 수행업무와 같이 다른 사람에게 위험완화활동을 할 권한을 주는 투자자가 이러한 일상적 결정을 하는 사람에게 투자위험의 통제권을 필연적으로 이전하는 것은 아니라는 사실을 보여준다.(TP §1.70)

4.2 위험의 분석절차

위험의 분석절차는 다음과 같이 요약된다.(국조칙 §10, TP §1.60, UT §B.2.3.2.25)

| 위험의 분석절차 |

<table>
<tr><td>1. 위험 식별</td><td colspan="3">위험거래에 수반되는 경제적으로 중요한 위험 식별</td></tr>
<tr><td>2. 계약 검토</td><td colspan="3">계약조건에 따라 거래 당사자가 부담하는 위험 배분</td></tr>
<tr><td>3. 기능 분석</td><td colspan="3">㉮ 당사자 사업행태 : 거래 당사자의 행위 및 기타 관련된 사실관계를 바탕으로 위험과 관련된 거래 상황의 변화에 따라 발생한 경제적 이득 또는 손실이 실제로 귀속되는 거래 당사자 식별
㉯ 위험관리·통제기능 : 연구개발투자 또는 사업자산에 대한 투자 등 위험이 수반되는 활동의 개시 여부에 관한 의사결정, 위험과 관련된 거래상황의 변화에 적절히 대응하고 위험을 감소시키기 위한 의사결정
㉰ 위험부담 재정능력 : 위험이 수반되는 활동을 개시하기 위한 자금을 동원할 수 있는지, 위험을 감소시키기 위한 활동에 소요되는 비용을 부담할 수 있는지, 거래 상황의 변화에 따라 발생한 손실을 부담할 수 있는지</td></tr>
<tr><td>4.1 행위와 계약의 일치</td><td colspan="3">행위와 계약내용이 일치하나; No → 4.2</td></tr>
<tr><td>4.2 통제 및 재정능력</td><td colspan="3">상대방이 통제 및 재정능력을 가졌나; No → 5</td></tr>
<tr><td rowspan="2">5. 위험 배분;
실제로 위험관리·통제기능을 수행하고, 위험부담 재정능력을 가진 당사자에게 위험배분</td><td>한 당사자</td><td>양 당사자</td><td>아무도 해당없음</td></tr>
<tr><td>한 당사자에게 위험배분</td><td>통제권을 가진 당사자에게 배분</td><td>사실관계를 파악</td></tr>
<tr><td colspan="4">6. 위험배분 결과를 거래기술과 가격산정에 적용</td></tr>
</table>

(1) 1단계 : 경제적으로 중요한 위험의 식별

위험에 대한 많은 정의들이 있지만, 이전가격의 관점에서 위험을 사업목표를 달성하는 데 있어 불확실성의 결과로 보는 것이 적절하다. 회사의 모든 활동에서 기회를 이용하기 위한 매단계와 회사가 돈을 소비하거나 소득을 창출하는 매시간에 불확실성이 존재하며 위험을 부담한다. 회사는 맞닥뜨리는 불확실성을 식별하고, 내재하는 위험을 고려하여 사업기회를 추구해야 하는지 및 어떻게 추구해야 하는지 평가하고, 목표소득을 추구하는 주주에게 중요한 위험완화전략을 적절히 개발하는데 상당한 주의를 기울이게 된다. 위험은 기회와 관련이 있으며, 그 자체로 수익저하를 의미하지는 않는다. 위험은 사업활동에 내재하며, 회사는 수익을 창출할 기회를 얻기 위해 어떤 위험을 부담할지를 선택한다. 어떠한 수익추구사업도 수익을 기대하지 않으면서 사업기회와 관련된 위험을 부담하지 않는다. 위험의 수익저하효과는 예상되는 우호적 결과가 실현되지 않을 때 일어난다. 예를 들면, 어떤 상품이 예상했던 많은 고객수요를 끄는 데 실패할 수 있다. 그런데, 이 경우는 사업기회와 관련된 불확실성의 출현으로 인한 수익저하이다. 회사는 위험을 앞에 두고 기회를 추구하여 수익을 극대화하기 위해 경제적으로 중요한 위험을 식별하고 관리하는데 상당한 주의를 기울인다. 이러한 주의에는 상품전략을 결정하는 활동이 포함되는데, 상품을 어떻게 차별화할지, 변화하는 시장의 유행을 어떻게 식별할지, 정치적 사회적 변화를 어떻게 예측할지, 수요를 어떻게 창출할지가 그것이다. 위험의 중요성은 위험으로 인한 예상손익의 정도와 규모에 따라 달라진다. 예를 들면, 맛이 다른 아이스크림이 그 회사의 유일한 상품이 아니어서 그 상품을 개발하고 도입하며 마케팅하는 비용이 크지 않아 그 상품의 성패는 경영지침에 따르면 회사명성에 중요한 위험이 아닌 경우, 지역의 입맛에 대한 지식이 있는 하위조직이나 지역의 관리자에게 의사결정이 위임된다. 그렇지만, 획기적 기술이나 혁신적 건강관리비법은 유일하고 중요한 상품이 되고, 여러 단계의 중요한 전략적 결정을 포함하며, 상당한 투자비용을 요하고, 회사평판을 높이거나 망칠 중요한 기회를 창출하며, 주주나 기타 이해관계인에게 민감한 이해관계가 되어 집중적 관리를 필요로 한다.(TP §1.71)

위험을 여러 가지 방법으로 유형화할 수 있지만, 이전가격분석과 관련된 방법은 위험을 유발하는 불확실성의 원천을 고려하는 것이다. 아래 위험의 원천에 대한 예시는 위험의 순서를 의미하지 않는다. 이는 유형별로 겹치는 부분이 있어서 명확한 구분은 아니다. 그 대신, 이는 이전가격분석에서 특수관계기업의 상업재정관계에서 발생하거나, 그러한 관계가 이루어지는 상황에서 발생하는 위험의 범위를 고려하는 데 도움이 되는 틀을 제공하기 위한 것이다. 불확실성의 원천을 명시하기 위해 외부에서 발생하는 위험과 내부에서 발생하는 위험을 구분한다. 그런데, 외부발생위험은 직접 사업활동으로부터 발생된 것이 아니기 때문에 관련성이 적다는 주장은 옳지 않다. 그 반대로, 회사가 외부발생위험에 직면하고 대처하며 완화하는 능력이 사업의 경쟁력을 유지하는 필수조건이다. 가능한 위험의 범위에 대한 지침은 구체적으로 중요한 위험을 식별하는 데 도움이 되어야 한다. 어렴풋하게 뭉뚱그려 기술된 위험은 당사자들의 실제거래와 위험의 실제배분을 기술하고자 하는 이전가격분석 목적에 부합하지 않는다.(TP §1.72, UT §5.3.2.2.17, 2010년 미국세청 APA 보고서)

| 위험의 유형 |

1. 전략적 위험 또는 시장위험(market place risks). 이는 경제환경, 정치 및 규제 행위, 경쟁, 기술진보, 사회 및 환경의 변화로 초래되는 대부분의 외부위험을 말한다. 이러한 불확실성의 평가로 회사가 목표하는 상품 및 시장, 유형자산 및 무형자산의 투자와 인적자본의 능력과 같은 회사가 필요로 하는 능력을 분명히 식별할 수 있다. 외부위험이 있는 경우 상당한 수익저하가 예상되지만, 회사가 외부위험의 효과를 정확히 식별하고 제품을 차별화하며 경쟁이점을 확보하고 유지하면 상당한 수익증가 또한 가능하다. 이러한 위험에는 시장유행(market place trends), 새로운 지리적 시장, 개발투자집중 관련 위험과 제품위험(product risk), 시장위험(market risk)이 포함된다.
2. 기반시설(infrastructure)위험 또는 운영위험(operational risks). 이는 회사의 사업수행과 관련된 불확실성을 포함하며, 생산과정과 영업의 효과성을 포함한다. 이러한 위험의 영향은 사업활동 및 회사가 부담한 불확실성의 성격에 크게 좌우된다. 어떤 상황에서 실패로 회사의 영업이나 명성에 심각한 손해를 줄 수 있으며 존립을 위협받게 되는 한편, 이러한 위험의 성공적 관리로 명성을 높일 수 있다. 다른 상황에서 수요에 맞추거나, 사양에 맞추거나, 높은 품질에 맞추어 상품을 제때 출시하지 못하면 경쟁이나 명성에 흠이 될 수 있으며, 시장에 더 빨리 경쟁제품을 출시하고, 특허로 시장보호기간을 잘 이용하며, 공급사슬위험과 품질관리를 잘 관리하는 회사들에게는 이익이 된다. 일부 기반시설위험은 외부에서 발생하며 이에는 운송연결, 정치사회상황, 법령이 있다, 나머지들은 내부에서 발생하며 이에는 자산의 능력 및 사용가능성, 직원능력, 생산과정의 설계 및 집행, 외부조달절차, 전산시스템이 있다.
3. 재무위험(financial risks). 모든 위험이 회사의 재무상황에 영향을 미치지만, 회사가 유동성과 현금흐름, 재정능력과 신용(creditworthiness)을 관리하는 능력과 관련된 특별한 재무위험이 있다. 불확실성은 경제충격이나 신용위험에 의해 외부에서 발생할 수 있지만, 통제, 투자결정, 신용조건을 통해 또는 기반시설위험이나 운영위험의 결과를 통해 내부에서도 발생한다. 자금조달방법, 이자율변동, 손실의 보전, 재정위험, 외환위험이 포함된다.
4. 거래위험(transactional risks). 이는 상품, 재화나 용역의 공급을 위한 사업거래에서 가격 및 지급의 조건과 관련된 위험과 현금회수위험(collection risk)이 포함된다.
5. 재난위험(hazard risks). 이는 손해나 손실을 초래하는 불리한 외부사건을 포함하는데 사고, 자연재해가 있다. 이러한 위험은 종종 보험을 통해 완화되지만, 보험으로 예상손실을 모두 충당하지 못할 수 있으며 특히 사업이나 명성에 상당한 영향이 있는 경우 그러하다. 국가/지역위험(country/regional risk)이 포함된다.

위험의 경제적 중요성과 위험이 특수관계기업들 간 거래가격에 어떻게 영향을 미치는지 판단하는 것은 다국적기업그룹의 가치창출방법, 다국적기업그룹의 수익유지활동, 거래의 경제적 관련특성에 대한 기능분석의 일환이다. 위험분석은 또한 비교가능성을 판단하는 데 도움이 된다. 비교대상후보(potential comparables)를 식별한 경우, 이들이 같은 수준의 위험을 가지고 위험관리를 하는지 판단하는 데 도움이 된다.(TP §1.73)

사례 위험의 경제적 중요성

1. 다국적기업그룹이 난방유를 고객에게 판매한다. 경제적 관련특성의 분석에 따라, 그 상품은 차별성이 없고 시장은 경쟁적이며 시장규모는 예측가능하고, 시장참여자는 가격경쟁력이 있다. 이러한 상황에서, 능력이 수익률에 미치는 영향은 제한적이다. 원유공급자와의 관계를 관리하여 얻어낸 신용조건은 판매자의 운영자본에 도움이 되고 수익률에 중요하다. 그러므로 판매기능에서 가치가 창출되는 상황에서 자본비용에 대한 위험의 영향은 중요하다.(TP §1.74)
2. 다국적 장난감소매상이 제삼자 제조업자로부터 다양한 상품을 구매한다. 소매상 매출의 대부분은 연말 2달에 집중되며, 구매기능의 전략지침, 유행에 대한 올바른 판단, 판매할 상품과 수량의 결정과 관련하여 상당한 위험이 있다. 상품의 유형과 수요는 시장마다 다르므로 지역시장에서 올바른 판단을 하기 위해 전문가가 필요하다. 소매상이 제삼자 제조업자와 특정상품을 일정기간 독점하기로 협상하는 경우 구매위험의 영향은 더 커진다.(TP §1.75)

거래에서 특정위험에 대한 통제란 거래로 발생하는 특정위험에 대한 거래 당사자들의 의사결정을 말한다. 그런데 이는 다국적기업그룹에서 다른 당사자들이 거래에서 식별된 특정위험의 부담이나 통제와 관련된 일반정책을 정하는 데 참여하지 못한다는 말은 아니며, 이러한 정책수립은 의사결정으로 보지 않는다. 예를 들면 그룹의 이사회는 사업목적을 달성하기 위해 그룹 전체적으로 받아들일 수 있는 위험수준을 정하며 사업운영에서 위험을 관리하고 보고할 통제체제를 만든다. 사업부문, 활동기업 및 기능부문의 계통관리를 통해 사업기회에 대한 위험을 식별하고 평가하며 위험에 대처하고 일상활동으로 일어나는 위험의 결과를 조정하기 위한 적절한 통제와 절차를 시행한다. 활동기업이 추구하는 기회를 위해 계속적 위험관리가 필요한데, 기회를 얻기 위해 배분되는 자원은 수익을 낳기 위해 위험에 처해질 수 있다. 예를 들면, 특수관계기업들 간 공급거래에서 완제품재고위험은 생산수량을 결정할 능력을 가진 당사자가 그 결정을 함으로써 통제한다. 재고에 대한 운영자본의 전체수준, 또는 전략목표를 달성하기 위한 전체시장의 적정 최소재고수준의 조정에 대해 다국적기업그룹의 다른 곳에서 이루어지는 정책결정에 따라 특수관계기업들의 거래에서 재고위험에 대처하는 방법이 만들어지기도 한다. 그렇지만 이러한 전반적인 정책수립을 상품공급거래에서 특정 재고위험을 부담하거나 없애거나 낮추거나 완화하기 위한 결정으로 볼 수 없다.(TP §1.76)

(2) 2단계 : 계약상 위험부담(contractual assumption of risk)

위험을 부담하는 당사자는 이러한 위험이 포함된 거래의 당사자들 간의 서면계약에서 정해진다. 서면계약에서 보통 당사자들의 위험부담 의도가 정해진다. 일부 위험은 계약조건에 따라 명시적으로 부담된다. 예를 들면, 판매업자는 계약에 따라 제삼자 고객에 대한 판매와 관련된 매출채권위험, 재고위험 및 신용위험을 부담한다. 그 밖의 다른 위험도 묵시적으로 부담될 수 있다. 예를 들면, 계약조건에서 일방이 우발상황에 대한 대가(contingent remuneration)를 지급하지 않는다고 정하는 경우 이는 묵시적으로 우발손익과 같은 일부 위험의 결과를 상대방에게 떠넘기는 결과가 된다.(TP §1.77)

계약상 위험부담이란 유리한 결과의 사후실현(ex post materialisation)과 관련된 기대이익의 일부 또는 전부에 대해 위험의 불리한 결과의 사후실현과 관련된 예상비용의 일부 또는 전부를 부담하는 사전합의(ex ante agreement)를 말한다. 사전적인 계약상 위험부담의 경우, 위험결과의 실현에 앞서 위험을 부담했다는 명백한 증거를 제시하는 것이 중요하다. 실무적으로 과세당국의 조사는 특수관계기업의 사전결정이 이루어지고 몇 년 후 결과가 나타난 때에 이루어지므로, 위험에 대한 과세당국의 이전가격분석에 있어 이러한 증거는 아주 중요하다. 위험의 결과가 확실할 때 특수관계기업들이 위험을 의도적으로 부담하는 것은 그 정의상 위험의 부담이 아닌데, 이 경우 미래 위험이 더 이상 없기 때문이다. 마찬가지로, 위험의 결과가 확실할 때 과세당국이 사후적으로 위험을 재배분하는 것은 정상거래원칙에 근거하지 않는다면 부적절하다.(TP §1.78)

높은(낮은) 예상명목소득을 위해 위험을 부담(제거)하는 경우, 수취소득과 부담위험의 순현재가치가 같다면 경제적으로는 중립이다. 예를 들면, 제삼자들 사이의 투기자산 매매는 판매자의 입장에서 볼 때 낮지만 일정한 명목소득을 받아들이는 대신에 투기자산을 보유하고 이용하였으면 벌었을 높은 명목소득의 가능성을 포기하겠다는 의사를 반영한 것이다. 예를 들면 독립기업들 간 반환불가 채권매입(without-recourse debt factoring) 계약에서 채권판매자는 일정액을 받고 채권액면금액을 할인함으로써 낮은 수익을 감수하지만 채권변동성을 감소시켜 위험을 제거한다. 채권매입자는 위험을 부담하는 결정을 하고 위험을 분산하고 위험을 완화할 기능적 능력이 있어 위험에 어떻게 대처할지 결정하고 그 기회로 소득을 창출하는 능력을 가진 특별조직이다. 이 둘은 특정위험과 관련한 능력차이로 위험선호도에 차이가 있기 때문에 어느 당사자도 거래를 체결한 결과 더 손해를 볼 것으로 예상하지 않는다. 채권매입자는 채권판매자에 비해 위험을 더 잘 관리할 수 있으므로 두 당사자가 받아들일 수 있는 조건을 합의할 수 있다.(TP §1.79) 그렇지만, 특수관계기업들 간에 높지만 위험한 소득과 낮지만 덜 위험한 소득을 계약으로 교환하는 것이 자동적으로 정상거래라는 의미는 아니다. 아래의 나머지 단계에서 위험과 관련된 실제거래를 정확히 기술하기 위해 특수관계기업들이 위험의 부담 및 관리에 대해 어떻게 행동하는지 판단하는 데 필요한 정보를 설명한다.(TP §1.80)

위험부담은 특수관계기업들 간의 정상가격을 결정하는 데 상당한 영향을 미치며, 계약조건에서 정한 가격조건만으로 어느 당사자가 위험을 부담하는지 판단할 수 있다고 결론지어서는 안 된다. 그러므로 재화나 용역에 대해 특수관계기업들 간에 지급한 가격이 특정수준 또는 특정수익률을 기준으로 정해졌다는 사실에서 특수관계기업들이 특정방법으로 위험을 부담한다고 무조건 추론해서는 안 된다. 예를 들면, 제조업자가 실제원가를 기준으로 다른 관계회사로부터 대가를 받는 경우 원재료의 가격변동위험으로부터 보호받도록 청구권을 가질 수 있다. 이러한 청구권의 의미는 다른 관계회사가 위험을 부담한다는 것이다. 대가의 형식이 부적절한 위험배분을 의미하지는 않는다. 위험배분은 당사자들이 실제로 어떻게 위험을 관리하고 통제하는지에 좌우되며, 위험분석과정의 나머지 단계에서 설명하는 것처럼 당사자들의 위험부담을 누가 결정하는지에 좌우되는데, 궁극적으로 이는 최적의 이전가격방법의 선택에 영향을 미친다.(TP §1.81)

(3) 3단계 : 위험과 관련한 기능분석

3단계에서 거래당사자인 특수관계기업들의 위험과 관련한 기능을 분석한다. 분석에서 경제적으로 중요한 특정위험의 부담과 관리에 있어 특수관계기업들이 어떻게 행동하는지에 대한 정보와, 특히 어느 기업이 통제기능과 위험완화기능을 수행하고, 어느 기업이 유리하거나 불리한 위험결과를 책임지는지, 어느 기업이 위험을 부담할 재정능력이 있는지에 대한 정보를 제공한다.(TP §1.82)

사례 — 위험부담 능력

1. A사는 개발을 위한 기회를 모색하며 전문적인 B사를 고용하여 연구의 일부를 대신 수행하게 한다. 1단계에서 이 거래에서 개발위험이 경제적으로 중요한 것으로 식별되었으며, 2단계에서 계약상 A사가 개발위험을 부담한 것으로 판단되었다. 3단계 기능분석에서 A사는 개발위험을 부담할지, 어떻게 부담할지에 대한 여러 결정을 할 능력과 권한을 행사함으로써 개발위험을 통제하는 것으로 나타난다. 이에는 개발활동의 일부를 수행하는 결정, 전문가를 투입하는 결정, 특정연구기업을 찾는 결정, 이루어져야 하는 연구유형과 부여되는 목표의 결정, B사에게 배분되는 예산의 결정이 포함된다. A사의 통제 아래 연구를 수행할 일상적 책임을 지는 B사에게 개발활동을 외부조달하는 방식으로 A사는 그 위험을 완화했다. B사는 사전에 정한 중요단계마다 A사에게 보고를 하며, A사는 개발진도와 단계별 목표가 이루어지는지 평가하고, 이러한 평가에 따라 그 프로젝트에 계속 투자할 것인지 판단한다. A사는 그 위험을 부담할 재정능력이 있다. B사는 개발위험을 판단할 능력이 없으며 A사의 활동에 대한 결정권이 없다. B사의 위험은 주로 연구활동을 확실하게 수행하도록 보장하는 것으로, 그 과정과 전문가 및 그에 필요한 자산에 대한 결정을 통해 그 위험을 통제할 능력과 권한을 행사한다. B사가 인수한 위험은 계약상 A사가 부담하는 개발위험과 구분되는데, 개발위험은 기능분석의 증거에 따르면 A사가 통제한다.(TP §1.83)
2. B사는 A사를 위해 상품을 제조한다. 1단계에서 이 거래에서 설비활용위험과 공급사슬위험이 경제적으로 중요한 것으로 식별되었으며, 2단계에서 계약상 A사가 이들 위험을 부담한다고 파악되었다. 3단계 기능분석에서 B사가 A사의 사양에 맞춰 공장을 짓고 설비하며, A사가 제

공한 기술요건과 설계에 맞춰 상품을 제조하고, A사가 수량을 결정하고, A사가 부품 및 원재료의 조달을 포함한 공급사슬을 운영한다는 사실이 파악된다. A사는 또한 제조과정에서 정기적 품질검사를 수행한다. B사는 공장을 설립하고, 부품생산직원을 고용하고 훈련하며, A사가 결정한 물량수준에 맞춰 생산일정을 결정한다. B사에 고정비가 발생하지만, A사가 수량을 결정하기 때문에 고정비를 배분할 생산단위의 결정을 통해 고정비를 회수하여 관련위험을 관리할 능력이 없다. A사는 또한 부품과 원재료와 관련된 상당한 원가와 공급의 안정성을 결정한다. 증거를 평가하면 B사는 제조용역을 제공한다. 제조활동으로 창출되는 소득과 관련한 중요한 위험을 A사가 통제한다. B사는 용역을 능숙하게 제공하지 못하게 될 위험을 통제한다. 각 회사는 각자의 위험을 부담할 재정능력을 갖추고 있다.(TP §1.84)

3. A사는 유형자산의 소유권을 취득하여 제삼자 고객과 그 자산의 사용에 대한 계약을 체결한다. 1단계에서 유형자산의 활용은 경제적으로 중요한 위험으로 식별되었는데, 이는 A사에 발생비용을 충당할 정도로 충분한 수요가 없을 위험이다. 2단계에서 A사는 다른 관계회사 C사와 용역제공계약을 체결한 것으로 확인되는데, 이 계약은 유형자산의 소유자 A사가 활용위험을 부담한 사실을 다루지 않는다. 3단계 기능분석에서, 관계사인 B사는 식별하고 평가한 사업기회와 그 자산의 예상내용연수를 평가한 결과 자산투자는 적절한 것으로 판단한다. B사는 사업기회에 부응하는데 필요한 자산의 사양과 특성을 제시하고, 그 사양에 따라 자산이 건설되어 A사가 그 자산을 취득하도록 안배한다. C사는 어떻게 그 자산을 활용하고, 제삼자 고객에게 그 자산의 능력을 마케팅하고, 이들 제삼자 고객과 계약을 협상하고, 제삼자 고객에게 그 자산을 운반하고, 적절히 설치할지를 결정한다. A사는 법적소유자이지만 유형자산의 투자위험을 통제하지 않는데, 특정자산에 투자할지, 자산의 처분을 포함하여 투자를 어떻게 보호할지에 대한 결정권이 없다. A사는 자산의 소유자이기는 하지만 활용위험을 통제하지 않는데, 그 자산을 활용할지 어떻게 활용할지에 대한 결정권이 없다. A사는 다른 그룹사들이 수행하는 위험완화활동에 대해 평가하거나 결정한 능력이 없다. 대신, 유리한 위험을 높이고 불리한 위험을 완화하는 자산에 투자하고, 이를 활용하는데 대한 위험은 다른 그룹사들이 통제한다. A사는 자산에 투자하고 이를 활용하는데 대한 경제적으로 중요한 위험을 통제하지 않는다. 자산의 법적 소유권의 기능상 기여는 자산의 원가에 상당하는 자금을 제공하는데 한정된다. 그런데, 기능분석의 증거는 또한 A사가 금융자산에 투자하는 위험을 통제할 능력이나 권한이 없다는 점을 보여준다. A사는 금융기회를 잡거나 거절하는 결정을 할 능력이 없고, 금융기회와 관련된 위험에 대처할지, 어떻게 대처할지에 대한 결정을 할 능력이 없다. A사는 금융기회를 평가하는 기능을 수행하지 않으며, 금융기회의 적정가격을 결정하기 위해 적절한 위험프리미엄(risk premium)이나 기타문제를 고려하지 못한다. A사, B사, C사는 모두 각자의 위험을 부담할 재정능력이 있다.(TP §1.85)

(4) 4단계 : 1단계-3단계의 해석

1단계부터 3단계의 수행은 관계거래에서 위험의 부담 및 관리에 대한 정보의 수집을 의미한다. 4단계에서 (i) 특수관계기업이 계약조건을 이행하는지, (ii) 위험을 부담한 당사자가 위험에 대한 통제를 하고 위험을 부담할 재정능력을 가지는지 분석하여, 1~3단계에서 얻은 정보를 해석하고 계약상 위험의 부담이 당사자들의 행위나 다른 사실관계와 일치하는지 판단한다.(TP §1.86) 4단계의 중요성은 사실관계에 달려 있다. 위 사례 1 및 2의 상황에서 4단계는 간단하다. 계약상 위험을 부담하는 당사자가 계약상 위험부담을 실제로 하고 두 당사자들이 위험을 통제하며 위험을 부담할 재정능력이 있다면, 위험부담을 판단하기 위해 4단계의 추가분석을 하지 않는다. A사와 B사는 계약에 있는 의무를 이행하며 거래에서 부담한 위험을 통제하고 그에 대한 재정능력을 가진다. 결과적으로 4단계 (ii)가 충족되면, 5단계를 고려할 필요가 없으며 고려할 다음 단계는 6단계이다.(TP §1.87)

4단계 (i)에서 당사자들의 행위가 서면계약에 포함된 위험부담과 같은지, 계약조건이 지켜지지 않았거나 불완전하게 지켜졌는지 파악해야 한다. 경제적으로 중요한 위험과 관련된 계약조건과 당사자의 행위가 다르고 제삼자들은 거래가격을 정할 때 이를 고려하였을 것이라면, 계약조건에 부합해야 한다는 점에서 당사자들의 행위는 일반적으로 위험부담에 대한 당사자들의 의도에 대한 강력한 증거로 보아야 한다.(TP §1.88) 예를 들면, 기능통화가 미달러화인 제조업자가 다른 국가의 관계회사인 판매업자에게 재화를 판매하며, 관계회사의 기능통화는 유로화이고 서면계약에 따라 판매업자는 관계거래에 대한 모든 환위험을 부담한다. 그런데, 제조업자가 상당기간 유로로 재화가격을 정하는 경우, 서면계약조건은 당사자들 간 실제 상업재정관계를 반영하지 않는다. 거래위험의 부담은 실제로는 적용되지 않는 서면계약조건의 내용이 아니라 당사자들의 실제행위에 따라 결정되어야 한다.(TP §1.89)

4단계 (ii)에서, 4단계 (i)에 따라 계약조건이 당사자의 행위에 나타나는지 고려하여 계약상 위험을 부담하는 당사자가 위험을 통제하고 위험을 부담할 재정능력을 가지는지 판단해야 한다. 위 사례 1에 있는 모든 상황이 A사와 B사의 계약이 개발위험을 B사에게 부담시키는 것을 제외하고 같으며 당사자의 행위에서 계약상 위험배분이 이루어지지 않았다는 증거가 없는 경우, B사는 계약상 개발위험을 부담하지만 사실은 B사는 개발위험을 평가할 능력이 없고 A사의 활동에 대한 결정을 하지 못한다. B사에는 위험의 결과에 영향을 미치는 결정을 하여 개발위험을 통제할 수 있는 의사결정기능이 없다. 사례 1에 있는 정보에 기초할 때 개발위험은 A사가 통제한다. 위험부담의 당사자가 위험통제의 당사자가 아니라는 판단은 5단계에서 추가적인 검토가 필요하다는 의미이다.(TP §1.90)

위 사례 2와 상황이 같지만, 계약에 따라 A사가 공급사슬위험을 부담하고 중요한 부품을 제때에 확보하지 못하는 경우 B사는 A사로부터 보상받지 못하며 공급사슬위험에 대한 계약상 위험부담이 실제로 이루어지지 않아 B사가 위험의 불리한 결과를 책임진다. 사례 2에 나타나는 정보에 기초할 때, B사는 공급사슬위험에 대한 통제를 하지 않는 반면 A사는 통제를 한다. 즉, 위험부담 당사자가 위험통제를 하지 않으며, 5단계에서 추가적인 검토가 필요하다.(TP §1.91)

위 사례 3의 상황에서, A사의 활용위험부담은 C사와의 계약조건과 일치하지만 4단계 (ii)에 따라 A사는 자산에 대한 투자와 활용에 대해 부담한 위험을 통제하지 않는다고 판단된다. A사는 위험결과에 영향을 주는 결정을 하여 위험을 통제할 수 있는 의사결정 기능이 없다. 위험부담 당사자가 위험을 통제하지 않으므로 5단계에서 추가적 검토가 필요하다.(TP §1.92)

어떤 경우, 3단계 분석에서 위험을 통제할 수 있는 다국적기업이 하나 이상이 될 수 있다. 그런데 위험을 통제하기 위해서는 능력과 수행기능이 모두 필요하다. 그러므로 하나 이상의 당사자들이 위험을 통제할 수 있지만, 계약상 위험부담 당사자가 능력과 기능 수행을 통해 실제로 통제하는 유일한 당사자라면 계약상 위험부담 당사자가 또한 그 위험을 통제하는 것이다.(TP §1.93) 또한, 특정위험을 통제하는 거래당사자가 하나 이상 있는 경우도 있다. 위험을 부담한 특수관계기업이 위험을 통제하는 경우, 4단계 (ii)에 따른 나머지 판단은 그 기업이 위험을 부담할 재정능력이 있는지 여부이다. 재정능력이 있다면, 다른 특수관계기업이 또한 같은 위험을 통제한다는 사실이 첫째 기업이 그 위험을 부담한다는 사실에 영향을 미치지 못하며, 5단계를 고려할 필요가 없다.(TP §1.94)

거래당사자들의 둘 이상이 특정위험을 부담하고, 이에 더하여 그 위험을 함께 통제하며 각자는 자기 몫에 해당하는 위험을 부담할 재정능력이 있는 경우, 그 위험의 부담은 인정된다. 이러한 사례는 기업들이 공동으로 신상품 개발원가를 부담하기로 합의한 거래에서 계약상 개발위험을 부담하는 경우이다.(TP §1.95)

4단계 (i)의 분석에서 위험을 부담한 특수관계기업이 위험을 통제하지도 않고 위험을 부담할 능력도 없다는 것이 확인된 경우, 5단계의 분석을 할 필요가 있다.(TP §1.96)

위험부담 특수관계기업이 그 위험을 통제하는지 판단하는 경우 일어날 수 있는 복잡성에 비추어 볼 때, 비교가능 독립거래에서 비교가능 위험부담을 식별할 수 있는 경우 통제의 요건이 충족되는지 검토해야 한다. 그러한 위험부담을 비교하려면 거래의 경제적 관련특성이 비교가능해야 한다. 그러한 비교가 이루어지면, 관계거래에서 위험을 부담하는 특수관계기업이 수행하는 위험통제와 관련된 위험관리기능과 비교가능한 기능을 독립거래에서 비교가능 위험을 부담하는 기업이 수행하는지 확인해야 한다. 비교의 목적은 특수관계기업이 부담하는 것과 비교가능한 위험을 부담하는 독립기업이, 또한 특수관계기업이 수행한 것과 비교가능한 위험관리기능을 수행한다는 점을 확인하는 것이다.(TP §1.97)

사례 위험부담이 정당한 경우와 정당하지 않은 경우

1. 정당한 경우 : Fd는 외국에 있는 법인으로 한국의 제조업체 SM이 100% 투자한 유통업체이다. Fd는 계약에 의해 SM으로부터 전자제품을 수입한다. 계약조건에 따르면 Fd는 계약기간 5년간 매년 개당 $10의 가격으로 20,000개의 제품을 매입해야 한다. 이렇게 매입된 제품에 대해 Fd는 자기자금으로 시장을 개척하고 자기상표로 판매활동을 해야 한다. 계약에 따르면 어떠한 환매조건도 없다. 즉 Fd는 자기책임으로 매입물건을 모두 처분해야 한다. 물론 Fd는 장래에 발생가능한 손실에 대해서도 책임을 부담하며 이를 위한 자금능력은 충분하다. 계약기간 중 첫 해, 둘째 해, 셋째 해에 Fd는 개당 $11로 10,000개의 제품만을 판매했다. 따라서 재고가 많이 있었으나 넷째 해에 모든 재고를 개당 $25로 판매했다. 시장위험을 배분하는 계약은 위험이 현실화되거나 합리적으로 추정되는 시점 이전에 합의되고, Fd는 매입한 전자제품을 모두 팔지 않을 경우 시장위험을 감수할 재정능력이 있으며, 이러한 형태의 거래가 오랜기간 동안 유지되어 왔다는 사실로 미루어 볼 때 Fd는 위험을 부담한다고 볼 수 있다.(Reg §482-1.d.3.iii.c)
2. 정당하지 않은 경우 : 사실관계는 위 사례와 같다. 다만, 첫 해의 자금능력은 매우 부족하여 $100,000 밖에 없다. 그렇다고 해서 SM이 이듬해 자본을 증가시킨 것도 아니며, 제삼자로부터 자금을 차입할 수도 없었다. 그럼에도 SM은 계약에 따라 Fd에게 매년 20,000개의 제품을 판매하였으며, SM은 Fd가 구매할 수 있도록 신용확대 등의 방법으로 지원을 했다. Fd가 첫 해, 둘째 해, 셋째 해에 구매한 전자제품의 대부분을 판매하지 못했다는 사실을 고려할 때 Fd는 그 기간 동안 전자제품을 구매할 재정능력이 없다. 그러므로 계약조건에도 불구하고 Fd가 아닌 SM이 전자제품이 팔리지 않을 시장위험을 부담하는데, 위험에 노출되는 경우 Fd는 SM에게 구매한 전자제품의 대가를 지급하지 못하기 때문이다.(Reg §482-1.d.3.iii.c)

(5) 5단계 : 위험의 배분(allocation of risk)

4단계 (ii)에서 위험부담 특수관계기업이 위험을 통제하지 않거나 위험을 부담할 재정능력이 없다고 파악되는 경우, 위험을 통제하고 부담할 재정능력이 있는 기업에 위험을 배분해야 한다. 여러 기업들이 위험을 통제하고 부담할 재정능력이 있는 것으로 확인되는 경우, 위험은 중요한 통제를 하는 기업 또는 기업들에게 배분되어야 한다. 통제활동을 하는 다른 당사자들은 수행된 통제활동의 중요성을 감안하여 적절히 보상받아야 한다.(TP §1.98) 예외적 상황에서, 어떠한 특수관계기업도 위험을 통제하지 않고 위험을 부담할 재정능력이 없는 경우가 있다. 제삼자거래에서 이러한 상황이 있을 것 같지는 않지만, 그 이유를 확인하고 그 상황에 이르게 된 행위를 확인하기 위해 사실관계에 대한 면밀한 분석을 해야 한다. 이러한 분석에 따라, 과세당국은 정상거래결과에 이르기 위해서 그 거래에 대해 어떠한 조정이 필요한지 결정한다.(TP §1.99)

| 배부위험의 요약 (UT 표 B.2.6) |

종류	위험부담 정도	
	A사	B사
시장위험	**	**
제품책임위험	–	***
기술위험	***	*
연구개발위험	***	**
신용위험	–	***
재고위험	–	***
외환위험	**	**

(6) 6단계 : 위험배분의 결과를 고려한 거래가격산정

위험대가를 산정하여 조정하면 기능조정과 중복되는 경우가 있으므로 주의해야 한다.

① 위험부담과 위험완화의 대가

납세자와 과세당국에게 가능한 수단과 방법에 따라 위험부담의 재정적 결과와 기타결과 및 위험관리에 대한 대가를 고려하여 정확히 기술된 거래에 대한 가격을 산정해야 한다. 위험부담은 적절한 기대수익으로 보상되어야 하며, 위험완화는 적절한 대가를 받아야 한다. 이에 따라 위험을 부담하고 완화하는 납세자는 위험을 부담만 하거나 완화만 하거나 아무것도 하지 않는 납세자에 비해 더 많은 대가를 받을 자격이 있다.(TP §1.100)

위 (3) 사례 1의 상황에서, A사는 개발위험을 부담하고 통제하며 실패의 재정부담을 하고 성공의 재정결과를 향유한다. B사는 개발용역의 수행에 대해 적절히 보상받아야 하며 이를 제대로 수행하지 못하게 될 위험을 부담한다.(TP §1.101) 위 (3) 사례 2의 상황에서, 제조활동으로 창출되는 수익과 관련된 중요한 위험을 A사가 통제하므로, 이러한 위험의 유리하거나 불리한 결과는 A사에게 배분되어야 한다. B사는 용역을 제대로 수행하지 못할 위험을 통제하며 이러한 위험을 감안하여 대가를 받아야 하고 제조공장을 취득하는 자본비용에 대해도 보상을 받아야 한다. 자산의 활용과 관련된 위험을 A사가 통제하므로 A사는 활용하지 못할 위험을 부담한다. 이는 고정비용을 충당하지 못하거나, 감모상각 또는 폐쇄하는 위험이 실현되면 그 재정부담을 A사가 져야 한다는 의미이다.(TP §1.102) 위 (3) 사례 3에서 위험배분의 결과는 3단계의 기능분석에서 알 수 있다. A사는 자산의 투자나 이용과 관련된 경제적 중요위험에 대한 통제를 하지 않으며, 그러한 위험들은 B사나 C사의 통제와 같이 움직여야 한다. A사의 기능은 B사와 C사가 창출하고 이용하는 자산을 살 수 있는 자본비용에 상당하는 금액을 조달하는 역할에 한정된다. 그런데 기능분석에서 A사는 금융자산에 투자하는 위험을 통제할 능력이나 권한이 없다는 사실이 밝혀진다. A사는 금융기회를 인수하거나 거절하는 결정을 할 능력이 없으며, 금융기회에 대한 위험을 어떻게 대처할지 결정할 능력도 없다. A사는 금융기회를 평가하는 기능을 수행하지 않으며 금융기회를 적절히 평가하기 위한 위험프리미엄이나 기타문제를 판단하지 않고 금융투자를 적절히 보호할 판단력도 없다. 위 (3) 사례 3의 상황에서, A사는 무위험수익(risk-free return) 이상을 받을 자격이 없는데, 위험한 금융자산에 투자하는 것과 관련된 위험을 통제할 능력이 없기 때문이다. 그 위험은 금융자산과 관련된 위험을 부담할 금융능력을 지니고 통제할 수 있는 기업에게 귀속된다. 위 (3) 사례 3에서 이는 B사이다. A사는 위험프리미엄을 수반하는 투자위험을 통제하지 않는다.(TP §1.103)

② 위험통제의 대가

위험과 관련된 통제기능에 대해 항상 적절히 보상받아야 한다. 보통 위험이 배분된 결과에 따라 보상이 이루어지므로, 당사자는 유리한 편익을 수취하고 불리한 비용을 부담한다. 어떤 사람이 위험통제를 하지만 그 위험을 부담하지 않는 경우, 유리하거나 불리한 결과에 대한 분담의 형태를 띠는 대가는 통제의 정도에 따라 비례하는 것이 적절하다.(TP §1.105)

③ 사전수익과 사후대가의 차이

사전(ex ante)수익과 사후(ex post)대가의 차이는 주로 미래의 사업결과의 불확실성과 관련된 위험 때문에 일어난다. 사전계약상 위험부담은 위험결과의 실현 이전에 위험을 부담한 증거가 분명해야 한다. 이전가격분석에서 예상하지 못한 수익과 관련된 위험을 포함하여 위험에 대한 거래의 정확한 기술 여부를 판단한다. 이러한 분석단계에서, 위험을 부담하지 않거나 위험을 통제하지 않는 당사자는 위험으로 인해 발생하는 예상하지 못한 수익을 받을(또는 예상하지 못한 손실을 부담할) 자격이 없다. 위 (3) 사례 3의 상황에서, 예상하지 못한 수익이나 손실 모두 A사에게 귀속될 수 없다. 그러므로 사례 3의 자산이 뜻밖에 파손되어 예상하지 못한 손실이 발생하는 경우, 그 손실은 이전가격목적상 투자위험을 통제하고 그 위험을 부담할 재정능력이 있고, 그 자산에 대한 예상하지 못한 손익에 대한 권리를 가진 회사에 귀속된다. 그 회사는 A사에게 대가를 보상해야 한다.(TP §1.106)

④ 가중평균자본비용모델(WACCM) 또는 자본화자산가격모델(CAPM)

실무적으로 다국적기업들은 가중평균자본비용(weighted average cost of capital)모델이나 자본화자산가격(capital asset pricing)모델에 기초하여 기대이익의 위험을 사전적으로 계량화하는 방법을 통해 위험대가를 산정한다. 그렇지만, 이러한 방법은 주식위험과 관련하여 주로 사용되는 위험모델에 근거한 통계방법으로 내재적 한계가 있다.(UT §5.3.5.18)

4.3 무위험수익률 및 위험조정수익률

(1) 무위험수익률

자금제공자가 금융자산 투자와 관련된 위험을 통제할 능력이 없거나 의사결정기능을 수행하지 않았다고 확인되는 경우, 적절하게 수취할 수 있는 소득은 무위험수익 이하이다. 이때 무위험수익률을 결정할 때 자금제공과 관련된 차입금에 대한 자금제공자의 비용을 고려해야 하고, 자금수취인은 자금제공의 정상가격까지 비용공제를 받으며 다른 제한이 있는 경우는 그에 따른다. 자금제공자의 비용과 자금수취인의 비용의 차이는 투자위험을 통제하는 당사자에게 귀속되어야 한다.(TP §1.108) 무위험수익률은 손실위험이 없는 경우 투자로 예상되는 이론적 수익률을 말한다. 궁극적으로 위험이 영(0)인 투자는 없으며, 무위험수익률을 측정하기 위한 가능한 지표의 신뢰성은 사실에 따라 다르다.(TP §1.109)

실무적으로 널리 쓰이는 방법은 정부발행 국채의 이자율을 무위험수익률의 기준으로 삼는 것인데, 시장의 실무자들은 국채는 일반적으로 심각한 부도위험을 수반하지 않는 것으로 본다. 무위험수익률을 산정하기 위해 특정 정부국채를 항상 사용해야 하는 것은 아니다.(TP §1.110)

통화위험을 제거하기 위해, 무위험수익률을 산정하기 위한 기준국채는 투자자의 현금흐름과 같은 통화, 즉, 투자자 소재지국의 통화가 아닌 투자자의 기능통화로 발행된 국채여야 한다. 같은 통화로 국채를 발행한 나라가 여럿인 경우, 무위험수익률의 기준은 가장 낮은 수익률을 가진 국채여야 하는데, 이자율 차이는 발행자들의 위험차이에 기인하기 때문이다.(TP §1.111)

무위험수익률 산정과 관련된 다른 특징은 특수관계거래가 참조하는 국채의 시간적 근접성(temporal proximity)이다. 이론적으로, 서로 다른 시기에 발행된 국채들 간에 존재하는 차이를 제거하기 위해서 국채는 관계거래가 이루어지는 시점에 발행되거나 아니면 비슷한 상환기간이 남아 있어야 한다.(TP §1.112) 더 고려해야 할 것은 금융상품의 만기이다. 참조하는 국채의 기간은 투자기간과 일치해야 하는데, 투자기간은 보통 가격에 영향을 미치기 때문이다. 특수관계의 투자기간은 실제거래에 바탕을 두어야 한다. 당사자들 간 서면계약조건에 따라 단기이지만 지속적으로 새로운 계약으로 대체되는 금융계약은 장기투자로 보아야 한다.(TP §1.113)

실무적 어려움 때문에, 무위험수익률을 산정하기 위한 실무적 방법이 고려될 수 있다. 예를 들면, 다국적기업그룹의 구성원 A사가 특수관계기업 B사에게 1년 만기로 빌려준 자금에 대해 무위험수익 이상을 받을 수 없는 경우를 가정한다. 수익을 산정할 때, 우선 A사의 통화와 같은 통화로 자금제공 시점에 발행된 국채를 확인한다. A사 거주지국 X

국 과세당국은 X국, Y국 및 Z국 정부가 A사의 기능통화로 발행한 1년 만기의 국채 3가지를 식별한다. 발행국가의 신용등급은 X국 A, Y국 B, Z국 AA이다. 특수관계 금융거래의 무위험투자 비교대상으로 국채를 사용하기 위해 국채의 신용등급을 확인하는데 X국 과세당국은 Z국이 발행한 국채를 선택하는데, 자금제공 당시에 1년 만기 해당 통화로 발행된 국채들 중 가장 낮은 수익률을 나타내고 있기 때문이다.(TP §1.114)

무위험수익률을 산정하기 위해, 신용등급이 높은 국채들만 참조하지 않고 다른 대안들도 고려되는데, 이에는 은행간이자율(interbank rates), 이자율스왑수수료율(interest rate swap rates), 신용등급이 높은 국채의 환매계약(repurchase agreements of highly rated government issued securities) 등이 있다.(TP §1.115)

무위험수익률은 투자에 대한 위험조정수익률을 산정할 때 사용되거나, 자금을 제공하지만 자금과 관련된 위험을 전혀 부담하지 않는 투자자에게 귀속되는 수익을 산정할 때 사용될 수 있다.(TP §1.116)

(2) 위험조정수익률

자금을 제공하는 당사자가 다른 특정위험(그 위험의 통제 포함)을 부담하지 않고 자금제공과 관련된 금융위험을 통제하는 경우, 그 당사자는 일반적으로 자금제공에 대해 위험조정수익률만을 기대할 수 있다.(TP §1.117) 그러므로, 위험조정수익률을 산정할 때 자금제공자가 금융활동을 수행하면서 부담하는 금융위험(financial risk)과 자금사용자가 부담하는 무형자산개발 등 자금사용과 관련된 운영위험(operational risk)을 확인하고 구분하는 것이 중요하다.(TP §1.118) 예를 들면, F사가 특수관계기업 D사에게 대출하고 D사는 무형자산을 개발하는 상황을 가정한다. F사는 무형자산개발 자금과 관련한 금융위험을 통제하며 궁극적으로 그 위험을 부담하는데, 이에는 D사가 무형자산개발에 실패하여 차입금을 상환하지 못할 위험을 포함한다. 그런데, F사는 무형자산 개발위험을 부담하지 않고 D사가 전적으로 그 위험을 부담한다. 그러므로, 사전 계산결과에 비해 개발한 무형자산의 사용으로 수취하는 사후 수익이 높은(또는 낮은 경우) 경우, F사는 그 차액에 대한 권리가 없으며 위험조정수익률 상당액만을 받을 수 있다.(TP §1.119)

일반적으로, 자금거래에서 예상되는 위험조정수익률은 2가지 요소를 가지는데, 무위험이자율과 자금제공자가 부담하는 위험을 반영하는 프리미엄(premium, 가산액)이다.(TP §1.120) 자금제공자가 금융위험을 부담하여 그 위험에 노출되는 경우, 자금제공자는 위험실현에 따라 이익이나 손해를 입는 결과가 된다. 그러므로, 그 위험의 부담으로 무위험수익률보다 높은 보수를 기대한다.(TP §1.121)

여러 방법으로 위험조정수익률을 산정할 수 있는데, 비교가능 경제적 특성을 가진 현실적인 대체투자수익률 또는 자금조달원가 등을 기준으로 할 수 있다.(TP §1.122) 이는 비교가능 제삼자거래에서 위험조정수익률의 합리적 지표를 찾거나 또는 같은 위험상황을 반영하는 현실적으로 가능한 대안을 검토하여 이루어진다. 그룹내부대출에 대한 현실적 대안은 채권발행이나 제삼자 대출이다.(TP §1.123)

위험조정수익률을 산정하는 다른 방법은 비슷한 조건과 환경에서 발행된 금융상품의 시장정보에 기초한 위험프리미엄(risk premium)을 무위험수익률에 가산하는 것이다.(TP §1.124) 예를 들면, 위 (1)의 무위험수익률 사례(TP §1.114)와 일반적 사실관계는 같으며 다만 A사가 위험조정수익률을 받을 권리가 있다고 가정한다. 위험조정수익률을 산정하기 위해 X국 과세당국은 무위험수익률, 즉 Z국 정부가 1년 만기로 발행한 국채수익률에 위험프리미엄을 가산하는 것을 고려한다. 위험조정수익률을 산정하기 위해 X국 과세당국은 B사와 같은 산업에서 활동하는 X국 독립기업이 발행한 회사채들이 비교가능상황에서 독립기업이 B사에 투자했다면 기대하였을 것과 비교가능 수익률을 나타낸다고 판단한다.(TP §1.125)

자금조달원가(cost of funds)에 기초한 접근법에 따라, 대여자가 차입자에게 대여한 자금을 조달하기 위해 발생한 원가에 이익상당액(profit margin)을 가산하여 특수관계 거래가격을 산정할 수 있다. 그 가산액(markup)은 차입자가 부담하는 위험에 비례하여 산정되어야 한다.(TP §1.126)

4.4 위험의 조정사례

(1) 시장위험 및 재고위험의 조정

시장진입에 실패하여 시장위험 및 재고위험에 노출되는 경우, 비교대상과 비교하기 위해서는 이러한 위험차이를 조정해야 한다. 예를 들면, 판매업자가 시장진입에 실패하여 매출이 감소하며 판매단가를 낮추게 되고 재고가 누적되는 경우가 있다. 이 경우, 비교대상의 이익률을 그 판매업자의 위험수준만큼 낮추어야 비교가능성이 있다. 실무적으로 위험노출로 인한 영업이익감소율만큼 비교대상의 영업이익률을 감소조정한다.

| 시장위험 및 재고위험 조정공식 |

비교대상 조정 영업이익률 = 비교대상 영업이익률 × (1-X)

X = [유휴고정비용증가율(a) + 재고증가율(b) + 판매가격인하율(c)]/3

- a = 분석대상 유휴인력 인건비/인건비총액
- b = 분석대상 당기재고/전기재고
- c = 분석대상 당기 판매가평균/전기 평균판매가

사례 재고자산 매입에 따르는 위험부담 차이(Reg §482-3.d.4)

갑은 특수관계 을과의 계약에 따라 을이 제공하는 재료를 사용한다. 반면에 독립기업 A, B 및 C는 자신이 직접 원재료를 매입하며 이들 매입가격은 매출원가에 포함된다. 이 경우에 관계거래와 독립거래의 비교가능성은 어떠한 영향을 받는가?

갑은 원재료를 매입하는데 수반되는 재고자산위험을 부담하지 않는다. 을이 매입한 원재료를 사용하기 때문이다. 그러나 독립기업 A, B, C의 경우 그렇지 않다. 따라서 재고자산 매입위험의 부담 여부는 비교대상분석에 있어서 커다란 차이를 유발할 가능성이 있다. 이 경우 이들 차이를 조정하기 위한 절차가 있어야 한다.

(2) 환율위험의 조정

환율위험은 일반적으로 매출이나 매출원가와 관련된 것이므로 매출총이익(gross profit margin)에서 조정한다. 사용료나 광고비용 등을 제외한 영업비용은 대부분 국내에서 지출이 이루어지므로 환율에 영향을 받지 않는다.(TP Handbook 28)

| 환율위험조정공식 |

조정 매출총이익 = 매출총이익 $\times 1 / (1 + r)$

- $r = \alpha \times (g - g')$
- α : 거래당사자 간 환율위험 전가율(0에서 1까지의 범위)
- g = (당기환율 − 전기환율)/전기환율
- g' : 역사적 환율변동률 범위(통상 2.5% 내외 적용)

외화가 원화에 대해 역사적 환율변동률 범위를 벗어나 평가절하되는 경우, 해외 특수관계기업으로부터 재화를 수입하는 내국기업의 매출원가는 감소하며 이에 따라 매출총이익은 증가한다. 이 경우, 환율위험을 부담하지 않는 비교대상의 매출총이익과 비교하기 위해서는 내국기업의 매출총이익을 증가조정해야 한다.(TP Handbook 29.9)

사례 환율위험의 조정(TP Handbook 28.5)

내국법인 A는 특수관계 일본법인으로부터 재화를 수입하고 일본엔화로 대금을 지급한다. A의 매출총이익(GP)은 20.5이며, A의 환율위험 전가율(α)은 50%로 가정한다. 국내 비교대상은 환율위험을 부담하지 않는다. 이 경우 환율위험을 고려한 조정 매출총이익은 다음과 같다.

연도	환율	변화율(g)	g′	$r = \alpha \times (g - g')$	$R = 1/(1+r)$	GP × R
1985	42	−0.3%	2.5%	△0.0140	1.0142	20.8
1986	59	40.5%	2.5%	0.1899	0.8404	17.2
1987	69	16.9%	2.5%	0.0722	0.9326	19.1
1988	78	13.0%	2.5%	0.0527	0.9499	19.5
1989	72	−7.7%	2.5%	△0.0510	1.0537	21.6
1990	69	−4.2%	2.5%	△0.0333	1.0345	21.2
1991	74	7.2%	2.5%	0.0237	0.9768	20.0
1992	79	6.8%	2.5%	0.0213	0.9792	20.1
1993	90	13.9%	2.5%	0.0571	0.9460	19.4
1994	98	8.9%	2.5%	0.0319	0.9690	19.9
1995	106	8.2%	2.5%	0.0283	0.9725	19.9

사례 환위험 차이의 조정(국내사례)

한국자회사는 프랑스모회사와 유로화로 거래하면서 환위험을 회피하는 선물환계약을 하지 않았다. 이에 따라 환율이 상승하면 프랑스모회사로부터 매입하는 상품가격이 높아져 매출원가가 증가하고 그로 인해 영업이익이 감소한다. 2011년 및 2012년의 경우 2010년에 비해 원화대비 유로화의 연평균환율이 13% 및 8% 증가했다. 환율이 증가하는 경우 다른 조건이 같다면 2010년의 매출원가율(매출원가/매출) 80%를 기준으로 할 때 2011년 및 2012년의 매출원가율은 90.4% 및 86.4%이다. 그런데 실제로는 2011년 및 2012년의 매출원가율은 88% 및 80%이다. 이는 매출총이익기준으로 2011년 2.4%, 2012년 6.4%에 해당하는 한국자회사의 환위험을 프랑스모회사가 대신 부담했다는 의미이다. 비교대상은 이러한 환위험에 노출되지 않는다는 사실을 고려할 때, 비교대상의 영업이익에서 이러한 환위험으로 인한 영업이익 증감분을 조정해야 비교가능성이 있다.

연도	원/유로 평균환율	환율 변동률[1]	환율변동 고려 매출원가율[2]	실제 매출 원가율[3]	모회사 기여분[4]	비교대상 영업이익 감소 조정률[5]
2010년	1,111.93	100%	80.0%	80%	0	
2011년	1,252.78	113%	90.4%	88%	2.4%	8% = 90.4 − 80 − 2.4
2012년	1,201.65	108%	86.4%	80%	6.4%	0% = 86.4 − 80 − 6.4

1. 환율변동률 : 해당연도 환율/2010년 환율
2. 환변동률 고려 매출원가율 : 2010년 매출원가율 × 해당연도 환율변동률
3. 실제매출원가율 : 해당연도 손익계산서의 매출원가율

4. 모회사기여분 : 환변동률고려 매출원가율 - 실제매출원가율
5. 감소조정률 : 환변동률고려 매출원가율 - 실제매출원가율 - 모회사 기여분

(3) 인플레이션 조정

분석대상 소재지국의 물가가 지속적으로 상승하는 인플레이션 상태인 경우, 영업이익은 인플레이션으로 인한 암묵적 이자비용만큼 조정되어야 한다. 이 경우 다음 공식이 사용될 수 있다. 분석대상과 비교대상이 같은 국가에 소재하는 경우 인플레이션조정을 하지 않는다.(TP Handbook 29.9)

조정영업이익률 = (매출 - Im - 매출원가 - 판매관리비) / (매출 - Im)

- Im = (Rm×aR)/{1 + (dR×Rm÷365)}
- Rm : 명목이자율(통상 연평균)
- aR : 연말 매출채권(account Receivable)
- dR : 일평균 매출채권(days Receivable)
  → {[(당년도 aR + 직전연도 aR)÷2]÷당년도 매출}×365일

사례 환율 및 상품시장가격 변동에 따른 거래범위

1. 환율변동에 따른 영업이익률 변동
  1) 분석모델
  내국법인과 국외특수관계인의 3년간 평균손익(2005년~2007년)을 기준으로 환율변동에 따른 영업이익률 변화는 다음과 같다.
  (1) 원화로 거래하는 경우

환율 변동	500원 /1$	1,000원 /1$	1,500원 /1$	2,000원 /1$
내국법인 (원화 손익계산서)				
매출	1,700,000	1,700,000	1,700,000	1,700,000
매출원가	1,000,000	1,000,000	997,000	997,000
매출총이익	700,000	700,000	703,000	703,000
매출총이익률	41%	41%	41%	41%
변동판관비	300,000	300,000	300,000	300,000
고정판관비	250,000	250,000	250,000	250,000
영업이익	150,000	150,000	153,000	153,000
영업이익률	9%	9%	9%	9%
국외특수관계인 (달러화 손익계산서)				
매출	2,000	1,000	665	499

환율 변동	500원 /1$	1,000원 /1$	1,500원 /1$	2,000원 /1$
변동비	400	400	400	400
공헌이익	1,600	600	265	99
고정비	200	200	200	200
영업이익	1,400	400	65	(102)
영업이익률	70%	40%	10%	△20%

원화기준으로 거래하는 경우, 내국법인은 항상 9%의 영업이익률을 계상하는 데 비해 국외특수관계인의 영업이익률은 극심하게 변동한다.

(2) 달러화로 거래하는 경우

환율 변동	500원 /1$	1,000원 /1$	1,500원 /1$	2,000원 /1$
내국법인 (원화 손익계산서)				
매출	1,700,000	1,700,000	1,700,000	1,700,000
매출원가	500,000	1,000,000	1,500,000	2,000,000
매출총이익	1,200,000	700,000	200,000	(300,000)
매출총이익률	71%	41%	12%	-18%
변동판관비	300,000	300,000	300,000	300,000
고정판관비	250,000	250,000	250,000	250,000
영업이익	650,000	150,000	(350,000)	(850,000)
영업이익률	38%	9%	-21%	-50%
국외특수관계인 (달러화 손이계산서)				
매출	1,000	1,000	1,000	1,000
변동비	400	400	400	400
공헌이익	600	600	600	600
고정비	200	200	200	200
영업이익	400	400	400	400
영업이익률	40%	40%	40%	40%

달러화로 거래하는 경우, 국외특수관계인은 항상 40%의 영업이익률을 계상하는데 비해 내국법인의 영업이익률은 극심하게 변동한다.

2) 거래조건의 결정

(1) 내국법인의 거래 중단점

환율 변동	1,000원/1$	① 1,662원/1$	② 1,917원/1$	③ 1,917원/1$
상 황	현 재	9% 유지	거래 중단점	내국법인 이익 유지
내국법인 (원화 손익계산서)				
매출	1,700,000	1,700,000	1,700,000	1,700,000
매출원가	1,000,000	1,000,000	1,150,000	997,000
매출총이익	700,000	700,000	550,000	703,000
매출총이익률	41%	41%	32%	41%
변동판관비	300,000	300,000	300,000	300,000
고정판관비	250,000	250,000	250,000	250,000
영업이익	150,000	150,000	0	153,000
영업이익률	9%	9%	0%	9%
국외특수관계인 (달러화 손익계산서)				
매출	1,000	600	600	520
변동비	400	400	400	400
공헌이익	600	200	200	120
고정비	200	200	200	200
영업이익	400	(0)	(0)	(80)
영업이익률	40%	0%	0%	-15%

환율이 1,662원이 되는 경우(①) 내국법인은 영업이익률 9%이며 국외특수관계인의 영업이익률은 '0'이다. 환율이 1,917원이 되는 경우(②) 거래를 중단하는데 거래당사자들의 영업이익률이 모두 '0'이 되어 거래할 이유가 없기 때문이다. 1,917원에서 내국법인 이익을 9%로 유지하는 경우(③) 국외특수관계인은 상당한 손실을 입는다. 1,662원부터 1,917원 사이에서 내국법인의 영업이익률은 9%에서 0%로 감소한다. 이를 고려할 때 내국법인 거래구간은 다음과 같다.

1,662원	←――――――――――――――――――→	1,917원
정상 영업이익률 (영업이익률 9%)	영업이익률 감소 (영업이익률 9% ~ 0%)	거래 중단 (영업이익률 0%)

(2) 비교대상이 달러로 거래하는 경우

달러로 거래하는 비교대상을 원화로 거래하는 분석대상과 비교할 경우, 환율변동이 영업이익률에 미치는 영향을 제거해야 한다. 분석모델에서 △0.058×(현재환율－변동환율)을 비교대상의 영업이익률에 가산하여 환율변동으로 인한 영업이익률 변화를 보정할 수 있다.

2. 상품시장가격 하락에 따른 영업이익률 변동

1) 분석 모델

경쟁제품이 출현하거나 정부규제로 인해 가격이 하락하는 경우가 있다. 아래 예시에서 B제품의 용량은 A제품의 2배라는 점 이외에는 같은 제품이다.

제 품	매 출	매출원가	원재료		인건비		간접비		매출총이익	
A제품	19,950	19,131	9,227	46%	5,190	26%	4,714	24%	819	4%
B제품 (B/2A)	24,000 (60%)	31,660	18,455 (100%)	77%	6,240 (60%)	26%	6,965 (74%)	29%	(7,660)	△32%
B 정상가격 (B/2A)	33,000 (83%)	31,660	18,455 (100%)	56%	6,240 (60%)	19%	6,965 (74%)	21%	1,340	4%

A제품의 판매가격을 고려할 때 B제품의 정상가격은 33,000원이다. 그러나 정부규제로 인해 판매가격이 24,000원으로 정해지면, 예상되는 정상이익률 4%에 비해 현저하게 낮은 △32%의 이익률을 계상하게 된다.

2) 거래조건의 결정

위와 같은 상황에서 재판매가격법 또는 거래순이익률법을 적용하는 경우 정상 매출총이익률 또는 정상 영업이익률을 무엇으로 볼 것인지가 문제가 된다.

구 분	매 출	매출원가	재료비		인건비		간접비		매출총이익
B 재료비 조정(①)	24,000	23,005	9,800	41%	6,240	26%	6,965	29%	4%
B/2A	60%		53%		60%		74%		
B 재료비 조정(②)	24,000	23,905	10,700	45%	6,240	26%	6,965	29%	0%
B/2A	60%		58%		60%		74%		

위 표는 판매가격이 외부요인에 의해 결정되는 경우, 관리회계관점에서 거래범위를 나타낸다. 영업이익률 0% 이하면 거래를 중단한다. 이는 재료비가 10,700원 이하인 경우에만 거래를 계속한다는 의미이다. 거래는 정상가격에 해당하는 영업이익률 4%까지 이루어지는데, 이는 재료비 9,800원까지를 의미한다. 거래는 재료비 9,800원(4%)부터 10,700원(0%) 사이에서 일어난다. 이 가격범위 어디에서 거래가 성사될지는 거래당사자들의 협상력에 달려 있다.

분석대상과 비교대상이 다른 국가에 소재한다면, 국가차이를 조정해야 한다. 국가차이를 조정하는 가장 간단한 방법은 이들 국가의 단기(1년) 공채이자율을 비교하는 것이다. 예를 들면, 멕시코와 미국의 평균 단기공채이자율 차이는 1992년부터 1995년 사이에 17.7%였다. 이는 국가위험, 인플레이션 및 환위험을 합한 전체위험을 나타낸다. 공채이자율 차이 17.7%는 멕시코 비교대상의 유동자산에 대한 영업이익 가산율을 의미한다. 예를 들면, 유동자산이 500이라면 88.5(500×17.7%)를 비교대인의 영업이익에 가산한다.(TP Handbook 34)

사례 국가위험의 조정

1.(국가위험 단순조정) T사는 A국에서 영업하는 하청제조업자이며, 비교대상 C사는 B국에서 영업하는 하청제조업자이다.

	T사 (A국)	C사 (B국)
매출	100	120
총원가	80	90
영업이익	20	30
영업자산	80	100

A국의 국가위험은 B국의 국가위험보다 높은 것으로 평가되며 이러한 국가위험차이를 조정해야 한다. 조정은 국가위험가산율(premium)에 따라 영업자산에 대한 추가수익을 반영해 C사의 영업이익을 조정하여 이루어진다. 장기공채 평균수익률을 국가위험가산율의 기준치로 사용할 수 있다. A국의 장기공채 평균수익률은 9%이고 B국은 5%이다. 이에 따른 수익률 차이는 4%이다. 국가위험 차이조정은 다음과 같다: [C사 영업자산] × [국가위험가산율] = 100×4% = 4

가산이익 4는 비교가능성 분석목적상 C사가 부담하는 개념적 국가위험에 대한 증액조정에 해당하며, C사 영업이익에 가산된다. C사의 영업이익은 30에서 34로 증가된다.

2.(캐나다 사례) A사는 A국에서 영업하는 제한적 위험을 가진 기업이다. 가능한 비교대상들이 C국에 있다. 기능분석에 따라, 자산수익률(ROA)을 적절한 이익수준지표로 선택한다.

조정되지 않은 비교대상의 자산수익률(%)

	2011년	2012년	2013년	2014년	2015년	평균
최소값	10.6	△0.34	0.75	0.56	△10.06	△1.61
2/4분위값	10.16	5.21	5.60	5.05	2.21	5.65
중앙값	13.52	12.21	10.18	7.59	6.72	10.04
3/4분위값	16.60	19.18	18.67	13.70	10.58	15.75
최대값	36.37	28.98	22.19	21.83	27.04	27.28
평균값	13.67	13.25	11.66	9.56	6.86	11.00
분석대상	3.45	△6.21	3.21	1.25	△4.17	△0.51

A국과 C국의 국가차이를 조정하기 위해 비교대상들에 국가위험가산율을 적용하는 것이 합리적이다. 분석대상연도에 비교대상들에게 이론적 국가위험가산율을 적용하기 위해, 국가위험가산율을 계산하여 자산수익률에 가산한다. 조정되지 않은 비교대상들의 이익수준지표를 단순히 비교하는 것은 옳지 않은데, 투자지역의 차이와 관련된 위험이 고려되지 않기 때문이다. 5~10년 공채수익률은 무위험수익률에 대한 실용적 투자지표가 된다. 국가위험 차이조정을 하기 위해 A국과 C국의 10년 만기 공채수익률을 비교하면 다음과 같다.

10년 만기 공채수익률(1년 이자율) 차이 (%)

	2011년	2012년	2013년	2014년	2015년
A국	4.05	4.09	2.69	3.60	3.16
C국	7.55	5.11	4.16	7.53	11.79
차이	3.50	1.02	1.47	3.93	8.63

분석대상연도에 C국의 비교대상들에 국가위험가산율을 적용하기 위해, 공채수익률 차이를 비교대상들의 자산수익률에 가산한다.

조정된 비교대상의 자산수익률(%)

	2011년	2012년	2013년	2014년	2015년	평균
최소값	4.56	0.68	2.22	4.49	△1.43	2.10
2/4분위값	13.66	6.23	7.07	8.98	10.84	9.36
중앙값	17.02	13.23	11.65	11.52	15.35	13.75
3/4분위값	20.10	20.20	20.14	17.63	19.21	19.46
최대값	39.87	30.00	23.66	25.76	35.67	30.99
평균값	17.17	14.27	13.13	13.49	15.49	14.71
분석대상(%)	3.45	△6.21	3.21	1.25	△4.17	△0.51

조정의 결과 비교대상들의 자산수익률은 증가된다. 이 경우 매년 중앙값을 기준으로 분석대상의 자산수익률을 조정해야 한다.

5. 거래의 계약조건(contractual terms)

거래란 당사자들의 상업재정관계의 결과 또는 표현이다. 관계거래는 서면계약으로 공식화되는데 이는 계약이 체결되는 때에 계약에 포함된 거래의 양상과 관련하여 당사자들의 의지를 반영한 것으로 보통 책임의 구분, 의무와 권리, 식별된 위험의 추정, 가격조건 등이 포함된다. 서면계약의 합의를 통해 특수관계기업들이 거래를 공식화하는 경우, 이러한 합의는 관계거래를 기술하는 출발점이 되며 계약체결 당시에 책임, 위험 및 거래로 인한 예상결과를 어떻게 분할하기로 했는지 보여 준다. 거래조건은 또한 서면계약이 아닌 당사자들 간의 의사소통에서도 발견된다.(TP §1.42) 계약조건을 분석하기 위해서는 다음 항목을 검토해야 한다.(Reg §482-1.d.3. ii .a)

1. 대금결제방식
2. 판매 및 구매 수량
3. 사후보증기간 및 조건
4. 신제품으로의 교환 및 변경 요구권
5. 면허권 및 약정의 존속기간, 철회권, 갱신권
6. 부수적 용역제공계약과 같은 사업관계의 계속성
7. 신용 및 지급기간의 연장

그런데, 서면계약만으로 이전가격분석을 수행하는데 필요한 모든 정보를 얻거나 또는 그 계약조건에 대한 자세한 정보를 얻을 수는 없다. 다른 4가지 유형의 경제적 관련특성에 따른 상업재정관계에 대한 증거를 검토하여 추가 정보를 수집해야 한다. 사용자산과 부담위험을 고려하여 거래의 각 당사자가 수행하는 기능, 거래되는 재화나 제공되는 용역의 특성, 당사자들의 경제상황과 당사자들이 활동하는 시장의 경제상황, 당사자들이 추구하는 사업전략이 그것이다. 이러한 5가지 유형의 경제적 관련특성의 분석에서 모두 특수관계기업들의 실제거래의 증거를 볼 수 있다. 이 증거는 유용하고 일관된 정보로서 서면계약조건의 내용을 분명하게 한다. 계약해석의 원칙을 고려할 때 명시적이든 묵시적이든 계약이 거래의 경제적 관련특성을 보여주지 않는 경우, 이전가격목적상 이러한 특성을 검토하여 확인한 증거로 계약에 나타난 정보를 보완해야 한다.(TP §1.43)

사례 상업재정관계를 식별하여 서면계약조건을 보완하는 상황(TP §1.44)

S사는 P사가 소유하는 완전자회사로 P사 상표의 상품을 S국 시장에서 판매하는 대리인이다. P사와 S사의 대리인계약에는 S국에서 당사자들이 수행하는 마케팅 및 광고활동에 대한 규정이 없다. 다른 경제적 관련특성, 특히 수행기능의 분석을 통해 S사가 S국에서 상표를 알리기 위해 적극적 매체광고를 했다고 확인된다. 이 광고를 위해 S사는 상당한 투자를 했다. 당사자들의 활동에 따른 증거에 기초하여, 서면계약은 당사자들의 상업재정관계를 모두 반영하지 않는다고 결론지을 수 있다. 이에 따라, 서면계약에 기재된 조건에만 한정하여 분석하지 않고 당사자의 활동에 대해 추가 증거를 수집해야 하는데, 이에는 S사가 수행한 매체광고 등이 포함된다.

(1) 서면계약 여부

① 서면계약이 있는 경우

거래가 형성되기 전에 이미 위험부담 및 기타 거래조건에 대해 계약이 체결되어 있는 경우에는 그 계약조건이 거래의 경제적 실질을 반영하고 있는 한 합리적인 것으로 간주된다. 즉 당사자 간의 실질거래는 우선적으로 존중되어야 한다.(Reg §482-1.d.3. ii .B) 예를 들면, 성공불 조건으로 해외자회사에 정부자금 및 자기자금을 대여한 경우, 대여한 시점부터 석유자원탐사의 성공으로 거치기간이 만료되는 기간까지는 이자가 발생하지 않고 상환의무도 없는 것이므로 그 기간 동안 별도로 이자를 수취하지 않은 거래는 정상거래원칙에 부합한다.(재국조-348, 2015.7.31.)

② 서면계약이 없는 경우

서면계약이 없는 경우, 거래의 경제적 관련특성을 식별하여 그에 따른 실제행위의 증거로부터 실제거래를 유추해야 한다. 다국적기업들의 거래에 대한 상업재정관계의 실제 결과를 파악하지 못하지만 그럼에도 불구하고 상당한 가치의 이전이 이루어진 경우에는 그 조건을 당사자들의 행위로부터 유추할 필요가 있다. 예를 들면, 기술지원이 이루어지거나, 의도적 협력행위(concerted action)를 통해 동반효과(synergies)가 생기거나, 파견직원을 통해 노하우를 제공하는 경우가 있다. 다국적기업들은 이러한 관계를 인식하지 않거나, 관련 거래가격에 반영하지 않거나, 서면계약에 공식화하지 않거나, 회계시스템의 계정과목으로 처리하지 않는다. 거래가 공식화되지 않은 경우, 당사자들의 행위에 따른 가능한 증거들로부터 모든 특성들을 유추해야 하는데, 이에는 실제의 수행기능, 사용자산 및 부담위험이 포함된다.(TP §1.49)

사례 **다국적기업이 거래를 인식하지 않는 경우**(TP §1.50)

P사와 자회사들의 상업재정관계를 검토하면 자회사들이 P사가 계약한 독립기업으로부터 용역을 제공받는 것으로 나타난다. P사는 이 용역에 대해 대가를 주며, 자회사들은 P사에게 직접 또는 다른 거래를 통해 간접적으로 이를 보상하지 않으며, P사와 자회사들 간에는 용역계약이 없다. 결론적으로, 독립기업이 자회사들에게 용역을 제공하는 것에 더하여 P사와 자회사들 간에 상업재정관계가 있으며, P사로부터 자회사들에게 무언가 가치가 이전되고 있다.

예를 들면, 특별한 약정이 없이 특수관계인 어느 한 쪽이 제품을 생산한 후 이들 제품을 모두 상대방에게 판매하는 경우 별도의 판매계약이 없더라도 판매계약이 있는 것으로 간주한다. 이 경우 판매행위로부터 발생하는 위험은 생산자보다 구매자가 더 많이 부담한다고 본다. 생산자는 제품 모두를 특수관계인에게 판매할 수 있으므로 판매행위에 대한 위험을 부담하지 않아도 되기 때문이다. 경우에 따라서는 일반적인 상관습에 의해 위험부담의 문제가 해결된다. 예를 들면, 별도의 약정이 없는 경우 일반적으로 상품대가는 구매자가 상품을 인도받는 때에 지불하는 것으로 간주된다.(Reg §482-1.d.3. ii.B)

사례 **경제적 실질에 따라 가정한 계약조건**(Reg §482-1.d.3. ii.c)

미국법인 T는 외국에 있는 모회사 U가 생산한 시계를 미국 내에서 독점적으로 판매하며, 그 제품은 기존에 미국 내에서 전혀 알려지지 않은 상표로 판매된다. 제삼자 외국 시계제조자의 미국 내 독립대리인이 미국 내 시장에서 비슷한 판매활동을 한다. 1차년도부터 6차년도까지 T는 미국 내에서 시계를 마케팅하고 판매한다. T는 6년 동안 많은 광고비를 투입하여 U의 상표를 홍보해 왔으며, 이 비용은 다른 유사 유통업체가 비슷한 광고에 투자하는 비용보다 훨씬 크고, 이 비용에 대해서 U로부터 보상을 받은 적도 없다. 이러한 추가활동을 제외하고 비교가능성을 높이기 위한 조정을 한 후에 독립대리인의 시계가격은 T가 지급하는 시계가격의 비교대상이 될 수 있다고 가정한다. 7년째 되는 해에 U의 상표는 미국 내에서 독립대리인의 시계에 비해 상당한 명성을 얻기 시작했다. 이러한 가격상승효과는 모두 U에게 귀속되었는데, 예를 들면 t에게 공급하는 시계가격을 높게 책정하는 등의 방법을 사용했다.

7년째 되는 해에 U와 T사이의 거래에 대한 정상가격을 결정함에 있어, 과세당국은 양자 간의 그 동안 거래현실을 감안해야 한다. U와 T가 특수관계인이 아니라면, T가 아무런 반사이익을 고려함이 없이 그렇게 많은 비용을 투입하리라고 생각되지는 않는다. 즉 정상적인 기업운영을 하는 자라면 광고비용의 투자로 인해 장래에 더 많은 수익창출을 기대한다. 따라서 비록 U와 t 사이에 상표권의 사용계약이 없다하더라도 거래의 현실을 고려하여 양자사이에는 상표권 내지는 지명도를 장기간 이용할 수 있도록 하는 묵시적 계약이 있었다고 간주한다. T는 장래의 효익을 기대하고 그 동안 광고활동을 한 것으로 본다. 따라서 이러한 경제현실을 반영해 U가 누리는 가격할증효과 중 U의 상표권에 귀속하는 부분은 t에게 적당하게 배분되어야 한다. 또한, 위의 사실로 인해 단순 판매대리만을 하는 독립기업은 U의 비교대상이 될 수 없다.

(2) 실제거래에 근거한 거래의 재구성

경제적으로 관련되는 거래의 특성이 특수관계기업들 간의 서면계약과 일치하지 않는 경우, 일반적으로 이전가격목적상 당사자들의 행위를 반영하는 거래의 특성에 따라 실제거래를 기술해야 한다.(TP §1.45) 이 때 특수관계인이 대안을 채택한 것으로 보아 거래를 재구성하는 것은 아니고, 다만 소득차이를 조정한다.(Reg §482-1.f.2. ii .a)

독립기업들 간의 거래에서 당사자들의 이해관계의 대립으로, 당사자들의 이해를 반영해 계약조건이 체결되며, 당사자들은 보통 상대방이 계약조건을 준수하도록 하며, 양 당사자들의 이해관계가 일치하는 경우에만 계약조건이 무시되거나 개정된다. 특수관계기업들의 경우 이러한 이해관계의 대립이 이루어지지 않거나 있더라도 통제를 통해 관리되므로 오로지 계약합의에 따라 이루어지지는 않는다. 그러므로 당사자들의 실제행위에 반영된 조건이 서면계약조건과 실제로 일치하는지, 또는 특수관계기업의 실제행위를 볼 때 계약조건이 지켜지지 않고 실제거래를 반영하지 않으며 기업의 특성이 잘못 구분되거나 거짓인지 여부를 판단하기 위해 특수관계기업들 간의 상업재정관계를 고려하는 것이 특히 중요하다. 행위가 경제적으로 중요한 계약조건과 전반적으로 일치하지 않는 경우 실제거래를 식별하기 위해 추가분석이 필요하다. 특수관계기업들 간의 계약조건과 실제행위 사이에 중요한 차이가 있는 경우 실제로 수행한 기능, 계약조건의 맥락에서 본 실제로 사용한 자산 및 실제로 부담한 위험에 따라 사실관계를 결정하고 실제거래를 정확히 기술해야 한다.(TP §1.46)

관계기업들 간에 어떠한 거래가 합의되었는지에 대한 의문이 있는 경우, 거래의 경제적 관련특성에 따른 관련증거를 모두 검토할 필요가 있다. 이 경우, 특수관계기업들 간의 거래조건은 시간이 가면서 바뀔 수 있다는 사실을 염두에 두어야 한다. 거래조건이 바뀐 경우, 당초거래가 변경일 이후 새로운 거래로 대체되었는지 아니면 당초거래에 대한 당사자들의 의도를 반영해 변경되었는지 판단하기 위해 변화를 초래한 상황을 검토해야 한다. 거래의 결과를 이미 알고 변경을 한 경우에는 특별한 주의를 기울여야 한다. 위험의 결과를 이미 안다면 위험을 가정하여 이루어진 변경은 위험의 추정으로 보지 않는데,

그 경우 이미 어떤 위험도 없기 때문이다.(TP §1.47)

관계기업들은 독립기업들에 비해 협상력과 공동이익이 크므로 극단적인 장기계약 또는 독립기업들에게는 가능하지 않은 특별한 무형자산의 이전과 같은 거래조건이 만들어지기도 한다.(UT §5.3.5.20) 어떤 경우는 독립기업들에서 나타나지 않는 거래구조가 다국적기업그룹 내에서 발견되기도 한다. 예를 들면, 단기계약 하에 영업하는 독립판매인의 이익은 단기계약에 대한 조정을 하지 않으면 장기계약의 특수관계기업들의 이익과 비교할 수 없다.(UT §5.3.5.21)

사례 서면계약조건과 당사자들의 행위에 차이가 있는 경우(TP §1.48)

S사는 P사의 완전자회사이다. 당사자들은 서면계약을 체결하여 P사가 지식재산권을 S사의 사업에 사용할 수 있도록 S사에게 대여한다. S사는 P사에게 사용료를 지급하기로 약정한다. 다른 경제적 관련특성에 따른 증거들과 특히 수행기능을 보면, P사는 제삼자고객들과 S사의 판매를 위해 협상하며 S사에게 주기적인 기술용역을 제공하여 S사가 고객에게 약정된 판매를 하도록 도와주며, 주기적으로 직원을 파견하여 S사가 고객과의 계약을 이행하도록 한다. 대부분의 고객은 S사와 공동으로 P사를 계약상대방으로 요구하는 반면 수수료는 계약에 따라 S사에게 지급한다. 상업재정관계의 분석에 따르면, S사는 P사로부터 상당한 지원을 받지 못하면 고객에게 계약된 용역을 제공할 수 없으며 자체능력으로 개발할 수 없다. 계약에 따라 P사는 S사에게 사용권을 주지만, 사실상 S사 사업의 위험과 결과를 통제하므로 P사는 계약에 맞추어 위험과 기능을 이전하지 않았으며 허가권자(licensor)으로 활동하는 것이 아니라 주거래자(principal)로 활동한다. P사와 S사의 실제거래를 서면계약조건으로만 식별해서는 안 된다. 그 대신 당사자들의 행위로부터 실제거래를 확인해 실제의 수행기능, 사용자산, 부담기능이 서면의 권리허여계약과 일치하지 않는다는 결론을 낼 수 있다.

6. 경제적 환경

6.1 시장의 차이

(1) 시장차이의 의미

같은 재화나 용역이 포함된 거래에 대해도 서로 다른 시장들에서 정상가격은 다양할 수 있다. 그러므로 비교가능성을 찾는 것은 독립기업과 특수관계기업이 활동하는 시장에 있어 가격에 중요한 영향을 미치는 차이나 적절한 조정을 할 수 없는 차이가 있으면 안 된다. 첫 단계로, 가능한 대체 재화나 용역을 고려한 관련시장을 식별하는 것이 필수적이다. 시장의 비교가능성을 결정하는데 관련된 경제적 환경에는 다음과 같은 것들이 있다. 경제상황의 차이가 가격에 중요한 영향을 미치는지, 이러한 차이로 인한 효과를 제거하기 위해 합리적으로 정확한 조정이 가능한지 여부를 사실관계를 고려하여 판단해야 한다.(TP §1.130, §1.131, Reg §482-1.d.3.iv)

1. 시장수준(도매, 소매), 시장전체의 수요·공급과 특정시장의 수요·공급, 소비자 구매력, 거래일시 및 지리적 시장의 유사성
2. 경쟁정도, 경쟁에 있어서 구매자나 판매자의 상대적 지위, 대체 재화나 용역의 활용가능 정도와 그에 따른 위험정도
3. 시장전체의 수요·공급량과 특정지역의 수요·공급량, 일부 경우 소비자의 구매력
4. 시장에 대한 정부규제의 성격과 범위, 토지·노동·자본을 포함한 생산원가, 수송비용
5. 사업주기, 생산주기 등의 경제주기(economic cycle)

(2) 시장수준의 차이

시장수준 차이는 매출규모 차이를 의미한다. 매출규모 차이는 영업이익률과 매출총이익률의 차이를 유발하지만, 그 크기는 개별제품의 원가구성 형태 및 시장 형태에 좌우된다. 이를 규모의 경제 또는 규모의 불경제라고 한다.

비교대상과 분석대상의 매출규모에 있어 현저한 차이가 나는 경우 비교가능성은 희박하지만, 어느 정도 매출규모 차이가 있으면 비교대상에서 제외할 것인지는 명확하지 않다. 예를 들면, 처분청이 조사한 '피자류업체의 매출액 및 영업이익'에 의하면 1992년~1994년 동안 a물산 등 국내에 진출해 있는 다른 피자제품 판매회사를 청구법인과 대비해 볼 때 매출액은 3.9%~21.2%, 영업이익은 0.2%~16.3%에 불과하여 a물산 등이 청구법인보다 현저히 낮은 것으로 나타나고 있다. a물산 등은 비교연도별 매출액, 영업이익 및 시장점유면에서 청구법인과 서로 다른 상황이므로 청구법인과는 거래상황이 유사하다고 볼 수 없으며 상황간의 차이를 제거할 수 있는 합리적 조정이 불가능하다고 보이는 반면, 관련회사와 청구법인과 거래조건이 비슷하고 비교가능성이 높으며 상황 간에 차이가 비슷한 관련회사와 제삼자관계에 있는 일본 등 10여 개국 기술도입자의 기술사용료에는 모두 음료 등의 판매분이 포함되어 있으며, 또한 청구법인의 기술사용료율이 일본을 제외하고는 관련회사와 다른 국가의 기술도입자들과 맺은 기술사용료율보다 높지 않음이 확인되므로 청구법인이 지급하는 기술사용료는 국외특수관계가 없는 자 간의 국제거래에 있어 시가로 봄이 타당하다.(국심 1997서0049, 1998.12.17.)

'비상장주식평가심의위원회 설치 및 운영에 관한 규정'에서는 매출액이 5배를 초과하는 경우 비교대상에서 제외한다. 비교하는 경우에는 다음과 같은 방법으로 조정한다.

① 가중평균법

매출규모 차이에 대해 아래 가중평균법을 적용하여 적정 매출총이익률을 구한다.(미국세청 사례)

$$\frac{\text{비교대상 총이익률} \times \text{비교대상 판매량} + \text{분석대상 총이익률} \times \text{분석대상 판매량}}{\text{비교대상 판매량} + \text{분석대상 판매량}}$$

② 동일업종 추세분석법

동일업종 기업들의 매출총이익률을 기준으로 비교대상의 매출총이익률을 조정하는 방법이다. 추세분석법은 개별거래의 특성을 보완하기 위해 통계적 방법을 사용하는 것이므로 산업평균율을 직접 적용하는 것과는 다르다. 아래 사례에서 분석대상이 5구간에 있고 비교대상이 2구간에 있다면 2구간(25%)과 5구간(15%) 매출총이익률의 차이 10%를 산출하여 분석대상의 매출총이익률을 감산 조정한다.

| 도매 및 상품중개업의 매출총이익률 추세(단위 : 백만원) |

기업수	평균매출	총이익	총이익률
50(1구간)	4,838	1,072	22%
50(2구간)	23,218	5,816	25%
50(3구간)	57,189	12,360	22%
50(4구간)	87,963	13,090	15%
50(5구간)	139,357	21,416	15%
50(6구간)	327,692	44,114	13%
19(7구간)	2,701,891	264,524	10%
계 319	3,342,149	362,392	11%

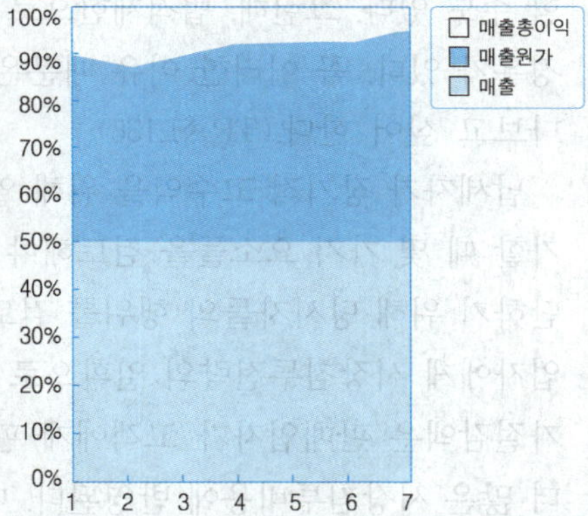

6.2 국외비교대상

국외에서 비교대상을 선택하는 경우, 지리적 시장의 차이로 인한 영향을 조정해야 한다. 지리적 시장의 차이가 있는 경우 지리적 이점이 발생할 수 있다.

7. 특별한 상황(extraordinary market conditions)

7.1 사업전략(business strategy)

(1) 사업전략의 평가

사업전략 또한 거래를 기술할 때와 이전가격목적상 비교가능성을 판단할 때 검토되어야 한다. 사업전략은 기업의 여러 면을 고려해야 하는데, 이에는 혁신과 신상품개발, 다양화의 정도, 위험회피, 정치적 변화의 평가, 기존 및 향후 노동법의 고려, 계약기간 및 사업의 일상적 수행에 내재된 기타요소들이 있다.(TP §1.134)

납세자가 사업전략을 추구하여 비교대상과 차이가 나는지 평가할 때 시점의 문제(timing issues)는 과세당국에 특별한 문제를 야기한다. 시장침투나 시장점유율확대(expansion of market share)와 같은 사업전략들은 납세자의 미래수익의 증가를 예상하여 현재수익이 감소되는 상황을 나타낸다. 납세자가 의도한 사업전략이 실제로 이루어지지 않았기 때문에 미래에 수익증가가 실현되지 않으면, 이전가격결과에 적절한 조정이 필요할 수도 있다. 그런데, 법적제한으로 과세당국이 이전연도들에 대한 재조사를 할 수 없는 경우가 있다. 꼭 이러한 이유 때문은 아니지만 과세당국은 사업전략문제를 특별히 들여다보고 싶어 한다.(TP §1.136)

납세자가 장기적 고수익을 위해 일시적으로 수익이 낮아지는 사업전략을 택했는지 평가할 때 몇 가지 요소들을 검토해야 한다. 과세당국은 의도된 사업전략과 일치하는지 판단하기 위해 당사자들의 행위를 검토해야 한다. 예를 들면, 제조업자가 관계회사인 판매업자에게 시장침투전략의 일환으로 시장가격보다 낮은 가격에 공급하면 판매업자의 원가절감액은 판매업자가 고객에게 판매하는 가격에 반영되거나 판매업자에게 발생되는 더 많은 시장침투비용에 반영된다. 다국적기업그룹의 시장침투전략은 제조업자 또는 제조업자와 따로 활동하는 판매업자(그 결과로 인한 비용을 둘 중 하나가 부담), 또는 이 둘이 협력하는 방식으로 진행된다. 더 나아가, 시장침투나 시장점유율확대 전략에는 집중적인 마케팅이나 광고노력이 수반된다. 고려해야 할 또 다른 요소는 관계거래의 당사자들 간 관계의 성격이 사업전략의 비용을 부담하는 납세자와 일치하는지 여부이다. 예를 들면, 정상거래에서 장기적 시장개발에 대한 책임이 작거나 없는 판매대리인으로 활동하는 회사는 일반적으로 시장침투전략의 비용을 부담하지 않는다. 회사가 자기위험으로 시장개발활동을 수행하여 상표나 상표명(trade name)을 통한 상품가치를 높이거나 또는 그 상품과 관련된 영업권을 증가시키는 경우, 이러한 상황이 비교가능성을 확인하기 위한 기능분석에 반영되어야 한다.(TP §1.137)

사업전략을 따르면, 정상거래에서 인정되는 기간내에 비용을 정당화할 정도의 수익을 창출할 수 있다는 합당한 예측이 있는지 추가적으로 따져 봐야 한다. 시장침투와 같은 사업전략은 실패할 수 있으며, 실패 그 자체로 이전가격목적상 사업전략을 무시해서는 안 된다. 그런데 거래 당시에 이러한 예상결과가 타당하지 않거나, 사업전략이 성공하지 못하였지만 그럼에도 불구하고 독립기업이 하였을 범위를 넘어 계속했다면, 사업전략이 정상적인지 의심스러우므로 이전가격조정을 할 수 있다. 독립기업이 어느 정도의 기간을 받아들일 수 있는지 판단할 때, 과세당국은 사업전략이 시행된 국가에서 이루어진 사업전략에 대한 증거를 고려해야 한다. 그렇지만, 가장 중요한 것은 해당전략에서 예상되는 미래에 수익성이 있을 것으로 예측한 것이(그 전략이 실패할 수 있다는 것을 알지만) 타당한지이며, 정상적으로 활동하는 당사자도 그러한 경제상황과 경쟁조건에서 비슷한 기간 동안 수익성을 희생할 준비가 되어 있는지 여부이다.(TP §1.138)

(2) 시장점유정책

다국적기업들이 전략적으로 취할 수 있는 시장점유정책은 시장침투정책(market penetration strategy), 시장확대정책(market expansion strategy), 시장유지정책(market maintenance strategy)의 세 가지로 나눌 수 있다.(UT §5.3.2.51) 시장에 침투하거나 시장점유율을 높이려는 시도를 하는 납세자는 상품의 가격을 동일시장의 비교상품 가격보다 일시적으로 낮춘다. 또한, 새로운 시장에 진입하거나 시장점유율을 높이려는(또는 방어하려는) 납세자는 일시적으로 높은 비용을 부담하여(예 창업비용이나 마케팅활동 증가) 동일시장에서 활동하는 다른 납세자보다 이익수준이 낮게 된다.(TP §1.135)

시장점유정책은 이전가격세제대상이 아니다. 예를 들면, A는 갑약품이 1999년부터 을로부터 수입하여 판매하는 의약품으로서 A매입거래의 매출총이익률(72.83%)이 처분청이 비교대상 거래로 삼은 다른 거래의 매출총이익률(메바코 52.44%, 메바로친 69.19%)보다 높게 나타나는 바, 매출단가는 국내보험수가에 따라 동일하게 결정되므로 이러한 차이는 매입단가의 차이에서 기인한다. 그런데 증권거래소에 공시된 갑약품의 사업보고서 중 손익계산서, 재무상태표 및 부속서류 등의 심리자료에 의하면, A관련 2000년도 매출총이익률이 72.83%이던 것이 2001년도에는 46.20%로 현저히 감소하고, 을로부터 갑약품이 수입하는 A가격 또한 1999년 277원, 2000년 268원, 2001년 772원으로 변경된 점으로 보아, 국내에 새로이 진출하는 을이 시장점유전략을 시행하여 수입단가를 낮게 하는 것이 유리한 것으로 판단하여 A가격을 의도적으로 낮게 한 것으로 보인다. 따라서 이러한 시장점유정책에 따른 특수한 상황에서 A의 수입초기 가격이 결정되었음에도, 수입된 지 수년이 지난 청구법인의 B를 A와 비교한 것은 이러한 차이를 고려하지 않은 잘못이 있으므로, B를 A 매입거래의 비교대상 거래로 볼 수 없다.(국심 2002중1144, 2003.3.28.)

다국적기업이 시장의 확대나 유지 정책을 추구하는 경우, 경쟁브랜드의 사용자를 유치하거나, 현재의 사용자들이 더 사용하도록 유도하거나, 상품을 사용하지 않는 사람들을 유치하는 전략에 초점을 둔다. 이러한 3가지 전략들은 기본적으로 다음 두 가지 방법을 사용한다. 정상적인 원가배분액을 계산하기 위해 아래 방법들과 관련하여 발생하는 원가는 명백히 구분하는 것이 바람직하다.(UT §5.3.2.53)

1. 시장에서 경쟁력을 높이기 위해 상품가격을 할인해 일시적으로 상품가격을 낮게 책정
2. 현금할인, 공짜 샘플, 보증기간연장 등의 광고나 판촉 활동 증가를 위한 마케팅 및 판매 비용의 인상, 영업직원, 수수료대리인이나 판매상 증원을 통한 마케팅 활동 촉진, 판매상에 대한 지급수수료의 인상

다국적기업이 자회사를 통해 새로운 시장에 진입하거나 시장점유율을 높이는 경우, 마케팅무형자산의 생성이나 상표, 상호 등과 같은 상품관련 무형자산의 가치증가와 관련한 문제가 발생한다. 시장조사, 시장요구에 부응하는 상품의 디자인이나 기획, 마케팅이나 판매촉진 전략, 판매후서비스, 판매망(networks of dealers) 및 판매/수수료 대리인은 마케팅무형자산의 생성에 기여하는 것으로 평가된다.(UT §5.3.2.55)

이러한 전략 여부가 특수관계기업들 간의 거래가격에 반영되어 있는지는 거래당사자 중 누가 가격전략으로부터 발생하는 손실을 부담하는가를 보면 알 수 있다. 독립거래도 비슷한 상황에서 비슷한 기간 동안 비슷한 시장점유전략을 실시했다는 것을 입증한다면 관계거래도 정당한 것으로 인정된다. 이 경우 특수관계기업은 다음을 입증해야 한다.(Reg §482-1.d.4. i)

1. 시장점유정책을 수행하기 위해서 필요한 비용은 그 전략의 진행결과로 인해 수익을 얻을 것으로 기대되는 자에 의해서 부담된다. 그리고 그 비용에 상응하는 미래의 수익을 창출해야 한다.
2. 시장점유정책은 제품 또는 소속되어 있는 산업의 특성을 고려하여 적당한 기간 내에 이루어지는 것이어야 한다.
3. 특수관계인 간의 시장점유정책, 관련비용, 기대수익, 기타 관련비용의 배분 등은 그 전략이 집행되기 전에 수립되어야 한다.

사례 시장확대를 위한 자회사 마케팅비용의 분담(국내기업 사례)

내국법인 K는 미국의 독립기업인 유통회사 A를 통해 제품을 미국에서 판매하는 한편, 미국 내 자회사 UK를 설립하여 판매확장을 꾀하고 있다. A는 주로 미국 내 아시아인에게 제품을 판매하며 이미 상당한 인지도를 확보하여 기존시장의 유지가 영업전략이다. 반면, UK는 백인 및 히스패닉을 대상으로 새로운 시장을 개척하기 위해 상당한 마케팅비용을 투자하며, 이 비용은 전액 K의

수출가격에서 조정된다. 이 경우, 동일제품을 미국 내 여러 개 분할된 시장에서 판매하는 것이므로 시장차이에 따른 마케팅비용을 조정하고, 한국 과세당국과 미국 과세당국을 모두 만족시키기 위해서는 독립거래와 관계거래에서 같은 영업이익을 실현할 수 있도록 조정하는 것이 적절하다.

내 역	유통회사(A)	자회사(조정 전)	자회사(조정 후)
본사의 매출	100	90	92.86
본사매출원가	70	70	70
매출총이익	30	20	22.86
판관비	5	5	5
본사영업이익(a)	25(25%) : 71%	15(17%) : 60%	17.86(19%) : 71%
자회사의 매출	120	120	120
자회사매출원가	100	90	92.86
매출총이익	20	30	27.14
판관비	10	20	20
자회사 영업이익(b)	10(8%) : 29%	10(8%) : 40%	7.14(6%) : 29%
영업이익 계(a+b)	35	25	25

마케팅비용을 전액 K가 부담하면 K의 영업이익은 감소한다. 이 경우, 거래순이익률법을 적용하여 K가 전부 부담하는 마케팅비용을 분담해야 한다. 결합영업이익에 대한 비율을 일치시키면 UK의 매입가격은 92.86으로 조정된다. 결과적으로 UK 마케팅비용의 28%인 2.86을 K가 부담한다.

(3) 기술력(technology)의 변화

기술창안자(innovator)의 경우, 초기에는 상당한 마케팅비용을 사용하여 새로운 상품의 우수성을 선전하는데 이는 시장점유정책과 같은 이전가격결과를 낳는다. 또한 경쟁자의 입장에서는 기존시장을 유지하기 위한 시장유지정책(market maintenance strategy)을 쓰게 되어 상품가격을 인하하거나 연구개발비용을 증가시키게 된다.

7.2 지속적 손실, 내부대체가격, 가동률 차이

(1) 손 실

다국적기업그룹 전체로는 이익을 실현하지만 어느 특수관계기업은 계속 손실이 발생한다는 사실은 이전가격조사를 하는 계기가 된다. 물론, 독립기업처럼 특수관계기업도 과다한 창업비용, 불리한 경제여건, 능률 또는 인정될 만한 다른 사업상 이유로 인해 실제로 손실이 발생할 수 있다. 그러나 독립기업들은 언제까지나 계속되는 손실을 감수할 수 없다. 반복되는 손실을 경험하는 독립기업은 결국 그 사업을 그만두게 된다. 이에 비해, 손실을 보는 특수관계기업은 그 사업이 그룹전체에 이익을 준다면 그 사업을 계속한다.(TP §1.149) 다국적기업그룹 내의 손실발생기업이 이익실현기업과 사업을 한다는 사실은 납세자나 과세당국이 이전가격을 확인해야 한다는 의미이다. 손실발생기업은 그 사업으로부터 발생하는 이익에 대한 보상을 자신이 속한 다국적기업그룹으로부터 적절하게 받아내지 못하는 경우가 있다. 예를 들면, 다국적기업그룹은 전체적으로 경쟁력을 갖추고 이익을 내기 위해 다양한 제품과 용역을 생산할 필요가 있지만, 개별제품군에 따라 손실을 보는 경우도 보통 있다. 다국적기업그룹 내의 손실발생기업은 이익을 내는 제품을 생산하는 기업들과 달리 손실을 보는 제품만을 생산함으로써 계속 손실을 보게 된다. 독립기업이라면 적절한 용역대가를 받을 때에만 그러한 활동을 한다. 따라서 이런 종류의 이전가격문제에 접근하는 방법은 정상거래원칙에 따라 독립기업이 받을 수 있는 수준의 용역대가를 그 손실발생기업이 받아야 한다고 보는 것이다.(TP §1.150)

손실분석에서 고려해야 하는 요소들 중 하나는, 다국적기업그룹에 따라 다양한 역사적, 경제적, 문화적 이유에 의해 사업전략이 달라질 수 있다는 것이다. 적절한 기간 내의 반복적 손실은 시장침투를 위한 저가전략을 이유로 정당화될 수 있는 경우도 있다. 예를 들면, 생산업체는 신규시장진입, 기존시장의 점유율증가, 신상품소개, 잠재적 경쟁자의 진입차단과 같은 사업목적을 위해 일시적으로 손실을 내는 저가전략을 택한다. 그러나 특별한 저가전략은 장기적 이익증진의 목적으로 한정된 기간 동안만 취해져야 한다. 그러한 가격전략이 합리적 기간을 넘어 계속된다면 이전가격조정이 필요하다. 특히 여러 연도의 자료를 비교할 때 비교대상 독립기업보다 오랜 기간 동안 손실이 발생한 사실이 드러난다면 더욱 그러하다.(TP §1.151)

사업개시손실, 경영미숙, 의도적인 사업전략, 과도한 금융위험, 사업순환주기 또는 나쁜 경제상황 등 여러 가지 이유로 손실이 발생할 수 있다. 특정 상품에서 손실이 나는 이유는 다양한데 경쟁의 증가, 제품주기의 시작이나 종료 또는 품질문제 등이 있을 수 있다.(UT §5.4.5.4)

1. 불황으로 인한 손실 : 불황과 관련된 아래 3가지 문제를 검토해야 한다.(UT §5.4.5.7)
   - 서로 다른 불황의 영향 : 불황의 영향은 국가마다 다를 수 있다. 예를 들면, 2009년에 선진국이 후진국에 비해 불황의 영향을 더 받았다. 이 경우, 다국적기업그룹의 손실을 분담할 것인지 결정할 때 특수관계기업의 소재지가 중요한 판단요소이다. 또한, 수익성이 산업에 따라 다를 수 있다. 어떤 산업은 심각한 손실을 보는데 다른 산업들은 불황을 겪지 않을 수 있다.(UT §5.4.5.8)
   - 위험부담의 정도 : 위험을 부담하지 않거나 제한적으로 부담하는 기업이 불황에 따른 손실을 부담하는 것은 합리적이지 않다.(UT §5.4.5.9)
   - 지원금 및 관련손실의 이전 : 불황시장에서 고객수요가 급격히 감소하는 경우 시장점유율을 유지하기 위해 손실을 보고 고객에 판매하는 경우가 있다. 위험을 부담하지 않거나 제한

적으로 부담하는 기업은 이러한 손실을 부담하지 않는 것이 합리적이다.(UT §5.4.5.10)
2. 경쟁의 증가로 인한 손실 : 이러한 손실은 기업위험을 부담하는 완전제조업자가 부담하는 것이 일반적이다.(UT §5.4.5.11)
3. 상품주기로 인한 손실 : 상품주기(product life cycle)에는 4단계가 있는데, 시작, 성장, 성숙, 감소 단계이다. 시작단계에서는 능률적인 경제규모가 되기에는 물량이 작아서 제조업자는 손실을 보게 된다. 감소단계에서 다국적기업은 완벽한 제품군을 유지하기 위해 상품을 생산하는 경우가 있다. 성장이나 성숙단계에서는 손실이 나는 경우가 드물다.(UT §5.4.5.12)
4. 품질문제로 인한 손실 : 열악한 품질은 디자인이나 연구개발 또는 제조문제로 발생한다. 제조문제로 인한 경우 손실은 제조활동을 하는 관계회사가 부담해야 한다.(UT §5.4.5.13)

(2) 공헌이익 기준의 내부대체가격

잉여생산설비를 활용하는 경우 변동비(variable costs) 및 고정비(fixed costs) 일부를 보상하는 선에서 거래가격이 형성될 수 있다. 이 경우, 제조자는 전부원가계산을 하면 손실이 계상된다. 생산설비를 완전히 가동하지 않은 상태에서 한계비용(변동비용)으로 거래가격을 책정한다면 정상거래에서 같은 방식으로 가격을 결정하지 않는 한 이렇게 특별하게 낮은 가격은 정상거래가격으로 인정될 수 없다.(TP §1.151 괄호) 그렇지만 잉여생산설비를 활용하기 위해 독립기업이 기존의 시장을 교란하지 않는 다른 지역의 시장에 제품을 판매하는 경우가 있다. 정상가격을 산정하기 위해 이러한 사정을 감안해야 한다. 또한, 진부화상품의 경우 변동원가(variable costs)나 한계원가(incremental costs)가 상품가격이 되어야 한다는 견해가 있다. 이 경우, 다음 자료를 검토해야 한다.(TP §2.57, TPH 16.9.f)

1. 납세자가 해외시장에서 동일 또는 유사상품을 판매하는지 여부
2. 납세자가 주장하는 한계생산과 관련된 생산량, 생산가격, 계약조건
3. 상품이 해외시장에서 보다 높은 가격으로 판매될 수 없다는 결론을 도출케 한 납세자의 마케팅 분석내역

(3) 가동률의 차이

분석대상의 가동률이 비교대상기업의 가동률과 차이가 나는 경우 이를 적절히 조정해야 한다.

사 례 가동률 차이에 따른 조정

1. 공장가동률 차이에 따른 영업이익률 조정

A법인의 공장가동률은 24.35%이다. 비교대상기업들은 상당기간 사업을 영위해 공장가동률이 높은 데 비해 A법인의 공장가동률은 낮다. 그 결과, A법인 제조부문의 공헌이익은 고정비에도 못 미치는 수준이다. 이러한 공장가동률의 차이를 반영하기 위해 비교대상기업이 A법인과 같은 수준의 공장가동률에서 달성하였을 영업이익을 아래와 같은 방법으로 추정한다.

비교대상 조정영업이익 = 비교대상 조정공헌이익 - 비교대상 고정비
비교대상 조정공헌이익 = 비교대상 공헌이익 × (A법인 공장가동률 / 비교대상 공장가동률)
비교대상 조정매출 = 비교대상 매출 × (A법인 공장가동률 / 비교대상 공장가동률)

비교대상기업의 공장가동률은 회계보고서를 통해 입수할 수 있다. 비교대상기업의 회계보고서에서 구분된 변동비 및 고정비를 확인할 수 없는 경우 여러 매출수준에서 총비용의 변화를 검토하기 위해 아래와 같이 1차방정식 및 최소제곱법(methods of least squares)을 적용하여 변동비 및 고정비를 추정한다.

$Y= a + bx$ → Y : total costs, x : sales, a : fixed cost, b : variable cost
위 방정식 ($Y = a + bx$)의 상수(a, b)는 아래 방정식을 통해 구한다.

$\Sigma = na + b\Sigma$: n은 관찰도수
$\Sigma y = a\Sigma + b\Sigma x^2$

아래 사례는 위 방정식의 상수를 구하는 방법을 설명한다.

연 도	총원가(Y)	매출(x)	x^2	xy
1차연도	50	100	10,000	5,000
2차연도	100	300	90,000	30,000
합 계	150	400	100,000	35,000

150 = 2a + 400b → 방정식 1
35,000 = 400a + 100,000b → 방정식 2
따라서 a= 25, b= 0.25 → Y = 25 + 0.25b (고정비 25, 변동비율(변동비/매출) 25%)

위와 같이 공장가동률 차이를 조정한 결과 비교대상기업의 평균 영업이익률은 -6.54%이다.

〈비교대상기업의 조정 전후의 영업이익률〉

구 분	A법인			B법인		
	2010	2009	2008	2010	2009	2008
매출(a)	3,155.42	2,030.17	3,145.21	1,997.45	1,948.53	2,420.74
총원가	2,601.60	1,788.37	2,627.49	1,809.41	1,786.15	1,937.71
영업이익률	17.5%	11.9%	16.4%	9.4%	8.5%	19.9%
방정식	291.56 + 0.74x			1,178.12 + 0.31x		
변동비	2,310.04	2,030.17	3,145.21	631.29	608.03	759.59
공헌이익(b)	845.38	533.36	809.28	1,366.16	1,340.50	1,661.15
비교대상 가동률(c)	75.75%	61.93%	134.46%	32.83%	50.61%	83.19%
A법인 공장가동률(d)	24.35%	24.35%	24.35%	24.35%	24.35%	24.35%
조정 후 매출 및 영업이익률						
조정매출(a×d/c)	1,014.33	798.26	569.60	1,418.47	937.43	717.20
조정공헌이익(b×d/c)	271.75	209.72	146.56	1,013.25	644.91	492.15
조정영업이익(매출-공헌이익-고정비)	-19.81	-81.85	-145.00	-164.86	-533.21	-685.96
조정영업이익률	-1.8%	-10.1%	-25.4%	-11.5%	-56.8%	-95.5%

2. 근로자 idle time의 고려 : 총원가에 포함할 인건비 조정

J법인은 2019년에 사업을 시작하였으며 관계회사 U법인에 설계용역을 제공하며 다른 사업활동은 하지 않는다. J법인은 근로자들에게 주 40시간 근무조건으로 급여를 지급하는데, J법인은 U법인으로부터 근로자들이 주 40시간을 일할 정도의 충분한 물량을 확보하지 못하고, U법인은 근로자들의 노는 시간(idle time)에 대한 급여상당액을 JKL에게 지원한다. 2020년도에 U법인과의 계약에 따른 근로시간(working hours)은 1,400시간이고, 논 시간(idle hours)은 500시간이다. 비교대상기업은 노는 시간없이 정상적으로 100% 가동하며, J법인의 최적방법은 총원가가산률이며, 정상 총원가가산율은 12% 가정한다. 이 경우, 가동률 100%의 비교대상기업과 비교하기 위해서, 인건비의 26.3%(=500/1,900)를 제외하여 총원가를 산정한다.

용역원가	917,500
판매관리비	451,400
총원가	1,368,900
(차감) 용역원가의 26.3%	241,302
조정 총원가	1,127,598
정상소득	135,311

7.3 정부정책의 영향

(1) 정부정책의 고려

가격통제, 이자율통제, 용역대가 또는 경영수수료의 통제, 사용료통제, 특정 분야에 대한 보조금, 외환통제, 반덤핑관세, 환율정책과 같은 정부간섭을 고려하여 납세자가 정상가격을 조정해야 하는 상황이 있다. 일반적으로, 이런 정부간섭은 특정국가의 시장조건으로 그 시장의 이전가격을 판단할 때 고려해야 한다. 이 경우, 문제는 이런 조건들을 고려할 때 관계회사들의 거래가 독립기업들의 거래와 부합하느냐는 것이다.(TP §1.152) 정부규제는 크게 다음 유형으로 구분한다.

1. 특정유형소득의 지급이나 수취에 대한 제한
2. 환율에 대한 규제
3. 특정국가 제품에 대한 가격통제

일어나는 문제 중 하나는 가격통제가 어느 단계에서 재화나 용역의 가격에 영향을 미치는지 판단하는 것이다. 어떤 때는 최종소비자 가격에만 직접 영향을 미치지만, 그 전 단계에서 지급되는 가격에 영향을 미치기도 한다. 실제로 다국적기업은 그러한 통제를 고려한 이전가격조정을 하지 않음으로써 최종판매자가 이익에 대한 제한을 그대로 부담하도록 두거나, 최종판매자와 중간공급자 사이에 그 부담이 나누어지도록 가격을 조정하기도 한다. 독립공급자라면 가격통제로부터 발생하는 비용을 함께 부담할 것인지, 그리고 다른 제품군이나 다른 사업기회를 모색할 것인지 고려할 것이다. 이러한 점에 있어, 독립기업들은 아무런 이익이 없는 조건으로 재화나 용역을 생산, 판매하거나 제공하지 않는다. 그런데, 가격통제를 하는 국가는 재화를 판매하는 기업들의 실현이익은 가격통제로 영향을 받을 수 있다는 사실을 고려해야 한다는 점은 분명하다.(TP §1.153)

국가가 관계회사가 그룹 내 다른 기업에게 채무를 상환하는 것을 금지하거나 제한하는 경우, 또는 정상거래원칙에 따라 어떤 기업이 그룹 내 다른 기업에게 청구해야 할 금액의 지급을 금지하거나 제한하는 경우 특별한 문제가 일어난다. 예를 들면, 외환통제는 관계회사가 다른 국가에 소재하는 다른 관계회사에게 이자를 지급하는 것을 사실상 금지할 수 있다. 이 상황은 두 국가에서 각각 달리 취급될 수 있다. 채무기업 소재지국에서는 지급되지 않은 이자에 대해 지급되거나 또는 지급되지 않은 것으로 볼 수 있으며, 채권기업 소재지국에서도 채권기업이 이자를 수취하거나 또는 수취하지 않은 것으로 볼 수 있다. 일반적으로, 정부통제가 관계회사 또는 독립기업에 똑같이 적용되는 경우(법적, 사실적 측면에서), 관계회사들 간 거래에 있어 이 문제에 대한 접근법은 세무목적상 독립기업거래에 대해 채택된 접근법과 같아야 한다. 정부통제가 관계회사들 간 거래에 대해서만 이루어지는 경우에는 이 문제에 대한 간단한 해결방법이 없다. 이러한 문제를 다루는 방법 중 하나는 통제를 계약조건에 영향을 미치는 조건으로 보아 정상거래원칙을 적용하는 것이다.(TP §1.154) 이러한 분석에서 어려운 점은, 독립기업들은 지급이 정지되면 그냥 거래를 하지 않는 경우가 있다는 것이다. 때로는 독립기업이 거래가 시작되고 난 직후 정부통제가 생겨났기 때문에 어쩔 수 없이 그런 거래를 하는 경우도 있다. 그러나 지급에 영향을 미치는 정부통제를 고려할 때 계획된 사업전략에서 소득예측이나 기대수익이 충분하지 않다면, 독립기업은 심각한 정부통제가 존재하는 상황에서 거래를 하여 재화나 용역의 대가를 받지 못할 실질적 위험을 감수하지 않을 것이다.(TP §1.155)

다음 요건을 충족시키는 외국의 법적 규제는 일시적이든 영구적이든 상관없이 이전가격 검토시 고려되어야 한다.(Reg §482-1.h.2.ii)

1. 법적 규제가 일반에게 공개되고, 일반적으로 특수관계기업뿐 아니라 비슷한 상황에 있는 독립기업에도 적용되어야 함
2. 외국정부의 법적 규제를 면할 수 있도록 법에 의한 모든 수단을 납세자가 다 시도하였을 것(다만, 성공가능성이 없는 정도의 시도는 시도가 없었던 것으로 간주)
3. 정상적으로 보아 당연히 발생하였어야 하는 대가의 지급 또는 수령이 법적 규제에 의해 영향을 받을 것(다만, 세무상 비용공제 여부만을 결정하기 위해 사용하는 법적 규제는 지급 또는 수령에 대한 규제로 간주하지 않음)
4. 법적 규제의 적용을 받는 자가 특수관계인 또는 독립기업과 규제를 회피하려는 계약을 체결하지 않아야 하며, 규제의 중요한 내용을 위반하지 않을 것

(2) 정부규제가 있는 경우 정상가격의 산정

독립기업들은 정부통제를 받는 거래를 잘 하지 않으므로 정상거래원칙을 어떻게 적용해야 하는지 분명하지 않다.(TP §1.156)

㉮ 독립기업은 비슷한 상황에서 규제가 적용되지 않는 다른 방법으로 대가를 받을 것이므로, 특수관계기업도 이러한 방법을 적용한다. 이 경우, 대가를 받는 기업이 다른 기업에게 용역을 제공하는 것으로 본다.

㉯ 소득 및 관련된 비용 모두를 이연한다. 이 경우, 대가를 받아야 하는 기업은 대가를 받을 때까지 추가적으로 지출하는 자금조달비용(financing costs)을 손금으로 산입해서는 안 된다. 또한, 한 기업이 미지급금을 세무상 손금산입하면 상대방 기업은 그에 상응하는 익금산입을 해야 한다. 이 경우, 과세당국의 관심사는 각국의 과세표준(tax base)이다. 만약 관계회사가 지급정지된 금액을 세무상 손금산입하고자 한다면 상대방은 그에 상응하는 익금이 있어야 한다. 어떤 경우든 납세자가 관계회사로부터 지급받지 못

한 금액을 독립기업으로부터 지급받지 못한 금액과 달리 취급하도록 허용해서는 안 된다. 소득을 이연시키기 위해서는 다음 조건을 충족해야 한다.(Reg §482 - 1.h.2.iii)

- 납세자는 외국의 법적규제 때문에 대가의 수령 또는 지급이 이루어지지 않았다는 것을 입증하고 이것이 과세당국에 의해 인정되어야 함.
- 외국의 법적규제에 의해 소득금액이 달라지는 납세자는 해당 사업연도 소득의 신고기한 이전에 외국의 법적규제로 인한 소득을 이연처리해야 함. 이 경우 납세자는 외국의 법적규제, 관련당사자, 영향을 받는 거래 등의 입증자료를 준비해야 함. 이 경우, 비용도 마찬가지로 이연한다.(Reg §482 - 1.h.2.iv)

사례 사용료의 지급을 금지하는 외국규제가 있는 경우

1. UP는 미국법인 U가 X국에 소유하고 있는 자회사이다. U는 UP에게 무형재화의 사용권을 주었다. X국 법률에 따르면 일반적으로 X국내의 사람이 국외의 수취인에게 사용료를 지급하는 것을 금지한다. 독립기업이 비교대상기간 동안에 비교가능상황의 거래에 대해서 계약을 체결할 것이라고 기대되는 증거는 없다. 따라서 외국의 법적규제가 정상가격을 결정하는데 영향을 미치지 않는다. 외국의 법적규제가 없었다면 그 무형재화에 대해서 X국에서의 총판매량의 10%에 상당하는 사용료를 지급하였을 것이다. 외국의 법적규제로 인해 사용료가 지급되지 않고 있는 경우 납세자는 그 소득의 신고를 이연시킬 수 있다. 위 사례에서 매출액의 10%를 취할 권리가 있어 권리의무확정주의에 따라 과세가 되지만 소득의 실질적 이전이 없기 때문에 과세를 이연시킬 수 있다. 납세자는 외국의 법적규제에 대한 서류를 갖추어 신고기한 내에 제출해야 한다.(Reg §482 - 1.h.2.v)
2. 거래상황은 앞 사례와 같다. 다만, UP는 그 사용료를 지급하기 위해 제삼자를 개입시켰고 그에게 사용료를 지급했다. UP는 제삼자에게 사용료를 지급하는 형식으로 사실상 U에게 사용료를 지급했다. 이러한 때에는 법적규제를 사실상 피한 것이 되므로 납세자는 과세소득의 이연을 할 수 없다. 만일 과세소득을 이연시킨 경우에는 과세당국이 경정을 할 수 있다. 과세당국은 그 소득을 유보처분한다. 소득의 이연을 허용하지 않기 때문에 과세를 한 경우, 이후에 수취된 소득에 대해는 △유보처분을 해야 한다.(Reg §482 - 1.h.2.v)

Chapter 05

거래유형별 정상가격 결정

5

1. 유형자산

유형자산의 정상가격은 전형적인 이전가격방법에 따라 결정된다.

1.1 비교가능 제삼자가격의 사용

비교가능제삼자가격법은 국내 또는 국외의 공개시장에서 거래되는 천연자원(금, 은, 원유 등), 농산물 및 농산물 가공품(밀, 옥수수, 쌀, 설탕 등), 동물 가공품(식육, 가죽 등), 대체가능 화학제품(사카린, 암모니아 등), 기타 대체가능 제품(펜, 연필, 컴퓨터 메모리 등)에 사용할 수 있다.(TPH §14-9)

비교가능 제삼자가격을 국내 또는 국외의 공개시장에서 거래되는 원유, 농산물, 광물 등에 대해 적용할 때는 다음 사항을 고려해야 한다. 시장조건이 매우 다른 상황에서 공공거래 또는 입찰자료를 사용하는 것은 적합하지 않다. 즉 그 공공거래장소 또는 입찰장소에서 실제로 거래되는 품목에 대한 자료를 이용하게 되면 신뢰성이 높아지지만, 그렇지 않고 그 장소에서 거래되지 않거나 또는 통상의 제품과 질적·양적 측면에서 커다란 차이가 있는 경우에는 신뢰성이 떨어진다.(국조령 §5, Reg §482-3.b.5)

① 그 자료가 동일한 산업의 일상적 사업활동에서 독립거래에 대한 가격자료로 널리 그리고 반복적으로 이용되고, 공공거래 또는 입찰자료가 동일한 산업에 있는 독립기업 간에 사용되고 있는 것과 마찬가지로 관계거래의 가격설정에서 사용될 것

② 거주자·내국법인(내국법인과 국내사업장 포함)와 국외특수관계인 간의 물품거래와 공개시장에서 특수관계가 없는 독립된 사업자 간의 물품거래를 비교하여 물품의 물리적 특성 및 품질, 공급물량·시기, 계약기간, 운송조건 등 거래조건에 상당한 차이가 있는 경우에는 이러한 차이를 합리적으로 조정할 것

③ 가격 산출의 기준이 되는 '가격결정시점'은 다음 기준에 따를 것

㉮ 거주자·내국법인이 가격결정시점에 대한 신뢰할 만한 자료를 제출하는 경우:

거주자 · 내국법인이 제출한 자료에 근거해 결정

㈏ 거주자 · 내국법인이 가격결정시점에 대한 자료를 제출하지 않거나 거주자 · 내국법인이 제출한 자료에 근거해 가격결정시점을 결정하면 실제 거래에 비추어 합리적이지 않은 경우: 선하증권에 기재된 선적일 등 과세당국이 이용할 수 있는 자료에 근거해 결정

사례 입찰자료의 이용(Reg §482-3.b.5.iii)

1995.5.1.에 갑회사는 X국에 소재하는 자회사인 을로부터 원유를 매입한다는 계약을 체결했다. 갑과 을은 원유의 인도일자인 8.1. 이전 5일간 공개입찰시장에서 형성되는 원유입찰가격의 평균치를 판매가격으로 한다는 계약을 체결했다. 그리고 이들은 거래상의 특정환경에 변화가 발생하는 경우에는 이에 대한 차이조정을 하기로 했다. 즉 원유선적량의 차이가 있다든가, 계약조건이 변경되었다든가, 운송비용이 변했다든가, 각자가 부담하는 위험상에 변화가 있다든가, 기타 가격에 영향을 줄만한 변화가 있는 경우에는 가격조정을 하기로 했다. 이 경우에 그 입찰가격을 특수관계인 간의 거래가격으로 사용할 수 있는가?

일반적으로 갑과 을이 사용한 입찰가격은 다른 독립거래가격 결정시에도 널리 사용되는 것으로서 일상적인 사업활동과정에서 널리 그리고 반복적으로 사용되는 것이다. 갑과 을은 이와 같이 다른 독립거래에서 사용되는 방법을 사용하며, 또한 계약상의 요인 등에 차이가 발생하는 경우에는 차이조정을 하므로, 갑과 을이 원유가격의 형성을 위해서 사용하는 공시가격은 비교가능제삼자가격으로 간주된다. 실제적으로 원유가격은 여러 지역의 시장에서 공시가격이 형성되므로, 평상시에 형성되는 원유의 종별에 따른 공시가격은 독립거래가격이라고 보아도 신뢰성에 문제가 없다.

1.2 체화된 무형자산이 포함된 경우

유형자산에 상표와 같은 무형자산이 포함되어 있는 경우에는 같은 종류의 제품일지라도 가치가 달라질 수 있다. 이러한 무형자산을 체화된 무형자산(embedded intangible)이라고 한다.(Reg §482-3.f)

① 체화된 무형자산이 포함된 상품

체화된 무형자산으로 인해 유형자산의 가치가 달라질 수 있다. 체화된 무형자산을 포함하고 있는 유형자산을 양도한다고 하여 양수자가 무형자산을 이용할 수 있는 권리를 갖는 것은 아니며, 체화된 무형자산이 포함된 유형자산의 판매와 관련된 권리만을 취득한 것으로 본다. 다만, 이 경우에도 관계거래와 독립거래의 비교가능성을 판단함에 있어 체화된 무형자산을 고려해야 하는데, 무형자산의 사용과 관련한 이전가격방법이 준용될 수 있다.

② 무형자산을 이용할 권리

유형자산을 양도하면서 체화된 무형자산의 이용권을 제공하는 경우에는 단순한 유형자산의 양도가 아니므로, 체화된 무형자산의 이용권 제공과 관련한 정상대가는 별도로 결정된다. 예를 들면, 제조용 기계를 양도하면서 제조과정 중에 사용되는 공정을 사용할 수 있는 권리를 이전하는 경우에는 그 권리에 대한 정상대가가 별도로 계상되어야 하며 이는 사용료(royalty)에 해당한다.

사례 상품을 매입하고 마케팅무형자산을 사용하여 판매하는 경우(국내사례)

외국법인 A는 가방을 제조하여 판매하며 A가 소유하는 상표는 국제적으로 명성이 있다. A의 국내 자회사 B는 A가 제조한 가방을 수입하여 국내에서 판매하며, 또한 직접 디자인해 제삼자로 하여금 제조한 가방에 A의 상표를 부착하여 국내에서 판매한다. B는 a로부터 수입하는 제품에 대해 국내 비교대상기업들의 영업이익률 10%를 정상가격으로 보아 대가를 지급한다. 또한, B는 수입하거나 직접 디자인해 판매하는 가방에 부착하는 a 소유의 상표에 대해 매출액 대비 9%의 사용료를 지급한다. 9%의 사용료는 A가 가방의 악세사리를 판매하는 국외 제삼자들로부터 받는 상표사용료율에 따른 것이다. B가 지급하는 사용료는 A의 요구에 따라 최근 5년간 6%(2년) → 매출원가의 15%(1년) → 9%(2년)으로 변했다. B는 가방의 판매를 촉진하기 위해 매출액 대비 6%의 마케팅비용을 지출하는데, 비교대상기업들은 2%의 마케팅비용을 지출하고 있다. 정리하면, A와 B는 상표사용료거래와 상품거래를 하고 있다.

《마케팅비용》 B가 지출하는 마케팅비용은 B가 판매하는 가방의 판매를 촉진하는 동시에 A가 법적으로 소유하는 마케팅재화(상표)의 가치를 증가시킨다. 따라서 B는 상표가치 기여분에 대해 a로부터 대가를 받거나, 기여분에 해당하는 만큼 상표에 대한 경제적소유권을 인정받아야 한다. 비교대상기업들의 마케팅비용이 매출액의 2%인데 비해 B의 마케팅비용은 6%이며, 이러한 사실에서 B의 마케팅비용 중 2%는 자기의 마케팅비용이며 나머지 4%는 B 소유의 상표가치 기여분이라고 해석할 수 있다. 기여분 만큼 상표에 대한 경제적소유권이 있다는 견해도 가능하지만 그 소유지분을 계산하는 것은 가능하지 않다. 한편, 최근 5년간 사용료율이 변경되었으며 그에 대한 합당한 이유가 없다면 정상가격으로 볼 수 없다. 특히 매출원가에 포함하여 재화의 가격으로 받은 사용료 해당금액(15%)은 사용료소득으로 원천징수해야 한다.

《상품대가》 비교대상기업들은 B에 비해 마케팅비용을 적게 지출하며 또한 사용료를 지출하지 않는다. B는 마케팅비용과 사용료의 초과지출액 이상의 이익을 기대할 것이다. 이러한 이유로, 마케팅비용의 조정에 더하여 비교가능성을 높이기 위해 비교대상기업의 영업이익을 B의 사용료(9%) 만큼 증가시켜야 한다. B는 초과비용(사용료지출액) 이상의 이익을 기대할 것이므로 이는 사실상 최소한의 조정에 불과하다.

《세무 조정》 마케팅비용 4% 상당액을 손금불산입해야 한다. 또한, 비교대상기업의 영업이익률 10%에 사용료율(9%)을 가산하면 정상이익률은 19%이다. 이에 따라 B는 19%−14%=5%를 추가로 증액조정해야 한다.

1.3 수수료대리인

(1) 판매대리인 또는 구매대리인

특수관계인이 제품에 대한 소유권을 수취하지 않는 판매대리인(sales agent) 또는 구매대리인에 해당한다면, 비교가능 판매대리인 또는 구매대리인에 의해 수취되는 수수료(판매자산 또는 구매자산 가격의 일정비율)가 비교가능 매출총이익률로 사용될 수 있다. (Reg §482-3.c.3. ii.d, §482-3.d.3. ii.d)

(2) 수수료대리인의 정상가격 산출(미국세청 APA 교재, 2005)

수수료대리인(commission agent)의 경우 거래순이익률법을 적용하는데 주의를 요한다. 이 경우 영업이익률은 적용할 수 없다. 수수료 매출활동의 수입계상방식, 기능, 위험 및 자산을 고려할 때 수수료매출과 일반매출이 동일한 영업이익률을 이루어야 할 이유가 없기 때문이다.

일반 판매자는 제조자나 다른 공급업자로부터 상품을 매입하여 고객에게 판매하는 반면, 수수료대리인은 공급업자가 직접 고객에게 상품을 판매하도록 주선하는 용역에 대해 수수료를 받는다. 수수료는 주로 판매액에 비례하여 계산된다. 어떤 경우에는 한 기업이 일반판매와 수수료판매를 동시에 하기도 한다. 일반판매자는 판매액을 수입금액으로 계상하는 데 비해, 수수료대리인은 공급업자로부터 받은 수수료액을 수입금액으로 계상한다.

수수료대리인을 다른 기능이 제거된 판매자 또는 최소한의 판매자로 볼 수 있으며 다음과 같은 특징이 있다.

1. 수수료대리인은 보통 판매자보다 작은 기능을 수행한다. 즉, 수수료대리인은 고객이나 상품재고를 직접 취급하지 않는다.
2. 수수료대리인은 판매자보다 작은 위험을 부담한다. 즉, 수수료대리인은 상품에 대한 소유권을 취득하지 않으므로 재고위험이 없다.
3. 수수료대리인은 판매자보다 작은 자산을 유지한다. 즉, 상품에 대한 소유권을 취득하지 않으므로 상품재고를 유지할 필요가 없고 따라서 창고같은 자산이 없다.

이러한 차이는 여러 가지 양상을 띤다. 극단적인 경우, 수수료대리인은 판매자처럼 행동하는데 상품소유권을 취득하지는 않지만 구매자 물색, 상품창고 보유 등을 한다. 반대의 경우, 공급업자가 구매자를 물색하고 구매자에게 상품을 직접 운반하며, 수수료대리인은 단지 송장전달이나 구매자지원과 같은 사소한 기능만을 행한다. 이러한 축소된 기능, 위험, 자산 때문에 수수료대리인은 판매자보다는 작은 영업이익을 얻을 것으로 기대한다. 그러나 이러한 이익기대가 언제나 진실은 아니다. 판매자가 거래로 인해 손실을 보는 경우에도 수수료대리인은 수수료를 받으므로 판매자보다 더 많은 영업이익을 계상하기도 한다.

수수료대리인은 보통 동일시장에서 동일상품을 파는 판매자보다 낮은 영업이익률을 기대한다. 그러나 영업이익률을 어떻게 정의하는가에 따라 수수료대리인이 더 높은 영업이익률을 나타내기도 한다. 수수료대리인의 경우, 수입은 상품판매액이 아니라 공급자로부터 받은 수수료이다. 예를 들면, 수수료대리인의 기능, 위험, 자산이 판매자보다 상당히 축소되었다고 보아 판매자 영업이익의 40%를 영업이익으로 계상한다고 하자. 이 때 수수료대리인의 수수료를 상품판매액의 10%로 가정하면, 수수료대리인의 영업이익률은 판매자 영업이익률의 4배가 된다. 결국 아래 표와 같이 표면적으로 수수료대리인이 더 많은 기능, 위험, 자산을 보유하는 것으로 보여질 수 있다.

구 분	제삼자판매액	수 입	영업이익	영업이익률
판매자	100	100	5	5%
수수료대리인	100	10	2	20%

위와 같은 계산방식을 적용하는 경우에도 항상 수수료대리인의 영업이익률이 높지는 않다. 다만, 동일시장에서 동일제품을 파는 수수료대리인과 판매자가 동일한 영업이익률을 기대해야 할 이유가 없다는 것이 일반적 원칙이다.

위 사례를 이용한 아래 표는 특수관계기업이 수수료판매와 일반판매를 하고 비교대상은 순수한 판매자인 경우 영업이익률을 비교하는 것이 적절치 않음을 보여준다. 특수관계기업은 판매자로서 수입 80과 영업이익 4를 벌어 5%(4/80)의 영업이익률을 나타내고, 수수료대리인으로서 상품판매 200에 대한 수수료수입 20과 영업이익 4를 벌어 20%(4/20)의 영업이익률을 나타낸다. 이러한 영업이익률 차이에도 불구하고 이들 두 활동은 동일한 베리비율 1.25를 나타낸다. 이는 수수료활동은 판매활동보다 작은 영업비용이 소요되지만 판매활동보다 더 많은 수입 대비 영업비용이 소요되기 때문이다.

구 분	관계기업 합계	관계기업:수수료	관계기업:판매	독립판매자
매출	280	200	80	80
수입	100	20	80	80
매출원가	60	0	60	60
영업비용	32	16	16	16
영업이익	8	4	4	4
영업이익률	8%	20%	5%	5%
베리비율	1.25	1.25	1.25	1.25

위 경우 특수관계기업의 판매부문과 동일한 손익계산서를 가진 판매자로 활동하는 제삼자가 있으며, 영업이익률을 적용하는 거래순이익률법을 사용한다고 가정한다. 제삼자 판매자의 영업이익률은 5%이다. 특수관계기업 판매부문의 영업이익률은 5%지만 합산 영업이익률은 8%이므로, 이 경우 특수관계기업이 과다한 이익을 계상하고 있다는 잘못된 평가를 할 수 있다. 자산집중도조정(asset intensity adjustment)으로 이러한 오류를 줄일 수는 있다. 수수료대리인활동은 판매활동에 비해 자산수입비율이 높으므로, 자산집중도조정은 특수관계기업의 영업이익률을 낮추거나 비교대상의 영업이익률을 높인다. 그러나 일반적으로 자산집중도조정으로 인해 오류가 어느 정도 작아질 것인지 판단할 수 없으며 따라서 이는 믿을만한 최적방법이 될 수 없다. 이러한 상황을 피하기 위해서는 다음 두 가지 방법이 사용될 수 있다.

① 수수료에 대한 직접분석 : 수수료에 대해는 베리비율과 같은 다른 순이익률지표를 사용하고, 특수관계기업의 판매활동과 수수료활동을 분리하여 비교
② 도매로 의제하는 간접분석 : 특수관계기업의 이익을 합산하여 영업이익률을 적용하면서 수수료소득을 판매액으로 상향조정(gross up)하여 계산

그러나 도매로 의제하여 간접분석하는 ②방법은 문제가 있는데, 이 방법에 따르면 위 예에서 수수료수입 20 대신 매출 200이 적용된다. 특수관계기업의 합산영업이익률은 8/(80 +200)=2.9%로 이는 비교대상의 판매활동 영업이익률 5%보다 적은 수치이다. 그러나 이런 결론은 오류가 있다. 실질적으로 수수료대리인은 판매자보다 작은 기능, 위험 및 자산을 보유하므로 판매자보다 작은 영업이익을 기대한다. 간접분석을 적용하는 경우 이러한 차이에 대한 조정을 추가적으로 해야 한다. 이러한 추가조정은 전반적인 또는 부분적인 자산집중도조정을 통해 이루어진다. 통상적으로 수수료대리인은 동일 매출에 대해 판매자보다 작은 자산을 보유하므로 자산집중도조정은 특수관계기업의 영업이익률을 높이거나 비교대상 판매자의 영업이익률을 낮춘다. 그러나 위에서 검토한 것처럼, 일반적으로 자산집중도조정으로 인해 오류가 어느 정도 작아질 것인지 판단할 수 없으므로 이는 믿을만한 최적방법이 될 수 없다.

1.4 유형자산의 임대

관계기업의 어느 한 쪽에 의해 소유되거나 임차된 유형자산을 임차, 사용 및 점유를 하면서 정상임대료가 아닌 가격이나 무상으로 임대계약 등이 이루어지는 경우 정상임대료를 기준으로 조정한다. 자산의 일부가 임차되는 경우에도 마찬가지이다.(Reg §482-2.c.1)

(1) 정상임대료

정상임대료는 제삼자 간에 동일한 상황에서 동일한 조건으로 이루어지는 임대료를 의미한다. 이 때, 국내세법에 정한 유형자산의 간주임대료는 정상임대료로 볼 수 있다.(Reg §482-2.c.2) 국내세법에서는 간주임대료로 1년 만기 정기예금이자율을 적용한다. 다른 국가에서 적용되는 1년 만기 정기예금이자율을 이전가격 목적상 적용하는 것은 큰 무리가 없는데, 부동산임대소득의 수입금액에서 경비(감가상각비, 관리비 및 세금 등)를 제외한 순이익률은 정기예금이자율로 회귀하는 것이 보통이다.

(2) 재임대의 경우

재임대의 경우 정상임대료는 재임대자에게 발생되는 비용에 상응하는 금액이다. 이때 재임대자의 비용은 원소유자에 대한 임대료, 재임대와 관련한 직접비용 및 간접비용, 유지보수비용, 실비사용 및 기타 유사비용을 포함한다.(Reg §482-2.c.2)

1.5 단순판매활동 간이접근법(Simplified and Streamlined Approach)

OECD BEPS 과제1에 따른 필라 1의 Amount B가 발표되어 OECD 이전가격지침 4장 부록 3이 추가되었다.

각국은 단순판매업자(baseline distributors)의 단순판매활동(baseline distribution activities)에 대해 간이접근법을 선택적으로 적용할 수 있다. 간이접근법은 납세자와 세무당국, 특히 제한된 자원을 사용하는 저개발국의 납세자에게 조세확실성을 높이고 규정준수부담을 완화하기 위해 제시되었다. 미국은 2025년에 간이접근법을 도입하였으며, 호주 · 네덜란드 · 벨기에는 도입을 거부하였다.

이 지침은 경제적으로 중요한 위험을 부담하지 않고 고유하고 가치있는 무형자산을 소유하지 않는 판매업자의 특성을 전제로 한다. 그리고 1차상품이나 디지털상품의 판매와 같은 일정한 활동을 하는 판매업자는 적용대상에서 제외된다. 간이접근법은 단순판매업자의 매출이익률을 3단계 절차를 통해 결정하는 가격산정방법을 제시한다.

| 간이접근법 적용순서 |

단순판매업자(판매대리인, 수수료대리인)의 적격거래 ① 영업비용 범위: 3% 〈 연간 순수익 〈 20% 또는 30% ② 제외거래 : 무형재화, 용역, 1차상품 판매, 비판매활동

⇓ ⇓

정상가격: 산업군/요소집중도(순영업자산집중도, 영업비용집중도) 별 매출이익률 ± 0.5%

⇓ ⇓

조정1 : 영업비용교차검증 : 순영업자산집중도 별 상한율 및 하한율

⇓ ⇓

조정2 : 적격관할국 데이터보정 : 매출이익률+(국가순위험조정률×순영업자산집중도)

(1) 단순판매(TP 4장 부록 3 §1)

단순판매(baseline distribution)는 판매업자가 적격거래에서 분석대상으로 활동하고, 판매업자가 아래 기준을 충족하는 경우에 그 판매업자가 수행하는 활동을 말한다.

판매업자(Distributor)는 재화의 판매에 종사하는 도매업자(wholesale distributors), 판매대리인(sales agents) 및 수수료대리인(commissionaires)을 말한다. 도매(Wholesale distribution)는 최종소비자를 제외한 모든 유형의 고객에 대한 판매를 포함한다. 이 지침의 목적상, 도매 및 소매에 종사하는 판매업자는 3년 가중평균 순소매수익이 3년 가중평균 순수익의 20%를 초과하지 않으면 도매만 수행하는 것으로 본다. 이 기준은 해당 여부를 판단하기 위해 매 회계연도마다 3년 가중평균 기준으로 계산해야 한다. 예를 들어, X회계연도의 거래에 대해 3년 가중평균은 (A) x-3, x-2 및 x-1년의 연간 소매수익의 합을 계산한 후, (B) 동일기간의 연간 순이익의 합을 계산하여 (A)를 (B)로 나누어 해당비율을 계산함으로써 산출된다. 적격거래(qualifying transaction)가 2년 동안 있었다면 2년 가중평균비율을 사용하고 적격거래가 1년 동안만 있었다면 그 비율은 해당연도의 재무수치에 기초하여 계산한다. 소매(retail distribution)란 일반적으로 실제 또는 온라인 상점을 통해 최종소비자에 대한 판매를 말한다.

(2) 적격거래(Qualifying transactions)(TP 4장 부록 3 §3.1)

다음과 같은 관계거래는 간이접근법을 적용할 수 있는 적격거래이다.

1. 제삼자에게 도매하기 위해 판매업자가 하나 이상의 특수관계기업으로부터 재화를 구매하는 경우 매입매출의 마케팅 및 판매 거래; 또한
2. 하나 이상의 특수관계기업이 제삼자에게 재화를 도매하는데, 판매대리인 또는 수수료대리인이 기여하는 경우 그 판매대리인 및 수수료대리인의 거래.(적격거래에서 판매대리인 또는 수수료대리인과 거래하고 그 판매대리인 등의 상대방이 되는 특수관계기업은 재화를 재삼자에게 직접 판매해야 하는데, 판매대리인 또는 수수료대리인과 제삼자 사이에 다른 특수관계기업을 중간에 참여시키지 말아야 한다.)

범위기준을 적용하기 전에, 5가지 비교가능성요소와 거래의 경제적 관련특성을 모두 고려하여, 이전가격지침에 따라 적격거래에 대한 정확한 기술이 이루어져야 한다. 아래 범위기준을 충족하는 적격거래에는 정확하게 기술된 대로 간이접근법을 적용할 수 있다. 결론적으로, 어떤 거래가 간이접근법의 대상인지 결정하기 위해 범위기준을 충족했는지 평가하는데 거래의 정확한 기술에서 얻은 정보를 사용하게 된다.(TP 4장 부록 3 §11) 적격거래가 범위 내에 있는지 여부를 판단하는 것은 일정 특징에 따라 이루어지는 것이 아니라 주로 적격거래 당사자의 수행기능, 사용자산 및 부담위험에 따라 결정된다. 이 지침에서 기본적 마케팅 · 판매활동의 목록을 전부 제공하려는 것은 아니지만 범위 내 거래와 관련하여 판매업자가 일련의 핵심판매기능을 수행해야 한다는 점을 확인한다.

(3) 적격거래의 범위기준(Scoping criteria)(TP 4장 부록 3 §3.2)

적격거래가 간이접근법의 범위에 해당되기 위해 다음 요건을 모두 갖추어야 한다.

1. 적격거래는 일방분석을 사용하여 신뢰할 만한 가격을 산정할 수 있는 경제적 관련특성을 보여야 하는데, 판매업자, 판매대리인 또는 수수료대리인이 분석대상이다.
2. 적격거래의 분석대상은 분석대상의 연간 순수익의 3%보다 작거나, 20%와 30% 사이의 상한보다 큰 연간 영업비용을 계상해서는 안 된다. 수수료대리인 또는 판매대리인이 판매를 하는 주체가 아닌 경우, 수수료대리인 또는 판매대리인의 거래상대방(즉, 제삼자 고객에게 판매하는 주체)의 매출을 매출 대비 영업비용 비율을 계산하는데 사용한다. 그렇지만, 수수료대리인 또는 판매대리인의 영업비용만을 이 비율의 분자에 포함해야 한다. 간이접근법을 시행하기로 선택한 관할국은 시행초기에 범위기준으로 적용하기 위해 상한을 정할 수 있으며, 상한은 20%보다 낮거나 30%보다 높을 수 없다.

① 질적요건; 판매업자의 경제적 관련특성(TP 4장 부록 3 §3.3.1)

범위기준의 질적요건에 따라, 판매업자를 분석대상으로 하여 일방분석을 사용하여 신뢰할 만한 가격을 산정할 수 있는 일련의 거래에 간이접근법을 적용하도록 제한한다.

적격거래가 범위 내에 있는지 평가할 때, 쌍방분석(two sided transfer pricing method)을

적용하지 말아야 하는지 판단하는 것이 특히 중요하다. 이에 따라, 우선적으로 범위기준은 적격거래가 일방분석을 사용하여 신뢰할 만한 가격을 산정할 수 있도록 범위 내 판매업자가 경제적 관련특성을 보여야 한다. 내부비교대상을 사용하는 비교가능제삼자가격법을 신뢰성있게 적용할 수 있고 필요정보를 세무당국과 납세자가 쉽게 이용할 수 있는 경우를 제외하고, 간이접근법에 따른 범위 내 거래의 가격을 산정하는 최적방법으로 거래순이익률법을 선택한다.

이전가격지침(II장 III부 C.2.2.)에서 적격거래의 경제적 관련특성 3가지를 설명하는데, 이는 일방분석이 적격거래에 정상거래조건을 적용하기에 적합하지 않을 수 있음을 보여준다. 이 특성들은 적격거래가 간이접근법에 적합한지 판단하기 위해 적용되어야 한다. 첫째는 적격거래에 대한 각 당사자의 기여도가 "독특하고 가치있는" 경우로 이는 고유하고 가치있는 무형자산의 기여를 포함한다(C.2.2.1). 둘째는 판매업자와 그 상대방의 기여를 서로 구분하여 신뢰성 있게 평가할 수 없을 정도로 통합되어 적격거래에서 기능을 수행하고 자산을 사용하며 위험을 부담하는 경우이다(C.2.2.2). 셋째는 판매업자와 그 상대방이 거래에서 하나 이상의 경제적으로 중요한 위험부담을 공유하거나 거래와 관련하여 여러 가지 경제적으로 중요한 위험을 당사자들이 개별적으로 부담하는 경우인데, 그러한 위험들은 상호 밀접하게 관련되거나 상관관계가 있어서 각 당사자의 위험을 구분하여 신뢰성 있게 분리할 수 없다(C.2.2.3).(TP 3장 부록 §18) 이전가격지침 2장 부록 2의 사례 1-4는 범위기준의 실제 적용에 대해 유용한 정보를 제공한다.

적격거래의 정확한 기술에 따라, 판매업자에 의한 고유하고 가치있는 기여는 적격거래의 맥락에서 고유하고 가치있는 모든 무형자산의 개발, 향상, 유지, 보호 및 사용에 대한 기여 등을 포함한다. 무형자산의 소유 및 무형자산과 관련된 기능, 자산 및 위험에 대한 추가지침은 무형자산을 포함하는 거래의 분석에 적용될 6.34항의 내용과 함께 이전가격지침(VI장 B.1절 및 B.2절)에서 확인할 수 있다. 더 나아가, 중요한 기여의 사례는 이전가격지침 6.56항에 있다. 이러한 성격의 고유하고 가치있는 기여는 판매업자가 스스로 만들거나 취득한 무형자산을 평가하는 데 동일하게 적용된다. 6.56항의 사례는 간이접근법의 목적상 예시적 성격으로, 그 기여가 고유하고 가치있다는 결론은 적격거래의 정확한 기술에 근거해야 한다. 6.56항의 사례에 기초할 때, 적격거래의 맥락에서 고유하고 가치있는 기여는 마케팅프로그램의 설계 및 통제, 판매제품의 마케팅과 관련된 창의적 사업방향 및 우선순위 설정, 마케팅무형자산의 개발프로그램에 관한 전략적 결정 또는 관련 예산의 관리 및 통제를 포함한다. 다른 관련된 기여는 상표 또는 상호와 같은 마케팅무형자산의 방어 및 보호에 관한 중요한 의사결정, 그리고 그러한 마케팅무형자산의 가치에 중대한 영향을 미치는 제삼자 또는 특수관계기업이 수행하는 기능에 대한 지속적 품질관리에 관한 중요한 의사결정을 포함한다.

적격거래의 정확한 기술에 있어 고유하고 가치있는 기여를 식별하는데 관련되는 또 다른 지침은 1.169항-1.171항에 언급된다. 이 지침에서, 일정 상황에서, 예를 들면 시장접근을 위해 요구되는 규제에 대한 허가(license)는 특정거래의 맥락에서 그 허가를 쉽게 이용할 수 있는지, 그리고 시장에서 경쟁자의 수를 제한하는 효과가 있는지를 포함하여 여러 요소에 따라 그 가치가 달라질 수 있다는 점을 언급한다. 허가받기 위해 이루어진 기여의 영향을 평가할 때, 허가받기 위해 필요한 능력을 제공함에 있어 판매업자와 다른 그룹구성원들의 기여를 고려하는 것이 중요하다. 이것들이 고유하고 가치있는 기여에 해당하는지 평가할 때 6.34항을 포함하여 VI장 B절을 고려하고 적용해야 한다.

② **양적요건**(quantitative filter)(TP 4장 부록 3 §3.3.2)

㉮ 양적요건

질적기준을 적용한 다음 양적요건을 적용하여 간이접근법의 범위에서 적격거래를 제외한다.

이러한 양적요건은 다른 범위기준과 함께 분석대상이 범위 내 있는지 판단하기 위한 단순기준을 제공한다. 예를 들면, 매출 대비 영업비용의 비율이 추가기능을 수행된다는 점을 보여주는 경우 그 상한은 범위에서 적격거래를 제외하는 기준으로서 역할하며, 간이접근법의 가격산정방법은 사실상 신뢰할 수 없다는 점을 시사한다. 결론적으로, 적격거래에 대한 정상가격을 산정하는데 간이접근법의 가격산정방법을 신뢰성 있게 적용하기 위해 양적기준을 적용한다. 양적범위 요건은 간이접근법의 맥락에서 간편수단으로 사용되며, 어떤 기능이 수행되는지에 대한 정확한 지적이나 범위를 벗어난 판매업자의 특징을 보여주지는 않는다. 판매업자가 범위를 벗어나는 경우, 사용되는 범위기준에 상관없이, 그것이 관계거래의 정상가격을 의미하는 것으로 보아서는 안 된다. 정확히 말하면, 이러한 경우에 정상가격의 결정은 이전가격지침의 다른 부분에 명시된 원칙을 따라야 한다. 적격거래가 간이접근법의 범위에 해당하는지 판단하기 위해 적용되는 양적기준은 그 목적으로만 사용되며, 범위 내 판매업자의 이익률을 산정하는 이전가격방법으로 사용되지는 않는다.

㉯ 양적요건의 계산방법

영업비용(operating expenses)과 순수익(net revenues)의 가치는 시간이 지남에 따라 모두 달라질 수 있다는 점을 고려하면, 특정 판매업자는 범위에 해당하거나 해당하지 않을 수 있다. 범위 해당 여부를 보다 일관되게 하기 위해 위에 제시한 비율의 계산은 3년 가중평균에 기초해야 한다. 적격거래가 범위 내 있는지 판단하기 위해 3년 가중평균비율을 해당연도 기준으로 계산해야 한다. 예를 들면, X회계연도 적격거래에 대한 3년 가중평균비율은 (A) X-3, X-2 및 X-1년의 연간 영업비용 합계를 계산한 후, (B) 동일기간의 연간 순수익 합계를 계산하고, (A)를 (B)로 나누어 계산한다. 적격거래가 2년 동안 유지되는 경우 2년 가중평균비율을 사용하며, 적격거래가 1년 동안만 유지되는 경우 해당연도의 재무수치를 기초로 비율을 계산한다.

판매업자가 판매활동이 아닌 활동을 수행하며, 양적요건을 적용한 후에도 그 판매업자가 범위 내 있는 경우, 이 비율은 그 판매활동에 대한 수익 및 영업비용의 관련 귀속이나 배분에 기초하여 계산되어야 한다. 각 비율을 계산할 때, 적절한 영업비용과 순수익이 무엇인지 판단하는 것이 중요하다. 이러한 판단은 거래의 정확한 기술과 이전가격지침 II장에 있는 원칙을 적용하여 이루어져야 한다. 이전가격지침(§2.99, §2.100)은 영업비용의 적절한 처리를 판단하는데 관련된 내용을 제공한다. 또한, 이전가격지침(§2.96과 §2.97)은 수익, 리베이트 및 할인을 적절히 처리하는데 관련된 내용을 제공한다. 비율을 계산할 때 전가비용(pass-through expenses)의 처리를 평가해야 한다. 거래의 정확한 기술에 따라, 전가비용이 기록되는 상황이라면 비율을 계산할 때 이를 고려해서는 안 된다. 이러한 판단은 이전가격지침의 다른 곳에 명시된 일반원칙과 사실관계에 비추어 이루어져야 한다. 더 나아가, 이전가격지침(§2.96, §2.97, §2.99, §2.100)을 참조하는 것이 판매업자의 정상가격을 평가하는데 적절한 최적방법에 대한 기존지침을 수정하는 것으로 해석되어서는 안 된다.

(4) 일정거래의 제외

간이접근법의 범위에서 제외되지 않는 적격거래의 경우에도, 다음 어느 하나에 해당하면 범위에서 제외된다.(TP 4장 부록 3 §14)

1. 적격거래에 무형재화 및 용역의 판매, 또는 1차상품(commodities)의 마케팅, 거래 또는 판매를 포함한다. 또는
2. 분석대상이 적격거래에 더하여 판매활동 이외의 활동을 수행하며, 적격거래를 구분하여 적절히 평가할 수 없고 다른 활동과 구분하여 신뢰성 있는 가격을 산정할 수 없다. 적격거래의 분석대상이 범위기준을 검토해야 하는 다른 활동을 수행하는 경우, 적격거래가 범위에 해당하는지 결정하기 위해 필요한 비율 또는 적격거래의 평가에 필요한 기타비율의 계산은 적격거래와 관련된 수익, 비용 또는 자산에 대해서만 수행되어야 한다.

① **무형재화 및 용역, 1차상품의 제외**(TP 4장 부록 3 §3.3.3)

㉮ 무형재화 및 용역(Non-tangible goods and services)

간이접근법은 유형재화에 적용되며, 무형재화나 용역의 판매와 마케팅을 포함하지 않

는다. 간이접근법은 전체공급망 및 기능분석에서 상당한 일관성이 있는 유형재화의 판매와 관련된 적격거래에 적용된다.

㉯ 1차상품(Commodities)

1차상품의 거래, 마케팅 또는 판매와 관련된 적격거래는 범위에서 제외된다. 아래에서 일반원칙을 적용하고 일부 1차상품을 예시로 열거하면서, 제외범위를 명확히 하고 해당 1차상품을 정의한다.

제외는 성격상 광범위하며, 시장가격(quoted price)이 있든 없든 1차상품의 특성을 가진 제품의 매매, 마케팅 또는 판매와 관련된 거래를 포함하고, 적격가공(qualifying processing)을 거친 1차상품의 거래를 포함한다는 것이 일반원칙이다. 간이접근법의 목적상 1차상품은 다음 어느 하나를 말한다.

1. 주로 지각, 땅 또는 물에서 취득하는 재생 가능하거나 불가능한 유형제품. 이러한 재생 가능하거나 불가능한 유형제품은 고체, 액체 또는 기체 상태로 나타나며, 탄화수소, 광물(mineral), 준광물(mineraloid) 및 농산물과 같은 다양한 형태를 취한다.
2. 적격가공을 거친 재생 가능하거나 불가능한 유형제품.
3. 이전가격지침 2.18항에 규정된 1차상품의 정의에 따른 제품.

탄화수소, 광물, 준광물 및 농산물의 정의는 다음과 같다.

1. 탄화수소는 주로 고체, 액체 또는 기체 형태의 탄소 및 수소 분자로 구성된 모든 유기화합물을 말하며, 지질학적 과정에 의해 또는 그 과정을 거쳐 형성되었으며 지하석유·가스정, 퇴적물 또는 충적물에서 발생하는 원유, 오일샌드(oil sands), 중유 및 천연가스 등을 포함한다.
2. 광물은 고체형태로 지각 내외 또는 수중에서 자연적으로 발생하고 지질학적 과정에 의해 또는 그 과정을 거쳐 형성된 결정특성을 나타내는 모든 무기물을 말하며, 점토, 보석, 자갈, 금속, 광석, 암석, 모래, 토양, 돌, 소금 및 광물체, 광물퇴적물이나 충적물나 잔돌(tailings)에서 발생하는 모든 물질 등을 포함한다.
3. 준광물은 고체, 액체 또는 기체 형태로, 지각 내외 또는 수중에서 자연적으로 발생하고 지질학적 과정에 의해 또는 그 과정을 거쳐 형성된 결정특성을 나타내지 않는 모든 물질을 말하며, 호박, 석탄, 흑요석 및 오팔, 그리고 광물체, 광물퇴적물, 광상 또는 광미에서 발생하는 모든 물질 등을 포함한다.
4. 농산물은 소비를 위해 판매되는 천연 또는 가공 1차 제품을 말하며, 유제품이나 섬유와 같은 동물부산물, 가축, 곡물, 커피, 차, 어업, 임업, 과일 및 채소 등을 포함한다.

"적격가공"이란 탄화수소, 광물, 준광물 또는 농산물을 결합, 농축, 분리, 정제, 혼합, 분리, 사육, 수확, 생산 또는 추출하기 위해 수행되는 가공을 말한다. 이에는 탄화수소, 광물, 준광물 또는 농산물로부터 얻은 중간제품을 생산하기 위해 수행되는 가공을 포함하며, 다음과 같은 제품 등을 포함한다.

- 액화천연가스, 액화석유가스 및 기타 천연가스액체, 디젤, 등유, 휘발유 및 수소.
- 금속산화물, 금속수산화물, 양극재, 음극재, 주조금속, 알루미늄 및 합금.
- 소, 가금류, 돼지, 양, 염소, 밀, 분유, 면화, 수수, 보리, 쌀, 콩, 코코아, 옥수수.

1차상품의 제품기준 제외(commodity product-based exclusion)를 명확히 하기 위해, 제외되는 1차상품의 예를 들고 있다. 금속의 일반적 예에는 알루미늄, 구리, 니켈, 철, 주석, 금, 납, 백금족 금속, 은, 망간, 코발트, 몰리브덴, 탄산리튬/수산화물, 붕산, 티타늄, 우라늄 및 아연과 금속산화물 및 금속수산화물이 포함된다. 양극재의 예에는 구리 및 흑연 양극이 포함된다. 음극재의 예에는 구리, 코발트 및 니켈 음극이 있다. 석유 · 가스제품의 일반적 예에는 원유, 오일샌드, 중유, 천연가스, 나프타, 액화천연가스, 액화석유가스 및 기타천연가스액체, 디젤, 등유, 휘발유 및 수소가 포함된다. 농산물의 일반적 예에는 소, 가금류, 돼지, 양, 염소와 같은 가축과 밀, 면화, 수수, 귀리, 쌀, 대두, 코코아 설탕, 옥수수, 커피 및 어업, 임업, 과일 및 채소가 포함된다.

열거된 제품은 일반적으로 생산과정의 마지막 단계에 있으며 다국적기업그룹이 그 단계 이전 형태의 제품, 즉 중간제품을 판매할 수도 있다. 중간제품이 앞에서 시술한 정의를 충족하는 범위 내에서 1차상품의 제품기준 제외에 포함된다.

② **적격거래와 구분되는 비판매활동**(non-distribution activities)(TP 4장 부록 3 §3.3.4)

적격거래를 수행하는 판매업자는 때때로 비판매활동을 수행한다. 분석대상이 비판매활동을 수행하는 경우, 적격거래는 거래의 정확한 기술에 따라 비판매거래를 구분하여 적절하게 평가하고, 이전가격지침(3.9-3.12항)의 원칙에 따라 비판매거래와 구분하여 신뢰성 있는 가격산정을 할 수 있는 경우에만 범위 내 해당된다.

비판매활동의 예로는 이 보고서의 정의에 있는 한계를 넘어서 수행되는 제조, 연구 개발, 원자재조달, 자금조달 또는 소매를 포함한다. 판매업자가 이런 활동을 수행하는지 판단하기 위해 아래와 같은 객관적 측정을 할 수 있다.

- 제조의 경우, 가공재고(직접노동 및 가공중 재고)의 존재 또는 제조자산(예 재산, 공장, 장비)의 존재;
- 연구개발의 경우, 연구개발비의 발생(보상받는 경우 포함);
- 원자재 조달의 경우, 원자재조달 수수료수입의 존재;
- 자금조달의 경우, 재무상태표상 대출자산의 존재 및
- 소매의 경우, 판매업자의 판매이력(예 판매업자 판매망의 증거 및 소매고객에 대한 판매 정도), 또는 소매점 재산의 보유 또는 임대.

분석대상은 개별가격을 정하지 않은 판매활동과 비판매활동을 결합하여 수행할 수 있으며, 실제로 이러한 활동들을 묶어서 거래하기도 한다. 예를 들어, 제품의 판매업자는 판매거래와 별개의 용역을 제공하지만, 제품과 용역의 결합공급에 대해 하나의 가격으로 묶어서 거래한다. 이러한 구분된 활동들(사례의 경우 판매와 용역)이 특수관계인들 또는 제삼자들과 별개로 거래되지 않으면서 정상가격이 메겨진다는 점에서, 묶음거래에 대해 구분된 가격이 없기 때문에 판매활동을 구분하여 적절히 평가하거나 구분하여 신뢰성있게 가격을 산정할 수 없다. 적절한 개별평가와 신뢰성있는 개별가격산정이 어려운 상황의 사례를 아래에서 예시한다.

㉮ 판매거래의 개별평가가 부적절하거나 개별가격산정의 신뢰성이 없는 경우

이전가격지침(3.9-3.12항)은 거래들이 매우 밀접하게 연관되어 있거나 계속적이어서 개별기준으로 적절하게 평가될 수 없는 경우의 예를 보여준다. 간이접근법의 맥락에서 적용되는 몇 가지 예를 아래에서 보여준다.

판매업자가 판매하는 제품과 무관한 제품에 대한 제조특허개발에 기여한다고 가정한다. 특허개발과 관련된 수익, 직간접비용, 자산을 귀속시키거나 배분하여 적격거래로부터 신뢰성있게 구분할 수 있고, 남은 수익, 직간접비용, 자산은 오로지 적격판매거래와 관련된다면, 그 적격거래는 계속 범위 내에 있게 된다.

적절한 개별평가와 신뢰성있는 개별가격산정이 모두 어려운 또 다른 예는 다국적기업그룹이 재화와 용역을 묶어서 제공하는 경우인데, 이 경우 이 활동들을 분리하여 각 활동에 귀속되는 수익과 소득을 측정하는 것은 어렵다. 이런 사례 중 하나는 판매업자가 유형재화의 판매와 함께 소비자금융(예컨대, 실질적 이연지급조건 또는 제품판매와 직접 관련된 융자)을 제공하는 경우이다. 이 경우 유형재화의 판매와 관련된 재무수치를 융자에서 분리하는 것은 어렵다.

이전가격지침(I장 D.8절, §1.179)에 따르면, 다국적기업그룹의 동반상승효과(synergies)는 관계거래의 맥락에서 발생하는데, 이 경우 정상적인 특별보상이 정당화된다. 이런 원칙은 간이접근법에서 고려하는 것과도 관련된다. 예를 들어, 판매업자가 그러한 다국적기업그룹의 동반상승효과를 창출하기 위해 기여하거나, 판매업자가 속한 다국적기업그룹 내에서 이루어진 비판매경제활동이 판매업자에게 혜택을 주는 유사한 기여를 하게 되는 경우, 동반상승효과의 창출과 관련하여 보상이 이루어져야 한다는 점에서, 이는 적격거래의 적절한 개별평가에 문제를 발생시킨다.

㉯ 수익, 비용, 자산 및 부채를 판매활동에 배분하는 실무지침

이전가격지침(§2.83~§2.86, §2.91, §2.98, VII장 B.2.2.2절 및 B.2.3절)은 판매거래 및 그 밖의 거래와 관련된 수익, 비용, 자산 및 부채의 배분과 관련된 일반원칙을 규정한다. 범위

내 적격거래의 가격산정을 위한 자산의 배분은, 자산이 지침에 구체적으로 언급되지 않은 경우에도, 이 지침과 기본원칙을 따라야 한다.

세무당국은 수익, 비용, 자산 및 부채의 귀속과 배분의 신뢰성을 평가하기 위해 다양한 정보를 요구할 것이며, 납세자는 6절에서 검토한 서류요건에 따라 그 정보를 준비해야 한다. 특히 세무당국은 여러 회계연도에 걸쳐 내부재무자료, 기업조직도 및 기업경영구조를 평가할 필요가 있다. 세무당국은 또한 수익, 비용, 자산 및 부채의 귀속이나 배분이 일관되게 수행되었는지 검토할 필요가 있다.

(5) 간이접근법에 따른 이익률 결정

아래에서 설명하는 설계요소와 이 요소들에 따라 정의된 용어를 포함하여, 이익률 결정방법과 지침은 간이접근법을 적용할 때 사용된다. 간이접근법의 다른 모든 설계요소와 마찬가지로, 영업비용 교차검증의 포함, 데이터보정방법, 그러한 설계요소 내 개별특징들은, 이전가격지침의 다른 부분에 따라 모든 거래에 대해 결정되는 최적방법의 적용에 포함되는 것으로 보아서는 안 된다.(TP 4장 부록 3 §43)

① **이익률표(Pricing matrix)**(TP 4장 부록 3 §5.1)

범위요건(scoping criteria)을 반영하기 위한 추가적 선별 · 개별검토(screening and manual review)와 함께 관련 비교대상검색요건(benchmarking search criteria)을 적용하기 위해 기본적 마케팅 · 판매활동(baseline marketing and distribution activities)에 참여하는 회사들의 글로벌데이터세트(global dataset)을 개발하였다. 그러한 글로벌데이터세트에서 추출한 재무정보는 부분적으로 이익률표로 변환된 정상거래결과(arm's length results)의 추정치에 대한 기초를 구성한다.

정상거래결과의 추정치는 아래에서 설명하는 순영업자산집중도(net operating asset intensity, OAS), 영업비용집중도(operating expense intensity, OES) 및 산업군(industry groupings)과 같은 요소에 따라 표로 제시되었다.

산업군이란 특정 산업/제품 간에 확인되는 관계와 해당 제품의 기준판매활동에 귀속되는 수익성을 기초로 해당 판매업체를 사전에 정의한 3가지 그룹으로 구분하는 특정 산업 및 산업부문의 분류를 말한다. 3가지 산업군의 각각에 속하는 재화의 유형은 다음과 같다.

- 산업군 1 – 부패하기 쉬운 식품, 식료품, 가정용 소비재, 건설자재 · 용품, 배관용품 및 금속.
- 산업군 2 – IT 하드웨어 및 부품, 전기부품 · 소모품, 동물사료, 농업용품, 알코올 및 담배, 애완동물사료, 신발 및 기타의류, 플라스틱 및 화학 제품, 윤활유, 염료, 의약품, 화장품, 건강 및 웰빙 제품, 가전제품, 전자제품, 가구, 가정 및 사무 용품, 인쇄물, 종이 및 포장재, 보석류, 가죽 및 모피, 신차 및 중고차, 차량 부품 및 용품, 혼합제품 및 산업군 1 또는 3에 열거되지 않은 제품 및 부품.
- 산업군 3 – 의료용 기계, 산업용 및 농기구를 포함한 산업용 기계, 산업용 공구, 산업용 부품 및 잡자재.

간이접근법 목적상 범위 내 거래에 대한 가격산정결과를 나타내기 위한 순이익지표(net profit indicator)로 매출이익률(return on sales)을 사용하였다.

| 글로벌데이터세트에서 추출한 매출이익률 |

산업군	산업군 1	산업군 2	산업군 3
요소집중도			
[A] 높은 순영업자산집중도/ 영업비용집중도 : > 45% / 모든 수준	3.50%	5.00%	5.50%
[B] 중위 이상 순영업자산집중도/ 영업비용집중도 : 30% – 44.99% / 모든 수준	3.00%	3.75%	4.50%
[C] 중위 이하 순영업자산집중도/ 영업비용집중도: 15% – 29.99% / 모든 수준	2.50%	3.00%	4.50%
[D] 낮은 순영업자산집중도/ 낮지 않은 OES : <15% / 10% 이상	1.75%	2.00%	3.00%
[E] 낮은 순영업자산집중도 /낮은 영업비용집중도 : 순영업자산집중도 < 15% / 영업비용집중도 <10%	1.50%	1.75%	2.25%

해당 회계연도에 범위 내 거래와 관련된 분석대상의 이익률을 산정하기 위해 세무당국과 '관련납세자'는 아래와 같은 3가지 절차를 적용한다. "관련납세자"란, (i) 선택을 허용하는 거주지국에서 간이접근법을 적용하기로 선택한 납세자 및 (ii) 거주지국에서 간이접근법을 적용할 의무가 있는 납세자를 말한다.

a. 1단계 – 3가지 가능한 산업군(즉, 산업군 1, 2, 3) 중에서 분석대상의 관련 산업군을 결정하고 그 산업군에 해당하는 이익률표에서 적용가능한 매출이익률의 열을 식별한다. 판매제품이 둘 이상의 산업군에 속하는 경우 각 산업군에 해당하는 매출비율을 계산해야 한다. 매출의 80% 이상이 한 산업군에 해당하고 20% 미만이 다른 산업군에 해당하는 경우, 후자는 이익률을 산정하는데 결정적이지 않으므로 대부분의 매출이 속하는 산업군의 해당 이익률 항목만 참조하여 이익률을 산정한다. 매출의 20% 이상이 둘째나 셋째 산업군에 속하는 제품에서 발생한 경우 가중평균이익률을 계산해야 한다.

b. 2단계 – 가능한 5가지 구분(즉, 요소집중도 구분 A, B, C, D, E) 중에서 분석대상에 해당되는

요소집중도 구분을 하고, 그 요소집중도 구분에 해당하는 이익률표에서 적용되는 매출이익률 행을 식별한다. 분석대상의 요소집중도 구분은 직전 3개 회계연도의 가중평균을 기초로 계산해야 한다.(해당 연도의 분석대상 순영업자산을 계산하고 신용조건왜곡위험을 완화하기 위해 90일의 채무 지급기한이 적용되는데, 계산에 사용되는 채무가치는 재화매출원가/365×90을 초과하지 않는다. 적격거래가 2년 동안 있는 경우에는 2년 가중평균비율을 사용하고 적격거래가 1년 동안만 있었는 경우에는 해당연도의 재무수치를 기초로 비율을 계산한다.)

c. 3단계 – 이익률표에서 산업군과 분석대상의 요소집중도 구분이 만나는 부분을 식별한다. 필요하면 이익률표의 해당 항에서 얻은 각 이익률에 해당 항을 참조하여 이익률을 산정할 매출비율을 곱하고 이러한 부분이익률을 합계하여 해당 판매업자의 전체매출에 적용할 수 있는 단일 가중평균이익률을 계산한다. 이처럼 요소집중도 구분의 가중치는 각 산업군에 배분된 매출비율에만 의존하며 각 산업군에 귀속되는 영업비용과 자산을 인식하는 계산은 필요하지 않다.

3단계 적용으로 산출한 이익률은 이익률표에서 산출한 매출이익률에 0.5% 가감한 것과 같은 허용범위를 나타낸다. 그 허용범위 내 값은 5.1절에 따른 적정값으로 신뢰할 수 있으며, 아래에 따라 적용되는 사후조정의 기초가 된다. 매출의 20% 이상이 단일 산업군에 속하지 않는 제품에서 발생하는 경우, 3단계에서 산출한 이익률은 가중평균이익률에 0.5%를 가감한 것과 같은 범위를 나타낸다.

간이접근법의 목적상 관련납세자는 범위 내 거래의 실제결과를 적용하고 검토하여, 이런 거래조건이 사후적으로 간이접근법과 일치했음을 입증한다.(즉, 정상거래결과 검증접근법) 이러한 검토는 일반적으로 연말에 법인세신고서를 작성하기 위한 절차의 일환으로 수행된다.

범위 내 거래에 간이접근법을 적용하는 경우, 세무당국은 범위 내 관계거래와 관련하여 이전가격지침(§3.60)을 고려해야 한다. 또한 관련납세자가 신고한 이익률이 세무당국이 간이접근법을 적절하게 적용하여 산출한 범위를 벗어난 경우, 세무당국은 이익률표에서 산출한 매출이익률을 사용하여 관계거래의 이익률을 조정해야 한다.

② 영업비용교차검증(operating expense cross-check)(TP 4장 부록 3 §5.2)

간이접근법 목적상 1차적인 매출이익률 지표를 적용하는 한도로 영업비용 교차검증을 적용한다. 매출이익률 지표의 적용이 아래 표에 있는 사전 정의된 영업비용 한도범위(cap-and-collar range)를 벗어나는 결과가 되는 경우, 분석대상의 이익률을 조정한다. 영업비용 하한(Operating expense collar)은 간이접근법으로 분석대상에 대해 산출하는 아래 표에 있는 영업비용에 대한 최소 적정이익률을 말한다.

| 영업비용 한도범위 |

요소집중도	기본상한율	적격관할국 선택상한율	하한율 (Collar rate)
높은 순영업자산집중도 (A)	70%	80%	10%
중간 순영업자산집중도 (B+C)	60%	70%	
낮은 순영업자산집중도(D+E)	40%	45%	

영업비용 교차검증은 모든 범위 내 거래에 적용되며 세무당국 및 관련납세자가 다음 4단계 절차를 적용해야 한다.

a. 1단계 - 세무당국 및 납세자는 분석대상에 대한 매출이익률을 결정하고 그 이익률로 산출하는 '영업비용 대비 이익률'(return on operating expens; '영업비용이익률')을 계산한다.
b. 2단계 - 세무당국 및 납세자는 영업비용 한도범위를 결정한다. 적용되는 한도비율은 다음에 따라 결정하는데; (i) 분석대상의 요소집중도 분류, 또한 (ii) 분석대상이 기본상한율(default cap rates; 분석대상이 적격관할국에 소재하지 않는 경우 2단계 목적상 기본상한율이 적용됨) 또는 적격관할국의 선택상한율(alternative cap rates; 적격관할국에 소재하는 경우 2단계의 목적상 선택상한율이 적용될 수 있음)에 해당하는지 여부
c. 3단계 - 세무당국과 납세자는 분석대상의 영업비용이익률을 2단계에서 정한 영업비용 한도범위와 비교한다.
d. 4단계 - 1단계에서 결정된 분석대상의 영업비용이익률이 영업비용 한도범위에 해당하는 경우, 계산된 매출이익률에 대해 추가조정이 필요하지 않다. 그러나, 1단계에서 결정된 분석대상의 영업비용이익률이 영업비용 상한을 초과하는 경우, 영업비용이익률이 영업비용 상한과 같아질 때까지 분석대상의 매출이익률은 하향조정한다. 반대로, 분석대상의 영업비용이익률이 영업비용 하한의 아래로 떨어지는 경우, 영업비용이익률이 영업비용 하한과 같아질 때까지 분석대상의 매출이익률을 상향조정한다.

③ **적격관할국의 데이터보정방법(data availability mechanism)**(TP 4장 부록 3 §5.3)

데이터보정방법은 분석대상의 관할국에 대해 글로벌데이터세트에 데이터가 없거나 불충분하고, 그 관할국이 적격관할국인 경우를 설명하기 위한 것이다. 적격관할국이란 해당국에 소재하는 분석대상에 대한 조정이익률을 결정하기 위해 언급한 데이터보정방법이 적용되는 관할국을 말한다. 적격관할국의 목록은 적격기준에 따라 정해지며, 매 5년마다 OECD 웹사이트에 게시되고 업데이트된다.

분석대상이 적격관할국에 소재하는 경우, 해당되는 경우 당초 결정된 이익률에 대해 조정이 이루어진다. 적격관할국의 관련납세자는 다음 산식에 따라 이익률을 조정받게 된다.

조정 매출이익률 = ROS^{TP} + (NRA^{J} x OAS^{TP})

- 매출이익률(ROS^{TP})은 해당되는 경우 계산되는 분석대상의 매출대비 이익률이다.
- 순위험조정률(NRA^{J})은 아래 표에 따라 산출되는 적격관할국의 순위험조정률로서, 적용 유형(category)은 해당 회계연도의 첫날에 적용되는 분석대상의 적격관할국의 국가신용등급(sovereign credit rating; 인정된 독립평가기관이 메긴 적격관할국의 국가신용등급이 여러 개로 다양한 경우, 순위험조정률의 결정은 해당 회계연도의 첫날에 가장 가까운 시점에 발표되거나 재확인된 그 적격관할국의 국가신용등급을 기준으로 함)을 참조하여 결정된다.(적격관할국에 대해 인정된 독립평가기관의 국가신용등급이 없는 경우, 적용되는 순위험조정률은 아래 표 3에서 산출되는 모든 비투자등급의 평균 순위험조정률과 같음)
- 순영업자산집중도(OAS^{TP})는 해당 회계연도에 분석대상의 순영업자산집중도를 말하며, 분석대상의 조정 매출이익률 계산목적상 85%를 초과하지 않는다.

| 적격관할국 분석대상의 순영업자산집중도에 적용되는 순위험조정률 |

국가신용등급 유형		순위험조정율 %※
투자등급	BBB+	0.0%
	BBB	0.0%
	BBB-	0.3%
비투자등급	BB+	0.7%
	BB	1.2%
	BB-	1.8%
	B+	2.8%
	B	3.8%
	B-	4.9%
	CCC+	5.9%
	CCC	7.5%
	CCC- (또는 그 이하)	8.6%

※ 이 표의 순위험조정률을 계산하기 위해 적용된 방법은 각 신용등급(Aswath Damodaran, NYU Stern School of Business 작성 데이터 사용)에 대해 5년 평균 국가채무부도율을 결정하고, 글로벌 데이터세트에 존재하는 국가위험을 추정하기 위한 이중계산조정을 차감한 것이다.

④ **주기적 갱신**(TP 4장 부록 3 §5.4)

간이접근법의 집행과 관련된 규정준수부담을 덜기 위해 대상범위의 결정과 영업비용 상한과 하한을 뒷받침하는 분석은 중간에 갱신이 필요한 시장상황에 현저한 변화가 없는 한 5년마다 갱신된다. 또한, 이와 관련된 재무자료와 기타자료는 매년 검토되고 필요한 경우 갱신된다.

(6) 비교대상검색기준(TP 4장 부록 3 §부록 A)

기본적 마케팅 · 판매활동에 종사하는 회사를 식별할 목적으로 비교대상검색을 하며, 이는 간이접근법에 따른 정상거래결과의 추정을 위한 기초를 구성하는 글로벌데이터세트(global dataset)를 설정하는데 필요하다.

① 데이터베이스 탐색(Database filtering)

비교대상검색기준을 정의하는 초기연구에 Moody's BvD Orbis 데이터베이스를 사용했으며 초기에는 다음 기준만을 고려하였다.

1. 활동중인 회사
2. 다음 주업종 NACE코드를 가진 회사: 45 - 자동차 및 이륜차의 도소매거래 및 수리, 46 - 자동차 및 이륜차를 제외한 도매거래 (다음 항에 설명하는 질적검토를 통해 추가분석)
3. 연결계정을 가진 회사, 또는 회사가 자회사의 지분을 50% 미만으로 소유하는 경우에는 연결되지 않은 회사
4. 회사 지분의 50% 이상을 소유하는 주주가 없는 회사
5. 2017년, 2018년, 2019년 영업수익 및 세전영업이익 자료 보유 회사
6. 5년간(2015년~2019년) 영업수익 평균 200만유로 이상 회사
7. 웹사이트 주소를 가진 회사
8. 데이터베이스에서 볼 수 있는 사업개요정보를 보유한 회사
9. 매출대비 연구개발비 비율이 3% 이상인 기업 제외 (이는 초기 데이터베이스 검색기준으로, 나중에 사업설명서에서 연구개발활동을 수행하는 것으로 기술된 회사를 개별적으로 제외하고 아래에서 설명하는 양적검토를 추가)

② 회사설명서 개별검토(Manual review)

위에서 설명한 검색을 한 후 해당 기업에 대한 개별검토를 수행했다. 이 검토는 최종 데이터세트에서 2절에 설명된 범위기준에 따라 기본적 마케팅 · 도매활동 이상을 수행하는 회사를 제외하기 위한 것이다. 초기에는 키워드검색으로 회사들을 제외하며, 그 다음에 데이터베이스에 제공된 사업활동에 대한 설명정보만 사용하여 데이터세트 내 회사들을 개별적으로 검토한다. 이러한 검토는 다음을 포함한다.

- 사업개요에 다음 용어를 가진 회사의 제외:
  - "설계 및 제조",
  - "금융",
  - "보험",
  - "제조",
  - "연구", "소프트웨어 개발" 및 "시스템 통합".
- 주요활동으로 도매를 설명하지 않는 모든 회사 제외.

• 개발, 연구 또는 제조 활동, 또는 소매, 수리·보수, 기타용역과 같은 추가활동을 약간 또는 부수적 수준 이상으로 설명하는 회사 제외.

③ 회사자료의 양적 검토(Quantitative review)

매출 대비 무형고정자산의 5년 가중평균비율이 1% 이상 되는 회사들은 제외하였다.

연구개발비를 계상한 회사 중 매출 대비 연구개발비의 5년 가중평균비율이 0% 이상 되는 회사들을 제외하였다. 이 분석에서 고려한 5년 중 3년, 4년 또는 5년 동안 손실을 계상한 회사들을 계속 손실회사로서 제외하였다.

④ 1차상품(commodities) 제외 적용

데이터세트(dataset)에 남은 회사들에 대해 판매제품을 식별하기 위해 회사 웹사이트 및 인터넷 정보에 대한 높은 수준의 질적검토(qualitative checks)를 추가로 하였다. 회사가 이 보고서의 1차상품 정의를 충족하는 제품을 판매하는 경우, 해당 회사는 1차상품에 대한 범위제외에 따라 데이터세트에서 제외되었다.

사례 간이접근법의 적용 (TP 4장 부록 3 §부록 B)

■ 사례 1; 산업군 1 및 요소집중도 분류[C]의 기본사실유형

AB그룹은 가정소비재를 제조하고 판매하는 다국적기업그룹이라고 가정한다. A사는 그룹의 모회사로 A국 거주자이다. B사는 B국에 거주하는 AB그룹의 자회사로 B국에서 도매활동을 수행한다. A사는 B사에 가정소비재를 판매하고, B사는 추가가공없이 B국의 제3자 소매상에 제품을 판매한다. 사례에서 달리 표시하지 않는 한, B국은 적격관할국이 아니다. (간이접근법에 따른 이익률 계산 전) B사의 회계자료는 다음과 같다고 가정한다:

a) X-3년부터 X년까지 B사의 손익

구분		X-3년	X-2년	X-1년	X년
(a)	매출	199	195	205	200
(b)	매출원가	(145)	(142)	(154)	(144)
(c) = (a) + (b)	매출총이익	54	53	51	56
(d)	영업비용	(50)	(47)	(46)	(49)
(e) = (c) +(d)	세전소득(EBTI)	4	6	5	7
(f) = (e) / (a)	매출이익률(%)	2.01%	3.08%	2.44%	3.50%
(g) = (e) / (d)	영업비용이익률	8.00%	12.77%	10.87%	14.29%

b) X-3년부터 X-1년까지 평균계산한 B사의 재무상태표 항목

	X-3년	X-2년	X-1년	X년
자산				
고정자산	50	42	40	
채권	30	22	26	
주식	25	18	25	
부채				
채무	33	34	36	

간이접근법에 따라 X년의 B사 소득을 결정하기 위해서 다음 단계를 거쳐야 한다:

- 1단계 - 분석대상의 관련 산업군을 결정한다. B사는 정의에 따라 산업군 1에 속한다.
- 2단계 - 해당 요소집중도 분류를 결정한다.
  - 아래 표와 같이, 직전 3년(X-3~X-1)간 가중평균으로 계산한 B사의 순영업자산집중도는 29.22%이며, 같은 기간 영업비용집중도는 23.87%이다. 따라서, 이익률표에 따라 B사의 요소집중도 분류는 [C]이다.
  - 90일의 미지급금 기한은 c)의 계산에서 적용되지 않는다.

c) 미지급금 기한의 계산

		X-3년	X-2년	X-1년	X년
(a)	채무(Creditors)	33	34	36	
(b)	매출원가(COGS)	145	142	154	
(c)=(a)/(b)	매출원가대비 채무비율	0.23	0.24	0.23	
(d)=(c)×365	미지급금 일수	83.07	87.39	85.32	
(e)	90일요건 충족여부	Yes	Yes	Yes	

d) X-1년부터 X-3년까지 운전자본(working capita)의 계산

		X-3년	X-2년	X-1년	X년
(a)	주식(Stock)	25	18	25	
(b)	채권(Debtors)	30	22	26	
(c)	채무(Creditors)	33	34	36	
(d)=(a)+(b)-(c)	운전자본(Working capital)	22	6	15	

e) 순영업자산집중도(OAS)

순영업자산(Net Operating assets)					
		X-3년	X-2년	X-1년	X년
(a)	고정자산(Fixed assets)	50	42	40	
(b)	운전자본(Working capital)	22	6	15	
(c)=(a)+(b)	순영업자산	72	48	55	

순영업자산집중도 (Net operating assets intensity)					
		X-3년	X-2년	X-1년	3년 평균
(a)	매출(Sales)	199	195	205	599
(b)	순영업자산	72	48	55	175
(c)=(b)/(a)	순영업자산집중도				29.22%

f) 영업비용집중도 (OES)의 계산

		X-3년	X-2년	X-1년	3년 평균
(a)	매출	199	195	205	599
(b)	영업비용	50	47	46	143
(c)=(b)/(a)	영업비용집중도				23.87%

- 3단계: 관련 표의 항목에서 범위를 식별하고 적용한다. 이익률표에 따라 X년의 B사 이익률은 2.5%(+/-0.5%)이다.
- 4단계: 5.2절의 영업비용교차검토을 적용한다. 영업비용이익률(10.20%)이 영업비용 한도범위(10%-60%) 내 있으므로 5.2절에서 설명한 영업비용교차검토는 적용하지 않는다.
- 5단계: 5.3절의 데이터보정방법을 적용한다. B국은 적격관할국이 아니므로, 데이터보정방법은 적용되지 않는다.

아래 표는 간이접근법에 따른 분석대상의 영업이익률을 계산한 것이다.

X년			
		손익 (5절 계산 이전)	손익 (5절 계산 이후)
(a)	매출	200	200
(b)	매출원가	(144)	(146)
(c)=(8)+(b)	매출총이익	56	54
(d)	영업비용	(49)	(49)
(e)=(c)+(d)	세전영업이익	7	5
(f)=(e)/(a)	영업이익률	3.5%	
(g)=(e)/(d)	영업비용이익률	14.29%	
(h)	순영업자산집중도 %		2.5%
(i)=(a)×(h)	세전영업이익		5
(j)=(i)/(d)	영업비용이익률		10.20%

■ 사례 2-산업군 3과 요소집중도 분류 [D]의 기본사실유형

X-3년부터 X년까지 B사의 평균 손익계산서 및 재무상태표의 수치가 다음과 같이 변경되었으며, 다국적기업그룹은 의료기계를 생산·판매한다는 점을 제외하고 사실관계는 사례 1과 같다.

a) X-3년부터 X년까지 B사의 손익

		X-3년	X-2년	X-1년	X년
(a)	매출	199	195	205	200
(b)	매출원가	(156)	(163)	(164)	(156)
(c) = (a) + (b)	매출총이익	43	32	41	44
(d)	영업비용	(37)	(26)	(33)	(36)
(e) = (c) + (d)	세전영업이익	6	6	8	8
(f) = (e) / (a)	영업이익률	3.02%	3.08%	3.90%	4.00%
(g) = (e) / (d)	영업비용이익률	16.22%	23.08%	24.24%	22.22%

b) X-3년부터 X년까지 평균계산한 B사의 재무상태표 항목

	X-3년	X-2년	X-1년	X년
자산				
고정자산	26	28	22	
채권	15	18	22	
주식	20	16	20	
부채				
채무	33	36	35	

간이접근법에 따라 X년에 B사의 이익률을 결정하기 위해 다음 절차를 수행한다. :

- 1단계와 2단계 - B사는 산업군 3에 속하며, B사의 요소집중도 분류는 [D]이다. 90일의 미지급금 기한에 해당하지 않는다.

c) 운전자본, 순영업자산, 순영업자산집중도 및 영업비용집중도

	X-3년	X-2년	X-1년	3년 평균
운전자본	2	(2)	7	-
순영업자산	28	26	29	-
순영업자산집중도 %	-	-	-	13.86%
영업비용집중도 %	-	-	-	16.03%

- 3단계-5단계: 이익률표에 따라 X년에 B사의 이익률은 3%(+/-0.5%)가 된다. 영업비용이익률(16.67%)이 영업비용 한도범위(10%-40%) 내 있으므로 5.2에서 설명한 영업비용교차검토를 적용하지 않으며, B국이 적격관할국이 아니므로 데이터보정방법도 적용하지 않는다.

아래 표는 간이접근법에 따른 분석대상의 영업이익률 계산을 보여준다.

X년			
		손익 (5절 계산 이전)	손익 (5절 계산 이후)
(a)	(a)	(a)	(a)
(b)	(b)	(b)	(b)
(c) = (a) + (b)	매출총이익	44	42.00
(d)	영업비용	(36)	(36)
(e) = (c) + (d)	세전영업이익	8	6
(f) = (e) / (a)	영업이익률	4.00%	
(g) = (e) / (d)	영업비용이익률	22.22%	
(h)	5.1절에 따른 순영업자산집중도 %		3.00%
(i) = (a)×(h)	5.1절에 따른 세전영업이익		6.00
(j) = (i) / (d)	영업비용이익률		16.67%

■ 사례 3 - 적격관할국을 위한 데이터보정방법의 적용

B국은 영업비용교차검토와 데이터보정방법에서 의미하는 적격관할국이며 해당 회계연도에 국가신용등급 BB-에 해당한다는 점을 제외하고, 사실관계는 사례 2와 같다. 사례 2와 같이, 영업비용이익률(16.67%)이 영업비용 한도범위(10% - 45%) 내 있으므로 5.2절에서 설명한 영업비용교차검토는 적용하지 않는다. B사는 데이터보정방법에 따라 다음 산식에 의한 조정이익률을 계상한다:

"조정 매출이익률 = 매출이익률 + (순위험조정률×순영업자산집중도)"

매출이익률(ROS)은 3%(분석대상의 매출 대비 이익률), 순위험조정률(NRA)은 1.8%(국가신용등급 BB-인 관할국의 순위험조정율), 순영업자산집중도(OAS)는 13.86%(X-3년부터 X-1년까지 B사의 가중평균 순영업자산집중도: 순영업자산 한도 85%를 초과하지 않음)이며, 아래 표는 데이터보정방법 적용 후 B사의 조정 매출이익률을 나타낸다.

Year X		
(a)	매출이익률 %	3%
(b)	순위험조정률 %	1.80%
(c)	순영업자산집중도 %	13.86%
(d) = (a) + ((b)×(c))	조정 매출이익률 %	3.25%

■ 사례 4 - 영업비용교차검토의 상한 적용

B사의 X-3년부터 X년의 손익과 X-3년부터 X-1년의 평균계산 대차대조표 항목이 다음과 같이 변경된 것을 제외하고 사실관계는 사례 2와 같으며, 다국적기업그룹은 소비가전제품을 생산하고 판매한다:

a) X-3년부터 X년까지 B사의 손익

		X-3년	X-2년	X-1년	X년
(a)	매출	199	195	205	200
(b)	매출원가	(181)	(178)	(187)	(182)
(c) = (a) + (b)	매출총이익	18	17	18	18
(d)	영업비용	(11)	(11)	(11)	(10)
(e) = (c) +(d)	세전영업이익	7	6	7	8
(f) = (e) / (a)	영업이익률	3.52%	3.08%	3.41%	4.00%
(g) = (e) / (d)	영업비용이익률	63.64%	54.55%	63.64%	80.00%

b) X-3년도부터 X-1년도까지 평균계산한 B사의 대차대조표 항목

	X-3년	X-2년	X-1년	X년
자산:				
고정자산	48	42	45	
채권	31	37	33	
주식	20	16	20	
부채:				
채무	33	36	35	

간이접근법에 따라 X년에 B사의 수익을 결정하기 위해서 다음과 같은 절차를 수행해야 한다:

- 1단계 및 2단계: B사는 산업군 2에 속하며 B사의 요소집중도 분류는 [B]이다. 90일의 미지급금 기한은 적용되지 않는다.

c) 운전자본, 순영업자산, 순영업자산집중도, 영업비용집중도

	X-3년	X-2년	X-1년	3년 평균
운전자본	18	17	18	-
순영업자본	66	59	63	-
순영업자산집중도 %	-	-	-	31.39%
영업비용집중도 %	-	-	-	5.51%

- 3단계: 이익률표에 따라 X년 B사의 이익률은 3.75%(+/- 0.5%)가 되어야 한다.
- 4단계: 영업비용이익률(75.00%)이 영업비용 한도범위(10%-60%)를 초과하므로 영업비용교차검토를 적용한다. 영업비용이익률이 그 범위를 초과하므로 영업비용이익률이 영업비용의 상한과 같아질 때까지 B사의 매출이익률을 하향조정한다. 조정 후 매출이익률은 3.00%이다.
- 5단계: B국이 적격관할국이 아니기 때문에 5.3절에 설명된 데이터보정방법은 적용되지 않는다.

아래 표는 간이접근법에 따른 분석대상의 영업이익률의 계산을 나타낸다.

구분		손익 (조정계산이전)	손익 (조정 계산이후)	손익 (조정 계산이후)
(a)	매출	200	200	200
(b)	매출원가	(182)	(182.5)	(184)
(c) = (a) + (b)	매출총이익	18	17.5	16
(d)	영업비용	(10)	(10)	(10)
(e) = (c) + (d)	세전영업이익	8	7.5	6
(f) = (e) / (a)	영업이익률	4.00%		
(g) = (e) / (d)	영업비용이익률	80.00%		
(h)	순영업자산집중도		3.75%	
(i) = (a) x (h)	세전영업이익		7.5	
(j) = (i) / (d)	영업비용이익률		75.00%	
(k) = (d) x 60%	조정세전영업이익			6
(l) = (k) / (a)	조정영업비용이익률			3.00%

▣ 사례 5 - 영업비용교차검토 및 데이터보정방법의 적용

B국은 영업비용교차검토와 데이터보정방법에서 의미하는 적격관할국이며 해당 회계연도의 국가신용등급이 B-이라는 점을 제외하고, 사실관계는 사례 4와 같다. 사례 4와 같이, 영업비용이익률(75.00%)이 영업비용 한도범위(10%-70%)를 초과하므로 영업비용교차검토가 적용된다. 영업비용이익률이 범위를 초과하므로, B사의 매출이익률은 영업비용이익률이 영업비용의 상한과 같아질 때까지 하향 조정된다. 조정 후 매출이익률은 3.50%이다. 데이터보정방법에 따라, B사는 다음 산식에 의한 조정이익률을 계상한다:

"조정 매출이익률 = 매출이익률+(순위험조정률(NRA)x순영업자산집중도(OAS))"

매출이익률(ROS)는 3.50%(조정매출이익률), 순위험조정률(NRA)은 4.9%(국가신용등급 B-인 관할국의 순위험조정률), 순영업자산집중도(OAS)는 31.39%(X-3년부터 X-1년까지 B사의 가중평균 순영업자산집중도; 순영업자산 한도 85%를 초과하지 않음)이다. 아래 표는 데이터보정방법 적용 후 B사의 조정 매출이익률을 나타낸다.

X년		
(a)	5.1절 및 5.2절 매출이익률 %	3.50%
(b)	순위험조정률 %	4.90%
(c)	순영업자산집중도 %	31.39%
(d)=(a)+((b)×(c))	5.3절 조정 순영업자산집중도	5.04%

▣ 사례 6 - 채무 기한을 초과한 경우

X-3년부터 X-1년까지 B사의 평균계산 손익계산서 및 재무상태표 항목의 수치가 다음과 같이 변경되고, 90일의 채무 지급기한을 초과한 것을 제외하고, 사례 4와 사실관계가 같다.

a) X-3년부터 X년까지 B사의 손익

		X-3년	X-2년	X-1년	X년
(a)	매출	199	185	195	200
(b)	매출원가	(181)	(168)	(177)	(182)
(c) = (a) + (b)	매출총이익	18	17	18	18
(d)	영업비용	(11)	(11)	(11)	(10)
(e) = (c) +(d)	세전영업이익	7	6	7	8
(f) = (e) / (a)	매출이익률 (%)	3.52%	3.24%	3.59%	4.00%

b) X-3년부터 X-1년까지 평균계산한 B사의 재무상태표 항목

	X-3년	X-2년	X-1년	X년
자산:				
고정자산	48	42	45	
채권	31	39	39	
주식	36	28	20	
부채:				
채무	65	65	55	

간이접근법에 따라 X년에 B사의 이익률을 결정하기 위해서 다음과 같은 절차를 수행해야 한다:

- 1단계: B사는 정의에 따라 산업군 2에 해당한다.
- 2단계: B사의 요소집중도 분류는 [B]이다. 90일의 지급기한이 적용되어 채무가 조정되므로, 조정채무와 함께 운전자본 및 순영업자산집중도(OAS)를 계산해야 한다.

c) 채무 한도의 계산

		X-3년	X-2년	X-1년	X년
(a)	채무	65	65	55	
(b)	매출원가	181	168	177	
(c) = (a)/(b)	매출원가 대비 채무	0.36	0.39	0.31	
(d) = (c)×365	채무지급일수	131.08	141.22	113.42	
(e)	90일 충족여부	No	No	No	
(f) = [(b)/365]×90	조정 채무	44.63	41.42	43.64	
(g) = (f)/(b)	조정 매출원가대비 채무	0.25	0.25	0.25	
(h) = (g)×365	조정 채무지급일수	90 days	90 days	90 days	

d) 채무 지급기한으로 인해 평균계산한 B사의 조정 재무상태표 항목

	X-3년	X-2년	X-1년	X년
자산:				
고정자산	48	42	45	
채권	31	39	39	
주식	36	28	20	
부채:				
채무	44.63	41.42	43.64	

e) 운전자본, 순영업자산, 순영업자산집중도, 영업비용집중도

	X-3년	X-2년	X-1년	3년 평균
조정채무에 따른 운영자본	22.37	25.58	15.36	-
조정채무에 따른 순영업자산	70.37	67.58	60.36	-
조정 전 순영업자산집중도	-	-	-	24.70%
조정 순영업자산집중도	-	-	-	34.25%
영업비용집중도 %	-	-	-	5.70%

- 3단계: 이익률표에 따라 X년의 B사 수익률은 3.75%(+/-0.5%)가 되어야 한다.
- 4단계: 영업비용이익률(75.00%)이 영업비용 한도범위(10%-60%)를 초과하므로 영업비용교차검토를 해야 한다. 영업비용이익률이 범위를 초과하므로, 영업비용이익률이 영업비용의 상한과 같아질 때까지 B사의 매출이익률을 하향조정한다. 조정 후의 매출이익률은 3.0%이다.
- 5단계: B국이 적격관할국이 아니므로, 데이터보정방법은 적용되지 않는다.

구분		손익 (조정계산 이전)	손익 (조정계산 이후)	손익 (조정계산 이후)
(a)	매출	200	200	200
(b)	매출원가	(182)	(182.5)	(184)
(c) = (a) + (b)	매출총이익	18	17.5	16
(d)	영업비용	(10)	(10)	(10)
(e) = (c) + (d)	세전영업이익	8	7.5	6
(1) = (e) / (a)	영업이익률	4.0%		
(g) = (e) / (d)	영업비용이익률	80.00%		
(h)	순영업자산집중도		3.75%	
(i) = (a) x (h)	세전영업이익		7.5	
(j) = (i) / (d)	영업비용이익률		75.00%	
(k) = (d) x 60%	조정세전영업이익			6
(l) = (k) / (a)	조정영업비용이익률			3.00%

■ 사례 7 – 매출의 20% 최소기준을 초과하는 다중 산업군

다국적기업그룹이 가정소모품과 전기부품 · 소모품을 모두 생산하고 판매한다는 점을 제외하고 사례 1과 사실관계는 같으며, X년에 B사는 가정소모품 판매로 매출의 60%, 전기부품 · 소모품 판매로 매출의 40%를 벌었다. B사는 2개 이상의 산업군(산업군 1의 가정소모품, 산업군 2의 전기부품 · 소모품)에 해당하는 재화를 판매하며, 두 산업군 모두 매출액의 최소기준 20%를 초과하으므로 아래 표와 같이 가중평균수익률을 계산해야 한다.

• X년의 B사 손익요약

X년의 구분손익			
	합계	산업군 1	산업군 2
		유형 [C]	유형 [C]
매출	200	120	80
매출 백분율		60%	40%
5.1에 따른 매출이익률	(60%×2.50%)+(40%×3.00%)=2.70%(+/−0.5%)		

■ 사례 8 – 매출의 20% 최소기준을 충족하지 않는 다중 산업군

X년에 B사는 가정소모품 판매에서 매출의 93%, 전기부품 · 소모품 판매에서 매출의 7%를 올렸다는 점을 제외하면, 사례 7과 사실관계가 같다. B사는 2개 이상의 산업군(산업군 1의 가정소모품, 산업군 2의 전기부품 · 소모품)에 속하는 재화를 판매하지만, 산업군 2의 경우 매출의 최소기준 20%를 충족하지 못하기 때문에 가중평균수익률의 계산이 필요하지 않다.

• X년의 B사 손익요약

X년의 구분손익			
	합계	산업군 1	산업군 2
		유형 [C]	유형 [C]
매출	200	186	14
매출 백분율		93%	75%
매출이익률	100%×2.50%=2.50%(+/−0.5%)		

2. 무형자산

관계회사들 간의 무형자산 사용과 이전에 대한 조건이 독립기업들 간 거래조건과 다른 경우, 관계회사들 간 그 조건이 없었더라면 어느 관계회사에 발생하였을 이익이 그 조건 때문에 발생하지 않았다면 그 이익을 다시 포함하여 과세할 수 있다.(TP §6.1) 특별히 언급되지 않거나 또는 무형자산으로 보지 않는 종목 또는 활동이라도 그 종목 또는 활동이 경제적 가치를 이전하는 경우, 정상가격을 판단할 때 무형자산의 유형에 속하는지 검토해야 한다.(TP §6.2) 무형자산의 사용 또는 이전과 관련된 경우, 비교가능성분석

과 기능분석을 통해 다국적기업그룹의 국제사업이나 전체 공급사슬에서 어떤 방식으로 무형자산을 사용하여 가치를 창출하는지 이해하는 것이 중요하다. 독립기업이었다면 계약이나 거래에 참여하였을지 및 참여했다면 어떠한 조건의 계약에 합의하였을지 고려해야 한다.(TP §6.3)

2.1 무형자산의 개념

(1) 개 요

무형자산의 정의가 너무 좁거나 넓은 경우에 문제가 생긴다. 무형자산의 정의가 좁을 경우, 독립기업거래였다면 무형자산의 사용 또는 이전에 대한 보상이 이루어졌을 것임에도 불구하고 납세자 또는 정부가 특정종목이 무형자산의 정의에서 벗어난다는 주장을 할 수 있다. 반대로 넓은 정의가 적용되는 경우, 독립기업거래였다면 그 대가를 계상하지 않았을 것임에도 불구하고 납세자 또는 정부가 특정종목이 무형자산의 사용 또는 이전에 해당하므로 보상해야 한다는 주장을 할 수 있다.(TP §6.5) 이에 따라, 이전가격에서 '무형자산'이란 용어는 유형자산이나 금융자산이 아닌, 소유할 수 있거나 상업활동에 사용할 수 있는 통제권을 가지며, 독립기업의 비교가능상황에서 발생한 거래인 경우 그 사용 또는 이전에 대해 보상받을 수 있는 것을 의미한다. 무형자산과 관련된 이전가격분석에서 회계적 또는 법적 의미에 중점을 두기보다는 비교가능거래에서 독립기업 간 합의되었을 조건을 결정하는 데 초점을 두어야 한다.(TP §6.6)

이전가격목적상 중요하게 고려되는 무형자산이 언제나 회계상 무형자산으로 인식되는 것은 아니다. 예를 들면, 연구개발 및 광고 등의 지출을 통해 만들어지는 내부적으로 개발되는 무형자산과 관련된 원가는 회계상 자본화되지 않고 비용으로 인식되기 때문에 재무상태표에서 무형자산으로 인식되지 않는다. 그렇지만, 이러한 무형자산은 상당한 경제가치창출에 사용되므로 이전가격목적상 고려되어야 한다. 또한, 상호보완적 특성을 가진 무형자산들은 경제가치를 한층 증대시키지만 항상 재무상태표에 반영되는 것은 아니다. 이전가격목적상 무형자산으로 보아야 하는지 여부를 회계상 무형자산의 특성을 통해 파악할 수 있지만, 오로지 그러한 회계상 특성의 정의만으로 판단하지 않는다. 또한, 이전가격목적상 무형자산으로 보는 경우에도 그 특성에 따라 일반 세무목적상 당연히 비용처리하거나 감가상각자산으로 인식할 수 있는 것은 아니다.(TP §6.7)

법적, 계약적 보호 또는 다른 형태의 보호의 가능성과 범위는 무형자산의 가치와 그 무형자산에 귀속되는 수익에 영향을 미친다. 그렇지만, 이러한 보호의 존재 유무는 이전가격목적상 무형자산으로 인정되는 필수조건은 아니다. 마찬가지로 일부 무형자산은 별도로 식별되고 이전되는 반면, 다른 무형자산은 다른 사업자산과 결합되어 이전되기도 한다. 따라서 별도로 이전할 수 있는지 여부가 이전가격목적상 무형자산으로 인정되는 필수조건은 아니다.(TP §6.8)

시장상황이나 지역시장의 환경과 무형자산을 확실히 구분해야 한다. 예를 들면, 시장 안에 있는 가계(household)의 가처분소득, 시장의 크기나 상대적 경쟁력과 같은 지역시장의 특징은 소유되거나 통제될 수 없다. 일부 상황에서, 이러한 정보들은 특정거래에서 정상가격을 산출하는 데 영향을 줄 수 있고 비교가능성분석에서 꼭 반영되어야 하는 부분이지만 무형자산으로 분류되지 않는다.(TP §6.9)

사실관계에 따라 어떤 종목을 무형자산으로 식별하는 것은 특정종목의 사용 또는 이전에 대한 가격결정과는 다른 과정이다. 산업부문에 따라 또는 특정사안에 고유한 여러 사실에 따라 다르겠지만, 무형자산의 이용으로 다국적기업은 크거나 작은 가치창출을 한다. 모든 상황의 모든 무형자산에 대해 재화나 용역에 대한 대가 외에 별도의 보상을 해야 하는 것은 아니며, 모든 무형자산이 모든 상황에서 초과이익을 발생시키는 것도 아니다. 예를 들면, 한 기업이 독특하지 않은 노하우를 사용하여 용역을 제공하고 다른 비교가능기업들도 비슷한 노하우로 용역을 제공하는 경우를 생각해 보자. 이 경우, 그 기업의 노하우를 무형자산이라고 해도 그 기업이 얻는 이익수준은 독특하지 않은 노하우를 사용하여 비슷한 용역을 제공하는 다른 독립기업들이 얻는 보통의 이익수준을 넘어서는 초과이익이 될 수 없다.(TP §6.10)

무형자산의 존재여부, 존재시기, 무형자산의 사용 또는 이전에 대한 판단에 주의해야 한다. 모든 연구개발비용이 무형자산을 만들거나 무형자산의 가치를 높이는 것은 아니며, 모든 마케팅활동이 무형자산을 만들거나 가치를 높이는 것은 아니다.(TP §6.11)

무형자산에 대한 이전가격분석에서 분석과 관련된 특정 무형자산을 식별하는 것이 중요하다. 기능분석에서 거래와 관련되는 무형자산을 식별하고, 무형자산이 거래에서 가치창출에 기여하는 방식과 무형자산이 가치창출을 위해 다른 무형자산, 유형자산 및 사업활동과 상호작용하는 방식을 식별해야 한다. 어떤 경우에는 무형자산의 사용 또는 이전에 대한 정상가격을 결정하기 위해 무형자산을 통합하여 분석하는 것이 적절한 반면, 모호하게 구분되거나 구분되지 않은 무형자산들이 정상가격이나 다른 조건에 영향을 미친다고 말하기에는 충분하지 않은 경우도 있다. 철저한 기능분석을 통해 정상거래조건을 판단해야 하는데, 이에는 다국적기업의 국제사업에서 식별되는 관련무형자산의 중요성에 대한 분석이 포함된다.(TP §6.12)

(2) 무형자산의 이전가격과 다른 세무문제의 관련성

무형자산의 이전가격문제는 다른 세무문제와 관련이 없다. 예를 들면, 조세조약의 '사용료' 정의는 독립기업 간 무형자산 사용 또는 이전에 대한 보상을 어떤 가격으로 할지에 대한 지침을 제공하지 않는다. 즉, 원천징수규정은 이전가격과 관련이 없다. 또한, 거래를 어떤 성격으로 볼 것인지의 문제는 특정대가를 사용료로 볼지 또는 원천징수대상인지의 문제와 관련이 없다. 이전가격목적상 무형자산의 개념과 원천징수목적상 사용료의 정의는 일치될 필요가 없는 두 가지 다른 개념이다. 따라서 관계회사들 간 지급대가를 원천징수목적상 사용료로 보지 않으면서, 이전가격목적상 무형자산에 대한 대가로 간주할 수 있다. 이에는 영업권이나 계속사업가치에 대한 대가가 있다. 또한, 원천징수규정에 따라 사용료로 취급되는 대가가 이전가격목적상 무형자산에 대한 대가로 취급되지 않을 수 있다. 이에는 기술용역에 대한 대가가 있다. 또한, 이전가격문제는 관세목적과도 관련이 없다.(TP §6.13) 이전가격세제는 소득의 인식, 무형자산 개발비용의 자본화, 무형자산의 상각, 그 밖에 이와 비슷한 문제와도 관련이 없다. 따라서 예를 들면, 어느 국가는 특정유형의 무형자산의 이전에 세금을 부과하지 않는다. 또한, 어떤 국가는 이전가격목적상 무형자산으로 보는 일정 매입종목의 원가에 대한 상각을 허용하지 않고 양도인의 소재지국에서 그 무형자산을 양도할 때에 과세한다. 이러한 각국 세법의 불일치로 이중과세 또는 이중비과세가 일어난다.(TP §6.14)

(3) 무형자산의 정의

'무형자산'이란 사업활동에 사용가능한 자산으로 유형자산 또는 금융자산 외의 것으로서 특정인에 의해 소유 또는 통제가 가능하고 특수관계가 없는 독립된 사업자 간에 이전 또는 사용권 허락 등의 거래가 이루어지는 경우 통상적으로 적정한 대가가 지급되는 것을 말한다.(국조령 §13 ①)

무형자산과 관련된 이전가격문제의 논의과정에서 여러 종류의 무형자산이 설명되며 여러 이름이 무형자산에 붙여진다. 사업무형자산(trade intangibles)과 마케팅무형자산(marketing intangibles), 소프트무형자산(soft intangibles)과 하드무형자산(hard intangibles), 일상적(routine) 또는 비일상적(non-routine) 무형자산, 또는 그 밖의 등급과 범주의 무형자산으로 구분하기도 한다. 무형자산과 관련된 정상가격을 결정하기 위해 이러한 유형화를 하지 않는다. 즉, 이전가격세제는 다양한 무형자산의 정확한 등급이나 유형을 자세히 기술하거나 그러한 무형자산의 종류에 따른 결과를 규정하기 위한 것이 아니다.(TP §6.15) 마케팅무형자산이나 사업무형자산으로 크게 구분하여 이전가격분석을 하더라도 납세자 또는 과세당국이 거래와 관련된 무형자산을 식별해야 할 의무가 면제되지는 않으며, 이러한 용어사용으로 마케팅무형자산 또는 사업무형자산과 관련된 거래의 정상가격을 결정할 때 서로 다른 방법이 사용되는 것도 아니다. '마케팅무형자산'이란 마케팅활동과 관련된 무형자산으로 제품이나 용역의 상업적 이용을 돕고, 관련제품의 판매촉진을 위한 중요한 가치가 있다. 마케팅무형자산은 고객에게 상품이나 용역을 판매하는 데 사용되거나 도움이 되는 상표, 상표명, 고객목록, 고객관계, 독점시장, 고객자료를 포함한다.(TP §6.16)

| 무형자산의 종류 (국조령 §13 ①, Reg §482-4.b) |

사업무형자산 (trade intangibles)	• 특허권, 실용신안권, 디자인권, • 발명, 공식, 공증, 설계, 모형, 노하우, 영업비밀 • 저작권 및 문학, 음악 및 예술작품 • 방법, 프로그램, 시스템, 절차, 기술자료 • 계약에 따른 권리 및 채취권, 유료도로관리권 등 정부로부터 부여 받은 사업권 • 영업권 및 계속기업가치
마케팅무형자산 (marketing intangibles)	• 상표권, 서비스표권, 상호, 브랜드 • 유통망, 예측, 고객정보, 고객망, 캠페인

어떤 경우에는 '독특하고 가치있는(unique and valuable)' 무형자산이란 표현을 사용한다. '독특하고 가치있는' 무형자산이란 (i) 비교대상거래의 당사자들에게 가능하지 않거나 그들이 사용하는 무형자산들과 비교가능하지 않으며, (ii) 이러한 무형자산이 영업활동(예 제조, 용역제공, 마케팅, 판매 및 경영관리 등) 목적으로 사용될 경우 무형자산이 없을 때보다 미래에 더 큰 경제적 편익이 나타날 것으로 기대되는 무형자산을 일컫는다.(TP §6.17)

이전가격상 무형자산의 정의는 법무나 회계상 정의보다 범위가 넓다. 미국세법(IRC §367.d.4)은 특허・발명・공식(formula)・공정(process)・설계(design)・도안(pattern)・노하우(know-how), 저작권(copyright)・문학음악예술작품, 상표(trademark)・상호(trade name)・브랜드명(brand name), 프랜차이즈・라이선스・계약, 방법(method)・프로그램・시스템・절차・캠페인・설문조사・연구・예측・추정・고객명단・기술자료, 영업권(goodwill)・사업계속가치(going concern value)・현장인력(workforce in place, 해당 인력의 구성 및 고용 조건 포함), 그 가치 또는 잠재적 가치가 유형자산이나 인적용역에서 유래한 것이 아닌 기타 항목을 무형자산에 포함하고 있다.

(4) 무형자산의 예시

아래 예시는 포괄적이지 않으며 어떤 종목이 무형자산인지에 대해 열거하는 것은 아니다. 예시에 포함되지 않은 많은 무형자산들이 이전가격목적상 무형자산이 될 수 있다. 다음 예시들은 각국의 법률 및 규제환경에 맞추어 해석되어야 한다. 또한, 무형자산으로 취급되지 않는 특정무형자산이 다국적기업의 국제사업환경에서 어떻게 가치사슬에 기여하는지 이해하기 위해 관계거래의 비교가능성분석의 맥락에서 이 예시들을 고려하고 평가해야 한다. 예시되는 종목에 대한 일반적 정의로 이전가격분석에서 납세자 또는 과세당국이 거래와 관련된 무형자산을 식별해야 할 필요가 없어지는 것은 아니다.(TP §6.18)

① **특허**(patents)

특허권은 제한된 지역에서 제한된 기간 동안 소유자가 특정발명을 독점적으로 사용할 수 있는 권리를 부여하는 법적장치(legal instrument)이다. 특허권은 물리적 사물 또는 공정의 형태이다. 특허를 받을 수 있는 발명은 종종 위험하고 비용이 많이 드는 연구개발활동을 통해 이뤄진다. 그러나 어떤 상황에서는 적은 연구개발비용이 가치가 높은 특허발명으로 이어진다. 특허개발자는 특허를 사용할 권리를 대여하거나 특허에 의해 보호되는 제품을 판매하거나 특허권 자체를 양도하여 개발비용을 회수한다(수익창출). 특허로 이루어지는 독점으로 특허소유자는 그 발명을 통해 높은 초과이익(premium)을 얻을 수 있다. 또한, 특허의 발명으로 그 소유자는 경쟁업체에게 가능하지 않은 원가우위(cost advantage)를 점할 수 있다. 그렇지만, 특허가 중요한 상업적 이익을 주지 못하는 경우도 있다.(TP §6.19)

② **노하우와 영업비밀**(Know-how and trade secrets)

노하우와 영업비밀은 상업활동을 향상시키거나 지원하는 독점적 정보 또는 지식이지만, 보호를 위해 특허나 상표권과 같은 방식으로 등록되지 않는다. 일반적으로, 노하우와 영업비밀은 기업의 영업에 실무적으로 적용될 수 있는 과거경험을 통해 만들어진 산업적, 상업적, 과학적 성격의 비공개정보로 구성된다. 노하우와 영업비밀의 가치는 기업이 노하우나 영업비밀의 기밀을 유지할 수 있는 능력에 따라 달라지는 것이 보통이다. 어떤 산업에서 특허보호에 필요한 정보를 공개하면 경쟁자들이 대체해결방안을 개발하는 데 도움이 될 수 있다. 이에 따라 기업은 사업상 이유로 기업의 성공에 실질적으로 기여하는 노하우를 기밀보호목적으로 특허등록을 하지 않는다. 노하우와 영업비밀의 비밀유지는 불공정경쟁방지나 이와 비슷한 법률, 고용계약, 경쟁에 대한 경제적, 기술적 장벽 등을 통해 어느 정도 보호된다.(TP §6.20)

③ **상표, 상표명, 브랜드**(trademarks, trade names and brands)

상표(trademarks)란 고유한 이름, 부호(symbol), 상징(logo) 또는 사진으로 다른 기업들의 제품과 용역을 자사의 것들과 구별하기 위해 사용된다. 상표소유권은 보통 등록시스템을 통해 확인된다. 상표의 등록된 소유자는 다른 사람이 시장에서 혼동을 야기하기 위해 그 상표를 사용하는 것을 막을 수 있다. 상표가 지속적으로 사용되고 등록이 적절히 갱신되는 경우 상표등록은 무한정 계속된다. 상표는 상품이나 용역에 대해 만들어질 수 있으며, 하나의 제품이나 용역 또는 일련의 제품이나 용역에 사용된다. 상표는 소비자 시장수준에서 가장 친숙하지만, 모든 시장수준에서 나타난다.(TP §6.21)

상표명(trade name)은 보통 상호(name of enterprise)와 같지만 항상 그런 것은 아니며, 상표와 같은 시장진입능력이 있고 사실상 상표의 특별한 형식으로 등록된다. 특정한 다국적기업의 상표는 쉽게 인지되며, 여러 재화와 용역의 마케팅에 사용된다.(TP §6.22)

브랜드라는 용어는 보통 '상표' 또는 '상표명'과 혼동하여 사용된다. 다른 맥락에서, 브랜드는 사회적 상업적 중요성이 내포된 상표 또는 상표명으로 여겨진다. 사실상 브랜드는 상표, 상표명, 고객과의 관계, 평판, 영업권 등과 같은 무형자산의 집합체라고 할 수 있다. 브랜드는 하나의 무형자산 또는 여러 무형자산의 집합으로 구성된다.(TP §6.23)

④ **계약 또는 정부허가에 따른 권리**

정부의 허가(license)나 면허(concession)에 따른 권리는 특정사업에 중요하다. 이러한 정부의 허가나 면허에 따른 권리는 방대한 사업관계를 포괄한다. 이는 공급자와 주요고객과의 계약, 한 명 이상의 종업원과의 계약, 천연자원이나 공공재를 개발할 수 있는 권한의 부여(예 광대역에 대한 허가)등 다양한 사업활동을 포함한다. 정부의 허가와 면허에 따른 권리는 무형자산이다. 그런데, 정부의 허가와 면허는 일정관할구역에서 사업을 영위하기 위한 전제조건인 기업의 등록의무와 구별되어야 한다. 그러한 의무들은 무형자산이 아니다.(TP §6.24) 계약상 권리 또한 특정사업에 중요하며 넓은 범위의 사업관계를 포괄한다. 공급자 및 주요소비자와의 계약, 종업원과의 계약 등이 이에 포함된다. 이러한 계약상 권리는 무형자산이다.(TP §6.25)

⑤ **권리허여 및 이와 비슷한 무형자산의 제한적 사용권**

무형자산의 제한적 사용권은 권리허여나 이와 비슷한 다른 계약방법으로 이전되는 것이 보통이며, 서면이나 구두 또는 묵시적 승인으로 이루어진다. 이러한 사용권은 사용분야, 사용조건, 지역에 제한이 있으며 다른 식의 제한도 있을 수 있다. 무형자산의 제한적 사용권은 무형자산이다.(TP §6.26)

⑥ **영업권 및 계속기업가치**(Goodwill and ongoing concern value)

영업권은 다양한 개념으로 사용된다. 회계 및 기업가치평가의 맥락에서, 영업권은 영리사업의 전체가치와 개별구분이 가능한 유·무형자산 가치합계의 차이를 말한다. 또한, 영업권은 구분되지 않는 사업자산의 미래경제편익을 의미하기도 한다. 더 나아가, 영업권은 기존고객과의 미래거래에 대한 기대를 의미한다. 계속기업가치란 영리사업 전체자산의 가치가 개별 사업자산가치의 합을 초과하는 상황을 말한다. 일반적으로, 영업권과

계속기업가치는 구분할 수 없으며, 다른 영업자산과 구분하여 이전할 수 없다.(TP §6.27)

이전가격목적상, 영업권과 계속기업가치에 대한 정확한 정의를 내리고 무형자산에 해당하는지 여부를 판단하는 것보다, 독립기업간 영리사업자산의 일부 또는 전부를 양도할 때 지급하는 대가가 영업권 또는 계속기업가치와 관련될 수 있다는 점에 주의를 기울여야 한다. 관계회사들간 비슷한 거래가 발생할 때 정상가격산출을 위해 영업권 및 계속기업가치를 고려해야 한다. 영업권을 의미하는 '명성의 가치'(reputational value)가 특허권 또는 기타무형자산의 이전으로 인해 관계회사들 간에 이전되거나 공유되는 경우, 적정대가를 산정할 때 이러한 명성의 가치를 고려해야 한다. 고품질제품생산이나 고품질용역제공의 명성과 같은 사업특성으로 영업권이나 계속기업가치로 볼 수 있는 명성이 부족한 기업에 비해 높은 가격으로 제품이나 용역을 판매할 수 있다면 이러한 사업특성을 영업권으로 볼 수 있는지 여부를 떠나 관계회사들간 제품판매나 용역제공에 대한 정상가격을 산출하는데 고려해야 한다. 즉, 한 관계회사가 다른 관계회사에게 기여하는 가치를 영업권이나 계속기업가치로 보는 것이 그 기여에 대한 보상을 할 수 없다는 의미는 아니다.(TP §6.28)

거래가격산정에 영업권과 계속기업가치를 감안해야 한다는 것이 회계목적이나 기업가치평가목적의 영업권의 잉여가치측정법(residual measures)이 필연적으로 양도된 사업이나 사용권에 대해 지급하는 대가를 적절히 평가하는 방법이라는 의미는 아니다. 독립기업의 회계목적이나 기업가치평가목적상 측정된 영업권 및 계속기업가치는 일반적으로 이전가격목적상 정상거래원칙에 의한 정상가격과 일치하지 않는다. 그렇지만, 회계상 가치평가와 이를 뒷받침하는 관련정보는 이전가격분석을 위한 유용한 정보로 사용된다. 영업권에 대한 명확한 정의가 없기 때문에 납세자 또는 과세당국이 이전가격분석과 관련된 무형자산에 대해 자세히 설명해야 하며, 비교가능상황에서 독립기업 간에 그러한 무형자산에 대해 보상을 할 것인지 판단해야 한다.(TP §6.29)

⑦ **그룹 동반효과**(group synergies)

그룹의 동반효과는 다국적기업그룹의 수익창출에 기여할 수 있다. 이러한 그룹 동반효과는 합리적 경영, 중복된 비용요소의 제거노력, 통합시스템, 구매력 및 차입능력 등을 포함한 다양한 형태로 나타난다. 이러한 특징들은 관계거래의 정상거래조건에 영향을 미치며, 이전가격분석에서 비교가능성요소로 명시되어야 한다. 그룹 동반효과는 기업들이 소유하거나 통제할 수 있는 것이 아니므로 무형자산에 포함되지 않는다.(TP §6.30)

⑧ **시장의 고유특성**(market specific characteristics)

시장의 고유특성은 해당시장에서 일어나는 거래에서 정상거래원칙에 따른 정상거래조건에 영향을 미친다. 예를 들면, 특정시장에서 가계(household)의 높은 구매력은 명품 구매가격에 영향을 미친다. 또한 낮은 인건비, 시장의 유사성, 기후 등은 특정 상품 및 용역의 가격에 영향을 미친다. 다만, 이러한 시장의 고유특성은 기업이 소유하거나 통제할 수 있는 것이 아니다. 따라서 이는 무형자산에 포함되지 않으며 비교가능성분석을 통한 이전가격분석에서 고려되어야 한다.(TP §6.31)

⑨ **숙련된 노동력**(assembled workforce)

어떤 기업은 다른 기업에 비해 상대적으로 우수하거나 경험이 풍부한 핵심 인력을 보유하며, 이는 이들이 제공하는 용역의 정상가격과 기업이 생산하는 제품 또는 용역에 대한 효율성에 영향을 미친다. 보통 비교가능성분석에서 이러한 요소들을 고려해야 한다. 비교대상후보거래에 대해 일반노동력에 비해 집약된 노동력의 유·불리를 파악할 수 있는 경우, 재화 또는 용역의 정상가격에 대한 집약된 노동력의 영향을 반영해 비교가능성 조정을 한다.(TP §1.172)

일부 사업구조조정 또는 유사거래에서, 거래의 일부로 한 관계회사의 집약된 노동력이 다른 관계회사로 이전되기도 한다. 이 경우, 해당거래를 통해 이전되는 다른 자산과 마찬가지로 집약된 노동력의 이전으로 양수인은 새로운 인력을 고용하고 교육하는 데 필요한 시간과 비용을 절약한다. 전체거래의 가치를 평가할 때, 자산이전과 관련한 정상가격을 산출하기 위한 비교가능성 조정에 이러한 절약된 시간과 비용을 반영하는 것이 적절하다. 한편, 집약된 노동력의 이전으로 양수인이 사업구조조정을 하는데 융통성이 제한되고 임직원들을 해고할 때 추가적 채무를 부담할 수 있다. 이 경우, 향후 예상되는 책임 또는 제한을 고려하여 사업구조조정의 지급대가를 산정해야 한다.(TP §1.173) 이것이 다국적기업그룹의 관계회사들 간 개별 임직원을 이동하거나 파견할 때 일반적으로 개별보상이 이루어져야 한다는 의미는 아니다. 대부분의 경우, 관계회사들 간 임직원의 이동에 대해는 대가를 지급하지 않는다. 임직원이 파견되는 경우에는(예 파견한 자가 급여를 지급하지만 파견받은 자를 위해 일하는 경우), 파견직원의 용역에 대해 정상대가가 지급되는지가 문제가 된다.(TP §1.174) 그런데, 일부 상황에서 한 명 이상 임직원의 이동 또는 파견은 중요한 노하우의 이전 또는 관계회사들 간 무형자산의 이동을 초래할 수 있다. 예를 들면, B사에 파견된 A사 직원이 A사 소유의 비밀공식을 알고 있고, 이러한 비밀공식을 B사의 사업활동에 사용한다. 또한, B사의 공장가동을 도와주기 위해 B사에 파견된 A사 직원은 B사의 영업을 위해 A사의 중요한 제조노하우를 B사가 사용하도록 한다. 이러한 직원의 이동 또는 파견으로 인한 노하우 또는 무형자산의 이전은 무형자산 분석방법에 따라 별도로 분석되어야 하고, 무형자산 사용권에 대한 적정대가가 지급되어야 한다.(TP §1.175) 또한, 특별한 기술 및 경험을 가진 집약된 노동력에 대한 접근성은 이러한 노동력에 해당하는 직원들이 이동하지 않더라도 이전된 무형자산 또는 기타자산의 가치를 향상시킬 수 있다. 무형자산과 집약된 노동력에 대한 접근성 사이의 상호작용이 이전가격분석에서 매우 중요하다.(TP §1.176)

2.2 무형자산의 소유와 개발 · 향상 · 유지 · 보호 · 사용

이전가격분석에서 무형자산을 사용하여 발생하는 수익이 궁극적으로 다국적기업그룹의 어느 구성원에게 귀속되는지에 대한 결정이 중요하다. 이는 무형자산의 소유(ownership)보다는 무형자산의 개발(development), 향상(enhancement), 유지(maintenance), 보호(protection), 사용(exploitation)과 관련하여 다국적기업그룹의 어느 구성원이 궁극적으로 비용, 투자 및 기타의무를 부담하는지에 좌우된다. 이를 'DEMPE활동'이라 한다.

원칙적으로 무형자산의 법적소유자가 무형자산을 사용하여 발생하는 수익을 수취할 권리를 가지지만, 무형자산의 법적소유자가 속한 다국적기업그룹의 다른 구성원들이 무형자산의 가치에 기여하는 기능을 수행하거나 자산을 사용하거나 위험을 부담할 수도 있다. 그러한 기능을 수행하거나 자산을 사용하거나 위험을 부담하는 다국적기업그룹의 구성원에 대해서는 그의 기여에 대해 정상거래원칙에 부합하는 보상이 이루어져야 한다. 다국적기업그룹이 무형자산을 사용하여 발생되는 수익의 최종배분, 무형자산 관련비용 및 기타부담의 최종배분은 무형자산의 개발 · 향상 · 유지 · 보호 · 사용에 있어 다국적기업그룹 구성원들이 수행한 기능, 사용한 자산, 부담한 위험에 대한 대가를 보상함으로써 이루어진다.(TP §6.32)

| 대가유형 및 DEMPE활동 구분 |

법적소유	자금조달	DEMPE활동
(일상적 대가) →→→→→→→	(무위험 또는 위험조정 대가) →→→→→→→	(잔여 대가) →→→→→→→

DEMPE 항목		수행업무 예시	본사	해외 자회사
개발(D)	신제품 · 신기술 등의 과제 선정, 설계 등의 개발활동	**개발 계획 및 프로젝트 목표 설정**		
		-신규 개발 목표 설정	✓	
		-고객으로부터 연구과제 수주, 협의	✓	
		-신기술/신제품의 실현가능성 검토	✓	
		신제품/신기술 개발	✓	

DEMPE 항목		수행업무 예시	본사	해외 자회사
향상(E)	무형자산의 활용성을 높여 가치를 향상시키는 개선활동	**양산 전 데모 설비 시운전, 기술 이전**		
		-연구결과물 데모설비 시운전	✓	
		-생산본부에 기술정보 이전	✓	
		양산화/상업화	✓	✓
		생산 기술 개선	✓	✓
		설비 및 공정 개선	✓	✓
유지(M)	무형자산 활용을 통해 지속적인 수익이 창출 가능하도록 하는 품질관리활동	생산을 위한 품질기준 수립	✓	
		제품기술 관련 이슈 발생 시 대응	✓	✓
		공정기술 관련 이슈 발생 시 대응	✓	✓
		신규 설비 라인 관리기준 수립	✓	
보호(P)	무형자산의 법적 권리를 보호하기 위해 수행하는 권리 방어활동	특허 등록, 고객과의 계약 시 지원, 선행 기술 조사	✓	
		분쟁 대응 및 제품 책임 위험	✓	
활용(E)	무형자산 사용을 통한 수익 창출과 관련된 활동	권리사용에 대한 의사결정	✓	
		생산 물량 관련 주요 의사결정 (가격, 물량 등)	✓	
		생산 물량 관련 영업/마케팅활동		✓
		생산 물량 관련 구매 기능		✓

사실관계에 따라 다르겠지만, 다음의 경우에는 어려움이 발생한다. 이러한 어려움에도 불구하고 잘 만들어진 틀 안에서 정상거래원칙을 적용하면 대부분의 경우 무형자산 사용으로 다국적기업그룹이 수취하는 수익을 적절히 배분할 수 있다.(TP §6.33)

1. 무형자산과 관련된 관계회사거래와 독립기업거래 사이의 비교가능성이 존재하지 경우
2. 문제되는 무형자산들 간의 비교가능성이 없는 경우
3. 다국적기업그룹의 여러 관계회사들이 각각 다른 무형자산을 소유하고 사용하는 경우
4. 특정무형자산이 다국적기업그룹의 수익에 미치는 영향을 구분할 수 없는 경우
5. 다국적기업그룹의 여러 구성원들이 독립기업에서는 나타나지 않을 정도의 협력수준으로 무형자산의 개발, 향상, 유지, 보호, 사용과 관련된 활동을 수행하는 경우
6. 다국적기업그룹의 여러 구성원들이 무형자산에 기여하는 시기와 그와 관련된 수익이 창출되는 시기에 차이가 나는 경우
7. 납세자의 거래구조가 독립기업거래에서 보여지는 것과 달리 중요기능수행, 위험통제 및 투자결정에서 소유권, 위험부담, 자금투자를 분리하는 관계회사들의 계약조건에 따라 결과적으로 조세회피가 이루어지는 경우

무형자산관련 거래를 분석하기 위해 다음 절차를 따라야 한다.(TP §6.34)

| 무형자산의 분석절차 |

1. 특정거래에서 사용되거나 이전되는 무형자산을 식별하고, 무형자산의 개발, 향상, 유지, 보호, 사용과 관련된 경제적으로 중요한 위험을 식별
2. 관련규정, 사용계약, 기타 관련계약, 법적소유권에 대한 기타증거를 포함한 법적 계약규정에 따라 무형자산의 법적소유권의 확인, 특수관계기업들 간 계약상 위험부담을 포함한 계약상 권리 및 의무의 확인을 통한 전반적 계약관계의 식별
3. 기능분석을 통해 무형자산의 개발, 향상, 유지, 보호, 사용과 관련한 기능을 수행하고 자산을 사용하며 위험을 관리하는 당사자를 식별하고, 특히 어느 당사자가 외주기능을 통제하고 경제적으로 중요한 위험을 통제하는지 식별
4. 관련계약조건과 당사자들 행위의 일치여부를 확인하고, 당사자가 경제적으로 중요한 위험을 부담하고 그 위험을 통제하며 무형자산의 개발, 향상, 유지, 보호, 사용과 관련된 위험을 부담할 재정능력이 있는지 판단
5. 무형자산의 법적소유권, 관련 규정 및 계약에 따른 기타 계약관계, 기능·자산·위험의 기여와 위험의 분석 및 배분을 고려한 당사자들의 행위에 따른 무형자산의 개발, 향상, 유지, 보호, 사용과 관련된 실제거래의 기술
6. 이러한 거래에 있어 각 당사자의 수행기능, 사용자산, 부담위험의 기여분에 부합하는 정상가격의 결정

(1) 무형자산의 소유권 및 무형자산 관련 계약조건

① 법적소유권과 계약관계의 확인

무형자산과 관련된 이전가격분석은 법적 권리와 계약내용에 대한 분석에서 시작된다. 거래조건은 서면계약, 특허 또는 상표권 등록과 같은 공증기록, 당사자들의 통신과 서신에서 발견된다. 계약에서 무형자산과 관련된 관계회사들의 역할, 책임 및 권리가 기술되기도 한다. 계약에서 어떠한 관계회사 또는 관계회사들이 투자를 하고, 연구개발활동을 수행하며, 무형자산을 유지보호하고, 제조·마케팅 및 도매활동 등과 같이 무형자산사용을 위해 필요한 기능들을 수행하는지 기술되기도 한다. 또한, 무형자산과 관련된 다국적기업그룹의 수입 및 지출을 어떻게 배분할 것인지 설명하기도 하며, 다국적기업그룹의 모든 구성원들의 기여에 대한 대가의 형식 및 금액을 명시하기도 한다. 이러한 계약에 포함된 가격 및 기타 조건은 정상거래원칙과 반드시 일치하지는 않는다.(TP §6.35)

그룹의 서면계약조건이 존재하지 않는 경우, 또는 계약조건이 모호 또는 불완전 하거나 계약당사자가 실제로 행한 거래에 반영된 본질적 사실관계가 서면계약과 일치하지 않는 경우에는 당사자들의 계약관계는 실제 행한 내용과 독립기업관계에서 일반적으로 지배하는 경제원칙에 따라 유추되어야 한다. 따라서 무형자산의 주요권리를 배분하는 데

있어 관계회사들은 그들의 결정 및 의도를 서면으로 남기는 것이 중요하다. 서면계약을 포함하여 그러한 결정과 의도를 기록한 서면은 일반적으로 관계회사들이 무형자산의 개발, 향상, 유지, 보호, 사용의 원인이 되는 거래를 시작할 때나 그 이전에 작성되어야 한다.(TP §6.36)

특정무형자산의 사용권은 지식재산권법 및 등록시스템에 의해 보호된다. 특허권, 상표권 및 저작권이 이러한 무형자산의 예이다. 일반적으로, 이러한 무형자산의 등록된 법적 소유자는 다른 사람이 무형자산을 사용하거나 침해하는 것을 방지할 권리뿐 아니라, 무형자산을 사용할 배타적인 법적, 상업적 권리를 보유한다. 이러한 권리들은 특정지역 및 특정기간에 대해 보장된다.(TP §6.37)

구체적인 지식재산등록제도에 의해 보호되지는 않지만, 경쟁법 및 기타 강제가능한 법률, 또는 계약에 의해 승인되지 않은 도용 또는 모방으로부터 보호되는 무형자산이 존재한다. 이러한 무형자산의 범위에는 상품의장, 영업비밀, 노하우 등이 포함된다.(TP §6.38)

적용가능한 법률에 의해 가능한 보호의 범위 및 성격은 국가에 따라 다양하며, 보호가 제공되는 조건 역시 마찬가지이다. 그러한 차이는 국가간 지식재산권법의 실질적 차이나 그 법률의 집행과 관련된 관행차이로 발생한다. 예를 들면, 현지법에 따른 특정무형자산에 대한 법적보호의 가능성은 무형자산의 지속적 상업사용 또는 등록갱신 여부에 따라 달라질 수 있다. 이는 특정상황이나 특정관할권에서 무형자산에 대한 보호의 정도가 법적 또는 실무적으로 제한될 수 있음을 의미한다.(TP §6.39)

법적소유자는 이전가격목적상 무형자산의 소유자로 간주된다. 적용가능법률 또는 해당계약에 의해 무형자산의 법적소유자가 확인되지 않는 경우 사실관계에 따라 무형자산 사용과 관련된 결정을 통제하고 다른 사람의 무형자산사용을 금지할 수 있는 실질능력을 보유한 다국적기업그룹 구성원이 이전가격목적상 무형자산의 법적소유자로 간주된다.(TP §6.40)

무형자산의 법적소유자를 확인할 때, 그 무형자산과 관련된 다른 무형자산 및 그 사용권(license)은 이전가격목적상 별개의 무형자산으로 간주되므로 각각의 무형자산에는 각각의 법적소유자가 있게 된다. 예를 들면, 상표권의 법적소유자인 A사가 B사에게 그 상표권을 사용하여 제품을 제조, 마케팅, 판매할 수 있는 독점사용권을 허여하는 경우 A사는 상표권이라는 무형자산을 법적으로 소유한다. 또한, 이 경우 상표권 대상 제품에 대한 제조, 마케팅 및 도매와 관련하여 상표권을 사용할 수 있는 또 다른 무형자산인 사용권을 B사가 법적으로 소유한다. B사가 보유하는 마케팅 관련 사용권에 따라 수행하는 마케팅활동은 A사가 법적으로 소유하는 무형자산의 가치와 B사의 사용권의 가치에 잠재적으로 영향을 미친다.(TP §6.41)

사 례 자금조달역할을 하고 무형자산을 소유하는 특수관계기업 (UT §B.5.3.35.)

자금을 제공하지만 투자위험을 통제할 능력이 없는 '자금조달(cash box)' 역할을 하는 기업은 무위험수익률(risk-free rate of anticipated return) 이상을 받을 수 없다.

T사와 H사는 다국적기업그룹의 구성원들로 무형자산을 함께 개발하기로 합의하는데, 이는 T사의 숙련된 연구개발직원에 기초하여 개발되며 상당히 수익성이 높을 것으로 예상된다. T사는 자체 직원들을 통해 무형자산을 전적으로 개발하며 개발과 관련한 기능을 전적으로 수행하고 위험을 자체적으로 통제한다. 개발에는 7년이 걸린다. 개발에 관련된 모든 자금을 H사가 지원하며, 7차 연도까지 연간 1억불이 될 것으로 예상한다. T사는 자금제공을 제외한 모든 DEMPE활동을 수행하며, H사는 총 7억불의 자금지원활동과 관련한 위험을 통제한다. 무형자산이 개발되면 H사는 법적으로 그 무형자산을 소유하며 제삼자들에게 이를 대여할 것이다. 무형자산이 개발되면 8차연도부터 17차연도까지 연간 7억5천만불의 수익을 창출할 것으로 예상된다. H사는 연구개발 자금의 지원에 대한 위험을 감안한 수익을 달성해야 하는데, 연간 2억불로 결정된다.(예상수익의 14%에 해당하는 대가로 가정) T사는 운영위험을 통제하고 다른 DEMPE활동을 수행한데 대한 수익을 수취해야 하므로 잔여이익 5억5천만불을 받아야 한다. 즉 H사는 8차연도부터 17차연도까지 매년 T사의 DEMPE활동의 가치를 인식하여 5억5천만불의 현재가치 상당액을 T사에게 지급해야 한다. 이 경우 실제수익률을 고려하여 이 금액을 조정해야 한다.

② 경제적소유권의 파악

법적소유권을 결정하는 것이 분석에서 중요한 첫 단계이기는 하지만, 법적소유권을 결정하는 것은 정상거래원칙에 부합하는 대가보상의 문제와는 구별된다. 처음에는 무형자산을 사용하는 법적 또는 계약상 권리로 인해 법적소유자에게 해당 수익이 발생된다고 해도, 이전가격 목적상 무형자산의 법적소유권 그 자체가 무형자산을 사용하여 다국적기업그룹이 수취하는 수익을 궁극적으로 향유할 권리를 보장하지는 않는다. 법적소유자가 궁극적으로 향유하는 수익은 법적소유자의 수행기능, 사용자산 및 부담위험과 다국적기업그룹 구성원들의 수행기능, 사용자산 및 부담위험에 따른 공헌도에 의해 결정된다. 예를 들면, 자체개발한 무형자산과 관련된 사안에서 법적소유자가 관련기능을 수행하지 않고 관련자산을 사용하지 않으며 관련위험을 부담하지 않으면서 단지 소유권을 보유하는 기업으로서 활동하는 경우 법적소유자는 궁극적으로 다국적기업그룹이 무형자산을 사용하여 창출한 수익에 대해 어떠한 대가도 향유할 권리가 없으며 소유권 보유에 대한 정상가격이 있다면 그 대가만을 받아야 한다.(TP §6.42)

법적소유권 및 계약관계는 무형자산과 관련된 관계거래를 확인하고 분석하고 해당거래와 관련하여 그룹 구성원들에 대한 적절한 보상을 결정할 때 참고사항으로 사용한다. 법적소유권의 확인은 기여한 모든 구성원들의 수행기능, 사용자산 및 부담위험의 확인과 함께, 무형자산에 대한 정상가격과 기타거래조건을 식별하기 위한 분석틀을 제공한다.

어떠한 종류의 거래라도 특정사안에 나타나는 모든 사실관계를 고려해서 분석해야 하며 가격결정은 그룹 구성원의 현실적 대안을 반영해야 한다.(TP §6.43)

사 례 **무형자산의 법적소유권과 계약관계** (TP 6장 부록 §14 및 §15)

1차연도에 A국 소재 A사 및 B국 소재 B사로 구성된 다국적기업그룹은 새로운 무형자산을 개발하기로 결정했는데, 이는 B사의 현재 무형자산, 과거실적 및 숙련된 연구개발직원을 기반으로 높은 수익창출이 예상된다. 이 무형자산을 상품화하려면 약 5년의 개발기간이 예상되며, 성공적으로 개발되면 사용시점부터 약 10년 동안 가치가 지속될 것으로 예상된다. A사 및 B사의 개발계약에 의하면 B사는 무형자산의 개발, 유지 및 사용과 관련된 모든 활동을 수행하고 관리하며, A사는 개발과 관련된 모든 자금을 조달하고(5년 동안 연간 1억달러 비용이 들 것으로 예상) 무형자산의 법적소유자가 된다. 개발 후 무형자산은 연간 5억5천만 달러의 수익(6차연도부터 15차연도)을 창출할 것으로 예상된다. B사는 A사로부터 특허권을 허여받고 비교가능한 사용자의 수익창출수준을 참고하여 무형자산에 대한 사용대가를 A사에게 지급할 예정이다. 이러한 추정사용료를 A사에게 지급한 후 B사는 10년 동안(6차연도부터 15차연도) 무형자산을 사용하여 만든 제품판매를 통해 연간 2억 달러의 기대수익을 기대한다.

B국 과세당국은 A사 및 B사의 수행기능, 사용자산 및 부담위험을 토대로 기능분석을 한 결과 A사의 기능은 연구개발에 대한 자금조달역할로 이와 관련한 위험만을 부담하는 것으로 파악한다. A사는 자체인력을 통해 독립기업이 연구개발에 대한 자금조달을 하는 경우에 수반되는 기능과 같은 기능을 수행하며, 이에는 무형자산 및 이로 인한 기대수익의 분석, 자금조달관련 위험분석, 추가자금조달 가능성의 분석, 위험관리 가능성의 분석이 포함된다. A사와 B사의 현실적 대안뿐 아니라 A사의 무형자산에 대한 공헌도를 고려하여 A사의 예상수익은 A사가 수행한 자금조달위험에 대한 조정이 반영된 수익이어야 한다. 이를 연간(6차연도부터 15차연도) 약 1억1천만 달러로 가정하는데, 이는 위험을 조정한 예상회계수익 11%와 같다. 이에 따라, B사는 A사의 기대수익을 계상한 후 나머지 기대수익에 대한 권리가 있는데 납세자가 주장하는 연간 2억 달러가 아니라 연간 4억4천만 달러(5억5천만 - 1억1천만)를 받을 권리가 있다. 즉, 납세자는 A사가 아닌 B사를 분석대상으로 잘못 선정한 것이다.

③ 기대보상과 실제보상의 구분

다국적기업그룹 구성원이 무형자산과 관련된 결정을 내리는 시점에는 무형자산의 개발 또는 취득과 관련된 위험이 시간이 지나면서 나타날 실제결과와 방식을 확실히 알 수 없으므로, (a) 기대보상(또는 사전적 보상), 즉 그룹 구성원이 거래를 수행할 당시 기대하는 미래수익과 (b) 실제보상(또는 사후적 보상), 즉 그룹 구성원이 무형자산의 사용을 통해 실제로 실현한 수익을 구분하는 것이 중요하다.(TP §6.44)

무형자산의 개발, 향상, 유지, 보호, 사용에 기여한 그룹 구성원에 대한 보상은 일반적으로 사전적(ex ante) 기준으로 결정된다. 즉, 거래가 실행되는 시점으로 무형자산과 관련된 위험이 실현되기 이전에 결정된다. 이러한 보상은 일정금액 또는 일정비율이다. 실제 실현된 사후적(ex post) 수익 내지 손실의 배분은 해당사안의 사실관계에 따라 결정된다.(TP §6.45) 이 경우, 중요한 문제는 납세자의 계약합의, 무형자산의 법적소유권, 당사자들의 행위를 고려하여 만들어진 틀 안에서 그룹 구성원의 기능, 자산, 위험에 대한 정상대가를 어떻게 결정할지이다.(TP §6.46)

④ 법적소유자와 경제적소유자의 차이

무형자산의 법적소유자는 다음 사항을 실제로 충족하는 경우에만 다국적기업그룹의 무형자산 사용으로 창출된 모든 기대수익에 대한 권리가 있다.

- 무형자산의 개발, 향상, 유지, 보호, 사용과 관련된 모든 기능을 수행하고 통제
- 무형자산의 개발, 향상, 유지, 보호, 사용에 필요한 자금을 포함한 모든 자산을 제공
- 무형자산의 개발, 향상, 유지, 보호, 사용과 관련된 모든 위험을 부담

법적소유자가 아닌 다국적기업그룹의 하나 이상의 구성원이 무형자산의 개발, 향상, 유지, 보호, 사용과 관련된 기능을 수행하고 자산을 사용하며 위험을 부담하는 경우, 그 관계회사들은 그 기여에 대해 정상거래기준으로 보상받아야 한다. 이러한 보상은 무형자산의 사용으로 창출될 것으로 예상되는 수익의 전부 또는 상당부분이다.(TP §6.71)

예상사전수익 및 실제사후수익의 차이로 인한 손익에 대한 그룹 구성원의 권리는 실제거래를 기술할 때 식별된 위험을 실제로 그룹의 어느 당사자가 부담하는지에 달려 있다. 또한, 이는 중요기능을 수행하고 경제적 중요위험을 통제하는데 기여하는 당사자가 누구인지에 좌우되는데, 이 경우 이러한 기능에 대한 정상대가에는 이익분할요소가 포함되어야 한다.(TP §6.72)

(2) 무형자산과 관련된 기능, 자산 및 위험

특정 구성원이 무형자산의 법적소유자인지 판단한 것만으로 무형자산을 사용할 수 있는 상업적 권리의 결과로 그 구성원에 발생하는 최초수익을 궁극적으로 향유할 권리가 있다고 할 수 없으며, 다국적기업그룹 나머지 구성원들에게 그들의 수행기능, 사용자산, 부담위험에 대한 보상을 제공한 후 나머지 사업수익을 향유할 권리가 있다고 할 수도 없다.(TP §6.47)

다국적기업그룹의 모든 구성원들은 무형자산의 개발, 향상, 유지, 보호, 사용과 관련하여 그들의 수행기능, 사용자산 및 부담위험에 대해 적절한 보상을 받아야 한다. 따라서 기능분석을 통해 무형자산의 개발, 향상, 유지 및 보호 기능에 대한 통제를 수행한 구성원, 필요한 자금 및 기타자산을 제공하는 구성원 및 무형자산과 관련된 다양한 위험을 부담하고 통제하는 구성원이 누구인지 확인해야 한다. 물론 이 경우 해당 구성원은 무형

자산의 법적소유자일 수도 있고 아닐 수도 있다.(TP §6.48)

그룹 구성원이 기능수행, 자산사용 및 위험부담의 방식으로 무형자산 가치창출에 한 기여의 상대적 중요성은 상황에 따라 달라진다. 예를 들면, 그룹 구성원이 완전히 개발되어 현재 사용가능한 무형자산을 제삼자로부터 구매하고 다른 구성원이 제조 및 도매 기능을 통해 사용하지만, 적극적 관리 및 통제는 여전히 무형자산을 구매한 구성원이 수행하는 경우가 있다. 이 무형자산에는 개발활동이 필요하지 않으며, 유지 및 보호는 제한적으로 필요하거나 전혀 필요하지 않고 취득당시 목적한 사용영역 외에는 거의 쓸모없다고 가정한다. 이 경우, 무형자산관련 개발위험은 존재하지 않지만, 무형자산의 사용과 관련된 다른 위험은 존재할 수 있다. 구매자가 수행한 주요기능은 시장에서 가장 적절한 무형자산을 선택하고 다국적기업그룹이 무형자산을 사용하였을 때 가능한 이익을 분석하는 기능으로, 무형자산 구매결정 또한 이에 해당한다. 여기서 사용되는 주요자산은 무형자산을 구매하기 위해 필요한 자금이다. 구매자가 이러한 주요기능을 수행할 능력을 지니고 실제로 그 기능을 수행한 경우, 다른 관계회사가 수행한 제조 및 도매 기능에 대한 정상대가를 지급한 후 무형자산 소유자가 무형자산의 취득 이후 사용으로부터 창출된 수익 또는 손실을 향유할 권리가 있다. 사실관계가 간단한 유형은 분석이 단순하겠지만 아래 경우에는 분석이 까다롭다.(TP §6.49)

1. 다국적기업그룹 스스로 무형자산을 개발한 경우, 특히 그러한 무형자산이 개발 중인 단계에서 관계회사들 간에 이전되었을 경우
2. 개발을 진행하기 위한 플랫폼(platform ; 기반) 목적으로 취득하거나 직접 개발한 무형자산인 경우
3. 마케팅 또는 제조 등과 같은 다른 측면이 가치창출에서 특별히 중요한 경우

① 기능의 수행 및 통제(performance and control of functions)

㉮ 기능의 수행 및 통제의 의미

다국적기업그룹 구성원들은 수행기능에 대해 정상대가를 받아야 한다. 무형자산과 관련된 경우 이는 무형자산의 개발, 향상, 유지, 보호, 사용과 관련된 기능을 말한다. 따라서 무형자산의 개발, 향상, 유지, 보호, 사용과 관련된 기능을 수행하는 구성원의 파악은 관계거래가격을 결정하고 다국적기업그룹이 무형자산의 사용으로서 창출한 수익을 궁극적으로 향유할 구성원을 판단하는 데 중요하다.(TP §6.50)

다국적기업그룹 구성원들의 수행기능, 사용자산 및 부담위험에 대한 적정대가의 필요성이란, 무형자산의 법적소유자가 무형자산의 사용에 따른 모든 수익을 궁극적으로 향유하기 위해서는 무형자산의 개발, 향상, 유지, 보호, 사용과 관련된 모든 기능을 수행하고 모든 사용자산을 출연하고 모든 위험을 부담해야 한다는 의미이다. 그렇지만 이것이 다

국적기업그룹의 관계회사가 무형자산의 개발, 향상, 유지, 보호, 및 사용과 관련하여 특별한 방식으로 사업활동을 해야 한다는 의미는 아니다. 다국적기업그룹이 무형자산의 사용을 통해 창출한 수익의 일부를 법적소유자가 궁극적으로 향유하거나 수취하기 위해 무형자산의 개발, 향상, 유지, 보호, 사용과 관련된 모든 기능을 자기 종업원을 통해 직접 수행할 필요는 없다. 독립기업거래에 있어 때로는 특정기능을 다른 기업으로부터 외부조달하기도 한다. 이와 마찬가지로 무형자산의 법적소유자인 다국적기업그룹 구성원은 무형자산의 개발, 향상, 유지, 보호, 사용과 관련된 기능을 제삼자 또는 관계회사로부터 외부조달할 수 있다.(TP §6.51)

법적소유자가 아닌 관계회사들이 무형자산의 가치에 기여하는 활동을 수행하는 경우 그들이 수행한 기능에 따른 정상대가를 보상해야 한다. 기능의 기여에 대한 정상대가를 결정할 때 독립거래의 적용가능성, 무형자산가치의 창출을 위해 수행된 기능의 중요성, 각 당사자가 현실적으로 선택가능한 대안들을 고려해야 한다.(TP §6.52)

제삼자 간의 외부조달(outsourcing)계약에서, 법적소유자의 지시 또는 통제 아래 해당기업이 법적소유자를 대신하여 무형자산의 개발, 향상, 유지, 보호, 사용과 관련된 기능을 수행하는 것이 일반적이다. 그런데, 다국적기업그룹 구성원인 관계회사들의 관계특성상 무형자산의 법적소유자가 아닌 다른 관계회사가 외부조달된 기능의 수행을 통제하는 경우가 많다. 이 경우, 무형자산의 법적소유자는 정상가격기준으로 관계회사들이 수행한 무형자산의 개발, 향상, 유지, 보호, 사용과 관련된 통제기능에 대해 보상해야 한다. 통제를 하거나 관리기능을 수행하는 특정 관계회사의 능력을 평가하는 것은 분석에서 중요한 부분이다.(TP §6.53)

법적소유자가 무형자산의 개발, 향상, 유지, 보호, 사용과 관련된 기능을 직접 수행하지 않거나 통제하지 않는 경우, 법적소유자는 외부조달된 기능과 관련된 어떠한 수익도 지속적으로 향유할 권리가 없다. 상황에 따라, 무형자산의 개발, 향상, 유지, 보호, 사용과 관련된 기능을 수행하거나 통제하는 특수관계기업에게 법적소유자가 지급해야 하는 정상대가는 무형자산의 사용으로 수취하는 전체수익의 일부가 된다. 그러므로 무형자산의 개발, 향상, 유지, 보호, 사용과 관련하여 어떤 기능도 수행하지 않은 법적소유자는 무형자산의 개발, 향상, 유지, 보호, 사용과 관련한 기능의 수행이나 통제와 관련된 어떠한 수익도 받을 자격이 없다. 법적소유자는 자신이 실제로 수행하는 기능, 실제로 사용하는 자산 및 실제로 부담하는 위험에 대한 정상대가를 받을 자격이 있다.(TP §6.54)

무형자산의 개발, 향상, 유지, 보호, 사용에 기여한 상대가치는 사실관계에 따라 달라진다. 보다 많은 기여를 하는 다국적기업그룹 구성원은 상대적으로 보다 많은 대가를 받게 된다. 예를 들면, 연구개발활동에 자금을 지원하는 활동만을 수행하는 기업은 자금지원과 함께 연구개발활동에 대한 통제활동도 수행하는 기업에 비해 낮은 수준의 수익

(return)을 기대한다. 다른 조건들이 같다면 기업이 투자, 통제 및 연구개발활동을 실질적으로 수행하는 경우에는 이보다 높은 수준의 수익을 기대한다.(TP §6.55)

다국적기업그룹 구성원들이 기여하는 기능에 대한 정상대가를 고려할 때, 일부 중요기능은 특별히 중요하다. 이러한 중요기능의 성격은 사실관계에 따라 다르다. 자체개발한 무형자산 또는 향후 개발활동을 위한 기반(platform)으로 사용되는 자체개발하거나 취득한 무형자산의 경우, 이러한 주요기능에는 연구 및 마케팅 프로그램의 설계 및 통제, 비실용(blue sky)연구과정의 결정과 같은 창의적 과제의 지시 및 우선순위설정, 무형자산 개발프로그램에 대한 전략결정의 통제, 예산의 관리 및 통제 등이 포함된다. 또한, 무형자산(자체개발 또는 취득)과 관련한 다른 중요기능에는 무형자산의 방어 및 보호와 관련된 주요결정, 무형자산가치에 상당한 영향을 미치는 제삼자 또는 관계회사가 수행하는 기능에 대한 지속적 품질관리 등이 있다. 이러한 중요기능들은 보통 무형자산가치에 상당한 기여를 하며, 법적소유자가 관계회사와의 계약에 따라 중요기능을 외부조달하는 경우 그러한 기능수행에 대해서 다국적기업그룹이 무형자산을 사용하여 창출하는 수익의 적정부분에 상당하는 보상이 이루어져야 한다.(TP §6.56)

사 례 법적소유, 자금조달 및 DEMPE활동

1. US모회사는 자회사 I사에게 지식재산권을 개발하도록 하고 그 자금을 조달했다. US모회사는 자회사 Lux사에 지식재산권을 양도한다. Lux사는 지식재산권을 자회사 S사에 대여한다. S사는 이를 다시 US모회사의 자회사 T사에 대여한다. Lux사는 US모회사의 자회사 K사와 연구개발계약을 체결하고 원가가산기준으로 용역대가를 지급한다. Lux사는 영국의 AE사와 경영관리계약을 체결하고 원가가산기준으로 용역대가를 지급한다. Lux사는 설립지국에서 우호적인 지식재산권제도를 적용받는다.
2. Lux사의 소득은 제한되므로 지식재산권과 연구개발활동을 분리하는 전략은 적절하지 않다. 이전가격분석을 할 때 Lux사는 무시될 가능성이 크기 때문이다. 이 경우, 누가 DEMPE활동을 수행하는지 확인해야 하는데 여러 법인들이 DEMPE활동을 나누어 수행할 가능성도 있다. AE사가 DEMPE활동과 위험관리기능을 수행하지 않는다면 관리용역에 대해 '원가+수수료'를 대가로 받아야 한다.
3. US모회사가 I사에게 지식재산권을 개발하도록 하고 그 자금을 조달했다면, US모회사는 자금조달에 대한 위험조정대가 또는 무위험대가(자금조달관련 위험관리기능을 전혀 수행하지 않은 경우) 만을 받아야 한다. 중요한 인적기능의 이동이 지식재산권의 이전에 중요하다. 핵심적 인적기능의 이전이 없었다면 I사는 지식재산권에 대한 중요한 대가를 받아야 한다.

㉯ 중요기능의 외부조달에 대한 이전가격방법

중요기능의 외부조달에 대한 비교가능거래를 찾기는 어려우므로, 거래이익분할법이나 가치평가기법 등 비교대상에 직접 의존하지 않는 이전가격방법을 사용하여 중요기능의 수행에 대해 보상해야 한다. 법적소유자가 중요기능의 대부분을 다른 구성원으로부터 외부조달하는 경우, 법적소유자가 그 구성원에 대가를 준 다음 무형자산의 사용으로 발생하는 수익의 상당부분을 향유하는 것은 인정되지 않는다. 또한, 그러한 중요기능을 합리적 사업방식으로 행동하는 독립기업으로부터 외부조달할 수 없거나 선택한 실제거래구조가 적절한 이전가격결정을 방해하는 경우 실제거래구조를 무시해야 한다.(TP §6.57)

사 례 기능의 수행 및 통제 (TP 6장 부록 사례 17)

A사는 치료약제의 발견, 개발, 제조 및 판매를 주사업으로 영위하는 종합제약회사이다. A사는 X국에서 영업을 수행한다. A사는 연구활동을 수행하기 위해 독립적 계약연구기관(contract research organization)에게 다양한 연구개발활동을 수행하도록 하는데, 이에는 A사가 개발중인 제품의 임상실험의 설계 및 수행이 포함된다. 그렇지만, 이 계약연구기관은 새로운 제약화합물의 발견이 필요한 비실용연구(blue sky research)에는 관여하지 않는다. A사가 계약연구기관에게 임상실험활동을 하도록 하고, A사 연구직원이 계약연구기관의 연구활동에 적극적으로 참여하게 하며, 사전연구로 확보한 결과와 정보를 계약연구기관에 제공하고, 계약연구기관의 프로젝트에 예산 및 일정을 수립하며, 계약연구기관의 활동에 대해 지속적 품질관리를 수행한다. 약정에 따라, 계약연구기관은 용역에 대해 약정금액을 지급받고, 연구활동을 통해 개발된 제품판매로 발생하는 이익에는 계속적 권리가 없다.(TP 6장 부록 §59) A사는 Y국 소재 자회사 S사에게 M제품과 관련된 무형자산 및 특허를 이전했다. M제품은 초기단계의 약제로서 알츠하이머치료제로 가능성이 있다고 믿어진다. M제품 관련 무형자산 이전에 대한 S사의 지급대가는 정상가격으로 가정한다. S사에는 M제품과 관련된 지속적 연구활동을 설계·수행하거나 감독할 수 있는 연구개발인력이 없다. 이에 따라 S사는 무형자산을 이전하기 전과 같은 방식으로 M제품과 관련된 연구프로그램을 수행할 수 있도록 A사와 계약을 체결한다. S사는 계속되는 M제품 연구자금을 조달하고, 연구실패의 재무위험을 부담하며, A사가 정기적으로 거래하는 계약연구기관이 수취하는 원가가산률에 근거해 A사에게 용역대가를 지급하기로 합의한다.(TP 6장 부록 §60) 이전가격분석은 관련 계약 및 등록에 따라 S사가 M제품 관련 무형자산의 법적소유자라는 전제에서 시작된다. 그러나 A사는, 중요기능을 포함하여, S사가 소유한 무형자산과 관련된 기능을 수행하고 통제하며 S사가 소유한 무형자산과 관련된 위험을 관리하므로, 그러한 기여에 대한 보상을 받을 권리가 있다. 이 경우, A사와 계약연구기관의 거래는 S사와 A사의 M제품에 대한 계약과 비교할 수 없으며, M제품 관련 무형자산 연구개발활동에 대한 보상으로 A사에 지급할 대가에 대한 기준으로 사용할 수 없다. S사는 A사와 계약연구기관의 거래에서 나타나는 A사와 같은 기능을 수행하거나 위험을 부담하지 않는다.(TP 6장 부록 §61) S사는 무형자산의 법적소유자이지만, 무형자산 이용으로 발생한 전체수익을 수취할 권리는 없다. S사는 연구개발 관련위험을 제어할 수 있는 능력이 없으며, A사는 중요기능을 포함한 기능을 수행하고 해당위험을 부담하는 것으로 보아야 한다. 이 경우, A사는 계약연구기관보다 더 많은 수익을 수취할 권리가 있다.(TP 6장 부록 §62) 거래에 대한 면밀한 분석으로 S사가 조달한 자금은 무형자산의 취득과 지속적 개발의 원가에 해당하는 것으로 정확히 기술되어야 한다. 그 결과, S사는 금융수익에 대해만 권리가 있다. 금융

수익의 수준은 금융위험에 대한 통제의 수행에 따라 달라진다. A사는 잔여손익을 수취할 권리가 있다.(TP 6장 부록 §63)

중요기능들은 무형자산의 성공적인 개발, 향상, 유지, 보호, 사용에 핵심이 되는 다양한 수행기능, 사용자산 및 부담위험을 관리하는데 주된 역할을 하며 무형자산의 가치창출에 필수적이므로, 이러한 중요기능을 수행하는 기업과 다른 관계회사들 간의 거래를 주의 깊게 평가해야 한다. 특히 중요기능의 주요부분을 수행하는 기업이 분석대상기업으로 선정되는 경우, 거래당사자들의 일방만을 평가하는 일방적방법의 신뢰성은 상당히 떨어진다.(TP §6.58)

② **자산의 사용**(Use of assets)

무형자산의 개발, 향상, 유지, 보호, 사용에 사용되는 자산을 출연한 다국적기업그룹 구성원은 그에 대한 적절한 대가를 받아야 한다. 그러한 자산에는 연구, 개발 및 마케팅에 사용되는 무형자산(예 노하우, 고객관계 등), 유형자산 또는 자금 등이 있다. 다국적기업그룹 구성원은 무형자산의 개발, 향상, 유지, 보호, 사용과 관련하여 자금을 제공하면서 하나 이상의 구성원들이 이와 관련된 모든 기능을 수행하기도 한다. 이 경우 자금활동에 대한 적정수익을 산정할 때, 투자를 한 당사자가 투자활동이나 자산과 관련된 위험을 통제하지 않거나 기능을 수행하지 않는다면, 독립기업거래의 비슷한 상황에서 중요기능을 수행하고 통제하며 투자활동과 관련된 중요위험을 부담하는 투자자와 같은 수준의 수익을 기대할 수 없다. 무형자산 관련비용을 부담하는 기업에게 지급해야 할 보상의 성격 및 금액은 관련된 모든 사항에 따라 결정되어야 하며, 그런 계약을 볼 수 있는 독립기업간 비슷한 투자계약과 같아야 한다.(TP §6.59)

사 례 자산의 사용

1. P사는 다국적기업그룹의 모회사이고 S사는 P사의 완전자회사이며 P그룹의 구성원이다. P사는 연구개발에 투자하고 사업활동을 위해 지속적인 연구개발기능을 수행한다. P사가 개발한 무형자산이 특허대상인 경우 P사는 그 무형자산에 대한 모든 권리를 집중하여 전세계적으로 관리를 단순화하기 위해 S사에 권한을 부여하며 모든 특허권은 S사의 명의로 등록된다. S사는 특허권 관리를 위해 3명의 변호사를 고용하며 그 밖의 직원은 없다. S사는 연구개발활동을 수행하거나 이에 관여하지 않고 연구개발활동을 위한 개발인력을 고용하거나 관련비용을 지출하지 않는다. 특허권방어와 관련된 중요한 의사결정은 S사의 조언을 반영한 후 P사 경영진이 수행하며, S사가 아닌 P사 경영진이 계열사와 제삼자간 권리사용거래에 대한 모든 의사결정을 책임진다. P사가 S사에게 특허권에 대한 권리를 이전하는 경우 S사는 P사에게 이에 대한 대가로 100유로를 지급하며, 권리를 이전하는 동시에 S사는 특허권 등록기간 동안 특허권에

대한 모든 권리를 다시 P사에게 사용료를 수취하지 않고 독점적으로 재허여해야 한다. S사가 P사에 지급하는 금액은 기술적으로 계약법을 준수하기 위한 것으로, 정상가격수준에 미치지 못한다고 가정한다. P사는 제품을 생산하고 국제적으로 판매하기 위해 특허권을 사용하며 때때로 이를 제삼자에게 다시 허여한다. 반면, S사는 P사와의 계약조건에 따라 특허권에 대한 상업활동을 수행하지 않는다. 계약조건에 따라 P사는 특허권 관리용역을 제외한 무형자산의 개발, 향상, 유지, 보호, 사용과 관련된 모든 기능을 수행한다. P사는 무형자산의 개발 및 사용과 관련된 자산을 기여하고 사용하며, 이와 관련된 모든 위험을 실질적으로 부담한다. P사는 무형자산의 사용으로 발생하는 모든 수익을 수취해야 한다. 과세당국은 P사와 S사가 수행하는 실제거래를 기술하여 적절한 이전가격을 산출할 수 있다. P사가 S사에게 명목상으로 특허를 이전한 사실과 S사가 P사에게 다시 모든 특허에 대한 권한을 재허여한 사실을 모두 고려할 때 두 회사들 간에 특허관리 용역계약이 존재한다는 것을 알 수 있다. 특허관리용역에 대한 정상가격을 산정할 수 있으며, 다국적기업그룹이 특허권 사용으로 얻은 이익에서 관리용역대가를 제외한 나머지 부분을 P사가 보유하거나 배분받아야 한다.(TP 6장 부록 사례 1)

2. 특허권 개발 및 관리와 관련된 사실관계는 사례 1과 같다. 다만, P사에게 영구적이며 독점적 권리허여를 하지 않고 S사는 P사의 지시와 통제아래 특허권에 대한 사용권을 계열사 및 독립기업에 허여하며 이에 대한 사용료를 수취한다. 계열사가 S사에 지급하는 사용료는 정상가격이라고 가정한다. S사는 계약상 소유주이나 특허권의 개발, 향상, 유지, 보호와 관련된 활동에는 개입하지 않으며, S사가 수행하는 기능은 직원 3명이 수행하는 특허권 등록 및 유지관리 활동으로 제한된다. 이 경우, S사는 수행기능에 대해서만 대가를 수취할 권리가 있고, P사와 S사의 특허권 개발, 향상, 유지, 보호, 사용을 위한 수행기능, 부담위험 및 사용자산을 고려할 때 S사는 단순히 특허권 등록업무를 수행하므로 권리허여계약으로부터 정상가격을 초과하는 대가를 수익으로 수취할 수 없다. 거래관계의 실질성격은 특허권 관리용역계약이다. S사가 P사에게 특허권 양도에 대한 대가를 지급할 때 적정이전가격의 결정에는 P사 및 S사의 수행기능, 사용자산 및 부담위험이 적절히 반영되어야 한다. 따라서 이 경우 S사가 P사에 지급할 사전대가의 금액은 S사가 권리허여를 통해 벌어들인 총수익에서 S사가 특허권 등록 및 관리 활동에 대한 적정보수를 차감한 금액과 같아야 한다. 이 사례에서는 사후수익배분에 대해서는 언급하지 않는다.(TP 6장 부록 사례 2)

3. 사실관계는 사례 2와 같다. 다만, S사가 계열사 및 독립기업에게 특허권 권리허여를 초기 특정 연도 동안 한 후, P사의 지시와 통제아래 이를 제삼자에게 양도하고 소유기간 동안의 특허권 가치상승을 반영해 대가를 수취한다. S사의 특허권 소유기간 동안의 기능은 사례 1 및 사례 2에서 언급한 바와 같이 특허권 등록활동으로 국한한다. 이 경우, S사의 수익은 사례 2와 같다. S사는 특허권 등록활동에 대해서는 대가를 수취하지만, 특허권의 이용으로 수취하는 소득에 대해서는 권리가 없으며 이에는 처분소득도 포함된다.(TP 6장 부록 사례 3)

4. 특허권개발과 관련된 사실관계는 사례 3과 같다. 사례 1과 달리, S사는 특허권사용에 대한 의사결정을 할 수 있는 직원이 있고 이들은 실제로 의사결정을 한다. S사 직원들은 권리허여계획과 관련된 모든 의사결정을 하며, 사용자들과의 모든 협상을 수행하고, 권리허여조건에 따라 독립 사용자들의 의무준수여부를 감시한다. 특허권에 대해 S사가 지급하는 가격은 미래 권리허여프로그램에 대한 당사자들의 계산을 반영하고 S사에게 특허권을 부여한 시점에 특허사용으로 수취하는 예상소득을 반영한 정상가격이라고 가정한다. 이 사례의 목적상 평가곤란 무형

자산에 대한 접근법은 적용되지 않는다고 가정한다. 특허권이 양도된 후, S사는 몇 년 동안 독립기업에 특허권을 허여한다. 그 이후에 S사에 특허권을 부여할 때 예상하지 못한 외부상황 때문에 특허권가치가 상당히 증가한다. S사는 P사에 지급했던 당초대가 이상의 금액을 받고 특허권을 제삼자에 판매했다. S사 직원은 특허권 매각에 대한 모든 결정을 하고 매각조건을 협상하며, 특허권 매각과 관련된 모든 사항을 관리하고 통제한다. 이 경우, S사는 특허권 매각으로 인해 발생한 수익을 소유할 권리가 있는데, 이에는 예상치 못한 외부상황으로 인한 특허 가치평가로 인한 대가가 포함된다.(TP 6장 부록 사례 4)

5. 사실관계는 사례 4와 같다. 다만, S사가 특허권을 보유하는 기간 동안 예상치 못한 외부상황으로 인해 특허권 가치는 하락한다. 이 경우 S사는 특허권 매각으로 인한 손실에 대한 책임을 지는데, 이는 손실을 계상해야 한다는 의미이다.(TP 6장 부록 사례 5)

자금활동은 특정 위험부담(예 자금투자를 하는 당사자는 해당자금의 손실위험을 부담)을 수반하므로 자금활동과 위험부담은 연관되어 있다. 그러나 부담위험의 성격과 범위는 거래의 경제적 관련특징들에 따라 다르다. 예를 들면, 자금을 투자받는 당사자의 신용등급이 높거나 담보자산이 존재하거나 투자가 저위험성이라면, 자금을 투자받는 당사자의 신용등급이 낮거나 담보자산이 존재하지 않거나 투자가 고위험성인 경우에 비해 위험이 낮다. 또한, 투자자금의 액수가 클수록 투자자에게 미칠 잠재위험의 영향이 더 크다.(TP §6.60)

위험관련 이전가격분석의 첫 단계는 경제적 중요성이 있는 위험의 특성을 식별하는 것이다. 이때 중요한 것은 자금활동과 관련된 재무위험과 새로운 무형자산의 개발을 위해 자금이 사용될 때에 수반되는 개발위험 같은 운영활동관련 운영위험을 구별하는 것이다. 자금을 투자하는 당사자가 다른 위험을 부담하지 않고 투자관련 재무위험에 대해만 통제권한이 있다면, 일반적으로 재무위험을 반영한 조정된 수준의 수익만을 기대한다.(TP §6.61)

일반적으로 계약내용에서 투자조건을 결정하는데, 이는 당사자들의 행위에 나타나는 거래의 경제적 특성에 의해 분명해지고 보완된다. 투자자가 일반적으로 기대하는 수익은 위험을 적절히 조정한 수익에 상당하는 금액이다. 이러한 기대수익은 자본비용이나 비교가능 경제특성을 지닌 현실적 대체투자수익에 근거해 산정될 수 있다. 자금활동에 대한 적정수익을 결정할 때, 자금을 받는 당사자에게 현실적으로 가능한 자금조달대안을 고려하는 것이 중요하다. 자금투자자의 사전기대수익과 사후실제수익 사이에 차이가 있을 수 있다. 대여자가 고정이자율로 일정금액을 대여하는 경우 기대수익과 실제수익의 차이는 차입자가 차입금의 일부 또는 전부를 갚지 못하는 경우 실현되는 위험이 반영된 것이다.(TP §6.62)

투자금 및 그 자금이 사용되는 투자대상을 고려한 투자자의 투자위험에 따라, 자금제공에 수반되는 재무위험을 통제하기 위해 필요한 활동의 범위와 형식이 달라진다. 특정 재무위험을 통제한다는 것은 위험이 내재된 상업활동(이 경우, 자금활동)에 대한 의사결정권을 가지며 실제로 그러한 의사결정권을 행사할 수 있다는 의미이다. 또한, 재무위험을 통제하는 당사자는 위험완화활동을 직접 수행하지 않는다면, 재무위험에 대한 일상적 위험완화활동(day-to-day risk mitigation activities)을 외부조달하는 경우 그에 대한 통제활동을 수행해야 하고, 의사결정을 하는데 필요한 모든 예비작업(preparatory work)에 대한 통제활동을 수행해야 한다.(TP §6.63)

무형자산개발을 위해 자금을 투자할 때, 위험이 있는 상업활동을 수행할지 및 그러한 위험에 어떻게 대처할지에 대한 의사결정은 자금투자와 거래의 조건에 영향을 준다. 그러한 의사결정은 자금을 투자받는 당사자의 신용등급평가 및 개발프로젝트 관련위험이 기대수익에 미치는 영향, 추가적 자금투입이 필요한지 여부에 의해 영향을 받는다. 자금제공의 조건에는 투자수익에 영향을 미칠 중요한 개발결정에 자금지원결정을 연계할 가능성을 포함하기도 한다. 예를 들면, 프로젝트를 다음 단계로 진행시켜야 할지 또는 값비싼 자산에 투자를 허용해야 할지에 대해 의사결정이 이루어져야 한다. 개발위험이 클수록 재무위험과 개발위험이 더 밀접하게 관련될수록 기대수익을 얻기 위해 자금제공자에게 무형자산개발과정과 그 결과를 평가할 능력이 더 요구되며, 자금제공자는 재무위험에 영향을 주는 주요개발과정과 지속적 자금제공을 더 밀접하게 연계시킨다. 자금제공자는 지속적 자금제공에 대한 판단능력을 가져야 할 뿐 아니라, 실제로 그러한 판단을 해야 하며, 자금제공에 대한 의사결정을 실제로 하는 경우 그러한 판단들을 고려해야 한다.(TP §6.64)

③ 위험의 부담(assumption of risks)

무형자산 관련거래에 대한 기능분석에 있어 중요한 위험의 종류에는 다음과 같은 것들이 있다. 이러한 위험의 존재나 정도는 개별사안의 사실관계 및 해당 무형자산의 특성에 따라 달라진다.(TP §6.65)

| 무형자산 관련위험의 종류 |

1. 고비용의 연구개발 또는 마케팅활동이 성공하지 못할 위험이나 투자시점과 관련된 위험(예 투자가 개발과정의 초기, 중간 또는 말기에 이루어졌는지에 따라 투자관련 위험수준이 달라짐)과 같은 무형자산 개발위험
2. 경쟁자의 기술진보가 무형자산가치에 부정적 영향을 미치는 위험과 같은 제품진부화위험
3. 무형자산권리의 보호 또는 다른 사람의 권리침해주장에 대한 방어로 인한 시간소모, 비용지출과 패소 위험과 같은 권리침해위험
4. 무형자산을 사용한 제품 및 용역과 관련된 제품책임위험 및 그와 비슷한 위험
5. 무형자산이 창출하는 수익과 관련한 무형자산이용위험 및 불확실성

무형자산의 개발, 향상, 유지, 보호, 사용과 관련된 위험을 부담하고 통제하는 다국적기업그룹 구성원의 식별은 관계거래의 가격을 결정하는 데 있어 중요하다. 위험부담에 따라, 그 위험이 실현되면 어느 당사자가 그 결과에 책임을 질 것인지 결정된다. 관계거래를 정확히 기술하면, 법적소유자가 위험을 부담하거나 또는 그룹의 다른 구성원이 위험을 부담하여 그에 대한 기여에 대해 보상받아야 한다는 사실을 알 수 있다.(TP §6.66)

무형자산의 개발, 향상, 유지, 보호, 사용과 관련된 위험을 어느 당사자가 부담하는지 판단하는 경우, 관계거래의 위험을 분석하는 1단계부터 5단계의 절차를 따라야 한다.(TP §6.67) 위험부담으로 인한 수익에 대한 권리를 주장하는 그룹의 구성원이 위험이 실현될 경우 수행해야 할 활동이나 부담해야 할 비용에 대한 책임을 지는지 특히 확인해야 한다. 위험분석틀에 따라 결정된 위험부담 특수관계기업이 아닌 다른 특수관계기업이 비용을 부담하거나 활동을 수행한다면, 위험을 부담한 당사자에게 비용을 배분하고 다른 특수관계기업이 위험노출로 수행하게 된 활동에 대해 적절한 대가를 주기 위해 이전가격조정을 해야 한다.(TP §6.68)

사례 위험의 배분 및 통제(TP 6장 부록 사례 7)

P사는 제약업체로서 다국적기업그룹의 모회사이며 M국에서 사업을 영위한다. P사는 특허권과 제품 X와 관련된 무형자산을 개발하여 전세계에서 그 특허를 등록한다.(TP부록 §6.16) P사는 제한된 위험을 가지고 유럽과 중동에 걸쳐 제품 X를 판매하기 위해 N국에 완전자회사 S사를 설립한다. 판매계약은 다음 사항을 포함하는데; S사가 아닌 P사가 반품(Recall) 및 제품책임위험을 부담하며, S사가 수행한 제품 X의 판매기능에 대해 합의된 수준의 대가를 P사가 S사에게 지급한 후 잔여손익은 P사에 귀속된다. 계약에 따라 S사는 제품 X를 P사로부터 매입하고 이를 여러 나라의 제삼자고객에게 재판매한다. 이러한 판매기능을 수행할 때, S사는 모든 규제요건을 따라야 한다.(TP부록 §6.17) 사업초기 3년 동안 S사는 제한적 위험을 부담하는 판매업자로서 판매기능을 수행하여 수익을 창출한다. 이는 S사가 아닌 P사가 제품 X와 관련된 무형자산개발 대가로서 수익을 수취할 권리가 있음을 나타낸다. 3년 후 제품 X를 복용하는 환자들에게 심각한 부작용이 발생하여 그 제품에 대해 반품요구가 있어 제품을 시장에서 전량 수거해야 하는 상황이 발생한다. S사는 제품결함보상과 관련하여 상당한 비용이 발생하고, P사는 S사에 이러한 반품비용 및 제품보상청구에 대해 변상하지 않는다.(TP부록 §6.18)

이 경우, P사가 제품 X의 무형자산으로부터 발생하는 수익을 취득할 권리와 그 권리보유에 따르는 위험과 관련된 비용부담 사이에 모순이 발생한다. 이전가격조정은 이러한 모순에 대한 적절한 해결방안이다. 적절한 조정을 위해, 계약조건에 따라 당사자들이 부담하는 위험, P사와 S사가 행사하는 위험통제 및 다른 관련요소를 고려해야 한다. 당사자들의 실질관계가 제한된 위험의 판매계약인 경우, 가장 적절한 조정은 반품 및 제품책임 관련비용을 S사에서 P사로 배분하는 것이다. 한편, 사실은 아니겠지만, 당사자들의 실질관계에서 S사가 제품책임과 반품위험에 대한 통제를 하는 것으로 판단되고, 비교가능성분석에서 정상가격을 확인할 수 있다면, 당사자들 간의 실제위험배분을 반영해 모든 연도에 대해 S사의 판매이익률을 증가조정해야 한다.(TP부록 §6.19)

④ 실현된 사후이익

실현된 사후이익이 예상된 사전이익과 차이가 나는 경우는 흔하다. 이는 예상하지 못한 상황전개로 인해 예상되었던 것과 다르게 실현된 위험의 결과이다. 예를 들면, 시장에서 경쟁력이 있던 제품이 퇴출되거나, 중요시장에 자연재해가 발생하거나, 예상치 못한 원인에 의해 중요자산이 기능을 못하거나, 경쟁자가 혁신적 기술개발을 이루어낸 경우 무형자산을 사용하여 제조하던 제품이 진부화되거나 경쟁력이 약화된다. 한편, 사전수익의 계산과 보상계약이 근거하는 재무예측이 위험과 예상되는 사건의 가능성을 적절히 감안하였고, 실제수익과 기대수익의 차이에 그러한 위험의 실현이 반영된 경우도 있다. 또한, 사후수익의 계산과 보상계약이 근거하는 재무예측이 다른 결과발생의 위험을 적절히 고려하지 않아 기대수익을 과대평가하거나 과소평가하는 경우도 있다. 그러한 상황에서 해당 무형자산의 개발, 향상, 유지, 보호, 사용에 기여한 다국적기업그룹 구성원들 간에 그 수익이나 손실을 어떻게 배분할 것인지의 문제가 발생한다.(TP §6.69)

이러한 문제를 해결하기 위해 실제거래를 기술할 때, 식별되는 경제적으로 중요한 위험을 실제로 부담한 다국적기업그룹 구성원이 누구인지 면밀히 분석해야 한다. 이러한 분석틀에 따른 경제적으로 중요한 위험을 부담한 당사자는 이러한 위험을 계약상 인수하는 무형자산의 소유자인 특수관계기업일 수도 있고 아닐 수도 있으며, 자금투자자일 수도 있고 아닐 수도 있다. 예상결과와 실제결과의 차이를 만드는 위험이 배분되지 않는 당사자는 실제수익과 기대수익의 차이에 대한 권리가 없으며, 이러한 위험이 실현되면 그 차이로 인한 손실을 부담할 필요도 없다. 다만, 그 당사자는 중요기능을 수행하지 않고 경제적으로 중요한 위험을 통제하는데 기여하지 않아야 하는데, 이러한 기능에 대한 정상대가는 수익분할요소를 포함하기 때문이다. 또한 수행기능, 사용자산 및 부담위험에 대해 그룹 구성원에게 지급되는 사전대가가 실제로 정상거래원칙에 부합되는지 검토해야 한다. 예를 들면, 그룹이 기대수익을 과소평가하거나 과대평가하여 다른 구성원의 기여분에 대해 사전적으로 과소지급하거나 과다지급하는지 확인해야 한다. 거래 당시에 가치평가가 상당히 불확실한 거래는 특히 이러한 과소평가 또는 과대평가를 하기 쉽다.(TP §6.70)

(3) 거래유형(fact patterns)별 사실관계의 식별

무형자산의 개발, 향상, 유지, 보호, 사용과 관련하여 관계회사들의 수행기능 및 부담위험에 대해 정상거래기준으로 합리적으로 보상받았는지 판단하기 위해 (i) 수행활동의 수준과 성격 (ii) 지급대가의 금액과 방식을 고려해야 한다.(TP §6.75)

① 마케팅무형자산의 개발 및 향상 : 판매업자의 기여

마케팅무형자산 거래의 일반적 상황은 상표권 법적소유자의 관계회사가 상표권 법적소유자에게 이익을 주는 마케팅이나 판매 기능(예 마케팅계약 또는 판매·마케팅계약을 통해)을 수행하는 경우이다. 이 경우, 마케팅업자나 판매업자가 그 활동에 대해 어떻게 보상받아야 하는지 결정해야 한다. 한 가지 중요한 문제는 마케팅업자나 판매업자가 그들이 수행하는 판촉 및 판매 기능에 국한하여 보상받아야 하는지, 또는 마케팅 및 판매를 할 경우 수행한 기능, 사용한 자산 및 부담한 위험에 따라 가치가 높아진 상표권 및 기타 마케팅무형자산에 대해서도 보상받아야 하는지이다.(TP §6.76) 이 문제의 분석에는 다음 사항들을 고려해야 한다.

1. 법적등록 또는 계약에 따라 거래쌍방에 주어지는 의무 또는 권리
2. 거래쌍방이 수행한 기능, 부담한 위험 및 사용한 자산
3. 마케팅업자나 판매업자의 활동을 통해 창출될 것으로 기대되는 무형자산의 가치
4. 마케팅업자나 판매업자가 수행한 기능(사용자산 및 부담위험 고려)에 대한 보상

한 가지 분명한 사례는 판매업자가 판촉비용을 보상받으면서 상표권 및 기타 마케팅무형자산의 소유자로부터 그 활동을 지시받고 통제받는 대리인 역할만 수행하는 경우이다. 이 경우, 판매업자는 보통 대리인활동에 대해서만 합리적 보상을 받을 자격이 있다. 판매업자는 상표권 및 기타무형자산의 추가개발에 대한 위험을 부담하지 않으므로 추가보상에 대한 권리가 없다.(TP §6.77)

다른 사람이 소유하는 무형자산의 가치를 개발 또는 증진시키거나 가치의 개발이나 증진에 상당히 관여하는 경우, 이러한 기여에 대한 정상대가를 수취해야 한다. 다만, 이러한 기여대가가 무형자산이 포함된 관계거래의 계약조건에 포함되는 경우 무형자산 기여대가를 별도로 구분하지 않는 것이 일반적이다.(Reg §1.482-4.f.4)

판매업자가 마케팅활동에 따른 비용을 실질적으로 부담하는 경우(예 법적소유자가 판매업자가 지출한 비용을 보상해주어야 할 약정이 없는 경우), 판매업자의 수행기능, 사용자산, 부담위험 등으로 인해 발생하는 현재 또는 미래의 수익을 공유하는지에 분석의 초점을 두어야 한다. 일반적으로, 정상거래에서 무형자산을 소유하지 않은 당사자가 마케팅활동을 수행하여 향상되는 무형자산가치로 인한 이익을 공유할 수 있는지 여부는 당사자가 가지는 권리의 사실관계에 따라 다르다. 예를 들면, 상표권이 있는 상품의 독점판매권을 사용하는 장기계약을 맺은 판매업자의 경우 상표권이나 기타 마케팅무형자산의 가치를 개발하기 위해 수행한 기능, 사용한 자산 및 부담한 위험으로 인한 이익을 매출액이나 시장점유율을 통해 받게 된다. 이 경우, 판매업자는 자신의 노력으로 자신의 무형자산인 판매권(distribution rights)의 가치를 높였다고 할 수 있다. 이 경우, 판매업자의 이익에 대

한 몫을 결정할 때 비교가능 독립거래에서 독립판매업자가 받게 될 이익의 몫을 고려해야 한다. 어떤 경우에는, 판매업자가 비슷한 권리를 지닌 제삼자보다 많은 기능을 수행하고 많은 자산을 사용하며 많은 위험을 부담하거나, 또는 자신의 판매활동의 이익을 위해 활동하는데 이것이 다른 비슷한 판매업자가 창출하는 것보다 많은 가치를 창출하기도 한다. 이 경우, 독립판매업자는 일반적으로 상표권 및 기타무형자산의 소유자에게 추가대가를 요구하는 것이 보통이다. 그러한 추가대가는 상품매입가격의 하락을 통한 높은 수준의 판매이익, 사용료율 감소, 상표권 및 기타 마케팅무형자산 가치의 향상에 따른 이익공유 등의 형태로 나타난다.(TP §6.78)

예를 들면, 비용기준(bright line test)를 적용하여 광고마케팅홍보(advertisement, marketing, promotion)에 지출하는 일상적비용과 비일상적비용을 구분한 후, 자회사(판매업자)가 지출하는 비일상적비용은 최종적으로 모회사가 소유하는 마케팅무형자산을 창출하는데 기여하므로 자회사는 그 대가를 모회사로부터 수취하는 것이 합리적이다.(미국 DHL v Commissioner, 76TCM.CCH.1122, 1988)

광고마케팅홍보활동에 비례하여 마케팅무형자산의 가치는 커지는 경향이 있다. 따라서 시장진입초기에는 광고마케팅홍보용역 제공자가 더 많은 대가를 수수하고 어느 정도 마케팅자산의 가치가 형성된 후에는 마케팅자산 제공자가 더 많은 대가를 수수하게 된다.

사례 마케팅무형자산의 개발 및 향상(TP 6장 부록)

▣ TP 6장 부록 사례 8

X국에 설립되어 있는 P사는 다양한 국가에서 판매되는 R상표의 시계를 제조한다. P사는 R상표 및 상호의 법적소유자이다. P사의 노력으로 R브랜드는 여러 국가들에 인지도를 넓혔으며 이에 따른 경제적 가치도 함께 상승했다. 다만, R시계는 Y국에서는 판매된 적이 없으며, Y국의 시장에 알려져 있지 않다. 1차연도에 P사는 Y국 시장에 진입하기로 결정하고 100% 출자 S사(Y국에서 판매회사 역할 수행)를 설립한다. 동시에, P사는 장기간 사용료 없는 마케팅계획을 수립하고 이에 대한 계약을 S사와 맺는다. S사는 향후 5년 및 추가 5년을 옵션으로 Y국에서 R상표를 이용하여 마케팅 및 판매를 할 수 있는 독점권을 취득한다. S사는 R상표에 대한 다른 권리는 가지지 않으며 특히 R상표를 달고 시계를 재수출하는 것은 금지된다. S사의 유일한 활동은 R상표의 시계를 마케팅하고 판매하는 것이다. R시계는 S사가 Y국에서 판매하는 유일한 제품이라고 가정한다. S사는 최종고객에게 판매할 수 있는 포장완제품을 Y국으로 수입하며 다른 2차적 가공절차를 수행하지 않는다. P사와 S사 사이에서 맺어진 계약에 따르면 S사는 P사로부터 시계를 수입하고 브랜드권리를 획득하여 Y국에서 판매한다. 이는 관련비용(예 재고 및 매출채권 금융비용) 및 해당위험(예 재고, 신용 및 금융 위험)을 발생시킨다. 둘 사이의 계약에 따르면 S사는 Y국에서 R시계의 인지도를 높이는 마케팅대리인으로서의 역할이 요구된다. S사는 Y국에서의 마케팅전략에 대해 P사에 조언을 구한다. P사는 다른 국가에서의 경험에 기초한 전반적 마케팅계획을 세우고 예산 및 최종안을 결정한다. S사는 광고와 관련하여 지역시장문제들에 대해 조언

을 하며 P사의 결정에 따른 마케팅전략을 수행한다. 이러한 마케팅 지원활동에 대한 보상으로 S사는 P사로부터 용역대가를 받는다. 이는 실제 발생한 마케팅비용 수준에 기초하며 적절한 이익요소들을 포함한다.

상세한 기능분석을 포함한 비교가능성분석에 기초하여 다음과 같은 결론을 낼 수 있다고 가정하는데: R시계에 대해 S사가 P사에게 지급하는 가격은 S사가 마케팅에 대해 받는 보상과는 별도로 분석되어야 한다. 또한 시계에 대해 지급된 가격은 비교가능 외부거래에 기초한 정상가격이어야 하며, 이러한 정상가격은 정상거래원칙에 따라 S사가 직접 수행한 판매기능 및 관련자산의 사용, 위험부담 등에 대한 보상수준이어야 한다. 1차연도부터 3차연도까지 S사는 Y국에서 해당시장을 개발하기 위해 P사와의 계약에 기초한 전략을 수행한다. 이 과정에서 S사는 마케팅비용을 지출한다. 계약에 따라, S사의 마케팅비용을 P사로부터 보상받으며 그 비용에 대한 가산액(markup)도 지급받는다. 2차연도 말에 R상표는 Y국에 널리 알려지게 된다. P를 위해 수행한 마케팅활동에 대해 S사가 수취하는 대가는 정상가격으로 결정되는데, 이는 비교가능성분석의 일환으로 비교대상으로 식별되고 결정된 독립 광고마케팅대리인에게 지급한 보수와 비교한 것이다. 이 경우, Y국 시장에서 R 상표와 이름의 사용으로 수취하는 소득 중 S사의 기능에 대한 정상대가를 초과하는 부분은 P사에게 귀속되며, 이러한 상황에서 이전가격조정은 필요하지 않다.

■ TP 6장 부록 사례 9

이 사례의 사실관계는 아래의 사항을 제외하고 사례 8과 같다.

- P사와 S사의 계약에 따라, P사의 구체적 마케팅계획에 대한 통제없이 S사는 직접 Y국에 대한 마케팅계획을 수립하고 실행할 의무를 부담한다. S사는 마케팅활동과 관련한 원가와 위험을 부담한다. P사와 S사의 계약에는 S사가 지급하는 마케팅비용이 구체적으로 명시되지 않았으나 최선을 다하여 손목시계를 마케팅할 것을 명시했다. S사는 발생비용에 대해 P사로부터 직접 보상을 받지 않고 간접적 또는 암묵적 보상도 받지 않는다. S사는 Y국의 제삼자고객에게 R브랜드 손목시계를 판매하는 매출로만 보상을 받는다. 자세한 기능분석에 따르면, 사례 8에 비해 P사는 S사의 마케팅활동에 대해 상대적으로 낮은 통제를 하는 것을 알 수 있는데 이는 마케팅계획 수립 때 디자인에 대한 세부사항이나 마케팅예산을 검토하거나 승인하지 않기 때문이다. S사는 사례 8에 비해 다른 위험을 부담한데 대해 다른 방법으로 보상을 받는다. P사와 S사의 계약에 따르며, S사가 부담하는 위험은 사례 8에 비해 훨씬 크다. S사는 마케팅활동에 대해 직접 보상을 받거나 별도의 수수료를 받지 않는다. P사와 S사의 유일한 거래는 상표있는 손목시계의 거래이다. 그 결과, S사는 제삼자고객에게 R브랜드 손목시계의 판매를 통해서만 마케팅활동에 대한 보상을 받을 수 있다.
- 이러한 차이로 인해, P사와 S사는 사례 8에 비해 낮은 가격을 손목시계에 적용하며, 비교가능성조정과 비교가능회사를 판단하는데 다른 기준이 적용된다. 이 때문에 S사는 사례 8에 비해 보다 많은 수익을 창출하며, 이는 S사의 위험정도와 폭넓은 수행기능에 기인한다.

1차연도부터 3차연도까지 S사는 P사와의 계약내용과 일치하는 전략을 수행하는데, 그 과정에서 마케팅기능을 수행하며 마케팅비용이 발생한다. 그 결과 S사는 그 기간 동안 많은 영업비용을 지출하고, 영업이익은 감소했다. 2차연도 말에 S사의 노력으로 Y국에서 R상표에 대한 인지도가 높아지게 되었다. 마케팅회사/판매업자가 마케팅원가와 위험을 실제로 부담하는 경우, 그 활동에 따른 수익을 P사와 분배할 때 배분비율이 문제가 된다. Y국 과세당국이 비교가능한 판매업자들을 검토한 결과, S사와 P사가 독립관계인 경우에도 수행기능과 발생 마케팅비용과 비슷한 수준의 기능과 비용이 이루어졌을 것으로 예상된다. S사가 R손목시계 독점판매권의 장기계약에 따라 마케팅활동 원가와 관련위험을 부담하는 경우 S사는 마케팅 및 판매활동을 통해 이익을 얻을 수 있는 기회를 얻은 것이다. 합리적으로 믿을만한 비교대상자료의 분석에 따라, S사가 얻은 이익은 S사와 비슷한 위험 및 비용을 부담하는 독립 마케팅/판매업자가 비슷한 제품의 비교가능 장기마케팅/판매계약 초기 몇 년간 얻은 이익과 유사하다. 위 가정에 따라, S사의 수익은 정상가격이며 마케팅비용을 포함한 마케팅활동은 독립거래에서 독립마케팅/판매업자가 수행한 것과 큰 차이가 없다. 비교가능제삼자계약의 정보로, S사의 기능, 위험, 비용을 통한 무형자산가치 기여에 대해 S사가 수취할 정상대가를 적절하게 측정할 수 있다. 그러므로 그 대가는 S사의 기여에 대해 정상대가를 반영하며, Y국 상표나 상호(trade name)의 사용으로 수취하는 소득의 몫을 정확히 보여준다. S사에게 별도로 추가적 보상을 할 필요는 없다.

▣ TP 6장 부록 사례 10

이 사례의 사실관계는 사례 9과 같다. 다만, S사가 수행하는 시장개발기능은 사례 9의 S사가 수행하는 정도보다 훨씬 그 중요성이 크다. 마케팅/판매업자가 마케팅활동의 비용과 위험을 실질적으로 부담하는 경우, 문제는 그 활동으로 인한 이익을 어떻게 배분할지이다. 전반적인 비교가능성분석으로 비슷한 장기마케팅/판매계약에 따라 마케팅/판매기능에 종사하는 독립회사들을 식별한다. 그러나 S사가 1차연도에서 5차연도까지 지출한 마케팅비용수준이 식별된 비교가능제삼자 마케팅/판매업자의 비용수준보다 훨씬 크고, S사가 지출한 높은 수준의 비용은 비교대상이 수행한 기능보다 훨씬 많은 기능들로 인한 것이며, P사와 S사는 그러한 추가기능이 보다 많은 이익을 창출하고 제품매출을 증가시킬 것으로 기대한다. S사가 수행하는 시장개발활동의 정도를 감안할 때, S사는 식별된 비교가능 독립기업들에 비해 시장개발과 마케팅무형자산에 더 많은 기능적 기여를 하였으며 상당히 큰 비용과 위험을 부담했다는 사실이 명백하다.(또한 사례 9에 비해 실질적으로 많은 비용과 위험을 부담한다.) 또한, 사실에 따라 S사가 실현한 이익은 비슷한 장기마케팅/판매계약에 따른 기간 동안 비교가능 독립마케팅/판매업자의 이익률보다 상당히 낮다는 결론을 낼 수 있다. 사례 9에서, S사는 R손목시계에 대한 독점 장기마케팅/판매권에 따라 마케팅활동의 비용과 관련위험을 부담하며, 그에 따라 마케팅/판매활동으로 이익(또는 손실)을 얻을 기회가 있을 것으로 기대한다. 그런데, 이 경우 S사는 비슷한 권리를 부여하는 비교가능거래에서 독립기업들이 부담하는 것보다 많은 기능을 수행하고 마케팅비용을 부담하며, 결과적으로 독립기업들보다 상당히 낮은 이익을 얻게 된다.

이러한 사실을 볼 때, 비교가능거래에서 독립마케팅/판매업자의 기능 및 지출 수준을 사실상 넘는 기능을 수행하고 마케팅비용을 지출함으로써, S사는 R손목시계의 재판매로 수취해야 할 이익을 제대로 보상받지 못한다. 이러한 상황에서 Y국 과세당국은 독립기업들이 비교가능거래에서 벌었을 소득에 부합하게 S사가 수행한 마케팅활동에 대해 (부담위험과 지출비용을 고려하여) 보상하기 위한 이전가격조정을 할 수 있다. 비교가능성분석에 반영된 사실관계에 따라 다르겠지만, 이러한 조정은 다음과 같이 이루어진다.

- P사로부터 구매한 R브랜드 손목시계에 대해 S사가 지급하는 대가를 감액조정. 이러한 조정은 비교대상을 식별할 수 있는 경우 비교가능 마케팅/판매비용 수준의 비교가능 마케팅/판매업자가 달성한 확보가능자료를 사용하여 재판매가격법 또는 거래순이익률법을 적용하여 할 수 있다.
- 대안으로 Y국에서 R브랜드 손목시계 판매로 인한 결합이익을 분할하는 잔여이익분할법을

적용할 수 있는데, 우선 S사 및 P사에게 수행기능에 대한 기본이익을 준 다음, R상표 및 상호(trade name)의 가치와 소득의 창출에 대한 S사와 P사의 상대적 기여를 감안하여 잔여이익을 배분한다.

- 비교가능 독립기업들이 지출한 것 이상으로 S사가 지출한 초과 마케팅비용에 대해 그 비용에 반영되는 기능 및 위험에 대한 적절한 이익요소를 가산하여 직접 S사에게 보상한다.

이 사례에서 제시된 조정방법은 P사와의 계약에 따라 적절히 보상받지 못한 S사의 수행기능, 부담위험 및 마케팅무형자산의 개발에 기여한 지출비용에 근거한 것이다. S사와 P사의 계약에서 S사가 판매계약의 잔여기간 동안 추가투자에 대해 정상대가를 받을 수 있도록 규정하고 있다면 다른 결과가 되어야 한다.

■ TP 6장 부록 사례 11

이 사례의 사실관계는 사례 9와 같다. 다만 S사는 Y국에서 사용료를 지급하지 않는 마케팅/판매계약을 3년간 체결하는데, 이 계약은 갱신되지 않는다. 독립기업들이 마케팅/판매비용을 지출하고 계약기간 동안 수행기능, 사용자산 및 부담위험에 대한 대가를 수취하는 단기계약을 체결한다고 가정한다. 비교가능 제삼자기업들은 재계약을 하지 못할 위험이 있으므로 단기마케팅/판매계약의 경우에는 마케팅/판매기반을 개발하기 위해 많은 자금을 투자하지 않는다. 마케팅/판매계약의 단기성격 때문에 S사는 부담비용에 상응하는 이익을 회수하지 못할 가능성이 크다. 또한 같은 이유로 S사의 노력으로 장차 P사의 이익이 창출된다.

S사가 부담하는 위험은 사례 9의 경우보다 상당히 높은 수준이며, S사는 이러한 추가위험부담에 대한 정상대가를 수취하지 못했다. 이 경우, S사는 비슷한 권리를 가진 비교대상 독립기업들이 자기이익을 위해 지출한 것 이상의 마케팅비용을 부담하고 시장개발활동을 수행하였으며, 결과적으로 독립기업들보다 현저히 낮은 이익을 달성했다. 단기계약의 특성상, S사는 P사와의 단기계약으로는 적절한 이익을 낼 가능성이 없다고 보아야 한다. 이러한 상황에서 S사는 P사와의 계약기간 동안 R상표와 상호에 대한 위험부담에 대해 보상받을 권리가 있다. 그러한 보상은 S사의 마케팅/시장개발기능을 통해 창출된 기대가치를 반영해 P사로부터 직접 보상받는 방식이 될 수 있다. 또한, S사가 1차연도부터 3차연도까지 P사로부터 R시계를 매입하는 가격을 인하하는 방식으로 조정이 이루어질 수 있다.

■ TP 6장 부록 사례 12

사실관계는 사례 10과 같으며, 다음 사항이 추가된다.

- 3차연도 말에 R브랜드는 Y국 시장에서 성공적으로 자리 잡았으며, P사와 S사는 당초계약을 재협상하여 새로운 장기권리허여계약을 체결했다. 4차연도에 시작되는 신규계약은 S사가 원할 경우 5년 연장이 가능한 5년 계약이다. 이 계약에 따라 S사는 P사에 R상표를 부착한 시계의 매출에 근거해 사용료를 지급한다. 기타사항들의 경우 이전계약과 조건이 같다. 사용료를 도입하면서 S사가 R브랜드시계에 대해 지급하는 가격에 관한 조정은 이루어지지 않았다.
- S사의 4차연도와 5차연도의 R브랜드시계 매출은 사전예측과 일치한다. 그러나 4차연도에 사용료를 도입하면서 S사의 이익률은 상당히 감소했다.

비슷한 브랜드제품을 취급하는 제삼자마케팅/판매업자가 같은 계약에서 사용료계약을 체결했다는 자료가 없다고 가정한다. 4차연도 이후에 S사의 마케팅비용 및 마케팅활동의 수준은 비교대상의 수준과 같다.

이전가격목적상, 독립기업거래에서 마케팅/판매활동을 하는 회사가 무형자산을 소유하는 다른 회사로부터 무형자산 사용권을 허여받지만 무형자산 사용목적이 상품판매에 국한되어 무형자산에 대한 다른 어떠한 권한도 허여받지 않는다면 마케팅/판매활동을 하는 회사가 무형자산 소유회사에게 사용료를 지급할 것으로 예상하지 않는 것이 일반적이다. 또한, 이 상황에서 사용료로 인해 비슷한 기능을 수행하고 비슷한 위험을 부담하며 비슷한 자산을 사용하는 비교대상들의 이익률보다 S사의 이익률이 더 낮아지는 결과가 된다. 따라서 사용료를 지급하지 않는 것으로 이전가격조정을 해야 한다.

■ TP 6장 부록 사례 13

사실관계는 사례 10과 같으며, 다음 사항이 추가된다.

- 3차연도 말에 P사는 시계제조를 중단하고 제삼자와 하청제조계약을 체결한다. 이에 따라, S사는 제삼자제조업체로부터 브랜드가 없는 시계를 직접 구매한 후 2차 가공을 통해 R상표 및 로고를 추가한 후 사례 10에서 설명하는 방식으로 최종소비자에게 판매한다.
- 이에 따라, 4차연도 초에 P사와 S사는 5년의 새로운 장기계약을 체결한다. 이 계약에 따라, S사는 추가로 5년을 연장할 수 있는 선택권이 있다.
- 신규계약에 따라 S사는 Y국 내에서 R상표를 부착한 시계의 가공, 마케팅, 판매에 대한 독점권을 가지며 P사에게 그 시계 매출의 일정부분을 사용료로 지급한다. S사는 P사로부터 마케팅 및 판매에 대한 기존계약내용의 재협상과 관련한 어떤 보상도 받지 않는다. 4차연도부터 S사는 시계를 정상가격으로 구매하며, 그 가격은 R상표 사용에 대한 대가가 포함된 가격이 아니라고 가정한다.

6차연도에 Y국 과세당국의 세무조사에서 수행된 비교가능성분석에 따르면, 1차연도에서 3차연도까지 S사가 부담한 마케팅비용은 제삼자마케팅/판매업자가 비슷한 장기 마케팅판매계약에 따라 부담한 비용보다 훨씬 높은 것으로 나타난다. 또한, S사가 수행한 마케팅활동수준은 제삼자마케팅판매업자의 활동보다 훨씬 높은 수준이며 그러한 높은 수준의 마케팅활동은 판매량 및 이익률을 높이는데 기여한다. S사가 수행한 시장개발활동 및 그 활동에 대한 전략적 통제의 정도를 감안할 때, 비교가능성분석을 통해 S사는 비교대상기업들에 비해 훨씬 높은 수준의 비용 및 위험을 부담한 것으로 파악된다. 또한, S사가 실현한 이익률은 비슷한 장기 마케팅/판매계약의 해당기간동안 비교대상 독립 마케팅/판매업자들이 실현한 이익률에 비해 상당히 낮은 수준이다. 또한 세무조사에서 4차연도 및 5차연도에 S사는 P사와의 새로운 장기권리허여계약에 따라 마케팅활동의 비용과 관련위험을 부담하며, 장기계약의 특성상 S사는 그 활동으로 이익(손실)을 볼 가능성이 있다. 그런데, S사는 시장개발활동을 하였으며, 비슷한 장기권리허여계약을 한 비교가능 독립사용자들이 지출한 것보다 훨씬 많은 마케팅비용을 지출하여, 결과적으로 S사는 비교대상에 비해 상당히 낮은 이익률을 실현했다.

이러한 사실관계에 따라, S사는 수행기능, 사용자산 및 부담위험을 고려하여 시장개발활동에 대한 추가보상을 받아야 한다. 1차연도부터 3차연도까지 이러한 조정에 대한 근거는 사례 10에서 설명한다. 4차연도부터 5차연도까지의 보상도 비슷한 근거에 따라 산정되지만, 시계구매가격의 조정이 아닌 S사가 P사에 지급하는 사용료를 감소시켜 조정이 이루어져야 한다. 사실관계에 따라, S사가 3차연도 말에 이루어진 계약재협상과 관련하여 대가를 받아야 하는지 생각해야 한다.

사례 **브랜드가치 기여분 (인도 델리법원 항소심 5140, 2013.1.23.)**

인도법인 L사는 한국법인 K사의 자회사로 인도에서 전자제품을 생산하여 판매한다. L사는 제품을 생산하는데 필요한 산업재산권, 디자인 및 기술노하우를 사용하고 K사에 사용료 1%를 지급한다. 또한, K사는 국제크리켓경기 스폰서와 같은 지원을 제공한다. L사는 비교대상기업보다 수익성이 좋으며, 상당한 판촉비용(광고, 마케팅, 판촉)을 지출하는데 매출대비 판촉비용의 비율은 3.85%이다. 인도 과세당국은 이전가격조사에서 2개 비교대상기업 판촉비용의 비율이 0.12% 및 2.66%로 평균 1.39%이며, DHL판례의 원칙에 따라 1.39%의 판촉비용을 일상적 비용으로 공제할 수 있지만 나머지 2.46%는 브랜드가치 기여분이므로 K사를 대신해 지출한 것으로 불공제 비용이라고 판단했다. 이에 따라 인도 과세당국은 K사가 L사에게 용역대가를 지급해야 한다고 판단하고, 판촉비용 2.46%의 원가에 가산율을 적용하여 용역대가를 산출했다. 가산율은 13%를 적용했는데 시중은행 이자율 10.5%에 L사에 대한 보상율 2.5%를 더하여 산출했다. 인도법원은 인도 과세당국의 가격조정을 전반적으로 인정했다. 다만, 매출대비 판촉비용을 무조건 적용하는 것은 잘못된 결과를 초래할 수 있으며, 특히 판매비를 판촉비용에 포함하는 것은 문제가 있고 모든 지원금은 그 효과가 입증되어야 한다고 지적했다. 또한, 비경상 브랜드가치기여분에 대한 정상가격을 계산하는데 원가가산법을 적용하였지만 13%의 가산율은 비교대상이 없다는 점에서 인정하지 않았다. 한편, L사의 영업이익률이 비교대상기업들보다 높기 때문에 따로 브랜드가치 기여분을 계산하지 않아도 된다는 원고주장은 배척했다.

② 연구개발 및 공정개선 계약

위 ①의 마케팅무형자산에 대한 원칙은 다국적기업그룹 구성원이 장래에 다른 관계회사가 법적으로 소유할 무형자산의 연구개발에 대한 계약을 맺고 연구개발활동을 수행하는 경우에도 적용된다. 연구개발활동에 대한 합리적 보상은 연구팀이 연구관련 고유기술 및 경험을 보유하고 위험(비실용연구 수행 등)을 부담하는지, 자기보유 무형자산을 사용하는지, 다른 당사자에 의해 통제되고 관리되는지 등 모든 사실관계를 고려하여 결정되어야 한다. 비용에 통상이윤(markup)을 더하여 보상하는 것이 모든 경우에 연구팀의 기여에 대한 정상대가나 기대가치를 반영하는 것은 아니다.(TP §6.79) 또한, ①의 마케팅무형자산에 대한 원칙은 다국적기업그룹 구성원이 다른 관계회사를 대신하여 그 관계회사가 법적으로 소유할 공정이나 제품의 개선을 이룰 수 있는 제조용역을 제공하는 경우에도 적용된다.(TP §6.80)

사례 **연구개발 및 공정개선 계약 (TP 6장 부록)**

■ TP 6장 부록 사례 14

P사는 다국적기업그룹의 모회사이다. P사는 X국에서 설립되어 소비재의 제조/판매업을 영위한다. 시장점유율의 유지 및 향상을 위해 P사는 기존제품개선 및 신제품개발을 수행하며 지속적 연구개발활동도 수행한다. P그룹은 2개의 연구개발센터를 보유한다. 하나는 X국 내에서 P사가 직접 운영하며 다른 하나는 Y국에서 P사의 자회사인 S사가 운영한다. P사 연구개발센터는 P그

룹의 전반적 연구개발프로그램을 담당한다. P사 연구개발센터는 연구프로그램의 개발, 예산의 수립 및 관리, 연구개발활동의 방향설정, 모든 연구개발프로젝트의 진행관리를 수행하며 P그룹 운영진의 전략방향에 따른 연구개발기능의 관리를 수행한다. S사는 P사 연구개발센터가 할당한 특정프로젝트를 건별로 수행한다. S사의 연구개발인력이 연구개발프로그램에 대한 수정을 제안할 경우 P사 연구개발센터의 공식승인을 받아야 한다. S사 연구개발센터는 한 달에 한번 P사 연구개발 감독인력에게 연구개발 진행상황을 보고해야 한다. S사가 P사가 수립한 예산을 초과하는 경우, P사 연구개발 관리담당에게 추가지출에 대한 승인을 받아야 한다. P사 연구개발센터와 S사 연구개발센터의 계약에 따르면 P사는 S사가 수행하는 모든 연구개발의 위험 및 비용을 부담한다. S사 연구인력이 개발한 모든 특허, 디자인 및 무형자산은 계약에 따라 P사가 등록한다. P사는 S사에게 연구개발활동에 대한 용역수수료를 지급한다.

이전가격분석은 P사가 무형자산의 법적소유자라는 사실에서 출발한다. P사는 연구개발작업을 직접 통제하고 관리한다. 또한 예산수립, 연구프로그램 선정, 프로젝트설계, 자금조달 및 지출관리 등의 중요한 기능을 수행한다. 이러한 상황을 고려할 때, P사는 S사가 연구개발을 통해 개발한 무형자산으로부터 창출되는 수익을 수취할 권리가 있다. S사는 개발된 무형자산가치를 위한 수행기능, 사용자산 및 부담위험에 대한 보상을 받을 수 있다. S사가 수취할 적정대가를 산정하기 위해 S사가 보유한 연구개발인력의 상대적 기술 및 효율성, 수행되는 연구활동의 성격, 무형자산의 가치에 영향을 미치는 다른 사항들을 고려해야 한다. 비교가능 연구개발용역 제공자가 용역에 대해 수취할 대가를 반영해 이전가격조정을 하는 경우, 용역을 제공하는 연도에 대해 조정하는 것이 일반적이며, S사의 연구개발활동으로 얻어지는 무형자산을 사용하여 P사가 수취하는 미래수익(future return)에 대한 P사의 권리에는 영향을 미치지 않는다.

▣ TP 6장 부록 사례 15

P사는 다국적기업그룹의 모회사이다. P사는 X국에서 독점적으로 사업을 영위한다. P그룹은 소비재의 제조판매를 주요사업으로 한다. 시장지위의 유지향상을 위해 P사는 기존제품의 개선 및 신제품개발을 위해 지속적 연구개발활동을 수행한다. P그룹은 2개의 연구개발센터를 보유하며, 하나는 X국에서 P사가 직접 운영하며 나머지는 Y국에서 P사의 자회사인 S사에 의해 운영된다. P그룹은 2가지 제품군을 판매한다. A제품군과 관련된 모든 연구개발활동은 P사가 수행하며 B제품군과 관련된 모든 연구개발활동은 S사가 수행한다. S사는 P그룹의 북미지역 내 지역본사 기능을 수행하며 B제품군의 국제사업에 대한 책임을 진다. 그렇지만 S사의 연구개발활동으로 취득한 특허는 모두 P사가 소유한다. P사는 S사의 연구개발센터에서 개발된 특허와 관련하여 S사에게 미미한 수준의 대가를 지급하거나 대가를 지급하지 않는다. P사와 S사의 연구개발센터는 독자적으로 운영되며 관련 운영비용은 P사 및 S사가 각자 부담한다. P사 경영진의 일반정책에 따라 S사 연구개발센터는 자체 연구프로그램을 개발하고 예산을 수립하며, 연구개발프로젝트의 중단 및 수정에 대한 결정을 내리고 자체적으로 연구개발인력을 고용한다. S사 연구개발센터의 보고선은 S사의 B제품군 경영진이며, P사 연구개발센터에는 보고하지 않는다. P사 및 S사의 연구개발팀은 연구방법 및 공통적으로 발생하는 문제에 대해 논의하기 위해 회의를 한다.

이전가격분석은 S사가 개발한 무형자산의 법적소유자 및 등록자가 P사라는 전제에서 출발한다. 그렇지만 사례 14와 달리, P사는 연구에 대한 관리, 설계, 예산, 자금과 같은 주요기능을 포함한, S사 수행하는 연구기능에 대해 어떠한 통제도 하지 않는다. 그러므로 무형자산의 법적소유자인 P사는 B제품군과 관련된 무형자산으로부터 취득한 소득에 대한 권리를 가질 수 없다. 과세당국은 P사가 S사의 연구개발활동에 따른 결과물의 법적소유자임은 인정하지만, S사의 수행기능, 사용자산 및 부담위험을 고려하여 S사가 자체개발한 무형자산의 사용과 관련하여 사용료를 지급하지 않도록 하여 S사가 개발한 무형자산으로 예상되는 미래소득을 P사가 아닌 S사에게 모두 귀속되도록 할 수 있다. P사가 B제품군 관련 무형자산을 사용하는 경우, P사는 S사에게 무형자산개발과 관련된 수행기능 및 부담위험에 대한 적절한 보상을 지급해야 한다. S사에 대한 적절한 보상수준을 결정하는데 있어 S사가 무형자산개발과 관련된 모든 중요역할을 수행하였으므로 연구개발용역계약에서 S사를 분석대상으로 선정하는 것은 적절하지 않다.

▣ TP 6장 부록 사례 16

P사는 다국적기업그룹의 모회사이다. P사는 X국에서 설립되어 사업을 영위한다. P그룹은 소비재 제조 및 판매를 주요사업으로 한다. 시장지위를 유지하고 향상시키 위해 P사는 기존제품의 개선 및 신제품개발을 위한 지속적 연구개발활동을 수행한다. P그룹은 2개의 연구개발센터를 보유하며, 하나는 X국에서 P사가 운영하며 나머지는 Y국에서 P사의 자회사인 S사가 운영한다. P사 연구개발센터 및 S사 연구개발센터의 관계는 사례 14와 같다. 1차연도에 P사는 새로이 설립된 Z국내 자회사 T사에게 모든 특허 및 기술관련 무형자산에 대한 모든 권한을 양도했다. T사는 Z국에 생산시설을 설립하고 전세계 P그룹 구성원들에게 제품을 공급하기 시작했다. T사가 지급하는 특허 및 기술관련 무형자산 사용에 대한 대가는 정상가격으로 가정한다. 특허권 및 기술관련 무형자산 이전 당시 T사는 P사 및 S사와 별도의 연구개발 계약을 체결했다. T사는 향후 연구개발프로젝트의 실패에 따른 재무위험 및 모든 연구개발활동비용을 부담하고, P사와 S사가 수행한 연구개발활동의 원가에 기초한 용역수수료를 확인된 연구용역에 종사하는 독립회사들이 수취하는 원가가산율을 적용하여 지급하기로 약정한다. T사는 연구개발활동을 수행하거나 감독할 수 있는 기술인력을 보유하지 않는다. P사는 지속적으로 이전된 무형자산의 추가개발 관련 연구개발프로그램을 개발하고 설계하며, 자체예산을 수립하고, 자체 연구개발인력을 보충하며, 특정 연구개발프로젝트의 지속 또는 중단 여부를 결정한다. 또한, P사는 사례 14에서 언급된 같은 방식으로 S사의 연구개발활동에 관여한다.

이 사례에서 중요한 가정은 T사는 제조업자로 기능하며 무형자산의 취득, 개발이나 이용과 관련된 어떤 활동도 수행하지 않으며 무형자산의 취득이나 향후개발과 관련된 위험을 통제하지 않는다는 것이다. 그 대신, 무형자산과 관련된 모든 개발활동과 위험관리기능을 P사와 S사가 수행하며, P사가 위험을 통제한다. 취득한 무형자산과 계속적 개발원가에 상당하는 자금을 T사가 제공한 것으로 정확히 기술해야 한다. 이 사례의 중요한 가정은, T사가 계약상 재무위험을 부담하고 그 위험을 부담할 재정능력이 있지만 그 위험을 통제하지 않는다는 것이다. 결론적으로, T사는 제조기능의 보상에 더하여 자금조달활동에 대해 무위험대가(risk-free return) 이상을 받을 권리가 없다.

③ 회사명(company name) 사용에 대한 대가

그룹의 이름, 상표명 및 이와 비슷한 무형자산의 사용대가가 정상가격인지에 대한 문제가 종종 발생한다. 일반적으로 그룹의 구성원을 나타내기 위한 목적으로 그룹 구성원임을 단순히 표시하거나 그룹명을 사용하는 경우에는 이전가격목적상 대가를 지급하지 않아도 된다.(TP §6.81)

그룹의 구성원이 그룹명과 관련된 상표권 및 다른 무형자산의 소유권을 가지고, 다른 구성원 외의 구성원에게 그룹명을 사용하게 하여 경제적이익이 생기는 경우, 독립거래에서는 사용대가를 지급하였을 것이라 보는 것이 합리적이다. 한편, 그룹의 구성원이 등록되지 않은 상표로 표현되는 사업에 대한 영업권을 소유하는 경우 그 대가를 지급해야 하는데, 다른 당사자가 그 상표를 사용하면 오해를 불러일으킬 수 있고, 영업권과 미등록 상표를 소유하는 구성원 외의 다른 구성원이 그 상표를 사용하여 명백히 경제적이익을 얻기 때문이다.(TP §6.82) 그룹명에 대한 지급대가의 금액을 결정할 때 그룹명의 사용으로 발생한 경제적이익의 크기, 다른 대안과 관련된 비용 및 수익, 법적소유자 및 그룹명 사용기업이 기능수행, 자산사용 및 위험부담의 방식으로 그룹명의 가치에 기여한 정도를 고려해야 한다. 특히, 그룹명 사용자가 자기지역에서 그룹명의 가치를 창출 또는 향상시키기 위해 수행한 기능, 사용한 자산 및 부담한 위험에 대해 고려할 필요가 있다. 비교가능상황에서 독립기업에게 그룹명의 권리를 허여하는 경우 정상거래원칙을 적용할 때 중요하게 검토해야 요소들을 또한 고려해야 한다.(TP §6.83)

현재 성공적사업을 영위하는 기업이 다른 성공적사업을 영위하는 기업에 의해 합병되고 피합병기업이 합병기업의 이름, 상표나 기타 합병기업을 나타내는 브랜드를 사용할 경우, 그 사용에 대한 대가를 자동적으로 지급해야 하는 것은 아니다. 피합병기업이 합병기업의 브랜드를 사용하여 경제적이익이 발생할 것이라는 합리적 기대가 있을 경우에는 기대이익에 대한 지급대가의 수준을 판단해야 한다.(TP §6.84) 또한 합병기업이 피합병기업에게 자신의 브랜드를 사용하게 하여 피합병기업의 기존시장지위를 활용하여 피합병기업의 사업활동지역 내에서 합병기업의 사업을 확장하고자 하는 경우도 있다. 이 경우, 합병기업이름의 확대사용에 대해 피합병기업이 수행한 기능, 사용한 자산(시장지위 포함) 및 부담한 위험에 대해 금전대가를 지급하거나 기타보상을 제공해야 하는지 판단해야 한다.(TP §6.85)

| 국내그룹사의 상표 · 상호 사용료율(2010년) |

사용료율	0.1%	0.2%	0.3%	0.5%	1%	3%	5%
법인수(22개)	2 (9%)	7 (32%)	4 (18%)	2 (9%)	4 (18%)	2 (9%)	2 (9%)

공정거래위원회가 2014년부터 2016년까지 상표 사용거래가 있는 20개 대기업집단 소속 297개 회사를 대상으로 상표 사용료 지급 및 수취 현황을 파악한 자료에 의하면 대기업집단은 ① (매출액 – 광고선전비 등) × 일정비율(0.08% ~ 0.75%) 또는 ② 매출액 × 일정비율(0.015% ~ 0.5%)의 산식을 주로 사용하였다. 과세관청은 부당행위계산부인규정을 적용하면서 (매출액 – 그룹내부거래 매출액 – 광고선전비) × 일정비율의 산식을 보

통 사용한다. 롯데리아사건(대법원 2021두30679, 2023.6.1.)이나 동부건설사건(대법원 2022두31587, 2023.5.18.)에서 과세관청은 계열회사 간 매출액을 제외한 순매출액에서 광고선전비를 공제한 금액에 일정 비율을 곱하는 방식으로 상표사용료를 산정하였다. 문화방송사건(대법원 2018두33005, 2023.5.18.)에서는 상표사용료의 산정방법이 중요한 쟁점이 되었다. 당초 과세관청은 (i) 원고가 소유하는 개별 상표인 '느낌표' 및 '대장금' 상표에 대한 상품화 사업과 관련하여 원고가 제3자(희원)로부터 브랜드 총수입금의 60%를 배분받기로 하였음을 이유로 원고와 엠비씨아카데미 사이에서도 엠비씨아카데미가 제3자인 뷰티르샤로부터 받은 상호사용료의 60%를 상표사용료로 산정하였고, (ii) 희원이 또 다른 제3자인 줄넘기나라와 '느낌표'브랜드 사용계약을 체결하면서 출고가의 3%에 해당하는 사용료를 수취하기로 하였음을 이유로 엠비씨아카데미의 매출액 중 문화사업 및 방송교육사업 매출액의 3%를 상표사용료로 보아 익금에 산입하였다. 그러나 제1심은 '느낌표' 및 '대장금'이라는 특정 방송프로그램의 브랜드가치와 'MBC'라는 특정 기업의 브랜드가치를 같이 평가하기는 어렵고, 원고와 희원이 공동사업을 운영하면서 그 수입을 6:4로 배분하기로 약정한 반면 원고와 엠비씨아카데미는 공동사업을 운영하였다고 보기 어렵다는 이유로 위와 같은 시가 산정은 위법하다고 판단하였다.(서울행법 2015구합78571, 2016.10.28.) 이에 따라 제2심에서 과세관청의 신청에 따라 상표사용료에 대한 감정이 이루어졌는데, 제2심은 감정인이 기술평가기준 운영지침(산업통상자원부 고시 제2016-114호) 제40조에서 정한 로열티공제법을 적용하여 산정한 가액을 상표사용료로 인정하였다. 이에 대하여 원고는 로열티공제법은 '기술의 가치평가'에 사용하는 방법으로서 상표의 가치평가와는 무관하고, 주무부처인 산업통상자원부가 작성한 '기술가치평가 실무가이드'에도 "상표(브랜드)의 경우 특허와 같은 기술자산과는 다른 속성을 가진 지식재산이므로, 특허권 중심의 기술·IP에 기반한 본 가치평가모형은 상표의 가치평가에 적용하는 데 한계가 있을 수 있다."고 설명하고 있다는 점 등을 근거로 제2심의 판단을 다투었으나 대법원은 제2심의 상표 사용료 산정이 적법하다고 판단하였다. 한편 동부건설사건에서 대법원은 순매출액에서 광고선전비를 공제한 금액에 일정한 요율(금융법인 0.1%, 일반법인 0.23%)을 곱한 금액 중에서 상표권의 공동등록명의자인 원고의 수취액을 1/10로 보아 산정한 상표사용료가 정당한 시가에 해당한다고 본 제2심의 판단을 그대로 유지하였다.

2.3 무형자산의 이전 및 사용을 수반하는 거래

이전가격문제와 관련된 무형자산을 식별하고 그 무형자산의 소유자를 확인하는 데 더하여, 무형자산과 관련된 이전가격분석의 시작단계에서 무형자산을 포함하는 특정 관계거래를 확인하고 그 성격을 적절히 기술해야 한다.(TP §6.86) 무형자산의 식별과 검토가 이전가격목적상 관련되는 경우는 일반적으로 두 가지 유형의 거래인데, (i) 무형자산 또는 무형자산권리의 이전을 수반하는 거래 (ii) 재화판매 또는 용역제공에 있어 무형자산의 사용을 수반하는 거래가 그것이다.(TP §6.87)

사례 무형자산의 이전 및 사용을 수반하는 거래(TP 6장 부록 사례 19)

A국에 소재하는 P사는 소매업을 영위하며 다수의 백화점을 보유한다. 수년에 걸쳐 P사는 백화점영업을 위한 노하우 및 독특한 마케팅개념을 개발했다. 이러한 노하우 및 독특한 마케팅개념은 무형자산에 해당된다. A국에서 성공적 사업운영 후 P사는 B국에 신규 자회사 S사를 설립했다. S사는 B국에 새로운 백화점을 설립하여 운영하고 B국의 비교가능 소매회사보다 높은 이윤을 달성했다.

기능분석에 따라, S사가 B국에서 사용하는 노하우 및 독특한 마케팅개념은 S사가 A국에서 사용하는 노하우 및 마케팅개념과 같다. 이 경우, 당사자들의 행동을 통해 노하우 및 독특한 마케팅개념이 P사에서 S사에게로 이전된 것을 알 수 있다. 비슷한 상황에서 제삼자의 경우에는 S사에게 B국에서 해당 노하우 및 마케팅개념의 사용을 허여하는 권리허여계약을 체결했을 것이다. 이에 따라, 과세당국은 그 무형자산사용에 대해 S사가 P사에 사용료를 지급하도록 이전가격조정을 할 수 있다.

(1) 무형자산 또는 무형자산권리의 이전을 수반하는 거래

① 무형자산 또는 무형자산권리의 이전

관계거래에서 무형자산 자체에 대한 권리가 이전될 수 있다. 이러한 거래에는 무형자산에 대한 모든 권리(예 무형자산의 양도 또는 영구적 독점적 권리허여) 또는 제한적 권리(예 지리적 제한, 한정기간, 또는 사용, 이용, 복제, 재이전 또는 추가개발권리에 제한을 두는 무형자산의 권리허여, 또는 이와 비슷한 제한된 권리의 이전)의 이전이 있다.(TP §6.88)

무형자산 또는 무형자산권리의 이전을 수반하는 거래에 있어, 관계회사들 간에 이전되는 무형자산 및 무형자산권리의 성격을 명확히 확인해야 한다. 이전되는 권리에 제한이 있는 경우, 그러한 제한의 성격 및 이전되는 권리의 범위를 확실히 파악해야 한다. 이와 관련하여, 거래형식이 이전가격분석에 영향을 미치지 않는다는 점을 알아야 한다. 예를 들면, X국에서 특허를 사용할 독점권을 이전하는 경우, 가격산정 대상거래가 특허의 잔존내용연수 동안 X국에서 특허를 사용하는 독점권을 이전하는 거래라면, 납세자가 이 거래를 X국 특허를 모두 양도하는 것으로 하든, 또는 전세계 특허의 일부에 대한 독점적 영구적 권리허여로 하든 정상가격결정에는 영향을 미치지 않는다. 따라서 기능분석에서 이전되는 무형자산권리의 성격을 명확히 파악해야 한다.(TP §6.89)

새로운 무형자산의 추가개발이나 무형자산을 사용한 신제품의 추가개발을 위한 무형자산의 사용권허여나 이와 비슷한 계약에서 규정하는 제한조건(restrictions)은 이전가격 분석에서 상당히 중요하다. 그러므로 무형자산 양수인이 추가연구개발목적으로 이전된 무형자산 사용권을 받았는지 판단하기 위해 무형자산권리 이전의 성격을 식별하는 것이 중요하다. 독립기업거래에서 권리허여 계약기간 동안의 개발로 인해 사용된 무형자산의 가치향상이 이루어지는 경우, 양도인 또는 허여권자(licensor)가 그에 대한 권리를 모두 가지는 계약을 종종 볼 수 있다. 또한 독립기업거래에서 양수인이나 사용자가 자체개발로 이루어진 가치향상에 대한 권리를 권리허여기간 동안 또는 영구적으로 가지는 경우도 있다. 양도된 무형자산의 추가개발에 대한 제한의 성격 또는 양수인 및 양도인이 이러한 가치향상으로 경제적이익을 받을 수 있는 권리에 대한 제한(limitations)의 성격은 이전되는 권리의 가치에 영향을 미치고, 이러한 제한이 없다면 같거나 비슷한 비교가능 무형자산거래들의 비교가능성에 영향을 미친다. 이러한 제한을 평가할 때 서면계약조건과 영향을 받는 당사자들의 실제행위를 모두 고려해야 한다.(TP §6.90)

무형자산이나 무형자산권리의 이전거래의 성격을 파악하고 이전되는 무형자산의 성격을 확인하며 계약상 무형자산의 사용에 대한 제한을 파악하는 경우, 일반원칙이 적용된다. 예를 들면, 권리허여가 비독점적이거나 기간제한을 두는 서면계약조건이 계약당사자들의 실제행위와 일치하지 않는다면 과세당국은 이를 인정하지 않을 것이다.(TP §6.91)

사 례 **무형자산 또는 무형자산권리의 이전**(TP 6장 부록 사례 18)

P사는 A국에 설립되어 영업활동을 수행한다. S사는 B국에 설립된 P사의 관계회사이다. P사는 X제품에 대한 특허 및 제조노하우를 소유하며, 모든 국가에서 특허를 보유한다. P사와 S사는 S사가 B국에서 X제품을 제조하고 판매할 수 있는 특허・노하우 권리허여계약을 체결했다. 또한 P사는 아시아, 아프리카 및 A국 전역에 X제품에 대한 특허 및 노하우를 소유한다. B국에서 X제품을 제조하기 위해 S사는 특허 및 노하우를 사용한다. S사는 B국의 제삼자 및 관계회사들에게 X제품을 판매하고, 아시아 및 아프리카 소재의 도매업을 수행하는 관계회사들에게도 X제품을 판매한다. 이 도매법인들은 X제품을 아시아 및 아프리카 고객에게 재판매한다. P사는 S사가 아시아 및 아프리카 내 도매법인들에게 X제품을 재판매하기 때문에, 아시아와 아프리카에서 보유하는 특허권을 행사하지 않는다. 이 경우, 당사자들의 행동에서 P사와 S사의 거래는 B국 뿐 아니라 아시아 및 아프리카에 대한 X제품의 특허・노하우 권리허여계약이라는 점을 알 수 있다.

P사와 S사의 거래에 대한 이전가격분석에서 당사자들의 행동에 근거해 S사의 권리허여는 B국에 국한되지 않고 아시아 및 아프리카로 확대되어야 한다. 아시아 및 아프리카 회사들에 대한 사용료를 포함하여 모든 지역에서 S사의 예상전체매출을 고려하여 사용료를 재계산해야 한다.

② 결합된 무형자산들의 이전

무형자산(무형자산의 제한적 권리 포함)은 개별적으로 또는 다른 무형자산과 결합되어 이전될 수 있다. 결합된 무형자산들 이전거래에서 두 가지 문제가 종종 발생된다.(TP §6.92)

첫째 문제는 서로 다른 무형자산들 간 상호작용의 성격 및 경제적 결과이다. 특정 무형자산이 다른 무형자산과 결합되어 사용되는 경우 개별적으로 사용되었을 때보다 큰 가치를 지닐 수 있다. 따라서 결합되어 이전되는 무형자산들 간 법적 또는 경제적 상호작용의 성격을 파악하는 것이 매우 중요하다.(TP §6.93) 예를 들면, 약품의 경우 보통 3가지 이상의 무형자산들과 관련된다. 또한, 사용되는 제약원료는 한 가지 이상의 특허들에 의해 보호된다. 약품은 또한 검사절차를 거쳐 정부로부터 해당지역에서 해당검사에 따른 승인표시를 사용하여 판매허가를 받아야 한다. 약품은 특정상표를 사용하여 판매된다. 이 무형자산들은 결합되었을 경우 가치가 클 수 있다. 구분되는 경우, 그 중 한두 개는 낮은 가치일 수 있다. 예를 들면, 특허 또는 판매허가가 필요하지 않은 상표는 가치가 제한적인데, 판매허가없이 그 약품을 해당시장에서 판매할 수 있지만 특허가 없다면 일반경쟁자들을 해당시장에서 제외시킬 수 없기 때문이다. 마찬가지로, 특허의 가치는 판매허가를 받으면 그렇지 않을 때보다 더 커진다. 이에 따라, 여러 다른 종류의 무형자산들 간 상호작용과 거래당사자들이 무형자산을 확보하기 위해 수행한 기능, 부담한 위험 및 지출한 비용 등은 무형자산 이전에 대한 이전가격분석에서 매우 중요하다. 사용된 무형자산권리들을 서로 다른 관계회사들이 소유하는 경우 가치창출에 대한 상대적 공헌도를 판단해야 한다.(TP §6.94)

둘째 문제는 특정거래에서 이전된 모든 무형자산들을 파악하는 것의 중요성과 관련된다. 예를 들면, 어떤 경우에는 무형자산들이 서로 밀접하게 관련되어 다른 무형자산을 이전하지 않은 채 어떤 무형자산을 이전하는 것이 실질적으로 불가능하다. 사실상 한 무형자산의 이전은 필연적으로 다른 무형자산의 이전을 의미한다. 이 경우, 무형자산들의 이전의 결과로 양수인이 사용가능한 모든 무형자산들을 식별하는 것이 중요하다. 예를 들면, 사용계약으로 상표권사용에 대한 권리를 이전하는 경우 이는 해당 상표권에 수반되는 명성의 가치 또는 허여권자가 창출한 영업권도 함께 사용된다는 의미이다. 사용수수료는 상표권 및 관련 명성의 가치 모두를 고려하여 산정되어야 한다.(TP §6.95)

사 례 결합된 무형자산들의 이전(TP 6장 부록 사례 20)

P사는 A국에 설립되었다. P그룹은 B국에 소재하는 완전자회사 S1을 통해 B국 및 C국에서 Q제품을 제조하여 판매한다. P사는 Q제품의 디자인에 대한 특허를 보유하며 고유상표 및 마케팅무형자산을 보유한다. 특허 및 상표는 B국 및 C국에서 P사의 명의로 등록된다. 사업상황을 고려할 때, P사는 B국과 C국에서 별도 자회사를 설립하여 사업을 영위하는 것이 효율적이라고 판단한다. 이에 따라, P사는 C국에 자회사 S2를 설립하여 아래와 같은 거래를 수행한다.

- S1은 C국에서 사용하던 유형자산 및 마케팅자산을 S2에 양도한다.
- P사와 S1은 C국에서 Q제품과 관련하여 S1에게 다음 권리를 부여하는 계약을 종료하기로 합의한다 : C국에서 Q제품 제조판매권, 관련 특허/상표사용권, 고객관리, 고객명단, 영업권 및 기타사항에 대한 권리(사용권)
- P사는 S2와 C국에서 사용권을 허여하는 장기권리허여계약을 체결한다. 신규 자회사는 C국에서 Q제품관련 사업을 영위하며, S1은 B국에서 Q제품관련 사업을 영위한다.

사업을 영위하는 동안, S1은 C국에서 실질적 사업가치를 증가시켰으며, 독립기업이 S1을 인수하려 할 만큼의 사업가치라고 가정한다. 또한 회계 및 사업가치평가 목적상 이러한 사업가치는 S1의 C국 사업을 독립당사자에게 매각하는 경우 매각가격에서 영업권으로 취급된다고 가정한다. (i) S1의 유형사업자산을 C국의 S2에게 이전하고 (ii) S1이 권리를 포기하고 P사가 이를 S2에게 허여하는 거래가 복합되어 S2로 이전된다. 거래는 아래와 같은 3개로 구분된다.

- S1이 보유한 유형자산을 C국 소재기업 S2로 이전하는 거래
- S1이 P사로부터 허여받은 권리를 포기하는 거래
- P사의 권리를 S2에 허여하는 거래

이전가격목적상, 이 3개의 거래와 관련하여 P사 및 S2가 지급한 대가에는 회계상 영업권가치에 해당되는 금액을 포함하는 사업가치가 반영되어야 된다.

비교가능상황에서 독립기업은 사실상 무형자산들을 구분하지 않겠지만, 납세자나 과세당국이 인위적으로 무형자산들을 구분하려는 상황을 확인하는 것이 중요하다. 예를 들면, 실질적으로 상표나 상표명과 연관되는 영업권 및 명성의 가치를 상표나 상표명과 인위적으로 분리하려는 시도를 확인해 비판적으로 분석해야 한다.(TP §6.96) 특정거래에서 이전되는 모든 무형자산들을 파악하는 과정은 일반원칙을 적용하여 서면계약, 당사자들의 실제행위, 수행된 실제거래를 기준으로 이루어져야 한다.(TP §6.97)

사 례 결합된 무형자산들의 이전(TP 6장 부록 사례 21)

P사는 소비재를 취급하는 회사로 A국에 설립되었다. 1차연도 이전에 P사는 Y제품을 A국에서 제조하였고 특수관계 도매회사를 통해 전세계에 판매했다. Y제품은 경쟁사에 비해 우위에 있으며(초과이익이 있으며) P사는 그 초과이익에 대한 영업권 및 상표권의 개발자로서 법적소유자이다. 2차연도에 P사는 자회사 S사를 B국에 설립했다. S사는 B국에서 도매업을 영위하며 송장발행도 한다. P사는 지속적으로 Y제품을 계열사인 판매회사에 판매하지만, 제품소유권은 S사에

게 귀속되므로 S사는 판매회사들에게 송장을 발행할 권한이 있다. 2차연도 초 S사는 Y제품에 대해 발생한 판매회사의 마케팅비용을 판매회사에게 보상한다. 판매회사의 광고비용 변화에도 불구하고 판매회사의 영업이익이 일정하게 유지되도록 판매회사의 제품구매가격을 상향조정한다. 이 경우, 판매회사의 영업이익률은 2차연도 전후의 제품가격정책 및 마케팅비용 구조변경에도 불구하고 정상가격이라고 가정한다. S사는 Y제품에 대해 마케팅기능을 수행하지 않으며 이에 대한 위험을 부담하지 않는다. 3차연도에 P사가 S사에게 청구하는 제품가격이 낮아진다. 두 회사는 S사가 무형자산과 관련된 소득을 받을 권리가 있으므로 제품가격을 낮추는 것이 정당하다고 주장한다. 이 소득은 S사가 부담한 광고비를 통해 창출된 Y제품 관련 무형자산에 귀속되어야 한다는 주장이다.

실제로, S사는 Y제품 관련 무형자산의 사용으로 발생한 수익에 대해 권리가 없다. S사는 무형자산의 개발, 향상, 유지, 보호와 관련하여 어떠한 기능도 수행하지 않고 어떠한 위험도 부담하지 않으며 어떠한 비용도 지출하지 않기 때문이다. 그러므로 3차연도에 P사의 소득을 상향조정하는 이전가격조정이 적절하다.

③ 다른 사업거래들과 결합되어 이전되는 무형자산 또는 무형자산권리

어떤 경우에는 무형자산 또는 무형자산권리가 유형사업자산 또는 용역과 함께 이전될 수 있다. 이 경우, 그 거래와 관련하여 무형자산이 실제 이전되었는지 파악하는 것이 중요하다. 또한, 특정거래와 관련하여 이전된 모든 무형자산을 파악하여 이전가격분석에 반영하는 것도 중요하다.(TP §6.98)

사례 다른 사업거래들과 결합되어 이전되는 무형자산(TP 6장 부록 사례)

▣ TP 6장 부록 사례 22

A사는 채광활동에 대한 정부허가와 철도사용에 대한 정부허가를 보유한다. 채광허가는 20의 시장가치가 있으며, 철도권리허여는 10의 시장가치가 있다. A사는 다른 자산을 보유하지 않는다. A사와 독립관계인 B사는 100에 A사의 지분을 모두 인수한다. 회계상 B사의 인수가격 100은 채광허가에 20, 철도권리허여에 10, 채광허가 및 철도허가로 창출된 동반효과로 인한 영업권에 70이 배분된다. 인수 직후 B사는 A사의 채광허가 및 철도권리허여를 B사의 자회사인 S사에 이전하도록 했다. A사와의 거래에 대해 S사가 지급하는 정상가격에 대한 이전가격분석을 할 경우, 이전된 무형자산을 특정하는 것이 중요하다. B사가 A사로부터 정상가격으로 인수한 것과 마찬가지로, S사에게 이전된 권리허여와 관련된 영업권이 고려되어야 하는데, 일반적으로 영업권가치는 사라지지 않으며, 내부 사업구조조정에 따라 훼손되지 않기 때문이다.

이와 같이, A사와 S사의 거래에 대한 정상가격은 채광허가, 철도권리허여 및 회계상 기록한 영업권가치를 고려해야 한다. B사가 A사의 지분을 취득하면서 지급한 100은 정상가격으로 무형자산들의 통합가치에 대한 유용한 정보를 제공한다.

▣ TP 6장 부록 사례 23

B사는 T사의 지분 전부를 100에 인수했다. T사는 유망한 연구개발을 수행하지만, 매출은 미미

한 수준이다. 회사인수가격은 미래가치에 따라 산정되기도 하는데, 부분개발된 기술과 미래신기술을 개발할 T사 인력의 잠재력을 기준으로 산정할 수 있다. B사는 회계상 T사의 인수가격 100 중 20은 유형자산 및 특허를 포함한 무형자산에, 80은 영업권에 배분했다. 인수 직후, B사는 T사의 특허, 기밀사항 및 기술노하우 등의 무형자산을 B사의 자회사인 S사에게 이전하도록 했다. S사는 T사와 연구계약을 체결하였으며, 계약에 따라 T사의 직원들은 이전된 기술 및 신규기술 개발과 관련된 연구개발활동을 S사를 위해 수행한다. 계약에 따라, T사는 연구용역에 대해 원가 가산율 기준으로 보상받고, 개발된 무형자산권리는 S사가 갖는다. 이에 따라, S사는 향후 이루어질 모든 연구활동을 재정적으로 지원하며, 특정연구개발활동이 실패하거나 상업적으로 실용가능하지 않은 경우에는 재무위험을 부담한다. S사는 다수의 연구개발직원을 고용하며 이에는 T사로부터 이전받은 기술을 관리하는 인력이 포함된다. S사의 연구개발 담당인력은 T사 연구담당직원을 관리하며 새로운 프로젝트를 실행하고 예산을 계획하며, S사는 T사가 진행한 모든 프로젝트에 대한 권리가 있다. T사 직원들은 계속 T사 직원으로 남으며, S사가 실행하는 프로젝트에 지속적으로 투입된다.

T사가 이전한 무형자산에 대해 S사가 지급한 정상가격 및 T사가 제공하는 지속적 연구개발용역에 대해 지급되는 대가의 이전가격분석을 수행할 때, S사에 이전된 무형자산 및 T사가 보유하는 무형자산이 무엇인지 파악해야 한다. 인수가격의 배분에 반영된 무형자산의 정의와 가치산정은 이전가격목적상 결정적인 것은 아니다. B사가 T사의 주식에 대해 지급한 100은 그 회사의 주식에 대한 정상가격에 해당하며, T사의 사업가치와 관련된 유용한 정보를 제공한다. 그 사업의 전체가치는 S사에게 이전된 유・무형자산가치 또는 T사가 취득한 유・무형자산 및 인력에 반영되어야 한다. 사실에 따르면, T사의 영업권으로 인수가격 배분에 기록된 가치는 T사의 다른 무형자산과 함께 S사에 이전되었다. 또한, 영업권으로 인수가격 배분에 기록된 가치의 일부를 T사가 보유하고 있다. T사는 그 가치에 대해 보상받을 권리가 있는데, 이러한 보상은 기술무형자산 권리의 이전에 대해 S사가 지급하는 대가의 일부로 이루어지거나, 또는 T사 노동력의 연구개발용역에 대한 거래로 T사가 받는 보상을 통해 이루어질 수 있다. 일반적으로, 사업가치는 사라지지 않으며, 내부 사업구조조정으로 훼손되지 않는다고 보아야 한다. S사에 대한 무형자산 이전이 취득시점과 구분되어 이루어졌다면, 이전된 무형자산의 가치는 감가상각이나 감모상각을 고려하여 평가되어야 한다.

■ TP 6장 부록 사례 24

Z사는 소프트웨어개발 컨설팅을 하는 회사이다. 과거에 Z사는 고객인 A은행을 위해 ATM거래를 위한 소프트웨어를 개발했다. 이 과정에서 Z사는 약간의 수정 및 맞춤작업을 통해 다른 은행고객에게도 제공가능한 소프트웨어코드를 개발하여 저작권을 취득했다. Z사의 관계회사인 S사가 별도계약을 통해 B은행에게 ATM거래 소프트웨어개발을 수행한다고 가정한다. Z사는 S사가 B은행에 용역을 제공할 수 있도록 A은행 프로젝트에 대한 노하우를 지닌 자체인력과 소프트웨어코드를 제공한다. 이러한 코드와 Z사 직원의 용역을 이용하여 S사는 B은행과의 계약을 이행한다. 궁극적으로, S사는 B은행에게 ATM네트워크를 관리하는 소프트웨어를 제공하는데, 이에는 그 프로젝트에서 개발된 소프트웨어를 사용하는데 필요한 사용권이 포함된다. Z사가 A은행과의 계약에 따라 개발한 독점코드의 일부가 S사가 B은행에 제공하는 소프트웨어에 심겨 있다. A은행 계약에서 개발되어 B은행 소프트웨어에 심어진 코드의 경우, 제삼자가 승인없이 복제했다면 저작권 침해에 해당한다는 주장이 가능하다.

이 거래의 이전가격분석에서, S사는 Z사로부터 2가지 이익(benefit)을 얻었고 이에 대한 대가를 지급해야 한다. 첫째, B은행 작업에 도움이 되는 Z사 직원으로부터 용역을 제공받았다. 둘째, B은행에 제공하는 소프트웨어시스템의 기반으로 사용된 Z사 소유의 소프트웨어권리를 제공받았다. S사가 Z사에게 지급하는 대가에는 용역과 소프트웨어권리에 대한 대가를 모두 포함해야 한다.

■ TP 6장 부록 사례 25

P사는 다국적기업그룹의 모회사이다. P사는 다수의 대규모 법적소송에 연루되었으며 사내 법률부서는 이로 인해 법적소송에 대한 숙련도가 생겼다. 이 과정에서 P사는 해당산업에 특화된 문서관리소프트웨어를 개발했다. S사는 P사의 관계회사이다. S사가 P사의 법률부서가 경험한 것과 비슷한 법적소송에 연루됨에 따라, P사는 사내 법률부서 직원 2명을 S사에 파견했다. 이 2명의 인력은 소송과 관련된 서류를 관리하는 책임을 맡았고, 그 과정에서 P사의 소프트웨어를 사용한다. 그러나 P사는 이 소프트웨어를 S사가 다른 소송이나 고객들을 위해 사용할 수 없도록 한다.

이러한 상황에서 P사가 용역계약을 통해 무형자산 사용권을 이전시켰다고 볼 수 없다. 그렇지만, P사의 법률부서인력의 경험과 소프트웨어의 사용이 효율적인 용역을 제공할 수 있었다는 점은 비교대상과 용역수수료를 비교할 때 반영되어야 한다.

이전가격분석을 위해 유형자산거래 또는 용역거래와 무형자산 또는 무형자산권리의 이전을 구분하는 것이 가능하며 그것이 적절한 경우가 있다. 이 경우, 통합계약(package contract)을 분해하여 거래의 각 부분이 정상거래원칙에 부합하는지 판단해야 한다. 때로는 거래가 매우 밀접하게 연관되어 유형자산거래 또는 용역거래를 무형자산 또는 무형자산권리의 이전으로부터 분리하기 어려운 경우도 있다. 거래를 통합할지 또는 분리할지 판단할 때 사용가능한 비교대상의 신뢰성이 중요한 요소로 작용한다. 특히, 사용가능한 비교대상이 관계거래의 상호작용에 대한 정확한 분석을 가능하게 하는지에 대한 판단이 중요하다.(TP §6.99)

무형자산 또는 무형자산권리의 이전을 수반하는 거래가 다른 거래들과 결합하여 그 자산들이 이전되는 경우의 한 예로 사업프랜차이즈(business franchise)계약을 들 수 있다. 프랜차이즈계약에서 다국적기업그룹 구성원이 다른 관계회사에게 용역과 결합된 무형자산을 제공하고 그 대가로 일정수수료를 수취하기로 약정할 수 있다. 그 계약에서 해당 용역과 무형자산이 매우 독특하여 결합거래를 분석하기 위한 믿을만한 비교대상을 찾을 수 없는 경우, 이전가격목적상 결합거래의 용역 및 무형자산을 분리할 필요가 있다. 그렇지만, 무형자산과 용역 간의 다양한 상호작용으로 둘의 가치가 모두 향상될 수 있다는 점을 알아야 한다.(TP §6.100)

또 다른 경우, 용역제공과 하나 이상의 무형자산의 이전이 매우 밀접하게 연관되어 이전가격목적상 개별거래를 구분하기 어려울 수 있다. 예를 들면, 소프트웨어권리를 이전하는 경우 양도인이 소프트웨어의 주기적 업데이트를 포함한 지속적 소프트웨어 유지용역도 제공하는 경우이다. 용역과 무형자산의 이전이 밀접하게 관련되는 경우 통합분석을 하여 정상가격을 결정할 필요가 있다.(TP §6.101)

거래를 상품이나 용역의 제공, 무형자산의 이전, 또는 이 둘의 결합으로 기술한다고 해서 바로 특정 이전가격방법을 사용해야 하는 것은 아니다. 예를 들면, 원가가산법을 모든 용역거래에 쓸 수 있는 것은 아니며, 모든 무형자산거래에 복잡한 가치평가나 거래이익분할법을 써야 하는 것은 아니다. 개별사안의 사실관계 및 필요한 기능분석의 결과를 바탕으로 이전가격목적상 거래가 결합되고 기술되며 분석되는 방향이 결정된다. 궁극목적은 비교가능거래에서 독립기업 간에 성립되었을 가격 및 기타 조건을 파악하는 것이다.(TP §6.102)

또한, 거래의 통합분석 또는 개별분석 여부는 서면계약 및 당사자들의 실제행위를 참조하여 실제거래를 기준으로 판단해야 한다. 이러한 판단이 거래성격의 재구성을 의미하지는 않는다. 실제거래에 대한 판단은 특정사안에서 가장 합리적인 이전가격방법을 선택하는데 필요한 요소이다.(TP §6.103)

(2) 제품판매 또는 용역제공과 관련하여 무형자산의 사용이 이루어지는 거래

관계거래에서 무형자산 또는 무형자산권리의 이전이 이루어지지는 않지만 무형자산이 사용되는 경우가 있다. 예를 들면, 제품을 제조하여 관계회사에게 판매하는 거래, 관계회사로부터 구매한 상품을 판매하는 거래, 관계회사를 대신하여 용역을 제공하는 거래에서 거래의 일방 또는 쌍방이 무형자산을 사용하는 경우가 있다. 이러한 거래의 성격은 분명하게 파악되어야 하며, 관계거래와 관련하여 거래당사자 중 일방 또는 상대방이 사용한 모든 관련 무형자산을 비교가능성분석(기능분석 포함), 해당거래에 대한 합리적 이전가격방법의 선택 및 적용, 분석대상기업의 선정에서 고려해야 한다. 제품판매 또는 용역제공에 수반되는 무형자산 사용거래의 정상가격판단에 대한 추가지침은 아래에서 설명한다.(TP §6.104) 관계거래에서 제품을 판매할 때 일방의 무형자산사용을 고려해야 하는 경우는 다음과 같다.

1. 자동차 제조업자가 가치있는 특허를 사용하여 자동차를 제조한 후 관계회사인 도매업자에게 판매한다고 가정한다. 또한, 사용된 특허는 자동차의 가치에 상당히 기여한다고 가정한다. 이 경우, 자동차 제조업자가 관계회사인 도매업자에게 자동차를 판매하는 거래의 비교가능성분석, 합리적 이전가격방법 및 분석대상기업의 선정에서 특허 및 특허가 사용된 자동차의 가치를 고려해야 한다. 한편, 관계회사인 도매업자는 제조업자의 특허와 관련하여 어떠한 권리도 취득하지 않는다. 이 경우, 제조에 특허가 사용되어 자동차의 가치에는 영향을 미치지만 특허 자체는 이전되지 않는다.(TP §6.105)

2. 관계거래에서 무형자산을 사용한 다른 사례를 보면, 탐사회사가 가치있는 지질데이터 및 분석자료, 정교한 탐사소프트웨어와 노하우를 구매하거나 개발했다고 가정한다. 또한, 이 회사는 그 무형자산을 관계회사에게 탐사용역을 제공하는데 사용한다고 가정한다. 탐사회사와 관계회사들 간의 용역제공거래의 비교가능성분석, 거래에 대한 합리적인 이전가격방법 및 분석대상기업의 선정에서 그 무형자산을 고려해야 한다. 탐사회사의 관계회사가 탐사회사의 무형자산과 관련하여 어떠한 권리도 획득하지 않는다고 가정할 때, 그 무형자산은 탐사용역을 수행하는데 사용되어 용역의 대가에는 영향을 미치지만 무형자산 자체는 이전되지 않는다.(TP §6.106)

2.4 무형자산거래의 정상가격

관계거래에 포함된 무형자산을 어떤 기업이 법적으로 소유하고 어떤 기업이 그 무형자산의 가치에 기여하는지 식별한 후, 무형자산거래에 정상거래조건을 적용해야 한다.(TP §6.107) 무형자산은 일정한 특성이 있어 비교대상을 찾기 어렵거나, 거래 당시에 가격산정이 어려울 수 있다. 또한, 특수관계로 인해 관계회사는 독립기업이 상상하기 어려운 무형자산거래를 완전히 합법적으로 구성하기도 한다. 무형자산의 사용 또는 이전은 비교가능성, 이전가격방법의 선택 및 정상거래조건의 판단에 대한 문제를 낳는다.(TP §6.108)

(1) 무형자산거래에 적용되는 일반원칙

비교가능성분석을 할 때 거래쌍방의 관점을 모두 고려하는 것이 중요하지만, 일방의 특정사업상황을 상대방의 현실적으로 가능한 대안에 반대되는 결과를 강요하기 위해 사용해서는 안 된다. 예를 들면, 양도인이 양수인에게 무형자산의 일부 또는 전부를 이전하는 경우, 양수인이 이전된 무형자산을 효과적으로 사용할 수 있는 자원이 부족하다는 이유로 현실적으로 가능한 대안(이전을 하지 않는 경우 포함)에 비해 양도인에게 불리한 대가를 받아들이지 않을 것이다. 마찬가지로, 양수인은 취득한 무형자산을 사용하여 사업에서 수익을 창출하는 것이 불가능하다고 여겨지는 경우 무형자산의 양도가격을 받아들이지 않을 것이다. 이러한 결과는 거래를 아예 하지 않는 것과 같은 현실적으로 가능한 대안에 비해 양수인에게 불리하기 때문이다.(TP §6.113)

무형자산 거래가격이 각 당사자에 현실적으로 가능한 대안의 가격과 같은 경우도 종종 있다. 이러한 가격의 존재는 다국적기업그룹은 자원배분의 최적화를 지향한다는 가정과 일치한다. 양도인이 받아들일 수 있는 최소가격이 양수인이 받아들일 수 있는 최대가격을 넘어서는 경우가 생기면, 거래의 부인기준(criterion for non-recognition)에 따라 실제 거래를 무시해야 하는지, 또는 거래조건을 조정해야 하는지 판단해야 한다. 또한, 현재의 무형자산 사용이나 현실적으로 가능한 대안(무형자산의 다른 용도)이 모두 자원배분을 최적화하지 못한다는 주장이 제기되는 경우, 이러한 주장이 사실관계와 부합하는지 판단해야 한다. 이러한 관점은 무형자산이 포함된 실제거래를 정확히 기술하는 데 있어 모든 관련사실을 고려해야 한다는 점을 강조한다.(TP §6.114)

무형자산거래에 대한 정상가격을 산출하는 경우에는 해당 무형자산의 법적소유 여부와 관계없이 해당 무형자산의 개발, 향상, 유지, 보호, 사용과 관련하여 수행한 기능 및 수익 창출에 기여한 상대적 가치에 상응하여 특수관계가 없는 독립사업자들 간에 적용될 것으로 판단되는 합리적인 보상을 받았는지 여부를 고려해야 하며, 그 거래의 특성에 따라 무형자산으로 인해 기대되는 추가적 수입 또는 절감되는 비용의 크기, 권리행사에 대한 제한 여부, 다른 사람에게 이전하거나 재사용을 허락할 수 있는지 여부를 고려해야 한다.(국조령 §13 ②)

(2) 무형자산 또는 무형자산권리의 이전

관계회사들 간 무형자산 또는 무형자산권리의 이전에서 특별한 문제에 발생한다. 이러한 거래는 무형자산의 판매뿐만 아니라 판매와 경제적으로 같은 거래를 포함하며, 하나 이상의 무형자산권리에 대한 권리허여 또는 비슷한 거래를 포함한다.(TP §6.115)

① 무형자산 또는 무형자산권리의 비교가능성

이전가격세제를 무형자산 또는 무형자산권리에 적용할 때, 무형자산에는 고유한 특성이 있어 그 결과로 수익을 창출하고 미래에 변동폭이 큰 이익을 만들 수 있는 잠재력이 있음을 알아야 한다. 무형자산의 이전에 대한 비교가능성분석을 할 경우, 무형자산의 고유한 특성을 고려해야 한다. 이는 특히 비교가능제삼자가격법을 적절한 이전가격방법으로 보는 경우 중요하며, 비교대상을 기반으로 하는 다른 방법을 적용할 때도 중요하다. 무형자산 또는 무형자산권리의 이전이 시장에서 기업에 특별한 경쟁력을 제공하는 경우, 알려진 비교가능 무형자산 또는 거래를 면밀히 검토해야 한다. 비교대상후보가 실제로 비슷한 이익을 내는지 판단하는 것도 중요하다.(TP §6.116) 아래는 무형자산 또는 무형자산권리의 이전에 대한 비교가능성분석의 중요성을 보여주는 무형자산의 특성에 대한 설명이다.(TP §6.117)

㉮ 독점성(exclusivity)

무형자산 또는 무형자산권리의 이전거래에서 권리가 독점적인지 아닌지는 중요한 비교가능성 고려사항이다. 어떤 무형자산의 경우, 법적소유자가 무형자산의 사용에 있어 다른 사람의 사용을 배제할 수 있다. 예를 들면, 특허는 특정기간 동안 특허에 포함된

발명을 사용할 수 있는 독점권을 부여한다. 무형자산의 권한을 통제하는 기업이 다른 기업을 시장에서 제외하거나 시장에서 이점을 제공하는 무형자산의 사용을 제한하면, 그 기업은 높은 수준의 시장지배력 및 영향력을 누릴 수 있다. 무형자산에 대한 비독점적 권한을 가진 기업은 모든 경쟁업체를 배제할 수 없고, 독점적 권한을 가진 기업과 같은 수준의 시장지배력을 가질 수 없다. 따라서 무형자산 또는 무형자산권리의 독점성 또는 비독점성은 비교가능성분석에서 고려되어야 한다.(TP §6.118)

㈏ 법적보호의 범위와 기간

관계거래와 관련된 무형자산의 법적보호의 정도와 기간은 비교가능성에 중요한 고려대상이다. 특정 무형자산과 관련된 법적보호는 경쟁업체의 시장진입을 방지한다. 노하우나 영업기밀과 같은 무형자산에 대한 법적보호는 이와 다른 성격으로 다른 무형자산만큼 강하거나 길지 않다. 제한적 수명을 가진 무형자산인 경우 법적보호기간이 그 무형자산을 사용하여 얻는 미래수익에 영향을 미칠 수 있으므로 법적보호기간이 중요하다. 예를 들면, 올해 만료되는 특허와 10년 후에 만료되는 특허는 같은 가치를 지닐 수 없다.(TP §6.119)

㈐ 지리적 범위

무형자산 또는 무형자산권리의 지리적 범위는 비교가능성에 중요한 고려사항이다. 상품, 무형자산의 특성 및 시장의 성격에 따라 다르겠지만, 전세계적으로 허여되는 무형자산권리는 몇 개국으로 제한하여 허여되는 것보다 더 가치가 있다.(TP §6.120)

㈑ 내용연수

대부분 무형자산은 내용연수가 제한된다. 특정 무형자산의 내용연수는 위에 언급한 대로 법적보호의 기간과 성격에 따라 영향을 받는다. 특정 무형자산의 내용연수는 특정 산업에서 기술변화의 정도, 신제품 및 제품개선가능성에 영향을 받는다. 한편, 특정 무형자산의 내용연수가 연장되는 경우도 있다.(TP §6.121) 비교가능성분석을 할 때, 그러한 무형자산의 내용연수를 고려하는 것이 중요하다. 다른 조건이 같다면 일반적으로 시장에서 장기간 이익을 창출할 것으로 예상되는 무형자산은 단기간 비슷한 이익을 창출하는 다른 무형자산에 비해 더 가치가 있다. 무형자산의 내용연수를 평가할 때 사용용도를 고려하는 것도 중요하다. 계속적 연구개발의 기반이 되는 무형자산의 내용연수는 그 무형자산을 기반으로 하는 현재 생산제품의 상업적 수명보다 길어질 수 있다.(TP §6.122)

㈒ 개발단계(stage of development)

비교가능성분석을 할 때, 특정 무형자산의 개발단계를 고려하는 것도 중요하다. 상업적으로 성공할 제품인지에 대한 충분한 검증을 거치기 전에 무형자산이 관계회사들 간에 이전되는 경우가 종종 있다. 가장 흔한 사례를 제약산업에서 볼 수 있다. 해당 화학물질에 대한 개발, 연구 및 테스트로 의학적 환경에서 안전하고 효과적인 치료가 가능하다는 것을 입증하기 전에 특허를 받고 관계거래에서 그 특허(또는 특허사용권)를 이전하기도 한다.(TP §6.123) 일반적으로, 상업적으로 활용가능한 무형자산이 그렇지 않은 무형자산보다 더 가치가 있다. 부분적으로 개발된 무형자산에 대해 비교가능성분석을 실시할 경우에는 앞으로 추가개발로 미래에 상업적 이익을 창출할 수 있을지 평가하는 것이 중요하다. 어떤 경우에는 추가개발의 위험에 대한 산업자료가 이러한 평가를 하는 데 도움이 된다. 그러나 개별상황에 대한 구체적 판단은 언제든지 필요하다.(TP §6.124)

㉳ 개선, 수정, 업데이트에 대한 권리

비교가능성분석에 있어 중요한 고려사항 중 하나는 무형자산에 대해 추가적으로 이루어지는 개선, 수정, 업데이트와 관련된다. 특정산업에서 무형자산에 의해 보호받는 제품이 무형자산의 지속적 개발과 개선이 없어서 상대적으로 짧은 시간에 진부화되거나 경쟁력을 상실할 수 있다. 결론적으로 업데이트 또는 개선을 할 것인지는 무형자산으로 단기간 이익을 볼 것인지 아니면 장기간 이익을 볼 것인지의 문제이다. 그러므로 비교가능성분석에서 무형자산권리의 권리허여에 개선, 수정 및 업데이트를 할 수 있는 권리가 포함되는지 고려해야 한다.(TP §6.125) 위 문제와 비슷한 중요한 문제는 무형자산의 양수인이 새롭고 발전된 무형자산을 개발하기 위한 연구와 직접 관련되는 무형자산을 사용할 권리가 있는지 여부이다. 예를 들면, 새로운 소프트웨어제품을 개발하는 기반으로 이미 존재하는 소프트웨어플랫폼(platform)을 사용할 권리는 개발기간을 단축할 수 있으며, 새로운 제품이나 창안으로 시장의 선두주자가 되거나 이미 경쟁제품이 지배하는 시장에 진입하는 차이를 만든다. 그러므로 무형자산에 대한 비교가능성분석에서 새롭게 향상된 형태의 제품을 개발하는 데 있어 당사자들이 무형자산을 사용할 권리가 있는지 고려해야 한다.(TP §6.126)

㉴ 미래기대이익(expectation of future benefit)

앞에서 검토한 비교가능성의 고려대상들은 무형자산의 사용으로 수취되는 미래이익에 대한 거래당사자들의 기대와 관련하여 중요한 의미가 있다. 다른 무형자산과 비교할 때 어떤 무형자산 사용의 미래기대이익에 차이가 있다면, 믿을만한 비교가능성조정 없이 그 무형자산을 비교대상으로 사용하는 것은 적절치 않다. 특히, 무형자산에 기반한 제품의 실제수익 및 기대수익을 고려하는 것이 중요하다. 고수익 제품이나 용역의 기반이 되는 무형자산을 업계평균정도의 수익을 내는 제품의 기반이 되는 무형자산과 비교하기는 어렵다. 무형자산으로 미래이익을 수취하기 위한 관계거래에서 당사자의 기대에 상당한 영향을 미치는 요인은 비교가능성분석을 수행할 때에 고려되어야 한다.(TP §6.127)

② 무형자산 또는 무형자산권리 이전거래들의 위험의 비교

무형자산 또는 무형자산권리의 이전에 대한 비교가능성분석을 할 경우, 이전된 무형자산으로 미래의 경제적이익을 수취할 가능성과 관련된 위험의 존재를 고려해야 하며, 이에는 위험분석방법으로 분석하는 당사자들 사이의 위험배분이 포함된다. 무형자산의 이전 또는 무형자산의 결합(combinations)이 비교가능한지 평가하고 무형자산 그 자체를 비교가능한지 평가하는 데 있어 다음 유형의 위험을 고려해야 한다.(TP §6.128)

- 무형자산의 향후 개발과 관련된 위험. 이는 무형자산이 상업적으로 사용가능한 제품과 관련되는지, 미래에 상업적으로 사용가능한 제품에 사용될 수 있는지, 개발과 테스트에 소요되는 비용 및 그러한 개발과 테스트가 성공할 가능성 등에 대한 평가를 포함한다. 부분적으로 개발된 무형자산의 이전에 있어 이러한 개발위험을 고려하는 것이 특히 중요하다.
- 제품의 진부화 및 무형자산의 가치하락과 관련된 위험. 이는 무형자산을 사용하는 제품시장을 경쟁자가 잠식할 수 있는 새로운 제품이나 용역을 출시할 가능성에 대한 평가를 포함한다.
- 무형자산권리의 침해와 관련된 위험. 이는, 무형자산기반 제품이, 다른 사람이 소유한 무형자산권리를 침해했다고 주장할 수 있는 가능성과 이를 방어하기 위해 소요될 비용에 대한 평가를 포함한다. 또한, 다른 사람이 내가 가진 무형자산권리 침해를 성공적으로 방어할 가능성, 위조제품이 해당시장을 잠식할 가능성, 권리침해가 있는 경우 실질적 피해를 입을 위험에 대한 평가를 포함한다.
- 제품책임(product liability) 및 무형자산의 미래사용과 관련된 이와 비슷한 위험

③ 무형자산 또는 무형자산권리에 대한 비교가능성 차이조정

비교가능성 차이조정에 대한 일반원칙들은 무형자산 또는 무형자산권리 이전거래에도 적용된다. 무형자산의 차이는 믿을만한 방법으로 조정하기 어려운 경제적 결과를 나타낼 수 있다. 특히, 비교가능성 차이조정금액의 대부분이 무형자산에 대한 대가인 경우, 비교가능성조정을 믿을 수 없으며 이전가격분석을 위해 비교대상으로 삼은 무형자산이 사실은 충분히 비교가능하지 않다는 의미일 수 있다. 믿을만한 비교가능성조정이 불가능하다면 비교대상 무형자산이나 거래의 식별에 덜 의존하는 이전가격방법을 선택해야 한다.(TP §6.129)

④ 데이터베이스에서 수집한 비교대상의 사용

비교가능성 및 비교가능성조정의 가능성은 비교대상 무형자산 및 상업데이터베이스나 공개된 권리허여계약 등의 책자에서 수집한 관련 사용료율을 평가하는 데 있어 특히 중요하다. 상업데이터베이스의 사용원칙은 이러한 자료들로부터 수집한 거래의 유용성을 평가하는데 적용된다. 특히, 상업데이터베이스, 공개된 권리허여계약 등의 책자에서 수집한 자료들이 비교가능성분석을 수행하는데 중요한 무형자산의 특징을 평가할 수 있을 정도로 구체적인지 평가해야 한다. 데이터베이스에서 식별한 비교가능 권리허여계약

을 평가할 경우, 계약방법을 포함한 사실관계를 확인해야 한다.(TP §6.130)

⑤ 무형자산 또는 무형자산권리의 이전에 대한 최적방법의 선택

최적의 이전가격방법의 선택에 대한 원칙은 무형자산 또는 무형자산권리의 이전에 모두 적용된다. 최적방법의 선택과 관련하여 (i) 관련 무형자산의 성격 (ii) 비교가능제삼자 거래 및 무형자산을 찾는 어려움 (iii) 무형자산 이전의 경우 이전가격방법을 적용하는 어려움을 고려해야 한다.(TP §6.131)

무형자산 또는 무형자산권리의 이전에 대해 상황에 맞는 최적방법을 선택하는 경우, 다른 방법으로 이루어진 거래가 비슷한 경제적 효과를 나타내는지 확인해야 한다. 예를 들면, 무형자산을 활용한 용역수행은 무형자산의 이전(또는 무형자산권리의 이전) 거래와 비슷한 경제적 효과를 나타내는데, 이들은 모두 양수인에게 무형자산가치를 이동시키기 때문이다. 따라서 무형자산 또는 무형자산권리의 이전에 대한 최적방법을 선택할 때, 자의적 거래명칭(arbitrary label)에 따르기보다는 거래의 경제적 결과를 고려해야 한다.(TP §6.132)

무형자산 또는 무형자산권리의 이전에서 어떤 기능을 제공한 자에게 제한된 수익을 배분한 후 잔여이익을 그 무형자산의 소유자에게 배분해야 한다는 가정은 성립되지 않는다. 다국적기업그룹의 국제사업과정에 대한 명확한 이해와 이전된 무형자산이 어떻게 다른 기능, 자산 및 위험과 상호작용하는지에 대한 기능분석에 기초하여 최적의 이전가격방법이 선택되어야 한다. 기능분석에서 가치창출에 기여하는 부담위험, 시장특성, 지리적 위치, 사업전략, 다국적기업그룹의 동반효과 등 모든 요소들이 식별되어야 한다. 선택된 이전가격방법과 그에 따른 조정요소들은 무형자산 그 자체와 일상적 기능뿐 아니라 가치창출과 관련된 모든 관련요소를 고려해야 한다.(TP §6.133)

하나 이상의 이전가격방법들을 사용하는 문제는 무형자산 또는 무형자산권리의 이전에 대해도 적용된다.(TP §6.134) 이전가격분석을 위한 개별거래들의 통합에 대한 원칙들은 무형자산 또는 무형자산권리의 이전과 관련된 사안에 모두 적용되며, 무형자산에 대한 지침에 의해 보완된다. 실제로는 무형자산이 다른 무형자산과 결합되거나, 재화판매나 용역수행과 결합되어 이전되는 경우도 있다. 이 경우, 분석의 신뢰성을 향상시키기 위해 서로 관련된 거래들을 통합적으로 고려하는 것이 믿을만한 이전가격분석이다.(TP §6.135)

⑥ 무형자산 또는 무형자산권리의 이전에 대한 이전가격방법

구체적 사실에 따라 이전가격방법들 중 하나가 무형자산의 관계거래(controlled transfer)에 대한 최적방법이 된다. 다른 대안을 사용하는 것 역시 가능하다.(TP §6.136) 비교가능성분석에서 독립거래와 관련하여 믿을만한 정보를 확인할 수 있는 경우, 적절하고 믿을

만한 비교가능성 차이조정 후에 이러한 비교대상을 기초로 무형자산 또는 무형자산권리에 대한 정상가격을 산정할 수 있다.(TP §6.137) 그런데 무형자산 또는 무형자산권리의 이전에 대한 비교가능성분석에서, 정상가격이나 다른 조건을 결정하는 데 사용할 수 있는 믿을만한 독립거래를 찾지 못하는 경우도 있다. 이러한 상황은 그 무형자산에 독특한 특성이 있거나, 관계회사들 사이에서만 이전이 가능한 경우이다. 또한, 비슷한 거래에 대한 자료부족이나 다른 원인으로도 발생한다. 믿을만한 비교대상이 없더라도, 관계거래에 대한 정상가격 및 다른 조건을 결정하는 것은 보통 가능하다.(TP §6.138)

믿을만한 독립거래에 대한 정보가 확인되지 않는 경우, 정상거래원칙에 따라 비교가능상황에서 독립기업 간에 합의하였을 다른 방법을 사용해야 한다. 이러한 결정을 하는데 있어 아래 사항을 고려해야 한다.(TP §6.139)

- 거래에 있어 각 당사자의 기능, 자산 및 위험
- 거래에 참여하는 사업상 이유
- 거래당사자의 관점 및 거래당사자에게 현실적으로 가능한 대안
- 무형자산에 의해 주어지는 상대적 이점. 이에는 무형자산과 관련된 제품 및 용역(개발예정인 제품 및 용역 포함)의 상대적 수익성
- 거래를 통해 예상되는 미래의 경제적수익
- 지역시장의 특징, 지리적 원가절감(location savings), 숙련된 노동력, 다국적기업그룹의 동반효과와 같은 다른 비교가능성 요소들

비교가능상황에서 독립기업들이 합의한 가격 및 다른 조건을 확인할 때 당사자들의 특수관계로 발생하는 관계거래의 특이점을 신중히 확인해야 한다. 관계회사들의 거래를 독립기업들의 거래구조와 같게 하라는 강제규정은 없다. 그렇지만, 관계회사가 독립기업거래의 전형적 거래구조를 취하지 않으면, 각 당사자에게 정상적으로 발생하였을 소득을 평가할 때 이러한 구조가 비교가능상황에서 독립당사자들이 합의하였을 가격이나 기타 조건에 미치는 영향을 고려해야 한다.(TP §6.140)

무형자산 또는 무형자산권리의 이전에 대해 이전가격방법을 적용하는 데 주의가 필요하다. 재판매가격법 및 거래순이익률법 같은 일방분석방법은 일반적으로 무형자산의 가치를 산정하는데 믿을만한 방법은 아니다. 어떤 경우 이 방법들을 사용하여 일부기능에 대한 가치평가나 무형자산에 대한 잔여이익계산과 같이 무형자산을 간접적으로 평가하는 데 사용할 수 있다. 그렇지만, 이 방법들을 적용할 때 최적방법의 선택이 중요하며 수익창출에 기여하는 모든 기능, 위험, 자산 및 다른 요소들을 적절히 식별하고 평가하도록 주의를 기울여야 한다.(TP §6.141)

무형자산 개발비용에 근거해 무형자산의 가치를 추정하는 이전가격방법의 사용은 일반적으로 인정되지 않는다. 무형자산 개발비용과 개발된 무형자산의 가치 사이에는 거의

상관관계가 없다. 그러므로 개발비용에 근거한 이전가격방법은 피해야 한다.(TP §6.142) 그러나 제한된 상황에서 무형자산의 개발비용 또는 대체비용을 기준으로 이전가격방법을 적용할 수 있다. 이러한 방법은 내부사업활동을 위해 사용되는 무형자산의 개발(예를 들면, 내부 소프트웨어시스템)에 유용한데, 특히 무형자산이 독특하지 않거나 가치가 크지 않은 경우 그러하다. 그렇지만, 시장에서 팔리는 제품인 경우 관련된 무형자산의 대체비용을 근거로 가격을 산출하면 심각한 비교가능성 문제가 생긴다. 또 다른 고려사항은 개발이 지연된 무형자산의 가치를 평가할 때 시간지연의 영향을 평가하는 것이다. 시장의 초기에는 선도자우위(first mover advantage)가 존재한다. 결론적으로, 미래에 개발될 제품(및 관련무형자산)은 현재 사용가능한 동일제품(및 관련무형자산)만큼의 가치는 없다. 이 경우, 예상대체비용이 현재 이전되는 무형자산의 가치를 반영할 수 없다. 마찬가지로, 무형자산이 법적보호를 받거나 독점성격이 있는 경우, 경쟁자를 배제할 수 있는 가치는 대체비용을 기초로 한 분석에 반영되지 않는다. 일부만 개발된 무형자산의 정상가격을 결정하는데 비용기준의 평가는 믿을 수 없는 것이 보통이다.(TP §6.143)

가격 또는 이익배분이 정상가격이라는 근거로 경험칙을 사용하지 못하는데, 이는 특히 무형자산의 허여권자(licensor)와 사용자(licensee) 사이의 소득배분의 경우에도 마찬가지이다.(TP §6.144)

하나 이상 무형자산의 이전문제에 가장 유용한 이전가격방법은 비교가능제삼자가격법과 거래이익분할법이다. 가치평가기법도 유용한 도구가 될 수 있다. 무형자산이전과 관련하여 유용한 이전가격방법에 대한 추가지침을 아래에서 설명한다.(국조령 §13 ③, TP §6.145)

㉮ 비교가능제삼자가격법(CUP)의 사용

믿을만한 비교가능 제삼자거래가 확인되는 경우, 무형자산 또는 무형자산권리를 이전하는 거래의 정상거래조건을 결정하는데 비교가능제삼자가격법을 사용할 수 있다. 무형자산 이전거래에 대해 비교가능제삼자가격법을 적용하는 경우, 독립거래와 관계거래에서 이전되는 무형자산 또는 무형자산권리의 비교가능성을 특별히 고려해야 한다. 그런데, 대부분의 경우 무형자산거래에 대한 믿을만한 비교대상을 찾는 것은 어렵거나 거의 불가능하다.(TP §6.146) 다국적기업그룹이 독립기업으로부터 취득한 무형자산을 즉시 그룹의 다른 계열사에 이전하는 경우도 있다. 이 경우, 무형자산의 취득가격(계열사에 이전되지 않은 부분을 적절히 조정한 후)을 관계거래의 정상가격을 산출하기 위해 비교가능제삼자가격법에 따른 비교대상으로 사용할 수 있다. 이 경우, 제삼자 취득가격을 관계거래의 정상가격이나 다른 조건을 결정하는데 참조할 수 있는데, 그 무형자산을 주식취득을 통해 간접적으로 취득하는 경우 또는 주식이나 자산에 대해 제삼자에게 지급한 가격이 취득자산의 장부가액을 초과하는 경우에도 마찬가지이다.(TP §6.147)

사례 비교가능제삼자가격법의 적용(TP 6장 부록 사례 26)

P사는 다국적기업그룹의 모회사로서 소프트웨어제품의 개발 및 판매를 주사업으로 영위한다. P사는 P사와 같은 국가에 설립된 상장회사인 S사의 전체지분을 160에 인수했다. 인수당시 S사 주식의 시장거래가격은 총 100이며, 경쟁입찰자들은 S사의 인수가격으로 120~130을 제시했다. 인수당시, S사는 매우 제한된 수준의 유형자산을 보유했다. 사업가치는 대부분 개발이 완성되거나 부분적으로 개발된 소프트웨어 관련 무형자산 및 풍부한 경험을 보유한 인력으로 구성된다. P사는 회계상 인수가격 160 중 10은 유형자산, 60은 무형자산, 90은 영업권으로 배분했다. P사는 이사회에서 S사와 P사의 제품은 상호보완적이라는 이유로 인수가격 160에 대한 타당성을 주장했다. T사는 P사의 종속회사이다. P사는 T사에게 유럽/아시아시장 내에서 무형자산의 독점사용권을 허여했다. S사를 인수하기 전에 T사와 P사간 체결된 유럽/아시아시장의 무형자산 독점사용권과 관련된 계약은 모두 정상가격으로 가정한다. S사 인수 직후, P사는 S사를 청산하고 T사에게 아시아/유럽시장에서 S사 제품관련 무형자산의 영구적 독점사용권을 허여했다.

T사에게 허여된 S사 무형자산에 대한 정상가격을 산출할 때, S사 지분인수가격에 포함된 시장거래가격을 초과하는 가산금(premium)을 감안해야 한다. P사가 지급한 가산금이 P사와 S사 제품들의 상호보완성격을 반영한 것이라면, T사는 S사의 무형자산 및 관련사용권에 대한 대가를 지급할 때, 그 가산금을 반영한 금액을 지급해야 한다. T사 시장 밖의 상호보완적 상품에 배타적으로 귀속되는 구매가격의 가산금이 있는 경우, T사의 시장지역과 관련된 무형자산에 대해 T사가 S사에게 지급하는 정상가격을 결정할 때 그 구매가격의 가산금은 제외되어야 한다. 회계상 수행된 구매가격의 배분에서 무형자산에 귀속된 가치는 이전가격목적상 결정적인 것은 아니다.

그렇지만, 같거나 비슷한 산업의 무형자산 사용이나 이전 대가의 단순평균율을 특수관계인 간 무형자산 거래대가로 적용할 수 없다.(Reg §482-4.f.5) 예를 들면, 과세당국은 청구법인의 비교대상으로 4개 내국기업과 2개 외국기업의 기술사용료율을 산술평균하여 이를 정상가격으로 보았으나 상표명, 주요품목, 국적, 지분율, 매출액과 영업이익 및 기타 시장점유면 등에서 서로 다른 4개 내국기업과 B사 등 2개 외국기업의 기술사용료율을 단순히 산술평균한 가격을 정상가격으로 보기는 어렵고, H상표를 도입하여 사용하고 있는 한국과 조건이 비슷한 홍콩, 대만, 싱가폴 등지의 C사를 비교대상으로 선정하여 이 회사의 기술사용료율을 정상가격으로 보는 것이 합리적이며, 청구법인이 지급하고 있는 기술사용료가 비교대상인 홍콩, 대만, 싱가폴 등지의 C사 기술사용료보다 낮으므로 쟁점 기술사용료를 손금불산입한 과세처분은 잘못이다.(국심 2000서2601, 2000.9.18.)

사례 **제품의 무형자산가치가 다른 경우**(Reg §482-4.c.4)

내국법인 갑은 두통치료를 위한 신약 A를 개발했다. 신약의 부작용은 없는 것으로 밝혀졌다. 갑은 두통치료약으로 기존에 개발하여 사용하여 온 B라는 약이 있으나, 이 약은 신약에 의해 대체되었다. 이미 시장에는 A와 비슷한 두통치료제가 많이 보급되었으나, 이들 유사품은 부작용을 수반하므로 조만간 A의 시장점유율은 크게 높아질 것으로 보이며 프리미엄도 있을 것으로 기대된다. 따라서 갑은 국내시장에서 뿐 아니라 국외시장에서도 신약 A로부터 높은 수익을 얻을 수 있으리라고 추정한다. 갑은 최근 유럽에 설립한 자회사 을에게 유럽시장에서 A를 생산판매할 수 있는 권리를 허여했다. 그 권리의 사용대가를 결정함에 있어 갑은 기존 두통치료제 B의 생산판매권을 제삼자에게 허여하였을 때 수령한 사용료를 고려하기로 했다. 양 계약 간에 비교가능성이 있는가를 검토한다.

여러 측면에서 새로운 특허계약과 기존계약 간에는 유사점이 많다. 예를 들면 생산이 허여된 신약이나 구약의 경우 동일한 제품주기에 있을 때 계약이 체결되었다. 그리고 계약으로 이전된 권리의 내용이 동일했다. 또한 기존 약이 최초로 특허되고 난 후에 유럽시장에서 두통치료제에 대한 시장여건은 크게 변동되지 않았다. 그러나 B의 제조에 대한 면허계약이 체결되었을 당시에 시장에는 이미 이와 비슷한 약들이 몇 가지 판매되고 있었는데, B가 이들 제품보다 우월한 점은 없었다. 그 결과 B의 예상수익과 실제수익은 A의 예상수익보다 훨씬 적었다. 따라서 갑은 B의 잠재수익력이 A의 잠재수익력에 비교가 되지 않는다고 결론을 내리게 되었다. 결과적으로 갑이 비교대상거래로 사용하려던 기존거래는 적당한 비교대상이 되지 않는다고 판단된다.

| 업종별 기술사용료율 중앙값 |

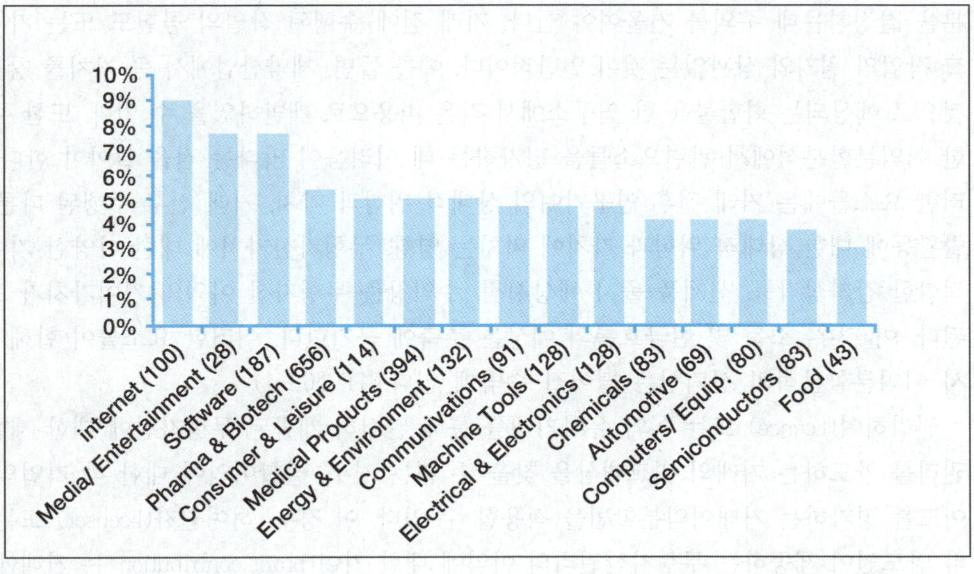

㈏ 거래이익분할법(transactional profit split method)의 사용

무형자산 또는 무형자산권리를 이전하는 거래의 정상거래조건을 검토하기 위해 필요한 독립거래가 존재하지 않을 경우, 거래이익분할법을 적용할 수 있다. 그런데, 거래이익분할법의 신뢰성을 평가할 때, 결합이익에 대한 믿을만한 적절한 정보의 확보가능성, 적절하게 배부된 비용, 결합이익을 나누는 데 사용하는 요소들의 신뢰성을 충분히 살펴야 한다.(TP §6.148) 거래이익분할법은 무형자산의 권리를 모두 이전하는 거래에도 적용할 수 있다. 거래이익분할법을 적용하는 다른 사안들과 마찬가지로 각 당사자의 수행기능, 부담위험 및 사용자산을 고려하는 기능분석이 필수적이다. 예상 수익과 비용을 기준으로 거래이익분할법을 적용하는 경우, 예측의 정확성에 대한 문제를 검토해야 한다.(TP §6.149)

또한 이익분할분석을 부분적으로 개발된 무형자산의 이전에도 적용할 수 있는 경우가 있다. 이 경우, 해당 무형자산의 거래 전후에 수행된 무형자산개발에 대한 상대적 기여가치를 평가하기도 한다. 이러한 접근법에는 추가개발이 없다고 가정하여 부분적으로 개발된 무형자산에 대한 양도인의 기여가치를 추정내용연수에 걸쳐 상각하는 방법을 포함한다. 이 방법은 일반적으로 무형자산의 이전 및 추가개발의 성공 이후에 미래 일정시점에 발생할 현금흐름과 이익의 추정에 근거한다.(TP §6.150) 부분적으로 개발된 무형자산의 거래에 거래이익분할법을 적용하는 경우, 무형자산 이전거래 이후에 발생하는 수익에 대한 거래당사자들의 상대적 공헌도 추정 및 정상거래원칙에 부합하는 수익의 합리적 배분을 결정하는데 주의를 기울여야 한다. 거래 전에 수행된 작업의 공헌도 또는 가치는 그 작업의 원가와 상관없는 것이 일반적이다. 예를 들면, 제약산업에서 큰 가치를 창출할 것으로 예상되는 화합물을 한 연구소에서 적은 비용으로 개발하였을 수 있다. 또한, 이러한 이익분할분석에서 관련요소들을 평가하는 데 어려움이 많다는 점을 알아야 한다. 이러한 요소들에는 거래 전후 연구기여의 상대적 위험과 가치, 거래 전후 수행된 다른 개발활동에 대한 상대적 위험과 가치에 미치는 영향, 무형자산가치에 대한 다양한 기여에 적합한 감가상각률, 신제품 출시 예상시점, 수익창출 무형자산 이외의 기여가치가 포함된다. 이 경우, 소득 및 현금흐름의 예상은 추측에 근거한다. 이러한 요소들이 합해지면서 이익분할분석의 신뢰성은 떨어질 수밖에 없다.(TP §6.151)

권리허여(licence) 또는 이와 유사거래를 통해 완전히 개발된 무형자산에 대한 제한적 권리를 양도하는 거래의 비교대상을 찾을 수 없는 경우, 결합이익에 대한 각 기업의 기여도를 평가하는 거래이익분할법을 적용할 수 있다. 이 경우, 허여권자(licensor) 또는 기타 양도인이 제공하는 무형자산권리의 이익에 대한 기여(profit contribution)는 거래에 따른 소득창출에 기여하는 요소들 중 하나이다. 그렇지만, 다른 요소들도 함께 고려해야

한다. 특히, 이러한 분석에서 사용자 또는 양수인이 수행한 기능과 부담한 위험을 고려해야 한다. 허여권자/양도인 또는 사용자/양수인이 각자의 사업에서 사용한 다른 무형자산도 마찬가지로 고려해야 한다. 또한, 이러한 분석에서 양도계약조건에 따른 사용자/양수인의 무형자산 사용에 대한 제한 및 사용자/양수인의 추가적 연구개발활동을 위해 무형자산을 사용할 권리에 대한 제한에도 주의를 기울여야 한다. 또한, 사용되는 무형자산의 가치향상에 대한 사용자/양수인의 기여를 평가해야 한다. 이러한 분석에서 소득배분은 기능분석의 사실관계에 따라 달라지는데, 이에는 부담위험의 분석도 포함된다. 권리허여계약(licensing arrangement)에 대한 이익분할분석에서 기능에 따른 수익배분 후의 잔여이익(residual profit)을 모두 허여권자/양도인에게 배분해야 한다고 가정해서는 안 된다.(TP §6.152)

㉰ 가치평가기법(valuation techniques)의 사용

무형자산거래에서 독립거래가 없는 경우, 가치평가기법을 통해 관계회사들 간 무형자산거래의 정상가격을 추정하거나 산정할 수 있다. 특히, 미래수익이나 무형자산의 가치를 기준으로 하는 현금흐름할인(discounted cash flow)과 같은 방법은 정상가격산출에 유용하게 활용된다. 가치평가기법을 5가지 이전가격방법 중 하나의 일부로 사용하거나 또는 정상가격을 확인하는 데 유용하게 적용되는 도구로 사용할 수 있다.(TP §6.153)

가치평가기법을 사용할 경우, 기초가 되는 가정 및 기타이유를 검토해야 한다. 회계상 가치평가의 추정은 때때로 회사의 재무상태표에 반영된 자산가치의 보수적 추정 및 예측을 반영한다. 이러한 회계적 보수성은 이전가격목적상 부적절하며 정상거래원칙에 부합하지 않을 수 있다. 따라서 추정내용을 철저히 검토하지 않고 회계목적으로 이루어진 가치평가를 이전가격목적상 정상 가격이나 가치를 반영한 것으로 인정하기 위해서는 주의를 기울여야 한다. 특히, 회계목적으로 이루어진 매입가격 배분금액에 포함된 무형자산의 평가액은 이전가격목적상 확정적인 것이 아니며, 이전가격분석에서 추정내용을 주의 깊게 검토해야 한다.(TP §6.155) 가치평가기법은 아래에서 설명한다.

⑦ **지급방식**(Forms of payment)

이전된 무형자산에 대한 대가지급방식은 전적으로 납세자들에게 달려 있다. 독립기업거래의 경우, 일반적으로 일괄지급 또는 분할지급을 선택하는 것이 보통이다. 분할지급과 관련된 약정의 경우, 일정금액을 분할하여 지급하거나, 무형자산과 관련된 상품매출수준, 수익성 또는 다른 요소를 기준으로 대가를 지급한다. 지급방식과 관련한 납세자 계약의 평가에는 계약조건평가원칙이 적용된다.(TP §6.179)

지급방식과 관련된 납세자의 계약규정을 평가할 때, 어떤 지급방식은 일방당사자에게 위험을 더 부담하게 하거나 덜 부담하게 한다는 점을 주의해야 한다. 예를 들면, 미래의

매출 또는 이익이 발생할 경우에만 지급하는 방식은 불확실성을 수반하므로 무형자산 이전시 일괄지급 또는 분할지급의 방식에 비해 양도인에게 높은 위험을 지게 한다. 납세자가 선택한 지급방식은 계약내용, 거래당사자의 실제행동 및 지급방식과 관련된 위험부담능력 등의 사실관계와 일치해야 한다. 특히, 지급금액은 현금의 시간가치 및 선택된 지급방식과 관련된 위험을 반영해야 한다. 예를 들면, 가치평가기법을 사용하여 이전되는 무형자산의 현재가치를 일괄산정하여 미래에 매출이 발생한 경우에만 지급하는 방식을 선택한다면, 무형자산의 현재가치를 무형자산 내용연수기간에 걸쳐 매출에 따른 분할대가로 전환하기 위해 사용되는 할인율을 산정할 때, 미래에 매출이 발생하지 않을 위험성 및 지급지체로 인한 현금의 시간가치 등이 고려되어야 한다.(TP §6.180)

㉮ 주기적 대가에 대한 조정(periodic adjustment)

무형자산 사용대가 또는 양도대가를 계약에 의해 여러 해 동안 지급하는 경우, 매년 지급하는 대가는 그 무형자산에 귀속되는 소득과 일치하도록 조정한다. 무형자산에 대한 주기적 대가에 대해 조사연도 이전에 이미 정상가격 판정을 받았다 하더라도 이로 인해 과세당국이 다음 사업연도의 대가에 대해서 조정을 하지 못하는 것은 아니다. 이 경우 무형자산 이전이 발생한 최초 사업연도가 부과제척기간을 경과했다 해도 과거의 사용료를 참조하여 부과제척기간이 경과하지 않은 다음 사업연도에 대한 조정을 할 수 있다. 그러나 다음의 경우는 예외이다.(Reg §482-4.f.2)

1. 독립기업에게 동일한 무형자산을 이전하고 비교가능제삼자거래법을 적용한 경우 : 특수관계인들 간 무형자산 거래가 다음 요건을 모두 충족하는 경우에는 후속 사업연도에 대한 조정을 하지 않는다.
   ㉮ 관계거래의 무형자산과 동일한 무형자산을 관계거래와 비슷한 상황에서 독립기업에 이전
   ㉯ 이러한 비교대상거래를 바탕으로 비교가능제삼자거래법을 적용
   ㉰ 비교가능제삼자거래법에 의한 주기적 대가를 첫해에 지급하고 이 대가가 정상가격에 해당
2. 독립거래에서 비교가능 무형자산을 이전한 경우 : 관계거래 무형자산과 비슷한 무형자산이 비슷한 독립거래상황에서 거래되고 이를 근거로 비교가능제삼자거래법을 적용하여 그 무형자산의 정상가격을 산정한 경우, 다음 요건이 모두 충족되는 경우에는 후속 사업연도에 대한 주기적 조정을 하지 않는다.
   ㉮ 특수관계인 간 서면계약이 존재하고, 이를 기준으로 하여 매사업연도의 대가를 산정하였으며, 산정된 첫 사업연도의 대가가 정상가격에 해당하고, 서면계약이 조사사업연도 현재 유효함.
   ㉯ 조사사업연도의 관계거래와 비슷한 상황에서 정상가격 산정을 위한 비교가능제삼자거래의 조건을 정하는 서면계약이 있고, 그 서면계약에서 대가지급액, 재계약, 계약종료의 변경허용에 관한 내용을 포함하지 않음.(변경을 인정하는 경우에도 그로 인한 대가변경이 확정적이며 주기적임)
   ㉰ 계약 유효기간과 위 '㉯'의 조건과 관련하여 특수관계인들 간 계약이 독립기업들 간 계약

과 유사함.

㉣ 특수관계인들 간 계약에 의한 무형자산의 사용제한은 독립기업들 간 계약 및 산업관행상의 사용제한과 일치함.

㉤ 특수관계인들 간 계약이 체결된 후 무형자산 양수자의 수행기능에 중대한 변화가 없음.(예측하지 못한 사건에 의한 변화의 경우는 제외)

㉥ 비교가능성 검토시 독립기업들 간 계약에 의한 기대 이익 또는 비용절감액과 조사사업연도와 이전 사업연도에 무형자산으로 인한 실제 이익 또는 비용절감액을 비교하여 기대이익이 실제이익의 80% 이상 120% 이하임.

3. 비교가능제삼자거래법 이외의 방법을 적용한 경우 : 비교가능제삼자거래법 이외의 방법에 의해 정상가격을 산정하는 경우 다음 요건에 모두 해당하면 후속 사업연도에 대한 조정을 하지 않는다.

㉮ 특수관계인들 간 서면계약이 있고 이에 의해 각 사업연도 대가를 계상하며, 서면계약이 분석대상 사업연도 현재 유효함.

㉯ 서면계약에 의해 결정된 첫 사업연도의 대가가 정상가격에 해당하며, 그 서면계약의 집행과 관련하여 필요한 자료를 계약체결당시에 수집・보관함.

㉰ 서면계약 체결 이후 무형자산의 양수자에 의해 수행되는 기능상에 커다란 변화가 없음.(예측하지 않은 사건에 의한 변화의 경우는 제외)

㉱ 조사사업연도와 이전 사업연도에 무형자산으로 인한 실제 이익 또는 비용절감액이 서면계약 체결시 기대 이익 또는 비용절감액과 비교하여 80% 이상 120% 이하임.

4. 합리적으로 예상할 수 없었던 비정상적 사건이 발생한 경우 : 다음 요건을 모두 충족하면 무형자산 대가에 대한 사후조정을 하지 않는다.

㉮ 특수관계인들 간 서면계약 체결시에 합리적으로 예상할 수 없었던 비정상적 사건이나 특수관계인의 통제를 벗어나는 비정상적 사건으로 인해 계약체결시 예상했던 수익 또는 비용절감액의 80% 미만 또는 120%를 초과하는 실제 수익 또는 비용절감액이 발생함.

㉯ 위 '2' 또는 '3'의 요건을 충족함.

5. 5년 기간 이후 조정 안함 : 주기적으로 대가를 조정하기로 한 경우에도 첫 사업연도 이후 5년 동안 위 '2' 또는 '3'의 요건이 충족되는 때에는 그 다음 사업연도에 대한 이전가격조정을 하지 않는다.

사례 20% 기준의 적용

1. **실제수익이 예상수익의 80%~120%인 경우**(Reg §482-4.f.2.iii)

내국법인인 제약회사 갑은 두통치료에 좋은 신약 X를 개발했다. 신약의 부작용은 거의 없는 것으로 알려져 있다. 시장에는 이와 비슷한 두통치료제들이 많이 나와 있으나, 신약 X와는 달리 부작용을 야기하기 때문에 이번에 개발된 신약은 급속도로 시장에 보급될 것으로 기대되며 또한 프리미엄을 받을 것으로 예상된다. 따라서 갑은 내국시장 뿐 아니라 유럽시장에서도 보통 이상의 수익을 창출할 수 있을 것으로 기대한다. 이러한 상황에서 갑은 최근에 유럽시장 공략을 위해서 자회사 을을 설치하였고, 그 자회사에 5년간 계약으로 신약 X를 제조판매할 수 있는 권리를 허여하는 계약을 체결했다. 갑은 기술전수에 대한 사용료를 계상하기 위해 을에 의해 창출될 것으로 예상되는 연도별 총수익과 이익을 산정했다. 이 예상치에 근거해 사용료를 3.0%로 책정했다. 첫

사업연도에 갑은 을로부터 받은 사용료를 평가했다. 앞에서 언급했듯이 신약 X의 잠재수익력이 매우 크기 때문에 그 무형자산의 이전과 관련한 비교대상거래를 발견하기가 어려웠다. 이에 갑은 비교가능제삼자거래법을 적용하여 그 사용료의 정상가격을 산정하는 것은 적합하지 않다고 판단했다. 이에 따라 갑은 거래순이익률법을 사용하여 제조판매기능을 고려했을 때 3.9%의 사용료가 적절한 정상가격이라고 결론지었다.

계약체결 후 5년째 되는 사업연도에 과세당국은 갑의 소득신고상황에 대한 조사를 실시했다. 이를 위해 과세당국은 갑과 을 간의 사용료가 적정하게 결정되었는지 검토했다. 이러한 검토를 함에 있어 우선적으로 계약이 이루어진 후 다음 사업연도에 대해서 조정이 필요한지 여부를 분석했다. 특히 과세당국은 갑이 신약 X에 대해서 추정한 기대수익과 을에 의해 실현된 실제수익을 비교했다. 기대수익과 실제수익은 다음과 같다.

사업연도	기대수익	실제수익
1	200	250
2	250	300
3	500	600
4	350	200
5	100	100
총 계	1,400	1,450

위 표에서 5개 사업연도에 걸쳐서 발생한 총수익은 예상치의 80% 이상 120% 이하의 범위에 들어갔다는 것을 알 수 있다. 따라서 과세당국은 앞에 설명한 요건이 충족되는 경우 아무런 조정도 하지 않는다.

2. **실제수익이 예상수익의 80% 미만 120% 초과인 경우**(Reg §482-4.f.2.iii)

거래상황은 위 사례와 같다. 다만, 기대수익과 실제수익의 비교표는 다음과 같다.

사업연도	예상수익	실제수익
1	200	250
2	250	500
3	500	800
4	350	700
5	100	600
총 계	1,400	2,850

과세당국은 5개 사업연도에 실현된 실제수익과 기대수익을 비교했다. 그런데 실제수익은 기대수익의 120%를 훨씬 초과했다. 따라서 과세당국은 조정을 하며, 1~4사업연도의 부과제척기간이 경과한 경우라면 5사업연도에 대해서만 소득조정을 한다. 이 경우 1~4사업연도의 부과제척기간이 지났을지라도 5사업연도의 수익을 검토할 때 같은 판단을 할 수 있다.

3. **비정상적 사건에 의한 차이발생의 경우**(Reg §482-4.f.2.iii)

외국법인 갑은 국내 자회사 을에게 공기정화기술을 전수하는 계약을 체결했다. 이 공기정화기술을 사용하는 경우 새로운 환경법을 충족시킬 수 있을 정도로 제조공장의 공기오염을 줄일 수 있다. 이 계약은 10년간 유효하며 이 공기정화기술을 사용하는 경우 예상되는 총수익은 연간 15백만불로 10년간 1억5천만불에 상당한다. 이 계약에 대한 사용료는 비교가능 무형자산을 기준으로 비교가능제삼자거래법을 적용하여 계상했다. 그리고 다음과 같은 요건이 충족되었다: ① 특수관계인인 갑과 을은 서면계약을 체결, ② 그 서면계약에 의해 각 사업연도의 사용료를 계상, ③ 상당한 주기적 대가가 지불되는 첫 사업연도에 결정된 대가가 정상대가에 해당, ④ 허여된 무형자산의 용도가 산업관행에 따라 특정 부분에 한정되어 있을 것, ⑤ 계약체결 후에 무형자산의 양수자인 병에 의해 수행된 기능에 커다란 변화가 없을 것.

과세당국은 계약기간 4년째 되는 사업연도의 사용료가 정상대가에 해당하는지에 대해 검토하고자 한다. 과세당국은 지난 4년간 을에 의해 실현된 총수익은 3천만불이었고, 이는 당초에 추정한 예상수익 6천만불의 80% 미만에 상당한 결론을 내렸다. 그러나 을은 지진으로 인해 심각한 공장피해가 발생하였기 때문에 3째 사업연도에 실제 실제수익이 기대수익의 80% 미만이 될 수 밖에 없었다는 것을 과세당국에게 설명하였고, 과세당국은 이를 인정했다. 이처럼 실제수익과 기대수익의 차이는 을이 통제할 수 없는 비정상적 요인에 의해 발생하였고, 계약체결 당시에는 이를 합리적으로 조정할 수 없었다. 이는 비정상적 요인에 의한 차이조정 예외항목에 해당되어 조정이 필요없다.

㉯ 일시불(lump sum payment)

무형자산 대가가 일시불로 지급되는 경우 무형자산에 귀속되는 소득과 일치해야 한다. 특정 사업연도에 일시불이 무형자산에 귀속되는 소득과 일치하기 위해서는 그 사업연도의 현재가치 사용료(equivalent royalty amount)와 독립기업 사용료가 일치해야 한다. 특정 사업연도의 현재가치 사용료는 일시불 대가를 무형자산의 내용연수(계약기간이 내용연수보다 짧으면 계약기간)에 걸쳐 지급되는 전체 사용료의 사전지급으로 보아 결정된다. 이 경우 사용료의 미래수입을 산정하는 때에는 무형자산 이전시 사용자의 기대수익을 고려해야 한다. 이렇게 하여 기대수익이 결정되면 이를 현재가치로 환산한다. 이를 위해 적정할인율과 관련기간에 걸쳐서 발생할 것으로 예상되는 판매액 등이 필요하다. 현재가치 사용료는 권리허여계약에 따라서 지급한 실제사용료의 범위 내에서 주기적 조정을 받게 된다. 다만, 주기적 대가에 대한 조정의 예외에 해당하면 주기적 조정을 하지 않는다.(Reg §482-4.f.6)

사례 현재가치 사용료의 계상(Reg §482-4.f.5.iii)

갑은 외국법인으로서 내국법인 을의 자회사이다. 을은 갑에게 특허를 받은 새로운 주방기기를 외국시장에서 생산판매할 수 있는 권리를 허여하는 계약을 체결했다. 계약기간은 5년이고 계약대금은 초기에 $500,000을 일시불로 지급했다. 이 경우 계약에 대한 현재가치 사용료는 계약시 지급하는 일시불금액을 계약의 유효기간 동안 예상되는 그 상품판매액의 현재가치로 나누어 산정하는 것으로서 현재가치 사용료율로 나타난다. 주방기기산업의 영업위험 등을 감안해 적정할인율을 10%로 결정했다. 무형자산권리 허여에 따른 연도별 예상판매액은 다음과 같다.

사업연도	예상판매액($)
1	2,500,000
2	2,600,000
3	2,700,000
4	2,700,000
5	2,750,000

이를 이용하여 추정한 장래 예상판매액의 현재가치 할인액은 약 $1천만로서 현재가치 사용료율은 5%($500,000/ $10,000,000=5%)가 된다. 이를 이용해 연도별 현재가치 사용료를 다음과 같이 산출한다.

사업연도	예상판매액($)	현재가치사용료액($)
1	2,500,000	125,000
2	2,600,000	130,000
3	2,700,000	135,000
4	2,700,000	135,000
5	2,750,000	137,000

이 경우 어느 한 사업연도의 현재가치 사용료가 정상가격에 해당하지 않는 것으로 판단되면 사용료에 대한 주기적 조정이 이루어져야 한다. 이 경우 조정액은 현재가치 사용료와 그 사업연도 정상가격의 차이이다. 이 사례에서 사용료가 일시불로 지급되는 경우에는 우선적으로 이를 현재가치 사용료로 환산하고 다음에는 현재가치 사용료를 정상가격과 연도별로 비교한다.

(3) 거래 당시에 가치평가가 불확실한 무형자산

무형자산 또는 무형자산권리는 비교대상을 찾기 어려울 뿐 아니라 간혹 거래시의 무형자산 가치를 판단하기 어려운 특징들이 있다. 거래가 발생하는 시점에 무형자산 또는 무형자산권리의 가치를 판단하기 어려운 경우, 정상가격을 어떻게 산정할지 고민해야 한다. 이는 납세자 및 과세당국이 모두 고려해야 할 사항이며, 독립기업이 비슷한 상황에서 어떠한 방식으로 정상가격을 산정했을지 검토해야 한다.(TP §6.181)

독립기업들은 거래 당시 무형자산을 평가할 때 불확실성에 대처하기 위해 다양한 방법을 선택한다. 예를 들면, 그 중 하나는 거래시점에서 가격을 정하기 위해 모든 경제적 요소를 반영한 기대이익을 적용한다. 기대이익(anticipated benefits)을 산정할 때, 독립기업들은 후발사건을 예측가능한 범위 내에서 고려한다. 어떤 경우에는 독립기업들이 후발사건을 충분히 예측가능하며, 이에 따라 기대이익의 예측이 예측을 토대로 거래가격을 결정할 정도로 충분히 믿을 만하다.(TP §6.182) 그런데, 독립기업들이 기대이익만을 바탕으로 거래가격을 산정하면 무형자산 가치평가의 높은 불확실성으로 인해 노출된 위험을 적절히 방지하지 못하는 경우도 있다. 이 경우, 독립기업들은 예상치 못하게 발생하는 후발사건에 대비하기 위해 단기계약을 체결하거나 계약서에 가격조정조항을 포함하거나 조건부지급계약을 적용하는 구조를 취한다. 조건부지급계약(contingent pricing arrangement)이란 지급금액 또는 지급시점이 우발사건에 따라 정해지는데, 이에는 매출이나 이익과 같은 사전약정 수익기준의 달성, 또는 사전약정 개발단계의 달성이 있다.(예 사용료 또는 주기적 기성금) 예를 들면, 사용자의 매출이 증가하면 사용료율을 증가시키도록 정하거나, 일정 개발목표를 성공적으로 완료하는 때에 추가지급이 이루어지도록 정한다. 무형자산 또는 무형자산권리가 상업화되지 않고 추가개발이 필요한 상태로 이전되는 경우, 이전시에 독립당사자들이 선택하는 지급조건에는 추가개발에서 일정 개발단계를 달성하는 경우에만 지급하는 추가적 조건부대가를 포함하기도 한다.(TP §6.183) 또한, 독립기업들은 예상할 수 없는 후발사건들에 대한 위험을 부담하기로 마음먹을 수 있다. 그런데, 거래당사자들이 거래시 예측할 수 없거나 발생가능성이 낮다고 판단하여 가격산정의 기초가정에 영향을 미치지 않는다고 생각하였던 사건이 발생하는 경우 쌍방합의로 산정한 가격을 재협상하는 경우도 있다. 예를 들면, 예상치 못한 저비용의 대체치료기술이 개발되었기 때문에 그 전에 특허를 받은 의약품매출에 연동된 사용료율이 상대적으로 과다하게 산정되었다고 판단되는 경우, 사용료율을 재협상할 수 있다. 또한, 높은 사용료율로 인해 특허사용자가 의약품의 생산 또는 판매에 유리한 점이 전혀 없는 경우, 사용자는 계약조건을 재협상하려 할 것이다. 특허사용자의 의약품생산기술 및 전문성과 장기간 지속되어 온 협력관계로 허여권자가 약품을 시장에 계속 공급하면서 그 특허사용자가 제조 또는 판매하기를 원하는 경우가 있다. 이러한 상황에서 거래당사자들은 쌍방합의로 계약조건의 전부나 일부를 재협상하여 사용료율을 감소조정할 수 있다. 이 경우, 가격재협상 여부는 각 사안의 사실관계에 달려 있다.(TP §6.184)

비교가능상황에서 독립기업들이 무형자산을 평가하면서 높은 불확실성에 대처하기 위한 방법(예 가격조정규정)을 계약에 포함하는 경우, 과세당국은 그러한 방법에 따라 무형자산 또한 무형자산권리의 거래가격을 산정하는 것을 허용해야 한다. 마찬가지로, 비교가능상황에서 후발사건들이 너무 본질적인 것이어서 독립기업들이 거래가격을 재협상할 필요가 있다고 생각한다면, 관계거래에서도 그러한 사건이 발생하면 가격을 조정해야 한다.(TP §6.185)

(4) 평가곤란 무형자산(Hard-to-value intangibles)

과세당국은 무형자산 또는 무형자산권리의 이전에 대한 거래가격산정과 관련하여 어떠한 후발사건을 고려해야 하는지, 발생가능성이 어느 정도인지, 거래발생 당시 그 사건을 예측할 수 있었거나 합리적으로 추정가능한지를 판단하기 어렵다. 무형자산의 가치평가와 관련된 후발사건은 대부분의 경우 무형자산이 개발되거나 가치가 창출되는 사업환경과 밀접하게 관련된다. 따라서 어떠한 후발사건이 발생할 것인지, 그 후발사건의 발생과 영향을 거래 당시 예측할 수 있었거나 합리적으로 추정가능했는지에 대한 평가에는 무형자산이 개발되거나 가치가 창출되는 사업환경에 대한 전문지식, 경험 및 통찰력이 요구된다. 또한, 독립거래에서 무형자산 또는 무형자산권리의 이전을 평가할 때 이루어지는 신중한 가치산정이 이전가격목적 외에는 다국적기업그룹의 내부에서 이전이 이루어지는 경우 필요하지 않고 유용하지도 않은데, 이러한 가치산정은 종합적이지 않기 때문이다. 예를 들면, 기업이 무형자산의 초기개발단계에서 무형자산을 관계회사에게 이전하면서 이전 당시의 무형자산가치를 반영하지 않은 사용료율을 적용한 후, 나중에 무형자산 이전 당시에 그 제품의 성공을 확실하게 예측할 수 없었다는 주장을 할 수 있다. 이에 따라, 무형자산의 사전가치와 사후가치의 차이는 예상했던 것보다 더 좋게 개발하는데 기여한 납세자에게 귀속되어야 한다는 주장이 있을 수 있다. 이러한 상황에서 과세당국은 특정사업에 대한 이해가 없으며, 납세자의 주장을 검토하고 무형자산의 사전가치와 사후가치의 차이가 정상거래원칙에 부합하지 않는 납세자의 가정 때문이라는 것을 입증할 정보에 접근하지 못하는 것이 보통이다. 그 대신, 납세자의 주장을 검토하는 과세당국은 납세자가 제공한 견해와 정보에 크게 의존한다. 이러한 납세자와 과세당국 간 정보의 비대칭으로 이전가격위험이 발생된다.(TP §6.186)

무형자산 또는 무형자산권리의 이전거래에서 관계회사들 합의로 산정한 사전거래가격이 정상거래원칙에 부합하는지 및 거래 당시 불확실성이 있었는지에 대한 징후를 과세당국은 사후결과를 통해 알 수 있다. 사전추정(ex ante projections)과 사후결과(ex post results)의 차이가 예측가능하지 않은 사건 때문에 발생한 것이 아니라면, 그 차이는 거래시작 당시에 특수관계기업들이 합의한 가격조건이 무형자산가치와 선택한 가격조건에 영향을 미칠 것으로 예상되는 관련사건들을 적절히 고려하지 않았다는 증거가 된다.(TP §6.187)

① 평가곤란 무형자산의 특징

위에서 검토한 내용과 관련하여, 납세자가 결정한 가격이 정상가격인지 그리고 평가곤란 무형자산의 평가와 관련된 예측가능 사후사건에 대한 적절한 고려를 했는지 판단하기 위해 과세당국이 적용할 수 있는 정상거래원칙에 부합하는 접근법을 소개한다. 이 접근법에 따라, 사후증거는 거래 당시 불확실성의 존재 여부와 납세자가 거래 당시 합리적으로 예측가능한 사후사건을 적절히 고려했는지에 대한 추정증거(presumptive evidence)로 사용되며, 무형자산 또는 무형자산권리에 대한 이전가격산정에서 사전적(ex ante)으로 사용된 정보의 신뢰성을 가늠케 한다. 이러한 추정증거를 정확한 정상가격의 산정에 쓰지 않았다는 점을 입증할 수 있다면, 그 추정증거를 배척할 수 있다. 이러한 상황은, 거래체결 당시에 특수관계기업들이 사후결과가 근거하는 정보를 합리적으로 인식하고 판단했는지 여부를 고려하지 않고 과세목적으로 사후결과를 가지고 회고적으로 판단하는 상황과는 구별되어야 한다.(TP §6.188)

'평가곤란 무형자산'(HtvI)이란 용어는 관계거래 당시 (i) 믿을만한 비교대상이 존재하지 않고, (ii) 미래현금흐름 예측, 무형자산 이전으로 발생되는 기대수익 또는 무형자산 가치평가에 사용된 가정들이 불확실하여, 거래 당시에 무형자산의 최종성공수준을 예측하기 어려운 무형자산 또는 무형자산권리를 말한다.(TP §6.189) 평가곤란 무형자산의 이전이나 사용 거래는 다음과 같은 특성을 나타낸다.(TP §6.190)

- 이전 시점에서 무형자산이 부분적으로만 개발됨.
- 무형자산거래 이후 몇 년 동안 상업적으로 개발될 것으로 예상되지 않음.(거래 당시에 기대이익에 대한 불확실성이 높음)
- 어떤 무형자산이 평가곤란 무형자산의 정의에 해당되지 않지만, 평가곤란 무형자산의 정의에 해당하는 다른 무형자산의 개발 또는 개선과 관련하여 필수적임.
- 무형자산 이전 당시 독창적 방법으로 개발될 것으로 예상되며, 그 무형자산과 비슷한 무형자산의 개발이나 사용의 기록이 없어 예측이 상당히 불확실함.(거래 당시에 비교가능거래가 없음)
- 평가곤란 무형자산의 정의에 부합하는 무형자산을 일시지급(lump sum payment) 방식으로 특수관계기업에 이전함.
- 무형자산이 원가분담약정 또는 이와 비슷한 계약에 따라 개발되거나 사용됨.

② 사후결과를 기준으로 이전가격조정

평가곤란 무형자산에 대해 당초 거래가격과 사후에 평가된 가격의 차이가 당초 거래가격의 20%를 초과하는 등 현저한 차이가 발생한 경우 과세당국은 당초 거래가격이 합리적이지 않은 것으로 추정하고, 해당 무형자산과 관련하여 실제로 발생한 경제적 편익 등 사후에 변경된 거래 상황 및 경제 여건 등을 바탕으로 정상가격을 다시 산출할 수 있다.(국조령 §13 ⑤) 다만, 무형자산의 당초 거래가격과 사후에 평가된 가격의 차이가 당초 거래 시 거래 당사자가 합리적으로 예측할 수 없는 사유에 기인한 것으로서 거래 당사자가 당초 거래 시 예측을 위해 고려한 가정이 합리적임을 입증한 경우, 무형자산의 당초 거래가격과 사후에 평가된 가격의 차이가 당초 거래가격의 20%를 넘지 않는 경우, 무형자산거래에 대한 정상가격 산출방법에 대해 체약상대국의 권한 있는 당국과의 상호합의

절차에 의한 사전승인을 받은 경우에는 정상가격을 다시 산출하지 않는다.(국조령 §13 ⑥)

납세자가 평가곤란 무형자산의 거래가격을 산정하는데 어떤 정보를 고려했는지에 대한 납세자와 과세당국 간 정보비대칭으로 인해 과세당국은 거래가격이 정상가격기준에 부합하는지 판단하는 데 어려움을 겪을 수 있다. 결국, 과세당국이 무형자산 이전 몇 년 후 사후결과가 나타날 때까지 이전가격목적상 위험평가를 수행하거나, 납세자가 기초한 가격산정정보의 신뢰성을 평가하거나, 또는 무형자산 또는 무형자산권리가 정상가격과 비교할 때 과소 또는 과대 평가되어 이전되었는지 판단하는데 어려움이 따른다.(TP §6.191)

이러한 상황에서, 과세당국은 사후결과를 사전가격조건의 적정성에 대한 추정증거로 삼을 수 있다. 그렇지만, 사전가격 기초정보의 신뢰성을 평가하기 위해 사후증거를 고려해야 한다고 판단되는 경우에만 사후증거(ex post evidence)를 검토해야 한다. 과세당국이 사전가격의 기초정보의 신뢰성을 확인할 수 있는 경우, 평가곤란 무형자산에 대한 접근법에도 불구하고 사후이익수준에 따른 소득조정을 해서는 안 된다. 사전가격약정을 평가할 때, 과세당국은 정상거래약정의 결정을 보여주는 회계자료에 대한 사후증거를 적용할 수 있는데, 이에는 거래 당시 독립기업들이 하였을 조건부 가격산정약정이 포함된다. 사실관계에 따라 다르지만, 이러한 접근법을 적용할 때 여러 연도의 자료를 사용하는 것이 적절하다.(TP §6.192) 아래 예외사항 중 어느 하나에 해당하면 평가곤란 무형자산의 이전이나 사용 거래에 이러한 접근법을 적용하지 않는다.(TP §6.193)

| 사후결과를 기준으로 조정하지 않는 경우 |

1. 납세자가 다음 정보를 제공하는 경우
   ① 가격을 산정하는데 어떻게 위험들을 고려했는지를 포함하여 거래 당시 가격산정을 위해 사용한 사전예측의 세부사항들과 합리적으로 예측가능한 사건과 기타위험들에 대한 고려의 적절성 및 발생확률
   ② 재무예측과 실제결과 사이의 상당한 차이가 다음 이유 때문이라는 믿을만한 증거
      a) 거래 당시에는 관계회사들이 예측할 수 없었던 가격산정 후 발생한 사건 ; 또는
      b) 예측가능한 결과의 발생가능성이 당초 기대치와 다르게 나타나고, 거래 당시 이러한 발생가능성이 상당히 과대평가되거나 과소평가되지 않았음.
2. 해당 사업연도의 평가곤란 무형자산의 이전거래가 양도인 및 양수인이 소재하는 국가들이 합의한 쌍방 또는 다자간 사전가격승인에 포함되는 경우
3. 위 1의 ②에서 언급된 재무예측과 실제결과의 중요한 차이가 거래 당시 산정한 평가곤란 무형자산 거래가격의 20% 이상을 감소시키거나 증가시키지 않는 경우
4. 평가곤란 무형자산을 통해 양수인이 최초로 제삼자에게 판매를 한 연도 이후 5년의 상용화기간이 경과하였으며, 위 1의 ②에서 언급된 재무예측과 실제 결과의 중요한 차이가 해당 상용화기간 동안 전망치의 20%를 초과하지 않는 경우

위 첫째 예외사항은 회계자료에 대한 사후증거에서 과세당국이 사전 이전가격약정의 적정성을 판단할 수 있는 관련정보를 찾을 수 있더라도, 납세자가 거래 당시 예측가능하며 가격추정에 반영되었다는 것을 설명하고 예상할 수 없는 사건들로 인해 예측과 결과의 차이가 발생했다는 점을 충분히 설명할 수 있다면, 과세당국은 사후결과에 기초하여 사전 이전가격조건을 조정할 수 없다는 의미이다. 예를 들면, 재무결과의 증거를 보면 이전된 무형자산을 이용한 제품매출이 연간 1,000에 달하였으나, 사전 이전가격조건이 연간 최대 100의 매출을 전제로 한 예측에 근거했다면, 과세당국은 매출이 많이 발생한 이유를 검토해야 한다. 예를 들면, 거래 당시 확실하게 예측하지 못하였거나 발생가능성이 아주 낮은 자연재해 또는 다른 우발사건으로 무형자산 이용제품에 대한 수요가 기하급수적으로 커졌기 때문에 매출수량이 커지게 된 경우, 사후재무결과 이외에 가격결정이 정상거래기준에 근거하지 않는다는 증거가 없다면 사전가격산정을 정상가격으로 보아야 한다.(TP §6.194) 평가곤란 무형자산에 대해 이러한 접근법을 적용하여 발생되는 이중과세 사안들을 조세조약의 상호합의절차를 통해 해결해야 한다.(TP §6.195)

③ **평가곤란 무형자산에 대한 세무당국을 위한 지침** (TP 6장 부록 2)

평가곤란 무형자산의 경우, 세무당국은 사후결과를 사전가격책정의 적절성에 대한 추정증거로 고려할 수 있다. 실제소득 또는 실제현금흐름이 가격결정 기준인 예상소득 또는 예상현금흐름보다 상당히 높거나 낮은 경우, 이는 당초평가에 사용된 예상소득 또는 예상현금흐름이 더 높거나 낮아야 하며, 평가곤란 무형자산이 게재된 거래를 시작할 때 알려지고 예상될 수 있었던 것을 고려하여 그 결과의 확률가중치를 정밀조사해야 한다는 추정증거(세무당국의 관점에서)로 볼 수 있다. 그러나 거래시점에 수익이나 현금흐름이 달성될 확률을 고려하지 않고 실제소득이나 실제현금흐름에 기초하여 가치평가를 다시 하는 것은 옳지 않다. 평가곤란 무형자산 접근법의 적용은 다음 원칙에 따라야 한다.

- 평가곤란 무형자산 접근법을 적용하는 경우, 세무당국은 사후결과를 사전가격책정의 합리성에 대한 추정증거(presumptive evidence)로 고려할 수 있다.
- 사후결과는 거래시점에 이루어졌어야 할 가치평가의 결정을 나타낸다. 그러나, 특수관계기업들이 거래시점에 그 소득 또는 현금흐름의 달성확률과 관련된 정보를 합리적으로 알고 고려했는지를 판단하지 않고, 실제소득이나 실제현금흐름에 근거해 평가하는 것은 옳지 않다.
- 가치평가의 수정으로 무형자산이 정상가격에 비해 저가나 고가로 이전된 것으로 밝혀지는 경우, 이전된 무형자산의 수정된 가격은 납세자가 주장하는 지급내역에 상관없이 가격조정조항이나 우발상황지급금을 고려하여 경정 과세된다.
- 세무당국은 사후결과에 근거한 추정증거를 가능하면 조기에 확인하고 처리할 수 있도록 조사실무를 집행해야 한다.

아래 사례는 평가곤란 무형자산 지침을 적용함에 따라 발생하는 이전가격조정의 실무 적용을 설명하기 위한 것이다.

사 례

《사례 1》 A국 거주자 A사는 약제화합물에 대한 특허를 취득했다. A사는 그 화합물에 대한 임상전 시험을 마무리하고 성공적으로 임상 1·2상을 통과했다. A사는 0년차에 S국에 거주하는 계열사 S사에 특허권을 양도한다. S사는 양도 후 3단계 임상을 책임진다. 일부 개발된 약제의 특허가격을 결정하기 위해 당사자들은 특허의 잔존기간에 걸쳐 완성된 약제의 이용으로 얻게 될 기대수익이나 기대현금흐름을 추정했다. 양도시점에 산정된 가격은 700으로 0차 연도에 일시불로 지급되었다고 가정한다. 특히, 납세자는 연매출이 1,000을 초과하지 않고 6차 연도까지 상업화가 시작되지 않을 것으로 가정했다. 할인율은 동일한 개발단계에서 유사한 치료범위의 약제에 대한 실패위험을 분석하는 외부데이터를 참조하여 결정되었다. A국 세무당국이 0차 연도에 특허권 양도와 관련된 이러한 사실을 알고 있었더라도 판매와 관련된 납세자 가정의 타당성을 검증할 수 있는 수단이 거의 없었을 것이다.

상황 A (Scenario A) 4차 연도에 A국 세무당국은 A사의 0~2차 연도에 대한 조사를 하여, 3단계 임상이 예상보다 일찍 완료되었기 때문에 사실상 3차 연도부터 상업화가 시작되었다는 정보를 입수했다. 3차 연도 및 4차 연도 매출액은 양도시에 6차 및 7차 연도에 달성될 것으로 예상한 매출에 해당한다. 납세자는 최초 가치평가에 더 이른 시기에 매출이 발생할 가능성을 고려했다는 것을 입증할 수 없으며, 그러한 발전이 예측가능하지 않았다는 것을 입증할 수 없다. 세무당국은, 거래시점에 이루어진 가치평가에서 더 이른 연도에 판매될 가능성을 고려하지 않았다고 판단하기 위해 사후결과로 알려진 추정증거를 사용한다. 납세자의 당초 가치평가는 적절히 위험조정된 조기판매 가능성을 포함하도록 수정되어 0차 연도에 700이 아닌 800으로 제약의 순현재가치가 수정된다. 수정된 순현재가치는 또한 거래 전 각 당사자가 평가곤란 무형자산과 관련하여 수행한 기능, 사용한 자산 및 부담한 위험을 고려하고, 거래 당시에 거래 후 각 당사자가 수행, 사용 또는 인수할 것으로 합리적으로 예상되는 기능, 자산 및 위험을 고려한다. 이에 따라, 이 사례 목적상, 0차 연도에 예상되는 정상가격이 1,000이라고 가정한다. 다만, 1,000의 가치가 오로지 실제결과에 근거한 양도권리의 순현재가치가 되어야 하는 것은 아니다. 평가곤란 무형자산 접근법에 따라, 세무당국은 0차 연도에 300의 추가이익을 증액조정한다.

상황 B (Scenario B) 세무당국은, 거래시점에 이루어진 가치평가에서 더 이른 연도에 판매될 가능성을 고려하지 않았다고 판단하기 위해 사후결과로 알려진 추정증거를 사용한다. 납세자의 당초 가치평가는 적절히 위험조정된 조기판매 가능성을 포함하도록 수정되어 0차 연도에 700이 아닌 800으로 제약의 순현재가치가 수정된다. 이에 따라, 사례 목적상 0차 연도에 예상되는 독립기업의 정상가격은 800이라고 가정한다. 다만, 800의 가치가 오로지 실제결과에 근거한 양도권리의 순현재가치가 되어야 하는 것은 아니다. 평가곤란 무형자산 접근법에 따라, 세무당국은 0차 연도에 100의 추가이익을 증액 조정할 수 있다. 그런데, 이 사례에서 제외요건을 적용하는데 양도대가에 대한 조정액이 거래시점에 결정된 대가의 20% 이내이기 때문이다.

《사례 2》 사실관계는 사례 1과 같다. 이러한 사실에 기초하여, A국 세무당국은 3차 연도부터 5차 연도에 대해 A사를 조사하여 특허관련 제품의 5차 연도부터 6차 연도까지 매출이 예상보다 상당히 높았다는 정보를 얻었다고 가정하자. 납세자는 당초 평가에서 1년에 1,000 이상의 매출을 예상하지 않았지만, 5차 연도 및 6차 연도 결과는 각각 1,500의 매출을 보여주었다. 납세자는 당초 평가에서 매출이 이러한 수준에 도달할 가능성을 고려했다는 것을 입증할 수 없으며, 그러한 매출수준에 도달한 것이 예측할 수 없는 발전 때문이라는 것을 입증할 수 없다. 세무당국은 사후 결과에 따라 드러난 추정증거를 사용하여 가치평가에서 더 높은 매출 가능성을 고려해야 한다고 판단한다. 납세자의 당초 가치평가는 초기의 적절히 위험조정된 판매가능성을 포함하도록 수정되어 700이 아닌 1,300으로 제약의 순현재가치가 수정된다. 수정된 순현재가치는 또한 거래 전에 각 당사자가 평가곤란 무형자산과 관련하여 수행한 기능, 사용된 자산 및 부담한 위험을 고려하며 거래 당시에 거래 후 각 당사자가 수행, 사용 또는 부담할 것으로 합리적으로 예상하는 기능, 자산 및 위험을 고려한다. 이에 따라, 사례 목적상 0차 연도에 예상되는 독립기업의 정상가격은 1,300이라고 가정한다. 다만, 1,300의 가치가 오로지 실제결과에 근거한 양도권리의 순현재가치가 되어야 하는 것은 아니다. 평가곤란 무형자산 접근법에 따라, 세무당국은 0차 연도에 600의 추가이익을 증액조정할 수 있다. 이 사례 목적상, 예외요건 모두에 해당되지 않는다고 가정한다. 조정을 하는 한 가지 방법은 0차 연도에 지급된 가격을 증액경정하는 것이다. 그러나 일시불에 대한 상당한 수정은 무형자산 가치평가의 높은 불확실성으로 인한 위험을 강조하며, 이러한 상당한 불확실성의 관점에서, 대체적 지급구조와 일치하는 조정이 독립당사자들이 행했을 조정과 같을 것인지 고려해야 한다. 0차 연도 가치평가의 높은 불확실성을 해소하기 위해, 비교가능상황에서 무형자산 양도를 위한 가격책정의 증거를 0차 연도에 조정하는 적절한 대안을 제시할 수 있다. 예를 들어, 제약분야에서 특정시장의 개발단계나 규제승인의 성공적 완료에 따라 초기 일시불(lump sum payment)과 추가 조건부지급(contingent payment) 약정의 조합을 통해 독립당사자들에게 특허권을 양도하는 것이 일반적이라고 가정한다. 이 경우, 최초 시장판매승인을 3차 연도에 받았다고 가정한다. 이에 따라, 세무당국은 3차 연도에 추가지급을 통해 과소지급액을 회복하는 것이 비교가능상황에서 정상관행과 일치한다고 판단한다. 그런데, 이것은, 특정유형의 무형자산에 대한 지급형태와 관련하여, 관련사업부문의 일반적 실무관행이 있을 때에만 지급형태의 변경이 가능하다는 뜻은 아니다. 이 사례에 예시된 원칙은 세무당국이 실제로 0차-2차 연도에 조사를 수행하는지, 3차-5차 연도에 대한 두 번째 조사를 수행하는지 또는 3차-5차 연도에 대해서만 조사를 수행하는지에 관계없이 적용된다. 2가지 상황 모두에서, 당초 평가의 수정은 7차 연도에 나타난 사후증거에 기초하여 정당화되며, 조약이나 국내법의 제한에 따라, 저평가액은 평가곤란 무형자산 접근법에 따라 회수된다.

(5) 재화판매 또는 용역제공과 관련된 무형자산 사용거래

① 무형자산 사용거래에서 비교가능성 요소로서의 무형자산

무형자산의 존재 여부가 비교가능성에 상당한 영향을 미치는 경우가 있다.(TP §6.197) 이전가격분석에서 최적방법이 재판매가격법, 원가가산법 또는 거래순이익률법인 경우, 일반적으로 거래가 상대적으로 복잡하지 않은 회사를 분석대상(tested party)으로 선정한다. 대부분의 경우, 분석대상의 정상가격 또는 정상소득은 그 거래와 관련하여 사용되는 무형자산가치를 산정할 필요없이 결정된다. 이는 일반적으로 어떤 당사자도 무형자산을 사용하지 않는 경우이다. 그런데, 어떤 경우 분석대상이 상대적으로 단순한 사업활동을 수행하면서도 무형자산을 사용하기도 한다. 마찬가지로, 비교가능거래의 당사자들이 무형자산을 사용하기도 한다. 이 경우, 분석대상 및 비교가능거래 당사자들이 사용하는 무형자산을 분석에서 비교가능성요소로 검토해야 한다.(TP §6.198)

예를 들면, 관계거래를 통해 매입한 제품의 마케팅 및 판매를 담당하는 분석대상이 사업활동을 수행하는 지역에서 고객리스트, 고객관계 및 고객자료를 포함한 마케팅무형자산을 개발하는 경우가 있다. 또한 유리한 물류 노하우나 소프트웨어 및 기타수단을 개발하여 판매사업을 운영하기도 한다. 이러한 분석대상의 수익성에 대한 무형자산의 영향 또한 비교가능성분석에서 고려되어야 한다.(TP §6.199) 그런데, 분석대상이 이러한 무형자산들을 사용하는 경우 대부분 독립거래 당사자들도 같은 유형의 무형자산을 보유할 수 있다는 점을 알아야 한다. 따라서 위에서 언급한 판매회사의 경우, 그 회사의 산업분야와 시장에서 비슷한 판매활동을 수행하는 독립기업 또한 잠재고객에 대한 정보와 연락처를 보유하며, 고객정보를 수집하고, 독특한 물류시스템을 갖추며, 다른 측면에서 분석대상과 비슷한 무형자산을 보유하고 있을 가능성이 높다. 이 경우, 비교가능성이 상당히 크므로 비교대상이 지불한 가격이나 수취한 소득률을 분석대상의 수행기능 및 보유무형자산에 대한 정상대가의 척도로 쓸 수 있다.(TP §6.200)

분석대상과 비교대상이 비교가능한 무형자산들을 보유하는 경우, 그 무형자산들은 독특하거나 가치있는 무형자산에 해당하지 않으며, 그 무형자산들에 대한 비교가능성 차이조정이 필요하지 않다. 따라서 이 경우, 비교대상은 분석대상 무형자산의 이익공헌도에 대한 가장 좋은 증거가 된다. 그렇지만, 분석대상 또는 비교대상이 사업에서 독특하고 가치있는 무형자산을 소유하고 사용하는 경우에는 비교가능성분석에 적절한 차이조정이 이루어지거나 다른 이전가격방법을 사용해야 한다.(TP §6.201)

납세자와 과세당국 모두 비교대상 또는 분석대상의 무형자산 사용 여부를 기준으로 비교대상후보를 제외해서는 안 된다. 확인되지 않은 무형자산 또는 중요한 영업권(goodwill)이 있다는 사실만으로 비교대상후보를 제외해서는 안 된다. 식별된 거래나 기업이 비교가능한 경우, 분석대상이나 비교대상에게 상대적으로 중요하지 않은 무형자산이 있거나 그들이 이것을 사용하는 경우에도 그 거래나 기업은 유력한 정상가격의 지표가 될 수 있다. 해당 무형자산을 확실하고 명확하게 식별하고 그 무형자산이 독특하고 가치있는 무형자산임이 분명한 경우에만, 비교불가능 무형자산을 소유하거나 사용하는 것으로 보아 비교대상후보를 제외해야 한다.(TP §6.202)

② 재화판매 또는 용역제공과 관련된 무형자산 사용거래의 정상가격결정

재화판매 또는 용역제공과 관련된 무형자산 사용거래의 정상가격을 산출하는데 일반원칙이 적용된다. 이는 크게 2가지 경우로 구분할 수 있다. 첫째 유형은, 기능분석을 포함한 비교가능성분석으로, 비교대상을 바탕으로 이전가격방법을 사용하여 정상거래조건을 결정할 수 있는 충분히 믿을만한 비교대상을 선정하는 경우이다. 둘째 유형은 기능분석을 포함한 비교가능성분석에서 독특하고 가치있는 무형자산 거래당사자들의 사용의 결과에 대한 믿을만한 독립거래를 식별하지 못하는 경우이다. 이러한 2가지 경우에 대한 이전가격접근법은 아래와 같다.(TP §6.203)

㉮ 믿을만한 비교대상이 존재하는 경우

관계회사들 간 재화판매 또는 용역제공 거래에서 무형자산이 사용되지만 믿을만한 비교대상을 선정할 수 있는 경우도 종종 있다. 사실관계에 따라, 거래에 특수관계 재화판매 또는 용역제공과 관련된 무형자산 사용이 포함되고 믿을만한 비교대상이 있는 경우 5가지 이전가격방법이 최적방법이 될 수 있다.(TP §6.204) 분석대상이 독특하고 가치있는 무형자산을 사용하지 않고 믿을만한 비교대상을 식별할 수 있는 경우, 비교가능제삼자가격법, 재판매가격법 또는 거래순이익률법과 같은 일방분석(one-sided methods)을 기준으로 정상가격을 산출할 수 있다. 이 경우, 거래상대방이 사용한 무형자산의 성격을 자세히 분석할 필요없이 일반적인 이전가격지침을 적용할 수 있다.(TP §6.205) 분석대상이 무형자산을 사용하는 경우, 확인되는 독립거래를 비교대상에서 제외할지 또는 비교가능성 차이조정이 필요한지를 판단할 때 무형자산에 대한 지침이 적용된다. 분석대상이 사용하는 무형자산이 독특하고 가치있는 무형자산인 경우에만 비교가능성조정을 하거나 독립거래에 덜 의존하는 이전가격방법을 선택해야 한다. 분석대상이 사용하는 무형자산이 독특하지 않거나 가치가 없다고 판단되는 경우, 독립거래에서 당사자들이 지급하거나 수취하는 가격, 벌어들이는 이익이나 수익은 정상거래조건을 판단하는 믿을만한 기준이 된다.(TP §6.206)

관계거래에서 분석대상이 사용하는 무형자산과 독립거래 당사자가 사용하는 무형자산의 차이 때문에 비교가능성조정이 필요한 경우, 믿을만한 비교가능성 조정금액을 산정하는 실질적 문제가 발생할 수 있다. 이러한 문제는 관련 사실관계와 확보가능자료를 철저히 검토하여 무형자산이 가격 및 이익에 미치는 영향을 확인해야 한다. 사용된 무형자산의 특성차이가 가격에 미치는 영향이 상당하지만 정확히 산정할 수 없는 경우, 믿을만한 비교대상의 식별에 대한 의존도가 낮은 다른 이전가격방법을 사용해야 한다.(TP §6.207) 재화판매 또는 용역제공에 대한 무형자산 사용거래에서 비교가능성조정을 할 경우, 무형자산의 특성차이 이외의 다른 요소들도 고려해야 한다. 특히, 비교가능성 차이조정은 시장, 지리적 이점, 사업전략, 집약된 노동력, 그룹동반효과 및 기타 이와 비슷한

요소들의 차이에 대해서 이루어져야 한다. 이러한 요소들은 무형자산이 아니지만, 무형자산의 사용이 수반되는 문제에서 정상가격에 중요한 영향을 미친다.(TP §6.208)

㈏ 믿을만한 비교대상이 존재하지 않는 경우; 거래이익분할법

믿을만한 제삼자비교대상을 찾지 못하는 경우, 무형자산이 포함되는 재화판매나 용역제공에 대한 정상소득배분액을 결정하기 위해 거래이익분할법을 사용할 수 있다. 거래이익분할법의 사용이 적절한 상황은 거래의 두 당사자가 모두 거래에 독특하고 가치있는 기여를 하는 경우이다.(TP §6.209) 거래이익분할법에 대한 지침은 관계거래에서 재화판매 또는 용역제공과 관련하여 무형자산을 사용하는 경우에 적용할 수 있다.(TP §6.210)

무형자산의 사용을 수반하는 경우에 거래이익분할법을 적용할 때 무형자산의 식별, 무형자산이 가치창출에 기여하는 방식의 평가, 수익창출을 위한 수행기능, 부담위험 및 사용자산의 평가에 대해 주의를 기울여야 한다. 특정되지 않은 무형자산이 존재한다거나 사용된다는 애매한 주장만으로는 이익분할법을 믿을만하게 사용할 수 있는 상황은 아니다.(TP §6.211) 적절한 상황에서, 재화판매 또는 용역제공과 관련된 무형자산 사용거래의 정상거래조건을 판단하는데 독립거래에 의존하지 않는 이전가격방법 또는 가치평가기법을 사용할 수 있다. 이 경우, 선택된 대체방법은 제공되는 재화 또는 용역의 성격, 무형자산의 공헌도 및 가치창출에 기여하는 기타요소들을 반영해야 한다.(TP §6.212)

(6) 무형자산거래와 관련한 문제

① 영업이익의 25% 분할

특허전문가 Robert Goldscheider의 연구에 따라 사용자의 특허사용으로 인한 세차감전 영업이익의 25%를 대여자의 특허사용료로 인정한 미국판례가 있었지만, 최근의 미국판례(uniloc v. microsoft, 632F.3d1292, FED. cir. 2011)는 이를 사실에 근거하지 않은 것이라는 이유로 배척했다.

② 대가를 지급하지 않는 경우

대여자 및 양도자가 실질적으로 보유하는 무형자산에 대해 사용자 및 양수자가 명목상 대가만을 지불하거나 전혀 대가를 지불하지 않는 경우에도 지급되어야 할 정상대가는 사용료소득에 해당하며 대부분 국가에서 원천징수대상이다.(Reg §1.482-4.f.1)

(7) 미국세법의 무형자산 평가기준 변화

미국세법은 2020년 이후 무형자산 평가기준을 강화하여 소득연계(Commensurate with

Income), 통합(Aggregation), 현실적 대안(Realistic Alternatives) 원칙을 적용한다.

소득연계란 무형자산 이전 후 해당 자산에서 발생한 소득이 많으면 더 많은 보상이 있어야 한다는 것으로, 국세청은 이를 근거로 주기적 조정을 할 수 있으며 특히 무형자산 이전 후 수익이 급증한 경우 원래 정상가격을 적용했더라도 사후조정을 할 수 있다.(IRC §482 3문단) 통합이란 여러 개의 무형자산(예 기술+브랜드+유통권)이 경제적으로 연계된 경우 개별 자산이 아닌 전체를 하나의 단위로 평가할 수 있다는 것으로, 예를 들면 글로벌 플랫폼사업의 무형자산을 양도하는 경우 개별 소프트웨어와 알고리즘을 따로 평가하지 않고 통합가치로 평가한다.(Reg. §1.482-1.f.2.i) 현실적 대안이란 당사자가 특정 무형자산을 거래하지 않았다면 선택했을 대안을 비교기준으로 한다는 것으로, 예를 들면 무형자산을 제3자에 대여하지 않고 자신이 사용했을 때 수익성이 더 컸다면 국세청은 이를 기준으로 조정할 수 있다. 즉, 실제 거래가 정상거래였어도 다른 대안이 더 나은 것이라면 국세청은 조정할 수 있다.(Reg. §1.482-1.d.3.iv)

2.5 무형자산의 가치평가기법

(1) 가치평가기법의 의미

가치평가기법이 사실관계에 따라 이전가격지침과 다르지 않고 가치평가원칙과 관행에 맞게 적용되며, 가치평가의 기본가정이 적절하고 그러한 가정이 정상거래원칙에 부합하는 경우, 믿을만한 독립거래가 없다면 가치평가기법은 이전가격분석에서 유용한 수단이 될 수 있다.(TP §6.156)

무형자산을 평가하는 회계적방법에는 무형자산 개발원가를 평가기준으로 하는 원가접근법(cost approach), 무형자산의 미래현금흐름을 현재가치로 평가하는 편익접근법(income approach) 및 평가대상과 비슷한 거래를 찾아 이를 비교하는 시장접근법(market approach)이 있다.

이전된 무형자산의 사용으로 수취할 예상미래현금흐름의 할인가치를 추정하는 가치평가기법을 적절하게 적용하면 특히 유용하다. 이러한 가치평가기법에는 여러 가지 변형된 방법들이 있다. 일반적으로, 이 방법들은 기대내용연수에 걸쳐 예상되는 미래현금흐름의 기대가치를 평가하여 무형자산가치를 측정한다. 이러한 가치는 예상미래현금흐름을 현재가치로 할인해 평가된다. 이 방법을 사용하기 위해서는 현실적이고 믿을만한 예상재무자료, 성장률, 할인율, 무형자산 내용연수, 거래의 조세효과가 필요하다. 또한, 필요할 경우 잔존가치에 대한 고려도 필요하다. 사실관계에 따라 다르지만, 무형자산사용으로 수취하는 예상현금흐름의 할인가치계산으로 정상가격에 도달하기 위해서는 거래

당사자들의 입장에서 모두 평가되어야 한다. 정상가격은 양도인 및 양수인의 입장에서 평가된 현재가치 범위 내에 해당하여야 한다.(TP §6.157)

사 례 가치평가기법의 사용(TP 6장 부록)

■ TP 6장 부록 사례 27

A사는 다국적기업그룹의 모회사로 X국에서 사업을 영위한다. A사는 다국적기업그룹에 의해 생산되고 판매되는 다양한 제품과 관련된 특허, 상표 및 노하우를 소유한다. B사는 A사의 자회사이다. B사의 모든 영업활동은 Y국에서 수행되며 B사는 M제품과 관련된 특허, 상표 및 노하우를 소유한다. 그룹의 특허보호 및 불법복제방지를 위한 목적으로, 다국적기업그룹은 A사에 특허의 소유권을 집중하기로 결정한다. 이에 따라, B사는 A사에 M제품에 대한 특허권을 양도하고 그에 대한 대가를 일시불로 받았다. A사는 양도 이후 M제품과 관련되어 수행중인 모든 기능 및 관련 위험을 부담한다. 자세한 비교가능성분석 및 기능분석을 통해 다국적기업그룹은 정상가격을 산출하기 위한 독립거래를 찾는 것은 불가능하다고 판단한다. A사와 B사는 가치평가기법이 거래가격의 정상가격 여부를 판단하기 위해 가장 합리적이라고 판단한다. 가치평가 직원은 재산과 특허를 직접 평가하는 평가방법을 사용하여 M제품 특허의 세후현재가치를 80으로 평가했다. 이 분석은 사용료율, 할인율 및 M제품이 경쟁하는 산업의 일반적 내용연수를 근거로 한다. 그런데, M제품 및 M제품 관련 특허권과 해당산업의 전형적인 특허권 사이에는 중대한 차이가 있다. 분석에 사용된 사용료계약은 비교가능제삼자가격법 분석에 필요한 비교가능성기준을 충족하지 못한다. 가치평가에서 이러한 차이를 조정해야 한다.

분석을 하면서, A사는 또한 현금흐름할인방법을 기반으로 M제품 사업전반을 분석했다. A사가 예상인수가치를 평가할 때 통상적으로 사용하는 가치평가기준에 근거한 분석에서, M제품 전체사업의 순현재가치는 100이다. M제품 전체사업의 평가가치 100과 특허의 평가가치 80의 차이 20은 B사가 통상적으로 수행하는 기능에 대한 보상의 순현재가치와 B사가 소유하는 상표와 노하우의 가치에 해당하는 것으로 볼 수 있다. 이러한 상황에서, 특허에 배분된 가치 80의 신뢰성에 대한 추가검토가 필요하다.

■ TP 6장 부록 사례 28

A사는 다국적기업그룹의 모회사이며, S국에서 사업활동을 영위한다. T국에서 영업을 하는 P사는 다국적기업그룹의 계열사이고, U국에서 영업을 하는 C사도 다국적기업그룹의 계열사이다. 다국적기업그룹은 사업상 이유로 S국 외에서 무형자산과 관련하여 발생하는 모든 사업활동을 한 장소에 집중하기로 결정했다. 이에 따라 B사가 소유하는 특허, 상표, 노하우 및 고객관계 등의 무형자산이 C사에게 양도되었으며, 대금은 일시불로 지급되었다. 동시에 C사는 모든 위험을 부담하는 당사자로서 B사로 하여금 B사가 양도 이전에 제조하고 판매하던 모든 제품들에 대한 계약생산자로서 사업활동을 유지하도록 한다. C사는 인수한 무형자산의 관리와 B사의 사업활동에 필요한 무형자산의 추가개발을 수행할 수 있는 인력 및 자원을 보유한다. 다국적기업그룹은 C사가 B사에게 지급하는 대가가 정상가격인지 분석하는데 있어 비교가능거래를 찾을 수 없다고 판단했다. 비교가능성분석 및 기능분석을 토대로 다국적기업그룹은 이전된 무형자산들에 대한 분석방법으로 가치평가기법을 가장 합리적인 이전가격방법으로 선택했다. 가치평가기법을 적용할 때 다국적기업그룹은 모든 무형자산의 현금흐름을 개별적으로 구분할 수 없다.

이 경우, B사가 양도한 무형자산의 대가로 C사가 지급해야 하는 정상가격을 결정할 때, 이전된 무형자산을 개별적으로 평가하는 것보다 통합적으로 평가하는 것이 적절하다. 이는 특히 개별적으로 식별되는 무형자산 및 기타자산의 추정가능금액의 합계가 전체적인 사업가치와 상당히 차이가 나는 경우 그러하다.

■ TP 6장 부록 사례 29

P사는 다국적기업그룹의 모회사로, X국에서 설립되어 사업을 영위한다. 1차연도 이전 P사는 F제품과 관련된 특허와 상표를 개발했다. P사는 X국에서 F제품을 제조하여 관계회사인 전세계 도매법인들에 판매했다. 관계회사 도매법인들에게 청구된 금액은 정상가격으로 가정한다. 1차연도 초에 P사는 Y국에 100% 자회사 S사를 설립했다. 비용을 절감하기 위해 P사는 F제품의 생산을 모두 S사에 이전했다. S사 설립시 P사는 F제품과 관련된 특허와 상표를 S사에게 양도하고 대가를 일시불로 받았다. 이러한 상황에서 P사와 S사는 현금흐름할인방법을 무형자산 양도대가에 대한 이전가격방법으로 선택했다. 이 평가방법에 따라, P사는 X국에서 X제품을 생산하면서 세후잔여현금흐름(관계회사들의 수행기능에 대한 정상대가 지급 후) 600을 수취할 수 있다. 구매자의 관점에서 볼 때, S사가 제품생산에 필요한 무형자산을 소유하고 Y국에서 제품을 생산하는 경우 세후잔여현금흐름 1,100을 수취할 수 있다. P사의 세후잔여현금흐름 및 S사의 세후잔여현금흐름의 차이는 몇 가지 요소에 기인한다. P사의 다른 대안은 P사가 무형자산을 소유하고, S사 또는 Y국에서 S사를 대신하는 다른 공급회사가 제품을 생산하는 것이다. 이 대안에서 P사는 세후잔여현금흐름을 875으로 추정했다.

P사가 S사로 이전한 무형자산에 대한 정상가격을 산출할 때, 두 당사자의 관점 및 각 당사자에 현실적으로 가능한 대안 등 사실관계를 모두 고려하는 것이 중요하다. P사는 세후잔여현금흐름의 현재가치가 600(무형자산을 유지하고 과거와 같이 지속적으로 영업을 했을 때 생기는 잔여현금흐름) 이하라면 무형자산을 팔지 않을 것이다. 또한, P사는 875 이하로는 무형자산을 팔지 않을 것이다. P사가 저비용환경에서 사업활동을 하는 다른 회사를 통해 생산비용을 절감할 수 있다면 그러한 계약제조업체를 설립하는 것도 대안이 될 수 있기 때문이다. 이러한 대안들도 무형자산의 판매가격을 결정할 때 현실적으로 고려되어야 한다.

모든 사실관계를 고려할 때, S사는 무형자산거래에 참여하지 않음으로써 얻을 수 있는 수익보다 낮은 세후수익을 발생시키는 가격 이상을 무형자산에 대한 대가로 지급하지 않을 것이다. 현금흐름할인방법에 따라 무형자산으로부터 수취할 수 있는 세후잔여현금흐름의 현재가치는 1,100이다. P사가 다른 대안보다 같거나 큰 수익을 낼 수 있고, S사가 거래 자체에 대한 세금을 포함한 모든 관련사항을 고려하였을 때 수익을 낼 수 있는 가격이 합의될 수 있는 가격이다. 현금흐름할인방법을 사용하여 이전가격분석을 하는 경우, 독립기업들이 무형자산의 가격을 산출할 때 비용절감과 세금효과의 예상치를 어떻게 반영하는지 고려해야 한다. 그렇지만, 그 가격은 P사가 현실적으로 가능한 대안들을 통해 얻게 될 세후잔여현금흐름과 같은 수준의 가격과 S사가 거래 자체에 대한 세금을 고려하여 그 투자 및 위험에 대한 수익을 낼 수 있는 가격의 범위 내에 해당하여야 한다. 이 사례의 사실관계와 분석은 실제거래에서 필수적으로 요구되는 분석과 비교할 때 단순화된 것이다. 그럼에도 불구하고, 이 분석은 현금흐름할인분석을 할 때 관련된 모든 사실관계에 대한 고려의 필요성, 거래에 대한 각 당사자 입장의 평가, 이전가격분석에서 각 당사자에게 현실적으로 가능한 대안에 대한 고려의 중요성을 보여준다.

(2) 예상현금흐름 할인가치의 활용 및 그 문제점

무형자산 거래에 대해 그 무형자산의 사용으로 창출할 수 있는 미래의 현금흐름 예상액을 현재가치로 할인하는 방법을 적용하는 경우 미래의 현금흐름 예상액, 성장률, 할인율, 무형자산의 내용연수 및 잔존가치, 조세부담 등 제반 요소들이 객관적이고 합리적인 방법으로 수집 또는 산출되어야 하며, 거주자 · 내국법인은 이를 증명할 수 있는 자료를 보관 · 비치해야 한다.(국조령 §13 ④)

예상현금흐름 할인가치(discounted value of projected cash flows)를 활용한 가치평가기법을 사용할 때, 평가기법의 기초가 되는 가치추정이 불안정할 수 있다는 점을 알아야 한다. 가치평가모델이 기초한 가정 또는 가치평가변수의 사소한 변경으로 가치평가모델로 계산하는 무형자산평가에 있어 상당한 수준의 차이가 나타날 수 있다. 재무예측을 하는 데 있어 할인율(discount rate)의 작은 변동이나 예상성장률(growth rates assumed)의 작은 변동 또는 무형자산의 내용연수추정의 작은 변동도 최종가치평가에 큰 영향을 미친다. 또한, 둘 이상의 가치평가추정 또는 변수가 동시에 변경되는 경우 이러한 변동성이 커진다.(TP §6.158)

가치평가모델을 사용하여 산정한 무형자산 가치평가의 신뢰성은 특히 기초가정 및 그 가정에 기초한 추정의 신뢰성과 가정을 확인하고 가치평가변수를 추정하기 위해 이루어진 실사(due diligence) 및 판단의 신뢰성에 좌우된다.(TP §6.159)

기초가정 및 가치평가변수가 중요하므로, 이전된 무형자산에 대한 정상가격을 결정하는 데 가치평가기법을 사용하는 납세자 및 과세당국은 가치평가모델을 만드는 데 사용한 가정 및 선택한 가치평가변수와 그 가정과 가치평가변수가 합리적이라는 사실을 보여줄 서류를 준비해야 한다. 또한, 가치평가기법을 사용한 납세자는 이전가격보고서를 작성할 때 가정 및 가치평가변수의 변동에 따른 무형자산가치의 변동을 보여주는 민감도분석(sensitivity analysis)을 하는 것도 좋은 접근방법이 된다.(TP §6.160)

가치평가모델의 신뢰성을 평가할 때, 그 가치평가가 수행된 목적을 고려하고 납세자가 세무 이외의 목적으로 수행한 다른 가치평가의 가정 및 가치평가변수를 판단해야 한다. 이전가격목적 또는 기타목적으로 무형자산 가치평가를 할 때 적용한 가정이 달라진 것을 과세당국이 발견하는 경우, 납세자에게 이에 대한 설명을 요구하는 것은 합리적이다. 예를 들면, 이전가격목적상 높은 할인율을 사용한 반면 인수합병에 대해 낮은 할인율을 사용하는 경우, 또는 이전가격분석 또는 기타사업계획에서 사용한 무형자산 내용연수가 불일치하는 경우, 과세당국은 다른 기준을 사용한 이유에 대해 질문할 수 있다. 다국적기업그룹이 사업운영과 관련하여 사용한 평가방법이 이전가격분석을 위해 사용한 평가방법보다 신뢰성이 높을 수 있다.(TP §6.161)

① 재무예측의 정확성(accuracy of financial projections)

무형자산 이전거래에 대해 예상현금흐름 할인가치를 사용한 가치평가의 신뢰성은 가치평가가 기초하는 미래현금흐름 또는 기대수익의 정확성에 달려 있다. 그렇지만, 재무예측의 정확성은 가치평가 당시 알려지지 않았거나 알 수 없는 시장상황에 따라 달라지고 어느 정도 추정에 근거하므로, 납세자 및 과세당국은 미래 수익 및 비용의 예측에 사용된 가정에 대해 면밀히 검토해야 한다.(TP §6.163)

재무예측을 평가할 때, 예측의 근거 및 목적이 중요한 평가요소이다. 어떤 경우, 납세자는 사업계획수립목적으로 정기적으로 재무예측자료를 준비한다. 경영진은 사업운영 및 투자결정 목적으로 이러한 분석을 사용한다. 사업계획수립목적으로 이루어진 재무예측은 세무목적 또는 이전가격분석목적으로 수행된 재무예측자료보다 신뢰성이 높다.(TP §6.164) 재무예측의 신뢰성을 평가할 때, 재무예측 대상기간도 함께 고려해야 하는데, 기간이 길어질수록 예상현금흐름의 가치는 커지며 이는 수익과 비용에 대한 예측의 신뢰성을 낮추는 요인이 된다.(TP §6.165)

재무예측의 신뢰성을 평가하는 데 추가적으로 고려해야 할 사항은 무형자산 및 그와 관련된 상품 또는 용역에 대한 재무실적의 확보가능성이다. 과거재무실적을 미래예측을 위한 믿을만한 자료라고 가정하는데 주의가 필요한데, 미래에는 많은 요소들이 변할 수 있기 때문이다. 그렇지만, 과거영업결과는 무형자산과 관련된 상품 또는 용역의 미래성과에 대한 유용한 지침이 된다. 아직 시장에 출시되지 않았거나 현재 개발 중인 제품 또는 용역과 관련한 재무예측의 신뢰성은 과거실적이 있는 경우에 비해 낮다.(TP §6.166)

현금흐름예측에 개발비용을 포함할지를 결정하는 경우, 이전된 무형자산의 특성을 고려해야 한다. 어떤 무형자산은 무기한의 내용연수(useful lives)를 가지며 지속적으로 개발된다. 이 경우, 현금흐름을 예측할 때 미래에 발생될 개발비용을 포함하는 것이 적절하다. 또한, 어떤 특허권은 이미 충분히 개발되었으며 다른 무형자산의 개발을 위한 플랫폼(platform)으로 제공되지 않는다. 이 경우에는 이전된 무형자산의 미래현금흐름을 예측할 때 어떠한 개발비용도 포함하지 말아야 한다.(TP §6.167)

앞에서 말한 이유 또는 다른 이유로 가치평가를 위한 재무예측을 믿을 수 없거나 추측에 근거한다고 판단되는 경우, 평가곤란 무형자산에 대한 지침을 참조해야 한다.(TP §6.168)

② 예상성장률에 대한 가정

면밀히 검토해야 하는 현금흐름예측의 중요 부분은 예상성장률이다. 미래현금흐름의 예측은 성장률을 참조하여 증가되는 현재현금흐름(또는 부분적으로 개발된 무형자산과 관련된 상품출시 후 초기현금흐름의 예측)에 근거한다. 이 경우, 추정성장률에 대한 근거를 확인해야 한다. 특히, 특정상품의 매출이 장기간 일정성장률로 이루어지는 것은 비정상적이다. 그러므로 비슷한 상품과 시장에 대한 경험 또는 미래시장조건에 대한 합리적 평가가 뒷받침되지 않는 직선형 성장률을 적용하는 단순모델을 사용하는 경우 주의가 필요하다. 일반적으로 비슷한 상품에 대한 산업과 회사의 경험치에 기초하여 수익과 비용의 성장패턴을 검토하는 경우, 미래현금흐름에 기초한 가치평가기법을 믿을만하게 적용할 수 있다.(TP §6.169)

③ **할인율**(discount rates)

미래현금흐름을 현재가치로 전환할 때 사용하는 할인율은 가치평가모델에서 고려하는 중요요소 중 하나이다. 할인율에는 현금의 시간가치, 예상현금흐름의 위험 및 불확실성이 고려되어야 한다. 선택한 할인율의 작은 변동으로 가치평가기법을 사용하여 산출한 무형자산의 가치평가 결과값에 큰 변동이 있을 수 있으므로 납세자와 과세당국은 가치평가에 사용하는 할인율을 선택하기 위해 수행한 분석 및 가정을 면밀히 검토해야 한다.(TP §6.170)

이전가격목적상 모든 경우에 적합한 할인율은 없다. 납세자 또는 과세당국은 적정할인율의 결정이 중요한 이전가격분석에서 '가중평균 자본비용'(weighted average cost of capital)에 기초한 할인율 또는 다른 할인율을 항상 사용해야 한다고 가정해서는 안 된다. 그 대신 적정할인율을 결정하는 데 있어 각 사안의 사실관계에 대한 구체적 조건과 관련 위험 및 해당현금흐름을 평가해야 한다.(TP §6.171)

할인율을 결정하고 평가할 때, 특정상황 특히 개발 중인 무형자산의 가치평가와 관련된 경우 그 무형자산은 납세자의 사업에서 위험성이 높은 요소들 중 하나가 될 수 있다는 점을 알아야 한다. 또한, 어떤 사업은 다른 사업보다 본질적으로 위험이 커서 현금흐름에 대한 변동성도 클 수 있다는 점을 알아야 한다. 예를 들면, 연구개발비용의 예상치가 실현될 가능성이 수입금액 예상치가 실현될 가능성보다 클 수 있다. 할인율은 사실관계를 바탕으로 전체사업의 위험수준과 사업과 다양한 예상현금흐름의 변동가능성을 반영해야 한다.(TP §6.172) 어떤 위험들은 재무예측을 하거나 또는 할인율을 계산할 때 모두 포함될 수 있으므로, 위험에 대해 이중할인이 되지 않도록 주의해야 한다.(TP §6.173)

④ **무형자산의 내용연수와 잔존가치**(terminal values)

가치평가기법은 무형자산 내용연수에 걸쳐 무형자산 사용으로 수취하는 현금흐름을 예측하기 위해 자주 사용된다. 이 경우, 무형자산의 실제내용연수의 결정이 가치평가모델에서 중요한 가정 중의 하나이다.(TP §6.174) 무형자산의 내용연수를 예측하는 경우 모든 사실관계를 기초로 판단해야 한다. 특정 무형자산의 내용연수는 그 무형자산의 특성 및 법적보호기간에 영향을 받는다. 또한, 산업내 기술변화속도와 해당 경제환경에서

경쟁에 영향을 주는 다른 요인에 의해 영향을 받을 수 있다.(TP §6.175)

어떤 상황에서는 특정 무형자산이 법적보호가 만료되거나 무형자산과 관련된 상품판매가 끝난 후에도 현금흐름의 발생에 기여하기도 한다. 이는 1세대 무형자산이 차세대 무형자산개발과 신규상품의 바탕이 되는 경우이다. 신규상품으로 인한 계속적 현금흐름의 일부는 그에 영향을 미치는 1세대 무형자산에 적절히 배분되어야 한다. 어떤 무형자산은 가치평가 당시에 내용연수를 정확히 측정할 수 없지만, 이것이 비경상적 소득을 그 무형자산에 영구적으로 귀속시켜야 한다는 의미는 아니다.(TP §6.176) 이러한 맥락에서, 특정무형자산이 합리적 재무예측에 따른 기간을 넘어 계속하여 현금흐름에 기여하는 경우, 이는 한금흐름에 관련된 무형자산의 잔존가치가 계산되는 경우일 것이다. 가치평가에서 잔존가치를 사용하는 경우, 계산을 위한 가정을 명시해야 하며 기초가정을 면밀히 검토해야 하는데, 특히 예상성장률에 대해 그러하다.(TP §6.177)

⑤ **조세에 대한 가정**(assumptions regarding taxes)

가치평가기법의 사용목적이 무형자산에 대한 예상현금흐름을 구분하기 위한 것인 경우, 예상현금흐름에 대한 예상소득세를 평가하고 측정해야 한다. 고려해야 할 세무효과에는 (i) 미래현금흐름에 대한 예상소득세, (ii) 양수인에게 가능한 조세절감효과, (iii) 이전으로 인해 양도인에게 부과되는 예상세액이 있다.(TP §6.178)

(3) 가치평가기법과 적용대상

평가 방법	적용 대상
사용료절감(relief from royalty) 접근법 : 제삼자로부터 무형자산을 허여 받는 것에 비해 무형자산을 보유함으로써 절감되는 사용료대가를 기준으로 가치 측정	브랜드, 기술, 노하우
초과수익(excess earnings) 접근법 : 기여자산에 대한 대가로 귀속되는 수익부분을 차감한 후의 해당 무형자산에 귀속되는 수익의 현재가치를 측정. 이러한 기여자산에 대한 정상대가를 결정하기 위해 그 기여자산의 가치를 먼저 결정해야 함	고객관계, 판매관계, 기술, 지식재산권 연구개발, 주문잔고(order backlog), 허여권(licences)
원가(cost) 접근법 : 다시 설비하기 위해 소요되는 가격에 동일한 능력의 유사자산을 설비하는데 필요한 모든 비용을 포함한 자산의 대체원가를 추정하여 자산의 시장가치를 측정	허여권 및 허가, 특허(certifications), 내부개발 소프트웨어, 노동력
자산제외(with or without) 접근법 : 자산을 포함한 사업의 가치를 그 자산을 제외한 동일사업의 가치와 비교하여 자산의 공정가치를 측정	독점계약, 프랜차이즈, 공정 및 기술

평가 방법	적용 대상
사업기회(greenfield) 접근법 : 해당 무형자산 이외의 자산이 없는 창업사업의 현금흐름 할인가치에 근거해 자산가치 측정	부수소득 창출자산, 허여권 및 허가, 권리(용수, 벌목, 채광), 프랜차이즈

① **사용료절감**(relief from royalty) **접근법**

$$FV = pV(r) \sum_{t=0}^{t} [Revenue \times (Royalty(1-tax)]$$

Revenue : 평가대상 무형자산과 관련된 추정 수입금액
t : 무형자산의 예상내용연수
Royalty : 무형자산에 적용할 수 있는 개념적 사용료율
r : 할인율

② **초과수익**(excess earnings) **접근법**

$$FV = pV(r) \sum_{t=0}^{t} [Revenue - expenses - cac - taxes] + pV(r)tax\ benefit$$

expenses : 관련 비용
cac : 기여자산비용(contributory asset charges)
taxes : 예상 미래세율
tax benefit : 조세감소이익(자산가치, 세율, 조세감소율)

③ **원가**(cost) **접근법**

Replacement cost new − Obsolescence factors

Replacement cost new : 자산을 재생하는데 필요한 모든 비용으로 재료 및 노동을 포함
Obsolescence factors : 대상자산의 기능적, 경제적, 기술적 상황에 따라 대체원가를 절감할 수 있는 조정요소

④ **자산제외**(with or without) **접근법**

$$FV = pV_1(r) \sum_{t=0}^{t^{①}} [Revenue^{①} - expenses - capex/Wc - taxes]$$
$$- pV_2(r) \sum_{t=0}^{t^{②}} [Revenue^{②} - expenses - capex/Wc - taxes]$$
$$+ pV_3(r)tax\ Benefit$$

$Revenue^{①}$: 자산을 포함한 사업의 현금흐름 예측

pV1(r) : 기업전체 할인율
t① : 사업의 예상내용연수
Revenue② : 해당자산을 제외한 사업의 현금흐름 예측
pV2(r) : 해당자산을 제외한 기업전체 할인율
t② : 자산 + 비용을 대체하는 예상기간
pV3(r)tax Benefit : 조세감소이익(자산가치, 세율, 조세감소율)

⑤ **사업기회**(greenfield) **접근법**

$$FV = pV(r) \sum_{t=0}^{t} [Revenue - expenses - cac - taxes] + pV(r)tax\ benefit$$

Revenue : 자본비용을 포함한 사업개시 현금흐름 예측
t : 예상 수입금액 증가기간 및 유형
r : 사업개시유형 할인율
tax benefit : 조세감소이익(자산가치, 세율, 조세감소율)

(4) 무형자산 가치평가기법 적용사례

① **사실관계**

S사는 캐나다의 위성방송업자이다. S사는 5년 전에 캐나다 정부가 위성방송 주파수에 대한 허가를 내어줄 때 시작한 4개 사업자들 중 하나이다. 그 이후 캐나다 정부는 위성주파수에 대한 허가를 내어주지 않았으며 기존 주파수를 양도하는 것은 허가하고 있다. S사는 직접 모집한 고객에게 방송망을 제공하면서 월정 수수료를 수취하고 있다. S사는 고객이 사용하는 위성방송수신기를 제조하지 않으며 S사에 등록하거나 인가된 수신기로 수신하는 신호를 송출한다.

5년의 연구개발활동을 통해 S사는 '주문형(on demand)' 방송을 위한 독점기술을 개발했다. 이에 따라 S사는 육아, 금융, 역사, 학습, 인물, 요리와 같은 교육프로그램을 독점적으로 방송하는 6개의 주문형 유료방송을 시작했다. 이러한 고급서비스는 정규고객에게만 제공되며 분리하여 제공되지 않는다. 이 사업은 성공하였으며 지난해에 4,500만불의 수입을 증가시켰다.

S사의 일반적인 음악 및 좌담 방송콘텐츠의 대부분은 제삼자들로부터 공급받으며, 일반적인 방송업계의 사용료율에 따라 대가를 지급한다. 한편, '주문형' 고급채널의 독점방송을 위해 내부제작자나 독립자문인(의사, 교수, 전문가)을 통해 창출된 저작권으로 보호되는 20분에서 60분짜리 프로그램들을 1,000개 넘게 제작했다. S사의 경쟁자 둘이 각각 항공사와 부동산업자들에 위성방송콘텐츠를 제공하는 B2B사업을 영위하고 있다. 이 경쟁자들은 브랜드가 없는 콘텐츠를 제공한다.

㉮ 무형자산의 평가

2011년 1월 K는 S사의 주식을 8억불에 매입했다. 그 주식에 대한 순부채 및 순자산의 가치는 각각 4억불 및 5억불이다. 주식매입자는 재무보고 및 조세 목적상 S사의 중요한 무형자산을 평가하고자 한다. S사가 보유하는 무형자산에는 상표(trade name), 주문형 방송기술, 고객망(customer relationships), 방송권, 프로그램콘텐츠, 전문인력, 영업권이 있다.

기업가치 12억불	= 주식가치 8억불 + 순부채 4억불
△	유형자산 5억불
=	무형자산 7억불

㉯ S사의 과거 영업결과

| 현금흐름표 |

		2005	2006	2007	2008	2009	2010
	일반		102	305	508	813	900
① 매출	주문형						45
			102	305	508	813	945
	②일반		56	168	279	447	495
매출원가	③주문형					20	40
			56	168	279	467	535
매출총이익			46	137	229	346	410
④ 영업비		10	15	40	60	80	85
⑤ 연구개발비			3	10	20	15	12
		10	18	50	80	95	97
⑥ 판매마케팅비		15	20	55	65	100	120
④ 일반관리비		5	5	10	15	20	24
세전공헌이익		(30)	3	22	69	131	169
			3%	7%	14%	16%	18%
감가상각비			53	74	87	92	96
세전영업이익		(30)	(50)	(52)	(18)	38	73
조세			–	–	–	–	–
감가상각		–	(53)	(74)	(87)	(92)	(96)
자본지출		200	170	150	120	110	110
운전자본			8	16	16	24	11
		(230)	(175)	(144)	(68)	(4)	48

| 재무상태표 |

순운전자본	76	순부채	400
방송고정자산	438	자본	114
자산총액	514	부채 및 자본	514

- 일반 수수료수입은 5년 동안 1억불에서 9억불로 증가했다.
- 일반 수수료수입에 대한 매출원가는 일반 음악산업의 사용료이며 수입의 60% 정도이다.
- ‘주문형’수익에 대한 직접원가는 콘텐츠개발을 위해 소요되는 분당 800불에서 2,000불의 고정비용이다. 현재까지 1,000개 정도의 프로그램이 개발되었고 그에 대한 총원가는 6천만불이다.
- 영업비, 판매마케팅비, 일반관리비는 준변동비 성격이며, 그 중 약 60%는 인건비(제조, 인사, 법무, 판매, 마케팅, 재무 및 임원)로 제삼자 자문료, 마케팅비용, 전문용역 및 시설비용이다. 이러한 비용은 ‘주문형’ 수입금액이 증가하면 따라서 증가한다.
- S사는 5년간 ‘주문형’ 기술기반을 개발하기 위해 개발비용으로 약 6천만불을 지출했다.
- 브랜드 마케팅비용은 보통 판매마케팅비용의 3분의 2 정도이며 이는 수입금액의 12%에서 13% 정도이다.
- 재무상태표에 따르면 운전자본 7,600만불, 고정자산 4억3,800만불 및 순부채 4억불이 있다.

㉰ S사의 취득가치 예측 : 현금흐름표

		2011	2012	2013	2014	2015	2016
① 매출	일반	945	992	1,042	1,094	1,149	1,206
	주문형	71	99	104	109	115	121
		1,016	1,091	1,146	1,203	1,264	1,327
②③ 매출원가	일반	520	546	573	602	632	663
	주문형	30	30	30	35	35	35
		550	576	603	637	667	698
매출총이익		466	516	543	567	597	628
④ 영업비		100	103	105	108	110	113
⑤ 연구개발비		12	12	12	13	13	14
		112	115	118	121	124	127
④ 판매마케팅비		137	140	144	148	151	155

		2011	2012	2013	2014	2015	2016
⑤ 일반관리비		525	26	26	27	28	28
세전공헌이익		192	235	255	272	294	318
		19%	22%	22%	23%	23%	24%
감가상각비		98	98	98	99	99	99
⑥ 세전영업이익		95	137	157	173	195	219
조세		33	48	55	60	68	77
감가상각		(98)	(98)	(98)	(99)	(99)	(99)
⑦ 자본지출		100	100	100	100	100	100
⑧ 운전자본		6	6	4	5	5	5
		53	81	96	107	121	137
⑨ 장기성장률	2.5%						
잔여가치							1,438
할인기간		0.5	1.5	2.5	3.5	4.5	4.5
⑩ 할인요소	12.0%	0.9	0.8	0.8	0.7	0.6	0.6
현재가치		50	68	72	72	73	863
기업가치		1,199					
순부채		400					
주식시장가치		799					

① 일반 수수료수입은 매년 5%씩 성장할 것으로 예상된다.
② 주문형 수수료는 고객수 기준으로 2010년 5%에서 2011년 7.5%로 성장하며 2012년에 10% 정도로 안정될 것으로 예상된다.
③ 매년 진부화되는 콘텐츠의 3분의 1씩을 대체하기 위해 약 300만불의 주문형 콘텐츠가 개발되어 사업을 성장시킬 것이다.
④ 영업비, 판매마케팅비, 일반관리비는 매년 2%~3%씩 증가할 것으로 예상된다.
⑤ 송수신기술의 지속적 기술변화로 S사는 매년 소프트웨어 알고리즘의 20%씩을 수정한다.
⑥ 주식매입자는 과거의 세무상 결손을 사용할 수 없으며 35%의 조세를 납부할 것으로 예상된다.
⑦ 매년 20%의 방송장비 가치감소분을 대체하기 위한 자본지출이 이루어질 것으로 예상된다.
⑧ 비현금 운전자본 투자는 수입금액의 8% 정도이다.
⑨ 장기성장률은 2%~3% 정도로 예상된다.
⑩ 12%의 내부수익률은 시장기준 가중평균시장비용(Wacc), 5%~6%의 세후부채비용 및 15%에서 16%의 자본비용을 반영한다.

㉣ S사 실사정보

고객	매년 사용자들의 80% 정도가 계약을 갱신하며, 이는 다른 시장의 고객들과 같은 수준	판매마케팅비의 3분의 2 정도가 마케팅 관련이며, 신규고객의 발굴 및 판매비는 3분의 1 정도

주문형 기술	능률향상을 통해 동일원가로 기술을 재창조하며 5년이 아닌 3년 기간으로 개발기간을 줄임	기술이 매년 20%씩 갱신되므로 현존기술의 내용연수는 5년
사용권	신산업이라는 점을 감안하면 사용권을 받은 신사업자들은 동일한 시장점유율을 보일 것으로 전망	무선송출업의 자본공여자들은 20% 정도의 투자수익을 예상하며, 2005년 운영비용은 사용권허여활동과 관련
상표	B2B의 상표없는 경쟁상품은 반값에 제공되며 시장소비의 3분의 2를 차지	상표계약에 대한 정상 사용료는 통신판매업 4%, 요식업 6%, 기술재판매 2%
주문형 콘텐츠	2010년 개발된 콘텐츠의 20% 정도가 진부화 되며, 콘텐츠의 5%는 사용되지 않음	육아 및 건강 모듈(30분)의 경우 분당 1,000불, 30분 금융 및 동기부여 모듈과 60분 전기물의 경우 분당 1,500불, 60분 역사모듈의 경우 분당 2,500불
인력	운영직원의 구인비용은 급여의 10% 정도로 연구개발 및 판매마케팅 직원급여의 15%, 일반관리직원급여의 20% 수준	신입직원은 연구개발 및 일반관리 직원의 경우 6개월 연수, 운영 및 판매마케팅 직원의 경우 3개월 연수를 거쳐 기존직원 생산성의 50% 정도

② 무형자산 평가방법의 선택

평가방법	사용료 절감	초과 수익	원가	사업 기회	자산 제외	비 고
상표	○					비교가능하고 공개된 사용료 적용가능
콘텐츠			○			대체원가 적용가능하며 원가나 소요시간이 크지 않음
인력			○			가능한 단 하나의 방법이며 공개적인 현금흐름이나 시장이 없음
사용권허여				○		공개시장이나 대체품이 없으며, 사업의 전체 현금흐름에 영향을 미치지만 구분할 수 없음
고객		○				공개시장이나 대체품이 없으며, 전체 현금흐름에서 해당 현금흐름을 구분할 수 있음
기술		○			○	공개시장이 없으며, 전체현금흐름에서 해당 현금흐름을 구분할 수 있으며, 기술개선 원가 및 시간 측정 가능

- 상표는 가장 가치있는 자산이며, 그 다음은 고객망과 기술이다.
- 영업권 수익률은 무형자산 수익률보다 높다.
- 영업권 수익률은 해당산업의 신생기업 수익률과 같다.
- 기술은 투입원가보다 2배 가치 있다.
- 모든 자산에 대한 필요수익률은 위험요소와 같다.
- 영업권은 취득원가의 10% 정도이다.

③ 관련자산의 평가

㉮ 상표 : 사용료절감접근법

상표		2011	2012	2013	2014	2015	잔여
수입금액	①	1,016	1,091	1,146	1,203	1,264	1,327
사용료율	②	3.50%	3.50%	3.50%	3.50%	3.50%	3.50%
사용료절감		36	38	40	42	44	46
조세	35.0%	(12)	(13)	(14)	(15)	(15)	(16)
세후사용료절감		23	25	26	27	29	30
장기성장률	2.5%						③ 216
할인기간		0.5	1.5	2.5	3.5	4.5	4.5
할인요소	16.5%	④ 0.93	0.80	0.68	0.59	0.50	0.50
현재가치		21	20	18	16	14	108
합계	198						
과세표준	⑤ 29						
공정가치	227						

① 수입금액 : 모든 상표 있는 수입금액
② 사용료율 : 비교대상 자료범위 2%에서 6%

브랜드 수익	B2B	소매	차이
제품가격	50	100	50
마케팅비용	6	8	3
순이익	44	92	47
%	89%	92%	3%

③ 내용연수(life) : 무한정 가정
④ 할인율(discount rate) : 자본비용, 무한내용연수, 수입금액성장위험, 브랜드 인식/경쟁 및 수익, 가중평균자산수익률(WaRa)을 고려
⑤ 과세표준(tax basis) : 자산에 대한 감가상각으로 감소한 과세표준

㉯ 콘텐츠 : 원가접근법

	모듈 시간	모듈 개수	분당 단가	①대체원가 (백만)	②진부화	③미사용	④상각대체원가 (백만)
육아	30분	150	1,000	4.5	15	8	3.8
건강	30분	175	1,000	5.3	18	9	4.5
금융	30분	300	1,500	13.5	100	20	8.1
동기부여	30분	125	1,500	5.6	13	6	4.8
전기물	60분	100	1,500	9.0	25	5	6.3
역사	60분	150	2,500	22.5	25	8	17.6
		1,000		60.4	195	55	45.1

① 대체원가 : 2010년에 개발한 취득원가에 대한 가격상승이 없다고 가정
② 기능적 진부화 : 대체되는 경우 개선된 모듈로 제작된다고 가정
③ 경제적 진부화 : 대체되는 경우에도 해당모듈은 미래경제수익을 창출하지 못한다고 가정
④ 할인 대체원가 : 조세의 이익과 비용이 상쇄되며(체화된 조세효과 ~7백만불), 추가적 기회비용(중요한 시간투자)이 없다고 가정

㉰ 사용권허여 : 사업기회접근법

		2011	2012	2013	2014	2015	잔여
수입금액	일반	102	305	508	813	900	
	주문형					45	
		102	305	508	813	945	
매출원가	일반	56	168	279	447	495	
	주문형				20	40	
		56	168	279	467	535	
매출총이익		46	137	229	346	410	
운영비용		15	49	60	80	85	
연구개발비		3	10	20	15	12	①
		18	50	80	95	97	
판매마케팅		35	55	65	100	120	
일반관리비		5	10	15	20	24	
세전공헌이익		(12)	22	69	131	169	
		(12%)	7%	14%	16%	18%	
자본비용		370	150	120	110	110	
운전자본		8	16	16	24	11	
		(390)	(144)	(68)	(4)	48	
잔여가치							② 1,199
할인기간		0.5	1.5	2.5	3.5	4.5	4.5
할인요소	20% ③	0.9	0.8	0.6	0.5	0.4	0.4
현재가치		(356)	(110)	(43)	(2)	21	528
합계		38					
조세할인이익		④ 5					
사용권허여공정가치		43					

① 수입금액 : 2005년부터 2010년의 사업개시비용을 평가일 기준으로 적용할 수 있으며, 이에는 사업증진 및 상용화 패턴, 수익 및 자본비용을 포함한다고 가정. 다만 2005년 활동은 무의미 하므로 1년의 기간을 줄이고 일반관리비와 영업비용(1천5백만불)의 1사업연도 사업개시비용은 사용권허여활동과 관련되므로 제외
② 잔여가치 : 사업청산가치를 감안한 현재 구매가격을 기준으로 함.
③ 할인율 : 사업개시(start up)에 요구되는 수익률을 반영
④ 과세표준 : 자산에 대한 감가상각을 반영한 과세표준을 가정

㉣ 인력 : 원가접근법

인력	정규직 수	평균급여 (천)	②채용비용 (급여대비)	채용비용 (직원대비)	훈련기간 (월수)	③훈련비용 (인당, 천)	재배치 비용 (인당, 천)	재배치 비용 (백만)
운영	630	80	10%	8	1.5	10	18	11
연구개발	130	75	15%	11	3.0	19	30	4
판매마케팅	330	90	15%	14	1.5	11	25	8
일반관리	60	200	20%	40	3.0	50	90	5
합계	① 1,150	101,850						④ 29

① 인력 : 모든 인력이 가치를 창출하고 정상시장가격으로 보상받는다고 가정
② 채용비용 : 일반적인 면접과 채용 비용에 근거한 인력 채용 및 재배치 비용
③ 훈련비용 : 비생산적이거나 충분히 숙련되지 않은 신규채용기간 중에 발생하는 급여에 대한 기회비용
④ 할인된 재배치 비용 : 조세의 이익이나 비용은 상계되며(체화된 조세효과~7백만불), 추가적인 기회비용(중요한 시간투자)은 발생하지 않는다고 가정

㉤ 고객 : 초과수익접근법

		2011	2012	2013	2014	2015	2016
수입금액	①	945	992	1,042	1,094	1,149	1,206
고객 잠식	20.0%	80%	64%	51%	41%	33%	26%
현재고객수입		756	635	533	448	376	316
매출원가		440	368	309	261	218	183
운영비용		74	60	49	40	33	27
판매마케팅	0.0%						
일반관리비	③	19	15	12	10	8	7
세전공헌이익	②	223	192	164	137	117	99
감가상각		73	57	46	37	29	24
세전영업이익		151	135	118	100	87	76
조세	35.0%	53	47	41	35	31	27
고정자산	3.3%	25	21	18	15	13	11
브랜드	2.3%	17	14	12	10	9	7
운전자본	0.7%	5	4	4	3	3	2
사용권허여	0.8%	6	5	4	4	3	3
인력	0.3%	3	2	2	2	1	1
	⑥	42	40	37	32	29	26
할인기간		0.5	1.5	2.5	3.5	4.5	5.5

		2011	2012	2013	2014	2015	2016
할인요소	④ 15.0%	0.93	0.81	0.71	0.61	0.53	0.46
현재가치		39	33	26	20	15	12
이산기간	144						
잔여	31						
합계	175						
조세이익	⑤ 28						
공정가치	203						

① 수입금액 : 현재 가입자들은 매년 20%씩 감소하고, 현재 가입자들의 수입은 감소분을 제외하고 신규가입자들과 같은 비율로 증가하며, 주문형수입은 고객보다는 기술에 귀속된다고 가정
② 원가 : 매출원가, 영업비용, 일반관리비 및 감가상각비는 신규고객 수입과 기존고객 수입에 비례하여 배분
③ 기존고객에게는 추가적인 판매비용이 없으므로 판매마케팅비를 제외하며, 기여자산비용은 일반적인 마케팅비를 포함
④ 할인율 : 위험요소를 조정한 자본비용을 반영
⑤ 과세표준 : 자산의 감가상각을 반영한 과세표준을 가정

㉥ 기여자산비용(contributory asset charges) : 아래 참조

		2011	2012	2013	2014	2015	잔여
기초고정자산		438	440	442	444	445	446
자본비용		100	100	100	100	100	100
감가상각	20.0%	98	98	98	99	99	99
기말고정자산		440	442	444	445	446	447
수익	8.0%	35	35	35	36	36	36
수입금액		945	992	1,042	1,094	1,149	1,206
① 고정자산 기여자산비용	3.3%	3.7%	3.6%	3.4%	3.3%	3.1%	3.0%
기초운전자본		76	81	87	92	96	101
변동		6	6	4	5	5	5
기말운전자본		81	87	92	96	101	106
수익	3.3%	6	7	7	8	8	8
수입금액		945	992	1,042	1,094	1,149	1,206
② 운전자본 기여자산비용	0.7%	0.7%	0.7%	0.7%	0.7%	0.7%	0.7%
기초콘텐츠		45	45	45	45	48	50
신규콘텐츠		30	30	30	35	35	35
감가상각	40.0%	30	30	30	32	33	34
기말콘텐츠		45	45	45	48	50	51

		2011	2012	2013	2014	2015	잔여
수익	15%	7	7	7	7	7	8
수입금액		71	99	104	109	115	121
수익률		10%	7%	6%	6%	6%	6%
수익(감가상각)		20	20	20	21	22	22
수익률(감가상각)		28%	20%	19%	19%	19%	18%
③ 콘텐츠 기여자산비용	27.3%	37%	26%	25%	25%	25%	25%
상표 세전	④	3.5%					
상표 세후		2.3%					

① 유형고정자산(PPE) 기여자산비용 : 유형고정자산에 대한 투자수익만을 말하며, 유형고정자산투자로 인한 수익은 감가상각을 고려한 초과수익에서 고려. 담보, 임차, 우량부채, 보증대출과 같은 자산담보대출 이자율(aBL rates)을 고려한 투자수익률에 근거한 수익률 적용. 기여자산비율은 총수입금액에 대한 수익창출자산의 비율을 말함.

② 운전자본(working capital) 기여자산비용 : 운전자본에 대한 투자수익만을 의미하며, 자산은 낭비되지 않는다고 가정. 단기차입이자율에 근거한 투자수익률을 적용. 기여자산비용은 총수입금액에 대한 수익창출자산의 비율을 말함.

③ 콘텐츠(content) 기여자산비용 : 투자에 대한 수익과 투자로부터의 수익을 말하며, 자산의 대체는 초과수익에 포함되지 않음. 가중평균자산수익률(WaRa), 자본비용 및 자산의 위험요소를 고려한 투자수익률을 적용. 기여자산비용은 해당자산이 수익을 창출하는 주문형 수입금액의 비율을 말함.

④ 상표(trade name) 기여자산비용 : 자산을 평가하는데 사용하는 세후 사용료율에 근거함.

㉦ 기술 : 자산제외접근법

		2011	2012	2013	2014	2015	잔여
일반		945	992	1,042	1,094	1,149	
주문형					55	86	
수입금액	①	945	992	1,042	1,149	1,235	
일반		520	546	573	607	632	
주문형					35	35	
매출원가		520	546	573	637	667	
운영비		93	93	96	103	108	
판매마케팅		127	128	131	141	148	
일반관리비		23	23	24	26	27	
연구개발비	③	20	20	20	13	13	
세전공헌이익		162	182	199	230	272	
감가상각	35%	98	98	98	99	99	
세전영업이익		64	84	100	131	173	②

		2011	2012	2013	2014	2015	잔여
조세		22	29	35	46	61	
세후소득		139	153	164	184	212	
자본비용		100	100	100	100	100	
운전자본		4	4	4	9	7	
		36	49	60	75	105	
장기성장률	2.5%						1,438 ④
할인기간		0.5	1.5	2.5	3.5	4.5	4.5
할인요소 ⑤	13.5%	0.94	0.83	0.73	0.64	0.57	0.57
현재가치		33	41	43	48	59	813
기술제외	⑥	1,038					
기술포함		1,199					
기술가치		161					
조세이익		28					
공정가치		188					

① 수입금액 : 3년에서 5년간의 수입금액 안정화기간 및 일반가입자의 10% 정도가 증가한다는 가정하에 주문형 수입금액을 제외한 사업수입금액 추정액
② 원가 : 주문형사업이 증가한다는 가정하에 일반사업 및 주문형사업의 수입금액에 근거한 매출원가, 운영비용, 판매마케팅비, 일반관리비(자본비용은 제외)
③ 연구개발비 : 3년 및 5년 기간에 걸쳐 6천만불의 초기 개발비용을 가정
④ 잔여(residual) : 증가기간 이후의 잔여가치를 반영(가중평균자본비용 포함)
⑤ 할인율 : 증가기간 동안 사업전반에 대해 높아진 위험 반영
⑥ 기술 제외 또는 포함(with vs without) : 기술을 제외한 사업의 가치를 기술을 포함한 사업의 가치에서 차감. 사업자체가 아닌 자산에 대한 감가상각 과세표준을 고려

㈀ 기술 : 초과수익접근법

		2011	2012	2013	2014	2015	잔여
수입금액 ①		71	99	104	109	115	121
매출원가 ②							
운영비		7	9	10	10	10	10
개발비	⑤	12	12	13	13	13	14
판매마케팅	④ 33.3%	3	4	4	4	5	5
일반관리비		2	2	2	2	3	3
세전영업이익	③	47	71	75	80	84	89
조세		16	25	26	28	30	31
브랜드	2.3%	2	2	2	2	3	3

		2011	2012	2013	2014	2015	잔여
콘텐츠	27.3%	19	27	28	30	31	33
사용권허여	0.8%	1	1	1	1	1	1
인력	0.3%	0	0	0	0	0	0
유형고정자산	0.0%						
운전자본	0.7%	0	1	1	1	1	1
현금흐름	⑥	8	15	16	17	19	20
장기성장률	2.5%						
잔여							145
할인기간		0.5	1.5	2.5	3.5	4.5	4.5
할인요소 ⑦	165%	0.93	0.80	0.68	0.59	0.50	0.50
현재가치		8	12	11	10	9	73
합계	123						
조세이익	18						
공정가치	141						

① 수입금액 : 주문형 수입금액의 추정에 근거하고 영구적 내용연수를 가지며, 일반가입자 수입금액에서 기여자산비용과 유사한 다른 자산(고객가치)에 귀속되는 부분은 제외
② 콘텐츠 원가 : 콘텐츠 기여자산비용의 일부로 간주하며 재투자를 포함
③ 원가 : 일반 및 주문형 사업의 수입금액에 비례하여 운영비와 일반관리비를 배부하며, 주문형 사업에 비례하여 증가한다고 가정
④ 판매마케팅비 : 판매마케팅비의 3분의 1은 수입금액에 비례하여 주문형사업에 귀속되는 판매비에 해당. 브랜드 기여자산비용은 일반마케팅비를 포함
⑤ 개발비 : 모든 개발비는 해당기술을 유지하고 내용연수를 연장하는데 사용
⑥ 기여자산비용 : 기여자산에 대한 수익 및 기여자산으로부터의 수익을 반영하며, 유형고정자산을 제외하고 콘텐츠를 포함
⑦ 할인율 : 자본비용, 가중평균 자산수익률, 자산위험요소 및 미래개발/영구내용연수의 높아진 위험을 반영

㉶ 기술 : 일정내용연수(finite life) 적용

		2011	2012	2013	2014	2015	잔여
수입금액		71	99	104	109	115	121
이동요소	20.0%	90%	72%	58%	46%	37%	29%
현행기술 ①		64	71	60	50	42	36
매출원가 ②							
운영비 ⑤		6	7	6	5	4	3
판매마케팅 ④	33.3%	3	3	2	2	2	1
일반관리비		2	2	1	1	1	1

		2011	2012	2013	2014	2015	잔여
세전영업이익	③	53	60	51	43	36	30
조세		19	21	18	15	13	11
브랜드	2.3%	1	2	1	1	1	1
콘텐츠	27.3%	17	20	16	14	12	10
사용권허여	0.8%	1	1	0	0	0	0
인력	0.3%	0	0	0	0	0	0
운전자본	0.7%	0	0	0	0	0	0
현금흐름	⑥	14	17	14	12	10	9
장기성장률	−15.2%		14%	−15%	−15%	−15%	−15%
잔여							30
할인기간		0.5	1.5	2.5	3.5	4.5	4.5
할인요소 ⑦	13.5%	0.94	0.83	0.73	0.64	0.57	0.57
현재가치		14	14	10	8	6	17
합계	68						
조세이익	12						
공정가치	80						

① 수입금액 : 주문형 수입금액의 추정에 근거하며, 가입자가 20%씩 바뀌며 일반가입자 수입금액에서 기여자산비용과 유사한 다른 자산(고객가치)에 귀속되는 부분은 제외
② 콘텐츠 원가 : 콘텐츠 기여자산비용의 일부로 간주하며 재투자를 포함
③ 원가 : 일반 및 주문형 사업의 수입금액에 비례하여 운영비와 일반관리비를 배부하며, 주문형 사업에 비례하여 증가한다고 가정
④ 판매마케팅비 : 판매마케팅비의 3분의 1은 수입금액에 비례하여 주문형사업에 귀속되는 판매비에 해당. 브랜드 기여자산비용은 일반마케팅비를 포함
⑤ 개발비 : 기술의 내용연수를 연장하는 개발비는 모두 제외
⑥ 기여자산비용 : 기여자산에 대한 수익 및 기여자산으로부터의 수익을 반영하며, 유형고정자산을 제외하고 콘텐츠를 포함
⑦ 할인율 : 자본비용, 가중평균 자산수익률, 자산위험요소 및 미래개발/영구내용연수의 높아진 위험을 반영

④ 가중평균수익(weighted average returns) 분석

구분	WaRa : 제외 접근법			WaRa : 초과수익(무한)			WaRa : 초과편익접근법(일정)		
자산①②	가치	세후 수익	Wacc 기여	가치	세후 수익	Wacc 기여	가치	세후 수익	Wacc 기여
운전자본	76	2.9%	0.2%	76	2.9%	0.2%	76	2.9%	0.2%
고정자산	438	6.5%	2.4%	438	6.5% ⑤	2.4%	438	6.5%	2.4%
브랜드	198	16.5%	2.7%	198	16.5%	2.7%	198	16.5%	2.7%
기술 ③	161	13.5%	1.8%	123	16.5%	1.7%	68	13.5%	0.8%
콘텐츠	38	15.0%	0.5%	33	15.0%	0.4%	33	15.0%	0.4%
고객 ④	175	15.0%	2.2%	175	15.0%	2.2%	175	15.0%	2.2%
사용권허여	32	15.5%	0.4%	28	15.5%	0.4%	28	15.5%	0.4%
인력	24	13.5%	0.3%	21	13.5%	0.2%	21	13.5%	0.2%
영업권	80	22.9%	1.5%	108	20.3%	1.8%	163	20.3%	2.8%
기업가치	1,199	Wacc	12.0%	1,199	Wacc	12.0%	1,199	Wacc	12.0%

① 유형자산 : 단기차입금 및 자산담보대출(aBL) 이자율을 포함한 부채의 세후비용에 근거
② 무형자산 : 자본비용, 조정 위험요소 및 자산의 무한 또는 일정 내용연수의 성격에 근거
③ 기술
- 내용연수(무한 또는 일정), 영엽권 수익률, 개발위험, 기술없는 사업에 대한 위험의 증가(잔여가치 포함)에 따른 조정을 감안한 자본비용에 근거
- 목적 및 의사결정 : 개발할 것인지 매입할 것인지, 현재 일정내용연수 또는 무한정 미래개발권리

④ 브랜드 : 시간가중 평균창업수익 20%와 최종수익가치 12%
⑤ 가중평균 자본비용(Wacc)

	가치	필요수익률(RRR)	기여
운전자본	75	2.9%	0.2%
장기부채	325	6.0%	1.6%
자본	800	15.5%	10.3%
	1,200	12.0%	12.0%

3. 원가분담약정(cost sharing agreement)

3.1 원가분담약정의 개념

(1) 원가분담약정의 정의 및 요건

원가분담약정은 각 참여자의 사업에 편익을 창출할 것으로 기대되는 무형자산, 유형자산 또는 용역을 공동개발, 생산 또는 취득하기 위한 기여분(contributions)과 위험을 분담하는 기업들 간의 계약이다. 원가분담약정은 하나의 계약으로 반드시 별도의 법인체이거나 참여자들의 국내사업장이 있어야 하는 것은 아니다. 원가분담약정을 체결했다고 해서 취득된 무형자산을 공동으로 이용하고 수익과 소득을 공유하기 위해 참여자들이 영업을 합칠 필요는 없다. 오히려, 원가분담약정 참여자들은 개별사업을 통해 원가분담약정의 결과물에 대한 권리(interest)를 이용할 수 있다. 결과물을 취득할 기회를 창출하는 참여자들의 기여와 참여자들 사이의 상업재정관계에서 이전가격문제가 발생한다.(TP §8.3)

실제거래의 기술은 이전가격분석의 첫 단계이다. 계약내용은 실제거래를 서술하는 출발점이다. 이러한 맥락에서, 거래의 기능분석에 따라 책임, 위험 및 예상결과가 같은 경우 원가분담약정과 다른 종류의 계약내용은 이전가격분석에서 차이가 없다. 다른 경제적 관련특성을 식별하는 데 대한 지침은 다른 유형의 계약내용과 마찬가지로 원가분담약정에도 적용되는데, 이에는 위험분석틀에 기초하여 계약상 위험은 인수하는 당사자들이 실제로 그러한 위험을 부담하는지에 대한 평가가 포함된다. 결론적으로, 계약내용이 특별히 원가분담약정에 해당하는지 여부에 상관없이, 비슷한 경제특성을 가진 계약에 따라 활동하는 당사자들은 비슷한 기대수익을 수취해야 한다. 그렇지만, 특별히 취급해야 하는 원가분담약정의 특성이 있다.(TP §8.4)

원가분담약정의 주요특징은 기여분을 분담하는 것이다. 정상거래원칙에 따라, 원가분담약정을 체결할 때, 각 참여자의 기여비율과 계약에 따라 수취할 기대이익비율이 같아야 한다. 또한, 무형자산이나 유형자산의 개발, 생산, 취득의 경우 약정활동으로 만들어진 모든 무형자산이나 유형자산의 소유지분 또는 그러한 무형자산이나 유형자산의 이용권이나 사용권은 계약상 각 참여자에게 제공된다. 용역의 원가분담약정에서 각 참여자들은 약정활동으로 인한 용역을 수취할 계약상 권리가 있다. 어떠한 경우든, 참여자들은 추가비용을 누구에게도 지급하지 않고 지분(interest), 권리(rights), 자격(entitlement)을 사용할 수 있다(탈퇴 및 조정지급 등의 경우 제외).(TP §8.5)

원가분담약정활동의 편익을 사전에 산정할 수 있지만 불확실한 경우도 있다. 어떤 유형의 원가분담약정활동은 현재 편익을 내지만, 다른 약정활동은 장기활동이거나 성공하지 못할 수 있다. 그럼에도 불구하고, 원가분담약정에는 항상 참여자가 기여를 통해 기대하는 기대이익이 있는데, 이에는 원가분담약정을 적절히 관리하는 참여권이 포함된다. 원가분담약정활동의 결과물에 대한 각 참여자의 지분은 시작할 때 정해져야 하며, 이는 그 지분이 다른 참여자들의 지분과 연계되어 있는 경우에도 마찬가지인데, 개발된 무형자산이나 유형자산의 법적소유권이 한 참여자에게 주어지지만 계약내용에 정한대로 그 무형자산이나 유형자산을 이용하거나 사용할 권리를 모든 참여자가 갖는 경우가 그 예이다. 예를 들면, 참여자가 영업하는 지역에 대한 영구적인 사용료면제권 허여가 있다.(TP §8.6)

원가분담약정이 복합거래를 단순화하는 데 도움이 되는 경우가 있다.(거래들의 세무결과는 해당국 세법에 따라 결정됨을 명심) 특수관계기업들이 그룹의 다른 구성원들을 위해 활동을 수행하는 동시에 다른 구성원들이 수행하는 활동으로 편익을 누리는 경우, 원가분담약정은 모든 대상활동들과 관련된 총편익과 총기여에 기초하는 상계지급의 간편시스템으로 그룹내부의 개별적 정상대가지급의 그물망을 대체하는 체계를 제공한다. 무형자산개발의 분담을 위한 원가분담약정은 복잡한 상호권리허여약정과 그에 따른 위험배분을 하지 않도록 하며, 약정조건에 따라 공유될 무형자산의 소유지분과 함께 기여와 위험을 간결하게 분담하도록 대체한다. 그러나 원가분담약정의 채택으로 인한 간소화는 참여자의 개별 공헌도를 측정하는 데 영향을 미치지 않는다.(TP §8.7)

원가분담약정의 사례로, 각각 연구개발활동을 하며 생산공정을 개선하기 위해 다양한 시도를 하는 3개의 관계회사를 통해 제품을 생산하는 다국적기업그룹을 들 수 있다. 이들 3개의 관계회사는 생산과정을 개선하기 위해 원가분담약정을 체결하여 전문가를 통합하고 위험을 분담한다. 원가분담약정은 각 참여자에게 프로젝트 결과물에 대한 권리를 부여하므로, 원가분담약정이 없어 기업들이 개별적으로 개발하여 서로 권리를 허여하였을 상호권리허여계약을 대체한다.(TP §8.8)

OECD 이전가격지침에서는 원가분담약정(CSA) 대신 원가기여약정(cost contribution agreement)이라는 표현을 사용한다. 원가분담약정은 아래 요건을 충족해야 한다.(Reg §482-7.b)

① 실질적 요건

1. 원가분담거래 : 모든 특수관계 참여자가 원가분담거래에 참여하고 기여해야 한다. 원가분담거래에서 특수관계 참여자들은 매년 각자의 기대이익의 몫에 비례하여 각자의 개발비용을 부담한다.
2. 플랫폼제공거래 : 플랫폼이 제공되는 경우 모든 특수관계 참여자들은 플랫폼제공거래에 참여해야 한다. 플랫폼 대가지급자들은 플랫폼 제공자들에게 정상대가를 지급해야 한다.
3. 권리의 배분 : 각 특수관계 참여자들은 원가분담 무형자산에 대한 각자의 권리를 가지며, 이러한 권리에 대해 다른 참여자에게 대가를 지급할 의무가 없다.

② 권리의 배분

각 특수관계 참여자는 권리에 대해 추가적인 의무없이 원가분담 무형자산에 대한 전속적 권리를 가져야 한다. 원가분담 무형자산의 권리에 귀속되는 이익은 제삼자와의 거래로 인한 이익을 포함한다.

㉮ 지역기준 권리배분

원가분담약정에서 원가분담 무형자산의 권리를 지역기준으로 배분할 수 있다. 이 경우, 전세계를 두 개 이상의 독점적인 지역으로 구분해야 한다. 각 참여자는 적어도 한 지역 이상에 대한 권리를 받아야 하며, 모든 참여자들이 이러한 권리를 받아야 한다. 각 참여자는 해당 지역에서 자산이나 용역의 사용, 소비 또는 처분을 통해 원가분담 무형자산을 사용할 영속적이고 독점적인 권리를 부여받는다. 따라서 해당지역에서 그룹의 다른 기업이 원가분담 무형자산을 사용하면 대가를 지불해야 한다.

㉯ 사용분야기준 권리배분

원가분담약정에서 원가분담 무형자산의 모든 권리를 무형자산의 사용분야를 기준으로 배분할 수 있다. 이 경우, 원가분담 무형자산의 예상되는 사용분야를 모두 구분해야 한다. 각 참여자는 이러한 사용방법 중 하나 이상을 허여받아야 하며, 모든 참여자에게 이러한 예상사용방법이 각각 허여되어야 한다. 각 참여자는 허여된 사용방법을 통해 원가분담 무형자산을 사용할 영속적이고 독점적인 권리를 부여받으며, 더 나아가 참여자들은 자신이 원하는 방식으로 원가분담 무형자산을 사용할 독점적이고 영속적인 권리를 부여받아야 한다.

㉰ 기타 배부기준

원가분담약정에서 독점지역이나 사용분야가 아닌 다른 기준을 채택할 수 있으며, 이 경우 아래 요건을 충족해야 한다.

1. 특수관계 참여자들 간에 원가분담 무형자산의 모든 권리를 분명하게 분할해야 한다.
2. 원가분담 무형자산의 모든 권리의 분할기준을 일관되게 사용한다는 것이 특수관계 참여자들이 유지하는 장부에서 믿을만하게 식별되어야 한다.
3. 원가분담 무형자산을 사용하는 특수관계 참여자들의 권리는 상호 간섭하지 않고, 독점적이며 영구적이어야 한다.
4. 원가분담 무형자산에 대한 각 특수관계 참여자의 이익을 신뢰성 있게 예측할 수 있어야 한다.

(2) 원가분담약정의 유형

① 개발원가분담약정 및 용역원가분담약정

원가분담약정에는 보통 2가지 유형이 있다. 무형자산 또는 유형자산의 공동 개발, 생산, 취득(obtaining)을 위해 체결하는 '개발원가분담약정(development ccas)' 및 용역을 제공받기 위한 '용역원가분담약정(services ccas)'이 그것이다. 두 약정의 주요차이는 일반적으로 개발원가분담약정은 참여자들에게 지속적인 미래편익을 제공하는 반면, 용역원가분담약정은 현재편익만을 제공한다. 특히 무형자산의 개발원가분담약정에는 불확실한 미래편익과 관련된 상당한 위험이 있는 반면, 용역원가분담약정은 확실하고 위험이 적은 편익을 제공하는 것이 보통이다. 이러한 차이는 의미가 있는데, 용역원가분담약정에 비해 개발원가분담약정의 복잡성으로 특히 기여의 가치에 대한 더 자세한 지침을 필요로 한다. 그러나 원가분담약정의 분석이 피상적 구분에 근거해서는 안 된다. 어떤 경우 현재용역을 취득하기 위한 원가분담약정이 지속적으로 불확실한 편익을 제공하는 무형자산을 창출하거나 향상시킬 수도 있으며, 원가분담약정에서 개발된 일부 무형자산은 단기간에 상대적으로 확실할 편익을 제공하기도 한다.(TP §8.10)

개발원가분담약정에 따라, 각 참여자는 개발된 무형자산이나 유형자산에 대한 권리가 있다. 무형자산과 관련하여 이러한 권리는 특정지역이나 특정분야에서 무형자산을 사용할 개별권리의 형식을 띠는 것이 보통이다. 취득한 개별권리는 실질적인 법적소유권을 형성한다. 다른 경우에는, 한 참여자만이 무형자산의 법적소유자이지만 다른 참여자들은 자산을 이용하거나 활용할 권리가 있다. 참여자가 개발원가분담약정으로 개발된 자산에 대한 관리를 가지는 경우, 참여자가 원가분담약정에 따라 자격이 있는 지분에 해당하는 개발자산의 사용에 대해 사용료나 기타 추가적인 수수료를 지급하지 않아도 된다. 그렇지만, 참여자의 공헌도가 기대이익비율과 일치하지 않는 경우, 공헌도를 조정해야 한다.(TP §8.11) 개발원가분담약정의 대상이 되는 무형자산은 무형자산의 정의에 따른다.(국조령 §17 ①)

② 원가분담 거래대가와 플랫폼기여대가

㉮ 원가분담 거래대가(cst payments)

원가분담 거래대가(cost sharing transaction payments)는 무형자산개발이 이루어지는 지역에서 무형자산을 개발하기 위한 지급자의 비용으로 처리된다. 이 경우, 비용처리하는 특수관계 참여자가 직접 부담하는 무형자산개발원가는 원가분담약정에 따라 다른 특수관계 참여자에게 지급해야 하는 원가분담 거래대가만큼 감소되는 것으로 보아 상계할 수 있다. 수취인이 받는 원가분담 거래대가는 모든 지급자가 지급하는 대가에 비례하여 수취되는 것으로 간주하며, 무형자산개발원가와 관련하여 수취인이 해당과세연도에 공제할 수 있는 비용에 대응하여 상계된다. 공제액을 초과하여 수취하는 대가는 수취인이 원가분담약정을 위해 제공하는 토지나 유형자산의 사용대가인 것으로 본다. 특수관계 참여자들 간의 원가분담대가는 그룹 내 거래로 간주된다.(Reg §482-7.j.3. i)

㉯ 플랫폼기여대가

플랫폼기여거래(platform contribution transactions)란 무형자산을 개발하는 데 사용하는 기반시설이나 인원을 제공하는 거래를 의미한다.(Reg §482-7.a.2) 플랫폼기여대가(pct payments)는 다른 특수관계 참여자로부터 받아야 할 수취액과 상계할 수 있다. 플랫폼기여대가는 거래유형에 따라 무형자산의 권리양도대가 또는 용역대가로 구분된다.(Reg §482-7.j.3. ii)

사례 **원가분담대가 및 플랫폼기여대가**(Reg §482-7.j.3. iii)

《사례 1》 미국 모회사 USP와 해외자회사 FS는 소형도구 R을 개발하기로 원가분담약정을 체결한다. 기대이익의 몫에 근거해, USP와 FS는 약정기간 동안 발생하는 비용의 40%와 60%를 각각 부담하기로 한다. 주요 무형자산개발원가는 Z국의 FS가 연간 소비하는 운영비용 100과 USP가 미국에서 소비하는 연간 100의 비용이다. 총비용 200 중에, USP의 몫은 80이고 FS의 몫은 120이므로, FS는 USP에게 20을 지급해야 한다. 이 대가는 미국의 USP 비용 20을 보전하는 것으로 간주된다. 이에 따라, USP는 미국내 수행활동에 대한 공제비용으로 80을 신고한다. FS의 경우 Z국내 수행활동에 대해 100을 공제하고 미국내 수행활동에 대해 20을 공제하게 된다.

《사례 2》 사실관계는 사례 1과 같다. 다만, USP가 부담하는 비용 100은 미국 내에서 USP가 소비하는 비용 5와 미국내 설비사용에 대한 정상임차료 95로 구성된다. 미국설비에 귀속되는 감가상각비는 7이다. FS가 USP에게 지급하는 순지급액 20은 우선적으로 비용 5와 미국 내 귀속 감가상각비 7의 비례로 감소된다. 나머지 8은 미국시설에 대한 임차료로 간주된다.

《사례 3》 특수관계그룹의 4개 회사 A, B, C 및 d는 사업을 위한 차세대기술을 개발하는 원가분담약정을 체결한다. 기대이익의 몫에 근거해, 참여자들은 다음 비율로 계약기간 동안 발생된 비용을 분담하기로 합의한다. a 40%, B 15%, c 25%, d 20%. 이들이 각각 보유하는 플랫폼기여의 정상가치는 해당과세연도에 다음과 같다. a 80, B 40, c 30, d 30. A, B, C, d 간의 지급액(상계 이전) 및 정산액은 아래와 같다.

| 장부계상 금액 |

구 분	a	B	c	d
지급액	(40)	(21)	(37.5)	(30)
수취액	48	34	22.5	24
정산액	8	13	(15)	(6)

첫째 줄 첫째 열은 A의 잠정적인 플랫폼기여대가 지급액이 100(40, 30, 30의 합계)과 A의 기대이익의 몫 40%에서 산출되었음을 보여준다. 둘째 줄 첫째 열은 잠정적인 플랫폼기여대가 수취액

이 80과 B, c, d의 기대이익의 몫(각각 15%, 25%, 20%)에서 산출되었음을 보여준다. 다른 항도 비슷한 방법으로 계산된다. 마지막 줄은 상계후의 정산액을 보여준다. 이에 따라, 과세연도에 A와 B는 c와 d가 지급하는 15와 6에 상응하여 8 및 13을 수취한 것으로 간주된다.

③ **기타 관계거래**(Reg §482-7.a.3)

㉮ 원가분담약정 참여자가 아닌 특수관계인이 원가분담약정에 기여하는 경우

원가분담약정 참여자가 아닌 특수관계인이 원가분담약정에 기여하는 경우, 원가분담약정 참여자들이 소유하게 될 무형자산가치에 대한 기여분에 상응하는 대가를 참여자들로부터 받아야 한다. 이러한 지급대가는 참여자들 입장에서 무형자산개발원가로 인정된다.

㉯ 원가분담 무형자산의 권리이전

원가분담약정의 기간 중, 종료 시, 또는 종료 후에 특수관계 참여자가 원가분담 무형자산의 권리를 다른 특수관계인에게 이전하는 경우, 그 참여자는 권리이전에 대한 정상대가를 수취해야 한다. 이 경우, 참여자격의 변경(capability variation)은 원가분담 무형자산의 권리이전에 해당한다.

㉰ 상호영업기여(cross operating contribution)

원가분담약정이나 플랫폼기여거래가 아닌 상호영업기여나 제조·판매권의 제공 등의 특수관계 참여자들 간 거래에서 사후에 참여한 참여자는 정상대가를 지급해야 한다.(Reg §482-7.a.3.iii) 상호영업기여란 다른 특수관계 참여자의 지역에서 원가분담약정활동에 기여할 것으로 예상되는 원가분담약정일 이전에 개발하거나 보유하거나 취득한 플랫폼기여 이외의 자원(resource), 능력(capability), 권리(right)의 기여를 말한다.(Reg §482-7.j.1. i)

사 례 합리적인 기대이익(Reg §482-7.j.1.ii)

특수관계인 A와 B는 이미 존재하는 P제품에 대한 제조무형자산을 개발하는 원가분담약정을 체결한다. 이러한 무형자산이 없으면 P제품이 진부화될 때까지 A와 B는 각각 현재가치 100의 예상수익을 기대한다. 무형자산이 있다면 A와 B는 동일기간 동안 더 높은 가격에 판매할 것으로 기대한다. 이 제조무형자산은 A의 시장에서 더 가치가 있기 때문에 A는 제조무형자산으로 인해 현재가치 20의 수익증가를 예상하며, B는 단지 10의 수익증가를 예상한다. A와 B는 각각 제조무형자산을 실시하는데 드는 제조비용으로 5를 추가로 소비할 것으로 예상된다. 또한, A와 B는 각각 제조무형자산을 사용하여 제조원가 2를 절감할 것으로 예상한다. 이 이외에 A와 B는 원가분담 무형자산을 사용하면서 다른 경제적 효과를 기대하지 않는다. 원가분담 무형자산을 사용하면서 A의 합리적인 기대이익은 수입증가액 20 + 원가절감액 2 - 원가증가액 5 = 17이다. B의 합리적인 기대이익은 수입증가액 10 + 원가절감액 2 - 원가증가액 5 = 7이다.

(3) 무형자산거래 및 용역거래와의 관계

다른 유형의 계약관계를 분석하는 것에 비해 원가분담약정에 대한 이전가격 분석틀이 다르지 않다. 관계회사들 간의 모든 거래를 분석하고 원가분담약정의 참여자들 간의 상업·재무관계의 경제적 관련특성을 식별하는데 일반지침이 적용된다. 원가분담약정의 계약조건은 참여자들이 거래를 기술하고, 참여자들의 책임, 위험 및 예상결과물을 계약체결시점에 어떻게 배부하는지에 대한 출발점이 된다. 그런데, 당사자들의 활동증거는 약정조건을 명확히 하고 보충하는 자료가 된다. 위험분석틀은 당사자들이 원가분담약정에 따라 위험을 부담하는지 여부를 판단하고, 위험부담이나 기능수행 없이 자금만을 제공하는 경우 그 결과를 판단하는데 유용하다. 연구개발프로젝트에 자금을 투자하는 경우 무형자산거래의 재무위험의 통제와 관련한 지침이 적용되며, 평가곤란 무형자산에 대한 지침은 원가분담약정에도 마찬가지로 적용된다. 다국적기업그룹의 한 구성원이 다른 구성원에게 용역을 제공했는지에 대한 판단과 그러한 내부용역에 대한 정상가격을 산정하는 문제에 대해 용역거래에 대한 지침이 적용된다. 원가분담약정에 대한 지침은 자원과 기술이 공유되고, 그에 대한 수취대가가 부분 또는 전체적으로 합리적으로 예상되는 공동편익인 경우에 대한 보충지침을 제시하는 것이다. 그러므로 다른 규정들은 기여비율 결정과정의 일환으로 원가분담약정에 대한 기여의 가치를 측정하는데 계속 적용된다.(TP §8.9)

3.2 정상원가분담액 : 무형자산 개발원가의 배분

원가분담약정에서 각 참여자들의 기여가치는 그 계약으로 인해 합리적으로 예상되는 총기대이익에 대한 각자의 몫을 고려하여 독립기업들이 비교가능상황에서 합의하였을 것과 일치해야 한다. 원가분담약정에 대한 기여가 다른 재화나 용역의 그룹내부이전과 다른 점은 참여자들이 기대하는 보상의 일부 또는 전부가 자원 및 기술의 분담에 비례하는 공동의 기대이익이라는 것이다. 특히 개발원가분담약정의 경우 참여자들은 예상결과물의 취득과 관련된 유리하거나 불리한 위험의 결과를 분담하기로 합의한다. 결론적으로, 허여권자 자신이 개발위험을 부담하고 무형자산이 완전히 개발되면 수취할 사용료를 통해 보상을 기대하는 무형자산의 그룹내부 권리사용과, 모든 당사자들이 기여하고 무형자산의 개발과 관련되어 실현된 위험결과를 분담하여 각자가 이러한 기여를 통해 무형자산의 권리를 취득하는 개발원가분담약정은 구별된다.(TP §8.12)

독립기업들이 자원 및 기술을 공유하고 실현된 위험의 결과를 분담하는 약정을 수락하는 이유는 그에 비례하는 공동의 편익을 기대하기 때문이다. 독립기업들은 약정에 대한 실제기여총액 중 각 참여자의 몫(proportionate share)은 약정으로 수취할 기대이익총액 중 각자의 몫과 같아야 한다고 요구할 것이다. 그러므로 원가분담약정에 정상거래원칙을 적용하기 위한 전제조건은 모든 당사자들이 편익을 합리적으로 기대해야 한다는 것이다. 다음 단계에서 공동활동에 대한 각 참여자 기여의 가치를 계산하고, 끝으로 원가분담약정 기여분의 배분(참여자들 간에 이루어진 조정지급 포함)이 기대이익의 각자의 몫과 일치하는지 판단한다. 이러한 판단은 어느 정도 불확실하며, 특히 개발원가분담약정의 경우 그러하다. 기여분을 참여자들 간에 배분하는 경우, 정상거래원칙에 비추어 볼 때 한 국가에서 과세소득이 과대평가되고 다른 국가에서 과소평가될 가능성이 있다. 이러한 이유로, 납세자들은 원가분담약정과 관련된 주장의 근거를 입증할 수 있어야 한다.(TP §8.13)

(1) 무형자산 개발원가의 식별(Reg §482-7.d.1)

무형자산개발원가(intangible development cost)는 무형자산개발활동(intangible development activity)을 기준으로 식별한다. 무형자산개발활동은 원가분담약정에 따라 원가분담 무형자산을 개발하거나 개발하기 위한 활동을 의미한다. 무형자산개발활동은 원가분담 무형자산의 개발에 기여하는 모든 특수관계 참여자들의 활동을 포함한다. 원가분담 무형자산의 성격이나 특징이 변경되거나 개발에 필요한 활동의 성격이 명확해지면 무형자산개발활동의 범위는 바뀔 수 있다.

① 원가분담 무형자산

원가분담 무형자산은 일정시점에 특수관계 참여자들이 원가분담약정에 따라 개발하고자 하는 모든 무형자산을 의미한다. 원가분담 무형자산은 원가분담약정의 시행과정에서 바뀔 수 있다. 특수관계 참여자들은 어느 때고 예상되는 원가분담 무형자산을 바꿀 수 있지만 이러한 변경을 문서로 기록해야 한다. 예상되는 원가분담 무형자산을 더 이상 개발하지 않는다고 해도 원가분담약정에 따라 이미 개발된 원가분담 무형자산에 대한 특수관계 참여자들의 몫에 영향을 주지는 않는다. 또한, 예상되는 원가분담 무형자산은 원가분담약정에 따라 이미 개발한 원가분담 무형자산의 추가개발로 인한 결과 또는 그 무형자산의 적용으로 인한 결과를 자동적으로 확대해 포함하게 된다. 그렇지만, 특수관계 참여자들이 무형자산개발활동에서 이러한 무형자산의 일부 추가개발을 제외하거나 이러한 무형자산의 일부적용을 제외하고 기록을 유지하는 특별한 경우, 이러한 자동적인 확대는 제한된다.

② 무형자산개발원가에 포함되는 비용

무형자산개발원가는 현금 또는 현물을 막론하고 원가분담약정 체결 이후 정상적 사업과정에서 무형자산개발활동에 직접 귀속되거나 합리적으로 배분되는 모든 비용을 의미하며 주식기준보상(stock-based compensation) 등을 포함하지만, 토지나 감가상각자산의 취득원가는 제외한다. 그러므로 해당비용이 궁극적으로 무형자산을 개발하는데 기여했는지, 예기치 않게 다른 무형자산을 개발하게 되었는지, 또는 아무런 무형자산도 개발하지 못했는지 불문하고 무형자산개발원가는 예상되는 원가분담 무형자산을 개발하는데 소요되는 모든 비용을 포함한다. 또한, 무형자산개발원가는 무형자산개발활동에 직접적으로 귀속되거나 합리적으로 배분할 수 있는 토지나 감가상각자산의 사용을 위한 정상 임차료를 포함한다. 무형자산개발원가에 포함되는 비용을 계산하기 위해 기업회계기준은 유용한 출발점이기는 하지만 완전한 것은 아니다.

무형자산개발원가는 참여자가 소유하는 무형자산의 사용대가, 분담액 차입 시 발생하는 지급이자는 제외한다.(국조령 §17 ②)

사례 무형자산개발활동의 범위(Reg §482-7.d.1.iv)

《사례 1》 원가분담약정을 위한 계약에서 무형자산개발활동은 A, B, C 연구실에서 수행하는 모든 연구개발활동을 포함하지만, 특수관계 참여자들이 유지하는 다른 시설에서 수행하는 연구활동은 제외된다. 이 계약은 연구개발의 수행과 관련하여 예상되는 원가분담 무형자산을 구체적으로 기술하지 않는다. 이 경우 이 계약서는 원가분담약정의 요건을 충족하지 못하는데 수행되는 무형자산개발활동의 범위를 적절히 기술해야 한다.

《사례 2》 원가분담약정을 위한 계약에서 무형자산개발활동은 특정질병의 치료제를 개발하기 위해 특수관계 참여자들이 수행하는 모든 연구개발활동을 포함한다. 따라서 이 치료제는 예상되는 원가분담 무형자산이다. 계약은 또한 X효소에 대한 특수관계 참여자들의 이전 연구결과에 기초하여 이루어지는 모든 활동을 무형자산개발활동에서 제외하는데, 치료제를 개발하는데 이러한 활동이 합리적으로 기여하는 경우에도 마찬가지이다. 이 계약은 원가분담약정의 조건을 충족하지 않는데, 무형자산개발활동의 범위는 예상되는 원가분담 무형자산을 개발하는데 기여할 것으로 예상되는 특수관계 참여자들의 모든 활동을 포함해야 한다.

(2) 원가분담약정 참여자의 결정

① 참여자의 결정

원가분담약정에서 공동편익(mutual benefit)의 개념이 기본적이므로, 원가분담약정활동 자체로(해당활동의 전부 또는 일부를 수행하는 것이 아닌) 편익을 받을 것이라는 합리적 기대를 하지 않는 자는 참여자로 인정되지 않는데, 이는 무형자산 또는 유형자산의 지분이나 권리의 사용, 또는 원가분담약정을 통해 산출된 용역의 사용으로 인한 편익을 말한다. 그러므로 참여자에게 원가분담약정의 대상인 무형자산, 유형자산이나 용역에 대한 지분이나 권리가 부여되어야 하며, 그 지분이나 권리로 편익을 받을 수 있는 합리적 기대가 있어야 한다. 기업이 연구활동과 같은 대상활동을 수행하지만 원가분담약정의 결과물에 대한 지분을 수취하지 못하는 경우, 원가분담약정의 참여자로 보지 않으며 용역제공자로 간주한다. 이 경우, 수행용역에 대해 원가분담약정이 아닌 정상거래기준에 따라 대가를 받아야 한다. 마찬가지로, 원가분담약정의 결과물을 사업을 위해 독자적으로 사용할 수 없는 기업들은 참여자가 아니다.(TP §8.14)

한 당사자가 원가분담약정에 따라 부담하는 특정위험을 통제하지 못하거나 이러한 위험을 부담할 재정능력이 없는 경우 원가분담약정의 참여자가 될 수 없으므로, 그 당사자가 실제로 수행한 기능에 기초하여 원가분담약정의 목적물에 대한 몫을 받을 권리가 없다. 위험부담에 대한 일반지침은 원가분담약정의 상황에도 적용된다. 각 참여자는 원가분담약정의 목적을 위해 특별한 기여를 하며 계약상 일정위험을 부담한다. 또한 위험분석에 기초하여 원가분담약정의 위험을 부담하는 당사자는 원가분담약정에서 인수하는 특정위험을 통제해야 하며 이러한 위험을 부담할 재정능력을 갖추어야 한다. 특히, 이는 원가분담약정의 참여자는 i) 원가분담약정 참여로 생기는 위험부담기회를 취하거나, 포기하거나, 거절하는 결정을 할 능력이 있어야 하고 그러한 의사결정기능을 실제로 수행해야 하며, ii) 기회와 관련된 위험에 대처할지 및 어떻게 대처할지에 대한 의사를 결정할 능력을 가지고 그러한 의사결정기능을 실제로 수행해야 한다는 의미이다. 당사자가 원가분담약정의 활동과 관련하여 일상적인 위험완화활동을 수행할 필요는 없지만, 이 경우 다른 당사자가 수행하는 위험완화활동의 목표를 설정하고, 다른 당사자가 위험완화활동을 수행하도록 위임하는 결정을 하고, 그 목표가 적절히 이행되었는지 평가하며, 필요한 경우 계약을 수락하거나 종료하는 결정을 할 능력이 있고, 또한 그러한 평가나 의사결정을 실제로 수행해야 한다. 신중한 사업관리의 원칙에 따라, 필요한 능력 및 통제의 정도는 약정에 포함된 위험의 정도에 따라 결정된다. 자금을 제공하는 당사자가 원가분담약정에 대한 기여에 따른 재무위험을 통제할 기능적 능력을 가지고 있는지, 그리고 이러한 기능을 실제로 수행하는지 판단해야 한다.(TP §8.15)

사 례 원가분담약정의 참여자(TP **8장 부록 사례** 5)

기능분석에서 A사는 원가분담약정에 참여하여 갖게 되는 위험부담기회를 수락하거나 거절할 의사결정능력이 없으며 그 기회와 관련된 위험에 대응할지 여부 및 대응방법에 대한 의사결정능력이 없다는 점이 밝혀진다. A사는 또한 위험을 감소시킬 능력이 없으며 다른 당사자로 하여금 위험감소활동을 하게 할 의사결정능력이 없다.

원가분담약정에 대한 거래를 정확히 기술하는 경우, 기능분석에서 A사는 원가분담약정에 따른 구체적 위험을 통제하지 못하는 것으로 확인되므로, A사는 원가분담약정의 결과물을 공유할 자격이 없다.

원가분담약정에 대한 참여자들의 기여가 그 성격에 있어 다른 경우, 즉, 참여자들이 아주 다른 유형의 연구개발활동을 수행하거나, 한 당사자는 재산을 기여하고 다른 당사자는 연구개발활동을 기여하는 경우에도 의사결정문제가 생긴다. 이는 어느 당사자가 수행하는 개발활동에 수반하는 개발위험이 크고 그 당사자가 부담하는 위험이 개발위험과 밀접하게 관련될수록, 그 당사자는 무형자산의 개발과정을 평가하고 기대이익을 달성하기 위한 개발과정의 결과를 평가할 능력이 더 필요하며, 그 당사자는 원가분담약정에 대한 지속적 기여와 관련하여 필요한 의사결정을 원가분담약정에서 부담하는 특정위험에 영향을 미치는 주요개발상황(key operational developments)에 연계할 필요성을 절실히 느낀다는 의미이다. 편익이 불확실하고 현실적이지 않은 개발원가분담약정은 편익이 현실적인 용역원가분담약정에 비해 더 큰 위험을 야기한다.(TP §8.16)

원가분담약정의 참여자들이 자기 직원들을 통해 원가분담약정활동을 모두 수행할 필요는 없다. 때로는 원가분담약정 참여자들이 참여자가 아닌 다른 기업으로부터 해당활동과 관련된 몇몇 기능을 외부조달하는 결정을 한다. 이러한 상황에서, 원가분담약정 참여자들은 원가분담약정에 따라 부담하는 특정위험에 대한 통제의 행사요건을 개별적으로 충족해야 한다. 이러한 요건은 원가분담약정의 참여자들 중 누군가가 외부조달기능에 대한 통제를 해야 한다는 것이다. 또한, 무형자산개발을 위한 원가분담약정의 경우 원가분담약정 참여자 중 누군가가 외부조달하는 중요한 개발, 향상, 수선, 보호 및 이용 등의 기능을 통제해야 한다. 원가분담약정 참여자의 기여가 외부조달기능의 통제가 아닌 다른 활동에 해당한다면 그 당사자가 원가분담약정에 따라 부담하는 특정위험을 통제할 기능적 능력이 있는지 평가하고, 특히 이러한 위험이 외부조달기능과 밀접히 연계되는지 평가해야 한다.(TP §8.17)

원가분담약정활동을 외부조달하는 경우, 원가분담약정 참여자들에게 제공되는 용역이나 기타기여분에 대해 정상가격으로 해당기업에게 대가를 지급해야 한다. 그 기업이 원가분담약정 참여자들의 특수관계기업인 경우, 정상대가를 결정하는데 수행기능, 사용자산 및 부담위험을 고려하며 용역 및 무형자산의 정상가격에 영향을 미치는 요소들을 특히 고려해야 한다.(TP §8.18)

② 실제거래의 정확한 기술

식별되는 원가분담약정의 경제적 관련특성들을 보면 실제거래가 당사자들이 형식적으로 합의한 조건들과 다른 경우가 있다. 예를 들면, 참여자로 알려진 사람이 원가분담약정활동으로 인한 편익을 합리적으로 기대할 수 없는 경우가 있다. 원칙적으로 기대이익 비율이 작더라도 참여자가 될 수 없는 것은 아니지만 대상활동의 대부분을 수행하는 참여자가 전체 기대이익의 작은 부분만을 받을 것으로 기대한다면, 그 참여자의 입장에서 약정의 실제는 자원을 공유하고 위험을 분담하기 위한 것이기 보다는 유리한 조세효과를 얻기 위한 책략으로 공동편익의 배분을 가장한 것이라는 의문이 있을 수 있다. 참여자들의 기여와 편익의 비율에 상당한 차이로 발생하는 상당한 조정지급 또한 공동편익이 존재하는지, 그리고 모든 경제적 관련특성들을 고려하여 자금거래로서 약정이 정확히 기술되었는지에 대한 의문을 제기할 수 있다.(TP §8.39) 평가곤란 무형자산에 대한 지침은 원가분담약정의 상황에 마찬가지로 적용될 수 있다. 이는 원가분담약정의 목적이 새로운 평가곤란 무형자산을 개발하기 위한 것인 동시에, 또한 기존무형자산을 포함하는 기여의 가치를 평가하는 경우이다. 원가분담약정이 전반적으로 상업적 합리성을 결여한 경우, 원가분담약정을 인정하지 않을 수 있다.(TP §8.40)

(3) 정상원가분담액의 손금산입

① 정상원가분담액의 배분

거주자 · 내국법인이 국외특수관계인과 공동으로 무형자산을 개발 · 확보하기로 하고 비용 · 원가를 분담하는 경우, 정상원가분담액을 기준으로 거주자 · 내국법인의 원가분담액을 조정한다.

과세당국은 거주자 · 내국법인과 국외특수관계인이 사전에 원가 · 비용 · 위험의 분담에 대한 약정을 체결하고 이에 따라 무형자산을 공동으로 개발 또는 확보하는 경우 거주자 · 내국법인의 원가등의 분담액이 정상원가분담액보다 적거나 많을 때에는 정상원가분담액을 기준으로 거주자 · 내국법인의 과세표준과 세액을 결정하거나 경정할 수 있다.(국조법 §9 ①) 원가분담에 대한 약정을 체결하고 정상원가분담액을 분담한 경우에만 거주자 · 내국법인의 필요경비 또는 손금에 산입한다.(국조령 §17 ③)

정상원가분담액은 거주자 · 내국법인이 국외특수관계인이 아닌 자와의 통상적인 원가등의 분담에 대한 약정에서 적용하거나 적용할 것으로 판단되는 분담액으로서 무형자산의 공동개발을 위한 원가등을 그 무형자산으로부터 기대되는 기대이익에 비례하여 배분한 금액으로 한다. 다만, 천재지변이나 그 밖의 불가항력적인 사유로 원가등이 당초 약정대로 분담되지 못했다고 인정되는 경우에는 해당 사유를 고려하여 재산정한 금액을 정상원가분담액으로 할 수 있다.(국조법 §9 ②) 정상원가분담액은 특수관계 참여자가 부담하는 모든 무형자산개발원가에 다른 특수관계 참여자에게 지급하는 원가분담거래 지급액을 더하고 다른 특수관계 참여자로부터 수취하는 원가분담거래 수취액을 뺀 금액을 의미한다.(Reg §482-7.d.4)

② 공통원가의 배분

특정원가가 무형자산개발활동 및 다른 사업활동에 모두 혜택을 주는 기능에 직접 귀속되거나 합리적으로 배분되는 경우, 해당원가는 무형자산개발활동과 다른 사업활동이 혜택을 받은 상대적인 경제적 가치에 비례하여 무형자산개발활동과 다른 사업활동에 배분되어야 한다.(Reg §482-7.d.2)

내국법인이 국외특수관계인인 일본법인과 무형자산의 공동개발을 위한 원가분담약정을 체결하고 이에 따라 원가를 분담하는 경우 공동연구개발비용으로 연구인력개발비 세액공제대상 금액은 「조세특례제한법 시행령」 [별표 6]에서 규정한 구분 1. 가목에 규정한 자체기술개발비와 나목에 규정한 위탁 및 공동기술개발비 중 내국법인이 실질적으로 부담한 금액이나 정상원가분담액 초과부분은 제외된다.(서이-1227, 2007.6.26.)

사례 **무형자산개발원가**(Reg §482-7.d.5)

《사례 1》 해외모회사 FP와 미국자회사 USS는 개선된 쥐덫을 개발하기 위한 원가분담약정을 체결한다. USS와 FP는 FP의 연구에 전적으로 쓰이는 연구개발시설의 비용과 이 시설의 연구원들의 급여 및 해당프로젝트에 배분되는 일반관리비를 분담한다. 이들은 또한 각 회사에서 고위임원이 사용하는 회의시설의 비용을 분담한다. 사실관계에 따라, 회의시설의 비용은 무형자산개발활동에 직접적으로 귀속되거나 합리적으로 배분될 수 없다. 이 경우, 회의시설의 비용은 무형자산개발원가에서 제외된다.

《사례 2》 미국모회사 USP와 해외자회사 FS는 새로운 장비를 생산하기 위한 무형자산을 개발하는 원가분담약정을 체결한다. USP와 FS는 연구개발시설의 비용, 연구원들의 급여 및 해당프로젝트에 배분되는 일반관리비를 분담한다. USP는 또한 장비의 현장시험과 관련한 비용을 부담하지만, USP는 원가분담약정에 따라 USP와 FP가 분담하는 무형자산개발원가에 이 비용을 포함하지 않았다. 사실관계에 따라, 과세당국은 현장시험비용을 특수관계 참여자들이 분담해야 하는 무형자산개발원가로 인정한다.

《사례 3》 미국모회사 USP와 해외자회사 FS는 새로운 공정특허를 개발하는 원가분담약정을 체결한다. USP는 특정계산을 수행하는 새로운 수학공식을 개발하는 연구개발을 전담하는 직원들을 배치한다. 이 공식은 새로운 공정특허를 개발하는데 사용되는 한편 원가분담약정 대상이 아닌 새로운 설계특허를 개발하는데 사용된다. 원가분담약정 대상기간 동안 USP는 해당직원들에게 현금급여, 주식기준보상을 지급한다. USP와 FS는 연구개발에 귀속되는 경제적 가치는 공정특허와 설계특허에서 각각 75% 및 25%의 비율로 창출될 것으로 예상한다. 이에 따라, 해당직원들에 대한 보수의 75%는 새로운 공정특허의 개발에 배분되어 무형자산개발원가를 구성한다. 현금보상과 관련하여, 무형자산개발원가는 현금액의 75%이다. 주식기준보상과 관련하여 주식기준보상액의 75%가 무형자산개발원가이다.

《사례 4》 해외모회사 FP와 미국자회사 USS는 새로운 컴퓨터 원천코드를 개발하는 원가분담약정을 체결한다. FP는 연구시설과 무형자산개발활동을 전담하는 직원들을 감독하는 임원을 두고 있다. 그 임원은 또한 무형자산개발활동과 관련없는 다른 연구시설과 직원들을 감독하며, 회사의 일반관리기능을 수행한다. 무형자산개발활동에만 쓰이는 시설과 직원들의 비용은 모두 무형자산개발활동에 직접 귀속될 수 있으며, 따라서 무형자산개발원가이다. 또한, 여러 가지 업무를 수행하는 임원의 근무기록에 근거해, 특수관계 참여자들은 임원급여의 20%를 무형자산개발활동에 쓰이는 시설 및 직원들의 감독에 배분하고, 50%를 무형자산개발활동과 관련없는 시설 및 직원에 배분하며, 30%를 일반관리기능에 배분한다. 특수관계 참여자들은 또한 임원의 일반관리기능은 FP의 무형자산개발활동 및 기타 사업활동에 동일한 경제적 가치를 기여한다고 판단한다. 이에 따라, 무형자산개발활동에 쓰이는 시설 및 직원들을 감독하는데 배분되는 임원의 급여(총보수의 20%)는 무형자산개발원가이다. 일반관리기능에 배분되는 임원급여의 반(30%의 반)은 무형자산개발원가로 간주된다. 따라서 임원급여 총액의 35%(20%+15%)는 무형자산개발원가에 해당한다.

(4) 원가에 포함하는 주식기준보상

특수관계 참여자의 개발원가는 주식기준보상(stock based compensation)을 포함하여 보상대가로 볼 수 있는 모든 원가를 포함한다. 이 경우, 주식기준보상이란 특수관계 참여자가 종업원이나 독립계약자에게 제공하는 지분증권, 주식매수선택권(stock options), 지분증권 또는 주식매수선택권과 관련한(혹은 지분증권에 따라 결정되는) 권리 등을 말하며, 최종적으로 현금, 주식 또는 기타자산으로 정산되는지 여부는 따지지 않는다.(Reg §482-7.d.3)

① 무형자산개발활동에 대한 주식기준보상의 식별

주식기준보상이 무형자산개발활동에 직접 귀속되는지 아니면 합리적으로 배부되는지 여부는 주식기준보상이 부여되는 날에 판단한다. 따라서 원가분담약정 기간 동안 부여되고 부여일에 무형자산개발활동에 귀속되거나 배부되는 모든 주식기준보상은 무형자산개발원가에 포함된다. 주식매수선택권 가격의 재산정이나 기타조정의 경우, 가격재산정이나 기타조정이 새로운 주식매수선택권의 부여에 해당하는지 여부는 개별사안에 따라 판단한다.

② 주식기준보상 무형자산개발원가의 인식시기

주식기준보상에 해당하는 원가는 특수관계 참여자의 세무목적상 비용으로 공제할 수 있으며, 비용으로 공제되는 과세연도에 무형자산개발원가로 계상된다.

상 황	설 명
해외 특수관계 참여자의 비용공제	국내 납세자에게 인정되는 비용공제를 한도로 해외 특수관계 참여자의 비용공제가 허용된다.
주식매수선택권의 가격재산정 및 기타조정	주식매수선택권의 가격재산정이나 기타조정이 무형자산개발활동에 귀속되지 않거나 배분되지 않는 새로운 주식매수선택권의 부여에 해당하면, 가격재산정되거나 기타 조정되는 주식매수선택권은 그러한 조정 직전에 행

상 황	설 명
	사된 것으로 간주된다. 다만 해당 주식매수선택권이 조정 직전에 행사가능해야 하고, 행사당시 해당 주식의 시장가격(fair market value)이 주식매수선택권 행사가격보다 높아야 한다. 이에 따라, 조정 직전 주식매수선택권의 행사로 특수관계 참여자가 비용공제할 수 있는 금액(혹은 공제되는 것으로 간주되는 금액)은 조정시점에 무형자산개발원가로 계상해야 한다.
원가분담약정의 종료나 해지	무형자산개발활동에 귀속되거나 배분되는 주식기준보상의 종목이 원가분담약정 기간 동안 행사되지 않는 경우, 그 주식기준보상 종목은 원가분담약정 종료나 해지 직전에 행사된 것으로 간주한다. 다만 해당 주식매수선택권이 조정 직전에 행사가능해야 하고, 행사당시 해당 주식의 시장가격(fair market value)이 주식매수선택권 행사가격보다 높아야 한다. 이에 따라, 조정 직전 주식매수선택권의 행사로 특수관계 참여자가 비용공제할 수 있는 금액(혹은 공제되는 것으로 간주되는 금액)은 원가분담약정의 종료나 해지일에 무형자산개발원가로 계상해야 한다.

공개시장에서 거래되는 주식매수선택권 형태의 주식기준보상에 대해, 원가분담약정의 특수관계 참여자들은 재무제표에 나타나거나 각주에 표시되는 소득에 대한 비용으로 반영되는 주식매수선택권의 시장가치와 같은 금액을 같은 시점에 그 주식매수선택권에 귀속되는 모든 무형자산개발원가로 계상할 수 있다. 다만, 이러한 재무제표는 주식매수선택권을 발행하는 기업에 의해 기업회계기준에 따라 작성된 것이어야 한다.

이 경우, 공개시장에서 거래되는 주식이란 국내증권시장에서 정상적으로 거래되는 주식으로 해당 과세연도에 국내기업회계기준에 따라 재무제표를 작성한 회사가 발행하는 주식을 말한다. 국내기업회계기준 이외의 기업회계기준에 의해 작성된 재무제표는 아래 요건 중 하나를 충족하는 경우 국내기업회계기준에 따라 작성된 것으로 인정한다.

1. 국내증권시장에서 정상적으로 거래되는 주식의 발행회사를 관할하는 증권법에 따라 재무제표를 작성하게 되는 기타 기업회계기준이 국내기업회계기준과 동일하게 해당 주식선택권의 공정가치를 반영하는 경우
2. 해당 주식매수선택권의 공정가치를 반영하는 기타 기업회계기준이 국내기업회계기준과 일치하지 않는 경우, 기타 기업회계기준에 따라 해당 주식매수선택권의 공정가치가 감사재무제표나 감사재무제표의 각주에 표시된 소득에 대응되는 비용으로 반영되는 경우

원가분담약정에서 공개거래되는 주식에 대한 주식매수선택권을 갖는 모든 특수관계 참여자들은 원가분담약정과 관련된 공개거래주식의 주식매수선택권에 대해 동일한 방법으로 인식, 측정 및 수익시기를 적용해야 한다.

(5) 기여 및 조정지급의 세무처리

원가분담약정 참여자의 기여는 조정지급을 포함하여 원가분담약정에 해당하는 활동을 수행하는 참여자에게 기여가 원가분담약정 밖에서 이루어졌다면 적용되었을 조세제도의 일반규정에 따라 적용되는 같은 방법으로 세무처리한다. 기여의 성격은 원가분담약정에 따라 이루어지는 활동의 성격에 따라 결정되며, 그에 따라 세무상 어떻게 인식할지 결정된다.(TP §8.41)

| 참여자 부담액의 소득구분 |

구 분	세무처리
지급자가 기존참여자나 제삼자 소유 무형자산의 사용권만을 취득하고 무형자산 자체의 수익지분을 취득하지 않는 경우	사용료소득
무형자산의 수익지분을 취득하는 경우	사용료소득 (일부 경우 사업소득)

용역원가분담약정에서, 원가분담약정 참여자들의 기여는 원가절감의 형식으로 편익을 발생시키는 경우가 많으며, 이 경우 원가분담약정활동에서 발생되는 소득이 없다. 개발원가분담약정의 경우, 참여자들의 기대이익은 기여가 이루어진 후 일정기간 이전까지는 발생되지 않으며, 이에 따라 기여당시에는 기여에 대해 참여자의 소득을 즉시 인식하지 않는다.(TP §8.42)

조정지급은 지급인의 기여분에 대한 추가 및 수취인의 기여에 대한 감소로 본다. 조정지급의 성격과 세무처리는 일반적인 기여와 마찬가지로 적용되는 조세조약과 국내세법에 따라 결정된다.(TP §8.43)

사례 ● 현재 판매액을 기준으로 원가분담(Reg §482-7.e.2.Ⅲ.B)

《사례 1》 한국회사 UP와 해외자회사 FS는 새로운 주방용 세제를 개발하기 위한 원가분담약정을 체결한다. 두 회사는 수년간 주방용 세제를 판매하여 왔으며 안정적인 시장을 확보하고 있다. 개발예정 제품이 기존제품에 비해 높은 이익을 창출하지는 않을 것이다. 두 회사는 각 회사의 현재 판매액을 기준으로 원가를 분담한다. 이 경우, 각 회사의 미래 수익은 주방용 세제의 현재 판매액에 의해 예상가능하다.

《사례 2》 상황은 위 사례와 같다. 다만, FS의 판매시장 점유율이 급격히 성장하고 있다. 이는 판매시장의 경쟁자가 도산한 때문이다. 이 경우, 각 회사의 현재 판매량은 미래수익에 대한 적절한 기준이 되지 못한다. FS의 예상수익을 산정할 때 판매증가액을 고려해야 한다.

사 례 **수익실현의 중도에 수익지분을 다시 조정하는 경우**(Reg §482-7.h.3. ii .d)

상황은 위 사례와 같다. 다만, 2001년까지의 실제판매는 다음과 같다.

연 도	Us(백만불)	FP(백만불)
1997	0	17
1998	17	35
1999	25	44
2000	34	54
2001	36	55

실제판매와 예상판매의 차이 및 다른 사실을 감안할 때, 이후 연도에는 원래 예상보다 아래 예상판매가 더 신뢰성이 있는 것으로 판단된다.

연 도	Us(백만불)	FP(백만불)
2002	36	55
2003	36	55
2004	18	28
2005	9	14
2006	4.5	7

2001년까지의 판매결과와 이후 연도의 예상판매를 합해 여기에 10%의 할인율을 적용하면 현재가치 판매액은 Us 131.2백만불, FP 229.4백만불이다. 이는 Us와 FP가 각각 35.4%와 63.6%의 수익지분을 갖는다는 의미이다. 이러한 조정 예측치는 원래의 판매예상액과 20% 이상의 차이를 보이므로 원래의 예상이 적절치 않다는 판단을 할 수 있다. 따라서 실제판매와 예상판매의 차이에 따라 당초 원가분담액을 조정한다.

3.3 합리적 기대이익의 결정

(1) 참여자의 합리적 기대이익

기대이익(expected benefits)의 상대적 몫은 약정의 결과로 각 참여자가 받을 것으로 예상되는 소득증가나 비용절감 또는 기타편익을 기준으로 예측한다. 실무적으로 흔히 쓰이는 방법, 특히 용역원가분담약정에서 전형적으로 쓰이는 방법은 관련배부기준을 사용해 참여자의 기대이익의 비율을 반영하는 것이다. 가능한 배분기준에는 매출(수익), 소득, 사용되거나 생산되거나 판매된 수량, 종업원수 등이 있다.(TP §8.19)

전형적인 개발원가분담약정의 경우와 같이 원가분담약정활동의 편익 중 상당부분 또는 전부가 원가발생연도가 아닌 미래에 실현될 것으로 예상된다면, 기여분의 배부는 참여자

기대이익의 몫에 대한 예측을 감안하여 이루어진다. 예측을 하게 되면, 예측이 실제결과와 상당한 차이가 나는 경우 예측이 근거한 가정을 검증하는 데 있어 과세당국과 마찰이 일어날 수 있다. 기대이익이 실현되기 몇 해 전에 원가분담약정활동이 종료되는 경우 이러한 문제들이 일어날 가능성이 크다. 특히 편익이 미래에 실현될 것으로 예상되는 경우, 편익비율의 변화를 초래하는 관련상황의 변화를 반영한 예측전망에 따라 원가분담약정기간 동안 기여분의 비율을 조정하도록 원가분담약정에 규정을 두는 것이 적절하다. 실제편익비율이 예측과 상당히 차이가 나는 경우, 과세당국은 참여자들이 합리적으로 예상한 모든 변화를 고려했을 때 비교가능상황에서 독립기업들이 그러한 예측을 받아들였을 것인지에 대한 의문을 제기할 것이며, 이 경우 회고적(hindsight)으로 판단해서는 안 된다. 원가분담약정의 기대이익이 개발단계초기의 평가곤란 무형자산에 대한 권리이거나, 원가분담약정 기여분의 일부가 이미 존재하는 평가곤란 무형자산인 경우, 원가분담약정의 각 참여자 기여분의 평가에는 평가곤란 무형자산에 대한 지침이 적용된다.(TP §8.20)

약정에 여러 활동이 포함되어 있는 경우, 각 참여자 기여분의 가치가 참여자의 상대적 기대이익과 적절히 연계되도록 배분기준을 선택할 때 이를 감안하는 것이 중요하다. 가능한 방법은 한 가지 이상의 배분기준을 사용하는 것이다. 예를 들면, 원가분담약정에 5명의 참여자가 있고 그 중 한 명이 원가분담약정에서 수행되는 용역활동으로 편익을 얻을 수 없는 경우, 기여분의 상계나 감소의 방식이 없다면 이러한 활동과 관련된 기여분은 다른 4명의 참여자들에게만 귀속된다. 이 경우, 기여분을 배분하는데 2개의 배부기준을 사용할 수 있다. 어떤 배부기준이 적합한지는 원가분담약정활동의 성격 및 배부기준과 기대이익의 관계에 달려 있다. 이 경우, 용역에 대한 정상대가를 결정하는 간접배부방법의 사용에 대한 지침이 도움이 된다. 반면에, 생산공장을 운영하는 3개 기업이 생산공정을 개선하는 여러 프로젝트로 모두 편익을 기대한다면, 생산능력의 상대적 크기를 기준으로 배부기준을 정할 수 있다. 한 기업이 특정프로젝트의 결과물을 시행하지 않는다고 해도 이로 인해 편익의 상대적 몫이나 사용되는 배부기준이 바뀌어서는 안 된다. 그렇지만, 그 기업이 결과물을 시행하지 않는 이유에 대해 충분히 살펴야 하는데, 그렇게 하는 합리적 의도가 있는지, 원가분담약정이 진행되면서 기대이익이 바뀌었어야 했는지, 언제 그 기업의 의도가 바뀌었는지 고려해야 한다.(TP §8.21)

기대이익에 대한 참여자들의 상대비율을 평가하는 데 사용한 방법이 무엇이든, 참여자들의 기대이익과 실제편익의 몫의 차이를 감안하여 사용방법에 대한 조정이 필요하다. 원가분담약정에서 조정된 편익의 몫과 비교하여 기여분을 주기적으로 재평가하고, 그에 따라 참여자의 미래 기여분을 조정할지 판단해야 한다. 따라서 어떤 원가분담약정에 가장 적합한 배분기준은 시간이 지나면서 바뀌고 그에 따라 조정이 이루어질 수 있다. 시간이 지나면서 참여자들이 불확실하지만 예상결과에 대한 믿을만한 정보를 얻는 경우, 또는 예

상치 못한 사건이 발생하는 경우 이를 반영해 이러한 조정이 이루어질 수 있다.(TP §8.22)

사 례 합리적 기대이익(Reg §482-7.e.1.ii)

USP와 FS는 생산라인 A 및 B를 개발하기 위한 연구활동을 수행하기로 계획한다. USP와 FS는 a 생산라인으로부터 각각 100 및 200의 이익을 예상하고, B 생산라인으로부터 각각 300 및 400의 이익을 예상한다. 이에 따라, USP와 FS는 생산라인 A 및 B로부터 각각 합계 400 및 600의 이익을 예상한다.

USP와 FS는 100에 대한 200의 비율을 반영해 각각 331/3%, 662/3%의 기대이익의 몫으로 생산라인 A를 개발하는 원가분담약정과 300에 대한 400의 비율을 반영해 각각 426/7% 및 571/7%의 기대이익의 몫으로 생산라인 B를 개발하는 원가분담약정을 체결한다. 그렇지 않으면, USP와 FS는 400에 대한 600의 비율을 반영해 각각 40% 및 60%의 기대이익의 몫으로 생산라인 A 및 B를 모두 개발하는 단일 원가분담약정을 체결한다. 구분된 원가분담약정들을 선택하는 경우 생산라인 A 및 B를 개발하는데 쓰이는 모든 활동원가는 각 원가분담약정의 무형자산개발원가를 구성한다.

(2) 편익의 측정

특수관계 참여자의 기대이익을 추정함에 있어, 모든 참여자들의 편익은 동일한 기준으로 측정되어야 한다. 특수관계 참여자가 다른 특수관계 참여자에게 참여지분변경이 아닌 다른 방법으로 원가분담 무형자산을 이전하는 경우, 이전된 무형자산으로 인한 특수관계 참여자의 편익은 양수자가 특수관계 참여자에게 지급한 대가(사용계약에 따른 사용료 등)와 상관없이 양수자의 편익을 기준으로 계산한다. 기대이익은 원가분담 무형자산의 사용으로 창출되는 기대이익에 기초하는 직접기준이나, 창출되는 편익과 관련되는 것으로 간주되는 일정한 측정기준에 따른 간접기준을 적용하여 측정한다. (Reg 482-7.e.2. i) 기대이익을 측정하는 간접기준에는 각 참여자의 원가절감, 무형자산의 활용으로 인한 매출액 · 영업이익 · 사용량이나 생산량 또는 판매량의 증가, 종업원수나 투하자본 등이 있다.(국조령 §17 ④, TP §8.19, Reg 482-7.e.2. ii) 미국의 경우 매출액, 매출액과 생산원가, 매출액과 영업이익, 또는 영업이익을 기준으로 사용한다.(미국 APA 보고서)

① **사용되거나, 생산되거나 판매되는 단위**(unit)

각 특수관계 참여자들이 원가분담 무형자산을 사용하는 사업활동에서 사용되거나 생산되거나 판매되는 물품단위는 기대이익을 측정하는 간접기준으로 사용될 수 있다. 이러한 측정기준은 각 특수관계 참여자가 사용하거나 생산하거나 판매하는 물품단위당 원가분담 무형자산에 배분하는 순이익증가분이나 순손실감소분이 유사할 것으로 예상되는 경우에 더 믿을만하다. 이러한 상황은 동일한 경제조건에서 특수관계인들이 실질적으로 동일한 물품의 사용, 생산이나 판매에 원가분담 무형자산을 사용하는 경우를 의미한다.

② 매출(sales)

원가분담 무형자산이 사용되는 사업활동에서 각 특수관계 참여자들이 행하는 매출은 기대이익을 측정하는 간접기준으로 사용한다. 이러한 측정기준은 각 특수관계 참여자가 판매액당 원가분담 무형자산에 배분하는 순이익증가분이나 순손실감소분이 유사할 것으로 예상되는 경우에 더 믿을만하다. 이러한 상황은 원가분담 무형자산을 이용하는 원가가 수익창출과 실질적으로 관련이 없는 경우이거나, 또는 원가분담 무형자산을 사용하는 주된 효과가 비용에 실질적 영향을 주지 않고 특수관계 참여자들의 수익을 증가시키는 경우(예 판매제품가격에 비례하는 수수료)이다. 각 특수관계 참여자가 동일한 시장수준(예 제조, 판매 등)에서 영업을 하지 않으면 각 특수관계인의 매출은 기대이익의 몫을 측정하는 적절한 기준이 될 수 없다.

③ 영업이익(operating profit)

무형자산개발원가로 인한 비용(감가상각비 등)을 차감하기 전에 결정되는, 원가분담 무형자산이 사용되는 활동으로 인한 각 특수관계 참여자의 영업이익은 기대이익에 대한 간접기준으로 사용된다. 이러한 측정기준은 해당이익이 대부분 원가분담 무형자산의 사용으로 초래되는 것인 경우, 또는 원가분담 무형자산의 사용에 배분되는 이익부분이 각 특수관계인 간에 유사하다고 예상되는 경우에 기대이익의 몫을 더 믿을만하게 결정한다. 이는 원가분담 무형자산이 이익을 창출하는 활동과 밀접하게 연관되어 있으며, 이러한 무형자산 없이는 활동을 수행할 수 없거나 또는 이익을 적게 산출하는 경우를 의미한다.

④ 기타 기준

어떤 상황에서는 기대이익을 측정하는 다른 기준을 적용할 수 있는데, 다만 사용하는 측정기준과 원가분담 무형자산을 사용하여 추가적으로 창출되는 소득이나 절약되는 원가 사이에 합리적으로 식별할 수 있는 연관관계가 있는 경우에만 적용한다. 예를 들면, 직원 급여에 근거한 원가배분은 급여액과 특수관계 참여자가 원가분담 무형자산을 사용하여 추가적으로 창출하는 소득이나 절약하는 원가 사이에 연관관계가 없다면 신뢰할 수 없다.

사례 기대이익을 측정하는 기준(Reg §482-7.e.2.ii.e)

《사례 1》 특수관계인 A와 B는 이미 존재하는 P제품에 대한 제품 및 제조무형자산을 개발하는 원가분담약정을 체결한다. 이러한 무형자산이 없다면, 제품이 진부화 될 때까지 P제품의 판매로 현재가치 100의 수익을 예상한다. 무형자산이 있다면, A와 B는 매년 동일한 수량을 판매할 것으로 예상하지만 판매액은 더 높을 것으로 예상한다. A의 시장에서 특별한 제품무형자산은 높이

평가되므로 제품무형자산으로 현재가치 수익 20이 증가될 것으로 예상하는 반면, B는 제품무형자산으로 현재가치 10만 증가할 것으로 예상한다. 또한, A와 B는 각각 제조무형자산(product intangible)의 표시를 제품에 넣기 위한 제조비용 현재가치 5를 추가적으로 소비할 것으로 예상한다. 끝으로, A와 B는 각각 제조무형자산을 사용하여 제조원가 현재가치 2를 절약할 것으로 예상한다. A와 B는 원가분담 무형자산으로부터 다른 경제효과는 예상하지 않는다. 원가분담 무형자산의 사용으로 인한 A의 기대이익은 수익증가액 20과 원가절감액 2에서 원가증가액 5를 뺀 17이다. 마찬가지로, B의 기대이익은 수익증가액 10과 원가절감액 2에서 원가증가액 5를 뺀 7이다. 그러므로 A의 기대이익은 17이고 B의 기대이익은 7이다.

《사례 2》 해외모회사 FP와 미국자회사 USS는 다양한 고부가가치의 플라스틱제품을 생산하기 위한 원재료를 생산한다. 원재료생산에는 상당한 양의 전기가 소모되므로 상당한 제조원가가 소비된다. FP와 USS는 원재료 한 단위를 생산하는데 소모되는 전기량을 절감할 수 있는 새로운 공정을 개발하는 원가분담약정을 체결한다. FP와 USS는 생산되는 원재료 1단위당 2의 전기료를 부담하고 이후에도 이 비율은 그대로 유지될 것으로 예상한다. 새로운 공정이 성공한다면 각 회사가 원재료를 생산하는데 소비하는 전력량을 50%정도 감소시킬 것으로 예상한다. 새로운 공정으로 전환함에 있어 FP와 USS는 추가적 투자를 하거나 다른 비용을 추가로 들이지는 않는다. 따라서 새로운 공정을 실시한 후에 각 회사의 비용절감은 원재료 단위당 1이다. 원가분담약정에서, FP와 USS는 각자가 미래에 제조할 것으로 예상하는 원재료단위에 기초하여 신공정개발원가를 배분한다. 이 경우, 기대이익의 몫을 측정하고 무형자산개발원가를 나누는 가장 신뢰할 만한 기준은 생산단위인데, 각 특수관계 참여자는 생산 원재료당 원가감소액이 유사하게 1(현재 2의 50%)이 될 것으로 예상하기 때문이다.

《사례 3》 미국모회사 USP와 해외자회사 FS는 새로운 마취제를 개발하는 원가분담약정을 체결한다. USP는 개발되는 약품을 미국 내 시장에서 판매할 권리를 취득하고, FS는 미국을 제외한 전세계에서 이를 판매할 권리를 취득한다. USP와 FS는 개발되는 모든 약품으로 인한 예상영업이익을 기준으로 기대이익의 몫을 결정한다. USP는 FS보다 판매단위당 더 많은 이익을 낼 것으로 예상되는데, 미국에서는 약품가격이 규제되지 않는 반면 미국 이외의 지역에서는 약품가격이 규제되기 때문이다. 이들 두 특수관계 참여자들의 지역에서 예상영업이익은 전부 원가분담 무형자산의 사용으로 인한 것이다. 이 경우, 기대이익의 몫을 측정하기 위한 특수관계 참여자들의 기준은 신뢰성이 없다.

《사례 4》 해외모회사 FP와 미국자회사 USS는 비료를 생산하여 판매한다. 이들은 현재 분말형태로만 가능한 농업용 비료를 새로운 과립형태로 개발하는 원가분담약정을 체결한다. 원가분담약정에 따라, USS는 미국에서 새로운 형태의 비료를 생산하고 판매할 권리를 취득하고 FP는 미국 외에서 이를 생산하고 판매할 권리를 취득한다. 새로운 형태의 비료를 개발하는 원가는 특수관계 참여자들의 각 시장에서 비료의 예상판매액을 기준으로 나눈다.

연구개발활동이 성공하면, 과립형태가 더 효과적으로 비료를 작물에게 전달하여 작물성장에 동일할 효과를 나타내기 위해 더 적은 비료를 쓰게 된다. 과립형태의 비료는 사용되는 비료량을 절약하기 때문에 분말형태비료보다 높은 가격에 팔릴 것으로 기대된다. 가격인상액은 각 지역의 판매액에 비례한다. 연구개발이 성공하면, 과립형비료의 생산원가는 분말형비료의 생산원가와 거의 비슷할 것으로 예상되며, FP와 USS의 경우에도 마찬가지이다. FP와 USS는 비료를 대부분 독립판매업자에게 팔면서 거의 비슷한 시장수준에서 영업을 한다. 이 경우, 기대이익을 측정하는 특수관계 참여자들의 기준은 신뢰할 만하다.

《사례 5》 미국모회사 USP, 해외자회사 FS1 및 해외자회사 FS2는 고객의 컴퓨터시스템에 장착하여 판매하는 컴퓨터소프트웨어를 개발하는 원가분담약정을 체결한다. 특수관계 참여자들은 각 지역에서 USP, FS1, FS2의 소프트웨어 예상판매액을 기준으로 편익을 측정한다. 그러나 FS1은 판매뿐 아니라 제삼자고객에게 소프트웨어를 대여할 것을 계획중이며, FS1의 대여소득(사용자 매출의 일정비율)은 기대이익에 포함되지 않는다. 이 경우, 각 특수관계 참여자의 편익을 측정하는데 사용하는 기준은 신뢰할 수 없는데, 특수관계 참여자들이 받는 모든 편익이 고려되지 않기 때문이다. 기대이익의 몫을 신뢰할 수 있게 측정하려면, 대여로 인한 FS1의 기대이익을 포함하여 자신 및 다른 특수관계 참여자들의 판매로 인한 기대이익을 측정하는데 사용하는 기준과 같은 기준으로 측정해야 한다. 예를 들면, 모든 특수관계 참여자들은 영업이익기준으로 각자의 편익을 측정한다.

(3) 각 참여자 기여분의 가치

원가분담약정이 정상거래원칙에 부합하는지, 즉 각 참여자의 기여비율이 기대되는 기대이익비율과 일치하는지 평가하기 위해 각 참여자의 기여가치를 계산해야 한다.(TP §8.23)

원가분담약정에 대한 기여에는 여러 방식이 있다. 용역원가분담약정에서 기여는 주로 용역수행으로 구성된다. 개발원가분담약정에서 기여는 보통 개발활동의 수행(예 연구개발, 마케팅)을 포함하며, 개발원가분담약정과 관련하여 이미 존재하는 유형자산이나 무형자산의 추가기여를 포함한다. 원가분담약정의 유형에 관계없이, 현재기여나 기존가치기여는 정상거래원칙에 따라 식별되고 적절히 평가되어야 한다. 각 참여자 기여분의 가치는 기대이익의 몫과 일치해야 하므로, 이러한 일관성을 보장하기 위해 조정지급이 필요하다. '기여(contributions)'란 용어는 각 참여자가 원가분담약정에 투입하는 기존가치기여와 현재기여를 모두 포함한다.(TP §8.24)

각 참여자의 기여가치는 비교가능상황에서 독립기업들이 그러한 기여분에 투입하였을 가치와 같아야 한다. 즉, 기여가 이루어지는 때의 가치를 기준으로 기여분을 평가하는 것이 일반적인데, 이 경우 원가분담약정 참여자들에 대한 기대이익의 성격과 정도는 물론 위험의 공동부담도 감안해야 한다. 원가분담약정에 대한 기여분의 가치를 산정할 때 이전가격지침의 다른 규정들이 일반적으로 적용된다.(TP §8.25)

기여분의 가치를 산정할 때, 기존가치기여(contributions of pre-existing value)와 현재기여(current contribution)를 구분해야 한다. 예를 들면, 무형자산개발을 위해 체결한 원가분담약정에서 한 참여자가 특허기술을 기여하는 경우 이는 원가분담약정의 목적인 무형자산개발에 유용한 이미 존재하는 기존가치기여를 의미한다. 그 기술의 가치는 정상거래원칙에 따라 산정되는데, 필요한 경우 가치산정방법을 사용할 수 있다. 특수관계기업들이 수행하는 개발원가분담약정에 따른 현재의 연구개발활동은 현재기여에 해당한다. 현재기여의 가치는 기술의 미래적용으로 인한 잠재가치가 아니라 수행기능의 가치를 기준으로 산정한다. 기술의 미래적용으로 인한 잠재가치는 기존기여의 가치를 통해, 그리고 원가분담약정 참여자들의 기대이익의 몫에 비례하는 개발위험의 분담을 통해 평가된다. 현재기여의 가치는 이전가격지침에 따라 산정된다. 원가에 적절한 가산액(markup)을 더한 대가를 기준으로 하는 보상금액은 연구팀의 기여에 대한 기대가치나 정상가격을 언제나 반영하는 것은 아니다.(TP §8.26)

모든 기여는 가치를 측정해야 하지만, 실무적으로 납세자들은 현재기여에 대해 원가로 가치를 측정하는 것이 쉽다. 이는 특히 개발원가분담약정의 경우 그러하다. 이러한 원가기준방법이 채택되는 경우, 기존가치기여의 경우 원가분담약정에 자원을 투입하기 위해 과거투입분의 기회비용을 확인해야 한다. 예를 들면, 원가분담약정에 도움이 되는 작업을 수행하기 위해 기존의 연구개발인력을 투입하는 약정(즉, 원가분담약정)은 대안이 될 수 있는 연구개발활동의 기회비용(예 연구개발비용에 정상가산액을 더한 금액의 현재가치)을 반영해야 하며, 현재활동은 원가로 산정한다.(TP §8.27)

사례 원가분담약정의 가치측정

■ **TP 8장 부록 사례 1**

A사와 B사는 다국적기업그룹 구성원들로 원가분담약정을 체결하기로 결정했다. A사는 용역1을 B사는 용역2를 제공한다. A사와 B사는 제공하는 용역을 서로 이용한다. 즉, A사는 B사가 제공하는 용역으로 편익을 얻고, B사는 A사가 제공하는 용역으로 편익을 얻는다. 용역의 원가 및 가치를 다음과 같이 가정한다.

용역1 제공원가(A사의 발생원가)	단위당 100
용역1의 가치(A사가 B사에 청구하는 정상가격)	단위당 120
용역2 제공원가(B사의 발생원가)	단위당 100
용역2의 가치(B사가 A사에 청구하는 정상가격)	단위당 105

1차연도부터 그 이후로 A사는 30단위 용역1을 그룹에 제공하고 B사는 20단위 용역2를 그룹에 제공한다. 원가분담약정에 따른 원가 및 편익의 계산은 다음과 같다.

A사의 용역제공원가(30단위 × 단위당 100)	3,000	(총원가의 60%)
B사의 용역제공원가(20단위 × 단위당 100)	2,000	(총원가의 40%)
그룹 총 원가	5,000	
A사 기여가치(30단위 × 단위당 120)	3,600	(총기여의 63%)
B사 기여가치(20단위 × 단위당 105)	2,100	(총기여의 37%)
원가분담약정에 따른 총기여가치	5,700	
A사의 편익		

용역1 : 15단위 × 단위당 120	1,800	
용역2 : 10단위 × 단위당 105	1,050	
합 계	2,850	(총가치 5,700의 50%)
B사의 편익		
용역1 : 15단위 × 단위당 120	1,800	
용역2 : 10단위 × 단위당 105	1,050	
합 계	2,850	(총가치 5,700의 50%)

원가분담약정에 따라, A사 및 B사가 기여한 가치는 각각 기대이익비율 50%와 일치해야 한다. 원가분담약정에 따른 총기여가치는 5,700이므로, 각 회사는 2,850만큼 기여해야 한다. A사의 현물기여가치는 3,600이며 B사의 현물기여가치는 2,100이다. 따라서 B사는 A사에 750의 차액을 지급해야 한다. 이는 B사의 기여분을 2,850으로 증가시켜 A사의 기여분과 같게 한다. 공헌도를 가치 대신 원가로 측정하는 경우, A사 및 B사는 각각 총편익의 50%를 수취하므로 총원가의 50%, 즉 각각 2,500씩 부담해야 한다. 이에 따라, B사는 차액 500(750 대신)을 A사에 지급해야 한다. 원가분담약정이 없을 경우, A사는 10단위의 용역2를 1,050의 정상가격으로 매입하며, B사는 15단위의 용역1을 1,800의 정상가격으로 매입한다. 이에 따라, B사는 A사에 750의 원가를 지급하게 된다. 위에서 본 것처럼, 원가분담약정에서 정상거래결과는 공헌도를 가치에 따라 측정하는 경우에만 달성된다.

■ TP 8장 부록 사례 1a

사실관계는 사례 1과 같다. 사례 1과 같은 결과를 얻기 위한 다른 방법은 다음과 같은 2단계 절차를 적용하는 것이다.

- 1단계(원가로 측정한 기여) : A사는 총원가 5,000의 50%인 2,500을 부담한다. A사의 현물기여원가는 3,000이다. B회사는 총원가의 50%인 2,500을 부담한다. B사의 현물기여원가는 2,000이다. 이에 따라 B사는 A사에게 500을 추가적으로 지급해야 한다. 이는 기존가치기여에 대한 조정지급을 반영한 것이다.
- 2단계(원가분담약정에 대한 추가가치기여의 산정) : A사는 단위당 원가에 대해 20의 가치를 창출한다. B사는 단위당 원가에 대해 5의 가치를 창출한다. A사는 10단위의 용역2를 이용하고(원가를 초과하는 50의 가치), B사는 15단위의 용역1을 이용한다.(원가를 초과하는 300의 가치) 이에 따라, A사는 원가분담약정에 기여한 250의 추가가치에 대해 250을 보상받아야 한다. 이는 기존가치기여와 관련된 조정지급을 반영한 것이다.

2단계 접근법에 따라, 약정에 대해 추가가치기여를 하는 참여자에게 개별적이고 추가적인 대가를 원가에 가산하여 배분한다. 일반적으로, 추가가치기여는 원가분담약정의 참여자가 소유하는 무형자산과 같은 기존가치기여를 반영해야 한다. 따라서 2단계 접근법은 개발원가분담약정에 가장 유용하게 적용되는 방법이다.

기존기여의 가치가 원가에 해당한다고 가정할 수는 없지만, 원가를 현재기여의 상대가치를 측정하는 실용적 지표로 사용할 수 있는 경우가 있다. 기여가치와 원가의 차이가 크지 않은 경우, 실무적 이유로 용역원가분담약정에서 비슷한 성격의 현재기여를 원가기준으로 측정할 수 있다. 그러나 다른 경우(예를 들면, 참여자들이 제공하는 기여의 성격이 다르고 여러 유형의 용역과 무형자산 또는 기타자산이 혼합된 경우)에는 원가기준으로 현재기여를 측정하는 것은 참여자들의 상대적 기여가치를 산정하는데 있어 믿을만한 기준이 되지 않으며, 정상거래결과가 되지 않는다. 개발원가분담약정의 경우, 현재기여를 원가로 측정하는 것은 일반적으로 정상거래원칙의 적용을 위한 믿을만한 근거가 되지 못한다. 독립약정을 원가분담약정의 관계회사들 간의 약정과 비교할 수 있으며, 그 독립약정이 원가로 기여를 하는 것으로 규정하는 경우, 약정의 큰 맥락에서 거래의 모든 경제적 관련특성들의 비교가능성을 고려해야 하는데, 이에는 당사자들 사이에 존재하는 경제적으로 관련된 거래들의 약정의 효과 및 위험의 배분이 포함된다. 특히 독립약정에서 다른 방식의 대가가 이루어지는지 주의해야 하는데, 예를 들면 원가보상에 추가하여 단계별 지급(stage payments)이나 보상기여(compensating contributions)가 이루어질 수 있다.(TP §8.28)

사례 원가분담약정의 가치측정

■ **TP 8장 부록 사례 2**

용역1의 단위가치가 103(즉, 용역1과 용역2가 낮은 가치의 용역이라는 의미)이라는 점을 제외하고 사실관계는 위 사례 1과 같다. 이에 따라, 용역의 원가 및 가치는 다음과 같다.

A사의 용역제공원가(30단위 × 단위당 100)	3,000	총원가의 60%
B사의 용역제공원가(20단위 × 단위당 100)	2,000	총원가의 40%
그룹 총원가	5,000	
A사 기여가치(30단위 × 단위당 103)	3,090	총기여의 59.5%
B사 기여가치(20단위 × 단위당 105)	2,100	총기여의 40.5%
원가분담약정에 따른 총기여가치	5,190	
A사 및 B사는 각각 용역1을 15단위 용역2를 10단위 소비		
A사의 편익		
용역1 : 15단위 × 단위당 103	1,545	
용역2 : 10단위 × 단위당 105	1,050	
합 계	2,595	(총가치 5,190의 50%)
B사의 편익		
용역1 : 15단위 × 단위당 103	1,545	
용역2 : 10단위 × 단위당 105	1,050	
합 계	2,595	(총가치 5,190의 50%)

원가분담약정에 따라, A사 및 B사의 기여가치는 각각 기대이익의 비율 50%에 상응해야 한다. 원가분담약정에 따른 총기여가치는 5,190이므로, 이는 각사가 2,595를 기여해야 한다는 의미이다.

A사의 현물기여가치는 3,090이며 B사의 현물기여가치는 2,100이다. 따라서 B사는 A사에 495의 조정지급을 해야 한다. 이는 B사의 기여분을 2,595로 증가시켜 A사의 기여분과 같게 한다. 이 사례에서, 원가분담약정에 대한 기여는 모두 저가치용역이므로, 실무적 이유로 기여가치를 원가로 평가하는데 이렇게 해도 정상거래원칙에 어느 정도 일치하는 결과가 되기 때문이다. 이러한 실무접근법에 따라, A사의 현물기여원가는 3,000이고 B사의 현물기여원가는 2,000이다. 각 참여자는 총기여원가의 50%(2,500)를 부담한다. 이에 따라, B사는 A사에 500의 차액을 지급한다.

▣ TP 8장 부록 사례 3

용역2의 단위가치가 120(즉, 용역1과 용역2는 동일가치이며 저가치용역이 아님)이라는 점을 제외하고 사실관계는 사례 1과 같다.

A사의 용역제공원가(30단위 × 단위당 100)	3,000	총원가의 60%
B사의 용역제공원가(20단위 × 단위당 100)	2,000	총원가의 40%
그룹 총원가	5,000	
A사 기여가치(30단위 × 단위당 120)	3,600	총기여의 60%
B사 기여가치(20단위 × 단위당 120)	2,400	총기여의 40%
원가분담약정에 따른 총기여가치	6,000	
A사 및 B사는 각각 용역1 15단위, 용역2 10 단위를 소비		
A사의 편익		
용역1 : 15단위 × 단위당 120	1,800	
용역2 : 10단위 × 단위당 120	1,200	
합계	3,000	(총가치 6,000의 50%)
B사의 편익		
용역1 : 15단위 × 단위당 120	1,800	
용역2 : 10단위 × 단위당 120	1,200	
합계	3,000	(총가치 6,000의 50%)

원가분담약정에 따라, A사 및 B사의 기여가치는 각각 기대이익의 비율 50%와 대응되어야 한다. 원가분담약정에 따른 총기여가치는 6,000이므로, 이는 각 당사자가 3,000을 기여해야 한다는 의미이다. A사의 현물기여가치는 3,600이며 B사의 현물기여가치는 2,400이다. 따라서 B사는 A사에 600의 조정지급을 해야 한다. 이는 B회사 기여분을 3,000으로 증가시켜 A사의 기여분과 같게 한다. 사례 3에서 기여원가에 대한 정상가산율이 같은 경우에도, 기여분을 원가로 평가하는 것은 일반적으로 정상거래결과가 되지 않을 수 있다는 것을 예시한다.

기대이익을 기준으로 기여가 이루어지므로, 이는 일반적으로 현재기여의 가치에 대해 원가보상기준이 인정되는 경우 초기에는 예산원가를 기준으로 분석이 이루어져야 한다는 의미이다. 예산구조는 수요수준(예컨대 원가예산은 실제매출의 일정률로 계산됨)의 변화와 같은 요소들에서 발생되는 변동성에 따라 달라지므로, 이것이 원가를 확정짓는다는 의미는 아니다. 또한, 원가분담약정 기간 동안 예산원가와 실제원가에 차이가 생길 수 있다. 정상거래상황에서 독립기업들은 예산을 정할 때 어떠한 요소들을 감안할지 그리고 예상하지 못한 상황을 어떻게 처리할지에 대한 합의없이 예산으로 책정한 원가를 쓰지 않을 것이므로, 당사자들 간에 합의된 조건에는 이러한 차이를 처리하는 방법을 규정해야 한다. 예산원가와 실제원가의 중요한 차이에 주의해야 하는데, 그러한 차이는 활동의 범위가 달라져서 당초 예상했던 활동과 같은 방법으로 참여자들 모두에게 편익이 돌아가지 않는 상황을 의미할 수 있기 때문이다. 그렇지만, 원가가 현재기여를 측정하는 적절한 기준이 되는 경우 일반적으로 실제원가를 기준으로 사용할 수 있다.(TP §8.29)

평가과정에서 약정의 참여자들이 행하는 기여를 모두 인식해야 한다. 이에는 원가분담약정의 시초에 참여자들이 행하는 기여(기존무형자산의 기여 등)는 물론 원가분담약정 기간중에 이루어지는 공헌도 포함된다. 검토해야 할 기여에는 원가분담약정활동에 전적으로 사용되는 재화나 용역뿐 아니라 일부는 원가분담약정활동에 사용하고 일부는 참여자의 다른 사업활동에 사용하는 재화나 용역(즉, 공유되는 재화나 용역)이 포함된다. 공유되는 재화나 용역이 포함되는 기여를 측정하는 데 어려움이 있는데, 이에는 참여자가 원가분담약정을 위해 사무빌딩과 전산시스템과 같은 자산을 일부 기여하거나, 원가분담약정과 자기사업을 위해 감독, 사무 및 행정 기능을 수행하는 경우가 있다. 원가분담약정활동과 관련되어 사용되는 자산이나 용역의 비율을 회계기준 및 사실관계의 관점에서 상업적으로 인정되는 방식으로 결정해야 하며, 여러 지역들이 관련된 경우 필요하다면 일관성을 유지하기 위한 조정을 해야 한다. 비율이 결정되면, 그 기여분은 원가분담약정에 적용되는 원칙에 따라 측정된다.(TP §8.30)

개발원가분담약정에 있어 원가분담약정, 그 활동 및 위험을 통제하고 관리하는 형태의 기여는 무형자산이나 유형자산의 개발, 생산 또는 취득과 관련한 중요기능이 될 수 있으며, 용역대가의 계산방법에 따라 가치를 산정해야 한다.(TP §8.31)

3.4 기대이익의 변동에 따른 조정지급(balancing payments)

과세당국은 거주자・내국법인과 국외특수관계인이 공동개발한 무형자산에 대해 적정하게 원가등을 배분하여 각 참여자의 지분을 결정하는 약정을 체결한 후 공동개발한 무형자산으로부터의 기대이익이 약정 체결 시 예상한 기대이익과 비교하여 일정비율(20%) 이상 증가하거나 감소한 경우에는 원래 결정된 각 참여자의 지분을 변동된 기대이익을 기준으로 조정하여 거주자・내국법인의 과세표준과 세액을 결정하거나 경정할 수 있다.(국조법 §9 ③, 국조령 §18 ①)

지분이전이나 자격변경이 있는 경우, 원가분담약정의 참여지분이 변경된다. 참여지분의 변경에 대해 정상대가가 지급되어야 한다.(Reg §482-7.f.1) 이 경우, 어느 한 쪽이 상대방에게 원가분담액을 채무로 계상하는 경우, 이를 차입금으로 보아 정상이자를 반영해 적절히 조정해야 한다.(Reg §482-7.i.2.iii)

약정에 대한 전체기여 중 각 참여자의 기여비율(조정지급 감안)이 약정에 따라 수취할 전체기대이익 중 각 참여자 편익의 몫에 상응하는 경우, 원가분담약정은 정상거래원칙에 부합한다. 기여가 이루어진 시점에 원가분담약정에 따른 전체기여에 대한 각 참여자 기여비율의 가치가 원가분담약정에 따른 기대이익의 몫과 일치하지 않는 경우, 적어도 어느 참여자의 기여는 적절하지 않으며 다른 참여자의 기여는 과도하게 된다. 이 경우, 정상거래원칙에 따른 조정지급이 필요하다. 이는 일반적으로 기여분에 대한 조정을 의미하는 추가적 조정지급을 함으로써 이루어진다. 이러한 조정지급으로 지급인의 기여가치는 높아지고 수취인의 기여가치는 낮아진다.(TP §8.34) 참여자의 기여비율이 기대이익의 비율보다 낮을 경우 기여분의 가치를 늘리기 위해 조정지급을 한다. 이러한 조정은 참여자들이 약정을 체결할 때 예상되거나, 기대이익비율이나 기여가치비율의 주기적 재평가의 결과이다.(TP §8.35) 또한, 기여당시에 재화나 용역에 대한 참여자의 기여비율 가치가 부정확하게 산정되었거나 참여자의 기대이익이 부정확하게 평가되었을 경우, 즉 고정배부기준 또는 상황변화로 조정된 배분기준이 기대이익비율(proportionate expected benefits)을 적절히 반영하지 않는 경우, 과세당국은 조정지급을 요구할 수 있다. 보통 조정은 해당기간에 대해 참여자들이 다른 참여자에게 지급하는 조정지급의 형식으로 이루어진다.(TP §8.36)

(1) 소득조정방법 및 부과제척기간

참여자인 거주자 · 내국법인의 지분을 조정하는 경우에는 거주자 · 내국법인이 부담한 총원가 등의 분담액을 조정된 거주자 · 내국법인의 지분에 따라 다시 계산하여 초과 부담한 원가 등의 분담액은 그 변동이 발생한 사업연도의 과세표준계산시 조정한다. 원가 등의 분담액을 조정한 후 기대이익의 변동이 다시 발생한 경우에는 법인세 · 소득세의 확정신고, 수정신고, 경정청구의 방법으로 기한 내에 신고하거나 경정을 청구할 수 있다.(국조령 §18 ② · ③) 과세당국이 거주자 · 내국법인의 과세표준 및 세액을 결정 또는 경정하는 경우, 무형자산을 공동개발한 날이 속하는 과세연도에 대한 과세표준 신고기한의 다음 날부터 5년을 초과하여 거주자 · 내국법인의 과세표준과 세액을 조정할 수 없다.(국조령 §18 ④)

사례 원가분담약정 참여지분의 변경(Reg §482-7.f.5)

《사례 1》 X, Y 및 Z은 원가분담약정의 참여자들이다. 원가분담약정에 따라 원가분담 무형자산에 대한 권리는 영토기준으로 나눈다. X는 미주대륙에 대한 권리, Y는 영국 및 호주에 대한 권리, Z는 나머지 국가에 대한 권리를 가진다. 원가분담약정이 체결될 때, X는 플랫폼 t를 기여한다. t 플랫폼기여거래에서, Y 및 Z은 각각의 매출액의 5% 상당액의 사용료를 지급하기로 한다. t거래 이외에는 플랫폼기여는 없다. 원가분담약정 체결 2년 후에, Y는 영국지역에 대한 원가분담 무형자산의 권리와 관련 의무를 Z에게 이전한다. 이 당시, 영국에서 원가분담 무형자산으로 인한 기대이익은 현재가치 11이며 영국지역과 관련하여 부담한 무형자산개발원가 예상액은 현재가치 3이고, UK에서 판매와 관련하여 X에게 지급되어야 하는 플랫폼기여대가 예상액은 현재가치 2이다. 특수관계인 간 권리이전으로 인한 참여지분변경에 대한 정상대가로, Z은 기대이익의 현재가치 11에서 3 및 2를 차감한 6을 Y에게 지급해야 한다.

《사례 2》 일그룹사의 일원인 p와 S는 Z제품을 개발하기 위한 원가분담약정을 체결한다. p와 S는 제조장소를 기준으로 Z제품에 대한 권리를 나누기로 한다. p는 p가 보유하는 시설에서 생산되는 Z제품에 대한 배타적이고 영속적인 권리를 가진다. S는 S가 보유하는 시설에서 생산되는 Z제품에 대한 배타적이고 영속적인 권리를 가진다. p와 S는 특수관계인이건 독립기업이건 불문하고 다른 사람에게 Z제품에 대한 제조권을 허여하지 않기로 합의한다. p와 S는 모든 제조공장에서 장부와 기록을 유지한다. 이 둘은 Z제품을 생산할 수 있는 시설을 보유하며 이들 공장의 생산능력은 알려져 있다. 모든 시설은 현재 최대 생산능력으로 생산중이며 Z제품을 생산하게 되는 때에도 최대생산능력으로 생산하게 되어, p와 S는 대체생산을 할 여력이 없다. p와 S는 새 시설을 설립할 계획이 없으며, 제조시설을 계획하고 설립하는 시간을 고려할 때 Z제품을 판매하는 동안 새 시설을 설립할 가능성은 없다. 원가분담약정을 체결할 때, p는 t 플랫폼을 기여한다. t 플랫폼 기여거래에 따라, S는 p에게 일정공식에 따른 매출기준 사용료를 지급한다. t를 제외하고 다른 플랫폼기여거래는 없다. 원가분담약정 체결 2년 후에, 당초에 예견할 수 없는 변화로 인해 S는 Z제품 생산을 위해 추가적으로 F시설을 매입한다. 이러한 시설매입은 자격변경에 해당한다. 이러한 자격변경에 따라, S의 기대이익은 50%에서 60%로 증가한다. 이에 따라 참여지분에 대한 대가를 지급해야 하는 변화가 초래된다.

(2) 구체적 조정방법

① 조정순서(Reg §482-7.i.2. i)

1. 무형자산개발활동에 직접 관련되는 것으로 식별되거나 합리적으로 배분되는 원가(혹은 원가항목들)를 추가하거나, 또는 무형자산개발원가가 아닌 원가를 제외하여 무형자산개발원가를 재결정
2. 무형자산개발활동과 다른 사업활동 간에 원가를 재배분
3. 특수관계 참여자의 기대이익의 몫을 추정하기 위한 편익을 측정하는데 사용하는 기준의 선택 및 적용의 신뢰성을 향상
4. 기대이익의 몫을 추정하는데 사용하는 예측의 신뢰성을 향상
5. 원가분담 무형자산에 대한 배분되지 않은 이익을 특수관계 참여자들 간에 배분

② 예측의 신뢰성을 향상시키기 위한 조정(Reg §482-7.i.2.ii)

1. 신뢰할 수 없는 예측(unreliable projections) : 예측된 편익의 몫과 실제 가능한 편익의 몫(조정된 편익의 몫)에 상당한 차이가 있다면 기대이익의 몫을 추정하는데 있어 예측을 신뢰할 수 없다는 의미이다. 이 경우, 조정된 편익의 몫을 신뢰할 만한 기대이익의 몫으로 적용하며 그에 따른 무형자산 개발원가의 몫을 배분해야 한다. 해당 과세연도에 실제 조정편익의 몫의 차이가 추정편익 몫의 20% 이하인 경우 신뢰할 수 없는 것으로 보지 않는다. 또한, 원가를 분담할 당시에 참여자들이 제어할 수 없는 예외적인 사건 때문에 차이가 발생하는 경우, 조정하지 않는다. 납세자가 기대이익을 합리적인 방법으로 측정하지 않았다면 과세당국은 조정을 할 수 있다. 예를 들면, 납세자가 판매단위를 기준으로 기대이익을 측정하고 과세당국은 다른 기준이 더 신뢰성이 있다고 판단한다면 실제 판매단위가 추정 판매단위의 20% 이내인 경우에도 조정을 할 수 있다.
2. 국외특수관계인들 간의 조정(foreign-to-foreign adjustments) : 실제편익과 추정편익의 차이로 인해 조세가 실질적으로 감소하는 경우, 국외특수관계인들 간 부정확한 추정에 따른 무형자산개발원가에 대한 조정이 이루어질 수 있다.
3. 플랫폼기여거래에 대한 대응조정 : 부정확한 추정에 따라 조정된 기대이익 몫에 근거해 결정되는 정액의 플랫폼기여대가에 대해 대응조정을 해야 한다. 기대이익의 몫이 지급대가결정의 기준으로 사용되었는지 여부와 상관없이 조건부지급조건의 플랫폼기여대가에 대해는 대응조정을 하지 않는다.

사례 원가분담거래의 조정(Reg §482-7.i.2.ii.d)

해외모회사 FP와 미국자회사 USS는 1996년에 새로운 대머리치료제를 개발하기로 원가분담약정을 체결한다. 개발되는 치료제에 대한 USS의 권리는 미국시장에서 치료제를 생산하고 판매하는 권리이며, FP는 나머지 지역에서 치료제를 생산하고 판매할 권리를 가진다. USS와 FP는 원가분담약정으로 인한 기대이익을 각자의 대머리치료제 예상판매액을 기준으로 측정한다. 예상판매액은 아래와 같다.

연 도	1	2	3	4	5	6	7	8	9	10
USS	5	20	30	40	40	40	40	20	10	5
FP	10	20	30	40	40	40	40	20	10	5

판매 첫해인 1차연도에, USP는 미국에서 대머리치료제를 승인받는데 시간이 소요되는 관계로 FP보다 판매액이 적을 것으로 예상된다. 이후연도에, USP와 FP는 동일한 매출을 올릴 것으로 예상된다. 매출은 첫 3년 동안 증가하며 이후 몇 년간 유지되고 끝에 가서는 새로운 대머리치료제가 시장에 출현하면서 감소할 것으로 예상된다.

1차 연도에 USS의 판매지연을 감안하여 전 기간에 걸친 할인현재가치가 편익을 측정하기 위해 사용된다. 투자와 관련한 위험을 고려하여 10%의 할인율이 선택된다. 예상매출의 할인현재가치는 USS 154.4 및 FP 158.9로 결정된다. 이러한 기준에 따라, USS와 FP는 각각 편익의 49.3% 및 50.7%을 수취할 것으로 예상되며 그에 따라 대머리치료제의 개발원가를 각각 분담한다.

6차 연도에, 과세당국은 원가분담약정을 검토한다. USS와 FP는 5차 연도에 아래와 같은 매출을 이루었다.

연 도	1	2	3	4	5
USS	0	17	25	38	39
FP	17	35	41	41	41

USS의 매출은 당초 예상보다 서서히 증가하는데 반해, FP의 매출은 빨리 증가했다. 최초 3년 동안, 당사자 중 하나의 총매출비율은 예상매출비율과 20% 이상 차이를 나타낸다. 그러나 5차 연도에 양당사자들의 매출은 예상매출비율에 근접했다. 이러한 안정적 매출과 다른 상황을 감안하여, 과세당국은 나머지 판매기간 동안 당초의 예상매출을 적용하는 것이 적절하다고 결정한다. 5차 연도까지의 실제매출을 합산하고 할인율 10%를 적용하면 현재가치할인율은 USS에 대해 약 141.6이고 FP에 대해 187.3이다. 이 결과는 USS와 FP가 각각 대머리치료제로 인한 편익의 43.1%와 56.9%를 수취한다는 의미이다. 이러한 조정편익은 당초 예상매출에 근거해 계산한 편익의 20% 이내이므로 과세당국은 조정편익과 기대이익의 수치에 근거할 때 당초 추정을 신뢰한다고 판단한다. 이에 따라 아무 조정도 이루어지지 않는다.

(3) 원가분담거래가 기대이익의 몫과 다르게 이루어지는 경우

개발원가분담약정에서 특정연도에 전체기대이익에 대한 한 참여자의 기대이익비율과 전체기여분에 대한 그 참여자의 기여비율에 차이가 생길 수 있다. 이러한 차이 이외에는 해당 원가분담약정이 인정되고 성실히 이행되고 있다면, 과세당국은 한 연도의 결과를 기준으로 조정해서는 안 된다. 여러 연도에 걸쳐 전체기여에 대한 각 참여자의 기여비율이 전체기대이익에 대한 참여자의 몫과 일치하는지 판단해야 한다. 기존가치기여와 현재기여에 대해서는 각각에 대한 조정지급이 필요하다. 그렇지만, 기존가치기여와 현재기여를 합쳐서 전체적으로 조정지급을 하는 것이 더 믿을만하고 쉬운 경우도 있다.(TP §8.37)

사 례 **원가분담거래가 기대이익의 몫과 다르게 이루어지는 경우**(TP 8장 부록 사례 4)

A사와 B사는 다국적기업그룹 구성원으로서 원가분담약정을 통해 무형자산을 개발하기로 결정했다. B사가 개발하였던 무형자산, 실적 및 숙련된 연구개발인력을 감안할 때 개발되는 무형자산은 수익성이 높을 것으로 예상된다. A사는 개발되는 무형자산을 이용할 독립권리를 얻기 위해 자체직원을 통해 개발원가분담약정의 참여자가 해야 할 모든 기능을 수행하는데, 이에는 계약상 부담하는 위험을 통제하기 위한 기능도 포함한다. 무형자산을 상업적으로 활용가능한 단계까지 개발하는데 5년이 소요되고 이후 10년 동안 가치가 있을 것으로 예상한다. 원가분담약정에 따라, A사는 무형자산개발에 필요한 자금(개발원가는 5년 동안 연간 100만 달러로 예상)을 지원한다. B사는 기존무형자산에 대한 개발권을 기여하며, 이에 대해 A사는 원가분담약정의 결과에 상관없이 원가분담약정에 따른 권리를 부여받으며, 무형자산의 개발, 유지 및 활용에 필요한 모든 활

동들을 수행한다. B사의 기여가치(기존무형자산의 사용 및 수행활동 포함)를 결정하는데, 원가분담약정에 따라 창출될 것으로 예상되는 무형자산의 기대가치에서 A사가 기여하는 자금의 가치를 차감하여 산출된다. 개발이 완료되면, 무형자산은 6차연도부터 15차연도에 전세계적으로 연간 550만 달러의 편익을 창출할 것으로 예상된다. 원가분담약정에서 B사에게 B국에서 무형자산을 이용할 수 있는 독점권을 부여하며 A사에게 다른 나라들에서 무형자산을 이용할 수 있는 독점권을 부여한다.(연간 330만 달러의 편익을 창출할 것으로 기대)

A사 및 B사의 현실적 대안을 고려할 때, A사의 기여가치는 연구개발자금의 제공에 대해 위험을 조정한 수익과 같다. 이는 6차연도부터 15차연도에 연간 110만 달러로 산정된다. 그런데, 원가분담약정에 따라 A사는 6차연도부터 15차연도 사이에 110만 달러가 아닌 330만 달러의 수익을 거둘 것으로 예상된다. A사가 취득한 권리에서 추가적인 기대가치(즉, A사의 투자가치를 초과하는 기대가치)는 원가분담약정에 대한 B사의 기존무형자산의 기여 및 연구개발활동을 반영한다. A사는 수취하는 추가가치에 대해 대가를 지급해야 한다. 이에 따라, 그 차이에 대해 A사는 B사에게 조정지급을 해야 한다. 결과적으로, A사는 이러한 기여에 대해 6차연도부터 15차연도에 미래소득에 대한 위험을 감안하여 연간 220만 달러의 현재가치 상당액을 B사에게 조정지급 해야 한다.

아래 사례에서, A사와 B사는 75:25 비율로 원가분담약정의 편익을 예상한다. 첫째연도에 기존가치기여의 가치는 A사 1,000, B사 600이다. 이에 따라, A사 기여를 전체기여의 75%인 1,200으로 증가시키고 B사 기여를 전체기여의 25%인 400으로 감소시키기 위해 A사는 B사에게 200(즉, A사가 B사에게 지급하는 450에서 B사가 A사에게 지급하는 250을 차감한 금액)의 조정지급을 한다.(TP §8.38)

사 례 참여자, 편익비율 및 기여가치의 결정(TP §8.33)

A국에서 영업활동을 하는 A사와 B국에서 영업활동을 하는 B사는 다국적기업그룹 구성원이며, 무형자산을 개발하기 위해 원가분담약정을 체결한다. B사는 원가분담약정에 따라 B국에서 약정의 결과물인 무형자산을 사용할 권리가 있으며, A사는 약정에 따라 B국을 제외한 모든 국가에서 무형자산을 사용할 권리가 있다. 약정의 참여자들은 결합매출에서 A가 75%, B가 25%를 차지할 것으로 예상하므로 두 회사가 약정에서 수취할 예상편익비율은 75:25이다. A사와 B사 모두 독자연구개발을 통해 무형자산을 개발한 경험이 있다. 이들은 원가분담약정에 따른 개발위험을 통제한다. A사는 원가분담약정에 최근 제삼자로부터 취득한 기존무형자산을 기여하며, B사는 효율성을 높이고 시장성을 향상시키기 위해 개발한 독점분석기술을 기여한다. 이러한 기존무형자산기여는 가치를 측정해야 한다. 일상적 연구의 형식인 현재기여는 A사의 양해에 따라 90:10 비율로 A사와 B사의 직원들로 만들어진 선도팀의 지시에 따라 B사가 80% A사가 20%를 수행한다. 이러한 2종류의 현재기여는 구분하여 분석되고, 가치를 측정해야 한다. 원가분담약정의 기대이익이 개발프로젝트의 시작당시에 평가곤란 무형자산에 대한 권리로 구성되거나, 평가곤란 기존무형자산이 원가분담약정 기여분의 일부인 경우에는 평가곤란 무형자산에 대한 지침이 원가분담약정의 개별 참여자의 기여분 가치를 측정하는데 적용된다.

3.5 원가분담약정의 중도참여, 중도탈퇴 및 종료

(1) 중도참여나 중도탈퇴 대가의 정상가격

과세당국은 원가분담약정에 새로 참여하는 자가 참여함으로써 얻게 되는 기대이익의 대가를 지급하거나, 약정에서 중도에 탈퇴하는 자가 탈퇴함으로써 다른 참여자가 얻게 되는 기대이익의 대가를 지급받은 경우 그 대가가 정상가격보다 낮거나 높을 때에는 정상가격을 기준으로 거주자의 과세표준 및 세액을 결정하거나 경정할 수 있다.(국조령 §19)

중도참여나 중도탈퇴의 대가를 지급하지 않는 경우도 있다. 예를 들면, 원가분담약정이 전적으로 참여자들이 공동으로 제공받는 용역에 대한 것으로 용역대가가 수시로 지급되며 그 용역으로 인해 어떠한 재화나 권리도 창출되지 않는 경우에는 중도참여나 중도탈퇴의 대가를 지급할 이유가 없다.(TP §8.36)

참여대가, 탈퇴대가 및 조정지급의 정상대가를 결정하는데 일반원칙이 전적으로 적용된다. 정상거래원칙에 따라, 이러한 대가지급이 필요하지 않은 경우도 있다. 예를 들면, 관리용역을 공유하기 위한 원가분담약정은 일반적으로 가치있는 지속적 결과물보다는 참여자들에게 현재기준으로 편익을 제공한다.(TP §8.47)

참여대가 및 탈퇴대가는 앞선 원가분담약정활동의 결과물에 대한 지분의 취득 또는 처분에 대한 대가로서 원가분담약정 밖에서 지급이 이루어진 것으로 각 참여자들에게 적용되는 조세제도(조세조약 포함)의 일반규정에 따라 적용되는 같은 방법으로 세무처리 한다.(TP §8.48)

(2) 진행 중인 원가분담약정의 중도참여 대가(buy in payment)

원가분담약정 구성원의 변경이 있으면 일반적으로 참여자들의 기여비율과 기대이익비율을 재평가하게 된다. 이미 진행 중인 원가분담약정에 참여하는 기업은 앞선 원가분담약정활동의 결과물에 대한 지분을 취득하는데, 이에는 완성되거나 진행 중인 무형자산이나 유형자산이 있다. 이 경우, 기존참여자들은 실질적으로 앞선 원가분담약정활동의 결과물에 대한 각자 지분의 일부를 신규참여자에게 이전하는 것이다. 정상거래원칙에 따라, 이러한 무형자산이나 유형자산의 이전에 대해 이전된 지분의 정상가치를 기준으로 보상이 이루어져야 한다. 이러한 보상을 '참여대가(buy-in payment)'라 한다.(TP §8.44) 참여대가의 금액은 원가분담약정에 따라 수취할 전체기대이익에 대한 신규참여자의 비율을 감안하여 신규참여자가 취득하는 무형자산이나 유형자산에 대한 지분의 정상가치를 기준으로 결정한다. 또한, 신규참여자가 가지고 있는 무형자산이나 유형자산을 원가분담약정에 투입하는 경우가 있는데, 다른 참여자들은 이러한 기여에 대해서 적절히 조정지급 해야 한다. 세무목적상 개별지급의 전체규모에 대한 적절한 기록이 유지되어야 하지만, 신규참여

자에 대한 조정지급은 요구되는 참여대가와 상계할 수 있다.(TP §8.45)

| 중도참여대가의 정상가격 |

구 분	중도참여대가의 지급
중도참여 이전의 원가분담약정 활동결과가 가치가 있는 경우	중도참여대가 지급
중도참여 이전의 원가분담약정 활동결과가 아무 가치가 없는 경우	지급할 중도참여대가 없음.
중도참여자가 기존의 무형자산을 원가분담약정에 투입하는 경우	당초참여자들이 중도참여자에게 무형자산에 대한 대가 조정지급 필요(당초참여자의 조정지급과 중도참여자 중도참여대가 상계가능)

미국의 경우 중도참여대가를 자산계상한 연구개발원가, 또는 자산계상한 연구개발원가 및 잔여이익분할법에 의한 금액의 합계액으로 계산한다.(미국 APA 보고서)

| 중도참여대가의 과세문제 |

구 분		세무처리
중도참여자 회계처리		공제가능 비용(원가구성)
소득구분	중도참여자가 기존참여자나 제삼자 소유 무형자산의 사용권만을 취득하고 무형자산 자체의 수익지분을 취득하지 않는 경우	사용료소득
	무형자산의 수익지분을 취득하는 경우	조정지급(기존참여자 원가부담 보상액) : 사업소득(사용료소득 아님)
		프리미엄대가(기존참여자의 부가가치 보상액) : 무형자산 양도에 대한 사용료소득(사용에 대한 사용료소득 아님)

사례 중도에 다른 참여자의 수익지분을 인수하는 경우(Reg §482-7.g.8)

1차연도에 4개의 특수관계기업들이 핵융합에너지를 상업적으로 이용하는 공정개발을 위한 원가분담약정을 체결한다. 합리적인 예상수익의 예측에 따라 각 참여자는 동일한 원가를 분담한다. 예상되는 각 참여자의 무형자산 개발원가의 분담액은 매년 1백만 불이다.10차 연도에 5번째 특수관계기업이 원가분담약정에 참여하고 향후 원가의 5분의 1을 부담하기로 합의한다. 이는 전체 이익의 5분의 1을 이룰 것으로 예상되는 4번째 기업의 사업지역 중 일부에 대한 수익지분을 취득하기 위한 것이다. 5번째 기업이 약정에 참여한 시점에 개발 중인 무형자산의 시장가치는 45백만 불이다. 5번째 기업은 자신이 취득하는 수익지분에 대한 대가로 45백만 불의 5분의 1인 9백만 불을 4번째 기업에게 지급해야 한다.

(3) 중도참여대가의 계산방법(미국 APA보고서)

① **시장현가방법**(market capitalization)

시장현가방법은 주식가격으로 계산한 자본과 부채를 합산한 회사자산 가치에서 시작하여 평가대상 무형자산의 가치를 계산하는 방법이다. 회사자산 가치에서 유형자산 가치와 이전되지 않는 무형자산 및 보상대상이 아닌 무형자산 가치를 차감한다. 이 결과 평가대상 무형자산 가치가 총액(lump sum)으로 평가된다. 이 방법은 자본비용(cost of capital), 무형자산 이용연수, 상각액 등을 무시한다. 이 방법은 제삼자거래법(CUT)으로 분류되는데 주식가격은 평가대상 무형자산에 대해 제삼자에게 지급한 가격으로 간주된다. 그러나 실무적으로 볼 때 이 방법은 다음 몇 가지 문제가 있다.

1. 주식가격이 기업의 내재가치가 아닌 다른 요소에 의해 측정되는 경우도 있다. 즉, 주식가격이 사업결과를 반영하지 않은 미래주식가치에 대한 예상을 반영하기도 한다. 주식가격이 기업의 내재가치를 반영하지는 않으며, 주식가격의 변동은 예상이 불가능할 정도로 움직이므로 특정 일자의 주식가격을 선택하는 것이 무형자산의 가치를 측정하는 믿을만한 방법은 아니다. 다만, 이 문제는 매입일자와 가까운 기간의 평균주식가격을 사용하여 변동성을 줄임으로써 해결할 수 있다.
2. 주식가격이 회사가치를 잘 알지 못하는 외부인에 의해 결정된다. 특히 가치가 불확실한 무형자산을 가진 경우에 문제가 될 수 있다. 그러나 주식가격은 그 자체로 독립적인 시장의 가치평가이다.
3. 주식가격에서 차감하는 금액이 적절하지 않을 수 있다. 일부 유형자산과 무형자산을 중도참여(buy in) 대상에서 제외하는 경우 이들의 가치측정이 사실상 곤란하다. 또한, 비배타적 사용권처럼 무형자산이 완전히 이전되지 않는 경우 이러한 일부 제한된 권리의 가치와 전체 무형자산 가치의 차이를 결정하기 어렵다.
4. 회사가치에서 제외할 필요가 없는 항목이 있다. 이들은 법적인 견지에서 이전할 수 있는 무형자산으로 볼 수 없는 것들이며 이들의 가치평가는 어렵다. 이에는 인적자원, 영업권 등이 있다. 이들은 회계기준상 무형자산의 정의를 충족하지 않는다.

아래는 시장현재가치 평가의 사례이다. 회사의 전체 시장가치를 평가한 후 유형자산과 일상적(routine) 무형자산을 차감한다. 일상적 무형자산은 비교회사의 유형자산에 대한 무형자산 비율의 중앙값을 적용한다. 이 결과 회사의 특정(non routine) 무형자산 가치가 계산된다. 끝으로 특정 무형자산가치를 중도참여 무형자산과 그렇지 않은 무형자산에 배분한다.

단 계	계산내용	
1	《납세자》 유형자산 대비 무형자산 비율 시장가치/장부가치	 8.46
2	《일상적 무형자산을 가진 비교대상》 유형자산 대비 무형자산 비율 시장가치/장부가치	 6.19
3	1과 2의 차이(비일상 무형자산)	2.27
4	《납세자》 특정 무형자산 가치 계산 장부가치(주식가액) 비일상적 무형자산 가치 : 414,886×2.27	 414,886 941,791
5	《납세자》 특정 무형자산 가치의 배분 (특정 무형자산의 배분) 중도참여 제외대상 중도참여 대상 중도참여 제외대상에 배분되는 특정 무형자산 : 941,791×42.3% 중도참여 대상에 배분되는 특정 무형자산 : 941,791×57.7%	 42.3% 57.7% 398,377 543,413
6	(원가분담약정상 납세자와 특수관계인 간 지분) 납세자 특수관계인	 76.7% 23.3%
7	(납세자와 특수관계인 간 특정 무형자산의 배분) 납세자 : 543,413×76.7% 특수관계인 : 543,413×23.3%	 416,797 126,615

② 취득가격방법(acquisition price)

무형자산 제공자가 독립기업의 주식이나 자산을 전부 취득한 후 독립기업 기술의 전부 또는 일부를 원가분담약정에 따라 사용하도록 하는 경우가 있다. 이 경우, 자산매입인 때에는 자산매입가격, 주식매입인 때에는 주식가격과 부채를 합한 금액이 독립기업의 자산가치이며, 원가분담약정에 사용된 무형자산 이외의 자산가치를 차감하면 사용된 무형자산 가치를 산출할 수 있다. 이러한 방법은 차감조정이 쉬운 경우 신뢰할 수 있다. 따라서 무형자산 제공자가 취득한 무형자산의 상당부분을 원가분담약정에서 제외하는 경우에는 이를 평가하는 문제가 생기므로 신뢰성이 떨어진다.

이 방법은 회사전체 가치에 근거하므로 시장현재가치방법의 변형으로 간주된다. 시장현재가치방법에서는 무형자산이 아닌 일상적 무형자산은 자산가치에서 제외한다.

한편, 비교취득(comparable acquisition)방법을 쓰기도 하는데 이 방법은 취득가격방법과는 다르다. 비교취득방법은 무형자산 가치를 측정하는데 필요한 재무비율(매출 대비 무형자산, 매출 대비 주식가치)을 산정하기 위한 것으로, 일반적으로 비교회사의 무형자산 취득거래의 재무자료를 사용하며 실무에서는 취득이 일어나지 않은 비교회사의 재무비율을 적용한다. 예를 들면, 무형자산 제공자가 공개기업이 아니거나 기업의 부문이어서 주식의 시장가격을 알 수 없는 경우가 있다. 이 경우 비교대상의 취득자료를 무형자산 제공자의 주식가격을 산정하기 위해 사용하는데, 비교대상의 '매출 대비 주식가치'비율을 무형자산 제공자의 매출에 곱한다. 이렇게 산출된 가치는 위에서 설명한 시장현재가치방법을 적용하여 중도참여가격을 산출하는 데 사용된다. 또한 아래 ⑥에서 설명하는 비용자본화방법(capitalizED expenditures method)에서 비교취득방법을 적용하기도 한다.

③ **기대이익환원방법**(foregone profit) : **할인현금흐름**(discounted cash flow)

기대이익환원방법은 할인현금흐름으로도 부르지만 현금흐름보다는 영업이익을 중점적으로 분석한다. 기대이익환원방법은 다음 순서로 적용된다.

1. 무형자산의 예상존속기간 동안 매년 중도참여자의 예상수입과 예상비용(원가분담액을 포함)을 추정한다. 이러한 추정은 회사 또는 외부전문가의 분석에 의한다.
2. 중도참여자의 일상적 기능에 상응하는 매년도 적정수입을 추정한다.
3. 중도참여자의 잔여이익을 추정한다. 이는 매년도 예상수입에서 예상비용 및 일상적 수입을 차감한 금액이다.

중도참여대가는 매년도 잔여이익의 현재가치로 정의된다. 또한, 매년도 잔여이익을 예상매출로 나누어 사용료율을 산출한 후 사용료율을 기초로 중도참여대가를 정하기도 한다. 현재가치계산을 위한 할인율은 잔여이익 흐름과 관련된 위험수준을 반영해야 한다. 이러한 소득흐름을 예상하는 것은 어려운데, 특히 초기단계에 있는 연구개발의 중도참여인 경우 그렇다. 이 때문에 기대이익환원방법은 신뢰성이 떨어진다. 중도참여대가가 일시지급금이거나 현재가치분석에 따른 것이라면 할인율에 상당히 민감하다.

④ **잔여이익분할방법**(residual profit split)

잔여이익분할방법은 중도참여대가를 평가하는 데 자주 사용된다. 잔여이익분할법은 무형자산 제공자와 중도참여자 간의 사용료 흐름을 계산하는데, 즉 중도참여자의 잔여이익에 기여한 무형자산 제공자의 공헌도(contributions)에 근거해 특정연도의 사용료를 산출한다. 중도참여자의 잔여이익은 총이익에서 통상이익을 차감한 것이다.

일반적으로 중도참여자의 잔여이익에 대한 무형자산 제공자의 공헌도는 무형자산 개발원가의 상대적 투자가치에 따라 측정한다. 무형자산 제공자의 투자가치는 무형자산을 제공할 때까지 무형자산에 대해 자산으로 계상하거나 비용처리한 모든 지출을 합산하여 계산한다. 이 합산지출액은 중도참여연도에 이미 존재하는 무형자산 제공자의 지분을 의미한다.

중도참여자가 중도참여연도에 계상할 무형자산의 지분에 대한 무형자산 제공자의 기여가치는 원가분담약정상 중도참여자의 향유지분에 무형자산 제공자의 합산지출액을 곱하여 측정한다. 이는 무형자산 제공자의 연구개발 지출액의 일부를 중도참여자의 활동으로 간주하는 것이다. 이 때 원가분담약정상 중도참여자의 향유지분은 원가분담약정으로 인해 예상되는 중도참여자의 기대이익의 몫을 의미한다. 한편, 중도참여자의 투자가치는 중도참여연도까지 원가분담약정에 따라 중도참여자가 자산계상하거나 비용처리한 모든 지출을 합산하여 계산한다.

결론적으로, 중도참여연도에 중도참여자의 잔여이익에 대한 무형자산 제공자의 상대적 공헌도는 무형자산 제공자의 투자가치를 무형자산 제공자 투자가치와 중도참여자 투자가치의 합계로 나눈 것이다. 중도참여자 잔여이익에 대한 상대적 공헌도의 비율이 중도참여자가 무형자산 제공자에게 지급한 중도참여 사용료가 된다.

이 방법에서 잔여이익에 대한 중도참여자의 지분은 시간이 갈수록 증가한다. 무형자산 제공자의 기여분을 단기간 감가상각하는 경우 중도참여자의 지분은 더 빨리 증가한다. 잔여이익분할법의 문제점은 중도참여자에게 이전된 무형자산지분의 기대이익보다 작은 중도참여대가가 산출될 수 있다는 것이다. 무형자산 존속기간을 아주 짧게 잡은 경우 상각기간이 끝난 후에는 편익이 그대로 다 중도참여대가로 계산되기도 한다. 이 경우 상각기간 없이 자본회임기간을 적용하거나, 무형자산의 개선이익을 포함하는 긴 상각기간을 적용해야 한다.

위에서 설명한 연구개발원가의 투자가치 계산은 무형자산개발에 투자되는 현금가치가 동일하다는 가정하에 이루어진다. 그러나 무형자산 제공자가 자본화된 개발원가보다 훨씬 가치가 높게 평가되는 무형자산을 제공하였지만, 이후 원가분담 무형자산이 개발원가와 비슷한 가치만을 창출하는 경우 이러한 가정은 틀린 것이다. 이 경우, 무형자산 제공자의 지출액을 중도참여자의 지출액보다 가중 평가하여 조정하기도 하지만, 잔여이익분할법을 적용하는 것은 신뢰성이 떨어진다.

무형자산 제공자와 중도참여자의 무형자산에 대한 상대적 지분에 합의하더라도 사용료 산정방법에는 혼란이 있을 수 있다. 아래 사례는 이러한 문제를 설명한다. 원가분담약정을 시작하기 전에 무형자산 제공자는 연구개발비용을 지출한다. 원가분담약정 실행 후에 중도참여자는 약정에 따라 연구개발비용을 지출한다. 아래 표는 중도참여자 활동에 배분되는 무형자산 제공자(d)의 연구개발비용과 중도참여자(R)의 지출과 편익을 나타낸다.

		제공자d	참여자R	
①	연초 연구개발 투자가치	50	50	
②	연구개발 투자가치 추가분	0	15	이전연도 연구개발비용

		제공자d	참여자R	
③	상각 전 연구개발 투자가치	50	65	= ①+②
④	상각률	10%	20%	
⑤	상각액	5	13	= ③×④
⑥	연말 연구개발 투자가치	45	52	= ③-⑤
⑦	연평균 연구개발 투자가치	47.5	51	①과 ⑥의 평균
⑧	연구개발 투자가치의 지분율	48%	52%	d와 R의 ⑦에 대한 비율
⑨	매출		220	
⑩	매출원가		120	
⑪	판매관리비(연구개발비 제외)		50	
⑫	통상이익		4.4	2%×⑨
⑬	잔여이익(연구개발비 차감 전)		45.6	⑨-⑩-⑪-⑫
⑭	연구개발비		25	그 연도 연구개발비
⑮	잔여이익(연구개발비 차감 후)		20.6	⑬-⑭
⑯	경제적 잔여이익		27.6	⑬-⑤(d, R 모두 차감)

다음은 사용료를 계산하는 4가지 방법이다.

1방법		제공자d	참여자R	
ⓐ	잔여이익(연구개발비 차감 후)		20.6	⑮
ⓑ	d의 투자가치 지분율		48%	⑧
	사용료		9.9	ⓐ×ⓑ
2방법		제공자d	참여자R	
ⓐ	잔여이익(연구개발비 차감 전)		45.6	⑬
ⓑ	d의 투자가치 지분율		48%	⑧
	사용료		22.0	ⓐ×ⓑ
3방법		제공자d	참여자R	
ⓐ	경제적 잔여이익		27.6	⑯
ⓑ	d의 투자가치 지분율		48%	⑧
ⓒ	중간계산액		13.3	ⓐ×ⓑ
ⓓ	가산 : d의 상각액		5	⑤
	사용료		18.3	ⓒ+ⓓ
4방법		제공자d	참여자R	
ⓐ	경제적 잔여이익		27.6	⑯
ⓑ	d의 투자가치 지분율		48%	⑧
	사용료		13.3	ⓐ×ⓑ

일반적으로 2방법과 3방법을 선호한다. 그 이유는 아래와 같이 연구개발비와 잔여이익의 회계적, 경제적 수치를 분석하면 분명해진다.

구 분	회계적 수치	경제적 수치
연구개발비	25 ⑭	18
잔여이익	20.6 ⑮	27.6 ⑯
수입	45.6	45.6

위에서 어떤 경우에도 수입은 45.6으로 이는 연구개발기능에 대한 사용료를 의미한다. 1방법과 4방법은 이익과 수입을 혼동하는 오류가 있다. 2방법과 3방법은 약간의 차이가 있다. 연구개발기능에 대한 수입 즉 사용료는 45.6이다. 2방법은 총사용료에 대한 d의 투자가치에 해당하는 d가 받아야 할 사용료를 계산한다. 이 방법은 가장 신뢰할만하다. 3방법은 우선 경제적 잔여이익을 계산하고 이를 d와 R간에 배분한다. 그 다음 사용료를 계산하기 위해 d의 경제적 잔여이익 지분에 d의 연구개발비용을 가산한다. 사용료는 2방법보다 작은데 결과적으로 d가 R의 높은 상각률을 보전하기 때문이다.

⑤ **사용료감소조정방법**(declining royalty)

몇 가지 변환이 가능한 사용료감소 조정방법은 사용료흐름을 계산한다. 우선, 중도참여 후에 즉시 적정한 사용료율을 산출하는데 이 때는 원가분담대상 무형자산은 아직 사용 전이다. 동일한 무형자산에 대해 제삼자가 사용료를 지급한다면 초기 사용료는 제삼자거래법으로 계산된다. 그렇지 않으면 무형자산에 의한 잔여이익을 결정하기 위해 중도참여 직전의 실제이익에서 거래순이익률법에 의한 통상이익을 차감하여 초기 사용료를 계산한다.

다음으로, 초기 사용료를 시간경과와 함께 감소조정한다. 사용료는 이전되는 무형자산의 예상 사용기간과 상각방법(정액법 등)에 따라 감소한다. 또한 위 ④의 잔여이익분할방법에서 설명한 계산방법에 따라 감소시킬 수 있다. 즉, 특정연도에 개발자가 자산 또는 비용으로 계상한 무형자산 개발원가를 개발자 및 참여자의 무형자산 개발원가의 합계로 나눈 비율에 의해 초기 사용료를 감소시킨다.

사용료율은 제삼자거래법을 적용하는 경우 참여자의 영업이익에 영향을 받지 않거나, 또는 거래순이익률법을 적용하는 경우 1차 연도 이후 참여자의 영업이익에 영향을 받지 않는다. 이와는 반대로 잔여이익분할법을 적용하는 경우 사용료율은 매년 참여자의 수익성에 좌우된다.

⑥ **비용자본화방법**(capitalizED expenditure)

비용자본화방법은 무형자산을 창출하기 위한 지출액을 중도참여가격으로 계산하는 방법이다. 지출액은 자산 또는 비용으로 계상된 모든 원가를 의미한다. 이러한 지출액은 주로 연구개발을 위한 것이므로 이 방법을 연구개발원가자본화(capitalizED R&d)로도 부른다. 다른 방법에 비해 이 방법은 중도참여가치를 저평가한다. 어떤 경우에는 무형자산을 창출하는 연구개발이 성공적이어서 중도참여 당시의 투입원가를 훨씬 상회하는 가치가 형성된다. 이 경우, 비용자본화방법은 정상가치보다 낮은 수치를 나타낸다.

(4) 진행 중인 원가분담약정의 중도탈퇴대가(buy out payment)

참여자가 원가분담약정을 떠날 경우 비슷한 문제가 발생한다. 원가분담약정을 떠나는 참여자는 원가분담약정 결과물(재공품 포함)에 대한 자기지분을 다른 참여자들에게 처분할 수 있다. 이러한 이전은 정상거래원칙에 따라 보상되어야 한다. 이러한 보상을 '탈퇴대가(buy-out payment)'라 한다.(TP §8.46)

사례 중도탈퇴 대가(Reg §482-7.g.8)

한국법인 UP, 해외자회사 FS1, 또 다른 해외자회사 FS2는 감기약을 개발하기 위해 원가분담약정을 체결한다. 각 회사가 생산하는 기존 감기약을 기준으로 UP 50%, FS1 40%, FS2 10%씩 원가를 분담한다.10년간의 연구개발 후에, FS1은 원가분담약정에서 탈퇴한다. 무형자산에 대한 지분을 UP에게 양도하는 대가로 1천만불을 받는다. 이 경우, 양도대가가 무형자산 m이 향후 수익에 상응하는 금액인지 검토해야 한다.

(5) 원가분담약정의 종료(termination)

원가분담약정이 종료되는 경우 정상거래원칙에 따라, 각 참여자는 약정조건에 따른 원가분담약정에 대한 기여비율(중도 또는 종료시에 이루어진 조정지급을 감안)에 상응하는 원가분담약정활동의 결과물에 대한 지분을 소유하거나, 다른 참여자들에 대한 지분이전에 대해 적절히 보상받아야 한다.(TP §8.49)

3.6 원가분담약정 자료제출

(1) 원가 등의 분담액 조정명세서 제출

원가분담액의 손비인정을 받거나 기대이익의 변동에 따른 손비인정을 적용받으려는 거주자 · 내국법인은 법인세 · 소득세의 신고 시 '원가 등의 분담액 조정명세서'(국조칙 §11 별지 2호)를 과세당국에 제출해야 한다.(국조령 §20 ①)

거주자 · 내국법인은 이전가격서류제출의 기한연장사유로 '원가 등의 분담액 조정명세서'를 과세표준 및 세액의 확정신고시 제출할 수 없는 경우에 제출기한 15일 전까지 '제출기한 연장 신청서'(국조칙 §12 ① 별지 3호)에 따라 제출기한의 연장을 과세당국에 신청할 수 있다. 제출기한연장신청을 받은 과세당국은 1년의 범위에서 그 제출기한의 연장의 승인 여부를 결정하여 연장 신청이 접수된 날부터 7일 이내에 '제출기한 연장 승인 · 기각 통지서'(국조칙 §12 ② 별지 4호)에 의해 연장 여부를 신청인에게 통지해야 한다. 이 경우 7일 이내에 통지를 하지 않은 경우에는 연장을 신청한 기한까지 제출기한이 연장된 것으로 본다.(국조령 §20 ② · ③)

(2) 원가분담약정의 내용

일반적으로 원가분담약정은 관련 당사자들이 다음 요건을 충족해야 한다.(TP §8.50)

1. 원가분담약정 활동자체(활동의 일부 또는 전부의 수행이 아닌)에서 직간접적으로 공동의 공평한 편익을 얻을 것으로 기대하는 기업만이 참여자로 인정된다.
2. 약정에는 원가분담약정활동의 결과에 대한 각 참여자 지분의 성격과 한도는 물론, 각자의 기대이익비율이 명시된다.
3. 원가분담약정을 통해 취득하는 무형자산, 유형자산이나 용역의 지분이나 권리에 대해 원가분담약정 기여분, 적절한 조정지급 및 참여대가 이외의 대가지급은 없다.
4. 참여자들의 기여가치는 지침에 따라 결정되며, 약정으로 인한 기대이익비율에 맞는 기여비율을 보장하기 위해 필요한 경우 조정지급을 해야 한다.
5. 약정에서 참여자들 사이에 기대이익비율의 중요한 변화를 반영하기 위해 일정기간 이후 조정지급을 하거나 미래적으로 기여비율을 변경하는 규정을 명시할 수 있다.
6. 참여자의 가입 또는 탈퇴, 그리고 원가분담약정 종료의 경우 필요하며 조정(가입대가 또는 탈퇴대가의 가능성 포함)을 할 수 있다.

(3) 원가분담약정 관련자료

이전가격서류작성 기준에 따르면, 원가분담약정을 포함하여 중요한 용역계약 및 무형자산과 관련된 중요한 계약에 대한 통합기업보고서(master file)를 보고해야 한다. 국가별 보고서(local file)에는 거래에 대한 설명, 지급금액과 수취금액, 관계회사에 대한 정보, 계약서 사본과 산정가격에 대한 정보, 거래가격이 정상거래기준으로 이루어졌다는 사유의 설명과 같은 거래정보를 포함해야 한다. 이러한 서류작성요건을 따르기 위해 원가분담약정 참여자들은 대상활동의 성격, 약정조건, 정상거래원칙의 준수에 대한 자료를 준비하거나 수취해야 한다. 이는 원가분담약정에서 수행되는 활동의 내용, 원가분담약정에 참여하는 다른 당사자들의 정체와 지역, 기여가 이루어지는 예상계획, 산정되는 기대이익, 원가분담약정활동에 대한 예산지출과 실제지출을, 납세자에 대한 원가분담약정의 복잡성과 중요성에 비례하는 자세한 수준으로, 각 참여자가 충분히 알 수 있어야 한다는 의미이다. 이러한 모든 정보는 원가분담약정의 맥락에서 과세당국에게도 필요하고 유용하며, 기본파일이나 국가별보고서에 포함되지 않는 경우, 납세자들은 요청이 있는 경우 이를 제출해야 한다. 특정 원가분담약정과 관련된 정보는 사실관계에 따라 다를 수 있다. 아래 목록에서 열거한 정보는 최소한의 납세협력기준은 아니며, 과세당국이 요구할 권한이 있는 정보를 망라한 것도 아니다.(TP §8.51)

① **원가분담약정 활동시작**(TP §8.52)

1. 참여자들 명단
2. 원가분담약정 활동에 관련되거나, 해당활동의 결과물을 활용하거나 이용할 것으로 예상되는 다른 특수관계기업들의 명단
3. 원가분담약정에 포함되는 활동의 범위 및 세부프로젝트, 원가분담약정활동의 관리 및 통제방법
4. 약정의 존속기간
5. 참여자의 기대이익비율의 측정방식 및 이를 위해 사용하는 추정
6. 미래편익(무형자산)을 사용하는 방식
7. 참여자의 최초기여의 형태와 가치, 최초 및 그 이후 기여의 가치결정방법의 상세설명(예산 및 실제조정 포함), 지출 및 기여가치의 결정에 있어 모든 참여자들에게 회계원칙을 일관성 있게 적용하는 방법에 상세설명
8. 책임 및 과업의 예상배분, 특히 원가분담약정 활동에 사용되는 무형자산이나 유형자산의 개발, 향상, 보호 또는 사용과 관련하여 이러한 책임과 과업을 관리하고 통제하는 체계
9. 원가분담약정에 참여하거나 탈퇴하는 참여자를 위한 절차 및 그 효과, 약정의 종료를 위한 절차 및 그 효과
10. 조정지급을 위한 규정, 또는 경제상황의 변화를 반영해 약정조건을 조정하기 위한 규정

② **원가분담약정 존속 중**(TP §8.53)

1. 약정의 변경(예 조건, 참여자, 대상활동)과 이에 따른 효과
2. 원가분담약정 활동의 기대이익을 결정하기 위해 사용되었던 예측과 실제결과의 비교
3. 원가분담약정 활동을 수행하면서 발생한 연도별 지출, 원가분담약정기간 중 이루어진 각 참여자의 기여형식 및 가치, 기여가치 산정방법에 대한 상세설명

4. 용역거래(controlled services transactions)

4.1 용역거래의 식별

(1) 가치 있는 용역거래

특수관계 용역이란 그룹의 한 기업이 다른 기업에게 이익을 주는 활동으로 경영관리, 금융자문, 지급보증, 전산지원 및 기술지원, 그 밖에 사업상 필요하다고 인정되는 용역을 말한다.(국조령 §12 ① 괄호, Reg §482-9.1.1)

거의 모든 다국적기업그룹들은 폭넓은 범위의 용역을 그 구성원들이 이용할 수 있게끔 준비하는데 특히 행정, 기술, 재무 및 영업 관련 용역이 그것이다. 이러한 용역에는 그룹전체를 위한 관리, 조정 및 통제 기능이 포함된다. 모기업 또는 특별히 지정된 그룹 구성원들(그룹용역센터) 또는 다른 구성원이 이러한 용역제공비용을 일차적으로 부담한다. 어떤 용역이 필요한 독립기업은 이를 그 분야에 전문화된 용역업체로부터 제공받거나 자신이 직접 수행한다(자체조달). 마찬가지로 어떤 용역이 필요한 다국적기업그룹의 기업도 독립기업이나 같은 그룹의 다른 관계회사(그룹내부)로부터 직간접적으로 조달하거나 아니면 자체적으로 수행한다. 내부용역거래는 원래부터 내부적으로 수행되던 것(예 중앙감사, 금융자문 또는 직원훈련과 같이 자체 수행하던 것)뿐 아니라 전형적으로 외부의 독립기업이 제공하던 것(법률 및 회계용역)을 그 대상으로 한다. 다국적기업그룹은 불필요한 비용을 부담하지 않으면서 내부용역을 효율적으로 제공하려 한다. 다국적기업그룹 내부용역을 적절하게 식별하고 정상거래원칙에 따라 비용을 적절하게 배부해야 한다.(TP §7.2) 내부용역은 다국적기업그룹들 사이에서도 상당히 다양하며, 마찬가지로 내부용역으로 그룹 구성원들에게 제공하는 편익 또는 기대이익의 정도에 큰 편차가 있다. 사실관계 및 그룹내부약정에 따라 개별사안이 좌우된다. 예를 들면, 분권화된 그룹에서는 모회사가 주주자격으로 자회사에 대한 자신의 투자를 감독하는 선에서 그룹내부활동을 제한한다. 반면 집권화되거나 통합된 그룹에서는 모기업의 이사회와 고위경영진이 자회사 소관사항의 주요결정을 모두 하며 모기업은 자금관리, 마케팅, 공급사슬관리(supply chain management)와 같은 운영활동뿐 아니라 자회사를 위한 일반관리활동을 수행함으로써 결정의 집행을 지원한다.(TP §7.4)

특수관계 용역의 범위(2011 EU 보고서)

구 분	설 명
1. 정보처리(Information technology services)	11. 정보처리시스템의 구축, 개발 및 관리 12. 소프트웨어의 연구, 개발, 설치 및 주기적/예외적 유지관리 13. 하드웨어의 연구, 개발, 설치 및 주기적/예외적 유지관리 14. 자료의 제공 및 전송 15. 백업 서비스(backup services)
2. 인사관리(Human resource services)	21. 직원의 일상적 비일상적 관리와 관련된 법무, 계약, 행정, 사회보장 및 재무활동 22. 직원 면접 및 채용 23. 직위분류 지원 24. 보수체계 및 상여제도 수립지원(주식선택권 부여제도 포함) 25. 직원평가절차의 수립 26. 직원 교육 27. 단기간 직원 파견 28. 단기 또는 장기 직원 업무협조(sharing of personnel)의 조정 29. 중복업무의 조정
3. 마케팅(marketing services)	31. 마케팅활동의 연구, 개발 및 조정 32. 판매촉진활동의 연구, 개발 및 조정 33. 광고의 연구, 개발 및 조정 34. 시장 조사 35. 인터넷웹사이트의 개발 및 관리 36. 자회사 고객에게 제공되는 잡지 발간(전체 그룹소개인 경우도 포함)
4. 법무(Legal services)	41. 계약 및 합의의 작성, 검토 지원 42. 상시 법무 자문 43. 법무 및 세무 의견 작성 및 자문 44. 법적의무이행 지원 45. 소송수행 지원 46. 보험회사 및 보험중개인 거래 중앙집중 관리 47. 세무자문 48. 이전가격연구 49. 무형자산의 보호
5. 회계 및 행정(accounting and administration services)	51. 회계처리절차의 수립지원 52. 예산 및 집행계획 수립의 지원 53. 회계장부 및 회계처리규정의 유지 54. 주기적 회계보고서, 연간 및 수시 재무상태표 및 계정보고서 작성 지원(연결재무제표는 제외) 55. 세무신고, 세액계산 및 납부 등의 납세의무이행 지원

구 분	설 명
	56. 자료 처리 57. 자회사 장부의 감사 58. 대금처리(Invoicing process)의 관리
6. 기술지원(technical services)	61. 공장, 기계, 설비운용에 대한 지원 62. 자산 및 공장에 대한 일상적 비일상적 관리활동의 계획 및 집행 63. 자산 및 공장에 대한 일상적 비일상적 재배치활동의 계획 및 집행 64. 기술 노하우의 전수 65. 제품개선지침 제공 66. 잉여생산설비 최소화 및 수요최적화를 위한 생산계획 수립 67. 자금사용 계획 및 집행 지원 68. 능률성 검토 69. 기술 서비스(engineering services)
7. 품질관리(Quality control services)	71. 품질정책, 제품생산 및 용역제공 기준의 설정 72. Iso 9000과 관은 품질인증 획득 지원 73. 고객만족프로그램의 개발 및 시행
8. 기타(other services)	81. 기존 자회사 및 설립예정 자회사와 관련한 전략 및 사업개발 용역 82. 회사 보안 83. 연구 개발 84. 회사 부동산 및 설비관리 85. 물류용역 및 재고관리, 창고 용역 86. 운송 및 배달전략에 대한 자문 87. 구매 및 원재료 조달 88. 원가절감 관리 89. 포장 용역

사례 일반적으로 이익을 받는 경우(Reg §482-9.I.5)

X사는 한국회사이고 Y사는 Y국에 있는 X사의 100% 자회사이다. 소비재상품의 전세계 광고 및 판촉을 위해 X사는 올림픽의 공식스폰서로서 자격을 지정받고 대가를 지급한다. 이러한 자격지정으로 X사 및 자회사들은 광고 및 판촉에 스폰서의 명칭을 사용하고 올림픽 의장을 사용할 수 있다. 올림픽스폰서 판촉으로 X사, Y사 및 기타 자회사들은 이익을 받는다.

① **감독활동**(stewardship activities)

감독활동은 주주활동을 넘어서는 개념으로 주주인 모회사에 의해 수행되는 다양한 활동을 의미한다. 이에는 조정센터(coordinating center)의 제공용역이 있는데, 특정사업의 세부기획용역, 위기관리나 문제해결(trouble shooting), 일상관리활동의 지원 등이 포함된다. 감독활동은 사실상 주주활동을 넘어서는(non-shareholder activities) 모회사의 전반적 감독(supervisory) 및 감시(oversight) 기능이다.(TP §7.9)

② **중앙집중용역**(centralizED services)

그룹전체와 연결되는 활동에는 모기업이나 그룹용역센터(지역본부회사)에 집중되어 그룹전체(또는 여러 특수관계기업)가 사용하는 중앙집중활동이 있다. 중앙집중활동은 사업의 종류와 그룹의 조직구조에 따라서 다르지만 일반적으로 기획, 조정, 예산통제, 재무자문, 회계, 감사, 법률, 채권관리, 전산용역 등의 행정용역, 현금흐름 및 지급능력의 감독, 증자, 차입, 이자율 및 환율위험관리, 차환(refinancing) 등의 금융용역, 생산·구매·판매·마케팅 지원, 채용 및 훈련과 같은 인사용역 등이 포함된다. 또한 그룹용역센터는 종종 연구개발활동을 수행하거나 그룹전체 또는 일부를 위해 무형자산을 관리·보호하는 일을 맡기도 한다. 이런 유형의 활동들은 통상 내부용역거래로 인정되는데, 이러한 활동들은 독립기업이 그 대가를 지급하거나 또는 직접 수행하는 활동이기 때문이다.(TP §7.14)

| 그룹내부 용역거래의 사례 |

1. 다국적기업그룹이 경제적인 이유로 채권관리활동(debt-factoring activities)을 집중한다. 예를 들면, 유동성, 환율 및 대손위험을 적절히 관리하고 행정효율성을 높이기 위해 채권관리활동을 집중하는 것이 합리적이다. 이러한 업무를 담당하는 채권관리센터는 내부용역을 수행하는 것이며, 이에 대해서 정상대가를 지급해야 한다. 이 경우, 비교가능제삼자가격법이 적절하다.(TP §7.39)
2. 다국적기업그룹은 생산이나 조립활동을 계열화한다. 이러한 활동은 일반적으로 하청생산(contract manufacturing)이라 불리는 것을 포함하여, 다양한 형태로 나타난다. 하청생산의 경우, 생산기업은 거래상대방으로부터 생산제품의 수량, 품질에 대한 구체적 지침을 받아 이에 따라 생산활동을 수행한다. 어떤 경우에는 원재료나 부품을 거래상대방이 생산기업에게 제공하기도 한다. 또한 생산기업은 품질요건을 충족하는 한 생산품전량의 구매를 보장받는다. 이 경우, 생산기업은 적은 위험을 부담하며 거래상대방에게 용역을 제공하는 것으로 간주되므로, 원가가산법이 최적의 이전가격방법이 된다.(TP §7.40)
3. 연구활동도 내부용역의 사례가 될 수 있다. 계약연구(contract research)로 부르는 연구활동의 조건은 용역의뢰 당사자와의 세부계약에서 정해진다. 이러한 활동은 고급기술인력을 참여시킬 수 있으며, 연구성격과 그룹성공에 미치는 중요성에 따라 상당히 다르게 나타난다. 실제 약정은 발주자가 제시한 구체적 작업을 수행하는 것에서부터 연구기업이 넓은 범위의 작업재량을 갖는 약정까지 다양한 형식을 취한다. 후자의 경우, 사업가치가 있는 분야를 가려내고

연구실패의 위험을 평가하는 추가기능이 그룹전체성과에 결정적 요인이 된다. 그러므로 적절한 이전가격방법을 고려하기 전에 상세한 기능분석을 수행하고 연구의 정확한 성격과 회사가 활동을 어떻게 수행하는지 이해하는 것이 중요하다. 연구를 의뢰하는 당사자에서 현실적으로 가능한 대안을 고려하는 것도 적절한 이전가격방법을 선택하는데 또한 유용할 수 있다.(TP §7.41)

4. 내부용역의 또 다른 사례는 권리허여(licenses)의 관리이다. 이 경우, 권리허여의 관리 및 집행은 그 권리의 이용과는 구분되어야 한다. 허여권리의 침해가능성을 감시하고 그 권리를 집행하는데 책임이 있는 그룹용역센터에서 허여권리의 보호를 담당한다.(TP §7.42)

③ 용역제공을 담보하기 위한 대기비용(standby charges)

요청(on call)에 따라 항상 제공되는 용역의 경우 문제가 생긴다. 그러한 용역의 가용상태 자체가 실제 제공되는 용역의 대가에 추가하여 정상대가를 산정해야 하는 별도의 용역인지 여부이다. 모기업이나 그룹용역센터는 재무, 경영, 기술, 법률, 세무자문 같은 용역과 그룹기업에 대한 지원을 제공하기 위해 항상 가용상태를 유지한다. 이 경우, 인력이나 장비 등을 항시 사용가능하게 함으로써 관계회사들에 용역이 제공될 수 있다. 비교가능상황에서 독립기업이 필요할 때 용역을 제공받을 수 있도록 하기 위해 대기비용(standby charges)을 지불할 것으로 합리적으로 기대된다면, 내부용역거래는 인정되어야 한다. 예를 들면, 소송이 벌어지면 법률자문과 소송대리를 위해 법률회사에 연간수수료(retainer fee)를 지급하는 독립기업이 없지 않다. 다른 예로는 고장나는 경우 전산망을 우선적으로 수리해 주는 용역계약이 있다.(TP §7.16) 이런 용역들은 필요할 때 항상 제공받을 수 있는데 그 규모나 중요성은 매년 다를 수 있다. 용역에 대한 예상수요가 적거나 필요할 때 항상 용역을 제공받는 데 따른 편익이 적거나 대기약정(standby arrangements)을 맺을 필요없이 요청하면 다른 곳으로부터 신속하게 용역제공을 받을 수 있는 경우, 독립기업은 대기비용을 부담하지 않는다. 따라서 그룹내부 용역거래가 있었는지 결정하기 전에 이러한 상시대기약정(on-call arrangements)으로 특수관계기업이 받을 수 있는 편익을 검토해야 하는데, 이를 위해서 대가지급이 이루어진 연도뿐 아니라 과거 수년간의 용역활동의 정도를 보아야 한다.(TP §7.17)

상시용역약정의 경우 일정수준을 초과하여 사용하지 않으면 대가를 지불하지 않는 조건이 포함되기도 하므로 이러한 조건을 검토해야 한다.(TP §7.28)

(2) 가치 없는 특수관계 용역거래

① 간접이익 및 반사이익(indirect or remote benefit), 부수편익(incidental benefits)

활동이 이루어질 때 활동으로 인한 현재 또는 예상되는 이익이 간접적이거나 반사적인 것이어서 용역수취인이 비슷한 활동을 수행하는 제삼자에게 정액 또는 조건부 지급기준으로 대가를 기꺼이 지불할 의도가 없거나 또는 용역수취인이 같거나 비슷한 활동을 스스로 행할 의도가 없는 경우 용역수취인이 활동으로 인한 이익을 향유하는 것은 아니다.(Reg §482-9.l.3.ii)

모회사나 조정센터가 수행하는 용역이 일부 기업과 관련되지만, 부수적으로 다른 기업에게도 혜택을 주는 경우가 있다. 조직개편, 매수 또는 부서폐지의 분석이 그 예이다. 이런 활동은 그룹 내 관련기업, 즉 매수를 시행하거나 부서를 폐지하게 될 기업들에 대해서는 용역제공이 되지만, 그룹 내 다른 기업들에게도 효율증대, 규모의 경제 또는 동반효과(synergies)를 통해 경제적 혜택을 줄 수 있다. 이러한 반사적 이익은 다른 기업들 입장에서는 용역을 제공받는 것이 아니므로 대가를 계상할 필요가 없다.(TP §7.12)

사례 간접이익 및 반사이익(Indirect or remote benefit)(Reg §482-9.l.5)

자체적인 연구보고에 따라, X사는 한국 내 관리부서의 구조 및 부서장의 보수에 대한 변화를 시도한다. 이 보고서에는 Y국의 Y사에 대해는 어떠한 변화를 고려하거나 권고하지 않았다. 관리기능에 대한 내부연구와 이로 인한 변화로 X사의 경쟁력과 전반적인 효율이 증진되었다. 그러나 연구결과로 Y사가 받는 이익은 간접적이고 반사적인 이익이므로 연구보고로 Y사가 이익을 받았다고 볼 수 없다.

② 중복활동(duplicative activities)

특수관계인이 수행하는 활동이 다른 특수관계인의 필요에 의해 수행되거나 수행될 것으로 예상되는 활동을 모방한 것으로 그러한 중복활동이 용역수취인에게 추가적인 이익을 주는 것이 아니라면 용역수취인이 중복활동으로 이익을 받은 것으로 볼 수 없으므로 대가를 지급할 이유가 없다.(Reg §482-9.l.3.Ⅲ) 다만, 다음의 경우는 예외이다.(TP §7.11)

1. 기업그룹이 중앙집권적 관리를 위해 조직을 재편하는 과정에서 일시적으로 동일한 용역이 중복되는 경우
2. 어떤 문제에 관해 2차적으로 법적 의견을 구함으로써 사업결정의 오류를 줄이기 위해 같은 용역이 반복되는 경우

용역이 중복될 가능성이 있는 경우에는 용역의 특성을 상세히 검토해야 한다. 예를 들면, 마케팅은 여러 수준의 활동을 포함하는 폭넓은 용어이므로 회사가 자체적으로 마케팅용역을 수행하면서 그룹의 다른 회사로부터 마케팅용역을 제공받는 사실이 바로 중복활동으로 판단되는 것은 아니다. 납세자가 제공한 정보를 검토하여, 내부용역이 자체수행활동과 차이가 있거나 추가적이거나 보완적인 것으로 판단할 수 있다. 그 이후, 내부용

역의 비중복요소에 대해 편익테스트(benefit test)를 한다. 일부 규제분야에서 통제기능을 지역적으로 수행하는 한편 모회사가 통합하여 수행하도록 하는데, 이러한 요건을 중복활동이라고 부인해서는 안 된다.(TP §7.11)

사례 중복활동(duplicative activities)(Reg §482-9.l.5)

X사의 내부직원은 지식재산권법 등 여러 분야의 전문지식을 가진다. Y사는 제삼자와 복잡한 합작사업을 추진하기 위해 협상하는데, 이 과정에는 여러 개의 특허권과 저작권이 관련된다. Y사는 합작계약을 검토하기 위해 지식재산권에 전문적인 외부자문역을 쓰고 있다. 외부자문역은 합작계약조건이 Y사에 유리하며 계약이 유효하고 실행가능하다는 의견을 제시한다. Y사가 계약을 체결하기 전에 X사의 법률담당이 합작계약서를 검토하고 외부자문역의 의견에 동의한다. X사가 수행한 활동은 실질적으로 Y사가 받은 외부용역의 모방이지만 이러한 X사의 의견개진으로 거래와 관련한 상업적 위험을 줄일 수 있으므로 Y사에 추가적인 이익을 주는 것으로 볼 수 있다.

③ 주주활동(shareholder's activities)

활동의 주요목적이 용역수취인 또는 그룹의 다른 회사에 대한 용역제공자의 자본투자를 보호하기 위한 것이거나 또는 용역제공자에게 요구되거나 용역수취인 및 용역제공자 모두에게 요구되는 보고, 법적요건 등을 충족시키기 위한 것인 경우 용역수취인이 이익을 받은 것이 아니다. 일상적 관리(day-to-day management) 성격의 활동은 일반적으로 용역제공자의 자본투자보호와 관련되지 않는다. 사실관계에 따라 다르지만, 회사조직개편(corporate reorganization)은 그룹회사들에게 이익을 주는 것으로 볼 수 있다.(Reg §482-9.l.3.iv)

관계기업이 그룹 내 하나 이상의 기업 또는 그룹전체와 관련된 활동이 수행되는 경우 복잡한 분석이 필요하다. 극단적인 경우, 일부 구성원들은 그 활동을 필요로 하지 않음에도 불구하고(따라서 독립기업이었다면 대가를 지급하지 않을 것임) 이들 기업들에 대해 용역이 수행될 수 있다. 그룹의 한 기업이(보통 모회사나 지역지주회사) 다른 구성원들에 대한 소유권행사 차원에서(즉, 주주로서의 행위) 수행하는 활동이 이러한 활동에 해당된다. 이러한 유형의 활동은 내부용역으로 보지 않으며, 용역을 제공받은 기업에 대가를 청구하는 것은 정당화되지 않는다. 그 대신, 이러한 유형의 활동에 대한 비용은 주주수준에서 부담되고 배분되어야 한다. 넓은 의미의 감독활동(stewardship activities)과 구분하기 위해, 이러한 활동을 주주활동이라 부른다.(TP §7.9) 그런데, 모회사가 그룹 내 다른 회사를 위해 그 회사가 새로운 회사를 매수하는 데 사용할 자금을 조달하는 경우에는 일반적으로 모회사가 용역을 제공하는 것으로 보아야 한다. 또한 '경영참여를 목적으로 한 투자의 운영 및 보호와 관련된 관리 및 통제(감시) 활동'이 주주활동의 정의에 해당하는지는 비교가능한 사실관계에서 독립기업이라면 그러한 활동에 대해 비용을 지급하거나 자신이 직접 수행하려 할 것인지에 따라 결정되어야 한다. 위에서 설명한 활동이 그룹의 다른 구성원에 대한 지분관계 이외의 이유로 한 기업에 의해 수행되는 경우 그 기업은 주주활동을 수행하는 것이 아니라 모기업이나 지주회사에 용역을 제공한 것으로 보아야 한다.(TP §7.10)

| 주주활동에 해당하는 비용(TP §7.10, EU 2010 이전가격포럼보고서) |

주주활동에 해당하는 비용	분 석
a. 모회사의 법적 구조와 관련한 활동비용	**일반적으로 주주비용임**
1. 모회사의 주주총회에 대한 비용(광고비용 포함)	주주비용
2. 모회사 주식 발행 비용	주주비용
3. 이사회 구성원으로 이사의 법적 의무와 관련된 모회사의 이사회 비용	이사 또는 이사회활동은 자회사에 이익을 주는 활동을 수행할 수 있으므로, 이 경우 관련 비용이 사실관계에 따라 안분되어야 함.
4. 세법에 따른 모회사의 의무(세무신고, 장부기록 등)	주주비용
B. 모회사의 보고의무와 관련된 비용(연결재무제표 등)	**주주비용**
1. 모회사의 재무보고 비용	주주비용
2. 그룹의 연결재무보고서 작성 비용	연결재무제표 작성은 그룹전체의 이익에 해당. 자회사의 관련비용이 모회사에 배분되지 않으므로 모회사의 비용도 자회사에 배분되지 않아야 함.
3. 연결납세를 위한 비용. 일부 국가는 모회사가 자회사의 정보를 수집하여 국제적 연결납세를 하도록 규정하며, 연결소득을 계산하기 위해 해외자회사의 세무조정을 하도록 규정. 이러한 비용은 모회사의 배타적 이익을 위한 것임.	주주비용 드물게 자회사가 연결납세로 이익을 보기도 하지만(원천징수세액의 상계), 모회사 지급비용은 모회사가 부담하는 것이 일반적
4. 모회사 감사비용	주주비용
c. 경영참여를 목적으로 자회사 취득을 위한 자금조달	**주주비용**
d. 경영참여를 목적으로 자회사에 대한 투자의 관리 및 보호와 관련된 관리 및 통제 활동비용(제삼자라면 대가를 지급하거나 스스로 수행하지 않음)	**일반적으로 주주비용**

주주활동에 해당하는 비용	분 석
1. 모회사의 이익만을 위해 수행되는 모회사의 자회사 회계감사 비용	주주비용 감사가 또한 자회사의 이익을 위해 이루어지면 배분대상 : 자회사 설립지국에서 감사를 의무화하여 감사보고서가 자회사 재무보고서와 함께 공표되어 자회사에 의해 사용되는 경우(은행융자를 받을 때 제출되거나 자회사 관리목적으로 사용)
2. 모회사 소재지국 기업회계기준(Us Gap 등)에 따라 자회사의 재무보고서를 작성하거나 감사	주주비용 자회사의 활동에 이익을 주는 경우 배분대상 : 모회사의 기업회계기준을 적용하여 작성된 재무보고서를 자회사에게 용역(시장분석, 예산)을 제공하기 위해 사용하는 경우
3. 전산 비용	이러한 비용이 오로지 모회사만을 위해 쓰이는 경우는 드물다. 따라서, 사실관계에 따라 판단해야 한다.
4. 자회사 사업실적의 일반적 검토비용(자회사에 대한 자문용역과 관련 없음)	이러한 비용은 모회사만을 위한 것이므로 주주비용. 다만, 자회사의 관리개선에 도움을 주는 경우에는 배분대상
e. 그룹 재편, 새로운 자회사 취득 또는 사업부서폐지를 위한 비용	매수를 시행하거나 부서를 폐지하게 될 기업들에 대해서는 용역을 제공한 것으로 될 수 있으나, 부수적 편익을 받는 기업들이 용역을 제공받는 것은 아님.
F. 모회사의 증권거래소 상장 비용, 상장 이후 모회사의 주식시장 등록유지(주식시장감독기관이 요구하는 서류작성 등)와 관련한 활동비용	주주비용
G. 모회사의 주주관련 비용 : 모회사의 주주, 재무분석가, 펀드, 기타 이해관계자를 위한 기자회견 및 기타 공표 비용	주주비용
H. 자회사의 자본구조의 연구 및 집행	사실관계에 따라 구분
I. 자회사 자본금 증액을 위한 비용	사실관계에 따라 구분
J. 모회사 및 그룹전체의 '통제'를 위한 규정이나 업무규칙의 채택 및 집행과 관련한 활동비용	주주비용

사례 주주활동(shareholder activities)

1. B국은 B국 회사의 외국인주주에게 적용되는 외환규제를 바꾸는 입법을 최근 시행했다. X사는 Y사의 자본구조를 바꾸어서 B국의 새로운 외환규제법의 이점을 취하는 것이 이익이라고 판단한다. X사는 투자은행 및 법률회사에 B국의 법률을 검토한 후 Y사의 자본구조를 어떻게 바꿀 것인지 제안하도록 의뢰한다. X사가 법률회사 등에게 Y사의 배당 및 기타대가의 지급능력을 증진할 수 있는 방안을 강구하는 것은 Y사에 대한 X사의 투자를 보호하는 효과만 있을 뿐이므로, 이러한 활동은 주주활동에 해당하며 Y사는 이러한 활동으로부터 이익을 받는 것은 아니다.(Reg §482-9.1.5)

2. X사는 고위임원에게 2일간의 휴가(retreat)를 준다. 이러한 휴가의 목적은 X사 및 자회사들(Y사 포함)의 장기사업전략을 가다듬고 비밀사업전략보고서를 만들기 위한 것이다. 사업전략보고서는 X사 및 자회사들의 성장전략을 구상하고 전체 그룹의 생산성을 향상시킬 수 있는 일반적인 방법을 열거한다. 전략보고서는 Y사 및 기타 자회사들에 대한 비용부담없이 만들어 진다. Y사는 독자적으로 전략보고서에 있는 제안의 실시 여부를 판단한다. 전략보고서의 작성은 Y사에 대한 투자자 또는 주주로서의 X사의 역할과 관련이 없으므로 보고서 작성비용은 주주비용이 아니다.(Reg §482-9.1.5)

④ **수동적 관련**(passive association)

그룹사의 일원으로서의 자격이 구성법인에게 이익을 주는 것으로 평가되지는 않는다. 그러나 관계거래와 독립거래를 비교할 때 그룹사의 일원으로서의 자격을 감안해야 하는 경우가 있다.(Reg §482-9.1.3.vi) 특수관계기업이 받는 부수적인 혜택이 수행되는 특정활동으로 인한 것이 아니고 그 기업이 보다 큰 그룹의 구성원이라는 사실 때문인 경우에는 그 기업이 내부용역을 제공받는 것으로 보아서는 안 된다. 예를 들면, 특수관계기업이 그 특수관계로 인해 독립거래인 때보다 높은 신용등급을 얻은 경우에는 내부용역이 없는 것으로 보지만 높은 신용등급이 그룹 내 다른 기업의 보증 때문이거나 그 기업이 전세계적 마케팅이나 광고전략에서 생겨난 그룹명성으로 인해 혜택을 보는 경우에는 일반적으로 내부용역이 있는 것으로 본다. 이러한 점에서, 수동적 관련(passive association)을 그룹의 특정기업의 이익을 능동적으로 향상시키기 위한 다국적그룹 기여의 적극적 활동을 구분해야 한다.(TP §7.13) 수동적 관련은 그룹의 동반효과와 관련된다.

사례 수동적 관련/이익(passive association/benefit)(Reg §482-9.1.5)

S는 여러 산업분야의 회사들에게 플라스틱상자를 공급하는 회사이다. S는 상자에 대한 가격목록을 유지하며 고객의 매입금액에 따라 가격할인을 해 준다. X는 정보기술분야 그룹사의 모회사이다. Y는 B국에 소재한 X의 100% 자회사이다. X와 Y는 제삼자인 s로부터 플라스틱상자를 매입한다. 1차 연도에 X는 1백만 개를 매입하고 Y는 10만개를 매입한다. S는 X그룹의 전체 매입금액

을 기준으로 개당 0.95에 110만개를 계산하여 각 회사에 별도로 송장을 송부하고 물건을 운송한다. X 및 Y는 s와 가격에 대한 할인협상을 하지 않으며 s로부터 다른 제품을 매입하지 않는다. R1 및 R1의 100% 자회사 R2는 그룹사(X 및 Y와는 제삼자관계임)의 일원으로 X와 Y와 비교대상이 되는 기능을 수행하며, X 및 Y가 매입하는 것과 같은 플라스틱상자를 s로부터 매입한다. S는 그룹 전체 매입금액에 따라 R1 및 R2에 개당 0.95에 110만개를 계산한다. R1 및 R2는 s와 가격에 대한 할인협상을 하지 않으며 s로부터 다른 제품을 매입하지 않는다. U는 Y처럼 s로부터 플라스틱상자를 구매하며 Y와 비교가능한 기능을 수행하는 제삼자이다. U는 그룹사의 일원은 아니며 구매가격에 대해 s와 협상을 하지 않으며 s로부터 다른 제품을 매입하지 않는다. U는 s로부터 개당 1.00에 플라스틱상자 100,000개를 매입한다. X는 Y로부터 매입한 플라스틱상자 개당 0.05, 즉 5,000의 수수료를 청구하는데, 이는 Y가 s로부터 매입할인받은 금액을 반영한 것이다.

Y가 X에게 청구한 수수료의 적정성을 판단할 때, R1, R2 및 s 사이의 거래 또는 U 및 s 사이의 거래가 X, Y 및 s 사이의 거래에 대한 믿을만한 비교대상인지 검토해야 한다. 거래의 비교가능성을 평가할 때 그룹사 일원으로서의 Y의 지위를 감안해야 하므로, R1, R2 및 s 사이의 거래가 X, Y 및 s 사이의 거래에 대한 믿을만한 비교대상이 될 수 있다. 비교대상 매입액은 개당 0.95이다. 따라서 유리한 가격(결과적으로 5,000 절약)은 전적으로 X그룹의 일원으로서 Y의 지위로 인한 것이며 X나 X그룹의 다른 회사의 특별한 활동으로 인한 것은 아니다. 따라서 Y는 X나 X그룹의 다른 회사로부터 이익을 받은 것은 아니다.

4.2 용역거래의 분석절차

용역거래에 대한 이전가격분석에서 두 가지가 검토되는데, '대가를 지급할 만한 가치가 있는 용역거래가 실제로 있었는지(질적 분석)'와 '그 용역대가가 제삼자에 비추어 적절한지(양적 분석)'이다.(TP §7.5)

(1) 질적 분석

① 내부용역이 있었나?

그룹의 한 구성원이 다른 구성원을 위해 활동을 수행한 경우 내부용역이 제공되었는지 여부는 그 활동이 다른 구성원에게 사업상 지위를 향상시키거나 유지시키는 경제적 또는 상업적 가치를 제공했는지 여부에 달려있다. 비교가능상황에서 독립기업이라면 다른 독립기업이 그러한 활동을 수행하는 경우 기꺼이 대가를 지급할 것인지, 또는 자체적으로 그러한 활동을 수행할 것인지 생각해 봄으로써 이 문제를 판단할 수 있다. 독립기업이 기꺼이 대가를 지급하지 않거나 또는 자체적으로 수행하지 않을 활동이라면, 정상거래원칙에 따라서 그 활동을 내부용역으로 볼 수 없다.(TP §7.6) 이러한 분석은 실제의 사실관계에 좌우되므로, 내부용역의 제공으로 볼 수 있는 활동과 그렇지 않은 활동을 추상적으로 분류하는 것은 불가능하다. 그러나 다국적기업그룹 내에서 수행되는 일부 공통적인 용역유형에 대해 어떤 식으로 분석할지에 대한 지침을 제공할 수는 있다.(TP §7.7) 일부 내부용역은 다국적기업그룹의 한 구성원이 다른 구성원의 요청에 따라 제공한다. 이 경우, 용역이 제공되었는지 결정하기가 상대적으로 간단하다. 일반적으로, 비교가능 상황의 독립기업이라면 자체활동을 수행하거나 또는 제삼자로 하여금 활동을 하게 하여 자기의 필요를 충족한다. 따라서 그러한 경우에는 통상 내부용역이 있었던 것으로 본다. 예를 들면, 다른 기업이 제조과정에서 사용하던 장비를 한 기업이 보수하는 경우에는 보통 내부용역이 있었던 것으로 본다. 이 경우, 용역제공자에게 발생된 비용을 식별하기 위해 과세당국에 믿을만한 서류를 제출하는 것이 필수적이다.(TP §7.8)

② 용역의 실재성의 입증

질적 분석은 용역의 실재성을 입증하기 위한 것으로 다음 요건을 모두 충족해야 한다.

| 용역거래의 정상가격 해당기준 |

1. 용역 제공자가 사전에 약정을 체결하고 그 약정에 따라 용역을 실제로 제공할 것
2. 용역을 제공받은 자가 제공받은 용역으로 인해 추가적으로 수익이 발생하거나 비용이 절감되기를 기대할 수 있을 것
3. 용역을 제공받는 자가 제공받는 용역과 같은 용역을 다른 특수관계인이 자체적으로 수행하고 있거나 특수관계가 없는 제3자가 다른 특수관계인을 위해 제공하고 있지 않을 것. 다만, 사업 및 조직구조의 개편, 구조조정 및 경영의사 결정의 오류를 줄이는 등의 합리적인 사유로 일시적으로 중복된 용역을 제공받는 경우는 제외한다.
4. 위 사실을 증명하는 문서를 보관·비치하고 있을 것: 제공되는 용역에 대한 구체적 설명, 서면계약서, 배분대상비용의 구체적 내용, 비용청구 시스템 및 청구증빙(EU 2010 이전가격포럼보고서)

독립기업들이 용역제공에 대해 대가를 지급할 것인지 여부를 검토할 때, 그 거래가 독립거래라면 어떤 방식으로 대가가 지급될 것인지 생각하는 것도 또한 의미가 있다. 예를 들면, 대출, 환전 및 파생거래(hedging)와 같은 금융용역의 경우에는 그 대가가 거래차액(spread)에 반영되는 것이 일반적이기 때문에 추가적 용역대가의 지급을 기대하는 것은 부적절하다. 마찬가지로, 일부 구매 또는 조달 용역에서 수수료요소가 제품이나 용역의 가격에 포함되는 경우에는 별도의 용역수수료는 적절하지 않다.(TP §7.15) 특정용역에 대해 관계회사에게 대가를 지급했다는 사실은 실제 용역제공이 있었는지 여부를 결정하는 데 유용하지만, 경영자문료(management fee)와 같은 항목에 대한 단순설명이 그 용역이 제공되었다는 결정적 증거는 될 수 없다. 또한, 대가지급이나 계약이 없었다고 해서 바로 내부용역거래가 없었다고 결론지어서도 안 된다.(TP §7.18)

사 례 저부가가치용역의 질적 분석과 양적 분석

내국법인 A는 외국 모회사로부터 저부가가치용역을 제공받는다. 이 경우 아래와 같은 분석을 거쳐 정상용역대가를 지급해야 한다.

《질적 분석》 저부가가치용역 중 간접이익, 반사적 이익, 중복활동, 주주활동, 수동적 관련에 해당하는 항목은 제외하며, 특히 모회사 임원의 관념적인 '우수경영관리'를 저부가가치용역에 포함해서는 안 된다. 더 나아가, 이러한 용역이 특정용역에 해당하는지 확인해야 한다.

《양적 분석》 질적 분석을 거쳐 확정된 경영지원 용역대가를 모두 인정하는 것은 아니다. 경영지원 용역대가를 A의 일반관리비에 포함하여 계산할 때, 동종업종의 독립기업에 비해 일반관리비 수준이 현저하게 높은 경우 그에 대한 이유를 확인해야 한다. 모회사의 보수수준이 높거나 보수에 사회보장비용이 포함되거나 비능률로 인해 모회사경비가 현저히 많다면, A의 입장에서 이를 부담해야 할 이유가 없다. 용역수취인인 a 입장에서 용역대가가 정상적인지 판단하는 것이므로, 동종업종에 종사하는 독립기업이 싸게 제공받는 용역을 A가 모회사로부터 비싸게 제공받는 상황은 적절한 것으로 볼 수 없다.

(2) 양적 분석 : 정상대가의 산정

내부용역이 제공된 것으로 결정되면, 다른 유형의 그룹내부거래와 마찬가지로 그 대가의 금액이 정상거래원칙에 부합하는지 판단해야 한다. 이는 내부용역대가가 비교가능상황에서 독립기업들이 지급하고 수취하였을 수준이어야 한다는 의미이다. 결론적으로, 그러한 거래가 특수관계기업들 간에 일어났다고 해서 이를 독립기업들의 비교가능거래와 세무목적상 달리 취급해서는 안 된다.(TP §7.19)

내부용역과 관련하여 정상가격을 결정하는 경우 용역제공자와 용역수취인 모두의 관점에서 검토가 이루어져야 한다. 이러한 맥락에서, 용역제공자의 원가뿐 아니라 용역수취인 입장에서 용역가치, 비교가능독립기업이 그 용역에 대해 지급하였을 대가금액이 고려되어야 한다.(TP §7.29) 예를 들면, 용역을 제공받는 독립기업의 관점에서 볼 때 해당 시장의 용역제공자들이 그 기업이 지급하려는 가격에 용역을 공급할 의사나 능력이 있거나 그렇지 않을 수 있다. 용역제공자가 독립기업이 지급하는 가격범위 내에서 원하는 용역을 제공할 수 있다면 거래가 성사된다. 용역제공자의 관점에서 볼 때, 용역을 제공하지 못할 최저선 미만의 가격과 그에 대한 원가를 고려해야 하지만 모든 경우에 결정적인 것은 아니다.(TP §7.30)

① 가능한 이전가격방법

내부용역의 가격산정을 위해 비교가능제삼자가격법이나 원가기준방법(원가가산법, 원가기준 거래순이익률법)을 자주 사용한다. 용역수취인이 속한 시장에서 독립기업들이 비교가능용역을 제공하거나 용역을 제공하는 관계회사가 비교가능상황에서 독립기업에게 비교가능용역도 제공하는 경우에는 비교가능제삼자가격법을 사용할 수 있다. 회계, 감사, 법률, 또는 컴퓨터용역이 제공되는 경우를 예로 들 수 있다. 독립거래가 없지만 관련 활동의 성격, 사용자산 및 부담위험의 관점에서 비교가능 독립기업거래가 있는 경우에는 원가가산법이 적합하다. 원가가산법을 적용할 경우 관계거래와 독립거래에서 포함되는 원가의 유형이 일치되어야 한다. 예외적인 경우, 즉 비교가능제삼자가격법이나 원가가산법을 사용하기 어려운 경우에는 만족스러운 정상가격결정을 위해 한 가지 이상의 방법을 고려해 보는 것이 도움이 된다.(TP §7.31)

해당용역과 기업의 활동 및 성과 사이의 관계를 정립하기 위해서 그룹의 여러 구성원들의 기능분석을 수행할 필요가 있다. 또한, 용역의 즉각적 효과뿐 아니라 장기적 효과도 고려해야 하는데, 어떤 비용은 지출당시에 합리적으로 기대하였던 편익을 실제로는 전혀 창출하지 않을 수 있다는 점을 알아야 한다. 예를 들면, 당시의 자금사정에 비추어 볼 때 한 기업이 마케팅활동 준비비용을 부담하기에는 과중한 경우가 있다. 이 경우, 청구대가가 정상가격인지 결정할 때 그 활동의 기대이익과 아울러 제삼자계약에서 대가의 크기나 시기가 활동의 결과에 따라 달라질 가능성을 고려해야 한다. 이 경우, 납세자는 특수관계기업들에 합리적인 대가를 청구했다는 설명자료를 준비해야 한다.(TP §7.32)

원가기준방법(cost based method)이 상황에 맞는 최적방법이라고 판단되는 경우, 분석에서 관계거래와 독립거래를 비교하기 위해 그룹용역제공자의 지출비용을 조정할 필요가 있는지 검토해야 한다.(TP §7.33) 특수관계기업이 용역제공에서 대리인이나 중개인으로만 활동하는 경우, 원가기준방법을 적용할 때 용역수행 자체에 대한 수익이나 가산액(mark up)이 아니라 대리기능의 수행에 대한 수익이나 가산액이 적절하다는 점을 알아야 한다. 이 경우, 대리기능 자체의 원가가 아닌 용역원가에 대한 가산액으로 정상가격을 결정하는 것은 잘못된 것이다. 예를 들면, 어느 관계회사가 그룹 구성원들을 위해 광고공간을 임차하여 비용을 지출하는데, 이는 그룹 구성원들이 독립기업이었다면 직접 지출하였을 비용이다. 이 경우, 가산액 없이 그 비용을 해당 구성원들에게 전가시키고 대리기능을 수행한 중개인으로서 발생된 원가에 대해만 가산액을 적용해야 한다.(TP §7.34)

| 용역거래 이전가격방법(Reg §482-9t) |

구 분	이전가격방법
간접이익, 반사적이익, 중복활동, 주주활동, 수동적 관련	비용으로 인정하지 않음
원가 배분	용역수취인 각자의 이익에 비례하여 원가배분
저부가가치용역	용역원가법(services cost method)

구 분	이전가격방법
(경영지원 및 저수익지원)	또는 안전항규정
독립적 사업활동으로 인정할 수 있는 용역	• 비교가능용역가격법(comparable uncontrolled services method) • 용역총이익법(gross services margin method) • 용역원가가산법(cost of services plus method) • 비교이익법(comparable profits method) • 거래이익분할법(profit split method) • 기타 방법(UNspecified method)

② 이익요소를 포함할지 여부

내부용역에 대한 정상대가의 결정방법에서, 그 대가가 용역제공자에게 이익을 발생시켜야 하는지가 문제가 된다. 정상거래에서 독립기업은 원가로 용역을 제공하기보다는 보통 이익이 발생되도록 용역대가를 산정한다. 정상대가를 산정할 때 용역수취인의 입장에서 가능한 경제적 대안들도 감안해야 한다. 그러나 독립기업이 용역수행 자체만으로 이익을 실현하지 못하는 상황이 있는데, 공급자의 원가(기대원가 또는 실제원가)가 시장가격을 초과하지만 수익성을 높이기 위해, 활동범위를 보완하여 공급자가 용역을 제공하기로 합의하는 경우이다. 그러므로 정상가격인 경우에도 내부용역을 제공하는 관계회사에 항상 이익이 계상되어야 하는 것은 아니다.(TP §7.35) 예를 들면, 내부용역의 시장가치가 용역제공자의 발생원가에 미치지 못하는 경우가 있다. 이러한 사례는 용역이 용역제공자의 통상활동이나 경상활동이 아니고 다국적기업그룹 전체의 편의를 위해 일시적으로 제공되는 경우이다. 내부용역이 독립기업으로부터 받을 수 있는 가격과 같은 가치인지 결정할 때, 거래의 비교가능성을 평가하는데 기능 및 기대이익의 비교가 필요하다. 다국적기업그룹은 다른 그룹내부편익(이에 대해 정상대가가 적절하다)과 같은 다양한 이유로 제삼자를 사용하기보다 그룹내부에서 용역을 제공하기로 결정한다. 이 경우, 관계회사에 이익을 보장하기 위해 비교가능제삼자가격법으로 설정된 것 이상으로 가격을 올리는 것은 적절하지 않다. 그러한 결과는 정상거래원칙에 위배된다. 그렇지만, 용역수취인의 모든 편익을 적절히 고려해야 한다.(TP §7.36)

원칙적으로 과세당국과 납세자는 적절한 정상가격을 산정해야 하지만, 어떤 경우에는 과세당국이 재량으로 예외상황에서 용역제공의 정상가격 산정과 과세를 포기하는 실무적 이유가 있다는 점을 간과해서는 안 되는데, 이는 적절한 상황에서 납세자가 용역제공 원가만을 배분하도록 허용하는 것과는 구별된다. 예를 들면, 비용편익분석을 하면 정상가격 결정비용과 행정부담이 징수되는 추가세수보다 큰 경우가 있다. 이 경우, 정상가격 대신 모든 관련비용을 청구하는 것이 다국적기업들이나 과세당국에게 만족스러운 결과가 된다. 용역제공이 특수관계기업의 중요활동인 경우, 이익요소가 상대적으로 중요한 경우, 또는 직접청구가 정상가격결정의 근거로 가능한 경우에는 과세당국으로부터 그러한 양보를 기대하기는 어렵다.(TP §7.37)

(3) 총용역원가의 정의

총용역원가(total services costs)란 용역을 제공함에 있어 소요되는 모든 원가를 의미한다. 총용역원가는 현금 비용 또는 비슷한 종류의 비용(주식보상 등)으로 용역관련 직접비용 또는 기타 합리적으로 배분되는 비용을 포함한다. 일반적으로 원가는 용역제공 목적을 이루기 위해 소모되거나 사용되거나 이용되는 모든 자원의 제공(provision)을 의미한다. 이러한 정의는 사실상 기업회계기준에서 의미하는 원가의 개념과 비슷하다. 다만, 총용역원가에는 이자비용, 외국납부세액 또는 소득세는 포함되지 않는다.(Reg §482-9.j)

① **직접원가 : 직접청구방식**(direct-charge methods)

직접적으로 발생한 비용 또는 원가란 특정용역과 직접적으로 관련되어 발생되는 비용을 말한다. 용역제공과 관련해서 고용원에게 지급한 노임・상여・여행경비, 용역제공에 투입된 재료비・소모품비 및 용역제공에 소요된 통신료 등이 직접발생비용에 해당한다.(Reg §482-2.b.4. i)

직접원가의 경우에는 내부용역에 대한 대가관련약정을 쉽게 식별할 수 있다. 이는 다국적기업그룹이 직접청구방식(direct charge method)을 사용하는 경우인데, 관계회사들은 특정용역에 대해 대가를 지급한다. 수행용역 및 대가산정의 근거를 명확하게 파악할 수 있기 때문에, 직접청구방식은 일반적으로 과세당국의 입장에서 실무상 매우 편리하다. 따라서 직접청구방식에서는 대가가 정상거래원칙에 부합하는지 여부를 쉽게 판단할 수 있다.(TP §7.21)

② **간접원가 : 간접청구방식**(Indirect-charge methods)

간접발생 원가 및 비용은 특정용역과 직접적으로 관련되지는 않으나, 직접적으로 발생되는 원가 및 비용과 어느 정도의 연관이 있는 비용을 말한다. 예를 들면 직접경비를 발생시키는 부서와 관련되어 발생하는 공통경비, 공공요금, 임차료, 경영관리비 및 기타 사무비 등을 말한다. 또한 특정용역 제공과 관련하여 합리적으로 배분할 수 있는 일반관리비 및 기타 비용을 포함한다. 또한, 모회사가 해외 자회사를 위해 광고활동을 수행하는 경우 광고용역에 대한 직접비용은 물론 모든 간접비용이 고려되어야 한다. 광고에 직접적으로 소요된 비용으로는 광고대행업자에게 지급한 자문료・광고활동에 투입된 직원급료 등이 있다. 간접비용으로는 임대료, 재산세, 광고부서를 지원하는 직원들의 임

금 · 회계비용 · 기타 일반관리비 등이 있다.(Reg §482-2.b.4. ii)

내부용역대가의 직접청구방식을 실무에서 적용하기 어렵다. 이에 따라, 일부 다국적기업그룹은 모기업이나 그룹용역센터가 제공하는 용역에 대해 다른 대가산정방식을 개발했다. 이 경우, 다국적기업그룹은 정상대가를 산출하는 기준으로 어느 정도의 추정치나 근사치를 필요로 하는 비용배분방법 외에 달리 대안이 없다. 이러한 방법은 '간접청구방식(indirect charge method)'을 말하는데, 용역수취인이 그 용역의 가치를 충분히 인정하고, 독립기업들 간에 비교가능 용역이 제공되고 있다면, 간접청구방식을 인정해야 한다. 기업의 중요사업활동을 형성하는 특정용역이 관계회사뿐 아니라 독립기업에게도 제공되는 경우, 일반적으로 간접청구방식은 인정되지 않는다. 제공되는 용역의 대가를 공정하게 청구하기 위해 다양한 시도를 해야겠지만, 청구금액은 파악가능하고 합리적으로 예측가능한 편익에 근거해야 한다. 모든 간접청구방식은 개별사안의 상업특성에 맞춰져야 하고(예 배부기준은 특정상황에서만 의미가 있음), 자의적 조작을 방지하기 위한 장치가 있어야 하며, 합리적 회계원칙에 부합해야 하며, 용역수취인의 실제편익 또는 합리적 기대이익에 상응하는 대가청구나 원가배분이 이루어져야 한다.(TP §7.23)

어떤 경우, 제공되는 용역의 성격상 간접청구방식이 불가피하다. 개산 또는 추정에 의하지 않고는 여러 관련기업들에게 제공되는 개별용역가치를 계량화할 수 없는 경우가 있다. 예를 들면, 이러한 문제는 중앙집중 판촉활동(예 국제박람회 참여, 국제간행물 게재, 기타 중앙집중 광고활동)이 여러 관계회사들이 제조하거나 판매하는 재화의 수량에 영향을 주는 경우에 생길 수 있다. 다른 사례로는 각 용역수취인에 대해 관련용역활동을 별도기록하고 분석하는 데 따른 행정부담이 그 용역활동 자체에 비추어 지나치게 큰 경우이다. 그러한 경우에는 직접청구가 불가능한 원가, 즉 다양한 용역의 실제수혜자에게 특정하여 배분할 수 없는 원가들을 모든 수혜자에게 배분함으로써 대가를 결정할 수 있다. 정상거래원칙을 충족하기 위해 선택한 배분방법의 적용결과가 비교가능 독립기업이었다면 받아들였을 수준과 부합해야 한다.(TP §7.24) 배부(allocation)는 식별하기 쉬우면서 용역사용정도를 적절히 측정할 수 있는 기준에 따라야 하는데 이에는 매출액, 투입직원, 주문건수기준 활동이 있다. 배부방식이 적절한지 여부는 용역의 특성과 사용정도에 따라 결정된다. 예를 들면, 급여지급용역의 사용이나 제공은 매출액보다는 직원수와 관련되며, 우선적인 컴퓨터백업을 위한 대기비용(stand-by costs)의 배부는 그룹 구성원들의 컴퓨터장비에 대한 지출비용에 비례하여 이루어질 수 있다.(TP §7.25) 간접청구방식이 사용되는 경우 대가와 제공된 용역의 관계가 모호하고 제공된 편익을 평가하기 어렵다. 사실상, 이는 용역에 대해 대가를 지급하는 기업자체가 대가와 용역을 연관시키지 않는다는 의미일 수 있다. 대가를 쉽게 확인할 수 없는 경우 특수관계기업들을 위해 부담한 비용의 손금산입을 결정하기가 어려우며, 용역제공사실을 입증할 수 없는 경우에는 지급대가가 어떠하든 용역수취인이 이에 대한 손금산입을 주장하기 어려우므로, 궁극적으로 이중과세의 위험이 증가된다.(TP §7.26)

간접원가 배분방법으로 한 가지 이상의 기준을 사용할 수 있다. 간접원가 배분방법을 적용할 때 고려할 요소는 총 발생원가, 자산규모, 매출액, 제조비용, 임금, 점용면적, 사용시간 등이 있다. 간접비용이 누진적으로 증가하는 경우에도 이에 대한 특별한 고려를 할 이유는 없다. 즉 간접비용이 누진적으로 증가하든 아니면 비례적으로 증가하든 그와 상관없이 전체적으로 발생한 간접비용을 배분한다. 간접원가 배분방법은 원가계산에 있어서 공통비용 배분방법과 다르지 않다. 따라서 원가회계를 위해 사용하는 배분방법도 그 업종에 비추어 보았을 때 합리적이라고 여겨진다면 적용가능하다. 그 이외에도 채권자, 소액주주, 공동사업(joint venture), 고객, 잠재적 투자자, 기타 이해관계자에 의해 사용되고 있는 배분방법을 적용할 수도 있다. 그리고 특수관계인과 비슷한 상황에 있는 다른 기업이 사용하고 있는 배분방법이 있는 경우 이를 적용할 수 있다. 예를 들면 어떤 기업이 주주 또는 정부에 공표하기 위해 공통비용인 임원보수를 관계회사들 간에 배분하는 공식을 사용하는 경우 비슷한 기업도 이 방법을 이용하여 임원보수를 배분할 수 있다.(Reg §482-2.b.6) 일반적으로, 간접원가는 아래 기준으로 배분된다.(EU 2010 이전가격포럼 보고서)

- 전산용역 : pC의 개수
- 업무관리 소프트웨어(예 sap) : 사용권 개수
- 인사관리 : 인원수
- 건강 및 안전 : 인원수
- 관리개선 : 인원수
- 세무, 회계 등 : 매출액 또는 재무상태표 규모
- 마케팅 : 매출액
- 차량관리 : 차량 숫자

③ **포함되지 않는 원가**

직접적 관련이 없는 채무에 대한 지급이자, 주식발행비용 및 주주관계 유지를 위한 비용, 용역과 직접 관련이 없는 것으로서 정부에 의해 용역제공자에게 부과되는 비용 등은 용역원가에 포함하지 않는다.(Reg §482-2.b.5)

관계회사에 제공한 용역에 대한 대가가 다른 이전거래의 대가에 포함될 수도 있다. 예를 들면, 특허나 노하우의 사용대가에 기술지원용역이나 사용자를 위해 수행되는 중앙집중용역, 또는 권리허여에 따라 생산되는 제품의 마케팅에 대한 경영자문을 위한 대가를 포함한다. 이 경우, 과세당국 및 납세자는 추가용역대가는 없는지, 그리고 중복손금산입은 없는지 점검해야 한다.(TP §7.27) 상시대기용역(on call services) 제공대가에 대한 약정을 확인할 때 실제 용역사용조건을 검토해야 하는데, 사용량이 사전에 정한 수준을 초과하지 않으면 실제사용에 대해 추가대가를 지급하지 않는 조항이 약정에 포함될 수 있기 때문이다.(TP §7.28)

4.3 용역의 정상가격 산출방법

(1) 비교가능제삼자용역가격법

① 비교가능제삼자용역가격법의 적용

비교가능제삼자용역가격법(comparable uncontrolled services price method)은 특수관계 용역거래 대가가 비교대상 제삼자 용역거래대가를 기준으로 정상가격인지 판단한다.(Reg §482-9.c.1) 그룹내부 용역의 시장가치가 용역제공자의 발생원가보다 작은 경우가 있다. 이는 용역제공자의 통상적 또는 경상적 활동이 아니고 다국적기업그룹 전체의 편의를 위해 일시적으로 용역이 제공되는 상황으로, 그룹내부 편익 때문에 제삼자를 활용하기보다 그룹내부에서 용역을 공급하기로 그룹차원에서 결정할 수 있다. 이 경우, 단지 시장가격이 존재한다는 이유로 비교가능제삼자가격법에 의해 설정된 수준으로 가격을 올리는 것은 적절치 않다.(TP §7.36)

사례 해외자회사에 지급하는 수수료 (국심 2005서2972, 2006.8.14.)

해외자회사는 해외투자자를 발굴하고 직접 방문 등을 통해 투자를 유치하나, A사는 자체적으로 관리하는 고객으로부터 주문을 받으며, 청구법인과의 거래방식에 있어 해외자회사를 통해 거래하는 고객은 각자가 직접 청구법인에게 주문을 하나, A사를 통한 거래는 A사와 청구법인이 체결한 온라인매매시스템에 의해 A사가 일괄하여 주문을 하고 있어, 영업방식 및 주문체계가 상이함을 알 수 있다. 그리고 청구법인이 거래금액에 대해 징수하는 수수료율을 보면, 온라인방식에 의한 거래금액의 수수료율이 일반적인 고객에 대한 수수료율보다 낮으며, 시기적으로도 2001.12.4. 이후에는 수수료율이 낮아졌고, 총수수료의 비율이 낮아지면 총수수료에 대해 해외자회사에게 지급하는 수수료율은 변동이 없으나, A사에게 지급하는 수수료율은 낮아지는 것을 알 수 있다. 이와 같이 해외자회사와 A사와는 영업방식, 주문체계 및 수수료 지급체계 등이 상이한데도 이러한 사항을 고려하지 않고 2001.4.1.부터 2004.11.30.까지 A사를 통해 발생한 총수수료에서 A사에게 지급한 총수수료의 비율을 해외자회사에 대한 비교가능제삼자수수료의 비율로 하여 산정한 이전가격을 손금불산입하여 법인세를 과세한 처분은 잘못이다.

사 례 **내부비교대상**(internal comparable)(Reg §482-9.c.4)

한국회사 A와 자회사들은 여러 국가의 사업상 고객에게 시스템통합 및 네트워킹(networking)과 관련된 컴퓨터 자문용역을 제공한다. A사와 자회사들은 자문용역만을 제공하며 컴퓨터 하드웨어 및 소프트웨어를 생산하거나 이들 제품을 판매하지 않는다. A사 및 자회사들은 산업별 전문분야에 따라 구성되며, A사에는 중요한 산업전문가가 있다. 이들 전문가들은 각 국의 자회사 자문역과 팀을 이루어 핵심적인 자문그룹을 구성하며 자회사 소재지국에서 고객에게 용역을 제공한다.

A사와 자회사들은 고객과 직접 계약을 하고 일을 하거나, 또는 제삼자의 하청업자로서 포괄공급계약의 자문용역을 수행한다. A사는 보통 각 전문분야 직원에 대한 보수율에 자문제공시간을 곱하여 용역대가를 계산한다. 또한 A사는 교통, 숙박 및 자료매입비 등의 현금경비(out of pocket expenses)를 가산액(mark up) 없이 청구한다. A사는 아래와 같이 직원에 대한 보수율을 책정했다.

구 분	보수율
프로젝트 매니저	시간당 400불
기술 직원	시간당 300불

그러므로 예를 들면 프로젝트 매니저가 100시간을 쓰고, 기술직원이 400시간을 쓴 프로젝트의 경우 다음과 같이 프로젝트 수수료가 계산된다.(현금지급경비는 고려하지 않음) [100시간×400불+400시간×300불=40,000+120,000=160,000]

A사의 X국 소재 자회사 B사는 은행업을 하는 X국 고객에게 자문용역을 제공키로 계약한다. 계약을 수행함에 있어 자체 직원을 투입하며 또한 A사의 은행전문 프로젝트 매니저 및 기술직원을 각각 75시간 및 380시간씩 사용한다. 정상수수료를 결정함에 있어, A사가 비교가능 독립거래에서 하청계약자로서 제공하는 자문용역 수수료는 비교가능제삼자용역대가로서 적용될 수 있다. 따라서 이 사례에서 144,000불[75시간×400불+380시간×300불]은 A사 프로젝트 매니저 및 기술직원이 수행한 작업의 정상대가로 적용할 수 있다. 또한, 비교가능제삼자용역가격법이 사용되는 경우, 비슷한 유형의 비용에 대한 비교대상에 준하여 B사는 A사에게 현금경비를 보상해야 한다.

사 례 **차이 조정**(adjustments for differences)(Reg §482-9.c.4)

계약을 정액제로 수행한다는 사실을 제외하고 사실관계는 사례 5와 같다. 즉, B사와 A사는 계약을 하기 전에 계약수행에 필요한 자원을 예상하고 시간당 수수료를 고려하여 프로젝트 완성을 위한 정액 수수료를 고객에게 제시한다. A사의 계약수행 수수료는 144,000불이다.

실제 계약이 수행되면서 A사 및 B사가 예상한 시간보다 20% 정도 더 소요된다. 그럼에도 불구하고, 제삼자 고객은 계약당시 합의된 정액수수료를 지급한다. B사는 정액수수료계약에 따라 A사에게 144,000불을 지급한다.

A사는 종종 제삼자 고객과 비슷한 정액수수료계약을 체결한다. 비슷한 계약을 체결한 기록을 보면, 비용이 수익을 초과하는 경우에도 예상시간과 실제시간의 차이에 대한 추가수수료를 고객에게 청구하지 않는다. 이에 따라 B사가 A사에게 지급한 수수료가 정상가격인지 평가함에 있어 관계회사 간 거래에 대한 조정은 필요하지 않다고 결론지을 수 있다.

② 비교가능제삼자 용역거래가격의 간접 입증

다음과 같은 경우 비교가능제삼자 용역거래가격을 간접적으로 적용할 수 있다.(Reg §482-9.c.5)

1. 비교가능제삼자 용역거래에서 실제 지급되는 가격결정자료가 특정산업이나 시장환경에서 일상적 사업과정으로 광범위하게 수시로 사용되며,
2. 특수관계 납세자의 제삼자용역거래의 가격결정에 사용되는 것과 같은 방식으로 또는 독립된 납세자의 제삼자용역거래의 가격결정에 사용되는 것과 같은 방식으로 특수관계 용역거래 가격결정에 자료가 사용되며,
3. 특수관계 용역거래의 대가는 용역의 질, 계약조건, 시장조건, 부담위험(분할지급조건 등), 제공용역 기간 및 수량, 제삼자 간 합의가격에 영향을 미칠만한 기타요소에 대한 믿을만한 조정이 가능해야 함.

사례 비교가능제삼자 용역거래가격의 간접 입증(Reg §482-9.c.5)

A사는 한국 보험회사이다. A사가 X국에 설립한 100% 자회사 B는 A사에게 전문화된 위험분석용역을 제공하며, 이러한 용역은 제삼자에게도 제공된다. 이러한 위험분석수행 대가를 제삼자에게 청구함에 있어 B사는 고유의 다중요소분석 컴퓨터 프로그램을 사용하며 이 프로그램은 고객 포트폴리오의 보험증권(policies), 보험증권의 상대비율, 보험증권 대상지역 및 프로젝트 완성에 필요한 직원소요시간 등의 총가치를 고려한다. 동일 산업이나 시장환경에서 비교가능 위험분석을 수행하는 제삼자 회사는 제삼자 고객과의 거래대가를 산정하기 위해 비슷한 고유의 컴퓨터 프로그램을 사용한다.(경쟁회사의 프로그램은 가격산정에 있어 다른 요소를 사용하거나, 요소에 대한 가중치를 달리할 수 있음)

분석대상 연도에, B사는 A사뿐 아니라 제삼자 회사들에게도 위험분석용역을 제공했다. 제삼자 고객들에게 청구한 대가는 각 고객의 포트폴리오 및 기타 요소를 복합적으로 반영하였기 때문에 B사가 제삼자거래에 청구한 대가는 A사에게 제공된 유사용역에 대한 비교가능제삼자 용역대가를 결정하는데 있어 믿을만한 기준은 될 수 없다. 그런데, B사가 A사를 위해 수행한 분석의 정상가격을 평가함에 있어, B사의 고유한 컴퓨터 프로그램은 A사를 위한 용역수행대가로 청구되는 비교가능제삼자 용역대가의 간접적 입증으로 볼 수 있다. 용역에 대한 정상가격으로 이러한 내부 컴퓨터프로그램의 적용으로 얻은 결과의 신뢰성은 과세대상연도에 제삼자를 위해 수행한 위험분석연구에 대한 실제거래가격을 산출하는 내부 컴퓨터 프로그램을 A사가 사용한다면 그만큼 증가될 것이다. A사는 청구대가를 산정하기 위해 보험산업에서 일상적 사업과정에서 광범위하게 수시로 사용되는 자료를 사용했다. 또한, A사는 제삼자의 합의가격에 영향을 미치는 차이를 반영해 제삼자용역거래가격을 조정했다.

(2) 원가의 배분(allocation of costs)

특수관계 용역거래에서 한 명의 용역수취인에게 이익이 되는 용역제공자의 활동이 또

한 다른 용역수취인에게도 이익이 되어 용역대가를 원가기준으로 계산하는 경우, 용역수취인 각자의 이익에 비례하는 수행활동기준으로 원가를 배분한다. 이는 용역원가법을 적용하는 상황과 비슷하지만 용역수취인에게 제공하는 용역에 대한 추가적 원가 없이 용역제공자가 용역을 제공하는 상황이라는 점에서 차이가 있다.(Reg §482-9.k.1) 납세자가 재무보고서를 만들거나 관리자, 채권자, 소액주주, 합작투자자, 고객, 투자자 등에게 제공하기 위한 분석보고서에서 사용하는 원가배분방법은 믿을만한 배분방법으로 볼 수 있다. 그룹사의 해외기업에 대한 배분액을 결정할 때 해외기업과의 관계가 그룹사의 국내기업들의 관계와 특별히 다르지 않다면 국내기업이 채택한 회계처리를 또한 해외기업에 대해 적용할 수 있다. 예를 들면, 일반 주주 및 정부기관에 보고하기 위해 그룹사의 국내기업 임원에게 귀속되는 원가를 배분하는 경우 이 임원이 해외기업을 위해 국내기업과 동일한 관리활동을 하면 국내기업에 대한 배분방법을 해외기업에 대한 배분방법으로 적용할 수 있다.(Reg §482-9.k.2.ii)

사례 용역원가배분(Reg §482-9.k.3)

A사는 한국에 소재하는 소비재상품 제조회사이다. B사 및 C사는 각각 B국 및 C국에 소재하는 A사의 100% 자회사이다. A사와 자회사들은 소재지국에서 상품을 제조하여 판매한다. A사는 A사 및 자회사 B의 제조공정 외부전문가를 사용한다. C사는 다른 제조공정을 사용하므로 A사가 사용하는 외부전문가로부터 이익을 받지 못한다. 외부전문가 사용원가(100)를 배분하면서 A사는 판매액을 가장 적절한 배분기준으로 선정한다. A사 및 자회사들의 판매액은 아래와 같다.

회 사	a	B	c	합계
판매액	400	100	200	700

C사는 외부전문가로부터 어떠한 이익도 받지 못하였으므로 원가를 배분해서는 안 된다. 원가 100은 이익을 받은 A사 및 B사에 배분되어야 하는데, 이들 회사의 매출액 합계 500을 기준으로 배분된다. 적절한 배분내역은 아래와 같다.

회 사	a	B	합계
배분기준	400	100	500
배분액	80	20	100

(3) 용역원가법(services cost method)

용역원가법은 용역에 대해 대가에 이익을 가산하지 않은 용역원가를 정상가격으로 결정한다. 용역에 대해 배분되는 금액은 총용역원가의 일정부분이 된다.(Reg §482-9.b.1) 미국 등의 경우 특정지원용역(covered services)에 대해 용역원가법을 적용한다. 다만, 지원용역이 용역제공자, 용역수취인 등의 사업성공 및 실패와 관련된 중요한 위험, 중요한 경쟁제고, 핵심적 능력발전에 상당히 기여한다고 납세자가 입증하는 경우에는 용역원가법을 적용하지 않는다.(Reg §482-9.b.5)

특정지원용역에 대한 대가를 용역제공자가 장부상 계상하는 경우에는 장부 및 증빙을 보존해야 한다. 이러한 장부 및 증빙에는 해당 용역에 대한 정상가격을 산정함에 있어 용역원가법을 적용한다는 납세자의 의도를 입증할 수 있는 자료가 포함되어야 한다. 용역제공자가 청구한 용역원가총액을 과세당국이 구분할 수 있도록 장부 및 증빙을 작성해야 하는데, 해당 용역내용, 용역제공자와 수취인 및 해당 용역원가의 배분방법을 포함해야 한다.(Reg §482-9.b.6)

지원용역에 제삼자나 다른 관계회사에서 제공한 용역이 포함되는 경우, 이들을 모두 추적하여 용역제공사실을 입증하는 것은 부적절하며 지원용역에 그러한 용역이 포함되어 있음을 합리적으로 입증하면 된다. 다국적그룹의 핵심사업을 구성하는 용역거래는 용역원가법 적용 대상거래에서 제외한다.(Reg §482-9.b.4)

(4) 공동용역계약(shared services arrangement)

특정지원용역(covered services)이 공동용역계약에 해당하는 경우, 각 참여자에 대한 정상가격은 용역원가법을 적용하여 계약에 따라 각 참여자에게 적절히 배분되는 총용역원가의 일정액이다.(Reg §482-9.b.7) 참여자란 공동용역계약에 해당하는 지원용역으로 인해 합리적 기대이익을 기대하는 특수관계인을 말한다.

① 공동용역계약의 원가배분

공동용역계약에 해당하기 위해서는 아래 요건을 모두 충족해야 한다.

1. 2명 이상의 참여자가 있어야 한다.
2. 참여자는 특수관계인으로서 공동용역계약의 지원용역으로 이익을 받아야 한다.
3. 각 해당용역(혹은 각 용역의 복합)은 공동용역계약에서 1명 이상의 참여자에게 이익을 주어야 한다.

특정용역의 원가는 각 참여자가 지원용역으로부터 합리적으로 예상하는 이익만큼 참여자 간에 배분되는데, 이 때 기대이익이 실제 실현되었는지 여부는 따지지 않는다. 합리적인 기대이익(reasonably anticipated benefits)은 용역수취인의 상업적 지위를 강화하거나 강화할 것으로 예상되는 경제적 가치로 정의된다. 각 과세연도에 각 참여자에 대한 배분은 해당 과세연도의 합리적 기대이익에 대한 참여자의 몫을 합리적으로 반영해야 한다. 사실관계에 따라 여러 개의 지원용역을 통합할 수 있으며, 이러한 통합용역원가의 참여자 부담액은 원가배분방법에 따라 배부된다.

② **원가분담약정**(cost sharing arrangements)**과의 관련성**

원가분담약정의 참여자에게 공동용역계약의 지원용역 원가배분이 이루어지는 경우, 지원용역의 배분액이 우선적으로 배부된다. 원가분담약정의 무형자산개발활동 및 기타 활동이 구분되는 경우, 공동용역계약의 지원용역 원가는 각 활동에 안분하여 배부된다.

사례 **공동용역계약 및 합리적 기대이익의 측정**(Reg §482-9.b.8)

P사는 자신 및 계열사 X, Y, Z을 위해 매입채무관리용역(B용역)을 수행하며, 이전가격방법에 따라 공동용역계약과 관련된 용역대가를 결정한다. B용역은 특정용역(specified covered service)에 해당한다. 용역원가법에 따라 계산된 B용역에 대한 총용역원가는 500이다. X, Y, Z는 B용역으로부터 합리적인 이익을 기대한다. 합리적 기대이익을 확실하게 측정할 수 있다면, X, Y, Z에게 B용역 대가로 배부되는 금액은 아래와 같다.

회 사	B용역 총원가 : 500
X	125
Y	205
Z	170

각 회사의 총직원수는 아래와 같다.

회 사	직원수
X	600
Y	200
Z	200

각 회사의 거래건수는 아래와 같다.

회 사	직원수
X	2,000
Y	4,000
Z	3,500

P사가 직원수에 따라 총용역원가 500을 배부하면 아래와 같다.

회 사	직원수	금 액
X	600	300
Y	200	100
Z	200	100

한편, P사가 공동용역계약에 따른 배부기준으로 제삼자고객과의 거래건수를 사용하는 경우, 총용역원가 500은 아래와 같이 배부된다.

회 사	직원수	금 액
X	2,000	105
Y	4,000	211
Z	3,500	184

이러한 사실을 근거로 할 때, P사는 직원수가 아닌 거래건수에 따른 배부기준이 B용역에 대한 합리적 기대이익의 몫을 신뢰성 있게 반영한다고 결정할 수 있다.

사례 공동용역계약 및 거래의 통합(Reg §482-9.b.8)

P사는 자신 및 X, Y, Z사를 위해 a용역을 수행한다. P사는 공동용역계약에 적용되는 용역원가법에 따라 이 용역에 대한 대가를 결정한다. 또한 p가 제공하는 a용역부터 Z용역 등은 특정용역 또는 저수익용역(low margin covered services)에 해당한다. 용역원가법에 따라 산정된 a용역부터 Z용역 등의 총용역원가는 500이다. P사는 계약목적상 a용역부터 Z용역 등의 통합이 적절하다고 결정한다.

X사 및 Y사는 a용역부터 Z용역 등으로부터 이익을 기대하며, Z사는 a용역부터 X용역 등으로부터 이익을 기대한다. 다만, Z사는 Y용역 및 Z용역으로부터 이익을 기대하지 않는데, Z사는 자체적으로 이들 용역을 수행한다. P사는 a용역부터 Z용역 등으로부터 이익을 기대하지 않는다. 각 당사자의 기대이익을 알 수 있으며 각 당사자의 용역대가는 다음과 같다고 가정한다.

회 사	용역원가 a~m : 490	용역원가 n~p : 10	용역원가 a~p : 500
X	90	5	95
Y	240	5	245
Z	160	–	160

각 회사의 제삼자 고객과의 총거래건수는 다음과 같다.

회 사	거래 건수
X	2,000
Y	4,500
Z	3,500

거래건수에 따라 a~Z 용역원가를 배분하면 다음과 같다.

회 사	배부기준 : 거래건수	총용역원가 : 500
X	2,000	100
Y	4,500	225
Z	3,500	175

사실관계에 따라 P사는 거래건수를 기준으로 용역원가를 배부하는 것이 a용역부터 Z용역까지에 대한 각 당사자의 합리적 기대이익의 몫을 적절히 반영한다고 결정한다.

(5) 용역총이익법(gross services margin method)

용역총이익법은 특수관계 용역거래의 대가를 비교가능 독립거래에서 실현된 총이익과 비교할 때 정상적인지 평가한다. 이 방법은 아래 상황에서 사용한다.(Reg §482-9.d.1)

1. 특수관계그룹의 일원(a)과 제삼자(b)간의 독립거래와 관련된 용역이나 기능을 특수관계인(c)이 수행하는 경우
2. 특수관계그룹의 일원(a)과 제삼자(b)간의 거래와 관련된 용역(대리용역)을 특수관계인(c)이 그룹의 다른 일원(d)에게 제공하는 경우
3. 특수관계인(c)이 제삼자(b)에게 용역을 제공하기로 계약하고(매개 기능), 그룹의 다른 일원(a)이 실제로 제공용역의 일정부분을 수행하는 경우

용역총이익법은 독립거래와 비교할 때 특수관계 용역거래에서 특수관계인이 청구하거나 수취한 대가가 특수관계인에게 적절한 총이익을 보장하는 정상가격에 해당하는지 평가한다.(Reg §482-9.d.2)

① 비교가능성 요소

용역총이익법에서 비교가능성을 평가할 때 독립 비교대상의 관련거래가 상당한 유사성이 있을 필요는 없다. 그러나 거래자산이나 제공용역의 유형차이가 있다면 특수관계인과 독립기업이 수행하는 용역이나 기능에 상당한 차이가 있음을 나타낸다. 그러므로 관계거래 및 독립거래에서 수행되는 용역이나 기능이 동일한 제품유형이나 동일한 용역유형(예 정보기술시스템 디자인)의 공급에 해당하여야 한다는 것이 일반적인 조건이다. 또한, 독립거래와 달리 관계거래에서 특수관계인이 사용하는 무형자산은 비교가능성에 영향을 미친다. 그리고, 용역총이익에 기초한 이익수준의 비교가능성은 가격에 영향을 미치지 않는 요소에 의해 상당한 영향을 받을 수 있다. 예를 들면, 용역총이익은 원가구조(cost structure)나 효율(efficiency) 등과 관련된 여러 요소에 의해 영향을 받는다. 이에는 관계거래 및 독립거래의 용역을 수행하는 직원의 경험수준의 차이 등과 같은 것이 있다. 따라서 이러한 요소에 중요한 차이가 있다면 분석의 신뢰성에 영향을 준다.(Reg §482-9.d.3)

② 관계거래와 독립거래의 차이조정

용역총이익률에 영향을 미치는 중요한 차이를 조정하기 위해 수행기능 및 부담위험과 관련된 총용역원가를 검토해야 하는데, 수행기능의 차이는 이러한 원가에 반영되기 때문이다. 그러나 수행기능에 차이가 있다 해도 해당원가의 차이와 동일한 금액만큼 용역총이익에 영향을 미친다는 의미는 아니다. 용역총이익법에 영향을 주는 요소로는 다음과 같은 것이 있다.

1. 계약 조건(용역 또는 기능과 관련한 보증범위 및 조건, 용역규모, 외상 및 지급 조건, 위험배분, 성공조건부지급조건 등)
2. 용역이나 기능을 수행하는데 사용하는 무형자산
3. 용역이나 기능이 수행되는 지리적 시장 또는 비교대상 독립거래가 수행되는 지리적 시장
4. 재고위험 등과 같은 부담위험

③ **재판매업자**(buy sell distributor)

알선용역(agent service) 또는 중개기능(intermediary function)을 수행하는 특수관계인은 재화를 매입하여 재판매하는 재판매업자와 비교가능한데, 독립거래에서 재판매업자가 수취하는 총이익률을 비교대상 용역총이익률로 사용할 수 있다.

사례 **알선용역**(agent services)(Reg §482-9.d.4)

A사와 B사는 동일 그룹사의 일원이다. A사는 한국회사로서 고객에게 시스템통합, 네트워킹 등의 컴퓨터컨설팅용역을 제공한다. 고객과의 계약을 수행하면서, 일부 경우에 A사는 컨설팅계약을 체결하는데 도움을 주는 제삼자에게 보수(fee)의 3%를 수수료(commission)로 지급한다. 일반적으로 이러한 보수는 고객에게 전략적 관리용역을 제공하는 컨설팅회사에 지급된다. A사가 컴퓨터컨설팅회사가 아닌 고객과 컨설팅계약을 하는 경우, A사는 다른 컨설팅회사와 하청계약을 하지 않으며 다른 컨설팅회사가 A사의 컨설팅계약에서 역할을 하도록 하지 않는다.

B사는 X국에 소재하는 A사의 자회사로 X국에서 B사의 은행산업분야 고객을 위한 컴퓨터컨설팅용역을 수행하는 계약을 체결하도록 지원한다. B사는 X국 고객과 좋은 관계를 유지하여 A사의 계약에 도움이 되었지만 고객이 A사와 계약을 한 중요한 이유는 A사의 특별한 전문성 때문이다. 계약을 체결하고 수행하는데 있어 A사와 B사의 상대적인 공헌도로 볼 때, B사의 역할은 A사와 X국 고객이 컨설팅계약을 체결하도록 돕는 것이었다. A사의 컨설팅계약을 돕는 비슷한 용역을 제공하는 제삼자에게 A사가 지급하는 수수료에 대한 정보는 정확하므로 A사와 B사의 관계거래와 비교대상이 되는 독립거래의 중요한 차이는 식별되며 조정된다. 이러한 알선용역을 제공하는 제삼자가 수취하는 비교대상 용역총이익률이 독립거래에서 지급되는 총보수의 3%인 경우, B사가 수취하는 적정한 용역총이익과 A사가 알선용역으로 지급하는 정상가격은 비교대상 용역총이익률(3%)이므로, B가 알선한 고객과 독립된 자문계약을 체결하여 A사가 청구하는 정상대가에 곱하여 정상 용역총이익을 산출한다.

사례 **중개역할**(intermediary function)(Reg §482-9.d.4)

일반적인 사실관계는 위 사례와 같다. 다른 점은 B사는 X국의 고객과 직접 계약을 하고 컴퓨터컨설팅용역을 제공하며, A사가 B사를 대신하여 컨설팅용역을 제공한다. A사는 B사 소재지국 고객과 컨설팅계약을 체결하지는 않는다. 대신, B사는 X국 고객에게 컨설팅서비스에 대한 정상가격을 청구하며, B사는 B사를 대신하여 컨설팅용역을 수행하는 A사에게 정상가격의 일부를 지급한다.

컨설팅계약을 체결하고 수행하는 A사와 B사의 상대적인 공헌도를 분석하면 B사는 주로 중개

적인 계약당사자로서의 역할을 하며, A사의 컨설팅용역에 대한 B사의 중개역할에 대한 보상을 결정하는데 용역총이익률법이 가장 믿을만한 방법이다. 그러므로 이 경우 B사는 용역을 제공하는 독립거래계약을 체결하였으므로, B사는 X국 고객으로부터 컨설팅용역에 대한 적용가능한 정상대가를 수취한다. A사는 외형적으로는 B사를 위해 B사를 대신하여 X국 고객에게 제공하기로 B사가 계약한 용역을 수행하는 것이다. B사를 대신하여 수행하는 컨설팅용역에 대해 A사가 B사에게 청구하는 정상대가는 B사가 독립거래에서 수취하는 정상대가에서 B사의 적절한 용역총이익을 차감한 것인데, 이는 B사가 중개역할을 수행하고 받는 보상액에 해당한다.

A사가 B사를 대신하여 공급한 것과 비슷한 컨설팅용역을 공급하는 계약을 체결하기 위해 지원하는 제삼자에게 A사가 지급하는 수수료에 대한 신뢰성 있는 자료는 용역총이익률을 적용하는데 있어 유용한 정보이다. 그러나 A사가 컨설팅용역을 직접 제공하는 계약을 체결하도록 지원하는 알선용역을 B사가 제공하는 경우 부담하는 위험과 비교할 때, B사가 중간계약당사자로 활동하면서 부담하는 추가위험을 조정하기 위해 제삼자 수수료에 대한 자료가 필요한지를 검토해야 한다. 이 경우, 제삼자를 위한 컨설팅용역의 알선용역을 제공하는 제삼자에게 A사가 지급하는 수수료에 대한 정보는 완벽하며, 기능수행과 관련한 위험차이 등의 독립거래와 중개역할의 관계거래의 중요한 차이는 식별되고 적절히 조정된다. 이러한 알선용역을 제공하는 제삼자의 비교대상 용역총이익률이 B사의 제삼자거래에서 청구되는 총보수의 3%인 경우, B사가 중개역할로 받는 보수로서의 용역총이익은 비교대상 용역총이익률인 3%인데, 이는 제삼자에게 용역을 제공하기 위해 B사가 청구하는 정상가격에 해당한다. 이 금액은 B사가 수취하는 적정한 용역총이익인 동시에 A사가 알선용역으로 지급하는 정상가격에 해당한다.

(6) 용역원가가산법(cost of services plus method)

용역원가가산법은 관계거래의 지급대가가 비교가능 독립거래에서 실현된 용역총이익률(gross services profit markup)을 기준으로 볼 때 정상가격인지 여부를 판단한다. 용역원가가산법은 일반적으로 특수관계 용역공급자가 특수관계 및 독립거래 상대방 모두에게 동일한 또는 비슷한 용역을 제공하는 경우에 사용된다. 이 방법은 일반적으로 관계거래가 조건부지급계약(contingent payment arrangement)인 경우 사용하지 않는다.(Reg §482-9.e.1)

① 용역원가 및 계산방법

용역원가가산법은 특수관계인의 거래원가에 적정한 용역총이익(gross services profit)을 가산하여 정상가격을 산출한다. 적절한 용역총이익은 특수관계인의 거래원가에 정상 용역총이익률을 곱하여 계산한다.(Reg §482-9.e.2) 비교대상 거래원가는 꼭 총용역원가일 필요는 없으며, 적절한 상황이라면 총용역원가의 일부인 경우도 있다.

용역거래에 대해 원가가산법 또는 거래순이익률법을 적용할 때에는 다음의 기준에 따라 용역원가를 산정한다.(국조령 §12 ①)

㉮ 발생한 원가에는 그 용역제공을 위해 직접 또는 간접으로 발생한 비용 모두를 포함시킬 것

㈏ 용역 제공자가 그 용역을 수행하기 위해 제3자에게 그 용역의 일부 또는 전부를 대행하여 수행할 것을 의뢰하고 대금을 한꺼번에 지급한 후 이에 대한 비용을 용역을 제공받는 자에게 재청구하는 경우 용역제공자는 자신이 그 용역과 관련하여 직접 수행한 활동으로부터 발생한 원가에 대해서만 통상의 이윤을 더할 것. 다만, 용역의 내용과 거래 상황 및 관행에 비추어 합리적이라고 인정되는 경우에는 그러하지 아니하다.

② 비교가능성 요소

총용역원가가산법의 비교가능성은 비교가능제삼자용역가격법(comparable uncontrolled services price method)에 비해 비교대상 용역과 상당한 유사성을 전제로 하지는 않는다. 그러나 용역의 실질적 차이는 관계거래와 독립거래 간의 중요한 기능차이가 있음을 나타낸다. 그러므로 일반적으로 관계거래와 독립거래는 동일한 유형(same general type)의 용역(예 정보기술시스템디자인)에 종사해야 한다. 또한, 특수관계 납세자의 비교가능 거래원가의 상당액이 이전가격 분석대상 과세연도가 아닌 다른 과세연도에 발생된 용역원가라면, 분석의 신뢰성은 낮아진다. 더 나아가, 가치 있는 무형자산 사용 등으로 인한 제공용역가치의 상당한 차이는 비교의 신뢰성에 영향을 미친다. 또한, 용역총이익에 기초한 이익수준(profit measures)의 신뢰성은 가격(prices)에는 영향이 적은 요소들에 의해 영향을 받을 수 있다. 예를 들면, 용역총이익은 원가구성(cost structures) 또는 관계거래 및 독립거래에서 용역을 수행하는 직원의 경험수준과 같은 효율성 관련요소(efficiency related factors) 등에 의해 영향을 받는다.(Reg §482-9.e.3)

③ 관계거래와 독립거래의 차이조정

용역총이익률에 영향을 미치는 관계거래와 독립거래 사이에 중요한 차이가 있다면, 비교대상 독립거래의 용역총이익률에 대한 조정이 이루어져야 한다. 이를 위해, 수행기능 및 부담위험과 관련한 비교대상 거래원가(transactional costs)에 대한 검토가 필요한데, 수행기능의 차이는 대부분 거래원가에 반영되어 있기 때문이다. 그러나 수행기능에 차이가 있다면, 그러한 차이로 인한 용역총이익이 필연적으로 관련 비교대상 거래원가금액의 차이와 같아야 하는 것은 아니다. 총용역원가가산법과 특히 관련되는 요소에는 아래와 같은 것이 있다.

1. 용역의 복잡성(complexity)
2. 용역 지속기간 또는 수량(quantitative measure)
3. 계약조건(보증범위 및 조건, 규모, 외상 및 지급조건, 위험부담, 성공조건지급계약 등)
4. 경제적 환경
5. 부담 위험

사 례 용역원가가산법의 적용

1. **총용역원가기준 영업손실**(Reg §482-9.e.4)

A사가 아닌 독립회사 C가 제삼자에게 비슷한 용역을 제공하며 공시된 정보에 의하면 이러한 용역을 제공하면서 C사는 소요시간, 원자재 및 기타 간접경비 기준으로 용역총이익가산율 10%를 수취한다. 위 알선용역의 사례와 같이 A사는 X국 자회사 B를 위해 용역을 공급한다. 이전가격목적상 A사가 X국 B사와 행하는 관계거래 결과를 A사의 총용역원가 가산액의 형식으로 재구성해야 한다. 이러한 총용역원가기준을 적용하면 A사는 관계거래에서 영업손실을 계상하는데, 이는 A사가 수행하는 관계거래와 C사가 수행하는 독립거래 간에 기능차이가 존재한다는 의미로 이러한 차이는 비교대상 거래원가에는 반영되지 않는다. 관계거래와 독립거래에 이러한 기능차이가 있는 경우 용역원가가산법은 믿을만한 이전가격방법이 될 수 없다.

2. **내부비교대상**(internal comparable)(Reg §482-9.e.4)

한국회사인 A사와 A사의 자회사들은 여러 국가에서 사업자 고객에게 시스템 통합 및 네트워킹과 관련된 컴퓨터 컨설팅용역을 제공한다. A사와 자회사들은 컨설팅용역만을 제공하며, 컴퓨터 하드웨어나 소프트웨어를 제작하거나 고객에게 판매하지 않는다. A사 그룹은 산업전문화 전략에 따라 조직되었으며 A사에는 중요한 산업전문가가 일한다. 이들 직원들은 핵심적인 컨설팅용역을 제공하며 통상적으로 자회사 소재지국의 고객요구에 대응하기 위해 각 자회사의 자문역들과 팀을 이룬다.

어떤 경우에는 A사 및 자회사들은 직접 고객과 계약을 체결한다. 또 어떤 경우에는 이들이 다른 제삼자의 하청계약자로서 일하거나 또는 고객과 좀 더 광범위한 컨설팅계약을 체결하기도 한다. 제삼자 자문회사와 광범위한 컨설팅계약을 체결하는 경우, A사는 보통 컨설턴트 보수의 4배를 용역대가로 청구하는데, 컨설턴트의 보수는 아래와 같이 기본급여에 예상복리후생비(estimated fringe benefits)를 추가한 금액이다.

유 형	용역대가
프로젝트 매니저	시간당 100불
기술자	시간당 75불

제삼자와의 거래에서 A사는 또한 교통, 숙박, 자료매입비용 등과 같은 현금비용을 가산 없이 그대로 고객에게 청구한다. 따라서 예를 들면 프로젝트 매니저가 100시간을 참여하고 기술자가 400시간 참여한 프로젝트의 총 직원보수는 (100시간×100불+400시간×75불)=40,000불이다. 400%의 가산액을 적용하면 총용역대가는 (4×40,000불)=160,000불이며, 현금비용은 별도이다.

X국에 소재하는 A사의 자회사 B는 은행분야 고객에게 컨설팅용역을 제공하기로 계약한다. 이 계약을 수행하기 위해, B사는 자사의 컨설턴트를 활용하며 또한 A사의 은행전담 프로젝트 매니저 및 기술자를 각각 75시간 및 380시간 사용한다. 관련 정보는 완벽하므로 관계거래 및 독립거래의 중요한 차이는 식별되고 조정된다. A사의 직원보수에 대한 믿을만한 자료를 바탕으로, 관계거래에 대한 정상가격은 144,000불[4×(75시간×100불+380시간×75불)]이다. 또한, A사의 제삼자 고객에 대한 가격정책에 따라 B사는 용역을 제공하면서 발생된 현금비용을 A사에게 적절히 보상해야 한다.

사례 보증서비스계약의 정상가격(국심 2003서2424, 2004.3.2.)

1. 청구법인은 아래 모회사와의 보증서비스계약 1, 2, 3(모회사의 전세계 관계사들에게 일괄적으로 적용하는 계약임)에 의해 국내에 판매된 하드디스크의 보증서비스기간 내에 모회사를 대신하여 국내고객에게 고장난 하드디스크의 교체(보증)서비스(불량 하드디스크를 신품 또는 수리완성품으로 교체하여 줌)를 제공하고, '계약 1' 및 '계약 3' 기간 동안에는 동 보증서비스에 대한 대가를 각 계약조건의 산정방식에 의해 계산된 금액을 모회사로부터 받아 수입금액에 계상했다.

〈보증서비스계약 1,2,3의 주요 내용〉

'계약 1'(Warranty Rule, 적용기간 1995.4.6.~2000.6.30.) 보증서비스대가 산정방식은 '(약정된 모델별 모회사 수리완성품가격 + 투여된 인력에 대한 시간당 수율 × 투여시간 + 간주 감가상각비 + 운송료 및 보험료 + 관세) × 105%'이며, 동 보증서비스대가를 산정하는 것이 복잡하고 번거로워 모회사는 전세계 관계회사를 상대로 매년 4월과 10월 연 2회 고시하는 omB(overseas marketing Bulletin)에 의한 'transfer price(정상품가격)', 'Repair price(수리완성품 가격)', 'Warranty Rate(불량품 재매입 가격)'에 의해 청구법인이 모회사에 보증서비스대가를 청구할 때는 'Warranty Rate'를 적용하고, 청구법인이 보증서비스대가를 모회사에 지급할 때는 'Repair price'를 적용하여 대가를 산정하였으며, 불량제품은 수리를 위해 모회사에 반송되며, 수리용역을 제공받은 후 청구법인은 수리된 '수리완성품'을 무환으로 수입하며 수입시 정해진 수리비(Repair price)를 모회사에 지급하고 이를 무상교체용 재고로 보유하면서 불량제품 교체에만 사용했다.

'계약 2'(new Warranty for Hdd, 적용기간 2000.7.1.~2001.3.31.) 청구법인과 모회사는 Hdd 부문에 대해 '계약 1'을 대신할 새로운 보증서비스계약 2를 체결하였으며, 동 계약에서는 불량제품이 모회사로부터 수리되어 반송되는 기간을 FoB기준으로 4주로 약정하여 청구법인은 수리완성품의 과다보유로 인한 재고유지비용을 감소시키도록 하고, '계약 1'에 의해 청구법인이 모회사에 청구하던 보증서비스대가를 별도로 청구하지 아니하는 대신 모회사가 불량제품을 수리하여 청구법인에 재반송하는 수리완성품에 대해 수리비를 청구하지 않고, 이전가격마진(transfer price margin) 즉 청구법인이 가득하는 이익으로 보증서비스대가를 부담하는 것으로 약정했다.

'계약 3'(agreement for Warranty service, 적용기간 2001.4.1.~2002.3.31.) 청구법인과 모회사는 수리완성품의 재고기간 중의 진부화 비용 및 청구법인이 실제 발생시킨 실비를 고려하고, 인건비 및 관리비용에 5%를 가산하여 지급하는 것으로 하는 보증서비스계약 3을 다시 체결하고 이에 따라 청구법인은 매월 보증서비스대가를 수익으로 계상하였으며, 보증서비스대가 산정 방법은 'a(창고비, 금리, 진부화 등 수리완성품의 월별보유비용) + B(불량제품 및 수리완성품의 운송비, 포장비 등 실비) + c(인건비 등 간접비) × 1.05, a = d(청구법인의 월말 수리완성품 재고장부가액) × 5% × 1/3, d의 5% 중 2%는 재고부담에 대한 분기별 이자비용이며, 3%는 수리완성품의 진부화에 대한 분기별 감가상각비용으로 월별 서비스료를 산정하기 위해서 1/3만큼 계산'하는 것으로 변경약정했다.

청구법인이 Hdd 보증서비스용역을 계속하여 제공하고 있음에도 보증서비스대가 산정방식을 3차례에 걸쳐 변경하였고, 변경된 '계약 2'에 의한 쟁점기간 동안에 보증서비스대가를 수익으로 계상하지 않은 데 대해, 처분청은 아래와 같이 '계약 2'에 의한 쟁점기간 동안 발생한 불량 Hdd 수량에 '계약 1'에 의한 보증서비스대가 산정방식으로 계산한 쟁점보증대가 1,408,473,530원을 국조법상 정상가격으로 보아 익금에 산입하였으나, 청구법인은 아래와 같이 부당하다고 주장하므로 이에 대해 살펴본다.

1) 청구법인은 '계약 1'에 의한 보증서비스대가 산정방식은 모회사가 1995년 Hdd 사업을 시작하면서부터 적용되어온 방식이며, 모회사의 Hdd 사업부문이 전체적으로 상당한 적자가 남에도 청구법인을 포함한 해외거점은 상당한 이익이 발생하여 모회사에서는 동 보증서비스대가 산정방식을 변경할 필요가 있었으며, 변경된 산정방식은 청구법인은 물론 홍콩, 싱가폴, 말레이시아 등 아시아 해외거점과 미국, 유럽의 해외거점에도 보편적으로 적용되는 방식이라고 주장하는 바, 청구법인이 모회사로부터 제출받아 제시한 Hdd 사업부분 자료에 의하면 손익내용이 나타난다. 또한, 모회사의 청구법인 간에 2000.6.9. 약정된 '계약 2'(new Warranty for Hdd)에 의하면, 그 계약은 북미 2개사, 유럽 5개사, 아시아 등 10개사에 동일하게 적용되는 것으로 확인되는 점에서 보증서비스계약이 변경된 사유는 있다고 보여진다.

2) 청구법인은 처분청이 보증서비스대가를 산정함에 있어 청구법인과 모회사 간에 이루어진 '계약 3'방식이나 2002.3.31. 모회사가 Hdd 사업부문을 폐지하면서 청구법인이 수행하던 Hdd 보증서비스업무를 제삼자인 청구외법인에 이관하였고, 청구외법인과 Hdd 보증서비스제공을 목적으로 하는 보증서비스용역계약(계약 4)을 체결하여 동 보증서비스를 이행하게 하였으므로 동 계약에 의한 방식으로 보증서비스대가를 산정하면 아래와 같은 바, 위 두 가지 방식으로도 쟁점기간 동안의 정상가격을 산정할 수 있다고 주장한다.

'계약 1'의 산정방법을 기준으로 한 금액	'계약 3'의 산정방법을 기준으로 한 금액	'계약 4'의 산정방법을 기준으로 한 금액
1,408,473,538	601,680,644	366,292,927

위의 내용을 종합하여 보면, 청구법인과 모회사 간에 Hdd 판매에 따른 보증서비스대가를 산정하는 방법을 변경해야 하는 사유가 인정되고, '계약 2'가 적용되었던 쟁점기간(2000.7.1.~2001.3.31.)의 보증서비스대가에 대해 청구법인 등 해외거점들이 이의를 제기하여 동 계약에 의한 방식이 '계약 3'의 방식으로 단기간(6월)내에 다시 변경되어 계속 적용되었고, 쟁점기간과 '계약 4'가 적용되었던 기간과는 그 차이가 커 '계약 4'의 방법을 적용하는 것은 무리가 있어 보이는 점 등에 비추어 보면, '계약 3'의 보증서비스대가 산정방식에 의한 거래를 비교가능한 거래로 보아 '계약 2'에 의한 보증서비스대가 산정방식과의 차액을 익금으로 산입하는 것이 합리적이라고 판단된다.

2. 2002.3.31. 모회사는 Hdd 사업부문을 폐지하고 청구법인이 수행하던 Hdd 보증서비스기능을 제삼자인 청구외법인에 이관하면서 청구외법인과 Hdd 보증서비스제공계약을 체결하였고, 이에 따라 청구법인은 보증서비스제공을 위해 재고로 보유하고 있던 판매가 불가능한 수리완성품을 2002.3.31. 모회사에 재판매하면서(동 수리완성품은 청구외법인으로 이관하였음) 재판매가격을 당초 모회사로부터의 매입가액인 장부가액 3,359,035,738원으로 하지 않고 당시의 수리완성품의 정상가격으로 본 3,021,797,094원으로 하였으며, 동 거래로 인해 장부가액과의 차액인 337,238,644원을 재고자산처분손실로 계상했다. 처분청은 청구법인이 재고로 보유한 수리완성품의 장부가격을 정상가격으로 보아 청구법인이 손실로 계상한 쟁점시가차액 337,238,644원을 부인해 이 건 법인세를 과세했다. 청구법인은 처분청이 당시 거래가격을 국조법에서 규정하는 정상가격 여부의 판단에 필요한 요소들에 대한 검토 없이 단순히 과거의 매입단가로 기록되어 있는 장부가액보다 저가로 판매했다는 이유로 장부가액을 정상가격으로 간주하여

재판매가격을 조정한 처분은 정상거래원칙에 어긋나는 부당한 처분이며, 또한 '계약 3'이 적용되는 기간 동안에 수리완성품 재고의 진부화에 대한 대가를 별도로 모회사로부터 보상받았으므로 동 금액은 쟁점시가차액에서 제외해야 한다고 주장하므로 이에 대해 살펴본다.

1) 모회사는 청구법인에게 앞서 본 '계약 3'의 보증서비스대가 산정방식(진부화 관련 보상금액=월별 보유비용×3/5, 월별 보유비용=수리완성품 장부가액×5%×1/3)에 근거해 1년 동안(2001.4.1.~2002.3.31.) 수리완성품 재고의 진부화 관련 보상금 234,619,888원을 지급한 사실이 확인되고, 청구법인이 1년 동안(2001.4.1.~2002.3.31.) 모회사에 재판매한 수리완성품이 총 34,430개에 달하나 2002.1월 및 2월에 불량품으로 재반입된 수리완성품은 7,250개에 불과한 것으로 나타나는 점에서, 청구법인이 모회사에 재판매한 수리완성품 Hdd는 모두 2002년 1월, 2월 a, B 등으로부터 반품된 것이어서 청구법인이 보관하고 있었던 기간이 짧아 진부화 관련 보상금액이 그 재판매된 수리완성품과 관련이 없다는 처분청의 주장은 이유가 없다.

2) 청구법인은 '계약 3'의 보증서비스대가 산정방식에 의해 수리완성품의 진부화에 대한 보상을 받았음이 확인되고, 모회사가 Hdd 사업부문을 폐지하는 마당에 수리완성품을 모회사에게 일부 할인된 가격으로 재판매한 것은 정상적인 거래조건으로 보이므로 장부가액을 정상가격으로 보아 과세한 이 건 처분은 잘못이 있다.

(7) 거래순이익률법

① 순이익률지표(net profit margin indicator)

거래순이익률법에서 쓰이는 순이익률지표 이외에, 총용역원가영업이익률(총용역원가 대비 영업이익비율)도 믿을만한 순이익률지표로 활용될 수 있다.(Reg §482-9.f.2. ii)

② 비교가능성 및 신뢰성

비교대상과 특수관계기업의 회계처리방법의 일치가 중요하지만, 용역원가가산법을 적용하는 경우보다는 덜 중요하다. 매출원가(cost of goods sold), 판매 및 일반관리비(selling, general and administrative expenses) 등과 같은 유사비용의 구분이 일치하지 않는 경우 조정이 필요하다. 다만, 총용역원가영업이익률이 적용되는 경우 이러한 차이는 중요하지 않다.(Reg §482-9.f.2.iii)

사례 총용역원가 영업이익률(Reg §482-9.f.3)

A사는 한국회사 B의 해외 자회사이다. B사는 1사업연도에 대한 세무조사를 받는다. B사는 A사에게 특정지원용역을 제공한다. B사의 자문기능에는 A사 영업분석, A사를 위한 동종업계 회계처리 벤치마킹 등이 있으며, 필요한 경우 A사의 영업수행능력을 향상시키기 위한 전략을 개발한다. B사의 회계자료를 보면 A사에게 제공한 특정지원용역과 관련한 자문직원의 총용역원가를 식별할 수 있다. A사는 B사에게 자문용역제공원가를 가산액 없이 보상한다.

사실관계에 따라, 비교이익법이 가장 믿을만한 이전가격방법으로 결정된다. B사의 특정지원용역제공이 분석대상 사업활동이다. 경영자문업을 영위하며 B사의 사업활동과 비교가능한 활동을 수행하는 10개 국내회사의 자료를 확보할 수 있다. 이러한 비교대상회사들은 B사가 자문용역을 수행하는데서 발생하는 위험과 비슷한 위험을 부담하며, 중요한 무형자산이나 특별공정을 적용하지 않는다.

비교대상회사의 입수가능한 재무자료를 살펴보면, B사가 사업활동을 위한 원가를 계상하는 방법과 동일한 방법을 비교대상회사들이 적용한다고 판단할 수 없다. 비교대상회사의 재무자료는 단지 매출원가 및 판매관리비의 총액이며, 용역원가를 구분하지 않는다. 이러한 자료제약으로 인해, 총용역원가에 대한 영업이익률을 가장 적절한 이익지표로 판단할 수 있다.

1차연도부터 3차연도까지, B사는 A사를 위해 아래와 같이 용역을 수행했다.

구 분	1차연도	2차연도	3차연도	평 균
수 입	1,200,000	1,100,000	1,300,000	1,200,000
매출원가	100,000	100,000	n/a	66,667
판관비	1,100,000	1,000,000	1,300,000	1,133,333
영업이익	0	0	0	0

B사 및 비교대상회사의 식별가능한 중요차이를 조정한 후에, 독립기업들의 총용역원가영업이익의 평균율을 1차연도부터 3차연도까지 계산한다. 1차연도부터 3차연도까지 B사의 총용역원가이익에 각 평균율을 적용하면 아래와 같이 B사 제공용역에 대한 비교영업이익(comparable operating profit : cop)을 산출할 수 있다.

독립기업	판관비 및 총용역원가	B사의 비교영업이익
회사1	15.75%	189,000
회사2	15.00%	180,000
회사3	14.00%	168,000
회사4	13.30%	159,600
회사5	12.00%	144,000
회사6	11.30%	135,600
회사7	11.25%	135,000
회사8	11.18%	134,160
회사9	11.11%	133,320
회사10	10.75%	129,000

확보가능한 자료에 따라, 모든 중요한 차이를 식별했다고 볼 수 없다. 따라서 정상가격범위를 적용해야 한다. 정상가격범위는 사분위법을 적용하여 산출하며 168,000~134,160으로 계산된다. B사의 평균영업이익은 영(0)으로 이 범위 밖에 있다. 따라서 적절한 조정을 해야 한다.

B사의 영업이익이 '0'이므로 B사의 3차연도 소득을 조정하기 위해서는 비교대상의 3차연도 비교영업이익과 비교해야 한다. 3차연도의 비교영업이익은 아래와 같다.

독립기업	판관비 및 총용역원가	B사의 비교영업이익
회사1	15.00%	195,000
회사2	14.75%	191,750
회사3	14.00%	182,000
회사4	13.50%	175,500
회사5	12.30%	159,900
회사6	11.05%	143,650
회사7	11.03%	143,390
회사8	11.00%	143,000
회사9	10.50%	136,500
회사10	10.25%	133,250

위 결과에 따라, 3차연도의 비교이익의 중앙값(median)은 151,775이다. 그러므로 B사의 3차연도 소득은 151,775로 증액조정된다.

사 례 주식보상에 대한 비교대상 회계처리의 중요차이(Reg §482-9.f.3)

관련사업활동에 종사하는 납세자의 직원에게 주식매입선택권이 부여된다. 회계원칙에 따라, 관련사업활동 종사직원의 해당연도 업무수행에 대한 주식매입선택권의 공정가격은 500으로 가정한다. 납세자는 '총용역원가'에 급여, 상여 및 기타보상(주식매입선택권 공정가격 포함)을 계상하며, 이 금액을 해당연도의 영업이익에서 비용으로 공제한다. 또한, 주식매입선택권이 A, B, C 및 D사의 직원에게 부여된다. A사 및 B사는 주식보상을 회계원칙에 따라 비용처리한다. C사 및 D사는 주식보상비용을 회계상 인식하지 않으며, 다만 재무보고서에 주식매입선택권의 공정가격을 공개한다. 이들 회사의 주식매입선택권 회계처리는 아래와 같다.

구 분	급여 및 기타 상여	주식매입선택권 공정가격	주식매입선택권 비용
납세자	1,000	500	500
A사	7,000	2,000	2,000
B사	4,300	250	200
C사	12,000	4,500	0
D사	15,000	2,000	0

주식보상의 회계처리에 있어 중요한 차이가 있다. 분석에 의하면, 이러한 차이는 정상가격결과에 중요한 차이를 초래한다. 비교대상회사의 비교영업이익을 평가할 때, 납세자의 총급여액 1,500(주식매입선택권 공정가격 500 포함)을 총용역원가로 계상해야 한다. 비교가능성을 증가시키기 위한 조정 여부를 판단하는 경우, 직원에 대한 총보수(A, B, C, D사가 제공한 주식매입선택권 포함)가 신뢰할 수 있는 비교기준이 된다. A사 및 B사는 회계상 주식보상을 비용처리하고, C사 및 D사는 회계상 인식하지 않으므로 비교대상의 영업이익에 대한 조정이 필요하다. 순원가가산율을 계산할 때, A사 및 B사의 회계자료는 그대로 사용하고, C사 및 D사의 회계자료는 총용

역원가를 주식매입선택권의 공정가격만큼 증가시켜 그에 따라 각 회사의 영업이익을 감소시킨다. 이상과 같은 조정은 아래 표에 요약되어 있다.

구 분	급여 및 기타 상여	주식매입선택권 공정가격	총용역원가(a)	영업이익(B)	순원가가산율 (B/a)
회계장부상					
A사	7,000	2,000	27,000	4,000	14.80%
B사	4,300	250	12,750	2,250	17.65%
조정 후					
C사	12,000	4,500	40,500	6,500	16.05%
D사	15,000	2,000	29,000	5,000	17.24%

(8) 거래이익분할법(profit split method)

비교대상이 없는 경우 거래이익분할법이 사용될 수 있다.(Reg §482-9.g)

사례 잔여이익분할(residual profit split)(Reg §482-9.g)

A사는 A국의 회사로서 처리수준 1의 위험폐기물(가장 위험한 폐기물)의 처리 및 저장과 관련한 전문용역을 제공한다. A국의 민간회사 및 정부단체와 장기계약을 체결하고, A사는 다양한 용역을 수행하는데, 처리수준 1의 위험폐기물 운송, 처리·저장방법의 개발, 계약자들이 소유하고 유지하는 폐기물저장시설의 기록관리 및 감독 등을 행한다. A사의 연구개발부서는 환경영향 및 저장면적을 줄일 수 있는 새롭고 독창적인 처리수준 1의 폐기물 운반 및 저장과정을 개발했다. 이러한 새로운 기술과 함께, A사는 A국에서 실질적인 노하우와 장기간 안전관리기록을 유지하고 있다.

A사의 자회사인 B사는 B국에서 수년간 사업을 하고 있다. B사는 정부단체를 포함한 처리수준 2 및 3의 폐기물에 대한 여러 프로젝트를 성공적으로 완수했다. B사는 B국에서 처리수준 2의 폐기물처리허가를 가지고 있다.(처리수준3은 허가를 요하지 않는다) B사는 이러한 프로젝트를 책임 있게 완수하여 좋은 평판을 얻었다. B사는 B국의 조달청 담당관, 규제 및 허가담당관, 기타 정부직원과 계약을 추진하여 왔다.

B국 정부는 점점 증가하는 정부시설의 처리수준 1 폐기물을 처리하는 프로젝트에 대한 입찰을 공고한다. 입찰은 B국의 회사로서 처리수준 1 및 2 폐기물 처리허가를 가진 자로 제한된다. 계약을 성사시키기 위해 B사는 치리수준 2의 처리허가 및 기왕의 프로젝트 성공을 강조하고, 처리수준 1 폐기물에 대한 기술자를 실질적으로 초빙할 수 있다는 점을 해당 공무원에게 설명한다.

A사는 B사와 장기기술용역계약을 체결한다. 이 계약에 따라 A사의 전문적인 처리수준 1의 처리기술을 보유하는 프로젝트 매니저 및 기타 기술자를 B사에 파견한다. A사는 B사와 체결한 장기계약에 따라 작업을 수행한다. B사는 A사의 A사 직원의 보수 및 지출비용에 비례하는 한계원가(marginal costs)에 이익을 가산하여 대가를 지급한다. 처리수준 1 폐기물 정화시설에 대한 B국의 입찰계약에서 B사는 A사 및 B사의 혼성 전문가팀을 투입할 것을 제안한다. A사의 프로

젝트 매니저가 B사 직원이 포함된 팀을 지도하며, B사가 소유하는 유형자산과 설비를 사용한다. 계약에 따른 용역수행은 A사 및 B사 직원에 의해서만 이루어진다. B국은 B사에게 처리수준 1의 폐기물을 처리할 수 있도록 허가한다.

B국은 B국에서 발생되는 위험한 폐기물을 모두 처리하는 독점계약을 B사와 체결한다. 계약에 따라, 매년 처리되는 처리수준 1의 폐기물 1톤당 일정액을 B사에게 지급한다. B사는 국제기준에 맞추어 처리수준 1의 폐기물 처리를 진행한다.

사실관계에 의하면, A사 및 B사는 B국에서 처리수준 1의 폐기물처리활동에 특별한 공헌을 한다. 또한, A사가 장기계약에 따라 제공하는 용역에 대한 믿을만한 비교대상을 찾을 수 없는데, 이러한 용역에는 A사가 개발한 전문지식과 무형자산이 사용되기 때문이다. 또한, B국에서 처리수준 2의 허가, 폐기물처리성공사례, B국 공무원과의 계약사례 및 기타 B사가 제공하는 무형자산에 대한 비교대상을 찾을 수 없다. 이러한 사실을 감안할 때, 잔여이익분할법이 가장 적절한 이전가격방법이다. A사 및 B사의 공헌에 대한 적절한 보상을 계산할 때, a. B의 관계거래는 다른 위험을 부담한다는 사실을 감안해야 한다. 관계거래에서 A사는 한계원가에 가산액을 더하여 보상받는데 비해, B사와 B국 정부와의 계약에서는 처리되는 처리수준 1 폐기물의 톤당 일정액을 기준으로 보상받게 된다.

잔여이익분할법의 첫 단계에서, B국의 B사가 수행하는 일상적 활동에 대한 정상대가를 결정하는데, 이에는 운송, 자료정리, 일반관리 등이 있다. 또한, A사가 B사에 지원하는 직원과 관련된 일상적 활동(관리, 인사 등)에 대한 대가를 결정한다. 이러한 활동에 대한 정상대가를 결정한 후, 잔여이익은 각 당사자가 행한 특별한 공헌에 비례하여 배분된다. A사의 특별한 공헌은 B사와의 용역계약에 따라 프로젝트 매니저가 제공하는 전문적 기술지식과 계약에 따른 업무수행이다. B사의 특별한 공헌은 B국에서 처리수준 1 및 2의 폐기물을 처리하는 허가, B국 정부의 조달, 규제 및 허가담당 공무원과의 관계, 처리수준 2, 3 폐기물의 성공적 처리실적 등이다.

(9) 기타 방법(UNspecified methods)

기타 방법 또한 관계거래에서 실질적으로 정상적인 거래를 행했다면 실현하였을 가격이나 이익에 대한 정보가 제공되어야 한다(예를 들면, 특정기능을 자신이 행사하지 않고 외부에서 조달하는 상황).(Reg §482-9.h)

사례 기타 방법(Reg §482-9.h)

한국법인 T사는 상업용부동산의 재무분석을 수행하는 부동산투자프로그램 등의 컴퓨터소프트웨어프로그램을 개발한다. U사, V사 및 W사의 주요 사업활동은 부동산개발이다. 사업상 이유로, T사는 컴퓨터프로그램을 컴팩트디스크 또는 T사의 서버로부터 인터넷을 통한 다운로드 형태로 고객에게 판매하지 않는다. 대신, T사는 자신의 서버에 소프트웨어프로그램을 유지하며 고객이 패스워드를 사용하여 인터넷을 통해 프로그램에 접속하도록 허용한다. T사와 U, V, W사의 거래는 관계거래로, 이러한 거래를 통해 U, V, W사는 재무분석을 위한 T사의 소프트웨어프로그램에 인터넷을 통해 접속할 수 있다. 매년, T사는 최신 상업용부동산시장자료를 포함하는 컴퓨터소프트웨어 개정판을 제공하며 이전 프로그램은 폐기한다.

U, V, W사가 T사에게 지급하는 대가가 정상대가인지 평가할 때, U, V, W사에게 컴팩트디스크(compact disk)나 인터넷을 통해 다운로드하여 컴퓨터프로그램을 판매하는 경우를 고려해야 한다. T사와 U, V, W사의 관계거래는 비슷한 프로그램을 제삼자 간에 컴팩트디스크나 인터넷을 통한 다운로드하는 것과 비교할 수 있다. 비교대상거래와의 중요한 차이를 조정할 수 있으면, 무형자산의 독립거래를 T사와 U, V, W사 간의 특수관계 용역거래의 정상가격을 산출하는데 사용할 수 있다.

4.4 저부가가치용역의 정상가격

(1) 저부가가치용역의 정상가격

① 저부가가치용역의 범위

국내세법의 '저부가가치용역'이란 용어는 OECD 이전가격지침의 'low value-adding intra-group services'의 번역이다. 미국세법은 이를 특정지원용역(specified covered services)과 저수익지원용역(low margin covered services)으로 구분한다.

그룹 전체차원의 활동에는 모기업이나 지역의 서비스센터활동이 있다. 중앙집중활동에는 일반적으로 기획, 조정, 예산통제, 재무관련자문, 회계, 감사, 법률, 채권관리, 전산서비스 등의 행정용역, 현금흐름 및 지불능력의 감독, 증자, 차입, 이자율 및 환율위험관리, 차입상환(refinancing) 등 금융용역, 생산 · 구매 · 유통 · 마케팅 지원, 채용 및 훈련 등 인사용역이 있다. 또한 그룹서비스센터는 종종 연구 · 개발 활동을 수행하거나 그룹 전체 또는 일부를 위해 무형자산을 관리 · 보호하는 일을 맡기도 한다. 이런 활동은 통상 그룹의 '지원용역' 또는 '특정지원용역'으로 부르는데 독립기업도 이런 활동에 대한 대가를 지불하거나 직접 수행한다.(TP §7.14) 어떤 지원용역에 대해 대가수수가 정당한지를 검토하는 문제는 대가지급의 형태를 검토하는 문제와 관련된다. 예를 들면, 자금대여, 외환 및 헤지거래(hedge transaction)와 같은 금융서비스의 경우 그 대가는 이자차이(spread)에 반영되는 것이 일반적이므로 추가적인 대가지급은 부적절하다.(TP §7.15)

저부가가치용역은 다국적기업그룹 구성원이 다른 구성원들을 위해 제공하는 지원 성격의 용역, 다국적기업그룹의 핵심사업의 일부가 아닌 용역(즉, 소득창출활동 또는 경제적으로 중요한 다국적기업그룹의 활동에 기여하지 않는 용역), 독특하고 가치있는 무형자산의 사용을 필요로 하지 않으며, 독특하고 가치있는 무형자산의 창출로 이어지지 않는 용역, 용역제공자가 상당하거나 중요한 위험을 부담하거나 통제하지 않으며, 용역제공자에게 중요한 위험을 초래하지 않는 용역을 포함한다.(TP §7.45)

아래 사례들은 저부가가치용역의 정의에 있어 중요한 요소를 예시하는데, 즉 다국적기업의 핵심사업에 해당하는 것을 포함하지 않아야 한다. 겉보기에 비슷한 성격의 용역(예 신용위험분석)도 구체적 맥락과 상황에 따라 저부가가치용역이 되거나 되지 않을 수 있다. 또한, 특별한 성격으로 인해 내부용역이 상당한 위험이나 독특하고 가치있는 무형자산을 만드는 경우 저부가가치용역에 해당하지 않는다는 점을 사례에서 보여준다.(TP §7.50)

1. A국 소재 A기업은 신발제조업자로 북서부지역에서 이를 판매한다. A기업의 자회사로 B국에 소재하는 B기업은 A기업이 제조한 신발을 동남부지역에서 판매하는 도매업자이다. A기업은 영업활동의 일부로 신용조사기관으로부터 구매한 보고서에 기초하여 고객에 대한 신용위험분석을 정기적으로 수행한다. 또한 A기업은 B기업을 위해 같은 방법으로 B기업의 고객에 대한 신용위험분석을 한다. 이러한 사실관계에서, A기업이 B기업을 위해 수행하는 용역은 저부가가치용역으로 볼 수 있다.
2. X기업은 세계적 투자은행그룹의 자회사이다. X기업은 파생상품계약과 관련된 예상고객에 대한 신용위험분석을 수행하고, 그룹전체를 위해 신용보고서를 작성한다. X기업이 수행하는 신용분석은 그룹의 고객을 위한 파생상품가격을 결정하는데 활용된다. X기업의 직원은 특별한 전문지식을 개발하였으며, 내부에서 개발된 비밀의 신용위험분석모델, 알고리즘 및 소프트웨어를 사용한다. 이러한 사실관계에서 X기업이 투자은행그룹을 위해 수행하는 용역은 저부가가치용역으로 볼 수 없다.

저부가가치용역은 이러한 지원성격의 용역을 의미하며, 다국적기업그룹의 핵심사업을 구성하지 않는다. 저부가가치용역이 그룹의 핵심사업과 관련이 없는 경우에도, 저부가가치용역의 제공이 공동용역센터의 사례와 같이 사실상 그 용역을 제공하는 법인의 주요사업활동이 되기도 한다. 예를 들면, 다국적기업이 전세계 유제품의 개발, 생산, 판매 및 마케팅에 참여한다고 가정한다. 그룹은 공동용역회사를 설립하여 전세계 전산지원센터의 역할을 전적으로 수행하게 한다. 전산지원용역 제공자의 입장에서 전산용역제공이 중요사업활동이다. 그러나 용역 수취인 및 다국적기업그룹 전체의 관점에서 그 용역이 핵심사업은 아니므로 저부가가치용역에 해당한다.(TP §7.51)

| 특정지원용역의 범위(미국 IRS Revenue procedure 2007-13) **|**

급여(payroll)	
1.	직원의 주기적 급여를 계산하기 위한 근무시간 및 기타정보의 작성 및 공지, 직원근무시간, 생산 및 커미션의 계산, 회계장부에 급여 및 비용 작성 및 공지, 급여지급, 여행경비지급, 비용지급
2.	근로소득세신고서 작성
3.	급여관련 채권집행 및 기타 급여원천징수 등
4.	1항부터 3항까지 활동과 비슷한 기타활동
해고, 장애 및 근로자보상 수당(premiums for UNemployment, disability and Workers compensation)	

5.	근로자해고수당, 장애수당 및 근로자보상수당의 지급
6.	5항과 비슷한 기타활동
채권(accounts Receivable)	
7.	개인 또는 회사와 관련한 채권자료 및 기타 재무정보의 작성, 분석 및 기록(의사결정을 위한 정보관련 보고서 작성 포함)
8.	청구서작성을 위한 청구서, 장부 및 기타계산서 등의 작성, 기록, 제공용역, 재화운송 및 선적을 위한 송장 작성
9.	지급독촉을 위해 고객에게 우편(전자우편 포함) 또는 전화로 미수채권 확인 및 고지, 고객으로부터 대가수취 및 수취대가 장부기록, 고객이 변제하지 않는 경우 채권추심부서에 보고, 채권추심절차 개시 및 용역제공중단 준비, 채권변제 활동기록 및 채권현황 유지
10.	7항부터 9항과 비슷한 기타활동
채무(accounts payable)	
11.	원재료 및 용역조달을 위한 구매주문 작성을 위한 정보 및 기록 작성
12.	구매자에 대한 대가지급 및 매입장부에 지급현황 기록
13.	11항부터 12항과 비슷한 기타활동
일반관리(General administrative)	
14.	연락, 일정관리, 서류 및 전산자료 정리 및 유지 등과 같은 서무 및 관리기능의 수행
15.	키보드나 스캔 등을 사용한 자료입력, 자료검색 및 프린트를 위한 자료준비
16.	편지, 보고서, 정형양식 등을 다른 사람의 초안, 교정내용, 녹음 등으로부터 특별한 가감없이 만들기 위해 워드프로세서나 컴퓨터, 타이프라이터 등의 사용
17.	전화응답, 회계기록, 타이핑, 워드프로세서, 사무실기기운용, 서류정리 등과 같은 사무실 관리 및 운용과 관련한 임무수행
18.	다음 사무실기기의 운용 : 복사기, 스캐너, 팩스
19.	문서취급소용역, 서류관리, 그래픽, 비디오, 웹사이트관리 등 사무실간 용역제공/문서전달
20.	14항부터 19항과 비슷한 기타활동
홍보(corporate and public Relations)	
21.	내부 및 외부 회사홍보의 전개 등 회사홍보프로그램의 계획 및 집행. 다만, 특정 제품이나 용역의 광고나 마케팅에 해당하지 않음.
22.	21항과 비슷한 기타활동
회의조정 및 여행계획(meeting coordination and travel planning)	
23.	그룹모임 및 회의를 위해 직원 및 회의진행요원의 활동 조정
24.	항공사, 렌터카 및 호텔 계약의 협상
25.	예약 및 티켓매입 시스템의 제공 등의 여행편의 지원

26.	차량 및 항공기 등의 관리
27.	23항부터 26항과 비슷한 기타활동
	회계 및 감사(accounting and auditing)
28.	재무보고서를 준비하기 위한 회계자료의 수집 및 검토
29.	정확하고 완전한 회계기록을 유지하기 위한 수치자료의 계산, 분류 및 기록 ; 회계기록을 유지목적의 초기회계자료를 작성하기 위한 계산, 기록, 구분 임무수행 ; 다른 직원이 기록한 사업거래와 관련한 수치, 계산 및 기록의 정확성 검토 ; 및 투자성과 및 순투자가치의 계산
30.	연결재무제표 및 세무신고에 사용하기 위한 국가별 연결재무제표 및 관리회계목적의 전세계 연결재무제표
31.	그룹회사를 위한 회계처리지침 및 관련 참고사항의 개발
32.	내부 영업 및 재무 감사의 수행
33.	용역수취인의 소재지국에서 요구되는 정부질문 및 관련 자료의 준비
34.	용역수취인의 소재지국에서 요구되는 몰수법(escheat laws)에 따른 보고서의 준비
35.	수출입서류의 작성 및 관세의 준비
36.	세관검사의 수감
37.	28항부터 36항과 비슷한 기타활동
	조세(tax)
38.	관련 법령에 따른 조세납부
39.	소득세, 재산세, 판매사용세, 부가세, 소비세 및 기타 세무보고서의 준비를 위한 정보 등 회계기록의 수집
40.	과세당국의 조사에 대한 수감
41.	자료검색 및 세무신고소프트웨어 등을 포함하여, 세법준수를 위한 세무자문의 제공
42.	전세계 조세납부액을 준비하기 위한 각국의 조세납부액의 검토
43.	사전가격합의의 협상 및 그룹사에 이익을 주는 각국의 조세특혜의 협상
44.	38항부터 43항과 비슷한 기타활동
	보건, 안전, 환경 및 규제(Health, safety, environmental and regulatory affaIRS)
45.	보건, 안전, 환경기준의 개발, 이러한 기준준수 여부 감시 및 관련직원 교육
46.	계약, 허가, 인가를 관장하는 법령의 준수 여부에 대한 자료수집 및 보고서준비
47.	금융회사, 증권기관 및 금융거래, 부동산거래를 관장하는 법령의 준수 여부에 대한 정보수집, 자료분석 및 보고서준비, 기록의 신빙성에 대한 검토 및 분석
48.	보안용역의 제공(임원 경호, 그룹본사 경비 등)
49.	일반적인 건강위험관리시스템 개발, 진료용역 ; 산업위생, 음주 및 마약테스트용역(제삼자에 의한 시험분석) 제공 ; 보건문제에 대한 사무관리자문

50.	지도 및 지원, 통합관리지원 제공 : 안전행동요령의 운영통합관리, 평가, 개발 및 시행의 지도 및 집행 ; 수시보고 및 수시감사
51.	전략 및 자원의 제공, 효과적인 위기 대비 및 방어 훈련
52.	45항부터 51항과 비슷한 기타활동
예산(Budgeting)	
53.	예정원가의 결정 및 예산산정 준비를 하는 원가담당자 사용자료 작성. 이에는 내부 절차 및 규정과 관련한 완전성, 정확성, 일치성에 대한 검증정보를 포함함.
54.	관리목적의 예산보고서 및 회계보고서를 준비하기 위한 자료 작성
55.	53항부터 54항과 비슷한 기타활동
재정(treasury activities)	
56.	특수관계인이 사용하는 은행계좌 및 보관함(lock boxes) 설치. 이에는 초과인출 금융 및 신용한도를 포함
57.	일상적 사업과정에서 발생하는 환위험노출을 회피하기 위한 직원 및 설비 제공. 이 항은 일반 및 투자펀드(헤지펀드 및 사모펀드 등)에 금융용역을 제공하는 은행(투자은행 포함), 보험사, 투자회사 및 이와 비슷한 회사에 적용되지 않음.
58.	일상적 사업과정에서 영업하면서 일어나는 단기 현금관리와 관련한 투자활동의 조정. 이 항은 일반 및 투자펀드(헤지펀드 및 사모펀드 등)에 금융용역을 제공하는 은행(투자은행 포함), 보험사, 투자회사 및 이와 비슷한 회사에 적용되지 않음.
59.	56항부터 58항에 부수적인 기타활동
통계지원(statistical assistance)	
60.	통계분석에 사용되는 자료 작성
61.	60항과 비슷한 기타활동
인사(staffing and Recruiting)	
62.	채용공고, 채용요건결정, 채용대상자 자격판정, 최종채용대상자의 경력확인, 증빙서류검증, 업무평가절차 및 양식의 개발, 퇴직직원의 퇴직면담 실시 등의 인사업무 제공
63.	임시고용기관, 임시직 신청자와의 조정 ; 채용과정의 관리
64.	채용대상자에게 채용직책, 신청 및 채용절차, 채용기준에 대한 정보제공
65.	이력서의 접수 및 처리, 채용직책에 대한 면접일정 마련, 구인편지 작성 및 인사관리시스템에 신입사원정보 입력 등의 행정지원 제공
66.	급여, 업무수행 및 기타 인사문제와 관련된 직원기록부 작성 및 유지
67.	신입직원의 교육 및 시험평가의 지원
68.	전문채용기관, 대학, 전문대학 및 전문기관과 협조하여 채용계획의 집행 및 잠재적인 채용후보자 물색, 채용박람회 및 기타 채용행사의 개최 및 참여
69.	채용 및 마케팅 선전물의 개발 및 채용 웹사이트를 위한 내용 개발 및 유지

70.	채용자료의 분석 : 모든 직책분석, 진급 및 전보의 검토
71.	간행물, 잡지 및 기타매체를 통해 적절한 시장에 구인광고 게재
72.	회사전체 직책 및 직원배치 프로그램의 관리
73.	직책에 대한 직위 및 급여수준 등을 포함한 보수기준의 관리
74.	62항부터 73항과 비슷한 기타활동
	교육 및 직원개발(training and employee development)
75.	발전 및 훈련수요 평가, 내부 발전 및 훈련 프로그램의 개발 및 시행, 직원에 대한 훈련기회부여 등을 포함한 직원훈련 지원
76.	고용법준수, 고용주책임회피, 채용면접, 고용, 해고, 승진, 업무성과검토, 안전, 성희롱에 대한 관리훈련 실시
77.	경력개발 및 승계를 위한 개발 및 집행 계획
78.	절차 및 형식을 포함한 작업평가절차의 개발 및 집행
79.	75항부터 78항과 비슷한 기타활동
	복지(Benefits)
80.	의료보험, 생명보험, 연금, 산재보험, 고용보험, 치과보험, 이익배당, 근로자성과보상 및 근로자지원프로그램 등의 근로자 보상 및 복지의 개발 및 시행
81.	보수 및 기타 복지프로그램의 사례연구 제공
82.	복지프로그램 선택, 수혜신청 및 혜택과 관련하여 직원에게 지침제공 및 지도(직원이 모든 양식을 작성하도록 도움을 주는 것도 포함)
83.	연간 복지프로그램 가입모임 및 직원복지세미나의 개최
84.	직원의 복지관련 문의 및 불만의 처리, 금전청구문제의 조정
85.	모든 직원이 적절하고 확실한 복지혜택을 받을 수 있도록 병원, 의사, 보험사, 직원 및 복지수혜자의 입장을 조정
86.	80항부터 85항과 비슷한 기타활동
87.	사업운영, 회계, 제조, 고객서비스, 인사, 급여 및 이케일 등에 사용하는 회사전체 컴퓨터시스템의 지원
88.	It시스템의 사용과 관련한 지침 작성
89.	It시스템의 유지 및 수리
90.	통신설비의 제공
91.	컴퓨터시스템 및 기타 정보기술설비 사용자의 기술지원 및 교육, 컴퓨터시스템 및 기타 정보기술설비와 관련하여 직접 또는 전화 및 메일 등을 통해 질의답변이나 기술적 문제해결, 프린터, 장비설치, 워드프로세서, 전자메일, 운영체제, 자료손실 백업서비스 등 컴퓨터 하드웨어 및 소프트웨어에 대한 지원
	정보기술용역(Information and technology (It) services)

92.	단순한 컴퓨터 데이터베이스 유지 및 시험(컴퓨터 데이터베이스의 보안을 유지하기 위한 수단의 강구 포함) 다만, 사용자 요구를 분석하거나 하드웨어 및 소프트웨어 솔루션의 개발은 해당하지 않음.(예 시스템 통합, 웹사이트 디자인, 컴퓨터 프로그램 작성, 범용 소프트웨어 수정, 판매용 하드웨어 및 소프트웨어 매입추천)
93.	지역네트워크(Lan) 및 광역네트워크(Wan), 인터넷 시스템 및 일부 네트워크시스템, 일상적인 네트워크 하드웨어 및 소프트웨어 수리, 시스템사용자의 원활한 네트워크 사용을 위한 감시를 위한 단순한 지원 ; 네트워크사용을 지원하기 위해 필요한 수리, 다른 네트워크지원 및 고객용서버를 위한 전문가의 감시(네트워크 보안수단의 강구 등) 다만, 사용자 요구를 분석하거나 하드웨어 및 소프트웨어 솔루션의 개발은 해당하지 않음.(예 시스템 통합, 웹사이트 디자인, 컴퓨터 프로그램 작성, 범용 소프트웨어 수정, 판매용 하드웨어 및 스프트웨어 매입추천)
94.	87항부터 93항과 비슷한 기타 활동
법률용역(Legal services)	
95.	법정, 행정기관, 중재인, 입법기관 등에 대한 계약서, 합의서, 법률서류, 의견서, 대리인지명서, 항변서 등의 작성, 협상, 검토 및 구조조정, 합병 분할거래, 회사 장부 및 기록의 유지 등 내부법률자문역이 수행하는 일반 법률용역, 이 같은 활동과 관련한 지원 및 관리기능(법률자료 검색, 자료 및 도서 검색 등)
96.	95항과 비슷한 기타활동
보험청구관리(Insurance claims management)	
97.	일반보험, 생산, 근로자보상책임, 재산손실, 사업장애 및 기타사업위험에 대한 보험가입
98.	제삼자 보험회사에 대한 보험금청구 등 보험증권과 관련한 사항
99.	97항 및 98항과 비슷한 기타활동
구매(Purchasing)	
100.	지원기능을 위한 회사기준에 따라 용역 및 원재료 조달을 위한 계획 및 집행
101.	100항과 비슷한 기타활동

(2) 저부가가치용역의 간주정상가격

① 간주정상가격

㉮ 용역원가에 5% 가산한 금액

거주자 · 내국법인이 다음의 요건을 모두 충족하는 '저부가가치 용역거래'에 대해 해당 용역의 원가에 5%를 가산한 금액을 용역의 대가로 산정한 경우에는 그 금액을 정상가격으로 본다. 이 경우 해당 용역의 원가는 용역원가법에서 설명하는 직간접비용을 포함하여 계산한다.(국조령 §12 ②) 다만, 해당 사업연도에 저부가가치용역의 원가에 5%를 가산한 금액의 합계가 거주자 · 내국법인 매출액의 5%, 또는 거주자 · 내국법인의 영업비용

(판매비 및 일반관리비)의 15%를 초과하는 경우에는 안전항규정을 적용하지 않는다.(국조령 §12 ③, 국조칙 §4)

> 1. 거래대상 용역은 다음의 어느 하나에 해당하지 않는 용역으로서 거주자 · 내국법인과 국외특수관계인의 핵심사업활동과 직접 관련되지 않는 지원적 성격의 용역일 것
>   ㉮ 연구개발
>   ㉯ 천연자원의 탐사 · 채취 및 가공
>   ㉰ 원재료 매입, 제조, 판매, 마케팅 및 홍보
>   ㉱ 금융, 보험 및 재보험
> 2. 용역이 제공되는 과정에서 다음 각 목의 어느 하나에 해당하는 사실이 없을 것
>   ㉮ 독특하고 가치 있는 무형자산의 사용 또는 창출
>   ㉯ 용역 제공자가 중대한 위험을 부담 또는 관리 · 통제
> 3. 용역 제공인 및 수취인이 특수관계가 없는 제3자와 유사한 용역거래를 하지 않을 것

㉯ 이익가산액(profit markup)

저부가가치용역에 대한 정상가격을 결정할 때, 용역제공인은 중복원가를 제외한 모든 공동원가에 대해 이익을 가산해야 한다. 용역의 유형과 관계없이 모든 저부가가치용역에 대해서 같은 이익가산율이 적용된다. 이익가산율은 결정된 관련원가의 5% 상당액이다. 안전항규정에 따른 이익가산율을 기준율연구를 통해 정당화할 필요는 없다. 그룹의 한 구성원이 다른 구성원만을 위해 제공하여 해당원가를 구분하여 식별한 저부가가치용역에도 같은 이익가산율을 적용할 수 있다. 저부가가치용역의 정의에 부합하지 않는 용역 또는 선택적인 안전항규정의 대상이 아닌 유사용역에 대한 정상가격을 결정할 경우, 추가분석 없이 저부가가치용역 이익가산율을 사용해서는 안 된다.(TP §7.61) 저부가가치용역에 이익가산을 할 것인지에 대해 국가들의 입장은 다르다.

국가	이익가산율	비고
OECD, 싱가포르	5%	
EU, JTPF	3~10% (통상 5% 수준)	
호주, 뉴질랜드	7.5% ± 2.5%	연간 aUd 500,000 미만
오스트리아	5~15%, 직접비의 5%, 또는 원가	핵심사업 부수용역이 경우 원가기준
미국, 네덜란드	원가(가산율 없음)	저수익용역 7% 이내 가산

② 안전항규정을 적용하지 않는 경우

㉮ 일정기준을 초과하는 경우

저부가가치용역에 대한 안전항규정을 채택한 과세당국은 일정기준을 정하여, 그 기준

을 넘는 경우 안전항규정을 적용하지 않을 수 있다. 이러한 기준은 용역수취인의 일정재무비율(예 비용 또는 매출 대비 내부용역원가, 또는 사전약정 내부용역 이익)을 사용하거나 다국적기업그룹 전체매출 대비 전체용역원가의 비율 또는 다른 적절한 기준을 사용할 수 있다. 이러한 기준을 채택하는 경우, 과세당국은 저부가가치용역의 대가가 기준을 초과하면 안전항규정을 적용하지 않고, 특정 용역대가에 대해 편익테스트를 포함한 기능분석, 비교가능성분석을 요구할 수 있다.(TP §7.63)

㉯ 제삼자에 제공하는 용역 및 적극적 활동

저부가가치용역의 성격을 가진 용역이 다국적기업그룹의 제삼자고객에게 제공되는 경우에는 안전항규정을 적용하지 않는다. 이 경우, 믿을만한 내부비교대상이 있는 것이므로, 내부용역의 정상가격을 결정할 때 사용될 수 있다.(TP §7.46) 또한, 다음과 같은 적극적 활동들은 안전항규정의 적용대상에 해당하지 않는다.(TP §7.47)

- 다국적기업그룹의 핵심사업을 구성하는 용역
- 연구 및 개발 용역(정보기술용역의 범위에 포함되지 않는 소프트웨어 개발 포함)
- 제조 및 생산 용역
- 제조나 생산 과정에서 사용되는 원재료 또는 기타재료와 관련된 구매활동
- 판매, 마케팅 및 유통 활동
- 금융거래
- 천연자원의 탐사, 추출 및 처리
- 보험 및 재보험
- 고위 경영관리용역(저부가가치용역에 해당하는 용역의 관리 및 감독 제외)

특정활동이 안전항규정의 적용대상이 아니라는 사실을 그 활동이 고수익을 창출한다는 의미로 해석해서는 안 된다. 그 활동은 여전히 저수익을 낼 수 있으며, 이러한 활동의 정상가격은 일반원칙에 따라 결정되어야 한다.(TP §7.48)

③ **공동원가(cost pool)의 결정 및 배분**

저부가가치용역에 안전항규정을 적용하기 위한 첫 단계는, 연간기준으로 각 유형의 용역을 수행하기 위해 그룹 구성원에게 발생하는 모든 공동원가를 계산하는 것이다. 집계대상 공동원가는 용역제공의 직접비 및 간접비뿐 아니라 일반관리비(예 감독, 일반관리)의 해당부분도 반영되어야 한다. 원가는 용역의 유형에 따라 집계되어야 하며, 공동원가의 집계에 사용되는 원가중심점(cost centres)이 특정되어야 한다. 공동원가에서 중복원가(pass through costs)를 식별해야 한다. 또한, 공동원가에서 용역을 수행하는 회사에게만 편익을 주는 내부활동(주주회사가 수행하는 주주활동 포함)에 귀속되는 원가는 제외되어야 한다.(TP §7.56)

둘째 단계로, 다국적기업그룹은 특정 구성원만을 위해 수행한 용역에 귀속되는 원가를 식별하여 공동원가에서 제외해야 한다. 예를 들면, 급여용역원가를 집계할 때, A사가 관계회사 B만을 위해 급여용역을 제공한다면 관련원가를 별도로 식별하여 공동원가에서 제외해야 한다. 그러나 만약 A사가 B사뿐 아니라 자신을 위해서도 급여용역을 수행한다면, 해당원가는 공동원가로 집계되어야 한다.(TP §7.57) 이 계산단계에서, 다국적기업그룹은 다수의 구성원을 위해 제공하는 저부가가치용역의 유형들에 대한 공동원가를 식별한다.(TP §7.58)

셋째 단계에서, 저부가가치용역제공으로 편익을 받은 모든 그룹 구성원들에게 공동원가를 배부한다. 납세자는 아래 원칙에 따라 원가를 배분하기 위한 배부기준을 선택한다. 적절한 배부기준은 제공용역의 성격에 따라 달라진다. 같은 유형의 용역에 대한 원가를 배분할 때 같은 배부기준을 사용하여 일관성을 유지해야 한다. 선택된 배부기준은 해당용역의 수취인이 받았을 편익의 수준을 합리적으로 반영해야 한다. 일반원칙으로, 배부기준은 특정용역에 대한 기본수요를 반영해야 한다. 예를 들면, 사람과 관련된 용역의 배부기준은 그룹 전체인원 중 각 계열사의 인원비율, 전산용역은 전체사용자 중 각 계열사 사용자의 비율, 차량관리용역은 전체 차량대수 중 각 계열사 차량대수의 비율, 회계지원용역은 관련거래 또는 총자산의 비율이 된다. 많은 경우, 전체매출에 대한 비율이 적절한 기준이 될 수 있다.(TP §7.59)

위에서 제시한 배부기준의 이외에도 다른 기준을 사용할 수 있다. 사실관계에 따라, 보다 정밀한 배부기준을 사용할 수 있지만 해당원가가 그룹을 위해 고부가가치를 창출해내지 않는다는 점을 고려할 때 이론적 정밀함과 실무적 관리 사이의 균형이 중요하다. 이러한 맥락에서, 단일배부기준이 해당편익을 합리적으로 반영한다고 판단한 이유를 납세자가 설명할 수 있는 경우, 복수의 배부기준을 사용할 필요가 없다. 일관성 차원에서, 같은 유형의 저부가가치용역에 대해서 같은 배부기준이 적용되어야 하며, 합당한 변경이유가 없다면 매년 같은 기준을 적용해야 한다. 또한 과세당국과 납세자는 합리적인 배부기준을 변경하는 것이 상당한 혼란을 초래할 수 있음을 알아야 한다. 납세자는 선택한 배부기준이 각 구성원이 받는 편익을 합리적으로 반영하는 결과를 산출한다는 점을 서류로 작성해야 한다.(TP §7.60)

④ **저부가가치용역 편익테스트, 대가지급, 원천징수**

㉮ 저부가가치용역 편익테스트

정상거래원칙에 따라 편익테스트를 충족하는 경우에만 내부용역에 대한 지급의무가 생긴다. 즉, 용역활동이 그룹 구성원에게 경제적 또는 상업적 가치를 제공하여 상업적 지위가 향상되거나 유지될 것으로 기대되어야 하는데, 이는 비교가능상황에서 독립기업이 다른 독립기업으로부터 그 용역을 제공받은 경우 대가를 지급할 의도가 있는지, 그 활동을 자체적으로 수행하였을 것인지 여부를 평가하여 결정된다. 그런데 저부가가치용역의 특성상 이러한 결정은 어려우며, 청구금액보다 더 큰 노력이 들어갈 수 있다. 그러므로 안전항규정이 적용되는 경우와 특히 서류작성과 보고의무를 준수하는 경우에는 과세당국은 편익테스트에 대한 검토 또는 문제제기를 삼가야 한다.(TP §7.54)

저부가가치용역은 그 용역의 수취인들 모두에게 편익을 제공하지만, 그 편익이 어느 정도인지, 독립당사자들이 기꺼이 그 용역에 대해 대가를 치르거나 자체적으로 그 용역을 수행할지에 대한 의문이 생길 수 있다. 다국적기업그룹이 안전항규정을 따르는 경우 서류작성과 보고에서 편익테스트가 저부가가치용역의 특성을 충족한다는 충분한 증거를 보여주어야 한다. 편익테스트를 평가할 때, 과세당국은 특정대가 기준이 아니라 용역의 유형을 기준으로 편익을 고려해야 한다. 따라서 납세자는 비용청구를 유발한 개별행위를 구체화하기보다는 특정 지원용역(예 급여처리)이 제공되었다는 사실을 입증하면 된다. 과세당국이 정보를 입수할 수 있으면 용역의 범위를 기술하는 단일의 연간청구서가 대가를 입증하는데 충분하므로, 개별행위에 대한 통신내용이나 기타증거를 요구하지 말아야 한다. 다국적기업그룹의 한 구성원에게만 편익을 주는 저부가가치용역의 경우, 용역 수취인의 편익을 개별적으로 입증할 수 있을 것이다.(TP §7.55)

저부가가치용역으로부터 수취하는 효익과 직접 관련된 이론의 여지가 없는 증빙을 완벽히 제시할 수는 없다. 총비용에서 주주비용 및 직접청구비용을 제외한 비용이 배분대상이다. 배분대상비용은 직접원가 및 간접원가로 구성되며 원가항목에 포함되지 않은 감독 및 일반관리비 등의 기업전체 운영비용(operating expenses)도 포함된다.(국조통 4-0…2, EU 2010 이전가격포럼보고서)

㉯ 저부가가치용역의 대가

다국적기업그룹 구성원에게 청구하는 용역대가는 (i) 특정구성원에게 용역을 제공할 경우 발생되는 원가 및 (ii) 선택된 배부기준을 사용하여 구성원에게 배부한 공동원가에 이익가산액을 더한 금액의 합계이다. 용역대가는 공동원가를 지출한 그룹의 구성원에게 지급하며, 해당원가를 지출한 구성원이 여럿 있는 경우 각 구성원의 공동원가 기여비율에 따라 배부된다.(TP §7.62)

㉰ 저부가가치용역 대가에 대한 원천징수

저부가가치용역의 제공에 대한 원천징수는 용역제공자가 용역제공에 지출한 원가를 전액 보전하지 못하게 방해할 수 있다. 용역대가에 이익요소나 가산이익이 포함되는 경우 과세당국은 그 이익요소나 가산이익에 대해서만 원천징수를 해야 한다.(TP §7.65)

⑤ 안전항규정의 이점

안전항규정은 다국적기업그룹 구성원들을 위해 제공된 저부가가치용역의 모든 원가를 이들에게 배부해야 한다는 것을 전제로 한다. 안전항규정을 사용하는 이점은 다음과 같다. 안전항규정을 선택한 다국적기업은 활동하는 모든 국가의 관계회사에 그룹차원에서 실무적으로 일관성 있게 적용해야 한다.(TP §7.52)

> 1. 편익테스트를 충족하고 정상가격을 입증하는 법령준수부담의 감소
> 2. 안전항규정의 조건을 충족하는 경우, 요건충족활동에 대한 가격은 안전항규정을 채택한 과세당국으로부터 인정받을 수 있다는 확신을 다국적기업그룹에 줄 수 있음
> 3. 법령준수위험을 효과적으로 검토할 수 있는 해당서류를 과세당국에게 제공

한 국가의 과세당국이 안전항규정을 채택하지 않은 결과로 그 국가에서 다국적기업그룹이 그 과세당국의 요구사항을 준수하는 경우, 이러한 법령준수로 인해 다국적기업그룹이 다른 국가에서 안전항규정을 적용할 자격을 박탈당하는 것은 아니다. 또한 모든 다국적기업그룹이 수직으로 통합되는 것은 아니며, 대신 자체관리 · 지원구조에 따라 지역별 또는 부문별 하위그룹을 두기도 한다. 따라서 다국적기업그룹은 하위지주회사 수준에서 안전항규정을 선택하고 하위지주회사의 모든 자회사에 일관되게 적용할 수 있다. 다국적기업그룹이 안전항규정을 선택하고 적용하는 경우, 저부가가치용역의 대가는 정상거래원칙에 따라 결정된 것으로 본다. 한편, 안전항규정의 대안으로 원가분담약정을 준용할 수 있다.(TP §7.53)

⑥ 안전항규정에 다른 서류작성 및 보고

안전항규정의 적용을 선택한 다국적기업그룹은 다음의 정보 및 문서를 준비해야 하며, 과세당국이 요청하면 저부가가치용역에 대한 대가를 지급하거나 수취하는 그룹 구성원은 그 자료를 제공해야 한다.(TP §7.64)

> • 제공된 저부가가치용역의 유형에 대한 설명: 각 유형의 용역이 저부가가치용역의 정의에 해당한다는 근거, 다국적기업그룹의 사업맥락에서 용역제공의 합리성, 각 유형의 용역의 편익 또는 기대이익의 설명, 선택한 배부기준의 설명 및 배부기준이 수취한 편익을 합리적으로 반영한다는 근거, 적용된 이익가산율의 확인
> • 배부원칙에 따른 여러 구성원들의 합의를 반영하는 용역제공에 대한 서면계약이나 합의, 그러한 계약이나 합의의 수정. 이러한 서면계약이나 합의는 관련기업, 용역특성, 용역제공조건을 특정하는 시의적절한 보고서의 형태를 취할 수 있다.
> • 공동원가의 산정을 입증할 수 있는 문서 및 계산내역. 특히 어느 구성원만을 위해 제공되는 용역원가를 비롯하여, 모든 유형의 관련용역원가에 대한 세부목록 및 금액
> • 특정 배부기준의 적용을 보여주는 계산내역

4.5 조건부지급계약, 해외임가공 등

(1) 조건부지급계약

조건부지급계약(contingent-payment contractual terms for services)의 경우, 용역제공 기간 내에 약정된 성공조건이 달성되지 않으면 용역수취인은 대가를 지급하지 않는다. 용역제공기간 내에 약정된 성공조건이 달성되면 용역거래의 정상가격은 제공용역으로부터 용역수취인이 받은 이익을 반영해야 하며, 또한 용역제공기간 내 수행활동으로 인해 용역제공자가 부담하는 위험을 반영해야 한다.(Reg §482-9.i.1) 아래 요건을 충족하면 조건부지급계약에 해당한다.(Reg §482-9.i.2)

1. 서면계약(Written contract) : 계약은 관계거래를 구성하는 일련의 활동의 시작에 앞서 또는 시작과 동시에 서면계약으로 이루어져야 한다.
2. 특정 조건(specified contingency) : 계약상 대가지급은 관계거래와 직접 관련되는 용역수취인의 미래이익에 좌우된다.

사례 조건부지급계약(Reg §482-9.i.5)

X사는 그룹사의 일원으로 여러 해 동안 의약분야에서 영업을 하여 왔다. 1차연도에 특수관계회사인 Y사와 용역계약을 체결하여 Y사를 위한 연구개발활동을 수행하기로 했다. 두 회사는 X사가 계약에 따른 연구개발활동을 수행하기 전에 계약을 체결했다. 계약체결 당시 새로운 상품의 개발가능성이 불분명하며 개발상품의 잠재시장도 불분명한 상태이고, 이에 대한 추정도 가능하지 않다. 계약에 따라, Y사는 X사의 개발활동으로 인한 특허나 기타 권리를 소유하며, Y사는 X사의 개발활동이 하나 이상의 상품으로 개발되는 경우에만 X사에게 대가를 지급한다. Y사는 특정기간 동안에 Y사의 개발상품의 총수입의 일정률을 지급한다. 대가지급은 Y사가 개발상품을 판매하는 각 지역별로 이루어지는데, 상품판매가 이루어지는 첫해부터 6년간 이루어진다.

X사가 1차연도부터 4차연도까지 수행한 연구개발활동의 결과 일정질환에 대해 현존약품보다 약효가 좋은 화합물을 개발했다. Y사는 이 화합물에 대해 몇 개 지역에서 특허권을 등록했다. 6차연도에 Y사는 a지역에서 이 상품을 판매하기 시작하고, 같은 해에 Y사는 계약에 따라 X사에게 대가를 지급한다. a지역의 판매는 7차연도부터 9차연도까지 이루어지고 계약에 따라 7차연도부터 9차연도까지 X사에게 대가를 지급한다.

6차연도부터 9차연도까지 이전가격을 검토해야 한다. 조건부대가지급을 인정할 것인지 판단할 때, 특정조건 및 지급기준 등의 계약조건이 특수관계 용역거래의 경제적 실질과 일치하는지 여부를 검토해야 한다. X사와 Y사의 계약서에는 조건부지급대가가 반영되어 있다. 즉, 계약에 따라 개발된 상품의 판매는 특수관계 용역거래와 직접 관련된 Y사의 미래이익을 의미한다. 또한, 이러한 상품판매에 따른 용역대가지급기준은 용역수취인의 이익 및 용역제공자의 위험을 반영하고 있다. 계약에 따른 이들의 행동은 계약상 위험배분과 일치한다고 볼 수 있다. X사는 연구개발용역에 실패하는 위험과 용역대가를 받지 못할 수 있는 위험을 부담할 수 있는 재정능력이 있다.

X사는 연구개발에 대한 관리 및 운영을 책임지므로 이와 관련한 위험을 부담한다. 이러한 사실을 볼 때, 조건부대가지급은 경제적 실질에 부합한다.

6차연도부터 9차연도까지 조건부지급계약에 의한 대가가 정상가격인지 판단할 때, 정상거래원칙에 따라 연구개발용역에 대해 매년 지급하는 대가를 검토해야 한다. 이러한 분석에서 용역제공이 상품개발로 이어지지 않는 경우 용역대가를 받지 못할 위험과 용역대가의 크기가 상품판매의 크기에 좌우되는 위험을 X사가 부담하는 조건부지급계약조건을 감안해야 한다. 또한, 특수관계 용역거래에서 당사자들이 취할 수 있는 다른 대안을 고려해야 한다. 이러한 대안에는 X사가 연구개발활동의 위험 및 비용을 부담하려는 의도와 능력을 고려할 때, X사가 자체적으로 이러한 활동을 수행하고 활동결과 성공적으로 개발된 제품특허권을 소유하는 경우가 있다. 따라서 개발상품을 판매하는 4년간 X사에 지급한 총매출의 일정률에 해당하는 대가가 정상가격인지 판단할 때, X사가 조건부지급계약에 따라 연구개발하여 개발상품에 내재된 무형자산에 대한 사용료 등을 고려해야 한다.

(2) 특수관계 해외임가공업자

내국기업이 해외현지기업을 통해 임가공을 하는 경우 전통적 거래방법을 적용하기에는 한계가 있다. 재화거래라는 측면에서 재료공급에 대해서는 원가가산법, 제품구매에 대해서는 재판매가격법을 적용할 수 있으나, 임가공업자는 사실상 용역을 제공한다는 점에서 이러한 방법은 적절치 않다. 미국기업이 멕시코에 설립한 자회사에 대해 거래순이익률법을 적용하여 정상가격을 산정한 사례가 있다.(TPH 34장)

① 마키라도라의 개념

마키라도라(maquiladoras)는 멕시코 마키라도라 지역의 임가공업자를 말하며 일반적으로 아래와 같은 특징을 나타낸다.

- 마키라도라는 미국회사의 자회사이거나 특수관계회사이다.
- 마키라도라는 특수관계 미국회사로부터 원재료를 매입하거나 또는 위탁가공을 위해 수취하며, 이를 다른 제품으로 가공, 조립, 제조하거나 또는 전형적인 제조공정에 투입한다.
- 마키라도라는 가공한 제품을 특수관계 미국회사에 일정가격에 재판매하거나, 또는 위탁가공의 경우 일정수수료(fee)를 받고 특수관계 미국회사에 이들 제품을 가공하여 반환한다.
- 마키라도라는 가치있는 상표나, 특허 또는 노하우를 보유하지 않는다.
- 마키라도라는 마케팅이나 판매활동을 거의 하지 않는다.
- 마키라도라는 관계회사와 계약에 의한 연구개발이나 자체적인 연구개발을 하지 않는다.
- 마키라도라는 일반적으로 노동집약적 제조공정을 사용하며, 적은 영업자산을 보유한다.

② 마키라도라의 위험 및 기능

마키라도라는 하청제조자(contract manufacturer) 또는 하청용역제공자(contract service provider)이다. 특수관계 미국회사는 마키라도라 운영에 필요한 모든 지시 및 계획을 책임지며, 일반적으로 제조 수량 및 시기를 결정하고 품질기준을 설정한다. 이는 마키라도라가 사업위험(business risk)을 거의 부담하지 않는다는 의미이다. 다만, 두 가지 예외가 있다. 첫째, 대부분 마키라도라가 환위험(exchange rate risk)을 부담한다. 이는 마키라도라의 매출채권 및 매입채무가 대부분 달러화 기준으로 계상되기 때문이다. 그러므로 달러화에 대한 현지화폐가치의 등락에 따라 마키라도라의 수익률이 극심하게 변동할 수 있다. 둘째, 마키라도라에 대한 투자수익에는 멕시코의 국가위험프리미엄(country risk premium)이 감안되어야 하는데, 이는 마키라도라의 모회사는 미국 내에서 받아야 하는 투자수익보다 많은 수익을 기대한다는 의미이다.

③ 정상가격 산출방법 : 거래순이익률법

하청제조업자는 투입하는 고정자산에 대한 적정수익률과 근로자들의 인건비 이상의 대가를 받을 것으로 기대할 것이다.

하청업자의 입장에서 볼 때, 직접적으로 제삼자에게 제품을 판매하거나 또는 제삼자에게 제조용역을 제공하지 않기 때문에 전통적 거래방법(원가가산법, 재판매가격법)을 적용할 수 없다. 또한, 특수관계회사의 입장에서 볼 때, 제삼자에게 제품을 판매하지만 하청업자에게 재료를 공급하고 임가공용역만을 제공받는 것이므로 재판매가격법을 적용하기 곤란하다. 가능한 방법은 용역원가가산율 또는 자본수익률을 사용하는 거래순이익률법(TNMM)이다. 이 경우, 분석대상은 특수관계회사가 아니라 하청업자이다.

용역원가가산율을 적용하는 경우 하청업자의 원가에 비교대상의 용역원가가산율을 적용하여 정상가격을 산정한다. 이 경우 원가는 특수관계회사가 제공하는 재료비 등을 제외한 가공비를 말한다. 다만, 계산의 편의 때문에 실무적으로 자본수익률(ROCE)이 선호된다.

④ 환율변동 등의 조정

㉮ 고정자산의 측정

순이익률지표(PLI)를 사용하는 경우, 고정자산(fixed assets)의 가액을 계산할 때 환율변동(물가변동)을 반영해야 한다. 이를 위해서는 마키라도라의 고정자산을 아래와 같이 페소화(p)에서 달러화($)로 변환해야 한다. 아래 예에서 자산 1,000달러(5,000페소), 정액감가상각연수 10년(매년 500페소)이라고 가정한다. 멕시코물가는 환율과 연동되며 4차연도의 물가는 7.7%=(7.0－6.5)/6.5로 계산된다. 물가조정감가상각비(2차연도)는 600=550(이전연도 물가반영 감가상각액)×(1＋0.091)로 계산된다. 물가조정자산(4차연도)은 4,200＝4,550(이전연도 물가조정자산)×(1＋0.077)－700이다. 달러기준 물가조정자산은 조정당시 환율을 적용한 달러가치이다.

연 도	환 율	멕시코물가	장부상 감가상각(p)	물가조정 감가상각(p)	물가조정 자산(p)	물가조정 자산($)	자산수익률 10%($)
0	5.0	0.0%	500	500	5,000	1,000	100
1	5.5	10.0%	500	550	4,950	900	90
2	6.0	9.1%	500	600	4,800	800	80
3	6.5	8.3%	500	650	4,550	700	70
4	7.0	7.7%	500	700	4,200	600	60

㈏ 유동자산(current assets) 수익률(r) 측정

유동자산의 수익률을 측정하기 위해서 멕시코와 미국의 단기(1년) 공채이자율을 비교해야 한다. 멕시코와 미국의 평균 단기공채이자율 차이는 1992년부터 1995년 사이에 17.7%였다. 이는 국가위험, 인플레이션 및 환위험을 합한 전체위험을 나타낸다. 17.7%와 미국 우대금리(prime rate) 6.89%를 합하면 멕시코에서 유동자산에 대한 정상수익률 24.6%가 계산된다.

(3) 통합거래 및 원가분담약정

① 통합거래

그룹내부 용역거래가 제품이나 무형자산의 이전 및 사용과 관련되는 경우가 있다. 용역제공이 포함된 노하우계약의 경우에는 무형자산거래와 용역거래를 구분하기 어렵다. 또한 기술이전에는 부수적인 용역이 종종 수반된다.(TP §7.3) 정상가격을 산정할 때 각 거래항목들을 적절히 평가할 수 있다면 일반적으로 용역거래에 통합된 다른 거래를 별도로 평가할 필요는 없다.(Reg §482-9.m.1) 용역거래에 무형자산의 이전에 해당하는 요소가 포함되는 경우도 있다. 무형자산과 관련된 사안이 중요하다면 무형자산을 포함하는 거래의 정상가격 여부는 무형자산의 양도와 관련한 이전가격방법에 의해 결정되어야 한다.(Reg §482-9.m.2)

② 원가분담약정에 따른 용역

원가분담약정에 따라 특수관계 참여자가 제공하는 용역은 원가분담약정(cost sharing arrangement)에 적용하는 이전가격방법을 우선적으로 적용하여 정상가격을 결정한다.(Reg §482-9.m.3)

사례 거래의 분할과 통합

1. **거래의 분할**(Reg §482-9.l.5)

내국법인 X는 의사처방이 필요한 약품을 개발하고 제조하는 제약회사이다. Y는 B국에 거주하는 약품판매 및 판촉 회사로 B국에서 X를 위해 임상시험도 한다. Y사는 임상시험을 할 수 있는 능력이 없으므로 제삼자와 계약하여 100의 비용으로 임상시험을 하도록 한다. Y는 또한 제삼자 계약과 관련하여 25의 비용을 쓴다.(예 제삼자의 물색 및 협력과정 비용)

면밀한 기능분석에 의해, Y는 X를 위해 단순히 임상시험을 돕는 수준을 넘어서서 임상시험을 하는 제삼자를 감시하는 기능을 수행하는 것으로 판명된다. 정상가격을 결정할 때, 여러 가지 대안을 검토할 수 있다. 예를 들면, 정상가격 결정에 있어 그룹회사 간 용역거래를 두 개의 거래로 분할하여 분석할 수 있다. 이 사례에서 Y사와 제삼자 간 계약의 거래가격 100을 내부 제삼자용역 거래가격(CUP)으로 볼 수 있다. 또한 Y사는 용역을 제공하면서 추가적으로 쓴 비용에 대해 정상대가를 받아야 한다. 최적방법이 Y의 원가에 대한 가산법이라면 총용역원가는 25가 된다. 한편, 회사 간 용역거래를 단일거래로 분석할 수 있는데, 제삼자가 수행하는 비슷한 임상시험용역을 제공하는 비교대상용역거래를 기준으로 할 수 있다. 최적방법이 Y사가 계상하는 모든 원가에 대한 가산액이라면 제삼자의 가산액 기초금액은 제삼자 임상시험원가를 포함하며 이러한 가산액은 Y의 총용역원가 125에 적용된다.

2. **거래의 통합**(Reg §482-9.m.5)

한국회사 X 및 외국회사 Y는 특수관계인이다. 이 두 회사는 집적회로(integrated circuits)와 관련한 연구개발활동을 수행한다. 또한, Y사는 집적회로를 생산한다. 1차연도부터 3차연도까지 X사는 중요한 연구개발활동에 종사하면서 고온에서 사용할 수 있는 집적회로에 대한 상당한 노하우를 축적하고 이를 연구보고서로 작성한다. 1차연도부터 3차연도까지 X사는 이러한 연구개발과 관련된 비용 때문에 전체적으로 순영업손실을 계상한다. 4차연도 초에 X사는 Y사와 기술지원계약을 체결한다. 계약의 일환으로 이 프로젝트의 책임자인 X사 연구원이 Y사 연구원을 만나서 연구보고서를 제공한다. 3개월 후에 Y사의 연구원이 X사 연구원으로부터 받은 노하우를 바탕으로 고온에서 사용하는 집적회로의 특허를 신청한다.

X사와 Y사의 특수관계 용역거래는 무형자산(노하우) 이전에 해당하는 거래요소를 포함한다. 무형자산과 관련한 거래요소가 정상가격평가에 중요하므로 무형자산의 정상가격은 별도로 구분하여 결정되어야 한다.

5. 사업구조조정(Business Restructuring)

5.1 사업구조조정에 대한 정상대가

(1) 사업구조조정의 의미

사업구조조정(business restructuring)에 대한 법적 또는 보편적 정의는 없으며, 이전가격목적상 사업구조조정은 특수관계기업 간 상업 및 재정 관계의 국제적 재편을 말하며, 이에는 기존계약의 종료나 재계약을 포함한다. 제삼자(공급자, 하청업자, 고객)와의 관계로 인해 사업구조조정이 이루어지기도 한다.(TP §9.1)

사업구조조정은 해당되는 기대이익에 대한 무형자산, 위험 또는 기능의 집중화와 관련된다. 사업구조조정은 다음 유형으로 이루어진다.(TP §9.2, §9.3 전단)

- 완전 도매업자(상대적으로 높은 수준의 기능과 위험을 가진)를 해외관계기업을 위한 제한적 위험의 도매업자, 판촉업자, 판매대리인 또는 수수료대리인(상대적으로 낮은 수준의 기능과 위험을 가진)으로 전환
- 완전 제조업자(상대적으로 높은 수준의 기능과 위험을 가진)를 해외관계기업을 위한 제한적 위험의 제조업자 또는 하청제조업자(상대적으로 낮은 수준의 기능과 위험을 가진)로 전환
- 무형자산의 권리를 그룹내 중앙조직(무형자산 소유회사)으로 이전
- 각국에서 수행되는 기능의 규모를 축소하여 지역별로 또는 중앙의 법인체에 기능을 집중. 이는 구매, 판매지원, 공급물류체인을 포함한다.
- 무형자산이나 위험을 제조업자나 판매업자 등의 영업조직으로 이전
- 규모축소나 영업폐쇄를 포함하여 제조공장, 제조과정, 연구개발활동, 판매, 용역제공 등의 사업 합리화, 전문화 및 일반화

정상거래원칙은 사업의 집중 또는 사업의 분산에 상관없이 사업구조조정에 해당하는 경우에는 모두 적용된다.(TP §9.3 후단)

사업구조조정을 하는 이유는, 국제적 조직의 출현을 가능하게 한 인터넷기반기술의 발전덕분에, 규모의 경제 및 동반효과를 극대화하고 사업의 관리를 일관되게 하며 공급체계의 효율성을 증대하기 위한 것이다. 또한, 과다설비를 보유하는 경우 불황때에 수익성을 유지하거나 손실을 최소화하기 위해 사업구조조정이 필요하다.(TP §9.4)

사업구조조정은 보통 다국적기업그룹 기업들 간에 소득의 재배분을 야기하는데, 이는 구조조정 직후에 이루어지거나 또는 몇 년에 걸쳐 이루어진다. 이러한 소득재배분이 정상거래원칙에 부합하는지 및 좀 더 일반적으로 정상거래원칙을 어떻게 사업구조조정에 적용할 것인지 검토해야 한다. 정상적인 사업상 이유로 이루어지는 통합사업모델(integrated business models)의 적용 및 국제적 조직(global organisations)의 개발로 인해 다국적기업그룹의 기업들을 독립당사자로 간주하는 정상거래원칙의 이론적 토대 위에서 거래를 검토하는 것이 점점 더 어려워지고 있다.(TP §9.6)

국내세법의 조세회피방지규정 및 조세피난처세제(CFC legislation)는 여기에서 검토하지 않는다. 정상소득에 대한 국내세법상 처리문제, 즉 정상소득의 공제문제와 정상적인 양도소득에 대해 국내세법상 양도소득규정을 어떻게 적용할지 등의 문제는 검토하지 않는다. 사업구조조정에서 중요한 문제이기는 하지만 부가가치세나 간접세 또한 검토하지

않는다.(TP §9.8)

(2) 사업구조조정의 이해

항상 일어나는 일은 아니지만, 사업구조조정은 무형자산과 같은 가치있는 자산의 국제거래를 수반하기도 한다. 또한, 제조계약, 판매계약, 사용이나 용역계약 등과 같은 현재계약이 종료되거나 실질적으로 재계약이 이루어지기도 한다. 사업구조조정의 이전가격측면을 분석하는 첫 단계는 다국적기업그룹 구성원들 간 가치의 이전을 초래하는 상업적 재정적 관계와 그 관계에 부수되는 조건을 식별하여 사업구조조정을 구성하는 거래들을 정확히 서술하는 것이다. 즉, 사업구조조정에 해당하는 정확히 서술된 거래의 인식, 사업구조조정과 소득의 재분배, 가치있는 무언가의 이전으로 인한 이전가격문제, 현재계약의 종료나 실질적 재계약의 이전가격문제를 검토해야 한다.(TP §9.10) 정상거래원칙에 따라 특수관계기업들 각자의 수준에서 이루어지거나 부과되는 조건을 평가해야 한다. 사업구조조정은 다국적기업그룹 수준에서 그룹수준의 동반효과를 극대화하기 위한 상업적 이유 때문에 이루어질 수 있다는 사실이 구조조정된 기업의 관점에서 그것이 정상적이라는 답변은 될 수 없다.(TP §9.12)

사업구조조정에 대해, 사업구조조정의 계약조건, 구조조정에서 사용자산 및 부담위험을 고려한 각 당사자가 행한 기능, 당사자들의 경제적 환경 및 사업전략의 검토를 해야 한다. 이에 더하여, 그 분석에 구조조정의 사업상 이유와 예상편익의 검토자료가 있어야 하는데, 이에는 동반효과와 당사자들에게 실제로 가능한 선택안을 포함한다.(TP §9.13)

① 사업구조조정 거래의 정확한 기술 : 사업구조조정 전후의 기능, 자산, 위험

㉮ 사업구조조정 거래의 기술

구조조정은 다양한 형태를 취하며, 다국적기업의 두 기업 또는 둘 이상의 기업들이 관련된다. 예를 들면, 단순한 구조조정 이전 계약에는 제품을 생산하여 판매하는 제조업자와 제품은 받아 시장에 재판매하는 특수관계 판매업자가 관련된다. 구조조정은 두 당사자의 계약을 변경하여, 이전의 재판매업자가 부담하던 위험을 제조업자가 부담하게 하고 재판매업자를 제한적 도매업자나 수수료대리인으로 만들 수 있다. 대개 구조조정은 이보다 더 복잡한데, 구조조정 전 당사자들의 수행기능, 사용자산 및 부담위험은 그룹의 일방 또는 다른 당사자들에게 옮겨진다.(TP §9.15)

다국적기업그룹 내의 구조조정기업에게 정상대가를 지급해야 하는지, 지급해야 한다면 대가를 부담하는 그룹의 구성원과 그 대가의 금액을 결정하기 위해, 구조조정기업과 그룹의 구성원들 간에 일어난 거래를 정확히 기술하는 것이 중요하다.(TP §9.16)

다국적기업그룹이 사업구조조정의 조건을 서면으로 작성한 경우(예 서면계약, 서신이나 기타 통신자료), 그러한 합의는 해당 다국적기업그룹 간 사업구조조정을 구성하는 거래들을 기술하는 출발점이 된다. 계약조건은 구조조정계약 전 조정기업의 역할, 책임 및 권리를 설명하며(해당상황에서 계약이나 상법상 거래조건), 구조조정의 결과 이러한 권리와 의무가 어떤 식으로 어느 정도 바뀌었는지 설명한다. 그런데, 서면조건이 없거나, 당사자들 행위를 포함하는 사실관계가 서면합의조건 또는 그에 대한 부속조건과 상당히 다를 경우, 사업구조조정을 구성하는 실제거래를 당사자들의 행위 등의 사실에 따라 추론해야 한다.(TP §9.17)

사업구조조정을 구성하는 거래의 정확한 기술에는 당사자들이 구조조정 전후로 수행한 경제적으로 중요한 활동 및 책임, 사용하거나 기여한 자산 및 부담한 위험을 식별하기 위한 기능분석을 요한다. 이에 따라, 당사자들이 실제로 무엇을 하는지, 구조조정 전후에 당사자들이 사용하거나 기여한 자산의 유형이나 성격은 물론 당사자들의 능력에 분석의 초점이 맞추어진다.(TP §9.18)

㉯ 사업구조조정의 위험분석

위험은 사업구조조정의 관점에서 상당히 중요하다. 보통 공개시장에서 사업기회와 관련된 위험의 인수는 그 기회의 수익가능성에 영향을 미치며, 그 계약 당사자들 간 부담하는 위험의 배분은 그 거래로 인한 손익을 거래의 정상가격을 통해 배분하는 방법에 영향을 미친다. 위험과 관련된 손익이 배분되는 다른 당사자가 경제적으로 중요한 위험을 부담한다고 전제할 때, 사업구조조정은 보통 지역활동을 저위험활동(예 저위험 판매업자 또는 저위험 하청제조업자)으로 전환하여 비교적 낮지만 일정한 수익을 보상받는 결과가 된다. 이러한 이유로, 구조조정 전후 특수관계기업들 간 위험배분의 검토는 기능분석의 핵심부분이다. 그러한 분석에서 구조조정 사업의 경제적으로 중요한 위험의 이전과 구조조정 자체와 구조조정 이후 거래에 대한 정상거래원칙의 적용을 위한 거래결과를 과세당국이 평가할 수 있도록 보여 주어야 한다.(TP §9.19)

위험분석의 틀과 상세지침은 사업구조조정의 맥락에서 위험분석을 수행하는데 적용될 수 있으며, 특히 통제 및 재정능력을 기준으로 어느 당사자가 특정위험을 부담하는지 판단하는데 적용할 수 있다. 구조조정 전에 특정위험을 어느 당사자가 부담하고 구조조정 후에 특정위험을 어느 당사자가 부담하는지 결정하기 위해 이러한 분석틀을 적용하는 것은 필수적이다. 예를 들면, 구조조정이 재고위험을 이전할 목적인 경우, 위험분석의 3단계에 따라 계약조건뿐 아니라 당사자들의 행위도 검토해야 한다.(예 재고감모손이 구조조정 전후 이루어진 경우, 그러한 재고감모손에 대한 보증조항이 있는지, 어느 당사자가 위험통제기능을 수행하고 그 위험을 부담할 재정능력을 가지는지) 이 분석의 결과 구조조정 전에 일방이 재고위험을 부담하였고, 계약조건의 변경에도 불구하고 같은 당사자가 구조조정 후에도 계속 위험을 부담하고 있다는 점이 드러날 수 있다. 그러한 상황에서 위험은 같은 당사자에게 계속 배분되어야 한다. 다만, 위험의 양수인은 관계거래의 위험분석틀에서 정한 조건이 충족되는 경우 그 위험을 부담하는 것으로 본다.(TP §9.20)

둘째 사례는 사업구조조정의 일환으로 신용위험을 의도적으로 이전하는 것과 관련된다. 구조조정 전후의 계약조건을 검토하는데, 또한 구조조정 전후 당사자들이 위험과 관련하여 어떻게 행동하는지도 검토한다. 그리고 나서 분석에서 계약상 위험을 부담하는 당사자가 적절한 능력과 의사결정을 통해 실제로 그 위함을 통제하며, 그 위험을 부담할 재정능력을 가는지 검토한다. 구조조정 전에 위험을 부담하지 않은 당사자는 다른 당사자에게 위험을 이전할 수 없으며, 구조조정 후에 위험을 부담하지 않는 당사자는 그 위험과 관련된 기대이익을 배분받을 수 없다.(TP §9.21)

사례 구조조정에 따른 위험의 이전 (TP §9.21)

1. 사업구조조정 전에 완전판매업자가 계약상 부실채권위험을 부담하며 이는 연말 재무상태표에 반영된다고 가정한다. 그런데 위에서 설명한 분석에서 사업구조조정 전에 고객에 대한 신용기간의 연장 및 채권회수에 대한 결정은 판매업자가 아닌 특수관계기업이 수행하며, 특수관계기업이 미회수채권의 비용을 보상한 것으로 확인된다. 또한, 특수관계기업은 위험을 통제한 유일한 기업이며 부실채권위험을 부담할 재정능력이 있다는 것이 확인되므로, 사업구조조정 전에 위험을 판매업자가 부담하지 않았다는 결론에 이른다. 이 경우, 판매업자가 사업구조조정의 일환으로 이전할 부실채권위험은 없다.

2. 사업구조조정 전에 판매업자가 부실채권위험을 통제하였고 계약상 부담하는 위험을 부담할 재정능력을 가지고 있지만, 특수관계기업과의 보증계약이나 채권팩토링계약을 통해 적당한 대가를 받고 그 위험을 완화하는 것으로 확인된다. 사업구조조정에 따라 특수관계기업이 부실채권위험을 계약상 부담하며, 위 분석에 따라 결정된 대로, 그 위험을 통제하고 그 위험을 부담할 재정능력을 가지고 있다. 그러므로 위험은 이전되었지만, 이 위험 자체의 이전으로 인해 과거에 비해 미래 판매업자의 소득에 미치는 영향은 제한적인데, 구조조정이 이루어지기 전에 판매업자의 위험결과를 완화하기 위해 비용이 이미 발생되었기 때문이다.

관계거래의 모든 위험분석에서, 한 가지 중요한 문제는 위험이 경제적으로 중요한지를 평가하는 것인데, 즉 중요한 기대이익을 수반하는지 그리고 결과적으로 그 위험이 기대이익의 상당한 재분배를 설명할 수 있는지이다. 위험의 중요성은 위험의 실현가능성 및 위험으로 인한 예상손익의 크기에 달려있다. 과거기록이 현재위험을 표시한다면 재무보고서는 수익성 및 일정위험의 크기(예 부실채권위험, 재고위험)에 대한 유용한 정보를 제공하지만, 회계장부에서 구분되어 기록될 수 없는 경제적으로 중요한 위험도 있다.(예 시장위험) 어떤 위험을 기업에 경제적으로 중요하지 않은 것으로 평가하였다면, 그 위험으로 그 기업의 상당한 금액의 기대이익을 설명하지 못한다. 정상적인 경우 한 당사자는 경제적으로 중요하지 않은 위험을 제거하는 대가로 상당한 기대이익의 감소를 감수하지는 않는다.(TP §9.22) 예를 들면, 완전판매업자가 제한적 위험의 판매업자 또는 수수료대리인으로 전환하여 구조조정기업의 재고에 대한 위험이 감소되거나 제거된 경우, 그 위험이 경제적으로 중요한지 결정하기 위해 과세당국은 다음을 분석할 수 있다.(TP §9.23)

- 그 사업모델에서 재고의 역할(예를 들면, 시장접근성, 종합적 범위)
- 재고의 성격(예를 들면, 부품, 싱싱한 꽃)
- 재고에 대한 투자수준
- 재고 감모손이나 진부화를 일으키는 원인(예를 들면, 부패, 가격경쟁압력, 기술진보속도, 시장조건)
- 감모손이나 재고진부화의 과거기록, 그리고 상업적 변화가 현재위험의 지표인 과거기록의 실현에 영향을 미치는지 여부
- 재고 손망실에 대한 보험비용
- 손망실의 과거기록(보험을 들지 않은 경우)

② 동반효과 등을 포함한 구조조정의 사업상 이유 및 기대이익

일부 사업들에서 다국적기업의 사업은 제품이나 분야에 상관없이 제조, 연구 및 판매기능에 대한 중앙통제 및 관리를 강화하기 위해 구조를 조정할 필요가 있다. 국제경제의 경쟁압력, 규모의 경제의 능률, 전문화의 필요성, 효율성증대 및 원가절감의 필요성이 사업구조조정을 해야 하는 요인들로 거론되었다. 예상되는 동반효과(synergy effect)가 구조조정의 중요한 사업상 이유인 경우, 구조조정을 결정하거나 시행하는 시점에 납세자가 이러한 동반효과가 무엇인지, 어떤 상황에서 이러한 효과가 예상되는지 서류로 작성하는 것이 실무상 필요하다. 이는 세무목적이 아닌 그룹차원에서 구조조정에 대한 의사결정을 위해 만들어지는 서류일 수도 있다. 이러한 예상되는 동반효과가 기업차원에서 정상거래원칙을 적용하는데 어떤 영향을 미치는지 준비하는 것이 적절하다. 신중하게 조화된 그룹의 행동이 사업구조조정을 통해 이루어지는 경우, 동반효과에 기여하는 특수관계기업이 구조조정 후에 적절히 보상받도록 주의를 기울여야 한다. 또한, 동반효과가 사업구조조정을 이해하는데 관련되지만, 사후분석을 소급적으로 적용하지는 말아야 한다.(TP §9.24) 예를 들면, 사업구조조정은 다국적기업그룹이 여러 특수관계기업들의 구매활동을 대체하는 중앙구매활동을 신설하는 경우를 포함한다. 다국적기업그룹은 수량할인 및 행정비용절약의 이점을 취하기 위해 하나의 그룹회사에 중앙집중된 구매를 시행했다. 신중하게 조화된 그룹의 행동에 따른 이익은 그 기여로 동반효과를 창출하는 특수관계기업들에게 배분되어야 한다. 그런데, 사업구조조정에서 중앙구매회사는 또한 구매, 보유 및 판매 재화에 대한 위험을 계약상 부담할 수 있다. 앞에서 언급한 대로, 위험분석은 위험

의 경제적 중요성과 어느 당사자가 그 위험을 부담하는지 결정한다. 중앙구매활동은 구매, 보유 및 판매 재화와 관련되는 위험의 부담으로 발생하는 기대이익을 받을 자격이 있지만 그룹 구매력으로 발생하는 이익을 가질 자격은 없는데, 중앙구매활동이 동반효과를 창출하는데 기여하지 않기 때문이다.(TP §9.25)

동반효과를 예상하고 사업구조조정을 한다는 사실이 다국적기업그룹의 이익이 사업구조조정 이후에 필연적으로 상승한다는 의미는 아니다. 이는 구조조정이 이루어지지 않았다면 장래에 이루어지는 상황에 비해 다국적기업그룹이 동반효과로 추가적 이익을 벌 가능성이 많다는 의미이지, 사업구조조정 이전 상황에 비해 필연적으로 추가적 이익을 벌어야 한다는 의미는 아닌데, 즉 이익을 증가시키기보다는 경쟁을 유지하기 위해 구조조정이 필요한 경우도 있다. 또한, 예상한 동반효과가 항상 실현되는 것은 아닌데, 그룹의 동반효과를 더 많이 내기 위해 만든 국제사업모델을 실행할 결과 실제로는 추가비용만 발생시키고 효과는 별로인 경우가 있다.(TP §9.26)

③ 당사자들에게 실제로 가능한 다른 대안

정상거래원칙의 적용은, 독립기업들은 예상거래의 조건을 검토할 때 실제로 가능한 다른 대안과 그 거래를 비교하고 그 거래에 비해 다른 대안들이 별 볼일 없다고 생각되는 경우에만 거래를 한다는 개념에 기초한다. 다른 말로 하면, 독립기업들은 차선책보다 실제 거래가 나쁘지 않은 경우에만 거래를 한다. 당사자들의 각자 입장을 이해하기 위한 실제로 가능한 다른 대안은 비교가능성분석과 관련된다.(TP §9.27)

정상거래에서, 구조조정기업이 보상 또는 무보상 계약종료와 같은 구조조정조건에 합의하는 것 이외에 실제로 가능한 유리한 선택을 할 수 없는 상황이 있다. 장기계약에서, 이는 한 당사자가 정당하게 계약을 조기에 종료할 수 있는 종료규정을 행사하여 이루어질 수 있다. 당사자들이 계약을 종료할 수 있도록 허용하는 계약들에서, 계약을 종료하는 당사자가 그 기능의 사용을 중단하거나 내부조달하거나 저렴하거나 더 효율적인 공급자를 선정하거나 또는 더 돈이 되는 기회를 찾는 것이 좋겠다고 결정하였기 때문에, 종료규정의 조건에 따라 계약종료를 선택할 수 있다. 구조조정기업이 다른 당사자에게 권리나 기타자산 또는 계속사업을 이전하는 경우, 그 이전에 대해 대가를 지급받아야 한다.(TP §9.29)

정상거래에서, 기업이 구조조정의 조건(미래의 상업 및 시장조건, 다양한 선택의 예산이익 및 구조조정에 대한 대가 및 보상을 고려할 때)을 받아들이는 것보다 목표를 충족하는 더 나은 기회를 분명히 제공하는 실제로 가능한 대안을 하나 이상 가지는 경우가 있는데, 이에는 구조조정거래를 하지 않을 선택도 포함한다. 그러한 경우, 독립당사자는 구조조정의 조건에 동의하지 않을 것이며, 제시된 조건의 조정이 필요하다.(TP §9.30) 실제로 가능한 대안의 개념을 언급했다고 하여 납세자가 현실적으로 가능한 모든 이론적 대안에 대해 서류상 검토해야 하는 것은 아니다. 오히려, 좀 더 나은 현실적으로 가능한 대안이 있다면 구조조정의 조건을 분석할 때 고려되어야 한다는 의미로 가능한 대안의 의미를 해석해야 한다.(TP §9.31)

(3) 사업구조조정을 구성하는 정확히 기술된 거래의 인식

다국적기업그룹은 적당하다고 생각되는 경우 사업활동을 구성할 수 있다. 과세당국은 다국적기업이 그 구조를 어떻게 짜야 하는지 또는 그 사업활동을 어디에 위치시켜야 하는지 지도할 권리는 없다. 상업적 결정을 할 때 조세가 한 가지 요소일 수는 있다.(TP §9.34)

사업구조조정에서 다국적기업그룹은 다국적기업들의 통합형식으로 협업할 수 있다는 사실의 이점을 활용하여 보통 독립기업들 간에 볼 수 없었던 국제사업모델을 시행한다. 예를 들면, 다국적기업그룹은 독립기업들 사이에서 볼 수 없는 국제적 공급사슬이나 중앙집중기능을 시행하기도 한다. 이러한 비교대상의 부존재가 그러한 국제사업모델의 시행은 비정상이라는 의미는 아니다. 정상거래원칙에 따라 정확히 기술된 구조조정거래에 대한 가격을 결정하기 위해 모든 노력을 경주해야 한다. 과세당국은 예외적 상황에 해당하지 않는다면 구조조정의 일부나 전부를 무시하거나 그 거래를 다른 거래로 대체해서는 안 된다. 이전가격목적상, 납세자가 실제로 채택한 것을 대체하는 구조는 되도록 수행된 실제거래의 사실에 맞게 이루어져야 하며, 또한 거래체결시점에 당사자들이 인정할 수 있는 가격이 되는 상업적으로 합리적인 예상결과가 되어야 한다. 예를 들면, 구조조정 계약의 한 요소가 공장폐쇄를 포함하는 경우, 이전가격목적상 채택된 구조는 공장이 더 이상 가동되지 않는다는 사실을 무시할 수 없다. 마찬가지로, 구조조정의 한 요소가 실질적 사업기능의 실제 재배치를 포함하는 경우, 이전가격목적상 채택된 구조는 그 기능들이 실제로 재배치되었다는 사실을 무시할 수 없다.(TP §9.35)

구조조정의 상업적 합리성을 평가할 때, 하나의 거래를 별개로 바라볼지, 아니면 경제적으로 연관된 다른 거래들을 감안하여 넓은 맥락에서 그것을 검토할지에 대한 문제가 일어난다. 구조조정의 상업적 합리성을 전반적으로 바라보는 것이 일반적으로 적절하다. 예를 들면, 무형자산의 개발과 사용에 관련된 거래의 변화를 포함하는 큰 구조조정의 일부인 무형자산의 판매를 검토하는 경우, 무형자산 판매의 상업적 합리성은 이러한 변화와 별개로 검토될 수는 없다. 한편, 구조조정에 경제적으로 연관되지 않은 하나 이상의 사업 요소나 양상에 대한 변화가 포함되는 경우, 특정변화의 상업적 합리성은 구분하여 고려할 필요가 있다. 예를 들면, 구조조정에서 그룹의 구매기능의 중앙집중 및 구매기능과 관련되지 않은 가치있는 무형자산 소유권의 중앙집중을 포함하기도 한다. 그러한 경우, 구매기능의 중앙집중 및 가치있는 무형자산 소유권의 중앙집중의 상업적 합리성은 각각 구분하여 평가되어야 한다.(TP §9.36)

다국적기업그룹이 구조조정하는 그룹차원의 사업상 이유가 있다. 그런데, 정상거래원칙은 다국적기업그룹의 구성원을 단일의 사업연합의 분리할 수 없는 부분이 아닌 별개의 법인체로 취급한다는 점을 알아야 한다. 결론적으로, 이전가격의 관점에서 구조조정 계약에서 그룹 전체적으로 상업적 의미를 찾는 것은 충분하지 않다. 그 계약은 각 개별 납세자 수준에서 그 권리나 다른 자산, 그 거래의 기대이익(예 구조조정 후의 고려와 구조조정에 대한 가능한 대가) 및 실제로 가능한 대안을 고려할 때 정상적이어야 한다. 구조조정이 세전기준으로 그룹 전체적으로 상업적 의미가 있는 경우, 참여한 개별 구성원에게 사업구조조정을 구성하는 각각의 정확히 기술된 거래에 대한 정상대가에 해당하는 적절한 이전가격(구조조정 이후 대가 및 구조조정 자체에 대한 대가)이 일반적으로 가능하다.(TP §9.37)

조세혜택을 얻기 위해 구조조정계약을 시도한다는 사실이 자동적으로 그것이 정상계약이 아니라는 결론에 이르게 하는 것은 아니다. 조세 유인이나 목적의 존재만을 이유로 당사자들의 성격이나 계약구조를 부인할 수는 없다. 한편, 그룹차원의 조세혜택으로는 구조조정으로 영향을 받는 납세자의 개별수준에서 정상거래원칙이 충족되는지 판단할 수 없다. 그렇지만, 다국적기업그룹이 전체적으로 세전기준으로 악화되었다는 사실은 구조조정의 상업적 합리성을 판단하는 관련지표가 될 수 있다.(TP §9.38)

(4) 사업구조조정의 결과 기대이익의 재배분

① 기대이익

독립기업은 사업계약의 변경으로 인해 기대이익이나 예상 미래이익이 감소하게 되는 경우 필연적으로 보상을 받는 것은 아니다. 정상거래원칙에 따라, 단순히 기업의 미래이익이 감소된다고 하여 보상을 받아야 하는 것은 아니다. 사업구조조정에 정상거래원칙을 적용하면, 가치 있는 무엇(권리나 기타자산)이 이전되었는지 또는 현행계약이 종료되거나 실제로 재협상되었는지, 그리고 비교가능상황의 독립당사자들 간에 이러한 이전, 종료 및 실질적 재협상에 대해 보상할 것인지가 관건이다.(TP §9.39)

기대이익(profit potential)은 예상되는 미래이익을 의미한다. 어떤 상황에서는 손실도 포함하는 개념이다. 기대이익의 개념은 대개 평가목적으로 사용되는데, 비교가능상황의 독립기업들 간에 보상이나 배상이 이루어지는 경우 무형자산이나 계속사업에 대한 정상적인 보상가격의 결정이나 또는 계약종료나 현존계약의 실질적 갱신에 대한 정상적 배상가격의 결정에 적용된다.(TP §9.40)

사업구조조정의 맥락에서, 기대이익을 이전되는 사업구조가 지속되었을 경우에 발생할 이익이나 손실로 단순하게 이해해서는 안 된다. 즉, 구조조정시에 식별할 수 있는 권리나 기타자산을 기업이 보유하지 않는다면 그 기업은 보상받을 기대이익이 없다. 반대로, 구조조정시에 상당한 권리나 기타자산을 가진 기업은 상당한 기대이익을 예상하는데, 이러한 기대이익의 희생을 정당화하기 위해서는 나중에 적절히 보상받아야 한다.(TP §9.41) 정상적인 경우 구조조정으로 인한 대가를 지급해야 하는지 결정하기 위해 발생하는 변화를 포함하여 당사자들의 기능분석에 어떠한 영향을 미치는지, 구조조정의 사업상 이유가 무엇이고 어떤 기대이익이 있는지, 당사자들에게 현실적으로 가능한 어떤 대안이 있을 수 있는지 등 구조조정에 대한 전반적 상황을 이해하는 것이 중요하다.(TP §9.42)

② 위험 및 기대이익의 재배분

구조조정에 따라 위험을 배분받은 당사자가 그 위험을 통제하고 그 위험을 부담할 재정능력이 있는지 판단하기 위해, 분석틀에 따라 사업구조조정에 따른 위험의 재배분을 검토해야 한다.(TP §9.43) 완전제조업자를 하청제조업자로 전환하는 사례를 보자. 이 경우, 구조조정 이후 하청제조업자가 영업을 수행하는 데 대한 정상대가는 원가가산액이 되겠지만, 또 다른 문제는 그 제조업자가 위험에 대한 기대이익을 포기하는 결과가 되는 현재계약의 변경에 대해 그 제조업자의 권리와 기타자산을 고려한 정상적 배상이 있어야 하는지이다.(TP §9.44)

다른 사례에서, 특정거래에서 판매업자가 장기계약에 따라 자신이 위험을 부담하여 영업을 한다고 가정한다. 이 거래에 대한 장기계약권리에 따라, 그 판매업자는 해외관계기업을 위한 저위험판매업자로 전환하거나 전환하지 않을 현실적으로 가능한 선택권을 가지며, 이러한 저위험판매활동에 대한 정상대가는 연간 2%의 수익률로 추정되고 이후에 위험과 관련된 초과기대이익은 해외관계기업에 귀속된다고 가정한다. 이 사례에서 이러한 구조조정은 현행계약의 재협상을 통해 이루어지고 자산의 이전은 없다고 가정한다. 판매업자의 입장에서, 구조조정 이후 거래에 대한 대가와 구조조정 자체에 대한 보상을 고려할 때 위험하지만 현실적인 대안보다 새로운 계약이 더 유리할 것인지가 판단의 관건이다. 유리하지 않다면, 구조조정 이후 계약가격이 정상적이지 않고 판매업자에게 적절한 구조조정대가를 지급하기 위해 추가보상이 필요하다는 의미이거나, 또는 거래의 상업적 합리성을 평가할 필요가 있다는 의미이다. 더 나아가, 사업구조조정의 일환으로 계약상 이전된 위험을 해외관계기업이 인수했는지 판단하는 것이 중요하다.(TP §9.45)

정상거래에서, 이에 대한 대답은 당사자들의 권리와 기타자산, 두 모델(완전판매업자 및 저위험판매업자)에서 판매업자 및 특수관계기업의 기대이익, 그리고 새로운 계약의 예상지속기간에 따라 다르다. 특히, 기대이익을 평가할 때 과거이익이 미래기대이익의 지표가 될 수 있는지, 또는 구조조정 시기에 사업환경의 변화가 있었는지, 즉 과거실적이 기대이익의 지표가 될 수 없는지 평가할 필요가 있다. 예를 들면, 경쟁제품은 수익성이 약화될 수 있는데 신기술이나 고객선호로 그 제품이 경쟁력이 약화될 수 있다. 판매업자의 입장에서 이러한 요소들의 고려는 아래 사례에서 예시한다.(TP §9.46)

사례 위험 및 기대이익의 배분

전환이전 판매업자의 이익 : 과거 5년간 자료 (전적인 위험부담활동)	판매업자의 미래 3년간 예상이익 (전적인 위험부담활동을 계속하는 경우 현실적으로 가능한 이익)	전환이후 판매업자의 이익 (낮은 수준의 위험부담활동)
순이익/매출	순이익/매출	순이익/매출
《사례 1》 연도 1: (-2%) 연도 2: + 4% 연도 3: + 2% 연도 4: 0 연도 5: + 6%	[-2%에서 + 6%] 이 범위 내에서 상당한 불확실성이 있음	수익이 보장됨, 연간 + 2%의 계속적 수익
《사례 2》 연도 1: + 5% 연도 2: + 10% 연도 3: + 5% 연도 4: + 5% 연도 5: + 10%	[+5%에서 + 10%] 이 범위 내에서 상당한 불확실성이 있음	수익이 보장됨, 연간 + 2%의 계속적 수익
《사례 3》 연도 1: + 5% 연도 2: + 7% 연도 3: + 10% 연도 4: + 8% 연도 5: + 6%	[0%에서 + 4%] 이 범위 내에서 상당한 불확실성이 있음 (새로운 경쟁자의 출현으로)	수익이 보장됨, 연간 + 2%의 계속적 수익

위 사례 1에서 판매업자는 상당한 불확실성 때문에 기대이익을 포기하고 상대적으로 낮지만 안정적인 수익을 선택한다. 독립당사자가 이렇게 할 것인지는 선택상황에서 예상수익이 어떨 것인지, 감내할 수 있는 위험수준, 현실적으로 가능한 선택 및 구조조정 자체에 대해 가능한 보상에 달려 있다. 사례 2에서 판매업자와 같은 상황에 있는 독립당사자들은 다른 대안이 없다면 추가보상 없이 위험 및 이와 관련한 기대이익을 이전하는데 합의하지 않는다. 사례 3에서 분석은 구조조정이후의 기대이익을 감안해야 하며 사업상 또는 경제적 환경에 중요한 변화가 있다면 오로지 역사적 자료에만 의존하는 것은 충분하지 않다는 사실을 보여준다.(TP §9.47)

(5) 가치 있는 자산이나 계속사업 등의 이전

아래에서 사업구조조정에서 일어나는 전형적인 이전상황에 대해 검토하는데, 유형자산의 이전, 무형자산의 이전, 활동(계속사업)의 이전이 그것이다.(TP §9.48)

① **유형자산**(tangible assets)

사업구조조정은 구조조정기업이 해외관계기업에게 유형자산(㉮ 장비)을 이전하는 경우를 포함한다. 흔하게 발생하는 문제는 구조조정되는 제조업자나 판매업자가 해외관계기업(㉮ 본사)에게 이전하는 재고의 평가와 관련되는데, 새로운 사업모델이나 공급방식 변경으로 인해 재고의 소유권을 해외특수관계기업이 갖게 되는 경우가 있다.(TP §9.49)

사 례 유형자산의 이전

다국적기업그룹의 일원인 어떤 납세자가 완전 제조업자 및 판매업자로 영업을 하여왔다고 가정하자. 구조조정이전 사업모델에서 그 납세자는 원재료를 구매하고, 자신이 소유하거나 임차한 유무형자산을 사용하여 완제품을 생산하고, 마케팅기능 및 판매기능을 수행하며, 제삼자고객에게 제품을 판매했다. 이렇게 함에 있어 그 납세자는 재고위험, 부실채권위험 및 시장위험 등 일련의 위험을 부담했다.(TP §9.50) 계약이 조정되어 납세자는 새로이 수수료제조업자(toll-manufacturer) 및 단순판매업자(strippED distributor)로 영업한다. 구조조정의 일환으로 납세자를 포함하여 여러 관계회사들로부터 다양한 사업무형자산 및 마케팅무형자산을 취득할 해외관계기업을 설립한다. 구조조정 이후, 그 해외관계기업이 원재료를 취득하고, 납세자에게 제조수수료를 지급하고 제조를 위탁하기 위해 납세자의 시설에 원재료를 보낸다. 완제품 재고는 해외관계기업의 소유가 되고 납세자가 제삼자고객에게 즉시 재판매하기 위해 취득한다.(즉, 납세자는 고객과 판매계약을 체결하는 때에만 완제품을 구매) 이러한 새로운 사업모델에서, 해외관계기업은 이전에 납세자가 지던 재고위험을 부담한다.(TP §9.51) 이전의 계약에서 구조조정계약으로 옮겨가기 위해, 새로운 계약이 시작되는 시점에 납세자의 재무상태표상에 있던 원재료 및 완제품은 국외특수관계인에게 이전된다. 이전이 이루어지는 경우, 재고에 대한 정상가격을 어떻게 산정할지 문제가 된다. 이는 한 사업모델에서 다른 사업모델로 옮겨갈 때 전형적으로 나타나는 문제이다.(TP §9.52) 이 사례에서 :

- 한 가지 방법은 비교가능성요소가 비교가능 제삼자가격을 적용할 정도로 충족되는 경우 비교가능제삼자가격을 기준으로 원재료 및 완제품의 정상가격을 결정하는데, 즉 제삼자거래의 조건이 구조조정과정에서 일어나는 이전조건과 비교가능해야 한다.
- 다른 방법은 완제품에 대한 이전가격을 고객에 대한 재판매가격에서 여전히 수행되는 마케팅기능 및 판매기능에 대한 정상대가를 차감한 가격으로 정하는 것이다.
- 또 다른 방법은 제조원가에서 출발하여 이러한 재고와 관련하여 제조업자가 수행하는 기능, 사용하는 자산 및 부담하는 위험에 대해 보상하는 정상수익을 가산하는 것이다. 그러나 정상원가에 이익요소를 가산하기에는 재고의 시장가격이 너무 낮은 경우가 있다.

적절한 이전가격방법의 선택은 어떤 면에서는 거래의 어떤 부분이 덜 복잡해서 정확히 평가될 수 있는지에 좌우된다(제조업자의 수행기능, 사용자산 및 부담위험, 또는 그러한 기능을 수행하기 위해 사용자산 및 부담위험을 고려한 남아 있는 마케팅 및 판매 기능).(TP §9.53) 실무적으로, 구조조정 시에 전체거래의 조건을 합의한 제삼자들은 재고에 대해 고려하며, 재고는 사업구조조정을 구성하는 실제거래를 기술하는 일의 일부로 분석되어야 한다. 중요한 고려대상은 재고에 내재된 위험을 어떻게 다룰 것인지, 이중계상을 어떻게 회피할 것인지, 즉 위험이 감소된 당사자는 포기한 위험을 고려한 대가를 받아서는 안 되고 이를 이용할 수 없다. 100의 가치가 있는 원재료의 현재 시장가격이 80이나 120이라면, 이전으로 당사자들 중 하나가 구조조정하는 데 상당한 장애가 될 수 있는 손실이나 이익이 실현된다. 문제는 구조조정의 전반적 계약조건의 일부로 해결될 수 있으며, 그에 따라 분석되어야 한다. 실무적으로, 새로운 계약을 시작하기 전에 재고를 소진하는 경과기간을 두어 그에 따라 재고이전을 피하는데, 특히 재고의 법적소유권을 국제적으로 이전하는 이전가격 이외에 몇 가지 복잡한 문제가 게재되는 경우에도 유용하다.(TP §9.54)

② **무형자산**(Intangible assets)

무형자산 또는 그 권리의 이전은 이전되는 자산의 식별 및 평가와 관련된 어려운 문제를 야기한다. 무형자산을 식별하는 일은 어려운데 가치있는 무형자산이 모두 법적으로 보호되거나 등록되는 것은 아니며 모두 장부에 기록되는 것은 아니기 때문이다. 무형자산에는 특허, 상표, 상호, 디자인이나 모델 같은 산업자산을 사용할 권리는 물론 저작권, 예술적 과학적 작품(소프트웨어 포함) 및 노하우나 사업비밀과 같은 지식재산을 사용할 권리를 포함한다. 무형자산에는 또한 고객리스트, 판매망(distribution channels), 독특한 이름, 상징(symbols)이나 그림이 포함된다. 사업구조조정 분석의 중요한 부분은 이전된 중요한 무형자산을 식별하고, 독립당사자들이 이러한 이전에 대해 대가를 지급할 것인지 그리고 정상가치는 얼마인지 분석하는 것이다.(TP §9.55) 무형자산권리의 이전에 대한 정상대가의 결정에는 여러 가지 요소가 영향을 미칠 수 있는데 무형자산의 사용으로 인한 기대이익의 가치, 기간 및 위험성, 무형자산권리의 성격 및 무형자산권리에 대한 제한(사용에 대한 제한, 지리적 제한 및 시간적 제한), 법적보장기한 및 잔여기간, 권리와 관련된 독점조항 등이 있다.(TP §9.56)

㉮ 지역사업에서 사용하던 무형자산권리를 중앙(해외관계기업)에 처분하는 경우

사업구조조정은 어떤 경우에는 하나 이상의 지역사업에서 소유하거나 관리하던 무형자산을 다른 과세관할에 소재하는 중앙조직, 즉 본사의 역할을 하는 해외관계기업이나 또는 지식재산권 소유회사(IP company)로 이전하는 것을 포함한다. 이전된 무형자산은 양도인이나 다국적기업 전체적으로 가치가 있거나 또는 가치가 없을 수 있다. 어떤 경우

양도인이 이전된 무형자산을 계속 사용하지만 당초와는 다른 법적지위에 있게 되는 경우가 있다(예를 들면, 양수인의 사용권자로서, 또는 이전된 특허를 사용하는 하청제조계약과 같이 무형자산에 대한 제한적 권리를 포함하는 계약을 통하거나 이전된 상표를 사용하는 제한적 판매계약을 통해). 무형자산에서 설명한 것처럼, 무형자산의 법적소유권이 그 무형자산 사용으로 인해 다국적기업그룹이 수취하는 소득을 궁극적으로 보유할 권리를 부여하는 것은 아니라는 점을 알아야 한다. 그 대신, 무형자산의 개발, 개선, 유지, 보호 또는 사용과 관련된 기능을 수행하거나 통제하는 특수관계기업에게 주어져야 하는 보상은 무형자산으로 수취할 것으로 기대되는 총수익의 일정부분을 구성한다. 그러므로, 사업구조조정에서 무형자산 소유권의 변동은 어느 당사자가 그 무형자산으로 인한 수익을 받을 자격이 있는지에 영향을 주지 않을 수 있다.(TP §9.57)

다국적기업그룹에는 무형자산의 소유권과 관리를 집중화해야 할 정당한 사업상 이유가 있다. 사업구조조정의 한 가지 사례를 보면, 다국적기업그룹 제조공장의 전문화를 위해 무형자산을 이전한다. 사업구조조정 이전상황에서 각 제조기업은 일련의 특허를 각각 소유하거나 관리하는데, 예를 들면 제조공장을 당초에 제삼자로부터 무형자산과 함께 취득한 경우가 있다. 국제사업모델에서 각 제조공장은 특허가 아닌 제조공정의 유형이나 지역에 따라 전문화된다. 이러한 구조조정의 결과, 다국적기업그룹은 모든 지역에서 소유하거나 관리하는 특허를 중앙지역으로 이전하고, 그에 따라 중앙지역은 그 제품을 생산하는 그룹의 모든 제조공장들에게 새로운 기능에 따라 당초에 각 기업 또는 다른 기업이 소유하던 특허를 사용할 계약상 권리(권리허여 또는 제조계약을 통해)를 허여한다. 그러한 경우, 실제거래를 기술하는 것이 중요하며, 법적소유권이 행정적 단순화를 위한 것인지 아니면 구조조정으로 무형자산의 개발, 개선, 유지, 보호 및 사용과 관련한 기능을 수행하거나 통제하는 당사자가 변경되는지 이해하는 것이 중요하다.(TP §9.58)

정상거래원칙에 따라 특수관계기업들 간에 이루어지는 조건을 각자의 수준에서 평가해야 한다. 무형자산의 집중화가 정상적인 사업상 이유로 다국적기업그룹 수준에서 이루어질 수 있다는 사실이 양도인과 양수인의 입장에서 무형자산의 처분이 정상적인지 평가하는데 도움을 주지는 않는다.(TP §9.59) 또한, 지역사업자가 해외관계기업에 무형자산의 법적소유권을 처분한 후 이전과는 다른 법적 자격, 즉 사용자(licensee)로서 무형자산을 계속 사용하는 경우, 양도조건은 양도인 및 양수인의 입장에서 모두 평가해야 한다. 이전된 무형자산의 소유권, 통제 및 사용에 대한 정상대가의 결정은 무형자산의 이전과 관련된 당사자들의 수행기능, 사용자산 및 부담위험의 정도를 감안해야 하며, 특히 무형자산의 개발, 개선, 유지, 보호 및 사용과 관련된 위험의 통제와 수행된 기능의 통제를 분석해야 한다.(TP §9.60)

사업구조조정의 새로운 계약에 따라 무형자산의 이전이 이루어지고 이전된 무형자산을 양도인이 계속 사용하는 경우, 거래를 정확히 기술하기 위해 당사자들 간 상업적 계약을 모두 검토해야 한다. 독립당사자가 계속 사용할 자산을 이전했다면, 이전조건에 수반하여 미래사용조건(즉, 사용계약)을 함께 협상하는 것이 온당하다. 결과적으로, 이전에 대한 정상대가의 결정 및 양도인이 그 자산을 계속 사용하기 위해 지불하는 미래의 사용료와 같은 이전된 무형자산과 관련된 구조조정 이후 거래의 정상대가 결정은 양도인이 그 자산의 미래사용으로부터 얻을 미래기대이익과 일반적으로 관련이 있다. 예를 들면, n년에 100의 가격에 특허를 이전하는 계약과 동시에 체결하는 그 특허의 사용계약에 따라 양도인이 10년 기간 동안 연간 100의 사용료를 지불하고 특허를 계속 사용한다면, 최소한 이 두 가격 중 하나는 정상거래원칙에 부합하지 않거나, 또는 그 계약은 양도 후 재사용이 아닌 다른 것으로 기술되어야 한다. 어떤 경우, 거래의 정확한 기술에서 그 계약은 금융지원에 해당한다는 결론이 날 수 있다.(TP §9.61)

㉯ 가치가 확정되지 않은 시점에 이전되는 무형자산

가치가 확정되기 전, 즉 사용전에 무형자산이 처분되면 사업구조조정의 대가산정에 문제가 있을 수 있다. 이 경우, 정상가격을 어떻게 결정해야 하는지가 문제가 된다. 이러한 문제는 비교가능상황에서 독립기업들이 거래가격의 평가가 불확실할 때 어떻게 할 것인가를 감안하여 과세당국이나 납세자가 함께 해결해야 한다.(TP §9.62)

㉰ 일정지역의 무형자산

한 지역의 완전사업자가 '제한적 위험, 제한적 무형자산, 제한적 대가'의 사업으로 전환되는 경우, 이러한 전환에 구조조정된 지역사업장이 해외관계기업에 이전하는 고객리스트 등의 가치있는 무형자산을 포함하는지 및 지역사업에 계속 잔류하는 지역 무형자산이 있는지가 문제가 된다.(TP §9.64)

특히, 완전도매업자가 제한적 위험의 도매업자(limited risk distributor)나 수수료대리인(commissionnaire)으로 전환하는 경우 그 도매업자가 구조조정 이전에 수년간 지역의 마케팅무형자산을 개발해 왔는지 검토하는 것이 중요하며, 만약 그렇다면 그 무형자산의 성격과 가치가 무엇인지 그리고 그 무형자산이 특수관계기업에게 이전되었는지 검토하는 것이 중요하다. 이러한 지역무형자산이 존재하고 이를 해외관계기업에 이전하는 경우, 이전가격방법에 따라 비교가능상황에서 독립당사자들이 합의했을 상황을 가정하여 이러한 이전에 대해 보상을 할 것인지 및 얼마를 보상할 것인지 결정해야 한다. 이와 관련하여, 양도인이 구조조정 후에 이전된 지역무형자산의 개발, 개선, 유지, 보호나 사용과 관련된 기능을 계속 수행한다면 정상대가(이전 무형자산에 대한 정상대가에 추가하여)를 받아야 한다는 점을 알아야 한다. 한편, 이러한 지역무형자산이 존재하며 그 자산이 구조조정된 사업자에게 잔류한다면 구조조정 이후 활동의 기능분석에서 고려해야 한다. 이는, 적절한 대가를 결정하기 위한, 구조조정 이후 관계거래에 대한 최적 이전가격방법의 선택 및 적용에 영향을 미칠 수 있다.(TP §9.65)

㉣ 계약상 권리(contractual rights)

계약상 권리는 가치있는 무형자산이다. 특수관계기업들 간에 가치있는 계약상 권리가 이전되거나 포기되었다면, 양도인과 양수인의 관점에서 이전된 권리의 가치를 감안하여 정상가격으로 대가를 지급해야 한다.(TP §9.66) 과세당국은 사업자가 자신에게 이익을 주는 계약을 자발적으로 포기하고 해외관계기업이 유사한 계약을 체결하여 그로부터 이익을 취할 수 있도록 하는 경우에 대해 문제를 제기하여 왔다.(TP §9.67)

사 례 계약상 권리의 이전

A사는 자신에게 중요한 미래이익을 줄 수 있는 독립고객과의 가치 있는 장기계약을 가진다. 독립고객이 법상 또는 사업상 A와 동일한 다국적기업그룹의 일원인 해외사업자 B와 비슷한 계약을 체결할 의무가 있는 상황에서 A는 자발적으로 그 고객과의 계약을 해지한다. 결과적으로, 계약상 권리와 그와 관련되어 A에게 귀속되던 미래이익이 B에게로 귀속된다. A가 이익이 되는 계약상 권리를 포기하는 경우에 B만이 고객과의 계약을 체결할 수 있고, A는 독립고객이 법상 사업상 B와 비슷한 계약을 체결할 의무가 있다는 것을 알고 계약을 해지한 것이 사실이라면, 이는 사실상 세 당사자 간 거래이다. A와 B의 입장에서 볼 때 A가 포기한 권리의 가치에 따라 정상가격으로 대가를 지급해야 할 A로부터 B에게 가치 있는 계약상 권리의 이전에 해당한다.(TP §9.67)

③ 계속사업활동의 이전

㉮ 계속사업활동 이전의 가치평가

사업구조조정에 현재 영업중인 경제적으로 통합된 사업단위인 계속사업의 이전을 포함하는 경우도 있다. 이 경우, 계속사업(ongoing concern)의 이전은 일정기능을 수행하고 일정위험을 부담하는 능력과 함께 자산을 이전한다는 의미이다. 이러한 기능, 자산 및 위험은 유형자산 및 무형자산, 일정자산을 보유하거나 연구개발 및 제조와 같은 일정기능을 수행하는 것과 관련된 부채, 양도인이 사업이전의 전에 수행하던 활동수행능력, 기타 자원, 능력 및 권리 등을 포함한다. 계속사업의 이전에 대한 평가는 비교가능상황에서 독립당사자들 간에 대가를 지불하였을 모든 가치있는 요소들을 반영해야 한다. 예를 들면, 경험 많은 연구팀을 포함하는 연구시설 등을 가진 사업단위 이전에 해당하는 사업구조조정의 경우, 이러한 계속사업의 평가는 무엇보다 정상가격으로 연구시설의 가치와 집약된 연구인력의 영향(시간 및 비용의 절약)을 반영해야 한다.(TP §9.68)

계속사업 이전에 대한 정상대가가 통합적으로 이전되는 개별요소들의 각 평가액의 합계일 필요는 없다. 특히, 계속사업의 이전이 서로 관련되는 자산, 위험 또는 기능의 동시

이전이라면, 계속사업의 정상가격을 가장 믿을 수 있게 평가하기 위해 이러한 이전을 통합적으로 평가해야 한다. 독립당사자들이 합병거래에서 사용하는 평가방법은 특수관계기업들의 계속사업 이전을 평가하는 데 유용하다.(TP §9.69)

사 례 **계속사업활동의 이전**(TP §9.70)

다국적기업의 일원 m1이 사업하는데 사용하는 제조활동을 다른 기업 m2에 재배치한다.(즉, 지역재배치로 인한 이익) m1이 m2에게 기계 및 설비, 재고, 특허, 제조공정 및 노하우, 원자재공급자와 고객에 대한 주요계약을 이전한다. m1의 일부 종업원들이 재배치되는 제조활동의 가동을 지원하기 위해 m2에 재배치된다. 이러한 거래가 독립당사자들 간에 이루어진다면 이러한 이전은 계속사업의 이전에 해당한다. 특수관계기업들 간 계속사업의 이전에 대한 정상대가를 결정하기 위해 개별자산의 이전보다는 독립기업들 간 계속사업의 이전과 비교해야 한다.

㈏ 손실계상활동(Loss-making activities)

구조조정된 기업이 기능, 자산 및 위험을 이전했다고 하여 무조건 미래손실이 예상되는 것은 아니다. 일부 구조조정에서 구조조정기업은 이익창출기회를 상실하기보다는 사실상 손실계상가능성(loss-making opportunity)으로부터 구제받는 상황이 있다. 기업은 구조조정에 합의함으로써 사업에서 퇴출되기보다는 기능, 자산 및 위험의 상실을 더 나은 선택으로 받아들인다. 구조조정기업이 구조조정이 없을 경우 미래손실을 예상한다면(즉, 낮은 수익으로 경쟁이 증가하여 불경제효과에 노출된 제조공장을 운영하는 경우), 기존사업을 계속 영위할 때에 비해 이익창출기회를 놓칠 가능성은 사실상 없다. 이러한 상황에서 미래손실이 구조조정비용을 초과한다면 구조조정은 구조조정기업에게 미래손실을 줄이거나 없앨 수 있는 혜택을 준다.(TP §9.71)

손실계상활동을 인수하는 데 대해 양수인이 양도인으로부터 실제로 보상을 받아야 하는지가 문제가 된다. 대답은 비교가능상황에서 독립당사자가 손실계상활동을 제거하기 위해 대가를 지급할 것인지, 또는 활동의 중단과 같은 다른 선택을 할 것인지, 그리고 제삼자가 자신의 영업활동과의 동반효과 때문에 손실계상활동을 기꺼이 인수할 것인지에 달려 있으며, 또한 만약 인수한다면 대가지급조건으로 인수할 것인지에 달려 있다. 독립당사자가 대가를 지급하는 상황이 있는데, 사업중단의 재정비용 및 사회적 위험이 커서 양도인이 기존사업활동을 전환하거나 필요한 해고계획을 책임지게 될 양수인에게 대가를 지급하는 것이 더 유리하다고 생각하는 경우가 있다.(TP §9.72)

그렇지만, 손실계상활동이 양수인이 수행하는 다른 활동과 동반효과(synergies)가 있는 경우는 상황이 다르다. 또한, 그룹 전체차원에서 이익을 주기 때문에 손실계상활동을 유지해야 하는 상황이 있다. 이런 경우, 손실계상활동을 유지하는 독립기업이 그러한 유지

활동으로 혜택을 받는 기업들로부터 보상을 받아야 하는 문제가 있다.(TP §9.73)

④ **외부조달**(outsourcing)

외부조달의 경우, 일방이 자발적으로 구조조정을 하고, 예상되는 원가절감액을 고려하여 관련비용을 부담하는 경우가 있다. 예를 들면, 높은 원가가 드는 지역에서 제품을 판매하고 판매하는 납세자가 낮은 원가가 드는 지역에 소재하는 특수관계기업에 제조활동을 외부조달한다고 가정하자. 구조조정 이후, 납세자는 특수관계기업으로부터 제조된 제품을 구매하여 제삼자고객에게 계속 판매한다. 구조조정으로 납세자는 구조조정원가를 부담하지만, 동시에 납세자는 자신의 제조원가에 비해 미래구매원가를 절약하는 혜택을 누린다. 독립당사자들도 이러한 유형의 구조조정을 시행하며 양도인의 원가절감 예상액이 구조조정원가보다 크다면 양수인으로부터 특별한 보상을 필요로 하지 않는다.(TP §9.74)

(6) 현행계약의 종료나 실질적 재협상에 대한 구조조정기업의 보상

현행계약관계가 종료되거나 재협상되어 가치있는 무엇인가 이전되거나 이전되지 않는 경우, 구조조정된 기업이 정상거래에서 보상을 받아야 하는지 여부를 검토해야 한다. 보상(indemnification)이란 구조조정된 기업이 입은 손실에 대해 지급되는 모든 형태의 대가를 말하는데, 일시금(up-front payment), 구조조정비용의 분담, 구조조정 후 낮은 구매(판매)가격 또는 기타유형의 대가를 포함한다.(TP §9.75)

계약의 종료나 재협상으로 일반적으로 당사자들 위험 및 기능의 내용이 달라지는데, 결과적으로 당사자들 간 기대이익의 분배가 달라진다. 이에 더하여, 사업구조조정의 맥락에서 계약관계의 종료나 재협상으로 구조조정된 기업에 손실이 발생될 수 있는데, 구조조정비용(예 자산의 제각, 고용계약의 종료), 재배치비용(현행활동을 다른 고객의 수요에 맞추기 위한), 기대이익의 손실이 그것이다. 이러한 상황에서, 정상적인 경우 구조조정기업에게 보상을 지급해야 하는지, 그리고 지급한다면 보상액을 어떻게 결정할지가 문제가 된다.(TP §9.76)

현행계약의 종료 또는 재협상은 가치있는 것의 이전을 수반한다(예 판매계약의 종료는 어떤 경우 무형자산의 이전을 수반).(TP §9.77) 계약의 종료나 그로 인한 재협상에서 모두 정상대가를 받을 권리를 부여한다는 가정을 할 수 없는데, 이는 각 사안의 사실관계에 따라 다르다. 정상거래에서 보상이 가능한지의 분석은 구조조정 전후 계약의 정확한 기술 및 당사자들에게 실제로 가능한 대안에 근거해 이루어져야 한다.(TP §9.78)

구조조정계약을 정확히 기술하고 당사자들에게 실제로 가능한 대안들을 평가한 후 다음 사항들을 검토해야 한다.(TP §9.79)

- 해당사안의 정확히 기술된 사실에 따라 상법에서 구조조정기업의 보상받을 권리를 인정하는지 여부
- 정확히 기술된 계약조건에 따른 보상규정이나 다른 유사규정의 존재 또는 부존재가 정상적인지 여부
- 계약의 종료나 재협상으로 손해를 본 당사자에 대한 보상과 관련하여 누가 궁극적으로 그 부담을 지는지 여부

① 해당사안의 정확히 기술된 사실에 따라 상법에서 구조조정기업의 보상받을 권리를 인정하는지 여부

현행계약의 종료나 갱신의 조건이 정상적인지 평가할 때, 적용 상법에 있는 규정을 참조하는 것이 유용할 수 있다. 적용가능 상법이나 판례는 판매대리계약과 같은 특정유형의 계약이 종료되는 경우 예상되는 보상권이나 조건에 대한 유용한 정보를 제공한다. 그러한 원칙에 따라, 종료 당사자는 그것이 계약에 규정되었는지 불문하고 법원에 보상을 촉구할 권리를 가질 수 있다. 그런데, 당사자들이 다국적기업그룹에 속하는 경우, 종료 당사자가 그러한 보상을 받기 위해 실제로 특수관계기업에게 소를 제기하지는 않으며, 이에 따라 종료조건이 유사상황에서 독립기업 간에 이루어졌을 조건과 다를 수 있다.(TP §9.80)

② 정확히 기술된 계약조건에 따른 보상규정이나 다른 유사규정의 존재 또는 부존재가 정상적인지 여부

거래의 정확한 기술로 계약의 종료, 비갱신, 재협상 시에 보상규정 또는 보상계약이 이루어지는지 식별한다. 이를 위한 출발점은 종료, 비갱신, 재협상에 대한 보상규정이나 유사규정이 있는지, 계약의 종료, 비갱신, 재협상의 조건(예 정해진 통지기간 등)이 지켜지는지 검토하는 것이다. 그런데, 특수관계기업들 간 계약조건의 검토로는 이전가격관점에서 충분하지 않은데, 아래에서 논의하는 대로 어떤 종료, 비갱신, 재협상 계약에 보상규정이나 유사규정을 두지 않았다는 사실은 필연적으로 이것이 정상적이라는 의미는 아니기 때문이다.(TP §9.81) 독립기업들 간 거래에서 서로 다른 이해관계로 (i) 계약조건은 양 당사자들의 이해를 반영해 체결되며, (ii) 당사자들은 보통 서로 계약조건을 지키도록 하며, (iii) 일반적으로 양 당사자들의 이해가 합치하면 계약조건은 무시되거나 개정된다. 그렇지만, 특수관계기업들의 경우에 이러한 서로 다른 이해관계가 존재하지 않거나, 이러한 다른 이해관계는 단순히 또는 주로 계약체결을 통해가 아니라 특수관계기업들 간 관계에 의해 조정되는 방식으로 관리된다. 이러한 이유로, 사안의 사실이 당사자들 간 서면합의조건과 다른 경우 또는 서면합의가 없는 경우, 보상규정의 존재 또는 부존재는 당사자들의 행위로부터 추론되어야 한다. 예를 들면, 사안의 사실과 특수관계기업들의 실제행위에 기초할 때, 계약을 조기종결할 때 종료 당사자는 어떤 보상을 받을 자격이

있다는 서면합의보다 계약조건이 먼저 만들어졌다고 판단할 수 있다.(TP §9.82)

계약의 종료, 비갱신, 실질적 재협상의 경우 구조조정기업의 이익이 되는 보상규정의 존재 또는 부존재가 판단되면, 그 다음 분석은 그 보상규정 및 조건(또는 부존재)이 정상적인지 판단하는 것이다. 비교가능자료로 유사한 상황에서 유사한 보상규정이 있다는 것을 알 수 있는 경우, 관계거래의 보상규정(또는 부존재)은 정상적인 것으로 본다.(TP §9.83) 그런데, 그러한 비교가능자료가 없는 경우, 보상규정(또는 부존재)이 정상적인지 여부는 계약체결, 종료나 재협상 당시에 당사자들의 권리나 기타자산을 고려해야 한다. 이러한 분석에는 또한 당사자들에게 실제로 가능한 대안의 검토가 도움이 되는데, 일부 경우 이는 비교가능상황에서 독립 당사자가 계약의 종료나 실질적 재협상의 조건을 받아들이는 것 이외에는 더 좋은 실제로 가능한 다른 대안이 없는 상황을 말한다.(TP §9.84)

보상규정과 관련된 계약조건이 정상적인지 여부의 평가에 필요한 다른 요소는 계약의 목적인 거래의 대가 및 그 계약 종료의 재정조건인데 이 둘은 서로 연관되어 있다. 결과적으로 종료규정의 조건(또는 부존재)은 거래의 기능분석에서 중요한 요소이고, 특히 당사자들의 위험분석에서 그러하며, 따라서 거래의 정상대가의 결정에 고려될 필요가 있다. 마찬가지로, 거래대가는 계약종료의 조건이 정상적인지 판단하는 데 영향을 미친다.(TP §9.85) 사업구조조정으로 숙련된 근로자들의 고용계약을 종료하기도 한다. 이러한 점에서, 구조조정이 정상조건으로 이루어졌는지 판단할 때, 구조조정 전후의 숙련된 노동력과 관련된 사실관계를 고려해야 하며, 이에는 계약종료시에 특수관계기업들 간에 가치있는 무엇인가가 이전되었는지 포함하는데, 예를 들면 근로자의 고용계약에 묵시적 또는 명시적 제한규정(예 경업금지규정)이 있는지 여부로 이는 그 노동력을 통해 활동을 수행하였던 당사자에게 지급되어야 하는 보상금액에 반영되어야 한다.(TP §9.86)

특히 주의해야 할 상황은 현재 종료된 계약에서 그 계약이 연장되었다면 일방이 상당한 투자를 하여 정상대가를 합리적으로 예상할 수 있었을 경우이다. 이는 그 연장기간 이전에 계약이 종료된 경우에 그 투자를 한 당사자에게 재정위험을 초래한다. 그 위험의 정도는 그 투자가 상당히 전문적인 것인지 다른 고객에 대해도(변경을 하여) 사용할 수 있는 것인지 여부에 달려 있다. 그 위험이 중요하다면, 독립당사자가 비교가능상황에서 계약을 협상할 때 이를 고려하는 것이 합리적이다.(TP §9.87)

사례 제조계약의 조기종료

관계기업들 간의 제조계약에서 제조업자가 새로운 제조설비를 투자하도록 요구된다. 최소한 5년간 지속되는 제조계약에 따라 연간 최소 X단위를 생산하는 생산활동과 관련하여, 그리고 신규생산시설 총투자에 대한 정상수익을 산출할 것으로 예측하는 기준(단위당 Y달러)에 근거해 계산되는 제조활동대가와 관련하여 계약체결시점에 제조업자는 투자에 대한 정상수익을 합리적으로 예상할 수 있다고 가정한다. 3년 후에 관계회사가 제조활동의 그룹간 구조조정과 관련된 계약조건에 따라 계약을 해지한다고 가정한다. 제조설비는 고도로 전문화되어 계약해지 후에 제조업자는 해당자산을 제각하는 이외에 다른 선택은 없다고 가정한다.(TP §9.88) 제조업자는 투자에 내재된 위험을 다음과 같이 완화할 것이다.(TP §9.89)

- 계약에 적절한 보상규정 또는 조기종결의 경우 배상을 포함하거나, 타방의 계약조기종결로 인해 일방의 투자가 쓸모없이 되는 경우 투자를 한 일방이 이를 일정가액에 타방에게 이전할 수 있는 선택권을 포함한다.
- 계약해지 가능성에 대한 위험을 계약에 포함되는 활동대가를 결정하는 요소에 감안한다.(예 비교가능위험을 부담하는 독립 비교대상을 식별할 수 있는 경우 제조활동의 대가를 결정할 때 그 위험을 감안하며, 선취수수료구조를 포함할 수도 있음) 이 경우, 투자당사자는 기꺼이 위험을 부담하고 그에 대해 보상을 받으며, 계약해지에 대한 별도의 배상은 필요하지 않다.

일반적인 문제로, 제조업자의 투자에 내재하는 위험의 완화는 제조업자가 그 위험을 부담하는 경우에만 고려할 이유가 있다. 실무적으로, 소득창출능력에 있어 한 특수관계기업이 다른 특수관계기업에 전적으로 종속적인 경우 제조설비에 대한 한 특수관계기업의 투자에 있어 위험의 식별과 그 위험을 어떻게 통제하는지에 대해 주의 깊게 검토해야 한다. 제조활동으로 소득을 창출하는 것과 관련된 중요한 위험이 다른 당사자에 의해 통제되는 경우(다른 당사자는 또한 위험을 부담할 재정능력을 가짐), 다른 당사자에게 위험의 모든 결과가 귀속되는데, 이에는 가동률미달, 감모손, 폐쇄비용 등을 포함한다. 그 경우, 제조업자는 조기종결로 인한 재정문제를 책임지지 않는데, 그 제조업자는 폐쇄의 원인이 되는 경제적으로 중요한 위험을 통제하지 않으므로 그 경우 또한 제조업자가 실제로 부담하지 않는 위험을 완화할 것으로 기대할 수 없다.(TP §9.90)

일방이 개발노력을 하였으나 초기에는 손실이나 낮은 수익을 실현하고, 계약해지 이후의 기간에 초과수익이 예상되는 경우에도 유사한 문제가 일어난다. 그러한 경우, 실제 계약을 면밀히 검토하여 일방이 실제로 개발의 결과에 책임이 있는지 또는 단지 이연지급약정을 인정했는지 판단해야 한다. 일방이 위험을 통제하지 않는다면, 배상이나 보상규정을 통해 회복할 수 없는 위험으로부터 자신을 보호하고자 할 것이다. 일방이 회복할 수 없는 위험을 통제하지 못한다면 그 조건은 비정상적인 것이다.(TP §9.91)

현행계약의 해지, 비갱신이나 실질적 재협상과 관련하여 특수관계기업들 간에 이루어진 조건이 독립기업들 간에 이루어진 조건과 다른 경우, 이러한 조건이 아니라면 일방이 수취하였을 수익을 이러한 조건 때문에 수취하지 못했다면 해당기업의 수익에 포함하고 그에 따라 과세해야 한다.(TP §9.92)

③ 계약의 종료나 재협상으로 손해를 본 당사자에 대한 보상과 관련하여 누가 궁극적으로 그 부담을 지는지 여부

계약의 해지 또는 실질적 재협상의 조건에 대한 이전가격분석은 양도인과 양수인의 입장을 모두 고려해야 한다. 양수인의 입장을 고려하는 문제는 정상적인 배상액을 산정하고, 또한 배상액이 있다면 어느 당사자가 이를 부담해야 하는지 결정하는 데 중요하다. 모든 경우에 적용되는 완전한 해결책을 만드는 것은 가능하지 않으며 해결책은 사실관계를 검토하여 이루어져야 하는데, 특히 당사자의 권리와 기타자산, 해지에 대한 경제적 이유, 어느 당사자가 해지로 이익을 보는지 여부 및 당사자들에게 현실적으로 가능한 대안을 검토해야 한다. 이는 아래 사례에서 설명된다.(TP §9.93)

사 례 계약종료의 효과

두 특수관계기업 A 및 B 간의 제조계약이 A에 의해 해지된다고 가정한다.(B는 제조업자이다.) A는 다른 특수관계 제조업자 C를 사용하여 이전에 B가 수행하는 제조를 계속하기로 결정한다. 정상적인 계약해지나 실질적 재협상에서 모두 보상권을 주어야 하는 것은 아니다. 독립당사자들 간에 이 거래가 일어났다면 B는 해지로 입은 손해에 대해 보상을 청구할 것으로 판단된다고 가정한다. B에게 지급되는 배상에 대한 책임을 궁극적으로 누가 질 것인지 문제된다: A(계약을 해지한 당사자), C(이전에 B가 수행하던 제조활동을 인수한 당사자), 또는 구조조정으로 혜택을 받는 다국적기업그룹의 다른 당사자. 분석의 출발점은 사업구조조정을 구성하는 실제거래의 정확한 기술이며, 관계거래를 설명하는데 도움이 되는 다국적기업그룹 내 다른 기업과의 경제적으로 관련되는 거래를 고려해야 한다.(TP §9.94)

A가 정상적인 보상금액을 기꺼이 부담하려는 상황이 있는데, 예를 들면 B와의 계약해지로 C와의 새로운 제조계약을 통해 원가절감을 할 수 있으며 이러한 원가절감 예상액의 현재가치가 보상액보다 큰 경우이다.(TP §9.95)

C가 A로부터 제조계약을 따내기 위한 선불수수료(upfront fee)로 이러한 보상금을 기꺼이 지불하려는 상황이 있는데, 새로운 계약으로부터 수취하는 기대이익의 현재가치가 C가 투자할 만한 경우이다. 이 경우, C의 대가지급은 여러 가지 방법으로 이루어지는데, 예를 들면, C가 A에게 지급하거나, 또는 B에 대한 A의 보상의무를 충족시키기 위해 A에게 간접적으로 지급한다. 또한, B가 일정권리를 가지며 C가 그 권리의 이전에 대해 B에게 대가를 주어야 하는 경우 C가 B에게 지급하는 경우도 있다.(TP §9.96)

A와 C가 정상적으로 배상비용을 기꺼이 분담하는 경우도 있다. 구조조정으로 인한 이익이 다국적기업그룹의 다른 당사자에게 생기는 경우, 다른 당사자는 직접적이든 간접적이든 보상비용을 부담한다.(TP §9.97)

5.2 사업구조조정 이후 관계거래의 대가

(1) 신규사업구조 구축(structuring)과 사업구조조정의 차이

① 정상거래원칙을 동일하게 적용

당초부터 사업구조를 구축하는 거래와 사업구조조정 이후의 거래에 대해 동일한 정상거래원칙과 이전가격지침을 적용한다. 그렇지 않으면, 사업활동을 구조조정하는 기존사업자와 사업을 구조조정하지 않고 동일한 사업모델로 시장에 새로 진입하는 사업자 간에 경쟁의 불균형을 초래할 것이다.(TP §9.98) 비교가능상황은 동일한 방법으로 검토되어야 한다. 적절한 이전가격방법의 선택과 실제적용은 당사자들의 기능분석 및 계약조건 등의 비교가능성분석에 따라 결정된다. 적절한 이전가격방법의 선택과 적용은 실제거래의 정확한 기술을 할 수 있도록 거래의 경제적 관련특성에 근거해야 한다.(TP §9.99)

그렇지만, 사업구조조정 상황은 변화를 의미하며, 정상거래원칙은 구조조정 이후 거래에만 적용되는 것이 아니라 구조조정에 따라 추가로 발생하여 기능, 자산 및 위험의 재배치에 해당하는 거래에도 적용된다.(TP §9.100) 이에 더하여, 아래에서 검토하는 것처럼 당초에 설계된 계약과 비교할 때 사업구조조정으로 바뀐 계약의 비교가능성분석에서 일부 다른 사실관계가 나타날 수 있다. 이러한 사실관계의 차이로 인해 정상거래원칙이나 이전가격지침의 적용이 바뀌는 것은 아니지만, 비교가능성분석에 영향을 주어 결과가 달라질 수 있다.(TP §9.101)

② 구조조정으로 인한 상황과 당초거래상황의 사실관계 차이

관계회사들 간에 현재계약을 새로운 계약으로 대체하는 경우(구조조정), 구조조정된 기업의 당초상황이 새로 이루어진 사업내용과 비교할 때 달라질 수 있다. 어떤 경우, 구조조정 이후 계약은 이전에 계약관계와 사업관계를 유지하던 당사자들 간에 협상이 된다. 이러한 상황에서 사안의 사실관계에 따라, 특히 종전계약으로 인한 당사자들의 권리와 의무에 따라, 이는 새로운 계약조건을 협상하는 당사자들에게 현실적으로 가능한 선택에 영향을 주고 결과적으로 구조조정의 조건 또는 구조조정 이후 계약조건에 영향을 준다. 예를 들면, 일방이 과거에 전반적인 마케팅과 판매기능을 수행하고 가치있는 마케팅무형자산을 사용하고 개발하며 재고위험, 부실채권위험 및 시장위험과 같은 활동과 관련된 일련의 위험을 부담하는 완전도매업자(full fledged distributor)로서 역할을 잘 수행하였음이 입증된다고 가정하자. 그러한 재판매계약을 재협상하여 제한적 위험의 판매계약(limited risk distribution)으로 전환하고, 그에 따라 해외관계회사의 감독하에 제한적 마케팅활동을 수행하고 제한적 마케팅무형자산을 사용하고 해외관계회사나 고객과의 관계에서 제한적 위험을 부담한다고 가정하자. 그러한 경우, 구조조정 판매업자는 새로운 판

매업자로서 이전과 동일한 지위에 있는 것은 아니다.(TP §9.102)

구조조정 이전이나 이후에도 당사자들 간에 사업관계가 계속 유지되는 경우, 구조조정 이전활동과 구조조정 사이에, 또는 구조조정계약조건과 구조조정 사이에 상호관련이 있다.(TP §9.103)

신규설립사업의 상황과 비교할 때 구조조정기업의 당초상황의 차이는 사업의 전개양상과 관련된다. 예를 들면, 해당그룹이 이전에 사업활동을 하지 않던 시장에 '제한적 위험의 도매업자'로 사업을 하는 상황을 장기간 지속되던 완전도매업자가 '제한적 위험의 도매업자'로 전환되는 상황과 비교하면, 신규기업은 사업전환기업에게는 필요하지 않은 새로운 진입을 위한 시장진입노력(market penetration efforts)이 필요하다. 이는 두 경우에 비교가능성분석과 정상대가의 결정에 영향을 준다.(TP §9.104)

장기간 유지되던 '완전도매업자'가 '제한적 위험의 도매업자'로 전환되는 상황을 '제한적 위험의 도매업자'가 같은 기간 동안 존재하여 왔던 상황과 비교하면 또한 차이가 있을 수 있는데 '완전도매업자'는 장기간 존재하던 '제한적 위험의 도매업자'가 수행하지 않는 기능, 지출하지 않는 비용, 부담하지 않는 위험이나 개발하지 않는 무형자산에 비해 전환이전에 일부 기능을 수행하고 일부 비용을 지출하고(마케팅비용) 일부 위험을 부담하며 일부 무형자산의 개발에 기여했기 때문이다. 정상적인 경우 이러한 추가적 기능, 자산 및 위험이 전환하기 전 판매업자의 보상에만 영향을 미치는지, 이러한 추가적 기능들을 이전당시에 발생하는 이전대가를 결정할 때 감안해야 하는지(감안해야 한다면 얼마인지), 이러한 추가적 기능 등이 구조조정된 '제한적 위험의 판매업자'의 보상에 영향을 미치는지(미친다면 얼마인지), 아니면 이러한 세 가지 문제가 복합적으로 일어날 가능성이 없는지 문제된다. 예를 들면, 구조조정 이전의 활동에서 완전도매업자가 일부 무형자산을 소유하는 반면 장기간 유지되는 제한적 위험의 도매업자는 무형자산이 없는 것으로 나타나는 경우, 완전도매업자가 이러한 무형자산을 해외관계기업에게 이전한다면 구조조정시 그에 대한 대가를 계상하고, 이전되지 않는다면 구조조정 이후 활동의 정상대가를 결정할 때 고려해야 한다.(TP §9.105)

한 기업이 종전에 부담하던 위험을 해외관계기업에 이전하는 구조조정의 경우, 위험이전이 구조조정 이후 활동으로 발생하는 미래위험과 관련된 것인지 아니면 전환 전 활동의 결과로 구조조정시점에 존재하는 위험과 관련된 것인지 검토해야 하는데, 즉 위험을 구분하는 문제가 있다. 예를 들면, 판매업자가 제한적 위험의 판매업자로 구조조정된 이후에 더 이상 부담하지 않게 될 부실채권위험을 부담해 왔고, 이는 부실채권위험을 전혀 부담하지 않았던 장기간 존속하던 제한적 위험의 판매업자와 비교된다고 가정하자. 이 두 상황을 비교할 때 전환으로 인한 제한적 위험의 판매업자가 구조조정 전 완전판매업자 당시에 발생한 부실채권과 관련한 위험을 여전히 부담하는지, 또는 전환당시에 존재하던 부실채권위험을 포함하여 모든 부실채권위험을 이전했는지 검토하는 것이 중요하다.(TP §9.106) 판매활동의 구조조정을 비롯하여 제조활동, 연구개발활동이나 기타 용역활동을 포함하는 다른 유형의 구조조정에 대해도 같은 해석과 문제가 적용된다.(TP §9.107)

(2) 사업구조조정 상황에 대한 적용 : 구조조정 이후 관계거래에 대한 이전가격방법의 선택과 적용

구조조정 이후 관계거래에 대한 이전가격방법의 선택과 적용은 정확히 기술된 관계거래의 경제적 관련특성의 분석으로부터 이루어져야 한다. 어떤 기능, 자산 및 위험이 구조조정 이후 거래에 포함되는지, 그리고 어느 당사자가 이를 수행하고 사용하고 부담하는지 이해하는 것이 중요하다. 이는 거래의 양 당사자, 즉, 거래를 행하는 구조조정기업 및 해외관계기업의 기능, 자산 및 위험을 파악할 수 있는 정보를 필요로 한다. 분석은 구조조정기업에 부여된 명칭을 넘어 이루어져야 하는데, '수수료대리인(commissionnaire)'이나 '제한적 위험의 판매업자(limited risk distributor)'로 칭하는 기업이 어떤 경우 가치있는 지역적 무형자산을 보유하며 중요한 마케팅위험을 계속 부담하는 것으로 나타나며, 또한 하청제조업자(contract manufacturer)로 칭하는 기업이 어떤 경우 중요한 개발활동을 하거나 독특한 무형자산을 소유하거나 사용하는 것으로 나타난다. 구조조정 이후 상황에서, 구조조정기업에 실질적으로 남아있는 가치있는 무형자산(일부 경우 등록되지 않은 지역적 무형자산)과 특별한 위험의 식별에 주의를 기울여야 하며, 이러한 무형자산 및 위험의 배분이 정상거래원칙을 충족하는지 특히 주의를 기울여야 한다. 대가형식에서 부적절한 위험배분을 알아낼 수는 없다. 위험분석절차에 정한대로, 당사자들이 어떻게 실제로 위험을 통제하는지, 이들이 그 위험을 부담할 재정능력을 가지는지 판단해야 하는데, 이에 따라 당사자들의 위험부담이 결정되고, 결과적으로 최적의 이전가격방법을 선택하도록 이끈다.(TP §9.108)

구조조정으로 독립기업들 간에 거의 찾아볼 수 없는 사업모델을 시작하는 경우, 구조조정 이후 거래는 비교대상후보(potential comparables)의 식별과 관련하여 문제를 야기한다. 독립기업들 간에 그러한 계약을 볼 수 없다는 사실만으로는 그것이 정상적이 아니라거나 상업적으로 합리적이 아니라는 의미는 아니라는 점을 알아야 한다. 더 나아가, 정상거래원칙에 따라 정확히 기술된 구조조정거래에 대해 가격을 결정하기 위한 모든 노력을 기울여야 한다.(TP §9.109)

비교가능성조정을 수행하여 내부비교대상을 포함한 비교대상을 찾을 수 있는 상황이 있다. 비교가능제삼자가격법을 적용할 수 있는 한 가지 사례는 다국적기업그룹과 독립적으로 거래하는 기업이 매입되어, 이후 새로운 관계거래로 구조조정되는 경우이다. 5개의 비교가능성요소들과 서로 다른 시점에 발생하는 독립거래와 관계거래의 가능한 효과를 검토하면, 매입 이전의 독립거래조건이 매입 이후의 관계거래에 대한 비교가능제삼자가격법을 적용하게 되는 상황이 될 수 있다. 거래조건이 구조조정되는 경우에도, 사안의 사실관계에 따라 구조조정으로 이루어지는 기능, 자산 및 위험의 이전에 대한 조정이 가능하다. 예를 들면, 어느 당사자가 부실채권위험을 부담하는지 구별하여 차이를 감안한 비교가능성조정을 수행한다.(TP §9.110)

비교가능제삼자가격법을 적용하는 다른 사례는 구조조정 특수관계기업들이 제공하는 것과 비교가능한 독립당사자들이 제공하는 제조, 판매나 용역활동의 경우이다. 최근 외부조달활동(outsourcing activities)의 증가로 인해 일부 경우에 구조조정 이후 관계거래의 정상가격을 결정하기 위해 비교가능제삼자가격법을 사용하는 기준을 제공하는 독립된 외부조달거래를 발견할 수 있다. 이는 물론 외부조달거래가 제삼자거래로 이루어지고, 5가지 비교가능성요소를 분석할 때 제삼자 외부조달거래의 조건들과 구조조정 이후 관계거래의 조건들 간에 중요한 차이가 없거나, 차이가 있다 해도 믿을만한 충분한 조정이 효과적으로 이루어질 수 있다는 전제하에 가능하다.(TP §9.111)

비교대상후보를 제시하는 경우, 관계거래와 독립거래 간의 중요한 차이를 식별하기 위해 비교가능성분석을 수행하는 것이 중요하며, 필요하고 가능한 경우 그러한 차이를 조정하는 것이 중요하다. 특히, 비교가능성분석으로 구조조정기업이 가치있고 중요한 기능을 계속 수행하고 구조조정 이후 구조조정기업에 지역적 무형자산이나 중요한 위험이 남아있지만, 비교대상(proposed comparables)에는 이러한 것들이 없는 경우가 있다.(TP §9.112)

비교대상후보(potential comparable)의 식별은, 가능한 정보가 제한된다는 점과 관련비용이 적절해야 한다는 점을 염두에 두고, 사안의 사실관계를 감안하여 가장 믿을만한 비교대상자료를 찾는다는 목적으로 이루어져야 한다. 자료가 항상 완벽하지는 않다는 것은 이미 알려진 사실이다. 또한 비교대상자료가 없는 경우도 있다. 이것이 관계거래가 정상적이지 않다는 의미는 아니다. 이 경우, 당사자들이 정상적으로 거래하였을 경우 관계거래조건을 받아들였을 것인지 판단해야 한다. 비교대상을 찾는 과정에서 일어날 수 있는 어려움에도 불구하고, 모든 이전가격문제에 대한 합리적인 해결책을 찾을 필요가 있다. 비교가능자료가 드물거나 불완전한 경우에도 사안의 상황에 맞는 가장 적절한 이전가격방법의 선택은 관계거래의 성격과 일치해야 하며 특히 기능분석을 통해 결정되어야 한다.(TP §9.113)

(3) 구조조정에 대한 보상과 구조조정 이후 대가와의 관련성

일부 경우에, 구조조정에 대한 보상과 구조조정 이후 사업운영에 대한 정상대가 사이에 중요한 관련성이 있을 수 있다. 이는 한 기업이 특수관계기업에게 사업활동을 처분하고 나서 그 사업활동의 상대방으로 사업을 해야 하는 경우를 의미한다. 한 가지 사례는 외부조달에서의 관계이다.(TP §9.114) 다른 사례는 제조 및 판매 활동을 하는 기업이 해외관계기업에 판매활동을 처분하여 구조조정되고, 이후부터 제조하는 제품을 직접 판매하는 경우이다. 해외관계기업은 이 사업을 매입하고 운용함으로써 정상대가를 수취할 수 있을 것으로 기대한다. 이 경우, 그 기업은 해외관계기업과 합의해 정상적으로 받을 수 있는 이전당시 보상의 일부나 전부를 수취하지 않고 대신 해외관계기업이 이전당시 보상을 지급하기로 합의하였을 때보다는 높은 가격에 제품을 판매하여 장기간 이익을 취할 수 있다. 이와 달리, 당사자들이 구조조정에 대한 초기보상을 지급하기로 합의해 정상가격보다 낮은 제품이전가격을 미래에 적용함으로써 이를 부분적으로 상계하기도 한다.(TP §9.115)

다른 말로 하면, 한 기업이 전에 수행하던 활동을 수행하는 해외관계기업에게 그 기업이 공급자로서 계속 사업관계를 유지하는 이러한 상황에서 그 기업과 해외관계기업은 그러한 사업관계, 즉 제품판매의 가격을 통해 경제적, 상업적 이익을 얻을 기회가 있는데, 예를 들면 당초 사업이전에 대한 대가지급을 통한 보상이 선급금에 해당하거나 또는 제품의 미래이전가격을 구조조정거래가 없었다면 합의하였을 가격과 다르게 거래한다. 그렇지만, 실무적으로 이러한 거래를 구성하고 감시하는 것은 어렵다. 납세자는 임의로 선급(up-front) 또는 장기간지급(over time) 등의 대가지급형태를 선택하겠지만, 이러한 거래를 검토하는 과세당국은 구조조정자체에 대한 선급금이 구조조정 이후 활동에 대한 대가에 어떤 영향을 미치는지 알고 싶어한다. 특히, 이 경우 과세당국은 거래의 전체를 검토하고자 하겠지만, 사실상 구조조정에 대한 정상대가와 구조조정 이후 거래에 대한 정상대가를 구분하여 평가한 자료만을 받을 수 있다.(TP §9.116)

(4) 구조조정 전·후 상황의 비교

구조조정과 관련하여 구조조정 전후에 관계거래의 당사자가 실제로 수취하는 이익을 비교하는 문제가 있다. 특히, 구조조정기업의 구조조정 이후의 이익을 특정 기능, 자산 및 위험의 이전이나 포기를 감안하여 조정한 후 구조조정 전 이익을 기준으로 판단하는 것이 적절한지가 문제된다.(TP §9.117) 이러한 구조조정 전후의 비교와 관련한 한 가지 중요한 문제는, 구조조정 후 관계거래의 이익을 구조조정 전 관계거래의 이익과 비교하는 것은 제삼자거래와의 비교를 규정한 OECD 모델조세조약 9조를 감안할 때 적절치 않다는 점이다. 납세자의 관계거래를 다른 관계거래와 비교하는 것은 정상거래원칙을 적용하는 것이 아니며, 따라서 과세당국이 이전가격조정을 하는 기준이나 납세자가 자신의 이전가격정책을 합리화하는 이유로 사용하지 말아야 한다.(TP §9.118)

구조조정 전후의 비교에 있어 또 다른 문제는 구조조정기업이 상실한 일련의 기능, 자산 및 위험을 평가하는 데 따르는 어려움인데, 이렇게 상실한 기능, 자산 및 위험이 언제나 상대방에게 이전되는 것은 아니기 때문이다.(TP §9.119)

말하자면, 사업구조조정에 있어 전후의 비교는 구조조정 자체를 이해하는 역할을 하며, 당사자들 간의 손익배분변경의 원인이 되는 변화를 이해하는 전후의 비교가능성분석(기능분석 포함)의 일환이다. 사실상 구조조정 이전에 존재하던 계약정보나 구조조정조건에 대한 정보는 구조조정계약이 이루어지는 맥락을 이해하고 이러한 계약이 정상적인지 평가하는 데 필수적이다. 이는 또한 구조조정기업에 실제로 가능한 대안을 알 수 있게 한다.(TP §9.120)

구조조정 전후의 비교가능성분석(기능분석 포함)에서 일부 기능, 자산 및 위험이 이전되지만 다른 기능은 해외관계회사를 위한 계약에 따라 구조조정기업(stripped entity)에 의해 여전히 수행되는 것으로 나타날 수 있다. 전형적으로, 구조조정의 일환으로 그 기업에게서 무형자산이나 위험을 의도적으로 제거하지만 구조조정 이후 그 기업이 이전에 수행하던 기능의 일부 또는 전부를 계속 수행한다. 그렇지만, 구조조정 이후 그 구조조정기업은 해외관계기업과의 계약에 따라 그러한 기능을 수행한다. 해외관계기업과 구조조정기업 간 실제거래의 정확한 기술에 따라 이들의 상업적 재정적 실제관계를 결정할 수 있는데, 이에는 계약조건이 당사자들의 행위 및 다른 사실관계와 일치하는지 여부가 포함된다. 각 당사자에 대한 정상대가는 구조조정 이후 실제의 수행기능, 사용자산 및 부담위험과 일치되어야 한다.(TP §9.121)

사례 구조조정 전후의 비교

다국적기업이 제품의 기술적 특성에 의해 그 가치가 결정되지 않고, 오히려 그 브랜드에 대한 소비자의 인식에 의해 가치가 결정되는 제품을 생산하고 판매한다. 그 다국적기업은 신중하게 개발된 고비용의 마케팅전략에 의한 높은 가치의 브랜드 개발을 통해 경쟁자와 차이를 만들고자 한다. 브랜드에 의해 표현되는 상표, 상호 및 기타무형자산은 A국 A사가 보유하며, A사는 그 무형자산들의 소유, 개발 및 사용에 대한 위험을 부담한다. 그 다국적기업의 주된 가치창출은 A국 본사의 125명의 종업원이 수행하는 세계적 마케팅전략의 개발, 유지 및 집행으로 이루어진다. 무형자산의 가치는 제품의 높은 소비자가격으로 귀결된다. A사의 본사는 또한 그룹 관계회사들에게 중앙집중용역을 제공한다.(인사관리, 법무, 세무 등) A사와의 하청제조계약에 따라 관계회사들이 제품을 생산한다. 관계회사들이 제품을 A사로부터 구매하여 판매한다. 계약 제조업자 및 판매업자에게 정상대가를 배분한 후 A사가 수취하는 소득은 A사의 무형자산, 마케팅활동 및 중

앙집중용역에 대한 대가로 본다.(TP §9.122)

이후 구조조정이 이루어진다. 브랜드가 표현하는 상표, 상호 및 기타무형자산이 A사로부터 새로이 설립된 Z국 관계회사 Z사에게 이전되며, 그에 대해 일시금이 지급된다. 구조조정 이후 A사는 Z사 및 다른 그룹내 관회사들에게 제공하는 용역에 대해 원가가산기준으로 대가를 받는다. 관계 제조업자들 및 판매업자들의 대가는 이전과 동일하다. 계약 제조업자, 판매업자 및 A사 본사의 용역에 대한 대가를 제외한 잔여소득은 Z사에게 지급된다. 구조조정 전후 거래의 정확한 기술로 다음 사실을 알 수 있다.(TP §9.123)

- 지역 신탁회사가 Z사를 관리한다. Z사에는 기능을 수행할 능력이 있는 사람(임원이나 직원)이 없으며, 실제로 브랜드가 표현하는 상표, 상호나 기타무형자산의 소유나 전략적 개발에 대한 위험과 관련된 기능을 수행하거나 통제할 사람이 없다. Z사는 이러한 위험을 부담할 재정능력을 가지고 있지 않다.
- A사 본사의 고위임원이 1년에 한번 Z국을 방문하여, Z사를 운영하는데 필요한 전략적 결정을 공식적으로 확정한다. Z국에서 회의를 하기 전에 A국의 A사 본사에서 이러한 결정을 준비한다. 다국적기업그룹은 이러한 활동을 Z사를 위해 A사의 본사가 수행하는 용역활동으로 본다. 중앙집중용역 대가를 지급하는 방식과 마찬가지로(예 인사관리, 법무, 세무), 이러한 전략적 의사결정활동에 대해 원가가산방식으로 대가를 지급한다.
- 세계적 마케팅전략의 개발, 개선, 집행은 여전히 A사 본사의 동일 종업원이 수행하며, 원가가산기준으로 대가를 지급한다.

이러한 사실에 근거해, A사는 구조조정이 일어나기 전과 같은 기능을 계속 수행하고 같은 위험을 계속 부담한다고 결론지을 수 있다. 특히, A사는 무형자산의 사용위험과 관련한 통제기능을 계속 보유하며 실제로 수행한다. A사는 또한 세계적 마케팅전략의 개발, 개선 및 집행과 관련된 기능을 수행한다. Z사는 통제기능을 수행할 능력이 없으며, 무형자산 관련위험을 부담하는데 필요한 통제기능을 실제로 수행하지 않는다. 따라서 구조조정 이후 거래의 정확한 기술에 따라, 이것은 무형자산관리의 집중화를 위한 구조조정이 아니라 실제로는 A사와 Z사의 자금계약이라고 결론지을 수 있다. 거래의 모든 사실관계를 고려한 거래의 상업적 이유에 대한 판단이 필요하다.(TP §9.124)

또한, 구조조정 이전 거래가 관계거래가 아니기 때문에 구조조정 전후의 비교가 가능한 경우가 있는데, 예를 들면 신규취득 이후 구조조정이 이루어지고 또한 구조조정 이전 독립거래와 구조조정 이후 관계거래 간의 차이를 감안하여 믿을만한 조정을 할 수 있는 경우가 있다. 그러한 독립거래들이 믿을만한 비교대상인지 여부는 비교가능성의 관점에서 평가되어야 한다.(TP §9.125)

6. 금융거래

6.1 금융거래 이전가격의 개요

관계기업들의 금융거래에는 그룹내부대출, 자금통합, 위험회피, 금융보증, 전속보험이 있다.(TP §10.2) 독립기업들 사이의 금융거래조건은 다양한 상업적 판단을 거친 결과물이다. 이와 달리, 다국적기업그룹은 그룹 내에서 자의적으로 그러한 조건을 결정할 수 있다. 이에 따라 다국적기업그룹의 상황에서 조세효과와 같은 다른 판단요소들을 고려하게 된다.(TP §10.3) 다국적기업그룹이 관계회사 필요자금의 일부만 자본으로 제공하고 나머지는 대여하거나 보증하는 이유는 그룹 전체적으로 현금흐름을 개선하여 사업활동의 위험을 감소시키기 위해서이다.

(1) 다국적기업그룹의 재정활동

다국적기업그룹의 재정관리는 중요하고 복잡한 활동으로 개별사업이 채택하는 재정관리방법은 사업 자체의 구성, 사업전략, 경기순환, 산업분야, 사업수행통화 등에 따라 다르다.(TP §10.39) 재정조직은 해당 다국적기업그룹의 구조와 그 운영의 복잡성에 따라 달라진다. 재정조직의 구성이 달라지면 중앙집중도도 달라진다. 분산된 형태에서 다국적기업그룹의 각 기업은 금융거래에 대한 자치권을 갖는다. 예를 들면, 분산된 재정조직은 별개의 산업들에서 활동하는 여러 영업조직을 두거나, 지역통할조직을 두거나 특정지역의 규제를 따르는 다국적기업그룹에서 볼 수 있다. 이와 반대로, 중앙집중 재정조직은 다국적기업그룹의 금융거래를 총괄하여 통제하며, 다국적기업그룹의 기업들은 사업활동에 책임을 지지만 금융문제는 제외된다.(TP §10.40)

기업재정의 중요기능은, 사업활동에 필요한 현금을 충분히 확보하고 필요한 때에 필요한 곳에 현금을 필요한 통화로 보유하기 위해 다국적기업그룹에 걸쳐 유동성을 최적화하는 것이다. 일반적으로, 다국적기업그룹 유동성의 능률적 관리는 개별기업의 차원을 넘어서 여러 기업들의 위험을 완화하도록 돕는 데에서 시작한다.(TP §10.41)

현금 및 유동성의 재정관리기능은 일상적 운용을 중시하지만, 기업의 금융관리는 장기적 투자결정을 위한 전략 및 계획의 개발에 중점을 둔다. 금융위험관리는 사업에 노출된 금융위험의 확인과 분석 그리고 대응을 요한다. 재정부서는 금융위험에 대처하기 위해 이를 확인하고 대응함으로써, 다국적기업그룹의 재정기능 사용자들의 이익이 되도록 자본비용을 최적화하는 데 도움이 된다.(TP §10.42) 재정부서가 책임을 지는 다른 활동의 사례에는 자금차입(채권발행, 은행차입 등을 통해)이나 증자, 외부 은행이나 독립 신용등급

기관과의 관계유지가 있다.(TP §10.43)

일반적으로, 재정기능은 다국적기업그룹 수익사업을 위한 자금을 가능하면 능률적으로 조달하는 일련의 과정이다. 이같이 재정기능은 보통 주된 가치창출활동에 대한 지원용역인데, 자금통합 대표자(cash pool leader)가 제공하는 용역이 그 예이다. 그러한 활동에 대해서는 용역가격지침이 적용된다.(TP §10.45) 마찬가지로, 재정부서는 다국적기업그룹의 외부차입을 집중하는 연락창구로 활동할 수 있다. 이 경우, 외부차입금액을 재정부서가 제공하는 그룹내부대출을 통해 그룹 내에서 사용한다. 재정부서는 그 조정활동에 대해 정상 수수료를 받아야 한다.(TP §10.46) 이와 다른 상황에서, 재정부서가 더 복잡한 기능을 수행하는 것으로 확인되는 경우 그에 대해 적절히 보상을 받아야 한다.(TP §10.47)

금융활동과 관련된 또 다른 중요한 것은 경제적으로 중요한 위험을 확인하고 배분하는 문제이다.(TP §10.48) 재정기능의 활동은 그룹차원에서 문제를 검토하고, 그룹 경영진이 정한 목표, 전략 및 정책을 따르는 것이다. 따라서, 위험에 대한 재정부서의 접근법은 투자의 목표수익률(즉, 수익이 자본비용을 초과해야 함), 현금흐름의 변동성 감소, 재무상태표 목표비율(예 자산부채비율) 등과 같은 특정목표가 정해지는 그룹의 정책에 따라 달라진다. 그러므로 고도의 정책적 결정은 일반적으로 그룹차원에서 정해진 정책의 결과이지 재정부서가 독자적으로 결정한 것은 아니다.(TP §10.49)

(2) 형식적 대출을 대출로 보아야 하는지 여부

다국적기업그룹에 속하는 차입기업의 부채와 자본의 조달비율은 같거나 비슷한 상황에서 활동하는 독립기업의 조달비용과는 다른 경우가 많다. 이런 상황에서 차입기업의 지급이자 금액이 달라지므로 해당국에서 창출되는 소득에 영향을 준다.(TP §10.4) 대출계약에서 정한 이자율이 정상 이자율인지 판단하는 데 더하여, 형식적 대출(purported loan)을 대출이 아닌 다른 형식의 지급금, 즉 자본에 대한 기여로 보아야 한다.(TP §10.5)

부채의 이자율을 산정하기 전에 국내법에 따라 기업의 부채와 자본의 조달비율문제에 대처하는 다른 방법을 채택할 수 있다.(TP §10.8) 즉, 각국이 국내법에 따라 기업의 부채 자본조달비율과 이자비용공제를 제한할 수 있으며, 형식적 대출을 대출로 볼지 판단하는 유일한 방법으로 이전가격지침에 따른 '사실의 정확한 기술'을 강제하지 않는다.(TP §10.9) 금융거래에 대한 특별한 대처방법들이 이전가격분석을 제한하지 않는다. 각국 국내법 특별규정의 한계 내에서 '실제거래의 정확한 기술'로 가격조작시도에 대처해야 한다.(TP §10.11)

자금조달을 정확히 기술할 때 경제적 관련특성들이 유용한 지표가 되는데, 이에는 정해진 상환일의 존재, 이자 지급의무, 원금 및 이자 지급의 강제권, 일반 회사채권자와 비교한 대출자의 상태, 차입계약 및 담보의 존재, 이자지급의 원천, 자금차입자의 제삼자 대출기관 차입능력, 투자자산 취득에 조달자금 사용정도, 형식적 차입자가 만기일에 상환 불능이나 지체하는 경우가 있다.(TP §10.12) 예를 들면, 다국적기업그룹의 구성원 B사가 사업활동을 위해 추가자금이 필요한 상황을 가정한다. 이러한 상황에서 B사는 관계회사 C사로부터 10년 만기 조건으로 자금을 차입한다. 향후 10년간 B사의 객관적 재무예측에 비추어 볼 때, B사는 그 정도 금액을 차입할 수 없다는 점이 명백하다. 이에 따라, B사는 차입금을 상환할 능력이 없으므로 독립기업은 B사에게 자금을 대출하지 않는다고 판단할 수 있다. 그러므로, 이전가격 목적상 C사 대출금의 정상금액은 제삼자 대출자가 B사에게 기꺼이 대출해 줄 수 있는 최대금액 상당액, 또는 제삼자 차입자가 C사에서 빌릴 수 있는 최대금액 상당액이며, 또는 전혀 빌려주지 않거나 빌리지 못하게 될 가능성도 있다. 결론적으로, C사 대출의 정상금액을 초과하는 금액은, B사가 정상적으로 지급할 이자금액을 결정하기 위한 목적으로, 대출로 기술될 수 없다.(TP §10.13)

또한, 사실상 자산의 운용리스인데 이를 자산판매로 간주하여 미수금을 기록하더라도 이러한 채권에 대한 지급이자의 적정 여부를 판단할 필요가 없다. 이 같은 거래는 그 거래의 실질에 따라 세무조정이 이루어져야 한다.(Reg §482-2.a.1.ii)

(3) 금융거래 상업재정관계의 식별

다른 관계거래와 마찬가지로, 금융거래의 정확한 기술에는 다국적기업그룹이 활동하는 산업분야에서 사업수행에 영향을 주는 요소들의 분석이 필요하다. 산업분야에 따라 차이가 있으므로, 경제 · 사업 · 생산 주기(cycle)의 일정 시점, 정부규제의 영향, 해당산업에서 금융자금의 접근가능성과 같은 요소들은 관계거래를 정확히 기술하는데 검토해야 할 관련 특성들이다. 이러한 검토를 할 때, 여러 산업분야에서 활동하는 다국적기업그룹은 산업별로 다른 자본집중도 때문에 다른 자금조달 금액과 유형을 적용하거나, 산업별로 다른 상업적 필요 때문에 다른 단기현금수요 수준을 적용한다. 인정된 산업기준(예 바젤기준)에 따른 규제대상인 금융용역과 같이 해당 다국적기업그룹이 규제되는 경우 그러한 규제로 제약조건이 생긴다.(TP §10.15)

실제거래의 정확한 기술과정에서 확인된 요소들에 대해 다국적기업그룹이 어떻게 대응하는지 알아야 한다. 다국적기업그룹의 정책에서 필요한 정보를 알 수 있는데, 다국적기업그룹이 여러 사업 중에 자금수요나 그룹 내 특정기업의 전략적 중요성의 우선순위를 정하는 방법; 다국적그룹이 특정 신용도나 자본부채비율을 추구하는지 여부; 다국적기업그룹이 해당 산업분야에서 볼 수 있는 한 가지가 아니라 여러 가지 자금조달전략을 채택하고 있는지 등이 그것이다.(TP §10.16)

독립기업들은, 어떤 금융거래를 할지 검토할 때, 현실적으로 가능한 다른 대안을 모두 검토하여 그들의 상업적 목적을 충족하는 명백히 더 유리한 대안이 없는 경우에만 그 거래를 시행한다. 현실적으로 가능한 대안을 검토할 때 각 당사자의 관점을 고려해야 한다. 예를 들면, 자금대출기업의 경우 대출의 사업목표와 거래가 일어나는 맥락을 고려하여 다른 투자기회를 고려할 수 있다. 차입자의 관점에서, 현실적으로 가능한 대안에는 부채부담능력을 넘어 더 많은 고려사항이 포함되는데, 실제로 필요한 자금은 사업목적의 요건을 충족해야 한다. 어떤 경우에는 기업이 차입능력이 충분하여 부채를 추가로 조달할 수 있지만, 신용도에 부정적 영향을 미쳐 자본조달비용을 증가시키고 자본시장 접근이나 시장에서 명성이 위태로워지는 것을 회피하기 위해 그렇게 하지 않는다.(TP §10.19)

여러 가지 변수들을 현실적으로 고려할 때 비교대상후보들은 관계거래와 다른 경우가 많다. 관계거래와 비교대상에 차이가 있는 경우, 그러한 차이가 가격에 중요한 영향을 주는지 판단해야 한다. 영향을 주는 경우 비교대상의 신뢰성을 높이기 위한 비교가능성 조정을 한다. 계량화하여 조정할 수 있고 쉽게 확보되는 양질의 자료가 있는 경우(예 통화 차이) 조정이 가능한데, 이에 비해 질적 차이가 있는 차입자들의 대출을 비교하거나 자료를 쉽게 확보할 수 없는 경우(예 다른 사업목표를 가진 차입자) 조정이 어렵다.(TP §10.20)

(4) 실제 금융거래의 경제적 관련특성

금융거래조건을 분석할 때 다음과 같은 경제적 관련특성을 고려해야 한다.(TP §10.21)

① 계약 조건

독립기업들 간 금융거래의 계약조건은 보통 서면계약으로 명시된다. 그런데, 특수관계기업들 사이에는 계약조건이 항상 충분한 정보를 제공하지는 않으며 당사자들의 실제행위나 여타의 사실관계와 다를 수 있다. 그러므로 실제거래를 정확히 기술하기 위해 당사자들의 다른 서류나 실제행위를 검토하거나(물론 그러한 검토로 계약조건과 실제행위가 일치한다는 결론에 도달할 수 있다), 비교가능상황에서 독립기업들 간의 관계를 일반적으로 지배하는 경제원칙을 검토해야 한다.(TP §10.22)

② 기능분석(functional analysis)

실제 금융거래를 정확히 기술하기 위해 기능분석이 필요하다.(TP §10.23) 예를 들면, 그룹내부대출의 경우 어떠한 조건으로 자금을 대출할지 결정하기 위해 대출자가 수행하는 중요한 기능에는 보통 그 대출에 내재하는 위험의 분석과 평가, 차입자의 사업자본투자능력의 평가, 대출조건의 결정, 대출의 구성 및 서류작성을 포함한다. 이에는 또한 대출의 계속적 감시 및 주기적 평가를 포함한다. 그러한 기능분석은 상업적 대여자나 신용등급기관이 차입자의 신용도를 평가할 때 고려하는 것과 비슷한 정보의 검토를 포함한다. 특수관계 대여자는 독립 대여자와 같은 수준의 기능을 모두 수행하지는 않는다. 그렇지만, 독립기업들 간에 이루어진 조건으로 대출이 이루어졌는지 평가할 때 동일한 상업적 판단과 경제환경을 고려해야 한다.(TP §10.24)

대여자가 대출에 대한 위험을 통제하지 않거나 위험을 부담할 재정능력(financial capacity)이 없는 경우, 통제를 수행하고 위험을 부담할 재정능력을 가진 기업에 그 위험을 배부해야 한다. 예를 들면, A사가 B사에게 자금을 대출하는 상황을 가정한다. 또한 실제거래의 정확한 기술을 통해 A사는 대출과 관련된 통제기능을 수행하지 않으며 다국적기업그룹의 모회사 P사가 그 위험을 통제하고 그 위험을 부담할 재정능력을 가지고 있다는 점이 밝혀진다. 기능분석에 따라, P사는 그 위험의 실행으로 인한 결과를 향유하며 A사는 무위험수익 이상에 대한 권리가 없다.(TP §10.25)

차입자의 관점에서, 관련 기능은 보통 대출에 대한 원금과 이자를 제때 상환할 자금능력을 보유하고, 필요한 경우 담보를 제공하며, 대출계약으로 인한 기타 의무를 이행하는 것이다.(TP §10.26) 어떤 경우에는 서로 다른 거래에서 같은 기업이 대여자와 차입자의 기능을 수행할 수도 있다. 예를 들면, 다국적기업그룹 내 금융기업이 그룹의 다른 구성원들로부터 자금을 모집하고 그들에게 자금을 제공하는 중앙집중 금융활동을 하는 경우가 있다. 그러한 경우, 자금통합으로 볼 수 있을지 판단해야 한다.(TP §10.27)

③ **금융상품의 특성**(characteristics of financial instruments)

공개시장에는 아주 다양한 특징과 속성을 가진 다양한 금융상품들이 있으며, 이는 그 금융상품이나 금융용역의 가격에 영향을 미친다. 결론적으로 관계거래의 가격을 산정할 때 그 거래의 특징과 속성을 기술하는 것이 중요하다.(TP §10.28) 대출의 경우 그 특성에는 대출금액, 만기, 상환일정, 대출의 성격이나 목적(신용거래, 합병/매입, 담보 등), 우선순위(level of seniority and subordination), 차입자의 지리적 위치, 통화, 담보제공, 보증의 존재 및 정도, 변동 또는 고정 이자율 등이 있다.(TP §10.29)

④ **경제환경**(economic circumstances)

금융상품의 가격은 기초적인 경제환경에 따라 다를 수 있는데 이에는 통화, 지역, 국가규제, 차입자 사업분야, 거래시기 등이 있다.(TP §10.31) 중앙은행 대출이자율이나 은행간 기준이자율, 그리고 신용위기 같은 금융시장사건 등 거시경제상황도 가격에 영향을 미친다. 이러한 점에서, 주요시장에서 금융상품의 정확한 발행시점이나 2차 시장에서 비교대상자료의 선택은 비교가능성의 관점에서 아주 중요하다. 예를 들면, 대출에 대한 여러 연도 자료는 유용한 비교대상이 될 수 없다. 그 반대가 더 좋은 비교대상이 되는데, 비교대상대출의 시기가 특수관계거래의 시기와 가까울수록 다른 경제요소들의 차이가 작아진다. 그렇지만 특정 사건이 대출시장에서 급격한 변화를 초래할 수 있다는 점을 명심해야 한다.(TP §10.32)

통화의 차이는 또 다른 중요한 요소이다. 경제성장률, 물가상승률, 환율변동성과 같은 경제요소들로 인해 다른 통화로 발행된 비슷한 금융상품이 다른 가격이 될 수 있다. 또한, 이자율통제, 환율통제, 외환규제 및 금융시장접근의 법적 실무적 제한 등으로 같은 통화로 발행된 금융상품의 가격이 금융시장이나 국가에 따라 다를 수 있다.(TP §10.33)

⑤ 사업전략(Business strategies)

사업전략이 다르면 독립기업들 간 체결되는 계약조건에 상당한 영향을 미칠 수 있다.(TP §10.34) 예를 들면, 독립 대여자는 합병이나 매입을 추진하는 기업에 그러한 조건으로 대출하는데, 그렇지 않고 합병 등이 없다면 대여자는 그 사업에 대출하지 않을 것이다. 이 경우, 대여자는 대출조건을 검토하고 차입자의 사업 계획과 예측을 고려하여, 사업이 변화하는 일정기간 동안 사업의 재무상황에 일시적 변화가 있다는 점을 확실히 알 수 있다.(TP §10.35)

사업전략의 분석에는 또한 다국적기업그룹 재정정책의 고려, 특수관계기업들 간 기존 재정관계(기존대출, 주주지분 등)의 확인이 필요하다.(TP §10.36) 예를 들면, aB그룹의 구성원 A사가 특수관계기업 B사에게 10년 만기로 자금을 대여하고, B사는 그 자금을 단기운영자금으로 사용한다고 가정한다. 이 자금은 B사의 재무상태표에서 유일한 차입금이다. aB그룹의 정책 및 실무는 단기운영자금에 사용하기 위해 1년 만기 수시대출을 사용하는 것으로 확인된다. 독립 차입자는 B와 같은 상황에서 단기운영자금에 사용하기 위해 10년 만기 대출계약을 하지 않으므로, 이 거래는 10년 만기 대출이 아니라 1년 만기 수시대출에 해당한다고 판단된다. 이러한 사실에 따라 운영자금이 계속 필요하다고 가정할 때 가격산정은 1년 만기 수시대출이 계속 이루어지는 상황을 기초로 이루어져야 한다.(TP §10.37)

6.2 그룹내부대출(intra group loans)

(1) 그룹내부대출의 개요

① 대여자와 차입자의 관점

특수관계 차입자와 대여자 간의 상업적 재정적 관계를 판단할 때 그리고 거래의 경제적 관련특성을 분석할 때, 대여자와 차입자의 관점을 모두 고려해야 하며, 이들의 관점이 항상 일치하는 것은 아니다.(TP §10.51) 대여자와 차입자가 그룹내부대출과 관련한 위험을 부담하는지 판단할 때, 대출계약으로 자금을 제공하는 대여자에게 수반되는 위험과 차입자의 관점에서 자금을 수취하고 사용함으로써 생기는 위험을 고려해야 한다. 이러한 위험들은 대출자금의 상환, 대출기간 동안 대출자금사용에 대한 보상, 기타 위험요소들에 대한 보상과 관련된다.(TP §10.52)

대출할지, 어느 기간 동안 얼마를 대출할지 결정하기 위한 대여자의 관점은 차입자와 관련된 여러 요소들, 즉 차입자와 대여자에게 영향을 주는 광범위한 경제적 요소들, 그리고 대여자가 자금사용에 현실적으로 가능한 다른 대안을 평가하는 문제를 포함한다.(TP §10.53) 독립 대여자는 관련위험을 확인하고 평가하기 위해, 그리고 이러한 위험을 감시하고 관리하는 방법을 모색하기 위해 차입자 신용등급을 철저히 평가한다. 신용등급의 평가에는 대출목적은 물론 사업 자체의 이해, 사업구성내용 및 상환자금의 원천이 포함되며, 또한 차입자의 현금흐름예측과 차입자의 재무상태표 건전성 분석이 포함된다.(TP §10.54) 한 기업이 특수관계기업에게 자금을 대여하는 경우, 독립 대여자와 같은 절차를 모두 거칠 필요는 없다. 차입자의 사업에 대한 정보수집절차를 거칠 필요가 없는데, 필요한 정보는 이미 다국적기업그룹 내에서 구할 수 있기 때문이다. 그렇지만, 독립기업들 간 이루어졌을 조건으로 대출이 이루어졌는지 판단할 때 신용등급, 신용위험 및 경제환경과 같은 상업적 판단은 마찬가지로 이루어져야 한다.(TP §10.55)

다국적기업그룹의 모회사가 자회사에게 자금을 대여하는 경우, 모회사는 자회사를 이미 통제하고 소유하기 때문에 담보제공은 대여자로서 위험분석을 하는데 거의 관련이 없다. 그러므로, 특수관계기업들 간 대출의 가격산정에서 차입기업의 자산에 대한 계약상 권리가 없다는 사실이 대출에 내재하는 위험의 경제적 실질을 필연적으로 반영하는 것은 아니다. 사업자산이 이미 다른 곳에 담보로 제공되었다면, 그 자산을 무담보대출에 담보로 제공할 수 있었는지와 그로 인해 대출의 가격산정에 영향을 주었는지 판단해야 한다.(TP §10.56)

대여자의 신용위험은 차입자가 대출조건에 따른 지급의무를 이행하지 못할 가능성을 말한다. 대출이 상업적으로 좋은 기회인지 판단할 때 대여자는 자신이 부담하는 신용위험에 영향을 주는 경제적 조건에 나타날 변화의 영향을 평가하는데, 이에는 차입자의 상황뿐 아니라 이자율상승이나 환율변동에 대한 차입자의 위험노출 같은 경제적 조건의 변화가능성도 포함한다.(TP §10.57)

차입자는 자신의 가중평균 자본비용을 최적화하고 단기수요와 장기목표를 모두 충족하는 자금차입을 하려 한다. 그러한 현실적으로 가능한 대안을 고려할 때, 상업적 이익을 위해 활동하며 자금을 차입하려는 독립기업은 채택한 사업전략과 관련하여 가장 비용절약적 해결책을 추구한다. 담보와 관련한 예를 들면, 기업이 제공할 수 있는 적절한 담보를 보유하는 경우 무담보차입이 아닌 담보차입을 먼저 하게 되며, 이 경우 기업의 담보자산과 그에 대한 차입금은 시간이 가면서 차이가 나는데, 담보가 제한되어 특정 대출에 대한 담보를 제공하면 차입자는 다음 대출에 같은 담보를 제공할 수 없기 때문이다. 그러므로 다국적기업이 담보를 제공하는 경우 전체적으로 금융에 대해 현실적으로 가능한 대안(예 가능한 후속 대출거래)을 고려해야 한다.(TP §10.58) 차입자는 또한 사업에 예상치 못한 어려움이 닥치는 경우 대출 이자 및 원금을 적기에 상환하지 못할 위험과 필요한 경우 자금(부채 또는 자본)을 보충하지 못할 위험은 물론, 이자율이나 환율과 같은 경제적 조건변동의 영향을 고려해야 한다.(TP §10.59)

거시경제상황으로 시장의 금융조달비용에 변동이 있을 수 있다. 그러한 경우, 더 좋은 조건으로 혜택을 받고자 차입자나 대여자가 대출조건을 재협상할 가능성에 대한 이전가격분석에서 차입자와 대여자 모두에게 현실적으로 가능한 대안을 확인해야 한다.(TP §10.60)

대출의 경제적 조건 또한 당사자들의 입장에 영향을 주는 규제의 맥락에서 검토되어야 한다. 예를 들면, 차입자 소재지국의 파산법에서 특수관계기업에 대한 부채는 독립당사자들에 대한 부채의 후순위채권으로 규정하기도 한다.(TP §10.61)

② 신용등급의 사용(Use of credit ratings)

차입자의 신용은 독립 투자자들이 적용하는 이자율을 결정하는 데 중요한 고려사항 중 하나이다. 신용등급은 신용을 측정하는 유용한 수단이고, 관계거래에서 비교대상후보를 확인하고 경제적 모델을 적용하는 데 도움을 준다. 더 나아가, 그룹내부대출과 기타금융상품의 관계거래에서, 그룹 구성원으로서의 효과는 금융상품의 가격산정에 영향을 주는 경제적 관련요소이다.(TP §10.62) 신용등급은 다국적기업 또는 전체 다국적기업그룹에 대해 결정되거나 특정채무에 대해 결정된다. 아래에서 설명하는 것처럼, 신용등급을 결정하는 데 양적 요소(재무정보)와 질적 요소(다국적기업이나 다국적기업그룹이 활동하는 산업 및 국가)를 판단해야 한다.(TP §10.63)

㉮ 다국적기업 또는 다국적기업그룹의 신용등급

다국적기업이나 다국적기업그룹의 신용등급(보통 '채권발행자 신용등급'을 말함)은 일반적인 신용에 대한 의견이다. 그러한 의견은 보통 다국적기업이나 다국적기업그룹이 금융채무의 조건에 따라 금융채무를 이행할 능력이나 의지에 기초한다. 다국적기업이나 다국적기업그룹의 신용등급은 실제로는 다른 차입자들과 비교하여 신용의 상대적 순위의 형식으로 이루어진다. 일반적으로 낮은 신용등급은 부도위험이 크므로 대여자에게 고수익을 안겨 줄 수도 있다. 다국적기업그룹의 신용등급이란 연결재무제표를 기준으로 작성한 다국적기업그룹 최종 모회사의 신용등급을 말한다.(TP §10.64)

다르게 평가된 기업들에 적용되는 다른 이자율에 대한 정보는 많은 대출시장에서 즉시 볼 수 있으며, 비교가능성을 분석하는데 그러한 정보를 유용하게 쓸 수 있다. 외부 대여자를 둔 그룹 내의 차입기업이나 다른 기업의 금융거래는 또한 특수관계기업들에게 적용되는 이자율에 대한 믿을만한 비교대상이다. 다국적기업그룹의 차입기업이나 다른 기업(예 모기업)이 수행하는 금융거래는 관계거래와 독립거래의 차이가 이자율에 중요한 영향을 주지 않거나 합리적으로 정확한 조정이 이루어질 수 있는 경우에만 믿을만한 비교대상이 된다.(TP §10.65)

양적요소와 질적요소를 종합하여 신용등급을 평가하기 때문에, 동일한 신용등급을 가진 차입자들 사이에도 신용에는 차이가 있을 수 있다. 더 나아가, 대여자에게도 역시 중요한 부채수익비율이나 부채자본비율 등의 재무지표(financial metrics)를 적용하여 차입자들을 비교할 경우, 평가되는 당사자들에 다른 차이가 있다면 같은 재무지표가 같은 신용등급으로 귀결되지 않는다. 예를 들면, 일부 산업에서 일정 신용등급을 받으려면 다른 산업에서 차입자가 같은 신용등급을 받는 경우보다 더 건실한 재무지표를 달성해야 한다. 원천적으로 위험이 큰 산업이나 안정적이지 않은 수익흐름을 가진 산업은 같은 신용등급을 받기 위해 더 나은 재무지표를 필요로 한다.(TP §10.66) 신생기업이나 최근 합병한 기업과 같은 특별한 상황이 있는데, 이 경우 그룹 전체의 신용등급에 영향을 줄 수 있다. 이러한 특별한 상황은 고려되어야 한다.(TP §10.67)

㉯ 특정 부채에 대한 신용등급

특정 채권발행의 신용등급(발행등급)은 특정 금융상품 발행인의 신용에 대한 의견을 말한다. 발행등급은 그 금융상품의 특성을 고려하는데 보증, 담보 및 변제우선권 등이 있다.(TP §10.69) 다국적기업이나 다국적기업그룹의 신용등급은 발행등급과 다를 수 있는데, 금융상품의 신용위험은 그 특성과 연계되며 차입하는 다국적기업의 위험수준만 관련되는 것은 아니기 때문이다. 제삼자 채권발행과 관계거래 사이에 비교가능성이 있는 경우, 제삼자 발행인과 발행등급을 확인할 수 있다면 그 발행등급을 특수관계 금융거래 가격산정에 유용하게 쓸 수 있다.(TP §10.70)

㉰ 신용등급의 결정

관계거래를 평가할 목적으로 다국적기업그룹의 기업에 대한 신용등급을 결정하는 경우 특별히 주의를 기울여야 한다. 다국적기업에 독립 신용평가기관이 공표한 공개된 신용등급이 부여되는 경우, 그 다국적기업의 특수관계 금융거래의 정상거래분석을 위해 그 등급을 참조할 수 있다. 그렇지만, 다국적기업그룹 전체적으로 신용등급을 공개하는 경우가 대부분이다. 다국적기업에 대해 자주 사용하는 방법은 다국적기업그룹의 신용등급을 결정하는 데 사용하는 절차를 모방하여 공개된 금융기법이나 독립 신용평가기관의 평가방법을 사용하여 다국적기업의 개별 특성을 질적, 양적 분석하는 것이다. 이 방법은 또한 다국적기업이 그룹의 구성원이기 때문에 누리는 신용개선의 효과를 고려하는 절차를 포함한다.(TP §10.71)

㉣ 공개된 금융기법이나 신용등급 산정방법의 사용

공개된 금융기법(financial tools)은 신용등급을 계산하기 위해 만들어졌다. 대체로, 이러한 금융기법은 차입금에 적용하는 신용등급에서 지급불능이 발생하는 경우 부도율과 손실률을 계산하는 방법에 기초한다. 이러한 부도율 등은 차입금에 대한 이자(또는 가격범위)를 계산하기 위한 비교대상을 찾을 때 시장의 데이터베이스와 비교할 수 있다. 이러한 기법의 적용으로 관계거래의 신용등급을 믿을만하게 평가하는지 판단할 때, 그 결과는 독립당사자들 간 거래를 직접 비교한 것에 기초하지 않았으며, 입력변수의 정확성에 영향을 받으며, 질적요소보다는 양적요소에 더 의존하는 경향이 있고, 절차의 명확성이 부족(즉, 기초논리와 과정진행이 명확하지 않음)하다는 문제가 있음을 알아야 한다.(TP §10.72) 공개된 금융기법에서 사용하는 신용평가방법은 공식적인 신용등급을 결정하기 위해 독립 신용평가기관이 사용하는 신용평가방법과는 어떤 점에서는 상당히 다르며, 그러한 차이로 인한 영향을 조심스럽게 고려해야 한다. 공개된 금융기법은 일반적으로 신용등급을 결정하기 위해 제한된 범위의 양적 자료만을 사용한다. 독립 신용평가기관이 공개하는 공식적 신용등급은 기업의 과거실적 및 예상실적의 양적분석과 함께 기업을 경영하는 경영능력, 산업특성, 해당기업의 산업 내 위치와 같은 자세한 질적분석을 포함하는 광범위한 분석의 결과물이다.(TP §10.73) 이러한 이유로, 공개된 금융기법을 사용하여 산정한 신용등급의 신뢰성은 독립 신용평가기관이 제공하는 신용등급과 일치하는 경우에만 증가된다.(TP §10.74)

신용평가 분석을 수행할 때, 재무지표가 현재 및 과거의 관계거래(매출, 이자비용 등)로부터 영향을 받을 수 있다는 점을 명심해야 한다. 그러한 관계거래가 정상거래원칙에 부합하지 않는다고 판단되는 경우, 그러한 그룹내부거래를 반영하여 산출한 신용등급은 신뢰성이 떨어진다. 이러한 판단은 다국적기업의 현재수익에 영향을 주는 관계거래, 과거의 자금거래, 양적분석대상이 되는 다국적기업의 소득과 자본의 측정에 영향을 주는 그 밖의 그룹내부거래에 모두 적용된다.(TP §10.75)

③ 그룹 구성원의 효과

그룹 구성원의 효과는 2가지 측면에서 다국적기업이 독립 대여자로부터 정상적으로 차입하는 조건과 관련된다. 첫째, 그룹관리부서의 외부차입 정책 및 실무는 다국적기업이 독립 대여자와 체결하는 차입의 형식과 조건을 제시하는데, 이에는 이자(지급 이자율) 및 대출형식, 기간, 통화, 담보, 계약조건, 사업전략 등과 같은 모든 경제적 관련특성을 포함한다. 둘째, 다국적기업은 재정에 어려움이 발생하는 경우 상환의무를 이행하기 위해 그룹으로부터 지원을 받는다.(TP §10.76)

그룹내부대출과 관련하여 다국적기업이 단지 그룹의 구성원이기 때문에 누리는 부수적 이익을 암묵적 지원(implicit support)으로 부른다. 기업의 신용등급에 대한 그룹의 암묵적 지원의 효과와 그 기업의 차입능력이나 차입금에 지급하는 이자율에 대한 효과에 대해 대가를 지급하거나 비교가능성 조정을 할 필요는 없다.(TP §10.77) 그룹의 암묵적 지원은 차입자의 신용등급 또는 그 발행채권의 등급에 영향을 준다. 기업의 그룹 내 상대적 위상은 그룹의 암묵적 지원이 그 기업의 채권발행 신용등급에 어떤 영향을 주는지 확인하는 데 도움이 된다. 다국적기업그룹의 기업은, 현재상태 또는 미래전략의 관점에서, 그룹전체에서 차지하는 상대적 중요성과 그 기업과 그룹의 나머지 기업들 사이의 연관성에 따라 그룹의 지원을 많이 받거나 적게 받는다. 그룹의 명성에 핵심적이거나 미래전략에 중요한, 보통 그룹의 핵심사업을 수행하는, 연관성이 강한 기업은 그룹의 다른 구성원으로부터 지원을 더 받게 되며 결과적으로 그룹전체와 상당히 가까운 신용등급을 나타낸다. 반대로, 기업이 그 같이 중요하지 않거나 연관성이 약한 경우 그룹의 다른 기업들로부터 제한적인 지원을 받는다. 다국적기업그룹이 어떠한 지원도 하지 않는다는 증거가 명백한 기업의 경우, 그 기업의 신용등급만을 독립적으로 평가해야 한다.(TP §10.78) 또 다른 중요한 고려사항은 다국적기업그룹의 다른 기업들이 차입자를 지원하거나 지원하지 않는 경우 그 결과이다. 이와 관련하여, 기업의 위상을 확인하는 데 사용하는 기준은 법적 의무(예 규제요건), 전략적 중요성, 활동의 통합 및 중요성, 명칭의 공유, 평판의 영향, 그룹전체에 대한 부정적 영향, 정책이나 목표의 일반적 설명, 제삼자와 관련된 그룹의 과거지원이력 및 일반적 행태 등을 포함한다. 이러한 기준들의 상대적 관련성은 산업마다 다르다.(TP §10.79)

암묵적 지원의 영향평가는 판단의 문제이다. 특정 상황에서 다국적기업그룹이 차입자에게 지원할 것인지 결정하는데 필요한 정보를 과세당국은 알지 못하는데, 이는 이전가격조사에서 자주 벌어지는 일로, 이러한 정보비대칭으로 인해 지원의 가능성을 확인하는 과세당국의 능력이 제한된다. 또한, 상황변화는 다국적기업그룹이 지원하고자 하는 의도나 능력에 영향을 미치며, 그러한 지원이 필요한 만일의 사태가 발생할 때까지 다국적기업그룹이 의사결정을 하지 않을 수 있다. 이는, 다국적기업이 그룹의 다른 구성원으로부터 공식적인 보증을 받는 경우와 대조된다. 지원과 관련된 다국적기업의 과거행태는 미래행태에 대한 유용한 지표가 되지만, 다른 조건이 적용되는지 확인하기 위해 적절한 분석이 이루어져야 한다.(TP §10.80)

④ 다국적기업그룹 신용등급의 사용

그룹 구성원의 신용등급 또는 채권발행 신용등급을 측정하는 확립된 방법들이 있지만, 공개된 금융기법으로 산출한 개별기업 신용등급에 기초한 가격산정방법, 암묵적 지원의 분석, 믿을만한 관계거래 기록의 어려움, 정보비대칭 등으로 위에서 설명한 것과 같은 어려움이 있으며 그것이 해결되지 않으면 믿을만한 결과를 얻을 수 없다.(TP §10.81) 믿을만한 결과를 얻을 수 없는 경우, 적당한 상황에서 정확히 기술된 대출의 가격산정목적으로 다국적기업그룹의 신용등급을 사용할 수 있으며, 특히 다국적기업이 그룹에서 중요하고 다국적기업의 신용지표가 그룹의 그것과 크게 다르지 않으면 문제가 없다. 다국적기업그룹의 신용등급은 관계거래에 영향을 받지 않으며, 그룹이 외부 대여자로부터 외부자금을 받는데 실질적 근거로 적용된다. 다국적기업그룹이 외부 신용등급을 가지지 않은 경우, 관계거래를 평가하기 위해 그룹 차원에서 신용등급분석을 할 수 있다. 어떠한 경우에도 다른 신용등급과 마찬가지로 다국적기업그룹 신용등급은 사실관계를 고려하여 가장 믿을 만한 지표로 결정되는 경우에만 적절하다.(TP §10.82)

⑤ 조건(covenants)

대출계약조건은 일반적으로 대여자 보호의 정도를 규정하며 그에 따라 위험을 제한한다. 그러한 보호는 책임조건(incurrence covenants) 또는 유지조건(maintenance covenants)의 형식으로 이루어진다.(TP §10.83) 책임조건은 차입자가 대여자의 동의에 따라 일정 행위를 이행하거나 금지하는 것이다. 예를 들면, 책임조건에 따라 차입자는 추가차입을 하지 못하거나, 기업의 자산에 대한 담보를 설정하거나 특정자산을 처분하는 것을 금하여, 차입자의 재무상태표에 어느 정도 안정성을 확보해야 한다.(TP §10.84) 유지조건은 보통 대출기간 동안 사전에 정한 주기로 충족되어야 하는 재무지표를 규정한다. 유지조건은 조기경보시스템으로 작용하는데, 차입자의 재무실적이 나쁜 경우 차입자나 대여자는 조기에 시정조치를 취할 수 있다. 이는 정보비대칭으로부터 특수관계가 없는 대여자를 보호하는 데 도움이 된다.(TP §10.85)

독립 당사자들이 거래하는 상황에 비해 그룹의 기업들 간에는 정보비대칭은 거의 없다.(즉, 정보를 확인할 수 있음) 그룹내부 대여자는 그룹내부대출에 대해 조건을 달지 않을 수도 있는데, 정보비대칭이 없고 그룹의 구성원이 조건을 위반하는 경우 독립 대여자와 같은 행동을 할 가능성이 적으며, 독립 대여자와 같은 종류의 제한을 가할 가능성도 적기 때문이다. 당사자들 간 서면합의에 조건이 없는 경우, 실제로 당사자들 간에 유지조건과 같은 것이 있는지, 대출의 가격산정에 결과적으로 영향이 있는지 판단해야 한다.(TP §10.86)

⑥ 보증(Guarantees)

차입자의 신용을 지원하기 위해 다른 기업의 보증을 사용할 수 있다. 보증(복수의 보증 포함)을 받는 대여자는 당초 차입자를 평가하는 것과 비슷한 방법으로 보증인을 평가한다. 대출조건을 정하거나 조정할 때 보증을 고려하는 대여자는, 차입자가 지급불능으로 상환의무를 전부 이행하지 못하는 경우 보증인이 잔액을 지급한다는 조건을 두게 된다.(TP §10.87)

(2) 이자계산의 대상

① 금전대차 및 그에 상당하는 채권

이자계산 대상은 증빙에 관계없이 모든 형태의 대여금, 일반적 상거래(판매, 리스, 용역제공)에 의해 발생하는 채권 또는 신용제공을 포함한다.(Reg §482-2.a.1. ii.a) 이에는 통상적인 회수기간 및 지급기간이 지난 채권의 회수 및 채무의 지급 등 사실상의 금전대차거래를 포함한다.(국조령 §11 ① 후단) 일반적으로, 이자계산은 대여일의 익일로부터 채권이 완불되거나, 상계되거나, 면제되거나, 기타의 방법으로 변제되는 때까지 한다.(Reg §482-2.a.1.iii.a)

② 사업거래의 무이자 신용공여

일상적인 사업거래(재화판매, 용역제공)로부터 발생하는 통상적인 사업거래채권의 경우 일정기간 동안 이자계산을 하지 않는다. 이 기간을 이자계산면제기간이라고 한다. 일반적으로 관계거래 채권에 대한 이자계산면제기간 계산은 채권발생의 원인행위가 수행된 날로부터 계상된다. 국외에 소재하는 자가 일상적 상거래에 대해서 채무를 부담하는 경우, 일정기간 동안 이자계산을 하지 않는다.(Reg §482-2.a.1.iii.B) 채권자가 속해 있는 산업의 정상적 상관행상 장기의 무이자신용공여를 하고 있다면, 관계거래에 대해서도 장기간의 무이자신용공여를 인정한다. 예를 들어 자동차 판매대리점들이 $5,000의 금액에 대해서 6개월의 무이자 신용공여를 하고 있다면, 특수관계인 간 자동차판매에 대해서도 $5,000에 대해서는 무이자 신용공여기간을 6개월로 인정한다.(Reg §482-2.a.1.iii.d) 한국의 경우 무이자 신용기간에 대해 특별한 규정이 없지만, 제삼자거래보다 긴 경우 이자거래로 보고 있다.[해외관계회사 관련 세무문제에서 설명]

③ 해외 재판매를 위해 구매한 재화에 대한 예외

특수관계인의 한 쪽이 다른 나라에 소재하는 다른 쪽으로부터 제품을 매입하여 제삼자에게 판매하는 경우 아래 기간 범위에서 무이자신용을 제공할 수 있다. 즉 이 기간 동안의 관계거래에 대한 인정이자는 계상되지 않는다.(Reg §482-2.a.1.iii.e)

무이자신용기간 = 특수관계인인 구매자가 제삼자에게 제품을 판매하고 채권을 회수하는데 걸리는 평균회수기간(이 경우 제품은 유사품목도 포함) + 10일

이 경우에도 미국세법은 183일을 초과하는 무이자 신용기간을 인정하지 않는다. 그리고 구매자가 무이자 신용기간을 적용받기 위해 미국 이외의 지역에서 사업을 수행할 필요는 없다. 또한, 관계거래가 제조 및 건설을 위한 자산과 관련해서 발생한 외상매출금인 경우에는 무이자 신용기간이 허용되지 않는다. 오로지 단순매입 재판매에 대해서만 적용한다.

매출채권의 평균회수기간(Reg §482-2.a.1.iii.e)

매출채권의 평균회수기간은 다음과 같은 단계를 거쳐 계산한다.

〈1단계〉 구매자의 제삼국에 있어서의 유사품목에 대한 총매출액을 계상한다. 이 때 매출환입과 매출할인은 공제한다. 기간은 내부거래가 발생한 날이 속하는 판매자의 사업연도의 초일 이전에 종료하는 구매자의 최종사업연도를 기준으로 한다.

〈2단계〉 1단계에서 산출한 매출에 대응하는 매월말의 외상매출채권을 계상하고 외상매출채권의 월별평균잔액을 계산한다.

〈3단계〉 1단계에서 산정한 매출액을 2단계에서 산출한 평균외상매출채권의 잔액으로 나누어서 매출채권의 회전율을 구한다.

〈4단계〉 3단계에서 산출한 매출채권의 회전율로 365를 나누어서 반올림하여 평균매출채권의 회수기간을 산정한다.

사례 **무이자 신용기간의 계산**(Reg §482-2.a.1.iii.e.4)

갑과 을은 특수관계에 있는 법인들로서 각 사업연도는 1월 1일에 시작하여 12월 31일에 종료한다. 을의 1988사업연도 기간 중 갑은 을로부터 제품을 매입하여 정상적인 사업의 일환으로 X국의 제삼자에게 판매하려고 한다. 또한 갑은 을로부터 매입하는 내부거래에 대해서 무이자 신용공여 기간을 활용하려고 한다. 그리고 갑은 을로부터 매입한 물건에 제조 등의 추가활동을 하지 않았다. X국의 제삼자에게만 판매하였고, 1987년 중 을이 판매한 물건은 모두 표준산업분류표상 같은 종류의 물건에 해당했다.

월 별	매 출	외상매출채권
1987. 1.	$500,000	$2,835,850
2	600,000	2,840,300
3	450,000	2,850,670
4	550,000	2,825,700
5	650,000	2,809,360

월 별	매 출	외상매출채권
6	525,000	2,803,200
7	400,000	2,825,850
8	425,000	2,796,240
9	475,000	2,839,390
10	525,000	2,650,550
11	450,000	2,775,450
12	650,000	2,812,600
합계	$6,200,000	$33,665,160

① 평균회수기간의 계산 : 갑이 X국에 판매한 유사물건의 총매출액은 $6,200,000이고 그 기간 동안의 월평균 외상매출채권은 $2,805,430($33,665,160/12)이다. 따라서 평균채권회수기간은 다음과 같이 계산한다. 반올림하여 165일이 평균회수기간이 된다.

- 평균회수비율 : $6,200,000 / $2,805,430 = 2.21
- 평균회수기간 : 365 / 2.21 = 165.16

② 무이자 신용기간 : 갑은 내부거래에 대한 무이자 신용기간으로 175일(165+10)을 사용할 수 있다. 기간이 183일을 초과하는 경우에는 183일을 한도로 해야 한다. 그리고 갑이 X국 이외의 다른 국가에 물건을 판매하거나 다른 종류의 물건을 판매하는 경우에는 무이자 신용기간을 각각에 대해서 구해야 한다.

④ 채무의 일부 상환 : 선입선출법

구매자가 특수관계 판매자에게 채무를 상환한 경우에는 먼저 발생한 채무를 상환한 것으로 본다. 즉 선입선출법을 사용한다. 따라서 관계거래채권이 무이자 신용기간 내에 상환되었는가를 판정함에 있어서 개별거래를 추적하여 지불 여부를 확인할 필요는 없다. 그러나 선입선출법을 사용하지 않아도 되는 경우도 있다. 동일산업 내의 정상적인 거래로서 독립기업 간에 특정의 계약이 보편화되어 있는 경우 다른 순서에 입각하여 채무를 상환할 수 있다. 또한 납세자가 자기 산업에서 관행상으로 사용되는 다른 결제방법을 사용하고 있는 경우에는 특수관계인 간의 계약에 의해 다른 방법을 사용할 수 있다.(Reg §482-2.a.1.iv)

사례 **내부채무의 변제에 대한 선입선출방법의 적용**(Reg §482-2.a.1.iv)

X와 Y는 특수관계기업이다. 6월 1일 현재 X가 Y에게 빚지고 있는 내부채무는 $100이다. 그 $100은 전부 5월에 발생한 것으로 X가 Y에게 지고 있는 외상채무이다. 다시 6월에 X는 Y에게 $200의 외상채무가 생겼다. 7월 15일에 X는 Y에게 $60을 지불하고 8월 31일에 나머지 $240을 지불했다. 이러한 거래에 대해서 내부외상채권이 발생한 날이 속하는 달을 포함하여 셋째 달이

되는 달의 초일을 기산일로 하여 내부거래의 이자를 계상해야 한다고 하자. 그리고 내부이자에 무이자기간은 없다고 본다.

외상채무에 대한 지불이 있는 경우 그 금액의 정산은 먼저 발생한 채무에 대해서 상환이 이루어진다. 그런데 5월에 발생한 채무는 7월 31일에 무이자 신용공여기간이 종료되며, 또한 6월에 발생한 채무는 8월 31일에 무이자 신용공여기간이 종료된다. 이러한 상황에서 내부외상채무에 대한 이자계산을 하여 보자. 먼저 7월 15일에 X가 Y에게 지불한 금액 $60을 어떻게 처리해야 하는 것인가를 살펴본다. 선입선출법에 의해 그 $60은 5월에 발생한 채무를 상환하는데 사용된다. 따라서 7월 31일 현재 무이자 신용 공여기간을 초과하는 채무는 $40이 된다. 그러므로 그 $40에 대해서는 8월 1일부터 8월 31일에 해당하는 31일간의 인정이자가 계산된다. 그러나 6월에 발생한 $200은 8월 31일 현재로 완제되었기 때문에 인정이자가 계상되지 않는다. 즉 그 금액은 무이자 신용공여기간 내에 이루어졌기 때문에 인정이자를 계상하지 않는 것이다. 위의 예에서 알 수 있듯이 이 경우 $40은 관계회사 간에 이루어진 진성채무로 간주된다.

(3) 간주 정상이자율

① 간주 정상이자율 : 안전항이자율

거래금액 및 국제금융시장의 실세이자율을 고려하여 재정경제부령으로 정하는 아래 이자율을 정상이자율로 적용할 수 있다.(국조령 §11 ② 3호, 국조칙 §3, 2017.3.10. 이후 적용) 국제금융시장의 실세이자율(LIBOR 12월 등) 그 자체는 정상이자율이 아니다.

1. 거주자·내국법인이 국외특수관계인에게 자금을 대여하는 경우 : 내국법인에게 적용되는 당좌대출이자율 4.6%
2. 거주자·내국법인이 국외특수관계인으로부터 자금을 차입하는 경우 : 직전 사업연도 종료일의 다음 표의 구분에 따른 통화별 지표금리에 1.5%를 더한 이자율. 다만, 아래에 없는 통화의 경우에는 미합중국 통화에 해당하는 지표금리에 1.5%를 더한 이자율로 한다.

통화	지표금리
한국(KRW)	KOFR(The Korea Overnight Financing Repo rate)
미합중국(USD)	SOFR(Secured Overnight Financing Rate)
유럽연합(EUR)	ESTR(Euro Short-Term Rate)
영국(GBP)	SONIA(Sterling Overnight Index Average)
스위스(CHF)	SARON(Swiss Average Rate Overnight)
일본(JPY)	TONA(Tokyo Overnight Average Rate)

② 안전항 보증수수료와의 관계

편익접근법에 따라 안전항 보증수수료를 산정할 수 있다. 이 경우, '무보증이자율(i) = 보증이자율(Gi) + 보증수수료(Gf)'의 관계가 성립하며, 이에 따라 산출된 이자율이 위 안전항이자율과 다른 경우에도 인정될 수 있다.

외국의 안전항이자율

1. 미국의 안전항이자율

안전항이자율은 연방이자를 기준으로 산정된 이자의 일정범위를 말한다. 이 경우, 납세자가 계상한 이자가 시장이자범위의 최고한도를 초과하지만 독립거래가격 이하이거나 또는 시장이자범위의 최저한도 미만이지만 독립거래가격을 초과하는 경우 납세자가 계상한 이자를 정상가격으로 간주한다. 다만, 납세자가 아래 (3)에서 설명하는 자금조달원가를 고려하는 독립거래에 의한 정상가격을 입증하는 경우 그에 따른다.(Reg §482-2.a.2.iii) 다만, 차입금이 미달러화 이외의 통화로 표시되는 경우에는 안전항이자율이 적용되지 않는다.(Reg §1.482-2.a.2.iii.e)

① 거래상황에 따른 조정

㉮ 거래이자가 정상가격범위에 포함되는 경우 : 특수관계인 간에 실제로 이자를 수수하였고 다음의 범위에 해당하는 경우, 정상가격으로 보아 더 이상의 소득조정을 하지 않는다.

최저한도(연방이자율) ← 시장이자범위 → 최고한도(연방이자율의 130%)

예를 들면, 연방이자율이 5%인 경우 시장이자의 범위는 5% 이상 6.5% 이하가 된다. 따라서 특수관계인 간에 실제로 수수되는 이자가 6%라면, 시장이자 범위에 포함되므로 소득조정은 하지 않는다.

㉯ 거래이자가 연방이자율 미만인 경우 : 이 경우에는 연방이자율(최저한도)을 정상가격으로 보아 6개월 단위로 복리계산을 하여 인정이자를 계상한다.

㉰ 거래이자가 연방이자율의 130%를 초과하는 경우 : 이 경우에는 연방이자율의 130%(최고한도)를 정상가격으로 보아 6개월 단위로 복리계산을 하여 인정이자를 계상한다.

㉱ 판매후리스의 경우 : 판매후리스(sale-leaseback)의 경우에는 최저한도를 시장이자율의 110%로 한다.

② 연방이자율(미국)

시장이자를 산출하는데 사용하는 연방이자율은 대출이 발생한 날 현재의 다음 이자율을 의미한다. 한국의 경우 정기예금금리(장기) 또는 CD금리(단기)를 시장이자율로 적용할 수 있다.

1. 3년 이하의 대여금 : 단기 대여금에 대한 연방이자율
2. 3년 초과 9년 이하의 대여금 : 중기 대여금에 대한 연방이자율
3. 9년 초과의 대여금 : 장기 대여금에 대한 연방이자율

특수관계인 간의 판매 또는 교환행위로 발생한 채권에 대해서 이자를 계상하는 경우 판매 또는 교환행위의 서면계약이 효력을 발생하는 첫 달을 포함한 이전 3개월 이내의 월별 이자 중 가장 낮은 연방이자율을 적용한다. 예를 들면, 판매계약이 체결되어 6월부터 효력을 발생하는 경우 당월과 이전 2개월인 4월, 5월의 이자율 중 가장 낮은 이자율을 적용한다. 한편, 특수관계인 간의 당좌대월에 적용되

는 연방이자율은 그 당좌대월이 발생한 날에 통용되는 단기 대여금에 대한 연방이자율을 말한다.

2. 스위스의 안전항이자율

스위스는 매년 안전항이자율을 고시하며 스위스회사가 채무자인지 채권자인지, 화폐단위가 무엇인지, 및 담보가 제공되는지 여부에 따라 달라진다.

① 스위스회사가 빌려주는 스위스 프랑(CHF) 대여금

상 황	이자율
자기자본을 원천으로 빌려주는 경우	0.25% 이상
차입금을 원천으로 빌려주는 경우	max (①, ②) ① 0.25% ② 차입이자율 + 0.5%(1천만 프랑 이하분) +0.25% (1천만 프랑 초과분) ※ 1천만 스위스 프랑은 약 115억원

② 스위스회사가 차입하는 스위스 프랑(CHF) 차입금

상 황	이자율
스위스 도매회사 및 제조회사가 차입하는 경우	1만 프랑 이하분 : 3% 이하 1만 프랑 초과분 : 1% 이하
스위스 지주회사 및 자산운용회사가 차입하는 경우	1만 프랑 이하분 : 2.5% 이하 1만 프랑 초과분 : 0.75% 이하

③ 부동산 담보 차입금 또는 대출금

부동산 담보 차입금 또는 대출금은 그 자산의 용도(건물, 토지, 주거용 및 산업용 등) 및 시장가치를 고려하여 1%에서 2.25% 사이에서 결정되는 이자율을 정상이자율로 본다.

④ 스위스 프랑 이외의 차입금

스위스 프랑 이외의 통화로 표시되는 차입금이나 대여금은 원칙적으로 해당국에서 발표한 이자율을 적용한다. 2017년의 경우 유로화 차입금이나 대여금에 대한 이자율은 0.75%이고 달러화 차입금이나 대여금에 대한 이자율은 2.5%이다. 다만, 스위스회사가 관계회사에 빌려준 다른 통화 대여금에 대한 이자율이 스위스 프랑 대여금에 대한 이자율보다 낮은 경우 스위스 프랑 이자율(높은 것)을 최소 이자율로 적용한다. 이와 반대로, 스위스회사가 차입하는 다른 통화 차입금에 대한 이자율이 스위스 프랑 차입금에 대한 이자율보다 낮은 경우 스위스 프랑 이자율(높은 것)을 최대 이자율로 적용한다.

3. 뉴질랜드의 안전항이자율

연간 1천만 뉴질랜드 달러(약 80억원) 이하의 소규모 차입금이나 대여금의 경우, 2.5%를 정상이자율로 간주한다. 1천만 뉴질랜드 달러를 초과하는 차입금이나 대여금의 경우, 이전가격방법에 따라 이자율을 결정한다.

(4) 정상이자율 산출방법

거주자와 국외특수관계인 간의 금전대차거래에 대한 정상이자율을 결정할 때, 파생상품 및 이와 유사한 해외파생상품 중 채무불이행 등 신용위험에 대비하기 위한 신용부도스왑 거래에서 적용되는 보험료율 성격의 율을 고려하여 산출한 이자율, 또는 국제금융시장에서 통용되는 이자율 산정모형을 기반으로 무위험이자율, 부도위험, 유동성위험, 채무의 만기, 물가상승률 등의 변수를 반영하여 산정한 이자율을 고려하여 산출한 이자율을 적용할 수 있다.(국조령 §11 ②) 아래에서 정상이자율을 산정하는 여러 가지 방법을 소개한다.(TP §10.88)

① **비교가능제삼자가격법**(CUP method)

㉮ 비교가능제삼자가격법의 적용

실제거래를 정확히 기술했다면, 차입자의 신용등급에 근거하거나 채권발행 신용등급에 근거해 정상이자율을 찾을 수 있다.(TP §10.89) 자금의 차입과 대여를 위한 다양한 시장의 존재, 독립 차입자와 독립 대여자 간의 거래빈도, 대출시장 정보 및 분석의 확보 가능성 때문에 다른 거래유형에 비해 금융시장에 비교가능제삼자가격법을 적용하기 쉽다. 확보가능정보는 대출의 성격, 차입자의 신용등급, 특정 채권발행의 신용등급에 대한 사항을 포함한다. 장기대출, 무담보, 후순위상환 또는 투기사업에 대출금 사용 등 대여자의 위험을 높이는 특징들은 보통 이자율을 높이는 경향이 있다. 충분한 담보, 질 높은 보증 또는 차입자의 행위제한 등 대여자의 위험을 낮추는 특징들은 이자율을 낮추는 경향이 있다.(TP §10.90) 계약조건 및 다른 비교가능성 요소들이 충분히 비슷한 대출에 대해 같은 신용등급을 가진 다른 차입자들의 공개자료를 그룹내부대출 정상이자율의 기준으로 삼을 수 있다. 대출시장에서 흔히 볼 수 있는 경쟁 속에서, 대출의 특성(금액, 만기, 통화 등)과 차입자의 신용등급 또는 채권발행 신용등급을 고려할 때, 차입자가 차입하는 단일 이자율이 있으며 대여자가 적정보상을 받기 위해 투자하는 단일 이자율이 있다. 그렇지만 실무적으로 단일 시장이자율이 있을 수는 없고 이자율의 범위가 있는데, 대여자들 간 경쟁과 가격정보의 공개로 그 범위가 좁혀지는 경향이 있다.(TP §10.91)

비교대상을 탐색할 때 비교대상은 독립기업으로만 제한되지 않는다. 상업적 대출을 검토할 때, 비교대상 차입자가 다국적기업그룹의 구성원으로 제삼자 대여자로부터 자금을 차입했다면, 다른 경제적 관련 조건들이 아주 비슷하다면, 다른 다국적기업그룹의 구성원에 대한 대출이나 서로 다른 다국적기업들의 구성원들 간의 대출은 유효한 비교대상이 될 수 있다.(TP §10.92) 또한, 비교가능 경제적 특성을 가진 현실적으로 가능한 대체거래의 수익률을 정상이자율의 기준으로 할 수 있다. 그룹내부대출의 현실적으로 가능한 대체거래에는 채권발행, 제삼자 대출, 예금, 전환사채, 상업어음(commercial papers) 등이 있다. 비교대상후보로 그러한 대안을 평가할 때 유동성, 만기, 담보제공, 통화 등의 관점에서 그룹내부대출과 대안 사이의 중요한 차이를 없애기 위해 비교가능성 조정이 필요하다.(TP §10.93) 비교가능성 문제를 검토할 때 내부비교대상의 가능성을 무시해서는 안 된다.(TP §10.94) 외부대출에 대해 지급한 다국적기업그룹의 평균이자율이 내부비교대상의 요건에 해당하지 않을 수도 있지만, 차입자나 다국적기업그룹이 제삼자 대여자와 거래한 비교가능대출을 확인하기는 어렵지 않다. 외부비교대상이 있는 경우, 비교가능성을 높이기 위해 적절한 조정을 할 수 있다.(TP §10.95)

㉯ 정상이자율의 산정

거주자·내국법인과 국외특수관계인 간의 금전대차에 대한 정상이자율은 특수관계인이 아닌 자 간의 통상적인 자금거래에서 적용되거나 적용될 것으로 판단되는 이자율로서 채무액, 채무의 만기, 채무의 보증 여부, 채무자의 신용등급을 고려해야 한다.(국조령 §11 ①, Reg §482-2.a.2. i) 신용등급은 과거의 재무정보 외에 합리적으로 예측 가능한 미래의 재무정보, 국가, 지역, 업종, 기술수준, 시장지위 등 비재무적 정보, 다국적기업그룹의 관계회사로서 누리는 암묵적 지원정도를 고려해야 한다.(국조칙 §2의2)

정상이자율을 산정할 때 다음 사항을 고려해야 한다.(서울고법 2008누37062, 2010.5.20.)

1. 보증 : 채권형 유동화증권 발행거래는 부실대출채권을 기초로 한 것으로서 부실대출채권 이외에는 아무런 담보가 없는 고위험거래에 해당하지만, A의 갑은행에 대한 차입거래는 A가 차입거래의 당사자로서 부실대출채권의 회수액이 담보로 제공된 것에 더하여 채권형 유동화증권의 인수자금 중 A가 직접 출연한 30%의 금액도 차입거래에 대한 담보역할을 하여 채무불이행 위험이 줄어들어 상대적으로 위험이 낮다.
2. 자산대비 대출비율(Loan to Value) : 채권형 유동화증권의 자산대비 대출비율(Ltv)은 86%이고, A의 차입거래의 자산대비 대출비율은 60%(=86%×70%)로서, 채권형 유동화증권이 채무불이행에 빠질 가능성이 A의 갑은행에 대한 차입거래의 경우보다 훨씬 높다.
3. 대출기간 : 채권형 유동화증권의 만기는 선순위채권은 5년, 후순위채권은 7년인 반면에 A의 갑은행에 대한 차입거래의 만기는 3년으로서 만기가 길수록 경제적 상황 변동에 따른 불확실성이 커 위험프리미엄이 높아진다.
4. 고정이자율 또는 변동이자율 : 채권형 유동화증권의 이자율은 고정금리이고, A의 갑은행에 대한 차입거래 이자율은 변동금리로, 고정금리 발행에 따른 시장금리의 변동위험을 고려할 때 일반적으로 만기가 길수록 고정금리가 변동금리보다 높게 형성된다.
5. 대여자의 자금조달비용 : B로부터 매수인의 지위를 양도받은 A가 자체신용과 부실대출채권만을 담보로 직접 국내은행으로부터 연 8~10%의 낮은 이자율로 자금을 차입할 가능성은 높지 않고, 비록 B와 A가 모두 c펀드 계열의 회사라고 하더라도 서로 다른 법률주체로서 B의 차입거래를 A의 거래로 동일시 할 수 없다.

② **대출 수수료 및 보수**(Loan fees and charges)

대출의 정상가격을 검토할 때, 대출과 관련된 수수료나 보수의 문제가 발생한다. 독립대여자가 대출조건의 일환으로 수수료를 청구하기도 하는데, 미집행대출(UNdrawn facility)과 관련한 약정수수료(arrangement fees)나 실행수수료(commitment fees)가 있다. 특수관계기업들 간 대출에서 그런 수수료를 청구하는 경우, 다른 그룹내부거래와 마찬가지 방식으로 평가해야 한다. 이 경우, 독립 대여자의 수수료는 부분적으로 자금을 조달하고 규제요건을 준수하는 과정에서 발생한 비용을 반영하며, 그러한 비용들은 특수관계기업들에는 발행하지 않을 수도 있다는 점을 알아야 한다.(TP §10.96)

③ **자금조달원가**(cost of funds)

비교가능 독립거래가 없는 경우, 자금조달원가 접근법을 같은 상황의 그룹내부대출가격을 산정하는 대안으로 사용할 수 있다. 자금조달원가는 대출자금을 조달할 때 대여자에게 발생되는 차입비용을 반영한다. 이것에 차입자를 찾기 위한 비용, 대출하면서 발생하는 관련비용, 대출에 내재하는 여러 가지 경제적 요소들을 반영한 위험가산율, 그리고 이익가산액을 더하는데 이익가산액에는 보통 대출에 충당하기 위해 대여자에게 필요한 자기자본 비용의 증가분이 포함된다.(TP §10.97)

자금조달원가 접근법의 경우, 시장에서 활동하는 다른 대여자와 비교하여 대여자의 자금조달원가를 검토한 후 적용해야 한다. 자금조달원가는 여러 대여자들 간에 차이가 날 수 있으므로 대여자는 단순히 자신의 자금조달원가를 기준으로 대가를 청구할 수 없는데, 특히 자금을 더 싸게 조달할 수 있는 경쟁자가 있는 경우에 그러하다. 경쟁시장에서 대여자는 사업에 성공하기 위해 가능하면 가장 낮은 이자율로 가격을 책정한다. 상업적 환경에서 이는 대여자가 가능하면 낮은 영업비용을 계상하고 대여자금의 취득원가를 최소화하고자 노력한다는 의미이다.(TP §10.98) 자금조달원가 접근법을 적용할 때 대여자에게 현실적으로 가능한 대안을 고려해야 한다. 차입하는 다국적기업이 대체거래를 통해 더 나은 조건으로 차입할 수 있다면 자금조달원가 접근법에 따라 가격을 산정한 거래를 하지 않는다.(TP §10.99)

일부 그룹내부거래에서, 제삼자로부터 자금을 차입하여 당초 차입자로부터 최종 차입자에 도달할 때까지 여러 중간 특수관계기업을 거치는 경우 자금조달원가 접근법을 적용할 수 있다. 이 경우, 대리 또는 중개 기능만 수행된다면 용역원가에 가산하여 정상가격을 산정하는 것은 적절하지 않으며, 대리기능 그 자체의 원가를 고려해야 한다.(TP §10.100)

④ **신용부도스왑**(credit default swaps)

신용부도스왑은 기초금융자산(underlying financial asset)에 연계된 신용위험을 반영한다. 비교대상거래로 사용할 수 있는 기초자산에 대한 정보가 없는 경우, 납세자와 과세당국은 그룹내부대출과 관련된 위험가산율(risk premium)을 계산하기 위해 신용부도스왑의 스프레드(spreads; 가산율)를 사용할 수 있다.(TP §10.101)

시장에서 거래되는 금융상품으로서 신용부도스왑은 그 유형이 아주 다양하다. 이러한 다양성으로 인해 특정투자에 대한 신용위험을 측정하는 기준으로 신용부도스왑을 사용하는데 문제가 생기는데, 신용부도스왑 스프레드는 부도위험을 반영할 뿐 아니라 신용부도스왑계약의 유동성이나 계약수량과 같은 다른 요소들을 반영하기 때문이다. 그런 경우 같은 금융상품이 다른 신용부도스왑 스프레드를 가지는 상황이 초래될 수 있다.(TP §10.102) 그러므로, 그룹내부대출과 관련된 위험가산율을 추정하기 위해 신용부도스왑을 사용하는 경우 정상이자율을 산정하기 위해 위에서 언급한 상황을 주의해야 한다.(TP §10.103)

⑤ **경제적 모델**(economic modelling)

일부 산업에서는 그룹내부대출 가격을 산정하는 경제적 모델에 따라 계산한 이자율을 정상이자율로 본다.(TP §10.104) 일반적으로, 경제적 모델은 무위험이자율에 부도위험, 유동성위험, 예상 인플레이션, 만기 등 대출의 여러 양상과 관련된 일련의 가산율을 적용하여 이자율을 계산한다. 어떤 경우에는 경제적 모델에 대여자의 활동비용을 보상하는 요소를 포함하기도 한다.(TP §10.105)

경제적 모델 산출결과의 신뢰성은 특정모델을 구성하는 변수(parameters)와 채택하는 기본가정에 달려 있다. 그룹내부대출 가격산정방법으로서 경제적 모델의 신뢰성을 평가할 때, 경제적 모델의 산출결과는 독립 당사자들 간 실제거래를 나타내는 것은 아니라는 점을 명심해야 한다. 그렇지만, 믿을만한 비교대상 독립거래를 찾지 못하는 상황에서 경제적 모델은 그룹내부대출의 정상가격을 찾기 위해 유용하게 적용할 수 있는 수단이 되며, 이 경우 시장상황의 제약이 있다.(TP §10.106)

⑥ **은행 의견서**(Bank opinions)

어떤 경우, 납세자는 제삼자 은행으로부터 특정기업에게 비교가능대출을 한다면 얼마의 이자율을 적용할지 언급하는 서면의견을 받아 그룹내부대출에 대한 정상이자율을 입증하고자 하는데, 이를 '은행차입능력'(bankability) 의견이라고 한다.(TP §10.107) 이러한 접근법은 실제거래를 비교하는 것은 아니며, 비교가능성에 근거한 정상거래접근법의 시발점으로 볼 수 있다. 그렇지만, 그러한 서면의견은 실제 대출제안을 의미하지는 않는다. 대출을 실행하기 전에 상업적 대여자는 실사와 승인 절차를 거치며 그 후에 공식적 대출

제안을 한다. 그러므로 그러한 서면의견이 일반적으로 정상거래조건을 입증하는 것은 아니다.(TP §10.108)

(5) 대여자의 기대예금이자율과 차입자의 기대차입이자율

실무적으로 해당 지역의 시장에서 통용되는 대여자의 기대예금이자율이 차입자의 기대차입이자율의 범위에서 거래이자율이 결정되며, 이때 대여자의 자금조달금리를 고려한다.

| 국제거래 정상이자율 범위 |

max(대여자 자금조달금리, 대여자 기대예금이자율)	≤	정상이자율	≤	차입자 기대차입이자율

대여자의 자금조달금리나 대여자의 기대예금이자율은 시장정보가 있으므로 확인하기가 어렵지 않다. 그렇지만, 차입자의 기대차입이자율은 시장정보를 그대로 사용할 수 없으며, 차입자의 신용도에 따라 기준금리에 가산금리(신용스프레드)를 더한 이자율을 적용해야 한다. 모회사가 주주로서 수직계열화된 자회사에게 자금을 대여하는 경우 모회사는 배당 및 사업소득 등의 수익을 취할 수 있으므로 자금조달금리 또는 기대예금이자율 정도의 이자율을 적용하는 경우 이를 정상이자율로 볼 수 있다. 그렇지 않은 경우, 모회사는 자회사의 기대차입이자율에 근접하는 이익을 수취해야 한다. 한편, 자회사에 자금부족이 없는 상황에서 모회사의 여유자금을 자회사에게 대여하고 이자를 수취하는 경우, 정상이자율은 자회사의 기대차입이자율이 아니라 자회사가 그 차입금을 사용하여 수취할 수 있는 기대예금이자율과 모회사의 기대예금이자율 중 높은 이자율이다.

특수관계 채권자가 채무자가 소재하는 지역에서 자본을 조성하여 채무자에게 빌려준 경우, 이자의 정상가격은 그 채권자가 자본을 조성할 때 소요된 비용 및 모든 지급이자를 포함한다. 물론 채권자가 다른 합리적 방법으로 그 지급이자를 산정하고 있는 경우에는 예외로 한다. 이를 지역원칙(situs rule)이라 한다.(Reg §482-2.a.2. ii) 예를 들면, 처분청은 모법인의 조달금리 6.0%에 일본 대부업계의 평균영업이익률을 가산하여 정상이자율을 산정하는 입장을 취하면서 국내 대부금리(97.2%)와 일본 대부금리(40.0%)의 차이에 착안하여 국내 대부금리가 높은 만큼 모법인에게 초과이익이 발생한다고 하여 일본 대부업계의 평균영업이익률 9.4%를 안분계산하여 초과이익분에 해당하는 영업이익률을 제거하고 나머지 영업이익률 3.87%만을 가산하여 정상이자율을 9.87%로 계산하고 있으나, 비록 일본 모법인이 청구법인과 특수관계에 있다 하더라도 독립된 법인체이므로 국내 대부금리가 높다 하여 일본 모법인이 국내에서 그 초과이익을 향유한다고 볼 수 없다. 따라서 처분청에서 모법인이 속한 일본 대부업계의 평균영업이익률 9.4%를 근거로 삼은 이상 모법인이 일본에서 대부하거나 국내에서 대부하거나 평균적으로 9.4%의 영업이익률을 향유하는 것이 정상가격의 취지에 부합한다. 또한, 일반적으로 대출금리는 기준금리(조달금리+영업비용+적정영업이익)에 위험가산금리(신용위험가산금리+기간가산금리+국가위험가산금리)를 더하여 산정되는데, 처분청이 과세근거로 삼은 일부 대부업계의 재무자료에 의하면 평균영업비용률이 16.2%이고, 모법인의 1999.10.1.~2000.9.30. 사업연도 영업비용률이 25.9%임에도 처분청이 모법인의 청구법인에 대한 대출이자율을 산정할 때 모법인의 영업비용률을 전혀 감안하지 않은 것은 합리적이지 않으며, 국내 대부금리가 97.2%로 일본 대부금리 40.0%의 2배를 초과하고 있는 점을 보면 국내에서의 대부에 따른 위험도(Risk)가 일본보다 크다고 볼 수 있어 일본 모법인이 국내에서 자금을 대출하기 위해서는 적어도 조달금리(6.0%)에 영업이익률(9.4%)을 가산한 15.4% 이상의 대출금리가 보장되어야만 국내에 자금을 대출할 유인이 생긴다 할 것이며, 2000년도 중 국내 대부업체로서 청구법인보다 자산, 자본금, 매출, 영업이익, 당기순이익의 규모가 큰 청구외 법인이 일본 금융회사로부터 차입한 이자율이 연 15%~20%에 달하고 있어 이 건 과세기간인 1999사업연도 중의 차입금리는 이보다 더 높았을 것으로 보이는 점을 종합해 볼 때, 청구법인이 모법인으로부터 차입한 쟁점차입금의 이자율(17.5%)은 경제적 합리성을 벗어난 비정상적인 이자율이라고 보기 어렵다.(국심 2003서3115, 2004.6.3.)

(6) 대출을 사업으로 하는 금융기관의 경우

대출을 주된 사업으로 하는 금융회사에 대해서는 시장이자 범위를 적용하지 않고 정상가격 산출방법에 의해 계산한 이자율을 기준으로 소득조정을 한다. 즉 은행 등의 경우 비슷한 상황에서 비슷한 거래의 정상가격을 산정하고 이를 기준으로 소득조정을 한다.(Reg §482-2.a.2.iii.d)

사례 은행의 지급이자의 조정사례

외국은행 갑은 국내자회사 을을 2003년 취득했다. 을은 갑과 콜 자금(call money)을 서로 거래했다. 을의 콜 자금 거래내역이 다음과 같은 경우 가격이전이 있었는가?

구분	기 간	이자차이 ①	자금적수 ②	가중이자율(%)차이 ③	분석 ④
차입	2003년 이전(a)	38,463,416	30,834,959,178	0.4553	
	2004년(b)	(163,234,530)	1,223,749,000,000	(0.0487)	

구분	기 간	이자차이 ①	자금적수 ②	가중이자율(%)차이 ③	분석 ④
	2005년(c)	(12,604,795,620)	60,535,605,954,644	(0.0760)	
대여	2003년 이전(a´)	19,902,038	17,501,500,000	0.4151	a´－a＝0.0402
	2004년(b´)	(34,269,097)	103,865,511,096	(0.1204)	b´－b＝0.0717
	2005년(c´)	(470,874,936)	388,777,447,315	(0.4420)	c´－c＝0.3660

① 이자차이 : Σ{차입금 · 대여금×(차입 · 대여이자율－LIBOR)}
LIBOR는 일반적으로 국제적 자금거래의 기준이자율로 적용되며, 시장조건에 따라 LIBOR에 가감률을 적용한다.

② 자금적수 : Σ(차입금 · 대여금×차입 · 대여일수)

③ 가중이자율 차이 : ①×365÷②

④ 분 석

〈2003년 이전(a´－a)〉

2003년 이전은 갑이 투자하기 이전이므로 특수관계가 형성되지 않은 기간이다. 따라서 이 기간의 차입 · 대여이자율은 정상가격에 해당한다. 이 기간의 차입이자율 평균은 LIBOR＋45.53bp이며, 대여이자율 평균은 LIBOR＋41.51bp이다. 차입이자율과 대여이자율의 차이(spread) 4.02bp는 대여자인 갑과 차입자인 을의 신용차이(credit discrepancy) 및 차입초과로 인한 것으로 시장이자율을 반영한 것이다. 따라서 4.02bp는 정상이자율을 판정하는 정상가격(aLp)으로 적용될 수 있다.

〈2004년(b´－b)〉

2004년의 차입이자율 평균은 LIBOR－4.87bp이며 대여이자율 평균은 LIBOR－12.04bp로, 차입 · 대여이자율의 차이는 7.17bp이다. 2003년 이전에는 시장이자율을 적용한데 비해, 2004년부터는 갑의 내부이자율을 적용하는데, 내부이자율은 정확한 의미에서 정상가격이라고 할 수는 없다. 그러나 2004년 및 2005년의 경우, 차입금이 대여금을 초과하는 상황에서 LIBOR(혹은 LIBOR＋α)를 그대로 적용하게 되면 지급이자는 늘어나게 되므로 실익이 없다. 대차거래가 활발한 상황에서 이전가격분석 목적상 중요한 것은 차입 · 대여이자율의 차이인데, 2004년의 경우 7.17bp로 2003년의 이자율차이 4.02bp보다 크다. 이러한 이자율차이로 인해 과소계상된 이자는 2억원($204,031)에 불과하므로, 대여금 규모(3천억원)를 감안할 때 소득이전을 했다고 볼 수 없다.

〈2005년(c´－c)〉

2005년의 차입이자율 평균은 LIBOR－7.60bp이며, 대여이자율 평균은 LIBOR－44.20bp로, 차입 · 대여이자율의 차이는 36.6bp이다. 이러한 차이는 정상가격으로 볼 수 있는 2003년의 이자율차이 4.02bP를 훨씬 넘어섬으로 비정상적이다. 따라서 정상이자율(LIBOR－7.60bp－4.02bp)과의 차이 11.62bp에 해당하는 이자소득을 익금산입한다.

※ 익금산입액 : 388,777,447,315 ×(11.62/10,000) ÷ 365＝1,237,696

(7) 다른 세법규정과의 관계

특수관계인들 간의 대여금이나 선급금에 대한 이자가 이전가격조정 대상인 동시에 다른 세법규정에 따른 조정대상인 경우, 다른 세법규정을 다음 순서로 적용한다.(Reg §482

-2.a.3) 국내세법의 경우 법인세법의 '이자비용 손금불산입규정'을 우선 적용한다.

1. 거래의 사실관계를 고려하여 해당규정(우회거래부인 등)을 적용한다. 정당한 채무원금에 대한 이자율만이 이전가격세제 및 다른 세법규정의 적용대상이 된다.
2. 액면이자 이외의 다른 금액이 이자로 간주되는지 결정하기 위해 다른 세법규정을 대여금(loan)이나 선급금(advance)에 적용하여 해당금액을 결정한다.
3. 다른 세법규정에 따라 조정된 대여금이나 선급금에 대한 이자율이 정상이자율보다 크거나 작은지를 결정하기 위해 이전가격세제를 적용한다.
4. 이자 이외의 금액에 대한 이전가격조정을 한다. 예를 들면, 특수관계인들이 상품판매를 하면서 대가를 이후에 지급하고 이자는 지급하지 않는 계약을 하는 경우, 판매가격의 일부를 이자로 간주하여 판매가격을 감소시키는 경우, 조정된 상품판매가격이 정상가격에 해당하지 않으면 상품판매가격을 조정할 수 있다.

사 례 대여금의 재분류

1. 개인 B는 Z사의 종업원이며, 또한 Z사의 지배주주이다. Z사는 통상이자율보다 낮은 이자율로 B에게 15,000을 대여한다. 이 경우, 미국세법에 따라 대여금과 적용가능 통상이자율에 해당하는 할인율을 적용한 대여금에 대한 모든 지급대가의 현재가치와의 차액은 Z사에서 B에게 이전된 현금으로 간주하며, 대여금은 해당금액 만큼 할인발행된 것으로 간주한다. 또한 이전가격세제를 적용하여 15,000에 대한 이자율이 정상이자율인지 판단한다. 대여금에 대한 이자율이 반기의 복리로 계산할 때 안전항규정의 범위인 통상이자율의 100%~130% 범위에 있으면 추가적인 이자율조정은 없다.(Reg §482-2.a.4)

2. A와 B는 특수관계인들이고 적용가능한 연방이자율은 반년기준으로 10%이다. 2008.6.30. A는 B에게 자산을 판매하고 대가로 $2,000,000의 어음을 수취한다. 어음의 표면금리는 반년기준으로 9%이며, 만기상환액은 $2,000,000이다. 이 경우, 과세당국은 이전가격세제에 따라 어음에 대한 9%의 이자율이 정상가격에 미달하는지 판단할 수 있으며, 미달하는 경우 적절한 이전가격조정을 할 수 있다.(Reg §482-2.a.4)

(8) 채권의 양도

금융회사가 제삼자에 대한 대여금채권을 특수관계인 다른 금융회사에게 이전하는 경우, 이전되는 채권의 정상가격이 얼마인지가 문제가 될 수 있다. 이 경우, 채권의 정상가격은 다음과 같이 결정된다.

최소값 : 매출자 입장		최대값 : 매입자 입장
(채권원본 가액 + 매각일까지 미수이자상당액) × 채권예상회수율※ + 매출자 부담비용	≤정상가격범위≤	미래회수금액을 매입자의 대여이자율로 할인한 금액 × 채권예상회수율※ − 매입자 부담비용

※ 보증이 있는 경우 예상회수율은 1임.

실무적으로 상속증여세법의 보충적 평가방법을 채권의 정상가격으로 인정한다.(국심 2005서1406, 2005.7.4.)

| 채권의 보충적 평가방법(상증령 §58 ②) |

구 분	보충적 평가방법
원본의 회수기간이 5년을 초과하거나 회사정리절차 또는 화의절차의 개시 등의 사유로 당초 채권의 내용이 변경된 경우	각 연도에 회수할 금액을 적정할인율(8%)에 의해 현재가치로 할인한 금액의 합계액. 다만, 채권의 전부 또는 일부가 평가기준일 현재 회수불가능한 것으로 인정되는 경우에는 그 가액을 산입하지 않으며, 시설물이용권에 대한 입회금·보증금 등으로서 원본의 회수기간이 정하여지지 않은 것은 그 회수기간을 5년으로 본다.
위 외의 경우	원본의 가액에 평가기준일까지의 미수이자상당액을 가산한 금액

6.3 자금통합과 위험회피

(1) 자금통합 구조(cash pooling structures)

자금통합은 여러 은행계좌들의 잔액을 물리적 또는 개념적으로 통합함으로써 자금관리를 더 효율적으로 하는 방법으로 다국적기업들에게 잘 알려져 있다. 구체적 계약에 따라 다르지만, 자금통합은 효과적으로 유동성을 관리하는 데 도움이 되며, 그로 인해 외부차입 의존도를 줄이거나 또는 여유자금이 있을 때 자금통합으로 수익을 높일 수 있다. 여러 개별 예금 및 차입 계정으로부터 발생하는 지급이자와 수취이자의 차이(은행 스프레드)를 제거함으로써, 그리고 은행거래비용을 낮춤으로써 금융비용 또한 낮출 수 있다.(TP §10.109) 자금통합은 단기 유동성관리계약의 일환으로 현금잔액의 통합관리를 말한다. 자금통합계약은 관계거래와 독립거래를 포함하는 복잡한 계약이다. 한가지 일반적 구조는 다국적기업그룹의 참여자들이 자금통합용역을 제공하는 제삼자 은행과 계약을 체결하고 각 참여자는 그 은행에 계좌를 개설하는 것이다.(TP §10.110)

자금통합에는 물리적 통합과 개념적 통합의 2가지 유형이 있으며, 특별한 사업상 필요를 충족시키기 위한 다른 유형도 가능하다. 예를 들면, 사업에 사용하는 각 통화에 대해 하나씩 통합계좌를 개설하고, 그 각 통화의 통합계좌들을 한데 묶어서 개념적 통합계좌를 만들 수 있다.(TP §10.111)

① 물리적 자금통합(physical pooling)

전형적인 물리적 통합계약에서, 모든 통합대상 참여자들의 은행예금잔액을 자금통합대표자가 보유하는 단일의 모계좌로 매일 이체한다. 결손상태의 계좌는 모계좌에서 그 하위계좌로 자금을 이체하여 목표잔액(보통 '0')으로 조정된다. 참여자들의 계좌를 목표잔액으로 조정한 후 전체적으로 적자 또는 흑자가 나는 경우, 자금통합 대표자는 상황에 따라 순자금 소요에 충당하기 위해 은행으로부터 자금을 차입하거나 잔여자금을 예탁할 수 있다.(TP §10.112)

② **개념적 자금통합**(notional pooling)

개념적 자금통합의 경우, 여러 계좌들의 흑자와 적자를 통합하는 일이 참여자들 계좌 간의 물리적 이체 없이 이루어지는데, 필요한 경우 계좌들 사이에 상계할 수 있도록 은행이 통합 참여자들로부터 상호보증을 받는다. 은행은 참여자들의 여러 개별계좌 잔액을 개념적으로 통합하며, 지정된 모계좌 또는 자금통합계약에 정한 공식에 따라 모든 참여자 계좌에 잔액을 기초하여 이자를 지급하거나 청구한다.(TP §10.113) 자금의 물리적 이전이 없으므로 개념적 자금통합의 거래비용은 물리적 자금통합의 거래비용보다 작다. 은행이 수행하는 기능은 은행의 수수료나 이자율에 반영된다. 통합 대표자가 수행하는 기능이 작으므로 그룹내부 가격산정에 반영되는 대표자의 부가가치는 작다. 은행 스프레드(bank spread)의 제거 및 적자나 흑자의 최적화로 창출된 이익은 각 참여자의 기여나 부담을 고려하여 적절히 배분되어야 한다.(TP §10.114)

(2) 자금통합거래의 정의

'자금통합거래'란 거주자와 국외특수관계인으로 구성된 기업집단이 유동성을 통합적으로 관리하기 위해 그 구성 기업 중에서 기업집단의 자금을 통합적으로 관리하는 '자금통합거래관리자'를 선정하여 각 구성 기업이 개설 · 보유하고 있는 예금계좌를 기업집단 차원에서 관리함에 따라 기업집단 내부의 거주자와 국외특수관계인 간에 편익(자금거래에 따른 수수료 취득, 이자비용 감소 등의 이익)이 발생하는 거래로서 다음 어느 하나에 해당하는 거래를 말한다.(국조령 §11의2 ①)

1. 기업집단에서 자금통합거래관리자가 아닌 자금통합거래참여자가 자금통합거래관리자의 자금통합모계좌에 자금을 이체하거나 자금통합모계좌로부터 자금을 이체받음으로써 자금통합거래참여자와 자금통합거래관리자 간에 편익이 발생하는 거래
2. 자금통합거래관리자가 자금통합모계좌를 개설 · 보유하지 않고 자금통합거래참여자 간의 자금 대여를 중개하거나 각 자금통합거래참여자의 예금계좌에 있는 모든 자금을 합산한 금액을 기준으로 금융회사로부터 자금을 조달하는 등 실질적으로 기업집단 내에서 자금을 통합하여 관리함으로써 자금통합거래참여자와 자금통합거래관리자 간 또는 자금통합거래참여자 간에 편익이 발생하는 거래

(3) 자금통합거래의 정확한 기술

자금통합거래의 정확한 기술은 각 사안의 사실관계에 좌우된다. 독립기업들은 자금통합을 거의 하지 않으므로 정상거래원칙을 적용할 때 주의해야 한다.(TP §10.115) 자금통합계약의 정확한 기술에는 이전되는 잔액의 사실관계뿐 아니라 전반적인 통합계약의 조건과 맥락을 고려해야 한다. 예를 들면, 잔여자금을 가진 통합 참여자가 단순히 예탁수익을 바라고 자금을 예탁하지 않는다는 점에서 자금통합은 은행이나 기타금융기관에 직접 당일예치(straightforward overnight deposit) 하는 것과 다르다.(TP §10.116)

그룹의 전반적 전략으로 자금이 남거나 부족한 참여자들이 자금통합계약을 통해 유동성을 높이기 위해 참여하는데, 그 목표는 참여자들이 참여하는 집단전략으로 다양한 이익을 추구하고 모든 참여자들에게 혜택을 주는 것이며, 그 참여자들은 다국적기업그룹의 기업들로 제한된다. 통합 참여자들은 통합계좌에 자금을 예치하며(또는 인출하며), 특정한 참여자에게 예치하는(또는 인출하는) 것은 아니다.(TP §10.117)

통합계약의 참여자는 다른 대안보다 나쁘다고 생각되면 거래에 참여하지 않을 것이다. 자금통합계약에 참여하는 다국적기업 결정의 분석은 현실적으로 가능한 대안을 기준으로 수행되어야 하며, 자금통합의 참여자로 낮아진 이자율 이상의 다른 혜택을 받을 수 있는지 고려해야 한다.(참조 10.146)(TP §10.118)

자금통합거래를 기술할 때, 달성되는 비용절감과 효율성은 의도적 그룹공동행위를 통해 창출되는 그룹 동반효과의 결과로 이루어졌다고 판단할 수 있다.(TP §10.119) 의도적 그룹공동행위로 생기는 결과의 검토는 전반적인 기능분석을 통해 이루어져야 한다. 그에 따라, 자금통합의 맥락에서 (i) 이익과 손해의 성격, (ii) 발생한 이익이나 손해의 금액, (iii) 이익이나 손해를 다국적기업그룹의 구성원들 간에 배분하는 방법을 결정해야 한다.(TP §10.120)

자금통합계약의 이익은 지급이자의 감소나 수취이자의 증가이며, 이는 차변과 대변 잔액을 상계한 결과이다. 통합 참여자들이 독립기업들과 거래했다면 생겼을 결과를 기준으로 산출한 그룹 동반효과의 수혜금액은 보통 통합 참여자들이 공유하는데, 다만 자금통합 대표자가 제공하는 기능에 대해 적절한 보상을 해야 한다.(TP §10.121)

자금통합에 해당하는 그룹내부 자금계약을 분석할 때 고려해야 할 다른 중요한 것은 다국적기업그룹의 구성원들이 단기유동성계약이 아닌 장기계약에 해당하는 차변 및 대변을 유지하는 상황이다. 이 경우, 정확한 기술을 통해, 그것을 단기 자금통합계좌가 아닌 장기적금이나 장기대출과 같은 다른 것으로 보아야 할지 검토해야 한다.(TP §10.122) 그러한 경우, 실무적 어려움의 하나는 다른 것, 즉 기한부 대출로 취급되기 전에 계좌잔액을 자금통합으로 간주해야 할 기간이 어느 정도인지 판단하는 것이다. 자금통합은 단기간의 유동성관리계약으로 예정된 것이므로, 매년 같은 유형이 반복되는지 그리고 다국적기업그룹이 재정관리에 어떤 정책을 시행하는지 검토해야 하며, 이때 현금잔액에 대한 수익이 중요한 재정관리문제라는 점을 고려해야 한다.(TP §10.123)

자금통합 대표자와 참여자들의 보상을 계산하기 전에, 자금통합계약과 관련된 경제적으로 중요한 위험을 확인하고 평가하는 것이 중요하다. 이는 유동성위험(liquidity risk)과 신용위험(credit risk)을 포함한다. 이러한 위험들은 자금통합계약의 차변과 대변 잔액의 단기적 특성을 고려하여 분석되어야 한다.(TP §10.125) 자금통합계약에서 유동성위험은 통합 참여자들의 차변과 대변 잔액의 만기에 차이가 있는 경우 발생한다. 자금통합과 관련된 유동성위험의 부담에는 통합 참여자들의 차변 및 대변 잔액의 단순한 상계를 넘어선 통제기능의 행사가 필요하다. 그러므로, 자금통합계약의 차변과 대변 잔액에 대한 의사결정과정의 분석은 유동성위험의 배분을 필요로 한다.(TP §10.126) 신용위험은 부채상태인 통합 참여자가 그 부채를 상환하지 못한 결과 발생하는 손실위험을 말한다. 자금통합 대표자 입장에서 신용위험을 부담하는 부채가 있는 통합 참여자의 부도로 손해를 볼 가능성이 있다. 그러므로, 다국적기업그룹의 누가 통제기능을 행사하고 자금통합계약에 대한 신용위험을 부담할 재정능력이 있는지 판단해야 한다.(TP §10.127)

(4) 자금통합거래의 정상가격 결정

자금통합거래에 대해 정상가격의 산출방법을 적용할 때에는 다음에 따라야 한다.(국조령 §11의2 ②, 국조칙 §3의2)

1. 자금통합거래관리자와 자금통합거래참여자가 자금통합거래에서 얻는 편익을 각각 고려할 것
2. 자금통합거래관리자의 편익을 산정할 때에는 다음 구분에 따른 산출방법을 적용할 것
   ㉮ 자금통합거래관리자가 기업집단 수준의 자금조달 전략 수립, 유동성 관리, 신용위험 · 유동성위험 · 환율변동위험 관리 등 적극적으로 자금을 통합관리하는 경우: 금전대차거래의 정상가격 산출방법
   ㉯ 위 ㉮ 외의 경우: 용역거래의 정상가격 산출방법
3. 자금통합거래참여자의 편익을 산정할 때에는 다음 구분에 따른 산출방법을 적용할 것
   ㉮ 위 1의 ㉮에 해당하는 자금통합거래의 경우: 금전대차거래의 정상가격 산출방법. 이 경우 자금통합거래의 기간, 기업진단 수준의 위험관리 정책, 상호 보증여부 등을 고려한 신용정도 및 자금통합거래에 참여한 각 당사자가 수행한 기능, 사용한 자산 및 부담한 위험의 정도 등을 고려하여야 한다.
   ㉯ 위 1의 ㉯에 해당하는 자금통합거래의 경우: 자금통합거래참여자의 기대이익과 공헌도 등을 고려한 정상가격 산출방법. 기대이익은 자금통합거래에 참여함에 따라 절감되는 이자비용에 비례하여 산출한다.

① 자금통합 대표자의 보상

일반적으로, 자금통합 대표자는 통합 참여자들을 위해 사전에 정한 목표잔액을 맞추기 위해 계좌잔액들의 집합계좌에 해당하는 모계좌(master account)의 조정자나 대리인 기능을 수행한다. 이러한 낮은 수준의 기능행사를 고려할 때, 자금통합 대표자가 용역제공자로서 받아야 할 보상은 미찬가지로 제한적이다.(TP §10.130) 실제거래의 정확한 기술로 자금통합 대표자가 조정자나 대리인 기능을 넘어서는 활동을 수행한 것으로 확인되는 경우, 그 거래의 가격산정은 이 지침의 사업용역 접근법에 따라 이루어진다.(TP §10.131)

사례 자금통합 대표자의 보상 (TP §10.132~§10.142)

≪사례 1≫ X는 다국적기업그룹의 모회사로, 물리적 자금통합에 참여한 자회사 H, J, K, L, m을 두며 m은 자금통합 대표자이다. 모든 참여자들은 같은 통화를 사용하며 이를 기준으로 자금통합이 이루어진다. m은 제삼자 은행과 그룹내부 자금통합계약을 체결한다. 계약에 따라, 각 통합 참여자들의 특정 목표잔액을 맞추도록 모든 참여자들은 m의 현금통합계좌로 이체하거나 그 계좌에서 인출한다. 자금관리 용역계약에 따라, 은행은 m이 예치한 자금으로 각 참여자의 목표잔액을 맞추기 위해 이체하거나, 또는 은행이 m에게 약정한 당좌대월을 하기 위해 이체한다. m의 당좌대월에 대해 X가 보증한다. 제삼자 은행은 전체적인 통합잔액을 기준으로 이자를 지급하거나 수취한다. 이 사례에서, m은 자회사 H 및 J로부터 잉여자금을 받고 자금이 필요한 K 및 L에게 자금을 제공한다. 통합 참여자의 각 잔액에 대한 이자는 통합계약에 따라 청구되거나 지급된다. 계약실행의 결과, m은 통합계약이 없었던 때에 비해 은행에 더 적은 이자를 지급하고 더 많은 이자를 수취한다. 기능분석에서, m은 통합 참여자이지만 단순히 조정자 기능만을 수행하기 때문에 신용위험에 노출되지 않는다는 사실이 확인된다. 또한, m은 은행이 수행하는 기능이나 부담하는 위험을 수행하거나 부담하지 않는다. 그러므로, 은행이 예대율 차액을 수취하는 것과 같은 종류의 보상을 m이 받을 수는 없다. 따라서, m은 통합에 기여하는 용역기능에 상응하는 보상을 받는다.

≪사례 2≫ 다국적기업그룹 Y의 구성원 T사는 그룹의 재정기업으로 역할하며 그룹 내외에서 다양한 금융거래를 수행한다. T사의 주목적은 그룹의 다른 기업들에게 재정용역을 제공하는 것이며, 이에는 그룹의 유동성 전략수립 및 관리가 포함된다. T사는 채권을 발행하거나 제삼자 은행으로부터 자금을 차입하여 그룹 전체에 금융을 제공할 책임을 지며, 필요한 경우 다른 관계회사들의 자금소요에 맞추어 그룹내부대출을 실행한다. 그룹 유동성관리의 일환으로, T사는 자금통합계약을 실행하고 잉여자금을 어떻게 투자할지 또는 부족자금을 어떻게 충당할지 결정한다. T사는 그룹내부 이자율을 정하며, 다른 관계회사들과 약정한 이자율과 독립 대여자와 거래하는 이자율의 차이에 대한 위험을 부담한다. T사는 또한 그룹내부금융에 대한 신용위험, 유동성위험 및 통화위험을 부담하여, 그 위험을 회피할지 또는 어떻게 회피할지 결정한다. T사는 자금통합 대표자의 조정역할을 넘어서는 기능을 수행하고 위험을 부담하기 때문에, T사가 수행하는 금융활동의 맥락에서 그룹내부대출로 기술되어야 한다. 특히, 기능분석에서 T사는 계약에 따라 T사에 배분되는 금융위험을 통제하고 그 위험을 부담할 재정능력이 있다는 점을 알 수 있다. 그러므

로, T사는 수행기능과 부담위험에 대해 보상을 받아야 한다. 이에는 T사가 수행하는 차입과 대여 역할로 인한 예대이자율 차액의 일부 또는 전부가 포함된다. T사와 거래하는 다른 관계회사들은 다른 대안보다 더 손해가 나지 않는 경우에만 그 거래를 지속한다.

② 통합 참여자들의 보상

통합 참여자들의 대가는 통합대상 차변과 대변 잔액에 적용되는 정상 이자율의 결정을 통해 계산된다. 이러한 계산에서, 자금통합에서 발생하는 동반효과의 이익을 통합 참여자들에게 배분하는데, 이는 자금통합 대표자의 대가를 계산한 후에 이루어지는 것이 보통이다.(TP §10.143) 독립 당사자들 간 비교대상계약이 없기 때문에 그룹내부 자금통합거래의 정상 이자율 결정은 어려운 작업이다. 이러한 맥락에서, 자금통합 대표자의 은행계약은, 은행과 자금통합 대표자의 기능차이와 통합 참여자들에게 현실적으로 가능한 대안을 함께 고려하면, 이전가격분석에서 비교대상 이자율을 확인할 수 있는 정보를 알려 준다.(TP §10.145) 모든 통합 참여자들은 자금통합계약이 없는 경우보다 더 나은 상황이 될 것으로 기대한다. 즉, 모든 통합 참여자들은 통합 없이 차입이나 예치에 적용되는 이자율에 비해 자금통합계약으로 더 나은 예대이자율로 이익을 받을 것으로 예상한다. 그런데, 통합 참여자들이 더 나은 이자율보다는 자금통합의 구성원으로서 받는 이익, 즉 안정적 금융지원, 외부은행 의존감소, 유동성확보와 같은 혜택을 누리기 위해 통합계약에 참여하기도 한다.(TP §10.146)

③ 자금통합의 보증

자금통합계약에서 통합 참여자들 간 상호보증(cross guarantees)이나 상계권(rights of set off)을 요구하기도 한다. 이는 보증수수료를 지급하는 문제를 초래한다. 사안에 따라 다르겠지만 대부분 자금통합에 공통적 요소들이 있는데, 통합대상에는 차변잔액이 있는 기업들과 대변잔액이 있는 기업들이 모두 있으며, 각 참여자는 서로 다른 신용등급을 가지고, 은행과의 통합계약에서 모든 참여자들에게 전반적인 상호보증 및 상계권을 요구한다는 것이다.(TP §10.147) 이러한 상호보증과 상계권은 독립 당사자들 간에는 없는 계약의 특징이다. 각 보증인은 모든 통합 참여자들에게 보증을 제공하지만 통제 또는 보증대상 채무를 통제하지 못하며, 누구한테 보증을 제공하는지도 알 수 없다. 같은 대출에 보증을 제공하는 다른 당사자들과 마찬가지로, 지급불능의 경우 보증인이 실제위험을 평가하는 것은 가능하지 않다. 그러므로, 실무적으로 상호보증계약은 자금통합 대표자의 행위나 차입자의 행위를 지원하지 않으면 다국적기업그룹의 이익에 해가 된다는 정도의 형식적 보증에 불과하다. 이 경우, 보증을 받는 차입자는 그룹의 다른 참여자들의 암묵적 지원에 상당하는 높아진 신용수준을 넘어 이익을 받을 수는 없다. 사실이 그러하다면,

보증수수료를 줄 필요가 없으며 그룹의 다른 구성원이 지급불능이 되어 이루어지는 지원은 자본출자(capital contribution)로 간주되어야 한다.(TP §10.148)

(5) 위험회피(hedging)

그룹내부 금융거래로 다국적기업그룹 내에서 위험을 이전할 수 있다. 환율이나 상품가격의 변동과 같은 위험의 완화수단으로 일상적 사업과정에서 위험회피계약을 자주 사용한다. 독립기업은 자체 판단으로 그러한 위험을 부담하거나 회피하는 결정을 한다. 그러나, 다국적기업그룹은 그룹차원의 위험관리나 위험회피 방법에 따라 그러한 위험을 다르게 취급할 수 있다.(TP §10.149) 다국적기업그룹은 보통 재정기능을 집중화하며, 능률성과 효과성을 높이기 위해 이자율과 통화의 위험에 대한 완화전략을 펼치는데, 그 결과 개별기업이 위험회피계약을 체결하지 않고 그룹 전체관점에서 위험을 회피한다.(TP §10.150) 다국적기업그룹이 위험회피를 집중하는 방법은 다음과 같다.(TP §10.151)

1. 다국적기업그룹 재정기업에 위험회피책임을 위임하고, 대상 회사들을 위해 그 회사들의 이름으로 위험회피 계약체결
2. 다국적기업그룹 재정기업에 위험회피책임을 위임하고, 다른 회사가 그 회사의 이름으로 위험회피 계약체결
3. 다국적기업그룹 내에서 자체적인 위험회피수단을 찾으며, 이 경우 공식적인 위험회피계약을 하지 않음

대상기업들이 체결하는 위험회피계약을 통합재정기능이 실질적으로 주도하는 경우, 통합재정기능은 대상기업에게 용역을 제공하는 것이므로 정상거래조건으로 보상받아야 한다.(TP §10.152) 그런데, 그룹의 재정기업이나 다른 기업이 위험회피계약을 체결하는 경우, 그룹차원에서 포지션(position)이 일치하지만 한 기업의 포지션이 일치하지 않는 결과가 되면 어려운 이전가격문제가 발생한다. 다국적기업그룹에 위험회피계약이 있지만 한 기업에는 없는 경우 또는 그룹에 위험회피계약이 없지만 그룹의 포지션이 유지되는 경우(예 자체적 위험회피), 서면계약이 없는 상황에서 실제거래의 정확한 기술(예 특정위험 회피를 위해 수행한 의도적 그룹공동행위의 존재)과 거래의 상업적 합리성을 전체적으로 분석하지 않고, 한 기업 내에서 위험회피를 일치시키거나 위험회피거래를 인식하는 것은 적절하지 않다.(TP §10.153)

6.4 금융보증(Financial guarantees)

(1) 금융보증의 의미

일반적으로, 금융보증계약에서 피보증인이 지급의무를 이행하지 않는 경우 보증인은 특정한 금융채무를 부담한다고 규정한다. 다국적기업그룹의 구성원이 다른 구성원에게 여러 유형의 신용지원을 하는 데 사용하는 약정들은 다양하다. 선택의 한쪽 끝에는 공식적 서면보증이 있으며 다른 쪽 끝에는 다국적기업그룹의 구성원에게만 제공하는 암묵적 지원이 있다. 보증이란 차입자가 상환의무를 이행하지 않으면 보증인이 특정 보증채무를 부담한다는 법적 구속력이 있는 약속으로 정의된다. 이전가격의 관점에서 자주 볼 수 있는 상황은 어느 특수관계기업(피보증인)이 제삼자 대여자로부터 빌린 대출에 대해 다른 특수관계기업(보증인)이 보증을 제공하는 경우이다.(TP §10.155)

보증은 금융조달을 보증하는 금융보증(financial guarantee)과 계약이행을 보증하는 이행보증(performance guarantee)으로 구분된다. 보통 보증서(letter of guarantee)나 취소불능신용장(irrevocable letter of credit) 형태의 보증계약으로 보증이 성립하며 명시적 보증의사가 표시되지 않는 양해각서(comfort letter)는 보증으로 보지 않는다.(대법원 2010다58315, 2014.7.24.)

보증수수료는 보통 용역대가로 보지만, 위험부담대가(이자)로 보는 나라도 있다.(미국 container corporation case, 134 t.c.122.2010) 국내자회사가 은행으로부터 대출을 받으면서 해외모회사의 보증에 대해 지급하는 보증수수료는 기타소득으로 구분한다.(재경부 국조 46017-184, 2001.11.6.) 다만, 할부금융업을 하는 내국법인이 보증업을 하는 외국금융기관의 지급보증을 통해 국내은행으로부터 자금을 차입하면서 외국금융기관에 지급하는 보증수수료는 사업소득으로 구분한다.(법통칙 93-132…19)

(2) 금융보증의 정확한 기술

① 금융보증으로 얻는 경제적이익

금융보증의 정확한 기술에는 수동적 관련(passive association)을 넘어서 차입자에게 발생하는 경제적이익(economic benefit)을 우선 고려해야 한다.(TP §10.156) 차입자 관점에서 금융보증은 차입조건에 영향을 준다. 보증으로 인해 대여자는 더 많은 담보자산을 확보할 수 있으므로 차입자(피보증인)는 더 나은 이자율을 적용받거나 더 많은 대출을 받을 수 있는데 그로 인해 차입자는 더 많은 자금을 확보할 수 있다.(TP §10.157)

㉮ 차입조건의 개선

대여자 관점에서, 명시적 보증의 결과는 보증인을 법적으로 구속한다는 것인데 차입자가 지급불능인 경우 보증인의 자산을 처분할 수 있으므로 대여자의 위험은 감소된다. 이는, 보증으로, 보증이 없는 차입자의 신용등급 기준이 아닌 보증인의 신용등급 기준으로 피보증인이 차입할 수 있다는 의미이다. 이러한 상황에서 보증의 가격을 산정하는 원칙과 방법은 대출가격산정에서 설명한 것과 비슷하다.(TP §10.158) 그룹내부 보증으로 차입자의 자금조달비용을 감소시키는 효과가 있는 경우, 차입자의 전체 포지션(순자산상태, position)이 나빠지지 않는다면 보증에 대한 대가를 지급해야 한다. 보증으로 인한 차입자의 전체 금융포지션을 고려할 때 보증에 따른 차입비용(보증비용 및 보증관련비용 포함)을 보증이 없는 차입비용과 비교하며, 이때 모든 암묵적 지원을 고려한다. 보증차입은 또한 가격 이외에 대출조건에도 영향을 줄 수 있다.(TP §10.159) 한편, 금융보증이 차입자에게 어떤 이익도 주지 못하고 다국적기업그룹의 구성원으로서 받을 수 있는 이익만을 누린 것으로 확인되기도 한다. 그러한 경우, 비교가능상황의 독립기업은 금융보증에 대해 기꺼이 대가를 지불하지 않을 것이며, 보증인은 차입자에게 특정지원용역 이상을 제공하는 것이 아니다.(TP §10.160)

㉯ 더 많은 대출 가능성

보증의 효과로 차입자가 보증이 없을 때보다 더 많은 대출금을 빌릴 수 있는 경우, 보증은 차입자의 신용등급을 지원할 뿐 아니라 차입능력을 증가시키고 차입자의 기존차입한도에 대한 이자율을 감소시키는 2가지 역할을 한다. 그러한 경우 2가지 문제가 생기는데, 대여자가 차입자에게 주는 추가대출을 대여자가 보증인에게 주는 대출로 보아야 하는지(보증인이 대여자에게 주는 자본출자로 간주), 그리고 대여자가 차입자에게 주는 대여금으로 보는 대출에 대해 지급하는 보증수수료가 정상대가인지이다. 결론적으로, 보증수수료의 평가는 대출로 보는 부분에 대한 수수료로 한정되며 대출의 나머지는 보증인이 차입자에게 주는 자본출자로서 사실상 보증인에 대한 대출로 본다.(TP §10.161)

② 그룹 구성원의 효과

명시적 보증을 제공한 후에 차입자가 지급불능상태가 되는 경우 보증인은 법적으로 상환의무를 지는 위험에 노출된다. 법적으로 구속되는 의무가 아닌 다른 것, 즉 양해각서(letter of comfort)나 신용지원각서 등은 명시적 위험부담을 내포하지 않는다. 일반적으로, 명시적 보증이 없는 경우 다국적기업그룹의 다른 구성원들이 특수관계기업의 차입금에 대해 지원할 것이라는 기대는 차입자가 다국적기업그룹의 구성원이라는 지위로 인한 것이다. 이러한 목적으로, 그룹의 구성원이 채무의무를 이행하기 위해 다른 구성원에게 자금을 제공하는 약정이 양해각서나 보증에 해당하는지는 사실관계에 따라 다른데, 약정에서 채권자에게 약정을 강제할 법적 권리를 규정하는지 검토해야 한다. 차입자가 그룹의 구성원이라는 자격에 따른 지원혜택은 수동적 관련으로 생기는 것이므로 수수료를

지급해야 할 용역제공으로 인한 것은 아니다.(TP §10.163)

차입자가 적절한 이익을 받을 것으로 기대하지 않으면, 보증의 대가를 지급하지 않을 것이다. 명시적 보증도 필연적으로 차입자에게 이익을 주지는 않는데, 그룹의 모회사나 구성원의 대출에 적용되는 은행약정에서 대출종료나 다른 불리한 결과를 초래하는 경우로 그룹의 다른 구성원의 지급불능을 포함하기도 한다. 그 밖의 법적, 재정적, 경영적 유대는 그룹전체의 신용등급 하락 없이 차입자가 재정적 곤란을 겪는 경우 차입자를 포기할 수 없을 것이라는 의미이다. 이러한 상황에서 다국적기업그룹 구성원들은 공식적 보증계약과는 별개로 재정적으로 상호의존적이라는 결론에 도달하는데, 따라서 보증인이 명시적 보증을 하였더라도 그의 경제적 위험이 실질적으로 바뀌지는 않는다. 다른 말로 하면, 공식적 보증은 차입자의 사업을 지원하지 않으면 다국적기업그룹의 이익에 해가 된다는 인식을 표현할 뿐이다. 그러한 경우, 피보증인은 그룹 다른 구성원의 암묵적 지원에 귀속되는 신용향상수준 이상으로 이익을 받지 못하는 것이므로, 보증수수료를 지급하지 않아도 된다.(TP §10.164) 모회사의 자회사 사업활동에 대한 암묵적 지원은 단순한 투자로부터 고도로 통합된 사업거래까지 다양하다.(캐나다 Ge capital canada Inc. 2009 dtc 563.)

비슷한 문제가 상호보증(cross guarantee)에도 생기는데, 이는 다국적기업그룹의 둘 이상 기업들이 서로 보증을 서는 상황을 말한다. 대여자 관점에서, 보증된 차입자가 지급불능의 경우 상호보증기업의 자산을 처분할 수 있다. 이는 단일 보증보다 대여자를 더 안심시키는데, 필요하면 상호보증 특수관계기업들 중에 선택하여 채권을 회수할 수 있다. 차입자 관점에서 상호보증의 의미는, 차입금에 대해 복수의 보증을 하였고, 자신 또한 복수의 차입금에 대한 보증인이 된다는 것이다. 이는 각 보증을 어떻게 평가할지에 대한 문제를 일으킨다. 다수의 보증을 평가해야 한다는 점에서 복잡할 뿐 아니라, 보증을 제공하는 각 당사자는 보증을 받은 당사자로부터 다시 보증을 받게 되기 때문에 복잡하다. 상호보증계약의 효과를 평가하는 것은 어렵고, 관련 당사자들의 수가 증가하면 사실상 불가능하다. 동일위험이 복수의 보증을 받는 경우 양 당사자 간의 보증효과를 결정하는 일은 가능하지 않다. 그러한 계약은 수동적 관련 이상으로 다국적기업그룹 구성원의 신용등급상황을 개선하지 않으며, 이 경우 지급불능상태에서 그룹의 다른 구성원으로부터 받는 지원은 자본기여(capital contribution)로 간주된다.(TP §10.165)

사례 다국적기업에 대한 이자율 적용(국내사례)

내국은행 A는 국내회사의 해외자회사에 자금을 대출할 때 주로 국내모회사의 신용등급을 고려하고 해외자회사의 신용등급은 대체로 모회사의 신용등급보다 1단계 낮은 것으로 적용할 뿐 별도로 해외자회사의 신용등급을 판단하지 않는다. A은행이 국내회사의 해외자회사에게 자금을 대출할 때 국내모회사의 지급보증이 없는 경우에는 지급보증이 있는 경우보다 약 0.1%에서

0.2% 정도의 추가금리가 적용된다. 또한, 외국은행 B는 국내회사의 해외자회사에 자금을 대출할 때 B은행 서울지점으로부터 국내회사와 관련한 정보를 받는다. 대출금리는 해외자회사가 소재한 지역의 B은행 지점에서 결정하고 국내회사 신용과 해외자회사 신용을 모두 고려하지만 국내회사의 신용이 가장 큰 요인으로 작용한다. 국내회사가 법적 구속력이 있는 지급보증을 제공하는 경우에는 국내회사와 같은 신용등급을 적용하며 그렇지 않은 경우에는 국내회사의 지원정도, 사업연관성, 지배구조 등에 따라 국내회사 신용등급에서 1 내지 2등급 낮은 신용등급으로 대출금리가 적용되며 국내회사의 신용이 우수한 경우에는 그 차등정도가 축소되어 적용된다.

③ 보증인의 재정능력

또한, 금융보증의 검토에서 차입자가 지급불능인 경우 그 의무를 이행하기 위한 보증인의 재정능력을 고려해야 한다. 이를 위해 보증인 및 차입자 신용등급과 그들의 사업관련성을 평가해야 한다.(TP §10.166) 대여자는 보증인의 높은 신용등급(차입자 신용등급에 비해)이나 보증인의 제공자산(차입자 제공자산에 더하여)으로 이익을 받으며, 그에 따라 차입자는 낮은 이자율 형태로 이익을 기대한다. 그러므로, 보증으로 대여자가 효과적으로 광범위한 상환청구를 할 수 있다면, 보증인과 같거나 높은 신용등급을 가진 차입자에게도 이익을 줄 수 있으며, 보증인이 더 높은 신용등급이 아니더라도 이자율을 낮출 수 있다. 보증인과 차입자의 신용등급을 결정할 때, 암묵적 지원의 효과를 고려해야 한다.(TP §10.167) 마찬가지로, 그 의무를 이행하기 위한 보증인의 재정능력은 보증인과 차입자의 사업관련성 분석을 필요로 한다. 보증인과 차입자가 비슷한 시장상황에서 활동하는 경우, 차입자의 사업활동에 영향을 주어 지급불능위험을 증가시키는 나쁜 시장상황은 또한 보증인이 의무를 이행하는 재정능력에도 영향을 준다.(TP §10.168)

(3) 국내세법의 보증수수료 정상가격 산출방법

거주자 · 내국법인과 국외특수관계인 간 지급보증거래에 대해 다음 어느 하나에 해당하는 방법으로 산출한 금액을 정상가격으로 한다.(국조령 §12 ④)

1. 위험접근법 : 보증인의 예상 위험과 비용을 기초로 하여 정상가격을 산출하는 방법
2. 편익접근법 : 피보증인의 기대이익을 기초로 하여 정상가격을 산출하는 방법
3. 위험접근법 및 편익접근법 : 보증인의 예상 위험 및 비용과 피보증인의 기대이익을 기초로 하여 정상가격을 산출하는 방법

정상가격을 산정하는 경우 신용등급, 예상 부도율, 보증금액 예상 회수율, 차입이자율, 회사채 이자율 등은 자료의 확보와 이용 가능성, 신뢰성, 비교가능성 등을 고려하여 합리적인 자료를 이용하여 산정한다. 이 경우 신용등급, 예상 부도율 및 보증금액 예상회수율

은 다음 사항을 고려하여 판정 또는 산출해야 한다.(국조칙 §5 ④)

1. 신용등급 : 과거의 재무정보 외에 합리적으로 예측 가능한 미래의 재무정보와 국가, 지역, 업종, 기술수준, 시장지위, 보증인과 피보증인이 속한 기업군의 신용위험 등 비재무적 정보 및 다국적 기업그룹의 관계회사로서 누리는 암묵적 지원 등 2. 예상 부도율 : 피보증인의 신용등급, 기업군의 지원가능성 등 3. 보증금액 예상 회수율 : 피보증인의 재무상태와 유형자산의 규모, 산업의 특성, 담보제공여부, 시기, 만기 등

① 위험접근법

위험접근법에 따른 정상가격은 아래와 같이 산출한다. 이 경우, 정상가격은 지급보증에 따른 보증인의 예상 위험에 보증인이 보증으로 인해 실제로 부담한 비용을 더한 금액으로 한다. 이 경우 보증인의 예상 위험은 피보증인의 신용등급에 따른 예상 부도율과 부도 발생 시 채권자가 피보증인으로부터 채권을 회수할 수 있는 '보증금액 예상 회수율'을 기초로 하여 산출한 금액으로 한다.(국조칙 §5 ①) 위험접근법에서 해외자회사의 신용등급 및 부도율 추정에 무디스(리스크 칼크), S&P, Fitch 등 신용평가사의 재무모형을 사용하는 것은 일반적으로 인정된다. 다만, 기업의 상태를 보여줄 만한 데이터가 부족한 신생기업의 경우 부도율이 분석모델에서 추정한 모집단의 부도율과 다를 수 있으므로 분석모델을 적용하는 것은 적절하지 못하다.(대법원 2017두73983, 2018.3.29.)

정상수수료 = 보증인 예상위험{보증금액 × 피보증인 예상부도율 × (1 − 보증금액 예상회수율)} + 보증인이 보증으로 인해 실제로 부담한 비용*

*보증인이 실제로 부담하는 직접비와 간접비를 말함.

② 편익접근법

편익접근법에 따른 정상 보증수수료는 아래와 같이 산출한다. 이 경우 정상가격은 지급보증이 없는 경우의 피보증인의 자금조달비용에서 지급보증이 있는 경우의 피보증인의 자금조달비용을 뺀 금액으로 한다. 피보증인의 자금조달비용은 보증인과 피보증인의 신용등급을 기초로 하여 보증인의 지급보증 유무에 따라 산출한 차입 이자율 또는 회사채 이자율 등을 고려하여 산출한 금액으로 한다.(국조령 §12 ④, 국조칙 §5 ②)

정상 보증수수료 = 지급보증이 없는 경우 피보증인 자금조달비용1) − 지급보증이 있는 경우 피보증인의 자금조달비용2) 1) 지급보증이 없는 경우 피보증인 신용등급에 따른 차입이자율・회사채이자율 × 차입금 2) 보증인의 신용등급을 기초로 하여 보증인의 지급보증으로 달라진 피보증인의 신용등급에 따른 차입이자율・회사채이자율 × 차입금

신용평가기관에서 신용도를 확인할 수 없는 경우에도 시중에는 신용도를 측정할 수 있는 여러 가지 방법들이 있다. 자본부채비율(debt to equity ratio)과 같은 재무비율은 차입자의 독립적인 신용도를 측정하는 데 도움을 줄 수 있다. 또한, 채권이자율은 차입자가 보증없이 차입할 수 있는 이자율을 확인하는 데 도움을 준다.

사례 위험접근법 및 편익접근법의 적용

1. 위험접근법 : 보증인의 비용측정

보증인과 피보증인의 신용도는 재무실적을 기반으로 하는 재무모형의 통계분석과 계량정보만으로 반영할 수 없는 여러 비계량정보를 고려하여 신용평가회사가 평가한다. 보증인인 내국법인과 피보증인인 해외자회사의 신용등급은 다음과 같다.

구 분	신용등급
피보증인(해외자회사)	BBB
보증인(국내모회사)	AA

아래 예상부도율은 S&P에서 발간한 신용등급별 부도율 평균값(1년)을 사용했다.(annual global corporate default study and rating transitions)

AAa	0.00%
AA+	0.00%
AA	0.00%
AA-	0.02%
A+	0.05%
a	0.07%
a-	0.06%
BBB+	0.15%
BBB	0.23%
BBB-	0.31%
BB+	0.52%
BB	0.81%
BB-	1.44%

피보증인의 부도가 발생하여 채무불이행이 되더라도 피보증인의 재무상태, 보유한 유형자산의 규모 등에 따라 보증채무의 일부를 회수할 수 있다. 예상회수율을 평가할 때, 보증부채상당액을 부채총액에서 차감하여 회수자산가액을 계산한다. 해외자회사의 2013년 말 현재 자산 및 부채의 장부가액은 아래와 같다.

보증금액	자 산	부 채	회수자산 = 자산 - (부채 - 보증금액)	회수율 (회수자산/보증금액)
22,282	67,991	51,910	38,362	100%

보수적 평가를 위해 사분위 범위를 적용하여 예상회수율을 산정할 수 있다. 위 분석 결과, 해외 자회사의 예상회수율이 100%이므로 사분위 범위 중 상위 사분위 값을 예상회수율로 적용했다.

사분위 범위	예상회수율	예상손실율
상위 사분위 값	54.02%	45.98%
중위값	36.75%	63.25%
하위 사분위 값	21.13%	78.87%

위험접근법으로 평가한 보증인의 위험에 해당하는 정상 보증수수료율은 다음과 같다.

부도율(등급)	손실율(1-회수율)	보증수수료율(부도율×손실율)
0.23%(BBB)	45.98%	0.105%

2. **편익접근법 : 피보증인의 편익측정**

모회사 보증이 있으면 해외자회사의 신용등급을 내국법인의 신용등급(AA)보다 한 단계 낮은 신용등급(AA-)으로 보는 경우, 모회사 보증이 없는 경우 해외자회사 신용등급과의 차이에 해당하는 금리를 아래와 같이 산출할 수 있다.

신용등급	무보증회사채금리와 국고채금리 차이(3년물)
AAa	0.34%
AA+	0.38%
AA	0.41%
AA-	0.45%
A+	0.49%
a	0.52%
a-	0.56%
BBB+	0.88%
BBB	1.49%
BBB-	2.76%

모회사의 보증이 없는 경우와 보증이 있는 경우의 금리차이는 아래와 같다.

본사보증 없는 경우	본사보증 있는 경우	금리 차이
BBB(1.49)	AA-(0.45)	1.04%

③ 위험접근법과 편익접근법의 정상가격범위 산정

일반적으로, 편익접근법에 따른 피보증인 기준의 가격은 위험접근법에 따른 보증인 기준의 가격보다 크다.

보증인의 비용(위험접근법) ≦ 보증수수료 ≦ 피보증인의 편익(편익접근법)

위험접근법 및 편익접근법에 따라 정상가격범위를 각각 산정하는 경우로서 편익접근법에 따라 산정된 가격이 위험접근법에 따라 산정된 가격보다 큰 경우에 적용하되, 위험접근법 및 편익접근법에 따라 산출한 가격의 범위에서 보증인의 예상 위험 및 비용과 피보증인의 기대이익 및 지급보증 계약 조건 등을 감안하여 합리적으로 조정한 금액으로 한다.(국조칙 §5 ③)

④ **피보증인의 신용도가 보증인의 신용도보다 높은 경우**

피보증인의 신용도가 보증인의 신용도보다 높은 상황이 있는데, 그룹 본사의 차입금을 자회사들이 연대해 보증하는 경우가 그 예이다. 이 경우, 편익접근법을 적용할 수 없으며 보증인의 입장에서 위험접근법에 따라 보증수수료를 산정해야 하며, 피보증인의 신용도가 높고 예상회수율이 높다면 보증수수료 금액은 영(0)이거나 아주 작다.

(4) 간주 정상보증수수료

① **금융회사가 산정하는 보증수수료율의 인정**

거주자・내국법인이 지급보증계약 체결 당시 해당 금융회사가 산정한 지급보증 유무에 따른 이자율 차이를 근거로 하여 산출한 수수료의 금액(해당 금융회사가 작성한 이자율 차이 산정 내역서에 의해 확인되는 것에 한함)을 지급보증 용역거래에 대한 가격으로 적용한 경우에는 이를 정상가격으로 본다.(국조령 §12 ⑤ 1호) 이는 보증금액에 손실확률을 곱하여 보증가치를 산출하고 회수율을 감안하여 조정한 금액으로, 예상손실접근법(expected loss approach)에 따른 보증수수료율을 의미하며, 사실상 위험접근법과 비슷한 방법이다. 이는 독립적인 보증인이 손실이 났을 때 예상되는 자본손실을 보상받고 그에 더해 이익요소를 포함한 수수료를 청구할 것이라는 가정에 따른 것이다.

보증수수료 = 보증금액 × 손실확률 × (1 - 회수율) × (1 + 자본수익률) + 행정수수료

※ 회수율은 보통 50%를 계상, 행정수수료는 최소액임.

신용보증기관의 보증수수료는 '기본수수료 + 가산보증료'로 결정되며 가산보증료는 피보증인의 신용도에 따라 다르다. 신용보증기관의 보증료수수료 산정방법은 금융기관의 대출이자율 산정방법과 비슷하지만 보증의 경우 자금조달행위가 없다는 점이 다르다.

② 국세청장이 정하는 방법 : 편익접근법 또는 위험접근법 준용

국세청장이 편익접근법 또는 위험접근법을 준용하여 산출한 수수료의 금액(국세청 홈택스에 게시)을 거주자・내국법인이 지급보증거래에 대한 가격으로 적용한 경우에는 이를 정상가격으로 본다.(국조령 §12 ④ 2호) 이는 국세청 홈택스(지급보증 정상가격)에서 조회할 수 있다.

(5) 이론적 정상가격 산출방법

보증이 적절한 것으로 평가되는 경우 보증의 정상가격을 산정한다. 그렇지만, 보증이라고 주장하는 것이 사실상 보증이 아닌 경우 다른 가격산정방법, 특히 용역에 대한 지침을 고려해야 한다.(TP §10.169) 보증의 정상가격 산출방법은 이론적으로 비교가능제삼자가격법, 편익접근법과 위험접근법(비용접근법, 예상손실접근법, 자본투입접근법)으로 나눌 수 있다.

① 비교가능제삼자가격법(CUP method)

비교가능제삼자가격법은 외부비교대상이나 내부비교대상이 있는 경우 사용할 수 있는데, 이는 다른 차입자들의 비교가능대출에 대해 보증을 제공하는 독립 보증인이 있는 경우, 또는 동일 차입자가 독립적으로 보증을 받은 다른 비교가능대출을 받은 경우를 말한다.(TP §10.170) 관계거래와 독립거래를 비교할 수 있는지 판단할 때, 보증수수료에 영향을 주는 모든 요소들을 검토해야 하는데; 이에는 차입자의 위험요소, 보증의 계약조건, 기초 대출의 계약조건(금액, 통화, 만기, 우선권 등), 보증인과 피보증인의 신용등급 차이, 시장상황 등이 있다. 확보할 수 있다면, 제삼자 보증이 정상 보증수수료를 결정하는데 가장 믿을만한 비교대상이다.(TP §10.171) 비교가능제삼자가격법을 사용하는 데 어려움은 신용개선 보증과 충분히 비슷한 공개정보를 독립기업들 간에 볼 수 없다는 것인데, 은행대출의 제삼자 보증이 흔치 않기 때문이다.(TP §10.172) 금융보증을 제공하는 독립기업은, 우발채무를 부담하는 위험을 보상받고 보증에 대해 차입자에게 제공하는 가치를 반영하는 수수료를 수취할 것으로 기대한다. 그렇지만, 제삼자 보증인의 보수는 부분적으로 자금을 조달하고 규제요건을 충족하는 과정에서 발생한 비용을 반영한다는 점을 명심해야 한다. 그러한 비용은 특수관계기업에게는 발생하지 않는 것들이다.(TP §10.173)

② 편익접근법(Yield approach)

편익접근법은 피보증인이 낮은 이자율 조건으로 보증에서 받는 이익을 계량화한다. 이 방법은 보증 없이 차입자가 지급하였을 이자율과 보증으로 지급하는 이자율 스프레드(spread, 차이)를 계산한다. 첫 단계에서, 그룹 구성원으로서 암묵적 지원의 영향을 고

려하고, 차입자가 자신의 신용으로 지급하였을 이자율을 산정한다.(TP §10.174) 다음 단계에서, 마찬가지 절차로(제삼자로부터 대출을 직접 확인할 수 없는 경우), 명시적 보증으로 지급하는 이자율을 산정한다. 이자율 스프레드는 보증의 결과 차입자가 얻은 이익을 산정하는 데 사용된다. 보증으로 제공된 이익의 정도를 결정할 때, 그룹 구성원으로서 누리는 암묵적 지원의 효과와 명시적 보증의 효과를 구분하는 것이 중요하다. 가격산정의 대상이 되는 이익은 보증 없는 차입자의 비용과 명시적 보증이 있는 경우 비용의 차이가 아니라, 암묵적 지원의 이익을 차감한 차입자의 비용과 명시적 보증이 있는 경우 비용의 차이이다.(TP §10.175)

암묵적 지원의 이익은 차입자가 그룹 구성원으로서 받는 신용등급에 기초하여 누릴 수 있는 차입조건과 독립기업이라면 받았을 독자적 신용등급을 기준으로 누릴 수 있는 차입조건의 차이를 말한다. 차입자가 제삼자 신용평가기관으로부터 독립적인 신용등급을 받은 경우, 이는 보통 다국적기업그룹의 구성원 자격을 반영한 것이므로 이 신용등급에 암묵적 지원을 반영하는 조정이 필요하지 않다.(TP §10.176)

이러한 분석의 결과값은 보증수수료의 최대치(피보증인이 기꺼이 지불하는 최대금액)에 해당하는데, 즉 보증이 있는 경우 이자율과 보증이 없는 경우 이자율의 차이로 암묵적 지원의 이익(또는 기타 발생비용)을 빼지 않는 것이다. 차입자가 은행에 보증 없이 지급하였을 이자와 같은 금액의 이자와 수수료를 은행과 보증인에게 지급한다면 차입자가 보증계약을 체결할 이유가 없다. 그러므로 수수료의 최대금액은 정상가격이 아니며 차입자가 기꺼이 지급하려는 금액의 최대치를 나타낸다.(TP §10.177)

③ **비용접근법**(cost approach)

비용접근법은 보증인이 보증을 제공함으로써 생기는 예상손실(지급불능의 경우 손실)의 가치를 산정함으로써 보증인이 부담하는 위험을 계량하는 방법이다. 대안으로, 보증인이 부담하는 위험을 지원하는데 필요한 자본을 기준으로 예상비용을 산정할 수 있다.(TP §10.178) 예상손실(expected loss)과 필요자본(capital requirement)을 추정할 수 있는 모델이 여럿 있다. 비용접근법을 위한 잘 알려진 가격산정모델은 금융보증을 다른 금융상품과 같다는 전제하에 적용되며 그 대체상품의 가격을 산정하는데, 즉 보증을 풋옵션(put option)으로 보고 옵션이나 부도스왑의 가격산정모델을 사용한다. 예를 들면, 공개된 신용부도스왑 스프레드는 차입과 관련된 부도위험, 즉 보증수수료를 산정하는 데 사용될 수 있다. 이러한 유형의 자료를 사용하는 경우 부도사건(예 파산)의 식별이 관계거래와 비교대상 신용부도스왑의 비교가능성분석에 중요하다.(TP §10.179) 각 모델에 따른 가격산정은 모델의 가정에 민감하다. 어떤 가격산정모델을 사용하든, 비용접근법의 평가는 보증수수료의 최소치(보증인이 기꺼이 받으려는 최소금액)를 산정하며, 그 자체로 정상거래가격이 아니다. 정상거래가격은 현실적으로 가능한 대안을 고려하여 차입자와 보증인의 관점을 고려하여 산출해야 한다.(TP §10.180)

④ **예상손실평가 접근법**(Valuation of expected loss approach)

예상손실평가 접근법은 부도율(probability of default)을 계산하고, 부도에 따른 예상회수율(expected recovery rate)을 고려한 조정을 하여 보증의 가치를 측정하는 방법이다. 이렇게 산출된 비율을 보증하는 명목금액에 곱하여 보증제공비용을 산출한다. 또는, 자본자산 가격산정모델(capital asset pricing model)과 같은 상업적 가격산정모델에 따라 이 자본금액(명목금액)에 대한 기대수익에 근거해 보증의 가격을 산정할 수 있다.(TP §10.181)

⑤ **자본투입접근법**(capital support method)

차입자의 재무상태표에 자본을 더 차입하면서 보증인과 차입자의 위험요소의 차이가 발생한 경우, 자본투입접근법이 적당하다. 우선 보증이 없는 경우(다만 암묵적 지원 포함) 차입자의 신용등급을 결정해야 하며, 그 후에 차입자를 보증인의 신용등급으로 올리기 위해 필요한 추가 명목자본을 확인해야 한다. 이 경우, 그 자본금액에 대한 기대수익에 기초하여 보증의 가격을 산정할 수 있는데, 기대수익은 보증기업의 전반적인 활동이 아닌 보증제공의 결과만을 적절히 반영해야 한다.(TP §10.182)

사례 **금융보증의 정상가격** (TP §10.183~§10.188)

≪사례 1≫ 다국적기업그룹의 모회사 M사는 그룹의 연결재무상태표의 건전성에 기초하여 신용등급 AAA를 유지한다. 동일그룹의 구성원 D사는 독자적으로 BBB 신용등급을 가지며, 제삼자 대여자로부터 1천만 유로를 차입해야 한다. 수동적 관련의 효과로 D사의 신용등급은 BBB에서 a로 높아지고 명시적 보증의 제공으로 D사의 신용등급은 AAa로 높아진다고 가정한다. 또한, 제삼자 대여자는 신용등급 A의 기업에게 8%의 이자율을 적용하고, 신용등급 AAA의 기업에게 6%의 이자율을 적용한다고 가정한다. 더 나아가, M사는 D사에게 보증제공에 대해 3%의 수수료를 청구하여, 보증수수료는 보증제공으로 높아진 D사의 신용등급의 이익을 완전히 상쇄한 후 오히려 비용이 더 발생한다고 가정한다. 이 경우, D사는 보증이 없는 경우 더 나은 입장이 되기 때문에 D사와 같은 조건에서 차입을 하는 독립기업은 명시적 보증제공에 대해 M사에게 3%의 보증수수료를 지급하지 않는다.

≪사례 2≫ 사례 1에서 예시한 사실관계와 같으며, 다만 비교가능 제삼자거래를 확인할 수 있으며 비교가능보증의 정상가격은 1%에서 1.5%의 범위라고 가정한다. D사의 신용등급이 A에서 AAa로 높아진 것은 의도적 그룹공동행위, 즉 M사가 제공한 보증으로 인한 것이다. D사는 보증이 없는 때보다 더 나은 조건이 되기 때문에 명시적 보증제공에 대해 M사에게 정상 보증수수료를 기꺼이 지불한다.

(6) 보증수수료를 계산할 때 고려해야 할 요소

① 모회사로서 자본충실의무를 이행하는 경우

은행의 고객에 대한 보증은 보증수수료를 받으려는 상업적 목적인 데 비해, 모회사의 자회사에 대한 보증은 상업적 목적이 아니라 자회사의 재정건전성을 담보하기 위한 것이므로 은행의 보증수수료를 기계적으로 적용할 수 없다.(인도 Glenmark제약, mumbai tribunal 5031/m/2012)

모회사가 자회사의 사업활동에 필요한 자금의 차입을 보증하는 경우, 자회사에게만 이익이 되는 것이 아니라 모회사가 보유하는 주식가치나 배당의 증가를 통해 모회사에게도 이익이 된다.(대법원 2002두9995, 2003.12.12.)

자회사가 스스로 자립하고 생존하는 데 필요한 자본의 투자를 모회사가 보증으로 대신했다면 그 보증에 대한 비용이나 위험은 보증을 선 모회사가 부담해야 한다.(호주 국세청 intragroup finance guarantees and loans §104, 2008) 보증인인 모회사가 과소자본상태에 있는 자회사의 차입금을 보증하고 자회사가 차입금을 주로 자본재를 매입하는 데 사용하는 경우, 이는 실질적으로 자회사가 차입한 것이 아니라 보증인인 모회사가 차입하여 자회사에 공여한 것으로 볼 수 있다.(미국 plantation patterns Inc. case ca-5 462F.2d 712, TPH 26.7) 모회사가 추가로 출자할 자금이 없는 상황에서 자회사의 차입금에 대한 보증을 서는 것은 자본충실의무를 이행하기 위한 주주활동으로 제삼자가 보증수수료를 수취하기 위해 보증을 서는 사업활동과 구분된다. 그러므로 이 경우 모회사는 보증수수료를 수취할 수 없으며 주주의 보증을 통해 조달한 자금으로 자회사의 영업이 활성화되면 배당으로 보상을 받아야 한다. 이러한 논리의 연장으로, 지급보증으로 인해 자회사의 이자비용 절감효과로 모회사 투자주식의 가치가 높아지거나 영업활성화로 장래의 배당수익이 증가할 가능성이 있다면 이를 감안하여 보증수수료율을 낮게 조정할 수 있다.(프랑스 conseil d'etat. no. 81,690, 82,782, 1992.2.17.)

사례 자회사가 과소자본상태인 경우 보증수수료의 결정

국내 모회사는 해외 자회사의 은행 차입금에 대해 보증을 제공했다. 해외자회사와 같은 업종의 비교대상회사들의 자산, 부채 및 자본의 내역은 아래와 같다.

항 목	해외자회사		비교대상회사
자 산	1,000억원	100%	100%
부 채	800억원	80%	30%
자 본	200억원	20%	70%

부채는 모두 은행차입금으로 구성된다. 보증에 대해 편익접근법으로 계산한 보증수수료율은 3%이다. 해외자회사는 비교대상회사에 비해 과소자본상태이다.

- 과소자본비율 : 정상자본비율 70% - 현재자본비율 20% = 50%
- 과소자본비율 50%에 해당하는 차입금 500억원을 자본조달로 간주
- 정상 보증수수료 : 9억원
  산출된 보증수수료 24억원(800억원×3%) - 자본조달간주액 해당 보증수수료 15억원(500×3%)

② 사업상 이익을 위해 보증을 제공하는 경우

재정 구조 및 전략에 따라 모회사가 자회사와의 거래들에서 여러 가지 경제적이익들을 얻는 경우, 그러한 이익들을 고려하지 않고 보증에 대해 수수료를 받아야 한다고 결정하는 것은 적절하지 않다.(호주 국세청 intragroup finance guarantees and loans §146, 2008) 모회사가 사업상 이익(interest of business)을 위해 자회사에 지급보증을 하는 경우, 보증수수료를 수취하지 않을 수 있다.(독일 BFH Judgement BstBl II page 631, 1982.5.19.) 예를 들면, 모회사가 자회사에 제공한 보증으로 인해 자회사가 모회사로부터 매입하는 상품액이 현저히 증가하는 경우 보증수수료로 수취해야 할 금액을 매출증가로 보상받았다고 볼 수 있다. 이 경우, 보증인의 무상보증은 사업상 이익을 위한 것이다.(프랑스 conseil d'etat. no. 77,581, 1989.3.3.)

캐나다 소득세법 시행령(§247.7.1)은 해외자회사가 능동적 사업(active businesses)을 위해 빌린 차입금을 캐나다 모회사가 보증하는 경우 정상 보증수수료를 계산하지 않는다고 규정한다.

뉴질랜드 국세청은 보증 전후의 이자율 차이(interest spread)에 기초하여 보증수수료를 산출하는 편익접근법을 적용하지만, 실무적으로 은행이 아닌 보증인은 이러한 이자경감의 이익을 피보증인과 50:50으로 공유하는 것으로 간주한다. 이는 독립기업들은 상대적 기여를 고려하여 이자경감액의 경제적 효익을 공유할 것이라는 경제적 게임이론(economic game theory)의 논리에 따른 것이다.

사례 수직계열화된 자회사에 보증을 제공하는 경우

내국법인 A는 자동차를 제조하여 판매한다. A의 해외자회사 B는 자동차를 제조하여 현지에서 직접 판매한다. A는 B에게 엔진 등 주요부품을 공급하고, 자동차 설계도면 및 기술을 제공하면서 그에 대한 대가를 수취한다. B는 공장을 확장하면서 a로부터 추가 출자를 받지 않고 은행에서 자금을 차입하여 사용하였으며, 차입금에 대해 A가 보증을 한다. 이전가격방법에 따라 a 와 B에게 귀속되는 결합이익의 정상 이익분할비율은 4:6이다.

B의 생산능력이 확대되면 A는 엔진 등의 주요부품을 더 판매할 수 있으며 설계도면 및 기술제공에 대한 사용료를 더 받을 수 있다. 또한, B의 영업이익이 많게 되면 A는 주주로서 배당을 더 많이 받을 수 있다. 따라서 A가 수취해야 할 보증수수료에서 A가 사업거래에서 누리는 경제적이익(사업소득, 사용료, 배당)을 차감한 금액이 정상 보증수수료에 해당한다. 이 경우 정상 보증수수료는 다음과 같이 계산할 수 있다.

보증수수료의 산정	차감 조정	정상보증수수료
신용도차이 접근법에 따라 자회사 보증수수료율 1.5% 산정	a · B의 결합이익을 4 : 6으로 배분하므로 보증수수료의 40%는 A의 사업이익을 위한 것으로 보아 차감	1.5%×(1-0.4) = 0.9%

③ 보증인이 부도위험을 실질적으로 부담하는 경우

피보증인의 차입금 상환이 보증인의 대금지급으로 이루어지는 경우, 피보증인이 아니라 보증인이 부도위험을 부담하는 것으로 보아야 한다. 이 경우, 피보증인은 보증인에게 보증수수료를 지급할 이유가 없다.

사례 보증인이 실질적으로 보증위험을 부담하는 상황

내국법인 A는 석유를 정제하여 판매한다. A의 외국 자회사 B는 석유를 제삼자로부터 구매하여 A에게 판매한다. A는 B에게 충분한 영업자금을 투자하지 않았으며, B가 석유구매대금으로 사용하기 위해 은행으로부터 차입하는 자금에 대해 보증을 선다. B는 A에 대한 판매대금을 회수하여 은행 차입금을 변제한다. B가 석유를 구매하여 A에게 판매하는데 소요되는 기간은 한 달 정도이다.

B는 a로부터 받는 판매대금으로 은행 차입금을 반제할 것이므로 B가 차입한 자금의 부도가능성은 A의 판매대금 지급에 달려 있다. 이 경우, A는 B를 위해 보증을 서지만 B의 부도위험을 부담하는 것이 아니라 자신의 부도위험을 감수하는 것으로 볼 수 있다. 따라서 B가 A에게 보증수수료를 지급해야 하는 상황이 아니다. 한편, 내국법인 A의 외국 자회사 B가 석유를 제삼자로부터 구매하여 다른 제삼자에게 판매한다면 B의 석유구매에 사용하기 위해 차입한 자금에 대해 A는 실질적으로 보증을 선 것이다.

6.5 전속 보험(captive insurance)

(1) 전속 보험 및 재보험의 정의와 논리

다국적기업그룹이 그룹 내 위험들을 관리하는 방법들은 많다. 예를 들면, 자금을 준비금(reserves), 예상손실충당금(pre-fund potential future losses), 자가보험(self-insure)으로 적립하거나, 제삼자로부터 보험을 취득하거나, 아니면 순순히 특정위험을 방치하는 것을 선택하기도 한다. 다른 경우에, 다국적기업그룹은 전속 보험(captive insurance)을 통해 일정한 위험들을 통합하기도 한다.(TP §10.189)

전속 보험이란 용어는 한 기업 보험사업의 전부가 사실상 다국적기업그룹 기업들의 위험에 대해 보험증권을 제공하는 경우 그 보험계약이나 보험기업을 말한다.(TP §10.190) 이에 비해, 재보험이란 용어는 당초 다국적기업그룹 기업들이 인수한 제삼자들의 보험위험에 대해 재보험증권을 제공하는 특수관계 재보험계약 또는 재보험기업을 말한다.(TP §10.191)

전속 보험은 다른 보험회사나 재보험회사와 마찬가지로 규제대상이다. 보험규제의 구체적 요건은 국가마다 다르지만, 보통은 일정한 보험, 회계 및 자본 요건을 포함한다. 보험규제는 보험증권 소지인을 보호하기 위한 것이지만, 전속 보험이 다국적기업그룹의 구성원들에게만 전속적으로 보험을 제공하는 경우 해당국 규제당국이 완화된 규제규정을 적용하기도 한다.(TP §10.192)

다국적기업그룹이 전속 보험을 사용하는 이유는 다양한데, 이는 다국적기업그룹 기업들이 지급하는 보험료를 안정시키고, 조세와 규제의 조정을 통해 이익을 얻고, 재보험시장에 접근할 수 있으며, 시장능력의 변동성을 완화하고, 또한 다국적기업그룹은 그룹 내에 위험을 유보시키는 것이 더 비용절약적이기 때문이다.(TP §10.193) 그 밖에 다국적기업그룹이 전속 보험을 사용하는 다른 이유는 일정한 위험에 대해 보험혜택을 받는 것이 곤란하거나 불가능하기 때문이다. 전속 보험으로 그러한 위험을 인수하는 경우, 정상가격을 결정할 수 있는지 또한 그러한 계약의 상업적 논리는 무엇인지 문제가 된다.(TP §10.194)

(2) 전속 보험 및 재보험의 정확한 기술

실제거래의 정확한 기술 및 위험배분의 원칙은 전속 보험 및 재보험에도 적용된다. 전속 보험을 전속재보험과 함께 다루는데, 특히 아래와 같은 것을 명심해야 한다.(TP §10.195)

1. 위험완화기능의 수행은 광의의 위험관리에 해당하지만 위험의 통제는 아니다.
2. 보험이 적용되는 특정 위험과 보험에 가입한 당사자에게 보험을 제공하는 보험업자가 인수하는 위험에는 차이가 있다.(보험가입을 결정하는 당사자는 위험을 완화했는지에 상관없이 그 위험을 통제하며, 그 당사자는 보통 피보험자지만 그룹 내 다른 기업일 수도 있음)

피보험자와 보험업자 양측이 모두 정확히 동일사건에 좌우되지만, 양측의 위험보상금액은 상당히 다를 수 있다. 보험대상 위험이 실현되어 보험금이 청구되면 피보험자는 지불한 보험료에 비해 상당히 많은 금액을 수취하는 반면, 보험회사의 소득은 피보험자가 받는 위험보상금액에 상관없이 보험료와 투자소득에 국한된다.(TP §10.196) 보험업자는 피보험자 위험에 대해 위험완화기능을 수행하지만, 실제로 그 위험을 부담하지는 않는다. 보험업자는 피보험자 위험에 대해 보험금을 지급해야 할(위험을 완화하는) 위험을 부담한다. 위험완화기능의 위험은 보험업자 또는 그 위험을 보험업자가 부담해야 한다는 결정을 하는 그룹의 다른 기업(전속보험의 경우)이 통제한다. 보험업자나 그룹의 다른 기업은 이 위험에 대해 어떻게 대응할지 결정하는데, 보험대상 위험의 포트폴리오를 분산하거나 재보험을 들 수 있다.(TP §10.197)

전속 보험은 다국적기업그룹 내에서 자체 관리하거나, 제삼자 용역제공자(대형 보험중개인의 부서)가 관리한다. 보통 이러한 관리는 해당국 법령의 준수, 보험증서의 발행, 보험료의 징수, 보험금의 지급, 보고서의 준비 및 지역 관계기관 보고를 포함한다. 그룹 내에서 전속 보험을 관리하는 경우 어느 기업이 관리할지 및 관리에 대한 적절한 보상을 결정해야 한다.(TP §10.198) 전속 보험거래의 이전가격을 검토할 때 자주 일어나는 문제는 해당거래가 실질적 보험거래인지 즉 위험이 존재하는지, 그리고 그러하다면 그 위험이 실질적으로 전속 보험에 귀속되는지이다. 전속 보험이 실제 보험사업을 수행하는 것으로 확인되는 경우, 아래 징표들이 전부 또는 대부분 나타난다.(TP §10.199)

1. 전속 보험에서 위험의 분산(diversification)이나 통합(pooling)이 이루어진다.
2. 분산의 결과로 다국적기업그룹 기업들의 경제적 자본상황이 개선되며, 그로 인해 그룹 전체적으로 실질적 경제효과가 있다.
3. 전속 보험과 전속 재보험은 모두 비슷한 규제법령 및 규제당국의 규제대상으로, 그에 따라 위험부담 및 적정자본수준에 대한 증빙을 제출해야 한다.
4. 전속 보험이 없는 경우 보험대상위험을 그룹 외부보험으로 가입할 수 있다.
5. 전속 보험은 투자기술, 투자자산 처분경험 등을 필요로 한다.(참조 10.213)
6. 전속 보험은 실제로 손실을 초래할 수 있다.

전속 보험거래의 이전가격문제를 검토할 때, 실제거래를 정확히 기술하기 위해 우선 특수관계기업들의 상업적 재정적 관계와 조건, 그리고 그 관계에 수반되는 경제적 관련 상황을 확인해야 한다. 따라서 처음에는 특수관계거래가 보험에 해당하는지 판단해야 한다. 이 경우, 보험업자가 위험을 부담하는지 그리고 위험분산이 이루어졌는지 검토해야 한다.(TP §10.200)

① 위험부담 및 위험분산

보험에서 보험업자가 보험위험을 부담한다. 보험금 청구의 경우, 보험업자가 보험위험을 부담한다면 피보험자는 예상경제손실의 재정적 영향을 받지 않는데 그 손실을 보험금 지급으로 상쇄하기 때문이다.(TP §10.201)

전속 보험의 관점에서, 전속 보험이 보험위험의 불리한 결과와 상당한 손실의 가능성에 노출된다는 사실은 전속 보험이 보험위험을 부담한다는 지표가 된다. 이에 더하여, 전속 보험이 위험이 발생하는 경우 보험금 청구를 만족시킬 수 있다는 현실적 기대가 있는 경우에만 보험위험의 부담이 이루어진 것인데, 즉 전속 보험은 보험위험의 발생결과를 부담할 자금을 확보해야 한다. 전속 보험에 위험을 부담할 재정능력이 있는지 결정할 때, 전속 보험에서 즉시 쓸 수 있는 자본과 현실적으로 가능한 대안을 고려해야 한다. 특히, 전속 보험이 보험료를 다국적그룹의 피보험 기업들에 투자하는 경우, 보험금 청구를 이행할 전속 보험의 능력과 그룹의 다른 기업들의 재정상황 간의 관계는 비교가능성 분석에 중요하다.(TP §10.202)

보험은 또한 위험을 분산해야 한다. 위험분산(risk diversification)이란 보험업자가 자본을 효과적으로 사용할 수 있도록 위험의 포트폴리오를 통합하는 것을 말한다. 대형 상업적 보험업자들은 비슷한 예상손실율을 가진 보험증권들을 아주 많이 보유하기 때문에 통계적 평균법칙을 활용하여 정확한 보험금청구 예상모델을 만들어 적용할 수 있다. 보험업자는 또한 위험의 포트폴리오(portfolio)를 유지하며, 이를 위해 규제요건 및 신용평가기관의 요구에 따른 자본준비금을 보유한다.(TP §10.203) 위험분산은 보험사업의 핵심 활동이다. 상호관련 없는 위험과 다양한 지리적 위험노출을 통합함으로써 능률적으로 자본을 사용할 수 있고, 보험업자는 피보험자가 위험실현에 대처하는 데 필요한 자본보다 낮은 수준의 자본을 유지한다.(TP §10.204)

전속 보험은 다국적기업그룹의 내부위험을 인수할 뿐 아니라 상당히 많은 제삼자 위험을 위험포트폴리오에 포함하여 위험분산을 꾀할 수 있다(다만, 여전히 전속 보험의 정의에 해당).(TP §10.205) 그런데, 다국적기업그룹의 규모로 인해 전속 보험으로 상호관련이 없거나 덜 관련되는 위험, 다양한 지리적 위험노출을 인수할 수 있는 경우 그룹내부 위험의 인수로 위험을 분산할 수 있다. 전속 보험이 내부위험만을 인수하는 경우, 위험분산이 실제로 이루어졌는지, 즉 충분히 다양한 위험들을 전속 보험으로 인수하는지 판단하기 위해 철저히 분석해야 한다. 이 경우, 위험분산이 이루어졌는지 판단하는 것이 관건이며 분석의 결론은 사실에 입각해야 한다.(TP §10.206)

내부위험분산은 외부위험분산을 통해 달성되는 것보다 자본능률성이 떨어진다. 그러므로, 독점적으로 내부위험을 인수하는 전속 보험의 대가는 외부 제삼자 위험을 인수하여 위험분산이 이루어지는 경우, 또는 다국적기업그룹 위험의 상당부분을 외부에 재보험하는 경우보다 적어야 한다. 또한, 전속 보험의 내부위험 통합을 통해 이루어진 자본능률성이 의도적 그룹공동행위를 통해 창출된 그룹 동반효과의 결과로 발생되는 경우, 일반적으로 그러한 동반효과의 이익을 그 동반효과의 창출에 기여한 다국적기업들이 공유해야 한다.(TP §10.207) 전속 보험이 상당한 위험분산을 달성할 수 있는 규모가 아니거나 다국적기업그룹의 잘 분산되지 않은 포트폴리오로 인한 추가위험에 대처할 충분한 준비금이 없는 경우, 전속 보험이 보험이 아닌 다른 용역제공사업을 영위하는지 확인해야 한다.(TP §10.208)

② 경제적으로 중요한 위험의 부담

전속 보험을 기술할 때, 보험증권의 발행 즉 위험인수와 관련된 경제적 관련위험을 구체적으로 인식해야 한다. 이에는 내부 보험위험, 상업위험 또는 투자위험이 있다.(TP §10.209) 전속 보험이 보험인수기능, 특히 보험위험과 관련된 경제적으로 중요한 위험에 대한 통제기능을 수행하는지 확인해야 하는데, 이는 그러한 위험들을 전속 보험에 귀속시켜야 하는지 결정할 때 필요하다.(TP §10.210)

보험증권의 준비, 보험위험의 구분 및 선택, 보험료의 가격산정, 보유위험의 분석, 보험위험의 인수와 같은 보험인수기능의 요소를 이루는 활동들은 위험을 인수할지, 어떤 조건으로 인수할지, 재보험으로 보장을 받을지에 대한 결정을 의미한다. 그러한 활동들은 통제기능으로 볼 수 있으며, 위험을 부담할 재정능력을 가진 전속 보험이 그 기능을 수행하는 경우 그 전속 보험에 위험을 귀속시켜야 한다. 다만, 단순히 위험에 대한 평가지표나 정책환경을 설정하는 것은 통제기능으로 볼 수 없다.(TP §10.211)

전속 보험이 적절한 기술, 전문가 및 자원을 사용하지 않아서 보험인수위험에 대한 통제기능을 수행한다고 볼 수 없는 경우, 전속 보험이 위험을 부담하지 않는다고 판단하거나, 다른 다국적기업이 이러한 통제기능을 수행한다고 판단할 수 있다. 후자의 경우, 보험료 투자수익은 보험인수위험을 부담하는 그룹 구성원들에게 배분된다.(TP §10.212)

③ 보험인수기능의 외부조달(outsourcing the underwriting function)

대부분 경우에, 보험인수기능 외부조달의 일부 행위는 보험사업을 영위하는 데 필요한 최소규제기준에 부합하지 않는다. 그러나 전속 보험이 인수기능에 해당하는 활동의 일부를 외부조달할 수 있는 경우(예를 들면, 전속 보험이 중개인으로 활동하는 특수관계기업에 보험위험의 인수업무를 외부조달하고 정상대가를 지급할 수 있음), 그 위험이 전속 보험에 귀속되는지 판단하기 위해 전속 보험이 보유하는 통제기능에 대한 특별한 검토가 필요하다. 통제기능을 수행하지 않고 인수절차의 모든 행위를 외부조달하는 전속 보험은 보

험위험을 부담하는 것이 아니다.(TP §10.213)

④ 전속 재보험: 증권발행대행

전속 재보험(reinsurance captive)은 직접 보험증권을 발행하지 않지만 '증권발행대행(fronting)'으로 알려진 계약에 따라 재보험 역할을 하는 전속 보험의 특별한 형태이다. 전속 보험은 전통적 보험회사들과 같은 방법으로 보험증권을 인수할 수 없다. 일정한 보험위험은 법적 요건에 따라 인가받은 보험업자가 인수해야 한다. 이로 인해 증권발행대행계약을 사용하는데, 다국적기업그룹의 피보험자와 제삼자 보험업자(대행업자) 간에 첫 번째 보험계약을 하고, 그 후에 대행업자(fronter)가 첫 번째 계약위험의 전부 또는 대부분을 전속 보험에 재보험을 든다. 대행업자는 보험청구처리 및 기타 행정기능에 대해 여전히 책임을 지거나, 또는 이러한 기능을 같은 다국적기업그룹의 구성원이 전속으로 처리한다. 대행업자는 비용을 충당하고 보유하는 일부 보험위험에 대한 보상을 받기 위해 수수료를 수취한다. 대행업자 프리미엄의 대부분은 재보험계약의 일부로 전속 보험에 이전된다.(TP §10.214)

발행대행계약을 정확히 기술할 때, 전속 보험에 적용되는 원칙이 마찬가지로 적용된다. 그런데, 발행대행계약은 보험과 재보험 거래의 가격수준에 무관심한 제삼자의 개입이 있다는 점에서 특히 복잡한 관계거래에 해당한다. 발행대행 사안에서 일어나는 중요한 문제는 그 거래가 실제 보험이나 재보험의 금액을 포함하는지, 실제 보험이라면 (궁극적으로 전속 재보험에) 지급하는 보험료가 정상거래조건인지 여부이다.(TP §10.215)

(3) 전속 보험 및 재보험의 정상가격 결정

① 보험료의 산정(pricing of premiums)

비교가능 제삼자가격은 독립 당사자들 간 비교가능 계약에서 입수할 수 있다. 전속 보험이 제삼자 고객들과 비슷한 사업을 하는 경우 내부비교대상이 있으며, 그렇지 않으면 외부비교대상이 있다.(TP §10.217) 전속 보험 관련거래에 비교가능제삼자가격법을 적용할 때, 비교가능성 조정이나 그 계량의 필요를 판단하는데 실무적 어려움이 발생한다. 이 경우, 특히 비교대상의 신뢰성에 영향을 주는 관계거래와 독립거래의 차이를 고려해야 한다. 이러한 차이는 기능분석에 따라 전속 보험이 상업적 보험업자보다 기능을 적게 수행하는 것으로 확인되는 경우에 발생한다(즉, 다국적기업그룹의 내부위험만을 인수하는 전속 보험은 판매기능을 수행할 필요가 없음). 또한, 전속 보험과 비교대상이 사업규모에서 차이가 있거나 전속 보험과 제삼자 간 자본규모에 차이가 있는 경우 비교가능성 조정이 필요하다.(TP §10.218)

대안으로, 특정위험에 대한 보험의 정상가격에 해당하는 보험료를 독립적으로 산정하는데 보험계리분석(actuarial analysis)이 적절한 방법이 될 수 있다. 보험료 가격을 정할 때 보험업자는 보험금청구로 예상되는 손실, 보험증권을 발행하고 관리하며 보험금청구를 처리하는 데 드는 비용 및 자본의 대가를 지급하기 위한 수익을 보전하려 할 것인데, 이 경우 보험료 총액에서 보험금과 비용을 제외한 순액에 대한 투자소득을 고려해야 한다. 보험계리분석을 실제로 적용하는 것은 복잡한 일이 된다. 보험료의 정상가격을 산정하기 위한 보험계리분석의 신뢰성을 평가할 때, 보험계리분석은 독립 당사자들 간 실제 거래에 해당하지 않으므로 비교가능성 조정이 필요할 수도 있다는 점을 명심해야 한다.(TP §10.219)

② 조합비율 및 자본수익

전속 보험의 대가는 보험금 청구의 수익성(profitability of claims)과 자본수익(return on capital)을 모두 고려하는 2단계 접근법에 따라 전속 보험의 정상수익을 고려하여 산정할 수 있다. 1단계에서 전속 보험의 조합비율(combinED ratio)을 확인한다. 조합비율은 수취 보험료에 대한 지급 보험금 및 비용의 백분율로 표시된다. 비슷한 보험위험을 보상하는 독립 보험회사들이 달성하는 조합비율을 비교대상으로 확인할 수 있다. 이 경우, 정상 보험료와 그에 따른 보험인수수익(수취 보험료에서 지급 보험금 및 비용을 차감)을 산출하기 위해 특수관계기업이 지급한 보험금 및 비용에 비교대상 조합비율을 적용한다. 2단계에서 전속 보험이 달성한 투자수익을 정상수익에 비교하여 평가한다. 이 경우 2가지 사항을 고려해야 하는데, (a) 전속 보험이 보유하는 자본액, (b) 전속 보험이 특수관계 투자자산(즉, 그룹내부 채권, 대출 등)에 투자하는 경우 그 투자로 수취하는 투자수익률. 1단계 보험인수수익과 2단계 투자수익의 합계가 전체 사업소득이 된다.(TP §10.220)

전속 보험의 적정자본요건(capital adequacy requirements)은 제삼자들을 위해 보험증권을 인수하는 보험업자에 비해 상당히 낮다. 이러한 사실을 고려하여 투자수익을 산출할 때 사용하는 적정자본수준을 결정하는 경우 필요하다면 조정해야 한다. 전속 보험과 독립 보험업자의 적정자본 차이는 보통 규제요소 및 상업적 요소 때문에 발생한다. 일반적으로 보험규제당국은 전속 보험에 대해 낮아진 자본요건을 정한다. 독립 보험업자의 최우선 사업동기는 자본능률성이다. 투자자와 고객을 유치하기 위해, 독립 보험업자는 규제최소한을 초과하는 운영자본수준을 유지하여 높은 신용등급을 받는 것이 목표이다. 동시에, 독립 보험업자는 투자수익을 극대화하려 한다. 독립 보험업자들은 이러한 상충되는 이해를 충족하는 최적의 자본을 유지하려 한다. 전속 보험은 투자자를 유치하기 위해 신용등급을 유지하거나 자본수익을 최적화할 사업상 이유가 없다. 독립 보험업자에게 필요한 자본수준이 아닌 관련 규제요건에 따라 보험위험을 인수하기 위해 전속 보험에 필요한 자본(이에 더하여 규제요건을 부주의하게 위반할 가능성을 최소화하기 위한 합리적 여유자본)에 국한하여 비교가능 투자수익률이 적용될 수 있도록 합리적 조정을 해야 한다. 여러 규제당국들과 보험사업유형들 간 서로 다른 적정자본요건을 고려하기 위한 조정이 필요하다.(TP §10.221)

③ 그룹 동반효과(group synergy)

다국적기업그룹이 외부보험을 통한 위험회피를 위해, 제삼자 중개인을 사용하여 비용을 절약하면서, 그룹 내 위험을 통합하여, 재보험시장에 접근할 수 있도록 전속 보험을 사용하는 경우, 전속계약으로 재보험위험에 대한 단체협상의 이익과 게재된 위험에 대한 자본의 능률적 배분의 이익이 생겨난다. 이러한 이익들은 다국적기업의 피보험인과 전속보험의 합의된 행위의 결과로 생긴다. 보험가입자들은 감소된 보험료를 통해 이익을 볼 수 있다는 기대로 함께 참여한다. 이는 재화나 용역의 구매와 같은 다른 그룹기능에 대해 존재하는 그룹전체계약의 유형과 비슷하다. 전속 보험이 위험을 인수하고, 그것을 공개시장에서 재보험에 가입하는 경우, 전속 보험은 제공하는 기본용역에 대해 적절히 보상을 받아야 한다. 나머지 그룹 동반효과로 인한 이익은 보험료 할인의 방식으로 보험가입자들에게 배분되어야 한다.(TP §10.222) 예를 들면, 제조 다국적기업그룹이 지진위험이 있는 전세계 지역들에 50개의 자회사를 두고, 모든 자회사가 제조시설 지진피해에 대해 각각 위험을 개별적으로 평가하여 보험을 들고 있다. 그룹은 모든 자회사의 위험을 인수하는 전속 보험을 설립하고, 독립 재보험업자에게 재보험을 든다. 여러 지역에 걸친 보험위험의 포트폴리오를 합침으로써, 다국적기업그룹은 이미 시장에서 위험분산(diversified risk)을 했다. 동반효과의 이익은 전속 보험으로 인한 부가가치가 아니라 단체가입계약으로 발생한다. 그 이익은 보험가입자가 기여한 보험료 수준에 따라 보험가입자들에게 배분되어야 한다.(TP §10.223)

④ 대리인 판매(agency sales)

보험업자가 피보험자에게 보험계약을 직접 팔지 않는 경우, 당초에 판매를 주선한 당사자에게 보수를 주는 것이 보통이다. 어떤 경우, 유사거래와 비교에서 기대되는 것보다 제삼자 판매에서 더 높은 수익률이 나기도 한다. 판매대리인, 보험업자 또는 재보험업자가 특수관계인 경우 당사자들에 대한 정상대가를 결정하기 위해 수행하는 비교가능성분석에서 높은 수익률이 생기는 상황을 검토해야 한다. 일반적으로, 경쟁의 역할은 판매대리인과 보험업자나 재보험업자가 거래로 수취하는 소득을 제한하는 것이다. 대체 공급자의 가능성 또한 각 당사자가 전체거래의 일부 참여자로서 더 높은 수준의 이익을 협상하는 능력에 영향을 준다.(TP §10.224)

예를 들면, A사는 고품질 신기술소비재의 소매상이다. A사는 제삼자 고객에게 3년 기간의 파손도난을 보상하는 보험증권을 제공한다. A와 같은 그룹에 속하는 보험업자 B사가 보험증권을 인수한다. 보험계약의 소득 대부분은 B사에 귀속되며 A사는 수수료를 받는다. 보험계약은 상당히 이익이 나며 그 보험증권이 인수하는 유형의 위험에 대해 활발한 보험 및 재보험 시장이 있다. 비교대상 검토에서 A사에게 지급되는 수수료는 유사한 독립상품을 파는 독립 대리인과 비슷하다는 것을 알 수 있다. B사가 계상하는 소득은 유사보험을 제공하는 보험업자의 수준보다 높다.(TP §10.225) A사와 B사의 거래조건이 독립기업들 간 이루어졌을 것과 어떻게 다른지 판단할 때, 보험증권의 높은 수익률이 어떻게 달성되는지 및 그러한 가치창출에 대한 각 당사자의 기여를 검토하는 것이 중요하다. 제삼자에게 팔린 보험은 일반시장에서 모든 보험업자가 제공하는 것과 사실상 같은 보험증권이다. 판매대리인(A사)은 보험에 가입된 상품의 판매와 함께 고객들에게 보험증권을 제공하는 장점이 있다. 이러한 판매시에 관여할 수 있다는 장점은 높은 수준의 이익을 얻을 기회를 제공한다. A사는 다른 보험업자가 인수하는 증권을 팔 수 있으며 대부분 이익을 자신이 가질 수 있다. B사는 고객에게 보험을 판매할 수 있는 장점이 있는 다른 대리인을 찾기 쉽지 않다. 보험증권계약으로 높은 수준의 이익을 얻을 수 있는 능력은 상품판매 시에 고객과 계약하는 장점에서 비롯된다. B사의 정상대가는 유사위험을 인수하는 보험업자의 비교가능수익이며, 차액은 A사에 귀속되어야 한다.(TP §10.226)

6.6 국제금융기업 국내사업장 소득배분

(1) OECD 국내사업장 소득배분보고서

금융거래에 대한 특별한 이전가격문제를 인식하여 OECD는 1997.2.14. '파생금융상품의 국제거래에 대한 과세(the taxation of global trading of financial instruments)'를 출판하였고, 이를 1998.3.17. 개정 출판했다. 또한 2008년 8월 '국내사업장 소득배분 보고서(the attribution of profits to permanent establishments)'를 배포하고 OECD모델 7조 주석을 개정했다. 국제금융거래는 주로 은행 등 금융회사의 국내사업장을 통해 이루어지므로 국내사업장 과세원칙으로 설명되지만, 이러한 과세원칙은 또한 특수관계인 간 국제금융거래에 대해 적용된다. OECD 보고서의 내용은 아래와 같다.(PE §Ⅲ-1, §Ⅲ-3)

| OECD 국내사업장 소득배분 보고서 내용 |

Ⅰ부	공식적으로 승인된 정상가격산정의 원칙을 설명하고 이 원칙을 국내사업장 소득을 배분하는데 실제적으로 적용하기 위한 일반지침을 설명
Ⅱ부	전형적인 은행업무, 즉 자금의 대여 및 차입 업무를 수행하는 국내사업장에 소득을 배분하는데 정상가격산정을 적용하는 경우 고려해야 할 사항을 특별히 검토
Ⅲ부	일반적으로 은행에 의해 이루어지지만 또한 은행이 아닌 금융회사도 수행하는 금융상품의 국제거래를 검토한다. 이러한 검토는 1998년 OECD 보고서 '금융상품 국제거래의 과세'를 토대로 이루어짐
Ⅳ부	보험사에 대해 검토

(2) 국내사업장에 대한 기능, 자산 및 위험의 배분

국제금융회사 국내사업장의 정상가격을 산정하기 위해 첫째 단계에서 국내사업장의 활동과 조건을 특정하며 둘째 단계에서 국내사업장의 이익을 결정한다.(PE §Ⅲ-200)

첫째 단계의 기능분석 및 사실분석에서 국내사업장이 수행하는 경제적으로 중요한 활동과 임무를 식별해야 한다. 이러한 분석은 국내사업장의 활동과 임무를 어느 정도까지는 기업 전체가 수행하는 활동 및 임무의 범주에서 검토하는 것인데, 특히 국내사업장과 거래를 하는 기업부서와 관련된다. 국내사업장의 장부나 증빙은 이러한 분석을 하는 데 있어 유용한 출발점이 되지만 결정적인 것은 아니다. 예를 들면, 은행의 경우 세무목적상 금융자산이나 금융상품의 장부를 특정지역에 유지하지만 이러한 장부내용이 기능분석이나 사실분석과 일치하지 않는 경우 세무상 인정되지 않는다.(PE §Ⅲ-201)

수행기능, 즉 중요한 기업위험 부담기능 및 국제금융거래와 관련된 기업의 다른 요소들을 확인하고, 이 가운데 어떤 기능이 국내사업장에 의해 수행되고 어떤 위험이 국내사업장에 의해 부담되는지 파악한 후에, 그 같은 기능을 수행하고 위험을 부담한 결과 형성되는 자산을 국내사업장에 배분해야 한다. 은행의 경우, 자본의 적정성(특히 자본상당액)과 신용도가 국제금융거래에서 특히 중요한데 이 두 가지가 기업수익성에 상당한 영향을 미치기 때문이다. 예를 들어, 이 두 가지는 파생상품을 통해 얻을 수 있는 수익에 영향을 미친다. 이는 제삼자가 실질적으로 파생상품에 지급하고자 하는 대가는 부분적으로 그 파생상품을 제공하는 기업의 신용도에 영향을 받는다는 의미이다.(PE §Ⅲ-202)

① 배분의 의미

㉮ 인적 기능(people function)

금융상품을 개발하거나 또는 개발된 금융상품을 그 이후에 관리하는 데 필요한 지원기능과 중요한 기업위험의 부담과 관련된 모든 기능은 사람에 의해 수행된다. 이를 인적기능(people function)이라 한다. 기능분석은 인적기능을 수행하는 사람들이 국내사업장에 소재하고 있는지 검토하여 인적기능 중 무엇이 국내사업장에 의해 수행되는지 결정한다. 또한, 국내사업장과 관련된 소득을 귀속시킬 때 일부기능이 비록 국내사업장 외부에서 수행되었다 하더라도, 부분적으로 국내사업장과 관련된 것인지 검토해야 한다. 또한, 국제금융거래에서 소득형성에 기여하는 것으로 평가되는 무형자산의 영향을 고려할 필요가 있다.(PE §Ⅲ-203)

㈏ 자본의 필요

인적기능을 수행할 때, 업무수행은 물론 관련된 위험을 부담하고 이후에 대비하기 위해 자본을 필요로 한다. 자본보유와 위험부담계약, 즉 본인이 위험을 부담한 후 이를 다시 단순히 자본을 보유하는 제삼자로 하여금 대비하도록 하는 계약은 독립기업 간에도 존재한다. 예를 들어, 어떤 법인의 기능수행의 결과로 부담하는 모든 위험을 다른 법인이 보증하는 법적으로 구속된 계약을 체결할 수 있다. 이 경우, 위험을 부담하기 위해 요구되는 자본은 거래로 인한 위험이 회계상 기록되는 법인이 아닌 다른 법인에 존재한다. 보증계약에 의해 위험이 보증제공법인에 이전되는 정도는 보증제공법인 및 사업기능을 수행하는 법인 각각의 자본능력에 달려 있다.(PE §Ⅲ-204)

그렇지만, 국내사업장을 통해 거래하는 국제금융거래의 중요한 사실 중 하나는 자본과 위험이 하나의 기업 안에서 서로 분리될 수 없다는 점이다. 세무목적으로 분리하려는 시도는 사실관계에 부합하지 않다. 기업의 어느 부서에 위험이 적절히 배분되는 경우, 기업의 다른 부서가 부담위험의 일정액을 담보하기 위해 필요한 자본을 보유하는 것으로 보는 것은 가능하지 않다. 결론적으로, 단일기업을 분석하는 상황에서는 중요한 기업위험 부담기능의 수행을 고려하지 않고 자본에 대해 별도의 보상을 주고 기업의 일부에 자본을 소유하도록 하는 헤지펀드모델은 근본적으로 적용될 수 없다.(PE §Ⅲ-205)

㈐ 사업기능의 분할

은행의 경우와 마찬가지로, 하나 이상의 지역에서 동일한 기능이 수행되는 경우 사업기능의 분할(split function business)이라는 특별한 세무문제가 생긴다. 특히 중요한 기업위험 부담기능이 여러 지역으로 분할되는 경우 실질적으로 위험을 부담하는 사람을 결정하기 위한 기능분석이 이루어져야 한다. 예를 들면, 금융상품이 처음 만들어졌을 당시의 기능분석에 의해 특정지역은 실질적으로 위험을 부담하는 활동을 하지 않고 단순판매기능(origination function)만 하는 것으로 나타나는 경우가 있다. 실제로 거래와 관련된 위험을 평가하고 이러한 위험을 인수하고 관리하는 지역이 '경제적소유자(economic owner)'로 간주되며, 금융상품을 기록하고 관련소득을 배분받아야 한다. 정상가격산정의 둘째 단계에서 금융자산의 경제적소유자는 별개의 독립기업처럼 단순판매기능을 행한

기업의 다른 부서와 거래를 해야 한다.(PE §Ⅲ-206)

이 문제는 국제거래에서 중요한데, 특히 거래관리 및 위험관리 활동이 중앙집중 상품관리모델이나 통합거래모델에 따라 이루어질 때 중요하다. 중앙집중 상품관리모델에서 영업기능은 고객에게 쉽게 접근할 수 있도록 분산되는 반면에 특정장부에 대한 시장위험 관리기능은 한 장소로 집중된다. 이는 영업과 거래위험관리 기능이 여러 지역에 걸쳐 수행되며 중앙집중 상품관리지역과 여러 영업지역 간에 거래가 이루어진다는 의미이다. 통합거래모델에서는 모든 영업, 거래 및 위험관리 기능이 분산되며 각 거래지역은 파생금융상품의 공통장부를 가지고 이 모든 기능을 수행한다. 따라서 영업, 거래 및 위험관리 기능과 관련하여 각 지역들 간에 거래가 발생한다.(PE §Ⅲ-207)

또한, 일부 중앙집중 상품관리모델과 모든 통합거래모델에서 특정기능이 분산될 뿐 아니라, 영업담당과 거래담당 기능과 같은 서로 다른 기능들이 어느 정도 통합된다. 따라서 국내사업장 기능분석에서 국내사업장에 의해 수행된 기능의 내부적 그리고 상호간의 통합수준을 고려해야 한다.(PE §Ⅲ-208)

② 사용자산 및 사용조건(asset used and conditions of use)

국내사업장에 의해 수행된 각각의 기능을 상세히 분석할 뿐 아니라, 어떤 자산이 사용되었고 어떤 위험이 부담되었는지 평가해야 한다. 국제거래에 사용되는 무형자산의 경제적소유자의 결정은 일반적인 방법에 따라 이루어진다.(PE §Ⅲ-209)

③ 부담위험(risk assumed)

㉮ 은행거래와 국제금융거래의 차이

대규모의 상업적 대금업을 하는 은행의 경우 가장 큰 위험(신용위험, 운영위험, 시장위험)을 부담하게 되는 계기는 일반적으로 판매 및 거래 기능의 수행이다. 부담위험이 현실화 되었을 때 손실이 최소가 되도록 위험에 충분히 대비하는 것이 바로 위험관리기능의 책임이다. 결론적으로, 은행의 경우 상당한 손실의 가능성이 있고 자본상당액 등의 최소한 규제필요성 때문에 바로 이러한 중요한 기업위험 부담기능이 수행된다.(PE §Ⅲ-210) 국제금융거래활동에 대한 전반적인 결론은 은행과 비슷하다. 그렇지만, 대여금과 금융상품의 성격 및 위험관리형태의 차이로 인해 은행거래와 국제금융거래 간에는 차이가 있다. 일반적으로 이러한 차이는 수행기능의 형태에 반영되는데, 특히 전형적인 은행업무에서 판매/거래 기능에 해당하는 기능을 국제거래에서는 영업담당과 거래담당이 상당부분 함께 수행한다는 사실을 보면 알 수 있다. 소매은행영업에서 영업기능은 중요한 기업위험 부담기능으로 볼 수 있는데, 이러한 영업(marketing)은 국제금융거래의 영업담당/거래담당(marketer/dealer)의 기능과는 다르다.(PE §Ⅲ-211)

이 경우, 부담위험의 형태는 수행기능의 성격에 따라 달라진다. 영업담당이 특히 영업기능의 협상측면에서 관여하며 구체적으로 신용위험의 평가, 최종 고객거래가격의 결정 및 그에 따른 계약에 관여하는 경우가 있다. 이러한 영업/거래기능의 수행은 신용위험을 초래한다. 이와 달리, 영업지역에서 계약협상에 중요한 부분을 담당하지 않고 고객에게 회사와 제공상품만을 소개하는 일반적인 판매역할만을 하는 경우, 판매기능은 신용위험이나 다른 상품관련위험을 초래하지는 않는다.(PE §Ⅲ-212)

영업기능이 영업/거래기능의 일부형태(즉, 고객과의 조건협상)를 포함하는 경우에도 계약가능 최저금액은 거래담당에 의해 결정된다. 국제금융회사의 자본을 운영하기 위해 거래담당은 계약으로 부담하는 시장위험을 감소시켜야 할 뿐 아니라 이러한 시장위험을 가장 낮은 비용으로 관리해야 하기 때문이다.(PE §Ⅲ-213)

㉯ 거래모델에 따른 차이

기업의 어떤 부서가 시장위험을 부담할지를 결정하는 것은 거래/위험관리 기능의 구조에 따라 다르다. 중앙집중 상품관리모델의 경우 영업지역이 수행하는 기능으로 인해 영업지역에 시장위험이 부담되지는 않는다. 시장위험을 부담하는 기능은 초래된 시장위험을 관리하는 기능과 함께 중앙집중 상품관리지역에서 수행된다. 그런데 영업지역이 판매/거래 기능의 협상측면(negotiation aspect)에 관여하는 경우, 이러한 기능이 행사되는 지역은 신용위험을 부담하게 된다.(PE §Ⅲ-214) 신용위험 또는 시장위험이 모두 부담되지 않는 경우 이는 금융상품이 국내사업장의 장부에 전혀 기록되지 않는다는 사실로 나타나며, 또는 국내사업장 장부에 기록된다 해도 금융상품은 중앙집중 상품관리를 행하는 기업부서로 즉시 이관된다. 이와 달리, 영업지역에서 신용위험을 부담하지만 시장위험을 부담하지 않는 경우 영업지역에서 계약을 기록하는 동시에 정상가격으로 금융상품 반대파생거래(back to back derivative dealing)를 함으로써 시장위험을 즉시 중앙집중 상품관리지역으로 이관하는데, 이는 중앙집중 상품관리지역이 시장위험을 부담하고 영업지역이 신용위험을 부담하는 상황을 적절히 반영한다. 독립거래 당사자가 보유하는 파생상품위험은 일반적인 정상거래원칙에 따라 거래금액에 반영되며, 단일기업 내부거래의 경우에도 동일한 결과가 나타나야 한다. 또한, 이러한 상황은 중앙집중 상품관리지역에 금융상품을 기록하는 경우 나타나는데, 중앙집중 상품관리지역은 영업지역과 별개기업인 것처럼 거래를 해야 한다. 위에서 언급한 반대파생거래 등과 같은 국내사업장과 기업의 다른 부서 간 거래는 정상가격으로 평가되어야 한다.(PE §Ⅲ-215)

개별기업모델에서 국내사업장은 별개의 이익중심점으로 활동하며, 따라서 기능분석을 하면 신용위험과 시장위험의 책임은 물론 그러한 위험관리책임도 국내사업장에 있다.(PE §Ⅲ-216)

통합거래모델을 분석하면 고객거래를 한 지역이 신용위험과 시장위험을 최초로 부담하며, 이후에 그러한 위험들은 포트폴리오 구성에 따라 모든 거래지역에서 관리된다. 이 경우, 일정지역의 포트폴리오를 구성하는 자기거래 이외의 거래는 다른 거래지역에서 비롯된 것이다. 그러므로 각 거래지역은 사실상 금융상품의 총괄장부에 근거해 영업, 거래 및 위험관리 기능을 수행한다. 이에 따라 영업, 거래 및 위험관리 기능과 관련하여 모든 거래장소 사이에는 내면적인 거래관계가 있다.(PE §Ⅲ-217)

㉰ 혼합모델의 경우

일부 국제거래 사업조직은 표준모델의 어느 것과도 일치하지 않는다. 특히, 영업/거래 및 판매(trading)/위험관리 기능 또는 그 기능의 일부조차도 어느 정도 지역 간에 나눠질 수 있다. 이 경우, 기능수행과 관련된 위험부담 또한 관련기능을 행하는 여러 지역 간에 나누어야 한다.(PE §Ⅲ-218)

결론적으로, 기업의 어떤 부서가 중요한 기업위험 부담기능인 영업/거래, 판매/위험관리 기능의 다양한 형태를 취하며 그에 따라 해당기능의 수행과 관련된 위험을 부담하는 것으로 볼 것인지 결정하기 위해 철저한 기능분석이 요구된다. 특히 중앙집중 상품관리 모델 또는 그 모델과 통합거래모델의 혼합모델에서는 기업의 여러 부서가 서로 다른 위험을 부담한다. 예를 들면, 시장위험의 책임이 중앙집중 관리지역에 집중되는 반면, 여러 영업지역들이 신용위험을 부담한다. 그런데, 기능이 지역 간에 분산되는 경우 위험부담 또한 비슷하게 지역 간에 분산된다. 위험을 부담하는 기업부서가 위험관리기능을 또한 행하는 것인지 아니면 기업의 다른 부서가 위험관리기능을 행하는 것인지 결정하기 위해서는 기능분석과 사실분석이 필요하다.(PE §Ⅲ-219)

④ 국내사업장에 자산과 위험을 배부한 결과

㉮ 중요한 기업위험 부담기능에 대한 자산 등의 배분

금융자산의 경제적소유권은 중요한 기업위험 부담기능을 수행한 기업부서에 있으며, 국내사업장에 의해 수행된 그러한 기능에 의해 초래되거나 내재하는 모든 관련위험을 국내사업장이 부담하는 것으로 간주한다. 이에 따라 그러한 기능을 수행하는 지역(경제적소유자)이 금융상품을 보유하거나 빌려주거나 제삼자에게 판매하는 것과 관련된 소득과 비용을 계상한다. 이러한 소득은 금융상품을 만들고 관리하는데 필요한 다양한 기능을 수행한 데 대해 사용자산과 부담위험을 감안한 정상가격에 해당한다. 기능분석과 사실분석을 통해 다른 비금융자산의 경제적소유권과 관련되고 다른 위험의 부담 또는 위험을 이전한 후 관리와 관련된 중요한 인적기능이 무엇인지 결정해야 하는데, 이러한 기능에 따라 비금융자산과 관련위험이 기업의 특정부서로 배분된다.(사실에 따라 유형자산이 사용장소에 귀속되는 경우 제외) 그 다음, 다양한 부담위험을 담보하기 위해 자본상당액이 국내사업장에 배분된다. 금융자산이나 비금융자산에 관련된 중요한 기업위험 부담기능이 아니거나 또는 중요한 인적기능이 아닌 경우에도 모든 기능에는 정상대가가 계상되어야 한다. 따라서 정상가격산정의 둘째 단계에서, 금융자산이 배부된 기업부서는 중요한 기업위험 부담기능이 아닌 기능을 행사하는 부서와 별개의 기업처럼 거래해야 한다. 또한, 자산 및 자산제공에 따른 이자비용과 관련하여 수행된 기능에 대해 자산이 귀속된 기업부서에 배분되는 소득에는 기업의 다른 부서와의 거래가 정상가격으로 반영되어야 한다.(PE §Ⅲ-220)

위험을 담보하기 위해 자본이 필요하므로 중요한 기업위험 부담기능은 특히 국내사업장에 자본을 배분하는 데 영향을 미친다. 중요한 기업위험 부담기능은 기업에 의해 수행된 인적기능 중 가장 중요하며, 따라서 이는 반드시 국내사업장으로 배분되는 소득금액(the amount of profit)에 반영되어야 한다. 또한, 금융자산에 내재하는 위험을 담보하기 위해 국내사업장으로 배분되는 모든 자본상당액에 대해 이자비용을 조정해야 한다.(PE §Ⅲ-221)

국내사업장의 손익은 다른 독립기업과의 거래, 다른 관계회사와의 거래 및 동일 기업의 다른 부서와의 거래를 포함하는 모든 활동에서 기인한다. 따라서 첫째 단계에서 기능분석 및 사실분석을 통해 국내사업장이 속한 기업이 다른 독립기업과의 거래에서 초래한 권리와 의무를 적절하게 국내사업장에 배분해야 한다. 사실상, 이것은 국내사업장이 속한 기업과 다른 독립기업의 거래 중에서 국내사업장에 의해 체결된 것으로 보는 거래를 식별하는 과정이다. 이는 국내사업장의 기능을 사용자산 및 부담위험의 측면에서 분석한 명백한 결과이어야 한다. 국내사업장이 이러한 거래에 참여함으로써 국내사업장에 배분되는 손익은 독립기업과의 거래상황에서 직접 계산하거나, 특수관계회사와의 거래상황에서는 이전가격지침을 적용하여 계산하는데, 두 경우 모두 정상가격산정의 둘째 단계에 따라 국내사업장이 동일기업의 다른 부서와 거래함으로 발생되는 결과를 감안해야 한다.(PE §Ⅲ-229)

㉯ 기능수행지역과 장부기록지역이 다른 경우

국내사업장 재무제표와 장부에 기록되는 금융상품(financial instrument)과 위험(risks)은 소득배분을 위한 출발점이며, 기능분석과 일치한다면 세무목적상 고려되어야 한다. 그러나 회계장부와 증빙이 기능분석과 일치하지 않는 경우가 있는데, 이는 금융상품과 위험의 상당액이 금융상품 등의 형성과 전혀 또는 거의 상관없는 지역에 기록되거나 사후관리가 그 지역에서 이루어지기 때문이다. 이 경우, 장부기록지역에는 정상거래원칙에 따른 소득이 배분되어서는 안 된다.(PE §Ⅲ-222)

기능분석에 따라 국내사업장이 독자적으로 중요한 기업위험 부담기능을 수행하는 경우, 새로이 만들어지는 금융상품 및 위험은 국내사업장에 배분된다. 금융상품 형성과 관련된 중요한 기업위험 부담기능이 일부는 한 지역에서 이루어지고 일부는 다른 지역에서 이루어지는 경우, 기업의 어느 부서가 금융상품의 경제적소유자(owner)인지 판단해야 하고 금융상품의 소유자로서의 이익과 위험을 관련 소득과 비용의 형태로 해당 부서에 귀속시켜야 한다.(PE §Ⅲ-224)

㉰ 혼합모델의 경우

기능분석에 따라 국내사업장이 모든 영업/거래 기능 및 매매/위험관리 기능을 전적으로 수행한 것으로 판단되는 경우(예 중앙집중 상품관리모델이 적용되는 일부 사례 및 개별기업모델), 그러한 기능수행과 관련된 신규금융상품의 포트폴리오 및 위험(신용위험 및 시장위험)은 국내사업장에 귀속된다. 그러나 국제금융거래가 통합거래모델 또는 통합거래모델과 중앙집중 상품관리모델의 혼합으로 구성되는 경우, 기능분석을 하면 금융상품 포트폴리오의 형성과 그에 따른 위험관리와 관련된 기능이 일부는 한 지역에서 일부는 다른 지역에서 이루어진다는 것을 알 수 있다. 이로 인해 기업의 어느 부서를 금융상품 포트폴리오 및 위험의 소유자로 판단할 것인지가 문제가 된다. 이 경우, 판단은 중요한 기업위험 부담기능이 어디에서 수행되는지에 따라 이루어져야 한다.(PE §Ⅲ-225)

기능분석에 따라 중요한 기업위험 부담기능이 한 지역에서만 수행되고 다른 지역들은 보조적인 기능을 수행하는 경우, 중요한 기업위험 부담기능이 수행되는 지역은 독자적인 자산 및 위험을 갖거나 또는 그 지역에 배분되는 금융상품 포트폴리오 및 위험을 가지며, 독자적인 자산 또는 포트폴리오 및 관련 소득과 비용의 경제적소유자로 간주된다. 그런데 통합거래모델에서 기능분석에 따라 중요한 기업위험 부담기능이 하나 이상의 지역에서 수행되어 금융상품 또는 금융상품의 포트폴리오가 공동으로 소유된 것으로 간주되는 경우가 있다. 공동으로 소유된 자산 포트폴리오 및 위험을 어떻게 배분할 것인지는 아래에서 검토한다.(PE §Ⅲ-226)

㉱ 금융상품의 이전

금융상품 및 위험이 만들어진 이후 발생되는 사건으로 금융상품과 위험이 궁극적으로 귀속되는 지역이 달라질 수 있다. 금융상품 등이 만들어진 이후 옮겨져서 금융상품 및 위험이 전부 또는 부분적으로 기업의 다른 부서에 배분되는 경우, 이러한 이전을 세무목적상 인식하기도 한다. 더 나아가서, 사후적으로 금융상품과 위험의 포트폴리오가 공동으로 소유되는 경우 이에 따라 이러한 배분이 이루어져야 한다.(PE §Ⅲ-227)

예를 들어, 시장위험관리와 같은 중요한 기업위험 부담기능이 기업의 다른 부서로 이전되면 금융상품 및 위험은 이들이 만들어졌던 사업부서에 일부 배분되고, 위험관리기능을 수행하는 사업부서에 일부 배분되는 것으로 간주된다. 이러한 배분은 수행기능을 바탕으로 이루어지며 옮겨진 위험과 남겨진 위험을 고려해야 한다.(PE §Ⅲ-228)

(3) 국내사업장의 신용도(credit worthiness)

① 일반적으로 전체기업과 같음

은행의 국내사업장과 마찬가지로 국제금융회사의 국내사업장은 일반적으로 전체기업과 동일한 신용도를 누리며, 이로 인해 국내사업장은 본사와 같은 조건으로 고객과 이자율스왑계약을 체결할 수 있다. 국내사업장이 속한 국제금융회사와 같은 신용도를 국내사업장이 누리도록 하는 대가로 보증수수료(guarantee fees) 지급과 같은 거래를 가정하는 것은 합리적이지 않다.(PE §Ⅲ-230)

② 특별한 경우 별도의 신용도를 평가함

일반적으로, 전체로서의 국제금융회사는 동일한 신용도를 가진다. 다만, 특정지역에 소재한 자산을 그 지역 이외의 청구에 충당할 수 없거나 특정금융상품에 대한 신용평가기관의 평가요건을 충족하기 위해 그 금융상품에 대한 자산을 따로 준비하는 특별한 상황에서는 예외이다. 이 경우, 자산, 위험, 관리 등의 측면에서 비교가능성이 있는 국내사업장 소재지의 독립기업을 기준으로 국내사업장의 신용도를 결정하거나 또는 사실에 기초하여 국내사업장 구성법인을 제외한 국내사업장 자체만을 평가하는 독립적인 신용평가 등의 객관적 기준에 따라 신용도를 결정해야 한다.(PE §Ⅲ-231)

(4) 자본의 국내사업장 배분(attributing capital to the pe)

자본을 배분해야 하는 이유는 국내사업장은 수행기능, 보유자산 및 부담위험을 책임지기 위한 충분한 자본을 소유해야 하기 때문이다. 국내사업장에 자본을 배분하는 일반지침과 은행에 대한 자본배분과 자금제공 문제는 국제금융거래에서도 마찬가지로 적용된다. 특히, 은행에 있어 규제목적의 일부자본은 이자계산 대상이 되는 특별한 상황이 있다. 그러나 규제요건으로 인해 기본원칙이 수정될 이유는 없다. 오히려 규제가 없는 경우보다 규제가 있는 경우 자본배분에 문제가 적어진다.(PE §Ⅲ-232)

국제거래를 하는 모든 기업이 은행금융규제 대상은 아니지만(물론 대부분이 대상임), 규제대상이 아닌 기업들도 사업상 필요에 의해 위험을 측정한다. 어떤 경우든, 국내사업장에 대한 일반원칙에 따라 규제대상 여부, 금융사업 여부에 상관없이 기능, 자산 및 위험을 담보하기 위한 자본이 국내사업장에 배분되어야 한다. 자본배분원칙은 규제대상기관인지 여부와 상관없이 국제거래활동에 적용된다.(PE §Ⅲ-233)

은행과 마찬가지로, 거주지국이나 소재지국에서 국제거래 국내사업장에 자본상당액을 형식적으로 배분해야 하는 규제요건이 없어서 국내사업장 활동(기업본사와 별개로)이 전부 차입금에 의존하는 경우도 있다. 그러나 이것이 조세목적상 자본상당액의 배분에 영향을 주어서는 안 된다. 결론적으로, 규제목적 또는 다른 이유로 국내사업장에 실제 계상되는 자본이 없는 경우라 해도, 국내사업장의 과세소득을 정상적으로 배분하기 위해 국내사업장에 대한 정상적인 자본상당액의 배분이 이루어져야 한다.(PE §Ⅲ-234)

① **국내사업장에 대한 자본상당액의 배분**(attributing free capital to the pe)

㉮ 국내사업장에 배분되는 위험의 측정(measuring the risks attributed to the pe)

국내사업장에 배분되는 위험에 대해 자본상당액을 배분해야 하므로, 위험을 측정할 필요가 있다. 또한 위험수준(장부외 항목에서 발생하는 위험 포함)에 따른 자본배분은 금융사업에 대한 자본의 역할을 반영한다.(PE §Ⅲ-235)

위험을 측정하는 것은 어려우며 융통성이 요구된다. 금융상품과 관련된 위험을 측정하는 방법은 원칙적으로 은행에서 사용하는 방법과 비슷한데, 규제목적상 위험을 측정하는 방법을 적용할 수 있다.(PE §Ⅲ-236)

국제금융회사에 있어 위험의 중요성은 그 기업들이 국제거래활동으로 발생되는 위험을 측정하기 위해 노력한다는 것으로 입증된다. 이는 사업목적 또는 지역의 규제요건을 충족시키기 위해 이루어진다. 은행에 대한 위험측정방법은 국제금융회사에도 적용될 수 있다. 또한, 국제금융회사의 자체 위험측정모델도 사용가능한데, 다만 이 모델은 정상거래원칙을 충족하고 규제기관에 의해 승인되어야 하며, 충분히 일관되게 적용되어야 한다.(PE §Ⅲ-237)

또한, 정상가격산정에서 규제목적으로 위험을 측정하기 위한 것이 아니라 정상거래원칙에 따라 위험을 측정하기 위한 것이라는 점을 명심해야 한다. 그렇지만, 규제목적의 측정방법은 국제거래 국내사업장에 금융자산 및 위험의 정상배분액을 결정하기 위한 기준이 될 수 있으므로, 규제목적의 측정방법에 대한 신뢰성에 영향을 주는 변화가 있는지 확인하기 위해 규제의 변화를 예의 주시해야 한다.(PE §Ⅲ-238)

㉯ 국내사업장에 배분되는 위험을 부담하기 위해 필요한 자본상당액의 결정

국제거래 국내사업장에 위험을 배분한 후에, 정상거래원칙을 적용하기 위한 다음 단계는 정상거래원칙상 어느 정도의 자본상당액이 그 위험을 부담하기 위해 필요한지를 결정하는 것이다. 아래에서 설명하는 일반원칙은 국제금융회사에도 적용될 수 있다.(PE §Ⅲ-239)

| 국내사업장에 대한 자본배분과 자금조달(PE §I d-2. v.b) |

1. 자본상당액 배분방법

국내사업장에 귀속되는 위험과 자산을 측정하고, 위험과 자산을 담보하기 위한 자본상당액을 배분하는 두 단계를 통해 국내사업장의 자본상당액을 계산한다.(PE §Ⅰ-107)

① 국내사업장에 귀속되는 위험의 측정과 자산의 평가

일부 금융회사는 규제에 따라 위험을 측정하고 자본을 배분한다. 그렇지만 은행 이외의 기업이나 금융회사는 항상 위험을 측정하고 자산을 평가하는 것은 아니며 규제대상도 아닌 경우가 대부분이다.(PE §Ⅰ-108) 위험을 측정하지 않는 기업의 경우, 국내사업장 자산을 기준으로 자본을 배분할 수 있다. 금융회사가 아닌 기업의 경우 자본의 역할은 위험을 담보하기 보다는 자금조달목적이며 자산은 이러한 자금조달의 결과물이기 때문이다. 자산평가방법에는 여러 가지가 있다. 우선적으로 일정기간의 장부가치를 사용한다. 다만, 장부가치와 시장가치가 상당히 다른 경우 시장가치를 사용한다.(PE §Ⅰ-109)

또 다른 평가방법은 매입원가(original purchase price) 또는 제작원가(cost)이다. 이 방법은 여러 가지 이점이 있다. 첫째로 차입금은 차입금으로 취득한 자산의 역사적 가치와 밀접한 관련이 있다. 둘째로 이 방법은 회계차이로 인한 장부가치 차이를 방지하므로 지역 간의 평가차이를 방지한다. 셋째로 시장가치를 산정하는 것보다 간단하다. 그러나 매입원가방법은 기업의 서로 다른 부서가 동일한 시장가치를 가지지만 매입원가가 다른 자산을 가지는 경우 부적절하다. 이는 각 부서가 서로 다른 시기에 매입하여 매입원가에 차이가 나는 상황이다.(PE §Ⅰ-110)

비금융회사의 위험이 특정자산과 필연적으로 연관되지 않는 경우도 있다. 국내사업장이 마케팅무형자산 개발위험을 부담하지만 무형자산이 성공적으로 개발되지 않는 경우, 자산을 기준으로 자본을 배분하는 방법은 국내사업장이 상당한 위험을 부담하는 상황을 반영하지 못하므로 정상거래결과가 될 수 없다. 이러한 개발위험 또는 기업위험을 담보하기 위해 더 많은 자본상당액이 배분되어야 한다.(PE §Ⅰ-111) 비금융회사의 중요위험이란 국내사업장 활동시장에서 자본필요를 일으키는 위험을 의미한다. 특정지역의 패스트푸드 판매점이 비만을 초래하여 소송을 당하게 될 가상적 위험이 있고, 패스트푸드 판매점이 이런 위험을 담보할 자본이 없더라도 이는 자본배분 목적상 중요위험이 아니다. 그러나 다른 지역에서 위험이 충분히 가능성이 있어 준비금을 계상한다면 자본배분 목적상 중요위험이 된다. 이와 마찬가지로 어떤 사업은 다른 사업보다 경제변화에 민감하여 변화에 대응하기 위한 추가적 자본이 필요한 경우가 있다.(PE §Ⅰ-112) 이 경우, 규제가 없는 상황에서 추가적 자본을 산정하는 일은 어렵다. 다만, 기업들은 최소한 중요위험을 측정하려고 할 것이며 기업 자체의 측정수단을 활용한다. 국내사업장이 중요위험을 부담한다면 중요위험을 정확히 측정할 수 없다 해도 그러한 위험을 측정하기 위해 노력해야 한다. 그러나 위험이 중요하지 않다면 굳이 위험을 측정할 필요는 없으며 자산만을 평가해도 상관없다.(PE §Ⅰ-113)

② 자산취득자금 조달과 위험부담에 필요한 자본상당액 결정

조세를 감안하지 않거나 또는 규제요건이 없다면 국내사업장에 자본상당액을 배분할 이유는 없다. 국내사업장은 차입자금으로 유지될 수 있다. 정상가격을 산정할 때, 국내사업장에 자본상당액이 유지되는 것으로 간주한다. 이는 동일한 활동이 국내 자회사에 의해 수행되는 경우 과소자본세제에 의해 일정한 자본상당액을 유지하는 것으로 간주하는 것과 마찬가지 논리이다.(PE §Ⅰ-115) 정상가격산정에서 실제자본이 국내사업장에 있는지 여부와 상관없이 정상적인 자본상당액을 국내사업장에 배분한다.(PE §Ⅰ-116) 기업의 각 부서에는 적절

한 자본상당액과 이자차입금이 배분된다. 어떤 사업활동은 다른 사업활동보다 더 큰 위험을 부담하므로 더 큰 자본상당액을 필요로 한다. 따라서 국내사업장을 통해 수행되는 사업활동에 전체기업의 자본상당액 비율보다 크거나 또는 적은 자본상당액이 배분될 수 있다.(PE §Ⅰ-117)

국내사업장은 국내사업장에 배분되는 기능, 자산 및 위험을 담보하기에 충분한 자본상당액을 가져야 한다는 원칙은 국제적인 지지를 받는다. 다만, 국내사업장에 필요한 자본상당액을 배분하는 방법에 대해 국제적으로 인정된 한 가지 방법은 없다. 아래에서 검토하는 것처럼 모든 상황에 적용되는 방법은 없다.(PE §Ⅰ-181)

㉮ 자본배분접근법(capital allocation approach)

자본배분접근법은 소유자산 및 부담위험을 기준으로 국내사업장 자본상당액(free capital)을 배분하는 방법이다. 이 방법에서 자본은 기능분석에 의해 소유자산 및 부담위험의 비율만큼 배분된다. 만약 국내사업장이 10%의 자산 및 위험을 가진다면 본사자본의 10%를 배분한다.(PE §Ⅰ-121)

분석대상이 비교대상과 같은 자본구조를 갖는다면 비교대상을 기준으로 국내사업장에 자본상당액을 배부하는 경우 정상가격에 해당한다. 또한, 국내사업장 구성법인이 그룹 지주회사와 다른 국가에 소재하는 경우 국내사업장 구성법인 소재지국의 과소자본세제는 그 기업의 자본상태를 정상적으로 만들 것이므로 국내사업장 구성법인의 과소자본세제 적용상태는 국내사업장의 자본상당액 배부기준이 될 수 있다.(PE §Ⅰ-122) 자본배분접근법은 국내사업장이 구성법인의 전반적인 사업유형과 다른 사업을 수행하는 경우 문제가 된다. 이러한 사업상 차이를 조정하지 못하면 자본배분접근법을 적용할 수 없다.(PE §Ⅰ-124) 한편, 국내사업장 구성법인 자체가 과소자본인 경우 조정 없이 기업의 자본상당액을 단순히 배분하는 것으로는 정상가격이 되지 않는다.(PE §Ⅰ-125)

기업이 적당한 자본을 소유하여 자본배분접근법을 조정 없이 적용하는 경우에도 여러 가지 문제가 있을 수 있다. 원칙적으로 기업의 모든 자본상당액이 배분되어야 하지만 그렇지 않은 경우도 있다. 예를 들면, 사업개시자금으로 묶인 자금이거나 사업양도로 인한 일시적 잉여금이 있다. 사업개시의도는 있지만 확정적인 것은 아니어서 자금을 다른 용도로도 사용할 수 있다면 이런 자본은 다른 자본과 마찬가지로 배분되어야 한다. 이 경우 회사는 현금이나 단기투자자산을 가지고 투자수익을 최대화하기 위해 관리한다. 이 경우, 잉여현금이나 단기투자자산 관리와 관련된 중요한 인적기능을 수행하는 기업부서에 그러한 금융자산의 경제적소유권이 있는 것으로 간주한다. 다만, 자금을 전적으로 특정사업을 인수하기 위해 비축한다면 이 자금은 배분대상에서 제외한다. 얼마 안 있어 주주배당을 할 예정이거나 특정용도로 사용할 예정인 자금 또한 배분대상에서 제외한다.(PE §Ⅰ-126)

㉯ 경제적 자본배분접근법(economic capital allocation approach)

은행의 경우 자본상당액을 배분하는 또 다른 방법은 규제목적의 자본이 아니라 경제적 자본에 따라 배분하는 것이다. 이 방법은 명백하게 위험을 측정하는 것이므로 정상가격산정에 충실한 것이다. 규제당국은 규제와 관련된 위험만을 고려하며 은행 수익성에 상당한 영향을 미치는 다른 위험은 간과하기 때문이다. 이 방법은 또한 비금융분야에서도 유용한데, 예를 들면 개발중인 특허기술에 내재한 경제적 위험을 측정할 수 있다. 그렇지만 이 방법은 정교한 위험측정시스템을 가진 은행기관에서조차 아직 본격적으로 쓰지는 않는다. 그럼에도 불구하고 이 방법은 국내사업장이 중요한 개발위험을 부담하는 경우 유용한

방법이 될 수 있다.(PE §Ⅰ-128)

㉰ 과소자본접근법(thin capitalization approach)

과소자본접근법은 국내사업장 소재지국에서 비교가능성분석을 통해 비슷한 조건에서 비슷한 활동을 수행하는 독립기업과 비교하여 국내사업장이 동일한 자본상당금액을 보유하도록 요건을 정한다. 기능분석과 사실분석을 통해 국내사업장에 배분되는 자산과 위험을 식별하고 이에 따라 국내사업장에 필요한 자금(부채와 자본상당액을 모두 포함하여)을 결정한다. 다음 단계에서 자금을 이자부 부채와 자본상당액으로 배분한다.(PE §Ⅰ-129) 국내사업장의 정상적인 부채와 자본상당액을 결정하기 위해 다음과 같은 요소를 검토해야 한다.(PE §Ⅰ-130)

- 기업전체의 자본구조
- 유사조건에서 국내사업장과 비슷한 활동을 하는 독립기업의 실제자본구조 범위

비금융회사에 과소자본접근법을 적용할 경우 문제가 있다. 비금융회사의 경우 자본상당액만을 별도로 계산하기 보다는 부채대비 자본비율 같은 자본구조를 염두에 둘 필요가 있다. 이는 우선적으로 국내사업장의 기능, 자산 및 위험을 담보하기 위해 국내사업장에 배분되어야 하는 정상적인 자금규모를 결정해야 함을 의미한다. 자금규모를 결정하고 나서 국내사업장 소재지국의 비교대상 부채대비 자본비율을 적용하여 자본상당액을 구성하는 자금의 적정규모를 결정한다.(PE §Ⅰ-131)

이 방법에서 정상가격으로 볼 수 있는 부채자본비율의 범위가 넓으며, 이러한 넓은 범위를 감안할 때 비금융분야에서 과소자본접근법을 적용할 수 있는지가 문제가 된다. 그러나 넓은 범위의 부채자본비율이 무작위로 나타나는 것은 아니며 여러 가지 변수의 영향 때문에 나타난다. 문제는 이러한 부채자본비율의 차이에 내재하는 모든 변수를 고려하는 것이 가능한지이다. 위험에 대한 주주의 취향은 이러한 차이를 나타내는 변수 중 하나이지만, 이러한 변수는 국내사업장의 내부조건(internal conditions)으로 구분되므로 중요하지 않다.(PE §Ⅰ-132)

다른 중요한 변수, 즉 외부조건(external conditions)으로서의 차입자인 국내사업장의 소재지, 자산의 질(quality) 및 성격, 현금흐름, 사업영역, 사업전략, 자본형성 및 처분, 국내사업장 소재지의 시장상황 등은 식별할 수 있으며, 이러한 변수로 인한 영향을 측정하기 위한 노력이 있어왔다. 이러한 노력은 특정유형의 차입자에게 자금을 대여하는 독립은행이 사용하는 기준을 참조하거나 비교대상 독립기업의 회계장부를 검토하여 이루어진다.(PE §Ⅰ-133)

과소자본접근법은 기업전체가 전적으로 차입자금으로 운영되는 상황에서 국내사업장에 배분되는 자본상당액을 결정하는 경우 발생되는 문제를 방지한다. 그러나 과소자본접근법의 약점은 각 국내사업장에 배분되는 자본상당액의 총합계액이 기업전체의 자본상당액보다 클 수 있다는 것이다.(PE §Ⅰ-134)

㉱ 안전항접근법(safe harbour approach)-유사과소자본접근법/최소규제자본접근법

은행의 경우 국내사업장 소재지국에서 영업하는 독립은행에게 규제목적으로 요구되는 자본상당액 정도의 자본을 국내사업장이 보유해야 하는 경우도 있다.(유사과소자본접근법/최소규제자본접근법) 이러한 접근법은 널리 받아들여지는 접근법은 아닌데, 국내사업장은 구성법인과 동일한 신용도를 가진다는 정상가격산정의 중요한 내부조건을 무시하기 때문이다. 다만, 이 접근법을 적용할 때 정상가격산정보다 많은 소득이 배분되지 않는

다면 일종의 안정항으로 받아들일 수 있다.(PE §Ⅰ-135)

실무적으로 볼 때, 이 접근법은 규제대상 은행분야 이외에서 객관적 기준(benchmarks)을 찾기는 어렵다.(PE §Ⅰ-136) 또한, 안전항접근법은 모든 분야의 모든 납세자에게 해결책을 제시할 수는 없다. 이 접근법은 비교가능성 기준을 충족하지 않는 동일사업분야의 기준에 의존하며, 정교해지면서 범위를 넓히면 결국 과소자본접근법과 같은 방법이 되므로 결국 적용의 단순성을 상실한다.(PE §Ⅰ-137)

③ 과소자본상태인 국내사업장에 대한 자본배분

비금융분야에서는 그룹의 개별기업이 보유해야 할 자본상당액에 대한 요건이 없다는 것이 문제이다. 예를 들면 국내사업장이 속한 기업이 거의 모든 자금을 차입금에 의존하는 경우(소위 2불짜리 회사로 2불의 자본금과 1백만불의 차입금으로 구성), 기업의 모든 자본을 국내사업장에 배분한다 해도 결국 국내사업장은 과소자본상태가 된다.(PE §Ⅰ-140) 국내사업장이 속한 기업의 자본구조가 정상적이지 않은 경우, 독립기업의 정상적인 자본구조를 참조해야 한다. 이에는 다음과 같은 방법이 있다.(PE §Ⅰ-141)

- 과소자본접근법(thin capitalisation approach)
- 기업자본을 국내사업장에 배분하기 전에 기업의 자본상당액을 정상금액으로 조정

과소자본접근법은 비교대상 독립기업의 자본구조를 비교대상으로 한다. 이 방법은 정상적인 자본상당액을 결정하기 위한 것이다. 기업전체는 자본상당액으로 인한 신용도를 동일하게 누리므로, 기업내부 이자율에 영향을 미치는 신용도차이 및 보증수수료를 핑계로 이루어지는 내부거래는 무시된다.(PE §Ⅰ-142)

과소자본접근법을 적용함에 있어, 기업이 과소자본이 된 상업적 이유가 국내사업장의 사업활동과 아무 관련이 없다면 기업의 자본상당액보다 더 많은 자본을 국내사업장에 배분하는 것이 정상거래원칙에 부합한다. 만약 상업적 이유가 국내사업장의 활동과 관련이 있다면 독립기업 비교대상을 선정할 때 이러한 이유를 고려해야 한다. 즉, 이러한 원인으로 유사하게 영향을 받은 비교대상을 선택하거나, 이러한 원인으로 인한 차이를 조정해야 한다. 또는 이러한 원인을 갖는 적절한 비교대상자료를 사용할 수 없다면 정상거래원칙에 부합하는 다른 정상가격산정을 적용해야 한다.(PE §Ⅰ-145)

위 두 번째 방법은 국내사업장이 소속된 기업의 자본상당액을 우선 정상가격으로 조정한다. 그 다음 정상금액으로 조정된 자본상당액을 자본배분접근법에 따라 국내사업장에 배분한다.(PE §Ⅰ-143)

2. 자금조달비용의 결정(determining the funding costs of the pe)

① 개 념

국내사업장은 일정한 자금(자본상당액 및 이자차입금)을 필요로 한다. 총 자금규모가 결정되면 자본금상당액을 구성하는 자금규모를 결정하기 위해 자본상당액배분방법이 적용된다. 자본채무비율은 이자비용 공제금액을 계산하는 기준이 된다.(PE §Ⅰ-150)

② 자금조달비용 배분방법

자금조달비용에 대한 정상가격산정의 중요한 특징은 내부거래의 인정여부가 아니라 국내사업장의 공제가능 이자비용을 결정하기 위한 다양한 방식에 있다.(PE §Ⅰ-151)

2007년 이전 OECD모델 주석은 금융회사의 내부이자거래를 인정하지만, 비금융회사의 내부거래는 인정하지 않는다. 현재는 이러한 구분을 하지 않는다. 문제는 기업 내 자금이동을 어떻게 평가할 것인지이다. 기업부서간 자금이동을 무조건 거래로 보는 것은 아니지만, 비

금융회사에서 재정기능(treasury function)에 대한 보수를 결정하기 위해 내부이자거래를 인식해야 하는 상황이 있다.(PE §Ⅰ-152) 어떤 거래를 재정거래로 인식하려면 기업부서가 현금이나 자산의 소유자로 간주되고 내부재정거래의 현금이나 자산으로부터 정상대가를 받기 위해 실질적으로 현금이나 금융자산의 경제적소유권과 관련된 중요한 인적기능을 수행하는 것으로 인식되어야 한다. 그러한 중요한 인적기능이 없다면 내부재정거래를 인식해서는 안 된다.(PE §Ⅰ-153)

2007년 이전 OECD모델 주석은 국내사업장에 외부이자비용을 배분하는 두 가지 방법을 설명하는데(이 두 가지 방법 모두 전적인 찬성을 받지는 못함), 직접대응방법(tracing approach) 및 간접대응방법(fungibility approach)이다. 대부분 국가들은 이들 방법을 적절히 혼용한다. 직접대응방법은 국내사업장에 대한 내부자금이동을 제삼자의 최초 자금제공까지 역추적한다. 국내사업장에 제공되는 자금의 이자율은 기업이 제삼자에게 지급하는 실제이자율과 동일하게 결정된다. 직접대응방법은 기업의 실제 지급이자를 국내사업장에 배분하는 내부거래를 인식한다. 간접대응방법은 기업의 국내사업장 차입금을 국내사업장뿐 아니라 기업의 전체자금소요에 충당하는 것으로 간주한다. 간접대응방법은 기업 내 실제 자금이동 및 지점간 이자 또는 본지점간 이자를 인정하지 않는다. 기업 전체적으로 제삼자에게 지급한 실제이자의 일정부분을 정해진 공식에 따라 각 국내사업장에 배분한다. 따라서 간접대응방법에서는 내부이자거래를 인식하지 않는다.(PE §Ⅰ-154) 순수한 형태의 직접대응방법 및 간접대응방법은 모두 문제가 있다.(PE §Ⅰ-155)

자본배분과 마찬가지로 모든 상황에 적용가능한 이자비용 배분방법을 개발하는 것은 가능하지 않다. 어떤 국가는 간접대응방법을 선호하는 반면 다른 국가는 비금융회사에 대해서는 직접대응방법을 고수한다. 일부 국가는 가변적인 방법을 적용하는데 '금액이 큰(big ticket)' 사안에는 직접대응방법을 적용하고 나머지에는 간접대응방법을 적용한다. 또 다른 일부 국가는 비교가능 독립기업의 이자금액에 따라 이자비용을 결정한다. 또한 일부국가는 재정기능을 보상하는 '재정거래(treasury dealing)'를 적절히 인식하기도 한다. 그렇지만 이러한 방법들의 적용목적은 동일한데, 국내사업장에 배분되는 이자비용은 정상금액을 넘지 않아야 하며 모든 재정기능은 적절히 보상받아야 한다는 것이다.(PE §Ⅰ-156)

3. 재정거래의 정상가격결정(determining the arm's length price of treasury dealings)

재정거래(treasury dealings)를 보상하는 방법이 문제가 될 수 있다. 예를 들면, 재정거래가 외부차입금(external debt)과 관련되는 경우 비교가능한 기능을 수행하는 독립기업의 비교가능수익(margin)을 감안하여 외부차입금에 일정수익을 가산하여 정상가격을 결정할 수 있다. 기업의 한 부서와 다른 부서 간의 신용도차이를 이유로 수익을 계상해서는 안 된다. 기업의 한 부서가 다른 부서에 실질적인 재정기능을 제공했다는 명백한 증거가 있는 경우에만 수익을 계상해야 한다. 재정기능을 하는 국내사업장(treasury pe)이 단순히 우회역할(conduit)만 한 경우(자금을 빌려서 즉시 다시 대여함), 재정기능을 하는 국내사업장은 자산의 경제적소유권과 관련된 중요한 인적기능을 수행한 것이 아니므로 자금의 경제적소유자로서의 관련수익을 향유할 자격이 없다. 이 경우 재정기능 국내사업장을 자금 소유자로서 보상해서는 안 되고 용역제공자로서 보상해야 하는데, 상황에 따라 발생된 행정비용을 직접 보상하거나 일정액을 가산하여(cost plus) 보상한다. 이 때 이자비용은 가산대상 비용에 해당하지 않는다.(PE §Ⅰ-159)

비금융회사의 국내사업장이 확실한 재정기능을 수행한다면, 기능분석에 따라 금융자산의 경제적소유권과 관련된 중요한 인적기능을 수행한 것이며 그에 따라 금융자산에 대한 대가를 받을 자격이 있으므로 재정센터로서 내부금융자산의 경제적소유자로 판단된다. 내부이자거래에서 일정가산액(a margin)은 재정기능 수행대가를 산정하는 방법 중 한 가지일 뿐이다. 정상거래원칙에 따라 그 밖의 다른 방법을 적용하여 대가를 산정할 수 있다.(PE §I -160)

비금융회사에서는 차입거래 이외에 위험회피거래(hedging transaction) 등의 금융거래도 일어나는데, 이러한 의도된 위험이전의 인식에는 일정한 제한(threshold hurdle)이 있다. 즉, 위험이 이전되는 기업부서가 위험을 관리할 만한 전문인력을 가지고 그러한 위험과 관련된 중요한 인적기능을 수행하는 경우에만 거래를 인식한다.(PE §I -161)

4. 자본상당액에 대한 이자비용의 조정

기업에 의해 국내사업장에 배분된 자본상당액이 정상가격산정에 따라 결정된 정상금액보다 적은 경우, 국내사업장 활동을 지원하기 위해 실질적으로 필요한 자본상당액을 반영하기 위해 국내사업장이 부담하는 이자비용을 감소조정해야 한다.(PE §I -197) 자본상당액을 증가시키는 조정을 하지 않으면 국내사업장 소재지국에서 정상적 과세금액보다 적은 조세를 납부하게 된다.(PE §I -162)

국내사업장에 배분되는 이자차입금(내부자금이전과 관련된 재정거래를 포함)이 국내사업장에 배분되어야 할 정상적인 자본상당액의 일부를 대신하는 경우, 그 차입금이자는 국내사업장 과세소득계산에 있어 공제될 수 없다. 일부 기업의 경우, 이자차입금으로 대신하는 자본상당액과 관련된 이자채무를 국내사업장 장부에 특별히 기록하기도 한다. 이 경우, 불공제대상 이자를 결정하는 일은 상당히 쉽다. 그렇지 않은 경우, 이자차입금으로 대신하는 자본상당액과 관련된 이자채무는 국내사업장 장부에 기록되지 않는다. 이 경우, 불공제대상 이자액을 결정하는 문제가 생긴다.(PE §I -164)

불공제대상 이자액을 결정하는 방법은 다양하다. 가장 단순한 방법은 해당연도 중에 국내사업장이 실제 가진 평균부채수준과 국내사업장에 배분되어야 할 추가적 자본상당액을 반영해 조정한 후 해당연도 중에 국내사업장이 가져야 할 부채수준의 상대비율을 기준으로 국내사업장이 부담하는 실제이자(다른 정상이자 조정후)를 배분하는 것이다. 다른 방법은 국내사업장에 귀속되는 이자차입금에서 실질적으로 발생되는 이자율의 가중평균을 사용하는 것이다.(PE §I -165)

국내사업장 소재지국 국내세법에서 정한 자본배분요건으로 인해 국내사업장에 자본상당액 범위를 초과하는 자본을 배분하는 경우 문제가 발생할 수 있다. 이 경우, 소재지국에서 허용된 것보다 더 많이 과세된다. 따라서 국내세법의 자본배분요건은 정상가격범위 내의 금액으로 제한되어야 한다. 또한, 기업 스스로가 국내사업장에 자본상당액 이상을 배분하기도 하는데, 국내사업장 소재지국의 세율이 낮아서 세율이 높은 본사 소재지국에서 이자비용공제액을 극대화하려는 경우가 있다. 이 경우, 본사 소재지국은 정상가격산정에 따라 정상가격범위 내에서 국내사업장에 배분되는 자본상당액을 조정할 수 있다.(PE §I -166)

또 다른 문제는 국내사업장의 영업자금 전부를 제삼자 차입금으로 조달하는 경우이다. 이 경우, 자본상당액에 따라 이자비용의 일부를 부인해야 하는가? 원칙적으로 국내사업장을 개별기업으로 가정하여 자본상당액을 유지해야 한다는 가정하에 이러한 조정은 적절하다.(PE §I -167) 실무적으로 조정방법이 문제될 수 있다. 국내사업장이 기업 재정부서로부터 자금을 차입하는 경우 내부재정거래에 대한 자본상당액 조정이 이루어질 수 있다. 그러나 국내사업장의 차입금이 전부 제삼자 차입금이라면 이러한 조정은 가능하지 않다. 이 경우 자본상당액을 조정하는 한 가지 방법은 국내사업장 차입금을 기업 재정부서로 옮김으로써 국내사업장의 이자비용공제액을 감소시켜 자본상당액으로 조정할 수 있다.(PE §I -168)

② 자본상당액 이외의 자본배분 : 국내사업장 차입자금 이자비용 결정

은행은 사업상 이유든 세무상 이유든 자본상당액뿐 아니라 반영구적으로 이자를 부담하는 후순위채무와 같은 유형을 규제대상 자본에 포함하기도 한다. 투자자들은 전형적인 부채와 비교하여 그와 같은 제약이 있는 부채에 훨씬 높은 대가를 요구한다. 정상거래원칙에 따라 국내사업장에서 그러한 자금을 감안하여 적절한 이자비용을 공제할 필요가 있다. 예를 들면, 기업의 한 부서에서 조달된 후순위채무가 있을 경우, 은행 전체이익을 위해 조달된 채무의 이자비용을 그 부서가 전부 부담하는 것은 그 부서 입장에서는 옳지 않다. 국제거래에 대한 적용방법은 은행에서의 결론과 다르지 않고, 은행이 아닌 국제금융회사인 경우에도 일반적인 국내사업장 소득배분방법을 적용할 수 있다.(PE §Ⅲ-240)

(5) 거래의 인식(recognition of dealings)

국제금융거래의 성격을 감안할 때 금융자산 관련거래를 인식하는 데에는 많은 문제가 있다. 금융상품(financial instruments)에는 채권(bonds), 리포(repos), 파생상품(derivative products) 등이 있다. 그런데, 이러한 상품들은 단지 계약서와 회계장부상으로만 존재한다는 의미에서 실체가 없다. 유형자산(physical asset)과 달리 금융상품이 국제금융회사의 어느 지역에 소재하며, 소재지가 파악된 경우에도 다른 지역으로 이전되었는지 또는 다른 지역에서 그 상품을 사용하고 있는지 결정하는 일은 어렵다. 국제거래의 특별한 문제는 특정 금융상품과 관련한 다양한 위험이 분할(UNbUNdled)되어 여러 지역에서 관리될 수 있다는 것이다. 이러한 문제는 규제의 영향으로 가중되는데 금융상품의 형성 및 사후관리와 관련된 기능이 전혀 행사되지 않았거나 행사될 가능성이 없는 지역에 금융상품이 기록(bookED)되기도 한다. 이로 인해 소득배분에 상당한 영향을 미치는 국제금융회사 간 내부거래가 많아지게 된다.(PE §Ⅲ-244)

DAX지수에 연동된 유로화채권(PE §Ⅲ-245)

원금이 독일증권시장지수(DAX)에 연동된 5% 이자율의 유로표시채권을 금융기관이 매입하면, 이 채권은 확정금리위험(fixed income risk, 유로화 이자율이 상승하여 채권가치가 하락할 위험) 및 주가지수위험(equity risk, DAX의 지수하락 위험)을 부담하며 회사의 기능통화 종류에 따라 통화위험(currency risk)이 추가될 수 있다. 이런 위험들은 반드시 적절한 계정으로 분류되어야 한다. 보통 위험은 거래담당 간 협의에 의해 내부거래(inter desk transactions)로 장부에 배분된다. 복잡한 파생상품 운용에서는 단순히 이런 위험들의 거래계정을 분류하기 위해 내부거래 또는 지점 간 거래가 많이 이루어진다.

금융상품과 위험에 대한 '경제적소유권'이 어디에 있는지 결정함에 있어 국제거래업무

의 복잡한 사실관계로 인해 기능분석 및 사실분석에 기반을 두는 정상가격산정의 원칙이 바뀌는 것은 아니다. 금융상품의 형성과 관련된 중요한 기업위험 부담기능이 초기에 기록된 지역에서 행사되었다면 그 지역에서 금융상품 및 위험을 '경제적으로 소유(economically owned)'하게 된다. 또한, 금융상품과 위험의 경제적소유권을 다른 기업부서로 이전하는 거래에도 동일원칙이 적용된다. 국내사업장 장부에서 금융거래와 관련한 시장위험을 제거하여 이를 기업의 다른 부서로 이전하기 위한 내부스왑거래는 위험이전과 함께 기업의 중요한 시장위험 관리기능이 이전되지 않는다면 거래로 인정되지 않는다.(PE §Ⅲ-245)

(6) 기업 내부거래에 대한 이전가격방법의 적용

정상가격산정의 둘째 단계는 분석을 통해 국내사업장 및 기업의 다른 부서 간의 모든 경제적 관계(거래)에 대해 이전가격지침을 적용하기 위한 것이다.(PE §Ⅲ-259) 예를 들면, A국에 있는 국내사업장이 관련기능을 수행했다는 사실에 따라 국내사업장에 금융상품 및 위험의 포트폴리오가 귀속된다 해도, 기업의 다른 부서가 포트폴리오와 관련된 다른 기능을 수행할 수 있다. A국 소재 국내사업장의 정상소득을 계상하기 위해서는 이러한 다른 기능을 감안해야 한다. 정상가격산정에 따라, 포트폴리오의 경제적소유자인 A국 소재 국내사업장에 모든 금융상품 관련소득이 기록되며 기업의 다른 부서가 수행한 기능에 대해서는 정상가격으로 거래가 이루어지고 이에 따라 A국 소재 국내사업장에 비용 또는 원가가 계상된다.(PE §Ⅲ-251)

① 이전가격방법의 준용

이전가격지침의 5가지 비교가능성 결정요소를 적용하여 국제거래 국내사업장에 대한 비교가능성(comparability)을 검토하고 독립기업 간 비교거래가격과 국제금융회사의 내부거래가격을 비교한다.(PE §Ⅲ-251)

② 국내사업장 위험을 담보하기 위한 자본배분

동일기업 내에서 위험은 기능에 수반되며 어떤 상황에서건 두 가지가 서로 분리될 수 없는데, 이는 국내사업장이 수행한 중요한 기업위험 부담기능에 의해 형성된 위험을 부담하기 위해 국내사업장에 자본을 배분해야 한다는 의미이다. 그런데, 특수관계기업뿐 아니라 개별기업도 계약을 체결하고 이로 인한 국제거래위험을 담보하기 위해 필요한 자본을 국제거래활동으로 인해 실제로 위험을 부담하는 기업이 아닌 다른 기업이 소유하기도 한다. 이 경우, 자본소유기업은 그다지 많은 국제거래기능을 수행하지 않는다. 계약이 인정되고 거래기능을 수행한 기업활동이 자본제공자의 종속대리 국내사업장을 구성하는 경우 아래의 지침이 적용된다. 특수관계회사 간 자본소유계약이 인정되는 경우,

자본제공에 대해 거래이익분할법에 따라 이익분할방식으로 보상받는다. 그렇지만 국내사업장의 정상가격을 산정할 때, 동일기업이 자본을 소유하고 국제거래기능도 수행하는 경우 위험을 부담하는 그 기업의 전체자본은 그 위험을 만들고 관리하는 국제거래기능을 수행하는 기업의 부서에 귀속된다. 그러므로 국제금융회사의 부서가 단순히 '자본소유자(capital possessor)'인 경우는 없는데, 즉 자본은 소유하되 국제거래기능은 별로 수행하지 않는 기업부서는 있을 수 없다.(PE §Ⅲ-253)

(7) 국제금융거래 기능(global trading function)

① 중요한 기업위험 부담기능을 수행하는 기업부서에 자산과 위험을 귀속시킴

국내사업장이 수행한 중요한 기업위험 부담기능에 의해 만들어진 금융상품(financial instruments)과 위험은 그 국내사업장에 귀속된다. 이는 금융상품에 의해 형성된 손익을 이러한 기능을 수행한 국내사업장에 귀속시키는 효과를 낳는다. 국내사업장에 정상소득을 배부한 결과 금융상품을 전부 국내사업장에 귀속시키는 경우, 다른 국제거래기능의 수행으로 인한 거래에 대해 정상가격을 별도로 결정해야 한다.(PE §Ⅲ-259)

그러나 일부 금융상품은 국내사업장과 기업의 다른 부서를 통합하여 배분된다. 이러한 통합소유권은 이익배분에 중요한 영향을 미친다. 여러 부서에서 수행되는 중요한 기업위험 부담기능의 상대적 가치는 포트폴리오(portfolio) 및 포트폴리오 형성에 필요한 자본상당액을 배분하는 데 사용될 수 있다.(PE §Ⅲ-260)

기업의 여러 부서에서 수행된 중요한 기업위험 부담기능의 상대적 공헌도를 결정하기 위해 이전가격지침을 적용할 수 있다.(PE §Ⅲ-262) 전통적 거래방법을 신뢰성 있게 적용할 수 없는 경우에는 거래이익방법(profit methods)의 사용을 인정한다. 이러한 거래이익방법을 국내사업장 소득을 배분하는 데 사용하는 경우, 금융상품으로부터 형성된 이익배분액을 결정함은 물론 자본상당액을 어떻게 계산할 것인지도 결정할 수 있다.(PE §Ⅲ-261)

사례 국내사업장의 이익분할 및 관련경비공제(PE §Ⅲ-263)

A국 국내사업장에 의해 전세계적 거래장부의 중요한 기업위험 부담기능의 40%가 수행되고, B국 본사에 의해 40%가 수행되며, C국 국내사업장에서 20%가 수행되는 것으로 거래이익분할법상 결정되는 경우 국제금융 거래장부에 기록되는 금융자산은 마찬가지로 A국 국내사업장에 40%, B국 본사에 40%, C국 국내사업장에 20%가 배분되며 이는 자본에 대한 보상비율이 각각 40/40/20이 되어야 함을 의미한다. 그러나 이는 필연적으로 이익을 40/40/20으로 배분하는 것은 아닌데, 비록 중요한 기업위험 부담기능이 아니라 하더라도 이익을 향유할 다른 기능에 대해 정상적인 보상을 해야 하기 때문이다.

사 례 파생상품 거래이익의 배분(국내사례)

외국은행 국내지점은 판매와 마케팅 기능을 수행하며, 다른 외국지점들에 직접 기록되거나 백투백(back-to-back)거래를 통해 다른 외국지점들로 포지션이 이전되는 파생상품의 영업활동을 한다. 이 과정에서 국내지점은 트레이더(trader)가 제시하는 가격에 가산(markup)을 하여 고객에게 판매하여 판매수익(commercial markup)을 수취한다. 판매수익은 국내지점과 트레이딩지점의 공헌도에 따라 50:50으로 배분된다. 파생상품거래의 특징을 요약하면 다음과 같다.

구분	파생상품 거래	공업제품 거래
거래 예시	런던지점이 포지션을 관리하는 옵션(기준 100, 제시매입가 95, 제시매출가 105)을 국내지점이 고객에게 영업하여 런던지점과 107에 계약 성사	미국법인이 제조한 컴퓨터(원가 100, 도매가 105)를 한국법인이 매입하여 소비자에게 107에 판매
수익 배분	• 총수익 : 판매가 107 - 기준가 100 = 7 • 거래수익 : 105 - 100 = 5 → 런던지점 • 판매수익 : 107 - 105 = 2 → 국내지점과 런던지점이 배분	• 총수익 : 판매가 107 - 원가 100 = 7 • 도매수익 : 105 - 100 = 5 → 미국법인 • 소매수익 : 107 - 105 = 2 → 한국법인
수익 배분 논리	• 거래수익 : 런던지점이 시장에서 기대하는 수익이므로 런던지점의 몫으로 계상 • 판매수익 : 국내지점의 몫으로 계상하되, 런던지점이 추가적으로 부담하는 위험(자본) 및 위험관리(용역)에 대한 보수 지급	• 도매수익 : 미국법인이 시장에서 기대하는 수익이므로 미국법인의 몫으로 계상 • 소매수익 : 한국법인의 노력으로 얻은 수익이므로 한국법인의 몫으로 계상

거래수익(trading markup)은 해당상품의 매입/매도가격 차액과 위험회피비용, 위험관리비용을 합한 금액이다. 트레이더가 상품을 잘못 계산하거나 적정 포지션으로 위험을 회피하지 않으면 언제든 거래손실이 발생할 수 있다. 즉, 판매수익은 항상 (+)인데 비해 거래수익은 상황에 따라 (-)가 될 수 있다. 국내지점은 파생상품의 위험을 부담하거나 관리하는데 관여하지 않으므로 거래수익을 공유하지 않으며 거래손실에 대한 책임도 부담하지 않는다.

트레이딩지점의 제시가격보다 높은 가격에 파생상품계약을 체결하면 포지션관리를 위해 그 반대거래를 체결해야 하며 추가적 위험인수(risk taking)가 이루어져야 하고, 고객이 파생상품계약을 이행하지 않을 경우 트레이딩지점이 그 손해를 부담해야 하는데 그 위험을 담보하기 위한 추가적 자본이 투입되어야 한다. 또한, 이를 위해 트레이더의 추가적 위험관리용역이 수행되어야 한다. 이에 따라, 판매지점은 트레이딩지점의 추가적 위험부담 및 위험관리에 대한 보수를 지급해야 한다. 'Robert Walters salary survey 2012'는 판매 및 트레이딩 인력의 상대적 보수수준에 대한 자료를 제공한다. 경력에 따른 보수수준은 다음과 같다.(단위 : 천 유로)

	5~7년			7~12년			12년 이상		
	Low	High	평균	Low	High	평균	Low	High	평균
판매 ①	65	130	98	80	150	115	110	180	145
트레이더 ②	60	90	75	65	110	88	80	150	115
합계 ③			173			203			260
백분율 ①/③	42%	68%	57%	42%	70%	57%	42%	69%	56%

이에 따르면, 국내지점의 판매활동에 대한 보상 근거로 적용된 50/50 이익분할은 판매인력의 보수수준 42%~70%의 범위 내에 위치하므로 정상가격에 해당한다.

사례 사모투자펀드의 귀속소득 산정

1. 사모투자펀드의 사업활동 분석

사모투자펀드(private equity fund)는 투자대상 회사를 매입(buy out)하여 능동적이고 장기적인 경영관여를 통해 회사의 자산가치를 높여 양도하는 전략을 구사한다. 사모투자펀드의 핵심활동은 자산관리인의 위험관리(risk management)와 투자자들의 위험부담(risk taking)이다.

펀드의 위험관리는 투자대상자산, 펀드 및 자산관리인의 소재지들에 걸쳐 이루어지며, 펀드의 위험부담은 투자자의 소재지에서 이루어진다. 펀드가 관리하고 부담해야 할 위험은 시장위험(market risk)과 신용위험(credit risk)이다.

| 펀드의 각 단계별 위험 |

주식 취득	주식 가치증대	주식 양도
시장위험	신용위험	시장위험

2. 1차 소득분할 : 시장위험의 관리대가

① 펀드의 총손익

총수입($)	1,598,341,472
총비용($)	(42,624,940)
총소득($)	1,555,716,532
투자원금($)	(508,947,786)
순실현소득($)	1,046,768,746
순실현소득 (환율)	1,083,405,652,110원(1$: 1,035원)

② 시장위험 관리대가

펀드의 시장위험은 일반적인 증권시장에서 투자하여 시장가격의 변동으로 인해 노출되는 위험을 말한다. 이러한 시장위험의 관리는 증권투자신탁을 통해 주식에 투자하는 상황과 비교가능하다. 펀드는 투자자산을 2000년 초에 취득하여 2004년 말에 양도하였으며, 펀드의 시장위험 관리대가는 투자원금 $506,334,786을 이 기간 동안 투자한데 대한 시장가치의 변동분으로 볼 수 있다. 시장가치 변동분은 투자원금의 미래가치로 계산하며 이자율은 투자펀드의 연평균수익률을 복리로 계산한다.

> 시장위험관리대가의 미래가치 = $p \times (1+r)^n$: 997,654,888,541원
> = 투자원금 523,550,168,724 × (1 + 0.1703) × (1 − 0.0701) × (1 + 0.4588) × (1 + 0.1242) × (1 + 0.0677)

※ 투자원금 : $506,334,786 × 1,034(적용환율) = 523,550,168,724원

연 도	2000	2001	2002	2003	2004
연평균수익률	17.03%	△ 7.01%	45.88%	12.42%	6.77%
2004년말 투자수익	474,104,719,817 = 미래가치 997,654,888,541 − 투자원금 523,550,168,724				

※ 연평균수익률 : 국내의 주식형수익증권의 연평균수익률을 의미

위와 같이 시장위험 관리대가는 474,104,719,817원이다. 이를 다음 원칙에 따라 국내활동과 국외활동에 배분할 수 있다.

㉮ 활동을 주식취득과 주식양도로 구분하여 각각 동등한 수준의 활동(1:1)을 한 것으로 가정
㉯ deal team의 국내체류일(총체류일:365일 × 4명 = 1,460일)을 기준으로 국내활동과 국외활동으로 구분
㉰ 주식양도시 국내직원의 역할이 있었으므로 {국내직원의 보수 ÷ 총수입수수료} × 2(비율조정상수)로 가감조정

| 투자수익의 분할 |

구 분		국 내	국 외
주식취득 (50%)	체류일(비율)[1]	600(41%)	860(59%)
	가감조정	−	−
	소계	20.5%	29.5%
주식양도 (50%)	체류일(비율)	45(3%)	1,415(97%)
	가감조정	+24%(998÷8,292×2)[2]	△ 24%
	소계	13.5%	36.5%
배분 비율		44%	66%
투자수익 배분		208,606,076,719원	265,498,643,098원

※ 1. 체류일은 deal team의 체류일(총체류일:365일 × 4명 = 1,460일)
2. 국내직원의 보수/총수입수수료(2는 비율조정계수)

③ 합리적 기대소득 : 자본에 대한 대가

펀드가 국내에서 인적관여 없이 투자하는 경우 국내사업장의 과세 없이 소득을 수취하였을 것이다. 이는 일종의 기대수익이지만 무시할 성격은 아니다. 정상적이고 합리적인 투자자인 경우, 국내사업장 없이 수취할 수 있는 소득을 굳이 국내사업장을 설치하여 수취했다고 볼 수는 없기 때문이다. 이는 자본에 대한 대가로 국내원천징수세액을 차감한 순수취소득을 의미한다. 투자펀드의 합리적 기대소득은 다음과 같이 399,575,457,862원이다.

시장위험대가	구 분	해당 소득	원천징수후 비율	기대 소득
474,104,719,817	24%(조세조약 없음)	113,785,132,756	0.725 = (1 - 0.25 × 1.1)	82,494,221,248
	76%(조세조약 있음)	360,319,587,061	0.88 = (1 - 0.12)	317,081,236,614
계		474,104,719,817		399,575,457,862

※ 비거주자 · 내국법인의 국내투자신탁소득은 이자 또는 배당에 해당

④ 소득금액의 1차 조정 결과

국외소득으로 배분되는 금액은 합리적 기대소득 이상이어야 한다고 가정할 경우, 펀드의 시장위험 관리대가는 아래와 같이 분할된다.

구 분	이전가격방법	합리적 기대소득
1차 분할소득	474,104,719,817	474,104,719,817
국내 귀속	208,606,076,719	74,529,261,955
국외 귀속	265,498,643,098	399,575,457,862

⑤ 기능에 대한 조정

위 경우, 이전가격방법에 따라 계산한 금액을 무시하고 합리적 기대소득을 국외 귀속소득으로 보면 국내활동의 기능을 '0'으로 평가한 것으로, 이는 모든 시장위험관리활동이 국외에서 이루어졌다는 의미이다. 따라서 다음 단계에서 분석하는 신용위험 이외에 투자펀드가 행사하는 통상적 관리활동 및 지원활동에 대한 조정은 이미 이루어진 것이므로 추가조정은 필요 없다.

3. 잔여소득 분할 : 신용위험의 관리

① 잔여소득

총소득	1,083,405,652,110원($1,046,768,746 × 환율 1,034)
1차 배분소득	474,104,719,817원
잔여소득	609,300,932,293원

② 신용위험관리의 분할

업무내용	가중치	국 내	국 외
1. 의사결정 및 지원 (국내체류일 652일/2,190일)*	30%	9%	21%
2. 투자대상회사 관리 (이사회참여 : 국내 14회, 국외 10회)	40%	23%	17%
3. 투자대상회사 감시활동 지원 (국내직원, 국내자회사)	10%	10%	0
4. 자동적 인적설비 (투자대상회사 경영진, 자문단)	20%	20%	0
가중치 배분	100%	62%	38%
가중치에 따른 잔여소득 분할	609,300,932,293	377,766,578,021	231,534,354,271

※ deal team의 국내체류일

4. 국내사업장 귀속소득

구 분	합 계	국내사업장	국 외
1차 소득 분할	474,104,719,817	74,529,261,955	399,575,457,862
잔여소득 분할	609,300,932,293	377,766,578,021	231,534,354,271
소득 합계	1,083,405,652,110	452,295,839,976	631,109,812,134
비율	100%	42%	58%

사 례 거래이익분할법 적용사례

1. 기능분석 : 다국적 금융회사 지점의 역할

다국적 금융회사는 한국에 지점을 두며 국내사업에 대해 미국, 일본, 홍콩의 지점들이 관여한다. 다음은 국내사업과 대한 각 지점들의 역할을 보여준다.

| 국내사업과 관련한 각 지점들의 역할 |

지 점	역 할
미 국	투자한도설정, 최종 승인
일 본	asia head(back office), 성과평가 및 급여책정
홍 콩	risk manager, 일반관리지원

2. 국내사업 관련 자산 및 일반관리지원

구 분	한국 지점	다른 지점들	투자목적회사
자 금	• 자본을 요하지 않음. • 현지 자금 관리, 현지 자금 위험 관리	• 자본을 요하지 않음. • 자금 조달, 자금 위험 관리 • 적절한 경로로 자금 조달 및 자금 분배	• 법적 책임 부담, 자금 투입 및 차입을 위한 법적 기구로서의 역할
무형자산	현지 사업상 지식 및 경험	사업상 지식 및 산업 전문성	해당 없음.
일반관리 지원	제한적인 현지 일반관리 지원	법률, 재무, 신용 등의 사업상 일반관리 지원	해당 없음.

3. 위험부담

구 분	한국 지점	다른 지점들	투자목적회사
자금 관련 위험	• 관련 위험에 대한 현지 수준에서의 모니터링 • 자금위험은 부담 안함	• 자금 위험 정도에 대한 일상 관리 • 자금위험 부담 안함	• 장부상 자산소유기구(holding vehicle)로서 법적 책임 및 손실 위험
법적 위험	법적, 규제 위험을 부담	법적위험에 대한 검토, 분석 및 관련위험부담	거래당사자로서 법적 책임 부담

구 분	한국 지점	다른 지점들	투자목적회사
신용, 시장, 회수 위험	현지 수준의 관리 및 모니터링	전반적인 지침제공	해당 없음

4. 이전가격방법 : 공헌이익분할법

4.1 결합소득의 계산

관련 지점	소 득	조정액	조정 후 결합소득
미 국	110,908	(7,867)	103,040
일 본	13,759	(12,789)	970
홍 콩	21,605	(88)	21,517
결합 소득	146,273	(20,744)	125,528

각 지점이 계상하는 소득을 합산하여 결합소득을 계산하는데, 이 때 조정액을 차감한다. 조정액은 내부자본 조달비용 등으로 이는 시장위험 관리대가를 의미한다.

① 내부자본 조달비용 : 내부자본 조달비용은 실제로 수익배분을 하기 전에 자본조달을 한 각 지점에 먼저 보상된다.

② 기타 조정 : 당초 산정된 결합소득에 추가조정을 하여 조정 후 결합소득이 계산되기도 한다. 조정 후 결합소득은 각 지점에 배분할 기초금액이 된다.

4.2 결합소득의 배부

결합소득 $125,528은 각 지점의 공헌도에 따라 배분되는데, 펀드관리에 관여한 직원들의 보수액을 기준으로 배분한다. 한국지점에 배분되는 소득은 $10,386이다.

지 점	보수액	공헌도	순수익 배분액
미 국	639	2.37%	2,971
일 본	22,106	81.89%	102,792
홍 콩	1,866	7.47%	9,383
한 국	2,233	8.27%	10,386
합 계	26,995	100.00%	125,528

※ 공헌도 산출과정의 예시 : 보수기준

내 역	금 액
a. 한국지점의 보수액	2,233
b. 각 지점의 보수액 중 한국지점의 보수액이 차지하는 비율	8.27%
c. 펀드관련 결합소득	125,528
d. 한국지점의 보수비율에 따른 한국지점 귀속소득(b×c)	10,386

② **위험관리기능 및 위험의 내부이전**(internal transfers)

이전가격지침은 국제거래와 관련된 위험의 감시(monitor)와 관리(manage) 기능에도 적용된다. 관계회사 간 시장위험의 이전 및 은행 국내사업장의 위험이전에 대한 이전가격방법은 국제금융거래에도 적용된다.(PE §Ⅲ-264)

㉮ 내부 미러스왑

미러스왑(mirror swap)은 내부파생계약을 의미하며, 제삼자에게 상품을 판 지점은 장부상 고객거래를 체결한 후 실제거래에서 발생한 거래위험 및 시장위험을 관리하는 지역과 실제거래에 대한 내부반대거래를 체결한다. 상품을 판 지점에 거래차익(spread)을 남기므로 보통 스왑거래금액에 차이가 있는데, 예를 들면 이자율스왑의 기준이자율(basis points)에 약간의 차이를 둔다. 거래차익은 영업지점이 수행한 판매/영업 기능, 부담한 신용위험, 진행 중인 신용위험 감시 및 수행하는 신용위험 관리활동을 보상하기 위한 것이다. 요컨대, 미러스왑은 국제거래에 어떤 형식으로든 종사하는 기업의 여러 가지 수행기능을 보상하고, 수행기능차이로 각 지역이 서로 다른 위험을 부담한다는 사실을 반영하는 잠재적 기능을 수행한다. 미러스왑이 정상거래조건으로 체결되었다면, 미러스왑을 체결하는 상대지역이 실질적으로 시장위험 관리기능을 수행한 경우 그 기능수행에 대한 보상을 받아야 한다. 물론 정상거래조건으로 체결되지 않고 시장위험관리기능이 수행되지 않은 경우 이를 적절히 감안하지 않은 미러스왑은 미래의 거래손익을 거래지역 간에 부적절하게 이전하는 결과를 초래하므로 세무상 인정될 수 없다.(PE §Ⅲ-264)

그러므로 이전가격지침을 적용할 경우, 시장위험을 이전하기 위한 내부파생계약을 거래로 인식할 것인지 결정해야 한다. 이익배분 목적상 인식해야 할 거래에 해당하는 실질적인 식별가능사건(a real and identifiable event)이 있었는지 결정하기 위해 기능분석과 사실분석이 선행되어야 한다. 미러스왑의 경우, 기업의 여러 부서 간 이전을 나타내는 장부기록은 실질적인 식별가능사건이 수반되어야 하는데, 즉 고객거래결과로 부담되는 시장위험을 관리하는 기업부서가 실질적으로 변경되어야 한다. 또한, 시장위험 관리기능의 이전은 필연적으로 시장위험의 부담, 적절한 수준(거래지역에 잔존하는 부분을 공제한)의 거래차익(dealer spread), 고객거래와 관련한 금융상품의 예상거래이익과 함께 이전되어야 한다. 이 경우, 미러스왑의 상대부서는 시장상황의 악화 등과 같은 거래로 인한 시장위험이 실현되어 미래에 손실을 입을 수 있는 반면, 영업지점은 고객의 지급불능 등과 같은 거래로 인한 신용위험이 실현되어 미래에 손실을 입을 수 있다.(PE §Ⅲ-265)

미러스왑이 거래로 인식되는 경우, 다음 단계는 그 거래와 관련한 이익을 배분하는 것이다. 미러스왑 또는 기타 내부스왑의 지급조건이 정상거래에 해당하는지 검토할 필요가 있다. 조정 없이 미러스왑을 적용하는 것은 문제가 있다. 대량거래를 하기 때문에, 보통

거래차익(spread)은 개별거래 단위로 협상되지 않고 상품유형별로 고정비율로 정해진다. 그러나 체결하는 데 몇 분이면 충분한 단순한 달러화 고정·변동이자율스왑은 협상하고 구조를 설계하는 데 세 달 정도가 걸리는 동일기초가액을 가진(with an equivalent notional principal amount) 복잡한 통화증권스왑(cross-currency equity swap)의 영업과는 차이가 있다. 이러한 차이를 감안하지 않으면, 영업지점이 수취하는 거래차익은 일반적으로 정상거래원칙을 충족하지 않는다.(PE §Ⅲ-266)

또한, 정확히 어떤 유형의 위험이 이전되었고 어떤 유형의 위험이 이전되지 않았는지 평가해야 한다. 신용위험 및 시장위험을 포함하여 모든 유형의 위험은 영업지점이 고객과 계약을 체결하는 때에 기업이 책임지게 된다. 영업지점은 초기에는 시장위험을 책임지겠지만 시장위험 관리지역과 이전거래가 이루어지면 더 이상 시장위험을 책임지지 않는다. 그러나 신용위험에 대한 기능변동이 없는 한 영업지점에서 신용위험을 책임진다.(PE §Ⅲ-267)

사례 내부거래가 자본배분에 미치는 영향(PE §Ⅲ-270)

내부거래의 인식은 국내사업장 자본배분에도 영향을 미친다. 자본배분을 위해 자산과 위험을 측정하는 기준으로 순현재가치(net present value)를 사용하며, 고객과 체결한 파생거래의 순현재가치가 10이라고 가정하자. 미러스왑의 결과 모든 고객거래의 위험이 이전되는 경우, 거래/위험관리 지역은 자본배분 목적상 순현재가치 10의 금융자산 및 위험을 가진 것으로 처리된다. 그런데, 순현재가치 1의 거래차익(spread)이 판매지점에 남겨지는 경우, 거래/위험관리 지역은 순현재가치 9의 금융자산 및 위험을 가진 것으로 처리된다.

㈏ 신용위험의 이전

또 다른 형태의 내부 위험이전은 신용위험과 관련된다. 금융회사는 판매시점에 신용위험을 적극적으로 평가할 뿐 아니라 금융상품의 존속기간 동안 신용위험을 적극적으로 관리한다. 기업의 신용위험 관리부서는 거래상대방의 지급불능에 대해 다른 부서의 책임을 면제하기 위해 노력한다. 신용부서가 실질적으로 신용평가, 신용감시 및 지속적 신용위험관리를 수행한다면 이러한 신용위험의 이전은 인식되어야 한다. 이 경우, 내부거래는 오로지 신용위험만을 이전하는데, 시장위험은 고객과 거래를 체결한 기업부서에 남겨진다.(PE §Ⅲ-268)

제삼자와 신용위험 거래를 체결하는 전문적인 신용관리센터처럼 이전받은 부서가 적극적으로 신용위험을 관리하는 경우 기업의 한 부서에서 다른 부서로 신용위험을 이전하는 내부거래를 인식한다. 그런데 기업의 한 부서에서 다른 부서로 위험을 이전하는 장부기록만을 행하고 실질적으로 다른 부서가 그 위험을 관리하지 않는 경우, 신용위험은 이전된 것이 아니다.(PE §Ⅲ-269)

③ **재정기능 및 자금의 내부대체**(treasury functions and internal movement of funds)

국제금융거래는 종종 은행이 아닌 금융회사에 의해 이루어지며, 이에 따라 자금의 내부거래를 실질적으로 식별가능한 사건으로 인식할 것인지가 문제인데 이는 결국 내부거래가 은행이 아닌 국제금융회사에 이자를 발생시키는지의 문제이다. 과거의 OECD 주석의 입장은 이체자금의 수수가 일상적 사업과 밀접히 연관되는지 여부에 따라 금융회사와 비금융회사를 구분한다. OECD의 새로운 접근법은 이러한 입장을 부인하고 이전가격지침의 비교가능성 접근법을 선호한다. 원칙적으로, 자금수수가 일어나는 거래와 여건에 대한 기능 및 사실 분석에 따라 결론이 달라진다.(PE §Ⅲ-271) 위에서 언급한 것처럼 국제금융거래는 종종 비은행 금융회사(non-bank financial institutions)에 의해 수행된다. 국제금융사업의 자금조달활동의 기능 및 사실 분석결과는 전통적 은행활동의 분석결과와 유사하다. 이러한 활동과 관련하여 내부자금 조달비용(funding costs)을 인식하는 것은 국내사업장에 정상이익을 배분하기 위해 필요하다. 따라서 기업의 실제 자금조달비용을 별도로 배분하는 일은 필요하지 않으며, 다만 실질적인 자본상당액(free capital)은 배분해야 한다.(PE §Ⅲ-272)

④ **지원용역**(support services)

거래이익분할법에서 백오피스 용역기능에 대한 보상 이외에 지원용역과 관련하여 특히 국제금융거래에서 고려해야 할 사항은 없다. 결론적으로 일반적인 지침이 국제금융거래에서도 적용된다. 또한, 특수관계기업이 아닌 국제금융거래 국내사업장에 거래이익분할법을 적용할 때 백오피스 용역기능보상에 있어 이전가격지침을 유추하여 적용하는 데 특별한 문제는 없다.(PE §Ⅲ-273)

Chapter 06

소득처분, 사전가격조정, 서류제출

6

1. 이전가격조정, 대응조정 및 사전가격조정의 소득처분

이전가격조정, 대응조정 및 사전가격조정에 따라 계산된 국외이전소득은 그 국외거래가 행하여진 날이 속하는 각 사업연도에 익금산입하거나 손금불산입하고 소득처분한다. 이 경우, 다음과 같이 세무조정 및 소득처분 절차가 다르다.

| 일반적인 경우 소득처분 |

반환 여부 확인 전	임시유보 처분	과세결정일 15일 이내 통지
		↓
반환받는 경우	소득처분 없음 (반환이자 익금산입)	임시유보처분 통지 후 90일 이내 반환확인서 제출하는 경우 처분없이 기간이자만 징수
반환받지 않는 경우	소득처분	임시유보처분 통지 후 90일 이내 반환확인서 미제출시 소득처분하고 15일 이내 이전소득금액통지

| 임시유보처분 배제사유의 경우 소득처분 |

임시유보처분 배제사유 해당	소득처분	반환하지 않는 경우로 간주하여 소득처분하고 15일 이내 이전소득금액 통지
		↓
반환받는 경우	소득처분 없음 (반환이자 익금산입)	이전소득금액 통지 후 90일 이내 반환확인서 제출하는 경우 처분없이 기간이자만 징수

1.1 반환 여부 확인 전 : 임시유보처분

(1) 일반적인 경우

내국법인 또는 과세당국은 소득처분 및 세무조정을 하는 경우 반환 여부를 확인하기 전까지는 임시유보로 처분한다. 과세당국이 임시유보로 처분하는 경우 그 사실을 '임시유보처분 통지서'(국조칙 §16 별지 8호)를 소득금액변동통지서(소령 §192)를 준용하여 통지해야 한다.(국조령 §24 ①·②)

(2) 임시유보처분의 배제 : 소득처분요청, 폐업, 부과제척기간 만료

아래의 경우에는 임시유보로 처분하지 않고, 반환하지 않는 경우로 보아 처분하거나 조정한다. 다만, 임시유보처분을 한 후에 아래 1호 또는 2호에 해당하는 경우에는 반환하지 않는 경우로 보아 다시 처분하거나 조정한다.(국조령 §25 ①·②)

1. 해당 내국법인이 이전소득금액 처분요청서를 과세당국에 제출하는 경우
2. 해당 법인이 폐업하거나 사실상 폐업한 경우
3. 과세당국이 이전가격조정에 따라 과세표준 및 세액을 결정하거나 경정한 날부터 4월 이내에 부과제척기간이 만료되는 경우
4. 내국법인이 과세표준 및 세액을 신고할 당시 익금산입액이 국외특수관계인으로부터 내국법인에 반환된 것임이 확인되지 않은 금액을 임시유보로 처분하지 않고 배당처분하거나 출자의 증가로 조정하기를 원하는 경우

과세당국은 위와 같은 처분이나 조정을 하는 경우 그 사실을 이전가격조정, 상호합의 및 사전가격조정에 따라 과세표준 및 세액을 결정하거나 경정한 날부터 15일 이내에 '이전소득금액 통지서'를 소득금액변동통지서를 준용하여 통지해야 한다. 이 경우 배당처분을 한 경우 그 배당은 다음 구분에 따른 날에 지급한 것으로 본다.(국조령 §25 ③·④)

1. 내국법인이 처분을 한 경우: 내국법인이 과세표준 및 세액을 신고한 날
2. 과세당국이 처분을 한 경우: 내국법인이 이전소득금액통지서를 받은 날

납세자가 이전소득금액통지서를 받은 날부터 90일 이내에 '이전소득금액반환확인서'를 제출한 경우에는 해당 처분이나 조정이 없었던 것으로 본다.(국조령 §25 ⑤)

1.2 반환받는 경우

(1) 이전소득금액 반환 확인

익금에 산입되는 금액이 국외특수관계인으로부터 내국법인에게 반환되었음을 확인받으려는 자는 '이전소득금액반환확인서'(국조칙 §14 별지 6호)에 국외특수관계인이 내국법인에게 실제로 반환한 송금내역서를 첨부하여 90일 이내에 제출해야 한다.(국조령 §22 ①) 외국법인 국내지점의 경우에도, 국외특수관계인(본점 제외)과의 이전가격조정으로

익금산입된 금액에 대해 기한 내에 이전소득금액반환확인서를 제출하는 때에는 별도의 소득처분을 하지 않는다.

(2) 반환이자의 계산

국외특수관계인이 내국법인에게 반환하려는 금액에 더하는 이자는 다음 산식에 따라 계산한다. 아래 표에 없는 통화의 경우에는 미달러화에 해당하는 지표금리로 한다.(국조령 §22 ②, 국조칙 §14 ③)

1. 반환이자 = 반환하려는 금액 × 거래일이 속하는 사업연도 종료일의 다음 날부터 이전소득금액반환확인서 제출일까지의 기간 × 각 사업연도의 직전 사업연도 종료일의 통화별 지표금리 ÷ 365 (윤년의 경우 366)
2. 통화별 지표금리

통화	지표금리
한국(KRW)	KOFR(The Korea Overnight Financing Repo rate)
미합중국(USD)	SOFR(Secured Overnight Financing Rate)
유럽연합(EUR)	ESTR(Euro Short-Term Rate)
영국(GBP)	SONIA(Sterling Overnight Index Average)
스위스(CHF)	SARON(Swiss Average Rate Overnight)
일본(JPY)	TONA(Tokyo Overnight Average Rate)

사례 반환이자 계산사례 (국제조세 집행기준 9-0-2)

○ 이전가격조정 익금산입액 : 2012년 200억원, 2013년 100억원
○ 임시유보처분통지서를 받은 날 : 2014.7.1.
○ 이전소득금액 반환일 : 2014.9.30.
○ 연도별 Usd LIBOR (12개월) 0.84350% (2012.12.31.), 0.58310% (2013.12.31.)

○ 반환이자의 계산
- 2013.1.1.~2013.12.31. : 200억원 × 365일 × 0.84350% ÷ 365 = 168,700,000원
- 2014.1.1.~2014.9.30. : 300억원 × 273일 × 0.58310% ÷ 365 = 130,838,054원

(3) 반환금액의 순서, 반환받은 것으로 보는 경우

내국법인이 익금에 산입되는 금액 중 일부를 국외특수관계인으로부터 반환받는 경우에는 익금에 산입되는 금액의 발생순서에 따라 먼저 발생된 금액(해당 금액에 대한 반환이

자를 포함)부터 반환된 것으로 본다.(국조령 §22 ②)

내국법인이 임시유보처분 기간 내에 국외특수관계인으로부터 반환받을 금액을 그 국외특수관계인에 대한 매입채무와 상계하는 경우 상계금액은 그 국외특수관계인으로부터 반환받은 것으로 본다.(법령해석국조-1310, 2020.6.30.) 또한 이전소득을 미수금으로 계상하고 그 미수금에 대해 정상이자를 수수하는 경우 실질적으로 소득이전이 이루어진 것이 아니므로 반환한 것으로 보아 소득처분을 하지 않아야 한다.

1.3 반환받지 않는 경우

(1) 반환된 것임이 확인되지 않는 경우

'반환된 것임이 확인되지 아니하는 경우'란 이전가격조정, 상호합의 및 사전가격조정에 따라 내국법인의 '익금산입액' 중 국외특수관계인이 내국법인에 반환하려는 금액에 다음 계산식에 따라 산출한 반환이자를 더하여 반환하였음을 확인하는 '이전소득금액반환확인서'를 다음 날부터 90일 이내에 과세당국에 제출하지 않은 경우를 말한다.(국조령 §22 ①)

1. 내국법인이 과세표준 및 세액을 신고한 경우: 신고한 날
2. 과세당국이 과세표준 및 세액을 결정하거나 경정한 경우: 임시유보 처분 통지서를 받은 날(임시유보 처분 통지서를 받은 날부터 90일 이내에 상호합의절차가 개시된 경우에는 상호합의 결과를 통보받은 날)

(2) 이전소득금액통지서

과세당국은 소득처분 또는 세무조정을 하는 경우 그 사실을 이전소득금액반환확인서의 제출기한 만료일부터 15일 이내에 '이전소득금액통지서'(국조칙 §15 별지 7호)를 '소득금액변동통지서'(소령 §192)를 준용하여 통지해야 한다. 이 경우 배당은 그 통지서를 받은 날에 지급한 것으로 본다.(국조령 §23 ②)

(3) 반환받지 않은 금액의 소득처분

이전가격조정, 대응조정 및 사전가격조정에 따라 내국법인의 익금에 산입된 금액이 국외특수관계인으로부터 내국법인에게 반환된 것임이 확인되지 아니하는 경우에는 그 금액은 아래와 같이 특수관계인에 대한 배당으로 처분하거나 출자로 조정한다.(국조법 §13 ①) 배당처분을 한 경우 배당은 이전소득금액통지서를 받은 날에 지급한 것으로 본다.(국조령 §23 ③)

| 소득처분의 요약 |

국외특수관계인	반환되지 않은 금액의 처분
내국법인이 출자한 법인	그 출자법인에 대한 출자의 증가로 유보처분
내국법인의 주주(50% 이상 간접출자자 포함)	그 주주에게 배당처분
그 밖의 특수관계인	그 귀속자에게 배당처분

① 내국법인이 출자한 국외특수관계인 : 유보처분

국제거래의 상대방인 국외특수관계인이 내국법인이 출자한 법인에 해당하는 경우에는 그 국외특수관계인에 대한 출자의 증가로 유보처분한다. 이 경우, 거주자 · 내국법인 또는 국내사업장을 가진 외국법인이 다른 외국법인의 의결권 있는 주식의 50% 이상을 직 · 간접으로 소유한 경우를 포함한다.(국조령 §23 ① 1호) 유보처분금액의 사후관리는 다음과 같이 한다.(국조통 9-15…2)

㉮ 모회사가 해외자회사의 주식을 양도하는 경우 : 양도일이 속하는 사업연도에 주식 매각비율에 따라 유보처분한 금액을 익금불산입

㉯ 그 해외자회사가 청산되는 경우 : 출자의 증가로 유보처분한 금액 중 남은 잔액을 익금불산입

㉰ 내국법인이 스스로 이전가격조정을 하여 익금산입 유보처분(출자의 증가)한 후 이 전소득을 다시 회수하는 경우 : 익금산입액을 익금불산입(출자의 감소)

② 국외특수관계인이 내국법인의 주주 : 배당처분

국제거래의 상대방인 국외특수관계인이 내국법인의 주주에 해당되는 경우에는 그 국외특수관계인에게 귀속되는 배당으로 한다. 이 경우, 외국주주가 내국법인 또는 국내사업장을 두고 있는 외국법인의 의결권 있는 주식의 50% 이상을 직접 또는 간접으로 소유한 경우를 포함한다.(국조령 §23 ① 2호) 예를 들면, 외국주주가 내국법인 또는 국내사업장을 두고 있는 다른 외국법인에 50% 이상을 간접 출자한 경우에도 익금산입한 금액을 그 외국주주에 대한 배당으로 처분한다.

내국법인이 원천징수세액을 부담하는 경우 그 대납한 원천징수세액을 손금불산입하여 국외특수관계인에게 소득처분 한다는 행정해석(국제세원-1746, 2008.9.24.)이 있다. 그러나 이 해석은 지급자 세부담조건의 경우 과세표준 계산방법(법통 19-19…27)과 다르며 소득처분이 순환된다는 점에서 옳지 않다.

③ 기타 국외특수관계인 : 배당처분

국제거래의 상대방인 국외특수관계인이 위 ① 또는 ② 이외의 경우에는 그 국외특수관계인에 귀속되는 배당으로 한다.(국조령 §23 ① 3호)

내국법인의 해외관계회사나 외국법인 국내지점의 해외본점이나 해외관계회사에 대해 배당을 지급하는 것이 가능하지 않으므로 배당처분을 할 수 없다. 이 경우 그 소득이 이자, 사용료 또는 기타소득인 경우 조세조약의 '부당행위계산' 규정에 따라 국내세법에 정한 세율을 적용하여 원천징수한다.(기획재정부 조세정책과-523, 2019.3.21.) 이러한 해석은 문제가 있는데, 이에 대해 이자소득의 부당행위계산(국내원천 이자소득)에서 설명한다.

④ 2006년 이전 유보처분에 대한 처리특례

내국법인의 익금에 산입되는 금액 중 국외특수관계인으로부터 내국법인에게 반환되지 아니하여 2006.5.24. 이전에 해당 국외특수관계인에 대한 대여금으로 간주하여 사내유보로 처분한 금액은 배당으로 처분할 수 있다.(국조령 §23 ④)

소득처분금액의 귀속시기 및 지급시기의제

소득처분	소득귀속자의 소득귀속시기	처분법인의 지급시기의제
상여	근로를 제공하는 날이 속하는 연도	1. 자진신고시 : 법인세 신고기일 또는 수정신고일 2. 경정시 : 소득금액변동통지서를 받은 날
배당	해당사업연도의 결산확정일이 속하는 연도	
기타소득		
세무처리	확정신고기한 후에 소득처분이 이루어진 경우 : 소득금액변동통지서를 받은 날(법인세 신고로 인한 소득처분의 경우 신고기일)이 속하는 달의 다음 달 말일까지 신고하면 가산세 면제	법인이 의제지급시기에 처분소득을 귀속자에게 지급한 것으로 본다. 따라서 그 다음 달 10일까지 원천징수세액을 납부해야 한다.

(4) 외국법인 국내사업장의 소득처분특례

외국법인 국내사업장의 경우 이전가격조정으로 익금에 산입한 금액이 국외특수관계인으로부터 반환되지 않은 경우 그 금액을 기타사외유출로 처분한다.(법령 §106 ① 3호 차목)

1.4 감액조정금액을 국외특수관계인에게 반환하지 않는 경우

이전가격세제에 따라 감액 조정된 거주자·내국법인의 소득금액 중 국외특수관계인에게 반환되지 않은 금액은 이월익금(법법 §18 2호)으로 보아 내국법인의 익금에 산입하지 아니하거나 거주자·내국법인의 소득금액으로 보지 않는다.(국조법 §13 ②)

2. 상호합의 및 대응조정

2.1 상호합의(mutual agreement)

이전가격 과세결과 조정금액과 조정성격에 관해 관련 당사자 사이에 분쟁이 있으면, 상호합의절차가 진행되어야 한다. 상호합의절차는 조세조약의 상호합의조항에 규정된다. 상호합의조항은 이전가격 조정에 따라 특수관계기업의 소득조정과 그에 따라 이루어졌을 대응조정에 적용되는 일련의 처분들에 적용된다.(OE §9-11)

2.2 대응조정(corresponding adjustments)

(1) 조세조약상 원칙

OECD모델 9조 2항 : 한 체약국이 그 국가 기업의 소득에 다른 체약국에서 과세된 다른 국가 기업의 소득을 포함시키고 - 따라서 과세 - 그렇게 포함된 소득이 두 기업들 간에 설정된 조건이 독립기업 간에 설정된 조건이었다면 한 체약국 기업의 소득이 될 경우, 다른 국가는 그러한 소득에 대해 자국에서 부과된 세액을 적절히 조정해야 한다. 이러한 조정을 함에 있어서 체약국의 관할당국은 이 조약의 다른 규정을 적절히 고려하여 상호 협의한다.

이전가격세제에 따라 특수관계기업들 간 거래를 수정하는 것이 B국 소재 특수관계기업의 손에서 이미 과세된 소득액에 대해 A국 기업 소득으로 상향조정하여 과세하는 것이라면, 경제적 이중과세를 초래할 소지가 있다. 이런 상황에서 B국이 이중과세를 구제하기 위해 적당한 조정을 해야 한다.(OE §9-5)

① 독립기업접근법에 의한 대응조정

단순히 A국에서 소득이 증가했다는 이유만으로 B국에서 자동적으로 조정을 하는 것은 아니다. 조정된 소득액이 정상거래기준(arm's length basis)에 따라 거래가 이루어졌을 경우의 소득을 올바르게 반영한다고 B국이 판단하는 경우에만 조정이 이루어진다. 다시 말해, B국은 A국에서 이루어진 조정이 원칙적으로 정당하다고 판단하는 경우 특수관계기업의 소득을 조정할 의무가 있으며, 그 금액은 정상거래기준에 따라 계산된 소득을 반영한다고 B국이 평가하는 범위로 한정된다. 체약국들은 필요하다면 상호합의를 통해 적절한 조정액을 결정해야 한하며, 이는 체약국들 간 정상거래기준에 따라 계산된 소득을 반영하기 위해 필요한 조정액에 대한 견해차이로 발생할 수 있는 경제적 이중과세를 제거하기 위한 것이다.(OE §9-6)

이전가격지침은 특수관계기업의 소득을 정상거래원칙에 따라 배분하는 목적에만 적용되며, 과세소득의 계산문제를 다루지 않으며, 과세소득계산은 국내법의 문제이다. 예를 들면, 체약국 국내법에 따라 과세소득 계산 시 비용공제가 거부되는 경우에는 경제적 이중과세를 초래하지 않으며, 따라서 다른 체약국이 대응조정을 할 의무는 없다.(OE §9-6.1)

일부 국가들의 국내법에 따라, 납세자는 자기 판단으로 정상가격으로 보는 가격을 보고하기 위해, 적절한 상황에서 특수관계기업 간 거래에 대한 가격을 조정하여 당초 신고한 세무신고를 수정할 수 있다. 그러한 조정이 신의성실하게 이루어지는 경우, 정상거래원칙에 맞게 납세자가 과세소득을 보고하도록 하는 데 도움이 된다. 그런데, 예를 들면 이러한 납세자의 자기조정이 한 체약국 기업의 소득을 증가시키지만 다른 체약국에서 특수관계기업의 소득에 대해 적절한 대응조정을 하지 않는다면 경제적 이중과세가 일어날 수 있다. 이러한 이중과세는 제거되어야 한다. 한 국가에서 증가된 소득에 조세가 과세되는 경우, 사실상 그 국가 기업의 소득에 다른 국가 기업이 다른 국가에서 과세되었을 소득을 포함하고 과세한 것으로 볼 수 있다. 이러한 상황에서, 상호합의를 통해 체약국들의 관할당국들은 이중과세를 제거하기 위해 협의할 수 있다.(OE §9-6.2)

② 국내세법 절차의 적용

조세조약에는 조정방법에 관해 구체적인 규정이 없다. 각국은 대응조정에 있어 서로 다른 감면방법들을 사용하므로, 대응조정에 관한 특별원칙을 조세조약에 규정하려면 양국의 국내법을 감안해야 한다. 예를 들면, A국에서 X기업의 소득이 이전가격계산 결과 정상가격 수준까지 증가된 경우 B국의 특수관계기업 Y의 과세소득을 적절한 금액으로 감소시키기 위해 이중과세소득이 포함된 Y에 대한 소득금액을 경감하는 체계를 가진 국가가 있다. 한편, A국에서 이중과세소득을 과세한 것으로 보아 B국의 Y기업 측에서 이중과세방지방법에 따라 조정하는 국가도 있다. 이 경우 B국 기업은 이중과세방지조항에 따라 A국 기업이 납부한 세액에 대해 B국에서 공제받는다.(OE §9-7)

③ 대응조정 기간

조세조약에는 A국이 X기업의 소득을 증액조정함에 따라 B국이 Y기업의 소득에 적절히 조정해야 할 의무기간을 설정하지는 않는다. 일부 국가는 B국에서 조정시한을 정하지 말아야 한다는 견해이다. 다른 말로 하면 A국이 과세를 다시 하기 위해 몇 년을 소급하든 Y기업은 B국에서 똑같이 적절한 조정을 보장받아야 한다는 것이다. 다른 국가들은 이런 식의 불확정 기간이 실무행정에서 비합리적이라고 생각한다. 이러한 이유로 이 문제는 조세조약의 내용에서 다루어지지 않는다. 체약국들은 또한 조정을 할 수 있는 기간을 제한하는 규정을 통해 이 문제를 해결할 수 있다.(OE §9-10)

한・캐나다조세조약은 국내세법상 제척기한이 경과된 후 또는 조정대상소득의 발생연도부터 5년이 경과된 후에는 대응조정을 할 수 없으나 부정행위, 고의적인 의무불이행 및 태만의 경우에는 언제든지 대응조정의 대상이 된다고 규정한다.

④ 2차 조정(조정소득의 처분)과는 관련 없음.

대응조정은 '2차 조정(secondary adjustments)'과는 관련이 없다. A국 X기업의 과세소득이 이전가격원칙에 따라 증액조정되고, B국 Y기업 소득이 대응조정원칙에 따라 조정된 경우를 가정해 보자. 이 때 당연히 조정대상소득인 실제 자금은 X가 아닌 Y의 손에 있기 때문에 그 거래가 정상가격으로 이루어졌을 상태를 완전히 회복한 것으로 볼 수 없다. 정상가격 산정이 이루어지고, 이에 따라 X기업이 이 소득을 Y기업에게 처분하고자 한다면, 배당이나 사용료의 형태로(Y기업이 X기업의 모회사인 때) 또는 출자금이나 차입의 형태로(Y기업이 X기업의 자회사인 때) 처분할 것이고, 해당소득의 형태와 국내세법 등의 규정에 따라 또 다른 과세(예 원천징수)가 있을 수 있다.(OE §9-8) 정상거래기준으로 거래가 이루어졌을 상황에서 소득에 대한 귀속처분을 하기 위해 필요한 이러한 2차 조정은 개별사안에 따라 다르다. 체약국 국내법에 따라 이루어지는 이 같은 2차 조정은 조세조약에 의해 제한되지는 않는다.(OE §9-9)

(2) 국내세법상 대응조정

① 상호합의에 따른 대응조정

체약상대국이 거주자・내국법인과 국외특수관계인의 거래가격을 정상가격으로 조정하고, 이에 대한 상호합의절차가 종결된 경우에는 과세당국은 그 합의에 따라 거주자・내국법인의 각 과세연도 소득금액 및 세액을 조정하여 계산할 수 있다.(국조법 §12 ①)

상호합의결과에 의한 소득금액 및 결정세액의 조정을 받고자 하는 거주자・내국법인은 상호합의종결통보서(국조칙 §14 별지 16호)를 받은 날부터 3개월 이내에 '소득금액 계산특례 신청서'(국조칙 §13 별지 5호)에 상호합의종결통보서를 첨부하여 납세지 관할 세무서장에게 수정신고 또는 경정청구(국세정보통신망에 의한 청구 포함)를 해야 한다.(국조법 §12 ②, 국조령 §21 ①)

상호합의에 의해 경정청구를 받은 납세지 관할 세무서장은 경정청구를 받은 날로부터

2개월 이내에 과세표준 및 세액을 경정할 수 있으며, 경정할 이유가 없는 경우에는 그 내용을 경정청구를 한 자에게 통지해야 한다.(국조령 §21 ②)

② 소득처분 및 세무조정

증액 또는 감액 조정에 따른 소득처분 및 세무조정은 이전가격에서 함께 설명한다.

사례 **1차 조정이 완료된 것으로 간주하는 경우**(Reg §482-1.g.2.iv)

1996년 한국법인 Y는 특수관계인인 미국법인 X로부터 건물을 임차했다. 그 후 1998년에 과세당국은 Y가 X에게 지불한 임차료는 정상가격이 아니라고 판단했다. 이에 과세당국은 정상가격에 따라 X의 소득을 증가시켰다. 소득조정에 따른 과세는 1998년에 이루어졌으며, X는 이를 인정했다. 따라서 이전가격세제는 1998년에 완전히 마무리되었다. 이 경우 대응조정은?

소득조정이 마무리되었으므로 대응조정이 함께 이루어져야 한다. 따라서 과세당국은 서면으로 X에게 Y의 소득조정에 대해서 통보하여 X의 1996년 과세소득에 대해서도 대응조정을 하도록 한다. Y의 적자가 누적되어 해당연도의 소득감소가 과세소득에 영향을 미치지 않는 경우에도 1996년 이후 미래의 과세소득이 영향을 미칠 수 있다.

사례 **어느 한 쪽의 소득증가가 다른 쪽의 자본적 지출로 간주되는 사례**(Reg §482-1.g.2.iv)

1995년 미국 건설회사인 갑은 특수관계인 한국법인 을의 건물을 건설하는데 건설용역을 제공했다. 1997년에 미국 국세청은 그 건설용역에 대해 을이 갑에게 지불한 대가가 정상가격에 해당하지 않는다고 판단하여 갑의 과세소득을 조정하였고 갑은 이를 인정했다. 이에 미 국세청은 갑의 소득조정 내역을 통보하고 또한 을의 소득에 대한 대응조정에 대해서도 서면으로 통보했다.

을은 건물을 건설할 목적으로 용역을 투입했다. 따라서 건물이 완공(1998년 완공)되기 전까지 지출된 모든 비용은 건설가계정이다. 따라서 을의 건설가계정을 증가시켜 향후 건물에 대한 감가상각비로 손금산입한다. 또한 그 건물의 처분시에도 과세소득에 영향을 미치게 된다.

2.3 확정신고, 수정신고 및 경정청구

거주자·내국법인(내국법인과 국내사업장 포함)은 국외특수관계인과의 국제거래에서 거래가격이 정상가격보다 낮거나 높은 경우에는 정상가격을 거래가격으로 보아 조정한 과세표준 및 세액을 소득세·법인세 신고기한, 수정신고기한, 경정청구기한 또는 기한후 신고기한까지 신고하거나 경정청구 할 수 있다.(국조법 §6 ①) 이 경우 다음 서류를 제출해야 한다.(국조법 §6 ②)

1. 정상가격을 기준으로 조정한 과세표준 및 세액을 신고하는 경우: 거래가격 조정신고서(국조칙 §2 별지 1호)
2. 정상가격을 기준으로 조정한 과세표준 및 세액을 경정청구하는 경우: 거래가격 조정신고서, 정상가격 산출방법 입증서류(국조칙 §2 ②)
   1) 거래 당사자의 사업 연혁, 사업 내용, 조직 및 출자관계 등에 관한 설명자료
   2) 거래 당사자의 최근 3년 동안의 재무제표, 세무신고서 사본, 국제거래에 관한 계약서 사본 및 이에 부수되는 서류
   3) 정상가격의 세부 산출방법을 구체적으로 설명하는 다음 자료
      ㉮ 비교가능성 평가방법 및 요소별 차이 조정방법
      ㉯ 비교대상 기업의 재무제표를 사용하는 경우 적용된 회계처리기준의 차이와 그 조정방법
      ㉰ 거래별로 구분한 재무자료 또는 원가자료를 사용하는 경우 그 작성기준
      ㉱ 2개 이상의 비교대상 거래를 사용하는 경우 정상가격으로 판단되는 범위와 그 도출방법
      ㉲ 정상가격 산출방법의 전제가 되는 조건 또는 가정에 대한 설명자료
   4) 국제거래의 거래가격과 정상가격의 차이를 조정하는 방법에 관한 설명자료
   5) 그 밖에 정상가격 산출방법의 적정성을 입증할 수 있는 자료
3. 국외특수관계인 과세소득 조정 입증 서류(국조칙 §2 ③)
   1) 국외특수관계인 과세당국의 과세소득 조정에 따른 납부증명서
   2) 국외특수관계인 과세소득 조정 명세와 조정된 회계장부 및 재무제표
   3) 국외특수관계인이 상대국 과세당국에 제출한 수정신고서
   4) 그 밖에 국외특수관계인의 과세소득 조정 및 국가 간의 이중과세를 증명할 수 있는 서류

경정청구를 받은 납세지 관할 세무서장은 경정청구를 받은 날부터 6개월 이내에 과세표준 및 세액을 경정하거나 경정하여야 할 이유가 없다는 뜻을 그 청구를 한 자에게 알려야 한다.(국조법 §6 ⑤)

경정청구를 받은 납세지 관할세무서장은 제출된 서류에 누락된 사항이나 미비한 사항이 있는 경우에는 30일 이내의 기간을 정하여 보완을 요구할 수 있다. 이 경우 보완에 걸린 기간은 처리기간에 산입하지 아니한다.(국조법 §6 ③) 납세지 관할 세무서장은 보완을 요구할 때에는 보완을 요구받은 거주자가 정당한 사유 없이 기간 내에 서류를 보완하여 제출하지 아니하는 경우에는 경정하지 아니할 수 있다는 뜻을 알려야 한다.(국조법 §6 ④)

2.4 가산세 적용의 특례

(1) 과소신고가산세 10% 적용

이전가격조정으로 익금에 산입한 금액에 대해서는 과소신고가산세 10%를 적용한다.(법령 §118, 2006.1.1. 이후 익금산입분부터 적용) 2005년 이전에는 부당과소신고가산세 20%를 적용했다.

(2) 가산세의 면제

① 가산세 면제사유

다음에 해당하는 경우에는 과소신고가산세(국기법 §47의3)를 부과하지 않는다.(국조법 §17 ①) 이 경우 과소신고가산세는 적용되지 않으나 미납부가산세는 적용된다.

㉮ 상호합의 등으로 과실이 없다고 판정되는 경우

납세의무자가 신고한 거래가격과 정상가격과의 차이에 대해 납세의무자의 과실이 없다고 상호합의절차의 결과에 따라 확인되는 경우, 또는 납세의무자가 일방적 사전승인을 받은 경우로서 신고한 거래가격과 정상가격의 차이에 대해 납세의무자의 과실이 없다고 국세청장이 판정하는 경우. 다음 요건을 모두 갖춘 경우에는 납세의무자의 과실이 없는 것으로 본다.(국조령 §39 ①)

1. 납세의무자가 과세표준 및 세액의 확정신고시 작성된 서류를 통해 정상가격의 산출방법 중 가장 합리적인 방법을 선택한 과정을 제시할 것 2. 납세의무자가 선택된 이전가격방법을 실제로 적용할 것 3. 이전가격방법과 관련하여 필요한 자료를 비치·보관할 것

예를 들면, 청구법인이 상호합의절차 최종승인통보일(2003.4.30.)로부터 2월이 되는 2003.6.30.까지 수정신고할 수 있음에도 불구하고 처분청이 고지유예된 사용료 손금불산입액에 대한 세액을 2003.5.7. 앞당겨 고지함으로써 청구법인의 수정신고가 형식상 경정청구로 된 것에 불과하고, 최초 신고한 사용료를 기준으로 비교하여 보면 경정청구는 신고한 손금항목을 불산입하여 과세표준 및 세액이 증가하여 수정신고와 동일한 결과가 되므로 그 실질에 따라 수정신고한 것으로 봄이 타당하므로 처분청이 과소신고가산세를 부과한 처분은 부당하다.(국심 2003서3055, 2004.10.29.)

㉯ 합리적인 판단에 따라 이전가격방법을 선택한 것으로 인정되는 경우

납세의무자가 소득세 또는 법인세를 신고할 때 적용한 이전가격방법에 관하여 증명자료를 보관·비치하거나 개별기업보고서를 기한 내에 제출하고, 합리적 판단에 따라 그 이전가격방법을 선택하여 적용한 것으로 인정되는 경우. 납세의무자의 합리적 판단 여부는 아래 요건을 고려하여 판정한다.(국조령 §39 ③)

1. 과세기간 종료시점을 기준으로 수집된 비교대상 수치들이 대표성이 있는 자료이어야 하며, 반드시 포함되어야 할 특정 비교대상 수치가 누락되어 납세자에게 유리한 결과가 도출되지 아니하였을 것 2. 수집된 자료를 체계적으로 분석하여 이전가격방법을 선택·적용하였을 것

3. 이전 과세연도 사전승인에서 합의되었거나 과세관청이 세무조사과정에서 선택한 이전가격방법이 있음에도 불구하고 다른 이전가격방법을 선택·적용한 경우에는 다른 방법을 선택·적용한 타당한 이유가 있을 것

예를 들면, 상호합의결과 청구법인이 당초 신고하고 처분청이 결정한 비교대상 및 수익률에 일부 차이가 있기는 하나 이전가격방법은 변경되지 아니하였으므로 청구법인이 선택한 이전가격방법은 합리적이었다고 판단되고, 청구법인은 회계법인이 수행한 이전가격분석을 통해 정상가격의 산출방법 중 청구법인에 가장 합리적인 방법의 선택과정을 제시하였으며, 그 선택한 방법을 실제로 적용하였고, 그 선택한 방법과 관련한 자료를 비치·보관하고 있으므로 청구법인에게 과소신고가산세를 부과하기는 어렵다.(국심 2001서3149, 2007.1.4.)

㉰ 이전가격방법 사전승인에 따른 수정신고

이전가격방법의 사전승인을 받은 거주자가 그에 따라 법인세 과세표준 및 세액을 수정신고하는 경우에는 과소신고가산세를 부과하지 않는다.(국조령 §39 ④)

㉱ 60일 이내 수정신고 특례

신고시점에는 확인할 수 없었던 이전가격방법과 관련한 중요한 자료가 신고기한 후 확인된 경우 그 사실을 알게 된 때부터 60일 이내에 법인세 과세표준 및 세액을 수정신고하는 경우에는 과소신고가산세를 부과하지 않는다. 이 경우 합리적인 이전가격방법을 적용해야 하며 증빙서류를 제출해야 한다.(국조령 §39 ⑤)

② 증명자료의 제출

과소신고가산세 면제를 받기 위한 정상가격 산출방법에 관한 증명자료는 다음의 자료를 말하며, 납세의무자는 과세당국이 요구하는 경우 요구받은 날부터 30일 이내에 그 자료를 제출해야 한다.(국조령 §39 ②)

1. 사업에 관한 개략적 설명자료(자산 및 용역의 가격에 영향을 미치는 요소에 관한 분석자료를 포함)
2. 이전가격에 영향을 미칠 수 있는 국외특수관계인 및 관련자와의 구조 등을 설명하는 자료
3. 신고할 때 적용한 이전가격방법을 선택하게 된 경위를 확인할 수 있는 다음 자료
   가. 신고때 적용한 이전가격방법을 선택한 근거가 되는 경제적 분석 및 예측 자료
   나. 정상가격을 산출하기 위해 사용된 비교대상 수치 및 수치의 비교평가과정에서 조정된 내역에 대한 설명자료
   다. 대안으로 적용될 수 있었던 이전가격방법 및 그 대안을 선택하지 않은 이유에 대한 설명자료
   라. 과세기간 종료 후 소득세 또는 법인세 신고 시까지 정상가격을 산출하기 위해 추가된 관련 자료 등

3. 이전가격방법 사전승인

'이전가격방법 사전승인'은 일반적으로 APA(advanced pricing arrangement)로 부르며, 납세의무자가 향후 국외특수관계인과의 거래에 적용하고자 하는 이전가격방법에 관하여 국세청장의 사전승인을 얻는 제도이다. 사전승인신청의 처리기간은 일방 APA는 1년 9개월, 쌍방 APA는 2년 6개월 정도이다.(국세청 2018 APA연차보고서 28쪽)

| 이전가격방법 사전승인절차 |

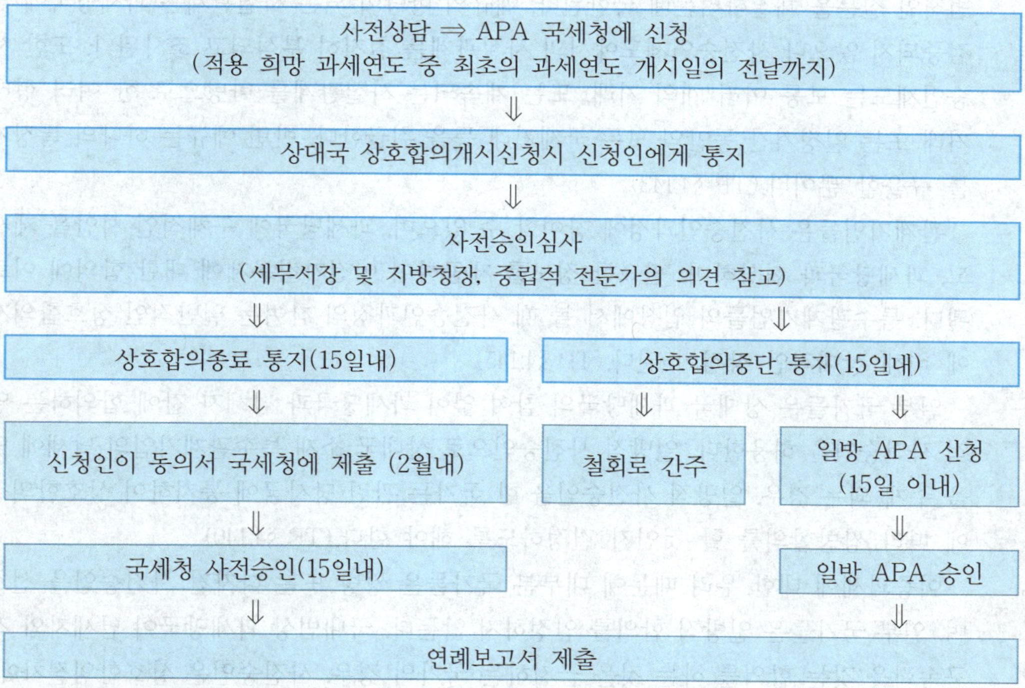

3.1 이전가격방법 사전승인제도의 개념

(1) 사전승인제도의 의미

체약국의 권한있는 당국이 사전승인제도에 참여하는 경우, 사전승인제도는 명시적이지는 않지만 조세조약에 규정하는 상호합의에 해당한다. 정보교환규정 역시 각 과세당국이 정보교환형태로 협조할 것을 규정하므로 사전승인제도를 촉진하는 역할을 한다.(TP §4.150)

일부 국가들은 국내법상 사전승인제도를 운용할 수 있는 근거가 부족하다. 그러나 조세조약에 상호합의에 관한 규정을 포함한다면, 이전가격문제가 이중과세를 초래할 가능성이 있거나, 조약 적용·해석상의 어려움 또는 의문이 발생하는 경우, 권한있는 당국은 일반적으로 사전승인제도를 운용할 수 있다. 이러한 합의는 법적으로 양 체약국을 구속하며 관련 납세자에게 권리를 부여한다. 조세조약이 국내법에 우선한다면 국내법상 근거가 없더라도 상호합의절차에 따라 사전승인제도를 운용할 수 있다.(TP §4.152)

사전승인제도는 과세당국이 납세자에게 주는 예규(private rulings)와 구별된다. 사전승인제도가 사실관계를 다루는 데 반해 예규는 납세자에 의해 제시된 사실관계를 기초로 법적인 질문을 해결하려는데 국한된다. 예규의 바탕이 되는 사실관계는 과세당국에 의해 검증되지 않으나 사전승인제도에서의 사실관계는 철저히 분석되고 조사된다. 또한 사전승인제도는 보통 여러 개의 거래, 또는 계속되는 사실관계를 바탕으로 한 여러 형태의 거래 또는 일정기간 동안의 모든 국제거래 등을 취급한다. 반면 예규는 하나의 특정거래를 규율할 뿐이다.(TP §4.143)

관계기업들은 사전승인과정에 참여할 수 있으며, 과세당국에 구체적인 사안을 제시하고, 과세당국과 협상하며, 필요한 정보를 제공하여 이전가격문제에 대한 합의에 이르게 된다. 특수관계기업들의 입장에서 볼 때 사전승인과정의 참여는 일반적인 상호합의제도에 비해 상대적인 장점이 된다.(TP §4.145)

일부 국가들은 상대국 과세당국의 참여 없이 과세당국과 납세자 간에 합의하는 일방적 사전승인을 허용한다. 일방적 사전승인으로 상대국 소재 특수관계기업의 납세에 영향을 주게 되는 경우, 일방적 사전승인을 한 국가는 관련 당사국에 통지하여 상호합의절차에 따라 쌍방합의를 할 것인지 결정하도록 해야 한다.(TP §4.140)

이중과세에 대한 우려 때문에 대부분 국가들은 쌍방 또는 다자간 사전승인을 선호하며, 일부 국가들은 일방적 합의를 인정하지 않는다. 국내법상 과세당국이 납세자와 직접 구속력을 갖는 합의를 하는 것을 금지하는 국가의 경우, 사전승인은 상호합의절차에 따라 상대국과의 합의로 이루어진다.(TP §4.141)

(2) 사전승인제도의 장·단점

쌍방 또는 다자간 사전승인제도에는 모든 당사국이 참여하므로 사법적, 경제적으로 이중과세 또는 이중비과세를 어느 정도 줄이거나 방지한다. 또한, 쌍방 또는 다자간 사전승인제도는 수집하기 어렵고 시간이 많이 드는 과거자료가 아니라 현재자료를 다루기 때문에 합의에 도달하는 시간을 줄임으로써 상호합의를 촉진하는 효과가 있다.(TP §4.156)

일방적 사전승인제도는 과세당국과 납세자에게 심각한 문제를 초래할 수 있다. 상대국 과세당국의 입장에서 사전승인내용에 동의하지 않는 경우 문제가 발생한다. 특수관계기업의 입장에서 문제가 일어나면 다른 특수관계기업의 행동에 영향을 준다. 쌍방 혹은 다자간 사전승인제도와 달리 일방적 사전승인제도는 납세자에게 확실성을 주지 못하며, 경제적·법적 이중과세를 해소하지 못한다. 납세자가 시간과 비용이 많이 드는 이전가격조사나 과다한 벌칙을 피하기 위해 사전승인을 하는 국가로 소득을 많이 배분하도록 합의한다면, 사전승인을 하는 국가로부터 다른 국가로 행정부담이 이전된다.(TP §4.158) 일방적 사전승인제도의 또 다른 문제는 대응조정 문제이다. 사전승인제도의 유연성 때문에 납세자와 관련 당사자들은 거래가격을 사전승인에서 용인될 만한 수준으로 조정한다. 일방적 사전승인제도의 결과가 정상거래원칙에 부합하지 않는 경우 상대국이 대응조정을 하지 않을 것이므로 그 결과가 정상거래원칙에 어긋나지 않아야 한다.(TP §4.159)

또 하나의 가능한 문제는 한 과세당국이 다국적기업의 일부기업만 포함하는 여러 개의 쌍방적 사전승인을 하는 경우에 발생한다. 나중에 합의되는 사전승인에서는 다른 시장조건을 충분히 고려하지 않은 채 전례에 맞추려고 하는 경향이 있다. 그러므로 먼저 이루어진 사전승인의 결과를 모든 시장을 대표하는 것으로 해석하는 데에는 신중을 기해야 한다.(TP §4.162)

(3) 사전승인을 위한 예측의 신뢰성

사전승인절차에서 사용되는 예측의 신뢰성은 예측의 성격과 예측이 근거하는 주요가정에 좌우된다. 예를 들면, 어떤 기업그룹의 내부 단기차입이자율이 향후 3년간 6%에 머물 것이라고 주장하는 것은 합리적이지 않다. 이 경우, LIBOR에 가산율을 더한 이자율로 예측하는 것이 합리적이다. 이러한 예측은 기업의 신용도에 대한 적절한 가정이 덧붙여진다면 보다 믿을만하게 되는데, LIBOR에 대한 가산율이 기업의 신용도(credit rating) 변화에 따라 달라지는 경우이다.(TP §4.136)

(4) 사전승인절차의 탄력적 운용

사전승인제도는 비용과 시간이 많이 들어가므로 영세사업자는 이용하기 곤란하여 모든 납세자가 이용할 수 있는 것은 아니다. 독립된 전문가를 활용해야 하는 경우 더욱 그렇다. 그러므로 사전승인제도는 주로 규모가 큰 이전가격사안에 이용된다. 또한 사전승인제도에 필요한 인력소요를 고려할 때 과세당국 역시 처리할 수 있는 사전승인의 수가 많지 않다. 사전승인제도를 운용하면서 과세당국은 검토수준을 관련 국제거래의 규모에 따라 조정함으로써 이런 문제를 해소할 수 있다.(TP §4.169) 사실상 대규모 납세자만 사전승인제도를 이용가능한 것이 사실이다. 같은 상황에 있는 납세자들은 차별되어서는 안되므로, 대규모 납세자만 사전승인제도를 이용할 수 있다면 이는 공평성과 일관성 면에서 문제가 된다. 과세당국은 소규모 납세자에 대해서 간이절차로 합의할 수 있는 방법을 고려해야 한다. 과세당국은 사전승인과정에서 관련거래의 규모에 따라 검토수준을 조정하도록 주의를 기울여야 한다.(TP §4.174)

(5) 제출자료를 다른 목적으로 이용할 수 없음

과세당국이 사전승인제도 과정에서 수집한 정보를 세무조사에서 이용하면 문제가 생길 수 있다. 납세자가 사전승인을 포기하거나 납세자의 사전승인신청이 거절된다면, 사전승인과정에서 납세자가 제공한 주관적(nonfactual) 정보, 즉 합의방안(settlement offer), 논리적 추론, 의견, 판단 등은 조사에 이용하지 않아야 한다. 또한 납세자가 사전승인을 시도했다가 합의에 이르지 못했다는 사실이 그 납세자에 대한 조사개시 여부를 결정하는데 고려되어서는 안 된다.(TP §4.167)

과세당국은 또한 사전승인과정에서 제출된 자료, 그리고 거래비밀 기타 민감한 성격의 정보에 대해 비밀을 유지해야 한다. 따라서 정보공개를 제한하는 국내법이 적용되어야 한다. 쌍방적 사전승인제도에서는 조약 상대방에 대한 비밀유지의무가 적용되며, 비밀을 요하는 자료를 공개적으로 노출시키는 것은 금지된다.(TP §4.168)

(6) 사전승인조건 이행 여부의 확인

사전승인절차가 완료되면, 과세당국은 납세자에게 합의내용을 준수하면 이전가격조정을 하지 않는다는 확신을 주어야 한다. 사전승인의 내용에는 장래 사업활동이 심각하게 변하거나 통제불능의 경제상황(예 환율의 급격한 변동)으로 합의된 방법의 신뢰성에 상당한 영향을 받아 독립기업이라면 이전가격설정에 중대한 영향을 받게 되는 경우, 사전승인을 수정하거나 취소하는 조항이 포함된다.(TP §4.146)

사전승인을 한 과세당국은 납세자가 사전승인내용을 준수하는지 확인하며 보통 두 가지 방법으로 이루어진다. 첫째, 과세당국은 주요가정이 그대로 유지되고, 사전승인내용을 따른다는 사실을 보여주는 연례보고서를 제출하도록 납세자에게 요구한다. 둘째, 과세당국은 방법론에 대한 재검토 없이 일반적 세무조사일정에 따라 납세자에 대한 세무조사를 실시할 수 있다. 이 경우, 과세당국의 이전가격조사는 사전승인 신청당시의 원시자료를 검증하고 납세자가 사전승인조건에 따랐는지 판단하는데 국한되어야 한다. 사전승인과 관련되지 않은 다른 세무문제들에 대해서는 통상적인 세무조사를 할 수 있다.(TP §4.148)

3.2 쌍방적 사전승인제도(Bilateral APA)

국세청장은 거주자·내국법인이 이전가격방법에 대한 사전승인을 신청하는 경우, 체약상대국의 권한 있는 당국과의 상호합의절차를 거쳐 합의한 때에는 이전가격방법을 승인할 수 있다.(국조법 §13 ②)

(1) 사전상담 및 사전승인신청서의 제출

① 사전상담

이전가격방법 승인신청을 공식적으로 하기 전에 비공식적으로 사전상담을 할 수 있다. 사전상담과정에서 신청의 적격성, 이전가격방법의 적정성, 정상가격의 적정성 등에 대해 납세자와 과세당국이 논의하며 익명성이 보장된다.(국세청 2019 APA 연차보고서 12쪽)

② 사전승인신청 및 첨부서류 제출

이전가격방법 승인신청은 이전가격방법 신청대상이 되는 일정 기간의 과세연도 중 최초의 과세연도 개시일의 전날까지 국세청장(상호합의담당관)에게 승인신청을 할 수 있다.(국조법 §14 ①) 예를 들면, 2020 사업연도부터 2025 사업연도에 대한 사전승인신청은 2020 사업연도 개시일의 전날 2019.12.31.까지 이루어져야 한다.

이전가격방법의 사전승인을 신청하고자 하는 신청인은 국제거래의 전부 또는 일부에 대해 다음 서류 각 2부를 이전가격방법 신청대상기간의 최초 과세연도 최초 과세연도 개시일의 전날까지 국세청장에게 제출해야 한다. 체약상대국의 권한 있는 당국에 제출한 서류가 국세청장에게 제출한 서류와 다른 경우에는 체약상대국의 권한 있는 당국에 제출한 서류를 추가로 제출해야 한다. 이 경우 아래 4에 해당하는 서류는 이동식 저장장치 등 전자적 정보저장매체에 수록하여 제출할 수 있다.(국조령 §26 ①·②)

사전승인신청 첨부서류
1. 대상기간·대상국제거래·거래당사자 및 이전가격방법 등을 기재한 '이전가격방법의 사전승인 신청서'(국조칙 §18 ① 별지 10호) 2. 거래당사자의 사업연혁·사업내용·조직 및 출자관계 등에 관한 설명자료 3. 거래당사자의 최근 3년 동안의 재무제표, 세무신고서사본, 국제거래에 관한 계약서사본 및 이에 부수되는 서류 4. 신청된 정상가격의 세부산출방법을 구체적으로 설명하는 다음 각목의 자료 가. 비교가능성 평가방법 및 요소별 차이조정방법 나. 비교대상의 재무제표를 사용하는 경우 적용된 회계처리기준의 차이와 그 조정방법 다. 거래별 구분 재무자료 또는 원가자료를 사용하는 경우 그 작성기준 라. 두 개 이상의 비교대상거래를 사용하는 경우 정상가격으로 판단되는 범위와 그 도출방법

마. 정상가격 산출방법의 전제가 되는 조건 또는 가정에 대한 설명자료
5. 국제거래의 거래가격과 정상가격의 차이를 조정하는 방법에 관한 설명자료
6. 승인신청된 이전가격방법에 관하여 관련 체약상대국과의 상호합의를 신청하는 경우에는 '상호합의절차 개시신청서'(국조칙 §18 ① 별지 11호)
7. 그 밖에 사전승인 신청된 이전가격방법의 적정성을 입증하는 자료

국세청장은 사전승인을 받으려는 신청인으로부터 이전가격방법 등에 대해 신청 전에 상담요청이 있는 경우에는 이에 응할 수 있다. 이 경우 신청인은 자신의 이름을 공개하지 아니할 수 있다.(국조규 §70) 신청인이 국세청장에게 제출하는 자료나 국세청장이 요구한 자료는 한글로 작성하여 제출해야 한다. 다만, 과세당국이 허용하는 경우에는 영문으로 작성된 자료를 제출할 수 있다.(국조규 §68)

③ 상대국에 사전승인을 신청하는 경우

거주자·내국법인 또는 국외특수관계인이 체약상대국의 권한 있는 당국에 이전가격방법의 사전승인을 신청한 경우로서 우리나라와 상호합의절차를 개시할 필요가 있는 때에는 그 거주자·내국법인은 국세청장에게 지체 없이 이전가격방법의 사전승인을 신청해야 한다.(국조령 §26 ⑤)

(2) 신청대상기간

이전가격방법의 '사전승인 신청대상기간'은 납세자가 이전가격방법의 사전승인을 받으려는 기간으로 한다.(국조령 §26 ③) 이는 보통 5년을 말한다.

(3) 사전승인신청의 심사

국세청장은 접수받은 사전승인신청과 관련한 자료의 기재사항에 대해 기재오류·누락이 없는지 및 자료의 미제출 등에 관하여 검토하여, 미비점이 있는 경우에는 신청인에 대해 보완을 요구한다.(국조규 §70)

국세청장은 사전승인신청을 심사할 때 신청인의 납세지 관할 세무서장 및 지방국세청장의 검토의견을 참고할 수 있다. 또한, 국세청장은 사전승인신청을 심사할 때 신청인이 동의하는 경우에는 신청인과 중립적 관계에 있는 전문가를 지정하여 신청된 정상가격 산출방법에 관한 전문가의 검토의견을 참고할 수 있다. 이 경우 국세청장은 신청인이 동의하는 경우에는 그 비용의 일부를 신청인에게 부담하게 할 수 있다. 전문가가 검토에 참여하는 경우, 사전승인신청과 관련된 정보를 신청인 및 그 대리인과 국세청장을 제외하고는 타인에게 제공하거나 공개해서는 안 된다.(국조령 §27)

사전승인신청서 및 첨부자료는 국가별로 지정된 담당자에 의해 검토된다. 국세청은 신청된 이전가격방법의 적정성 심사과정에서 제출된 자료의 소명, 추가 자료의 제출 등을 요구할 수 있다. 또한 이전가격방법의 변경 또는 수정, 비교대상기업 또는 거래의 교체를 요구하거나, 이전가격방법의 전제가 되는 가정이나 조건을 추가할 수 있다. 신청인도 국세청장의 사전승인을 얻기 전까지는 당초의 사전승인신청 내용을 변경하거나 사전승인신청을 철회할 수 있다. 납세자는 본인 또는 세무대리인을 통해 국세청의 이러한 심사과정에 적극적으로 참여할 수 있다.(국세청 2019 APA연차보고서 16쪽)

(4) 상호합의절차의 진행 및 거부

국세청장은 신청인이 사전승인신청 시에 상호합의절차의 개시신청을 한 경우에는 체약상대국의 권한 있는 당국에게 상호합의절차의 개시를 요청하고 이를 신청인에게 통지해야 한다.(국조령 §28 ②) 국세청장은 사전승인신청이 부적절하다고 판단하여 사전승인을 하지 아니하는 경우에는 제출된 모든 자료를 신청인에게 반환해야 한다.(국조령 §28 ①)

(5) 상호합의절차의 중단

국세청장은 다음의 경우에는 15일 이내에 상호합의절차의 중단을 신청인에게 통지해야 한다.(국조령 §28 ⑧)

① 사전승인신청 접수일부터 3년이 경과할 때까지 상호합의가 이루어지지 아니하여 국세청장이 직권으로 상호합의절차를 중단하는 경우

② 상호합의절차에 의한 합의가 불가능하여 체약상대국과 상호합의절차를 종료하기로 한 경우

(6) 신청인의 신청 변경 및 철회

신청인은 국세청장의 사전승인을 받기 전까지는 처음의 사전승인신청 내용을 변경하거나 사전승인신청을 철회할 수 있다. 이 경우 국세청장은 신청이 철회되었을 때에는 제출된 모든 자료를 신청인에게 반환해야 한다.(국조령 §26 ④)

3.3 일방적 사전승인제도(unilateral APA)

국세청장은 아래 경우에는 상호합의절차에 의하지 않고 이전가격방법을 일방적으로 사전승인할 수 있다.(국조법 §14 ② 단서, 국조령 §29 ①) 이 경우, 국세청장은 신청인이 일

방적 사전승인을 신청하는 경우에는 신청일로부터 2년 이내에 사전승인 여부를 결정해야 한다. 이 경우 국세청장은 상호합의절차가 개시되는 경우에는 일방적 사전승인이 취소될 수 있다는 내용의 조건을 붙일 수 있다. 일방적 사전승인에 대한 절차 및 소득금액 조정은 쌍방적 사전승인절차 규정을 준용한다.(국조령 §29 ③·⑤)

① 신청인이 이전가격방법의 사전승인신청 시 상호합의절차를 거치지 않고 이전가격방법을 '일방적 사전승인'해 줄 것을 요구하는 경우

② 쌍방적 사전승인의 중단사유에 해당하여 상호합의절차가 중단된 경우 : 신청인이 중단통지를 받은 날부터 15일 이내에 국세청장에게 일방적 사전승인을 서면으로 신청해야 하며, 그 신청을 하지 않았을 때에는 처음의 사전승인신청은 신청인이 철회한 것으로 본다.(국조령 §29 ②)

납세자가 쌍방적 사전승인이 아닌 일방적 사전승인을 받은 경우, 과세당국은 상대국이 대응조정을 하도록 노력해야 한다.(USM §9-2)

3.4 사전승인 및 취소 · 변경, 소급적용

(1) 사전승인내용의 통보, 신청인의 동의, 승인된 방법의 준수

① 쌍방적 사전승인

국세청장은 상호합의절차에서 체약상대국과 합의가 이루어진 경우에는 상호합의절차 종료일의 다음 날부터 15일 이내에 합의 내용을 신청인에게 통지해야 한다. 이 경우 신청인은 합의내용을 통지받은 날부터 2월 이내에 그 동의 여부를 국세청장에게 서면으로 제출해야 한다. 신청인이 이 기한 내에 동의 여부를 국세청장에게 통보하지 않은 때에는 동의하지 않은 것으로 보고 당초의 사전승인신청은 신청인에 의해 철회된 것으로 본다. 상호합의절차에 의한 합의내용과 당초의 사전승인신청 내용이 동일하지 아니하더라도 신청인이 합의내용에 동의하는 경우에는 신청인이 그 내용을 당초부터 신청한 것으로 본다.(국조령 §28 ③·④·⑤·⑦)

국세청장은 상호합의내용에 대한 동의를 신청인으로부터 제출받은 경우 그 제출을 받은 날부터 15일 이내에 이전가격방법에 대해 사전승인하고 이를 신청인에게 통지해야 한다.(국조령 §28 ⑥) 이 경우, 국세청장은 사전승인 내용을 관할 지방국세청장 및 관할 세무서장에게 통보해야 한다.(국조규 §75 ⑥)

② 일방적 사전승인

일방적 사전승인의 경우에는 사전승인통지를 받은 날로부터 2개월 이내에 국세청장에

게 동의서를 서면으로 제출해야 한다.(국조령 §29 ④)

③ 승인된 방법의 준수

거주자 · 내국법인과 국세청장은 이전가격방법이 승인된 경우 그 승인된 방법을 준수해야 한다. 다만, 아래(2) 경우에는 그 승인된 방법을 준수하지 아니할 수 있다.(국조법 §15 ①)

(2) 사전승인의 취소 · 변경 · 갱신

① 사전승인의 취소 및 철회

다음의 경우에는 거주자와 국세청장은 그 승인된 방법을 준수하지 아니할 수 있으며, 국세청장은 사전승인을 취소하거나 철회할 수 있다.(국조법 §15 ①, 국조령 §30 ① · ②) 국세청장은 사전승인을 취소하거나 철회하는 경우에는 관련된 체약상대국의 권한 있는 당국에 그 사실을 지체 없이 통보해야 한다.(국조령 §30 ③)

㉮ 사전승인신청 제출서류 또는 연례보고서 자료의 중요한 부분이 제출되지 아니하거나 거짓으로 작성된 경우

㉯ 신청인이 사전승인 내용 또는 그 조건을 준수하지 않은 경우

㉰ 사전승인된 이전가격방법의 전제가 되는 조건이나 가정의 중요한 부분이 실현되지 않은 경우

㉱ 관련 법령 또는 조세조약이 변경되어 사전승인 내용이 적절하지 아니하게 된 경우

② 사전승인의 변경신청

국세청장으로부터 사전승인을 얻은 신청인은 위 ①의 ㉰ 또는 ㉱에 해당하는 경우에는 그 사유가 발생한 과세연도의 과세표준 및 세액의 확정신고기한까지 해당 과세연도를 포함한 그 이후의 잔여 대상기간에 대해 처음 사전승인 내용의 변경을 신청할 수 있다. 이 경우 시전승인신청 절차에 따르며 제출 자료는 변경된 부분으로 한정한다.(국조령 §30 ④)

③ 사전승인의 갱신

사전승인을 얻은 납세의무자는 사전승인 대상기간이 만료되는 경우 사전승인의 갱신을 신청할 수 있다.(국세청 2019 APA연차보고서 20쪽)

(3) 이전가격방법의 소급적용

국세청장은 거주자 · 내국법인이 승인신청 대상기간 전의 과세연도에 대해 이전가격방법을 소급하여 적용해 줄 것을 사전승인신청과 동시에 신청하는 경우 승인신청 대상

기간 직전 5년 이내의 범위에서 소급하여 적용하도록 승인할 수 있다. 다만, 일방적 사전승인의 경우 승인신청 대상기간 직전 3년 이내의 범위에서 소급하여 적용하도록 승인할 수 있다.(국조법 §13 ③)

3.5 신청내용의 비밀보장, 세무조사와의 관계

(1) 신청내용의 비밀보장

국세청장은 제출된 자료를 사전승인의 심사, 사후관리 및 체약상대국의 권한 있는 당국과의 정보교환 외의 용도로는 사용할 수 없다.(국조령 §26 ⑤) 국세청의 사전승인신청 심사시에 검토의견을 제출하는 중립적 전문가도 세무공무원과 동일한 비밀보장의무를 부담한다.(국조령 §27 ③)

(2) 세무조사와의 관계

사전승인이 이루어지지 않는 경우에도 신청내용에 포함되거나 협의과정에서 신청인이 진술한 비사실적 사항에 대한 의견(nonfactual statement)만을 근거로 이전가격조사의 대상으로 삼지 않아야 한다.

세무조사는 납세자의 APA 신청에 의해 중단되지 않는다. 다만, 납세자가 세무분석대상자로 선정되었더라도 세무조사 사전통지 전에 이전가격방법에 대해 사전승인이 신청된 경우에 사전승인신청 대상기간의 국제거래에 대한 이전가격 조사를 유예할 수 있다. 그렇지만, 납세자가 이전가격방법 사전승인신청을 하였지만 관련부속서류를 제출하지 않은 경우에는 신청이 없는 것으로 간주되어 세무조사를 유예하지 않는다.(국조규 §82, 국세청 2019 APA연차보고서 24쪽)

3.6 사전가격조정에 따른 소득금액 계산특례

(1) 법인세 등의 신고 및 조정신청

거주자 · 내국법인은 이전가격방법이 승인된 경우 매년 법인세 · 소득세 신고기한까지 그 승인된 방법에 따른 과세표준 및 세액을 납세지 관할 세무서장에게 신고해야 하며, 필요한 경우 수정신고 또는 경정청구를 해야 한다.(국조법 §15 ②)

이 경우, 과세표준 및 세액의 조정을 받으려는 신청인은 '소득금액 계산특례 신청서'(국조칙 §13 별지 5호)에 국세청장이 발급한 사전승인 통지서를 첨부하여 통지서를 받은 날부터 3개월 이내에 납세지 관할 세무서장에게 수정신고 또는 경정청구를 해야 한다.

경정청구를 받은 납세지 관할 세무서장은 경정청구를 받은 날부터 2개월 이내에 과세표준 및 세액을 경정할 수 있다. 이 경우 경정해야 할 이유가 없을 때에는 그 사실을 경정청구를 한 자에게 통지해야 한다.(국조령 §31) 이 경우 조정되는 소득금액에 대해서는 이전가격조정과 마찬가지 방법으로 세무조정하고 소득처분한다.(국조령 §23)

국세청장은 신청인이 신청대상연도 중에 사전승인의 내용에 적합한 신고를 한 경우, 해당 신고는 독립기업 간의 정상가격에 의한 것으로 본다.(국조규 §77)

(2) 가산세의 면제

이전가격방법의 사전승인을 얻은 거주자 · 내국법인이 과세표준 및 세액을 수정신고하는 경우에는 과소신고가산세를 부과하지 않는다.(국조령 §39 ④)

3.7 연례보고서의 제출

거주자 · 내국법인은 이전가격방법이 승인된 경우 대상사업연도의 사업연도 종료일이 속하는 달의 말일부터 12개월 이내에 다음 사항을 포함한 연례보고서를 국세청에 제출해야 한다. 이 경우 과세표준 신고기한이 지난 과세기간의 연례보고서는 사전승인 이후 최초로 연례보고서를 제출할 때 함께 제출한다. 국세청장은 연례보고서를 검토할 때 추가적인 자료가 필요한 경우에는 해당 납세의무자에게 자료를 요구할 수 있다.(국조법 §15 ③, 국조령 §32)

연례보고서 사항
1. 사전승인된 이전가격방법의 전제가 되는 근거 또는 가정의 실현 여부
2. 사전승인된 이전가격방법에 의해 산출된 정상가격 및 그 산출과정
3. 국제거래의 거래가격과 정상가격이 다른 경우에는 그 차이에 대한 처리 내역
4. 기타 사전승인시에 연례보고서에 포함하도록 정한 사항

예를 들면, 2019~2023 사업연도에 대해 2020.12.31. 사전승인을 받은 내국법인의 경우, 2020 사업연도의 종료일이 속하는 달의 말일(2020.12.31.)부터 12개월 이내(2021.12.31.)에 2020 사업연도에 대한 연례보고서를 제출하며 2019 사업연도분 연례보고서는 최초로 연례보고서를 제출하는 때(2021.12.31.)에 함께 제출한다.

4. 이전가격서류의 제출

4.1 국제거래정보통합보고서 및 국제거래명세서의 제출 및 교환

(1) 국제거래정보통합보고서의 제출

① 국제거래정보통합보고서의 구성 및 제출방법

국제거래정보통합보고서란 통합기업보고서(Master file), 개별기업보고서(Local file) 및 국가별보고서(Country-by-Country Report)를 말한다.(국조령 §33, 국조칙 §19 별지 12호 · 제13호 · 제14호)

통합기업보고서 및 개별기업보고서는 한글로 작성하고, 국가별보고서는 한글 및 영문으로 작성하여 국세정보통신망으로 제출해야 한다.(국조령 §34 ③, §35 ④) 다만, 통합기업보고서는 영문으로 작성하여 제출할 수 있다. 이 경우 제출 후 1개월 이내에 한글로 작성한 통합기업보고서를 추가로 제출해야 한다.(국조령 §34 ④)

② 국제거래정보통합보고서 제출의무자 및 제출기한

㉮ 제출의무자

국제거래정보통합보고서를 제출해야 하는 납세의무자는 다음 요건을 모두 갖춘 내국법인 또는 외국법인 국내사업장을 말한다.(국조법 §16 ①, 기재부 고시 제2017-5호 §2, §3)

1. **통합기업보고서 및 개별기업보고서** (국조령 §34 ① · ③)
다음 요건을 모두 충족하는 내국법인 또는 외국법인 국내사업장(그 국내사업장만을 기준으로 판단)
(1) 해당 과세연도 매출액이 1천억원을 초과할 것
(2) 국외특수관계인과의 해당 과세연도 재화거래 · 용역거래 · 무형자산거래 · 대차거래 규모의 합계액이 500억원을 초과할 것. 외국법인 국내사업장은 외국법인 본점 및 다른 국외지점과의 거래규모를 포함.
2. **국가별보고서** (국조령 §35 ①) : 일부 경우 제출면제
(1) 다국적기업 그룹의 최상위지배법인으로서 관련 회계원칙 등에 따라 재무보고 목적의 최상위 연결재무제표를 작성하는 최종 모회사가 국내에 소재하는 경우로서 직전 과세연도 연결재무제표의 매출액이 1조원을 초과하는 경우: 국내의 최종 모회사(국조칙 §24 ①), 또는
(2) 최종모회사가 외국에 소재하는 경우로서 직전 과세연도 연결재무제표의 매출액이 다음 금액을 초과하는 경우: 국가별보고서 작성 범위에 해당하는 국내 관계회사(국조칙 §24 ②)
㉮ 국외지배주주가 소재하는 국가의 법령상 국가별보고서 제출 의무가 있는 경우 : 해당 법령이 정한 기준 금액
㉯ 국외지배주주가 소재하는 국가의 법령상 국가별보고서 제출 의무가 없는 경우 : 7억 5천만유로

거래규모의 합계액 및 매출액은 연간 금액으로 하며, 해당 사업연도에 사업을 영위한 기간이 1년 미만인 경우에는 해당 기간 중의 금액을 1년으로 환산하여 계산한다.(국조칙 §22) 연결재무제표의 매출액은 영업외수익 및 특별수익 등 손익계산서상 수익항목을 모두 포함하고, 직전 과세연도 연결재무제표의 회계기간이 1년 미만인 경우 매출액은 그 금액을 1년으로 환산하여 계산한다.(국조칙 §25)

'그룹'이란 소유권 또는 지배력을 통해 관련된 기업들의 집단으로서 국제회계기준 등 관련회계원칙에 따라 재무 보고 목적의 연결재무제표를 준비해야 하거나 해당 기업들의 지분이 공공 증권거래소에서 거래됨에 따라 연결재무제표를 준비해야 하는 집단을 말하며, '다국적기업 그룹'이란 관계회사들이 둘 이상의 서로 다른 조세관할지역에서 과세 대상이 되는 사업을 수행하는 그룹을 의미한다. '관계회사'란 다국적기업 그룹을 구성하는 다국적기업 그룹의 연결재무제표에 포함되는 개별기업, 다국적기업 그룹 내 지배기업에 종속되나 규모나 중요성을 이유로 연결재무제표에서 제외된 개별기업, 이들 개별기업의 국내사업장으로 별도의 재무제표를 작성하는 경우 해당 국내사업장을 말한다. '최종 모회사'란 다국적기업 그룹에 속해 있는 회사로서 하나 이상의 관계회사에 대해 직접 또는 간접적으로 지배력을 보유하며 관련회계원칙 등에 따라 재무 보고 목적의 연결재무제표를 준비해야 하는 최상위 지배기업을 말한다. '연결재무제표'란 최종 모회사와 관계회사들을 단일 사업체로 간주하여 자산, 부채, 수익, 비용, 현금 흐름을 하나로 표시하는 다국적기업 그룹의 재무제표를 의미한다.(기재부 고시 제2017-5호 §1)

㈏ 제출기한

국제거래정보통합보고서(통합기업보고서, 개별기업보고서 및 국가별보고서)는 법인세 사업연도 종료일이 속하는 달의 말일부터 12개월 이내에 납세지 관할 세무서장에게 제출해야 한다.(국조법 §16 ①)

③ 통합기업보고서

통합기업보고서의 경우 별지 서식을 그대로 이용하여 제출하거나 서식에서 기재하도록 정한 내용을 자유롭게 작성하여 제출할 수 있다.

| 통합기업보고서 목차 |

Ⅰ. 전체 법인의 조직구조

1. 전체 법인 현황
2. 전체 법인의 법적 소유구조
3. 전체 법인의 지배 구조도(그림)

Ⅱ. 전체 법인의 사업내용

1. 중요한 사업 이익 창출요소
2. 전체 매출액 기준 상위 5개 재화 또는 용역 및 매출의 5%를 초과하는 그 밖의 재화 또는 용역의 공급망에 대한 설명
3. 전체 법인에 속하는 법인 간의 중요한 용역거래 약정
4. 2.에 언급된 재화와 용역의 주요판매지역에 관한 설명
5. 전체법인의 가치창출분 중 개별 법인들의 공헌도를 설명할 수 있는 개별법인별 기능분석
6. 회계연도 중 발생한 중요한 사업구조재편, 지분취득, 기업매각 등에 대한 설명

Ⅲ. 전체 법인의 무형자산

1. 무형자산의 개발·소유 및 이용에 대한 전반적인 전략에 대한 설명
2. 전체 법인의 무형자산 목록
3. 특수관계법인간 원가분담약정, 주요 연구서비스계약 및 라이센스계약 등 무형자산 관련 중요 약정 목록
4. 연구개발 및 무형자산과 관련된 전체 법인 내 이전가격정책에 대한 일반적인 설명
5. 사업연도 중 특수관계기업들 간의 무형자산거래에 대한 설명

Ⅳ. 전체 법인 간 재무활동

1. 전체법인의 자금조달방법에 대한 일반적인 설명
2. 전체 법인을 위한 핵심 자금조달기능을 수행하는 전체법인 소속 개별법인에 관한 설명
3. 특수관계법인간 자금조달약정과 관련된 전체법인의 일반적인 이전가격정책에 관한 설명

Ⅴ. 전체 법인의 재무 및 세무 현황

1. 전체 법인의 해당 사업연도 연결재무제표
2. 전체 법인의 승인된 일방적 정상가격 산출방법 사전승인(APA)과 국가별 소득 배분과 관련된 세법해석 질의회신

㉮ 통합기업보고서 작성범위

납세의무자 및 국제회계기준(국제회계기준위원회가 공표하는 국제회계기준을 말하며 동 국제회계기준에 따라 각 국가에서 채택한 국제회계기준을 포함)에 따라 그 납세의무자가 포함되는 최상위 연결재무제표 작성 대상에 해당하는 법인 전체에 대한 보고서를 말한다.(국조령 §33 1호, 국조칙 §20 ①) 다만, 다음에 해당하는 경우에는 그 구분에 따른 연결재무제표 작성대상에 해당하는 법인으로 할 수 있다.(국조칙 §20 ②)

1. 서로 다른 국가(고유한 세법이 적용되는 지역 포함)에서 과세대상이 되는 사업을 수행하는 집단으로서 소유권 또는 지배력을 통해 관련된 기업들의 '다국적기업 그룹'이 수행하는 사업이 2개 이상의 사업군으로 분류되는 경우: 해당 사업군 내 최상위 연결재무제표
2. '독점규제 및 공정거래에 관한 법률'에 따른 지주회사에 의해 지배되는 다국적기업 그룹이 자회사별로 영위하는 사업이 상이한 경우: 해당 자회사의 연결재무제표

㉯ 통합기업보고서 작성의무자

둘 이상의 납세의무자가 동일한 통합기업보고서를 제출해야 하는 경우 다음에 해당하는 납세의무자가 통합기업보고서를 대표하여 제출할 수 있다.(국조령 §34 ②, 국조칙 §23)

1. 납세의무자간 지배·종속관계에 있는 경우 그 지배법인
2. 납세의무자간 지배·종속관계가 없는 경우 최상위지배법인과 지배·종속관계상 가까운 위치에 있는 납세의무자
3. 납세의무자간 지배·종속관계가 없으며 최상위지배법인과 지배·종속관계상 동일한 위치에 있는 경우 납세의무자 중 하나

㉰ 다국적기업그룹에 여러 사업군이 있는 경우 : 사업군별 통합기업보고서

다국적기업그룹이 수행하는 사업이 2개 이상의 사업군으로 분류되는 경우 사업군별로 통합기업보고서를 제출할 수 있다. 사업군이란 재화 또는 용역의 부가가치창출을 위한 생산·운송·마케팅·인사·기획·재무 등 일련의 활동들을 독립적으로 수행하는 다국적기업 그룹 내부의 기업들의 총체로서 다른 사업군과 별개의 연결재무제표를 작성하는 군을 말한다.(기재부 고시 제2016-7호 §4, §1 ④)

사업군별 통합기업보고서 작성 대상 법인의 범위는 사업군 내 최상위지배법인이 작성하는 연결재무제표에 포함되는 법인들로 한다.(기재부 고시 제2016-7호 §5) 둘 이상의 납세의무자가 동일한 사업군별 통합기업보고서를 작성하는 경우 아래에 해당하는 납세의무자가 그 통합기업보고서를 대표하여 제출할 수 있다.(기재부 고시 제2016-7호 §6)

1. 납세의무자간 지배·종속관계에 있는 경우 그 지배법인
2. 납세의무자간 지배·종속관계가 없는 경우 사업군 내 최상위지배법인과 지배·종속관계상 가까운 위치에 있는 납세의무자
3. 납세의무자간 지배·종속관계가 없으며 사업군 내 최상위지배법인과 지배·종속관계상 동일한 위치에 있는 경우 납세의무자 중 하나

㉱ 자회사별 사업이 다른 경우 : 자회사별 통합기업보고서

「독점규제 및 공정거래에 관한 법률」 제2조 제1호의2에 의한 지주회사에 의해 지배되는 다국적기업 그룹은 자회사별로 영위하는 사업이 상이한 경우 자회사별로 통합기업보고서를 제출할 수 있다.(기재부 고시 제2016-7호 §7) 자회사별 통합기업보고서 작성 대상 법인의 범위는 해당 자회사가 작성하는 연결재무제표에 포함되는 법인들로 한다.(기재부 고시 제2016-7호 §8) 이 경우, 둘 이상의 법인이 동일한 통합기업보고서를 작성하는 경우 아래에 해당하는 납세의무자가 통합기업보고서를 대표하여 제출할 수 있다.(기재부 고시 제2016-7호 §9)

1. 납세의무자간 지배·종속관계에 있는 경우 그 지배법인
2. 납세의무자간 지배·종속관계가 없는 경우 자회사와 지배·종속관계상 가까운 위치에 있는 납세의무자
3. 납세의무자간 지배·종속관계가 없으며 자회사와 지배·종속관계상 동일한 위치에 있는 경우 납세의무자 중 하나

④ 개별기업보고서

납세의무자의 조직구조, 사업내용, 국외특수관계인과의 거래내역, 거래에 관한 가격산출정보, 재무현황을 포함한 보고서를 말한다. 다만, 정상가격 산출방법의 사전승인을 받은 경우에는 사전승인이 적용되는 대상기간 동안의 해당 국제거래에 대한 내용을 개별기업보고서에서 제외할 수 있다.(국조령 §33 2호, 국조칙 별지 8호의3(을))

| 개별기업보고서 목차 |

Ⅰ. 법인의 개요

1. 법인에 대한 소개
2. 경영 구조
3. 경영관련 보고를 받는 담당자
4. 법인의 사업 및 사업전략에 대한 자세한 설명
5. 주요 경쟁업체들

Ⅱ. 특수관계 거래에 대한 설명

1. 국외특수관계인 현황
2. 국외특수관계인의 법적소유 구조
3. 지배 구조도
4. 중요한 특수관계거래에 대한 설명과 거래발생 배경
5. 특수관계거래에서 발생하는 지급액 및 수취액
6. 특수관계 거래 종류별로 관련된 국외특수관계인 내역 및 특수관계인 간 관계
7. 특수관계와 관련한 납세의무자와 국외특수관계인 간의 비교가능성 및 기능 분석
8. 거래 종류별 가장 적합한 정상가격 산출방법 및 해당방법의 선정 이유
9. 분석대상으로 선정된 기업 및 선정이유에 대한 설명
10. 정상가격 산출방법 적용 시 사용된 중요한 가정들의 요약
11. 다년간 분석을 수행한 이유
12. 비교가능제삼자거래(내부 또는 외부) 목록 및 전반적인 설명
13. 정상가격산출시 적용된 비교가능성 차이조정에 관한 설명 및 해당조정이 특수관계거래, 비교가능제삼자거래 또는 양쪽 모두에 적용되었는지에 대한 표시
14. 정상가격 산출시 사용된 법인의 재무정보
15. 검토결과

Ⅲ. 재무제표, 계약서 등 참고자료

1. 법인의 재무정보와 관련한 보고서 목록

2. 상기 특수관계거래와 관련하여 다른 과세당국에서 승인받은 일방·쌍방·다자간 이전가격방법 사전승인(APA) 승인서 사본 및 세법해석 질의회신
3. 법인이 체결한 주요 특수관계거래 계약서 사본
4. 정상가격 산출방법에 적용된 재무자료가 해당 사업연도 재무제표와 일치하는지 보여주는 정보를 담은 표

⑤ 국가별보고서

| 국가별보고서 목차 |

1. 제출인 인적사항

① 보고기준일자
② 제출구분
③ 법인명
④ 사업자등록번호
⑤ 소재지
⑥ 우편번호
⑦ 제출기업 소재지국가코드
⑧ 다국적기업 그룹명
⑨ 최상위 지배기업 소재지국가코드
⑩ 보고회사 구분
⑪ 수취국 국가코드

2. 각 조세관할권별 소득, 세금 및 사업활동의 배분내역

⑫ 통화코드
⑬ 조세관할권의 국가코드
⑭~⑯ 관계회사 및 비관계회사의 수익
⑰ 세전이익(손실)
⑱ 납부세액(현금주의기준)
⑲ 납부세액(발생주의기준)
⑳ 법정자본금
㉑ 유보이익
㉒ 종업원수
㉓ 유형자산(현금 및 현금등가물제외)

3. 각 조세관할권별 다국적기업그룹의 관계회사 목록

㉔ 조세관할권
㉕ 관계회사 명
㉖ 사업자등록번호 또는 현지기업고유번호
㉗ 현지 납세자번호(tIn)
㉘ 소재지
㉙ 설립지 조세관할권 국가코드
㉚ 연구개발

㉛ 무형자산 소유 또는 운영
㉜ 구매 또는 조달
㉝ 제조 또는 생산
㉞ 영업, 마케팅 또는 유통
㉟ 경영기획, 관리 또는 지원서비스
㊱ 비특수관계자 서비스제공
㊲ 내부재정
㊳ 규제금융서비스
㊴ 보험
㊵ 주주활동 및 기타 주식보유
㊵ 휴면법인

㉮ 국가별보고서 작성범위

납세의무자 및 그 납세의무자와 그 납세의무자가 포함되는 다국적기업 그룹을 구성하는 다음 관계회사에 대한 사항을 포함한 보고서를 말한다.(국조령 §33 3호, 국조칙 §6의2 ⑥, 기재부 고시 제2017-5호 §5)

1. 다국적기업 그룹의 연결재무제표에 포함되는 법인
2. 다국적기업 그룹 내 지배법인에 종속되지만 규모나 중요성을 이유로 위 1호에 따른 연결재무제표에서 제외된 법인
3. 위 1호 또는 2호에 따른 법인의 고정사업장으로서 별도의 재무제표를 작성하는 경우 해당 고정사업장

㉯ 국가별보고서 제출 면제

'국가별보고서 제출의무자 관련자료'를 제출기한까지 제출한 국내관계회사는 다음 어느 하나에 해당하는 경우 국가별보고서를 제출하지 않을 수 있다.(국조령 §35 ③)

1. 최종모회사가 소재하는 국가의 법령상 국가별보고서의 제출의무가 있고 그 국가별보고서가 우리나라와 조세조약에 따라 교환되는 경우.(OECD Automatic Exchange of Information - Exchange relationships에서 확인)
2. 다른 국내관계회사가 국가별보고서를 대표하여 제출하는 경우
3. 최종모회사가 제3국에 소재하는 관계회사로 하여금 해당 소재지국에 국가별보고서를 대리 제출하도록 하고 그 국가별보고서가 우리나라와 조세조약에 따라 교환되는 경우

⑥ 국가별보고서 제출의무자 자료

국내의 최종모회사 및 국내관계회사는 각 사업연도 종료일이 속하는 달의 말일부터 6개월 이내에 '국가별보고서 제출의무자 관련자료'(국조칙 §26 별지 15호)를 납세지 관할 세무서장에게 제출(국세정보통신망 제출 가능)해야 한다. 다만, '국외지배주주가 있는 납세

의무자'가 6개월 이내에 자료를 제출하지 않은 경우에는 사업연도 종료일이 속하는 달의 말일부터 12개월 이내에 국가별보고서를 제출해야 한다.(국조령 §35 ②) 동일한 '국가별보고서 제출의무자 관련 자료'를 제출하는 납세의무자가 둘 이상인 경우 하나의 납세의무자가 대표하여 제출할 수 있다.(국조칙 별지 8호의4 설명)

(2) 국제거래명세서 등의 제출

① 국제거래명세서 등

국외특수관계인과 국제거래를 하는 거주자·내국법인은 다음 국제거래명세서 등을 소득세 과세기간 또는 법인세 사업연도 종료일이 속하는 달의 말일부터 6개월 이내에 납세지 관할 세무서장에게 제출해야 한다.(국조법 §16 ①)

1. 국제거래명세서(국조칙 §27 ① 별지 16호)
2. 국외특수관계인의 요약손익계산서(국조칙 §27 ② 별지 17호)
3. 이전가격방법신고서
   • 용역거래에 대한 이전가격방법신고서(국조칙 §27 ③ 1호 별지 18호)
   • 무형자산에 대한 이전가격방법신고서(국조칙 §27 ③ 2호 별지 19호)
   • 이전가격방법신고서(국조칙 §27 ③ 3호 별지 20호)

제출해야 하는 국외특수관계인의 자료는 납세의무자의 해당 사업연도 결산 확정일을 기준으로 해당 국외특수관계인이 결산을 확정한 가장 최근 사업연도의 자료이다.(국조칙 §27 ③ 3호 별지 20호 작성방법) 이전가격방법신고서를 제출한 후 수정신고기한 내에 다시 제출할 수 있다.(국이 46522-344, 1997.5.22.)

② 이전가격방법신고서

거주자·내국법인은 가장 합리적인 이전가격방법을 선택하고, 선택된 방법 및 이유 등의 '이전가격방법에 관한 자료'를 과세표준 및 세액의 확정신고시 아래에 따라 납세지 관할 세무서장에게 제출해야 한다.(국조령 §7 ①, 국조칙 §2의4 ①) 아래에서 규정하는 것 이외의 경우(대차거래 등) 재화의 서식을 사용해야 한다.

1. 재화 : 이전가격방법신고서(별지 1호의3)
2. 무형자산 : 무형자산에 대한 이전가격방법신고서(별지 1호)
3. 용역 : 용역거래에 대한 이전가격방법신고서(별지 1호의2)
4. 원가분담 : 원가 등의 분담액 조정명세서(국조칙 §3 2호, 별지 3호)
5. 지급보증 : 지급보증용역거래 명세서(국조칙 §6 ①, 별지 8호 을)

(3) 국제거래명세서 등의 제출면제

① 소액거래 등의 경우 제출면제

아래 경우 국제거래명세서, 요약손익계산서 및 이전가격방법신고서의 제출의무를 면제한다.(국조법 §16 ② 단서, 국조령 §36) 아래 면제금액은 개별 특수관계인을 기준으로 판단한다.

1. 국제거래명세서 : 해당 사업연도의 국외특수관계인과의 국제거래 유형별 거래금액의 합계가 다음 요건을 모두 충족할 것
   가. 재화거래 금액의 합계: 5억원 이하
   나. 용역거래 금액의 합계: 1억원 이하
   다. 무형자산거래 금액의 합계: 1억원 이하
2. 요약손익계산서 ; 다음 어느 하나에 해당할 것
   가. 해당 사업연도에 국외특수관계인과의 재화거래 금액의 합계가 10억원 이하이고 용역거래 금액의 합계가 2억원 이하이며 무형자산거래 금액의 합계가 2억원 이하일 것
   나. 해외현지법인명세서 및 해외현지법인재무상황표를 제출할 것
3. 정상가격산출방법 신고서: 다음 어느 하나에 해당할 것
   가. 해당 사업연도에 국외특수관계인과의 재화거래 금액의 합계가 50억원 이하이고 용역거래 금액의 합계가 10억원 이하이며 무형자산거래 금액의 합계가 10억원 이하일 것
   나. 해당 사업연도에 국외특수관계인별로 재화거래 금액의 합계가 10억원 이하이고 용역거래 금액의 합계가 2억원 이하이며 무형자산거래 금액의 합계가 2억원 이하일 것

② '안전항(safe harbor)' 규정

이전가격세제에서 '안전항' 규정은 일정 유형의 납세자와의 거래에 적용되며 한 국가의 일반적인 이전가격세제에 따라 부과되는 의무로부터 해당 납세자를 면제시켜 주는 규정이다. 안전한 규정은 일반적인 이전가격세제에 따른 의무를 더 단순한 의무로 대체하는 효과가 있다. 이런 규정에 따라, 납세자는 특별한 방식으로 이전가격을 산정할 수 있는데, 예를 들면 과세당국에 의해 제시된 단순한 이전가격 산정방법을 적용할 수 있다. 그렇지 않으면, 안전항에 따라 정해진 유형의 납세자나 거래를 일반적인 이전가격세제의 전부 또는 일부의 적용으로부터 면제한다. 보통 해당 납세자는 부담스러운 법령준수의무로부터 면제되는데, 이에는 관계회사 이전가격서류요건의 전부 또는 일부의 면제를 포함한다.(TP §4.102) 특정 납세자에게 조사면제기준을 적용하는 것은 여러 가지 역효과를 낳을 수 있다. 다음과 같은 사실로 인해 역효과가 생길 수 있다.(TP §4.110)

1. 한 국가에서 안전항규정을 적용하면 정상거래원칙에 부합하지 않는 과세소득을 신고하는 결과가 될 수 있다.
2. 안전항을 일방적으로 선택하는 경우, 이중과세나 이중비과세의 위험을 증가시킨다.
3. 안전항으로 부적절한 조세회피가 이루어질 수 있다.
4. 안전항은 형평성 및 일관성의 문제를 야기한다.

소규모 납세자나 덜 복잡한 거래의 경우, 안전항의 이점은 그러한 규정이 초래하는 문제점을 압도한다. 그러한 안전항을 납세자가 선택하도록 하여 정상가격으로부터 벗어나는 것을 제한할 수 있다. 국가들이 안전항을 채택하는 경우 이중과세의 위험을 제한하기 위해 상호합의에서 안전항의 결과를 수정하는 것은 인정된다.(TP §4.129)

(4) 국제거래에 대한 자료의 제출기한 연장

납세지 관할 세무서장은 납세의무자가 다음과 같은 부득이한 사유로 국제거래통합보고서, 국제거래명세서, 요약손익계산서 및 이전가격방법신고서를 제출기한까지 제출할 수 없는 경우로서 납세의무자의 신청을 받은 경우에는 1년의 범위에서 그 제출기한의 연장을 승인할 수 있다.(국조법 §16 ③, 국조령 §37 ①)

1. 화재 · 재난 및 도난 등의 사유로 자료를 제출할 수 없는 경우
2. 사업이 중대한 위기에 처하여 자료를 제출하기 매우 곤란한 경우
3. 관련 장부 · 서류가 권한 있는 기관에 압수되거나 영치(領置)된 경우
4. 국외특수관계인의 과세연도 종료일이 도래하지 않은 경우
5. 자료의 수집 · 작성에 상당한 기간이 걸려 기한까지 자료를 제출할 수 없는 경우
6. 그 밖에 위 1호부터 5호까지에서 규정한 사유에 준하는 사유가 있어 기한까지 자료를 제출할 수 없다고 판단되는 경우

제출기한의 연장을 신청하려는 자는 제출기한 15일 전까지 '제출기한 연장 신청서'(국조칙 §12 ① 별지 3호)를 과세당국에 제출(국세정보통신망을 제출 포함)해야 한다.(국조령 §37 ②) 과세당국은 제출기한 연장 신청이 접수된 날부터 7일 이내에 연장 여부를 신청인에게 '제출기한 연장 승인 · 기각 통지서'(국조칙 §12 ② 별지 4호)로 통지해야 한다. 이 경우 7일 이내에 통지를 하지 않은 경우에는 연장을 신청한 기한까지 제출기한이 연장된 것으로 본다.(국조령 §37 ③)

(5) 다자간협정에 따른 국가별보고서의 교환

국가별보고서 교환을 위한 다자간 협정(multilateral competent authority agreement on the exchange of country-by-country Reports)에 따라 2018년부터 협정가입국들과 국가별보고

서를 교환한다. 이 협정은 2012년 체결한 '다자간 조세행정공조협약'에 법적 근거를 둔 권한있는 당국간 협정이다. 2023.1.24. 현재 96개국이 협정에 서명했다.(www.oecd.org/tax/beps/beps-actions/action13/)

| 국가별보고서 교환을 위한 다자간 협정 체결국 현황 |

Andorra, Anguilla, Argentina, Aruba, Australia, Austria, Azerbaijan, The Bahamas, Bahrain, Barbados, Belgium, Belize, Bermuda, Brazil, British Virgin Islands, Bulgaria, Canada, Cayman Islands, Chile, China, Colombia, Costa Rica, Croatia, Curacao, Cyprus, Czech Republic, Denmark, Estonia, Finland, France, Gabon, Georgia, Germany, Gibraltar, Greece, Guernsey, Haiti, Hong Kong, Hungary, Iceland, India, Indonesia, Ireland, Isle of Man, Israel, Italy, Japan, Jersey, Kazakhstan, Kenya, Korea, Latvia, Liberia, Liechtenstein, Lithuania, Luxembourg, Macau, Malaysia, Maldives, Malta, Mauritius, Mexico, Monaco, Morocco, Netherlands, New Zealand, Nigeria, Norway, Oman, Pakistan, Panama, Peru, Poland, Portugal, Qatar, Romania, RUSSian Federation, San Marino, Saudi Arabia, Senegal, Seychelles, Singapore, Slovak Republic, Slovenia, South Africa, Spain, Sweden, Switzerland, Thailand, Tunisia, Turkiye, Turks and Caicos Islands, United Arab Emirates, United Kingdom, Ukraine, Uruguay ※ 미국 및 홍콩 : 양자협정 체결

다국적기업그룹의 최종모기업은 국세청 정보교환시스템(https://www.axis.go.kr)에 국가별보고서를 제출해야 한다. 각 국가는 보고법인으로부터 수취한 국가별보고서를 보고법인의 자회사 및 국내사업장이 소재하는 국가와 매년 자동으로 교환한다. 교환된 정보는 다자간 조세행정공조협약에 규정된 비밀유지규정에 따라 비밀이 준수된다. 국가별보고서의 정보에 따라 이전가격조정을 할 수 없으며, 다만 세무조사 중에 과세소득에 대한 적절한 조정의 근거로 국가별보고서의 정보를 사용할 수 있다.

(6) 이전가격서류 제출에 대한 국제적 합의

① 기본파일, 지역파일 및 국가별보고서의 제출 및 교환

이전가격의 문제나 위험분석과 관련하여 납세자들로부터 수집하는 서류들에 대한 규정이나 절차의 변화를 감안하여 'OECD 이전가격지침'에서 새로운 지침을 제공한다.(TP §5.1) 국가들은 이전가격 서류작성에 표준화된 방법을 채택해야 하는데, (i) 모든 다국적기업그룹의 구성원들에 대한 표준정보를 포함하는 통합기업보고서(master file), (ii) 해당지역의 납세자의 중요거래를 특별히 설명하는 개별기업보고서(local file), (iii) 다국적기업그룹 경제활동지역에 대한 지표와 함께 다국적기업의 소득과 납부세액의 전세계배분에 대한 일정정보를 포함하는 국가별보고서(country-by-country Report)가 그것이다.(TP §5.16)

② 이전가격서류의 제출의무

㉮ 제출시기(time frame)

서류의 제출시기는 국가마다 다르다.(TP §5.29) 가장 좋은 방법은 지역파일을 해당 회계연도의 세무신고기한 이내에 제출하도록 정하는 것이다. 기본파일은 다국적기업그룹의 최종모회사의 세무신고기한까지 제출되거나 필요하다면 갱신되어야 한다. 협력적인(cooperative) 법령준수프로그램에 따라 거래가 일어나는 때에 그 거래를 조사하는 정책을 추구하는 국가에서는 세무신고 이전에 일정한 정보를 제공해야 한다.(TP §5.30) 국가별보고서의 경우, 국가별자료와 관련된 최종의 법정 재무보고서나 기타 재무정보가 해당 회계연도에 대해 일부 국가의 세무신고기간 이후까지 완료되지 않을 수 있다. 이 경우, 국가별보고서의 제출일은 다국적기업그룹의 최종모회사의 회계연도 말일의 다음 연도까지 연장될 수 있다.(TP §5.31)

㉯ 서류의 갱신빈도(Frequency of documentation updates)

기능 및 경제 분석이 여전히 정확하고 관련이 있는지 및 적용된 이전가격방법의 유효성을 확인하기 위해 이전가격서류를 주기적으로 검토하는 것이 좋다. 일반적으로 기본파일, 지역파일 및 국가별보고서는 매년 검토되고 갱신되어야 한다. 그런데, 대부분의 경우 사업설명, 기능분석 및 비교대상의 내용은 매년마다 많이 바뀌지는 않는 것이 보통이다.(TP §5.37) 납세자에 대한 법령준수부담을 완화하기 위해 과세당국은 사업활동조건이 바뀌지 않았다면 지역파일의 일부를 보완하기 위한 비교대상의 데이터베이스 탐색을 매년이 아닌 3년 주기로 갱신하도록 정할 수 있다. 그렇지만 비교대상의 재무자료는 정상거래원칙을 믿을 수 있게 적용하기 위해 매년 갱신되어야 한다.(TP §5.38)

㉰ 작성언어(Language)

해당국의 언어로 서류를 제공해야 하므로 서류를 번역하는데 상당한 시간과 비용이 소요되는 만큼 이전가격법령의 준수에는 복잡한 상황이 발생할 수 있다. 이전가격서류를 작성하는데 사용하는 언어는 해당국의 법에 따라 정해진다. 서류의 유용성을 해치지 않는 범위에서 해당국은 이전가격서류를 통상적으로 사용하는 언어로 만들 수 있도록 허용해야 한다. 번역이 필요하다고 과세당국이 판단하는 경우, 번역을 요구할 수 있고 이 경우 번역을 위해 가능하면 충분한 시간을 주어야 한다.(TP §5.39)

③ 국가별보고서의 제출 및 교환

모든 다국적기업그룹이 국가별보고서를 제출해야 하는 것은 아니다.(TP §5.51) 직전 회계연도의 연간 결합 그룹수입금액이 2015년 1월 기준으로 국내통화로 7억5천만 유로 상당액보다 적은 다국적기업그룹에 대해 신고의무를 면제할 수 있다. 그러므로 예를 들면 역년기준으로 재무자료를 작성한 다국적기업이 2015년에 결합 그룹수입금액이 6억2천5백만 유로인 경우, 이 그룹은 2016.12.31.에 종료하는 회계연도에 대해 어느 국가에도 국가별보고서를 제출할 필요가 없다.(TP §5.52) 7억5천만 유로로 제한하는 면제규정으로 다국적기업그룹의 85%에서 90% 정도는 국가별보고서의 신고대상에 제외되지만, 이 경우에도 기업들의 총수입금액의 90% 정도를 지배하는 다국적기업그룹들이 국가별보고서를 신고해야 한다. 그러므로 이러한 면제한도는 신고부담과 과세당국의 이익을 적절히 형량한 것으로 볼 수 있다.(TP §5.53)

수입금액기준의 면제 이외에는 다른 기준에 따른 국가별보고서의 신고면제는 없어야 한다. 특히, 특정산업에 대한 면제는 없어야 하며, 투자펀드에 대한 일반적 면제도 없어야 하고, 법인이 아닌 기업 또는 공기업이 아닌 기업에 대한 면제는 없어야 한다. 이러한 입장에도 불구하고 Beps 프로젝트에 참여하는 국가들은 내륙의 국제운송이나 국제운수에서 소득을 수취하는 다국적기업그룹의 경우, 그러한 소득에 특별히 적용되는 조약규정이 있어 그에 따라 일방체약국에 배타적으로 그 소득에 대한 과세권이 부여된다면 해당 조약규정이 과세권을 배분하는 국가에 대해만 그 소득에 대한 국가별보고서에서 요구하는 정보를 제출해야 한다는 점에 동의했다.(TP §5.55)

참여 국가들은 제때 필요한 국내법을 만들기 위해 노력하고 있다. 이들은 또한 정보교환의 국제합의의 범위를 확대하기 위해 노력하고 있다. 집행안의 실행과정은 계속적으로 관찰될 것이다. 이러한 관찰결과는 2020년 재검토에 반영될 것이다.(TP §5.62)

㉮ 국가별보고서의 교환체계(Framework)

각국은 해당국 거주자 · 내국법인인 다국적기업그룹의 최종 모회사로부터 국가별보고서를 제때 받아야 하며, 다국적기업그룹이 활동하는 국가와 자동적으로 이 정보를 교환해야 한다. (a) 한 국가에서 다국적기업그룹의 최종 모회사가 국가별보고서를 제출할 필요가 없거나, (b) 국가별보고서의 교환을 위한 해당 국제합의에 따른 관할당국 간 합의가 제때 체결되지 않거나, (c) 합의 이후에 실제로는 정보교환에 실패 때문에 한 국가가 다른 국가에 정보를 제공하지 못한 경우에는 최종 모회사 대신에 지정된 다국적기업그룹의 다른 구성원이 지역파일이나 국가별보고서의 제출과 세무상 거주지국과 이러한 보고서들을 자동적으로 교환하는 등의 2차적인 방법이 가능하다.(TP §5.60)

㉯ 집행방안(Implementation package)

Beps프로젝트에 참여하는 국가들은 국가별보고서의 정부간 교환을 위한 집행방안을 개발하여 왔다. 이에는 구체적으로 다음과 같은 것들이 있다.(TP §5.61)

• 다국적기업그룹의 최종 모회사가 거주지국에 국가별보고서를 제출하도록 규정하는 법안모델을 만들었다. 각국은 현행법을 개정할 때 이 법안모델을 법령으로 채택할 수

있다. 또한 2차적인 방법의 주요내용도 만들어졌다.

- 국제합의에 따른 국가별보고서의 자동교환을 위한 집행방안을 만들었다. 이러한 집행방안에는 현행 국제합의(조세문제의 상호행정지원을 위한 다자조약, 양자조약 및 조세정보교환협정)에 기초하고, 금융정보 자동교환을 위한 G20국가와 OECD가 협업하여 개발한 현행모델을 참조한 관할당국 합의(competent authority agreements ; cAAs)가 포함된다.

4.2 거래가격산정방법 등의 이전가격서류 제출요구

(1) 자료제출 요구

과세당국은 이전가격세제를 적용하기 위해 필요한 납세의무자 또는 그의 국외특수관계인의 다음 어느 하나에 해당하는 거래가격산정방법 등의 이전가격서류를 제출하도록 납세의무자에게 요구할 수 있다.(국조법 §16 ④, 국조령 §38 ①) 이 경우, 자료는 한글로 작성하며 과세당국이 허용하는 경우 영문으로 작성할 수 있다.(국조령 §38 ③)

1. 법인의 조직도 및 사무분장표
2. 그 거래와 관련된 자의 사업활동 내용
3. 특수관계가 있는 자와의 상호출자현황
4. 자산의 양도・매입 등에 관한 각종 관련계약서
5. 제품의 가격표
6. 제조원가계산서
7. 특수관계가 있는 자와 특수관계가 없는 자를 구별한 품목별 거래명세표
8. 용역의 제공이나 그 밖의 거래의 경우 4호부터 7호에 준하는 서류
9. 국제거래 가격 결정자료
10. 특수관계가 있는 자 간의 가격결정에 관한 내부지침
11. 그 거래와 관련된 회계처리기준 및 방법
12. 용역거래와 관련하여 그 거래내역을 파악할 수 있는 자료(국조칙 §28 ①)
    가. 용역거래 계약서
    나. 거주자・내국법인과 국외특수관계인들 간의 관계도
    다. 용역거래 당사자의 내부 조직도 및 조직별 설명자료
    라. 용역제공을 위해 발생한 비용의 지출항목별 내역서(용역대가를 산정하는 경우에 한함)
    마. 용역제공 일정표, 용역공정표, 용역제공자 및 직원현황 등 용역을 제공한 사실을 확인할 수 있는 자료
    바. 용역 제공자가 국내 또는 국외의 복수의 특수관계인들에게 동일 또는 유사 용역을 제공하고 발생한 비용을 용역을 제공받은 특수관계인들 사이에 합리적으로 배분 또는 할당하는 간접적 청구방식으로 용역의 대가를 산출하는 경우 비용배분에 관한 자료
13. 정상원가분담액 등에 의한 과세조정과 관련하여 원가분담약정서 등(국조칙 §28 ②)
    가. 원가분담약정서(계약참여자 명단, 계약참여자가 제공하는 자산의 유형 및 내역, 계약참여자 간의 권리관계)

나. 중도 참여 또는 탈퇴 시 원가분담 수정약정서(위 가의 내용 포함)
다. 제공되는 자산의 평가와 관련하여 적용하는 회계원칙 및 평가내역
라. 참여자 및 수혜자가 얻을 기대이익의 평가내역
마. 실제로 실현된 실제편익의 측정내역
바. 기대이익과 실제편익의 차이에 따른 정산내역
14. 법인세 및 소득세 신고시 누락된 또는 항목
15. 국제거래별 구분손익계산서 및 구분재무상태표
16. 기타 적정가격 산출을 위해 필요한 자료

(2) 자료제출기한 연장신청 및 통지

이전가격서류 제출을 요구받은 자는 자료제출을 요구받은 날부터 60일 이내에 그 자료를 제출해야 한다. 다만, 아래와 같은 부득이한 사유로 제출기한의 연장을 신청하는 경우에는 과세당국은 한 차례만 60일까지 연장할 수 있다.(국조법 §16 ⑤, 국조령 §37)

| 자료제출기한 연장의 부득이한 사유 |

1. 화재 · 재난 및 도난 등의 사유로 자료제출이 불가능한 경우
2. 사업이 중대한 위기에 처하여 자료제출이 심히 곤란한 경우
3. 권한 있는 기관에 관련 장부 · 서류가 압수 또는 영치된 경우
4. 국외특수관계인의 과세연도 종료일이 도래하지 않은 경우
5. 자료의 수집 · 작성에 상당한 기간이 소요되어 기한 내에 제출할 수 없는 경우
6. 기타 기한 내에 자료제출이 불가능하다고 판단되는 경우

국제거래명세서, 과세당국의 요구에 의한 거래가격산정방법 등 관련자료, 조세정보 및 금융정보의 제출기한을 연장받고자 하는 자는 자료제출기한 15일 전까지 '자료제출기한 연장신청서'(국조칙 §7 ①, 별지 9호)를 과세당국에 제출(국세정보통신망에 의한 제출 포함)해야 한다. 과세당국은 자료제출기한 연장신청이 접수된 날부터 7일 이내에 '제출기한 연장 승인 · 기각 통지서'(국조칙 §7 ②, 별지 10호)에 의해 신청인에게 제출기한 연장 승인 · 기각의 통지를 해야 한다. 이 경우 7일 이내에 통지를 하지 않은 경우에는 연장신청한 기한까지 자료제출기한이 연장된 것으로 본다.(국조령 §20)

4.3 자료제출 불이행 제재 : 증거불채택, 추계과세, 과태료

(1) 증거불채택 및 입증책임전환

자료 제출을 요구받은 납세의무자가 부득이한 사유 없이 자료를 기한까지 제출하지 않고, 불복신청 또는 상호합의절차 시 자료를 제출하는 경우 과세당국과 관련 기관은 그

자료를 과세 자료로 이용하지 아니할 수 있다.(국조법 §16 ⑥)

통합기업보고서 및 개별기업보고서를 제출해야 하는 납세의무자 및 정상가격산출 관련 자료의 제출을 요구받은 납세의무자가 부득이한 사유 없이 자료를 기한까지 제출하지 아니하는 경우 과세당국은 유사한 사업을 영위하는 사업자로부터 입수하는 자료 등 과세당국이 확보할 수 있는 자료(국조령 §38 ① 4호~15호)에 근거해 합리적으로 정상가격 및 정상원가분담액을 추정하여 소득금액조정을 할 수 있다.(국조법 §16 ⑦, 국조령 §38 ②)

정상가격에 대한 입증책임은 납세의무자에게 있다. 예를 들면, 과세관청이 선정한 비교대상업체들은 유기화학품을 비롯한 기초 화학제품이나 기초 화합물을 국내로 수입하여 판매하는 기업들로서 원고 지점이 행한 이 사건 거래의 조건과 상황이 비슷한 거래를 하였으며, 과세관청이 거래순이익률방법에 따라 산출한 정상가격은 영업이익률에 영향을 미칠 수 있는 운전자본 등에 대한 차이도 조정된 것임을 알 수 있으므로, 과세관청은 이 사건 거래와 비슷한 거래를 행하는 비교대상업체를 선정하고 최선의 노력으로 확보한 자료에 기하여 합리적으로 정상가격을 산출한 것으로 볼 수 있다. 따라서 이 사건 거래의 이전가격이 그 정상가격의 범위 내에 들어 있어 경제적 합리성을 결여한 것으로 볼 수 없다는 특별한 사정을 납세자가 증명하지 못하는 한 과세관청이 산출한 정상가격이 틀렸다고 단정할 수는 없다.(대법원 2012두1754, 2014.9.4.)

일부 국가들이 특수관계기업 간 거래를 처리하기 위해 채택한 특별한 절차규정이 조약과 일치하는지 여부가 문제되는데, 예를 들면 국내법에서 때때로 발견되는 입증책임전환이나 일정한 절차적 추정이 정상거래원칙(arm's length principle)과 일치하는지 여부이다. 절차규정과 조약의 일관성은 9조에서 다루어지지 않으며, 차별금지규정에서 고려되어야 한다. 대부분 국가들은 일반요건보다 더 엄격한 추가정보 요구나 심지어 입증책임전환 조차도 차별에 해당하지 않는다고 본다. 그러나 일부 경우에 특정 국가의 국내법 적용이 9조의 원칙과 상충하는 방식으로 소득을 조정하는 결과를 초래할 수 있다. 체약국들이 상호합의절차를 통해 이러한 상황을 해결할 수 있도록 차별금지규정에서 규정한다.(OE §9-4)

(2) 과태료의 부과징수

과태료처분은 질서위반행위규제법에 따라 이루어진다.

① 과태료 부과기준

국제거래정보통합보고서 또는 국제거래명세서를 제출할 의무가 있는 자, 이전가격자료 제출을 요구받은 자, 글로벌최저한세정보신고서를 제출할 의무가 있는 국내구성기업 또는 신고할 의무가 있는 국내구성기업이 부득이한 사유 없이 자료 중 전부 또는 일부를 기한까지 제출하지 아니하거나 거짓의 자료를 제출하는 경우에는 1억원 이하의 과태료를 다음과 같이 부과한다. 부득이한 사유는 '자료제출기한 연장'의 경우와 같다.(국조법 §87 ①, 국조령 §144 ①・②)

해당 자료	과태료기준
1. 통합기업・개별기업・국가별보고서(국조법 §16 ①) : 보고서별	3천만원
2. 국제거래명세서(국조법 §16 ② 1호) : 국외특수관계인별	5백만원
3. 이전가격자료 제출을 요구받은 경우 (1) 법인조직도, 거래활동내역, 특수관계인 출자현황(국조령 §38 ① 1호~3호) (2) 법인 및 거래 관련 자료(국조령 §38 ① 4호~13호, 15호) (4) 신고시 누락된 또는 항목(국조령 §38 ① 14호)	 3천만원 5천만원 7천만원
4. 글로벌최저한세정보신고서 (국조법 §83 ①)	1억원
5. 국외소재구성기업 신고자료 (국조법 §83 ④)	1억원

② 과태료 부과 후 시정요구를 이행하지 않은 경우

과세당국은 과태료를 부과받은 자에게 30일의 이행기간을 정하여 자료의 제출 또는 거짓 자료의 시정을 요구할 수 있으며, 그 기간 내에 자료 제출이나 시정 요구를 이행하지 아니하는 경우에는 지연기간에 따라 2억원 이하의 과태료를 추가로 부과할 수 있다.(국조법 §87 ②) 이 경우, 과태료는 지연기간(과세당국이 정한 30일의 이행기간의 말일 다음 날부터 자료 제출이나 시정요구를 이행하는 날까지)을 고려하여 다음 계산식에 따라 산정하며, 지연기간을 30으로 나눈 결과의 소수점 이하는 버린다. 이 경우 과태료의 금액은 2억원을 넘을 수 없다.(국조령 §144 ④)

$$\text{과태료} = \left(1 + \frac{\text{지연기간}}{30}\right) \times \text{위 ①에 따른 금액}$$

③ 국내구성기업의 글로벌최저한세 제출의무 과태료 면제

국내구성기업이 전환기사업연도의 글로벌최저한세손익 계산 내용을 공개하는 등 다음의 조치를 모두 한 경우에는 해당 전환기사업연도의 글로벌최저한세정보신고서 제출과 관련한 의무 위반행위에 대한 과태료를 부과하지 않는다.(국조법 §87 ①, 국조령 §144 ③)

1. 해당 국내구성기업이 국제적으로 합의한 글로벌최저한세 규칙 및 적격소재국추가세제도에 관한 국내 법령의 내용을 이해하고 이를 준수하기 위하여 성실히 노력했다고 인정될 것
2. 다음 어느 하나에 해당할 것
   가. 국내구성기업인 최종모기업 또는 신고구성기업이 글로벌최저한세손익 계산 내용을 과세당국에 전부 공개한 경우
   나. 해당 국내구성기업이 제출한 글로벌최저한세정보신고서 또는 제출한 신고자료 항목에 오류가 발생한 사실과 그 원인을 과세당국에 알리고 해당 원인이 된 사실을 오인할 만한 합리적인 사유가 있다고 인정되는 경우
   다. 해당 국내구성기업이 국제적으로 합의한 글로벌최저한세 규칙의 규정 내용이 불명확한 데에 의무 위반행위의 원인이 있음을 과세당국에 소명하고 그 소명 내용이 해당 규정에 대한 합리적인 해석에 기반한 것으로 인정되는 경우
   라. 해당 국내구성기업이 국제적으로 합의한 글로벌최저한세 규칙을 충분히 숙지하지 못한 데에 의무 위반행위의 원인이 있음을 과세당국에 소명하고 그 소명 내용이 국제적으로 합의한 글로벌최저한세 규칙의 시행 초기임을 고려할 때 합리적이라고 인정되는 경우
   마. 해당 국내구성기업이 글로벌최저한세정보신고서 제출과 관련한 의무 위반행위로 인하여 해당 전환기사업연도 또는 그 후 사업연도의 추가세액 납부의 부담이 경감되지 않음을 과세당국에 소명한 경우

④ 과태료 면제, 감경, 가중

과태료를 부과할 때 자료를 제출하는 자가 경미한 착오로 자료의 일부를 제출하지 아니하거나 일부 항목에 오류를 발생시킨 경우에는 과세당국은 보정자료를 제출받고 과태료를 부과하지 않을 수 있다.(국조령 §144 ⑦)

과태료는 50% 범위에서 줄이거나 늘릴 수 있으며, 늘리는 경우에는 과태료금액의 한도를 초과할 수 없다.(국조령 §144 ⑤)

다음 각 경우에는 과태료를 아래에서 정하는 비율만큼 감경하여 부과한다. 다만, 납세의무자가 과세당국의 과태료 부과를 미리 알고 자료를 제출한 경우는 제외한다.(국조령 §144 ⑥)

㉮ 제출기한이 지난 후 누락한 자료를 추가하거나 거짓된 자료를 정정하는 등 보완하여 제출한 경우: 다음 구분에 따른 비율

보완 제출일	감경비율
가. 제출기한 후 6개월 이내	90퍼센트
나. 제출기한 후 6개월 초과 1년 이내	70퍼센트
다. 제출기한 후 1년 초과 2년 이내	50퍼센트
라. 제출기한 후 2년 초과 4년 이내	30퍼센트

㉯ 제출기한이 지난 후에 자료를 제출한 경우: 다음 구분에 따른 비율

보완 제출일	감경비율
가. 제출기한 후 1개월 이내	90퍼센트
나. 제출기한 후 1개월 초과 6개월 이내	70퍼센트
다. 제출기한 후 6개월 초과 1년 이내	50퍼센트
라. 제출기한 후 1년 초과 2년 이내	30퍼센트

5. 과세가격과 이전가격의 조정

5.1 과세가격과 이전가격의 사전조정

(1) 과세가격 사전심사와 함께 이전가격 사전승인 신청

특수관계 과세가격 결정방법에 관하여 의문이 있어 사전심사를 신청하는 자는 관세의 과세가격과 국세의 정상가격을 사전에 조정받기 위해 정상가격 산출방법의 사전승인(일방적 사전승인의 대상인 경우에 한정)을 관세청장에게 동시에 신청할 수 있다.(관세법 §37의2 ①)

관세청장은 사전심사 신청을 받은 경우에는 국세청장에게 정상가격 산출방법의 사전승인 신청서류를 첨부하여 신청을 받은 사실을 통보하고, 국세청장과 과세가격 결정방법, 정상가격 산출방법 및 사전조정 가격의 범위에 대해 협의해야 한다.(관세법 §37의2 ②) 관세청장은 협의가 이루어진 경우에는 사전조정을 해야 한다.(관세법 §37의2 ③)

관세청장은 사전심사 신청의 처리결과를 사전조정을 신청한 자와 재정경제부장관에게 통보해야 한다.(관세법 §37의2 ④)

(2) 일방적 사전승인신청과 함께 과세가격 사전조정 신청

① 사전조정의 신청

국세의 이전가격방법에 대해 일방적 사전승인을 신청하는 거주자·내국법인은 국세의 정상가격과 관세의 과세가격에 대한 '사전조정'을 받기 위해 '관세 과세가격 결정방법의 사전심사'를 국세청장에게 동시에 신청할 수 있으며, '국세의 이전가격방법과 관세의 과세가격결정방법의 사전조정 신청서'(국조칙 §29 ① 별지 21호)에 정상가격 산출방법의 사전승인 신청서 및 첨부서류와 관세법 시행령 제31조 제1항에 따른 신청서 및 첨부서류를 첨부하여 제출해야 한다.(국조법 §18 ①, 국조칙 §29 ①)

국세청장은 신청을 받은 날부터 90일 이내에 사전조정 절차를 시작하고, 그 신청을 받은 사실을 신청인에게 통지해야 한다. 다만, 국세청장은 이전가격 관련 자료가 제출되지 아니하거나 거짓으로 작성되는 등의 사유로 사전조정 절차를 시작할 수 없으면 그 사유를 신청인에게 통지해야 한다.(국조령 §40 ①) 신청인은 사전조정 절차를 시작할 수 없다는 통지를 받은 경우에는 그 통지를 받은 날부터 30일 이내에 자료를 보완하여 제출하거나 사전승인 절차와 관세법(§37 ① 3호)에 정한 사전심사를 따로 진행할 것인지 국세청장에게 통지할 수 있다. 이 경우 국세청장은 그 통지받은 사항을 지체 없이 관세청장에게 알려야 한다.(국조령 §40 ②)

② 사전조정

국세청장이 사전조정 신청을 받은 경우에는 관세청장에게 관세가격 사전심사 신청서류를 첨부하여 신청을 받은 사실을 통보하고, 정상가격 산출방법, 과세가격 결정방법 및 사전조정 가격의 범위에 대해 협의해야 한다. 국세청장은 협의결과에 따라 사전조정을 해야 한다.(국조법 §18 ②・③) 국세청장과 관세청장은 사전조정을 위해 공동으로 협의회를 구성・운영할 수 있다.(국조령 §40 ③)

사전조정신청방법 및 절차 등에 관하여는 이전가격방법 사전승인절차(국조령 §26, §27, §29~§32) 및 관세 사전심사절차(관세령 §31)를 준용한다.(국조령 §40 ④)

③ 사전조정 결과통지

국세청장은 사전조정 신청의 처리결과를 사전조정을 신청한 자와 재정경제부장관에게 통보해야 한다.(국조법 §18 ④)

5.2 과세가격 및 이전가격 조정 경정청구

(1) 과세가격 조정 경정청구

관세의 납세의무자는 관할 지방국세청장 또는 세무서장이 해당 수입물품의 거래가격을 조정하여 과세표준 및 세액을 결정・경정 처분하거나, 국세청장이 해당 수입물품의 거래가격과 관련하여 소급하여 적용하도록 사전승인을 함에 따라 그 거래가격과 이 법에 따라 신고납부・경정한 세액의 산정기준이 된 과세가격 간 차이가 발생한 경우에는 그 결정・경정 처분 또는 사전승인이 있음을 안 날(처분 또는 사전승인의 통지를 받은 경우에는 그 받은 날)부터 3개월 또는 최초로 납세신고를 한 날부터 5년 내에 세관장에게 세액의 경정을 청구할 수 있다.(관세법 §38의4 ①) 경정청구를 받은 세관장은 해당 수입물품의 거래가격 조정방법과 계산근거 등이 관세법(§30~§35)의 규정에 적합하다고 인정하는 경

우에는 세액을 경정할 수 있다.(관세법 §38의4 ②)

세관장은 경정청구를 받은 날부터 2개월 내에 세액을 경정하거나 경정해야 할 이유가 없다는 뜻을 청구인에게 통지해야 한다.(관세법 §38의4 ③) 이 경우, 세관장의 통지에 이의가 있는 청구인은 그 통지를 받은 날(2개월 내에 통지를 받지 못한 경우에는 2개월이 경과한 날)부터 30일 내에 재정경제부장관에게 국세의 정상가격과 관세의 과세가격 간의 조정(국조법 §20)을 신청할 수 있다.(관세법 §38의4 ④)

(2) 이전가격 조정 경정청구

① 납세자의 경정청구

국외특수관계인으로부터 물품을 수입하는 거래와 관련하여 납세의무자가 과세당국에 소득세 또는 법인세의 과세표준신고서를 제출한 후 세관장의 경정처분으로 인해 신고한 소득세 또는 법인세의 과세표준 및 세액의 산정기준이 된 거래가격과 관세의 과세가격 간에 차이가 발생한 경우 납세의무자는 과세당국에 소득세 또는 법인세의 과세표준 및 세액의 경정을 청구할 수 있다. 이 경우 납세의무자는 세관장의 경정처분이 있음을 안 날(처분의 통지를 받은 때에는 그 받은 날)부터 3개월 이내에 경정을 청구해야 한다.(국조법 §19 ①) 이 경우, 경정청구서(국조칙 §30 별지 22호)에 경정 전후의 과세표준 및 세액 신고서 사본과 경정청구 사유를 증명할 수 있는 서류를 첨부하여 제출(국세정보통신망 제출 포함)해야 한다.(국조령 §41)

경정청구를 받은 과세당국은 해당 거래와 관련한 법인세 또는 소득세의 과세표준 및 세액의 산정기준이 된 해당 수입물품의 거래가격산출방법과 계산근거 등이 적합하다고 인정되는 경우에는 세액을 경정할 수 있다.(국조법 §19 ②)

경정청구를 받은 과세당국은 그 청구를 받은 날부터 2개월 내에 과세표준 및 세액을 경정하거나 경정해야 할 이유가 없다는 뜻을 그 청구를 한 자에게 통지해야 한다.(국조법 §19 ③)

② 경정거부에 따른 조정신청

㉮ 국세의 정상가격과 관세의 과세가격의 조정신청 및 조정권고

납세의무자는 경정거부의 통지를 받은 날(2개월 내에 통지를 받지 못한 경우에는 2개월이 경과한 날)부터 30일 내에 재정경제부장관에게 국세의 정상가격과 관세의 과세가격 간 조정을 위해 '국제거래가격 과세조정 신청서'(국조칙 §31 별지 23호)에 조정신청 이유에 대한 증명자료를 첨부하여 제출해야 한다. 이 경우 재정경제부장관은 과세당국 또는 세관장에게 거래가격에 대한 과세의 조정을 권고할 수 있고, 그 조정권고에 대한 과세당국

또는 세관장의 이행계획(불이행시 그 이유를 포함)을 받아 납세의무자에게 그 조정의 신청을 받은 날부터 90일 내에 통지해야 한다.(국조법 §20 ①·②, 국조령 §43 ①)

조정권고가 있는 경우 조정권고일부터 2개월이 지나기 전까지 경정결정이나 그밖에 필요한 처분을 할 수 있다. 또한, 조정권고가 있는 경우 그 조정권고의 대상이 된 과세표준 또는 세액과 연동된 다른 과세기간의 과세표준 또는 세액의 조정이 필요한 경우 조정권고일부터 2개월 이내에 경정결정 등을 할 수 있다.(국기법 §26의2 ② 3호·4호)

㉯ 조정권고의 거부 및 보정요구

재정경제부장관은 과세조정 신청을 받은 해당 거래가 다음 어느 하나에 해당하는 경우에는 조정권고를 하지 아니할 수 있다. 이 경우 납세의무자에게 그 내용을 통지해야 한다.(국조령 §43 ②·③)

1. 해당 거래에 대해 국세기본법 제55조 및 관세법 제119조에 따른 이의신청, 심사청구 또는 심판청구, 감사원법 제43조에 따른 심사의 청구가 제기되어 있거나 행정소송법에 따른 소송이 계속 중인 경우
2. 해당 거래가 이전가격방법의 사전승인 및 관세법 제37조에 따른 과세가격 결정방법의 사전심사에 따른 것인 경우
3. 해당 거래에 대해 조세조약에 따른 상호합의절차가 진행 중이거나 종료된 경우
4. 해당 거래에 대한 국세의 정상가격 및 관세의 과세가격 간 산출방법의 차이 등으로 조정권고하기 곤란하다고 판단되는 경우

재정경제부장관은 과세조정신청 내용의 사실관계나 과세가격 산정근거 등이 명확하지 않다고 인정되는 경우에는 상당한 기간을 정하여 납세의무자·국세청장 또는 관세청장에게 이를 보정할 것을 요구할 수 있다. 이 경우 보정기간은 과세조정기간에 산입하지 않는다.(국조령 §43 ④·⑤) 재정경제부장관은 국세청장 또는 관세청장에게 보정을 요구한 경우에는 납세의무자에게 그 사실을 통보해야 한다.(국조령 §43 ⑥)

㉰ 심판청구기간 등의 특례

조정을 신청한 날부터 통지를 받은 날까지의 기간은 국세기본법에 의한 이의신청·심사청구·심판청구 및 관세법에 의한 이의신청·심사청구·심판청구의 청구기간 또는 신청기간에 산입하지 않는다.(국조법 §20 ④, 국기법 §55의2)

㉱ 국제거래가격 과세조정협의회

국세의 정상가격과 관세의 과세가격에 대한 과세의 조정 권고에 필요한 사항을 협의·조정하기 위하여 재정경제부장관 소속으로 국제거래가격 과세조정협의회를 둔다.(국조령 §42 ①) 과세조정협의회의 위원장은 재정경제부에서 세제 관련 업무를 담당하는 고

위공무원단에 속하는 일반직공무원(이에 상당하는 특정직·별정직 공무원 포함)으로 하고, 과세조정협의회의 위원은 재정경제부, 국세청 및 관세청 소속의 고위공무원단에 속하는 일반직공무원 중에서 소속기관의 장이 지명하는 사람 각 1명으로 한다.(국조령 §42 ②)

5.3 국세청 및 관세청의 상호 정보제공

① 국세청의 정보제공

관세청장 또는 세관장은 과세가격의 결정·조정 및 관세의 부과·징수를 위해 필요한 경우에는 국세청장, 지방국세청장 또는 관할 세무서장에게 대통령령으로 정하는 정보 또는 자료를 요청할 수 있다. 이 경우 요청을 받은 기관은 정당한 사유가 없으면 요청에 따라야 한다.(관세법 §37의3)

② 관세청의 정보제공

과세당국은 국제거래에 관한 조세의 부과·징수 및 국세의 정상가격과 관세의 과세가격 간의 조정을 위해 필요한 경우에는 세관장에게 관세법 제116조 제1항에 따른 과세정보, 그 밖에 관세의 과세가격 결정 또는 경정과 관련된 자료를 요구할 수 있다. 이러한 요구를 받은 세관장은 정당한 사유가 없으면 과세당국의 요구에 따라야 한다.(국조법 §21, 국조령 §44)

Appendix
부 록

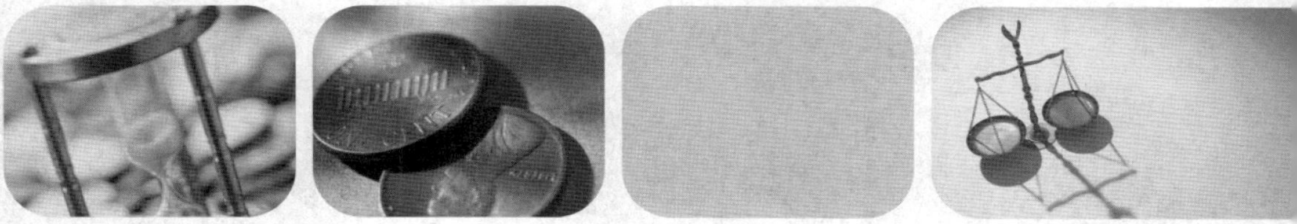

● 체약국별 제한세율

Appendix

체약국별 제한세율(2026년 3월 현재)

(가나다 순)

체약국	발효일자	대상조세		제한세율(원천징수)			비고
		한국	대상국	이자소득	배당소득	사용료소득	
가봉	15.12.30.	소득세 법인세 농특세 지소세	• 회사세/단일세율최소세 • 개인소득세 • 급료보완세 • 임대특별부동산세 • 유동자본소득세	10%	• 25% 이상 법인: 5% • 기타: 15%	10%	
그리스	98.7.10.	소득세 법인세 지소세 농특세	• 개인소득세 • 법인소득세	8%	• 25% 이상 법인: 5% • 기타: 15%	10%	
남아프리카공화국	96.1.7.	소득세 법인세 농특세	• 보통세 • 비거주자 주주세 • 제2차기업세	10% (신용판매이자 면제)	• 25% 이상 법인: 5% • 기타: 15%	10%	
네덜란드	99.4.2. 개정	소득세 법인세 지소세	• 소득세 • 임금세 • 법인세 • 배당세	• 7년 초과 차관: 10% • 기타: 15%	• 25% 이상 법인: 10% • 기타: 15%	• 기타: 10% • 저작권: 15%	의정서
네팔	03.5.29.	소득세 법인세 지소세 농특세	• 소득세법에 의하여 부과되는 소득세 • 지방자치단체에 의하여 부과되는 기타조세	10%	• 25% 이상 법인: 5% • 10% 이상 법인: 10% • 기타: 10% (2010년 이전 15%)	15%	의정서
노르웨이	84.3.1.	소득세 법인세 지소세	• 소득세(중앙정부, 군, 지방) • 국가기여금 • 중앙정부세(석유관련) • 비거주예술가 소득세 • 선원세	15%	15%	• 기타: 10% • 저작권: 15%	의정서
뉴질랜드	97.10.10. 개정	소득세 법인세 지소세	• 소득세 • 초과유보세	10%	15%	10%	의정서
대만	24.1.1.	소득세 법인세 지소세 농특세	• 개인종합소득세 • 영리기업소득세 • 소득기본세	10%	15%	10%	약정서
덴마크	79.1.17.	소득세 법인세 지소세	• 중앙행정부 소득세 • 시소득세 • 도소득세 외 5종	15%	15%	• 산업투자: 10% • 기타: 15%	의정서
독일	02.10.31. 개정	소득세 법인세 지소세 농특세	• 소득세 및 법인세 • 자본세 • 영업세 (이에 부과되는 부가분 포함)	10%	• 25% 이상 법인: 5% • 기타: 15%	• 장비사용: 2% • 기타: 10%	의정서

체약국	발효 일자	대상조세		제한세율(원천징수)			비고
		한국	대상국	이자소득	배당소득	사용료소득	
라오스	06.2.9.	소득세 법인세 지소세 농특세	• 개인소득세 • 기업 및 단체의 이윤(소득)에 대한 소득세 • 최저세	10%	• 10% 이상 법인(조합 제외): 5% • 기타: 10%	5%	
라트비아	09.12.26.	소득세 법인세 지소세 농특세	• 법인소득세 • 개인소득세	• 10% • 정부, 정치적 하부조직, 지방자치단체, 중앙은행: 면제	• 25% 이상 지분: 5% • 기타: 10%	• 산업·상업·학술 장비사용: 5% • 기타: 10%	
러시아	95.8.24.	소득세 법인세 지소세	• 기업 및 유사조직체의 이윤에 대한 조세 • 은행소득에 대한 조세 • 보험활동으로 인한 소득에 대한 조세 • 개인소득에 대한 조세	없음.	• 30% 이상이고 10만 달러 이상: 5% • 기타: 10%	5%	
루마니아	94.10.6.	소득세 법인세 지소세	• 개인소득세 • 법인 및 단체의 이윤에 대한 조세 • 급여·임금 및 기타 유사보수에 대한 조세 • 농업활동으로부터 실현되는 소득에 대한 조세 • 배당세	10% (신용판매이자 면제)	• 25% 이상 법인: 7% • 기타: 10%	• 특허권 등 산업투자: 7% • 기타: 10%	
룩셈부르크	13.9.4.	소득세 법인세 지소세 농특세	• 개인소득세 • 법인세 • 법인이사보수세 • 자본세	10%	• 10% 이상 법인: 10% • 기타: 15%	• 산업·상업·학술 정보: 5% • 기타: 10%	의정서
르완다	24.12.19.	소득세 법인세 지소세 농특세	• 개인·법인소득세 • 원천징수세 • 양도소득세 • 부동산임대세	10%	10%	10%	
리투아니아	07.7.14.	소득세 법인세 지소세 농특세	• 개인소득세 • 법인소득세	10% (정부 등 면제)	• 25% 이상 법인: 5% • 기타: 10%	• 산업·상업·학술 장비사용: 5% • 기타: 10%	
말레이시아	83.1.2.	소득세 법인세 지소세	• 소득세 • 초과이윤세 • 주석이윤세·개발세·산림이윤세 등의 추가 소득세 • 석유소득세	15%	• 25% 이상 법인: 10% • 기타: 15%	• 기타: 10% • 저작권: 15% (학술저작권: 10%)	의정서
멕시코	95.2.11.	소득세 법인세 지소세	• 소득세 • 사업단일세율세	• 은행: 5%(효력을 가지는 날로부터 5년 동안은 10%) • 기타: 15%	• 10% 이상 법인: 0% • 기타: 15%	10%	
모로코	00.7.1.	소득세 법인세 지소세 농특세	• 일반소득세 • 법인세 • 주식 또는 사회적지분 및 유사수익에 대한 소득세 • 부동산소득세 • 국가통합세 • 고정수익투자상품세 • 주식과 사회적지분의 양도소득세	10%	• 25% 이상 법인: 5% • 기타: 10%	• 저작권 사용 등: 5% • 기타: 10%	

체약국	발효일자	대상조세		제한세율(원천징수)			비고
		한국	대상국	이자소득	배당소득	사용료소득	
몰타	98.3.21.	소득세 법인세 지소세 농특세	• 소득세	10% (신용판매이자 면제)	• 25% 이상 법인: 5% • 기타: 15%	0%	의정서
몽골	93.6.6.	소득세 법인세 지소세	• 개인소득세 • 회사 및 협동조합세	5% (지연벌과금 제외)	5%	10%	
미국	79.10.20.	소득세 법인세	• 연방소득세	12%	• 10% 이상 법인: 10% • 기타: 15%	• 저작권 · 필름: 10% • 기타: 15%	
미얀마	03.8.20.	소득세 법인세 지소세 농특세	• 소득세법에 따라 부과되는 소득세 • 이익세법에 따라 부과되는 이익세	10%	10%	• 산업 · 상업 · 학술 장비사용: 10% • 기타: 15%	
바레인	13.4.26.	소득세 법인세 지소세 농특세	• 소득세	채권소득 5% (정부중앙은행 면제, 신용판매이자 면제)	• 25% 이상 법인: 5% • 기타: 10%	10%	
방글라데시	84.8.22.	소득세 법인세 지소세	• 소득세	10% (신용판매이자 면제)	• 10% 이상 법인: 10% • 기타: 15%	10%	
베네수엘라	07.1.15.	소득세 법인세 농특세	• 소득세	• 은행: 5% • 기타: 10%	• 10% 이상 법인(조합 제외): 5% • 기타: 10%	• 산업 · 상업 · 학술 장비사용: 5% • 기타: 10%	
베트남	94.9.9. 2021.1.20 개정	소득세 법인세 지소세 농특세	• 개인소득세 • 법인소득세(외국인계약자세)	10%	10%	• 특허권 등: 5% • 기술용역: 7.5% • 기타: 10%	의정서
벨기에	96.12.31. 개정	소득세 법인세 지소세	• 개인소득세 • 법인세 외 2종(개인소득세에 부과되는 특별부과금)	10%	15%	10%	의정서
벨라루스	03.6.17.	소득세 법인세 지소세 농특세	• 소득 및 이익에 관한 조세 • 개인소득세 • 부동산에 관한 조세	10%	• 25% 이상 법인: 5% • 기타: 15%	5%	의정서
불가리아	95.6.22.	소득세 법인세 지소세	• 총소득에 대한 조세 • 이윤에 대한 조세	10% (신용판매이자 면제)	• 15% 이상 법인: 5% • 기타: 10%	5%	
브라질	91.11.21. 18.1.10. 개정	소득세 법인세 지소세	• 연방소득세	• 7년 이상 차관: 10% • 기타: 15%	10%	• 상표: 25% • 저작권: 10% • 기타: 10%	의정서
브루나이	16.10.14.	소득세 법인세 지소세 농특세	• 소득세 • 석유소득세	10%	• 25% 이상 법인: 5% • 기타: 10%	10%	

체약국	발효일자	대상조세		제한세율(원천징수)			비고
		한국	대상국	이자소득	배당소득	사용료소득	
사우디 아라비아	08.12.1.	소득세 법인세 농특세 지소세	• 종교세 • 천연가스투자세를 포함한 소득세	5%	• 25% 이상 법인: 5% • 기타: 10%	• 산업 · 상업 · 학술 정보: 5% • 기타: 10%	
세르비아	16.11.17.	소득세 법인세 농특세 지소세	• 법인소득세 • 개인소득세	10%	• 25% 이상 법인: 5% • 기타: 10%	• 문학예술과학 저작권: 5% • 기타: 10%	의정서
스리랑카	86.6.20.	소득세 법인세 지소세	• 소득세	10%	• 25% 이상 법인: 10% • 기타: 15%	10%	의정서
스웨덴	82.9.9.	소득세 법인세 지소세	• 중앙정부소득세 (선원세 및 당첨세 포함) • 법인유보이윤과 감자 또는 청산에 따른 분배금에 대한 조세 • 지소세 외 1종	• 7년 초과 차관: 10% • 기타: 15%	• 25% 이상 법인: 10% • 기타: 15%	• 기타: 10% • 저작권: 15%	
스위스	12.7.25. 개정	소득세 법인세 지소세 농특세	• 소득에 대한 연방세 • 주세 • 자치단체세	• 은행수취: 5% • 기타: 10%	• 10% 이상 법인: 5% • 기타: 15%	5%	의정서
스페인	94.11.21.	소득세 법인세 지소세	• 개인소득세 · 법인세 • 도시지가상승에 관련된 지방세	10% (신용판매이자 제외)	• 25% 이상 법인: 10% • 기타: 15%	10%	의정서
슬로바키아	03.7.8.	소득세 법인세 지소세 농특세	• 개인소득세 • 법인소득세 • 부동산세	10%	• 25% 이상 법인: 5% • 기타: 10%	10% (학술작품 저작권 면세)	
슬로베니아	06.3.2.	소득세 법인세 농특세 지소세	• 법인소득세 • 개인소득세	5%	• 25% 이상 법인: 5% • 기타: 15%	5%	
싱가포르	19.12.31.	소득세 법인세 농특세 지소세	• 소득세	10%	• 25% 이상 법인: 10% • 기타: 15%	5%	
아랍에미리트 (U.A.E.)	05.3.2.	소득세 법인세 지소세 농특세	• 소득세 • 법인세	10%	• 10% 이상 법인: 5% • 기타: 10%	면제	의정서
아이슬란드	08.10.23.	소득세 법인세 농특세 지소세	• 국가에 대한 소득세, 국가에 대한 부유세, 지방정부에 대한 소득세	10%	• 25% 이상 법인: 5% • 기타: 15%	10%	
아일랜드	91.12.27.	소득세 법인세 지소세	• 소득세 • 법인세 • 양도소득세	0%	• 10% 이상 법인: 10% • 기타: 15%	면제	의정서

체약국	발효 일자	대상조세		제한세율(원천징수)			비고
		한국	대상국	이자소득	배당소득	사용료소득	
아제르바이잔	08.11.25.	소득세 법인세 지소세 농특세	• 개인소득세 • 법인이윤세 • 재산세 • 토지세	10%	7%	• 특허권, 의장 · 신안, 산업적, 상업적, 과학적 경험 정보: 5% • 기타: 10%	
알바니아	07.1.13.	소득세 법인세 농특세 지소세	• 법인소득세 • 개인소득세 • 중소기업세	10%	• 25% 이상 법인 (조합 제외): 5% • 기타: 10%	10%	
알제리	06.8.31.	소득세 법인세 지소세 농특세	• 종합소득세 • 기업이윤세 • 전문활동세 • 총액세 • 세습상속세 • 탐사 · 연구 · 개발 · 탄화수소의 파이프라인수송의 활동결과에 대한 사용료 및 조세	10%	• 25% 이상 법인 (조합 제외): 5% • 기타: 15%	• 산업 · 상업 · 학술 장비사용: 2% • 기타: 10%	
에스토니아	10.5.25.	소득세 법인세 농특세	• 소득세	10% (정부, 중앙은행 면제)	• 25% 이상 법인 (조합 제외): 5% • 기타: 10%	• 산업 · 상업 · 학술 장비사용: 5% • 기타: 10%	
에콰도르	13.10.16.	소득세 법인세 지소세 농특세	• 소득세	12%	• 10% 이상 주주: 5% • 기타: 10%	• 장비사용: 5% • 기타: 12%	
에티오피아	17.10.31.	소득세 법인세 지소세 농특세	• 소득이윤세 • 광업석유농업세	7.5%	• 25% 이상 주주: 5% • 기타: 8%	5%	의정서
영국	96.12.29. 개정	소득세 법인세 지소세 농특세	• 소득세 • 법인세 • 양도소득세	10% (장기차입이자 면제)	• 25% 이상 주주: 5% • 기타: 15%	• 장비사용: 2% • 기타: 10%	교환각서
오만	06.2.13.	소득세 법인세 농특세 지소세	• 기업소득세 • 설립에 대한 이윤세	5%	• 10% 이상 법인 (조합 제외): 5% • 기타: 10%	8%	의정서
오스트리아	02.3.30. 개정	소득세 법인세 지소세 농특세	• 소득세 · 법인세 • 토지세 • 농림기업에 대한 조세 • 공한지의 가치에 대한 조세	10% (신용판매이자 면제)	• 25% 이상 법인 (조합 제외): 5% • 기타: 15%	• 장비사용: 2% • 기타: 10%	
요르단	05.3.28.	소득세 법인세 지소세 농특세	• 소득세 • 사회서비스세 • 분배세	10%	10%	10%	
우루과이	13.1.22.	소득세 법인세 지소세 농특세	• 사업소득세 • 개인소득세 • 비거주자소득세 • 사회보장지원세 • 자본세	10%	• 22% 이상 법인: 5% • 기타: 15%	10%	

체약국	발효일자	대상조세		제한세율(원천징수)			비고
		한국	대상국	이자소득	배당소득	사용료소득	
우즈베키스탄	98.12.25.	소득세 법인세 지소세 농특세	• 기업 · 조합 및 협회의 소득에 대한 조세 • 개인소득세 • 재산세	5%	• 25% 이상 법인 (조합 제외): 5% • 기타: 15%	• 장비사용: 2% • 기타: 5%	
우크라이나	02.3.19.	소득세 법인세 지소세 농특세	• 기업이윤세 • 개인소득세	5%	• 20% 이상 법인 (조합 제외): 5% • 기타: 15%	5%	의정서
이란	09.12.8.	소득세 법인세	• 소득세 • 재산세	• 10% • 정부, 중앙은행: 면제	10%	10%	
이스라엘	97.12.13.	소득세 법인세 지소세 농특세	• 소득세(법인, 양도 포함) • 토지평가세법에 따른 실물자산의 양도소득세 • 재산세법상 실물자산 부과조세	• 은행, 금융기관수취: 7.5% • 기타: 10% • 채권, 사채, 국공채이자: 면제	• 10% 이상 법인: 5% • 일반법인세율보다는 낮은 세율로 과세된 이윤으로부터 지급되는 배당: 10% • 기타: 15%	• 산업 · 상업 · 학술 장비사용: 2% • 기타: 5%	
이집트	94.2.5.	소득세 법인세 지소세	• 부동산소득에 대한 조세 • 동산소득에 대한 조세 • 상업 · 산업 이윤세 • 임금 · 급료 · 배상금 · 연금 조세 • 자유직업 이윤에 대한 조세 • 일반소득세 • 법인이윤세 • 중앙정부 부과 추가조세	• 3년 초과 차관 및 기타채권: 10% • 기타: 15%	• 25% 이상 법인: 10% • 기타: 15%	15%	
이탈리아	92.7.14.	소득세 법인세 지소세	• 개인소득세 • 법인소득세 • 생산활동에 대한 지역세	10%	• 25% 이상 법인: 10% • 기타: 15%	10%	의정서
인도	16.9.12. 개정	소득세 법인세 지소세 농특세	• 소득세(부가세 포함)	10%	15%	10% (기술용역 포함)	의정서
인도네시아	89.5.3.	소득세 법인세 지소세	• 소득세 • 법인세 • 이자 · 배당 · 사용료세	10%	• 25% 이상 법인: 10% • 기타: 15%	15%	의정서
일본	99.11.22. 개정	소득세 법인세 지소세 농특세	• 소득세 • 법인세 • 지소세	10%	• 25% 이상 소유: 5% (03년 말까지 10%) • 기타: 15%	10%	의정서
중국	06.7.4. 개정	소득세 법인세 지소세	• 개인소득세 • 외국인투자기업 및 외국기업에 대한 소득세 및 지소세	10%	• 25% 이상 법인: 5% • 기타: 10%	10%	의정서
조지아	16.12.1.	소득세 법인세 농특세 지소세	• 이윤세 • 소득세	10%	• 10% 이상 법인: 5% • 기타: 10%	10%	의정서
체코	19.12.20.	소득세 법인세 농특세 지소세	• 개인소득세 • 법인소득세	5% (신용판매이자 면제)	• 5%	10% (저작권사용료 면제)	

체약국	발효일자	대상조세		제한세율(원천징수)			비고
		한국	대상국	이자소득	배당소득	사용료소득	
칠레	03.7.25.	소득세 법인세 지소세 농특세	• 소득세법에 따라 부과되는 조세	• 은행보험회사, 상장채권, 증권, 기계류신용판매이자: 5% • 기타: 15%	• 25% 이상 법인: 5% • 기타: 10%	• 산업 · 상업 · 학술장비: 5% • 기타: 10%	의정서 (최혜국 대우)
카자흐스탄	99.4.9.	소득세 법인세 지소세 농특세	• 법인 및 개인의 소득에 대한 조세	10%	• 10% 이상 법인: 5% • 기타: 15%	• 상업 · 산업 · 학술장비: 2% • 기타: 10%	의정서
카타르	09.4.15.	소득세 법인세 농특세	• 소득세	10%	10%	5%	
캄보디아	21.1.29.	소득세 법인세 농특세 지소세	• 소득세 (자본이득세, 원천세, 최저한세, 추가이윤세) • 임금소득세	10%	10%	10% (기술용역 포함)	
캐나다	06.12.18. 개정	소득세 법인세 지소세 농특세	• 소득세	10%	• 25% 이상 법인: 5% • 기타: 15%	10%	의정서
케냐	17.4.3.	소득세 법인세 지소세 농특세	• 소득세	12%	• 25% 이상 법인: 8% • 기타: 10%	10%	
콜롬비아	06.12.18.	소득세 법인세 농특세	• 소득세 및 그 보완세	10% (정부, 중앙은행 면세)	• 15% 이상 법인: 5% • 기타: 10% • 법인세비과세: 15%	10%	의정서
쿠웨이트	10.12.27. 개정	소득세 법인세 지소세 농특세	• 법인소득세 • 과학진흥재단 납부 지주회사 순이윤의 5% • 자카트세 • 고용촉진법에 의한 조세	5%	5% (정부, 중앙은행 면세)	15%	의정서
크로아티아	06.9.15.	소득세 법인세 지소세 농특세	• 이익세 • 소득세 • 지소세 및 이익세 • 소득세에 부과되는 그 밖의 과징금	5%	• 25% 이상 법인 (조합 제외): 5% • 기타: 10%	0%	
키르기스스탄	13.11.22.	소득세 법인세 지소세 농특세	• 법인소득 및 기타수입세 • 개인소득세 • 부동산세	10%	• 25% 이상 법인: 5% • 기타: 10%	10%	의정서
타지키스탄	16.9.28.	소득세 법인세 지소세 농특세	• 개인소득세 • 법인이윤세	8%	• 25% 이상 법인: 5% • 기타: 10%	• 산업 · 상업 · 학술장비: 5% • 기타: 10%	

체약국	발효 일자	대상조세		제한세율(원천징수)			비고
		한국	대상국	이자소득	배당소득	사용료소득	
태국	07.6.29. 개정	소득세 법인세 지소세 농특세	• 소득세 • 석유소득세	• 금융기관(보험사): 10% • 신용판매이자: 10% • 정부,정부투자금융기관: 면제 • 기타: 15%	10%	• 소프트웨어, 방송테이프,과학작품: 5% • 특허 · 상표: 10% • 산업, 상업, 학술장비 및 경험정보: 15%	
터키	24.7.18. 개정	소득세 법인세 농특세 지소세	• 소득세 • 법인세	• 2년 초과: 10% • 기타: 15%	• 25% 이상 법인: 15% • 기타: 20%	10%	의정서
투르크메니스탄	16.11.26.	소득세 법인세 농특세 지소세	• 개인소득세 • 법인이윤세	10%	10%	10%	
튀니지	89.11.25.	소득세 법인세 지소세	• 사업소득세 • 법인세 • 비상업적 직업소득세 • 급여소득세, 농업세 • 부동산자본평가세 • 신용 · 저축 · 보증 및 당좌계정수입에 대한 조세 • 연대특별부과금, 양도성증권소득세, 국가개인부과금	12% (7년 이상 은행 채무 면제)	15%	15%	의정서
파나마	12.4.1.	소득세 법인세 지소세	• 소득세	5%	• 25% 이상 법인: 5% • 기타: 15% • 지점세: 2%	• 장비임대: 3% • 기타: 10%	
파키스탄	87.10.20.	소득세 법인세 지소세	• 소득세 • 초과세 • 부가세	12.5%	• 20% 이상 법인: 10% • 기타: 12.5%	10%	
파푸아뉴기니	98.3.21.	소득세 법인세 지소세 농특세	• 소득세 • 경제개발목적조세 또는 조세유인세	10%	15%	10%	
페루	14.3.3.	소득세 법인세 지소세 농특세	• 소득세	15% (정부 중앙은행 면세)	10%	• 기술지원: 10% • 기타: 15%	의정서 (최혜국 대우)
포르투갈	97.12.21.	소득세 법인세 지소세 농특세	• 개인소득세 • 법인소득세 • 법인소득세에 부과되는 지방세	15%	• 2년 이상 25% 이상 회사: 10% • 기타: 15%	10%	
폴란드	16.10.15. 개정	소득세 법인세 지소세 농특세	• 개인소득세 • 법인소득세	10% (신용판매이자 면제)	• 10% 이상 법인: 5% • 기타: 10%	5%	
프랑스	92.3.1. 개정	소득세 법인세 지소세	• 소득세 • 법인세	10% (신용판매이자 면제)	• 10% 이상 법인: 10% • 기타: 15%	10%	의정서

체약국	발효일자	대상조세		제한세율(원천징수)			비고
		한국	대상국	이자소득	배당소득	사용료소득	
피지	95.2.15.	소득세 법인세 지소세	• 소득세(정상적인 소득세 및 비거주자의 배당·이자·사용료에 대한 원천세, 배당세를 포함) • 토지판매세	10%	• 25% 이상 법인: 10% • 기타: 15%	10%	
핀란드	81.12.23.	소득세 법인세 지소세	• 국가소득세 • 공동체세 • 교회세 • 선원세 • 비거주자의 소득에 대한 원천세	10%	• 25% 이상 법인: 10% • 기타: 15%	10%	
필리핀	86.11.9.	소득세 법인세	• 소득세	• 공모공사채이자: 10% • 기타: 15% • 필리핀투자 촉진법: 10%	• 25% 이상 법인: 10% • 기타(07.5.17. 이전: 15%, 07.5.18. 이후: 25%) • 필리핀투자 촉진법: 10%	15% (필리핀투자촉진법: 10%)	의정서
헝가리	90.4.1.	소득세 법인세 지소세	• 소득세 • 이윤세 • 특별법인세	0%	• 25% 이상 법인: 5% • 기타: 10%	0%	
호주	84.1.1.	소득세 법인세 지소세	• 소득세(비공개법인의 분배소득의 유보액에 대한 추가조세 포함)	15%	15%	15%	의정서
홍콩	16.9.27.	소득세 법인세 농특세 지소세	• 이윤세 • 급여세 • 재산세	10%	• 25% 이상 법인: 10% • 기타: 15%	10%	의정서

저자소개

■ 김준석

- 세무법인 광장리앤고 파트너세무사
- 서강대 경제대학원 겸임교수, 삼일아이닷컴 상담위원
- 국세청, 삼일회계법인, 법무법인광장 근무
- 석사(홍익대 세무대학원, 미 오클라호마대)

■ 한경배

- 김앤장법률사무소, 세무사
- EY한영회계법인, EY베트남 파견 근무
- 국세청 및 서울지방국세청 근무
- 성균관대학교 경영학과, 국립세무대학 졸업

■ 김지원

- 재정기획부, 사무관 (현)
- IMF STI DSA 과정, 도쿄 공공정책포럼 발제
- 성균관대학교 행정학과 졸업
- 기획재정부 세제실
- 저서: 이전가격과 관세평가

2026년판 국제조세 실무

2008년 6월 26일 초판 발행
2026년 4월 7일 19판 발행

저 자 김 준 석
한 경 배
김 지 원

저자협의
인지생략

발 행 인 오 연 관
발 행 처 **삼일피더블유씨솔루션**

서울특별시 용산구 한강대로 273 용산빌딩 4층
등록번호 : 1995. 6. 26 제3－633호
전 화 : (02) 3489－3100
F A X : (02) 3489－3141
I S B N : 979－11－6784－529－0 93320

정가 95,000원

※ '삼일인포마인'은 '삼일피더블유씨솔루션'의 단행본 브랜드입니다.
※ 파본은 교환하여 드립니다.